ENCYCLOPEDIE METHODIQUE,

OU

PAR ORDRE DE MATIÈRES;

PAR UNE SOCIÉTÉ DE GENS DE LETTRES, DE SAVANS ET D'ARTISTES;

Précédée d'un Vocabulaire universel, *servant de Table pour tout l'Ouvrage, ornée des Portraits de MM.* DIDEROT & D'ALEMBERT, *premiers Éditeurs de l'*Encyclopédie.

ENCYCLOPÉDIE MÉTHODIQUE.

ASSEMBLÉE NATIONALE CONSTITUANTE.

Contenant l'Histoire de la Révolution, les Débats & les Actes de l'Assemblée, avec la collection des Lois ou décrets sanctionnés par le Roi.

TOME SECOND.

Contenant les Débats qui ont eu lieu dans l'Assemblée, tant sur les objets Législatifs, que sur les événemens qui ont occupé ses Séances.

Par M. Peuchet, homme de Loi, un des Administrateurs provisoires de la Municipalité de Paris, en 1789, &c.

A PARIS,

Chez Panckoucke, Imprimeur-Libraire, hôtel de Thou, rue des Poitevins.

M. DCC. XCII.

AVERTISSEMENT DE L'ÉDITEUR.

L'IMPATIENCE des Souscripteurs nous engageant à terminer promptement l'Encyclopédie méthodique, nous en avons pris les moyens qui nous ont paru pouvoir leur être le plus agréables. Nous avons dû en conséquence changer différentes choses dans l'ordre typographique, et engager les Auteurs de cette partie entomologique à supprimer les tableaux de caractères et d'espèces qui employoient beaucoup de place, sans être d'une nécessité absolue. Nous devons prévenir que la santé de M. LATREILLE ne lui ayant pas permis de rédiger en entier ce qui restoit à faire, il a prié MM. LE PELETIER DE SAINT-FARGEAU et SERVILLE de se charger de ce travail, en se réservant à lui-même les insectes aptères de Linné : dans ces derniers temps, sa santé étant devenue plus foible, il a été forcé de renoncer même à ce travail et il en a chargé M. GUÉRIN. M. DE SAINT-FARGEAU a donné au Public les Monographies des Chrysides ou Porte-tuyaux et des Tenthrédines ainsi que plusieurs Mémoires particuliers de Botanique et d'Entomologie. M. SERVILLE est un des collaborateurs de la *Faune française;* enfin M. GUÉRIN est auteur de plusieurs Mémoires sur les Insectes, dessinateur des *Annales des Sciences naturelles* et rédacteur de la partie entomologique du *Dictionnaire classique d'Histoire naturelle*.

AVERTISSEMENT DES AUTEURS.

L'intention de l'Éditeur étant de se renfermer strictement dans le cadre de cet Ouvrage pour le terminer promptement, on sentira parfaitement que dans le seul volume qui nous étoit laissé pour les articles dont nous étions chargés dans ce Dictionnaire, depuis les lettres PAP jusqu'à Z inclusivement, il ne nous étoit pas possible de donner le même développement à la description des espèces connues ; mais un grand nombre de genres ayant été établis depuis la publication des volumes qui précèdent celui-ci, nous avons pensé que les naturalistes verroient avec plaisir donner les caractères de ces genres et y rapporter les espèces qui figurent sous leurs anciennes dénominations dans les volumes précédens de l'Encyclopédie. Nous aurions bien desiré pouvoir traiter ainsi tous les genres, mais on sent facilement que la chose étoit impossible, et que le seul moyen d'en publier au moins la majeure partie, étoit de les rattacher à des articles appelés par l'ordre alphabétique à faire partie de notre travail, comme nos prédécesseurs nous en avoient déjà donné l'exemple. Ces articles intercalés n'étant pas à leur lettre, nous nous proposons de donner une table particulière à la fin de ce volume, au moyen de laquelle on saura de suite si tel article qu'on n'aura point trouvé à sa lettre est traité ici, et à quelle page on en trouvera le développement.

AVERTISSEMENT

Sur cette Partie du Dictionnaire Encyclopédique de l'Assemblée Nationale.

NOUS avons cru faire plaisir au Public de commencer les livraisons du *Dictionnaire Encyclopédique de l'Assemblée Nationale constituante*, par cette seconde Partie. La première ne paroîtra qu'après les deux autres, parce qu'entièrement destinée à l'histoire de la Révolution, elle sera susceptible d'un plus grand degré de perfection & d'exactitude, lorsque nous aurons eu le tems de recueillir plus de faits & de comparer les diverses opinions des écrivains sur les causes & les acteurs des évènemens que nous avons vus. La Partie Législative ou des Decrets, qui, dans l'ordre du travail se trouve la troisième, paroîtra de cette manière; la seconde, dans l'ordre des livraisons.

Nous avons eu d'autres raisons encore de faire paroître avant les autres la seconde Partie, c'est-à-dire celle des débats de l'Assemblée; c'est qu'elle nous a paru, comme elle l'est en effet, la plus interressante; qu'elle offre un ample sujet d'instruction; qu'on y trouve la discussion & le développement des motifs des nouvelles loix & des grands évènemens de la révolution; qu'on y apprend à connoître les sentimens, & souvent le caractère des principaux Membres de l'Assemblée, par les opinions qu'on leur y voit soutenir, ou les travaux auxquels ils se livrent; c'est qu'encore cette matière est la moins connue, celle qu'on a plutôt oubliée & qu'il est utile de remettre sous les yeux, pour l'instruction de ceux qui doivent étudier la législation, & l'agrément de ceux qui veulent seulement connoître les agitations, les mouvemens, les orages qui ont régné dans l'Assemblée, & présidé à la confection des loix qui régissent aujourd'hui la France.

De grandes questions ont été débattues dans les Séances du corps constituant, des évènemens terribles, nouveaux, ont souvent fait l'objet de ses délibérations, les moindres détails sur ces étranges conjonctures, tout ce qui peut faire connoître les choses & les personnes, plaisent & sont avidemment lus; il a donc fallu pour donner une idée juste, vraie de la révolution, présenter d'abord fidèlement le tableau de l'Assemblée; c'est ce que nous avons fait dans cette partie, qui quoique livrée à l'impression la première, ne tient dans la série des idées & la liaison des évènemens, que le second rang, puisque la force de l'insurrection a précédé & dirigé la marche des travaux législatifs, dont les decrets ont été le résultat.

Nous ne répéterons pas ce que nous avons dit dans notre prospectus, du soin que nous avons pris d'apporter le plus d'impartialité, c'est-à-dire, le plus d'exactitude qu'il nous a été possible dans le récit des évènemens & l'exposé des débats de l'Assemblée; jusques là que presqu'aucun des discours des Membres de la minorité n'ayant eu les honneurs de l'impression par l'ordre de l'Assemblée, nous nous sommes fait un devoir de les rapporter tels que leurs auteurs les ont fait imprimer, non-seulement pour offrir à nos lecteurs des raisons pour & contre les opinions adoptées, mais encore parce que plusieurs de ces discours sont des morceaux distingués d'éloquence, de logique & d'érudition.

Nous n'avons pas été peu embarrassés dans la manière de désigner les sujets de débats; presque tous peuvent se rapporter à des mots différens; c'est ainsi que celui *d'assignat* peut se rapporter & se rapporte primitivement à celui de *dette publique*; celui de *juré* à *procédure criminelle*, &c. Plusieurs qui ont trait à des faits, offrent encore de l'incertitude dans le choix du mot principal; par exemple les délits du 6 Octobre, qui ont été l'objet d'une procédure, de débats à l'Assemblée, d'un rapport, &c. paroissent indifféremment pouvoir se placer à *Châtelet*, *Versailles*, *6 Octobre*; nous avons préféré *Versailles*, comme le lieu de l'évènement principal.

C'est une méthode que nous avons suivie pour tous les autres articles; dans les questions de fait, c'est toujours le personnage ou le lieu principal de l'évènement qui indique les débats; dans les questions de droit politique, de législation, c'est l'objet principal, celui sur lequel portoit le sens ou l'intention de la délibération qui a été préféré. Ainsi pour exemple du premier genre, les évènemens de la retraite du roi à Montmedi, & de son retour forcé à Paris, sont placés au mot ROI, *évènement*; pour exemple du second genre, ce même mot ROI, *législation*, indique la série des débats qui ont eu lieu sur son inviolabilité, ses droits à la couronne, &c.

Dans les rapports de finance qui sont très-nombreux, nous nous sommes bien trouvés de cette forme de distribution; car si, comme quelques personnes ont fait, nous eussions cumulé au mot FINANCE, tout ce qu'on comprend vaguement sous ce nom, nous eussions rendu cette partie du travail inutile; mais en rapportant à la DETTE PUBLIQUE, ce qui concerne son existence & sa liquidation; à DEPENSE PUBLIQUE, les débats ou rapports sur les fonds qu'elle exige; à ASSIGNAT les beaux discours qui ont été prononcés de part & d'autre sur les inconvéniens & les avantages de cette ressource, &c. Et montrant ensuite dans la troisième partie le rapport, la liaison qui lient dans le positif des décrets, ces diverses branches de la fortune & des besoins publics avec les autres, on a une idée détaillée & adéquate de nos finances & de la législation des finances. J'en dis autant de L'ARMÉE, de la MARINE, &c.

Cependant pour épargner au lecteur des recherches inutiles, & la perte du tems toujours précieux pour qui veut s'instruire, quand quelque fait ou quelque point de discussion peut être présenté sous deux ou trois rapports différens, nous rapportons les mots qui les indiquent en renvoyant toujours au principal où se trouve le développement de la matière ou les observations qui la concernent.

Nous rendrons encore cette facilité plus grande par une table des matières, qui moins utile pour la partie des débats, le sera infiniment pour celle des décrets; puisqu'étant rangée dans l'ordre des idées & des principes législatifs, il ne seroit pas également facile à tout le monde de trouver sur le champ une loi particulière sur un objet demandé.

Quel que soit au reste le soin que nous mettrons à rapporter les plus petits détails de l'Assemblée, il est des objets tellement fugitifs, des décisions tellement éphémères, & dont l'intérêt est si borné, que nous n'avons pas cru devoir en faire mention; telles sont les adresses d'une foule de villes, de particuliers, les lettres, les dons patriotiques de quelques individus, &c. Quand cependant ces objets seront liés avec des évènemens importans, ou remarquables par quelque circonstance particulière; nous les rapporterons, toujours sous le nom de l'individu, du corps ou de la communauté qui y a donné lieu.

Nous n'avons rien négligé pour être complet autant qu'il a été possible de l'être dans un travail qui, chaque année doit recevoir un nouveau dégré de perfection ou d'altération; nous nous sommes non-seulement procuré tous les matériaux imprimés de l'un & de l'autre parti; mais encore nous nous sommes adressés à plusieurs Membres de l'Assemblée constituante, qui nous ont donné des choses très-précieuses sur les opérations, les travaux législatifs & les évènemens de la révolution. Nous desirons avoir atteint notre but, & proportionné notre travail à la matière qui en est l'objet. *Paris 6 Novembre 1791.* PEUCHET.

A.

ABSENS. C'est à la séance du lundi 4 janvier 1790, que l'assemblée s'est occupée pour la première fois des *absens*. Le quatrième article d'un projet de décret sur les pensions, présenté par M. le Camus, portoit » qu'il ne seroit payé, » même provisoirement, aucunes pensions, dons, » gratifications, aux françois habituellement domiciliés dans le royaume & actuellement *ab-* » *sens*, sans mission expresse du gouvernement » antérieur à ce jour ». Plusieurs membres ont parlé contre cette disposition, que les uns regardoient comme un attentat à la liberté individuelle, les autres comme une précaution rigoureuse, mais nécessaire, pour alléger les charges du trésor & empêcher l'exportation du numéraire.

M. le *marquis de Foucault*. Je demande la question préalable sur cet article; il attaque les droits qu'a tout homme de jouir des récompenses qui lui ont été accordées, par-tout où ses besoins, ou ses affaires l'appellent. Lorsqu'on accorde une pension, on n'y met point pour condition qu'on la perdra, lorsque des circonstances particulières forcent celui qui l'a méritée à quitter le royaume; il n'est point au pouvoir de l'assemblée de mettre des clauses dirimantes à des engagemens pris par le gouvernement envers des personnes qui l'ont servi avec zèle & assiduité. L'*absence* n'est point un délit; vous ne pouvez traiter plus sévèrement les *absens* que les autres pensionnés de l'état sans une grande injustice, & par conséquent une violation des droits que vous êtes jaloux de faire respecter.

M. le président met aux voix la question préalable; MM. de Fumel, de Mirepoix, de Foucault et Bouchotte assurent que la décision de l'assemblée est douteuse, ils demandent l'appel nominal; l'on n'en passe pas moins à la discussion ultérieure de l'article.

M. *Bouchotte*. Tous les droits de l'homme sont violés par votre projet de décret; une pension est une propriété puisqu'on l'a acquise par des services réels, par un travail de plusieurs années; l'on a donc le droit d'en consommer le produit par-tout où l'on pourroit dépenser son revenu territorial, & je ne pense pas que vous veuilliez mépriser les principes à ce point de regarder les *absens* comme déchus du droit de propriété, comme spoliés de leurs biens par le seul fait de l'*absence*.

M. *de Menou*. C'est à tort que les préopinans invoquent les droits de l'homme contre le décret proposé; ce n'est point attaquer la liberté que de mettre des conditions aux dépenses du trésor public; nous n'empêchons personne d'aller & venir, & où il lui plaît, mais nous devons à la nation dont nous sommes les représentans, d'empêcher l'abus des graces & des récompenses publiques; nous pouvons mettre des conditions aux traitemens que le trésor public fait à des hommes qui non-seulement ne rendent aucun service à l'état, mais même dépensent dans l'étranger un revenu, que l'utilité publique demande qu'ils emploient à l'avantage de nos manufactures & à l'encouragement de l'industrie par leurs consommations.

Plusieurs membres rappellent qu'on discute un sujet sur lequel on a demandé la question préalable, et qu'il y a eu du doute dans la décision de l'assemblée sur la question préalable: on demande de nouveau de mettre aux voix la question préalable; l'épreuve donne le même résultat, la question préalable est rejettée; quelques membres demandent l'appel nominal.

M. *Duport*. Je propose de substituer au mot *pension*, ceux-ci, *traitemens & appointemens attribués à des fonctions publiques*. M. *Gleizen*. Je propose d'ajouter l'amendement de M. Duport au mot *pension*, & non point de l'y substituer; s'il est juste que les pensionnaires de l'état dépensent leurs revenus en France, il est encore plus indispensable que des fonctionnaires publics ne touchent point de traitement à une distance qui ne leur permet pas de remplir leurs devoirs.

M. le président se prépare à mettre en délibération l'amendement de M. Duport; MM. Bouchotte & Foucault réclament l'appel nominal, quelques autres demandent l'ajournement; le président a peine à se faire entendre; il y parvient.

M. *le président*. Je dois suivre les décrets de l'assemblée, elle a d'abord décidé que la délibération seroit continuée *sans remise*, ensuite qu'elle délibéreroit *quant à présent*.

MM. de Foucault, de Mirepoix, l'évêque de Perpignan, Bouchotte &c., réclament contre cette manière de présenter la question; il s'élève beaucoup de rumeur; le président consulte l'assemblée, elle décide que la manière dont M. le président a posé la question est exacte.

M. *de Foucault*. En demandant la continuation

de la séance à demain, ce n'est pas demander l'ajournement; ce tems est nécessaire pour l'examen d'une question aussi importante que celle sur laquelle nous avons à prononcer.

M. *le président.* Pour éviter des subtilités continuelles, je vais prendre les ordres de l'assemblée. Il se dispose à consulter l'assemblée; le bruit l'en empêche. L'assemblée décide après un long tumulte qu'elle délibérera sur l'heure.

M. *l'abbé de Rastignac.* L'aticle que l'on veut faire décréter n'a pas été discuté pendant trois jours; je demande la lecture du réglement sur la forme des discussions.

On pose la question sur l'amendement de M. Duport; quelques membres interrompent le président.

M. *Brevet de Beaujour.* Je demande que ceux qui manquent de respect à l'assemblée & à eux-mêmes d'une manière aussi révoltante, soient mis à l'ordre & leurs noms inscrits sur le procès-verbal.

MM. *Bouchotte, de Rastignac et Foucault* réclament le réglement.

M. *le comte Mathieu de Montmorency.* Mon opinion est opposée à l'article en délibération, mais je crois qu'il est contre le réglement que quelques membres empêchent le président d'énoncer les faits & de poser la question.

M. *le président.* S'il y a un parti pris de s'opposer à ce que le président mette la question aux voix, je vais m'asseoir & attendre en silence qu'on ait abandonné une aussi étrange résolution.

M. *de la Poule.* Rien dans la délibération n'est irrégulier; l'article dont il s'agit a été proposé il y a quatre jours par M. de Montcalm, & n'a cessé d'être en discussion. Tous les journaux en offrent la preuve.

M. *de Foucault.* Les journaux sont des miroirs de mensonge.

M. *le président.* Quand je ne crois pas que l'assemblée s'écarte du réglement, je ne connois & ne dois connoître que ses ordres. Je la consulte donc pour savoir si elle veut entendre la lecture du réglement. Les oppositions recommencent.

M. *Despreménil.* Le président n'est l'homme ni de l'une, ni de l'autre partie de l'assemblée, mais celui de la loi qui domine l'assemblée entière; or, un article de cette loi établit positivement que quand la lecture du réglement est demandée par trois membres, elle ne peut être refusée.

M. *le président.* Je viens de chercher cet article dans le réglement, il n'y est pas; mais j'y vois que cette loi n'est que provisoire, & que la majorité de l'assemblée peut y ajouter, la changer, la corriger, la diminuer quand elle le jugera convenable.

M. *l'évêque de Perpignan* lit l'article du réglement dont il s'appuie, pour que la discussion soit continuée : en voici la substance » toute motion sur un objet de constitution sera discutée » pendant trois jours, à moins qu'elle ne soit » urgente, & que la majorité ne juge conve- » nable de délibérer sur le champ ».

M. *de Foucault.* La motion n'est point urgente, elle est inconstitutionnelle, puisqu'elle est contraire à la liberté des citoyens. La délibération doit être remise à demain.

M. *le président.* La majorité de l'assemblée a décidé de délibérer sur l'heure. Elle l'a pu aux termes du réglement.

MM. de Foucault, l'abbé de Rastignac, Bouchotte, Despréménil, de Mirepoix, l'évêque de Perpignan &c., affirment que l'assemblée n'a point décidé de délibérer sur l'heure, & que la délibération n'a pu se faire régulièrement au milieu du désordre & du bruit qui ont règné dans l'assemblée; enfin, après un tumulte assez long, l'amendement de M. Duport est admis avec le sous-amendement de M. Gleizeu, & l'article est décrété en ces termes :

» Il ne sera payé, même provisoirement, aucunes pensions, dons, gratifications, ni aucuns traitemens & appointemens attachés à quelques fonctions publiques, aux françois habituellement domiciliés dans le royaume & actuellement *absens*, sans mission expresse du gouvernement antérieur à ce jour ».

Après avoir rendu ce décret d'une manière générale, les débats ont recommencé dans la séance du lendemain 5 janvier 1790, sur les ecclésiastiques *absens*. C'est M. Bouche qui a ouvert la discussion.

M. *Bouche.* Je désire & je crois nécessaire qu'on explique le mot *fonctions publiques*, inséré dans la partie du décret d'hier, relativement aux pensions & traitement des françois actuellement hors du royaume, & que l'on dise si les bénéfices y sont compris. Dans le cas où l'intention de l'assemblée n'auroit pas été de renfermer dans cet article les revenus ecclésiastiques des *absens*, je proposerois de décréter : » Que les revenus des bénéficiers *absens* du royaume sans mission du gouvernement pour vaquer aux affaires de l'état, seront arrêtés & versés dans le trésor public ».

M. *l'abbé Gregoire.* J'avois déjà fait cette proposition dans une des séances précédentes. Je la renouvelle aujourd'hui. Ceux qui sont *absens* du royaume se sont éloignés par pusillanimité, le décret qui les rappelleroit, les mettroit sous la sauve-garde des loix; ou parce qu'ils craignoient de partager les dangers publics, ils ne doivent pas partager les avantages publics; ou par esprit anti-patriotique: je suis loin de le penser; mais si cela étoit ainsi, ce seroit pour cacher leur honte & notre argent. S'ils ont des raisons avouées par la patrie, leur sera-t-il difficile de justifier leur *absence*? Il y a deux sortes de bénéficiers: si leurs bénéfices sont à charge d'ames, ils doivent résider; s'ils ne sont pas à charge d'ames, qu'est-ce autre chose que des graces, des faveurs qui se trouvent dans le cas du décret?

M. *l'abbé Maury*. C'est la cause de la justice que je viens défendre devant vous. On a parlé de dangers publics, je n'en connois point. S'il s'agit de périls généraux, il n'en existe aucuns: s'il est question de périls particuliers, qui seroit assez barbare, pour vouloir qu'un autre les affrontât, s'il n'a ni le courage de les surmonter, ni les moyens de les éviter? Si nous avons quelques-uns de nos concitoyens qui par crainte se soient éloignés de leur patrie, nous devons les plaindre & non les persécuter. Nous devons surtout nous rappeller que dans la déclaration des droits de l'homme, nous avons consacré la liberté d'aller, de venir....

Le nombre des bénéficiers *absens* n'est pas assez considérable pour occuper l'assemblée. Lorsque Louis XIV défendit l'émigration des protestans, & prononça la confiscation des biens des émigrans, cet acte fut dénoncé à toute l'Europe, comme un acte de tyrannie. N'imitons pas cet exemple, ne portons pas de loix pénales sur les émigrations; elles les multiplieroient au lieu de les diminuer. Des raisons de santé, je crois pouvoir les présenter à des hommes sensibles; des raisons de santé obligent beaucoup de nos compatriotes à aller pendant l'hyver chercher un climat plus doux; mais d'ailleurs personne n'ignore les menaces faites à plusieurs membres de cette assemblée; ils ont été obligés de s'éloigner de vous. J'ai reçu six cents lettres anonimes.... M. l'archevêque de Paris, ce prélat vertueux, fait pour donner tant d'utiles exemples, a montré son patriotisme, en quittant sa patrie; il étoit menacé, il étoit poursuivi, il a évité des malheurs qui sans doute auroient bouleversé le royaume. Lui seul demande grace pour tous ses pareils; ses vertus ne vous permettent pas de vous occuper des bénéficiers *absens*.

M. *le Camus*. M. l'archevêque de Paris n'est pas compris dans le décret qui vous est proposé. Membre de cette assemblée, muni d'un passeport de cette assemblée, il est vraiment dans le même cas que M. le duc d'Orléans; mais après avoir exprimé ma vénération pour ce prélat, je ne m'occupe plus d'intérêts particuliers.

Le préopinant a dit qu'il défendoit la cause de la justice; moi, je défends celle de la loi. Les ordonnances d'Orléans & de Blois, fondées sur les conciles les plus respectables, défendent aux bénéficiers de sortir du royaume. Les motifs évidens de ces loix sont l'intérêt des pauvres & celui de l'état.

On oppose la déclaration des droits; mais vous n'avez jamais dit qu'un homme qui a un emploi public peut, hors du royaume, conserver cette place. Le priver d'un revenu attaché à ses fonctions, ce n'est point attenter à sa liberté. Si la déclaration de Louis XIV contre l'émigration des protestans a paru odieuse, c'est que les biens confisqués avoient été acquis par des particuliers; tandis qu'il s'agit ici d'arrêter des revenus attachés à des fonctions qui ne sont plus remplies.

Pour traiter les bénéficiers avec plus de faveur, je propose en amendement, que les revenus soient mis en sequestre, pour être livrés à qui il appartiendra. Je pense qu'il faut ajouter encore, dans les dispositions de cet article, les biens de l'ordre de Malte.

M. *de Custine*. La motion proposée est conforme aux anciennes loix civiles, aux loix canoniques & aux droits des hommes. Vous avez, dans la déclaration des droits, appellé les fonctions publiques des charges; toutes charges doivent être acquittées. Je propose, en amendement, de décréter que, » si, dans trois mois, les pourvus de bénéfices, *absens* du royaume, n'y sont pas rentrés pour s'occuper des fonctions qui leur sont confiées, leurs bénéfices seront déclarés vacants.

M. *Regnaud*. J'adopte tout ce qui a été dit par les préopinans, à la réserve de l'amendement proposé par M. le Camus, relativement à l'ordre de Malte. Il est souverainement injuste; les chevaliers de Malte, par honneur & par devoir, sont souvent obligés de quitter le royaume pour aller protéger le commerce sur les côtes barbaresques.

M. *d'Esprémenil*. Je ne m'attacherai point à vous retracer la déclaration des droits de l'homme, je n'insisterai point sur les motifs particuliers qui peuvent justifier l'*absence* de quelques individus, j'observerai seulement à M. le Camus que les ordonnances d'Orléans & de Blois, défendent bien aux bénéficiers de sortir du royaume, mais qu'elles ne les condamnent pas à la perte ou au sequestre de leurs revenus. Il faut avertir les bénéficiers, les mettre en demeure, & les juger. Les loix sur l'*absence* sont du ressort de l'assemblée nationale; le jugement est du ressort des tribunaux. Les *absens* vous diront les motifs de leur *absence*. M. l'archevêque de Paris, par exemple, vous répondra que MM. de la Fayette & Bailly lui ont assuré que sa vie étoit en danger dans la capitale; ce fait est notoire.

On vous a fait une distinction qui m'a fort surpris.

M. le Camus a dit qu'un préopinant avoit défendu la justice; qu'il alloit, lui, défendre la loi. Le législateur ne doit s'occuper que des principes généraux & de justice; le juge seul doit se renfermer dans la loi. C'est la justice, c'est l'honneur qui me feront parler d'un *absent*, dont on sait que j'ai eu à me plaindre : M. l'archevêque de Sens est cardinal, il peut habiter à Rome, le roi a pu le lui permettre; si j'examinois de même tous les *absens*, je trouverois que beaucoup d'entr'eux ont des motifs légitimes. Enfin, est-ce une loi que vous voulez faire? N'oubliez jamais qu'elle doit être dictée par la justice. Est-ce un jugement que vous voulez rendre? Songez donc que vous n'êtes point un tribunal.

M. *Rœderer*. Quelle que soit l'opinion que quelques membres de l'assemblée peuvent avoir prise du décret, il est rendu, il est inaltérable. Cependant la motion proposée, & la discussion qu'on a rouverte, tendent à l'altérer. L'amendement de M. le Camus est contraire à ce décret. Vous avez déclaré les revenus des ecclésiastiques *absens*, acquis à la nation; ils ne peuvent donc être mis en séquestres. Le séquestre préjuge toujours un droit à celui qui possédoit. Au reste, je pense qu'il n'est pas nécessaire, pour condamner un bénéficier *absent*, de le mettre en demeure. Les loix citées le condamnent, *ipso facto*. Celles qui statuent sur la résidence des ecclésiastiques, statuent aussi sur celles des magistrats, & toutes les fois qu'un magistrat sorti du royaume, sans permission, meurt, sa charge est confisquée.

Je pense que le décret rendu hier, renferme toutes les fonctions civiles, militaires & ecclésiastiques, & j'en conclus qu'il n'y a pas lieu à délibérer sur la motion & sur les amendemens proposés.

M. *de Cazalès*. Dans une autre circonstance que celle où nous nous trouvons, le réglement dont il s'agit me paroîtroit aussi juste qu'utile; mais dans un moment où il existe un prévenu de crime de lèze-nation, & où ce crime n'est pas encore défini, je crois ce réglement dangereux. Je dois rappeller que les législateurs ne peuvent jamais statuer sur des individus, ou bien c'est un parti qui paroît agir contre des hommes, & par cela même, les opérations des législateurs sont discréditées. Je rejette, à raison des circonstances, la motion proposée, & je demande qu'elle soit reprise dans un tems plus calme.

M. *Chapelier*. C'est dans un moment de trouble que tous les citoyens doivent être à leur poste. Ceux qui l'ont quitté ne peuvent plus avoir des revenus attachés à des fonctions qu'ils n'exercent plus. C'est un devoir pour nous de rappeller des citoyens que la crainte a éloignés; c'est une justice & un devoir de ramener des ecclésiastiques à la résidence. Pourquoi souffririons-nous que les peuples soient privés de leurs secours? Pourquoi continuerions-nous à prodiguer les deniers publics à des hommes inutiles, par une *absence* dangereuse à l'état, puisqu'elle cause essentiellement la disparution du numéraire? Il faut délibérer; nous le devons, même par intérêt pour des citoyens fugitifs, qui regrettent sûrement leur patrie, & qui, rappellés par nous, seront à l'abri de tous les dangers.

M. *de Cazalès*. Déclarez donc qu'ils sont spécialement sous la sauve-garde de la loi.

M. *le marquis de Foucault*. Nous devions, disoit-on, affilier à la France tous les peuples de l'univers, & nous attaquons déjà la liberté des françois. Ah! messieurs, les françois émigrés regrettent leur patrie; ils reviendront, quand ils seront sûrs de retrouver en France liberté & sûreté; quand vous aurez rétabli ce que vous avez détruit...... On a cité les ordonnances de Blois & d'Orléans; mais, dans le tems où elles ont été rendues, il n'y avoit ni lanternes, ni bayonnettes.

On ferme la discussion.

Plusieurs amendemens sont encore envoyés au bureau; ils sont successivement soumis à la question préalable.

L'assemblée décide qu'il y a lieu à délibérer sur celui de M. le Camus.

M. de Cazalès propose en sous-amendement, » que le décret ne puisse avoir son effet, que » trois mois après sa publication ».

M. *le président* met ce sous-amendement aux voix. --- Il pose ainsi la question : que ceux qui veulent adopter l'amendement, se lèvent? --- La majorité se lève. --- Que ceux qui veulent adopter le sous-amendement, se lèvent.

M. le président prononce que le sous-amendement est adopté.

L'amendement de M. le Camus est décrété.

On lit la motion principale amendée & sous-amendée, & ainsi conçue : » Les revenus des bénéfices, dont les titulaires sont *absens*, & continueront à l'être, trois mois après la publication du présent décret, seront mis en séquestre ».

M. *Target* demande qu'on ajoute après le mot *absens*; ceux-ci : » sans mission du gouvernement antérieur au présent décret ».

Cette addition est adoptée.

Ms

M. -- demande qu'on accorde une exception semblable à tous ceux qui auront eu la permission du roi.

Cette proposition est mise aux voix.

M. *le président* prononce qu'elle est rejettée.

MM. de Foucault, d'Esprémenil & une partie de la salle, prétendent qu'il y a eu du doute ; & réclament l'appel nominal.

Le décret est confirmé à la majorité de 448 voix, contre 352.

La motion principale est décrétée.

Le décret sur les pensionnaires *absens*, comme tous ceux dont l'objet est de gêner d'une manière trop marquée la liberté individuelle, ne fut jamais bien exécuté, & le 17 février 1791, on en rendit un second sur la demande de M. *Camus*, pour l'exécution du premier. Votre loi du 4 janvier 1790, dit M. *Camus*, porte que tous les fonctionnaires publics *absens*, excepté ceux qui le sont en vertu de mission du gouvernement, seront tenus de rentrer dans le royaume. Celui du mois de septembre de la même année porte que toutes les personnes jouissant de pensions & traitemens, seront tenues de rentrer dans le délai de deux mois, sous peine d'être privées de leurs emplois, pensions & gratifications. Ces émigrans ayant laissé en France une foule de créanciers, qui pouvoient mettre des oppositions au paiement de leurs pensions, s'embarrassent fort peu qu'elles soient ou non acquittées; cependant il est juste de prendre des mesures relativement aux créanciers. Je demande que le comité des finances, chargé de surveiller l'administration des finances, soit tenu de vous présenter l'état de la radiation qui doit avoir été faite de toutes les pensions des émigrans, non exceptées par la loi de l'état, l'assemblée se réservant de prendre tel parti qu'elle jugera convenable pour les créanciers antérieurs aux décrets concernant la rentrée des fonctionnaires publics & pensionnaires dans le royaume. » L'assemblée, sur cette proposition, rend le décret suivant:

« L'assemblée nationale décrète qu'il lui sera rendu compte de l'exécution de l'article IV de la loi du 4 janvier dernier, & de l'article V de celle du 22 décembre dernier; en conséquence, ordonne à son comité des finances, chargé de surveiller l'emploi des deniers publics, de lui présenter, dans le courant de la semaine prochaine, un état de la radiation qui a dû être faite dans les différens départemens, des appointemens, traitemens & autres fonds qui se payoient à des françois actuellement en pays étranger, hors les cas prévus par les loix, afin que l'assemblée puisse prendre les mesures que sa sagesse lui dictera pour le paiement des créanciers qui justifieront de droits antérieurs à l'absence desdits françois ». *Voyez* EMIGRÉS.

ACADÉMIE. Il a été présenté quelques projets, à l'assemblée constituante, sur la dépense des *académies*, mais elle n'a rien décidé relativement à leur régime intérieur; sur la proposition de M. *Lanjuinais*, elle avoit décrété, seulement, qu'il seroit présenté, par chaque corps littéraire, un plan de police & d'administration d'après lequel l'assemblée détermineroit l'état de ces espèces de corporations. C'est en conséquence de ce décret que M. *de Champfort* composa un discours dont M. *de Mirabeau* devoit faire usage lorsque la mort l'enleva. Nous rapporterons cette pièce ainsi qu'une réponse qu'y fit M. l'abbé *Morellet*, dans laquelle ce dernier prit la défense de l'*académie* françoise, spécialement attaquée par le premier.

Ce ne fut au reste que dans la séance du 16 août 1790, qu'on s'occupa des dépenses de l'*académie*, & que M. *le Brun* au nom du comité des finances proposa un projet de décret, après qu'il eut présenté quelques observations, comme il suit.

M. *le Brun*. Nous avons maintenant à nous occuper des *académies* : nous ne vous proposerons pas des réformes & des économies. Ces établissemens tiennent à la gloire & à l'intérêt même de la nation; ils ne nous présentent pas l'affligeant souvenir de dissipations & de prodigalités. En créant l'*académie* françoise, Richelieu n'y chercha peut-être que des panégyristes & des esclaves ; elle a expié son origine. L'*académie* françoise a des droits à la reconnoissance publique : on n'oubliera pas que plusieurs de ses membres ont été les apôtres de la liberté. C'est par les lettres que nos mœurs se polissent; & du moment où elles ne seront, ni honorées ni récompensées, la nation touchera de bien près à la barbarie, à tous les vices, à tous les malheurs qu'elle amène avec elle. L'*académie* des inscriptions & belles lettres peut désormais rendre des services essentiels à notre histoire & nous en reproduire les monumens sous leur véritable forme. L'*académie* des sciences jouit du respect de l'Europe & peut être infiniment utile à nos arts & à nos manufactures. Le comité a pensé que toutes les *académies* devoient rester sous la protection immédiate du roi ; que cette protection seule peut encourager leurs travaux, & qu'il est de l'intérêt de la nation, comme de la grandeur du monarque, qu'il s'attache à ces institutions d'une affection particulière & qu'il lie leurs succès à la gloire de son règne & de son nom.

Le comité propose les projets de décrets que je vais vous soumettre successivement. Le premier concerne l'*académie* françoise.

Art. I. « L'*académie* françoise continuera d'être sous la protection immédiate du roi.

II. » Il lui sera payé annuellement du trésor public la somme de vingt-cinq mille deux cens dix-sept liv., savoir : au secrétaire perpétuel, appointemens 3000 livres; écritures 900 livres; pour messe du jour de S. Louis, 300 livres; pour jettons, 358 marcs, 20,717 livres; pour entretien & réparations du coin, 300 livres; le tout 25,217 liv.

III. » Il sera en outre assigné, chaque année, douze cens livres qui seront données au nom de la nation, pour prix à l'auteur du meilleur ouvrage qui aura paru, soit sur la morale, soit sur le droit public, soit enfin sur quelque sujet utile.

IV. » Chaque année l'*académie* sera admise à la barre de l'assemblée nationale, pour y rendre compte des travaux de ses membres, & de l'ouvrage qu'elle aura jugé digne du prix national.

M. *Biauzat*. Les établissemens publics en France sont & continueront d'être sous la protection spéciale du roi. L'article premier n'a aucun sens, ou bien il a un sens inconcevable.

M. *Boutidou*. Je demande l'ajournement, jusqu'à ce que l'utilité de l'*académie* françoise soit constatée.

M. *Creusé*. L'ajournement doit porter sur l'*académie* françoise & sur toutes les autres *académies*.

Cet ajournement est décrété.

A la séance du 20 août de la même année, M. *le Brun* rappella son projet, & après qu'il en eut fait lecture, la discussion commença.

M. *Lanjuinais*. Les *académies* & tous les autres corps littéraires doivent être libres, & non privilégiés; en autorisant leur formation sous une protection quelconque, ce seroit en faire de véritables jurandes. Les *académies* privilégiées sont toujours des foyers d'aristocratie littéraire. Après tout, leur art consiste à lier quelques phrases ingénieuses & correctes. (On demande à aller aux voix.) En Angleterre & en Allemagne, ce ne sont pas les gouvernemens qui font les *académies*, & cependant il y en a de très florissantes. Les entreprises littéraires faites par ordre du gouvernement ont toujours été très-lentes; voyez s'il en a été de même de l'encyclopédie ancienne & méthodique. Je propose de décréter, 1°. qu'à compter du premier janvier, il ne sera plus rien accordé aux *académies* sur le trésor public; 2°. qu'à l'avenir les hommes de lettres auront la liberté de se réunir en société, comme bon leur semblera; 3°. que les départemens seront autorisés à fournir des fonds d'encouragement à ces sociétés, lorsqu'il s'agira de découvertes utiles. 4°. Ces dispositions ne pouvant avoir un effet rétroactif, les pensions dont jouissent actuellement les *académies* continueront de leur être payées jusqu'à la concurrence de 3000 liv. & au-dessous, à condition qu'ils n'auront aucun autre appointement ni traitement.

M. l'*abbé Grégoire*. L'utilité des *académies* est reconnue, & comme je sais que ces sociétés s'occupent, en ce moment, de se donner des statuts dignes du régime de la liberté, je demande que les sommes, proposées par le comité des finances, soient décrétées provisoirement, & que les *académies* soient autorisées à rédiger les statuts pour les présenter à l'assemblée nationale.

M. *Murinais*. Je demande que cet objet soit renvoyé à l'époque où l'assemblée s'occupera d'un plan d'éducation nationale.

M. *Lépau*. Je demande que le premier article du projet du comité, soit retranché.

Sur les observations faites par M. Camus, le décret suivant est adopté :

« L'assemblée nationale décrète provisoirement, pour cette année, les dépenses fixées à 25,2171, par le comité des finances, pour les différens corps littéraires & académies; & seront tenus les différens corps littéraires & académies de présenter, dans le délai d'un mois, à l'assemblée nationale, les réglemens par lesquels ils veulent faire leur nouvelle constitution.

D'après ce décret voici quels furent les traitemens arrêtés provisoirement pour chacun des corps littéraires & *académies*, existans à Paris, aux frais du trésor public.

1. Il sera payé, pour la présente année, du trésor public, à l'*académie* françoise, la somme de vingt-cinq mille deux cent dix-sept livres. Savoir:

Au secrétaire perpétuel, pour appointemens, ci	3,000 l.
Pour écritures	900
Pour messe du jour de saint-Louis	300
Pour jetons 358, marcs, à 57 liv. 15 sous.	20,717
Pour entretien & réparation du coin.	300
TOTAL	25,217

2°. Il est en outre assigné chaque année, douze cents livres qui seront données sur le jugement de l'*académie*, & au nom de la Nation, pour prix, à l'auteur du meilleur ouvrage qui aura paru, soit sur la morale, soit sur le droit public, soit enfin sur quelque sujet utile.

3°. Il sera payé pour la présente année & sans dtenue, à l'*académie* des belles-lettres, la somme Se quarante-trois mille neuf cent huit livres. savoir.

Dix pensions de deux mille livres...	20,000 l.
Cinq de huit cents livres...	4,000
Au secrétaire perpétuel...	1,000
Pour la bibliothèque; les dessins, travaux particuliers, frais de bureau, bois, lumière, huissiers, & supplément de prix...	6,600
Jetons, 208 marcs...	12,000
Entretien & réparation du coin...	300
TOTAL...	43,908

4°. Chaque année il sera assigné sur le trésor public, une somme de douze cents livres, pour former un prix qui sera accordé sur le jugement de l'*académie*, à l'auteur de l'ouvrage le plus profond & le mieux fait sur l'histoire de France.

5°. Il sera payé, pour la présente année, à l'*académie* des sciences, la somme de quatre-vingt-treize mille quatre cent cinquante-huit livres dix sous, sans retenue. Savoir.

Pour 8 pensions de trois mille liv.	24,000 l.	
Pour huit, de dix-huit cents liv.	14,400	
Pour huit, de douze cents liv...	9,600	
Pour seize, de cinq cents liv....	8,000	
Au secrétaire perpétuel, pour appointemens...	3,000	
Au trésorier...	3,000	
Frais d'expériences...	16,000	
Pour écritures...	500	
Pour messe du jour de saint-Louis	400	
Dépenses courantes...	1,438	
Jetons...	820	10
Entretien & réparation du coin..	300	
TOTAL...	93,458	10

6°. Chaque année il sera assigné sur le trésor public une somme de douze cents livres, pour former un prix qui sera accordé sur le jugement de l'*académie*, à l'auteur de l'ouvrage ou de la découverte la plus utile au progrès des sciences & des arts, soit qu'il soit françois, soit qu'il soit étranger.

7°. Il sera payé pour la présente année, à la société royale de médecine, la somme de trente-six mille deux cents livres. Savoir.

Pour cinq pensions de quinze cents livres...	7,500 l.
Pour trois de cinq cents liv...	1,500
Pour dix-huit de quatre cents liv....	7,200
Pour appointemens du secrétaire perpétuel, frais de bureau, un commis..	7,400
Traitement à quelques membres....	1,800
Frais d'expériences & analyses.....	600
Prix...	1,200
Second commis...	1,000
Jetons...	6,000
Frais de bureaux, séances publiques, impression, dépenses extraordinaires.	2,000
TOTAL...	36,200

8°. Et seront tenues lesdites *académies* & sociétés, de présenter à l'Assemblée Nationale, dans le délai d'un mois, les projets de réglemens qui doivent fixer leur constitution.

Discours de M. Chamfort sur les académies.

L'assemblée nationale a invité les différens corps, connus sous le nom d'*académies*, à lui présenter le plan de constitution que chacun d'eux jugeroit à propos de se donner. Elle avoit supposé, comme la convenance l'exigeoit, que les *académies* chercheroient à mettre l'esprit de leur constitution particulière en accord avec l'esprit de la constitution générale. Je n'examinerai pas comment cette intention de l'assemblée a été remplie par chacun de ces corps; je me bornerai à vous présenter quelques idées sur l'*académie* françoise, dont la constitution plus connue, plus simple, plus facile à saisir, donne lieu à des rapprochemens assez étendus qui s'appliquent comme d'eux-mêmes à presque toutes les corporations littéraires, sur-tout dans les gouvernemens libres.

Qu'est-ce que l'académie *françoise? A quoi sert-elle?* C'est ce qu'on demandoit fréquemment, même sous l'ancien régime; & cette seule observation paroît indiquer la réponse qu'on doit faire à ces questions sous le régime nouveau. Mais avant de prononcer une réponse définitive, rappellons les principaux faits. Ils sont notoires, ils sont avérés. Ils ont été recueillis religieusement par les historiens de cette compagnie; ils ne seront pas contestés; on ne récuse pas pour témoins ses panégyristes.

Quelques gens de lettres, plus ou moins estimés de leur tems, s'assembloient librement & par goût chez un de leurs amis, qu'ils élurent leur secrétaire. Cette société, composée seulement de neuf ou dix hommes, subsista inconnue pendant quatre ou cinq ans, & servit à faire naître différens ouvrages que plusieurs d'entr'eux donnèrent au public. Richelieu, alors tout-puissant, eut connoissance de cette association. Cet homme, qu'un instinct rare éclairoit sur tous les moyens d'étendre ou de perfectionner le despotisme, voulut influer sur cette société naissante; il lui offrit sa protection & lui proposa de la constituer sous autorité publique. Ces offres, qui affligèrent les associés, étoient à-peu-près des ordres: il fallut fléchir. Placés entre sa protection & sa haine, leur choix pouvoit-il être douteux? Après d'assez vives oppositions du parlement, toujours inquiet, toujours en garde contre tout ce qui venoit de Richelieu; après plusieurs débats sur les limites de la compétence *académique*, que le parlement, dans ses alarmes, bornoit avec soin aux mots, à la langue, enfin, mais avec beaucoup de peine, à l'éloquence, l'*académie* fut constituée légalement sous la protection du cardinal, à-peu-près telle qu'elle l'a été depuis sous celle du roi. Cette nécessité de remplir le nombre de quarante fit entrer dans la compagnie plusieurs gens de lettres obscurs, dont le public n'apprit les noms que par leur admission dans ce corps, ridicule qui depuis s'est renouvellé plus d'une fois. Il fallut même, pour completter le nombre *académique*, recourir à l'adoption de quelques gens en place, & d'un assez grand nombre de gens de la cour. On admira, on vanta, & on a trop vanté depuis, ce mélange de courtisans & de gens de lettres, cette prétendue égalité *académique* qui, dans l'inégalité politique & civile, ne pouvoit être qu'une vraie dérision. Et qui ne voit que mettre alors Racine à côté d'un cardinal étoit aussi impossible qu'il le seroit aujourd'hui de mettre un cardinal à côté de Racine? Quoi qu'il en soit, il est certain que cet étrange amalgame fut regardé alors comme un service rendu aux lettres. C'étoit peut-être en effet hâter de quelques momens l'opinion publique, que le progrès des idées & le cours naturel des choses auroit sûrement formée quelques années plus tard; mais enfin la nation, déjà disposée à sentir le mérite, ne l'étoit pas encore à le mettre à sa place. Elle estima davantage Patru en voyant à côté de lui un homme décoré; & cependant Patru, philosophe, quoique avocat, faisoit sa jolie fable d'Apollon qui, après avoir rompu une des cordes de sa lyre, y substitua un fil d'or. Le dieu s'apperçut que la lyre n'y gagnoit pas: il y remit une corde vulgaire, & l'instrument redevint la lyre d'Apollon.

Cette idée de Patru étoit celle des premiers académiciens, qui tous regrettoient le tems qu'ils appelloient leur âge d'or; ce tems où, inconnus & volontairement assemblés, ils se communiquoient leurs pensées, leurs ouvrages & leurs projets, dans la simplicité d'un commerce vraiment philosophique & littéraire. Ces regrets subsistèrent pendant toute la vie de ces premiers fondateurs, & même dans le plus grand éclat de l'*académie* françoise. N'en soyons pas surpris; c'est qu'ils étoient alors ce qu'ils devoient être, des hommes libres, librement réunis pour s'éclairer; avantages qu'ils ne retrouvoient pas dans une association plus brillante.

C'est pourtant de cet éclat que les partisans de l'*académie*, (ils sont en petit nombre) tirent les argumens qu'ils rebattent pour sa défense. Tous leurs sophismes roulent sur une seule supposition. Ils commençent par admettre que la gloire de tous les écrivains célèbres du siècle de Louis XIV, honorés du titre d'académiciens, forme la splendeur *académique* & le patrimoine de l'*académie*. En partant de cette supposition, voici comme ils raisonnent. Un écrivain célèbre a été de l'*académie*, ou il n'en a pas été. S'il en a été, tout va bien. Il n'a composé ses ouvrages que pour en être: sans l'existence de l'*académie*, il ne les eût pas faits, du moins il n'en eût fait que de médiocres. Cela est démontré. Si au contraire il n'a pas été de l'*académie*, rien de plus simple encore. Il brûloit du desir d'en être; tout ce qu'il a fait de bon, il l'a fait pour en être; c'est un malheur qu'il n'en ait pas été; mais sans ce but il n'eût rien fait du tout, ou du moins il n'eût rien fait que de mauvais; heureusement on n'ajoute point que, sans l'*académie*, cet écrivain ne seroit jamais né. La conclusion de ce puissant dilême est que les lettres & les *académies* sont une seule & même chose; que détruire les *académies*, c'est détruire l'espérance de voir renaître de grands écrivains; c'est se montrer ennemi des lettres; en un mot, c'est être un barbare, un vandale.

Certes, si on leur passe que, sans cette institution, la nation n'eût point possédé les hommes prodigieux dont les noms décorent la liste de l'*académie*; si leurs écrits forment, non pas une gloire nationale, mais une gloire *académique*, on n'a point assez vanté l'*académie* françoise; on est trop ingrat envers elle. L'*immortalité*, cette devise du génie, qui pouvoit paroître trop fastueuse pour une corporation, n'est plus alors qu'une dénomination juste, un honneur mérité, une dette que l'*académie* acquittoit envers elle-même.

Mais qui peut admettre de nos jours, & dans l'assemblée nationale, que la gloire de tous ces grands hommes soit une propriété académique? Qui croira que Corneille, composant le Cid près du berceau de l'*académie* naissante, n'ait écrit ensuite Horace, Cinna, Polyeucte, que pour obtenir l'honneur d'être assis entre MM. Granier, Salomon, Porchéres, Colomby, Boissat, Bardin, Baudouin, Balesdens, noms obscurs, inconnus aux plus lettrés d'entre vous,

& même échappés à la satyre contemporaine? On rougiroit d'insister sur une si absurde prétention.

Mais pour confondre, par le détail des faits, ceux qui lisent sans réfléchir, revenons à ce siècle de Louis XIV, cette époque si brillante de la littérature françoise dont on confond mal à-propos la gloire avec celle de l'*académie*.

Est-ce pour entrer à l'*académie* françoise qu'il fit ses chefs-d'œuvre, ce Racine provoqué, excité, encouragé dès sa première jeunesse par les bienfaits immédiats de Louis XIV; ce Racine qui, après avoir composé Andromaque, Britannicus, Bérénice, Bajazet, Mithridate, n'étoit pas encore de l'*académie*, & n'y fut admis que par la volonté connue de Louis XIV, par un mot du roi équivalant à une lettre-de-cachet, *je veux que vous en soyez*? Il en fut.

Espéroit-il être de l'*académie*, ce Boileau, dont les premiers ouvrages furent la satyre de tant d'académiciens; qui croyoit s'être fermé les portes de cette compagnie, ainsi qu'il le fait entendre dans son discours de réception; & qui, comme Racine, n'y fut admis que par le développement de l'influence royale?

Etoit-il excité par un tel mobile, ce Molière, que son état de comédien empêchoit même d'y prétendre, & qui n'en multiplia pas moins, d'année en année les chefs-d'œuvre de son théâtre, devenu presque le seul théâtre comique de la nation?

Pense-t-on que l'*académie* ait aussi été l'ambition du bon la Fontaine, que la liberté de ses contes, & sur-tout son attachement à Fouquet, sembloient exclure de ce corps; qui n'y fut admis qu'à plus de soixante ans, (après la mort de Colbert, persécuteur de Fouquet) & pense-t-on que sans l'*académie* le fablier n'eût point porté des fables?

Faut-il parler d'un homme moins illustre, mais distingué par un talent nouveau? Qui croira que l'auteur d'Atys & d'Armide, comblé des bienfaits de Louis XIV, n'eût point, sans la perspective académique, fait des opéra pour un roi qui en payoit si bien les prologues?

Voilà pour les poëtes, & quant aux grands écrivains en prose, est-il vrai que Bossuet, Fléchier, Fénélon, Massillon, appellés par leurs talens aux premières dignités de l'église, avoient besoin de ce foible aiguillon pour remplir la destinée de leur génie? Dans cette liste des seuls vrais grands écrivains du siècle de Louis XIV, nous n'avons omis que le philosophe la Bruyère; qui sans doute ne pensa pas plus à l'*académie*, en composant ses caractères, que la Rochefoucault en écrivant ses maximes; nous ne parlons pas de ceux à qui cette idée fut toujours étrangère, Pascal, Nicole, Arnauld, Bourdaloue, Mallebranche, que leurs habitudes ou leur état en écartoient absolument. Il est inutile d'ajouter à cette liste de noms si respectables plusieurs noms profanes, mais célèbres, tels que ceux de Dufresny, le Sage, & quelques autres poëtes comiques qui n'ont jamais prétendu à ce singulier honneur, ne l'ayant pas vu du côté plaisant, quoiqu'ils en fussent bien les maîtres.

Après avoir éclairci des idées dont la confusion faisoit attribuer à l'existence d'un corps la gloire de ses plus illustres membres, examinons l'*académie* dans ce qui la constitue comme corporation, c'est-à-dire dans ses travaux, dans ses fonctions, & dans l'esprit général qui en résulte.

Le premier & le plus important de ses travaux est son dictionnaire. On sait combien il est médiocre, incomplet, insuffisant; combien il indigne tous les gens de goût; combien il révoltoit sur-tout Voltaire, qui, dans le court espace qu'il passa dans la capitale avant sa mort, ne put venir à l'*académie* sans proposer un nouveau plan, préliminaire indispensable, & sans lequel il est impossible de rien faire de bon. On sait qu'à dessein de triompher de la lenteur ordinaire aux corporations, il profita de l'ascendant qu'il exerçoit à l'*académie* pour exiger qu'on mît sur-le-champ la main à l'œuvre, prit lui-même la première lettre, distribua les autres à ses confrères, & s'excéda d'un travail qui peut-être hâta sa fin. Il vouloit apporter le premier sa tâche à l'*académie*, & obtenir de l'émulation particulière ce que lui eût refusé l'indifférence générale. Il mourut, & avec lui tomba l'effervescence momentanée qu'il avoit communiquée à l'*académie*. Il résulta seulement de ses critiques sévères & âpres, que les dernières lettres du dictionnaire furent travaillées avec plus de soin; qu'en revenant ensuite avec plus d'attention sur les premières, les académiciens étonnés des fautes, des omissions, des négligences de leurs devanciers, sentirent que le dictionnaire ne pouvoit, en cet état, être livré au public sans exposer l'*académie* aux plus grands reproches, & sur-tout au ridicule, châtiment qu'elle redoute toujours, malgré l'habitude. Voilà ce qui reculera de plusieurs années encore la nouvelle édition d'un ouvrage qui paroissoit à-peu-près tous les vingt ans, & qui se trouve en retard précisément à l'époque actuelle, comme pour attester victorieusement l'inutilité de cette compagnie.

Vingt ans, trente ans pour un dictionnaire! & autrefois un seul homme, même un académicien, Furetière, en un moindre espace de tems devança l'*académie* dans la publication d'un dictionnaire qu'il avoit fait fait lui seul, ce qui occasionna entre l'*académie* & l'auteur un procès fort divertissant, où le public ne fut pas pour elle. Il existe un dictionnaire anglois, le meilleur de tous, c'est le travail du célèbre Johnson, qui n'en a pas moins publié, avant & après ce dictionnaire, quelques ouvrages estimés en Europe. Plusieurs autres exemples, choisis parmi nos littérateurs, montrent assez ce que peut, en ce genre, le travail obstiné d'un seul homme: Moreri, mort à 29 ans, après la première édition du dictionnaire qui porte son nom; Thomas Corneille, épuisé de travaux, commençant & finissant, dans sa vieillesse, deux grands ouvrages de ce genre, le dictionnaire des sciences & des arts, en trois vol. in-folio, un dictionnaire géographique, en trois autres vol. in-folio; la Martinière, auteur d'un dictionnaire de géographie, en dix vol. toujours in-folio; enfin Bayle, auteur d'un dictionnaire en quatre vol. in-folio, où se trouvent cent articles pleins de génie, luxe dont les in-folio sont absolument dispensés, & dont s'est préservé sur-tout le dictionnaire de l'*académie*.

Et pourtant là se bornent tous ses travaux. Les statuts de ce corps, enrégistrés au parlement, lui permettoient (c'étoit presque lui commander) de donner au public une grammaire & une réthorique, voilà tout; car pour une logique, les parlemens ne l'eussent pas permis. Eh bien! où sont cette grammaire & cette réthorique? Elles n'ont jamais paru. Cependant auprès de la capitale, aux portes de l'*académie*, un petit nombre de solitaires, MM. de Port-Royal, indépendamment de la traduction de plusieurs auteurs anciens, travail qui ne sort point du département des mots, & qui par conséquent étoit permis à l'*académie* françoise, MM de Port-Royal publièrent une grammaire universelle raisonnée, la meilleure qui ait existé pendant cent ans; ils publièrent, non pas une réthorique, mais une logique; car pour ceux-ci, le parlement, un peu complice de leur jansénisme, vouloit bien leur permettre de raisonner, & *l'art de raisonner* fut même le titre qu'ils donnèrent à leur logique. Observons qu'en même-tems ces auteurs solitaires donnoient sous leur nom particulier différens ouvrages qui ne sont point encore tombés dans l'oubli.

Passons au second devoir académique, les discours de réception. Je ne vous présenterai pas, Messieurs, le tableau d'un ridicule usé. Sur ce point, les amis, les ennemis de ce corps parlent absolument le même langage. Un homme loué, en sa présence, par un autre homme qu'il vient de louer lui-même, en présence du public qui s'amuse de tous les deux, un éloge trivial de l'*académie* & de ses protecteurs, voilà le malheureux canneyas où, dans ces derniers tems, quelques hommes célèbres, quelques littérateurs distingués ont semé des fleurs, écloses non de leur sujet, mais de leur talent. D'autres, usant de la ressource de Simonide, & se jettant à côté, y ont joint quelques dissertations de philosophie ou de littérature qui seroient ailleurs mieux placées. Sans doute quelque main amie des lettres, séparant & rassemblant ces morceaux, prendra soin de les soustraire à l'oubli dans lequel le recueil académique va s'enfonçant de tout le poids de son immortalité. Nous avons vu des étrangers illustres confondant, ainsi que tant de françois, les ouvrages des académiciens célèbres & les travaux de la corporation appellée *académie* françoise, se procurer avec empressement le recueil académique, seule propriété véritable de ce corps, outre son dictionnaire; & après avoir parcouru ce volumineux verbiage, cédant à la colère qui suit l'espérance trompée, rejetter avec mépris cette insipide collection.

Ici se présente, Messieurs, une objection dont on croira vous embarrasser. On vous dira que ces hommes célèbres ont déclaré dans leur discours de réception qu'ils ont desiré vivement l'*académie*, & que ce prix glorieux étoit en secret l'ame de leurs travaux. Il est vrai qu'ils le disent presque tous; & comment s'en dispenseroient-ils, puisque Corneille & Racine l'ont dit? Corneille qui ne connut d'abord l'*académie* que par la critique qu'elle fit d'un de ses chefs-d'œuvre, Racine admis chez elle en dépit d'elle, comme on sait. Qui ne voit d'ailleurs que cette misérable formule est une ressource contre la pauvreté du sujet, & trop souvent contre la nullité du prédécesseur auquel on doit un tribut d'éloges?

A l'égard de l'empressement réel que de grands hommes ont quelquefois montré pour le fauteuil académique, il faut savoir que l'opinion, qui sous le despotisme se pervertit si facilement, avoit fait une sorte de devoir aux gens de lettres un peu distingués d'être admis dans ce corps; & la mode, souveraine absolue chez une nation sans principes, la mode, ajoutant son prestige aux illusions d'une vanité qu'elle aiguillonnoit encore, perpétuoit l'égarement de l'opinion publique. Le gouvernement le savoit bien, & savoit bien aussi l'art de s'en prévaloir. Avec quelle adresse habile, éclairé par l'instinct des tyrans, n'entretenoit-il pas les préjugés qui, en subjuguant les gens de lettres, les enchaînoit sous sa main! Une absurde prévention avoit réglé, avoit établi que les places académiques donnoient seules aux lettres, ce que l'orgueil d'alors appelloit *un état*; & vous savez quelle terrible existence c'étoit que celle d'un homme sans état; autant valoit dire presqu'un homme sans aveu, tant les idées sociales étoient justes & saines,

Ajoutons qu'être un homme sans état exposoit, il vous en souvient, Messieurs, à d'assez grandes vexations. Il falloit donc tenir à des corps, à des compagnies ; car là où la société générale ne vous protège point, il faut bien être protégé par des sociétés partielles ; là où l'on n'a pas de concitoyens, il faut bien avoir des confrères ; là où la force publique n'étoit souvent qu'une violence légale, il convenoit de se mettre en force pour la repousser. Quand les voyageurs redoutent les grands chemins, ils se réunissent en caravanne.

Tels étoient les principaux motifs qui faisoient rechercher l'admission dans ces corps ; & le gouvernement refusant quelquefois cet honneur à des hommes célèbres dont les principes l'inquiétoient, ces écrivains, aigris d'un refus qui exagéroit un moment à leurs yeux l'importance du fauteuil, mettoient leur amour-propre à triompher du gouvernement. On en a vu plusieurs exemples, & voilà ce qui explique des contradictions inexplicables pour quiconque n'en a pas la clef.

Qui jamais s'est plus moqué, sur-tout s'est mieux moqué de l'*académie* françoise que le président de Montesquieu dans ses lettres persannes ? Et cependant, révolté des difficultés que la cour opposoit à sa réception académique, pour des plaisanteries sur des objets plus sérieux, il fit faire une édition tronquée de ces mêmes lettres, où ces plaisanteries étoient supprimées ; ainsi, pour pouvoir accuser ses ennemis d'être des calomniateurs, il le devint lui-même, il commit un faux ; il est vrai qu'en récompense il eut l'honneur de s'asseoir dans cette *académie*, à laquelle il avoit insulté ; & le souvenir de ses railleries, approuvées de ses confrères comme du public, n'empêcha pas que dans sa harangue de compliment le récipiendaire n'attribuât tous ses travaux à la sublime ambition d'être membre de l'*académie*.

On voit par les lettres de Voltaire, publiées depuis sa mort, le mépris dont il étoit pénétré pour cette institution ; mais il n'en fut pas moins forcé de subir le joug d'une opinion dépravée, & de solliciter plusieurs années ce fauteuil, qui lui fut refusé plus d'une fois par le gouvernement. C'est un des moyens dont se servoit la cour pour réprimer l'essor du génie ; & *pour lui couper les aîles*, suivant l'expression de ce même Voltaire qui reprochoit à d'Alembert de se les être laissé arracher. De-là vint que tous ceux qui depuis voulurent garder leurs aîles, & à qui leur caractère, leur fortune, leur position permit de prendre un parti courageux, renoncèrent aux prétentions académiques ; & ce sont ceux qui ont le plus préparé la révolution en prononçant nettement ce qu'on ne dit qu'à moitié dans les *académies* : tels sont Helvétius, Rousseau, Diderot, Mably, Raynal, & quelques autres. Tous ont montré hardiment leur mépris pour ce corps, qui n'a point fait grands ceux qui honorent sa liste, mais qui les a reçus grands, & les a rapetissés quelquefois.

Qu'on ne vous oppose donc plus comme un objet d'émulation pour les gens de lettres le desir d'être admis dans ce corps, dont les membres les plus célèbres se sont toujours moqués ; & croyez ce qu'ils en ont dit dans tous les tems, hors le jour de leur réception.

Nous arrivons à la troisième fonction académique, les complimens aux rois, reines, princes, princesses, aux cardinaux, quand ils sont ministres, &c. Vous voyez, Messieurs, par ce seul énoncé, que cette partie des devoirs académiques est diminuée considérablement. Vos décrets ne laissant plus en France qu'un roi & des citoyens, l'*académie*, si elle subsistoit, ne pourroit plus haranguer que nos rois ; & même à cet égard vous avez de beaucoup affoibli les ressources laudatives de la rhétorique académicienne. Vous paroissez convaincus que les rois n'ont plus besoin de complimens, il ne leur faut que des vérités.

Quatrième & dernière fonction de l'*académie* : la distribution des prix d'éloquence, de poésie, & de quelques autres fondés dans ces derniers tems.

Cette fonction, au premier coup d'œil, paroît plus intéressante que celle des complimens ; & au fond elle ne l'est guère davantage. Cependant, comme il est des hommes ou malveillans ou peu éclairés, qui nous supposeroient ennemis de la poésie, de l'éloquence, de la littérature, si nous supprimions ces prix, ainsi que ceux d'encouragement & d'utilité, nous vous proposerons un moyen facile d'assurer cette distribution. On ne prétendra pas sans doute qu'une salle du Louvre soit la seule enceinte où l'on puisse réciter des vers bons, médiocres ou mauvais. On ne prétendra pas que, pour cette fonction seule, il faille, contre vos principes, soutenir un établissement public, quelque peu coûteux qu'il puisse être ; car nous rendons cette justice à l'*académie* françoise, qu'elle entre pour très-peu dans le *déficit*, & qu'elle est la moins dispendieuse de toutes les inutilités.

Puisque personne ne se permettra donc les objections absurdes que leur seul énoncé réfute suffisamment, nous avons d'avance répondu à ceux qui croient ou feignent de croire que le maintien de ces prix importe à l'encouragement de la poésie & de l'éloquence. Mais qui ne sait ce qu'on doit penser de l'éloquence académique ? & puisqu'elle étoit mise à sa place, même sous le despotisme, que paroîtra-t-elle bientôt auprès de l'éloquence vivante & animée dont vous avez mis l'école dans le sanctuaire de la liberté publique ? C'est ici, c'est parmi vous, Messieurs, que se formeront les vrais orateurs ; c'est de ce foyer que jailliront quelques étincelles qui même animeront plus d'un grand poëte. Leur ambition ne se bornera plus à quelques malheureux prix académique, qui à peine depuis cent ans ont fait naître quelques ouvrages au-dessus du médiocre. Il ne faut point appliquer aux tems de la liberté les idées étroites connues aux jours de la servitude. Vous avez assuré au génie le libre exercice & l'utile emploi de ses facultés ; vous lui avez fait le plus beau des présens, vous l'avez rendu à lui ; vous l'avez mis, comme le peuple, en état de se protéger lui-même. Indépendamment de ces prix que vous laisserez subsister, la poésie ne deviendra pas muette ; & la France peut encore entendre de beaux vers, même après Messieurs de l'*académie* françoise.

Il est un autre prix plus respectable, décerné tous les ans par le même corps, d'après une fondation particulière, prix dont la conservation paroît d'abord recommandée par sa dénomination même, la plus auguste de toutes les dénominations, le prix de vertu.

Tel est l'intérêt attaché à l'objet de cette fondation, qu'au premier apperçu des inconvenances morales qui en résultent, on hésite, on s'efforce de repousser ce sentiment pénible ; on s'afflige de la réflexion qui le confirme, on se fait une peine de le communiquer & d'ébranler dans autrui les préventions favorables, mais peu réfléchies, qui protègent cette institution. Il le faut néanmoins, car ce qui, dans un régime absurde en toutes ses parties, paroissoit moins choquant, présente tout-à-coup une difformité révoltante dans un systême opposé, qui ayant fondé sur la raison tout l'édifice social, doit le fortifier par elle, & l'enceindre, en quelque sorte, du rempart de toutes les considérations morales capables de l'affermir & de le protéger. Ne craignons donc pas d'examiner sous cet aspect l'établissement de ce prix de vertu, bien sûrs que si cette fondation est utile & convenable, elle peut, comme la vertu, soutenir le coup-d'œil de la raison.

Et d'abord, laissant à part cette affiche, ce concours périodique, ce programme d'un prix de vertu *pour l'année prochaine*, je lis les termes de la fondation, & je vois ce prix destiné aux vertus des citoyens *dans la classe indigente*. Quoi donc ? Qu'est-ce à dire ? La classe opulente a-t-elle relégué la vertu dans la classe des pauvres ? Non sans doute. Elle prétend bien, comme l'autre, pouvoir faire éclater des vertus. Elle ne veut donc pas du prix ? Non certes. Ce prix est de l'or ; le riche en l'acceptant se croiroit avili. J'entends ; il n'y en a point assez ; il ne le prendroit pas ? Le riche l'ose dire, & pourquoi ne le prendroit-il pas ? le pauvre le prend bien ! Payez-vous la vertu ? ou bien l'honorez-vous ? Vous ne la payez pas, ce n'est ni votre prétention, ni votre espérance. Vous l'honorez donc ! eh bien ! commencez par ne pas l'avilir en mettant la richesse au-dessus de la vertu indigente. O renversement de toutes les idées morales, né de l'excès de la corruption publique & fait pour l'accroître encore ! Mesurons de l'œil l'abyme dont nous sortons : dans quel corps, dans quelle compagnie eût-il été admis, le ci devant gentilhomme qui eût accepté le prix de vertu dans une assemblée publique ? Il y avoit parmi nous la roture de la vertu ! retirez donc votre or qui ne peut récompenser une belle action du riche. Rendez à la vertu cet hommage de croire que le pauvre aussi peut être payé par elle, qu'il a, comme le riche, une conscience opulente & solvable, qu'enfin il peut, comme le riche, placer une bonne action entre le ciel & lui. Législateurs, ne décrétez pas la divinité de l'or, en le donnant pour salaire à ces mouvemens sublimes, à ces grands sacrifices, qui semblent mettre l'homme en commerce avec son éternel auteur. Il seroit annullé votre décret, il l'est d'avance dans l'ame du pauvre.... oui, du pauvre, au moment où il vient de s'honorer par un acte généreux. Il est commun, il est par-tout le sentiment qui atteste cette vérité. Eh ! n'avez-vous pas vu dans ces désastres qui provoquent le secours général, n'avez-vous pas vu quelqu'un de ces pauvres, lorsqu'au risque de ses jours & par un grand acte de courage, il a sauvé l'un de ses semblables, je veux dire, le riche, l'opulent, l'heureux, car il les prend pour ses semblables, dès qu'il faut les secourir ; lorsqu'après le péril & dans le reste des effusions de sa reconnoissance, le riche sauvé présente de l'or à son bienfaiteur, à cet indigent, à cet homme dénué ; regardez celui-ci, comme il s'indigne, il recule, il s'étonne, il rougit..... Une heure auparavant il eût mendié. D'où lui vient ce noble mouvement ? c'est que vous profanez son bienfait, ingrat que vous êtes ! Vous corrompez votre reconnaissance, il a fait du bien, il vient de s'enrichir, & vous le traitez en pauvre ! Au plaisir céleste d'avoir satisfait le plus beau besoin de son ame, vous substituez la pensée d'un besoin matériel ; vous le ramenez du ciel où il est quelque chose, sur la terre où il n'est rien. O nature humaine ! voilà comme on t'honore ! quand la vertu t'élève à ta plus grande hauteur, c'est de l'or qu'on vient t'offrir, c'est l'aumône qu'on te présente !

Mais, dira-t-on, cette aumône, elle a pourtant été reçue dans des séances publiques & solemnelles ! eh ! qui ne sait, Messieurs, ce qui arrive en ces occasions ? le pauvre a ses amis qui le servent à leur manière & non pas à la sienne ; qui, ne pouvant

pouvant sans doute lui donner des secours, le conduisent où l'on en donne; & avant ces derniers tems, qu'étoit-ce que l'honneur du pauvre? & puis on lui parle de fêtes, d'accueils, d'applaudissemens. Etonné d'occuper un moment ceux qu'il croit plus grands que lui, il a la foiblesse se tenir pour honoré. Qu'il attende.

Plusieurs de vous, Messieurs, ont assisté à quelqu'une de ces assemblées où, parmi des hommes étrangers à la classe indigente, se présente l'indigence vertueuse, couronnée, dit-on; elle attire les regards, ils la cherchent, ils s'arrêtent sur elle.... je ne les peindrai pas, mais ce n'est point là l'hommage que mérite la vertu. Il est vrai que le récit détaillé de l'acte généreux que l'on couronne excite des applaudissemens, des battemens de mains.... J'ignore si j'ai mal vu; mais secrettement blessé de toutes ces inconvenances, & observant les traits & le maintien de la personne ainsi couronnée, j'ai cru y voir, d'autres l'ont cru comme moi, l'impression marquée d'une secrette & involontaire tristesse, non l'embarras de la modestie, mais la gêne du déplacement. O! vous qu'on amenoit ainsi sur la scène, ames nobles & honnêtes, mais simples & ignorantes, savez-vous d'où vient ce mal être intérieur qui affecte même votre maintien? C'est que vous portez le poids d'un grand contraste, celui de la vertu & du regard des hommes. Laissons là, messieurs, toute cette pompe puérile, tout cet appareil dramatique qui montre l'immorale prétention d'agrandir la vertu. Une constitution, de sages loix, le perfectionnement de la raison, une éducation vraiment publique, voilà les sources pures, fécondes, intarissables des mœurs, des vertus, des bonnes actions. L'estime, la confiance, l'amour de vos frères & de vos concitoyens.... hommes libres, hommes raisonnables, recevez ces prix; tout le reste, jouet d'enfant ou salaire d'esclave.

J'ai arrêté vos regards, messieurs, sur chacune des fonctions académiques dont la réunion montre sous son vrai jour l'utilité de cette compagnie considérée comme corporation. C'est à quoi je pourrois m'en tenir; mais pour rendre sensible l'esprit général qui résulte de ces établissemens, j'observe que l'on peut, que l'on doit même regarder comme un monument académique, un ouvrage avoué par l'*académie*, & composé presqu'officiellement par un de ses membres les plus célèbres, d'Alembert son secrétaire perpétuel: je parle du recueil des éloges académiques.

Si l'on veut s'amuser, philosopher, s'affliger des ridicules attachés non pas aux lettres (que nous respectons), mais aux corps littéraires (que nous ne révérons pas), il faut lire cette singulière collection, qui de l'éloge des membres fait naître la plus sanglante satyre de cette compagnie. C'est là, c'est dans ce recueil qu'on peut en contempler, en déplorer les misères, & remarquer tous les effets vicieux d'une vicieuse institution; la lutte des petits intérêts, le combat des passions haîneuses, le manège des rivalités mesquines, le jeu de toutes ces vanités disparates & désassorties entre lettrés, titrés, mîtrés, enfin toutes les évolutions de ces amours-propres hétérogènes, s'observant, se caressant, se heurtant tour-à-tour, mais constamment réunis dans l'adoration d'un maître invisible & toujours présent.

Tels sont, à la longue, les effets de cette dégradante disposition, que si l'on veut chercher l'exemple de la plus vile flaterie où des hommes puissent descendre, on la trouvera, qui le croiroit, non dans la cour de Louis XIV, mais dans l'*académie* françoise. Témoin le fameux sujet du prix proposé par ce corps *laquelle des vertus du roi est la plus digne d'admiration?* On sait que ce programme, présenté officiellement au monarque, lui fit baisser les yeux et couvrir son visage d'une rougeur subite & involontaire. Ainsi, un roi que cinquante ans de règne, vingt ans de succès & la constante idolâtrie de sa cour avoient exercé & en quelque sorte aguerri à soutenir les plus grands excès de la louange, une fois du moins s'avoua vaincu, & c'est à l'*académie* françaisе qu'étoit réservé l'honneur de ce triomphe. Se flateroit-on que ce fût là le dernier terme d'un coupable avilissement? On se tromperoit. Il faut voir, après la mort de Louis XIV, la servitude obstinée de cette compagnie punir, dans un de ses membres les plus distingués, le crime d'avoir osé juger sur les principes de la justice & de la raison, la gloire de ce règne fastueux; il faut voir l'*académie*, pour venger ce prétendu outrage à la mémoire du roi, effacer de la liste académique le nom du seul écrivain patriote qu'elle y eut jamais placé, le respectable abbé de Saint-Pierre; lâcheté gratuite, qui semble n'avoir eu d'autre objet que de protester d'avance contre les tentatives futures ou possibles de la liberté françoise, & de voter solemnellement pour l'éternité de l'esclavage national.

Je sais que le nouvel ordre de choses rend désormais impossibles de pareils scandales, & qu'il sauveroit même à l'*académie* une partie de ses ridicules accoutumés. On ne verrait plus l'avantage du rang tenir lieu de mérite, ni la faveur de la cour influer, du moins au même degré, sur les nominations. Non; ces abus & quelques autres ont disparu pour jamais; mais ce qui restera, ce qui même est inévitable, c'est la perpétuité de l'esprit qui anime ces compagnies. En vain tenteriez-vous d'organiser pour la liberté des corps créés pour la servitude; toujours ils chercheront, par le renouvellement de leurs membres successifs, à conserver, à propager les principes aux quels ils doivent leur existence, à prolonger les espérances insensées du despotisme, en lui offrant sans cesse des auxiliaires & des affidés. Dévoués par leur nature aux agens de l'autorité; seuls arbitres & dispensateurs des petites graces dans un ordre de choses où les législateurs ne peuvent distinguer que les grands talens, il existe entre ces corps & les dépositaires du pouvoir-exécutif une bienveillance mutuelle, une faveur réciproque, garant tacite de leur alliance secrette, &, si les circonstances le permettoient, de leur complicité future. En voulez-vous la preuve? je puis la produire. Je puis mettre sous vos yeux les bases de ce traité, & pour ainsi dire les articles préliminaires. Ecoutez ce même d'Alembert dans la préface du recueil de ces mêmes éloges, révélant le honteux secret des *académies*, & enseignant aux rois l'usage qu'ils peuvent faire de ces corporations pour perpétuer l'esclavage des peuples.

« Celui qui se marie, dit Bacon, (*c'est d'Alembert qui parle*) donne des ôtages à la fortune. L'homme de lettres qui tient à *l'académie*, (*qui tient, c'est-à-dire est tenu enchaîné*,) l'homme de lettres donne des ôtages à la décence. (*vous allez savoir ce que c'est que cette décence académicienne*) Cette chaîne, (*cette fois il l'appelle par son nom*,) cette chaîne, d'autant plus forte qu'elle sera volontaire, (*la pire de toutes les servitudes est en effet la servitude volontaire: on savoit cela.*) Cette chaîne le retiendra sans effort dans les bornes qu'il feroit tenté de franchir. (*on pouvoit en effet, sous l'ancien régime, être tenté de franchir les bornes.*) L'écrivain isolé & qui veut toujours l'être est une espèce de célibataire, (*un vaurien qu'il faut ranger en le mariant à l'académie*,) célibataire qui, ayant moins à ménager, est par-là plus sujet ou plus exposé aux écarts. *Aux écarts! par exemple, d'écrire des vérités utiles aux hommes & nuisibles à leurs oppresseurs.* »

« Parmi les vérités importantes que les gouvernemens ont besoin d'accréditer, (*pour les travestir, les défigurer, quand on ne peut plus les dissimuler entierement.*) il en est qu'il leur importe de ne répandre que peu-à-peu, & comme par transpiration insensible, (*l'académie laissoit peu transpirer.*) Un pareil corps, également instruit & sage, (*sage, Messieurs!*) organe de la raison par devoir, & de la prudence par état, (*quel état & quelle prudence!*) ne fera entrer de lumiere dans les yeux des peuples que ce qu'il en faudra pour les éclairer peu-à-peu ». (*L'académie économisoit la lumiere*;) l'auteur ajoute, il est vrai, *sans blesser les yeux des peuples* & l'on entend cette tournure vraiment académique.

(1) Préface des éloges de l'académie, lus dans les séances publiques de l'académie françoise, tom. I, page 16.

Ah! Messieurs, c'en est trop; qui de vous n'est surpris, indigné, révolté? certes, on ne sait qu'admirer le plus dans l'avocat des *académies*, ou la hardiesse ou l'imprudence qui présente les gens de lettres sous un pareil aspect; qui, les plaçant entre les peuples & les rois, dit à ces derniers, dans une attitude à la fois servile & menaçante: « nous pouvons à notre choix éclaircir ou doubler sur les yeux de vos sujets le bandeau des préjugés. Payez nos paroles ou notre silence; achetez une alliance utile ou une neutralité nécessaire ». Odieuse transaction! commerce coupable où l'on sacrifie le bonheur des hommes à des places académiques, à des faveurs de cour, prime honteuse dans le plus infâme des trafics, celui de la liberté des nations! Vous concevez maintenant, messieurs, ce qu'exige des *académies la décence, la sagesse, la prudence d'état.* D'état! hélas oui, c'est le mot. Vous en faut-il une seconde preuve également frappante? cherchez-là dans cette autre *académie*, sœur puînée, ou plutôt fille de *l'académie* françoise, & fille digne de sa mère par le même esprit d'abjection.

On sait que d'après une idée de madame de Montespan, (ce mot seul dit tout) *l'académie* des inscriptions & belles lettres, instituée authentiquement pour la gloire du roi, chargée d'éterniser par les medailles la gloire du roi, d'examiner les dessins des peintures, sculptures consacrées à la gloire du roi, se soutint avec éclat près de 30 ans; mais que vers la fin du règne, la gloire du roi venant tout-à-coup à manquer, il fallut songer à s'étayer de quelqu'autre secours. Ce fut alors que, sous un nouveau régime qui la soumit à la hiérarchie des rangs, tache dont *l'académie* française parut du moins exempte, *l'académie* des belles lettres chercha les moyens de se montrer utile. Elle eut recours aux antiquités judaïques, grecques & romaines, dont elle fit l'objet de ses recherches & de ses travaux. Eh! que ne s'y bornoit elle! Nous étions si reconnoissans d'avoir appris par elle ce qu'étoient dans la Grèce les dieux cabires; quels étoient les noms de tous les ustensiles composant la batterie de cuisine de Marc-Antoine! nous applaudissions à la découverte d'un vieux roi de Jérusalem, perdu depuis dix-huit cents ans dans un recoin de la chronologie: on sourit malgré soi de voir des esprits graves & sérieux s'occuper de ces bagatelles.

Certes, il valoit mieux en faire son éternelle occupation que d'étudier nos antiquités françoises pour les dénaturer, que d'empoisonner les sources de notre histoire, que de mettre aux ordres du despotisme une érudition faussaire, que de combattre & condamner d'avance l'assemblée nationale, en déclarant fausse & dangereuse l'opinion qui conteste au roi le pouvoir législatif pour le donner à la nation : c'est l'avis de MM. Secousse, Foncemagne, & de plusieurs autres membres de cette compagnie. Tel est l'esprit de ces corps, ils en font trophée, telle est leur profession de foi publique. La principale occupation de l'*academie* des belles-lettres, dit l'un de ses membres les plus célèbres, Mabillon, doit être la gloire du roi. La gloire du roi ! & nous aussi nous la voulons, mais nous la voulons dans le bonheur du peuple, où elle est pour jamais placée; nous la voulons où n'ont pas su la mettre ces deux *académies*, instrument de la servitude sous Louis XIV, frein de la liberté sous Louis XV. Qu'elles soient fermées pour jamais ces écoles de flaterie & de servilité. Vous le devez à vous-mêmes, à vos invariables principes. Eh ! quelle protestation plus noble & plus solemnelle contre d'avilissans souvenirs, contre de méprisables habitudes, dont il faut effacer jusqu'aux vestiges; enfin contre l'infatigable adulation dont, au scandale de l'Europe, ces deux compagnies ont fatigué vos deux derniers rois. Eh ! Messieurs, l'extinction de ces corps, n'est que la conséquence nécessaire du décret qui a détaché les esclaves enchaînés dans Paris à la statue de Louis XIV.

Vous avez tout affranchi; faites pour les talens ce que vous avez fait pour tout autre genre d'industrie. Point d'intermédiaire, personne entre les talens & la nation. Range-toi de mon soleil, disoit Diogène à Alexandre, & Alexandre se rangea; mais les compagnies ne se rangent point: il faut les anéantir. Une corporation pour les arts de génie ! c'est ce que les anglois n'ont jamais conçu : & en fait de raison, vous ne savez plus rester en arrière des anglois. Homere ni Virgile, ne furent d'aucune *académie*, non plus que Pope & Dryden, leurs immortels traducteurs. Corneille, critiqué par l'*académie* françoise, s'écrioit : *j'imite l'un de mes trois Horaces, j'en appelle au peuple.* Croyez-en Corneille; appellez au peuple comme lui.

Eh ! qui réclameroit contre votre jugement ? Parmi les gens de lettres eux-mêmes, les *académies* n'avoient guère pour défenseurs que les ennemis de la révolution. Encore, au nombre de ces défenseurs s'en trouve-t-il quelques-uns d'une espèce assez étrange. A quoi bon détruire, disent-ils, des établissemens prêts à tomber d'eux-mêmes à la naissance de la liberté ? En vous laissant, messieurs, apprécier ces moyens de défense, je crois pouvoir applaudir à la conjecture; & n'a-t-on pas vu, dans ces dernières années, l'accroissement de l'opinion publique servir de mesure à la décroissance proportionnelle de ces corps, jusqu'au moment où, toute proportion venant à cesser tout-à-coup, il n'est resté entre ces compagnies & la nation que l'intervalle immense qui sépare la servitude & la liberté.

Eh ! comment l'*académie*, conservant sa maladive & incurable petitesse, au milieu des objets qui s'agrandissent autour d'elle, comment l'*académie* seroit-elle apperçue ? Qui recherchera désormais ses honneurs obscurcis devant une gloire à la fois littéraire & patriotique ? Pense-t-on que ceux de vos orateurs qui auront discuté dans la tribune, avec l'applaudissement de la nation, les grands intérêts de la France, ambitionneront beaucoup une frivole distinction à laquelle le despotisme bornoit, ou plutôt condamnoit les plus rares talens ? Qui ne sent que si Corneille & Racine ont daigné apporter dans une si étroite enceinte les lauriers du théâtre, cette bisarrerie tenoit à plusieurs vices d'un système social qui n'est plus, au prestige d'une vanité qui ne peut plus être, à la tyrannie d'un usage établi, comme un impôt, sur les talens; enfin à de petites convenances fugitives, maintenant disparues devant la liberté & englouties dans l'égalité civile & politique, comme un ruisseau dans l'océan ?

Epargnez donc, messieurs, à l'*académie* une mort naturelle. Donnez à ses partisans, s'il en reste, la consolation de croire que sans vous elle étoit immortelle. Qu'elle ait du moins l'honneur de succomber dans une époque mémorable, & d'être ensevelie avec de plus puissantes corporations. Pour cette fois, vous avez peu de clameurs à craindre; car c'est une chose remarquable que l'*académie*, quoique si peu onéreuse au public, n'ait jamais joui de la faveur populaire. Quant au chagrin que vous causerez à ses membres par leur séparation, croyez qu'il se contiendra dans les bornes d'un hypocrite & facile décence. Déployez donc à la fois & votre fidélité à vos principes sur les corporations, & votre estime pour les lettres, en détruisant ces corps & en traitant les membres avec une libérale équité. Celle dont vous userez envers des hommes d'un mérite reconnu, plus ou moins distingué, membres de sociétés littéraires peu nombreuses, où l'on n'est admis que dans l'âge de la maturité, ne peut fatiguer la générosité de la nation. Plût au ciel qu'en des occasions plus importantes vous eussiez pu réparer par des dédommagemens aussi faciles les maux individuels opérés pour le bonheur général ! Plût au ciel qu'il vous eût été permis de placer aussi aisément à côté de vos devoirs publics la preuve consolante de votre commisération pour les infortunes particulières !

On n'a pas cru devoir imprimer le projet de décret dans lequel se trouvoient les dispositions relatives à la distribution des prix de poésie, d'éloquence, d'utilité & d'encouragement, &

celles qui concernoient le traitement des gens de lettres, membres des *académies*, &c. Ce projet de décret, adopté en grande partie par M. Mirabeau, doit se trouver dans ses papiers. On n'en parle ici que parce qu'il est question, dans le discours, des prix d'éloquence, de poésie, &c. & qu'on avoit effectivement pourvu à leur conservation. L'assemblée nationale, si elle adopte l'opinion de M. Mirabeau sur les *académies*, ne sera pas plus embarrassée que lui sur les moyens de conserver ces prix. Mais il paroît difficile qu'elle veuille perpétuer celui de vertu dans un pays où la constitution va créer enfin une morale publique.

Extrait de la réponse de M. l'abbé Morellet à M. de Chamfort.

M. de Chamfort commence par établir que Richelieu, » en formant l'*académie* de quelques hommes de lettres qui s'assembloient librement & par goût chez un de leurs amis, fut conduit à vouloir influer sur cette société naissante, & à la constituer sous l'autorité publique, par cet instinct rare qui l'éclairoit sur tous les moyens d'étendre & de perfectionner le despotisme ».

Le despotisme est une fort mauvaise chose; mais il ne faut pas le voir par-tout & le poursuivre où il n'est pas: car alors l'amour de la liberté dégénère en une véritable manie, à moins qu'on ne puisse soupçonner pis.

Les vues du cardinal de Richelieu dans l'établissement de l'*académie* ont été, selon tous les gens raisonnables; & jusques à M. de Chamfort, de perfectionner la langue & d'encourager les lettres par la distinction que donneroit l'*académie* à ses membres, & sur-tout par l'égalité précieuse qu'il établissoit entr'eux, de quelque rang & condition qu'ils fussent, égalité qui ne peut faire partie d'aucun plan de tyrannie.

Je dirai en second lieu, que si Richelieu eût eu un instinct si rare sur les moyens d'étendre & de perfectionner le despotisme, cette lumière l'abandonna dans la fondation de l'*académie*. Il a manqué de cette grande sagacité, s'il n'a pas vu ce qu'ont vu les plus sots tyrans, que la culture de l'esprit dans ses plus foibles dégrés est ennemie née de la tyrannie, & que tôt ou tard elle la détruit.

Richelieu, avec des projets de tyrannie, eût donc dissipé cette association naissante plutôt qu'il ne l'eût réunie & favorisée; & l'événement a parfaitement prouvé qu'il eût mieux calculé, puisque l'*académie* françoise, & les *académies* en général ont préparé & hâté certainement les progrès des lumières & de la liberté publique.

Enfin j'ajouterai une réflexion qui pourra paroître un paradoxe à M. de Chamfort, & que je n'en crois pas moins vraie, c'est que Richelieu a plus fait pour la liberté de la nation, que beaucoup de nos modernes Brutus. Le despotisme qui opprimoit alors la nation étoit celui des grands. Il l'attaqua avec vigueur, l'affoiblit, l'extirpa presque. Mais quoiqu'il ne pût le combattre qu'en fortifiant l'autorité des rois, qui pouvoit dégénérer en despotisme à son tour, la liberté des peuples gagna pourtant prodigieusement à ce grand changement. Au lieu de tyrans disséminés sur toute la surface du royaume, & le pressant, pour ainsi dire, sur tous ses points, la puissance royale domina seule, & ne comprima plus que les têtes élevées. Or, abaisser & contenir les grands, qu'étoit-ce autre chose que détruire cette aristocratie à laquelle on reproche aujourd'hui des torts anciens, plutôt que des injustices récentes dont ce même Richelieu nous avoit préparé les moyens de nous défendre.

J'ai dit que l'égalité académique établie par Richelieu, & le mélange des gens de lettres et des gens de la cour, peut servir à justifier Richelieu du plan de tyrannie que lui prête M. de Chamfort. On a de tout temps loué cette heureuse idée. Cette opinion est trop générale, trop bien établie, trop de bons esprits l'ont défendue, pour qu'elle ait besoin de l'être encore contre les déclamations de M. de Chamfort, il faut cependant l'entendre sur ce point.

» On a trop vanté, dit-il, cette prétendue égalité académique, qui, dans l'inégalité politique & civile, ne pouvoit être qu'une vraie dérision; car qui ne voit que mettre Racine à côté d'un cardinal, étoit aussi impossible alors qu'il le seroit aujourd'hui de mettre un cardinal à côté de Racine. »

La malignité devient risible lorsqu'elle ne s'entend pas elle-même, parce que nous y voyons une finesse déjouée & un effort trompé. Or, dans tout ce passage M. de Chamfort paroît ne s'être point entendu.

L'égalité académique établie par Richelieu, est celle en vertu de laquelle l'homme de lettres, le ministre, le cardinal, le maréchal de France, ont été admis à l'*académie* de la même manière, en sollicitant eux-mêmes leur admission, n'y ont eu aucune place distinguée, ont été tenus aux mêmes devoirs & soumis aux mêmes régles. C'est une égalité dans la société qu'il établissoit, & la seule qu'il y put mettre, mais réelle & non prétendue, puisqu'elle a été vraiment ce qu'il a voulu qu'elle fût.

Cette égalité académique n'a point été *dans l'inégalité politique & civile*, phrase absolument inintelligible. Mais elle ne l'a pas détruite; car je suis contraint d'avouer que Richelieu n'avoit pas élevé ses vues jusques à la destruction de toute inégalité politique & civile dans l'état; qu'il a ignoré profondément les grands avantages qu'on pourroit trouver à mettre un pair de France sur la même ligne, au politique & au civil, qu'un artisan, qu'un journalier, ou même qu'un simple homme de lettres; mais il a voulu que cette inégalité fût absolument oubliée à l'*académie*; & c'étoit une vue assez noble qui a honoré Richelieu dans l'esprit de tous les hommes de sens qui ont parlé de l'*académie* avant les découvertes de M. de Chamfort.

Il est vrai que si la destruction entière de toutes les inégalités politiques & civiles est une fois opérée, l'égalité académique n'aura plus le même mérite; mais si l'on étoit juste, il faudroit toujours avoir gré à Richelieu d'avoir établi celle-ci en attendant mieux.

La raison sur laquelle M. de Chamfort se fonde pour prouver que l'égalité académique est une vraie dérision, est encore inintelligible. Quelle impossibilité voit-il donc à ce que Racine fût mis, sous Louis XIV, à côté d'un cardinal, & qu'un maréchal de France soit mis aujourd'hui à côté de M. de Chamfort, si celui-là veut bien s'y tenir. Mettre Racine à côté d'un cardinal dans l'établissement de l'*académie* dont il s'agit ici, n'étoit autre chose que leur donner à tous deux des droits égaux, & les mêmes dans la société littéraire dont ils étoient membres. Or c'est ce que Richelieu a fait, & par où il a relevé l'éclat des lettres, & enseigné à la nation à y attacher la considération qu'elles méritent.

Il est curieux d'observer avec quelle étourderie M. de Chamfort, après avoir prononcé que cette égalité académique étoit une vraie dérision, nous dit lui-même les bons effets de cette institution, tant il est impossible à sa mauvaise volonté de les dissimuler.

« Ce mélange de courtisans & de gens de lettres fut regardé, dit-il, alors comme un service rendu aux lettres; & c'étoit peut-être en effet hâter de quelques momens le progrès des idées, c'est-à-dire, le temps où la nation seroit disposée à mettre le mérite à sa place; elle estima davantage Patru, en voyant à côté de lui un homme décoré. »

Mais je lui demanderai comment une institution qui hâtoit *en effet* le progrès des idées, qui disposoit la nation à mieux sentir le mérite, & à le mettre à sa place, qui lui faisoit estimer davantage ce talent, en le lui montrant sur la même ligne que les hommes décorés & du plus haut rang dans la société; comment, dis-je, une institution qui produisoit de tels effets, selon M. de Chamfort lui-même, n'étoit-elle toujours selon lui qu'une vraie dérision. Lorsqu'on se permet de si grossières contradictions, il ne faudroit pas du moins que des assertions qui se combattent si fortement fussent dans la même page, de manière à être saisies du même coup-d'œil.

M. de Chamfort répare bien vîte la mal-adresse de ses aveux, en combattant avec intrépidité cette opinion commune, que l'*académie* françoise a été utile aux lettres, comme une récompense honorable des succès littéraires, & comme un objet d'ambition qu'ont eu les hommes de lettres les plus distingués.

Pour triompher plus aisément de ceux qu'il appelle les *partisans de l'académie*, qu'il nous assure être *en petit nombre* et tous *ennemis de la révolution*, il leur prête à son besoin des argumens dont ils ne se sont jamais servis.

« Ils prétendent, dit-il, que la gloire de tous les écrivains célèbres du siècle de Louis XIV, membres de l'*académie* françoise, est le patrimoine de l'académie, une propriété académique, une gloire académique, et non pas une gloire nationale; parce qu'ils n'ont composé leurs ouvrages que pour être admis à l'académie; & quant à ceux qui n'ont pas obtenu cet honneur, ils appartiennent encore à l'*académie*, parce qu'ils n'ont rien fait de bon que poussés par le même motif. Qui croira, continue M. de Chamfort, que Corneille n'ait écrit Horace, Cinna, Polyeucte, que pour obtenir l'honneur d'être assis entre MM. Granier, Salomon, Porcheres, Colomby, Boissat, &c. ? »

Je demanderai d'abord pourquoi l'*académie* ne regarderoit pas comme rejaillissant sur elle la gloire littéraire des grands écrivains qui ont formé la compagnie. Pourquoi ne diroit-on pas que Corneille, Racine, Fénelon, Montesquieu, Voltaire appartiennent à l'*académie*? Ces grands hommes appartiennent à la nation sans doute; mais ils appartiennent aussi aux corps au sein desquels ils ont été formés, ou dans lesquels ils ont vécu. L'université de Paris se glorifie d'avoir eu des Rollin, des Lebeau, des Cochin, des Thomas, des Delille; le parlement s'honoroit des de Thou, des Molé, des d'Aguesseau, des Lamoignon. Cette espèce de propriété des corps sur leurs membres n'a pas d'autre titre, & ces titres lui suffisent. Corneille & Racine, Fénelon & Massillon sont une richesse académique en même-temps qu'une richesse nationale, comme Turenne & Catinat ont illustré à la fois leur famille & leur nation.

Attribuer, comme fait M. de Chamfort, aux défenseurs de l'*académie* d'avoir dit que ces écrivains célèbres n'ont composé leurs ouvrages que pour être admis à l'*académie*, c'est leur prêter une sottise qui n'a été dite par personne.

On a bien dit que l'établissement de l'*académie* a été un encouragement à la culture des lettres, & que le desir d'y être admis peut avoir contribué, & a contribué en effet, à soutenir en France la gloire des lettres; mais la mauvaise foi est manifeste à substituer une proposition exclusive à une proposition qui ne l'est point, & à expliquer une assertion modérée & modeste, par une exagération qui devient une véritable absurdité.

C'est une assertion modérée & non exclusive, que de dire que le desir & l'espoir d'être admis dans une compagnie dont les membres étoient honorablement distingués par l'opinion publique, a encouragé les lettres & contribué, conjointement avec beaucoup d'autres causes; dont on ne conteste pas l'action, à faire produire ce grand nombre de bons ouvrages dont s'honore la littérature françoise; & c'est une assertion exclusive, exagérée & fausse par-là même, que de dire que Corneille, Racine, Voltaire, Montesquieu, n'ont écrit leurs immortels ouvrages que pour entrer à l'*académie* : impertinence que personne n'a dit.

Quant aux rapprochemens que fait le critique de l'auteur de Cinna & de Polyeucte avec quelques hommes de lettres dont les ouvrages, bons pour leur temps, n'ont pas passé à la postérité; j'observerai d'abord que M. de Chamfort, qui est fort bon plaisant, devroit dédaigner les plaisanteries trop faciles & trop communes, deux qualifications qui conviennent assurément à celle qu'il fait ici.

Je répondrai ensuite à son ingénieuse citation, par ces mots de d'Alembert dans la préface de ses *éloges*, « les noms de nos prédécesseurs sont inscrits dans le grand livre de la postérité, chacun à la place qu'il mérite, & cette place n'est pas toujours également favorable à leur mémoire; mais pourquoi l'*académie* le dissimuleroit-elle, comme si chaque place vacante pouvoit toujours trouver à point nommé un mérite éminent pour la remplir, & comme si les circonstances qui se trouvent quelquefois contraires aux intentions les plus louables, nous avoient toujours permis de suivre dans nos élections la voix publique & le voeu des gens de lettres ».

Cette affectation de citer quelques noms d'académiciens obscurs, dont les Corneille & les Racine peuvent n'avoir pas ambitionné d'être les confrères, ne fournit à M. de Chamfort qu'un bien mauvais raisonnement, puisqu'il est aisé de lui répondre que ce n'est pas pour être le confrère de Racine que Boileau a voulu être de l'*académie*; que Fénelon a souhaité d'être membre de la même compagnie qui s'honoroit du nom de Bossuet; & Massillon de mettre son nom sur la même liste où se trouvoit celui de Fénelon.

Dans toutes les choses humaines se trouvent mêlés le bon, le médiocre & quelquefois le mauvais. Les sociétés les mieux composées sont soumises à cette loi; on y goûte le bon, on y supporte le médiocre; mais ce n'est pas le mauvais qu'on cherche dans les choses dont on veut jouir.

Lorsque M. de Chamfort a vécu avec des gens de la cour & des gens en place, espèce d'hommes qu'il poursuit aujourd'hui avec un acharnement qui dégoûte jusqu'à leurs ennemis, ce n'étoit pas pour les ennuyeux, dont les sallons abondent, qu'il cultivoit leur société; c'étoit pour les gens de bonne compagnie qu'il y trouvoit aussi quelquefois.

En écartant, comme de raison, toute assimilation d'une société ainsi mêlée avec l'*académie*, & eu égard seulement à l'inégalité de mérite littéraire, M. de Chamfort peut donc nous permettre de croire que Boileau, Fénelon & Massillon, en ambitionnant une place à l'*académie*, jetoient les yeux sur les hommes de mérite dont ils vouloient devenir les confrères.

M. de Chamfort entreprend ensuite de prouver que ces hommes célèbres *n'ont pas fait leurs chef-d'œuvres pour entrer à l'*académie, *qu'ils n'ont pas espéré d'être de l'*académie, que *l'*académie *n'a pas été l'objet de leur ambition*; & il le prouve :

Pour Racine, parce qu'*il fut encouragé dès sa première jeunesse par les bienfaits de Louis XIV*; parce qu'*après avoir fait Andromaque & Bajazet, il n'étoit pas encore de l'*académie; & *enfin* parce qu'*il n'y fut admis que par la volonté connue de Louis XIV, équivalente à une lettre de cachet.*

Pour Boileau, parce qu'*il croyoit s'être fermé les portes de cette compagnie par ses satires*, & qu'il n'y fut admis *que par le développement de l'influence royale.*

Pour la Fontaine, parce qu'il étoit sans ambition, & que sans l'*académie le fablier eût toujours porté des fables.*

Pour Quinault, parce que, sans la perspective académique, *il eût toujours fait des opéra pour un roi qui en payoit si bien les prologues.*

Enfin pour Bossuet, Fénelon, Massillon, parce qu'appelés par leurs talens aux premières dignités de l'église, *ils n'avoient pas besoin de ce foible aiguillon pour remplir la destinée de leur génie.*

Tout cela est si fort dépourvu de raison, qu'en le lisant je me dis à moi-même : Voilà pourtant ce qu'on appelle un homme d'esprit. Et j'espère communiquer mon étonnement à mes lecteurs.

Que Racine ait été encouragé par les bienfaits de Louis XIV, cela ne prouve pas qu'il n'a pas été aiguillonné aussi par le desir de la gloire littéraire & des honneurs littéraires ; & M. de Chamfort ne peut nier que l'*académie* ne fût un honneur littéraire.

Que Racine n'ait été admis à l'*academie* que par la volonté connue de Louis XIV, & Boileau par le développement de l'influence royale, cela prouveroit seulement que Louis XIV auroit obligé l'*académie* à les recevoir ; mais non pas que l'un & l'autre ne desiroient pas d'y être reçus ; puisqu'il est fort naturel, au contraire, de supposer que la volonté & l'influence de Louis XIV ne se seroient pas employées à les faire recevoir malgré eux.

Que Racine, après Andromaque & Bajazet, ne fût pas encore de l'*académie*, cela ne prouve point qu'il n'eût pas dès-lors l'envie d'en être. Il avoit lieu de s'en étonner, ainsi que M. de Chamfort ; mais qui lui a dit qu'il ne s'en plaignoit pas.

Quant à ce retardement de l'admission de Racine & de Boileau, ceux qui ont étudié l'histoire de l'*académie* avec d'autres vues que celles de la décrier, savent qu'il eut des causes qui excusent l'*académie*.

Le juste enthousiasme qu'avoient inspiré les chef-d'œuvres du grand Corneille, donnoit à beaucoup de gens de lettres & de gens de la cour des préventions injustes contre les talens de son jeune rival. Le public est communément exclusif dans son admiration. Il semble craindre qu'on ne trouble ses jouissances actuelles en lui en offrant de nouvelles. C'est cet obstacle même que Louis XIV voulut écarter, guidé, non par cet instinct des tyrans que M. de Chamfort veut voir par-tout, mais par son bon goût & son bon esprit. Mais ce tort envers l'auteur d'Andromaque & de Bajazet étoit le tort du public, autant que celui de l'*académie* ; & nous n'avons nulle raison de croire que l'*académie* n'en est pas revenue la première.

Il n'y a ni plus d'exactitude ni plus de bonne foi dans ce qu'avance M. de Chamfort relativement à Despréaux. « Les traits de satire que Despréaux s'étoit permis contre plusieurs membres de l'*académie* lui fermèrent long-tems, dit d'Alembert, l'entrée de cette compagnie ; mais enfin le tems de la justice arriva. Il est vrai, que l'équité seule ne détermina pas les suffrages en sa faveur ; la protection du monarque fit taire le ressentiment, &c. »

On voit aisément la différence du récit de M. de Chamfort d'avec celui de d'Alembert, & dans celui-ci seul le langage de la justice & de la raison.

Il étoit très-naturel que les épigrammes de Despréaux lui eussent fait des ennemis de ceux qu'il avoit maltraités, & qu'ils eussent quelque éloignement à se le donner pour confrère. Quelqu'estime que mérite le talent, c'est trop demander aux hommes, que de vouloir qu'ils l'aiment & le recherchent avec empressement, lorsqu'on s'en est servi contr'eux. C'est beaucoup que le tems de la *justice* arrive, quoiqu'un peu plus tard, & que l'*équité* l'emporte, quoiqu'aidée de quelqu'autre motif.

On est encore étonné de voir ce retardement de l'admission de Boileau, & ce développement de l'influence royale employés à prouver que Boileau n'*espéroit* pas & n'a pas desiré d'être de l'*académie* ; car quelle liaison y a-t-il entre le fait & la conséquence qu'en tire M. de Chamfort ?

La Fontaine en effet eut peu d'ambition ; mais il a cependant écrit comme tous ceux qui écrivent pour être lu, pour être loué, pour obtenir l'estime que méritoit son talent ; & lorsque ses succès lui eurent appris le secret de ce talent unique, il a desiré d'en recueillir l'avantage qu'il voyoit recherché par d'autres hommes à talens ; & il a sollicité une place à l'*académie*. Toutes les subtilités de M. de Chamfort ne peuvent obscurcir ce fait.

L'expression ingénieuse de madame de la Sablière pour peindre le talent de cet homme rare, ne peut pas servir de base à un raisonnement sérieux, & le défaut de logique se montre à en faire usage.

Le talent le plus vrai & le plus facile peut être assimilé sans doute à un bel arbre qui porte ses fruits dans la saison ; mais l'arbre lui-même pour donner de beaux fruits, a dû être greffé, taillé, cultivé ; & l'esprit ne produit pas les siens sans une culture bien plus opiniâtre, sans une préparation bien plus longue & des efforts bien plus soutenus.

Nous savons par quelques détails de la vie de la Fontaine, & par le petit nombre de ses ouvrages, dont les fables sont la meilleure partie, que ce charmant recueil a été le fruit de beaucoup de réflexions & de tems.

Or, pour suivre un travail quel qu'il soit, l'homme a besoin de motifs. Il a beau être poussé par son talent, il faut encore l'animer dans sa carrière. Le desir d'une plus grande aisance & celui de la gloire littéraire sont communément les motifs qui soutiennent les hommes de lettres dans leurs travaux; & ces avantages se trouvoient pour la Fontaine comme pour Racine & Boileau dans une place à l'*académie*, à laquelle l'opinion publique, qui décerne la gloire, attachoit un grand prix.

Sur Quinault M. de Chamfort n'est pas moins déraisonnable & n'est pas plus exact.

Louis XIV n'a jamais payé si merveilleusement ses prologues, que Quinault ne pût encore ouvrir son ame à d'autres motifs, pour faire de beaux opéra. Lorsqu'il avoit cinq filles à pourvoir, & qu'il disoit :

> Oh Ciel! peut-on jamais avoir
> Opéra plus fâcheux à faire ;

sans doute il avoit besoin des graces du roi: mais en les sollicitant il pouvoit desirer aussi le suffrage des gens de lettres qui composoient l'*académie*, & la considération littéraire que le public avoit pour les membres de cette compagnie, puisque ces motifs ne s'excluent pas réciproquement.

La même réponse s'applique à Fénelon & à Massillon, &c. Personne n'a dit que Bossuet n'eût pas écrit ses oraisons funebres, ni Fénelon son Télémaque &c., s'il n'y eût point eu d'*académie*; mais parce que Massillon & Fénelon devoient être évêques, il ne s'ensuit qu'ils fussent insensibles à la célébrité que donnent les lettres, & aux honneurs littéraires, & à celui que l'opinion attachoit & attache encore, quoi qu'en dise M. de Chamfort, à être de l'*académie*. Ces motifs divers ne se combattent pas; & par-tout où nous voyons un grand talent qui a pris tout son essor, nous pouvons croire que tous ont concouru à le dévélopper.

Après tant de paralogismes, M de Chamfort se croit encore obligé de répondre à l'argument bien naturel qu'on tire des déclarations publiques & solemnelles, faites par les hommes les plus célèbres dans leurs discours de réception, & dans lesquels ils ont tous exprimé sous les yeux du public assemblé, & le desir qu'ils avoient eu d'être admis à l'*académie*, & leur reconnoissance envers la compagnie qui les adoptoit.

Certes, ces déclarations dans lesquelles on ne peut supposer, au moins généralement, ni fausseté, ni bassesse, parlent plus hautement en faveur de l'*académie* que les suppositions gratuites & les déclamations injurieuses de M. de Chamfort.

Ses réponses sont curieuses.

Ils le disent presque tous, & comment s'en dispenseroient-ils, puisque Corneille & Racine l'ont dit;

Etrange raisonnement: comment M. de Chamfort ne s'apperçoit-il pas qu'il lui reste à expliquer comment Corneille & Racine l'ont dit, & à nous prouver qu'ils l'ont dit sans le penser? C'est précisement l'explication des théologiens indiens qui disent que le monde est porté par un éléphant, & l'éléphant par une tortue, mais qui ne peuvent aller au-delà de la tortue.

La seconde réponse de M. Chamfort, est que » cette misérable formule étoit une ressource contre la pauvreté du sujet & contre la nullité du prédécesseur ».

Grand secours en effet qu'une phrase de plus pour celui dont le discours n'avoit qu'un sujet pauvre & dont le prédécesseur étoit nul. Qui ne voit que le récipiendaire le plus stérile, pouvoit trouver aisément autre chose à dire qu'un mensonge manifeste, auquel personne n'auroit cru?

M. de Chamfort trouve une troisième réponse à l'objection dans les plaisanteries & les épigrammes qu'ont faites contre l'*académie* beaucoup de ses membres les plus célèbres avant d'y être reçus, témoins Montesquieu & Voltaire, & *croyez*, nous dit-il avec autorité, *ce qu'ils en ont dit dans tous les tems, hors le jour de leur réception.*

Non, M. de Chamfort, votre précepte est déraisonnable; pourquoi croirions-nous plutôt à un moment d'humeur & à un mot piquant qu'on a rarement le courage de se refuser, qu'à une conduite suivie, à des démarches empressées, à une déclaration sérieuse. Voltaire & Montesquieu ont fait contre l'*académie* de bonnes plaisanteries, si l'on veut, quoiqu'elles ne vaillent pas leurs discours de réception; mais ils ont voulu être de l'*académie*, ils ont sollicité leur place: Montesquieu, selon M. de Chamfort, a même commis un faux pour en être; j'en crois leur desir soutenu & non une plaisanterie échappée, leurs discours de réception & non les épigrammes d'Usbeck ou celles de l'auteur de la Pucelle. M. de Chamfort lui-même voudroit-il qu'on prît pour ses véritables opinions tout ce que lui dicte l'esprit caustique & dénigrant qui anime sa conversation & ses écrits; quoiqu'il perdît peut-être moins que tout autre à être jugé ainsi?

M. de Chamfort manque tellement de justesse dans l'esprit, qu'en même tems qu'il nous donne des plaisanteries de Voltaire & de Montesquieu, comme exprimant leurs vrais sentimens sur l'*académie*, il convient que celui-ci *étoit révolté des difficultés qu'on opposoit à sa réception*, & que celui-là *subit le joug de l'opinion, en sollicitant le fauteuil qu'on lui refusa long-tems*. Et comment ne voit-il pas que celui qui est révolté des obstacles qu'on lui oppose, n'en a que plus de desir d'arriver au but; & qu'à celui qui subit le joug

de

de l'opinion, en sollicitant le fauteuil, l'opinion elle-même fait donc désirer le fauteuil : mais d'un d'un bout à l'autre de l'écrit de M. de Chamfort règne la même incohérence.

Enfin, l'obstiné critique, après avoir cherché bien inutilement, comme on vient de le voir, à éluder la difficulté, avoue pourtant que de *grands hommes* ont quelquefois *montré un empressement réel pour le fauteuil académique ;* aveu qui pouvoit le dispenser de tout le travail de tête qu'il lui a fallu pour défigurer un fait connu & incontestable qu'il va tenter encore d'expliquer à sa manière pour empêcher qu'on en argumente en faveur de l'*académie*.

Voici, selon lui, comment il est arrivé que les hommes les plus célèbres ont desiré d'être admis à l'*académie*, malgré les vices de cette vicieuse institution, malgré les ridicules dont elle est couverte, malgré, &c.

C'est parce que » le despotisme faisoit un devoir aux gens de lettres un peu distingués, d'être admis dans ce corps ».

C'est parce que » les tyrans éclairés par l'instinct entretenoient les préjugés pour subjuguer les gens de lettres, & les enchaîner sous leurs mains ».

C'est parce que » c'étoit la mode aiguillonnant la vanité & perpétuant l'égarement de l'opinion publique ».

Enfin, c'est parce que » les gens de lettres avoient besoin, comme tout le monde, de ce que l'orgueil appeloit alors un état ; sentiment qui montre, dit ironiquement M. de Chamfort, *combien les idées sociales étoient justes & saines* ».

J'oppose d'abord à ces étranges explications, que le despotisme, c'est-à-dire, dans la langue de M. de Chamfort, l'ancien régime n'a jamais fait un devoir à aucun écrivain distingué, d'être de l'*académie*. Quand Louis XIV dit à Racine : *je veux que vous en soyez*, ce n'étoit pas une injonction du monarque à Racine, c'étoit une expression du desir ou de la volonté du monarque adressée à l'*académie*.

Si l'instinct des tyrans, qu'on ne s'attendoit guère à voir citer en cette affaire, leur avoit donné quelque conseil, c'eût été bien plutôt celui d'empêcher les hommes éclairés de devenir membres d'une compagnie qui avoit quelque influence sur l'opinion publique ; des tyrans raisonnant ainsi, auroient été plus habiles que ceux de M. de Chamfort ; puisqu'il n'est pas douteux que l'*académie* a compté parmi ses membres de grands promoteurs de la liberté, de grands précepteurs du genre humain, qui l'ont éclairé sur ses droits, &c.

Lorsque M. de Chamfort nous dit que les gens de lettres distingués vouloient être de l'*académie*, parce que c'étoit la mode, il ne fait que présenter, sous une autre forme, sans la résoudre, l'objection à laquelle il avoit à répondre.

Dire que c'étoit la mode d'être de l'*académia*, c'est convenir que dans l'opinion publique une place à l'*académie* étoit de quelque prix ; que cette opinion fût égarée ou raisonnable, cela ne fait rien à la question, qui est uniquement de savoir s'il est vrai que les gens de lettres les plus distingués regardassent une place à l'*académie* comme un objet de leur ambition & comme un prix de leurs travaux.

Enfin, quant au desir d'avoir un état, on sait que la plupart des hommes célèbres dont on parle ici, ont eu un état indépendant de celui que leur donnoit l'*académie*. Corneille, Racine, Boileau, Bossuet, Fénélon, l'abbé Fleury, Massillon, Montesquieu, Voltaire, Buffon, &c. &c. ont eu un état ; &c.

Quelle idée anti-sociale de voir dans cette nécessité d'avoir un état, *l'entière corruption des idées sociales ?* qu'y a-t-il au contraire de plus social que d'attacher quelque importance pour soi & pour les autres, à ce que chacun soit quelque chose, ait un état dans la société ?

« Solon, dit Plutarque, voulut que l'aréopage eût l'autorité & charge de s'enquérir de quoi chacun des habitans vivoit, & de châtier ceux qu'on trouveroit oisifs. Ce que faisoit l'aréopage, pourquoi l'opinion publique seroit-elle blâmée de le faire chez nous, en distinguant par quelque estime & quelque considération celui qui a un état de celui qui n'en a point ?

Enfin, quel tort peut-on faire à l'*académie*, de donner un état à l'homme de lettres qui n'en a point ? L'*académie* ne donne à ses membres ni magistrature, ni rang dans les armées, ni places dans l'administration, ni fonction dans l'église, toutes choses en horreur à M. de Chamfort ; elle fait seulement qu'à la quest'on qu'on peut faire dans la société, qui est M. de Chamfort, quelle est sa famille ? on répond : *Il est de l'académie françoise*, & le questionneur est content. Quel grand inconvénient peut-on voir à cela ?

Ces observations suffisent pour démontrer combien faussement M. de Chamfort se vante « d'avoir éclairci des idées dont la confusion faisoit attribuer à l'existence d'un corps la gloire de ses plus illustres membres ; « il a bien plutôt tenté d'obscurcir & de confondre tout ; mais on se flatte que malgré cette obscurité & cette confusion il demeurera clair que l'*académie* a été utile aux lettres, en offrant à ceux qui les ont cultivées avec quelque succès une récompense à laquelle l'opinion publique donnoit une valeur que l'opinion de M. Chamfort ne peut leur ôter.........

Après avoir décrié ainsi l'une après l'autre ce qu'il appelle les fonctions de l'académie, M. de Chamfort voulant frapper ses grands coups, entreprend donc de prouver que l'*académie* est un corps créé pour la servitude......... qui cherchera toujours à prolonger les espérances insensées du despotisme, en lui offrant des auxiliaires & des affidés, & si les circonstances le permettoient, des complices; servant aux rois à perpétuer l'esclavage des peuples, leur faisant payer ses paroles ou son silence; sacrifiant le bonheur des hommes à des faveurs de cour, par le plus infâme des trafics, celui de la liberté des nations, pag. 31, & 34.

Voilà de terribles inculpations: il ne s'agit plus de l'*inutilité*, des *ridicules*, de la *maladie & incurable petitesse*, ni même seulement de l'*esprit de flatterie*, de *servilité* & *d'abjection* de l'*académie*; M. de Chamfort nous la montre comme conspirant contre la liberté nationale, comme auxiliaire & complice du despotisme, & par conséquent comme ennemie de tout bonheur public. Si ces accusations ont quelque fondement, il n'y a rien de plus nécessaire & de plus urgent que d'extirper l'académie du milieu de nous.

M. de Chamfort a sans doute dans les mains des preuves incontestables de crimes si odieux. Il a eu communication des pièces de plus d'un greffe criminel où il aura trouvé & reconnu les complots académiques contre la liberté des peuples; & il nous dit en effet: *En voulez-vous la preuve? je puis vous la produire; je puis mettre sous vos yeux les bases & les articles de ce traité.*

Et quelle est cette preuve, où se trouvent ces bases & ces articles? C'est, qui l'auroit soupçonné avant la découverte de M. de Chamfort! c'est, on ne peut l'entendre sans le rire de l'indignation; c'est dans la préface des éloges des académiciens par d'Alembert: c'est d'Alembert qui a laissé échapper ce honteux secret de l'*académie* françoise & de toutes les *académies*: *le grand usage que les rois font de ces corporations pour perpétuer l'esclavage des peuples.*

J'avois lu, comme tout le monde, cette préface sans qu'aucune des idées que M. de Chamfort cherche à en donner, se fût présentée à mon esprit. Je la relis cependant; & quelle est ma surprise, lorsque loin d'y trouver aucune trace de cet infâme traité de l'*académie* avec les despotes, approuvé & ratifié par d'Alembert, j'y trouve cet amour de la liberté, décent & sage à la vérité, mais toujours actif & courageux, que cet estimable philosophe a conservé toute sa vie, & qui anima tous ses écrits.

Depuis le commentaire du *Pater* qu'Erasme a fait à la manière des inquisiteurs de son temps, pour prouver qu'avec l'envie de nuire & un faux & mauvais esprit il n'y a rien de bon qu'on ne puisse empoisonner, je ne pense pas qu'on pût trouver un exemple plus révoltant d'infidélité dans les suppressions & de fausseté dans les explications, que dans le commentaire suivi que M. de Chamfort a osé faire de cette préface.

Il suffiroit, pour en convaincre mes lecteurs, de les renvoyer à ce petit écrit qui n'a qu'une trentaine de pages, dont trois ou quatre seulement sont relatives à l'objet que je touche ici; mais pour mettre dans son jour l'infidélité du commentateur, je suis bien forcé de rapporter le texte qu'il a si indignement défiguré.

* I. Selon le philosophe: « L'ambition (qui « fait desirer aux gens de lettres la couronne aca- « démique) peut produire beaucoup de bien « entre les mains d'un gouvernement éclairé, en « portant les écrivains distingués à joindre au « mérite des ouvrages l'honnêteté dans les mœurs « & dans les écrits. . . .

II. « L'homme de lettres qui tient ou qui aspire « à l'*académie*, donne des ôtages à la décence. « Cette chaîne, d'autant plus puissante qu'elle est « volontaire, le retiendra sans effort dans les bor- « nes qu'il seroit tenté de franchir. Il en sera « moins sujet aux écarts.

* III. « S'il y eût eu à Rome une *académie* flo- « rissante & honorée, Horace eût effacé de ses « vers quelques obscénités qui les déparent, & « Lucrèce n'eût pas donné en vers prosaïques des « leçons d'athéisme ».

* IV. Ce point de vue si intéressant (les mœurs) n'est pas le seul sous lequel l'*académie* puisse être envisagée; tout gouvernement sage a intérêt que sa nation soit éclairée, parce que l'ignorance & l'erreur sont également funestes aux souverains & aux sujets, & ne peuvent être utiles qu'aux tyrans......»

V. « Parmi les vérités que les gouvernemens ont besoin d'accréditer, il en est qu'il leur importe de ne répandre que peu à peu et comme par transpiration insensible. »

*VI. « Parce que le préjugé de la nation souvent plus fort que l'autorité même, se révolteroit contre ces vérités si elles se montroient trop à découvert; témoin les superstitions sur les épreuves judiciaires, sur les croisades, sur la crainte d'obéir aux monarques excommuniés, qu'on n'auroit osé heurter de front au douzième siècle, même avec l'appui des souverains Chaque siècle a ses erreurs chéries, toujours contraires aux intérêts des peuples; . . . & c'est à la destruction de ces erreurs que le gouvernement peut employer les compagnies littéraires ; sur-tout une compagnie semblable à celle-ci. »

VII. « Un pareil corps également instruit & sage , organe de la raison par devoir & de la prudence par état, ne fera entrer de lumiere dans les yeux des peuples , que ce qu'il en faudra pour les éclairer sans les blesser. »

*VIII. « Il se gardera bien de jetter brusquement la vérité au milieu de la multitude , qui la repousseroit avec violence. Il levera doucement & par degrés le voile qui la couvre. Réconciliée ainsi avec ceux qui auroient pu la craindre, elle se verra insensiblement conduite & établie sur son trône sans qu'il en ait couté de troubles & d'efforts pour l'y placer. Si Louis le gros eût institué une *academie* , les superstitions de son siècle auroient disparu deux siècles plutôt , au grand avantage de la raison , du monarque & du royaume. » . . .

A tout homme sensé qui a lu ce texte de suite il paroîtra impossible qu'on en ait tiré de quoi décrier , avec la moindre ombre de justice , & l'*academie* & d'Alembert comme ennemis des lumières , de la liberté , du bonheur des nations ; mais M. de Chamfort , en homme habile qu'il est, a deux moyens pour cela , les interprétations forcées et les omissions adroites.

Dans son commentaire , M. de Chamfort commence par nous expliquer que les *bornes* entre lesquelles d'Alembert dit que la *décence* contiendra l'académicien , sont celles-là même que l'ancien régime , c'est-à-dire le despotisme , ne vouloit pas qu'on franchît, lorsqu'il empêchoit *d'écrire des vérités utiles aux hommes & nuisibles à leurs oppresseurs;* & que la hardiesse d'enseigner ces vérités est précisément ce que d'Alembert entend par les *écarts* qu'il veut que l'on réprime.

Est-il nécessaire de faire observer à mes lecteurs que dans cette partie du texte de d'Alembert la *décence* & les *bornes* que prescrit le philosophe , ne sont relatives qu'aux *mœurs* , ainsi qu'il le dit nettement lui-même , & que les *écarts* qu'il veut qu'on évite , & dont il donne les exemples dans les obcénités d'Horace & dans les leçons d'athéisme de Lucrèce , n'ont rien de commun avec la hardiesse d'écrire des vérités politiques *utiles aux hommes & nuisibles à leurs oppresseurs ;* ceux-ci n'ayant rien à gagner en effet à ce qu'on imprime des ouvrages obscènes, ou qu'on enseigne l'athéisme en prose ou en vers.

Le commentateur nous dit ensuite que *les vérités importantes que les gouvernemens ont besoin d'accréditer* , d'Alembert veut qu'on *les travestisse & qu'on les défigure , quand on ne peut plus les dissimuler entièrement.* Il est aisé de défendre d'Alembert , en observant que *voiler* la vérité , ce n'est pas la *travestir* ; & que ce n'est pas parcequ'on ne peut pas *la dissimuler entièrement*, que d'Alembert veut qu'on la voile , mais au contraire parce qu'on ne peut pas la montrer *tout-à-coup* toute nue & *toute entière* , sans l'exposer à être repoussée par le peuple , dont l'intérêt est de la recevoir.

Sur ce que d'Alembert dit qu'*il importe à certaines vérités de ne se répandre que peu à peu & par transpiration insensible* , M. de Chamfort remarque spirituellement que l'*académie laissoit peu transpirer.*

Il paroît que M. de Chamfort est , au moins aujourd'hui , de ces philosophes hardis , qui croient non-seulement que toute vérité est bonne à dire ; principe qui ne peut être vrai que dans un sens abstrait & général ; mais encore que toute vérité est bonne à dire à toute heure , en tout temps , en toutes circonstances, à toutes personnes , & plutôt aujourd'hui que demain.

D'Alembert & beaucoup de bons esprits , qui dans des temps difficiles se sont montrés plus courageux que M. de Chamfort , ont pensé différemment ; & il me semble que beaucoup de faits prouvent aujourd'hui même , qu'il peut y avoir des inconvéniens graves à vouloir tout dire à la fois & tout faire en un coup.

Quant au reproche fait à l'*académie* , d'avoir laissé peu transpirer : il est le plus injuste du monde , & déplacé sur-tout dans la bouche de M. de Chamfort.

M. de Chamfort sait bien que l'académie , comme corps , n'a point d'ouvrage didactique à faire sur les grands intérêts des peuples. Un dictionnaire , une grammaire, une rhétorique, des remarques sur les auteurs classiques de la langue , voilà les objets uniques , & , quoi qu'on en puisse dire , assez importans , de ses occupations qui ne lui fournissent pas les occasions d'enseigner ces vérités fortes dont parle d'Alembert.

Ce n'est donc que par les individus qui la composent & qui l'ont composée depuis sa fondation , qu'elle a pu laisser transpirer ces vérités ; mais est-il vrai qu'elle les ait tenues si bien cachées ?

Est-il vrai que Fénelon , Fleury , Fontenelle , Massillon , Montesquieu , Voltaire , Buffon , d'Alembert , Thomas , Condillac , & parmi les vivans mêmes , messieurs Marmontel , Saint-Lambert , Malesherbes , Gaillard , Condorcet , &c. , n'aient point laissé transpirer de vérités !

L'*académie* n'a pas laissé transpirer de vérités , & pourquoi donc a-t-elle été si souvent , depuis plus de cinquante ans , un objet d'inquiétude & de crainte pour l'autorité dans les mains des ministres ombrageux & foibles ? Pourquoi a-t-elle éprouvé si souvent l'improbation du gouvernement ? Pourquoi M. de Maupeou lui a-t-il fait donner des censeurs théologiens ? Pourquoi &c.

Tous ces faits ne sont pas ignorés de M. de Chamfort, mais il n'en a pas fait la plus légère mention, parce qu'en lui fournissant matière à invectiver contre l'ancien régime, ils auroient formé, en faveur de *l'académie*, ce préjugé favorable, que puisque l'ancien et despotique régime (celui de Louis XV) croyoit devoir réprimer *l'académie*, *l'académie* n'étoit donc pas flatteuse & esclave de l'ancien régime : mais on demande si cette omission est d'un homme qui aime & cherche la vérité.

J'ai dit que ce reproche fait à *l'academie* d'avoir tenu la vérité captive, étoit bien mal placé dans la bouche de M. de Chamfort: Si cet académicien eût employé sa vie & ses écrits à annoncer sans réserve ces utiles vérités qu'il se plaint qu'on ne veut que laisser transpirer; si ses ouvrages & ses talens eussent été consacrés à défendre la liberté contre toutes les espèces d'oppressions, à peine auroit-il aujourd'hui le droit d'accuser *l'académie* & ses confrères d'avoir gardé un silence lâche, dont lui-même ne se trouveroit pas coupable.

Mais il en est tout autrement; tandis qu'un grand nombre de ses confrères, parmi ses seuls contemporains, ont défendu dans leurs écrits la liberté de la presse, la liberté de conscience, la liberté du commerce & toutes les causes du peuple; M. de Chamfort, auteur de quelques discours académiques, de petites pièces de théâtre, qui ne sont rien moins que morales, de quelques contes gaillards, & d'une tragédie foible & oubliée, blâme hautement ses confrères d'avoir travesti, défiguré, caché des vérités que lui-même ne s'est jamais occupé d'enseigner & de répandre. Est-ce qu'il n'a pas prévu qu'on lui répondroit par un raprochement si facile à faire, & qui ne lui laisse rien à répliquer.

Suivons le commentateur: sur ce que d'Alembert dit, qu'un *corps instruit & sage, tel que l'académie, ne fera*, &c. Le critique s'écrie : *Sage messieurs* ! comme s'il disoit : « Vous l'entendez, d'Alembert le dit lui-même, *l'académie* est un corps sage : *habemus confitentem reum*. »

L'exclamation & la remarque sont vraiment curieuses. Et pourquoi M. de Chamfort ne veut il pas qu'une *académie* soit sage? Lui-même n'a-t-il pas été plus que sage dans le sens où il blâme *l'académie* de l'être? Est ce que sage, depuis quelque temps, seroit devenu synonyme de lâche, de faux, d'ennemi de la vérité & du bien public? Que M. de Chamfort pour son usage, change ainsi la langue, il en est bien le maître; mais jusqu'à ce qu'il ait le crédit de faire recevoir plus généralement une acception si nouvelle, il ne devroit se servir du mot qu'en l'accompagnant de ses explications.

On n'est pas moins étonné de l'exclamation qui suit, à propos de ce que d'Alembert ajoute, que *l'académie sera une organe de la raison par devoir & de la prudence par état. Quel état & quelle prudence* s'écrie le critique.

Mais M. de Chamfort, il ne suffit pas que vous répétiez avec étonnement les mots d'*état & de prudence*, pour les rendre ridicules. Vous n'effacerez pas du nombre des vertus celle qui enseigne à ne parler, à n'écrire, à n'agir qu'à propos; qui détourne d'une démarche inconsidérée, indécente, injuste, nécessairement suivie du blâme public, & en négligeant vous-même de la pratiquer, vous n'en dégoûterez pas *l'académie.*

Enfin M. de Chamfort trouve le crime de *l'académie* constaté par l'aveu que fait d'Alembert, *quelle ne fait entrer de lumière dans les yeux des peuples, que ce qu'il en faut pour les éclairer peu à peu sans les blesser*, *L'académie*, dit-il, toujours avec des points d'admiration, *économisoit la lumière*! Eh oui, M. de Chamfort : qu'en voulez-vous dire? Pourquoi n'économiseroit-on pas la lumière à des yeux foibles? Lorsque Wentzel abaisse la cataracte, ne défent-il pas, pendant plusieurs semaines, l'accès du jour à l'organe qu'il veut rétablir, & ne le lui dispense-t-il pas ensuite graduellement? Image vraie des précautions que demande aussi l'introduction des vérités d'un certain ordre dans l'esprit des peuples; précautions qu'on n'a jamais négligées impunément.

Après ce pitoyable & infidèle commentaire, & de si pauvres raisons, consistant la pluspart, comme on vient de le voir, en exclamations sans preuves, M. de Chamfort s'écrie : *ah! messieurs, c'en est trop; qui de vous n'est surpris, indigné, révolté?* & conclut par le bel enoncé que j'ai transcrit au commencement de cet article, & dont la substance est, que *l'académie* vend aux rois, *par le plus infame des trafics, la liberté des nations*.

Si on est surpris, indigné, révolté de quelque chose, c'est assurément d'un pareil abus, je ne dirai pas de l'art, mais du métier d'écrire; d'un oubli si profond, de toute décence, de toute raison & de toute justice : je crois que l'analyse que je viens de faire de cette partie de l'écrit de M. de Chamfort, élévera bien justement contre lui ces sentimens dans l'ame de tous mes lecteurs.

J'ai annoncé les omissions infidelles employées par le critique, pour nous faire voir, dans la préface des éloges, les prétendus crimes de *l'académie* & les aveux de d'Alembert; ces omissions sont faciles à distinguer par l'astérisque, qu'on a placé à côté de chacun des passages omis.

Le premier alinéa rejeté par M. de Chamfort,

énonce nettement, 1°. que le gouvernement dont parle d'Alembert, comme pouvant se servir utilement des *académies*, est un gouvernement éclairé & qui veut faire le bien.

Or, dans le langage de la philosophie, le bien est le bien général, le bien des peuples, & un gouvernement n'est éclairé qu'autant qu'il sait reconnoître & suivre les routes qui conduisent à ce but. Ces deux mots seuls donnoient, à qui eût voulu les entendre, la clef de tout le passage de d'Alembert, & fermoient la porte à toutes les interprétations sinistres de M. de Chamfort.

Dans le troisième alinéa, le passage omis énonce clairement & explique, par l'exemple d'Horace & de Lucrèce, ce qu'entend d'Alembert par la décence que l'*académie* prescrit, la chaîne qu'elle donne, les bornes qu'elle pose, les écarts qu'elle empêche, & limite tous ces effets à l'influence que l'*académie* peut & doit avoir sur les mœurs. Il a été nécessaire à M. de Chamfort de supprimer ce trait, parce qu'il vouloit faire entendre que cette décence, cette chaîne, ces bornes étoient des entraves mises à la liberté civile & politique, dont d'Alembert ne parle pas encore en cet endroit.

Dans le quatrième paragraphe, d'Alembert établissant que l'ignorance & l'erreur ne peuvent être utiles qu'aux tyrans, & qu'un gouvernement sage a lui-même un grand intérêt à ce que les nations soient éclairées, M. de Chamfort a dû omettre en entier cette déclaration qui dément si fortement cette étrange imputation, que d'Alembert & l'*académie* ne vouloient pas qu'on écrivît *des vérités utiles aux hommes & nuisibles à leurs oppresseurs*; puisque M. de Chamfort ne nous fera pas entendre que celui qui veut détruire les erreurs utiles aux tyrans, veuille taire les vérités qui leur sont nuisibles.

L'omission du paragraphe VI est, s'il est possible, encore plus hardie, car d'Alembert y explique encore plus nettement ce qu'il entend par les erreurs qu'il veut détruire, en citant diverses superstitions qui ont fait le malheur des peuples, & que les peuples eux-mêmes défendoient contre l'autorité; & c'est de ces superstitions qu'il dit qu'on ne doit pas les heurter de front, & qu'il faut les combattre avec précaution & par l'instruction que les corps littéraires peuvent répandre.

Enfin, ce qui passe toute croyance, c'est la suppression entière du paragraphe VIII & dernier, qui tient immédiatement à celui qui a fourni à M. de Chamfort plus de la moitié de son infidele commentaire & de ses pathétiques exclamations. Dans ce passage en effet on voit l'*académie* & le gouvernement occupés, selon d'Alembert, de la destruction des erreurs contraires à l'intérêt des peuples; évitant pour cela de heurter de front les préjugés de la nation, pour la guérir plus sûrement de ses préjugés; conduisant la vérité sur son trône, en la faisant passer, pour ainsi dire, sans être apperçue, au travers de la multitude qui lui en fermoit l'accès; & ce langage n'absout-il pas victorieusement d'Alembert & l'*académie*, d'une conspiration contre la liberté de la nation, & contre la publication des *vérités utiles aux hommes & nuisibles à leurs oppresseurs*.

C'est à la suite de cette déclamation aussi injurieuse qu'injuste, c'est après cette insulte fait à la mémoire & aux écrits d'un philosophe qui a laissé un nom cher à la nation & respecté de toute l'Europe, d'un confrere, d'un homme, dans la société duquel il a vécu plusieurs années en laissant croire qu'elle étoit douce pour lui, que M. de Chamfort ajoute à cette étrange procédé une dénonciation de l'*académie* des inscriptions & belles-lettres, fille de l'*académie françoise*, & *digne fille de sa mère par le même esprit d'abjection*; *mettant aux ordres du despotisme une érudition faussaire*; comme *l'académie* françoise, *instrument de servitude sous Louis XIV, frein à la liberté sous Louis XV*, & dans tous les tems une *école de flatterie & de servilité*.

Je n'entreprendrai pas l'apologie d'une société célèbre dans l'Europe entière, formée d'hommes qui ont si bien mérité de leurs concitoyens par des travaux utiles, & jouissant d'une considération qui peut leur laisser dédaigner une telle insulte; je croirois manquer à cette respectable compagnie en m'ingérant de la défendre. Elle trouvera dans son sein de meilleurs champions que moi, si elle daigne les employer; & je n'ai pas le droit de supposer qu'elle veuille descendre à se justifier.

Je touche à la fin d'un travail qui devient pénible, lorsque l'indignation lassée fait place au dégoût; & pour ne rien laisser subsister de l'ouvrage de M. Chamfort, je rangerai ici sous deux chefs, ses derniers argumens contre l'*académie*.

I. Selon lui « l'existence de l'*académie* est incompatible avec les principes de l'assemblée sur les corporations. C'est une corporation qui asservit les talens auxquels l'assemblée doit la même liberté qu'elle a rendue à tous les autres genres d'industrie. Une corporation pour les arts de génie! C'est ce que les anglois n'ont jamais conçu; & en fait de raison, nous ne pouvons plus rester en arrière des anglois ».

J'espère répondre à cette objection de manière à empêcher qu'elle se reproduise jamais.

Les principes ! les principes ! Ce mot a, pour beaucoup de gens, la force magique de transformer les doctrines les plus incertaines, & quelquefois les plus fausses & les plus funestes en axiomes incontestables. Mais les principes, pour mériter ce nom, doivent, avant tout, être des vérités. Dans leur énoncé même, ils doivent être circonscrits entre les limites au-delà desquelles ils cesseroient d'être des vérités; & enfin, pour les mettre en pratique, il faut les appliquer à propos.

C'est cette dernière règle sur-tout qu'il ne faut jamais oublier; car on ne sauroit trop dire aujourd'hui que le mérite n'est pas à découvrir, à énoncer ce qu'on appelle des principes. Il y a peu de découvertes à faire en ce genre. Tout est dit, & l'on vient trop tard depuis plus de cinq mille ans qu'il y a des hommes & qui pensent, dit la Bruyere : il n'y a pas en effet une seule de ces opinions appellées, bien ou mal-à-propos, principes, qui soit vraiment nouvelle ; le difficile est d'appliquer avec justesse & avec justice, les principes vrais. C'est le seul mérite qui reste aux faiseurs, & dont il paroît que M. de Chamfort n'a pas été jaloux.

Pour se conformer à ces règles, il auroit dû reconnoître le sens auquel est vrai le principe de l'assemblée sur les corporations, & s'assurer s'il étoit applicable à l'*académie* françoise. Mais c'est une tâche qu'il ne s'est pas donnée, & que je vais remplir pour lui.

Les corporations proscrites par l'assemblée nationale, sont celles qui donnoient à tels & tels citoyens, sous telles & telles conditions, le privilège ou droit exclusif d'exercer telle ou telle profession, tel ou tel genre d'industrie ou de commerce, dans la ville ou l'arrondissement ou le pays pour lesquels la corporation étoit établie & le privilége accordé. C'est le sens que ce mot, que nous avons pris des Anglois, a toujours eu en Angleterre; & qu'il a conservé en passant dans notre langue. C'est le sens qu'il a, appliqué à nos jurandes ou communautés d'artisans & de marchands à Paris, & dans la plupart des grandes villes du royaume, ainsi qu'à nos compagnies à privilège exclusif pour quelque genre d'industrie ou de commerce, tel que celui de la compagnie des glaces ou de la compagnie des Indes.

C'est avec beaucoup de justice & de sagesse que l'assemblée nationale a détruit les corporations de ce genre, puisque leur suppression étoit une conséquence immédiate & nécessaire de la liberté que la société doit garantir à tout citoyen d'user de ses facultés, de ses talens, de ses capitaux, de ses moyens de tout genre, comme il veut, en ne nuisant pas à un tiers, & en n'empêchant tout autre que lui d'en faire autant.

Mais quel rapport peut avoir avec l'*académie* françoise, & avec les *académies* littéraires en général, le principe qui proscrit les corporations que je viens de définir.

Comment toucheroit-il une compagnie qui n'a point de privilége, qui n'ôte à aucun individu existant, ni même à aucune autre association, s'il peut s'en former de pareilles, la liberté de faire tout ce qu'elle fait, & mieux si elle peut, que l'*académie* ne le fait. L'*académie* n'est donc pas au nombre des corporations que l'assemblée a proscrites. Son existence ne contrarie donc pas les principes. Tout l'esprit de M. de Chamfort ne peut le tirer de-là.

Observons cependant les efforts qu'il fait pour assimiler l'*académie* aux corporations détruites par l'assemblée.

Il prétend que l'*académie* asservit les talens, qu'elle donne des entraves au génie ; mais en quel sens & comment pourroit-elle lui donner des entraves lorsqu'elle ne peut pas l'empêcher d'agir & de produire à son gré ? Si M. de Chamfort avoit le génie de Corneille & de Racine, comment l'*académie* l'empêcheroit-elle de nous donner une tragédie meilleure que Mustapha & Zéangir? Malgré les *académies*, & sans être membre d'aucune, on peut écrire en vers & en prose des ouvrages excellens comme des ouvrages médiocres. N'avons-nous pas vu s'élever de nos jours & tout-à-coup des milliers de grands écrivains de feuilles périodiques, de grands politiques discutant profondément la veille la question du lendemain, & se croyant fermement autant de Solon modernes & de nouveaux Montesquieu? & si leurs découvertes & leur gloire ne vont pas aux siècles à venir, sera-ce la faute des *académies* ? N'avons-nous pas dans le seul genre dramatique assez d'auteurs pour fournir sans cesse des nouveautés à vingt théâtres de la capitale ? N'avons-nous pas des Charles IX, des libertés conquises, des victimes cloîtrés, des Mirabeau à son lit de mort, &c? Et si ces chefs-d'œuvre du théâtre moderne n'effacent pas ceux de Voltaire & de Racine, peut-on s'en prendre à l'*académie*?

L'*académie* rend le génie esclave ? Mais est-ce le génie des gens de lettres qui n'en sont pas ? Ceux-là ne peuvent être esclaves d'un pouvoir qu'ils ne reconnoissent point, auquel rien ne les force de se soumettre. Ils ne sont point asservis à un gouvernement sous lequel ils ne vivent pas.

Quant aux hommes de génie que l'*académie* a compté parmi ses membres, comme c'est très-librement qu'ils sont entrés dans la compagnie, & très-librement qu'ils y sont restés, s'ils ont réprimé l'essor de leur génie pour y être admis, où, depuis leur admission, ils n'ont été esclaves que d'eux-mêmes & non de l'*académie*, & leur esclavage n'a été que volontaire & figuré ; & tel qu'il ne peut être ni le motif ni l'objet de la législation.

M. de Chamfort qui n'a pas encore assez profité des séances de l'*académie*, pour attacher aux mots qu'il employe un sens précis, met ici, contre toute logique le mot figuré à la place du propre, & argumente de celui-là comme il pourroit argumenter de celui-ci ; je m'explique.

La liberté qu'une bonne constitution doit assurer au citoyen, est une liberté réelle & physique d'employer ses facultés corporelles & intellectuelles, comme il veut, sans préjudice & offense d'un tiers. L'esclavage dont il doit être défendu, est celui qui lui ôteroit cette liberté, & qui la lui ôteroit malgré lui, puisqu'un esclavage volontaire, & que l'esclave peut faire cesser à tous les momens, n'est pas l'esclavage dont il s'agit ici, celui que la loi doit écarter des citoyens.

Si l'on pouvoit dire en quelque sens supportable que l'*académie* rend le génie esclave, ce ne seroit que d'un esclavage volontaire & en figuré, comme on dit que l'homme est esclave de ses plaisirs, de la fortune, de l'ambition, de l'amour ; & l'assemblée ne peut, ne veut ni ne doit nous défendre par ses décrets d'aucun de ces esclavages-là.

M. de Chamfort, en nous disant que l'*académie* asservit le génie comme les corporations asservissoient le commerce, emploie donc en sophiste un langage & des expressions semblables, pour exprimer des idées absolument différentes. Les erreurs nombreuses de M. de Chamfort en ce genre, me prouvent, contre son intention, la grande utilité d'une *académie*.

Non-seulement les principes de l'assemblée sur les corporations ne s'opposent pas à l'établissement des sociétés ou compagnies littéraires, appelées *académies*, & notamment de l'*académie* françoise ; mais ce qui étonnera sans doute M. de Chamfort, & ce qui est pourtant parfaitement dans les principes de la constitution, l'assemblée n'a ni le droit ni la puissance de détruire l'*académie*, opinion dans laquelle je serai soutenu par tous ceux qui entendent le véritable esprit d'une libre constitution.

Qu'y a-t-il dans l'établissement de l'*académie*? Rien autre chose que ce que je vais dire. Le droit ou la liberté de s'assembler, de travailler ensemble, de faire un dictionnaire, une grammaire, &c. ; de distribuer des prix fondés par des particuliers qui donneroient ou conserveroient à une telle société ce droit de les décerner (il n'y a point de prix à l'*académie* fondé par la nation) ; enfin de perpétuer la compagnie, en nommant eux-mêmes & librement aux places vacantes.

Voilà tout ce qui constitue l'essence de l'*académie*, de sorte que si la législature n'a pas le droit d'empêcher une compagnie de faire tout ce que je viens de dire, elle n'a pas le droit de détruire l'*académie*.

Or, M. de Chamfort voudroit-il bien nous apprendre laquelle de ces actions, de ces occupations l'assemblée nationale a le droit d'interdire aux citoyens qui voudront s'y livrer.

Est-ce l'action de s'assembler au nombre de quarante, & plus souvent de douze ou quinze seulement, dans une salle commune ? mais la liberté de former des associations paisibles, sous la protection des loix & à la connoissance du magistrat, dans des vues qui n'aient rien de contraire à la tranquillité publique & à la morale, cette liberté, dis-je, est un droit sacré du citoyen, droit non-seulement reconnu, mais rétabli & relevé par la nouvelle constitution.

Est-ce le but même de l'association & la nature de ses travaux? La composition d'un dictionnaire, d'une grammaire, une distribution de prix, des élections, des réceptions mêmes publiques, n'ont rien de contraire aux principes d'un bon gouvernement, ni aux intérêts de la nation. Or, il est de principe, sur-tout dans la nouvelle constitution, que la loi n'a le droit d'empêcher que ce qui est nuisible.

On dira que l'*académie* est payée par la nation des vingt-cinq mille francs qu'elle coûte en tout & pour tout au trésor public, pour ses jetons & autres dépenses, & que la nation a le droit de ne plus lui payer cette somme.

Ce droit de la nation est incontestable ; mais ce n'est pas là le droit de détruire l'*académie* ; que la nation, par une économie plus que sévère, retire ces vingt-cinq mille francs ; en les retirant, elle ne peut empêcher les académiciens de s'assembler sans jetons, s'ils vouloient se conserver en société, & suivre leurs occupations actuelles ; ils pourroient continuer le dictionnaire, distribuer encore le prix que des particuliers ont bien voulu les charger de décerner, nommer aux places vacantes parmi eux, avoir des assemblées publiques, le tout sous la protection de la loi : protection qu'on ne pourroit leur refuser.

La suppression des jetons étant ainsi la seule manière dont l'assemblée nationale ait le droit d'opérer sur l'*académie*, & cette suppression n'entraînant pas la destruction de l'établissement, j'ai donc eu raison de dire que l'assemblée n'a pas la puissance de détruire l'*académie*.

J'ai dit que l'*académie* pourroit subsister, malgré le retranchement des vingt-cinq mille francs fournis par le trésor national, mais je puis ajouter qu'il seroit très-possible que ces vingt-cinq mille francs vinssent à l'*académie* de quelqu'autre source que du trésor public. Supposons, par exemple, un citoyen assez ami des lettres & assez riche pour fonder un revenu annuel de vingt-cinq mille francs pour l'amour de la langue françoise; en ce cas, M. de Chamfort auroit encore le chagrin de voir l'*académie* continuer d'exister.

La grande peine de M. de Chamfort seroit alors, selon ce qu'il nous dit lui-même, de voir se conserver *une corporation pour les arts de génie!* Il faut consoler M. de Chamfort.

Je lui ferai observer d'abord qu'en caractérisant ainsi l'*académie*, il n'est pas d'accord avec lui-même, puisqu'après avoir réduit, comme on l'a vu, toutes les fonctions de l'*académie* à faire un dictionnaire & des complimens, & à distribuer des prix, toutes choses qui ne sont pas les arts du génie, il ne peut pas la traduire par devant l'assemblée, comme une corporation établie pour les arts du génie.

J'ajoute qu'établir une corporation pour les arts du génie pour tout homme qui veut s'entendre & ne craint pas d'être entendu, signifie établir une corporation pour faire faire de belles tragédies, des discours éloquens, de bonnes comédies, de beaux poëmes épiques & autres, &c. Mais M. de Chamfort sait bien que Richelieu n'a jamais eu une si sotte idée, & pour s'en convaincre, s'il en doutoit encore, il n'a qu'à lire les lettres patentes où sont nettement énoncés les deux objets de l'établissement; l'un, *de mettre les lettres en honneur;* l'autre, *de rendre le langage françois élégant & capable de traiter tous les arts & toutes les sciences, & d'en établir des règles certaines.*

Je viens à l'autorité des Anglois, alléguée par M. de Chamfort, comme n'ayant point de corporations pour les arts de génie, & chez lesquels ces arts prospèrent pourtant.

Je commence par faire observer à M. de Chamfort, qu'il y a à Londres une certaine société royale dans laquelle on cultive des arts & des sciences, qui demandent aussi du génie, & qui seroit une corporation aussi bien que l'académie françoise, si l'on pouvoit donner ce nom à la nôtre en quelque sens raisonnable.

En second lieu, si les Anglois n'avoient point d'académies pour les arts du génie, cela prouveroit bien que de pareils établissemens ne sont pas actuellement nécessaires, mais non pas qu'ils ne soient pas utiles, & c'est de leur utilité seule qu'il s'agit.

Enfin, il y a une grande différence entre cette proposition: *Les Anglois n'ont point d'académie*, à laquelle j'ai bien voulu, jusqu'à présent, réduire l'assertion de M. de Chamfort; & celle-ci: *Les Anglois n'ont jamais conçu qu'on pût avoir des académies.* La première est un fait vrai ou faux, indifférent dans la question; la seconde prête aux Anglois, contre les *académies*, des préventions, un éloignement, un dédain qu'ils n'ont point.

On a pu s'appercevoir, par plus d'un endroit de cet écrit, que M. de Chamfort n'a pas l'érudition de son sujet; voici de quoi en convaincre encore mes lecteurs.

Il ne sait pas que, quoique les Anglois n'aient point d'*académie* destinée à conserver & perfectionner leur langue, espèce d'établissement dont il s'agit ici, les meilleurs esprits parmi eux ont desiré d'en former une. Je n'ai pas le temps de retrouver toutes les autorités que je pourrois citer à M. de Chamfort, je me contenterai de lui en présenter deux assez imposantes: celle du docteur Swift & celle de David Hume.

On trouve dans les œuvres du premier, une lettre au comte d'Oxford, premier lord de la trésorerie, dans laquelle il expose le projet d'un établissement propre à *corriger, perfectionner & fixer la langue angloise.*

Il place la première époque de la corruption du langage à la guerre civile qui conduisit Charles premier à l'échafaud, & sous le gouvernement de Cromwel, « pendant lequel, dit-il, le fanatisme des puritains & des républicains introduisit une sorte de jargon qui s'empara de tous les écrits du temps, & sur-tout des pièces de théâtre ».

« A cette corruption, vint s'ajouter, selon lui, celle qu'apporta la cour de Charles second par la licence qui suivit la restauration, & qui, détruisant & la religion & la morale dans le peuple, altéra aussi & souilla son langage, en y introduisant un grand nombre de mots nouveaux & des manières de parler recherchées, jusqu'alors inconnues ».

« Cette grande ville, dit-il encore, en parlant de Londres, a toujours eu quelques hommes de mauvais goût, assez en crédit pour donner cours à un nouveau mot, & le faire recevoir dans la conversation, quoiqu'il n'ait souvent ni signification précise, ni formation régulière. S'il est au goût du temps, il passe bientôt dans les écrits périodiques & dans les pièces de théâtre, & s'incorpore dans la langue; tandis que les hommes d'esprit & de savoir, au lieu de combattre ces nouveautés corruptrices, se laissent trop souvent aller à les souffrir & même à les adopter. »

« Pour corriger & prévenir cette corruption, je pense, continue Swift, qu'il faudroit faire choix d'un certain nombre de personnes connues généralement comme les plus capables d'un pareil travail, sans égard à la qualité, au parti, à l'état ou profession de chacune. Ces personnes s'assembleroient à un temps & en un lieu désigné, & dresseroient un plan de leurs travaux dans la vue que j'indique. Je ne me hasarderai pas de le leur tracer, mais vous même, Mylord, & d'autres hommes en place & de votre rang, vous devriez être membres de cette société, & je ne doute pas qu'elle ne tirât autant d'avantage de votre exemple & de vos instructions, que de l'appui que vous lui accorderiez. Enfin en exécutant ce plan, on auroit l'exemple des françois à imiter dans ce qu'ils ont fait de bien, sauf à éviter les fautes qu'ils ont faites. »

Eh bien, M. de Chamfort, ne voilà-t-il pas Swift, excellent écrivain, excellent esprit, & *nota benè* excellent patriote, proposant précisément pour son pays & pour les progrès & la conservation de sa langue, une *académie* sur le plan de l'académie françoise.

On observera peut-être que Swift donne à entendre qu'il trouve des défauts dans l'établissement qu'il propose à ses compatriotes d'imiter. Je ne me rappelle pas que cet habile homme ait indiqué ailleurs ce qu'il y trouve à reprendre; mais je ne puis supposer que ce soit rien d'essentiel ou d'irréformable; puisqu'on voit que son plan est précisément celui de l'académie françoise en toutes ses parties essentielles, l'objet de l'établissement, le moyen, le mélange des gens de lettres & des gens en place, &c.

L'autre autorité qui peut balancer celle de M. de Chamfort est celle de David Hume, esprit libre, historien impartial & philosophe profond, qui, dans l'histoire des Stuart sous l'année 1611, à l'occasion de l'établissement d'un collége fondé par Jacques premier, & dont l'unique occupation devoit être de réfuter les catholiques & les puritains, dit que c'est là le seul encouragement que les rois d'Angleterre aient jamais donné aux sciences; à quoi il ajoute en se plaignant ....

« Tous les efforts du grand Bacon n'avoient pu procurer un établissement pour les progrès de la philosophie naturelle (tel que l'a été depuis la société royale), & jusqu'aujourd'hui les Anglois manquent d'une société, dont l'emploi soit de polir & de fixer le langage. »

Je demande ce que devient la décision magistrale de M. de Chamfort rapprochée de l'opinion des deux hommes que je viens de citer. Je demande ce qui reste de son exclamation : *une corporation pour les arts du genie ! C'est ce que les Anglois n'ont jamais conçu.* Et quant à la réflexion qu'il y ajoute qu'*en fait de raison, nous ne pouvons plus rester en arriere des Anglois.* Je dis de bon cœur, *ainsi-soit il.*

II. Ce sont moins des argumens contre *l'académie* que des consolations à ceux qui conserveroient quelque intérêt pour elle & des conseils à l'assemblée nationale, qui terminent l'écrit de M. de Chamfort.

« L'académie va ... se détruisant d'elle-même, en conservant sa maladive & incurable petitesse, au milieu des objets qui s'agrandissent autour d'elle, elle ne sera plus apperçue..... Personne ne recherchera désormais ses honneurs obscurcis devant la gloire à la fois littéraire & patriotique des orateurs de l'Assemblée....... On n'ambitionera plus une frivole distinction à la quelle le despotisme condamnoit les plus rares talens .... Il faut lui laisser la consolation de croire que sans l'Assemblée nationale, elle étoit immortelle ... En la détruisant, on a peu de clameurs à craindre, parce qu'elle n'a point la faveur populaire, & qu'elle n'a pour défenseurs que les ennemis de la révolution, & enfin ses membres eux-mêmes contiendront le chagrin de leur séparation dans les bornes d'un hypocrite & facile décence, sur-tout si l'Assemblée, en détruisant le corps, traite les individus avec une libérale équité ....

Je ferai une réponse succincte à chacune de ces observations.

1°. Je ne pense pas que M. de Chamfort se tienne aussi assuré qu'il veut le paroître, de la mort naturelle & prochaine de *l'académie* abandonnée à elles même : avec cette certitude, il ne se seroit pas donné tant de peine pour la faire détruire incontinent. On n'assassine pas dans son lit un ennemi consumé d'une fièvre lente qui ne lui laisse plus que deux jours à vivre. Je crois encore que dans la persuasion que *l'académie* s'en alloit mourant de sa belle mort, M. de Chamfort se seroit épargné la peine de surmonter aussi courageusement qu'il l'a fait, la répugnance naturelle qu'il a dû éprouver à se faire le délateur d'un corps dont il est membre, à insulter des gens de lettres avec lesquels il a vécu, à flétrir, autant qu'il est en lui, la mémoire de d'Alembert, &c. Son procédé seroit encore plus coupable, s'il n'avoit eu pour but que de hâter de quelques jours une destruction, dailleurs iné vitable; on voit que j'explique ses intentions aussi favorablement que je le puis.

Je ne crois pas non plus *l'académie* en aussi mauvais état qu'il le dit, parce que je ne reconnois point en elle les symptômes mortels qu'on veut m'y faire voir: & à ceux qui diroient que je suis le médecin, *tant mieux*, je répondrai que tous ceux qui connoissent la médecine de mon confrère, savent qu'il est au plus haut dégré le médecin, *tant pis*. Mais après tout, voyons qui de nous deux sait le mieux son métier.

Mon confrère présage la mort prochaine de *l'académie* abandonnée à elle-même, parce qu'on *n'ambitionera plus ses honneurs obscurcis devant la gloire des orateurs de l'Assemblée*; mais j'ai déjà expliqué plus haut comment dans le seul genre oratoire il pourroit y avoir encore de la gloire à faire des discours comme Bossuet; à écrire académiquement comme la Bruyere & Fénelon; quelque gloire qu'on puisse d'ailleurs obtenir & mériter à la tribune de l'Assemblée.

Les triomphes de l'éloquence devant une Assemblée occupée des plus grands intérêts de la nation, seront sans doute les plus glorieux de tous; mais la carrière où l'on obtiendra ces palmes, ne sera pas ouverte à tout le monde en beaucoup de cas; & peut-être, au grand avantage de la chose publique, les électeurs préféreront dans leur représentant le talent de bien faire à celui de bien dire. Peut-être aussi que les électeurs de la plupart des départemens, jusqu'à ce que la culture des lettres ait fait tous les progrès que M. de Chamfort nous annonce, n'auront pas le goût assez sûr pour distinguer parmi les candidats les hommes du plus grand talent oratoire & leur donner toujours la préférence.

Il y aura donc des hommes éloquens qui ne trouveront pas place parmi les représentans de la nation; & pourquoi ne laisseroit-on pas dans *l'académie* un débouché de plus pour ceux d'entr'eux qui ne dédaigneroient pas la *frivole distinction* à laquelle *le despotisme avoit condamné Bossuet & Massillon*.

Enfin, je veux qu'il ne puisse plus y avoir de grands orateurs hors de l'Assemblée. La gloire littéraire est de plus d'un genre. Tant qu'on aimera les beaux vers & une belle tragédie, & une excellente comédie, & une belle histoire, & une discussion éloquente & philosophique à la fois-même sur des objets étrangers au gouvernement & jusqu'à une critique du genre de celle de M. de Chamfort, mais dans laquelle il y ait plus de justesse & de raison, un certain nombre d'hommes de lettres, poëtes, historiens, philosophes, &c. pourront poursuivre la gloire attachée aux succès dans les travaux de ce genre, & la trouver dans leur admission à l'*académie*, par le suffrage de leurs pareils. Il pourroit donc y avoir une *académie*, quand ce ne seroit que pour eux; & malgré le monopole de l'éloquence accordé à l'assemblée nationale par M. de Chamfort.

2°. On a déjà plaisamment remarqué que l'humanité de M. de Chamfort, qui veut qu'on détruise l'*académie* tout à l'heure, afin qu'elle ait la consolation de croire que, sans les décrets de l'assemblée, elle eût été immortelle, ressemble à celle d'Agnelet, qui tue les moutons de M. Guillaume, *de peur qu'ils ne mouriont*: mais il faut rendre justice à ce qu'il y a de vrai dans l'idée de M. de Chamfort & reconnoître avec lui que l'*académie* a pû en effet se croire immortelle, si elle n'a dû craindre sa destruction que d'une assemblée nationale.

Si l'on eût dit à Montesquieu, à Buffon, à d'Alembert, à Voltaire: « Un despote ombrageux détruira votre *académie*; un pouvoir arbitraire ne peut s'accommoder d'une société littéraire & philosophique occupée de répandre la lumière, de chercher & d'embellir les vérités utiles aux hommes, de perfectionner la langue, instrument de toutes les connoissances, & sur-tout de celles dont les progrès amènent nécessairement la liberté & le bonheur des peuples; d'une société qui produit ou attire dans son sein des hommes, qui, comme vous, peuvent être appellés à juste titre les précepteurs du genre humain: si l'autorité royale achève donc de devenir despotique, votre *académie* sera détruite. » Cette prédiction ne les eût point étonnés, & peut-être n'eût-elle fait qu'énoncer leurs propres craintes.

Mais si on leur eût dit: « Une assemblée nationale, dont la devise sera *lumière* & *liberté*, s'empressera de détruire, de disperser, d'anéantir votre compagnie; cet établissement, distingué entre les autres par l'amour de la liberté & de l'égalité, par l'esprit philosophique qui s'y établit & qui s'y montre la tête levée; cette compagnie qui compte parmi ses membres des écrivains célèbres, à qui la nation doit déjà la destruction de tant de préjugés, & la connoissance de tant de vérités utiles; » ils auroient repoussé cette crainte comme une injure faite à la nation.

3°. Il ne tient pourtant pas à M. de Chamfort que cette dernière prédiction ne s'accomplisse; & c'est pour encourager l'assemblée à réaliser ces sinistres présages, qu'il prend le soin de lui certifier que l'*académie n'a point la faveur populaire*, & qu'en la détruisant on *n'a point de clameurs à craindre*.

M. de Chamfort ne s'apperçoit pas qu'il se laisse aller ici à énoncer une idée injurieuse à l'assemblée nationale, en supposant qu'elle pût être arrêtée dans une opération utile & juste, ou poussée à une mesure injuste ou funeste par la crainte des clameurs populaires. C'est ce que disent quelquefois les ennemis de la constitution.

Mais pour répondre à cette étrange raison donnée à l'assemblée pour l'encourager à détruire l'*académie*, il suffit d'observer que s'il y a dans la nature des choses un établissement sur lequel il soit ridicule, absurde de consulter l'opinion populaire, ou de craindre la clameur populaire, c'est assurément celui d'une académie; & je laisse à juger à mes lecteurs, par ce trait, de la rage de popularité affectée par M. de Chamfort.

4°. M. de Chamfort arrive à un motif qui doit avoir plus de force aux yeux de l'assemblée, en lui présentant l'*académie* comme n'ayant guère pour défenseurs que les ennemis de la révolution.

On peut remarquer d'abord qu'il est bien certain que parmi les ennemis de la révolution le plus grand nombre est de ceux qui n'aiment point & qui n'ont jamais aimé les *académies*, à qui ils attribuent avec raison au moins les premiers pas qu'on a faits dans une route qui, selon eux, a mené la nation dans un abîme de maux. La haine de ceux-là pour l'*académie* pourroit balancer aux yeux de l'assemblée la prévention que veut lui inspirer M. de Chamfort, d'après l'attachement qu'ont encore pour les *académies* quelques autres ennemis de la révolution.

Mais je n'accorde point à M. de Chamfort que les défenseurs de l'*académie*, & notamment tous ses confrères qui la défendent, soient ennemis de la révolution.

Je ne suis pas en droit de supposer que mes confrères veuillent s'abaisser à une justification, & par cette raison je ne dois pas me charger de les défendre; mais je répondrai pour moi.

Il est aisé de prouver que parce qu'on défend l'académie, on n'est pas pour cela ennemi de la révolution; qu'on peut aimer à la fois l'académie & une bonne constitution; qu'on peut sans être esclave, être attaché à un établissement fondé plus qu'aucun autre sur des principes d'égalité & de liberté. (*Voyez artistes & sociétés.*)

ACADIENS, (f. m.) habitans de l'Acadie, province ou partie du Canada. L'assemblée nationale s'est occupée d'eux dans la séance du 21 février 1791.

M. *la Revalier de Lepau.* Le comité des pensions vient invoquer votre justice en faveur des citoyens que l'ancien régime n'a récompensés de leur tendre attachement à la mère patrie, qu'en les traitant avec la dernière barbarie. Tout le monde sait que la guerre sanglante que les rois d'Angleterre & de France se firent depuis 1757, jusqu'en 1763, ne fut pas favorable à ce dernier, & que le gouvernement anglois exigea pour prix de ses succès la cession de toutes nos possessions dans le nord de l'Amérique septentrionale, à l'exception de quelques établissemens pour la pêche de la morue. En conséquence tous les officiers, tant civils que militaires employés en Canada, en Acadie, & à Saint-Pierre de Miquelon, furent transférés en France avec leurs familles, & débarquèrent à Rochefort. On leur assigna, tant à eux qu'aux individus de leurs familles, des secours annuels, sous le titre de pensions sur les fonds de la marine; ils sont modiques d'après l'état nominatif que nous avons reçu de l'ex-ministre, M. de la Luzerne. Deux ou trois de ces pensions seulement sont de 600 liv.; & la plupart de 200 l., de 50 écus, & même de beaucoup moins. D'un autre côté, un très-grand nombre des habitans de ces contrées, & particulièrement les *Acadiens*, peuple extrêmement estimable par la simplicité de ses mœurs, refusèrent de se soumettre aux lois d'une nation étrangère. Simples comme la nature, ils en avoient l'énergie, & sentoient que si le gouvernement françois pouvoit les abandonner, au moins n'avoit-il pas le droit de donner leur pays & leurs personnes comme une métairie & ses troupeaux, ni les anglois celui de s'en emparer. La ferme résolution fut prise de repousser les oppresseurs; mais leur force ne put seconder leur courage: nouvelles victimes des querelles des rois, ils furent obligés de céder à une masse irrésistible de puissance. Cependant ces généreux colons, plutôt que de se laisser avilir, quittèrent le pays qui les avoit vu naître, le pays où jusqu'alors ils avoient coulé des jours heureux au sein de l'aisance ou de la paix; ils abandonnèrent, en un mot, toute leur fortune, tout ce qu'ils possédoient, pour venir se jeter dans le sein de la mère patrie. La majeure partie débarqua dans les ports de Cherbourg & de Morlaix. Plusieurs familles se sont établies dans d'autres villes du royaume. Il leur fut accordé à chacun une solde de 6 sous par jour, payable sur les fonds de la marine, ainsi que les pensions des officiers dont nous avons déjà parlé; un très-petit nombre d'entr'eux, très-infirme ou très-âgés, obtinrent quelque chose de plus. Il est à observer que plusieurs soldes & pensions ne furent pas données à vie, mais jusqu'à un âge déterminé, soit de 18 ans, soit de 20 ans: le comité vous proposera de conserver cette disposition.

Bientôt le ministre de la marine, sous prétexte que son département étoit surchargé de dépenses, fit renvoyer le paiement de la solde des habitans *acadiens* au trésor royal; & il obtint un fonds de 50,000 liv. pour continuer le paiement des officiers civils & militaires, & celui de leurs familles. Ces derniers ont toujours été exactement payés, ou du moins il n'est parvenu à votre comité aucune plainte à cet égard. Il en est bien autrement à l'égard des malheureux habitans. D'abord, dès 1773, M. Peyrouse-Descarts ayant proposé au gouvernement de défricher les landes du Poitou, & fait espérer des merveilles de cette entreprise; l'abbé Terray lui livra, j'oserai le dire ainsi, plusieurs centaines d'entr'eux, pour les transplanter sur le sol le plus ingrat & le plus stérile, lorsqu'il étoit attesté au contraire, que le ministre de France à Londres leur avoit promis des établissemens dans les meilleurs terreins du pays. Est-ce à un âge avancé qu'on peut entreprendre de façonner au plus rude de tous les travaux, d'habituer à la nourriture la plus grossière & la plus mesquine, des hommes qui tous étoient accoutumés à la vie pastorale, & dont plusieurs étoient très-riches? Mais les gouvernemens ne se sont-ils pas fait dans tous les tems un jeu cruel de tromper les hommes? Cette barbare entreprise échoua après avoir coûté la vie à la majeure partie des *acadiens* qui y périrent de faim & de fatigue. Il en restoit néanmoins encore un assez grand nombre; cela étoit gênant. Quelque dure que soit l'ame des despotes, si le cri du malheur ne la touche pas, au moins il l'importune. Le ministre d'alors chercha donc le moyen, non pas de réparer ses injustices passées, mais de se délivrer des plaintes & des tableaux affligeans qui pouvoient quelquefois troubler son repos. Il prit un parti simple; ce fut d'en rejetter les objets dans le nouveau monde. Les *acadiens* qui n'avoient pas péri dans le Poitou furent transportés à la Louisiane, & presque tous y trouvèrent enfin le dernier terme de leur misère.... la mort.

On peut juger jusqu'à quel point ces tristes jouets de la fortune furent indignement traités, puisque de trois cents qui débarquèrent à Cherbourg, il n'y en existe plus que vingt-trois. Malgré cette extrême diminution, la modicité de leur paie parut encore, à un gouvernement dissipateur, une charge trop forte pour le trésor public. On l'ouvroit rarement dans ces jours de scandale pour faire des actes d'humanité & de justice. On jugea tout-à-fait inconvenable de diminuer en rien que ce fût les sommes destinées à alimenter le luxe effréné des courtisans pour fournir du pain à des malheureux qui n'avoient apporté qu'un seul trésor avec eux : je veux dire le modèle de toutes les vertus domestiques, seule base des mœurs publiques & de la félicité des nations; trésor le plus précieux sans doute aux yeux de la liberté, mais de nulle valeur à ceux d'un gouvernement corrompu & chez un peuple où la servitude avoit tout dénaturé. Ainsi alors même qu'un âge plus avancé auroit pu solliciter une augmentation de secours en faveur des *acadiens*, leur solde fut réduite en 1777, à trois sous par jour pour quelques-uns & à rien pour les autres. En vain ces infortunés ont fait retentir de leurs réclamations les bureaux des ministres, ils n'ont rien obtenu, à l'exception d'un secours d'une excessive modicité dans l'affreux hiver de 1789.

Il n'est peut-être pas indifférent d'observer que ceux-là seuls y participèrent, que l'on appelloit *nobles*; le peuple n'eut rien; & lorsqu'on pressoit M. de Calonne en faveur des *acadiens*, il répondoit froidement : *les fonds destinés aux familles acadiennes sont employés; quand il y en aura de disponibles, on verra s'il sera possible d'y faire participer les plus âgés.* Les fonds sont employés; peut-on voir sans la plus douloureuse indignation refuser ainsi le pain à des infortunés qui n'avoient de crime à se reprocher que celui d'avoir trop aimé leur patrie, lorsqu'on prodiguoit le sang des peuples; à qui? Vous le savez, à des hommes pervers, à des femmes perdues. La société des amis de la constitution de Cherbourg, & ensuite la municipalité, voyant qu'enfin l'idole de la faveur étoit brisée, & que le règne de la justice commençoit, firent passer vers le milieu de l'été, soit au comité des pensions, soit à l'assemblée nationale, qui les lui a renvoyés, différens mémoires & pièces sur cet objet. Il en est également parvenu de la ville de Morlaix, qui éleve à dix environ le nombre des *acadiens* qui résident.

C'est d'après ces pièces & différens renseignemens pris à cet égard, que nous vous demandons de réparer de longues injustices; en rétablissant en faveur des *acadiens* les secours dont ils ont précédemment joui. Nous vous proposerons de les leur accorder à commencer du premier janvier 1790. Leurs réclamations étant parvenues vers le milieu de cette année, & les détails immenses dont le comité, & sur-tout l'assemblée, sont chargés, ayant empêché qu'on ne pût les faire valoir à cette tribune avant cet instant, il nous a semblé que les *acadiens* n'en devoient pas souffrir. Nous avons cru devoir en même tems présenter par l'article IV du projet de décret, les dispositions nécessaires pour constater le droit de ceux des habitans qui prétendront au bienfait de la loi.

Nous avons bien connu l'état signé des ordonnateurs du port de Rochefort, & un double signé de M. la Luzerne, des pensions assignées aux officiers civils & militaires, à leurs femmes & à leurs enfans; mais les malheureux habitans étoient traités avec une telle indifférence, qu'on n'a pu en trouver l'état nominatif dans les bureaux du contrôle, & que vraisemblablement il n'en existe que des états partiels dispersés dans les différens bureaux d'intendance des généralités où ils résident. Nous avons aussi pensé que, conformément aux principes que vous avez adoptés de faire payer toutes les pensions sur la même caisse, vous deviez décréter que les fonds versés chaque année dans la caisse de la marine pour payer les pensions des officiers civils & militaires canadiens, & à leurs familles, resteroient désormais au trésor public qui seroit chargé d'en faire l'emploi. Par un dernier article, nous vous proposons de déclarer qu'aucun de ces secours ne pourra être recréé à l'avenir en faveur de qui que ce soit, car il faut savoir mettre des justes bornes aux libéralités nationales pour ne pas retomber dans les anciens abus. Enfin, nous finirons par vous observer qu'en rendant aux *acadiens* ce qui leur est dû, vous gréverez peu le trésor, & vous n'ordonnerez point une nouvelle dépense. J'ai déjà dit que les fonds étoient faits au département de la marine pour les officiers civils & militaires, & j'ajoute qu'on vous a porté en dépense pour l'année, dans le tableau présenté par le comité des finances, une somme de 816,000 liv. pour les secours accordés, tant aux hollandois réfugiés qu'aux *Acadiens*. La dépense pour ceux de Morlaix & de Cherbourg ne s'élevera pas à plus de 11,000 liv.; & nous avons lieu de penser qu'ils composent la majorité de ceux qui sont maintenant dans le royaume. Tels sont les faits & les motifs sur lesquels se fonde le décret que je vais vous soumettre au nom du comité des pensions.

L'assemblée nationale, après avoir entendu le comité des pensions sur l'état où se trouvent les habitans de l'Acadie & du Canada, passés en France lors de la cession de ces pays aux anglois, décrète ce qui suit :

Art. premier. Les secours accordés aux officiers, tant civils que militaires *acadiens*, & à leurs familles, dont l'état nominatif est annexé au présent décret, continueront d'être payés, comme par le passé, par le trésor public; à l'effet de quoi les fonds de 50,000 liv. fournis précédemment au département de la marine, pour cet objet, cesseront de lui être faits, à compter du premier juillet 1791.

II. La solde accordée aux habitans de ces mêmes contrées qui sont passés en France, à la paix de 1763, sera continuée à tous ceux qui en jouissent ou qui en ont joui, dans les proportions suivantes, savoir: 8 sous par jour aux sexagénaires, 6 sous par jour aux pères & mères de famille & aux veuves, & 4 sous aux enfans & orphelins, jusqu'à l'âge de 20 ans : seulement ces secours commenceront à courir du premier juillet 1790, sauf à imputer à compte les sommes que chacun d'eux aura reçues du trésor public dans le courant de ladite année.

III. Chacun des secours accordés par les deux précédens articles sera éteint à la mort de chacun de ceux qui les auront obtenus, sans qu'ils puissent être recréés ou portés en augmentation, en faveur de qui que ce soit.

IV. Les personnes qui prétendront avoir droit aux secours mentionnés dans l'article II du présent décret, se présenteront à la municipalité du lieu de leur résidence, qui en dressera l'état : cet état sera envoyé au directoire du district; il en vérifiera les faits, & l'enverra ensuite au directoire de département, qui le fera passer à l'assemblée nationale, avec les observations qu'il jugera convenables ».

Ce décret est adopté.

M l'abbé Gouttes présente un projet de décret tendant à accélérer la vérification des mémoires, tant des fournisseurs de la maison du roi, que des entrepreneurs des carrières.

L'assemblée ordonne le renvoi de ce projet de décret à son comité pour lui en présenter une rédaction nouvelle.

ACCEPTATION f. f. L'assemblée constituante n'a jamais défini les mots dont elle s'est même le plus habituellement servie dans la rédaction de ses décrets; ainsi je ne me rappelle pas qu'elle ait donné quelque part une définition précise & légale du mot *acceptation*; cependant par le texte des loix qu'elle a faites & les débats de ses séances, on voit que le mot *acceptation* est spécialement consacré à désigner l'acte par lequel le roi, comme chef du pouvoir exécutif, déclare qu'il se charge de faire exécuter un ou plusieurs décrets qui lui sont présentés.

L'*acceptation* diffère de la sanction; car dans les principes de l'assemblée constituante la sanction est nécessaire au décret, elle lui donne force de loi, le roi l'exerce par la prérogative de l'autorité royale, & non point seulement comme pouvoir exécutif; il peut la suspendre, & le décret est sans activité tant que cette suspension dure; en un mot, la *sanction* est une faculté législative de la royauté, tandis que l'*acceptation* est regardée comme une formalité non essentielle à l'exécution du décret.

Ces principes vont être développés dans les débats que nous allons rapporter, on y verra la distinction entre l'*acceptation* & la sanction établie par la nature des décrets mêmes qui ont besoin d'être ou de ne pas être soumis à l'un ou à l'autre de ces actes du pouvoir royal : voyez aussi SANCTION.

Chaque fois que les décrets ont éprouvé quelque retard dans l'*acceptation* ou la sanction, l'assemblée a rendu des décrets de circonstance, dont l'objet étoit de faire rendre compte aux ministres des causes du défaut ou retard d'*acceptation*; mais elle ne s'est livrée à une discussion définitive sur cet objet que dans la séance actuelle.

A cette époque seulement qu'on a fixé la nature & le mode de l'*acceptation*; c'est donc à elle que nous rapporterons les débats sur cette matière; nous y joindrons les actes de la minorité ou autres pièces essentielles qui y ont rapport, en renvoyant au mot SANCTION, les discussions auxquelles cette forme législative a donné lieu dans le mois de septembre 1789.

Cette méthode nous est prescrite par la nature du travail de cette partie de notre ouvrage, où l'on ne doit point chercher une histoire méthodique de l'assemblée, mais seulement l'exposé des débats &

discussions qui ont eu lieu dans son sein. Voyez l'avertissement qui est en titre de cette partie.

L'acte constitutionnel étoit presqu'achevé, l'instant de le présenter à l'*acceptation* du roi approchoit, on doutoit qu'après tant de malheurs & de peines ce monarque, alors prisonnier, voulut accepter la nouvelle forme de gouvernement, lorsque le jeudi premier septembre 1791, *M. Baumets* monta à la tribune, & dit :

Votre serment est accompli ; vos travaux sont achevés ; ces travaux poursuivis pendant vingt-huit mois, avec une ardeur dont il n'y a jamais eu d'exemple, ont terminé la constitution qui va régler les destinées de la France. Dès vos premiers pas des obstacles se sont présentés, d'un seul mot vous les avez dissipés comme des chimères, parce que ce mot renfermoit une profonde vérité. Vaincus par la raison, vos ennemis recoururent à la force, & ce fut au moment où leurs armes menaçoient votre ouvrage, que vous jurâtes de l'achever. La nation dont les yeux étoient fixés sur vous, indignée de vos dangers & satisfaite de votre conduite, s'est réveillée en souveraine ; elle a étendu son bras & vos ennemis sont disparus. Une grande révolution s'est opérée au même instant : de l'une à l'autre extrémité de l'empire, des millions de citoyens se sont armés pour la liberté. Quinze jours à peine s'étoient écoulés dans cette fermentation salutaire, lorsqu'un élan du patriotisme français consomma dans une seule nuit plus de sacrifices qu'on n'auroit pu en espérer en dix siècles de la marche progressive des lumières & de la perfectibilité tardive de la raison. Depuis cette mémorable époque, tout s'est applani sous vos pas. Les grandes vérités reconnues, les droits de l'homme consacrés, ne vous ont permis de mettre à vos combinaisons politiques d'autres bornes que celles indiquées par le desir même de la perfection. Vous avez encore éprouvé des résistances, mais si elles ont pu ralentir votre marche, ou quelquefois trop vivement exciter le déploiement de votre énergie, elles n'ont jamais rendu vos succès douteux. L'histoire conservera avec scrupule les moindres détails de cette crise intéressante. Elle décrira le jeu des passions de tout genre, qui ont exercé leur empire sur les hommes & leur influence sur les événemens. Elle transmettra les motifs connus & dévoilera les efforts secrets des incidens les plus remarquables dans cette époque si instructive pour les nations & pour ceux qui les gouvernent. Elle peindra avec les couleurs qui leur conviennent, & les forfaits atroces que vous avez détestés, & ces traits sublimes d'héroïsme & de vertu qui ont consolé vos cœurs & justifié l'espèce humaine.

Il ne nous appartient pas de prévenir les jugemens de la postérité, mais ce qui aura des droits incontestables à son approbation, c'est la marche que vous avez si habilement conduite & prolongée, entre les démolitions successives de l'ancien édifice & les réconstructions graduelles du nouveau. Cette conduite si prudente ne s'est pas démentie dans vos relations avec le trône. Au frontispice de la constitution, vous avez attaché la conservation du gouvernement monarchique. La royauté, depuis si long-temps naturalisée dans le sol de la France, & dans le cœur de ses habitans, étoit devenue par ce décret une institution combinée & constitutionnellement choisie par la nation pour la liberté & pour son bonheur ; mais il falloit encore définir cette fonction politique, & assigner au réprésentant héréditaire la portion d'autorité que l'intérêt général commandoit de remettre entre ses mains. Jusqu'à ce que cette délégation de pouvoirs fût accomplie, le titre de roi des François ne pouvoit pas encore exprimer l'idée de tous les attributs dont ce titre auguste devoit être accompagné ; mais dès-lors il n'étoit pas douteux qu'à cette dignité éminente de très-importantes fonctions ne dussent être attachées. Il étoit constant par vos premiers décrets que le roi, chef suprême du pouvoir exécutif, auroit encore, quant à la formation des loix, une autorité constitutionnelle destinée à tempérer celle du corps législatif par une suspension qui pût donner à la volonté publique le temps de se former & de se manifester. A la rigueur, ces combinaisons auroient pu ne pas s'appliquer au corps constituant dont elles étoient l'ouvrage, & qui antérieur à leur création auroit été le maître de n'en imposer l'exécution qu'aux législateurs, il sembloit même que le plein exercice de vos droits incontestables dût éloigner cette forme, tant de vos décrets législatifs, que de vos décrets constitutionnels.

A toutes ces considérations vous avez opposé les motifs d'une profonde sagesse, & rapprochant les principes de leur application aux circonstances, vous vous êtes tracé la marche qui pouvoit convenir le mieux à la situation des affaires & à la disposition des esprits. Il importoit beaucoup que la royauté à qui étoient déléguées des fonctions d'un si grand intérêt, ne perdît rien dans l'esprit du peuple de ce respect & de cet amour dont il est bon que toutes les parties de la constitution soient investies. Il importoit à l'opinion publique & à l'accord des volontés qu'à mesure que vous avanciez dans vos travaux & que vous rencontriez l'opposition des passions individuelles, vous fussiez fortifiés par une union étroite entre vous & le trône qui ne laissât pas aux mécontens l'espoir d'un appui contraire à la loi & d'un succès possible dans leur résistance, & lorsque les ennemis du bien public agissant en sens contraire, vont conspirant tous également contre cette heureuse harmonie, sont enfin parvenus à la troubler ; lorsqu'à force d'entourer le monarque de perfides conseils ou de coupables terreurs, ils lui ont arraché cette fatale démarche, qui pouvoit attirer sur la France une longue suite de malheurs, il vous a suffi pour la sauver de resaisir l'intégrité de vos droits, & dans un péril si extraordinaire, vous avez trouvé assez de ressource dans l'autorité qui vous appartient & dans la confiance qui vous environne. Que de malheurs n'avez-vous pas évités ; quelles forces n'avez-vous pas acquises par une conduite si prudente ! Vous lui devez le bonheur d'être arrivés au terme où tout est achevé, où chaque pouvoir va prendre pour toujours la place que lui assigne la constitution. La souveraineté nationale qui s'exprime par votre bouche, va terminer ce grand événement par la démarche la plus juste, la plus loyale, la plus solemnelle qui ait jamais eu lieu d'un peuple à un roi. Le bonheur d'un moment si long-temps desiré doit faire disparoître à vos yeux les fatigues & les peines d'une carrière laborieusement traversée ; mais il doit aussi rappeler à vos cœurs l'instant où vous fûtes convoqués & réunis pour la parcourir. Il ne seroit pas généreux d'oublier que si les représentans de la nation furent rassemblés, ce fut par le vœu de Louis XVI.

Depuis un siècle & demi le despotisme avoit réuni tous ses efforts pour plonger dans une nuit éternelle jusqu'au souvenir de ces antiques assemblées, ombres imparfaites de la représentation nationale, mais capable du moins de réveiller dans le cœur des François la conscience de leurs droits & le sentiment de leur liberté ; Louis XVI vous a convoqués, & s'il n'a pas pu, législateur provisoire, rendre dès-lors au peuple françois l'intégrité de ses droits, il a placé dans la double représentation des communes, le germe fécond d'où ces droits ne pouvoient pas manquer de renaître. Rien ne peut effacer le souvenir de cet acte de justice inséparablement lié à la mémoire de vos travaux.

Les fautes des rois sont le plus souvent à ceux qui les conseillent ; leurs bonnes actions ont tant d'obstacles à vaincre, qu'elles leur appartiennent doublement. Qu'importe aux esclaves des cours le salut des peuples & celui des rois, pourvu qu'il existe un pouvoir dont ils puissent abuser, & un trésor dont ils fassent leur proie. Comment n'auroient-ils pas frémi de l'opinion publique ? Louis XVI a appelé la nation elle-même à régénérer son existence. Que ne devoient-ils pas tenter contre l'établissement d'un ordre sévère qui détruit tant d'usurpations à la fois, & renverse jusqu'à l'espoir de les renouveler ? Vous avez vu leur désespoir, lorsque la providence qui veille sur cet empire a déjoué leurs machinations & rendu à la France le monarque qu'ils avoient tenté de séparer d'elle. Ils frémissent de voir approcher l'instant où la constitution, assise sur les bases de la volonté nationale, & de l'engagement sacré du monarque, aura irrévocablement domicilié dans cet empire la liberté & l'égalité. Il est venu le moment où vous allez demander au roi des François l'engagement le plus sérieux, le plus solemnel dont les hommes puissent prendre le ciel à témoin. Il est permis de prévoir, il est satisfaisant d'espérer que sa détermination sera précédée d'un recueillement profond & d'une méditation proportionnée à la grandeur de la circonstance. Vous avez déclaré la royauté indépendante ; mais vous n'avez voulu ni pu l'affranchir de cette immense responsabilité morale qu'un roi contracte envers sa conscience, son siècle & la postérité. Les momens sont précieux, sans doute, quand il s'agit de fixer les destins d'un grand peuple & de prévenir les agitations. La France & l'Europe entière attendent en suspens la réponse que vous sollicitez ; mais ce que la France & l'Europe attendent sur-tout & recevront avec respect, c'est une réponse dictée par une réflexion mûre & par une volonté libre, telle qu'il convient au roi d'une nation loyale & franche de la donner, & à ses représentans de la recevoir.

La France & l'Europe voient en vous ces mêmes hommes qui dissipèrent avec une indignation généreuse un camp de soldats rassemblés près du lieu où ils délibéroient sur la liberté publique. Aucun danger, sans doute, n'eût fait pénétrer le découragement dans vos ames, & libres, au milieu du péril, vous ne trembliez pas pour vous-mêmes ; mais vous redoutiez, pour l'honneur de la constitution, la proximité d'une armée. « Le danger, disiez-vous alors, menaçoit les travaux qui étoient votre premier devoir : ces travaux ne pouvoient avoir un plein succès, une véritable permanence, qu'autant que les peuples les regarderoient comme entièrement libres ».

Toujours fidèles aux mêmes principes, vous en attendrez encore aujourd'hui les mêmes succès, ce que vous réclamiez alors, vous l'ordonnerez aujourd'hui. Vous écarterez des délibérations du trône tous les sujets de méfiance que vous avez justement rejetés loin de vous : ainsi le veut l'intérêt de la constitution, ainsi le voudront avec vous tous ceux qui desirent véritablement la durée de vos décrets & la gloire du peuple auquel ils sont consacrés. Si les ennemis de vos travaux pouvoient espérer de placer dans le sein de la constitution quelque germe de destruction & de mort qui perpétuât leurs espérances, ce seroit en cherchant à répandre des nuages sur la liberté dont la délibération du roi & son *acceptation* seront accompagnées. Les précautions aussi respectueuses qu'indispensables, offertes au monarque pour la dignité & la conservation de sa personne, ils s'efforceront de les présenter comme des attentats contre son indépendance ; mais le patriotisme éclairé des bons citoyens ne laissera pas le plus léger prétexte à ces insinuations perfides.

Prêts à mourir pour la loi qu'ils se sont donnée, ils en assureront la stabilité, par la liberté de son *acceptation*. L'armée, les gardes nationales, tous les habitans de l'empire animés du même esprit, sentiront que si la personne du monarque est dans tous les temps inviolable & sacrée, son indépendance est en ce moment plus que jamais le plus grand & le plus pressant intérêt de la nation. Il importe avant tout que le roi soit assuré de cette indépendance; il importe qu'elle soit évidente aux yeux de l'univers, & vous regarderez sans doute comme les mesures les plus sages celles qui, rendant le roi lui-même arbitre des précautions qu'exige sa dignité, lui paroîtront le plus propres à rendre sa liberté manifeste & indubitable; & s'il restoit encore quelques inquiétudes à ceux qui aiment à s'alarmer par une excessive prévoyance, nous leur dirons qu'il est des événemens qu'aucunes précautions ne peuvent éviter; mais qu'il est aussi des précautions plus dangereuses que ces événemens; que rien ne peut assurer à la nation que son repos ne sera jamais troublé; mais que tout assure à un grand peuple, une fois devenu libre, qu'aucune force ne peut lui donner des fers. La nation que vous représentez, connoît & chérit ses droits. Vous avez en son nom banni tous les préjugés, proclamé toutes les vérités, mis en action tous les principes; une telle nation est assez préparée pour les circonstances les plus difficiles. Quoi qu'il puisse arriver, elle aura toujours la raison pour guide & le courage pour appui. Ce n'est pas l'instant de retracer ici l'étendue de votre puissance. Vos ouvrages & l'obéissance d'un grand peuple en sont d'assez glorieux témoins; & ceux-là paroîtroient en douter, ou chercheroient à la compromettre, qui vous conseilleroient d'en développer ici un usage rigoureux ou un appareil inutile. Non, Messieurs, on ne refuse point un trône offert par la nation françoise, quand on sait quel prix inestimable cette nation aimante & généreuse réserve au monarque qui respectera lui-même, qui fera respecter les loix. Nous vous proposons le décret suivant: (*La salle retentit d'applaudissemens*).

Art. Ier. Il sera nommé une députation pour présenter l'acte constitutionnel à l'*acceptation* du roi.

II. Le roi sera prié de donner tous les ordres qu'il jugera convenable pour sa garde & pour la dignité de sa personne.

III. Si le roi se rend au vœu des François, en adoptant l'acte constitutionnel, il sera prié d'indiquer le jour, & de régler les formes dans lesquelles il prononcera formellement en présence de l'assemblée nationale l'*acceptation* de la royauté constitutionnelle, & l'engagement d'en remplir les fonctions.

L'assemblée ordonne l'impression du rapport de M. Beaumetz.

M. Fréteau. Je desirerois beaucoup que si le décret présenté à l'assemblée doit être adopté par elle, & je desire qu'il le soit, il le fût d'une manière grande, noble et généreuse.

M. Lanjuinais. Comme la liste civile.

M. Fréteau. Je voudrois éviter toute discussion sur un point dont peut-être dépend, je ne dis pas la paix de la France, mais celle de l'Europe. Je demande que l'on aille aux voix sur la proposition du comité sans entendre aucune discussion. (Les murmures étouffent les applaudissemens.)

M. Lanjuinais. Délibérons froidement. (On applaudit.) L'assemblée m'entend.... Je demande que celui qui a la parole, la prenne.

M. Roberspierre. Nous sommes donc enfin arrivés à la fin de notre longue & pénible carrière. Il ne nous reste plus qu'un devoir à remplir envers notre pays; c'est de lui garantir la stabilité de la constitution que nous lui présentons; pour qu'elle existe, il ne faut qu'une seule condition; c'est que la nation le veuille. Nul homme n'a le droit ni d'arrêter le cours de ses destinées, ni de contredire sa volonté suprême. Le sort de la constitution est donc indépendant de la volonté de Louis XVI. Ce principe a déjà été reconnu hautement dans cette assemblée. Ce n'est point assez; il faut encore y croire sincérement, & l'observer avec fidélité. Je ne doute pas que Louis XVI ne l'accepte avec transport. Le pouvoir exécutif tout entier, assuré comme un patrimoine à lui & à sa race; le droit d'arrêter les opérations de plusieurs assemblées nationales consécutives; la faculté de les diriger, par la proposition des loix lorsqu'elles sont faites par l'influence de ses ministres admis au sein du corps législatif; un empire absolu sur tous les corps administratifs devenus ses agens, le pouvoir de régler les intérêts & les rapports de la nation avec les nations étrangères; des armées innombrables dont il dispose; le trésor public, grossi de tous les domaines nationaux réunis en ses mains. (Il s'élève de violens murmures. Ce ne sont pas-là des calomnies, c'est la constitution; 40 millions destinés à son entretien & à ses plaisirs personnels; tout m'annonce qu'il n'existe point dans l'état de pouvoir qui ne s'éclipse devant le sien; tout me prouve que nous n'avons rien négligé pour rendre la constitution agréable à ses yeux. Cependant, comme il est quelquefois dans le caractère des monarques d'être moins sensibles aux avantages qu'ils ont acquis, qu'à ceux qu'ils croient avoir perdus; comme le passé peut nous inspirer quelque défiance pour l'avenir, ce n'est peut-être pas sans raison que nous nous occupons de la manière de lui présenter la constitution. C'est-là sans doute le motif qui a déterminé le comité à nous présenter, comme le sujet d'un problême, une chose si simple au premier coup-d'œil. Pour moi, je le résous facilement par les premières

premières notions de la prudence & du bon sens. Tout délai, dans ce genre, ne seroit bon qu'à prolonger de funestes agitations, à nourrir de coupables espérances, & à seconder de sinistres projets. Je crois donc que c'est à Paris qu'il faut présenter la constitution à Louis XVI, & qu'il doit s'expliquer sur cet objet dans le plus court espace de tems possible. Je ne vois aucune raison, même spécieuse, qui puisse justifier la proposition de le faire partir pour la lui présenter ailleurs. Je ne comprends pas même le mot de liberté, ou de contrainte appliqué à cette circonstance. Je ne conçois pas comment l'*acceptation* de Louis XVI pourroit être supposée avoir été forcée; car la présentation de la constitution pourroit être traduite en ces mots: La nation vous offre le trône le plus puissant de l'univers: voici le titre qui vous y appelle, voulez-vous l'accepter? Et la réponse ne peut être que celle-ci: je le veux; ou je ne le veux pas.

Or, qui pourroit imaginer que Louis XVI ne seroit pas libre de dire: je ne veux pas être roi des François. Quelle raison de supposer que le peuple feroit violence à un homme pour le forcer à être roi, ou, pour le punir de ne vouloir plus l'être! Eh! dans quel lieu de l'empire peut-il être plus en sûreté qu'au milieu de la garde nombreuse & fidelle des citoyens qui l'environnent? Le seroit-il plus dans une autre partie de la France, sur nos frontières ou dans un royaume étranger, ou plutôt si ailleurs il se trouvoit entouré d'hommes ennemis de la révolution? N'est-ce pas alors que l'on pourroit feindre avec plus de vraisemblance, que sa résolution n'auroit pas été libre? Mais que signifient ces bizarres scrupules sur la liberté de l'*acceptation* d'une couronne? C'est le salut, c'est la sûreté de la nation qui doit être seule consultée. Or, nous permet-elle de désirer que Louis XVI s'éloigne dans ce moment? Avez-vous des garans plus certains de ses dispositions personnelles, de celles des hommes qui l'entourent, qu'avant le 21 juin dernier? Ces rassemblemens suspects dont vous êtes les témoins, ce plan de laisser vos frontières dégarnies, de désarmer les citoyens, de semer partout le trouble & la division, les menaces de vos ennemis extérieurs, les manœuvres de vos ennemis intérieurs, leur coalition avec les faux amis de la constitution qui lèvent ouvertement le masque; tout cela vous invite-t-il à rester dans la profonde sécurité où vous avez paru plongés jusqu'à ce moment? Voulez-vous vous exposer au reproche d'avoir été les auteurs de la ruine de votre pays? Le danger fût-il moins réel qu'il ne le paroît, au moins la nation le craint: les avis, les adresses qui vous sont envoyés de toutes les parties de l'état, vous le prouvent. Or, ce n'est point assez de ne pas compromettre évidemment le salut de la nation, il faut respecter jusqu'à ses alarmes, il faut nous rassurer nous-mêmes contre un autre danger qui n'est point douteux. Il faut nous prémunir contre tous les pièges qui peuvent nous être tendus; contre toutes les intrigues qui peuvent nous obséder dans ce moment critique de la révolution. Il faut les déconcerter toutes, en élevant dès ce moment entre elles & nous une barrière insurmontable, en ôtant aux ennemis de la liberté toute espérance d'entamer encore une fois notre constitution. On doit être content sans doute de tous les changemens essentiels que l'on a obtenus de nous; que l'on nous assure du moins la possession des débris qui nous restent de nos premiers décrets. Si on peut attaquer encore notre constitution après qu'elle a été arrêtée deux fois, que nous reste-t-il à faire, que de reprendre ou nos fers ou nos armes? (On applaudit dans l'extrémité de la partie gauche. — Le reste de la salle murmure.) Je vous prie, M. le président, d'ordonner à M. Duport de ne pas m'insulter, s'il veut rester auprès de moi. (L'extrémité de la partie gauche & les tribunes applaudissent.)

M. Lavie. Je jure que M. Duport n'a pas dit un seul mot à M. Robespierre.

Plusieurs membres placés auprès de M. Duport assurent qu'ils n'ont rien entendu.

M. Robespierre. Je ne présume pas qu'il existe dans cette assemblée un homme assez lâche pour transiger avec la cour sur aucun article de notre code constitutionel, assez perfide pour faire proposer par elle des changemens nouveaux que la pudeur ne lui permettroit pas de proposer lui-même, assez ennemi de la patrie pour chercher à décréditer la constitution, parce qu'elle mettroit quelque borne à son ambition ou à sa cupidité, assez impudent pour avouer aux yeux de la nation qu'il n'a cherché dans la révolution qu'un moyen de s'aggrandir & de s'élever, car je ne veux regarder certain écrit & certain discours qui pourroit présenter ce sens que comme l'explosion passagère du dépit déjà expié par le repentir; mais nous du moins nous ne serons ni assez stupides, ni assez indifférens à la chose publique pour consentir à être les jouets éternels de l'intrigue, pour renverser successivement les différentes parties de notre ouvrage au gré de quelques ambitieux, jusqu'à ce qu'ils nous aient dit: le voilà tel qu'il nous convient. Nous avons été envoyés pour défendre les droits de la nation, non pour élever la fortune de quelques individus, pour renverser la dernière digue qui reste encore à la corruption, pour favoriser la coalition des intrigans avec la cour, & leur assurer nous-mêmes le prix de leur complaisance & de leur trahison. Je demande que chacun de nous jure qu'il ne consentira jamais à composer avec le pouvoir exécutif sur aucun article de la constitution, & que quiconque osera faire une semblable proposition soit déclaré traître à la patrie. (On applaudit à plusieurs reprises dans diverses parties de la salle).

M. *Rœderer*. Je demande la parole pour un fait. Un officier municipal, de la ville de Thionville, connu par son patriotisme, m'écrit qu'il a envoyé à différentes autorités, au comité militaire, au ministre de la guerre, des états dont il m'envoie copie, à moi, & qui prouvent que le compte rendu à l'assemblée, soit dans la lettre du ministre, soit dans le rapport fait par M. Emmery à l'assemblée, sur les fournitures de toute espèce & munitions de toute nature, dans les magasins de Thionville, est absolument inexact. Je demande qu'il me soit permis demain de déposer sur le bureau de l'assemblée la pièce que j'ai entre les mains. (On applaudit. — On murmure.)

M. *Chapelier*. Je demande à M. Rœderer pourquoi il vient troubler une délibération par un incident qui y est étranger. Si, comme je le crois, il parle ici d'une lettre qu'il m'a montrée il y a trois semaines.... (*Plusieurs voix s'élèvent* : Eh bien, M. Rœderer. — On applaudit.) M. Rœderer m'a montré une lettre il y a trois semaines, renfermant des états venant d'une ville frontière, par laquelle on lui mandoit que ceux présentés par le comité & par le ministre de la guerre, n'étoient pas exacts. Je lui conseillai de vérifier ces faits pour en rendre compte ensuite à l'assemblée, si l'inculpation étoit vraie. (On applaudit.) Nous avions prévu qu'à l'époque où nous délibérerions si nous devions loyalement, franchement, comme une grande nation doit le faire, donner le plus grand appareil à la plus grande solemnité, à la liberté & à l'*acceptation* du roi, on chercheroit, à aliéner les esprits. Je vois bien que dans le discours & dans le fait absolument étranger par lequel on vient d'interrompre la discussion, on cherche à répandre des alarmes dans le peuple. Je demande, M. le président, que sans s'arrêter à cet incident, qui n'est fait que pour jetter l'alarme dans l'esprit du peuple, on passe à l'ordre du jour.

M. *Emmery*. Je prie M. Rœderer, de me dire à quelle époque j'ai fait un rapport sur la situation des frontières, je crois que personne dans l'assemblée ne se le rappelera.

M. *Rœderer*. Ce n'est pas pour répandre des alarmes dans le peuple, c'est pour épancher mes alarmes dans le sein de l'assemblée, si elles sont fondées, c'est pour mettre le ministre & le comité militaire à même de les calmer, que j'ai dit un fait très-exact, & qui, par le peu de détails que j'ai reçus, applanira toutes les difficultés.

L'assemblée passe à l'ordre du jour, & décide néanmoins que MM. Rœderer, Emmery, le ministre de la marine, & le comité militaire seront entendus demain pour la vérification des faits.

M. *Dumetz*. La discussion ne fera qu'affoiblir la majesté de cette assemblée, & si son intention étoit d'adopter le projet de M. Beaumetz, je demanderois qu'il fût mis aux voix sur le champ. (On applaudit.)

La discussion est fermée.

M. *Monlausier*. Dans une délibération qui porte atteinte à la majesté royale, nous demandons acte de notre silence.

Les articles présentés par M. Beaumetz sont successivement mis aux voix, & décrétés à la presqu'unanimité.

M. *Dupont*. Maintenant que la constitution est terminée, je demande que l'assemblée nationale déclare qu'elle n'y peut plus rien changer. (On applaudit a plusieurs reprises dans toutes les parties de la salle).

Plusieurs membres observent qu'elle n'est pas entièrement décrétée.

M. *Frochot*. Je n'ai qu'une observation à faire pour prouver que la proposition de M. Dupont, que j'appuie, ne peut être adoptée dans ce moment; c'est que les derniers articles décrétés sur les conventions ne sont pas encore rédigés; qu'il est nécessaire qu'ils soient revus & mis en ordre, ainsi que plusieurs autres articles de l'acte constitutionel.

M. *Camus*. Je propose à l'assemblée un moyen de concilier tout. La motion de M. Dupont me paroît extrêmement sage. Je conçois que l'acte constitutionnel n'étant pas relu, & plusieurs articles ayant été renvoyés au comité pour en faire la rédaction, il ne faut pas adopter, dans ce moment-ci, la proposition faite par M. Dupont; mais il me semble aussi qu'il n'y a rien de si facile, & en même-tems rien de si juste que de rédiger l'article en ces termes : « L'assemblée nationale décrète, que l'acte constitutionnel ne sera présenté au roi que lorsqu'il aura été relu en entier, & qu'elle aura déclaré qu'il n'y sera fait aucun changement ».

On applaudit & on demande à aller aux voix.

M. *Decroi*. Je déclare que, comme je crois ce décret attentatoire aux droits de la nation & de la royauté, je m'y oppose de toutes mes forces.

L'assemblée adopte à l'unanimité la rédaction de M. Camus.

Une partie de la séance du surlendemain fut employée à discuter le mode de présentation de l'acte constitutionnel à l'*acceptation* du roi.

M. *Dandré* prit la parole, & dit : puisque l'assemblée vient de décider que l'acte constitutionnel est clos, & qu'il n'y sera fait aucun changement, je demande que dans ce jour même il soit porté à l'*acceptation* du roi.

M. *Rœderer*. J'appuie la proposition de M. Dandré, & je demande par amendement qu'il soit nommé à cet effet une députation de 83 membres.

M. *Dandré*. Ma motion est qu'il soit envoyé au roi une députation de 60 membres, choisie par le président. -- La proposition de M. Dandré est adoptée.

M. *Lavie*. Je demande que celui qui sera chargé de porter la parole au roi, au nom de la députation, fasse préalablement connoître son discours à l'assemblée.

M. *Dandré*. Il est inutile de faire de discours au roi, il suffit que la députation lui dise simplement l'objet de sa mission. -- L'assemblée décrète qu'il ne sera point fait de discours au roi. - Le président fait lecture des membres qui doivent composer la députation.

Séance du 4 septembre 1791.

M. *Thouret*. La députation que vous avez honorée hier de la mission de présenter au roi l'acte constitutionnel, est partie de cette salle à neuf heures du soir; elle se rendit au château avec une escorte d'honneur, composée d'un nombreux détachement de la garde nationale parisienne, & de la gendarmerie nationale; elle marcha toujours au bruit des applaudissemens du peuple. Elle fut reçue dans la salle du conseil où le roi s'étoit rendu, accompagné de ses ministres & d'un assez grand nombre de personnes; en présentant au roi la constitution, je lui ai dit :

» Sire, les représentans de la nation viennent présenter à votre majesté, l'acte constitutionnel qui consacre les droits imprescriptibles du peuple françois, qui rend au trône sa vraie dignité, & qui régénère le gouvernement de l'empire ».

Le roi reçut l'acte constitutionnel & fit à la députation la réponse suivante, qu'il m'a remise écrite de sa main.

» Je reçois la constitution que me présente l'assemblée nationale : je lui ferai part de ma résolution dans le plus court délai qu'exige l'examen d'un objet si important. Je me suis décidé à rester à Paris. Je donnerai mes ordres au commandant-général de la garde nationale parisienne pour le service de ma garde ».

Le roi montra toujours un air satisfait. Nous revînmes à la salle de vos séances, dans le même ordre dans lequel nous étions partis; comme plusieurs de nos collègues s'y trouvoient, ainsi qu'un grand nombre de citoyens, je me suis fait un devoir de les instruire de ces faits, afin de leur donner la plus prompte publicité. Par ce que nous avons vu & entendu, tout nous pronostique que l'achèvement de la constitution sera aussi le terme de la révolution. (L'assemblée & les tribunes applaudissent). Je vais remettre sur le bureau la réponse signée de la main du roi.

Séance du 13 septembre.

Le ministre de la justice entre dans l'assemblée, & remet une lettre à M. le président.

M. *le président*. M. le ministre de la justice me remet un message dont le roi me demande de donner communication à l'assemblée. Voici la teneur de ce message.

Messieurs, j'ai examiné attentivement l'acte constitutionnel que vous avez présenté à mon *acceptation*. Je l'accepte & je le ferai exécuter. Cette déclaration eût pu suffire dans un autre tems; aujourd'hui je dois aux intérêts de la nation, je me dois à moi-même de faire connoître mes motifs.

Dès le commencement de mon règne, j'ai désiré la réforme des abus; & dans tous les actes du gouvernement, j'ai aimé à prendre pour règle l'opinion publique.

Diverses causes, au nombre desquelles on doit placer la situation des finances à mon avènement au trône, & les frais immenses d'une guerre honorable, soutenue long-temps sans accroissement d'impôts avoient établi une disproportion considérable entre les revenus & les dépenses de l'Etat. Frappé de la grandeur du mal, je n'ai pas cherché seulement les moyens d'y porter remède; j'ai senti la nécessité d'en prévenir le retour; j'ai conçu le projet d'assurer le bonheur du peuple sur des bases constantes, & d'assujettir à des règles invariables l'autorité même dont j'étois dépositaire; j'ai appellé autour de moi la nation pour l'exécuter.

Dans le cours des évènemens de la révolution, mes intentions n'ont jamais varié. Lorsqu'après avoir réformé les anciennes institutions, vous avez commencé à mettre à leur place les premiers essais de votre ouvrage, je n'ai point attendu, pour y donner mon assentiment, que la constitution entière me fût connue. J'ai favorisé l'établissement de ses parties avant même d'avoir pu en juger l'ensemble; & si les désordres qui ont accompagné presque toutes les époques de la révolution, venoient trop souvent affliger mon cœur, j'espérois que la loi reprendroit de la force entre les mains des nouvelles autorités; & qu'en approchant du terme de vos travaux, chaque jour lui rendroit ce respect sans lequel le peuple ne peut avoir ni liberté ni bonheur. J'ai persisté long-temps dans cette espérance, & ma résolution n'a changé qu'au moment où elle m'a abandonné.

Que chacun se rappelle l'époque où je me suis éloigné de Paris: la constitution étoit prête à s'achever, & cependant l'autorité des loix sembloit s'affoiblir chaque jour. L'opinion loin de se fixer, se subdivisoit en une multitude de partis. Les avis les plus exagérés sembloient seuls obtenir de la faveur: la licence des écrits étoit au comble: aucun pouvoir n'étoit respecté.

Je ne pouvois plus reconnoître le caractère de la volonté générale, dans des loix que je voyois par-tout sans force & sans exécution. Alors, je dois le dire, si vous m'eussiez présenté la constitution, je n'aurois pas cru que l'intérêt du peuple, règle constante & unique de ma conduite, me permît de l'accepter. Je n'avois qu'un sentiment: je ne formai qu'un seul projet. Je voulus m'isoler de tous les partis, & savoir quel étoit véritablement le vœu de la nation.

Les motifs qui me dirigèrent ne subsistent plus aujourd'hui. Depuis lors, les inconvéniens & les maux, les abus dont je me plaignois, vous ont frappés comme moi. Vous avez manifesté la volonté de rétablir l'ordre. Vous avez porté vos regards sur l'indiscipline de l'armée. Vous avez connu la nécessité de réprimer les abus de la presse. La révision de votre travail a mis au nombre des loix réglémentaires plusieurs articles qui m'avoient été présentés comme constitutionnels. Vous avez établi des formes légales pour la révision de ceux que vous avez placés dans la constitution. Enfin, le vœu du peuple n'est plus douteux pour moi; je l'ai vu se manifester à la fois, & par son adhésion à votre ouvrage, & par son attachement au maintien du gouvernement monarchique.

J'accepte donc la constitution: je prends l'engagement de la maintenir au dedans, de la défendre contre les attaques du dehors, & de la faire exécuter par tous les moyens qu'elle met en mon pouvoir.

Je déclare qu'instruit de l'adhésion que la grande majorité du peuple donne à la constitution, je renonce au concours que j'avois réclamé dans ce travail; & que n'étant responsable qu'à la nation, nul autre, lorsque j'y renonce, n'auroit le droit de s'en plaindre.

Je manquerois cependant à la vérité, si je disois que j'ai apperçu dans les moyens d'exécution & d'administration, toute l'énergie qui seroit nécessaire pour imprimer le mouvement & pour conserver l'unité dans toutes les parties d'un si vaste Empire. Mais puisque les opinions sont aujourd'hui divisées sur ces objets, je consens que l'expérience seule en demeure juge. Lorsque j'aurai fait agir avec loyauté tous les moyens qui m'ont été remis, aucun reproche ne pourra m'être adressé; & la nation dont l'intérêt seul doit servir de règle, s'expliquera par les moyens que la constitution lui a réservés.

Mais, messieurs, pour l'affermissement de la liberté, pour la stabilité de la constitution, pour le bonheur individuel de tous les François, il est des intérêts sur lesquels un devoir impérieux nous prescrit de réunir tous nos efforts. Ces intérêts sont le respect des loix, le rétablissement de l'ordre & la réunion de tous les citoyens. Aujourd'hui que la constitution est définitivement arrêtée, des François vivant sous les mêmes loix, ne doivent connoître d'ennemis que ceux qui les enfreignent. La discorde & l'anarchie: voilà nos ennemis communs. Je les combattrai de tout mon pouvoir. Il importe que vous & vos successeurs me secondiez avec énergie; que sans vouloir dominer la pensée, la loi protège également tous ceux qui lui soumettent leurs actions; que ceux que la crainte des persécutions & des troubles auroit éloignés de leur patrie, soient certains d'y trouver en y rentrant, la sûreté & la tranquillité; & pour éteindre les haines, pour adoucir les maux qu'une grande révolution entraîne toujours à sa suite; pour que la loi puisse d'aujourd'hui commencer à recevoir une pleine exécution, consentons à l'oubli du passé, que les accusations & les poursuites qui n'ont pour principe que les évènemens de la révolution, soient éteintes dans une réconciliation générale.

Je ne parle pas de ceux qui n'ont été déterminés que par leur attachement pour moi: pourriez-vous y voir des coupables? Quant à ceux qui par des excès où je pourrois appercevoir des injures personnelles, ont attiré sur eux la poursuite des loix, j'éprouve à leur égard que je suis le roi de tous les françois: *signé*, LOUIS.

Paris, le 13 septembre 1791.

P. S. J'ai pensé, messieurs, que c'étoit dans le lieu même où la constitution avoit été formée, que je devois en prononcer *l'acceptation* solemnelle: je me rendrai en conséquence demain, à midi, à l'assemblée nationale.

Séance du 14 septembre 1791.

M. *le président*. Le roi est en marche pour se rendre à l'assemblée; je n'ai pas besoin de rappeller le décret qui interdit à tous les membres, le droit de prendre la parole tant qu'il sera dans cette enceinte. Dans le moment où le roi prêtera son serment, l'assemblée doit être assisse.

M. *Malouet*. Il n'y a pas un seul cas où la nation assemblée ne reconnoisse le roi pour son chef, je demande que pour le respect dû à so caractère, l'assemblée reste debout tant qu'il sera présent.

M. *Dandré*. Voici ce qui s'est observé à l'ouverture des états-généraux, & ce qui doit s'observer encore. Le roi est entré dans la salle, on s'est levé; le roi a parlé, les députés se sont assis & couverts.

Un huissier. Voilà le roi.

Le roi entre dans la salle accompagné de tous ses ministres, n'ayant d'autre décoration que la croix de S. Louis. L'assemblée se lève; le roi va se placer à côté de M. le président. Sa majesté prononce le discours suivant.

» Messieurs, je viens consacrer ici solemnellement l'*acceptation* que j'ai donnée à l'acte constitutionnel; en conséquence, je jure (l'assemblée s'assied) d'être fidèle à la nation & à loi, d'employer tout le pouvoir qui m'est délégué à maintenir la constitution décrétée par l'assemblée nationale constituante, & à faire exécuter les loix. (Le roi s'assied.)

» Puisse, cette grande & mémorable époque, être celle du rétablissement de la paix, de l'union, & devenir le gage du bonheur du peuple & de la prospérité de l'empire ». (La salle retentit des cris de *vive le roi!*

Le ministre de la justice présente au roi l'acte constitutionnel à signer; sa majesté l'a signé.

M. *Thouret*, président de l'assemblée, répond au roi.

Sire, de longs abus, qui avoient triomphé des bonnes intentions des meilleurs rois, & qui auroient bravé sans cesse l'autorité du trône, opprimoient la France. (Le roi reste assis, le président s'assied.)

Dépositaire du vœu, des droits, & de la puissance du peuple, l'assemblée nationale a rétabli, par la destruction de tous les abus, les solides bases de la prospérité publique.

Sire, ce que cette assemblée a décrété, l'adhésion nationale le ratifie : l'exécution la plus complette dans toutes les parties de l'empire, atteste l'assentiment général. Il déconcerte les projets impuissans de ceux que le mécontentement aveugla trop long-tems sur leurs propres intérêts. Il promet à votre majesté qu'elle ne voudra plus en vain le bonheur des françois.

L'assemblée nationale n'a plus rien à desirer en ce jour à jamais mémorable, où vous consommez dans son sein par le plus solemnel engagement, l'*acceptation* de la royauté constitutionnelle. C'est l'attachement des françois, c'est leur confiance, qui vous déferent ce titre respectable & pur à la plus belle couronne de l'univers; & ce qui vous le garantit, sire, c'est l'impérissable autorité d'une constitution librement décrétée; c'est la force invincible d'un peuple qui s'est senti digne de la liberté; c'est le besoin qu'une aussi grande nation aura toujours de la monarchie héréditaire.

Quand votre majesté, attendant de l'expérience les lumières qu'elle va répandre sur les résultats pratiques de la constitution, promet de la maintenir au-dedans, & de la défendre contre les attaques du dehors, la nation se reposant & sur la justice de ses droits, & sur le sentiment de sa force & de son courage, & sur la loyauté de votre co-opération, ne peut connoître au-dehors aucun sujet d'alarmes, & va concourir, par sa tranquille confiance, au prompt succès de son gouvernement intérieur.

Qu'elle doit être grande à nos yeux, sire, chère à nos cœurs; & qu'elle sera sublime dans notre histoire, l'époque de cette régénération qui donne à la France des citoyens, aux françois une patrie; à vous, comme roi, un nouveau titre de grandeur & de gloire; à vous encore, comme homme, une nouvelle source de jouissances, & de nouvelles sensations de bonheur!

On applaudit à plusieurs reprises. Le roi sort de l'assemblée au milieu des cris de *vive le roi*. -- L'assemblée en corps accompagne le roi jusqu'au château des Tuileries, au milieu des cris d'allégresse du peuple, d'une musique militaire & de plusieurs salves d'artillerie. Voyez la première partie de l'ouvrage.

Mais tandis que le roi donnoit son *acceptation* à l'acte constitutionnel, le parti de l'opposition, la minorité de l'assemblée, les chefs de la noblesse émigrée déclaroient qu'ils ne voyoient dans la démarche du roi qu'un acte forcé, la pénible contrainte d'un prince pressé entre l'alternative de perdre sa couronne, de commencer une guerre terrible ou de souscrire aux volontés de ceux qui avoient su s'emparer de l'autorité & former une puissance supérieure à la sienne.

Nous ne rapporterons pas toutes les pièces que le parti de l'opposition fit alors paroître, nous donnerons seulement la principale, celle qui semble porter un caractère public par la signature des membres qui l'ont fait paroître. Nous y joindrons un petit écrit qui a fait beaucoup de bruit & que l'on assuroit dans le tems contenir un recit exact des intrigues qui ont eu lieu pour déterminer le roi à accepter l'acte constitutionnel. Enfin nous terminerons cet article par le compte rendu à l'assemblée nationale de l'effet qu'a produit dans l'étranger, la notification que le roi y a fait faire de son *acceptation* de l'acte constitutionnel. (*Voyez* pour le reste, la première partie, les mots SANCTION, ROI, ACTE CONSTITUTIONNEL, DÉCRETS.

*Déclaration d'une partie des députés aux états-généraux de France, sur l'*ACCEPTATION *donnée par le roi à l'acte constitutionnel, le 15 septembre 1791.*

Les soussignés, respectivement députés par les trois ordres, aux états libres & généraux de France, déclarent, qu'ils ne peuvent regarder comme un acte libre, l'*acceptation* donnée par un monarque ramené avec violence dans son palais, suspendu de l'exercice de son pouvoir royal, constitué prisonnier par un décret, placé enfin entre la déchéance & l'*acceptation*; mais que cette *acceptation*, fut-elle vraiment libre, ajouteroit à leur douleur, sans altérer des principes religieux & des droits politiques, qu'il n'est pas au pouvoir des rois de France d'abandonner, & qu'il est du devoir de leurs fidèles sujets de réclamer avec persévérance.

Fait à Paris le 15 septembre 1791.

François, marquis de Beauharnois, député par la noblesse de Paris.

Bailli de Crussol, député de la noblesse de la vicomté de Paris, *extra muros.*

Le marquis de Foucauld-Lardimalie, député de la noblesse du Périgord.

De Guilhermy, député du tiers-état de la sénéchaussée de Castelnaudary.

Rochechouart, marquis de Mortemart, député de la noblesse du bailliage de Rouen.

Burignot de Varenne, député de la noblesse du bailliage de Châlons-sur-Saône.

Le marquis de Thiboutot, député de la noblesse du bailliage de Caux.

Le comte de Lassigny de Juigné, député pour la noblesse de la sénéchaussée de Draguignan.

Bouville, député de la noblesse du bailliage de Caux.

Du Val d'Epresmenil, député de la prévôté & vicomté de Paris, *hors les murs.*

Belbeuf, député de la noblesse du bailliage de Rouen.

† A. J. évêque de Châlons, député du clergé du bailliage de Châlons-sur-Marne.

Le comte de Faucigny-Lucinge, député de la noblesse de Bresse.

Le baron de Rochebrune, député de la noblesse du haut pays d'Auvergne.

Le marquis de Vaudreuil, député de l'ordre de la noblesse de la sénéchaussée de Castelnaudary.

Planelli, marquis de Maubec, député de la noblesse du bailliage de Sens.

Le marquis de Clermont-Mont-Saint-Jean, député de la noblesse du Bugey, *adhérant.*

D'Esclaibes, comte de Clairmont, député de la noblesse de Chaumont en Bassigny.

Le comte de Ludre, député de la noblesse de Lorraine.

Ant. Ch. Gabriel, marquis de Folleville, député de la noblesse de Péronne.

L'abbé Royer, conseiller d'état, député de la ville d'Arles.

Le chevalier de Chalon, député de la noblesse de Castelmoron-d'Albret.

† L. de Béthizy, évêque d'Uzès, député du clergé de la sénéchaussée de Nîmes.

De la Salle de Roquefort, député de la noblesse du pays de Marsan.

L'abbé Maury, député de Péronne.

† Fr. Pi. de Bernis, archevêque de Damas, coadjuteur d'Alby, député du clergé de la sénéchaussée de Carcassonne.

Le comte de Plas de Tane, député de la noblesse du Quercy.

Le vicomte de Malartic, député de la noblesse de la sénéchaussée de la Rochelle.

Le marquis de Guilhem-Clermont-Lodève, député d'Arles.

Le comte de Lévis, député de la noblesse du bailliage de Dijon.

Le Mullier de Bressey, idem, *adhérant.*

Tailhardat de la Maison-Neuve, député d'Auvergne.

Madier de Monjau, député de Villeneuve de Berg.

Le chevalier de Verthamon, député de la noblesse de la sénéchaussée de Guyenne.

Thimoléon, chevalier de Murinais, député du Dauphiné.

Cauneille.

Rivière, curé de Vic, député de Bigorre.

Gros, curé de Saint-Nicolas-du-Chardonnet, député du clergé de Paris.

Durget, député du bailliage d'Amont, en Franche-Comté.

Le marquis de Juigné, député des Marches communes de Bretagne & de Poitou.

D'Arsac, marquis de Ternay;
Du Bouex de Villemort,
Le comte d'Iversay,
Le comte de Lambertye,
Claude, vicomte de la Chastre,
Irland de Bazôges,
Le chevalier de la Coudraye,
} députés de la noblesse du Poitou.

Martin, curé de Béziers.

Landreau, curé, député de Saint-Jean-d'Angely.

Guépin, curé de Touraine.

De la Place, curé, député du clergé de Péronne.

† J. B. A. évêque d'Oleron.

† C. M. Ruffo, évêque de Saint-Flour.

D'Ormesson, député de Paris.

Ch. Barbeyrac, marquis de Saint-Maurice, député de la noblesse de la sénéchaussée de Montpellier.

Le vicomte d'Ustou-Saint-Michel, député de la noblesse des pays & comté de Comminges & Nébouzan.

Le François, curé du Mage, député du Perche.

Laporte, député du Périgord.

F. Henri de Virieu, député du Dauphiné; *fidèle jusqu'à la mort à mon mandat & à mes devoirs.*

† Alexandre-César d'Anterroches, évêque de Condom, député de Nérac.

Luillier Rouvenac, député de la noblesse de la sénéchaussée de Limoux.

Grandin, curé d'Ernée, député du clergé du Maine.

Pisson; curé de Valeyrac en Médoc, député du clergé de Bordeaux.

L'abbé Fénix de la Combe.

Samary, député du clergé de Carcassonne.

De Mascon, député de la noblesse d'Auvergne.

Farochon, curé, député de Crépy.

Le comte de Bournazel, député de la noblesse de Rouergue.

Le baron de Batz, député de la noblesse d'Albret.

† R. évêque de Dijon.

Regnaud de Montlosier, député de la noblesse d'Auvergne.

Allain, recteur de Notre-Dame de Josselin, député du clergé de Saint-Malo.

Le marquis de Fournés, député de la noblesse de la Sénéchaussée de Nîmes.

De Champeaux, curé de Montigny-le-Bretonneaux, député du clergé de Montfort-l'Amaury & Dreux,

Le baron de Gonnès, député de la noblesse de Bigorre.

Simon, curé de Woël, député du Barrois.

Le marquis d'Angosse, député de la noblesse d'Armagnac.

Rouph de Varicourt, député du clergé du bailliage de Gex.

Langon, *fidèle à mon mandat.*

Le Tellier, curé de Bonnœil, député du clergé de Caen.

Lefort, député du bailliage d'Orléans.

L'abbé Peretti.

L'abbé de Castellas, député du clergé de Lyon.

Du Bois, archiprêtre, curé de Saint-Remy, Sainte-Madeleine & Saint-Frobert, député de Troyes.

Yvernault, député du clergé du Berry.

Le comte de Culant, député d'Angoumois.

L. Alp. De Savary, marquis de Lancosme, député de la noblesse de Touraine.

David, curé de Lormaison, député de l'ordre du clergé par le bailliage de Beauvais.

J. C. Gandolphe, curé de Sèvres, député du clergé de la prévôté & vicomté de Paris.

Malrieu, curé, député du clergé de Villefranche de Rouergue.

L'abbé Coster, député des bailliages de Verdun & de Clermont en Argonne.

Gagnière, curé de Saint-Cyr-les-Vignes, député du clergé de Forez.

Colson, curé de Mitting, député de Sarguemines.

Dufraisse du Chey, député du tiers-état de la sénéchaussée d'Auvergne.

† Jos. F. évêque de Montpellier.

Leymarie, député du clergé du Quercy.

Dufresne, curé de Ménil-Durand, député d'Alençon.

Le Clerc, curé de la Cambe, député du clergé d'Alençon.

Cayla.

† P. M. M. évêque de Nîmes.

Le marquis de Bouthillier, député de la nobleſſe du Berry.

Par adhéſion, le comte de la Chaſtre.

Bengy de Puyvallée, député de la nobleſſe du Berry.

Bois-Rouvraye, député de la nobleſſe de Chateau-Thierry aux états-généraux.

Beziade, marquis d'Avaray, député de la nobleſſe du bailliage d'Orléans.

Jean-François, vicomte de Rafélis-Broves, député de Draguignan.

Seurrat de la Boulaye, député par l'ordre de la nobleſſe du bailliage d'Orléans, aux états-généraux.

† L'évêque du Mans.

Rozé, curé d'Emalleville, député du clergé de Caux.

Foreſt, curé d'Uſſel, député du bas Limouſin.

Thomas, curé de Meymac, député du bas Limouſin.

De Puch-Monbreton, député de la nobleſſe de Libourne.

Le Pélétier-Feumuſſon, député du Maine.

Houdet, député de Meaux.

Le marquis du Hart, député de la nobleſſe de Soule.

Vaneau, recteur d'Orgères, député du clergé de Rennes.

Le chevalier de Novion, député de la nobleſſe du Vermandois.

Lambert de Frondeville, député de la nobleſſe de Rouen.

Achard de Bonvouloir, }
Beaudrap, }
Artur de la Villarmois, } députés de la nobleſſe du Cotentin.
Le baron de Juigné, }

Goullard, curé de Roanne, député du clergé du Forez.

Le marquis d'Argenteuil.

Rolin, curé de Verton, député pour le clergé du bailliage de Montreuil ſur-mer.

La Brouſſe-Beauregard, député de Saintes.

Font, chanoine-curé, député du clergé de la province de Foix.

Chabrol, député de la nobleſſe de la ſénéchauſſée d'Auvergne.

Le marquis de Loras, député de la nobleſſe de Lyon.

De Vincent de Panette, député de la nobleſſe de Dombes.

Luſignan.

De la Lande, curé d'Illiers-l'Evêque, député par le clergé du grand bailliage d'Evreux.

Le comte de Sérent, }
Le marquis de Bonnay, } députés aux états-généraux, par la nobleſſe du Nivernois & Donziois.

De Bailly de Freſnay, }
De Hercé, } députés du Maine.

Mayet, curé de Rochetaillée, député du clergé de Lyon.

Le marquis de Digoine du Palais, député de la nobleſſe du bailliage de l'Autunois.

Le comte de la Blache, député du Dauphiné.

Pochet, député d'Aix. -- Fidèle à mes mandats, je m'y ſuis entièrement conformé, & notamment mon vœu a toujours été, verbalement & par écrit, de maintenir le *co-état* de Provence dans tous ſes droits conſtitutifs.

Ant. Félix, évêque de Perpignan.

Ayroles, député du clergé de Quercy.

Hardy de la Largère, député de la ſénéchauſſée de Rennes.

Blacons, député du Dauphiné.

Charrier, député du Gévaudan.

Gleiſes de la Blanque, député de l'ordre de la nobleſſe de la ſénéchauſſée de Béziers.

Louis de Vaſſy, député de la nobleſſe du bailliage de Caux.

Bernigaud de Grange.

*L'intrigue du cabinet ſur l'*ACCEPTATION *du roi. Fragment trouvé à la porte de M. Anquetil.*

Cependant le troiſième mois s'écouloit depuis le retour de la famille royale au château des Tuilleries ; la captivité du roi duroit encore, & le peuple de Paris, toujours léger & toujours inſouciant, attendoit, avec aſſez d'indifférence, le dénoument de cette tragédie.

Les comités de conſtitution & de reviſion avoient achevé leur travail ; le grand œuvre étoit fini ; il ne s'agiſſoit plus que de déterminer la manière dont il ſeroit préſenté à l'*acceptation* du roi ; on étoit bien sûr qu'elle ſeroit accordée : mais les faiſeurs de l'aſſemblée redoutoient beaucoup les acceſſoires qui pouvoient en modifier la forme de mille manières.

Quoique

Quoique la captivité de la famille royale eût été fort étroite, & que le chef de sa garde l'eût même souvent poussée jusqu'à l'outrage, une vieille routine de décence avoit permis l'accès du roi à quelques-uns de ces ci-devant courtisans & des chefs de son service intérieur. Les seuls qui s'approchoient familièrement étoient au nombre de trois. Liancourt passoit sa journée entre la garderobe & le manège, & quittoit ou reprenoit son cordon bleu, selon qu'il étoit aux ordres du roi ou de la nation. Brissac, roide & fidèle comme les Cent-Suisses qu'il commandoit, étoit resté seul de la ci-devant maison militaire de nos rois. Montmorin, ministre des affaires étrangères, étoit aussi le seul de ses ministres en qui Louis XVI avoit un reste de confiance; mais ce Montmorin étoit livré tout entier à la faction des Beaumets, Thouret, d'André, Barnave, Emmery & Duport, & il ne pouvoit être auprès du roi, que le véhicule des déterminations pusillanimes de cette coalition ambitieuse.

Le roi recevoit assidument les papiers publics; & le zèle de ses valets-de-chambre fit parvenir jusqu'à lui plus d'instructions manuscrites & imprimées, qu'il n'eût jamais pu en recevoir d'un conseil vil, stupide, & vendu au parti dominant.

La reine n'étoit plus dirigée par l'archevêque de Toulouse, Fontange; & l'évêque de Laon, Sabran: ceux-ci mêloient au moins une apparence de grandeur à la politique que la reine employoit, moins par goût que par nécessité. L'âme de ses conseils étoit un petit malheureux nommé Boisgelin, plat rétheur, que de petites intrigues avoient fait archevêque, & de grandes phrases académicien. C'est lui qui obscurcit, le premier, cette auréole de gloire dont la reine se trouvoit entourée depuis le commencement de la révolution; il essaya de lui faire jouer le rôle de Catherine de Médicis; mais il n'étoit pas Guise, & la reine n'étoit pas italienne.

Deux plans furent présentés au roi, sur la conduite qu'il avoit à tenir à cette époque: l'un d'eux fut l'ouvrage de la reine, jointe aux ministres & à la faction dont nous venons de nommer les chefs. Pellenc, ci-devant secrétaire de Mirabeau, & devenu celui de Montmorin, fut chargé de sa rédaction. L'autre plan fut l'ouvrage de quelques François, & d'un étranger fameux par ses talens politiques; ce dernier gémissoit, avec Rivarol & Bergasse, de l'anéantissement de la monarchie, & de toutes ces institutions plus factieuses que populaires, qui devoient, tôt ou tard, mener la France au gouvernement fédératif. Ils avoient vu qu'un mouvement rétrograde étoit impraticable, & qu'il falloit parcourir, plutôt que plus tard, le cercle vicieux dans lequel on se trouvoit enfermé, pour remonter plus rapidement à la monarchie & à la liberté qu'on avoit dépassée.

Le projet de la reine, des ministres & des faiseurs servoit, à-la-fois, eux & la reine: on avoit fait croire à cette princesse, que les deux frères du roi vouloient vendre horriblement cher à elle & au monarque les services de l'ambition des gens qui les entouroient. Elle dut donc, & pour son honneur, & pour celui du roi, & même pour le bien de la nation, travailler à écarter, & les chefs, & les agens d'un parti qu'on lui peignoit comme devant faire succéder à l'oppression des factieux, une oppression plus dangereuse. Ainsi trompée, elle dut travailler également à les empêcher de vaincre, ou à les perdre vainqueurs.

Il fut arrêté dans son plan, que pour mieux endormir le peuple, on donneroit au roi une grande apparence de popularité, en lui faisant accepter purement & simplement la constitution, sauf quelques observations que la protestation du 21 juin rendoit indispensables. Pellenc les rédigea, & les rédigea bien; mais, par cela même, elles furent trouvées mauvaises. Il étoit convenu, en outre, qu'on laisseroit à l'assemblée toutes les facilités possibles pour rendre son compte en finance; qu'on s'entendroit avec les commissaires de la trésorerie, pour faire coïncider leurs comptes avec celui de Montesquiou; que l'on enfleroit l'évaluation des biens du clergé, de plus de moitié, & que, de cette manière, on présenteroit à la nation de grandes espérances, afin de préparer ainsi une nouvelle émission d'assignats. Un jeu bien dirigé à la hausse, dans un moment où la force des choses appeloit tous les effets à la baisse, devoit servir de récompense à tous les coopérateurs, & quelques placards adroitement faits, & mal-adroitement répandus, auroient fasciné le peuple sur la banqueroute partielle & imperceptible que ces émissions de papier ont toujours amenée: cette opération avoit en même tems l'avantage de présenter l'arrivée future des princes sous un jour odieux; car, en les montrant au peuple, précédés ou suivis de la banqueroute, on pensoit que cette crainte suffiroit pour les éloigner, & que les puissances étrangères elles-mêmes craindroient de se compromettre avec une nation dont on auroit encore exalté le délire.

Ce plan fut communiqué à Lamark, à l'évêque d'Autun, Talleyrand, & au garde-des-sceaux; il eut leur approbation. Il étoit assez adroit; ses auteurs conservoient par-là la grande main sur la cour, & ils se plaçoient dans une position où ils s'assuroient toute sa faveur, si, par un événement imprévu, elle parvenoit à se tirer de l'avilissement dans lequel ils l'avoient plongée; d'un autre côté, ils se réservoient la faculté de la perdre, si, comme on n'en pouvoit douter, la seconde législature déclaroit la république. Ce fut même dans l'espoir de plaire aux républicains, qu'ils firent décréter le cérémonial humiliant de l'*acceptation*. Tout cet échafaudage, comme on voit, n'étoit ni glorieux, ni même sûr ; cependant la reine se trouva forcée de participer à cette coalition, pour ne pas tout perdre. Elle osa espérer du temps & de l'amour des François pour leur souverain, une justice que les circonstances factieuses écartoient d'elle, & des brouillons dont on pouvoit la croire complice. Elle ne l'étoit pas ....

Tandis que la faction s'occupoit ainsi des moyens d'anéantir la monarchie, en s'abusant sur un grand caractère, quelques honnêtes gens assez connus, & parmi lesquels se trouvoit l'étranger dont nous venons de parler, s'occupoient de sauver la royauté, le royaume, & le roi ; & il avoit été convenu entr'eux, que le roi paroîtroit à l'assemblée comme un prince captif ; qu'il accepteroit purement & simplement la constitution, afin d'éviter tout prétexte de sédition ; mais qu'en même tems qu'il accepteroit, il feroit lire dans l'assemblée, des observations extrêmement fortes, qui devoient démontrer l'absurdité, la tyrannie & l'incohérence des nouvelles loix constitutionnelles. Si l'assemblée n'avoit aucun égard à ces observations, & si elle persistoit dans son admiration pour la charte, il répétoit qu'il l'accepteroit, en la rendant garante de tous les malheurs qu'elle devoit produire ; mais, dans tous les cas, il demandoit deux choses : d'abord qu'on révoquât le décret qui ne lui permettoit pas de prendre des ministres dans le sein de l'assemblée ; ensuite, qu'on lui produisît un compte de finance certifié vrai, sous peine de la vie par les membres de l'assemblée & les administrateurs qui le signeroient. Le motif de la première demande étoit qu'il importoit, pour qu'on n'accusât point le roi dans son administration, que ses ministres fussent choisis parmi ceux qui s'étoient montrés les partisans les plus ardens de la liberté ; & il auroit nommé le lendemain Robespierre, ministre des affaires étrangères ; Prieur, ministre de la justice ; Pethion, de la marine & des colonies ; Emmery, de la guerre ; Salles ou Villette, de l'intérieur ; & Montesquiou, des finances. Le motif secret de cette nomination étoit, après avoir démontré l'extravagance de la constitution par le raisonnement, de la démontrer encore par l'impéritie de ceux qui l'avoient le plus défendue. Le motif de la seconde, étoit de mettre au grand jour l'horrible désordre de nos finances, & d'ouvrir les yeux du peuple sur les brigands qui le séduisoient encore.

Une partie de ce plan fut discutée le jeudi 8 septembre, chez Montmorin ; Beaumetz, Lamark & quelques autres assistèrent à la discussion. On y démontra, jusqu'à l'évidence, la nécessité où se trouvoit le roi, de l'adopter, si l'on vouloit garantir la France d'une invasion étrangère, relever le crédit perdu, traiter avec les princes d'une manière honorable, & préparer, pour la France, une constitution libre & raisonnable. Personne n'osa soutenir le contraire. Mais, dès le lendemain, on s'apperçut que des intrigues majeures s'opposoient à son exécution. L'étranger & ses amis ne perdirent point de tems ; il fut rédigé, à la hâte, un mémoire en anglois, & ce mémoire fut remis directement au roi, qui entend fort bien la langue angloise. Son esprit juste en fut frappé ; & le plan de Pellenc lui ayant été présenté le même jour, il rejetta le dernier avec toutes les marques du dégoût qu'il lui inspiroit. Les ministres insistèrent ; le roi fut inébranlable. Ceux-ci, qui virent que, s'il étoit adopté, tout étoit perdu pour eux, avertirent la faction dominante de l'assemblée. On tint un dernier conseil ; le roi, harcelé de tous côtés, leur déclara que, puisqu'ils le vouloient, il rejetteroit les observations angloises, mais qu'il ne vouloit pas davantage de celles de Pellenc, & qu'il vouloit agir à sa guise.

Cette résolution déconcerta encore les intrigans. Ils tremblèrent que le roi ne tirât, des observations qu'on le forçoit de rejettter, quelques paragraphes plus que suffisans pour battre en ruines la besogne de l'assemblée, & en manifester la turpitude aux yeux de l'Europe. On fit donc jouer de nouveaux ressorts, & Thouret fut élevé à la présidence. On inventa mille moyens d'effrayer le roi ; on fit faire de mauvais pain ; on le fit renchérir ; on fit menacer le maire de Paris, de la fatale lanterne ; on représenta au roi le plan de l'assassinat de la famille royale, si l'invasion avoit lieu ; la certitude de la banqueroute qu'on feroit retomber sur lui, les départemens irrités, la guerre civile, & tous les malheurs prêts à fondre sur le royaume, si l'*acceptation* n'étoit pas entière. Cependant on n'ignoroit pas qu'il n'y avoit que des princes qui pussent ramener l'ordre, & prévenir la banqueroute ; que le peuple en vouloit beaucoup plus à l'assemblée, qu'au roi ; & que l'opinion dominante en France, étoit contraire à la constitution. Le roi opposoit à tout, sa majesté, l'intérêt du peuple, sa protestation du 21 juin, sa religion qu'on lui faisoit apostasier, sa conscience que l'on violoit. La reine insista, lui montra de plus grands malheurs dans l'invasion de ses frères, que dans sa condescendance pour le délire du peuple. Duport-Dutertre fondit en larmes ; &, pour achever d'ébranler la constance du roi, on lui peignit le supplice de ses trois braves gardes-du-cops, & de tous les prisonniers de la révolution. La sensibilité l'emporta sur le raisonnement. Le roi, vaincu, promit tout ce que l'on voulut, le dimanche au soir. Alors parut Thouret, qui confirma toutes les craintes, exagéra encore les dangers, & finit par proposer une lettre rédigée par lui & Emmery : elle fut adoptée. Le roi la transcrivit & l'adressa le sur-lendemain à l'assemblée nationale. Il eut l'attention de garder l'original, & il fit bien, comme on le verra ci-après.

Cependant l'entrevue de Pilnitz avoit eu lieu le

d'août, &, dès le 8 septembre, le comité diplomatique & le roi avoient connaissance de la déclaration mutuelle de l'empereur & du roi de Prusse, ainsi que de l'appel qu'ils faisoient à toutes les puissances de l'Europe, pour la délivrance du roi de France : appel motivé expressément sur la réquisition de *Monsieur* & du comte d'Artois. Cette espèce de manifeste ne servit qu'à donner plus d'activité aux sollicitations des chefs de parti.

Le roi vint à l'assemblée le lendemain de sa lettre, légaliser la constitution, & s'y lier par le nœud du serment. Un instinct qui trompe rarement le peuple, lui défendit de se livrer à la joie constitutionnelle qu'on lui ordonnoit de témoigner. Le roi ayant renoncé aux marques de l'ordre du Saint-Esprit, on entendit des femmes du peuple dire publiquement : ce serment là ne vaut rien, il n'avoit pas son cordon bleu quand il l'a fait. En un mot, de toutes les fêtes que l'on donna au peuple, il ne parut vraiment sensible qu'à la délivrance du roi, & à celle de ses serviteurs. Le reste ne fut qu'un vain bruit, & des feux d'artifice.

Les républicains, qui seuls avec les monarchistes ont été conséquens dans cette révolution, ne virent dans cette forme d'*acceptation*, que la certitude de l'esclavage pour la nation. L'orateur du peuple eut la hardiesse de publier, le jour même de l'*acceptation* du roi, un N°. qui portoit pour titre : *le roi la reine & la Fayette dignes du dernier supplice.* M. Gorsas, écrivoit, le lendemain de l'illumination : *Ils ont illuminé, les badauds ! je n'en ai rien fait, moi, & je sais bien pourquoi.* De leur côté, les membres royalistes ne voulurent point assister à l'assemblée le jour du serment royal. Louis XVI s'en apperçut ; & le chagrin qu'il en éprouva, fut le prélude des chagrins plus cuisans que lui préparoit la seconde législature. Personne n'y fut donc trompé, que ceux qui voulurent bien l'être.

Il courut dans ce tems-là un bruit qui ne fut point démenti : que le jeune Sourdis, partant pour Coblentz, eut, le samedi, une entrevue avec le roi, & que ce prince le chargea de recommander aux princes ses frères, d'empêcher, lors de l'invasion, les émigrans françois de se mêler aux Allemands, afin qu'ils ne se trouvassent point dans la nécessité de tremper leurs mains dans le sang de leurs compatriotes. Cette anecdote serviroit à jetter un grand jour sur l'opinion du roi, & sa conduite dans toute cette affaire, si les évènemens subséquens ne l'avoient mis à même de tout dévoiler librement.

Ainsi se consomma une *acceptation* qui tint quelque mois toute l'Europe en suspens, & pour laquelle on continua de voir un roi probe, forcé par des impulsions pusillanimes, de se coaliser avec les scélérats qui avoient perdu son pays ; ce fut ainsi qu'il se prépara cette longue suite de malheurs qui l'attendoit, pour n'avoir jamais donné sa confiance à des hommes courageux & honnêtes, voulant la liberté & le bien ; & avoir toujours fait le sacrifice de sa conscience & de son peuple à des frippons, & à des imbécilles qui n'eurent jamais d'autre mérite que celui de répandre des terreurs adroites.

*Rapport fait à l'assemblée nationale, par M. de Montmorin, ministre des affaires étrangères, le 31 octobre 1791, imprimé par ordre de l'assemblée nationale, sur la notification de l'*ACCEPTATION *aux cours étrangères.*

Messieurs, vous avez demandé à connoître l'état de nos relations avec les puissances étrangères. Sur le compte que j'en ai rendu au roi, sa majesté, à qui seule est réservée, par la constitution, cette partie de l'administration du royaume, m'a ordonné de vous en faire connoître ce qui pourroit être nécessaire ou utile à la suite de vos travaux.

Nos relations officielles, avec les cabinets de l'Europe étoient presque toutes interrompues depuis le mois de juin dernier : il seroit superflu d'en rappeler les causes, elles sont assez connues.

Je crois cependant devoir observer ici que les puissances étrangères ne connoissant que le roi, nos ambassadeurs & envoyés accrédités auprès d'elles, n'ayant de lettres de créance que du roi, & ne pouvant être écoutés que lorsqu'ils parlent en son nom, l'interruption de toute communication officielle étoit une suite nécessaire de l'état des choses qui existoit en France à l'époque dont je parle. Je ne prétends pas conclure de cette observation, qu'il n'existe, de la part des puissances étrangères, aucune indisposition contre la France. J'en conclus seulement que cette conduite qu'on a voulu présenter comme une insulte à la nation françoise, n'étoit que conséquente aux principes reçus jusqu'à présent, & même admis par notre nouvelle constitution.

Immédiatement, après avoir accepté l'acte constitutionnel, le roi a notifié cet événement important de son règne à toutes les puissances ; je vais, Messieurs, vous faire la lecture de la lettre de notification de sa majesté, & de la lettre circulaire que j'ai écrite, par son ordre, à tous nos ambassadeurs & ministres auprès des puissances étrangères.

Lettre de notification du roi aux puissances étrangères, de son ACCEPTATION *de l'acte constitutionnel.*

« L'assemblée nationale vient de me présenter « l'acte constitutionnel qu'elle a décrété ; & je me « suis déterminé à l'accepter, parce que je dois « le regarder comme le résultat des vœux de la « grande majorité de la nation. Je m'empresse de « faire part de cet événement à votre majesté, « connoissant l'intérêt qu'elle prend à la prospé- « rité de la monarchie françoise, ainsi qu'à tout « ce qui me concerne personnellement. Je prie « votre majesté d'être persuadée que ce change-

« ment opéré dans la constitution françoise, ne « change en rien mon desir de rendre de plus en « plus inaltérables les liens qui existent entre nous « ainsi qu'entre nos nations respectives ».

Circulaire aux Ambassadeurs & Ministres.

« Je m'empresse de vous informer, Monsieur, « que le roi vient d'accepter l'acte constitutionnel « qui lui a été présenté par l'assemblée nationale. « La lettre ci-jointe a pour objet la notification de « cet événement. Vous voudrez bien la remettre « à . . . . . . dans la forme accoutumée.

« Je vous adresse trois exemplaires de l'acte « constitutionnel: vous voudrez bien en remettre « un officiellement à . . . . . (le nom du ministre) « en le priant de le présenter à . . . . (le nom du « souverain). Vous ferez le même usage de la « lettre que le roi a adressée à l'assemblée natio- « nale.

« Les détails dans lesquels le roi entre dans cette « lettre, Monsieur, expliquent suffisamment les « différens motifs qui ont déterminé son *accepta-* « *tion*. Sa majesté, comme elle l'a dit elle-même, « est convaincue que le nouvel ordre de chose « qui vient de s'établir, est conforme au vœu de « la majeure partie de la nation; &, ce vœu, elle « n'a pas hésité à le prendre pour règle de sa con- « duite. Elle ne veut régner que pour le bonheur « de la France; son bonheur personnel en est insé- « parable; & elle se complaît dans la douce idée « d'y avoir contribué en faisant le sacrifice d'une « portion de son ancienne autorité, & en n'exerçant « désormais d'autre empire que celui de la loi.

« Telles sont, Monsieur, les considérations sur « lesquelles vous vous appuierez, si l'on entre- « prend de discuter avec vous les bases & le but « de notre nouvelle constitution. Vous observerez « que le roi n'a jamais fait consister son bonheur « dans l'exercice d'une autorité plus ou moins « étendue. Sa majesté sera au comble de ses vœux, « si les restrictions mises à celle qu'elle a exercée « jusqu'à présent, remplissent le but que l'assem- « blée nationale s'est proposé: d'ailleurs, les « moyens de réparer les défauts que l'expérience « fera appercevoir dans la constitution, ont été « prévus; &, il y a lieu d'espérer qu'ils pourront « être employés sans que le royaume soit exposé à « de nouvelles secousses.

« Il est, Monsieur, un point de la constitution « qui doit fixer particulièrement l'attention de « toutes les puissances de l'Europe. C'est la renon- « ciation françoise à toute espèce de conquête. « Les conséquences qui résultent de cette disposi- « tion, sont si évidentes, que je m'abstiens d'en « faire le commentaire: elles seront senties par « tous les amis de la tranquillité générale, qui, « désormais, sera l'objet de notre système poli- « tique ».

Je vais, Messieurs, vous faire connoître les réponses qui ont été faites à sa majesté, & la manière dont sa notification a été reçue dans les lieux dont la distance a permis que nous ayons des nouvelles.

Note des réponses faites par les puissances étrangères.

Rome. Comme il n'y a personne d'accrédité à Rome, on s'est borné à envoyer à l'agent qui y réside sans caractère, la constitution & la lettre du roi à l'assemblée, afin qu'il les fît connoître dans le public.

Vienne. La lettre de notification a été remise, le 16 de ce mois, à l'empereur par M. de Noailles, ambassadeur de France à Vienne, dans une audience particulière. Sa majesté impériale a répondu « qu'elle souhaitoit la satisfaction du roi & de la « reine; que tous les liens qui l'unissoient au roi, « la mettoient dans le cas de desirer le maintien « de la bonne intelligence avec la France; qu'elle « supposoit que les autres cours feroient comme « elle, après avoir connu légalement les intentions « du roi ».

La lettre de l'empereur, en réponse à celle du roi, n'est pas encore arrivée; mais il est à présumer qu'elle ne tardera pas, & qu'elle contiendra à-peu-près les mêmes choses que sa majesté impériale a dites à M. de Noailles.

Constantinople. Point de réponse encore.

Espagne. Selon une dépêche adressée au chargé d'affaires de la cour de Madrid, & dont il m'a été remis une copie, M. le comte de Floride-Blanche a eu ordre de déclarer au sieur d'Urtubize, chargé des affaires de France, « que le roi catholique ne « sauroit se persuader que les lettres de notification « du roi très-chrétien aient été écrites avec une « pleine liberté physique & morale de penser & « d'agir; & que jusqu'à ce que sa majesté puisse se « persuader, comme elle le desire bien sincère- « ment, que le roi son cousin jouisse réellement « d'une pareille liberté, elle ne répondra pas à ses « lettres ni à aucune autre chose où l'on prendra « le nom royal dudit souverain.

« On a, ajoute-t-il, cherché à insinuer plusieurs « fois que le roi (catholique) desiroit se persuader « la liberté du roi son cousin, en le voyant éloigné « de Paris & des personnes soupçonnées de lui « faire violence. L'intention de sa majesté, pour- « suit M. de Floride-Blanche, est que vous vous « expliquiez dans le même sens avec M. de Mont- « morin, afin de prévenir toute équivoque sur la « manière de comprendre ce que mandera M. « d'Urtubize ».

N. B. Le compte rendu par le chargé d'affaires est conforme à ce qui vient d'être rapporté. Il ajoute que M. de Floride-Blanche l'avoit assuré que sa majesté étoit bien éloignée de vouloir troubler la tranquillité de la France.

Le roi a pris toutes les mesures qu'il a jugées les plus propres à rétablir la communication avec le roi d'Espagne : sa majesté s'en est occupée personnellement, & elle attend avec confiance l'effet des moyens qu'elle a pris.

Naples. Point de réponse.

Angleterre. La réponse du roi d'Angleterre est du 6 octobre ; elle porte ce qui suit :

« Nous avons reçu la lettre que vous nous avez « adressée le 19 septembre. Nous y avons vu, avec « le plus grand plaisir, les assurances de la conti- « nuation de votre desir de rendre de plus en plus « inaltérables les liens qui existent entre nous, aussi « bien que la justice que vous rendez à nos senti- « mens, & au vif intérêt que nous ne cesserons « jamais de prendre à tout ce qui vous regarde « personnellement, & au bonheur de votre maison « & de vos sujets ».

Turin. Le chargé des affaires de France a été plusieurs jours avant de pouvoir remettre l'expédition au ministre des affaires étrangères, qui étoit malade. Il paroît par sa lettre du 5 de ce mois, qu'au moyen d'une explication sur une erreur de protocole qui a été réparée sur-le-champ, la réponse de sa majesté sarde ne tardera pas.

Suède. Le chargé des affaires de France étant malade, a adressé au secrétaire d'état des affaires étrangères de Suède, la lettre de notification & les pièces qui y étoient jointes. Le paquet lui a été envoyé sous le prétexte que le roi n'étant pas libre, on ne reconnoissoit pas de mission de France ; cette nouvelle n'est arrivée qu'hier. Le roi m'a donné l'ordre d'écrire au chargé d'affaires, & de lui prescrire d'insister de nouveau sur la réception de la lettre de notification, dans l'espérance que le roi de Suède, plus éclairé sur le véritable état des choses, auroit changé de résolution. Dans le cas contraire, sa majesté lui ordonne de quitter Stockholm sans prendre congé.

Portugal. Point de réponse.

Venise. Point de réponse.

Provinces-Unies. Leurs Hautes-Puissances remercient le roi pour la notification qu'il leur a faite ; elles témoignent à sa majesté le vif intérêt qu'elles prennent à tout ce qui concerne sa personne, ainsi qu'au bien-être & à la prospérité de la monarchie françoise ; elles sont sensibles au desir du roi de rendre inaltérables les rapports qui subsistent entre la France & la République, & elles assurent qu elles mettront tous leurs soins à cultiver ces relations, & à cimenter de plus en plus les heureux liens qui unissent la nation françoise & la nation batave.

Suisse. Le chargé des affaires de France en Suisse est allé lui-même à Zurich, remettre au directoire de ce canton la lettre du roi, par laquelle sa majesté notifie au corps helvétique, son *acceptation* de l'acte constitutionnel. Il mande qu'elle y a été reçue avec autant de plaisir que d'empressement, & que le directoire va en donner, selon l'usage, communication à tous les états de la Suisse.

Genève. La république de Genève a témoigné, dans sa réponse au roi, prendre le plus vif intérêt à l'évènement que sa majesté a bien voulu lui annoncer, protestant qu'elle mettroit toujours au rang de ses propres avantages, tout ce qui pourra procurer au roi la plus grande satisfaction, & à la nation françoise la plus grande prospérité.

Il n'est peut-être pas hors de propos de remarquer ici que nous avons eu à nous louer de cette république dans le cours de la révolution, sous tous les rapports du bon voisinage, & dans toutes les occasions où elle a pu nous rendre quelques services de ce genre.

Grisons Valais. Il est d'usage que la république des Ligues-Grises & celle des Valais fassent part au corps helvétique des affaires importantes, & qui intéressent toute la confédération, avant de répondre aux puissances étrangères. On n'a donc encore aucune réponse de ces deux états.

Prusse. Après avoir accusé la réception de la lettre du roi, le roi de Prusse ajoute : « La part que je prends à tout ce qui intéresse votre majesté, est telle qu'elle est en droit d'attendre de l'amitié sincère que je lui ai vouée. Ces mêmes sentimens peuvent lui être un sûr garant du parfait retour avec lequel je répondrai constamment à ceux dont elle a bien voulu me renouveller l'assurance dans cette occasion ».

Danemarck. La lettre au roi de Danemarck est arrivée à Copenhague le 4 de ce mois. M. de la Houze, ayant une attaque de paralysie, l'a envoyée, par son secrétaire de légation, au ministre des affaires étrangères, qui étoit à la campagne. Ce ministre a promis de mettre la lettre du roi sous les yeux de sa majesté Danoise, & s'est borné à répondre qu'il espéroit de notre nouvelle constitution, que l'ordre & la tranquillité renaîtront incessamment en France, & que l'ancien amour des François pour leurs rois, éclatera plus que jamais pour le bonheur de sa majesté & celui de la nation.

Russie point de réponse.

Electeur de Mayence. La lettre de notification a été remise à ce prince par M. O Kelly : son altesse électorale a reçu la lettre, mais a évité toute explication sur son objet.

Electeur de Trèves. La réponse porte : « que l'électeur a reçu la lettre par laquelle le roi lui a notifié son *acceptation* de la constitution, & que son altesse électorale prendra toujours l'intérêt le plus vif & le plus sincère à tout ce qui peut arriver à sa majesté & à sa famille royale ; & que pour le reste, la position présente de sa majesté impose le silence à son altesse électorale ».

Electeur de Cologne. Point de réponse.

Electeur de Saxe. La réponse porte : « Agréez mes remercimens de la lettre par laquelle vous avez bien voulu me faire part de la détermination que vous avez prise d'*accepter* la constitution qui vous a été présentée par la nation. Les liens du sang, qui nous unissent, autant que mes sentimens pour votre majesté, lui sont garants de la part que je prends à tout ce qui la touche, & des vœux que je forme en toute occasion pour sa félicité constante & celle de son royaume ».

Electeur-Palatin. Point de réponse.

Deux-Ponts. La réponse porte : « J'ai reçu comme une marque de confiance, & comme une nouvelle preuve de la haute bienveillance dont votre majesté m'honore, la lettre par laquelle elle m'a fait part des démarches qu'elle vient de faire. Daignez, sire, agréer les vœux sincères que je forme pour votre prospérité & celle de votre maison royale ».

Wurtemberg. Point de réponse.

Bade. Point de réponse.

Saxe-Gotha. Point de réponse.

Hesse-Cassel. Point de réponse.

Hesse-Darmstadt. Point de réponse.

Duc de Brunswick. Sa réponse porte : « Sire, j'ai reçu la lettre que votre majesté m'a fait l'honneur de m'écrire, en date du 19 septembre dernier, par laquelle elle m'a fait savoir son *acceptation* de l'acte constitutionnel qui lui a été présenté au nom de la nation françoise. Je supplie votre majesté d'agréer mes très-respectueux remercimens de ce qu'elle a eu la bonté de me faire part de la détermination qu'elle a prise à ce sujet, & je saisis avec empressement cette occasion de lui offrir l'hommage de mes vœux pour tout ce qui peut intéresser le bonheur de votre majesté, celui de son auguste maison & de la nation entière ».

Duc de Mecklembourg. Point de réponse.

Anspach. Point de réponse.

Parme. La lettre a été remise : on attend réponse.

Florence. Point de réponse.

Gênes. Point de réponse.

Etats-Unis. Point de réponse.

Bruxelles. Leurs altesses royales, les gouverneur & gouvernante des Pays-Bas, ont témoigné être sensibles à cette communication, & ont assuré que tous leurs vœux étoient pour la tranquillité générale & pour le bonheur de sa majesté.

Malthe. Point de réponse.

Pologne. La lettre de notification a été remise dans les formes accoutumées ; on attend la réponse incessamment.

Dantzick. Point de réponse.

Tel est, Messieurs, l'effet qu'a produit jusqu'à ce moment l'*acceptation* de la constitution par sa majesté. Tout annonçoit la réunion de la plus grande partie des puissances de l'Europe contre la France : l'intérêt qu'inspiroit la situation du roi en étoit le motif & le lien. Sa majesté en acceptant la constitution, & plus encore peut-être par ses soins personnels, a éloigné le danger qui nous menaçoit, & je puis vous dire que rien n'annonce en ce moment aucune entreprise à laquelle de grandes puissances prendroient quelque parti. (*Voy.* EMIGRÉS.)

Dans la séance du 16 novembre 1791, & par conséquent sous la première législature, M. de Lessart, alors chargé du ministère des affaires étrangères par *interim*, continua le rapport commencé par M. de Montmorin, sur les réponses des diverses cours à la notification qui leur fût donnée officiellement de l'*acceptation* donnée par le roi à l'acte constitutionnel présenté à sa majesté par l'assemblée nationale.

M. *de Lessart.* C'est comme chargé par *interim* du département des affaires étrangères que je vais avoir l'honneur de parler à l'assemblée.

Messieurs. Le roi m'a autorisé à donner connoissance à l'assemblée nationale, des réponses que sa majesté a reçues de diverses puissances, depuis celles que M. de Montmorin a communiquées à l'assemblée. Je commencerai par la réponse de l'empereur. Cette réponse est en latin; mais la traduction que je vais lire est je crois fidelle.

Vienne, le 23 octobre 1791. Très-sérénissime & très-puissant prince, seigneur, notre très-cher frère, cousin & allié, l'ambassadeur de votre majesté nous a remis les lettres par lesquelles elle nous notifie son *acceptation* de la nouvelle constitution qui lui a été présentée. Plus nous sommes étroitement unis par les liens du sang, de l'amitié, de l'alliance & du voisinage, plus nous avons à cœur la conservation de votre majesté & de sa famille royale, de même que la dignité de sa couronne & le salut de la monarchie françoise. Ainsi nous desirons avec une affection sincère, que le parti que votre majesté a cru devoir prendre dans l'état actuel des choses, ait le succès qu'elle en attend, qu'il réponde à ses vœux pour la félicité publique; & en même tems, que les causes qui sont communes au roi & aux princes, & qui, par ce qui s'est passé dernièrement, ont donné lieu à de sinistres augures, cesse pour l'avenir, & que l'on prévienne la nécessité de prendre des précautions sérieuses contre leur retour.

Réponse du grand duc de Toscane, datée de Florence, le 21 octobre 1791. Monsieur, mon frère, cousin & oncle, je prie votre majesté de recevoir mes remercîmens les plus vifs de la part qu'il lui a plu de me donner de son *acceptation* de l'acte constitutionnel qui lui a été présenté par l'assemblée nationale. Votre majesté pénétrera aisément mes intentions, & me rendra la justice que je mérite, en demeurant persuadée de l'intérêt ardent que je prends à tout ce qui regarde sa personne sacrée. Elle m'assure que les innovations qui sont arrivées n'apporteront aucune altération aux liens d'amitié & de réciprocité parfaites entre nos deux nations respectives; je me ferai de mon côté un devoir aussi agréable que constant de les cultiver & de les resserrer de plus en plus; non seulement en considération de l'avantage public qui en doit résulter, mais encore pour prouver à V. M. les sentimens de respect & de tendresse avec lesquels je suis, &c.

Réponse du roi de Sardaigne, au roi, datée de Turin le 9 novembre 1791. Monsieur mon frère & cousin, j'ai reçu la lettre qu'il a plu à votre majesté de m'écrire le 25 du mois de septembre. La justice qu'elle rend à mes sentimens, en ne doutant pas de l'intérêt que je prends constamment à tout ce qui la concerne personnellement, ainsi qu'au bonheur de sa maison & de ses sujets me sera toujours de la plus grande satisfaction. Je prie votre majesté d'être également persuadée de ma sensibilité aux nouvelles assurances qu'elle veut bien me donner de la continuation de son amitié. Celle que je lui ai vouée ne sauroit jamais se démentir ni s'altérer, & rien ne pourra diminuer mon empressement à l'en convaincre.

Réponse du roi de Pologne, au roi, datée de Varsovie, le 19 Octobre 1791.

Très-sérénissime & très-puissant prince, seigneur, notre très-cher frere; notre desir le plus sincère a toujours été de conserver entièrement & inviolablement l'ancienne amitié & la bonne harmonie qui règnent entre nous & votre majesté très-sérénissime, & entre nos nations respectives. Votre majesté très-sérénissime concevra donc facilement que nous avons reçu avec un grand plaisir sa lettre en date du 20 septembre dernier, par laquelle votre majesté royale nous marque son amitié. Nous nous faisons un devoir de rendre à votre majesté les plus tendres actions de grâce de cette bonne disposition, dont nous sentons d'autant mieux le prix dans les circonstances présentes, qu'il n'est personne qui fasse plus que nous des vœux pour la gloire de votre majesté & pour la prospérité de la nation françoise. Il ne me reste plus rien à desirer, si ce n'est que celui par qui les rois règnent & les législateurs décernent la justice, conserve par sa toute-puissance le roi de France & toute la nation françoise.

Réponse du duc de Saxe-Gotha au roi, datée de Gotha, le 5 octobre 1791. Infiniment sensible à l'attention flatteuse que votre majesté a daigné me témoigner par la lettre qu'elle m'a fait l'honneur de m'écrire le 19 du mois passé, j'ai celui de lui en faire mes très-humbles actions de grâces, en vous suppliant, sire, de me conserver votre bienveillance, dont le prix m'est inestimable.

J'y joins le vœu sincère que votre majesté jouisse d'un long & glorieux règne, & je ne cesserai de prendre à tâche de lui prouver les sentimens de l'attachement respectueux & inviolable avec lequel j'ai l'honneur d'être, &c.

Réponse de la ville de Dantzick au roi. Sire, nous sommes pénétrés du plus profond respect pour la faveur signalée que votre majesté a bien voulu nous accorder en nous donnant connoissance des loix constitutionnelles suivant lesquelles elle s'est engagée de gouverner désormais son empire. Nous osons regarder les termes pleins de bonté dont votre majesté a bien voulu accompagner ce témoignage de sa suprême clémence, comme une marque de l'intérêt constant qu'elle conserve pour cette république, & comme une preuve qu'elle n'a pas oublié, & qu'elle n'oubliera jamais que les rois très-chrétiens ont toujours accordé à notre ville leur bienveillance dans les circonstances favorables, & leur appui dans les mauvaises. Plus les conjonctures actuelles donnent de prix à ce motif de consolation, plus nous sentons les hautes obligations que nous devons à votre majesté. Nous essayerons inutilement de lui exprimer toute l'étendue de notre reconnoissance; c'est pourquoi nous nous bornons à adresser au ciel les prières les plus ferventes pour qu'il lui plaise de conserver long-tems votre majesté, le père de ses peuples, le plus sage des rois, l'ornement du siècle, l'exemple des races futures, & pour qu'il la rende heureuse du bonheur & de la gloire de la nation. Nous nous recommandons, nous & notre république, à la suprême protection de votre majesté.

L'électeur de Mayence a aussi fait une réponse; mais la copie qui en a été remise en même tems au ministre du roi, ainsi que cela est d'usage, ayant mis sa majesté à portée de connoître que cette réponse contenoit le renouvellement des protestations que l'électeur avoit déjà faite au commencement de cette année, sa majesté a pensé qu'ayant voulu simplement donner à ce prince une marque d'égards en lui notifiant son *acceptation* de la constitution, il n'avoit pas dû, dans une semblable circonstance, renouveller de pareilles protestations; & en conséquence sa majesté a jugé à propos de renvoyer la lettre à l'électeur sans l'ouvrir.

Après avoir fait connoître à l'assemblée nationale la situation des choses relativement à la notification de l'*acceptation* du roi, l'acte constitutionnel, je dois lui faire part des mesures prises par le roi, concernant les françois sortis du royaume. Les rassemblemens qu'ils ont formés ont eu lieu, principalement, dans quatre points différens: dans les Pays-Bas autrichiens, à Coblentz, à Worms & à Ettenheim. Du moment où ils ont causé de l'inquiétude, le roi s'est occupé des moyens de la faire cesser; le voisinage des Pays-Bas a dû fixer plus particulièrement l'attention de sa majesté, & les rapports d'alliance, d'amitié & de parenté qui règnent entre le roi & l'empereur, ont procuré à sa majesté la facilité d'exercer une influence dont on n'a pas tardé à ressentir les effets. Dès le mois de mars & le mois d'avril de cette année, l'empereur a fait donner les ordres les plus précis à cet égard; ces ordres ont été renouvellés par une ordonnance du mois d'août, qui défend toute espèce d'enrôlement, & qui prescrit d'éloigner les réfugiés françois qui s'en rendroient suspects, & généralement de veiller à ce qu'il ne soit rien donné ou fabriqué par les sujets autrichiens auxdits réfugiés, ou à leurs gens, qui pût servir à leur armement; enfin, de nouveaux ordres ont été donnés au mois d'octobre dernier, par le gouvernement des Pays-Bas, pour disperser les françois réunis en trop grand nombre à Ath & à Tournay, & pour leur enjoindre de se diviser & de prendre leur asile dans plusieurs autres villes des Pays-Bas qui leur ont été indiquées.

La constitution de l'empire, la position des lieux & la différence des relations n'ont pas permis au roi d'agir d'une manière aussi directe, relativement aux autres lieux dans lesquels il s'est formé des rassemblemens; mais sa majesté, en remerciant l'empereur du soin qu'il a pris de faire cesser tout ce qui pouvoit nous causer de l'inquiétude, a demandé à ce prince d'interposer ses bons offices & son autorité à l'effet d'assurer dans toute l'étendue de l'empire le respect dû au droit des gens, ainsi qu'aux loix & aux traités qui garantissent la paix & la tranquillité générale. Indépendamment de cette démarche, le roi a fait demander, directement à l'électeur de Trèves, de faire cesser les rassemblemens & les préparatifs qui existent dans ses états, & d'empêcher soigneusement qu'il ne s'en forme des nouveaux à l'avenir; le roi a adressé à l'électeur de Mayence, en sa qualité d'évêque de Vorms; enfin sa majesté a donné des ordres pour qu'en suivant les formes constitutionnelles du corps germanique, il soit fait de toutes parts les déclarations & réquisitions nécessaires pour dissiper & pour prévenir toute espèce de rassemblemens, pour s'opposer aux enrôlemens, pour empêcher qu'il ne soit fourni des armes ou des munitions de guerre; pour faire cesser, en un mot, tout ce qui pourroit avoir l'apparence de projets hostiles. Sa majesté veillera avec le plus grand soin à ce que ses ordres soient fidèlement exécutés; elle employera tous les moyens de confiance & d'autorité qui sont en son pouvoir; & comme elle aura par-tout à faire valoir l'exemple imposant du chef de l'empire; elle espère que le succès de ses mesures répondra au desir qu'elle a de procurer efficacement la sûreté & la tranquillité de l'état. *Voyez* ÉMIGRÉS.

ACCUSATION PUBLIQUE. s. f. acte dirigé au nom de la loi contre un prévenu de délit contre l'ordre public & la sureté commune.

Autrefois *l'accusation publique* appartenoit aux procureurs du roi, c'étoit une des fonctions du ministère public, en stile de tribunaux.

L'Assemblée nationale en organisant l'administration de la justice, a dabord douté que l'on dût conserver aux officiers nommés par le roi auprès des tribunaux, les fonctions d'accusateur public, & en conséquence sur la motion de M. Thouret elle a décidé dans la séance du 4 août 1790, qu'il y avoit lieu à délibérer sur cette question: *l'accusation publique* sera-t-elle déléguée aux officiers nommés par

par le roi ? l'ajournement de la discussion fut en même-temps prononcé pour le lundi suivant 9 aoust 1791 ; les débats s'ouvrirent alors, d'après la proposition que fit M. de Baumetz de poser ainsi la question : comment seront exercées les *accusations publiques* ?

M. Menonville. Elle peut l'être ainsi : « par qui les poursuites des délits publics seront-elles intentées ou dirigées » ?

On demande que la discussion soit ouverte sur la question posée d'une manière plus générale.

M. Goupil propose le décret suivant : « Il y aura, en chaque tribunal de district un procureur du roi chargé du ministère public. Il sera chargé de la cause des mineurs, des interdits & de toutes celles où les droits de la nation pourroient être compromis. Il pourra intenter de son chef une *accusation* contre tout acte qui auroit troublé directement l'ordre public, & il pourvoira à ce que cet ordre ne soit jamais compromis.

M. Mougins. Le corps social, blessé par l'impunité des crimes, vous demande un homme chargé d'en poursuivre la vengeance & d'en découvrir les preuves. Cet homme doit-il être l'homme du peuple ou l'homme du roi ? Ce doit être lhomme du peuple, parce que l'*accusation publique* est le droit le plus sacré, & que, d'après tous les principes, il émane des droits du peuple, qui dès-lors a incontestablement le pouvoir d'en déléguer l'exercice. Pour démontrer cette vérité, il suffit d'invoquer les maximes consacrées par la nature, dictées par l'humanité & adoptées par les loix de tous les peuples. Le droit naturel investit de la poursuite des crimes l'offensé ou la famille de l'offensé.... Cependant si l'offensé néglige de poursuivre son injure, le crime ne doit pas pour cela rester impuni. C'est cette considération importante qui a fait créer le magistrat chargé de veiller à la punition des méchans. Il le fut d'abord par le peuple ; c'est donc le peuple qui doit l'instituer encore aujourd'hui ; c'est donc au nom du peuple & non à celui du roi, qu'il doit exercer son ministère.... Le mode que votre comité de constitution vous propose, n'est donc qu'un retour à cette institution première, que la constitution que vous donnez à l'empire françois ne vous permet pas d'abandonner....... Il est clair que ce n'étoit que par la confusion de tous les pouvoirs & de tous les droits nationaux que le roi exerçoit autrefois, que l'*accusation publique* lui étoit dévolue : aujourd'hui qu'on connoît la source & la distinction des pouvoirs, il m'est démontré que l'*accusation publique* appartient au peuple, & qu'il a seul le droit d'en déléguer l'exercice....... Je conclus à l'adoption des articles proposés par votre comité de constitution.

M. Brevet. Ainsi que toutes les grandes questions que vous avez agitées jusqu'à ce jour, celle qui occupe, en ce moment, l'Assemblée nationale, renferme un assez grand nombre de questions secondaires qui semblent devoir compliquer & embarasser la discussion ; mais peut-être est-il possible de la simplifier. Il s'agit uniquement d'une loi générale ; tout le reste appartient à des détails, à des formules de procédure criminelle, applicables à tous les systêmes. Cette idée m'a dirigé dans la marche que je me suis prescrite ; une autre pensée m'a conduit dans mes recherches. J'ai cru que cette cause, qui est véritablement celle de l'honneur, de la vie & de tous les droits du citoyen, devoit être discutée d'après les regles immuables de la nature & de la raison qu'il falloit oublier. Ces Jurisconsultes des tems passés, qui ne voyant & ne connoissant dans ce monde d'autres loix que la loi romaine, la loi canonique ou la loi coutumière, traitoient des principes des loix comme un esclave dans les fers parle de la liberté (on applaudit). A qui convient-il de déléguer le droit *d'accusation* ? Pour résoudre ce probléme, il faut avant tout rechercher son origine, son objet, ses caractères, & découvrir à qui, d'après les principes naturels de toute association politique, l'exercice en a été primitivement conféré. Nous trouverons avec facilité le principe que nous cherchons à consacrer, si nous parvenons à répandre quelque jour sur ces points préliminaires & fondamentaux.

Le droit *d'accusation* a pris naissance dans le contrat social dont il forme une des bases les plus essentielles. Par ce contrat, des hommes ont mis en commun leurs forces & leurs volontés, pour garantir à chacun la plus grande aisance, la plus grande sûreté, le plus grand bonheur possible. Toute infraction à la loi jurée, blesse à la fois chaque individu, & met en péril la société toute entiere. Chacun a donc un intérêt égal à ce que l'ordre public soit constamment maintenu ; le droit de surveillance appartient donc à un chacun ; la liberté des *accusations* est donc, dans son origine, un véritable droit de cité attaché au titre de citoyen : mais par une conséquence du pacte social également évidente, il faut que l'exercice de ce droit ne puisse jamais contrarier le but de son institution. Il faut que sous prétexte de protéger la sûreté individuelle & publique il ne puisse servir à les ruiner toutes deux ; il faut sur-tout que jamais, sur de frivoles indices, on puisse impunément mettre un citoyen dans les fers : la combinaison de l'usage de ce droit doit donc être telle, quelle épouvante à la fois & le calomniateur & l'accusé coupable, ensorte que d'une part la liberté des *accusations* rende difficile le secret & l'impunité du crime, & que de l'autre le châtiment de l'accusateur calomnieux soit toujours assuré. Ne pensez pas que je vous entretienne ici d'une vaine théorie ; elle étoit pratiquée avec succès chez les anciens peuples qui, plus près que nous du berceau des sociétés, conservoient encore dans leur institution les premiers erremens de la liberté. Je ne citerai ni les Hébreux, ni les Egyptiens, ni les Grecs; mais je fixerai un instant vos regards sur la jurisprudence des *accusations publiques* chez un peuple sage de toute la sagesse des nations, & je m'appuierai principalement, dans ce rapide examen, des recherches d'un auteur très-récent d'un de ces hommes rares qui ont écrit sur la législation avec sens & philosophie. C'est de l'illustre chevalier Filangieri.

A Rome, dans les beaux jours de la république, tout citoyen avoit la liberté d'intenter une *accusation* contre un autre citoyen, & l'exercice de ce droit étoit si heureusement conçu, que l'innocence n'eut jamais à s'en effrayer. L'*accusation* étoit publique & connue de l'accusé dans les moindres détails, & l'accusateur ne pouvoit plus la retirer, avant l'intervention du jugement. Lui seul devoit prouver le délit, & de l'insuffisance de la preuve résultoit la justification de l'accusé. L'absolution de celui-ci entraînoit donc ordinairement la perte de l'autre; & lorsque le Prêteur avoit prononcé la formule terrible qui déclaroit l'*accusation* calomnieuse, l'accusateur subissoit la même peine qui auroit frappé l'accusé. Ces précautions ne satisfirent pas les législateurs romains, & ils s'avisèrent d'un dernier expédient qui rendit presqu'impossibles les succès de la mauvaise foi. La loi autorisa l'accusé à placer un gardien auprès de son accusateur; ce gardien devoit épier les démarches & tous les moyens dont il se servoit pour appuyer son *accusation*. Soit qu'il conférât avec les juges, soit qu'il entretînt les témoins, le gardien voyoit tout, entendoit tout. L'objet de ces loix étoit de punir la calomnie; d'autres loix étoient destinées à la prévenir. Il est impossible d'étudier cette belle partie de la législation romaine, sans admirer avec quel respect ce peuple sut conserver à chaque citoyen son droit naturel d'*accusation*, & avec quelle prudence consommée il en dirigea l'exercice vers le plus grand bien de la chose publique. Et qui le croiroit? Les barbares du huitième siècle étoient moins étrangers que nous à ces sublimes institutions. En feuilletant leurs codes de loix & nos capitulaires, on rencontre de nombreux vestiges qui attestent en effet, & que la liberté des *accusations publiques* étoit le droit & le devoir de chaque citoyen, & que les précautions avoient été multipliées contre la calomnie....

S'il est vrai que vous vouliez fonder notre constitution sur la base immortelle des droits du citoyen, & si, d'un autre côté, je suis convaincu que la liberté des *accusations* est un de ces droits primitifs & indestructibles, il faut examiner maintenant s'il ne seroit pas de notre devoir de consacrer cette liberté dans un principe constitutionnel. Il se présente ici trois questions. La liberté des *accusations* est-elle compatible avec la forme d'un gouvernement monarchique? *Première question*. Si cette liberté est compatible avec la forme d'un gouvernement monarchique, peut-elle s'allier avec nos mœurs actuelles? *Seconde question*. Si nos mœurs actuelles répugnent à cette alliance, à qui de l'homme du roi, ou de l'homme du peuple l'exercice de ce droit doit-il être confié? *Troisième question*. La liberté des *accusations* est-elle compatible avec les formes d'un gouvernement monarchique? Dès le premier pas, je me vois arrêté par une autorité bien imposante, celle de Montesquieu. Il enseigne que la liberté des *accusations* est utile dans une république, & pernicieuse dans une monarchie, parce que, dit-il, dans la première, chaque citoyen doit avoir, pour le bien public, un zèle sans bornes, & être censé tenir dans ses mains tous les droits de la patrie; & que, dans la seconde, l'on pourroit abuser de ce droit pour favoriser les projets & les caprices du prince. C'est, selon lui, pour avoir suivi, sous les empereurs, les maximes de la république, que Rome se vit infestée d'une troupe de délateurs.

Il part de-là pour faire un grand éloge de la loi qui confie la poursuite des crimes à un officier public; il trouve que c'est par elle que les fonctions des délateurs sont anéanties parmi nous. Pour apprécier les principes de Montesquieu sur cette matière, souffrez que je traduise ici quelques phrases remarquables de l'auteur italien que j'ai déjà cité. Si la liberté d'accuser emportoit la facilité de calomnier, la loi ne pourroit, ni dans une monarchie, ni dans une république, donner ce droit barbare à aucun citoyen. Les conséquences en seroient également mortelles pour tous les gouvernemens. Rome libre & Rome esclave auroient été également victimes d'un abus destructeur de tout repos & de toute liberté. Lors donc que l'on parle de la liberté d'accuser, on la suppose toujours combinée avec la plus grande difficulté de calomnier; &, dans ce cas, je ne vois plus comment elle pourroit être utile dans une république, & pernicieuse dans une monarchie. Il ne faut pas confondre la monarchie & le despotisme. Dans une monarchie, la loi existe, la loi est connue, la loi s'exécute. Si donc la liberté d'accuser est réglée d'après des loix sages & précises, le juge doit les suivre, ou il prévarique; le prince en doit protéger l'exécution, ou il renverse la constitution de l'état, & met son trône en péril. L'histoire de Rome même dépose contre ces principes de Montesquieu.

Quand Sylla, Auguste, Tibere, Caligula & les autres tyrans, voulurent trouver des délateurs dans Rome, il fallut suspendre la rigueur des loix contre les accusateurs de mauvaise foi, il fallut séparer la liberté d'accuser d'avec la difficulté de calomnier; il fallut laisser un libre cours aux *accusations*, & ne mettre aucun frein à la calomnie; & comme ces infâmes chefs disposoient arbitrairement du sénat, des juges, du peuple & des loix, ils purent faire de leurs volontés momentanées le code unique de tous, & la seule règle des jugemens. Alors & quand d'un bout de l'empire à l'autre, ils tarissoient le sang dans toutes les veines, les délateurs, les seuls délateurs, encouragés, payés, honorés, n'eurent d'autre soin que de chercher & de marquer les victimes. Mais, de bonne foi, peut-on valablement argumenter d'un si féroce despotisme à une monarchie régulière; & si, sous le gouvernement d'un seul, la liberté d'accuser devoit entraîner de si funestes conséquences, pourquoi ne les poursuivit-elle pas dans les temps postérieurs, sous cette forme de gouvernement & dans Rome elle-même, après que Tite & Nerva eurent tiré de leur sommeil les loix contre les calomniateurs, & sous la monarchie tempérée des Trajan, des Adrien & des Antonin, la liberté d'accuser, combinée derechef avec le danger de calomnier, ne cessa-t-elle pas d'être pernicieuse? Ne devint-elle pas plutôt aussi salutaire, aussi protectrice, qu'elle l'avoit été jadis dans les beaux jours de la vertu républicaine! Non, tant qu'il y aura une loi au-dessus du prince, la liberté des *accusations* ne sera d'aucun danger pour l'innocence.

Je vais maintenant expliquer, en peu de mots, ma pensée sur la liberté des *accusations*, considérée relativement à nos mœurs actuelles, pour quiconque aime à réfléchir sur les gouvernemens des peuples anciens. Il est difficile qu'on ne se sente pas transporté souvent du desir de voir naturaliser dans sa patrie quelques-unes de ces belles institutions qui les honoroient. Mais presque toujours aussi l'on découvre avec chagrin que la plupart de ces loix célèbres sont devenues impraticables & dangereuses dans leur application. J'avoue avec douleur que nous sommes indignes d'exercer ce premier droit du citoyen, la liberté des *accusations*; nous touchons de trop près encore à ces déplorables jours où l'égoïsme avoit changé la société en une solitude affreuse, où chacun ne voyoit que sa famille dans l'état, & que soi dans sa famille, pour qu'il puisse être sage de confier à chacun cette inspection mutuelle, cette censure active & inflexible qui exige tout le désintéressement, toute l'énergie, toute l'intrépidité de la vertu; car l'austère romain, qui traduisoit un accusé au *Forum*, n'y déployoit pas contre lui plus de courage qu'il n'en avoit montré sur le champ de bataille contre les ennemis de la république; & d'ailleurs le peuple, toujours si avide de nouveautés, & que les nouveautés rebutent si promptement, seroit incapable encore d'apprécier l'importance & les charges du droit que vous lui aviez rendu; vous le verriez presque nud entre ses mains......

Enfin mon premier & mon dernier mot sur cet article; c'est que nos mœurs sont trop mauvaises pour une aussi bonne loi. Mais si le peuple ne peut exercer aujourd'hui par lui-même le droit d'*accusation publique*, à qui donc le déléguerez-vous en son nom? En établissant que la liberté d'accuser est l'inaliénable propriété du citoyen qui a droit, & qui même, dans un bon ordre de choses & dans toute espèce de gouvernement, a intérêt de l'exercer par lui-même; j'ai prouvé, ce me semble, que le droit d'*accusation publique* ne fait pas & ne peut pas faire partie des fonctions de la puissance exécutrice. En établissant ensuite que les inconstances particulières de nos mœurs ne permettoient pas à chaque citoyen de retenir, sans péril, l'exercice de ce droit; j'ai encore prouvé, ce me semble, qu'il étoit du moins pour lui d'une souveraine importance de déléguer cet exercice de manière qu'il opérât le plus grand bien de tous & de chacun.

Si donc vous entendez que les commissaires du roi continueront de remplir cette grande fonction, il faut, dans le moment où vous divisez & reconstituez tous les pouvoirs, que vous commenciez par porter une loi équivalente à celle-ci. « Nous François, après nous être dessaisis de notre droit naturel d'accuser, le déléguons au roi pour qu'il le fasse exercer en son nom; » & voyez que d'inconséquences & de dangers dans ce peu de mots. D'abord vous violez ce principe si bien saisi par M. Thouret, & d'où résulte, dans une monarchie, les véritables contre-poids du pouvoir exécutif & la sauve-garde de toutes les libertés. Ce principe qui veut que dans l'exercice de ses délégations, le peuple n'abandonne pas à son représentant héréditaire ce qu'il peut confier à des représentans de son choix. Voyez ensuite sortir de là, ce qui naîtra toujours d'une violation de principes, de grands inconvéniens. Non-seulement le citoyen pauvre perdra le droit naturel d'accuser, mais il ne connoîtra pas même celui qui l'exerce pour lui, mais presque toujours son choix seroit tombé sur un autre; mais trop souvent, en effet, cet irrégulier & faux représentant méritera peu d'inspirer cette confiance sans bornes qui est pourtant le premier besoin d'une si haute fonction. Il y a toute raison d'appréhender qu'un homme nommé par le prince, qui tient son état du prince, qui attend du prince seul l'amélioration de son état, ne soit plutôt l'homme de la cour & du ministre, que l'homme du peuple & du citoyen. Que deviendroit la liberté de chacun & la sureté de tous, & la vengeance des crimes, & le maintien de l'ordre, & toutes les loix constitutionnelles? Lions-nous étroitement aux principes.

Tout citoyen, par la force de l'acte qui l'a investi de ce titre, jouit du droit d'accuser; quand il ne veut pas exercer par lui-même cette fonction, il importe à son repos de connoître celui qui l'exercera pour lui. Donc lui seul peut & doit nommer son représentant pour cette partie, donc il faut apporter une modification à l'article même de votre comité. En effet, je ne vois pas pourquoi le comité place des intermédiaires électeurs entre le citoyen & le juge, qui doit faire pour le citoyen la charge d'*accusateur public*. Tous les juges, il est vrai, seront également du choix du peuple; mais il n'est pas moins évident que par ce mode d'élection, celle de l'*accusateur public* ne sera plus le fruit immédiat de la confiance du peuple, & qu'il est possible que les juges ne connoissent pas entr'eux celui que ses suffrages auroient préféré. Je crois donc utile & conforme à vos maximes de décréter, que, dans les tribunaux où il y auroit deux chambres, le second ou le troisième juge élu par le peuple, sera, par cela seul, désigné pour vaquer aux *accusations criminelles*; alors vous aurez fait pour chaque citoyen, ce qu'il étoit en droit d'exiger de lui; vous aurez respecté ensemble, & son droit naturel, & le libre exercice de sa confiance; vous lui aurez présenté un délégué qui sentira bien qu'on peut usurper pendant quelque temps la confiance du peuple, mais qu'il n'est qu'une seule voie pour se la conserver long-temps; savoir, de remplir ses fonctions avec zèle, courage & impartialité: enfin, & c'est un des plus grands avantages de la loi qu'on vous propose; par-là vous fermez la seule porte par où la corruption puisse s'introduire dans votre ministère public; par-là vous enleverez aux séductions ministérielles, aux intrigues des puissances toute action sur les fonctions des commissaires du roi, pour les rendre attentatoires à la liberté individuelle & nationale: & n'appréhendez pas que cette distribution anéantisse cette belle magistrature. Pour quiconque aura l'amour & la conscience de son état, elle offrira toujours une vaste carrière de devoirs à remplir, d'éloges à mériter.

Après cela, essaieroit-on encore de jetter l'épouvante dans les esprits par d'impétueuses déclamations, & en vous criant que par vos loix le pouvoir exécutif se trouve sans nerf & sans action, que la monarchie est renversée. Je relisois, n'aguère, un petit ouvrage qui parut dans la fin des dernières querelles parlementaires, & qui étoit fort du goût des patriotes d'alors: il a pour titre, *la catéchisme du citoyen*. L'auteur demande, au chap. 3, si la forme de la puissance exécutrice en France est simple ou composée..... Voilà sa réponse. « Elle est composée, puisqu'elle se trouve, par la constitution légale du royaume, partagée entre le roi & le sénat que l'on nomme cour de France ou cour des pairs; par où il est évident que c'est une monarchie aristocratique ». Une monarchie aristocratique? Quelle étrange idée, & comme aux yeux de celui qui compte pour quelque chose les droits des hommes, ces deux mots doivent étonner de leur rapprochement, mais vous avez dissous cet alliage monstrueux d'une autorité légitime & d'une autorité usurpatrice; mais vous avez heureusement développé l'idée grande & simple que d'Argenson mit en fermentation, il y a vingt-cinq années, l'alliance de la démocratie & de la royauté, le peuple & le trône. Conçoit-on dans la nature deux moyens dont la réunion puisse opérer à la fois plus de véritable force, plus de gloire & de bonheur, le peuple & le trône? C'est avec eux que Licurgue est parvenu à faire la plus belle constitution qui puisse jamais gouverner une petite famille; c'est uniquement avec le peuple & le trône que vous avez fait la plus belle constitution qui puisse régir un vaste empire. — Mon avis est, que l'accusateur public soit nommé par le peuple.

M. *Drevon*. Dans le premier plan que vous présenta votre comité de constitution au mois de décembre dernier, il confirmoit aux officiers chargés du ministère public la dénomination de procureur du roi: mais il en confioit le choix au peuple. D'après votre décret, ce choix appartient au roi: faut-il en conclure que ces fonctionnaires publics ne doivent plus porter le nom de procureurs du roi: n'est-ce pas une raison de plus de leur conserver cette qualification, qui ne dut jamais inspirer d'effroi qu'aux méchans; au lieu que celle de commissaire du roi, qu'on veut y substituer, a été si souvent la terreur de l'innocence... Comme chef suprême de la justice, votre comité a pensé que le roi ne devoit pas paroître en nom devant les tribunaux, dans l'état d'une partie qui plaide: mais si ce motif est constitutionnel, il ne pare pas à tous les inconvéniens; car pour opérer la régénération complette de l'administration de la justice, votre comité vous exposoit la nécessité de créer ce qu'il appelloit lui-même des procureurs du roi. D'où je conclus qu'il ne considéroit pas cette dénomination comme abusive... Ce n'est point comme partie devant les tribunaux que le roi parle, lorsqu'il s'agit de mandement de justice qu'un procureur général ne porroit donner; ce n'est plus le roi qui parle, mais son procureur général, qui paroît comme partie publique, lorsqu'il s'agit d'exercer le ministère que le roi lui a confié; que le roi ne pourroit exercer lui-même, & qu'il est dans l'obligation de faire exercer. L'officier chargé par le roi de requérir l'observation des loix dans les tribunaux, & de procurer en son nom, par l'intervention des magistrats, le maintien de l'ordre, doit donc, par la nature même de ses fonctions, s'appeller procureur du roi... Il est constant que le droit d'accuser a fait jusqu'ici partie du ministère public. Il est certain que, par votre décret du 8 mai dernier, vous avez statué que les officiers chargés du ministère seront nommés par le roi: on vous propose aujourd'hui, non-seulement de décomposer le ministère public, & de lui enlever sa principale prérogative, mais de le priver de toute action, en ne lui attribuant que la voix de réquisition *dans les procès dont les juges auront été saisis*. Il ne pourra donc agir ni faire aucune réquisition contre les réfractaires à la loi, que le roi est cependant chargé par la constitution de faire exécuter, & sera forcé de la voir violer impunément... C'est donc en connoissance de cause, puisque le décret a été discuté, que l'assemblée a attribué à l'officier qui seroit nommé par le roi les fonctions du ministère public : elle a pu se réserver tacitement le droit de modifier ses fonctions ; mais les modifier, ce n'est point les anéantir. — La qualité d'accusateur public appartient essentiellement à l'officier chargé du ministère public ; & c'est ce qui le constitue partie publique. Modifiez ce droit, assujettissez-le à des règles dictées par votre sagesse : mais vous ne pouvez l'anéantir, puisque vous ne pouvez détruire les articles constitutionnels que vous avez décrétés.

Un de MM. les secrétaires fait lecture d'une lettre de M. Montmorin ; ce ministre se plaint à l'assemblée de ce que la municipalité de Montauban s'est permis d'intercepter un paquet important envoyé par l'ambassadeur de France à Vienne, & dans lequel étoit contenu des dépêches à M. le comte Florida-Blanca ; une autre à M. Nunès, ambadeur d'Espagne ; & un troisième à un commis des affaires étrangères. (Le ministre observe qu'il est inutile de faire remarquer à l'assemblée tout le danger d'une pareille conduite.)

On fait lecture d'une lettre des officiers du châtelet de Paris.

— La compagnie a vu, avec la plus grande peine, qu'on avoit inséré dans le journal de Paris, du 8, un arrêté sur les événemens des 5 & 6 octobre dernier, comme émané de ce tribunal. La compagnie, justement indignée de cette conduite, me charge de vous marquer qu'elle n'a aucunement participé à cette publicité ; & que le procureur du roi ayant rendu plainte, elle a ordonné qu'il en seroit informé.

M. le président annonce que la commune de Paris & le comité des recherches de cette ville demandent à être entendus à la barre, à la séance du mardi au soir.

L'assemblée décide qu'ils seront admis.

M. Beaumetz. Pour traiter avec plus de méthode l'importante question de l'*accusation*, je commencerai par vous exposer mon opinion ; j'y joindrai les motifs qui doivent l'appuyer, & je finirai par un projet de décret. Je pense que tout citoyen doit avoir par lui-même le droit d'exercer l'accusation ; qu'il doit être soumis à la responsabilité des accusations calomnieuses ; qu'il doit y avoir un ministère public, & que cette commission peut être confiée sans danger aux commissaires du roi. Je dis d'abord que tout citoyen a droit d'exercer l'accusation publique. Je n'entrerai pas dans une discussion théorique, comme un des préopinans l'a fait avec tant d'éloquence, pour prouver que c'est-là un des droits les plus précieux du citoyen, & que c'est sur l'exercice de ce droit que repose la liberté ; nous en avons une fausse idée, si nous croyons que la loi est suffisante pour la conserver ; il faut que le cœur en soit le dépôt ; la liberté périra bientôt, si le peuple n'est pas dépositaire de ce droit ; le citoyen s'isolera toujours de l'intérêt commun, lorsqu'ils n'aura pas le droit de dénoncer. Je reclame ce droit pour tous les citoyens. Voyez l'exemple de l'Angleterre. Tout anglois a le droit & c'est pour lui un devoir d'accuser l'infracteur de la loi ; & si un homme étoit convaincu d'avoir été instruit que tel délit a été commis, il seroit traité comme complice du délit qu'il n'auroit pas dénoncé. C'est avec ces principes qu'on lie les citoyens à la force publique. Après avoir admiré les principes de M. Brevet, c'est avec douleur que je l'ai entendu dire qu'il ne nous croyoit pas digne de cette belle institution.

Pourquoi désespérer d'un peuple qui, au premier signal de liberté, a montré tant d'énergie ? Pourquoi désespérer d'un peuple que l'on a vu s'armer pour la défendre, & jurer qu'on ne la lui raviroit jamais ? Non, la nation françoise n'est pas indigne de la liberté ; elle est prête à consommer ce qui lui reste encore de sacrifices à faire. Je demande donc que chaque citoyen ait le droit d'exercer l'*accusation publique* ; c'est le meilleur moyen de détruire les accusations sourdes. Pour prévenir les effets de la calomnie, il faut que le dénonciateur soit soumis à la plus rigoureuse responsabilité. Il y a douze siècles, les Germains, nos aïeux, jouissoient de ce droit ; il appartenoit à leurs descendans de le recouvrer pour jamais. Je conclus à ce que ce droit soit accordé à tout citoyen actif ; il paroit indispensable de nommer un officier qui soit chargé de l'exercice de ce droit, en cas que les particuliers ne dénoncent point les délits. Il faut que cet officier soit inaccessible à l'espérance & à la crainte, & pour cela, il faut le nommer à vie. Ce magistrat ne peut, en aucun cas, être dangereux pour la liberté publique ; car toutes les causes & les *accusations* seront d'abord soumises à l'examen des jurés. Jamais ce magistrat ne portera trop loin ses *accusations* ; car cette heureuse institution seroit là pour l'arrêter ; jamais non plus il n'accusera trop peu : chaque citoyen pourroit suppléer à sa négligence. Je propose de décréter que chaque citoyen aura droit d'accuser, en se soumettant à la responsabilité. — Il y aura, auprès de chaque tribunal de district, un commissaire du roi, chargé de poursuivre les délits qui n'auroient point été dénoncés par les citoyens.

-- L'assemblée nationale charge son comité de constitution & de jurisprudence criminelle, de lui présenter les loix relatives à cet objet.

M. *le Pelletier*. C'est une grande question, une question neuve que celle qui vous agite en ce moment. Quelle sera la place que vous assignerez, dans la constitution, à l'*accusation publique*, à cette redoutable censure? Dans quelles mains déposerez-vous le pouvoir de poursuivre la vengeance des crimes au nom de la société toute entière? On vous propose de déléguer ce droit aux officiers du ministère public, à des officiers nommés par le roi; c'est cette opinion que j'ai à combattre, c'est dans cette seule question que je me renferme, je la considérerai sous trois rapports. 1°. Il n'y a point d'avantage politique à confier en France l'*accusation publique* à des officiers nommés par le roi; 2°. cette délégation seroit dangereuse; 3°. elle seroit entièrement contraire aux principes de notre constitution. -- L'action du pouvoir exécutif consiste dans une relation immédiate de ses agens, dans une correspondance d'ordre & d'obéissance, dans la promptitude, la sûreté, la force de ses mouvemens. Aussi-tôt que le chef suprême a parlé au nom de la loi, ses ordres doivent se transmettre sans retard & sans obstacle, par les divers anneaux de la chaîne immense de ses agens, jusqu'aux extrémités de l'empire, & que leur obéissance assure celle de tous, par les moyens de la force publique dont la direction leur est confiée. L'obéissance prompte, fidelle, passive, est le devoir de ses agens; elle seroit coupable dans l'accusation. Le magistrat qui accuse, comme le magistrat qui juge, ne doit ressentir aucune impulsion étrangère. Le monarque & ses agens ne peuvent point lui prescrire la plainte ni le silence; ils ne peuvent ni le forcer à accuser, ni l'obliger à suspendre une accusation commencée; ils n'ont droit ni de précipiter, ni de diriger, ni de rallentir sa marche. Comme tous les autres citoyens, ils peuvent lui dénoncer des faits, lui fournir des témoignages, provoquer son zèle & sa vigilance. Mais ensuite, descendu dans lui-même, l'accusateur public n'a d'ordres à suivre que ceux de la loi & de sa conscience; ainsi les fonctions de l'accusateur s'écartent tout-à-fait de la nature de celles des agens du pouvoir exécutif, les devoirs en sont opposés. L'obéissance prescrite aux uns, seroit dans l'autre prévarication; & il me semble démontré que le pouvoir exécutif ne pouvant influer par des ordres légitimes sur les acccusations, ce ne seroit rien ajouter à sa force & à son action, que de déposer le droit d'accuser entre les mains d'un de ses agens. -- Cette délégation seroit dangereuse. Autant le développement plein & entier du pouvoir exécutif est un bienfait pour la nation, lorsqu'il agit visiblement, & qu'il emploie les moyens qui lui sont confiés, autant je redoute son influence cachée & son action inaperçue. Je craindrois que trop souvent il ne dirigeât secrètement les accusations, si des agens, choisis par lui & dépendans de lui, dans le surplus de leurs fonctions, étoient encore dépositaires du terrible droit d'accuser. Ce seroit se faire une idée bien imparfaite de ce redoutable pouvoir, que de penser que la nouvelle forme de nos procédures, en écartera suffisamment les dangers. Je sais que le grand Jury qui prononcera s'il y a lieu ou non à poursuivre l'accusation, est un premier frein contre les accusations injustes; je sais que le petit Jury qui, à la fin de la procédure, prononcera si l'accusé est ou non coupable, est un second rempart pour l'innocence. Je ne nie point ces avantages de notre constitution nouvelle.

Mais il est certain pourtant, que si des accusations insidieusement concertées, ne peuvent pas entièrement opprimer la liberté publique, elles peuvent du moins l'inquiéter & la tourmenter, semer des terreurs, agiter les esprits, étonner l'opinion, & dans le choc des partis, préparer par le trouble des moyens sûrs de dominer.... Secret fatal révélé aux tyrans de l'Italie, & si fidèlement conservé par tous ceux qui ont succédé à leurs funestes principes. Si son action peut être dangereuse, son silence peut n'être pas moins redoutable, M. Thouret l'a suffisamment démontré. On ne sauroit se dissimuler toute l'importance du rôle de l'accusateur, même avec le double Jury, dont vous avez décrété l'institution. L'exemple du passé ne sauroit nous rassurer sur l'avenir; je sais que des officiers nommés par le roi, ont jusqu'ici exercé en France le droit d'accuser, & que cependant l'histoire des tribunaux ne nous présente point les abus de scandaleuses accusations. La vertu des magistrats dépositaires de ce ministère important, repousse ces honteuses suggestions. La mémoire & les exemples des Molé, des d'Aguesseau, des la Chalotais vivoient toujours au milieu de leurs successeurs; & sur cette longue liste d'hommes recommandables, vous ne trouverez pas un vil agent du despotisme; mais vous en compteriez plutôt d'illustres victimes. N'appliquons pas ces faits à l'état actuel de notre gouvernement. Quel besoin l'autorité arbitraire avoit-elle alors de placer dans ces postes importans, au lieu d'hommes purs, des sujets dévoués & des créatures affidées? Tout a été conquis, tous les pouvoirs étoient dans sa main; lui restoit-il même encore un souhait à former pour s'accroître? D'ailleurs des moyens plus discrets lui appartenoient, & quel ministre eût été assez aveugle pour courir les hasards du scandaleux & dangereux eclat des accusations judiciaires? Au contraire, dans un gouvernement où il y a deux pouvoirs, ou deux autorités se balancent, les forces sont mieux calculées, les côtés foibles sont mutuellement observés.

Il doit être dangereux de confier le droit redoutable de l'accusation à des agens choisis par le pouvoir exécutif, & nécessairement dans sa dépendance. J'irai jusqu'à dire que cette arme perdroit de sa force dans un état bien constitué. Une autre considération mérite d'être pesée : il faut que l'accusateur soit étayé par l'opinion publique; la rigueur même de ses fonctions a besoin de cet appui. Le respect dû aux accusations ne pourroit-il pas leur être refusé, lorsque, d'un côté le peuple considéroit dans ses juges des hommes élus par la confiance, & ne verroit peut-être dans le magistrat accusateur, que l'homme de la faveur & l'agent de l'autorité. -- Il me reste à établir que la délégation de ce pouvoir à un officier nommé par le roi, seroit contraire à la nature de notre constitution actuelle. Parcourons les différentes formes de gouvernemens. Dans le gouvernement purement populaire, chaque citoyen a le droit d'accuser. A Rome, à Athènes où le peuple tout entier faisoit les loix, où lui-même il les appliquoit & jugeoit les accusations, nous voyons qu'ayant conservé dans la main tous les pouvoirs, il n'avoit pas délégué celui d'accuser; il l'exerçoit individuellement; c'étoit le devoir & l'honneur de chaque citoyen de dénoncer & de poursuivre les coupables. Dans une monarchie absolue, telle qu'étoit depuis long-tems le gouvernement françois; tous les pouvoirs se trouvoient rassemblés dans les mains du monarque, le droit de faire les loix, celui de les faire exécuter, celui de juger, celui d'accuser.

L'autorité monarchique étoit le point central où tous les pouvoirs venoient se reunir, & ils sortoient ensuite de la main du prince, pour être dispersés dans les différens points de l'empire; mais observez une particularité remarquable, le monarque, seul représentant de la nation, déléguoit tous les autres pouvoirs; mais quant à ceux d'accuser & de juger, il ne les déléguoit pas, il les aliénoit véritablement par une maxime monarchique, par un usage antique. Actuellement j'établis que le prince ne pouvoit retenir ces pouvoirs; il ne pouvoit les exercer par lui-même, il ne pouvoit pas les confier aux agens immédiatement soumis à ses ordres; il falloit qu'il les déposât, & à perpétuité, dans des tribunaux composés de juges à vie, indépendans, inamovibles, tant l'impression de l'autorité & les apparences de la crainte étoient repoussées par l'opinion, loin des fonctions aussi saintes & aussi redoutables. Dans la troisième forme de gouvernement que vous avez adoptée, le peuple ne conservera pas le droit individuel d'accuser, parce qu'il n'exerce pas non plus par lui-même les autres pouvoirs; il ne les déléguera pas au roi, puisque dans la monarchie même la plus absolue, le monarque seroit contraint de l'aliéner en d'autres mains; mais le peuple exercera le droit d'accuser par ses représentans, comme il se gouverne par ses représentans; il élira des censeurs publics, comme il élit ses juges, ses législateurs, les membres de ses administrations de départemens; alors tout sera d'accord dans la forme de notre gouvernement; & le système de représentation & d'élection qui en est l'ame, se trouvera aussi conservé pour l'un des pouvoirs le plus important à la tranquillité individuelle & à la liberté politique. Je n'examine point en ce moment l'exécution, je ne discute que le principe; sera-ce un officier spécialement nommé par le peuple; sera-ce un des juges de chaque tribunal, qui exercera pendant un tems déterminé les fonctions d'accusateur public? Ces détails seront faciles à régler : il est bien certain que l'accusateur ne pourra être juge, à la fois, accusateur & partie, & par conséquent ne peut se juger lui-même; mais il sera aisé d'échapper à cette difficulté. Le seul point dont je m'occupe, la première question, qui dans mon opinion doive être présentee, seule & isolée à votre délibération, est celle de savoir si les officiers du ministère public, nommés par le roi, exerceront aussi les fonctions d'accusateurs, & à cet égard, je résume en deux mots tout ce que j'ai dit : ou le pouvoir exécutif ne doit pas avoir d'influence sur ses accusations, & alors il est inutile qu'elles soient intentées par les agens qu'il a choisis; où le pouvoir executif doit en faire mouvoir les ressorts, & en ce cas, il faudra décréter cet article dans votre constitution. En France, c'est aux ministres que la nation délègue le pouvoir de dénoncer les crimes & de les poursuivre.

M. *Brillat-Savarin*. Lorsque l'ordre social est troublé, le pouvoir exécutif qui est chargé de maintenir & de protéger cet ordre a le droit d'en poursuivre les perturbateurs, puisque cette poursuite n'est autre chose que l'exécution de la loi. Pour fonder l'*accusation* individuelle, on cite les grecs & les romains, mais on a oublié de vous dire qu'Aristide & Scipion en furent les victimes. On assure que la nation a un grand intérêt à ne pas se dessaisir de ce droit; mais on en pourroit dire autant de toutes les parties du gouvernement déléguées au roi. L'*accusation publique* confiée au procureur du roi, mais tempérée par les jurés est sans aucun danger : on exagère tous les inconvéniens, on multiplie les difficultés; songez que l'inconvénient le plus à craindre est celui de placer dans votre constitution un pouvoir exécutif qui n'aura rien à exécuter, aussi impuissant pour s'opposer au mal que pour coopérer au bien.

M. *Robespierre*. L'*accusation* individuelle est un acte public. Tout délit qui attaque la société, attaque la nation, c'est donc à la nation à en poursuivre seule la vengeance, ou à la poursuivre concurremment avec la partie lésée; le pouvoir exécutif ne peut agir que quand les deux autres pouvoirs ont déterminé son action; songez d'ailleurs au danger qui n'est pas imaginaire de confier aux ministres ou à leurs agens une arme terrible qui frapperoit sans cesse sur les vrais amis amis de la liberté.

M. Barrère. Par-tout où il y a une patrie & des citoyens, il faut que chacun puisse réprimer par la liberté des *accusations* ceux qui violent les loix ou troublent l'ordre établi. Ainsi, l'*accusation publique* doit être placée dans le domaine du citoyen; elle est une propriété de l'homme libre: ne nous dissimulons pas cependant ses dangers, quand chaque citoyen l'exerce; elle perdit Athènes & Rome; elle devint l'arme la plus terrible du despotisme & la terreur des bons citoyens. La vertu de Caton n'éloigna pas les calomniateurs; il eut besoin de comparoître trente-six fois dans le temple de la justice, pour repousser les plus vils accusateurs. Athènes & Rome avoient cependant multiplié par des loix, les plus violens contre-poisons des dangers de l'*accusation publique*. Il est donc certain que l'exercice de ce pouvoir ne peut, sans compromettre le bonheur de la société, appartenir à chaque citoyen. Mais à qui le déléguerez-vous? Selon le comité, c'est à un des juges, pour un an; suivant M. Chabroud, c'est à l'officier chargé des fonctions du ministère public: ces deux seules vues ont jusqu'à ce moment partagé les opinions: on a d'abord envisagé dans le ministère public des hommes attachés par la reconnoissance & l'intérêt au pouvoir qui les créa, & qui seul peut les récompenser; & l'on a cherché l'accusateur public parmi les juges nommés par le peuple; mais un juge ne doit que juger; s'il juge en même tems qu'il accuse dans des causes différentes, s'il ne juge qu'avant ou après avoir été accusateur, il n'en est pas moins redoutable; car vous mettez deux instrumens dans ses mains. Le comité propose de borner à un an les fonctions de juge-accusateur public; espère-t-il une grande énergie, dans un accusateur annuel?......

On a aussi considéré l'*accusation publique* comme une dépendance du pouvoir exécutif, comme une fonction sans laquelle le ministère public manqueroit de force pour l'exécution des loix; mais ce droit appartient au peuple; mais aucune loi en France n'a donné au roi la faculté de faire accuser par ses officiers. L'histoire ne prouve pas que l'*accusation publique* fasse partie du pouvoir exécutif: la raison & la saine politique démontrent que cela ne doit pas être. Le peuple nomme ses administrateurs, ses pasteurs & ses juges, & vous délégueriez ce terrible pouvoir de l'*accusation publique* à un homme qui n'auroit point été nommé par lui. Pour l'intérêt même du ministère public, instrument de protection légale, il ne doit jamais être l'instrument forcé d'*accusation* téméraire. L'*accusation* est le bien du peuple; la poursuite, la fonction du ministère public. Dans la poursuite, le ministère public dispose à son gré de la marche de la procédure: intéressé à la vérité de l'*accusation*, il peut se tromper lui-même sur les réponses des témoins: c'est lui qui sollicite le décret; il donne son opinion écrite; il prévient celle des juges; il est à lui seul juge & partie, accusateur & opinant. S'il vient dénoncer des crimes de lèse-nation, serez-vous dans une pleine sécurité, dans une entière confiance? C'est la constitution qui est intéressée à ce crime; c'est l'homme du roi & du ministre qui dénonce; c'est l'homme d'un pouvoir toujours ambitieux, dont l'action perpétuelle & dévorante a toujours fini par renverser les constitutions les plus solides. L'accusé sera peut-être coupable aux yeux du ministre par ses efforts pour le maintien de la liberté, tandis que l'officier du roi gardera un coupable silence sur les délits qui porteroient véritablement atteinte à la constitution.

Voyez si c'est le roi qui peut nommer cet officier; voyez s'il existe pour le roi ou pour le peuple; il restera encore au ministère public de sublimes fonctions. Il recevra le premier la communication de tous les actes de la législation & du gouvernement; c'est par lui qu'ils seront transmis à tous les tribunaux; il sera le conservateur des loix; il en maintiendra l'exécution journalière; il en rappellera les dispositions; il provoquera le châtiment des prévaricateurs; il défendra les établissemens publics; il assurera l'exécution des jugemens; il sera le protecteur des mineurs, des absens, des interdits, des femmes, des citoyens les plus exposés à l'oppression; il sera partout où le roi doit être représenté, parce que c'est le roi qui l'a choisi; par l'*accusation publique*, il représenteroit la société qui ne l'a pas nommé. Après avoir démontré que, ni le juge, ni l'officier du roi ne doivent exercer l'*accusation publique*, il faut chercher un autre sujet à qui cette délégation puisse être confiée. Les procureurs des communes sont plus naturellement investis du pouvoir de chaque citoyen, mais ils sont temporaires. L'accusateur public doit être perpétuel, mais beaucoup d'entr'eux ne réunissent pas toutes les connoissances; enfin ils sont au nombre de quarante-quatre mille..... Je viens vous proposer une institution, aussi morale que politique, qui, en ôtant la poursuite des crimes aux passions particulières, aux erreurs individuelles, rendra l'*accusation publique* aussi utile qu'honorable, aussi éclairée qu'imposante — Un *censeur* public sera établi dans chaque tribunal de district. Effaçons le nom affligeant d'*Accusateur*; il sera nommé par le peuple au scrutin individuel, & à la majorité absolue des suffrages. Il sera perpétuel

pétuel. Ainsi, par sa nomination populaire & son institution durable, il existera pour le peuple & contre le peuple; il sera destituable pour forfaiture, & c'est l'unique remède à la perpétuité de ses fonctions. Il sera gratuit, car c'est un grand honneur d'être nommé le censeur public de la patrie : la concurrence pour cet emploi sera peu nombreuse, & il sera rare que la vertu ne l'obtienne. Il provoquera la poursuite & ne la fera point : il administrera les preuves & ne les jugera point; il affirmera le fait & ne citera pas la loi; il préparera tout & ne consommera rien; l'officier du roi poursuivra le délit, jugera les preuves, indiquera les loix. Ainsi le censeur public ne pourra pas faire le mal & ne trouvera pas de danger à faire le bien. Craindroit-on son autorité? l'appelleroit-on despotisme? Ce seroit le despotisme de la vertu, puisque le peuple le choisira; le despotisme d'un homme désintéressé, puisque l'honneur sera sa seule récompense. Supposez la censure dans des mains peu dignes de cet emploi; elle sera tempérée par l'opinion publique, arrêtée par la peine de la forfaiture, éclairée par les jurés & par les juges actifs & temporaires. Craignez-vous l'inactivité de sa puissance? Mais l'opinion publique & l'intérêt des particuliers en sont le remède. Voyez, au contraire, l'avantage de cette institution. Le censeur, averti par l'opinion publique, cherche, opère les preuves. Il les perfectionne au lieu de les corrompre, il rassure les juges au lieu de les séduire; il devient l'œil de la constitution dans toutes les parties de l'empire.

A ce grand avantage politique se joint celui de pouvoir exercer à la fois les *accusations* dans les crimes ordinaires & dans ceux de lèse-nation. Vous avez vu s'élever à la fois à Châlons, à Perpignan, à Marseille des troubles qui intéressoient la constitution nationale. Vos censeurs, répandus dans toutes les parties du royaume, avertissent à la fois le tribunal de la nation, les législateurs & non les ministres seuls; car c'est à la nation qu'ils appartiennent. J'ajoute à ces avantages qu'un jour vous réunirez dans leurs mains la censure des mœurs publiques; car il est des excès dans la corruption même que le magistrat doit poursuivre comme des délits sociaux; & vos censeurs rempliront ce beau ministère au milieu des orages inséparables de la liberté. Quel calme vous allez répandre par cette institution! Le méchant, le scélérat ne verra autour de lui que des témoins prêts à le dénoncer. Ses desseins criminels seront comprimés dans la profondeur de son ame, encore craindra-t-il que l'œil du censeur public ne vienne les y découvrir : il est bien plus beau, il est bien plus doux de prévenir les crimes que de les punir; il est digne de l'assemblée nationale de 1789 de balancer la politique par la morale & d'élever, au milieu de la société, entre le trône & la nation, entre le peuple & les loix, entre les législateurs & les administrations de tout genre, une autorité paternelle qui veillera sans cesse au maintien de l'ordre public, & à la plus belle constitution de l'univers.

Séance du 10 août.

M. Bouchotte. L'intérêt public doit seul décider la question qui vous est soumise, & tout le monde sait que l'intérêt public est composé de l'intérêt particulier. Comment concilier les fonctions de juge & celles d'accusateur, & conserver l'impartialité du juge? Le coupable doit toujours penser que le juge ne cherche point à aggraver la peine; mais s'il devient une fois son accusateur, il peut avoir des craintes, & je conçois quelles sont légitimes. Un pareil usage étoit effectivement consacré chez les romains. Mais dans quel temps, je vous le demande? C'étoit lorsque des despotes insolens leur dictoient des loix. Le crime est la violation de la loi : celui qui est chargé du pouvoir exécutif doit avoir le droit de se plaindre, lorsqu'elle est violée, sans quoi il lui manqueroit une partie essentielle de ses fonctions. Mais s'il est obligé de poursuivre la loi violée, la société a encore un droit bien plus indispensable : elle doit exercer ce droit, & c'est là le motif du décret que je vais vous proposer. — « Les commissaires du roi doivent intenter les *accusations publiques*; la société a aussi le droit de nommer des accusateurs particuliers. Les plaintes seront faites à la requête du commissaire national & du commissaire royal. Celles qui seront communiquées à l'un, devront aussi l'être à l'autre. Le commissaire du roi ne pourra se désister que de l'avis du commissaire national. »

M. Prugnon. L'homme du roi, dépouillé de *l'accusation publique*, ne seroit plus le ministère public. La société entière repose sur sa vigilance. *L'accusation publique* doit reposer dans les mains du dépositaire de la force publique; ce seroit l'anihiler que de la lui refuser. Ce sont-là des conventions éternelles, qui ont leurs racines dans l'essence même des choses : pour être accusateur, il faut être imposant. Quelle consistance pourroit avoir un juge qui ne seroit pas sûr du lendemain? Quelle confiance pourroit-on avoir en un homme qui descendroit de son siége pour accuser, & qui y remonteroit pour juger. Je ne crois pas qu'il y ait des têtes où ces deux idées puissent se concilier. On nous a répété jusqu'à la satiété, les dangers de *l'accusation publique*, confiée à l'officier du roi; mais l'institution des jurés remédie à tous les inconvéniens, Dans les grandes occasions, ce sera le peuple qui jugera; ce sera lui qui forcera les mains au tribunal dénonciateur. N'a-t-on pas vu le peuple forcer un tribunal à condamner l'homme le plus juste? N'est-ce pas lui qui a étendu Calas sur la roue? Je ne veux pas du despotisme, pas même de celui de la beauté. En resserrant mes idées, je dis que si on ne délègue pas au roi *l'accusation publique*, ce sera une sentinelle désarmée. Je demande donc qu'elle lui soit attribuée.

M. Chabroux. Mon opinion ne diffère pas de celle que vous a exposé hier M. Beaumetz, je pense comme lui, que tout citoyen actif a le droit de se rendre accusateur. Tout citoyen l'avoit dans l'ancien régime; ce n'est pas à cet égard que l'on doit innover; mais alors on étoit réduit à l'exercer dans l'obscurité. A l'avenir il n'y aura de suspect que l'obscurité: l'esclave délateur se cachoit: l'homme libre accusera, le front levé; voilà le premier bien qui résultera du décret proposé par M. Beaumetz. — Mais tous les délits ne provoqueront pas un accusateur privé: il faut donc qu'il existe un ministère, chargé de la poursuite; & la question est toujours de savoir à qui on doit le confier. Je ne connois qu'un guide dans la discussion de cette question, c'est l'intérêt du peuple: l'intérêt du peuple est qu'une grande action soit établie, pour prévenir ou réprimer la violation des loix & de l'ordre général. Je dis que l'on ne peut attendre cette grande action que du roi, & je conclus que la poursuite des *accusations publiques* doit être confiée au roi. Voici l'ordre de mes idées: 1°. le systême du comité & en général tout autre moyen que la délégation au roi est contraire aux principes & insuffisant: 2°. la délégation au roi n'a aucune espèce de danger. Le comité propose que la poursuite des *accusations publiques* soit confiée aux juges, que dans chaque tribunal, l'un d'eux, désigné par ses collègues, en soit annuellement chargé: il me semble que le comité nous jette bien loin des idées naturelles; ainsi donc l'homme dans lequel le peuple a mis sa confiance pour les jugemens, sera détourné vers d'autres fonctions; ainsi le juge descendra du tribunal pour devenir partie; ainsi dans ce tour de rôle de fonctions réciproques, on devra craindre que la volonté des juges ne crée *l'accusation* ou que la volonté de la partie ne dicte l'instruction sur le jugement qui en est la suite.

Je dis que le comité vous propose une confusion monstrueuse de ministres. Je n'aurois pas vu sans peine, dans l'ancien régime, les juges & les officiers du ministere public réunis dans les mêmes compagnies. J'avois eu des occasions d'observer, dans le rapport étroit qui lioit ces officiers, l'influence inquiétante des juges sur *l'accusation*, & des accusateurs sur le jugement. Il existoit toutefois une ligne de séparation entre ces divers ministères; elle n'existera plus dans l'ordre nouveau que vous propose le comité: on a cité l'exemple de nos anciens baillifs royaux; je n'entreprendrai pas de rechercher quelle étoit précisément leur mission, mais je dirai qu'en dépit de tout exemple il faut séparer des fonctions incompatibles. On a cité les juges anglois; mais la procédure angloise n'admet point ce mélange, elle admet tout ce que propose M. Beaumez. Il me semble que ces réflexions doivent vous faire renoncer à l'avis du comité & aux juges accusateurs; mais cela ne prouve point encore que la poursuite des *accusations publiques* doive être confiée au roi. Je me hâte de chercher les principes. je vous disois le 8 mai que les loix étoient les règles convenues pour assurer l'ordre général & protéger les intérêts particuliers; que les actions qui ont pour objet l'ordre général appartiennent à l'universalité du peuple & ne peuvent pourtant être exercées par cette universalité. Ajoutez que ces actions de l'universalité ne peuvent pas être abandonnées à la poursuite des particuliers, sans une surveillance publique, & que la loi ne peut s'en reposer uniquement sur les citoyens qui peuvent accuser, mais qui n'y sont pas obligés.

En partant de ces dernières observations; je vais exposer à l'assemblée la serie de principes ou d'idées qui me conduit à penser que la poursuite des *accusations publiques* doit être déléguée au roi. Lorsqu'un citoyen est accusé, il arrive, à son égard, une révolution dans le corps politique: il est aussi-tôt comme séparé de la masse du peuple; car ne pouvant s'accuser lui-même, il cesse d'être partie de l'universalité qui l'accuse. Le corps politique qui n'étoit qu'un, se multiplie & se partage, pour produire comme hors de soi l'accusateur qui est partie, l'accusé qui est partie, & les juges qui ne doivent point l'être. La poursuite des *accusations publiques*, laissées à la masse du peuple, dégénéreroit dans l'exercice de la force. En vain on auroit soigneusement séparé la fonction du juge; les juges ne pourroient résister à la volonté du peuple accusateur. Aussi, tout le monde convient que cette poursuite doit être déléguée, & si cette délégation a pour objet de remédier au danger de la confusion, & d'une force coactive, il est donc important de trouver un mode de délégation qui fasse taire, le plus possible, l'influence du peuple. Ainsi, plus vous aurez, d'abstractions en abstractions, placé hors du peuple, l'agent qui vous est nécessaire, plus vous aurez approché de votre but; plus en effet vous pourrez compter sur la poursuite, quand il y aura motif d'accuser, & sur le silence, quand il n'y aura pas motif d'accuser.

Je ne sais que deux moyens qui répondent parfaitement à l'intérêt qu'il s'agit de mettre à couvert. Ou créer exprès une puissante magistrature, à laquelle on attribue, avec cette fonction délicate, une autorité qui puisse se faire respecter, ou associer cette même fonction à celles d'une magistrature déjà subsistante, jouissant, dès longtems, des respects du peuple, & que l'on soit accoutumé à voir exercer une grande autorité. Hors de cette alternative, vous ne trouverez que foiblesse, qu'insuffisance dans les moyens que vous emploierez. Supposez une de ces insurrections dans lesquelles le peuple est entraîné par ses ennemis. Eh bien, les coupables sont nombreux... ils seront impunis. Cet officier obscur, auquel vous aurez confié un ministère impuissant, n'entrera point en lice seul contre tant d'adversaires. Les *accusations publiques* sont abolies, si elles ne sont pas confiées à une grande & puissante magistrature. Déjà une telle magistrature existe dans votre constitution. Vous ne pouvez en ériger une seconde, sans donner une rivale à la première; vous n'y avez jamais pensé, rien n'est plus éloigné de vos vues, car ainsi seroit dénaturé le gouvernement monarchique qui vous est cher. Si j'ai mis quelque logique dans la suite de mes réflexions, la conséquence est claire & naturelle. Le roi seul exerce une magistrature suprême, rendue indépendante par la loi, consacrée par les habitudes & les vœux du peuple. Lui seul peut donner à la poursuite des *accusations publiques*, dans tout le royaume, un mouvement uniforme & imposant; c'est donc au roi qu'il faut déléguer cette poursuite. Je crains plus que personne les extensions du pouvoir exécutif. Je ne balancerai pas à dire que la mesure des pouvoirs & des fonctions qui lui sont délégués, est la nécessité. Eh bien, c'est au nom de la nécessité que je voudrois lui déléguer les poursuites des *accusations publiques*.

Il n'est rien qui soit plus étroitement dans l'ordre du pouvoir exécutif suprême, que le soin de veiller à l'exécution des loix. Or, telle est la fin des *accusations publiques*: la délégation au roi est donc une conséquence naturelle de la constitution. Le comité s'en éloigne, il la combat. Mais remarquez la contradiction. Je lis l'article 1 du titre 7 de son projet. « Les officiers du ministère public sont agens du pouvoir exécutif auprès des juges ». C'est donc le pouvoir exécutif qui est chargé d'agir pour le public. Je poursuis ma lecture: « Leurs fonctions consistent à faire observer, dans les jugemens à rendre, les loix qui intéressent l'ordre général ». Ces expressions énoncent un principe, & une restriction de ce principe. Le principe, c'est que les fonctions du ministère public consistent à faire observer les loix qui intéressent l'ordre général: or, ce principe étant adopté par le comité, il ne reste vis-à-vis de lui qu'à examiner la restriction. Elle n'a point de fondement, cette restriction: en effet, il appartient ou il n'appartient pas au pouvoir exécutif de faire observer les loix qui intéressent l'ordre général. Dans le premier cas, il n'y a point de difficulté; dans le second le comité a tort d'assigner au pouvoir exécutif le soin de remplir à l'audience des tribunaux une mission qui ne le regarde pas. Vous aviez jetté les yeux sur la vaste étendue de la France; vous aviez considéré les principes de désordre qui agitoient sans cesse dans cette immense société qui l'habite, & vous aviez reconnu qu'un grand effort devoit être le préservatif d'un grand mal. Le comité apporte au danger le plus terrible, le plus imminent, des secours dont l'action sera toujours inégale, irrégulière, insuffisante, je pourrois dire nulle. Et où seroit, dans ce système incohérent, dans cette anarchie du ministère public, si je puis ainsi parler, où seroient les garans de l'ordre général? Le peuple connoîtroit-il le frein de la loi, quand les rênes seroient tenues par l'homme impuissant qu'il pourroit faire & défaire?

Je n'arrêterai pas plus long-temps votre attention sur la première proposition que j'ai dû développer. J'ai, en grande partie, quoiqu'en abrégé, retracé ce qui détermina, ce qui justifie votre décret du 8 mai. Ici je me rapproche du comité. On vous a exposé de sa part, & je reconnois avec lui qu'en attribuant au roi la nomination des officiers du ministère public, vous n'avez pas renoncé au droit de statuer sur le mode des *accusations publiques* & de leur poursuite. Ce mode sera déterminé par la loi que vous ferez pour régler la procédure criminelle; mais sous le prétexte du mode, le fond d'une résolution constitutionnelle, ne devoit pas être remis en doute. Je viens à l'objection prise du danger que fera courir à la constitution, la délégation du roi, que je défends. Et d'abord j'observe que le plus grand danger que puisse courir la constitution, viendra du désordre & de l'inobservation des loix. Or, je suis intimement convaincu & j'ai peut-être démontré qu'il seroit la suite immédiate, infaillible de la délégation retirée des mains du roi. En second lieu, n'est-il pas étrange que, pour empêcher que la constitution ne soit blessée, on commence par vouloir l'intervertir? Et je dis que l'on tend à son interversion, lorsqu'on demande que le pouvoir exécutif soit, par une évidente contradiction, chargé de faire observer les loix, & dépouillé des actions qui sont les moyens de les faire observer. On dit que les agens du pouvoir exécutif pourroient inquiéter & décourager le patriotisme, ou favoriser, par leur inaction, les délits ou les complots dirigés contre la liberté; on dit qu'ils seroient les instrumens, comme les créatures des ministres, du pouvoir exécutif. L'imagination a vu des géans, & l'on s'est armé pour les attaquer; abordons, & les géans vont disparoître. Ici rappelons tout ce qu'a dit le comité & ce que j'adopte moi-même, que l'assemblée en décidant que le roi nommeroit le ministre public, n'a pas statué sur la latitude des fonctions & de l'autorité du ministère public.

Voilà votre sauve-garde. Réglez tellement cette latitude, que vous puissiez recueillir les avantages, & ne pas craindre les risques. Vous avez voulu que l'examen par juré eût lieu en matière criminelle: je dis que par cela seul vous avez élevé, pour la défense de la liberté, un rempart que le ministère public ne pourra franchir. Vous avez des juges de paix, vous avez des municipalités, vous avez des gardes nationales, vous perfectionnerez l'établissement des maréchaussées, vous avez ensuite tous les citoyens: voilà les agens, sur lesquels vous devez compter, pour que les malfaiteurs soient recherchés; quand même ils auroient la faveur du ministère public. Si ces premiers moyens manquent, c'est alors seulement que je fais intervenir le commissaire du roi; mais alors je lui assigne un devoir sans autorité, & je veux qu'il ne puisse aller jusqu'au citoyen prévenu, qu'avec l'ordonnance du juge. Le citoyen prévenu doit être déféré, dans le plus bref délai que les circonstances comportent, à un premier corps de jurés. Là, un premier examen aboutit en résultat à la déclaration qu'il y a lieu, ou qu'il n'y a pas lieu de poursuivre. Dans le cas négatif, le citoyen est libre, & il n'a nullement à redouter l'influence du commissaire du roi; dans le cas affirmatif, c'est le résultat des jurés qui donne le mouvement au commissaire du roi. C'est alors vraiment que cet officier entre dans ses fonctions, & elles consistent à poursuivre l'*accusation* déclarée par les jurés, à provoquer les formes qui doivent précéder & accompagner le jugement, à procurer la composition du nouveau corps de jurés, qui décidera si l'accusé est ou non coupable, & à demander, s'il est jugé coupable, l'infliction de la peine déterminée par la loi.

Voilà l'idée générale qu'on doit se faire de la nouvelle procédure. Maintenant je demande que l'on m'indique le point dans lequel des craintes justes peuvent avoir les commissaires du roi pour objet. Vous supposez une action dangereuse à la liberté? Le commissaire du roi ne pourra rien, en aucun cas, par lui-même. La première impulsion ne sera son fait que subsidiairement, & il faudra qu'il obtienne le concours des juges. Ensuite l'accusé ne dépendra que des jurés successifs qui seront appelés pour prendre connoissance de son affaire, & les jurés seront entièrement indépendans du commissaire du roi. Vous supposez une inaction dommageable à la chose publique? Il faudra donc qu'il ait pour complice les juges de paix, les municipalités, les gardes nationales, les juges, tous les citoyens? Mais alors je serois tenté de dire, comme à la comédie: Qui est-ce donc que l'on trompe, si tout le monde est d'accord?

On demande que la discussion soit fermée.

MM. Duport & l'abbé Maury demandent la parole.

M. Thouret observe qu'il doit être entendu en sa qualité de rapporteur.

L'assemblée décide que la discussion sera fermée, après que ces trois orateurs auront été entendus.

M. Duport propose de décréter que l'accusation publique ne sera pas donnée aux commissaires du roi, & que les comités de constitution & de jurisprudence criminelle, détermineront quelles seront les formes de l'*accusation publique* en France.

M. l'abbé Maury. A-t-on donc bien réfléchi au danger qu'il y a de faire de l'*accusation publique* une *accusation* populaire: quand le peuple accuse, il juge; & cependant le crime d'un accusateur devient le crime de tous. C'est ainsi que l'ostracisme, qui fit proscrire Aristide, fut le crime de tous les Athéniens: l'assassinat juridique, commis en Hollande contre Barnewelt, fut l'opprobre de tous les Hollandois. Cessons d'envisager le pouvoir exécutif comme celui contre lequel nous aurons à lutter perpétuellement. David Hume a dit qu'une méfiance outrée contre le chef de la nation, étoit toujours une source de trouble, & conduisoit quelquefois au plus affreux esclavage. Ainsi parloit un Anglois d'après l'expérience de tous les siècles.... Vous avez décrété que les officiers du ministère public seroient nommés par le roi, & pour leur donner plus d'énergie, vous avez décidé qu'ils seroient nommés à vie; vous avez jugé la question; ne les regardons point comme les ennemis de la constitution. Il y a un grand danger à supposer des maux chimériques pour s'assujettir à des maux réels. Le roi doit appartenir à la constitution............... La constitution qui excite dans le moment de si vifs débats, finira par être le patrimoine commun de tous les François, de tous les peuples: ce sera un titre de famille, & celui-là l'outrageroit, qui pourroit penser qu'elle aura d'éternels ennemis. Si cela étoit, vous pourriez dire d'avance qu'elle est anéantie. N'aurez-vous pas toujours la surveillance nationale?.... Qu'étoit le procureur du roi? Il recevoit les dénonciations, & s'il refusoit de requérir, le tribunal y suppléoit, en nommant un substitut; il n'étoit pas un juge, il ne disposoit pas de la fortune des citoyens. Vous savez tous qu'un procureur-général qui avoit calomnié un citoyen, étoit obligé de nommer le dénonciateur, & de présenter à l'accusé le registre des *accusations*, sinon on prenoit le substitut, on pouvoit le prendre lui-même à partie. Donc il ne pouvoit jamais être un calomniateur; donc l'intérêt du peuple étoit assuré. La cause publique n'est-elle pas en danger, l'intérêt particulier n'est-il pas compromis, par ce luxe de nouveautés, par ces expériences dangereuses?

Il est manifeste que si le juge est dénonciateur, il est en même tems juge & partie. On verroit encore des tribunaux qui, comme les comités des recherches, prolongeroient les terreurs du peuple. Et certes il ne faut pas des comités des recherches à un peuple libre. Repoussons loin de nous les moyens d'inquisition. Le riche paieroit le juge, soudoieroit des agens, & le pauvre qui n'oseroit, qui ne pourroit se plaindre, resteroit sans réparation & sans vengeance. C'est compromettre la sûreté publique, l'intérêt du pauvre, & confondre toutes les notions judiciaires, que de renfermer l'*accusation* dans le tribunal. Mais combien n'est-il pas plus surprenant encore que le comité présente un décret isolé? Vous avez changé l'ordre judiciaire, & vous ne l'avez pas encore organisé; vous avez décrété les jurés en matière criminelle, & très-peu de personnes ont une idée nette des jurés. Ce n'est qu'au moment où vos vues seront fixées à cet égard que vous pourrez décréter l'*accusation publique*. Aurez-vous un ou deux jurys, ou trois, comme en Angleterre? Si vous adoptez le grand jury, comment sera-t-il institué? Vous voulez deux sessions non interrompues. En Angleterre le jury ne s'assemble que deux fois par année. Pourquoi a-t-on établi un grand jury en Angleterre? C'est que le royaume n'est divisé qu'en cinquante-deux comtés: mais en France où vous avez cinq cens districts, où tous doivent être indépendans les uns des autres, est-il possible de trouver dans chacun un nombre de citoyens éclairés pour former le grand jury? Pourra-t-il donc exister? S'il existe, quelle autorité lui donnerez-vous? Vous ne pouvez le dire.

Ainsi, la question qui vous occupe est prématurée: c'est vouloir décréter la forme avant le fond, & se vouer à de grandes erreurs. On a voulu vous faire craindre qu'aux approches des élections, les ministres, par le moyen de leurs agens, ne fissent accuser un citoyen vertueux, pour l'éloigner des fonctions où sa vertu seroit redoutable; mais en Angleterre, une *accusation*, une incarcération même, ne prive pas du droit d'être élu: un jugement par contumace ne peut déshériter un Anglois du droit acquis par sa naissance de représenter le peuple au parlement, où M. Wilkes, représentant de Mildessex, s'est trouvé en cette position; on a jugé qu'un décret de prise-de-corps ne pouvoit empêcher de remplir les fonctions de représentant, que lorsqu'il y avoit capture d'exécution. On nous effraie donc inutilement du concert du procureur du roi avec le grand jury. Que conclure de ces observations? Que la question est prématurée; que le pouvoir judiciaire n'étant pas organisé, on ne peut décréter au pouvoir exécutif le mode de l'*accusation publique*. Je ne cherche pas des échapatoires, & je n'ai d'autre intérêt que celui de votre gloire. Le pouvoir exécutif reçoit la loi des mains du pouvoir législatif: comment le pouvoir exécutif pourra-t-il faire exécuter la loi, si un officier du roi ne peut en dénoncer l'inexécution? On peut cependant présumer que vous donnerez au roi, pour ne vous écarter, ni de la nécessité, ni de la prudence, ni des principes, le droit de choisir les accusateurs publics. Je conclus & je propose de retrancher du projet du comité, les quatre premiers articles, & de commencer par celui-ci: « une des fonctions des procureurs du roi sera d'intenter les *accusations publiques*, & de poursuivre les crimes & les délits suivant les règles & la concurrence qui seront établies par l'organisation judiciaire.

M. Thouret. Il faut réduire la question à ses termes les plus simples. *L'accusation publique* sera-t-elle déléguée au roi? Sera-t-elle exercée par les officiers qu'il nommera? en répondant par oui ou par non, on écartera toutes les questions accessoires qui sont inutiles, & qui ne servent qu'à faire vaguer le raisonnement. La question ainsi posée, il y a un principe à fixer: exposons le nuement, décidons le vigoureusement: un principe n'admet jamais de moyen terme. Si le principe est que *l'accusation publique* ne peut appartenir au roi ni aux officiers du roi; il faut le dire; on ne peut jamais réparer la perte d'un principe, ni en justifier la violation. Mais à qui déléguera-t-on le droit *d'accusation*? Par qui sera-t-il exercé? Si le principe exclut la délégation au roi, une nouvelle délégation est forcée. Ce n'est point de cette délégation que nous avons à nous occuper maintenant; ce qui est nécessaire & suffisant, c'est de décider si le roi nommera les officiers chargés de *l'accusation publique*. Un des préopinans a pensé que le moment le plus favorable pour traiter cette question sera celui où les jurés auront été organisés, parce que cette organisation pourra, en changeant quelque partie de notre système, donner de très grandes facilités. Ce n'est pas le point actuel de la discussion qui peut être suspendu, parce qu'il est indispensable de le régler pour que le comité qui s'occupe en ce moment du réglement des jurés, puisse marcher avec certitude dans ce travail.

Je reviens donc à la question précise. Quand vous avez déclaré que les officiers du ministère public seroient nommés par le roi, elle est restée entière Vous n'avez point préjugé la délégation au roi; vous l'avez ainsi reconnu jeudi dernier, en rejettant la question préalable. Vous décréterez que les commissaires du roi ne peuvent pas être accusateurs publics: il leur restera toujours des fonctions utiles. Être les régulateurs de tous les mouvemens, maintenir les formes; prévenir, en expliquant le sens & l'esprit de la loi, les erreurs judiciaires au premier, au second degré & au-dessus; demander la cassation, assurer les jugemens, veiller à la discipline des tribunaux & à la régularité du service; telles seront ces fonctions. Revenons au fond de la question. Déterminer la délégation de toutes ces espèces de fonctions publiques, c'est faire un acte constitutionnel; c'est donc au fond de la constitution qu'il faut remonter. J'écarte de ce seul mot toutes considérations tirées de nos anciens usages ou des usages actuels des peuples qui n'ont pas la même constitution que nous. *L'accusation publique* tient essentiellement à l'ordre judiciaire, & l'ordre judiciaire entier n'est qu'une partie de la constitution: son organisation complette doit entrer dans l'organisation générale, sinon c'est une bigarure insoutenable. Quel est donc le principe constitutionnel? Il faut avoir, dans la distribution sage & régulière des pouvoirs, une attention soutenue à ne mettre dans le pouvoir exécutif que ce qui lui appartient réellement, & à mettre dans le pouvoir populaire tout ce qui peut être exercé par des officiers élus par le peuple.

Ce principe est adopté par la nation, il devient pour nous une impérieuse loi; il est de notre honneur & de notre devoir de le suivre constamment. Nous ne pouvons vouloir ni vicier, ni fausser la constitution. Quand elle sera achevée, tous les pouvoirs légitimes seront honorables, ils ne seront pas distingués dans la confiance du peuple; mais elle n'est pas terminée: le pouvoir exécutif est très-différent de la nation; il faut toujours prévoir ce qui pourroit le rendre redoutable. On s'est appuyé sur ce sophisme, que le pouvoir exécutif n'existoit que pour la nation: ce principe est vrai en lui, mais il n'est pas juste, quand on s'occupe de constitution: ainsi le pouvoir exécutif n'étant pas la nation, n'agissant pas constitutionnellement pour elle, ce n'est point à lui à nommer les accusateurs publics. Ignore-t-on à qui le peuple doit déléguer le pouvoir qui lui reste? Au pouvoir exécutif, disent quelques opinans, craignez cette suggestion. Le pouvoir judiciaire influe chaque jour sur les citoyens; vous ne l'avez pas confié au pouvoir exécutif, parce que le pouvoir exécutif & le pouvoir de juger, c'est le despotisme. Le pouvoir d'accuser est également un pouvoir de chaque jour, il intéresse également le peuple; sa cumulation avec le pouvoir exécutif, opéreroit une tyrannie judiciaire également absurde & désastreuse. Songez que vous allez ajouter un chapitre à la plus belle constitution du monde. Mais comment veut-on prouver que le pouvoir exécutif est essentiel à la constitution? Par un nouveau sophisme. (Il s'éleve des murmures.) J'espère le démontrer. (On murmure à droite; on applaudit à gauche.) Si nous y regardons bien toutes les parties de l'organisation n'ont elles pas pour objet commun le bien public & l'exécution des loix? Cependant toutes ne sont pas dans le domaine du pouvoir exécutif.

Dans une constitution libre, le pouvoir exécutif ne peut agir que par la contrainte, & par la force; il ne doit jamais atteindre le citoyen que de deux manières collectivement, ou individuellement, & toujours par des intermédiaires. Dans le système général de la constitution, tous les intermédiaires, soit dans l'ordre administratif, soit dans l'ordre judiciaire, sont délégués par l'élection du peuple. Or le pouvoir exécutif ne peut pas plus atteindre immédiatement le citoyen par *l'accusation publique*, que par toute autre voie. Ce qui lui appartient, c'est l'exécution de la loi appliquée par un jugement à tel individu. Quant à la plainte & à la poursuite, d'où naissent le jugement, l'une & l'autre appartiennent au peuple. Les rois n'ont jamais usé du droit *d'accusation* comme d'un droit inhérent à la couronne; ils ont, ainsi que pour le droit de juger, été obligés de l'aliéner à titre inamovible. Quelques opinans ont montré beaucoup d'inquiétude pour la prérogative royale, & cependant ils n'ont pas vu qu'ils rabaissoient le chef du pouvoir exécutif suprême au rôle d'un plaideur occupé à intenter & à poursuivre des *accusations* (on applaudit), à gagner & à perdre des procès. S'ils s'occupent de la dignité de la couronne, tout la grève dans ce qu'ils demandent, & rien ne la grève dans ce que je vous propose. Prétendent-ils réclamer un droit rigoureux? Ce droit n'existe pas, & je l'ai prouvé par le principe que le pouvoir exécutif n'a aucun droit à revendiquer *l'accusation publique*, qui est toute populaire dans son objet. Je demande s'ils ne feroient pas la même reclamation pour la revision des jugemens. Ceux à qui je réponds, soutiendront l'affirmative. Cependant le pouvoir exécutif réviseroit les jugemens qui auroient été rendus sur ses *accusations*; il seroit juge & partie. (On applaudit).

Je reviens un instant sur les dangers politiques & moraux de livrer au roi *l'accusation publique*, c'est-à-dire, de la faire bientôt dégénérer en fonctions ministérielles. Premièrement, vous rassureriez, sur les *accusations*, les nombreux préposés du pouvoir exécutif, pour leurs faits privés & leurs délits officiels. Secondement, *l'accusation* ne pourroit devenir ministérielle sans être oppressive. Dès que le pouvoir des ministres atteindroit le citoyen dans ses foyers, il n'y auroit plus, sous un tel gouvernement, ni sécurité domestique, ni vraie liberté: ce seroit le plus puissant moyen de rendre la force publique usurpatrice, de protectrice qu'elle doit être. Les tribunaux ont deux attributions: l'une, de rendre la justice aux particuliers; l'autre, bien plus grande dans son objet, est la conservation du corps politique, du mode de gouvernement établi: c'est sous ce rapport que *l'accusation-publique* importe à la constitution. Qui croira que pour assurer la liberté, on a pensé à en faire une institution ministérielle? C'est par le moyen de *l'accusation* qu'on pourra découvrir les complots, éclaircir les mouvemens qui les précèdent, veiller à la sûreté publique, & à ce que la constitution ne soit point attaquée. On dit qu'avec des jurés & des juges, un accusateur public est inutile; mais les jurés & les juges n'assurent qu'une seule chose, c'est un jugement impartial. Il y a deux choses: accuser, puis juger; vous avez institué le jugement, il faut donc instituer l'accusation, & ne pas être frappé par cette objection, que de bons jugemens en arrêteront l'effet.

Il y a deux abus possibles : ne pas agir, quand l'intérêt public l'exige, ou agir d'une manière opposée à l'intérêt public. Dans le premier cas, ni les jurés ni les juges ne peuvent empêcher l'abus; car avant d'agir, il faut une *accusation*. On dira, mais les dénonciations! le dénonciateur ne s'adresse qu'à l'accusateur public : si cet accusateur n'agit pas, dira-t-on encore, les parties rendront plainte : cela est bon pour des délits privés, pour des affaires particulières. On ajoutera que les juges pourront suppléer au refus que l'accusateur feroit d'agir : mais il faudra que ce refus ait assez duré pour que le dénonciateur se décide à frapper l'oreille du juge. Et combièn il s'écoulera de tems pour achever & exécuter le complot, pour la soustraction des preuves, pour l'évasion des coupables! Les jurés & les juges empêcheront seulement que les accusations teméraires n'arrivent au dernier degré; mais une fausse *accusation* fait courir les chances fâcheuses des témoignages, des méprises de jugemens; mais il paroit impossible que les jurés opèrent sans arrestation; mais souvent les décrets sont rendus sur un commencement de charges : il y a donc pour le citoyen une véritable oppression dans un commencement *d'accusation*, quoiqu'il ne doive pas en redouter les suites. Vous laisseriez donc le gouvernement armé de la verge terrible de *l'accusation*, qui, ainsi que les lettres-de-cachet, deviendroit bientôt le dernier degré du despotisme. Je ne vois que la décapitation, sans forme de procès, qui soit au-dessus des injustices possibles par les accusations ministérielles. Toutes ces raisons conduisent à dire que le pouvoir de *l'accusation publique* ne peut être exercé par un officier nommé par le roi. J'adopte la motion de M. Duport, & je propose de décréter que *l'accusation publique* ne sera pas confiée aux commissaires du roi, mais à un officier élu par les citoyens, & que les comités réunis, de constitution & de jurisprudence criminelle, seront chargés de présenter les formes de *l'accusation publique*.

On demande la priorité pour cette rédaction.

Un de MM. les secrétaires fait lecture des différens projets de décrets. Il se prépare à lire la motion de M. Goupil.

M. Goupil. D'après les preuves données par M. Thouret, j'obéis à la voix de ma conscience & je retire ma motion. (On applaudit.)

La priorité est accordée à la motion de M. Duport appuyée par M. Thouret.

M. Despatys. Par la rédaction de cette motion, on lie l'assemblée nationale; il faut supprimer ces mots : *à un officier.* L'assemblée peut vouloir confier cette *accusation* à un directoire ou à un corps.

M. Folleville. J'appuie cette observation, parce qu'elle est fondée sur la raison des choses, sur la vérité éternelle. Quand le peuple est représenté, il ne doit pas avoir un représentant unique.

M. Barnave. Je crois qu'en effet cette rédaction doit être modifiée, & qu'il faut laisser une plus grande latitude aux délibérations, & dire; *par un ou plusieurs officiers nommés par les citoyens.*

M. Baumetz. Il ne faut pas préjuger une grande question, en privant le peuple d'accuser par lui-même. L'assemblée ne peut lui enlever un droit qu'il a exercé pendant huit siècles, & que les anglois, nos voisins, exercent encore. Si chacun ne peut accuser pour le délit dont il a été le témoin : il n'y a plus d'amour de l'ordre, ni d'esprit public.

M. le Chapelier. Voilà le principe qu'il faut uniquement décréter : « Le commissaire du roi ne sera pas chargé des *accusations publiques* ». Alors l'assemblée conservera toute la liberté, toute la latitude possible.

M. le Pelletier. Il feroit très-dangereux de ne pas décréter que *l'accusation publique* appartenant au peuple, sera déléguée par le peuple : c'est un principe essentiel du gouvernement représentatif.

L'amendement est adopté, & l'assemblée décide qu'il sera retranché de la motion de M. Duport ces mots *à un officier public.*

M. Pison. Je propose de dire, « ne sera pas *exclusivement* confiée aux commissaires du roi ».

On demande la question préalable.

M. Fréteau. Il n'y aura plus que le roi dans le royaume qui ne pourra pas rendre une plainte, si vous rejettez cet amendement.

M. Prieur. L'amendement proposé a évidemment pour objet de faire perdre le fruit de la discussion. On le présente sans prétention, & sa suite nécessaire seroit la perte de la liberté. J'insiste sur la question préalable.

On demande à aller aux voix.

M. Virieu. On ne veut cesser de délibérer que pour empêcher l'effet de l'excellente observation de M. Fréteau.

La question préalable est mise aux voix.

La première épreuve paroît douteuse; à la seconde M. le président annonce qu'il n'y a pas lieu à délibérer.

La partie droite réclame l'appel nominal.

Quelques membres de cette partie proposent d'ouvrir la discussion sur la question de savoir s'il y a du doute.

L'assemblée consultée décide qu'on ne parlera pas sur cette question.

MM. Menonville, *Dufraisse*, *Digoines*, *Bruges* & une partie du côté droit s'élèvent tumultueusement contre cette décision, & demandent l'appel nominal.

M. le président. M. Menonville m'accuse de prévarication : l'assemblée ne doit pas l'ignorer.

Toute la partie gauche s'élève, en criant : *à l'ordre*, *à l'ordre*.

M. Menonville se dispose à parler. — On lui crie de se rendre à la barre.

M. le président. Sortons d'abord de la question qui nous occupe ; nous passerons ensuite à celle qui me concerne. J'ai prononcé qu'il n'y avoit pas lieu à délibérer sur l'amendement de M. Pison. On élève du doute ; il faut que l'assemblée juge s'il y en a.

Une partie du côté droit s'oppose à ce que cette question soit mise aux voix.

L'Assemblée décide qu'elle sera mise aux voix.

MM. Menonville, Bruges, Dufraisse, Digoine, &c. s'élèvent de nouveau contre cette décision, demandent l'appel nominal.

M. le Président. Le bureau est composé de six secrétaires, qui suivent la marche de l'Assemblée, qui surveillent l'exactitude de ses opérations ; ils pensent qu'il n'y a pas de doute. Votre président, qui auroit à lui seul le droit de prononcer, le pense comme eux. Plusieurs personnes qui étoient d'avis qu'il y avoit lieu à délibérer sur l'amendement, ont manifesté la même opinion.

M. Fréteau. Il y a une majorité évidente contre l'amendement que j'avois appuyé.

M. le Président. Cependant plusieurs membres demandent l'appel nominal. L'assemblée a décidé qu'elle seroit consultée, pour savoir s'il y a du doute : je vais me conformer à sa décision.

L'Assemblée décide, à une très-grande majorité, qu'il n'y a pas de doute.

La question préalable est mise aux voix, & l'Assemblée décrète ce qui suit :

» L'*accusation publique* ne sera pas confiée aux commissaires du roi : les comités réunis de constitution & de jurisprudence criminelle sont chargés de présenter les formes de l'*accusation publique* ».

Un grand nombre de membres demandent que M. Menonville se justifie de l'inculpation qu'il a faite à M. le président. (*Voyez* TRIBUNAUX.

ACTE CONSTITUTIONNEL. (s. m.) C'est le nom que l'assemblée nationale constituante a donné à la série de loix fondamentales & de principes constitutionnels qui composent la forme du nouveau gouvernement françois.

Nous ne devons point entrer ici dans le détail des évènemens publics qui ont précédé ou accompagné les débats de l'*acte constitutionnel* ; c'est dans la première partie qu'on doit chercher tout ce qui tient à l'histoire de la législation de 1789, 1790 & 1791 ; ici notre objet se borne, ainsi que nous l'avons annoncé, à rapporter fidèlement les débats & discussions qui ont eu lieu dans le sein de l'assemblée, & quelquefois les pièces publiques qui peuvent jetter quelque jour sur la matière de la délibération.

Séance du vendredi 5 août 1791.

M. Dandré. On nous a distribué ce matin le projet de l'*acte constitutionnel*. Ainsi nous voyons s'approcher la fin de nos travaux. Le motif qui avoit fait suspendre les élections n'existe plus ; nous pouvons indiquer le moment où la première législature nous remplacera, & décider que huit jours après la publication de l'*acte constitutionnel*, les électeurs seront rassemblés. Si personne ne s'oppose à ma proposition, je m'abstiendrai d'en développer les motifs. (L'assemblée applaudit). En ordonnant que les électeurs se rassembleront du 25 de ce mois au 5 du mois prochain, vous réunirez toutes les convenances. Je propose dix jours d'intervalle pour satisfaire à toutes les différences de localités. L'*acte constitutionnel* vous a été remis aujourd'hui : il est possible que vous ordonniez qu'il vous en soit donné lecture à deux heures, & que vous ajourniez la discussion à lundi. Je suppose que cette discussion dure huit jours, cela nous menera au 16 de ce mois ; du 16 au 25 il y a bien, je crois, tout le tems nécessaire pour faire parvenir cet *acte* aux assemblées électorales ; il faut leur en donner connoissance au moment de leur rassemblement.

J'entends dire autour de moi qu'il ne faut pas lever la suspension des assemblées électorales, avant que l'on sache si le roi acceptera ou n'acceptera pas la constitution. Cela est absolument inutile, car je maintiens que notre constitution est indépendante de l'acceptation du roi. (Toute la partie gauche applaudit). C'est l'*acte* par lequel les représentans de la nation expriment sa volonté. Aucun changement n'est dépendant de la volonté d'un ou de plusieurs individus. Quand une fois nous l'aurons arrêté, nous ne pourrons plus le changer, ni nous, ni nos successeurs. Il n'y a que la majorité de la nation qui puisse y toucher. D'après ces

ces considérations, je pense que le tems que j'ai proposé est celui que nous devons adopter. Voici mon projet de décret :

« L'assemblée nationale décrète qu'elle lève la suspension portée par le décret du..... & en conséquence, les assemblées électorales seront convoquées dans tous les départemens du royaume, à commencer du 25 août jusqu'au 5 septembre, pour nommer les députés au corps législatif; que les députés nommés se rendront immédiatement à Paris, pour entrer en fonction le jour qui sera fixé par un décret de l'assemblée nationale.

La partie gauche retentit d'applaudissemens plusieurs fois répétés.

M. *le Président*. M. Pétion demande que le rassemblement des corps électoraux soit fixé du 25 août au 10 septembre.

M. *Pétion*. Les récoltes se font plus tard dans les départemens du nord....

L'assemblée adopte unanimement la motion de M. Dandré.

Suivent des applaudissemens excités par le plus vif enthousiasme.

M. *Dandré*. Je demande qu'à deux heures il nous soit fait lecture de l'*acte constitutionnel*, pour qu'il soit connu de nous & de ceux qui nous entendent.

Cette proposition est adoptée.

M. *Thouret*. La nuit dernière étoit l'anniversare de l'époque à jamais mémorable, où tant d'abus furent renversés. La séance actuelle est l'anniversaire de celle où vous commençâtes à poser les premières bases du majestueux édifice qui s'achève. C'est à l'expiration juste de la seconde année de votre session, que votre comité vient de vous présenter le produit de vos travaux. Comme la lecture que je vais faire ne doit être suivie maintenant d'aucune discussion, je ne donnerai aucune explication; un simple exposé laissera vos réflexions plus libres.

Projet de l'acte constitutionnel.

Les représentans du peuple françois, constitués en assemblée nationale, considérant que l'ignorance, l'oubli ou le mépris des droits de l'homme sont les seules causes des malheurs publics & de la corruption des gouvernemens, ont résolu d'exposer, dans une déclaration solemnelle, les droits naturels, inaliénables & sacrés de l'homme, afin que cette déclaration, constamment présente à tous les membres du corps social, leur rappelle sans cesse leurs droits & leurs devoirs; afin que les actes du pouvoir législatif & du pouvoir exécutif, pouvant être à chaque instant comparés avec le but de toute institution politique, en soient plus respectés; afin que les réclamations des citoyens, fondées désormais sur des principes simples & incontestables, tournent toujours au maintien de la constitution, & au bonheur de tous.

En conséquence, l'assemblée nationale reconnoît & déclare, en présence & sous les auspices de l'être suprême, les droits suivans de l'homme & du citoyen :

Art. I. Les hommes naissent & demeurent libres & égaux en droits. Les distinctions sociales ne peuvent être fondées que sur l'utilité commune.

II. Le but de toute association politique est la conservation des droits naturels & imprescriptibles de l'homme. Ces droits sont la liberté, la propriété, la sûreté, & la résistance à l'oppression.

III. Le principe de toute souveraineté réside essentiellement dans la nation. Nul corps, nul individu ne peut exercer d'autorité qui n'en émane expressément.

IV. La liberté consiste à pouvoir faire tout ce qui ne nuit pas à autrui : ainsi l'exercice des droits naturels de chaque homme n'a de bornes, que celles qui assurent aux autres membres de la société la jouissance de ces mêmes droits. Ces bornes ne peuvent être déterminées que par la loi.

V. La loi n'a le droit de défendre que les actions nuisibles à la société. Tout ce qui n'est pas défendu par la loi, ne peut être empêché, & nul ne peut être contraint à faire ce qu'elle n'ordonne pas.

VI. La loi est l'expression de la volonté générale. Tous les citoyens ont droit de concourir personnellement, ou par leurs représentans, à sa formation. Elle doit être la même pour tous, soit qu'elle protège, soit qu'elle punisse. Tous les citoyens étant égaux à ses yeux, sont également admissibles à toutes dignités, places & emplois publics, selon leur capacité, & sans autre distinction que celle de leurs vertus & de leurs talens.

VII. Nul homme ne peut être accusé, arrêté, ni détenu que dans les cas déterminés par la loi, & selon les formes qu'elle a prescrites. Ceux qui sollicitent, expédient, exécutent ou font exécuter des ordres arbitraires, doivent être punis; mais tout citoyen appelé ou saisi en vertu de la loi, doit obéir à l'instant : il se rend coupable par la résistance.

VIII. La loi ne doit établir que des peines strictement & évidemment nécessaires, & nul ne peut être puni qu'en vertu d'une loi établie, promulguée antérieurement au délit, & légalement appliquée.

IX. Tout homme étant présumé innocent jusqu'à ce qu'il ait été déclaré coupable, s'il est jugé indispensable de l'arrêter, toute rigueur qui ne seroit pas nécessaire pour s'assurer de sa personne, doit être sévèrement réprimée par la loi.

X. Nul ne doit être inquiété pour ses opinions, même religieuses, pourvu que leur manifestation ne trouble pas l'ordre public établi par la loi.

XI. La libre communication des pensées & des opinions est un des droits les plus précieux de l'homme : tout citoyen peut donc parler, écrire, imprimer librement, sauf à répondre de l'abus de cette liberté, dans les cas déterminés par la loi.

XII. La garantie des droits de l'homme & du citoyen nécessite une force publique : cette force est donc instituée pour l'avantage de tous, & non pour l'utilité particulière de ceux auxquels elle est confiée.

XIII. Pour l'entretien de la force publique, & pour les dépenses d'administrations, une contribution commune est indispensable : elle doit être également repartie entre tous les citoyens, en raison de leurs facultés.

XIV. Tous les citoyens ont le droit de constater, par eux-mêmes ou par leurs représentans, la nécessité de la contribution publique, de la consentir librement, d'en suivre l'emploi, & d'en déterminer la quotité, l'assiette, le recouvrement & la durée.

XV. La société a le droit de demander compte à tout agent public de son administration.

XVI. Toute société dans laquelle la garantie des droits n'est pas assurée, ni la séparation des pouvoirs déterminée, n'a point de constitution.

XVII. Les propriétés étant un droit inviolable & sacré, nul ne peut en être privé, si ce n'est lorsque la nécessité publique, légalement constatée, l'exige évidemment, & sous la condition d'une juste & préalable indemnité.

L'Assemblée nationale, voulant établir la constitution françoise sur les principes qu'elle vient de reconnoître & de déclarer, abolit irrévocablement les institutions qui blessoient la liberté & l'égalité des droits.

Il n'y a plus ni noblesse, ni pairie, ni distinctions héréditaires, ni distinctions d'ordres, ni régime féodal, ni justices patrimoniales, ni aucun des titres, dénominations & prérogatives qui en dérivoient, ni aucun des ordres de chevalerie, corporations ou décorations, pour lesquels on exigoit des titres de noblesse, ni aucune autre supériorité, que celle des fonctionnaires publics dans l'exercice de leurs fonctions.

Il n'y a plus ni vénalité ni hérédité d'aucun office public.

Il n'y a plus, pour aucune partie de la nation, ni pour aucun individu, aucun privilege ni exception au droit commun de tous les françois.

Il n'y a plus ni jurandes, ni corporations de professions, arts & métiers.

La loi ne reconnoît plus de vœux religieux, ni aucun autre engagement qui seroit contraire aux droits naturels, ou à la constitution.

TITRE I.

Dispositions fondamentales garanties par la constitution.

La constitution garantit, comme droits naturels & civils :

1°. Que tous les citoyens sont admissibles aux places & emplois, sans autre distinction que celle des vertus & des talens.

2°. Que toutes les contributions seront réparties entre tous les citoyens, également, en proportion de leurs facultés.

3°. Que les mêmes délits seront punis des mêmes peines, sans aucune distinction des personnes.

La constitution garantit pareillement, comme droits naturels & civils :

La liberté à tout homme d'aller, de rester, de partir, sans pouvoir être arrêté, accusé ni détenu que dans les cas déterminés par la loi, & selon les formes qu'elle a prescrites ;

La liberté à tout homme de parler, d'écrire, d'imprimer ses pensées & d'exercer le culte religieux auquel il est attaché ;

La liberté aux citoyens de s'assembler paisiblement & sans armes, en satisfaisant aux loix de police ;

La liberté d'adresser aux autorités constituées des pétitions signées individuellement.

Comme la liberté ne consiste qu'à pouvoir faire tout ce qui ne nuit ni aux droits d'autrui ni à la sûreté publique, la loi peut établir des peines contre les *actes* qui, attaquant ou la sûreté publique ou les droits d'autrui, seroient nuisibles à la société.

La constitution garantit l'inviolabilité des propriétés, ou la juste & préalable indemnité de celles dont la nécessité publique, légalement constatée, exigeroit le sacrifice.

Les biens qui ont été ci-devant destinés à des services d'utilité publique, appartiennent à la nation; ceux qui étoient affectés aux dépenses du culte, sont à sa disposition.

Il sera créé & organisé un établissement général de *secours publics*, pour le soulagement des pauvres infirmes & des pauvres valides manquant de travail.

Il sera créé & organisé une *instruction publique*, commune à tous les citoyens, gratuite à l'égard des parties d'enseignement indispensables pour tous les hommes, & dont les établissemens seront distribués graduellement, dans un rapport combiné avec la division du royaume.

TITRE II.

De la division du royaume & de l'état des citoyens.

Art. I. La France est divisée en quatre-vingts-trois départemens, chaque département en districts, chaque district en cantons.

II. Sont citoyens françois:

Ceux qui sont nés en france d'un père françois:

Ceux qui, nés en france d'un père étranger, ont fixé leur résidence dans le royaume;

Ceux qui, nés en pays étranger d'un père françois, sont revenus s'établir en france & ont prêté le serment civique:

Enfin, ceux qui, nés en pays étranger, & descendant, à quelque degré que ce soit, d'un françois ou d'une françoise expatriés pour cause de religion, viennent demeurer en france & prêtent le serment civique.

III. Ceux qui, nés hors du royaume de parens étrangers résident en france, deviennent citoyens françois, après cinq ans de domicile continu dans le royaume, s'ils y ont en outre acquis des immeubles ou épousé une françoise, ou formé un établissement de commerce, & s'ils ont prêté le serment civique.

IV. Le pouvoir législatif pourra, pour des considérations importantes, donner à un étranger un acte de naturalisation, sans autres conditions que de fixer son domicile en france & d'y prêter le serment civique.

V. Le serment civique est: *Je jure d'être fidelle à la nation, à la loi & au roi, & de maintenir de tout mon pouvoir la constitution du royaume, décrétée par l'Assemblée nationale constituante aux années* 1789, 1790 & 1791.

VI. La qualité de citoyen françois se perd:

1°. Par la naturalisation en pays étranger;

2°. Par la condamnation aux peines qui emportent la dégradation civique, tant que le condamné n'est pas réhabilité;

3°. Par un jugement de contumace, tant que le jugement n'est pas anéanti;

4°. Par l'affiliation à tout ordre ou corps étranger qui supposeroit des preuves de noblesse.

VII. Les citoyens françois considérés sous le rapport des relations locales, qui naissent de leur réunion dans les villes & certains arondissemens du territoire des campagnes, forment les *communes*.

Le pouvoir législatif pourra fixer l'étendue de l'arondissement de chaque commune.

VIII. Les citoyens qui composent chaque commune, ont le droit d'élire à tems, suivant les formes déterminées par la loi, ceux d'entr'eux qui, sous le titre d'*officiers municipaux*, sont chargés de gérer les affaires particulières de la commune.

Il pourra être délégué aux officiers municipaux quelques fonctions relatives à l'intérêt général de l'état.

IX. Les règles que les officiers municipaux seront tenus de suivre dans l'exercice, tant des fonctions municipales que de celles qui leur auront été déléguées pour l'intérêt général, seront fixées par les loix.

TITRE III.

Des pouvoirs publics.

Art. I. La souveraineté est une, indivisible, & appartient à la nation; aucune section du peuple ne peut s'en attribuer l'exercice.

II. La nation, de qui seule émanent tous les pouvoirs, ne peut les exercer que par délégation.

La constitution françoise est représentative: les représentans sont le corps législatif & le roi.

III. Le pouvoir législatif est délégué à une assemblée nationale, composée de représentans temporaires, librement élus par le peuple, pour être exercé par elle avec la sanction du roi de la manière qui sera déterminée ci-après.

IV. Le gouvernement est monarchique: le pouvoir exécutif est délégué au roi, pour être exercé sous son autorité, par des ministres & autres agens responsables, de la manière qui sera déterminée ci-après.

V. Le pouvoir judiciaire est délégué à des juges élus à temps par le peuple.

CHAPITRE PREMIER.

De l'Assemblée nationale législative.

Art. I. L'Assemblée nationale, formant le corps législatif, est permanente & n'est composée que d'une chambre.

II. Elle sera formée tous les deux ans par de nouvelles élections.

Chaque période de deux années formera une législature.

III. Le renouvellement du corps législatif se fera de plein droit.

IV. Le corps législatif ne pourra pas être dissous par le roi.

SECTION PREMIERE.

Nombre des représentans. Bases de la représentation.

Art. I. Le nombre des représentans au corps législatif est de sept cents quarante-cinq à raison des quatre-vingts-trois departemens dont le royaume est composé; & indépendamment de ceux qui pourroient être accordés aux colonies.

II. Les représentans seront distribués entre les quatre-vingts-trois départemens, selon les trois proportions du territoire, de la population, & de la contribution directe.

III. Des sept cents quarante-cinq représentans, deux cents quarante-sept sont attachés au territoire.

Chaque département en nommera trois, à l'exception du département de Paris, qui n'en nommera qu'un.

IV. Deux cents quarante-neuf représentans sont attribués à la population.

La masse totale de la population active du royaume est divisée en deux cent quarante-neuf parts, & chaque département nomme autant de députés qu'il a de parts de population.

V. Deux cents quarante-neuf représentans sont attachés à la contribution directe. La somme totale de la contribution directe du royaume, est de même divisée en deux cents quarante-neuf parts, & chaque département nomme autant de députés qu'il paie de parts de contribution.

SECTION II.

Assemblées primaires. Nominations des électeurs.

Art. I. Lorsqu'il s'agira de former l'assemblée nationale législative, les citoyens actifs se réuniront en assemblées primaires dans les villes & dans les cantons.

II. Pour être citoyen actif, il faut:

Etre françois, ou devenu françois;

Etre âgé de de 25 ans accomplis;

Etre domicilié dans la ville ou dans le canton, au moins depuis un an.

Payer, dans un lieu quelconque du royaume, une contribution directe au moins égale à la valeur de trois journées de travail, & en représenter la quittance;

N'être pas dans un état de domesticité, c'est-à-dire de serviteur à gages;

Etre inscrit dans la municipalité de son domicile, au rôle des gardes nationales;

Avoir prêté le serment civique.

III. Tous les six ans, le corps législatif fixera le *minimum* & le *maximum* de la valeur de la journée de travail, & les administrateurs des départemens en feront la détermination locale pour chaque district.

IV. Nul ne pourra exercer les droits de citoyen actif dans plus d'un endroit, ni se faire représenter par un autre:

V. Sont exclus de l'exercice des droits de citoyen actif:

Ceux qui sont en état d'accusation;

Ceux qui après avoir été constitués en état de faillite ou d'insolvabilité, prouvé par pièces authentiques; ne rapportent pas un acquit général de leurs créanciers.

VI. Les assemblées primaires nommeront des électeurs, en proportion du nombre des citoyens actifs domiciliés dans la ville ou le canton.

Il sera nommé un électeur à raison de cent citoyens actifs présens, ou non, à l'assemblée.

Il en sera nommé deux depuis 151 jusqu'à 250, & ainsi de suite.

VII. Nul ne pourra être nommé électeur, s'il ne réunit aux conditions nécessaires pour être citoyen actif, celle de payer une contribution directe de....... journées de travail.

[Les comités de constitution & de revision ont pensé que, pour conserver la pureté de la représentation nationale qui, dans notre constitution, est la première base de la liberté, il importoit d'assurer, autant qu'il est possible, l'indépendance & les lumières dans les assemblées électorales, & de ne mettre ensuite aucune borne à leur confiance & à la liberté des choix qu'elles font chargées de faire ; en conféquence, ils propofent à l'affemblée de fupprimer la condition du marc d'argent attachée à l'éligibilité des membres du corps légiflatif, & d'augmenter la contribution exigée pour les électeurs. (On applaudit à plufieurs reprifes).

Il eft bien entendu que les corps électoraux fe trouvant formés avant la préfente difpofition, ces changemens ne feroient point applicables aux choix de la prochaine légiflature.]

SECTION III.

Affemblées électorales. Nominations des repréfentans.

Art. I. Les électeurs nommés en chaque département fe réuniront pour élire le nombre des repréfentans dont la nomination fera attribuée à leur département, & un nombre de fuppléans égal au tiers de celui des repréfentans.

II. Les repréfentans & les fuppléans feront élus à la pluralité abfolue des fuffrages.

III. Tous les citoyens actifs, quel que foit leur état, profeffion ou contribution, pourront être choifis pour repréfentans de la nation.

IV. Seront néanmoins obligés d'opter, les miniftres & les autres agens du pouvoir exécutif, révocables à volonté, les commiffaires de la tréforerie nationale, les percepteurs & receveurs des contributions directes, les prépofés à la perception & à la régie des contributions indirectes, & ceux qui, fous quelque dénomination que ce foit, font attachés à des emplois de la maifon domeftique du roi.

V. L'exercice des fonctions municipales, adminiftratives & judiciaires fera incompatible avec celles de repréfentant de la nation, pendant toute la durée de la légiflature.

VI. Les membres du corps légiflatif pourront être réélus à la légiflature fuivante ; & ne pourront l'être enfuite qu'après un intervalle de deux années.

[Les comités de conftitution & de révifion regardent la limitation contenue dans cet article comme contraire à la liberté, & nuifible à l'intérêt national.]

VII. Les repréfentans nommés dans les départemens, ne feront pas repréfentans d'un département particulier, mais de la nation entière ; & la liberté de leurs opinions ne pourra être gênée par aucun mandat, foit des affemblées primaires, foit des électeurs.

SECTION IV.

Tenue & régime des affemblées primaires & électorales.

Art. I. Les fonctions des affemblées primaires & électorales fe bornent à élire ; elles fe fépareront auffitôt après les élections faites, & ne pourront fe former de nouveau que lorfqu'elles feront convoquées.

II. Nul citoyen actif ne peut entrer ni donner fon fuffrage dans une affemblée, s'il eft armé ou vêtu d'un uniforme, à moins qu'il ne foit de fervice ; auquel cas, il pourra voter en uniforme, mais fans armes.

III. La force armée ne pourra être introduite dans l'intérieur, fans le vœu exprès de l'affemblée, fi ce n'eft qu'on y commît des violences ; auquel cas, l'ordre du préfident fuffira pour appeler la force publique.

IV. Tous les deux ans il fera dreffé, dans chaque diftrict, des liftes, par cantons, des citoyens actifs, & la lifte de chaque canton y fera publiée & affichée deux mois avant l'époque de l'affemblée primaire.

Les réclamations qui pourront avoir lieu, foit pour contefter la qualité des citoyens, employés fur la lifte, foit de la part de ceux qui fe prétendront omis injuftement, feront portées aux tribunaux pour y être jugées fommairement.

La lifte fervira de règle pour l'admiffion des citoyens dans la prochaine affemblée primaire, en tout ce qui n'aura pas été rectifié par des jugemens rendus avant la tenue de l'affemblée.

V. Les affemblées électorales ont le droit de vérifier la qualité & les pouvoirs de ceux qui s'y préfenteront, & leurs décifions feront exécutées provifoirement, fauf le jugement du corps légiflatif, lors de la vérification des pouvoirs des députés.

VI. Dans aucun cas & fous aucun prétexte, le roi ni aucun des agens nommés par lui, ne pourront prendre connoiffance des queftions relatives à la régularité des convocations, à la tenue des affemblées, à la forme des élections, ni aux droits politiques des citoyens.

SECTION V.

Réunion des repréfentans en affemblée nationale légiflative.

Art. I. Les repréfentans fe réuniront le premier lundi du mois de mai, au lieu des féances de la dernière légiflature.

II. Ils se formeront provisoirement, sous la présidence du doyen d'âge, pour vérifier les pouvoirs des représentans présens.

III. Dès qu'ils seront au nombre de trois cents soixante-treize membres vérifiés, ils se constitueront sous le titre d'assemblée nationale législative : elle nommera un président, un vice-président & des secrétaires, & commencera l'exercice de ses fonctions.

IV. Pendant tout le cours du mois de mai, si le nombre des représentans présens est au-dessous de trois cents soixante-treize, l'assemblée ne pourra faire aucun acte législatif.

Elle pourra prendre un arrêté pour enjoindre aux membres absens, de se rendre à leurs fonctions dans le délai de quinzaine au plus tard, à peine de 3000 livres d'amende, s'ils ne proposent pas une excuse qui soit jugée légitime par le corps législatif.

V. Au dernier jour de mai, quel que soit le nombre des membres présens, ils se constitueront en assemblée nationale législative.

VI. Les représentans prononceront tous ensemble, au nom du peuple françois, le serment de *vivre libre ou mourir*.

Ils prêteront ensuite individuellement le serment *de maintenir de tout leur pouvoir la constitution du royaume décrétée par l'assemblée nationale constituante, aux années* 1789, 1790 & 1791, *de ne rien proposer ni consentir dans le cours de la législature, qui puisse y porter atteinte, & d'être en tout fideles à la nation, à la loi & au roi*.

VII. Les représentans de la nation sont inviolables : ils ne pourront être recherchés, accusés ni jugés en aucun tems, pour ce qu'ils auront dit, écrit ou fait dans l'exercice de leurs fonctions de représentans.

VIII. Ils pourront, pour fait criminel, être saisis en flagrant délit, ou en vertu d'un mandat d'arrêt, mais il en sera donné avis, sans délai, au corps législatif; & la poursuite ne pourra être continuée, qu'après que le corps législatif aura décidé qu'il y a lieu à accusation.

CHAPITRE II.

De la royauté, de la régence & des ministres.

SECTION PREMIERE.

De la royauté, & du roi.

Art. I. La royauté est indivisible, & déléguée héréditairement à la race régnante, de mâle en mâle, par ordre de primogéniture, à l'exclusion perpétuelle des femmes & de leur descendance.

(Rien n'est préjugé sur l'effet des renonciations, dans la race actuellement régnante.)

II. La personne du roi est inviolable & sacrée; son seul titre est *roi des françois*.

III. Il n'y a point en France d'autorité supérieure à celle de la loi. Le roi ne règne que par elle, & ce n'est qu'au nom de la loi qu'il peut exiger l'obéissance.

IV. Le roi, à son avènement au trône, ou dès qu'il aura atteint sa majorité, prêtera à la nation, en présence du corps législatif, le serment *d'employer tout le pouvoir qui lui est délégué, à maintenir la constitution décrétée par l'assemblée nationale constituante, aux années* 1789, 1790 & 1791, & *à faire exécuter les lois*.

Si le corps législatif n'étoit pas rassemblé, le roi fera publier une proclamation, dans laquelle seront exprimés ce serment & la promesse de le réitérer aussitôt que le corps législatif sera réuni.

V. Si le roi refuse de prêter ce serment, après l'invitation du corps législatif, ou si, après l'avoir prêté, il le rétracte, il sera censé avoir abdiqué la royauté.

VI. Si le roi se met à la tête d'une armée & en dirige les forces contre la nation, ou s'il ne s'oppose pas par un acte formel à une telle entreprise, qui s'exécuteroit en son nom, il sera censé avoir abdiqué.

VII. Si le roi sort du royaume, & si, après avoir été invité par une proclamation du corps législatif, il ne rentre pas en France, il sera censé avoir abdiqué.

VIII. Après l'abdication expresse ou légale, le roi sera dans la classe des citoyens, & pourra être accusé & jugé comme eux, pour les actes postérieurs à son abdication.

IX. Les biens particuliers que le roi possède à son avènement au trône, sont réunis irrévocablement au domaine de la nation; il a la disposition de ceux qu'il acquiert à titre singulier; s'il n'en a pas disposé, ils sont pareillement réunis à la fin du règne.

X. La nation pourvoit à la splendeur du trône par une liste civile, dont le corps législatif déterminera la somme, à chaque changement de règne, pour toute la durée du règne.

XI. Le roi nommera un administrateur de la liste civile, qui exercera les actions judiciaires du roi, & contre lequel personnellement les poursuites des créanciers de la liste civile seront dirigées, & les condamnations prononcées & exécutées.

SECTION II.

De la régence.

Art. premier. Le roi est mineur jusqu'à l'âge de 18 ans accomplis, & pendant sa minorité il y a un régent du royaume.

II. La régence appartient au parent du roi le plus proche en degré, suivant l'ordre de l'hérédité au trône, & âgé de 25 ans accomplis, pourvu qu'il soit françois & regnicole, qu'il ne soit pas héritier présomptif d'une autre couronne, & qu'il ait précédemment prêté le serment civique.

Les femmes sont exclues de la régence.

III. Le régent exerce jusqu'à la majorité du roi, toutes les fonctions de la royauté, & n'est pas personnellement responsable des actes de son administration.

IV. Le régent ne peut commencer l'exercice de ses fonctions, qu'après avoir prêté à la nation, en présence du corps législatif, le serment *d'employer tout le pouvoir délégué au roi, & dont l'exercice lui est confié pendant la minorité du roi, à maintenir la constitution décrétée par l'assemblée nationale constituante, aux années 1789, 1790 & 1791 & à faire exécuter les lois.*

Si le corps législatif n'est pas assemblé, le régent fera publier une proclamation, dans laquelle seront exprimés ce serment & la promesse de le réitérer aussitôt que le corps législatif sera réuni.

V. Tant que le régent n'est pas entré en exercice de ses fonctions, la fonction des loix demeure suspendue; les ministres continuent de faire, sous leur responsabilité, tous les actes du pouvoir exécutif.

VI. Aussitôt que le régent aura prêté le serment; le corps législatif déterminera son traitement, lequel ne pourra être changé pendant la durée de la régence.

VII. La régence du royaume ne confère aucun droit sur la personne du roi mineur.

VIII. La garde du roi mineur sera confiée à sa mère: s'il n'a pas de mère, ou si elle est remariée, au tems de l'avénement de son fils au trône, ou si elle se remarie pendant la minorité, la garde sera déférée par le corps législatif.

Ne peuvent être élus pour la garde du roi mineur, ni le régent & ses descendans, ni les femmes.

Dans le cas de démence du roi, notoirement & légalement constatée, & déclarée par le corps législatif, après trois délibérations successivement prises de mois en mois, il y a lieu à la régence, tant que la démence dure.

SECTION III.

De la famille du roi.

Art. Ier. L'héritier présomptif portera le nom de *prince royal.*

Il ne peut sortir du royaume sans un décret du corps législatif & le consentement du roi.

S'il en est sorti, & si, après avoir été requis par une proclamation du corps législatif, il ne rentre pas en France, il est censé avoir abdiqué le droit de succession au trône.

II. Si l'héritier présomptif est mineur, le parent majeur, premier appelé à la régence, est tenu de résider dans le royaume.

Dans le cas où il en seroit sorti, & n'y rentreroit pas sur la réquisition du corps législatif, il sera censé avoir abdiqué son droit à la régence.

III. La mère du roi mineur ayant sa garde, ou le gardien élu, s'ils sortent du royaume, sont déchus de la garde.

Si la mère de l'héritier présomptif mineur, sortoit du royaume, elle ne pourroit, même après son retour, avoir la garde de son fils mineur devenu roi, que par un décret du corps législatif.

IV. Les autres membres de la famille du roi ne sont soumis qu'aux loix communes à tous les citoyens.

V. Il sera fait une loi pour régler l'éducation du roi mineur, & celle de l'héritier présomptif mineur.

VI. Il ne sera accordé aux membres de la famille royale aucun appanage réel.

Les fils puinés du Roi recevront à l'âge de vingt-cinq ans accomplis, ou lors de leur mariage, une rente appanagère, laquelle sera fixée par le corps législatif, & finira à l'extinction de leur postérité masculine.

SECTION IV.

Des ministres.

Art. Ier. Au roi seul appartiennent le choix & la révocation des ministres.

II. Aucun ordre du roi ne peut être exécuté, s'il n'est signé par lui & contre-signé par le ministre ou l'ordonnateur du département.

III. Les ministres sont responsables de tous les

délits par eux commis contre la sûreté nationale & la constitution ;

De tout attentat à la propriété & à la liberté individuelle ;

De toute dissipation des deniers destinés aux dépenses de leur département.

IV. En aucun cas, l'ordre du roi, verbal ou par écrit, ne peut soustraire un ministre à la responsabilité.

V. Les ministres sont tenus de présenter, chaque année, au corps législatif, à l'ouverture de la session, l'apperçu des dépenses de leur département, de rendre compte de l'emploi des sommes qui y étoient destinées, & d'indiquer les abus qui auroient pu s'introduire dans les différentes parties du gouvernement.

VI. Aucun ministre en place ou hors de place, ne peut être poursuivi en matière criminelle pour faits de son administration, sans un décret du corps législatif.

CHAPITRE III.

De l'exercice du pouvoir législatif.

SECTION PREMIERE.

Pouvoirs & fonctions de l'Assemblée nationale législative.

Art. Ier. La constitution délègue exclusivement au corps législatif les pouvoirs & fonctions ci-après :

1°. De proposer & décréter les lois : le roi peut seulement inviter le corps législatif à prendre un objet en considération ;

2°. De fixer les dépenses publiques ;

3°. D'établir les contributions publiques, d'en déterminer la nature, la quotité, & le mode de perception ;

4°. D'en faire la répartition entre les départemens du royaume, d'en surveiller l'emploi, & de s'en faire rendre compte :

5°. De décréter la création ou la suppression des offices publics ;

6°. De déterminer le titre, l'empreinte & la dénomination des monnoies ;

7°. De permettre ou de défendre l'introduction des troupes étrangères sur le territoire François, & des forces navales étrangères dans les ports du royaume ;

8°. De statuer annuellement, après la proposition du roi, sur le nombre d'hommes & de vaisseaux dont les armées de terre & de mer seront composées ; sur la solde & le nombre d'individus de chaque grade ; sur les règles d'admission & d'avancement, les formes de l'enrôlement & du dégagement, la formation des équipages de mer ; sur l'admission des troupes ou des forces navales étrangères, au service de France, & sur le traitement des troupes en cas de licenciement ;

9°. De statuer sur l'administration, & d'ordonner l'aliénation des domaines nationaux ;

10°. De poursuivre devant la haute cour nationale la responsabilité des ministres, & des agens principaux du pouvoir exécutif ;

D'accuser & de poursuivre, devant la même cour, ceux qui seront prévenus d'attentat & de complot contre la sûreté générale de l'état, ou contre la constitution.

11°. D'établir les règles d'après lesquelles les marques d'honneur ou décorations purement personnelles, seront accordées à ceux qui ont rendu des services à l'état.

12°. Le corps législatif a seul le droit de décerner les honneurs posthumes à la mémoire des grands hommes.

II. La guerre ne peut être décidée que par un décret du corps législatif, rendu sur la proposition formelle & nécessaire du roi, sanctionné par lui.

Dans le cas d'hostilités imminentes ou commencées, d'un allié à soutenir ou d'un droit à conserver par la force des armes, le roi en donnera, sans aucun délai, la notification au corps législatif, & en fera connoître les motifs.

Si le corps législatif décide que la guerre ne doit pas être faite, le roi prendra sur le champ des mesures pour faire cesser ou prévenir toutes hostilités, les ministres demeurant responsables des délais.

Si le corps législatif trouve que les hostilités commencées soient une aggression coupable de la part des ministres ou de quelqu'autre agent du pouvoir exécutif, l'auteur de l'aggression sera poursuivi criminellement.

Pendant tout le tems de la guerre, le corps législatif peut requérir le roi de négocier la paix, & le roi est tenu de déférer à cette réquisition.

A l'instant où la guerre cessera, le corps législatif fixera le délai dans lequel les troupes élevées au-dessus du pied de paix, seront congédiées, & l'armée réduite à son état ordinaire.

III. Il appartient au corps législatif de ratifier les traités de paix, d'alliance & de commerce, & aucun traité n'aura d'effet que par cette ratification.

IV.

IV. Le corps législatif a le droit de déterminer le lieu de ses séances, de les continuer autant qu'il le jugera nécessaire, & de s'ajourner. Au commencement de chaque règne, s'il n'étoit pas réuni, il sera tenu de se rassembler sans délai.

Il a le droit de police dans le lieu de ses séances & dans l'enceinte extérieure qu'il aura déterminée.

Il a le droit de discipline sur ses membres; mais il ne peut prononcer de punition plus forte que la censure, les arrêts pour huit jours, ou la prison pour trois jours.

Il a le droit de disposer pour sa sûreté & pour le maintien du respect qui lui est du, des forces qui, de son consentement, seront établies dans la ville où il tiendra ses séances.

V. Le pouvoir exécutif ne peut faire passer ou séjourner aucun corps de troupes de ligne, dans la distance de trente mille toises du corps législatif, si ce n'est sur sa requisition ou sur son autorisation.

SECTION II.

Tenue des séances, & forme de délibérer.

Art. Ier. Les délibérations du corps législatif seront publiques, & les procès-verbaux de ses séances seront imprimés.

II. Le corps législatif pourra cependant, en toute occasion, se former en *comité général.*

Cinquante membres auront le droit de l'exiger. Pendant la durée du Comité général, les assistans se retireront, le fauteuil du président sera vacant, l'ordre sera maintenu par le vice-président.

Le décret ne pourra être rendu que dans une séance publique.

III. Aucun acte législatif ne pourra être délibéré & décrété que dans la forme suivante.

IV. Il sera fait trois lectures du projet de décret, à trois intervalles, dont chacun ne pourra être moindre de huit jours.

V. La discussion sera ouverte après chaque lecture, & néanmoins après la première ou seconde lecture, le corps législatif pourra déclarer qu'il y a lieu à l'ajournement, ou qu'il n'y a pas lieu à délibérer. Dans ce dernier cas, le projet de décret pourra être représenté dans la même session.

VI. Après la troisième lecture, le président sera tenu de mettre en délibération, & le corps législatif décidera s'il se trouve en état de rendre un décret définitif, ou s'il veut renvoyer la décision à un autre temps, pour recueillir de plus amples éclaircissemens.

VII. Le corps législatif ne peut délibérer, si la séance n'est composée de 200 membres au moins, & aucun décret ne sera formé que par la pluralité absolue des suffrages.

VIII. Tout projet de loi qui, soumis à la discussion, aura été rejetté après la troisième lecture, ne pourra être représenté dans la même session.

IX. Le préambule de tout décret définitif énoncera, 1°. les dates des séances auxquelles les trois lectures du projet auront été faites; 2°. le décret par lequel il aura été arrêté, après la troisième lecture, de décider définitivement.

X. Le roi refusera sa sanction aux décrets dont le préambule n'attestera pas l'observation des formes ci-dessus; si quelqu'un de ces décrets étoit sanctionné, les ministres ne pourront le sceller ni le promulguer, & leur responsabilité à cet égard durera six années.

XI. Sont exceptés des dispositions ci-dessus, les décrets reconnus & déclarés urgens par une délibération préalable du corps législatif; mais ils peuvent être modifiés ou révoqués dans le cours de la même session.

SECTION III.

De la sanction royale.

Art. Ier. Les décrets du corps législatif seront présentés au roi, qui peut leur refuser son consentement.

II. Dans le cas où le roi refuse son consentement, ce refus n'est que suspensif.

Lorsque les deux législatures qui suivront celle qui aura présenté le décret, auront successivement représenté le même décret dans les mêmes termes, le roi sera censé avoir donné la sanction.

III. Le consentement du roi est exprimé sur chaque décret par cette formule signée du roi: *Le roi consent & fera exécuter.*

Le refus suspensif est exprimé par celle-ci: *Le roi examinera.*

IV. Le roi est tenu d'exprimer son consentement ou son refus sur chaque décret, dans les deux mois de la présentation; & ce délai passé, son silence est réputé refus.

V. Tout décret auquel le roi a refusé son consentement ne peut lui être représenté par la même législature.

VI. Le corps législatif ne peut insérer dans les décrets portant établissement ou continuation d'impôts, aucune disposition qui leur soit étrangère, ni présenter en même-temps à la sanction d'autres décrets, comme inséparables.

VII. Les décrets sanctionnés par le roi, & ceux qui lui auront été présentés par trois législatures consécutives, ont seuls force de loi, & portent le nom & l'intitulé de *loix*.

VIII. Ne sont néanmoins sujets à la sanction les actes du corps législatif concernant sa constitution en assemblée délibérante;

Sa police intérieure;

La vérification des pouvoirs de ses membres présens;

Les injonctions aux membres absens;

La convocation des assemblées primaires en retard;

L'exercice de la police constitutionnelle sur les administrateurs;

Les questions, soit d'éligibilité, soit de validité des élections.

Ne sont pareillement sujets à la sanction les actes relatifs à la responsabilité des ministres, & tous décrets portant qu'il y a lieu à accusation.

SECTION IV.

Relations du corps législatif avec le roi.

Art. Ier. Lorsque le corps législatif est définitivement constitué, il envoye au roi une députation pour l'en instruire: le roi peut chaque année faire l'ouverture de la session, & proposer les objets qu'il croit devoir être pris en considération pendant le cours de cette session, sans néanmoins que cette formalité puisse être considérée comme nécessaire à l'activité du corps législatif.

II. Lorsque le corps législatif veut s'ajourner au-delà de quinze jours, il est tenu d'en prévenir le roi par une députation, au moins huit jours d'avance.

III. Huitaine au moins avant la fin de chaque session, le corps législatif envoie au roi une députation, pour lui annoncer le jour où il se propose de terminer ses séances: le roi peut venir faire la clôture de la session.

IV. Si le roi trouve important au bien de l'état que la session soit continuée, ou que l'ajournement n'ait pas lieu, ou qu'il n'ait lieu que pour un tems moins long, il peut à cet effet envoyer un message, sur lequel le corps législatif est tenu de délibérer.

V. Le roi convoquera le corps législatif, dans l'intervalle de ses sessions, toutes les fois que l'intérêt de l'état lui paroîtra l'exiger, ainsi que dans les cas que le corps législatif aura prévus & déterminés avant de s'ajourner.

VI. Toutes les fois que le roi se rendra au lieu des séances du corps législatif, il sera reçu & reconduit par une députation; il ne pourra être accompagné dans l'intérieur de la salle, que par les ministres.

VII. Dans aucun cas, le président ne pourra faire partie d'une députation.

VIII. Le corps législatif cessera d'être corps délibérant, tant que le roi sera présent.

IX. Les actes de la correspondance du roi avec le corps législatif, seront toujours contre-signés par un ministre.

X. Les ministres du roi auront entrée dans l'assemblée nationale législative, ils y auront une place marquée; ils seront entendus sur tous les objets sur lesquels il demanderont à l'être, & toutes les fois qu'ils seront requis de donner des éclaircissemens.

CHAPITRE IV.

De l'exercice du pouvoir exécutif.

Art. premier. Le pouvoir exécutif suprême réside exclusivement dans la main du roi.

Le roi est le chef suprême de l'administration générale du royaume; le soin de veiller au maintien de l'ordre & de la tranquillité publique lui est confié.

Le roi est le chef suprême de l'armée de terre & de l'armée navale.

Au roi est délégué le soin de veiller à la sûreté extérieure du royaume, d'en maintenir les droits & les possessions.

II. Le roi nomme les ambassadeurs & les autres agens des négociations politiques.

Il confère le commandement des armées & des flottes, & les grades de maréchal de France & d'amiral.

Il nomme les deux tiers des contre-amiraux, la moitié des lieutenans-généraux, maréchaux-de-camps, capitaines de vaisseaux, & colonels de la gendarmerie nationale.

Il nomme le tiers des colonels & des lieutenans-colonels, & le sixième des lieutenans de vaisseaux:

Le tout en se conformant aux lois sur l'avancement.

Il nomme, dans l'administration civile de la marine, les ordonnateurs, les contrôleurs, les trésoriers des arsenaux, les chefs des travaux, sous-chefs des bâtimens civils, la moitié des chefs d'administration & des sous-chefs de constructions.

Il nomme les commissaires auprès des tribunaux.

Il nomme les commissaires de la trésorerie nationale, & les préposés en chef à la régie des contributions indirectes.

Il surveille la fabrication des monnoies, & nomme les officiers chargés d'exercer cette surveillance dans la commission générale, & dans les hôtels des monnoies.

L'effigie du roi est empreinte sur toutes les monnoies du royaume.

III. Le roi fait délivrer les lettres-patentes, brevets & commissions aux fonctionnaires publics qui doivent en recevoir.

IV. Le roi fait dresser la liste des pensions & gratifications, pour être présentée au corps législatif à chacune de ses sessions.

SECTION PREMIERE.

De la promulgation des lois.

Art. premier. Le pouvoir exécutif est chargé de faire sceller les lois du sceau de l'état, & de les faire promulguer.

II. Il sera fait deux expéditions originales de chaque loi, toutes deux signées du roi, contresignées par le ministre de la justice, & scellées du sceau de l'état.

L'une restera déposée aux archives du sceau, & l'autre sera remise aux archives du corps législatif.

III. La promulgation des lois sera ainsi conçue :

» N. (*le nom du roi*), par la grâce de Dieu, & par la loi constitutionnelle de l'état, roi des françois, à tous présens & à venir : Salut. L'assemblée nationale a décrété, & Nous voulons & ordonnons ce qui suit : »

(*La copie littérale du decret sera insérée sans aucun changement*).

» Mandons & ordonnons à tous les corps administratifs & tribunaux, que les présentes ils fassent transcrire sur leurs registres, lire, publier & afficher dans leurs départemens & ressorts respectifs, & exécuter comme loi du royaume : en foi de quoi nous avons signé ces présentes, auxquelles nous ayons fait apposer le sceau de l'état.

IV. Si le roi est mineur, les lois, proclamations & autres actes émanés de l'autorité royale pendant la régence, seront conçus ainsi qu'il suit :

« N. (*le nom du régent*), régent du royaume, au nom de N. (*le nom du roi*), par la grace de Dieu, & par la loi constitutionnelle de l'état, roi des François, &c. &c. &c. ».

V. Le pouvoir exécutif est tenu d'envoyer les loix aux corps administratifs & aux tribunaux, de se faire certifier cet envoi, & d'en justifier au corps législatif.

VI. Le pouvoir exécutif ne peut faire aucune loi, même provisoire, mais seulement des proclamations conformes aux loix, pour en ordonner ou en rappeller l'exécution.

SECTION II.

De l'administration intérieure.

Art. Ier. Il y a dans chaque departement une administration supérieure, & dans chaque district une administration subordonnée.

II. Les administrateurs n'ont aucun caractère de représentation.

Ils sont des agens élus à tems par le peuple, pour exercer, sous la surveillance & l'autorité du roi, les fonctions administratives.

III. Ils ne peuvent rien entreprendre sur l'ordre judiciaire, ni sur les dispositions ou opérations militaires.

IV. Il appartient au pouvoir législatif de déterminer l'étendue & les règles de leurs fonctions.

V. Le roi a le droit d'annuller les actes des administrateurs de département, contraires aux loix ou aux ordres qu'il leur aura adressés.

Il peut, dans le cas d'une désobéissance persévérante, ou s'ils compromettent par leurs actes la sûreté ou la tranquillité publique, les suspendre de leurs fonctions.

VI. Les administrateurs de département ont de même le droit d'annuller les actes des sous-administrateurs de district, contraires aux loix ou aux arrêtés des administrateurs de département, ou aux ordres que ces derniers leur auront donnés ou transmis.

Ils peuvent également, dans le cas d'une désobéissance persévérante des sous-administrateurs, ou si ces derniers compromettent par leurs actes la sûreté ou la tranquillité publique, les suspendre de leurs fonctions, à la charge d'en instruire le roi, qui pourra lever ou confirmer la suspension,

VII. Le roi peut, lorsque les administrateurs de département n'auront pas usé du pouvoir qui leur est délégué dans l'article ci-dessus, annuller directement les actes des sous-administrateurs, & les suspendre dans les mêmes cas.

VIII. Toutes les fois que le roi aura prononcé ou confirmé la suspension des administrateurs ou sous-administrateurs, il en instruira le corps législatif.

Celui-ci pourra ou lever la suspension, ou la confirmer, ou même dissoudre l'administration coupable; &, s'il y a lieu, renvoyer tous les administrateurs ou quelques-uns d'eux aux tribunaux criminels, ou porter contr'eux le décret d'accusation.

SECTION III.

Des relations extérieures.

Art. Ier. Le roi seul peut entretenir des relations politiques au-dehors, conduire les négociations, faire des préparatifs de guerre proportionnés à ceux des états voisins, distribuer les forces de terre & de mer, ainsi qu'il le jugera convenable, & en régler la direction en cas de guerre.

II. Toute déclaration de guerre sera faite en ces termes: *De la part du roi des François, au nom de la nation.*

III. Il appartient au roi d'arrêter & de signer avec toutes les puissances étrangères, tous les traités de paix, d'alliance & de commerce, & autres conventions qu'il jugera nécessaires au bien de l'état, sauf la ratification du corps législatif.

CHAPITRE I.

Du pouvoir judiciaire.

Art. Ier. Le pouvoir judiciaire ne peut, en aucun cas, être exercé ni par le corps législatif, ni par le roi.

II. La justice sera rendue gratuitement par des juges élus à tems par le peuple, institués par lettres-patentes du roi, & qui ne pourront être ni destitués que pour forfaiture duement jugée, ni suspendus que par une accusation admise.

III. Les tribunaux ne peuvent s'immiscer dans l'exercice du pouvoir législatif, ou suspendre l'exécution des loix, ni entreprendre sur les fonctions administratives, ou citer devant eux les administrateurs pour raison de leurs fonctions.

IV. Les citoyens ne peuvent être distraits des juges que la loi leur assigne, par aucune commission, ni par d'autres attributions & évocations que celles qui sont déterminées par les loix.

V. Les expéditions exécutoires des jugemens des tribunaux seront conçues ainsi qu'il suit:

« N. (*le nom du roi*) par la grace de Dieu, & par la loi constitutionnelle de l'état, roi des François; à tous présens & à venir, Salut. Le tribunal de...... a rendu le jugement suivant:

(*Ici sera copié le jugement.*)

« Mandons & ordonnons à tous les huissiers sur ce requis, de mettre ledit jugement à exécution, à nos commissaires auprès des tribunaux d'y tenir la main, & à tous commandans & officiers de la force publique, de prêter main-forte, lorsqu'ils en seront légalement requis: en foi de quoi le présent jugement a été scellé & signé par le président du tribunal & par le greffier ».

VI. Il y aura un ou plusieurs juges de paix dans les cantons & dans les villes. Le nombre en sera déterminé par le pouvoir législatif.

VII. Il appartient au pouvoir législatif de régler les arrondissemens des tribunaux, & le nombre des juges dont chaque tribunal sera composé.

VIII. En matière criminelle, nul citoyen ne peut être jugé que sur une accusation reçue par des jurés, ou décrétée par le corps législatif dans les cas où il lui appartient de poursuivre l'accusation.

Après l'*accusation* admise, le fait sera reconnu & déclaré par des jurés.

L'accusé aura la faculté d'en récuser jusqu'à vingt.

Les jurés qui déclareront le fait, ne pourront être au-dessous du nombre de douze.

L'application de la loi sera faite par des juges.

L'instruction sera publique.

Tout homme acquitté par un juré légal, ne peut plus être repris ni accusé à raison du même fait.

IX. Il y aura pour tout le royaume un seul tribunal de cassation, établi auprès du corps législatif. Il aura pour fonctions de prononcer:

Sur les demandes en cassation contre les jugemens rendus en dernier ressort par les tribunaux;

Sur les demandes en renvoi d'un tribunal à un autre, pour cause de suspicion légitime;

Sur les réglemens de juges & les prises à partie contre un tribunal entier.

X. Le tribunal de cassation ne pourra jamais connoître du fond des affaires: mais, après avoir cassé le jugement qui aura été rendu sur une procédure dans laquelle les formes auront été violées, ou qui contiendra une contravention expresse à la loi, il renverra le fond du procès au tribunal qui doit en connoître.

XI. Lorsqu'après deux cassations, le jugement du troisième tribunal sera attaqué par les mêmes moyens que les deux premiers, la question ne pourra plus être agitée au tribunal de cassation, sans avoir été soumise au corps législatif, qui portera un décret déclaratoire de la loi, auquel le tribunal de cassation sera tenu de se conformer.

XII. Chaque année, le tribunal de cassation sera tenu d'envoyer à la barre du corps législatif une députation de huit de ses membres, qui lui présenteront l'état des jugemens rendus, à côté de chacun desquels seront la notice abrégée de l'affaire, & le texte de la loi qui aura déterminé la décision.

XIII. Une haute cour nationale, formée de membres du tribunal de cassation & de hauts jurés, connoîtra des délits des ministres & agens principaux du pouvoir exécutif, & des crimes qui attaqueront la sûreté générale de l'état, lorsque le corps législatif aura rendu un décret d'*accusation.*

Elle ne se rassemblera que sur la proclamation du corps législatif.

XIV. Les fonctions des commissaires du roi auprès des tribunaux, seront de requérir l'observation des loix dans les jugemens à rendre; & de faire exécuter les jugemens rendus.

Ils ne seront point accusateurs publics; mais ils seront entendus sur toutes les *accusations*, & requerront pendant le cours de l'instruction pour la régularité des formes; & avant le jugement, pour l'application de la loi.

XV. Les commissaires du roi auprès des tribunaux, dénonceront au directeur du juré, soit d'office, soit d'après les ordres qui leur seront donnés par le roi:

Les attentats contre la liberté individuelle des citoyens, contre la libre circulation des subsistances & la perception des contributions;

Les délits par lesquels l'exécution des ordres donnés par le roi, dans l'exercice des fonctions qui lui sont déléguées, seroit troublée ou empêchée;

Et les rébellions à l'exécution des jugemens, & de tous les actes exécutoires émanés des pouvoirs constitués.

XVI. Le ministre de la justice dénoncera au tribunal de cassation, par la voie du commissaire du roi, les actes par lesquels les juges auroient excédé les bornes de leur pouvoir.

Le tribunal les annullera, & s'ils donnent lieu à la forfaiture, le fait sera dénoncé au corps législatif, qui rendra le décret d'*accusation*, & renverra les prévenus devant la haute cour nationale.

TITRE IV.

De la force publique.

Art. Ier. La force publique est instituée pour défendre l'état contre les ennemis du dehors, & assurer au-dedans le maintien de l'ordre & l'exécution des loix.

II. Elle est composée:

De l'armée de terre & de mer;

De la troupe spécialement destinée au service intérieur;

Et, subsidiairement, des citoyens actifs, & de leurs enfans en état de porter les armes, inscrits sur le rôle de la garde nationale.

III. Les gardes nationales ne forment ni un corps militaire, ni une institution dans l'état; ce sont les citoyens eux-mêmes appellés au service de la force publique.

IV. Les citoyens ne pourront jamais se former, ni agir comme gardes nationales, qu'en vertu d'une requisition ou d'une autorisation légale.

V. Ils sont soumis, en cette qualité, à une organisation déterminée par la loi.

Ils ne peuvent avoir dans tout le royaume, qu'une même discipline & un même uniforme.

Les distinctions de grade & la subordination ne subsistent que relativement au service & pendant sa durée.

VI. Les officiers sont élus à tems, & ne peuvent être réélus qu'après un intervalle de service comme soldats.

Nul ne commandera la garde nationale de plus d'un district.

VII. Toutes les parties de la force publique, employées pour la sûreté de l'état contre les ennemis du dehors, agiront sous les ordres du roi.

VIII. Aucun corps ou détachement de troupes de ligne ne peut agir dans l'intérieur du royaume, sans une requisition légale.

IX. Aucun agent de la force publique ne peut entrer dans la maison d'un citoyen, si ce n'est pour l'exécution des mandemens de police & de justice, ou dans les cas formellement prévus par la loi.

X. La requisition de la force publique dans l'intérieur du royaume, appartient aux officiers civils, suivant les règles déterminées par le pouvoir législatif.

XI. Si des troubles agitent tout un département, le roi donnera, sous la responsabilité de ses ministres, les ordres nécessaires pour l'exécution des loix & le rétablissement de l'ordre; mais à la charge d'en informer le corps législatif, s'il est assemblé, & de le convoquer s'il est en vacances.

XII. La force publique est essentiellement obéissante; nul corps armé ne peut délibérer.

TITRE V.

Des contributions publiques.

Art. Ier. Les contributions publiques seront délibérées & fixées, chaque année, par le corps législatif, & ne pourront subsister au-delà du dernier jour de la session suivante, si elles n'ont pas été expressément renouvellées.

II. Sous aucun prétexte, les fonds nécessaires à l'acquittement de la dette nationale & au paiement de la liste civile, ne pourront être ni refusés ni suspendus.

III. Les administrateurs de département & sous-administrateurs ne pourront ni établir aucune contribution publique, ni faire aucune répartition au-delà du tems & des sommes fixées par le corps législatif, ni délibérer ou permettre, sans y être autorisés par lui, aucun emprunt local à la charge des citoyens du département.

IV. Le pouvoir exécutif dirige & surveille la perception & le versement des contributions, & donne tous les ordres nécessaires à cet effet.

TITRE VI.

Des rapports de la nation françoise avec les nations étrangères.

La nation françoise renonce à entreprendre aucune guerre, dans la vue de faire des conquêtes, & n'emploiera jamais ses forces contre la liberté d'aucun peuple.

La constitution n'admet point de droit d'aubaine.

Les étrangers, établis ou non en France, succèdent à leurs parens étrangers ou françois.

Ils peuvent contracter, acquérir & recevoir des biens situés en France, & en disposer, de même que tout citoyen françois, par tous les moyens autorisés par les loix.

Les étrangers qui se trouvent en France, sont soumis aux mêmes loix criminelles & de police que les citoyens françois: leur personne, leurs biens, leur industrie, leur culte, sont également protégés par la loi.

Les colonies & possessions françoises, dans l'Asie, l'Afrique & l'Amerique, ne sont pas comprises dans la présente constitution.

Aucun des pouvoirs institués par la constitution n'a le droit de la changer dans son ensemble ni dans ses parties.

L'assemblée nationale constituante en remet le dépôt à la fidélité du corps législatif, du roi, des juges, à la vigilance des pères de famille, aux épouses & aux mères, à l'affection des jeunes citoyens, au courage de tous les françois. (La salle retentit d'applaudissemens.)

A l'égard des loix faites par l'assemblée nationale, qui ne sont pas comprises dans la constitution, & des loix antérieures auxquelles elle n'a pas dérogé, elles seront observées, tant qu'elles n'auront pas été révoquées ou modifiées par le pouvoir législatif. (Les applaudissemens recommencent & se prolongent pendant plusieurs minutes.)

M. Lafayette. Depuis long-tems les voeux du peuple appellent cet *acte constitutionnel* qui, formé d'après la mesure des lumières actuelles, n'admet plus de délais utiles, & que tout nous invite à fixer; c'est lorsque tant de passions combinées s'agitent autour de nous, qu'il convient de proclamer ces principes de liberté & d'égalité, au maintien desquels chaque françois a irrévocablement dévoué sa vie & son honneur. L'assemblée pense aussi, sans doute, qu'il est tems que nous donnions à toutes les autorités constituées le mouvement & l'ensemble; que la nation ait auprès des gouvernemens étrangers un organe constitutionnel, afin de leur demander les nombreuses explications qu'ils nous doivent; que le sommeil des fonctions royales cesse, & que la confiance mutuelle puisse renaître.

Je ne vous parlerai point de ces devoirs pénibles que la patrie a eu droit d'attendre de moi, parce que tous les genres de dévouement lui sont dus, mais dont il m'est du moins permis de calculer impatiemment la durée.

Je propose, Messieurs, que le comité de constitution soit chargé de préparer un projet de décret sur les formes d'après lesquelles l'*acte constitutionnel*, aussitôt qu'il aura été définitivement décrété, sera présenté, au nom du peuple françois, à l'examen le plus indépendant, & à l'acceptation la plus libre du roi. (On applaudit.)

L'assemblée adopte la proposition de M. Lafayette.

La discussion de l'acte constitutionnel est ajournée à lundi.

Séance du 8 août. M. Thouret. La mission dont vous avez chargé vos comités étoit bornée à trier & à réunir ceux de vos décrets qui sont essentiellement *constitutionnels*. Ce n'est donc pas du fond même de ces décrets, que j'ai à vous entretenir, mais seulement du plan que vos comités ont adopté, & des considérations qui lui ont servi de règle générale pour discerner les décrets vraiment *constitutionnels* de ceux qui ne le sont pas.

Quant au plan, il étoit possible qu'en nous renfermant dans le sens strict & rigoureux du mot *constitution*, nous ne fissions entrer dans notre travail que l'unique objet de la division & de l'organisation des pouvoirs publics; mais nous avons observé que l'assemblée n'avoit pas établi la constitution pour un peuple nouveau, ni dans une terre vierge; que la France gémissoit depuis plusieurs siècles sous une foule d'institutions incompatibles avec une constitution pure & généreuse, & que le chapitre civique des abolitions qui ont dû précéder l'implantation de la liberté & de l'égalité devoit être consacré constitutionnellement.

Les comités ont aussi reconnu que les hommes s'unissant en société, ont des droits individuels dont ils n'entendent pas faire le sacrifice; que c'est au contraire pour s'en assurer la jouissance qu'ils s'associent & se donnent une constitution; & qu'à la simple reconnoissance de ces droits qui se trouve dans la déclaration qui en a été faite, il étoit indispensable d'ajouter la garantie formelle des mêmes droits par la constitution. Ils y ont trouvé de plus l'avantage de perfectionner quelques dispositions de la déclaration, qui pouvoient paroître les unes insuffisantes, les autres équivoques, & dont on a déjà cherché à abuser.

Telles sont les considérations qui ont déterminé à faire le titre premier & son préambule.

Le titre second ne traite pas encore des pouvoirs publics; les dispositions qu'il contient sont antécédentes par leur nature; il fixe la division du territoire de l'empire à quatre-vingt-trois départemens, & cette fixation est constitutionnelle; car la multiplicité des départemens est la plus sûre garantie de leur subordination, & le plus fort obstacle aux entreprises fédératives.

Les articles qui suivent sur l'état des citoyens manquoient au complément de votre travail; toute société doit fixer les caractères auxquels elle peut reconnoître ses membres. Vous avez d'ailleurs décrété que, pour être citoyen actif, il faut être *François* ou *devenu François*; il est donc nécessaire de déterminer comment on cesse de l'être.

Dans ce même titre les citoyens ne sont pas considérés seulement comme individus, mais encore sous le rapport qui se forme entr'eux par leur co-habitation dans les villes & dans les villages, les aggrégations que nous appellons *communes*, sont placées ici en-dehors des pouvoirs publics, parce que formées naturellement par les besoins & les commodités de la vie privée, elles n'ont objet ni caractère politique; elles ne sont pas même les élémens de la représentation nationale, que la constitution a placée dans les assemblées primaires; comme les individus, elles sont sujettes & gouvernées, & elles n'entrent point comme parties intégrantes dans l'organisation du gouvernement: seulement les officiers qu'elles élisent pour gérer leurs affaires particulières, peuvent recevoir des agens de l'administration publique, la délégation de quelques fonctions relatives à l'intérêt général de l'état. Mais la loi qui autorise ces délégations, peut aussi en restreindre ou en révoquer entièrement la faculté, si l'intérêt général l'exige.

Le titre III traite des pouvoirs publics. L'étendue de la matière qu'il embrasse a forcé de la diviser en chapitres, dont quelques-uns sont subdivisés en sections. Nous avons consacré d'abord le principe primordial de la souveraineté nationale, la nécessité de la délégation des pouvoirs; & exprimé la triple délégation du pouvoir législatif à l'assemblée nationale, du pouvoir exécutif au roi, & du pouvoir judiciaire à des juges temporaires. Il se présentoit là une division naturelle du titre en trois chapitres, dont chacun auroit embrassé tout ce qui est relatif à chaque pouvoir. Mais ce plan avoit cet inconvénient qu'étant impossible de dire tout ce qui concerne le corps législatif, la nature & le mode de ses fonctions, sans parler plusieurs fois du roi, des ministres & de leurs fonctions corrélatives, on auroit trouvé la royauté & le ministère en action, avant de les avoir vus constitués & organisés.

Nous avons renfermé dans un premier chapitre tout ce qui concerne la formation du corps législatif, en expliquant par des sections séparées; 1°. les bases de la représentation; 2°. les assemblées primaires nommant les électeurs; 3°. les assemblées électorales nommant les représentans? 4°. la tenue & le régime des assemblées primaires & électorales; 5°. la réunion des représentans en assemblée législative; ensorte que ce premier chapitre établit un corps législatif formé, organisé, & prêt à délibérer.

Le second chapitre constitue la royauté & le roi, le régent qui supplée à l'incapacité du roi mineur ou en démence, l'état politique & civil des membres de la famille du roi, & le ministère, instrument constitutionnellement nécessaire du pouvoir exécutif. Les dispositions de ces deux chapitres créent, organisent & mettent en place les agens des deux grands pouvoirs; il a été question ensuite de régler leur activité.

Dans le chapitre III, nous avons traité d'abord de l'exercice du pouvoir législatif, des pouvoirs & des fonctions déléguées au corps législatif, de la forme de ses délibérations, des règles de la sanction du roi; les relations indispensables du corps législatif avec le roi, font les matières des quatre sections dont ce chapitre est composé Il. n'expose pas seulement les droits & l'action propre du corps législatif, mais encore l'action & les droits correspondans du roi dans les points de contact établis par la constitution.

Le chapitre IV traite de l'exercice du pouvoir exécutif. Les fonctions déléguées au roi comme chef suprême du pouvoir exécutif, sont d'abord énumérées, ensuite les dispositions relatives à la promulgation des loix, à l'administration intérieure, à l'institution des administrateurs électifs, que la constitution établit agens du pouvoir exécutif; & aux relations extérieures de l'état, sont distribuées dans trois sections.

Enfin le chapitre V traitant du pouvoir judiciaire, termine & complette ce titre III, qui embrasse la matière de la division des pouvoirs publics, de leur organisation, & de la délégation des fonctions attribuées à chacun.

Vient ensuite dans le titre IV la force publique, ressort nécessaire de tout gouvernement, pour défendre l'état contre les ennemis du dehors, pour s'assurer au-dedans le maintien de l'ordre, pour garantir l'exécution de tous les actes légitimes émanés des pouvoirs constitués; & dans le titre V les contributions publiques, qui sont la mise que la raison & l'intérêt personnel obligent tout actionnaire d'une société politique de mettre en masse commune, s'il veut que l'association soit en état de produire les avantages qu'il en entend retirer.

Le titre VI & dernier établit d'une manière noble, généreuse & digne d'un grand peuple, les rapports de la nation françoise avec les étrangers.

En terminant cette exposition du plan de notre travail, je dirai seulement qu'après de sérieuses méditations, & deux essais faits séparément, sans communication, & rapprochés ensuite; cette ordonnance & cette distribution des matières a paru à vos comités présenter les combinaisons les plus favorables pour former de toutes les parties de la constitution un ensemble imposant, & en classer méthodiquement les détails.

Quant au triage des décrets, & à la distinction de ceux qui doivent entrer dans l'*acte constitutionnel*, ou qui doivent en être écartés, il est indubitable que, si on ne portoit pas dans ce travail une grande sévérité de jugement, on tomberoit dans un arbitraire aussi étendu que les différens esprits ont de manières diverses d'envisager la constitution, & d'être affectés de chacun des accessoires qui s'y rapportent plus ou moins directement.

Les comités se sont trouvés pressés en sens contraire, d'une part, par ceux qui ne voulant admettre dans l'*acte constitutionnel* que ce qui forme la substance la plus essentielle de la constitution, croient qu'elle pouvoit être pleinement rédigée en quarante ou cinquante articles; d'autre part, par ceux qui, voyant la constitution jusques dans les moyens les plus variables d'en remplir l'esprit & d'en réaliser les données, voudroient rendre permanentes les dispositions dont la modification pourra être commandée par le temps, & exécutée sans altérer l'essence de la constitution.

Nous ne nous sommes pas dissimulé tout ce que la première opinion a de réel & d'avantageux. Il est très-vrai qu'une constitution se compose d'un petit nombre de règles fondamentales; l'exemple de toutes celles qui ont été écrites jusqu'ici le démontre; & il y a un grand intérêt public à prévenir le retour trop prompt ou trop fréquent du pouvoir constituant, en abandonnant à la sagesse des législateurs tout ce qui peut varier sans changer la nature du gouvernement. Sous ces rapports, le défaut du projet que nous vous présentons, seroit celui d'une trop grande prolixité.

Nous avons considéré cependant que l'assemblée ne s'étant pas bornée à poser les bases de la constitution, il se trouve dans le travail qu'elle a fait des développemens, & quelques conséquences déjà déduites des principes qui méritent, par leur importance, d'être incorporées à la constitution. Nous avons encore recueilli celles de ces conséquences immédiates qui sont tellement saines en principes, tellement bonnes dans la pratique, & si clairement susceptibles d'une exécution facile & durable, qu'on ne doit pas craindre que le besoin de le changer se fasse sentir prochainement.

Mais si après avoir bien défini, bien divisé les pouvoirs, bien assigné à chacun l'étendue & les limites de son activité, constitué électif tout ce qu'il appartient au peuple de nommer, & temporaire tout ce qui ne doit pas être délégué à vie, nous voulions rendre permanentes d'autres modifications moins essentielles, que nous croyons bonnes, mais qui pourroient ne pas soutenir l'épreuve de l'expérience, ou qui, bonnes momentanément, peuvent cesser de l'être avec le temps, nous passerions le but que la sagesse nous prescrit.

Nous mettrions la nation dans la nécessité, ou de rappeller fréquemment le pouvoir constituant, dont la présence produit inévitablement un état de crise politique, ou d'approuver que les légis-

latures

latures, tentées de toucher à la constitution, consommassent cette entreprise subversive.

Cette considération, la plus impérieuse de toutes, doit dominer sans cesse dans tout le cours de la discussion qui va s'ouvrir.

M. Malouet paroît à la tribune.

M. le Président. Avant de consulter l'assemblée, je dois la prévenir que plusieurs membres ont demandé la parole; les uns sur l'ensemble du travail, les autres sur la déclaration des droits, les autres enfin sur les divers titres du plan.

M. Thouret. Je ne propose de délibérer que sur l'ordre d'un classement de la distribution des matières.

M. le Chapelier. La proposition de M. Thouret consiste à savoir si l'assemblée prendra en masse pour matière de discussion le plan qu'il vient de présenter; quelques personnes demandent la parole sur l'ensemble du travail, il faut les entendre.

M. le Président. Je crois inutile de dire à l'assemblée que jamais matière n'exigea une attention plus grande, & un silence plus profond; j'observe à M. Malouet qu'il n'a la parole que sur la distribution du travail.

M. Malouet. Vous avez ordonné une révision des articles constitutionnels; si la nation étoit assemblée pour en entendre la lecture, chaque françois auroit le droit de dire: J'accepte, je rejette ou je blâme; je ne me dissimule pas que l'avis de la majorité est arrêté sur plusieurs points; en douter, ce seroit l'offenser; & assurément si la constitution peut tenir tout ce qu'elle promet, elle n'aura pas de plus zélé partisan que moi; car après la vertu rien n'est au-dessus de la liberté & de l'égalité absolue. Je vois dans la déclaration des droits une source d'erreurs pour le commun des hommes qui ne doit connoître la souveraineté que pour y obéir, & qui ne peut obtenir une véritable égalité que devant la loi.

La nature n'a pas également partagé tous les hommes; on conviendra au moins que l'éducation les distingue: je vois les hommes simples égarés par cette déclaration des droits, contredits aux premiers pas que vous avez faits dans la constitution; l'histoire n'offre aucun exemple du changement qui va s'opérer dans l'ordre social; les anciens législateurs ont tous reconnu la nécessité d'établir une échelle de subordination morale; il faut de la force pour contenir tout ce qui tendroit à l'indépendance; & c'est dans les pouvoirs délégués qu'il faut chercher cette force. Voilà mon vœu: voyons comment il sera exaucé. Un droit reconnu n'est rien, s'il n'est protégé. L'extension de la liberté politique est moins utile que la sûreté & la libre disposition des personnes. Un gouvernement, pour être libre, sage & stable, doit être combiné sur ces bases. Votre premier objet a été la plus grande extension de la liberté politique, & vous avez tâché d'y lier la sûreté des personnes. Vous avez voulu rapprocher le peuple de la souveraineté, & vous lui en avez donné la tentation, sans lui en confier l'exercice. Je ne crois pas cette vue saine. La souveraineté appartient au peuple: cette idée est juste: mais il faut qu'il la délègue immédiatement; en ne lui faisant déléguer que des pouvoirs, l'énonciation des principes est fausse & dangereuse; vous affoiblissez les pouvoirs, qui ne sont efficaces qu'autant qu'ils sont une représentation sensible de la souveraineté, & qui, d'après vos principes, prennent un caractère subalterne dans l'esprit du peuple. Il n'en seroit pas de même, si voulant......

M. le Chapelier. Je demande à dire un mot. J'étois bien loin de m'attendre que la question, telle qu'elle étoit posée, ameneroit une critique de la constitution. Nul ne doit cependant avoir la pensée de la changer, & toute discussion qui y tendroit doit être interdite. Nous n'avons jamais entendu par la révision, des changemens de la constitution: ceux mêmes qui prétendent l'altérer ne voudroient pas nous attribuer la puissance de faire un changement dans la forme du gouvernement monarchique. Il ne s'agit ici que de placer dans l'ordre le plus méthodique les décrets constitutionnels. C'est sur cette proposition que je demande que l'assemblée aille de nouveau aux voix, & que l'on interdise toute critique générale. (On applaudit dans la partie gauche).

M. *le président.* Vous venez d'entendre la proposition de M. Chapelier.

M. *Malouet.* Permettez-moi de répondre à M. le président. Il est impossible d'exposer son avis général sur un acte de cette importance, sans l'examiner dans son ensemble; nous avons été envoyés pour faire une constitution libre & monarchique. (*Plusieurs voix de la partie gauche*: elle est faite). Je me mettrai désormais dans la classe de ceux qui obéissent en silence. Je me borne à déclarer que je ne saurois, comme mandataire du peuple, donner ma voix à la charte constitutionnelle. Je demande que la délibération se termine par un appel nominal, & que l'assemblée accélère les mesures qui doivent assurer la liberté du roi.

M. *Buzot.* Le comité de révision n'étoit pas chargé de changer les décrets: nous ne sommes point dans le cas d'ouvrir la discussion sur une nouvelle forme de gouvernement; mais nous devons seulement examiner quels sont les articles qui doivent entrer dans l'*acte constitutionnel.*

M. *Malouet* continue de demander la parole. La partie gauche demande à aller aux voix.

M. *Malouet*. Lorsque j'ai tant de choses à dire, que je crois importantes, je ne crois pas devoir me retirer de la tribune sans un décret exprès de l'assemblée. (La partie gauche continue à demander à aller aux voix.)

M. *Madier*. Il ne s'agit donc ici que d'adopter une table de matières.

M. *Lepelletier*. L'intention de l'assemblée est que tout le monde soit entendu, mais elle veut en même-tems adopter un mode qui puisse apporter des lumières dans la discussion, & ce n'est pas en attaquant successivement la déclaration des droits, la division des pouvoirs ou divers autres articles de la constitution qu'on pourroit y parvenir. Je demande que l'on adopte le mode de discussion que vient de proposer M. le Chapelier.

M. *Duval d'Espremenil*. Mon intention est certainement de me soumettre très-religieusement à l'ordre de discussion établi par l'assemblée, il me semble qu'elle veut examiner seulement si la méthode proposée par les comités de constitution & de révision est bonne, & si chacun des articles qu'ils présentent est vraiment constitutionnel. Il ne s'agit pas d'examiner si ces décrets sont ou ne sont pas utiles à la chose publique; mais seulement, dis-je, s'ils sont constitutionnels, & si on ne peut pas en ajouter quelques autres qui aient été omis. (On applaudit dans la partie gauche.) Je crains bien qu'on ne me retire les applaudissemens que je viens d'entendre. Nous nous croirions indignes de l'estime des gens de bien, si nous n'avions pas la courageuse probité de déclarer que nous persistons dans toutes nos précédentes déclarations & protestations au sujet des entreprises pratiquées depuis deux ans sur l'autorité royale. (*Quelques voix de la partie gauche* : & sur celle des parlemens), & sur les principes constitutifs de la monarchie françoise.

MM. l'abbé Maury, Madier, Foucault, Vaudreuil & plusieurs autres membres placés dans l'extrémité de la partie droite, se lèvent en déclarant qu'ils partagent l'opinion de M. d'Esprémenil. (On rit dans la partie gauche; on applaudit dans les tribunes).

M. Malouet continue à demander la parole.

On demande à aller aux voix.

M. *Malouet*. Un décret pour m'ôter la parole, messieurs (1).

M. *le président*. Vous avez entendu la proposition de M. le Chapelier; excepté M. Malouet, tous les opinans l'ont appuyée, même M. d'Esprémenil.

M. *Duval d'Esprémenil*. Je ne l'ai pas appuyée.

L'assemblée décide qu'elle s'occupera d'abord de la question de savoir si elle adoptera le mode de classification proposé par les comités.

L'assemblée consultée de nouveau, adopte l'ordonnance du travail des comités de constitution & de révision.

M. *le président*. Il résulte du décret que vous venez de rendre, que la discussion va maintenant s'établir sur la disposition des articles qui composent la déclaration des droits.

M. *Thouret*. La déclaration des droits est en tête de notre travail, telle qu'elle a été décrétée par l'assemblée; les comités n'ont pas cru qu'il leur fût permis d'y faire aucun changement : elle a acquis un caractère religieux & sacré; elle est devenue le symbole de la foi politique; elle est exprimée dans tous les lieux publics, affichée dans la demeure des citoyens de la campagne; & les enfans apprennent à y lire. Il sera difficile d'établir en parallele une déclaration différente, ou même d'en changer la rédaction. Nous croyons qu'elle contient tous les germes d'où dérivent les conséquences utiles au bonheur de la société; c'est pourquoi je proposerai de passer au second titre, qui garantit les droits qui en émanent.

M. *Rœderer*. Je sens combien il est nécessaire de porter respect à cette déclaration, je crois cependant qu'il est bon de réparer une inexactitude qui se trouve à l'article XVII ainsi conçu : » les propriétés étant un droit inviolable & sacré, nul ne peut en être privé.... » Il faut dire : » la propriété étant un droit inviolable & sacré, nul ne peut en être privé...»

M. *Thouret*. C'est une faute d'impression qu'on aura soin de corriger.

M. *Dupont*. En adoptant la déclaration des droits, l'assemblée a décrété qu'en faisant la révision on examineroit s'il ne pouvoit pas y être fait quelques additions utiles. Par un décret inséré dans le procès verbal, on a ajourné à cette époque l'examen de cet article : » tous les membres de la société, s'ils sont indigens ou infirmes, ont droit aux secours gratuits de leurs concitoyens ». Cette disposition me paroît conforme à la dignité d'une grande nation. La déclaration des droits me paroît encore susceptible d'autres changemens. Par exemple, il est dit, art. XIV : tous les citoyens ont droit de consentir l'impôt. » Laissons-là ces expressions qui sentent le despotisme. » Tous les citoyens ont le droit de régler, de déterminer l'impôt. » Voilà ce qui est & ce qu'il faut dire. On voit que ce travail a été fait en tremblotant, par de pauvres représentans des communes. Une déclaration des

(1) *Voyez* l'opinion que M. *Malouet* vouloit exposer sur l'*acte constitutionnel*, telle qu'il l'a lui-même fait imprimer quelques jours après, à la fin de la séance.

droits doit être rédigée avec une brièveté impériale & avec une sageſſe philoſophique. Il ne s'agit pas de changer celle-ci, mais de la rendre plus digne du genre humain pour qui elle eſt faite.

M. Dandré. Le préopinant demande qu'il ſoit ajouté un article pour conſtater les droits des pauvres aux ſecours publics ; il paroît qu'il n'a pas bien lu l'avant-dernier paragraphe du titre premier qui porte : « Il ſera créé & organiſé un établiſſement général de ſecours publics pour le ſoulagement des pauvres infirmes & des pauvres valides manquant de travail ». Nous avons placé cet article dans la conſtitution, qui ſera ſans doute auſſi durable que la déclaration des droits d'où elle dérive.

L'aſſemblée adopte la déclaration des droits telle qu'elle eſt rapportée plus haut.

M. Thouret. Je propoſe à la délibération la diſpoſition qui forme le préambule du titre premier.

« L'aſſemblée nationale voulant établir la conſtitution françoiſe ſur les principes qu'elle vient de reconnoître & de déclarer, abolit irrévocablement les inſtitutions qui bleſſoient la liberté & l'égalité des droits.

Il n'y a plus ni nobleſſe, ni pairie, ni diſtinctions héréditaires, ni régime féodal, ni juſtices patrimoniales, ni aucuns des titres, dénominations, prérogatives qui en dérivoient, ni aucun des ordres de chevalerie, corporations ou décorations, pour leſquels on exigeoit des preuves de nobleſſe, ni aucune autre ſupériorité que celle des fonctionnaires publics dans l'exercice de leurs fonctions.

Il n'y a plus ni vénalité, ni hérédité d'aucun office public.

Il n'y a plus pour aucune partie de la nation, ni pour aucun individu, aucun privilège ni exception au droit commun de tous les françois.

Il n'y a plus ni jurandes, ni corporations de profeſſions, arts & métiers.

La loi ne reconnoît plus de vœux religieux, ni aucun autre engagement qui ſeroit contraire aux droits naturels ou à la conſtitution ».

M. d'Harambure. Tant que l'aſſemblée n'aura pas ſtatué ſur le premier article de l'*acte conſtitutionnel* qui porte : « Que tous les citoyens ſont admiſſibles aux places & emplois ſans autre diſtinction que celle des vertus & des talens ». Mon engagement ſolemnel d'honneur envers ceux qui m'ont envoyé pour ſoutenir la nobleſſe, ſubſiſte toujours ; je penſe que je n'ai rien de mieux à faire que de m'en remettre aux lumières de cette aſſemblée. Elle examinera quelle influence peut avoir cette ſuppreſſion ſur le bonheur du peuple, unique objet de mes vœux & de ceux de mes commettans.

M. Decroix. Quant à moi, ſi je n'avois pas été abſent de l'aſſemblée le 19 juin, je me ſerois oppoſé de toutes mes forces à l'anéantiſſement de la nobleſſe héréditaire, mon honneur & ma délicateſſe m'auroient obligé....... (On murmure dans la partie gauche.) Si vous ne voulez pas m'entendre, je déclare que je ne prends nulle part à la délibération. (Les murmures recommencent.)

M. Cruſſol d'Amboiſe. Je déclare ne point prendre part à la délibération, pour remplir mes devoirs envers mes commettans, & être conſéquent aux principes que j'ai toujours eus ſur la nobleſſe.

M. Luſignan. J'adhère à l'opinion de M. d'Harambure.

M. Camus. Il me ſemble qu'on n'a pas rapporté littéralement le décret qui ſupprime les diſtinctions d'ordre. Vous n'avez pas anéanti ſeulement les ordres de nobleſſe, mais ceux de chevalerie. Il faut le dire nettement, je lis plus bas : « La loi ne reconnoît plus de vœux religieux, ni aucun autre engagement qui ſeroit contraire au droit naturel ou à la conſtitution ». Tandis que le décret porte : « La loi ne reconnoît plus de vœux monaſtiques ſolemnels ».

M. Thouret. Les comités ont adopté cette rédaction, parce qu'elle eſt néceſſaire pour conſacrer le principe tel qu'il doit être conſtaté. En faiſant des loix, les citoyens ne peuvent être conſidérés que ſous les rapports d'homme à homme, mais non pas ſous les rapports de l'homme à Dieu ; non pas ſous le rapport des engagemens de conſcience : ils ne ſont pas du reſſort des loix civiles, ils appartiennent tout entiers aux loix éternelles. L'autorité civile gouvernante ne peut ſe mêler des vœux religieux ; par conſéquent la loi ne peut les reconnoître ; cela ne les interdit ni ne les proſcrit. Mais comme ils appartiennent à un autre ordre de choſes, c'eſt à lui à aſſurer les moyens de les remplir ; mais encore une fois, cela eſt étranger aux loix politiques. (On applaudit dans la partie gauche).

M. Camus. Je ſuis d'accord avec M. Thouret ſur ce principe ; mais il n'eſt pas exprimé dans le préambule. « La loi, eſt-il dit, ne reconnoît plus de vœux religieux ». Par cette expreſſion, j'aurois droit de conclure que tout vœu religieux quelconque eſt proſcrit (Pluſieurs voix de la partie gauche ; Non, non). Je demande que l'on diſe : La loi ne s'entremêle en aucune manière des vœux religieux.

La propoſition de M. Camus eſt rejettée.

M. Rœderer. Il ne me ſemble pas inutile d'inſérer dans le préambule les termes précis du décret rendu il y a huit jours, qui supprime tout ordre, toute corporation, toute décoration, tout signe extérieur qui suppose les distinctions de naissance. La noblesse est, dans l'esprit des gens de bien, une maladie incurable. Attaquée sous une forme, elle reparoît sous une autre; par la suite on pourroit la faire revivre comme en Espagne, sous les formes de la Toison d'or, qui n'exige pas de preuves de noblesse, parce que, dit-on, cet ordre y est bien supérieur.

M. Chatenay-Lanty. Je croirois manquer à l'honneur & à la fidélité que j'ai jurée à mes commettans, si je ne me joignois pas à la déclaration faite par M. Decroix. Je n'ai pas non plus assisté au décret du 19 juin. (*Plusieurs voix de la partie gauche : Allons donc, allons donc.*)

M. Loys. Vous dites que vous ne reconnoîtrez aucun engagement qui seroit contraire aux droits naturels; mais il y a eu jusqu'ici des engagemens qui ont paru très-naturels.

L'assemblée interrompant M. Loys, adopte le préambule du titre premier, tel qu'il vient d'être rapporté.

M. Barnave. J'avois la parole avant que le préambule fût mis aux voix, pour proposer une addition que je crois nécessaire. Parmi les inégalités de partage, il en étoit de deux espèces, celle qui résultoit de la loi qui est réformée, & celle qui résulte de la faculté de tester, sur laquelle l'assemblée n'a pas prononcé. La première est politique & tient aux loix générales d'égalité; l'autre n'est que le droit plus ou moins déterminé des pères, qui n'est pas encore fixé par la constitution. Je demande que la partie qui a été réformée par la loi soit ici rapportée, ou qu'on dise : « Il n'y a plus ni noblesse, ni pairie, ni inégalité résultante de la loi dans le partage des successions ».

M. Thouret. Cette disposition n'est point ici placée, parce que les comités l'ont envisagée comme un objet législatif résultant des principes de la constitution. Cependant si l'assemblée pense que cette idée doit être rapportée, je la placerai au titre premier, à l'article de l'égalité politique.

M. le Chapelier. Il est impossible de supposer qu'un pareil décret, qui repose sur les bases de l'égalité, puisse jamais être attaqué. L'inégalité des partages prend sa source dans le régime féodal, dont sans doute on ne craint pas le retour; il faut éviter cet inconvénient, de déclarer que les législatures pourroient vouloir détruire l'égalité établie par la loi; il vaut mieux suivre le parti d'abandonner cet article à la législation. On ne change les loix que quand on trouve de l'avantage à le faire, & je défie d'en trouver à changer celle-là.

L'assemblée passe à l'ordre du jour sur la proposition de M. Barnave.

M. Thouret fait lecture de plusieurs dispositions du titre premier.

TITRE PREMIER.

Dispositions fondamentales garanties par la constitution.

La constitution garantit, comme droits naturels & civils;

1°. Que tous les citoyens sont admissibles aux places & emplois, sans autre distinction que celle des vertus & des talens.

2°. Que toutes les contributions seront réparties entre tous les citoyens, également, en proportion de leurs facultés.

3°. Que les mêmes délits seront punis des mêmes peines, sans aucune distinction des personnes.

La constitution garantit pareillement, comme droits naturels & civils,

La liberté à tout homme d'aller, de rester, de partir, sans pouvoir être arrêté, accusé ni détenu, que dans les cas déterminés par la loi, & selon les formes qu'elle a prescrites.

La liberté à tout homme de parler, d'écrire, d'imprimer ses pensées, & d'exercer le culte religieux auquel il est attaché.

La liberté aux citoyens de s'assembler paisiblement & sans armes, en satisfaisant aux loix de police;

La liberté d'adresser aux autorités constituées des pétitions signées individuellement.

Comme la liberté ne consiste qu'à pouvoir faire tout ce qui ne nuit ni aux droits d'autrui ni à la sûreté publique, la loi peut établir des peines contre les actes qui, attaquant ou la sûreté publique ou les droits d'autrui, seroient nuisibles à la société.

M. *Buzot.* Vous devez attacher le plus grand intérêt à ce titre premier, où se trouvent, selon moi, beaucoup d'omissions. Il ne suffit pas de dire que la loi garantit tous les droits naturels, il faut qu'elle les garantisse réellement. C'est-là, ce me semble, où doit se placer l'article qui porte que le roi n'aura pas le droit de faire grâce

Il faut dire quelque chose aussi sur les prises à partie. Croit-on que la liberté de la presse soit bien assurée par la disposition de ce titre? Là je vois le principe établi, plus bas je vois la restriction. Pourquoi ne pas déclarer formellement que les législateurs ne pourront pas toucher à la liberté de la presse. Ces observations sont de la dernière importance pour la liberté publique. L'assemblée voudra bien ne pas les perdre de vue.

M. *Péthion*. Le titre premier n'assure rien sur la liberté de la presse. On se réfère aux loix subséquentes. C'est ainsi qu'on parloit dans l'ancien régime. Les Anglois, pour n'avoir pas fait, lors de leur révolution, des loix pour assurer la liberté de la presse, en sont maintenant réduits à cette extrémité, que le ministre a le secret de faire condamner au pilori un écrivain pour avoir dit que les vaisseaux n'étoient pas armés contre l'Espagne, mais contre la France. Avez-vous déclaré seulement qu'on pourroit s'exprimer librement sur les choses? Peut-on s'expliquer nettement sur toutes les actions du gouvernement? Et ne vous accusera-t-on pas de vouloir détruire la force de la loi, en dévoilant les mal-versations des ministres. (On applaudit).

M. *Garat l'aîné*. Il est inutile d'insérer dans l'*acte constitutionnel* des détails qui pourroient l'affoiblir, il suffit que le principe de la liberté de la presse y soit déclaré pour qu'on ne doive pas craindre de le voir altéré. Quant aux cas où les particuliers doivent être punis, je les regarde comme appartenans à la législation. Ne craignez pas que les législateurs anéantissent cette liberté, pour laquelle il n'y a eu qu'un vœu, avant que vous la consacrassiez par vos décrets. Je demande donc la question préalable sur les changemens proposés.

M. *Dumetz*. Je partage les alarmes des préopinans. Je crains les atteintes qui pourroient être portées à la liberté de la presse. . . . je me rappelle que le lendemain des troubles qui ont agité la capitale, on vous proposa deux articles qui, s'ils n'avoient été modifiés sur les observations faites par M. Péthion, auroient porté à cette liberté une atteinte alarmante.

M. *Duport*. C'est sans amertume que je dirai à M. Péthion & à M. Buzot que, s'ils étoient venus fortifier de leurs observations la discussion des comités de constitution & de révision, dont ils sont membres, ils auroient épargné à l'assemblée cette discussion. (On applaudit dans la partie gauche.) Mais ce n'est pas par des fins-de-non-recevoir qu'on doit écarter des observations, quand elles sont bonnes. Parmi celles qui ont été faites, il en est de justes, il en est d'inutiles, il en est de dangereuses. Quand on a dit que nous n'avions pas déclaré que les législateurs ne pourroient pas toucher à la liberté de la presse, on s'est trompé. L'article porte : la liberté à tout homme de partir, d'écrire, d'imprimer ses pensées, &c. Nous savons de que l'on seroit responsable de tous les abus, comme de tous ceux qui pourroient résulter de tous les droits. Le jugement par jurés que vous établirez sans doute pour tous les délits relatifs à cette matière, ne laissera pas de prétexte aux plus légères craintes.

Quant au droit de faire grace, nous pensons que dans tout pays libre, le droit de tempérer la justice par l'équité doit exister. Sans cela, vous ne puniriez pas les mêmes délits par les mêmes peines. Il y a une grande différence entre celui qui a tué un homme de dessein prémédité, & celui qui l'a tué après avoir été provoqué par des aggressions. Le droit d'équité doit absolument exister dans un code criminel; mais est-ce au roi qu'il faut l'attribuer? Vos comités de constitution & de jurisprudence criminelle ont cru qu'il pouvoit se faire une combinaison telle, entre les fonctions des juges & celles des jurés, qu'on pourroit le leur remettre. Cette idée est neuve, & n'est pas fortifiée par les leçons de l'expérience. L'usage de l'Angleterre & celui de l'Amérique nous avertit de nous défier: & si nous étions obligés de revenir à leur mode de juré, il faudroit indispensablement que le droit de faire grace fut remis au roi. Je pense qu'il est bon de renvoyer au comité l'examen de ce titre; il le discutera de nouveau, & vous présentera ses vues à la séance de demain.

Opinion de M. Malouet sur l'acte constitutionel, commencée & interrompue dans la séance du lundi 8 août 1791.

Si la nation françoise, en cet instant, étoit rassemblée toute entière, chaque citoyen auroit le droit de dire, à la présentation de la charte constitutionelle: je l'approuve, je la rejette, j'en blâme telle disposition.

Ce que la nation ne peut faire par l'universalité de ses membres, chacun de ses représentans en a le droit & le devoir.

Nous ne connoissons que partiellement les décrets constitutionels; quelques-uns ont été rapidement adoptés; une foule de décrets de circonstances, de loix particulières ont séparé les uns des autres les articles constitutionels; c'est pour la première fois que nous pouvons les juger dans leur ensemble; s'il étoit permis, s'il étoit possible de se livrer à une discussion approfondie, je ne craindrois pas de l'entreprendre; mais outre que le temps nous presse & nous commande, je ne me dissimule pas que l'avis de la majorité est arrêté sur les points principaux, & que c'est offenser l'opinion dominante que de la contredire; cependant je vous dois, & à mes concitoyens, les motifs de mon jugement sur quelques articles fondamentaux. Je serai court.

Je commence par déclarer que si la constitution peut tenir ce qu'elle promet, elle n'aura pas de plus zélé partisan que moi; car, après la vertu, je ne connois rien au-dessus de la liberté & de l'égalité.

Mais quand j'examine la déclaration des droits & ce qu'elle a produit, j'y vois une source d'erreurs désastreuses pour le commun des hommes, qui ne doit connoître la souveraineté, que pour lui obéir, & qui ne peut prétendre à l'égalité que devant la loi; car la nature ne partage pas également tous les hommes, & la société, l'éducation, l'industrie accroissent & multiplient les différences. — Je vois donc les hommes simples & grossiers dangereusement égarés par cette déclaration à laquelle vous dérogez immédiatement par votre constitution, puisque vous avez cru devoir reconnoître & constater des inégalités de droits.

Forcés à une première exception, je ne pense pas que, pour le bonheur commun, la liberté & la sûreté de tous, vous lui ayez donné l'extension qu'elle doit avoir. Nous n'avons aucune garantie dans les annales du monde, aucun exemple du changement que vous opérez par l'égalité des conditions. La différence ineffaçable de celle du riche à celle du pauvre ne semble-t-elle pas devoir être balancée par d'autres modifications? Cette différence avoit peut-être, plus que les chimères de la vanité, motivé les anciennes institutions; nous voyons que les législateurs anciens, qui ont presque tous été de vrais sages, ont reconnu la nécessité d'une échelle de subordination morale d'une classe, d'une profession à une autre; si cependant, en croyant n'attaquer que les usurpations de l'orgueil & du pouvoir, vous portiez la hache sur les racines de la propriété, de la sociabilité, si ceux auxquels la liberté ne suffit pas, s'enivrent de leur indépendance, quelle autorité de répression ne faudra-t-il pas aux magistrats & aux loix pour maintenir l'ordre dans cette multitude immense de nouveaux pairs.

C'est donc dans les pouvoirs délégués, c'est dans leur distribution, leur force, leur indépendance, leur équilibre, qu'il faut chercher la garantie des droits naturels & civils que vous assurez, par le premier titre, à tous les citoyens. J'aime à le répéter, ces dispositions fondamentales ne laissent rien à desirer; chacun, en les lisant, doit se dire: voilà mon vœu bien exprimé; comment sera-t-il exaucé?

L'expérience nous prouve qu'un droit reconnu n'est rien, s'il n'est pas mis sous la garde d'une protection efficace.

Une seconde leçon de l'expérience & de la raison, c'est que la plus grande extension de la liberté politique est infiniment moins précieuse & moins utile aux hommes que la sûreté & la libre disposition de leurs personnes & de leurs propriétés. C'est-là le bien solide, le bonheur de tous les instans & le but principal de toute association.

Il résulte de ces deux vérités qu'un gouvernement ne peut être considéré comme parfaitement libre, sage & stable, qu'autant qu'il est combiné, non sur la plus grande liberté politique, mais sur la plus grande sûreté & liberté des personnes & des propriétés.

Or, quel a été votre premier objet dans l'organisation & la distribution des pouvoirs? la plus grande extension possible de la liberté politique, sauf à y attacher, ce qui est presque inconciliable, la plus grande sûreté possible des personnes & des propriétés.

Vous avez voulu, par une marche rétrograde de vingt siècles, rapprocher intimement le peuple de la souveraineté, & vous lui en donnez continuellement la tentation, sans lui en confier immédiatement l'exercice.

Je ne crois pas cette vue saine; ce fut la première qui se développa dans l'enfance des institutions politiques & dans les petites démocraties; mais à mesure que les lumières se sont perfectionnées, vous avez vu tous les législateurs & les politiques celebres séparer l'exercice de la souveraineté de son principe, de telle manière que le peuple qui en produit les élémens ne les retrouve plus que dans une représentation sensible & imposante qui lui imprime l'obéissance.

Si donc vous vous borniez à dire que le principe de la souveraineté est dans le peuple, ce seroit une idée juste, qu'il faudroit encore se hâter de fixer en déléguant l'exercice de la souveraineté; mais en disant que la souveraineté appartient au peuple, & en ne déléguant que des pouvoirs, l'énonciation du principe est aussi fausse que dangereuse. Elle est fausse, car le peuple, en corps, dans ses assemblées primaires, ne peut rien saisir de ce que vous déclarez lui appartenir, vous lui défendez même de délibérer; elle est dangereuse, car il est difficile de tenir dans la condition de sujet, celui auquel vous ne cessez de dire: *tu es souverain*; ainsi dans l'impétuosité de ses passions, il s'emparera toujours du principe en rejettant vos conséquences.

Tel est donc le premier vice de votre constitution; d'avoir placé la souveraineté en abstraction; par-là vous abolissez les pouvoirs suprêmes, qui ne sont efficaces, qu'autant qu'ils sont liés à une représentation sensible & continue de la souveraineté, & qui, par la dépendance où vous les aviez mis, d'une abstraction, prennent en réalité dans l'opinion du peuple, un caractère subalterne. Cette combinaison nouvelle, qui paroît à son avantage, est tout à son détriment, car elle le trompe dans ses prétentions & ses devoirs, & dans ce genre les écarts de la multitude sont bien redoutables pour la liberté & la sûreté individuelle.

Il n'en seroit pas de même si voulant constituer une monarchie, après avoir reconnu le principe de la souveraineté, vous en déléguiez formellement l'exercice au roi & au corps législatif; cette disposition, je le déclare, me paroît indispensable.

Après avoir défini la souveraineté sans la déléguer, & de manière à favoriser les erreurs & les passions de la multitude, le même danger se rencontre dans la définition de la loi. que l'on dit être, d'après Rousseau, l'expression de la volonté générale. Mais Rousseau dit aussi que cette volonté générale est intransmissible, qu'elle ne peut être ni représentée ni suppléée; il la fait résulter de l'opinion immédiate de chaque citoyen; & comme vous avez adopté un gouvernement représentatif, le seul convenable à une grande nation, comme les représentans ne sont liés par aucun mandat impératif, que les assemblées primaires ne peuvent délibérer, il résulte de cette différence que la définition de Rousseau, juste dans son hypothèse, est absolument fausse dans la nôtre, & tend seulement à égarer le peuple, à lui persuader que sa volonté fait la loi, qu'il peut la commander, ce qui produit, comme la première cause, un affoiblissement sensible du pouvoir législatif, en élevant sans cesse des volontés partielles & audacieuses à la hauteur menaçante de la volonté générale; & je dis plus, même dans le systême de Rousseau, la loi seroit mieux définie, l'expression de la justice & de la raison publique; car la volonté générale peut être injuste & passionnée, & la loi ne doit jamais l'être. Le récensement de la volonté générale est souvent incertain & toujours difficile; la manifestation de la raison publique s'annonce comme le soleil, par des flots de lumière.

L'abus de ces deux mots : *souveraineté du peuple, volonté générale*, a déjà exalté tant de têtes, qu'il seroit bien cruel que la constitution rendît durable un tel délire.

Si les pouvoirs suprêmes sont, comme je vous le démontre, altérés par leur définition, par l'opinion qu'elle laisse au peuple de sa supériorité, ils ne le sont pas moins par leur organisation. C'est ici que je ne trouve plus une garantie suffisante des droits naturels & civils exposés dans le titre premier, & que j'admets comme principe régulateur de la constitution. Car il ne faut plus que le peuple s'y méprenne; je veux pour lui, comme pour moi, & tout autant que le plus ardent démocrate, la plus grande somme de liberté & de bonheur; mais je prétends qu'on doit l'asseoir sur des bases plus solides.

Or, voici la source de toutes les méprises & de tous les désordres d'un gouvernement qu'on veut rendre trop populaire.

Chaque homme ne s'unit au bien général que par sa raison, tandis que ses passions l'en éloignent.

Ainsi la société, comme collection d'individus, est soumise à deux impulsions divergentes, dont l'une est souvent impétueuse, & l'autre trop souvent foible & incertaine.

Que doit faire une constitution raisonnable pour assurer le bien général? renforcer la plus foible de ces impulsions, enchaîner l'autre.

Pour parvenir à ce but, il est évident qu'il faut chercher les moyens là où ils se trouvent le plus naturellement, & éloigner les obstacles.

Or, quelle est la condition sociale dans laquelle il se trouve le plus constamment une habitude de volonté & de moyens tendans au bien général? C'est celle qui a le plus besoin d'ordre & de protection, la condition de propriétaires; ceux-ci ont pour intérêt dominant, la conservation de leur état; la volonté & l'espérance des autres, sont de changer le leur.

Le gouvernement le mieux ordonné est donc celui dans lequel les propriétaires seuls influent, car ils ont, comme les non-propriétaires, un intérêt égal à la sûreté & à la liberté individuelle, & ils ont de plus un intérêt éminent au bon régime des propriétés.

Ils ne sont pas la société toute entière; mais il sont le tronc & la racine qui doivent alimenter & diriger les branches.

Ce ne peut donc être que par un abus funeste des principes abstraits de la liberté politique, & sans aucun profit, mais au contraire au grand détriment du peuple, qu'on peut étendre au-delà de la classe des propriétaires, le droit d'influence directe sur la chose publique; car alors la plus forte des impulsions qui met les hommes en mouvement, celle des passions, des intérêts privés, agit toujours en grande masse, tandis que le principe de direction le plus foible, celui qui tend au bien général, se trouve reduit tout-à-la fois à une infériorité morale & physique.

Mais ce n'est pas assez que la législation d'un empire ne soit confiée qu'aux propriétaires élus par le peuple.

Les mêmes raisons qui séparent la discussion & la confection des loix du tourbillon des passions & d'intérêts désordonnés dans lequel se meut la multitude, doivent appeller encore sur les délibérations toutes les précautions qui peuvent empêcher la précipitation & l'immaturité.

Ainsi la délibération des loix dans une seule chambre, présente infiniment moins de sûreté pour le peuple, & de moyens d'autorité pour la loi, que si elle subissoit deux examens successifs par des hommes qui ont un esprit & des intérêts, non pas opposés, mais différens.

Je pense donc que la constitution du corps législatif, en une seule assemblée, réduisant à la seule condition du marc d'argent l'éligibilité, n'offre point une garantie suffisante des droits naturels & civils qu'elle déclare acquis aux citoyens.

Trouverons nous cette garantie dans un autre pouvoir suprême, celui de la royauté? Je ne le pense pas, car son essence est dénaturée par le mode de délégation, & par la définition dans laquelle vous l'avez retranché.

Le roi est le chef du pouvoir exécutif, sans l'exercer par lui-même. Je ne m'élève point contre cette disposition, la liberté ne peut être maintenue sans la responsabilité des agens, la royauté n'existe plus si le prince est responsable; ainsi le terme moyen étoit indispensable.

Mais la royauté n'existe pas davantage en la réduisant à la seule direction du pouvoir exécutif dépendant, par sa responsabilité, du pouvoir législatif.

La royauté, dans un état libre, ne pouvant être utile que comme contre-poids d'un autre pouvoir, doit en avoir un propre, indépendant, tel qu'il soit, suffisant pour mettre obstacle, non-seulement aux erreurs, mais aux entreprises, aux usurpations du corps législatif. Celui-ci ayant continuellement dans sa main, par la responsabilité, les moyens de force que peut employer le monarque, il est indispensable, pour conserver l'équilibre des pouvoirs, que le monarque ait une puissance morale, une volonté souveraine qui résiste en certains cas au corps législatif, & qu'il soit ainsi partie intégrante de la souveraineté; premier motif pour lui en imprimer le caractère, car celui de chef du pouvoir exécutif, convient également à un doge, à un avoyer, au président des états-unis.

Quel est donc l'attribut essentiel de la royauté? le seul qui la distingue des hautes magistratures, c'est cette indépendance de pouvoir inhérente à la personne du monarque, par laquelle, non-seulement il sanctionne ou rejette les actes du corps législatif, mais il ajourne ou dissout une assemblée dont les entreprises violentes tendroient à la subversion des principes constitutifs.

Le roi étant dépouillé de cette autorité, quelle est celle que vous lui avez laissée pour défendre sa prérogative & son indépendance? Il est facile de vous démontrer qu'il ne lui en reste aucune.

Le *veto* suspensif est une arme dont il ne peut user fréquemment, sur-tout pour maintenir une autorité contre laquelle toutes les autres sont habituellement dirigées par leur nature & par l'appui de l'opinion populaire dont elles émanent.

Cependant le corps législatif réuni en un seul faisceau contre le trône, tenant aux corps administratifs par la surveillance & les accusations, est non-seulement le centre effectif de tous les pouvoirs, mais peut s'emparer, quand il lui plaît, de tous les actes de l'administration publique, par les évocations & l'extension illimitée qu'il peut donner à la responsabilité, sans que le roi y mette obstacle.

Il est donc dans une dépendance effective & continue de cette assemblée, qui s'est donné d'ailleurs constitutionnellement une portion considérable du pouvoir exécutif, telle que l'organisation détaillée de l'armée, celle de tous les offices & emplois, la distribution des honneurs & des récompenses, la disposition des forces militaires dans la résidence du roi, lorsque c'est aussi celle de l'assemblée.

Comment trouver, dans cette distribution, le balancement & l'équilibre des pouvoirs dont vous avez eu l'intention? & si vous vous rappellez que pour avoir donné un corps à deux abstractions, la souveraineté du peuple & la volonté générale, vous leur avez subordonné, dans l'opinion, les pouvoirs suprêmes, vous trouverez toutes les forces physiques & morales réunies contre le trône, qui doit être indépendant pour protéger efficacement vos droits, & tous les pouvoirs expirans, en certains cas, devant ceux qui doivent obéir.

La composition & les fonctions des corps administrtifs ajoutent à cette démonstration.

La division du royaume en départemens, est, sans doute, une bonne opération; la répartition, la perception de l'impôt par les délégués du peuple, l'examen, la révision de toutes les dépenses qui s'exécutent dans chaque département, sont encore dans les principes d'un bon régime; mais la partie active de l'administation, celle qui exige une responsabilité continue peut-elle être avec sûreté exercée collectivement par les mêmes délégués? n'appartient-elle pas toute entière au pouvoir exécutif.

Le roi a la surveillance de cette administration, peut en annuler les actes, & suspendre les agens; mais comment seroit-il averti des négligences, des prévarications? Ces corps étrangers à la couronne, où aucun de ses agens ne peut la représenter, sont nécessairement les rivaux de l'autorité royale, & tendront toujours, de concert avec le peuple & le corps législatif, à l'énerver.

En transportant aux conseils & aux directoires de département une autorité & des fonctions dont ils ne devroient avoir que le contrôle, vous vous êtes privés de la meilleure forme d'administration qui peut exister, celle qui place la surveillance à côté de l'action, & l'inspection des dépenses à la suite de leur exécution; c'est ainsi que vous pouviez ssûrer la meilleure & la plus exacte comptabilité ; ar l'institution des chambres des comptes, si importante dans son objet, si bien combinée dans son organisation primitive, pouvoit être encore plus utilement remplacée par les départemens.

La charte, en n'assignant aucune fonction précise aux municipalités, semble reconnoître le danger de cette puissance royale dont elles sont aujourd'hui investies, & de leur insuffisance pour l'exercer ; mais si la constitution ne guérit pas ces deux plaies, qui pourra les guérir ?

Enfin, messieurs, si à la suite de tant d'entraves mises au pouvoir exécutif & à sa direction centrale, si après les mesures extraordinaires, récemment adoptées, & contre lesquelles je ne cesse de réclamer, je considère les cas de déchéance du trône que vous avez décrétés, & qu'aucun législateur avant vous n'avoit ainsi multipliée & déterminée, je trouve que la royauté, dépouillée dans l'opinion & en réalité de tout ce qu'elle avoit d'imposant, n'a plus les moyens d'acquiter ce que vous lui demandez.

Je ne dis rien du nouvel ordre judiciaire, le silence de la charte semble un aveu tacite de ses inconvéniens.

Mais l'organisation & l'emploi de la force publique présente de bien graves considérations. Voilà donc la nation toute entière constituée en armée permanente ; quel a pu être l'objet de cette étrange & dangereuse innovation, qui rappelle parmi nous les mœurs des germains, lorsque tant d'autres habitudes & d'institutions les repoussent?

Il étoit, sans doute, utile d'avoir une milice non soldée proportionnée à l'armée de ligne ; mais tous les citoyens actifs convertis en gardes nationales, l'usage habituel des armes séparé d'une discipline sévère, les fonctions, les travaux militaires se mêlant à tous les actes, à toutes les professions civiles ; je vois dans ces nouvelles dispositions plus d'inquiétudes que de sûreté, plus de mouvemens que d'harmonie, & une perte immense de temps & de travail qui sont la seule propriété du pauvre.

Quant à l'action & à la direction de la force publique pour l'ordre intérieur, la condition d'être requis par les officiers municipaux, est une sage mesure ; mais la tranquillité publique ne doit cependant pas dépendre de la complicité de la foiblesse ou de la terreur des officiers du peuple, & le pouvoir exécutif, sous sa responsabilité, doit être autorisé, comme en Angleterre, à l'emploi de la force lorsqu'elle est nécessaire.

Si des principaux points de la constitution je passois aux détails & au classement des objets, j'adopterois une autre méthode & plus de concision ; car il est des détails qui me paroissent inutiles.

Je termine ici mes observations, & je ne me flatte pas de faire adopter les amendemens qui en résultent ; mais je ne saurois accorder mon suffrage à une constitution contraire aux principes que je viens d'exposer. J'y soumettrai ma conduite en me rangeant désormais en silence dans la classe de ceux qui obéissent. Je me borne à demander, si l'assemblée ne juge pas à propos de délibérer sur mes observations, qu'on accélère les mesures qui doivent assûrer la plus parfaite liberté du roi, & que la délibération sur la charte constitutionnelle se termine par un appel nominal.

Envoi à M. Chapelier, qui m'a interrompu.

Vous n'avez pas voulu m'entendre, monsieur, vous aurez la peine de me lire, & vous me feriez grand plaisir de me répondre.

Je vous ai laissé travailler sans interruption pendant deux ans & demi, à un ouvrage que vous appellez *superbe ;* il eût été juste de m'accorder une demi-heure pour en dire mon avis. — Je vous prouverois bien, par vos propres axiômes, que le refus est déloyal & inconstitutionnel ; mais j'aime autant que nous restions chargés vis-à-vis de nos contemporains & de la postérité, vous de la responsabilité de votre admiration, moi de celle de mes censures.

MALOUET.

Séance du 9 août. M. *Thouret.* L'assemblée va continuer à s'occuper du titre premier. Les difficultés qui se sont élevées hier ont été applanies au comité, où se sont rendus MM. Buzot & Pethion. Il a été question de bien fixer l'objet de ce titre, en tête duquel nous avons placé la déclaration des droits. En la rédigeant, vous vous êtes occupés de rechercher quels étoient, antérieurement à la constitution politique, les droits individuels de l'homme. Vous les avez reconnus & consacrés d'une manière générale qui s'applique également à tous les hommes, & qui doit servir de règle à tous les gouvernemens ; ensuite faisant la constitution françoise, il a fallu mettre ces droits sous la garantie de cette constitution. Le titre qui est soumis à votre discussion, contient cette garantie. On a demandé quels étoient ces moyens ? C'est d'abord la constitution. Elle donne les moyens qu'elle a pour elle-même. Il n'est pas nécessaire de les rapporter dans ce titre primitif, il suffit qu'on les rencontre dans les actes du gouvernement auxquels ils correspondent. Quant à la liberté de la presse, nous avons tous été d'accord, & sur les principes qui doivent la protéger, & sur la nécessité d'établir une répression contre les délits & les crimes qui pourroient résulter de ses abus. Pour rassurer contre toute entreprise de la part des législatures, nous sommes convenus de placer dans l'acte judiciaire les mesures qui seront nécessaires pour constater les délits. Un des moyens les plus efficaces, sera le jugement par jurés.

Quant au desir qu'a exprimé M. Buzot de voir formellement énoncé dans ce titre, que le roi n'aura point le droit de faire grâce; sans répéter les considérations qui ont été répétées par M. Duport, je me contenterai d'observer que ce ne seroit pas même la place de cet article, & nous sommes convenus avec M. Buzot, de le prendre en considération dans l'examen du titre du pouvoir judiciaire. Cependant, pour donner, s'il étoit possible, une garantie plus sûre & écarter tous les doutes, nous vous proposerons de placer après le paragraphe qui consacre la liberté qu'a tout homme de parler, d'écrire & d'imprimer ses pensées, cette disposition nouvelle: « Le pouvoir législatif ne pourra porter aucune atteinte à la liberté des droits ci-dessus garantis; mais comme la liberté ne consiste.... &c. » Les moyens de réprimer les abus seront placés dans le titre du pouvoir judiciaire.

M. *Rœderer.* La plupart des observations qui viennent d'être faites par le préopinant, me paroissent répondre aux vues de l'assemblée, si j'en excepte toutefois celles qui sont relatives au droit de faire grâce. Si le comité persiste dans l'opinion qui nous a été annoncée hier par M. Duport, je dirai qu'il est combattu par M. Duport, parlant il y a six semaines.

M. *Lechapelier.* Je ferai deux observations; l'une sur la forme, & l'autre sur le fond. Quant à la forme, je répéterai ce qu'a dit M. Thouret. La discussion regarde le titre relatif au pouvoir judiciaire. Quant au fond, M. Duport ne peut pas être combattu plus que nous. Nous avons pensé que le droit de faire grâce étoit indispensable dans le jugement par jurés. Nous avons pensé aussi qu'il y avoit des inconvéniens à l'accorder au roi, qui envisage plutôt les personnes que la nature des délits. Nous vous avons parlé d'une combinaison par laquelle ce droit pourroit être réunis aux juges & aux jurés; mais comme l'expérience pourroit démontrer les vices de ce mode, il est plus prudent de l'abandonner aux législatures que d'être obligé d'avoir recours à une convention nationale.

M. *Duport.* Les trois premiers paragraphes du titre premier me paroissent mauvais, en ce qu'ils supposent toujours une autorité prête à rétablir les anciens abus. C'est un mauvais principe d'éducation de dire aux enfans: n'ayez pas peur des revenans. Les dispositions qu'ils renferment me paroissent tellement claires, qu'il est ridicule de les rapporter.

M. *Dandré.* Si la proposition de M. Dupont est appuyée, je demande à répondre.

La proposition n'est pas appuyée.

M. *Biausat.* Le paragraphe relatif aux pétitions me paroît renfermer deux dispositions; l'une constitutionnelle, & l'autre réglémentaire; il porte: « la liberté d'adresser aux autorités constituées des pétitions signées individuellement. » Il faut énoncer les termes simples des principes; mais comme il peut se faire qu'on facilite le mode de pétition, je demande qu'on retranche ces mots: *signées individuellement.*

M. *Lechapelier.* M. Biauzat demande qu'on retranche du paragraphe positivement ce qu'il renferme de constitutionnel, & ce qui est la sauvegarde du gouvernement représentatif. En effet, le droit de pétition n'étant autre chose qu'un droit naturel, il seroit, pour ainsi dire, inutile de l'énoncer. Le despotisme même n'a pas pu interdire le droit de plainte; mais ce qui n'est pas inutile, ce qui est important pour le gouvernement représentatif, c'est qu'aucun corps, aucune assemblée primaire, ne puisse faire des pétitions en assemblées collectives. En matière de pétition, chaque individu ne peut être engagé par le corps dont il est membre. Sans cela vous verriez bientôt les assemblées primaires, les corps électoraux s'ériger en corps délibérans: vous verriez de grandes villes en corps de commune faisant des pétitions, qu'elles appelleroient bientôt des délibérations. (On applaudit).

L'assemblée décide qu'il n'y a pas lieu à délibérer sur la proposition de M. Biauzat.

M. *Chabroud.* Je propose d'ajouter au paragraphe, qui porte la liberté à tout homme de parler, d'écrire, d'imprimer, ce mot: *& publier* ses pensées.

L'Assemblée adopte cette proposition.

M. *Guillaume.* Si vous placez à la suite des articles qui viennent de vous être présentés, la disposition que vous propose M. Thouret, il en résultera que le corps législatif croira pouvoir porter atteinte à tous les autres droits; je demande donc que cette réserve soit retranchée.

Quelques membres insistent pour le retranchement de cette disposition.

M. *Thouret.* Examinons si l'addition que proposent les comités a des inconvéniens, & si elle n'a pas quelque utilité. Il y a deux parties dans le travail qui vous est soumis, savoir: les loix individuelles antérieures au gouvernement, puis le gouvernement. Le titre premier qui vous est soumis consacre les loix antérieures, & on desire une expression qui assure la garantie contre l'abus que pourroient faire les législatures. Il y a donc quelque utilité dans la disposition qui vous est soumise, maintenant y a-t-il des inconvéniens? On dit que si la même clause ne se trouve pas à tous les titres, on supposera qu'ils ne sont pas également garantis. Mais la même clause se trouvera aussi à la fin de la seconde partie de notre travail : ce n'est donc qu'une redondance. Le titre premier est assez précieux pour avoir besoin d'une garantie spéciale ; & si elle n'a pas d'inconvénient, il n'y a pas de raison pour ne pas l'employer.

La discussion est fermée.

L'assemblée ajoute au titre Ier. la disposition suivante, après ce paragraphe, « la liberté d'adresser aux autorités constituées des pétitions signées individuellement ».

« Le *pouvoir législatif ne pourra faire aucune loi qui puisse porter atteinte, ni mettre obstacle à l'exercice des droits naturels & civils garantis par la constitution* ». Mais comme la liberté ne consiste qu'à pouvoir faire, &c, &c, ».

L'assemblée adopte toutes les dispositions du titre Ier. rapporté dans la séance du lundi 8, avec les additions ci-dessus énoncées.

M. Thouret fait lecture du paragraphe suivant du titre Ier.

« La constitution garantit l'inviolabilité des propriétés, ou la juste & préalable indemnité de celles dont la nécessité publique, légalement constatée, exigeroit le sacrifice ».

M. *Hurtault-Lamerville*. Je demande qu'on y ajoute ces mots : « Elle garantit également, dans l'intérieur du royaume, la libre circulation de toutes les productions du territoire ».

On observe qu'il est inutile de répéter toutes ces propositions déjà adoptées par l'assemblée.

L'assemblée passe à l'ordre du jour sur la proposition de M. Lamerville.

M. *Malès*. C'est ici le moment d'établir un des plus grands principes de la liberté, de mériter à ce pays le véritable nom de pays des Francs. On pouvoit jadis, moyennant le dépôt d'une modique somme à l'amirauté, amener en France des esclaves. Il étoit une autre convention faite entre tous les souverains de l'Europe, qui étoit beaucoup plus redoutable. Ils vouloient qu'un malheureux poursuivi par le despotisme, s'il passoit en pays étranger fût rendu au tyran qui le réclamoit. (On entend quelques murmures & quelques applaudissemens).

M. *Custine*. Je demande que l'opinant soit rappellé à l'ordre.

M. *le Président*. J'observe à M. Malès qu'il n'a la parole que sur le paragraphe qui vient d'être lu par M. Thouret.

M. *Malès*. Je demande que tout homme non-libre qui atteindra le territoire françois, reste irrévocablement libre. (On murmure, on applaudit).

L'assemblée passe à l'ordre du jour sur la proposition de M. Malès.

M. *d'Harambure*. Je suis obligé de regarder comme illusoire la garantie exprimée dans ces articles, tant que l'assemblée ne joindra pas une loi qui exprime que tout citoyen qui éprouvera quelque injustice dans sa personne ou dans ses biens de la part d'une municipalité ou d'un corps administratif, aura le droit de les prendre à partie. (Les murmures étouffent la voix de M. d'Harambure).

L'article est décrété ainsi qu'il a été proposé par M. le rapporteur.

M. *Thouret*. L'article suivant est ainsi conçu : « Les biens destinés à des services d'utilité publique appartiennent à la nation ; ceux qui étoient affectés aux dépenses du culte sont à sa disposition ».

Voici la raison qui nous a déterminés à placer ici cet article dans le paragraphe précédent. L'on garantit constitutionnellement l'inviolabilité des propriétés. Vous avez remarqué l'abus qu'on a déja fait de ce principe dans la disposition que vous avez faite des biens ci-devant affectés au clergé. Il est donc nécessaire de fixer imperturbablement les idées, & de déclarer que les biens affectés à des services d'utilité publique sont à la nation, & pour la nation.

M. *Thevenot*. Je demande qu'au lieu de dire *les biens ci-devant affectés*, &c. l'on dise en termes généraux, applicables à tous les tems : *les biens affectés à des objets*, &c. mais je crains que si vous comprenez dans cet article tous les objets d'utilité publique, sans exception, on n'abuse de ce principe pour s'emparer des établissemens faits par les communes dans un but quelconque d'utilité publique.

M. *Thouret*. Les expressions dans lesquelles le paragraphe est rédigé, me paroissent exprimer le principe, & être parfaitement dans le style de la constitution. Nous n'entendons dans la constitution, par objet d'*utilité publique*, que les objets d'*utilité générale*, & non pas d'utilité *communale* ; car les communes sont considérées ici comme des individus.

M. *La Rochefoucault*. Je crois que, dans le paragraphe qui vous est présenté, on fait, entre les biens destinés à des services d'utilité publique, & les biens destinés au culte, une différence mal placée ; on dit que les premiers appartiennent à la nation, & que les autres sont à sa disposition. Je crois que tous appartiennent également à la nation, & doivent être également à sa disposition. (On applaudit.) D'ailleurs je pense que la disposition de cet article ne doit pas être circonscrite au passé. Sans doute vous ne conserverez pas pour l'avenir l'usage des fondations perpétuelles, vous penserez qu'il n'appartient à aucun homme de prescrire à la société un usage perpétuel. Tel établissement excellent aujourd'hui peut devenir en cent ans beaucoup moins utile ou même nuisible. Ainsi toutes les fois que des biens quelconques sont destinés à l'utilité publique, la société doit se réserver le droit d'en diriger l'usage pour la plus grande utilité publique. Voici donc la rédaction que je propose : « les biens qui ont été ou qui seront destinés à des services d'utilité publique, ainsi que ceux destinés au culte public, appartiennent à la nation, & sont, dans tous les tems, à sa disposition. »

M. *Gombert*. Je demande qu'il soit ajouté ces mots : « à la charge par elle de salarier les fonctionnaires publics du culte librement élus par le peuple ; « sans cela le clergé n'a plus d'état (quelques membres applaudissent) & les malveillans ont un nouveau prétexte de calomnier votre constitution.

M. l'abbé Bourdon. J'ai fait hier, au comité de constitution, la même observation, & il a été convenu qu'il y auroit une conférence à ce sujet.

M. *Thouret*. Il me semble que l'assemblée ne s'oppose pas à ce que cette conférence qui peut avoir des résultats favorables, prévienne une discussion dont le moment d'ailleurs n'est pas opportun, puisque nous ne nous occupons ici que de la garantie des droits naturels des citoyens. Quant à la rédaction proposée par M. La Rochefoucault, elle me paroît exprimer parfaitement bien l'opinion du comité de constitution. Nous n'avons pas entendu mettre une différence entre le principe général & l'application qui doit en être faite aux biens ci-devant affectés au clergé.

M. *Camus*. Je demande que, sans perdre le tems à des discussions inutiles, le paragraphe tout entier soit renvoyé à l'examen du comité.

M. *Prieur*. Moi, je m'oppose à ce renvoi. Il s'agit dans ce paragraphe d'une vérité solemnellement consacrée par les décrets de l'assemblée nationale, d'un principe sur lequel repose le crédit public ; & si la proposition de M. Camus peut un instant ébranler le crédit public, elle doit être formellement rejettée.

M. *Camus*. Je ne conteste pas le principe de l'article ; mais voici pourquoi je demande le renvoi au comité. Par le décret du 2 novembre 1789, vous avez dit que les biens du clergé étoient à la disposition de la nation, *à la charge par elle de pourvoir d'une manière convenable à l'entretien des ministres, aux dépenses du culte & au soulagement des pauvres.* Aujourd'hui on scinde cet article. Je soutiens qu'il doit être rapporté dans son entier, & rien ne me paroît plus raisonnable que de le renvoyer à une nouvelle rédaction.

M. *Dandré*. Je ne pense pas que le renvoi de l'article soit nécessaire ou convenable. L'article renferme deux dispositions : la première, que les biens destinés à des services d'utilité publique sont à la nation ; la seconde, qu'elle a pareillement la disposition des biens qui appartenoient ci-devant au clergé, ou dont il avoit au moins la jouissance usufruitière. Voulez-vous élever des difficultés sur l'une & l'autre de ces dispositions ? Vous ébranlez le crédit national dans ses fondemens. Si vous laissez le moindre doute sur cet article, je ne dis pas pendant deux jours, mais pendant deux heures, vous portez un préjudice éternel au crédit des assignats. Cependant l'amendement de M. Gombert peut être juste en un point ; c'est qu'il faut établir constitutionnellement que les ministres du culte doivent être élus par le peuple. Il faut sans doute aussi assurer à ces ministres leur subsistance ; mais, je vous le demande, mettrez-vous dans la constitution que les administrateurs seront payés ? Pourquoi parleriez-vous des seuls fonctionnaires du culte ? Dans tous les cas, si les bases de la constitution civile du clergé doivent faire partie de la constitution, elles ne doivent pas être insérées dans un titre où il s'agit uniquement de la garantie des droits naturels & civils des citoyens.

M. Lanjuinais demande à répondre.

L'assemblée ferme la discussion.

Les propositions de MM. Gombert & Camus sont écartées par une décision de passer à l'ordre du jour.

Le paragraphe est adopté dans la rédaction suivante :

« Les biens destinés aux dépenses du culte, & à tous services d'utilité publique, appartiennent à la nation ; ils sont dans tous les tems à sa disposition. La constitution garantit les aliénations qui ont été faites suivant les formalités établies par la loi. »

M. Thouret lit le paragraphe subséquent. Il est ainsi conçu ;

« Il sera créé & organisé un établissement général de secours publics pour le soulagement des pauvres infirmes & des pauvres valides manquant de travail. »

M. *Rabaud*. Je crois qu'il faut donner à cet article plus de moralité & plus de solemnité ; je demande qu'il soit ainsi conçu : la nation regarde comme une dette le soulagement des pauvres infirmes, &c.

M. *Barrere*. Je demande que les dispositions

de cet article soient étendues au soulagement dû aux Enfans-Trouvés. Ces êtres intéressans ont des droits incontestables aux secours de la société.

M. *Garat* l'aîné ; Je crois devoir m'opposer à cet amendement. Nous ne devons pas supposer dans notre constitution qu'il existe des pères assez dénaturés & des mères assez barbares pour abandonner leurs enfans. Quant à l'observation de M. Rabaud, on diroit, à l'entendre, que la nation se rend débitrice par pure générosité ; faisons parler comme il convient. Je propose la question préalable & sur l'amendement de M. Rabaud, & sur l'amendement auquel s'intéresse si fort M. Barrere.

M. *Dupont*. Saint-Vincent-de-Paul est le fondateur du premier hospice des enfans trouvés ; cet acte de bienfaisance lui a mérité la reconnoissance du genre humain. Je demande que l'article soit rédigé en ces termes : » Il sera créé & organisé un établissement général de secours publics pour élever les enfans abandonnés, soulager les pauvres infirmes, & procurer du travail aux pauvres valides.

Cette rédaction est adoptée.

M. Thouret fait lecture de l'article dernier, ainsi conçu : » il sera créé & organisé une instruction publique commune à tous les citoyens, gratuite à l'égard des parties d'enseignement indispensable pour tous les hommes, & dont les établissemens seront distribués graduellement dans un rapport combiné avec la division du royaume ».

M. *Fréteau*. Je crois que c'est une dette de la nation de procurer à tous les citoyens une instruction gratuite pour les objets indispensables, mais je demande qu'on admette aussi à des secours gratuits, pour des connoissances plus relevées, ceux des sujets qui, par des concours, auront été reconnus pouvoir faire partager à la nation le fruit d'une éducation plus étendue.

M. *La Rochefoucault*. Sans doute dans la législation vous trouverez convenable d'établir une éducation gratuite plus relevée pour les jeunes citoyens qui s'en montreront dignes ; mais je ne crois pas que dans la constitution vous deviez garantir aux citoyens autre chose que l'éducation nécessaire à tous les hommes.

M. *Vadier*. La constitution a garanti les propriétés ; il en est une bien précieuse ; c'est l'honneur. Vous avez décidé que les mêmes délits seroient punis des mêmes peines ; mais il vous reste un grand préjugé à éteindre. Je demande qu'il soit dit : jamais le blâme d'un délit ne pourra être imputé aux parens du malfaiteur.

M. *Thouret*. Il me semble que la disposition qu'on propose n'est pas de nature à trouver place dans la constitution, au moins dans le titre dont il s'agit ; c'est à la législation à éteindre un préjugé qui ne peut être que momentané.

L'assemblée passe à l'ordre du jour.

L'article présenté par M. Thouret est décrété.

M. Thouret lit l'article premier du titre 2 relatif à la division du royaume & à l'état des citoyens ; cet article est ainsi conçu :

» La France est divisée en 83 départemens, chaque département en district, chaque district en canton. »

M. *Rabaud*. Dans vos décrets constitutionnels vous avez tout rapporté au principe d'unité qui doit assurer la stabilité d'un empire ; le royaume y est toujours représenté comme une chose nue. Je demande en conséquence que l'article qui vous est proposé soit rédigé en ces termes :

» Le royaume de France est un & indivisible, son territoire est partagé, pour l'administration, en 83 départemens, chaque département en districts, chaque district en cantons. »

La rédaction proposée par M. Rabaud est adoptée.

M. Thouret lit le deuxième article du titre second.

Cet article est ainsi rédigé :

Art. II. Sont citoyens françois, ceux qui sont nés en France d'un père françois ; ceux qui nés en France d'un père étranger, ont fixé leur résidence dans le royaume ; ceux qui, nés en pays étranger d'un père françois, sont revenus s'établir en France & ont prêté le serment civique ; enfin, ceux qui, nés en pays étranger, & descendant, à quelque degré que ce soit, d'un françois ou d'une françoise expatriés pour cause de religion, viennent demeurer en France & prêtent le serment civique.

M. *Garat*. Je vous conjure au nom de la patrie & de l'humanité, de retrancher de la dernière disposition de l'art. 2, ces mots : *pour cause de religion* ; & de rendre ainsi l'article commun à tous les françois expatriés.

M. *Tronchet*. Cette demande est très-juste ; il a toujours été vrai qu'il suffisoit à un homme originaire françois de revenir en France, & de déclarer qu'il veut y fixer son domicile, pour qu'il rentre dans tous les droits de citoyen françois. Je ne conçois pas pour quel motif le comité n'a consacré qu'une exception & non pas la règle générale. J'ai une autre observation à faire. Je prie le comité de présenter un article qui assure aux enfans illégitimes les droits de citoyens, &

notamment à ceux dont la mère est françoise & dont le père est inconnu.

M. *Thouret*. Nous avons énoncé le principe primitif que tout homme né en pays étranger d'un père françois, rentroit dans les droits de citoyens par la résidence en France & la prestation du serment civique. Voilà la règle générale; l'exception que nous avons reconnue & qui concerne les descendans des expatriés pour cause de religion, n'est autre chose qu'un décret que vous avez rendu.

M. *Guillaume*. Il seroit imprudent d'élever avec trop de facilité aux droits de citoyen des hommes nés en pays étrangers. Vous verriez bientôt des individus, descendans peut-être d'un banni, venir dans vos assemblées primaires pour les troubler. D'ailleurs, adopter l'exception proposée par le comité, c'est faire une véritable expiation du crime qu'a commis Louis XIV par la révocation de l'édit de Nantes. (On applaudit.)

On présente plusieurs autres amendemens, qui sont écartés par la question préalable, ainsi que la proposition de M. Garat.

L'amendement de M. Tronchet est adopté en ces termes : « Les enfans nés en France de parens inconnus auront droit de cité. »

M. *Tronchet*. Je crois que la rédaction seroit encore plus exacte en mettant : « de père ou de mère inconnus, » parce que ces enfans peuvent ne connoitre que leur mère.

M. *Duport*. L'assemblée veut que quand un homme est né en France de parens étrangers, cet homme y ait fixé sa résidence pour jouir des droits de citoyen françois. Cependant, d'après l'amendement qui vient d'être adopté, si deux étrangers passoient un moment en France, qu'ils y abandonnassent un enfant, & que cet enfant né de parens inconnus, passât en pays étranger, au terme de cet amendement, quoiqu'il ne fut pas résident dans le royaume, mais parce qu'il y seroit né, & que ses parens seroient inconnus, il auroit droit de cité. L'assemblée ne peut pas avoir voulu décréter des dispositions contradictoires.

M. *Thouret*. Il est impossible d'accorder au fils d'une femme mariée le droit de cité par sa mère, car alors il auroit deux cités. Par exemple si son père étoit anglois, en vertu du droit qu'il tiendroit de sa mère françoise, il viendroit dans les assemblées politiques de France; & s'il n'y obtenoit pas l'élection, il retourneroit en Angleterre pour jouir des droits de son père. Si sa mère n'est pas mariée, l'homme qui voudra exercer les droits de citoyen, quelques soient son père & sa mère, se présentera avec son extrait baptistaire & la preuve de sa résidence. Il dira : je suis né en France, j'y réside. Peu importe que son père soit étranger ou françois, car il est l'un ou l'autre.

M. *Prieur*. Eh bien, si vous retirez l'amendement de M. Tronchet, vous verrez que dans les assemblées primaires, on opposera votre procès-verbal aux bâtards.

M. *Thouret*. Eh bien votre procès verbal dira que les bâtards ne peuvent souffrir aucune difficulté sur leur état.

L'addition proposée par M. Tronchet & que l'assemblée avoit adoptée, est retirée.

L'article second du paragraphe 2 est décrété tel qu'il a été présenté.

Séance du 10.

M. *Thouret*. Je vais vous rendre compte du résultat de la conférence qui a eu lieu hier au comité, sur l'amendement de M. Jombert, relatif au traitement du clergé; c'est-à-dire, à la dette dont s'est chargée la nation, en s'emparant des biens ci-devant affectés au culte.

Plusieurs de nos collègues ecclésiastiques & autres, se sont rendus au comité. Il n'a plus été question de mettre, comme on l'a proposé hier, les décrets sur la constitution civile du clergé dans l'*acte constitutionnel*; mais on a insisté pour qu'il y fût inséré la base fondamentale de cette organisation; savoir, l'éligibilité des ministres du culte par les citoyens. L'on est ensuite passé à l'examen des moyens par lesquels la nation pourroit garantir aux ministres du culte le traitement qu'elle leur doit après avoir disposé de leurs biens; & il a été convenu qu'il seroit proposé à l'assemblée, de comprendre ce traitement dans la dette nationale. Le comité m'a chargé en conséquence de vous présenter les deux articles suivans :

Art. I. Les citoyens ont le droit d'élire les ministres de leur culte.

II. Les traitemens des ministres du culte catholique, qui sont pensionnés, conservés, élus ou nommés en vertu des décrets de l'assemblée nationale, sont compris dans la dette nationale.

M. *Goupil*. Je demande qu'au lieu de dire sont compris, on dise seront. (On murmure).

M. *Thouret*. L'élocution que propose M. Goupil n'est pas dans le style de l'*acte constitutionnel*.

Les deux articles présentés par M. Thouret, sont décrétés.

M. *Thouret*. Je reprends le titre second, relatif à la division du royaume & à l'état des citoyens, au lieu où nous l'avons quitté hier.

L'article 3 est textuellement rapporté tel que vous l'avez depuis long-tems décrété.

Art. III. Ceux qui, nés hors du royaume de parens étrangers, résident en France, deviennent citoyens françois après cinq ans de domicile continu dans le royaume, s'ils y ont en outre acquis des immeubles ou épousé une françoise, ou formé un établissement de commerce, & s'ils ont prêté le serment civique.

La rédaction de cet article est confirmée.

La rédaction des deux suivans est décrétée sans discussion.

IV. Le pouvoir législatif pourra, pour des considérations importantes, donner à un étranger un acte de naturalisation, sans autres conditions que de fixer son domicile en France, & d'y prêter le serment civique.

V. Le serment civique est; *je jure d'être fidèle à la nation, à la loi & au roi, & de maintenir de tout mon pouvoir la constitution du royaume, décrétée par l'assemblée constituante aux années* 1789, 1790 & 1791.

M. Thouret fait lecture de l'article suivant :

VI. La qualité de citoyen françois se perd, 1°. par la naturalisation en pays étranger; 2°. par la condamnation aux peines qui emportent la dégradation civique, tant que le condamné n'est pas réhabilité; 3°. par un jugement de contumace, tant que le jugement n'est pas anéanti. 4°. Par l'affiliation à tout ordre ou corps étranger qui supposeroit des preuves de noblesse.

M. *Rœderer.* Je demande que, dans le dernier paragraphe de cet article, aux mots qui supposeroit *des preuves de noblesse*, on ajoute : & *des distinctions de naissance*, ou *des vœux religieux*; car on pourroit introduire une noblesse sans lui en donner le nom.

M. *Goupilleau.* J'adopte en partie l'amendement de M. Rœderer, mais il faut enfin donner à la noblesse son véritable nom, & n'appliquer ce titre qu'au mérite, accompagné des vertus. Je demande donc que l'on supprime entièrement le mot *noblesse*, & que le paragraphe soit ainsi conçu : 4°. Par l'affiliation à tout ordre ou corps étranger qui supposeroit des distinctions de naissance, ou exigeroit des vœux religieux.

L'article est décrété avec l'amendement de M. Goupilleau.

Les articles suivans sont décrétés sans discussion.

VII. Les citoyens françois, considérés sous le rapport des relations locales, qui naissent de leur réunion dans les villes & dans de certains arrondissemens du territoire des campagnes, forment les communes.

Le pouvoir législatif pourra fixer l'étendue de l'arrondissement de chaque commune.

VIII. Les citoyens qui composent chaque commune ont le droit d'élire à tems, suivant les formes déterminées par la loi, ceux d'entr'eux qui, sous le titre d'officiers municipaux, sont chargés de gérer les affaires particulières de la commune.

Il pourra être délégué aux officiers municipaux quelques fonctions relatives à l'intérêt général de l'état.

IX. Les règles que les officiers municipaux seront tenus de suivre dans l'exercice, tant des fonctions municipales, que de celles qui leur auront été déléguées pour l'intérêt général, seront fixées par les loix.

M. *Thouret.* Je vais lire à l'assemblée le titre III en entier, afin de lui offrir un complet d'idées sur lequel elle puisse fixer son opinion.

TITRE III.

Des pouvoirs publics.

Art. Ier. La souveraineté est une, indivisible, & appartient à la nation, aucune section du peuple ne peut s'en attribuer l'exercice.

II. La nation, de qui seule émanent tous les pouvoirs, ne peut les exercer que par délégation.

La constitution françoise est représentative; les représentans sont le corps législatif & le roi.

III. Le pouvoir législatif est délégué à une assemblée nationale, composée de représentans temporaires, librement élus par le peuple pour être exercé par elle, avec la sanction du roi, de la manière qui sera déterminée ci-après.

IV. Le gouvernement est monarchique; le pouvoir exécutif est délégué au roi, pour être exercé, sous son autorité, par des ministres & autres agens responsables, de la manière qui sera déterminée ci-après.

V. Le pouvoir judiciaire est délégué à des juges élus à tems par le peuple.

M. Rœderer. La rédaction de ce titre me paroît altérer la constitution & détruire le système de la représentation. Je vais exposer mon opinion avec la briéveté & la simplicité d'un homme qui desire s'être trompé.

Dans le second alinéa de l'article II, il est dit : *que la constitution françoise est représentative, & que les représentans sont le corps législatif & le roi.* Par une conséquence de cet article, l'article XXI de la section deuxième du chap. IV, porte que *les administrateurs n'ont aucun caractère de représentation.* Toutes ces dispositions me paroissent inexactes, inconséquentes. Le roi n'a point le caractère représentatif, quoiqu'il ait un caractère éminent. Les administrateurs ont, au contraire, dans un sens, le caractère de représentans, pour les fonctions qui leur sont déléguées; & s'il n'en étoit pas ainsi, on ne pourroit appeller notre gouvernement, *gouvernement représentatif.* (On murmure.) Je prie l'assemblée de croire que je discute avec la plus grande bonne foi. L'essence de la représentation est que chaque individu représenté vive & délibère dans son représentant, & qu'il ait confondu par une élection libre sa volonté dans la sienne. Ainsi l'hérédité & la représentation se repoussent. Ainsi un roi héréditaire ne peut avoir le caractère représentatif. Le comité a si bien senti la vérité de la définition que je viens de donner, qu'il vous propose de reléguer le décret du marc d'argent parmi les décrets réglémentaires, parce que ce décret ôtant la liberté de l'élection, est contraire à l'esprit de la représentation.

En effet, si vous sépariez l'idée de la représentation de l'idée de l'élection, vous feriez disparoître les notions les plus claires, les plus frappantes que vous puissiez opposer aux usurpations du pouvoir législatif & du roi. Les vérités sensibles sont les meilleurs garans des vérités politiques. Tant que le peuple ne reconnoîtra le caractère de représentant que dans ceux qu'il aura élus pour un tems déterminé, il ne sera facile, ni au roi d'usurper le pouvoir législatif, ni au corps législatif de tenter de se rendre héréditaire.

On peut dire que le roi n'est pas absolument un représentant de la nation, mais qu'on peut l'appeller ainsi par une fiction, & que cette fiction est nécessaire, puisque le roi exerce le pouvoir législatif. Ce seroit justifier une fausse qualification par une erreur de principes. La sanction est un appel au peuple, elle est si peu un acte du pouvoir législatif, que dans plusieurs matières les décrets du corps législatif font loi dans la sanction du roi.

Ce droit d'appel n'est donc plus une partie du pouvoir législatif, que le droit d'appel des commissaires du roi dans les tribunaux n'est un acte du pouvoir judiciaire; or il est évident que ce pouvoir réside privativement dans les tribunaux: ainsi on ne peut argumenter ici d'un prétendu caractère de co-législateur.

S'il n'y a pas de représentation sans élection, il est clair aussi que tout fonctionnaire élu est représentant pour la chose pour laquelle il est nommé. Si les corps administratifs n'avoient pas le caractère représentatif, à quel titre notre constitution auroit-elle le caractère représentatif? Pourquoi diroit-on sans cesse que notre constitution est toute nouvelle, qu'il n'y en a d'exemple nulle part. Si le roi est représentant, si les corps administratifs ne le sont pas, notre constitution est une simple monarchie non représentative, où le pouvoir législatif est exercé par des représentans temporaires, & le pouvoir exécutif par le roi. Or, toutes les monarchies sont fondées sur les mêmes bases; car le gouvernement dans lequel le pouvoir législatif n'est pas exercé par des représentans élus est aristocratique & despotique dans le systême du comité; nous aurions donc une monarchie comme celle qui existoit il y a deux siècles, avec nos états-généraux; à la vérité, la manière dont les pouvoirs y sont exercés, inspire plus de confiance; mais elle ne seroit pas une monarchie représentative.

Maintenant je vais exposer le sens que j'attache au mot *représentant* appliqué aux administrateurs. Ce qui a sans doute trompé le comité, & ce qui fait résister plusieurs bons esprits aux observations que je présente, c'est que les administrateurs ne doivent pas être placés dans la même ligne que les membres de l'assemblée nationale; que les uns sont responsables au chef du pouvoir exécutif, tandis que ceux-ci en sont indépendans, & exercent même des fonctions d'un ordre supérieur. Je reconnois comme eux cette différence; mais elle ne vient pas du caractère représentatif, mais seulement de la différence des pouvoirs exercés représentativement par les uns ou par les autres. Les membres du corps législatif sont représentans du peuple, non-seulement représentans, mais pour exercer le pouvoir représentatif, pour vouloir pour le peuple, pour être le peuple: au lieu que les administrateurs ne sont représentans du peuple que pour exercer des pouvoirs commis & délégués. C'étoit donc entre le pouvoir commis & le pouvoir représentatif qu'il falloit faire la différence.

Allons plus loin, & voyons à quelles conséquences les erreurs du comité nous conduisent dans le systême administratif en particulier. J'ai toujours cru, & vous avez décrété; & il étoit dans l'opinion même de ceux qui improuvoient les autres principes de la constitution, que des délégués du peuple, que des fonctionnaires élus par le peuple, seroient désormais chargés seuls de faire, sous les ordres du roi, la répartition des charges publiques. (On murmure.) Ce n'est pas un systême que j'expose, ce sont vos propres décrets. Vous avez décrété que la trésorerie nationale seroit au moins surveillée par les représentans de la nation. J'ai toujours cru que, comme la justice devoit être préservée par la constitution de ces offices vénaux ou abandonnés à la nomination

nation du roi, de même l'administration devoit être préservée de ces magistratures monstrueuses qui ne se vendoient pas, il est vrai, mais qui se conféroient à vie, mais avec lesquelles le roi récompensoit des hommes qui lui étoient déjà vendus, ou achetoit ceux qui ne l'étoient pas. La liberté publique n'est pas moins menacée par la renaissance de l'un ou de l'autre de ces abus.

Il y a plus, par vos decrets, dans tout ce qui regarde la répartition des charges publiques, le pouvoir judiciaire est évidemment compris dans le pouvoir administratif, & en fait partie; car décider que tel citoyen doit payer telle taxe, quoiqu'il réclame, c'est juger sa propriété, & ce jugement vous l'avez dû attribuer aux corps administratifs. Or, il ne suffit pas d'avoir décrété tout cela. Comme la constitution a proscrit à jamais les parlemens, de même il faut que la constitution, non pas la législation, proscrive sans retour les intendans de province, & les intendans plénipotentiaires des finances. Il faut donc dire dans la constitution que les corps administratifs peuvent seuls répartir les charges publiques, & il faut pour cela établir le principe qu'ils ont un caractère représentatif.

Je répète que ce n'est pas un système particulier que je défends. Je suis autorisé à avoir cette opinion par vos propres décrets. Je ne veux pas que les corps administratifs soient entièrement entre les mains du roi; & en effet, pourquoi avez-vous dit que dans le roi réside le pouvoir exécutif suprême, si ce n'est parce que vous n'avez pas voulu que l'administration des départemens fût entièrement abandonnée au roi. Mille fois, lorsqu'il s'agissoit d'organiser les administrateurs, on disoit: Le pouvoir exécutif s'organise; mille fois on a réfuté les opinions royaliques qui concentroient l'exercice du pouvoir exécutif entre les mains du roi; & vous applaudîtes M. Mirabeau quand il répondit aux auteurs de ces objections: Nous n'organisons pas, dites-vous, le pouvoir exécutif; & ne voyez-vous pas que dans tout le royaume les administrations s'organisent? Tout le monde entendoit donc alors que le pouvoir exécutif seroit réparti entre divers pouvoirs, que le roi en seroit le chef suprême, mais non pas le dépositaire de toutes les fonctions du pouvoir exécutif. Dans l'article IV du titre qui est en discussion, on dit que le roi exerce le pouvoir exécutif par des agens responsables; vous voyez que là il n'est pas seulement le chef du pouvoir exécutif; mais le pouvoir exécutif tout entier.

Mais, me dira-t-on, n'est-ce pas une simple erreur de rédaction que vous combattez? Les articles qui suivent ne rectifient-ils pas ce léger inconvénient? Pour moi, j'ai vainement cherché dans ce recueil constitutionnel les principes de vos décrets sur les contributions publiques, & sur-tout de ceux qui mettent la trésorerie nationale sous la surveillance immédiate des représentans de la nation. Il y a plus, j'y ai trouvé parfaitement le contraire de ce que je cherchois, car les comités, en parlant des fonctions des corps administratifs, non-seulement ne les règlent pas, mais ils les relèguent parmi les décrets réglementaires. Ainsi on pourra ôter aux corps administratifs le droit de répartir les contributions, & on pourra recréer les intendans de province. La trésorerie nationale soustraite à l'inspection immédiate du corps législatif, pourra être confiée à une surintendance des finances, & vous savez comment une responsabilité aussi étendue, abandonnée à un seul homme, peut être facilement éludée.

On doit avoir sans doute une grande confiance dans les législatures; il faut espérer qu'elles respecteront les bonnes loix réglementaires comme les autres: mais si cette raison devoit vous empêcher de placer dans la constitution les décrets dont je viens de parler, il faudroit donc ne rien décréter constitutionnellement, sinon, qu'il y aura une législature. Je propose en conséquence de substituer à l'article III, le suivant:

« La nation ne peut exercer elle-même sa souveraineté, elle institue, pour cet effet un pouvoir représentatif & un pouvoir commis, qui seront pour la plupart élus comme il sera dit ci-après ».

Je propose de dire à l'article IV: « Le pouvoir législatif est essentiellement représentatif, il est délégué à des représentans temporaires librement élus par le peuple ».

A l'article V.

« Le pouvoir exécutif est essentiellement commis ». (On murmure.)

A moins qu'on ne veuille déterminer qu'on ne pourra prononcer le nom de roi qu'à genoux, je prie qu'on me laisse continuer.

Au lieu de dire, comme le comité: Le pouvoir exécutif est délégué au roi, je demande que l'on dise:

« La partie éminente & suprême du pouvoir exécutif, sera exercée par le roi ».

Ensuite:

« Les fonctions administratives supérieures sont déléguées à des représentans élus par le peuple ».

M. Robespierre. Il me semble qu'il y a dans l'opinion de M. Rœderer beaucoup de principes vrais, auxquels il est difficile de répliquer. Cependant, ce n'est pas sur cet objet que je me propose d'insister. Il y a dans le titre qui est soumis à votre délibération, beaucoup de mots & d'expressions équivoques, qui me paroissent altérer d'une manière dangereuse votre constitution. Il y est dit que la nation ne peut exercer ses pouvoirs que par délégation. Or, je soutiens que les différens pouvoirs de la nation ne sont autre chose que les parties constitutives de la souveraineté, & comme la souveraineté est inaliénable, ses pouvoirs sont aussi indélégables.

Les pouvoirs doivent être bien distingués des fonctions; les premiers ne peuvent être ni aliénés ni délégués, puisqu'ils constituent la souveraineté; & si vous déclarez qu'ils sont délégables, il vaudroit autant, comme l'a proposé M. Malouet, que la nation déléguât en masse la souveraineté: c'est pour réaliser ce systême, sans doute, qu'il n'est nullement question dans ce projet de constitutions des conventions nationales; permettez-moi de vous citer un homme, dont le témoignage ne sera pas suspect, puisque vous lui avez décerné une statue précisément pour l'ouvrage dont je parle. J. J. Rousseau a dit que le pouvoir législatif constituoit l'essence de la souveraineté, puisqu'il étoit la volonté générale, & que la souveraineté est la source de tous les pouvoirs délégués, & en parlant du gouvernement représentatif, absolu, gouvernement tel que les comités paroissent vouloir l'introduire, & auquel je préférerois le despotisme, il le dépeint sous les couleurs odieuses qu'il mérite, en disant que, sous un pareil gouvernement, la nation n'est plus libre, & n'existe plus.

Le préopinant vous a dit, avec raison, que le roi ne devoit point avoir le titre de représentant de la nation. En effet, le pouvoir législatif seul a la proposition & la confection de la loi, sauf une espèce de remède ou une ressource que l'on a cru devoir donner au peuple en conférant au roi le pouvoir de la sanction.

M. Thouret. Il me semble que l'assemblée va perdre beaucoup de tems sans aucun avantage pour la discussion. On fait des objections partielles, & l'on accumule les idées. Le seul moyen de se tirer de ce cahos est de séparer les différens articles qui composent le titre qui est en discussion. Je prie donc l'assemblée de commencer par délibérer sur le premier article.

M. Pétion. Je demande qu'après ces mots: *La souveraineté est une & indivisible*, on mette & *inaliénable.* Vous ne pouvez pas vous dissimuler que la nation ne peut pas aliéner sa souveraineté par la nature même des choses; mais il est bon que cette inaliénabilité soit exprimée.

En effet, vous avez entendu dernièrement M. Malouet ne pouvant contester la souveraineté de la nation, soutenir que cette souveraineté peut être déléguée. Or, je dis que la nation, lors même qu'elle délègue des pouvoirs, se réserve le moyen d'en diriger l'exercice par la voie des conventions nationales. Ainsi il faut exprimer qu'elle ne délègue jamais sa souveraineté.

M. Thouret. Nous touchons ici à une matière dans laquelle il importe beaucoup que toutes les expressions soient bien fixées. L'un des préopinans a dit que la nation ne pouvoit pas déléguer ses pouvoirs. Sans doute elle ne les délègue pas à perpétuité. Ses délégations ne sont pas des institutions irréformables. Il me semble qu'il ne peut y avoir d'équivoque là-dessus. Ainsi, dans ce sens, il est inutile d'exprimer l'inaliénabilité. Par cela même que la nation est souveraine, la souveraineté est inaliénable.

On demande à aller aux voix.

M. Pétion. Je soutiens que, non-seulement le mot *inaliénable* n'est pas inutile, mais qu'il est indispensable, d'après ce qu'a dit M. le rapporteur, & surtout d'après ce qu'il n'a pas dit. L'on a soutenu, ou l'on doit soutenir que les conventions nationales ne sont pas utiles, & ceux même qui les admettent, les admettent avec les modifications qui les rendent impossibles. Ainsi on veut nous amener au systême qui a anéanti la liberté politique en Angleterre. Le parlement d'Angleterre & les écrivains qui lui sont dévoués, soutiennent que le parlement & le roi ont, dans tous les tems, non-seulement le pouvoir constitué, mais le pouvoir constituant. De-là, il est évident qu'en Angleterre la souveraineté de la nation se trouve aliénée, & que cette usurpation n'auroit pas lieu, si le peuple se persuadoit bien que sa souveraineté est indélégable. Une fois que de pareilles erreurs s'introduisent chez une nation, elle ne peut plus recouvrer sa souveraineté que par une insurrection, & une insurrection est un phénomène dans la nature. Il faut donc s'exprimer d'une manière claire, & qui ne laisse aucun doute sur le principe.

M. Thouret. L'assemblée a bien entendu que nous ne nous opposions pas formellement à la proposition de M. Pétion. Je dirai seulement que si le comité l'adopte, ce n'est pas la raison qu'il a alléguée. L'exemple de l'Angleterre ne conclut rien en fait ni en droit; en fait, car aucune loi quelconque n'autorise dans notre constitution le pouvoir législatif & le roi à exercer le pouvoir constituant. Nous avons même des articles constitutionnels qui s'y opposent formellement; en droit, car nous ne voyons en Angleterre aucun acte national autoriser ces maximes erronées. Pour se préserver cependant de l'abus qu'on pourroit faire de la chose, je pense qu'il vaut mieux mettre *imprescriptible* qu'*inaliénable*. Ce n'est donc pas dans la constitution actuelle qu'on doit trouver aucun motif de crainte. Il faudroit donc supposer un acte formel de la nation, qui aliénât sa souveraineté: ce qui est impossible à supposer. L'usurpation ne pourroit s'introduire que par l'abus des pouvoirs, & par l'insouciance nationale. Et pour cela, je le répète, le mot *imprescriptible* me paroît être celui qui convient le mieux.

M. Buzot demande que les deux mots, *imprescriptible & inaliénable*, soient insérés dans l'article.

Après quelques débats, l'assemblée adopte cet amendement, & sur la proposition de M. Thouret, les deux premiers articles du titre III, sont fondus en un seul dans la rédaction suivante :

« La souveraineté est une, indivisible, inaliénable & imprescriptible ; elle appartient à la nation; aucune section du peuple, ni aucun individu, ne peut s'en attribuer l'exercice ; mais la nation, de qui seule émanent tous les pouvoirs, ne peut les exercer que par délégation ».

M. Thouret. Je soumets à la discussion le second paragraphe de l'article II. « La constitution françoise est représentative, les représentans sont le corps législatif & le roi ». Je dois rendre compte des motifs qui ont déterminé les comités à qualifier le roi de représentant. Il y a dans la royauté un caractère de représentation qui n'est pas du domaine du pouvoir exécutif. Le roi a le droit de sanction, & dans cet exercice, il est représentant du peuple ; il peut suspendre pendant trois ans l'exécution d'un décret, & ce n'est pas comme exerçant le pouvoir exécutif que cette faculté lui est réservée. Il a encore un caractère indisputable de représentant dans le droit qui lui est conféré d'entamer au-dehors les négociations politiques. Je sais bien que le roi est aussi fonctionnaire public, je suis moins qu'un autre dans le cas de le nier, puisque j'ai bien voulu me charger du rapport à la suite duquel ce titre lui a été conféré ; mais nous n'avons pas entendu qu'il y eût contradiction entre ces deux caractères. Puisque le roi se présente sous cette double qualification, comment ont dû se déterminer les comités? C'est en le représentant avec celui des caractères le plus conforme à l'intérêt & à la majesté de la nation. Notre constitution est représentative, & il ne faut pas que l'agence du pouvoir exécutif subsiste sous un titre qui y répugne ; elle deviendroit discordante, si elle ne présentoit pas un mode de représentation.

On n'a fait qu'une seule objection, celle résultante des abus qu'il pourroit faire de ce titre de représentant. On a dit qu'il pourroit renouveller l'ancien régime, en s'attribuant une représentation exclusive; mais le roi sera ou dedans ou dehors la constitution, il ne peut pas la prendre pour titre en cherchant à envahir un autre caractère que celui qu'elle lui prescrit ; s'il est dehors la constitution, ce ne sera pas le seul fait de l'attribution du titre de représentant, c'est qu'il sera le plus fort ; & dans ce cas, les dispositions de la constitution seront très-inutiles. Nous avons ajouté au titre de représentant, celui d'héréditaire ; quelque caractère que vous donniez au roi, l'hérédité subsistera toujours. La royauté sort de l'ordre ordinaire des choses ; c'est une composition artificielle que la nation admet de la manière qui lui est la plus avantageuse. Ainsi, l'inconvénient n'est pas plus grand d'avoir un représentant héréditaire, qu'un fonctionnaire public aussi héréditaire. Je ne répondrai point à ce qu'a dit M. Rœderer sur ce qui concerne l'organisation administrative, ce n'est pas ici le moment. (On applaudit.)

M. Rewbell. Ce n'est pas en vertu du pouvoir exécutif que le roi a le droit de sanction ; il réunit donc à la fois deux pouvoirs.

M. Dandré. Il s'agit de savoir si on appellera le roi représentant de la nation ; il est évident pour toute personne qui connoît la constitution & qui l'aime, que le roi a deux modes de représentation. Le droit de suspendre la loi est un caractère de représentant. J'entends dire autour de moi que c'est un appel au peuple ; j'admets cette proposition. Mais qu'est-ce que cet appel ? c'est une véritable représentation. Quand on stipule pour quelqu'un, on le représente : donc, celui qui stipule pour la nation la représente. Le roi peut aussi faire des transactions avec les puissances étrangères, & la formule de cette transaction est, « de la part du roi, au nom de la nation ».

M. Rœderer. C'est un mandat, cela.

M. Dandré. On appelle cela un mandat, mais c'est un mandat de représenter. Le roi est donc, de l'aveu de M. Rœderer, le représentant de la nation, pour cela. Je vais plus loin : il seroit dangereux de ne pas le dire. Si le roi n'étoit seulement qu'un fonctionnaire public, on trouveroit alors des subterfuges pour écarter, pour diviser ses fonctions ; alors la royauté ne seroit plus une, & nous n'aurions plus de monarchie. (La grande majorité de la partie gauche applaudit.)

Plusieurs membres demandent la question préalable sur la proposition faite par M. Rœderer, de retrancher de l'article le mot de représentant.

M. Rœderer. C'est demander en d'autres termes... (*Plusieurs membres* : Aux voix, aux voix.)

M. Prieur. J'appuye la proposition de M. Rœderer..... (*Plusieurs membres* : Fermez la discussion, M. le président.)

M. le président. Personne n'a la parole ; je vais consulter l'assemblée, pour savoir si elle veut fermer la discussion.

M. Barnave. Je demande la parole pour une question d'ordre ; il faut fixer nettement l'état de la question. M. Rœderer l'a déplacé, en disant que reconnoître le roi pour représentant héréditaire, c'étoit aliéner la souveraineté; il est nécessaire pour délibérer avec connoissance de cause, de déterminer ce que l'on entend par une représentation constitutionnelle. Le peuple fait quelquefois une aliénation générale, indéfinie, mais momentanée, de la souveraineté dans le corps constituant; ce n'est pas de celle-là qu'il s'agit ici, ce n'est pas celle-là qui est déléguée au roi. La représentation constitutionnelle consiste à vouloir pour la nation, dans l'ordre constitutionnel. Ce qui distingue le représentant du fonctionnaire public, c'est que le représentant peut vouloir pour la nation, tandis que le fonctionnaire public ne peut qu'agir pour elle. Le corps législatif est représentant de la nation, parce qu'il veut pour elle en faisant des loix, en ratifiant les traités avec les nations étrangères.

Le roi est représentant constitutionnel en ce qu'il veut, & stipule pour la nation en suspendant l'exécution d'une loi. Il veut pour elle, en faisant des traités qui la lient avec les nations étrangères; c'est pour cela aussi que vous avez décidé qu'il étoit inviolable; car il répugne à la raison, que celui qui est simplement chargé d'agir soit inviolable, attendu que toute action directe nécessite une responsabilité. Il faut que celui qui veut pour la nation soit inviolable, parce que sans cela son vœu ne seroit pas libre. L'inviolabilité est la conséquence immédiate du caractère de représentant. Si on accordoit au corps législatif le droit de représenter exclusivement la nation, il en résulteroit qu'il seroit seul chargé de vouloir pour elle; alors ses pouvoirs n'auroient plus de limites, il deviendroit corps constituant, ce qui est essentiellement ce qu'on veut, ce qu'on desire.

M. Barnave descend de la tribune au milieu des applaudissemens réitérés de la partie gauche.

La discussion est fermée.

L'amendement de M. Rœderer est rejetté.

Le second paragraphe de l'art. II. est décrété.

M. Rewbell. C'est parce que vous avez décrété avec raison que le roi étoit représentant héréditaire de la nation, qu'il faut se mettre en garde contre toutes ses entreprises. Je demande donc qu'il soit fait une addition à l'article premier que vous venez de décréter, & qu'il soit ajouté après ces mots: « Aucune section du peuple, » ceux-ci: *Aucun individu ne peut s'en attribuer l'exercice.*

M. Thouret. J'adopte cette proposition.

M. Thouret fait lecture de l'art. III.

Art. III. Le pouvoir législatif est délégué à une assemblée nationale, composée de représentans temporaires, librement élus par le peuple, pour être exercé par elle avec la sanction du roi, de la manière qui sera déterminée ci-après.

L'article III est décrété.

Séance du mercredi 10 août.

M. Thouret fait lecture de l'article IV.

Art. IV. Le gouvernement est monarchique, le pouvoir exécutif est délégué au roi, pour être exercé, sous son autorité, par des ministres & autres agens responsables, de la manière qui sera déterminée ci-après.

M. Rœderer. Je propose, par amendement, d'employer dans cet article les expressions constitutionnelles déjà consacrées, & de dire: « Le pouvoir exécutif suprême réside exclusivement dans les mains du roi ». Je ne rappellerai pas ce que j'ai déjà développé ce matin. Le pouvoir exécutif est divisé, dans sa totalité, entre les différens corps qui l'exerceront sous l'autorité & la surveillance du roi.

M. Thouret. Vous avez effectivement dit que le roi étoit le chef suprême du pouvoir exécutif. Mais vous avez dit autre chose que cela au mois de septembre 1789: vous avez décrété à Versailles, que le pouvoir exécutif suprême résidoit exclusivement dans les mains du roi; mais il a fallu définir cette idée, & vous avez dit: Le pouvoir exécutif ne peut résider dans les mains du roi que par délégation & à condition qu'il ne pourra être exercé que par des ministres responsables. Voilà ce qui est renfermé dans vos décrets, & ce que nous avons dû rappeller ici, pour réunir dans l'article toutes les nuances.

L'article IV est adopté.

M. Thouret fait lecture de l'article V.

Art. V. Le pouvoir judiciaire est délégué à des juges élus à temps par le peuple.

Quelques membres demandent que l'on dise, les *fonctions judiciaires*.

Cette proposition est rejettée.

L'article V est décrété.

M. Thouret fait lecture de la première section du chapitre premier; elle est décrétée.

CHAPITRE PREMIER.

De l'Assemblée Nationale législative.

Art. Ier. L'assemblée nationale, formant le

corps législatif, est permanente, & n'est composée que d'une chambre.

II. Elle sera formée tous les deux ans par de nouvelles élections. Chaque période de deux années formera une législature.

III. Le renouvellement du corps législatif se fera de plein droit.

IV. Le corps législatif ne pourra pas être dissous par le roi.

SECTION PREMIERE.

Nombre des représentans. Bases de la représentation.

Art. Ier. Le nombre des représentans au corps législatif est de 745, à raison de 83 départemens dont le royaume est composé, & indépendamment de ceux qui pourroient être accordés aux colonies.

II. Les représentans seront distribués entre les 83 départemens, selon les trois proportions du territoire, de la population, & de la contribution directe.

III. Des 745 représentans, 247 sont attachés au territoire. Chaque département en nommera trois, à l'exception du département de Paris, qui n'en nommera qu'un.

IV. 249 représentans sont attribués à la population. La masse totale de la population active du royaume est divisée en 249 parts, & chaque département nomme autant de députés qu'il y a de parts de population.

V. 249 représentans sont attachés à la contribution directe. La somme totale de la contribution directe du royaume est de même divisée en 249 parts, & chaque département nomme autant de députés, qu'il paie de parts de contributions.

M. Thouret fait lecture des deux premiers articles de la seconde section.

SECTION II.

Assemblées primaires. Nomination des Electeurs.

Art. Ier. Lorsqu'il s'agira de former l'assemblée nationale législative, les citoyens actifs se réuniront en assemblées primaires dans les villes & dans les cantons.

II. Pour être citoyen actif, il faut être françois ou devenu françois; être âgé de 25 ans accomplis; être domicilié dans la ville ou dans le canton, au moins depuis un an.

MM. Buzot & Camus, & plusieurs autres membres demandent qu'on fixe précisément l'époque où devront se réunir les assemblées primaires.

L'assemblée renvoie au comité l'examen de l'article premier, & le charge d'y insérer la proposition de M. Buzot.

M. Salles. Je demande qu'on retranche de l'article second ces mots : au moins depuis un an. Cette disposition est réglémentaire.

M. Lanjuinais. Et moi, je demande que l'on mette à l'article second : il faut être né françois ou devenu françois.

Ces deux propositions sont adoptées, & l'article II est décrété.

Les articles III & IV sont adoptés en ces termes sans aucun changement :

Art. III. Tous les six ans, le corps législatif fixera le *minimun* & le *maximum* de la valeur de la journée de travail, & les administrateurs des départemens en feront la détermination locale pour chaque district.

IV. Nul ne pourra exercer les droits de citoyen actif dans plus d'un endroit, ni se faire représenter par un autre.

On fait lecture de l'article V.

V. Sont exclus de l'exercice des droits de citoyen actif, ceux qui sont en état d'accusation, ceux qui, après avoir été constitués en état de faillite ou d'insolvabilité, prouvé par pièces authentiques, ne rapportent pas un acquit général de leurs créanciers.

M. Rewbell. Les trois quarts des créanciers en somme, peuvent, en perdant les trois quarts de leur créance, donner à leurs débiteurs un acquit général. Cet homme sera-t-il citoyen actif? L'acquit qu'il rapporte ne fait point qu'il n'ait pas été en faillite, & qu'il ait payé ses créanciers.

M. Garat. Je demande qu'on mette à la place de ces mots : *ne rapporte pas un acquit général de leurs créanciers* ceux-ci : *ne rapporte pas l'acte public de leur réhabilitation.*

M. Camus. Je propose en amendement, au lieu de *l'acquit général, l'acquit intégral & complet.* (Il s'élève des murmures.) Je croyois qu'il suffisoit d'énoncer mon amendement; je vais l'appuyer. Lorsque les trois quarts des créanciers en somme ont consenti à faire une remise à leurs débiteurs, il est certain que le créancier supporte une perte, & que le débiteur fait tort au creancier; il ne peut réparer ce tort qu'en payant. Ce n'est donc qu'en présentant un acquit intégral & complet qu'il peut se faire réhabiliter.

M. Lavigne. La première disposition de l'article est trop sévère. S'il suffisoit d'accuser un citoyen pour qu'il fût exclus de l'exercice de ses droits, on donneroit une grande facilité pour écarter ceux dont on craindroit l'influence; on ne doit regarder un citoyen comme étant en état d'accusation, que lorsqu'il y a contre lui un décret de prise-de-corps ou d'ajournement personnel. Quant au failli, on ne le réhabilite pas, lorsqu'il a pactisé avec les créanciers, mais quand il les a entièrement payés. J'appuye l'amendement de M. Garat.

M. Biozat. Je demande qu'on rétablisse dans l'article la disposition qui s'y trouvoit, & par laquelle les fils qui retenoient quelque partie de la succession de leur père, mort insolvable, étoient exclus des droits de citoyens.

M. Desmeuniers. Le décret que l'assemblée a rendu sur la proposition de M. Mirabeau, est juste si vous y apportez le remède convenable. Un citoyen peut devenir insolvable par un malheur que la meilleure conduite n'auroit pas pu lui faire éviter. Il seroit injuste d'empêcher que le créancier de qui cette conduite sans reproche est connue, donnât une quittance à son débiteur, & qu'aux yeux de la loi, ce débiteur malheureux ne fût pas censé s'être acquitté. Au reste, je ne dois pas dissimuler que plusieurs membres du comité ont pensé que cet article ne devoit pas être placé dans la constitution, mais qu'il devoit être renvoyé à la législature. A l'égard de la disposition relative aux enfans d'un failli, & par laquelle on veut qu'ils ayent payé les dettes de leur père, s'ils en héritent à titre universel, le comité ne pense pas qu'il soit convenable d'ajouter encore à la sévérité de l'article.

M. Fermont. La loi ne doit pas être plus rigoureuse, que le créancier, j'en conviens, aussi je pense que si un créancier reconnoit que son débiteur est de bonne-foi & qu'il lui remette ses titres de créance, le débiteur est complettement acquitté; mais il n'en est pas de même quand les trois quarts des créanciers en somme ont forcé l'autre quart, qui est peut-être composé des seuls créanciers honnêtes, à faire un accommodement. Un accommodement de cette nature ne pouvoit pas faire titre pour la réhabilitation, tandis que la quittance donnée par le créancier, par égard pour la bonne-foi & pour le malheur du débiteur, pouvoit légitimement entrer dans le tableau des quittances de toutes les créances portées par le bilan, lequel tableau étoit nécessaire pour que la réhabilitation fût prononcée. Je pense donc que l'amendement, par lequel M. Garat demande que l'acte public de réhabilitation soit rapporté, doit être adopté. Je demande la question préalable sur tous les autres amendemens.

M. Pétion. Il résulte de la discussion que l'article dont il s'agit est susceptible de beaucoup d'observations & de changemens; mais c'est un décret. Ne seroit-il pas sage de le placer hors de la constitution & de le renvoyer à la législation, pour que par la suite, il puisse être modifié?

M. Desmeuniers. Les membres du comité qui se trouvent en ce moment près de la tribune, pensent qu'on peut se borner à mettre aux voix le commencement de l'article, en renvoyant à la législation tout ce qui regarde les gens qui auront été constitués en état de faillite ou d'insolvabilité.

M. Barrere. Il est impossible de laisser à la disposition des législatures une chose qui tient à l'état politique des citoyens. L'article peut être modifié mais tel qu'il sera adopté, il doit entrer en entier dans la constitution.

Plusieurs personnes demandent l'ajournement de la discussion au lendemain. Cet ajournement est décrété.

Séance du 11 Août.

M. Thouret. On a transporté parmi nous une disposition établie dans un petit état, composé d'une seule ville; qui est presque entierement commerçante. Cette disposition, que vous avez décrétée, & que nous avons placée à l'article V de la section II *de l'acte constitutionnel*, & qui concerne les faillis & les insolvables, pouvoit convenir au peu d'étendue & à l'état essentiellement commerçant de la ville de Geneve; mais il vous est impossible à vous, législateurs d'un grand empire plus agricole que commerçant, de faire une disposition exclusive aux commerçans. Il a fallu l'étendre de la faillite à l'insolvabilité, & la faire porter sur toutes les classes; alors cette loi généralisée prête à une foule d'applications arbitraires; elle place, pour ainsi dire, sur la même ligne le crime & le malheur. La faillite simple ou l'insolvabilité peut ne pas porter atteinte à l'honnêteté morale de l'homme que ce malheur a frappé; car, par exemple, les magasins d'un fermier ou d'un négociant peuvent être incendiés: cet événement, en ruinant sans retour le citoyen qui l'éprouve, le privera-t-il à jamais de ses droits politiques? Il est impossible, dans une constitution comme la nôtre de laisser subsister une disposition qui prononceroit contre un citoyen une interdiction éternelle. Le parti le plus sage à prendre est de laisser cette disposition dans la classe des articles réglementaires. Je réponds maintenant à l'objection qu'on a faite, que ce seroit confier les droits politiques des citoyens aux législatures. Mais c'est ici une suspension, une exclusion momentanée que vous avez prononcée, & dont vous déléguez, en quelque sorte aux législatures l'examen, avec faculté de lever la suspension. En prononçant sur cette loi quelque modification que ce soit, les législatures ne peuvent pas priver les citoyens de leurs droits ; mais elles peuvent faire des améliorations aux droits des citoyens. L'avis du comité est donc que cet article doit être considéré comme réglémentaire. Mais si vous vous déterminez à le laisser dans la constitution, nous pensons qu'alors il n'est susceptible d'aucun amendement & qu'il doit être adopté tel qu'il est.

M. Guilleaumme. Vous avez décrété le 22 du mois de décembre 1789, qu'aucun banqueroutier, failli ou débiteur insolvable, ne jouiroit de ses droits politiques ; qu'il en seroit de même des enfans qui auroient reçu & qui retiendroient une portion des biens de leur père, mort insolvable, & que ces exclusions ne cesseroient d'avoir lieu qu'en payant, de la part des faillis, leurs créanciers, ou en acquittant, de la part des enfans, leur portion virile des dettes de leur père. Maintenant on lit dans l'article 5 de la section 2 du premier chapitre du titre 3 du projet de constitution qui vous est soumis : « que ceux-là sont exclus de l'exercice des droits de citoyen actif, qui après avoir été constitués en état de faillite ou d'insolvabilité, prouvé par pièces authentiques, ne rapporteroient pas un acquit général de leurs créanciers. » Ce changement, apporté par vos comités dans la rédaction du décret du 22 décembre 1789, vous a paru hier d'une telle importance qu'après une longue discussion vous avez cru devoir ajourner à ce matin votre délibération. On critique, en effet, en sens contraire la mesure de vos comités ; les uns veulent qu'on rapporte le décret sur les faillis, les autres demandent au contraire qu'en la maintenant on conserve également la disposition relative aux retentionnaires des biens de leur père insolvable : ceux-ci desirent que ces deux loix soient comprises dans l'*acte constitutionnel* ; ceux là, & M. le rapporteur vient de se ranger de leur bord, ceux là dis je prétendent réléguer ces décrets dans la législation.

Quelques réflexions suffiront pour répondre aux objections de M. Thouret, & des préopinans dont il a adopté l'avis. Après l'agriculture, le commerce est sans-contredit la source la plus féconde de la population, de la puissance & de la propriété de ce beau royaume. Or, qu'aurions nous fait pour le commerce, & conséquemment pour l'état, si loin de réprimer la mauvaise loi des banqueroutes, nous permettions l'exercice des droits politiques à ceux qui n'auroient pas rempli leurs engagemens. La confiance est la base du négoce.

M. Fermond. Il ne s'agit pas de savoir si une loi sur les faillis est utile, mais si cette loi est constitutionnelle. Si l'on décide négativement, la discussion de M. Guilleaumme sera nécessairement renvoyée à la législature. En effet.....

M. Guilleaumme. Mais, M. le président est-ce à moi que la parole appartient ?

M. Camus. Il faut renvoyer l'article entier, & dire : « ne jouiront pas des droits de citoyen actif, ceux contre lesquels il y aura une exclusion prononcée par la loi.

M. Dandré. Je ne conçois pas comment on démontrera la possibilité de renvoyer aux législatures, la faculté de décider des droits politiques des citoyens. L'article dont il s'agit, ne peut être que constitutionnel ; il contient des exclusions, dont la première relative à ceux qui sont en état d'accusation, est déjà décrétée. Des difficultés s'étoient déjà élevées à cet égard ; mais on a reconnu que l'accusation dans le nouveau régime existoit dans l'instant où elle étoit prononcée par le juré ; & dans l'ancien régime, par le décret d'ajournement. Votre disposition constitutionnelle à cet égard, est portée, il est impossible d'en revenir. Je dis donc en principe, qu'on ne peut renvoyer aux législatures, l'exclusion aux droits du citoyen, sans y renvoyer en même-temps, l'admission & la constitution entière, & pour dire un mot sur le fond de l'article ......

M. Guilleaumme. Mais, M. le président, je croyois avoir la parole.

M. Dandré. Je ne puis comprendre comment on veut qu'un homme insolvable, ou qu'un homme qui, revenu à meilleure fortune, ne paye pas ses dettes, soient admis à exercer les droits politiques ou civils.

M. Guilleaumme. La confiance est la base du négoce ; vous poserez cette base avec une inébranlable solidité, lorsque vous assurerez le capitaliste, forcé de confier ses fonds aux commerçans, à l'étranger qui trafique avec lui ; que si ce dépositaire de sa fortune la lui fait perdre par sa mauvaise foi, ou même par son indiscrétion, il perdra lui même le plus beau titre dont un homme puisse s'honorer, le titre de citoyen françois. M. le rapporteur a objecté que cette loi auroit besoin d'être modifiée, en ce qu'elle confondoit le malheur avec le crime, & deshonoroit également le simple failli & le banqueroutier. D'abord ce n'est pas une tache que vous avez voulu imprimer aux citoyens dont vous avez cru devoir suspendre les droits politiques. On ne peut pas prétendre, par exemple, que vous ayez voulu flétrir des accusés qui seront sortis des tribunaux avec tous les honneurs d'une justification complette.

En second lieu, la privation que vous imposez aux faillis, ne doit avoir lieu, qu'autant qu'ils ne rapporteront pas une quittance intégrale : or lorsqu'un débiteur honnête, mais malheureux, exposera à ses créanciers des pertes réelles, qui n'auront été occasionnées par aucune faute de sa part, quand l'humanité, la religion parleront en sa faveur, nous ne devons pas assez mal présumer du peuple que nous avons l'honneur de représenter, pour croire que dans ce cas, il existera un seul françois assez barbare, pour refuser à cet infortuné de le réintégrer par une quittance finale, dans la plénitude de ses droits. Enfin cette supposition ne fût elle que le vœu d'une ame sensible, ne seroit-il pas encore préférable que quelques malheureux fussent momentanément privés de leur activité, que de voir la tourbe des banqueroutiers deshonorer nos assemblées primaires, & quelques uns prétendre à l'honorable prérogative de représenter une nation, qui a mis tant de fidélité à remplir ses engagemens? mais, vous a-t-on dit encore la loi ne sera pas générale, le négociant seul sera soumis à son application.

Dans l'ancien régime, le respect ou la crainte qu'inspiroient certains individus, empêchoient qu'on ne constatât légalement leur insolvabilité, alors même que d'effet elle étoit plus notoire; mais à présent que tout homme est égal devant la loi, négociant ou non, les débiteurs infidelles ou inexactspourront indistinctement être traduits dans les tribunaux, &leur insolvabilitéégalement constatée. Je conclus donc d'abord à ce que le failli ne puisse exercer ses droits de cité jusqu'à ce qu'il ait intégralement satisfait à ses obligations. Al'égard des enfans, M. Thouret s'est récrié contre cette loi de Genève, qui les exclut de toute magistrature, & même de l'entrée au grand conseil, lorsqu'ils n'ont pas payé les dettes de leur père. Cette loi seroit en effet trop rigoureuse, dans un grand état, en ce qu'elle prononce indistinctement cette suspension des droits politiques contre le fils du failli, soit qu'il ait ou non recueilli quelque chose de la succession de son père. Mais rien n'est plus sage que la même disposition, lorsqu'elle est limitée aux enfans, qui, sans payer leur part virile des dettes de leur père, mort insolvable, retiennent une partie de ses biens.

S'il y a une présomption de fraude ou de négligence contre le failli qui a pu n'être que malheureux il y a eu une preuve complette de mauvaise foi contre l'enfant qui garde, au préjudice des créanciers de son père, des biens qui étoient le gage de leurs dettes. Je demande donc encore le maintien de cette loi. Enfin, si ces dispositions sont justes, si loin d'avoir les inconvéniens qu'on leur suppose, leur effet doit être d'étendre nos rélations commerciales, de purifier nos assemblées primaires, & d'inspirer un plus grand respect pour la représentation nationale, il n'y a par cela même, aucun inconvénient à les comprendre dans l'*acte constitutionnel*; mais il y a de plus une indispensable nécessité à ce qu'elles en fassent parties, parceque tout ce qui peut étendre ou restreindre nos droits politiques est essentiellement de la constitution, & qu'il seroit extrêmement dangereux, comme l'a bien prouvé M. Dandré, de laisser quelque chose à faire en ce genre aux simples législatures, ou de le régler nous-mêmes à autre titre que celui de corps constituant. [On applaudit.]

M. Lanjuinais. Cet article n'est pas constitutionnel de sa nature. On dit qu'il ne peut pas être renvoyé aux autres législatures, parce qu'il en resulteroit que les législatures pourroient prononcer sur l'état politique des citoyens; mais il faudroit donc mettre dans la constitution les décrets de police correctionnelle, & votre code pénal, qui à chaque page prononce la déchéance du droit de citoyen actif. La loi d'ailleurs qu'on vous propose est immorale & impolitique; immorale [il s'élève des murmures] parce qu'il est toujours immoral de confondre le malheur & le crime, & de faire supporter au malheur la peine que le crime auroit subie; impolitique, car elle éteint le désir de former les entreprises les plus sages & les mieux combinées, dans la crainte que quelque événement imprévu contre lequel la probité ne pourroit rien, ne vînt, en détruisant la fortune du citoyen industrieux, le frapper de l'exhédération politique que vous auriez constitutionnellement prononcée.

M. Thouret. Je prie l'assemblée de m'entendre sur une objection à laquelle j'ai omis de répondre, & qui devoit faire la seconde partie de ma discussion. On a demandé que le décret qui exlcut les enfans qui retiendroient une portion des biens de leur père, mort insolvable, fût rétabli. Ce décret a un inconvénient que vous n'avez ni prévu ni entendu, & qui a donné lieu à des abus intolérables. Il a un effet rétroactif; d'après ce décret, des enfans qui n'ont plus le bien qu'ils ont reçu de leur père, & qu'aucune loi ne leur défendoit d'accepter ou ne les forcoit à rendre, sont irrévocablement privés de leurs droits. Voici l'effet du décret. Il y a vingt ans un père a fait faillite; il à tout abandonné à ses créanciers. Son fils a aussi abandonné ce que la loi lui assuroit: il aide son père, il le secourt, il le nourrit; &, quand la mort le lui enlève, il recueille un petit mobilier dont il ne fait point inventaire, & que le père n'avoit formé qu'avec les bienfaits du fils. A l'instant où votre décret a été rendu, il s'est trouvé privé des droits de citoyen parce que son père est mort insolvable, & qu'à sa mort il a hérité de lui. Vous ne pourriez éviter une pareille injustice, qu'en fixant l'époque de l'exécution de votre décret au 22 du mois de décembre. Il y a donc un vice radical dans ce décret; c'est l'effet rétroactif. Maintenant je passe au fond du décret. Un enfant a recu de son père, & son père a postérieurement fait banqueroute, aucune loi ne le forçoit à abandonner, aux créanciers de son père, ce qu'il en avoit reçu; dira-t-on que cet enfant a perdu les droits civils.

M. Moreau. Ce n'est pas là l'article, il est relatif aux donnations faites *après la faillite*.

M. Thouret. Cela est faux, le décret du 22 décembre suit l'article dans lequel l'exclusion est prononcée contre les banqueroutiers, faillis ou insolvables

vables. Il est ainsi conçu : « Il en sera de même des enfans qui auront reçu & qui retiendront à quelque titre que ce soit, une portion des biens de leur père mort insolvable sans payer leur part virile de ses dettes, excepté seulement les enfans mariés qui auront reçu des dots avant la faillite de leur père ou avant son insolvabilité entièrement connue. » Vous voyez que l'exception faite à l'égard des dots, exclut toute autre donation qui ne seroit pas une dot.

On ne peut se jouer ainsi des droits des citoyens ; la constitution ne peut être plus sévère que la loi, & il est inconséquent qu'un homme qui n'est pas sorti des droits civils soit exclu des droits politiques. Cet article ne peut donc trouver place dans votre constitution. Il ne faut pas non plus qu'on y voye un décret qui prive éternellement de ses droits politiques un citoyen de bonne foi que des malheurs inévitables ont plongé dans l'infortune. Repoussez avec soin les banqueroutiers, mais ne frappez pas le malheur comme le crime. En laissant cet article parmi les décrets réglémentaires, vous ne détruisez pas la loi, vous ne conférez pas aux législatures le droit de faire & de défaire des citoyens actifs, mais vous leur déléguez le soin de revoir & d'exécuter un de vos décrets, auquel vous reconnoissez que des modifications sont indispensables. (On demande à aller aux voix.)

M. le Chapelier. L'objection la plus spécieuse qu'on puisse opposer à l'avis des comités est que les législatures ne peuvent disposer des droits politiques des citoyens ; mais il est dans la nature des choses que les législatures prononcent la suspension des droits de citoyen actif. Dans le code pénal qu'il faut bien leur laisser, elles prononceront que telle situation, tel délit doivent faire encourir la suspension de ses droits. Il y a loin de là à dire, il faudra telle ou telle qualité pour être citoyen actif. Je demande donc que l'objet dont il s'agit ne soit pas compris dans la constitution.

M. Tronchet. Je soutiens qu'on pose mal la question. Le décret dont il s'agit n'est pas constitutionnel ; il peut être réglémentaire : il faut donc le rapporter. Tout ce qui appartient aux droits de l'homme ne peut être enlevé & même suspendu que par un décret constitutionnel. Les législatures ne peuvent prononcer la déchéance que comme une peine qui doit être appliquée par un jugement, & non par une loi qui prononce la déchéance *ipso facto*. La loi ne peut pas dire, il y aura telle privation dans un tel cas : mais telle chose est un délit, il doit y avoir un jugement ; si ce délit est prouvé, telle peine sera prononcée. (On applaudit.) Vous agirez tout à la fois comme législateurs & comme corps constituant ; mais comme législateurs, vous ne pouvez porter une loi contraire à la constitution. Ainsi, ou ce dont il s'agit doit subsister comme constitutionnel, ou il faut le rapporter.

M. Duport. Je suis de l'avis de l'opinant ; mais nous sommes venus au moment où il faut juger la question. Ce décret doit avoir le même sort que celui qui est relatif aux enfans des faillis. Du moment où un enfant fait une chose légale, la loi politique ne peut pas prononcer une peine. Cela est d'une vérité évidente. Ainsi, d'après le principe très lumineux de M. Tronchet, il faudroit aussi rapporter ce décret. Quand il fut proposé, plusieurs Genévois avoient déterminé M. Mirabeau à le faire, mais ce décret ne peut convenir qu'à Genève. Consentie entre des hommes qui avoient le même intérêt, les mêmes professions, cette convention n'étoit pas injuste. Les Genevois, qui tous sont commerçans, n'ont considéré que l'intérêt du commerce ; mais ici nous travaillons pour un état plus agricole que commerçant. Considérez combien la thèse change, quand il s'agit de propriétaires qui n'ont fait ensemble aucune convention. Lorsqu'un propriétaire aura été ruiné par un incendie, ou par tout autre fléau, il vous inspirera assez d'intérêt pour que vous lui donniez des secours, & ce malheureux, digne de votre intérêt, sera privé de ses droits de citoyen. Observez qu'une assemblée politique, qui reconnoît des droits plutôt qu'elle ne les donne, ne peut se régler sur la délicatesse, mais sur la stricte équité. Il faut qu'une loi constitutionnelle ne présente de l'injustice en aucun cas, & celle-ci présente non-seulement de l'injustice, mais même de la barbarie. D'après cela je pense que l'assemblée a montré suffisamment combien elle désiroit rendre hommage aux principes. J'appuye donc l'opinion de M. Tronchet.

M. Rœderer. Je pense comme M. Tronchet, qu'on ne peut renvoyer aux législatures à statuer sur les droits politiques des citoyens. Je pense aussi qu'on ne doit pas contracter constitutionnellement une injustice. On propose, dans l'embarras où nous mettent ces deux raisonnemens très justes, de rapporter le décret. Mais au déclin de nos travaux, il faut éviter une versatilité d'autant plus dangereuse, qu'on sauroit très bien s'autoriser de cet exemple. Pour sortir de ce défilé, il seroit possible de faire un amendement, & d'ajouter à l'article, après ces mots *en état de faillite*, ceux-ci : *provenant de dol ou de faute grave*.

M. Camus. Il est démontré que l'article ne peut exister s'il n'est pas dans la constitution. D'un autre côté, il est encore plus évident que l'assemblée ne doit pas, ne peut pas revenir sur un décret constitutionnel. Je demande donc la priorité pour l'article tel qu'il est dans la section II du projet de l'*acte constitutionnel*.

L'assemblée délibère, & la priorité est accordée à l'article V. du projet d'*acte constitutionnel*.

Cet article est décrété.

M. Tronchet. Le décret qui avoit été rendu le

22 décembre 1789, portoit deux dispositions, l'une contre les faillis & les insolvables, l'autre contre les enfans qui retiendroient quelque portion des biens de leur père mort insolvable. Je pense qu'il doit être dit dans le procès-verbal, que le décret rendu le 22 décembre 1789, est réduit à la partie relative aux faillis & insolvables, qui vient d'être décrétée.

M. Thouret. Non-seulement j'adopte, mais j'appuie la proposition de M. Tronchet.

La proposition de M. Tronchet est décrétée.

M. Thouret. Je vais donner lecture de l'article XII.

7. Nul ne pourra être nommé électeur, s'il ne réunit aux conditions nécessaires, pour être citoyen actif celle de payer une contribution directe de.... journées de travail.

M. Thouret. Si MM. veulent le développement de la proposition des deux comités, relativement à la condition d'éligibilité pour être représentant & pour être électeur, je vais la donner. D'une part, la contribution du marc d'argent, exigée pour pouvoir être revêtu du titre de représentant de la nation, a reçu de l'improbation, & la demande de son rapport a été faite, de l'autre part, elle a reçu de l'assentiment. En nous occupant de la révision, ces deux impulsions diverses nous ont engagés à considérer quel étoit le meilleur systême de représentation. Quand un peuple élit par section, chaque électeur, en élisant immédiatement, élit pour la nation entière; par conséquent elle a droit de s'assurer contre les méprises qu'il pourroit faire, aussi n'y a-t-il pas de constitution connue qui n'ait établi une condition d'éligibilité. On sait assez quel est sur ce point la sévérité de l'Angleterre & de l'Amérique. Cette précaution est plus nécessaire chez un grand peuple, forcé d'admettre une élection médiate; alors la qualité d'électeur est une fonction publique, dont la société a le droit de déterminer la délégation; ou la qualité d'électeur est facile à obtenir, & comme alors elle n'offre pas un garantie suffisante d'indépendance, on est obligé de renforcer les précautions pour la nomination des législateurs; ou bien on rend plus difficiles les moyens de parvenir à être électeur, & alors on leur abandonne le libre exercice de leurs fonctions, & leurs choix peuvent tomber indistinctement sur ceux qu'ils en jugent les plus dignes.

Il faut ajouter que, dans les électeurs, doivent résider les moyens les plus assurés de garantir la chose publique, puisque c'est d'eux que la nation reçoit tous ses fonctionnaires. Ainsi l'on ouvriroit à tous les citoyens le dernier degré de la représentation nationale; le degré intermédiaire seroit le plus difficile à obtenir. Nous ne pouvons pas nous dissimuler qu'il auroit été infiniment avantageux d'adopter ce mode. Il en résulte cependant cet inconvénient, que beaucoup perdent l'aptitude d'élire; mais aussi nous ouvrons à tous les citoyens le grade de l'éligibilité nationale. Je termine par cette dernière reflexion, que ce ne seroit rien faire dans notre sens, que de transporter sur les électeurs une contribution modique; qu'en conséquence, l'assemblée doit se déterminer entre le mode qu'elle a admis, ou la rectification que nous allons lui proposer; c'est-à-dire, qu'à l'avenir, pour être électeur, il faudra payer une contribution de quarante journées de travail. (On murmure dans la partie gauche.)

Pour apprécier la proposition actuelle, il faut en examiner les résultats. D'abord nous avons pensé qu'il étoit avantageux de changer en journées de travail le marc d'argent, parce qu'il est trop susceptible de changement. Quel seroit le résultat pratique de cette opération? Dans les pays où la journée est de dix sols, il suffira d'avoir 120 liv. de revenus; dans les pays où elle sera de quinze sols, il faudra payer 30 liv.; ce qui, à raison du sixième, fera un revenu de 180.; & dans les villes opulentes, où la journée de travail est fixée à vingt sols, il faudra payer 40 liv., ce qui suppose 240 liv. de revenu foncier.

M. Pétion. Le changement que vous proposent vos comités est aussi délicat qu'important. Il s'agit d'examiner si le bienfait qu'ils supposent est réel. Depuis long-temps on réclame contre la condition exigée du marc d'argent, & sous plusieurs rapports elle doit être retranchée. Lorsque des électeurs ont été choisis, ils possèdent tous les droits de ceux qui les ont élus; il n'appartient pas de les leur retirer & leur dire: vous ne pouvez fixer vos choix que sur des personnes qui remplissent cette condition. (On murmure dans diverses parties de la salle.)

Vos comités vous disent que vous ne devez pas gêner la liberté des électeurs, & ils cherchent à reporter sur les électeurs ce qui étoit exigé pour être représentant. La condition est-elle plus favorable? Il est à desirer que les assemblées des électeurs soient nombreuses, afin que la représentation soit véritablement nationale. Eh bien! en adoptant la proposition des comités, vous diminuez beaucoup le nombre de ceux qui peuvent être choisis électeurs, vous privez de ce droit les citoyens qui étoient habitués à l'exercice & auquel ils étoient plus attachés qu'à celui de la représentation qu'ils n'ambitionoient pas. Pensez vous que ces électeurs, tels qu'on les propose, iront choisir des citoyens qui ne payent pas le marc d'argent? Ils concentreront tous les choix parmi eux. Une faculté laissée n'est rien, c'est l'usage qu'on en pourra faire qu'il faut examiner. Inutilement auroit-on dit jadis à la noblesse, vous pouvez choisir parmi les communes ; elle s'en seroit bien gardée.

Vos comités placent le fardeau sur ceux qui sont appellés à la place du peuple à faire les choix, & ils attaquent par-là les véritables forces de la représentation. N'en doutez pas, un pareil décret exciteroit les réclamations les plus vives. On aime à être placé au milieu de ses concitoyens, & à recevoir leurs hommages. (On entend quelques murmures). L'indigent aime à se trouver rapproché du riche, qu'il sait ambitionner son suffrage, & du moins ce jour-là, il perdra avec lui son dédain ordinaire. Je demande que la proposition des comités ne soit pas admise, & j'y tiens tellement, que, malgré les réclamations qui se sont élevées contre le marc d'argent, je préférerois le laisser à le reporter sur les assemblées électorales. (On entend quelques applaudissemens).

M. *Prugnon*. Les conditions pécuniaires exigées pour être éligible aux législatures, seront-elles révoquées, & les exigera-t-on en tout ou en partie pour être électeur ? En d'autres termes : Transportera-t-on intégralement ou partiellement le marc des éligibles aux électeurs ? Voilà la question.

Si les électeurs ont une propriété, une fortune quelconque à perdre, croyez que constamment & généralement les choix seront bons ; il n'y aura aucune exclusion, mais de justes préférences.

Votre garantie sera dans leur intérêt même, & je ne connois pas de caution qui vaille celle-là.

Abandonnez-vous à l'intérêt personnel, & ne craignez pas que cette mesure ait beaucoup de degrés de latitude.

L'objet de la nation est rempli, si le choix est bon : *Expeditum est omne consilium*, disoit Gallus à Pison en l'associant à l'empire, *si te bene elegi*. Plus vous donnerez de chance à la bonne élection, meilleurs seront les choix ; & plus vous étendez le cercle, plus vous avez de données pour une bonne élection. Assurez-vous de bons électeurs, & la sagesse fera le reste ; par-là, *expeditum est omne consilium*.

Mais si vous exigez, dira-t-on, un demi-marc d'argent, par exemple, vous prononcez un grand nombre d'exclusions, vous affoiblissez la liste des électeurs, & vous offensez étrangement l'égalité.

Je réponds qu'il n'est pas possible de ne pas la blesser. Le corps politique est un être artificiel qui ne doit rien à la nature, & qu'elle n'avoue pas pour son ouvrage ; il faut donc descendre de la théorie & des principes abstraits, aux applications matérielles ; il ne faut pas, comme le géomètre, chercher des lignes sans largeur.

Il y a évidence entière, qu'un homme qui ne paie qu'une imposition égale à celle de trois jours de travail, est à-peu-près sur la ligne des mendians, & c'est donner à cette classe une prépondérance dangereuse dans les assemblées. Ce sont d'ailleurs des voix susceptibles d'être achetées, & à un prix assez foible, inconvénient qui n'est pas léger ; il est besoin encore d'une sorte, non pas de culture, mais de connoissances, au moins des localités & des hommes, que des gens qui ne paient qu'une imposition de trois jours, sont présumés ne pas avoir. Ils n'ont ensuite qu'un intérêt incertain, partiel, ou plutôt ils n'en ont aucun, & ils peuvent être considérés comme des voyageurs, puisque rien ne les attache au territoire. Quoi que l'on fasse, la quotité de la contribution exigée sera toujours trop foible pour les villes, & trop forte pour les campagnes ; mais dans la balance des inconvéniens, j'en trouve moins à élever trop la contribution qu'à la faire descendre trop bas ; j'y trouve, en général, une plus grande mesure de lumière, d'intérêt, & par conséquent de confiance. Il ne faut pas s'attacher à donner aux institutions humaines l'air du mieux, si je puis m'exprimer ainsi, mais celui du bien possible. C'est trop demander à des hommes qui ne paient qu'une aussi foible contribution, que de vouloir qu'ils sachent sentir le mérite & le mettre à sa place ; qu'ils soient constamment supérieurs à certaines tentations. Le calcul de la prudence est de prendre les électeurs dans cette classe qui, avec un juste degré d'intérêt à la chose publique, ne connoît ni l'ambition ni les besoins.

Je demande donc que tout citoyen françois soit déclaré éligible aux législatures, & conventions nationales, mais que l'on ne puisse être électeur qu'autant que l'on paiera une contribution d'un marc d'argent.

M. *Robespierre*. Les comités vous proposent de substituer à une condition mauvaise, une condition plus injuste & plus onéreuse encore. Les inconvéniens s'appliquent d'une manière plus forte au nouveau systême. Le peuple est-il libre de choisir ses représentans, s'il ne l'est pas dans le choix de ses intermédiaires ? Les comités me paroissent dans une contradiction continuelle. Vous avez reconnu, sur leur proposition, que tous les citoyens étoient admissibles à toutes les fonctions, sans autre distinction que celle des vertus & des talens. A quoi nous sert cette promesse, puisqu'elle a été violée sur-le-champ ? (Quelques applaudissemens dans l'extrémité de la partie gauche & dans les tribunes). Que nous importe qu'il n'y ait plus de noblesse féodale, si vous y substituez une distinction plus réelle, à laquelle vous attachez un droit politique ? Et que m'importe, à moi, qu'il n'y ait plus d'armoiries, s'il faut que je voye naître une nouvelle classe d'hommes, à laquelle je serai exclusivement obligé de donner ma confiance ? Cette contradiction permettroit de douter de votre bonne-foi & de votre loyauté. (Les tribunes applaudissent). Je conviens cependant qu'il faut une garantie, qui rassure contre les électeurs. Mais est-ce la richesse ? L'indépendance & la probité se mesurent-elles sur la fortune? Quoique ces idées soient morales, elles n'en sont pas moins dignes d'être présentées à l'assemblée. (On rit & on murmure. — *Une voix s'élèv* : C'est trop fort, Monsieur Robespierre). Ce ne sont pas-là des lignes sans largeur. On nous a cité l'exemple des Anglois & des Américains ; ils ont eu tort, sans doute, d'admettre des loix contraires aux principes de la justice ; mais chez eux ces inconvéniens sont compensés par d'autres bonnes loix. Quelle étoit la garantie d'Aristide, lorsqu'il subjugua la Grèce entière ? Ce grand homme qui, après avoir administré les deniers publics de son pays, ne laissa pas de quoi se faire enterrer, n'auroit pas trouvé entrée dans vos assemblées électorales. D'après les principes de vos comités, nous devrions rougir d'avoir élevé une statue à Jean-Jacques Rousseau, parce qu'il ne payoit pas le marc d'argent. Apprenez à reconnoître la dignité d'homme dans tout être qui n'est pas noté d'infamie. Il n'est pas vrai qu'il faille être riche pour tenir à son pays. La loi est faite pour protéger les plus foibles ; & n'est-il pas injuste qu'on leur ôte toute influence dans sa confection ? Pour vous décider, réfléchissez quels sont ceux qui vous ont envoyés ? Etoient-ils calculés sur un marc, sur un demi-marc d'argent ? Je vous rappelle au titre de votre convocation : « Tout françois, ou naturalisé françois, payant une imposition quelconque, devra être admis à choisir les électeurs ». Nous ne sommes donc pas purs, puisque nous avons été choisis par des électeurs qui ne payoient rien. (On applaudit).

M. *Rœderer*. La discussion ne peut être continuée plus long-tems, en ce qu'elle tend à détruire ce qui a été fait, & qu'il faut que la constitution reste telle qu'elle a été jurée. (On applaudit dans l'extrémité de la partie gauche). J'observe, pour déterminer l'assemblée, que, d'après le nouveau systême, la ville de Paris a vu aggrandir au quadruple le cercle des éligibles, par la conversion des impôts directs en impôts indirects. Je demande donc que la constitution reste telle qu'elle est. (Les applaudissemens recommencent).

Les membres de l'extrémité de la partie gauche demandent à plusieurs reprises à aller aux voix.

M. Beaumetz. Les efforts qu'on fait pour empêcher que la discussion soit continuée, & que les erreurs qui viennent d'être débitées, soient rectifiées, ne seroient pas frivolens, si on n'étoit pas persuadé que le résultat des débats fera jaillir la lumière. Je me rejouis du moins du zèle avec lequel les préopinans soutiennent la constitution & des craintes qu'ils manifestent, d'y voir apporter des changemens. (Quelques membres de l'extrémité de la partie gauche continuent à demander à aller aux voix.) Qu'il me soit permis de prendre acte des applaudissemens que vous avez donnés au comité, lorsqu'il a fait pour la première fois lecture de son plan. Pour sentir l'extrême convenance de retirer le marc d'argent, il suffit que cette entrave soit assez forte pour éloigner de la législature un seul homme digne d'y être appellé par ses lumières. Je me contenterai de rapporter un seul exemple cité mal à propos. Si l'auteur du contrat social étoit éloigné de la législature par le décret du marc d'argent, n'auriez-vous pas à vous reprocher d'avoir écarté un si digne représentant : mais, me dira-t-on, il ne pourroit plus être électeur. Je demande s'il y a quelque proportion entre les services qu'il est possible de rendre dans l'une ou l'autre de ces fonctions. M Rœderer a parlé du nouveau systême de la contribution ; je lui réponds que ces changemens s'appliquent également à la contribution des électeurs, & je demande si c'est avec bonne-foi qu'on peut faire usage de cette différence. Je viens à la discussion de la seconde partie de la question. Il est évident que l'intérêt des associés exige que les droits politiques soient confiés à ceux qui présentent le plus de garantie d'une bonne gestion, & la propriété en offre une assez certaine. On nous a cité l'exemple des anciennes constitutions. Est-ce celle d'Athènes, où la simple qualité d'homme conféroit tous les droits ? Est-ce celle de Lacédémone, où l'on a commencé par mettre tous les contrats de propriété au milieu de la place publique pour les incendier ? Je demande à M. Robespierre laquelle il voudroit choisir de ces deux constitutions ? Il convient cependant qu'il faut des garanties : ainsi, en pressant les principes, il n'est pas d'accord avec lui-même ; car pourquoi s'arrêter plutôt à trois journées de travail, à dix, qu'à quarante ? Il est donc évident que le principe sur lequel a tourné tout son raisonnement, c'est que la société ne peut imposer aucune condition à l'éligibilité, pas même celle de citoyen actif.

M. Robespierre Vous calomniez monsieur.

M. Beaumetz. Sans m'appercevoir que quelqu'un m'ait interrompu, je reprends mon opinion, & je viens maintenant à prouver que la condition exigée maintenant pour être électeur est insuffisante, & qu'il faut la porter à 40 journées. (On murmure dans la partie gauche.) En effet, quelles sont les objections ? On dit que l'incorruptibilité réside dans la médiocrité, & qu'il ne faut pas aller chercher la probité au milieu des séductions d'une fortune opulente : j'en conviens ; mais pour payer une contribution de 30 liv. ce qui suppose un revenu de 180 liv. doit on s'attendre à être accusé d'être infecté de tous les vices du luxe ? Je demande si ces tableaux chargés, que la logique des chiffres détruit si invinciblement, sont dictés par la bonne-foi ? c'est dans un état qui met au dessus des derniers besoins, que la nation a intérêt de trouver des électeurs. Elle doit les chercher parmi les personnes qui sont interessées à ce que la justice soit également rendue pour tous. Je le demande aux hommes de bonne-foi, car ce n'est qu'à eux que je parle ; ceux qui ont intérêt à ce que l'administration soit douce, les loix sages, & à ce que la justice ne fasse acception de personne, ne sont-ils pas précisément ceux qui ont quelque chose à perdre ; ceux qui pourroient être gravés par une administration inique & des jugemens inéquitables, doivent être présumés plus intéressés à choisir de bons législateurs & de bons juges. & si l'on trouve en eux une garantie de plus, pourquoi priver la nation du droit de faire sa constitution la meilleure possible ? Qu'on ne me dise pas que les non-propriétaires ont un intérêt différent des propriétaires. Celui qui est le plus en vue, a plus d'intérêt à se mettre à l'abri des abus du pouvoir. Etes-vous de même assurés que les non-propriétaires garantiroient bien les propriétaires, & qu'ils ne finissent pas par attaquer les fondemens de la société ? Mais, dit-on, vous allez priver les citoyens d'un droit dont ils sont jaloux. J'aime à le croire ; cependant, faut-il le dire, n'avez vous pas vu que beaucoup d'électeurs, loin de regarder leurs fonctions comme une distinction honorable, l'ont regardée comme onéreuse & ont sollicité un traitement. (On applaudit.) Qu'il me soit permis de l'observer, c'est à cela qu'on doit attribuer la désertion des assemblées électorales, puisque dans cette capitale même, on a vu des choix de 200 électeurs seulement. Ce n'est pas au défaut du patriotisme qu'il faut l'attribuer, puisque son heureux ferment agite encore tous les esprits. A quoi donc l'attribuer ? A ce que vous avez soumis à cette fonction des personnes que vous dérangez par-là de leurs soins journaliers ; & pour qu'il ne vous soit pas permis d'en douter, ils ont fini par vous demander une indemnité pour le temps de leur déplacement. C'est d'après ces considérations, & non d'après le scrupule qui vous porteroit à sanctionner jusqu'à vos fautes & à vos méprises bien connues ; que je conclus pour l'avis des comités. (On applaudit dans la majorité de la partie gauche.)

M. Buzot paroît à la tribune.

On demande à aller aux voix.

M. Buzot. Je crois qu'il est nécessaire de ramener la discussion au véritable état de la question, & c'est précisément à la motion faite par un des préopinans que je reviens en ce moment. Nous demandons que la constitution reste telle qu'elle est ; car nous avons prêté serment de la maintenir. Si on vous fait changer un article que vous avez décrété après la discussion la plus solemnelle, rien n'empêche que vous ne changiez aussi les décrets sur la non-rééligibilité, que vous n'attaquiez la loi, qui dit que les membres de l'assemblée nationale ne pourront parvenir au ministère. (On applaudit dans l'extrémité gauche de la partie gauche.) On murmure dans les autres parties de la salle.) Si vous remettez en discussion tous les articles de votre constitution, cette discussion pourra bien vous mener encore deux à trois mois.

Il me semble qu'ici des considérations particulières à la ville de Paris, nuisent à la cause des provinces ; & cependant les citoyens de Paris ont juré, comme tous les autres citoyens du royaume, le maintien de la constitution. Par le systême qu'on vous propose, vous allez exclure des assemblées électorales la plupart des citoyens de campagne.

D'apres cela, sans entrer dans les motifs du préopinant, car l'inconvénient sur lequel il s'est appuyé, tient à la longueur des élections, c'est-à-dire, aux vices du scrutin que vous avez adopté ; sans entrer, dis-je, dans ces motifs, j'insiste sur les inconvéniens que présente l'exécution de ce systême. Je dis que vous ne pouvez pas ôter aux hommes, qui ont actuellement le droit d'être électeurs, ce droit que vous leur avez donné par un décret solemnel, & dont vous avez juré de leur garantir la conservation ; si vous les en privez, rien n'empêche que vous n'attaquiez tous les autres droits des citoyens.

Certainement c'est une erreur du préopinant que de croire que les droits politiques ne consistent pas dans le droit d'élire. La faculté de pouvoir exercer l'importante fonction d'élire, constitue véritablement l'état politique du citoyen. Et ne dites pas qu'en reportant sur les électeurs la condition actuellement exigée des députés à la législature, elle vous offre une plus noble carrière à l'ambition des citoyens. Ne croyez pas que les hommes d'une vertu austère, que des J. J. Rousseau soient jamais choisis par une assemblée électorale uniquement composée de gens riches. Les assemblées électorales choisissent presque toujours dans leur sein, ou parmi des hommes d'un rang ou d'une fortune égale ou supérieure.

Mais par quel motif d'utilité politique exigeroit-on des électeurs une contribution de quarante journées de travail ? Les juges de paix ne paient que dix journées, & cependant ces hommes sont utiles à la tranquillité publique, & tous les jours on vous en fait l'éloge. Je dis que les électeurs n'ont pas besoin d'être riches. Il ne s'agit pas dans les assemblées électorales de délibérer ; il n'y faut pas des lumières, mais de la probité. Voulez-vous trouver dans cette contribution une garantie de l'indépendance des électeurs ? Eh bien ! exigez, comme dans les pays que vous avez cités, 200 à 300 liv. ; car, pour l'espèce d'indépendance que vous desirez, 40 liv. ne font pas à mes yeux une garantie suffisante : si, au contraire, vous ne pouvez porter le principe aussi loin qu'il doit aller, il est inutile de changer l'ordre de chose déjà établi. J'aime mieux, moi, conserver la condition du marc d'argent pour les membres du corps législatif, que de dénaturer le système de la représentation en la transportant sur les électeurs. Il est étonnant que ceux qu'on a ici accusés de républicanisme, soient les premiers à combattre pour le maintien de la constitution.

M. Barnave paroît à la tribune.

On demande dans diverses parties de la salle, & notamment dans l'extrémité de la partie gauche, que la discussion soit fermée.

M. *Barnave*. Je vais dire....

Les cris redoublent : Aux voix, aux voix.

M. *Barnave*. Je vais développer.

Les mêmes membres : La discussion est fermée ; aux voix, aux voix.

M. le président. M. Rœderer a fait une motion d'ordre, plusieurs membres se sont fait inscrire pour parler sur cette motion d'ordre. La parole est à M. Barnave : on demande qu'il ne soit pas entendu......

Plusieurs membres. Non, non ; on demande que la discussion soit fermée.

M. *Rœderer*. Ma motion d'ordre est que, conformément à l'usage de l'assemblée, la discussion soit interdite contre la constitution. On se rappelle que dans une des dernières séances, M. Malouet a été interrompu pour cette raison. Je demande donc que la discussion ne continue pas plus long-tems sur une disposition qui tend à exiger quarante journées de travail pour une fonction où il n'en falloit que dix, & que le décret du marc d'argent omis dans la constitution y soit rétabli.

M. le président consulte l'assemblée pour savoir si la discussion est fermée sur cette motion d'ordre.

L'assemblée décide que la discussion n'est pas fermée.

M. *Barnave*. Je soutiens que la proposition de M. Rœderer n'est point une motion d'ordre, mais bien un moyen par lequel il entend combattre l'avis du comité. Le seul moyen de soutenir la constitution, c'est d'en établir les bases d'une manière stable & solide ; & il ne suffit pas de vouloir être libre, il faut encore savoir être libre. (On murmure, on applaudit). Je parlerai fort brièvement sur cette question ; car après le succès de la délibération, que j'attends sans inquiétude, du bon esprit de l'assemblée : tout ce que je desire, c'est d'avoir énoncé mon opinion sur une question dont le rejet entraîneroit tôt ou tard la perte de notre liberté. (Nouveaux murmures). Cette question ne laisse pas le moindre doute dans l'esprit de tous ceux qui ont réfléchi sur les gouvernemens, & qui sont guidés par un sens impartial. Tous ceux qui ont combattu le comité se sont rencontrés dans une erreur fondamentale. Ils ont confondu le gouvernement démocratique avec le gouvernement représentatif, ils ont confondu les droits du peuple avec la qualité d'électeur, que la société dispense, pour son intérêt bien entendu. Là où le gouvernement est représentatif, là où il existe un degré intermédiaire d'électeurs, comme c'est pour la société qu'on élit, elle a essentiellement le droit de déterminer les conditions d'éligibilité.

Il existe bien un droit individuel dans votre constitution, C'est celui de citoyen actif ; mais la fonction d'électeur n'est pas un droit ; je le repete, elle existe pour la société qui a le droit d'en déterminer les conditions. Ceux qui, méconnoissant la nature, comme les avantages du gouvernement représentatif, viennent nous rappeller les gouvernemens d'Athènes & de Sparte, indépendamment des différences qui les séparent de la France, soit par l'étendue du territoire, soit par sa population, ont-ils oublié qu'on y avoit interdit le gouvernement représentatif ? Ont-ils oublié que les Lacédémoniens n'avoient un droit de voter dans les assemblées que parce qu'ils avoient des ilotes, & que ce n'est qu'en sacrifiant les droits individuels que les Lacédémoniens, les Athéniens, les Romains, ont possédé le gouvernement démocratique. Je demande à ceux qui nous les rappellent, si c'est à ces gouvernemens qu'ils en veulent venir. (On applaudit à plusieurs reprises dans la majorité de la partie gauche.) Je demande à ceux qui professent ici des idées métaphysiques, parce qu'ils n'ont point d'idées réelles ; à ceux qui nous enveloppent des nuages de la théorie, parce qu'ils ignorent profondément les connoissances fondamentales des gouvernemens positifs ; je leur demande, dis-je, s'ils ont oublié que la démocratie d'une partie du peuple ne sauroit exister que par l'esclavage entier & absolu de l'autre partie du peuple. Le gouvernement représentatif n'a qu'un seul piège à redouter, c'est celui de la corruption. Pour qu'il soit essentiellement bon, il faut lui garantir la pureté & l'incorruptibilité des corps électoraux ; ces corps doivent réunir trois garanties éminentes : la première, les lumières ; & l'on ne peut nier qu'une certaine fortune ne soit le gage le plus certain d'une éducation un peu mieux soignée, & de lumières plus étendues ; la seconde garantie est l'intérêt à la chose, & il est évident qu'il sera plus grand de la part de celui qui aura un intérêt particulier plus considérable à défendre : enfin, la troisième garantie est dans l'indépendance de fortune, qui mettra l'électeur au dessus de toute attaque de corruption.

Ces avantages, je ne les cherche point dans la classe supérieure des riches ; car il y a là sans doute trop d'intérêts particuliers, qui séparent de l'intérêt général. Mais s'il est vrai que je ne doive pas chercher les qualités que je viens d'énoncer dans la classe éminemment riche, je ne les chercherai point non plus parmi ceux que la nullité de leur fortune empêche d'acquerir des lumières, parmi ceux, qui, sans cesse aux prises avec le besoin, offriroient à la corruption un moyen trop facile. C'est donc dans la classe mitoyenne des fortunes que nous trouverons les avantages que j'ai annoncés, & je demande si c'est la contribution de 5 liv. jusqu'à 10, qui peut faire soupçonner que l'on mettra les élections entre les mains des riches. Vous avez établi un usage que les électeurs ne seroient pas payés ; s'il en étoit autrement, le grand nombre rendroit ses assemblées très couteuses. Du moment où l'électeur n'aura pas une propriété assez considérable pour se passer de travail pendant quelque temps, il arrivera de ces trois choses l'une, ou que l'électeur s'abstiendra des élections, ou qu'il sera payé par l'état, ou bien enfin qu'il le sera par celui qui voudra acquérir son suffrage. Il n'en sera point de même, lorsqu'un peu d'aisance sera nécessaire pour constituer un électeur. En effet, parmi les électeurs élus sans payer 30 ou 40 journées de travail, ce n'est pas l'artisan, l'homme sans crédit, le laboureur, honnête, qui réunit les suffrages : ce sont quelques hommes animés par l'intrigue, qui vous colportant dans les assenblées primaires les principes de turbulence dont ils sont possédés, qui ne s'occupent qu'à chercher, à créer un nouvel ordre de chose, qui mettent sans cesse l'intrigue à la place de la probité, un peu d'esprit à la place du bon sens, & de la turbulence d'idées à la place de l'intérêt général de la société. Si je voulois des exemples, je n'irois pas loin les chercher ; ce seroit près de nous, & très-près de nous que je voudrois les prendre ; & je le demande aux membres de cette assemblée qui soutiennent une opinion contraire à la mienne, mais qui savent bien comment sont composés les corps électoraux les plus voisins de nous. Sont-ce des artistes qu'on y a vus ? non. Sont-ce des libellistes, des journalistes ? oui. (La grande majorité de la partie gauche applaudit.)

Dès-que le gouvernement est établi, que la constitution est garantie, il n'y a plus qu'un même intérêt pour ceux qui vivent de leur propriété & d'un travail honnête. C'est alors que l'on distingue ceux qui veulent un gouvernement stable, d'avec ceux qui ne veulent que révolution & changement, parce qu'ils grandissent dans le trouble, comme les insectes dans la corruption. (Les applaudissemens recommencent). S'il est vrai que dans une constitution établie tous ceux qui veulent le bien ont le même intérêt, il faut placer ses choix dans ceux qui ont des lumières & un intérêt, tel qu'on ne puisse pas leur présenter un intérêt plus grand que celui qui les attache à la chose commune. Quand vous vous éloignerez de ces principes, vous tomberez dans l'abus du gouvernement représentatif. L'extrême pauvreté sera dans le corps électoral, & elle placera l'opulence dans le corps législatif. Vous verriez bientôt arriver en France ce qui arrive en Angleterre, où les électeurs s'achettent dans les bourgs, non pas avec de l'argent, mais avec des pots de bierre : c'est ainsi que se font les élections d'un très-grand nombre des membres du parlement. Il ne faut donc pas chercher la bonne représentation dans les deux extrêmes, mais dans la classe moyenne. Voyons si c'est là que le comité l'a placée. Il faudra, pour être électeur, payer une contribution de quarante journées de travail ; c'est-à-dire, qu'en réunissant toutes les qualités nécessaires, il faudra avoir depuis 120 liv. jusqu'à 240 liv., soit en propriétés, soit en industrie. Je ne pense pas qu'on puisse dire sérieusement que cette fixation est trop haute, à moins de vouloir introduire dans les assemblées électorales des hommes qui n'auront pas l'alternative de mendier ou de chercher un secours malhonnête, là où le gouvernement ne leur offrira pas un secours légitime. Si vous voulez que la liberté subsiste, ne vous laissez point arrêter par des considérations spécieuses que vous présentent ceux qui, lorsqu'ils auront réfléchi, reconnoîtront la pureté de nos intentions, & l'avantage de notre résultat. J'ajoute ce qui a déjà été dit, que le nouveau systême de contribution diminue de beaucoup les inconvéniens ; & que la loi qu'on propose n'aura son effet, que dans deux ans. On nous a dit que nous allions enlever aux citoyens un droit qui les honoroit, par la seule possibilité qu'ils avoient de l'acquérir. Je réponds que s'il s'agit de possibilité, que s'il s'agit d'honneur, la carrière que vous leur ouvrez imprime un plus grand caractère, & plus conforme aux principes de l'égalité. On n'a pas manqué nonplus de nous retracer les inconvéniens qu'il y avoit à changer la constitution, & moi aussi je desire qu'elle ne change pas : c'est pour cela qu'il ne faut pas y introduire de disposition imprudente qui feroit sentir la nécessité d'une convention nationale. En un mot, l'avis des comités est la seule garantie de la prospérité & de l'état paisible de l'empire. (On applaudit).

On demande que la discussion soit fermée sur la motion d'ordre de M. Rœderer. La discussion est fermée. La proposition de M. Rœderer est rejetté.

M. Thouret présente une rédaction de l'article sept. Nul ne pourra être nommé électeur, s'il ne réunit aux conditions nécessaires pour être citoyen actif, celle de payer une imposition directe de quarante journées de travail. Le marc d'argent exigé pour pouvoir être admis au corps législatif est supprimé.

M. *Lanjuinais*. Quand cet article sera décrété, je demande que l'assemblée décide les deux dispositions, qui portent l'une que les membres de cette assemblée ne pourront pas être réélus, à la première législature, l'autre qu'ils ne seront point admissibles avant quatre ans aux places du ministère. (On applaudit dans diverses parties de la salle).

M. *Rœderer*. Cela est bon pour rassurer la nation, & si vous voulez vous épargner un torrent de pétitions qui vont fondre sur vous.

M. *Tracy*. Pour me servir de l'expression du grand homme, dont les grands évènemens qui se sont passés, & ceux qui se préparent encore, nous font tous les jours regretter davantage la perte, je dis que la proposition qui vient d'être faite fait disparoître l'inconnu. Elle me paroît la réfutation la plus complette de ce qui vient d'être dit.

L'assemblée passe à l'ordre du jour, sur la proposition de M. Lanjuinais.

Plusieurs membres de l'extrémité de la partie gauche demandent la question préalable sur l'avis des comités.

On est vivement agité dans toutes les parties de la salle. L'assemblée décide qu'il y a lieu à délibérer sur l'avis des comités. L'agitation redouble.

M. *Salle prend la parole*. Je demande que la condition soit réduite à vingt journées de travail; sans cela, dans la campagne, où presque tous les habitans sont fermiers, & ne payent pas de contribution foncière, vous ne trouveriez pas d'électeur. (On applaudit dans l'extrémité de la partie gauche).

M. *Pison*. Je demande qu'aux conditions proposées par les comités, on y joigne celle d'avoir une propriété.

M. *Tronchet*. Je demande la question préalable non-seulement sur les amendemens proposés, mais encore sur tous ceux qui tendroient à augmenter ou à diminuer la proposition des comités. Proposer des amendemens, c'est reconnoître que la constitution peut apporter des limites aux fonctions d'électeurs. Toute la question est donc de savoir si le comité a fixé un terme juste, car il est tellement bien indiqué qu'on ne sauroit l'augmenter ou le diminuer sans tomber dans les inconvéniens reprochés au comité, ou dans ceux qu'il veut détruire lui-même.

M. *Monpassant*. Il y a des cantons où vous ne trouverez pas d'électeurs.

M. *Dauchy*. Il est inexact de dire que le taux proposé par le comité, est fixé sur toutes les fortunes possibles. Dans les pays de grande culture, où les dix-neuf vingtièmes du sol appartiennent à des non-domiciliés, celui qui aura le labour de quatre ou cinq charrues, & qui aura besoin pour les faire valoir d'un capital de 30,000 liv., ne payera, par le seul fait de son imposition, que 30 liv., & ne pourra pas être électeur. (*Une voix s'élève* : en ce cas votre systême d'imposition est mauvais).

M. *Le président*. M. Tronchet demande la question préalable sur tous les amendemens; je vais mettre la question préalable aux voix.

M. *Laville-aux-Bois*. J'insiste, M. le président, pour avoir la parole; vous ne pouvez me la refuser.

M. *Le président*. Une grande partie de l'assemblée étant impatiente d'aller aux voix, je ne puis accorder ni refuser la parole à personne, je ne puis que consulter l'assemblée.

Plusieurs voix de l'extrémité gauche. M.... à la parole :

M. *Gombert*. Je demande qu'on réduise le nombre des journées de travail à trente.

M. *Laville-aux-Bois*. C'est sur-tout à ceux qui ont voté sept fois contre le marc d'argent, qu'il doit être permis de contester encore cette fois la pureté des principes du comité; & lorsque le motif de leur résistance vient d'un sentiment bien louable, qui les porte à défendre de toutes leurs forces la constitution, qu'ils ont juré de maintenir, il leur est bien permis, je crois, de demander la parole contre les atteintes qu'on cherche à porter à cette constitution. Il doit leur être permis, par exemple, de demander s'il est dans l'intention de l'assemblée que dans les campagnes il n'y ait point d'électeurs, ou que dans la plupart des cantons ils soient héréditaires. (On murmure). Voulez-vous dépouiller entièrement les campagnes du droit de représentation?

La révolution est faite, la constitution approche de sa fin; mais on ne se dissimulera pas qu'elle a encore besoin d'appui, & je ne crois pas que l'intention de l'assemblée soit de dégrader les campagnes. (L'extrémité gauche applaudit. Des murmures s'élèvent dans les autres parties de la salle). Je dis & je répète que vous dégraderiez les campagnes, parce qu'en effet ce seroit un avantage illusoire pour les campagnes, que

que de rendre les cultivateurs éligibles à la législature; car lorsque le droit d'élire sera concentré dans les riches des villes, ces riches iront-ils chercher parmi les habitans des campagnes leurs représentans? (On murmure). Quand il est question de décider de l'état politique de vingt millions de citoyens, il est étonnant qu'on ne veuille pas entendre la discussion. Je dis que plus des trois quarts de la population du royaume réside dans les campagnes, & que dans le système que l'on propose, ces citoyens ne pourroient pas espérer de choisir parmi eux un individu quelconque; car vous ne trouverez pas de cultivateurs, de fermiers payant trente francs de contribution mobilière. Il s'élève de longs murmures).

M. *Fréteau.* Je demande si ce n'est pas assez qu'on nous fasse détruire en trois heures un décret constitutionnel qui a été solemnellement discuté pendant trois jours. Faut-il interrompre ceux qui usent du droit de présenter leurs observations?

M. *Goupilleau.* Si le comité de constitution n'étoit pas composé d'hommes des villes, il ne vous auroit pas présenté ce funeste projet. C'est-là le malheur de l'assemblée de n'avoir pas mis des habitans des campagnes dans ses comités.

M. *Laville-aux-Bois.* Je pose en fait que dans tous les pays, non-seulement de petite culture, mais, comme l'a dit M. Dauchy qui s'y connoît, dans les pays de grande culture.... (*Plusieurs voix*: Cela n'est pas vrai. — *Un grand nombre d'autres voix de l'extrémité gauche*: Cela est vrai, cela est vrai). Je dis que dans la plupart des cantons du royaume, vous ne trouverez pas d'électeurs, ou qu'ils seront héréditaires. (*Plusieurs voix*: C'est faux). Il est certain que dans la plupart des cantons, vous ne trouverez qu'un très-petit nombre de cultivateurs, de fermiers payant 30 liv., & que par conséquent les habitans seront obligés d'élire, tous les deux ans, les mêmes électeurs. Je demande en conséquence que la fixation soit faite, au plus, à la valeur de vingt journées de travail.

M. *Gerard.* Je suis cultivateur aussi, moi, & je demande qu'on aille aux voix sur l'avis du comité, ou sinon qu'on revienne au marc d'argent.

M. *Lavie.* Nous sommes ici beaucoup de députés d'Alsace; nous habitons des pays de petite culture; les terres y sont très-divisées; j'assure à l'assemblée qu'il n'y aura pas la moindre difficulté à trouver autant d'électeurs qu'il faudra.

M. *Anson.* Je n'ai que deux mots à dire, & je dois les dire, parce que les observations de M. Dauchy, qui ont fait quelqu'impression sur l'assemblée, ne me paroissent pas exactes. Il est vrai que les cotes de la contribution mobilière seront trop modiques dans les campagnes; mais quand elles seront trop modiques, comme il faudra complerter la contribution du département, elles seront augmentées par des sous additionnels. Dans tous les cas, si la contribution mobilière étoit trop foible dans les campagnes pour qu'un assez grand nombre de fermiers fût éligibles aux assemblées électorales, il vaudroit mieux rectifier cette contribution que de mettre un mauvais principe dans votre *acte constitutionnel*. Le décret qu'on vous propose n'aura pas d'effet tout de suite; la législature pourra donc, si ce changement étoit nécessaire à son exécution, établir la contribution mobilière sur une base plus égale que celle du loyer. J'ajoute qu'on parle toujours des campagnes, comme si elles ne renfermoient aucun petit propriétaire. Il y a, au contraire, beaucoup de métayers, beaucoup de cultivateurs qui sont soumis à la contribution foncière.

M. Fréteau demande à répondre.

M. le président. On demande que je mette aux voix la question préalable sur les amendemens.

Plusieurs voix de l'extrémité gauche: Nous demandons la parole pour M. Fréteau.

M. le président. La question préalable a été demandée sur les amendemens; on insiste pour que je mette la question préalable aux voix. (De violentes rumeurs s'élèvent dans l'extrémité gauche). Je ne fais que citer un fait. Il est vrai que l'on a demandé la question préalable: il est vrai que l'on demande en ce moment que la discussion soit fermée. Je vais consulter l'assemblée.

MM. Prieur, Fréteau, Camus, Rewbell, &c. demandent la parole. — Plusieurs instans se passent dans de violentes rumeurs.

M. *Camus.* Je demande l'ajournement de la question à demain. (On entend quelques applaudissemens étouffés par des murmures). Non-seulement il s'agit de décréter un article constitutionnel, mais il s'agit de quelque chose de plus important; il s'agit de détruire un article constitutionnel, de détruire un article qui a été solemnellement discuté pendant plusieurs jours. C'est bien la moindre chose que l'on nous donne le tems de réfléchir.

M. *Thouret.* Le vice commun de tous les amendemens qui ont été proposés, c'est de déplacer l'intérêt vrai de la question, de mettre en opposition le petit intérêt, de donner quelque latitude à l'article du premier degré d'éligibilité avec l'intérêt de rendre la constitution beaucoup plus parfaite & plus stable. Or, quand l'intérêt particulier est ainsi en opposition, avec l'intérêt général, qui est celui qui doit dominer?

Plusieurs voix de l'extrémité gauche : Vous n'êtes pas dans l'ordre.

M. le président. Après avoir accordé la parole à ceux qui vouloient parler contre la question préalable, il m'est impossible de ne pas l'accorder à ceux qui veulent l'appuyer. Je demande donc du silence.

M. *Thouret.* Je dis que l'un des moyens de repousser l'ajournement, est de démontrer par des considérations très-simples que l'ajournement est inutile : & conséquemment je suis dans la question. Le seul motif de l'ajournement peut être le desir de s'éclairer ; or, le moyen de s'éclairer & de bien vérifier l'intérêt de la question c'est de se convaincre que l'intérêt de la question n'est pas de donner un peu plus de latitude à ce premier degré d'élection, mais qu'il consiste à faire la constitution la meilleure possible, & en assurer la stabilité. Or, cet intérêt est l'intérêt de tous, de la nation toute entière. (*Plusieurs voix :* ce n'est pas là la question). Je répète, Monsieur le président, que l'intérêt de tous, sans exception, est de faire la constitution la meilleure possible.

Plusieurs voix de l'extrémité gauche : Elle est faite.

M. *Salle.* Vous avez juré de la maintenir.

M. *Thouret.* J'ajoute que la partie la plus essentielle de la constitution est celle de la représentation nationale. Avoir un bon mode de représentation, c'est là l'intérêt commun, non-seulement des citoyens actuellement susceptibles d'être électeurs, non-seulement de tous les citoyens actifs, mais de tous les françois. Ainsi c'est à cet intérêt qu'il faut s'appliquer exclusivement à tout autre. Donner au gouvernement représentatif la plus grande perfection possible pour la stabilité de l'ordre social, c'est faire le bien de ceux mêmes qu'on est obligé d'exclure.

M. *Salle.* M. Malouet n'avoit pas d'autres moyens l'autre jour pour nous prouver qu'il falloit rétablir le despotisme.

M. *Thouret.* En partant des propositions évidentes que je viens d'énoncer, je demande si depuis que la discussion est fermée, & qu'on propose des amendemens, je demande si l'on a entendu alléguer par ceux qui combattent l'opinion des comités, un seul motif nouveau, si l'on a entendu autre chose que des redites constitutionnelles.

M. *Goupilleau.* On ne veut pas entendre M. Freteau ; on a interrompu M. Dauchy.

M. *Thouret.* Je demande s'il a été rien dit qui puisse affoiblir l'impression qu'a paru faire sur l'assemblée le développement des motifs du comité. Je crois que rien de ce qui vient d'être dit ne peut détruire la conviction qu'elle a reçue ; car les moyens que je vous ai exposés sont d'un ordre supérieur & prédominant à toutes les considérations particulières de localité qu'on peut faire valoir. Il a été démontré pour la majorité de l'assemblée, comme pour nous, que c'est l'intérêt général, l'intérêt dans lequel tous les intérêts particuliers qu'on stipule, doivent se confondre, qui exige que la constitution donne à la société entière, pour laquelle les assemblées électorales sont instituées, une garantie suffisante de leur indépendance & de leur intérêt à la chose publique. Maintenant il n'est pas besoin d'un ajournement à demain. Après six heures & demie de discussion complettement faite sur cet objet, j'insisterois à la question préalable sur tous les amendemens, s'il n'avoit été fait une ouverture qui me paroît.......

M. *Dauchy.* Monsieur, vous n'avez pu bien entendre mon amendement, car on m'a interrompu. Je demande que la condition soit de quarante journées de travail dans les villes, mais seulement de trente dans les campagnes.

M. le président. Je dois faire connoître à l'assemblée le vœu de plusieurs personnes qui demandent la priorité sur l'avis de M. Dauchy.

Plusieurs voix de l'extrémité gauche : non, non ; M. Fréetau a la parole ; laissez le parler.

M. Fréteau J'ai demandé la parole pour proposer un amendement. L'assemblée a cru devoir fermer la discussion ; je ne me permettrai donc pas de revenir sur le fond : mais je crois qu'on ne peut pas se dissimuler que le décret qu'on va rendre est de la plus grande importance, qu'il fera dans les campagnes la sensation la plus considérable. (On murmure & on applaudit.) En conséquence je demande que l'amendement que je vais proposer ou tout autre soit discuté avec le calme & la maturité nécessaires. Je maintiens qu'il est impossible de changer un décret constitutionnel aussi important que celui qu'on vous propose d'annuler sans y donner la plus sérieuse attention ; & dans un autre but que celui de réduire, à des termes aussi modérés & aussi favorables que l'état des choses le permet, les conditions qui seront mises à la représentation nationale. Si, ou la proposition du comité, ou l'amendement de M. Dauchy passoit ; il est évident que dans une foule de cantons, il n'y auroit jamais d'électeurs à choisir que dans cinq ou six personnes, & que par conséquent la représentation y seroit héréditaire. Je demande s'il y aura de l'équité dans une pareille représentation. Je crois que dans les pays de petite culture, où les propriétés sont beaucoup divisées, la somme de 25 liv. ne seroit peut-être pas trop forte ; mais dans la plus grande partie du royaume, dans tous les départemens, où les propriétés résident en grande masse dans les mains des ci-devant seigneurs & des gens riches, la plus grande partie des habitans des campagnes seroit, par cette fixation, dénuée de représentation. Je ne parle pas même des pays vignobles, où tous les habitans sont vignerons & n'ont aucune propriété foncière; je ne parle pas des pays de grande culture proprement dire, mais je parle de la Beauce, de la Champagne, de toutes les provinces de l'intérieur où les propriétés ne sont partagées qu'en grande masse, & résident exclusivement dans les mains des grands propriétaires, habitans des villes. Les habitans dans les campagnes sont presque tous fermiers ou journaliers; ils ne payent pas de contribution foncière de 30 liv. mais ils payent, sur le produit de leur industrie, une contribution mobiliaire; ils sont citoyens, & ont plus que les riches peut-être besoin d'une représentation qui leur assure la protection des loix. Ainsi dans tous les pays où les habitans ont le plus besoin d'une représentation équitable & rapprochée d'eux, il n'y en auroit point.

Par ces considérations, & sur-tout par celles tirées de la nécessité de la paix publique, de l'attachement des citoyens à la constitution, & de sa stabilité, je pense qu'il est du plus grand intérêt de ne pas renverser en quelques heures, une base principale de la constitution, une de celles qui avoit le plus attaché les habitans des campagnes à la constitution. (On applaudit.) Si quelque chose a fait jetter à la constitution de profondes racines dans le cœur des peuples, (la partie droite rit & s'agite.) c'est le soin que vous avez pris constamment d'étendre sur le peuple les bienfaits de cette constitution; eh bien, je maintiens que porter tout à coup le premier degré de la représentation à 40 liv. ou même à 30 liv. c'est exclure la classe la plus nombreuse, c'est porter le coup le plus funeste à la constitution; je maintiens que vous allez par là jetter dans les campagnes le mécontentement le plus dangereux. (On applaudit.)

D'après toutes ces considérations, & d'autres qui ne sont pas moins puissantes, sur le danger de donner l'exemple d'une innovation aussi importante dans la constitution, & de vous attirer une foule de réclamations, je demande que l'assemblée qui a pu se permettre de délibérer & de s'exposer à revenir sur un décret solemnel, exécuté dans le royaume depuis vingt mois, remette demain aux voix la question préalable sur la proposition des comités, ou même qu'elle ordonne sur le champ le rapport du décret par lequel elle a demandé qu'il y avoit lieu à délibérer sur cette étrange proposition. (Il s'élève quelques murmures.)

La majorité des membres de la partie gauche se lèvent en applaudissant & demandant à grands cris à aller aux voix.

M. *Fréteau*. Je maintiens qu'il a été fait de beaucoup plus fortes objections contre le décret portant que les membres de la législature ne pourront pas être réélus plus d'une fois, & que si on se permet d'attaquer l'un, on se permettra sans doute d'attaquer tous les autres.

Plusieurs voix. Voila le fin mot.

La majorité de la partie gauche appuie, par une nouvelle acclamation, & par de nouveaux applaudissemens la proposition de M. Freteau.

M. *Fréteau*. Je demande donc, dans l'intérêt de la constitution, & dans l'intérêt de la paix publique, sans laquelle il n'y aura peut-être plus de constitution dans trois mois, je demande avec instance le rapport du décret par lequel on a écarté la demande de la question préalable sur le projet du comité.

M. *Chabroud*. Je demande que, dans aucun sens, la délibération de l'assemblée ne soit l'effet d'un mouvement de chaleur. Je déclare que j'étois d'abord de l'avis du comité; mais que les observations qui ont été faites depuis me rendent très-perplexe. Je crois qu'il est encore dans l'assemblée un grand nombre de membres pour qui la question est problématique. Je demande donc que la délibération soit remise à demain.

M. *Grégoire*. Je demande que la question préalable sur le projet du comité soit mise aux voix sur le champ, & que vous constatiez aussi l'inviolabilité de vos décrets; car, si vous détruisez votre ouvrage, qui est-ce qui le respectera?

M. *le président*. On demande la question préalable sur l'ajournement; je la mets aux voix.

L'assemblée décide qu'il y a lieu à délibérer sur l'ajournement. L'ajournement est décrété.

Séance du 12 août.

M. *Thouret*. Il me semble nécessaire de se rappeller quel étoit hier l'état de la délibération, quand la séance a été levée. On avoit proposé contre l'article du comité, la question préalable, en soutenant que cet article ne devoit pas être mis à la délibération, comme étant contraire aux dispositions constitutionnelles déja décrétées. La question préalable a été mise en délibération & rejettée par un décret; c'est-à-dire, que l'assemblée a admis le projet de décret du comité à la délibération, & qu'elle a rejetté l'objection qui consistoit à dire que l'assemblée ne peut changer aucun article du détail de la constitution. On a même mis aux voix la priorité demandée sur l'avis du comité, & la priorité a été accordée. S'il s'agissoit de changer les bases qui forment le caractère, &, pour ainsi dire, la physionomie de la constitution, nous serions les premiers à vous en détourner; mais ici rien de semblable n'est changé, les bases restent, le principe de l'élection médiate est conservé; on n'altère en rien le principe qui veut que la nation ait une garantie contre les erreurs des corps électoraux partiels qui choisissent, non pas pour eux, mais pour la société entière. Ce principe de la garantie est, non pas changé dans son essence, mais déplacé. Vous avez voulu que tous les citoyens payassent deux journées de travail pour être électeurs, à condition qu'ils ne pourroient élire que parmi les citoyens ayant une propriété, & payant la valeur d'un marc d'argent. La constitution est définitivement déterminée; les législatures ne doivent pas avoir, j'en conviens, le pouvoir de l'altérer en rien, d'en changer la moindre disposition de détail; mais ici le corps constituant qui, ayant fait la constitution par partie, s'occupe d'en rédiger l'ensemble, qui est-ce qui l'empêche de changer, non pas aucune des bases de cette constitution, aucun des articles qui font la nature du gouvernement, mais un article de détail seulement? (On murmure). Aussi les adversaires de la proposition du comité ont moins placé la force de leur objection dans la considération, que ce que le comité vous propose, est un changement à la constitution, que dans la crainte qu'ils ont manifestée que le changement actuel n'entraînât d'autres changemens dangereux. Ici, je remarquerai, sans amertume, que le fondement de cette objection renferme un germe de méfiance, & même de discorde; (On murmure). Tandis qu'au contraire tous les extrêmes tendent ou devroient tendre à se rapprocher. Mais si cette objection a été faite sérieusement, elle doit s'anéantir par la seule inspection du travail du comité. Il vous a présenté ce travail avec toute la franchise qui le caractérise. (Il s'élève des rumeurs dans l'extrémité gauche).

M. le président. On ne peut interrompre le rapporteur.

M. Thouret. Je dis donc que le travail du comité est public depuis dix jours, qu'il est dans vos mains à tous; vous pouvez y vérifier qu'il ne vous propose aucun autre changement, si ce n'est une observation qu'il fait sur le décret de la rééligibilité. On y voit avec évidence quels sont les articles qu'il regarde comme constitutionnels, & quels sont ceux qu'il regarde comme réglementaires. Il fait à l'assemblée des propositions simples, sur lesquelles elle ne peut être trompée, & par-dessus lesquelles elle se trouve avec son droit éminent d'approuver dans sa sagesse ce qui lui paroît convenable. La crainte que le changement actuel ne renverse la constitution ne peut donc faire la matière d'une objection sérieuse. Le comité s'est montré tout entier dans son travail; & quand il auroit eu d'autres vues qu'il auroit montrées, ou, en outrant la supposition, quand il en auroit eue qu'il auroit cachées, l'assemblée en auroit toujours été là, avec son droit de les rejetter.

Il faut donc se renfermer dans le sens de la question. La proposition du comité me paroît tellement évidente, qu'il ne me semble pas douteux que, non seulement la majorité de l'assemblée, mais les adversaires du comité, voudroient que le changement que nous proposons n'en fût pas un, c'est-à-dire, que notre proposition eût été décrétée il y a deux ans. (On murmure). L'évidence de cette utilité se démontre par cette considération très-simple, que le marc d'argent, condition qui doit dans le systême actuel garantir la nation contre les erreurs des élections partielles, ne l'en garantit point du tout; car il est évident que si les corps électoraux sont mal composés, que si leur composition offre des chances à la corruption, ils ont, malgré le marc d'argent, une telle latitude & une telle facilité pour faire de mauvais choix, qu'il n'y a véritablement pour la nation aucune garantie. Il y a plus, la condition du marc d'argent, pour la députation au corps législatif, exclut un très-grand nombre de citoyens, là où, sur-tout, la chose publique ne permet d'en exclure aucun.

Il n'a donc été dénoncé qu'un seul inconvénient réel, & j'avoue qu'il m'a frappé; je veux parler de l'écueil donné par M. Dauchy. Certainement le comité n'a point voulu exclure une classe très-pure, très-saine, très-utile en morale, celle des cultivateurs; mais il ne pouvoit pas soupçonner qu'un fermier qui fait une exploitation de 4 ou 5,000 liv., avec un capital de 30,000 liv., ne payât pas à la chose publique la contribution modique que nous exigeons pour être électeur; nous n'avions pas prévu que tel dût être le résultat du nouveau systême de contribution; nous avons donc été obligés de reprendre, dans notre séance d'hier, en considération le résultat annoncé. Effectivement, il se trouve des fermiers très-riches qui ne paieront pas 20 liv. (Il s'élève des rumeurs & des altercations particulières dans toutes les parties de la salle). Ceci devient infiniment grave, je ne dirai pas sous le rapport des finances, parce que je ne suis pas instruit dans cette partie, & que d'ailleurs j'ai une pleine confiance dans les lumières du comité des contributions publiques; mais quant à l'application de la base de la contribution, à l'exercice des droits politiques d'un grand nombre de citoyens. Il paroît indispensable de réformer, quant à eux, les bases actuelles, & de mettre leurs droits politiques à l'abri des systêmes de finance. Nous avons pensé qu'il falloit appliquer aux fermiers, non pas la base de la contribution, mais la base de leur revenu évalué d'après le prix de leur exploitation. Nous croyons donc, en insistant sur les considérations majeures qui nous ont déterminés à vous faire la proposition de porter sur les électeurs la garantie dont la société a besoin pour se préserver des mauvais choix, qu'on peut choisir un nouveau mode d'exécution qui évite tous les inconvéniens qu'on a objectés. Nous proposons que dans les villes au-dessus de six mille ames, la contribution exigée soit de 40 journées de travail, & dans les villes au-dessous de six mille ames, ainsi que dans les campagnes, de trente journées de travail. Quant aux fermiers, comme cette cotisation ne les attendroit pas, nous pensons qu'ils doivent avoir une exploitation de 400 liv. de revenu évalué en septier de bled, dans les pays de petite culture. Peu de cultivateurs ont, à la vérité, des propriétés aussi considérables; mais beaucoup de fermiers ont en outre de petites propriétés à eux appartenantes; ce qui les rend contribuables pour la somme que nous exigeons. Il y a d'ailleurs un intérêt à ce que ces petits fermiers ne puissent pas être électeurs; car un propriétaire de revenu fermier de 20,000 liv., peut avoir cinquante ou soixante fermiers dans sa dépendance, & la société ne peut pas permettre que dans les élections, qui se font pour elle en son seul nom, il s'introduise des grouppes de trente ou quarante hommes à la dépendance d'un seul.

Il n'y a donc plus d'objections à faire qu'en faveur de l'intérêt particulier de ceux à qui nous croyons qu'il est aussi convenable pour leur position & pour leur intérêt, bien entendu, d'être exclus des élections, que cela est convenable pour la sûreté de la société. Ainsi il n'y a plus à craindre les secousses dont on vous parloit hier, puisque ce n'est qu'après deux ans que ce décret pourroit être exécuté. Les corps électoraux seront mieux composés, & il n'arrivera plus ce que l'on a vu, que des intrigans feroient perdre les premières journées des élections, par des incidens, pour en éloigner les pauvres électeurs, & devenir maîtres des élections.

M. Thouret lit un projet de décret concernant la rédaction des nouvelles dispositions qu'il vient de présenter.

Une partie de l'assemblée demande la question préalable.

M. *Grégoire, évêque de Blois.* J'aurai, je crois, rempli mon but, si je parviens à établir que l'assemblée ne doit pas transiger avec les décrets qu'elle a rendus, & qu'elle ne doit se permettre d'en réformer aucun. (Il s'élève des murmures & des applaudissemens). Certainement, c'est celui du marc d'argent que j'ai été le premier à combattre avant qu'il fût rendu; mais rappellez-vous vos principes constans, les principes invoqués sans cesse dans nos discussions, c'est que vos décrets ne peuvent être réformés par vous-mêmes, & toutes les fois qu'un opinant s'est permis de dire la moindre chose contre un décret rendu, on n'a pas manqué de le rappeller à l'ordre. Je prie l'assemblée de réfléchir sur l'étonnante contradiction où elle se trouve avec la conduite qu'elle a tenue à l'égard de M. Malouet. M. Malouet voulant parler sur le fond de la constitution, M. le Chapelier s'empressa de lui dire qu'il ne s'agissoit pas de faire de nouveaux décrets, mais de classer les décrets rendus, & vous applaudites à cette observation. (On murmure dans le milieu de la salle). —Les membres de l'extrémité gauche se lèvent, en criant simultanément, au silence.

M. le président. Lorsque M. Thouret étoit à la tribune, une partie de la salle murmuroit, actuellement c'est l'autre partie qui murmure; je demande à tous les membres de l'assemblée le plus profond silence; & l'impartialité qui convient dans une discussion de cette importance.

M. Grégoire. Si vous revenez contre un décret, il en résulte que vous avez fait jusqu'ici non pas des décrets, mais des projets de décrets; il en résulte que vous pouvez revenir non seulement contre les décrets que vous n'avez pas encore revisés; mais contre ceux que vous avez déjà classés dans l'*acte constitutionnel*, parce que personne ne s'étoit permis de proposer jusqu'ici des changemens, dans la persuasion qu'il ne pouvoit pas en être proposé. (On applaudit.) Mais qui peut prévoir le terme où s'arrêteroient ces vacillations. Achevons la constitution, ou faisons en une nouvelle. Ne supposons pas qu'il se trouve ici des gens qui, au lieu de faire une constitution pour la nation, ne voudroient en faire que pour eux mêmes. Toutes les reflexions que pourroit faire M. Thouret, s'appliquent à tous les systêmes; & j'observe qu'il n'a pas parlé des pays de vignobles; même dans les nouvelles propositions du comité, il y aura dans ces pays un grand nombre de cantons où on ne pourra trouver d'électeurs. Qu'arrivera-t-il? La plupart des citoyens n'iront plus dans les assemblées primaires; ils ne se soucieront pas d'aller assister à des assemblées où ils ne pourront pas être nommés électeurs; car ils n'iroient que pour se donner des maîtres. (Il s'élève des murmures.) Des dispositions de cette nature ne sont propres qu'à étouffer le caractère national, la vertu & la moralité. Les nominations ne seront l'ouvrage que d'une petite partie de citoyens; les électeurs seront héréditaires, & ces inconvéniens se feront sentir à mesure que le remboursement de la dette nationale fera diminuer les impositions; & on nous parle d'aristocratie, n'est-ce pas là la véritable aristocratie? (On applaudit). Et qu'on ne dise pas que les citoyens peu fortunés seront dédommagés par l'éligibilité de la législature. Les électeurs riches descendront-ils pour faire leurs choix, parmi les humbles habitans des campagnes? Alors vous verrez une nouvelle noblesse renaître, vous aurez des patriciens, & vingt millions de plébéiens sous leur dépendance.

On dit que la condition qu'on propose est le seul moyen d'avoir un bon corps législatif; mais les communes de France n'ont-elles donc pas montré un courage inébranlable ? N'ont-elles pas seules assuré notre liberté ? Et par qui avez-vous été envoyés ici ? Par ces hommes qui ne payoient pas les journées de travail, qui ne s'attendoient pas que vous immoleriez leurs droits; d'ailleurs, puisqu'on applique par ce décret aux élections à la prochaine législature, législature qui doit consolider vos travaux, vous avez donc beaucoup à craindre, & sans doute la chose publique est perdue. Je conclus à la question préalable. (On applaudit).

M. *Guilleaume*. Je conviens, avec le préopinant, qu'il y auroit de grands inconvéniens à changer tout-à-coup des décrets constitutionnels qui auroient été reçus avec satisfaction, & jurés avec enthousiasme par la nation; mais à quel décret a-t-il appliqué ses réflexions ? c'est à un décret contre lequel la nation entière réclame; c'est donc, en quelque sorte, la volonté fortement prononcée de la nation, que les comités vous proposent de déclarer. Ce décret ne sera exécuté que dans deux ans, & le peuple françois n'a pas besoin de si long tems pour s'éclairer. Le véritable intérêt du peuple dans un gouvernement représentatif, est d'avoir une bonne représentation. Pour l'obtenir, deux conditions sont nécessaires. La première, que nul obstacle n'exclue de l'assemblée nationale, l'homme qui a des lumières & de la probité; la seconde, que les hommes chargés d'élire au nom de la nation, puissent & veuillent faire de bons choix. Inutilement ouvririez-vous l'entrée du corps législatif à la vertu indigente, les électeurs ne sont pas capables de discerner. Or, pour discerner la vertu & le talent, il faut avoir de l'éducation, des moeurs, & les connoissances que n'ont pas les hommes de la classe inférieure. Pour choisir cette vertu obscure, il faut avoir intérêt à la choisir, &, pour avoir cet intérêt, il faut être attaché à sa patrie par la propriété, être inaccessible à la corruption par l'indépendance des besoins.

M. *Goupil*. Comme je n'ai pas l'heureuse facilité de parler avant que d'avoir raisonné, je m'abstiendrai de discuter le nouveau projet qu'on vous a présenté; je me contenterai de faire des observations générales sur le fond de la chose, & sur le changement qu'on vous propose. On a employé ici inutilement bien des tournures pour vous faire douter de cette vérité, il faut y aller rondement, que ce qui détermine les droits des citoyens est constitutionnel. Que l'on cesse donc de nous présenter à cet égard de ridicules évasions. Voici dans quels termes les comités ont rédigé le serment civique: Je jure d'être fidèle à la constitution décrétée aux années 1789, 1790 & 1791.

D'après cela, vous voyez que tous vos décrets constitutionnels doivent être maintenus, & il est inutile de répondre à cette montagne de difficultés que vous a faite hier l'un des préopinans. *Ce n'est pas assez de vouloir être libre, vous a-t-il dit, il faut savoir être libre.* Oui sans doute; mais tout homme qui a médité les gouvernemens ne sait-il pas que pour savoir être libre, il faut respecter l'inviolabilité des loix ? Je ne répondrai pas à ces raisonnemens abstraits qu'il vous a faits sur le gouvernement représentatif, à cet étalage insignifiant de mots sur le gouvernement d'Athenes, de Sparte, &c: J'ai cru que le décret du marc d'argent étoit juste. J'ai voté pour son admission, & si quelque chose a pu balancer mon assentiment, c'étoit le grand nombre d'adversaires qu'il paroissoit avoir; mais depuis qu'une controverse s'est établie dans le royaume sur ce décret, il me paroît qu'il n'a plus autant de contradicteurs. Il ne vaut donc pas la peine de détruire un des grands moyens que vous ayez pour défendre l'invariabilité de vos décrets.

M. *Merlin*. Lorsque vous avez créé votre comité de revision, les seuls pouvoirs que vous lui ayez donnés étoient de classer les décrets constitutionnels, d'en reviser la rédaction, afin de rectifier les erreurs qui auroient pu s'y glisser. Le comité a donc évidemment outre-passé les bornes de ses pouvoirs.

M. *le Chapelier*. Ce n'est pas le pouvoir du comité que le préopinant attaque; car nous n'en avons point: c'est le pouvoir même de l'assemblée; c'est moi qui ai rédigé le décret de création du comité de révision. J'ai bien eu l'intention d'empêcher que les malveillans n'altérassent votre constitution; mais je n'ai jamais cru que le comité, au quel vous donniez votre confiance, ait pu vous proposer de rectifier quelques articles qui ne tiennent point aux bases de la constitution; ce sont donc vos propres pouvoirs que l'on conteste ici; & permettez moi de remarquer qu'il est trop étrange que ceux qui ont constamment élevé la voix pour la réformation du décret sur le marc d'argent, soient les mêmes que ceux qui en réclament avec tant d'ardeur la conservation. (*Plusieurs voix de l'extrémité gauche* : oui, parce que ce que vous nous proposez est plus mauvais).

Lorsqu'ils faisoient alors ces réclamations, ils ne croyoient pas manquer au serment de fidélité à la constitution? Si nous proposions de supprimer le marc d'argent sans le remplacer par une autre garantie, nous aurions passé alors pour des hommes extrêmement populaires, & on nous auroit applaudis; mais puisque ce décret est actuellement en problême, j'ai le droit de dire qu'il attaque la liberté & les droits des citoyens. Si au contraire vous reportez cette condition sur les électeurs, vous n'attaquez aucun des droits politiques des citoyens; car ce n'est pas un droit politique des citoyens que d'être chargé par ses concitoyens d'élire à leur place, mais bien une fonction publique pour laquelle vous avez droit d'exiger la même garantie que pour celles de juges & de magistrats. Si vous aviez admis le systême immédiat de représentation, vous auriez nécessairement exigé, pour tous les membres du corps social, la condition que nous proposons de restreindre à ceux qui sont chargés d'élire; car nous vous proposons, pour la qualité d'électeur, une contribution beaucoup moindre que celle que les anglois & les américains exigent pour la qualité de citoyen actif. Tous ceux qui ont voulu raisonner principe, ont donc échoué dans cette discussion.

Maintenant examinons le principe dans son application; il n'y aura pas le plus léger inconvénient pour les fermiers. Dans le systême contraire, il y auroit l'inconvénient très-grave d'avoir dans les assemblées électorales des hommes qui, n'ayant pas assez de propriétés ou de richesses industrielles pour rester pendant plusieurs jours sans travailler, demanderoient à être payés ou le seroient par le plus offrant. C'est ainsi que vous avez vu à Paris l'assemblée électorale réduite à deux cent membres; c'est ainsi que dans le département de la Seine inférieure, le plus riche du royaume, 160 électeurs sur 700 ont procédé aux élections, & que les élections ayant duré trois jours, il ne s'est trouvé, le troisième jour, que 60 électeurs. Voyez si vos élections ne sont pas, en ce moment, livrées à un petit nombre d'intrigans. Pourquoi ne veut-on pas accueillir le systême d'élection que nous vous proposons? C'est parce que l'on craint que cette constitution, si excellente dans ses bases, étant perfectionnée par vous mêmes dans ses détails, on n'ait pas besoin d'appeler bientôt une nouvelle convention nationale, objets des desirs des intrigans, qui voudroient renverser le gouvernement. (Quelques membres applaudissent).

Le comité veut évidemment faire le bien de la majorité de la nation, puisque nous ouvrons tous les postes publics à 4 millions de citoyens actifs, tandis que l'avis contraire ne tend qu'à conserver la qualité d'électeur à 60 ou 80 mille citoyens. Pourquoi vous proposons-nous d'abolir le décret du marc d'argent? c'est parce que tous les corps administratifs, toutes les assemblées électorales, toutes les sociétés, réclament contre ce décret. On désignoit certaines personnes comme voulant mettre le décret sur la noblesse parmi les décrets réglémentaires. Eh bien, il a été mis dans la constitution. On accusoit les mêmes gens de vouloir détruire votre décret sur l'égalité des citoyens; eh bien, cette égalité est consacrée par l'*acte constitutionnel*. Ne vous arrêtez donc pas aux avis des libellistes, examinez les choses en elles-mêmes, sans considération de personnes; examinez si ce décret qui porte sur les électeurs la condition du marc d'argent, n'est pas plus constitutionnel que l'autre, puisqu'il est plus conforme aux principes d'égalité qui font la base de votre constitution.

On demande que la discussion soit fermée.

M. *Vernier*. Les comités ont quelques motifs, sans doute, pour nous proposer le changement d'un décret constitutionnel; si ce changement présente de très-grands avantages, je puis démontrer que ces avantages sont aussi rares que les inconvéniens sont nombreux. Par le décret qu'on vous propose, on prive une grande partie des habitans des campagnes, non-seulement du droit d'élire, mais d'éligibilité; car il est évident que tous ces droits se trouveront renfermés dans les électeurs qui choisiront & se choisiront. Devons-nous penser d'ailleurs que l'esprit public fera assez peu de progrès pour que les choix ne soient pas bons? Je vais plus loin, je suppose que le comité ait raison; les avantages que présente son avis sont-ils assez grands pour que nous permettions un si grand écart? Est-il des inconvéniens comparables à celui de changer un decret constitutionnel? Le comité n'a sans doute pas une mauvaise intention, mais il est dans une erreur dangereuse. Il ne voit pas que si nous consentons une fois à un changement aussi formel, nous ne savons pas où nous arrêter. On peut nous faire changer la constitution entière.... Je demande l'ajournement jusqu'à la fin du travail de la revision. (On applaudit).

M. *Thouret*. Au nom des comités, je ne mets aucune opposition à l'ajournement.

M. *Salles*. Je m'y oppose.

La discussion est fermée, & l'ajournement prononcé.

M. Thouret fait lecture du premier article de la troisième section, relative à la nomination des représentans.

Art. I. Les électeurs nommés en chaque département, se réuniront pour élire le nombre des représentans, dont la nomination sera attribuée à leur département, & un nombre de suppléans égal au tiers de celui des représentans.

M. *Goupilleau*. M. le rapporteur nous a dit que rien ne nuiroit davantage à la chose publique que la défiance: pour la détruire, il faut dire franchement quand on en a. Or, je remarque que le comité ne met pas dans cette section le décret qui porte que les députés ne seront pris que parmi les éligibles des départemens. Je remarque encore qu'il limite à deux législatures la réélection. Si vous ne mettez pas dans la constitution le décret qui empêche qu'on ne soit éligible dans plusieurs départemens, vous aurez des gens qui courront les départemens, & qui multiplieront les intrigues pour se faire élire.

M. *Thouret.* L'assemblée a pris pour règle de décréter les articles de chaque titre, & d'entendre ensuite les additions. Sans cela il n'y a plus d'ordre dans la discussion. Quant à l'article relatif à la réélection, il est en toutes lettres dans le projet; mais les comités signant leur travail, n'ont pas le droit d'écarter ce décret, mais bien celui d'exprimer l'opinion qu'ils avoient lors de la première discussion, & qui subsiste encore.

M. *Salles.* J'observe sur le premier article de la section, que les élus ont deux caractères, celui de député de leur département; & celui de représentant de la nation. Quand ils sont réunis au lieu de la législature, le titre de député disparoît, celui de représentant commence à exister. Je demande qu'il soit fait à l'article premier le changement du mot représentant en celui de député, sauf à faire le même changement dans l'article VII.

M. *Laville-aux-Bois.* En plaçant dans la constitution l'article qui borne l'éligibilité aux éligibles de chaque département, on évitera ce qui est arrivé dans nos assemblées bailliagères. L'intendant des finances de M. d'Orléans est venu nous demander une place de député; il a intrigué, il a fait des propositions, qui, sans doute, ne venoient pas de celui dont il étoit l'agent. Les insinuations les plus insidieuses, les plus corruptrices ont été employées. Enfin, désespérant de réussir, il s'est réduit à la qualité de suppléant. Un agent de M. Condé a eu la même conduite, & l'assemblée électorale s'est décidée à ne pas nous donner de suppléans. Voici encore un autre exemple..... (Il s'élève des murmures). Je demande que l'article omis fasse partie du premier article.

M. *Thouret.* Nous présentons à l'assemblée un travail par sections, & il est convenu qu'après chaque partie de notre travail, on s'occupera des additions. (Il s'élève des murmures). Il m'a paru évident que l'assemblée avoit adopté cette disposition, quand on la lui a présentée. (Les murmures recommencent). Les comités ne peuvent pas être soupçonnés avoir voulu déguiser leurs intentions; car, puisque l'article qu'on réclame n'est pas dans la section à laquelle il paroît devoir appartenir, il est évident que les comités ont pensé qu'il ne devoit pas faire partie de l'*acte constitutionnel*; d'ailleurs, cette proposition ne se présente pas dans l'ordre des idées. Nous réprimons dans l'article Ier. la première idée qui s'offre à l'esprit, & quand il s'agit d'une assemblée électorale, il faut d'abord la former; il faut ensuite poser les conditions d'éligibilité, pour que cette assemblée agisse; ainsi l'amendement qu'on nous propose ne tombe que sur l'article où il est question d'éligibilité; c'est-là que l'assemblée adoptera ou rejettera cet amendement.

M. *Rœderer.* Il faut d'abord rétablir l'article, & on le placera.

M. *Thouret.* J'insiste pour que l'assemblée entende nos observations sur la manière propre à accélérer notre travail, en assurant un ordre invariable de délibération. Quand une des grandes importances de ce travail est de présenter une série d'idées, il faut suivre une série d'idées: ne croit-on pas, en interrompant l'ordre du travail, qui doit tout renfermer, que quelques-uns des objets qui doivent y être compris ne viennent à échapper? Il est impossible que les observations qu'on veut faire ne soient pas faites & prises en considération. Tout le monde gagnera à rattacher chaque idée au tronc auquel elle appartient. S'il s'agissoit d'un rapport qui pût être terminé en deux jours, je n'insisterois pas sur cette observation.

M. *Salles.* En reportant la discussion de l'article à l'article III, nous la reporterions à la fin du travail de la révision; car l'article III est ajourné après la révision. Cet article est constitutionnel, puisqu'il est épuratoire des mauvais citoyens. S'il n'étoit point adopté, il arriveroit que tous les intrigans de la capitale, appuyés de la recommandation d'autres intrigans, envahiroient les élections. Un autre inconvénient, tout aussi majeur peut-être, c'est que les assemblées électorales ayant lieu le même jour, quelques hommes tenant à honneur d'être nommés par tout le royaume, chercheront à se faire élire dans tous les départemens. Il faudra alors recommencer les élections: les électeurs véritablement honnêtes, se rebuteront, & la liberté publique sera en danger. (On applaudit).

M. *Garat* l'aîné. Il faut, pour que le bonheur du gouvernement que vous avez établi se réalise, que vous ayez de bonnes élections; éloignez donc les intrigans de la capitale, qui, j'ose le dire, seront plus dangereux, car ils seront les plus instruits dans l'art perfide de la corruption. (On demande à aller aux voix).

M. *Malès.* J'avois demandé la parole contre le comité, & j'appuie les opinions de MM. Goupilleau, Salles & Garat.

M. *Thouret.* Je demande la parole. (On demande à aller aux voix).

M. *Goupilleau.* Il faut entendre M. Thouret; ne craignons pas d'écouter les orateurs qui nous combattent; la constitution ne dépend pas d'eux, nous la défendrons jusqu'à la mort.

M. *Thouret.* Quel que soit l'empressement que montre une partie de l'assemblée, il n'est pas convenable qu'on veuille aller aux voix, sans entendre les

les motifs qui ont déterminés les comités. Il est indubitable que quand le décret a été pris, il l'a été par le même esprit qui détermine aujourd'hui à le réclamer ; il peut être pour quelque tems encore une bonne disposition réglémentaire, jusqu'à ce que l'esprit public soit parvenu au point auquel il parviendra incessamment ; mais en théorie cette disposition contrarie le principe fondamental d'une constitution représentative. Quand on est obligé de scinder le royaume en un grand nombre de sections, le plus grand danger est que ces sections ne s'isolent & ne s'individualisent. (Il s'élève des murmures). Quelque pénible qu'on veuille rendre le rôle que je remplis, je ne l'abandonnerai pas ; je dis donc que le plus grand danger dans le gouvernement représentatif, c'est d'y introduire le germe de la destruction de l'unité, principe essentiel de ce gouvernement. Quand toutes les idées morales dans les départemens tendent à cette isolation & à cette opposition de l'intérêt particulier à l'intérêt général, il ne faut pas que la constitution consacre cette isolation. Vous avez bien dit que les représentans ne devoient pas se considérer comme représentans d'un département, & étoient les représentans de la nation entière ; mais la chose en elle-même est plus forte que l'avis, & l'effet renversera, à la longue, toute la moralité de votre théorie. Une théorie n'a par elle-même de solidité, quand elle est discordante dans ses parties, & il est discordant d'insérer au milieu de cette théorie un autre principe dont la conséquence est contradictoire.

On oppose des inconvéniens de détail. Il y a eu dans l'ancienne convocation beaucoup d'abus ; il peut y en avoir encore dans la nouvelle ; mais les craintes qu'on témoigne sont exagérées. On doit s'attendre que les citoyens seront bien plus portés à nommer dans les corps électoraux même, qu'à aller chercher, non-seulement hors des électeurs, mais hors des départemens. Ce seroit bien plutôt l'extension de cette disposition très-naturelle qu'il faudroit chercher à réprimer. C'est une idée étroite suscitée par le sentiment juste des abus que détruira l'esprit public, que de penser que les députés d'un département doivent être élus par les électeurs de ce département. Dans les circonstances, la loi que vous avez décrétée est bonne ; mais il ne faut pas mettre dans la constitution comme principe invariable d'une constitution représentative, un décret qui, à la longue, détruiroit le gouvernement représentatif. Tels sont les motifs qui ont déterminés les comités à considérer comme décrets de la législation celui dont on réclame l'insertion dans l'acte constitutionnel.

M. *Barrere*. Je demande la parole contre l'avis de M. Thouret.

M. *Rœderer*. Je demande simplement que l'on rétablisse l'article supprimé par les comités.

On demande à aller aux voix dans toutes les parties de la salle.

M. *Thouret*. Un des motifs qui ont déterminé le comité, & que j'ai omis de rapporter, c'est qu'en concentrant dans chaque département les nominations, c'est donner au pouvoir exécutif les moyens...... (On murmure dans toutes les parties de la salle ; les cris redoublent : *Aux voix sur la proposition de M. Rœderer*). L'assemblée peut bien ne pas adopter l'opinion que je vais lui soumettre ; mais elle ne peut se refuser à l'entendre... (M. Thouret est interrompu par de nouveaux cris : *Aux voix, aux voix*).

L'assemblée décide à l'unanimité que la discussion est fermée sur le projet du comité.

M. *Goupilleau*. Je demande que l'assemblée soit aussi consultée. Rétablira-t-on ou ne rétablira-t-on pas dans l'*acte constitutionnel* l'article qui porte que les corps électoraux ne pourront choisir les députés à la législature que dans les citoyens actifs & éligibles de leur département.

L'assemblée consultée décrète que l'article sera rétabli.

Les tribunes applaudissent à plusieurs reprises.

M. *Thouret*. Il est question maintenant des deux premiers articles de la section IIIe.

Assemblées électorales, nominations des représentans.

Art. Ier. Les électeurs nommés en chaque département se réuniront pour élire le nombre de représentans, dont la nomination sera attribuée à leur département, & un nombre de suppléans égal au tiers de celui des représentans.

II. Les représentans & les suppléans seront élus à la pluralité absolue des suffrages. Ces deux articles sont décrétés.

Un de MM. les secrétaires fait lecture du procès-verbal.

M. *Dupont*. Je vois que dans le procès-verbal il est dit qu'on perd la qualité de citoyen actif par l'affiliation seulement à un ordre étranger qui supposeroit des preuves de noblesse. J'observe là-dessus qu'il y a en Allemagne des corporations de fanatiques qui jurent de défendre leurs supérieurs envers & contre tous ; qu'il y a dans d'autres pays d'autres corporations que vous ne pouvez reconnoître en France. Je demande donc qu'il soit ajouté qu'on perdra la qualité de citoyen françois par l'affiliation à tout ordre & corporation étrangère quelconque faite sans le consentement du corps législatif.

M. *Goupilleau*. La proposition du préopinant tend à donner au corps législatif le droit de recréer la noblesse & les distinctions abolies.

R

M. *Darnaudat*. Je demande que tous les articles additionnels qu'on voudra proposer à la constitution soient portés au comité, & qu'on ne vienne pas, au commencement des séances, faire des propositions de cette importance.

M. *Dupont*. J'ai demandé que le décret qui défend l'affiliation à tout ordre étranger qui supposeroit des distinctions abolies par la constitution, fût étendu à tous les ordres & corporations étrangères. J'ai ajouté, à moins d'obtenir le consentement du corps législatif, dans la crainte qu'on ne me trouvât trop rigoureux; mais je me réduis en ce moment à ma proposition fondamentale, & je demande qu'on la mette aux voix.

M. *Camus*. Votre proposition est déjà décrétée; cependant je crois aussi qu'elle doit être insérée dans l'*acte constitutionnel* : il faut, pour cela, renvoyer au comité pour la rédaction. L'assemblée ordonne ce renvoi.

Séance du 13 août.

M. *Thouret*, *rapporteur*. Les fatigues de deux séances précédentes, à la suite d'un travail très-long & très-pénible, ne me permettent guère de finir la carrière du jour. Je supplie l'assemblée de permettre, que lorsque mon impuissance sera constatée, je me fasse remplacer par un de mes collègues.

D'après l'ajournement décrété hier, nous ne pouvons rien statuer sur l'article III, ainsi conçu :

Art. III. Tous les citoyens actifs, quel que soit leur état, profession ou contribution, pourront être choisis pour représentans de la nation.

Je passe aux articles IV & V.

Art. IV. Seront néanmoins obligés d'opter, les ministres & autres agens du pouvoir exécutif, révocables à volonté, les commissaires de la trésorerie nationale, les percepteurs & receveurs des contributions directes, & les préposés à la perception & à la régie des contributions indirectes, & ceux qui, sous quelque dénomination que ce soit, sont attachés à des emplois domestiques de la maison du roi.

V. L'exercice des fonctions municipales, administratives & judiciaires, sera incompatible avec celles de représentant de la nation, pendant toute la durée de la législature.

D'après diverses observations faites par M. Evrard, l'assemblée ordonne l'apport de quelques articles décrétés le 13 juin, relatifs aux incompatibilités, & décide qu'ils seront compris dans l'*acte constitutionnel*.

Ils sont adoptés ainsi qu'il suit :

Art. IV. Les percepteurs & receveurs des contributions publiques, les préposés à la perception des contributions indirectes, les vérificateurs, inspecteurs, directeurs, régisseurs & administrateurs de contributions, les commissaires à la trésorerie nationale, les agens du pouvoir exécutif, révocables à volonté, ceux qui, à quelque titre que ce soit, sont attachés au service domestique de la maison du roi, & ceux qui, pour des services de même nature, reçoivent des gages & traitemens des particuliers, s'ils sont élus membres du corps législatif, seront tenus d'opter.

V. L'exercice des fonctions municipales, administratives, judiciaires, & de commandant de la garde nationale, seront incompatibles avec celles de représentant au corps législatif, pendant toute la durée de la législature.

VI. Les membres des administrations de département & de districts, les procureurs-généraux-syndics, & les procureurs-syndics; les maires & officiers municipaux, & receveurs des communes, qui seront députés au corps législatif, seront remplacés comme dans le cas de mort ou de démission.

M. Thouret fait lecture de l'article VII.

Art. VII. Les juges seront remplacés, pendant la durée de la législature, par leurs suppléans, & le roi pourvoira, par des brevets de commission pour le même tems, aux remplacemens de ses commissaires auprès des tribunaux.

Cet article est décrété.

M. *Thouret*. L'article VIII est ainsi conçu :

Art. VIII. Les membres du corps législatif pourront être réélus à la législature suivante; mais ensuite ils ne pourront l'être qu'après l'intervalle de deux années. (Les membres de l'extrémité de la partie gauche se lèvent & demandent à grands cris à aller aux voix). Je ne dirai sur cela qu'un seul mot, l'opinion que le comité de constitution avoit eu lors de la proposition de cette question, ayant été soumise à un nouvel examen, les comités de constitution & de révision ont été unanimement d'accord que cet article étoit nuisible à la liberté nationale; c'est pour cela qu'ayant été obligés d'apposer notre signature à notre travail, nous avons cru devoir y ajouter que nous persistions dans notre première opinion. Voilà à quoi se borne la note qui a été supprimée à la suite de cet article. (On demande à aller aux voix).

M. *Saint-Martin*. C'est ici que doit naturellement se placer le décret qui porte que les membres du corps législatif & du tribunal de cassation ne pourront être promus au ministère, ni recevoir aucune place du pouvoir exécutif, que quatre ans après l'expiration de leurs fonctions. Cet article a été décrété comme constitutionnel, & il n'est pas besoin de vous donner de longs développemens pour en prouver l'importance. (On applaudit. —Quelques membres murmurent).

M. *Thouret*. Cet article-là, si l'assemblée se détermine à l'insérer dans l'*acte constitutionnel*, ne peut, sous aucun rapport, être placé ici; car il s'agit ici uniquement des élections. Mais voici les motifs qui ont empêché les comités de le placer dans leur travail. La raison de ne pas placer dans la constitution une pareille disposition, c'est qu'il ne faut pas consacrer en constitution ce qui peut être bon en révolution, mais qui n'est bon que là. Quant après un long despotisme, une nation s'éveille & se reconstitue, son principal ennemi est alors le pouvoir exécutif, parce que c'est lui qui est corrompu; c'est lui qui a opprimé, & que c'est contre lui, non pas pour l'anéantir, mais pour le faire rentrer dans ses justes bornes que la nation reprend l'exercice de ses droits. Mais quand la révolution est finie, quant après avoir tout détruit, il faut rétablir; quand il faut faire un gouvernement qui donne le mouvement & la vie au corps politique, nous avons pensé que c'étoit alors une erreur profonde que de traiter encore en ennemi de la chose publique le pouvoir exécutif.

Est-ce que le pouvoir exécutif n'est pas institué aussi par la nation? Et n'est-il pas comme le pouvoir législatif une émanation de la nation? Est-ce qu'il ne faut pas pour l'intérêt même de la nation qu'il agisse avec toute l'énergie dont il est susceptible? Sans cette énergie du pouvoir exéutif, qu'est-ce qui garantiroit la paix publique? Et qu'est-ce qui défendroit la chose publique contre les entreprises du corps législatif? En un mot, le pouvoir exécutif n'est-il pas aussi nécessaire à la liberté que le pouvoir législatif? Ces deux pièces nécessaires à la constitution doivent concourir ensemble, s'entendre & s'aider mutuellement, & la constitution ne peut durer qu'autant qu'on les amène à coopérer fraternellement; ainsi, en mettant en principe constitutionnel que les membres de la législature ne pourroient passer aux places du pouvoir exécutif, & réciproquement, vous établissez un état d'antipathie & de discordance dans les parties de la constitution: il n'y a guère contre ce principe qu'une objection réelle, c'est la crainte de la corruption. Je ne dirai pas, nous voulons un régime électif, & nous avons peur de la corruption. La corruption ne sera-t-elle pas inévitable, même dans les assemblées primaires? La corruption agira, dites-vous, sur les membres de la législature qui voudront parvenir au ministère; eh! bien, moi, j'affirme que cette corruption ne produira jamais des bas valets de ministres, puisque ce n'est qu'en les combattant qu'on pourra parvenir à les remplacer: au contraire, dans notre systême, nous établissons un parti de l'opposition; on verra, comme en Angleterre, les hommes qui aspireront au ministère, critiquer continuellement les ministres en place, & à aller peut-être jusqu'à inquiéter le pouvoir exécutif sur la conservation de ses prérogatives; ainsi sa corruption même tournera au profit de la chose publique; voilà ce qui nous a déterminés à ne pas mettre dans la constitution un article qui, au lieu d'établir une surveillance continuelle contre les ministres, établiroit un état d'hostilités & d'antipathie entre les parties de la constitution qui doivent le plus fraterniser.

M. *Prieur*. L'article que M. Saint-Martin a cité porte expressément ces mots: « L'assemblée nationale décrète comme article constitutionnel ». D'après cela, je ne sais pas pourquoi le comité de révision s'est permis de l'omettre dans son travail. (On applaudit, & on demande à aller aux voix).

Plusieurs membres demandent la parole.

M. *Tracy*. Je ne m'oppose point à la discussion; mais je regarde comme un raisonnement détestable celui que vient de faire M. Prieur. Vous avez décrété aussi comme articles constitutionnels plusieurs articles de détail, tels qu'une partie de ceux sur les mines & minières, que personne ne voudra, sans doute, insérer dans la constitution. Si l'article dont il s'agit est mauvais, comme je je prouverai lorsque j'aurai la parole sur le fond de la question, le mot *constitutionnel* y fût-il vingt fois, il ne devroit jamais entrer dans la constitution. Je dis donc que cette fin de non-recevoir me paroit la plus détestable des raisons. Cet article d'ailleurs a été décrété sans discussion, sans examen; il a été rédigé au milieu du tumulte, & décrété, pour ainsi dire, sans que l'on l'ait entendu. Je demande encore, si l'on voudroit mettre aussi dans la constitution la seconde partie de cet article, qui interdit aux membres du corps législatif toute place auprès du pouvoir exécutif: eh bien, je dis que si la première partie doit passer, parce que le mot constitutionnel s'y trouve, la seconde a évidemment la même prérogative. Je conclus donc qu'il faut discuter sur le fond, & il ne sera pas difficile de prouver que cet article tend à énerver la législature, (on rit; --- on murmure), & à porter toutes les forces du talent dans la carrière de l'administration.

M. *Lanjuinais*. Je n'insisterai point sur les fins de non-recevoir; mais je ne crois nullement convenable d'employer une séance entière pour discuter une affaire déjà décrétée. Voulez-vous employer six mois en discussion? Faut-il perdre la France pour délibérer?

M. *Guilleaume*. Je demande à rappeler un fait propre à éclairer la délibération. Les préopinans ont supposé que c'étoit dans le premier mouvement, que cet article avoit été décrété; vous avez effectivement décrété sans discussion, mais le ministère ayant négligé de le mettre dans sa proclamation, vous rendîtes un second décret pour le rétablir dans la proclamation, attendu qu'il étoit constitutionnel.

Un grand nombre de membres demande la parole.

M. le président annonce que la parole est à M. Goupil.

M. *Duport*. Je commence par demander à M. Guilleaume qu'il veuille bien lire la proclamation dont il s'agit. Ensuite je dis que cela n'a pas été discuté. [On murmure]. J'atteste à l'Europe entière avec quelle rapidité ce décret a été enlevé. Je demande que cette question soit profondément examinée; je dis que s'il est vrai qu'un acte de générosité, je veux bien encore l'appeller ainsi, ait porté les membres à s'éloigner eux-mêmes des places du ministère, il est évident que par-là vous établissez une discordance entre vous & le pouvoir exécutif, que vous devez desirer être populaire. Vous ne voulez pas, sans doute, que le pouvoir exécutif soit ennemi de la constitution, & si vous ne lui permettez pas..... (De violentes rumeurs & des éclats de rire s'élèvent dans l'extrémité de la partie gauche). Je dis donc que si vous ne faites pas sympathiser le pouvoir exécutif avec le pouvoir législatif, le pouvoir exécutif détruira votre liberté, ou vous le détruirez vous-mêmes. (On murmure). S'il y avoit des hommes assez méprisables pour mettre leurs sentimens à la place de ceux qui défendent, d'après leur conscience, une opinion infiniment raisonnable, ils ne mériteroient pas de siéger dans l'assemblée. (On murmure). Je dis que des hommes qui, depuis deux ans, ont travaillé à la liberté de leur pays.... (Les rumeurs redoublent). Je dis que si les inculpations président à une délibération qui doit établir un gouvernement solide, je dis que ce gouvernement ne sera pas établi. (On rit).

Personne ne dira que cette question n'est pas d'une grande importance, & je dis que vous avez employé des momens précieux à des choses beaucoup plus futiles. Nos raisons seront courtes & très-saillantes. M. le rapporteur vous a donné des développemens sur les principes, il vous a dit qu'il étoit nécessaire que dans une bonne constitution, toutes les parties s'accordassent, & qu'elles tendissent à des intérêts communs; que si le pouvoir exécutif n'est pas nécessaire à la liberté nationale, il faut se hâter de le détruire, mais que si au contraire la nécessité du pouvoir exécutif a été reconnue, il ne faut pas qu'il soit ennemi de la liberté. Il vous a dit que si les pouvoirs sont tellement divisés que le parti du pouvoir exécutif & le parti de la législature fussent deux pouvoirs dans l'état....

M. *Goupil*. Mais, M. le président j'ai la parole.

M. *Duport*. Si l'assemblée ne veut pas entendre les motifs qui ont déterminé le comité, je me renfermerai si on veut dans des moyens de forme; je dis que quand on dit : *aux voix !* pour toute raison, il n'y a rien de raisonnable à répondre; mais comme des moyens de forme ne suffisent pas, je desirerois faire connoître à l'assemblée quel a été le motif de votre comité. (*Plusieurs voix de l'extrémité gauche* : nous n'en avons pas besoin). Je dis qu'il est du plus grand intérêt de ne pas constituer les pouvoirs de manière qu'ils divisent tellement la nation qu'elle se divise en deux classes distinctes. Ce seroit substituer à l'esprit national, à celui qui constitue l'esprit public, un esprit d'opposition & de contrariété. Si cette opposition existoit dans le sein du corps législatif, elle seroit véritablement utile à la liberté; le public qui assiste réellement, ou par la pensée, au pouvoir législatif, veut qu'il y ait une opposition, parce qu'elle est la source des bonnes discussions; mais quand cette opposition se prolonge dans la nation entière; quand elle la coupe en deux parties; quand une partie des citoyens dit : nous sommes pour le roi; & l'autre : nous sommes pour le corps législatif. Alors il n'y a plus de tranquillité publique, il n'y a plus de liberté.

Si le pouvoir exécutif est contraire à la liberté, il y a des moyens pour le retenir; mais s'il est inactif, il est impossible de le faire agir. Il faut donc lui donner intérêt pour agir; il ne faut pas dépopulariser le pouvoir exécutif : mais le pouvoir exécutif, ce n'est pas le roi seulement, ce sont les ministres, ce sont les agents qui l'entourent. Si vous avez donc senti la nécessité que le pouvoir exécutif fût populaire, vous devez vouloir que les agens du pouvoir exécutif soient élus parmi les hommes reconnus pour être populaires. Si les personnes qui sont élues au corps législatif sont par là même exclues des places du pouvoir exécutif, qui est-ce qui ira, je vous le demande, dans les élections populaires? Vous desirez que les officiers soient populaires; il y a même des pays où l'on exige des officiers une propriété. Vous ne l'avez pas voulu, mais cela ne fait rien ici. Eh bien! tous les officiers qui, ayant du talent & des moyens, voudront avancer, fuiront les élections; car s'ils étoient élus, ils ne pourroient obtenir du pouvoir exécutif aucun avancement. Vous devez desirer que les agens de la nation au dehors soient populaires; Eh bien! les hommes populaires sont précisément ceux que vous voudriez exclure; il n'y a donc personne qui ne fuiroit ces élections populaires; car du moment où un homme seroit élu, sa carrière seroit perdue. Cela peut se pousser jusqu'au point de vous faire frémir. Si jamais l'ennemi étoit aux portes de la France ; si la France a beaucoup d'officiers, elle a peu de généraux ; si la destinée d'un empire peut dépendre quelques fois de quelques individus, si ces individus étoient dans l'assemblée nationale, vous ne voudriez donc pas qu'ils allassent défendre l'état à la tête des armées, & vous sacrifiriez la chose publique à une vaine délicatesse.

Maintenant prenons les agens plus directs du pouvoir exécutif. Qu'y a-t-il à desirer, je ne dis pas pour l'orgueil de quelques individus, mais pour l'intérêt du peuple françois? Que les loix soient justes & exécutées. Que les ministres aient la confiance des peuples. Quelques uns dans l'opposition vouloient que le peuple nommât les ministres, mais vous avez senti les inconvéniens de cette proposition. Ils vont tout de suite à des idées contradictoires. Parmi ces idées il y en a une vraie : le peuple ne peut pas élire les ministres ; il faut donc que les ministres soient élus parmi ceux qui ont déja sa confiance. Si non le pouvoir exécutif sera obligé de prendre parmi les hommes qui ne se seront jamais présentés aux élections populaires, parmi les hommes qui auront été rejettés par le peuple. Ce n'est pas là le seul inconvénient ; mais c'est qu'il ne pourra jamais prendre que des hommes entièrement inconnus ; au contraire, dans le systême que nous proposons, il prendra des hommes que l'opinion chérira ; l'opinion aura sur lui une telle action, qu'elle le forcera à être populaire.

M. *Goupil.* Mais, monsieur, j'ai la parole.

M. *Duport.* Je finirai par une observation saillante. Vous avez fait une entreprise également grande, juste & belle. Vous avez voulu soumettre tous les citoyens au joug de l'égalité : vous avez voulu faire de l'égalité la base de votre constitution, pour cela il a fallu faire courber des têtes orgueilleuses qui n'en avoient jamais entendu parler ; vous avez donc pris l'engagement de faire une constitution solide. Maintenant si, faute d'accorder les parties entr'elles, votre principe d'égalité vous échappe, on dira que le systême d'égalité n'est qu'un beau rêve. Si le pouvoir exécutif est ennemi, il est impossible que les bases populaires puissent subsister ; ce ne sera que par des hommes qui se seront montrés ennemis de la liberté que le pouvoir exécutif pourra gouverner.

Enfin persuadés que dans cette question l'intérêt général présidera, & qu'on mettra de côté toutes les idées, les sentimens, les passions particulières ; je demande qu'on mette à la discussion, non pas le décret qui exclut du ministère les membres de l'assemblée actuelle, car il est possible qu'il soit bon, mais l'autre ; de manière qu'on voye bien que l'assemblée a pris en considération des motifs tirés de l'intérêt du pays & non pas des passions particulières. (Quelques membres applaudissent).

M. *Goupil.* Le comité ne se plaindra pas de n'avoir pas eu assez d'avantages ; & puisqu'enfin un membre étranger au comité peut se faire entendre, je dirai que je sais bien aussi que ce seroit un état très-mal distribué que celui où la puissance législative & le pouvoir exécutif se regarderoient sans cesse comme deux forces hostiles & toujours prêtes à se combattre ; mais je ne m'étendrai pas sur ces dissertations métaphysiques, auxquelles on ne se livre que quand on ne s'entend pas soi même, il nous faut de la sûreté & non pas de la métaphysique. Mais entendez bien, & comprenez une fois pour toutes qu'il faut une surveillance des deux parties, l'un sur l'autre, & ne concertez pas, avec une concertation hostile, cette surveillance patriotique & indispensable. J'abandonne cette foule d'exemples qu'on nous avoit cités avec une faconde abondante, pour prouver que les hommes qui aspireroient à quelque avancement dans les places du pouvoir exécutif ne se présenteroient pas aux élections populaires, & pour y répondre en un seul mot, je demande par amendement que l'assemblée décrète dans l'*acte constitutionnel*, que les membres du corps législatif ne pourront accepter du gouvernement, *pendant la durée de la législature*, aucuns dons, places ou emplois, même en donnant leur démission.

M. *Rœderer.* Pour quiconque veut, & veut sérieusement s'occuper de la machine politique, non pas en machiniste, mais en artiste & en méchanicien de l'art social, il doit être évident que le véritable intérêt national, celui d'obtenir aux loix le respect qui leur appartient, c'est d'attacher à ce respect une sorte de religion publique, au moyen de laquelle les citoyens fléchissent sans qu'il soit jamais besoin de l'intervention de la force ; or, rien n'est si propre à établir le respect à la loi, la religion de la loi, que de montrer au peuple qu'aucun intérêt personnel n'a pu approcher du législateur. Il ne suffit pas qu'il soit incorrompu ; il ne suffit pas même qu'il soit incorruptible, il faut que le peuple ait devant ses yeux des motifs évidens qui l'empêchent de craindre la corruption ; & il aura cette crainte s'il sait que le pouvoir exécutif peut obtenir des députés tout ce qu'il veut, en les nommant aux places du ministère, ou même aux places inférieures ; car il est des gens qui s'accommodent de tout ; c'est par le sentiment de cette grande vérité qui appartient plus à la conscience qu'à l'esprit, que sans discussion & par un premier mouvement de votre générosité, vous avez décrété qu'aucun de vous ne pourroit recevoir des places du pouvoir exécutif. On a bien eu tort de vous reprocher cette précipitation, car elle fait votre apologie. On a fait dans cette discussion des contradictions singulières. On vous a dit qu'il falloit un parti de l'opposition dans le corps législatif, que si on ne pouvoit être nommé au ministère, ce parti de l'opposition seroit trop foible; & un instant après, on a dit que toute opposition seroit dangereuse, qu'il falloit faire fraterniser les pouvoirs.

Moi je veux une opposition, mais une opposition patriotique, & non pas une opposition de cupidité, celle que vous avez fait disparoître devoir résulter de l'ambition d'un membre du corps législatif qui voudroit culbuter un ministre pour le remplacer. On suppose que l'opposition résultera de la cupidité. Eh bien, je dis que cette opposition seroit destructive du pouvoir exécutif, & de l'intérêt public. Des hommes cupides & intrigans harcéleront le pouvoir exécutif, & en même tems ils dégraderont le corps législatif par cette opposition personnelle, & augmenteront les moyens de résistance du pouvoir exécutif.

On vous a dit qu'en Angleterre on n'avoit un partie de l'opposition, que par l'intérêt que pouvoient avoir les membres du parlement à renverser le ministère existant. Sans entrer dans le fond de l'objection, je réponds que nous ne sommes pas dans le même cas, qu'en Angleterre; car en Angleterre, il n'y a de places pour les ambitieux que celles qui sont à la disposition du roi.

Ici, il y a des places populaires pour recompenser le mérite utile; le gouvernement étant représentatif, le peuple a toujours les moyens de reconnoître les services qui lui ont été rendus. Mais quand tous les argumens qu'on nous a débités seraient vrais, il n'y a évidemment dans l'exercice de la faculté qu'on revendique pour le pouvoir exécutif qu'une lacune de quatre années, puisque dans quatre ans d'ici le pouvoir exécutif pourra chaque année nommer ceux qui seront sortis, qui auront été dans l'avant dernière législature. Mais dans tous les cas, quand même ce décret ne vaudroit rien pour les législatures, il seroit au moins utile pour le corps constituant. Je conclus donc à l'adoption de la motion de M. Saint-Martin.

On demande dans toutes les parties de la salle que la discussion soit fermée.

L'assemblée décide que la discussion est fermée.

M. *Custine*. Je demande que le décret ne soit applicable qu'au corps constituant, & que les membres des législatures soient exclus des places de ministre seulement.

M. *Chabroud*. J'appuie le décret qui exclut de toutes places les membres de cette assemblée. Quant à celui qui regarde les membres des législatures, il a été formé pièce à pièce (*les cris redoublent*: aux voix l'article.) Vous allez livrer au roi toutes les personnes qui aspireront aux places. (*nouveaux cris*; aux voix, aux voix.)

M. *Buzot*. Si l'article qu'on propose ne vaut rien pour les législatures, il ne vaut rien pour l'assemblée actuelle. Vous avez décrété que les membres du corps législatif ne pourroient être commissaires du roi que deux ans après la fin de leur session. Je demande donc que conséquemment à cet article, le terme qui a été fixé à quatre ans, soit réduit à deux.

L'assemblée adopte la proposition de M. Buzot, & décrète que les membres de l'assemblée actuelle & ceux des prochaines législatures ne pourront être élus à aucune des places données par le pouvoir exécutif, que deux ans après la fin de leur session.

M. *Guilleaumme*. L'agitation qui a régné dans cette assemblée depuis que la discussion est ouverte sur l'*acte constitutionnel*, vient de plusieurs omissions graves que les *vrais* amis de la liberté ont cru appercevoir..... (on applaudit dans l'extremité gauche de la partie gauche, & dans quelques parties des tribunes.)

Une très vive agitation se manifeste dans tout le côté gauche.

MM. Barnave & Thouret paroissent à la tribune & sollicitent la parole.

M. Beaumetz placé dans l'extrémité de la partie gauche la sollicite aussi.—MM. Antoine, Montpassan, le curé Dillon & quelques autres membres étouffent la voix par leurs cris & leurs applaudissements.

M. *Alexandre Lameth en montrant M. Guilleaumme*. Je demande qu'il soit rappelé à l'ordre.

MM. Duport & Charles Lameth appuyent du geste cette proposition.

La partie droite calme, observe en silence la partie gauche.

M. Guilleaumme monte à la tribune placée dans l'extrémité de la partie gauche.

M. *Barnave*. Je demande la parole pour une motion d'ordre.....

M. *Guilleaumme*. La liberté de la nation dépend de la liberté des opinions....

M. *le président*. Sur un mot échappé à M. Guilleaumme, tendant à inculper un grand nombre.. (*Plusieurs voix de l'extrémité gauche de la partie gauche.* non, non.)

M. *Guilleaumme.* Je ne desire pas que mon opinion passe par votre organe, parce qu'elle se corrompt...... (deux membres, voisins de M. Guilleaumme applaudissent.)

L'agitation redouble. — plusieurs voix s'élevent: *à l'abbaye, à l'abbaye.* — M. Barnave insiste pour obtenir la parole.

M. Guilleaumme veut continuer à parler.

M. *Desmeuniers.* Vous n'avez pas la parole, monsieur.

M. *Le président.* M. Barnave a demandé la parole pour une motion d'ordre. Je vais consulter l'assemblée pour savoir si elle veut la lui accorder.

L'assemblée est consultée. — Les cris de l'extrémité gauche de la partie gauche empêchent M. le président de prononcer le résultat de la délibération.

M. *Rœderer.* M. Guilleaumme n'a sans doute pas eu l'intention d'offenser personne; ainsi il faut lui laisser expliquer sa pensée.

M. *Le président.* Je n'ai pas de volonté. Avant d'accorder la parole je dois consulter l'assemblée....

Une voix de l'extrémité gauche de la partie gauche. M. Guilleaumme l'a de droit.

M. *Barnave.* Je cède la parole à M. Guilleaumme, pourvu qu'on me l'accorde après lui.

Vingt minutes se passent dans la plus vive agitation.

M. *Guilleaumme.* Je ne puis assez m'étonner du trouble qu'à occasionné dans cette assemblée, une phrase que l'on ne m'a pas permis d'achever; c'est lorsque j'ai dit que les *bons* amis de la constitution..... (*plusieurs voix,* vous avez dit les *vrais*, monsieur) lorsque j'ai dit que les vrais amis de la constitution avoient remarqué dans l'*acte constitutionnel*, des omissions importantes, je ne m'attendois pas qu'on en concluroit que ceux qui avoient commis ces omissions, n'étoient pas aussi les vrais amis de la constitution. (Les murmures sont universels.) Je n'ai jamais entendu prononcer sur les intentions de personne; mais j'ai dû relever avec le courage, avec la fermeté d'un représentant de la nation, des omissions que je crois importantes. L'agitation qui a eu lieu dans les dernières séances, avoit pour cause principale ces omissions; sans doute elle va cesser, puisqu'elles sont, presque toutes, reparées. Vous avez décrété que les députés à la législature ne pourroient être choisis que dans leurs départemens respectifs; vous avez également adopté, comme constitutionnel, le décret qui porte qu'un membre qui aura été élu à deux législatures de suite, ne pourra être réélu qu'après un intervalle de deux années. Vous venez de retablir aussi le décret qui exclut vous & vos successeurs des places du ministère. Je voulois vous dire qu'il ne restoit plus maintenant qu'à rappeler le décret constitutionnel, qui porte que le corps législatif pourra dire au roi que ses ministres ont perdu la confiance de la nation. (On entend des applaudissemens.)

M. *Barnave.* Je n'aurois pas insisté sur la parole, si je n'avais eu en vue que le préopinant fût rappelé à l'ordre; car la phrase a si peu de convenance, que je ne doutois pas que de la demander fût assez pour l'obtenir. J'avois demandé la parole pour appuyer cette proposition, sur des réflexions très-courtes, relatives à ce qui s'est passé ces derniers jours & aux sentimens qu'ont éprouvés les comités à cet égard. Hier, comme aujourd'hui, il nous a été adressé une phrase dont nous aurions eu peut-être le droit de demander justice à l'assemblée. Un membre a dit en s'adressant à une partie de l'assemblée, qui alors interompoit un opinant: *je vous demande silence. Nous avons conquis notre liberté; nous saurons la conquérir encore en faisant rétablir nos décrets.* (On applaudit dans l'extrémité gauche de la partie gauche). Nous aurions pu demander alors que l'opinant fût rappelé à l'ordre. Nous ne l'avons pas fait, parce qu'un premier fait de cette nature ne nous a pas paru le nécessiter impérieusement. La repétition du même fait m'a engagé à demander la permission de faire une motion d'ordre, & à mettre briévement sous les yeux de l'assemblée des sentimens dont déja hier les comités étoient pénétrés, à raison de ce qui s'est passé. Je dois vous le dire; dans notre séance d'hier au soir, la seule idée qui nous a occupés, étoit de savoir si les dispositions ou nous avions vu hier une partie de l'assemblée, & si sur-tout les décrets qui venoient d'être rendus, & qui paroissoient prêts à l'être, ne devoient pas nous déterminer à nous démettre. (M. Anthoine applaudit).

M. *Barnave, les yeux fixés sur l'extrémité gauche de la partie gauche.* Il n'y a qu'un moyen de s'entendre; c'est de s'expliquer. Comme j'aime à croire que tout le monde ici est de bonne-foi... (une voix de l'extrémité gauche, *parlez à l'assemblée*).

L'assemblée nationale nous avoit chargés de faire le rassemblement & la classification de ses décrets constitutionnels. Dans cet important ouvrage, nous n'avons eu que deux vues. C'est 1°. qu'en maintenant la constitution établie par vous, il en résultat qu'avec toutes vos bases conservées, le gouvernement eût assez d'assiette, de stabilité, de vigueur pour pouvoir prendre son mouvement, pour avoir un résultat effectif & durable, &, par conséquent, pour que la liberté s'établît. Car nous avons cru que, si au moment où définitivement nous allons établir la constitution, il se trouvoit de tels vices dans cet ouvrage, que le mouvement du gouvernement ne pût pas avoir lieu, que la machine n'eût pas en elle le principe de son action, alors après deux ans de travaux, de dangers, de courage, nous ne donnerions à la france qu'une succession de troubles, & nous ne recueillerons pour nous que la honte qui en seroit le juste prix. Tel a dû être notre sentiment dominant, & non pas celui de renfermer dans cet acte, qui devoit vous être présenté, quelques décrets, qui, pour avoir porté le nom de constitutionnels, ne nous en paroissoient pas moins, dans l'intimité de notre conscience, contraires au véritable, au permanent, au prospère établissement de la constitution. Notre second point de vue, en la simplifiant, a été celui-ci; nous avons cru qu'il falloit qu'elle fût durable, que pour la paix nationale, il convenoit qu'on n'eût pas besoin souvent de rassembler des corps constituans, & je crois n'avoir pas besoin de justifier dans cette assemblée, l'importance de cette considération.

Nous avons donc pensé qu'en conservant toutes les bases, & pour empêcher qu'elles ne pussent être changées, nous ne devions pas introduire dans la constitution différens détails, qui n'étant pas assez éprouvés par l'expérience, ne sont pas assez évidemment bons pour que nous puissions assurer que dans deux ou quatre ans, plus ou moins l'expérience ne les démontrera pas vicieux, & qu'alors l'opinion publique se trouvant contraire à ces mêmes décrets, on appellera une convention nationale, ou autorisera, par un silence d'approbation, la législature à faire des changemens. Or, s'il arrivoit que la législature fit des changemens, quelques bons, quelqu'utiles qu'ils puissent être, il en résulteroit toujours qu'elle auroit brisé son frein, qu'elle auroit passé la barrière constitutionnelle que vous lui avez fixée; & des-lors il n'y a pas une raison d'espérer qu'elle s'arrêteroit à ces premiers pas; ainsi après avoir changé quelques détails, les législatures suivantes pourroient changer jusqu'aux premiers principes de notre gouvernement.

Nous avons donc cru que, pour conserver au gouvernement sa stabilité, il importoit d'en maintenir ce qui le constitue essentiellement; mais que, quant aux détails qui même par leur nature approchoient des décrets constitutionnels, toutes les fois que les modifications amenées par l'expérience, effectuées par des législatures qui seront, comme nous, des représentans du peuple, n'altéreront pas l'essence de la constitution, il étoit bon de ranger ces décrets parmi les décrets purement législatifs, pour laisser à l'expérience de nos successeurs la faculté de perfectionner, & sur-tout pour assurer la durée de la constitution, en la simplifiant, & en n'y mettant pas des choses qui, comme j'ai eu l'honneur de vous le dire, étant successivement & nécessairement modifiées par la législature avec l'approbation de l'opinion publique, détruiroient la solidité que vous voulez donner à votre ouvrage.

Tel a été le principe de notre conduite, quand nous avons réduit les décrets constitutionnels; je remarquerai qu'il a été inséré dans l'*acte constitutionnel* deux cents articles; & qu'avant qu'il eût paru, avant qu'il fût publié, la plupart des membres de cette assemblée croyoient que les articles constitutionnels ne seroient pas au-delà du nombre de 150 ou de 160, que tandis que c'étoit là l'opinion de beaucoup de personnes, ceux qui connoissent les constitutions déjà établies, ceux qui ont lu la constitution américaine, où cependant le peuple aussi a été jaloux de la liberté, savent que les articles constitutionnels y sont infiniment moins nombreux que ceux que nous avons recueillis dans notre acte. Les bases y sont beaucoup plus à nud; les moyens d'exécution, les accessoires, y sont presque entièrement oubliés, tandis que nous avons cru que ceux qui étoient intimement liés à la forme du gouvernement, devoient être conservés dans votre *acte constitutionnel*.

Qu'est-il arrivé, lorsque le travail a paru dans le public & dans cette assemblée? Je crois qu'il a obtenu dans cette assemblée quelques marques d'approbation; quant au public, elles ont été à-peu-près universelles. Il n'a existé, à l'inspection de notre travail, que deux sources d'opposition; ceux qui, jusqu'à présent, se sont constamment montrés les ennemis de la révolution, ont déclamé fortement contre ce travail, parce que d'une part, ils y voyoient tous les principes de l'égalité immuablement & constitutionnellement consacrés, & que d'autre part, voyant que la machine du gouvernement avoit une force stable, un sort durable, ils ont reconnu, par ce travail, que la constitution s'établiroit, qu'elle auroit un résultat solide & permanent, & qu'ainsi elle maintiendroit à jamais tous les principes contraires à leurs intérêts.

Tel a été dans le public le sentiment des ennemis de la révolution. Une autre classe, à la vérité, s'est montrée opposée à notre travail: mais quelle étoit cette classe? Je la divise en deux parties très-distinctes: l'une est celle des hommes qui, dans l'opinion intime de leur conscience, donnent la préférence à un autre gouvernement, qu'ils déguisent plus ou moins dans leurs opinions, & cherchent à enlever à notre constitution monarchique

chique tout ce qui pourroit éloigner des résultats qu'ils desirent. Je déclare que, quant à ceux-là, je ne les attaque point; quiconque a une opinion politique pure, comme je les en crois capable, a le droit de l'énoncer : chacun a sa façon de voir; c'est l'opinion de la majorité qui fait la loi. Mais il s'est élevé une autre classe de personnes contre notre travail; & celle-là, ce n'est pas à raison de ses opinions politiques qu'elle s'est montrée opposante; ce n'est pas parce qu'elle aime mieux la république que la monarchie, la démocratie que l'aristocratie; c'est parce qu'elle n'aime aucune espèce de gouvernement; c'est parce que tout ce qui fixe la machine politique, tout ce qui est l'ordre public, tout ce qui rend à chacun ce qui lui appartient, tout ce qui met à sa place l'homme probe & l'homme honnête, l'homme improbe & le vil calomniateur, lui est odieux & contraire. (On applaudit à plusieurs reprises dans la très-grande majorité de la partie gauche).

Voilà, Messieurs, quels sont ceux qui ont combattu le plus activement notre travail; ils ont cherché de nouvelles ressources de révolutions, parce que hors de-là, toute autre ressource étoit perdue pour eux; ce sont des hommes qui, en changeant de nom, en mettant des sentimens en apparence patriotiques à la place des sentimens de l'honneur, de la probité, de la pureté; en s'asseyant même aux places les plus augustes, avec le nouveau masque de nom de vertu, ont cru qu'ils en imposeroient à l'opinion publique, se sont coalisés avec quelques écrivains... (Les applaudissemens recommencent).

Notre but ici est toujours le même, il doit être celui de tous les amis de la liberté; il nous doit réunir avec la presque unanimité de l'assemblée, avec ceux, au moins, qui n'ont cessé de montrer une volonté permanente & pure pour l'établissement de la révolution. Si vous voulez que votre constitution ne soit pas changée, si vous voulez qu'elle s'exécute véritablement & solidement; si vous voulez que la nation, après vous avoir dû l'espérance de la liberté, car ce n'est encore que l'espérance, (Quelques murmures.) vous en doive la réalité; vous doive la prospérité, la paix & le bonheur : attachons-nous à simplifier notre révolution, autant que la conservation de son essence, de son caractère vous le fera paroître possible; & donnant au gouvernement, je veux dire à tous les pouvoirs établis par cette constitution, le degré de force, d'action, d'ensemble, qui est nécessaire pour mouvoir la machine sociale, & pour conserver à la nation l'inapréciable bienfait de la liberté que vous lui avez donné.

Vous avez déjà retranché de notre travail des modifications que nous avions jugées indispensables au succès effectif de la constitution; si le salut de la patrie vous est cher, prenez-garde à ce que vous ferez encore, & par-dessus tout, bannissons d'entre nous d'injustes méfiances qui ne peuvent être utiles qu'à nos ennemis, qui ne peuvent porter au-dedans l'obéissance aux loix, quand on croira que la seule force motrice est divisée ou énervée : au-dehors, que l'espérance dans le sein de nos ennemis, quand ils auront le plaisir de croire que ce bel ensemble dans la conduite de l'assemblée nationale, que cette constante majorité, que cette marche, à-la-fois sage & hardie, qui leur en a tant imposé depuis le départ du roi, est prête à s'évanouir devant des divisions artistement fomentées par des soupçons perfides. (On applaudit). N'en doutez pas, vous verriez renaître à l'intérieur les désordres dont vous êtes lassés, & dont le terme de la révolution doit être aussi le terme; vous verriez renaître à l'extérieur, des espérances, des projets, des tentatives que nous bravons hautement, parce que nous connoissons nos forces, quand nous sommes unis; parce que nous savons que tant que nous serons unis, on ne les entreprendra pas, & que si l'extravagance osoit les tenter, ce seroit toujours à sa honte; mais, des tentatives qui s'effectueroient, & sur le succès desquels on pourroit compter avec quelque vraisemblance, une fois que, divisés entre nous, ne sachant à qui nous devons croire, nous nous supposons des projets divers, quand nous n'avons que les mêmes projets; des sentimens contraires, quand chacun de nous a dans son cœur le témoignage de la pureté de son voisin, quand deux ans de travaux entrepris ensemble, quand des preuves consécutives de courage, quand des sacrifices que rien ne peut payer, si ce n'est la satisfaction de soi-même........ (Les applaudissemens redoublent). D'après cela M. le président, voyant que le comité n'a nullement besoin que l'assemblée nationale manifeste d'une manière quelconque les sentimens dont j'espère que l'assemblée nationale ne s'éloignera jamais, je demande simplement que l'on passe à l'ordre du jour sur la motion qu'avoit faite M. Guilleaumme.

M. Thouret fait lecture de l'article IX.

IX. Les représentans nommés dans les départemens ne seront pas représentans d'un département particulier, mais de la nation entière; il ne pourra leur être donné aucun mandat, soit des assemblées primaires, soit des électeurs.

Cet article est décrété.

M. Thouret soumet à la discussion la section quatrième.

Art. I. Les fonctions des assemblées primaires & électorales se bornent à élire; elles se sépareront aussitôt après les élections faites, & ne pourront se former de nouveau que lorsqu'elles seront convoquées.

II. Nul citoyen actif ne peut entrer ni donner son suffrage dans une assemblée, s'il est armé.

III. La force armée ne pourra être introduite dans l'intérieur, sans le vœu exprès de l'assemblée; si ce n'est qu'on y commît des violences; auquel cas, l'ordre du président suffira pour appeler la force publique.

IV. Tous les deux ans il sera dressé, dans chaque district, des listes, par cantons, des citoyens actifs; & la liste de chaque canton y sera publiée & affichée deux mois avant l'époque de l'assemblée primaire.

Les réclamations qui pourront avoir lieu, soit pour contester la qualité des citoyens employés sur la liste, soit de la part de ceux qui se prétendront omis injustement, seront portées aux tribunaux pour y être jugées sommairement.

La liste servira de règle pour l'admission des citoyens dans la prochaine assemblee primaire, en tout ce qui n'aura pas été rectifié par des jugemens rendus avant la tenue de l'assemblée.

V. Les assemblées électorales ont le droit de vérifier la qualité & les pouvoirs de ceux qui s'y présenteront, & leurs décisions seront exécutées provisoirement, sauf le jugement du corps législatif, lors de la vérification des pouvoirs des députés.

VI. Dans aucun cas & sous aucun prétexte, le roi ni aucun des agens nommés par lui, ne pourront prendre connoissance des questions relatives à la régularité des convocations, à la tenue des assemblées, à la forme des élections, ni aux droits politiques des citoyens.

Elle est décrétée.

M. Thouret fait lecture de la section V.

Réunion des représentans en assemblée nationale législative.

Art. I. Les représentans se réuniront le premier lundi du mois de mai, au lieu des séances de la dernière législature.

II. Ils se formeront provisoirement, sous la présidence du doyen d'âge, pour vérifier les pouvoirs des représentans présens.

III. Dès qu'ils seront au nombre de trois cent soixante-treize membres vérifiés, ils se constitueront sous le titre d'assemblée nationale législative; elle nommera un président, un vice-président & des secrétaires, & commencera l'exercice de ses fonctions.

IV. Pendant tout le cours du mois de mai, si le nombre des représentans présens est au dessous de trois-cent-soixante-treize, l'assemblée ne pourra faire aucun acte législatif.

Elle pourra prendre un arrêté pour enjoindre aux membres absens de se rendre à leurs fonctions dans le délai de quinzaine au plus tard, à peine de 3,000 liv. d'amende, s'ils ne proposent pas une excuse qui soit jugée légitime par l'assemblée.

V. Au dernier jour de mai, quelque soit le nombre des membres présens, ils se constitueront en assemblée nationale législative.

VI. Les représentans prononceront tous ensemble, au nom du peuple françois, le serment de *vivre libre ou mourir*.

Ils prêteront ensuite individuellement le serment *de maintenir de tout leur pouvoir la constitution du royaume décrétée par l'assemblée nationale constituante, aux années 1789, 1790 & 1791; de ne rien proposer ni consentir dans le cours de la législature, qui puisse y porter atteinte, & d'être en tout fideles à la nation, à la loi & au roi*.

VII. Les représentans de la nation sont inviolables : ils ne pourront être recherchés, accusés ni jugés en aucun tems, pour ce qu'ils auront dit, écrit, ou fait dans l'exercice de leurs fonctions de représentans.

VIII. Ils pourront, pour fait criminel, être saisis en flagrant délit, ou en vertu d'un mandat d'arrêt; mais il en sera donné avis, sans délai, au corps législatif, & la poursuite ne pourra être continuée, qu'après que le corps législatif aura décidé qu'il y a lieu à accusation.

Elle est décrétée.

M. *Thouret*. Je passe au chapitre 2.

DE LA ROYAUTÉ, DE LA RÉGENCE, ET DES MINISTRES.

SECTION PREMIÈRE.

De la royauté & du roi.

Art. I. La royauté est indivisible, & déléguée héréditairement à la race régnante, de mâle en mâle, par ordre de primogéniture, à l'exclusion perpétuelle des femmes & de leur descendance.

(Rien n'est préjugé sur l'effet des renonciations, dans la race actuellement régnante).

II. La personne du roi est inviolable & sacrée ; son seul titre est *roi des françois.*

III. Il n'y a point en France d'autorité supérieure à celle de la loi. Le roi ne régne que par elle, & ce n'est qu'au nom de la loi qu'il peut exiger l'obéissance.

IV. Le roi à son avènement au trône, ou dès qu'il aura atteint sa majorité, prêtera à la nation, en présence du corps législatif, le serment d'*être fidele à la nation, à la loi, & d'employer tout le pouvoir qui lui est délégué, à maintenir la constitution décrétée par l'assemblée nationale constituante, aux années 1789, 1790 & 1791, & à faire exécuter les loix.*

Si le corps législatif n'est pas assemblé, le roi fera publier une proclamation, dans laquelle seront exprimés ce serment & la promesse de le réitérer aussitôt que le corps législatif sera réuni.

V. Si le roi refuse de prêter ce serment après l'invitation du corps législatif, ou si, après l'avoir prêté, il se rétracte, il sera censé avoir abdiqué la royauté.

VI. Si le roi se met à la tête d'une armée & en dirige les forces contre la nation, ou s'il ne s'oppose pas par un acte formel à une telle entreprise, qui s'exécuteroit en son nom, il sera censé avoir abdiqué.

Ces articles sont décrétés.

M. d'*Aiguillon.* L'article qui vient d'être décrété ne me paroît pas suffisant, & je pense que c'est ici le cas d'adopter une proposition faite depuis long-tems par M. Beauharnais, actuellement président, tendante à décréter que, sous aucun prétexte, le roi ni l'héritier présomptif de la couronne ne pourront jamais commander l'armée. Un chef d'armée est responsable des évènemens pour les fautes qu'il peut commettre. Mais si le roi commande, son inviolabilité le met à l'abri de toute responsabilité. Je demande que ma proposition soit renvoyée à l'examen des comités.

M. *Custine.* Je demande la question préalable sur cette proposition.

La question préalable est rejettée.

L'assemblée renvoie à l'examen des comités le proposition faite par M. d'Aiguillon.

M. Thouret fait lecture des articles suivans:

Art. VII. Si le roi sort du royaume, & si, après avoir été invité par une proclamation du corps législatif, il ne rentre pas en France, il sera censé avoir abdiqué.

VIII. Après l'abdication expresse ou légale, le roi sera dans la classe des citoyens, & pourra être accusé & jugé comme eux, pour les actes postérieurs à son abdication.

IX. Les biens particuliers que le roi possède à son avènement au trône, sont réunis irrévocablement au domaine de la nation ; il a la disposition de ceux qu'il acquiert à titre singulier ; s'il n'en a pas disposé, ils sont pareillement réunis à la fin du règne.

X. La nation pourvoit à la splendeur du trône par une liste civile, dont le corps législatif déterminera la somme à chaque changement de règne, pour toute la durée du règne.

Ces articles sont décrétés.

Séance du 14 Août 1791.

M. *Thouret.* Je demande la permission à l'assemblée de lui faire une observation qui n'interrompra pas la suite du travail que je vais reprendre immédiatement après. L'assemblée veut certainement, tant pour son honneur que pour le salut de la France, établir par la constitution un gouvernement stable. Ce gouvernement doit être tel qu'il donne au pouvoir exécutif tous les moyens d'assurer la liberté sans opprimer, & l'énergie nécessaire pour maintenir l'ordre public. C'est cette entreprise difficile qui sans cesse a obtenu votre attention, & qui a fait, j'ose le dire, notre tourment. Nous avons pris toutes les précautions possibles contre le danger des prérogatives trop grandes qui auroient pu être accordées au pouvoir exécutif. Nous avons calculé scrupuleusement tout ce qui pouvoit être retranché de son pouvoir sans ôter la force nécessaire au gouvernement, & nous n'avons laissé subsister que ce qui, dans notre opinion, étoit absolument nécessaire. Tout, dans notre plan, étoit nécessaire, cohérent & parfaitement correspondant ; tout changement a dû l'altérer. C'étoit en remplaçant les anciens moyens de puissance du pouvoir exécutif par la facilité & la latitude données à la confiance du roi dans le choix de ses agens, que nous avions pensé qu'avec un roi attaché à la constitution, nous pourrions avoir un bon gouvernement.

Vos comités ont donc pris en considération les résultats des changemens opérés depuis hier dans notre plan par les délibérations de l'assemblée, & nous avons reconnu unanimement que les entraves mises aux élections, avec l'interdiction donnée au roi de prendre dans les législatures finissantes les agens qui lui seront nécessaires, détruisoit tous les moyens de force & d'énergie du pou-

S 2

voir exécutif. Notre unanimité sur une matière aussi délicate, nous a fait penser que nous devions donner une dernière déclaration sur l'opinion toujours constante des comités, non que nous voulions faire des propositions formelles à ce sujet, mais parce qu'au moment où nous touchons à une responsabilité commune, mais qui s'appliquera spécialement aux comités qui ont préparé les travaux de l'assemblée, nous avons pensé qu'il étoit important que chacun des membres de l'assemblée méditât encore ces questions avant que l'*acte constitutionnel* fût consommé. (Il s'élève de violens murmures dans l'extrémité gauche.) Maintenant, je passe à l'ordre du jour.

M. Thouret fait lecture de la section II du titre II. — Tous les articles de cette section sont successivement adoptés, ainsi qu'il suit :

SECTION II.

De la régence.

Art. Ier. Si le roi est mineur jusqu'à l'âge de dix-huit ans accomplis, & pendant sa minorité, il y a un régent du royaume.

II. La régence appartient au parent du roi, le plus proche en degré, suivant l'ordre de l'hérédité au trône, & âgé de vingt-cinq ans accomplis, pourvu qu'il soit François & régnicole, qu'il ne soit pas héritier présomptif d'une autre couronne, & qu'il ait précédemment prêté le serment civique.

Les femmes sont exclues de la régence.

III. Le régent exerce, jusqu'à la majorité du roi, toutes les fonctions de la royauté, & n'est pas personnellement responsable des actes de son administration.

IV. Le régent ne peut commencer l'exercice de ses fonctions, qu'après avoir prêté à la nation, en présence du corps législatif, le serment d'*être fidele à la nation, à la loi & au roi, d'employer tout le pouvoir délégué au roi, & dont l'exercice lui est confié pendant la minorité du roi, à maintenir la constitution décrétée par l'assemblée nationale constituante, aux années 1789, 1790 & 1791, & à faire exécuter les loix.*

Si le corps législatif n'est pas assemblé, le régent fera publier une proclamation, dans laquelle seront exprimés ce serment & la promesse de le réitérer aussitôt que le corps législatif sera réuni.

V. Tant que le régent n'est pas entré en exercice de ses fonctions, la sanction des loix demeure suspendue ; les ministres continuent de faire, sous leur responsabilité, tous les actes du pouvoir exécutif.

VI. Aussi-tôt que le régent aura prêté le serment, le corps législatif déterminera son traitement, lequel ne pourra être changé pendant la durée de la régence.

VII. La régence du royaume ne confère aucun droit sur la personne du roi mineur.

VIII. La garde du roi mineur sera confiée à sa mère ; & s'il n'a pas de mère, ou si elle est remariée, au temps de l'avènement de son fils au trône, ou si elle se remarie pendant la minorité, la garde sera déférée par le corps législatif.

Ne peuvent être élus pour la garde du roi mineur, ni le régent & ses descendans, ni les femmes.

IX. En cas de démence du roi, notoirement reconnue, légalement constatée, & déclarée par le corps législatif après trois délibérations successivement prises de mois en mois, il y a lieu à la régence, tant que la démence dure.

M. Thouret fait lecture de l'article premier de la troisième section.

De la famille du roi.

Art. Ier. L'héritier présomptif portera le nom de prince royal ; il ne peut sortir du royaume sans un décret du corps législatif, & le consentement du roi ; s'il en est sorti étant majeur de dix-huit ans, & si, après avoir été requis par une proclamation du corps législatif, étant majeur de dix-huit ans, il ne rentre point en France, il est censé avoir abdiqué le droit de succession au trône.

M. *Murinais*. La province du Dauphiné qui a donné son nom à l'héritier présomptif de la couronne, a été réunie au royaume de France avec le consentement du peuple de la province, en 1343. Elle ne fait pas partie du royaume de France ; elle a été donnée à l'héritier présomptif, à condition qu'il en porteroit & les armes & le nom. Je dois faire cette observation pour remplir mes engagemens envers mes commettans.

M. *Chabroud*. On nous parle de la volonté du peuple au moment où il est notoire qu'il n'en avoit pas. Aujourd'hui qu'elle se fait entendre, on voudroit la méconnoître. Je déclare, & je ne serai désavoué par aucun de mes collègues, qu'il n'y a plus de province de Dauphiné, que nous sommes tous François.

L'article premier est décrété.

M. Thouret fait lecture des articles II, III & IV.

II. Si l'héritier présomptif est mineur, le parent majeur, premier appelé à la régence, est tenu de résider dans le royaume. Dans le cas où il en seroit sorti, & n'y rentreroit pas sur la réquisition du corps législatif, il sera censé avoir abdiqué son droit à la régence.

III. La mère du roi mineur ayant sa garde, ou le gardien élu, s'ils sortent du royaume, sont déchus de la garde. Si la mère de l'héritier présomptif mineur sortoit du royaume, elle ne pourroit, même après son retour, avoir la garde de son fils mineur devenu roi, que par un décret du corps législatif.

IV. Les autres membres de la famille du roi ne sont soumis qu'aux loix communes à tous les citoyens.

Ces articles sont décrétés.

M. *Goupil*. Il y a, dans tous les articles qui viennent d'être décrétés, une omission importante sous tous les rapports de la politique & de la morale. Vos principes n'admetrent point de privilège; mais sous cette dénomination, vous ne comprenez point les établissemens constitutionnels. Vous avez établi que la royauté étoit héréditaire dans la race régnante. Par-tout où il y a des choses, il faut qu'il y ait des noms. Je demande donc que tous les membres de la famille régnante soient qualifiés du titre de princes françois, & qu'ils ne jouissent pas des droits ordinaires de citoyens. (Il s'élève de violens murmures dans l'extrémité de la partie gauche.) Cette proposition est très-importante; si vous voulez me permettre de la développer. (*Plusieurs voix :* Non, non.) En ce cas, j'en demande le renvoi au comité.

M. *d'Orléans*. Je demande que la proposition de M. Goupil soit rejettée par la question préalable. (On applaudit.)

M. *Prieur*. J'insiste sur la question préalable. Si l'assemblée pouvoit ne pas l'adopter, je demanderois ensuite à développer mon opinion.

Une voix s'élève : On espèrera donc toujours faire revivre cette noblesse?

M. *Ferrault*. Le meilleur moyen de la détruire, c'est de donner une prérogative aux membres de la famille royale.

M. *Dandré*. M. Goupil n'a pas eu le temps de développer son opinion; elle est appuyée par plusieurs membres, j'en demande le renvoi aux comités.

On demande la question préalable sur ce renvoi.

M. *Prieur*. Vous avez décrété constitutionnellement qu'il n'y auroit plus ni comtes, ni ducs, ni princes. Souvenez-vous de ce qui fut dit alors. Après le roi & l'héritier présomptif de la couronne, il n'y a que des citoyens françois.

M. *Lepaux*. Je demande que la première proposition de M. Goupil soit rejettée par la question préalable, & la seconde renvoyée aux comités. Il n'y a pas de meilleur moyen de rétablir la noblesse que ramener des titres sans fonction; vous verrez promptement, & vous voyez déjà plusieurs familles, qui prétendent descendre de la branche royale.

M. *Beaumetz*. La proposition qui vous est faite peut être développée dans une théorie énoncée par M. Mirabeau. La famille royale est dévouée à la liberté publique. Le membre de la famille royale qui vient de demander la question préalable a eu raison de le faire, s'il a conclu que ce titre étoit incompatible avec celui de citoyen françois, beaucoup plus beau. Cependant la question mérite un examen approfondi. (*Plusieurs voix de l'extrémité de la partie gauche :* elle est jugée.) Vous venez de décréter que le premier suppléant à la couronne se nommeroit prince royal; vous ne pouvez donc pas dire que vous avez décrété qu'il n'y auroit plus de princes. Il ne s'agit point ici d'ailleurs d'une distinction féodale; mais d'une qualité politique, qui n'est qu'une exclusion honorable des droits que les membres de la dynastie ne pourroient peut-être pas exercer, sans nuire à la liberté publique.

L'extrémité de la partie gauche insiste de nouveau sur la question préalable.

M. *Biozat*. Je demande la parole pour une motion d'ordre.

M. *Lanjuinais*. Ma motion d'ordre est, que l'importance qu'on met à demander le renvoi de la proposition au comité, doit être un motif pour la rejetter. Une pareille question peut-elle rester en suspens? Pourriez vous sortir de cette salle avec cette idée : les princes pourroient très bien renaître en france? Quant à la seconde partie de la proposition de M. Goupil, elle est réglementaire, ainsi je demande que la question préalable soit mise aux voix sur le tout. (On applaudit.)

M. *Duport*. Le préopinant vient de prouver combien des mots qui ne sont pas entendus, peuvent faire d'effet; (on murmure dans l'extrémité de la partie gauche.) Combien il est facile de présenter une question sous un jour faux, & comment des idées qui tendent à l'égalité, peuvent être facilement présentées comme des idées contraires. Il nous a présenté un nuage de princes suspendus sur nos têtes. Il n'y a rien de tout cela. Il s'agit de savoir si les droits de citoyens sont compatibles avec la succession à la couronne. Je ne suis point partisan du mot prince, & je ne suis pas plus attaché que M. Lanjuinais à ceux qui le portent; mais je demande s'il y a de l'égalité entre moi & un homme qui peut éventuellement être appellé au trône. (Plusieurs voix de la partie gauche : *oui, oui, certainement.*)

Il s'agit ici des rapports politiques & non pas de la dignité individuelle. Ce n'est pas d'après les principes de la déclaration des droits qu'il faut se décider ; car nous sommes dans une famille constituée. Il n'est personne qui ne pense que la question mérite au moins d'être discutée avec attention. M. Mirabeau pensoit que les membres de la dynastie ne pouvoient pas jouir des droits de citoyens ; & si en ce moment, il falloit décider sur le oui ou sur le non, je serois du même avis.

On insiste de nouveau sur la question préalable.

M. Rewbell. Le renvoi ne doit pas avoir lieu, parce qu'une pareille proposition ne doit jamais être présentée une seconde fois à l'assemblée nationale. Tant que les membres de la dynastie n'exercent pas les fonctions royales, il y sont aussi étrangers que moi.

M. Charles Lameth. Il ne s'agit pas ici de donner à personne le titre de prince, mais d'examiner si les membres de la dynastie peuvent exercer sans danger les fonctions de citoyen.

M.... Je vous prie de répondre ce que vous avez répondu à M. Mirabeau, lorsqu'il traita cette question.

M. Alexandre Lameth. Tout le monde est d'accord que le titre de prince ne doit être conféré à personne. On peut donc mettre d'abord cette proposition aux voix.

L'assemblée rejette la première proposition de M. Goupil.

Plusieurs membres de l'extrémité de la partie gauche demandent la question préalable sur la seconde proposition.

L'assemblée rejette la question préalable, & charge son comité de révision d'examiner la question de savoir si les membres de la dynastie pourront jouir des droits accordés à tous les autres citoyens.

M. Thouret fait lecture des articles V & VI.

V. Il sera fait une loi pour régler l'éducation du roi mineur, & celle de l'héritier présomptif mineur.

VI. Il ne sera accordé aux membres de la famille royale aucun appanage réel.

Les fils puînés du roi recevront à l'âge de vingt-cinq ans accomplis, ou lors de leur mariage, une rente appanagere, laquelle sera fixée par le corps législatif, & finira à l'extinction de leur postérité masculine.

Ces articles sont décrétés.

M. Thouret fait lecture de la section quatrième *des ministres.*

Art. I. Au roi seul appartient le choix & la révocation des ministres.

II. Aucun ordre du roi ne peut être exécuté, s'il n'est signé par lui & contre-signé par le ministre ou l'ordonnateur du département.

III. Les ministres sont responsables de tous les délits par eux commis contre la sûreté nationale & la constitution ;

De tout attentat à la propriété & à la liberté individuelle ;

De toute dissipation des deniers destinés aux dépenses de leur département.

IV. En aucun cas, l'ordre du roi verbal ou par écrit ne peut soustraire un ministre à la responsabilité.

V. Les ministres sont tenus de présenter chaque année au corps législatif, à l'ouverture de la session, l'apperçu des dépenses à faire dans leur département, de rendre compte de l'emploi des sommes qui y étoient destinées, & d'indiquer les abus qui auroient pu s'introduire dans les différentes parties du gouvernement.

VI. Aucun ministre en place ou hors de place, ne peut être poursuivi en matière criminelle pour fait de son administration, sans un décret du corps législatif.

Elle est décrétée.

M. Thouret fait lecture du chapitre III.

DE L'EXERCICE DU POUVOIR LÉGISLATIF.

SECTION PREMIERE.

Pouvoirs & fonctions de l'assemblée nationale législative.

Art. I. La constitution délègue exclusivement au corps législatif les pouvoirs & fonctions ci-après.

1°. De proposer & décréter les loix : le roi peut seulement inviter le corps législatif à prendre un objet en considération.

2°. De fixer les dépenses publiques ;

3°. D'établir les contributions publiques, d'en

déterminer & la nature, la quotité, sa durée & le mode de perception ;

4°. D'en faire la répartition entre les départemens du royaume, d'en surveiller l'emploi & de s'en faire rendre compte.

5°. De décréter la création ou la suppression des offices publics.

6°. De déterminer le titre, l'empreinte, le poids & la diminution des monnoies.

7°. De permettre ou de défendre l'introduction des troupes étrangeres sur le territoire des françois & des forces navales dans les ports du royaume.

8°. De statuer annuellement, après la proposition du roi, sur le nombre d'hommes & de vaisseaux dont les armées de terre & de mer seront composées ; sur la solde & le nombre d'individus de chaque grade ; sur les règles d'admission & d'avancement, les formes de l'enrolement & du dégagement, la formation des équipages de mer ; sur l'admission des troupes ou des forces navales étrangeres au service de France, & sur le traitement des troupes en cas de licenciement ;

9°. De statuer sur l'administration, & d'ordonner l'aliénation des domaines nationaux ;

10°. De poursuivre devant la haute cour nationale la responsabilité des ministres & des agens principaux du pouvoir exécutif ;

D'accuser & de poursuivre, devant la même cour, ceux qui seront prévenus d'attentat & de complot contre la sûreté générale de l'état, ou contre la constitution ;

11°. D'établir les règles d'après lesquelles les marques d'honneur ou de décorations purement personnelles seront accordées à ceux qui ont rendus des services à l'etat.

12°. Le corps législatif a seul le droit de décerner les honneurs publics à la mémoire des grands hommes.

II. La guerre ne peut être décidée que par un décret du corps législatif, rendu sur la proposition formelle & nécessaire du roi, & sanctionné par lui.

Dans le cas d'hostilités imminentes ou commencées, d'un allié à soutenir, ou d'un droit à conserver par la force des armes, le roi en donnera, sans aucun délai, la notification au corps législatif, & en fera connoître les motifs ; & si le corps législatif est en vacance, il le convoquera aussitôt.

Si le corps législatif décide que la guerre ne doive pas être faite, le roi prendra sur le champ des mesures pour faire cesser ou prévenir toutes hostilités, les ministres demeurant responsables des délais.

Si le corps législatif trouve que les hostilités commencées soient une agression coupable de la part des ministres ou de quelque autre agent du pouvoir exécutif, l'auteur de l'agression sera poursuivi criminellement.

Pendant tout le cours de la guerre, le corps législatif peut requérir le roi de négocier la paix, & le roi est tenu de déférer à cette réquisition.

A l'instant où la guerre cessera, le corps législatif fixera le délai dans lequel les troupes, élevées au-dessus du pied de la paix, seront congédiées, & l'armée réduite à son état ordinaire.

III. Il appartient au corps législatif de ratifier les traités de paix, d'alliance & de commerce ; & aucun traité n'aura d'effet que par cette ratification.

IV. Le corps législatif a le droit de déterminer le lieu de ses séances, de les continuer autant qu'il le jugera nécessaire, & de s'ajourner. Au commencement de chaque règne, s'il n'étoit pas réuni, il sera tenu de se rassembler sans délai.

Il a le droit de disposer pour la sûreté & pour le maintien du respect qui lui est dû, des forces qui, de son consentement, seront établies dans la ville où il tiendra ses séances.

V. Le pouvoir exécutif ne peut faire passer ou séjourner aucun corps de troupes de ligne, dans la distance de trente-mille toises du corps législatif, si ce n'est sur sa réquisition ou sur son autorisation.

Ces articles sont adoptés.

M. Thouret fait lecture de la section II.

Tenue des séances, & forme de délibérer.

Art. I. Les délibérations du corps législatif seront publiques, & les procès-verbaux de ses séances seront imprimés.

II. Le corps législatif pourra cependant, en toute occasion, se former en comité général.

Cinquante membres auront le droit de l'exiger.

Pendant la durée du comité général, les assistans se retireront, le fauteuil du président sera vacant, l'ordre sera maintenu par le vice-président.

III. Aucun acte législatif ne pourra être délibéré & décrété que dans la forme suivante :

IV. Il sera fait trois lectures du projet de décret, à trois intervalles, dont chacun ne pourra être moins de huit jours.

V. La discussion sera ouverte après chaque lecture, & néanmoins après la première ou seconde lecture, le corps législatif pourra déclarer qu'il y a lieu à l'ajournement, ou qu'il n'y a pas lieu à délibérer. Dans ce dernier cas, le projet de décret pourra être représenté dans la même session.

VI. Après la troisième lecture, le président sera tenu de mettre en délibération, & le corps législatif décidera s'il se trouve en état de rendre un décret définitif, ou s'il veut renvoyer la décision à un autre tems, pour recueillir de plus amples éclaircissemens.

VII. Le corps législatif ne peut délibérer, si la séance n'est composée de 200 membres au moins, & aucun décret ne sera formé que par la pluralité absolue des suffrages.

VIII. Tout projet de loi qui, soumis à la discussion, aura été rejetté après la troisième lecture, ne pourra être représenté dans la même session.

IX. Le préambule de tout décret définitif énoncera, 1°. les dates des séances auxquelles les trois lectures du projet auront été faites; 2°. le décret par lequel il aura été arrêté, après la troisième lecture, de décider définitivement.

X. Le roi refusera sa sanction aux décrets dont le préambule n'attestera pas l'observation des formes ci-dessus; si quelqu'un de ces décrets étoit sanctionné, les ministres ne pourront le sceller ni le promulguer, & leur responsabilité à cet égard durera six années.

XI. Sont exceptés des dispositions ci-dessus, les décrets reconnus & déclarés urgens par une délibération préalable du corps législatif; mais ils peuvent être modifiés ou révoqués dans le cours de la session.

Ces articles sont décrétés.

La séance est levée à trois heures & demie.

Séance du 15 Août 1791.

M. Thouret soumet à la délibération la section 3 du chapitre II, relatives à la sanction royale.

M. *Guilleaume*. Ce n'est pas sur des fictions, qu'il faut établir les loix, c'est sur des vérités. Il est dit dans le second article de ce titre, que lorsque les deux législatures qui suivront celle qui aura présenté le décret, auront successivement représenté le même décret dans les mêmes termes, *le roi sera censé avoir donné sa sanction*. Quiconque a lu avec attention vos décrets sur la sanction, a dû voir qu'elle est la théorie de cette partie de la législation. Vous avez deux modes de faire les loix; le premier est la sanction donnée par le roi aux décrets sur la présentation de la première ou de la seconde législature; le second, c'est la confirmation de la seconde des législatures qui suivent celle qui a porté le décret, substituée à la sanction du roi. On ne peut pas dire alors que le roi est censé avoir donné sa sanction. Le décret devient loi sans que le roi y donne son consentement; il faut donc dire franchement qu'alors vous ne portez aucune atteinte au pouvoir exécutif; car ce n'est pas comme pouvoir exécutif que le roi est autorisé à refuser sa sanction; c'est comme représentant de la nation qu'il en appelle au peuple ou aux législatures suivantes.

Lorsque les législateurs ont statué sur cet appel, la plainte du roi n'a plus d'effet, le décret devient loi; & il tire toute sa force, non pas de la sanction du roi, mais de la confirmation des deux législatures. Je propose donc de rédiger l'article en ces termes.

« Lorsque les deux législatures qui suivront celle qui aura présenté le décret, auront successivement représenté le même décret dans les mêmes termes, le ministre de la justice sera tenu d'y apposer le sceau de l'état, & de le faire exécuter comme loi du royaume. »

M. *Thouret*. Nous sommes d'accord sur le principe & sur ses effets. Il s'agit seulement d'examiner si, quand le roi a refusé sa sanction à la loi, il est plus convenable qu'elle soit promulguée avec l'attestation du refus du roi, ou avec le caractère légal qu'elle a toujours substitué alors par la constitution au consentement du roi.

Nous avons pensé qu'il étoit bon de la revêtir de la présomption de la sanction royale. Nous évitons par-là un grand inconvénient, celui d'établir deux caractères matériels dans les loix, différence qui feroit classer différemment les loix dans l'opinion, au lieu qu'en mettant la présomption au consentement royal à toutes les loix, il n'y a plus de différence entre les loix, soit qu'elles aient été sanctionnées effectivement, soit qu'elles n'aient acquis le caractère des loix que par la présomption légale constitutionnelle.

M. *Rewbell*. Cette fiction ne pourroit avoir lieu dans le cas où le roi déclareroit formellement & par écrit qu'il ne consent pas à la loi; il me paroît absurde de laisser dans la constitution une fiction si évidemment contraire à la réalité. Dès que vous avez décidé qu'à la troisième législature le consentement du roi ne seroit pas nécessaire, il ne faut pas le présumer; car ce qui n'est pas nécessaire ne peut pas être présumé sans absurdité ou sans introduire mille abus. Il faut donc dire simplement qu'à la troisième législature qui présentera le décret, *le roi sera tenu de le faire exécuter*.

M.

M. *Thouret*. Il me paroît que jusqu'à la dernière objection la majorité de l'assemblée a été, pour le décret, tel que nous le proposions; or, je ne crois pas que cette objection doive rien changer à l'état des opinions. On suppose le cas où le roi déclareroit formellement qu'il refuse d'aquiescer à la loi : Or, une telle hypotèse ne peut être faite. Vous n'avez pas donné au roi de la constitution le droit de refuser formellement sa sanction; son refus n'est que suspensif, & il ne peut l'exprimer autrement que par cette formule : *le roi examinera*; mais quand il se permettroit d'exprimer un refus formel, comment peut-on croire que cette simple déclaration du roi seroit plus forte que la constitution qui veut qu'à la troisième législature le décret devienne loi ? Ainsi je ne vois pas que l'objection faite par le préopinant puisse balancer l'inconvénient d'introduire des différences matérielles dans les lois.

M. *Brostaret*. Vous avez voulu que les pouvoirs fussent indépendans, & c'est pour cela que vous avez donné au roi le droit de suspendre les actes du corps législatif. La même indépendance doit être donnée au pouvoir législatif, & pour cela, il faut que le corps législatif puisse licencier les corps militaires, sans qu'il soit besoin de sanction. (On murmure (.

Sans s'arrêter aux anciens amendemens de MM. Rewbell & Brostaret, l'assemblée décrète successivement tous les articles de la section troisième, ainsi qu'ils suivent.

SECTION III.

De la sanction royale.

Art. I. Les décrets du corps législatif sont présentés au roi, qui peut leur refuser son consentement.

II. Dans le cas où le roi refuse son consentement, ce refus n'est que suspensif.

Lorsque les deux législatures qui suivent celle qui aura présenté le décret, auront successivement représenté le même décret dans les mêmes termes, le roi sera censé avoir donné la sanction.

III. Le consentement du roi est exprimé sur chaque décret par cette formule signée du roi; *le roi consent & fera exécuter.*

Le refus suspensif est exprimé par celle-ci : *le roi examinera.*

IV. Le roi est tenu d'exprimer son consentement ou son refus sur chaque décret, dans les deux mois de la présentation; & ce délai passé, son silence est réputé refus.

V. Tout décret auquel le roi a refusé son consentement, ne peut lui être présenté par la même législature.

VI. Le corps législatif ne peut insérer dans les décrets portant établissement ou continuation d'impôts, aucune disposition qui leur soit étrangère, ni présenter en même-tems à la fonction d'autres décrets comme inséparables.

VII. Les décrets sanctionnés par le roi, & ceux qui lui auront été présentés par trois législatures consécutives, ont seuls force de loi, & portent le nom & l'intitulé de *lois.*

VIII. Ne sont néanmoins sujets à la sanction, les actes du corps législatif concernant sa constitution en assemblée délibérante;

Sa police intérieure;

La vérification de ses membres présens;

Les injonctions aux membres absens;

La convocation des assemblées primaires en retard;

L'exercice de la police constitutionnelle sur les administrateurs & officiers municipaux;

Les questions soit d'éligibilité, soit de validité des élections.

Ne sont pareillement sujets à la sanction les actes relatifs à la responsabilité des ministres, & tous décrets portant qu'il y a lieu à accusation.

Les neuf premiers articles de la section quatrième sont adoptés, sans discussion, en ces termes :

SECTION IV.

Relations du corps législatif avec le roi.

Art. Ier. Lorsque le corps législatif est définitivement constitué, il envoye au roi une députation pour l'en instruire. Le roi peut chaque année faire l'ouverture de la session, & proposer les objets qu'il croit devoir être pris en considération pendant le cours de cette session, sans néanmoins que cette formalité puisse être considérée comme nécessaire à l'activité du corps législatif.

II. Lorsque le corps législatif veut s'ajourner au-delà de quinze jours, il est tenu d'en prévenir le roi par une députation au moins huit jours d'avance.

III. Huitaine au moins avant la fin de chaque session, le corps législatif envoye au roi une députation, pour lui annoncer le jour où il se propose de terminer ses séances : le roi peut venir faire la clôture de la session.

IV. Si le roi trouve important au bien de l'État que la session soit continuée, ou que l'ajournement n'ait pas lieu, ou qu'il n'ait lieu que pour un temps moins long, il peut à cet effet renvoyer un message, sur lequel le corps législatif est tenu de délibérer.

V. Le roi convoquera le corps législatif, dans l'intervalle de ses sessions, toutes les fois que l'intérêt de l'Etat lui paroîtra l'exiger, ainsi que dans les cas que le corps législatif aura prévus & déterminés, avant de s'ajourner.

VI. Toutes les fois que le roi se rendra au lieu des séances du corps législatif, il sera reçu & reconduit par une députation; il ne pourra être accompagné dans l'intérieur de la salle que par les ministres.

VII. Dans aucun cas, le président ne pourra faire partie d'une députation.

VIII. Le corps législatif cessera d'être délibérant, tant que le roi sera présent.

IX. Les actes de correspondances du roi avec le corps législatif, seront toujours contre-signés par un ministre.

M. Thouret fait lecture de l'article X, ainsi conçu :

« Les ministres du roi auront entrée dans l'assemblée nationale législative; ils y auront une place marquée; ils seront entendus sur tous les objets sur lesquels ils demanderont à l'être, & toutes les fois qu'ils seront requis de donner des éclaircissemens ».

M. *Roberspierre*. Je regarde cette disposition comme dénaturant le principal article de votre constitution. Dans les principes de la constitution est la séparation des pouvoirs, & l'article qui vous est proposé tend à les confondre en quelque manière; il donne aux ministres, non-seulement le droit d'assister aux délibérations du corps législatif, mais le droit de parler sur tous les objets soumis à la discussion. (*Plusieurs voix :* Ce n'est pas cela.

Il est dit qu'ils seront entendus sur tous les objets sur lesquels ils demanderont à l'être, donc ils peuvent opiner. La seule différence qu'il y aura entre eux & les membres de l'assemblée nationale, c'est que chaque membre aura droit de faire compter sa voix; au lieu que les ministres auront le droit seulement de donner leur avis, & de discuter. Or, quel est l'intérêt des ministres? Il n'est pas que leurs voix soient comptées; car une ou deux voix de plus n'auront pas beaucoup d'effet : mais ils ont intérêt à influencer les délibérations, & c'est sous ce point de vue que je dis que l'article est contraire à l'esprit de la constitution. Ce n'est pas une petite chose que d'introduire dans le corps législatif un homme qui, à l'influence de ses moyens & de son éloquence, ajouteroit celle du grand caractère dont il seroit revêtu. Lorsque les ministres pourront diriger les délibérations, craignez qu'on ne les voie sans cesse, non-seulement altérer la pureté du corps législatif, mais venir consommer dans l'assemblée le succès des mesures qu'ils auront prises au-dehors. L'article tend évidemmenr à confondre le pouvoir exécutif, non pas avec le pouvoir législatif, en ce qu'il donne le droit de pouvoir faire compter sa voix, mais avec le pouvoir législatif, en ce qu'il confère aux membres qui en sont revêtus le droit de diriger les délibérations & d'exercer une influence directe sur la formation de la loi. Je demande la question préalable.

M. *Barrere*. Je m'élève aussi contre la trop grande latitude, le trop grand pouvoir donné aux ministres par ces expressions : « Seront entendus sur tous les objets sur lesquels ils demanderont à l'être ». C'est leur donner une voix consultative entière, c'est les associer à la discussion. Sans doute, il est sage d'admettre les ministres à avoir une place dans l'assemblée, qu'ils soient autorisés à donner, quand ils en seront requis, des éclaircissemens; sans doute, il est utile que quand des conférences avec les ministres seront nécessaires, elles se fassent en pleine assemblée, & non pas dans le secret des comités.

Sans doute, il faut qu'ils puissent venir dénoncer au corps législatif les obstacles qu'ils éprouvent dans l'exécution des loix; mais ce sont toujours là des objets ministériels appartenant purement à l'administration. Mais leur donner le droit de participer à la discussion, ce seroit leur donner un pouvoir que l'élection du peuple pourroit seul leur conférer; ce seroit leur donner l'initiative que la constitution a refusée au roi lui-même. Le véritable mode d'influencer les délibérations, c'est celui des mouvemens oratoires; vous donneriez donc aux ministres l'influence la plus grande, puisqu'à l'influence de leur caractère ils pourroient ajouter le talent de la parole. Rappellez-vous d'une discussion qui a eu lieu, lorsqu'il s'agissoit de décider la grande question de savoir si les membres de la dynastie régnante pouvoient être citoyens actifs. M. Duport a combattu cette opinion, par la raison que les membres de la dynastie étoient *trop voisins du pouvoir exécutif*. Or, je demande aujourd'hui à ce même M. Duport & à tous les autres membres du comité, si les ministres ne sont pas voisins du pouvoir exécutif, & si le danger de laisser quelques membres de la dynastie exercer les droits politiques de simple citoyen, est comparable aux dangers de l'extrême influence qu'on propose d'accorder aux ministres dans la formation même de la loi. D'après ces observations, je demande que l'article soit rédigé en ces termes : Les ministres auront une place marquée dans l'assemblée nationale législative ; ils y seront entendus toutes les fois qu'ils seront requis de donner des éclaircissemens, & ils pourront être entendus sur des objets relatifs à l'exercice de leurs fonctions.

M. *Chapelier*. L'article de M. Barrère me paroît le même que celui des comités. (On murmure.) S'il y a quelque différence, elle est à l'avantage du comité ; car il est impossible qu'il existe une seule loi dont l'exécution soit étrangère au pouvoir exécutif, & il seroit absurde de penser que le pouvoir exécutif n'a pas le droit de présenter ses observations sur les moyens de rendre une loi quelconque exécutable.

M. *Lanjuinais*. Il est étonnant que les hommes qui vous proposent l'article dont il s'agit, soient les mêmes que ceux qui le combattoient, lorsqu'il fut présenté par M. Mirabeau. Je demande qu'après ces mots : « seront entendus sur tous les objets sur lesquels ils demanderont à l'être », il soit dit : lorsque le corps législatif jugera à propos de leur accorder la parole.

M. *le Camus*. Voici quelles sont mes idées. Les ministres doivent avoir entrée au corps législatif : lorsqu'on leur demandera quelques éclaircissemens, ils seront tenus de les donner ; lorsqu'ils auront besoin de quelques avis, de quelques interprétations, ils pourront aussi les demander : mais je ne pense pas qu'ils doivent interrompre la discussion, en demandant à être entendus sur telle ou telle question. Je demande que les comités soient chargés de rédiger un article dans le sens de ces idées.

M. *Beaumetz*. Cela tend toujours à leur refuser la parole. Le mot question est vague. Quand on agite une question dans l'assemblée, c'est toujours pour savoir si l'on fera une loi ; & c'est comme si M. Camus nous proposoit de déclarer que les ministres ne parleront que quand ils en seront requis.

M. *Rewbell*. Parlez françois, dites que vous voulez qu'ils ayent l'initiative.

Séance du 15 août. M. *Beaumetz*. Je suppose que le corps législatif ait composé une loi très-bonne ; mais qu'elle renferme un article de détail impossible dans son exécution. Si vous refusez la parole aux ministres qui vous auroient fait appercevoir ce défaut, qu'arrivera-t-il ? Le *veto* sera appliqué à votre loi. (On murmure dans l'extrémité de la partie gauche.) Quel est donc ce droit si précieux de refuser la parole à celui qui est tellement lié à l'exécution de la loi, qu'il est de la dernière importance de l'entendre ? Il est nécessaire que le pouvoir exécutif fasse peu d'usage du *veto*, que le dissentiment des deux pouvoirs soit le plus rare possible. Qu'on ne dise pas qu'il en résultera une dangereuse initiative. Pensez-vous qu'un ministre ne trouvera pas toujours le moyen de faire énoncer son opinion à l'assemblée nationale, s'il ne peut l'énoncer lui-même ?

Lorsque M. Mirabeau fit à l'assemblée la proposition de donner aux ministres voix délibérative dans l'assemblée, & que même il vouloit peut-être que les membres de l'assemblée pussent être ministres, on se concertoit dans le cabinet de M. l'archevêque de Bordeaux, pour faire proposer à l'assemblée qu'aucun de ses membres ne pût être ministre que quatre ans après la fin de la session, & un membre de l'assemblée se chargea de faire la motion.

M. Lanjuinais. Cela est faux. Il n'y a que les personnes qui sont toujours avec les ministres, qui puissent faire de pareilles accusations. (On applaudit dans l'extrémité de la partie gauche.)

M. Rœderer. Rappellez-vous que la semaine dernière, c'est encore M. Beaumetz qui a jetté dans l'assemblée les premières semences de la discorde. (Les applaudissemens recommencent.)

M. Beaumetz. Je n'ai point prétendu par-là citer un exemple de connivence coupable avec les ministres, mais simplement prouver qu'il valoit mieux leur permettre d'énoncer leur opinion dans l'assemblée, que de les reduire à ces moyens d'intrigue. Je demande la question préalable sur la proposition de M. Camus.

M. Pétion. Qu'importe, a-t-on dit, que vous entendiez les ministres dans cette assemblée, puisque retirés dans le conseil, ils pourront apporter le *veto* sur vos décrets. On auroit dû dire qu'il vaudroit mieux leur abandonner la confection de la loi toute entière. Remarquez, je vous prie, quelle prodigieuse influence auroit dans le corps législatif, un ministre, qui, si l'on n'adoptoit pas son opinion, pourroit apposer le *veto* sur une opinion contraire.

Il faut appeller les ministres toutes les fois qu'on le jugera à propos. Il faut les avoir là, pour les forcer à s'expliquer, encore sait-on que cette disposition est quelquefois illusoire ! Car un ministre vous répondra, comme en Angleterre : « le secret de l'état m'empêche de vous donner une explication. » Soyez certains que, lorsqu'il sera nécessaire que les ministres paroissent à l'assemblée, les législatures ne seront pas assez insouciantes pour ne pas les y mander. En dernière analyse, leur présence n'est bonne que pour la corruption. Je demande qu'ils soient entendus toutes les fois que le corps législatif les appellera. (On applaudit dans l'extrémité de la partie gauche.)

M. Barnave. La question qui vous est soumise est d'une telle évidence, qu'elle n'a besoin que d'être présentée sous son véritable point de vue, pour qu'il n'y ait pas un véritable ami de la liberté qui ne l'adopte. (On murmure.) Voici, selon moi, l'état de la question : donnera-t-on de l'influence pour la confection de la loi, ou à l'opinion publique, ou à la corruption, ou au jugement de tous, ou à l'intrigue? Quelques membres ont demandé que les ministres ne puissent être admis que quand ils seront appellés. Il est indispensable qu'ils soient habituellement dans l'assemblée, soit pour répondre aux diverses interpellations, soit pour y faire part de leurs lumières. C'est par l'absence des ministres que les dénonciations vagues ont pris de la consistance dans l'opinion ; & c'est par-là aussi qu'un ministre de mauvaise foi peut éluder une accusation fondée. Il faut les prendre sur le temps, leur dire : pourquoi avez vous fait cela? pourquoi n'avez-vous pas fait cela?

Un homme de bonne foi veut être interpellé devant tout le monde & dans toutes les circonstances indistinctement. Un homme de mauvaise foi, au contraire, a besoin de concerter ses reponses dans son cabinet. Il n'est pas moins nécessaire qu'un ministre puisse énoncer son opinion sur les inconvéniens que peuvent offrir les détails d'une loi : sans cela, comme on vous a dit, vous vous exposez au *veto* ; vous mettez en rivalité perpétuelle le corps législatif & le roi, & l'un de ces deux pouvoirs finira par anéantir l'autre. Si un ministre ne peut s'expliquer au grand jour, il ne peut opposer que l'intrigue & la corruption à toutes les menées que l'on emploiera pour le chasser de sa place. On a dit que la présence des ministres avoit introduit la corruption dans le parlement d'Angleterre. On ignore profondément ce qui se passe en Angleterre. La majorité du parlement y entre toute corrompue. Il a même existé des questions méditées & concertées d'avance, où le ministre opinoit d'une façon tandis que son parti opinoit de l'autre. Je demande qu'on aille aux voix sur l'avis des comités.

M. Charles Lameth. D'après ce qui a été dit par les divers opinans, voici, je pense, une rédaction qui satisfera toute l'assemblée : les ministres du roi auront entrée à l'assemblée législative ; ils y auront une place marquée ; ils seront entendus toutes les fois qu'ils le demanderont sur les objets relatifs à leurs administrations, ou lorsqu'ils seront requis de donner des éclaircissemens. Ils seront également entendus sur les objets étrangers à leur administration toutes les fois que le corps administratif leur accordera la parole.

M. Camus. J'adopte cette rédaction.

La priorité est accordée à la motion de M. Charles Lameth.

L'extrémité de la partie gauche demande la question préalable, tant sur cette rédaction que sur celle des comités.

La question préalable est rejettée.

L'article proposé par *M. Charles Lameth* est décrété.

Séance du 16 Août.

M. Démeunier, faisant les fonctions du rapporteur, présente à la délibération le chapitre IV, relatif à *l'exercice du pouvoir exécutif*. Tous les articles de ce chapitre sont successivement décrétés ainsi qu'on peut le voir dans les chapitres IV & V de l'*acte constitutionnel*.

Séance du 22 Août.

M. Thouret. Vous avez ajourné plusieurs articles constitutionnels ; vous avez aussi décrété plusieurs modifications moins importantes que nous avons insérées dans la rédactions même des articles auxquels elles appartenoient, & qui vous seront rapportés lors de la relue totale des articles. Les sept premiers articles que nous vous présentons sont relatifs à la garantie des droits individuels des citoyens contre les entreprises des législateurs. Dans le premier, nous avons distingué trois cas : la saisie en flagrant délit, la mise en état d'arrestation & la détention. On se saisit d'un prévenu, soit parce qu'il est trouvé en flagrant délit, soit sur la clameur publique, soit enfin lorsqu'il est muni de traces matérielles du crime. C'est en établissant que nul citoyen ne pourra être arrêté par l'officier de police pour plus de trois jours, que la constitution garantira le droit individuel des citoyens.

M. Thouret présente l'article premier qui est décrété en ces termes :

Art. Ier. Nul homme ne peut être saisi pour être conduit devant l'officier de police, ni être mis en état d'arrestation ou détenu qu'en vertu d'un mandat des officiers de police, d'une ordonnance de prise-de-corps d'un tribunal, ou d'un jugement de condamnation à prison, ou détention correctionnelle.

Sur l'article II M. Freteau demande que tout citoyen arrêté ait droit de se faire examiner sur-le-champ, & que l'absence seule du juge pourra autoriser un délai de vingt-quatre heures.

M. Thouret. Des précautions aussi sévères rendroient peut-être la loi inexécutable.

L'article II est décrété ainsi qu'il suit :

Art. II. Tout homme arrêté & conduit devant l'officier de police, sera examiné sur-le-champ, ou au plus tard dans les vingt-quatre heures. S'il résulte de l'examen qu'il n'y a aucun sujet d'inculpation contre lui, il sera remis aussitôt en liberté, ou, s'il y a lieu de l'envoyer à la maison d'arrêt, il y sera conduit dans le plus bref délai, qui, en aucun cas, ne pourra excéder trois jours.

M. Thouret fait lecture des articles suivans, qui sont adoptés sans discussions:

III. Nul homme arrêté ne peut être retenu, s'il donne caution suffisante, dans tous les cas où la loi permet de rester libre sans cautionnement.

IV. Nul homme, dans le cas où la détention est autorisée par la loi, ne peut être conduit & detenu que dans les lieux légalement & publiquement désignés pour servir de maison d'arrêt, de maison de justice ou de prison.

V. Du moment qu'un homme sera arrêté, il est défendu à qui que ce soit de rien imprimer & publier contre lui: la loi doit établir contre les contrevenans une punition infamante.

VI. Nul gardien ou geolier ne peut recevoir ni retenir aucun homme qu'en vertu des mandats, ordo ces de prise-de-corps, ou jugemens me nnan s dans l'article Ier. ci-dessus, & sans que la ntionné tion en ait été faite sur son registre.

VII. Tout gardien ou geolier est tenu, sans qu'aucun ordre puisse l'en dispenser, de représenter la personne du détenu à l'officier civil ayant la police de la maison de détention, toutes les fois qu'il en sera requis par lui. La représentation de la personne du détenu ne pourra de même être refusée à ses parens, amis, porteurs de l'ordre de l'officier civil, qui sera toujours tenu de l'accorder, à moins que le gardien ou geolier ne représente une ordonnance du juge transcrite sur son registre, pour tenir l'arrêté au secret.

VIII. Tout homme, quelle que soit sa place ou son emploi, autre que ceux à qui la loi donne le droit d'arrestation, qui donnera, signera, exécutera, ou fera exécuter l'ordre d'arrêter un citoyen; ou quiconque, même dans les cas d'arrestation autorisés par la loi, conduira, recevra ou retiendra un citoyen dans le lieu de détention non publiquement & légalement désigné, & tout gardien ou geolier, qui contreviendra aux dispositions des articles ci-dessus, sont coupables du crime de détention arbitraire. L'action pour la recherche & la punition de ce crime est imprescriptible.

M. Thouret. Vous avez assuré la liberté à tout homme de parler, d'écrire & d'imprimer ses pensées; mais vous avez décrété: comme la liberté ne consiste qu'à pouvoir faire tout ce qui ne nuit ni aux droits ni à la sûreté publics, la loi peut établir des peines contre les actes qui attaquant ou la sûreté publique, ou les droits d'autrui, seroient nuisibles à la société. C'est-là que se plaçoit l'observation tendante à restreindre la latitude que pourroit donner aux législateurs une énonciation aussi vague. Vous avez chargé vos comités de constitution & de révision de marquer les limites où elles seroient tenues de se renfermer. Voici les deux articles que je suis chargé de vous présenter. J'observe que jamais les délits résultans des abus de la presse, ne pourront être constatés que par des jurés.

Répression des délits commis par la voie de la presse.

Art. Ier. Nul homme ne peut être recherché, ni poursuivi pour raison des écrits qu'il aura fait imprimer ou publier, si ce n'est qu'il ait provoqué à dessein la désobéissance à la loi, l'avilissement des pouvoirs constitués, & la résistance à leurs actes, ou quelqu'une des actions, crimes ou délits par la loi. Les calomnies volontaires contre la probité des fonctionnaires publics, & contre la droiture de leurs intentions dans l'exercice de leurs fonctions, pourront être dénoncées ou poursuivies par ceux qui en sont l'objet. Les calomnies ou injures contre quelques personnes que ce soit, relatives aux actions de leur vie privée, seront punies sur leur poursuite.

II. Nul ne peut être jugé, soit par la voie civile, soit par la voie criminelle, pour fait d'écrits imprimés ou publiés, sans qu'il ait été reconnu & déclaré par un juré; 1°. s'il y a délit dans l'écrit dénoncé; 2°. si la personne poursuivie en est coupable. Il appartient à la police correctionnelle de réprimer la publication & la distribution des écrits & des images obscènes.

M. Roberspierre. Le plus sûr moyen de développer les vices des articles dont il vient de vous être donné lecture, c'est de présenter quelques idées générales sur la liberté de la presse. Le moment d'une révolution ne présente pas de grands avantages pour cette discussion, à cause des abus qui sont résultés de la presse. Voici quelle étoit la loi constitutionnelle des Etats-Unis: « La liberté de publier ses pensées, étant le boulevard de la liberté, elle ne peut être gênée en aucune manière, si ce n'est dans les états despotiques ». Les entraves peuvent exister ailleurs que dans la censure; il ne faut pas abandonner le jugement des opinions aux intérêts des partis. La loi qu'on nous propose, sous prétexte de réprimer les abus, anéantit la liberté. Les opinions sont bonnes ou mauvaises, suivant les circonstances. Quels étoient, il y a trois ans, les écrits, objets de la sévérité du gouvernement? C'étoient ceux qui font aujourd'hui notre admiration. A cette époque, le contrat social étoit un écrit incendiaire, & Jean-Jacques Rousseau un novateur dangereux. Vous avez fait, contre les abus de la presse, tout ce qu'il falloit faire, en décrétant qu'il sera prononcé des peines contre ceux qui provoqueront formellement la désobéissance à la loi : vous ne pouvez aller plus loin.

Si vous ne donnez pas une certaine facilité pour surveiller les fonctionnaires publics, pour réprimer leurs desseins lorsqu'ils pourroient en avoir de coupables, vous n'avez point renversé le despotisme. Qui osera dénoncer un fonctionnaire public, s'il n'est obligé de soutenir une lutte contre lui ? Qui ne voit pas dans ce cas l'avantage de l'homme armé d'un grand pouvoir ? N'allons point opposer l'intérêt des fonctionnaires à celui de la patrie. Aristide, condamné, n'accusoit pas la loi qui donnoit aux citoyens le droit de dénonciation. Caton, cité soixante fois en justice, ne fit jamais entendre la moindre plainte ; mais les décemvirs firent des lois contre les libelles, parce qu'ils craignoient qu'on ne dévoilât leurs complots. (On applaudit). Je proposerois de décréter, 1°. que, sauf l'exception portée contre ceux qui provoqueroient formellement la désobéissance à la loi, tout citoyen a le droit de publier ses opinions, sans être exposé à aucune poursuite ; 2°. que ce droit d'intenter l'action de calomnie n'est accordé qu'aux personnes privées. (On murmure dans diverses parties de la salle). 3°. qu'à l'exemple de l'Amérique, dont la constitution n'a pas été huée, les fonctionnaires publics ne pourront poursuivre les personnes qui les calomnieront. (Les murmures recommencent).

M. Fermont. Je demande que chaque paragraphe soit discuté séparément.

L'assemblée adopte cette proposition.

Plusieurs membres demandent que le mot *à dessein*, qui se trouve dans le premier paragraphe, soit remplacé par le mot *formellement*, consacré dans les décrets déjà rendus.

M. Martineau. Je demande au contraire que le mot *à dessein* soit conservé. On croit toujours être dans l'ancien régime. On oublie que les délits ne pourront être constatés que par des jurés, & si vous mettiez le mot *formellement*, jamais ils ne pourroient prononcer. J'ai lu un écrit incendiaire qui renfermoit les provocations les plus manifestes contre les magistrats, & cependant il finissoit par réclamer l'obéissance provisoire à la loi. Les auteurs d'un pareil écrit n'auroient donc point été dans le cas d'être poursuivis.

M. Dumetz. Le mot *à dessein* présente le plus grand arbitraire dans une matière où la loi ne peut être bonne, si elle n'est pas tellement précise qu'elle ne soit susceptible d'aucune interprétation. Je demande donc qu'on y substitue le mot *formellement*, & qu'au lieu de ces mots : L'avilissement des pouvoirs constitués, on mette : La résistance aux actes légitimes des pouvoirs constitués.

M. Pétion appuye la proposition de M. Dumetz.

M. Barnave. Ce qui me paroît réfuter tout ce qui a été dit pour & contre dans cette question, c'est qu'il est difficile de déterminer précisément la responsabilité résultante de l'usage de la presse. La difficulté est que les articles qui vous sont soumis ne me paroissent point devoir être constitutionnels : car les points constitutionnels en cette matière se réduisent à deux : 1°. la liberté d'imprimer & de publier ses pensées ne peut être gênée ; 2°. les actions auxquelles l'abus de la presse pourra donner lieu, ne pourront être portées que devant des jurés. Cette dernière proposition répond aux objections tirées de l'Angleterre, où la seule gêne qui soit apportée à la presse, résulte de ce que les délits en ce genre ne sont pas jugés par des jurés, mais par des juges nommés par le roi. Je pense donc que nous pouvons nous contenter d'assurer la liberté de la presse par ces principes constitutionnels, & nous en rapporter d'ailleurs aux lois déjà décrétées.

M. Rœderer. En laissant subsister dans l'article qui nous est soumis ces mots : *L'avilissement des pouvoirs constitués*, M. Thouret même pourroit être l'objet d'une *accusation*, car la feuille qu'il vient de faire imprimer, tend à décréditer, non pas seulement les pouvoirs constitués, mais les pouvoirs constituans. Vous voyez donc que, d'après l'article, on pourroit faire le procès pour des choses peu dangereuses. Je demande que l'on dise que les écrits ne pourront être assujettis à aucune censure avant leur publication, & que nul ne pourra être poursuivi pour raison des écrits qu'il aura fait imprimer, s'il n'a formellement provoqué la résistance aux actes légitimes des pouvoirs constitués.

M. Chapelier. Je pense, contre l'opinion de M. Barnave, que ce qu'il y a de plus constitutionnel dans ce qui regarde la presse, c'est la détermination des délits & l'interdiction des loix extensives. Quant au mot *à dessein*, il doit être conservé. Si vous y substituez le mot *formellement* ou *directement*, on pourroit en induire que l'on peut provoquer indirectement la désobéissance. J'opine aussi pour la conservation des mots *avilissement des pouvoirs constitués*, qu'il faut prendre dans leur véritable sens. Autre chose est censurer, autre chose est avilir ; celui qui ne fait qu'examiner une loi pour en démontrer les inconvéniens, ne l'avilit pas.

M. Goupil. Je suis d'accord avec le préopinant. Il est facile de distinguer l'avilissement de la censure, & les jurés ne s'y tromperont pas. Je demande qu'on ajoute après ces mots ; des autorités constituées, ceux-ci : *& l'avilissement de la dignité royale dans la personne du roi.* (Quelques murmures, quelques applaudissemens.)

M. Thouret fait lecture d'une rédaction du premier paragraphe, & y joint la proposition de M. Goupil. (On murmure dans la majorité de l'assemblée.)

La discussion est fermée.

On demande la question préalable sur la proposition de substituer le mot *formellement* à celui *de dessein.*

Après quelques débats, l'assemblée décide qu'il n'y a pas lieu à délibérer sur cet amendement.

Plusieurs membres réclament la priorité pour la proposition de M. Barnave.

M. *Dandré.* Je demande la parole. (De longues acclamations se font entendre dans l'extrémité de la partie gauche.)

M. *Dandré.* Je dois me féliciter sincèrement de l'hommage que ces MM. viennent de me rendre. (Les applaudissemens sont étouffés par les murmures.) Après avoir proposé divers amendemens qui ont été écartés, il est extraordinaire qu'on vienne demander la priorité pour une rédaction qui les fait revivre. C'est-là ce qu'on appelle une savante manœuvre. La délibération est entamée, & on ne doit point chercher, pour nous faire perdre notre temps, à reproduire des argumens déjà réfutés. Le comité de constitution, si injustement inculpé........ (Quelques murmures, quelques applaudissemens.)

M. *Charles Lameth.* Ce n'est pas par des huées qu'il faut répondre.

M. *Dandré.* Vous n'avez rendu qu'un décret simple qui établissoit la liberté de la presse. Plusieurs membres ont senti qu'il ne falloit point la laisser dans le vague, & abandonner aux autres législatures le pouvoir de la limiter. Les observations de ces personnes ont été renvoyées au comité, & il vous en rapporte aujourd'hui le résultat. Comment se peut-il faire que ces mêmes personnes soutiennent aujourd'hui une opinion tout-à fait contraire à celle qu'elles soutenoient alors? Comment les rôles ont-ils pu changer si vîte? Si vous aviez adopté le mot *formellement*, tout l'article étoit bon; & parce que vous l'avez rejetté, il ne vaut plus rien. La même majorité va encore écarter une prioté, qui ne vaut pas mieux.

M. *Pétion.* On vous a dit qu'il ne pouvoit y avoir lieu à demander la priorité, parce que la délibération avoit été commencée, & que déjà les amendemens avoient été mis aux voix. Je pense cependant qu'on peut encore demander la question préalable sur tout l'article, ou la priorité pour une rédaction nouvelle.

M. Dandré trouve qu'il y a dans cette marche un tactique très-fine : comme il s'y connoît, je veux bien le croire...... (L'extrémité de la partie gauche & plusieurs personnes des tribunes applaudissent à trois diverses reprises des mains & des pieds. ---- M. Dandré se lève & applaudit.) Quant à moi, je déclare franchement & loyalement, que d'après la marche de la délibération, il me paroît qu'on va faire une loi qui opprime la liberté, & j'aimerois beaucoup mieux en laisser le soin à nos successeurs.

La majorité de l'assemblée insiste pour que la priorité soit accordée à l'avis du comité.

M. *le président.* Je mets l'avis du comité aux voix.

Plusieurs voix s'élèvent : Attendez au moins qu'on en ait fait lecture.

M. Thouret fait une seconde lecture du premier paragraphe, & propose d'y ajouter l'amendement de M. Goupil, qui consiste en ces mots : *L'avilissement de la dignité royale dans la personne du roi.* (De violens murmures recommencent.)

M. Thouret fait une troisième lecture, sans joindre au paragraphe l'amendement de M. Goupil.

M. *Larochefoucault.* Je demande que le mot *outrage* soit substitué à celui *avilissement.*

Suivent quelques débats.

L'assemblée adopte un amendement de M. Rœderer, qui consiste à ajouter après ces mots : *Qu'il aura fait imprimer ou publier*, ceux-ci : *Sur quelque matière que ce soit*, toute la partie droite prenant part à la délibération.

La proposition de M. Barnave & les divers autres amendemens sont rejettés par la question préalable.

Le premier paragraphe de l'art. Ier. est décrété en ces termes :

Art. Ier. Nul homme ne peut être recherché oe poursuivi pour des écrits qu'il aura fait imprimer ou publier sur quelque matière que ce soit, si ce n'est qu'il ait provoqué à dessein la désobéissance à la loi, l'avilissement des pouvoirs constitués & la résistance à leurs actes, ou quelqu'une des actions déclarées crimes ou délits par la loi.

Séance du 23 août.

M. *Thouret*. Nous en sommes restés au paragraphe II du titre relatif à la liberté de la presse. Ce paragraphe est ainsi conçu :

» Les calomnies volontaires contre la probité des fonctionnaires publics & contre la droiture de leurs intentions dans l'exercice de leurs fonctions, peuvent être dénoncées ou poursuivies par ceux qui en sont l'objet ».

Deux propositions nous avoient été présentées, qui nous ont paru tenir à des excès également nuisibles : l'une nous jetteroit dans un océan sans bornes de calomnies, qui exciteroient sans cesse des orages politiques ; l'autre renfermeroit la presse dans un espace si étroit, que sa liberté seroit une chimère. Nous avons pensé qu'il falloit laisser toute liberté de parler & d'écrire sur les actes de l'administration publique ; mais que la loi doit être la sauve-garde du magistrat, contre toutes les calomnies qui tendroient à inculper sa bonne foi & la droiture de ses intentions. On peut dire, sans délit, qu'un magistrat s'est trompé, que tel acte administratif n'est pas dans les bornes prescrites par la loi ; mais on ne peut pas débiter, sans en avoir la preuve bien acquise par un jugement, que ce magistrat est un malfaiteur, un concussionnaire. Autoriser les calomnies contre les personnes mêmes & contre les intentions, ce seroit protéger un vice dangereux à l'ordre social, dont l'impunité tendroit à troubler fréquemment la tranquillité, & qui rendroit en outre les fonctions publiques dégoûtantes, par l'obligation où l'on seroit de se défendre perpétuellement par des écrits répulsifs de ces calomnies.

M. *Pétion*. Comme dans les comités j'ai été d'un avis opposé à celui qu'ils vous proposent, je vais vous exposer mes motifs. Un des plus grands bienfaits de la liberté de la presse, est d'inviter les citoyens à surveiller sans cesse les hommes en place, à éclairer leur conduite, à démasquer leurs intrigues, à avertir la société des dangers qu'elle court. La liberté de la presse crée des sentinelles vigilantes ; elle donne quelquefois de fausses allarmes, mais quelquefois elle en donne d'utiles ; & il vaut mieux être sur la défensive, lorsqu'on n'est pas attaqué, que d'être pris au dépourvu. Il viendra même un temps où les bienfaits de la loi & son influence, ne se feront sentir qu'autant que ceux à qui la garde en est confiée seront intègres & vertueux. La censure publique aura alors plus besoin de s'exercer sur les hommes que sur les choses ; car, lorsque la loi sera ancienne, on n'aura plus l'espérance de la faire réformer facilement. Poursuivre les écrivains courageux qui oseront alors éclairer la conduite des magistrats publics, ce sera donc détruire cette censure & cette surveillance ? Quelle est en effet la personne qui voudra attaquer un ministre ? On sera intimément convaincu qu'un fonctionnaire public est coupable, qu'il trahit la confiance du peuple ; on aura reçu une confidence d'un inférieur qui ne voudra pas être nommé ; enfin, une foule d'indices obligeront la conscience d'un homme vertueux de se déclarer, il aura sauvé la patrie, & en vertu de la loi qu'on vous propose, il sera traduit en justice, & déclaré calomniateur. (On murmure.) Si vous ne voulez pas qu'on puisse dénoncer à l'opinion les hommes publics, voyez avec quel succès des fonctionnaires prévaricateurs pourront exécuter leurs complots. Il est si aisé aux hommes puissans de cacher les traces de leur conduite, d'échapper à la justice, que vous avez vu des dilapidateurs des deniers publics, des hommes diffamés dans l'opinion, ne laisser après leur chûte qu'une mémoire flétrie, & cependant se soustraire à toutes les poursuites juridiques. Quoi ! j'attendrai que l'ennemi soit entré en France, pour dire que la France est menacée ! J'attendrai qu'un complot ait éclaté pour le dénoncer.

L'homme qui monte à un poste élevé doit savoir à quelles tempêtes il s'expose, il doit se soumettre à la censure publique ; c'est à lui à savoir s'il a un caractère assez fort pour résister aux injures, aux injustices, aux calomnies. L'homme vertueux qui a la passion du bien & l'amour de ses devoirs, doit se sacrifier à la patrie, ou, pour mieux dire, il n'y a pas de sacrifice à faire ; il n'y a rien à redouter de l'opinion publique, elle peut s'égarer un moment ; mais tôt ou tard elle viendra l'entourer de ses faveurs. Que peut une calomnie passagere contre une longue suite de vertus ? Il n'y aura donc d'exclus des emplois publics, que les intrigans qui, convaincus de leur nullité, craindront les regards pénétrans des écrivains courageux ; ou bien l'homme pusillanime qui aime la gloire sans savoir la défendre, qui la croit flétrie, lorsqu'elle n'est que touchée. Mais n'y a-t-il pas le plus grand intérêt à éloigner ces hommes-là ? Parcourez l'histoire, & vous verrez que la mémoire des despotes est exécrée ; mais qu'elle a vengé les hommes vertueux ; que la postérité a versé des larmes sur leurs cendres, & qu'elle a su recueillir religieusement leurs travaux.

Vous redoutez la censure publique ; mais ne savez-vous pas qu'on peut en suspendre, mais non en arrêter le cours ? Hommes publics, consentez donc à être jugés plutôt aujourd'hui que demain. Laissez écrire contre vous tout ce qu'on voudra ; si vous êtes innocens, votre triomphe sur la calomnie éclatera tôt ou tard. L'homme qui remplit des fonctions importantes doit être assez éclairé pour ne pas se croire atteint par tous les traits qui lui sont lancés ; assez ami de ses semblables pour être indulgent ; il doit se dire, celui qui m'attaque ne me connoît pas ; je vais redoubler de zèle, & mes

mes services me feront connoître. La liberté de la presse, sous le rapport des personnes, est donc favorable aux gens de bien, & dangereuse seulement pour les méchans. Les despotes l'ont toujours eue en horreur. Les bons princes ne l'ont jamais redoutée. Théodoze, calomnié, disoit : Si c'est légéreté, méprisons ; si c'est folie, ayons en pitié ; si c'est dessein de nuire, pardonnons.

Mais voici la grande objection des partisans du projet des comités. Vous ôtez, disent-ils, aux fonctionnaires publics la considération qu'il est important de leur conserver, ils ne jouiront plus de ce respect qui produit la soumission aux loix. C'est en effet avec ces préjugés qu'on gouverne un peuple esclave, un peuple libre doit être gouverné par la confiance mais pour que les fonctionnaires publics soient toujours entourés de la confiance, il faut que toutes les actions soient en évidence.

Cette confiance, qui naît d'une surveillance toujours active, est le seul ressort d'un bon gouvernement, & cette censure publique existe dans la nature même des choses. En effet, dans l'ancien régime, où les hommes publics étoient des idoles, où le respect & la servitude étoient synonymes, ne trouvoit-on pas les moyens de lever le voile, & ne faisoit-on pas confidence au public des débordemens de la cour ? Le danger ne vient donc pas de la liberté de censurer les hommes publics. Dans tous les systêmes, la censure de l'opinion est inévitablement attachée à tout poste élevé. La liberté de la presse ne produiroit donc pas un plus grand danger, que la gêne de la presse n'offre une garantie. Rien n'est plus propre à écarter des places les hommes corrompus, que de les forcer de se montrer au grand jour ; il n'y aura sur les rangs que les hommes qui, fiers de leur vertu, auront intérêt à chercher le grand jour & à s'entourer de l'opinion publique.

Examinons maintenant comment l'article des comités est conçu : il est dit que « toutes les calomnies contre la probité des fonctionaires publics & contre la droiture de leurs intentions dans l'exercice de leurs fonctions, pourront être poursuivies par ceux qui en sont l'objet » ; c'est-à-dire que si j'apperçois qu'un ministre de la guerre néglige les mesures qu'il doit prendre pour la défense de l'état, je ne pourrai rien dire sur les négligences de ce ministre, sans qu'à l'instant on ne me dise : voilà un fait calomnieux. Il y aura mille circonstances où il y auroit des indices de ses malversations, & où cependant je n'aurai pas de preuves juridiques ; j'aurai beau me restreindre à censurer ses actes, on me dira toujours que j'inculpe la probité & la droiture de ses intentions. Je conclus à la question préalable sur l'avis du comité.

M. Larochefoucault. Je pense, avec le préopinant que la plus grande publicité est nécessaire & salutaire, & qu'elle est de droit pour tout ce qui regarde l'exercice des fonctions publiques. Je pense que tout citoyen a le droit & le devoir, d'être à cet égard, la sentinelle du peuple ; mais, de même que vous ne donnez pas à une sentinelle, dans un poste militaire, le droit de blesser à son gré les personnes de la part desquelles elle s'imagineroit qu'il y auroit quelque chose à redouter, de même je ne peux pas croire que la sentinelle du peuple, dans son poste d'écrivain, ait le droit de blesser à son gré, par la calomnie, les hommes chargés de fonctions publiques.

Sans doute, il seroit très curieux de voir un état dans lequel tout le monde auroit le droit de faire des loix, & dans lequel personne ne les feroit exécuter. J'avoue que ce problême sera long à résoudre, & je ne sais pas si l'opinant, qui a parlé avant moi, peut en donner la solution ; je ne l'espère pas.

Si donc il est nécessaire qu'il y ait des hommes chargés de l'exécution des loix, il ne faut pas vouer d'avance ces hommes à l'ignominie & à la crainte auxquelles tâcheroient de les livrer les ennemis de la chose publique. Je crois donc qu'il y a une distinction à faire dans ce qui regarde les fonctionnaires publics à l'égard des choses qui ont rapport à leurs fonctions publiques ; je crois qu'il faut laisser à la censure la plus grande latitude à l'égard des choses relatives à l'exercice des fonctions, mais qu'à l'égard des actions de leur vie privée, les fonctionnaires publics sont dans la classe des autres citoyens. M. Pétion vous a cité Théodose ; j'observe que ce trait de générosité est peut-être plus facile à un souverain despotique qu'il ne l'est à un fonctionnaire public ordinaire. A l'égard des consolations que M. Pétion accorde aux hommes calomniés, je conviens avec lui, que tôt ou tard la vérité se fait jour à travers les calomnies, & qu'elle finit par regner ; mais ce n'est pas au moment même que la calomnie a été débitée qu'elle parvient à se faire jour ; & si la postérité a vengé la mémoire de Phocion & de Socrate, cela n'a pas empêché que leurs compatriotes ne leur aient fait boire de la ciguë.

Il est sans doute de ces êtres privilégiés par la nature qui savent se mettre au dessus de tout, qui boiroient de la ciguë, s'il le falloit, mais je ne crois pas que l'on puisse, ni que l'on doive attendre cette grandeur d'âme de tous les fonctionnaires publics ; je ne crois pas sur-tout qu'on doive la leur prescrire par une loi. Cette loi tendroit évidemment à écarter de toutes les fonctions publiques tous les hommes qui ne joindroient pas à l'honnêteté de l'âme cette force peu commune. Alors la carriere s'ouvriroit à des intrigans qui ne craindroient pas la calomnie parce qu'ils sauroient se liguer avec les calomniateurs. J'avoue cependant que je n'adopte pas la rédaction du comité, parcequ'elle est vague ; & qu'en fait de loi tout ce qui est vague est mauvais. J'ai taché de distinguer, dans une rédaction que je vais vous soumettre, le fonctionnaire public de l'homme privé, & d'abord, j'ai cru qu'il étoit nécessaire d'établir le droit que doit avoir tout citoyen d'exprimer librement son opinion sur les actes de l'autorité publique. Voici cette rédaction :

« Tout homme a le droit d'imprimer & de publier son opinion sur tous les actes des pouvoirs publics, & sur tous les actes des fonctionnaires publics, relatifs à leurs fonctions ; mais la calomnie contre quelque personne que ce soit sur les actions de sa vie privée, pourra être jugée sur sa poursuite ». (Il s'élève des murmures, & quelques instans après des applaudissemens.)

M. Pétion. Je suis d'accord avec le préopinant, mais je demande à observer ... (Des rumeurs étouffent la voix de M. Pétion.)

Les membres de l'extrémité gauche demandent que la discussion soit fermée.

M. Mougins. La calomnie a long-temps été regardée comme un très-grand délit ; & les romains mêmes, MM ..... (Il s'éleve des éclats de rire.) Les tribunaux ont toujours puni la calomnie très sévérement ; l'honneur est une propriété sacrée, une propriété nationale.

Nous vivons pour l'honneur, MM. (La partie droite murmure.) Que deviendront vos juges si vous les exposez à des dénonciations atroces & cruelles ? On confond ici la censure avec la calomnie. La première est nécessaire ; la seconde est un véritable délit public. Les législateurs doivent avoir principalement pour objet, les mœurs publiques ; & soyez surs qu'il n'y a pas un honnête homme qui n'accorde son assentiment au projet du comité.

M. Thouret. Je demande à faire une simple observation. (Les membres de l'extrémité gauche demandent avec chaleur que la discussion soit fermée.) Je demande, M. le président, à dire deux mots, non sur le fond de la discussion, mais pour une observation nécessaire, pour que la discussion continue sur le véritable point de la question ; car il est près de nous échapper, & cela d'après le résultat de la rédaction de M. Larochefoucault, prise comparativement d'après les principes de la discussion. M. Larochefoucault est parfaitement d'accord avec le principe du comité, que la censure la plus libre doit être permise sur tous les faits administratifs ; il est pareillement d'accord avec nous sur ce qu'on peut même imprimer des faits qui déposeroient contre l'honneur des administrateurs, lorsque ces faits sont vrais ; mais ce qu'il faut remarquer, il est d'accord avec nous aussi sur ce point, savoir : que si on peut attaquer l'honneur des administrateurs par l'énonciation d'un fait vrai, on n'a pas le droit d'attaquer leur honneur par une calomnie, & il doit conclure avec nous que si cette loi ne fait pas partie de votre *code constitutionnel*, il est impossible d'avoir de bons administrateurs.

Cependant M. Larochefoucault nous présente une rédaction qui permet la calomnie contre l'honneur & la droiture des intentions des fonctionnaires publics sur tous les objets qui sont relatifs à leurs fonctions.

Vous voyez que d'accord avec nous sur les principes, il ne l'est pas sur les résultats. Nous voulons que la censure soit libre sur les actes de l'administration. Mais nous renfermons dans le cas de la répression les calomnies volontaires contre les intentions. Le mot *volontaire* empêche qu'on ne regarde comme calomnie contre les intentions la simple énonciation d'un fait d'administration. M. Larochefoucault au contraire par sa rédaction, admet sans réserve le droit de calomnier volontairement les intentions des administrateurs, pourvu que ce soit sur des objets relatifs à leurs fonctions ! ainsi l'opinion de l'assemblée me paroissant faite sur ce point, je crois qu'elle n'hésitera pas entre les deux propositions.

M. Rœderer demande à répondre ; de violens murmures lui coupent la parole.

M. Goupil. Je demande la question préalable contre ce prétendu droit de calomnier qu'on voudroit introduire dans la constitution.

M. Rœderer. C'est ici le dernier coup porté à la liberté : on reserve aux ministres nouveaux le droit d'opprimer le reste de liberté que nous avons. [On murmure.] Quand Voltaire écrivit contre les abus des parlemens, s'il avoit été jugé d'après la loi qu'on vous propose, il auroit été puni comme calomniateur ..... C'est ici une coalition ministérielle que nous avons à déjouer.

Plusieurs membres demandent la parole.

M. *Chabroud.* Je demande à proposer un amendement à l'article du comité.

M. *Alexandre Lameth.* Allons, M. le président, en voilà assez.

M. *Dandré.* M. le président, j'ai deux objets à présenter à l'assemblée. La question qui se présente est toute facile à poser, & je la pose ainsi : tout individu aura-t-il le droit indéfini de calomnier les fonctionnaires publics.

Plusieurs voix de l'extrémité gauche. Ce n'est pas la question, monsieur.

M. *Dandré.* M. le président, on prétend que

ce n'est pas la question. Je ne vous propose pas, en effet, de poser la question sur le point de savoir s'il est permis de calomnier. Mais je dis que dans ma façon de voir, les objections des adversaires du comité se réduisent là : ils ne présentent pas littéralement la question dans les mêmes termes, parce qu'elle seroit odieuse & improposable ; mais ils la posent ainsi : sera-t-il permis de dire tout ce qu'on voudra sur les fonctionnaires publics ? On nous parle sans cesse sur la liberté, sur la nécessité de porter le flambeau sur l'administration, tout cela est très-beau ; mais il en résulte qu'il doit être permis de calomnier.

M. Rœderer, *à plusieurs reprises & au milieu des interruptions*. On a intérêt d'éloigner du ministère les réclamations, quand on veut l'occuper.... Ils demandent le ministère inviolable, parce qu'ils veulent y être. La liberté est tuée..... On conjure pour obtenir l'inviolabilité du ministre.

Plusieurs membres des comités interrompent avec chaleur.

M. *Salles*. Mais, vous même, vous calomniez sans cesse.

M. *Dandré*. Je dis donc, M. le président, qu'en analysant l'objection des adversaires du comité, il résulte qu'ils mettent en principe que l'on peut débiter contre les fonctionnaires publics toutes les calomnies qu'on voudra sur des objets relatifs à leurs fonctions; or je suppose qu'un imprimé revêtu d'une signature quelconque ou même non signé, car cela est plus commode, dénonce les administrateurs d'un département comme ayant reçu 100 mille livres pour faire hausser le prix du pain ; il me semble que ce sont-là des objets relatifs à l'exercice de leurs fonctions, & par conséquent le calomniateur ne sera pas dans le cas d'être puni. Si au contraire on dit que l'administrateur a volé 100 mille livres, il est clair que c'est-là un délit privé ; un administrateur peut être voleur comme un autre. Dans ce second cas le calomniateur sera puni. Or dites moi quelle différence il existe entre ces deux calomnies ? Pourquoi l'une seroit-elle punie, & l'autre récompensée de l'impunité. Je puis maintenant supposer qu'au moyen de cette impunité un administrateur sera fréquemment accusé d'avoir reçu de l'argent pour modérer l'imposition d'un contribuable ; un accusateur public d'avoir reçu de l'argent pour ne pas poursuivre un coupable ; je pourrois ainsi continuer mes hypothèses à l'infini : Or, je vous le demande, si vous exposez ainsi les officiers publics à être à tout moment calomniés, n'est-il pas évident que vous n'aurez pour officiers municipaux, pour administrateurs & pour juges que des hommes qui n'auroient plus à rougir de rien. (Il s'élève des applaudissemens).

Croyez-vous trouver des hommes assez courageux & assez élevés au-dessus de la calomnie par une réputation acquise ? Si vous en trouvez quelques-uns, croyez-vous qu'il n'y en aura pas une foule d'autres qui chérissant, comme on doit le faire, une réputation acquise par des services publics, ne voudront pas s'exposer à la perdre ? Tous les françois ne sont pas encore des héros. (On applaudit). Tous ne sont pas au-dessus de la calomnie, il en est beaucoup qui craignent la calomnie, sur-tout dans un moment où l'ordre public n'est pas encore bien établi ! car si une calomnie suffit pour faire perdre la vie, pour immoler une famille, je défie qu'il y ait un homme qui veuille s'exposer à toutes les calomnies des folliculaires.

M. *Rœderer*. *Du chant du coq*

M. *Dandré* Je suis bien aise d'avoir été interrompu par le préopinant, qui semble parler d'un placard intitulé *le chant du coq* qu'on se plait à m'attribuer. Je déclare, moi, que je voudrois bien le faire. (On applaudit à plusieurs reprises). J'ajouterai seulement que si toutes les calomnies contre les fonctionnaires publics pouvoient être détruites aussi facilement que celle du préopinant, il n'y auroit pas d'inconvénient ; mais je reviens à l'ordre du jour.

Je continue à dire qu'il est évident, par les exemples que j'ai donnés, que vous ne trouverez jamais dans le royaume, 80 mille fonctionnaires publics qui aient le courage de courir tous les dangers qu'entraîne la calomnie, lorsqu'elle ne pourra pas être réprimée.

A cela, on a dit : mais je ne pourrai donc pas dénoncer une prévarication, à moins que je n'aye précisément des preuves juridiques ? je réponds que vous auriez toujours le droit de dénoncer les négligences, les infractions aux loix. Cette censure contre les fonctionnaires publics est nécessaire ; mais portez vos dénonciations, non pas à des folliculaires, mais à l'accusateur public. (On applaudit).

M....... Cela ne vaut rien.

M. *Dandré*. C'est pourtant-là la véritable marche dans un état libre ; car je ne puis concevoir, je ne puis mettre dans ma tête qu'on puisse accuser les fonctionnaires publics sans aucune espèce de preuve du fait, & sans aucune réserve.

Si un fonctionnaire public étoit rencontré par un homme qui lui dit : vous avez volé dans la caisse de votre district 10 mille francs, prétendez-vous qu'il n'aura pas le droit de poursuivre cet homme ? En ce cas je prétends qu'il aura le droit de le tuer ; si les loix ne le vengent pas, il a le droit de se venger lui-même.....

Personne ne répond : Or si vous êtes obligés de convenir que ce fonctionnaire public aura le droit de tirer vengeance de son calomniateur, à plus forte raison devez-vous convenir qu'il a le droit d'obtenir la vengeance des loix ; & s'il peut tirer vengeance de celui qui l'aura calomnié en présence de dix personnes, à plus forte raison aussi pourroit-il exiger réparation de celui qui l'aura diffamé à la face de tout l'empire.

Ainsi, en simplifiant les principes sur le projet de décret du comité, il est certain que les actes d'administration doivent être soumis à la censure publique ; mais la liberté de calomnier la probité des personnes & la droiture de leurs intentions ne doit pas être permise. Voilà, je crois, où nous sommes d'accord.

M. *Rœderer*. Je demande à expliquer l'opinion qui fait l'objet de la controverse ; alors seulement nous pourrons être d'accord.

M. *Dandré*. Puisque je viens de citer en toutes lettres l'article du comité, & que l'assemblée me paroît d'accord, je demande qu'on aille aux voix.

M. *Robespierre*. M. Dandré & les autres partisans du comité semblent quelquefois se rapprocher des principes pour s'en éloigner sur le champ. M. Dandré paroît dans la dernière partie de son opinion déterminé à nous accorder.... (Il s'élève des murmures).

M. *Regnaud de Saint-Jean d'Angely*. Je demande que le préopinant veuille bien indiquer la corporation dont il est le chef.

M. *Robespierre*. Je m'en vais satisfaire à l'interpellation du préopinant. Quand j'ai dit *nous*, je parlois de ceux que la question intéresse, c'est-à-dire, de la généralité des citoyens : ce sont les droits de la nation que je réclame contre un article qui me paroît les attaquer. Je dis donc que M. Dandré paroissoit accorder le droit d'une censure salutaire & libre sur les actes d'administration ; si l'article remplissoit cet objet, alors on pourroit dire que nous sommes d'accord ; mais il ne le remplit pas.

Qu'est-ce que la liberté d'exercer la censure ? (On murmure) La puissance des comités s'étend-elle jusqu'à parler aussi long-tems qu'ils veulent, & à ne laisser parler personne ? Je dis que cette censure sur les actes d'administration ne pourra pas s'exercer sans que, en vertu de l'article qui vous est proposé, on puisse poursuivre le censeur comme calomniateur. Par exemple, un ministre parlant toujours de patriotisme & d'ordre public, peut mettre une négligence coupable dans l'exécution des loix relatives à la défense du royaume, entretenir des intelligences secrettes avec les ennemis du dehors. Je demande si le droit du citoyen se réduira à dire très-modestement, très-respectueusement, M. le ministre a négligé de porter tel corps de troupes sur les frontières, ou n'aura-t-il pas le droit de dire, s'il en a le courage : j'apperçois dans sa conduite un plan de conspiration contre le salut public ; j'invite mes concitoyens à le surveiller. (On murmure. — Les tribunes applaudissent).

Voici un autre exemple. Un général préposé à la défense de nos frontières a exécuté un plan dont le résultat devoit être de livrer la nation à tous les fléaux de la guerre domestique & extérieure. Je suppose que j'aye eu des indices certains de ce crime, comme tout homme de bonne foi & clairvoyant a pu en avoir, je ne pourrai donc pas provoquer la surveillance publique sur un tel homme sans être puni comme calomniateur ? Je dis que par la nature des choses l'intention de faire le mal touche de si près à l'action même, qu'il y a une connexité si évidente entre le crime consommé & l'intention du crime, qu'on ne pourra dénoncer un délit d'administration sans risquer d'être poursuivi comme calomniateur des intentions.

A quoi sert cette distinction qu'il est si facile d'éluder dans son usage entre un délit commis & l'invention, si ce n'est à gêner la censure sur tous les points.

Consultons l'expérience. Sur 100 accusations intentées par l'assemblée nationale elle-même contre des citoyens, 99 sont restées sans preuves. Si M. Bouillé eût été dénoncé comme un homme méditant des projets contre la patrie, le citoyen clairvoyant & zélé, qui en eût découvert les indices sans en découvrir encore les preuves juridiques, n'eut-il pas passé pour calomniateur ? (Les tribunes applaudissent). Pour appuyer la vérité de cette observation, je rappellerai l'engouement général excité en faveur du patriotisme & du zèle de cet officier, les éloges qui lui ont été prodigués par l'intrigue, & les remercîemens même surpris à la sagesse de l'assemblée nationale. (On applaudit). Lorsque les chances de l'équité sont tellement incertaines en faveur de l'un & de l'autre systême, je demande s'il faut priver la société de l'avantage suprême d'une censure illimitée sur les fonctionnaires publics ; je demande que la rédaction plus précise de M. Larochefoucault soit préférée à celle du comité.

M. *Duport*. Il n'est pas douteux que dans un pays où l'on veut des mœurs, la calomnie doit être poursuivie. Le comité a cependant fait une distinction entre les fonctionnaires publics & les simples citoyens. Si l'on calomnie un homme privé, aucun intérêt public n'a pû être le but du calomniateur, & il doit être puni sévèrement. Mais la nécessité de surveiller les fonctionnaires, exige qu'il n'y ait pas trop de danger à les attaquer. C'est pour cela qu'en soumettant leurs actes à la censure, il n'y a que la droiture de leurs intentions qu'on ne puisse pas volontairement calomnier. Dans un pays où la calomnie seroit ouvertement permise, il n'y auroit point d'opinion publique; on rendroit indifférens tous les motifs qui peuvent la faire redouter; & bientôt les accusations de tout genre seroient si nombreuses, & par-là même on y auroit si peu de foi, que si le fonctionnaire n'étoit pas guidé par sa probité, il ne pourroit pas être réprimé par l'opinion. La distinction de la censure & de la calomnie n'a échappé à personne. Vous avez dit dans le premier article, que je crois inutile de rapporter.... (On demande à aller aux voix.) Voici le véritable sens du comité: 1°. Tout ce qui est censure est permis; 2°. toute opinion hazardée, quoique reconnue fausse, ne peut-être punie; 3°. la calomnie volontaire doit être punie.

La discussion est fermée.

M. Thouret fait lecture du paragraphe.

M. *Prieur.* Je demande qu'on y joigne l'amendement de M. Larochefoucault, qui consiste à dire que le droit de s'expliquer sur tous les actes émanés des pouvoirs publics appartient à tous les citoyens.

M. *Thouret.* Vous avez assuré cette liberté dans le premier titre de votre *acte constitutionnel.* Hier encore, vous avez dit que nul homme ne pouvoit être recherché pour raison des écrits qu'il auroit fait imprimer sur quelque matière que ce soit. Il est question ici d'exprimer les seules restrictions qui peuvent réprimer les abus. Nous les avons limitées aux calomnies volontaires, & tout ce qui n'est pas cela, est dans la liberté générale déjà exprimée.

M. *Sillery.* On sait qu'ordinairement les ministres ont une grande opinion d'eux-mêmes; il est possible que le public pense différemment. Je demande si ce sera calomnier un ministre, que de dire qu'il est un sot.

M. *Salles.* Je propose par amendement, de faire commencer le paragraphe par ces mots: la censure la plus illimitée est permise à tout homme; mais les calomnies volontaires, &c.

M. *Thouret.* Si l'assemblée n'est pas blessée de l'imperfection réelle de cette rédaction, elle peut l'admettre, car, au fond, c'est l'avis du comité.

L'assemblée adopte l'amendement de M. Salles.

Le deuxième paragraphe de l'article premier est décrété en ces termes:

La censure sur tous les actes des pouvoirs constitués est permise; mais les calomnies volontaires contre la probité des fonctionnaires publics & contre la droiture de leurs intentions, dans l'exercice de leurs fonctions, pourront être poursuivies par ceux qui en sont l'objet.

M. Thouret fait lecture du troisième paragraphe de l'article premier.

Les calomnies ou injures contre quelques personnes que ce soit, relatives aux actions de leur vie privée, seront punies sur leur poursuite.

Ce paragraphe est décrété.

M. Thouret fait lecture de l'article II.

Art. II. Nul ne peut être jugé, soit par la voie civile, soit par la voie criminelle, pour fait d'écrits imprimés ou publiés, sans qu'il ait été reconnu & déclaré par un juré; 1°. s'il y a délit dans l'écrit dénoncé; 2°. si la personne poursuivie en est coupable.

M. *Thouret.* Le comité a pensé qu'il devoit retrancher le second paragraphe de cet article qui se trouve dans l'imprimé.

L'article II est décrété.

M. *Thouret.* Je passe aux délais à fixer dans les cas de l'abdication présumée du roi.

Art. I. Si, un mois après l'invitation du corps législatif, le roi n'a pas prêté le serment exigé, ou si après l'avoir prêté, il se rétracte, il sera censé avoir abdiqué la royauté.

Cet article est adopté.

M. Thouret fait lecture de l'article II.

II. Si le roi étant sorti du royaume, n'y rentroit pas dans le délai de deux mois, après l'invitation qui en seroit faite par une proclamation du corps législatif, il seroit censé avoir abdiqué la royauté.

M. *Prieur.* Dans la position où le comité suppose le royaume, les mesures les plus promptes doivent être prises; on ne peut alors supposer au roi des intentions pacifiques. Dans le délai de deux mois, il pourra parcourir toutes les cours de l'Europe, & lever une armée. Je demande qu'il soit dit: « Si le roi étant sorti du royaume, n'y rentre pas dans le délai qui sera prescrit par la législature ».

M..... Je suis d'avis de réduire la loi à un mois.

M. *Guilleaumme.* Je prie le comité de vouloir bien nous dire à compter de quel jour courra le délai; je pense que ce doit être du jour de la proclamation dans le lieu des séances du corps législatif.

M. *Larochefoucault*. Le danger de changer de roi me paroît si grand, qu'il seroit bon de dire que le délai fixé par le comité pourra être prolongé par le corps législatif.

M. *Régnaud de Saint-Jean-d'Angély*. Je suis loin de croire que le roi ait l'intention de refuser les avantages que lui présente la constitution du royaume, mais il faut tout prévoir; & s'il étoit possible que ses ennemis le déterminassent à aller se mettre hors de vos frontières au milieu des factieux, il seroit dangereux de lui accorder un si long délai. Je demande que vous déclariez, comme droit inhérent au corps constituant, la faculté de prendre les précautions qu'il jugera nécessaires en ces circonstances.

M. *Prieur*. Ce raisonnement s'applique également aux législatures.

M. *Thouret*. Il y a un grand intérêt à ne point abandonner aux législatures le droit de fixer les délais. Il seroit possible que, dans les circonstances difficiles, elles fissent mal cette fixation; & c'est en faveur du roi, contre le corps législatif, que nous vous proposons ce délai de deux mois. Il faut une latitude suffisante pour qu'il ne soit pas forcé de ne rentrer qu'à la tête d'une armée. Dans le cas où il en auroit levé une, ce ne seroit pas vos décrets, mais la force qui prévaudroit. On peut marier la proposition de M. Prieur avec celle du comité, & dire : « Si le roi ne rentre pas dans le délai fixé par le corps législatif, *qui ne pourra être moindre de deux mois* ».

Quant au pouvoir constituant, il concentre en lui seul tout le salut de la chose publique; il ne peut être entravé en aucune manière, & il a le degré d'autorité nécessaire pour prendre telle précaution qu'il juge convenable.

M. *Rœderer*. Vous avez répondu à l'observation de M. Régnaud; mais il est, relativement aux législatures, une question; c'est celle de savoir si, pendant le temps de son absence, le roi aura les rênes du gouvernement. Si c'étoit l'avis du comité, le délai ne pourroit être trop réduit.

M. *Thouret*. En principe, le seul fait de la sortie du roi ne le suspend pas de ses fonctions. Mais du moment de la proclamation du corps législatif, le pouvoir exécutif doit être suspendu dans ses mains.

M. *Rœderer*. Il faut le dire.

M. *Thouret*. On ajoutera cette proposition : L'article II est décrété, ainsi qu'il suit :

Art. II. Si le roi, étant sorti du royaume, n'y rentroit pas après l'invitation qui lui en seroit faite par une proclamation du corps législatif, & dans le délai qu'il fixera, mais qui ne pourra être moindre de deux mois, il seroit censé avoir abdiqué la royauté.

Séance du 24 août.

M. *Thouret*. Je soumets à l'assemblée l'article relatif à la garde du roi. Comme cette matière est une de celles sur lesquelles on a particulièrement cherché à influencer l'opinion publique, il est nécessaire de donner quelques développemens. Il n'est, je crois, pas question de savoir si le roi doit avoir une garde. Il ne nous a pas paru qu'il y eût là-dessus deux opinions, non qu'on puisse croire que le premier fonctionnaire public de la nation ait besoin d'être en garde contre elle, mais parce qu'il faut le prémunir contre des individus malveillans dont aucune nation n'est exempte. La première question qui s'est présentée à examiner, est de savoir si on peut établir que les différens corps de troupes de ligne composeront tour-à-tour la garde du roi. Ce système a d'abord quelque chose de séduisant; mais en l'examinant plus à fond, nous nous sommes convaincus qu'il étoit contraire à l'intérêt de la constitution & à l'intérêt de l'esprit militaire dans l'armée. Il est clair que le premier danger d'un peuple libre, est celui qui résulte de l'existence d'une force armée, lorsqu'elle est trop considérable & qu'il s'y introduit un esprit anti-national. L'intérêt de la nation est qu'il ne s'élève pas dans son sein un esprit particulier, & un trop grand dévouement de l'armée pour les intérêts personnels de son chef. Or, ce seroit s'exposer à tous ces inconvéniens, que d'établir que les troupes de ligne pourront passer dans cette atmosphère d'intrigues, où elles seront immédiatement sous les yeux de leur chef & sous l'influence des agens subalternes de la corruption, des blandities, des caresses, des alliciemens, & peut-être des gratifications pécuniaires de la cour. Le danger qui paroît donc indubitablement attaché à cette institution, ce seroit d'inoculer successivement tous les corps de troupes de ligne, d'un ferment de corruption qu'ils emporteroient dans leurs garnisons.

Nous avons été déterminés encore par deux autres considérations : la première, que le séjour du roi sera à l'avenir dans la capitale, & que le séjour de la capitale est incontestablement destructif de l'austérité des mœurs, qui est le principe de la discipline militaire; la seconde, qu'il seroit nécessaire de donner une haute paye à ces corps, & que, d'après les éclaircissemens donnés par des hommes qui ont sur cela une expérience certaine, il y auroit une très-grande difficulté à réduire à la paye ordinaire des corps qui auront joui de la haute paye.

Tout cela nous a fait penser qu'il étoit beaucoup meilleur, & pour l'intérêt constitutionnel, & pour l'esprit militaire, que le roi eut une garde particulière.

Nous proposons que cette garde soit payée sur les fonds de la liste civile ; qu'elle ne puisse être composée de plus de 1200 hommes à pied, & de 600 hommes à cheval. Nous n'avons pas pu croire que ce nombre d'hommes, strictement nécessaire pour le service, pût offrir un danger réel pour la liberté. Nous pensons que les grades, les règles d'avancement, doivent être les mêmes que pour les troupes de ligne ; & nous trouvons par-là un moyen d'attacher cette garde à l'autorité nationale, en même-temps qu'au service du roi : sans cette précaution, elle ne pourroit n'être qu'une cohorte privée de sbirres, qui, ne tenant par rien à la nation, seroient entièrement dévoués à celui qui les payeroit, pour en faire des instrumens domestiques & serviles. Au contraire, d'après notre proposition, la plupart de ces gardes auront un état indépendant du roi, puisque le tiers seulement des places sera au choix du roi.

Enfin, nous proposons que ces gardes ne puissent jamais être commandés pour aucun service public, & qu'ils ne puissent être choisis que parmi les hommes actuellement en activité de service dans les gardes nationales ou dans les troupes de ligne, & résidans dans le royaume.

En accumulant toutes ces précautions, nous croyons que le roi aura une garde convenable à la dignité nationale, & qu'il n'y aura aucune crainte sérieuse à avoir.

M. *Vadier*. On vous propose d'entourer le roi d'une garde stipendiée qui le déroberoit aux regards & à la confiance du peuple, pense-t-on que cet appareil intermédiaire doive resserrer les liens de l'obéissance à la loi ? Une nation fière & jalouse de sa liberté, verra-t-elle, sans défiance, une troupe mercenaire & anti-civique garder les avenues du trône ? Ces viles précautions ne peuvent convenir qu'aux despotes, qui, se défiant sans cesse de la fidélité des esclaves qu'ils ont asservis, ne règnent que par la terreur, & n'expriment qu'au bruit des armes les actes de leur volonté tyrannique. Mais un roi qui commande au nom de la loi, qui doit tout à la liberté d'un peuple généreux....... ; un roi qui n'a jamais que du bien à faire, & qu'une sage constitution a mis dans l'heureuse impuissance de faire détester son autorité...... ; un roi des François, enfin......., pourroit-il s'environner de satellites stipendiés, au lieu de se faire un rempart de la confiance & de la reconnoissance de la nation.

On a dit, & on répètera vainement, que la splendeur du premier trône de l'univers exige l'appareil d'une force armée. Personne ne contestera ce principe ; on ne diffère que sur la manière de l'appliquer. De quels élémens doit-on composer cette force armée ? Voilà la question à résoudre.

Ce corps hétérogène, qui n'appartiendroit ni à la hiérarchie civile, ni à la hiérarchie militaire, seroit une excressence dangereuse, une difformité bizarre qu'on ne sauroit admettre dans l'*acte constitutionnel*. Les jeunes gens dont on composeroit cette milice, seroient choisis infailliblement parmi les ci-devant gardes-du-corps, & dans la caste qu'on appelloit privilégiée. Ils seroient initiés de bonne heure dans la doctrine du royalisme. Les préjugés de la naissance, le desir d'avancer, l'aversion pour l'égalité, leur feroient bientôt oublier leurs devoirs envers la nation, pour ne s'attacher qu'au monarque.

Cette troupe, ainsi disposée, seroit la pépinière des chefs de votre armée de ligne. Toujours alimentée par des surnuméraires de même espèce, elle seroit le germe inépuisable du monarchisme, & l'écueil infaillible de votre liberté civile & politique.

Cette institution vicieuse & chevaleresque, seroit l'école du spadassinage, dépôt éternel des illusions nobilières. La cocarde blanche seroit bientôt le talisman de cette corporation fantastique. Et peut-on répondre que le scandale des orgies & les évolutions des poignards ne se renouvelleroit pas sous nos yeux ?

Rappellez-vous l'affligeant souvenir de ces catastrophes récentes, & que les amis de la liberté n'en perdent jamais la mémoire !

J'invoque ici le courage héroïque que vous avez montré lors du serment du jeu de paume ; lorsque vous étiez infestés de canons, de mortiers & de bayonnettes. Auriez-vous voté ce jour-là l'institution des janissaires à pied & à cheval, pour entourer le trône du monarque & le sanctuaire des loix ?

Il est juste de donner une garde au roi, il n'est aucun de nous qui ne vole au-devant de cette équitable proposition ; mais la nation française ne doit déléguer ce droit à personne.

Rien ne sera plus propre à maintenir l'harmonie, l'unité d'intérêt, de vœux & d'intention entre tous les départemens, que de les faire concourir en commun & à tour de rôle, à l'honneur de garder leur premier fonctionnaire. Ce moyen seul pourroit vous préserver de tout système républicain confédératif. Une relation annuelle & périodique entre les départemens & la capitale, entre le monarque & les citoyens, éteindroit à jamais le germe des rivalités, les divisions causées par l'intérêt ou les prérogatives.

Il ne sera pas plus dispendieux pour le roi d'indemniser sur la liste civile les gardes nationales qui, tour-à-tour, seront employées à sa garde, que de stipendier une troupe dont le régime, la composition & les principes pourroient porter ombrage au peuple.

Quant à la confiance, il faut, pour décider la préférence, se placer sous deux hypothèses qui peuvent se résoudre par un dilemme. Ou le roi se ralliera à la constitution & en appréciera les avantages, ou bien ils'en déclarera l'ennemi.

Dans le premier cas, il n'y a pas de doute qu'il n'accorde sa confiance à des citoyens zélés qui se dévoueront volontairement à sa défense. Dans le second cas, il est aisé de pressentir le danger de mettre dans ses mains les élémens d'une guerre civile, & de germes de corruption qui pourroient lui asservir l'armée de ligne.

En conséquence des principes, je vous propose le projet de décret suivant :

Art. I. Le roi aura une garde auprès de sa personne, qui ne pourra être commandée pour aucun service public.

II. Cette garde sera composée de quarante deux compagnies de gardes nationales.

III. Une de ces compagnies sera fournie par la garde nationale du département où le roi fera sa résidence.

IV. Les quarante-une compagnies restantes seront fournies annuellement & alternativement par les quatre-vingt-deux départemens du royaume.

V. Cette garde sera indemnisée tant du voyage, séjour & retour, suivant le taux qui sera réglé, sur le fonds de la liste civile.

VI. La solde de cette troupe à cheval sera payée pendant son service, sur le fond de la liste civile.

VII. Les officiers de l'état-major, nécessaires à cette troupe, seront au choix du roi, qui les renouvellera tous les ans, mais ne pourront être choisis que dans le nombre des officiers en exercice dans la garde nationale du royaume.

M. Estourmel. Vous vous rappellez le transport général qu'excita dans l'assemblée la lettre par laquelle le roi vous exprimoit son vœu sur l'établissement de sa maison militaire. Les propositions du roi ont été adoptées, d'abord par acclamation, ensuite à l'unanimité. Il est certain que le roi doit avoir l'initiative sur tous les objets militaires. J'entends déjà faire autour de moi la conclusion que je voulois induire de cette observation, c'est qu'il soit décrété sur le champ, & par acclamation, qu'une députation soit chargée d'aller prier le roi de reprendre l'exercice de ses fonctions.

M. Lavie. On n'a pas dit cela autour de vous, j'en réponds.

M. Goupil, avec chaleur. Nous demandons à nous justifier de l'imputation que nous fait M. Estourmel.

M. Robespierre. Dans quelles circonstances vous propose-t-on de rétablir les gardes du roi ? Dans un moment de crise & de révolutions, & s'il est vrai que ce corps de troupes ne seroit pas funeste dans un moment calme, il est vrai qu'il peut protéger des projets contre l'ordre public, dans un temps d'orage & de conspiration. Pourquoi faut-il que je sois obligé à vous rappeller des circonstances que tout le monde connoît. De quelle manière seroit composé ce corps, ne seroit-ce pas de la manière qui conviendroit le plus à la cour ? Dans quelle classe croyez-vous qu'on prendroit les hommes qui y seroient admis ? Seroit-ce parmi ceux dont l'attachement à la constitution est connu ? Le comité croit vous rassurer en disant qu'ils ne seront pris que parmi les personnes actuellement en activité de service dans les troupes de ligne, ou dans la garde nationale ; mais qui ne sait combien il seroit facile de trouver dans les troupes de ligne 1800 hommes prêts à se dévouer à une contre-révolution ; il est donc clair que le danger est le même que s'il étoit possible de les choisir partout. Je crois qu'en ce moment nous ne devons nous occuper en aucune manière de la garde du roi ; qu'elle reste confiée à la vigilance & au patriotisme des hommes armés, voilà la mesure qui convient aux circonstances. [Les tribunes applaudissent.]

M. Fréteau. Je commence par observer que la proposition du préopinant tendroit à laisser en arriere la décision d'une des principales questions constitutionnelles. J'observe ensuite que, si l'on a hésité un moment de reconnoître que le roi est représentant du peuple, personne ne contestera qu'il est un pouvoir sacré, plus utile qu'un conseil exécutif, ou toute autre espèce de délégation de l'autorité nationale exécutive, &, sous ce rapport, il doit avoir une garde particulière ; car le corps législatif lui-même a, à cet égard, un droit illimité. Outre la nécessité d'empêcher que le roi n'ait intérêt à se servir des troupes de ligne, il faut considérer que les principes justes, ennemis des abus, ont été de tout temps les plus exposés, & l'histoire nous offre une foule de preuves de cette assertion.

M. Fréteau entre dans un grand nombre de détails historiques, & conclut à ce que la garde du roi soit portée à 3,000 hommes.

M. Hébrard. Le comité propose d'accorder au roi une garde d'honneur de gardes nationales ; je déclare que je ne consentirai jamais à une concurrence avec des janissaires stipendiés. Qu'on donne au roi une suite de suisses, un guet, des huissiers, des appariteurs, j'y consens, mais je ne puis adopter le système d'une garde militaire.

M. Alexandre de Beauharnais. Il faut établir dans cette

cette matiere importante un tel ordre, que la décision d'une des questions ne puisse pas entraîner la décision de l'autre. La délibération comprend trois objets très-distincts; 1°. La maison armée du roi sera-t-elle militaire ou domestique? 2°. De quel nombre sera-t-elle composée? 3°. Cette maison sera-t-elle payée sur la liste civile? L'assemblée doit d'abord aller aux voix sur la première de ces questions.

M. *Dandré*. Cette manière de poser la question est équivoque. Il faut dire « la maison armée du roi concourra-t-elle pour l'avancement avec le reste de l'armée?

M. Larevelliere insiste pour que la question soit posée ainsi que vient de le proposer M. Beauharnais.

M. *Démeunier*. Le comité ne propose pas que la maison du roi fasse partie de l'armée, mais seulement que les gardes y soient les mêmes. Il faut donc poser ainsi la question: la garde du roi aura un avancement militaire sur elle-même, & ne pourra entrer dans les régimens de l'armée.

M. *Custine*. Le plan du comité de constitution est inconstitutionnel.

M. *Landine*. Il est une question préliminaire & qui me paroît devoir être discutée avant celles qui nous sont soumises; c'est celle de savoir si le roi pourra commander l'armée en personne? si c'étoit là l'opinion de l'assemblée, je pense que la garde du roi devroit être militaire.

M. *Buzot*. Il ne faut pas que le roi puisse prendre dans sa maison des officiers pour les mettre dans l'armée. Je demande que cette disposition soit formellement insérée dans l'article.

M. *Alexandre Lameth*. Cela est juste; mais il y auroit des inconvéniens à déclarer qu'elle ne fera pas portion de l'armée. (On murmure). Après avoir décrété qu'elle roulera sur elle-même, & qu'elle ne pourroit être employée à aucun service public, je ne sais pas d'où peuvent venir encore les inquiétudes.

M. *Barnave*. Aux voix donc, Monsieur le président.

M. *Custine*. Tous les citoyens ont le droit de garder le premier magistrat de la nation. Je demande que le service soit fait auprès de lui par tous les régimens de l'armée à tour de rôle.

M. *Démeunier*. Voici la rédaction que je propose: « Le roi aura, indépendamment de la garde d'honneur qui lui sera fournie par les citoyens-gardes-nationales du lieu de sa résidence, une garde payée sur les fonds de la liste civile. Ceux qui composeront la garde du roi, rouleront exclusivement dans tous les grades sur eux-mêmes, sans pouvoir en être tirés pour entrer dans l'armée de ligne ».

Le paragraphe Ier est décrété.

M. Thouret fait lecture du second paragraphe: « La garde du roi sera prise dans l'armée de ligne, & parmi les citoyens en activité de service dans la garde nationale ».

M. *Buzot*. Je demande que cette garde ne puisse faire son service que par sémestre.

M. *Démeunier*. Cela regarde l'organisation détaillée qui vous sera présentée par le comité militaire.

M. *Regnaud de Saint-Jean-d'Angely*. Je demande qu'au moins pour entrer dans la garde du roi, il faille être citoyen françois.

M. Alexandre Lameth hausse les épaules.

M. *Giraud*. Tous les citoyens doivent être inscrits sur les registres des gardes nationales; ainsi, l'intention du comité qui a sans doute eu pour but de composer la garde du roi de citoyens patriotes, seroit manquée par la disposition de son article. Je demande qu'il y soit dit: « Parmi les inscrits depuis un an sur les registres des gardes nationales ».

M. *Rœderer*. Je demande si, par exemple, lorsqu'on sera parvenu au grade d'officier général dans la maison du roi, on pourra entrer dans l'armée avec le même grade.

M. *Alexandre Lameth*. Quand on sera parvenu au grade d'officier général dans la maison du roi, il n'y a pas de doute qu'on le conservera dans l'armée. (On murmure dans diverses parties de la salle). On ne cherche qu'à avilir tout ce qui approche de la personne du roi. Je demande si, après les précautions prises, il peut rester des inquiétudes à un seul homme de bonne-foi.

Le second paragraphe est décrété ainsi qu'il suit: « La garde du roi sera prise dans l'armée de ligne, & parmi les citoyens en activité de service depuis un an dans la garde nationale ».

M. *Thouret*. On a déjà agité dans cette assemblée la question de savoir si les membres de la famille régnante pouvoient jouir des droits de citoyens, vous l'avez trouvée assez importante pour la renvoyer à l'examen de vos comités. L'exclusion des droits politiques pour la famille royale est fondée sur l'intérêt de conserver la pureté du gouvernement représentatif, & la distinction des pouvoirs. Elle a politiquement des droits différens du reste des citoyens; le pouvoir exécutif est son patrimoine, & l'exclusion que nous allons vous proposer est une conséquence indubitable de ces mêmes principes politiques. On demande si la nation a le droit de lui imposer cette privation? Oui, par la même raison qu'elle a eu le droit d'y placer la substitution héréditaire à la couronne; mais comme ce n'est pas l'effet d'une gradation, il est juste de rendre cette privation honorable par la participation à une prérogative particulière, & ce moyen nous a paru le meilleur pour consolider d'une manière indestructible l'abolition des privilèges entre tous les citoyens. Si la famille royale jouit d'une prérogative motivée sur un principe particulier applicable à elle seule, vous l'intéressez à détruire toute distinction qui ne seroit pas fondée sur la même raison. Je n'examinerai pas la position où nous nous trouvons. Il est cependant très-heureux que les maximes constitutionnelles ne contrarient point la création d'une distinction que desirent des hommes, nos égaux par la nature, & qui, pour l'obtenir, s'appliquoient à armer contre la France. Nous sommes entravés par la question préalable décrétée sur le titre de prince qu'il vous a été proposé d'accorder aux membres de la dynastie. Peut-être ne vous croiriez-vous point définitivement engagés par ce décret: mais si vous le pensez, nous espérons que vos lumières trouveront une ouverture plus heureuse que celle que nous avons fondée pour chercher une distinction honorifique.

Voici l'article que nous vous proposons:

« Les membres de la famille du roi étant seuls appellés à une dignité héréditaire, forment une classe distinguée des citoyens, ne peuvent exercer aucun des droits de citoyen actif, & n'ont d'autre droit politique que celui de la succession éventuelle au trône: ils porteront le titre de prince.

M. d'Orléans. Je n'ai qu'un mot à dire sur la seconde partie de l'article qui vous est proposé; c'est que vous l'avez rejettée directement il y a peu de jours.

Quant à la qualité de citoyen actif, je demande si c'est ou non, pour l'avantage des parens du roi qu'on vous propose de les en priver. Si c'est pour leur avantage, un article de votre constitution s'y oppose formellement, & cet article le voici: *Il n'y a plus pour aucune partie de la nation, ni pour aucun individu, aucun privilège ni exception du droit commun de tous les François.* Si ce n'est pas pour l'avantage des parens du roi qu'on vous propose de les rayer de la liste des citoyens actifs, je soutiens que vous n'avez pas le droit de prononcer cette rédaction. Vous avez déclarés citoyens françois ceux qui sont nés en France d'un père françois. Or, c'est en France, & c'est de pères françois que sont nés les individus dont il s'agit dans le projet de vos comités.

Vous avez voulu qu'au moyen de conditions faciles à remplir, tout homme dans le monde pût devenir citoyen françois: or, je demande si les parens du roi sont des hommes.

Vous avez dit que la qualité de citoyen françois ne pouvoit se perdre que par une renonciation volontaire, ou par des condamnations qui supposent un crime. Si donc ce n'est pas un crime pour moi d'être né parent du monarque, je ne peux perdre la qualité de citoyen françois que par un acte libre de ma volonté.

Et qu'on ne me dise pas que je serai citoyen françois, mais que je ne pourrai être citoyen actif; car avant d'employer ce misérable subterfuge, il faudroit expliquer comment celui-là peut être citoyen, qui, dans aucun cas ni à aucune condition, ne peut en exercer les droits.

Il faudroit expliquer aussi par quelle bisarrerie le suppléant le plus éloigné du monarque ne pourroit pas être membre du corps législatif, tandis que le suppléant le plus immédiat d'un membre du corps législatif, peut, sous le titre de ministre, exercer toute l'autorité du monarque.

Au surplus, je ne crois pas que vos comités entendent priver aucun parent du roi de la faculté d'opter entre la qualité de citoyen françois & l'expectative, soit prochaine, soit éloignée du trône.

Je conclus donc à ce que vous rejetiez purement & simplement l'article de vos comités; mais dans le cas où vous l'adopteriez, je déclare que je déposerai sur le bureau ma renonciation formelle aux droits de membre de la dynastie régnante, pour m'en tenir à ceux de citoyen françois.

M. d'Orléans descend de la tribune au milieu des applaudissemens réitérés de la grande majorité de l'assemblée & des tribunes.

Une grande agitation règne dans toutes les parties de la salle. Quelques minutes se passent. Les applaudissemens recommencent.

M. Dupont. L'assemblée a décidé qu'elle ne préjugeoit rien sur l'effet des renonciations dans la race actuellement régnante; ainsi l'acte de patriotisme de M. d'Orléans ne doit point influer sur la délibération actuelle.

M. d'Orléans. Une renonciation personnelle est toujours bonne.

M....... La renonciation de M. d'Orléans est l'effet d'un patriotisme pur, c'est un acte de civisme dont l'histoire fournit peu d'exemples; mais avant de me livrer à son apologie, qu'il me soit permis de l'examiner dans son principe &

dans ses conséquences. (On demande l'ordre du jour.)

M. Dandré. La marche que semble prendre la discussion me fait lever pour appuyer la proposition de M. Dupont. M. d'Orléans n'a pas le droit de renoncer au trône, ni pour lui, ni pour ses enfans, ni pour ses créanciers..... (On applaudit & on rit dans la partie droite. On murmure dans la majorité de la partie gauche.)

M. Rewbell. Lorsque l'assemblée a décrété qu'il ne seroit rien préjugé sur l'effet des renonciations, il ne s'agissoit que de la branche d'Espagne.

L'assemblée passe à l'ordre du jour.

M. Sillery. Je viens combattre le projet de décret qui vous est présenté par votre comité de révision. Qu'il me soit permis, avant d'entrer en matière, de gémir sur l'étonnant abus que quelques orateurs ont fait de leurs talens dans l'importante discussion qui nous occupe depuis plusieurs jours.

Quel étrange langage a-t-on tenu dans cette tribune, lorsqu'on a cherché à vous faire entendre que ceux qui demandoient l'exécution littérale de vos décrets étoient des ennemis de l'ordre, des factieux qui vouloient perpétuer l'anarchie, comme si l'ordre ne pouvoit exister qu'en satisfaisant l'ambition de quelques individus, & que l'anarchie pût jamais être le résultat de l'exécution de vos décrets. Ce que j'ai à vous dire n'est pas l'opinion d'une coalition factieuse, c'est la mienne que j'ai le droit d'énoncer, &, j'ose le dire, elle est celle d'un citoyen dévoué au bonheur public. — On vous propose d'accorder à tous les individus de la famille royale le titre de prince, & de les priver en même temps des droits de citoyen actif; j'avoue que je ne me serois pas attendu que ce seroit votre comité de constitution, qui nous a répété tant de fois que le titre de citoyen étoit le plus honorable que l'on pût obtenir, qui viendroit proposer pour la famille royale l'étrange marche de troquer ce titre avec celui de prince que vous avez déjà proscrit par un de vos décrets. (On applaudit dans une grande partie de la salle & dans les tribunes.) Comment n'a t-il pas senti les conséquences funestes qui pourroient en résulter, en formant une caste particulière d'hommes, ennemis nés de la nation, puisqu'ils ne jouiroient d'aucun des avantages de la constitution, & que se trouvant isolés au milieu d'une nation libre, seuls dans la dépendance du roi, ils ne jouiroient ni de la liberté, ni de l'égalité, base fondamentale de votre constitution.

Rappellez-vous tout ce qui vous a été dit dans cette tribune par les mêmes orateurs qui soutiennent l'opinion que je combats, lorsqu'il a été question d'abolir la noblesse. On vous a démontré l'impossibilité d'admettre des distinctions de naissance dans un état constitué comme le nôtre; & en abolissant les privilèges, en confiant au peuple la nomination de tous les fonctionnaires publics, n'avez-vous pas reconnu ce principe éternel d'égalité, dont il ne vous est plus permis de vous écarter? Dans une question de cette importance, il faut tout terminer, & avoir le courage de tout dire. Je vais tâcher de vous démontrer que le projet que votre comité vous propose est injuste & impolitique. La loi ne peut dépouiller qui que ce soit d'un droit accordé à tous les autres citoyens, sans démontrer rigoureusement que cette spoliation est fondée sur la raison & sur la justice, & que par conséquent, elle a un grand but d'utilité publique. Les parens du roi qui sont présentement en France, ont constamment montré le patriotisme le plus pur; ils ont rendu de grands services à la cause publique, par leurs exemples & les sacrifices qu'ils ont faits: d'après les décrets de l'assemblée nationale, ils ont abjuré leurs titres & renoncé à leurs prérogatives. Pénétrés de l'esprit qui a dicté ces décrets, ils ont regardé comme les plus beaux de tous les titres ceux de patriote & de citoyen; ils ont joui de tous les droits de citoyen actif, & l'on propose aujourd'hui de les en dépouiller. L'assemblée nationale a dit à tous les parens du roi: *Vous n'êtes plus princes, vous êtes les égaux de tous les autres citoyens.*

A cette déclaration qu'est-il arrivé? Les princes fugitifs ont fait une ligue contre la patrie; les autres se sont rangés avec joie dans la classe de simples citoyens. Si l'on rétablit aujourd'hui le titre de prince, on accorde aux ennemis de la liberté tout ce qu'ils ambitionnent; on prive de bons patriotes de tout ce qu'ils estiment. (La salle retentit d'applaudissemens). Je vois le triomphe & la récompense du côté des réfractaires; je vois la punition & tous les sacrifices du côté des patriotes. Quelles raisons peuvent motiver cet étrange renversement de toute justice? Est-ce pour donner plus de dignité au trône que l'on veut rendre ces titres aux parens du roi? Mais en détruisant tous les préjugés, vous avez anéanti le prix imaginaire de ces vaines distinctions; elles avoient de l'éclat, quand vous les avez abolies; & après en avoir fait connoître toute l'absurdité, vous voudriez les rétablir? Seroit-ce rendre ce que vous aviez ôté? Non sans doute, puisque l'opinion n'est plus la même. Ces titres brillans & pompeux quand on vous les a sacrifiés, ne sont plus aujourd'hui que des chimères ridicules; ainsi vous ne ferez point une restitution; vous ne rendrez rien, & vous vous dépouillerez du bien que vous aviez donné en échange. (Les applaudissemens recommencent). Si vous ôtez aux parens du roi les droits de citoyen actif, que dis-je, non-seulement vous ne leur accordez rien, non-seulement vous les dépouillez, mais avez-vous réfléchi à la classe où vous allez les assimiler ? Relisez ce code criminel que vous avez décrété. Voyez les malfaiteurs, les banqueroutiers, les faussaires, les déprédateurs, les calomniateurs, vous les punissez par la dégradation civique ; & voilà la classe où vous voulez ranger ceux que vous prétendez honorer. (Nouveaux applaudissemens).

Songez combien vous allez être en contradiction avec les principaux décrets que vous avez prononcés. Les droits de l'homme, évangile immortel de la raison, sont tous violés : N'avez-vous pas dit que les hommes étoient tous égaux en droits ? N'avez-vous pas déclaré que tous les citoyens étoient sujets aux mêmes peines pour les mêmes délits ? Imaginez donc un nouveau code criminel pour cette caste proscrite ; car s'ils se rendent coupables d'un crime qui mérite la privation du droit de citoyen, vous ne pouvez trouver le moyen de les punir par vos loix, puisque déjà leur naissance a prononcé l'anathême sur eux. (Nouveaux applaudissemens).

On prétend qu'il seroit dangereux d'admettre dans le corps législatif, des membres de la famille royale. Ils seroient, dit-on, ou pour ou contre la cour. Dans le premier cas, ils chercheroient à augmenter le pouvoir du roi ; dans le second ils seroient des factieux qui pourroient tout bouleverser. Mais comment auroient-ils donc cette puissante influence qu'on leur suppose ? Par leur naissance ? Cet avantage n'est imposant que dans les tems de préjugés ; & vous l'avez rendu nul. Par leurs talens ? Les députés de toutes les classes peuvent en avoir comme eux. Par leurs richesses ? Les sacrifices qu'ils ont fait à la cause commune, ne leur laissent pas de grands moyens d'exercer ce vil genre de corruption ; & si ce dernier mal étoit à craindre, il faudroit donc encore exclure du corps législatif tous les gens possesseurs d'une grande fortune, tous les riches négocians, tous les banquiers ; car je n'avance rien d'extraordinaire en disant qu'il existe maintenant plusieurs citoyens plus riches qu'eux.

Mais dans cette hypothèse, on établit qu'à l'avenir tous les individus de la famille royale seront à perpétuité, ou des factieux, ou des courtisans vendus. Cependant n'est-il pas possible de supposer qu'il s'en trouve de patriotes ; & ceux-là mériteront-ils d'être flétris de cette tache originelle qu'on veut imprimer sur toute la race ? Quelle loi que celle qui suppose toujours le vice ou le crime, & qui n'admet pas l'existence de la vertu, tandis qu'au contraire la loi doit avoir mille fois plus de vigilance & d'activité pour découvrir & récompenser la vertu, que pour réprimer le vice. En matière grave il lui faut toutes les lumières de l'évidence la plus frappante pour condamner ; au lieu que pour absoudre elle saisit avidement un simple doute ; & quoi de plus grave, quoi de plus important que la question dont il s'agit ? Question qui n'en sera pas une si l'on respecte vos décrets constitutionnels, ou si l'on n'enfreint pas tous les principes de l'équité. Enfin j'ose avancer que l'infaillible moyen de rendre la famille royale une caste véritablement dangereuse, c'est d'adopter le décret que l'on vous propose. En effet, en la privant du noble droit de servir son pays, en écartant d'elle toute idée de gloire & de bien public, vous la dévouez à tous les vices produits par l'intrigue & l'oisiveté. Ceux qui parmi eux n'auront aucune énergie, ramperont servilement au pied du trône, & obtiendront pour eux & pour leurs amis les grâces dûes au seul mérite. Ils cabaleront, ils intrigueront dans l'assemblée nationale avec moins de prudence que s'ils y étoient eux-mêmes, & qu'ils fussent par conséquent obligés d'y manifester personnellement leurs opinions. Ceux au contraire qui seront nés avec du courage & des talens chercheront à se faire un parti, & n'ayant rien à attendre de la patrie qui les a rejetés de son sein, s'ils parviennent à acquérir du crédit, ils ne l'emploieront qu'à satisfaire une ambition qui, dans leur position, ne pourra jamais être noble & pure, & tous seront animés d'un sentiment commun ; la haine de la constitution qui les exclut de tout & le désir de la renverser.

Voyez au contraire ce qu'il est possible d'en attendre si l'amour de la patrie les enflamme ; jetez vos regards sur un des rejettons de cette race que l'on vous propose d'avilir. A peine sorti de l'enfance, il a déjà eu le bonheur de sauver la vie à trois citoyens au péril de la sienne. La ville de Vendôme lui a décernée une couronne civique. Malheureux enfant ! sera-ce la première & la dernière que ta race obtiendra de la nation ? (On applaudit).

Non, Messieurs, vous sentirez les conséquences du décret que l'on vous propose : la justice & la saine politique le reprouvent également. Vous avez sagement fait d'accorder à l'héritier présomptif des prérogatives particulières ; mais les autres membres de la famille royale, jusqu'à l'époque où, par leur naissance, ils peuvent monter sur le trône, ne doivent être que de simples citoyens. Ah ! combien il seroit heureux pour celui qui seroit appellé à ce poste redoutable, d'avoir connu & rempli les devoirs de citoyen, & d'avoir eu l'honneur de défendre ses compatriotes contre les usurpations du pouvoir qu'il est à l'instant d'exercer ! tandis qu'au contraire, si ce décret passoit, la nation ne pourroit attendre pour l'avenir de cette famille dégradée & proscrite civilement, que des régens ambitieux, des rois imbécilles & des tyrans. (Nouveaux applaudissemens).

Je conclus à la question préalable sur le nouveau projet présenté par le comité de révision, & au maintien du décret constitutionnel que vous avez déjà formellement décrété. (Les applaudissemens recommencent.)

On demande à grands cris dans diverses parties de la salle, l'impression du discours de M. Sillery. M. le président ne met point l'impression aux voix, les cris redoublent : *l'impression, l'impression!*

L'assemblée ordonne l'impressiou du discours de M. Sillery.

M. le président lève la séance à 3 heures.

Séance du 25 août.

M. *Démeunier faisant les fonctions de rapporteur en l'absence de M. Thouret.* Avant de reprendre la suite de la discussion sur l'article présenté hier, relativement aux droits politiques qui seroient déterminés dans la constitution, à l'égard des membres de la famille royale, les comités de constitution & de révision m'ont chargé de présenter succinctement à l'assemblée les motifs qui les ont déterminés. Je prie d'abord l'assemblée de ne pas perdre de vue le systême de royauté héréditaire qu'elle a adopté dans sa constitution. Du moment où l'on consent à recevoir du hazard de la naissance un roi ou un régent, du moment où l'on choisit une famille pour exercer exclusivement & héréditairement ces importantes fonctions; il est clair que l'on doit environner cette famille d'un grand éclat ; que la dignité du trône doit réjaillir sur toute cette famille, & que ses membres ont des droits que n'ont pas les autres citoyens. Il est clair que leur naissance les range dans une classe distinguée. Ce principe ne contraste pas avec la déclaration des droits, puisqu'il est uniquement qu'aucune distinction ne peut être établie *que pour l'utilité commune*. Or c'est pour l'utilité commune que vous avez un roi héréditaire, une famille dont tous les membres sont successibles au trône par ordre de primogéniture; d'une autre part, il est clair que l'influence d'une famille appelée éventuellement au trône, seroit très-grande dans les élections ; que cette influence extrêmement dangereuse dans des tems orageux, doit les écarter de la législature. Nous avons même proposé que les membres de la dynastie ne pussent être citoyens actifs. Mais il est clair que leur influence dans une assemblée primaire, ne sera jamais aussi grande que dans une assemblée délibérante.

Ainsi vous pourriez leur réserver le droit d'être citoyens actifs & d'assister dans les assemblées primaires. (On murmure.) Les comités se trouvant au terme de leurs travaux, doivent rendre compte de leurs motifs, l'assemblée décidera ce qu'elle jugera convenable dans sa sagesse. Je dis que ce n'est pas là où est la difficuité du problême, il s'agit de savoir si les membres de la dynastie pourront être ministres. Enfin vos comités appuyent de nouveau, & insistent de toutes leurs forces sur la distinction qu'ils vous ont proposée; elle est conforme à la majesté du trône ; mais c'est d'après les principes de la constitution seulement, que nous avons cru devoir vous la proposer. S'il falloit raisonner révolutionnairement, s'il fallait calculer les circonstances, il seroit peut-être facile de prouver qu'il est de l'intérêt de la révolution, de l'intérêt de la tranquilité publique que cet article soit adopté. (On murmure.)

Je n'ajouterai plus qu'un mot : le systême du comité peut être combattu par deux classes différentes, on ne s'apperçoit peut-être pas assez de leurs motifs.

Il est clair que ceux qui regrettent des distinctions anéanties, veulent voir ranger dans la même classe les membres de la famille royale, afin de se réserver par là quelques espérances, sans doute imaginaires. Il est une autre classe d'hommes qui sont attachés, il est vrai, par une espèce d'instinct à la royauté héréditaire, qui ont juré de la maintenir, & qui la maintiendront, mais qui prouvent par leur conduite qu'il est difficile, dans une discussion de détail de ne pas se ranger au systême qu'on a adopté par opinion, quoiqu'on l'ait rejetté par devoir. Il est clair, par exemple, que ceux qui tiennent au systême républicain... (On murmure.) Je suis loin de vouloir inculper personne. Ce que je dis, me paroît clair, lorsqu'on a intérieurement une opinion différente de celle que l'on a professée publiquement, lorsque l'on désire une forme de gouvernement que l'on croit meilleure que celle qui a été adoptée, on cherche à préparer d'avance ces changemens que l'on croit utiles au bonheur du peuple. D'après ces observations le comité livre la parole à ceux qui voudront répondre.

M. *Guilleaumme*. Accorderez vous des titres honorifiques ou bien les droits de citoyens actifs aux membres de la famille royale ? sans doute ceux des membres de la famille royale qui sont actuellement hors du royaume, espèrent jouir du petit triomphe de faire rétrograder l'Assemblée constituante. Mais vous prêterez vous à cet arrangement ? C'est ce que je ne crois pas.

Vous avez décidé que nul françois ne pourroit avoir de privilége contraire aux droits communs, vous avez décidé particulièrement que les membres de la famille royale ne pourroient avoir le nom de prince, puisque vous avez rejeté par la question préalable la proposition qui vous en a été faite ; mais s'ils ne peuvent avoir un titre distinctif, il faut nécessairement qu'ils aient celui de citoyen ; cette qualité acquise par la naissance, est indélébile, à moins qu'on ne la perde ou volontairement par la Naturalisation dans un pays étranger, ou par la condamnation à la dégradation civique.

Je sais que l'on dit que l'on ne leur refuse pas le droit de cité; mais seulement les droits politiques. Je réponds que quand ils remplissent toutes les conditions prescrites, quand ils participent à toutes les charges de la société, la nation ne leur doit plus seulement les droits individuels, mais encore les droits politiques.

Le prétexte de cette distinction est tiré de la loi qui les appelle éventuellement au trône; c'est donc sur la possibilité d'un événement éloigné & incertain qu'on leur impose des privations réelles, aussi rigoureuses. Quant à moi, je n'apperçois pas quel est l'intérêt, qui commande cette distinction; je vois au contraire monter sur le trône des hommes étrangers à la constitution dont ils doivent être les conservateurs, au peuple dont ils doivent être les représentants, à l'administration dont ils doivent être les chefs; des hommes étrangers à toutes les connaissances des choses & des hommes; lorsqu'ils devront traiter de plus grands intérêts & nommer à toutes les places. Si le corps législatif peut être influencé, ne seroit-ce pas plutôt par les ministres auxquels le comité n'a pas craint de donner constamment le droit de siéger dans la législature, & d'y prendre la parole, que par les membres de la famille royale qui ne pourront y siéger qu'éventuellement & par le voeu du peuple?

Croyez-vous d'ailleurs qu'étrangers aux intérêts législatifs ils n'intrigueront pas mieux que lorsqu'ils y seront surveillés; (on murmure), & d'où vient donc la fermentation qu'excite cette discussion.

Mais ne craindriez-vous pas que cette dégradation apparente ne tendît à rétablir les distinctions que vous avez voulu anéantir? cherchons quelle place leur assignera l'opinion publique.

Je vois les parens du roi, & à leur suite tous ceux qui ont obtenu l'affiliation à un ordre étranger supposant des preuves de noblesse. Comment ne pas prévoir que, par cet ordre de choses, il va s'introduire une caste particulière dont les racines tiendront au trône & dont les branches s'étendront sur toute la surface de l'empire. Je livre ces considérations à vos pensées; pour moi, elles me paroissent suffisantes pour conclure à la question préalable sur l'article du comité.

M. *le Chapelier*. Nous pensons que les membres de la famille royale ne peuvent être revêtus d'aucunes fonctions politiques. Pour justifier cette proposition, il ne faut ni considérer les reproches que l'on pourroit faire à quelques membres de la famille royale, ni la reconnoissance qu'on pourroit avoir envers quelques autres. Il ne faut se déterminer que d'après les principes qui sont indépendans des circonstances. D'abord les principes veulent que les membres appelés à l'exercice des premières fonctions publiques ne puissent être choisis pour remplir en même tems aucune autre fonction, les membres de la famille royale sont déjà élus. La famille entière conserve jusqu'à extinction le droit de régner que la nation lui a donné. Ses fonctions sont exclusives; elles ne peuvent s'allier à d'autres, ni dans celui qui en est actuellement revêtu, ni dans ceux qui en ont l'expectative. Ils ont tous des fonctions politiques, qui, quoique éventuelles & éloignées d'eux, quant à l'exercice, n'en sont pas moins réelles, & qui sont incompatibles avec toutes les autres fonctions publiques, parce que la délégation nationale les a mis proprement hors de ligne. Ils sont réservés par la nation pour son intérêt & non pas pour le leur.

Ils ne sont plus éligibles, parce qu'ils sont élus. C'est pour cela que vous leur avez donné de grandes rentes appanagères.

C'est se faire une étrange idée de la royauté, c'est avilir bien scandaleusement la dignité royale, que de regarder comme une dégradation pour les membres de la famille, la disposition que nous proposons. Nos pères qui ont mieux aimé choisir un roi au hazard, que de compromettre par des élections la tranquillité publique, se sont sans doute dit, ce qu'a dit d'eux Mirabeau. Un gouffre étoit ouvert devant eux, une famille l'a comblé, & pour prix du bonheur qu'elle leur assuroit, ils l'ont investie de grandes richesses & d'une grande dignité. Ambitionnera-t-on encore quelque chose, quand on tient à une famille qui doit régner héréditairement? Sans s'en appercevoir on se réunira à ceux qui dégradent la royauté, & qui dans leur délire préfèrent le titre de citoyen à la qualité héréditaire de représentant héréditaire de la nation. Est-ce parce qu'on trouve les élections populaires utiles? Est-ce pour se faire un parti?

Parcourez les diverses fonctions qu'ils pourront allier. Ils pourroient être juges, administrateurs, ou plutôt, car ils mépriseroient les fonctions subalternes, ils seroient représentans du peuple dans la législature, & peut être ne dédaigneroient-ils pas d'être chefs d'une commune ou ministres? De quel danger ne seroit pas dans ces places, l'influence d'un homme appellé éventuellement au trône? Ils affoibliroient la responsabilité, s'ils étoient forcés de quitter le ministère; ils seroient défendus par une minorité courageuse; ils seroient soutenus par l'influence de leurs familles entières, même comme chefs d'une commune ils pourroient être encore dangereux. Il y aura des circonstances où la place de maire de Paris, par exemple, sera extrêmement délicate à remplir. Je demande si, après avoir brigué cette place populaire, un membre de la famille royale ne pourra pas la faire servir à ses projets. Le titre que nous proposons de donner aux membres de la dynastie n'est pas un titre féodal, mais bien un titre politique. Il n'est pas dangereux : car le meilleur moyen d'empêcher des distinctions anéanties de se rétablir, c'est de les déplacer. Il ne blesse pas plus la liberté, ni l'égalité, que ne les blesse le titre de président donné à un membre d'un corps délibérant.

L'on a prétendu que ce titre étoit une transaction avec quelques émigrans. Je ne le sais pas, je ne le crois pas, mais je le voudrois. Je desirerois que ce titre politique, non féodal, non dangereux, pût ramener la paix & la tranquillité publique, & qu'à ce prix-là on voulût finir la révolution. (Quelques membres applaudissent; on murmure dans les tribunes). Ce décret est-il contraire à la déclaration des droits? S'il ne peut y avoir aucune distinction fondée sur l'utilité commune, il faudroit donc aussi qu'il ne pût y avoir de royauté. Le même droit, qui appelle au trône les membres de la famille royale, est celui qui y appela Louis XVI.

Vous avez, il est vrai, écarté par la question préalable la dénomination de prince. Le comité auroit voulu trouver un autre titre, mais il ne l'a pas pu. Il faut placer les héritiers à la hauteur où la nation a voulu les mettre; & je crois que cette question préalable ne portant pas sur le fond de la délibération, ne peut lier l'assemblée.

Je suis cependant d'avis d'apporter une modification au projet de décret du comité. Par exemple, on pourroit conserver aux membres de la famille royale la qualité de citoyen actif. Ils ne doivent pas non plus être exclus de toutes les fonctions publiques, par exemple, du commandement dans les armées (On murmure); ce qui ne seroit pas dangereux, puisqu'ils seront soumis aux règles ordinaires de l'avancement: il faut donc qu'ils ne soient éligibles à aucune des places données par le peuple, ni qu'ils puissen être ministres ou ambassadeurs.

M. *Voidel*. La demi-confidence que vous a faite hier le rapporteur du comité de revision, dans l'importante question qui s'agite, a été pour moi un trait de lumière qu'il est de mon devoir de vous communiquer.

J'avois examiné avec une scrupuleuse attention le projet de l'*acte constitutionnel*, avant qu'il fût soumis à la discussion, & j'y avois remarqué avec surprise des changemens importans sur plusieurs objets; tels que l'interdiction aux membres de l'assemblée d'occuper avant quatre années aucune place à la nomination du gouvernement; l'obligation de choisir dans chaque département le nombre de représentans attribué à ce département, les reflexions sur la rééligibilité.

Un esprit défiant auroit soupçonné dans cette marche rétrogradée des vues d'ambition, des projets de fortunes paticulières; mais moi qui ai peine à penser qu'on puisse sacrifier à un vil intérêt personnel deux années de travaux & de gloire, moi qui ne connois aucun dédommagement à la perte de l'estime publique, qui compte le devoir pour tout, la fortune pour rien, & qui, sur ces sentimens, juge des sentimens des autres; je me plaisois à ne voir dans les changemens proposés ou médités que le desir d'améliorer, de porter même à la perfection, si elle étoit possible, la constitution de l'empire françois, & de la proposer avec orgueil à tous les peuples de la terre comme le plus beau modèle de régénération. Ces changemens d'ailleurs ne blessoient pas la morale, ils n'attaquoient ni les droits naturels & civils des citoyens, ni la gloire de la nation.

Mais dans l'article que le comité propose, & qu'il soutient aujourd'hui, toutes les règles sont violées, toutes les convenances sacrifiées; & je n'y vois que honte & danger sans nulle espèce de profit pour la nation.

On cherche en vain à nous effrayer, par le tableau des dangers que courroit la liberté publique, si les parens du roi introduits dans nos assemblées politiques, y apportoient l'influence de leur droit éventuel; je ne crains qu'une chose dans ces assemblées, c'est l'abus des grands talens, joints à une grande ambition : le prestige de la naissance s'est évanoui sans retour; un citoyen vraiment libre ne verra jamais, quoi que vous fassiez, dans un membre de la famille royale, que ce qu'il est lui-même, jusqu'à ce que ce membre soit arrivé au poste dont la constitution a fermé l'entrée à tout autre; on ne verra jamais dans le parent du roi que l'homme, que le citoyen; & il sera jugé avec d'autant plus de sévérité, que la proximité du trône lui imposera plus qu'à tout autre le devoir d'aimer la patrie.

Mais ce n'est pas-là le véritable état de la question; le comité ne craint pas, ou craint fort peu l'influence des parens du roi dans les assemblées nationales; & la meilleure preuve qu'il ne la craint pas, c'est que dans son premier projet, il n'y avoit pas pensé; s'il donne actuellement une grande importance à cette question, il nous a laissé entrevoir ses motifs, & je vais achever sa confidence.

La plus grande partie des parens du roi sont sortis du royaume; on veut leur donner un moyen honnête pour eux d'y rentrer; la question toute entière est-là, & elle n'est que là. Je n'appuierai pas cette opinion par des nouvelles de société, par le bruit vrai ou faux d'une négociation entamée avec les fugitifs. Je ne veux rien hazarder; je cherche & je trouve des preuves dans l'article même du comité, comparé avec l'intérêt de ceux pour lesquels il est fait.

Personne en France ne croit sérieusement que les parens fugitifs du roi s'intéressent beaucoup à la prospérité de la nation; dans tout ce qu'ils font ou veulent faire, ils ne cherchent que leur intérêt personnel. Payez leurs dettes, dispensez-les du serment civique, & rendez-leur le titre de princes, & certainement ils seront bientôt de retour. (Les tribunes applaudissent).

Vous avez déjà dit par un décret que la nation ne paieroit jamais les dettes d'aucun individu; mais vous avez dit aussi par un autre décret que les parens du roi ne porteroient pas le titre de princes; on vous propose de révoquer celui-ci, bientôt on vous proposeroit de révoquer l'autre. Il est si vrai que l'article ne tient qu'au titre; que si vous le refusez constamment, comme je crois que vous le devez, l'article sera abandonné par le comité lui-même. A l'égard du serment, ils en seront affranchis par l'exclusion du droit de citoyen actif; & voilà le motif de l'exclusion.

Voyez quel prix vous accorderiez à la révolte des fugitifs: l'un d'eux a désobéi à votre sommation, & vous ne l'avez pas puni; tous, depuis deux ans, vous cherchent des assassins, & vous les récompensez de la manière qui seule peut leur plaire, en leur donnant un titre que vous méprisez, & qu'ils aiment, & en les privant d'une qualité qui leur est précieuse, & qu'ils détestent.

Depuis deux ans ils fatiguent toutes les cours de l'Europe de leurs cris impuissans & de leur haine sanguinaire contre la France; ils commencent à appercevoir l'inutilité de leurs efforts, & vous les craindriez! Mais songez donc que les princes étrangers ont intérêt à vous ménager, & qu'ils vous craignent. On ne se garantit pas avec plus de soin de la peste qu'ils ne le font de vos papiers: que seroit-ce s'ils vous forçoient à y joindre vos armes? Ils inoculeroient la liberté dans leur pays par les moyens même qu'ils emploieroient pour attaquer la vôtre.

J'entends sans cesse à la tribune les orateurs chercher des modèles de gouvernement chez nos voisins; ne seroit-il donc pas permis d'aller en chercher de courage & de grandeur chez les peuples de l'antiquité? Rome ne fut point abattue par les plus grands revers; & la fureur obstinée de quelques rebelles vous feroit sacrifier ce qu'il y a de plus précieux pour une nation, les principes de son gouvernement. Quel exemple à donner à vos successeurs! Quel orgueil à vos ennemis intérieurs & extérieurs! Voilà donc, diroient-ils, ce peuple si fier de sa constitution! dans les premiers transports qu'inspire la liberté naissante, il ne faut pas en défendre les droits, que risquons-nous de l'attaquer? Non, Messieurs, que l'Europe apprenne que la France ne compose pas avec des citoyens rebelles, & bientôt ils seront abandonnés.

Mais, a-t-on dit, c'est pour affermir les principes de notre constitution, c'est pour consacrer à perpétuité la destruction de la noblesse, qu'il faut faire de la famille du roi une caste séparée. Mais on ne voit donc pas que c'est l'infaillible moyen de ressusciter ce corps que vous avez détruit. Si vous déclarez par une loi qu'il est honorable pour les parens du roi de n'être pas citoyens, tous ceux auxquels ce titre est en horreur, se feront une gloire d'y renoncer, pour accepter quelqu'une de ces décorations étrangères qui leur seront alors prodiguées, qui les rapprocheront de ceux que vous avez voulu illustrer par ce honteux moyen, & qui ne les empêcheront pas de servir dans vos armées; ainsi vous aurez, sans le vouloir, récréé un corps plus redoutable peut-être que le premier, & vous aurez détruit l'égalité en voulant l'affermir. Je demande donc la question préalable sur l'article du comité, & je propose d'ajouter celui-ci à la troisième section du second chapitre du titre III.

« Le prince royal, ou son parent majeur, premier appellé à la régence, ne peuvent exercer aucun des droits de citoyen actif ».

M. *Démeunier.* Jamais le comité n'a entendu dispenser les membres de la famille royale du serment civique. M. Voidel, qui est du comité des recherches, devroit bien faire part à l'assemblée des secrets qu'il a découverts, plutôt que de répandre des insinuations malveillantes contre les comités.

M. *Croix.* Je prie M. Voidel de nous donner les renseignemens qu'il a obtenus!

M. Démeunier quitte l'assemblée.

M. *Goupil.* Il est une première notion qui veut que l'on distingue entre les droits civils & les droits politiques. Les premiers sont garantis par la propriété; ils sont individuels. Les droits politiques appartiennent à la nation qui doit en faire une sage distribution. Un second principe, c'est que ce n'est pas dégrader un citoyen, que de dégrader ses fonctions incompatibles avec l'exercice d'autres droits politiques; car, n'avez-vous pas décidé que tous les agens du pouvoir exécutif, révocables à volonté, que les percepteurs des impositions directes, que toutes les personnes attachées, tant à la maison qu'à la garde du roi, ne pourroient avoir de place dans la législature.

L'intérêt

L'intérêt public nous dicte ici deux considérations : la première, le maintien de la liberté du corps législatif, principale garantie de la liberté publique ; la seconde, le maintien de la liberté & de la sûreté du pouvoir exécutif, nécessaire aussi, quoi que quelques personnes en disent, à la liberté nationale.

Maintenant qu'il se trouve dans la même maison de Paris, un commandant général de la garde nationale, un président du département, un membre de la législature, qu'ils se distribuent leurs rôles, j'ose interpeller la conscience des membres de l'assemblée : que deviendroit la liberté publique, la liberté du corps législatif, & la sûreté du trône ? (On applaudit). Pardonnez-moi un moment de chaleur involontaire, je ne puis pas être insensible aux intérêts de ma patrie, & aux dangers qui la menacent. Et vous dites après cela qu'on dégrade la famille royale, quand on la déclare consacrée au bonheur de la nation ! Quelles seroient donc les heureuses conséquences de votre systême ? Pourquoi les membres de la famille royale ne seroient-ils pas employés à toutes les places dont le roi a la disposition ? Pourquoi ne verrions-nous pas encore M. d'Orléans à la tête de nos flottes ?...... (On applaudit dans la partie droite). Pourquoi ne le verrions-nous pas employé de nouveau, soit en Angleterre, soit ailleurs, à quelques négociations importantes ?

Il faut que les pouvoirs soient tellement divisés, que dans un moment de troubles, chacun ait assez de force pour sa propre conservation. Le pouvoir législatif & le pouvoir exécutif sont des surveillans mutuels l'un à l'égard de l'autre. Quelle est donc la véritable vocation politique des membres de la famille royale ? Ils ne doivent pas abandonner la cause du pouvoir auquel ils appartiennent pour siéger dans le corps législatif. Ils sont faits pour être les défenseurs, les assistans & les conseillers du pouvoir exécutif ; qu'ils s'attachent donc à remplir cette grande vocation. Ils n'ont pas besoin pour cela de s'entourer d'une troupe d'adulateurs, ni d'obtenir l'assentiment de nombreux clubs. Ils ne seront pas dégradés. Un profond écrivain anglois a dit que, quand la monarchie héréditaire étoit établie chez une nation libre, la famille royale étoit seule consacrée à la liberté de toutes les autres familles de la nation. Et l'on croit éluder cette obligation par une déclaration que je ne qualifie pas de renonciation ! Eh bien ! qu'on apprenne de moi que cette renonciation ne peut être faite, parce qu'on ne peut, en droit public, renoncer à un droit qui n'est pas ouvert. Une telle renonciation, si elle n'étoit pas impossible, seroit immorale. Si ce n'est pas une vaine chimère présentée pour capter quelques minutes de popularité, l'on auroit dû ajouter : J'ai reçu de la munificence de la nation des rentes appanagères pour être le premier conseiller du trône ; je renonce à mes appanages ; je ne veux plus quatre millions pour payer mes dettes. (On applaudit dans la partie droite).

M. Goupil entre dans de longs développemens sur la maxime : *nulle chose sans nom* ; d'où il conclut à ce que les membres de la famille royale aient un titre distinctif, & à ce qu'ils soient insusceptibles de toutes les fonctions publiques.

M. *Roberspierre*. Je ne crois pas que l'intention de l'article du comité soit d'écarter l'influence dangereuse des parens du roi : la preuve en est que l'article tout entier est évidemment fait pour eux ; que l'on n'appuie point les motifs pour lesquels on les prive des droits de citoyen actif sur les dangers dont ils pourront être pour la chose publique, mais sur la distance honorifique qui sépare la famille du roi de toutes les autres familles. Je ne puis m'étonner assez de l'embarras que trouve le comité de constitution à nommer les parens du roi ; pour moi, il me semble qu'il n'y a rien de si aisé, & que les parens du roi sont tout simplement ses parens. (On rit).

Je ne conçois pas non plus comment le comité dans ses principes a pu croire qu'il existât un nom au-dessus de celui-là ; car d'après les hautes idées qu'il a pu se former de tout ce qui touche à la royauté & au roi, il est évident qu'il ne peut pas reconnoître de titre plus éminent. Je crois donc que l'assemblée peut se dispenser de délibérer long-tems sur cet objet ; je crois même que l'Europe sera étonnée d'apprendre que dans cette époque de la carrière, l'une des délibérations de l'assemblée, à laquelle on ait attaché le plus d'importance, a eu pour objet de donner aux parens du roi le titre de prince. Dès qu'un homme est retranché de la classe des citoyens actifs, précisément parce qu'il fait partie d'une classe distinguée, alors il y a dans l'état des hommes au-dessus des citoyens, alors le titre de citoyen est avili, & il n'est plus vrai pour un tel peuple que la plus précieuse de toutes les qualités soit celle de citoyen ; alors tout principe d'énergie, tout principe de respect pour les droits de l'homme & du citoyen est anéanti, & les idées dominantes sont celles de supériorité, de distinction, de vanité & d'orgueil. Nous verrions cette famille unique rester au milieu de nous, comme la racine indestructible de la noblesse, s'attacher aux anciens privilégiés, caresser leur orgueil, au point qu'il se formeroit bientôt entre eux une ligue formidable contre l'égalité & contre les vrais principes de la constitution. Il est si vrai que le maintien de l'égalité politique exige qu'il n'existe point dans l'état de famille distinguée, que chez les peuples modernes même, où il y a eu quelqu'idée d'égalité, on s'est appliqué constamment à empêcher une pareille institution ; je vous citerai l'Angleterre où les membres de la famille du roi sont, comme les autres nobles, membres de la chambre des pairs. Je citerai un exemple plus frappant : dans les pays où la noblesse, jouissant exclusivement du droit politique, forme à elle seule la nation, elle n'a pas voulu de distinction de famille. La Bohême & la Hongrie, par exemple, ont senti que si une famille étoit distinguée des autres, l'égalité des membres du souverain étoit violée, & qu'elle seroit le germe d'une aristocratie nouvelle au sein de l'aristocratie même.....

Un membre s'approche du ministre de l'intérieur.

M. l'abbé *de Lasalcette.* Je demande que MM. les ministres ne viennent pas ici tenir leur audience. (On murmure. — On applaudit). Je dis que MM. les députés ne doivent pas profiter du moment où les ministres sont ici pour causer avec eux.

M. Roberspierre entre ensuite dans d'assez longs détails au milieu de quelques murmures.

M. *Roberspierre.* Je renonce donc au projet de développer mon opinion ; je suis même fâché de l'avoir développée d'une manière qui a pu offenser quelques personnes ; mais je prie l'assemblée de considérer avec quel désavantage, ceux qui soutiennent les principes que j'ai défendus, émettent leurs opinions dans cette tribune. Je crois que l'amour de la paix doit engager à desirer du moins que ceux qui ont adopté des opinions contraires à la mienne, & à celles d'une partie des membres de cette assemblée, veuillent bien se dispenser désormais de présenter toujours nos opinions comme tendantes à avilir la royauté, comme étrangères au bien public, comme si dans le moment actuel nous ne pouvions pas, sans être mal-intentionnés, professer encore les opinions que nos adversaires ont eux-mêmes soutenues dans cette assemblée. (On applaudit dans l'extrémité de la partie gauche).

M. *Rœderer.* Il y a deux questions qu'il faut séparer. Les membres de la famille royale porteront-ils le titre de princes? Ensuite, auront-ils le droit de citoyens françois ?

M. *Lanjuinais.* Voilà la véritable question : Rétablira-t-on la noblesse, oui ou non ?

M. *Rœderer.* Il est important de séparer ces deux questions, & d'émettre un vœu distinct sur chacune d'elles. Il ne faut pas s'engager, ce me semble, dans de trop longues discussions, pour parvenir à un résultat conforme à trois de vos décrets constitutionnels. Le premier est celui qui détruit la qualité de prince ; le second est celui qui dit qu'il n'y aura plus de titre sans fonction, & qui détruit toute dénomination féodale ; le troisième est celui qui détermine qu'il y aura égalité, unité parfaite entre tous les citoyens.

M. *Barnave.* Lorsque j'examine cette question, & une partie des moyens qui ont été jusqu'à présent proposés pour la résoudre, il me semble que la constitution se feroit bien mieux & plus rapidement, si elle ne se faisoit pas dans un tems de révolution ; car si on avoit retranché de cette discussion tout ce qui y est essentiellement étranger, tout ce qui ne porte pas sur l'intérêt constitutionnel, mais sur l'intérêt du moment, & sur celui des personnes, on l'auroit infiniment abrégée ; c'est aussi ce que je me propose de faire exclusivement : car s'il le falloit, je ne manquerois pas de moyens pour prouver que dans l'ordre révolutionnaire, il existe des réponses à toutes les attaques.

Si quelques opinans qui connoissent la fausseté de ce qu'ils avancent, disent que c'est pour faire rentrer certaines personnes, que le comité propose le décret, on peut leur répondre, avec autant de vraisemblance, que c'est pour empêcher certaines personnes de rentrer que l'on s'oppose au décret. (On applaudit).

On a dit que les principes constitutionnels déjà posés & les articles décrétés, s'opposoient à la proposition du comité ; 1°. parce que nous n'avons pas le droit d'ôter les droits politiques à quelques membres d'une famille ; 2°. parce que nous ne pouvions pas établir une inégalité qui répugnoit à nos principes consacrés ; l'une & l'autre de ces objections s'anéantissent du moment qu'on veut bien les considérer d'un coup d'œil impartial. Je ne m'étendrai pas dans des discussions aussi fécondes que démonstratives pour prouver que les droits politiques appartiennent à la société, & non à des individus. Je prends la règle de l'assemblée nationale dans son propre exemple, dans ses propres décrets. Il s'agit exclusivement, car j'embrasse l'opinion déjà proposée par M. le Chapelier : il s'agit de juger une question d'éligibilité ; savoir, si une qualité déjà existante dans une individu, & à lui attribuée par la constitution, le rend ou ne le rend pas inéligible : or, comme déjà vous avez prononcé de ces incompatibilités, que vous avez toujours pensé que c'étoit l'intérêt national qui devoit nous guider à cet égard, & non quelques individus éligibles ou non éligibles ; & que dans les cas où vous avez prononcé sur leur inéligibilité, elle étoit beaucoup moins importante & beaucoup moins nécessaire que dans le cas actuel. Il me semble qu'il n'y a point inconséquence à la constitution, mais conséquence à la constitution, à la décréter dans le cas actuel.

Quant à la distinction qu'on nous reproche, on ne considère pas que ce n'est pas la chose qu'on nous reproche, car elle est déjà faite, c'est sa dénomination. On a déjà décrété que le gouvernement étoit monarchique ; qu'il passeroit héréditairement à tous les membres d'une famille ; que celui qui auroit par conséquent un droit éventuel à la couronne, seroit appellé par la constitution à remplacer le roi, dans certaines données; donc on a établi en eux cette qualité inhérente & constitutionnelle que l'on peut bien appeller, si l'on veut, une distinction, mais qui est déjà déclarée inhérente au gouvernement, qui n'est pas aristocratique, qui est politique, qui n'est point féodale, car tout ce qui est féodal est aboli, qui est monarchique, inhérente & inséparable de la monarchie; où est donc actuellement la question? Est-ce dans la chose? Non; car la chose est décidée; c'est donc dans la dénomination.

Nous avons cru que le mot que nous avions présenté étoit le meilleur, vous l'avez rejetté par une question préalable. C'est à vous de décider aujourd'hui si la fin de non-recevoir qui résulte de la question préalable, doit l'emporter sur l'évidence de la chose. Ces fragiles argumens détruits, voici la véritable question; & remarquez que de quelques grands mots qu'on environne les questions politiques, c'est toujours au véritable but, à l'intérêt national qu'il faut en revenir; c'est toujours là, en grand définitif, le grand régulateur de ceux qui font la loi. Or, je soutiens qu'il y a un très grand intérêt national pour la paix publique & pour la liberté, à ce que les membres de la famille royale ne soient pas éligibles. Je pose deux hypothèses: tous les membres de la famille du roi qui seront élus, seront pour le roi, ou ils seront contre le roi. Je commence par déclarer que je crois qu'ils seront presque toujours pour le roi; car si dans des troubles, il se forme facilement des combinaisons différentes: en général, dans les tems paisibles, il y a un intérêt immense pour les membres de la famille du roi, à aggrandir ses prérogatives, à augmenter le pouvoir royal. Je ne parle pas de la succession à la couronne, qui est très-éloignée & très-peu vraisemblable pour quelques-uns d'eux; mais c'est que plus la couronne acquiert d'éclat, plus les membres de la famille royale acquièrent de puissance & de grandeur, plus le gouvernement est despotique, plus les princes du sang sont grands seigneurs, plus ils ont de facilité d'acquérir des richesses par leur crédit à la cour; plus ils sont environnés de considération à raison de la plus grande étendue du pouvoir qu'ils peuvent un jour exercer, & auquel au moins ils participent par les liens du sang.

Il est donc vrai qu'il y a un très grand intérêt pour les membres de la famille royale à cette grande prérogative, & qu'aucun autre intérêt, même dans les tems ordinaires, ne peut être mis par eux à côté de celui-là. Ils ont intérêt à aggrandir la prérogative contre la liberté, auront-ils les moyens, auront-ils la facilité de le faire? Je le demande ici si quelqu'un en doute sérieusement; je demande si l'on ignore que dans les tems paisibles où ce ne sera plus l'impétuosité de la liberté qui régnera sur les esprits comme aujourd'hui, & où bien d'autres passions plus molles & plus séductrices viendront s'y mêler; je demande si les membres de la famille royale, avec l'éclat de leur naissance, tout le crédit qui les environne, & une très-grande fortune en général, ne sont pas à-peu-près certains de se faire élire, quand ils le voudront, aux places populaires; je demande si, portés par élection à ces places, ils n'y exerceront pas le double pouvoir de la place & de l'homme, s'ils n'ajouteront pas à l'influence que ces places leur donneront pour servir leur intérêt dominant, l'intérêt de la royauté, tout ce pouvoir que leur donnera l'atmosphère dont ils seront environnés; c'est-à-dire tous les moyens d'acquérir des partisans, que donnent aux hommes de marque un grand pouvoir actuel & un grand pouvoir à venir. Il est donc vrai que dans les places publiques ils exerceront une très-grande influence, qu'ils auront une très-grande facilité à s'y faire porter, qu'ils les occuperont en grand nombre. Alors, coalisés entre eux en coalisant par conséquent les pouvoirs dont ils seront dépositaires, coalisés de plus avec la puissance royale qui ne fera qu'un avec eux, parce qu'ils n'auront qu'un même intérêt; je demande s'ils seront ou s'ils ne seront pas redoutables pour la liberté? Remarquez que ces réunions-là sont dangereuses, parce qu'elles se portent sur un intérêt permanent; que d'autres individus, indépendemment de ce qu'ils n'auroient jamais la puissance de primer, réunissent entre eux mille intérêts qui les divisent sans cesse. Mais que ceux-là seront toujours amis, parce que l'intérêt sera toujours commun, & la ligue sera toujours réunie au pouvoir exécutif, parce que cet intérêt commun sera le même que celui du pouvoir exécutif. Il est donc parfaitement clair que cette influence-là deviendra dangereuse. Et quand on dit: *S'ils sont hors de places*, ils exerceront une autre influence secrette & corruptrice; d'abord cette influence secrette n'est pas la plus grande dans un pays où tout est public, & où la popularité est toujours la première base de la puissance; ensuite cette influence secrette: ils l'auront toujours, & même plus grande, quand ils seront dans les places électives, à raison des moyens plus grands qu'ils auront pour faire du bien ou du mal. A l'influence personnelle des richesses & de l'intrigue, se réunit l'influence plus étendue des grandes places, de plusieurs grands personnages qui auront intérêt à les diriger vers le même but.

Il est certain que tous les moyens se trouvent en eux pour étendre la prérogative royale, & par conséquent avancer la chûte de la liberté. Voyons donc si ces dangers-là sont compensés par les avantages qu'on espère de la part des princes qui pourroient se ranger dans le parti contraire à la cour : je nie que ces avantages-là existent ; je dis que le parti du peuple est beaucoup plus fort & beaucoup moins suspect, quand il ne paroît à toute la nation porter que sur des intérêts généraux & purs, & que le parti du peuple s'affoiblit, & qu'il peut même se dégrader en apparence, & qu'il se dégrade toujours aux yeux du plus grand nombre, qu'il prend toute l'apparence d'une faction, quand il se trouve mêlé avec des intérêts qui, tenant à la personne, sont toujours plutôt l'objet de l'attention & des réflexions particulières, que des intérêts généraux auxquels on n'aime pas beaucoup à croire. Je dis donc que quand la constitution est faite, le parti du peuple ne se fortifie pas de l'influence des princes. Ce n'est pas eux qui soutiennent le parti du peuple, mais bien ce peuple qui soutient leur parti ; & à cet inconvénient se joint celui-ci, c'est que véritablement, sous le nom de parti du peuple, se mêlent des intérêts privés tendant aux plus grands dangers pour le gouvernement ; un mal que la constitution monarchique est essentiellement déterminée à prévenir, je veux dire au changement dans les dynasties, au changement dans l'occupation de la première place. Le principe fondamental du gouvernement monarchique, c'est la stabilité, c'est la tranquillité. La nation a voulu, pour cet avantage-là, renoncer aux avantages possibles qui pourroient résulter des vertus personnelles, de la capacité personnelle d'un petit nombre de personnes, & de même que, par notre gouvernement, on n'a pas besoin que des qualités éminentes résident dans la personne qui occupe la première place, de même on aime mieux, dans notre constitution, la paix & la stabilité, que les services que peut-être on pourroit recevoir dans quelques assemblées populaires d'un petit nombre de membres de la famille royale. Il faut en revenir aux principes de la constitution, à la manière dont la constitution veut rendre le peuple heureux ; car quand on cherche à rendre le peuple heureux par d'autres moyens, il est extrêmement à craindre qu'il ne perde les moyens plus réels que la constitution avoit choisis ; il me semble donc que loin que dans les assemblées publiques la popularité de quelques princes pût balancer, pour la nation, le monarchisme de quelques autres, ceux-là seroient presque toujours aussi menaçans pour la paix publique que les autres pour la liberté.

En général il ne faut pas remettre les intérêts communs entre les mains de ceux qu'un grand intérêt personnel paroît devoir animer plus puissamment que l'intérêt national.

Vous avez prononcé diverses incompatibilités, vous avez établi que toutes les places du pouvoir exécutif étoient incompatibles avec la législature : Or, je demande s'il est une seule de ces places-là qui constitue un intérêt personnel aussi réel que celui de membre de la famille royale ; car enfin tout homme qui exerce un pouvoir exécutif ; s'il étoit dans le corps législatif, auroit l'idée qu'en laissant une réputation il acquerra quelque chose de supérieur à la place de pouvoir exécutif, & par-là il seroit choqué d'un petit intérêt par un grand intérêt ; mais le membre de la famille royale ne peut pas connoître un autre intérêt supérieur pour lui à celui de l'aggrandissement & de l'augmentation des pouvoirs de la place que la constitution lui a attribuée, & de celle que la constitution lui a fait attendre.

Il est donc vrai que si l'incompatibilité étoit raisonnable dans le cas où vous l'avez prononcée, elle est absolument indispensable dans le cas actuel, & qu'encore une fois cela n'auroit pas pu être une question, si nous n'étions pas dans un moment de révolution, & où les motifs qu'on a & ceux qu'on suppose aux autres viennent toujours se jeter à travers la discussion. Avant qu'on eût traduit le mot *dauphin* en celui de *prince-royal*, tous les argumens que l'on a faits aujourd'hui pouvoient être proposés ; mais du moment qu'on a voulu que la qualité du premier suppléant au trône fût exprimée par le mot prince, je ne vois pas où la constitution peut être blessée, si la qualité de second suppléant est également exprimée par le mot prince, si la qualité de troisième suppléant est également exprimée par le mot prince. Il n'y a rien de plus conforme à la constitution & à l'analogie grammaticale que de donner les mêmes noms aux mêmes choses ; & puisqu'il est évident que les suppléans à la royauté ne font qu'un même ordre d'hommes, seulement placés à la suite les uns des autres, à raison du rang qui les appelle au trône, il me paroît que sans la raison qu'on y oppose du décret rendu par l'assemblée, il y auroit pleine évidence à leur donner le même nom, parce qu'ils ont la même qualité. Je réponds que toute qualité politique n'établit pas une inégalité, parce que tout ce qui est porté comme portion du gouvernement pour la nation, émane essentiellement, pour ainsi dire, d'une fonction publique, & par-là n'est pas inégalité telle que la féodalité, mais seulement une portion du gouvernement. Il n'y a en France qu'une seule fonction héréditaire : Il n'y a donc qu'une seule famille qui soit appelée par sa naissance à une dignité, & à une fonction ; cela n'est donc pas une disposition générale & redoutable par son extension ; car c'est le gouvernement qui a placé cette qualité exclusive dans une seule famille, & cela est conforme à vos décrets rendus, qui disent qu'il ne peut y avoir de distinction que celle qui résulte des fonctions publiques. Or, celle-là est essentiellement une émanation d'une fonction publique, puisqu'elle n'est donnée qu'à ceux qui sont appelés par la constitution à cette fonction. (On murmure).

La question étoit donc entièrement résolue par la seule circonstance que l'assemblée a donné le nom de prince royal au dauphin, s'il n'y avoit pas un décret de question préalable.

Pour conclure, je crois, comme un des préopinans, que la délibération doit être divisée; mais il faut suivre cet ordre-ci: Délibérer d'abord si les membres de la famille royale sont ou non éligibles: première question, qui, je crois, doit être décidée par non. Quelle sera la dénomination qui leur sera donnée? Seconde question. Je demande qu'on aille successivement aux voix sur ces deux propositions.

On demande que la discussion soit fermée.

L'assemblée ferme la discussion.

M. *Lanjuinais*. Il y a un ordre antérieur à celui qu'on nous propose d'établir: C'est la question préalable sur un systême contraire à ce que vous avez décrété & soutenu pendant deux ans.

Plusieurs voix de l'extrémité de la partie gauche: aux voix la question préalable.

M. *Lavie*. Je demande que la question préalable soit posée sur l'une & sur l'autre question séparément.

M. *Muguet*. On demande la question préalable sur l'article: l'effet de cette question préalable seroit d'accorder aux membres de la famille royale les droits de citoyens actifs. Je suis, comme un autre, partisan de l'égalité; mais je ne veux pas qu'elle soit imaginaire; je veux que, comme les autres citoyens, les membres de la famille royale, ne reçoivent de bienfait de la nation que lorsqu'ils auront rendu des services....

M. *Démeunier*. Je demande qu'on passe à l'ordre du jour.

M. *le président*. Monsieur Muguet, voulez-vous bien conclure?

M. *Fréteau*. Je vous prie, Monsieur le président, de ne vous pas presser de conclure, parce que si l'opinant n'avoit pas ouvert cette discussion, je l'aurois fait.

M. *Muguet*. Je demande donc, & voici mon amendement, que les membres de la famille royale jouissent des droits des autres citoyens, mais qu'ils ne puissent, sous aucun prétexte, recevoir de la nation des sommes pour payer leurs dettes ou des rentes appanagères; ou bien que l'assemblée nationale déclare que les membres de la famille royale qui seront stipendiés par la nation ne puissent jouir des droits de citoyen actif.

M. *Buzot*. C'est pour un mot d'ordre que j'ai demandé la parole; lorsqu'il s'est agi du décret contre MM. Condé & d'Artois, lorsqu'il s'est agi du décret sur le départ de Mesdames pour l'Italie, M. Mirabeau proposa dans cette même tribune les mêmes raisons que vient de soutenir le comité. M. Charles Lameth y répondit par les mêmes raisons qu'on oppose aujourd'hui au comité. Il fit bien sentir que nous ne connoissions plus de prince, & que ce mot devoit être à jamais banni de notre constitution.

M. Charles Lameth se lève pour répondre.

M. *Buzot*. Je crois qu'il faut se borner à ceci: ou d'après vos principes, les membres de la famille royale ne doivent être regardés que comme de simples citoyens, ou il faut revenir sur les décrets que vous avez rendus dans ce sens; & alors puisqu'ils forment une caste particulière, il y a une foule de détails à régler. En conséquence, je demande le renvoi au comité. Si l'on ne veut pas décréter le renvoi, voici un amendement, c'est qu'ils ne puissent exercer aucun droit de citoyen actif ni commander l'armée.

M. *Camus*. Je demande que l'on pose la question telle qu'elle est dans le projet du comité, telle qu'elle a été discutée. Aujourd'hui le comité propose de faire des parens du roi, des citoyens actifs, pour tout ce qui leur sera avantageux, pour tout ce qui plaira au comité; il avoit reconnu d'abord que les membres de la famille du roi ne peuvent exercer aucun des droits de citoyen actif. Je demande la priorité pour cette proposition; sinon, je demande une nouvelle discussion. Je maintiens qu'il n'est point convenable qu'ils soient appellés aux emplois que le roi pourroit leur donner. Je crois qu'il est tout aussi dangereux de voir un prince, puisque vous voulez l'appeller ainsi, à la tête des armées, que de le voir dans l'assemblée législative. (On applaudit dans l'extrémité de la partie gauche). Je demande que la question préalable soit posée sur les questions, comme elles sont rédigées par le comité, ou qu'il nous présente un ou plusieurs articles qui disent expressément ce que seront les parens du roi, quels sont les droits dont ils jouiront, & ceux dont ils ne jouiront pas.

M. *le Chapelier*. Nous adoptons volontiers la proposition de M. Camus, de mettre en question si l'on donnera la priorité à l'avis du comité, tel qu'il a été imprimé, oui ou non. Mais nous avons cru remarquer dans l'assemblée, & on a même demandé que, pour que tout le monde opinât selon sa manière de penser, il y eût des divisions de questions; or, il me paroît qu'il y a trois questions distinctes dans l'article: la première est celle de savoir si les princes........ Je vous demande pardon, si les membres de la famille royale seront citoyens actifs ; la seconde de savoir si, quoiqu'ils aient le droit de citoyen actif, il y aura incompatibilité entre l'élection déjà faite de leur famille pour parvenir au trône & l'éligibilité aux places que le peuple donne ; la troisième question est de savoir si un titre quelconque leur sera déféré, & enfin quel sera le titre.

L'assemblée nationale accorde la priorité à cette manière de poser la question.

« Les membres de la famille du roi pourront-ils exercer les droits de citoyen actif ? »

L'assemblée consultée, décrète l'affirmative.

M. *Démeunier*. La seconde question a deux branches. Il faut distinguer les emplois à la nomination du peuple, & ceux à la nomination du roi. Je pose la question sur la première partie.

« Les membres de la famille royale seront-ils éligibles aux places à la nomination du peuple ?

M. Pétion demande la parole.

La majorité de la partie gauche se lève & demande à aller aux voix.

M. *le président*. Que ceux qui sont d'avis que les membres de la famille du roi ne peuvent pas être éligibles aux places à la nomination du peuple, se lèvent.

L'épreuve paroît douteuse à l'extrémité de la partie gauche.

M. *le président*. Il n'y a que trois secrétaires au bureau, l'un pense qu'il y a du doute, les deux autres & moi, nous croyons que l'assemblée a décidé que les membres de la famille du roi n'étoient pas éligibles aux places à la nomination du peuple.

L'extrémité de la partie gauche se lève, & demande à grands cris l'appel nominal.

M. *le président*. Je vais faire une seconde épreuve.

La seconde épreuve paroît encore douteuse à la même partie de la salle.

M. *le président*. L'avis du bureau est le même qu'à la première épreuve, & je pense encore que l'assemblée a décrété la négative.

De nouveaux cris s'élèvent : *L'appel nominal*, *l'appel nominal*. --- *Quelques voix* : A bas, le président.

M. *Coroller*. Quittez le fauteuil. Monsieur le président, si vous ne voulez pas obéir à l'assemblée.

L'appel nominal est commencé.

M. *le président*. Voici le résultat de l'appel nominal, 267 voix pour la négative, 180 voix pour l'affirmative. L'assemblée nationale a décrété que les membres de la famille du roi ne seroient point éligibles aux places & emplois à la nomination du peuple.

Séance du 26 août 1791.

M. *Démeunier*. La troisième question qui vous reste à décider relativement aux membres de la famille royale, est celle de savoir s'ils pourront exercer des places à la nomination du pouvoir exécutif. La quatrième est de savoir s'ils auront une dénomination particulière ; enfin, de savoir quelle sera cette dénomination.

Avant d'entrer dans cette discussion, permettez-moi une observation. Les comités ne sont pas allés chercher des exemples chez les nations étrangères ; mais l'on a avancé hier un fait faux, lorsqu'on, dit qu'en Angleterre les membres de la famille royale n'avoient point de titre distinctif. Ils sont pairs-nés ; ils siègent de droit dans la chambre des pairs. Je reviens à la question. D'après le décret que vous avez rendu hier, nous sommes obligés d'énoncer, avec scrupule & circonspection, celui d'aujourdhui. Il est des fonctions à la nomination du pouvoir exécutif, qui assujettissent les fonctionnaires à une marche établie par la constitution, & que le roi ne peut changer.

Nous pensons qu'il n'y a pas d'inconvéniens à laisser les membres de la famille royale exercer ces sortes d'emplois, tels que ceux de l'armée, par exemple, s'ils y ont du goût.

Ils seront obligés, comme les autres citoyens, à passer par tous les grades. Il y a, à la vérité, des places de l'armée qui sont au choix du pouvoir exécutif ; mais ce n'est qu'au dernier degré de l'échelle, & après qu'on a été long-tems dans les grades subalternes qu'on peut y parvenir. Maintenant les membres de la famille royale pourront-ils commander en chef les armées ? Cette question est plus délicate ; mais puisqu'ils ne pourront parvenir au commandement qu'après avoir passé par tous les grades inférieurs, d'après les règles de l'ancienneté, il ne nous a pas paru qu'il y eût de l'inconvénient. Le point le plus difficile étoit de savoir s'ils pourroient être ministres. Le roi est irresponsable ; par une fiction, il est toujours censé faire le bien, & vouloir l'exécution des loix. Les ministres seuls sont responsables ; le corps législatif a même contre eux une action encore deux ans après leur ministère. Il faut donc savoir si les membres de la famille royale n'auroient pas trop d'influence ou de prépondérance pour se soustraire à l'action du corps législatif. Votre comité a pensé que cette raison étoit plus que déterminante pour les exclure du ministère.

La question des ambassades n'est pas si difficile à résoudre. On ne peut se dissimuler qu'après une certaine époque, lorsque la révolution sera affermie, la France n'aura que des alliés dans la plupart des cours de l'Europe. Si les membres de la famille royale ont à l'avenir des sentimens patriotiques, comme probablement ils les auront, il n'y aura pas encore d'inconvénient à leur laisser exercer les places diplomatiques. (On murmure). En général, je suis bien étonné qu'on ne veuille pas sortir des circonstances du moment, quand il s'agit de faire une constitution pour des siècles. Si l'on veut arrêter l'article constitutionnel relativement aux circonstances où nous nous trouvons, je crois devoir déclarer qu'il sera extrêmement vicieux.

Quant à la dénomination, le comité s'est expliqué. Il a été démontré que les membres de la famille royale ne peuvent être compris dans la classe commune des citoyens; l'on vous a prouvé que la royauté étoit héréditaire dans cette famille, étant appellés éventuellement au trône, à la régence, à la garde du roi, par les seuls droits de naissance, & indépendamment de leurs talens, ils faisoient dans l'état une classe séparée; & que l'on ne craigne pas que la dénomination particulière que vous leur donnerez rappelle des distinctions abusives: le vrai moyen de les extirper, c'est de les réserver aux membres de cette famille.

M. *Rewbell.* On reprocha hier au comité de constitution & de révision qu'ils trouvoient la constitution bien foible, puisqu'ils craignoient de la compromettre en admettant les membres de la famille royale aux places qui sont à la nomination du peuple. Aujourd'hui ces mêmes comités trouvent la liberté bien robuste, puisqu'ils ne la croient pas en danger, quand même l'armée nationale seroit commandée par un des ci-devant princes du sang.

J'ai entendu dire autour de moi que la nation pouvoit déclarer, par l'organe du corps législatif, qu'un général a perdu sa confiance. Je réponds que le corps législatif n'a constitutionnellement le pouvoir de faire cette déclaration que pour les ministres; secondement que ce n'est qu'un avertissement. Si le pouvoir exécutif persiste, il est évident qu'il n'y a point de loi dans la constitution qui puisse vaincre sa résistance.

Hier vous avez mis les membres de la famille royale dans une classe absolument distincte & séparée. Il ne faut pas les comparer à de simples particuliers pourvus d'une commission du pouvoir exécutif, parce qu'ils n'ont pas de garantie à présenter pour rassurer la nation. Les agens ordinaires du pouvoir exécutif pouvant opter entre leurs fonctions & des places populaires, peuvent s'attacher à obtenir de ces places, à mériter la confiance publique; au contraire, les membres de la famille royale, qui ne tiennent à la nation ni par leurs frères, ni par l'expectative d'aucune place populaire, ne présentent aucune espèce de garantie. Il est impossible qu'après les avoir tellement séparés du reste de la nation, vous leur confiez une place aussi importante que celle de commandant de l'armée nationale. Ils ont déjà une fonction que la constitution leur donne; elle est trop belle; ils en sont trop bien salariés pour en desirer une autre. On vous a dit qu'en Angleterre ils siègent de droit dans la chambre des pairs. En ce cas, mettez-les dans le conseil du roi, qu'ils y aient voix consultative, qu'ils y déjouent les intrigues des ministres ambitieux. Lorsqu'ils ne seront pas dangereux, je ne serai pas plus chiche qu'un autre à leur donner des qualités, & je consens à ce qu'ils aient le titre de princes.

On demande à aller aux voix.

M. Dumetz parle contre la motion faite de fermer la discussion.

M. *Démeunier.* Donnez aux membres de la famille royale voix dans le conseil, ce seroit la destruction entière de l'organisation du ministère, &, selon moi, la chose la plus dangereuse.

M. *Goupil.* Vous avez entendu qu'on vouloit vous persuader que par votre décret d'hier, vous aviez séparé les membres de la famille du roi de la nation. Je ne suppose pas qu'on ait voulu faire une critique indirecte de ce décret; mais je vous prie d'observer que vous n'avez pas plus séparé les membres de la famille royale de la nation, que vous n'en avez séparé le roi lui-même. Vous avez, sur ma proposition, consacré ce principe, que les membres de la famille royale ont constitutionnellement une vocation publique particulière, celle d'être les assistans, les défenseurs & les conseillers du trône. Mais personne de nous ne prétendra sans doute que le roi doive être forcé par la constitution de donner sa confiance aux membres de sa famille. Le gouvernement françois est monarchique: or, il n'est point compatible avec la constitution monarchique que le roi ait des conseillers qui ne soient pas à son choix. Que les membres de la famille cherchent donc à mériter d'être choisis pour les assistans, les conseillers intimes, les défenseurs du trône. Je demande donc la question préalable sur l'amendement de M. Rewbell; mais je propose moi-même un amendement sur l'article du comité; c'est que les membres de la famille royale ne puissent commander les armées qu'avec l'agrément du corps législatif.

M. *Pétion.* Soyons persuadés que le tems viendra où le roi aura dans notre assemblée législative comme dans le parlement d'Angleterre, une majorité assurée. Toutes les fois que le roi aura des propositions à faire, il voudra s'assurer préalablement du succès, & je crains bien que s'il a trop souvent une initiative à exercer sur l'assemblée nationale, il ne parvienne à la corrompre. Je crois en conséquence que nous ne pouvons adopter l'amendement de M. Goupil, qui donneroit au roi pour la nomination des membres de sa famille au commandement des armées, une initiative qu'il ne peut exercer sans danger.

M. *Landine*. Les membres de la famille royale ont été privés de toutes les places données par le peuple : dès-lors il me paroît qu'ils ont des droits incontestables aux places qui sont à la disposition du roi. Sans cela, au lieu d'être citoyens actifs, ils seroient les personnages les plus inactifs du royaume. si le roi lui-même a, comme chef suprême de l'armée, le droit de commander en personne, pourquoi ne pourroit-il pas la faire commander par les membres de sa famille ? .... (On demande à aller aux voix).

L'assemblée ferme la discussion.

M. *Salles*. Je demande la question préalable sur l'amendement qui a été proposé par M. Goupil. Le général d'armée doit être responsable ; l'assemblée nationale, si elle en confirmoit le choix, prendroit par-là même, sur elle, une partie de la responsabilité, ce qui ne peut pas être.

Les membres de l'extrémité gauche appuient cette proposition.

L'assemblée décide qu'il n'y a pas lieu à délibérer sur l'amendement de M. Goupil.

M. *Rewbell* D'après la décision que l'assemblée vient de prendre, je propose qu'il soit expressément dit dans l'article que les membres de la famille royale ne pourront être généraux d'armée. (On demande la question préalable).

L'assemblée décide qu'il y a lieu à délibérer sur la proposition de M. Rewbell.

M. De Croy. Si l'assemblée délibère sur cette proposition, je demande que ce soit pour la rejetter formellement. J'ai l'honneur de vous rappeller qu'à l'époque de la minorité de Louis XIV, le prince de Condé sauva la France d'une invasion étrangère.

M. Démeunier, obtenant la parole après de longues interruptions. L'un des membres de la branche d'Orléans, qui est colonel à présent, & qui a commencé très-jeune à se livrer aux évolutions militaires, vous convaincra que parmi les parens du roi qui se dévoueront au métier des armes, il pourra se trouver autant de patriotisme que dans le reste de l'armée ; & je vous assure que si vous n'oubliez pas pour un moment les émigrés & les fugitifs, votre constitution ne sera qu'une constitution de circonstance.

M. *Barrère*. Je voulois appuyer l'amendement de M. Goupil, qui me paroissoit propre à faire fraterniser les pouvoirs & à les rendre sensibles à l'opinion publique. (On applaudit). Si l'assemblée vouloit ordonner le rapport du décret par lequel elle a écarté cet amendement par la question préalable, j'y réduirois mon opinion; sinon je demande que l'amendement de M. Rewbell soit adopté.

L'assemblée ordonne le rapport du décret par lequel l'amendement de M. Goupil a été écarté.

Cet amendement est décrété, conjointement avec l'article du comité, ainsi qu'ils suivent :

« A l'exception des départemens du ministère, les membres de la famille royale sont éligibles aux places & emplois à la nomination du roi ».

« Ils ne pourront commander l'armée qu'avec l'agrément du corps législatif.

M. *Merlin*. Je demande que par un article additionnel l'amendement de M. Goupil soit étendu aux places d'ambassades. C'est peut-être dans la carrière diplomatique que les membres de la famille royale seront le plus dangereux, à cause de la grande considération qu'ils pourront avoir chez l'étranger, & parce qu'une guerre est souvent moins dangereuse que des intrigues de cabinet.

M. *Regnaud*. Pour intriguer dans les cours de l'Europe, tout le monde sait qu'il n'est pas besoin du caractère d'ambassadeur, & que par conséquent votre décret n'empêcheroit pas les membres de la famille royale de pouvoir intriguer. Tout le monde sait aussi que souvent les négociations les plus importantes ont besoin du secret, & non pas de l'éclat d'un décret du corps législatif.

M. *Dumetz*. Nous avons toujours tout rappellé à l'intérêt national. Je demande s'il n'est pas du plus grand intérêt que les places diplomatiques ne soient plus acquises que par les vertus & les talens, & que les membres de la famille royale apprennent à tout rapporter à l'estime de leurs concitoyens.

Après quelques débats, la proposition de M. Merlin est adoptée.

M. Démeunier soumet à la délibération l'article suivant :

« Les membres de la famille royale, appellés éventuellement à la succession au trône, porteront le titre de *princes* ».

Plusieurs minutes se passent dans le silence.

M. *Roberspierre*. Puisque je suis forcé de parler encore sur une question décidée, je dis que ce titre distinctif est contraire à votre constitution.

Si

Si vous croyez que les titres soient quelque chose d'absolument indifférent, pourquoi ne les rétabliriez-vous pas tous? S'ils ont quelque importance, pourquoi ne voudroit-on pas examiner cette question avec la plus scrupuleuse attention? Pourquoi donneroit-on aux membres de la famille royale d'autres titres que celui de leur parenté? Une première violation au principe n'en autorise-t-elle pas beaucoup d'autres? S'il faut encore nous accoutumer à dire *M. le prince de Condé*, *M. le prince de Conti*, &c......... Pourquoi ne dirions-nous pas aussi encore *M. le prince de Broglie*, & *M. le comte de Lameth*? (Les tribunes applaudissent). J'invoque donc la question préalable sur la proposition du comité.

M. *Camus*. Cette dénomination de *prince*, quoique contraire à vos décrets, ne peut pas être nuisible, si l'on ajoute en amendement la disposition suivante, « laquelle ne pourra leur attribuer aucun privilège, ni empêcher qu'ils ne soient soumis aux mêmes loix que les autres citoyens.. » (On applaudit).

La question préalable demandée sur l'article des comités, est mise aux voix & rejettée.

M. *Monero*, curé. Puisqu'on veut absolument donner aux parens du roi le titre de *princes*, je demande qu'ils le portent après leur nom, & non avant, qu'on dise, par exemple: *M. de Condé, prince*, & non *le prince de Condé*. (On applaudit).

M. *Salles*. J'appuie l'amendement du préopinant; il n'y a plus de principauté de Condé, de Conti, &c. Il faut dire: *princes françois*.

M. *Dandré*. Il est vrai que le mot prince mis avant le nom d'une possession féodale, rappelle des idées de féodalité. Je demande que les noms féodaux, pris par les individus de la famille du roi, cessent d'exister, & qu'il n'y ait plus ni Artois, ni Condé, ni Conti. (On applaudit). Je pense que les membres de la famille du roi ne doivent avoir aucun nom patronymique, qu'ils doivent seulement porter leur nom de baptême, suivi de la qualification de *prince françois*. Ils ne s'appellent pas plus Bourbon que Capet. Si leur nom de baptême est *Jacques*, eh bien! on les nommera *Jacques, princes françois* C'est avec cet amendement que je consens à l'adoption de cet article.

M. *Démeunier*. Les deux comités adoptent l'amendement.

L'assemblée consultée décrète l'article ainsi amendé.

M. *Boussion*. Vous n'avez sans doute pas l'intention de faire des tribus de princes. Je demande que l'assemblée veuille bien déterminer un degré de progéniture au-delà duquel il ne sera plus permis de prendre le titre de prince.

On demande la question préalable.

M. *Goupil*. Je demande que les actes par lesquels seront légalement constatés les naissances, les mariages & les décès des princes françois, soient présentés au corps législatif qui en ordonnera le dépôt dans les archives.

Cette proposition est décrétée.

M. *Démeunier*. Je vais lire la rédaction de l'article avec les amendemens de MM. Dandré & Goupil.

« Les membres de la famille du roi, appellés à la succession éventuelle au trône, porteront leur nom de baptême suivi de la dénomination de *prince françois*. Les actes par lesquels seront légalement constatés leur naissance, mariage & décès, seront présentés au corps législatif qui en ordonnera le dépôt dans ses archives ».

M. *Lanjuinais*, Je demande qu'à la place des mots *nom de baptême*, on mette ceux-ci: *Nom patronymique*. L'assemblée a déjà adopté cette expression, qui étoit nécessaire à cause des différentes sectes.

M. *Démeunier*. Le nom patronymique est le nom de famille; on n'a jamais indiqué ainsi le nom de baptême. Au reste, on peut mettre que *les membres de la famille du roi porteront le nom qui leur aura été donné dans l'acte de leur naissance*.

La rédaction de l'article est adoptée avec ce changement.

M. *Camus*. J'ai proposé de décréter que » la dénonciation de prince françois ne pourra attribuer aux membres de la famille royale, aucuns privilèges, ni les empêcher d'être soumis aux mêmes loix que les autres citoyens ».

L'assemblée adopte la proposition de M. Camus.

M. *Démeunier*. Vous avez maintenant à réviser l'article qui porte que les décrets, en matière de contribution, n'ont pas besoin de sanction. Voici la rédaction que nous vous proposons.

« Les décrets du corps législatif, concernant l'établissement, la prorogation & la perception des contributions publiques, porteront le nom & l'intitulé des loix, & seront promulgués & exécutés, sans être sujets à la sanction. Le corps législatif ne pourra insérer dans ces décrets aucune disposition étrangère à leur objet ».

M. *Bouchotte*. Je demande qu'on ajoute après ces mots: *La prorogation & la perception*, ceuxci: *La suspension & la suppression*.

M. *Pison.* Je ne crois pas que les décrets sur l'établissement des contributions doivent être exempts de sanction; mais je pense que cette exemption doit porter sur ceux qui sont relatifs à la fixation des dépenses publiques, au nombre d'hommes & de vaisseaux, des armées; enfin au licenciement des troupes, lorsqu'après avoir été portées au pied de guerre, elles seront ramenées au pied de paix. Je demande la question préalable sur l'article du comité.

M. *Beaumetz.* Il s'agit de trouver un moyen pour que des loix qui importent également à la liberté publique obtiennent toute leur perfection, & pour empêcher que jamais en arrêtant les impôts, l'action du gouvernement ne se trouve arrêtée. Je proposerois, pour remplir ce double but, que l'initiative des loix fiscales fût remise aux ministres, c'est-à-dire à ceux par lesquels vous pouvez connoître vos besoins & vos ressources. Si la proposition qui sera faite ne convient pas au corps législatif, il la rejettera, & en adoptera une autre, pour laquelle la sanction ne sera pas nécessaire. Ainsi, on ne pourra pas arrêter l'action du gouvernement, & vos loix fiscales seront les meilleures possibles, puisqu'elles seront faites par le concours de deux pouvoirs dépositaires de la félicité publique. Je demande le renvoi de cette proposition au comité. (On demande à aller aux voix sur l'article du comité).

M. *Duport.* On a bien accordé trois jours à la discussion sur le mot *prince*...... (L'extrémité de la partie gauche se lève & demande à aller aux voix sur l'article.

M. le président, en se tournant vers l'extrémité de la partie gauche. Vous avez déjà voulu me faire la loi, vous ne me la ferez point cette fois-ci.

Trois ou quatre membres applaudissent; le reste rit; on murmure.

L'extrémité de la partie gauche crie pendant plusieurs minutes: M. le président consultez l'assemblée.

M. le président. M. Duport a commencé son opinion.........

M. *Sillery.* Il faut rappeller M. le président à l'ordre. (On applaudit dans l'extrémité de la partie gauche).

M. *Regnaud-de-Saint-Jean-d'Angely.* M. le président n'a pas le droit d'accorder la parole à quelqu'un malgré l'assemblée; mais un petit nombre d'individus n'ont pas le droit non plus d'empêcher les membres de l'assemblée d'énoncer leur opinion, & quand M. Sillery se permet d'interrompre......

M. le président. Je vais consulter l'assemblée.

L'assemblée décide que M. Duport sera entendu.

M. *Duport.* L'article que vous propose le comité de constitution est neuf, & on ne peut pas dire que vous ayez encore rien préjugé à cet égard. Doit-on laisser le corps législatif, qui n'est susceptible, ni en masse, ni par ses membres pris individuellement, d'aucune responsabilité, établir seul des impôts sur la nation. Voilà le véritable état de la question; cela ne peut pas être, car il ne s'agit pas ici seulement du consentement de l'impôt; il renferme, dans sa répartition, des choses importantes. Si, par exemple, une législature vouloit rétablir les visites domiciliaires, que vous avez avez abolies......

Le renvoi au comité est ordonné.

Séance du 27 août 1791.

M. *Beaumetz.* Vos comités de constitution & de révision, de concert avec celui des contributions publiques, ont reconnu qu'il ne pouvoit y avoir de difficultés à l'égard des décrets en matière de contributions publiques, que dans la manière de s'exprimer. Ils sont presqu'unanimement convenus de laisser l'article tel qu'il vous a été présenté hier, d'en ajouter deux autres, & de faire à l'article V de la section IV du chapitre II, un amendement qui consisteroit à charger les ministres de donner leur opinion sur les moyens de faire annuellement les fonds nécessaires pour pourvoir aux dépenses de l'état. Cet amendement peut être le premier objet de votre délibération.

M. *Monero*, curé. Cette disposition est inutile, puisque les ministres seront admis dans l'assemblée, & pourront être entendus sur les choses relatives à leurs fonctions.

M. *Barrere.* Je demande si l'intention de l'assemblée est de laisser établir une discussion sur une proposition aussi dangereuse. (*Plusieurs voix*: Oui, oui). En ce cas, je demande que l'addition proposée à l'article V de la section IV du chapitre II, ne soit point adoptée; car demander l'opinion des ministres sur les contributions à établir, c'est donner aux ministres la véritable initiative des loix fiscales.

M. *Beaumetz.* Sans doute; & nous ne nous en défendons pas, c'est une chose convenue.

M. *Barrere.* Si je voulois rendre les ministres bien puissans, si je voulois dégrader ou annuller le corps législatif, si je voulois réunir bientôt tous les pouvoirs dans les mains du pouvoir exécutif, si j'avois le dessein de transformer l'assemblée nationale en un ci-devant parlement de France, je viendrois appuyer l'opinion de MM. Beaumetz & Duport, tendant à donner au roi, c'est-à-dire aux ministres, l'initiative de la proposition des contributions publiques.

L'ancien régime respectoit mieux les droits que

les orateurs que je combats ; l'ancien régime vit des parlemens refuser l'impôt, en disant qu'il n'appartenoit qu'à la nation assemblée de s'imposer ; & voilà le germe de la révolution actuelle. Comment peut-on l'oublier en un instant ?

L'ancien régime vit le roi & les ministres reconnoître le grand principe, qu'à la nation seule appartient le droit inaliénable de consentir les contributions publiques ; & cette maxime déjà consacrée par les parlemens, les ennemis naturels des droits nationaux, fut solemnellement consacrée dans les lettres-patentes de la convocation de ce qu'on appelloit les états-généraux. Comment a-t-on pu espérer de vous faire oublier cette maxime attestée par des siècles, & déposée même dans le bureau de l'assemblée nationale ?

Quels sont donc les motifs qui ont pu faire proposer de donner au roi l'initiative sur les contributions publiques ? Seroit-ce parce que le roi a la sanction sur la législation ? Mais les loix sur l'impôt ne sont pas, à proprement parler, la législation ; c'est une véritable administration paternelle ; c'est une grande disposition d'économie politique ; c'est une contribution divisée entre les membres d'une grande famille, par la famille elle-même. Le roi n'est, quant à l'impôt sur-tout, qu'un fonctionnaire public, qu'un commis pour faire percevoir ce que la famille a imposé sur ses membres.

Vous avez vous-mêmes reconnu le principe le 17 juin, lorsque vous paralysâtes ainsi le bras du despotisme ; lorsque par cette maxime sacrée vous desséchâtes dans ses mains les sources du trésor public ; lorsque vous dites que le premier usage que l'assemblée nationale devoit faire du pouvoir que la nation recouvroit, étoit d'assurer la force de l'administration publique, en légitimant elle seule la perception des impôts alors existans ; vous avez vous-mêmes exécuté ce principe déjà authentiquement reconnu par le roi, & solemnellement proclamé par toutes les assemblées de la nation, principe qui interdit toute levée de contributions dans le royaume, si elles n'ont été nommément, *formellement & librement* accordées par l'assemblée de la nation.

Librement accordées, c'est-à-dire, spontanément, sans aucun mélange de volonté étrangère. S'imposer seule est un droit national ; s'imposer à son gré dans la forme qui lui plaît, pour la somme qui lui paroît convenable à ses besoins, voilà le véritable exercice de la souveraineté nationale. Or, comment la nation ou ses représentans, seroient-ils libres, si la volonté du roi, si les vues, les projets, les systêmes de ses ministres précédoient, entravoient ou influençoient la volonté nationale. (On applaudit).

L'initiative des loix est refusée au roi par la constitution, quoique la constitution lui accorde le *veto* sur les loix. Comment donc lui accorderiez-vous l'initiative sur l'impôt, qui n'est jamais présenté qu'à son acceptation ? Il y a deux années que vous avez vous-mêmes donné l'exécution à ce principe ; il y a deux ans que vous avez établi l'indépendance des représentans de la nation sur cet objet, & aujourd'hui l'on vous propose de les asservir, & cela pour aggrandir le domaine ministériel, pour augmenter l'influence royale. N'est-ce donc pas assez que de lui avoir donné la proposition des objets que l'assemblée doit prendre en considération, l'initiative sur la paix & la guerre, la nomination des officiers de la trésorerie nationale, la proposition sur les commandemens à donner aux membres de sa famille ; faut-il encore remplir à son gré, ou dessécher, d'après son *veto*, le trésor public ? (On applaudit) Mais à quoi servira-t-il donc d'avoir introduit les ministres du roi dans l'assemblée, d'en avoir fait une espèce de représentans & d'orateurs perpétuels sur tous les objets ? Si une disposition sur les contributions publiques est mauvaise, impolitique, insuffisante, inexécutable, les ministres ne prendront-ils pas la parole ? Si les sommes que l'assemblée décrétera pour être imposées, ne suffisent pas, le ministre des contributions ou tout autre, ne fera-t-il pas voir l'erreur ? & ce concours de lumières & d'efforts ne rend-il pas inutile toute initiative, qui d'ailleurs est inconstitutionnelle, même en matière de loix, à plus forte raison en matière d'impôt ? (On applaudit).

Les orateurs qui ont demandé cette initiative, semblent convenir du danger radical d'assujettir à la sanction les décrets sur les contributions publiques. J'aurai donc facilement détruit l'opinion de l'initiative, lorsque j'aurai prouvé le danger plus grand encore de cette prérogative ministérielle.

En effet, M. Beaumetz reconnoît que la sanction de ce genre de décrets est dangereuse en ce sens, qu'en suspendant l'impôt, l'action du gouvernement seroit arrêtée. Et moi, j'y trouve de bien plus grands maux. Un impôt pese-t-il sur le peuple, le corps législatif veut l'abolir ; le *veto* est apposé sur ce décret populaire, & l'impôt pese encore six ans sur nos têtes. Un impôt nouveau est créé ; il peut remplir plus facilement le trésor public ; c'est encore le *veto* qui arrête ce bienfait. C'est ainsi que la nécessité de la sanction sur les décrets d'impôt seroit le plus grand fléau de la nation. Ce n'est pas pour cela qu'on fait un roi & des ministres, autrement il est bien inutile d'assembler les représentans du peuple.

Aussi s'est-on retranché sur l'initiative qui, sous quelques aspects, semble présenter plus de ressources au systême & à l'innovation. Mais je soutiens que si l'assemblée accepte l'initiative ministérielle, le roi peut arrêter l'action du gouvernement, non pas par un *veto* suspensif, mais par un véritable *veto* absolu, par un *veto* qui ne s'appliqueroit point à une détermination prise par le corps législatif, mais qui plus dangereux encore empêcheroit, par une force d'inertie, le renouvellement des impôts existans & l'existence des impôts à créer. Pour cela le ministre, auquel on donne le droit de proposer, n'auroit qu'à se taire. (Il s'élève des murmures).

Ainsi donc M. Beaumetz va directement contre son but, s'il veut réellement empêcher que l'action du gouvernement ne soit jamais suspendue par la suspension & l'interruption des impôts. La nation est seule véritablement intéressée à ne pas laisser arrêter l'action du gouvernement qu'elle a créée pour ses besoins. Les ministres peuvent avoir d'autres intérêts, d'autres desseins, d'autres vues que la conservation de la liberté de la nation. Le second objet que se propose M. Beaumetz est de procurer à la nation les loix fiscales, les meilleures possibles, par le concours des deux pouvoirs, entre les mains desquels reposent la prospérité & la liberté publique. Il ne me paroît pas plus heureux dans ses moyens. Quoi! vous ne pourrez avoir de bonnes loix fiscales que quand elles vous seront présentées par des ministres!

Quoi! pour accroître l'appanage ministériel, vous ôterez à la nation la partie la plus précieuse, la plus inaliénable de la souveraineté! Quoi! pour doter plus avantageusement des ministres, & rendre plus précieuses leurs dépouilles & leurs places, vous limiterez le droit que la nation doit & veut avoir en son entier, de déterminer & de disposer à son gré de la fortune privée de tous les citoyens! Vous avez toujours senti, & jusqu'à ce moment l'opinion générale de l'assemblée n'avoit pas plus varié à cet égard que l'opinion publique; vous avez toujours senti, dis-je, qu'en matière d'impôt le peuple seul avoit le droit de vouloir, & qu'aucune volonté ne pouvoit toucher, soit pour la suspendre, soit pour la modifier, à la volonté générale exprimée par les représentans du peuple. Eh bien! donner l'initiative aux ministres, c'est leur donner tout-à-la-fois le droit de vouloir avant le peuple, & le moyen le plus sûr d'empêcher que la volonté générale solemnellement exprimée par le corps législatif, soit mise à exécution.

Ne peut-il pas arriver que le ministre propose une loi contraire à la liberté individuelle parce qu'elle nécessite à des visites domiciliaires, ou à la propriété publique, parce que les formes de perception seront telles que les frais en deviendront immenses. Le corps législatif rejettera cette loi, & en décrétera une autre. Le roi sanctionnera celle-ci; mais les ministres n'exécuteront pas; mais les percepteurs ne percevront pas, & l'on viendra vous dire: Votre loi ne vaut rien, vous le voyez, la nôtre étoit bonne, & si vous ne l'aviez pas rejettée, le trésor national seroit rempli. Il seroit rempli, je le crois, mais la liberté publique seroit dégradée. (On applaudit). Elle le seroit encore, & d'une manière plus redoutable par une autre cause de l'inexécution de la loi; voici de nouveaux dangers.

Un ministre qui voudroit se populariser ou populariser le pouvoir exécutif, & dépopulariser le pouvoir législatif, en auroit un moyen bien assuré. Il présenteroit une loi fiscale, insuffisante & très-légère à supporter. Le corps législatif en décréteroit une suffisante & plus considérable. Alors le contribuable qui, pendant trop long-tems encore, aura trop peu de lumière pour découvrir toujours son véritable intérêt, ne verra plus qu'un bienfaiteur dans le ministre; & dans le corps législatif, des représentans oppresseurs, odieux ou coupables. Vous ne doutez point qu'alors il résistera à la loi; vous ne doutez point que le ministre pourroit favoriser par mille moyens indirects sa résistance, & que sa popularité, s'établissant sur l'inexécution même de la loi, & sur la détresse du trésor public, ne parvînt peut être à opprimer tout-à-la-fois, car ils sont inséparables, & les représentans & la liberté du peuple. (On applaudit.)

Telles sont les conséquences presqu'inévitables de l'initiative ministérielle. Car ce n'est point à vous qu'il faut le dissimuler, le pouvoir exécutif sera toujours l'ennemi du pouvoir législatif, & lui fera tout le mal qu'il pourra lui faire. C'est un combat établi entre ces élémens politiques.

Or, d'après cette lutte inévitable, & dans le systême même de M. Beaumetz, l'action du gouvernement sera interrompue, non-seulement par la suspension de l'impôt, mais encore par sa nullité. Non-seulement le concours des deux pouvoirs ne produira pas des loix meilleures, car l'usage souvent perfide de l'initiative ne fera rien pour la bonté de la loi, si la perfidie est reconnue, & corrompra la loi, si la perfidie triomphe; mais encore ce concours, si bizârement imaginé, sera, dans la main des ministres, l'arme la plus dangéreuse, & n'entraînera avec lui que l'inexécution des loix fiscales, l'avilissement des représentans de la nation, l'aggrandissement incalculable de la puissance ministérielle, ou de la prérogative royale. (On applaudit).

On vous a dit hier que cette question est neuve: eh! vraiment, on n'avoit jamais douté en France du principe, même sous les parlemens & intendans. Aujourd'hui tout a des faces nouvelles. Le progrès des lumières nous permet de faire voir que les objets les plus simples ont plusieurs faces, & l'esprit est parvenu à obscurcir les principes les plus clairs.

On vous a dit que cette question est encore neuve ; elle ne l'étoit déjà plus le 17 Juin 1789, quand vous avez recréé par une action sublime, par un acte énergique de la puissance dont vous veniez de vous investir en vous constituant assemblée nationale, quand vous avez recréé dis-je, tous ces impôts, dans l'organisation desquels le despotisme avoit accumulé toutes les vexations & toutes les injustices. Crûtes-vous alors avoir besoin de la sanction du roi ? Le roi crut-il pouvoir ajouter quelque chose à la volonté nationale que vous veniez d'exprimer ? Non : cette idée que l'impôt doit être le résultat de la volonté du peuple, & du peuple seul, étoit tellement élémentaire, tellement évidente, qu'elle parut incontestable au peuple comme au roi. Ce fut sur cette vérité que votre décret fut alors établi. Vous aviez respecté & consacré la volonté du peuple, & votre décret fut respecté comme elle. C'est de cette vérité seule que je reclame aujourd'hui l'application ; & si l'assemblée nationale, après des travaux si glorieux, & de si grands triomphes, se croit encore la puissance de conserver les principes qu'elle avoit le 17 Juin 1789, l'adoption de l'article proposé par les comités n'est pas douteuse. (On applaudit). J'invoque, en finissant, la raison & les principes de ces braves députés des ci-devant communes, qui n'ont jamais dérivé du chemin de la justice & de la liberté ; j'invoque leur réunion contre un systême perfide qui tend à mettre tout le pouvoir & la force de la nation dans les mains du roi & des ministres, qui leur permet de dessécher à leur gré le trésor public ; d'altérer par des loix fiscales, la liberté civile, & de défavoriser les représentans du peuple, qu'on voudroit, je crois, transformer en assemblée des notables. Je conclus à ce que l'assemblée rejette l'addition proposée à l'article 5 de la section 4 du chapitre 2. (On applaudit à plusieurs reprises. — On demande à aller aux voix).

M. *Lavie.* Je demande que la discussion soit fermée. Nous n'avons fait la révolution que pour être maîtres de l'impôt, & j'invite les membres des ci-devant communes à s'en ressouvenir.

Les membres de l'extrémité gauche demandent avec chaleur à aller aux voix, & interpellent le président de mettre aux voix la proposition de fermer la discussion.

M. *Lavie.* On veut nous arracher partiellement notre liberté.

M. *le président.* On a fait la motion de fermer la discussion ; M. Beaumetz avoit la parole.

M. *Beaumetz.* Je demande la parole sur cette motion de fermer la discussion.

M. *le président.* Je mets aux voix si M. Beaumetz sera entendu.

M. *Gourdan.* L'assemblée ne doit jamais délibérer sur des questions qui outragent aussi violemment les décrets, les principes & la liberté. Je demande qu'on mette aux voix la question de savoir si la discussion sera fermée.

L'assemblée consultée, ferme la discussion.

M. Démeunier demande la parole.

L'assemblée décrète la proposition de M. Barrere.

M. *Beaumetz.* Avant de soumettre à l'assemblée les articles dont ses comités m'ont particulièrement confié le rapport, je demande, puisqu'on ne m'a pas permis de réfuter M. Barrere, que son discours soit imprimé.

L'assemblée ordonne l'impression du discours de M. Barrere.

On demande auprès de la tribune, que M. Barrere dépose son discours sur le bureau.

M. *Barrere.* Je crois que les membres des comités se rendent assez de justice pour croire qu'ils n'ont pas plus de droit de suspecter ici ma probité que mon civisme ; cependant je consens à déposer mon discours sur le bureau : le voilà.

M. *Biozat.* M. Barrere doit reprendre son discours ; nous ne pouvons souffrir la proposition injurieuse qui lui a été faite. Les orateurs dont l'assemblée a fait imprimer les discours ont toujours eu le droit d'en suivre eux-mêmes l'impression. Je demande qu'afin que M. Barrere ne fasse aucune difficulté de reprendre son discours, l'assemblée témoigne le mécontentement qu'elle éprouve en passant à l'ordre du jour, sur une indécente proposition. (On applaudit.)

L'assemblée passe à l'ordre du jour.

Les cinq articles suivans sont décrétés sans discussion.

Décrets en matière de contribution, exempts de sanction.

Les décrets du corps législatif, concernant l'établissement, la prorogation & la perception des contributions publiques, porteront le nom & l'intitulé des loix, & seront promulgués & exécutés, sans être sujets à la sanction. Le corps législatif ne pourra insérer dans ses décrets aucune disposition étrangère à leur objet.

Sur les corps administratifs.

Les administrateurs répartiront les contributions directes, & surveilleront les deniers provenant de toutes les contributions & revenus publics, dans leur territoire. Il appartient au pouvoir législatif de déterminer les règles & le mode de leurs fonctions, tant sur les objets ci-dessus exprimés, que sur toutes les autres parties de l'administration intérieure.

Quant aux décrets portant établissement d'impôts, qui prescriront des peines autres que des peines pécuniaires, ils seront soumis à la sanction.

Sur le pouvoir judiciaire.

Art. I. Le droit des citoyens de terminer définitivement leurs contestations par la voie de l'arbitrage, ne pourra recevoir aucune atteinte par les actes du pouvoir législatif.

II. Les tribunaux ne pourront recevoir aucune action au civil, sans qu'il leur soit justifié que les parties ont comparu, ou que le demandeur a cité sa partie adverse devant les médiateurs, pour parvenir à une conciliation.

Sur la force publique.

L'armée de terre & de mer, & la troupe destinée à la sûreté intérieure, sont soumises à des loix particulières, soit pour le maintien de la discipline, soit pour la forme des jugemens, & la nature des peines en matière de délits militaires.

Sur la proposition de M. Larochefoucault, l'assemblée décrete additionnellement au premier de ces articles, que les projets de décrets seront imprimés à l'avance; & sur la proposition de M. Freteau, que les états des contributions publiques seront imprimés chaque année.

M. *Démeunier*. Comme on a demandé la parole sur l'article qui suit, je vais, avant de le présenter à l'assemblée, lui faire part des motifs de ses comités. Ils ont pensé que la loi ne devant & ne pouvant garantir aux citoyens que leurs droits civils & politiques, les fonctions des législateurs devoient se borner à garantir le mariage comme un contrat civil, & à le reconnoître comme un contrat civil seulement. Voici l'article :

Sur l'état des citoyens.

« La loi ne reconnoît le mariage que comme un contrat civil. Le pouvoir législatif établira pour tous les habitans, sans distinction, le mode par lequel les naissances, mariages & décès, seront constatés; & il désignera les officiers publics qui en recevront & conserveront les actes.

M. *Charrier de la Roche*. On vous propose un projet de décret dont le résultat en dernière analyse suppose la séparabilité du mariage entre les catholiques, considéré comme contrat civil, & du mariage considéré sous le rapport du Sacrement.

Sous ce double rapport, les pasteurs de l'église qui sont les ministres du mariage, ont deux titres; ils sont des officiers publics & civils, dépositaires de la confiance du souverain, pour présider à l'acte le plus essentiel de la société publique, & députés par la loi de l'état pour en recevoir le serment. Ils sont aussi les dispensateurs du sacrement, comme ministres de la religion; cette marque de confiance précieuse pour les pasteurs, la leur retirerez vous? Ils ne s'en sont pas rendus indignes, & j'ose dire qu'ils travailleront désormais à la mériter de plus en plus. Elle leur est nécessaire, pour le succès de leurs fonctions; & le succès de leurs fonctions est inséparable à l'avenir de celui de vos travaux; vous devez faire honorer leur ministère, comme ils doivent de tout leur pouvoir faire respecter une autorité souveraine. Nous sommes devenus en quelque sorte votre ouvrage. Nous avons besoin de tout votre appui, & vous avez aussi besoin de toute notre influence; nous devons compter sur la protection de l'autorité séculière, comme elle doit se reposer sur notre correspondance. Mais la base de cette confiance réciproque seroit ébranlée, ou du moins sensiblement affoiblie, si dans les circonstances vous nous priviez de tous les moyens salutaires que nous avons eus entre les mains jusqu'ici pour faire le bien, & vous attacher les peuples que nous avons à connoître dans les voies du salut par les liens de la religion, & vous risquez d'autant moins de vous en rapporter à nous, que fidelles à la loi de notre ministère, nous n'en serons que plus attachés à la loi de l'état, & plus animés du saint amour de la patrie, nous n'en ferons jamais qu'un usage utile à sa prospérité. Cet accord entre nous & vous, est aussi nécessaire que glorieux & facile à obtenir. Vous avez besoin de la religion pour consacrer & faire bénir, dans tous les cœurs vos immortelles opérations; la religion a besoin de votre appui pour rallier tous les citoyens par ses sublimes motifs, au but commun, la félicité de la patrie.

Votre droit, dans la question particulière que j'ai traitée, est incontestable; vous pourrez toujours en faire usage quand il vous plaira, quand vous verrez des abus indispensables à réformer par cette voie, dans l'exercice des fonctions mixtes que nous exerçons sur le mariage au nom de l'église & de l'état. La circonspection, le zèle & la charité que nous apportons dans ce ministère délicat, vous répondent de notre fidélité, de notre empressement à favoriser les vues sages qui vous animent. La piété, déjà troublée dans plus d'une ame fidelle, ne sera pas alarmée, la paix de l'église ne sera pas compromise; vous savez ce que les malheurs du tems lui ont fait perdre en respect & en considération de la part des peuples ; la loi qu'on vous propose, acheveroit dans ces circonstances d'aggraver sa disgrace, & l'on croiroit que vous avez voulu la punir avec éclat d'avoir résisté quelques tems à la réforme que vous lui avez imposée, tandis que vous ne puniriez que ceux qui vous ont été soumis, & cette punition retomberoit sur elle & sur vous-mêmes. Permettez qu'il soit dit sur cet important objet, que des représentations pressantes, mais modérées & respectueuses, ont obtenu de vous, en faveur de l'église dont vous estimez les bons ministres, & que l'aigreur, les injures & la vivacité ne méritent pas même d'espérer. Votre gloire n'y perdra rien, les bons citoyens en seront consolés, les ames pieuses vous en seront plus attachées, & les ministres de la religion vous conserveront une éternelle reconnoissance.

L'état civil des mariages contractés par les non-catholiques, peut être aisément réglé par une loi particulière & semblable à celle du mois de novembre 1787.

Ainsi pour me résumer, je demande que l'article en question ne soit pas placé dans l'*acte constitutionnel*, mais ajourné à une autre législature, & qu'à sa place, il soit décrété par forme de réglement, que le pouvoir législatif établira un mode, ou conservera le mode établi, pour constater les naissances, mariages & décès de ceux qui ne professent pas le culte catholique, dont la nation a mis les frais au rang de ses premières dépenses.

M. *Lanjuinais*. Le préopinant ne conteste pas le principe ; seulement il prétend qu'il y auroit de l'inconvénient à établir en ce moment un nouveau mode pour constater les naissances, les mariages, &c...... Or j'observe que ce qu'on propose ne préjuge rien, sinon que le mode qui sera établi, le sera sans distinction pour tous les citoyens ; cette loi n'empêche pas qu'on ne laisse ces fonctions entre les mains des ecclésiastiques. (On applaudit).

Plusieurs membres ecclésiastiques demandent ou prennent la parole.

L'assemblée ferme la discussion, & décrète l'article proposé par M. Démeunier, mais avec la substitution du mot *considère*, à celui de *reconnoît*.

M. *Démeunier*. Le comité de révision avoit d'abord porté à quarante le nombre des journées de travail nécessaire pour être électeur. D'après les observations faites par M. Dauchy & l'examen du nouveau systême de la contribution mobiliaire, nous avons trouvé qu'avec cette disposition il pourroit se trouver des métayers qui, réunissant les autres qualités requises, ne paieroient point les quarante journées. Nous avons disposé la loi constitutionnelle de manière que les électeurs fussent choisis entre l'extrême pauvreté & l'excessive opulence. Voici l'article.

« Dans les villes au-dessus de 6,000 ames, celle d'être propriétaire ou usufruitier d'un bien évalué sur les rôles de contribution à un revenu égal à la valeur locale de 150 journées de travail, ou d'être locataire d'une habitation évaluée sur les mêmes rôles à un revenu égal à la valeur de 100 journées de travail.

Dans les villes au-dessous de 6,000 ames, celle d'être propriétaire ou usufruitier d'un bien évalué sur les rôles de contribution, à un revenu égal à la valeur de 150 journées de travail, ou d'être locataire d'une habitation évaluée sur les mêmes rôles à un revenu égal à la valeur de 100 journées de travail.

Et dans les campagnes, celle d'être propriétaire ou usufruitier d'un bien évalué sur les rôles de contribution à un revenu égal à la valeur locale de 150 journées de travail, & d'être fermier ou métayer des biens évalués sur les mêmes rôles à un revenu égal à la valeur de 400 journées de travail ».

Après quelques débats, ce décret est adopté.

Sur les observations faites par M. Rœderer, l'assembléa adopte l'article suivant :

La conditioe du marc d'argent qui avoit été exigée pour être député aux assemblées nationales est supprimée, sans que néanmoins cette suppression puisse s'appliquer aux élections qui vont être faites.

Tous les citoyens actifs, tel que soit leur état, profession ou contribution, pourront être choisis pour représentans de la nation.

M. *le président*. Il est deux heures ; je préviens l'assemblée qu'elle a à se retirer dans les bureaux pour la nomination d'un nouveau président. (On applaudit dans l'extrémité de la partie gauche).

M. *Démeunier*. Il ne reste plus que les articles sur la régence élective que nous pouvons décréter avant la fin de la séance.

Art. premier. Si un roi mineur n'avoit aucuns parens réunissant les qualités ci-dessus exprimées, le régent du royaume sera élu ainsi qu'il va être dit aux articles suivans.

II. Le corps législatif ne pourra pas élire le régent.

III. Les électeurs de chaque district se réuniront au chef-lieu du district, d'après une proclamation qui sera faite dans la première semaine du nouveau règne, par le corps législatif, s'il est réuni & s'il étoit séparé, le ministre de la justice sera tenu de faire cette proclamation dans la même semaine.

IV. Les électeurs nommeront dans chaque district, au scrutin individuel & à la pluralité absolue des suffrages, un citoyen éligible à l'assemblée nationale, auquel ils donneront, par le procès-verbal de l'élection, un mandat spécial, borné à la seule fonction d'élire le citoyen qu'il jugera en son ame & conscience le plus digne d'être régent du royaume.

M. *Prieur.* Je demande que l'on substitue dans l'article IV à ces mots *éligible à l'assemblée nationale*, ceux-ci : *Domicilié dans le district.*

L'assemblée adopte les articles & l'amendement.

M. Démeunier fait lecture des articles suivans :

V. Les citoyens-mandataires nommés par les districts seront tenus de se rassembler dans la ville, où le corps législatif tiendra sa séance, le quarantième jour au plus tard, à partir de celui de l'avénement du roi mineur au trône, & ils formeront l'assemblée électorale, qui procédera à la nomination du régent.

VI. L'élection du régent sera faite au scrutin individuel & à la pluralité absolue des suffrages.

VII. L'assemblée électorale ne pourra s'occuper que de l'élection, & se séparera aussitôt qu'elle sera terminée. Tout autre acte qu'elle entreprendroit de faire est déclaré inconstitutionnel & de nul effet.

VIII. L'assemblée électorale fera adresser par son président le procès-verbal de l'élection au corps législatif, qui, après avoir vérifié la régularité de l'élection, la fera publier dans tout le royaume par une proclamation.

Ces décrets sont adoptés. (On applaudit).

M. *Démeunier.* Le comité de révision vous présentera lundi un projet sur la manière dont l'*acte constitutionnel* devra être présenté au roi, & quelques articles sur ce qui regarde le pouvoir constituant. On relira ensuite tout l'*acte constitutionnel*, & on examinera s'il n'y a plus rien à y ajouter.

Voyez CONVENTIONS NATIONALES ET ACCEPTATION.

Dans la séance du jeudi premier septembre, M. Beaumetz a fait, au nom des comités de constitution & de révision, un rapport sur le mode de présentation de *l'acte constitutionnel* au roi, à la suite duquel il a présentés les articles suivans qui ont été décrétés.

Art. Ier. Il sera nommé une députation pour présenter *l'acte constitutionnel* à l'acceptation du roi.

II. Le roi sera prié de donner tous les ordres qu'il jugera convenables pour la garde & pour la dignité de sa personne.

III. Si le roi se rend au vœu des François, en adoptant *l'acte constitutionnel*, il sera prié d'indiquer le jour & de régler les formes dans lesquelles il prononcera solennellement, en présence de l'assemblée nationale, l'acceptation de la royauté constitutionnelle, & l'engagement d'en remplir les fonctions. *Voyez* ACCEPTATION.

Le lendemain quelques discussions se sont élevées relativement à des articles additionnels, & à quelques décrets que l'on a jugé à propos d'insérer dans *l'acte* constitutionnel.

M. *Regnaud.* Il pourroit s'élever une difficulté que je crois de la sagesse de l'assemblée de prévoir. Je crois qu'en déléguant aux législateurs le droit de convoquer une assemblée de révision, & à celle-ci le droit de modifier la constitution, il est indispensable de décréter que l'exercice de ce pouvoir ne sera pas sujet à la sanction du roi.

La proposition de M. Regnaud est adoptée.

M. *Saint-Martin.* Le droit de faire grace, ci-devant exercé par le roi, a été supprimé. Il est essentiel que ce décret soit constitutionnel. C'est un droit naturel de citoyens, de n'être soumis qu'à une justice uniforme pour tous.

M. *Tronchet.* Vous avez décrété, par une article réglémentaire, que les jurés exerceroient, d'après des formes prescrites, le droit de faire grace; d'après cela, vous ne pouvez pas rendre constitutionnel, le décret qui interdit au roi l'exercice de ce droit; car si la législature retiroit la délégation aujourd'hui faite au juré, votre article constitutionnel ne pouvant être changé en même tems, ce droit n'existeroit nulle part.

M. *Lanjuinais.* Il est véritable dans la nature même des choses, que le roi ne doit point avoir le droit de faire grace. Si la législature ôte ce droit aux jurés, il reste toujours beaucoup de moyens légaux d'exercer ce droit d'équité.

M. *Lavie.* Je demande s'il est ici des hommes qui ont envie de nous faire perdre notre tems.

M. *Roberspierre.* Il est constitutionnel que le droit d'équité ne soit exercé que par les formes légales de la justice. Ce droit tenant évidemment au pouvoir judiciaire, il est constitutionnel qu'il ne soit pas exercé par le roi.

M. *Duport.* M. Tronchet a dit avec raison, que l'article qui ôte au roi l'exercice du droit de grace

grace, est corrélatif à celui qui délégue l'exercice de ce droit aux jurés; on ne peut donc mettre dans la constitution l'un sans l'autre.

Or, lorsque vous avez décrété un mode de jurés qui contredit, & l'institution des jurés d'Angleterre, & celle des jurés d'Amérique, je dis que le comité ne peut prendre sous sa responsabilité, que l'assemblée même ne peut pas prendre sur elle de faire de cette institution toute nouvelle, & non éprouvée par l'expérience, un article constitutionnel... J'ajoute que si vous dites que le roi ne pourra faire grace, il faudra dire aussi que le corps législatif, que les juges, ne pourront faire grace... Je demande que sur la proposition de M. Saint-Martin, on passe à l'ordre du jour.

L'assemblée passe à l'ordre du jour.

M. Thouret lit la dernière disposition de l'*acte constitutionnel*.

M. *Salles*. Je demande qu'au lieu de dire que les autres loix seront exécutées jusqu'à ce qu'elles aient été révoquées, je demande que l'on dise que les *décrets* rendus par l'assemblée constituante, auront force de loi sans avoir besoin de sanction. » Si le roi pouvoit refuser sa sanction même aux décrets réglementaires de l'assemblée constituante, il s'ensuivroit qu'il pourroit refuser l'exécution précisément des décrets réglementaires les plus nécessaires, des décrets indispensables à la marche des loix constitutionnelles que vous avez établies.

La proposition de M. Salles est adoptée.

M. *Lanjuinais*. C'est ici le moment de déclarer, conformément à la motion de M. Dupont, que la constitution est terminée, & qu'il ne pourra plus y être rien changé. Je demande que cette motion de M. Dupont soit à l'instant décrétée.

L'assemblée consultée, décrète, à l'unanimité de la partie gauche & au milieu des applaudissemens réitérés des tribunes, que *l'acte constitutionnel* est clos, & qu'il n'y sera fait aucun changement.

M. *Dandré*. Je demande que *l'acte constitutionnel* soit porté au roi dès ce soir. (On applaudit.)

M. *Ræderer*. J'appuie la proposition de M. Dandré, & je demande, par amendement, qu'il soit nommé à cet effet une députation de 83 membres.

M. *Dandré*. Ma motion est qu'il soit envoyé au roi une députation de 60 membres choisis par le président.

La proposition de M. Dandré est adoptée.

M. *Dedelai*. Nos travaux ne sont pas terminés. Il nous reste encore un devoir rigoureux à remplir, c'est de remettre à nos successeurs un code de législation, composé de toutes les loix faites dans cette session. Quelques uns de nous pourroient ne plus se croire liés par le serment du 17 Juin 1789. Je demande qu'il soit décrété qu'aucun membre ne pourra s'absenter sans congé, comme il en a été par le passé. (On applaudit.)

Je demande ensuite que, dès que la constitution aura été acceptée, l'assemblée se constitue en assemblée législative. Mais je me reduis quant à présent à demander que ma première proposition soit mise aux voix.

La première proposition de M. Dedelai est décrétée.

M. *Prieur*. Je demande la plus prompte impression de *l'acte constitutionnel*, & l'envoi aux 83 départemens.

Cette proposition est adoptée.

M. *Lavie*. Je demande que la liste des députés qui doivent composer la députation, soit faite sur le champ, & que lorsqu'il en aura été donné connoissance, la séance soit levée.

Cette proposition est adoptée.

M. *Monpassan*. Je demande, moi, que celui qui sera chargé de porter la parole au roi, au nom de la députation, fasse préalablement connoître son discours à l'assemblée.

M. *Dandré*. Il est inutile de faire de discours au roi, il suffit que la députation lui dise simplement l'objet de sa mission.

L'assemblée décrète qu'il ne sera point fait de discours au roi.

M. le président fait lecture des membres qui doivent composer la députation.

Séance du jeudi 15 Septembre.

M. *Darnaudat*. Etant hier chez le roi avec les autres membres de la députation qui le reconduisit au château, M. le garde des sceaux me remit, en ma qualité de sécretaire, l'expédition de *l'acte constitutionnel*, revêtu de la signature du roi. De retour dans cette salle, je fus fort surpris de trouver la séance levée; je témoignai mon inquiétude à plusieurs membres de différens comités, & je leur demandai où je pourrois déposer *l'acte constitutionnel*. Il me fut répondu que je devois le garder jusqu'à la premiere séance, & que j'en étois responsable. Je leur assurai qu'on ne m'enleveroit ce dépôt qu'avec la vie. Aussi je ne le quittai pas; je le plaçois toujours contre mon sein, & la nuit dans mon lit. Je puis déclarer que jamais trésor n'a été mieux gardé par un seul homme. J'aime sans doute bien l'*acte constitutionnel*, mais quelque forte que soit l'affection d'un homme, c'est une mission délicate que celle d'être un dépositaire *responsable*. Je conclus à ma décharge.

L'assemblée ordonne à M. Darnaudat de déposer l'expédition royale de l'*acte constitutionnel* aux archives.

M. Goupil. Avant que l'assemblée nationale passe à l'ordre du jour, je la prie de fixer son attention sur la nécessité de donner à la proclamation de la constitution toute la solennité, tout l'appareil qu'exige un acte de cette importance. Je demande qu'elle charge son comité de constitution de lui présenter des vues sur cet objet.

M. Regnaud, deputé de Saint-Jean-d'Angély. Lorsqu'un traité de paix étoit signé, il étoit proclamé dans la capitale par des héraults d'armes, & dans toutes les villes du royaume par des officiers municipaux. Il faut que l'*acte constitutionnel*, qui forme aujourd'hui une alliance nouvelle entre tous les françois & leur chef, soit publié avec toute la solennité possible. L'assemblée nationale a décrété qu'il y auroit des fêtes publiques pour célébrer l'époque de la révolution. Je demande, en conséquence, que dimanche prochain, à Paris; & dans toutes les autres communes du royaume, le dimanche qui suivra la réception de la constitution, envoyée par le roi, l'*acte constitutionnel* soit solennellement proclamé; qu'un *Te deum* soit chanté en actions de graces, & que les municipalités ordonnent telles fêtes qu'elles jugeront convenables.

M. Fréteau. J'ajoute qu'il est nécessaire que cette proclamation soit aussi bientôt connue des puissances étrangères.

M. Duport. Chez tous les peuples, on n'a jamais manqué de donner aux fêtes publiques le grand intérêt des actes de bienfaisance & d'humanité; à Paris, par exemple, on délivroit des prisonniers détenus pour mois de nourrice. Je demande, en conséquence, que la proclamation qui va être faite dimanche prochain à Paris, soit solennisée par la délivrance de ces prisonniers, qui sera faite aux frais du trésor public.

M. Lanjuinais. Je trouve très-extraordinaire que l'on veuille borner cette faveur à la capitale. Je demande qu'elle soit étendue à toutes les communes du royaume; mais que les frais qu'elle occasionnera soient une dépense municipale. (On applaudit.)

M. Chabroud. Je crois que cet acte de bienfaisance doit être véritablement exercé par la nation elle-même; c'est aux comités des finances & d'assistance publique à nous proposer les moyens d'y faire participer toutes les communes du royaume.

M. Regnaud. Je viens de réunir toutes les propositions qui ont été faites dans la rédaction suivante.

« L'assemblée nationale décrete que ses commissaires, pour porter les décrets à la sanction, se retireront pardevers le roi, pour prier sa majesté de donner des ordres pour que dimanche prochain, dans la capitale, la constitution soit solennellement proclamée par les officiers municipaux, & qu'il soit fait des réjouissances publiques pour célébrer son heureux achèvement;

Et que la même publication solennelle & les mêmes réjouissances aient lieu dans tous les chefs-lieux de département, le dimanche qui suivra le jour où la constitution sera parvenue officiellement aux administrations de département & dans les autres municipalités, le jour qui sera fixé par un arrêté du directoire du département.

L'assemblée décrete que les prisonniers détenus pour dettes de mois de nourrice, seront mis en liberté, & que la dette pour laquelle ils étoient détenus, sera acquitée des fonds du trésor public.

Renvoie aux comités des finances & de mendicité, pour présenter à l'assemblée un projet pour faire participer les départemens à ces actes de bienfaisance.

Ce projet de décret est adopté.

Conformément à la promesse du roi & au décret qui ordonnoit la publication de la constitution, cet acte eut lieu, & des héraults d'armes furent chargés de le proclamer dans les rues & places publiques, par la lecture qu'ils firent de la pièce suivante, à haute & intelligible voix.

Proclamation du roi, du 28 septembre 1791.

LOUIS, par la grace de Dieu & par la loi constitutionnelle de l'état, roi des François: à tous les citoyens; Salut.

J'ai accepté la constitution; j'emploirai tous mes efforts pour la maintenir & la faire exécuter.

Le terme de la révolution est arrivé; il est tems que le rétablissement de l'ordre vienne donner à la constitution l'appui qui lui est maintenant le plus nécessaire; il est tems de fixer l'opinion de l'Europe sur la destinée de la France, & de montrer que les françois sont dignes d'être libres.

Mais ma vigilance & mes soins doivent encore être secondés par le concours de tous les amis de la patrie & de la liberté: c'est par la soumission aux loix, c'est en abjurant l'esprit de parti & toutes les passions qui l'accompagnent, c'est par une heureuse réunion de sentimens, de vœux & d'efforts que la constitution s'affermira, & que la nation pourra jouir de tous les avantages qu'elle lui garantit.

Que toute idée d'intolérance soit donc écartée pour jamais; que le desir irréfléchi de l'indépendance ne soit plus confondu avec l'amour de la liberté; que ces qualifications injurieuses avec lesquelles on cherche à agiter le peuple, soient irrévocablement bannies: que les opinions religieuses ne soient plus une source de persécutions & de haines; que chacun, en observant les loix, puisse à son gré pratiquer le culte auquel il est attaché; & que de part & d'autre on n'outrage plus ceux qui en suivant des opinions différentes, croyent obéir à leur conscience.

Mais il ne suffit pas d'éviter les excès dans lesquels l'esprit d'exagération pourroit vous entraîner, il faut encore remplir les obligations que l'intérêt public vous impose; une des premières, une des plus essentielles, est le paiement des contributions établies par vos représentans. C'est pour le maintien des engagemens que l'honneur national a rendus sacrés, pour la tranquillité intérieure de l'état, pour sa sûreté au-dehors, c'est pour la stabilité même de la constitution, que je vous rappelle ce devoir indispensable.

Citoyens armés pour le maintien de la loi, gardes nationales, n'oubliez jamais que c'est pour *protéger la sûreté des personnes & des propriétés, la perception des contributions publiques, la circulation des grains & des subsistances*, que les armes que vous portez ont été remises en vos mains; c'est à vous de sentir que la justice & l'utilité réciproque demandent qu'entre les habitans d'un même empire, l'abondance vienne au secours des besoins; & que c'est à la force publique à favoriser l'action du commerce comme le moyen qui remédie à l'intempérie des saisons, qui répare l'inégalité des récoltes, qui lie ensemble toutes les parties du royaume, & qui leur rend communes les productions variées de leur sol & de leur industrie.

Et vous que le peuple a choisis pour veiller à ses intérêts; vous aussi à qui il a conféré le pouvoir redoutable de prononcer sur les biens, l'honneur & la vie des citoyens; vous encore qu'il a institués pour concilier leurs différends, membres des divers corps administratifs, juges des tribunaux, juges de paix, je vous recommande de vous pénétrer de l'importance & de la dignité de vos fonctions; remplissez-les avec zèle, avec courage, avec impartialité; travaillez avec moi à ramener la paix & le règne des loix; & en assurant ainsi le bonheur de la nation, préparez le retour de ceux dont l'éloignement n'a eu pour motif que la crainte des désordres & des violences.

Et vous tous, qui par divers motifs avez quitté votre patrie, votre roi vous rappelle parmi vos concitoyens; il vous invite à céder au vœu public & à l'intérêt national. Revenez avec confiance sous la garantie de la loi, & ce retour honorable, au moment où la constitution vient d'être définitivement arrêtée, rendra plus facile & plus prompt le rétablissement de l'ordre & de la tranquillité.

Et vous, peuple françois, nation célèbre depuis tant de siècles, montrez-vous magnanime & généreuse au moment où votre liberté est affermie; reprenez votre heureux caractère; que votre modération & votre sagesse fassent renaître chez vous la sécurité que les orages de la révolution en avoient bannie, & que votre roi jouisse désormais, sans inquiétude & sans trouble, de ces témoignages d'amour & de fidélité qui peuvent seuls assurer son bonheur.

Fait à Paris, le vingt-huit septembre mil sept cent quatre-vingt-onze. *Signé* LOUIS. *Et plus bas*, De Lessart.

(*Voyez* Acceptation).

Cet *acte constitutionel* fut repoussé par une minorité nombreuse, qui, dans le tems qu'on se proposoit de le soumettre à l'acceptation du roi pour lui donner force de loi constitutive, publia une déclaration motivée que nous croyons utile de rapporter, comme une piéce nécessaire à notre travail.

Déclaration d'une partie des députés aux états-généraux, touchant l'acte constitutionnel *& l'état du royaume.*

Les soussignés, respectivement députés par les trois ordres aux états libres & généraux de France, cesseroient de se croire irréprochables, s'ils terminoient leur carrière politique, sans offrir au roi, à leurs commettans, à l'Europe, à la postérité, une déclaration solemnelle de leurs principes, concernant les opérations de l'assemblée qui dispose, depuis deux ans, dans toute la France, des loix, des personnes & des propriétés.

Usant du droit appartenant à tout Français, mais fidèles sur-tout à nos sermens de députés & de sujets, nous prendrons cette assemblée à sa naissance; nous la suivrons dans ses décrets les plus importans, & principalement dans ses décrets constitutionnels: nous rapprocherons des pouvoirs qu'elle apportoit, les résultats qu'elle nous laisse; & dans cette comparaison sévère, malgré nous, mais exacte, de ses devoirs & de ses œuvres, en rappellant nos efforts infructueux, nous laisserons parler les faits.

Des hommes convoqués par le roi aux états-généraux, députés par les bailliages aux états-généraux, se sont déclarés supérieurs aux bailliages, & supérieurs au roi.

Leurs mandats impératifs à la main, ces mandats qu'ils avoient juré d'exécuter, ils ont fini, après plusieurs variations sur le titre qu'ils vouloient prendre, par se proclamer, de leur propre autorité, ASSEMBLÉE CONSTITUANTE :

Ils ont défendu aux provinces, c'est-à-dire, à leurs juges naturels, de s'assembler :

Des insurrections, qu'ils n'ont pas réprimées, qu'ils ont même laissé qualifier à la tribune d'*accomplissement du plus saint des devoirs*, ils se sont fait un titre pour s'arroger une mission nouvelle, une mission indépendante, & sur beaucoup d'objets, une mission que nul pouvoir en France ne pouvoit leur donner :

Ils ont dit au roi : *vous n'êtes plus celui qui pouvoit nous convoquer & nous dissoudre* ; ils ont dit aux bailliages : *vous n'êtes plus nos commettans, vous n'êtes plus rien, vous n'existerez plus.* Ils ont créé des départemens, & leur ont dit : *nous réglons tous vos pouvoirs ; nous vous donnons jusqu'à celui d'être nos commettans, ce qui n'empêchera pas que nous ne soyons vos juges :*

Ils ont invoqué l'être suprême, en violant les loix que Dieu lui-même a révélées :

Ils ont parlé des droits de l'homme & du citoyen, sans les fonder sur leurs devoirs :

Ils ont pris les inspirations de l'amour-propre pour les élans de la liberté, & l'ingratitude envers les anciens bienfaiteurs de la patrie, pour la sagesse :

Leurs yeux blessés des distinctions héréditaires n'ont pas vu qu'ils substituoient, l'inégalité des richesses à l'inégalité des rangs, la hauteur du pouvoir à la dignité de la naissance, & les calculs de l'avarice dans tous les pères, aux nobles & légitimes espérances de l'honneur :

Contre l'expérience de tous les siècles, & l'autorité des hommes les plus sages, dans un empire éprouvé par les tems, affermi par les orages, dans un empire où la paix & la gloire se transmettoient, d'une génération à l'autre, avec les mœurs & les loix, ils ont remplacé les choix, & si l'on veut, les faveurs du monarque & les intrigues de la cour, par les intrigues tumultueuses, souvent plus viles, toujours plus redoutables de la place publique :

Ils ont livré les offices publics à la corruption, en croyant les affranchir de la vénalité ; les professions, les arts & les métiers, non-seulement à l'ignorance, mais à la fraude, en croyant les rendre à la liberté ; les engagemens religieux, aux caprices de la licence & de l'impiété, en croyant les ramener aux loix de la nature :

La liberté des fondations ecclésiastiques surveillées par la loi, soit dans leurs établissements, soit dans leur usage, nourrissoit la piété, sans blesser la politique ; la liberté des concessions foncières chargées de redevances irraquitables, étoit évidemment un moyen doux d'intéresser les grands propriétaires à porter l'aisance jusque dans les dernières classes des citoyens, par la division successive & paisible du territoire : ils ont défendu ces fondations, comme pour arrêter dans leur source les effets de la charité ; ils ont déclaré rachetables ces redevances, comme pour avertir les hommes riches d'employer leurs moyens à conserver, à réunir autour d'eux, en grande masse, les plus petites propriétés :

Après avoir établi leur distinction perfide, entre la disposition & la propriété des biens ecclésiastiques, dans les mains de la nation, ils ont vendu ces biens comme s'ils n'appartenoient ni à la nation, ni au clergé : dans le systême de la disposition, la nation n'avoit pas droit de les vendre, dans le systême de la propriété, la nation n'avoit pas donné ce droit à l'assemblée.

Ils ont poussé le mépris de toutes les lois, jusqu'à dépouiller les titulaires ecclésiastiques de leurs possessions :

La fortune publique n'a point profité de ces invasions :

Ils ont, avec aussi peu de justice & de fruit, dépouillé le roi de ses domaines, & changé tous les principes sur cette matière :

A des limites tracées par la nature, consacrées par l'habitude, & plusieurs par d'anciennes capitulations, ils ont préféré, pour le royaume, une division purement arbitraire :

Ils ont embarrassé l'esprit des François par un serment complexe, qui peut placer, à chaque instant, le citoyen le plus zélé, le sujet le plus fidèle, l'homme le plus sincère, entre la désobéissance & le parjure :

Sous le nom de communes, d'officiers municipaux, de directoires, de départemens, de districts, de juges de paix ; ils ont couvert la surface du royaume d'un si grand nombre d'autorités, qu'on craint d'y rencontrer, à chaque pas, la tyrannie ou la corruption :

Ils affectent de croire que ces communes se regarderont comme des individus, & leurs chefs comme les intendans d'une maison privée :

Si la souveraineté appartient à la nation, si d'elle seule émanent tous les pouvoirs, comment ont-ils osé lui prescrire la manière exclusive de les exercer, de les déléguer & de les reviser ? On s'égare dans ces questions, quand on sépare la religion d'avec la politique : les anciens législateurs ne les séparoient pas, quoiqu'ils fussent privés des lumières de la vraie religion ; on avoit ces lumières, on les a rejetées :

On a rendu la qualité de citoyen actif indépendante de la religion, de la profession, & presque de la propriété. Des juifs, des mahométans, des idolâtres, des comédiens, des hommes sans aveu, & jusqu'à ceux dont le nom seul fait frémir l'humanité, pourront s'asseoir sur les bancs des tribunaux & du corps législatif ; ils veulent qu'on étouffe toutes les répugnances de la piété, de la nature, de la raison & de l'honneur :

Ils ont refusé de reconnoître que la religion catholique, apostolique & romaine, étoit la religion de l'état :

Ils ont usurpé les droits spirituels de l'église, comme ils avoient envahi les biens temporels du clergé :

Ils ont établi le schisme en France :

Ils ont décerné des honneurs publics à la mémoire du chef des apôtres de l'irréligion :

Et pour joindre en faveur de leur système déplorable, la force de l'opinion & de l'education à celle de la loi, ils ont placé le libre exercice de tous les cultes religieux au nombre de leurs dispositions fondamentales & n'ont pas fait entrer l'enseignement du christianisme dans leur instruction commune à tous les hommes :

Ils ont fait plus : en tolérant, en protégeant, en invitant toutes les sectes, toutes les religions, ils ont réservé la misère, l'opprobre, les exils, les emprisonnemens, les peines infamantes, les persécutions de tous les genres, aux prêtres de la communion romaine ; &, ce qui surpasse toutes les horreurs pratiquées jusqu'à nos jours, ce que la postérité, quoique avertie par tant d'autres exemples, aura peine à croire, ces filles respectables qui sont dévouées au soulagement des malades, ces anges de bonté sur la terre, ces modèles si touchans d'un courage surnaturel, que la profane antiquité ne pouvoit pas connoître, que la religion chrétienne peut seule inspirer & soutenir ; en un mot, les sœurs de la charité, dont tout le crime étoit de n'avoir pas juré, contre leur conscience, la constitution civile du clergé, ils les ont vues tranquillement entre les mains d'une populace effrénée, qui prétendoit par d'insolentes punitions, venger ses législateurs : ils les ont en quelque sorte abandonnées, désignées par leur silence, à cette abominable & nouvelle justice, féconde en outrages plus difficiles à supporter que la mort même.

Après avoir déclaré la personne du roi inviolable, ils ont décrété contre cette personne sacrée, des cas de déchéance.

Ils ont rendu l'inviolabilité des membres du corps législatif, dans l'exercice de leurs fonctions, plus absolue que celle du roi.

Ils ont défini l'obéissance due au roi ; de manière à la rendre quelquefois nulle, & souvent orageuse :

Après avoir reconnu, quoiqu'en termes nouveaux & respirant l'indépendance, la loi de la succession à la couronne, ils ont soumis les effets de cette même loi aux fantaisies du corps législatif.

Ils ont changé le titre du roi ; ils croient avoir fondé son trône :

Trois ordres opinans séparément, balancés l'un par l'autre, & référans leurs délibérations au roi, leur ont semblé un établissement moins utile à la liberté, qu'une assemblée unique, permanente, constituée sans frein, obéie sans remontrances :

Pour établir les bases de cette représentation oppressive, ils ont assimilé le territoire & la population à la propriété, &, par une dernière combinaison bien analogue à leur système démocratique, en négligeant la considération des propriétés individuelles, en réglant le nombre des représentans, par chaque département, sur les masses respectives des propriétés, ils ont altéré les droits réels de la propriété :

Ils ont mis le roi hors de la ligne de tous les pouvoirs constitués : le roi, c'est-à-dire son nom ; car on y cherche vainement son autorité. Le refus suspensif, mis en opposition avec la puissance colossale d'une assemblée unique & permanente, que le roi ne peut ni retarder, ni dissoudre, ni même séparer pour un temps, est une dérision si grossière qu'on s'étonne que les françois aient donné dans ce piége :

Ils disent que le pouvoir exécutif suprême réside exclusivement dans la main du roi ; que le roi est le chef suprême de l'administration générale ; le chef suprême de l'armée de terre & de l'armée navale ; le premier gardien de la tranquillité intérieure & de la sûreté extérieure : mais quand il s'agit de déclarer la guerre, le roi n'a plus ce droit : quand il s'agit de se décider à des hostilités, la responsabilité glace les ministres ; quand il s'agit de conclure les traités d'alliance, de paix & de commerce, la ratification du corps législatif est nécessaire : quand il s'agit de l'administration civile de la marine, ce n'est plus le roi qui nomme tous les chefs ; quand il s'agit de l'armée, soit de terre, de mer, ce n'est plus le roi qui donne tous les emplois; & dans ceux qu'on daigne laisser à sa nomination, son pouvoir est gêné par des règles impérieuses : quand il s'agit de l'administration, l'approbation du roi est inutile, soit pour l'expédition des affaires particulières, soit pour l'exécution des délibérations déjà approuvées : tous les juges, même ses commissaires, sont indépendans de son autorité : le roi n'a point d'action directe sur les administrations inférieures, & ne peut prononcer ni confirmer la suspension des administrateurs ou sous-administrateurs, sans en instruire le corps législatif lequel pourra lever ou confirmer la suspension, & seul dissoudre l'administration coupable; en sorte que, chaque acte de justice exercé par le roi sur un corps administratif, deviendroit nécessairement, entre ce corps & les ministres, la matière d'un procès dont la décision est réservée au corps législatif. Enfin, après avoir ôté aux grands propriétaires l'influence convenable dans les élections, ils ont ôté au roi, défenseur-né de toutes les propriétés, son influence essentielle sur les impositions; ils l'ont privé du droit de les sanctionner; & pour que rien ne manque à ce renversement total des plus saines idées ils ont osé décréter une armée aux ordres immédiats du corps législatif, dans le lieu de sa résidence, sous prétexte de sa sûreté & du respect qui lui est dû. Tel est le pouvoir exécutif suprême laissé au roi; c'est ainsi que le chef suprême de l'administration générale, le chef suprême des deux armées, peut maintenir le royaume en paix, & les frontières en sureté.

Des armées de brigands désoloient le royaume, dévastoient les propriétés, pilloient, incendioient les châteaux, poursuivoient & massacroient les prêtres & les nobles : c'est le moment qu'ils ont choisi pour supprimer dans toute la France, la jurisdiction prévôtale : ils ont ensuite anéanti des procédures commencées à l'occasion de ces mêmes crimes :

Aux anciens juges, nommés à vie par le roi, & reçus par les tribunaux, après un examen de capacité, précédé d'une information de vie & mœurs, ils ont substitué des juges que le peuple élira pour un tems, & qui seront installés sans examen. Qu'auroient-ils fait de plus s'ils avoient voulu appeler dans les tribunaux l'ambition & l'ignorance, & créer des juges pour chaque parti? La raison ne dit-elle pas que des hommes doués d'une vertu commune, ménageront les biens, la vie & l'honneur de ceux dont ils tiennent leur fortune & leur dignité? Ne dit-elle pas qu'ils finiront par se livrer au parti dominant, pour être prorogés dans leurs offices? Doit-on placer des hommes, sur-tout des juges, entre la justice & la reconnoissance, entre la justice & l'ambition? L'histoire des nations n'est-elle pas d'accord sur ces grandes & tristes vérités, avec les enseignemens de la raison? Aux commissions ministérielles ils ont donc substitué des commissions populaires :

En décrétant l'institution de leurs jurés, en distinguant le jury d'accusation du jury de jugement, en ordonnant leur instruction publique, ils ont cru égaler, & peut-être surpasser la nation angloise; mais oubliant l'histoire, les mœurs, les habitudes, le caractère de leurs concitoyens, ils n'ont pas réfléchi que l'institution des jurés avoit anciennement subsisté en France, sans pouvoir s'y soutenir : ils ont rendu les accusations presqu'impossibles, les dépositions plus rares & plus craintives, les informations plus incertaines, les jugemens plus difficiles : & comme si l'innocence, jointe à la dignité, ne devoit plus attirer les regards de la loi, en abusant de leur système impraticable d'égalité, en ne composant pas leurs jurys par classes, par état, par métiers, ils exposent les personnes que la fortune, le rang & la naissance distingueront toujours malgré leurs décrets, à tous les mouvemens de jalousie & d'impatience qu'excitera dans des jurés qui se croiront de moindre considération, l'influence involontaire, le simple souvenir de ces caractères ineffaçables :

Des tribunaux sans hiérarchie; des appels circulaires d'un district à l'autre, idée bizarre dont ne s'étoit avisé jusqu'à présent aucun peuple connu! le choix définitif des juges d'appel, laissé aux intimés, avec l'évidente facilité de s'assurer de leurs suffrages : autant de jurisprudences que de districts; un tribunal, en apparence de cassation, mais en effet d'appel, seul pour tout le royaume; l'assemblée législative juge en dernier ressort, après deux cassations, par le moyen d'un décret qui déclarera la loi; enfin, une haute cour nationale, ennemie-née des ministres & des agens principaux du pouvoir royal; paroissant, disparoissant au gré du corps législatif, liée à toutes ses passions, flexible à tous ses mouvemens : telles sont les institutions par lesquelles on prétend dédommager la nation de son ancienne magistature :

Et toutefois ils avoient décrété que le pouvoir judiciaire ne pourroit, en aucun cas, être exercé par le corps législatif.

Mais que dirons-nous du droit de faire grace enlevé au roi? Ce droit si beau, si nécessaire parmi les hommes, si propre à faire aimer l'autorité royale & la personne du monarque! Il faisoit du roi une seconde providence, lisant au fond des cœurs, jugeant les intentions, discernant le malheur d'avec le crime, acceptant le repentir. Et le roi ne l'a plus! Il faudra donc effacer de notre langue ces mots si doux, *voulant préférer miséricorde à justice?* S'est-on fait une étude de rendre la royauté insupportable à celui qui l'exerce, inutile à ceux qu'elle doit protéger?

L'organisation de leur force publique répond à cette étrange constitution. Que des brigands en troupe attaquent les citoyens, dévastent les campagnes, & réduisent en cendres les habitations; en attendant que la force publique soit requise légalement par des officiers civils qui peuvent être éloignés, absens, négligens, intimidés, ils prescrivent à ses agens une immobilité meurtrière. Et les gardes nationales! Non pas celles que peut créer, pour le salut public, dans un moment de crise, l'horreur du brigandage, & telles que Paris & plusieurs villes du royaume en ont vu se former; ressource passagère & précieuse, par cela même qu'elle n'est que passagère; mais les gardes nationales constitutionnelles! qui ne sont, disent-ils *ni un corps militaire, ni une institution dans l'état*; ces gardes nationales qui sont aux ordres de tous les pouvoirs, excepté du roi; ces gardes nationales, par le moyen desquelles seront armés tous ceux qui doivent payer les contributions publiques, tandis que ceux qui doivent les percevoir seront désarmés; ces gardes nationales qui vont mêler l'esprit, les soins, les formes de la guerre aux occupations civiles & domestiques; ces gardes nationales enfin qui ruineront la France, en talens étouffés, en affaires négligées, en journées perdues; où leur sagesse trouvera-t-elle des principes & des modèles pour expliquer, pour excuser une pareille invention? Craindroient-ils que les pères de famille, les négocians, les laboureurs, les marchands, les artisans, les journaliers, nous pourrions ajouter les prêtres, les magistrats, les militaires, puisqu'ils sont obligés de fournir en argent le service qu'ils sont dispensés de faire en personne; que tous les hommes enfin attachés à leurs devoir, ou occupés de leur état, ne fussent les ennemis de leur constitution, s'ils n'en étoient pas les soldats?

Et se seroient-ils flattés d'avoir rendu éternel cet ouvrage, dont la vraie religion & la saine politique gémissent également, par la renonciation puérile à toute guerre ambitieuse, & l'abolition indéfinie du droit d'aubaine, qui le terminent?

Il est bon que la France entière en soit instruite. Les mêmes hommes dont les décrets ont successivement dépouillé le trône de ses droits, le roi de ses domaines, la noblesse de ses propriétés féodales & de ses titres honorifiques, le clergé de ses biens, la religion de ses ministres, avoient invité le clergé à la réunion, au nom du dieu de paix, la noblesse au nom de l'honneur: ils disoient au clergé, *que vos craintes sont chimériques! nous rendrons, s'il est possible, vos propriétés plus solides, & votre ministère plus auguste.* Ils disoient à la noblesse, *Nous rendrons vos droits plus honorables.* Et quand on leur parloit des dangers inévitables qu'une assemblée unique entraîneroit pour l'autorité royale, ils protestoient de leur fidélité sans bornes envers la personne du roi, & de leur attachement inaltérable aux principes de la monarchie. C'est dans ces termes que s'expliquoient leurs chefs.

Mais bientôt, à ces paroles de paix, ont succédé les émeutes impunies, les dangers personnels, pour certains députés. Ce fut à cette époque très-remarquable, que M. l'archevêque de Paris fut attaqué, par une populace excitée, en plein jour, à Versailles, sous les yeux de l'assemblée; & cependant jamais, non jamais ils n'eussent entraîné les deux premiers ordres, si la nécessité la plus impérieuse, puisque enfin il s'agissoit de sauver les jours du roi menacés ouvertement, n'avoit pas triomphé d'une opposition qui n'est que trop justifiée par l'état actuel du royaume.

Si du moins, une fois réunis, on avoit laissé aux membres de la minorité, la liberté d'opinions & de suffrages, sans laquelle il ne peut exister d'assemblée délibérante, peut-être que ce peuple, objet constant de notre sollicitude, quoiqu'on ait pu lui dire, ce peuple aujourd'hui si trompé dans ses espérances, si malheureux, auroit recueilli de cette réunion des fruits moins amers. Mais il n'est plus personne en France, qui ne sache très-bien que la minorité a toujours eu à braver, dans la salle, les clameurs, les injures, & jusqu'aux menaces des spectateurs; hors de la salle, les insultes, les violences, & jusqu'au danger de la mort; que toutes les délibérations importantes ont toujours été précédées de mouvemens populaires, souvent d'émeutes réelles, plusieurs fois de crimes atroces. Telle fut la liberté des délibérations sur l'envahissement des propriétés ecclésiastiques, sur la création des assignats, sur le droit de faire la paix & la guerre, & sur tant d'autres objets impossibles à rappeler; lorsqu'un peuple immense, remplissant toutes les avenues de la salle, poussoit par intervalles, contre les adversaires de l'opinion dominante, des cris de fureur, auxquels on répondoit de ces tribunes qui sembloient contenir les juges, ou plutôt les maîtres de l'assemblée.

Nous sommes en droit de le dire: la minorité n'a jamais été plus libre que le roi. Car on prétendoit que le roi étoit libre, en juillet 1789, lorsqu'il étoit forcé de renvoyer ses ministres, au milieu des meurtres, des incendies & des plus affreuses menaces: on prétendoit qu'il étoit libre le 5 octobre, lorsqu'au milieu des horreurs de cette nuit à jamais exécrable, l'assemblée s'autorisant des fureurs d'un peuple égaré, demandoit ou plutôt dictoit au roi, pour une partie de la constitution, un consentement dont elle croyoit encore avoir besoin : on prétendoit que le roi étoit libre, quand, menacé dans sa personne sacrée & son auguste famille, après avoir défendu à sa garde intrépide & fidèle, de verser une seule goutte du sang de ses sujets, il se remit, lui & tout ce qu'il avoit de plus cher, entre les mains d'un peuple dont on excitoit les fureurs, & parmi lequel se trouvoit plus d'un assassin; on prétendoit que le roi étoit libre, lorsque, enfermé dans sa capitale, environné d'une garde qui n'étoit pas à ses ordres, entendant publier jusques sous les fenêtres de son palais les menaces & les insultes que d'infâmes écrivains osoient journellement répandre contre sa personne & celle de son auguste compagne; ne pouvant ni rester dans son palais sans avoir pour spectacle des émeutes journalières, ni s'en éloigner sans fournir un prétexte à les exciter; obligé de voir ses plus fidèles sujets insultés, désarmés dans ses appartemens, arrêté lui-même par sa garde, il sanctionnoit, il acceptoit tout ce qui lui étoit dicté par l'assemblée toute-puissante qui le tenoit prisonnier, & par le peuple de sa capitale, dont les chefs du parti dominant dirigeoient à volonté tous les mouvemens. La nuit du 21 juin a dissipé tous les doutes; la France & l'Europe savent maintenant à quoi s'en tenir sur cette liberté. Il sembloit du moins que le départ du roi dût ouvrir les yeux de la majorité sur ses devoirs : non, du moment que le roi a voulu être véritablement libre, les chefs de la majorité ont déclaré qu'il ne devoit pas l'être; ils ont pris le parti d'appesantir & de montrer ses fers.

Il ont dit, pour colorer leurs entreprises, que la France étoit sans constitution. Mais on leur demande si le défaut de constitution peut jamais autoriser une révolte ouverte, un brigandage public : on leur demande comment il est possible qu'un grand royaume, triomphant des siècles & des revers, soit parvenu au premier rang parmi les puissances de l'Europe, sans avoir eu de constitution. Eh quoi! la religion catholique, apostolique & romaine, loi de l'état : des états-généraux remontrans, avisans, consentans, remontrans sur les abus, avisans sur les loix, consentans sur les subsides & les emprunts : un roi reconnu législateur par les états eux-mêmes, & cependant des formes salutaires, également reconnues par les états, soit pour la confection, soit pour la publication des loix; des conseils analogues aux différens objets de l'administration : des cours souveraines chargées de maintenir la police intérieure, & de rappeller en toute occasion, les principes de la monarchie & les règles éternelles de la justice : les droits de la pairie, l'ordre légal des tribunaux, l'éducation publique, les coutumes des provinces, le droit romain pour les pays qui le suivoient, les traités d'union, les capitulations particulières, les restes légitimes de la féodalité : tout cela ne formoit pas une constitution digne d'égards ou du moins d'examen!

Sans doute que le roi étoit par-tout, à la tête de tout : l'église le reconnoissoit pour l'évêque du dehors; François premier s'est qualifié premier gentilhomme de son royaume; Henri IV a signé premier bourgeois de Paris. Le roi étoit le protecteur de l'église, le modérateur des trois ordres, le chef suprême, le véritable chef de l'armée, de l'administration & des tribunaux. Mais par-tout aussi l'esprit de conseil accompagnoit le roi, pour entourer de ses lumières, & tempérer par ses lenteurs, tantôt la puissance & tantôt la liberté.

Au lieu de ce bel ordre qu'on admiroit en France, ralliant tous les intérêts, comprimant toutes les passions, garantissant toutes les propriétés, & renfermant en lui-même, pour comble de bonheur, les germes précieux de sa propre restauration; de ce bel ordre que la main inflexible du tems avoit défiguré, mais qui pouvoit devenir, au moyen des réformes dont le roi donnoit l'exemple, & des sacrifices que le clergé, la noblesse & la magistrature avoient offerts, le chef d'œuvre de la sagesse & de la liberté; au lieu d'états-généraux composés de mandataires liés par leurs cahiers, d'un monarque environné de conseils nécessaires; d'une magistrature sagement organisée & dépendante uniquement des loix, d'une magistrature qui, pour l'instruction des siècles à venir fixoit dans ses registres le souvenir de ses fautes même; enfin au lieu d'un peuple libre, mais contenu, si désormais ce peuple, imprudemment armé par la constitution, promène ses regards sur la chaîne des pouvoirs qui prétendront le gouverner, il trouvera auprès d'un roi sans puissance effective, auprès de tribunaux sans dignité comme sans force, des modèles & des moyens d'indépendance, dans les communes, dans les municipalités, dans ces lambeaux de républiques épars autour de lui sous le nom de départemens, jusqu'à ce qu'enfin parvenu au corps législatif, il y voie des ambitieux qui se diront ses commis, & seront, suivant les circonstances, ses tyrans ou ses esclaves, occuper tour-à-tour le trône du despotisme & la chaire de l'anarchie.

Cependant, au milieu des invasions commises par la majorité, & des désordres produits par ses décrets, le principal objet de la convocation des états-généraux, l'objet auquel une fausse philosophie, qui ne travailloit que pour elle-même, sembloit sacrifier tant de propriétés légitimes, & de vérités fondamentales; en un mot les finances, que sont-elles devenues? On ne peut y penser sans frémir. Où sont ces hommes prodigieux qui devoient combler le déficit, adoucir & simplifier le système des impositions, amortir la dette, rétablir le commerce, rouvrir, multiplier les canaux de l'abondance, fonder le crédit sur ses bases naturelles? L'espérance publique est trahie dans tous ces points, & la nation se voit réduite à des assignats forcés, pour lui tenir lieu des monnoies d'or & d'argent. Que n'ont pas dit les chefs de la révolution, pour justifier cette émission des assignats? A les entendre, cette opération pouvoit seule sauver l'état. Ce papier sans modèle & sans danger, nous disoient-ils, loin d'influer sur le prix des denrées, loin de chasser devant lui l'or & l'argent & d'augmenter leur valeur en subissant lui-même une perte proportionnée, circulera paisiblement, rapidement dans ses voies particulières, sans combattre, sans rencontrer les espèces monnoyées, heureusement borné au seul emploi de procurer en peu de tems, la vente des biens nationaux & la liquidation des offices supprimés. De notre côté, on opposoit, à ces sophismes, l'évidence des principes & les leçons de l'expérience: pour qui l'événement a-t-il décidé? Nous gémissons de cette victoire; mais nous l'avions annoncée. Le numéraire a disparu presque en totalité: la valeur du peu qui reste augmente tous les jours, & les progrès de cette augmentation sont maintenant incalculables: les denrées ont deux prix, l'un en argent, l'autre en papier: les assignats, détournés de ces canaux qu'ils devoient suivre si fidèlement, sont devenus la monnoie courante: leurs inventeurs n'ont pas rougi de recourir à la honteuse ressource d'assurer dans la tribune, que ce n'étoit point ce papier qui perdoit, mais l'argent qui gagnoit: à peine, sur dix-huit cents millions d'assignats décrétés, la vente des biens ecclésiastiques & domaniaux a-t-elle consommé jusqu'à présent 250 millions de cette monnoie factice & décriée. Il n'est point de petites manœuvres qu'on n'emploie pour embarrasser & reculer les liquidations; le paiement des rentes de l'hôtel-de-ville est assujetti à des formalités minutieuses, tyranniques: les contributions publiques n'ont changé de nom & de forme, que pour devenir plus arbitraires & pesantes: les frais du nouveau gouvernement surpassent de beaucoup ceux de l'ancien: le déficit est plus que doublé: les sources des revenus ordinaires sont presque entièrement taries; la caisse de l'extraordinaire, originairement destinée à l'acquit des capitaux, s'épuise en versemens continuels dans la caisse des dépenses courantes, & l'on ne peut comparer la pénurie de l'état, qu'à la misère du peuple. Il nous sera permis d'adresser une question aux chefs de la majorité. Les peines incroyables qu'ils se sont données pour aggraver les impositions & ruiner l'état, rapprochées des moyens sûrs, prompts & faciles qu'on avoit dans l'origine de combler le déficit, & de soulager le peuple, en acceptant les offres du clergé, en profitant des sacrifices de la noblesse, en respectant l'autorité du roi, ne sont-elles pas une preuve éclatante qu'ils ont toujours été moins occupés du soin de rétablir les finances, que de leur projet philosophique de renverser la religion & la monarchie?

Voilà les maux que nous avions prédits, & que nous cherchions à prévenir: voilà les suites inévitables d'un pouvoir usurpé. L'arrêté du 17 juin 1789, par lequel un seul ordre, contre l'avis d'un grand nombre de ses membres, s'est transformé en assemblée nationale, renfermoit toutes les calamités dont le royaume est accablé. Il étoit impossible qu'une assemblée qui renonçoit à son existence légitime, pour se constituer sous un titre nouveau, de sa seule autorité, ne finit pas, rivale nécessaire de tous les pouvoirs déjà constitués, par les détruire l'une après l'autre, dès que ses premiers pas étoient ses premiers succès. Que ceux à qui l'on doit cette funeste idée d'une assemblée nationale, en répondent à Dieu, au roi, à toute la France! combien doivent s'indigner les députés vertueux qu'elle a séduits? Ils n'étoient pas dans le secret de leurs destinées. Etrangers aux intrigues de la cour, aux mouvemens de la capitale, ils ne soupçonnoient ni les perfides intentions, ni les criminelles espérances de ceux qui les entraînoient, en affectant un mépris héroïque pour des dangers imaginaires, avec un zèle ardent & désintéressé pour la chose publique.

La nouvelle constitution n'a pas cessé un seul instant d'avoir en nous des adversaires. Eh bien! qu'on juge maintenant cette majorité toute-puissante, & cette minorité persévérante, chacune par ses œuvres.

Le roi est prisonnier dans son palais, l'exercice de l'autorité royale est suspendue, la monarchie est ébranlée jusques dans ses fondemens, les anciennes loix sont impuissantes, les nouvelles impraticables ou vexatoires; les mœurs publiques sont corrompues; l'esprit d'agiotage triomphe dans la capitale; l'esprit de brigandage infecte plusieurs provinces; le poison qui circule dans la métropole, gagne les colonies: la France est sans religion, sans roi, sans armée, sans flotte, sans police publique, sans liberté, sans argent, sans commerce, sans crédit, sans alliés, & les jours ne s'écoulent qu'en amenant dans les esprits de nouvelles erreurs, dans les finances de nouveaux embarras, dans les familles de nouvelles calamités, jusqu'au moment terrible, mais inévitable, où l'impossibilité absolue de satisfaire aux engagemens publics, forceroit l'assemblée ou ses successeurs, de laisser éclater, comme un coup de tonnerre, ce mot infâme qu'elle a défendu de prononcer, *la banqueroute*, si le zèle de ceux-là même que la révolution a dépouillés, pouvoit laisser la France sans ressource..... Telles sont les œuvres de la majorité: voici les nôtres.

Nous n'avons pas fléchi devant l'idole: ses menaces n'ont pas affoibli notre courage; ses succès n'ont pas fatigué notre constance : dépouillés par ses décrets, dénoncés au peuple par ses instructions, lâchement insultés par ses orateurs, poursuivis dans nos biens & nos amis, dans nos personnes & nos familles, nous nous sommes oubliés nous-mêmes, pour ne penser qu'à nos devoirs ; & toutes ces délibérations marquées au coin de l'incompétence, de l'irréligion & de l'injustice, nous nous sommes contentés de leur opposer la foi de nos pères, les principes de la monarchie, les cahiers de nos commettans, & de paisibles déclarations.

Nous persistons dans ces déclarations, nous les renouvellons toutes en ce moment : nous tiendrons pour constant, jusqu'au dernier soupir, qu'une assemblée sans pouvoirs a renversé le trône & l'autel, envahi les propriétés les plus respectables, égaré le peuple, dissipé, comme à plaisir, la fortune publique ; & quand la France se levant pour juger ses mandataires, leur demandera compte de l'état du royaume, & leur dira : « Je vous avois élus pour travailler au rétablissement des finances, pour combler le déficit, pour assurer la liberté individuelle, pour défendre les propriétés, pour protéger l'état des personnes, pour concourir avec le roi au rétablissement de la constitution, pour aider de vos lumières & consoler par vos vertus ce monarque si bienfaisant & si souvent trompé : telle étoit votre mission. Au lieu de la remplir, qu'avez-vous fait ? Vous avez détruit les finances ; vous avez rendu impossible la perception des impositions ; vous avez entassé dans les prisons tous les françois qui vous étoient odieux ou suspects ; vous avez envahi les propriétés ; vous avez attaqué l'état des personnes ; vous avez démoli la constitution que vous deviez rétablir, sous prétexte d'en élever une autre sur ses ruines, vous avez organisé le despostime & l'anarchie ; après avoir détruit l'autorité royale, vous avez attaqué le monarque lui-même ; il a été menacé par des parricides, & vous ne l'avez pas défendu ; vous avez arraché aux tribunaux ceux qui avoient violé l'asyle sacré de son palais ; vous avez payé, des récompenses destinées aux services publics, ceux qui, après s'être emparés de sa personne s'écrioient *qu'on ne l'arracheroit de leurs mains que mort*, & sont venus se vanter devant vous, à votre barre, de cette régicide détermination ; enfin ce roi, héritier d'une longue suite de rois, vous l'avez emprisonné : vous lui avez fait traverser son royaume dans l'appareil scandaleux d'un coupable que vous rameniez dans ses fers. Vous me répondrez, & de ce roi que vous avez outragé, & de la religion de vos pères à laquelle votre devoir étoit de rendre un solennel hommage, & dont vous avez disposé comme de votre propriété, & du clergé que vous n'avez payé des offres généreuses qu'il avoit faites pour le soulagement de l'état ; qu'en le dépouillant, en le proscrivant, en lui proposant, au prix de la honte ou de la misère, un serment que sa conscience réprouvoit ; en lui interdisant, pour ainsi dire, le feu & l'eau ; & de la noblesse à laquelle vous avez enlevé, & ses propriétés & les distinctions qu'elle avoit payée de son sang & de ses services, que, pour prix de ses sacrifices, vous avez laissée en proie aux brigands, exposée au fer & à la flamme, & forcée à s'exiler de sa patrie ; & des citoyens sans nombre que vous avez contraints à abandonner leurs foyers & leurs propriétés ; & de ceux plus malheureux encore, dont vous avez égaré les opinions, & que vous avez enivrés de fureur & de crime ; & de l'armée que vos principes ont anéantie, puisqu'ils y ont porté l'insubordination, & qu'ils l'ont privée du plus grand nombre de ses officiers ! Qui me rendra mon opulence, quand vous avez anéanti mon commerce, quand vous avez élevé une guerre civile dans les colonies, quand vous m'avez réduite à une monnoie de papier que l'opinion même ne soutient pas, quand vous avez dispersé mon or & mon argent, & qu'on peut à peine se procurer votre monnoie de cuivre, la seule dont vous m'ayez laissé l'usage ? Qui me rendra ma tranquillité intérieure, quand vous avez semé la discorde parmi les citoyens, & fait naître une défiance & un trouble général ? Dites combien de milliers de citoyens ont été égorgés, combien de propriétés ont été dévastées, combien de maisons incendiées depuis les troubles civils que vous avez appelés une *heureuse régénération* ; dites combien de ces crimes vous avez fait punir, vous qui aviez en main toute l'autorité, & combien la certitude & l'impunité en a fait commettre. Qui me rendra ma sûreté extérieure, quand je n'ai plus qu'une armée sans chefs & sans discipline ; quand mes flottes n'ont plus de matelots ; quand mes arsenaux sont dégarnis ; quand au lieu des alliés que j'avois, vous ne m'avez laissé que des ennemis, & que vous m'avez livrée sans défense à la merci de tous ceux qui voudront m'attaquer ? ..... » Quand la France, disons-nous, fera retentir, d'une extrémité du royaume à l'autre, ces terribles paroles, que ceux dont nous avons combattu les opinions & les décrets, préparent leur réponse. La nôtre sera simple. . . . *Ne nous reprochez pas ces malheurs ; loin d'en être les artisans, nous en sommes les premières victimes. Mais nous avons rempli tous nos devoirs, puisque nous n'avons pas cessé d'être fidèles à Dieu, au roi, à nos mandats.*

Et que l'on ne croie pas que les usurpations de l'assemblée puissent être légitimées par un long silence ! On n'a pas réclamé, dites-vous, contre l'entreprise que les députés ont faite sur les droits de leurs commettans, & sur ceux de la constitution. Mais ce malheur général, cette discorde entre les habitans de la même patrie, cet anéantissement de tout ordre public, n'est-ce pas la plus efficace des réclamations ? On n'a pas réclamé ! mais cette fuite d'un grand nombre de citoyens ; cet éloignement presque universel des autres pour l'exercice des seuls droits politiques qu'on leur laisse ; cette désertion des assemblées primaires, qui, dans la capitale même, ne renferment pas la vingtième partie de ceux qui auroient le droit de s'y rendre, n'est-ce pas la plus puissante réclamation ? Ne prouve-t-elle pas jusqu'à quel point le vœu général est opposé à cette constitution nouvelle ? La nation n'a pas réclamé ! mais vous lui avez défendu de s'assembler ; vous avez dispersé nos commettans ; vous avez traité les plaintes de révolte. Elle n'a point réclamé ! mais parmi ces hommages mendiés, parmi ces adhésions envoyées de Paris aux provinces, & renvoyées des provinces à Paris, dont vous osez vous prévaloir, n'avez-vous jamais reçu des remontrances, des oppositions, des protestations ? Vous en avez reçu, vous les avez dissimulées ; mais elles sont notoires. La nation n'a pas réclamé ! mais pourquoi ? parce que ces clubs redoutables qui vous doivent leur naissance, ont semé partout la terreur ; parce que vos comités des recherches répandus sur tout le royaume, ont précipité dans les cachots ceux dont les sentimens connus auroient pu amener des réclamations ; parce que le pillage, l'incendie & même la mort, ont été souvent le prix d'un soupçon d'opposition ; parce que la puissance qui s'est élevée sur les débris de notre constitution, est armée de tout l'appareil de la tyrannie, & de tout l'effroi qu'inspirent des crimes populaires.

On n'a pas réclamé ! Mais nous, qui seuls avons encore le droit de nous faire entendre dans ce silence général & forcé ; nous qui, revêtus de pouvoirs indépendans de celui que l'on exerce, n'ayons pas baissé le front devant une autorité usurpée ; nous sans lesquels les décrets qu'une opinion peu réfléchie commence à repousser, auroient paru dès long-tems revêtus d'un consentement unanime ; nous, qui n'ayant jamais voulu laisser sans défenseurs, même dans une assemblée illégale, les principes de la justice & de la vérité, avons combattu constamment pendant 28 mois, pour la religion, pour la monarchie, pour la personne du monarque, pour l'état des personnes, pour les propriétés, pour la fortune publique, pour la vraie liberté ; nous enfin, qui pouvons & devons nous appuyer du seul vœu légal, du seul vœu connu de la nation entière, ainsi que des principes constans de la véritable constitution française, nous réclamons : nous réclamons contre l'*acte constitutionnel* décrété par la majorité, comme destructif de toutes les autorités qu'on devoit non seulement respecter, mais affermir, celle de l'église, celle du roi, celle de la nation : nous réclamons contre tous les décrets, la plupart comme souverainement injustes, & tous comme essentiellement nuls ; & par cette réclamation, fondée, comme on le voit, sur deux grands moyens, qui se fortifient mutuellement, sur deux moyens contre lesquels l'ouvrage de l'assemblée viendra se briser tôt ou tard, le défaut de pouvoir & le défaut de justice, notre espérance, comme notre intention, est de laisser à notre malheureuse patrie une ressource assurée contre les maux qui l'accablent & ceux qui la menacent.

Fait & arrêté à Paris, ce trente-un Août mil sept cent quatre-vingt-onze.

Duval d'Eprémesnil ; député de la noblesse de la prévôté & vicomté de Paris, hors des murs.

Belbeuf, député de la noblesse du bailliage de Rouen.

Le marquis de Vaudreuil, député de la noblesse de la sénéchaussée de Castelnaudary.

Le marquis de Foucauld-Lardimalie, député de noblesse de Périgord.

Le vicomte de Malartic, député de la noblesse de la sénéchaussée de la Rochelle.

Rochechouart, marquis de Mortemart, député de la noblesse du bailliage de Rouen.

Le comte de Plas de Tane, député de la noblesse du Quercy.

Le Bascle, marquis d'Argenteuil, député de la noblesse du bailliage d'Auxois.

Louis-Charles-Amédée, comte de Faucigny-Lucinge, député de la noblesse de Bresse.

Le comte de Lévis, député de la noblesse du bailliage de Dijon, & autorisé par M. le Bailli de Crussol, député de la noblesse de la vicomté de Paris.

Jean-François, vicomte de Rafelis-Broves, & le comte de Bassigny de Juigné, députés de la noblesse de Draguignan.

Le marquis de Beauharnois, député par la noblesse de Paris aux états-généraux.

De Guilhermy, député du tiers-état de la sénéchaussée de Castelnaudary.

Le comte de Bournazel, député de Villefranche de Rouergue.

Le comte de Choiseul-d'Aillecourt, député de la noblesse de Chaumont en Bassigny.

L'abbé Royer, conseiller d'état, député de la ville d'Arles.

L'abbé de Castellas, doyen, comte de Lyon, & député de ladite ville.

Le chevalier de Novion, député de la noblesse de bailliage de Vermandois.

Pisson, curé de Valeyrac en Médoc, député de Bordeaux.

De Mascon, dép. de la noblesse d'Auvergne.

Le chev. de la Coudraie,
Le comte de Lambertye,
D'Arsac, marquis de Ternay,
Le comte d'Inversay,
Irlande de Bazoges,
Du Bouex de Villemort,
Claude, vte. de la Chastre,
Aimer Dieu, & mourir pour le roi,
} dép. de la noblesse du Poitou.

Poisrouvray, député de la noblesse de château-Thierry,

Cairon, député de la noblesse de Caux.

Dufraisse du Chey, député du tiers-état de la sénéchaussée d'Auvergne.

Le marquis d'Angosse, député de la noblesse d'Armagnac.

Lefrançois, curé du Mage, député du Perche,

Le chevalier de Verthamon, député de la noblesse de la sénéchaussée de Guyenne.

Le marquis du Hart, député de la noblesse de Soule.

De la Salle-Roquefort, député par la noblesse du pays de Marsan.

Leclerc, curé de la Cambe, député du clergé d'Alençon.

Rozé, curé d'Emalleville, député du clergé de Caux.

Le Tellier, curé de Bonoeil, député du clergé de Caen.

Le vicomte de Ségur, député de la sénéchaussée de Guyenne.

Dufresne, curé de Ménil-Durand, député du clergé d'Alençon.

Achard de Bonvouloir
Beaudrap,
Artur de la Villarmois,
Le baron de Juigné,
} dép. de la noblesse du bailliage de Cotentin.

Renouvellant toutes nos protestations contre les atteintes portées aux droits & prérogatives de la province de Normandie, & contre l'abolition de ses coutumes.

De plus, comme gentilhomme, naturalisé Bréton, je proteste contre tout ce qui a pu porter atteinte aux droits & franchises du pays & duché de Bretagne. Artur de la Villarmois.

Simon, curé de Woël, député de Barrois.

Breuvart, curé de saint-Pierre de Douai, député du clergé du bailliage de Douai & Orchies.

Luillier-Rouvenac, député de la sénéchaussée de Limoux.

J. B. J. Roussel, curé de Blaringhem, député de la Flandre maritime.

Le vicomte Duston-Saint-Michel, député de la noblesse des pays de Cominges & Nébousan.

L'abbé Maury, député du clergé de Picardie.

Planelli, marquis de Maubec, député de la noblesse du bailliage de Sens, & le marquis de Clermont-Mont-Saint-Jean, député de la noblesse du Bugey, absent, autorisé par lui, à joindre ici son adhésion.

† A. J., évêque de Châlons-sur-Marne, député du clergé du bailliage de Châlons-sur-Marne.

Lesort, député du bailliage d'Orléans.

Le baron d'Aurillac, député de la noblesse de la haute-Auvergne, aux états-généraux.

Bouville, député de la noblesse du bailliage de Caux.

Madier de Montjau, député de Villeneuve-de-Berg.

Mayet, curé de Rochetaillée, député du clergé de Lyon.

Goullard, curé de Roanne député du clergé du Forez.

Rolin, curé de Verton, député du clergé du bailliage de Montreuil-sur-mer.

David, curé de Lormaison, député pour le clergé du bailliage de Beauvais.

Malrieu, curé, député du clergé de Villefranche de Rouergue.

Colson, curé de Nitting, député de Sarguemines.

Menonville, député de la noblesse du bailliage de Mirecourt.

Gros, curé de saint-Nicolas du Chardonnet, député du clergé de Paris.

Farochon, curé, député de Crépy.

Gagnière, curé de saint-Cyr-les-Vignes, député du Forez.

Hingant, recteur d'Andel.

Chatrian, curé de saint-Clément, député de Toul & Vic.

Delaplace, député du clergé de Péronne.

Costel, curé de Foissy, député du bailliage de Sens.

De Hercé, De Bailly de Fresnay, } députés de la noblesse du Maine.

Grandin, curé d'Ernée, député du clergé du Maine.

Burignot de Varenne, député de la noblesse du bailliage de Châlons-sur-Saône.

Desclaibes, comte de Clairmont, député de la noblesse de Chaumont en Bassigny.

Faugère, curé de S. Laurent de Nevers, député du Nivernois & Donziois.

L'abbé Fénis de la Colombe, député du bas-Limousin.

La Brousse-Beauregard, député du clergé de Saintes,

Martin, curé, député de Beziers.

La porte, député du clergé du Périgord.

Guyon, curé de Baziége, député par le clergé de Castelnaudary.

Benoît, curé, député de Nismes.

Le chevalier de Chalon, député de la noblesse de Castelmoron-d'Albret.

Guepin, curé de saint-Pierre-des-Corps, député du clergé de Touraine.

De Puch-Monbreton, député de la noblesse de Libourne.

Leymarye, député du clergé du Quercy.

Cauneille, curé de Belvis, député du clergé de la noblesse de Limoux.

Le marquis de Thiboutot, député de la noblesse du bailliage de Caux.

Ayrolle, curé de Reire-Vignes, député du clergé du Quercy.

Font, chanoine-curé, député du clergé de la province de Foix.

Banassat, curé de saint-Fiel, député de Gueret.

Tailhardat de la Maison-neuve, député du tiers état de la sénéchaussée d'Auvergne.

Poudard, curé de la Couture, député du clergé d'Artois.

Le marquis de Bouthillier, Bengy de Puyvallée, pour adhésion, Le comte de la Chastre, } députés de la noblesse du Berry.

Charles de Dortan, député de la noblesse de Dôle.

Ant. Ch. Gabriel, marquis de Folleville, député de la noblesse de Péronne.

Durget, député du bailliage d'Amont en Franche-Comté.

† De Jouffroy-Gonssans, évêque du Mans.

Dubois, archiprêtre, curé de saint-Remy, sainte Magdeleine & saint-Frobert de Troyes.

De la Lande, curé d'Iliers-l'Evêque, député par le clergé du grand bailliage d'Evreux.

Le baron de Rochebrune, député de la noblesse du haut pays d'Auvergne.

Labbé Coster.

Le baron de Gonnès, député de la noblesse de Bigorre.

D'Ormesson, député de Paris.

Lambert de Frondeville, député de la noblesse du bailliage de Rouen.

Le marquis de Bonnay, député aux états-généraux, par la noblesse de Nivernois & Donziois.

Le baron de Nedonchel, député du Hainaut aux états généraux.

Beziade, marquis d'Avaray, député de la noblesse du bailliage d'Orléans.

Ch. Barbeyrac, marquis de saint-Maurice, député de la noblesse de la sénéchaussée de Montpellier.

Le baron de Crussol, député de la noblesse de Bar-sur-Seine.

Le comte de Tryes, député de la noblesse du bailliage de Rouen.

Wolter de Neurbourg, député de la noblesse des bailliages de Thionville, Longwy, Sarrelouis, & réunis à Metz.

Le comte de Lannoy, député de la noblesse du bailliage de Lille.

Le comte de Culant, député de la noblesse d'Angoumois.

De Mesgrigny, député par la noblesse du bailliage de Troyes.

Lusignan, député du Condomois.

Le baron de Lupé, député de la noblesse d'Auch.

Le marq. de Juigné, député de la noblesse aux Marches communes de Poitou & de la Bretagne.

Gleise de la Blanque, député de Beziers.

Le Berthon, dép. de la noblesse de Bordeaux.

ADHÉSIONS.

J'adhère non-seulement à la présente déclaration, mais encore à toutes autres faites dans le même sens, où ma signature n'est pas apposée.

Charrier, député du Gévaudan.

En adhérant au contenu en l'acte ci-dessus, je déclare reclamer contre la renonciation en violation du traité & contrat d'union de la province de Bretagne à la France, faite au mépris du vœu de tous les mandats & cahiers de charge, remis à tous ses députés, par les assemblées des différentes sénéchaussées de cette province.

Hardi de la Largere, député de la sénéchaussée de Rennes.

En adhérant au contenu en l'acte ci-dessus, je proteste également contre l'abandon des droits & privilèges de la province de Bourgogne, conditions de son contrat de réunion à la France, & qu'une partie des députés de cette province, contre la teneur de leurs mandats, ont cru pouvoir laisser abolir.

Le marquis de Digoine du Palais, député de la noblesse du bailliage d'Autun.

Fidèle au devoir que m'impose le serment libre & volontaire que j'ai prêté, en recevant de mes commettans les pouvoirs qu'ils m'ont confiés; convaincu que simple mandataire, je n'avois pas le droit de substituer des opinions individuelles à celles qu'ils m'avoient chargé de maintenir; j'adhère, en leur nom, à la présente déclaration, & proteste contre tout décret dont les principes ne sont pas contenus dans la majorité des cahiers des ordres respectifs, qui seuls peuvent être considérés comme le véritable vœu national.

Louis de Vassy, député de la noblesse du bailliage de Caen.

En conséquence des faits & des principes énoncés dans les déclarations & réclamations ci-dessus, je rétracte le serment que j'ai fait le 4 Février 1790, & je restreins ce serment à la promesse d'être inévitablement fidèle à la nation & au roi, & soumis aux loix.

Seurrat de la Boulaye, député par la noblesse du bailliage d'Orléans aux états-généraux.

En adhérant, comme député de la noblesse du Nivernois & Donziois, aux déclarations & protestations renfermées dans le présent acte, je donne à mes commettans ce dernier témoignage de ma fidélité à la mission qu'il m'avoient confiée, & je remplis encore un devoir cher à mon cœur, & qui m'est imposé comme gentilhomme Breton, en me joignant spécialement à la protestation qui a pour objet la conservation de tous les droits du duché de Bretagne, qui n'a été ni légalement convoqué, ni légitimement représenté aux états généraux, & dont la constitution particulière ne pouvoit recevoir aucun changement que du consentement formel des états de cette province.

Le comte de Sérent, député aux états généraux par la noblesse du Nivernois & Donziois.

J'adhère, & je déclare que les journaux qui ont imprimé que j'avois prêté le serment militaire du 22 Juin, ont induit le public en erreur: je n'ai point prêté ce serment.

Le baron de Bats, député de la noblesse d'Albret.

J'adopte à titre de compte rendu à mes commettans, la présente déclaration. J'ai suivi constamment dans mes opinions les principes qui s'y trouvent développés, & qui n'ont rien que de conforme à mes mandats, auxquels j'ai dû demeurer religieusement attaché.

Chabrol, député de la noblesse de la sénéchaussée d'Auvergne.

Desirant constamment le maintien de la religion catholique romaine, le bonheur du peuple, la conservation de la monarchie & des justes prérogatives du trône, j'adhère à la présente déclaration & aux réclamations y contenues, dans tout ce qui n'est pas contraire aux vœux que mes commettans ont énoncés dans les cahiers dont je suis chargé, pour la constitution qu'ils ont desiré, & dans tout ce qui tend à maintenir leur existence honorifique & leurs propriétés.

Louis-Alphonse Savary, marquis de Lancosme député de la noblesse de Touraine.

J'adhère à la présente déclaration, je reclame spécialement contre les atteintes portées à la religion ou à la monarchie, & l'abolition des privilèges de ma province.

Veneau, recteur d'Orgènes, député du clergé de Rennes.

J'adhère à la présente déclaration, en tout ce qui concerne la religion catholique, la disposition des biens ecclésiastiques, la monarchie & la personne du roi.

Houdet, député de Meaux.

Je me joins à tous mes collègues, pour protester en mon nom, & en celui de tous mes commettans, contre les décrets constitutionnels, présentés a l'acceptation du roi.

Regnaud de Montlozier, député de la noblesse d'Auvergne.

Nous déclarons à nos commettans que nous avons constamment obéi à leurs mandats, au serment que nous avons fait de les observer, & dont ils ne nous ont jamais déliés : que comme eux & autant qu'eux, nous sommes toujours demeurés fidèles à la religion, aux principes essentiels & constitutifs de notre monarchie, & aux loix éternelles & immuables de l'ordre & de la justice, sans lesquels il ne peut exister de société. Nous adoptons en conséquence les principes ci-dessus exposés, en tout ce qui est conforme à nos cahiers, & nous prions nos commettans d'agréer la profession que nous leur en faisons à titre de compte-rendu, en attendant le développement que nous leur devons, & que nous promettons de leur donner.

Lévis-Mirepoix, Montcalm-Gozon, Redon, Paccard, député de Châlons-sur-Saone; Bernicaud de Grange, Ricard, députés de Nîmes; Griffon, député de la Rochelle, Vogué, la Crese, Grangier, députés du Berry; Henri, député d'Orléans; Pierre de Bremond-Ars, député de la noblesse de la sénéchaussée de Saintonge; Pochet, député d'Aix en provence; Augier, Roi, députés d'Angoulême; Faidel, député du Quercy; Meusnier du Breuil, Hennet.

Ayant été député directement à l'assemblée nationale, déjà constituée au mois de mai 1789, je suis dans un cas différent de MM. mes collègues, & je ne puis faire les mêmes réclamations; mais, fidèle à mes mandats, je déclare ne pouvoir reconnoître pour loix, que celles auxquelles le roi aura efficacement concouru par sa sanction libre.

Jersé, député du bailliage de Sarguemines.

Je soussigné, déclare que j'ai constamment suivi le vœu de mes mandats, & que j'ai continuellement opiné d'après les intentions de mes commettans. Humblot.

Déclaration des députés du Dauphiné, soussignés.

Nous, députés de Dauphiné aux états-généraux du royaume, librement élus par les trois ordres de la province, chargés du dépôt sacré de tous leurs intérêts & de la défense de leurs droits;

Fidèles au devoir de nous conformer à la volonté unanime de nos commettans, formellement exprimée dans les pouvoirs qui nous constituent;

Pénétrés de l'obligation qui en résulte, de réclamer constamment les principes de justice du mandat dont nous sommes porteurs, & qui en sont à-la-fois la condition & la base;

Considérant que par cet acte solennel, les trois ordres réunis nous ont spécialement ordonné de concourir par tous les efforts de notre zèle à procurer à la france une heureuse constitution, qui assure à jamais la stabilité des droits du monarque & de ceux du peuple françois; — qui rende inviolable & sacrée la liberté personnelle de tous les citoyens; — qui ne permette qu'aucune loi ne soit établie sans l'autorité du prince, & le consentement des représentans du peuple; — qui ne permette pas que les ministres, les tribunaux & aucuns des sujets du monarque puisse violer impunément les loix.

Et lorsque ces bases seroient fixées :

De chercher tous les moyens propres à rétablir l'ordre dans les finances; — de prendre une connoissance exacte des besoins de l'état & de la dette publique, afin d'y proportionner les sacrifices que la gloire du trône, l'honneur françois, & le salut de la nation pourront rendre nécessaire;

Enfin :

De respecter la juste prérogative de la préséance du clergé & de la noblesse.

Considérant encore que dans le cas où nos pouvoirs n'étant ni restreints ni limités par le mandat ci-dessus, nos commettans ont déclaré s'en rapporter à ce que nous estimerions en notre ame & conscience, pouvoir contribuer au bonheur de la patrie, ils ont établi comme condition essentielle d'une confiance si honorable & si étendue.

Que nous serions toujours dirigés par la justice, la modération, la fidélité envers le roi, le respect des propriétés, l'amour de l'ordre & de la tranquillité publique;

Et que pour ne laisser aucun doute sur leur volonté constante & solemnelle de consacrer à jamais la conservation des propriétés, ils ont déclaré par une addition spéciale à notre mandat :

Qu'ils chargent expressément leurs députés d'obtenir une constitution, qui garantisse tous les genres de propriétés, de manière qu'on ne puisse jamais y porter atteinte, & que les propriétaires soient toujours assurés d'une indemnité effective, juste & personnelle, dans le cas où le bien public exigeroit quelques changemens qui leur seroit prejudiciable.

Voulant jusqu'au dernier moment constater notre attachement inébranlable aux devoirs que nos commettans de tous les ordres nous ont unanimement prescrits, & continuer à défendre, comme nous n'avons cessé de le faire, les principes sacrés qu'il nous ont tracés;

Nous réclamons avec un grand nombre de nos collègues, contre tout ce qui viole les clauses formelles de notre mandat, dont nous venons de rappeller les principales.

Mais il nous reste encore un devoir non moins important à remplir.

Nos commettans, prévoyant que la violation de leurs principes de justice & d'ordre ne pourroit amener que des désastres publics, au lieu des biens que leur patriotisme & la pureté de leurs intentions leur faisoient espérer, ont stipulé dans nos pouvoirs:

« Que n'ayant eu, pour confondre les intérêts du Dauphiné avec ceux du reste du royaume, d'autre but que celui de la félicité commune, ils réservent expressément les droits de cette province, dans le cas où des obstacles imprévus ne permettroient pas aux états-généraux de prendre les résolutions salutaires qu'ils ont droit d'en espérer ».

En conséquence, les malheurs qui désolent la monarchie ne nous permettant pas d'espérer pour elle, d'un pareil ordre de choses, le bonheur qu'ils s'étoient promis pour prix de leurs sacrifices, & voulant remettre entre leurs mains, dans toute son intégrité, le dépôt qu'ils nous ont confié;

Nous réservons expressément, au nom de nos commettans, & en vertu de leur volonté ainsi solemnellement, légalement & régulièrement manifestée, tous les droits de la province de Dauphiné, dont nous avons l'honneur d'être représentans.

F. Henri de Virieu; B. de Monfort; Lablache; Langon; de Marsane; Revol; Timoléon, chevalier de Murinais; Blacons.

Protestation particulière pour la Normandie.

Après avoir rempli le devoir sacré que notre mission générale nous imposoit, il nous reste encore une mission particulière, qui, plus intimement liée peut-être au bonheur du pays dont nous sommes les députés aux états-généraux, porte avec elle un intérêt vif & pressant, sur lequel nos mandats nous prescrivent aussi des règles de conduite. En conséquence nous protestons, au nom de la province de Normandie, contre la destruction de ses droits, coutumes, charte, traités, capitulations, & spécialement contre sa division en départemens, qui morcellent le territoire de son duché, que nous étions formellement tenus de maintenir & de défendre.

Nous déclarons que si dans la nuit du 4 août 1789, nous avons pu supporter le bouleversement momentané des priviléges de cette province, ce n'a été qu'en réclamant pour ses habitans, le droit imprescriptible d'un examen ultérieur, libre & approfondi; mais que nous n'avons cessé & que nous ne cesserons de regarder cette province comme entière, & ses traités, ses loix, ses capitulations, ses usages, sa coutume, sa charte & toutes les concessions des rois de France, comme non abolis.

Nous déclarons de plus, comme nous l'avons déjà fait dans une de nos précédentes protestations, que rien de ce qui concerne la Normandie ne peut être changé, modifié ou anéanti, que sur la demande positive & légale, ou du consentement exprès de ses habitans, assemblés d'après les règles anciennes & le mode prescrit par ses états, soit lors de l'établissement de ses différentes loix, soit à l'époque de la réformation de sa coutume.

Enfin, nous déclarons que c'est à la même province qui a fait ses loix, à juger s'il est bon, s'il est utile, s'il est possible même de les détruire; si sa richesse, sa prospérité, si les immenses avantages que le tems & l'expérience avoient constaté être l'effet inappréciable de son régime intérieur, ne courent point le danger le plus imminent, par le renversement arbitraire de ses usages, de ses priviléges & de sa législation.

Le marquis de Mortemart, député de la noblesse du bailliage de Rouen.

Le comte de Trye, député de la noblesse du bailliage de Rouen.

Lambert de Frondeville, député de la noblesse du bailliage de Rouen.

De Belbeuf, député de la noblesse du bailliage de Rouen.

Le marquis de Thiboutot, député de la noblesse du bailliage de Caux.

Le comte de Bouville, député du bailliage de Caux.

Nous soussignés, fidèles & constans observateurs de nos mandats, strictement obligés en honneur & en conscience de faire entendre jusqu'à la fin nos légitimes réclamations, voulant laisser à ceux

qui

qui nous ont envoyés, & à notre patrie si chère à tout bon François, un témoignage non équivoque de nos sentimens, de notre conduite & de notre fidélité à remplir nos engagemens :

Déclarons à nos commettans, à la France, à l'Europe entière, à la postérité, que nous avons combattu constamment pendant vingt-huit mois pour le maintien de la religion catholique, apostolique & romaine, qui apprend à respecter toutes les autorités, & de la monarchie françoise, telle qu'elle subsistoit avec éclat depuis quatorze siècles, pour l'inviolabilité de la personne sacrée du monarque, & les justes prérogatives du trône; pour l'intégrité de l'état des personnes, & de toutes les propriétés spécialement confiées à nos soins, & recommandées, par tous les cahiers, à notre probité & à notre vigilance.

Déclarons en conséquence que nous n'avons jamais cessé de proclamer hautement les principes immuables de la religion, de la justice & de la raison, sans lesquels il ne peut exister de société bien ordonnée, & que, fort du seul vœu libre, légal & connu des françois, qui, en demandant la réforme des abus, n'ont jamais ordonné la destruction de notre antique constitution, ni l'anéantissement de la noblesse qui en fait partie intégrante; établissement utile à toutes les classes de citoyens qui ont le droit d'y parvenir, & qui met un frein puissant aux entreprises du despotisme, nous attendons le vœu réfléchi, général, & librement prononcé de la nation, mieux éclairée sur ses véritables intérêts, & instruite par l'expérience. En foi de quoi nous faisons la présente déclaration, à Paris, le 31 août 1791.

Barrin, comte de la Gallissonnière, député de la noblesse des cinq sénéchaussées de l'Anjou.

Le marquis de Pleurre, député de la noblesse des bailliages de Sezanne & de Châtillon.

Teissier-Marguerite, député de Nîmes.

De Fromet, député de la noblesse du bailliage de Langres.

Le comte de Ludre, député de la noblesse de Lorraine.

De Vincent de Panette, député de la noblesse de Dombes.

Le vicomte du Hautoy, député de la noblesse du Barrois.

Le comte de Failly, député de la noblesse des bailliages de Vitry, Epernai, Saint-Didier, Saint-Menehould & Fismes.

De Ballidart, député de la noblesse des mêmes bailliages.

L'abbé Peretti de la Rocca, député du clergé de Corse.

De Ruillé, député d'Anjou.

Martin d'Auch, député de la sénéchaussée de Castelnaudary.

Du Faure-Satilieu, député de la noblesse de la sénéchaussée d'Annonay.

Le marquis de Loras, député de la noblesse de Lyon.

Clapiers, député de la noblesse de Provence.

Murat, député de la noblesse du Maine.

Mathieu Buttafoco, député de la noblesse de Corse.

De Toustain, député de la noblesse des Vosges.

Chatelet, député de la noblesse du Barrois.

Le vic. de Macaye, député de la noblesse de Labour.

De Barreau-Montagut, député de la noblesse du Comminge & Nébouzan.

Mazancourt, député de la noblesse du bailliage de Villers-Cotterets.

Ferrières, député de la noblesse de la sénéchaussée de Saumur.

Nota. Plusieurs députés, & notamment un grand nombre de membres du clergé, ayant déjà consigné les mêmes principes fondamentaux dans un écrit qui doit paroître incessamment, désirent qu'en attendant, on publie la déclaration suivante, renfermant les bases de cet écrit, & solemnellement faite à l'assemblée le 8 août dernier.

RÉCIT.

De ce qui s'est passé à l'assemblée le huit août mil sept cent quatre-vingt-onze.

Contenant déclaration & adhésion au sujet des invasions commises depuis deux ans, contre la religion, l'autorité royale, les principes constitutifs de la monarchie & les propriétés.

L'ordre du jour avoit amené la révision des décrets constitutionnels. Il s'agissoit de fixer la méthode suivant laquelle on procéderoit à cette révision : les esprits étoient partagés. L'un d'entre nous, après avoir posé la question, s'est exprimé dans les termes suivans « Messieurs, nous nous croirions indignes de l'estime des gens de bien, si nous n'avions pas la probité courageuse de vous annoncer que nous persistons dans toutes nos déclarations, au sujet des invasions commises depuis deux ans contre la religion, l'autorité royale, les principes constitutionnels de la monarchie & les proprietés ».

Les soussignés se sont levés pour adhérer à cette déclaration : mais, ni la déclaration, ni l'adhésion n'ayant été insérées dans le procès-verbal, ils croient de leur devoir de publier le présent récit, pour les constater & les renouveller.

Fait & arrêté à Paris, ce trente-un août mil sept cent quatre-vingt-onze.

Le cardinal de la Roche-foucauld.
L'évêque de Condom.
Piffon, curé de Valeyrac en Médoc.
Lasmartres.
Le coadjuteur d'Alby.
L'abbé Royer.
J. C. Gandolphe.
De Villémon.
D'Iversay.
Marquis de Ternay.
Comte de Lambertye.
De Bazoges.
Vicomte de la Chastre.
Chevalier de la Coudraye.
Comte de Lévis.
De Batz.
De Varenne.
Duval d'Eprémesnil.
De Mascon.
Bois-Rouvraye.
Le Rouvillois.
Cauneille.
L'évêque de Luçon.
Du Castaing.
L'abbé de Castellas.
Malrieu.
Banassat.
L'abbé de Montgazin.
De Varicourt.
Desvernay.
Laborde.
L'évêque de Saintes.
Benoit.
Bottex.
Thomas.
L'évêque de St. Flour.
Golson.
Rafelis de Broves.
L'évêque de Coutances.
Du Bois.
Bouville.
Simon.
Chatrian.
L'évêque de Beauvais.
L'évêque de Limoges.
L'évêque d'Agen.
L'abbé de la Roche-foucauld.
Dufresne.
Dupuis.
Martin.
Pinnelière.
Jacquemart.
L'archevêque d'Arles.
Le Clerc.
Hingant.
Forest.
Cayla.
L'évêque d'Uzès.
Breuvart.
L'abbé de Chapt de Rastignac.
De la Lande.
Ayroles.
Leymarie.
L'évêque d'Oleron.
Rozé.
Guyon.
De Lage.
Girard.
L'év. de Montpellier.
Boudart.
Chevreuil.
L'évêque de Rhodès.
Le Lubois.
Vaneau.
Thoret.
Rivière.
Le chevalier de Châlons.
Le comte de Plas-de Tane.
Allain.
Privat.
Gagniere.
Breuvart.
De Mesgrigny.
Le Tellier.
L'évêque de Nismes.
L'abbé Maury.
Grandin.
David.
L'évêque de Couserans.
Le François.
Goullard.
Louis de Vassy.
Menonville.
Le comte de Lannoy.
Le comte de Bournazel.
Joyeux.
Thomas.
Le marquis de Lancosme.
Mayet.
De Choiseul d'Aillecourt.
Tailhardat.
Madier.
Font.
Guepin.
Jesse.
Rolin.
Le chevalier de Verthamon.
De Guilhermy.
Farochon.
Le marquis de Vaudreuil.
Gros.
Le Fevre.
L'évêque de Dijon.
Roussel.
Blandin.
Martinet.
Barbotin.
Lassigny de Juigné.
Lolier.
Le marquis d'Angosse.
Brousse-Beauregard.
De Leypaud.
De Hercé.
De Fresnay.
Malartic, curé.
Genetet.
Thirial.
Fleury.
L'abbé de la Combe.
L'abbé Ruallem.
Le marquis du Hart.
Le marquis de Foucauld Lardimalie.
Le comte de Faucigny-Lucinge.
Le marquis de Beauharnois.
Cairon.
Desclaibles, comte de Clairmont.
Lambert de Frondeville.
De Roquefort.
Le comte de Trye.
Le blon de Nedonchel.
De Bonvouloir.
Le baron de Lupé.
Beaudrap.
De la Villarmois.
Le baron de Juigné.
Costel.
Marquis de Maubec.
Le marquis de Mortemart.
Le vicomte de Ségur.
Charrier.
De Bouthillier.
De Puyvallée.
L'abbé de la Boissiere.
Le marquis de Juigné.
Gueidan.
La Porte.
Le marquis d'Avaray.
Seurrat de la Boulaye.
Rouvenac.
Du Fraisse du Chey.
Bonnet.
Bailly de Crussol.
D'Ormesson.
L'évêque de Châlons-sur-Marne.
Bertereau.
Berardier.
L'abbé de Montesquiou.
Comte du Lude.
Lévis-Mirepoix.
Montcalm-Gozon.
Wolter de Neurbourg.
Le Pelletier-Feumusson.
Delfau.
Goze.
Guiraudez de Saint-Mézard.
De Champeaux.
Yvernault.
L'évêque de Clermont.
Villebanoia.
L'archevêque d'Aix.
L'archev. de Bourges.
Baron d'Aurillac.
L'évêque de Montauban.
La Goille-Lochefontaine.
Houdet.
Le marquis de Thiboutot.
Griffon.

Le baron de Crussol.
L'abbé de Poulle.
Gleises de la Blanque.
Le Berthon.
Chatelet.
Bernigaud de Grange.
Le marquis de Loras.
De Vincent de Panette.
De Puce-Monbreton.
D'Ustou-St.-Michel.
Le comte de Macaye.
Le vicomte du Hautoy.
Le baron de Rochebrune.
L'abbé Peretti.
Mathieu Buttafoco.
Delaplace.
Le comte de la Gallissonnière.
Martin d'Auch.
Belbœuf.
Le marquis de Pleurre.
Clapiers.
Pochet.
Le Fort.
Augier.
Roi.
Langon.
La Blache.
Bertrand de Montfort.
Revol.
F. Henri de Virieux.
Le chevalier de Murinais.
De Marsane.
De Bremond-Aars.
Murat.
Toustain.
Durget.
Fougere.
Choiseul-Praslin.
Pour adhésion,
L'Archev. de Reims.
L'évêque du Mans.
L'abbé de Pradt.
Le vicomte de Malartic.
L'évêque de Perpignan.
De Barrau-Montagut.
Faydel.
Le marquis d'Argenteuil.
Guingan de Saint-Mathieu.
De la Rêne.
Le marquis de Saint-Maurice.
De Chamords.
L'abbé Texier.
Rennet.

ADMINISTRATEUR, s. m. C'est le nom que porte, aux termes de la loi, tout homme chargé de quelques fonctions relatives à l'emploi de la force ou de la propriété publique. Tout *administrateur* est fonctionnaire public & responsable; voilà pourquoi le roi ne peut pas être constitutionnellement classé parmi les fonctionnaires publics.

L'on trouvera dans les loix sur l'organisation des municipalités, des départemens & du ministère, les fonctions, devoirs & droits des *administrateurs* créés par la constitution; c'est donc dans les débats relatifs à chacun de ces objets qu'on doit chercher les discussions élevées dans l'Assemblée constituante sur chacun d'eux.

Quoique l'on doive entendre par *administrateur* tout homme fondé d'un pouvoir au nom du souverain ou d'une communauté d'habitans, que par conséquent il y ait presqu'autant d'*administrateurs* que de fonctionnaires chargés du soin d'une partie de la propriété ou de la force publique; cependant la lettre des loix ne donne ce titre d'une manière positive qu'aux membres des directoires des départemens des districts & des bureaux municipaux; ces derniers portent même plus ordinairement le nom d'officiers municipaux.

On trouvera dans les débats sur l'acte constitutionnel, séance du 10 août 1791, la discussion des motifs qui ont déterminé l'assemblée constituante à ne point investir les *administrateurs* du caractère de représentans du peuple, & à ne les considérer que comme de simples fonctionnaires soumis à la suprématie du pouvoir exécutif, & chargés de gérer les affaires politiques & non de vouloir au nom du peuple. (*Voyez* ACTE CONSTITUTIONNEL.)

Après ces observations, nous ferons connoître les débats élevés sur le traitement des *administrateurs*; ce n'est guère que sous ce rapport que l'assemblée constituante s'en est occupée isolément, dans tout autre sens les opinions ont plutôt porté sur les fonctions administratives que sur les *administrateurs*, c'est donc aux mots ADMINISTRATIONS ET ASSEMBLÉES ADMINISTRATIVES DE DÉPARTEMENT qu'il faut avoir recours dans ce cas.

DU TRAITEMENT DES ADMINISTRATEURS.

Séance du 30 août 1791.

M. Thouret. Je vais vous entretenir du traitement des officiers de justice & des *administrateurs* Il est bien essentiel, dans une pareille opération de ne pas se laisser guider par un esprit de parcimonie, qui, en diminuant de peu de choses les charges de la nation, pourroit lui faire perdre tout le fruit de la bonne institution de la justice actuelle. Le comité avoit pensé que le traitement des juges & celui des *administrateurs* ne devoit pas être égal, parce que le juge est tenu à plus de travail, à plus d'assiduité, parce qu'enfin il seroit plus dangereux pour la chose publique que le juge fût gêné dans ses moyens de subsistance; que la mesure du traitement & du juge & des administrateurs, ne devoit pas être le même pour tous les cantons & toutes les villes; & qu'en conséquence le comité avoit cru devoir les diviser en quatre classes; la première des villes & cantons, au-dessous de vingt mille ames; la seconde, de ceux depuis vingt mille ames jusqu'à soixante; la troisième de ceux au-dessus de soixante mille; qu'enfin, il avoit cru devoir mettre la ville de Paris dans une classe particulière; que le comité avoit cru convenable qu'une partie du traitement, tant des juges que des *administrateurs*, fût établi en droit d'assistance, pour forcer, par ce moyen, les uns & les autres à une assiduité indispensable pour le bon exercice de l'objet de leurs fonctions. Le résultat du calcul, fait par le comité, des frais de justice & de ceux d'administration, portoient les premiers à onze millions, & les seconds à huit millions. Le total de ces frais paroîtra peut-être considérable à quelques personnes; mais c'est une vérité d'expérience que dans les gouvernemens libres, l'administration est beaucoup plus chère que dans les gouvernemens despotiques, qui n'ont besoin que de très-peu d'argent. Et d'ailleurs il y aura, dans le fait, une grande économie dans la gestion qui aura lieu dans le nouvel ordre de choses, comparée avec les abus & les déprédations de l'ancien. Je vais vous faire lecture de l'article premier.

Art. Ier. « Le traitement sera, dans les cantons & dans les villes, au-dessous de vingt mille ames, savoir, pour les juges de paix, de 600 livres, & pour le greffier de 200 livres.

» Dans les villes depuis vingt mille ames, jusqu'à soixante mille, pour le juge de paix, de 900 liv. & pour le greffier de 300 liv.

» Dans les villes au dessus de soixante mille ames pour le juge de paix, de 1200 liv. & pour le greffier de 500 liv.

» A Paris, pour le juge de paix, de 2400 liv. & pour le greffier 800 liv.

M. *Dédelay*. Je demande, par amendement, qu'il ne soit adjugé que 300 liv. aux juges de cantons, & 800 liv. à ceux des villes, dont la population ne sera pas de plus de 10,000 ames.

M. *André*. Avant que de donner mon opinion, je demanderai à M. le rapporteur s'il a entendu donner au juge de paix de quoi les payer de tout leur tems, ou bien s'il ne fait que leur accorder une simple indemnité.

M. *Thouret*. L'augmentation des fonctions de juge de paix nous a obligé à augmenter son traitement. Le comité, chargé de l'organisation de la police, doit encore lui attribuer des fonctions dans cette partie; & comme la plus grande difficulté de ce plan consiste dans la rareté des sujets, le comité n'a rien négligé pour écarter ce qui seroit capable d'arrêter les bons citoyens.

M. *André*. D'après cette réponse, je demande la question préalable sur l'amendement de M. Dédelay.

M. *Martineau*. Il faut examiner ce plan dans son ensemble, afin d'appercevoir le fardeau dont on va charger la nation. En calculant ce que rapportoient à l'état les anciennes charges de magistrature avec ce qu'elles vont coûter aujourd'hui, on reconnoît facilement que cela fait une surcharge de cinquante millions. Je ne sais pas pourquoi on nous propose de fixer un traitement aux greffiers. Ils doivent être salariés sur leur travail & non autrement. Je demande la question préalable sur la partie du décret qui les concerne.

M. *Thouret*. Il paroît que le préopinant voudroit que tous les citoyens exerçassent gratuitement les fonctions publiques. Je lui demande, pourquoi il n'a pas annoncé ce principe lors de la constitution du clergé. Il est de fait qu'on seroit plus grevé de l'obligation de payer une expédition que d'un taux quelconque réparti sur chaque individu.

L'amendement de M. Dédelay est rejetté, & l'article I du comité est adopté.

La disposition relative à la ville de Paris est ajournée jusqu'à l'époque où il sera pris un parti définitif sur les fonctions des commissaires de police.

M. Thouret fait lecture de l'article II. « 1°. Le traitement sera, dans les villes au-dessous de 20,000 ames; savoir, pour chaque juge de district & le commissaire du roi, de 1800 livres; pour le greffier, indépendamment du produit des expéditions, d'après le tarif modéré qui en sera fait, de 1000 livres.

2°. » Dans les villes, depuis 20,000 ames jusqu'à 60,000, le traitement sera pour chaque juge & le commissaire du roi, de 2,400 livres, & pour le greffier, de 1,500 livres.

3°. » Dans les villes, au-dessous de 60,000 ames, pour chaque juge & le commissaire du roi, 3000 livres; pour le greffier, 1800 livres. »

M. *Brostaret*. Il sera indispensable que l'assemblée s'occupe aussi du traitement ou de l'indemnité des électeurs. Les commettans avoient envoyé à ce sujet une adresse à l'assemblée. Ils m'ont chargé de présenter leur vœu, quant à ce qui regarde les juges de district; je crois qu'il seroit suffisant de fixer leur traitement à 1200 liv.

M. *Folleville*. Les juges n'auront pas plus d'occupation, & ne seront pas obligés d'être plus instruits que les juges de paix. Je propose qu'ils soient réduits à 800 livres.

M. *Buzot*. Il faut, dans cette question comme dans toute autre, réfléchir sur les passions & sur l'intérêt dont il est difficile de se séparer. Je pense que le traitement des juges ne doit pas être fixé à moins de 1500 livres.

M. *Chabroud*. Dans mon opinion particulière, je ne me serois pas borné au traitement proposé par le comité. Dans toute espèce de travail on a à très-bas prix de mauvais ouvriers. Vous avez voulu donner au peuple un ordre judiciaire, duquel résulte l'administration d'une justice bonne & impartiale. Pour déterminer les citoyens à l'étude des loix, il faut leur donner une perspective qui ait au moins l'effet de les attirer. En déterminant le salaire des curés, vous n'avez pas cru qu'il fût possible de leur donner moins de 1200 liv. indépendamment du logement & du jardin. Il faut à un juge autant de moyens de subsistance qu'à un curé. Ajoutez à cela que du moins, jusqu'à présent, le curé est sans famille. Si vous n'adoptez point le plan du comité, si vous ne donnez point aux juges un traitement honnête, vous vous exposérez à n'avoir que des gens riches, d'anciens magistrats, déjà intéressés à renverser votre constitution.

M. *Regnaud*, député de Saint-Jean-d'Angely. Nous ne voulons point de ces juges qui ne savent qu'aller à l'audience & en sortir. Il nous faut des hommes éclairés. Le nombre des juges anciens étoit si grand, qu'il étoit bien difficile de corrompre un tribunal entier : mais aujourd'hui trois juges décideront l'affaire la plus importante : si on leur offroit, pour une seule affaire, le prix du travail de toute leur vie, la tentation pourroit être bien grande : ce sont de pareils inconvéniens qu'il faut éviter.

M. *Desmeuniers*. Trois considérations ont frappé votre comité. D'abord cette fixation réglémentaire pourra être réduite par les législatures à venir. Comme la répartition des districts est inexacte & trop considérable, en les chargeant de salarier leurs juges, cela pourroit amener successivement à une diminution du nombre des districts. La troisième considération est le calcul des fonctions que vous attribuez aux juges : si vous leur ôtez la connoissance des affaires criminelles, vous leur donnez l'appel, ce qui compense bien le tems qu'elles auroient employé.

M. *Mougins*. Un militaire se croit bien récompensé avec 300 liv., parce qu'il est stimulé par l'amour de la patrie ; je crois que le même motif doit animer les juges.

M. *Thouret*. L'avis du comité est la conséquence de deux maximes constitutionnelles : par la première vous avez restitué les droits naturels & civils des citoyens, en les appellant à toutes les fonctions ; il ne faut pas laisser ce principe excellent dans les termes d'une simple théorie, il ne faut pas qu'il ne soit qu'une vaine maxime, & qu'au lieu du mérite, vous n'appelliez que la richesse. Vous avez décrété que les juges seroient amovibles ; ce principe est aussi excellent : mais vous n'avez peut-être pas médité quels obstacles il apportoit à ce que tous les bons citoyens acceptassent les places de juges. Le seul remède est de leur assigner une honnête aisance ; voilà deux maximes dont vous devez soutenir l'effet : sans cela vous compromettriez tout l'ordre judiciaire : on attribueroit les mauvais effets de la pratique, à la mauvaise combinaison des principes. Je pense donc que l'avis du comité doit être adopté.

La discussion est fermée.

M. *Montcalm-Gozon*. Je demande qu'on donne aux districts & aux départemens le pouvoir de payer les juges, selon les localités & leurs facultés.

M. *Menou*. Il n'y a que ceux qui veulent renverser la constitution qui refusent le traitement proposé par le comité. Si l'on veut de bons juges, il faut les payer assez pour qu'ils ne puissent ni piller ni voler. Quoique le nouveau projet paroisse plus dispendieux, le peuple paiera moitié moins qu'il ne payoit ; on sait ce que coûtoient les juges, les rapporteurs & les secrétaires.

M. *Duval, d'Epresmenil*. On vous a dit que l'administration de la justice coûteroit moins que sous l'ancien régime : voici ce que coûtoit un conseiller. Je me prendrai pour exemple : il payoit sa charge 50,000 livres, & en outre, 10,000 liv., pour les droits de marc-d'or ; il recevroit 389 liv. 10 s. de gages, sur lesquels il faut ôter 367 liv. de capitation ; de manière que moyennant une quittance de 22 liv. 10 s. nous étions payés de tout ce qu'il nous revenoit. Pour le service extraordinaire de la Tournelle, le roi nous allouoit 45 liv. On me dit, & les épices ! C'est de cela que je veux parler.

La grand'chambre, qui étoit la plus accusée d'en recevoir, étoit composée de 180 membres, les épices se montoient à 259,000 liv. ; ceci ne pesoit pas sur la nation, mais sur chaque plaideur. Je prends à témoin M. Thouret ; il a plaidé au parlement de Rouen : je lui demande, en son ame & conscience, ce qu'un conseiller retiroit de son office ? Pas 500 liv. A l'égard du secrétaire...... (Plusieurs voix s'élèvent : *à la question*). Si on veut ordonner par un décret qu'un membre du côté gauche pourra citer des calculs sans qu'on puisse y répondre, je m'y soumettrai, & non pas à des murmures. Quand un arrêt coûtoit 900 liv. au plaideur, le roi en retiroit 600 liv. Lorsqu'il plaisoit de donner au secrétaire plus que n'exigeoit la loi, on avoit grand soin de le cacher aux magistrats. Je me résume : j'avois pour mon office 7 liv. 10 sols. (On crie de nouveau, *à la question*). Voici le résultat : vous me supprimez mon office ; vous me rembourserez ou vous m'en ferez la rente, je crois que c'est votre intention. (On observe que la discussion est fermée).

M. *Lavie*. Laissez M. Desprémenil faire son éloge.

M. *Duval*. Je ne réponds pas aux sarcasmes. Nous avons bien quelques reproches à nous faire, mais le plus grand.... Je ne puis en parler dans l'assemblée. Un conseiller recevoit 7 liv. 10 s. il va coûter mille écus. Que la nation prononce avec vous & indépendamment de vous, non pas sur ce que vaudront les nouveaux juges, je suis persuadé qu'ils auront beaucoup de mérite, mais sur ce qu'ils coûteront.

M. *Blin*. Il ne s'agit pas d'examiner ce que recevoit un conseiller, mais ce qu'il en coûtoit à un habitant des campagnes, qui, vassal d'un seigneur à haute & basse justice, étoit obligé de parcourir six tribunaux pour obtenir un jugement.

M. *le Chapelier*. De tous les détails dans lesquels est entré M. Duval, il résulte, ou qu'il faut rétablir les parlemens, parce qu'ils étoient très-utiles, & je ne crois pas que ce soit l'intention de l'assemblée; ou qu'il faut établir des juges qui ne soient pas suffisamment salariés. Si, pour hâter la délibération, il étoit nécessaire d'examiner ce que coûtoit autrefois la justice, il ne seroit pas difficile de prouver que cette hiérarchie judiciaire étoit très-onéreuse pour le peuple. Je demande qu'on aille aux voix sur un projet qui devroit être adopté depuis une heure.

On demande la question préalable sur les amendemens. Plusieurs membres réclament la division de la question préalable.

La division est adoptée.

M. *Barnave*. Je demande la priorité pour l'avis du comité. Quelque soit le prestige patriotique qu'on prétend employer pour le combattre, lorsqu'on a cru que le minimum d'un évêque devoit être fixé à 12,000 liv.; qu'on a augmenté le traitement dans les divers grades militaires; on vient de nous proposer de réduire à une somme plus que modique, le magistrat chargé des fonctions les plus utiles du gouvernement. Ce n'est ici que l'intérêt de l'ordre ancien contre l'ordre nouveau; on n'a pas d'autre objet que de répandre la défaveur sur la nouvelle organisation judiciaire: c'est là le véritable motif, & je vous le dénonce.

La priorité est accordée à l'avis du comité; & la première partie de l'article II est adoptée sans qu'il soit prononcé sur les greffiers.

Les dispositions suivantes sont décrétées conformément à l'avis du comité, & sans discussion.

« Dans les villes, depuis 20 mille ames jusqu'à 60, les juges de district, & le commissaire du roi, auront 2,400 liv.

« Dans les villes au-dessus de 60 mille ames, & au-dessus, Paris excepté, les juges de district, & le commissaire du roi, auront 3,000 liv.

« Les juges & le commissaire du roi auront à Paris 4,000 liv. ».

M. *Thouret*. Le comité propose ensuite de décréter que les greffiers dans les villes au-dessus de 20 mille ames, auront un traitement de 1,000 liv., indépendamment du produit des expéditions, suivant un tarif qui sera fait. Si l'assemblée ne leur donnoit pas une somme fixe, il faudroit augmenter le tarif, & cette augmentation peseroit sur la classe la moins aisée des plaideurs.

M. *Chabroud*. Les greffiers sont des officiers ministériels, ils seront à vie: par-tout, les greffes étoient affermés, & ces greffes se payoient très-cher: actuellement on n'affermera plus; on baissera le tarif des expéditions, sur lequel le public gagnera le prix donné pour la ferme. Je pense donc qu'il n'y a pas lieu à délibérer sur la proposition du comité.

M. *la Chèze*. Il est sans doute indispensable de donner un traitement fixe aux greffiers; mais je propose un amendement, de le réduire à 600 liv.

M. *Thouret*. Cet article est purement réglementaire. On peut, si l'on veut, fixer le traitement à cette somme; ce n'est que d'après l'expérience du passage de l'état nouveau à l'état ancien, & la connoissance de la quantité des expéditions qui seront faites, qu'on pourra fixer définitivement le tarif, & qu'on connoîtra la position des greffiers. Je ne vois pas d'inconvénient à ce qu'on décrète dès-à-présent « que les greffiers auront pour traitement le tiers de celui des juges ».

L'assemblée le décrète ainsi.

M. *Thouret*. L'article que je vais lire est terminé par une phrase nécessitée par l'idée que les *administrateurs* ont prise de leurs fonctions; ils se disposent à faire des dépenses considérables: cette partie de l'article n'étoit pas de nature à être rédigée en style impératif; voici comme nous avons conçu ce projet de décret:

« Les dépenses de justice & d'administration seront, comme dépenses locales, à la charge de chaque district. L'assemblée nationale invite les administrateurs à régler avec économie celles qui les concernent, & à se revêtir de cette simplicité qui fait le véritable caractère des élus du peuple ».

On demande à aller aux voix.

M. *Coupé*. Si vous admettez cet article, vous serez en contradiction avec vous-mêmes. Vous avez reconnu que la justice est une dette de l'état, & que tous les citoyens devoient contribuer également aux dettes de l'état. (On demande à aller aux voix). L'article proposé est absolument injuste; il est de principe que chacun doit payer selon ses facultés. (On demande à aller aux voix). Si vous adoptez l'article, je demande que les curés soient payés par les paroissiens, & que les parties de l'armée, établies dans tel canton, ne soient payées que par ce canton.

M. *Bousmard*. D'après les appels circulaires, un tribunal de district rendra service à un tribunal voisin; plusieurs districts sont d'ailleurs plus considérables que les autres; les plus petits seroient plus surchargés. Je demande donc que le mot *département* soit substitué au mot *district*.

M. *Regnault*, député de Saint-Jean-d'Angely,

Lors de la division du royaume, vous avez vu chaque petite ville réclamer un district ou un tribunal. Il est impossible de réduire ces établissemens. Le comité a senti qu'il étoit important de faire apprécier, par les justiciables la nécessité de cette réforme. On ne peut rien opposer à cette considération. Examinons si une telle disposition a des inconvéniens fâcheux. On isolera, dira-t-on, les parties du royaume ; on arrivera à ce que vous voulez éviter, au gouvernement fédératif. Mais, ce n'est point ici une disposition constitutionnelle, c'est une mesure momentanée pour amener à la réduction des districts. J'adopte donc l'avis du comité.

M. *Barnave*. Le but auquel l'assemblée veut parvenir est évident; les justiciables effrayés par les frais de la justice & de l'administration, se porteront à demander la diminution des districts. Cette vue est bonne : mais il faut la remplir par des vues qui ne compromettent pas le principe d'unité & l'autorité du corps législatif : il me semble qu'en suivant le plan du comité, les justiciables ne seront pas autant intéressés à demander la diminution du nombre des districts, que si les frais portoient sur tous les départemens. Dans chaque district l'intérêt de la conservation des établissemens sera toujours plus actif que celui de la diminution. Les parties de l'organisation se trouveroient isolées, & on verroit naître le gouvernement fédératif que vous avez mis tant de soin à éviter. Quant à l'autorité du corps législatif, il est de principe qu'aucune dépense ne peut être décrétée que par lui...... Je demande qu'il soit décrété que le corps législatif fixera pour chaque département les frais des tribunaux & des corps administratifs.

M. *Custine*. Je demande la priorité pour cet avis.

M. *Madier*. Il arrivera que tel département, qui n'a que quatre districts, supportera ces dépenses dans une proportion moindre que celui qui en a neuf. Je demande que du moins on fasse rapporter aux villes qui ont sollicité l'avantage de renfermer dans leur sein des établissemens, un quart ou un sixième des frais de justice & d'administration.

On demande à aller aux voix sur la proposition de M. Barnave.

M. *Thouret*. Il paroît qu'en général l'assemblée adopte l'objet de l'article. Le comité avoit pensé que la répartition des dépenses par district seroit beaucoup plus efficace pour remplir cet objet que la répartition par département. La discussion n'a pas fait changer cette opinion.

La priorité est accordée à l'article présenté par le comité. —Cet article est décrété.

Séance du 31 août 1791.

M. Thouret lit un projet d'article conçu en ces termes :

« Dans les villes au-dessous de 20 mille ames, chaque membre du directoire aura 900 livres, le procureur-syndic 1600 liv., & le secrétaire 1200 livres.

« Dans les villes, depuis 20 jusqu'à 60 mille ames, chaque membre du directoire aura 1200 liv., le procureur-syndic 2000 liv., le secrétaire 1500 liv. »

« Dans les villes au-dessus de 60 mille ames, chaque membre de district aura 1500 liv., le procureur-syndic 2400 liv., le secrétaire 1800 liv. ».

M. *André*. Les sommes proposées me paroissent beaucoup trop fortes. Je pense qu'on peut les réduire à 600 liv. pour les directoires des villes au-dessous de 20 mille ames, 900 liv. pour ceux des villes au-dessus de 20 mille ames jusqu'à 60 mille, & 1200 liv. pour ceux au-dessus de 60 mille ames.

M. *Gonpilleau*. La plupart des membres des directoires ne demandent rien. Il est intéressant de ne pas surcharger les peuples par des traitemens aussi forts.

M. *Biauzat*. Il faut accorder aux *administrateurs* un traitement qui les indemnise du tems qu'ils donneront au service public. La somme proposée par le comité n'est nullement exorbitante, une somme moins forte exposeroit à l'inconvénient bien dangereux de voir les riches seuls occuper les places d'*administrateurs*. Dans l'ancienne administration, les membres des assemblées intermédiaires étoient payés. J'adopte le projet du comité.

M. *Mougins de Rocfort*. J'ai été membre de l'administration, maire de ma ville ; jamais ni les *administrateurs*, ni moi, nous n'avons eu d'honoraires, & cependant la chose publique n'en a nullement souffert. Je demande la question préalable sur le projet de décret.

M. *Prieur*. Le maintien & le salut de la constitution, les principes que vous avez consacrés exigent que les *administrateurs* aient des traitemens honorables.

M. *André*. On invoque inutilement les principes & l'intérêt de la constitution pour jetter de la défaveur sur l'opinion contraire à l'avis du comité ; le véritable intérêt de la constitution, est de faire le moins de dépense possible. Six cens livres sont une somme suffisante pour l'homme le moins riche ; avec cette somme il peut vivre, en supposant même qu'il n'ait aucune fortune. Si l'homme le moins aisé peut se contenter de 600 livres, à plus forte raison celui qui a une fortune médiocre.

M. *Thouret.* La loi appellant tous les citoyens aux places publiques, sans autre distinction que celle de leur vertu & de leur talent, une très-grande parcimonie écarteroit les gens à talent sans fortune. Il y a une différence essentielle entre le procureur-syndic & les administrateurs : il est impossible de réduire le traitement du procureur-syndic, attendu que c'est sur lui que roule toute l'action de l'*administration*.

Après deux épreuves, la priorité est accordée à la motion de M. André.

M. *Desmeuniers.* Avant de statuer sur le traitement à faire aux membres des directoires, il faut décider d'abord si la résidence dans le chef-lieu leur sera prescrite. Le comité de constitution est disposé à présenter un article qui porte cette clause.

M. *Thouret.* Le comité a à proposer un article sur la résidence des juges. La loi sur la résidence des administrateurs peut être dans ses vues ; mais il n'est convenu d'aucun projet de loi sur cet objet.

M. *Chabroud.* L'assemblée ne fait pas sans doute attention qu'en adoptant la motion de M. André, elle va concentrer l'administration dans les mains des seuls habitans des villes ; il est évident que les citoyens de la campagne ne consentiront jamais à se déplacer avec leur famille, pour un traitement si modique.

M. *Folleville.* Comme on l'a demandé, il faut s'occuper de la loi de résidence : vraisemblablement l'assemblée ne veut pas faire des places d'*administrateurs*, des bénéfices simples.

M. *Lanjuinais.* Si ces membres à qui on vous propose de donner 600 liv., vous abandonnent, comment lever les impositions ? la constitution est perdue....

M. *Menou.* Je viens de recevoir plusieurs lettres qui m'annoncent que quantité d'*administrateurs* vont quitter leurs places, s'ils ne sont salariés d'une manière convenable.

M. *Thouret.* La motion de M. d'André n'offre, sur les 19 cens, 69 mille 200 livres, qui forment le total du traitement proposé par le comité, qu'une réduction de 600 mille livres ; l'intérêt de la constitution peut-il être balancé par une modique économie de 600 mille livres.

M. d'André retire sa motion.

L'article du comité est décrété à une très-grande majorité.

ADMINISTRATION. s. f. Ce mot est employé pour désigner d'une manière générale l'exercice de l'autorité publique dans la manutention économique, & l'exécution des loix de l'état.

Par précision, il est restreint à désigner la hiérarchie des pouvoirs chargés du soin de la fortune nationale & du maintien de l'ordre par l'emploi de la force & le droit de surveillance publique.

Ce n'est point ici le lieu d'entrer dans des détails sur l'explication de cette définition. Il nous suffit de rapporter les débats de l'assemblée pour remplir notre objet, parce que ce n'est point notre opinion individuelle que l'on cherche ici, mais seulement le sentiment du corps constituant, ou, pour mieux dire, le tableau des opinions de ses membres, présenté dans la discussion qu'elles ont fait naître ; l'on trouvera dans l'histoire de la révolution, qui fera tête à cet ouvrage & dans les actes législatifs placés à la fin, des éclaircissemens qui ne pourroient présenter aucun objet d'utilité dans la série des débats.

Nous remarquerons seulement que par *surveillance politique*, nous n'avons entendu aucune espèce d'espionage, mais une action sur l'ordre public différente de celle qu'y exerce le juge ; car ce dernier ne peut connoître des causes de désordre, de troubles publics, que par suite d'une dénonciation, d'une information & d'une discussion contradictoire en présence de la loi, au lieu que les corps administratifs peuvent se faire rendre compte sur-le-champ des événemens publics, des sujets d'inquiétude, & même des délits individuels qui attentent à l'ordre public, sans autre préalable que l'utilité de leur démarche & la conviction motivée où ils se trouvent de la nécessité d'en agir ainsi.

J'ajouterai au reste que le droit d'action sur les individus doit être restreint autant qu'il est possible dans les corps administratifs, & que leur autorité, à cet égard, a besoin d'être soumise à une rigoureuse responsabilité, sans quoi la liberté personnelle deviendroit illusoire & sans effet, par multiplicité de ces corps aujourd'hui existans dans le royaume.

L'on peut encore remarquer que leur dépendance du roi, quoique prononcée par la constitution, n'est point assez effective, & qu'il peut naître de grands abus de ce manque de liaison, auxquels il ne sera possible de remédier que par l'institution de commissaire du roi auprès des départemens. Déjà les ministres du roi se sont plaints de négligence à entretenir une correspondance exacte de la part des corps administratifs ; & cependant le pouvoir exécutif n'a aucun moyen de s'assurer de l'exécution de loix & de l'état des choses, lorsqu'il ne plaît point aux *administrations* de départemens de l'en instruire, &c.

Aux

Aux débats sur l'organisation des *administrations* de département, nous joindrons une instruction de l'assemblée constituante sur leurs fonctions qui en fera connoître la nature & le nombre. *Voyez* aussi AIN, *département.*

Séance du 2 mars 1791.

M. *Démeunier au nom du comité de constitution.* Messieurs, le décret du 22 décembre 1789, & les dispositions particulières que vous avez eu occasion d'y ajouter, ne contiennent pas, à beaucoup près, toute l'organisation des corps administratifs. Vous avez déjà pris le véritable moyen d'en diminuer le nombre. Les frais d'*administration* & de justice se trouvant à la charge de chacun d'eux, l'intérêt ramenera à la juste mesure du besoin, & la réduction s'opérera sans convulsion & même sans murmures. Mais il y a du danger à laisser plus long-tems indécise l'autorité qui réprimera leurs écarts. Après avoir déterminé avec précision les rapports des *administration* inférieures à l'égard des *administrations* supérieures, il faut déterminer les rapports de celles-ci à l'égard du chef suprême de l'*administration* générale. Il faut tracer le cercle de l'action des départemens & du pouvoir exécutif, & dire comment on parviendra à les y retenir. Il est tems de régler en détail le mouvement de chacune des parties de l'*administration*, & d'établir le régulateur qui doit le maintenir. Les articles qui suivent ce rapport ne pourront être classés qu'à la fin de vos travaux; nous les avons rangés dans l'ordre qu'indiquoit la liaison des idées. Nous présentons d'abord les dispositions communes aux *administrations* de district & de département, ensuite les dispositions qui regardent les *administrations* de district; celles qui sont particulières aux *administrations* de département viennent après, & nous finissons par indiquer les moyens de contenir les corps administratifs dans les bornes de leurs pouvoirs. Parmi ces dispositions, il en est de secondaires sur lesquelles on tombera aisément d'accord; il en est de plus importantes dont je développerai les motifs. On peut réduire celles-ci à trois points principaux : 1° la manière de juger les contestations, tant sur la forme & la régularité des assemblées & des élections, que sur les conditions d'éligibilité; 2° la détermination des pouvoirs qui contiendront les municipalités & les *administrations* de district; 3° la détermination des pouvoirs qui doivent contenir les *administrations* du département.

Le jugement des contestations relatives aux assemblées & aux élections, ne peut jamais appartenir aux tribunaux, car on les feroit sortir de la ligne judiciaire. Il ne peut appartenir non plus au pouvoir exécutif, car la liberté publique seroit en danger. Il est clair que toutes ces discussions absorberoient le tems de la législature. Le système d'une cour particulière rencontrera peu de partisans. De pareilles contestations ne pouvant être bien jugées que sur les lieux, ce pouvoir doit être délégué aux *administrations* de département.

Quant aux contestations relatives au procureur-général-syndic & aux membres d'une administration de département; elles ne peuvent être jugées par le corps qu'elles intéressent, & nous les renvoyons au directoire de département dont le chef-lieu sera le plus voisin.

Je passe à la *détermination des pouvoirs nécessaires pour contenir, dans les bornes de la loi, les municipalités & les administrations de district.* Le principe du mode qu'il faut employer se trouve dans le décret du 22 décembre 1789, dans des décrets particuliers, & dans l'instruction du mois d'août 1790. Mais avant de régler l'action du pouvoir supérieur, il faut établir quelques dispositions fondamentales. Il en est une sur-tout nécessaire à la réforme d'un abus criant.

Nous vous proposons de déclarer que tout corps administratif ou municipal, qui publiera ou fera parvenir à d'autres administrations ou municipalités, des délibérations ou lettres, provoquant ou fomentant la résistance à l'exécution des actes émanés des autorités supérieures, sera suspendu, & en cas de récidive, destitué de ses fonctions; qu'aucun directoire ou conseil de district, ni aucune municipalité, ne pourront, sous la même peine, publier, faire afficher, ou persister à faire exécuter une délibération contraire à celle du département ou du district, ou manquant au respect dû à l'*administration* supérieure.

Outre les ordres relatifs à l'exécution, assez souvent les directoires de district en ont donné d'autres sans aucune autorisation. Il faut arrêter cette invasion, laisser aux districts ce qu'ils feront bien, leur interdire par des dispositions absolues, & réprimer par des peines les actes irréguliers qui anéantiroient la hiérarchie des fonctionnaires publics. Des décrets particuliers leur ayant délégué des pouvoirs immédiats qui tiennent à l'aliénation des propriétés nationales & à d'autres objets passagers, dont j'ai parlé plus haut, il convient de maintenir provisoirement cet ordre de choses, & de se ménager des avantages pareils, pour quelques circonstances de l'avenir.

Les moyens de retenir les municipalités & les *administrations* de district dans les bornes de leurs pouvoirs, se réduisent à quatre. Envoyer des commissaires chargés soit de recueillir les informations nécessaires au département, soit de rétablir l'ordre à l'aide de la persuasion & de la loi; annuller, sans éclat, les actes irréguliers : si ces moyens ne suffisent pas, appeler, soit le procureur-syndic, soit un ou plusieurs membres du directoire de district, & publier la défense de mettre à exécution les actes déclarés nuls. Enfin, dans les circonstances très-graves où l'intérêt général demande une repression subite & absolue, suspendre ceux auxquels on ne pourroit, sans péril, laisser l'usage de leurs fonctions. Ces quatre moyens sont analogues à l'esprit & au caractère d'un peuple libre : nous les proposons, mais avec des ménagemens qui en assureront l'effet.

Voyons par qui seront annullés les actes d'une *administration* de département, contraires aux loix; & lorsque l'intérêt général demandera la suspension des administrateurs, par qui elle sera prononcée.

La première question se trouve décidée par vos précédens décrets. Celui du 22 décembre 1789 ne se contente pas de placer les départemens sous l'autorité du roi, dans les détails de l'*administration* économique; l'article V de la section troisième, est ainsi conçu :

« Les délibérations des assemblées administratives de département, sur tous les objets qui intéresseront le régime de l'*administration* générale du royaume, ou sur des entreprises nouvelles & des travaux extraordinaires, ne pourront être exécutées qu'après avoir reçu l'approbation du roi. »

Puisque les actes des *administrations* de département sur tous les objets qui intéressent le régime de l'*administration* générale du royaume, n'ont aucun caractère légal s'ils ne sont revêtus de l'approbation du roi, il ne s'agit pas précisément de les annuller, mais de déclarer que le roi ne les a pas approuvés. Or, lui seul peut faire cette déclaration, & il ne peut plus y avoir de doute.

Il n'y a donc une apparence de difficulté qu'à l'égard du directoire. Si un directoire met à excution un arrêté qui n'est pas autorisé par le roi; s'il se permet des actes hors de ses pouvoirs, il est clair que c'est encore au roi à le réprimer : c'est la suite naturelle de vos décrets, & il ne s'agit que de le dire expressément. Cependant il faut annuller dans les formes ces actes irréguliers; car dans l'hypothèse que nous examinons, le corps administratif ayant promulgué & expédié sa prétendue délibération, quoique de nul effet en elle-même, la promulgation, l'envoi & l'ordre d'exécuter, tromperoient les inférieurs & les subordonnés, s'ils n'étoient avertis par l'autorité supérieure.

Le systême que vous avez adopté, offre au contraire des avantages sans nombre. Si le roi approuve les délibérations d'un département contraires aux loix, son ministre est responsable; si les corps administratifs se permettent des actes irréguliers sans l'aveu du chef suprême de l'*administration*, ces actes sont annullés par le roi & toujours sous la responsabilité du ministre. Ainsi, dans tous les cas, les droits du peuple sont en sûreté, & aucune combinaison n'est plus propre à maintenir la bonté du service, & à donner à l'*administration* générale l'activité dont elle a besoin.

Je vais maintenant examiner séparément ce qui regarde la suspension d'un corps administratif, & je parlerai ensuite de ce qui regarde sa dissolution.

Pour arrêter d'une manière absolue des corps administratifs rebelles à la loi, vous n'avez à choisir qu'entre deux expédiens. Il faut placer ce moyen de repression dans le corps législatif, ou remettant la loi toute entière au pouvoir exécutif, l'armer avec les précautions convenables de la force nécessaire pour la maintenir : c'est là seulement que vous trouverez l'action imposante & rapide qui est indispensable.

Le droit d'anéantir l'effet des actes contraires aux loix que pourroient se permettre les corps administratifs appartient au roi. Ce droit est établi sur vos décrets, sur les principes & sur l'intérêt général.

La question se réduit donc à ce point : si la déclaration de nullité d'un acte de l'*administration* de département, si la défense publique de le mettre à exécution ne suffit pas, le roi, lorsque les circonstances seront urgentes, pourra-t-il suspendre un corps administratif, en état de rebellion persévérante à la loi ? Et quelles seront les bornes de ce pouvoir ?

Le roi est chargé de l'exécution pleine & entière de la loi; ses ministres en répondent; il faut donc qu'il puisse arrêter pour un moment des agens rebelles à cette exécution.

Lorsqu'on réfléchit aux grands objets qui occuperont chaque législature, aux immenses occupations que vous lui avez réservées, à celles que la nature de la constitution lui attribuera encore par la suite, on est fortement convaincu que ce seroit un malheur de lui laisser un pouvoir dont l'exercice habituel, repose sur des détails minutieux. De plus, le soin de décider si quelques fonctionnaires publics doivent être suspendus de leurs fonctions, n'est pas digne d'elle. Elle s'en acquitteroit très-mal, ne pouvant bien examiner une affaire de détail, on la tromperoit souvent, & elle s'égareroit elle-même.

Si le corps a violé toutes les règles, si le corps administratif suspendu persiste dans sa rebellion à la loi, il doit être puni gravement. Mais on ne peut, contre les corps, prononcer d'autre peine que la dissolution. C'est à la législature que ce pouvoir doit appartenir : il ne peut même, d'après la séparation des pouvoirs, que vous avez établie, convenir qu'à elle; car il n'est pas dans l'ordre judiciaire, & il seroit dangereux de l'attribuer au pouvoir exécutif. La dissolution des corps administratifs aura alors le caractère imposant qu'elle doit avoir; la peine du corps réfractaire aura de plus toute la gravité dont elle est susceptible; car lorsqu'il s'agit d'un corps, on ne peut connoître les vrais coupables. Tout moyen, pour s'en assurer, est vicieux en lui-même; il blesse la liberté des suffrages, viole le respect dû à la liberté des opinions, & demande des précautions qui présentent des inconvéniens de toute espèce. Les individus seuls peuvent être renvoyés à la haute-cour nationale ou aux tribunaux criminels de département.

Dans le projet de décret, le roi ayant arrêté les corps rebelles par sa déclaration de nullité, par sa suspension, en réfère au corps législatif, qui prononce non-seulement sur les corps prévenus d'un délit, mais sur les agens du roi, qui sont intervenus au nom de la loi.

Après le développement des principes & des bases du projet de décret, les détails ne demandent aucune explication. On y trouvera des précautions très-multipliées. Nous avons pris les désordres à leur naissance, nous en avons suivi le cours jusqu'aux derniers excès. Les contre-poids se renforcent jusqu'à ce qu'enfin leur action ne suffisant plus, l'anéantissement du corps est prononcé par les représentans de la nation qui renvoient à la haute-cour nationale ou aux tribunaux criminels de département les individus dont les délits peuvent se constater. (On applaudit).

M. Roberspierre. La délibération ne peut commencer avant qu'il se soit établi une discussion générale sur l'ensemble & sur les résultats de ce projet. (Il s'élève des murmures). Ce n'est pas par des cris qu'il convient de repousser les réflexions qu'un membre se croit obligé de présenter sur un décret de cette importance, sur un décret d'où dépend le sort des corps administratifs & de la constitution. Ce décret n'ayant été présenté qu'hier, il est impossible d'en faire aujourd'hui l'objet d'une discussion, & bien moins d'une délibération. Le comité vous propose d'annuller les corps administratifs inférieurs, pour les mettre dans une dépendance passive & absolue. (Il s'élève des murmures & des applaudissemens). Je dis qu'on ne propose de mettre les corps administratifs inférieurs dans la dépendance absolue des directoires de département, que pour mettre ensuite ceux-ci dans la dépendance du ministre. (Il s'élève des murmures). Il est bien douloureux pour un membre qui demande à parler sur une matière qui intéresse aussi essentiellement la nation, de se voir interrompu par des murmures tels qu'il lui est impossible de se livrer à aucune espèce de discussion. Je me borne donc dans ce moment à demander l'ajournement. (Les murmures redoublent).

M. *Dandré.* Laissez-le parler.

M. *Roberspierre.* Je demande l'ajournement, & un délai suffisant pour que tous les membres puissent prendre connoissance de la question; son extrême importance s'apperçoit, & par la nature de la matière, & par le résultat que je vous ai présenté.

Plusieurs voix. Oui. Non.

M. *Bouche.* Je demande le silence, ce que Monsieur dit est juste.

M. *Roberspierre.* Une délibération de cette importance proposée du soir au matin, c'est ce qui ne s'est jamais vu. Toujours les questions constitutionnelles ont été discutées. Ici il s'agit d'un décret qui renferme une foule de questions constitutionnelles du plus grand intérêt, & dont la décision peut, ou affermir, ou renverser la constitution..... Je n'ai pas besoin d'en dire davantage pour réclamer avec succès, au nom de la liberté, au nom de la nation, un ajournement qui donne à tout le monde le tems de la réflexion.

M. *Buzot.* S'il ne s'agissoit, dans ce projet de décret, que de savoir si les départemens doivent avoir une influence quelconque sur les districts & sur les municipalités, & si le gouvernement lui-même doit avoir sur les corps administratifs une influence, salutaire à mon avis, il n'y auroit pas besoin de discussion; car ces questions sont décidées; mais il s'agit de fixer les limites de cette influence, le mode de son exercice; il s'agit de la voûte de l'édifice de l'*administration.* Un rapport de cette importance, qui n'a été distribué qu'hier au soir, ne peut être discuté ce matin.

M. *le Chapelier.* En général tous les moyens qui peuvent éclaircir une discussion, doivent être adoptés. On ne sauroit examiner avec trop d'attention des questions constitutionnelles. Cependant je ne suis point d'avis de l'ajournement. Depuis deux ans que nous discutons ces questions, & depuis que l'expérience nous a éclairés, nous devons avoir les idées assez faites sur cette matière pour nous en occuper. Je ne vois pas d'inconvénient à ouvrir en ce moment la discussion, sur-tout sur les premiers articles du projet.

M. Pétion appuie l'ajournement demandé par M. Roberspierre. (Les murmures étouffent en partie sa voix).

L'assemblée décide qu'il n'y a pas lieu à délibérer sur l'ajournement.

Les cinq premiers articles du projet de décret du comité de constitution, sont adoptés, après une légère discussion, en ces termes :

Art. I. Les actes des directoires, ou conseils

de districts, ou de département, ne pourront être intitulés, *ni décrets, ni ordonnances, ni réglemens, ni proclamations*. Ils porteront le nom d'*arrêtés*.

II. La minute de chaque arrêté sera signée par tous les membres présens qui en auroient été d'avis, sans que ceux qui auroient été d'un avis contraire puissent être assujettis à donner leurs signatures. L'expédition en sera faite sans faire mention de ceux qui auront signé la minute, ou qui auroient refusé de la signer.

III. Les conseils de département ou de district, après avoir procédé à l'élection du directoire, nommeront les premiers, quatre membres; les seconds, deux membres du conseil, lesquels remplaceront au directoire, ceux dont les places deviendront vacantes par mort, démission ou autrement.

IV. Les membres des conseils de district ou de département, dont les places deviendroient vacantes par mort, démission ou autrement, ne seront remplacés qu'à l'époque des élections ordinaires.

V. Le président d'une *administration* de district ou de département, aura voix délibérative au directoire; il ne présidera point à l'assemblée du conseil, lors de la reddition des comptes.

M. *Barnave*. Dans l'article VI, il est dit que les administrateurs de département & de district pourront être réélus. Je demande qu'il y ait un intervalle avant cette réélection. L'assemblée a déjà statué que les corps administratifs seroient renouvellés par moitié, afin de perpétuer les notions de l'*administration*; mais si, au lieu d'être renouvellés par moitié, les administrateurs peuvent être réélus, il en résultera que les anciens auront toujours la majorité contre les nouveaux; que ceux-ci seront dans l'impossibilité de réformer les abus; que l'esprit de corps s'établiroit dans l'*administration*. Rien n'empêche que ceux qui sortiront des départemens, soient nommés aux *administrations* de districts, aux municipalités, aux tribunaux, au corps législatif; mais je demande qu'ils ne puissent être réélus dans la même *administration*, qu'après une intervalle de deux années.

L'amendement de M. Barnave est adopté, & les articles VI & VII décrétés ainsi qu'il suit:

VI. Les membres des *administrations* de département ou de district, ne pourront être réélus qu'après une intervalle de deux années.

VII. Si la place de procureur-général-syndic ou de procureur-syndic devient vacante par mort ou démission, le directoire de département ou de district, nommera dans son sein un commissaire, lequel pourra être pris parmi les membres du conseil du département, & fera les fonctions de procureur-général-syndic, ou de procureur-syndic jusqu'à l'époque du rassemblement des électeurs.

M. *Pétion*. L'article VIII porte que tout corps administratif qui publiera ou fera circuler des arrêtés ou des lettres, *provoquant ou fomentant* la résistance à l'exécution des délibérations ou ordres émanés *des autorités supérieures*, sera suspendu de ses fonctions, & en cas de récidive, destitué. Remarquez combien ces expressions sont vagues, & combien elles laissent à l'arbitraire. Il est possible qu'une lettre très-bonne, quant au fond, soit regardée pour une seule expression arbitrairement commentée, comme tendante à fomenter la résistance. Avec de tels décrets, vous paralysez les corps administratifs. Je demande que le comité particularise le délit pour lequel il propose une peine sévère.

M. *Démeunier*. Nous avons déjà vu des exemples de ces lettres circulaires envoyées par des *administrations*. Les expressions, que nous employons, sont adoptées dans toutes les ordonnances. Il est facile de voir si une lettre circulaire contient une provocation contre les loix; & il est aisé de voir que ceux qui favoriseroient la circulation de pareilles lettres, fomenteroient la résistance aux loix: voilà tout ce que nous avons voulu exprimer dans l'article.

M. *Robespierre*. N'est-il pas évident que chacun pourra interpréter l'article à sa manière; que ce décret n'offre aucune idée précise, qu'il favoriseroit la prévention du juge, qu'il ouvriroit la porte à l'arbitraire? & à quel arbitraire? Le voici: il est dit dans un article subséquent, que c'est le ministre qui pourra suspendre les administrateurs de leurs fonctions. Combien il lui sera facile de dire qu'une lettre provoque, *fomente* la résistance aux *ordres supérieurs*; c'est-à-dire, aux ordres du ministre! Peut-on faire une loi plus arbitraire? & peut-on la faire appliquer plus arbitrairement que par un ministre qui, pour suspendre une *administration*, n'aura qu'à se plaindre qu'on fomente la résistance contre ses ordres? L'objet de cet article est d'empêcher même un corps administratif, lorsqu'un ministre violera la constitution, d'en avertir les autres corps administratifs, de les consulter, &c. Je demande la question préalable.

M. *Chabroud*. Je crois que l'administrateur qui commet le crime de provoquer la résistance aux loix, doit être non pas arbitrairement suspendu, mais poursuivi & jugé. Il est évident que dans cet article tous les cas ne sont pas prévus. Je ne puis proposer aucune disposition, parce que je n'ai pas eu le temps de réfléchir. Je demande l'ajournement.

M. *Dandré*. Il faut que tous les fonctionnaires publics soient retenus par le frein de la subordination, si vous ne voulez pas qu'ils finissent par opprimer le peuple qui les a élus, & par devenir des despotes. Si les *administrations* peuvent se coaliser, il n'y aura plus que des corps administratifs, & le peuple & le corps législatif ne seront plus rien. Il faut qu'une sage gradation de pouvoirs donne aux différentes *administrations* une influence des unes sur les autres, depuis les municipalités jusqu'au corps législatif; & il ne faut pas, pour effrayer les amis de la liberté, présenter les inconvéniens d'une dépendance absolue des corps administratifs de l'autorité des ministres. Ce n'est pas le pouvoir exécutif, c'est le corps législatif qui est le dernier échelon, le timon de l'*administration*, qui régit tout, puisqu'il fait les loix. Ainsi on subordonnera les corps administratifs au pouvoir exécutif, le pouvoir exécutif au pouvoir législatif. Quel est le gouvernement qui subsisteroit sans subordination, sans l'obéissance provisoire? Tout corps administratif qui n'obéit pas aux ordres supérieurs, est coupable. Conservez au peuple l'influence qu'il doit avoir, & qu'il exerce par la nomination de ses officiers, & par le droit de pétition; mais l'obéissance provisoire sera toujours d'une nécessité rigoureuse; & cette obéissance n'existera pas, si vous ne prenez des mesures sévères pour prévenir les coalitions. Je finis par rappeler que le ministre n'exercera d'autorité sur les corps administratifs que pour sa responsabilité; & je propose par amendement que le mot trop vague de *fomenter* des résistances soit supprimé.

Après quelques autres débats l'article est décrété en ces termes:

Art. VIII. Tout corps administratif ou municipal qui publiera ou fera parvenir à d'autres *administrations* ou municipalités, des arrêtés ou lettres, provoquant la résistance à l'exécution des délibérations ou ordres émanés des autorités supérieures, pourra être réprimé suivant la forme qui sera déterminée, & même être suspendu de ses fonctions.

Nous nous exposerions à des répétitions, ou tout au moins nous jetterions de la confusion dans les matières, si nous rapportions ici les débats que la série de décrets proposée par M. Démeunier dans la séance du 2 mars 1791, a fait naître. Plusieurs de ces débats se trouveront mieux placés aux mots ASSEMBLEE ADMINISTRATIVE, ÉLIGIBILITÉ, ÉLECTION. Ainsi nous y renvoyons, en remarquant qu'au total les articles de complément de l'organisation des corps administratifs a entraîné peu de débats, parce que l'on étoit déjà instruit par l'expérience des loix accessoires que réclamoient les premiers décrets sur l'*administration* des départemens. Voyez DEPARTEMENT.

C'est peut être nous écarter un peu du but précis de cette partie de notre ouvrage, que de rapporter la pièce suivante, mais comme elle a été lue à l'assemblée constituante, & qu'elle fait connoître l'esprit de l'*administration*, nous avons pensé qu'il seroit utile de la placer ici, avec d'autant plus de raison qu'elle ne pourroit trouver place dans aucune des deux autres parties de l'ouvrage.

*Instruction de l'assemblée nationale, sur les fonctions des assemblées d'*administration*, du 12 août 1790.*

L'assemblée nationale connoît toute l'importance & l'étendue des devoirs des assemblées administratives; elle sait combien il dépend d'elles de faire respecter & chérir, par un régime sage & paternel, la constitution qui doit assurer à jamais la liberté de tous les citoyens. Placées entre le peuple & le roi, entre le corps législatif & la nation, elles sont le nœud qui doit lier sans cesse l'un à l'autre; & par elles doit s'établir & se conserver cette unité d'action sans laquelle il n'y a pas de monarchie.

Le vœu public auquel les nouveaux administrateurs doivent leur caractère, garantit suffisamment qu'ils sauront justifier les espérances qu'on a conçues de leur patriotisme & de leurs talens; mais les premiers pas dans une carrière difficile, sont toujours incertains: il étoit donc du devoir de l'assemblée nationale de diriger ceux des corps administratifs par une instruction qui retraçât leurs principales fonctions, & qui rappelât spécialement les premiers travaux auxquels ils doivent se livrer.

Pour donner à cette instruction le plus de clarté possible, on la divisera en sept chapitres.

Le premier traitera des objets constitutionnels;

Le second, des finances;

Le troisième, des droits féodaux;

Le quatrième, des domaines & bois;

Le cinquième, de l'aliénation des domaines nationaux;

Le sixième, de l'agriculture & du commerce;

Le septième, de la mendicité, des hôpitaux & des prisons.

OBJETS CONSTITUTIONNELS.

§. Ier.

Observations générales sur les fonctions des assemblées administratives.

Les assemblées administratives considéreront attentivement ce qu'elles sont dans l'ordre de la constitution, pour ne jamais sortir des bornes de leurs fonctions, & pour les remplir toutes avec exactitude.

Elles observeront d'abord qu'elles ne sont chargées que de l'*administration;* qu'aucune fonction législative ou judiciaire ne leur appartient, & que toute entreprise de leur part sur l'une ou l'autre de ces fonctions, introduiroit la confusion des pouvoirs, qui porteroit l'atteinte la plus funeste aux principes de la constitution.

Des fonctions déléguées aux assemblées administratives, les unes doivent être exercées sous l'inspection du corps législatif; celles-là sont relatives à la détermination des qualités civiques, au maintien des règles des élections, & de celles qui seront établies pour la répartition & le recouvrement de l'impôt: les autres qui comprennent toutes les parties de l'*administration* générale du royaume, doivent être exercées sous la direction & l'autorité immédiate du roi, chef de la nation, & dépositaire suprême du pouvoir exécutif. Toute résistance à ces deux autorités seroit le plus grand des délits politiques, puisqu'elle briseroit les liens de l'unité monarchique.

Les *administrations* de département ne peuvent faire ni décrets, ni ordonnances, ni réglemens; elles ne peuvent agir que par les voies, ou de simples délibérations sur les matières générales, ou d'arrêtés sur les affaires particulières, ou de correspondance avec les *administrations* de district, & par elles avec les municipalités. Leurs délibérations prises en assemblée générale ou de conseil sur les objets particuliers qui concerneront leur département, mais qui intéresseront le régime de l'*administration* générale du royaume, ne pourront être exécutées qu'après qu'elles auront été présentées au roi, & qu'elles auront reçu son approbation.

Les *administrations* de district sont entièrement subordonnées à celles de département; elles ne peuvent prendre aucunes délibérations en matière d'*administration* générale; & si quelques circonstances extraordinaires les avoient portées à s'écarter de cette règle essentielle, leurs délibérations ne pourroient être mises à exécution, même par leurs directoires, qu'après avoir été présentées à l'*administration* de département, & autorisées par elle.

Les fonctions des *administrations* de district se bornent à recueillir toutes les connoissances & à former toutes les demandes qui peuvent intéresser le district; à exécuter, sous la direction & l'autorité de l'*administration* de département, toutes les dispositions arrêtées par celle-ci; à faire toutes les vérifications, & à donner tous les avis qui leur seront demandés sur les affaires relatives à leur district; enfin, à recevoir les pétitions des municipalités, & à les faire parvenir, avec leurs propres observations, à l'*administration* de département.

Les fonctions des conseils de département sont de délibérer sur tout ce qui intéresse l'ensemble du département; de fixer d'une manière générale, tant les règles de l'*administration*, que les moyens d'exécution; enfin, d'ordonner les travaux & la dépense de chaque année, & d'en recevoir les comptes.

Les fonctions des directoires sont d'exécuter tout ce qui a été prescrit par les conseils, & d'expédier toutes les affaires particulières.

Après la séparation des assemblées de conseil, les directoires seuls restent en activité; seuls ils représentent l'*administration* qui les a commis, & ont un caractère public à cet effet. La correspondance, soit ministérielle, soit dans l'intérieur du département, ne peut être tenue qu'avec & par eux.

Le président de chaque *administration* est aussi le président de son directoire, & y a voix délibérative, comme dans l'assemblée de conseil; il doit toujours être compté en dehors, & ne peut pas être compté dans le nombre des membres fixé pour la composition du directoire.

Ces règles s'appliquent également aux directoires de district. Ceux-ci sont chargés de l'exécution, non-seulement de ce qui leur aura été prescrit par le conseil, mais encore de tout ce qui leur sera ordonné par le directoire de département. Ils doivent attendre les ordres de ce directoire pour agir dans tout ce qui intéresse l'*administration* générale, & s'y conformer exactement, afin que l'unité des principes, des formes & des méthodes puisse être maintenue. Toutes les fois cependant qu'ils agiront conformément aux principes établis, & dans l'esprit des ordres qu'ils auront reçus, ils n'auront pas besoin, pour chaque acte de détail, ni pour l'expédition de chaque affaire particulière, d'une autorisation spéciale.

Les municipalités, dans les fonctions qui sont propres au pouvoir municipal, sont soumises à l'inspection & à la surveillance des corps administratifs; & elles sont entièrement dépendantes de leur autorité dans les fonctions propres à l'*administration* générale qu'elles n'exercent que par délégation.

Telle est l'organisation des corps administratifs, ainsi qu'elle résulte des articles L & LI du décret du 14 décembre dernier, des articles XXVIII, XXIX, XXX & XXXI de la seconde section, & de l'article III de la troisième section du décret du 22 décembre. Chacun de ces corps doit être attentif à se tenir au rang que la constitution lui assigne, la liberté ne pouvant être garantie que par la graduation régulière des offices publics.

Les conseils & les directoires doivent rédiger des procès-verbaux de toutes leurs opérations, & les inscrire par ordre de dates & sans aucun blanc, dans un registre cotté & paraphé par le président. Les délibérations des conseils seront signées par le président & le secrétaire seulement, & il sera fait mention de ceux qui y auront assisté; mais les séances d'ouverture & de clôture de chaque session des conseils, seront signées par tous les administrateurs présens. Quant aux séances & délibérations des directoires, elles seront signées de tous ceux qui y auront assisté.

Les directoires tiendront un autre registre cotté & paraphé par le président; il sera destiné à la correspondance, & il contiendra dans une colonne l'extrait des lettres & mémoires qui leur auront été adressés, & à côté, dans une autre colonne, les réponses qui y auront été faites.

Les archives des *administrations* seront placées dans un lieu sûr, & disposées avec ordre; il sera fait un inventaire de toutes les pièces qui y seront déposées.

Il seroit inutile d'avertir ici, si le doute n'en avoit été manifesté, que lorsque les corps administratifs se trouvent ensemble & avec les municipalités, aux cérémonies publiques, la préséance appartient à l'*administration* de département sur celle de district, & à celle-ci sur la municipalité.

§. II.

Correspondance.

Le premier soin des corps administratifs de chaque département, doit être d'établir leur correspondance, tant entr'eux qu'avec les municipalités de leur territoire; les moyens les plus prompts & les plus économiques doivent être préférés.

Les *administrations* de département sont le lien de la correspondance entre le roi, chef de l'*administration* générale, & les *administrations* de district; celles-ci le sont de même entre les *administrations* de département & les municipalités. Ainsi la correspondance du roi ne sera tenue par ses ministres qu'avec les *administrations* ou les directoires de département, & les dispositions qu'elle contiendra, seront transmises par le département aux *administrations* ou directoires des districts.

La même marche sera observée pour la correspondance du corps législatif; c'est la disposition expresse de l'article II du décret des 25, 26 & 29 juin 1790, sur la vente des domaines nationaux.

Les municipalités ne pourront s'adresser à l'administration ou au directoire du département, que par l'intermédiaire de l'*administration* ou du directoire de district, à moins qu'elles n'ayent à se plaindre de l'administration même du district ou de son directoire; & en général il ne pourra être rien prescrit, ou fait aucune disposition par l'administration ou le directoire de département, à l'égard d'aucune municipalité, ou d'aucun membre d'une commune, soit d'office, soit sur réquisition, que par la voie de l'*administration* du district, & après qu'elle aura été préalablement entendue.

Le directoire de département & ceux de districts de son ressort correspondront ensemble; le procureur-général-syndic correspondra avec les procureurs-syndics, & pourra correspondre aussi avec les directoires des districts. Ceux-ci correspondront avec les officiers municipaux, & les procureurs-syndics pourront correspondre tant avec cet officier, que particulièrement avec les procureurs des communes.

Les lettres que les directoires écriront, seront ainsi terminées.

Les administrateurs composant le directoire du département de... ou du district de...

ensuite tous les membres présens signeront.

Les adjudications, les mandats de payement, & généralement tous les actes émanés des directoires seront signés dans la même forme, c'est-à-dire, qu'il sera mis au bas :

Par les administrateurs composant le directoire du département de... ou du district de...

ensuite tous les membres présens signeront.

Les corps municipaux emploiront dans leurs lettres & leurs autres actes, cette formule avant leur signature : *les officiers municipaux de la commune de...* & lorsqu'ils écriront ou délibéreront avec les notables en conseil général, ils se serviront de celle-ci : *Les membres composant le conseil général de la commune de....* ensuite tous ceux qui seront présens signeront.

Les lettres & les pétitions adressées par les municipalités, soit aux *administrations* de district, soit à celles de département, par la voie des districts, & celles des *administrations* ou directoires de district à l'*administration* ou directoire de département, doivent être rédigées avec la réserve & le respect dûs à la supériorité politique que chacun de ces corps doit reconnoître à celui qui le prime dans l'ordre & la distribution des pouvoirs.

La correspondance des *administrations* supérieures doit, en conservant le caractère de l'autorité qui leur est graduellement départie, en tempérer l'expression par l'observation de tous les égards qui font aimer le pouvoir établi pour faire le bien commun, & dirigé sans cesse vers cet objet. Le seul cas où le style impératif pourroit être employé par les *administrations* supérieures, seroit celui où l'insubordination des *administrations* qui leur seront soumises, forceroit de rappeler à ces dernières la dépendance où elles sont placées par la *constitution*.

Il est bien désirable que les directoires de département, au lieu de faire passer à ceux des districts, des ordres trop concis, & en quelque sorte absolus, les intéressent au contraire à l'exécution de toutes les dispositions qui leur seront confiées, en leur en développant l'esprit & les motifs, & en facilitant leur travail par des instructions claires & méthodiques. Les directoires de district principalement doivent prendre ce soin à l'égard des municipalités qu'ils seront chargés de former à l'esprit public, & dont ils doivent, dans ces premiers tems sur-tout, soit aider l'inexpérience, soit encourager les efforts.

En ce moment où tous les yeux sont ouverts sur les premiers mouvemens des corps administratifs, ils peuvent produire le plus grand bien, en développant leurs sentimens civiques, leur attachement aux principes de la constitution, & leur désir pour l'entier rétablissement de l'ordre, dans une instruction aux municipalités, qu'ils chargeront celles-ci de faire publier & distribuer dans les villes, & de faire lire à l'issue de la messe paroissiale dans les campagnes.

Cette instruction dont les directoires de département doivent s'occuper sans délai, retracera aux municipalités leurs devoirs principaux, l'intérêt public & particulier qui les presse de les bien remplir, & l'obligation qu'elles ont prise par leur serment; elle exposera ensuite avec énergie & simplicité ces grands principes.

Que la liberté sans un profond respect pour les loix, pour les personnes & pour les propriétés, n'est plus que la licence, c'est-à-dire, une source intarissable de calamités publiques & individuelles:

Que toute violence particulière, lorsque l'oppression publique a cessé, n'est elle-même qu'une oppression.

Que si c'est le devoir, c'est aussi l'intérêt de chaque particulier de payer fidèlement les contributions publiques, parce que le gouvernement ne peut pas subsister sans contributions, & parce que sans gouvernement, les particuliers n'ont plus aucune garantie de leur liberté, de leur sûreté, ni de leurs propriétés.

Que les subsistances ne peuvent être entretenues que par la liberté de la circulation intérieure, & que les obstacles mis à cette circulation ne manquent jamais, sinon de les faire disparoître entièrement, dumoins d'en occasionner l'extrême rareté & le renchérissement.

Qu'enfin, il n'y a de bonheur pour tous que dans la jouissance d'une constitution libre; & de sûreté pour chacun, que dans le calme de la subordination & de la concorde.

Telles sont les vérités que les corps administratifs ne peuvent trop s'empresser de répandre, & dont leurs pressantes exhortations doivent porter la conviction dans tous les esprits.

§. III.

Rectifications des limites des départemens, des districts & des cantons.

L'Assemblée nationale a annoncé par son instruction sur le décret du 22 décembre dernier, qu'il peut être fait des changemens aux limites, soit des départemens, soit des districts, si les convenances locales & l'intérêt des administrés exigent que quelque partie de territoire soit transportée d'un département ou d'un district à un autre.

Les directoires de département & de district peuvent maintenant examiner leurs limites respectives, & se proposer mutuellement les changemens qu'ils jugeront nécessaires; ils devront aussi recevoir & examiner les pétitions des municipalités qui demanderont à changer, soit de département, soit de district.

Lorsqu'il s'agira d'une transposition de territoire d'un district à l'autre, dans le ressort du même département, si les directoires des districts intéressés en sont d'accord, ils feront parvenir leur vœu commun au directoire de département, qui, après avoir vérifié l'utilité du changement demandé, le proposera au corps législatif.

Si malgré le refus d'adhésion d'un des directoires de district, l'autre directoire, soit d'office, soit sur la réquisition d'une municipalité, soutient que la limite doit être changée, le directoire de département recevra les mémoires respectifs, vérifiera les faits & les motifs d'utilité, & enverra les mémoires avec son avis au corps législatif qui prononcera.

Lorsqu'il s'agira d'un changement de limites entre deux départemens, si les directoires en sont d'accord, ils feront parvenir leur vœu commun au corps législatif; & s'ils ne sont pas d'accord, ils lui adresseront leurs mémoires. Dans l'un ou l'autre cas, ils enverront, avec leurs mémoires, les

les avis des directoires des districts intéressés qu'ils auront préalablement entendus, & aucun changement ne pourra être fait aux limites des départemens, qu'en vertu d'un décret du corps législatif, sanctionné par le roi.

Les *administrations* de département ne peuvent faire aucun changement dans le nombre & la distribution générale des districts ; elles pourront néanmoins proposer les considérations d'utilité publique & d'économie, qui, sur cet objet, leur paroîtront dignes de l'attention du corps législatif.

A l'égard des cantons qui forment la subdivision des districts, l'assemblée nationale n'en a adopté la composition actuelle que provisoirement, & seulement pour faciliter la tenue des premières assemblées primaires : non-seulement cette composition peut être revue & changée, mais elle doit nécessairement l'être dans plusieurs districts, où l'étendue démesurée de ces cantons les met hors d'état d'être appliquée à plusieurs de leurs destinations.

Non-seulement les cantons doivent servir à la formation des assemblées primaires, rapport sous lequel on pourroit n'avoir égard qu'à leur population ; mais ils sont encore destinés à plusieurs autres parties du service public, pour lesquelles il faut avoir égard à leur étendue territoriale. Chaque canton, par exemple, est devenu dans l'ordre judiciaire, le ressort juridictionnel d'un juge de paix.

Les directoires de district doivent donc s'occuper incessamment de revoir la composition provisoire de leurs cantons, & de la rectifier non-seulement quant aux limites, mais encore quant à l'étendue & au nombre des cantons.

La mesure la plus convenable à adopter généralement, est que les cantons n'ayent pas moins de quatre lieues carrées, & ne s'étendent pas au-delà de six.

Lorsque les directoires de district auront préparé le plan de la rectification de leurs cantons, ils le présenteront au directoire de département avec l'exposition de leurs motifs ; le directoire de département prononcera après avoir entendu le procureur-général-syndic, & il en rendra compte au corps législatif.

Il peut être à la convenance de plusieurs communes de se réunir en une seule municipalité ; il est dans l'esprit de l'assemblée nationale de favoriser ces réunions ; & les corps administratifs doivent tendre à les provoquer & à les multiplier par tous les moyens qui sont en leur pouvoir. C'est par elle qu'un plus grand nombre de citoyens se trouvera lié sous un même régime, que l'administration municipale prendra un caractère plus imposant, & qu'on obtiendra deux grands avantages toujours essentiels à acquérir, la simplicité & l'économie.

§. IV.

Formation & envoi des états de population & de contribution directe, pour déterminer la représentation de chaque département dans le corps législatif.

Suivant le décret du 22 décembre dernier, tous les départemens députeront également au corps législatif trois représentans, à raison de leur territoire, excepté le département de Paris, qui étant beaucoup moindre que les autres en étendue territoriale, n'a qu'un seul député de cette espèce. Il n'en est pas de même de la représentation attachée à la population & à la contribution directe. Celle-là doit se trouver fort inégale numériquement entre les divers départemens, puisqu'elle est proportionnelle au nombre des habitans de chaque département, & à la masse des contributions directes qu'il supporte.

Il faut donc pour établir la représentation dont chaque département doit jouir relativement à ces deux dernières bases, que le montant de sa population active, & celui de sa contribution directe soient connus.

Pour y parvenir, les directoires de département doivent, conformément à l'article V du décret du 28 juin dernier, s'empresser de former l'état ou tableau de toutes les municipalités de leur ressort, par indication, tant du montant de la population active que des impositions directes de chaque municipalité.

Les directoires de département ont dès-à-présent deux bases dont ils peuvent se servir pour former l'état de la population active ; savoir, d'une part les listes des citoyens actifs, qui ont été faites en chaque commune pour la formation des municipalités & pour celles des assemblées primaires ; & d'autre part, le nombre des électeurs qui viennent d'être nommés par les assemblées primaires, pour convoquer les corps administratifs. Le nombre de ces électeurs, multiplié par cent, donne celui des citoyens actifs du département, puisque ces électeurs ont été nommés en raison d'un par cent citoyens actifs.

Les directoires puiseront les connoissances nécessaires pour former l'état indicatif de la contribution directe payée par chaque département, dans les rôles de répartition faits par les municipalités & dans les minutes du dernier répartement des impositions qui se trouvent, soit aux intendances, soit aux archives des anciennes commissions intermédiaires, soit aux bureaux des receveurs particuliers des finances, soit aux greffes des élections,

Il est nécessaire de distinguer soigneusement dans cet état, les différentes contributions directes qui se payent en chaque département.

La confection de ces deux tableaux de la population active & de la contribution directe, est le travail le plus pressant dont les directoires de département ayent maintenant à s'occuper, puisque c'est de leurs résultats connus & combinés que dépend la possibilité de former constitutionnellement la prochaine législature. Les directoires doivent donc s'y livrer sans retard, & cumuler tous les moyens d'accélération.

Aussitôt que ces tableaux seront faits, ils en adresseront un double à l'assemblée nationale. Il est indispensable que cet envoi soit fait avant le 15 septembre prochain.

§. V.

Vérification de la composition des municipalités.

Les directoires de département chargeront ceux de district de se faire remettre par chaque municipalité, dans le plus court délai possible une copie du procès-verbal de la formation du corps municipal.

Les directoires de district examineront ces procès-verbaux, & les adresses ou mémoires de ceux qui se plaindront, soit des vices de la formation de quelques municipalités, soit des injustices personnelles qu'ils auroient éprouvées dans le cours des élections.

Après avoir vérifié les faits, chaque directoire de district fera un état ou tableau de toutes les municipalités de son ressort, en désignant dans une colonne marginale, celles qui n'ont donné lieu à aucune réclamation, & celles dont la validité est contestée : il donnera relativement à celles-ci des observations, & son avis sur la régularité ou les défectuosités de leur formation.

Le directoire de district pourra, s'il en est besoin, nommer un commissaire de son sein, ou pris parmi les huit autres administrateurs du district, pour faire sur le lieu la vérification des faits.

A mesure que le directoire de département recevra de ceux des districts, les états ou tableaux des municipalités, il les communiquera au procureur-général-syndic; & après l'avoir entendu, il décidera définitivement quelles municipalités doivent subsister, & quelles doivent être annullées. Il déléguera pour procéder à la nouvelle formation de ces dernières, un commissaire qui convoquera l'assemblée des citoyens actifs; nommera le citoyen chargé d'expliquer l'objet de la convocation; présidera au recensement du scrutin en la maison commune, & proclamera les nouveaux officiers municipaux.

Le directoire de département prononcera de même définitivement, d'après les observations & l'avis des directoires de district, sur les réclamations des citoyens dont l'*activité* ou l'*éligibilité* aura été contestée dans les assemblées des communes, & qui auront été exclus par les jugemens provisoires de ces assemblées. Il observera que ses décisions soient toujours rigoureusement conformes à la disposition des décrets constitutionnels. Le procureur-général-syndic les notifiera aux officiers municipaux de la commune, dont les personnes, sur l'état desquelles il aura été prononcé, sont membres; & c'est d'après ces décisions que le tableau des citoyens actifs & des éligibles, prescrit par l'article VIII de la section première du décret du 22 décembre dernier, sera définitivement arrêté dans chaque municipalité.

Les directoires de département chargeront ceux de district de se faire remettre par chaque municipalité de leur ressort, deux doubles de ce tableau, dont un sera déposé aux archives du district, & l'autre sera envoyé par le directoire de district au directoire de département. Cet envoi sera répété tous les ans, après que le tableau aura été revu en chaque municipalité, & aura reçu les changemens dont il sera trouvé susceptible.

Il en sera de même pour les listes civiques des jeunes citoyens de vingt-un ans, qui se seront présentés aux assemblées primaires, & y auront prêté le serment prescrit par l'article IV de la section première du décret du 22 décembre dernier.

Ce qui a été dit ci-dessus des difficultés élevées dans les assemblées de commune, sur l'activité ou l'éligibilité des citoyens, doit s'appliquer aux contestations de même nature, survenues dans les assemblées primaires & électorales, ou au sujet des choix qui y ont été faits : elles devront être aussi terminées par le directoire de département.

§. VI.

Règles principales pour décider les contestations relatives à l'activité & à l'éligibilité des citoyens.

Les principes constitutionnels sur cette matière se trouvent dans le décret constitutif des corps administratifs, du 22 décembre dernier, & dans l'instruction de l'assemblée nationale, publiée à la suite de ce décret. Les difficultés survenues dans l'application de ces principes, ont donné lieu à plusieurs décisions interprétatives qui sont réunies dans ce paragraphe, pour faciliter & diriger le travail des directoires.

1°. Il n'y a aucune distinction à faire à raison des opinions religieuses; en conséquence, les non-catholiques jouissent des mêmes droits que les catholiques, aux termes du décret du 24 décembre 1789. Cependant parmi les juifs, il n'y a encore que ceux connus sous la dénomination de *juifs portugais, espagnols & avignonois*, qui soient citoyens actifs & éligibles, suivant le décret du 28 janvier 1790.

2°. Les étrangers qui demeurent depuis cinq ans dans le royaume, & qui, en outre, ont épousé une françoise, ou acquis un immeuble, ou formé un établissement de commerce, obtenu dans quelque ville des lettres de bourgeoisie, sont réputés françois. *Décret du 30 avril 1790.*

3°. La condition du domicile de fait n'emporte que l'obligation d'avoir dans le lieu une habitation depuis un an, & de déclarer qu'on n'exerce les droits de citoyen dans aucun autre endroit. *Décrets des 20, 23 mars & 19 avril, article VI.*

4°. Toute personne attachée au service civil ou militaire de la marine, conserve son domicile, nonobstant les obstacles nécessités par son service, & peut y exercer les fonctions de citoyen actif, s'il a d'ailleurs les qualités exigées par les décrets de l'assemblée nationale. *Décret du 26 juin 1790.* Il en est de même des personnes attachées au service militaire de terre.

5°. Les intendans ou régisseurs, les ci-devant feudistes, les secrétaires, les charretiers ou maîtres-valets de labour, employés par les propriétaires, fermiers ou métayers, ne sont pas réputés domestiques ou serviteurs à gages, & sont actifs & éligibles, s'ils réunissent d'ailleurs les conditions prescrites. *Même décret, article VII.* Il en est de même des bibliothécaires, des instituteurs, des compagnons-ouvriers, des garçons marchands & des commis aux écritures.

6°. Les religieux qui n'ont pas usé du droit de sortir du cloître, ne sont point actifs, tant qu'ils vivent sous le régime monastique.

7°. Les évêques & les curés sont citoyens actifs, quoiqu'ils n'ayent pas une année de domicile dans leurs évêchés ou leurs cures. Il n'en est pas de même des vicaires; l'année de domicile leur est nécessaire.

8°. Les fonctions des évêques, des curés & des vicaires, sont incompatibles avec celles de membres des directoires de district & de département, & de maire, officier municipal & procureur de la commune; & s'ils étoient nommés à ces places, ils sont tenus de faire leur option : mais cette incompatibilité n'a lieu que pour les nominations qui restent à faire.

9°. Les curés, vicaires & desservans, qui se refuseroient à faire au prône, à haute & intelligible voix, la publication des décrets de l'assemblée nationale, acceptés ou sanctionnés par le roi, sont incapables de remplir aucune fonction de citoyen actif; mais il faut que la réquisition & le refus soient constatés par un procès-verbal dressé à la diligence du procureur de la commune. *Décret du 2 juin 1790.*

10°. Les percepteurs d'impôts indirects, quoiqu'ils puissent être citoyens actifs, sont cependant inéligibles aux fonctions municipales ou administratives, tant qu'ils n'ont pas abandonné leur premier état; & s'ils sont élus, ils sont tenus d'opter.

11° Les contrôleurs des actes, directeurs des domaines, entrepreneurs & regrattiers de tabac, & les directeurs des postes, ne sont point inéligibles, non plus que les cautions des adjudicataires des octrois, lorsqu'ils ne sont pas associés.

12°. Les fils de débiteurs morts insolvables, ne sont pas exclus de la qualité de citoyen actif & éligible, s'ils ne possèdent rien à titre gratuit de la fortune de leur père.

13°. L'exclusion fondée sur faillite, banqueroute ou insolvabilité, ne peut être prononcée qu'autant que les actes ou jugemens qui la prouvent, sont rapportés.

14°. La qualité de citoyen actif subsiste, mais l'exercice en est suspendu, tant que le citoyen n'a pas prêté le serment civique, soit dans une assemblée de commune ou primaire, soit au directoire de district. Il en sera de même à l'avenir pour ceux qui ne se seront pas fait inscrire sur le registre du service de la garde nationale.

15°. Les citoyens qui sont exclus des assemblées, aux termes du décret du 20 mai 1790, pour refus de prêter, soit le serment civique, soit le serment prescrit par ce décret, ou à cause des menaces & violences qu'ils se seroient permises, sont privés, pour cette fois, des droits de citoyen actif.

16°. Les condamnations définitives à une peine infamante, font perdre la qualité de citoyen actif.

17°. Les parens ou alliés aux degrés de père & de fils, de beau-père & de gendre, de frère & de beau-frère, d'oncle & de neveu, ne peuvent être ensemble membre du même corps municipal. *Décret du 14 décembre 1789, article XII.* Ils ne peuvent être non plus, ensemble, président, procureur-syndic ou membres du directoire de la même *administration* de département ou de district; mais l'empêchement n'aura lieu dans ce second cas, que pour les nominations qui seront faites à l'avenir. *Décret du 12 août 1790.*

18°. Pour être citoyen actif, il suffit de payer la contribution exigée dans un lieu quelconque du royaume. *Décret du 2 février, article II.*

19°. Dans les lieux où l'on ne perçoit aucune contribution directe, & dans ceux où la contribution territoriale est seule connue, ceux-là sont citoyens actifs qui exercent un métier ou profession dans les villes, & qui ont dans les campagnes une propriété foncière quelconque, ou par bail, une exploitation de trente livres de loyer.

20°. Les militaires qui ont servi seize ans sans interruption & sans reproche, sont dispensés de la condition de payer une contribution directe, & de celle d'avoir une propriété; ils sont actifs & éligibles dans tous les degrés *d'administration* & de représentation, s'ils réunissent les autres conditions exigées, & s'ils ne sont point en garnison dans le canton. *Décret du 28 février, article VII.* Il en est de même de tout militaire ou homme de mer qui, depuis l'âge de dix-huit ans, a servi sans reproche pendant soixante douze mois sur les vaisseaux de guerre, ou dans les grands ports, l'espace de seize ans.

21°. La contribution directe payée par un chef d'entreprise, un aîné communier, un père vivant avec ses fils qui ont des propriétés, est censée payée par les associés, les frères puînés & les enfans; chacun à proportion de son intérêt ou de sa propriété dans la maison commune.

22°. Les impositions retenues par le débiteur d'une rente, sont une contribution directe de la part du créancier; il en est de même du centième denier payé jusqu'à présent par les titulaires d'offices.

23°. La valeur de la journée du travail, dans la fixation de la contribution requise pour être citoyen actif, ne peut être porté à plus de vingt sous, même dans les lieux où elle se paye plus chèrement; & elle peut être fixée plus bas dans les lieux où elle se paye effectivement moins.

§. VII.

Règles pour prononcer sur la validité des élections.

Il ne s'agit point, dans ce paragraphe, de questions de simple intérêt privé, & dont l'objet se réduiroit à fixer l'état particulier d'un citoyen, il s'agit de réclamations d'une plus haute importance, par lesquelles on dénonceroit des vices graves qui affecteroient une élection entière, & seroient de nature à faire annuller un corps municipal.

Les élections des officiers municipaux & des notables sont nulles :

1°. Lorsque l'assemblée des électeurs s'est formée sans convocation régulière, & s'est soustraite à la surveillance de l'autorité préposée à l'ouverture de la séance, & au recensement des scrutins.

2°. Lorsque les suffrages ont été donnés tumultueusement par acclamation, & non par la voie du scrutin, qui est la seule forme constitutionnelle de les constater.

3°. Lorsqu'en recueillant les suffrages au scrutin, ceux des votans qui ne savent point écrire, ont apporté des bulletins tout faits, ou ne les ont pas fait écrire ostensiblement sur le bureau par l'un des scrutateurs.

4°. Lorsqu'il s'est trouvé au recensement du scrutin, un plus grand nombre de billets qu'il n'y avoit de votans, & que ce scruin vicieux a cependant servi pour déterminer l'election des officiers municipaux ou des notables.

5°. Lorsque des citoyens inactifs ont été admis à voter, sans que l'assemblée ait voulu entendre les réclamations faites contre leur admissibilité, ni les juger régulièrement.

6°. Lorsque des citoyens actifs ont été exclus sans que l'assemblée ait voulu entendre leurs représentations, ni les juger régulièrement.

7°. Lorsque la violence d'un parti a dominé à l'assemblée, en a expulsé une partie des votans, ou en a gêné & forcé les suffrages.

8°. Lorsqu'il sera constaté qu'il y a eu supposition de suffrages, ou qu'ils ont été captés par des voies illicites.

Les directoires de département doivent prononcer d'après l'avis des directoires de district, sur tous ces points dont dépend la validité ou la nullité des élections municipales; mais on ne peut leur recommander ni trop de vigilance dans la vérification des faits, ni trop de prudence & de circonspection dans leurs décisions. Une rigueur inflexible produiroit les plus grands inconvéniens; il est préférable pour cette fois de tolérer les fautes & les erreurs légères, & de ne porter même un jugement rigoureux sur les vices plus essentiels, qu'autant qu'ils auront fait la matière d'une réclamation formelle & soutenue.

Il y a cependant un cas dans lequel les directoires doivent interposer leur autorité d'office, quoiqu'elle ne fût pas provoquée; c'est celui où deux municipalités créées par deux partis opposés subsisteroient à-la-fois dans la même commune : il est évident que le conflit d'autorités & de fonctions, destructeur de l'ordre & de l'activité du service, ne peut pas disparoître trop promptement; mais aussi les directoires sentiront que leurs décisions ne peuvent pas être préparées par un examen trop scrupuleux des faits, ni déterminées par une impartialité trop sévère.

A l'avenir, les corps administratifs préviendront beaucoup de désordres dans les assemblées, &

d'irrégularités dans les élections, en tenant la main exactement à l'exécution du décret du 28 mai dernier; ils veilleront dans cet esprit, à ce que les seuls citoyens ayant le droit de suffrage, soient admis aux assemblees de communes, primaires ou électorales; à ce que les votans n'y portent aucune espèce d'armes ni de bâtons; à ce qu'aucune garde ni force armée n'y soit introduite que sur la réquisition formelle de l'assemblée elle-même, ou par l'ordre exprès du président; enfin à ce que toutes les formalités prescrites pour assurer la liberté & la régularité des suffrages, soient observées.

Le même décret du 28 mai permet aux assemblées électorales, pour accélérer leurs opérations, de se partager en plusieurs bureaux, qui procéderont séparément aux élections, & qui députeront chacun deux commissaires chargés de faire, avec les commissaires des autres bureaux, le recensement des scrutins; mais deux conditions sont prescrites pour l'exercice de cette faculté.

La première, est que les assemblées électorales n'emploient ce mode d'élection, qu'après l'avoir ainsi arrêté à la pluralité des voix.

La seconde, que chaque bureau soit composé de cent électeurs au moins, *pris proportionnellement dans les différens districts*.

De ces derniers termes, il faut conclure qu'il n'est pas permis aux assemblées électorales, de se partager par districts pour procéder aux élections.

Il en résulte, à plus forte raison, qu'il ne leur est pas permis de convenir, qu'au lieu de prendre les voix de tous les districts ou bureaux sur tous les choix à faire, chaque district ou bureau aura séparément & à lui seul la nomination d'un certain nombre des sujets à élire. Il est évident qu'une telle élection ne seroit pas le résultat d'un vœu commun de l'assemblée électorale, & que chacun des choix n'offriroit que le vœu particulier d'une section de cette assemblée.

Les dispositions expresses ou tacites du décret du 28 mai, ne doivent pas influer sur les nominations antérieures à sa publication? & il faut tenir en général que les décrets qui prescrivent de nouvelles règles, n'ont point d'effet rétroactif, si cela n'est dit expressément.

§. VIII.

Règles à observer par les corps administratifs, dans l'exercice de la surveillance & de l'autorité qui leur est attribuée sur les municipalités.

Les corps administratifs doivent également protéger les officiers municipaux dans l'exercice de leurs fonctions, & réprimer les abus que ces officiers pourroient être tentés de faire de leur autorité.

I. Les directoires doivent veiller d'abord à ce que les officiers municipaux ne s'arrogent aucunes fonctions, autres que celles qui sont propres au pouvoir municipal, ou celles dépendantes de l'*administration* générale, qui leur sont spécialement déléguées.

Si les corps municipaux entreprenoient sur la puissance législative, en faisant des décrets ou des règlemens; s'ils usurpoient les fonctions judiciaires dans les matières civiles ordinaires, ou dans les matières criminelles; s'ils étendoient leurs fonctions administratives, soit en outre-passant les bornes qui leur sont assignées, soit en essayant de se soustraire à la surveillance & à l'autorité des corps administratifs, ceux-ci doivent être attentifs à les réprimer, en annullant leurs actes inconstitutionnels, & en défendant de les mettre à exécution.

II. Les directoires doivent maintenir soigneusement la division des fonctions assignées au corps municipal & au conseil général de la commune.

Lorsque le corps municipal aura négligé de convoquer les notables, pour délibérer en conseil général, dans les cas énoncés en l'article LIV du décret du 14 décembre dernier, non-seulement le directoire de département fera droit sur les représentations que les notables pourront lui faire parvenir par l'entremise du directoire de district, mais il ne pourra autoriser par son approbation l'exécution de la délibération du corps municipal; il sera tenu, au contraire, de l'annuller & d'ordonner la convocation du conseil général, pour être délibéré de nouveau.

Le directoire de département veillera de même à ce que les notables se renferment dans les limites des fonctions qui leur sont confiées, & soient bien convaincus que tant que le conseil général n'est pas convoqué, ils ne sont que simples citoyens. Il tiendra la main à ce qu'ils ne puissent pas impunément s'introduire par violence ou par autorité, dans une délibération à laquelle ils n'auront pas été appelés, & à ce que, dans les cas mêmes où ils prétendront que le conseil général doit être convoqué, leur réclamation ne soit entendue & admise que par la voie de pétition présentée à l'*administration* supérieure.

III. Un troisième objet de l'attention des directoires est de maintenir, d'une part, l'autorité des corps municipaux & des conseils généraux des communes, contre les communes elles-mêmes & contre les particuliers; & d'autre part, les droits & les intérêts légitimes, soit des communes, soit des particuliers, contre les corps municipaux & les conseils-généraux des communes.

Sous le premier rapport, les directoires tiendront la main à ce que les citoyens des communes, assemblés pour élire, ne restent pas assemblés après les élections finies, & ne transforment pas les assemblées électorales en assemblées délibérantes; à ce qu'aucune section de l'assemblée générale d'une commune, ne puisse se dire permanente, ou se perpétuer par le fait; & à ce que, dans toute autre occasion, les communes ne puissent s'assembler sans une convocation expresse du conseil général. Si quelqu'entreprise de ce genre est dénoncée au directoire de département, il ordonnera à l'assemblée inconstitutionnelle de se dissoudre, & annullera tous les actes délibératifs qu'elle aura faits.

Sous le second rapport, les directoires maintiendront les citoyens actifs dans le droit de requérir, par une pétition présentée au conseil général, la convocation de l'assemblée de la commune, aux termes de l'article XXIV du décret du 14 décembre dernier. Si le conseil général a méprisé cette réquisition, lorsqu'elle aura été faite par le sixième des citoyens actifs, dans les communes au-dessous de quatre mille ames, ou par cent cinquante citoyens actifs dans les communes plus nombreuses, le directoire de département, à qui cette infraction aura été déférée par l'intermédiaire du directoire de district, enjoindra au conseil général de faire la convocation; & dans le cas de refus réitéré, ou de retardement sans motif, il pourra nommer un commissaire qui convoquera l'assemblée de la commune.

Les directoires veilleront de même à ce que les citoyens ne soient pas troublés dans la faculté de se réunir paisiblement & sans armes, en assemblées particulières, pour rédiger des adresses & pétitions, lorsque ceux qui voudront s'assembler ainsi, auront instruit les officiers municipaux du tems, du lieu & du sujet de ces assemblées; & à la charge de ne pouvoir députer que dix citoyens pour présenter ces adresses & pétitions.

Dans aucun cas, les adresses & pétitions faites au nom de plusieurs citoyens réunis, ne seront reçues, si elles ne sont pas le résultat d'une assemblée de ces citoyens qui aient délibéré ensemble de les présenter, & si elles ne sont souscrites que de signatures recueillies dans les domiciles, sans assemblée ni délibération antérieures.

Les directoires de département donneront encore la plus grande attention aux plaintes des citoyens qui se prétendront personnellement lézés par quelqu'acte du corps municipal; & après avoir fait vérifier les faits par les directoires de district, & avoir reçu leur avis, ils redresseront équitablement les griefs qui se trouveront fondés.

Ils se comporteront de même à l'égard des dénonciations qui leur seront faites des délits d'*administration* imputés aux officiers municipaux. Quand les fautes seront légères, ils se contenteront de rappeler à leur devoir les officiers qui s'en seront écartés, par des instructions, des avertissemens, ou même par les réprimandes salutaires qui ont tout à-la-fois la dignité de la Loi & la force de la raison, quand elles sont motivées impartialement sur la raison & sur la Loi. S'il s'agissoit de vexations très-grandes, ou d'autres prévarications criminelles, susceptibles d'une peine afflictive ou infamante, les directoires renverroient l'affaire aux tribunaux. Si enfin la circonstance étoit telle qu'elle exigeât un remède plus actif, tel, par exemple, que la suspension actuelle des fonctions d'un officier dont l'activité ne pourroit être maintenue sans danger, les directoires pourroient, en renvoyant l'affaire aux tribunaux, ordonner provisoirement cette suspension. En général, les directoires doivent s'appliquer dans ces sortes d'affaires, à les terminer dans leur sein, & à pourvoir administrativement, tant au rétablissement de l'ordre public, qu'à la satisfaction des individus lézés, à moins qu'il ne s'agisse de délits assez graves pour mériter d'être poursuivis par la voie criminelle.

IV. Les corps administratifs sont chargés de soutenir l'exécution des actes émanés légitimement du pouvoir municipal, & de punir l'irrévérence & le manque de respect envers les officiers municipaux.

S'il s'élevoit quelque résistance à l'exécution des délibérations prises ou des ordres donnés par une Municipalité; les directoires seroient tenus d'employer, pour la faire cesser, toute la force de l'autorité supérieure dont ils sont revêtus, & même le secours de la force armée, s'il devenoit nécessaire.

Dans le cas où il y auroit eu des excès graves commis envers les officiers municipaux, le directoire de département pourroit, après avoir fait vérifier les faits par le directoire de district, & après avoir pris son avis, prononcer contre les coupables la radiation de leurs noms du tableau civique, les déclarer incapables & privés de tout exercice des droits de citoyen actif, conformément au décret du 2 juin dernier. La réclamation de ceux-ci contre la décision du directoire de département, ne pourroit être portée qu'au corps législatif.

Les directoires considéreront, dans l'exercice de cette partie de leurs fonctions, que si, d'une part, l'*administration* municipale est toute fraternelle, si elle a besoin d'être éclairée dès qu'elle tend à l'arbitraire, & si elle doit être contenue lorsqu'elle devient oppressive; d'autre part, l'insubordination à l'égard des officiers municipaux,

& le mépris de l'autorité constitutionnelle qui leur est confiée, sont des délits très-graves, qui, s'ils n'étoient pas sévèrement réprimés, pourroient entraîner les suites les plus funestes.

Ils ne perdront pas de vue cependant, lorsque le maintien de l'ordre public leur imposera l'affligeante nécessité de s'élever contre des officiers municipaux, que, dans une circonstance aussi fâcheuse, la rigueur ne doit être déployée qu'après avoir épuisé tous les ménagemens; qu'autant la prudence doit en diriger l'usage, autant la dignité & les égards doivent en adoucir l'amertume.

Ils réfléchiront aussi que, lorsque dans des tems de trouble, le peuple se livrant à la licence, oublie momentanément le respect dû aux dépositaires de l'autorité, ces excès sont le plus souvent inspirés ou encouragés par les ennemis du bien public; que ce sont eux qui, abusant de l'ignorance du peuple, le remplissent d'illusions & l'égarent par de fausses idées de liberté, & qu'eux seuls sont les vrais coupables; qu'il seroit principalement important de découvrir & de dénoncer aux tribunaux pour obtenir, au prix de quelque châtiment mémorable, le retour absolu de la tranquillité publique.

V. Les directoires doivent enfin veiller à ce que les municipalités remplissent avec exactitude, mais avec discernement, le devoir important qui leur est imposé, de réprimer les attroupemens séditieux.

Si quelques municipalités usoient indiscretement de la loi martiale, les directoires seroient tenus de les avertir que cette loi est un remède extrême que la patrie n'emploie qu'à regret contre ses enfants même coupables; & qu'il faut, pour en autoriser la publication, que le péril de la tranquillité publique soit très-grave & très-urgent.

Dans le cas contraire, si les officiers municipaux avoient négligé de proclamer la loi martiale, lorsque la sûreté publique l'exigeoit, & si cette négligence avoit eu des suites funestes, ce seroit au directoire de département à examiner, d'après l'avis du district, si la responsabilité est encourue par les officiers municipaux, & ils renverroient aux tribunaux, soit pour prononcer sur l'effet de la responsabilité, soit pour infliger d'autres peines, si la conduite de ces officiers étoit assez répréhensible pour mériter d'être poursuivie par la voie criminelle.

Les directoires doivent montrer une fermeté imposante dans cette partie de leurs fonctions; car ce seroit une indulgence bien cruelle que celle qui encourageroit la collusion & la pusillanimité d'officiers municipaux trahissant la confiance dont ils ont été honorés, & livrant leur commune à tous les dangers des effervescences séditieuses.

Les directoires de district seront attentifs à poursuivre dans les tribunaux, la responsabilité des dommages occasionnés par des attroupemens contre les communes qui, requises de dissiper l'attroupement, & ayant pu empêcher le dommage, ne l'auroient pas fait. Si les directoires de district négligeoient de remplir cette obligation qui leur est prescrite par l'article V du décret du 23 février dernier, le directoire de département auroit soin de les rappeler à son exécution.

§. IX.

Gardes nationales.

Lorsque l'assemblée nationale décrétera constitutionnellement l'organisation des gardes nationales, la nature & les règles de leur service, elle déterminera leurs rapports avec les corps administratifs, & l'autorité que ceux-ci exerceront sur cette partie de la force publique. Mais en attendant, il est nécessaire de rappeler ici quelques règles qui ont été posées provisoirement, & dont les corps administratifs doivent surveiller l'observation.

1°. Nul changement ne peut être fait dans le régime actuel des gardes nationales, que de concert entre elles & les municipalités.

2.° Toutes compagnies de milice bourgeoise formant des corporations différentes, sont tenues de se réunir en un seul corps, de servir sous le même uniforme, & de suivre le même régime; les vieux drapeaux doivent être déposés dans les églises.

3°. Tous les citoyens qui veulent jouir du droit d'activité, & leurs fils agés de dix-huit ans, doivent s'inscrire sur la liste de la garde nationale.

4°. Ceux qui, à cause de leur âge, de leur état ou profession, ou par quelque autre empêchement, ne pourront servir en personne, se feront remplacer, mais seulement par des citoyens actifs, ou par des fils de citoyens actifs, inscrits sur la liste de la garde nationale.

5°. Les membres des corps municipaux & ceux des directoires ne peuvent, pendant leur administration, exercer en même tems les fonctions de la garde nationale.

6°. Les gardes nationales ont dans leur territoire le pas sur les troupes de ligne.

7°. Elles doivent déférer à la réquisition des municipalités & des corps administratifs; mais leur zèle ne doit jamais la prévenir.

8°. Elles ne peuvent, ni se mêler directement ou indirectement de l'administration municipale, ni délibérer sur les objets relatifs à l'administration générale.

Toutes les difficultés qui pourront naître encore entre les municipalités & les gardes nationales jusqu'à l'organisation définitive de ces dernières, seront soumises aux corps administratifs, & terminées par le directoire de département, sur les observations & l'avis des directoires de districts.

Les corps administratifs remontant aux causes de ces difficultés, examineront si les municipalités abusant du zèle des citoyens, n'exigent point de la garde nationale au-delà du service nécessaire, ou si, jalouses d'étendre leur autorité, elles ne troublent point sa discipline intérieure.

Ils examineront aussi si la garde nationale se tient dans la subordination qu'elle doit aux corps municipaux; si dans les cas où elle est requise, elle se montre fidèle au serment qu'elle a prêté de protéger les personnes, les propriétés, la perception des impôts & la circulation des subsistances; si enfin elle n'entreprend point sur les affaires civiles, dont la connoissance lui est interdite. Les corps administratifs opposeront par-tout le langage de la loi à celui des passions, & l'autorité des règles aux entreprises arbitraires. Ils s'appliqueront spécialement à appaiser les troubles naissans, parce qu'il est beaucoup plus facile de remédier par la prudence aux commencemens du désordre, que de le réprimer par la force, lorsqu'il a fait des progrès.

Les administrations & les municipalités n'ont d'action sur les troupes de ligne & sur les troupes & gens de mer, que par les réquisitions qu'elles peuvent faire aux chefs & commandans, dans les cas où le secours de la force armée devient nécessaire. Il leur est expressément défendu par les décrets des 6 & 10 août 1790, d'intervenir sous aucun prétexte dans les affaires qui n'intéressent que la police intérieure de ces corps, la discipline militaire & l'ordre du service, quand même leur intervention seroit requise. Les directoires doivent veiller à ce que les municipalités ne contreviennent point à cette défense; & si elles se permettoient de la violer, ils doivent sur-le-champ réprimer ces sortes d'entreprises, en annullant tout ce qui auroit été fait d'irrégulier & d'incompétent.

FINANCES.

Il seroit superflu d'entrer dans de longs détails sur les mesures à prendre par les directoires, pour accélérer la confection & la vérification des rôles, pour assurer & presser le recouvrement des impositions, pour constater & corriger dans le répartement prochain, les vices de celui de 1790, pour pourvoir aux réclamations des contribuables, & pour continuer & surveiller l'exécution des travaux publics, & notamment des grandes routes.

Le service de cette année se faisant d'après les règles anciennes, il appartenoit au roi d'indiquer la marche qu'elles prescrivent à cet égard aux nouvelles *administrations*. C'est dans cette vue qu'a été rédigée l'instruction adressée par son ordre aux départemens, à mesure qu'ils sont organisés, & sur laquelle quelques observations seulement ont paru indispensables.

I. Il est dit au paragraphe VIII de cette instruction, que les directoires ne peuvent se permettre de nommer, pour le recouvrement des impositions de 1790 & des années antérieures, d'autres receveurs ou trésoriers que ceux maintenus dans leurs fonctions par le décret du 30 janvier 1790, & que toute nomination qui auroit été faite par eux, ne pouvant être relative qu'au recouvrement de 1791, seroit prématurée & inconstitutionnelle.

Rien n'est plus vrai, si les nominations des directoires n'avoient pour objet que le recouvrement des impositions ordinaires; mais comme il est un autre genre de perceptions à faire dès à présent, celle notamment des revenus des biens ci-devant ecclésiastiques, & du prix de la vente des domaines nationaux, on concluroit mal-à-propos des termes de l'instruction du roi, qu'il ne doit être établi encore aucune autre caisse que celle des receveurs des impositions ordinaires. Il est certain au contraire qu'il faut maintenant dans chaque chef-lieu de district, des caisses distinctes où puissent être versées les perceptions qui ne doivent pas être faites par ces receveurs.

Dans les districts où les conseils ont nommé un receveur, & ont exigé de lui un cautionnement suffisant en immeubles, ces nominations subsisteront.

Les nominations faites par les conseils de district, sans la condition d'un cautionnement suffisant en immeubles, subsisteront aussi, mais à la charge par les receveurs ainsi nommés, de fournir ce cautionnement dans la quinzaine, faute de quoi il seroit procédé à une autre élection.

Les conseils de districts peuvent seuls instituer les receveurs; ainsi les nominations faites par les directoires de district sont nulles.

Dans les districts où la première tenue des conseils ne sera pas encore finie à la réception de la présente instruction, ils procéderont incessamment à la nomination d'un receveur.

Dans les districts où la première session du conseil est terminée, & où il est nécessaire d'élire un receveur, soit qu'il n'en ait pas encore été nommé, soit que la nomination ci-devant faite se trouve nulle, le procureur-syndic, à l'instant même de la réception de la présente instruction, convoquera extraordinairement le conseil pour procéder à l'élection du receveur.

Les

Les conseils de district auront attention de ne choisir que des personnes d'une probité & d'une solvabilité connues, & de proportionner l'importance du cautionnement en immeubles à l'étendue du recouvrement dont elles seront chargées. Les receveurs actuels des impositions sont éligibles.

Il ne sera point nommé de trésorier de département, & s'il en avoit été élu dans quelques départemens, leur institution n'aura aucun effet.

Les receveurs de district ne sont chargés quant à présent, que de recevoir les revenus des biens ci-devant ecclésiastiques, les deniers qui proviendront de la vente de tous les domaines nationaux, le prix du rachat des différens droits féodaux dont il sera parlé ci-après, & les autres objets dont la recette leur est spécialement attribuée par les décrets de l'assemblée nationale. Ils ne doivent s'immiscer en aucune manière dans le recouvrement, soit des impositions de 1790 & des années antérieures, soit du montant de la contribution patriotique qui sera payée en 1790, & qui est affecté au service de la présente année. Ce recouvrement doit être fait par les anciens receveurs ordinaires des impositions, lesquels sont maintenus à cet égard dans leurs fonctions par le décret du 30 janvier dernier, à l'exécution duquel les directoires veilleront avec la plus grande attention.

Les receveurs de district ne pourront aussi entreprendre sur aucune des fonctions attribuées quant à présent, ou qui pourroient être attribuées par la suite aux trésoriers de la guerre, de la marine, ou à d'autres trésoriers particuliers. Les deniers versés dans les caisses de ces trésoriers ne doivent jamais être détournés de leur destination spéciale, même sous prétexte de les appliquer aux besoins des districts ou des départemens, & les directoires doivent s'opposer à toute entreprise de cette nature.

Les receveurs de district verseront tous les mois dans la caisse de l'extraordinaire, le montant de toutes leurs recettes, déduction faite seulement des sommes qui doivent être payées à leur caisse. Les directoires de district veilleront avec la plus grande attention à l'exactitude de ce versement; ils vérifieront l'état de la caisse du district tous les quinze jours; ils en enverront sur-le-champ le bordereau avec leurs observations au directoire de département, à peine, par les membres du directoire de district, d'en répondre en leur nom. Le directoire de département tiendra la main à l'entière observation de ce qui est prescrit aux directoires & aux receveurs de district.

Le traitement des receveurs de district doit être fixé d'après des règles générales dont la détermination ne peut appartenir qu'au corps législatif. Les *administrations* de district s'abstiendront donc de prendre aucune espèce de délibération à cet égard.

Il en doit être de même du traitement des membres des directoires, procureurs-généraux, procureurs-syndics, & secrétaires. Au surplus, l'assemblée nationale est convaincue qu'elle ne peut statuer trop promptement sur l'indemnité due aux citoyens qui consacrent leurs veilles à la chose publique, & elle a arrêté de prendre en considération cet objet sous peu de jours, ainsi que les autres dépenses d'administration, & notamment l'allégement des frais de correspondance. Elle ne perdra point de vue alors, que si la plus douce récompense de l'administrateur est la certitude d'avoir bien mérité de la partie, il est nécessaire aussi qu'il puisse compter sur un juste dédommagement de ses travaux.

II. Le paragraphe VIII de l'instruction rédigée par ordre du roi, indique les mesures par lesquelles les corps administratifs doivent surveiller & assurer l'accélération du recouvrement des impositions ordinaires. Mais un décret du 13 juillet 1790, contient à ce sujet plusieurs dispositions essentielles dont il sera utile de retrouver ici l'indication.

1°. Les directoires de département doivent charger ceux de district de se transporter sans délai chez les receveurs particuliers des impositions, & de se faire représenter par eux, sans déplacement, les registres de leur recouvrement, dont ils constateront le montant pour 1790, & même pour les années antérieures, afin d'établir la situation actuelle des collecteurs de chaque municipalité.

2°. Ils se feront aussi représenter les quittances d'à-compte ou les quittances finales données aux receveurs particuliers sur l'exercice de 1790 & des années antérieures, par les receveurs ou trésoriers-généraux, afin de constater également la situation actuelle des premiers vis-à-vis des seconds.

3°. Ils dresseront un procès-verbal sommaire de ces opérations; ils l'enverront, avec leur avis, au directoire de département, qui en rendra compte sans délai à l'assemblée nationale & au ministre des finances.

4°. Les collecteurs & les municipalités qui sont en retard, seront avertis sans délai par le directoire de district, ou par les receveurs particuliers, de payer les termes échus; & si, quinzaine après cet avertissement, ils n'y ont pas encore satisfait, les receveurs particuliers présenteront au visa du directoire de district, les contraintes nécessaires, & ils les mettront sur-le-champ à exécution.

5°. Les directoires de district se feront remettre à l'avenir, tous les quinze jours, l'état du recouvrement fait pendant la quinzaine, certifié par les receveurs particuliers; ils l'enverront sur-le-champ au directoire de département, avec leur avis sur les causes du retard du recouvrement & sur les moyens de l'accélérer.

6°. Les directoires de département feront former pareillement, à la fin de chaque mois, l'état général certifié d'eux, du recouvrement de leur territoire, & ils l'enverront avec leurs observations au ministre des finances, qui doit être toujours à portée de faire connoître au corps législatif la véritable situation du recouvrement des impositions, & les causes qui ont pu en retarder les progrès.

III. Le paragraphe IX de l'instruction du roi indique, d'après l'article II du décret du 25 mai 1790, les moyens de corriger les vices qui se sont glissés dans le répartement des impositions de 1790. Quelques éclaircissemens ont paru convenables pour fixer le véritable sens de ce décret.

Les directoires de département doivent charger ceux de district de nommer des commissaires à l'effet de constater les erreurs, inégalités & doubles emplois dont se plaignent nombre de communautés. Les commissaires dresseront procès-verbal de leur travail, & en feront le rapport au directoire de district, qui le prendra en considération lors du répartement prochain, & qui s'appliquera en conséquence à rétablir alors l'égalité entre les communautés de son territoire.

Le directoire de district enverra ce même rapport avec ses observations au directoire de département, afin de mettre celui-ci en état d'établir une juste proportion entre les différens districts de son arrondissement, lors de la répartition qu'il fera entr'eux de la masse des impositions du département.

Enfin le directoire de département rendra compte au corps législatif du résultat des vérifications qui auront été faites dans les différens districts de son arrondissement, & il y joindra les renseignemens qu'il jugera convenables pour éclairer le corps législatif sur la juste distribution de l'impôt entre les divers départemens du royaume.

IV. Il est dit au paragraphe II de l'instruction rédigée par ordre du roi, que lorsque le directoire de département aura approuvé & délibéré une imposition extraordinaire pour dépenses locales, d'après le vœu d'une commune, l'imposition ne pourra être ordonnée & répartie qu'après avoir été soumise à l'autorisation du roi. Cependant, comme il ne s'agit point là d'un fait dépendant de l'*administration* générale du royaume, mais d'une affaire particulière & d'un acte propre au pouvoir municipal, l'approbation du directoire de département suffit seule aux termes des articles LIV & LVI, du décret concernant la constitution des municipalités.

On ne quittera point l'article des finances, sans rappeler aux corps administratifs une vérité qu'ils doivent avoir sans cesse sous les yeux. L'exacte perception des revenus publics peut seule procurer au gouvernement les moyens de remplir les devoirs qui lui sont imposés; & pour tout dire en un mot, c'est du recouvrement de l'impôt que dépend le salut de l'état. Quels reproches n'auroient donc pas à se faire les corps administratifs, si préposés par la constitution à la surveillance & à la protection de ce recouvrement, ils ne réunissoient tous leurs efforts pour prévenir les calamités sans nombre qui prennent leur source dans le vide du trésor public?

Droits féodaux.

Parmi les différentes dispositions de l'assemblée nationale sur la féodalité & sur les droits qui en dépendent plus ou moins directement, il en est plusieurs que les assemblées administratives sont chargées d'exécuter ou faire exécuter, & que par cette raison elles doivent avoir constamment sous les yeux.

I. L'article XIII du titre II du décret du 15 mars dernier, supprime sans indemnité les droits de péage, de long & de travers, de passage, de hallage, de pontonnage, de chamage, de grande & petite coutume, & tous autres de ce genre, ou qui en seroient représentatifs, quand même ils seroient émanés d'une autre source que du régime féodal; il décharge en conséquence ceux qui les percevoient des obligations attachées à cette perception, c'est-à-dire, de l'entretien des chemins, ponts & autres objets semblables. Il faut donc qu'à l'avenir ces charges soient supportées par les départemens, & qu'il y soit pourvu désormais par les assemblées administratives, sauf au corps législatif à déterminer d'après leurs renseignemens, quelles sont, dans ce genre, les dépenses de construction ou de reconstruction qui, utiles à tout le royaume, doivent être acquittées par le trésor public.

La suppression des droits dont il vient d'être parlé, admet quatre exceptions établies par l'article XV, & qui formeront pour les assemblées administratives ou leurs directoires un autre objet de travail & de surveillance.

La première est en faveur des *octrois autorisés* qui se perçoivent sous quelques-unes des dénominations mentionnées en l'article XIII, soit au profit du trésor public, soit au profit des ci-devant provinces, villes, communautés d'habitans, ou hôpitaux.

Cette première exception n'a pas pour but, comme quelques-uns ont paru le penser, la conservation indéfinie de tous les droits énoncés en l'article XIII, lesquels se perçoivent au profit du trésor public, ou des ci-devant provinces, villes, communautés d'habitans & hôpitaux. Son seul objet est de soustraire, quant-à-présent, à la suppression, ceux de ces droits qui sont des octrois proprement dits, c'est-à-dire, ceux qui, originairement concédés par le gouvernement à des corps ou à des individus, se lèvent aujourd'hui au profit du trésor public, qui en a repris la possession par quelque cause que ce soit, ou au profit des ci-devant provinces, villes, communautés d'habitans, ou hôpitaux.

La seconde exception concerne les droits de bac & de voiture d'eau, c'est-à-dire, le droit de tenir sur certaines rivières des bacs ou des voitures d'eau, & de percevoir, pour l'usage qu'en fait le public, des loyers ou rétributions fixées par des tarifs.

La troisième exception comprend ceux des droits énoncés en l'article XIII, qui ont été concédés pour dédommagement de frais, non pas d'entretien, mais de construction de ponts, canaux, travaux ou ouvrages d'arts, construits ou reconstruits sous cette condition.

Et la quatrième embrasse tous les péages accordés à titre d'indemnité, à des propriétaires légitimes de moulins, d'usines, de bâtimens ou établissemens quelconques, supprimés pour cause d'utilité publique.

Ce sont ces quatre exceptions provisoires qui doivent fixer d'une manière spéciale l'attention des directoires de départemens. Suivant l'article XVI, ceux-ci doivent vérifier les titres & les tarifs de la création des droits qui se rapportent à l'une des quatre classes; ils doivent d'après cette opération former un avis, & l'adresser au corps législatif, qui prononcera ensuite définitivement sur le sort de ces droits.

En conséquence, les possesseurs sont tenus de représenter aux directoires de départemens leurs titres, dans l'année de la publication du décret du 15 mars; & s'ils ne satisfaisoient pas à cette obligation, la perception des droits demeureroit suspendue.

II. La suppression des droits de havage, de coutume, de cohue & de ceux de *hallage* (qu'il ne faut pas confondre avec les droits de *hâlage*, mentionnés en l'article XIII), est devenue l'occasion d'une attribution particulière pour les assemblées administratives. Ce sont les directoires de département qui, aux termes de l'article XIX, doivent terminer par voie d'arbitrage, toutes les difficultés qui pourroient s'élever entre les municipalités & les ci-devant possesseurs des droits dont on vient de parler, à raison des bâtimens, halles, étaux, bancs & autres objets qui ont servi jusqu'à présent au dépôt, à l'étalage ou au débit des marchandises & denrées, au sujet desquels les droits étoient perçus. Les bâtimens, halles, étaux & bancs continuent d'appartenir à leurs propriétaires; mais ceux-ci peuvent obliger les municipalités de les acheter ou de les prendre à loyer, & réciproquement ils peuvent être contraints par les municipalités à les vendre, à moins qu'ils n'en préfèrent le louage; cette faculté réciproque est le principe qui dirigera les directoires de département dans les difficultés qui leur seront soumises.

Si les municipalités & les propriétaires s'accordoient, les unes à ne vouloir pas acheter, les autres à ne vouloir ni louer ni vendre, alors le directoire de département, après avoir consulté celui de district, proposeroit au corps législatif son avis sur la rétribution qu'il conviendroit d'établir, à titre de loyer, au profit des propriétaires sur les marchands, pour le dépôt, l'étalage & le débit de leurs denrées & marchandises.

Si les municipalités ont acheté ou pris à loyer les bâtimens, halles, bancs & étaux, elles dresseront le projet d'un tarif des rétributions qui devront être perçues à leur profit sur les marchands, & ce tarif ne sera exécutoire que quand, sur la proposition du directoire de département, il aura été approuvé par un décret de l'assemblée nationale, sanctionné par le roi.

A l'égard des salaires des personnes employées dans les places & marchés publics, au pesage & mesurage des marchandises & denrées, les municipalités les fixeront par un tarif auquel ne seront soumis que ceux qui voudront se servir de ces personnes, & qui ne sera exécutoire qu'autant qu'il aura été approuvé par le directoire de département, d'après l'avis de celui du district.

Enfin, les assemblées administratives & leur directoire ne doivent jamais perdre de vue cette disposition de l'article V du titre III du décret du 15 mars, qui, leur rappelant que tout ce qui dépend du pouvoir judiciaire, excède les bornes de leur autorité, leur fait défenses de prohiber la perception d'aucuns des droits seigneuriaux dont le paiement seroit réclamé, sous prétexte qu'ils se trouveroient implicitement ou explicitement supprimés sans indemnité, sauf aux parties intéressées à se pourvoir par les voies de droit, devant les juges qui en doivent connoître. Les assemblées administratives & leurs directoires ne doivent pas se borner à respecter cette défense; elles doivent veiller encore avec la plus grande attention à ce que les municipalités n'entreprennent pas de la violer.

III. On va maintenant rappeler quelles sont dans les décrets des 3 mai & 3 juillet derniers, les dispositions qui intéressent la vigilance des assemblées administratives.

L'article VIII du décret du 3 mai concerne les droits qui dépendent de fiefs appartenans à des communautés d'habitans, & s'il permet aux municipalités d'en liquider & recevoir le rachat, c'est à condition néanmoins de n'y procéder que sous l'autorité & de l'avis du directoire de département, & celui-ci est expressément chargé de veiller au remploi du prix.

Il en est de même, suivant l'article IX du même décret, pour la liquidation du rachat des droits dépendans de fiefs qui appartiennent à des mainmortes, & qui sont administrés par des municipalités, à quelque titre que ce soit; mais le prix doit en être versé dans la caisse du district, pour être porté dans celle de l'extraordinaire, de la manière qui a été indiquée ci-dessus au chapitre II.

Ce sont les directoires de département, qui, sur l'avis de ceux des districts, doivent liquider le rachat des droits dépendans des biens ci-devant ecclésiastiques, quels qu'en soient les administrateurs actuels, & le prix du rachat doit être versé successivement dans les caisses dont il vient d'être parlé.

Il est une seule exception pour les biens de l'ordre de Malthe; les titulaires sont provisoirement autorisés à faire eux-mêmes la liquidation des droits dûs aux commanderies, dignités & grands prieurés de cet ordre; mais ils doivent faire approuver leur liquidation par les directoires de département : ceux-ci doivent veiller de leur côté à ce que cette liquidation soit faite suivant les règles prescrites par le décret du 3 mai, & à ce que le prix en soit versé dans les mêmes caisses que les objets précédens.

La forme suivant laquelle doivent se faire la liquidation & le rachat des droits dépendans des fiefs domaniaux, est déterminée par les articles IV, V, VI & VII du décret du 3 juillet; ce sont les administrateurs des domaines, ou leurs préposés, qui doivent liquider le rachat.

1°. Des droits appartenans aux biens domaniaux dont la régie leur est confiée, soit en totalité, soit pour la perception des droits casuels.

2°. Des droits & redevances fixes & annuelles des biens actuellement possédés à titre d'engagement, ou concédés à vie ou à tems.

3°. Des droits tant fixes que casuels, dépendans des domaines possédés à titre d'échange; mais dont les échanges ne sont pas encore consommés.

4°. Des sommes dues à la nation par les propriétaires de biens mouvans des biens nationaux, même par les apanagistes ou les échangistes, dont les échanges ne sont point encore consommés, à raison des rachats par eux reçus pour les droits dépendans de leurs fiefs.

Mais les directoires des départemens dans le ressort desquels sont situés les biens dont dépendent les droits rachetables, doivent vérifier la liquidation des administrateurs des domaines ou de leurs préposés, & ne l'approuver qu'autant qu'elle se trouvera conforme au taux & au mode prescrits par le décret du 3 mai. Ils doivent veiller d'ailleurs à ce que le prix des rachats soit exactement, & à mesure qu'ils auront été effectués, versé de la caisse de l'*administration* des domaines, dans la caisse de l'extraordinaire. Les mêmes directoires doivent également vérifier & approuver, s'il y a lieu, la liquidation faite par les apanagistes, des droits dépendans des biens possédés à titre d'apanage, & surveiller le versement successif du prix dans les caisses de district & de l'extraordinaire.

Le décret du 3 juillet, en ne rangeant point dans la classe des droits domaniaux, ceux qui dépendent des biens possédés à titre d'échanges consommés, n'approuve pas néanmoins indistinctement tous les échanges consommés. Il fait au contraire une réserve expresse d'attaquer ceux dont le titre seroit reconnu susceptible de révision. Il autorise même dans ce cas les oppositions, au nom de la nation, dans la forme prescrite par les articles XLVII, XLVIII & XLIX du décret du 3 mai, aux rachats des droits dépendans de ces sortes d'échanges. Les directoires de département doivent veiller sur ce point aux intérêts de la nation, & charger le procureur-général-syndic de faire faire les oppositions qui seront jugées nécessaires.

IV. Les articles XV & XVI du décret du 3 mai chargent particulièrement les directoires de district d'un travail qui exige de l'exactitude & de l'attention; c'est la formation de deux tableaux dont l'un contiendra l'appréciation de la valeur commune des redevances en volailles, agneaux, cochons, beurre, fromage, cire & autres denrées, dans les lieux où il n'est pas d'usage de tenir registre du prix des ventes qui s'en font, & dont l'autre comprendra l'évaluation du prix ordinaire des journées d'hommes, de chevaux, de bêtes de somme, & de travail & de voitures. Les directoires de département veilleront la confection de ces deux tableaux, dont un double leur sera adressé.

V. Le décret du 26 juillet 1790, autorise les communautés d'habitans à racheter les arbres existant sur les places publiques des villes, bourgs & villages; mais il leur défend, à peine de responsabilité, de rien entreprendre que, d'après l'autorisation expresse du directoire de département, qui sera donnée d'après l'avis de celui de district, sur une simple requête, & après communication aux parties intéressées, s'il y en a.

Les délibérations sur ce rachat seront prises par le conseil général de la commune, & elles indiqueront le moyen d'en acquitter le prix.

Le même décret du 26 juillet charge les *administrations* de département, de proposer au corps législatif les mesures qu'elles jugeront les plus convenables, d'après les localités & sur l'avis des districts, pour empêcher toute dégradation des arbres dont la conservation intéresse le public, & pour remplacer, s'il y a lieu, par une replantation, ceux qui ont été ou pourront être abattus.

VI. Dans le décret des 21 & 22 avril dernier, concernant la chasse, les corps administratifs se verront autorisés à déterminer pour l'avenir, l'époque à laquelle, dans leurs arrondissemens respectifs, la chasse doit être permise aux propriétaires & possesseurs de leurs terres non closes.

C'est le directoire de département qui doit faire chaque année cette détermination d'après l'avis des directoires de district, lesquels pourront consulter à ce sujet les municipalités, afin de concilier autant qu'il sera possible, l'intérêt général avec le droit du propriétaire.

Le directoire de département examinera si l'époque de l'ouverture de la chasse doit être la même dans toute l'étendue de son territoire, ou si elle doit varier dans tous ou dans quelques districts. L'arrêté qu'il aura pris sur cette matière sera adressé à toutes les municipalités par l'entremise du district, & publié par les municipalités, quinze jours avant celui où la chasse sera libre.

VII. Les administrateurs doivent veiller enfin à ce que, conformément à l'article II du décret du 4 août 1789, les municipalités fassent fermer les colombiers au tems où les dégâts des pigeons peuvent être à craindre pour les campagnes. La délibération par laquelle chaque municipalité aura fixé l'époque de cette clôture, sera publiée quinze jours avant cette époque, & la publication en sera renouvellée tous les ans. S'il survient quelques réclamations contre les dispositions que pourront faire à ce sujet les municipalités, elles seront portées devant les assemblées administratives, & le directoire de département y pourvoira sur l'avis du directoire de district. En cas de négligence de la part des municipalités, les directoires de district pourront faire eux-mêmes la fixation de l'époque de la clôture des colombiers.

DOMAINES ET BOIS.

Art. I. L'assemblée nationale n'a pu s'occuper encore des réformes que peut exiger l'*administration* des domaines & bois ; elle a décrété seulement la vente des biens domaniaux. Ainsi par rapport à la régie de ces biens & à la perception de leurs revenus, les choses doivent rester, quant à présent, sur l'ancien pied ; & les municipalités, ainsi que les *administrations*, ne peuvent y prendre part.

Il en est de même de la juridiction des eaux & forêts, qui subsiste toujours, & qui n'ayant encore perdu que la seule attribution des délits de chasse, doit continuer de connoître, comme par le passé, de toutes les autres matières que les anciennes loix ont soumises à sa compétence, jusqu'à ce qu'un décret formel de l'assemblée nationale ait prononcé sa suspension.

Nombre de municipalités cependant, égarées par une fausse interprétation des décrets des 11 décembre & 18 mars derniers, se sont permis des entreprises dont la durée & la multiplication auroient les suites les plus funestes. L'assemblée nationale a mis sous la sauve-garde des assemblées administratives & municipales, les forêts, les bois & les arbres, & elle leur en a recommandé la conservation. Delà plusieurs municipalités ont conclu que l'*administration* des bois leur étoit attribuée, & qu'elle étoit ôtée aux officiers des maîtrises ; erreur palpable, & qui trouve sa condamnation dans les décrets mêmes dont on a cherché à l'appuyer, puisqu'ils réservent expressément les dispositions des ordonnances sur le fait des eaux & forêts ; puisque les officiers des maîtrises & autres juges compétens, sont chargés littéralement de maintenir les règles & d'en punir la violation ; puisqu'enfin le devoir des municipalités est restreint à un simple droit de surveillance, & à la charge de dénoncer les contraventions aux tribunaux qui en doivent connoître.

Cette erreur a déjà produit beaucoup de mal. Les gardes des maîtrises ont, dans plusieurs endroits, été expulsés des forêts & exposés à des violences. Les officiers des maîtrises eux-mêmes n'ont pas été plus respectés : ils sont, dans certaines provinces, réduits à l'impuissance de faire leurs fonctions qui ne doivent cependant pas être interrompues, tant qu'un nouvel ordre de choses n'aura point été établi. Des dégâts considérables ont été commis dans les bois, sous les yeux des municipalités qui devoient les empêcher & les prévenir, & qui n'ont pas eu la force de s'y opposer. Il n'est même que trop certain que quelques-unes les ont autorisés formellement, tandis que d'autres, renversant l'ordre juridictionnel, érigent dans leur sein un tribunal auquel elles citent, & où elles condamnent elles-mêmes les contrevenans.

C'est aux assemblées administratives & spécialement à leurs directoires qu'il appartient d'arrêter le cours d'un désordre véritablement effrayant ; c'est à elles qu'il est réservé de surveiller la conduite des municipalités, de les contenir dans les bornes précises de leur pouvoir, & particulièrement de les éclairer sur la fausse interprétation des décrets de l'assemblée nationale. Elles-mêmes sont chargées de veiller à la conservation des bois, & ce n'est pas seulement contre les délits des particuliers, c'est aussi contre les erreurs & les entreprises des municipalités, qu'elles doivent défendre cette propriété précieuse.

II. Il est un autre point sur lequel un zèle louable a entraîné les municipalités au-delà des bornes de leurs fonctions. Des communautés ecclésiastiques & des bénificiers se sont permis des coupes de bois qui n'étoient pas autorisées; c'étoit un des délits dont la surveillance étoit confiée aux officiers municipaux, & que les procureurs des communes étoient chargés de dénoncer aux tribunaux. Des municipalités ont été plus loin : au lieu de se contenter d'une simple dénonciation, elles ont fait saisir elles-mêmes & à leur propre requête, soit les bois coupés en contravention, soit les deniers provenant de leur vente; & ces saisies ont donné lieu à des instances, à des jugemens, & même à des appels où ces municipalités figurent comme parties.

Il faut que l'ordre légitime soit rétabli à cet égard, & qu'elles cessent d'exercer ou d'essuyer des poursuites pour lesquelles elles sont sans qualité suffisante, sans néanmoins que le fruit de leur sollicitude soit perdu.

L'étendue de pouvoir qui manque à cet égard aux municipalités, se trouve dans la main des assemblées administratives. Chargées par un décret spécial de l'*administration* des biens ci-devant ecclésiastiques, point de doute qu'elles n'ayent le droit de diriger en justice par l'entremise des procureurs-syndics, toutes les actions relatives à la conservation des biens qu'elles doivent administrer.

Ainsi l'un des premiers soins des directoires de département doit être, d'une part, de veiller à ce que de semblables poursuites ne soient plus faites par les municipalités, & d'autre part de se faire rendre compte des saisies & des instances subsistantes; ils péseront ensuite dans leur sagesse s'il est convenable de prendre le fait & cause des municipalités qui sont actuellement en procès, ou si la prudence & la justice doivent dicter un autre parti.

III. Les changemens survenus dans l'*administration* des biens ci-devant ecclésiastiques, ne doivent point empêcher la vente & l'exploitation des coupes ordinaires des bois qui en font partie. Le sursis prononcé par le décret du 18 mars dernier, ne concerne que les coupes extraordinaires, & il y auroit de grands inconvéniens à donner à ce sursis un effet plus étendu, puisqu'il en résulteroit une grande difficulté; & vraisemblablement, dans nombre d'endroits, l'impossibilité de completter les approvisionnemens nécessaires.

Ainsi les directoires des assemblées administratives doivent veiller à ce que les opérations & délivrances qui se faisoient annuellement dans les bois ci-devant ecclésiastiques, ayent lieu cette année, comme dans les précédentes, & à ce qu'elles se fassent aux époques usitées.

Quant aux adjudications, il est également essentiel qu'elles n'éprouvent aucun retard; & que pour en assurer le succès, les Directoires de département chargent les directoires des districts, dans le territoire desquels elles devront être faites, de se concerter avec les officiers des maîtrises.

Les formalités ci-devant observées pour les ventes & adjudications des bois, continueront d'avoir lieu jusqu'à ce qu'il en ait été autrement ordonné.

L'adjudication se fera par le directoire de district délégué à cet effet par le directoire de département, en présence de deux officiers au moins, du nombre de ceux qui auront fait le martelage & la délivrance, ou eux dûment appelés. Les directoires de département veilleront au surplus à ce que les différentes adjudications à faire dans leur territoire soient fixées à des jours différens, & de manière à entretenir la concurrence entre les adjudicataires.

IV. Une dernière observation concerne l'exécution du décret du 6 juin 1790 : il autorise les les Directoires de département à faire verser dans les caisses des districts les sommes provenues des ventes des bois des communautés ecclésiastiques ou laïques, soit que ces sommes ayent été portées dans la caisse de l'*administration* des domaines ou dans celle des anciens receveurs généraux des domaines & bois, soit qu'elles existent entre les mains des héritiers ou représentans de ces receveurs généraux soit enfin qu'elles ayent été déposées par autorité de justice ou autrement entre les mains de toute autre personne publique ou particulière. En cas de refus ou de retardement de la part des dépositaires, le directoire de département pourra, sur la demande du directoire de district, décerner contre eux une contrainte qui sera mise à exécution par le receveur du district.

Le même décret du 6 juin autorise les directoires de département à déterminer l'emploi des deniers provenant de la vente des bois des communautés laïques, sur la demande des conseils généraux des communes, & de l'avis des districts. Il est inutile d'avertir les directoires, que des règles d'utilité & d'économie doivent en diriger l'emploi.

Il faut au surplus assurer avant tout, l'acquit des charges imposées aux adjudicataires des bois des communautés ecclésiastiques ou laïques, & le payement des ouvrages auxquels le prix des ventes & des adjudications a principalement été destiné.

On finira ce chapitre en invitant les *administ-*

trations à communiquer leurs vues sur le meilleur plan d'aménagement des forêts nationales, des bois communaux si négligés par-tout, & même des bois des particuliers; mais elles n'oublieront pas que la liberté du propriétaire ne doit jamais être gênée qu'autant que le bien général l'exige indispensablement.

ALIÉNATION DES DOMAINES NATIONAUX.

Par domaines nationaux l'on entend deux espèces de biens; les biens du domaine proprement dits, & les biens ci-devant ecclésiastiques.

L'aliénation des domaines nationaux est une des opérations les plus importantes de l'assemblée nationale: sa prompte exécution influera essentiellement sur le rétablissement des finances, sur l'affermissement de la constitution & sur la prospérité de l'Empire. Mais son succès dépend beaucoup du zèle, de l'activité & de l'intelligence des assemblées administratives.

Pour connoître la mesure de leurs devoirs, pour apprécier l'étendue de leurs fonctions, & pour en saisir l'ensemble & les détails, elles devront d'abord méditer les décrets de l'assemblée nationale, en rapprocher les différentes dispositions, & se pénétrer de l'esprit qui les a dictés.

Ces décrets sont:

1°. Celui des 19 & 21 décembre 1789, qui a statué qu'il seroit aliéné des domaines nationaux, pour une somme de 400 millions, & qu'il seroit créé des Assignats sur le produit des ventes, jusqu'à concurrence de pareille somme.

2°. Celui du 17 mars, qui ordonne que les quatre cents millions de domaines nationaux seront aliénés au profit des municipalités du royaume, & qu'il en sera vendu à la municipalité de Paris, pour deux cents millions; mais sous la clause de céder, aux mêmes conditions, aux municipalités qui le désireront, les biens situés dans leurs territoires.

3°. Celui du 14 mai, qui détermine les formes, les règles & les avantages des ventes à faire, soit aux municipalités qui acquerront directement, soit à celles qui se feront subroger, soit enfin aux particuliers qui acquerront des municipalités.

4°. L'instruction décrétée le 31 mai, laquelle a pour but de faciliter aux municipalités & aux corps administratifs, l'intelligence du décret du 14, & de prévenir, par des détails & des interprétations, les doutes & les obstacles par lesquels son exécution pourroit être arrêtée. Cette instruction embrasse en grande partie, le système de l'opération, & laisse peu à ajouter aux réflexions & aux développemens qu'elle contient.

5°. Le décret des 25, 26 & 29 juin, qui permet l'aliénation de tous les domaines nationaux, autres que ceux dont il fait une exception spéciale, & qui détermine les formes, les règles & les avantages des ventes qui seront faites, soit directement aux particuliers, soit aux municipalités.

6°. Le Décret du 16 juillet, qui fixe au 15 septembre prochain, le délai dans lequel les municipalités doivent faire leurs soumissions, pour jouir des avantages qui leur sont assurés par le décret du 14 mai.

7°. Enfin le décret du 6 août, qui prononce quelles sont les parties de bois nationaux qui peuvent être mises en vente.

§. Ier.

Observations générales.

Les directoires de département & de district sont autorisés à recevoir directement les soumissions de ceux qui veulent acquérir des domaines nationaux. Ils doivent tenir un registre de ces soumissions, dans la forme prescrite par l'article III du décret du mois de juin; & le directoire de district doit adresser, tous les quinze jours, à celui de département, l'état de celles qu'il aura reçues dans la quinzaine.

Le comité d'aliénation des domaines nationaux, fait maintenant parvenir deux tableaux aux directoires de département; par le premier, le comité leur donne connoissance de toutes les soumissions qu'il a reçues des municipalités, ou des particuliers, pour des biens situés dans leur territoire; le second doit leur servir à faire connoître au comité les soumissions reçues, tant par eux, que par les directoires des districts de leur arrondissement.

Les directoires de département doivent, aux termes de l'article IV du décret du mois de juin former un état de tous les domaines nationaux situés dans leur territoire. Ils s'occuperont sans délai de la formation de cet état, dans lequel seront distinguées soigneusement les différentes natures de biens. Il sera fait un chapitre séparé des bois & forêts, dans lequel les directoires indiqueront quelles sont les parties de bois qui leur paroissent devoir être mises en vente, & quelles sont celles qui doivent être conservées en exécution du décret du 6 août 1790. Ils chargeront en conséquence chaque directoire de district, de leur procurer avec le secours des municipalités, l'indication détaillée des biens de leur arrondissement. Le tableau général des domaines nationaux de chaque département, divisé par districts, & subdivisé par municipalités, sera adressé à l'assemblée nationale.

Les règles suivant lesquelles doit se faire l'estimation des domaines nationaux, sont indiquées avec beaucoup de détail, dans les décrets des mois de mai & juin, & dans l'instruction du 31 mai, les dispositions en sont en général assez claires pour n'avoir pas besoin de plus amples explications.

On se contentera d'ajouter les observations suivantes.

1º. Quand un domaine affermé par un bail général, se trouve ensuite divisé par des sous-baux, c'est le prix de ces sous-baux qui doit servir de base à l'estimation du domaine, comme se rapprochant davantage de la véritable valeur du revenu. Ainsi les directoires doivent s'occuper de la recherche de ces sous-baux, & s'en procurer la présentation, en usant, au besoin des moyens indiqués par l'article XX du décret du mois de juin.

2º. Si un domaine est affermé par bail emphytéotique, il est notoire que le plus souvent, dans ce cas, le prix du bail est fort éloigné de la véritable valeur du revenu, sur-tout si le bail est déjà ancien, & si le preneur a fait des dépenses pour l'amélioration du domaine. Ainsi, nul autre moyen alors de connoître la valeur du revenu, qu'une estimation par experts; & c'est aussi ce qui est prescrit.

Au surplus, comme les baux emphytéotiques renferment une véritable aliénation, ils ne sont réputés avoir été faits légitimement, & par conséquent les acquéreurs ne seront tenus de leur entretien, qu'autant qu'ils auront été précédés & revêtus de toutes les solennités requises par la loi du lieu de sa situation, pour la validité de l'aliénation des objets compris dans ces baux.

3º. Si tout ou partie du fermage consiste en grains ou autres denrées, il sera formé une année commune de leur valeur, d'après le prix des grains & denrées de même nature, relevé sur sur les registres du marché du lieu, ou du marché le plus prochain, s'il n'y en a pas dans le lieu. L'année commune sera formée sur les dernières années.

4º. Si les fermiers refusoient de certifier par serment la vérité de leurs baux & sous-baux, le défaut de prestation de ce serment n'empêchera pas, après leur refus constaté, de prendre les baux & sous-baux pour base de l'estimation; mais les fermiers refusans seront déclarés déchus de leurs baux ou sous-baux par le juge ordinaire, sur la demande du procureur-général-syndic, poursuite & diligence du procureur-syndic du district.

5º. Si les détenteurs des biens nationaux soutenoient n'avoir point de bail, & qu'il fût impossible d'en avoir connoissance, il faudroit en user, en ce cas, comme si véritablement il n'existoit point de bail, sauf néanmoins à recourir au bail, s'il venoit à être représenté avant les premières enchères.

Dans les lieux où les *administrations* de district, ou leurs directoires, ne seroient pas en activité, leurs fonctions seront provisoirement remplies par les municipalités des chefs-lieux de district; & s'il s'agissoit d'acquisition à faire par une des municipalités, dans le district même dont elle est le chef-lieu, elle seroit suppléée, à cet égard seulement, par la municipalité du chef-lieu du district le plus voisin, qui n'auroit pas fait de soumission: & à cet effet, le directoire de département pourra correspondre directement avec la municipalité du chef-lieu de district, comme tenant lieu, en cette partie, du directoire de district, tant qu'il ne sera pas formé.

Le directoire de département fera afficher, le 15 de chaque mois, dans tous les lieux accoutumés de son territoire, & notamment dans ceux de la situation des biens & dans les chefs-lieux de district, l'état des biens qui auront été estimés dans le mois précédent, avec énonciation du prix de l'estimation de chaque objet. Un exemplaire de cet état sera en outre déposé au secrétariat de l'hôtel commun de chacun des lieux où il sera affiché; & il sera permis à chacun d'en prendre communication ou copie, sans frais.

Le directoire de département adressera aussi, le 15 de chaque mois, au corps législatif, l'état des estimations qui auront été faites, & des ventes qui auront été commencées ou consommées dans le mois précédent.

Le travail des *administrations*, relativement aux ventes des domaines nationaux, peut se considérer sous deux points de vue; par rapport à celles qui seront faites aux municipalités, ou par leur médiation; & par rapport à celles qui seront faites aux municipalités, ou par leur médiation; & par rapport à celles qui seront faites aux particuliers directement & sans intermédiaire.

Avant de faire aucunes remarques sur ces deux modes d'aliénation, il n'est pas inutile d'observer que leur distinction n'intéresse en rien les particuliers.

Il falloit imprimer un premier mouvement à une opération qui relevera le crédit national, & assurera au trésor public les ressources les plus fécondes. Il falloit aussi adoucir les maux qui avoient été, pour plusieurs municipalités, les suites inévitables de la révolution. De-là l'idée de se servir de leur entremise pour la vente de quatre cents millions

lions de domaines nationaux. Mais, soit que cette médiation doive avoir lieu, soit que la vente se fasse directement aux particuliers, la condition de ceux-ci ne varie point dans l'un comme dans l'autre cas ; les clauses & la forme de l'adjudication sont parfaitement semblables, les facilités sont les mêmes pour enchérir, & la libération de l'adjudicataire doit s'opérer de la même manière.

§. II.

Des ventes aux municipalités, ou par leur entremise.

On se bornera à indiquer sommairement les principaux objets de la surveillance & des fonctions des directoires.

Ils doivent veiller à ce que les municipalités se conforment avec exactitude aux formes & aux conditions prescrites par les différens décrets, & par l'instruction ci-devant énoncée.

Il est essentiel sur-tout de faire en sorte que les municipalités ne puissent apporter le plus léger retard à l'adjudication des biens pour lesquels il aura été fait des offres suffisantes. Sur le refus, ou en cas de négligence d'une municipalité, le soumissionnaire aura droit de s'adresser au directoire de district, qui se fera rendre compte par la municipalité des motifs de sa conduite. Si les motifs sont jugés insuffisans, le directoire de district pressera la municipalité de poursuivre l'adjudication ; en cas de refus persévérant, le directoire de district pourra charger le procureur-syndic de la requérir lui-même.

Les directoires surveilleront l'*administration* & la jouissance que doivent exercer les municipalités, jusqu'à l'époque des reventes ; cette surveillance s'étendra même sur la jouissance des adjudicataires particuliers, jusqu'à ce qu'ils aient entièrement acquitté le prix de leur adjudication. Elle doit s'exercer avec une attention particulière sur les objets les plus susceptibles d'être dégradés. Le directoire de département chargera le procureur-général-syndic de poursuivre, devant les tribunaux compétens, les municipalités ou les particuliers qui abuseroient de leur jouissance au point de diminuer les sûretés de la nation. Tous les administrateurs des départemens & districts, & toutes les municipalités doivent se regarder comme obligés à aider les directoires dans la surveillance dont il vient d'être parlé, & à leur donner une prompte connoissance des dégradations qui seront commises ; ils seront invités par les directoires de district à remplir ce devoir avec zèle.

Le directoire de département aura soin que les adjudications auxquelles il sera procédé devant les directoires de district, soient faites avec toute la promptitude, la publicité & la fidélité possibles.

Les directoires veilleront à ce que le montant des obligations souscrites par les municipalités soit exactement acquitté, & à ce que le prix des reventes faites aux particuliers soit versé ponctuellement, soit dans la caisse du receveur du district, soit dans celle de l'extraordinaire ; ils chargeront le procureur-général-syndic de poursuivre les débiteurs en retard.

§. III.

Des ventes qui seront faites directement aux particuliers.

La vente des domaines nationaux, décrétée d'abord jusqu'à concurrence de quatre cents millions seulement, n'est plus circonscrite dans les bornes de cette somme ; de puissans motifs d'utilité publique ont déterminé le corps législatif à autoriser la vente de tous les domaines nationaux, par les décrets des 25, 26 & 29 juin. Il n'a prononcé que deux exceptions, l'une définitive pour les domaines dont la jouissance a été réservée au roi, l'autre provisoire pour les forêts sur lesquelles l'assemblée nationale a depuis statué par son décret du 6 août.

On l'a dit plus haut ; les formes & les conditions des ventes directes aux particuliers, sont les mêmes que celles des ventes qui se feront par l'entremise des municipalités ; ainsi ce qui a été dit de celles-ci s'appliquera naturellement à celles-là.

Mais on ne peut trop recommander aux directoires de faciliter les petites acquisitions. Comme c'est ici une des vues principales de l'opération, c'est aussi vers son accomplissement que les moyens d'exécution doivent sur-tout être dirigés. Il en est deux principaux qui ne doivent pas être perdus de vue ; le premier, prescrit par l'article VI du décret des 25, 26 & 29 juin, consiste à diviser dans les estimations les objets autant que leur nature le permettra ; le second, indiqué par l'article VI du décret du 14 mai, consiste à ouvrir en même tems les enchères sur l'ensemble & sur les parties de l'objet compris en une seule & même estimation ; & dans le cas où, au moment de l'adjudication définitive, la somme des enchères partielles égaleroit l'enchère sur la masse, à préférer l'adjudication par partie.

Il faut observer que le soumissionnaire qui ne deviendra pas acquéreur, ne doit pas supporter les frais de l'estimation. Ces frais doivent se prendre sur le prix de la vente, & ils seront réglés par le directoire de département sur l'avis de celui de district.

On ne dit rien, dans ce moment, sur l'*adminis-*

tration des biens ci-devant eccléſiaſtiques. L'aſſemblée nationale ſe propoſe d'en fixer les règles d'une manière préciſe par un décret qui ſera rendu ſous peu de jours; & qui ſera ſuivi immédiatement d'une inſtruction, où tout ce qui a rapport à cette partie ſera raſſemblé & traité avec les développemens convenables.

AGRICULTURE ET COMMERCE.

Les nombreux détails qui réclament les premiers travaux des aſſemblées adminiſtratives, ne leur permettront guères de donner ſur-le-champ à tous les objets qui tiennent à l'agriculture & au commerce, une application proportionnée à leur grande importance. Il eſt néanmoins de leur devoir de ne rien négliger de ce qui peut être inſtant, & de ſe procurer de bonne heure les inſtructions & les renſeignemens d'après leſquels d'utiles améliorations puiſſent être propoſées & exécutées. Il n'eſt aucun département qui n'offre en ce genre une vaſte carrière à la ſollicitude de ſes adminiſtrateurs; il en eſt même pluſieurs qui attendent une nouvelle création d'un régime vigilant & paternel.

L'aſſemblée nationale a conſidéré les deſſéchemens comme une des opérations les plus urgentes & les plus eſſentielles à entreprendre. Par eux, feront reſtitués à la culture de vaſtes terrains qui ſollicitent de toutes parts l'induſtrie des propriétaires & l'intérêt du gouvernement. Par eux, ſera détruite une des cauſes qui nuit le plus à la ſanté des hommes & à la proſpérité des végétaux. Par eux, des milliers de bras qui manquent d'ouvrage, & que la miſère & l'intrigue peuvent tourner contre la ſociété, ſeront occupés utilement. Déjà il ſe médite ſur ce point, dans le ſein de l'aſſemblée nationale, une loi importante, dont quelques articles ſont même décrétés. C'eſt aux *adminiſtrations* à ſeconder ſes vues, & à prendre d'avance des meſures aſſez ſages, pour que l'exécution de cette loi n'éprouve aucun retard, & ne rencontre aucun obſtacle dans leur arrondiſſement.

Elles doivent auſſi rechercher & indiquer les moyens de procurer le libre cours des eaux; d'empêcher que les prairies ne ſoient ſubmergées par la trop grande élévation des écluſes, des moulins, & par les autres ouvrages d'art établis ſur les rivières; de diriger enfin, autant qu'il ſera poſſible, toutes les eaux de leur territoire vers un but d'utilité générale, d'après les principes de l'irrigation.

Sans débouchés pour le tranſport des productions, point de commerce. Un des premiers beſoins du commerce, un des principaux objets de la ſurveillance des *adminiſtrations*, eſt donc l'entretien & la conſtruction des chemins & des canaux navigables.

L'extrême imperfection du régime actuel des communaux, eſt reconnue & dénoncée depuis long-tems. Les *adminiſtrations* propoſeront des loix ſur cette eſpèce de propriétés publiques, ſur ſon meilleur emploi, & ſur la manière la plus équitable de les partager, de les vendre ou de les affermer.

Les avantages & les inconvéniens de la vaine pâture & du droit de parcours, doivent fixer auſſi leur attention; il faut conſidérer ces deux uſages ſous tous les rapports par leſquels ils peuvent influer ſur la ſubſiſtance & la conſervation des troupeaux: il faut balancer avec ſagacité l'intérêt qu'y attache le petit propriétaire de la campagne, l'abus que le riche fermier en fait trop ſouvent, & l'obſtacle qu'ils apportent à l'indépendance des propriétés.

Il eſt un genre d'établiſſement qui mérite une protection ſpéciale: ce ſont ceux dont le but eſt d'améliorer les laines, en multipliant les moutons de belle race. En général, les troupeaux ſont trop peu nombreux pour l'étendue de notre ſol, & trop foibles pour fournir aux beſoins de nos manufactures. Une heureuſe émulation en cette partie contribueroit ſenſiblement à l'amélioration de la culture, & elle affranchiroit notre commerce de l'énorme tribut qu'il paye à l'étranger, pour l'achat des matières premières.

Un travail important ſur les poids & meſures, a été confié par l'aſſemblée nationale à l'académie des ſciences de Paris: il s'agit de les réformer peu à peu, de les récréer ſur des baſes invariables, & d'établir dans les calculs de commerce cette uniformité que la raiſon appelle en vain depuis des ſiècles; & qui doit former un lien de plus entre les hommes. Les *adminiſtrations* ſont chargées par le décret du 6 mai 1790, de ſe faire remettre par chaque municipalité, & d'envoyer au ſecrétaire de l'académie des ſciences de Paris, un modèle parfaitement exact des différens poids & des meſures élémentaires qui ſont en uſage dans les divers lieux de leur territoire.

Elles propoſeront l'établiſſement ou la ſuppreſſion des foires & des marchés dans les endroits où elles le jugeront convenable, d'après les nouvelles relations que peut faire naître la diviſion actuelle du royaume.

Elles feront connoître le genre d'induſtrie qui convient au pays, le degré de perfection où ſont parvenues ſes fabriques & ſes filatures, & celui dont elles ſont ſuſceptibles. Elles protégeront de tout leur pouvoir, elles ſurveilleront ſans perquiſition les manufactures & les atteliers. L'induſtrie naît de la liberté; elle veut être encouragée; mais ſi on l'inquiète, elle diſparoît.

Les *adminiſtrations* recueilleront encore des

notions exactes sur les mines, les usines & les bouches à feu; elles s'appliqueront à connoître si la position, le travail & les débouchés de ces divers établissemens les rendent plus utiles au commerce en général, que nuisibles, soit au canton par leur grande consommation de bois, soit à l'agriculture, par la dégradation du terrain destiné à leur service.

Elles porteront un regard attentif sur la police des campagnes, sur le glanage, patrimoine du pauvre, sur les caractères d'équité ou d'injustice que peuvent offrir les différentes conventions usitées entre le fermier & le propriétaire, sur les mesures compatibles avec la liberté, qui peuvent tendre à multiplier les petites fermes & à faciliter la division des grandes propriétés, sur le maintien des rapports de subordination & de bienfaisance qui doivent lier sans cesse le maître & le compagnon.

Elles transmettront enfin au corps législatif tous les renseignemens qui peuvent servir à lui faire connoître la culture & le commerce de leur territoire, les obstacles qui peuvent en gêner les progrès, & les moyens d'en procurer l'amélioration.

MENDICITÉ, HOPITAUX, PRISONS.

Parmi les objets importans qui se disputent, de toutes parts, l'attention de l'assemblée nationale, il en est un qui devoit intéresser spécialement sa sollicitude, c'est l'assistance du malheureux dans les différentes positions où l'infortune peut le plonger.

Il faut que l'indigent soit secouru, non-seulement dans la foiblesse de l'enfance & dans les infirmités de la vieillesse, mais même lorsque dans l'âge de la force, le défaut de travail l'expose à manquer de subsistance. Il faut aussi que l'accusé, dont l'ordre public exige la détention, n'éprouve d'autre peine que la privation de sa liberté, & par conséquent il faut pourvoir à la salubrité autant qu'à la sûreté des prisons.

Ce n'est pas seulement à la sensibilité de l'homme, c'est à la prévoyance du moraliste, c'est à la sagesse du législateur, que ces devoirs se recommandent. Pénétrée de cette vérité, l'assemblée nationale veut adopter un système de secours que la raison, la morale & la politique ne puissent désavouer, & dont les bases soient irrévocablement liées à la constitution. Un comité est spécialement chargé de lui proposer un plan, qui puisse réaliser ces vues bienfaisantes; mais ce travail qui doit être mûri par des combinaisons profondes, doit encore être préparé par la connoissance de quelques faits sur lesquels les *administrations* peuvent seules fournir des renseignemens dignes de confiance.

C'est pour les obtenir au plus tôt, qu'il vient d'être envoyé aux départemens un tableau où sont énoncées différentes questions essentielles relatives à la mendicité, & qu'il y a été joint une instruction propre à faciliter les réponses. On attend du zèle des directoires de département, qu'ils ne négligeront rien pour que ces réponses parviennent promptement à l'assemblée nationale.

Il est plusieurs autres points dont la connoissance devra être procurée successivement au corps législatif, & qu'il est utile d'indiquer aux *administrations*, afin qu'elles soient en état d'en préparer dès-à-présent les renseignemens, & qu'elles puissent les transmettre au corps législatif, aussitôt qu'elles se les seront procurés.

Les directoires de département s'occuperont donc de former l'état des hôpitaux & hôtels-dieu situés dans leur territoire, de la destination de ces hôpitaux & hôtels-dieu, du nombre des malheureux qui y sont assistés, & des officiers & employés qui les desservent; de la masse & de la nature de leurs revenus, ainsi que de leur *administration*.

Les directoires en useront de même pour tous les fonds affectés dans chaque département aux charités, distribution & secours de toute espèce fondés ou non fondés. Ils feront connoître les diverses natures de ces fondations, si elles portent ou non des clauses particulières, & à quelles charges elles sont soumises. Ils instruiront le corps législatif, s'il se trouve dans leur ressort des biens appartenans à des maladreries, aux ordres hospitaliers & à des pélerins; ils en indiqueront la nature & la valeur.

Ils rendront compte de l'état des maisons de mendicité, de celui des prisons, de leur grandeur de leur solidité, de leur salubrité & des moyens par lesquels elles pourroient être rendues saines & commodes, si elles ne le sont pas; enfin, ils recueilleront soigneusement toutes les notions qui pourront conduire à des améliorations utiles dans le régime de la mendicité, des hôpitaux & des prisons.

Au surplus, l'instruction adressée par ordre du roi aux départemens, indique pour l'état actuel des choses, des vues sages & des règles de conduite auxquelles l'assemblée nationale ne peut qu'applaudir, & dont elle s'empresse de recommander l'observation.

En terminant cette instruction, l'assemblée nationale doit prévenir les assemblées administratives, qu'elle n'a point entendu tracer un tableau complet de leur devoir. Il est une foule d'autres détails que leur sagacité suppléera facilement, & dont par conséquent l'énumération & le développement étoient superflus.

C'est sur le zèle des corps administratifs, c'est sur leurs lumières & leur patriotisme, que l'assemblée nationale fonde ses plus grandes espérances. Une vaste carrière s'ouvre devant eux: que leur courage s'anime à la vue des importantes fonctions qui leur sont confiées; que la sagesse guide toutes leurs démarches; qu'une vaine jalousie de pouvoir ne leur fasse jamais méconnoître les deux autorités suprêmes auxquelles elles sont subordonnées; qu'enfin leur régime bienfaisant prouve au peuple que le règne de la liberté est celui du bonheur; & la constitution, déjà victorieuse des ennemis du bien public, saura triompher aussi des outrages du tems.

L'assemblée a décrété l'admission de l'Instruction, pour être présentée à la sanction du roi, & envoyée aux assemblées administratives.

Le roi, après avoir sanctionné ladite instruction, a ordonné & ordonne qu'elle sera envoyée aux assemblées administratives. Fait à Saint-Cloud, le vingt août mil sept cent quatre-vingt-dix. *Signé* LOUIS. *Et plus bas*, par le roi, GUIGNARD.

(*Voyez* ASSEMBLÉES ADMINISTRATIVES, & la troisième partie, titre de l'*Organisation politique*).

ADRESSE. On entendoit, dans l'assemblée constituante, par ce mot, un exposé de principes & de sentimens sur un objet quelconque, adressé, soit de la part de l'assemblée au peuple, soit de la part du peuple à l'assemblée.

Ces dernières ont été très-nombreuses, &, dès le 10 juillet 1789, M. Fréteau fit la motion que la lecture en fut renvoyée dans les bureaux, pour épargner à l'assemblée une perte de tems considérable. Cependant l'usage du corps constituant n'a point été d'assigner un tems déterminé pour la lecture des *adresses*, elles ont été indifféremment lues à toute heure & suivant la date de leur arrivée.

L'*adresse* diffère de la pétition, en ce que l'objet de la première est d'exposer un sentiment ou une opinion, & celui de la seconde une demande qui ne peut être appuyée que de suffrages individuels, & jamais présentée au nom collectif d'un corps ou d'une société. (*Voyez* PETITION.)

Nous ne pouvons point rapporter les *adresses* que les différens corps ou particuliers ont fait passer à l'assemblée, & qui y ont été lues; ce recueil seroit immense, & ne rempliroit aucun des objets qu'on doit se proposer dans cette partie de notre ouvrage. Il nous arrivera, dans la première, d'avoir quelquefois à faire mention des *adresses* auxquelles les événemens que nous rapporterons auront donné lieu.

Quant aux *adresses* au peuple que l'assemblée nationale constituante a décrétées, nous les regardons comme des monumens précieux qui peignent ses travaux, ses opinions, & les obstacles qu'il lui a fallu surmonter pour atteindre son but. Leur place se trouve donc naturellement ici.

La première est celle du 6 octobre 1789; elle a pour objet d'exposer à la France les motifs de la contribution patriotique: la seconde, du 11 février 1790, présente un résumé des travaux de l'assemblée, exhorte les peuples à ne se point laisser décourager, & les prévient contre les moyens qu'on emploie pour cela; enfin la troisième, du mois de juin de la même année, développe le système des assignats & les motifs de confiance que l'on doit avoir dans cette mesure pour la liquidation de la dette publique & la destruction de l'ordre du clergé.

Nous avions pensé que peut-être seroit-il plus convenable de placer la première & la dernière de ces *adresses* aux mots *contribution patriotique* & *assignat*; mais comme les objets placés sous ces mots sont déjà longs par l'étendue des débats qu'ils ont fait naître, nous avons cru qu'il seroit plus commode pour le lecteur de trouver ici les diverses *adresses* de l'assemblée constituante, en exceptant cependant la proclamation du 22 juin 1791, que nous croyons devoir placer au mot *roi*, parce que là nous rassemblerons les débats élevés dans l'assemblée, tant sur les droits, les fonctions & les attributions du roi, qu'à l'occasion de sa fuite le 21 juin 1791. (*Voyez* ROI. *Voyez* encore au mot TROUPES, l'*adresse* présentée, à Versailles, au roi dans le mois de juillet 1789, pour l'éloignement des soldats qui y étoient.)

Adresse de l'assemblée nationale à ses commettans.

6 octobre 1789.

Les députés à l'assemblée nationale suspendent quelques instans leurs travaux, pour exposer à leurs commettans les besoins de l'état, & inviter le patriotisme à seconder des mesures réclamées au nom de la patrie en péril.

Nous vous trahirions si nous pouvions le dissimuler. La nation va s'élever aux plus glorieuses destinées, ou se précipiter dans un gouffre d'infortunes.

Une grande révolution, dont le projet nous eût paru chimérique il y a peu de mois, s'est opérée au milieu de nous. Accélérée par des circonstances incalculables, elle a entraîné la subversion soudaine de l'ancien système; mais, sans nous donner le temps d'étayer ce qu'il faut conserver encore, de remplacer ce qu'il faut détruire, elle nous a tout-à-coup environnés de ruines.

En vain nos efforts ont soutenu le gouvernement; il touche à une fatale inertie. Les revenus publics ont disparu; le crédit n'a pu naître dans un moment où les craintes sembloient égaler les espérances. En se détendant, ce ressort de la force sociale a tout relâché, les hommes & les choses, la résolution, le courage, & jusqu'aux vertus. Si votre concours ne se hâtoit de rendre au corps politique le mouvement & la vie, la plus belle révolution seroit perdue aussi-tôt qu'espérée; elle rentreroit dans le cahos d'où tant de nobles travaux l'ont fait éclore; & ceux qui conserveront à jamais l'amour invincible de la liberté, ne laisseroient pas même aux mauvais citoyens la honteuse consolation de redevenir esclaves.

Depuis que vos députés ont déposé dans une réunion juste & nécessaire toutes les rivalités, toutes les divisions d'intérêts, l'assemblée nationale n'a cessé de travailler à l'établissement des loix, qui, semblables pour tous, seront la sauvegarde de tous. Elle a réparé de grandes erreurs; elle a brisé les liens d'une foule de servitudes qui dégradoient l'humanité; elle a porté la joie & l'espérance dans le cœur des habitans de la campagne, ces créanciers de la terre & de la nature, si long-temps flétris & découragés; elle a rétabli l'égalité des François, trop méconnue, leur droit commun à servir l'état, à jouir de sa protection, à mériter ses faveurs; enfin, d'après vos instructions, elle élève graduellement, sur la base immuable des droits imprescriptibles de l'homme, une constitution aussi douce que la nature, aussi durable que la justice, & dont les imperfections, suite de l'inexpérience de ses auteurs, seront facilement réparées.

Nous avons eu à combattre des préjugés invétérés depuis des siècles; & mille incertitudes accompagnent les grands changemens. Nos successeurs seront éclairés par l'expérience; & c'est à la seule lueur des principes, qu'il nous a fallu tracer une route nouvelle. Ils travailleront paisiblement, & nous avons essuyé de grands orages. Ils connoîtront leurs droits & les limites de tous les pouvoirs: nous avons recouvré les uns, & fixé les autres: ils consolideront notre ouvrage, ils nous surpasseront, & voilà notre récompense. Qui oseroit maintenant assigner à la France le terme de sa grandeur? qui n'élèveroit ses espérances? qui ne se réjouiroit d'être citoyen de cet empire?

Cependant telle est la crise de nos Finances, que l'état est menacé de tomber en dissolution avant que ce bel ordre ait pu s'affermir. La cessation des revenus a fait disparoître le numéraire; mille circonstances le précipitent au dehors du royaume, toutes les sources du crédit sont taries; la circulation universelle menace de s'arrêter; & si le patriotisme ne s'avance au secours du gouvernement, & de l'administration des finances, qui embrasse tout, notre armée, notre flotte, nos subsistances, nos arts, notre commerce, notre agriculture, notre dette nationale, la France se voit rapidement entraînée vers la catastrophe où elle ne recevra plus de loix que des désordres de l'anarchie..... La liberté n'auroit lui un instant à nos yeux que pour s'éloigner, en nous laissant le sentiment amer que nous ne sommes pas dignes de la posséder! A notre honte & aux yeux de l'univers, nous ne pourrions attribuer nos maux qu'à nous-mêmes! Avec un sol fertile, avec une industrie si féconde, avec un commerce tel que le nôtre, & tant de moyens de prospérité, qu'est-ce donc que l'embarras de nos finances? Tous nos besoins du moment sont à peine les fonds d'une campagne de guerre; notre propre liberté ne vaut-elle pas ces luttes insensées où les victoires même nous ont été funestes?

Ce moment une fois passé, loin de surcharger les peuples, il sera facile d'améliorer leur sort; des réductions qui n'atteignent pas encore le luxe & l'opulence; des réformes qui ne feront point d'infortunés; des conversions faciles d'impôts, une égale répartition établiront, avec l'équilibre des revenus & des dépenses, un ordre permanent qui, toujours surveillé, sera inaltérable; & cette consolante perspective est assise sur des supputations exactes, sur des objets réels & connus. Ici, les espérances sont susceptibles d'être démontrées, & l'imagination est surbordonnée au calcul.

Mais les besoins actuels! mais la force publique paralysée! mais pour cette année & pour la suivante, cent soixante millions d'extraordinaire!.... Le premier ministre des finances nous a proposé, comme moyen principal pour cet effort, qui peut décider du salut de la monarchie, une contribution relative au revenu de chaque citoyen.

Pressés entre la nécessité de pourvoir, sans délai, aux besoins publics, & l'impossibilité d'approfondir, en peu d'instans, le plan qui nous étoit offert, nous avons craint de nous livrer à des discussions longues & douteuses; & ne voyant, dans les propositions du ministre, rien de contraire à nos devoirs, nous avons suivi le sentiment de la confiance en préjugeant qu'il seroit le vôtre. L'attachement universel de la nation pour l'auteur de ce plan, nous a paru le gage de sa réussite, & nous avons embrassé sa longue expérience comme un guide plus sûr que de nouvelles spéculations.

L'évaluation des revenus est laissée à la conscience des citoyens; ainsi l'effet de cette mesure dépend de leur patriotisme. Il nous est donc permis, il nous est ordonné de ne pas douter de son succès. Quand la nation s'élance du néant de la servitude vers la création de la liberté; quand la politique va concourir avec la nature au déploiement immense de ses hautes destinées, de viles passions s'opposeroient à sa grandeur, l'égoïsme l'arrêteroit dans son essor, le salut de l'état peseroit moins qu'une contribution personnelle!

Non, un tel égarement n'est pas dans la nature; les passions même ne cèdent pas à des calculs si trompeurs. Si la révolution qui nous a donné une patrie pouvoit laisser indifférens quelques françois, la tranquillité du royaume, gage unique de leur sûreté particulière, seroit du moins un intérêt pour eux. Non, ce n'est point au sein du bouleversement universel, dans la dégradation de l'autorité tutélaire, lorsqu'une foule de citoyens indigens, repoussés de tous les atteliers de travaux, harceleront une impuissante pitié, lorsque les troupes se dissoudront en bandes errantes, armées de glaives & provoquées par la faim; lorsque toutes les propriétés seront insultées, l'existence de tous les individus menacée, la terreur ou la douleur aux portes de toutes les familles; ce n'est point dans ce renversement que de barbares égoïstes jouiroient en paix de leurs coupables refus à la patrie. L'unique distinction de leur sort dans les peines communes seroit, aux yeux de tous, un juste opprobre; au fond de leur ame, un inutile remords.

Eh! que de preuves récentes n'avons-nous pas de l'esprit public qui rend tous les succès si faciles! Avec quelle rapidité se sont formées ces milices nationales, ces légions de citoyens, armés pour la défense de l'état, le maintien de la paix, la conservation des loix! Une généreuse émulation se manifeste de toute part: villes, communautés, provinces, ont regardé leurs privilèges comme des distinctions odieuses; elles ont brigué l'honneur de s'en dépouiller pour en enrichir la patrie. Vous le savez; on n'avoit pas le loisir de rédiger en arrêtés les sacrifices qu'un sentiment vraiment pur & vraiment civique dictoit à toutes les classes de citoyens, pour rendre à la grande famille tout ce qui dotoit quelques individus au préjudice des autres.

Sur-tout, depuis la crise de nos finances, les dons patriotiques se sont multipliés. C'est du trône, dont un prince bienfaisant relève la majesté par ses vertus, que sont partis les plus grands exemples. O vous, si justement aimé de vos peuples! roi, honnête homme & bon citoyen! vous avez jeté un coup-d'œil sur la magnificence qui vous environne; vous avez voulu, & des métaux d'ostentation sont devenus des ressources nationales. Vous avez frappé sur des objets de luxe; mais votre dignité suprême en a reçu un nouvel éclat, & pendant que l'amour des françois pour votre personne sacrée, murmure de vos privations, leur sensibilité applaudit à votre noble courage, & leur générosité vous rendra vos bienfaits comme vous desirez qu'on vous les rende, en imitant vos vertus, & en vous donnant la joie d'avoir guidé toute votre Nation dans la carrière du bien public.

Que de richesses dont un luxe de parade & de vanité a fait sa proie, vont reproduire des moyens actifs de prospérité! Combien la sage économie des individus peut concourir avec les plus grandes vues pour la restauration du royaume! Que de trésors accumulés par la piété de nos pères pour le service des autels, sortiront de l'obscurité pour le service de la patrie, & n'auront pas changé leur religieuse destination! « Voilà » les réserves que j'ai recueillies dans des temps » prospères, dit la religion sainte; je les rap» porte à la masse commune dans des temps de » calamité. Ce n'étoit pas pour moi; un éclat em» prunté n'ajoute rien à ma grandeur; c'étoit pour » vous, pour l'état, que j'ai levé cet honorable » tribut sur les vertus de vos pères ».

Helas! qui se refuseroit à de si touchans exemples! quel moment pour déployer nos ressources & pour invoquer les secours de toutes les parties de l'empire! Prévenez l'opprobre qu'imprimeroit à la liberté naissante la violation des engagemens les plus sacrés. Prévenez ces secousses terribles qui, en bouleversant les établissemens les plus solides, ébranleroient au loin toutes les fortunes, & ne présenteroient bientôt dans la France entière que les tristes débris d'un honteux naufrage. Combien ne s'abuse-t-on pas si, à une certaine distance de la capitale, on n'envisage la foi publique, ni dans ses immenses rapports avec la prospérité nationale, ni comme la première condition du contrat qui nous lie! Ceux qui osent prononcer l'infâme mot banqueroute, veulent-ils donc une société d'animaux féroces & non d'hommes justes & libres? Quel est le françois qui oseroit regarder un de ces concitoyens malheureux, quand il pourroit se dire à soi-même: *J'ai contribué pour ma part à empoisonner l'existence de plusieurs millions de mes semblables*? Serions-nous cette nation à qui ses ennemis même accordent la fierté de l'honneur, si les etrangers pouvoient nous flétrir du titre de *nation banqueroutière*, & nous accuser de n'avoir repris notre liberté & nos forces que pour commettre des attentats dont le despotisme avoit horreur?

Peu importeroit de protester que nous n'avons jamais prémédité ce forfait exécrable. Ah! les cris des victimes dont nous aurions rempli l'Europe, protesteroient plus haut contre nous! Il faut agir; il faut des mesures promptes, efficaces & certaines: qu'il disparoisse enfin ce nuage trop long-temps suspendu sur nos têtes, qui, d'une extrémité de l'Europe à l'autre, jette l'effroi parmi les créanciers de la France, & peut devenir plus funeste à ses ressources nationales, que les fléaux terribles qui ont ravagé nos campagnes.

Que de courage vous nous rendrez pour les fonctions que vous nous avez confiées ! Comment travaillerions-nous avec sécurité à la constitution d'un état dont l'existence est compromise ? Nous avions juré de sauver la patrie ; jugez de nos angoisses quand nous craignions de la voir périr dans nos mains. Il ne faut qu'un sacrifice d'un moment, offert véritablement au bien public & non pas aux déprédations de la cupidité. Eh bien ! cette légère expiation pour les erreurs & les fautes d'un tems marqué par notre servitude politique, est-elle donc au-dessus de notre courage ? Songeons au prix qu'a couté la liberté à tous les peuples qui s'en sont montrés dignes ; des flots de sang ont coulé pour elle ; de longs malheurs, d'affreuses guerres civiles ont par-tout marqué sa naissance !.... Elle ne nous demande que des sacrifices d'argent, & cette offrande vulgaire n'est pas un don qui nous appauvrisse ; elle revient nous enrichir & retombe sur nos cités, sur nos campagnes pour en augmenter la gloire & la prospérité.

Signé, MOUNIER, *présid.* DÉMEUNIER, le vicomte DE MIRABEAU, l'abbé D'EYMAR, l'évêque de NANCY, BUREAUX DE PUSY, FAYDEL, *secrétaires*. (*Voyez* CONTRIBUTION *patriotique*).

L'assemblée nationale aux françois.

11 Février 1790.

L'assemblée nationale s'avançant dans la carrière de ses travaux, reçoit de toutes parts les félicitations des provinces, des villes, des communautés, les témoignages de la joie publique, les acclamations de la reconnoissance ; mais elle entend aussi les murmures, les clameurs de ceux que blessent ou qu'affligent les coups portés à tant d'abus, à tant d'intérêts, à tant de préjugés. En s'occupant du bonheur de tous, elle s'inquiète des maux particuliers ; elle pardonne à la prévention, à l'aigreur, à l'injustice ; mais elle regarde comme un de ses devoirs de vous prémunir contre les influences de la calomnie, & de détruire les vaines terreurs dont on chercheroit à vous surprendre. Eh ! que n'a-t-on pas tenté pour vous égarer, pour ébranler votre confiance ! On a feint d'ignorer quel bien avoit fait l'assemblée nationale : nous allons vous le rappeler. On a élevé des difficultés contre ce qu'elle a fait : nous allons y répondre. On a répandu des doutes, on a fait naître des inquiétudes sur ce qu'elle fera : nous allons vous l'apprendre.

Qu'a fait l'assemblée ?

Elle a tracé d'une main ferme, au milieu des orages, les principes de la constitution qui assure à jamais votre liberté.

Les droits des hommes étoient méconnus, insultés depuis des siècles ; ils ont été rétablis pour l'humanité entière, dans cette déclaration qui sera à jamais le cri de ralliement contre les oppresseurs, & la loi des législateurs eux-mêmes.

La nation avoit perdu le droit de décréter & les lois & les impôts : ce droit lui a été restitué, & en même-tems ont été consacrés les vrais principes de la monarchie, l'inviolabilité du chef auguste de la nation, & l'hérédité du trône dans une famille si chère à tous les françois.

Nous n'avions que des états-généraux ; vous avez maintenant une assemblée nationale, & elle ne peut plus vous être ravie.

Des ordres, nécessairement divisés, & asservis à d'antiques prétentions, y dictoient les décrets, & pouvoient y arrêter l'essor de la volonté nationale. Ces ordres n'existent plus ; tout a disparu devant l'honorable qualité de citoyen.

Tout étant devenu citoyen, il vous falloit des défenseurs citoyens ; &, au premier signal, on a vu cette garde nationale qui, rassemblée par le patriotisme, commandée par l'honneur, par-tout maintient ou ramène l'ordre, & veille avec un zèle infatigable à la sûreté de chacun, pour l'intérêt de tous.

Des privilèges sans nombre, ennemis irréconciliables de tout bien, composoient tout notre droit public : ils sont détruits ; & à la voix de votre assemblée, les provinces les plus jalouses des leurs, ont applaudi à leur chûte ; elles ont senti qu'elles s'enrichissoient de leur perte.

Une féodalité vexatoire, si puissante encore dans ses derniers débris, couvroit la France entière : elle a disparu sans retour.

Vous étiez soumis, dans les provinces, au régime d'une administration inquiétante : vous en êtes affranchis.

Des ordres arbitraires attentoient à la liberté des citoyens : ils sont anéantis.

Vous vouliez une organisation complette des municipalités : elle vient de vous être donnée ; & la création de tous ces corps, formés par vos suffrages, présente en ce moment, dans toute la France, le spectacle le plus imposant.

En même tems l'assemblée nationale a consommé l'ouvrage de la nouvelle division du royaume, qui seule pouvoit effacer jusqu'aux dernières traces des anciens préjugés ; substituer à l'amour-propre de province, l'amour véritable de la patrie, asseoir les bases d'une bonne représentation, & fixer à-la-fois les droits de chaque homme & de chaque canton, en raison de leurs rapports avec la chose publique ; problême difficile, dont la solution étoit restée inconnue jusqu'à nos jours.

Dès long-tems vous desiriez l'abolition de la vénalité des charges de magistrature : elle a été prononcée. — Vous éprouviez le besoin d'une réforme, du moins provisoire, des principaux vices du code criminel : elle a été décrétée, en attendant une réforme générale. — De toutes les parties du royaume nous ont été adressées des plaintes, des demandes, des réclamations : nous y avons satisfait autant qu'il étoit en notre pouvoir. — La multitude des engagemens publics effrayoit : nous avons consacré les principes sur la foi qui leur est due. — Vous redoutiez le pouvoir des ministres : nous leur avons imposé la loi rassurante de la responsabilité.

L'impôt de la gabelle vous étoit odieux : nous l'avons adouci d'abord, & nous vous en avons promis l'entière destruction ; car il ne nous suffit pas que les impôts soient indispensables pour les besoins publics ; il faut encore qu'ils soient justifiés par leur égalité, leur sagesse, leur douceur.

Des pensions immodérées, prodiguées souvent à l'insçu de votre roi, vous ravissoient le fruit de vos labeurs : nous avons jetté sur elles un premier regard sévère, & nous allons les renfermer dans les limites étroites d'une stricte justice.

Enfin, les finances demandoient d'immenses réformes : secondés par le ministre qui a obtenu votre confiance, nous y avons travaillé sans relâche, & bientôt vous allez en jouir.

Voilà notre ouvrage, françois, ou plutôt voilà le vôtre ; car nous ne sommes que vos organes, & c'est vous qui nous avez éclairés, encouragés, soutenus dans nos travaux. Quelle époque que celle à laquelle nous sommes enfin parvenus ! Quel honorable héritage vous allez transmettre à votre postérité ! Elevés au rang de citoyens, admissibles à tous les emplois, censeurs éclairés de l'administration quand vous n'en serez pas les dépositaires, sûrs que tout se fait & par vous & pour vous, égaux devant la loi, libres d'agir, de parler, d'écrire, ne devant jamais compte aux hommes, toujours à la volonté commune ; quelle plus belle condition ! Pourroit-il être encore un seul citoyen, vraiment digne de ce nom, qui osât tourner ses regards en arrière, qui voulût relever les débris dont nous sommes environnés, pour en recomposer l'ancien édifice !

Et pourtant, que n'a-t-on pas dit? que n'a-t-on pas fait pour affoiblir en vous l'impression naturelle que tant de biens doivent produire ?

Nous avons tout détruit, a-t-on dit : c'est qu'il falloit tout reconstruire. Et qu'y a-t-il donc tant à regretter ! Veut-on le savoir ? Que sur tous les objets reformés ou détruits, l'on interroge les hommes qui n'en profitoient pas ; qu'on interroge même la bonne-foi des hommes qui en profitoient ; qu'on écarte ceux-là qui, pour ennoblir les afflictions de l'intérêt personnel, prennent aujourd'hui pour objet de leur commisération, le sort de ceux qui, dans d'autres tems, leur furent si indifférens ; & l'on verra si la réforme de chacun de ces objets ne réunit pas tous les suffrages faits pour être comptés.

Nous avons agi avec trop de précipitation... & tant d'autres nous ont reproché d'agir avec trop de lenteur ! Trop de précipitation ! Ignore-t-on que c'est en attaquant, en renversant tous les abus à-la-fois, qu'on peut espérer de s'en voir délivré sans retour ; qu'alors, & alors seulement, chacun se trouve intéressé à l'établissement de l'ordre ; que les réformes lentes & partielles ont toujours fini par ne rien réformer ; enfin, que l'abus que l'on conserve devient l'appui, & bientôt le restaurateur de tous ceux qu'on croyoit avoir détruits ?

Nos assemblées sont tumultueuses..... Et qu'importe si les décrets qui en émanent sont sages ? Nous sommes, au reste, loin de vouloir présenter à vôtre admiration les détails de tous nos débats. Plus d'une fois nous en avons été affligés nous-mêmes ; mais nous avons senti en même tems qu'il étoit trop injuste de chercher à s'en prévaloir, & qu'après tout, cette impétuosité étoit l'effet presqu'inévitable du premier combat qui se soit peut-être jamais livré entre tous les principes & toutes les erreurs.

On nous accuse d'avoir aspiré à une perfection chimérique.... Reproche bisarre, qui n'est, on le voit bien, qu'un vœu mal déguisé pour la perpétuité des abus. L'assemblée nationale ne s'est point arrêtée à ces motifs servilement intéressés ou pusillanimes : elle a eu le courage, ou plutôt la raison de croire que les idées utiles, nécessaires au genre humain, n'étoient pas exclusivement destinées à orner les pages d'un livre, & que l'Être suprême, en donnant à l'homme la perfectibilité, apanage particulier de sa nature, ne lui avoit pas défendu de s'appliquer à l'ordre social, devenu le plus universel de ses intérêts, & presque le premier de ses besoins.

Il est impossible, a-t-on dit, de régénérer une nation vieille & corrompue... Que l'on apprenne encore qu'il n'y a de corrompu que ceux qui veulent perpétuer des abus corrupteurs, & qu'une nation se rajeunit, le jour où elle a résolu de renaître à la liberté. Voyez la génération nouvelle : comme déjà son cœur palpite de joie & d'espérance ! Comme ses sentimens sont purs, nobles, patriotiques ! Avec quel enthousiasme on la voit chaque jour briguer, l'honneur d'être admise à prêter le serment de citoyen !.... Mais pourquoi répondre à un aussi misérable reproche ? l'assemblée nationale seroit-elle donc réduite à s'excuser de n'avoir pas désespéré du peuple françois.

On n'a encore rien fait pour le peuple, a-t-on osé dire... Et c'est sa cause qui triomphe par-tout. Rien fait pour le peuple ! Et chaque abus que l'on a détruit, ne lui prépare-t-il pas, ne lui assure-t-il pas un soulagement ? Etoit-il un seul abus qui ne pesât sur le peuple ?

maux étouffoit ses plaintes... Maintenant il est malheureux... Dites plutôt : il est encore malheureux;.. mais il ne le sera pas long-tems : nous en faisons le serment.

Nous avons détruit le pouvoir exécutif... non : dites le pouvoir ministériel ; & c'est lui qui détruisoit, qui souvent dégradoit le pouvoir exécutif. Le pouvoir exécutif, nous l'avons éclairé en lui montrant ses véritables droits ; & sur-tout nous l'avons ennobli en le faisant remonter à la véritable source de sa puissance, la puissance du peuple.

Il est maintenant sans force.... contre la constitution & la loi : cela est vrai ; mais en leur faveur, il sera plus puissant qu'il ne le fut jamais.

Le peuple s'est armé... Oui, pour sa défense : il en avoit besoin. Mais, dans plusieurs endroits, il en est résulté des malheurs.... Peut-on les reprocher à l'assemblée nationale ? Peut-on lui imputer des désastres dont elle gémit, qu'elle a voulu prévenir, arrêter par toute la force de ses décrets, & que va faire cesser sans doute l'union désormais indissoluble entre les deux pouvoirs, & l'action irrésistible de toutes les forces nationales ?

Nous avons passé nos pouvoirs : la réponse est simple. Nous étions incontestablement envoyés pour faire une constitution : c'étoit le vœu, c'étoit le besoin de la France entière. Or, étoit-il possible de la créer cette constitution, de former un ensemble, même imparfait, de décrets constitutionnels, sans la plénitude des pouvoirs que nous avons exercés ? Disons plus : sans l'assemblée nationale, la France étoit perdue ; sans le principe qui soumet tout à la pluralité des suffrages libres, & qui a fait tous nos décrets, il étoit impossible de concevoir une assemblée nationale ; il est impossible de concevoir, nous ne disons pas une constitution, mais même l'espoir de détruire irrévocablement le moindre des abus. Ce principe est d'éternelle vérité : il a été reconnu dans toute la France ; il s'est reproduit de mille manières dans ces nombreuses *adresses* d'adhésion, qui rencontroient sur toutes les routes cette foule de libelles où l'on nous reproche d'avoir excédé nos pouvoirs. Ces *adresses*, ces félicitations, ces hommages, ces sermens patriotiques : quelle confirmation des pouvoirs que l'on vouloit nous contester !

Tels sont, françois, les reproches que l'on fait à vos représentans dans cette foule d'écrits coupables, où l'on affecte le ton d'une douleur citoyenne. Ah ! vainement on s'y flatte de nous décourager : notre courage redouble ; vous ne tarderez pas à en ressentir les effets.

L'assemblée va vous donner une constitution militaire qui, composant l'armée de soldats citoyens, réunira la valeur qui défend la patrie, & les vertus civiques qui la protégent sans l'effrayer.

Bientôt elle vous présentera un systême d'impositions qui ménagera l'agriculture & l'industrie, qui respectera enfin la liberté du commerce, un systême qui, simple, clair, aisément conçu de tous ceux qui payent, déterminera la part qu'ils doivent, rendra facile la connoissance si nécessaire de l'emploi des revenus publics, & mettra sous les yeux de tous les françois, le véritable état des finances, jusqu'à présent labyrinthe obscur, où l'œil n'a pu suivre la trace des trésors de l'état.

Bientôt un clergé citoyen, soustrait à la pauvreté comme à la richesse, modèle à-la-fois du riche & du pauvre, pardonnant les expressions injurieuses d'un délire passager, inspirera une confiance vraie, pure, universelle, que n'altérera ni l'envie qui outrage, ni cette sorte de pitié qui humilie ; il fera chérir encore davantage la religion ; il en accroîtra l'heureuse influence par des rapports plus doux & plus intimes entre les peuples & les pasteurs ; & il n'offrira plus le spectacle que le patriotisme du clergé lui-même a plus d'une fois dénoncé dans cette assemblée, de l'oisiveté opulente & de l'activité sans récompense.

Bientôt un systême de loix criminelles & pénales, dictées par la raison, la justice, l'humanité, montrera jusques dans la personne des victimes de la loi, le respect dû à la qualité d'homme, respect sans lequel on n'a pas le droit de parler de morale.

Un code de loix civiles, confié à des juges désignés par votre suffrage, & rendant gratuitement la justice, fera disparoître toutes ces loix obscures, compliquées, contradictoires, dont l'incohérence & la multitude sembloient laisser, même à un juge intègre, le droit d'appeler justice sa volonté, son erreur, quelquefois son ignorance ; mais jusqu'à ce moment vous obéirez religieusement à ces mêmes loix, parce que vous savez que le respect pour toute loi, non encore révoquée, est la marque distinctive du vrai citoyen.

Enfin nous terminerons nos travaux par un code d'instruction & d'éducation nationale, qui mettra la constitution sous la sauve-garde des générations naissantes ; & faisant passer l'instruction civique par tous les dégrés de la représentation, nous transmettrons, dans toutes les classes de la société, les connoissances nécessaires au bonheur de chacune de ces classes, en même-tems qu'à celui de la société entière.

Voyez, françois, la perspective de bonheur & de gloire qui s'ouvre devant vous ! Il reste encore quelques pas à faire, & c'est où vous attendent les détracteurs de la révolution. Défiez-vous d'une impétueuse vivacité ; redoutez sur-tout les violences, car tout désordre peut devenir funeste à la liberté. Vous chérissez cette liberté ; vous la possédez maintenant : montrez-vous dignes de la conserver ; soyez fidèles à l'esprit, à la lettre des décrets de vos représentans, acceptés ou sanctionnés par le roi ; distinguez soigneusement les droits abolis sans rachat, & les droits rachetables, mais encore existans. Que les premiers ne soient plus exigés, mais que les seconds ne soient point refusés. Songez aux trois mots sacrés qui garantissent ces décrets : LA NATION, LA LOI, LE ROI. La nation, c'est vous : la loi, c'est encore vous ; c'est votre volonté : le roi, c'est le gardien de la loi. Quels que soient les mensonges qu'on prodigue, comptez sur cette union. C'est le roi qu'on trompoit : c'est vous qu'on trompe maintenant ; & la bonté du roi s'en afflige : il veut préserver son peuple des flatteurs qu'il a éloignés du trône ; il en défendra le berceau de son fils ; car au milieu de vos représentans, il a déclaré qu'il faisoit de l'héritier de la couronne le gardien de la constitution.

Qu'on ne vous parle plus de deux partis. Il n'en est qu'un, nous l'avons tous juré ; c'est celui de la liberté. Sa victoire est sûre, attestée par les conquêtes qui se multiplient tous les jours. Laissez d'obscurs blasphémateurs prodiguer contre nous les injures, les calomnies ; pensez seulement que, s'ils nous louoient, la France seroit perdue. Gardez-vous sur-tout de réveiller leurs espérances par des fautes, par des désordres, par l'oubli de la loi. Voyez comme ils triomphent de quelques délais dans la perception de l'impôt ! Ah ! ne leur préparez pas une joie cruelle ! Songez que cette dette... Non, ce n'est plus une dette : c'est un tribut sacré, & c'est la patrie maintenant qui le reçoit pour vous, pour vos enfans ; elle ne le laissera plus prodiguer aux déprédateurs qui voudroient voir tarir pour l'état, le trésor public, maintenant tari pour eux ; ils aspiroient à des malheurs qu'a prévenus, qu'a rendus impossibles, la bonté magnanime du roi. François, secondez votre roi, par un saint & immuable respect pour la loi ; défendez contre eux son bonheur, ses vertus, sa véritable gloire ; montrez qu'il n'eût jamais d'autres ennemis que ceux de la liberté ; montrez que pour elle & pour lui votre constance égalera votre courage ; que pour la liberté dont il est le garant, on ne se lasse point, on est infatigable. Votre lassitude étoit le dernier espoir des ennemis de la révolution ; ils le perdent : pardonnez-leur d'en gémir ; & déplorez, sans les haïr, ce reste de foiblesse, toutes ces misères de l'humanité : cherchons, disons même ce qui les excuse. Voyez quel concours de causes a dû prolonger, entretenir, presque éterniser leur illusion. Eh ! ne faut-il pas quelque tems pour chasser de sa mémoire les fantômes d'un long rêve, les rêves d'une longue vie ? Qui peut triompher, en un moment, des habitudes de l'esprit, des opinions inculquées dans l'enfance, entretenues par les formes extérieures de la société, long-tems favorisées par la servitude publique qu'on croyoit éternelle, chères à un genre d'orgueil qu'on imposoit comme un devoir, enfin mises sous la protection de l'intérêt personnel qu'elles flattoient de tant de manières ? Perdre à-la-fois ses illusions, ses espérances, ses idées les plus chéries, une partie de sa fortune ; est-il donné à beaucoup d'hommes de le pouvoir sans quelques regrets, sans des efforts, sans des résistances d'abord narutellles, & qu'ensuite un faux point d'honneur s'impose quelquefois à lui-même ? Eh ! si dans cette classe naguères si favorisée, il s'en trouve quelques-uns qui ne peuvent se faire à tant de pertes à-la fois, soyez généreux ; songez que, dans cette même classe, il s'est trouvé des hommes qui ont osé s'élever à la dignité de citoyens, intrépides défenseurs de vos droits, & dans le sein même de leur famille, opposant à leurs sentimens les plus tendres, le noble enthousiasme de la liberté.

Plaignez, François, les victimes aveugles de tant de déplorables préjugés ; mais, sous l'empire des loix, que le mot de *vengeance* ne soit plus prononcé. Courage, persévérance, générosité, les vertus de la liberté ; nous vous les demandons au nom de cette liberté sacrée, seule conquête digne de l'homme, digne de vous, par les efforts, par les sacrifices que vous avez faits pour elle, par les vertus qui se sont mêlées aux malheurs inséparables d'une grande révolution : ne retardez point, ne déshonorez point le plus bel ouvrage dont les annales du monde nous aient transmis la mémoire. Qu'avez-vous à craindre ? Rien, non rien, qu'une funeste impatience : encore quelques momens..... C'est pour la liberté ! Vous avez donné tant de siècles au despotisme ! Amis, citoyens, une patience généreuse au lieu d'une patience servile. Au nom de la patrie, vous en avez une maintenant ; au nom de votre roi, vous avez un roi : il est à vous ; non, plus le roi de quelques milliers d'hommes, mais le roi des françois..... de tous les françois. Qu'il doit mépriser maintenant le despotisme ! qu'il doit le haïr ! Roi d'un peuple libre, comme il doit reconnoître l'erreur de ces illusions mensongères, qu'entretenoit sa cour qui se disoit son peuple ! prestiges répandus autour de son berceau, enfermés comme à dessein dans l'éducation royale, & dont on a cherché, dans tous les tems, à composer l'entendement des rois pour faire, des erreurs de leurs pensées, le patrimoine des cours. Il est à vous : qu'il nous est cher ! Ah ! depuis que son peuple est devenu sa cour, lui refuserez-vous la tranquillité, le bonheur qu'il mérite ? Désormais, qu'il n'apprenne plus aucune de ces scènes violentes, qui ont tant affligé son cœur ; qu'il apprenne au contraire, que l'ordre renait ; que par-tout les propriétés sont respectées, défendues ; que vous recevez, vous placez sous l'égide des loix, l'innocent, le coupable..... De coupable ! il n'en est point, si la loi ne l'a prononcé. Ou plutôt, qu'il apprenne encore, votre vertueux monarque, quelques-uns de ces traits généreux, de ces nobles exemples qui déjà ont illustré le berceau de la liberté françoise...... Etonnez-le de vos vertus, pour lui donner plutôt le prix des siennes; en avançant pour lui le moment de la tranquillité publique & le spectacle de votre félicité.

Pour nous, poursuivant notre tâche laborieuse, voués, consacrés au grand travail de la constitution, votre ouvrage autant que le nôtre, nous le terminerons, aidés de toutes les lumières de la France & vainqueurs de tous les obstacles. Satisfaits de notre conscience, convaincus, & d'avance heureux de votre prochain bonheur, nous placerons entre vos mains ce dépôt sacré de la constitution, sous la garde des vertus nouvelles, dont le germe, enfermé dans vos ames, vient d'éclore aux premiers jours de la liberté.

Signé, BUREAUX DE PUSY, *président*. LABORDE DE MEREVILLE, l'abbé EXPILLY, le vicomte de NOAILLES, GUILLOTIN, le baron de MARGUERITES, le marquis de la COSTE, *Secrétaires*.

(*Voyez* CONSTITUTION).

ADRESSE *de l'assemblée nationale, aux françois, sur l'émission des assignats-monnoie.*

3 Mai 1790.

L'assemblée nationale vient de faire un grand pas vers la régénération des finances. Elle s'est déterminée à de grands sacrifices; elle n'a été arrêtée par aucun obstacle, par aucun préjugé: le salut de l'état lui en imposoit le devoir. Espérant tout de l'esprit public, qui chaque jour semble acquérir de nouvelles forces, l'assemblée nationale eût pu ne craindre aucune fausse interprétation de ses motifs, & se reposer sur leur pureté; mais cette conscience d'elle-même ne lui suffit pas. Elle veut que la nation entière puisse la juger, & jamais de plus grands intérêts n'ont été soumis à un tribunal plus imposant.

Donner une constitution à l'empire, assurer par elle le destin de la fortune publique, & par la fortune publique le maintien de la constitution: telle fut la mission de l'assemblée nationale.

François, les bases de la constitution sont posées; le roi, que vous chérissez, les a acceptées. Vos suffrages ont accueilli ce premier fruit de nos travaux; & dès ce moment, c'est avec la certitude que nous allions travailler pour un peuple libre, que nous avons entrepris de rétablir l'ordre dans les finances.

Un abîme étoit ouvert devant nous; des impôts à-la-fois excessifs & oppresseurs dévoroient en vain la substance du peuple, ils étoient insuffisans à l'immensité des charges publiques; 60 millions de nouveaux subsides les eussent à peine acquittées, & tandis que les dépenses les plus nécessaires étoient arriérées, tandis que les créanciers les plus légitimes étoient soumis à d'injustes délais, les ressources mêmes de l'avenir n'avoient pas été respectées.

L'assemblée nationale n'a opposé à tant de désordres que votre autorité, son courage & ses principes. Juste & inébranlable à-la-fois, ce que chacun de vous eût dit, elle l'a dit en votre nom. Fidélité pour tous les engagemens, soulagement pour le peuple, tel étoit votre vœu, tel a été son serment.

Une recherche sévère sur les dépenses lui a prouvé que la somme des anciens revenus seroit plus que suffisante, lorsqu'ils cesseroient d'être prodigués. Elle a ordonné aussi-tôt toutes les économies qui pouvoient s'opérer sans délai, elle a tout préparé pour les autres.

L'examen des anciens revenus lui a montré que le peuple pouvoit être fort soulagé, sans que le trésor public fût appauvri; déjà le plus désastreux des impôts a été remplacé par un subside que n'accroissent plus des frais immenses de perception, & cette première opération n'est que l'essai d'un plan général.

L'arriéré des dépenses étoit incalculable, & le désordre se perpétuoit à la faveur des ténèbres qui l'enveloppoient. L'assemblée a porté la lumière dans cette obscurité, elle a soumis à une liquidation rigoureuse tout ce qui étoit dû au premier janvier dernier, & à un paiement régulier toutes les dépenses à partir de ce jour.

Les anticipations absorboient une grande partie des revenus de l'année, & leur renouvellement eût continué, dans les années suivantes, de mettre au hasard d'un crédit incertain & ruineux les besoins les plus urgens & les engagemens les plus sacrés. L'assemblée n'a point voulu sacrifier plus long-tems l'avenir au présent; &, sans autre calcul, elle a defendu toute anticipation nouvelle.

Elle employoit en même tems tous ses coopérateurs, les uns à approfondir la dette publique, en en préparant la liquidation; les autres à méditer un systême d'imposition établi sur les bases de la liberté, & réglé d'après les véritables convenances de la chose publique; d'autres à combiner les besoins de l'état avec ceux de l'agriculture & du commerce; d'autres enfin à connoître la valeur des domaines que, dans des tems plus heureux ou moins éclairés, nos pères avoient assignés à l'acquittement d'une partie des charges publiques; l'assemblée nationale préparoit ainsi les matériaux du plan régénérateur que les représentans de la nation pouvoient seuls entreprendre, avec quelque espoir de succès.

Ce plan, si vaste, fruit de tant de travaux divers, ne pouvoit promettre ses résultats heureux que dans l'avenir. L'assemblée nationale en a irrévocablement fixé le terme à l'année prochaine, & pour atteindre à cette époque, sans compromettre ni la sûreté publique, ni les principes d'une sage administration, elle a porté une attention courageuse sur les besoins urgens de la présente année.

C'est sur cette année particulièrement que pesoit l'accumulation de tous les désordres précédens. Tandis que la plus grande partie des recettes ordinaires étoit suspendue ou détruite, soit par les chocs inséparables de la plus heureuse révolution, soit par l'incertitude qui accompagne les changemens même les plus favorables; tandis que la réduction des dépenses ne donnoit encore que des secours lents & graduels, il falloit à-la-fois fournir aux frais de l'administration générale, acquitter une dette de 170 millions, contractée sous la foi publique avec une banque dont le crédit avoit été la seule ressource de l'année dernière; éteindre 141 millions de ces anticipations proscrites par nos décrets & par la voix publique, & redevenir justes envers les rentiers de l'état, envers ces rentiers qui n'ont pas reçu encore les restes de l'année 1788, & dont l'aisance ou la misère influe si directement sur toutes les classes de l'industrie.

Telle étoit la position sur laquelle l'assemblée nationale a osé fixer ses regards sans désespérer de la patrie, & sans être détournée du ferme dessein de rejetter toute mesure qui mettroit obstacle au succès de ses méditations pour l'année 1791.

Le salut de l'état tenoit donc évidemment à la découverte & à l'emploi de ressources tout-à-la-fois nouvelles & immenses, avec lesquelles il fût possible d'atteindre cette époque importante, & sur-tout de l'atteindre sans accroître des charges déjà trop pesantes, & sans essayer les moyens illusoires d'un crédit anéanti.

Déterminée par ces puissantes considérations, convaincue, après un examen approfondi, qu'elle suivoit la seule marche convenable, l'assemblée nationale a rejeté tout expédient incertain; elle a osé croire qu'une nation puissante, qu'un peuple libre & gouverné par des lois, pouvoit, dans des circonstances difficiles, se commander à lui-même, ce que l'autorité arbitraire eût en vain sollicité de la confiance publique. Déjà l'assemblée avoit décrété, le 19 décembre dernier, une création d'assignats sur le produit d'une vente des biens ecclésiastiques & domaniaux, jusqu'à la concurrence de 400 millions; déjà elle les avoit destinés à des remboursemens & à un subside pour les dépenses de l'année courante; en confirmant de nouveau ces dispositions, l'assemblée nationale vient de décréter que ces assignats feroient l'office de monnoie.

Délivrée, par ce grand moyen, de toute incertitude, & de tous les résultats ruineux d'un crédit abandonné sans cesse aux caprices de la cupidité, la nation n'a plus besoin que d'union, de constance, de fermeté, que d'elle-même, en un mot, pour assurer à ce décret les plus heureux effets, pour qu'il ramène dans le trésor public, dans le commerce, & dans toutes les branches de l'industrie épuisée, la force, l'abondance & la prospérité.

François, les ennemis de la liberté peuvent seuls affoiblir cette espérance; il importe de rendre inutiles leurs insinuations; il importe de prouver jusqu'à l'évidence, que la résolution de l'assemblée nationale n'est pas seulement fondée sur la plus impérieuse nécessité, mais qu'elle l'est encore sur des principes sains, qu'elle est sans inconvénient, que, sous tous les rapports enfin, c'est une loi sage & salutaire.

Portez un instant vos regards en arrière; c'est le désordre des finances qui nous ramène les jours heureux de la liberté; appelés par un roi citoyen au secours de la chose publique, vous ne pouviez la sauver d'une manière sûre & honorable pour vous & pour lui, qu'en détruisant les causes qui, après vous avoir accablé de maux, pourroient les reproduire un jour, & peut-être les rendre incurables. Le mépris des droits de l'homme étoit le principe de vos malheurs : dès ce moment vos représentants ont dû poser les droits de l'homme, pour base d'une constitution propre à conserver au royaume sa force, aux françois leur dignité, à la chose publique tous les avantages résultans de notre heureuse position. Dès ce moment aussi, les vrais représentans de la nation, ceux qui, ne voulant rien pour eux, ont tout demandé pour elle, n'ont eu que des combats à soutenir; ils les ont soutenus avec courage; l'assemblée nationale n'en a que mieux connu vos vrais intérêts.

Par-tout où, sous l'empire de la liberté, l'homme jouit de tous les droits dont la société ne peut le priver sans injustice, l'esprit de corps ne sauroit être conservé sans danger. Il tend sans cesse à séparer son intérêt de l'intérêt commun. Tous les moyens de réunion qu'on lui laisse, sont des armes offensives. Vainement voudroit-on employer l'intérêt sacré de la religion, pour justifier une exception à ces principes, sans lesquels il n'y a point de liberté. Les saints devoirs que la religion prescrit, les augustes mystères dont elle conserve la tradition, exigent, sans doute, une profession particulière, une profession qui consacre la vie entière à soutenir de grandes vérités par de grands exemples; mais elle ne doit pas séparer ceux qui l'embrassent du reste des citoyens: l'influence morale de la religion ne doit donner aucune influence politique à ses ministres. Ainsi, travaillant à régénérer la France, à lui rendre la vraie liberté, à réunir tous les intérêts privés, toutes les volontés particulières sous l'empire de la volonté générale, la nation a dû reprendre à elle la disposition de biens qui n'ont pu cesser de lui appartenir, des biens qui servoient moins à l'entretien décent des vrais ministres du culte, qu'à constituer un état dans l'état, & à favoriser une dangereuse indépendance.

Dès-lors la nation a dû faire de ces biens l'usage le plus sage, selon les conjonctures où elle se trouve.

Subvenir à des dépenses de sûreté, acquitter des engagemens dont la suspension est tout-à-la-fois désastreuse pour les citoyens, & honteuse pour la nation, sont les premiers besoins, ou plutôt les premiers devoirs. Eût-il été possible de les négliger long-tems, sans compromettre le sort des ministres de la religion eux-mêmes? Peut-on concevoir une classe d'hommes, une classe de propriétés qui n'eût été perdue dans la confusion & dans l'anarchie? L'assemblée nationale eût donc manqué à tous les principes; elle eût trahi votre confiance en hésitant de consacrer dès-à-présent une portion des domaines nationaux à la sûreté & au soulagement de toute la nation.

Quelles circonstances furent jamais plus impérieuses? Les ennemis de la liberté n'ont plus de ressource que dans les désordres & dans les plaintes de la misère; ils s'aveuglent sans doute, s'ils pensent triompher du désespoir; mais nous ne mériterions pas d'être libres, si nous ne réunissions tous nos efforts pour prévenir d'aussi déplorables extrémités.

Ainsi c'est sous l'empire des principes politiques les plus certains, & des besoins les plus urgens, que l'assemblée nationale, acceptant l'intervention & le secours des municipalités, a décrété la vente de ces domaines, dont le sage emploi pouvoit seul arrêter les progrès du mal; & puisque leur ancienne administration ne peut plus subsister, puisqu'en les rendant à la circulation, ils seront une source plus féconde de richesses nationales, l'assemblée a satisfait à tous ses devoirs en disposant de ces biens: mais dès-lors elle devoit mettre, à la charge de la nation entière, toutes les dépenses qu'ils acquittoient.

La religion, ses ministres, les religieux, les pauvres, sont à la nation; vos représentans ont décrété que dorénavant les frais du culte, le traitement juste & honorable des ministres des autels, l'entretien des religieux, celui des pauvres seroient fournis par le trésor de la nation; elle a placé les créanciers du clergé au rang des créanciers de l'état. Aux biens ecclésiastiques qui sont dans la nation, elle a joint tous les siens pour répondre des mêmes charges. Ces dispositions sont sages, vous n'en feriez en aucun tems, ni de plus sûres, ni de plus conformes à la saine politique, ni de mieux assorties au véritable esprit de la religion.

François, vous soutiendrez toutes ces mesures; vous ne permettrez pas que la plus légère résistance arrête l'exécution des décrets de l'assemblée, sanctionnés par le roi. Que ceux d'entre vous à qui il conviendra d'acheter les biens qui seront mis en vente, se présentent sans crainte; la propriété qu'ils acquerront leur est assurée, c'est de la nation elle-même qu'ils la tiendront. Les despotes, les tyrans, ceux qui gouvernent sans loix ne se doivent rien; ils peuvent détruire impunément l'ouvrage les uns des autres. Une nation ne frappe pas ainsi sur elle-même. Quel intérêt auroit-elle jamais à déposséder celui qu'elle auroit mis en possession. Il faudroit la concevoir foulant aux pieds les loix qu'elle s'est données, ou bien il faudroit supposer possible qu'elle consentît de nouveau à s'exposer au pillage du despotisme, & qu'elle permît encore à quelques hommes d'envahir sa liberté. La constitution que chacun de vous a juré de maintenir, nous garantit à jamais de ce malheur.

Si l'on peut acquérir de la nation avec sûreté, si toute idée contraire ne peut être admise avec quelque apparence de raison, l'assemblée nationale a pu disposer à l'avance du produit des ventes qu'elle a décrétées; c'est le but des assignats. Les biens dont ils représentent le produit, forment leur valeur intrinsèque; cette valeur est aussi évidente que celle du métal renfermé dans notre numéraire habituel. Ces assignats eussent tôt ou tard été nécessaires pour distribuer entre les créanciers de l'état la portion de ces biens, destinée par nos premiers décrets à secourir le trésor public; que cette distribution se fasse plus tôt ou plus tard; cette circonstance ne change rien à leur nature. Leur valeur reste la même, & si l'on délivre les assignats avant que les biens soient vendus, c'est qu'on a besoin d'une monnoie, qui remplace promptement celle qui a disparu du commerce. Sans cette anticipation salutaire, le trésor public, & vous-même, ne sortiriez point de la crise dangereuse qu'il est si important de faire cesser.

L'assemblée nationale n'a cependant fait céder aucun principe aux loix de l'impérieuse nécessité. Elle a examiné les assignats-monnoie sous tous les rapports, avant de se déterminer. Elle n'a écarté les vaines déclamations sur les anciens abus du papier-monnoie, qu'après la plus exacte analyse de son projet. Elle a considéré que l'or & l'argent, monnoyés eux-mêmes ont deux valeurs différentes, l'une comme marchandise, l'autre comme signe des échanges. La première pouvant varier suivant la rareté ou l'abondance, qui toujours élèvent ou abaissent le prix de toutes les denrées, il falloit que la loi leur imprimât une seconde valeur immuable, pour ne pas multiplier les embarras dans le commerce. L'exacte correspondance de ces deux valeurs seroit pour la monnoie le point de la perfection; ainsi le signe légal des échanges doit toujours être aussi rapproché, qu'il est possible, d'une valeur réelle, égale à la valeur de convention. Voilà pourquoi un papier-monnoie sans valeur effective (& il ne peut en avoir aucune, s'il ne représente des propriétés spéciales), est inadmissible dans le commerce, pour concourir avec les métaux qui ont une valeur réelle & indépendante de toute convention. Voilà pourquoi le papier-monnoie qui n'a eu pour base que l'autorité, a toujours causé la ruine des pays où il a été établi. Voilà pourquoi les billets de banque de 1720, après avoir causé les plus grands malheurs, n'ont laissé que d'affreux souvenirs. L'assemblée nationale n'a pas voulu vous exposer à ce danger; aussi, lorsqu'elle donne aux assignats une valeur de convention obligatoire, ce n'est qu'après leur avoir assuré une valeur réelle, une valeur immuable, une valeur qui leur permet de soutenir avantageusement la concurrence avec les métaux eux-mêmes.

A quoi serviroient des assignats qu'on seroit libre de refuser? Placés comme marchandise dans le commerce, loin qu'ils suppléassent à la rareté du numéraire, ils rendroient cette rareté plus incommode encore & plus funeste peut-être, car le prix d'une marchandise ne peut que décroître, toutes les fois qu'elle devient plus commune, surtout au moment où les moyens de l'acquérir sont plus rares.

Les pièces de monnoie ordinaire dont le cours ne seroit pas forcé, auroient elles-mêmes un inconvénient presque égal à celui des assignats libres; elles ne se placeroient dans la circulation que comme une marchandise, dont le prix pourroit varier à chaque instant. Rien ne s'exécuteroit qu'au travers de mille difficultés. Il est donc indispensable que la loi fixe le cours de la monnoie ordinaire, & qu'elle règle aussi impérieusement tout ce qui doit remplacer le numéraire dans la circulation. Mais le législateur n'a droit de donner ce caractère légal, qu'après s'être assuré de la valeur à laquelle il l'imprime. C'est ce qu'a fait l'assemblée nationale. Elle n'a créé des assignats-monnoie, qu'après avoir déterminé une masse de biens nationaux & disponibles, & en avoir formé le subside de 400 millions pour secourir le trésor public.

L'assemblée nationale s'attend donc à voir tous les bons François applaudir à cette mesure. Elle les délivre de l'art funeste des expédiens en finance; elle soulage les revenus de l'état, d'une dépense considérable; elle prépare l'extinction de la dette publique; elle est utile à l'industrie; elle est digne enfin d'une nation éclairée, qui ne veut ni se tromper elle-même, ni tromper les autres.

L'intérêt attaché aux assignats rappellera bientôt le numéraire enfoui; ils ont déja opéré sur le change avec l'étranger une révolution favorable, elle sera complette; tout se ranimera à la fois; dès que les provinces seront à l'unisson de la capitale sur l'usage des assignats.

L'assemblée nationale auroit-elle besoin de rassurer les citoyens sur le sort de la religion & de ses ministres? sur celui de toutes les personnes qui regarderoient les biens ecclésiastiques comme une hypothèque ou un patrimoine? Quoi! l'hypothèque des créanciers du clergé s'affoibliroit-elle parce qu'elle passera dans les mains de la nation? parce que les biens ecclésiastiques seront désormais cultivés par de vrais propriétaires? parce que l'industrieuse sollicitude des pères de famille, mettra à la place de l'activité usufruitière qui épuise les forces productives, l'économie prévoyante qui les réserve pour nourrir des générations? François, faut-il vous rappeller qu'éclairée, soutenue, encouragée par vos travaux, l'assemblée nationale régénère & ne détruit pas, que les ruines dont elle semble environnée, sont les frêles étais du despotisme, & non les solides appuis de la prospérité publique? Eh! qu'importe quels biens acquitteront votre dette envers les ministres de la religion, pourvu qu'ils soient honorablement traités, pourvu que leur salaire ne les éloigne pas de leur devoir, qu'il les rapproche au contraire des hommes qu'ils doivent édifier, instruire & consoler? Où sont les exemples d'un peuple, qui en devenant libre, soit devenu injuste envers ceux qui le servent; & n'avons-nous pas établi les dépenses de la religion au premier rang des dépenses publiques, ainsi que vous placez tous la religion elle-même au premier rang de vos devoirs?

Quand il est si évident que la liberté améliore l'homme, qu'elle lui donne des vertus en lui rendant sa dignité, qu'elle ne le délivre de la superstition, qu'en donnant plus de force aux devoirs de la morale, quel aveuglement ou quelle perversité ne faudroit-il pas, pour chercher à vous persuader que vous deviendrez irréligieux, que vous mépriserez les gardiens des mœurs & de la morale, parce qu'au lieu de laisser au clergé la disposition de ses biens, vous entretiendrez le clergé des deniers de votre trésor? Souffrirez-vous qu'on vous croie moins bienfaisans envers vos frères pauvres, parce que les loix veilleront elles-mêmes sur eux, & que les droits de l'homme sont plus que jamais connus & sacrés?

Après vous avoir prouvé la sûreté des assignats-monnoie, la justice & la sagesse des résolutions qui leur servent de base, quelle objection nous resteroit-il à détruire? Faudra-t-il répondre encore à la crainte frivole de la falsification, tandis qu'il est si aisé d'en prévenir les effets & d'y opposer une surveillance, dont l'action toujours présente, multipliera autour de vous les moyens de garantie & ceux de vérification.

L'assemblée nationale n'oubliera rien pour conduire à sa fin la plus honorable entreprise. N'oubliez jamais à votre tour, que sans les efforts de vos représentans, les malheurs de cette année eussent entraîné la perte de l'avenir; que cet avenir désormais est à vous; que l'opération des assignats-monnoie étoit la seule qui pût vous en répondre, qu'elle se lie à la constitution, qu'elle en est une heureuse conséquence, qu'elle n'est souillée par aucun intérêt fiscal, qu'elle délivre la chose publique de cet art si cruellement mensonger, avec lequel on a si long-tems abusé de notre crédulité & de nos forces.

Après ces explications, hésiteriez-vous à donner votre appui aux assignats-monnoie, à regarder comme vos ennemis, comme les ennemis de la liberté ceux qui chercheroient à en troubler le cours, à détruire la juste confiance que vous vous devez à vous-mêmes, à vos propres intérêts, aux décrets rendus par vos représentans, par des citoyens choisis par vous, animés par votre esprit, dévoués avec courage aux combats que vous leur avez ordonnés?

François, vous n'oublierez pas que l'union est le salut des peuples qui veulent briser leurs fers; vous n'oublierez pas que l'assemblée, à qui vous avez donné le droit de représenter la nation, est l'unique centre de cette union. Elle s'occupe, d'accord avec votre roi, à préserver pour toujours vos droits des attentats du pouvoir arbitraire, à garantir vos biens, le fruit de vos peines & de vos sollicitudes, des mains avides des déprédateurs. Tous leurs désordres sont maintenant sous nos yeux. Les moyens qui les ont favorisés, nous indiquent ceux qui doivent vous en garantir. On ne peut plus nous en imposer par de vains sophismes; elles ont disparu ces administrations compliquées, plus organisées pour servir de refuge aux abus, que pour les prévenir. Ou nous péririons, ou les contributions de votre justice & de votre patriotisme seront constamment & fidèlement employées à leur destination. Les mêmes fonds que vous destinerez à l'extinction de la dette, ne serviront qu'à éteindre la dette; ceux qui devront maintenir la force publique & les défenseurs de la patrie sur un pied respectable, n'auront pas d'autre destination. La religion, ses ministres, les pauvres n'auront point à craindre qu'on dissipe à d'autres usages ce qui leur sera consacré. La majesté du trône, devenue plus imposante encore par ses augustes fonctions, celle d'exécuter les décrets d'un peuple libre, ne sera plus exposée à entendre les gémissemens de tant de malheureux. Les criminelles extensions d'impôts, l'avidité des percepteurs qui les étendoient encore, ne flétriront plus le gouvernement du meilleur des rois.

Par-tout l'ordre, la règle, & leur incorruptible gardien, la publicité loyale, deviendront les garans de l'obéissance, & la sauve-garde de vos propriétés.

François, secondez l'assemblée nationale par votre confiance; ses infatigables travaux le méritent. Un peu de tems encore, & les avantages de notre constitution atteindront toutes les classes de la société. Un peu de tems encore, & nul peuple n'aura autant mérité les bénédictions du genre humain.

GOUTTES, Curé d'Argevilliers, *président*. MUGUET DE NANTHOU, le comte DE CRILLON, DE LA REVELLIERE DE L'ÉPEAUX, ROEDERER, DE KERVELEGAN, DE CHAMPAULX PALASNE, *secrétaires*.

(*Voyez* ASSIGNAT & DETTE *publique*).

AGRICULTURE, f. f. Cette partie des connoissances & des travaux champêtres qui a pour objet de faire produire à la terre les choses nécessaires à nos besoins, & d'élever les bestiaux qui en facilitent la production & l'emploi.

L'assemblée constituante s'est occupée de *l'agriculture*, tant dans la partie administrative que dans la partie réglementaire. Les débats élevés dans son sein à cet égard, doivent trouver place aux mots qui en indiquent plus particulièrement l'objet, car ce seroit jetter de la confusion & de l'entassement dans les matières que de réunir sous le mot *agriculture*, les opinions débattues sur les *défrichemens*, *les dessèchemens*, la *chasse*, la *pêche*, la conservation des *bois*; il nous a paru plus simple & plus clair de faire de tous ces sujets autant d'articles séparés, auxquels on doit avoir recours pour connoître l'ensemble des discussions qui ont rapport à *l'agriculture*.

On doit remarquer au reste que cet objet n'étant point d'un intérêt contesté, ne présentant aucun de ces rapports politiques qui ont donné lieu à une grande diversité d'opinion, les débats se sont réduits à peu de chose toutes les fois qu'il a été question de porter quelque décret sur *l'agriculture*.

Le code rural même a presqu'entièrement été décrété, tel que le comité chargé de sa rédaction l'avoit présenté. Voici donc quelques débats qui ont eu lieu lorsque le rapporteur a lu pour la première fois le projet du code rural; nous renvoyons pour ce code à la troisième partie de cet ouvrage.

Séance du 7 août 1791.

M. *Merlin*. Je demande que si le travail sur le code rural est terminé dans cette législature, il soit soumis à la revision d'un comité composé, non pas d'agriculteurs & de commerçans; mais d'agriculteurs & de jurisconsultes. Ce travail me paroît entièrement mauvais, car il est impossible de faire des loix rurales universelles. (On applaudit).

M. *Dupont*. Il est facile d'être accueilli par des applaudissemens pour ces assertions imposantes que l'on ne peut faire des loix rurales pour tout le royaume. Ces mêmes déclamations ont été faites contre toutes vos loix. On a toujours dit qu'elles étoient incompatibles avec les localités, les habitudes, les préjugés, le privilége des différentes parties du royaume. Il sera facile de vous démontrer, que les principes des loix sont extrêmement simples; qu'ils sont applicables par-tout. Les loix rurales, comme toutes les autres loix, n'ont d'autres bases que les droits communs des hommes; on peut les réduire à un très-petit nombre de loix qui porteront par-tout avec elles la liberté, & le respect des propriétés.

M. *Dumetz*. Je crois avec le préopinant qu'il n'est pas impossible de faire un code rural universel; mais il est important que le corps entier de la loi, qu'on vous a fait décréter, soit revu avant d'être présenté à la sanction. En général, cette loi ne me paroît pas suffisamment méditée. Les connoissances des jurisconsultes sont indispensables pour faire de pareilles loix.

M. *Lamerville*. Je crois que les observations de M. Merlin sont un peu tardives, & que s'il trouvoit la loi mauvaise, il ne devoit pas attendre qu'elle eût employé six séances à l'assemblée nationale, & huit mois de travail dans les comités. Mais cette loi, telle que vous l'avez décrétée, paroît à beaucoup de bons esprits, à beaucoup de jurisconsultes éclairés, le seul moyen de terminer les procès dans les campagnes. (Une partie de l'assemblée applaudit). Les habitans des campagnes n'auront pas besoin d'autre catéchisme que ce code de loix rurales. Il fera plus pour la tranquillité des campagnes que toute votre constitution.

L'assemblée décide que les articles sur le code rural, seront successivement discutés dans les séances du matin.

Ils l'ont effectivement été à des époques assez éloignées; tous ont passé sans presque point de débats, comme nous le disions tout-à-l'heure. *Voyez* de plus DESSÈCHEMENT, DÉFRICHEMENT, CHASSE, PÊCHE, BOIS.

AIDES, s. p. Droits d'aides; on nommoit ainsi les taxes prélevées sur la vente & la consommation de certaines boissons & denrées, soit chez les débitans, soit à l'entrée des villes ou de certaines provinces.

Quoique M. Dupont de Nemours eût dès le 29 octobre 1790, présenté un projet sur la suppression des *aides*, ce ne fut qu'au mois de mars 1791 que l'assemblée constituante la décréta lorsque le revenu qui en résultoit fut remplacé par une taxe d'industrie sous le nom de patente. (*Voyez* PATENTE).

Du projet de M. Dupont, l'on verra qu'il ne fut adopté aucun article; on le regarda comme compliqué & tendant à conserver les droits d'entrée qui paroissoient les plus gênants. Voici comme il s'exprima dans la séance du 29 octobre 1790.

M. *Dupont*. L'assemblée ayant ordonné à son comité de l'imposition de lui présenter un projet sur la suppression des *aides*, j'ai été chargé de lui proposer celui-ci.

Art. I. Tous les droits d'*aides* & autres à la vente en gros, en détail & à la circulation sur les boissons, savoir; les droits de gros, augmentation, parisis, sol & six deniers pour livre, jauge & courtage, courtiers-jaugeurs, anciens & nouveaux cinq sols, subvention simple, subvention par doublement, inspecteurs aux boissons, huitième réglé, quatrième subvention au détail, 9 livres 18 sols par tonneau, & sol pour pot sur le vin en Picardie, 3 livres & 2 livres 5 sols par paroi ou grand droit de Picardie, 13 liv. 18 sols & 14 liv. 5 sols par muid sur les vins exportés par la Picardie & la Champagne, 54 livres pour muid d'eau-de-vie à l'entrée de la généralité d'Amiens & de l'élection de Paris, droit de 15 sols par muid sur les vins passant de Picardie en Artois, commerce exclusif de l'eau-de-vie en Flandres, en Hainaut & en Bretagne, droit de quatre membres dans la Flandre maritime, droit de contrôle sur la bierre, 9 liv. par tonneau de vin dans la généralité de Rouen, cloison à Angers, entrée dans le gouvernement de Lyon, imposition ou ancien sol pour livre à Orléans, vingt-quatrièmes d'Angoulême, impôts, billots & devoirs de Bretagne, équivalent de Languedoc, 2 liv. 5 s. des rivières, 6 liv. 15 s. par muid d'eau-de-vie, droit du pont de Joigny, droit du pont de Meulan, péage de Pont-sur-Yone, péage de Mâcon, grand péage d'Orléans & autres de même nature, dans toute l'étendue du royaume, seront supprimés à compter du jour où auront été remplies les formalités prescrites par les articles III & IV ci-après, à la seule exception de la portion de ceux desdits droits ci-dessus désignés, ou autres qui se perçoivent aux entrées des villes sur les boissons destinées à la consommation desdites villes, par rapport à laquelle l'assemblée nationale se réserve de prononcer, lorsqu'on réglera les droits d'entrée des villes, & dont la per-

perception continuera sur le même pied jusqu'à cette époque.

II. » Il sera établi sur la consommation des vins, cidres, poirés, bière & hydromels, dans toute l'étendue du royaume, un droit *du vingt-cinquième de la valeur.*

En cas de vente, ledit droit sera payé par l'acheteur, avant l'enlèvement, & à faute de quoi, cautionné par le vendeur, ainsi qu'il sera dit à l'article VII.

Et en cas de consommation faite par le propriétaire, il paiera le droit, d'après celle qu'il aura déclaré entendre se réserver, & sur le pied d'une estimation moyenne, dont les règles seront posées ci-après à l'article VI.

III. » Pour assurer la perception dudit droit, il sera fait, une seule fois par année, dans chaque pays de production, un inventaire général des vins, cidres, poirés & hydromels, dans les six semaines qui suivront la récolte, en la forme qui sera réglée par les articles suivans.

IV. Un préposé pour la nation, établi en chaque canton pour la perception du droit sur les boissons, procèdera aux inventaires en présence d'un officier municipal ou d'un notable désigné par la municipalité.

Sur chaque inventaire, seront désignées la quantité de muids de vin, cidre, poiré ou hydromel, & leur qualité ancienne ou nouvelle.

V. » Il sera défalqué sur chaque récolte nouvelle, un dixième, & sur chaque récolte ancienne en futaille, un vingt-cinquième, pour les lies & remplages, lesquelles quantités défalquées ne seront sujettes à aucun droit.

VI. Chaque propriétaire, lors de l'inventaire, déclarera quelle quantité de vin, cidre, poiré ou hydromel il veut réserver pour sa consommation & celle de sa famille. L'évaluation de cette quantité sera faite en la présente année, selon la nature des boissons, par experts, sur un taux moyen, en chaque canton; & dans les années suivantes, sur les taux moyens des prix indiqués par le registre de perception du droit de vente de l'année précédente.

L'acquittement du droit de consommation personnelle que le propriétaire se sera ainsi réservée, sera partagé en quarante-huit paiemens, dont quatre au moins devront être effectués dans le cours de chaque mois.

VII. » Lors de la vente à la première main, l'acheteur sera tenu, avant d'enlever le vin ou autre boisson, de se présenter chez le préposé de la nation, & de payer le droit du vingt-cinquième de la valeur. Il ne pourra procéder à l'enlèvement, qu'en déposant, entre les mains du vendeur, la quittance du droit qui lui sera délivrée par forme d'extrait du registre de perception, & dont la souche restera audit registre.

En cas de suspicion sur la fidélité de la déclaration faite par l'acheteur, du prix de la vente, le préposé de la nation pourra se faire délivrer le vin ou autre boisson, au prix qui en aura été déclaré.

VIII. » Lors de l'inventaire qui sera fait l'année suivante, on défalquera sur les vins, cidres, poirés ou hydromels de la précédente année, le dixième accordé pour lies & remplages, & sur ceux des années antérieures, qui seroient encore en futaille, le vingt-cinquième, conformément à l'article IV, ainsi que la quantité que le propriétaire aura réservée pour sa consommation, & dont il aura payé le droit de consommation dans le cours de l'année; après quoi le propriétaire représentera les quittances des acheteurs, ou, s'il les a perdues, l'ampliation qu'il pourra se faire donner sur le registre de perception; & dans le cas où il auroit consenti à l'enlèvement de son vin, sans se faire représenter les quittances de paiement, comme aussi dans celui où il auroit vendu ledit vin ou lesdites autres boissons en détail, sa caution envers la nation sera réclamée par le préposé, & ledit propriétaire sera tenu d'acquitter le droit du vingt-cinquième de la valeur du vin, ou des autres boissons non représentées, d'après le prix moyen du canton, qui sera connu par le relevé des registres de perception.

Si le propriétaire n'a point d'argent pour acquitter ledit droit, comme s'il se trouve en débet sur le droit dû pour sa consommation personnelle, il pourra payer en nature desdites boissons, prises dans celles qui seront inventoriées, au choix du préposé de la nation, suivant l'estimation qui en sera faite par expert, en telle manière qu'il n'y ait jamais de débet d'une année sur l'autre.

IX. Tout propriétaire dont le vin ou les autres boissons se seroient gâtées & qui ne voudra pas courir le risque du cautionnement auquel il est assujetti, pourra faire constater l'avarie par le préposé de la nation, en présence de la municipalité ou d'un notable délégué par elle; quoi faisant, il sera déchargé des droits du vin ou des autres boissons qui auront souffert accident, & lesdits droits seront modérés à la valeur des vins & autres boissons dans leur état d'avarie.

X. Si le vin ou les autres boissons tournent à l'aigre, ou si le propriétaire veut les convertir en vinaigre, il en préviendra le préposé de la nation, qui constatera les faits, en présence d'un notable délégué par la municipalité. L'inventaire sera déchargé de la quantité des muids de vin ou des autres boissons devenus vinaigre, & chargé de la quantité de vinaigre en provenant, lequel sera soumis au droit de consommation, à raison du vingt-cinquième de sa valeur, conformément aux articles II, VI, VII, & VIII ci-dessus.

XI. Il ne sera dû aucun droit pour les vinaigres fabriqués chez les marchands, le droit de consommation ayant été payé, lors de la première vente du vin.

XII. Le Propriétaire sera complettement libre de convertir en eau-de-vie son vin ou ses autres boissons, sans aucune formalité, à la seule charge d'acquitter le droit du vingt-cinquième de la valeur des vins ou autres boissons qu'il aura fournis à cette conversion.

Mais s'il préfère que le droit de consommation soit payé par l'acheteur, il pourra faire constater par le préposé de la nation, accompagné d'un notable délégué par la municipalité, la quantité de muids de vin ou autres boissons qu'il voudra convertir ou aura converties en eau-de-vie; quoi faisant il sera déchargé du droit de consommation sur lesdits vins ou autres boissons-mères, & chargé de la quantité d'eau-de-vie qui aura éte fabriquée lors de la vente de laquelle l'acheteur sera tenu d'acquitter, à l'enlèvement, le droit du vingt-cinquième de la valeur, sous la même caution du propriétaire, & il sera fait, sur ledit droit du vingt-cinquième de la valeur de l'eau-de-vie, remise en déduction d'un quart, en considération des frais de bouillage.

XIII. L'eau-de-vie fabriquée chez l'acheteur du vin, ne paiera aucun droit à l'enlèvement, le droit ayant été payé par cet acheteur sur le vin, lors de sa sortie chez le vigneron propriétaire.

XIV. « Se réserve l'assemblée nationale d'appliquer, par un décret particulier, à la fabrication de la bière & des hydromels, les principes des articles précédens. »

XV. « Il sera donné des licences aux débitans de vin, boissons & autres liqueurs, lesquelles tiendront lieu de tout droit de détail : se réserve l'assemblée nationale d'en déterminer le prix, selon les localités & l'importance plus ou moins grande des maisons de débit.

XVI. « Les divers droits qui étoient perçus à la sortie du royaume sur les vins, cidres, poirés, bières, hydromels, eaux-de-vie & esprits-de-vin, seront supprimés, à compter du 1 janvier prochain. Il sera établi à la sortie un simple droit commémoratif, fixé à un sol par muid de vin, six deniers par muid de cidre, poiré, bière ou hydromel, cinq sols par muid d'eau-de-vie, & dix sols par muid d'esprit-de-vin, qui passeront à l'étranger par les frontières des départemens du Doubs, du Jura, de l'Ain, de l'Isère, des Hautes-Alpes, des Basses-Alpes, du Var, des bouches du Rhône, de l'Hérault, de l'Aude, des Pyrénées orientales, de l'Arriège, des Landes, de la Gironde, de la Charente inférieure, de la Vendée, de la Loire inférieure, du Morbihan, du Finistère, des côtes du Nord, de l'Isle & Vilaine, de la Manche, du Calvados, de l'Eure, de la Seine inférieure, de la Somme, du Pas-de-Calais, du Nord, de l'Aisne & des Ardennes, & il sera donné une prime de *quarante sols* par muid de vin, de *vingt sols* par muid de cidre, poiré, bière ou hydromel, de *neuf francs* par muid d'eau-de-vie, & de *quinze francs* par muid d'esprit-de-vin qui passeront à l'étranger par les frontières des départemens de la Meuse, de la Moselle, du Bas-Rhin, & du Haut-Rhin.

M. Gilet, de la Jaqueminière. Je demande l'ajournement du projet qui vous est présenté, au nom du comité d'imposition; je demanderois même la question préalable, si le comité n'avoit point reçu les ordres de l'assemblée, & voici comme j'appuirois le motif de ma demande : l'impôt qu'il nous présente comme indirect, est au contraire, direct & très-direct. Après la gabelle, il n'y avoit pas d'impôt plus onéreux que les *aides*; les peuples auroient bien de la peine à les voir rétablir.

M. Brulard, de Sillery. On nous a distribué, ce matin, un mémoire contenant les observations de M. Didelot, sur les droits d'*aides*, il m'a paru contenir d'excellentes vues; je demande qu'il soit renvoyé au comité d'imposition qui sera chargé de nous en rendre compte.

M. Regnault, député de Saint-Jean-d'Angeli. Je demande, non pas la question préalable sur le décret qui vous est présenté, mais un ajournement indéfini.

M. Chapellier. Je consens à l'ajournement, attendu que le projet me paroît mauvais & contraire à la liberté. On y a conservé ce qu'il y avoit de plus destructeur dans le régime des *aides*, l'on en verroit avec peine la propagation dans l'ancienne province de Bretagne; mais comme il est instant de s'occuper du remplacement; je demande que la discussion soit ajournée à huitaine.

Cette proposition est adoptée.

Quoique l'ajournement du projet de M. Dupont eût été fixé à huitaine, il n'en fut question dans l'assemblée, qu'en Février 1791, & ce fut le 16 de ce mois, qu'on y prononça la suppression des droits d'*aides*, en même-tems qu'on établit les patentes.

Séance du 16 février 1791.

M. Dallarde. Nous avons renvoyé l'article à décréter sur la suppression des droits *d'aides*, après que les autres dispositions sur les patentes d'industrie seroient arrêtées. Voici cet article.

A compter du premier avril prochain, les droits perçus sur les boissons, à la vente en détail; ceux connus sous les noms d'impôts & billots, & devoirs de Bretagne, d'équivalent du Languedoc, de Masphaneug en Alsace; le privilège de la vente exclusive des boissons dans les ci-devant provinces de Flandre, Artois, Hainault & Cambresis; les inventaires, les droits perçus à l'enlèvement, à la vente & revente en gros, à la circulation sont abolis, sont exceptés de la présente disposition, les droits d'entrée dans les villes, qui continueront d'être acquittés provisoirement comme par le passé.

M. *le Chapelier*. Vous venez de supprimer les droits sur les boissons; vous devez aux citoyens qui étoient employés à la perception de ces droits, la justice que vous avez accordée à ceux qui étoient attachés aux impôts que vous avez déjà supprimés; vous avez déclaré que la nation s'occuperoit de leur sort. Je demande que vous preniez aujourd'hui la même détermination pour un nombre considérable d'honnêtes pères de familles, & de citoyens qui ont fait éclater leur patriotisme dans la révolution; je vous prie de réunir le comité de l'imposition à celui des pensions, & de les charger tous deux de vous présenter leur vues sur la matière que je soumets à votre justice.

M. *Chevalier*. Il faut replacer ces employés dans les nouvelles impositions. La plupart d'entr'eux demandent à travailler.

M. *Rœderer*. Je ne m'oppose point du tout à ce qu'on sollicite de vous en faveur des employés dont les places sont supprimées; mais je demande que le comité des pensions soit seul chargé de ce travail. Nous vous proposons de décréter que les nouveaux employés seront pris dans les nouvelles compagnies. Le reste nous est étranger: nous vous supplions de faire en sorte que le comité des impositions n'aient aucune influence sur la distribution des emplois.

La proposition de M. *Chapelier* est renvoyée au comité des pensions.

M. *Augier*. Il me paroît indispensable que l'assemblée charge son comité de l'imposition de lui présenter des vues pour l'extinction des contraintes exercées, & des procédures commencées volontairement à l'exercice des droits qui viennent d'être supprimés.

Cette proposition est décrétée. (*Voyez* PATENTES, ENTRÉE).

AIN, f. m. C'est le nom d'un des quatre-vingt-trois départemens.

Ce département, ou plutôt son directoire, ayant demandé la diminution du nombre des districts dont il se trouvoit composé par le décret de division du royaume a donné lieu à un rapport sur la réduction des districts & à quelques débats que nous allons rapporter ici; nous finirons cet article par l'extrait d'une adresse de ce même département lue dans l'assemblée le 6 août 1791.

Séance du 15 octobre 1790.

M. *Gossin*. Le directoire du département de l'*Ain* demande la réduction des neuf districts qui le composent.

Ce département ne contribue pas aux charges de l'état au-delà de dix-neuf cens mille livres, pour impositions; il lui en coûtera trois cens mille, pour les frais de l'*administration* nouvelle, si on laisse subsister une division en neuf. Cependant l'ancien régime des états de Bresse, Dombes & du Bugey, n'exigeoit pas au-delà de soixante mille livres. Quand on ajouteroit une pareille somme pour les frais de l'administration de la justice, la différence entre les dépenses de l'ancien & du nouveau régime seroit encore effrayante, elle révolteroit & accableroit les habitans de ces contrées. Les commissaires adjoints au comité de constitution croient devoir rappeler en cet instant le précis des observations qu'ils lurent à l'assemblée nationale, & dont elle ordonna l'impression. Elles contiennent les principes qui leur semblèrent devoir déterminer le nombre des districts & des tribunaux dans les départemens.

« L'intérêt des villes, dirent-ils alors, est d'établir un impôt sur les campagnes, d'appeler dans leurs murs beaucoup de dépenses, & de multiplier, à cet effet, toutes leurs relations; mais l'intérêt que les villes oublient, que l'assemblée nationale ne doit pas oublier, c'est celui du peuple, & particulièrement de celui des campagnes, qui paiera toujours aux villes les frais de l'*administration* & de la jurisdiction.

» Il ne faut donc pas multiplier les districts, parce qu'il ne faut pas multiplier sans nécessité les dépenses de l'*administration*, ni celles de la justice que l'on ne paie qu'avec des impôts. La dépense d'*administration* pour un petit district, onéreuse à tous les contribuables, sera plus que triplée, relativement au tribunal. Les officiers ministériels, bornés à un petit ressort, compliqueront les procès; ils en susciteront: la justice deviendra un impôt de séduction pour les citoyens. C'étoit l'inconvénient des petits bailliages royaux, multipliés à l'excès dans quelques-unes des ci-devant provinces, par de honteuses vues fiscales; c'étoit celui des justices seigneuriales, dont se nourrissoit cette nuée formidable de praticiens de villages.

Le danger de trop multiplier les administrateurs & les officiers de justice est double; plus on en a audelà du besoin, plus ils coûtent; plus on en a, moins ils valent, & moins bien leur service est fait. Ensuite, après avoir fait l'énumération des hommes instruits, qu'exigent & l'*administration* & la justice dans un district, nombre que vous avez augmenté depuis, par l'établissement des *jurys*, vos commissaires ont dit qu'il ne falloit conséquemment se permettre de former des petits districts, que lorsque les localités opposant des obstacles considérables aux communications, rendoient impossible d'en faire de grands; qu'ainsi, lorsqu'il s'agissoit de diviser un département en districts, il falloit d'abord examiner si la facilité des communications permettoit de n'en faire que trois ou quatre, & que si la chose étoit possible, il falloit bien se garder d'y en placer un de plus, que la latitude de les porter jusqu'à six ou neuf, n'étoit qu'une latitude de faculté & non d'ordre, & dont on ne devoit user qu'autant que des localités impérieuses en faisoient une loi de nécessité. Telle est la doctrine que les commissaires du comité de constitution ont exposée : ils ont insisté, en terminant leur opinion, pour que, dans tous les cas, les divisions de territoire pour le ressort des tribunaux, ne fussent pas les mêmes que celles qui devoient avoir lieu pour l'*administration*, afin de remédier, au moins sous ce rapport, à l'abus de la multiplication des divisions administratives.

Ce que vos commissaires avoient prévu, l'événement l'a justifié. Plusieurs directoires de départemens demandent la réduction de leurs districts. L'Ardèche l'a sollicité, & la chose est faite. On ne peut se dissimuler que rien n'est plus desirable que l'effectuation très-prochaine de cette réduction; elle l'est pour l'effectuation de vos décrets sur l'ordre judiciaire, & de ceux que vous allez rendre pour l'etablissement des *jurys*; elle l'est pour le soulagement du peuple, sous les rapports de l'économie. Un mot sur cet objet vous en convaincra.

Dans le nombre des quatre-vingt-trois grandes divisions de la France, connues sous le nom de départemens, il n'en est que quarante-quatre dont les sous-divisions soient dans un nombre modéré, & qui néanmoins est encore susceptible de réduction; cinq départemens se sont divisés en trois districts, huit en quatre, cinq en cinq, vingt-six en six; le tout forme quarante-quatre départemens, dont les districts ne sont pas excessivement multipliés, puisque le nombre le plus considérable est de six, il reste trente-neuf grandes divisions, dont dix-huit sont sous-divisées en neuf, sept en huit, quatorze en sept : en réduisant à un terme moyen de six districts chacun de ces trente-neuf départemens, on gagneroit la dépense de soixante-douze districts; mais ces trente-neuf ainsi réduits, joints aux vingt-six qui sont actuellement divisés de même, forment soixante-cinq départemens, qui pourroient présenter, sinon une réduction générale à cinq divisions, au moins celle de soixante-cinq sur le tout, & en joignant cette économie de soixante-cinq districts à celle de soixante-douze, que l'on auroit obtenue sur les départemens divisés en plus grand nombre que six; il en résulteroit une diminution de cent trente-sept, qui, à trente mille livres de dépense pour chacun, produiroient une économie annuelle de quatre millions cent dix mille liv., & du double de cette somme pour les frais d'établissement. Parmi les autres avantages que je viens de détailler, le plus remarquable est celui de la nécessité d'une bonne exécution du plan de votre ordre judiciaire, qui sans cela seroit exposé à des inconvenances choquantes. La perspective d'un si grand bien a excité l'intérêt & l'attention de votre comité; il a examiné d'abord comment il seroit possible de parvenir à l'exécution, & voici les réflexions qu'il a faites.

S'il est dangereux de revenir sur ce qui est fait, cette réflexion n'est pas applicable à l'exécution de la division du royaume en districts; sans doute la division en elle-même est constitutionnelle; mais l'exécution ne l'est pas; ainsi, sans examiner ce qu'il sera possible ou utile de faire, lors de la rédaction de tous les points de la constitution, au moins est-il incontestable que l'assemblée nationale aura le droit de prononcer sur les contradictions apparentes, ou sur les incohérences qu'elle pourra remarquer dans l'ensemble de ses décrets. Comme elle n'a pas eu à délibérer sur un plan général de constitution, toutes les parties n'ont pu être liées & adaptées de manière à former d'abord, & sans aucun examen ultérieur, un ensemble digne de sa sagesse. Par exemple, lors de la division des départemens en districts, s'il lui eût été connu qu'il y auroit dans chacun d'eux un tribunal, que ce tribunal seroit composé de cinq juges, qu'il pourroit être tribunal d'appel, que chaque juge auroit 1800 livres, chaque juge de paix 600 livres; qu'il y auroit un juré par tribunal; que le montant de ces dépenses, jointes à celles d'administration, formeroit une somme de 50,000 liv. par district, vous eussiez combiné le nombre des districts, tant avec la nécessité d'une juste économie, qu'avec celle de ne placer les tribunaux que dans les villes propres à en maintenir la dignité, sans laquelle ils ne peuvent ni exister, ni se faire respecter, surtout comme tribunaux d'appel. Mais alors on ne connoissoit pas ces bases, qui n'étoient ni décrétées, ni proposées, & on ne s'est particulièrement occupé que des mesures qu'on a cru les plus convenables pour la commodité des administrés.

Maintenant que le plan entier est connu, que les détails existent, faut-il que l'assemblée nationale abandonne à la prochaine législature, un soin que son droit & son devoir est de prendre? Je dis son devoir, parce qu'en lui laissant établir ou consolider les tribunaux & les administrations dans chaque district, la législature trouvera des obstacles sans nombre à les réduire. Les députés des villes pourront être chargés, spécialement de les maintenir, & ils seront aussi faciles sur ce point, que plusieurs membres de cette assemblée l'ont été pour tolérer leur établissement. Car on ne peut se dissimuler que quelques-uns d'entr'eux entraînés par l'intérêt très-excusable alors, de conserver les établissemens qu'ils regrettent à leurs villes, ont, par les sollicitations des députés extraordinaires, obtenu une complaisance qui deviendroit funeste à la chose publique, si l'on n'y portoit remède.

En second lieu, quel danger n'y a-t-il pas d'exposer à une juste critique, peut-être même à la haine du peuple, des institutions créées pour son bonheur? Car il ne verra jamais ce bonheur dans des établissemens qui le gréveront d'impôts.

Troisièmement, le mépris qu'affectent pour eux les ennemis de la constitution, ne s'accroîtra-t-il pas par la formation vicieuse des tribunaux, là où rien ne les appelloit; où rien ne peut les soutenir: & les fautes de leurs membres n'exposeront-ils pas à une ruine entière l'organisation judiciaire, qui a besoin d'être justifiée par l'expérience des critiques qui l'attaquent?

L'assemblée nationale a donc le droit de réduire la multiplicité des districts, parce qu'il ne s'agit que de l'exécution d'un point constitutionnel, & que cette exécution est devenue impraticable par le décret qui établit un tribunal en chacun d'eux, ou il faut réformer les décrets qui placent un tribunal par district.

Mais quel sera le mode de réduction? la difficulté que cette question présente pourroit d'abord se résoudre par le principe que je viens d'énoncer, c'est que ne s'agissant pas de réformer un point constitutionnel, mais seulement le mode d'exécution actuellement impraticable, par l'effet d'un nouvel ordre de choses, les députés des départemens, autorisés par l'Assemblée à convenir de leurs districts, peuvent l'être actuellement à présenter leur réduction.

Cependant on a opposé des motifs qui ne sont pas sans force; on soutient que, si l'ordre actuel des choses peut plaire aux départemens, ce ne sera pas faire injure aux administrés de le laisser subsister; qu'il faut attendre l'expérience, d'après laquelle le corps législatif pourra, sur les pétitions qui lui seront faites, corriger les erreurs & les vices de la division des départemens en districts. On ajoute que la pétition du département de l'*Ain* n'est pas suffisante; qu'elle excède son pouvoir, & que c'est aux assemblées administratives que vous l'avez délégué: on s'appuie sur l'instruction du 12 août, qui porte que » les administrations de département ne peuvent faire aucun changement dans le nombre & la distribution générale des districts; qu'elles pourront néanmoins proposer les vues générales d'utilité publique & d'économie, qui, sur cet objet, lui paroîtront dignes de l'attention du corps législatif «.

Si, conformément à l'avis de votre comité, vous vous déterminez, par l'influence de ces motifs, à ajourner au mois de novembre la réduction de districts que vous demande le directoire du département de l'*Ain*, il croiroit qu'il convient à votre sagesse d'ordonner aux assemblés administratives de vous proposer leurs vues à cet égard, aussi-tôt après leur réunion. Ce ne seroit pas assez dans les circonstances de dire qu'ils pourront proposer; leur zèle pour la chose publique éprouveroit les plus grands obstacles, & l'intérêt particulier des villes dont ils seroient citoyens, lutteroit, avec succès, contre leur desir & leur devoir. On a d'autant plus de motifs de le craindre, que beaucoup de départemens sont représentés par un nombre égal d'administrateurs par chaque district, d'après les conventions illégalement faites par les assemblées électorales.

Votre comité a reçu de toutes parts des lumières sur ce point; elles lui ont fait concevoir le projet d'un décret qui produiroit un effet digne d'un objet aussi grand. Il résulteroit de son exécution, la rectification entière de cette base importante de votre constitution. Dès la fin de novembre, votre comité seroit à même de vous présenter un plan général de réduction partiellement combinée pour chacun des départemens qui auroit trop de districts.

Alors l'Assemblée nationale ne se sépareroit point, non-seulement sans avoir arrêté une grande économie, mais encore sans avoir donné à une de ses plus belles opérations un assiette stable. La législature qui succéderoit n'auroit plus à revenir à une nouvelle division, qui donneroit lieu à des grandes difficultés, & qui peut-être, restant telle qu'elle est, seroit exposée à sa ruine entière.

Au sujet de l'ajournement de la pétition du directoire du département de l'*Ain*, on ne peut se dissimuler, qu'outre l'incompétence que quatre districts soutiennent par des motifs assez spécieux, celui de Gex réclame aussi:

C'est le plus petit district du royaume; mais il est séparé du département de l'*Ain*, par le Mont-Jura; il a toujours eu son administration & son tribunal; & quoiqu'il n'ait que 40 communautés, & environ 15000 habitans, ses députés mettent une grande importance à sa conservation: il faut convenir que si la localité peut commander un district aussi petit, c'est dans cette partie qu'il doit avoir lieu, puisqu'il semble qu'il ne peut qu'avec peine communiquer avec le reste du département; & en tous cas, les habitans grevés d'une surcharge annuelle de 30,000 liv., pourront un jour lui comparer les avantages d'une administration & d'un tribunal particulier, & en demander la suppression, s'ils se trouvent grevés.

Je me résume sur les deux objets de ce rapport.

Votre comité n'avoit pas d'abord été de l'avis de l'ajournement au mois de novembre, de la pétition du directoire du département de l'*Ain*, qui est appuyée d'une très-grande masse d'administrés; il a pensé qu'il avoit assez de lumières acquises pour opérer une réduction; que cette réduction est devenue pressante, sans renvoi au département, par la conséquence des décrets sur l'ordre judiciaire; que laisser établir les tribunaux, ce sera multiplier les difficultés d'autant plus inutilement, que le corps constituant a toujours le droit de réformer les objets de cette espèce, lorsque le plus grand avantage du peuple l'exige. Au fond, il a pensé que neuf districts surchargeront de toute manière le département de l'*Ain*, le plus petit du royaume en contribution, population & territoire; que cette surcharge sera bien plus préjudiciable aux administrés, que d'avoir deux lieues de plus à faire pour l'administration & pour la justice d'autant plus que l'acquisition des juges de paix rendra très-rare le cas de se pourvoir pardevant les juges de district, qui, d'ailleurs, dans le cas de la réduction, seront placés convenablement pour la meilleure exécution de l'ordre judiciaire que vous avez décrété; cependant l'opposition de quatre districts, la demande qu'ils font du renvoi à l'assemblée du département, la proximité de ses séances, ont déterminé l'ajournement; mais avant que le comité vous présente ce qu'il croit convenable de faire en cet instant, il est de son devoir rigoureux de vous dénoncer un abus destructif de vos principes constitutionnels, & qui met le trouble dans un très-grand nombre de départemens.

Il consiste dans la provocation, pour ainsi dire universelle, que plusieurs directoires, plusieurs municipalités font des vœux des communes & des électeurs, pour les faire appartenir à un canton, à un district à un département, plutôt qu'à un autre; les campagnes sont encore pour les villes un domaine qu'elles se contestent. Il résulte de ces provocations, non-seulement un grand désordre qui désorganiseroit la division du royaume, mais elles produisent d'ailleurs l'habitude, très-dangereuse, de la part des corps administratifs ou des municipalités de se coaliser en une masse plus ou moins grande d'individus: & de la part des habitans des campagnes, de substituer leur volonté à la volonté de la loi.

Prenez garde aux conséquences très-dangereuses qui résulteroient de la tolérance d'une pareille conduite; le moindre mal que votre comité en redoute, est l'anarchie, peut-être même un jour l'emploi de la force contre les décrets.

Il faut, en défendant de semblables provocations, mettre dans l'impuissance de porter atteinte à la constitution, les citoyens qui, par ignorance ou par un faux zèle, abusent de la liberté qu'elle a établie.

Le projet de décret du comité vous présentera sur ces objets, sur l'intérêt général & si pressant de la réduction des districts, & enfin sur la pétition du département de l'*Ain*, des dispositions qu'il croit indispensable d'adopter; le voici:

« L'assemblée nationale, après avoir entendu le rapport du comité de constitution, ajourne la pétition de la réduction des districts du département de l'*Ain* au 12 novembre, & ordonne à l'assemblée administrative de ce département de lui présenter, pour cette époque, son vœu à cet égard; & décrète:

Art. I. » Celle des assemblées de département, qui, en conformité de l'instruction du 12 août, croiront avoir à proposer des considérations d'utilité publique & d'économie, quant à la réduction de leurs districts, seront tenues de s'en occuper, dès leurs premières séances, pour être aussi-tôt statué par l'assemblée nationale, ainsi qu'il appartiendra.

II. » Aucunes assemblées administratives, aucuns directoires ni municipalités, ni aucuns membres qui les composent, ne pourront provoquer le vœu des municipalités, des électeurs, ni celui individuel des citoyens, sur ces objets ni sur tous autres, sauf l'exécution des loix constitutionnelles qui règlent le droit & le pouvoir de faire des pétitions au corps législatif.

M. *d'André.* Rien n'est aussi dangereux que l'invitation que M. le rapporteur nous propose de faire aux départemens & aux municipalités, ce seroit livrer la France aux plus grands désordres, ce seroit renverser vous-mêmes l'édifice que vous avez élevé, il faut que l'assemblée nationale attende le vœu libre & spontané des départemens; je demande donc d'adopter le préambule du décret proposé par le comité.

Après quelques discussions, le décret est ainsi rendu:

« L'assemblée nationale, après avoir entendu le rapport du comité de constitution, ajourne la pétition de la réduction des districts du département de l'*Ain*, au 12 novembre, & ordonne à l'assemblée administrative de ce département de lui présenter, pour cette époque, son vœu à cet égard ».

Séance du 24 Novembre 1790.

M. *Goſſin, au nom du comité de conſtitution.* L'inſtruction du 20 août, ſur les fonctions des aſſemblées adminiſtratives porte, au paragraphe III, que les *adminiſtrations* de département ne peuvent faire aucun changement dans le nombre & la diſtribution générale des diſtricts; qu'elles pourront néanmoins propoſer les conſidérations d'utilité publique & d'économie, qui, ſur cet objet, leur paroîtront dignes de l'attention du corps légiſlatif. Quelques directoires de départemens vous ont adreſſé des pétitions tendantes à la réduction de leurs diſtricts, vous n'avez pas cru qu'elles préſentaſſent le vœu des adminiſtrés : c'eſt dans cet eſprit que vous avez ajourné deux de ces pétitions au 12 de ce mois, & que les aſſemblées adminiſtratives de l'*Ain* & de la Sarte ont été chargées de vous les faire connoître.

Les diverſes notions qu'a procurées l'exécution donnée à votre décret, & l'effet qu'elle a produit, ont fait agiter par votre comité la queſtion générale de ſavoir ſi la réduction des diſtricts peut & doit s'opérer actuellement; il l'a conſidérée ſous le rapport du bien général, & il a vu qu'elle étoit d'un intérêt majeur & preſſant pour tout le royaume. Mais un expoſé très-rapide des délibérations des adminiſtrateurs de l'*Ain* & de la Sarthe, ainſi que des faits qui y ont donné lieu, annoncera cette diſcuſſion. Le département de l'*Ain* n'a pas été plutôt occupé de la queſtion de la réduction de ſes diſtricts, que les adminiſtrateurs de quatre d'entre ceux que l'on vouloit ſupprimer, les municipalités de chefs-lieux, & un grand nombre des députés des campagnes, ont demandé d'être entendus. Aucunes de ces députations, qui préſentoient le vœu, au moins préſumé des adminiſtrés des quatre diſtricts menacés de leur ſuppreſſion, n'ont conſenti à cette ſuppreſſion; tous au contraire s'y ſont oppoſés, à l'exception de ceux qui étoient ſûrs d'être maintenus, & qui ont demandé leur conſervation; pluſieurs même ont requis qu'il leur fût permis d'adreſſer leurs oppoſitions à l'aſſemblée nationale, & de les mettre ſur le bureau; les délibérations & mémoires qui ont été fournis finiſſent preſque tous par ces expreſſions : « notre nouvelle organiſation décrétée par l'aſſemblée nationale & ſanctionnée par le roi, nous eſt infiniment chère; le peuple voit, dans ce nouvel ordre de choſes, le préſage du bonheur auquel il aſpire; nous n'avons à propoſer aucunes raiſons d'utilité publique ou d'économie dignes de l'attention du corps légiſlatif, & nos adminiſtrateurs ne peuvent préſenter le contraire ſans bleſſer nos droits. »

Tel a été le langage de la preſque totalité des membres compoſant le département de l'*Ain*; celui des adminiſtrateurs n'offre ni dans ſon vœu ni dans ſes motifs rien qui puiſſe prévaloir ſur une oppoſition auſſi fortement prononcée.

D'abord ce vœu eſt loin d'être unanime; quatorze membres ont opiné contre toute réduction; dix-huit ont préſenté un plan de diviſion en cinq diſtricts, qui priveroit le Bugey & le pays de Gex de leurs adminiſtrations, lorſque leurs habitans ſoutiennent que la nature ſemble leur avoir donné des droits particuliers à cet avantage. Le procureur-général-ſyndic, que l'on peut dire être plus ſpécialement chargé de défendre & de préſenter les intérêts du peuple, dans une opinion imprimée, & qui, ainſi que les mémoires de M. Lambert, eſt digne d'être connue, a conclu pour une nouvelle diviſion en quatre diſtricts, & ſoutenu que les neuf diviſions actuelles valent mieux que les cinq propoſées par l'aſſemblée du département; ainſi, d'une part réclamation formelle des adminiſtrés du département, & d'une autre part partage des adminiſtrateurs entr'eux, puiſqu'aux membres qui ne veulent pas de réduction ſe joint le procureur-général-ſyndic, qui ſoutient que la diviſion actuelle en neuf, eſt préférable à celle en cinq; ce qui fait quinze ſuffrages contre dix-huit: l'on peut donc dire qu'il y a preſqu'unanimité d'oppoſitions dans le département de l'*Ain*, à la réduction des diſtricts & à une nouvelle diviſion.

La pétition de deux cents quatre-vingt-dix-huit municipalités du département de la Sarthe, ſoutenue par preſque tous les députés à l'aſſemblée nationale, vous a paru aſſez puiſſante pour demander aux adminiſtrateurs le vœu des adminiſtrés de ce département & le leur. La queſtion de la réduction a été vivement agitée & délibérée par les adminiſtrateurs à une majorité de vingt-ſix voix contre ſix; mais ſur l'effectuation actuelle de cette réduction, une ſeule voix a fait pencher la balance; enſorte que dix-ſept votans ont opiné pour l'ajournement de l'exécution, & dix-huit, pour qu'elle eût lieu auſſitôt. Il eſt convenable de vous lire ces deux délibérations motivées que vous avez demandées au département, & ſes députés à l'aſſemblée nationale le deſirent. (Ici on lit les délibérations.)

Par d'autres délibérations priſes poſtérieurement, le département ſupplie l'aſſemblée nationale, ſi elle exécutoit la réduction, de diviſer les établiſſemens, & de propoſer des baſes propres à cette exécution; toutes annoncent les progrès de l'eſprit public, malgré la différence des opinions qui ont été agitées, & qui honorent tous les membres, ainſi que le procureur-général-ſyndic.

Tel eſt le réſultat des lumières que vous avez deſiré acquérir ſur la réduction demandée par le directoire du département de l'*Ain*, & par la majorité des municipalités de la Sarthe.

Le directoire & l'aſſemblée adminiſtrative du département du Var, préſente auſſi un vœu de la majorité des administrateurs, pour une réduction en quatre des neuf districts dont il est formé. La division de ce département est une des plus défectueuses; les députés à l'assemblée nationale, subjugués alors par l'effroi des dangers d'une nouvelle division, ont adopté & maintenu les anciennes démarcations en vigueries qui existoient dans cette partie de la ci-devant province, de maniere qu'il en est résulté la même disproportion qui existoit entr'elles; ce qui fait que le district de Saint-Paul-de-Vence, par exemple, n'a pas plus de 15 à 16 mille habitans, & que le nouvel ordre de choses le surchargera d'impôts. Le vœu du département est parvenu depuis huit jours à l'assemblée nationale, & déjà de tous côtés s'élèvent les plus fortes réclamations de la part des districts de Fréjus, de Barjols, d'Hieres. Aucunes communes n'ont demandé la réduction ou la suppression de leurs districts & beaucoup réclament contre toute innovation; la même chose a lieu dans tous les départemens dont les administrateurs proposent une réduction quelconque.

Après cet exposé des faits, votre comité vous doit compte des réflexions qu'ils font naître. Les raisons pour & contre les grandes & les petites divisions des départemens, sont connues de l'assemblée : elles ont été débattues dans les départemens de l'*Ain*, de la Sarthe & du Var; les hommes très-sages pensent cependant que l'opinion sur ce point a besoin d'être mûrie par l'expérience; mais elle en a fait naître une autre, pour ainsi dire générale, qu'il est très important que l'assemblée prenne en considération. Son résultat est qu'il seroit impolitique & nuisible de supprimer en ce moment, ou de réunir, sur de semblables pétitions, aucuns des districts du royaume; les motifs viennent d'en être exprimés dans un écrit sur la réduction des districts. Un très-grand nombre de députés de l'assemblée nationale & le comité de constitution ont reconnu que réduire les districts sur la pétition des administrés dans un tems où la constitution a tant d'ennemis, dans un tems où l'organisation des gardes nationales n'est pas encore effectuée; c'est exciter une grande fermentation, c'est heurter avec force un nouvel édifice qui n'a point acquis une consistance solide.

L'intervalle qui va s'écouler, ne peut manquer d'éclairer la nation, & de lui fournir les moyens d'asseoir son jugement sur une base solide; la précipitation ne pourroit que nuire dans la circonstance; ce seroit préjuger une question très-importante que de réduire les districts contre ou sans le vœu des administrés, sans avoir balancé le désavantage des frais du grand nombre avec l'avantage qu'il peut d'ailleurs procurer aux campagnes; la réduction entraîneroit une nouvelle division des départemens; les rivalités des villes renaîtroient avec plus d'empire; il faudroit, non-seulement se priver du patriotisme des administrateurs, des juges actuellement en place, mais encore en élire de nouveaux, & cela dans un moment où le peuple est las d'élections, dans un tems d'hiver, très-peu convenable pour les opérations de ce genre.

Ce n'est pas tout encore, les particuliers, les sociétés, les municipalités qui ont dessein d'acheter les biens nationaux, qui ont fait leurs soumissions à cet effet, ne trouveroient plus les mêmes avantages, les mêmes commodités, il s'ensuivroit dans le nombre des concurrens, une diminution qui nuiroit aux enchères. Détruire, lorsque le vœu public ne s'est pas manifesté, ce que le vœu public a fait établir, ce qu'il a reçu avec enthousiasme, c'est annoncer un manque de fixité, de stabilité dans les principes, qu'il est dangereux de montrer à l'opinion. Enfin, ce n'est pas dans les circonstances actuelles que l'on doit donner une secousse à la constitution, en attaquant ses plus fermes colonnes; ces colonnes sont les corps administratifs, & on ne peut douter que diminuer les districts ou les supprimer sans l'aveu des administrés, c'est peut-être diminuer le nombre des défenseurs de la nouvelle constitution, parce que les membres de la nouvelle administration sont doublement intéressés, en qualité de citoyens & d'administrateurs, à les protéger, à en assurer le succès, à en cimenter la durée; enfin, le vœu des assemblées de département, celui des municipalités ne sont pas le vœu des administrés, mais celui des corps administratifs. Ce seroit donc sanctionner le vœu des administrateurs, & non celui des administrés; ce seroit admettre des volontés partielles...... que de prononcer des réductions qu'ils demanderoient; & remarquez qu'on ne peut pas même dire dans l'espèce des trois départemens, de l'*Ain*, de la Sarthe & du Var, que leurs corps administratifs demandent la réduction de leurs districts.

Dans le département de l'*Ain*, il n'existe qu'une majorité de trois voix, & les administrés s'y opposent; dans celui de la Sarthe, le département n'a opiné, pour la suppression actuelle, qu'à une majorité d'une voix; on reproche aux délibérations des municipalités qui ont été produites, d'avoir été provoquées ou surprises par la frayeur que l'on a inspirée aux habitans des campagnes, en leur disant qu'ils seroient surchargés d'impôts. On ne peut donc appercevoir le vœu des administrés dans tout ce qui a été manifesté jusqu'alors dans ce département. Le vœu de celui du Var n'est encore que celui de la majorité des administrateurs, & tous les chef-lieux réclament, ils annoncent l'arrivée prochaine des délibérations des adminstrés, conformes à leur vœu. Dans cette position, votre comité a pensé qu'il étoit impossible de prononcer aucunes réductions des districts de ces départemens, & quoique l'opinion de presque tous les membres qui le composent, soit que le nombre des districts est trop considérable, que la réduction en sera certainement sollicitée par les administrés dans plusieurs départemens, ils ont été unanimes dans l'opinion : qu'il seroit impolitique & dangereux, sur des pétitions de ce genre, de toucher en ce moment à l'édifice de la division du royaume; je n'ai pas craint la défaveur de l'assemblée en rapportant aujourd'hui l'opinion du comité, qui semble contrarier les principes du rapport sur le département de l'*Ain*. L'on peut être entraîné, trompé par l'apparence du bien; aussi en présentant mes principes sur la multiplicité des districts, je n'étois que l'organe du comité & de la plupart des membres de l'assemblée; mais s'il peut être avantageux que l'opinion publique se prononce fortement sur cet objet; il n'a pas été inutile ni imprudent de la provoquer; il a été courageux de le faire, au risque que l'événement exigeât de nouveaux travaux pour reprendre une opération dont l'exécution eût occasionné des peines infinies qui n'offrent aucuns dédommagemens que celui, bien précieux sans doute, d'être utiles à la chose. Vous la servirez en adoptant le projet de décret suivant :

« L'assemblée nationale, après avoir entendu le rapport du comité de constitution, considérant que les justiciables & les administrés des districts des départemens de l'*Ain*, de la Sarthe & du Var, n'ont pas émis leurs voeux pour la suppression demandée de leurs districts respectifs :

« Décrète qu'il n'y a lieu à délibérer sur les pétitions des administrateurs de ces départemens :

« Se réserve l'assemblée nationale de régler dans un décret particulier, par quels organes & dans quelle forme les administrés & justiciables qui demenderoient la réduction de leurs districts, pourront manifester leur voeu & le présenter aux législatures suivantes ». Il est adopté.

Séance du samedi soir, 6 août 1791.

M. Laville-aux-Bois fait lecture d'une adresse du département de l'*Ain*; voici la substance de cette pièce :

« Depuis l'arestation du roi, les intrigues recommencent; les correspondances continuent entre les aristocrates, les prêtres, les robins, les fanatiques de toutes les couleurs. Chacun apprend à jouer le rôle qui convient à son habit, & ces intrigues se font sur-tout remarquer près des frontières. Des émissaires viennent s'aboucher avec nos prêtres, nos chanoines, & autres mal-intentionnés. Ceux-ci cherchent à conduire les citoyens à la guerre civile, en les égarant par le fanatisme. Les curés constitutionnels trouvent des appuis dans l'autorité des corps administratifs; mais les autres trouvent les mêmes secours dans les tribunaux. Le seul moyen de remédier à ce mal, est d'appliquer à notre département les mêmes mesures que celles qui ont été adoptées par le département du Bas-Rhin. On pourroit cependant faire une exception en faveur des ecclésiastiques qui ne troublent pas l'ordre public, en chargeant les municipalités de leur domicile de répondre de leur conduite. Il est tems de détruire ces foyers pestilentiels, disséminés dans tous les cantons pour y allumer la guerre civile; &c.

On demande le renvoi de cette adresse au comité ecclésiastique.

M. Grégoire. Le comité ecclésiastique me charge de déclarer qu'il ne se mêlera plus de ces sortes d'affaires.

M. Bouchotte. Dans la paroisse de...., un ci-devant curé excitoit des troubles par ses intrigues; il a été condamné par le tribunal à être déchu de sa pension, & suspendu pour cinq ans des droits de citoyen actif; depuis ce tems la paroisse jouit de la paix la plus parfaite. Je crois que si, au lieu de donner aux administrateurs le droit de délivrer arbitrairement des lettres de cachet, on forçoit les accusateurs publics de faire leur devoir, on feroit bientôt cesser les intrigues de ces factieux.

L'assemblée renvoie l'adresse du département de l'*Ain* aux comités déjà chargés de présenter un projet de loi pour la répression des délits ecclésiastiques.

AINESSE *s. f.* Droit d'*aînesse*, c'étoit un privilége en faveur du premier né d'un mariage, au moyen duquel il jouissoit d'avantages que ne partageoient point les autres enfans du même lit.

On pense bien que notre objet n'est point d'entrer ici dans le développement des principes de la jurisprudence sur le droit d'*aînesse*; nous devons seulement rapporter les débats qui ont précédé le décret par lequel l'assemblée nationale en a prononcé l'abolition.

Séance du jeudi 23 février 1790.

M. Merlin lit une nouvelle rédaction de l'article X sur les droits féodaux, ainsi conçu :

« Toute féodalité & nobilité des biens étant détruite, les droits d'*aînesse* & de masculinité dans les successions *ab intestat* des biens ci-devant nobles ou féodaux, sont abolis. En conséquence, ces biens seront partagés également entre tous les héritiers, si les parens auxquels ils succèdent n'en ont autrement disposé en faveur d'un ou de plusieurs desdits héritiers, soit par contrat de mariage, donations ou testament, ce qu'ils auront la liberté de faire, comme en pays de droit écrit, dérogeant à toutes les lois & coutumes à ce contraires, jusqu'à ce que, par la présente législature, ou par celles qui suivront, il ait été déterminé un mode définitif & uniforme de succession pour tout le royaume ».

On ouvre la discussion sur cet article du comité féodal.

M. *de la Rochefoucault*. Je regrette que le tems ne soit pas arrivé d'établir le partage égal des biens entre les enfans. Sans doute ce tems n'est pas éloigné; mais cet objet dépend d'une infinité de combinaisons qu'il ne nous est pas permis de faire en ce moment. J'ai deux observations à présenter sur l'article qui vous est soumis. Il contient une disposition qui donne à la puissance paternelle une étendue que nous ne pouvons peut-être pas lui accorder. On ne me soupçonnera sûrement pas de vouloir attaquer la puissance paternelle ou maternelle; mais qu'il me soit du moins permis de vous engager à ne rien préjuger sur une matière d'un aussi grand intérêt. Je desirerois que l'article contînt une clause particulière pour excepter de ces dispositions les personnes actuellement mariées. Un grand nombre de mariages ont assurément été contractés sur des espérances que l'égalité du partage des biens féodaux viendroit détruire.

M. *Péthion de Villeneuve*. Le droit d'*aînesse* a été établi pour donner à l'aîné, chargé de mener des hommes d'armes à la guerre, la facilité de se livrer à cette dépense. La cause n'existant plus, pourquoi ne pas proscrire l'effet? Vous sentez l'influence du droit d'*aînesse* sur les mœurs; vous savez que c'est à lui qu'on doit l'inégalité des fortunes: je n'ai pas besoin, pour que ce droit vous paroisse odieux, de développer cette idée. — On vient de vous proposer d'accorder aux pères & mères la faculté de disposer inégalement des biens féodaux, dans les pays coutumiers, comme dans les pays de droit écrit. Il est de principe général qu'en coutume, les biens en roture se partagent d'une manière égale; mais des coutumes particulières introduisent une inégalité que le principe ne permet pas. En assimilant les biens féodaux aux biens en roture, vous les avez déclarés partageables d'une manière égale; il faut en même tems que, par la loi, le partage soit égal dans les coutumes où le partage inégal est introduit. J'adopte l'avis du préopinant sur l'effet des contrats de mariage, & je propose que vous fassiez une loi générale qui détermine les partages d'une manière uniforme pour les biens en roture, & pour les biens ci-devant féodaux.

M. *Tronchet*. La question qui vous occupe est très-difficile, très-importante, très-délicate. Le comité a mûrement réfléchi la rédaction qu'il vous présente. A-t-il fait ce qu'il devoit faire? Pouvoit-il faire davantage; & si cette loi a quelques inconvéniens, quels en sont les remèdes? Il ne pouvoit faire autrement que ce qu'il a fait. Vous avez aboli les droits féodaux; il n'y a donc plus de loi qui puisse régler le partage inégal établi par la féodalité; il a donc dû proposer la première partie de l'article. Pouvoit-il aller plus loin? Spécialement & uniquement chargé de l'examen des droits féodaux, détruits par les arrêtés du 4 août, il n'avoit pas de mission pour s'occuper de l'abolition du droit d'*aînesse*. Vous ne pouvez vous-mêmes vous en occuper, à cause des funestes conséquences qu'auroit en ce moment cette abolition. Frappé de tous les inconvéniens de la loi que le comité vous propose, il croit que le père doit être le juge naturel de ces inconvéniens, soit qu'ils portent sur l'aîné de ses enfans, soit qu'ils portent sur les puînés; il lui a donné la faculté de réparer, suivant sa justice & sa tendresse, les torts nécessaires de la loi.

M. *le Chapelier*. On ne peut, en principe, se dispenser de réunir, dans le décret, des dispositions qui aient rapport à la nobilité des biens & à la nobilité des personnes: il faut donc dire qu'il n'y aura plus de partage inégal, soit à raison de la nobilité des personnes, soit à raison de la nobilité des biens. Mais vous devez excepter de cette disposition les personnes mariées, afin de ne pas donner à votre loi un effet rétroactif. Le moyen que le comité a imaginé pour modérer les effets du décret qu'il vous propose, occasionneroit, dans beaucoup de familles, une guerre intestine, en y portant l'inquiétude & la défiance. D'ailleurs, ne donneriez-vous pas aux parens une faculté qui, d'après la législation que l'on établira sans doute sur la puissance paternelle, se trouveroit extrêmement restreinte?

Je propose, d'après ces différentes vues, le projet de décret suivant:

« L'assemblée nationale décrète que tout privilège, toute féodalité & nobilité de biens étant détruits, les droits d'*aînesse* & de masculinité, à l'égard des fiefs, domaines & aleux nobles, les partages inégaux, à raison de la qualité des personnes, sont abolis: en conséquence, toutes les successions, tant directes que collatérales, tant mobiliaires qu'immobiliaires, qui échoiront à compter du jour de la publication du présent décret, seront, sans égard à l'ancienne qualité noble des biens & des personnes, partagées entre les héritiers, suivant les lois, statuts & coutumes qui règlent les partages entre tous les citoyens; abroge & détruit toutes les lois & coutumes à ce contraires; excepte du présent décret ceux qui sont actuellement mariés, ou veufs ayant des enfans, lesquels partageront entre eux & leurs cohéritiers, conformément aux anciennes lois, les successions mobiliaires & immobiliaires, directes & collatérales qui pourront leur écheoir. »

M. *Target*. Tant qu'il n'existe plus de fiefs en général, il ne peut plus en exister dans les successions, dès qu'il n'y a plus de fiefs, les coutumes qui statuent sur leur hérédité ne peuvent plus subsister. Les biens, autrefois fiefs, doivent donc être partagés comme tout autre bien. Mais il est des cas d'exception, & j'adopte, à cet égard, purement & simplement, l'avis de M. le Chapellier. Je n'ai qu'une seule observation à présenter. On ne doit pas, sous prétexte d'un mariage contracté par l'un de dix enfans, faire partager tous les enfans, comme dans l'ancien régime. Je propose cet amendement : « Exceptant du présent décret les héritiers présomptifs qui sont actuellement mariés, ou qui sont veufs ayant des enfans, lesquels partageront entre eux, conformément aux anciennes loix, les successions mobiliaires ou immobiliaires, directes ou collatérales; le présent décret produisant tout son effet à l'égard des autres héritiers qui ne seront pas mariés au jour de la publication. »

Plusieurs membres appuient le décret proposé par M. le Chapelier.

La discussion est fermée.

M. *de Croix* demande la priorité pour le décret de M. le Chapelier.

M. *Lanjuinais* propose d'ajouter dans le décret de M. le Chapelier, après ces mots, « sont abolis », ceux-ci, « & tous les effets civils qui en émanoient ». M. Lanjuinais entre dans les détails de ces effets civils, & il insère ces détails dans un projet de décret.

On fait lecture des divers projets présentés.

M. *Martineau*. L'amendement de M. le Chapelier a deux vices principaux; il dit trop & ne dit point assez. Il dit trop : en effet, il ne s'agit en ce moment que d'énoncer les conséquences de l'abolition des fiefs sur les successions. Ce projet de décret porte en général sur tous les biens, relativement à la nobilité des personnes. Il ne dit pas assez, puisqu'il ne s'occupe point d'un inconvénient qui résulte de l'abolition des fiefs. Dans certaines coutumes, les puînés ne prennent rien dans les biens en roture, & ne peuvent prendre que dans les fiefs : comme tous les biens autrefois tenus en fiefs sont actuellement en roture, il en résulteroit que les puînés n'auroient aucune part dans les successions. Je pense donc qu'il faut adopter l'article du comité avec l'amendement suivant : « & néanmoins la présente disposition ne pourra préjudier au droit des aînés qui ont été mariés, tacitement ou explicitement, dans leurs espérances dans les fiefs, & aux puînés, dans les droits qui leur sont accordés par les coutumes. »

M. *le Chapelier*. Je réponds, 1°. que le partage inégal, dont l'inégalité est fondée sur la nobilité, ne peut plus exister, d'après l'abolition des ordres; 2°. que je n'ai pas voulu toucher autrement aux règles des successions; j'ai pensé que nous faisions un article constitutionnel, & que c'étoit aux législatures suivantes à s'occuper de la jurisprudence des coutumes.

On délibère sur la question de savoir si la priorité sera accordée au projet du comité.

La première épreuve donne un résultat douteux.

On fait une seconde lecture des projets de décret.

La priorité est refusée au projet du comité par une très-grande majorité.

La priorité est ensuite accordée au décret de M. le Chapelier.

On présente divers amendemens en ces termes :

M. *de Bonvouloir*. « Les dispositions du présent décret s'étendent aux enfans nés ou à naître des mariages contractés à l'époque où il sera rendu ».

M. *Goupil de Préfeln*. « Excepté les successions ouvertes ».

M..... « De manière néanmoins que les puînés ne puissent avoir une portion moindre de celle qui leur auroit appartenu, si la succession eût été partagée, à raison du régime féodal ».

M. *Menard de la Croix*. « La disposition du présent article aura lieu à l'égard des enfans à naître, des mariages à contracter ».

M. *Pellerin*. « Abrogeant encore les dispositions des coutumes qui, en conséquence de l'inégalité des partages des biens ci-devant nobles, autorisent des donations au profit des puînés ».

M....., *député d'Alsace*. « Sans préjudice de la réversibilité des fiefs d'Alsace à la nation, dans les cas exprimés dans l'investiture ». Cet amendement est établi sur un fait bien certain. La jouissance de ces fiefs avoit été attachée à des charges publiques, par l'empereur & par la maison d'Autriche. Ces puissances ont remis la propriété de ces fiefs à la France, & cette remise en établit incontestablement la réversibilité à la nation.

M. *l'abbé d'Aymar*. Cette disposition porteroit le trouble en Alsace; elle doit au moins être mûrement examinée; j'en demande le renvoi au comité féodal.

M. *de Croix* demande la question préalable sur tous les amendemens, excepté sur celui de M. Martineau.

M. *Emeric*. La question préalable, demandée sur l'amendement relatif aux fiefs masculins d'Alsace, peut avoir pour motif que, dans la suite des articles proposés par le comité féodal, il s'en trouve un destiné à réserver des indemnités aux étrangers possesseurs de fiefs. Si l'on pensoit à étendre cette indemnité sur les fiefs d'Alsace, on se détermineroit à priver la nation de son droit de réversibilité sur ces propriétés. Je demande l'ajournement de l'amendement proposé à cet égard.

Cet ajournement est prononcé. Plusieurs membres présentent des rédactions de l'amendement de M. Martineau. On propose d'ajourner cet amendement.

M. *de Croix*. Dans le Boulonnois & dans la Châtellenie de Lille, les filles, suivant la coutume locale, n'ont rien dans les rotures; elles ont seulement le quint dans les fiefs; mais les fiefs devenant roture, si j'avois le malheur de perdre mon père dans l'intervalle de l'ajournement, mes sœurs n'auroient absolument rien. L'ajournement est rejetté. L'amendement de M. Martineau est adopté, rédigé comme il suit :

« Décrète néanmoins que les puînés & les filles, dans les coutumes où ils ont eu jusqu'à présent, sur les biens tenus en fiefs, plus d'avantage que sur les biens non-féodaux, continueront de prendre, dans les ci-devant fiefs, les parts à eux assignées par lesdites coutumes, jusqu'à ce qu'il ait été déterminé par l'assemblée nationale un mode définitif & uniforme de successions pour tout le royaume ». Les autres amendemens sont écartés par la question préalable.

M. *Guillaume* demande la division du décret de M. le Chapelier. Il considère l'exception relative aux gens mariés, comme aussi immorale qu'impolitique.

L'assemblée décide qu'il n'y a pas lieu à délibérer sur cette demande en division. Le décret proposé par M. le Chapelier, à la suite duquel est placé l'amendement de M. Martineau, est unanimement adopté.

AIX. s. m. Chef-lieu du département de la partie de l'Ouest de la Provence.

Pour obtenir ce titre, la ville d'*Aix* a été à l'assemblé nationale l'objet d'un rapport & de quelques débats que nous allons rapporter; ainsi que ceux qui ont eu lieu sur les troubles du mois de décembre 1790, arrivés dans cette ville, & pour mieux faire sentir l'esprit des tems & la justesse du rapprochement fait par M. l'abbé Maury, à la séance du 18 décembre, nous y joindrons les discussions élevées dans la même séance, sur l'affaire de Lyon, que, sans cette raison, nous eussions renvoyée au mot LYON.

Séance du lundi premier février 1790.

M. *Gossin*. La ville de Marseille demande à être chef-lieu de département : son influence s'étend sur la France entière; son commerce est dans la dépendance journalière de l'administration. La ville de Lyon, moins importante qu'elle, quoique placée à l'extrémité de son département, a obtenu d'en être le chef-lieu. Pourquoi Marseille ne jouiroit-elle pas du même avantage? pourquoi seroit-elle l'esclave d'un département agricole? pourquoi forceroit-on cent cinquante mille habitans à se réunir à la ville d'*Aix*, tandis qu'une ancienne antipathie leur fait redouter cette réunion? Dans une délibération prise par les parties intéressées, Marseille a obtenu en sa faveur douze suffrages contre six.

La ville d'*Aix* répond à cette cité : soyez ce que la nature vous a fait; soyez commerçante & maritime; n'enviez pas les secours que réclame notre pauvreté : vous redoutez un département agricole; mais le commerce & l'agriculture ne tiennent-ils pas l'un à l'autre, ne doivent-ils pas s'aider mutuellement? Les décrets de l'assemblée & l'intérêt des administrés prescrivent de placer, autant qu'il est possible, le chef-lieu dans le centre. La prétention de Marseille contrarie cet intérêt & ces décrets. *Aix* est parfaitement central : à cet immense avantage local se joignent des considérations bien puissantes; elle va perdre son parlement, sa chambre des comptes, sa cour des aides : ces établissemens attiroient quelques étrangers dans son sein, augmentoient un peu ses consommations, sur lesquelles se perçoit l'impôt qui fait toute sa richesse.

Le comité pense qu'on ne sauroit trop, en ce moment sur-tout, ménager la ville de Marseille..... Il propose le décret suivant : « La ville de Marseille sera le chef-lieu du département de l'Ouest de la Provence. Les électeurs s'assembleront à Lambesc, siège des anciens états, pour y déterminer, à la pluralité, les chefs-lieux des établissemens que la constitution destine à cette partie de la Provence ».

M. *Bouche*. C'est un spectacle bien singulier que celui qui, depuis quelque tems, se présente à vos yeux. De petites villes viennent se disputer un peu plus d'illustration, un peu moins d'obscurité : aujourd'hui, une ville riche & commerçante, qui possède huit cens millions dans son commerce, & dont le territoire vaut quatre-vingt millions, vient disputer à une ville pauvre, le reste de vêtement que lui laisse une révolution salutaire. Marseille est connue de tout l'univers par son luxe, par son opulence & par son ambition. Cette ambition s'est montrée sous tous les règnes : tantôt Marseille a demandé l'administration, tantôt la cour des aides, tantôt la monnoie, &c. elle a voulu toujours exister seule, & par elle-même; ses députés ne se regardent pas comme provençaux..... La rare honnêteté du comité a été trompée : c'est à tort qu'il dit qu'une délibération a décidé la question. Cette délibération n'existe pas; si elle existe, je demande qu'on en dépose le procès-verbal sur le bureau; il sera notre juge...... Marseille veut réunir tous les avantages, parce qu'elle jouit d'avantages immenses. Huit mille bâtimens, trente mille étrangers entrent & sortent journellement de ses murs & de son port. Elle a tous les établissemens que le luxe peut desirer ; la vingt-deuxième partie du numéraire, la cinquième partie du papier du royaume circule chaque jour dans son sein. Ses dehors étalent les richesses du luxe & de la volupté. Douze mille habitations délicieuses l'entourent, elles forment une ville immense, dont les maisons semblent s'être placées, au gré du caprice & du plaisir, dans les sites les plus heureux. La ville d'*Aix* trouve toutes ses ressources dans quelques gens d'affaire, attirés vers elle par les établissemens civils, politiques & religieux qu'elle renferme depuis dix-huit cens ans. Elle est perdue, si la constitution la prive de cet unique & foible avantage. La raison, la justice & les convenances demandent qu'il lui soit conservé. Elle est au centre du département ; Marseille est à l'extrémité ; vos décrets & l'intérêt des administrés plaident ici pour elle...... Que Marseille ait ou n'ait pas les établissemens nouveaux, elle n'en sera pas moins la plus florissante ville de l'univers. Le bienfait de la révolution n'est pas de faire mourir, pour ainsi dire, d'une apoplexie politique, des hommes engraissés par le luxe, les richesses & le commerce.

M. Bouche termine son opinion en rappellant un grand nombre de faits historiques, preuves frappantes du patriotisme des habitans d'*Aix*. Il représente comme une raison qui doit prévaloir sur tous les avantages politiques, le fléau de la peste, qui règne continuellement dans le Lazaret de Marseille, & qui, au premier soupçon, oblige d'intercepter les communications & de fermer les barrières & les tribunaux. Il conclut en demandant que le chef-lieu & les établissemens du département de l'ouest de la Provence soient accordés à la ville d'*Aix*.

M.... représente les droits anciens de Marseille, son importance, sa population, ses contributions. Il observe qu'il ne faut que trois heures pour se rendre d'*Aix* à Marseille, & que la peste exige que cette dernière ville soit le siége d'une administration qui veille sans cesse pour écarter ce fléau. Vous ne décidez pas dit-il, les intérêts de Marseille, mais les vôtres, mais ceux de toute la France.

M. l'Archevêque d'*Aix* appuie la conclusion de M. Bouche, par des raisonnemens dont voici les résultats. Le chef-lieu du département doit être rapproché du centre, *Aix* est le lieu de correspondance nécessaire. Il faut consulter l'intérêt du plus grand nombre : Marseille & son territoire présentent une population de 150,000 hommes ; mais plus de 200,000 sont répandus dans le reste du département. Il faut consulter les convenances : les consommations, extrêmement chères à Marseille, rendroient trop coûteux le séjour des administrateurs, & des électeurs. Enfin le besoin de favoriser les pays les moins riches, est un motif que la sagesse de l'assemblée a toujours pris en grande considération.

On ferme la discussion.

» L'assemblée décrète à une grande majorité, » que la ville d'*Aix* sera le chef-lieu du département de l'ouest de la Provence ». Elle adopte pour le surplus le projet de décret proposé au nom du comité de constitution.

Séance du 18 *Décembre.* 1790.

M. *Riquetti l'aîné (ci-devant Mirabeau)*. La députation du département des bouches du Rhône, a reçu des nouvelles affligeantes qui exigent une détermination provisoire de l'assemblée ; elles sont contenues dans une lettre officielle, adressée par le président de l'administration du département, au président de l'assemblée nationale, & datée du 14 décembre.

M. Riquetti fait lecture de cette lettre, dont voici l'extrait :

» Depuis le décret qui a supprimé tous les parlemens, les ennemis de la révolution tiennent journellement des assemblées qui depuis long-tems menaçoient la tranquillité publique, & excitoient la surveillance de l'administration. Les titres d'*amis du roi*, d'*amis du clergé*, d'*amis de la noblesse*, qu'adopterent ces clubs, annonçoient assez combien ces rassemblemens pouvoient devenir dangereux. Il existe à *Aix* deux autres clubs ; l'un des *amis de la constitution*, l'autre *club anti-politique*. Il étoit aisé de voir que nous étions menacés d'un choc terrible...... Déjà les membres du nouveau club annonçoient qu'ils prendroient la cocarde blanche ; ceux de la société des amis de la constitution, unis au club anti-politique, jurerent de maintenir la foi due au serment civique. Les premiers se réunirent avec les officiers du régiment de Lyonnois dans un caffé, dans la soirée du 10 ; des députés des deux clubs réunis, passant devant ce caffé, furent hués, attaqués, & quelques-uns blessés à coups de pistolet ; aucune blessure n'est dangereuse...... Aussitôt les corps administratifs se rassemblerent, & se réunirent à la municipalité ; d'autres députés parcoururent la ville pour voir ce qui se passoit, & en informer l'administration du département.... Quatre officiers de Lyonnois furent arrêtés, & conduits à la maison commune ; aussitôt l'administration fut instruite, que d'autres officiers se rendoient au quartier, faisaient prendre les armes au régiment, & qu'ils se proposoient de marcher contre l'hôtel commun pour en arracher leurs camarades qui y étoient détenus. Le major du régiment & le quartier-maître, tous deux connus par leur patriotisme, se rendirent à la municipalité pour concerter les mesures qu'il y auroit à prendre...... L'administration requit le départ immédiat du régiment, ce qui fut exécuté ; il se rendit dans différentes garnisons voisines.......Nous devons des témoignages honorables aux grenadiers qui refusèrent de marcher contre la maison commune ; c'est à leur fermeté que la ville doit son salut, car les officiers eurent assez d'influence sur les soldats pour leur faire faire plusieurs évolutions.....

Pour remplacer le régiment de Lyonnois, l'administration requit 400 hommes du régiment d'Ernest, en garnison à Marseille, & 400 hommes de la garde nationale de cette ville, de venir au secours d'*Aix*. La paix alloit se rétablir, si M. Pascalis, qui avoit prononcé, à la clôture du parlement, un discours insultant à la nation, n'avoit été arrêté & traduit en prison. Le peuple vouloit avoir justice des manœuvres de ses ennemis; il demandoit sa tête. La garde de la prison étoit confiée aux gardes nationales de Marseille & d'*Aix*, & au détachement du régiment d'Ernest : voilà quelle étoit notre situation hier à huit heures du matin ; depuis, elle est devenue plus affreuse; les cris qui demandoient la tête de M. Pascalis, redoublerent. Les efforts que firent les administrateurs, ne servirent qu'à les rendre suspects au peuple que les officiers municipaux en écharpe ne purent contenir...... MM. Pascalis, Laroque & Guirant ont été pendus à des arbres.. Jamais situation ne fut plus terrible que celle des administrateurs...... La garde nationale de Marseille a été requise de partir, afin de diminuer le nombre des troupes armées.... Les tribunaux font une information ; différentes personnes inculpées ont été arrêtées ; plusieurs sont chargées par les derniers paroles de MM. Pascalis & Guirant, dont le dernier est accusé lui-même d'avoir tiré plusieurs coups de pistolet.

M. Riquetti demande que les députés des trois départemens de la ci-devant province de Provence soient autorisés à se réunir, pour proposer les mesures provisoires nécessaires pour le rétablissement de la paix dans la ville d'Aix, & que le fond de l'affaire soit renvoyé au comité des recherches. — Cette proposition est adoptée.

M. *Voidel*, *au nom du comité des recherches*. La ville de Lyon fut, il y a quelques mois, le théâtre d'une violente sédition ; elle eut pour prétexte une diminution des octrois ; mais les officiers municipaux, aidés par les soins des bons citoyens, l'appaisèrent ; ils ne parvinrent point à détruire les espérances des misérables ennemis de la patrie. Les mécontens crurent pouvoir ranimer un feu mal éteint. Depuis quelque tems, tous les avis reçus de Nice, de Turin, d'Antibes & de différentes parties du royaume, sollicitoient une mesure sévère de votre part. Les préparatifs qui se faisoient sur vos frontières, les voyages de M. d'Autichamp, l'arrivée secrette d'un ministre prévaricateur à Turin, ses liaisons avec MM. Condé, Bourbon, d'Artois, le rassemblement subit de tous les conspirateurs, tous ces mouvemens excitèrent la surveillance de votre comité. Enfin tout est découvert. (On applaudit.)

Pendant la nuit du 8 au 9 de ce mois, MM.... officiers de la garde nationale de Lyon, déclarèrent, en présence des officiers municipaux, qu'ils avoient découvert une conspiration, mais que pour ne rien éventer, ils avoient pris conseil de plusieurs citoyens, qui s'étoient, à dessein, mêlés parmi les complices. Les officiers municipaux passèrent cette nuit & la suivante à recevoir les dépositions de ces quatre témoins ; en voici l'extrait :

Il y a trois mois, dit M. Monet, que M..., ci-devant comte de Lyon, m'engagea à une entrevue, par l'entremise de M. Beaujour, son fils naturel; celui-ci me parla des maux qu'avoit entraînés la révolution, de l'anéantissement du commerce. Il ajouta qu'il avoit appris que j'avois la confiance des ouvriers. Il s'agit, me dit-il, d'exécuter un projet énergique ; il faut sourdement exciter le peuple. Ce pauvre peuple ne souffrira pas, sans doute, la vente des biens du clergé, & sur-tout de ceux des comtes de Lyon..... Je fus conduit chez MM. Descarts & Terasse, dit Teissonet. Ces deux officiers me conduisirent chez le ci-devant chanoine : nous eûmes ensemble des conférences pendant environ deux mois. Un jour il vint chez moi. Je fis cacher un nommé Privat & son fils sous le lit. « Le meilleur moyen de gagner le peuple, me dit le ci-devant chanoine, est de réunir le plus de monde possible dans les cabarets; de payer à cet effet les cabaretiers, pour faire donner le vin à meilleur marché. Je leur opposai que les cabaretiers pourroient nous découvrir ; il adopta mon observation, mais en ajoutant : Eh bien, il faut se contenter de nommer les princes, d'engager le peuple à les rappeler, en annonçant qu'à leur retour, ils répandront de l'argent, qu'ils feront diminuer les droits d'entrée; que le roi viendra habiter la ville.... Il me donna deux fois une somme de vingt-cinq louis ; & me chargea de distribuer des libelles incendiaires, dont il avoit un dépôt; savoir : *L'Adresse aux provinces ; la Lettre à l'auteur d'un journal connu; le Vœu d'un françois* ; *la Lanterne magique* ; *l'ouvrage de M. Calonne, &c. &c.* Pour ne pas me rendre suspect, j'en distribuai plusieurs ; je déposai les autres entre les mains du commandant de la garde nationale..... Il me nomma ensuite un M. Guillain, & me dit que son projet étoit de le faire nommer maire; celui-ci acceptoit la place, mais à condition que les autres officiers municipaux fussent tous choisis à sa fantaisie.

On entreprit, à cet effet, d'envoyer des espions dans les clubs patriotiques, d'en gagner les présidens & les secrétaires. Ils se plaignirent d'être mal servis à l'hôtel de la commune, quoiqu'ils payassent bien ; ils me parloient souvent de M. La-

chapelle, commandant de la place, comme de leur meilleur ami. Ils l'appeloient l'ami Lachapelle. Un jour, M. Terrasse me dit chez lui : eh bien, ce sera donc pour demain! Non, pour dimanche prochain, répondis-je. Il me témoigna du regret sur ce délai. Il faut que l'affaire éclate lundi ; je vous présenterai au comte d'Artois; les princes récompenseront généreusement ceux qui les auront servi.... M. Descarts m'a témoigné aussi beaucoup d'inquiétudes sur le délai que je lui proposois. Quand il s'agit de renvoyer d'un jour à un autre, me dit-il, nous sommes obligés d'avertir beaucoup d'autres personnes.... On me fit faire une nouvelle distribution de papiers... Nous venons d'apprendre, me dit-on ensuite, que Perpignan s'est remis sur l'ancien pied. Les impôts se perçoivent déjà au profit du roi, auquel ils appartiennent. Dijon en a fait autant....

M. *Voidel*. Vous venez d'entendre parler d'un libelle intitulé : *Lettre à l'auteur d'un journal très-connu*. Ce libelle est un manifeste des projets des conjurés de Lyon. En voici quelques phrases : Lyon n'aura qu'à parler pour redevenir florissant, pour faire rentrer les princes. Quand le peuple se fera justice de tous les incendiaires qui voudroient tout bouleverser, quand les réverbères ne serviront plus qu'à éclairer, alors tous les françois expatriés se rendront en foule dans cette ville ; le roi lui-même y viendra, & entraînera avec lui son assemblée nationale, puisqu'elle s'en est déclarée inséparable, &c... Je continue de lire l'extrait des dépositions.

» Le 27 novembre, dit M. Berthet, je me rendis chez M. Guillain. Après une conversation préparatoire, dans laquelle je réussis, en feignant, à m'attirer sa confiance, il faut, me dit-il, que tu te mettes dans notre parti ; as-tu des moyens? Je lui répondis que je connoissois une trentaine de crocheteurs sur lesquels je pouvois compter. Connois-tu *Privat?* — Oui. — Fais-le venir.... Je connoissois le patriotisme de Privat ; il me donna des conseils..... J'allai deux fois chez Guillain ; la première fois, je lui dis que je n'avois pas trouvé Privat ; la seconde, qu'il m'avoit répondu : que M. Guillain m'écrive ce qu'il a à me dire ; mais celui-ci rejetta cette proposition, & je n'osai insister, crainte de me rendre suspect...... Dans chaque conférence que j'eus avec lui, il me parla de soulever le peuple, de l'engager à demander une diminution de droits sur le pain & sur les vins, de lui promettre que si les princes étoient invités à venir, ils diminueroient les octrois..... Un jour, sur le conseil de Privat, je fus dire à M. Guillain que le peuple demandoit le renvoi du régiment de Lamarc ; non, me répondit-il, il ne partira pas ; comptez sur M. Lachapelle. Il me donna deux louis, & me chargea d'une distribution de libelles.....

Extrait de la déclaration de M. Jacob David ». M Monet me conduisit chez M. Terrasse, qui, dans deux entrevues que j'eus avec lui, me chargea de soulever le peuple, de l'exciter à demander les princes. Le peuple, me dit-il, s'assemblera en armes sur la place de l'hôtel-de-ville, pendant qu'on présentera une pétition à la municipalité ; le brave Lachapelle & moi nous nous mettrons à la tête ; nous aurons 3000 hommes pour aller chercher les princes. Sur ce que je lui observai que 3000 hommes ne suffisoient pas, nous en aurons 5, 6 mille, s'il le faut ; au surplus, *le même jour l'insurrection éclatera dans toute la France*. Il faudra amener sur la place le plus de femmes que l'on pourra. Il ne faudra pas craindre le drapeau rouge ; les troupes ne tireront pas sur le peuple ; nous sommes sûrs d'elles. Vous serez présenté à M. d'Artois & aux autres princes, qui récompenseront généreusement ceux qui les auront bien servis.....

Déclaration de M. Charot. » Je trouvai M. Terrasse avec deux autres officiers, dont l'un étoit officier de chasseurs, de cette ville. Il commença par me parler des malheurs de la révolution. Il faut soulever le peuple, me dit-il ensuite, & faire revenir les princes. M. Lachapelle se mettra à la tête du peuple. Dès le premier jour de l'arrivée des princes, les entrées diminueront ; le roi viendra ; s'il ne peut pas se dégager de son assemblée nationale, il l'emmenera avec lui ; la constitution ira son train ; mais nous surveillerons de près l'assemblée....... Je lui observai que si l'assemblée n'étoit pas libre, elle pourroit bien se dissoudre. Tant mieux, reprit-il, nous aurons toujours le roi ; Paris sera un désert, & Lyon deviendra la capitale..... Il me donna 4 louis.

M. *Voidel*. Vous qui conspirez contre votre patrie, & qui vous bercez de ridicules espérances, apprenez que dans cette ville que vous comptiez trouver toute prête à l'exécution de vos projets, il ne s'est pas élevé une seule voix en votre faveur. Le peuple entier de cette ville a exprimé, par les plus vifs applaudissemens, la joie qu'il éprouvoit d'avoir échappé aux pièges que vous lui tendiez. (On applaudit).

Après quelques observations, M. Voidel présente un projet de décret tendant, 1°. à ordonner la translation de MM. Guillain, d'Escarts & Terrasse, du château de Pierre-Encise, où ils ont été transférés après un interrogatoire à la municipalité, dans les prisons de Paris ; 2°. à faire prier le roi de faire remplacer M. Lachapelle, commandant à Lyon, ainsi que la garnison de cette ville ; 3°. à ordonner à tous les françois, fonctionaires publics ou recevant des pensions ou traitemens quelconques de l'état ; de rentrer dans le délai d'un mois, sous peine d'être suspendus de leurs pensions & traitemens.

M. *l'abbé........, député de Lyon.* Le fils de M. Guillain s'est présenté au comité des rapports, & a observé que deux des témoins qui ont déposé contre son père sont récusables; l'un pour avoir, il y a trois mois, voulu soulever le peuple; l'autre, pour avoir été attaché à son père en sa qualité de juge des comtes de Lyon. Je demande qu'il soit sursis à la translation de trois accusés à Paris, jusqu'à ce qu'il se présente des charges plus fortes contre M. Guillain.

M. *l'abbé Maury.* Je ne demanderois point la parole si vous adoptiez l'amendement du préopinant, & si le rapporteur ne nous avoit dit avec assurance: tout est découvert. J'ai cru qu'il alloit répandre une grande lumière sur cette affaire, & cette lumière ne m'a pas éclairé. Puisque tout est découvert, les citoyens doivent être tranquilles; or rien n'est plus propre à alarmer que ces inquisitions judiciaires qu'on vous propose.

Permettez-moi de faire le rapprochement de ce qui a été dit à cette tribune. Un membre vous a dit au commencement de la séance, que trois personnes ont été pendues à *Aix* par le peuple; & dans le même instant le rapporteur vous propose d'ordonner à tous les fugitifs de rentrer en France. 2°. Lorsque les trois citoyens d'*Aix* ont été pendus, personne n'a été arrêté. Ici on vous propose de traîner en prison, comme criminels, trois personnes accusées de complots imaginaires, & contre lesquelles il n'y a que des dépositions isolées. L'autorité de trois dénonciateurs n'est rien quand elle est individuelle. Il ne faut pas que deux ou trois personnes puissent déposer sur des faits de confidence. Alors ils deviennent dénonciateurs; alors ils se dénoncent eux-mêmes comme traîtres à leurs concitoyens; ils doivent être punis avec une grande sévérité. — Ces témoins sont des hommes qui se sont faits complices des accusés, disent-ils, pour découvrir leurs complots; mais les accusés auroient-ils donc été assez absurdes pour se fier à de pareils témoins? Les ennemis de la révolution sont déjà assez coupables pour qu'on les accuse d'être absurdes; ils ne le sont peut-être pas tant...... Les témoins sont déjà suspects; l'un d'eux est dans les liens d'un décret..... Mais j'ai tort de vous faire cette observation; vous n'êtes pas juges. Je ne traiterai donc point la question particulière, mais la question de droit public, & je vous proposerai un amendement. Ce n'est pas au nom des accusés que je vous parle, c'est en leur faveur; & certes c'est une grande consolation pour des accusés, quand ils ne peuvent pas obtenir justice, de voir qu'au moins on la sollicite pour eux. (Il s'éleve des murmures.)

Voici mon amendement: si vous faites conduire dans les prisons de Paris les trois accusés, je demande que vous y fassiez conduire les trois dénonciateurs. Quels sont les coupables? Vous ne devez pas le préjuger. Dans une assemblée impartiale, il ne doit y avoir de présomption en faveur de personne, ni de prévention contre personne. Que faites-vous en ce moment? vous vous écartez de la loi, car vous avez déjà décrété qu'aucun citoyen ne pourroit être détenu qu'en vertu d'un décret d'un juge compétent; vous allez prononcer une exception à cette loi, à laquelle je ne m'oppose pas; vous allez faire traduire dans les prisons trois accusés; s'ils sont calomniés, quels secours auront-ils contre leurs dénonciateurs? Est-ce leur faire grace de les mettre sur la même ligne avec trois dénonciateurs justement méprisés dans la ville de Lyon. Est-ce donc une preuve qu'une dénonciation? Sous l'ancienne police, lorsqu'une dénonciation extraordinaire étoit faite contre un citoyen, on le confrontoit avec son dénonciateur.

Il est important pour la liberté publique que ces formes soient observées, car vous savez que la liberté publique est composée des libertés individuelles. L'innocence qui ne peut obtenir que son élargissement, seroit-elle trop favorablement traitée, quand elle seroit en concurrence avec la calomnie? Tout citoyen qui dénonce, doit dire au juge: je demande qu'on arrête un tel citoyen; mais je demande qu'on m'arrête avec lui. Voilà le langage de la probité, de l'honneur; voilà ce qui donne à tout citoyen le droit de dénoncer légitimement son concitoyen..... Vous n'avez pas plus de raison de croire coupables les accusés que les témoins (Il s'élève des murmures). J'ignore si dans cette partie de la salle où l'on m'interrompt, il y a des lumières qui ne parviennent pas jusqu'à moi: quant à moi, je déclare que, parfaitement impartial relativement aux accusés, relativement aux témoins, tout mon desir est de ne rien préjuger. Si vous aviez pris pour les dénonciateurs de M. Lautrec, les mêmes mesures que celles que je vous propose aujourd'hui, ils ne seroient pas restés impunis. La parité est parfaite: les dénonciateurs de M. Lautrec étoient aussi suspects que ceux des accusés de Lyon... Il y a une considération plus importante en faveur des accusés: l'interrogatoire n'a pas été fait par des juges. Les officiers municipaux sont des enquêteurs d'estime & de patriotisme, mais ils ne sont pas préposés par la loi pour interroger les citoyens. Ceux de Lyon ont fait le rôle de capteurs, car ils n'avoient pas le droit de décréter; ils ont interrogé les accusés sous chartre privée, tandis que la publicité de l'interrogatoire a été ordonnée par vos décrets. Quand je vous propose de faire arrêter les dénonciateurs, ce n'est pas que je consente au décret qui vous est proposé; mais puisqu'il faut céder à la majorité, je dirai à cette majorité: l'exemple de M. Lautrec doit vous apprendre que les accusateurs ne sont

pas

pas infaillibles, & que les accusés ne sont pas coupables.

M. *Barnave*. Le préopinant vous propose d'exercer des fonctions qui ne peuvent être remplies que par les juges. Vos fonctions doivent se réduire à la surveillance qu'exige la sûreté publique. Laissez aux juges le soin de capturer. Si les témoins doivent être arrêtés, c'est aux juges à le prononcer. Je passe à l'amendement que j'avois moi-même à proposer; les deux derniers articles du projet de décret du comité sont trop foibles. La société a non-seulement le droit de rappeler tous les fonctionnaires publics & tous les salariés; mais elle a encore celui de supprimer leurs offices, s'ils n'obéissent pas à sa requisition, & s'ils refusent de lui prêter serment de fidélité. Je demande donc que les françois fugitifs, fonctionnaires publics ou salariés, soient tenus de rentrer, non-seulement dans le royaume, mais de prêter le serment civique; & qu'en cas de résistance, ils soient privés de leurs pensions & traitemens.

L'assemblée décide qu'il n'y a pas lieu à délibérer sur l'amendement de M. l'abbé Maury.

M. *Cazalès*. Ce n'est pas une chose facile, que de déterminer jusqu'à quel point l'intérêt public peut autoriser le corps législatif à entreprendre sur la liberté particulière, puisqu'il est incontestable que la liberté publique n'est que le résultat de toutes les libertés individuelles. La société a sans doute le droit d'imposer à tout fonctionnaire qu'elle salarie, les conditions les plus convenables à l'intérêt public; mais je sais aussi que lorsque le législateur a changé entièrement les loix de la société, il a dégagé tous les citoyens des liens qui les attachoient à leur patrie. Quand l'expression de la volonté générale a renversé la constitution d'un pays pour en établir une nouvelle, la minorité a le droit de dire : donnez-moi ma propriété, & je m'expatrie; j'ai contracté avec vous sous une constitution qui m'accordoit le bienfait de la protection; en détruisant cette constitution, vous m'avez dégagé de mes sermens; je dois être libre de sortir d'une patrie dont les loix ne me plaisent plus.

(On applaudit). Ce principe, je le répète, ne peut être contesté d'aucun de ceux qui m'interrompent, s'ils sont conséquens aux principes qu'ils ont établis; je les invite à se rappeller qu'ils ont donné des éloges & des applaudissemens à la mémoire des protestans qui ont quitté la France lors de la révocation de l'édit de Nantes, parce qu'ils ne vouloient pas se soumettre à cet édit. J'adopterois le principe que le législateur peut imposer aux fonctionnaires publics & aux salariés toutes les conditions qu'il juge convenables; mais sans détruire tout principe de justice, vous ne pouvez priver de leur traitement ceux à qui ces traitemens n'ont été donnés qu'en compensation d'une propriété. Les princes du sang ont un traitement, mais c'est une indemnité du patrimoine qui leur a été enlevé. (Il s'élève des murmures). On ne soutiendra pas sans doute que les princes de la maison de France sont nés sans propriétés; on ne soutiendra pas que si la nation n'avoit pas voulu rendre le domaine indivisible & inaliénable, les princes n'eussent conservé chacun un domaine particulier; on ne soutiendra pas sans doute que les apanages soient une compensation égale de ces portions de domaines dont on les a privés. Les apanages ou les traitemens qui les remplacent sont donc, entre les mains des princes, non pas un salaire, mais une propriété; ils doivent être soumis aux mêmes règles que les autres propriétés. Je pourrois ajouter une considération importante contre la proposition qui vous est faite, de rappeller les princes; je ne ferai que l'indiquer : seront-ils en sûreté dans ce royaume? (Il s'élève des murmures).

M. *l'abbé Maury* (s'avance au milieu de la salle). Qui veut m'assurer de ma vie?

M. *Cazalès*. Je crois pouvoir me dispenser d'entrer dans les tristes détails qui pourroient appuyer l'observation que je viens de faire. Je me contente de demander l'ajournement concernant les réfugiés françois.

M. *Ledeist de Boutidoux*. La question n'intéresse pas un grand nombre de citoyens; elle n'est pas constitutionnelle : on peut donc la traiter à présent. Tout le monde a le droit de quitter son pays, & d'emporter sa propriété individuelle : ainsi la question est simple; les apanages sont-ils une propriété individuelle?

M. *Barnave*. Cette question ne doit pas être traitée en ce moment; je ne l'ai pas préjugée par le décret qui vous est proposé, puisqu'il n'y est question que de traitement & de salaires, & non pas d'apanages.

M. *Riquetti* (*dit Mirabeau l'aîné*). M. Boutidoux vient d'avancer un principe qu'il a dit plusieurs fois n'être contesté par personne. J'en prends acte, & je déclare que je le conteste. Il est faux que les membres de la dynastie aient les mêmes droits que les autres citoyens. Quoique les projets des ennemis de la révolution ne paroissent pas mieux conçus que leurs systêmes politiques, les désordres qu'ils excitent dans l'intérieur du royaume, les inquiétudes & les alarmes qu'ils produisent, tout me semble provoquer votre surveillance & votre sévérité : non que je craigne pour la liberté, qu'une grande nation a acquise, & que trois millions d'hommes défendent; mais dans tous les cas il est impossible que l'assemblée ne s'occupe pas des propositions qui lui sont faites. C'est d'après les principes mêmes de M. Cazalès que je demande que le projet de décret du comité des recherches, & l'amendement de M. Barnave soient adoptés. (L'assemblée applaudit).

On demande d'aller aux voix.

M. *Estourmel*. Je demande la parole... D'après les propositions qui vous ont été faites, rien ne me paroît plus simple que d'aller aux voix.

Une grande partie de l'assemblée se lève pour demander qu'on aille aux voix.

M. *Estourmel* Je demande à être entendu.

L'assemblée ferme la discussion.

L'ajournement proposé par M. Cazalès est écarté par la question préalable.

M. *De Virieu*. Vous ne pouvez pas obliger les citoyens à une résidence perpétuelle dans le royaume. Il est des françois qui, soit pour leur santé, soit pour leurs affaires, ont été obligés de quitter le royaume. Par exemple, je connois un respectable vieillard qui vient d'aller chercher le soleil du midi. Il est malade, il ne peut pas faire une lieue... Faites attention qu'on tend un piége à l'assemblée, quand on lui propose des mesures attentatoires à la liberté individuelle. C'est précisément parce que ces françois expatriés vous paroissent dangereux à la révolution, qu'il faut bien se garder de les rappeller au milieu de vous. Je demande la question préalable.

M. *Riquetti, dit Mirabeau*. Je ne puis m'empêcher de remarquer que le projet de décret qui vous est présenté, relativement aux fugitifs, dit trop, exige trop dans un sens; dit trop peu, exige trop peu dans un autre sens. Il y a trois classes de citoyens réfugiés; les uns, de simples citoyens qui peuvent vivre où ils veulent; les autres, des fonctionnaires publics, ceux-ci doivent être privés de leurs salaires; enfin, les membres de la dynastie. Je ne vois pas qu'il soit de l'intérêt public de les rappeler en ce moment en France. J'ai entendu dire que les membres de la famille royale ne doivent pas être distingués des autres citoyens: je réponds qu'ils sont des privilégiés; la substitution à la couronne est une munificence de la nation, qui les soumet à des charges auxquelles ne sont pas soumis les autres citoyens. Quand l'auguste chef de la nation a accepté notre constitution, il a lié toute sa famille. Tous les membres de la dynastie doivent, à son exemple, jurer la constitution, puisqu'ils sont appelés à la couronne. Je propose d'ajouter au projet de décret de votre comité, la disposition suivante:

« L'assemblée nationale déclare que les membres de la famille royale, éventuellement appelés à succéder à la couronne, sont tenus de jurer la constitution décrétée par l'assemblée nationale, & déjà acceptée par le roi, & de prêter, en conséquence, le serment civique.

Décrète que le roi sera prié de notifier la présente déclaration à MM. d'Artois, Condé & Bourbon, afin qu'ils aient à satisfaire à cette obligation dans un mois ».

M. *Charles Lameth*. J'observe que la proposition du préopinant tient tellement à la constitution, qu'elle peut être regardée comme constitutionnelle elle-même. D'après cela, elle ne doit pas être traitée dans une séance du soir; elle sembleroit même, si les intentions de M. Mirabeau n'étoient pas connues, avoir pour objet de détruire l'égalité des droits des citoyens. Je crois que son exposé manque de justesse. M. Mirabeau vous a dit qu'il y avoit dans le royaume des citoyens privilégiés. Non, il n'existe que deux hommes privilégiés, le roi & le dauphin. Vous avez déjà déclaré, par un décret solemnel, cette sainte & précieuse égalité politique. M. Mirabeau lui-même vous a parlé avec justesse & énergie au moment où il s'est agi d'établir cette égalité. Je préfère donc le projet de décret de votre comité, en ce qu'il consiste à rappeler en France tous les fonctionnaires publics. Il faut que tous ceux qui ont des grades, des distinctions, qui sont déjà une fortune, puisqu'elles portent aux grades supérieurs, rentrent dans leur patrie. N'est-il pas scandaleux que la plupart des lieutenans-généraux soient aujourd'hui occupés à nous susciter des ennemis dans les cours étrangères, & que cependant ils jouissent encore du droit de venir prendre leurs rangs dans l'armée. Je ne vous engagerai jamais à faire de votre puissance un usage trop rigoureux; mais il est tems que les ennemis de la patrie cessent de regarder vos décrets comme illusoires.

Il faut que ceux qui ne s'y soumettent pas perdent au moins la considération dont ils jouissent.. Quant aux princes, il n'y en a plus: M. Mirabeau ne doit pas nous proposer pour eux des règles particulières. Il sait bien que vous avez repoussé la proposition qu'il vous fit au mois de juillet, relativement au ci-devant prince de Condé. Il faut rappeler indistinctement tous les fonctionnaires publics, & tous ceux qui vivent aux dépens de l'état. Il est tems de soulager le peuple des sacrifices qu'il ne cesse de faire pour ceux qui le trahissent & l'abandonnent. (On applaudit).

La proposition de M. Riquetti est renvoyée à l'examen du comité de constitution.

L'assemblée délibère successivement sur les divers articles du projet de décret du comité des recherches. Au moment où M. le président prononce l'adoption de l'article, relatif au remplacement de la garnison de Lyon, M. Dillon observe que, bien loin qu'il existe aucune inculpation contre ces régimens, l'un d'eux, celui de Sonnemberg, a reçu des témoignages de satisfaction de l'assemblée.

Sur cette observation appuyée par M. Barnave, l'assemblée ordonne le rapport de l'article, & décrète, sur la proposition de M. Noailles, que le roi sera supplié d'ordonner, relativement à la garnison de Lyon, les mesures les plus propres à assurer la tranquillité publique.

Le décret en entier définitivement est adopté en ces termes :

« L'assemblée nationale, après avoir entendu son comité des recherches, décrète ce qui suit :

Art. I. Elle charge son président de se retirer devers le roi pour le prier de donner les ordres nécessaires pour que MM. Guillain, dit de Pougelon, d'Escarts & Terrasse, soient amenés séparément, sous bonne & sûre garde, du château de Pierre-Encise, où ils sont actuellement détenus, dans les prisons de Paris.

II. La municipalité de Lyon enverra incessament au comité des recherches de l'assemblée nationale tous les renseignemens qu'elle aura pu se procurer sur la conjuration dont se trouvent prévenus MM. Guillain, d'Escarts & Terrasse, ensemble leurs papiers.

III. Le procès sera fait à ces particuliers par la haute cour nationale, chargée de la connoissance des crimes de lèse-nation, ou par tel autre tribunal provisoire que l'assemblée nationale jugera convenable.

IV. Le roi sera prié de remplacer M. Lachapelle, commandant les troupes de lignes à Lyon, & de donner les ordres nécessaires pour le maintien de la tranquillité dans cette ville.

V. Décrète que tous françois, fonctionnaires publics ou recevant des pensions ou traitemens quelconques de l'état, qui ne seront pas présens & résidens dans le royaume, & qui n'auront pas prêté le serment civique dans le délai d'un mois après la publication du présent décret, sans être retenus en pays étranger par une mission du roi pour les affaires de l'état, seront, par le seul fait, déchus de leurs grades & emplois, & privés de leurs pensions, appointemens & traitemens ». *Voyez* EMIGRÉS, ABSENTS.

Séance du dimanche 19 décembre.

M. *Dandré.* J'étois l'ami de M. Pascalis, dont vous avez appris la fatale destinée; lorsqu'au mois d'octobre dernier il fut dénoncé à l'assemblée nationale pour le discours inconstitutionnel qu'il avoit prononcé devant le parlement. J'entretenois avec lui une correspondance amicale; je lui parlois de mes efforts pour étouffer cette dénonciation. Je lui disois, en parlant du département & du district d'*Aix* : « Ces nouveaux corps font claquer leur fouet ». Je parlois à mon ami des travaux de l'assemblée que je trouvois alors aller fort lentement. Je lui parlois aussi de la guerre entre l'Angleterre & l'Espagne. Ma lettre a été enlevée à M. Pascalis ou trouvée dans ses papiers après sa mort. On en fait circuler des copies, pour élever des doutes sur mes intentions. En voici une que je signe & que je dépose sur le bureau. J'en demande le renvoi au comité des recherches, pour que, sur le rapport qui en sera fait à l'assemblée, elle examine s'il y a lieu à accusation contre moi.

L'assemblée ordonne le renvoi de cette lettre à son comité des recherches.

Séance du 20 décembre 1790.

M. *Riquetti l'aîné*, ci-devant *comte de Mirabeau*. Je demande la parole pour vous rendre compte des mesures provisoires que vous avez chargé les députés de la ci-devant Provence, de vous proposer au sujet des évènement arrivés à *Aix*.

M. *Foucault*. Je désirois qu'on nous accordât au sujet des troubles du département du Lot, la même faveur qu'aux députés de Provence. Dans le Quercy tout est en feu; il n'y a ni liberté, ni sûreté; trente châteaux ont été brûlés.

M. *Riquetti l'aîne*. C'est simplement sur les mesures provisoires à prendre dans la situation très-critique, ou les administrateurs du département des Bouches du Rhône, craignent que tous les moyens ne leur manquent à la fois, que d'après les ordres de l'assemblée nationale, nous avons eu à nous concerter. Voici le projet de décret que la députation nous a chargés de vous présenter; si on le croit nécessaire, je donnerai les motifs qui nous ont engagés à le rédiger ainsi.

« Oui la lecture des lettres du président du département des Bouches du Rhône, & de celles des corps administratifs, en date du 14 de ce mois, l'assemblée nationale décrète que le roi sera prié de faire passer à *Aix*, & dans le département des Bouches du Rhône, un nombre de troupes de ligne suffisant pour rétablir la tranquillité publique, & d'envoyer trois commissaires civils dans ladite ville, pour, jusqu'à ce qu'il en soit autrement ordonné, ces commissaires civils être chargés exclusivement de la réquisition de la force publique ».

Ce projet de décret a été adopté à l'unanimité par la députation, sauf un seul mot, & ce mot a lui-même été agréé par la majorité de quinze contre quatre, c'est le mot *exclusivement*.

J'ai déjà dit que nous sommes loin de préjuger la conduite des administrateurs, mais nous ne pourrons nous dissimuler que là, où il y a eu un grand désordre, les administrateurs sont parties & que la réquisition de la force publique doit être confiée à d'autres mains. Il faut toujours suivre une marche impartiale dans un pays où les citoyens sont partialisés; il est nécessaire de donner au rétablissement de l'ordre, des organes qui ne soient d'aucun parti, qui ne partagent pas les passions qui ont excité les mouvemens qu'il faut appaiser. Quand un chef d'administrations, d'accord avec tous les corps administratifs, dit *tous les moyens m'échappent*, il faut que la force publique vienne à son aide. Tels sont les motifs qui nous ont déterminés. Les membres de la députation que le mot *exclusivement* a choqués, ont pensé qu'il étoit constitutionnel de faire agir de concert les administrateurs & les commissaires du roi. La majorité s'est au contraire attachée à ce principe, que là, où il y a de grands désordres, les administrateurs sont parties.

M. *Démeunier.* Si les commissaires ont des dangers à courir, pourquoi ces dangers ne seroient-ils point partagés par les corps administratifs? Pourquoi d'ailleurs détruiriez-vous la responsabilité à laquelle ces corps sont soumis? Je vais plus loin: les corps administratifs ont fait leurs devoirs, ils doivent concourir à la réquisition de la force publique; si la députation a connoissance du contraire, si les corps administratifs inspirent de la défiance; j'adopte le projet de décret; mais c'est dans ce seul cas: que la députation s'explique donc, autrement je pense qu'il doit être amendé.

M. l'abbé Maury. Vous vous occupez des moyens provisoires; cette malheureuse province seroit anéantie si l'ordre n'étoit pas rétabli avant qu'elle ait reçu vos secours. Mais si malheureusement il n'est pas en notre pouvoir de prévenir de pareils évènemens, quand un grand crime a été commis, lorsque la proclamation de la loi martiale n'a pas été faite, & qu'on s'en excuse en disant qu'elle étoit inutile....

M. Riquetti l'aîné. Les administrateurs n'ont jamais dit cela.

M. l'abbé Maury. La loi martiale n'a pas été proclamée; les prisons ont été forcées, & l'on n'a pas tiré un seul coup de fusil; les victimes ont été choisies; le peuple s'est attribué la souveraineté particulière; dans ce département on a vu, sur-tout dans l'affaire de M. Bournissac, combien on a cherché à le pénétrer d'une opinion qui ne peut tendre qu'à le dépraver. Si un général apprenoit qu'un poste est forcé, il enverroit des troupes; rien de plus naturel: mais que le corps législatif envoie des troupes, lorsque trois citoyens ont été massacrés, n'est-ce pas faire croire que nous comptons pour rien la mort de nos frères. (On entend des applaudissemens & des murmures.) — Plusieurs personnes observent qu'il ne s'agit que d'une mesure provisoire, & que l'assemblée, disposée à sévir, a renvoyé cette affaire au comité des recherches.

Je ne préjuge pas le fond: il tient aux personnes, & mes propositions apppartiennent aux principes. L'assemblée ne peut s'occuper des évènemens que j'appelle de grands crimes, sans déclarer les coupables criminels de lèse-nation au premier chef. Puisque les moyens provisoires sont très-lents; puisque vous ne pouvez montrer votre patriotisme que par un décret; puisque vous avez fait souvent des préambules inutiles, je demande un préambule énergique contre ces insurrections, contre ces crimes qui déshonorent la nation. (Il s'élève des murmures.) Je ne sors pas des bornes des moyens provisoires; un mois s'écoulera jusqu'à ce que vous puissiez prendre des mesures définitives pour punir. Il faut cependant que le peuple sache que vous avez été pénétrés d'horreur, une prétérition seroit une approbation: il faut manifester que vous ne regardez plus comme citoyens des individus qui sont descendus de ce rang à celui de bourreau. Dans un moment où plusieurs provinces sont dans l'insurrection, pourrons-nous balancer à dire à des assassins qu'ils sont des scélérats, qu'ils sont criminels de lèse-nation, que la nation les désavoue, qu'elle gémit de ne pouvoir les livrer à la justice? Les crimes ont été commis en présence des administrateurs: leur devoir étoit de périr..... (La droite applaudit avec transport, & plusieurs membres crient à la gauche, *applaudissez donc.*)

M. Giraud, l'aîné. Que M. l'abbé Maury s'élève aussi contre les assassins qui ont attaqué les patriotes avec des pistolets & des épées.

M. l'abbé Maury. Je n'imaginois pas qu'un grand intérêt national pût donner lieu en ce moment à une querelle personnelle. Ces formules me sont connues, je les dédaigne, & je m'attache à la question. Je prie les personnes qui ont des avis à me donner, de me les donner en particulier: je suis toujours prêt à les recevoir. (Il s'élève beaucoup de murmures.) Je crois ne heurter l'opinion de personne, j'estime assez les membres de cette assemblée pour me croire leur interprête, quand j'exprime l'horreur que m'inspirent des crimes qui deshonorent la nation. Je demande donc que la députation acquitte la dette de l'assemblée nationale, en manifestant cette horreur dans un préambule énergique, en manifestant notre regret de ne pouvoir à l'instant faire punir les assassins. Pourquoi, dans le projet de décret, cette dénomination vague, de secours *suffisans*? Quelles sont les bornes de la suffisance de ces secours, dans un pays entièrement en insurrection: dans un pays où le peuple, comme sur un tribunal, dévoue à la potence, au gré de sa haine. Soyez persuadés que l'ordre ne se rétablira que par de grands exemples. (La partie gauche applaudit.) J'entends des exemples de justice consommés par la loi (les applaudissemens de la partie gauche redoublent.) Et non ces exécutions qui seroient des crimes, quand bien même la colère du peuple seroit juste. Je demande donc que, sans désemparer, on rende ce décret que nous avons attendu pendant deux jours, & qui me sembloit pouvoir être rédigé en moins de tems.

M. Riquetti l'aîné, ci-devant Mirabeau. Les crimes commis à *Aix* sont trop grands, trop déplorables pour avoir besoin d'être exagérés. Sans doute c'est un grand crime de verser le sang humain, mais ce n'est pas un crime de lèse-nation. Si je voulois, j'opposerois déclamations à déclamations; j'opposerois des faits à des exagérations, j'indiquerois la filiation de ces évènemens, mais l'assemblée ne s'occupe que des moyens provisoires; elle a assez manifesté l'intention de faire punir les coupables, en renvoyant l'examen de cette affaire aux comités des recherches & des rapports. Je ne suis donc monté à la tribune que pour relever un fait qui inculpe les administrateurs; ils n'ont pas dit que la loi martiale étoit inutile. Quiconque articule ce fait, se souille d'une grande calomnie. Le défaut de publication de la loi martiale est un délit social; mais si cette publication a été impossible, les administrateurs ne sont pas coupables. Les portes des prisons ont été brisées, c'est un délit social; mais il n'est pas vrai pour cela que les administrateurs soient coupables. Trois citoyens ont été massacrés; & au grand danger des administrateurs, ils l'ont été devant eux, mais pour cela les administrateurs sont-ils coupables? On fait aisément une phrase redondante, en disant qu'ils devoient périr; l'ont-ils pu ces hommes qui avoient la confiance du peuple, lorsque dans ces mouvemens excités par des causes qu'on connoîtra, par des aggressions déja connues, il leur a été impossible de rassembler la garde nationale & la force publique? ont-ils pu être immolés quand ils le vouloient? Je ne crois pas que dans une aussi malheureuse circonstance, la chaleur, les mouvemens oratoires soient dignes de notre affliction. Etoit-elle nécessaire cette éloquence qu'on vous a étalée, quand les faits parloient à votre cœur? Je ne répondrai donc à tout ce discours qu'en lisant la lettre du président du département. On verra qu'il est plus difficile de jeter de l'odieux sur une conduite irréprochable, que de surprendre quelques applaudissemens. Je demande la permission d'ajouter un seul fait. Le président du département jouit de l'estime de son pays, il s'est soumis à la loi. Il est de notoriété publique qu'avant que la loi le soumît, ses habitudes & ses manières étoient plus près du méridien aristocratique, que du méridien démocratique. Qu'un provençal me démente. Je vais lire la lettre adressée par le président du département, au président de l'assemblée nationale, en date du 14 décembre.

» Les ennemis de la révolution n'ont jamais cessé d'intriguer dans cette ville pour la rendre difficile ou sinistre. Depuis le décret qui a supprimé les parlemens, le parti a pris plus d'audace & plus de force; les menées sourdes se sont multipliées; l'administration les surveillant sans cesse, les a toujours rendues vaines; mais, depuis huit jours, les mécontens cherchant à avoir un ralliement, avoient formé le projet de se rassembler en club. Le titre seul qu'ils se proposoient de donner à leur société, les *amis du roi & du clergé*... (Il s'élève des murmures).

J'entends de légers murmures. Il me paroît assez simple qu'on trouve ridicule la locution d'*amis du roi* dans un pays où tous les citoyens aiment leur roi; (toute la partie gauche applaudit; & cette autre locution, *amis du clergé*, dans un pays où il n'y a plus de clergé. Je continue la lecture de la lettre ». Le titre seul qu'ils se proposoient de donner à leur société, annonçoit assez que ce rassemblement devoit être dangereux.

L'administration éprouvoit les plus vives alarmes de la création de cette société, mais elle ne savoit comment l'empêcher. Il existe dans cette ville deux autre clubs; l'un sous le nom d'amis de la constitution, l'autre sous celui de club anti-politique, dont les principes sont extrêmement contraires à ceux des individus qui devoient composer la nouvelle société. Il étoit aisé de prévoir que ces trois points de réunion menaçoient d'un choc violent entre les citoyens de cette ville. Les moteurs du nouveau club se tourmentoient pour augmenter le nombre de leurs soucripteurs, & n'épargnoient aucun moyen de séduction pour y parvenir.

« Déjà ils annonçoient qu'ils mettroient la cocarde blanche avant-hier, dimanche. Ce jour-là les clubs des amis de la constitution & des anti-poliques se réunirent, jurerent de nouveau de maintenir la foi due à leur serment civique. Des députations de ces deux clubs réunis, passant devant un caffé où se trouvoient nombre d'officiers du régiment de Lyonnois, des personnes désignées pour être recruteurs du club des amis du roi & du clergé, il y eut beaucoup de huées; alors divers individus sortant du caffé, attaquerent les citoyens qui passoient en leur tirant des coups de pistolet, fondant sur eux l'épée à la main. Il y eut nombre de blessures; jusqu'à présent aucune ne paroît être dangereuse.

» L'administration du département, le directoire du district & la municipalité s'assemblèrent aussitôt à l'hôtel-de-ville, lieu commun de leurs séances. Les députés des deux premiers corps administratifs se rendirent vers la municipalité pour déterminer plus rapidement ce qu'il convenoit de faire dans les circonstances critiques où la ville se trouvoit; d'autres députés des corps administratifs parcoururent la ville pour voir ce qui s'y passoit, contribuèrent de tous leurs efforts au rétablissement de l'ordre, informèrent l'administration du département qui avoit arrêté qu'elle ne se sépareroit pas que l'ordre ne fût rétabli. Quatre officiers du régiment de Lyonnois furent arrêtés & conduits à la maison commune.

L'administration fut instruite que d'autres officiers, jeunes étourdis, s'étoient rendus au quartier, & avoient fait prendre les armes au régiment, qu'ils lui proposoient de marcher vers l'hôtel de la commune, pour enlever à force ouverte ceux de leurs camarades qui s'y trouvoient; le major de ce régiment s'étoit rendu, accompagné du quartier-maître, très-connu par son patriotisme & sa bonne conduite, auprès de la municipalité.

Les citoyens volèrent aux armes, & vinrent en grand nombre à l'hôtel de la commune demander justice des attentats commis contre-eux; on leur présenta les officiers qui avoient été arrêtés; ils n'en inculpèrent qu'un qui avoit été conduit par la garde nationale au département, sans chapeau & sans épée.

De concert, les administrateurs résolurent d'éloigner aussitôt le régiment de Lyonnois; il fut requis de partir incontinent; cinq compagnie se sont rendues à Lambesc, trois à Roquevaire, deux à Eturiol. Il a fallu les diviser pour rendre le régiment moins fort, au cas que la séduction parvînt à lui faire oublier ses devoirs, & pour qu'il fût moins à charge aux villes dans lesquelles seules on pouvoit le cantonner.

Je dois un témoignage honorable à la conduite des grenadiers dudit régiment; ils refusèrent de marcher sans en être requis par les administrations, & c'est sans doute à leur attachement aux loix, à leur fermeté, que la ville doit son salut : si les grenadiers eussent été moins dignes de porter le nom de grenadiers français, la ville auroit été livrée à un horrible carnage. (On applaudit.) L'exemple de ces braves grenadiers retint les soldats sur lesquels l'ivresse sanguinaire de quelques officiers avoit déjà eu quelque influence, car ils avoient fait une évolution pour marcher; mais leur cœur ne partageant pas leur faute, elle étoit due à leur attachement à la discipline militaire & à l'erreur d'un moment, qu'ils abdiquèrent aussitôt qu'ils furent instruits par l'exemple des grenadiers.

Dans ces circonstances dangereuses, l'administration requit 400 hommes du régiment suisse d'Ernest, en garnison à Marseille, & 400 hommes de la garde nationale de ladite ville, pour se rendre aussitôt à *Aix*. Des secours sont arrivés hier matin, & le régiment de Lyonnois avoit fait route pour ses destinations dès les six heures du matin, en bon ordre.

L'administration compteroit sur la tranquillité de cette ville, si M. Pascalis, ci-devant avocat, qui avoit insulté la nation par un discours incendiaire, prononcé par lui le 27 septembre dernier à la barre du ci-devant parlement, & que j'ai ci-devant dénoncé à l'assemblée nationale, qui, par son décret du 5 octobre, a renvoyé la connoissance de cette affaire au comité des recherches, n'avoit été arrêté & conduit aux prisons. Le peuple le considérant comme la cheville ouvrière de la trame qu'on croit avoir été ourdie contre les citoyens patriotes, demande sa tête à grands cris. La garde des prisons est confiée à des détachemens des gardes nationales d'*Aix* & Marseille, & du régiment d'Ernest; mais l'administration craint vivement que les forces qu'elle a à sa disposition ne soient insuffisantes, si la voix de la persuasion & de la contenance qu'elle emploie ne persuade pas.

Voilà, M. le président quelle étoit notre situation à huit heures du matin; depuis lors, elle est devenue beaucoup plus affreuse; les cris qui demandoient la tête de M. Pascalis étant devenus plus forts & plus innombrables, plusieurs officiers municipaux en écharpe & la plupart des administrateurs se sont rendus aux prisons pour rétablir le calme; ils ont été sans puissance, & sont même devenus suspects au peuple; MM. Pascalis, Laroquette & Guiraman ont été pendus à des arbres, sans que la présence des administrateurs, sans doute méconnus dans ce tumulte, & des officiers municipaux en écharpe, ait pu prévenir ces excès.

Cette affreuse catastrophe déchire mon ame, malgré les desseins infernaux dont la voix publique accuse ces individus & plusieurs autres, dont l'existence nous menace peut-être de nouvelles scènes de sang.

Jamais, M. le président, il ne fut de situation plus terrible que celle de tous les administrateurs réunis depuis trois jours pour entretenir la tranquillité publique, & auxquels tous les moyens échappent à-la-fois. La garde nationale de Marseille a été requise d'y retourner, afin de diminuer le nombre des gens armés qui étoient en cette ville, sans être à la disposition de ceux qui sont chargés de la tranquillité publique ».

Quant à l'épigramme faite à la députation, à la

fin du discours de M. l'abbé Maury, quoique nous y soyons peu sensibles, je dois dire que l'assemblée nous ayant chargés, samedi soir, de lui présenter des mesures provisoires, nous n'avons pas mis une heure à lui obéir. Hier nous demandions la parole, mais le cours de la discussion n'a pas permis de nous l'accorder. En présentant notre projet de décret, nous n'avons pas voulu jeter de la défaveur sur les administrateurs; je réponds à M. Démeunier : il nous a paru que cette disposition étoit nécessaire pour que, dans un pays partialisé, ils conservassent la confiance dont ils avoient besoin. Au reste, la députation adopte tout ce que l'assemblée jugera convenable. Mais je persiste dans mon principe : que quand il y a eu un grand désordre, les administrateurs sont parties, & ne peuvent concourir à la réquisition de la force publique.

M. *Charles Lameth.* Ce n'est pas la première fois que l'assemblée a observé une tactique assez connue. On égare le peuple pour lui donner des torts, & pour demander qu'on ordonne des peines contraires à la liberté & à la constitution. (On applaudit.) On égare les troupes pour faire marcher des soldats contre des soldats. (Les applaudissemens recommencent.) Quand je vois l'éloquente sensibilité de M. l'abbé Maury, je m'étonne qu'il ne l'ait pas montrée lorsqu'il a été question de l'assassinat du maire de Varaise, des malheurs de Perpignan.....

M. *l'abbé Maury.* Je n'étois pas à l'assemblée.

M. *Charles Lameth.* Je suis loin d'excuser le peuple, lorsque poussé à bout, il a commis des crimes; mais je ne sais comment les personnes qui trouvent dans leur cœur tant de reproches à lui faire.... (Il s'élève des murmures.) On accuse le peuple; je le défends. Si on envisage tous ces évènemens sous leur vrai point de vue, on reconnoît que ce sont des affaires de postes où le peuple a toujours l'avantage. On excite le peuple pour le porter à des violences, & on l'accuse. On tient des assemblées armées.... A Perpignan, il a eu le courage difficile de pardonner; il a respecté l'inviolabilité de ses représentans qui s'armoient contre lui du caractère même dont il les avoit revêtus, il a respecté les loix, il a respecté ceux de ses représentans qui étoient devenus ses ennemis : & voilà le peuple qu'on accuse ! il étoit excité, harcelé par les ministres que nous avons attaqués...... J'invite les ennemis du peuple à faire cesser le deuil dont ils couvrent la patrie.... Quant au projet de décret, je ne vois pas pourquoi envoyer des commissaires : c'est un moyen utile qu'il ne faut pas prodiguer. Les administrateurs ne sont pas suspects : la bonne cause triomphe... je pense qu'il n'y a pas lieu à délibérer sur cet objet. Je demande en amendement que le président soit chargé d'écrire une lettre de remerciment aux grenadiers du régiment de Lyonnais.

M. *Riquetti l'aîné (ci-devant Mirabeau).* Les administrateurs sont dignes de toute la confiance des citoyens & de l'assemblée nationale : c'est pour eux que nous demandons des commissaires. *Tous les moyens nous échappent :* celui qui dit cela appelle les secours des représentans de la nation. J'ai oublié d'observer qu'il est bien étrange qu'on nous reproche de nous être conformés aux principes, en ne déterminant pas le nombre des troupes que l'assemblée priera le roi d'envoyer dans le département des Bouches du Rhône.

Voici le projet de décret :

L'assemblée nationale, ouï la lecture des lettres du président du département des Bouches du Rhône, & des corps administratifs, en date du 14 de ce mois, décrète que le roi sera prié de faire passer à *Aix*, & dans le département, des troupes de ligne, en nombre suffisant, pour y rétablir la tranquillité publique, & d'y envoyer trois commissaires civils, pour y être, concurremment avec trois membres choisis dans les corps administratifs, chargés de la réquisition de la force publique.

Ce projet de décret est adopté.

ALBERT DE RIOMS. M. *Albert* de Rioms, commandant de la marine à Toulon, a été l'objet d'un décret & d'assez longs débats auxquels ont donné lieu les troubles de Toulon, dans le mois de décembre 1789, dont cet officier général a manqué d'être la victime.

Il nous a paru plus convenable de rapporter, sous le nom de M. *Albert* de Rioms, les débats de l'assemblée qui ont précédé le décret qui le concerne, que de les renvoyer au mot Toulon, quoique généralement nous ayons adopté, pour apporter les discussions d'évènemens, le lieu où ils se sont passés; mais ici le sujet du décret étant surtout M. *Albert* & toute l'affaire se rapportant à lui, il ne peut y avoir d'embarras pour le lecteur; d'ailleurs nous aurons soin de faire connoître ce changement par un renvoi. (*Voyez* TOULON).

Séance du lundi soir 7 décembre 1789.

M. Le président fait lecture d'une lettre du garde des sceaux qui instruit l'assemblée nationale que M. *Albert* de Rioms, commandant de la marine à Toulon a été constitué prisonnier ainsi que plusieurs officiers de marine, à la suite des troubles qui ont eu lieu dans cette ville; il annonce en même tems que le roi a donné des ordres pour faire informer des faits relatifs à cette insurrection & pour rendre la liberté aux officiers détenus.

M........ membre du comité du rapport. Il est arrivé depuis quelques jours une députation de la commune de Toulon; elle apporte des pièces qui ne font mention d'aucun des évènemens indiqués dans la lettre de M. le garde des sceaux, mais qui se rapportent à des faits anterieurs, & qui peuvent avoir une grande connexité avec la détention de M. *Albert* de Rioms; sans doute que l'assemblée jugera convenable d'entendre le rapport de ces faits avant de prononcer sur ceux qu'a annoncés la lettre de M. garde des sceaux. Je demande donc que cette lettre soit envoyée au comité des rapports qui comparera les évènemens qui s'y trouvent consignés avec ceux du 17 & 18 novembre auxquels se rapportent les pièces de la députation de la commune de Toulon, & en fera son rapport à l'assemblée, qui sans ce rapprochement ne peut être mise dans le cas de prendre un parti.

M. *Malouet*. Il n'y a aucune identité entre l'affaire du 18 novembre & celle du premier décembre; ce seroit exposer le port & la ville de Toulon que de différer de prononcer sur cette dernière; je demande qu'il soit fait lecture des pièces jointes à lettre de M. le garde des sceaux afin d'éclairer sur le champ l'assemblée & de la mettre à portée de prendre les mesures qu'exige la sûreté d'un des premiers ports du royaume.

Quelques membres demandent que les pièces soient envoyées au comité, & la discussion ajournée.

M. *le comte de Mirabeau*. L'on ne peut se décider sur le renvoi & l'ajournement qu'après avoir entendu la lecture des pièces, puisqu'on ignore la nature & l'urgence des évènemens qu'elles contiennent.

Un des secrétaires (M. Dubois de Crancey) fait lecture des pièces.

Copie de la lettre de M. de la Roque-Dourdan, à M. le comte de la Luzerne, en date du 2 décembre 1789.

Monseigneur, c'est avec le cœur navré & plein d'amertume, que j'ai l'honneur de vous rendre compte, de la part de M. le comte d'*Albert*, de la sédition la plus cruelle qui soit jamais arrivée, & qui met dans la désolation tout le corps de la marine.

Le 30 au soir, le général se décida à renvoyer de l'arsenal, deux maîtres d'équipage non-entretenus, ayant depuis long-tems à se plaindre de leur conduite. Le premier décembre, craignant quelques mouvemens dans le peuple, il avoit donné l'ordre de tenir toutes les troupes de la marine armées, prêtes à marcher. A sept heures & demie du matin, il entra dans l'arsenal. A sept heures trois quarts, il ordonna qu'il n'y eût plus que cinquante hommes prêts à marcher. A huit heures & demie il rentra dans l'arsenal. A neuf heures on lui annonça qu'il y avoit une députation du conseil permanent à la porte de l'arsenal. Il envoya M. Paquier, lieutenant de port, pour les engager d'entrer. Le peuple s'y opposa. Cet officier vint en rendre compte au général. En même tems M. de Martignan, lieutenant de vaisseau, eut ordre d'aller dans la caserne de la marine, pour que les troupes ordonnées fussent prêtes à marcher, & il envoya dire à ces Messieurs, qu'il alloit se rendre à son hôtel pour y recevoir la députation. Sur le champ les officiers de la marine & des directions, qui étoient dans le port, l'accompagnèrent, & trouvèrent à la porte MM. les députés, entourés d'un peuple étonnant, qui les suivit avec des huées & des menaces. Heureusement alors que M. Roubaud, Consul, ayant déjà apperçu cette effervescence, précipita le pas pour joindre le général, & un officier de la milice nationale fit sonner la trompette pour annoncer M. le Consul; ce qui fit diversion & donna le moyen de se rendre à l'hôtel. Dès qu'ils y furent rendus, ces Messieurs réclamèrent la grace des deux maîtres renvoyés du port, promettant qu'à cette condition tout rentreroit dans la tranquillité. Le général fit observer le danger d'une pareille grace, & ne se rendant pas tout de suite, M. Barthelemi, membre du conseil permanent, prit M. le Consul par le bras & lui dit: *Monsieur, retirons-nous, allons sauver la ville qui est en danger; dans ce moment-ci je change de caractère*. Mais M. Roubaud préféra d'insister & obtint la grace de ces hommes, qu'il fit publier aussi-tôt dans la ville. En même tems le général donna ordre de faire rentrer cinquante canonniers sous les armes au champ de bataille. M. de Broves, major de vaisseau, qui les commandoit, avoit été insulté. On avoit mis la main sur son épée, mais il s'en étoit rendu maître. Il avoit ordonné au même moment à sa troupe de porter les armes. Le premier rang les porta; mais une grande partie des autres se posa sur ses armes. Dès-lors il fut accusé par le peuple d'avoir fait le commandement de faire feu, ce qui n'étoit pas; mais mal-accueilli par la populace; il rentra avec peine dans l'hôtel du commandant. M. de Villaron, sous-Aide-major de la sixième escadre, reçut ordre du général de se rendre à l'hôtel-de-ville, pour réclamer la loi martiale. M. le Consul répondit qu'il ne le pouvoit pas, & il envoya en même tems & successivement, des compagnies de la milice nationale, qui entourèrent l'hôtel; ce qui n'empêcha pas M. de Bonneval de recevoir un coup de sabre

à

à la tête & à la main, & plusieurs officiers blessés par la quantité de pierres qu'on leur jettoit. Au refus de la loi martiale, le général avoit fait venir, pour la sûreté de l'hôtel, un piquet de cinquante hommes du régiment de Barrois. Le major de la milice nationale lui observa que c'étoit inutile & même dangereux; qu'il répondoit de la sûreté. Le général se décida à les renvoyer. M. de Saint-Julien, major de vaisseau, porteur d'un ordre du général, fut attaqué & eut son épée cassée dans le fourreau. Il fut chercher une autre arme, & voulant se rendre à l'hôtel du commandant, il fut attaqué de nouveau, & n'eut que le tems de se rallier aux soldats de la marine assemblés pour la garde du port, en leur disant: *J'espère que vous ne laisserez pas assassiner un officier à votre tête.* Ils l'assurèrent qu'il n'avoit rien à craindre, & néanmoins dans le même moment il fut assailli par la populace, sans que cette troupe fît aucun mouvement pour le secourir, & il alloit être assassiné sans le secours de MM. Donde & Vaquier, officiers de la milice nationale, qui l'ont traîné à l'hôtel dans l'état le plus déplorable. Dans ce tems critique, M. le comte d'*Albert* étoit sorti accompagné d'une trentaine d'officiers pour le secourir, & ils rentrèrent tout de suite. Le cri du peuple contre cet officier, est de l'accuser d'avoir blessé à la main un garde national avec son épée. Il donne sa parole d'honneur qu'il ne s'en est pas servi. Depuis ce moment jusqu'à deux heures après-midi, il y eut assez de tranquillité pour permettre à quelques officiers de la marine, de sortir de l'hôtel pour quelques instans. Dès qu'ils se présentèrent pour rentrer, la garde nationale leur refusa la porte, & il n'y en eut qu'un petit nombre qui put rentrer. Vers les trois heures, M. de Broves fut demandé par le major de la milice nationale, pour le conduire au palais, avec promesse de n'être pas maltraité. Cet officier, qui étoit sûr de n'avoir pas fait le commandement qu'on lui imputoit, se livra généreusement. Alors arriva une députation du conseil permanent, accompagnée de M. de Carpillet, commandant la garnison, qui annonça que le peuple étoit satisfait; qu'on alloit faire rentrer les troupes nationales, à la réserve d'une garde de cinquante hommes que le général accepta, demandant qu'il y fût joint un détachement de pareil nombre du second bataillon de Barrois à ses ordres. Alors ces Messieurs dirent qu'ils avoient besoin du conseil permanent, & qu'ils se flattoient de l'obtenir; mais la milice nationale s'y opposa. Le major fit battre un ban devant chaque compagnie, pour engager les troupes à prendre l'hôtel & les officiers qui s'y trouvoient sous leur sauve-garde. On n'en obtint que des murmures, l'anarchie fut complette, & l'hôtel fut forcé par la milice nationale, qui entrant en foule, se saisit successivement de M. le comte d'*Albert*, de M. le marquis de Castellet, MM. de Bonneval & de Villages, qu'ils conduisirent au palais, où chacun de ces Messieurs fut mis séparément dans un cachot; mais le Consul les en fit sortir dès qu'il fut instruit, & les fit passer ensemble dans une chambre. On chercha long-tems M. Gauthier dans l'hôtel, pour le conduire également dans les prisons du palais, & les recherches furent vaines. Il eut le bonheur d'échapper à leur projet.

Il me seroit impossible, monseigneur, de vous rendre la situation actuelle du corps de la marine; j'entreprendrois vainement de vous en faire le tableau; cependant l'ordre est établi dans l'arsenal. Nous sommes au moment de recevoir la réponse de M. comte de Caraman, à qui un courier a été expédié. Nous nous flattons tous que vous daignerez prendre les mesures les plus efficaces pour rendre la liberté à nos malheureux généraux, à MM. de Bonneval, de Villages & de Broves.

Je suis, &c. *Signé* LA ROQUE-DOURDAN.

Copie de la lettre de M. le comte de la Luzerne, ministre de la marine, à M. le garde-des-Sceaux, en date du 6 décembre.

Monseigneur, j'ai l'honneur de vous envoyer copie de la dépêche que m'a adressée M. le marquis de la Roque-Dourdan, capitaine de vaisseau, commandant maintenant la marine royale à Toulon, par l'emprisonnement qui a eu lieu le premier de ce mois, de M. le comte d'*Albert* de Rioms, l'un des officiers généraux les plus propres à commander nos armées navales dans une guerre future, de M. le marquis de Castelet, Chef d'escadre distingué, & neveu de feu M. le Bailli de Suffren; ainsi que de deux autres capitaines de vaisseau, de chefs de division.

Les faits exposés par M. de la Roque-Dourdan parlent d'eux-mêmes, & je m'abstiens de toute réflexion.

Je me bornerai à vous rappeller qu'en ce moment vingt vaisseaux de ligne, plus du quart de de nos forces, de nos munitions navales, & de nos approvisonnemens en tout genre, se trouvent rassemblés dans le port, dans l'arsenal, dans les magasins de Toulon. Il est aisé de sentir qu'elles alarmes peut inspirer ce dépôt précieux à la France, & combien il est urgent de faire renaître dans la place de guerre qui le renferme, le respect des loix, celui des chefs, l'ordre, la concorde & la tranquillité publique.

C'est par ces considérations & par l'intérêt qu'ont les officiers de la marine royale à faire connoître la vérité, que je vous prie de vouloir bien adresser à l'assemblée nationale avant la séance de demain matin (ainsi qu'il a été arrêté au conseil d'état), la copie des dépêches de la Roque-Dourdan, que je vous transmets.

Je suis avec respect, &c.

Après cette lecture & celle d'une autre lettre de M. de la Roque à M. Roubaud, commandant de la garde nationale à Toulon, qui atteste les mêmes faits, un membre du comité des rapports lut les pièces apportées par la députation de la commune de Toulon, en voici l'extrait:

« Le 13 novembre 1789, M. d'Orville, officier au régiment de Dauphiné infanterie, s'étant présenté à la porte de la ville de Toulon, vêtu en chasseur, & ayant à son chapeau une cocarde noire d'une grandeur remarquable, & au milieu de laquelle étoit une très-petite cocarde de ruban bleu & rouge; la sentinelle de la garde nationale de Toulon l'arrêta, & lui demanda par quelle raison il sembloit éclipser le signe national à l'ombre d'une extrêmement grande cocarde d'une couleur qu'il savoit être en horreur à la nation, sur-tout d'après les nouveaux événemens de Versailles.

L'officier répondit, en couchant en joue la sentinelle: les autres soldats nationaux étant sortis du corps-de-garde, allèrent à la rencontre de l'officier, qui, se remettant dans la même attitude, leur cria de loin, n'approchez pas ou sinon..... La phrase ne fut pas achevée.

» Ayant été rendu compte de ce fait au commandant de la garde nationale & du régiment de Dauphiné, M. d'Orville fut mis au fort de la Malgue: il y est resté peu de tems, sa grace lui ayant été accordée à la sollicitation de la garde nationale elle-même.

» Le 14 du même mois, les bas-officiers de quelques divisions du corps de la marine, portèrent au consul de Toulon une déclaration, par laquelle après avoir protesté de leur attachement & de leur soumission à la loi, à la nation & au roi, ils jurent de s'opposer à toutes insultes qui pourroient être faites à leurs chefs de terre ou de mer.

» Le conseil fit part de cette démarche à M. *Albert* de Rioms, commandant pour le roi, de la marine de Toulon, qui y répondit en annonçant des vues de conciliations, qu'il desiroit voir régner la paix entre les troupes de terre & celles de mer. Il ajoute que le signe national ne doit pas brouiller les citoyens entr'eux; qu'il ne paroît pas que l'on doive dans ce moment, y ajouter une si grande importance; que dans la chaleur de la révolution, il n'eût pas été prudent d'empêcher les citoyens de le porter, mais que le calme renaissant, cela paroît fort indifférent.

» M. le consul pense qu'il étoit prudent de ne pas rendre compte à la garde nationale de la déclaration des bas-officiers de la marine, non plus que de sa correspondance avec M. *Albert*.

» Mais la garde nationale ayant su d'ailleurs le contenu de la déclaration des bas-officiers de la marine, en conféra avec M. le consul, qui se détermina à leur communiquer sa correspondance avec M. d'*Albert*.

» Il fut alors arrêté que le consul se rendroit en députation avec un grand nombre de volontaires de la garde nationale, auprès de M. d'*Albert* de Rioms.

Cette députation s'y étant rendue, M. d'*Albert* témoigna à M. le consul, son étonnement de voir à sa suite des gens qu'il dit être de la lie du peuple.

Le consul répondit que ces volontaires étoient des citoyens estimables, & qu'ils étoient honorés de la qualité de députés dans cette circonstance.

L'objet de la députation étoit d'engager M. d'*Albert* à faire rendre satisfaction à la garde nationale, de ce que la déclaration des bas-officiers de la marine avoit d'injurieux; ou que du moins le sens en fût clairement expliqué.

» Les choses n'ayant pu se concilier, il fut arrêté le 9 novembre, par la garde nationale, par le comité permanent & par la municipalité de Toulon, qu'il seroit envoyé à l'assemblée nationale une députation de trois personnes, chargées d'exposer leurs griefs contre M. d'*Albert*.

» Ils se plaignent entr'autres faits, de ce que M. d'*Albert* a voulu empêcher les travailleurs du port de Toulon, de porter la cocarde nationale, & de ce qu'il a autorisé les bas-officiers à manquer à la garde nationale, & de ce qu'enfin il lui a manqué lui-même, en traitant les volontaires de la garde nationale, de gens de la lie du peuple ».

Après l'exposé des faits, le commissaire demande l'ajournement qu'il a d'abord proposé, en représentant qu'il est juste d'entendre la commune, qui enverra probablement ses observations sur les faits du premier décembre.

M. *Malouet*. J'insiste pour que l'affaire de M. *Albert* de Rioms soit jugée sur-le-champ, & qu'on prenne des mesures pour la sûreté du port de Toulon. Les événemens antérieurs à cette affaire n'ont aucune relation avec elle; ils l'ont précédée, mais n'en sont point le motif; c'est un désordre qui mérite d'être sûrement réprimé que la détention d'un officier-général: l'assemblée nationale doit montrer aux yeux de la France & de l'Europe, que de pareils attentats à la liberté des citoyens & à la sûreté de l'état, dans la personne des premiers officiers, lui paroissent dignes de toute son animadversion. Il est de plus instant de faire rentrer la ville de Toulon dans l'ordre, son port est une des clefs du royaume; & si l'on montroit de la foiblesse devant ceux qui peuvent y exciter des troubles, on compromettroit un des grands intérêts de l'état. Je propose en conséquence le décret suivant :

I. » Le pouvoir exécutif suprême étant, par la constitution, déposé entre les mains du roi, ceux auxquels sa majesté confie son autorité, n'en sont responsables qu'au corps législatif & au monarque ».

II. » Il est défendu à toutes les municipalités, & aux différens corps de citoyens armés, d'intervenir dans aucun cas, autrement que par une requête répétitive au roi & au corps législatif, dans les actes de l'administration royale qu'ils ne peuvent ni suspendre ni troubler, sous peine, contre les infracteurs, d'être punis comme perturbateurs du repos public ».

III. « Toute insurrection à main armée contre les officiers, commandans ou administrateurs préposés par le roi, sera punie de mort ».

IV. « Il est enjoint auxdits commandans & administrateurs, de maintenir, de la part de leurs subordonnés, l'obéissance qui leur est due, & de faire exécuter les ordonnances militaires & réglemens d'administration concernant la discipline & police des corps & des individus soumis à leur autorité ».

M. *Nérac*. D'où M. Malouet a-t-il eu les pièces sur lesquelles il appuie la nécessité d'envoyer des ordres à Toulon pour empêcher la ruine de ce port, dont il le dit menacé? si ce sont des lettres particulières, le courier extraordinaire envoyé par la ville de Toulon n'a donné nulle inquiétude. L'intérêt des citoyens de cette ville doit rassurer davantage encore.

M. *le baron de Menou*. Personne n'est indifférent sur le sort de la ville de Toulon; mais nous n'avions nulle connoissance officielle des détails sur lesquels on veut que nous délibérions. Je fais la motion expresse que le président se retire par devers le roi, à l'effet de savoir quelle est la situation actuelle du port de Toulon.

M. *Malouet*. J'ai déposé au comité des rapports les pièces qui constatent les faits sur lesquels je desire fixer l'attention de l'assemblée. Leur importance me fait insister, pour qu'on délibère sans délais.

Une partie de l'assemblée persiste à demander que la délibération soit différée, jusqu'à ce que le comité des rapports ait été entendu sur l'ensemble des faits.

On décide de s'occuper sur-le-champ de cette affaire.

M. *Malouet*. Les lettres que j'ai déposées, ont été écrites au ministre par M. d'André, par M. le commandant de la ville, & par l'officier qui commande le port à la place de M. d'*Albert*. Une fausse nouvelle a été répandue; elle favorise l'insurrection, en donnant le prétexte de rester en armes. Les entrepreneurs du port sollicitent la résiliation de leur marché, parce que les ouvriers font des demandes tumultueuses & des menaces inquiétantes.

Je demande que M. le président soit autorisé à écrire à la municipalité de Toulon, qu'aucune escadre ne menace le port, & qu'on prendra en considération les demandes des ouvriers, sitôt que le calme & la subordination seront rétablis.

On presse M. Malouet de donner la preuve des demandes des ouvriers.

M. *Ricard, l'un des députés de la sénéchaussée de Toulon*. Nous avons reçu des lettres de Toulon; elles sont datées du 7, & ne contiennent rien qui soit conforme à celles qui ont été communiquées à M. Malouet. Il est incroyable que l'on effraie le roi & les ministres par des bruits aussi faux qu'invraisemblables.

Je certifie qu'il y a une connexité évidente entre les deux événemens arrivés le mois dernier à Toulon. Je certifie qu'on a préparé le combat; qu'on a exhorté les soldats dans leurs quartiers; que des gargousses & des cartouches faites dans le parc d'artillerie leur ont été délivrées, tandis qu'on avoit refusé deux cartouches à chaque poste de la garde nationale. Je certifie qu'on a commandé aux soldats de tirer sur le peuple, avant qu'on pût prévoir un soulèvement. Je certifie que M. d'*Albert* auroit pu arrêter l'insurrection, s'il avoit accordé la grace aux deux charpentiers qui ajoutoient à leur délit celui de porter la cocarde nationale. Cette grace fut enfin donnée, lorsqu'on eut refusé d'exécuter la loi martiale, & que l'effervescence fut portée à l'excès.

C'est cette milice nationale qui a sauvé M. d'*Albert*, que l'on a cherché à inculper; c'est elle qui a défendu bravement les officiers du roi & les droits des citoyens, & c'est contr'elle qu'on veut aujourd'hui surprendre un décret à l'assemblée... J'ai été indigné d'entendre dire hier que les demandes des ouvriers, quelques raisonnables qu'elles fussent, ne seroient accueillies qu'après le calme rétabli..... Mon devoir m'oblige de le dire, si on pouvoit croire, à Toulon, qu'un artifice ou qu'une intrigue quelconque nous ont arraché un décret qui ne seroit pas le vœu libre de l'Assemblée, c'en feroit fait de la classe de ceux qui y auroient participé.....

M. de Montlozier interrompt M. Ricard, & demande qu'il répète ces dernières expressions.

M. Ricard les répète & continue :

Il y a deux partis dans toute ville de guerre. Celui qui, à Toulon, s'oppose encore à la révolution, est beaucoup moins fort que celui des citoyens. Il feroit imprudent de rendre un décret tel qu'on le propose; ce feroit exposer mille personnes à la vengeance de 19000. On peut éviter ce malheur en ne précipitant pas la décision d'une affaire importante qui ne sera bien jugée que quand elle sera bien connue.

M. Malouet parle de lettres écrites le 7 avant midi; nous en avons reçues par un courrier extraordinaire, datées du 7 avant minuit; elles ne disent rien des faits que contiennent celles du ministre du roi. Dans les circonstances où nous sommes, si l'arsenal de Toulon est en péril, si vous voulez véritablement le sauver, le premier moyen est de prier le roi de retirer les officiers de Toulon. Je ne prétends pas attaquer leur réputation; je reconnois qu'ils sont tous de braves gens, mais leur propre salut existe uniquement dans leur retraite. L'insurrection subsistera tant qu'ils resteront dans la place.

Le second moyen est de nommer des officiers qui ne soient pas suspects au peuple.

Le troisième moyen consiste à témoigner un peu plus de confiance à un peuple généreux, aussi avide de la liberté que fier de la force qu'il a développée pour la conquérir, & qu'il conserve pour la maintenir.

La motion de M. Malouet est inadmissible.

Si l'assemblée le juge nécessaire, la députation de Toulon écrira à la municipalité, pour détruire le bruit absurde qu'on prétend s'être répandu dans cette ville.

M. *Malouet*. Le préopinant a traité le fonds de l'affaire; je m'en étois abstenu. Il a exposé des faits graves contre M. d'*Albert*, je dois y répondre pour éviter la prévention défavorable qui ne tarderoit pas à s'établir. Je puis les expliquer d'une manière bien simple.

Tous les jours on fait de l'artifice dans le parc d'artillerie & dans l'arsenal. Toutes les dépositions se réunissent à constater qu'au premier ordre donné aux soldats de charger leurs armes, ils ont désobéi. Je demande si on a pu ensuite ordonner de faire feu avec des armes qui n'étoient pas chargées.

M. *de Bonneval*. Un de mes frères, officier de la marine, se trouve du nombre des officiers blessés & détenus prisonniers; je ne pense point que l'assemblée tolère que des citoyens employés au service de l'état, & qui s'y sont distingués, soient livrés à des emprisonnemens arbitraires & rigoureux; je demande leur élargissement provisoire & le renvoi de la discussion après le rapport du comité.

M. *Emery*. Je pense comme le préopinant. Des officiers tumultuairement arrêtés & détenus en chartre-privée par un peuple ameuté, feroit une inraction des loix & un attentat à l'ordre public: s'ils se sont rendus coupables, c'est après que les preuves en auront été administrées que leur détention pourra être prononcée; jusques-là ils doivent rester libres. Je demande leur élargissement & le renvoi de l'affaire au comité.

L'assemblée décrète que le comité des rapports prendra, sur les faits qui se sont passés à Toulon, le premier décembre 1789, toutes les instructions nécessaires, pour en rendre compte à l'assemblée, & que le président se retirera par devers le roi pour le prier de donner des ordres à l'effet de rendre la liberté aux officiers détenus.

Séance du 21 décembre 1789.

M. le président donne lecture d'une lettre écrite par les officiers municipaux de Toulon, relativement à l'affaire de M. *Albert* de Rioms. En voici l'extrait :

Lettre du comité. » Nous envoyons à l'assemblée nationale l'extrait du procès-verbal qui constate la sortie des officiers détenus. Nous ne prévenons pas les réflexions que cette pièce fera naître; nous attendons dans la plus ferme confiance le jugement qui sera porté de notre conduite. Le salut de la ville & celui des officiers du port nous avoient obligés de violer la liberté de ces derniers; mais ils avoient eux-mêmes violé la majesté de la nation, en ordonnant de faire feu sur un peuple sans armes.

Procès-verbal. Le décret de l'assemblée nationale est arrivé le 14 décembre à 7 heures & demie du soir : le 15 à sept heures du matin toute la garde nationale s'est assemblée; le conseil général de la ville précédé des trompettes publie le décret de l'assemblée nationale & les ordres du roi : il enjoint à tous les citoyens de n'apporter aucun obstacle à leur exécution : le peuple & les soldats jurent par acclamation, respect & soumission. Le conseil se transporte au palais où les officiers du port étoient détenus. M. Roubaud, consul leur offre de les accompagner par-tout où ils désireront, avec tel détachement qu'on jugera nécessaire. M. d'*Albert* de Rioms lui répond fièrement : « Comment, n'êtes-vous pas en état de contenir deux ou 300 coquins qu'il y a dans la ville ». Les officiers sont reconduits à l'hôtel de M. d'*Albert* sans aucun mouvement de la part du peuple. Ce commandant remercie M. Roubaud de tous les soins qu'il s'est donné. Le conseil général retourne à l'hôtel-de-ville; il trouve sur la place beaucoup de personnes attroupées, il leur enjoint de se retirer, & l'attroupement se dissipe.

Le soir du même jour les officiers du port font demander au conseil un passe-port pour se rendre à Marseille; il leur est donné en ces termes: « Nous maire, consuls, &c. certifions & attestons, qu'en vertu du décret de l'assemblée nationale & des ordres du roi, MM. d'*Albert* de Rioms, de Broves, &c. ont été mis en liberté sous la sauve-garde de la loi. Prions MM. les maires & consuls de.... De les laisser librement passer, avec le détachement militaire qui les accompagnera.

M. le président annonce une délibération de la garde nationale de Marseille, il la représente comme très-intéressante, à cause de la prochaine arrivée des officiers du port de Toulon dans cette ville.

Cette délibération contient l'assurance d'employer, pour procurer l'exécution des décrets de l'assemblée, toutes les forces des citoyens.

M. Ricard, député de Toulon. Je propose de décréter que le président sera chargé d'écrire au conseil général de Toulon, que l'assemblée a reçu le procès-verbal du 15 de ce mois, & qu'elle a été satisfaite de la manière dont les officiers municipaux se sont conduits, au sujet du décret sanctionné par le roi.

Cette proposition est tumultueusement contredite. La question préalable est invoquée & rejetée, & le décret adopté à une grande majorité.

Séance du 15 janvier 1790.

M. de Champagny. Je n'entrerai pas dans le détail des faits. Dans le rapport qui vous a été présenté, on a voulu prouver que la déclaration des bas-officiers de la marine a été suggérée par un major de la marine, & l'on en a conclu que M. d'*Albert* étoit coupable. Toutes les probabilités prouvent le contraire. Cette conjecture n'étant pas prouvée, elle annonce que M. d'*Albert* est innocent, puisque pour l'accuser, il a fallu avoir recours à une supposition; on lui reproche des propos mal-entendus & mal-interprétés, & au sujet desquels il a écrit une lettre d'excuse à ceux qui se croyoient offensés: démarche qui honore celui qui l'a faite autant qu'elle auroit dû satisfaire ceux à qui cette lettre étoit adressée.

On accuse M. d'*Albert* d'avoir insulté la cocarde nationale; il ne l'a point insultée; il se faisoit honneur de la porter, & en a donné l'exemple à son corps. Ainsi donc ses torts avec la garde nationale ne résultent que d'un mal-entendu.

La seconde affaire se présente d'une manière plus grave. On parle de préparatifs de guerre. Quels sont-ils? Deux piquets de 50 hommes qui devoient attaquer 3000 hommes armés, & un peuple nombreux, dont les intentions n'étoient pas équivoques. Des gargousses, &c. mais n'y a-t-il pas toujours dans l'arsénal le nombre de gargousses nécessaires, quelque coupable ou quelqu'innocent que puisse en être l'usage? Des boulets ont été transportés au parc d'artillerie, où ils doivent toujours être. L'ordre de faire feu a été donné. 10 témoins l'assurent, 80 le nient, & l'information est faite par la municipalité, qui étoit partie dans cette affaire.

Pourquoi, dit-on, ces ordres, ces exhortations aux soldats? Une grande fermentation existoit dans le port. M. d'*Albert* avoit renvoyé quelques ouvriers; il craignoit qu'on n'échauffât les esprits; il étoit inquiet de ces 1800 forçats, toujours prêts à augmenter le désordre...... Enfin, M. d'*Albert* se laisse tranquillement conduire en prison; il oublie les bombes & les canons qui ont été préparés, les ordres qu'il a donnés, les exhortations qu'il a fait faire....

Quel a été mon étonnement quand, à la suite du rapport qui vous a été présenté, j'ai entendu proposer de renvoyer cette affaire au châtelet! Cette décision seroit une flétrissure. L'assemblée n'adoptera point cette disposition rigoureuse; elle ne confondra pas le malheur avec le crime; elle n'écoutera pas le ressentiment d'un peuple aveugle & égaré; elle n'ajournera point une affaire qui doit être promptement décidée... Si l'assemblée ne montre pas qu'elle désapprouve la conduite de la garde nationale, la ville de Toulon aura des imitateurs.... C'est au nom de la liberté que je combats le renvoi au châtelet & l'ajournement qui seroit encore une approbation tacite d'une insurrection; erreur très-excusable d'un peuple honnête & bon, agité par un motif qu'on ne peut blâmer, puisqu'il fera notre gloire & notre bonheur. Mais cette liberté, qui commence par le courage, ne doit s'achever que par la justice & par la modération.....

Je propose de déclarer M. d'*Albert* exempt d'inculpation, & d'ajourner le reste de cette affaire.

Le discours de M. de Champagny est très-vivement applaudi. On en demande l'impression, M. de Champagny s'y oppose.

M. Ricard, député de Toulon. On a rendu compte de ces faits à l'époque où ces évènemens ont été, pour la première fois présentés à l'assemblée.

Il en résulte que M. d'*Albert* s'est rendu coupable du crime de lèze-nation, en faisant des préparatifs de guerre contre les habitans de Toulon, en commandant de tirer sur le peuple, en ordonnant l'exécution de la loi martiale; tandis que les magistrats ont seuls le droit de la requérir, & cette loi terrible qui permet de verser, sans crime, le sang des citoyens, propose le décret suivant:

» L'assemblée nationale ayant entendu le compte qu'elle s'est fait rendre des évènemens arrivés à Toulon, déclare être satisfaite de la manière dont le conseil municipal, la garde nationale & les troupes de terre & de mer se sont conduits: «

» Déclare en outre qu'elle se rappelle avec satisfaction les services militaires de M. le comte d'*Albert* & de MM. de Broves, de Bonneval, &c. & qu'elle se repose sur leur honneur & leur fidélité à la constitution. «

» Déclare qu'au surplus il n'y a pas lieu à délibérer. »

L'heure étant avancée, on ajourne au lendemain la suite de cette affaire.

Séance du 16 janvier 1790.

M. le duc de Liancourt. Sans m'étendre sur des évènemens dont les détails vous ont été tant de fois présentés, je me bornerai à observer que dans un tems où l'on change subitement les habitudes de dix siècles, une sage tolérance est le seul moyen de faire sortir la justice & la liberté des mouvemens extraordinaires qu'occasionne une semblable révolution. Ce n'est qu'à la dernière extrémité que la rigueur doit être employée.......

Cette réflexion s'applique naturellement à l'affaire qui vous est soumise en ce moment.....

La conduite de M. d'*Albert* a eu pour objet de protéger le port de Toulon; & s'il a préparé des moyens de défense, tout annonce que ce n'étoit point pour se livrer à ses passions ou à son intérêt personnel. Il n'a pas fait usage de ces forces, quoiqu'on l'ait traité comme on n'auroit même pas dû le faire s'il eût été criminel. Dans tous les cas, il avoit droit à des égards, cet homme que l'opinion publique place à la tête de vos armées navales, & qui devient l'espoir de la prochaine guerre......

Je propose le décret suivant: » L'assemblée nationale, après avoir pris connoissance des évènemens arrivés à Toulon, déclare que MM. d'*Albert* de Rioms, de Broves, de Bonneval, de Village, de Saint-Julien & de Castellet n'ont donné lieu à aucune inculpation: rend justice aux intentions patriotiques du conseil municipal & de la garde nationale de Toulon, & ajourne le reste de cette affaire: décrète que le roi sera prié d'ordonner les mesures nécessaires pour la sûreté du port de Toulon: & déclare que rien dans cette affaire ne doit porter atteinte à la réputation de M. d'*Albert* & à la considération due aux qualités personnelles de cet officier ».

M. Robespierre. Je ne veux être, ni l'accusateur, ni l'avocat des officiers de la marine. Ni l'un ni l'autre rôle ne convient aux représentans de la nation; mais je crois que nous devons faire tous nos efforts pour empêcher qu'on ne donne des éloges aux sentimens & à la conduite des officiers qui ont manqué à la liberté & au respect qui est dû au peuple.

Je ne parlerai pas des faits de cette affaire; ils vous sont connus. Plut à dieu que nous puissions oublier ce qui s'est passé à la même époque, à Brest, où la liberté gémissoit, entourée de soldats. A Marseille, ou les meilleurs amis de la liberté, jettés dans des cachots, étoient prêts à périr sous le fer coupable, dont les anciens abus & l'antique absurdité de nos vieilles institutions, avoient armé la justice. Quand je considère tous les évènemens de cette province, je ne puis m'empêcher de penser, que rapprochés par leur époque, ils étoient peut-être liés par des fils qu'il ne seroit pas impossible de découvrir; je crains sur-tout de voir un décret de l'assemblée nationale, décourager le patriotisme, & encourager les ennemis de la liberté.

M. Robespierre jette ensuite un coup d'œil rapide sur les principes faits de cette affaire.

Si vous marquez de l'approbation, continue-t-il, pour la conduite de M. d'*Albert*, ne refusez-vous pas au peuple le droit que votre déclaration des droits a consacré, celui de la résistance à l'oppression? N'établissez-vous pas au contraire qu'on peut insulter impunément l'autorité nationale....... Si vous déclariez qu'il n'y a lieu à aucune inculpation, ce seroit déclarer qu'on n'est pas coupable pour avoir insulté le peuple. Si vous donniez des éloges, que deviendroient vos décrets?...

Je ne propose pas cependant de renvoyer au châtelet; mais j'adopte la première partie du décret de M. Ricard: persuadé que la prudence & la justice vous commandent également de témoigner à la garde nationale & au conseil municipal votre satisfaction de leur conduite.

M. de Clermont-Tonnerre. Après avoir entendu le premier récit des faits, il ne me restoit aucun doute sur l'innocence de M. d'*Albert* & des officiers recommandables compromis dans cette affaire. M. de Champagny a concilié tous les intérêts, sans blesser les principes. Le décret qu'il a proposé ne me semble susceptible d'aucune difficulté.

Celui qui a opiné après lui a présenté de nouveau le récit des faits, & il en a tiré l'inculpation d'un crime de lèze-nation: puisqu'on a rappellé tes faits, je dois aussi les rappeller. Si un accusateur peut se consoler d'avoir oublié des faits aggravans, un défenseur seroit inconsolable d'en négliger de propres à prouver l'innocence de l'accusé.

M. de Clermont-Tonnerre présente les faits sous un nouveau point de vue, & examine ensuite deux questions.

M. d'*Albert* est-il coupable?

Quel parti doit prendre l'assemblée?

Qu'a fait M. d'*Albert*? il a renvoyé deux ouvriers employés à l'arsénal: assurément on n'est pas coupable du crime de lèze-nation pour avoir congédié deux subalternes qu'on avoit à ses ordres. Mais il a défendu d'arborer l'aigrette nationale. Cette aigrette n'est pas la cocarde, & des ouvriers ne peuvent s'enrôler sans se disposer à enlever un tems considérable à leur travail. M. d'*Albert* nie d'ailleurs ce fait, & annonce que son secrétaire portoit cette aigrette. Les deux maîtres charpentiers avoient fomenté des troubles, dans l'arsénal & excité les ouvriers à solliciter une augmentation dans le prix de leurs journées. Quand M. d'*Albert* n'auroit pas eu ces raisons pour les renvoyer, sa conduite seroit-elle un crime?

Mais, dit-on, il a demandé la loi martiale. Les premières expressions de cette loi ordonnent qu'elle soit exécutée lorsqu'il y aura des attroupemens, & assurément il y en avoit, puisque l'hôtel de M. d'*Albert* étoit assailli à coups de pierres, puisque des officiers avoient été blessés par le peuple: sous ce nouveau rapport M. d'*Albert* n'est donc pas coupable d'un crime?

On accuse M. de Broves d'avoir ordonné de faire feu. Il ne commandoit pas les troupes rassemblés sur le champ de bataille; ces soldats étoient reposés sous les armes; ces armes n'étoient pas chargées: il n'y a donc encore ici aucun crime.

D'ailleurs, sur cent temoins, cette expression fugitive *feu*, n'a été entendue que par un petit nombre: elle pouvoit être considérée comme une menace, & dans cette hypothèse, la plus favorable sans doute aux accusateurs, il n'y auroit pas encore de crime.

Il n'y a donc ni délit ni accusation prouvée; il n'y a donc lieu à aucune inculpation légale, relativement à M. le comte d'*Albert* & aux officiers de la marine. Quant aux officiers municipaux & à la garde nationale, je n'examine pas leur conduite; car autant je m'estime heureux de faire connoître l'innocence, autant j'éprouverois de peine à rappeler des erreurs & des imprudences. Il y auroit lieu cependant à une information nouvelle sur beaucoup de faits; mais je crois que, quelqu'utile qu'elle pût être, il est de la sagesse de l'assemblée de ne pas s'en occuper.

J'adopte le décret proposé par M. de Champagny.

On ferme la discussion.

Quinze projets de décrets sont présentés.

La priorité est réclamée pour celui de M. de Champagny.

M. Charles de Lameth. Il paroîtroit inconcevable, quand il s'agit d'une part de la liberté publique; de l'autre, de 180 témoins qui déposent d'attentats commis contre cette liberté, que la priorité fut accordée à un décret où il ne s'agit ni du peuple de Toulon, ni des magistrats représentans du peuple, contre les usurpations dont elles croiroient avoir droit de se plaindre.

La priorité est refusée au décret de M. de Champagny.

Elle est accordée à un des décrets nouvellement proposés. Il est conçu en ces termes:

« L'assemblée nationale présumant favorablement des motifs qui ont animé M. d'*Albert*, les autres officiers de marine impliqués dans cette affaire, la garde nationale, & les officiers municipaux de la ville de Toulon, déclarent qu'il n'y a lieu à aucune inculpation ».

M. *le marquis de Blacon*. Je demande qu'on mette le mot *jugeant*, au lieu du mot *présumant*.

M. *Guillaume*. Que ce même mot soit remplacé par celui-ci: *convaincue*, & qu'on ajoute à la fin du décret l'expression *respective*.

M. *Charles de Lameth*. L'intention de l'assemblée est sans doute d'approuver la conduite des officiers municipaux de la ville de Toulon, mais aussi de saisir l'occasion de témoigner à M. d'*Albert* & aux autres officiers de la marine sa satisfaction de leurs services militaires.

M. *Malouet*. L'esprit du décret, auquel on a accordé la priorité, est de n'inculper personne & de ne pas donner de suite à cette affaire. Je propose, en me conformant à cet esprit, un amendement qui ne peut être rejetté, puisqu'il a pour objet d'appliquer la déclaration des droits. Il consiste à dire que « l'Assemblée improuve les excès » commis envers le commandant & les officiers » de la marine de Toulon ».

M. *Gleizen*. Il y a une légère inexactitude dans le décret proposé. Tout le monde doit être convaincu de la sagesse de la conduite des officiers municipaux de Toulon. L'assemblée ne peut donc manquer de leur témoigner sa satisfaction. Dans cette vue, je crois qu'il faut rédiger le décret ainsi qu'il suit, avec un léger changement; « l'assemblée nationale présumant favorablement des motifs qui ont animé M. d'*Albert*, & les autres officiers de marine & la garde nationale, & applaudissant au zèle des officiers municipaux déclare, &c. ».

M. l'*abbé de Bonneval*. Insiste sur la nécessité de substituer le mot *convaincue* à celui de *présumant*; il demande que tous les officiers soient nominativement indiqués dans le décret avec une mention honorable de leurs services.

On ferme toute discussion & propositions d'amendements.

L'assemblée décide qu'il n'y a pas lieu à délibérer sur tous les amendements; elle adopte le décret tel qu'il étoit rédigé lorsqu'il a obtenu la priorité.

Nous finissons cet article par rapporter deux pièces sur l'affaire de M. *Albert* de Rioms, l'une est un acte du comité permanent de Toulon, l'autre une pièce de M. *Albert* sur l'événement qui a donné lieu aux débats que l'on vient de lire; nous y joindrons une lettre du même officier général adressée à l'assemblée nationale le 4 octobre 1790, mais sur un autre objet.

Extrait de la délibération prise par le conseil municipal & permanent de la communauté de Toulon, le 7 décembre 1789, sous la présidence & autorisation de M. d'André, membre de l'assemblée nationale, & commissaire du roi en Provence.

« Ouï la lecture des recherches faites par le comité nommé par la délibération du 3 du courant, des procès-verbaux & des pièces y jointes.

» L'assemblée considérant que la ville de Toulon eût joui, depuis l'émotion populaire du 23 mars dernier, d'une parfaite tranquillité,

» Si M. le comte *d'Albert*, moins jaloux de l'autorité de sa place, n'avoit voulu s'en servir pour défendre aux gens de l'arsenal d'y entrer avec la cocarde nationale, ce qu'il fut ensuite obligé de permettre & de faire lui-même;

» Si, connoissant les inquiétudes & la commotion que la présence des troupes étrangères causeroit, il n'avoit point demandé un bataillon suisse pour la garde de l'arsenal; comme si les gens que cet attelier formidable entretient & nourrit, & si les troupes de terre & de mer, & tous les habitans en général, n'étoient pas les plus fidèles gardiens de ce précieux dépôt;

» S'il n'avoit épousé la querelle d'un officier d'infanterie qui n'étoit point sous ses ordres, & qui, non content d'avoir mis à son chapeau une grande & large cocarde noire, s'étoit porté, contre un brigadier & une sentinelle de la garde nationale, à la menace la plus terrible;

» Si, à cette occasion, on n'avoit contraint les bas-officiers de la marine à signer & à porter aux sieurs maire & consuls, une déclaration qui sembloit être le signal de la rupture de l'union & de la concorde qui règnent entre la garde nationale & les troupes de terre & de mer;

» Que néanmoins le public rendoit justice aux vertus guerrières de M. le comte *d'Albert*, & sensible, autant qu'il doit l'être, aux actes de bienfaisance qui émanoient de lui depuis quelques temps, aimoit à penser qu'il suivoit bien moins l'impulsion de son ame que celle de conseils imprudens & perfides.

» Mais considérant en outre l'affreuse journée du premier du courant, amenée, & par les causes qui ont déterminé la députation de MM. Raimond, Jourdan & Mallard à Paris, & par la défense faite par M. *d'Albert* aux gens de l'arsenal de porter *pouf* (l'aigrette), & de s'incorporer dans la garde nationale, comme si la qualité d'ouvriers de l'arsenal étoit incompatible avec celle de bons citoyens, & enfin, par l'expulsion de deux ouvriers, *pour une telle cause*;

» Les préparatifs & les précautions dont cette triste journée avoit été précédée, les ordres donnés la veille aux troupes de la marine, les cartouches qui leur avoient été distribuées, leur rassemblement au champ de bataille, à l'insu & contre le vœu de la municipalité, les circonstances & tous les faits consignés dans les procès-verbaux, & les pièces mises sous les yeux du conseil, & qui présentent une violation du décret de l'assemblée nationale du 10 août dernier, & du serment solemnel qui en fut la suite;

» Il résulte irrévocablement qu'il n'est plus permis de douter qu'il importe à la sûreté publique de mettre incessamment sous les yeux de l'assemblée nationale tous les événemens, *leurs causes* & leurs circonstances; à l'effet de quoi il a été *unanimement* délibéré, que, par un courier extraordinaire, il sera porté à l'assemblée nationale, les mémoires, procès-verbaux, dépositions & autres pièces servant à charge & à décharge, pour que l'auguste assemblée des représentans de la nation fasse connoître à la communauté de Toulon ce qu'elle doit faire dans de telles circonstances, & jusqu'alors.

» Le conseil déclare que MM. *d'Albert*, du Castellet, de Villages, de Bonneval, Broquier, arrêtés à la clameur publique, & détenus dans les chambres des magistrats du palais de justice, y demeurent sous la sauve-garde de la nation & de la loi, & *seront traités avec l'humanité & les égards qui leur sont dus*.

» Ayant été, à cet égard, délibéré que, conformément à l'article 9 du décret de l'assemblée nationale

nationale, portant déclaration des droits de l'homme, toute rigueur qui ne seroit pas absolument nécessaire pour être assuré de leurs personnes, seroit supprimée.

» Et sera l'extrait de la présente joint à l'envoi des pièces, & ont la délibération signé à l'original, &c., &c. ».

La copie de cette pièce essentielle a été envoyée de Toulon à plusieurs personnes de Paris, parmi lesquelles il se trouve sans doute un grand nombre des juges de cette cause.

Il y règne un ton de modération & de sagesse, auquel les préjugés contraires seront forcés eux-mêmes de rendre un secret hommage.

On remarquera dans ce récit fidèle & authentique des faits, que *l'affaire de Toulon* n'est pas divisée. C'est toujours le même sujet de la même querelle. Depuis l'aventure de la *cocarde noire* du jeune officier du régiment Dauphin, jusqu'à la disgrace des *deux maîtres* d'équipage, qui ont mis *le pouf patriotique* à la mode dans l'arsenal, on ne voit pas changer la cause de la contestation.

Cette lutte entre le patriotisme naissant & les préjugés anciens, a seulement deux époques différentes. Dans toutes les deux, le peuple de Toulon & la milice nationale conservent leurs avantages. Ce sont les officiers de la garde nationale qui ont été généreusement demander la liberté du jeune officier à cocarde noire, que son corps avoit, *lui-même*, condamné à garder prison.

La seconde époque (l'insurrection des ouvriers de l'arsenal), présente encore un plus grand nombre de preuves, en faveur d'une municipalité toujours prudente, d'une garde nationale toujours attentive, & d'un peuple contenu jusqu'au dernier moment.

Qu'ont fait les quatre mille ouvriers? Ils se sont armés *d'une cocarde patriotique*, pour aller demander à M. le commandant qu'il voulût bien rendre la liberté à deux hommes emprisonnés pour avoir porté le même signe des mêmes sentimens?

Un refus les a irrités; le peuple s'est ému : on a commencé à prendre les armes. Le tumulte devenoit de plus en plus menaçant...... Que fait la municipalité? Aidée des conseils & des efforts de la garde nationale, elle député à M. le Commandant, homme dont les qualités personnelles sont révérées, que toute la ville honore & qu'elle voudroit aimer, l'un des militaires les plus estimés par leur valeur, leurs talens guerriers, homme d'une humanité privée, peu commune, & qui, tout-à-l'heure encore, avoit consacré aux pauvres marins une somme assez considérable, destinée à l'ornement d'une fille chérie (1).

Cependant, au moment où les municipaux & les officiers de la garde nationale se sont présentés à l'hôtel du *commandant*, quelle a été leur réception? quel accueil y ont-ils reçu?.... Toutes les vertus privées semblent, dans cet instant, abandonner cet homme public, ce chef militaire...... Des citoyens sortent confus, humiliés de la présence d'un homme d'honneur!

Poursuivons, voyons la conduite de la ville de Toulon le reste du jour, de ce jour à jamais célèbre du premier décembre. Le peuple étoit là (sur la place d'armes); plus de quinze mille hommes attendoient la réponse de la municipalité, qui sortit consternée (on dit même que les municipaux ont employé, pour fléchir M. le commandant, les expressions les plus humbles, & que le genou de ces citoyens a touché la terre). Le peuple empressé questionne ses députés, il falloit répondre! La nouvelle du dernier refus exalte toutes les têtes; la présence de deux cens hommes de troupes réglées (de terre & de mer) allume encore la fermentation...... Les soldats étoient tranquilles; les officiers commandent de porter les armes...... *On crut entendre l'ordre de faire feu.* La multitude entre en fureur. Un officier de marine, qui cherche à gravir vers un balcon voisin, reçoit un coup de sabre...... Mais déjà les troupes avoient mis bas les armes en présence de leurs *concitoyens*, de leurs *frères*. Eh! qu'il soit permis de représenter aux familles des officiers dont l'étrange courage a si fort compromis la conduite, que si les soldats eussent montré *le même courage* & les mêmes sentimens; que si l'on *eût fait feu*, la ville étoit en cendres deux heures après.

Cependant douze cens hommes de la garde nationale, spectateurs sans armes de ces scènes tumultueuses, se rangent, se serrent, & contiennent, les bras étendus, les flots de la multitude. Cette multitude croit être calmée en demandant justice au lieu de demander vengeance; elle veut qu'on se précipite dans l'hôtel de M. le commandant, qu'on y saisisse les officiers, & qu'on les conduise en prison.

Les gardes nationales forcées d'y consentir, conservent assez d'ascendant pour capituler avec la fureur du peuple; & dans l'impuissance d'y mettre des bornes, elles lui imposent des conditions. On convient que MM. les officiers seront arrêtés & conduits dans la prison du palais, mais qu'il ne leur sera fait aucun mal, & que leurs personnes seront respectées.

Il est vrai que la municipalité & la garde natio-

(1) M. le comte d'*Albert de Rioms*, a converti en œuvres de charité l'emploi d'une somme d'argent, qui devoit servir à faire un présent, ou à donner une fête à madame sa fille.. . Ces dispositions domestiques sont trop honorables pour demeurer des secrets de famille.

nale, en escortant MM. les officiers, n'ont pu contenir la langue du peuple, qui exhaloit ses transports en bruits injurieux, plus encore qu'en injures articulées.

Depuis cet instant & dans ce moment même, la municipalité veille par les loix, & la garde nationale surveille par les armes tous les mouvemens qui pourroient attenter à la sûreté des prisonniers. On assure que le peuple de Toulon, en demandant toujours qu'on lui fasse justice, l'attend avec le respect que la garde nationale lui recommande, & dont la municipalité lui a donné l'exemple.

Nous apprenons que depuis ces troubles on a semé de nouvelles alarmes parmi le peuple de Toulon. On y a répandu le bruit que des vaisseaux ennemis s'approchoient du port. On ajoute que ces menées perfides sont faites pour inquiéter les habitans sur la fidélité des officiers de la marine. On n'y parviendra point! le peuple de Toulon estime la bravoure & la valeur de ces militaires, & ne peut être ébranlé dans sa confiance en leur honneur & leur fidélité; il n'a jamais répondu qu'un mot à cette horrible & plate calomnie : *M. le comte d'Albert de Rioms est le commandant du port.*

Mémoire rédigé par M. d'Albert de Rioms dans la prison où il est détenu, sur les faits du 30 Novembre & du premier Décembre 1789.

» Lundi dernier, à cinq heures du soir, j'ai chassé de l'arsenal, les nommés Gosse & Ganivet, maîtres de manœuvres, non entretenus, dont j'étois mécontent depuis long-tems. Si en les punissant j'avois abusé de mon autorité, ce seroit au roi & à son ministre que je serois comptable de cet abus.

» Le même soir, à environ neuf heures, M. Roubaud & M. de Carpillet prirent la peine de venir chez moi. M. Roubaud me dit que ces deux maîtres avoient été lui porter leurs plaintes, qu'il avoit refusé d'accueillir, comme n'étant pas compétent de les recevoir; ce consul m'observa que plusieurs ouvriers de l'arsenal lui avoient paru fort échauffés à cette occasion, que cela pouvoit causer une émeute, & qu'il croyoit qu'il seroit prudent de pardonner aux deux hommes punis. Je répondis que je ne le pouvois pas sans compromettre l'autorité déjà trop énervée. Je le remerciai de son attention; il m'assura que quoi qu'il arrivât, la garde nationale n'y prendroit point de part; sur quoi je lui dis qu'il me faisoit grand plaisir en me parlant ainsi; que les ouvriers de l'arsenal avoient depuis peu pris avec leurs officiers un ton d'insubordination qu'il falloit leur faire quitter, & que j'étois bien aise d'avoir une occasion de leur montrer que je voulois & pouvois être le maître de me faire obéir par eux.

» Le lendemain je fus dans l'arsenal à huit heures du matin; je m'y fis rendre compte des absens, l'état s'en trouva considérablement moindre que celui que j'avois fait prendre quelques jours auparavant des ouvriers enrôlés dans la milice nationale : rien jusques-là ne m'avoit annoncé une émeute; quoiqu'on m'ait assuré depuis qu'il avoit été question de venir m'attaquer chez moi. A environ neuf heures, on vint me dire qu'une députation du conseil permanent & du conseil municipal se présentoit à la porte de l'arsenal; je donnai ordre qu'on les fît entrer, lorsqu'un officier me dit qu'ils demandoient à me parler à la porte de l'arsenal, chez moi ou à l'hôtel-de-ville. Je répondis que j'allois sur le champ me rendre chez moi. En effet, je sortis de l'arsenal, accompagné de tous les officiers qui s'étoient trouvés auprès de moi. Je fus extrêmement surpris de me trouver au milieu d'une foule de gens qu'il me fallut traverser, & qui, malgré la présence de M. le consul qui me joignit sur ces entrefaites, prêts à m'attaquer, ne furent contenus que par le cortége d'officiers dont j'étois entouré. Nous arrivâmes à la porte de l'hôtel que j'habite, on vouloit y entrer en foule, j'en fis défendre l'entrée. M. Roubaud lui-même, & M. Barthelemi qui l'accompagnoit, furent froissés; l'épée de M. de Saint-Julien fut brisée; une canne à lame qu'il portoit, lui fut arrachée des mains, son chapeau lui fut enlevé, & ce ne fut qu'avec beaucoup de peine & de danger qu'il se sauva dans l'hôtel. J'y étois dans la grande salle basse avec MM. Roubaud & Barthelemi, & nous n'y fûmes pas plutôt entrés, que ces messieurs me dirent qu'ils me demandoient instamment & pour l'amour de la paix, la grace des deux hommes que j'avois punis. Je répondis assez long-tems que je ne pouvois pas, sans me déshonorer, accorder une grace qui ne pouvoit que paroître forcée aux yeux d'une populace qui n'en deviendroit que plus insolente. Enfin, cédant aux instances de ces deux officiers municipaux, je leur dis qu'ils m'arrachoient cette grace malgré moi; & que, puisqu'ils la croyoient absolument nécessaire, il me falloit bien y consentir. Dans l'intervalle, j'avois donné ordre que deux détachemens de canoniers-matelots, de cinquante hommes chacun, sortissent des casernes, & se missent en bataille sur la place. Ces deux détachemens se tenoient prêts, & je les avois destinés pour renforcer les postes de l'arsenal au besoin.

» L'apparition de ces troupes affecta désagréablement M. le consul, je les fis retirer sur-le-champ dans leur caserne; mais en le faisant, j'observois à M. Roubaud que la foule qui entouroit l'hôtel, augmentoit à vue d'œil, & qu'en renonçant pour la paix, aux moyens de défenses qui dépendoient de moi, je devois compter sur ceux qui étoient en son pouvoir. Il répondit à cela de la manière la plus positive, que je pouvois être tranquille, & qu'il alloit pourvoir à tout. Cependant, à peine fut-il sorti, que la foule augmentant toujours, on commença par jetter des pierres aux fenêtres. J'envoyai un officier-major à l'hôtel-de-ville pour réclamer la loi martiale; on répondit qu'on alloit envoyer des compagnies de la garde nationale, qu'on alloit ordonner de dissiper les attroupemens; mais on se refusa à proclamer la loi que je réclamois. Il arriva en effet deux compagnies de milices, dont une s'empara des portes de l'hôtel, & l'autre borda la haie le long de la terrasse qui donne sur la place; cela n'empêcha pas que M. de Bonneval, appuyé sur le balcon, & causant avec MM. Hébert & Durand, capitaines de la milice, ne fût blessé à la main & à la tête par un coup que lui porta un volontaire de cette milice. Ce fut peu après que M. de Saint-Julien, qui, comme je l'ai dit, avoit été désarmé de son épée en entrant chez moi, & qui étoit resorti pour s'armer d'un sabre, fut assailli sur la place, renversé par terre, & blessé de plusieurs coups. Il alloit périr, quand un officier de la garde nationale & un brave volontaire, au péril de leur propre vie, l'enlevèrent à ces assassins, & cela au moment où, suivi de quelques officiers, j'étois sorti pour le dégager, aux risques de tout ce qui pouvoit en arriver. Je rentrai sur le champ, & sans qu'aucun de nous eût tiré l'épée; mais le danger d'être attaqué & forcé dans l'hôtel paroissant devenir plus pressant, je fis demander au capitaine, commandant le second bataillon de Barrois, qui ce jour-là avoit été mis à mes ordres, de m'envoyer cinquante hommes pour la garde intérieure de l'hôtel. Pendant ce tems, il arriva des troupes nationales qui rétablirent l'ordre, en écartant de la maison ceux qui l'attaquoient à coups de pierre. Peu après, & au moment où le détachement de Barrois que j'avois demandé, arrivoit, je vis M. de la Jarre, qui me dit, de la part du consul, qu'on me conjuroit de mettre une confiance entière dans la milice nationale, qu'elle avoit les ordres précis de garder l'hôtel, & de ne pas souffrir qu'on s'y introduisît malgré moi. Je répondis à M. de la Jarre que je ne pouvois mieux lui témoigner combien je comptois sur les assurances qu'il me donnoit, qu'en renvoyant au quartier le détachement de Barrois que j'avois cru nécessaire à ma défense. Je crus d'abord avoir à m'applaudir du parti que j'avois pris. Les troupes nationales entourèrent l'hôtel avec beaucoup d'ordre; la foule se dissipa, & je crus si bien au retour de la tranquillité, que j'envoyai prier M. le consul de faire retirer les troupes nationales, & de ne me laisser qu'une garde de vingt-cinq hommes, à quoi M. le consul répondit qu'il croyoit convenable de laisser deux compagnies. Il étoit près d'une heure, un grand nombre d'officiers, quelques bas-officiers de canonniers-matelots sortirent pour aller dîner, bientôt le nombre de gardes nationales augmenta; j'ignore si toutes les compagnies y vinrent, il y en avoit sûrement la plus grande partie. L'hôtel fut investi de tous les côtés, l'entrée & la sortie en furent interdites à tout ce qui étoit au service de la marine, & ce ne fut pas sans peine que je pus faire avertir M. Roubaud de l'état des choses. Il m'envoya trois membres du conseil permanent pour en prendre particulièrement connoissance, & retourner lui en rendre compte. Jusqu'à leur arrivée, la porte avoit été défendue avec beaucoup de courage & de succès par un officier de la garde nationale & quelques brigadiers; mais à l'entrée des envoyés de M. *Roubaud*, plusieurs volontaires les suivirent dans la salle, & refusèrent de resortir avec eux. Je n'avois alors, près de moi, au plus, qu'une douzaine d'officiers armés de leurs épées seules. Les volontaires vinrent à moi, me déclarèrent, du ton le plus absolu, qu'ils vouloient que je leur livrasse M. *de Broves*, major de vaisseau, qu'ils accusoient d'avoir donné ordre aux détachemens des canonniers-matelots, qui, le matin, s'étoient assemblés sur la place, de faire feu, Je niai le fait, en les assurant, conformément à la vérité, que les armes n'étoient pas chargées. Tout fut inutile; & après avoir subi l'humiliation de toutes sortes de menaces pendant près d'un quart-d'heure, je me vis forcé de leur livrer M. *de Broves*, sur les promesses les plus fortes qu'il ne seroit maltraité en rien, & qu'on vouloit simplement s'assurer de lui. M. *Morelles* & M. *Martin*, l'un colonel, l'autre major de la milice nationale, m'assurèrent qu'ils me répondoient de lui sur leurs têtes, ainsi qu'un des trois membres du conseil permanent qui avoient été envoyés par M. *Roubaud*. Celui-ci étant resté à l'hôtel lorsque ses deux collègues furent rendre compte à M. *Roubaud*, j'envoyai tout de suite au consul & à M. *Carpillet*, pour leur faire part de ce qui venoit d'arriver. M. *de Carpillet* vint avec M. *Barthelemy*, me présenter une proclamation que le conseil avoit ordonnée, & me demander si je pensois qu'on dût y ajouter quelque chose. Je répondis que non, mais qu'il falloit que les volontaires voulussent obéir : ils le voulurent si peu, qu'un quart-d'heure après la sortie de M. *de Carpillet* & de M. *de Barthelemy*, la porte fut forcée par les volontaires, qui entrèrent en foule, malgré les efforts de plusieurs de leurs officiers qui vouloient les en empêcher. Je me présentai à eux pour leur demander ce qu'ils vouloient : *Nous voulons M. de Villages*, me dirent-ils, *il faut que nous l'ayons*; & sur le refus que je leur fis, ils se saisirent de moi : quelques-uns voulurent s'y opposer; mais le nombre des mutins l'emporta; mon épée me fut arrachée, & je fus mené au palais à travers les huées & les insultes de la populace. Quelques volontaires cherchèrent à m'assommer en chemin, tandis que d'autres me défendirent de leur mieux; ce qui ne m'empêcha pas de recevoir un coup de crosse entre les deux épaules, qui m'eût renversé, si je n'avois été soutenu par des volontaires qui me tenoient sous le bras. Je reçus un second coup qui me fit peu de mal; mais j'eusse vraisemblablement péri, si les volontaires les plus près de moi n'avoient paré plusieurs autres coups qui me furent portés. Arrivé au palais, on me fit d'abord monter dans un cabinet où il y avoit du feu, & où j'étois peut-être attendu; mais plusieurs volontaires décidèrent qu'il me falloit mettre au cachot comme M. *de Broves* y avoit été mis, & après un débat de quelques minutes entre eux & ceux qui vouloient que je restasse où j'étois, je dis aux mutins que j'étois prêt d'aller par-tout où je pourrois être débarrassé d'eux. Je descendis donc & l'on m'ouvrit, non le cachot où étoit M. *de Broves*, non celui où M. *de Villages*, arrêté en même tems que moi, venoit d'être mis, mais un cachot qu'on me fit partager avec un malheureux, accusé de s'être échappé des galères & qui y gémit depuis plus de six mois. Au bout d'une heure de séjour, les verroux s'ouvrirent, & j'appris par mon père, que M. *Roubaud* venoit me tirer de cet affreux réduit. Il vint en effet, accompagné de M. *Barthelemy* & de M. le lieutenant-civil & criminel; tous trois me parurent indignés des excès qu'on s'étoit permis contre moi. Je devois m'attendre, comme une suite de cette indignation, qu'on ordonneroit de me ramener chez moi; & voyant qu'on n'en faisoit rien, je demandai à M. *Roubaud* & à M. *Barthelemy* si j'étois écroué, & si quelqu'un avoit le droit de m'écrouer; ils me répondirent qu'ils n'en savoient rien eux-mêmes, mais qu'ils étoient bien aises que je fusse où j'étois, ayant eu des raisons de tout craindre pour moi si j'étois resté à l'hôtel. On me fit alors remonter dans le cabinet où j'avois d'abord été conduit, & l'on y amena M. *de Villages*, ainsi que le marquis *de Castellet*, qui avoit été arrêté & saisi après moi, & mis dans le même cachot que M. de *Villages*. M. *de Bonneval*, arrêté le dernier de nous tous, arriva trop tard pour avoir les honneurs des cachots. J'ai su qu'après ma sortie de l'hôtel, les volontaires furent dans tous les appartemens pour y chercher des officiers qu'ils prétendoient également arrêter. Le refuge où ma femme & ma fille s'étoient cachées, fut le seul endroit qui heureusement échappa à leurs recherches; ils enfoncèrent une porte & un buffet dont les clefs ne se trouvèrent pas.

» M. le marquis du Castellet, M. le Comte de Bonneval, M. le commandant de Villages, M. de Broves & moi, avons tous ainsi passé la nuit dans le même cabinet, sur des matelats qu'on a eu la condescendance de permettre qu'on nous fît porter. M. le consul me dit en me quittant qu'il avoit ordonné une garde de troupes réglées pour notre sûreté pendant la nuit. Cette garde s'est présentée, mais a été forcée de se retirer par la garde nationale qui l'a exigé. Nous avons été gardés à vue pendant une partie de la nuit, c'est-à-dire, que cinq sentinelles se sont tenues dans l'intérieur du petit cabinet que nous occupions. Il est vrai que sur l'observation que j'ai faite à l'officier de l'impossibilité qu'il y avoit à dormir un seul instant, il a bien voulu se contenter de faire garder les dehors & l'avenue du cabinet; mais à plusieurs reprises dans la nuit il est venu des volontaires, qui, trouvant mauvais que le consul nous eût fait sortir des cachots, vouloient qu'on nous y remît; ceux chargés de notre garde s'y sont constamment opposés, & nous en avons été quittes pour les inquiétudes que n'ont pas manqué de nous causer des prétentions qui ressembloient si fort à une querelle d'allemand.

Tels sont les détails de l'attentat inoui dont je demande justice; j'ai été arraché de la maison du roi, de l'hôtel que j'habite; j'ai été traîné en prison comme un scélérat; j'y étois renfermé dans un cachot. Les principaux officiers du corps ont été traités avec la même indignité. C'est cette milice nationale qui s'étoit chargée de me garder, & en qui j'avois mis toute ma confiance sur les assurances de M. le consul & de ses chefs, qui s'est permis tous ces excès. Je dois à leurs officiers de dire ici que je ne les en crois pas coupables; je n'en ai point vus qui ne s'y soient opposés, & plusieurs même avec courage; mais la licence effrénée des volontaires a dans cette occasion-ci passé toutes les bornes. Les loix anciennes, les loix nouvelles ont été également violées; ils ont outragé les décrets de l'assemblée nationale en tout ce qui concerne les droits de l'homme & ceux du citoyen. Qu'on ne nous considère pas ici, si l'on veut, comme des officiers militaires en grade, & moi en particulier, comme le chef d'un corps respectable; qu'on voie simplement en nous des citoyens tranquilles & irréprochables, & tout homme honnête ne pourra qu'être révolté de l'injuste & odieux traitement que nous avons essuyé, & se joindre à nous pour en désirer la punition ».

Nous joignons ici l'extrait des registres de la commune de Toulon.

Extrait des registres de la commune de Toulon.

Le 12 décembre 1789, les conseils permanent & municipal réunis, extraordinairement assemblés dans la salle de l'hôtel-de-ville, sous l'autorisation & présidence de M. Roubaud, maire-consul, Martinouq, Beaudeuf, &c. &c.

M. le maire a remis sur le bureau la lettre de M. le comte de Saint-Priest, ministre & secrétaire d'état, du 7 décembre; celle de M. le comte de Caraman, commandant en chef en provence, du 10 décembre; les copies des réponses adressées ce matin à MM. de Saint-Priest & de Caraman, & de l'adresse faite à nosseigneurs de l'assemblée nationale, en exécution de l'arrêté d'hier, comme encore des lettres écrites par M. de Caraman, & M. d'André commissaire du roi en Provence, à MM. les consuls, à la date du 11 décembre, apportées par le courier extraordinaire audit seigneur commissaire du roi, & arrivées après midi. Lecture faite desdites pièces, dont la teneur suit :

Paris, ce 7 décembre 1789.

« Je ne puis assez vous exprimer mon étonnement, Messieurs, de ce que vous ne m'avez pas mis à portée de rendre compte au roi de ce qui a trait à l'arrestation & détention de M. le comte d'*Albert* de Rioms & de quatre autres officiers principaux de la marine de sa majesté. Quels que puissent en être les motifs, le roi vous ordonne de les mettre en liberté; rien n'étant plus contraire aux loix & aux décrets de l'assemblée nationale qu'une arrestation sans forme judiciaire. L'ordre public de l'administration est encore plus blessé de cette violence faite à un commandant en fonction au nom du roi. Sa majesté fera examiner par les juges compétens tout ce qui a rapport à cette affaire, afin que les vrais coupables soient punis : mais le préalable indispensable est que M. le comte d'*Albert* & les quatre autres officiers détenus soient remis sans délai en liberté, & rétablis dans leurs fonctions si importantes pour la marine de sa majesté. C'est de sa part que je vous le prescris, Messieurs, à peine de la responsabilité la plus sérieuse.

J'ai l'honneur d'être, &c.

Signé, le comte DE SAINT-PRIEST.

Nous supprimons les autres pièces.

Ce fait, M. le maire a requis de délibérer. Sur quoi le conseil déclare que, fidèle aux décrets de l'assemblée nationale, il mettra toujours dans ses devoirs les plus chers, celui de s'y conformer, & de veiller à leur exécution;

Que la ville de Toulon, respectueusement soumise aux ordres du roi s'empressera toujours d'y obtempérer, lorsqu'ils porteront l'empreinte légale de sa volonté certaine:

Mais considérant que la lettre de M. de Saint-Priest n'a point ce caractère;

Considérant en outre, que M. le comte d'*Albert* & les autres officiers détenus avec lui au palais de justice, furent arrêtés à la clameur publique.

Que le maintien de la tranquillité de la ville autant que leur sûreté individuelle & personnelle, en ont été l'effet, & nécessité leur detention en conformité de la délibération du 7 du courant, prise en présence & sous l'autorisation de M. d'André, commissaire du roi, par laquelle le conseil a délaissé la décision de cette importante affaire;

Que les principes qui l'ont dictée n'ont point changé, & qu'en l'état du compte rendu à l'assemblée nationale, & de l'envoi des pièces qui lui a été fait extraordinairement, le conseil ne croit pas qu'il soit au pouvoir de la ville de prévenir la décision de cette auguste assemblée, par un élargissement qui compromettroit la sûreté publique & particulière, il seroit évidemment dangereux d'exécuter, dans l'état d'effervescence où la ville se trouve, ce qui pourroit contrarier la prochaine décision de l'assemblée nationale, attendue par tous les habitans avec le plus vif empressement.

Par toutes ces considérations il a été unanimement délibéré de persister à la délibération du 7 du courant; à l'arrêté signé dans celle d'hier; & qu'il sera envoyé, attendu l'urgence du cas, par un courier extraordinaire, à nosseigneurs de l'assemblée nationale, & par le courier ordinaire à MM. de Caraman & d'André, extrait de la présente, &c. Et ont signé les délibérans à l'original. Collationné par nous, commissaires de la commune de Toulon.

Signés, BARTHELEMI, secrétaire; BARRALIER, secrétaire; ALLEMAND, secrétaire.

Séance du 8 *octobre* 1790.

On fait lecture d'une lettre, adressée par M. *Albert* à M. le président, en date du 4 octobre 1790.

Nous supprimons les autres pièces.

« Quand vous rendîtes le décret honorable qui me concernoit, je pris l'engagement formel de consacrer le reste de ma vie au service de ma patrie. Sur les ordres du ministre, oubliant mon âge & l'état de ma santé, je m'arrachai du sein de ma famille, je me rendis à Brest. Le roi me confia le commandement des forces navales. J'appris qu'on suspectoit mes principes; je desirai des marques de la confiance de l'assemblée nationale, & il me fut permis d'assister à la fédération; mais l'altération de ce décret, & les déclamations inutiles auxquelles elle donna lieu en diminuèrent l'effet.... L'assemblée nationale connoit l'impossibilité de rétablir l'ordre dans l'escadre; je suis convaincu de l'impossibilité de rétablir cet ordre par moi, je me dois de demander au roi que sa majesté ait la bonté de me retirer l'autorité qu'elle m'avoit confiée ». Celui qui me remplacera n'aura pas plus de zèle & sera peut-être plus heureux....

M. Freteau. Je pense qu'il faut renvoyer cette lettre au comité de marine. Il ne peut paroître indifférent aux françois de perdre les services d'un officier, qui jouissoit dans la flotte d'un très-haut degré d'estime : l'assemblée nationale lui a donné des marques de la sienne. La lecture de cette lettre n'étant suivie d'aucune espèce de mesure, on pourroit en conclure que vous voyez avec indifférence une perte dont les ennemis de la France, s'il en existe, se réjouiroient beaucoup. Je pense donc qu'il faut renvoyer cette lettre au comité de marine, pour vous proposer un parti à prendre dans cette circonstance. Le renvoi est décrété. (*Voyez* BREST).

ALIÉNATION DES DOMAINES NATIONAUX. Nous ne rapporterons, sous ce titre, que l'instruction décrétée par l'assemblée constituante le 31 mai 1790, & rédigée par M. Bouteville Dumetz, ainsi que celle qui fut publiée le 10 juillet de l'année 1791. L'une & l'autre ont pour objet l'*aliénation des domaines nationaux*, & forment, par conséquent, un sujet isolé de l'emploi de ces biens.

Sous les mots DOMAINES NATIONAUX, BIENS ECCLÉSIASTIQUES, nous ferons connoître les débats auxquels la vente des biens ecclésiastiques a donné lieu. Sous le premier de ces articles, on trouvera les discussions élevées sur le mode de disposition des biens du clergé; & sous le second, celles qui ont eu lieu avant qu'on ait décrété cette *disposition*. En réunissant à ces articles ce que nous allons rapporter ici, l'on aura une connoissance complette des motifs & des moyens dont l'assemblée a fait usage dans l'*aliénation des domaines nationaux*, ou déclarés à la disposition de la nation. (*Voyez* la troisième partie, DETTE PUBLIQUE).

*Instruction pour l'exécution du décret de l'assemblée nationale, du 14 mai 1790, sur l'*aliénation des domaines nationaux.

Les dispositions de la loi sont renfermées sous trois titres différens :

Le premier autorise toutes les municipalités du royaume à acquérir des domaines nationaux jusqu'à concurrence d'une somme de 400 millions, règle les formalités & les conditions qu'elles auront à remplir, & fixe les profits qu'elles doivent retirer de leurs acquisitions.

Le second assure à chaque municipalité une préférence sur les biens situés dans l'étendue de son territoire, lui permet de se faire subroger à la municipalité qui les auroit précédemment acquis, & détermine les conditions, les formes & les avantages de la subrogation.

Le troisième oblige les municipalités à revendre aussi-tôt qu'il leur sera fait des offres égales au prix de l'estimation, & règle les termes & les facilités qui seront accordés aux acquéreurs particuliers.

L'analyse & le développement des dispositions de la loi en faciliteront l'intelligence, & préviendront les difficultés que son exécution pourroit faire naître.

TITRE PREMIER.

Des ventes aux municipalités.

Il faut distinguer, dans les quatorze articles du premier titre, huit principaux objets :

1. Les opérations antérieures aux ventes.

2. La fixation du prix.

3. Ce qui formera le titre translatif de propriété en faveur des municipalités.

4. La manière dont le paiement doit s'effectuer.

5. Les précautions prises pour assurer l'acquittement exact de toutes les obligations des municipalités, même pendant leur jouissance intermédiaire, jusqu'à l'époque des reventes.

6. Les profits accordés aux municipalités, & la manière dont il leur en sera fait raison.

7. Les obligations qui leur sont imposées.

8. Enfin, quelques dispositions qui ne tiennent qu'indirectement à l'esprit général de la loi.

Le premier & le second objet sont réglés par les articles 1, 3 & 4.

Les municipalités convoqueront le conseil-général de leur commune pour en connoître le vœu sur l'acquisition des domaines nationaux. Si l'acquisition est résolue par le conseil-général, sans une désignation expresse des objets, la municipalité s'occupera incessamment d'en arrêter le choix, & d'en faire l'indication.

La connoissance des baux de ces biens lui sera fournie à sa première réquisition, soit par les municipalités qui en auront dressé l'inventaire, soit par tous autres dépositaires publics ou particuliers, & même par les fermiers & locataires.

La municipalité désignera par sa demande les biens qu'elle aura choisis, & conformera ses offres aux dispositions du décret & au modèle annexé à la présente instruction.

Il faudra distinguer soigneusement les biens des trois premières classes, de ceux de la quatrième.

Point de difficulté lorsque les baux ne renfermeront que des biens de la première classe. La municipalité offrira vingt-deux fois le montant de la redevance annuelle.

Les impositions dues à raison de la propriété, soit que l'usufruitier les supporte ou que le fermier les paye à sa décharge, seront déduites pour déterminer le montant du revenu net, & fixer celui du capital.

Lorsque les baux renfermeront des biens de la première, des deuxième & troisième classes, s'il est possible de distinguer avec précision les portions de redevance appliquées aux uns & aux autres, les municipalités pourront offrir vingt-deux fois le montant de la redevance des biens de la première classe, vingt fois le montant de celle des biens de la deuxième, & quinze fois le montant de celle des biens de la troisième.

Lorsqu'une distinction précise ne sera pas possible, & toutes les fois que les biens demandés seront de la quatrième classe ou confondus avec des biens des trois dernières, il sera indispensable de procéder à une estimation ou ventilation.

La ventilation sera également nécessaire à l'égard des biens de la première classe qui sont affermés confusément avec des dîmes ou des droits féodaux supprimés, dont le fermage n'est pas déterminé par les baux.

Les experts seront nommés, l'un par la municipalité, l'autre par l'assemblée ou le directoire du district; & le tiers-expert, en cas de partage, par le département ou son directoire.

Les départemens & directoires sont spécialement autorisés à faire ces nominations, & chargés d'entretenir une correspondance exacte avec le comité de l'assemblée nationale.

Toutes personnes pourront être admises aux fonctions d'experts; il suffira qu'elles en ayent été jugées capables, & choisies par les parties intéressées.

Lorsque la demande d'une municipalité donnera lieu à une estimation ou ventilation, elle désignera, par sa demande même, l'expert qu'elle voudra choisir.

Quant à la commune de Paris, dont la municipalité n'est pas formée, les experts seront nommés, l'un par les commissaires actuels de la commune, l'autre, par ceux de l'assemblée nationale, qui, relativement aux biens situés hors du département de Paris, chargeront de ces nominations les districts des lieux ou leur directoire. S'il est besoin d'un tiers-expert, le comité le nommera, pour les biens situés dans le département de Paris, &, pour les autres, il le fera nommer par les assemblées ou directoires de départemens.

Les experts donneront, dans leurs rapports, une connoissance exacte, claire & précise des objets demandés & du produit annuel; mais ils s'abstiendront des détails qui ne serviroient qu'à multiplier les frais.

Les experts estimeront, par des rapports séparés, les biens situés sur des territoires différens, sauf les cas énoncés par l'art. II du tit. II.

3°. Les décrets par lesquels, après l'évaluation des objets, les offres des municipalités seront admises, soit qu'ils concernent une seule ou plusieurs municipalités réunies, formeront leurs titres de propriété.

Quant aux municipalités qui ont fait ou feront des soumissions pour des sommes considérables, les biens qu'elles voudront acquérir pourront leur être adjugés par des décrets séparés & successifs.

4°. & 5°. Les articles 5, 6, 10, 11 & 12 du premier titre, 6 & 7 du second, & 5 du troisième doivent être rapprochés & réunis.

Ils assurent le paiement très-exact de toutes les sommes qui seront dues par les municipalités, en capital & intérêts.

Jusques aux reventes, les fermages & loyers des biens qu'elles auront acquis, les rentes actives, les produits des bois qu'elles auront droit d'exploiter, seront payés, à concurrence des intérêts de leurs obligations, dans la caisse de l'extraordinaire, ou dans celles des districts qui seront préposées à cet effet, & avec lesquelles la caisse de l'extraordinaire correspondra.

Quand aux municipalités qui, n'ayant pas revendu, auroient besoin de recourir à des emprunts, pour se libérer, l'article XII veut qu'elles y soient autorisées par l'assemblée nationale, ou les législatures suivantes, qui en régleront les conditions.

Les municipalités payeront les intérêts de leurs obligations, supporteront les impositions, à compter du jour du décret par lequel leurs offres auront été admises, & percevront les fruits des biens acquis, à compter de la même époque, en proportion de la durée de leur jouissance, en sorte qu'une municipalité, dont les offres auront été admises le premier juillet, aura droit à la moitié des fruits de l'année, soit que la récolte ait précédé ou suivi son acquisition.

Lorsque les reventes seront effectuées, les deniers qui en proviendront seront tous versés directement à la caisse de l'extraordinaire ou dans celles des districts.

Les receveurs & trésoriers de l'extraordinaire & des districts feront annuellement raison aux municipalités des profits qui leur seront acquis; &, après leur libération complette, de la totalité des sommes qui leur appartiendront. C'est ainsi que doit s'entendre l'article X qui oblige les municipalités à compter de clerc-à-maître du produit de toutes les reventes.

6°. Les avantages accordés aux municipalités par les articles V, VII, VIII & XI, ont le même motif. C'est parce que le prix de toutes les reventes entrera directement dans la caisse de l'extraordinaire, que les municipalités ne sont soumises à y déposer des obligations que jusques à concurrence des trois quarts du prix convenu. Ainsi, jusqu'à l'époque des reventes, elles profiteront d'une portion des intérêts de leurs obligations; &, après les adjudications, du seizième du prix de toutes les reventes aux particuliers.

Ce profit ne sera point, dans le premier cas, du quart entier de l'intérêt de leurs obligations; puisque, d'un côté, leur capital ne leur donnera pas un produit annuel de cinq pour cent, tandis qu'elles payeront ainsi l'intérêt des obligations, & que de l'autre elles auront des charges à supporter. Dans le cas de reventes, le profit du seizième sera également diminué par les frais des estimations, ventes, subrogations & reventes.

7°. Les municipalités sont tenues, ainsi que les adjudicataires particuliers, à l'entretien des baux antérieurs au 2 novembre 1789, & conformes aux différentes loix, statuts & coutumes du royaume, & elles demeureront chargées des réparations locatives & usufruitières.

8°. L'article II a pour objet de rendre possible la vente des domaines nationaux, qui ne seroient demandés ni par des municipalités des lieux, ni par aucune autre, & sur-tout de répondre au vœu d'un grand nombre de citoyens qui desirent pouvoir en acquérir directement.

Les soumissions multipliées que les particuliers adresseront au comité sont & seront aussi inscrites, toutes par ordre de date, en un régistre tenu à cet effet, & envoyées aux départemens & districts, ou à leurs directoires.

Un décret spécial réglera incessamment les formes des adjudications qui seront faites directement aux particuliers.

Un comité exprès sera chargé de la liquidation des objets énoncés en l'article 7. Sa disposition & celle de l'article XIV n'apporteront aucun changement à l'intention principale de la loi. Les ventes qui seront faites en vertu du décret du 14 mai seront portées à une somme de 400 millions, déduction faite des rachats & remboursemens dont la nation est chargée par le même article.

TITRE II.

De la préférence réservée aux municipalités sur les biens situés en leurs territoires.

Les dispositions de ce titre déterminent:

1. La nature & l'objet du droit de subrogation, accordé aux municipalités des lieux;

2. L'obligation imposée en leur faveur aux municipalités qui auront acquis directement;

3. Celles qu'auront à remplir les municipalités qui voudront être subrogées;

4. Les conditions desquelles dépendra, pour ces dernières, la conservation entière des profits de l'acquisition;

5. Les précautions prises pour que les subrogations n'arrêtent, en aucun cas, l'activité des reventes.

1. Les articles I, II & III font très-clairement connoître les domaines nationaux pour lesquels chaque municipalité aura un droit de préférence, & ceux qu'elle sera tenue de réunir dans sa demande.

2. La notification qui leur sera faite par la municipalité qui les auroit directement acquis, ne leur laissera point ignorer l'existence de leur droit. L'article IV les avertit qu'elles n'ont, pour l'exercer, que le délai d'un mois, à compter du jour de la notification.

3. Les articles 5, 6 & 8 leur indiquent très-précisément les obligations qu'elles auront à remplir pour obtenir & conserver l'effet de la subrogation.

4. Ce qu'elles doivent sur-tout soigneusement distinguer, c'est le cas où les municipalités subrogées profiteront seules du bénéfice accordé par l'article 2 du premier titre, & celui où elles le partageront avec les municipalités évincées par la subrogation.

Le bénéfice appartiendra en entier à toute municipalité qui aura demandé & obtenu la subrogation dans le mois de la publication de la loi. Elle n'en conservera que les trois quarts, lorsque la subrogation n'aura point été demandée & obtenue dans ce délai.

Mais, comme il ne seroit pas juste qu'une municipalité

cipalité souffrît d'un retard qui ne seroit pas de son fait, elle sera censée avoir demandé & obtenu la subrogation dans le délai fixé, lorsque, dans le mois de la publication de la loi, sa demande en subrogation sera parvenue au comité, avec les états contenans la désignation des biens, & les offres & soumissions, aux termes de l'article 6 du titre II.

Il sera tenu par le comité un registre général, où seront très-exactement inscrites, par ordre de date, toutes les demandes des municipalités, à l'effet d'en constater les époques & les objets, & d'éviter entre elles toute espèce de difficultés.

5. Une municipalité qui, sur des offres particulières, aura fait commencer les publications, les fera continuer, & poursuivra l'adjudication définitive. Le bénéfice sera ou ne sera point partagé, suivant que la municipalité subrogée aura ou n'aura point satisfait aux conditions imposées dans les délais prescrits.

TITRE III.

Des reventes aux particuliers.

Les deux premiers & les sept derniers articles du titre III n'exigeant point d'éclaircissemens, on se bornera à quelques observations relatives aux articles III & IV, & à l'exécution générale de la loi.

Les adjudications définitives seront faites à la chaleur des enchères & à l'extinction des feux.

On entend par feux, en matière d'adjudication, de petites bougies qu'on allume pendant les enchères, & qui doivent durer chacune au moins un demi-quart d'heure.

L'adjudication prononcée sur la dernière des enchères, faites avant l'extinction d'un feu, sera seulement provisoire, & ne sera définitive que lorsqu'un dernier feu aura été allumé, & se sera éteint sans que, pendant sa durée, il ait été fait aucune autre enchère.

Les municipalités, dans l'acquisition desquelles il se trouvera des portions de bois aménagés se conformeront aux règles précédemment observées pour la coupe de ces bois.

A l'égard de ceux qui n'étoient point aménagés, les municipalités ne pourront faire de coupes qu'en vertu de l'autorisation des départemens, qui, dans leurs décisions, suivront l'usage le plus ordinaire des lieux.

Si pendant la jouissance intermédiaire d'une municipalité, de grosses réparations sont jugées nécessaires, elle ne pourra en faire la dépense sans y être autorisée par le département, qui ne décidera que sur l'avis du directoire du district.

Les municipalités ne pourront également commencer ou suivre des contestations en justice qu'en vertu d'une pareille autorisation.

Quant aux étangs & aux usines, les départemens & districts sont spécialement chargés de veiller à ce que les municipalités, & même les acquéreurs particuliers, jusqu'à l'entier acquittement des obligations, n'y causent point des dégradations & en jouissent en bons pères de famille.

Décret du 31 Mai, sanctionné par le roi, le 3 Juin 1790.

L'assemblée nationale approuve l'instruction, & décrète qu'elle sera suivie & exécutée suivant sa forme & teneur, comme le décret du 14 Mai présent mois, & que le modèle de soumission & le tableau du calcul des annuités seront imprimés à la suite.

Signé, DE BEAUMETZ, *président.*
CHABROUD,
L'ab. GOLAUD DE LA SALCETTE,
DE FERMON,
LE BARON EB JESSÉ,
PRIEUR,
ROYER, Curé de Chavannes,
Secrétaires.

MODELE DE SOUMISSION à souscrire par les municipalités qui veulent acquérir des domaines nationaux.

DÉPARTEMENT DE

DISTRICT DE

CANTON DE

MUNICIPALITÉ DE

Nous, officiers municipaux de

en exécution de la délibération prise par le conseil-général de la commune, le, & conformément à l'autorisation qui nous y est donnée, déclarons que nous sommes dans l'intention de faire, au nom de notre commune, l'acquisition des domaines nationaux dont la désignation suit:

(*Suivra la teneur des domaines nationaux qu'on veut acquérir, avec indication de la date & du prix des baux.*)

Lesquels biens sont affermés ou loués par des baux authentiques passés devant notaires le (ou les) & sont constatés être d'un produit annuel de la somme de

Pour parvenir à l'acquisition desdits biens, nous nous soumettons à en payer le prix de la manière déterminée par les dispositions du décret de l'asfemblée nationale ; & quant à ceux des biens ci-dessus qui ne sont point affermés, & dont le décret ordonne que le produit annuel sera évalué par des experts, pour en fixer le prix capital, nous consentons à le payer également, conformément à l'évaluation qui en sera faite par experts ; à l'effet de laquelle estimation nous déclarons choisir pour notre expert la (ou les) personne de que nous autorisons à y procéder conjointement avec l'expert, (ou les experts) qui seront nommés par le directoire du district ; consentons à en passer par l'estimation du tiers-expert, qui, en cas de partage, sera nommé par le département ou son directoire.

En conséquence, nous nous soumettons à déposer en la caisse de l'extraordinaire, à concurrence des trois quarts du prix qui sera fixé, quinze obligations payables en quinze années, & portant intérêt à 5 pour cent, comme aussi à nous conformer d'ailleurs très-exactement, & pour le paiement de nos obligations, & pour notre jouissance jusqu'à l'époque des recettes, à toutes les dispositions du décret & de l'instruction de l'assemblée nationale.

Fait à le

NOTA. *Les municipalités qui ont déjà formé des demandes, sont invitées à envoyer, sans délai, au comité chargé de l'aliénation des domaines nationaux, une nouvelle soumission dans la forme ci-jointe. Leur première soumission enregistrée au comité servira néanmoins à constater, par l'ordre de la date, la priorité, dans le cas de concours.*

Instruction pour le paiement des annuités & leur remboursement.

L'assemblée nationale a autorisé les acquéreurs de domaines nationaux à ne payer comptant qu'une partie du prix, à condition qu'ils acquitteroient le reste en douze paiemens égaux faits d'année en année, le premier paiement devant avoir lieu un an après le jour de l'adjudication.

L'acquéreur devant payer l'intérêt de la somme dont il reste débiteur, les douze paiemens égaux doivent être déterminés de manière que chacun de ces paiemens renferme d'abord l'intérêt qui est dû, & de plus une partie du capital. Le taux de cet intérêt est fixé à cinq pour cent, sans retenue.

L'on sait qu'on appelle, en général, *annuités*, des paiemens égaux, destinés à répartir également, sur un certain nombre d'années, l'acquittement d'un capital & de ses intérêts.

D'après cette vue, l'assemblée nationale a converti la portion du prix que l'acquéreur ne paye pas comptant, en une annuité payable pendant douze années : l'intérêt à cinq pour cent s'y trouvant compris.

Pour cent livres de capital avec l'intérêt sur ce pied, l'annuité est de 11 liv. 5 sols 7 deniers : ainsi un acquéreur doit, par an, autant de fois 11 liv. 5 s. 7 den., qu'il lui restera de fois 100 l. à payer.

Mais voulant donner aux acquéreurs la facilité de se libérer quand ils le desirent, l'assemblée nationale a décrété qu'ils pourroient rembourser leurs annuités à volonté ; mais seulement néanmoins un an avant l'époque de chaque échéance, afin d'éviter les fractions d'année dans le calcul des intérêts.

Deux exemples, ou deux tableaux de calcul, vont rendre cette opération sensible.

PREMIER EXEMPLE.

Le débiteur d'une annuité de 11 liv. 5 sols 7 deniers veut la rembourser ; la somme nécessaire, pour opérer ce remboursement, dépend du nombre d'années pendant lesquelles il doit le payer encore, ou du nombre d'années pour lesquelles il veut la rembourser ; le remboursement se faisant toujours un an avant l'époque de l'échéance suivante.

Ainsi le débiteur de cette annuité (de 11 liv. 5 s. 7 d.) voulant la rembourser, dès la première échéance, c'est-à-dire, ayant encore à la payer pendant douze années, doit rembourser une somme de 100 livres.

Première table relative au premier exemple.

Pour le remboursement des douze échéances d'une annuité de 11 l. 5 f. 7 d...	100 l.	f.	d.
Pour onze années...	93	14	5
Pour dix années...	87	2	4
Pour neuf années...	80	3	11
Pour huit années...	72	18	5
Pour sept annees...	65	5	9
Pour six années...	57	5	4
Pour cinq années...	48	17	»
Pour quatre années...	40	»	2
Pour trois années...	30	14	6
Pour deux années...	29	19	7
Pour une année...	10	14	11

Le détail des élémens de ce calcul feroit trop long à insérer ; chacun pourra en vérifier ou faire vérifier l'exactitude.

En jetant les yeux sur cette table, chaque acquéreur voit, suivant le nombre d'années qu'il veut rembourser, quelle somme il doit payer pour chaque annuité de 11 l. 5 sols 7 d. ; il doit payer autant de fois cette somme qu'il devoit payer de fois une annuité de 11 liv. 5 sols 7 deniers, ou, ce qui revient au même, qu'il lui restoit à payer de fois 100 livres sur le prix de son acquisition.

Comme il peut être commode aux acquéreurs, & qu'ils peuvent préférer de payer une annuité d'une somme exprimée en nombre rond, comme de 100 livres, par exemple; & que dans ce cas il est convenable qu'ils connoissent précisément la somme dont ils s'acquitteront en capital, en se soumettant au payement d'une annuité de 100 livres, la table suivante présentera cette indication, ainsi que celle des sommes qu'un acquéreur devra payer, lorsqu'il voudra également rembourser une annuité de 100 livres.

La somme représentée par une annuité de 100 livres (laquelle comprend le capital & l'intérêt) est de 886 liv. 6 sols 5 deniers.

Ainsi, un acquéreur acquittera, sur le prix de son acquisition, autant de fois la somme de 886 livres 6 sols 5 deniers, qu'il se sera soumis à payer d'annuités de 100 liv.

Et lorsque le débiteur d'une annuité de 100 liv. voudra le rembourser, il aura à payer les sommes indiqués par la table suivante; d'après le nombre d'années pour lequel il s'agira de la rembourser.

Seconde Table.

Un an avant la première échéance, c'est-à-dire, aussitôt après l'acquisition, il faut payer:

	l.	f.	d.
Pour les douze années..	886	6	5
Pour onze années......	830	12	10
Pour dix années.......	772	2	5
Pour neuf aunées......	710	e5	10
Pour huit années......	646	6	5
Pour sept années.......	578	12	12
Pour six années........	507	11	6
Pour cinq années......	432	18	10
Pour quatre années....	354	12	2
Pour trois années.....	272	6	6
Pour deux années......	185	18	10
Pour une année.......	95	4	8

Par le moyen de ces deux tables & de l'observation qu'une annuité de 11 livres 5 sols 7 deniers répond à 100 livres de capital, & 886 liv. 6 sols 5 deniers de capital, à une annuité de 100 livres, on n'aura besoin que de calculs très-simples pour appliquer à chaque acquisition particulière les clauses de décret.

Instruction concernant L'ALIENATION des domaines nationaux, sanctionnée le 10 Juillet 1791.

Quelques abus s'introduisent dans l'*aliénation* des domaines nationaux; des doutes s'élèvent sur le sens de plusieurs décrets, sur la manière de les entendre.

Quatre objets principaux ont fixé l'attention de l'assemblée nationale.

Les insolvables, les élections d'amis ou nominations de commands;

Les enchères partielles, en concurrence avec des enchères sur la totalité d'objets composant des lots d'adjudications;

Les ventes ou baux à vie, faits à des titulaires par leurs chapitres;

La perception ou le partage des fruits des domaines nationaux vendus aux municipalités & aux particuliers.

L'assemblée nationale n'hésite point à le penser; les corps administratifs adopteront tous des procédés uniformes & réguliers, dès qu'ils ne conserveront aucun doute sur le vœu de la loi; les abus même disparoîtront aussitôt que leur source & les funestes conséquences qu'ils peuvent entraîner, seront connues.

Tel est le but, & tel sera, sans doute, l'effet de l'instruction que l'assemblée nationale croit devoir adresser aux différens districts & départemens du royaume.

§. I.

Des hommes d'une insolvabilité notoire se présentent aux adjudications des domaines nationaux, élèvent leurs offres à des prix hors de toute proportion avec la vraie valeur des objets qu'ils enchérissent, & contractent des obligations qu'ils sont dans l'impossibilité de remplir.

Ces hommes se flattent ou d'interrompre le cours des ventes, ou de mettre à contribution ceux qui veulent sérieusement acquérir.

D'autre citoyens moins coupables, mais trompés par leur propre cupidité, ne rougissent pas d'employer de tels agens pour obtenir des acquisitions plus avantageuses.

D'accord avec eux, un insolvable se rend adjudicataire d'un domaine national important; il en fait aussitôt, par des élections d'amis ou nominations de commands, la répartition entre les véritables acquéreurs ; & bien certain de se jouer à son gré de ses engagemens, il s'inquiète peu si les différens prix répondent à la vraie valeur des biens assignés à chacun d'eux.

Tels objets sont cédés aux uns pour des prix inférieurs de beaucoup à leur valeur ; tels autres conservés par l'adjudicataire primitif, ou assignés à d'autres commands pour des prix excessivement exagérés, & sans aucune proportion avec leur véritable valeur.

Par quels moyens ces abus seront-ils arrêtés dès leur naissance ? le citoyen sera-t-il assujetti à faire preuve de sa solvabilité pour être admis à enchérir ; ou celui qui ne pourra point en justifier, sera-t-il tenu de fournir caution solvable, ou de payer à l'instant même de l'adjudication, tout ou partie de l'à-compte déterminé par les décrets ?

Ce remède extrême n'a paru à l'assemblée nationale, ni le plus juste ni le plus conforme aux véritables intérêts de la nation ; elle a pensé qu'il suffiroit de renfermer dans des bornes précises la liberté justement laissée à tous les cytoyens d'enchérir les domaines nationaux, de réveiller, d'animer le patriotisme des magistrats sur ces délits d'un nouveau genre, & sur-tout d'éclairer les citoyens sur leurs vrais intérêts, sur les conséquences des cessions, élections d'amis, ou nominations de commands, que font à leur profit de tels adjudicataires.

L'assemblée nationale se bornera donc à indiquer aux corps administratifs les précautions qu'ils ont à prendre, aux magistrats les devoirs qu'ils ont à remplir, aux citoyens les piéges tendus à leur avarice ou à leur crédulité ; à tous enfin les principes qui doivent les diriger, & qui se réduisent aux règles suivantes :

I°. Les directoires de districts sont autorisés à ne point admettre aux enchères ; 1°. tous ceux qui ne justifieront pas d'un domicile certain, ou d'une contribution directe, foncière ou mobiliaire au lieu de leur domicile, ou qui, à défaut de cette justification, ne déposeront pas entre les mains du secrétaire le premier terme de paiement, d'après la première mise à prix, & suivant la nature des biens qu'ils enchérissent ; 2°. ceux qui s'étant rendus adjudicataires de biens nationaux, n'ont pas acquitté les termes échus, ou qui ayant déjà subi l'évènement d'une folle enchère, n'auront pas payé depuis les sommes dont il sont restés débiteurs ; 3°. les particuliers étant manifestement en état d'ivresse ; 4°. les enchères de sommes exagérées, comme de *cent, deux cent mille livres à la fois*, & qui excéderoient le vingtième de la somme totale à laquelle le bien a été porté par la dernière enchère. La justification du domicile & de la contribution sera faite par un certificat de la municipalité, visé par le directoire du district.

II°. Les procureurs-syndicts de district doivent dénoncer aux accusateurs publics, & faire poursuivre dans les tribunaux quiconque troubleroit la liberté des enchères par des menaces, violence ou voies de fait, ou qui, dans les mêmes vues donneroit ou recevroit quelques deniers, accepteroit ou souscriroit des promesses, billets ou obligations.

Ceux qui se seront rendus coupables de ces manœuvres ou excès, doivent être condamnés à des amendes pécunières, même poursuivis criminellement, s'il y a lieu.

III°. Toutes promesses d'argent exigées ou souscrites pour renoncer, ou faire renoncer au droit d'enchérir, doivent être déclarées nulles par les tribunaux ; ceux qui auront reçu des deniers, ou accepté de telles promesses, condamnés en des amendes égales aux sommes qui leur auront été promises ou payées.

IV°. Les accusateurs publics & les magistrats qui négligeroient la poursuite de ces délits, s'en rendroient complices & responsables envers la nation : dans le cas d'une inaction volontaire ou de refus, ils pourroient être traduits & jugés ainsi qu'il appartiendroit.

V°. Lorsqu'un bien compris en un seul lot, d'évaluation ou d'estimation, crié & adjugé pour un seul & même prix, est divisé ensuite, soit entre l'adjudicataire & ses commands, soit entre différents particuliers, par des élections d'amis, ou nominations de commands faites après ou dans l'adjudication même, la créance de la nation n'en demeure pas moins une & indivisible : l'adjudication ne devient pour l'adjudicataire primitif un titre réel, incommutable, la propriété ne se fixe irrévocablement sur sa tête, que du jour où il en a rempli toutes les conditions.

Jusques-là les diverses parties du bien adjugé demeurent hypothéquées à la totalité du paiement, & restent toutes également sujettes à la revente à la folle-enchère, à défaut de paiement d'aucune des parties du prix de l'adjudication.

VI°. A défaut de paiement de la part d'un ou de plusieurs co-acquéreurs, le procureur-syndic sera tenu de poursuivre la revente, à la folle-enchère, de toutes les parties de bien comprises dans l'adjudication ; mais pour éviter cette revente à la folle-enchère, chacun des autres pourra se faire subroger au lieu & place de celui ou de ceux qui seront en retard de payer, en acquittant les termes échus, & en se soumettant à remplir le surplus de leurs obligations, sauf à faire droit sur les répétitions du co-acquéreur évincé, s'il y a lieu.

Si la subrogation étoit demandée par plusieurs co-acquéreurs, elle appartiendra à celui qui, en la requérant le premier, aura en même tems acquitté les termes échus non payés, & se sera soumis au paiement des autres.

Le développement & la connoissance de ces principes, puisés dans la nature même des contrats, en mettant à couvert les intérêts de la nation, épargneront aux citoyens les regrets & les pertes auxquels peut les exposer leur imprudente cupidité.

§. II.

Constamment occupée du desir de multiplier le nombre des propriétaires, l'assemblée nationale n'a cessé de tendre, par toutes ses dispositions, à la plus grande division possible des domaines nationaux; cette vue, qui n'a été subordonnée qu'au devoir plus impérieux, plus sacré encore, de l'extinction de la dette, a successivement dicté les articles VI & VII de la loi du 17 mai, l'article VI de celle du 25 juillet, & l'article XIV de la loi du 18 novembre suivant.

Ces différentes dispositions contiennent toutes les règles relatives à la division des domaines nationaux.

Celle que les corps administratifs & les enchérisseurs doivent sur-tout observer, est consignée dans l'article XIV de la loi du 18 novembre 1790, conçue en ces termes :

« On comprendra dans un seul lot d'évaluation ou d'estimation la totalité des objets compris dans un même corps de ferme ou de métairie, ou exploités par un même particulier ».

La règle établie par cet article est générale, impérieuse & précise. Les domaines nationaux sont ou ne sont pas affermés; au premier cas, & quelque foible que soit la quantité des biens compris en un seul bail, ils doivent composer un lot d'évaluation, & former une seule adjudication.

Si la modicité des objets détermine un directoire de district à en réunir plusieurs dans un même lot d'évaluation, aussi-tôt qu'un enchérisseur réclame contre la réunion, & requiert que les biens compris en un seul bail soient mis séparément en vente, le directoire de district doit à l'instant y déférer.

Lorsque les biens ne sont point affermés, si le domaine national est exploité par un grand nombre de particuliers différens, chaque exploitation, quelque foible qu'elle soit, doit également former un seul & même lot d'estimation & d'adjudication.

Mais si le même cultivateur exploite un domaine plus considérable, une ferme, une métairie d'une grande étendue, la règle est encore la même; la ferme ou métairie, de quelqu'étendue qu'elle soit, doit encore former un seul & même lot d'estimation & d'adjudication.

Les divisions ne pouvoient être portées à l'infini; il étoit un point où il falloit nécessairement s'arrêter : l'intérêt de la nation eût été évidemment compromis, si l'on eût ordonné ou permis aux corps administratifs de décomposer, à toute réquisition, une métairie pour en former un plus ou moins grand nombre de lots particuliers; les portions précieuses eussent été le plus ordinairement les seules recherchées, les seules demandées; toutes celles d'une valeur modique n'eussent presque jamais trouvé d'acquéreurs.

L'assemblée nationale a encore ménagé aux enchérisseurs; & sur-tout à ceux des campagnes, le moyen d'obtenir en ce cas une plus grande division de domaines nationaux.

Par l'article VI de la loi du 25 juillet, l'assemblée nationale recommande aux corps administratifs de diviser autant que la nature des objets peut le permettre.

Par l'article VI du titre III de la loi du 17 mai, elle veut « que les enchères soient en même tems ouvertes sur l'ensemble & sur les parties d'un objet compris en une seule & même adjudication, & que dans le cas où, au moment de l'adjudication définitive, la somme des enchères partielles se trouve égale à l'enchère mise sur le tout, les biens soient de préférence adjugés divisément ».

Le véritable sens de ces deux dispositions est parfaitement saisi par les corps administratifs qui ont soin de les rapprocher de l'article XIV de la loi du 18 novembre suivant; mais ceux qui perdent de vue cette dernière disposition, adoptent différens procédés également irréguliers, & d'où naissent de nouveaux abus aussi fâcheux que ceux résultant des manœuvres des insolvables, des élections d'amis ou nomination de commands.

En effet, un directoire de district se conformant à la disposition de l'article XIV de la loi du 18 novembre, fait un seul lot d'estimation de biens composant une ferme, une métairie d'une étendue assez considérable. Il se présente des citoyens qui veulent enchérir sur le tout, d'autres qui demandent à enchérir sur les parties; les uns & les autres y sont autorisés par la loi.

Les enchérisseurs partiels portant leurs offres à une somme égale à l'enchère mise sur la totalité, demandent en conséquence que chacune des parties qu'ils ont enchéries, leur soit divisément adjugée.

Si le directoire du district déféroit purement & simplement à leurs demandes, si chacun d'eux obtenoit une adjudication séparée, un titre particulier & tout-à-fait indépendant de celui des autres pour le prix déterminé par la répartition faite entre eux de celui de l'adjudication, les enchérisseurs partiels, souvent & presque toujours d'accord entre eux, auroient un moyen infaillible pour écarter tous enchérisseurs sur la totalité. Il leur suffiroit de ne mettre aucune proportion dans la répartition qu'ils feroient entre eux des objets & du prix de l'adjudication, d'assigner aux uns des biens d'une grande valeur pour des prix très-modiques, à d'autres (aux insolvables par exemple) des objets sans valeur pour des prix excessivement exagérés. La nation perdroit la sûreté de son payement, puisque, dans cette hypothèse, les objets assignés aux derniers seroient seuls sujets à la folle-enchère.

Ce procédé ne peut pas être, & n'est réellement pas celui autorisé par la loi. L'avantage accordé aux enchérisseurs partiels n'est pas le droit d'abuser des bienfaits de la nation, mais seulement celui d'obtenir la préférence sur les enchérisseurs pour la totalité, mais à l'égalité parfaite, & pour le montant des offres, & pour la sûreté du paiement.

« Si au moment de l'adjudication définitive, porte la loi, la somme des enchères partielles est égale à l'enchère mise sur la masse, les biens seront de préférence adjugés divisément ».

L'égalité n'existeroit pas, si elle n'avoit lieu & pour le montant des offres & pour la sûreté du paiement, si la nation se trouvoit nécessairement exposée à perdre une partie du prix du bien adjugé.

A égalité de prix, un domaine national doit de préférence être adjugé aux enchérisseurs qui veulent le diviser entre eux; mais toutes les fois qu'aux termes de la loi du 18 novembre, le domaine national doit former un seul lot d'évaluation ou d'estimation, l'adjudication est encore nécessairement une, indivisible; les enchérisseurs partiels n'ont ensemble qu'un seul & même titre; toutes les parties du bien adjugé demeurent le gage spécial de la créance de la nation; toutes restent sujettes à la revente de la folle-enchère, défaut de paiement d'aucune des parties du prix d'adjudication.

Il faut enfin appliquer aux enchérisseurs partiels tous les principes qui ont été établis relativement aux élections d'amis ou nominations de commands; & c'est ainsi que doit désormais être exécuté l'article VI du titre III de la loi du 17 mai 1790. Si les directoires de districts ne l'ont pas tous jusqu'ici entendu de cette manière, si plusieurs ont cru devoir adjuger divisément toutes les fois que la réunion des enchères partielles se trouvoit, de quelque manière que ce fût, égale aux enchères mises sur la totalité, l'assemblée nationale n'entend pas anéantir ces contrats sur la foi desquels les acquéreurs ont traité seulement; il faut observer avec soin les adjudications qui sont réellement divisées de celles qui ne le sont pas.

Il n'y a point de division lorsque la distinction des prix insérée dans un procès-verbal d'adjudication n'est que le résultat d'une répartition amiablement faite ou concertée entre les différens enchérisseurs partiels.

Mais lorsque chaque portion a été séparément mise en vente, successivement criée, & distinctement adjugée, chaque acquéreur alors a son titre particulier, & sa portion n'est hypothéquée qu'au paiement de ses obligations personnelles.

§. III.

Il s'est encore élevé des doutes sur l'exécution des articles XXVI, XXIX & XXX du décret du 24 juillet, sanctionné le 24 août, & sur celle de l'article XII de la loi du 15 décembre suivant.

1°. Le plus grand nombre des départemens a pensé que l'article XXX du décret du 24 juillet, les obligeoit à faire procéder à l'*aliénation* des maisons canoniales vendues ou louées à vie à des titulaires par leurs chapitres, lorsqu'il existoit des soumissions pour les acquérir.

Consultés sur ce point, les comités ecclésiastique & d'aliénation avoient aussi pensé d'abord que le texte de la loi étoit formel, & ne pouvoit pas être autrement entendu.

Plusieurs départemens persistant dans leurs doutes, ont représenté qu'ils avoient peine à concevoir que l'assemblée nationale, après avoir statué par l'article XXVI de la loi du 24 août, que les titulaires qui tenoient par vente ou bail à vie, des maisons de leurs chapitres, en jouiroient jusqu'à leur décès, en complétant le prix de la vente ou en payant le prix du bail dans les termes convenus, eût réellement entendu ordonner par l'article XXX, que ces maisons pourroient être aliénées, sans que l'adjudicataire fût tenu de l'entretien de la vente ou du bail à vie maintenu par l'article XXVI, & que la jouissance accordée au titulaire, par ce dernier article, pourroit être convertie en une simple indemnité.

Ils ajoutent, 1°. que plusieurs de ces titulaires sont avancés en âge;

2°. Que la fixation des indemnités sera une opération difficile & coûteuse, & que le paiement de ces indemnités absorbera une partie du prix des *aliénations*.

3°. Que le principal motif qui a déterminé

l'assemblée nationale à ordonner l'*aliénation* des maisons appartenant à la nation, a été sans doute la considération des dépenses d'entretien qui rendent de telles propriétés très-onéreuses.

4°. Que la loi du 27 avril obvie à cet inconvénient, puisqu'elle donne à la nation le moyen de vendre dès-à-présent sans perte ses nues propriétés, & que des tables de proportion déterminent d'une manière précise les sommes que les soumissionnaires doivent offrir pour le prix de ces acquisitions.

Frappée de ces considérations, l'assemblée nationale s'est fait représenter le procès-verbal de la séance du 12 juillet 1790.

On y lit :

« Le rapporteur du comité ecclésiastique a proposé divers articles additionnels; le premier, concernant les maisons canoniales vendues ou louées à vie aux titulaires. Après deux articles intermédiaires, le rapporteur a proposé celui-ci: Les titulaires des bénéfices supprimés, qui justifieront en avoir bâti entièrement à neuf la maison d'habitation à leurs frais, jouiront pendant leur vie de ladite maison.

» Un membre a proposé d'ajouter à la fin de cet article : *ou en cas d'aliénation, les titulaires en seront justement indemnisés* sur l'avis du district & du département ».

Le rapporteur adoptant l'amendement, a proposé de le joindre à l'article suivant, ou d'en faire un article séparé en ces termes :

« Néanmoins, lors de l'*aliénation* qui sera faite en vertu des décrets de l'assemblée nationale, des maisons dont la jouissance est laissée aux titulaires, ils seront indemnisés de la valeur de ladite jouissance, sur l'avis des administrations de département & de district ».

L'amendement proposé n'avoit donc pour objet de rendre aliénables que les seules maisons énoncées en l'article XXIX de la loi du 24 août; il étoit absolument étranger aux maisons canoniales possédées par les titulaires à titre de bail ou de vente à vie.

De ces observations, il résulte, 1°. que la loi promulguée autorisoit en effet l'*aliénation* des maisons louées ou vendues à vie aux titulaires par leurs chapitres; que des adjudicataires qui ont acquis de bonne foi & conformément à la loi, doivent jouir dès-à-présent; & que les titulaires ne peuvent en ce cas obtenir que l'indemnité qui leur est accordée par l'article XXX.

2°. Que l'intention de l'assemblée nationale n'a cependant pas été que les titulaires possesseurs à titre de bail ou de vente à vie, fussent dépouillés de la jouissance que leur accordoit l'art. XXVI.

L'assemblée nationale croit en conséquence de sa sagesse & de sa justice, d'ordonner que les maisons canoniales vendues ou louées à vie aux titulaires par les ci-devant chapitres, ne seront désormais aliénées qu'à la charge, par les adjudicataires, de laisser les titulaires en jouir pendant leur vie.

Les soumissionnaires prendront pour bases de leurs offres les tables de proportion annexées à la loi du 27 avril dernier, & les *aliénations* seront faites conformément aux articles XIV & XV de cette loi.

2°. Il est encore quelques observations à faire sur les ventes ou baux à vie faits à des titulaires par leurs chapitres.

Les maisons canoniales étoient naturellement destinées à l'habitation des chanoines; les concessions qui leur en ont été faites par des baux à vie, sont en conséquence maintenues, & la jouissance leur en est conservée par l'art. XXVI du décret du 24 juillet.

Il n'en est pas de même des baux à vie faits à des titulaires, par leurs chapitres, des biens de toute autre nature.

L'article XII de la loi du 15 décembre distingue, relativement à cette dernière espèce de biens, les baux faits pour la vie bénéficière, de ceux faits pour la vie naturelle des titulaires.

« Les baux des biens nationaux, porte cet article, passés à des bénéficiers supprimés, pour durer pendant leur vie bénéficière, sont & demeurent résiliés à compter du premier janvier mil sept cent quatre-vingt-dix, sauf l'exécution de l'article XXVI du décret du 24 juillet dernier ».

Ainsi, lorsque ces actes sont faits seulement pour la vie bénéficière ou canonicale des titulaires, la résiliation en est prononcée par la loi.

Lorsqu'ils sont, au contraire, passés à leur profit, non en leur qualité de chanoines ou de bénéficiers, mais pour la durée de leur vie naturelle, l'exécution en est ordonnée, tant par l'article XXVI du décret du 24 juillet, que par la disposition générale des décrets des 25, 26, 29 juin & 9 juillet, concernant les baux à vie de biens nationaux.

Quant aux ventes à vie, l'article XII de la loi du 15 décembre ne s'applique point à ces actes, puisqu'elle ne parle que de baux à vie bénéficière; ainsi toute vente légalement faite par un chapitre à l'un de ses membres, soit pour sa vie bénéficière, soit pour sa vie naturalle, doit être exécutée. La nue propriété des biens ainsi vendus, peut seulement être aliénée, conformément à la loi du 27 avril dernier.

Les ventes ou baux à vie faits aux chanoinesses par leurs chapitres, sont soumis aux mêmes règles.

En satisfaisant ainsi aux vœux des titulaires & de plusieurs départemens, ces divers procédés rempliront exactement les premières intentions de l'assemblée nationale.

Les dispositions des décrets des 24 & 28 février dernier, n'auroient dû faire naître aucune incertitude.

Ces deux loix n'ont rien changé à ce qui est réglé par l'instruction du 31 mai 1790, relativement à la jouissance des municipalités & des particuliers qui acquierent par leur intervention.

Les municipalités payent les intérêts de leurs obligations, supportent les contributions & perçoivent les fruits naturels & civils des biens qui leur sont adjugés, à compter du jour des décrets d'*aliénation* rendus en leur faveur. Les fruits naturels & civils appartiennent aux municipalités en proportion de la durée de leur jouissance, & ne courent au profit des acquéreurs qui les remplacent, que du jour de leur adjudication.

Il n'en est pas de même à l'égard des particuliers qui acquièrent directement de la nation. La loi distingue entre les fruits civils & les fruits naturels; les premiers ne sont déférés aux acquéreurs que proportionnellement en raison du temps, & à compter du jour de leur adjudication.

Quant aux fruits naturels, le particulier qui acquiert directement de la nation, a droit à la totalité des fruits pendans par les racines au jour de son adjudication, *aux fermages qui les représentent*, à quelques époques que soient fixés les termes de payement déterminés par les baux.

Ainsi d'un côté les fermages échus avant, mais qui représentent des fruits recueillis depuis une adjudication, appartiennent à l'acquéreur; & de l'autre il n'a aucun droit à des termes de payement qui sont échus depuis son adjudication, mais qui représentent les fruits d'une année antérieure.

Si le domaine produisoit des fruits de diverse nature, que les uns eussent été recueillis avant d'autres, depuis l'adjudication, une ventilation seroit nécessaire pour déterminer la portion de fermage appartenant à l'acquéreur & celle qui ne lui appartient pas.

Il faut remarquer, 1°. que ces dispositions ne s'appliquent point aux adjudications faites avant ou depuis la publication du décret du 24 février, avec la condition expresse que les acquéreurs ne perceyront les fruits naturels & civils, que proportionnellement & à compter du jour de leur adjudication. Les acquéreurs n'ont, en ce cas, aucun droit à des fruits qui sont formellement exclus du titre de leur acquisition.

2°. Que la loi du 17 mai 1790, & l'instruction du 31 du même mois ne contenant pas de dispositions relatives aux fruits de biens directement vendus par la nation aux particuliers, il faut, à l'égard de celles de ces ventes qui ne renferment pas les mêmes conditions, suivre les dispositions, des loix anciennes, qui déferent les fruits naturels, ou les fermages qui les représentent, à ceux qui se so it trouvés propriétaires au tems de leur récolte.

Une explication est encore demandée sur l'exécution de l'article XI de la loi du 27 avril dernier, ainsi conçue :

« La récolte de la présente année 1791 sera faite par tout fermier *ou cultivateur*, qui, sans avoir de bail subsistant, a fait les labours & ensemencemens qui doivent la produire ».

Les expressions de la loi *ou cultivateur*, ne permettent aucun doute.

Quel que soit l'individu qui a cultivé un champ, la loi veut que les fruits appartiennent à celui qui les a fait naître.

Cette règle ne s'applique point aux ci-devant corps & communautés qui ont fait les labours & semences en 1790 : ces corps & communautés ne subsistant plus, ne sauroient jouir dans la présente année, & les personnes qui étoient membres de ces corps, ne peuvent pas plus prétendre à la jouissance, n'ayant aucun droit à cet égard comme particuliers & individus. La même loi du 27 avril indique encore ce qui est dû en ce cas par le cultivateur Il payera un fermage déterminé par l'ancien bail, ou s'il n'en existoit point, par un expert que nommera le directoire de district & assimilé aux fermiers; il sera soumis à toutes les régles de droit qui les concernent.

L'assemblée nationale déclare enfin commune aux religieuses la disposition relative aux enclos, portée en l'art. III de la loi du 26 mars 1790.

Ces divers éclaircissemens feront sans doute cesser la plupart des abus, des embarras, des difficultés qui entravoient la marche des corps administratifs; les autres ne tarderont pas à céder aux efforts de leur zèle & de leur patriotisme.

ALSACE, province de France, formant aujourd'hui les départemens du haut & du bas Rhin.

Les droits seigneuriaux & honorifiques possédés par quelques princes allemands dans la province d'*Alsace*, sont devenus l'objet de discussions importantes,

importantes, dans l'assemblée constituante, & au moment où j'écris, les difficultés qu'ils ont fait naître ne sont point encore applanies. De part & d'autre on montre une opiniâtreté que soutiennent encore des motifs de parti plus ou moins évidens. L'assemblée constituante avoit cru qu'avec des indemnités pécuniaires, on parviendroit à satisfaire les princes allemands; ceux-ci ne paroissent point s'en contenter & veulent conserver des droits que le systême françois repousse comme contraires aux principes d'égalité absolue qui fait la base de la nouvelle constitution.

Quoique les droits des princes allemands en *Alsace* aient paru de bonne heure mériter l'attention de l'assemblée, à ceux de ses membres qui en connoissoient la nature & les conséquences, ce ne fut guères qu'au mois de mai 1790, qu'elle s'en occupa pour la première fois d'une manière sérieuse. Nous allons donc rapporter les discussions que cette matière a fait naître, en renvoyant au mot FÉODALITÉ des détails qui ne pourroient point se placer ici, quoique relatifs aux affaires des princes possessionnés. Nous ferons en même tems connoître les débats auxquels ont donné lieu quelques troubles de l'*Alsace* qui avoient une sorte de rapport avec l'état de cette province.

Séance du dimanche 16 mai 1790.

M. *Salles*, au nom du comité des rapports. — L'intérêt personnel suscite de nouveaux obstacles à la constitution; sa voix sans-cesse étouffée, cherche sans cesse à se faire entendre; elle rappelle les citoyens à la révolte; elle les excite, au nom d'un Dieu de paix, à attenter à la vie les uns des autres. Vous avez méprisé ces clameurs, cependant le mal augmente, des partis factieux ont trouvé des chefs; les citoyens coupables se réunissent pour répandre les principes de l'insurrection & de la discorde; de coupables erreurs se propagent. Comme leurs déclamations fanatiques ne supporteroient pas les regards de la raison; c'est sur-tout à ceux qui parlent un langage étranger qu'ils les adressent. L'*Alsace* est le théâtre de ces manœuvres perfides..... L'évêque de Spire a formé opposition à l'établissement des assemblées administratives: cette opposition a été signifiée aux commissaires du roi du département du Bas-Rhin. La notification en a été faite par M. Diétricht, notable de Strasbourg. Si l'assemblée nationale ne s'empresse d'y porter remède, la guerre civile va commencer dans ce département, & s'étendra de proche en proche..... (Ce sont les propres paroles du commissaire du roi.) Des prières sont ordonnées comme dans les calamités publiques; les formules contiennent un anathême contre la constitution; des prédicateurs fanatiques souillent les églises par des déclamations incendiaires contre l'assemblée nationale, dont ils appellent les décrets des brigandages.....

M. Bénard, grand-bailli de Boussevilliers en basse *Alsace*, a convoqué, de sa pleine autorité, dans sa maison bailliagère, une assemblée des communautés du bailliage, à l'effet de délibérer sur les dangers qui les menacent. Un exemplaire des lettres de convocation adressées au maire de Rhinghendorf est entre nos mains; l'assemblée a eu lieu le 17 avril; elle a rédigé une protestation contre la vente des biens ecclésiastiques, & particulièrement, disent les commissaires du roi, de ceux du chapitre de Nauvilliers, à la tête duquel est M. l'abbé d'Eymar. Une lettre anonyme a été répandue à Boussevilliers; elle tend à porter les citoyens à la révolte; elle les engage à abolir la nouvelle municipalité; elle invite toutes municipalités à ne pas envoyer aux assemblées de district & de département. Sur cette lettre, la commune s'est assemblée; elle a pris une délibération dont voici la substance: » Après avoir mûrement pesé les décrets de l'assemblée nationale, nous les avons reconnus contraires aux privilèges de la province; nous avons vu que c'est injustement qu'on nous enlève notre seigneur, & que par l'abolition des droits seigneuriaux, nous sommes privés des bienfaits de notre prince, nous arrêtons de mettre aux pieds de notre auguste seigneur les vœux de ses fidèles sujets, pour le prier de nous faire maintenir dans notre constitution: nous sommes prêts à sacrifier la dernière goutte de notre sang pour défendre les intérêts du Landgrave de Hesse d'Armstadt, notre légitime souverain, d'autant plus volontiers que nous sommes certains que la volonté du roi est opposée à la révolution ».....

M. *Dupont*. Il faut ajourner cette affaire, & la communiquer au ministre des affaires étrangères.

M. *Salles* continue. De neuf officiers municipaux qui composent la municipalité de Boussevilliers, huit ont refusé de signer cette délibération; ils ont fait la déclaration de leur refus au greffe du maire de Strasbourg. D'autres citoyens ont protesté contre leurs signatures apposées à cet acte, en déclarant qu'elles ont été surprises; il nous a été aussi remis un procès-verbal d'une assemblée tenue à Huningue, à laquelle la municipalité avoit convoqué quatre-vingt municipalités environnantes; la garnison a été mise sous les armes pour protéger cette assemblée: on y a décidé, entre autres objets, de s'opposer à l'introduction des assignats en *Alsace*..... M. Diétricht & M. Bénard sont les premiers coupables, & vous ne pouvez vous dispenser de sévir contre eux. Le comité vous proposera un projet de décret à ce sujet.

M. l'*abbé d'Eymar*. Avant de vous mettre à

même d'apprécier l'affectation indécente qui a été apportée à prononcer mon nom, je vais vous expliquer ce que c'est que Bouffevilliers : Bouffevilliers est une dépendance du comté d'Alnaut qui appartient au landgrave de Hesse d'Armstadt; Neufvilliers est une communauté voisine : dans cette communauté est un chapitre dont je suis chef. On a affecté de dire qu'elle réclamoit la conservation des biens ecclésiastiques & notamment de ceux du chapitre dont je suis le chef..... (Des murmures interrompent M. l'abbé d'Eymar).

Je n'inculpe pas le rapporteur, mais les commissaires du roi, parce qu'ils sont coupables, & je les dénonce d'avance; ils ont outre-passé leurs pouvoirs en dénonçant ce qui s'est passé à Bouffevilliers : ces faits ne sont pas de leur compétence. Il est très-glorieux pour moi de dire qu'une communauté composée pour les deux tiers de protestans, a eu la bonté de demander la conservation de son chapitre, qu'elle annonce lui avoir fait tout le bien possible. J'ai l'honneur de le présider, & je partage la gloire de leurs bienfaits. Quant à ma conduite particulière, je soutiens avec force les mandats qui m'ont été donnés, & je les maintiendrai toujours. On dit que ces menées empêchent l'organisation des assemblées primaires. Eh bien! j'atteste que l'*Alsace*, & sur-tout le comté d'Alnault, desirent que ces assemblées soient organisées, pour y porter les voeux qu'on vous masque dans ce rapport. Je vais entrer dans la question..... On demande l'ordre du jour, & l'ajournement de cette affaire à la prochaine séance du soir.

L'assemblée le décide ainsi :

Séance du mardi soir 18 mai 1790.

M. le président annonce que la discussion de l'affaire d'*Alsace* est à l'ordre du jour.

M. *l'abbé d'Eymar.* L'assemblée n'est pas assez nombreuse. J'ai l'honneur d'observer que cette affaire est assez importante pour mériter d'être traitée devant une assemblée complette.

L'assemblée décide qu'on passera à l'ordre du jour.

M. l'abbé d'Eymar rappelle les inculpations contenues dans les pièces envoyées au comité des rapports, & mises sous les yeux de l'assemblée par M. Salles, & cherche dans une longue défense à les détruire.

MM. Salles, Rewbel & autres, font remarquer qu'il y a trois faits constants & prouvés; le premier, la notification de la protestation de M. l'évêque de Spire, par M. Dietrick, agent de ce prélat; le second, l'assemblée convoquée illégalement par le bailli de Bouffevilliers; & la protestation rédigée contre la vente des biens ecclésiastiques, & notamment de ceux du chapitre de Neuvilliers, à la tête duquel est M. l'abbé d'Eymar; le troisième, les tentatives faites pour empêcher l'organisation des nouvelles municipalités. A l'appui de ces faits, le rapporteur fait lecture à l'assemblée d'une lettre de M. Dietrich, maire de Strasbourg, & les détails qu'elle contient confirment exactement tout ce qui a été mis sous les yeux de l'assemblée sur cette affaire.

M. Salles propose un projet de décret au nom du comité des rapports.

M. *de Montlozier* demande la question préalable.

L'assemblée adopte le décret en ces termes :

« L'assemblée nationale, après avoir entendu son comité des rapports,

» Décrète que son président se retirera pardevers le roi, pour le supplier de donner incessamment tous les ordres nécessaires pour maintenir le calme & la tranquillité dans les départemens du haut & du bas-Rhin; & assurer aux commissaires qu'il a honorés de sa confiance, pour la formation des assemblées administratives, le respect & l'obéissance qui leur sont dus.

» Déclare qu'elle improuve la conduite tenue, tant par M. Diétrich, notable de la commune de Strasbourg, que par M. Besnard, bailli de Bouffevilliers.

» Ordonne que les pièces du rapport seront remises, dans le jour, au comité des recherches, qu'elle autorise à prendre tous les moyens qu'elle jugera convenables pour se procurer les renseignemens les plus étendus, tant relativement à l'assemblée illégalement tenue à Bouffevilliers, qu'à la délibération qui y a été prise.

Séance du lundi 14 juin 1790.

M. *de Broglie*: L'assemblée se rappelle que le 1er de ce mois elle a, par un décret, annullé les élections des assemblées primaires de Colmar. Ce décret est parvenu lorsque les électeurs du département du Haut-Rhin étoient réunis à Betford, & leurs opérations dejà commencées. C'est dans cette situation que ces électeurs envoient une adresse à l'assemblée nationale. — On fait lecture de cette adresse. — Ces électeurs représentent les malheurs que pourroit faire naître dans ce moment l'exécution de ce décret, qui entraîne la dissolution de cette assemblée : ils ont déjà nommé leur président, leurs scrutateurs, & six administrateurs. Tous les citoyens du département du Haut-Rhin persistent dans le choix qu'ils ont fait de leurs électeurs. Une nouvelle élection occasionneroit des dépenses considérables, & ne pourroit être faite que dans le tems précieux des récoltes; elle entraîneroit de grands délais, & le peuple est empressé de jouir des bienfaits que la constitution leur assure, & que les administrations nouvelles doivent leur procurer. Les électeurs, s'ils se retiroient ne pourroient rentrer avec sûreté dans leurs cantons. Le fond des loix, portées pour les élections, a été rempli; les vices de formes ont été occasionnés par l'inexactitude & l'insuffisance des formulaires qui ont été rémis aux assemblées primaires, par les commissaires du roi. Aucun canton, aucun district ne reclame contre le résultat de ces assemblées. Ces électeurs demandent à continuer leurs opérations, & que sans tirer à conséquence, les assemblées-primaires soient validées. — M. de Broglie présente, de la part de la députation d'*Alsace*, un projet de décret ainsi conçu:

« L'assemblée nationale, instruite que les électeurs du département du Haut-Rhin se sont rassemblés le 6 de ce mois; que déjà six membres étoient élus légalement & qu'un autre scrutin étoit commencé, a décrété & décrète « qu'elle regarde comme légales les opérations déjà faites, sans avoir égard au décret qui n'a pu arriver en *Alsace* que trop tard ».

M. *Rewbell*. L'assemblée peut adopter cet article, sauf rédaction. On demande seulement qu'elle consacre ce principe, que tout ce qui a été fait avant la promulgation de la loi est valable, & qu'en conséquence elle valide les élections.

Le décret proposé est adopté sauf rédaction.

Séance du 18 octobre 1790.

M. *Merlin*. Je vais vous entretenir, au nom du comité de féodalité, des droits seigneuriaux des princes d'Allemagne, en *Alsace*. Il s'agit de savoir quel doit être, sur ces droits, l'effet de vos décrets: ces droits peuvent-ils être & sont-ils supprimés en *Alsace*, comme le sont, dans les autres parties du royaume, tous ceux de la même nature? Et dans le cas où ils le seroient en effet, leur suppression doit-elle, ou ne doit-elle pas donner lieu à des indemnités représentatives de leur valeur?

Vous sentez déjà que cette question pourroit être résolue d'un seul mot, si, mettant à l'écart tous ces traités, toutes ces conventions, fruits des erreurs des rois, ou des ruses de leurs ministres, & reconnoissant qu'il n'y a entre vous & vos frères d'*Alsace* d'autre titre légitime d'union que le pacte social, formé l'année dernière entre tous les français, anciens & modernes, dans cette assemblée même, vous vous attachiez sévérement à n'être ici que ce que vous devez être, les organes inaltérables de la vérité, les défenseurs intrépides de la justice, les proclamateurs incorruptibles des droits sacrés & inaliénables des nations. Mais je serai obligé pour vous présenter la question dans son état actuel, de vous parler d'abord un langage que vous aurez peine à entendre; c'est celui qu'on avoit parlé au commencement de l'année dernière; & vous le savez, un intervalle immense sépare le commencement & la fin de cette année.

Je vais donc chercher, avec les yeux de l'ancien régime, quels sont sur l'*Alsace* & les droits de la nation française & les droits des états de l'Empire, qui y ont jusqu'à présent, possédé des fiefs, autrefois appellés régaliens. Il est généralement reconnu qu'avant la réunion de cette province à la France, le corps germanique y exerçoit ce qu'on appelle *supremum domini jus*, la souveraineté; mais en même tems on sait que, sous cette souveraineté, s'exerçoit une espèce de seigneurie fort étendue, qu'on nommoit *supériorité territoriale*, & dont jouissoient des princes, des prélats, des villes même, comme en jouissent encore en Allemagne les états de l'Empire. Nous ne pouvons mieux la définir, qu'en transcrivant ce qu'en a dit le célèbre publiciste *Obrecht*, dans sa lettre à Louis XIV, du 5 mai 1699: « généralement parlant, la supériorité territoriale comprend tous les droits appellés *seigneuriaux* en France. Le domaine suprême, ou la véritable souveraineté s'étend sur ces mêmes droits, la supériorité territoriale lui est soumise & subordonnée dans l'exercice de tous les droits qu'elle renferme. Les électeurs & princes de l'Empire ne jouissent d'aucun péage, qu'en vertu d'une concession de l'empereur & de l'Empire; & d'abord qu'un péage leur est accordé, ils le prennent en fief, de même que tous les autres droits régaliens. L'empereur est en outre le juge naturel, lorsqu'il y a quelques contestations sur la perception d'un péage & sur les circonstances qui la peuvent accompagner ».

Vous voyez donc que les princes, les prélats, les corps qui possédoient des droits régaliens en *Alsace*, étoient immédiatement soumis à l'empereur & à l'Empire; que par conséquent ils n'en jouissoient pas en souveraineté.

Ferdinand II, archiduc d'Autriche, élu empereur le 18 août 1619, avoit contracté, dix jours après, sous la religion d'un serment solemnel, l'engagement de ne proscrire ou mettre au ban de l'Empire aucun prince, seigneur ou particulier, à moins qu'il n'eût été jugé dans les formes prescrites, tant par les ordonnances de la chambre impériale, que par les statuts & recès de l'Empire. Ce serment violé sans pudeur, un système d'oppression & de despotisme developpé avec une énergie effrayante, des coups d'autorité qui se suivent de près, & menacent la liberté germanique, toutes ces circonstances rallient les différens états de l'Empire, & les obligent d'appeller à leur secours la France & la Suède. Après beaucoup de sang répandu, la maison d'Autriche cède à la force, en même-tems qu'à la justice; & le 24 octobre 1648, deux traités de paix se concluent, l'un à Osnabruck, l'autre à Munster en Westphalie.

Par le second de ces traités, la France qui avoit partagé les combats de la Suède, & qui y avoit employé des trésors immenses, la France par conséquent à qui les états de l'Empire étoient principalement redevables des victoires remportées sur un empereur despote, demande, pour indemnité d'un service si important, la cession de la haute & basse *Alsace*. Les princes allemands & les membres de la noblesse immédiate de la basse *Alsace* sollicitent le congrès de Munster d'insérer dans le traité un article par lequel il soit déclaré qu'on ne cède en *Alsace* que ce qui a appartenu à la maison d'Autriche; mais les ministres de France rejettent hautement cette proposition. Aussi les articles LXXIII, LXXIV & LXXVII, du traité de Munster lui déferent-ils la souveraineté de toute l'*Alsace*, sans exception; voici comment ils sont conçus:

LXXIII. « L'empereur, tant en son propre nom, qu'en celui de la maison d'Autriche, *comme aussi l'Empire*, cèdent tous les droits, propriétés, domaines, possessions & jurisdictions, qui jusqu'ici ont appartenu tant à lui qu'*à l'Empire* & à la maison d'Autriche, sur la ville de Brisach, le landgraviat de la haute & basse *Alsace*, le Suntgau & la préfecture provinciale des dix villes impériales, situées en *Alsace*, & tous les villages & autres droits qui dépendent de ladite préfecture, & les transportent tous & chacun d'eux au roi très-chrétien, & *au royaume de France*, sans préjudice néanmoins des privilèges & immunités accordées autrefois à la ville de Brisach par la maison d'Autriche.

LXXIV. » *Item*, ledit landgraviat de l'une & de l'autre *Alsace*; *item*, tous les vassaux, habitans, sujets, hommes, villes, bourgs, châteaux, métairies, forteresses, *&c.*, & tous les droits régaliens, & tous les autres droits & appartenances, sans réserve aucune, appartiendront dorénavant, & à perpétuité au roi très-chrétien, à la couronne de France, & seront incorporés à ladite couronne *avec toute jurisdiction, supériorité & souveraineté*; de manière qu'aucun empereur, aucun prince de la maison d'Autriche, ni état de l'Empire, ne puisse jamais usurper, ni même prétendre aucun droit & puissance sur ledit pays, tant au-delà qu'en de çà du Rhin.

LXXVIII. » L'empereur, *l'Empire* & l'archiduc d'Autriche respectivement délient les ordres, magistrats, officiers & sujets desdits pays des engagements & sermens, par lesquels ils avoient été jusqu'à présent liés à la maison d'Autriche, & les remettent & obligent à rendre la sujétion, l'obéissance & la fidélité au roi & *au Royaume de France*, en une pleine & *juste souveraineté*, renoncent dès à présent à tous droits & prétentions qu'ils y avoient; ce que l'empereur, ledit archiduc & son frère, pour eux & pour leurs descendans, selon que ladite cession les regarde; confirmeront par lettres particulières, & feront aussi que le roi catholique des Espagnes donne la même renonciation en forme authentique; *ce qui se fera aussi au nom de tout l'Empire* ».

Voici la restriction qu'a mise l'art. LXXXVII. « Que le roi soit tenu de laisser, non-seulement les évêques de Strasbourg, mais aussi les autres états ou ordres, qui sont dans l'une & l'autre *Alsace*, immédiatement soumis à l'empire romain, & la noblesse de toute la basse-*Alsace* dans cette liberté de possession d'immédiateté à l'égard de l'empire romain, dont ils ont joui jusqu'à présent; de manière qu'il ne puisse ci-après prétendre sur eux aucune supériorité régalienne, mais qu'il demeure content des droits quelconques qui appartenoient à la maison d'Autriche; de sorte toutefois, qu'on n'entende rien ôter de tout ce droit de domaine suprême qui a été ci-dessus accordé ».

Voilà tout ce que contient le traité de Munster, relativement à l'objet qui nous occupe. Je me hâte de vous tracer la manière dont ces textes ont été exécutés; car en fait de traités publics, comme en fait de contrats privés, le mode d'exécution, qui est agréé de part & d'autre, forme toujours le commentaire le plus sûr de la volonté des contractans.

Les princes allemands employèrent, en 1679, au congrès de Nimègue, tous leurs efforts pour faire donner à la cession d'*Alsace* une explication conforme à leurs premières vues, & pour réduire la France aux seuls droits qu'y avoit exercés la maison d'Autriche; mais efforts inutiles, le projet d'article qu'ils avoient présenté, pour mettre leurs prétentions en arbitrage, est rejetté; & la souveraineté absolue de la France sur l'*Alsace* triomphe de leurs attaques. Tous les jugemens de réunion, émanés du conseil de Brisach, sont confirmés par le congrès de Riswick. S'il en étoit besoin, j'entrerois dans de nouveaux détails, dont vous concluriez bientôt, qu'à l'époque où vous vous êtes assemblés, pour exprimer la volonté générale de la nation, il y avoit long-tems que les princes d'Allemagne avoient perdu, en cette province, la supériorité territoriale que paroissoit cependant leur réserver l'article LXXXVII du traité de Munster. Je commencerai par vous montrer tous les publicistes Allemands, d'accord sur le principe, que *comme la supériorité territoriale peut s'acquérir par la prescription, elle peut se perdre aussi par la non jouissance.* Je vous ferai voir les princes eux-mêmes suppliant le roi de leur expédier, & le conseil supérieur de Colmar de leur enregistrer des lettres-patentes, dans lesquelles la supériorité territoriale est représentée comme une vieille prérogative dont ils ont joui, mais dont ils ne jouissent plus, &c. J'ai démontré jusqu'à l'évidence que la souveraineté de la nation françoise embrasse toutes les parties, tous les cantons, tous les points de l'*Alsace*. Donc elle domine sur les ci-devant fiefs régaliens; donc les ci-devant fiefs régaliens ne forment, en *Alsace*, que des propriétés privées, ou si l'on veut, des propriétés soumises à la volonté générale; donc la volonté générale peut les supprimer, si l'intérêt public l'exige; donc la question se réduit à savoir si leur suppression ne doit pas être subordonnée à la condition d'une juste indemnité, & c'est effectivement à ce dernier point que vous l'avez réduite par votre décret du 15 mars.

A cet égard, un principe très simple se présente du premier abord, à la pensée; c'est que dans toute espèce de contrat, les conditions onéreuses doivent être exécutées, comme les stipulations utiles, & qu'entre les nations comme entre les particuliers, les traités sont indivisibles dans l'exécution. Si donc c'est au traité de Munster que la France est redevable de la possession de l'*Alsace*, nul doute qu'elle ne soit tenue d'indemniser les possesseurs des droits qu'il réserve & garantit. Mais ceux des propriétaires de ces droits qui sont nos concitoyens, ont coopéré, par leurs députés légalement élus, à la suppression même de leurs droits. Ce seroit bien vainement qu'ils diroient aujourd'hui que leur volonté individuelle s'y est opposée. Du moment que la loi est faite par la majorité des voix, elle est censée le vœu de tous, & nul individu n'est recevable à dire: ce vœu-là n'est pas le mien, je m'y suis opposé, je m'y oppose encore.

Il ne reste donc plus de difficulté, que relativement aux princes étrangers, qui sont privés de divers droits seigneuriaux qu'ils percevoient en *Alsace*. C'est sur le traité de Munster que porte la question toute entière; la France doit des indemnités, si elle a eu besoin de ce traité pour devenir Souveraine de l'*Alsace*. Qu'avons-nous donc à examiner en dernière analyse? Un seul point infiniment simple: celui de savoir si c'est à des parchemins diplomatiques que le peuple alsacien doit l'avantage d'être françois. Il a été un tems où les rois, habiles à profiter du titre de pasteurs des peuples, disposoient en vrais propriétaires de ce qu'ils appelloient leur troupeau. Alors, sans doute, un traité étoit obligatoire pour le monarque; nul prétexte, par exemple, n'eût pu dispenser Louis XIV ou Louis XV d'indemniser la suppression de Fiefs régaliens en *Alsace*; mais aujourd'hui que les rois sont généralement reconnus pour n'être que les délégués & les mandataires des Nations dont ils avoient, jusqu'à présent passé pour les propriétaires & les maîtres, qu'importe au peuple d'*Alsace*, qu'importe au peuple françois les conventions, qui dans les tems du despotisme, ont eu pour objet d'unir le premier au second? Le peuple alsacien s'est uni au peuple françois, parce qu'il l'a voulu; c'est donc sa volonté seule, & non pas le traité de Munster qui a légitimé l'union; & comme il n'a mis à cette volonté aucune condition relative aux Fiefs régaliens, nul ne peut prétendre d'indemnité. L'empire germanique ne nous offre qu'un composé d'états indépendans les uns des autres; confédération qui n'empêche pas que chacun d'eux ne soit maître de ses alliances, que chacun d'eux ne puisse faire la guerre à ses co-états, que chacun d'eux, en un mot, ne forme un corps de nation séparée. De-là, des conséquences très-simples; c'est que les divers états dont étoit composée l'*Alsace*, n'ont pas eu plus besoin du consentement de l'Empire pour se rendre françois, que les Corses n'ont eu besoin du consentement des génois; c'est que l'inutilité & la surabondance du consentement de l'Empire rendent nulles toutes les conditions qui le modifient, & ne laissent aux princes d'Allemagne aucun titre à une indemnité.

Mais si tel est le cri d'une raison sévèrement juste, tel n'est peut-être pas le conseil de cette équité douce & bienfaisante qui doit, sur-tout, être prise pour guide dans les rapports d'une nation avec ses voisins. Déjà l'assemblée, en ratifiant le pacte de famille avec l'Espagne, a préjugé qu'elle prendroit en considération les traités relatifs aux possessions des princes d'Allemagne en *Alsace*, qui pourroient se concilier avec la constitution françoise.

M. Merlin lit un projet de décret.

M. Riquetti l'aîné (ci-devant comte de Mirabeau), en lit un autre, que M. Merlin adopte au nom du comité, & auquel l'assemblée accorde la priorité; il est ainsi conçu:

« L'assemblée nationale, après avoir entendu le rapport de son comité féodal & de son comité diplomatique, considérant qu'il ne peut y avoir, dans l'étendue de l'empire françois, d'autre souveraineté que celle de la nation, déclare que tous ses décrets acceptés & sanctionnés par le roi, notamment ceux des 4, 6, 7, 8 & 11 août 1789, 15 mars 1790 & autres, concernant les droits seigneuriaux & féodaux, doivent être exécutés dans les départemens du Haut & Bas Rhin, comme dans toutes les autres parties du royaume.

» Et néanmoins, prenant en considération la bienveillance & l'amitié, qui, depuis si longtems, unissent intimement la nation françoise aux princes d'Allemagne, possesseurs de biens dans lesdits départemens, décrète.

» Que le roi sera prié de faire négocier avec lesdits princes une détermination amiable des indemnités qui leur seront accordées pour raison des droits seigneuriaux & féodaux abolis par lesdits décrets, & même l'acquisition desdits biens, en comprenant dans leur évaluation les droits seigneuriaux & féodaux qui existoient à l'époque de la réunion de la ci-devant province d'*Alsace*, au royaume de France.

» Pour être, sur le résultat de ces négociations, délibéré par l'assemblée nationale, conformément au décret constitutionnel du 22 mai dern.

M. *Duchâtelet.* Il n'est pas de la dignité de l'assemblée d'avoir deux poids & deux mesures. Les seigneurs & les particuliers qui possèdent des biens en *Alsace*, ont le même droit que les princes de l'Empire; je demande donc qu'ils participent aux mêmes indemnités.

M. *De Broglie* En appuyant l'amendement proposé par M. Duchâtelet, je demande que les ci-devant gentilshommes d'*Alsace* qui possédoient au même titre & sous la garantie des mêmes traités que les princes étrangers possessionnés en *Alsace*, soient associés aux avantages & indemnités qui pourront être accordés auxdits princes étrangers & états d'Empire.

La question préalable est demandée sur cet amendement; & l'assemblée décide qu'il n'y a pas lieu à délibérer.

M. *Schwendt député de Strasbourg.* Je demande que l'assemblée déclare les fiefs d'*Alsace* libres comme tous les autres propriétés féodales du royaume.

M. *Lavie.* Nous nous y opposons, nous tous Alsaciens.

M. *Riquetti l'aîné*, La proposition de l'antepréopinant ne tendroit à rien moins qu'à rendre héréditaires 70 millions d'usufruits. La question des fiefs d'*Alsace* a été séparément ajournée.

M. *Foucault.* En ce cas, je demande la question préalable sur le projet du comité; car ce qu'il vous propose est une déférence tout à fait aristocratique.

M. *D'Estourmel.* Les motifs qui déterminent l'assemblée à prendre en considération les demandes des princes d'Allemagne, ayant pour base les traités, il m'est impossible, en ma qualité de député du Cambresis, de ne pas réclamer la même faveur pour l'archevêque de Cambrai & les autres propriétaires de ma province. Je demande qu'en vertu du traité de 1777, ils soient renvoyés au comité diplomatique.

Cet amendement est rejetté par la question préalable. Le projet de M. de Mirabeau est adopté à une grande majorité.

Séance du jeudi 20 janvier 1791.

M. *De Broglie.* C'est au nom du comité des rapports, & de toute la députation d'*Alsace*, que je suis chargé de vous rappeler sommairement quelques événemens qui ont occasionné une fermentation dangereuse dans les départemens du Haut & du Bas-Rhin, & de vous proposer des mesures propres à rétablir le calme dans ce pays. Vous n'ignorez pas que, dans le département du Bas-Rhin & surtout à Colmar, il s'est fait des enrôlemens pour l'Autriche, & que des émigrations considérables ont eu lieu. Le bruit répandu que ces enrôlemens étoient destinés à une contre-révolution, a excité une grande fermentation. Les chapitres & l'évêque ne cessoient de répandre des écrits incendiaires, tendant à irriter les protestans contre les catholiques, & ces derniers contre les premiers. Vous avez renvoyé plusieurs de ces protestations & lettres pastorales de M. de Rohan au comité des recherches. Il y a quelques mois, une nouvelle effervescence a été excitée dans le département du Bas-Rhin par des protestations du cardinal & du grand chapitre de Strasbourg. Pour préciser les faits, je vais vous faire lecture d'une lettre envoyée au comité des rapports par M. Dietrich, maire de Strasbourg, en date du 16 janvier.... « J'ai été instruit hier matin, par la cessation des cloches seulement, que les capitulaires de cette ville venoient de cesser leurs fonctions, & que par conséquent le service divin étoit interrompu dans plusieurs églises. La voix publique m'a appris que ces ordres avoient été donnés par le procureur-syndic du district; mais le district n'en étoit pas plus instruit que moi. Sans les soins de la municipalité, cette circonstance auroit pu faire naître bien des troubles qu'eussent infailliblement excité des lettres d'Allemagne qui circulent ici, & qui annonçoient une contre-révolution pour le 15 ou le 16 de ce mois. On faisoit aussi circuler, de maison en maison, des livres répandus par le fanatisme, pour exciter le peuple à s'opposer à la prestation du serment des ecclésiastiques. Toutes ces menées produisoient une très-grande fermentation. J'ai écrit aussi-tôt aux curés des différentes paroisses, qui ont continué le service divin dans les églises où il étoit suspendu ».

Voici l'extrait d'une lettre de M. Klinglin, commandant de la place. « Les scènes de Nîmes sont prêtes à se répéter dans cette ville; la fermentation est extrême. Près de deux mille citoyens se sont assemblés pour demander l'exécution du traité de Westphalie & la rétractation des décrets sur le clergé. Il faut que l'assemblée envoye des commissaires pour prévenir les désordres, plutôt que de les envoyer après. Nous allons mander le président de l'assemblée; mais le seul moyen d'appaiser la multitude, est d'envoyer des commissaires qui portent des lumières, & soient autorisés à requérir, en cas de besoin, les gardes nationales... Il s'élève une nouvelle difficulté. Le procureur-syndic du district se croit inculpé par la municipalité: ces différends entre les administrateurs pourroient produire de funestes effets..... Le refus de serment de la part des curés pourroit entraîner d'autres inconvéniens, par la nécessité où nous sommes d'avoir des prêtres qui sachent les deux langues. Cette circonstance exigeroit des mesures particulières pour notre département... Aujourd'hui il y a un concours immense au département, on va signer des pétitions; on fait même signer les femmes & les filles. N'attendez pas un nouveau courier pour solliciter de l'assemblée nationale un décret qui ordonne l'envoi de deux commissaires, &c. »

C'est d'après ces faits que le comité des rapports m'a chargé de vous présenter le projet de décret suivant:

L'assemblée nationale, après avoir entendu son comité des rapports relativement aux événemens qui se sont succédés depuis environ un mois dans les départemens du Haut & du Bas-Rhin, & notamment à l'effervescence qui s'est manifestée à Strasbourg les 3, 15, 16 & 17 de ce mois.

Décrète que son président se retirera, dans le jour, par devers le roi, à l'effet de supplier sa majesté d'envoyer incessamment trois commissaires dans les départemens du Haut & Bas-Rhin, lesquels se rendront directement à Strasbourg, à l'effet de procurer, par tous les moyens de prudence & de persuasion, l'exécution des décrets de l'assemblée nationale, acceptés & sanctionnés par le roi, de prévenir les peuples contre les erreurs dans lesquelles il paroît que des mal-intentionnés cherchent à les entraîner; à maintenir & rétablir au besoin la tranquillité publique, à requérir à cet effet les secours, tant des troupes de ligne que des gardes nationales, même celles des départemens voisins; à prendre tous les renseignemens & éclaircissemens qu'ils pourront se procurer, tant sur les mouvemens qui ont eu lieu dans la ville de Strasbourg, les 3, 15, 16 & 17 de ce mois, que sur les circonstances qui ont pu les occasionner; enfin de faire, s'ils le jugent convenable, toutes les proclamations qu'ils croiront utiles au maintien de la tranquillité publique. Ce projet est adopté.

Séance du 11 Février 1791.

M. *Muguet.* Vous avez chargé hier vos comités de constitution, des rapports, militaires, déplomatique & des recherches, de vous présenter des mesures relatives aux évènemens qui se sont nouvellement passés dans ses départemens du haut & Bas-Rhin. Ils viennent d'arrêter le projet de décret que je suis chargé de vous soumettre.

L'urgence des circonstances ne leur permet pas de différer à vous entretenir de cette affaire, & ne m'a laissé que le tems de lire avec attention les pièces qui m'ont été remises. Je sollicite votre indulgence.

Vous avez envoyé des commissaires dans les départemens du haut & Bas-Rhin, au sujet des troubles occasionnés par quinze cents particuliers qui s'étoient décorés du nom de *citoyens catholiques, apostoliques & romains* ou *société d'union*, pour s'opposer, même par la violence, à l'exécution de vos décrets relatifs au clergé. Les commissaires avoient été précédés à Strasbourg par d'odieuses calomnies, inventées pour les rendre suspects aux deux parties, ils ont exprimé leurs sentimens dans une proclamation qui a produit l'effet qu'ils en attendoient, & tous les corps, excepté le département, dont quelques membres seulement se sont séparés à cet égard, leur ont donné des témoignages de bienveillance. Les commissaires ont été étonnés de voir à la fin de leur première séance au département, les administrations leur présenter les pétitionnaires de la société *des citoyens catholiques*, &c. Cette société suspendue & dénoncée par l'accusateur public, demandoit à être rétablie dans tous ses droits. Cette démarche a éveillé la surveillance des commissaires sur l'administration du département, à laquelle ils ont écrit pour l'inviter à faire exécuter exactement les décrets, & à désavouer les libelles qu'on avoit publiés, & notamment un faux bref du pape, & pour l'avertir qu'ils alloient établir une correspondance avec tous les districts & toutes les municipalités. Le département a alors manifesté ses véritables intentions. Il a dénoncé formellement au ministre les commissaires du roi, en disant qu'il devoient se concerter avec lui, & ne pas détruire ainsi l'hiérarchie des autorités; qu'ils ne pouvoient avoir aucune correspondance avec les municipalités & les districts; que le département ne croyoit pas devoir leur obéir, ni souffrir qu'on déshonorât l'autorité constitutionelle déposée dans ses mains, & que les administrateurs n'avoient pas besoin des invitations des commissaires pour se livrer à tout leur zèle & à tout leur patriotisme.

Sur ce mot de patriotisme je dois vous dire

que depuis cinq mois il est impossible au comité de liquidation d'obtenir du département l'exécution de vos décrets. La dénonciation au ministre avoit aussi pour objet des dispositions relatives à l'assemblée *des catholiques ou de réunion.*

Les commissaires du roi avoient dirigé leur route vers Colmar. La municipalité, prévenue de leur arrivée, avoit invité la garde nationale à leur rendre les honneurs dûs à leur caractère; mais le comité militaire de la garde nationale, présidé, malgré les défenses qui avoient été faites par le ministre, par M. Dubois, commandant, délibéra de n'accorder aucun honneur aux commissaires, & motiva sa délibération sur une ordonnance du feu roi. Des citoyens de bonne volonté s'offrirent pour former une garde aux commissaires, & se présentèrent à la municipalité, qui resta assemblée jusqu'à huit heures du soir. Le maire & le procureur-syndic continuèrent à tenir séance, les commissaires entrent dans la ville à dix heures; ils sont environnés d'un peuple immense; ils entendent crier : *vive le comte d'Artois ! Les commissaires à la lanterne.*

Arrivés à leur hôtel, sans éprouver de violences personnelles; ils demandent au procureur-syndic la cause de ces troubles. Ils se présentent à la fenêtre, & déclarent n'avoir pas besoin de garde au milieu des bons citoyens, de leurs amis, de leurs frères. La municipalité, connoissant le danger que couroient les commissaires du roi, insistoit, tandis que le commandant de la garde nationale cherchoit, inutilement à la vérité, à faire retirer les citoyens soldats, qui s'étoient établis dans leur hôtel, & que le peuple rassemblé faisoit entendre de nouveau les cris *de vive le comte d'Artois ! Les commissaires à la lanterne.*

Alors M. Stokmeyer arrive à la tête des habitans du fauxbourg, armés de bâtons, & dissipe l'attroupement, où se trouvoient entr'autres personnes de marque, M. Chennevot, frère du procureur-général-syndic de l'administration du département à Strasbourg, M. Maleri, un chevalier de saint-louis & un officier de milice, qui se retirent fort maltraités. M. Stokmeyer rétablit l'ordre, & le commandant de la garde nationale, requis par la municipalité, ne peut se refuser de se rendre à la réquisition, qu'en disant qu'il a donné sa démission. Cependant il commande de se retirer aux postes établis pour assurer la tranquillité publique, que les bons citoyens maintiennent. Le lendemain les commissaires du roi se rendent au département pour exhiber leurs pouvoirs, & tout se passe paisiblement. Le soir les écoliers, sur l'instigation de leurs professeurs, se répandent dans la ville en jettant les cris que les attroupées avoient fait entendre la veille. Les commissaires apprennent au même instant qu'une discussion théologique est ouverte au collége, sur le serment civique exigé des fonctionnaires ecclésiastiques. Ils se rendent à cette assemblée; & armés de l'autorité de la loi & de la raison, ils entrent dans la discussion : huit professeurs sont convertis. (Une grande partie de l'assemblée applaudit). Ils ont prêté le serment. Les jeunes écoliers reconnoissent leurs fautes, & comblent de bénédictions ceux qu'ils ont outragés.

Après avoir rendu au département du Haut-Rhin l'activité qui sembloit lui manquer, les commissaires sont partis de Colmar avec des espérances consolantes, & au milieu des acclamations d'un peuple qui les bénissoit du calme qu'ils avoient rétabli dans cette ville. A leur arrivée à Strasbourg, ils ont appris la dénonciation dont je vous ai rendu compte, & qui avoit produit de vives inquiétudes. Un district même a écrit qu'il craignoit de se compromettre s'il suivoit la correspondance exigée de lui. Les commissaires ont cru ne pas devoir perdre de tems pour s'adresser à vous. Il faut faire cesser cette incertitude; il faut que les citoyens sachent à qui obéir. Vous sentirez combien il est instant de fournir aux commissaires les moyens d'achever une mission commencée sous de si heureux auspices, si vous vous rapelez quels pouvoirs vous avez voulu leur confier; si vous vous rappelez qu'ils exercent un espèce de dictature, sur leur responsabilité; ils n'ont vu dans toutes les démarches du département, que des prétextes d'opposition à l'exécution de la loi. Vos comités vous proposent de suspendre le directoire & le procureur-général-syndic, afin de ne pas laisser plus long-tems à ces administrateurs une autorité qui devînt une arme dangéreuse dans leurs mains. Les commissaires choisiront un nombre suffisant de personnes pour veiller à l'administration. En les prenant parmi les administrateurs des districts du département, on appellera des citoyens revêtus de la confiances publique à remplacer des hommes qui en avoient été honorés. C'est la première disposition du projet de ce décret que je suis chargé de vous présenter.

Les évènemens arrivés à Colmar ont fixé l'attention des commissaires; ils ont ordonné une information; ainsi vous n'avez rien à statuer à cet égard; mais vous devez des témoignages de satisfaction à M. Stokmeyer, & aux bons citoyens qui, avec lui, ont si bien servi la chose publique. Cependant une compagnie des gardes nationales, nommée la compagnie des chasseurs, a manifesté des sentimens coupables : elle portoit l'uniforme d'Artois & la cocarde blanche; une partie de ses membres qui avoit passé le Rhin pour aller, di-

soit-

soit-elle, servir dans l'armée de M. Condé, étoit de retour. Vous ne pouvez vous dispenser de dissoudre cette compagnie, & d'ordonner aux citoyens qui la composent, de suivre les dispositions des décrets pour l'exercice des fonctions des gardes nationales. Il s'agissoit de nommer un évêque dans le département du Bas-Rhin. Le directoire du département a contrarié le vœu de la loi sur cet objet comme sur tous les autres, parce que M. l'évêque de Strasbourg habite une partie de son diocèse située hors du royaume. Cette administration prétend qu'il doit être traité comme les évêques absens. Les commissaires croient qu'une nouvelle élection à ce siège peut contribuer efficacement à la cessation des troubles. L'évêque de Strasbourg résidant de l'autre côté du Rhin, est dans son diocèse. Je vais lire sa propre lettre, & j'espère que son aveu ne laissera prise a aucune contradiction dans cette assemblée. M. le maire de Strasbourg lui avoit écrit le 28 janvier, conformément à l'article I de la loi du 26 décembre, qui exige que les ecclésiastiques fonctionnaires publics prêtent, dans le délai de quinzaine, le serment exigé par le décret de l'assemblée nationale. « J'ai l'honneur de vous prévenir que le terme expire dimanche prochain, & que si vous ne vous soumettez pas à la loi, je serai obligé de dénoncer lundi votre défaut de prestation de serment. » Voici la réponse de M. l'évêque de Strasbourg, en date du samedi 29.

« M. le maire, je réponds à votre lettre du 28, que je reçois le 29. J'aurois cru que l'instruction pastorale & la déclaration que j'ai publiées auroient suffi pour faire connoître ma faç n de penser au sujet du nouveau serment. Cette façon de penser est invariable, puisqu'elle est fondée sur des principes invariables eux-mêmes pour tous ceux qui professent la religion catholique, apostolique & romaine ; & je jouis de la douce satisfaction de voir que tout mon clergé, aussi dévoué que moi aux vrais principes, a refusé & refusera de prêter un tel serment, & qu'enfin nous resterons attachés à notre devoir, au risque de notre fortune & même de la vie. Je continue d'ailleurs à rendre l'administration responsable des suites funestes que pourront faire naître dans cette province des innovations aussi contraires à la religion.

Signé, le cardinal-prince DE ROHAN.

Cette lettre est datée de Ettenheim, à 6 lieues de Strasbourg.

M. l'évêque parcourt indistinctement son diocèse sur les deux rives du Rhin. Ne pouvant contester sa présence qu'il avoue, il est dans le cas des évêques non absens, qui n'ont point prêté le serment dans le tems prescrit. Il faut également ordonner la nomination de l'évêque du haut-Rhin, où il n'y avoit pas de siège épiscopal. Vos comités ont aussi pensé qu'il étoit à propos de stimuler l'activité des tribunaux, par une disposition qui auroit pour objet d'ordonner au ministre de la justice de vous rendre compte, jour par jour, des progrès des procédures ordonnées par les commissaires du roi. Ces commissaires représentent dans leur lettre l'influence que pourroit avoir sur les départemens du haut & du bas Rhin votre décision sur le tabac. Sans doute cette décision se conciliera avec l'intérêt du fisc & celui des propriétés : l'incertitude seule peut occasionner de grands malheurs. Il est important d'accélérer votre décret pour ôter tout prétexte aux mal-veillans qui agitent les deux départemens. La tranquillité renaîtra bientôt ; vous pouvez compter sur les commissaires dont votre justice doit louer le zèle, le patriotisme & l'intelligence. Vous devez aussi des éloges au district & à la municipalité de Strasbourg : ils ont balancé les influences du département qui cherchoit à anéantir vos loix, ou du moins à annuller leur effet. Vous en devez à la municipalité de Colmar & à la société des amis de la constitution, qui a rendu, à Strasbourg, de grands services aux commissaires. Telles sont les dispositions du projet de décret que je vais vous lire, & les conclusions d'un rapport où j'ai cherché à exposer tous les faits sommairement & avec exactitude, & pour lequel j'ai du solliciter votre indulgence. (Une très-grande partie de l'assemblée applaudit.)

M. Muguet lit un projet de decret. — Cette lecture est suivie de nouveaux applaudissemens.

De légers amendemens sont présentés. L'assemblée les adopte & rend le décret suivant :

« L'assemblée nationale, après avoir ouï ses comités militaire, diplomatique, & ceux de constitution, des rapports & des recherches, réunis, sur les évènemens arrivés dans les départemens du haut & du bas Rhin, sur la conduite des administrateurs de ce dernier département, & les dénonciations faites par ces administrateurs, contre les commissaires du roi, envoyés en vertu du décret du 20 janvier dernier.

Déclare qu'elle est satisfaite du zèle & de la conduite des commissaires du roi, qu'ils ont pu & dû, pour l'accomplissement de la mission qui leur est confiée, correspondre sans intermédiaire avec les corps administratifs & tous autres officiers publics exerçans leurs fonctions dans les départemens du haut & du bas Rhin, & prendre généralement toutes les mesures qu'ont exigées le maintien de l'ordre public & l'exécution des décrets de l'assemblée nationale.

En conséquence elle a décrété & décrète :

1° Que les administrateurs composant le directoire du département du bas Rhin, à l'exception du sieur..... exerçant depuis plusieurs mois les

lonne, & Lobstein, citoyen du même lieu, tous fonctions de commissaire à Scélestat, seront, ainsi que le procureur-général-syndic de ce département, suspendus provisoirement de leurs fonctions, pour, en suite des informations qui seront prises & du compte qui en sera rendu, être par l'assemblée nationale statué ce qu'elle jugera convenable.

2°. Que pour pourvoir à l'administration de ce département, les commissaires envoyés par le roi seront autorisés à nommer un nombre suffisant de personnes qui exerceront provisoirement les fonctions des administrateurs du directoire du département & du procureur-général-syndic dont la suspension est ordonnée par l'article précédent, lesquelles personnes seront choisies parmi les membres qui composent les corps administratifs du département & les districts du Bas-Rhin.

3°. Qu'il sera procédé incessamment à la nomination des évêques des départemens du haut & du Bas-Rhin, & qu'en conséquence le procureur-général-syndic de celui du Haut-Rhin & celui qui, dans le département du Bas-Rhin, en exercera les fonctions, convoqueront à cet effet les électeurs de ces deux départemens.

4°. Enfin, que conformément au décret du 12 juin 1790, la compagnie de chasseurs existant en la ville de Colmar est dissoute.

L'assemblée nationale approuve la conduite du district & de la municipalité de Strasbourg, ainsi que celle des officiers municipaux de Colmar, & déclare que le sieur Stokmeyer, ceux des gardes nationales & ceux des citoyens qui ont agi pour maintenir l'ordre public & le respect dû aux commissaires du roi, ont honorablement rempli leur devoir, & que le président est chargé de leur écrire à cet égard une lettre de satisfaction en la personne du sieur Stokmeyer.

L'assemblée nationale ordonne en outre que le ministre de la justice sera tenu de lui rendre compte de jour à autre, des progrès de l'instruction des procédures commencées, soit à Colmar, soit en la ville de Strasbourg, soit pardevant les autres tribunaux des départemens du haut & du Bas-Rhin, relativement aux troubles qui y ont eu lieu.

L'assemblée nationale charge son président de se retirer dans le jour pardevant le roi, pour lui présenter le présent décret, & le prier de presser l'exécution des mesures décrétées le 26 janvier relativement à la sûreté des frontières, & d'envoyer dans les départemens du haut & du Bas-Rhin une force publique suffisante.

L'assemblée met la discussion sur le tabac à l'ordre du jour du lendemain.

Séance du 2 mars 1791.

M. *Victor de Broglie*. Vous n'avez pas perdu de vue la situation dans laquelle se trouvoit l'ancienne province d'*Alsace*, lorsque vous avez décrété d'y envoyer trois commissaires, dont le zèle actif & éclairé a déjà produit de si heureux effets. Parmi les causes qui agitoient les deux départemens du Rhin, on vous avoit sur-tout dénoncé, dans celui du Haut-Rhin, des émigrations & des enrôlemens coupables. Des gens qui feignent d'être incrédules à tous projets de contre-révolution, afin que votre prudence cesse de veiller pour les prévenir, ont révoqué en doute le but & même l'existence de ces enrôlemens, qui cependant ont continué d'avoir cours, & viennent même de s'étendre jusques dans le département du Bas-Rhin: Messieurs les commissaires du roi en ont été instruits; & sur les preuves qu'ils en ont acquises, ils ont recouru à des mesures aussi efficaces qu'analogues à l'importance des fonctions puissantes dont votre confiance les a investis. Vos comités des rapports & des recherches m'ont chargé de vous exposer les détails de cette affaire, qui mérite d'autant plus votre attention, qu'on y trouve clairement démasqués les auteurs & les agens de toutes ces trames criminelles, agens parmi lesquels vous en reconnoîtrez qui, las de s'opposer sans fruit à la constituton dans cette assemblée, se sont flattés de la troubler & de la détruire, en agitant nos frontières, & qui, n'ayant jamais pu consentir à s'élever du titre de représentant d'une classe particulière, au titre plus grand & plus sacré de représentant de tout un peuple, ont juré de venger sur ce peuple même l'extinction des injustes privilèges de la classe qui leur avoit accordé une confiance dont ils ont tant abusé.

Un soldat déserteur du régiment royal des Deux-Ponts, desirant obtenir sa grace, s'est adressé à M. Defresney, ancien secrétaire & chancelier de M. le cardinal Rohan, & demeurant à Marmoutier, dans le département du Bas-Rhin. Celui-ci, après une conversation aussi mystérieuse que suspecte, dont les détails sont consignés dans la déposition du soldat, lui proposa de s'enrôler dans l'armée des princes réfugiés, & le chargea d'une lettre pour M. l'abbé d'Eymar. Ce soldat, effrayé du crime dont on vouloit le rendre complice, confia cette lettre & la conversation qui l'avoit précédée à M. Zabern, ministre protestant de Wasselonne, lieu de son domicile. Ce ministre fidèle à la cause de sa patrie, en fit sentir les conséquences à ce soldat, & fut autorisé par lui à faire dénoncer sur-le-champ ces faits graves, & à déposer cette lettre entre les mains des commissaires du roi & du directoire du département du Bas-Rhin, par MM. Stembrenner, officier municipal de Wasse-

deux membres de la société des amis de la constitution établie dans cette ville. Vous verrez, par la lecture que j'aurai l'honneur de vous faire de cette lettre, avec quelle perfidie on s'est prévalu du desir que ce malheureux déserteur avoit de rentrer dans sa patrie, pour lui proposer comme un moyen sûr d'amnistie, de porter pendant un an les armes contr'elle. Vous verrez avec quelle audacieuse franchise on y parle de l'armée des princes expatriés & du projet de la formation d'un corps d'armée, comme de choses également connues, & de l'agent qui écrit, & de l'agent plus coupable encore auquel cette lettre est destinée. Vous verrez que ces aveugles conspirateurs ne négocient entr'eux ces engagemens que pour une campagne, parce que, dans leurs coupables espérances, ils se flattent que, pour replonger la France dans son ancien esclavage, il ne faudra en effet pas plus d'une année. Vous verrez enfin que le fils de M. Defresney, à la tête d'une troupe armée, a été chargé précédemment par son père de soutenir dans le refus de la prestation de serment pur & simple un fonctionnaire ecclésiastique réfractaire à vos décrets.

Saisis de cette pièce importante, écrite toute entière de la main de M. Defresney, & signée par lui, les commissaires s'étant concertés avec le nouveau directoire de département, qui, depuis son installation, prouve chaque jour par sa conduite patriotique combien la destitution de l'ancien étoit nécessaire, n'ont point cru devoir s'astreindre à des lenteurs de forme qui, dans les circonstances, ne pouvoient que favoriser le crime. Ils ont donné des ordres pour aller à Marmoutier arrêter MM. Defresney père & fils. Cette arrestation a été exécutée avec ordre & promptitude par un détachement de troupes de ligne. Les deux prévenus ont été transférés dans les prisons de Strasbourg, & leurs papiers saisis & reconnus par eux déposés au directoire du département. Plusieurs autres affaires du même genre, mais beaucoup moins importantes, ayant été déférées, en *Alsace*, aux tribunaux ordinaires, & n'y ayant pas été suivies avec l'activité & la juste sévérité que celle-ci exige, les commissaires n'ont pas cru devoir la leur attribuer; ils ont pensé que la poursuite en devoit être confiée au tribunal suprême dont vous avez chargé votre comité de constitution de vous présenter incessamment l'organisation provisoire. L'opinion de vos comités des rapports & des recherches est, qu'il est indispensable d'adopter cette mesure, & de faire en conséquence transférer MM. Defresney père & fils, sous bonne & sûre garde, dans les prisons de l'abbaye Saint-Germain à Paris.

Je vais vous faire lecture de la lettre qui forme le corps du délit & de la déposition du soldat: ces pièces vous mettront au fait de la marche que les commissaires & le directoire ont suivie dans cette affaire.

Copie de la lettre de M. Defresney à M. l'abbé d'Eymar. --- L'original est au département du Bas-Rhin.

Marmoutier, le 13 février. « M. le prévôt, l'homme que j'envoie a servi quatre ans au régiment de Deux-Ponts; il déserta au mois de juillet 1789. Il n'a point pris service chez l'étranger, mais il a travaillé de son métier de tailleur-de-pierres au-delà du Rhin. Il y a plus de six mois que sa mère, veuve & bourgeoise de Wasselonne, me pressa de solliciter la grace de son fils. Je consultai M. Klinglin, qui ne put m'indiquer la route que je devois prendre. Ce qui ajouta beaucoup au désir qu'a la mère de voir son fils revenir libre, c'est qu'elle lui a ménagé un mariage. Sur l'impossibilité d'obtenir cette grâce, j'ai offert à cet homme un moyen de rentrer dans sa patrie, & d'y jouir paisiblement de la tendresse de sa mère & de ses effets; c'est de s'engager pour une année dans l'armée des princes. Absent de Lichtenau depuis trois semaines, j'ignore l'état des choses. Si le projet d'une légion se soutient, mon soldat est une bonne acquisition; il seroit propre à être sergent; s'il n'y a rien de commencé pour cet objet, il faudra l'envoyer ailleurs. Mais je vous supplie, monsieur, de prendre des précautions pour que l'engagement ne soit en effet que pour une campagne. Persuadé qu'il n'y en aura qu'une en effet, je pense qu'il sera facile de faire cet arrangement. Je lui ai promis que son zèle seroit récompensé par une amnistie particulière, quand même (ce qui n'est pas à présumer) il n'y en auroit pas une générale. C'est dans cette confiance & sur cet espoir qu'il part.

Avez-vous appris, monsieur, qu'il est question d'envoyer des émissaires avec de l'argent dans les états de S. A. S. E., pour soulever le peuple. Deux de vos amis, que le hasard a réunis hier chez moi, m'ont confirmé cette nouvelle; l'abbé de M..... & votre doyen. Il seroit prudent de veiller sur ces agens, qu'il ne doit pas être difficile de découvrir. Ce matin le maire & un municipal sont entrés dans la sacristie, où le prieur-curé s'habilloit pour la messe. *Je veux*, a dit le maire, en présentant la formule du serment, *que vous le lisiez sans y changer un mot, & que le serment prononcé, vous quittiez la chaire sans vous permettre de rien dire avant ou après.* Le curé a répondu qu'il ne prêteroit ce serment qu'avec les restrictions que lui prescrit sa conscience. Menacé du maire. Dans ce moment un détachement de la garde nationale, bien choisi, est arrivé à l'église, conduit par mon fils. Le curé, sûr du vœu de tous les honnêtes gens de sa paroisse, & rassuré par la petite troupe armée que j'envoie, est monté en chaire. *Voilà*, a-t-il dit, *le serment que ma conscience & mon honneur me permettent de prêter.* Il l'a lu, il a ajouté des choses bien touchantes, bien fermes. Son auditoire a été satisfait, & tout s'est passé tranquillement. Ce qui rend le maire si fier, c'est la faveur de celui de Strasbourg, chez qui il va depuis quelque tems. Il a eu le bonheur inexprimable d'être présenté aux trois commissaires; il en a été caressé, on lui a fait son thême. Depuis ce moment, cet homme annonce des vengeances & de grands moyens. Voilà, monsieur, où nous en sommes. Je vous écris de mon lit, où un accident à la jambe me retient. J'espère que je serai libre dans quelques jours, & en état de regagner Lichtenau, dès que je recevrai des lettres du prince ». *Signé*, DEFRESNEY.

L'an mil sept cent quatre-vingt-onze, le jeudi 24 février, est comparu au secrétariat de la commission royale, pour les départemens du Haut & du Bas-Rhin, Jean-Jacques Brenneisen, âgé de vingt-cinq ans, de la confession d'Augsbourg, natif de Vasselonne, lequel a déclaré qu'en l'année 1785, il s'est engagé à Landau, au régiment Royal Deux-Ponts, dans lequel il a servi jusqu'en 1789, au mois de juillet de ladite année; qu'il a déserté dudit régiment, en garnison à Neuf-Brisach, où il se trouvoit alors; que depuis ce tems, il a voyagé en Suisse & travaillé de son métier de tailleur de pierres; & qu'à la Saint-Martin dernière, il est retourné audit Vasselonne, où il s'est tenu caché depuis; qu'ayant desiré d'obtenir sa grace, on lui avoit conseillé de s'adresser à M. Defresney, demeurant à Marmoutier; qu'on lui a dit pouvoir la lui procurer; que la mère du déclarant s'étoit déjà antérieurement adressée audit sieur; que quinze jours avant Noël dernier, le déclarant étoit allé la première fois audit Marmoutier, en la maison de M. Defresney; qu'il n'y a trouvé que la servante, qui lui a dit que son maître se trouvoit alors à Freichtenau, de l'autre côté du Rhin; que hier quinze jours, 9 de ce mois, il s'est rendu de rechef audit Marmoutier, où il a trouvé pour la première fois M. Defresney, chez lequel le déclarant a été conduit par son fils; que M. Defresney l'avoit conduit dans une chambre séparée, & lui avoit dit qu'il avoit en vain sollicité sa grace près de l'assemblée nationale, qu'on commençoit à s'ennuyer de cette assemblée, & que si lui déclarant vouloit l'en croire, il passeroit le Rhin, qu'on y levoit une armée, qu'il alloit lui donner une lettre pour l'abbé d'Eymar, qui se trouve à Ettenheim, auprès du cardinal de Rohan, qu'il devoit la lui porter, & qu'on lui donneroit une place de sergent dans ladite armée; qu'il avoit ajouté qu'il y auroit quatre armées de soixante mille hommes chacune; que l'une seroit commandée par M. de Condé; l'autre, par le duc de Brunswick; la troisième, par le prince de Hohenlohe, dans l'armée duquel le fils de M. Defresney alloit avoir une place d'officier; & que lui déclarant avoit oublié le nom du général de la quatrième armée. (*Une voix de la partie droite :* C'est M. le maréchal de Broglie.) Qu'une de ces armées se porteroit directement sur Paris, & que les autres attaqueroient à trois différens endroits : que la campagne qu'on projetoit, alloit être finie au bout de six mois, & qu'à l'expiration de ce terme, lui, M. Defresney, alloit lui faire donner son congé; & que le déclarant lui ayant répondu qu'il alloit faire ses réflexions & en parler à sa mère, il lui avoit répliqué qu'il devoit lui faire dire un *oui* ou un *non* : que de retour à Vasselonne, le déclarant a confié le tout à M. Zabern, ministre de l'évangile audit lieu, qui lui a déconseillé une démarche aussi coupable; que cependant il lui a dit qu'il seroit bon qu'il puisse acquérir la preuve des criminelles manœuvres de M. Defresney : que le samedi suivant le déclarant lui a fait dire par le fils du nommé Bambel, citoyen de Vasselonne, qu'il acceptoit sa proposition; que dès le jour suivant, le fils dudit sieur Defresney est venu à Vasselonne, qu'il est venu dans la maison du déposant, accompagné par ledit garçon; que l'ayant pris de côté dans la cuisine, il lui a remis une petite lettre cachetée en cire noire, en lui disant qu'il devoit la remettre à l'abbé d'Ettenheim-Munster; qu'il l'enverroit de-là à Basle où étoit le rendez-vous des recrues, & qu'il alloit être sergent dans cette armée : que Frédéric N., boulanger & cabaretier à l'enseigne de la fleur-de-lys, où le déclarant demeure, ensemble la femme dudit Frédéric, avoient vu arriver le fils dudit sieur Defresney chez le déposant; que le lendemain à midi le déclarant a remis ladite lettre audit sieur Zabern, ministre, en lui abandonnant l'usage à en faire; mais que depuis ce moment le déclarant n'a plus entendu parler du sieur Defresney : qu'il a seulement appris que quelques jours après, son fils est venu danser à une noce à Vasselonne, ajoute le déclarant qu'en lui remettant la lettre, le sieur Defresney fils lui a recommandé de la bien garder pour qu'il ne la perde point. --- Lettre & interprétation en langue allemande, faite au déclarant de la présente déclaration : il a dit icelle contenir vérité, y a persisté & a signé à toutes les pages avec nous. *Le secrétaire interprête de la commission*, les jour, mois, an & heure susdits. *Signé*, JOHANN-JACOB BRENNEISEN.

Je vous ai annoncé une dénonciation importante, & à laquelle il n'étoit pas possible de donner des interprétations équivoques : je crois n'avoir point trompé votre attente; vos comités n'ont pas douté que vous n'y donnassiez toute l'attention qu'elle mérite, & que sollicite impérieusement la gravité des circonstances qui nous environnent. Les mouvemens continuels par lesquels on cherche à ébranler les bases sur lesquelles reposent notre liberté naissante, exigent que l'on juge enfin, & que l'on punisse solemnellement tous ceux qui seront convaincus de l'avoir attaquée. Les moyens que vous avez sagement employés ont appaisé les troubles prêts à éclater dans l'ancienne *Alsace*. Le patriotisme & le zèle du nouveau département du bas-Rhin & de plusieurs corps administratifs, l'activité ferme & éclairée des trois commissaires y ont presqu'entièrement rétabli l'ordre; mais pour épouvanter & contenir ceux qui seroient encore tentés de le troubler, il faut sans doute un grand exemple; & si la justice l'ordonne, comme le salut public l'exige, il n'y a pas un moment à perdre pour le donner. Voici le projet de décret:

« L'assemblée nationale, après avoir entendu ses comités des recherches & des rapports réunis: décrète:

Art. Ier. Que le roi sera prié de donner les ordres nécessaires pour que les sieurs Defresney, père & fils, soient transférés sur-le-champ, sous bonne & sûre garde, dans les prisons de l'Abbaye de Saint-Germain de Paris, pour leur procès leur être fait & parfait, par le tribunal qui sera chargé provisoirement de prononcer sur les crimes de lèse-nation.

II. Que les papiers saisis chez les sieurs Defresney père & fils, au moment de leur arrestation, ensemble les procès-verbaux, dépositions & autres pièces relatives au délit dont ces particuliers sont prévenus, seront remis à l'officier qui exercera les fonctions d'accusateur public, près le tribunal auquel sera attribuée la connoissance des crimes de lèse-nation, ainsi que les renseignemens ultérieurs qui pourront être pris successivement sur cette affaire par MM. les commissaires du roi près du Haut & Bas-Rhin.

L'assemblée nationale déclare qu'elle est satisfaite du zèle & du patriotisme qu'ont témoigné dans cette circonstance les sieurs Zabern, ministre de Vasselonne; Steinebrein, officier municipal, & Lostein, citoyen de cette ville. »

Ce projet de décret est adopté.

AMBASSADEUR. f. m. Sous ce mot nous rapporterons la lettre de M. de Montmorin écrite en 1789, à l'assemblée nationale, pour en obtenir une réponse sur les inquiétudes que témoignoient les *ambassadeurs* étrangers relativement à leurs privilèges, nous ferons connoître ensuite le décret sur le serment des *ambassadeurs* en renvoyant au mot MINISTRE les discussions auxquelles cette motion a donné lieu: se trouvant mêlées à d'autres débats sur les agens du pouvoir exécutif, elles ne peuvent être isolément rapportées.

Séance du 12 décembre 1789.

Paris, le 11 décembre 1789.

MONSIEUR LE PRÉSIDENT.

MM. les *ambassadeurs* & ministres étrangers auprès de S. M., m'ont témoigné, dans le cours de la semaine dernière, le desir qu'ils auroient d'obtenir une explication au sujet d'une réponse de l'assemblée nationale à une députation de la commune de Paris.

Cette députation avoit pour objet de demander à l'assemblée, qu'il fût permis à la commune de faire des recherches dans les maisons privilégiées.

MM. les *ambassadeurs* & ministres étrangers, bien persuadés que l'assemblée n'a pas eu l'intention de les comprendre, eux ni leurs maisons, dans les termes généraux de cette réponse se seroient dépensés de demander aucune explication, si l'un d'entre eux, réclamant de quelque subalterne des égards auxquels un usage constant les avoit accoutumés, n'en avoit reçu pour réponse qu'il ne devoit pas ignorer *qu'il n'y avoit plus de privilégiés*. Cette réponse a fait craindre à MM. les *ambassadeurs* & ministres étrangers, que l'on ne donnât une interprétation trop étendue à la manière dont l'assemblée s'est expliquée, dans sa réponse à la commune de Paris, & qu'il n'en résultât des faits dont ils seroient forcés de se plaindre. Responsables envers les souverains dont ils sont les représentans, de tout ce qui concerne la dignité du caractère dont ils sont revêtus, ils doivent prévoir tout ce qui pourroit y porter atteinte.

C'est d'après l'idée de ce devoir, & pour prévenir tout sujet de plainte, qu'ils se sont adressés à moi. Je leur ai répondu tout ce qui m'a paru le plus propre à les rassurer; mais comme leur inquiétude a pris sa source dans une réponse de l'assemblée nationale, je vous avouerai, Monsieur le président, que je desirerois moi-même qu'elle voulût bien me donner par votre organe, une explication sur cette réponse, qui détruisît jusqu'à l'apparence du doute, relativement à la plus exacte observation du droit des gens envers les membres du corps diplomatique.

J'ajouterai que MM. les *ambassadeurs* & ministres étrangers, ayant rendu compte à leurs cours respectives de la démarche qu'ils ont faite auprès de moi, il seroit à desirer que l'explication, que j'ai l'honneur de vous demander, fût la plus positive & la plus prompte possible, afin que les doutes injustes qui pourroient s'élever dans les différentes cours de l'Europe, relativement à l'objet de leur démarche, soient détruits aussitôt que formés.

J'ai l'honneur d'être avec respect, &c. *Signé* comte DE MONTMORIN.

L'assemblée a chargé M. le président d'écrire au ministre des affaires étrangères, que la réponse à la commune de Paris ne change rien aux dispositions du droit des gens qui établissent les privilèges des *ambassadeurs*.

Séance du 12 novembre 1790.

Un de MM. les secrétaires fait lecture d'une lettre de M. Desserpe, ci-devant de Sainte-Croix, ministre plénipotentiaire du roi, près le prince évêque de Liége, au président.

« Je vous envoie mon acte de soumission au décret par lequel l'assemblée a enjoint à tous les *ambassadeurs* français de prêter leur serment civique. Quoiqu'étant absent du lieu ordinaire de ma résidence, & n'exerçant pas en ce moment mes fonctions diplomatiques, quoique j'aie eu occasion de prêter le serment civique, soit en qualité de maire, soit en qualité de président de l'assemblée primaire de ma section, & en celle d'électeur, je n'ai pas cru devoir attendre la notification de la sanction du roi, pour exécuter un décret aussi sacré, & exprimer à l'assemblée nationale mes sentimens. Je saisirai toujours avec empressement l'occasion de lui manifester mon amour & mon admiration pour la nouvelle constitution, le plus beau monument que la politique & la raison humaine aient jamais élevé, &c.

L'assemblée ordonne l'insertion de cette lettre au procès-verbal.

M. *Bouche*. Depuis long-tems & plusieurs fois vous avez chargé votre comité de constitution de rédiger la formule du serment qui doit être prêté par les *ambassadeurs*, & ce décret n'est point exécuté. Je pourrois en citer cinquante autres que vos comités ont laissé tomber dans l'oubli. Je demande que vous preniez des mesures pour réveiller leur diligence.

Séance du mercredi 17 novembre 1790.

M. *Démeunier*. Le travail du comité sur la représentation n'est point encore prêt, attendu que la plupart des départemens n'ont point encore envoyé le tableau de leur population. Au commencement de la semaine prochaine le comité vous présentera un moyen simple de parvenir sous un peu de tems à un résultat certain. Vous avez aussi chargé votre comité de constitution de vous présenter un projet de décret sur la prestation de serment à exiger des agens de la nation française auprès des cours étrangères. Loin de s'y refuser, plusieurs le demandent, & un d'eux a déjà envoyé son serment. Voici le projet de décret :

L'assemblée nationale décrète ce qui suit :

Art. Ier. Tous les *ambassadeurs*, ministres, envoyés, résidens, consuls, vice-consuls, ou gérens auprès des puissances étrangères, leurs secrétaires, commis ou employés français feront parvenir à l'assemblée nationale, ou à la législature prochaine, un acte par eux signé & scellé du sceau de la chancellerie ou secrétariat de l'ambassade ou de l'agence, contenant leur serment civique.

Cet acte sera envoyé dans les délais suivans, savoir : pour ceux qui sont en Europe, dans un mois, à compter du jour de la publication du présent décret.

Par ceux qui sont dans les colonies de l'Amérique, dans cinq mois.

Par ceux qui sont aux îles de France & de Bourbon, ou aux Indes orientales, dans quatorze mois.

II. Le serment qu'ils prêteront sera conçu en ces termes :

« Je jure d'être fidèle à la nation, à la loi & au roi, de maintenir de tout mon pouvoir la constitution décrétée par l'assemblée nationale, & acceptée par le roi, & de protéger auprès de (*exprimer ici le nom de la puissance*.) de ses ministres & agens, les français qui se trouvent dans ses états ».

III. Les agens du pouvoir exécutif qui, à dater du jour de la publication du présent décret, seront envoyés hors du royaume, avec l'une ou l'autre des qualités désignées à l'article I, prêteront leur serment entre les mains des officiers municipaux du lieu de leur départ.

IV. Ceux qui ne se conformeront pas au présent décret, seront rappellés, destitués de leurs places, & déclarés incapables de toutes fonctions, commission publique, jusqu'à ce qu'ils aient prêté le serment ci-dessus ordonné.

Ce décret est adopté. (*Voyez* MINISTRES).

AMI DE LA CONSTITUTION. C'est le nom que prirent d'abord des députés & ensuite divers particuliers qui, avec les premiers, ont formé une société considérable, dont les séances se sont tenues jusqu'à présent au couvent des Jacobins à Paris, & qui correspond avec plus de 1200 sociétés de même nom, établies dans les différentes villes du royaume.

C'est dans l'histoire de la révolution que nous ferons connoître la société des *amis de la constitution*; ici nous ne devons, suivant notre plan, que transcrire les actes & débats de l'assemblée constituante à leur égard ; nous y ajouterons deux pièces importantes de la société, en renvoyant pour le reste à la partie de l'ouvrage que nous venons d'indiquer, aux mots TROUBLES, AIX, DAX & BREST, où l'on verra que les *amis de la constitution* ont joué un rôle principal soit en bien soit en mal.

Séance du samedi 6 novembre 1790.

Une députation de la société des *amis de la constitution* est introduite a la barre ; l'orateur de la députation prononce le discours suivant.

Messieurs, les différentes sociétés des *amis de la constitution*, répandues dans le royaume, prennent aujourd'hui celle de Paris pour organe, & usant du droit de pétition, exerçant ce droit conservateur que vous avez placé à côté de la liberté comme son incorruptible gardien, à côté des loix comme un moyen toujours renaissant d'en préparer la sagesse, à côté de l'opinion publique pour en diriger utilement le cours, à côté des ennemis de la constitution pour leur susciter autant d'accusateurs que d'hommes libres ; elles vont fixer votre attention sur le sort d'un monument sacré, dont il faut arracher la destruction au tems, puisque les souvenirs que ce monument rappelle sont immortels.

Si l'on vous disoit que cet heureux vaisseau, cette arche précieuse qui, au milieu du bouleversement du globe, sauva les restes du genre humain, échappée à la destruction des siècles, va être apportée au milieu de vous, vous vous empresseriez de la déposer dans le plus beau de vos temples, & vous ne seriez que les interprêtes des générations innombrables dont elle a été le berceau : ces planches antiques n'auroient cependant sauvé que l'existence à quelques hommes, & les auroient également conservés pour la liberté, l'ame de la vie, & pour l'esclavage, pire que la mort.

Si l'on vous disoit que les représentans d'un grand peuple, envoyés auprès du thrône pour faire une constitution & créer des loix nouvelles, n'ayant d'autre force que ce saint caractère & cette auguste mission, d'autres gardes que les satellites d'un pouvoir qu'ils venoient détruire, & obligés d'attaquer la tyrannie en délibérant dans le palais même des rois, ont été forcés tout-à-coup de chercher un autre asyle ; & comme si le même génie les eût également inspirés se sont rendus sans concert dans le même lieu, sous un humble toit, retraite obscure que la simplicité ne destinoit pas à cette scène imposante ; que là, contens d'habiter des ruines quoique dépositaires de la souveraineté du peuple, contens de pouvoir graver sur des murailles les droits éternels des nations, la première explosion de leur courage fut un serment solemnel de ne se séparer qu'après avoir conquis la liberté. Si l'on ajoutoit que ce serment fut une source féconde de patriotisme, de vertus & de bonnes loix ; que ce peuple deviendra le plus heureux de la terre, & que cependant ce premier temple où la liberté prit naissance reste sans honneur, ne seriez-vous pas frappés d'une si étrange indifférence ?

Augustes organes du vœu de la France, l'enceinte de ce temple existe au milieu de nous, & ce temple est sans gloire ! Il existe, & la main du tems le détruit, lorsque sa durée doit atteindre la stabilité, l'éternité de vos loix. C'est ce jeu de paume qui, le 20 juin 1789, servit d'asile à six cents d'entre vous, lorsque l'entrée de votre salle vous fut refusée, qui recueillit les espérances d'un peuple de vingt-cinq millions d'hommes, & qui fut à jamais consacré par le serment dont il devint le dépositaire & le témoin. Que les autres nations vantent leurs monumens, ces antiques pyramides amoncelées par un peuple d'esclaves ; ces palais, orgueilleuses retraites des dominateurs de la terre ; ces tours sourcilleuses, instrumens de la tyrannie : il ne faut à des français, devenus libres, que des monumens qui attestent d'âge en âge la conquête de la liberté.

L'histoire peindra cet instant où les députés, errants dans les rues de Versailles, ne cherchoient qu'à se rencontrer pour se réunir ; où le peuple consterné demandoit : où est l'assemblée nationale ? & ne la trouvoit plus ; où le despotisme, qui croyoit triompher, expiroit sous les derniers coups qu'il venoit de se porter à lui-même ; où quelques hommes à l'approche d'une horrible tempête, & dans un lieu sans défense qui pouvoit devenir leur tombeau, sauvèrent une grande nation par leur courage. Mais ces murs nuds & noircis, image d'une prison & transformés en temple de la liberté, ces planches servant de siège & qui sembloient échappées à un naufrage ; cette table chancelante sur laquelle fut écrit le plus durable & le plus redoutable serment ; ce ciel que chaque député prenoit à témoin, & qui ne donnoit qu'une foible lumière, comme s'il avoit voulu cacher cet auguste mystère à de profanes regards ; ce peuple immense se pressant autour de cette retraite, attentif comme s'il avoit pu voir à travers les murs, silencieux comme s'il avoit pu entendre : & près de là, ces palais des prétendus maîtres du monde, ces lambris dorés d'où les législateurs d'une grande nation étoient repoussés. Un tel tableau échapperoit à l'histoire ; c'est à l'immortel pinceau, c'est à l'impérissable burin à le retracer.

Conservez, ô représentans des français, conservez ce précieux monument ! qu'il reste dans son inculte & religieuse simplicité ; mais qu'il échappe au torrent des années par des soins capables de l'éterniser, sans le changer ni l'embellir; qu'une garde de citoyens l'environne, comme s'il étoit encore le berceau de la loi; qu'il soit, qu'il demeure sur-tout fermé comme le temple de la guerre, puisque nous ne verrons jamais renouveller le combat des pouvoirs qui fit sa glorieuse destinée; monument instructif pour les enfans des rois; il servira de contraste à leurs demeures, il leur retracera l'époque où commença leur véritable puissance; à jamais respecté de la nation, il lui rappellera le courage, les vertus de ces véritables fondateurs. Un jour la vénération publique en environnera l'enceinte comme d'une barrière impénétrable aux vils adorateurs du despotisme; & quand le tems aura couvert d'un voile religieux son origine, les générations futures y verront encore le génie de la liberté veillant sur les destins de l'empire. C'est-là que chaque législature, en prêtant son premier serment, rendra grâce à l'auteur de l'homme & de ses droits imprescriptibles, de n'être plus exposée aux dangers qui immortalisèrent le choix de cet asile. Les étrangers même, en abordant notre terre hospitalière, viendront recueillir sur le seuil de ce sanctuaire les impressions profondes qu'il fera naître, & emporteront dans leur patrie les germes féconds d'une sensible & courageuse liberté.

O! premiers législateurs des françois, ou plutôt premiers organes des loix de la nature, couronnez nos vœux, en agréant l'hommage du tableau qui représentera votre héroïque serment! Il sera éternel, ce monument dédié au tems & à la patrie, si placé dans la salle même de vos assemblées, il a sans cesse pour spectateurs des hommes capables d'imiter le patriotisme dont il retracera l'image.

Réponse de M. Barnave, président.

L'émotion que l'assemblée a ressentie au récit des évènemens que vous lui avez rappelés, les applaudissemens qu'elle vous a donnés, vous prouvent l'intérêt qu'elle attache à vos demandes..... Il est aisé de concevoir ce que peuvent les arts, sous les yeux de la liberté pour la conservation précieuse des monumens qui en rappellent la conquête....... L'assemblée prendra vos propositions en très-grande considération, & vous invite d'assister à sa séance.

L'assemblée ordonne l'impression de ces deux discours & le renvoi de la pétition de la société des *amis de la constitution* au comité des rapports, pour en rendre compte incessamment.

Séance du 21 août 1791.

Les ministres sont introduits dans l'assemblée.

M. *le garde du sceau.* C'est à regret, messieurs, que je me vois obligé de vous dénoncer des sociétés qui ont été utiles, qui peuvent l'être encore, lorsqu'elles se renfermeront dans les bornes que la raison, la loi, les principes des gouvernemens leur prescrivent; je veux parler de quelques sociétés des *amis de la constitution*, qui déméritent tous les jours le plus beau des titres, en attaquant la constitution, qu'ils font profession de defendre. J'ai à mettre sous vos yeux des faits qui ne sont pas criminels, mais qui peuvent avoir de funestes conséquences, en laissant croire au peuple, & à ces sociétés elles-mêmes, qu'elles sont un pouvoir politique; de ce genre sont les arrêtés de la société des *amis de la constitution* d'Orléans, qui demandent une place marquée dans le tribunal de la haute-cour nationale provisoire; celui par lequel elle invite ce même tribunal à nommer un second secrétaire interprête; des informations faites au nom de celle de Vitteau, par des commissaires.

Mais c'est avec plus de chagrin que je vais mettre sous vos yeux des actes excessivement coupables, des faits de pouvoir arbitraire qui auroient épouvanté l'ancien despotisme.

Voici un procès-verbal du tribunal d'Alby, précédé d'une lettre du président de ce tribunal.

« J'ai l'honneur de vous envoyer, comme j'en suis chargé par le tribunal, une copie du procès-verbal qu'il a adressé le 3 du courant, à raison de l'enlèvement qui a été fait, à force armée, par certains membres de la *société des amis de la constitution* de cette ville, d'une procédure pour fait d'assassinat, commencée à la requête de l'accusateur public, contre M. Canet & ses complices. La justice se trouvant outragée, & le dépôt public violé, nous osons espérer de l'assemblée nationale qu'elle prendra les moyens nécessaires pour que ce crime ne reste pas impuni, sans quoi la justice ne sera plus qu'un jeu & un fantôme; ses ministres obligés de céder à la force seront le jouet des passions des justiciables ».

Procès-verbal.

Cejourd'hui 3 juillet 1791, à l'heure de deux de l'après-midi, dans la chambre du conseil du tribunal du district d'Alby, étant assemblés, MM. Jean-Pierre Bonnet, président; Jean-Louis Goufferant, Louis Bousquet, François Farssac, juges; & Antoine Martel, premier suppléant de juge, écrivant M. Pierre-Gabriel Granet, commis au greffe, duement assermenté; a comparu M. François Bouton, accusateur public près ledit tribunal, qui a dit que M. Maurel, ci-devant vicaire de la paroisse de Sainte-Martiane, ayant porté plainte, pour fait d'assassinat, contre M. Caner, marchand apothicaire de cette ville, & ses complices, il fit ensuite son désistement, à la suite duquel le comparant fut obligé, par le devoir que lui imposoit sa charge, de faire procéder à une information contre ledit M. Canet & ses complices; que les accusés alarmés, convoquèrent à son de trompe une assemblée des *amis de la constitution*, qui envoya à onze heures de la nuit dernière, environ trois cents hommes, dont partie étoit en armes, chez ledit M. Bouton, qui, couché dans son lit, fut obligé de se lever, fit ouvrir la porte de sa maison, qu'on travailloit à enfoncer, descendit dans la cour, où il fut saisi, insulté & conduit ignominieusement à la maison commune, où la société des *amis de la constitution* étoit assemblée; que certains membres de cette société lui demandèrent impérieusement la remise de la procédure contre M. Canet. Le comparant ayant répondu que cette procédure étoit au greffe du tribunal, la société prit le parti d'envoyer prendre M. Bousquet, susdit juge du tribunal qui avoit procédé à l'information.

M. Bousquet a dit qu'environ les douze heures de la nuit dernière, une troupe nombreuse de gens armés se transportèrent chez lui, au moment où il alloit se mettre dans son lit, l'obligèrent de descendre dans la rue, en bonnet de nuit & en mules de chambre, & de les suivre à la maison commune, où, après bien des reproches, ils lui demandèrent la remise de la procédure de M. Canet. Le comparant leur ayant répondu que cette procédure n'étoit point en son pouvoir, & qu'elle étoit devers le greffe; la société commit une troupe de gens armés pour se rendre chez le greffier du tribunal, pour prendre cette procédure, que le greffier ayant été emmené, il lui fut enjoint d'aller chercher ladite procédure, après quoi lesdits MM. Bousquet & Bouton eurent la liberté de se retirer. A comparu M. Vialaret, greffier du tribunal, qui a dit que dans la nuit dernière, vers l'heure de minuit, des gens armés se présentèrent au-devant la porte de sa maison, & frappèrent a coups redoublés; le comparant leur ayant demandé de la fenêtre en dehors ce qu'ils vouloient de lui, ils lui répondirent qu'il falloit qu'il se rendît à la maison commune, & qu'il y apportât la procédure commencée par l'accusateur public contre M. Canet. Le comparant leur ayant répondu que cette procédure, dans laquelle le sieur Barbés, commis au greffe, avoit été employé, étoit dans le dépôt public; cette réponse ne satisfit point cette populace, qui exigea qu'il descendît, sans quoi on alloit enfoncer la porte de la maison, & comme elle se mettoit à même d'effectuer ses menaces, le comparant mit son habit & fut ouvrir; que la cohorte, sans lui doner le tems de mettre ses bas, se saisit de lui, le conduisit à la maison commune, où la société lui donna une escorte pour l'accompagner chez M. Barbés, où ils furent suivis par une troupe nombreuse; ce commis fut forcé de se lever de son lit pour se rendre au greffe du tribunal; pour livrer la procédure. Est comparu M. Barbés, qui a dit que la nuit dernière, environ minuit, M. Vialaret, accompagné d'un grand nombre de personnes armées, se rendit chez lui, qu'on le trouva couché dans son lit, & qu'après l'avoir fait lever, on le somma de remettre la procédure faite contre M. Canet; M. Vialaret lui dit même qu'il falloit la remettre à ceux qui l'accompagnoient; en conséquence il se rendit au greffe, accompagné de cette populace, & remit ladite procédure, consistante en la plainte, une copie de désistement, une assignation à témoins, & une information contenant les dépositions de dix témoins à M. Babré, ancien procureur du roi, un des attroupés.

Et de tout ce dessus a été dressé le présent procès-verbal; que lesdits MM. Bousquet, Bouton, Vialaret & Barbés ont affirmé véritable, pour servir & valoir ainsi qu'il appartiendra, & ont lesdits président & jurés, accusateur public, & lesdits Vialaret & Barbés, signés avec ledit Granet, commis au greffe.

Voici une lettre de l'accusateur public auprès du tribunal de Caën.

« Vous avez su que des malfaiteurs, au nombre de soixante, ayant à leur tête des protestans, détruisirent, pendant la nuit du 3 de ce mois, la statue de Louis XIV, élevée sur la place royale de notre ville. Le lendemain 4, le tribunal s'assembla & arrêta que je poursuivrois les auteurs de ce délit public: de suite je publiai mon requisitoire, tendant à transport d'un commissaire sur le lieu, & d'en dresser procès-verbal en présence du commissaire du roi. De son côté la municipalité qui prit sur elle de faire enlever les membres mutilés de la statue, en dressa également procès-verbal, portant qu'il me seroit envoyé pour valoir de dénonciation & faire les poursuites en conséquence. J'en fus informé; & le 5 j'écrivis aux officiers municipaux qui, le 6, me firent l'envoi de ce procès-verbal, avec une lettre contenant une nouvelle réquisition de poursuivre. Le 7, je donnai mon réquisitoire tendant à informer, & mis acte au greffe de la dénonciation: le 8 & 9, je fis entendre douze témoins, & dès ce moment les charges étoient suffisantes pour décréter de prise-de-corps quatre des chefs de cet attroupement. Le soir même le club en fut instruit; mais comme cette voie de fait avoit été projettée, conseillée & commise par partie de ses membres, il envoya une députation tumultueuse, sur les neuf heures & demie du soir, chez le président du tribunal, pour lui demander de remettre la procédure, sous peine de voir renouveller sur sa tête les scènes d'horreur dont le souvenir fait frémir. Le président demanda vingt-quatre heures pour assembler & consulter la compagnie.

Le lundi 11, une seconde députation vint au tribunal demander la réponse; elle fut introduite à la chambre, au lever de l'audience, & le président répondit, que pour éviter de nouveaux troubles, pour le bien de la paix & de la tranquillité publique, la compagnie vouloit bien cesser toutes poursuites; qu'elle alloit en dresser procès-verbal & en instruire le chef de la justice. Le club devoit être satisfait; mais comme il s'est emparé de l'autorité, & que le pouvoir exécutif est presque nul, il députa de nouveau vers le président; le jeudi 14 sur les neuf heures du soir, les pièces furent remises & brûlées dans l'assemblée *des amis de la constitution*; violation dont le tems du despotisme ne fournit point d'exemple. Cette condescendance n'a pas assouvi la haine de ce parti, qui maintenant régit & gouverne tout, ne connoît ni loix ni pouvoir. Pendant la nuit, les malfaiteurs dégagés des liens d'une procédure criminelle, assurés de l'impunité, se sont portés en foule chez moi. Graces aux honnêtes citoyens qui se sont armés pour les repousser, j'en suis quitte pour mes vitres cassées. --- Exemple bien scandaleux, & qui tend à anéantir la portion d'autorité qui m'est confiée dans la partie la plus intéressante du ministère.

J'ai cru qu'il étoit de mon devoir de vous en informer, non pour mettre un terme aux vexations de ces sociétés, qui ne connoissent pas même l'autorité de l'assemblée nationale, mais seulement pour vous rendre compte de ma conduite. J'ai vu une voie de fait qui renfermoit trois délits publics, 1°. la destruction d'un monument que les décrets avoient mis sous la sauvegarde de la loi; 2°. un attroupement à main armée; 3°. une rébellion faite à une patrouille, qu'elle avoit arrêtée. J'ai dû remarquer & poursuivre; l'arrêté de la compagnie, la dénonciation de la municipalité m'en auroient imposé la loi, si j'avois pu oublier les devoirs du ministère que je remplis.

La lettre suivante est du directoire du département des Bouches du Rhone.

» Une administration à qui l'on ne peut reprocher qu'un dévouement sans bornes aux loix émanées du pouvoir constituant, qui n'a cessé d'en faire la règle de sa conduite, éprouve des véxations intolérables, que de simples particuliers n'auroient pas supportées sous le despotisme de l'ancien régime. Nous avons l'honneur de vous adresser copie en forme d'une adresse portée à notre directoire, par deux députés du club patriotique de Marseille. Des calomnies, des injures, des menaces coupables, voilà tout ce que vous trouverez dans cet écrit inconstitutionnel.

Nous ne devons pas vous dissimuler que le plus ardent patriotisme ne peut se faire à des atrocités de ce genre, les travaux, les désagrémens, les dangers ne sont rien à nos yeux, nous en faisons le sacrifice à la patrie : mais l'honneur, la probité, le patriotisme méconnu & calomnié, c'est une humiliation, que nous ne pourrions dévorer plus long-tems.

Une main coupable & cachée nous poursuit : voici notre crime. Nous avons résisté avec fermeté à tous les factieux; nous avons repoussé avec horreur les principes du républicanisme, les excès de l'anarchie; nous avons dénoncé l'abbé Rive, instigateur des excès populaires & prédicant inconstitutionnel.

L'abbé Rive, décrété de prise de corps, a fui à Marseille; il y a présenté notre administration comme le réceptacle de l'aristocratie. Le greffier de Vetaux avoit exigé neuf livres d'un citoyen pour l'extrait d'une délibération : pour le bonheur du peuple, nous avons fait ordonner la restitution de ce fier exigé. L'abbé Rive a fait de cet acte de justice le sujet d'un libelle contre notre directoire; nous avons dénoncé l'abbé Rive; nous avons rendu publics les motifs de notre dénonciation. Les députés de Provence, le ministre de la justice & celui de l'intérieur, l'administration du département des Bouches du Rhône, tous les districts de ce département, toutes les communes de notre district ont connu les motifs & les principes de notre conduite.

Le mémoire de M. l'abbé Rive, sous le nom des officiers municipaux de Vétaux, n'a point fait l'effet coupable qu'on en attendoit; on nous a fait dénoncer alors par ces mêmes personnes, au club de Marseille, non plus pour tout ce qui avoit fait vainement l'objet des clameurs de l'abbé Rive, mais pour un avis donné il y a sept mois contre le sieur Bertin, administrateur du district, & les officiers de Vétaux. Enfin, en décembre 1790, le curé du lieu se présenta à notre directoire avec cinquante habitans; il nous présenta un mémoire dans lequel il exposa que des particuliers ayant à leur tête le maire & les officiers municipaux de Vetaux & M. Bertin étoient venus s'emparer, de force, de sonfallon pour y établir un club. Cinquante habitans attestèrent le fait : tous nous dirent que le plus grand désordre étoit à Vetaux, si nous n'y portions promptement remède. La tranquillité publique exigeoit une détermination prompte; nous donnâmes avis tout de suite, pour improuver la conduite des officiers municipaux & de M. Bertin, pour leur inhiber de s'emparer par la force des propriétés des particuliers, & déclarer que toutes les propriétés & les personnes étoient sous la sauve-garde de la loi. Le département prit le même jour un arrêté qui rétablit la paix à Vetaux.

Les officiers municipaux, ni M. Bertin, ne s'étoient jamais plaints de cette improbation; ils n'avoient jamais réclamé contre l'accusation grave dont ils étoient l'objet. Sept mois après avoir calomnié en vain notre administration sur d'autres avis, sans parler de celui-ci, ils vinrent, non à nous, non aux tribunaux, mais à un club, nous dénoncer comme des administrateurs prévaricateurs & inconstitutionnels.

Sur un fait aussi pur, aussi minutieux, le club des *amis de la constitution* de Marseille, sans avoir vu ni entendu aucun de nous, délibère l'adresse que nous vous envoyons & qu'elle nous mande par deux députés, pour nous faire connoître ses intentions.

C'est donc en vain que vous demandez l'exécution de la loi, le respect envers les autorités constitutionnelles, vous défendez aux clubs de délibérer, & celui de Marseille délibère; vous leur défendez de former des pétitions, & celui de Marseille, intime des ordres, s'érige en tribunal, & menace individuellement les administrateurs.

Votre intention n'est pas que les administrations soient influencées par un pouvoir arbitraire; & le club de Marseille mande des députés, hors de Marseille, hors du district pour jeter du découragement & l'effroi dans l'ame des administrateurs. Nous espérons que nos plaintes ne seront pas vaines, que nous serons une fois pour toutes à l'abri d'un arbitraire aussi intolérable : si vous ne vous hâtez d'en arrêter les excès, ne comptez plus, messieurs, sur des administrateurs, nous sommes forcés d'attendre, avec impatience, le moment où il nous sera permis de nous décharger d'un fardeau aussi accablant.

Nous vous envoyons ci-joint la copie d'une adresse que nous a envoyée la société *des amis de la constitution* d'Aix.

Copie d'une adresse au directoire du district d'Aix département des Bouches du Rhône, par la société des amis de la constitution de Marseille.

Messieurs, l'opinion publique depuis long-tems s'élève avec force contre vous, c'est elle qui porte très-souvent à notre tribune les plaintes des infortunés; parmi ces plaintes, celles des anti-politiques & de la municipalité de Vetaux, nous ont sur-tout vivement intéressés. L'énumération des maux & des menaces que leur ont faits des ennemis qui s'étayent de votre appui & de celui du directoire du département des bouches du Rhône, provoquent notre juste indignation. Quoi, messieurs, est-ce par l'oppression, par la tracasserie, que vous voulez dominer! & comptez-vous pour rien la confiance qui vous a élevés à un poste éminent, que la plupart d'entre vous ne cesse de déshonorer? les agens exécrés, satellites de l'exécrable d'André, en un mot, ces vils commissaires du pouvoir exécutif ne sont plus parmi vous, ce n'est donc plus sur eux que vous pouvez rejetter les troubles qui agitent nos amis & nos frères du département. Fidèles à nos sermens, nous soutiendrons la constitution de toute notre force; nous ne souffrirons pas davantage que des administrateurs parjures & ingrats fassent servir l'autorité qui leur est confiée, à défendre & à propager la cause des ennemis de la révolution. Reconnoissez, messieurs, vos erremens, puisque vous le pouvez encore; soyez justes; faites cesser les réclamations des patriotes, & que la nécessité de faire le bien vous sauve de l'opprobre d'une dénonciation que nous ne laisserons pas enfouir dans l'antre d'un comité.

Nous n'entrerons point dans les détails de tous les griefs à votre charge, ce seroit une inutilité; car qui mieux que vous doit les connoître? La vérité règne, le foible ne doit plus être la victime des ambitieux; sa voix sera respectée. Le méchant qui tyrannise, creuse lui-même l'abîme qui l'engloutira; nous déclarons à la face du ciel & de la terre, que si vous ne rentrez dans les limites de la constitution, nous sommes prêts à la défendre, dussions-nous faire les plus grands sacrifices; nous déclarons au contraire, que vous serez individuellement responsables des suites, qu'une obstination criminelle pourroit occasionner: *qui aures habet, audiat.*

MM. Rebecqui & Venture, que nous députons auprès de vous, sont chargés de vous remettre la présente & de vous expliquer plus positivement nos intentions. Nous attendons leur retour pour connoître leur rapport; mais s'il ne nous donne pas cette assurance si nécessaire, que vous reviendrez aux principes de la raison, nous rendrons cette adresse publique dans tout le département, & nous inviterons tous les bons citoyens de rassembler tous les griefs qu'ils ont contre vous pour former un tout, qui provoquera une justice exemplaire.

M. *Du Port, ministre de la justice.* Si j'avois trouvé dans les moyens ordinaires du gouvernement des remèdes à de pareils excès, j'en aurois épargné le récit à l'assemblée nationale; mais tous les pouvoirs gênés, entravés dans leur mouvement, les tribunaux & les corps administratifs découragés, avilis, intimidés par une suite de l'esprit que manifestent quelques-unes de ces sociétés, sollicitent l'attention de l'assemblée nationale. Il importe que la machine du gouvernement marche enfin, au moment où la constitution est achevée; que les tribunaux puissent juger, que les administrations puissent administrer; & il est impossible que ce bien s'opère, si des associations d'individus qui ne peuvent & ne doivent avoir qu'une force d'opinion infiniment utile, s'érigent en corps politiques & constitués, s'établissent non-seulement les surveillans & les censeurs des juges, des administrations, mais encore leurs supérieurs & leurs maîtres. Je dois dire à l'assemblée nationale que le remède est facile, qu'une bonne instruction est peut-être seule suffisante. J'ai vu par ma correspondance qu'il suffiroit de rappeller à ces sociétés les vrais principes pour les y ramener par la raison & l'ascendant de la loi, j'ai rendu compte des faits que je ne pouvois plus dissimuler; mes principes sont assez connus pour qu'on ne me soupçonne pas d'attaque, les amis de la liberté. J'attaque les ennemis de l'ordre, les ennemis de la paix, les ennemis de la loi & de la constitution, qui trompent & égarent d'excellens citoyens. Une loi qui préviendroit les écarts & les excès des sociétés des *amis de la constitution*, les auroit bientôt épurés, car qu'y feroient alors les artisans de troubles, s'il savoient qu'ils peuvent être punis; que la justice peut les y atteindre? qu'y feroient-ils si la sagesse de l'assemblée nationale interdisoit toute forme délibérative à ces associations qui n'ont d'autres pouvoirs que celui d'un individu? Je ne pousse pas plus loin les réflexions. l'assemblée nationale trouvera le remède; je dois me borner à exécuter avec zèle, avec courage & le ferai.

Sur la requête de la société des *amis de la constitution*, la haute cour nationale avoit accordé deux places dans le tribunal, & au milieu même des juges, à deux membres députés par cette société pour inspecter les opérations du tribunal. Instruit de ce fait j'ai écrit au tribunal que j'étois surpris qu'il eut pris cette arrêté sans m'en informer; sa réponse a été la révocation de son arrêté.

M. *Le ministre de l'intérieur.* J'ajoute aux faits qui viennent de vous être dénoncés par M. le garde du sceau, que j'ai reçu d'assez fréquentes plaintes de la part des corps administratifs contre les entreprises des sociétés des *amis de la constitution.* Plusieurs de ces sociétés, non-seulement ont méconnu souvent l'autorité des corps administratifs, mais les ont contrariés, ont mis obstacle à l'exécution de leurs arrêtés, ou ont suscités des troubles contre eux. Je pourrois donner là-dessus de nombreux détails à l'assemblée.

M. Delessart fait lecture d'une adresse de félicitation de la société des *amis de la constitution* séante à Dijon, au peuple de Lausanne, au sujet de la célébration faite dans cette ville de l'anniversaire de la révolution françoise & de l'arrestation du roi. Il fait part à l'assemblée d'une réponse du bailli de Lausanne, ainsi conçue :

A MM. *Les officiers municipaux de Dijon.* « j'ai l'honneur de vous envoyer ci-joint un imprimé ayant pour titre. *Adresse de la société des amis de la constitution de Dijon, au peuple de Lausanne, &c.* mes supérieurs m'ont donné ordre de vous donner connoissance de cet imprimé qui a été communiqué à l'*ambassadeur* de France, espérant que vous désaprouvez cet écrit qui tend à semer la discorde & l'esprit d'insurrection dans nos cantons persuadés que vous prendrez toutes les mesures qui dépendront de vous pour empêcher que l'harmonie qui subsiste entre les deux états soit troublée, je crois cependant devoir vous prévenir que si, contre ces espérances vous, vous ne preniez aucune mesure; les habitans de Dijon seroient regardés ici comme suspects & traités comme tels.

M. *Vieillard.* Votre comité des rapports, informé que le ministre de la justice devoit faire les dénonciations qu'il vous a soumises, m'a chargé de vous instruire qu'il a reçu plusieurs plaintes semblables. Je ne crois pas que dans ce moment-ci l'assemblée puisse elle-même s'occuper de ces affaires, mais bien qu'elle doit charger ses comités des rapports & de constitution de lui en faire le rapport. M. Le garde du sceau vous a dit que plusieurs sociétés étoient égarées par le patriotisme, qu'elles étoient induites en erreur. En effet la société séante à Caen, s'étoit toujours conduite avec la plus grande modération, elle avoit toujours montré les principes les plus purs, mais il est une époque malheureuse où tout-à-coup on l'a vu changer de conduite, c'est celle où M. Claude Fauchet, évêque du département de Calvados y a paru; celle de Bayeux n'a pas moins été agitée par un vicaire de cet évêque; l'un & l'autre se sont emparés de la présidence de ces sociétés. Je dois vous faire lecture d'une pétition apportée par deux officiers municipaux de Bayeux.

M. Vieillard fait lecture de cette pétition, dont voici la substance :

« C'est avec douleur que la municipalité de Bayeux porte à l'assemblée nationale de justes plaintes contre M. Claude Fauchet, évêque de ce département; contre M. Etampes, son vicaire. Cet homme, qu'une certaine réputation de fermeté & de patriotisme avoit porté ce département à choisir pour son évêque, comme l'homme le plus propre à combattre la mal-veillance de nos ennemis, en est actuellement l'ennemi le plus cruel; il ne veut aucun gouvernement. L'assemblée nationale a décrété une constitution monarchique, la monarchie lui est odieuse; une constitution représentative, il voudroit que le peuple exerçât lui-même ses pouvoirs. Il prêche déjà la réformation du gouvernement, qui est à peine établi; il excite les hommes à l'insurrection. Nous joignons à cette lettre des écrits qui serviront de pièces justificatives à ces assertions. On y voit à chaque ligne les prétentions d'un orgueil gigantesque, qui ne reconnoît aucune autorité, ni des corps administratifs, ni des tribunaux, ni même celle de l'assemblée nationale ou du roi. Un grand étalage de principes, les grands mots de patriotisme & de fraternité religieuse y sont employés pour égarer le peuple; c'est dans la chaire évangélique qu'on excite le peuple contre ses administrateurs; plusieurs fonctionnaires publics ont été obligés de quitter la ville. A Caen on a fait abattre la statue de Louis XIV; à Bayeux, celle de ce même roi, a été sur le point d'être remplacée par celle de M. Claude Fauchet....Jusqu'au moment où M. Fauchet a pris possession de son siége, Bayeux avoit une société qui se distinguoit par son patriotisme, par ses principes, par sa fraternité. Notre département étoit un de ceux qui payoit le mieux les impôts. Cet esprit d'ordre a cessé dès que M. Fauchet est arrivé, & qu'il a pris pour vicaire M. Etampes, malgré l'improbation de la municipalité, qui se plaignoit des désordres qu'il y occasionnoit. C'est dans le club que fut faite en présence de M. Fauchet & son vicaire, la motion de l'enlèvement de la statue du roi. Plusieurs particuliers furent décrétés. Les ministres de la religion sont institués pour prêcher la paix & le respect des Loix. Loin d'observer ces principes, M. Etampes fit distribuer un imprimé, où il convoquoit une assemblée publique, *pour délibérer sur la détention des frères détenus par des ordres tyranniques*; redoublant l'appareil épiscopal, M. Claude Fauchet monté en chaire, lit des mandemens où le peuple est soigneusement averti de sa force, fait de la chaire une tribune aux harangues, déclame contre toutes les autorités. Cette doctrine anarchique électrise tous les esprits. Si l'assemblée ne prend des mesures de sévérité, c'en est fait de notre département, & une doctrine anarchique va remplacer vos sages institutions, &c.

M. Fauchet a été dénoncé à l'accusateur; il parcourt actuellement les campagnes; il prêche même à Caen publiquement dans les rues, plusieurs fonctionnaires publics, dénoncés au peuple, ont été obligés de prendre la fuite. Les administrateurs sont prêts à abandonner leurs fonctions, &c. ».

Après cette dénonciation, votre comité des rapports, vous propose de décréter que le ministre de la justice rendra compte de la procédure qui s'instruit contre M. Fauchet; & que, non-seulement les pièces qui vous ont été lues soient renvoyées aux comités des rapports & de constitution, mais que le comité ecclésiastique soit tenu de vous présenter un décret pour faire renfermer les ecclésiastiques, les évêques constitutionnels, les fonctionnaires publics dans les limites de leur devoir.

M. *Joubert*, *évêque de la Charente inférieure*. Je conclus comme le préopinant, qu'il faut prendre des mesures pour que les évêques constitutionnels, comme tous les autres fonctionnaires publics, se renferment dans les bornes de leur ministre; mais je conclus, avec plus de sévérité, qu'il faut prendre des mesures promptes pour que M. Fauchet soit mis en état d'arrestation, (on applaudit,) ainsi que son vicaire. Il faut que l'un & l'autre soient des monstres ou des fous pour tenir la conduite qui vous est dénoncée. S'il y en a d'autres qui soient aussi coupables, je demande qu'ils soient punis également; mais je prie l'assemblée de ne pas généraliser son décret, & je conclus à ce que M. Fauchet soit mis en état d'arrestation.

M. *Pétion*. La motion de préopinant est si irrégulière, si tyrannique que je ne puis pas m'empêcher de m'élever avec force contre elle. Vous avez entendu qu'un tribunal étoit saisi de cette affaire; pouvez-vous dépouiller la justice sans avoir même les pièces sous les yeux? Vous n'avez entendu qu'une dénonciation, & cette dénonciation est conçue dans des termes qui pourroient la rendre suspecte. Je demande en conséquence la question préalable sur la proposition du préopinant.

L'assemblée décrète la proposition faite par M. Vieillard.

Ces plaintes & d'autres encore ont engagé le comité de constitution à faire un rapport sur les sociétés populaires, & l'assemblée a décrété les conclusions de ce comité. Ces moyens au reste n'ont ôté aucune activité aux *sociétés des amis de la constitution*. Voyez SOCIÉTÉS POPULAIRES.

Nous finirons par rapporter une adresse des *amis de la constitution*, envoyée en septembre 1790, aux sociétés affiliées, & dont M. Alexandre de Lameth fut le rédacteur.

Adresse de la société des amis de la constitution de Paris, aux sociétés qui lui sont affiliés.

Les *amis de la constitution* ne cessent de veiller pour le salut de la chose publique: soit que la liberté paroisse menacée par des entreprises funestes, soit que l'observation des loix soit troublée par la licence ou l'erreur, leur sollicitude est la même. Avec ce zèle infatigable qui poursuit incessamment les complots des ennemis de la patrie, ils s'empressent d'éclairer ceux qu'une effervescence dangereuse pourroit égarer sur leurs devoirs. Le maintien de l'ordre, l'exécution des loix, le respect des propriétés ne sont pas moins l'objet de leurs soins, que la recherche des abus, la défense des opprimés & la surveillance des dépositaires du pouvoir.

Bornés à l'influence de l'opinion, ils défendent la constitution par la propagation des lumières & de l'esprit public : leurs écrits & leurs discours tendent sans cesse à entretenir le courage civique qui a fondé la liberté, qui doit la défendre & les principes d'ordre social qui la maintiennent, qui en répandent les fruits, qui la font chérir à tous.

Dirigés par ces sentimens, nous croyons, Messieurs, pouvoir, en ce moment, présenter à votre patriotisme, un moyen de servir efficacement la chose publique. De grands mouvemens, de grands désordres se sont manifestés dans plusieurs régimens de l'armée. L'ordre a été rétabli, mais la nation est en deuil des évènemens qui se sont passés, elle n'est pas encore tranquille sur l'avenir.

De la méfiance, des torts réciproques entre ceux qui commandent & ceux qui obéissent, des manœuvres odieuses, des insinuations perfides des ennemis de la patrie, ont égaré nos frères, nos défenseurs. si la justice doit remonter aux causes de ces désordres, si elle doit en rechercher les vrais auteurs, si elle doit les punir sans distinction d'état, de grade, de rang, de dignité, confions-nous à elle, & laissons-lui ce pénible ministère ; nous citoyens, nous pouvons en remplir un plus doux & non moins utile.

Membres des sociétés établis dans des villes où sont les troupes de ligne, & où quelques semences de troubles ont excité vos alarmes, employez tous vos soins à y ramener l'ordre & à y rétablir cette union, cette franchise, cette cordialité, qui conviennent si bien à des militaires ; en rappellant la paix parmi eux, vous rappellerez la tranquillité & la confiance dans la nation.

Dites-leur qu'un aveuglement funeste égare leur patriotisme ; que livrés aux suggestions des ennemis de la patrie, ils travaillent, sans le vouloir, à détruire cette constitution qu'ils ont juré de maintenir ; que tandis que les bons citoyens sont alarmés de ces désordres, les méchants s'en réjouissent & se flattent d'opérer, par l'insubordination de l'armée, la ruine d'une constitution qui s'est formée à l'abri de son civisme.

Le plus noble désintéressement a toujours caractérisé les militaires françois ; quand l'intérêt public a parlé, ils ne consultent point le leur, mais l'horreur de l'ingratitude doit faire impression sur des ames généreuses. Une grande révolution vient d'abattre presque tous les corps qui existoient dans l'ancien gouvernement ; ceux qui n'ont pas été détruits ont perdu la plupart de leurs avantages, l'armée seule en a recueilli ; tandis que tous les fonctionnaires publics ont vu réduire leurs salaires, ceux des militaires ont été augmentés ; toutes les injustices dont ils souffroient, ont été réprimées ou sont prêtes à l'être, tous les avantages compatibles avec les devoirs de leur profession leur ont été accordés ou promis.

Quoi ! la nation obtiendroit-elle moins d'eux par sa bienveillance & par sa justice, que l'ancien régime n'en obtenoit par la rigueur & par l'oppression ? Mais de plus nobles motifs auront plus d'empire sur eux.

Dites-leur que si les peuples ont attaché tant de considération à la profession des armes, ce n'est pas seulement la valeur & le mépris de la mort qu'ils ont voulu récompenser ; que d'autres devoirs non moins utiles, non moins glorieux attachent les soldats à leurs patrie. Toujours prêts à accourir à la voix des magistrats pour le maintien de l'ordre public, c'est sur eux que repose la sûreté, la tranquillité des citoyens. Leurs armes leur ont été remises pour assurer l'exécution des loix, de même que pour repousser ces ennemis de l'état, & le citoyen se confiant en eux, repose en paix à l'abri de leur courage & de leur vigilance. Ainsi troubler l'ordre public qu'ils sont chargés de maintenir, tourner contre les loix les armes qu'ils ont reçu pour les défendre, abuser du dépôt que la nation a remis dans leurs mains, ce seroit violer à la fois tous les devoirs, ce seroit trahir la confiance & manquer à l'honneur.

Qu'ils le sachent, c'est assez, la patrie n'a rien à craindre d'eux, quand ces vérités leur seront connues.

Dites aux chefs que les soldats, pour leur être subordonnés, n'en sont pas moins leurs compagnons d'armes ; que ce titre appelle la bienveillance réciproque, que l'autorité ne perd rien de sa dignité en se conciliant l'affection ; & que s'ils ont le droit de réclamer l'obéissance au nom de la loi ; ils ont le devoir de la rendre facile par la confiance.

Dites aux soldats que chaque état impose des devoirs ; que l'engagement qu'ils contractent les soumet aux règles que l'intérêt de la nation a dictées ; qu'il ne peut point exister d'armée sans discipline, & de discipline sans obéissance, que l'obéissance prescrite par les loix est un titre d'honneur.

Dites à tous que le bien de la patrie leur fait un devoir de se concilier & de s'unir ; que la nation a les regards fixés sur eux, & qu'elle attend de leur patriotisme cette unité d'efforts & de volontés qui peuvent seuls la rendre tranquille au dedans & imposante au dehors.

Dites-leur que la liberté qu'ils ont défendue & qu'ils chérissent, ne sauroit exister avec des armées indisciplinées; que le respect des loix est nécessaire pour assurer & maintenir cette liberté que l'énergie du patriotisme a conquise, & que c'est à ce signe désormais que l'on reconnoîtra s'ils sont françois & citoyens.

Telles sont, Messieurs, les idées que nous avons cru utiles de répandre dans les circonstances présentes; nous en laissons le développement à vos lumières, à votre patriotisme, & nous nous reposons avec confiance sur tout ce qu'il saura vous inspirer. *Voyez* RÉGIMENS.

AMI DU PEUPLE. C'est le nom d'un journal extrêmement incendiaire, & dénoncé par M. Malouet dans la séance du 31 juillet 1790. Nous rapporterons cette séance & les suites qu'elle a eues, en nous réservant de faire connoître dans l'histoire de la révolution tous ces *amis* qui ont semé le trouble & prêché les meurtres pendant tout le tems de l'assemblée constituante. (*Voyez encore* ÉCRITS INCENDIAIRES.)

Séance du 31 juillet 1790.

M. de Virieu. Beaucoup d'entre nous demandent avec instance la parole pour M. Malouet.

M. Malouet. C'est une dénonciation importante que j'ai à faire. — *Plusieurs membres de la partie gauche de la salle*: portez-la à la police.

M. Virieu. C'est à la police de l'assemblée qu'elle doit être portée.

On demande l'ordre du jour.

M. Malouet. Il n'est pas d'ordre du jour plus pressant que de faire connoître des projets atroces, & d'assurer le châtiment de leurs auteurs: vous frémiriez si l'on vous disoit qu'il existe un complot formé pour arrêter, emprisonner la reine, la famille royale, les principaux magistrats, & faire égorger cinq à six cens personnes. Eh bien, c'est sous vos yeux, c'est à votre porte, que des scélérats projettent & publient toutes ces atrocités; qu'ils excitent le peuple à la fureur, à l'effusion du sang; qu'ils dépravent ses mœurs & attaquent, dans ses fondemens, la constitution & la liberté. Les représentans de la nation seroient-ils indifférens, seroient-ils étrangers à ces horreurs? Je vous dénonce le sieur Marat & le sieur Camille Desmoulins. (Il s'élève beaucoup de murmures dans la partie gauche de la salle). Je n'ose croire que ce soit du sein de l'assemblée nationale que s'échappent ces éclats de rire, lorsque je dénonce un crime public..... Quand j'aurois rendu plainte contre Camille Desmoulins, ce n'est point une injure particulière que j'ai voulu venger. Après un an de silence & de mépris, j'ai dû me rendre vengeur d'un crime public. Lisez le dernier N°. *des révolutions de France & du Brabant.* Eh quoi! pourrions-nous nous y méprendre? Est-il de plus cruels ennemis de la constitution que ceux qui veulent faire du roi & de la royauté un objet de mépris & de scandale, qui saisissent l'occasion de cette fête mémorable, où le roi a reçu de toutes les parties de l'empire des témoignages d'amour & de fidélité, pour nous parler de l'insolence du Trône, *du fauteuil du pouvoir exécutif*?

Camille Desmoulins appelle le triomphe de Paul Emile une fête nationale où un roi, les mains liées derrière le dos, suivit, dans l'humiliation, le char du triomphateur; il fait de ce trait historique, une allusion criminelle à la fête fédérale... Avant de vous dénoncer ces attentats, j'ai essayé de provoquer la surveillance du ministère public; l'embarras du magistrat, qui m'annonçoit presque l'impuissance des loix, a redoublé mon effroi. Quoi donc, ai-je dit, si les loix sont impuissantes, qui nous en avertira, si ce ne sont les tribunaux? C'est à eux à annoncer à la nation le danger qui la menace; sinon, qu'ils étendent un crêpe funèbre sur le sanctuaire de la justice; qu'ils nous disent que les loix sont sans force, qu'ils nous le prouvent en périssant avec elles; car ils doivent s'offrir les premiers aux poignards de la tyrannie. Vous dénoncer le péril de la liberté, de la chose publique, c'est y remédier, c'est assurer le châtiment des crimes qui compromettent l'une & l'autre: ne souffrez pas que l'Europe nous fasse cet outrage de croire que nos principes & nos mœurs sont ceux de Marat & de Camille Desmoulins; ce sont-là les véritables ennemis de la chose publique, & non ceux qui souffrent de vos réformes. L'homme passionné de la liberté s'indigne d'une licence effrénée, à laquelle il préféreroit les horreurs du despotisme; je demande que le procureur du roi au châtelet soit mandé, séance tenante, pour recevoir l'ordre de poursuivre, comme criminel de lèze nation, les écrivains qui provoquent le peuple à l'effusion du sang & à la désobéissance aux loix. (Il s'élève, dans une partie de l'assemblée, des murmures, dans l'autre, des applaudissemens.)

M. Malouet fait lecture de quelques fragmens d'une feuille de l'*ami du peuple*, intitulée: *c'en est fait de nous.* — Voici l'un des paragraphes de cet imprimé.

« Citoyens de tout âge & de tout rang, les mesures prises par l'assemblée ne sauroient vous empêcher de périr: c'en est fait de vous pour toujours, si vous ne courez aux armes, si vous ne retrouvez cette valeur héroïque, qui le 14 juillet & le 5 Octobre sauvèrent deux fois la France. Volez à Saint-Cloud, s'il en est tems encore; ramenez le roi & le dauphin dans vos murs, tenez-les sous bonne garde & qu'ils vous répondent des évènemens : renfermez l'autrichienne & son beau-frère, qu'ils ne puissent plus conspirer ; saisissez-vous de tous les ministres & de leurs commis ; mettez-les aux fers ; assurez-vous du chef de la municipalité & des lieutenans de maire, gardez à vue le général ; arrêtez l'état-major ; enlevez le poste d'artillerie de la rue verte ; emparez-vous de tous les magasins & moulins à poudre ; que les canons soient répartis entre tous les districts, que tous les districts se rétablissent & restent à jamais permanens, qu'ils fassent révoquer ces funestes décrets. Courez, courez s'il en est encore tems, ou bientôt de nombreuses légions ennemies fondront sur vous, bientôt vous verrez les ordres privilégiés se relever, le despotisme, l'affreux despotisme paroîtra plus formidable que jamais. Cinq à six cents têtes abatues vous auroient assuré repos, liberté & bonheur ; une fausse humanité a retenu vos bras & suspendu vos coups ; elle va coûter la vie à des millions de vos frères ; que vos ennemis triomphent un instant, & le sang coulera à grands flots, ils vous égorgeront sans pitié, ils éventreront vos femmes, & pour éteindre à jamais parmi vous l'amour de la liberté, leurs mains sanguinaires chercheront le cœur dans les entrailles de vos enfans.

M. Fermont. Mon ame n'est pas moins oppressée que celle de M. Malouet, des horreurs que nous venons d'entendre. Je demande qu'on joigne les actes des apôtres & la gazette de Paris, aux auteurs qui viennent de vous être dénoncés. (On applaudit.)

M. le curé Royer. Je joins ma voix à celle du préopinant, pour demander que l'auteur de l'adresse à la véritable armée françoise, y soit aussi compris. (On entend ces mots du côté droit : *tous, tous.*) Je demande le renvoi de ces dénonciations au comité des recherches. (Les membres de la droite disent : *au châtelet, au châtelet.*) Je demande, pour le salut de la patrie, qu'il soit nommé un tribunal particulier, où seront poursuivis les auteurs & fauteurs de mouvemens populaires, & tous ceux qui, par leurs écrits, excitent le peuple contre les citoyens ou contre les loix.

M. Decroix. J'ai partagé, avec tous les membres de l'assemblée l'indignation qu'excitent les déclamations sanglantes de *l'ami du peuple* ; sans doute l'assemblée doit chercher à réprimer un tel excès ; mais prenons garde dans un moment d'enthousiasme, de détruire le palladium de la liberté ; *la liberté de la presse*, (Il s'élève, à droite, beaucoup de murmures.) Je suis de l'avis de M. Malouet, & j'adopte son opinion, en la restreignant expressément aux auteurs qu'il a dénoncés : mais les actes des apôtres, mais les autres pamphlets de cette nature ; ils ne méritent que le mépris de ceux qu'ils injurient, je demande donc qu'il soit seulement ordonné au procureur du roi du Châtelet, de poursuivre les auteurs des deux imprimés qui vous ont été dénoncés par M. Malouet.

M. Malouet fait lecture d'un projet de décret qui est adopté en ces termes :

« L'assemblée nationale, sur la dénonciation qui lui a été faite par un de ses membres, d'une feuille intitulée : *C'en est fait de nous*, & du dernier numéro des révolutions de France & du Brabant, a décrété & décrète que, séance tenante, le procureur du roi au châtelet, sera mandé, & qu'il lui sera donné ordre de poursuivre, comme criminels de lèze-nation, les auteurs, imprimeurs, colporteurs d'écrits excitant le peuple à l'insurrection contre les loix, à l'effusion du sang & au renversement de la constitution.

Séance du lundi 2 Août au soir 1790.

On annonce que M. Marat fait hommage à l'assemblée d'un Plan de la Législation criminelle.

On fait aussi lecture d'une adresse de M. Camille Desmoulins. Il se plaint de ce que son dénonciateur n'a pas remis sous les yeux de l'assemblée le numéro qui a provoqué le décret rendu contre lui, & que, par conséquent, il n'a pas énoncé le corps du délit : il demande que ce numéro soit renvoyé au comité des recherches, pour en faire à l'assemblée nationale un rapport motivé ; il demande aussi à être autorisé à prendre à partie son accusateur.

M. *Malouet.* Il est bien question de ma plainte : de plus grands intérets doivent nous occuper ; ce sont des crimes publics, & non des délits privés, dont j'invoque le châtiment. Je vous demande dans quel gouvernement ou dans quelle société barbare on permettroit ce que votre décret défend. Camille Desmoulins est-il innocent ? il se justifiera. Est-il coupable ? je serai son accusateur & de tous ceux qui prendront sa défense. Qu'il se justifie s'il l'ose. (Une voix s'élève des tribunes, *oui, je l'ose.* Une partie de l'assemblée surprise se lève ; le bruit se répand dans l'assemblée que c'est M. Camille Desmoulins qui a parlé ; le président donne l'ordre d'arrêter le particulier qui a proféré ces paroles.)

M...... Je demande que l'on délibère préalablement sur cette arrestation.

M. *Roberspierre.* Je crois que l'ordre provisoire donné par M. le président étoit indispensable ; mais devez-vous confondre l'imprudence & l'inconsidération avec le crime ; il s'est entendu accuser d'un crime de lèse-nation ; il est difficile à

un

un homme sensible de se taire. On ne peut supposer qu'il ait eu l'intention de manquer de respect au corps législatif. L'humanité d'accord avec la justice, réclament en sa faveur. Je demande son élargissement, & qu'on passe à l'ordre du jour.

M. le président annonce que M. Camille Desmoulins s'étant échappé, il n'a pu être arrêté.

L'assemblée passe à l'ordre du jour.

M. *Dubois*. Qui peut se dissimuler, que dans un moment où l'on s'agite en tant de sens contraires, le meilleur citoyen, s'il a un peu de chaleur & du sang dans les veines, ne puisse être traîné devant un tribunal comme criminel. Je suis surpris que M. Malouet, dont on connoît le patriotisme, se soit attaché à ne dénoncer particulièrement que deux ouvrages, parmi cette foule de libelles dont nous sommes infectés. J'attendois de son impartialité, bien connue, qu'il alloit aussi dénoncer les Actes des Apôtres, la Gazette de Paris, la protestation de quelques membres de cette assemblée.

Je m'étonne que le châtelet, ce tribunal strictement lié à la constitution, ait gardé le silence quand on a vendu *la Passion de Louis XVI*, *le Veni Creator*, la prétendue publication d'un prétendu Manifeste attribué à M. Condé, qui a jetté l'alarme dans une partie du royaume; il est encore un libelle qui est l'objet principal de ma motion, il est revêtu des noms d'auteur & d'imprimeur. Par une *bizarrerie* singulière, les projets qu'il renferme semblent vouloir s'exécuter. Il a pour titre : *Rapport du comité des recherches de la commune de Paris, dans l'affaire de MM. Bonne-Savardin, Maillebois & Guignard de Saint-Priest*. Je propose de mander à la barre le comité des recherches, pour avouer ou désavouer cet imprimé. Si le comité l'avoue, dès-lors le ministre accusé de haute trahison, doit être suspendu de ses fonctions; le procureur du roi du châtelet doit se rendre à la barre pour y recevoir l'ordre de poursuivre; & nous devons charger notre président de se retirer pardevers le roi, pour lui déclarer que l'assemblée ne peut plus correspondre avec un ministre accusé de haute trahison.

On demande la question préalable.

M. *Démeunier*. Je ne demande point la question préalable. Dans la position où se trouve l'assemblée nationale, dans un moment où il n'y a pas de moyens qu'on ne mette en usage pour l'égarer, je rends justice à tout ce que la motion de M. Dubois a d'ingénieux. Oui, le comité a dénoncé M. Guignard. Si le ministre est coupable, il doit porter sa tête sur l'échafaud; mais il est bien extraordinaire qu'on vous propose de mander à la barre le comité des recherches, pour savoir s'il a fait la dénonciation. Oui, il l'a faite, & le préopinant le sait bien. Le comité a pu se tromper; mais pour le prouver, il faut suivre une marche constitutionnelle. On vous propose aussi de mander le procureur du roi du châtelet, & d'ordonner que votre président se retirera vers le roi, pour lui déclarer que l'assemblée ne peut plus communiquer avec un ministre accusé de haute trahison : il est une autre marche; elle auroit dû se présenter à l'esprit de ceux qui ont du zèle & du patriotisme. La justice & la raison demandent que vous entendiez d'abord votre comité des recherches. Je déclare publiquement, quoique député de la ville de Paris, que l'assemblée doit s'occuper de découvrir ceux qui veulent la perdre avec la constitution. Je suis un des plus zélés apôtres de la constitution. Je déclare que, dans la position où se trouve le royaume, dans un moment où l'assemblee est environnée de factieux, qui veulent la conduire je ne sais où..... (Il s'élève de violens murmures.)

Je consens à être la première victime; je déclare, au risque de ce qui peut m'en arriver, que j'ai trouvé le décret rendu à la séance de samedi soir, juste & raisonnable; la motion du préopinant porte un air de représailles qu'il n'a pas voulu lui donner; je demande, je le répète, qu'on suive la marche constitutionnelle.

M. Roberspierre observe que tout cela n'est pas. Passer à l'ordre du jour.

M. *Pétion*. Vous n'avez pas rendu un décret, samedi dernier, pour qu'il ne puisse pas être entendu; je n'ai qu'à vous faire la lecture du décret, pour vous faire sentir la nécessité de l'expliquer. (Il s'élève des murmures.) Je demande si, pour être entendu dans cette assemblée, il est nécessaire de faire des dénonciations.

M. *Biozat*. Je vais remplir un devoir bien pénible à mon cœur, je dis pénible, parce que je vais dénoncer un des habitans de ma ville. La municipalité de Clermont-Ferrand, connue par son patriotisme, comme toutes les municipalités du royaume, a été instruite qu'il s'imprimoit chez Delerot, imprimeur à Clermont-Ferrand, un libelle portant pour titre : *Tableau de l'Assemblée prétendue Nationale*. L'édition a été saisie & condamnée à être jettée au feu, & elle l'a été en effet, & l'imprimeur décrété d'ajournement personnel. Quelque zélé que je sois pour poursuivre tous les attentats qui se commettent, je ne suis point d'avis qu'on continue cette procédure, parce qu'elle tend à renvoyer cette affaire au châtelet. Je vous le dénonce, le châtelet & le procureur du roi. (Il s'élève des murmures.)

Quelle que soit la différence d'opinion des membres de cette assemblée, nous voulons tous la justice & le bien. La jurisdiction, en matière criminelle, est un glaive qu'il ne faut pas aiguiser de manière à le rendre à deux tranchans; M. Guignard a été dénoncé au châtelet de Paris; le tribunal a-t-il fait son devoir? Il est encore à faire les premières poursuites. Je demande que le comité de constitution propose incessamment un décret pour l'établissement d'un tribunal destiné à juger les crimes de lèse-nation. (Le tumulte de l'assemblée augmente; des cris s'élèvent des diverses parties de la salle, on demande que la séance soit levée.)

M. *Cottin*. M. le président, distinguez les bons citoyens, ils sont tranquilles; je fais serment de ne pas désemparer, sans que l'assemblée ait pris une délibération; que tous les bons citoyens fassent comme moi.

M. *Toulongeon*. M. Pétion a demandé un décret explicatif de celui rendu dans la séance de samedi soir; cette proposition me paroît de toute justice: il faut marquer la ligne de démarcation qui doit séparer la liberté de la licence, afin qu'elle n'alarme pas les bons citoyens, & qu'elle arrête les mauvais.

M. *Pétion*. Avec quelques observations, il sera facile de prouver que le décret rendu dans la séance de samedi soir a besoin d'être expliqué. Je demande d'abord si vous avez voulu lui donner un effet rétroactif, c'est-à-dire, si vous avez voulu donner lieu à toutes les proscriptions & à tous les troubles imaginables; faut-il rechercher tous les écrits faits depuis la révolution; ne sera-t-on pas réputé coupable pour avoir dit à un peuple opprimé: brisez vos fers: regarderez-vous comme coupables ces citoyens généreux qui alors volèrent aux armes. (Plusieurs membres de la partie droite s'écrient: oui.) L'assemblée n'a point encore défini, ni caractérisé les crimes de lèse-nation, dès-lors votre décret livre tous les écrits à l'arbitraire des juges, & compromet la liberté individuelle des citoyens. Je propose donc de décréter que l'exécution de ce décret sera suspendue jusqu'à ce que le comité ait présenté son projet de loi sur la procédure parjurée.

La discussion est fermée.

On demande la question préalable sur le décret proposé par M. Pétion.

M. *Alexandre Lameth*. J'ai demandé la parole pour combattre la question préalable proposée sur la motion de M. Pétion; j'avoue que je ne puis concevoir, comment, après tout ce qu'il a dit, après la manière dont il a présenté les dangers qui pourroient résulter du décret rendu samedi dernier, on peut proposer de rejetter cette motion? Certainement la presse peut avoir des abus; elle en a même eu de très-grands dans ces derniers tems, & je suis loin de vouloir en être le défenseur. L'*Ami du Peuple*, qui a été dénoncé à cette assemblée, est criminel, est extrêmement criminel, & s'il y avoit des loix antérieures sur cet objet, je serois le premier a solliciter vivement de vous les poursuites les plus sévères contre cet écrit. Mais quel est le but qu'on s'est proposé en vous présentant, samedi dernier, un décret dont les expressions vagues se prêteroient aux poursuites les plus arbitraires? Ce but, on ne peut se le dissimuler, c'est de fermer la bouche à tous les écrivains patriotes, c'est d'empêcher que la censure publique ne s'attache à ceux qui trahissent le devoir qui leur est imposé, de servir, de défendre les intérêts du peuple. Je ne m'étonne pas de trouver ces dispositions dans une partie de l'assemblée. (Il s'élève des murmures du côté droit. Plusieurs voix s'élèvent: *expliquez-vous*.) Mais qu'elles ne soient pas plus généralement repoussées par la majorité, je ne puis que m'en affliger. Je vous demande si, il y a quelques mois, la motion de M. Pétion eût trouvé autant de contradictions? Je le demande aux généreux membres des communes qui se sont si utilement, si glorieusement réunis au jeu de paume pour faire le serment de donner une constitution libre à leur pays (des murmures se font entendre dans la partie droite; ils sont étouffés par les applaudissemens de la partie gauche & des tribunes), si dans ces tems, si dans le moment de notre réunion, cette motion n'eût pas été généralement accueillie?....... La question préalable doit être rejettée, & la motion de M. Pétion adoptée; mais je demande qu'il y soit ajouté un préambule qui exprime l'indignation de l'assemblée sur les abus de la presse, & particulièrement contre l'écrit coupable de M. Marat.

M. Malouet présente des articles additionnels & explicatifs. « Il est libre à tout citoyen d'énoncer sa pensée, & même de livrer à l'impression son opinion sur les actes du corps législatif. Si ces imprimés sont attentatoires à la majesté du roi, les auteurs en seront poursuivis en son nom; si ces imprimés excitent à la rebellion contre les décrets du corps législatif, les auteurs en seront poursuivis au nom du roi. »

Ce projet de décret est écarté par la question préalable. Plusieurs autres projets sont présentés, & successivement rejettés.

M. Pétion fait lecture de son Décret, conçu en ces termes:

« L'assemblée nationale décrète qu'il ne pourra être intenté aucune action ni dirigé aucune poursuite pour les écrits qui ont été publiés jusqu'à ce jour sur les affaires publiques, excepté la feuille intitulée: *C'en est fait de nous*, à l'égard de laquelle la dénonciation précédemment faite sera suivie, & cependant l'assemblée nationale, justement indignée de la licence à laquelle plusieurs écrivains se sont livrés dans ces derniers tems, a chargé son comité de constitution & celui de jurisprudence criminelle réunis, de lui présenter le mode d'exécution de son décret du 31 juillet ».

On demande à aller aux voix. Deux épreuves successives paroissent douteuses. On réclame l'appel nominal.

M. Camus propose l'amendement suivant : « à l'exception néanmoins d'une feuille intitulée : *C'en est fait de nous*, à l'égard de laquelle la dénonciation précédemment faite sera suivie ».

L'article & l'amendement mis aux voix sont adoptés.

La séance est levée à minuit.

Séance du mardi 3 août 1790.

M. Dupont & M. Malouet demandent la parole.

M. *Malouet.* L'assemblée a-t-elle voulu entendre ne sévir que contre un seul écrit sanguinaire, ou contre tous? Si elle n'a voulu statuer que sur l'écrit de M. Marat, elle autorise tous les écrits qui prêchent la sédition & l'effusion du sang. Il faut craindre une fausse interprétation d'un décret qui n'a pas été délibéré hier au soir, car la séance a été levée avant qu'on l'eût mis aux voix.....

Plusieurs membres. — Cela est faux.

M. *Malouet.* Vous avez entendu hier une de ces voix qui osent tout, qui vous a dit qu'elle oseroit : attendez-vous que l'effet suive la menace?

M. *Leboys.* Que l'opinant aille plaider au Châtelet; ce n'est pas ici un tribunal où l'on puisse se livrer aux mouvemens de l'intérêt personnel.

L'assemblée délibère, & on passe à l'ordre du jour.

M. Dupont paroît à la tribune. — On refuse de l'entendre. — Il insiste. — L'assemblée décide qu'il ne sera pas entendu. — Il parle. — Des cris répétés, *à l'ordre, à l'ordre*, étouffent sa voix.

M...... *rapporteur du comité des recherches.* Le directoire du district du département du Loiret, nous a envoyé un libelle intitulé : *Réponse des officiers municipaux des campagnes du Gatinois, aux administrateurs du département de Loiret.* Ce libelle est une réponse à l'envoi du dernier décret sur les droits de champart. Il a pour objet d'exciter le peuple à ne payer ni ces droits, ni les droits féodaux supprimés avec indemnité. Il y est dit que l'assemblée a conservé ces droits par vue d'intérêt personnel; qu'il faut élever des potences pour y attacher ceux qui les demanderoient ou voudroient les payer. Ce libelle avoit été remis par le curé d'Echileuse, près Pithiviers, à une femme chargée d'en distribuer à toutes les municipalités.

La société des amis de la constitution à Montargis, a écrit à la société du même nom à Paris, que le 14 juillet, à Joui, un nommé Pradier avoit élevé une potence fabriquée dans la grange d'un officier municipal, & que M. Pradier avoit dit l'avoir faite de l'ordre de la municipalité. Deux particuliers ont failli y être pendus. Le comité des recherches propose de décréter, que le président se retirera sans délai pardevers le roi, pour supplier sa majesté d'ordonner aux officiers du tribunal de Nemours d'informer contre les auteurs d'un écrit intitulé : *Réponse des officiers municipaux des paroisses des campagnes du Gatinois aux administrateurs du departement du Loiret*, & même de se transporter hors de leur territoire, si le cas l'exige.

M. Regnaud, député de Saint-Jean-d'Angely, présente un projet de décret.

M. Dupont, député de Nemours, obtient la parole.

« Messieurs, le décret que le comité nous propose a deux objets très-distincts, entre lesquels je vous demande la division : d'abord il porte sur un écrit incendiaire; ensuite il parle de violences commises & de potences plantées, suivant les conseils de cet écrit. Quant au premier point, les préopinans ont eu raison de dire qu'on pouvoit interpréter votre décret d'hier, de manière que la poursuite de l'écrit incendiaire seroit interdite; puisque l'ouvrage de M. *Marat* est le seul pour lequel vous n'ayiez pas sursis aux procédures; jusqu'au rapport dont vous avez chargé vos comités de constitution & de législation criminelle. C'est une de plus que j'allègue, pour que vous ne donniez pas indéterminément cette mission à vos comités, par l'expression vague, *dans le plus court délai possible*, comme vous l'avez indiqué hier, & moins encore sans indiquer même aucun desir de célérité, comme on doit l'inférer du procès-verbal, où l'expression *du plus court délai possible* est supprimée : ce dont je me plaignois amèrement lorsque vous avez refusé de m'écouter. C'est pourquoi j'insiste pour que vous fixiez un délai dans lequel vos deux comités devront vous faire ce rapport, & pour que vous fassiez cesser l'état d'impuissance où se trouve la société de réprimer les écrits qui invitent le peuple à la violation des loix, au crime, au renversement de la constitution.

Vous n'avez pas, messieurs, un devoir plus impérieux, que celui qui vous prescrit de hâter cette mesure. Vous ne pouvez vous dissimuler que l'art horrible des séditions ne soit infiniment perfectionné, & ne se perfectionne chaque jour. Je vous eusse hier exposé les progrès effrayans & honteux de cet art infernal, si j'eusse pu obtenir la parole. Je l'eusse fait ce matin, si l'on ne me l'eût point ôtée. Vous me l'accordez à présent, je remplirai mon devoir. Je ne serai ni moins honnête, ni moins intrépide que le vertueux *Démeunier;* & puisqu'on affectoit hier de ne le point entendre, par cette raison même qu'on l'entendoit fort bien, je serai beaucoup plus clair.

Vous avez vu croître, messieurs, l'habileté à répandre des motions d'assassinats; vous avez vu comment six hommes, qui s'entendent, forment d'abord un petit grouppe, dans lequel un d'entr'eux pérore avec véhémence; comment soixante autres s'amassent au bruit; comment ensuite les six premiers moteurs se dispersent, & vont reformer de place en place d'autres grouppes, au milieu des personnes qui, moins serrées, environnent le premier; vous avez vu comment, de tems en temps, on ranime l'attention, par le passage, l'apparation, quelques mots de harangue de quelques plus grands personnages.

Vous avez eu, il y a peu de jours, un exemple de l'excès du désordre que peuvent causer, & causent ainsi quelques scélérats audacieux & payés; vous avez entendu les cris forcenés par lesquels on vous demandoit la proscription de plusieurs hommes publics, chargés de l'exécution de vos loix, avant même qu'on vous eût rendu compte de leur conduite, avant qu'ils eussent pu se défendre, avant que vous les eussiez jugés. On vous disoit, dans cette salle, que c'étoient seulement quarante citoyens qui exprimoient leur pensée; & il est possible qu'on n'eût en effet dépensé que quarante écus. Cependant vos huissiers, chargés de vos ordres, pour faire cesser ce tumulte, ont entendu la menace répétée de vous apporter les têtes qu'on vouloit proscrire. J'ai entendu le soir un des chefs subalternes de ces factieux se vanter, au Palais-Royal, d'avoir enjoint à vos huissiers de vous porter cette réponse, & ajouter que les bons citoyens étoient encore à temps de suivre son conseil. Tant d'efforts ont été impuissans contre votre sagesse, & contre l'activité & la valeur de la garde nationale parisienne.

Un nouveau degré d'adresse, de scélératesse & de noirceur a été déployé. On a porté l'animosité populaire sur des objets qui touchent le peuple de plus près; on l'a tournée contre ceux qui échangent de l'argent pour des billets. C'étoit une chose que vous aviez prévue, messieurs, & qui avoit été annoncée plusieurs fois dans cette tribune, que lorsqu'il y auroit une grande quantité de *papier-monnoie*, il s'établiroit une différence de prix entre l'argent & le papier. Elle existe dans tous les pays où l'argent & le papier concourent à la circulation : elle y varie selon l'abondance de l'un & de l'autre. A Amsterdam on cotte tous les jours ce cours à la bourse avec celui des changes & des effets publics. Il est simple que les gens qui ont des billets, & qui ne peuvent avec eux payer ni leurs ouvriers, ni toutes les menues dépenses courantes, demandent au petit nombre de ceux qui ont encore de l'argent, de vouloir bien leur en donner pour leurs billets; il est tout simple que ceux même qui ont de l'argent, n'en aient guère dans un temps où les propriétaires, ni l'état, ne touchent pas leurs revenus, & où le commerce est privé d'activité, de débit & de rentrées; il est tout simple que les porteurs de billets offrent une prime à ceux qui leur en donnent la monnoie en argent; il est tout simple encore qu'ils regrettent cette prime. Pour la hausser, pour rendre l'argent plus rare, en le repoussant du marché par les menaces; pour décréditer ainsi les *assignats*, qui sont un de vos principaux moyens de salut; mais sur-tout pour exciter la terreur chez les citoyens honnêtes, & pour mettre réellement dans la main des factieux la vie de qui l'on voudroit, on a soulevé contre les jeunes garçons qui échangeoient l'argent, des personnes sans intérêt à la chose, qui ne sont pas assez riches pour avoir des billets, qui, peut-être, n'ont jamais possédé 200 francs dans leur vie. On leur a dit, *pendez les marchands d'argent*; & la lanterne, dont les avocats-généraux défendent avec tant d'ardeur l'homme qui a eu l'odieuse impudence de s'en déclarer procureur-général, la lanterne a été descendue. Mais ce n'est-là, messieurs, que l'écorce du mal : voici la profondeur de la spéculation, de l'horreur & de la bassesse.

« On a dit : *Non, il ne faut pas pendre tous ceux qui vendent de l'argent, il ne faut pendre que ceux qui ne voudront pas dire où ils le prennent.* Cette opinion une fois établie, les chefs des séditieux, sans les efforts de la garde nationale, seroient devenus les maîtres de faire périr l'homme qu'ils auroient voulu. Ils avoient combiné de manière à se réserver, dans Paris, le choix des citoyens qu'ils immoleroient pour *six francs*. Oui, messieurs, il en a coûté au moins cent écus pour faire assassiner le malheureux boulanger *François*, choisi, lors de votre arrivée dans cette ville, à la porte de votre salle, pour vous montrer de nouveau toute l'étendue de la puissance de ceux qui savoient remuer le peuple. Avec la nouvelle mécanique, sans le brave *la Fayette* & ses dignes soldats, il n'en coûteroit plus que *six francs* pour faire pendre & déchirer l'homme le plus illustre, le citoyen le plus irréprochable, le patriote le plus vertueux. Il suffiroit d'aposter un jeune homme qui offriroit de l'argent contre des billets, qu'on menaceroit du fatal réverbère, & qui, demandant grace, diroit qu'*il prend l'argent chez M.* UN TEL, *en tel lieu*. Sur cette dénonciation dictée & payée d'avance, le feu seroit dans les maisons, & les têtes joncheroient les rues. On a saisi, pour exciter cette fermentation, le temps des élections municipales; parce qu'on espéroit où trouver alors ou une moindre résistance si le maire & le commandant, tenant plus à leur place qu'à leur devoir, s'en laissoient imposer, ou les dépopulariser & leur en substituer de moins vertueux, si, pressés par la circonstance, ils ordonnoient à l'armée nationale de repousser le crime par la force. La bonté du peuple de Paris a résisté aux insinuations des factieux du premier ordre, & aux exemples de ceux du dernier rang. La vigilance & le courage de la garde citoyenne ont contenu les excès de ceux-ci; mais le feu couve, brûle encore, & il ne faudroit qu'un léger instant de négligence, pour que, sans cesse attisé par les écrits séditieux, il ne produisît d'affreux ravages.

» Ce que l'on vous a dit hier, à ce sujet, étoit totalement dénué de raison. On a cherché à brouiller vos idées, en argumentant, sous votre constitution, comme on auroit pu faire, sous celle que vous avez anéantie, en supposant qu'il étoit encore des cas qui rendroient l'insurrection tolérable, & cherchant, à cet effet, des exemples dans les temps passés. Quelles sont les loix aujourd'hui, messieurs? Celles que vous avez faites ou maintenues. Quelle est la constitution? celle que vous avez décrétée, que le roi a acceptée, que tous les braves & tous les patriotes de la France ont jurée avec vous. Comment pouvez-vous laisser dire qu'il pourroit être bon qu'on excitât des insurrections contre elle? Vous êtes les législateurs assemblés, & vous avez décrété que la France auroit une législature permanente. Quelle est la chose permise vis-à-vis du pouvoir législatif en plein & perpétuel exercice? Des pétitions. Vous devez les admettre toutes, & vous n'en repoussez aucune; mais nulle pétition ne doit être faite par forme d'insurrection, ni à main armée; car alors elle est sédition, rebellion, révolte; & si vous les tolériez, ce seroit alors que vous ne pourriez maintenir votre constitution, & que vous auriez une contre-révolution tous les quinze jours. C'est contre les insurrections, contre les pétitions à main armée, que vous avez fait vingt décrets, & que vous avez établi la loi martiale. Que vouloient donc les gens qui protègent les écrits incendiaires? Ils violent vos loix, en excitant à les violer. Ils ne sont pas *les amis de la constitution*; ils blasphêment ce nom, s'ils l'usurpent. Ce sont des despotes qui, s'étant créés par séduction & par argent une armée indisciplinée, mais redoutable, veulent conserver leur empire; & au risque de perdre notre constitution, notre liberté, notre commune patrie, veulent prolonger, entre leurs mains, le pouvoir de faire trembler tous les hommes de bien qui résisteront à leurs complots.

J'en connois cependant un grand nombre, dont l'estime & l'amitié m'encouragent ici, & qui ne trembleront jamais. C'est en leur nom, comme au mien que je vous demande de décréter que, dans un délai que vous fixerez, vos deux comités vous présentent le projet de loi par lequel vous enlèverez aux factions l'armée des libelles. Un membre du comité de constitution nous a dit, dimanche, à la tribune, qu'il ne falloit que deux jours pour ce travail. Ces deux jours sont écoulés: donnez-en quatre encore, pour que le projet si nécessaire, dont vous avez ordonné la rédaction, vous soit proposé. Voilà, messieurs, les vérités & les idées que j'avois à soumettre à votre considération pour la partie du décret qui concerne les écrits séditieux. Quant aux actes de violence, aux rebellions effectives, aux gibets élevés contre ceux qui obéiroient à vos décrets, vous avez déjà décidé que ces crimes seroient poursuivis par les juges ordinaires: référez-vous à votre décret; c'est le cours d'une justice que vous avez établie. Mais je reviens à vous dire que celle qui n'est pas encore établie, est, s'il est possible, encore plus importante; & je termine par la motion expresse que vos deux comités soient chargés, conformément à votre décret d'hier, de vous offrir, samedi, les moyens d'exécuter votre décret du 31 juillet. Il faut enfin mettre un terme à ce chaos d'horreurs & d'anarchie: il est temps que le bruit scandaleux & funeste des libelles qu'on peut regarder comme les tambours du meurtre & de l'incendie, soit couvert par la voix puissante de votre raison & de votre patriotisme.

M. *Foucault.* Dans le Périgord, ma province, les mais, qui avoient été plantés, ces signes d'insurrection, dont on vouloit faire des potences, existent toujours.

M. *Estourmel.* En Lorraine, on brûle de nouveau les châteaux.

M. *le rapporteur du comité des recherches.* J'oublois de vous dire que des hommes courent les campagnes, en criant: *Voici le grand décret, qui défend de payer les dîmes & les champarts.* Il faut que les dîmes soient mentionnées dans le décret que vous rendrez.

Le projet de décret, présenté par M. Regnaud, est mis aux voix, & adopté en ces termes:

« L'assemblée nationale, après avoir entendu son comité des recherches, décrète que le président se retirera, dans le jour, pardevers le roi, pour prier sa majesté de donner les ordres les plus précis & les plus prompts, pour que, dans l'étendue du royaume, & en particulier dans le département du Loiret, les tribunaux poursuivent & punissent, avec toute la sévérité des loix, tous ceux qui, au mépris des décrets de l'assemblée nationale & des droits sacrés de la propriété, s'opposent, de quelque manière que ce soit, par violences, voies de fait, menaces ou autrement, aux paiémens des dîmes de cette année & des droits de champars, agriers, & tous autres ci-devant seigneuriaux qui n'ont point été supprimés sans indemnité; ainsi que des rentes & censives en nature ou en argent; que sa majesté sera également priée de donner des ordres pour que les municipalités fassent détruire toutes les marques d'insurrection & de sédition, de quelque nature qu'elles soient ».

M. Dupont lit un projet de décret qui est adopté ainsi qu'il suit :

« L'assemblée nationale décrète que son comité de constitution, & son comité de jurisprudence criminelle, lui feront, à l'ouverture de la séance de samedi soir, & conformément à son décret d'hier, leur rapport sur les moyens d'exécuter son décret du 31 juillet, concernant les délits qui peuvent être commis par la voie de l'impression ».

Séance du 4 août 1790.

M. *Rabaud.* Vous avez rendu un décret dans la séance d'hier au soir, concernant les ouvrages incendiaires. Je demande qu'il soit ajouté, « & tous écrits qui inviteroient les princes etrangers à faire des invasions dans le royaume ».

Cette addition est décrétée.

M. *Rabaud.* En portant un décret contre ceux qui exciteroient le peuple à l'insurrection contre les loix, vous n'avez pas prétendu laisser aux juges la faculté de devenir des inquisiteurs. Comme vous n'avez pas encore décrété les nouvelles formes de la procédure criminelle, je demande qu'il soit nommé un juré pour connoître des délits de ce genre. Il faut prendre garde que la trop grande extension de notre décret ne puisse avoir des suites funestes; ce n'est pas du sein de cette assemblée qu'il peut s'élever un tribunal inquisitorial. Je crois donc être dans les principes de la justice, j'ajouterai même de tous les partis, en demandant qu'il soit nommé un juré.

M. *Garat l'aîné.* L'institution des jurés en matière criminelle a déjà été décrétée; il est bien évident que la connoissance de ces délits leur appartient. Mais pourquoi ne sont-ils pas encore en activité? C'est qu'il faut auparavant une procédure au fait de laquelle ils puissent se mettre. Le comité de constitution est chargé de la présenter, & il ne l'a point fait encore; je demande donc, qu'en attendant ce modèle, on suive pour les délits, qui font la matière de cette délibération, la marche ordinaire des affaires.

On demande l'ordre du jour.

M. *Dubois.* Je me suis levé pour le décret proposé par M. Malouet, parce que j'ai pensé que c'étoit un décret de circonstance, & qu'il portoit ces mots: *Lesdits écrits;* mais je n'ai pas cru voter pour que, sous prétexte d'ouvrages incendiaires, les citoyens soient soumis à l'arbitraire des juges. Je demande donc que l'assemblée décide qu'elle n'a jugé que les écrits qui lui étoient dénoncés.

Cette proposition & celle de M. Rabaud sont rejettées. L'assemblée décide de passer à l'ordre du jour. (*Voyez* ECRITS INCENDIAIRES.)

AMIENS. Le tribunal établi dans cette ville a été l'objet d'une dénonciation dans l'affaire du serment ecclésiastique, dont l'assemblée nationale s'est trouvée saisie, & sur laquelle il a été fait un rapport suivi d'assez vifs débats dans la séance du 25 janvier 1791 (*Voyez* SERMENT, ECCLÉSIASTIQUE.)

M. *Chassey, au nom du comité ecclésiastique.* Votre comité devoit vous présenter ce soir deux décrets. Le premier avoit pour objet les mesures nécessaires pour accélérer la prestation du serment des fonctionnaires ecclésiastiques, & les moyens de remplacer ceux qui refuseront. Le comité devant encore avoir une dernière conférence à ce sujet, ce rapport ne vous sera présenté que demain matin.

M. *Foucault.* A quelle heure? à quelle heure? Je demande que ce ne soit pas avant dix heures.

M. *Voidel.* Le préopinant & ceux qui s'inquiétent avec lui sur l'heure où sera fait le rapport qu'on vous annonce, ont sans doute quelque projet.

M. Foucault profère un grand nombre de paroles entrecoupées, soit contre M. Voidel, soit contre le comité des recherches; il est impossible d'en distinguer le sens.

Un autre membre du côté droit. Je demande qu'on mette à l'ordre du jour la lettre de M. Macaye, sur le comité de recherches.

M. *le président.* Je prie M. Foucault de se tenir dans le silence; il n'a pas la parole.

M. *Foucault.* Vous sonnerez votre cloche jusqu'à

demain.... Je veux avoir raison, & répondre à l'interpellation de M. Voidel...

Une très-grande agitation se manifeste dans la partie droite. — M. Foucault parle successivement de différens points de la salle, & à différentes hauteurs de gradins......M. l'abbé Maury gesticule au milieu de la salle, puis parcourt les rangs de la partie droite... Après divers mouvemens tumultueux, M. le président parvient à rétablir le calme.

M. Chassey. Le rapport que je suis chargé de vous présenter, a pour objet une dénonciation qui vous a été faite contre le tribunal d'*Amiens*, accusé d'avoir empiété sur les fonctions administratives. Aussitôt que la loi du 26 décembre a été connue à *Amiens*, le département de la somme a pris toutes les mesures pour son exécution, & a donné, à cet effet, tout pouvoir nécessaire, soit au district, soit à la municipalité, celle-ci a fait sur le champ une proclamation. Le 12 de ce mois une grande quantité d'ecclésiastiques s'est présentée pour prêter le serment; mais, par un accord que je ne saurois expliquer, tous ces ecclésiastiques ont fait en même tems publier des écrits contenant leur opinion individuelle sur le serment, & d'une conformité littérale. Ces écrits avoient pour titre *Formule du serment prêté par M. le curé de....*, & contenoient une restriction à la formule décrétée par l'assemblée nationale. Ils les envoyerent à toutes les municipalités du département, pour faire croire aux autres ecclésiastiques que la municipalité du chef-lieu avoit accepté cette restriction de serment. L'exemplaire que je tiens en mains est intitulé : *Formule du serment prononcé par le curé de S. Remy & ses vicaires; du 13 janvier 1791.* On a fait une correction, à la plume, dans ceux de ces exemplaires qui ont été distribués à *Amiens*, & on a mis : Formule du serment *à prononcer*, &c.....

On nous demande : est-il dit dans ces écrits, de déclarer que nous obéirons à notre patrie, à la loi, au roi ? Ce sentiment n'est-il pas celui de tout françois ? Avons-nous jamais cessé, nos chers freres, de vous prêcher cet amour de la patrie, cette charité fraternelle, cette obéissance parfaite aux loix ? Combien de fois ne vous avons-nous pas dit : Soyez soumis aux loix, non-seulement pour éviter la colere de celui qui est chargé de les faire exécuter, mais pour votre conscience : *Non solum propter iram imperatoris, sed propter conscientiam*, &c....: La puissance temporelle & la puissance spirituelle n'émanent-elles pas toutes les deux de l'autorité suprême ?....... C'est pour obéir à Jésus-Christ, qui ordonne de rendre à César ce qui appartient à César, que je jure d'être fidelle à la nation, à la loi & au roi, d'obéir à tous les décrets sanctionnés par le roi, en acceptant *formellement tout ce qui tient essentiellement* à la foi, à la religion catholique, apostolique & romaine, dans laquelle je suis résolu de mourir. (La partie droite applaudit.)

Quoique cette formule vague de serment contienne une restriction qui peut le rendre tout-à-fait contraire à celui que vous avez décrété, quoique la municipalité ne l'ait pas reçue, on envoya un exemplaire intitulé : « Serment *prononcé* par le curé de Saint-Jacques......Vous voyez que l'imposture est jointe à la mauvaise foi. On vouloit faire croire aux ecclésiastiques du département, que ce serment restrictif ayant été accepté par la municipalité & par l'administration, ils pourroient tous le prêter ainsi. Mais le directoire instruit de ce projet, a réuni aussitôt le conseil d'administration, le district, la municipalité, & a pris le 17 janvier un arrêté dont voici la substance : » Le directoire considérant que l'assemblée nationale a décrété que le serment des ecclésiastiques seroit prêté sans restriction; instruit de la distribution qui a été faite, avec une profusion singulière, d'une formule de serment insidieuse, qu'on suppose avoir été prêté dans les églises d'*Amiens*, & regardant cette distribution comme une coalition tendante à apporter des obstacles à l'exécution de la loi, &c. a arrêté que les auteurs des écrits seroient dénoncés à l'accusateur public d'*Amiens*.....» D'un autre côté, le directoire instruit que les intentions d'un grand nombre d'ecclésiastiques étoient de profiter de l'espèce d'équivoque que laisse subsister la loi du 26 décembre, pour cesser à l'instant, & de concert, toutes leurs fonctions, a chargé la municipalité de commetre un ecclésiastique pour pouvoir autant que possible.... (Il s'éleve des éclats de rire dans la partie droite.)

M. Verchere. M. le président, je vous prie d'imposer silence à ces évêques.

M. Chassey. Pour pourvoir autant que possible, à tous les besoins du culte, & à tout ce que les fidèles ont droit d'attendre, la municipalité a donc commis un prêtre pour dire la messe; mais cette mesure a dû cesser du moment où les prêtres ordinaires ont consenti à reprendre leurs fonctions. D'après l'esprit de la loi du 26 décembre, & le texte de l'instruction du....., tous les fonctionnaires doivent rester en fonctions jusqu'au remplacement; le prêtre commis par la municipalité, a cru au contraire qu'il avoit des droits plus étendus. Il a pensé que les anciens ecclésiastiques étoient déchus du droit du moment où ils refusoient de prêter le serment.

Plusieurs voix de la partie gauche. C'est juste; il faut que cela soit ainsi.

M. Chassey. La loi du 26 décembre, porte seulement *qu'ils seront censés avoir renoncé*, ce qui ne signifie pas qu'ils abandonneront le service divin avant d'être remplacés. A *Amiens*, les ecclésiastiques qui avoient refusé de prononcer la formule de serment décrétée, ayant voulu continuer leurs fonctions jusqu'au remplacement, & l'ecclésiastique commis par la municipalité ayant voulu continuer les siennes, les opinions se partagèrent entre les contendans. La difficulté devoit être portée devant le corps administratif, parce qu'il s'agissoit de l'exécution d'une loi. Il suffisoit qu'un des contendans présentât en sa faveur un arrêté du département, pour que le tribunal ne dût pas se mêler de cette contestation, qui n'étoit pas une contestation judiciaire, mais une difficulté d'administration, qui n'avoit pour objet que le mode d'exécution de votre décret. Vous n'avez pas voulu permettre aux juges de gêner les mouvemens de l'administration....

Le 20, à six heures du soir, on a assigné devant le tribunal d'*Amiens*, l'ecclésiastique commis par la municipalité; on l'a assigné pour le lendemain à neuf heures du matin. A l'heure convenue, il s'est trouvé une grande quantité de monde dans le tribunal. L'avocat du curé a fait un très-long discours écrit, préparé d'avance.... (Il s'élève des éclats de rire dans la partie droite. — M. le président rétablit le silence.)

M. Chassey. Un discours préparé long-tems d'avance, combiné avec le commissaire du roi & avec le tribunal. Ceci est plus sérieux.... (La partie droite murmure.)

M. Chassey. Si vous voulez, je vous répondrai ensuite.

Plusieurs voix de la partie droite. Oui.

M. Chassey. Eh bien, taisez-vous donc.

M. l'abbé Maury. Je demande que l'assemblée veuille bien deffendre à M. le rapporteur d'improviser.

M. Chassey. Je vous prie, M. le président, d'ordonner à M. l'abbé Maury d'improviser avec plus de décence.

Quelques minutes se passent dans un très-grand tumulte excité par les interpellations des membres de la partie droite.

M. Chassey. Les personnes qui m'interrompent prétendent que j'ai annoncé une proclamation du directoire. J'ai donné l'extrait d'une délibération.... (Murmures de l'extrémité droite. — Le rapporteur s'adressant de ce côté.) J'ai parlé d'une proclamation de la municipalité. Est-ce-là ce que vous demandez?

Personne ne répond.

Un membre de la gauche. Ils n'en savent rien eux-mêmes.

M. Chassey. Le tribunal d'*Amiens* a renvoyé l'affaire à l'assemblée nationale, & cependant a pris une délibération dans laquelle, considérant que les paroisses d'*Amiens* ne sont pas encore réduites; qu'il n'existe aucun jugement de l'assemblée nationale qui ait destitué la partie de Maillard, & qu'aucun ecclésiastique n'a droit de remplacer les anciens curés avant qu'ils aient d'eux-mêmes abandonné leurs fonctions, &c.; il déclare que les curés d'*Amiens* reprendront l'exercice de leurs fonctions, jusqu'à ce qu'ils aient été remplacés.

Plusieurs voix du côté droit. Non, non.

M. Chassey. C'est cependant ainsi que votre instruction l'a prononcé. Le comité ecclésiastique a pensé que la délibération du tribunal étoit juste en elle-même; mais il a pensé en même tems qu'il n'avoit pas le droit de prononcer ainsi; que les tribunaux ne pouvoient sans le plus grand danger pour la chose publique, se mêler de ces sortes d'affaires. Un des motifs de la délibération a été qu'il n'existoit pas de décret qui prononcât la destitution des curés d'*Amiens*; & cependant votre décret portoit expressément que les fonctionnaires ecclésiastiques qui refuseroient de prêter serment, ne seroient ni jugés ni poursuivis, mais seulement qu'ils seroient regardés comme renonçant volontairement à leur office, & qu'ils seroient remplacés comme démissionnaires. Vous avez ordonné la poursuite devant les tribunaux, contre ceux-là seuls qui, après avoir prêté le serment, s'y montreroient réfractaires, & qui violeroient la loi qu'ils se seroient engagés à exécuter; ou contre ceux qui se coaliseroient & exciteroient la rébellion contre vos décrets.

Quoi qu'il en soit, votre comité ecclésiastique a cru essentiel d'empêcher les tribunaux de se mêler des affaires d'administration. Dans vos décrets sur l'organisation judiciaire, vous avez expressément défendu aux tribunaux d'exercer les fonctions administratives; vous avez même statué que dans ce cas la forfaiture seroit acquise. Dans les décrets sur l'organisation des corps administratifs, vous statuez que les administrations ne pourront jamais être troublées dans l'exercice de leurs fonctions.... Le jugement du tribunal d'*Amiens*, ainsi que le plaidoyer de M. Maillard & le discours du commissaire du roi, causèrent une grande rumeur dans la ville. Il y eut sur le champ des dénonciations portées au directoire; dénonciations dans lesquelles on impute au commissaire du roi d'avoir professé publiquement & dit aux juges, sans avoir été interrompu, que la loi du 26 décembre étoit un piège tendu à la bonne foi des prêtres par une assemblée politique dont les membres professent hautement les opinions les plus anti-catholiques, & d'avoir qualifié l'arrêté du directoire, de libelle. On l'accuse de plus d'avoir dit

dit que le serment prêté par les prêtres réfractaires étoit le seul qu'ils dussent prêter, & qu'il devoit leur acquérir l'estime de tous les honnêtes gens. (La partie droite applaudit)... Dans toute cette affaire le comité a vu trois points essentiels ; 1°. entreprise sur le pouvoir administratif, de la part du tribunal d'*Amiens*; 2°. erreur de la part de l'administration du département, qui ne connoissant pas l'instruction que vous avez dernièrement décrétée, a cru que les ecclésiastiques devoient cesser leurs fonctions du moment même où ils refusoient de prêter le serment; 3°. dénonciation faite par le directoire contre les auteurs des écrits distribués dans le département. C'est sur ces objets réunis que vos comités ecclésiastique & de constitution vous proposent le projet de décret suivant :

L'assemblée nationale, instruite d'un jugement rendu le 20 de ce mois par le tribunal du district d'*Amiens*, sur l'exécution d'une délibération du directoire du département de la Somme, en date du 17 du même mois, au sujet du remplacement des ecclésiastiques fonctionnaires publics refusant de prêter le serment prescrit par la loi du 26 décembre précédent, après avoir entendu le rapport qui lui a été fait par les comités de constitution & ecclésiastique, décrète que l'exécution de la loi du 26 décembre dernier, appartient aux corps administratifs & aux municipalités, sauf aux tribunaux à prendre connoissance des cas portés aux articles 6, 7 & 8 de ladite loi; déclare le jugement du tribunal du district comme non-avenu; approuve la conduite du directoire du département de la somme, le charge de procéder au remplacement des ecclésiastiques fonctionnaires publics refusant de prêter le serment prescrit par la loi du 26 décembre, conformément à l'instruction de l'assemblée du 21 de ce mois.

Au surplus, renvoie au comité des recherches, tant la dénonciation que le directoire du département a arrêté de faire à l'accusateur public dudit tribunal, par la délibération du 17 de ce même mois, que les autres pièces envoyées par le même directoire, pour, du tout être rendu compte à l'assemblée.

M. l'abbé Maury demande la parole, l'obtient, & monte à la tribune.

M. Foucault. Je demande qu'on remette entre ses mains la déclaration du curé de Saint-Remi pour la lire comme elle doit être lue. Je crois que c'est une belle pièce en conscience & en honneur.. Elle fera sur vous l'effet qu'elle a fait sur moi....... Si vous refusez cette lecture, je demande l'impression pour ma propre édification & pour la vôtre.

M. l'abbé Maury. Je tomberois moi-même dans l'inconvénient que je dénonce, si je discutois une affaire particulière dont je viens d'entendre les détails pour la première fois. Je me bornerai à exposer des principes généraux, indépendans de toutes les circonstances, principes de tous les tems & de tous les lieux. Dans ces observations, j'examinerai trois objets ; le décret sur requête qu'on vous propose de rendre, les droits des corps administratifs, & le renvoi au comité des recherches ; quant au décret sur requête, vous savez que dans les tribunaux, dans les tems barbares d'où nous sortons. (On rit & on applaudit.) On ne se permettoit pas, dans ces tems déplorables, de rendre des jugemens sur requête sans avoir constitué en demeure les parties intéressées, sans les avoir entendues. Je n'examine point l'autorité judiciaire de cette assemblée, mais je ne croirai jamais qu'elle puisse, sans inspiration, se permettre de juger un particulier sans l'entendre. (Un grand nombre de voix : *on ne veut pas juger.*) Je suis peut-être dans l'erreur.. (Les mêmes voix : *oui, oui.*) Mais j'avoue qu'il m'est impossible de reconnoître dans un décret qui intéresse un ou plusieurs citoyens, autre chose qu'un décret sur requête : or, jamais une loi ne peut être rendue sur requête. Vous êtes législateurs & non juges : vous ne voulez pas rendre un décret sur requête : car, malgré la puissance dont vous vous investissez, ce décret seroit révocable par sa nature même.

Je passe à la seconde partie de mes observations : l'objet dont il s'agit appartient-il au corps administratif? Avant d'entrer en matière, je remarque que les parties & leurs défenseurs sont sans intérêts, je ne plaide que pour l'ordre public, je demande donc si les corps administratifs peuvent s'interposer entre deux citoyens, s'ils sont chargés de l'application de vos loix, quand il ne s'agit pas de l'impôt... Si leur opinion vous est favorable à *Amiens*, prenez garde qu'ailleurs il n'en soit pas de même : alors pour votre comité, vous demanderez que les juges prononcent & que les administrateurs se taisent. (Plusieurs voix : *C'est une insolence effroyable*, rappellez l'orateur à l'ordre.) Les corps administratifs ont reçu de vous une compétence que j'ai bien étudiée dans votre constitution ; je demande qu'on me montre un seul article qui leur ait donné la jurisdiction qu'on veut leur accorder, quand il y a deux compétiteurs, quand il s'agit de l'état de deux citoyens ; je déclare au comité ecclésiastique, que s'il persévère dans la persuasion qu'il annonce, les corps administratifs ont reçu le droit de juger les contestations qui s'élèvent entre deux citoyens?

M. Massieu, curé de Sergy. M. l'abbé Maury calomnie le comité ecclésiastique au civil, comme il l'a calomnié au spirituel.

M. l'abbé Maury. Ici la contestation prend un grand caractère & devient indépendante de l'intérêt des parties. Elle a lieu entre deux ecclésiastiques, l'un est titulaire, l'autre est désigné par la municipalité pour remplacer l'autre au tems possible. Vous voyez que cette querelle particulière présente une grande question de droit public. Si vous entendez que les corps administratifs prononcent entre deux compétiteurs, vous êtes maîtres de rendre ce décret; mais alors il arrivera que vous auriez un grand oubli à réparer, si le systême philosophique des théologiens du comité ecclésiastique étoit admissible....

M. *Massieu, curé de Sergy*. Les théologiens du comité ecclésiastique valent bien les théologiens de l'académie françoise.

M. *l'abbé Maury*. Je reviens à la question, & je ne réponds pas en ce moment au prédécesseur de l'évêque de Versailles.

M. *le président*. Monsieur, je vous rappelle à l'ordre. (On applaudit).

M. *l'abbé Maury*. Je crois ne heurter l'opinion de personne & me conformer à la lettre & à l'esprit de vos décrets, en professant l'autorité absolue des corps administratifs sur les individus en général; mais quand il y a un combat engagé, quand il y a un procès, quand deux hommes se contestent réciproquement leurs droits & leur état, il faut des juges. Toute loi, & je desire, pour la gloire du corps législatif, qu'aucune prévention ne lui fasse méconnoître cette grande vérité; toute loi doit avoir un ministre; il faut un juge pour l'appliquer. Si cette vérité ne vous a pas frappés, nous vivons sous le plus intolérable despotisme, sous le despotisme des loix arbitraires. Au reste, sans prendre aucun intérêt au débat, je vous conjure de voir que quand il s'agit de deux particuliers, dont l'un demande à être maintenu dans ses fonctions, l'autre à exercer la mission spirituelle qu'il a reçue de la municipalité, vous leur devez à tous deux un jugement, & les corps administratifs ne peuvent pas juger; ils sont les collecteurs de l'impôt, les exécuteurs des loix fiscales, & non les juges de l'état des citoyens. Le troisième objet de ma discussion est relatif au renvoi au comité des recherches d'une cause portée prématurément, peut-être, au tribunal d'*Amiens*. Ici mon admiration pour le comité des recherches, diminue beaucoup; & voici les considérations courtes que je supplie cette auguste assemblée d'écouter patiemment jusqu'au bout. En ce moment la gloire du comité ecclésiastique est compromise; jusqu'à ce jour, il ne vous a proposé que des idées neuves; eh bien, le projet du décret qui renvoie au comité des recherches une cause dont un tribunal est saisi, est copié littéralement, & mot à mot, je vous prie de m'en croire, sur les lettres patentes données par le cardinal de Richelieu pour ôter le procès-Marillac au parlement de Paris, & le renvoyer à la commission de Ruel. Je ne croirai pas que le corps législatif puisse vouloir dépouiller les juges du peuple d'une cause dont ils sont saisis pour en investir, qui? le comité des recherches. Ce renvoi ne peut être fondé sur une formule de serment *prononcée* ou *à prononcer*. La différence du supin au gérondif ne doit pas renvoyer au comité des recherches...... Mais en laissant si vous l'approuvez, le comité des recherches ajouter ce nouveau fleuron à sa couronne.... (Il s'élève de très-grands murmures). J'observe seulement que le décret dont on voudroit l'exécution, est du lendemain de la délibération du tribunal d'*Amiens*, qui ne pouvoit s'y conformer avant qu'il fût rendu; que ce tribunal soit compétent ou incompétent, il est certain qu'il ne peut voir passer les pièces de son procès, de son greffe au comité des recherches, pièces tellement conçues, que j'y ai vu la peroraison d'un prône; car il y a, *mes frères*: je demande la question préalable sur le projet de décret.

M. *Barnave*. Ce qu'il y a de plus important dans la position où nous sommes, n'est pas de discuter la question de compétence, qui fait l'objet du décret qu'on vous présente. La sagesse de ces dispositions est évidente. Elle est incontestable. Le fait dénoncé n'est pas relatif à une contestation entre particuliers capable de donner ouverture aux tribunaux. Or, par votre décret, la destitution est prononcée de droit; aucun acte des tribunaux n'est nécessaire pour effectuer une destitution qui émane directement même de la loi.

M. *Foucault*. Je demande qu'on rappelle M. Barnave à l'ordre & qu'on fasse lecture de l'instruction adoptée par l'assemblée. (Plusieurs voix: *Vous n'avez pas la parole.*) Je n'ai pas la parole, mais j'ai le sens commun. (On rit & l'on applaudit).

M. *Barnave*. Les corps administratifs, chargés d'exécuter les décrets, doivent aller en avant & mettre la loi à exécution. Voilà leurs pouvoirs, leur devoir; s'il s'élève des difficultés, s'ils s'écartent de leurs fonctions, c'est à l'assemblée nationale à les redresser. Vos décrets défendent aux tribunaux de s'immiscer dans leurs opérations, de les contrarier, de les gêner; il est donc certain que les corps administratifs sont seuls compétens pour l'exécution des loix, & les tribunaux ne peuvent prendre connoissance d'aucunes contestations élevées sur les mesures qu'ils auront adoptées à cet égard; donc, d'après ce simple exposé de principes, il est évident que le projet de décret qu'on vous a présenté, est bon quant au renvoi des délits; le tribunal n'en étoit pas saisi, & la nature des faits conduisoit au comité des recherches. Mais ce n'est pas le véritable but de ceux qui s'opposent à la marche de la loi. Ce qu'il importe de voir d'un bout du royaume à l'autre, c'est un petit nombre de factieux qui regrettent leurs priviléges, leurs droits oppresseurs. (Les applaudissemens de la gauche étouffent les réclamations de la droite).

M. Foucault. Vous ne savez dire que des sottises. . . . (Les applaudissemens de la droite sont couverts par les murmures de la gauche.)

M. Barnave. Ce n'est pas sérieusement de la compétence d'un tribunal ou des corps administratifs, car il n'y a pas à cet égard de doute sincère; ce n'est pas du pouvoir temporel ou spirituel, c'est de la temporalité des biens ecclésiastiques qu'il s'agit. (On applaudit.)

M. Lautrec. Rappelez-donc M. Barnave à l'ordre; car. . . (Les murmures empêchent M. Lautrec d'être entendu.)

M. Barnave. Ce n'est pas seulement sur cette question qu'on a fait jouer des menées artificieuses, qu'on a cherché à réveiller ce qu'il y a de plus sensible pour exciter la haine contre les fondateurs de la liberté. Jamais vous n'avez rendu un grand décret sans qu'on n'abusât du nom des choses les plus sacrées parmi les hommes, ce mot de *Monarchie*, si cher à tous les françois... (Agitation violente à droite; applaudissemens nombreux à gauche.) N'a-t-il pas été invoqué, quand vous avez rendu des décrets contre la tyrannie. Le mot *propriété* n'a-t-il pas été invoqué, toutes les fois que vous avez rendu des décrets contre les usurpations qui avoient réduit au néant la fortune publique, pour créer de ses débris des fortunes privées. (On applaudit.) Ne vous étonnez donc pas qu'on cherche à s'armer contre vous du nom sacré de la religion, quand vous détruisez les abus qui la profanoient; quand, dans votre sagesse & votre justice, vous avez arraché les uns à la pauvreté qui les humilioit, & les autres à cette opulence qui les rendoit des objets de scandale. (Les applaudissemens redoublent.) Votre véritable crime, aux yeux de ceux qui s'élèvent contre vous, est d'avoir enlevé à des individus les abus dont ils jouissoient, & rendu au culte le respect & l'autorité qu'il avoit perdus. Il est tems de prononcer d'une manière à faire cesser ces dissensions & à sauver l'état des malheurs auxquels on voudroit le livrer, & de la guerre civile dans laquelle on ne le conduira pas, mais à laquelle certainement on voudroit le conduire. Tandis que les uns regrettent des abus irréligieux, s'appuient du nom sacré de la religion, une autre secte s'élève; elle invoque la constitution monarchique; & sous cette astucieuse égide, quelques factieux cherchent à nous entourer de divisions, à attirer des citoyens dans des pièges, en donnant au peuple un pain empoisonné. . . . (La partie droite entre dans une grande agitation. MM. Murinais, Malouet & plusieurs autres membres cherchent à se faire entendre, & ne peuvent y parvenir.) Ce n'est pas ici le moment de traiter ce qui concerne cette insidieuse, perfide & factieuse association. (Les agitations & les cris de la droite augmentent; les applaudissemens de la gauche y répondent. — Chaque fois que MM. Murinais, Malouet & autres membres veulent prendre la parole, ces applaudissemens redoublent. M. Malouet quitte sa place, s'élance vers la tribune, & parle à M. Barnave en gesticulant d'une manière très-vive.)

M. Charles Lameth. Mettez à l'ordre M. Malouet, l'intendant, qui fait le spadassin auprès de la tribune.

M. Barnave. Le moment n'est pas arrivé de vous entretenir de cette association. Sans doute les magistrats chargés de veiller à la tranquillité publique auront pris les précautions qu'exige cette tranquillité. (Plusieurs voix de la droite: *ce n'est pas l'ordre du jour; allez aux jacobins.*) Sans doute le comité des recherches instruira bientôt l'assemblée de ces manœuvres factieuses, de ces distributions de pain à moitié prix, destinées à porter le trouble dans le peuple & à en armer, .. (On applaudit. Plusieurs voix de la droite: *il n'est pas question là d'*Amiens.) et vous dénoncera dénominativement ceux qui ne craignent pas de se montrer & de paroître les auteurs de ces manœuvres & les chefs de cette faction, mais j'ai cru devoir parler de ces faits, parce qu'il est évident que tant d'audace..... (La droite s'agite; la gauche applaudit.)

Il m'a paru évident que des manœuvres aussi hardies au milieu de la révolution, dans une ville qui l'a toujours défendue, & qui la défendra toujours, avoient un appui, & ne pouvoient avoir d'espérance que dans les mouvemens, les résistances qu'on se propose d'effectuer par le moyen du refus du serment des ecclésiastiques fonctionnaires publics. Ne mettons pas dans notre conduite une foiblesse qui occasionneroit de grands maux, & qui bientôt rendroit nécessaire une sévérité douloureuse; il ne faut pas commencer par sévir contre des pasteurs, contre des hommes simples ou trompés, que leur intérêt attache au nouvel ordre de choses; ce n'est pas par-là, dis-je, qu'il faut commencer, mais par la destitution de tous les évêques, d'un bout du royaume à l'autre. (La partie gauche fait entendre des applaudissemens nombreux & prolongés.) Ceux qui sont membres de l'assemblée nationale, & qui n'ont pas prêté leur serment, devroient être déjà remplacés dans tous les départemens; le peuple, les fidèles demandent de nouveaux prélats. (Plusieurs voix de la droite: *non, non.* — Plusieurs voix de la gauche: *oui, oui.* — On applaudit.) Sans doute la plupart des pasteurs qui étoient avec les fidèles dans une habitude de confiance réciproque, ont du crédit sur eux : mais ceux qui enlevoient à leur diocèse les fruits de leur opulence, pour les porter dans la capitale, seront aisément remplacés dans leur opinion. Il est évident que les nouveaux prélats qui auront prêté le serment exigé, donneront aux pasteurs l'institution canonique. En suivant cette marche, nous suivrons le vœu du peuple; quand les pasteurs seront séparés de ces protecteurs perfides qui leur donnoient des instructions mensongères & coupables, ils ne s'opposeront plus à ce que réclame leur bonheur & celui des fidèles. Hâtons-nous donc de suivre la véritable marche; évitons sur-tout un mouvement rétrograde qui conduiroit le royaume & nous dans un abyme de maux. . . . . (plusieurs voix de la droite : *oui, vous; mais non la religion, le royaume, la tranquillité publique.*)

On employoit ces grands mots, quand vous avez décrété que les biens ecclésiastiques appartenoient à la nation. (Plusieurs voix de la droite : *on n'a pas décrété cela.*) Quand vous avez consacré & consolidé cette opération par celle des assignats, on avoit le même intérêt à vous opposer; on vous a fait les mêmes reproches, mais le peuple les a repoussés. La raison est pour nous, le vœu du peuple est pour nous, la vérité est pour nous, suivons une marche que nous tracent la raison, la vérité & le desir ardent & sincère de la tranquilité publique. Je demande qu'on adopte le projet de décret relatif à l'affaire d'*Amiens*; que demain le comité nous présente ses mesures pour l'exécution de la loi du 26 décembre, au nombre desquelles sera la plus pressante de toutes, celle du remplacement des évêques.

Une grande partie de l'assemblée applaudit, & ces applaudissemens accompagnent M. Barnave de la tribune à sa place.

M. Chassey. Je demande la parole pour avertir l'assemblée que votre comité ecclésiastique doit s'assembler demain à 9 heures, pour vous proposer immédiatement après la loi que le préopinant demande.

Les membres du côté droit se répandent tumultuairement au milieu de la salle.

M. Murinais. On vient de dénoncer dans cette tribune comme insidieuse, perfide & factieuse une société qui.... (Il s'élève des murmures.)

Un très-grand nombre de voix de la partie gauche demandent la clôture de la discussion.

L'assemblée déclare que la discussion est fermée.

M. Malouet. Puisque la discussion est fermée, je n'entreprendrai pas de m'expliquer sur le projet de décret; mais vous avez entendu dans cette tribune.... à l'occasion d'une affaire particulière, une dénonciation.....

Plusieurs voix de la gauche. Votre amendement.

M. Malouet. Je demande, par amendement, qu'au sein même de la révolution, au milieu de cette ville qui a vu naître la constitution, qui a tant fait pour la liberté..... je demande, dis-je, que la liberté, que la sûreté publiques & individuelles, ne soient pas impunément outragées dans cette tribune..... Je demande que la dénonciation qui a été faite, soit consignée dans le procès-verbal.... Je demande que l'assemblée nous indique un tribunal.... Je demande que le préopinant dépose sa dénonciation sur le bureau...... Je demande....

M. Murinais. Je demande que le membre qui a appelé le coutelas des assassins sur la tête des hommes honnêtes qui......(De violens murmures d'improbation étouffent les réclamations de plusieurs membres de la partie droite, qui se rendent successivement à la tribune & au bureau.)

M. Murinais. Je demande qu'on poursuive. . . . Je dénonce la société des jacobins.

M. Malouet. On a appelé la fureur du peuple sur notre tête.... Qu'il me soit permis de répondre un mot aux inculpations....

M.... On n'a pas accusé M. Malouet.

M. Malouet. Que ne m'est-il permis de proposer aussi, par amendement, les moyens de rétablir la paix dans le royaume; que ne puis-je vous parler de.... (Nouveaux murmures.) Mais comment faire cesser les désordres dont gémissent les bons citoyens, tant qu'il regnera sur la France un club dominateur ? Oui, je dénonce le club des Jacobins. (Des murmures de la partie gauche étouffent le bruit des applaudissemens de la droite).

M. le président veut parler, il est interrompu par les membres qui entourent la droite du fauteuil.

M. Malouet. On a appellé sur une société pacifique les violences.... (Nouveaux murmures.) — Les membres de la gauche se lèvent simultanément pour demander les voix sur le projet de décret du comité ecclésiastique.

M. Malouet. Quand l'assemblée gardera le silence, je continuerai....

M. le président met aux voix le projet de décret du comité; il est adopté à une très-grande majorité.

AMNISTIE. s. f. On a pu voir qu'après l'achèvement de la constitution ou de l'*acte constitutionnel*, l'assemblée constituante touchée du nombre de malheureux renfermés dans les prisons pour le crime de lèse-nation, saisit avidemment l'époque de la fin de ses travaux pour les soustraire à des peines, que repoussoient d'autant plus le patriotisme & la justice, qu'elles n'auroient portées que sur des délits dont le motif étoit susceptible de beaucoup de contestations. Ce fut une des raisons qui firent admettre l'*amnistie* proposée par M. *de la Fayette*, lui qui eut aussi le bon esprit de demander la suppression de la servitude des passe-ports.

Séance du mardi 13 septembre 1791.

M. *la Fayette*. Je croirois, Messieurs, faire tort aux sentimens qui viennent d'associer l'assemblée au vœu que le roi nous a témoigné, si je ne me bornois, pour la régularité de la délibération, à proposer le décret suivant:

L'assemblée nationale, après avoir entendu la lecture du message du roi, qui accepte l'acte constitutionnel, s'associant aux sentimens que le roi a témoignés sur la cessation de toutes poursuites relatives aux évènemens de la révolution, décrete ce qui suit:

1°. Toutes personnes constituées en état d'arrestation, d'accusation, relativement au départ du roi, seront sur-le-champ remis en liberté, & toute poursuite cessera à leur égard.

2°. Les comités de constitution & de jurisprudence criminelle présenteront demain, à l'ouverture de la séance, un décret qui abolisse immédiatement toute procédure relative aux évènemens de la révolution.

3°. Il sera également présenté demain un projet de décret qui abolisse l'usage des passe-ports, & anéantisse les gênes momentanées apportées à la liberté que la constitution assure à tous les citoyens françois d'aller & de venir, tant au-dedans qu'au-dehors du royaume.

Toute la partie gauche, une partie du côté droit & les tribunes retentissent d'applaudissemens.

L'assemblée adopte par acclamation le projet de décret présenté par M. la Fayette.

M. *Goupil*. Je demande qu'une députation de 60 membres se rende sur-le-champ chez le roi, pour lui présenter le décret qui vient d'être rendu. (*Quelques voix s'élevent dans la partie gauche: l'assemblée en corps.*)

L'assemblée adopte la proposition de M. Goupil.

M. Le ministre de la justice sort de la salle au milieu des appaudissemens.

Pendant plusieurs minutes on entend à divers intervalles des applaudissemens.

M. *Dandré*. Vingt-cinq séances ont été occupées par l'affaire d'Avignon. Tout le monde a été entendu pour & contre, & il me semble que l'assemblée est assez éclairée. Il est convenable que vous prouviez que vous avez reçu avec sang froid le message du roi, & que vous avez repris la délibération avec la dignité qui convient à cette assemblée.

La députation sort de la salle pour se rendre chez le roi.

Séance du mercredi 14 septembre.

M *le Chapelier*. Je prie l'assemblée de m'accorder un moment d'attention pour que je lui rende compte de la députation envoyée hier chez le roi. Nous avons rempli auprès du roi la mission que vous nous aviez donnée de remettre à sa majesté le décret que vous veniez de rendre. En lui remettant ce décret, nous avons exprimé au roi la sensation qu'avoit excitée dans l'assemblée son message, nous lui avons dit:

Sire, l'assemblée nationale, en entendant la lecture du message de votre majesté, a souvent interrompu cette lecture par des applaudissemens qui expriment l'affection des françois pour leur roi; elle a éprouvée le plus doux des sentimens en voyant votre majesté exprimer son vœu pour une *amnistie* générale qui puisse terminer toutes les discordes & les dissensions; elle s'est empressée de rendre un décret qui fixe le terme de la révolution.

Le roi, parlant d'un ton satisfait, nous a répondu en ces termes:

« Je me ferai toujours un plaisir & un devoir de suivre la volonté de la nation, quand elle sera connue. Je vois avec reconnoissance que l'assemblée nationale ait accédé à mon vœu. Je souhaite que le décret que vous me présentez mette fin aux discordes, qu'il réunisse tout le monde & que nous ne soyons qu'un. »

Le roi a ajouté:

« Je suis instruit que l'assemblée nationale a rendu ce matin un décret relatif au cordon bleu; je me suis déterminé à quitter cette décoration, & je vous prie de faire part de ma résolution à l'assemblée ».

La reine & les enfans du roi se trouvoient à l'entrée de la chambre du conseil, où la députation a été reçue. Le roi nous a dit:

« Voilà ma femme & mes enfans qui partagent mes sentimens ».

La reine s'est avancée, & a dit :

« Nous accourons tous, mes enfans & moi, & nous partageons tous les sentimens du roi. (On applaudit.) (*Voyez* ACCEPTATION, ACTE CONSTITUTIONNEL, ROI.)

ANGERS chef-lieu du département de la Mayenne & Loire, & autrefois capitale de l'Anjou. Cette ville & les environs ont été l'objet de plusieurs débats occasionnés dans l'assemblée constituante par le rapport de quelques insurrections survenues dans ce département.

Séance du 11 septembre 1790.

On fait lecture de deux lettres, l'une du directoire du département séant à Angers, & l'autre de la municipalité du même lieu. Elles portent que cette ville vient d'être le théâtre d'une insurrection occasionnée par les ouvriers des carrières d'ardoise, sous prétexte de la cherté du pain. Le drapeau rouge n'a pas épouvanté les séditieux qui ont attaqué à main armée la garde nationale & le régiment de Royal-Picardie. Ces deux corps ont repoussé les assaillans, beaucoup de séditieux ont été blessés, plusieurs sont morts sur la place. Le présidial a informé contre les principaux auteurs de ces troubles ; un soldat invalide & ouvrier de carrière, & un autre soldat en semestre ont été pendus. La fermeté des officiers municipaux & de la garde nationale a ramené le calme.

L'assemblée ordonne le renvoi de cette affaire à son comité des recherches.

La municipalité de Montpellier offre de réaliser la soumission qu'elle a faite d'acquérir pour 4 millions de biens nationaux.

On fait lecture d'une lettre de l'assemblée générale de la partie françoise de Saint-Domingue, accusée devant l'assemblée nationale, par l'assemblée provinciale du Nord. Elle accuse à son tour ses adversaires qu'elle appelle calomniateurs & ennemis du bien public.

Une députation des administrateurs & professeurs de l'école gratuite de dessin est admise à la barre. Elle soumet son régime à l'assemblée nationale & présente l'hommage des essais de ses élèves.

M. *le président*. L'assemblée nationale reçoit avec un tendre intérêt l'hommage des jeunes élèves que vous dirigez dans la carrière des arts ; ils doivent à votre bienfaisance & à votre amour éclairé pour des arts brillans & utiles, ces talens qui seront à-la-fois la ressource & la douce occupation de leur vie ; ces arts, fils du génie & de l'opulence, vont prendre un nouvel essor sous le régime vivifiant de la liberté ; car elle empreint le caractère de la grandeur & de la fécondité à tout ce à quoi elle s'allie ; c'est elle qui les éleva, dans la Grèce & l'Italie, à cette perfection qui fait aujourd'hui l'objet de notre admiration & de votre émulation généreuse. Malheur aux peuples qui n'ont point connu ces arts qui embellissent la vie & le séjour de l'homme ; ils ont passé sur la terre sans laisser de monumens de leur fugitive existence ; ou si l'histoire retrace leur nom, c'est seulement pour y attacher les souvenirs du brigandage & de la dévastation ; tandis que, portés sur les aîles du tems & de la renommée, sous la double protection du génie, des arts & de la vertu guerrière, les noms de peuples éclairés, les noms d'Athènes, de Rome, de Paris, seront transmis jusqu'aux derniers âges. Vous présentez les essais de ces intéressans élèves, à qui il ne manque la maturité de l'âge & l'infatigable méditation des grands modèles. L'assemblée les reçoit avec satisfaction, ainsi que les expressions de votre reconnoissance pour les secours qu'elle vous a accordés. Elle eut voulu faire davantage pour un établissement qu'elle approuve ; mais elle se doit au bonheur des peuples, & une sévère économie est le premier de ses devoirs. Elle vous voit avec plaisir dociles à ses vues, pénétrés de ses sentimens. Elle vous invite à assister à sa séance.

L'assemblée ordonne l'impression de l'adresse & de la réponse de son président.

Une députation des administrateurs du département de Seine & de Marne est admise à la barre. Elle exprime, au nom des cultivateurs de ce département, les alarmes & les inquiétudes du peuple sur les plans présentés aux comités des domaines & de féodalité, concernant *les plaisirs du roi*. — Serions-nous condamnés de nouveau à respecter des animaux destructeurs, à voir, dans ces saisons rigoureuses, des hommes gagés à grands frais, étendre avec soin, sur la neige, une nourriture abondante pour les bêtes des forêts, tandis qu'à côté des citoyens meurent de faim, & envient la pâture des animaux ? Ah ! Que de pareils spectacles ne souillent plus nos regards ; quand on a une fois conquis la liberté, & qu'on en a gouté les douceurs, on ne se la laisse pas ravir impunément. Le 4 de ce mois, l'équipage de la venerie & de Fontainebleau a poursuivi un cerf à travers les vignes qui sont en grappes. Plusieurs des malheureux propriétaires qui se sont plaints, ont été constitués prisonniers. Nous demandons que la chasse du roi dans le département de Seine & Marne, soit bornée à sa forêt de Fontainebleau, & que cette forêt soit enclose de murs.

M. *Dubois de Crancé*. Je demande que ces violițions de propriété soient sur-le-champ dénoncées au roi.

M. *Raynaud* (*ci-devant Comte de Montlausier*). Les faits ne sont pas constatés.

M. *Letellier*. Les députés du département viennent vous l'assurer, deux membres du corps administratif en ont été les témoins, & vous voulez encore douter.

M. *Riquetti l'aîné*, (*ci-devant Mirabeau*). Il n'est pas question de rendre un décret, mais d'ordonner la sévère exécution de ceux qui ont été rendus. Il faut instruire le roi directement des dévastations commises par ses veneurs, & demander justice & vengeance.

« L'assemblée décrète que son président se retirera par-devers le roi, pour lui faire part de ces malheureux événemens, & faire sévèrement punir les coupables ».

Séance du 14 septembre 1790.

M. *Voidel*, au nom du comité des recherches, fait lecture de cinq procès-verbaux de la municipalité d'*Angers*, département du Loiret; le premier fait mention de la dénonciation du procureur-syndic sur une insurrection élevée dans la halle, & qu'avoit occasionné la cherté des grains & des soupçons d'accaparemens, de la détermination du directoire qui avoit envoyé des députés & que le régiment de Picardie venoit de prendre les armes sur la réquisition de la municipalité, &c.

Le second procès-verbal fait mention des moyens propres pour rétablir l'ordre. On s'étoit déterminé à faire une proclamation qui invitât les citoyens des deux districts à se réunir paisiblement & sans armes, & à discuter les moyens de faciliter la circulation des grains.

Le troisième contient la proposition de M. le maire, d'organiser, sous le bon plaisir de l'assemblée nationale, une force active, prise dans la garde citoyenne, pour maintenir l'ordre & protéger la circulation; proposition qui a été provisoirement adoptée.

Le quatrième, attroupement des mauvais citoyens & d'un grand nombre de femmes qui commençoient déjà à investir le lieu de la séance & à menacer les membres du directoire.

Le cinquième enfin, annonce que les ouvriers des carrières s'armoient & se réunissoient pour faire dans la ville une invasion à force ouverte; que le tocsin sonnoit; que les soldats du régiment de Picardie étoient menacés; que le directoire & la municipalité avoient proclamé une diminution de 4 deniers pour livre sur les deux espèces de pain: qu'à peine le calme paroissoit rétabli, qu'on vient avertir le directoire que le peuple devenoit plus furieux, que la municipalité a fait déployer le drapeau rouge; mais qu'une décharge de mousqueterie, faites par les ouvriers des carrières armés, sur le régiment de Picardie, & la garde nationale, a forcé ces derniers de repousser la force par la force, & que le parti des insurgens a perdu beaucoup de monde; que plusieurs corps-de-gardes nationales des environs sont présentées le lendemain pour secourir la ville d'*Angers*; mais que le directoire, informé qu'il se trouvoit parmi elles un grand nombre des ouvriers des carrières, leur ordonna de se retirer, ce qu'elles exécutèrent; que le tocsin qui ne cessoit de sonner, excitoit de nouveaux attroupemens, qui se dissipèrent au moment où on le fit cesser, en faisant enlever les cordes des cloches.

M. *Voidel* propose, sur ces événemens, un projet de décret qui est adopté en ces termes:

« L'assemblée nationale, après avoir entendu le rapport de son comité des recherches,

» Approuve la conduite prudente & ferme du directoire du département de Maine & Loire; du directoire de district & de la municipalité d'*Angers*;

» Charge son président de se retirer, dans le jour, devers le roi, pour le prier de donner les ordres les plus prompts, afin que la procédure commencée soit continuée contre les auteurs, fauteurs & instigateurs des attentats commis à *Angers* le 6 de ce mois, circonstances & dépendances;

» Décrète que copie des pièces de la procédure sera envoyée à son comité des recherches, sans néanmoins que cet envoi puisse retarder l'exécution des jugemens;

» Charge enfin son président d'écrire au bailliage d'*Angers*, à la garde nationale de la même ville, au régiment Royal-Picardie, au détachement du régiment Royal-Conti, en la personne de leurs chefs respectifs, pour leur exprimer la satisfaction de l'assemblée, du zèle & de l'ardeur avec lesquels ils ont concouru au rétablissement de la paix & de l'ordre public ».

ANGLETERRE. *L'angleterre* ayant armé une flotte assez considérable, sur la fin de 1789 & les premiers mois de 1790, l'Assemblée s'est occupée de cet objet sur la connoissance que le ministre des affaires étrangères lui donna des inquiétudes que ces apparences hostiles pouvoient faire naître; il en est résulté des discussions & plusieurs décrets relatifs à la marine & à la position de la France à cette époque; nous allons les faire connoître; nous rappellerons en même-temps au lecteur ce que nous avons déja dit, qu'ayant destiné une partie de notre travail à *l'histoire de la révolution*, on ne doit chercher ici que les actes ou débats de l'Assemblée, les autres connoissances ou détails historiques se trouveront dans la partie que nous venons d'indiquer.

Séance du 14 mai 1790.

On fait lecture d'une lettre écrite à M. le président par M. le comte de Montmorin.

M. le président, les armemens qui viennent d'avoir lieu chez une puissance voisine, la presse des matelots ordonnée & exécutée avec une grande activité, & les motifs qu'on donne à des mouvemens aussi marqués, ont fixé l'attention de S. M. Elle a pensé que son premier devoir étant de veiller à la sûreté de l'état, Elle ne pouvoit se dispenser de prendre des mesures pour remplir cet objet; Elle a donné les ordres nécessaires, & incessamment quatorze vaisseaux de ligne seront armés dans les ports de l'Océan & de la méditerrannée; Elle a prescrit en même-temps aux commandans des différents ports, de préparer les moyens d'augmenter les armemens de marine, si les circonstances les rendent nécessaires. Le roi m'a chargé d'instruire, par votre organe, l'Assemblée de ces mesures; il a désiré qu'elle fût également instruite que ces armemens sont seulement de précaution. Il conserve l'espérance que la paix ne sera pas troublée, d'après les assurances données par la cour de Londres; que ces préparatifs n'ont pas d'autres objets qu'un différend entre cette puissance & la cour de Madrid. Sa majesté Britannique desire infiniment voir terminer ce différend par une négociation. En effet, M. Fitz-Herbert est en chemin pour Madrid. Sa Majesté Britannique donne par cette communication, l'assurance du désir qu'elle a de conserver la bonne intelligence qui règne si heureusement entre les deux nations; mais quelque rassurant que soit ce langage, le roi ne peut se dispenser d'ordonner des préparatifs; & tout le monde est convaincu que l'Angleterre étant armée, la France ne peut ni ne doit rester désarmée. Il faut apprendre à l'Europe que l'établissement de notre constitution est loin d'apporter des obstacles au développement de nos forces; d'ailleurs, on ne peut se dissimuler que la reconnoissance & notre propre intérêt prescrivent de prendre cette marche, dans un évènement qui intéresse l'Espagne. Le roi fera ses efforts pour rapprocher les deux puissances: Sa Majesté connoît trop la justice & la modération du roi d'Espagne, pour ne pas croire qu'il se prêtera avec empressement aux voies de conciliation qui pourront ne pas compromettre les droits de sa couronne.

Les dispositions de la cour de Londres, donnent encore l'espérance, que de son côté, le roi d'Angleterre ne négligera rien pour parvenir à cet accommodement. Le roi a fait témoigner à Sa Majesté Britanique sa sensibilité à la communication amicale qu'elle lui a fait donner par son ambassadeur en France. Il a témoigné à la cour de Londres son desir que la bonne intelligence ne soit jamais troublée dans ce moment-ci & dans aucun autre. S. M. est si frappée des malheurs en tout genre qu'ameneroit la guerre, que ce seroit avec une douleur inexprimable qu'elle s'y verroit entraînée, elle n'épargnera ni soin ni dépenses pour la prévenir: c'est à ce sujet qu'elle a cru devoir prendre les mesures qui ont été indiquées au commencement de cette lettre. Ces dispositions exigeront probablement que quelques secours extraordinaires soient donnés au département de la marine. S. M. est trop convaincue du patriotisme des représentans de la nation, pour douter de l'empressement de l'Assemblée nationale à décréter ces secours, lorsque le tableau en aura été mis sous ses yeux.

Quelques membres demandent la parole. — M. le président annonce qu'il y a déjà une liste.

M. Charles de Lameth. Comment est-il possible que la liste soit déjà formée? On ne sait pas quelle proposition pourra être faite, & l'on ne peut établir une liste que pour ou contre telle ou telle proposition. Si avant même qu'un objet soit connu de l'Assemblée, on vient ici avec une opinion arrêtée; si avant que cet objet soit connu, une liste est déja formée, que devient la liberté des opinions?

M. le comte de Crillon. Ce matin, vingt personnes sont venues demander qu'on les inscrivît pour l'ordre de la parole, sur une lettre qui devoit, pendant le cours de la séance, être remise au président. Cette forme est un usage constant de l'Assemblée.

On demande la lecture de la liste.

M. de Mirabeau l'aîné. Je ne comprends pas à quoi peut servir la lecture de cette liste; car la défaveur qu'une si singulière méthode doit jetter sur la liste faite, ne doit pas influer sur la question de savoir si une autre liste sera substituée à celle qui existe. Il est singulier que cette assemblée, qui s'est fait une règle de ne discuter aucune matière qui n'ait été annoncée, laisse une initiative si subite à une lettre ministérielle. Nous devons décider, pour l'avenir, que les messages du roi ne seront délibérés que le lendemain; mais comme cette loi n'est pas établie, & que le présent message est très-important, je ne vois nul inconvénient à ce qu'on commence la discussion. Alors, il il faut que la parole se donne sur des demandes successives, & sur la décision volontaire & successive de M. le président. C'est le seul moyen de sortir de ce débat.

M. de Cazalès. Ce message est d'une telle importance, qu'il n'y a pas d'inconvénient à l'ajourner. Cet ajournement sera très-utile, parce que les membres qui n'étoient pas prévenus, pourront diriger sur cet objet toutes leurs réflexions.

M. de la Fayette. Pour que chacun de nous ait le tems de réfléchir sur cette importante lettre, je fais la motion d'ajourner la discussion à demain.

M. le marquis de Foucault. Il est étonnant qu'on élève de semblables difficultés. Je ne suis pas grand politique, & je sais cependant quatre jours d'avance les délibérations que prendra l'assemblée. Je pense que la discussion doit commencer dès-à-présent.

M.... Je prie M. le président de demander à M. de Foucault quelle délibération l'assemblée prendra sur la discussion de l'objet intéressant qui va l'occuper : cette connoissance abrégera beaucoup la discussion.

M. de Toulongeon. En appuyant le renvoi à demain, je pense qu'il est de la dignité de la nation, que nous manifestions un assentiment subit aux mesures prises par le roi.

L'ajournement au lendemain est ordonné.

Séance du 14 mai 1790.

On commence la discussion sur la lettre adressée à M. le président, par M. de Montmorin.

M. le duc de Biron. Un grand différend s'élève entre l'Espagne & l'*Angleterre* : les deux puissances font des armemens considérables, & le roi a donné communication des mesures qu'il a cru devoir prendre pour assurer la tranquillité générale, & pour la sûreté du commerce. Jamais la paix n'a été plus nécessaire ; il appartient à une nation de se porter médiatrice entre deux grandes Nations ; mais pour être utilement juste, il faut être redouté & respecté ; mais en se rendant redoutable, il faut ne pas oublier que la loyauté & toutes les vertus sont les compagnes de la liberté. Un peuple libre doit être le plus loyal des alliés. Qui ne sait que la guerre à laquelle nous prendrions la moindre part seroit très-onéreuse pour nous ? S'y exposer, ce seroit compromettre notre commerce, & avec lui la subsistance sacrée de deux millions d'hommes.... Notre prospérité est tellement attachée au bonheur de l'Espagne, que nous devons craindre de l'abandonner. Nous ne pouvons oublier que cette puissance a été pour nous une alliée généreuse : si les représentans de la nation ont cru de leur loyauté de prendre sous leur sauve-garde les dettes contractées par le despotisme, ne croiront-ils pas devoir respecter les obligations de connoissance contractées avec une grande nation ? Nous devons acheter la paix par de grands sacrifices, mais non par celui de l'honneur & du caractère national. Un de nos rois disoit : *tout est perdu, fors l'honneur*, & tout fut sauvé. Rien n'est perdu, & l'honneur sera toujours notre force, comme il a toujours fait notre loi.... Toute paix est détruite, si on déclare qu'on n'a pas la force de faire la guerre. On dit qu'il n'y a pas d'armée, qu'il n'y a pas de force publique : ne laissons pas insulter la liberté & la révolution ; ne laissons pas dire que les efforts d'un peuple libre seroient moins grands que ceux du despotisme. Quand nous ne devrions pas à un roi vraiment citoyen toute la confiance, tout le respect, tout l'amour que les françois lui ont voués ; quand nous ne connoîtrions pas les sentimens patriotiques de l'armée, ces millions de citoyens qui ont pris les armes pour la défense de la liberté devroient dissiper toutes nos inquiétudes... Je propose le projet de decret suivant : « L'assemblée nationale décrète que son président se retirera devers le roi, pour le remercier des mesures qu'il a prises pour la sûreté de l'empire & du commerce, & des négociations qu'il a entamées. L'assemblée supplie sa majesté de lui faire remettre l'état des besoins du département de la marine. »

M. le comte de Virieu. Mes conclusions étant conformes à celles de M. de Biron, je reclame l'usage constant des listes *contre*, *pour* & *sur*.

M. André. Il est naturel que la discussion amène des propositions dans des sens tout différens, & qui ne seront ni *contre*, ni *pour*, ni *sur*.

M. l'abbé Maury. La question doit être traitée contradictoirement.

M. de Beaumetz. Une question politique & diplomatique ne peut, avant d'être discutée, présenter un résultat assez simple pour amener une décision par *oui* ou par *non* : il faut qu'elle soit arrivée à ce point de simplicité pour que la discussion s'établisse d'une manière contradictoire.

M. l'abbé Maury. Quand bien même on ne discuteroit que l'un des points historiques, il faudroit toujours avoir le sens commun. On ne peut discuter d'une manière utile sans faire choquer les opinions. Je ne vois, dans tout ceci, qu'une question d'argent qui peut se réduire à un *oui* ou à un *non*. Doit-on faire un armement, doit-on n'en point faire?

M. du Quesnoy. J'avois soupçonné qu'on vouloit entraîner l'assemblée dans des mesures imprudentes, & ce soupçon vient d'être confirmé. Il ne s'agit pas d'argent, comme on l'a dit, il s'agit du salut de l'empire; il s'agit des plus grandes questions que vous puissiez avoir à traiter; il s'agit d'éviter le plus dangereux des pièges ministériels. Les ministres ont voulu jetter la discorde dans l'assemblée; les ministres essaient de désunir l'assemblée, & l'on sert parfaitement leurs mesures, en demandant que l'on opine par *oui* & par *non*. Ainsi, l'initiative seroit accordée aux ministres avec tous les moyens qui peuvent la rendre funeste; ainsi ils nous diroient de nouveau : le roi sera profondément affligé, si vous refusez les secours qu'il demande; ainsi on abuseroit encore de son nom & de notre respect. Mon opinion ne sera pas équivoque : il faut fournir ces secours, mais il faut dire auparavant : le roi a-t il pu, a-t-il dû? Pouvons-nous, devons-nous? Ce n'est pas en disant que le roi sollicite de l'argent qu'on peut espérer d'égarer notre délibération : cette proposition soulèvera tout ce qui porte le nom françois.

M. Alexandre de Lameth. J'ai demandé la parole pour chercher à établir la question. Personne ne blâmera certainement les mesures prises par le roi; nous pouvons délibérer maintenant, puisque les ordres sont donnés; mais cette question incidente amène une question de principes. Il faut savoir si l'assemblée est compétente, & si la nation souveraine doit déléguer au roi le droit de faire la paix ou la guerre : voilà la question..... (L'orateur est interrompu par une longue agitation).

Il est infiniment simple de traiter cette question avant la question de circonstances, ou bien vous la préjugeriez : le ministre vous l'annonce assez dans sa lettre. Je crois que si vous vous borniez à accorder les subsides demandés, on pourroit entraîner la nation au-delà des bornes que notre prudence doit prescrire. Il faut, avant de prendre un parti, connoître toutes les circonstances; il faut savoir ce qui a précédé. La nation ne doit elle pas être inquiète, quand le ministre a laissé près de la cour, dont les affaires nous occupent actuellement, cet homme, ce ministre appellé au conseil du roi, lorsqu'on a entouré l'assemblée nationale de bayonnettes.... Il est possible qu'il y ait des raisons pour déclarer une guerre; il est possible qu'il existe des arrangemens entre différentes cours; car c'est ici la cause des rois contre les peuples. L'assemblée nationale doit savoir pourquoi cet armement : elle doit examiner si elle peut déléguer le droit de faire la paix & la guerre. Cette question ne peut faire aucun doute dans cette assemblée : le droit de faire verser le sang, d'entraîner des milliers de citoyens loin de leurs foyers, d'exposer les propriétés nationales; ce terrible droit, pouvons-nous le déléguer? Je demande donc que nous discutions d'abord cette question constitutionnelle. On ne nous dira pas que nous délibérons quand il faut agir, puisque le roi a donné l'armement. (Cette proposition est très-applaudie).

M. Dupont demande que la motion de M. Alexandre de Lameth soit ajournée à trois semaines. La question, ainsi qu'on veut la poser, est sans doute la plus importante; mais ce n'est pas-là la marche des idées; la question doit d'abord être examinée.

M. Barnave. Lorsqu'on aura démontré que les effets doivent passer avant les causes, que les résultats doivent précéder les motifs qui les occasionnent; alors on aura prouvé que la question posée par M. de Lameth, doit être discutée la dernière : mais si l'on veut consulter l'ordre naturel des choses, on sentira aisément qu'il faut d'abord décider si nous avons le droit de consentir ou de défendre l'armement. Au moment où les ministres s'emparent de ce droit, il faut examiner à qui il appartient; laisser la question à l'écart, ce seroit passer condamnation, puisque M. de Montmorin suppose la question jugée en sa faveur. En effet, il nous dit qu'on a armé 14 vaisseaux; parce que sa majesté est alliée à l'Espagne; parce que nous devons de la reconnoissance à cette puissance pour les secours que nous en avons reçus, parce qu'on ne peut se dispenser d'observer le pacte de famille; il nous dit que le roi de France ouvre des négociations, &c. Ainsi les ministres prétendent exercer seuls le plein pouvoir de faire la paix ou la guerre; mais les négociations supposent nécessairement des alliances, & ces alliances sont souvent des déclarations de paix ou de guerre, puisque c'est du résultat des négociations que l'un & l'autre résultent. Il faut prendre un parti; notre silence préjugeroit la question. Un ajournement à trois semaines la décideroit contre nous. Quand le roi arme, quand des négociations sont entamées, n'est-il pas probable que dans trois semaines la paix ou la guerre seront décidées; ainsi lorsqu'on propose d'ajourner, on propose en d'autres termes de donner, dans la circonstance présente, le droit de négociation, de paix & de guerre. Pour les plus grands amis du pouvoir arbitraire, ce seroit encore une grande question : c'en doit donc être une pour le corps constituant. On le met dans l'alternative de consentir ou de s'opposer à l'abandon d'un droit, sans lequel il n'est point de liberté politique. Vous vous oteriez les moyens de résister aux ruses perfides des ministres; vous vous exposeriez à ce que la constitution fût en péril par une guerre mal-à-propos entreprise. On vous propose de vous abandonner à des hommes à qui on fait trop d'honneur, en disant que leurs desseins sont douteux. Trois jours peut-être seront nécessaires pour discuter les principes; je demande que la motion de M. Alexandre de Lameth soit adoptée.

M. Goupil de Préfeln. Sans doute on vous propose une grande question politique. Je suis persuadé que le droit terrible de faire la guerre ne peut appartenir au monarque seul; mais je ne puis me dissimuler qu'une question, dont l'influence doit être si grande sur la constitution, ne doit pas être décidée légèrement. En ce moment, il ne s'agit pas de cette question. On vous a dénoncé des pièges ministériels; personne plus que moi ne craint les ministres, mais il ne faut pas toujours les soupçonner. La lettre de M. Montmorin est écrite dans un langage patriotique. Le roi dit qu'il entre en négociation avec la cour de Londres, pour engager le roi d'*Angleterre* à la paix; avec la cour d'Espagne, pour engager l'Espagne à la paix; l'issue de ces négociations ne peut être la guerre. Si le roi a armé quatorze vaisseaux, c'est pour exercer la surveillance suprême qui lui appartient. Ainsi la question n'est pas préjugée par la lettre du ministre, par un acte de sauve-garde & de protection qu'il étoit du devoir du roi de faire. J'adopte donc l'ajournement avec cet amendement, de le fixer au moment où les tribunaux seront établis.

M. de Broglie. Je commence par observer que les propositions de MM. Dupont & Goupil, sont précisément la même chose que si nous disions: Nous ajournons la discussion sur le droit de paix ou de guerre, au moment ou la paix sera faite, ou la guerre déclarée. J'observe encore que le roi, dans sa lettre, ne parle que de subsides; il parle absolument le même langage que si la question étoit jugée. La question accidentelle n'est que le corollaire de la question de savoir si le droit de faire la paix ou la guerre doit être exercé ou délégué par la nation.

M. de Robespierre. S'il est un moment où il soit indispensable de juger la question de savoir à qui appartiendra le droit de faire la paix ou la guerre, c'est à l'époque où vous avez à délibérer sur l'exercice de ce droit. Comment prendrez-vous des mesures si vous ne connoissez pas votre droit? Vous déciderez, provisoirement au moins, que le droit de disposer du bonheur de l'Empire appartient au ministre. Pouvez-vous ne pas croire, comme on vous l'a dit, que la guerre est un moyen de défendre le pouvoir arbitraire contre les nations? Il peut se présenter différens partis à prendre. Je suppose qu'au lieu de vous engager dans une guerre dont vous ne connoissez pas les motifs, vous vouliez maintenir la paix; qu'au lieu d'accorder des subsides, d'autoriser des armemens, vous croyez devoir faire une grande démarche & montrer une grande loyauté. Par exemple, si vous manifestiez aux nations que, suivant des principes bien différens de ceux qui ont fait les malheurs des peuples, la nation françoise, contente d'être libre, ne veut s'engager dans aucune guerre, & veut vivre avec toutes les nations dans cette fraternité qu'avoit commandée la nature: il est de l'intérêt des nations de protéger la nation françoise, parce que c'est de la France que doit partir la liberté & le bonheur du monde. Si l'on reconnoissoit qu'il est utile de prendre ces mesures ou toutes autres semblables, il faudroit décider si c'est la nation qui a le droit de les prendre. Il faut donc, avant d'examiner les mesures nécessaires, juger si le roi a le droit de faire la paix ou la guerre.

M. de Mirabeau l'aîné. Je demande la permission d'examiner d'abord la situation du débat. Je ne parlerai pas encore sur le message dont il est question, quoique mon opinion soit fixe à cet égard. J'examinerai si l'on doit préalablement traiter la question constitutionnelle; je demande que vous ne préjugiez pas mon opinion; cette manière d'éluder la question élevée par la lettre du ministre est déraisonnable, inconséquente, imprudente & sans objet. Je dis qu'elle est déraisonnable & inconséquente, parce que le message du roi n'a nul rapport avec une déclaration de guerre; parce que le message du roi pourroit exister, même quand nous aurions décidé qu'à la nation appartient le droit de faire la paix ou la guerre. Le droit d'armer, de se mettre subitement en mesure, sera toujours le droit de l'exécuteur suprême des volontés nationales. Permettez-moi une expression triviale. La maréchaussée extérieure & intérieure de terre & de mer doit toujours, pour l'urgence d'un danger subit, être dans les mains du roi. Je dis enfin que cette manière d'éluder la décision n'est pas conséquente, parce que ce seroit supposer que l'ordre donné par le roi de faire des armemens est illégal. Il est certain que dans toute société, le provisoire subsiste tant que le définitif n'est pas déterminé; or, le roi avoit le provisoire; donc il a pu légalement ordonner des armemens. Je dis ensuite que cette manière d'éluder la question n'est pas prudente; je suppose, en effet, que le préalable proposé soit nécessaire, notre délibération va occasionner des retards qui donneront le prétexte de dire que nous avons arrêté les mesures prises pour assurer la tranquillité publique & la sûreté du commerce. Je conviens qu'il faut traiter très-incessamment du droit de faire la paix ou la guerre, & j'en demande l'ajournement dans le plus court délai : mais sans doute cette grande question a besoin d'être préparée à l'avance par le comité de constitution ; elle entraîne beaucoup d'autres questions.... Pouvez-vous vouloir suspendre la délibération sur le message du roi? Ne savez-vous pas que les fonds manquent? Ne savez-vous pas que 14 vaisseaux armés seulement, parce que l'*Angleterre* armoit, ne peuvent être pour vous un objet d'épouvante.

Le secours extraordinaire qu'on vous demande est nécessaire ; il n'est pas dangereux. Un refus n'attireroit-il pas contre vous les mécontentemens du commerce? On ne cherche que trop à exciter ces mécontentemens. Remercier le roi des mesures qu'il a prises pour le maintien de la paix, c'est présenter à la nation l'armement ordonné comme une grande précaution ; c'est un moyen de rassurer tous les esprits : mais si vous allez dire au peuple qu'il faut suspendre tous vos travaux pour savoir à qui appartiendra le droit de faire la paix ou la guerre, il dira : il ne s'agit donc pas seulement de précautions, la guerre est donc prête à fondre sur nous. C'est ainsi qu'on gâte les affaires publiques en répandant de vaines terreurs. Si des manœuvres ministérielles recéloient des projets nationomicides, ce seroit tout au plus une conspiration de pigmées ; personne ne peut croire que quatorze vaisseaux mis en commande soient effrayans pour la constitution. Quand la question constitutionnelle seroit jugée, le roi pourroit faire ce qu'il a fait ; il pourroit prendre les mesures qu'il a dû prendre, sauf l'éternelle responsabilité des ministres. Vous ne pouvez donc vous empêcher d'examiner le message du roi. La question se réduit donc à savoir, non si le roi a pu armer, car cela n'est pas douteux ; mais si les fonds qu'il demande sont nécessaires, ce qui ne l'est pas davantage. Je conclus à ce qu'on s'occupe immédiatement du message du roi.

M. de Delley d'Agier. Il ne s'agit pas de régler les détails qui doivent résulter du grand principe, mais d'établir ce principe. J'appuie donc la motion de M. Alexandre de Lameth.

M. Rewel. Le préopinant a établi pour principe que le roi a le provisoire ; c'est à cause que le roi a le provisoire qu'il peut, dans huit jours, déclarer la guerre sans nous, & que nous devons décréter le principe. Si nous hésitons un instant, nous aurons la guerre. Il y a six mois qu'on nous disoit de la part de quelques-uns des honorables membres : l'*Angleterre* vous fera la guerre ; elle ne nous l'a pas faite, & l'on veut que nous la lui fassions. Que demande en dernière analyse le ministère ? De l'argent : les représentans de la nation ne peuvent accorder des subsides qu'en connoissance de cause. Il me semble que nous devons connoître les détails des causes de la guerre dont il s'agit, autrement que par les gazettes. Il me semble que les personnes qui, par principes, doivent redouter l'effusion du sang ; qui, par la sainteté de leur caractère, doivent regarder tous les hommes comme des frères, s'élèvent en ce moment contre mon opinion. Ne reconnoissons plus d'alliés que les peuples justes ; nous ne connoissons plus ces pactes de famille, ces guerres ministérielles, faites sans le consentement de la nation, qui seule verse son sang & prodigue son or. La lettre du ministre annonce assez que le roi ne peut concilier l'*Angleterre* & l'Espagne, il fera la guerre à l'*Angleterre*. Il faut donc vérifier les causes de cette guerre ; il faut savoir si nous avons le droit de les vérifier.

M. le baron de Menou. Je ne me permettrai qu'une simple observation sur ce qu'a dit M. de Mirabeau. Si nous accordons provisoirement au roi le subside qu'il demande, ne devons-nous pas craindre d'être engagés dans une guerre contraire à la justice & à la morale, qui sont les bases de toute constitution ? Bientôt des armées seront mises en mer ; dès la seconde année, elles peuvent être engagées de manière qu'il soit impossible de refuser des subsides pour continuer la guerre. Quand il fut question en *Angleterre* de déclarer la guerre en Amérique, une partie de la nation s'y opposa ; Lord North fit valoir avec chaleur cette opposition ; le roi commença la guerre, & les Anglois furent obligés pendant sept ans de donner des subsides, car sans cela les armées étoient perdues. Je dis donc qu'il est absolument essentiel de statuer sur le droit de faire la paix & la guerre ; ensuite on examinera laquelle des deux nations a tort. Si c'est l'Espagne, nous devons employer notre médiation pour l'engager à plier ; si c'est l'*Angleterre*, & qu'elle se refuse à la justice, nous devons armer, non quatorze vaisseaux, mais toutes nos forces de terre & de mer. C'est alors que nous montrerons à l'Europe ce que c'est qu'une guerre non ministérielle, mais nationale. (Des applaudissemens interrompent l'orateur). C'est alors qu'après avoir préalablement manifesté nos principes de justice, nous développerons le courage & la puissance d'une nation vraiment libre ; nous irons attaquer l'Angleterre en Angleterre même. (Les applaudissemens redoublent.) Si c'est au dernier écu que l'*Angleterre* veut combattre contre nous, nous aurons l'avantage ; si c'est au dernier homme, nous aurons encore l'avantage. L'*Angleterre* est une nation libre, magnanime & généreuse. La France devenue libre, est une nation magnanime & généreuse. Les Anglois traiteront d'égal à égal avec les François, & non plus avec les ministres & le despotisme.

M. de Mirabeau l'aîné. J'ai l'honneur de répon

dre au préopinant que sans cesse il a cru parler contre mon opinion, & qu'il n'a pas même parlé de mon opinion. Il demande qu'on traite incessamment la question, je le demande aussi ; mais qu'elle le soit bien, & d'après les rits de cette assemblée. Où est donc le dissentiment entre le préopinant & moi ? Prétend-il que le provisoire est anéanti ? Il ne l'a pas dit : le provisoire existera encore pendant trois jours, si la question constitutionnelle est discutée pendant trois jours...

M. d'Aiguillon. J'avois demandé la parole pour opposer à M. de Mirabeau les mêmes raisons que M. de Menou. Je rappellerois seulement une objection très-forte à laquelle M. de Mirabeau n'a point fait de réponse. Si en accordant les subsides aujourd'hui, nous ne décidons pas la question, qui sait si la guerre ne sera pas déclarée demain ; qui sait si ce n'est pas-là le but des mauvaises intentions du ministère, intentions dont il ne m'est pas permis à moi de douter ? C'est à la constitution qu'on en veut ; les districts, les départemens, les gardes nationales, sont des obstacles insurmontables. Que reste-t-il donc aux ennemis de la révolution pour renverser notre ouvrage, si ce n'est de nous entraîner dans une guerre, peut-être injuste, de nous engager dans une partie que nous ne pourrons abandonner, quand nous l'aurons une fois commencée. Les intrigues des ministres agiront alors dans le royaume ; les citoyens seront plus faciles à tromper, détournés de l'objet qui remplit aujourd'hui toutes leurs pensées, parce qu'il renferme toutes leurs espérances de bonheur. Les ministres abuseront de tout, soit de nos désastres, soit de nos succès ; un roi victorieux est un grand danger pour la liberté, quand c'est un roi des François. Ainsi donc songeons à l'honneur de la France, à la liberté. Quelle que soit l'urgence des circonstances, ne pouvons-nous pas retarder de deux jours un armement dont la cause nous est presque inconnue ? Demain, la grande question vous sera soumise ; quand vous l'aurez jugée, vous vous occuperez du message du roi.

M. de Mirabeau. Je demande à faire une simple proposition, qui ne vient pas de moi, mais à laquelle je donne mon assentiment, & qui peut réunir les opinions ; elle consiste à approuver les mesures du roi, & à ordonner, par le même décret, que dès demain, sur le rapport de qui il appartiendra, vous commencerez la discussion de la question constitutionnelle.

M. le Chapelier. Il y auroit de l'inconvénient à éloigner cette discussion ; mais il y auroit plus d'inconvénient encore à ne pas s'occuper préalablement du message du roi. On a voulu vous écarter de la véritable question, en se jettant dans des détails qui lui sont étrangers. Le roi devoit se mettre à même de défendre l'état ; il craint la guerre, il désire la paix : deux grandes puissances arment ; l'une des deux a toujours été notre rivale & notre ennemie... (Il s'élève des murmures) ; elle menace à la fois nos possessions dans nos isles & notre industrie. La question de principe n'est pas douteuse ; car le droit de disposer du sang & de l'or des hommes ne peut appartenir à un seul homme ; mais le droit de prendre des précautions pour la défense de l'état appartient nécessairement à l'exécuteur suprême des volontés de la nation. Vous ne pouvez attaquer ce droit, si vous ne voulez tomber dans le même inconvénient qu'en 1756 ; à cette époque, avant d'avoir tiré le premier coup de canon, notre commerce étoit détruit. ... J'adopte la dernière proposition de M. de Mirabeau.

M. Barnave. Je ne crois pas que l'amendement que j'ai à proposer puisse faire quelque difficulté, même d'après l'opinion de M. de Mirabeau. Le décret approuve les mesures prises par le roi : elles sont de deux espèces, 1°. l'armement de 14 vaisseaux de ligne ; l'assemblée peut croire qu'il est nécessaire de se mettre en mesures ; 2°. les négociations commencées. Je ne crois pas que l'assemblée puisse prononcer sur ce second objet, avant d'avoir décrété la question constitutionnelle ; ce seroit mettre entre la main des ministres un moyen certain de nous faire avoir une guerre qu'on ne peut éviter qu'en n'autorisant aucune négociation. Mon amendement consiste à n'approuver que l'armement.

L'assemblée décide qu'il n'y a pas lieu à délibérer sur cet amendement.

M. de Castellanne. Comme il est important de poser la base, je propose pour amendement, que le comité de constitution soit chargé de présenter demain son travail.

L'assemblée décide qu'il n'y a pas lieu à délibérer sur cet amendement.

M. Charles de Lameth. Je pense qu'il est important de charger M. le président d'instruire le roi de l'inquiétude qu'éprouve le corps législatif, en voyant cette délicate négociation entre les mains de M. le duc de la Vauguyon. Vous vous souvenez sans doute du rôle qu'il a joué au mois de Juillet dans le conseil du roi. Je sais très-bien que les ministres auront des lettres de rappel toutes prêtes pour opposer à mon opinion. --- Si on le veut, je demande que ma motion soit discutée à part ; mais il est nécessaire de faire connoître au roi qu'il seroit aussi absurde & aussi coupable, de la part du ministère, de laisser la politique entre les mains de deux ou trois certaines personnes, que de faire traiter un homme empoisonné par ceux qui lui auroient donné le poison. Je suivrai ma motion, mais je doute que la séance suffise pour énumérer toutes les raisons qui doivent engager à retirer toute espèce de négociation des mains des ambassadeurs d'Espagne & de Portugal & de quelques autres encore.

M. Dupont. La première partie du décret n'annonce pas assez nettement que vous voulez être en pleine mesure de défense. Il ne suffit pas de montrer à l'*Angleterre* que vous êtes la nation la plus libre, il faut lui apprendre aussi que la France ne souffrira pas qu'il lui soit fait une injure sans sa permission. L'Angleterre est une nation trop sage pour armer 32 vaisseaux de guerre afin de favoriser les intrigues de vos ministres. Il ne vous convient pas de vous borner à armer 14 vaisseaux; il vous faut mettre en état de rendre la guerre pour la guerre d'une manière imposante. Je conçois qu'il est possible de supposer à cette puissance le desir de la paix; mais je conçois aussi que ce desir peut changer; car elle a donné de fréquentes preuves de ce changement de desir. Je conclus & je propose de demander au roi qu'il soit fait un armement égal à celui de l'*Angleterre*.

L'assemblée décide qu'il n'y a pas lieu à délibérer, quant à présent, sur cet amendement.

M. de Levis propose cet amendement. « L'assemblée nationale déclare en outre, de la manière la plus solemnelle, que jamais la nation françoise n'entreprendra rien contre les droits d'aucun peuple; mais qu'elle repoussera avec tout le courage d'un peuple libre, & toute la puissance d'une grande nation, les atteintes qui pourroient être portées à ses droits ».

Cet amendement est ajourné.

La proposition de M. de Mirabeau l'aîné est décrétée presque unanimement en ces termes :

« L'assemblée nationale décrète que son président se retirera dans le jour, par devers le roi, pour remercier sa majesté des mesures qu'elle a prises pour maintenir la paix; décrète en outre que demain, 16 mai, il sera mis à l'ordre du jour cette question constitutionnelle : *la nation doit-elle déléguer au roi l'exercice du droit de la paix & de la guerre*.

M. Charles de Lameth. J'ai nommé tout à l'heure l'ambassadeur de Portugal, & comme il est dans mon caractère de ne pas laisser de louche dans mes assertions, je déclare que je me suis trompé. Je viens d'apprendre que M. Bombelles n'est plus ambassadeur de Portugal.

Séance du 3 juillet 1790.

M. le président fait lecture d'une lettre de la municipalité du Havre, qui écrit que la flotte angloise, composée de vingt-cinq vaisseaux de ligne & de plusieurs frégates, a appareillé les 28 & 29 juin, du port de Portsmouth.

Voici la substance d'un acte joint à cette lettre. ---Le premier juillet a comparu devant Me....., notaire, en présence des officiers municipaux du Havre, le capitaine Thomas Strugner, Hollandois, venant de Newhampton, lequel a declaré qu'il a vu, le lundi 28 juin, une flotte de douze vaisseaux de guerre & dix-huit frégates, sortir de Portsmouth; qu'une autre de treize vaisseaux devoit partir le lendemain; qu'il savoit aussi que la flotte d'Espagne étoit en mer.

Un des secrétaires fait lecture d'une adresse des députés du commerce de France.

Extrait de cette adresse. Nos places maritimes sont en alarmes, & notre commerce en danger. Plusieurs vaisseaux de ligne sortent des Ports d'Angleterre, 60 sont en commission, ainsi que plusieurs autres bâtimens. On met une activité persévérante dans les armemens. Les Hollandois, de leur côté, préparent un armement redoutable. Les députés du commerce ne peuvent pas plus long-tems dissimuler leurs craintes; notre pêche & notre cabotage occupent une grande partie de nos capitaux & l'élite de nos matelots; il est important d'en protéger la rentrée. L'exemple de la guerre de 1756 est encore récente; on se rappelle les atteintes qu'elle a portées au commerce; c'est au milieu des protestations d'amitié que cette guerre injuste a pris naissance, & la ruse a triomphé de la bonne-foi. Ce seroit peut-être l'instant de jetter ses regards sur les colonies.... Dans cet état d'anxiété, nous mettons en vous notre pleine confiance, & nous nous bornons à transmettre le vœu du commerce de France, pour vous engager à ordonner que toute l'étendue de nos forces soit deployée.

M...... D'après cette adresse, le parti le plus convenable est de supplier le roi de faire sortir le nombre suffisant de frégates pour protéger la rentrée de nos attérages, & d'envoyer quelques bâtimens aux colonies, pour les avertir des intentions de nos voisins.

M. Robespierre. Non-seulement il nous faut ajourner cette proposition, mais encore toutes celles relatives à cet objet. Il ne faut pas fixer notre attention sur une adresse faite par telle ou telle personne, il faut saisir l'ensemble des grands évènemens; il faut calculer toutes les circonstances. On dit tantôt que l'escadre angloise est sortie de ses ports, tantôt qu'il faut autoriser nos commandans à déployer la force armée pour protéger vos prétendus alliés. Je ne vois en cela que des propositions isolées amenées avec plus ou moins d'adresse. (Il s'élève des murmures). Chacun a sa manière de voir : en examinant la marche qu'ont pris ceux qui prétendent influer sur nos délibérations, je ne vois que des motifs de défiance ; ceux pour qui la guerre est le premier des besoins, parce qu'ils l'envisagent comme le plus sûr moyen de s'opposer à une révolution qui les désespère, ne voient peut-être pas du même œil que moi. On cherche de toute part à nous amener à un parti qui rendroit la guerre nécessaire. On vous a fait la proposition de faire figurer à la fédération celui que le roi a nommé chef d'escadre. On a fait lecture d'une lettre qui annonce que l'escadre angloise est sortie de Portsmouth : aussi-tôt on a fait la motion de renvoyer cette lettre au pouvoir exécutif, comme si ce n'étoit pas à vous qu'il appartient de délibérer sur les grandes distinées de l'état ! On vous a fait décréter que vous secourrez ce qu'on appelle vos alliés. (Il s'élève un grand murmure dans presque l'universalité de la salle). Je n'entends parler que de guerre : si vous adoptez le détail des mesures dont le ministère a bien calculé l'effet, on tâcheroit de persuader aux nations étrangères que l'assemblée nationale est d'accord avec le ministère, & le ministère avec les cabinets étrangers ; en conséquence, je fais la motion que toutes ces propositions soient ajournées, & que l'assemblée fixe un jour où elle s'en occupera. C'est le moyen d'écarter les manœuvres de tous les ministres du monde.

M. Démeunier. Je suis surpris que dans une séance du matin, & sans l'avoir annoncé, on traite une pareille question. Après avoir écarté tous les obstacles au dedans, il faut en combattre de nouveaux au dehors. Il faut user de circonspection ; c'est à vous d'attendre le résultat des négociations commencées. N'ordonnez pas des préparatifs de guerre au moment où l'on est occupé d'une négociation. Vous verrez ce qu'on veut tramer contre vous ; mais usez toujours de loyauté. C'est au ministre à vous prévenir de votre situation par rapport aux nations étrangères. Nous avons manifesté solemnellement nos sentimens pacifiques. Cependant si l'on nous force à faire la guerre, nous la ferons, & certes, j'ose le dire, nous la ferons avec courage. Je demande qu'on passe à l'ordre du jour, & que lorsqu'on traitera cette question, elle soit auparavant annoncée sur le tableau.

L'assemblée décide qu'elle passera à l'ordre du jour.

Séance du 26 Juillet 1790.

M. Malouet. Vous avez renvoyé à votre comité de la marine la demande faite par le ministre de ce département d'un supplément à la somme décrétée par l'assemblée nationale pour les frais de l'armement extraordinaire qu'elle a autorisé. L'intérêt de la nation n'est pas que sa marine soit moins bien payée que celle de toutes les autres puissances, mais dans les circonstances présentes qui nous forcent de porter l'économie la plus sévère dans toutes les branches de l'administration, votre comité croit devoir vous proposer des réductions. Il en a fait l'objet d'un projet de décret ainsi conçu :

L'assemblée nationale, sur le rapport de son comité de marine, a provisoirement décrété qu'il seroit mis à la disposition du ministre de la marine pour la dépense extraordinaire qui aura lieu pendant le mois d'Août pour l'armement ordonné, une somme d'un million, & d'après le compte qui lui a été rendu de différens objets qui composent les dépenses d'armement, l'assemblée nationale a décrété qu'à compter du premier Août prochain, les traitemens accordés pour la table des officiers-généraux de la marine, capitaine de vaisseaux & autres officiers, commandans les bâtimens de guerre, seroient réduits & demeureroient provisoirement fixés, ainsi qu'il suit : au lieu de 160 liv. par jour, le vice-amiral, commandant en chef, aura 120 liv. ; le lieutenant-général, commandant en chef, 90 liv. au lieu de 120 liv. ; le lieutenant-général, commandant une division, 75 liv. au lieu de 100 ; le chef d'escadre, commandant en chef, 75 liv. au lieu de 100 liv. ; le chef d'escadre, commandant une division, 54 liv. au lieu de 80 liv. ; le capitaine de vaisseau, commandant une division de six bâtimens, 48 liv. au lieu de 70 liv. ; le même, commandant une division de trois bâtimens de guerre, 40 liv. au lieu de 50 liv. ; le même, commandant un vaisseau de ligne, 36 liv. au lieu de 45 liv. ; le même, commandant une frégate, s'il y a un major, 34 liv. au lieu de 40 ; le même, s'il n'y a pas de major, 28 liv. au lieu de 34 liv. ; le major de vaisseau, commandant, 24 liv. au lieu de 30 ; le lieutenant-commandant, 24 liv., au lieu de 28 liv. ; le sous-lieutenant, 20 liv. au lieu de 23 l.

II. Les traitemens ci-dessus fixés, tant pour les officiers-généraux & particuliers, commandant les bâtimens de guerre, que pour la nourriture des personnes qu'ils sont obligés d'admettre à leur table, ne seront susceptibles d'aucun supplément, & seront réduits d'un quart pendant les séjours des vaisseaux & autres bâtimens en guerre dans les rades de France après l'armement seulement ; ladite réduction ne pouvant avoir lieu que pour le désarmement seulement dont la durée ne pourra excéder le nombre de jours fixés par l'ordonnance.

M. Biauzat. Nous ne connoissons point encore assez cette matière pour pouvoir prendre un parti. Il y a actuellement sous presse un ouvrage dans lequel on se propose de prouver que les dépenses de la marine sont beaucoup trop considérables. Sans connoître cette partie, je trouve très-surprenant de voir le traitement des officiers des différens grades se répéter à chaque article. J'avois cru d'abord qu'on ne donnoit, par exemple, au vice-amiral commandant en chef que 120 liv. de traitement, que parce qu'il étoit chargé de nourrir les autres officiers; mais je vois ensuite le lieutenant-général commandant en chef 90 livres, & j'avoue que cette somme me paroît exorbitante, peut-être ne ferois je pas ces réflexions, si je connoissois mieux cette partie, & c'est encore un des motifs qui prouve que l'ajournement est nécessaire. Je suis d'autant plus fondé à demander qu'on mette de l'évidence dans ces détails, que de tous les fonctionnaires publics, il n'en est point qui s'enrichissent plus vîte que ceux employés dans la marine. J'en connois qui ont fait acquisition de maisons de campagne superbes, & particulièrement aux environs de Toulon. Je persiste donc à demander l'ajournement & l'impression du projet de décret.

M. Malouet. Le préopinant n'avoit pas besoin de nous dire qu'il ne connoissoit rien au service de la marine. Il a fait plusieurs questions auxquelles je me crois dispensé de répondre. Je ne conteste pas qu'il soit possible de faire des réductions dans cette partie. Quant à la surprise du préopinant sur ce qu'il voit tous les officiers, dans le même état, pour des sommes qu'il appelle consid.rables, j'observe ce que tout le monde sait bien, que ce ne sont pas des officiers du même bord.

M. Estourmel. Puisque le projet du décret ne renferme que des réductions, je crois qu'il faut s'empresser de l'adopter.

M. R'giault, député de S. Jean d'Angely. D'après les observations d'un des préopinans, on pourroit croire qu'on donne un traitement à un lieutenant-général, & ensuite au capitaine, c'est qu'il y a un vaisseau commandé par un lieutenant-général, & l'autre par un capitaine, l'un a plus, & l'autre moins, suivant son grade.

Le projet de décret proposé par M. Malouet est adopté.

Séance du 1 Août 1790.

Un de MM. les secrétaires fait lecture de plusieurs lettres, dont voici la substance :

La première est de M. Montmorin, en date du premier août. -- Le roi m'a ordonné, au milieu du mois de mai dernier, d'informer l'assemblée nationale des motifs qui nécessitoient un armement de 14 vaisseaux; cet armement est à la veille d'être complété. Le roi me charge de prévenir l'assemblée que les armemens de l'*Angleterre* continuent, quoique la bonne intelligence subsiste toujours entre les deux nations. Sa majesté pense qu'il est prudent & utile d'augmenter nos armemens. Le roi d'Espagne reclame, de la manière la plus positive, l'exécution des traités, dans le cas où la négociation de la cour de Madrid avec celle de Londres n'auroit pas l'issue qu'on en espère. Je vous envoie copie d'une lettre officielle de M. l'ambassadeur d'Espagne, en date du 16 Juin. Cette lettre établit le dernier état des négociations entre les deux puissances; c'est dans l'espérance qu'elles parviendroient à s'entendre, que le roi a cru de sa sagesse de différer à provoquer la décision de l'assemblée nationale; mais la continuation des armemens de l'*Angleterre* ne lui a pas permis d'attendre davantage. Ma lettre a donc deux objets, le premier de prévenir l'assemblée de la nécessité d'augmenter les armemens; le second, de provoquer la délibération de l'assemblée sur la demande de la cour de Madrid; le roi pense qu'il seroit convenable de charger un comité de conférer avec le ministre des affaires étrangères.

Lettre de son excellence M. le comte de Fernand-Nunez à M. Montmorin. -- J'ai l'honneur de vous adresser l'extrait fidèle des démarches de ma cour, au sujet du différend élevé entre-elle & la cour de Londre. Vous verrez premièrement que d'après le traité & les actes de souveraineté exercés depuis Charles II, toute la côte du Nord de la Californie est reconnue appartenir à l'Espagne. 2°. Que la cour de Russie, avertie de l'étendue de nos limites dans ces parages, a assuré le roi, mon maître, que les ordres étoient donnés pour qu'il ne fût fait aucune violation de propriété & de territoire. 3°. Que l'état de notre commerce exclusif sur ces côtes, est reconnu & constaté par toutes les nations de l'Europe, & notamment par l'*Angleterre*, art. III. du traité d'Utrecht; 4°. Que le roi, mon maître, a approuvé la conduite du vice-roi, qui a relâché les bâtimens entrés dans le port de Nookha. C'est donc par suite de ses droits & dans l'espoir de conserver la paix, que sa majesté catholique a commencé des négociations amicales avec l'*Angleterre*.

L'accomplissement prompt & exact du traité signé à Paris le 15 Août 1761, sous titre de Pacte de famille, devient donc un préliminaire indispensable pour pouvoir traiter avec succès. C'est d'après cette nécessité absolue, dans laquelle l'Espagne se trouve, malgré elle, d'avoir recours au secours de la France, que le roi mon maître m'ordonne de demander expressément ce que la France pourra faire dans la circonstance actuelle pour venir au secours de l'Espagne.

D'après les engagemens mutuels. Sa majesté catholique desire que les armemens, ainsi que toutes les autres mesures convenables pour remplir & réaliser en entier ces engagemens sacrés, soient mis incessamment à exécution. Elle me charge d'ajouter encore que l'état actuel de cette affaire imprévue exige une détermination très-prompte, & que les mesures que la cour de France prendra pour venir à son secours soient si actives, si claires & si positives, qu'elles évitent jusqu'au moindre sujet de méfiance : autrement S. M. très-chrétienne ne devra pas être surprise que l'Espagne cherche d'autres amis & d'autres alliés parmi toutes les autres puissances de l'Europe, sans en excepter aucune, sur qui elle puisse compter toujours en cas de besoin. Les liens du sang & l'amitié personnelle qui unissent nos deux souverains, & sur-tout les intérêts réciproques qui existent entre les deux nations unies par la nature, seront toujours ménagés dans tout arrangement nouveau, autant que les circonstances pourront le permettre.

M. Jessé. J'ai l'honneur d'observer que les autres pièces peuvent renfermer des détails qu'il ne seroit pas politique de livrer à la publicité de cette assemblée.

M. Alexandre Lameth. En proposant le renvoi au comité diplomatique, dans le cas où ces pièces ne seroient pas lues, je désirerois que l'assemblée demandât si le ministre a répondu au mémoire qu'on vient de lire, & qui paroit avoir six semaines de date.

M. Blin. Il est inutile de s'élever contre la lecture des pièces envoyées pour être lues à l'assemblée. Quant à la demande de M. Lameth, la lettre de M. de Montmorin y répond.

On lit une lettre de M. Filz-Herbert à M. Florida-Blanca, & la réponse de M. Florida-Blanca; elles sont datées des premiers jours de Juin, elles contiennent les propositions de conciliation faites respectivement par les cours de Londres & de Madrid.

Toutes ces lettres, ainsi qu'une pièce intitulée : *Extrait des Traités de l'Espagne avec toutes les puissances de l'Europe*, sont renvoyées au comité diplomatique.

M. Montmorin envoie une lettre adressée à M. le président de l'assemblée nationale par M. Lavauguyon. Le roi a chargé M. Montmorin de dire que jamais il n'a pensé que M. Lavauguyon ait eu quelques torts dans les négociations dont il a été chargé.

On demande l'ajournement de la lecture de la lettre de M. Lavauguyon.

M. Noailles. L'assemblée ne peut refuser d'entendre la lecture de la pétition d'un particulier, sur-tout quand ce particulier veut se justifier devant elle des inculpations qui lui ont été faites dans le sein même de l'assemblée.

On fait cette lecture de lettre.

Lettre de M. Lavauguyon à M. le président de l'assemblée nationale, du 2 juin 1790.

M. LE PRÉSIDENT,

Informé des soupçons que la calomnie a essayé de répandre contre moi, relativement à la mésintelligence survenue entre l'Espagne & l'*Angleterre*; j'ai cru devoir exposer dans une lettre à M. de Montmorin une série de faits incontestables, qui se trouvent consignés dans ma correspondance, & qui ne peuvent laisser aucun doute sur ma conduite. J'ai engagé ce ministre à demander au roi la permission de vous la communiquer, & je viens vous prier d'en faire part à l'assemblée nationale. J'ai la confiance de penser qu'elle y appercevra la preuve évidente de la pureté du zèle avec lequel je sers le roi & la nation.

Je suis &c.

Lettre de M. de Lavauguyon à M. de Montmorin, du 2 juin 1790.

La conscience des plus pures intentions m'a toujours rassuré, Monsieur, contre les effets de l'imposture. Je n'ai jamais redouté le jour de la vérité, & je désirerai sans cesse qu'il se répande sur ma conduite. Il m'importe dans ce moment qu'il vienne éclairer celle que j'ai tenue relativement au démêlé qui a semblé prêt à diviser l'Espagne & l'*Angleterre*. L'exposé le plus simple la fera connoître avec évidence; je n'ai besoin que de rapprocher les différens dévelopemens que ma correspondance contient, & je vous prie de permettre que je les retrace.

Ce n'est qu'à la fin de décembre dernier que j'ai été informé, Monsieur, de la tentative faite par les anglois, de former un établissement nouveau sur le continent de l'Amérique, près des côtes de la Californie. Je vous ai transmis, le 4 janvier, les notions que j'avois acquises à cet égard, en vous annonçant les plaintes que le ministère espagnol adressoit au cabinet de Saint-James. M. le comte de Florida-Blanca me paroissoit persuadé à cette époque des intentions constamment pacifiques de l'*Angleterre*; & l'ordre donné les premiers jours de Février, de n'équiper cette année que l'escadre ordinaire d'évolutions en offre la preuve. La nouvelle que ce ministre reçut dans le cours du même mois, des dispositions faites par le ministère britannique pour completer l'armement des vaisseaux de garde, & tenir sept régimens d'infanterie prêts à marcher, lui inspira quelques inquiétudes, dont je vous fis part dès qu'il me les communiqua. Elles ne me parurent pas cependant altérer sensiblement sa confiance dans le système qu'il avoit supposé jusque-là au cabinet de Saint-James.

Ce ne fut que vers le milieu de mars qu'il commença à me témoigner des soupçons plus graves; je vous en instruisis le 18, en vous ajoutant qu'il n'avoit pas encore répondu aux instances que je lui avois faites pour en connoître les fondemens; mais qu'il m'avoit promis de me les développer dans notre premier entretien. En effet, deux jours après ce ministre m'apprit que la réponse du ministère britannique aux représentations sur la tentative de former un établissement près des côtes de la Californie, étoit conçue de manière à lui faire craindre des vues ultérieures; & il me confia qu'il alloit adresser à Londres, à ce sujet, un nouveau développement dans les termes les plus prudens, mais en même-temps les plus fermes. Je vous transmis, le 22 mars, les motifs des soupçons que M. le comte de Florida-Blanca formoit, & que différentes circonstances détaillées dans la même dépêche, fortifioient à ses yeux; & vous me répondites, le 20 avril, *que vous n'étiez pas étonné du changement de ton que ce ministre trouvoit aux ministres anglois.*

Informé, les premiers jours d'avril, que l'escadre ordinaire d'évolutions venoit d'être augmentée de trois vaisseaux de ligne, je m'empressai de demander à M. le comte de Florida-Blanca les raisons qui déterminoient cette disposition. Il me répondit, ainsi que j'eus l'honneur de vous le mander le 5 du même mois, que cette mesure étoit une suite de l'inquiétude qu'avoit inspirée la réponse de l'Angleterre; il m'ajouta qu'il ne s'expliqueroit ainsi avec aucun des ministres étrangers qui lui feroient la même demande, & qu'il ne s'ouvroit aussi franchement avec moi, que par un effet de la confiance intime qui lui paroissoit devoir régner entre les deux puissances.

Depuis ce moment, j'ai vu chaque jour s'accroître les soupçons de ce ministre sur les intentions secrettes de la cour de Londres. Ce fut alors que lui parvint l'avis de l'envoi d'un nouveau régiment à Gibraltar, ainsi que du projet d'armer dans les ports d'*Angleterre* douze vaisseaux destinés à la Baltique, & douze autres à la Méditerranée. Sa majesté catholique jugea indispensable d'étendre les précautions qu'elle avoit déjà commencé à prendre, & donna l'ordre de s'occuper dans tous les ports de la plus prompte réparation des vaisseaux qui pouvoient être mis en mer, & de l'augmentation de la provision habituelle des vivres. Je vous en fis part le 12 avril, en vous annonçant que je prévoyois que, si cette disposition continuoit à s'effectuer, vingt-quatre vaisseaux de ligne pourroient être prêts avant la fin de juin.

Je crus devoir observer à M. le comte de Florida-Blanca, que vous ne me sembliez pas partager ses inquiétudes sur les dispositions actuelles du ministère anglois, & qu'elles continuoient à vous paroître pacifiques. Je vous informai le 15 avril de cette démarche, & vous mandai qu'elle n'avoit pas dissipé les soupçons de ce ministre, qui me sembloient acquérir tous les jours une nouvelle force.

Le chargé d'affaires d'*Angleterre* crut devoir lui demander les motifs d'un armement aussi considérable. M. de Florida-Blanca lui répondit que sa majesté catholique desiroit se trouver prête à prévenir les moindres troubles dans ses colonies éloignées; & qu'informée d'ailleurs que la cour de Londres projettoit d'armer douze vaisseaux pour la Baltique, & douze pour la Mediterranée, elle avoit résolu de rassembler à Cadix une partie de ses forces maritimes. Je vous transmis cette réponse le 19 avril, en vous témoignant que les explications ultérieures du cabinet de Saint-James, qui étoient attendues incessamment, pourroient calmer les inquiétudes du ministère espagnol. Vous me répondites, le 8 mai, que vous étiez impatient d'apprendre comment le ministère de Londres auroit reçu la réponse relative aux armemens de l'Espagne; mais que, quoiqu'il en pût être, vous trouviez autant de dignité que de fermeté & de franchise dans les explications qui avoient été données.

La réponse du ministère britannique n'est parvenue que le 13 de mai au chargé d'affaires d'*Angleterre*; mais au lieu d'être aussi modérée que je l'aurois desiré, elle étoit conçue d'une manière encore plus vive que la première. Non-seulement elle renouvelloit les plaintes sur la saisie de deux bâtimens anglois faite par le commandant espagnol dans le port de Nootka au sieur Laurent, sur les côtes de la mer du Sud, près de la Californie, quoique ces bâtimens aient été provisoirement restitués, & qu'il ait été constaté que leur expédition n'avoit eu pour objet que la formation d'un établissement nouveau dans ces parages; mais elle insistoit sur les prétentions contraires à la possession territoriale de sa majesté catholique, & exigeoit une satisfaction préliminaire & éclatante. Elle étoit accompagnée en même tems de l'annonce de l'ordre donné dans tous les ports anglois d'y préparer un armement considérable.

Le chargé d'affaires, après avoir fait connoître à M. le comte de Florida-Blanca les dispositions de sa cour, lui insinua qu'il prévoyoit qu'elles se calmeroient aisément, si la suspension des préparatifs maritimes, ou même le désarmement des vaisseaux mis en commission, pouvoit avoir lieu en Espagne. Ce ministre lui répondit, avec tranquillité & fermeté, que les ministres anglois desiroient une occasion d'entâmer la guerre, ou les moyens de continuer la paix; que, dans le premier cas, il ne conviendroit pas de désarmer; que dans le second, il leur seroit bien facile de donner des preuves de la sincérité de leurs intentions, en entrant franchement en négociation sur les objets de discussion survenus entre les deux cours; que déjà la restitution des bâtimens anglois saisis dans le port de Nootka avoit eu lieu; que sa majesté catholique ne se refuseroit pas à une satisfaction convenable si elle étoit juste, pourvu que sa majesté Britannique fût dans les mêmes dispositions; mais qu'elle ne pouvoit être due, d'un côté ou de l'autre, qu'après avoir sérieusement approfondi les titres respectivement réclamés; que sa majesté catholique ne prétendoit d'autres droits à la navigation exclusive des côtes de l'Amérique, & aux possessions sur le continent, ainsi que dans les îles voisines, que ceux que lui donnoient les traités les plus solemnels, & une jouissance immémorable; qu'elle s'engageoit à punir le commandant espagnol qui a ordonné la saisie des bâtimens anglois dans le port de Nootka, s'il avoit excédé ses bornes, pourvu que sa majesté britannique convînt également de punir l'officier anglois commandant les vaisseaux saisis, s'il s'étoit permis une entreprise injuste; mais qu'avant tout, il falloit constater le droit & en discuter les bases : ce qui sembloit devoir être l'objet d'une négociation préliminaire.

Je vous ai fait part, monsieur, le 20 mai, de cette réponse, en vous témoignant que je m'étois empressé d'applaudir à la manière énergique, mais franche, loyale & modérée, dont M. de Florida-Blanca s'étoit expliqué. Je vous avois précédemment mandé dans une autre dépêche, que si l'*Angleterre* saisissoit un aussi frivole prétexte de mésintelligence, je serois fort disposé à croire qu'elle méditoit depuis long-tems le projet de développer ses forces maritimes; qu'elle profitoit de cette occasion pour se mettre en mesure, qu'elle devoit être déterminée par un bien plus grand intérêt que celui dont elle couvroit ses vues secretes, & qu'en effet, dans la situation actuelle des choses, il sembloit qu'elle ne pouvoit, sans un motif de la plus haute importance, renoncer au systême d'inaction, à l'abri duquel la prospérité de son commerce s'accroît chaque jour, & lui procure, sans aucuns frais, les conquêtes les plus solides & les plus durables.

M. de Florida-Blanca, en transmettant à M. de Campo, ambassadeur de sa majesté catholique à Londres, les mêmes assurances qu'il avoit données ici au chargé d'affaires d'*Angleterre*, lui a ajouté qu'il pouvoit proposer un désarmement respectif avec les conditions réciproques usitées en pareil cas; s'il trouvoit le ministère britannique disposé à entrer dans une négociation pacifique; & lorsque je lui ai fait part, monsieur, des offres, des bons offices du roi, contenus dans votre dépêche n°. 14, il m'a répondu que sa majesté catholique seroit certainement très-sensible aux dispositions du roi, son cousin; mais il m'a ajouté qu'il ne lui paroissoit pas qu'il dût être maintenant question de médiation, & que les ordres conciliatoires & pacifiques adressés à M. de Campo, le 20 de mai, par un courrier extraordinaire, les rendoient inutiles.

Si des déclarations aussi tranquillisantes ne m'avoient pas paru, comme à M. de Florida-Blanca, en remplir entièrement l'objet, je n'aurois pas attendu vos instructions ultérieures pour exprimer à ce ministre que je ne doutois pas de l'empressement du roi à offrir à sa majesté catholique son entremise auprès de la cour de Londres, & j'aurois suivi dans cette circonstance l'impulsion du même zèle qui vient de me faire prévenir les intentions de sa majesté, relativement à la demande d'extraire les piastres nécessaires aux besoins actuels de l'état, & dont l'exportation générale avoit été récemment défendue.

En effet, lorsque j'ai reçu les ordres que vous m'avez transmis à ce sujet, je n'ai eu besoin pour m'y conformer que de renouveller au nom du roi les démarches que j'avois faites de moi-même, & dont vous aurez appris le succès par le courrier que je vous ai ré-expédié, & qui a dû arriver à Paris, le jour même du départ de celui par lequel en me témoignant que le roi n'avoit aucun mécontentement de ma conduite, vous m'annoncez que son intention est que je m'éloigne d'Espagne, & laisse les détails de la correspondance à la personne qui sera chargée de suivre ici l'affaire du moment. Ainsi, monsieur, tandis que d'un côté je voyois ici se calmer sous mes yeux la querelle que je suis soupçonné d'exciter, & que de l'autre vous receviez à Paris les preuves du zèle le plus empressé de ma part, & le plus heureux dans ses résultats, s'élevoit contre moi l'orage que vous m'annoncez par votre lettre du 21 mai. J'ose me flatter que les éclaircissemens évidens que je viens d'exposer le dissiperont entièrement, & me présenteront aussi pur envers la nation qu'envers le roi; avantage inappréciable dont j'ai joui jusqu'à présent, & que j'ambitionnerai sans cesse de conserver.

Séance du 2 août 1790.

On lit une lettre de M. de Montmorin à M. le président : en voici l'extrait. --- Paris, ce 3 août. Sa majesté m'a ordonné d'instruire l'assemblée qu'un courier venant de Madrid, & allant à

Londres, a apporté copie d'une déclaration de l'Espagne, & de la signature de l'*Angleterre*. Il y a lieu de croire que ces dispositions pacifiques apporteront du changement aux armemens que fait l'*Angleterre*, & dont hier j'ai instruit l'assemblée. (Il s'élève beaucoup d'applaudissemens).

A cette lettre sont jointes deux pièces, dont voici la substance.

Déclaration de la cour de Madrid. --- Du 24 juillet 1790. --- Sa majesté britannique s'étant plaint de la capture de certains vaisseaux appartenant à ses sujets, faite dans la baie de Nootka, le soussigné, conseiller, premier secrétaire d'état & ministre de S. M. catholique, déclare, au nom, & par ordre de son maître, que S. M. catholique est disposée à donner satisfaction de l'injure dont se plaint sa majesté britannique, bien assurée qu'il en seroit fait de même en pareil cas, & à la restitution entière des bâtimens arrêtés : s'engage en outre à indemniser les parties lésées, bien entendu que la présente déclaration ne pourra rien préjuger sur les établissemens que les sujets de sa majesté britannique pourroient prétendre former dans ladite baie de Nootka. *Signé*, le comte de FLORIDA-BLANCA.

Contre-déclaration. --- 24 Juillet 1790. --- Sa majesté catholique ayant déclaré qu'elle étoit prête, &c.... Le soussigné, ambassadeur de sa majesté britannique, accepte ladite déclaration au nom & par ordre du roi son maître : déclare que sa majesté britannique regardera cette déclaration avec l'exécution de la restitution & des indemnités qui y sont mentionnées, comme une suffisante satisfaction ; bien entendu qu'il n'en résultera ni exclusion, ni préjudice à tout établissement que ses sujets voudront faire dans ladite baie de Nootka. *Signé*, FITZHERBERT.

Séance du 3 août 1790.

M. Riquetti l'aîné propose de faire le rapport du comité diplomatique.

M. Riquetti l'aîné, ci-devant Mirabeau. Vous avez chargé votre comité diplomatique de vous présenter son avis sur la réponse que demande l'Espagne. Le desir & le besoin de la paix ; l'espérance, presque certaine, qu'elle ne sera pas troublée, les principes de notre constitution nouvelle, nous ont seuls guidés dans l'examen de cette importante question. Pour la résoudre avec succès, nous avons dû considérer l'état de la politique actuelle, & nos rapports avec les différentes puissances de l'Europe. Nous avons dû distinguer le système qu'avoit embrassé jusqu'ici le gouvernement françois, de la théorie qui convient à un nouvel ordre de choses. Il ne suffisoit pas de connoître nos devoirs & nos intérêts ; il falloit les concilier avec la prudence ; il falloit découvrir les moyens les plus convenables d'éviter, sans foiblesse, le fléau de la guerre : il falloit sur-tout l'écarter du berceau de cette constitution, autour duquel, avant que de déterminer les secours que nous devons à nos alliés, toute la force publique de l'état, ou plutôt tous les citoyens de l'empire doivent former une barrière impénétrable.

Si nous n'avions à considérer que l'objet de la contestation qui s'est élevée entre les cours de Londres & de Madrid, nous ne devrions pas même supposer que la paix pût être troublée. Le territoire que se disputent ces deux puissances, n'appartient ni à l'une ni à l'autre : il est incontestablement aux peuples indépendans que la nature y a fait naître : cette ligne de démarcation vaut bien celle que le pape s'est permis de tracer ; & ces peuples, s'ils sont opprimés, sont aussi nos alliés. Nous ne ferons donc pas cette injure à deux nations éclairées, de penser qu'elles veuillent prodiguer leurs trésors & leur sang pour une acquisition aussi éloignée, pour des richesses aussi incertaines : ces vérités simples, notre impartialité ne cessera de les rappeller, s'il en est besoin ; mais ce premier point de vue ne décide point la question.

Si d'un autre côté nous devions uniquement nous déterminer, par la nécessité que les circonstances nous imposent, non-seulement d'éloigner la guerre, mais d'en éviter les formidables apprêts, pourrions-nous vous dissimuler l'état de nos finances, non encore régénérées, & celui de notre armée & de notre marine, non encore organisées ? Pourrions-nous vous cacher que dans les innombrables malheurs d'une guerre, même injuste, le plus grand pour nous seroit de détourner de la constitution les regards des citoyens, de les distraire du seul objet qui doive concentrer leurs vœux & leurs espérances, de diviser le cours de cette opinion publique, dont toutes les forces suffisent à peine pour détruire les obstacles qui nous restent à surmonter ; mais les malheurs de la guerre ; mais les inconvéniens, tirés de notre position actuelle, ne suffisent pas encore pour décider la question des alliances : enfin, si nous devions nous conduire aujourd'hui d'après ce que nous serons un jour, si, franchissant l'intervalle qui sépare l'Europe de la destinée qui l'attend, nous pouvions donner dès ce moment le signal de cette bienveillance universelle que prépare la reconnoissance des droits des nations, nous n'aurions pas même à délibérer sur les alliances ni sur la guerre. L'Europe aura-t-elle besoin de politique, lorsqu'il n'y aura plus ni despotes ni esclaves ? La France aura-t-elle besoin d'alliés, lorsqu'elle n'aura plus d'ennemis ? Il n'est pas loin de nous, peut-être, ce moment où la liberté, régnant sans rivale sur les deux mondes, réalisera le vœu de la philosophie, absoudra l'espèce humaine du crime de la guerre, & proclamera la paix universelle; alors le bonheur des peuples sera le seul but des législateurs, la seule force des loix, la seule gloire des nations; alors les passions particulières, transformées en vertus publiques, ne déchireront plus par des querelles sanglantes les nœuds de la fraternité qui doivent unir tous les gouvernemens & tous les hommes, alors se consommera le pacte de la fédération du genre humain; mais avouons-le à regret, ces considérations, toutes puissantes qu'elles sont, ne peuvent pas seules, dans ce moment, déterminer notre conduite.

La nation françoise, en changeant ses loix & ses mœurs, doit, sans doute, changer sa politique; mais elle est encore condamnée par les erreurs qui règnent en Europe, à suivre partiellement un ancien systême qu'elle pourroit détruire soudainement sans péril. La sagesse exige de ne renverser aucune base de la sûreté publique, avant de l'avoir remplacée. Eh! qui ne sait qu'en politique extérieure comme en politique intérieure, tout intervalle est un danger: que l'interrègne des princes est l'époque des troubles; que l'interrègne des loix est le règne de l'anarchie? & si j'ose m'exprimer ainsi, que l'interrègne des traités pourroit devenir une crise périlleuse pour la postérité nationale. L'influence, tôt ou tard irrésistible d'une nation forte de 24 millions d'hommes parlant la même langue, & ramenant l'art social aux notions simples de liberté & d'équité, qui douées d'un charme irrésistible pour le cœur humain, trouvent dans toutes les contrées du monde des missionnaires & des prosélytes. L'influence d'une telle nation conquerra sans doute l'Europe entière à la vérité, à la modération, à la justice, mais non pas tout-à-la fois, non pas en un seul jour, non pas au même instant. Trop de préjugés garottent encore les mortels, trop de tyrans les asservissent, & cependant notre position géographique nous permet-elle de nous isoler? Nos possessions lointaines, parsemées dans les deux mondes, ne nous exposent-elles pas à des attaques que nous ne pouvons pas repousser seuls sur tous les points du globe, puisque, faute d'instruction, tous les peuples ne croient pas avoir le même intérêt politique, celui de la paix & des services mutuels, des bienfaits réciproques, ne faut-il pas opposer l'affliction des uns, l'inquiétude des autres, & du moins retenir par une contenance imposante ceux qui seroient tentés d'abuser de nos agitations & de leurs prospérités?

Tant que nous aurons des rivaux, la prudence nous commandera de mettre hors de toute atteinte les propriétés particulières de la fortune nationale, de surveiller l'ambition étrangère, puisqu'il faut encore parler d'ambition, & de régler notre force publique d'après celle qui pourroit menacer nos domaines. Tant que nos voisins n'adopteront pas entièrement nos principes, nous serons contraints, même en suivant une politique plus franche, de ne pas renoncer aux précautions que réclame la prudence. Si nos ambassadeurs n'ont plus à plaider la cause de nos passions, ils auront à défendre celle de la raison, & ils n'en devront être que plus habiles. Il n'est que trop vrai que la nation, qui veut par-tout conserver la paix, entreprend un travail plus difficile que celle qui enflamme l'ambition, en offrant des brigandages à la cupidité, des conquêtes à la gloire. Telles sont, messieurs, les réflexions les plus importantes qui ont frappé votre comité. Elles l'ont conduit d'abord à deux principes qu'il a adoptés, & que je dois vous soumettre, avant d'entrer dans de plus grands détails sur l'affaire particulière de l'Espagne.

Ces deux principes sont, 1°. que tous les traités précédemment conclus par le roi des françois, doivent être observés par la nation françoise, jusqu'à ce qu'elle les ait annullés, changés ou modifiés, d'après le travail qui sera fait à cet égard au sein de cette assemblée & de ses comités, & d'après les instructions que le roi sera prié de donner à ses agens auprès des différentes cours de l'Europe.

2°. Que, dès ce moment, le roi doit être prié de faire connoître à toutes les puissances avec lesquelles nous avons des relations, que le desir inaltérable de la paix, & la renonciation à toute conquête étant la base de notre conduite, la nation françoise ne regarde comme existantes & comme obligatoires dans tous les traités, que les stipulations purement défensives. Ces deux principes nous ont paru parfaitement conformes à l'esprit de notre constitution, & ils nous semblent d'autant plus importans à décréter, que, d'une part, ils suffiroient au besoin pour rassurer nos alliés; que de l'autre, ils ne laisseroient aucun doute sur notre amour pour la paix, notre desir de voir s'éteindre à jamais les torches de la guerre, notre intention de ne prendre les armes que pour réprimer les injustes agresseurs. Ce n'est point assez que l'ambition qui cherche sans cesse à s'agrandir, que la politique qui veut tout bouleverser, nous soient toujours étrangères; il faut encore apprendre à toutes les nations, que si, pour étouffer à jamais le germe des combats, il falloit renoncer à toute force extérieure, détruire nos forteresses, dissoudre notre armée & brûler nos flottes, nous en donnerions les premiers l'exemple. Les deux principes que je viens de rappeler indiquent déjà la réponse qu'il semble que le roi doive faire à la cour d'Espagne: mais votre comité entrera dans quelques détails. Nous avons examiné notre alliance avec l'Espagne sous ces rapports; l'époque de ces engagemens, son utilité, sa forme, nos moyens, la position actuelle des espagnols & les vues apparentes des anglois.

Voici les résultats de nos recherches : les espagnols ont été long-tems nos ennemis. Après plus d'un siècle de combats, la paix des Pyrénées vint enfin désarmer les mains redoutables de deux peuples également fiers & belliqueux, qui se ruinoient & se déchiroient pour l'orgueil de quelques hommes & pour le malheur réel des deux nations. Le repos de l'Europe fut court. Les passions des princes ne connoissent qu'un léger sommeil. Louis XIV réunit dans sa famille les sceptres de France & d'Espagne. Cette réunion, & les vues ambitieuses qu'elle receloit peut-être, soulevèrent contre nous toutes les puissances, & si le sort ne remplit qu'à moitié leurs projets de vengeance, si nous ne succombâmes pas sous tant de coups portés à-la-fois, nous ne pûmes échapper à cet épuisement, à cette destruction intérieure, qui est la suite d'une longue guerre. On s'apperçut bientôt que cette succession, qui avoit coûté tant de sang, n'assuroit pas encore le repos des deux nations. Les rois étoient parens, les peuples n'étoient pas unis, les ministres étoient rivaux, & l'*Angleterre*, profitant de leurs divisions pour les affoiblir, s'emparoit impunément du sceptre des mers & du commerce du monde.

Enfin, après cette guerre funeste qui avoit coûté à la nation françoise ses vaisseaux, ses richesses & ses plus belles colonies, nos malheurs fournirent au caractère espagnol une occasion glorieuse de se déployer tel que depuis lors il n'a cessé d'être. Ce peuple généreux, dont la bonne-foi a passé en proverbe, nous reconnut pour ses amis quand il nous vit prêts à succomber. Il vint partager nos infortunes, relever nos espérances, affoiblir nos rivaux, & ses ministres signèrent, en 1761, un traité d'alliance avec nous sur les tronçons brisés de nos armes, sur la ruine de notre crédit, sur les débris de notre marine. Quel fut le fruit de cette union? Seize années de paix & de tranquillité, qui n'auroient pas encore éprouvé d'interruption, si l'*Angleterre* eût respecté, dans ses colonies, les principes sacrés qu'elle adore chez elle; & si les françois, protecteurs de la liberté des autres, avant d'avoir su la conquérir pour eux-mêmes, n'avoient pressé leur roi de combattre pour défendre les américains.

Cette querelle, absolument étrangère à la cour d'Espagne, pouvoit même l'inquiéter sur ses colonies, & compromettre en apparence ses intérêts les plus chers. Mais les anglois ayant les premiers violé la paix, l'espagnol, fidèle à ses traités, courut aux armes, nous livra ses flottes, ses trésors, ses soldats, & c'est avec lui que nous acquîmes l'immortel honneur d'avoir restitué à la liberté une grande portion du genre-humain.

Depuis la paix mémorable qui couronna nos efforts, la guerre a paru prête à se rallumer entre la France & l'*Angleterre*. Dès que le roi des françois eut averti son allié qu'il armoit, les ports d'Espagne se remplirent de flottes redoutables. Elles n'attendoient qu'un avis pour voler à notre secours, & l'*Angleterre* convint avec nous de désarmer..... Mais jettons un voile sur cette époque honteuse où l'impéritie de nos ministres nous ravit un allié que nous avions conquis par nos bienfaits; que nous eussions suffisamment protégé en nous montrant seulement prêts à le défendre, & nous priva ainsi d'un moyen presque assuré d'être à jamais, en Europe, les arbitres de la paix. C'est en nous rappelant cette conduite de l'Espagne & les services qu'elle nous a rendus, que nous nous sommes demandé si la France devoit rompre un traité généreusement conclu, fréquemment utile, & religieusement observé. Nous nous sommes sur-tout demandé s'il conviendroit d'annuller un engagement aussi solennel, dans l'instant où l'Espagne seroit pressée par les mêmes dangers qu'elle a trois fois repoussés loin de nous.

Nous n'aurions rien à ajouter pour ceux qui craindroient qu'une des deux nations l'emportât sur l'autre en générosité. Mais l'intérêt nous dicte-t-il d'autres loix que sa reconnoissance? Quelques hommes forts de leur caractère & orgueilleux de leur patrie, croient que la France armée peut rester invincible, quoiqu'isolée. Il est de ces hommes parmi nous, & ce sentiment est d'autant plus honorable, qu'il confond la force publique avec l'énergie de la liberté; mais la liberté publique n'est la plus grande force des empires qu'aussi long-tems qu'étrangères à toute injustice, à toute conquête, les nations s'appliquent uniquement au développement de leur richesse intérieure & de leur véritable prospérité. Mais la France compte dans ses annales des triomphes qui invitent à la vengeance. Elle a des colonies qui excitent l'ambition, un commerce qui irrite la cupidité, & si elle peut un jour se défendre sans alliés, ce que je crois aussi fortement que tout autre, il ne faut pas néanmoins qu'elle s'expose à combattre seule des puissances dont les forces actuelles sont supérieures aux siennes, car il ne s'agit pas de ce que peut inspirer la necessité, mais de ce qu'exige la prudence. Il ne s'agit pas de faire une périlleuse montre de nos dernières ressources, mais de prendre les moyens les plus propres pour assurer la paix.

Nous ne regardons aucun peuple comme notre ennemi; il ne l'est plus, celui qu'une insidieuse politique nous avoit présenté jusqu'ici comme notre rival, celui dont nous avons suivi les traces, dont les grands exemples nous ont aidé à conquérir la liberté, & dont tant de nouveaux motifs nous rapprochent. Un autre genre de rivalité, l'émulation des bonnes loix, va prendre la place de celle qui se nourrissoit de politique & d'ambition. Non, ne croyez pas qu'un peuple libre & éclairé veuille profiter de nos troubles passagers pour renouveler injustement les malheurs de la guerre, pour attaquer notre liberté naissante, pour étouffer l'heureux développement des principes qu'il nous a transmis. Ce seroit pour lui un sacrilège de le tenter, ce seroit pour nous un sacrilège de le croire. La même religion politique n'unit-elle pas aujourd'hui la France & la Grande-Bretagne. Le despotisme & ses agens ne sont-ils pas nos ennemis communs? Les anglois ne seront-ils pas plus certains de rester libres, lorsqu'ils auront des françois libres pour auxiliaires? Mais en rendant hommage à la philosophie de ce peuple, notre frère aîné en liberté, écoutons encore les conseils de la prudence.

La politique doit raisonner, même sur des suppositions auxquelles elle ne croit pas; & le bonheur des peuples vaut bien que, pour l'assurer, on se tienne en garde contre les plus favorables, aussi-bien que contre les plus incertaines. Supposons donc que l'*Angleterre* prévoie avec inquiétude l'accroissement qu'une constitution libre doit un jour donner à nos forces, à notre commerce, à notre crédit; qu'elle lise dans sa propre histoire l'avenir de nos destinées, & que, par une fausse politique, elle veuille profiter des circonstances pour rompre une alliance formidable, dont elle a souvent senti tout le poids. Quelles sont les mesures qu'une telle supposition doit nous inspirer? Nous ne pouvons balancer le nombre des vaisseaux anglois qu'avec ceux de notre allié; notre intérêt nous oblige donc de confirmer notre alliance avec l'Espagne, & le seul moyen de la conserver, c'est de remplir fidèlement nos traités: on dira peut-être que cette fidélité même peut amener plus rapidement la guerre, arrêter notre régénération, épuiser nos finances, anéantir nos armées; mais que répondra-t-on à ce dilême? Ou l'*Angleterre* veut la guerre, ou elle ne la veut pas. Si elle ne la veut pas, si elle n'arme que pour négocier avec plus de succès, la conduite que nous vous proposons ne sauroit être regardée par elle comme une provocation, & vous remplissez vos engagemens, sans compromettre votre tranquillité: si au contraire l'*Angleterre* veut la guerre, alors vous ne devez plus compter sur sa justice, sur sa générosité; notre inaction augmenteroit nos périls au lieu de les éloigner. Si l'Espagne venoit à succomber, ne serions-nous pas bientôt l'objet de la même ambition, & d'une vengeance plus animée? Les mêmes malheurs que l'on redoute dans le maintien d'une alliance, ne menaceroient-ils pas alors & nos finances & nos armées? Et combien d'autres maux n'est-il pas facile de prévoir!

La nation, qui nous a choisis pour être les instituteurs de ses loix, nous demande aussi la sûreté de ses possessions & de son commerce. L'inquiétude affoibliroit l'esprit public peut-être, & certainement le respect dû à vos décisions; le hasard sembleroit accuser notre prévoyance; une confiance excessive, même en justifiant votre loyauté, compromettroit votre sagesse. Il seroit à craindre que les bons citoyens, dont la fortune seroit frappée par le premier coup d'une guerre imprévue, ne fussent aigris par le malheur; que le regret d'avoir perdu un ancien allié ne vînt se mêler au sentiment d'autres pertes accumulées; enfin, qu'on ne nous reproche, puisqu'il faut nous décider entre des chances également incertaines, de n'avoir pas préféré celle qui, même en offrant des périls égaux, nous fournit plus de moyens de les surmonter. On pensera peut-être que l'Espagne, sûre de notre appui, se rendra difficile dans la négociation de la paix; au lieu, dira-t-on, qu'en ne nous mêlant pas de cette querelle, l'accommodement que nous desirons n'éprouveroit ni lenteurs ni difficultés.

Nous avons déjà réprouvé cette objection; les principes que nous vous proposons de décréter, ne laisseront aucun doute à la Grande-Bretagne sur nos intentions, & feront évidemment connoître à l'Espagne que notre constitution regarde seulement comme obligatoires les engagemens défensifs. Notre conduite ne la portera donc à aucune démarche hostile que ne nécessiteroit pas une juste défense. Elle ne pourra non plus contrarier les anglois que dans le cas où ils voudroient être agresseurs; d'ailleurs, s'il est certain que l'abandon de nos engagemens forceroit l'Espagne à négocier plus promptement la paix avec l'*Angleterre*. Il n'est que trop facile de prévoir quelle pourroit être, dans ce cas, la nature de cet accommodement & le tort irréparable qu'une semblable négociation pourroit faire à notre crédit, à notre commerce. Ce n'est point le pacte de famille en entier que nous vous proposons de ratifier, conclu dans un tems où les rois parloient seuls au nom des peuples, comme si les pays qu'ils gouvernoient n'étoient que leur patrimoine, ou que la volonté du monarque pût décider de leurs destinées.

Ce traité porte le nom singulier de *pacte de famille*, & il n'existe aucun de nos décrets qui n'ait annoncé à l'Europe entière que nous ne reconnoîtrions désormais que des *pactes de nation*. Ce même traité, préparé par un ministre françois, dont l'ambition brûloit de réparer les humiliations d'une guerre malheureuse, renferme plusieurs articles propres à lier l'Espagne à ses vues, & à l'obliger à nous secourir dans le cas même où nous aurions été les agresseurs. Or, puisque nous renonçons à observer de pareilles clauses envers les autres, nous ne les reclamons plus pour nous-mêmes.

Il est des articles qui doivent être ratifiés: ceux qui sont relatifs à la garantie réciproque des possessions, aux secours mutuels que les deux nations doivent se donner, aux avantages de commerce qu'elles s'assurent. D'autres ont besoin d'être éclaircis ; car vous ne pouvez pas souffrir même l'apparence des clauses offensives auxquelles, les premiers, dans l'Europe, vous avez donné l'exemple de renoncer.

La seule mesure que vous propose à cet égard votre comité, dans le cas où vous adopterez en ce moment le projet de décret qu'il va vous soumettre, c'est que vous le chargiez d'examiner en détail les articles du pacte de famille, pour vous mettre à portée de resserrer nos liens avec l'Espagne, en faisant de ce traité un pacte national, en en rétranchant toutes les stipulations inutiles & offensives, & en priant le roi d'ordonner à son ministre de négocier en Espagne le renouvellement du traité, d'après les bases qui auront reçu votre approbation : ici l'intérêt de l'Espagne sera d'accord avec le vôtre. Qu'est-ce qu'un pacte de cabinet à cabinet ? Un ministre l'a fait, un ministre peut le détruire ; l'ambition l'a conçu, la rivalité peut l'anéantir. Souvent l'intérêt personnel d'un monarque l'a seul dicté, & la nation, qui en est l'unique garant, n'y prend aucune part. Il n'en seroit pas ainsi d'un pacte vraiment national, qui assermenteroit, en quelque sorte, deux pays l'un à l'autre, & qui réuniroit tout à la fois de grands intérêts & de puissans efforts. Ce pacte seul lie chaque individu par la volonté générale, produit une alliance indissoluble, & a pour base inébranlable la foi publique.

Tel est le résultat du travail de votre comité. Il renferme trois points distincts l'un de l'autre, quoiqu'indivisibles comme vous le voyez. Le développement des deux principes qui doivent être la base de votre systême politique, une décision qui conserve une alliance utile, en assurant le roi d'Espagne que nous remplirons nos engagemens ; la demande d'un décret qui charge votre comité des modifications qu'exige cette alliance lorsqu'il faudra la renouveller ; mais cette détermination, si vous l'adoptez, indique nécessairement d'autres mesures. Le maintien de notre alliance avec l'Espagne seroit illusoire, si même au sein de la paix, & en nous bornant à ajouter tout le poids de notre influence aux négociations qui doivent assurer le repos d'une partie de l'Europe, nous n'augmentions pas nos armemens dans la même proportion que ceux de nos voisins. Ce n'est pas lorsqu'on a des possessions éloignées, ce n'est pas lorsqu'on croit avoir de grandes richesses à une grande distance, qu'on peut se résoudre à ne prendre les armes qu'au moment même de l'agression. Le commerce a besoin d'être garanti, non-seulement des dangers réels, mais de la crainte des dangers ; & il n'a jamais été plus important d'apprendre à nos colonies qu'elles seront protégées. Voilà les maux où conduit cette exécrable défiance, qui porte des peuples voisins à se surveiller, à se redouter, à se regarder comme ennemis ! Pourquoi faut-il que la nécessité même d'assurer la paix, force les nations à se ruiner en préparatifs de défense ! Puisse cette affreuse politique être bientôt en horreur sur toute la terre !

C'est pour réunir les différens objets annoncés dans son rapport, que votre comité vous propose le décret suivant, comme le plus propre à remplir vos engagemens sans imprudence, à changer l'ancien systême sans secousses, à éviter la guerre sans foiblesse. (Ce discours est souvent interrompu par de grands applaudissemens).

L'assemblée nationale décrète :

1°. « Que tous les traités, précédemment conclus, continueront à être respectés par la nation françoise jusqu'au moment où elle aura revu ou modifié ces divers actes, d'après le travail qui sera fait à cet égard, & les instructions que le roi sera prié de donner à ses agens auprès de différentes puissances de l'Europe.

2°. » Que préliminairement à ce travail & à l'examen approfondi des traités que la nation croira devoir conserver ou changer, le roi sera prié de faire connoître à toutes les puissances avec lesquelles la France a des engagemens, que la justice & l'amour de la paix sont la base de la constitution françoise : la nation ne peut, en aucun cas, reconnoître dans les traités, que les stipulations purement défensives & commerciales.

» Décrète, en conséquence, que le roi sera prié de faire connoître à sa majesté catholique que la nation françoise, en prenant toutes les mesures propres à maintenir la paix, observera les engagemens que son gouvernement a contractés avec l'Espagne.

» Décrète, en outre, que le roi sera prié de charger ses ambassadeurs en Espagne de négocier avec les ministres de sa majesté catholique, à l'effet de resserrer, par un lien national, des liens utiles aux deux peuples, & de fixer, avec précision & clarté, toute stipulation qui ne seroit pas entièrement uniforme aux vues de paix générale & aux principes de justice qui seront à jamais la politique des françois.

» Au surplus, l'assemblée nationale prenant en considération les armemens de différentes nations de l'Europe, leur accroissement progressif & la sûreté de nos colonies & de commerce national, décrete que le roi sera prié de donner des ordres pour que nos flottes en commission soient portées à trente vaisseaux de ligne, dont huit au moins seront armés dans les ports de la Méditerranée ».

M. Rewbell. Ce n'est que sur l'initiative du roi que l'assemblée doit délibérer.

M. André. Le projet provisoire présenté par le comité diplomatique, me paroît on ne peut plus pressant; il ne confirme pas les traités existans, mais il charge le roi de négocier pour les rendre nationaux: je demande qu'il soit mis aux voix.

M. Bégoin. J'ai reçu une lettre de la municipalité du Havre, portant la déclaration d'un capitaine arrivant des colonies : il a passé auprès de la flotte angloise, composée de trente-un vaisseaux de ligne, & plusieurs autres bâtimens de guerre. J'ai communiqué cette lettre au ministre, qui m'a dit avoir déjà reçu pareil avis. Je me crois donc fondé à demander que la partie du décret relative à l'armement, soit décrétée.

M. Fréteau. Pour répondre à M. Rewbel, il suffit de rappeller que c'est par le roi que vous avez eu connoissance de la lettre de M. Fernand Nunez, de la demande de la régence d'Alger, &c. Tous ces objets jettent dans les esprits une telle agitation, que plusieurs municipalités maritimes ont mis en délibération d'armer les vaisseaux de l'état, sans attendre vos décrets : certainement cette conduite auroit été blamée. Le projet qui en a été formé prouve combien il est nécessaire de prendre sur-le-champ un parti.

M. Robespierre. Il n'y a jamais de circonstances assez urgentes pour forcer une assemblée qui délibère sur l'intérêt national, à décréter sans avoir approfondi la matière soumise à sa délibération. Il est certain que celle dont il s'agit maintenant est une des plus importantes qui puisse jamais vous occuper. A-t-on bien senti ce que c'est que de décréter tout d'un coup toutes sortes d'alliances, de rétablir des traités que l'assemblée ne connoît pas, qui n'ont jamais été examinés ni consentis par la nation?

M. l'abbé Maury. Je demande que la discussion soit ouverte.

M. Riquetti (ci-devant Mirabeau). J'allois faire cette demande, par cela même que la matière est également importante & pressante, & que c'est au moins un point de décence, que de n'en pas précipiter la détermination. La discussion peut donc être ouverte & continuée à demain. (On applaudit.)

M. l'abbé Maury. Ce que je veux dire est fort court, & peut rapprocher tous les esprits. Il y a dans le projet deux parties essentiellement distinctes; l'une tient à la constitution, l'autre à l'administration du royaume. L'une est très-urgente; tout ajournement seroit dangereux; l'autre n'est pas aussi pressante : c'est donc la division que je vous demande.

Pour rassurer votre allié sur les traités qui vous lient à lui, pour rassurer votre commerce, il faut décréter à l'instant l'observation provisoire des traités, & l'armement de trente vaisseaux de ligne. Si vous mêlez à cette disposition, des articles constitutionnels, vous infirmerez la confiance de votre allié, en annonçant que vos délibérations rendront vos traités avec lui très-contingens, très-incertains. Remettez donc les articles constitutionnels à un autre décret, pour que l'Europe n'apprenne pas le même jour & que vous armez pour vos alliés, & que vous examinez leurs traités. Il est une réflexion que je n'ai pas encore vu faire dans cette assemblée; on aura sans doute éprouvé de la surprise que M. Montmorin n'ait pas demandé aux anglois les motifs de leur armement : les anglois pourroient se taire; il est vrai, mais nous interprêterions leur silence. L'ambassadeur a le droit de demander officiellement que le cabinet s'explique. Je demande donc que le ministre des affaires étrangères soit invité à prendre ces informations; que les deux articles que j'ai présentés soient décrétés, & que les deux autres soient ajournés à un jour très-prochain, que l'on pourroit indiquer dès à présent.

M. Regnault, député de Saint-Jean-d'Angely. Il est impossible de décréter la demande aujourd'hui & les motifs demain. J'appuie la proposition faite par M. le rapporteur, d'ouvrir la discussion & d'ajourner à la prochaine séance.

M. du Châtelet. L'*Angleterre* avoit une querelle avec l'Espagne; l'Espagne continuoit d'armer; l'*Angleterre* ne pouvoit cesser ses armemens. Aux termes des traités elle vous a prévenus; ainsi la surprise de M. l'abbé Maury n'est pas fondée. Quant à ce qui vous regarde, il est indispensable d'augmenter vos armemens, puisque l'*Angleterre* & l'Espagne ne veulent désarmer que quand la question au fond sera décidée. Je conclus à ce que le décret proposé soit adopté sur-le-champ.

L'assemblée délibère, & la discussion est ajournée au lendemain.

Séance du 26 août 1790.

M. Ricard, député de Toulon. La moindre imprudence peut compromettre la liberté publique; nous avons tout à espérer, & tout à craindre des circonstances. La reconnoissance & l'honneur nous mettent les armes à la main pour soutenir nos alliés : nous allons combattre une nation, jadis notre rivale, aujourd'hui notre amie.

L'*Angleterre* arme une escadre importante : quel peut être son objet? J'ai peut-être raison de le demander; car on sait aussi en *Angleterre* que la cause des rois n'est pas celle des peuples. Les armées que je vois se mouvoir en veulent-elles à notre constitution ? L'Espagne & la Savoie font des armemens dont l'histoire n'offre aucun exemple : la nation françoise a tous les risques à courir. Qu'importe : quelle que soit l'issue de ces grands évènemens, elle apprendra à l'univers qu'un peuple qui a goûté la liberté, ne peut jamais redevenir esclave. Si l'Espagne est attaquée, c'est à nous à la secourir. Si sa demande n'étoit qu'un jeu ou une menée pour nous entraîner dans une guerre cruelle, alors nous prouverions ce que c'est qu'une guerre ordonnée par 24 millions d'hommes.

L'armement de trente vaisseaux de ligne me paroît insuffisant : plus nous déploierons de force, moins on sera disposé à nous attaquer ; jamais peuple ne montrera plus d'énergie qu'en s'armant contre les conspirateurs de la liberté publique. Dans ce noble enthousiasme, quelque chose vient m'arrêter ; quelle que soit la défaveur que j'aie à redouter en rendant compte de mes idées, je n'oublirai jamais que le salut de ma patrie est au-dessus de toutes les considérations. Le ministre de la marine est détesté des colons, & il a perdu leur confiance ; il a excité les mécontentemens dans les ports, & les loix pénales sont le seul bienfait de la constitution qu'il leur ait fait parvenir.

Il est bien dur de le dire ; mais je pense que ce ministre est d'autant plus dangereux, qu'il est dépositaire de la force publique. J'aurai toujours de justes sujets de crainte tant que je ne verrai pas les amis de la constitution à la tête de nos armées. Le roi ne demande qu'à être éclairé, mais par malheur il ne l'est pas. C'est au nom de la patrie que je conjure ceux qui sont nuls dans leurs places, de les abandonner à d'autres plus capables de les remplir. Je conclus qu'il soit fait un armement de quarante-quatre vaisseaux, dont quatorze dans les ports de la Méditerranée.

M. Pétion. La question qui vous est soumise est de la plus haute importance ; elle peut décider de la paix ou de la guerre. Je ne rappellerai point ici la nécessité de maintenir la paix ; nos finances ne sont point encore consolidées, l'ordre public n'est point parfaitement établi, & la guerre pourroit le renverser. Dans les affaires politiques on varie nécessairement d'opinions, & souvent on voit se réaliser les moins vraisemblables : il s'agit de s'expliquer, non pas sur nos rapports commerciaux avec l'Espagne, mais sur l'attaque ou la défense en cas de guerre. Les négociations provisoires paroissent terminées entre l'Espagne & l'*Angleterre*, & je ne sais pas pourquoi l'Espagne continue ses armemens.

Si elle n'eût pas compté sur son alliance avec la France, en aucun cas elle n'eût osé l'attaquer. Dans mon opinion, il me semble qu'on peut ainsi calculer dans les cabinets, la Porte, l'*Angleterre* & la Suède contre la Russie, l'Espagne, le Danemarck & la France. . . . Voici un projet de décret que je crois préférable à celui du comité : « la nation françoise toujours jalouse d'entretenir la paix & l'union entre l'Espagne & la France, & de resserrer entre elles les liens conformes à la justice & à la raison, déclare qu'elle se réserve de statuer sur le pacte de famille, après une plus ample instruction ; elle invite le roi à interposer sa médiation pour étouffer, dans leur naissance, les germes de toute dissention ».

M. Boutidoux. C'est sans doute une idée vraiment philosophique que de ne voir qu'une même famille dans tous les peuples. L'humanité a dicté ce beau rêve à M. l'abbé de Saint-Pierre. Vous avez fait pour cela tout ce qui étoit en votre pouvoir ; mais tant qu'il y aura des rivalités de gloire ou de lucre entre les puissances, l'ambition des hommes formera toujours un foyer perpétuel de discussions & de guerres.

Je pense que la France ne pourroit s'isoler sans voir le terme de sa véritable grandeur. On ne peut se dissimuler les services réels que l'Espagne a rendus à la France. De toutes les puissances, l'*Angleterre* est la seule que nous ayons à craindre ; l'Allemagne vomiroit toute sa force armée, qu'elle n'ébranleroit pas une seule de nos provinces ; ce n'est point à des esclaves à renverser les tours élevées par des hommes libres. Telle est notre position géographique, que nos possessions au-delà des mers ne peuvent être protégées sans que cette protection ne s'étende aux possessions espagnoles. Vous avez mis les créanciers de l'état sous la sauve-garde de la loyauté françoise ; est-il une dette plus sacrée que celle à laquelle vous vous êtes engagés par un traité solemnel ? L'*Angleterre*, quoi qu'on en dise, regardera toujours comme ennemies, toutes les nations qui voudront rivaliser avec elle. Dans cette hypothèse, sa haine pour nous croîtra avec les progrès de notre industrie ; notre liberté ajoutera encore à l'antipathie de ces fiers insulaires. Je conclus à ce qu'en supprimant les deux premiers articles proposés par le comité, le roi soit supplié de faire connoître à S. M. catholique, que l'intention de la France est de conserver ses engagemens défensifs ; & cependant les divers agens du roi auront ordre de veiller à ce que les articles XXIII & XXIV du pacte de famille, soient exécutés, & qu'ayant égard aux circonstances, il sera fait un armement de 45 vaisseaux de ligne & d'un nombre convenable des petits bâtimens.

M. Riquetti l'aîné, (ci-devant Mirabeau). J'avois demandé la parole, non pas pour une discussion relative au décret, car j'espère qu'on m'accordera la permission de résumer les objections, s'il s'en présente ; mais seulement pour expliquer dans quels sens le comité a placé les deux premières dispositions dont on a déja demandé la division. Le premier principe général est repoussé comme présentant une décision qui ne presse pas encore. Je n'examinerai pas jusqu'à quel point est fondé ce raisonnement; s'il n'est pas plus politique d'éteindre toute espèce de question importante par une réponse aussi générale. Il me semble aussi important d'adopter la seconde partie dont l'objet est de déclarer que la nation françoise ne maintiendra jamais de traités que ceux qui auront pour but des stipulations défensives & commerciales, de crainte que si cette disposition étoit particulière à l'Espagne, de perfides malveillans n'en prissent occasion d'insinuer que l'assemblée, par son décret, a voulu désobliger l'Espagne.

M. Charles Lameth. Je me permettrai de faire une question au comité. Je lui demanderai s'il a reçu du ministre une opinion raisonnée & signée. L'initiative appartient au pouvoir exécutif, afin de pouvoir établir rigoureusement la responsabilité du ministre.

M. Fréteau. Pour répondre aux préopinans, il suffit de se rappeler la lettre adressée le premier août par M. Montmorin sur les ordres du roi. Dans cette lettre, le ministre disoit que la prudence, que la dignité de la nation exigeoient l'augmentation de nos armemens en proportion de ceux des autres puissances; que le roi d'Espagne demandoit que la France s'expliquât sur l'exécution des traités; que d'après les négociations & les espérances de conciliation, le roi avoit cru de sa sagesse de différer de provoquer une délibération de l'assemblée nationale; mais que l'activité des armemens ne permettroit plus de retarder cet office; que cette lettre avoit donc deux objets, 1°. les armemens qui devenoient indispensables; 2°. la réponse à la cour de Madrid, laquelle ne pouvoit plus être retardée; que le roi invitoit l'assemblée à nommer un comité pour conférer avec le ministre sur ces objets. Le 3 août, M. Montmorin vous envoya la déclaration & la contre-déclaration de l'Espagne & de l'Angleterre: le 10, le ministre provoqua une nouvelle conférence avec les comités. Depuis ce moment, nous avons vu trois fois le ministre, & toujours il nous a annoncé que la presse se faisoit avec activité, & que le nombre des vaisseaux en commission augmentoit considérablement. Votre comité n'a agi que d'après la mission que vous lui aviez spécialement donnée, & qui a été formellement provoquée par le roi. On vous a demandé 30 vaisseaux au premier août, jugez ce qu'on pourroit vous demander aujourd'hui que le nombre des vaisseaux mis en commission par l'Angleterre est extraordinairement accru.

M. Martineau demande que la discussion soit fermée.

Une partie de l'assemblée témoigne le desir d'aller aux voix.

M. Robespierre. J'ai l'honneur de vous représenter que jusqu'au moment où ces pièces vous ont été rappelées par M. Fréteau, l'assemblée croyoit devoir permettre la discussion. Comment se fait-il que ce qui vient d'être rapporté de la part des ministres puisse captiver vos suffrages? ce seroit d'un dangereux exemple....

On demande de nouveau à aller aux voix.

La discussion est fermée.

La priorité est accordée au projet de décret proposé par M. Riquetti l'aîné, au nom du comité diplomatique.

On fait lecture des deux premiers articles, sur lesquels M. Charles Lameth demande la question préalable.

M. Riquetti l'aîné (ci-devant Mirabeau). La majorité du comité consent à retirer ces deux articles, pourvu qu'à l'article capital on ajoute ces mots: *défensifs & commerciaux*; en conséquence le Décret commenceroit ainsi: « L'assemblée nationale délibérant sur la proposition formelle du roi, contenue dans la lettre du ministre de S. M. du premier août: décrète que le roi sera prié de faire connoître à sa majesté catholique; que la nation françoise, en prenant toutes les mesures propres à maintenir la paix, observera les engagemens *défensifs & commerciaux* que son gouvernement a précédemment contractés avec l'Espagne, &c. ». L'intercallation de ces deux mots paroît réunir sur le projet de décret les suffrages de l'assemblée. Je dois ajouter que la majorité du comité adopte l'amendement de M. Ricard, & desireroit que le roi fut prié de faire porter les armemens jusqu'à 45 vaisseaux.

M. *l'abbé Maury.* La nouvelle forme, que le comité donne à son projet de décret, réduit les dispositions à trois, 1°. L'exécution des traités. 2°. Le vœu de faire un traité nouveau. 3°. L'ordre d'augmenter les escadres en commission. J'observe d'abord que ces *engagemens défensifs & commerciaux* ne signifient rien & ne portent pas sur tous les droits stipulés dans ce traité, par exemple, sur l'abolition du droit d'aubaine, sur les privilèges de nos vaisseaux dans les ports espagnols. Ce qui me paroît plus digne de considération, c'est que le pacte de famille ne contient que des clauses défensives. (Il s'élève des murmures). Il n'est pas question d'examiner maintenant ce traité, jamais l'Espagne n'en a donné de pareilles interprétations; c'est vous qui en avez fait un traité offensif. Deux fois vous avez entraîné l'Espagne dans une guerre étrangère. Je pense donc que l'énonciation d'engagemens défensifs & commerciaux n'est pas sans inconvéniens. Vous annoncez d'abord que votre volonté est d'exécuter les traités avec l'Espagne, & dans l'article suivant vous priez le roi de négocier un nouveau traité. Ce deuxième article est propre à donner à l'Espagne les plus grandes inquiétudes. Une pareille disposition ne doit pas se trouver dans un décret national. Vous laisserez à l'Angleterre le tems d'arriver à son but. Ce but est sans doute de faire un traité de commerce avec l'Espagne. L'Angleterre dira à l'Espagne, votre décret à la main, vous n'avez avec la France que des traités incertains, je vous en offre de durables. Oui, sans doute ce sera là son langage ; & si vous adoptez ce décret, pour la première fois, dans l'histoire du monde les représentans d'un grand peuple ont ainsi raisonné : nous exécuterons les traités ; mais nous engagerons en même tems le roi à en conclure d'autres.

M. *Barnave.* Je ferai de très-courtes observations ; d'une part, je ne crois pas avoir besoin d'insister sur la conservation du mot *défensif* : cette expression ajoutée au décret, est conforme aux principes que vous avez établis ; d'autre part, il est certain que les clauses défensives insérées au traité, ne l'ont été que pour la France. L'Espagne avoit uniquement intérêt à se conserver, nullement à s'accroître ; ainsi en renonçant aux clauses stipulées en votre faveur, vous ne faites rien qui soit contraire aux intérêts de votre allié. Quant à l'observation sur le traité national à négocier, vous ne pouvez que confirmer provisoirement les traités existans, puisqu'il est nécessaire de les modifier en convenant de clauses non offensives ; & puisque les clauses commerciales ont besoin d'être perfectionnées, mais en conservant provisoirement les stipulations du traité, il est indispensable de continuer l'alliance entre les deux Nations, en négociant des conditions plus convenables. L'*Angleterre* ne peut que chercher à attirer l'Espagne pour l'éloigner de nous ; l'*Angleterre* feroit un traité permanent : c'est un traité permanent & durable qui doit remplacer celui qu'il est indispensable de modifier, & que nous ne pouvons observer que provisoirement. Je demande donc la question préalable sur les amendemens proposés par le préopinant. J'ajouterai moi-même un amendement, & je dirai qu'il est impossible d'exprimer vaguement que nous voulons maintenir des liens utiles aux deux peuples, mais que nous voulons les *perpétuer*. Il faut de plus une démarche positive ; je demande que par un décret le roi soit prié d'entrer en médiation entre les deux puissances.

M. *Charles Lameth.* En adoptant l'opinion de M. Barnave, je crois nécessaire, indispensable même de rappeler le décret du 22 mai, qui porte que l'assemblée se réservera le droit de conclure les traités. Si vous faites attention à la rédaction qui vous est proposée, vous y verrez qu'il s'ensuivroit que le ministre auroit ce droit.

M. *Riquetti l'aîné*, (*ci-devant Mirabeau*). Nous avons rédigé notre projet de décret suivant les vues que l'assemblée vient de manifester. Nous devons cependant vous rendre compte d'une observation faite entre nous. Nous avons cru que la répartition des forces militaires tenant à la manutention militaire, appartenoit uniquement au roi. Nous avons également pensé qu'en stipulant l'armement de 45 vaisseaux de ligne, vous entendiez aussi l'équipement d'un nombre suffisant de frégates & de bâtimens légers. Voici la nouvelle rédaction du projet de décret.

« L'assemblée nationale délibérant sur la proposition formelle du roi, contenue dans la lettre de son ministre, du premier août ».

« Décrète que le roi sera prié de faire connoître à S. M. catholique que la nation françoise, en prenant toutes les mesures propres à maintenir la paix, observera les engagemens défensifs & commerciaux que son gouvernement a précédemment contractés avec l'Espagne.

» Décrète en outre que le roi sera prié de faire immédiatement négocier avec les ministres de S. M. catholique, à l'effet de resserrer & perpétuer, par un traité, des liens utiles aux deux nations, & de fixer avec précision & clarté toute stipulation qui ne seroit pas entièrement conforme aux vues de la paix générale & aux principes de justice, qui seront à jamais la politique des François.

» Au surplus, l'assemblée nationale prenant en considération les armemens des différentes nations de l'Europe, leur accroissement progressif, la sûreté des colonies françoises & du commerce national :

» Décrète que le roi sera prié de donner des ordres pour que les escadres françoises en commission puissent être portées à 45 vaisseaux de ligne, avec un nombre proportionné de frégates & autres bâtimens ».

Ce décret est unanimement adopté.

Séance du 9 octobre 1790.

M. *Malouet.* Le comité de la marine m'a chargé de vous rendre compte d'une lettre du ministre de la marine, par laquelle il demande qu'il soit mis à la disposition de son département, une somme de quatre millions neuf cent cinquante-huit mille, deux cens dix-huit livres, pour fournir aux dépenses de l'armement décrété par l'assemblée nationale. Votre comité a été d'avis que cette somme doit être accordée.

M. *Fréteau*. Il paroît que le ministre de la marine restreint à trente le nombre des vaisseaux à armer : il est essentiel que l'assemblée nationale ne revienne pas sur son décret. Je quitte un membre du comité diplomatique, qui m'a engagé à proposer à l'assemblée d'ordonner encore l'armement de 15 vaisseaux au-delà de ceux dont elle a décrété l'armement. C'est une circonstance malheureuse que les délais, & si les lettres d'Espagne, en date du 2 juin, étoient arrivées à l'assemblée plutôt que le 2 août, peut-être la face de l'Europe seroit-elle changée. Dans tous les cas, nous ne devons point paroître de connivence avec le ministre, au moment où il doit nous rendre compte des mesures qu'il aura prises.

M. *Estourmel*. On pourroit insérer dans le décret que la somme, que le comité de la marine vous propose d'accorder, sera payée à compte des dépenses qu'occasionnera l'armement de 45 vaisseaux. Après quelques observations, le décret est ainsi rédigé :

Art. I. « L'assemblée nationale, ouï le rapport qui lui a été fait par son comité de marine, décrète qu'il sera mis à la disposition du département de la marine, une somme de quatre millions neuf cens quarante-huit mille deux cens dix-huit liv., à compte des dépenses qu'occasionnera l'armement de 45 vaisseaux de ligne décrété par l'assemblée nationale.

II. » Les comptes de la régie des vivres, relativement aux armemens, seront rendus de mois en mois, à compter de la première époque des achats, & comprendront les sommes payées, la nature des achats, le prix & le terme des paiemens, ainsi que l'état des traites fournies ou acceptées.

III. » D'ici au premier janvier prochain, la régie des vivres sera tenue de donner son compte arrêté & certifié des sommes qu'elle a reçues depuis son administration, & qui ont été employées en achats, approvisionnemens & frais de régie: & à compter du premier janvier 1791, il sera ouvert une adjudication de fournitures des vivres pour la marine.

M. *Brulart, dit Sillery*. Il est essentiel que l'assemblée nationale soit instruite du fruit des dépenses qu'elle ordonne. Je demande en conséquence que le ministre rende compte de la quantité des vaisseaux qui sont en rade. Voici en conséquence le décret que je propose.

« L'assemblée nationale, ayant décrété les fonds nécessaires pour l'armement de 45 vaisseaux de ligne, & voulant être instruite dans l'état exact des forces navales en état d'agir, décrète que le ministre de la marine sera tenu de lui rendre compte de la quantité des vaisseaux de guerre, dont l'armement est terminé dans les différens ports du roi, & l'instruire successivement, à mesure que l'armement des autres vaisseaux sera terminé ».

Ce décret est adopté.

Séance du 26 novembre 1790.

On fait lecture d'une lettre adressée par M. Montmorin, à M. le président. Elle est ainsi conçue :

« D'après le vœu de l'assemblée nationale, exprimée dans son décret du mois d'août dernier, sa majesté ordonna toutes les mesures nécessaires pour l'armement de 45 vaisseaux de ligne, & d'un nombre proportionné de frégates. Les mesures ont été suivies avec toute l'activité que les circonstances ont permises. Je joins ici la note, qui m'a été remise par le ministre de la marine, du nombre des vaisseaux qui sont entièrement armés, & de ceux qui sont en armement dans les différens ports. La convention qui a été signée à l'Escurial le 28 octobre, dernier, par les plénipotentiaires respectifs d'Espagne & d'*Angleterre*, ayant rétabli entre les deux puissances la bonne harmonie qui paroissoit au moment d'être interrompue, le roi d'*Angleterre* a donné des ordres pour faire cesser tous les préparatifs de guerre, qui s'étoient suivis jusqu'à ce moment avec la plus grande activité, & a ordonné, même avant l'arrivée de la convention de l'Escurial, un désarmement partiel. La manière franche & amicale dont le ministre anglois s'est expliqué avec l'ambassadeur de sa majesté à Londres, ne peut nous laisser aucun doute que dès que les ratifications de l'Espagne seront arrivées, les choses ne soient remises, en *Angleterre*, à-peu-près en état de paix.

« Dans ces circonstances, sa majesté croyant pouvoir prendre une entière confiance dans les sentimens pacifiques annoncés par le ministre anglois, & desirant faire cesser des dépenses onéreuses pour l'état, a pensé qu'il étoit convenable d'envoyer des ordres dans les divers ports, pour arrêter l'activité des armemens dont on devoit s'occuper jusqu'à ce que le nombre de 45 vaisseaux de ligne fût complетté. Quant au désarmement de ceux qui existent à présent entièrement armés, on y procédera lorsque nous aurons des notions positives de ce que feront l'Espagne & l'*Angleterre*. Sa majesté éprouve d'autant plus de satisfaction en m'ordonnant d'informer l'assemblée nationale de ces dispositions, qu'elles sont une preuve que les craintes qu'on avoit pu concevoir d'une guerre prochaine sont dissipées. Tout nous annonce, au contraire, la continuation de la paix, desirable en tout temps, mais sur-tout en ce moment, pour l'achèvement des travaux de l'assemblée.

Après m'être acquitté des ordres de sa majesté, je supplie l'assemblée nationale de me permettre de la féliciter sur la sagesse avec laquelle elle a mis le roi en mesure de concilier le maintien de la paix avec la dignité nationale, & la conservation d'une alliance dont elle-même a reconnu tous les avantages. (On applaudit).

Etat des forces navales en activité.

Vaisseaux de ligne.

	En rade.	En armement.
Brest	15	17
L'Orient	2	2
Rochefort	»	2
Toulon	»	9
	17	30

N. B. Il est possible que trois des vaisseaux en armement à Brest aient passé en rade.

Frégates.

	En rade.	En armement.
Brest	13	2
L'Orient	2	»
Rochefort	2	1
Toulon	»	3
	17	6

La séance est levée à trois heures.

ANGLOIS. Il a été plusieurs fois question d'eux à l'assemblée constituante; des inquiétudes, des adresses, des inculpations en ont été la cause. Nous rapporterons ce que ces différens sujets présentent de plus utile à connoître.

Séance du 28 juillet 1789.

M. le président fait lecture de plusieurs lettres qui lui sont adressées par M. le comte de Montmorin, ministre des affaires étrangères.

Versailles 28 juillet 1789.

Monsieur le président,

M. l'ambassadeur d'Angleterre m'a prié instamment d'avoir l'honneur de vous communiquer la lettre ci-jointe. J'ai cru d'autant moins pouvoir me refuser à ses instances, qu'il me prévint, en effet, verbalement dans les premiers jours du mois de juin, d'un complot contre le port de Brest. Ceux qui le méditoient demandoient quelques secours pour cette expédition, & un asyle en Angleterre; M. l'ambassadeur ne me donna aucune indication relative aux auteurs de ce projet, & m'assura qu'ils lui étoient absolument inconnus. Les recherches que j'ai pu faire, d'après des données aussi incertaines, ont été infructueuses, comme elles devoient l'être; & j'ai été dans le tems obligé de me borner à engager M. le comte de la Luzerne à prescrire au commandant de Brest les précautions les plus multipliées & la vigilance la plus exacte.

J'ai l'honneur d'être avec respect,

Monsieur le président,

Votre très-humble & très-obéissant serviteur,

Signé, le comte DE MONTMORIN.

Lettre de M. l'ambassadeur d'Angleterre à M. le comte de Montmorin.

Paris, ce 26 juillet 1789.

Monsieur,

Il m'est revenu de plusieurs côtés qu'on cherchoit à insinuer que ma cour avoit fomenté en partie les troubles qui ont affligé la capitale depuis quelque tems; qu'elle profitoit de ce moment pour armer contre la France, & que même une flotte étoit sur les côtes pour coopérer hostilement avec un parti de mécontens. Tout dénués de fondement que sont ces bruits, ils me paroissent avoir gagné l'assemblée nationale; & le *Courier national*, qui rend compte des séances des 23 & 24 de ce mois, laisse des soupçons qui me peinent d'autant plus que vous savez, Monsieur, combien ma cour est éloignée de les mériter.

Votre excellence se rappellera plusieurs conversations que j'eus avec vous au commencement de juin dernier; le complot affreux qui avoit été proposé relativement au port de Brest; l'empressement que j'ai eu à mettre le roi & ses ministres sur leurs gardes; la réponse de ma cour qui correspondoit si fort à mes sentimens, & qui repoussoit avec horreur la proposition qu'on lui faisoit; enfin les assurances d'attachement qu'elle répétoit au roi & à la nation. Vous me fîtes part alors de la sensibilité de sa majesté à cette occasion.

Comme ma cour a infiniment à cœur de conserver la bonne harmonie qui subsiste entre les deux nations, & d'éloigner tout soupçon contraire, je vous prie, Monsieur, de donner connoissance de cette lettre sans aucun délai à M. le président de l'assemblée nationale. Vous sentez combien il est essentiel pour moi qu'on rende justice à ma conduite & à celle de ma cour, & de chercher à détruire l'effet des insinuations insidieuses qu'on a cherché à répandre.

Il importe infiniment que l'assemblée nationale connoisse mes sentimens, qu'elle rende justice à ceux de ma nation, & à la conduite franche qu'elle a toujours eue envers la France depuis que j'ai l'honneur d'en être l'organe.

J'ai d'autant plus à cœur que vous ne perdiez pas un seul instant à faire ces démarches, que je le dois à mon caractère personnel, à ma patrie, & aux anglois qui sont ici, afin de leur éviter toutes explications ultérieures à cet égard.

J'ai l'honneur d'être bien sincèrement,

Monsieur,

De votre excellence,

Le très-humble & très-obéissant serviteur,

Signé, DORSET.

Réponse de M. le duc de Liancourt, président de l'Assemblée nationale, à M. le comte de Montmorin.

Versailles, le 27 juillet 1789.

J'ai reçu, Monsieur le comte, la lettre que vous m'avez fait l'honneur de m'écrire, & celle de M. l'ambassadeur d'Angleterre, qui y étoit jointe; & j'ai donné sur-le-champ communication de l'une & de l'autre à l'assemblée nationale. Elle me charge d'avoir l'honneur de vous dire qu'elle en a entendu la lecture avec une grande satisfaction; de vous remercier de la lui avoir envoyée, & de vous prier de vouloir bien vous charger de faire parvenir à M. le Duc de Dorset ses remercîmens de la communication que cet ambassadeur a désiré qui en fût faite à l'assemblée nationale.

L'assemblée a arrêté que cette lettre seroit envoyée sur-le-champ à Paris, & rendue publique dans tout le royaume par la voie de l'impression.

J'ai l'honneur d'être, avec un très-parfait attachement, Monsieur le comte, votre très-humble & très-obéissant serviteur,

Signé, le duc DE LIANCOURT.

Séance du 5 août 1789.

M. le président fait lecture des deux lettres suivantes.

Lettre de M. le comte de Montmorin à M. le Chapelier, président de l'assemblée nationale.

Versailles, le 4 août 1789.

M. l'ambassadeur d'Angleterre me prie encore de donner connoissance à l'Assemblée nationale de la lettre qu'il vient de m'écrire. Comme cette lettre est une suite de celle que j'ai déjà eu l'honneur de communiquer à l'assemblée la semaine dernière, par l'organe de son président, j'ai pris les ordres de sa majesté qui m'a autorisé à suivre la même marche à l'égard de celle-ci.

J'ai l'honneur d'être avec respect,

Monsieur le président,

Votre très-humble & très-obéissant serviteur,

Signé, le comte DE MONTMORIN.

Lettre de M. le duc de Dorset, ambassadeur d'angleterre, à M. le comte de Montmorin, ministre & secrétaire d'Etat au département des affaires étrangères.

Paris, 3 août 1789.

Monsieur,

Ma cour, à qui j'ai rendu compte de la lettre que j'ai eu l'honneur d'écrire à votre excellence, le 26 juillet, & qu'elle a eu la bonté de communiquer à l'assemblée nationale, vient, par sa dépêche du 31, que je reçois à l'instant, non-seulement d'approuver ma démarche, mais m'a autorisé spécialement de vous renouveler, dans les termes les plus positifs, le desir ardent de sa majesté britannique & des ministres, de cultiver & d'encourager l'amitié & l'harmonie qui subsistent si heureusement entre les deux nations.

Il m'est d'autant plus flatteur de vous annoncer ces nouvelles assurances d'harmonie & de bonne intelligence, qu'il ne peut que résulter le plus grand bien d'une amitié permanente entre les deux nations, & qui est d'autant plus à desirer, que rien ne peut contribuer d'avantage à la tranquillité de l'Europe, que leur rapprochement.

Je vous serai obligé de communiquer à M. le président de l'assemblée nationale cette confirmation des sentimens du roi & de ses ministres.

J'ai l'honneur d'être bien sincèrement,

Monsieur,

de votre excellence,

le très-humble & très-obéissant serviteur,

Signé, DORSET.

(*Voyez* ANGLETERRE).

Séance du 21 juillet 1790.

M. le Président. Il m'a été remis par M. la Rochefoucault, un arrêté des amis de la révolution de Londres : vous desirez sans doute en entendre la lecture.

On fait lecture d'une lettre de mylord Stanhope.

« C'est avec une satisfaction extrême que j'ai l'honneur de vous informer que nous avons, hier, au nombre de six cents cinquante-deux amis de la liberté, célébré votre glorieuse révolution, & l'établissement & la confirmation de votre constitution libre. M. Sheridan, qui étoit de notre assemblée, a proposé la résolution ci-incluse, laquelle a été reçue avec des acclamations réitérées, & avec toute la chaleur qui caractérise des hommes indépendans & libres. Oserai-je vous prier, de la part de cette assemblée respectable, de présenter leur résolution à l'assemblée nationale de France : c'est comme leur président du jour que je vous demande cette grace. Bientôt nous espérons que les hommes cesseront de se voir sous l'aspect odieux & détestable de tyrans & d'esclaves, & que, suivant votre exemple, ils s'envisageront comme des égaux, & apprendront à s'aimer comme des hommes libres, des amis & des frères ».

L'assemblée & toutes les tribunes applaudissent à cette lecture.

M. Charles Lameth. Je demande l'impression de cette lettre, & en outre, que M. le président soit chargé, par l'assemblée nationale, d'écrire à cette société. C'est un égard que nous lui devons; je crois même que cela peut être d'une grande utilité pour la tranquillité de l'Europe.

M. Foucault. Les sentimens exprimés dans la lettre de mylord Stanhope sont dans tous les cœurs des amis de la paix; mais je ne crois pas qu'une société particulière puisse se mettre en correspondance avec une assemblée nationale; je ne crois pas non plus que deux nations malheureusement rivales .... (Non, s'écrie-t-on dans une grande partie de la salle) je ne crois pas, je le répète, qu'une puissance qui a toujours été notre rivale.... (On rappelle M. Foucault à l'ordre). Il est de la prudence de s'en méfier. Pour répondre aux sentimens de paix manifestés dans la lettre de mylord Stanhope, puisque ce n'est qu'une lettre écrite à M. *le duc* la Rochefoucault, c'est au club de 1789, à celui de la propagande de la liberté à y répondre. Je pense qu'il n'y a pas lieu à délibérer sur la proposition de M. Lameth.

La discussion est fermée.

» L'assemblée ordonne l'impression de la lettre de milord Stanhope, & charge son président d'écrire à la société des amis de la révolution de Londres.

Séance du 29 juillet, 1790, au soir.

Un de MM. les secrétaires fait lecture d'un discours prononcé par le docteur Price, dans la société des amis de la constitution de Londres, & envoyé à l'assemblée nationale par cette société.

« L'armement que l'on fait aujourd'hui dans nos ports ne donne pas moins d'alarmes aux anglois généreux, aux amis sincères de l'humanité, qu'aux nations que cet armement paroît menacer : il compromet à la fois & la prospérité nationale & le repos du monde, & il est un obstacle au crédit public : on nous conduit, à grands pas, vers le précipice. La France montre aujourd'hui des dispositions à la paix, & bientôt les nations plus sages ne formeront point d'autres vœux. Déjà elle a déclaré qu'elle renonçoit à toute idée de conquête ; elle ira plus loin encore : elle provoquera une alliance avec la Grande-Bretagne. Long-tems nous avons regardé les françois comme nos ennemis naturels ; nous ne voulions rien avoir de commun avec un peuple qui ne nous offroit qu'un despote & des esclaves; les françois ont brisé leurs fers, c'est notre exemple qu'ils ont suivi; mais ils nous en donnent un autre; ils nous appellent, non dans les plaines où le sang des esclaves coule pour le plaisir des despotes, mais vers un autel de paix qui recevroit les honneurs de deux grandes nations qui veulent rester libres & unies. Ah ! qu'un tel pacte présageroit de bonheur au genre humain ! Nous pourrions dire à toutes les nations civilisées : la paix ! & la paix seroit faite ».

Plusieurs fois cette adresse est interrompue par les plus vifs applaudissemens.

M. Populus. Je demande qu'on en fasse une seconde lecture dans un moment où l'assemblée sera plus complette.

M. Charles Lameth. Cette adresse révèle au monde le secret des tyrans & celui des peuples. Le discours du ministre des affaires étrangères aux

six

six commissaires nommés par l'assemblée, annonce une fédération des têtes couronnées contre la liberté françoise. C'est pour un projet impie qu'ils voudroient répandre le sang de ceux qu'ils appellent leurs sujets, & qui ne le sont pas. La France est un épouvantail pour tous les tyrans; peut-être dans leur trame abominable sont-ils secondés par ceux dont le ministère & l'autorité devroient être employés à entretenir la paix. Les anglois furent autrefois nos ennemis; ils aimoient la liberté, & nous ne la connoissions pas; nous l'avons conquise, & on ne nous la ravira point. Une société de généreux anglois vient, & nous profitons de cette circonstance : il est tems que les peuples s'entendent contre les tyrans, dans les moyens de sortir de l'esclavage. Je demande qu'on fasse parvenir une adresse aux anglois amis de la constitution françoise. Cette motion est importante, & l'assemblée peu nombreuse : je demande qu'on en délibère demain.

M. Dupont. L'*Angleterre* est gouvernée par un parlement & non par la société des amis de la constitution françoise : cette société n'est pas dépositaire du vœu national. Pendant que vous entretiendrez avec elle correspondance de flagornerie, vous ne prendrez aucune précaution contre le gouvernement.

L'assemblée ajourne la motion de M. Lameth.

Séance du 4 août 1790.

Un des secrétaires fait lecture d'une lettre de M. la Luzerne; ce ministre envoie une adresse du club Wigh de Dundée, petite ville de l'Ecosse septentrionale. Cette pièce a été adressée à M. la Luzerne, par M. Georges Dempser, membre du dernier parlement.

De Dundée, le 4 juin 1790. « Le triomphe de la liberté & de la raison sur le despotisme; l'ignorance & la superstition est un évènement pour les spectateurs les plus éloignés; l'exemple des abus que renfermoit votre ancienne forme de gouvernement a, dans le dernier siècle, extrêmement nui à celle du nôtre; il excita, chez nos princes & leurs ministres, un desir de puissance qui leur fut souvent nuisible, & quelquefois fatal, & qui blessa toujours les intérêts de l'état. Acceptez, M. le président, nos sincères félicitations sur le rétablissement de votre ancienne & libre constitution, & nos ardens desirs pour que la liberté s'établisse en France d'une manière immuable. Nous remarquons, pour l'honneur du siècle & celui de votre nation, que votre révolution s'est faite sans guerre civile, & que ni les domaines inutiles du prince, ni les biens du clergé n'ont été distribués à des mains avides, mais qu'ils ont été employés pour l'utilité de l'état, dont ils sont la propriété. Nous prévoyons avec joie que cette flamme que vous avez allumée, consumera dans toute l'Europe les restes du despotisme & de la superstition. Non-seulement nous espérons, mais nous croyons fermement que l'assemblée nationale de France & le parlement de la Grande-Bretagne s'uniront à l'avenir d'une manière indissoluble, pour assurer la paix & la prospérité des deux empires, & répandre ces bienfaits sur la surface entière du globe. Nous vous félicitons d'avoir une armée de citoyens, & un monarque sage, qui, en se prêtant avec tant de bonté aux vues de son peuple, donne un nouveau lustre à la maison de Bourbon, & assure la couronne de France sur la tête de ses descendans, &c. ».

M. Fermond. L'article relatif aux pères de famille, que l'assemblée a adopté hier, est moins une faveur qu'une taxe sagement combinée avec leurs charges. Je demande, en conséquence, que sans avoir égard à la proposition du préopinant, on passe à l'ordre du jour.

L'assemblée passe à l'ordre du jour.

M. Chasset. Vous avez renvoyé à vos comités ecclésiastique & diplomatique, les pétitions des différentes maisons séculières & régulières établies en France par les Anglois, les Ecossois & les Irlandois; vous avez desiré un rapport de ces comités réunis, avant de les régler; c'est en leur nom que je viens vous en rendre compte.

Les établissemens dont il s'agit, comprennent des séminaires, des collèges, des couvens de religieux & de religieuses. En voici l'état nominatif :

Un séminaire Anglois à Paris; un séminaire Irlandois à Paris; une société de prêtres Irlandois à Paris, & cinq autres semblables, savoir : à Toulouse, Bordeaux, Nantes, Douay & Lille; un collège Ecossois à Paris, deux collèges Anglois, un à saint-Omer, l'autre à Douay. Trois maisons de bénédictins anglois savoir : à Paris, à Dieu-Louard en Lorraine, & à Douay. Une maison de récollets à Douay. Trois maisons de religieux Irlandois, savoir : à Wassy, à Bouloy & à Bar-sur-Aube. Quatre couvens de bénédictines Angloises, savoir : deux à Paris, un à Douay & un à Dunkerque. Un couvent de religieuses Angloises, de la conception, à Paris. Quatre couvens de claristes Angloises savoir : à Gravelines, à Aire, à Dunkerque & à Rouen. En tout vingt-huit établissemens.

L'institut de ces maisons ne permet d'y recevoir que des personnes de la même nation, & les maisons religieuses sont, comme celles séculières, destinées à l'éducation & à l'enseignement des enfans des catholiques des trois royaumes; les prêtres séculiers & les religieux y font en outre des missions continuelles. --- Il seroit inutile, en ce moment, de faire l'histoire particulière de chacun de ces établissemens; il suffira de remarquer que les querelles de la religion qui agitèrent l'*Angleterre* sur la fin du seizième siècle, & au commencement du dix-septième, déterminèrent une partie des catholiques à se réfugier soit en France, soit en Flandres. Des religieux & des religieuses vinrent demander asyle au rois qui gouvernoient ces deux pays; ils leur accordèrent protection & quelques légers secours momentannées; mais ces maisons firent tous les frais de leur établissement: avec l'argent qu'elles apportèrent, elles achetèrent de l'emplacement. D'autres secours de leurs compatriotes les ont aidés à construire, & les rentes qui forment la majeure partie de leurs biens, ont été constituées de leurs propres deniers, ou de ceux des catholiques anglois, qui les soutenoient dans la persécution qu'elles essuyoient. La prohibition de l'enseignement public & de l'exercice du culte catholique romain, déterminèrent ceux qui restèrent attachés à l'église romaine, à fonder en Flandre & en France des collèges & des séminaires. Le roi d'Espagne, qui possédoit saint-Omer, permit aux anglois d'y fonder le collège qui existe aujourd'hui dans cette ville, & qui en fait la célébrité. Il le gratifia même d'une pension de deux mille écus, que les rois de France ont exactement acquittée, depuis que cette ville est sous leur gouvernement, excepté depuis cinq ans qu'on cesse de la payer. Lors de la destruction des jésuites, le roi, par des lettres-patentes du 14 mars 1764, duement enregistrées, unit à ce collège les biens que les jésuites anglois possédoient en France. Les autres établissemens dont j'ai parlé, ont été formés d'une manière aussi légale; & s'il en est quelques-uns dont l'extrême pauvreté ait exigé des secours de la France, ils se réduisent à bien peu de chose.

Les dons, aumônes, ou bienfaits, accordés par le roi ou par le trésor public, ne s'élèvent pas annuellement, outre la pension de 6000 liv. du collège de saint-Omer, à plus de 2634 liv., ce qui fait en tout 8634 liv.; il faut cependant en excepter les bénédictins anglois de Paris. Ils ont été autorisés à posséder des bénéfices simples. Il en a été uni quatorze à leur maison, dont le produit brut est de 72, 388 liv.; ils sont grevés pour 26, 805 liv. de charges; ensorte que leur revenu net, à cet égard, est 45, 583 liv. Ceux de Dieu-Louard ont seulement un prieuré qui leur produit 1022 liv. Le surplus de leurs biens consiste en fonds de terre ou en maisons. Les autres établissemens possèdent aussi des biens de ces deux genres, mais comme je l'ai déjà dit, leur principal revenu est dans des rentes sur l'Hôtel-de-Ville, sur l'ancienne Compagnie des Indes, sur les emprunts publics, ou sur quelques particuliers. Je remarquerai sur ce point que le collège de saint-Omer possédoit des terres & une maison à Waten, qui ont été cédées à l'évêque de ce Diocèse, par une transaction sur procès, moyennant une redevance en grain de 328 rasières de bled, qui, à 18 liv. la rasière, forment une rente de 5904 livres.

Je remarquerai encore que les bénédictins anglois de Douay, sont créanciers de différentes maisons religieuses françoises, d'un capital exigible de 103, 500 liv. produisant intérêt à quatre pour cent. Tous ces établissemens présentent le tableau de 1500 individus environ, tant en professeurs & étudians, qu'en religieux ou religieuses, sans comprendre les pensionnaires de celles-ci. La totalité leurs revenus est de 319, 000 liv., dont plus d'un tiers est consommé par les charges dont ils sont grevés. Ce revenu seroit insuffisant pour faire subsister autant de personnes, si elles n'avoient pour ressources des bienfaits qu'elles retirent de leurs nations. Tous cependant demandent que l'assemblée nationale les conserve, sans autres revenus que ceux qu'ils retirent des acquisitions ou des placemens qu'ils ont faits de leurs deniers ou de ceux de leurs compatriotes. Ceux auxquels ont été accordés des dons annuels, sollicités par leur extrême pauvreté, s'en rapportent à cet égard à la générosité de la nation.

Les bénédictins, qui ont des bénéfices, ne demandent point à les conserver. Ils ont donné un état des biens qui y sont attachés, pour être vendus, comme les autres biens nationaux; seulement comme ces biens étoient leur unique ressource, pour subsister, ils réclament une pension égale à celle des religieux de leur ordre; avec ce traitement pour eux individuellement, ils demandent qu'on leur laisse leur habitation & ses dépendances, afin de pouvoir continuer de rendre à leur pays les services pour lesquels ils ont été fondés. Enfin tous les réguliers semblent se soumettre d'avance aux décrets de l'assemblée sur les voeux solemnels. Tel est l'objet des pétitions des établissemens étrangers, dont vous avez renvoyé l'examen à vos deux comités réunis pour y faire droit. Vous avez à considerer séparément les séculiers & les réguliers, vous pouvez aussi les considérer en commun. Sous le point de vue qui leur est commun, devez-vous conserver dans le sein de la France des établissemens étrangers? Devez-vous leur laisser des biens qui leur sont propres.

Vous vous garderez bien, sans doute, d'imiter les législateurs de ces empires, en petit nombre, à la vérité, où fondés, je ne sais sous quelle politique, ils refusent toute communication avec les étrangers. Il faut que les peuples, qui se soumettent à une pareille loi, se croient bien superieurs aux autres, ou qu'ils soient bien aveuglés sur leurs propres intérêts. Ce ne fut jamais là la doctrine d'un peuple libre. Les peuples libres ne se bornent pas à établir des communications avec leurs voisins. Ceux que l'histoire a célébrés, comme les plus éclairés & comme les amis les plus zélés de l'humanité, ont accueilli les étrangers par tous les moyens que pouvoit permettre leur tranquillité intérieure. La nation Françoise s'est toujours montrée hospitalière & protectrice des opprimés, sous la législation de ses rois. Elle a donné asyle à des personnes vouées au service des autels, d'une religion persécutée. Ces personnes ont vécu plus d'un siècle & demi sous la protection de son ancien gouvernement. Aujourd'hui qu'elle a repris l'exercice des droits de souveraineté par votre organe & par vos soins, vous ne serez pas moins justes, moins généreux. Rivaux des athéniens dans les sciences, dans les arts & pour le bon goût, les François se feront toujours une gloire de voir les étrangers venir s'instruire chez eux, ils s'en feront une sur-tout d'acueillir un peuple qui les a précédé dans l'étude des droits de l'hommes & dans l'exercice de la liberté.

Tant de raisons vous décideront donc à conserver, dans le sein de la France, des établissemens qui n'ont pour objet que l'enseignement d'une portion des citoyens d'une nation étrangère; enseignement qui n'est point contraire à vos principes, & qui ne sauroit troubler votre tranquillité intérieure. Mais laisserez-vous à ces établissemens les biens qu'ils possèdent? Rien ne paroît s'opposer à ce qu'ils conservent ceux qu'ils ont acquis de leurs deniers ou de ceux de leurs concitoyens. Il ne peut pas entrer dans vos principes de prohiber aux étrangers d'acquérir sous la domination Françoise. On ne peut pas non plus présumer que vous les empêchiez de jouir. D'ailleurs, si les établissemens dont il s'agit, possèdent des biens-fonds, ils ont aussi une autre nature de biens qui méritent d'être considérés. Les rentes, qu'ils se sont créées, sont pour la plus grande partie constituées sur les fonds publics, & on ne sauroit y porter la moindre atteinte.

Voilà ce qui est commun à ceux qui sont séculiers & à ceux qui sont réguliers. Quant aux premiers, leur régime intérieur n'a point encore blessé les loix de l'état, & en les assujettissant à celles qui seront portées sur l'éducation nationale, vous garantirez l'empire des inconvéniens qu'on pourroit en craindre.

A l'égard des religieux, si on les laissoit subsister comme ordre religieux, ils auroient une existence opposée aux loix constitutionnelles que vous avez établies: mais en les soumettant à vos décrets sur les voeux solemnels, en les sécularisant, vous pouvez vous flatter d'une égale sécurité. Cependant ils présentent des différences dans les arrangemens à prendre à leur égard. Suivant vos principes, vous ne pouvez plus leur laisser l'administration des biens dépendans des bénéfices unis à leurs maisons, pour fournir à leur subsistance. Il faut, sur ce point, que leur traitement soit le même que celui des religieux françois, & ils n'en demandent pas davantage. Reste à examiner la question de savoir si vous ordonnerez qu'on continue de payer à ceux qui en étoient gratifiés, les bienfaits, les dons, les aumônes qui leur ont été accordés.

Il est un objet de ce genre qui mérite votre attention par son importance & par son origine. Je veux parler d'une pension de 6000 liv. en faveur du collège de Saint-Omer; elle a été créée par le roi d'Espagne quand cette ville dépendoit de la Flandre espagnole. Elle a été continuée jusqu'en 1785 par nos rois. Il ne seroit ni juste, ni généreux de la supprimer. Cela ne seroit pas juste, sur-tout si l'on considère que cet établissement étoit possesseur de fonds de terres considérables à Waten, qu'il en a été dépouillé en suite d'un procès qui lui avoit été intenté par un homme puissant, contre lequel il a eu trop de désavantage dans le combat; & que la conservation de cette pension est un juste dédommagement de la perte qu'elle a éprouvée. Ce sera même encore une justice de lui faire payer les arrérages encourus: quant aux autres établissemens, voici l'état des dons qui leur sont faits:

Aux bénédictins anglois de Douay	220 l.
Aux religieuses de la rue de Charenton	704.
Aux claristes angloises de Dunkerque ..	900
A celles de Rouen	300
A celles d'Aire	510
TOTAL	2634 l.

Vous serez étonnés quand vous saurez que les claristes de Dunkerque, qui sont au nombre de 23, n'ont que 640 liv. avec leur don de 900 l.; que celles de Rouen, qui sont au nombre de 26, n'ont que la quête, avec le leur de 300 liv.; & que celles d'Aire, qui sont au nombre de 12, n'ont que 25 liv. de rente, avec le don de 510 liv.; cependant elles ne demandent que d'être conservées, elles laissent à votre bienfaisance la continuation de ces secours. Vos comités n'ont pas balancé à vous proposer de les faire payer. Ils ont cru qu'en les rayant de la liste des charges de la nation, ils répondroient mal à vos vues; sous tous ces rapports, voici le projet de décret que j'ai l'honneur de vous proposer.

« L'assemblée nationale, sur le rapport qui lui a été fait de la part de ses comités ecclésiastique

& diplomatique, relativement aux établissemens faits en France par les étrangers, décrète ce qui suit:

Art. Ier. » Les établissemens d'études, d'enseignement ou simplement religieux, faits en France par des étrangers ou pour eux-mêmes, continueront de subsister comme par le passé, sous les modifications ci-après.

II. » Ceux desdits établissemens qui sont séculiers, continueront d'exister sous le même régime qu'ils ont eu jusqu'à ce jour, sauf à y faire par la suite les changemens que les loix sur l'éducation publique exigeront.

III. » A l'égard de ceux qui sont réguliers, ils continueront d'exister comme séculiers & à la charge par eux de se conformer aux décrets de l'assemblée nationale, acceptés ou sanctionnés par le roi, sur les vœux solemnels.

IV. » Tous continueront de jouir des biens par eux acquis de leurs deniers ou de ceux de leur nation, comme par le passé.

V. » Les pensions, dons ou aumônes qui étoient accordés sur le trésor public, pour le soutien d'aucun de ces établissemens, continueront de leur être payés aux époques déterminées, & même les arrérages qui leur étoient échus, leur seront comptés incessamment.

VI. » Ceux desdits établissemens réguliers qui possédoient des biens attachés à des bénéfices qui avoient été unis à leurs maisons, cesseront de jouir desdits biens, dès la présente année, lesquels seront, dès-à-présent, mis en vente comme biens nationaux, & jusqu'à la vente, administrés par les corps administratifs, sauf auxdits établissemens à recouvrer les fermages représentant les fruits de l'année 1789.

VII. » Il sera accordé à chacun des religieux qui étoient effectivement établis & domiciliés en France, dans les maisons auxquelles des bénéfices avoient été unis, une pension semblable à celle accordée aux religieux françois du même ordre, laquelle leur sera payée en 1791, à compter du premier janvier 1790, par le receveur du district, dans l'arrondissement duquel se trouvera l'établissement, après que chacun d'eux aura justifié au directoire du district & à celui du département, contradictoirement avec les municipalités, qu'il étoit effectivement établi & domicilié en France dans sa maison, au 13 février 1790.

VIII. » Dans le cas où les biens des bénéfices unis à une maison ne suffiroient pas pour faire à chaque religieux qui en dépendroit, une pension semblable à celle ci-dessus, le revenu desdits biens sera partagé en autant de portions qu'il y aura de religieux dans la même maison, & il sera payé annuellement à chacun d'eux une somme égale à cette portion.

IX. » Les pensions seront individuelles & s'éteindront par le décès de chaque religieux; elles cesseront d'être payées à ceux qui quitteront la France ou qui cesseront de faire le service d'instruction & d'enseignement auquel ils sont destinés par leur institut.

X. » Les supérieurs de chaque maison seront tenus de justifier dans trois mois, à compter de la publication du présent décret, au directoire du district de leur établissement, des titres d'acquisition des biens qu'ils possédent, tant en maisons & fonds de terres qu'en rentes ou créances. Les directoires de district feront passer au directoire de département les renseignemens & documens qui leur ont été fournis: ces derniers les enverront au corps législatif, lequel statuera ce qu'il appartiendra, soit à défaut de justification de titres, soit en cas qu'il y eût des biens acquis par lesdits établissemens, autrement que de leurs deniers ou de ceux de leur nation.

On demande l'impression du rapport & du projet de décret.

M. *Malouet*. Les bases présentées par les comités sont si évidentes, que la discussion, si elle doit avoir lieu, peut commencer sur-le champ.

M. *André*. Le projet a été examiné avec soin dans les comités réunis; il nous a paru extrêmement simple. Il existe en France des établissemens irlandois, écossois & anglois; ils ont le double avantage d'amener en France des étrangers de ces trois nations, & d'attirer de tems en tems de nouvelles donations à ces établissemens. Rien de plus juste que ce que l'on propose; on reprendra les biens françois dont jouissoient ces établissemens, en fournissant des pensions aux titulaires. Quant à ceux qui n'ont des biens qu'au-dessous de la valeur des pensions accordées à tous les religieux; ils ne feront que partager entre eux les revenus, c'est-à-dire, que dans une maison où il y auroit dix religieux, & qui n'auroient que 1000 liv. de rente, ils n'auroient que chacun 100 liv.

Quelques membres élèvent des doutes sur la question de savoir si la pension de 6000 liv. que réclament les comités en faveur du collège de Saint-Omer, est légitime.

M. *Chassey*. Pour lever toute espèce d'incertitude, voici l'addition que je vous propose de faire à l'article V. « Et à l'égard de la pension de 6000 liv. fournie par le trésor public au collège de Saint-Omer, l'assemblée en renvoie l'examen à son comité des finances, pour être ensuite par elle statué ce qu'il appartiendra ».

Cette addition est adoptée, & les articles présentés par les comités ecclésiastique & diplomatique, décrétés.

APANAGE. C'est le nom que portoit en France le domaine destiné à l'entretien de la maison d'un prince de la famille royale.

L'assemblée nationale, dans le projet par elle adopté de réunir au domaine public tout ce qui en avoit été distrait, & d'en disposer par vente, ou d'en percevoir les revenus, ouvrit, le 13 août 1790, la discussion sur les *appanages* des fils de France, d'après le rapport qui lui fut présenté au nom du comité des domaines par M. Enjubault, membre de ce comité.

M. *Enjubault*. L'assemblée nationale, par un décret du mois d'octobre, a fixé provisoirement la dépense de la maison des princes, frères du roi; & votre comité des finances, en mettant sous vos yeux le tableau raisonné de toutes les parties de la dépense publique, vous a proposé de rendre cette fixation définitive. Vous avez ajourné la question; votre comité des domaines qui vous a annoncé depuis long-tems son travail sur les *appanages*, s'est empressé d'exécuter vos ordres; & pour se mettre d'autant plus en état de vous présenter un plan digne de vous & de son objet, il a demandé à se réunir à vos comités d'impositions & de finances. Ils se sont rendus l'un & l'autre à cette invitation.

Il n'est aucune partie de notre législation qui ait éprouvé d'aussi grands changemens que celle qui a réglé le sort des enfans de nos rois sur les trois dynasties. Il n'en est aucune sur qui le progrès des lumières ait obtenu une influence aussi marquée. Dans les premiers tems de la monarchie, le droit d'aînesse, étranger aux loix barbares, étoit absolument inconnu. L'empire se partageoit en autant de souverainetés, à-peu-près indépendantes, que le dernier monarque avoit laissé d'enfans. Cette première division étoit suivie de divisions nouvelles dans les différentes branches; & le royaume des francs, réduit en portions infiniment petites, se seroit bientôt anéanti, si la fortune, plus sage que la loi n'avoit fait naître des évènemens extraordinaires, propres à détruire l'effet de ces morcellemens progressifs, en réunissant, à plusieurs reprises, tous les droits sur la même tête.

Sous les capétiens, la souveraineté devint indivisible. Le fils aîné du monarque régnant fut associé à la couronne, du vivant de son père, & les puînés n'eurent en partage que des provinces que le régime féodal subordonnoit au chef de leur maison; mais, si on en excepte les droits souvent éludés de la suzeraineté & l'obligation stérile de l'hommage, ils étoient vraiment souverains dans leur territoire, & la loi salique, sans application à cet égard, ne les empêchoit pas de transmettre leurs patrimoines aux filles. Il n'est personne de vous, Messieurs, qui ne se rappelle à ce sujet la célèbre Mahaud d'Artois; & chacun sait que le comté de Dreux, donné en *apanage* en 1150 à Robert de France, quatrième fils de Louis-le-Gros, n'est rentré à la couronne que par l'achat qu'en fit Charles V, des filles de Jeanne de Dreux, arrières-petites-filles de Robert. Nous ne citons ce dernier exemple que parce qu'il prouve tout-à-la fois que les filles ne pouvoient succéder, & que les apanagistes pouvoient vendre.

Louis VIII sentit le premier que ces démembremens multipliés, & dont l'effet étoit perpétuel, affoiblissoient la monarchie, & qu'ils finiroient par l'anéantir. Il donna le premier exemple de l'*apanage* réversible à défaut d'hoirs. Cette heureuse innovation adoptée par Philippe-le-Bel, fut perfectionnée par Philippe-le-Long; & Charles V, *qu'avant la révolution nous appelions Charles-le-Sage*, en fit une loi de l'Etat.

Cette loi, inspirée par une sage politique, fut accueillie avec transport, & elle n'a reçu jusqu'ici que de légères modifications. Sans nous attacher à la lettre de ce règlement, nous en avons pénétré l'esprit; il a servi de base à nos discussions, & pour procéder avec ordre, & obtenir un résultat complet, nous avons envisagé séparément le passé & l'avenir. Nous avons distingué les concessions possibles & purement éventuelles des concessions déjà existantes. Par cette méthode la question principale s'est divisée d'elle-même en deux branches. La première nous a conduit à examiner si, sous le nouveau régime, il seroit encore concédé des *apanages* reels; la seconde, si on laisseroit subsister les anciennes concessions.

La solution de la première partie de ce grand problême n'a éprouvé aucune difficulté; nous sommes unanimement convenus des principes, & nous sommes arrivés de front aux mêmes conséquences.

Nous avons tous reconnu que la nation, unissant irrévocablement à son domaine le patrimoine de ses rois, contractoit, par cela même, obligation de fournir à leurs enfans puînés une subsistance proportionnée à l'éclat de leur rang & à la splendeur de leur origine; que, comme tout autre débiteur, elle avoit le droit de s'acquitter de cette dette, de la manière la plus convenable à ses intérêts, en leur abandonnant des jouissances foncières, ou bien en leur assignant des rentes annuelles sur le trésor public.

Ces principes adoptés, nous sommes encore tombés d'accord qu'un traitement pécuniaire devoit, sous tous les rapports, obtenir la préférence : une foule de motifs, également puissans, semble devoir le lui assurer. Autrefois les principaux revenus de la nation étoient tirés de ses domaines ; c'étoit sur-tout avec leurs produits que le monarque fournissoit à ses dépenses personnelles, à celles de sa maison, & à l'entretien de ses enfans. Il étoit donc naturel, il étoit indispensable alors d'en détacher une partie, lorsqu'ils se marioient, pour fournir à leur subsistance & aux frais du nouvel établissement. Aujourd'hui les domaines ne forment qu'une très-mince portion de revenu public. Cette foible branche est même menacée d'une suppression totale. C'est avec les impôts que la maison du monarque est depuis long-tems défrayée; ce sont eux qui fourniront désormais à sa liste civile. C'est de la même source que doivent sortir les traitemens annuels qui seront accordés à ses enfans.

La concession des *apanages* réels présente d'ailleurs des inconvéniens capables de les faire à jamais proscrire. De grandes possessions territoriales sont toujours accompagnées d'une grande puissance ; elles pourroient dans des tems malheureux, favoriser l'ambition & conduire à une indépendance dangereuse. Les *apanages* réels coûtent beaucoup à la nation, & produisent peu à l'apanagiste. Ils coûtent à la nation qu'ils privent de la totalité du fonds concédé ; ils produisent peu à l'apanagiste, parce que les frais de régie & d'administration absorbent pour lui la meilleure partie du produit.

S'il subsistoit quelques doutes sur la préférence due au traitement pécuniaire, l'établissement de la liste civile suffiroit pour les dissiper. Il seroit contre toutes les convenances d'accorder aux princes des jouissances foncières, tandis que le monarque, chef de leur maison, seroit réduit à un simple traitement annuel.

Du reste, vos comités ont pensé que tout ce que les loix anciennes avoient sagement établi pour les *apanages* réels, pouvoit s'appliquer à la rente qu'ils vous proposent de leur substituer; ainsi cette rente apanagère sera payée exclusivement à l'aîné, chef de la branche, sauf les alimens dus à ses puînés. Elle s'éteindra d'elle-même avec la postérité masculine du prince, premier concessionnaire ; elle ne sera susceptible d'aucune hypothèque en faveur des créanciers de l'apanagiste, qui ne pourront se venger que sur les arrérages échus de son tems. Cet affranchissement ne souffrira qu'une exception en faveur de la veuve, pour son douaire viager seulement, & encore cette exception sera bornée à la moitié de la rente; l'autre moitié sera touchéa par le successeur, franche & quitte de toute dette.

Vos comités réunis n'ont pas cru devoir prendre sur eux de fixer la quotité des rentes apanagères qui seront concédées à l'avenir. Cette fixation éloignée & éventuelle, doit porter sur des bases trop incertaines & trop variables. Elle dépend du degré de prospérité qu'atteindront un jour les finances nationales, de la quantité du numéraire que l'économie, les arts & le commerce doivent attirer dans cet empire, de sa valeur, comparée au prix des denrées, du nombre même des princes qui seront alimentés par le trésor public; elle tient enfin à une foule de circonstances qu'il ne nous a pas été donné de prévoir. En 1630, le produit des *apanages* fut porté à 210,000 liv. : cette somme, peut-être suffisante alors, seroit aujourd'hui bien au-dessous des besoins réels. Ces motifs nous ont déterminés à nous en reposer sur les législatures qui seront alors en activité.

La seconde branche du problême de droit public, que vos comités réunis ont eu à résoudre, a souffert de plus grandes difficultés. Lorsque, sous Charles V, les *apanages* réels furent soumis par une loi précise à une perpétuelle réversion, cette innovation salutaire ne parut alors devoir opérer qu'une simple substitution, une espèce de majorat qui gênoit la disposition, sans altérer la propriété. Les apanagistes continuèrent d'en exercer tous les droits : ils instituèrent, comme auparavant, les officiers de justice, ils prirent les titres des seigneuries dont on leur avoit abandonné la jouissance, ils firent & reçurent les foi & hommage.

Ces usages se sont perpétués, ils se sont transmis jusques à nous. On pourroit se laisser séduire par les apparences, & en conclure que les princes apanagés sont vraiment propriétaires. Gardons-nous d'adopter cette opinion visiblement erronée : le chef de la maison régnante, simple administrateur des domaines nationaux, n'a pu transmettre à ses puînés des droits plus étendus que les siens. Il n'a pu leur conférer une propriété qui ne résidoit pas sur sa tête. Ils sont comme lui réduits à une simple jouissance, essentiellement précaire, & la nation, dont les droits ne peuvent être altérés par des actes qui ne sont pas émanés d'elle, a conservé ces droits précieux dans toute leur plénitude.

La maxime que nous avons l'honneur de vous rappeller, n'est pas nouvelle. Chopin est l'un des premiers auteurs qui aient écrit sur le domaine : il dit positivement dans son traité du domaine, *lib.* 2, *tit.* 3, n°. 9, que l'*apanage* des enfans de France ne consiste plus qu'en une pension annuelle & pécuniaire, pour laquelle on délivre à l'apanagé une certaine quantité de fonds de terre, *nummaria pensio pro quâ æstimati fundi præstantur.*

Ce passage connu & souvent cité, d'un de nos plus anciens publicistes, fournit une réponse victorieuse à toutes les objections qu'on nous prépare. La nation, obligée de fournir aux princes une subsistance convenable, a consenti qu'ils perçussent, par leurs mains, le traitement annuel qui leur est dû. Elle leur a assigné, par l'organe de son premier mandataire, des domaines réels dont elle leur a abandonné la jouissance : c'est une simple délégation, dont l'effet doit cesser dès l'instant qu'elle se soumet à acquitter elle-même cette dette sacrée. Si cette délégation renfermoit un contrat entre la nation & le prince apanagé, ce que nous sommes bien éloignés d'admettre, ce seroit une espèce d'*antichrèse*, ou, selon l'expression usitée dans quelques provinces, un *mortgage*, qui, par sa nature, ne forme qu'un titre précaire essentiellement résoluble.

Les principes qui nous ont conduits à la solution de la première branche de la grande question qui nous occupe, trouvent encore ici une application bien naturelle. La modicité du produit actuel des domaines; la loi que nous sommes faite de les aliéner; les inconvéniens, les dangers même de les abandonner à des mains privées, &, plus que tout cela, l'établissement de la liste civile, qui ne peut compatir avec les *apanages* réels, toutes ces considérations réunies nous ont commandé, elles nous ont forcés de vous en proposer la suppression actuelle.

Je finirai par quelques réflexions simples, mais décisives, tirées d'un ouvrage distribué au nom du comité des domaines, sous le titre d'*observation sur les apanages*.

On y voit avec surprise que, quoique le produit net de chacun d'eux soit fixé par les édits de concession à 200,000 livres de rente, on a trouvé le secret d'élever, par des évaluations frauduleuses, le produit effectif des trois *apanages* réunis à plus de 6 millions, & ils sont répartis avec tant d'inégalité, qu'il en est un dont le revenu, pris séparément, excède seul celui des deux autres. Parmi les produits partiels dont la somme totale est formée, on trouve pour près de deux millions d'impôts indirects, quoiqu'il soit généralement reconnu que des droits de cette nature ne sont ni cessibles ni communicables, qu'ils cessent même d'être légitimes, dès qu'ils sont passés dans des mains privées. Enfin, ces observations nous apprennent que la meilleure partie du revenu des princes consiste en coupes de futaie, dont les unes sont annuelles, & les autres extraordinaires : mais les ordonnances de 1566 & de 1579, que les défenseurs des *apanages* réels ont cité avec tant de confiance, prononcent la dignité de ces sortes de concessions, & défendent aux apanagistes de couper les bois de haute-futaie, & de toucher aux forêts. Les deux derniers édits de concession d'*apanages* ont eux-mêmes expressément réservés les bois & forêts, ou du moins ils n'ont permis aux concessionnaires d'en user que pour l'entretenement & réparation des édifices & châteaux de l'*apanage*. On sait combien cette clause limitative a été souvent enfreinte.

L'assemblée nationale ne peut pas laisser subsister ces extensions abusives; & si elle se détermînoit à conserver les *apanages* réels, ils éprouveroient une telle réduction, que les princes se verroient forcés d'en solliciter eux-mêmes la suppression totale. C'est par toutes ces considérations réunies, que vos commissaires se sont accordés à vous proposer d'y substituer un traitement annuel assigné sur le trésor public.

Vos commissaires se sont occupés à fixer la quotité de ce traitement; ils se sont bientôt réunis pour en déterminer les bases, & c'est dans les titres mêmes des apanagistes qu'ils ont cherché les données qui doivent être les élémens de cette opération. Ils ont reconnu qu'en 1630, un ministre habile avoit élevé à 100,000 livres la valeur annuelle de l'*apanage* de Gaston de France, frère de Louis XIII. Cette clause limitative a été rapportée par une sorte de routine, d'abord, en 1661 dans la concession d'*apanage* faite à Philippe de France, chef de la branche d'Orléans, ensuite en 1710, dans les lettres accordées au duc de Berri, & récemment enfin dans celles obtenues par les deux frères du monarque régnant. Nous avons adopté cette base, & pour la déterminer avec justesse, vos comités réunis ont pensé qu'il falloit se reporter au tems où elle avoit été primitivement établie. Nous nous sommes donc instruits de la valeur numérique du marc d'argent à cette première époque, & de son rapport arithmétique avec le prix du bled. En 1630, le marc d'argent se payoit aux hôtels des monnoies 20 livres 4 sols 5 deniers, & il est aujourd'hui à 53 liv. 9 sols 2 deniers. Ce premier rapport élève déjà beaucoup la somme primitive, & la fait monter à 527,983 liv. Nous aurions cependant obtenu un moindre résultat, si nous avions pris pour base les prix respectifs de l'argent monnoyé mis en circulation à ces deux époques; parce que le bénéfice sur les monnoies a beaucoup varié, & que dans ces tems reculés, le droit de seigneuriage étoit bien plus fort qu'il ne l'est aujourd'hui.

A ce premier calcul, nous en avons fait succéder un second tiré du prix respectif des denrées.

Nous avons supposé, d'après M. Dupré de Saint-Maur, dans son essai sur les monnoies, que, dans le dernier siècle, le septier de bled, mesure de Paris, avoit toujours valu le tiers de ce qu'auroit produit le marc d'argent fin monnoyé. Nous avons ensuite observé que, depuis environ 20 ans des circonstances particulières avoient changé ce rapport, & qu'aujourd'hui le prix de la même quantité de bled, excédoit un peu les deux cinquièmes de celui du marc d'argent: cette seconde proportion a presque triplé la somme primitive, & l'a élevée à près de 600,000 liv. monnoie actuelle. Cette dernière somme procureroit aujourd'hui à-peu-près la même quantité de bled qu'on auroit obtenue en 1630, avec 200,000 livres; & comme sous ce rapport, l'argent n'a de valeur que par des jouissances dont il est la mesure, nous avons regardé ces deux sommes comme formant réellement une même quantité, sous deux dénominations differentes.

Après cette double évaluation, qui n'a rien d'arbitraire, puisqu'elle est fondée sur de simples calculs, se présentent d'autres considérations morales & politiques, qu'il vous est réservé d'apprécier. Elles se tirent d'abord des mœurs actuelles comparées à celles du siècle précédent, & de l'accroissement rapide du luxe. Vos commissaires ont pensé que l'espèce de faste asiatique dont les grands s'environnoient autrefois, étoit plus imposant, mais moins dispendieux que la façon de vivre plus délicate & plus recherchée, qui caractérise notre siècle. Ils ont cru que lorsqu'on avoit fixé à 200,000 livres de valeur numérique le revenu des princes, on avoit compté sur le bénéfice des évaluations qu'on savoit devoir leur être favorables, & qui n'ont jamais manqué de porter bien plus haut leur revenu réel. Enfin ils n'ont pu se dissimuler que des revenus territoriaux profitent annuellement de l'augmentation progressive du prix numérique des denrées, & que par la raison contraire une rente fixe perd insensiblement de sa valeur relative. On ne peut douter que toutes ces considérations, & bien d'autres encore qu'il seroit inutile de rappeller ici, ne soient entrées dans la fixation du revenu dont les princes vont être privés, & qu'il ne fût injuste de les écarter, en réglant la somme qui doit le remplacer. C'est à vous à juger quel doit être le résultat de ces considérations dont nous avons été frappés, & à décider jusqu'à quel point elles doivent influer sur vos calculs.

C'est après les avoir bien pesées, après avoir évalué par apperçu, le degré d'opulence dont jouissent en France de simples citoyens, que votre comité a cru devoir vous proposer de fixer à un million la rente apanagère qui, après la suppression des grandes places, des pensions & des abus, sera désormais l'unique ressource des enfans de vos rois. Vos commissaires doivent encore vous rappeller que le Luxembourg & le Palais-Royal font partie des *apanages* réels de Monsieur & de la branche d'Orléans. Ils ne peuvent se persuader que vous déterminiez à les envelopper dans la suppression projettée, ni même à réduire, en cette considération, la rente apanagère que vous allez fixer. Philippe-Charles de France, chef de la branche d'Artois, n'a point d'habitation à titre d'*apanage*; mais la nation a, dans le sein même de la capitale, tant de bâtimens vastes & somptueux à sa disposition, qu'elle peut encore faire au frère d'un roi chéri ce nouveau sacrifice.

D'après ces considérations, vos commissaires réunis vous proposent le projet de décret suivant:

« L'assemblée nationale considérant que les décrets qui ordonnent l'aliénation des portions les plus intéressantes du domaine public, sont sur le point de recevoir leur exécution; que, dans ce nouvel ordre de choses, il ne pourra plus être concédé à l'avenir d'*apanages* réels; que pour donner à ce décret une plus ample exécution, & pour établir l'uniformité qui doit règner entre toutes les parties de la même administration, il est indispensable d'ordonner la suppression des apanages anciennement concédés; que cette suppression ne peut être injuste, puisque les concessions obtenues par les apanagistes, ne leur ont transmis aucun droit de propriété, ni même d'usufruit: qu'elles ne contiennent qu'une simple cession de fruits, dont l'effet doit cesser, dès que la nation, toujours libre de choisir entre différens modes de paiemens, préfère de s'acquitter d'une autre manière: considérant enfin que la composition respective des *apanages* actuels, est d'ailleurs vicieuse & illégale, en ce qu'elle a eu pour base des évaluations arbitraires & évidemment frauduleuses, & qu'on y a compris plusieurs branches de revenu, que leur nature & la disposition des loix préexistantes, ne permettoient pas d'y faire entrer; après avoir entendu ses comités des domaines, des finances & des impositions, a décrété & décrète ce qui suit:

Art. I. Il ne sera concédé à l'avenir aucuns *apanages* réels, les fils puînés de France seront élevés & entretenus aux depens de la liste civile, jusqu'à ce qu'ils se marient, ou qu'ils aient atteint l'age de vingt-cinq ans accomplis: alors il leur sera assigné sur le trésor national, des rentes apanagères, dont la quotité sera déterminée à chaque époque, par la législature en activité.

II. Toutes concessions d'*apanages*, antérieures à ce jour, sont & demeurent révoquées par le présent décret. Défenses sont faites aux princes apanagistes, à leurs officiers, agens ou régisseurs, de de se maintenir ou de continuer de s'immiscer dans la jouissance des biens & droits compris auxdites concessions, au-delà des termes qui vont être fixés par les articles suivans.

III. La présente révocation aura son effet à l'instant même de la publication du présent décret, pour tous les droits ci-devant dits régaliens, ou qui participent de la nature de l'impôt; comme droits d'aides & autres y joints; contrôle, insinuation, centième denier, droits de nomination & de casualité des offices, amendes, confiscations, greffes & sceaux, & tous autres droits semblables, dont les concessionnaires jouissent à titre d'*apanage*, d'engagement, d'abonnement ou de concession gratuite; sur quelques objets ou territoires qu'ils les exercent.

IV. Les droits utiles, mentionnés dans l'article précédent, seront, à l'instant même, réunis aux finances nationales, & dès-lors ils seront administrés, régis & perçus selon leur nature, par les commis, agens & préposés de compagnies établies par l'administration actuelle, dans la même forme, & à la charge de la même comptabilité que ceux dont la perception régie & administration leur est respectivement confiée.

V. Les apanagistes continueront de jouir des domaines & droits fonciers, compris dans leurs *apanages*, jusqu'au mois de janvier 1791; ils pourront même faire couper & exploiter à leur profit, dans les délais ordinaires, les portions de bois & futaies, duement aménagées, & dont les coupes étoient affectées à l'année présente par leurs lettres de concession, & par les évaluations faites en conséquence; en se conformant par eux aux procès-verbaux d'aménagement, & aux ordonnances & réglemens intervenus sur le fait des eaux & forêts.

VI. Il sera payé tous les ans, à partir du premier janvier 1791, par le trésor national, à chacun des trois princes dont les *apanages* sont supprimés, tant à titre de remplacement que d'indemnité, si aucune leur est due, une rente apanagère d'un million pour chacun d'eux.

VII. Après le décès des princes apanagistes, les rentes apanagères, créées par le présent décret ou en vertu d'icelui, seront payées à l'aîné, chef de la branche masculine, issue du premier concessionnaire, quitte de toutes charges, dettes ou hypothèques autres que le douaire viager dû aux veuves de leurs prédécesseurs, auquel ladite rente pourra être affectée jusqu'à concurrence de la moitié d'icelle, & ainsi de suite, d'aînés en aînés, jusqu'au cas prévu par l'article suivant.

VIII. A l'extinction de la postérité masculine du premier concessionnaire, la rente apanagère sera éteinte au profit du trésor national, sans autre affectation que de la moitié d'icelle audit douaire viager tant qu'il aura cours, suivant la disposition de l'article précédent.

IX. Les fils puînés de France, & leurs enfans & descendans ne pourront, en aucun cas, rien prétendre ni réclamer à titre héréditaire dans les biens-meubles ou immeubles laissés par le roi, la reine & l'héritier présomptif de la couronne.

X. Les baux à ferme ou à loyer des domaines & droits réels, compris aux *apanages* supprimés, ayant une date antérieure de six mois au moins au présent décret, seront exécutés selon leur forme & teneur; mais les fermages & loyers seront payés à l'avenir aux trésoriers des districts de la situation des objets compris en iceux, déduction faite de ce qui sera dû à l'apanagiste sur l'année courante, d'après la disposition de l'article V.

XI. Les biens & objets réels non-affermés, ou qui l'auront été depuis six mois, seront régis & administrés comme les biens nationaux retirés des mains des ecclésiastiques.

XII. Les décrets relatifs à la vente des biens nationaux s'étendront & seront appliqués à ceux compris dans les *apanages* supprimés.

XIII. Le palais d'Orléans ou du Luxembourg, & le Palais-Royal sont exceptés de la révocation d'*apanage* prononcée par le présent décret; les deux princes auxquels la jouissance en a été concédée, & les aînés mâles, chefs de leurs postérités respectives, continueront d'en jouir au même titre & aux mêmes conditions que jusqu'à ce jour.

XIV. Il sera avisé aux moyens de fournir, quand les circonstances le permettront, une habitation convenable à Charles-Philippe de France, second frère du roi, pour lui & pour ses aînés chefs de sa branche, qui en auront la jouissance au même titre d'*apanage*, à la charge de réversion au domaine national aux cas de droit.

XV. Les acquisitions faites par les princes apanagistes dans l'étendue des domaines dont ils avoient la jouissance, par retrait féodal ou censuel, confiscation, déshérence ou bâtardise, ou même à titre de réunion ou de retour ou domaine moyennant finance, seront réputés engagemens, & seront à ce titre perpétuellement rachetables.

M. Beugy Pui-Vallée. La question de savoir si la nation peut disposer des domaines qui forment les *apanages* actuels doit nécessairement être examinée, d'après les principes du gouvernement qui a existé jusqu'ici, & d'après la nouvelle organisation que vous voulez lui donner aujourd'hui. Il me semble donc que, pour procéder avec méthode, il faut envisager la question relativement aux loix existantes, & relativement à celles qu'on veut établir. Examinons d'abord si les loix, qui ont jusqu'ici déterminé la nature & les conditions des *apanages*, permettent d'en faire l'aliénation. Il existe une première loi immuable par sa nature, parce qu'elle est la première base & le fondement de toutes les sociétés; c'est qu'une constitution quelconque doit garantir à chaque individu la jouissance paisible de ce qu'il possède en vertu de la loi. Les titres, en vertu desquels les princes possèdent leurs *apanages*, sont fondés sur les loix de la nature & sur les loix politiques. Je dis d'abord sur les loix de la nature. Un enfant en naissant acquiert un droit quelconque à la succession de son père; c'est un principe de droit naturel. Quelqu'indentité qu'on suppose entre l'état & le roi; quelque perpétuelle & indissoluble que soit la société qui s'établit entre la couronne & celui qui la porte, ce contrat n'a jamais pu détruire les liens sacrés que la nature a formés. Il n'a jamais pu anéantir les rapports qu'elle a établis entre un père & ses enfans. Je me bornerai à observer que tous les rois des deux premières dynasties; que plusieurs rois de la troisième ont disposé des domaines de la couronne, soit en faveur de leurs enfans, soit en faveur de leurs sujets. Je n'examinerai pas si la loi de l'inaliénabilité, qui ne remonte pas, quoi qu'on en dise, à une époque bien reculée, a dépouillé nos rois de la propriété de leurs domaines; & en a tellement investi la nation, qu'elle puisse en disposer à son gré.

Je suppose, d'après les principes adoptés par votre comité, que les domaines qui ont appartenu à nos rois ont été réunis de plein droit à la couronne, & qu'ils sont censés appartenir à l'état. Je suppose que le domaine public attire le domaine particulier, ensorte qu'il se fasse un mélange indissoluble du tout au tout; c'est de-là même que je tire, & par le droit & par le fait, l'argument le plus invincible en faveur des *apanages* des puînés de la maison de France. Dans le droit, tout pacte social, tout contrat politique, impose nécessairement des obligations réciproques. Si la loi de l'état est telle, que le patrimoine du prince se confonde avec le domaine de l'état, la nation contracte l'obligation de mettre le prince à même de remplir, vis-à-vis de ses enfans, les devoirs que la nature impose à un père. L'alliance indissoluble & politique qui s'établit entre la nation & le roi, est une adoption formelle que l'état fait des enfans des rois, qui à ce titre deviennent les enfans de l'état. Maintenant, comment, dans le fait, la nation a-t-elle rempli jusqu'ici les obligations résultantes du contrat primitif, fait entre elle & la famille royale, relativement au sort des puînés de France? Il y a deux manières de connoître quelle a été sur cet objet l'intention & la volonté de la nation: par le consentement tacite qu'elle a donné à l'aliénation d'une portion des domaines de la couronne, pour former des *apanages* aux enfans de France; par des loix précises, qu'on puisse regarder comme des loix de l'état, qui ont fixé la nature & les conditions des *apanages*.

Si l'on examine d'abord l'usage constant, autorisé par le consentement tacite de la nation, nous voyons que sous la première & seconde race, les enfans des rois partageoient également les états de leurs pères. Chaque portion de l'empire partagé étoit dans une indépendance absolue; ensuite l'aîné conserva une sorte de supériorité sur la part des cadets. Depuis l'avènement de Hugues-Capet au trône, une loi tacite, mais devenue fondamentale, proscrivit tout démembrement de la monarchie; on donna aux puînés de grands domaines, où ils jouirent, pendant long-tems, des droits régaliens. Ensuite on apposa à la constitution des *apanages*, la cause formelle de réversion à défaut d'hoirs; enfin on y mit la restriction à défaut d'hoirs mâles. Trois conséquences bien importantes résultent de cet exposé historique. La première, c'est que le traitement des puînés de la maison de France a toujours été formé d'une portion des domaines de la couronne. La seconde, c'est que la cause de réversion, à défaut de postérité masculine, qui est une condition constitutive des *apanages*, prend sa source dans l'aliénabilité même des domaines. Par conséquent, les domaines fonciers ont toujours été l'objet matériel des *apanages*, tandis que les filles des rois n'ont qu'une dot en argent, ou une pension sur le trésor royal; cette différence est fondée sur la loi salique qui, en excluant les femmes du trône, les exclut également de la possession des domaines de la couronne. Ainsi il est clair que par le mot *apanage*, on a toujours entendu jusqu'ici une portion des domaines de la couronne, & que l'intention & la volonté formelle de la nation ont été constamment qu'on donnât aux puînés de la maison de France une portion des domaines de la couronne, pour leur tenir lieu de leur part héréditaire ou légitimaire; & pour remplir vis-à-vis d'eux l'engagement que la nation avoit nécessairement contracté, en les adoptant pour enfans de l'état; mais il existe encore des loix précises qu'on doit regarder comme loix de l'état. On doit nécessairement regarder comme loi de l'état une loi qui a été rendue à la demande & avec le consentement des états-généraux du royaume. Ce fut particulièrement pour fixer la nature & la qualité des appanages que les états-généraux de 1468 furent assemblés à Tours. Ils reconnurent formellement qu'on devoit aliéner une portion des domaines de la couronne pour former l'appanage d'un fils de France. La fameuse ordonnance des domaines, rendue à Moulins, au mois de février 1566, à la demande des états-Généraux d'Orléans & de Blois, a fixé, par la sagesse de ses dispositions, la jurisprudence domaniale : elle porte expressément « que le domaine de la couronne ne peut être *aliéné* qu'en deux cas seulement, l'un *pour apanage* des puînés de la maison de France, auquel cas il y a retour à la couronne, est-il dit, par leur décès sans mâles ». Les états-généraux assemblés à Blois en 1566 demandèrent l'exécution de l'ordonnance de 1566; & sur leur demande, Henri III en ordonna l'exécution, & rappela & sanctionna les principes qui l'avoient dictée : ainsi des loix qui expriment le vœu & le consentement de la nation ont déterminé la nature & les conditions des *apanages;* ainsi des loix qu'on doit regarder comme loix de l'état, ont exprimé la volonté & l'intention de la nation sur le fait des *apanages :* d'après cela, si l'on examine les principes du gouvernement qui a existé jusqu'ici, les princes apanagistes sont fondés en titres certains & en possession incontestable. Voyons maintenant si les nouvelles loix qu'on veut établir peuvent porter atteinte aux *apanages*, en dénaturer l'espèce, & déposséder les enfans de France d'une portion de domaines dont ils jouissent en vertu de la loi & sous sa garantie. J'examinerai cette seconde question sous deux rapports; d'après des principes de justice & d'après des considérations politiques.

Aujourd'hui la nation, pour l'intérêt de son bonheur, qui est inséparable de celui du roi, veut faire un nouveau pacte avec la famille royale : elle veut établir un nouvel ordre de choses pour l'avenir, mais elle ne peut pas empêcher qu'il n'ait existé un premier contrat; elle ne peut pas annuller les effets antérieurs qu'il a produits; pour dépouiller les princes, il faut anéantir le titre en vertu duquel ils possèdent; ce titre repose sous la garantie de la loi; une loi ne peut être détruite que par une loi subséquente; mais une loi subséquente ne peut pas, sans renverser les principes de l'ordre social, avoir un effet rétroactif; la nation, ou ses représentans ne peuvent donc pas annuller les effets du premier contrat, & substituer à des domaines fonciers un rente en argent. La plénitude de la souveraine puissance réside essentiellement dans la nation : de ce principe je tire une conséquence, qui est elle-même un second principe; c'est que la nation a pu, pendant plusieurs siècles, confier à un seul homme l'exercice du pouvoir législatif, comme elle le confie aujourd'hui à douze cents représentans. En effet, si la nation n'avoit pas la liberté de déposer l'exercice du pouvoir législatif entre les mains de qui bon lui semble, il seroit faux de dire que la plénitude de la souveraine puissance réside essentiellement dans la nation.

Si cette vérité est incontestable dans la théorie, elle est également certaine dans la pratique. L'histoire des nations en fournit plusieurs exemples. Les athéniens avoient mis dans Solon une confiance si absolue, qu'ils l'avoient chargé de leur donner une constitution. Les romains, qui exerçoient en corps de nation le pouvoir législatif, en avoient confié l'exercice aux décemvirs. Il est vrai que l'abus qu'ils en firent, en s'arrogeant la plénitude de tous les pouvoirs, força le peuple romain à reprendre une autorité dont les dépositaires n'avoient fait usage que pour le malheur de leurs concitoyens. Enfin, à une époque qui n'est pas fort éloignée de nous, on a vu le Dannemarck, fatigué des dissentions malheureuses qui avoient agité si long-tems toutes les parties du corps politique, remettre entre les mains du roi l'exercice du pouvoir législatif. La saine philosophie nous ramène encore aux véritables principes de justice qui déclarent les conventions sacrées, les propriétés inviolables, & qui perpétuent parmi les hommes l'empire de la loi. L'étude de la politique nous conduit également à reconnoître qu'une société ne peut subsister sans loix, & qu'enfin il ne peut y avoir de loix sans législateur.

Une nation confère l'exercice du pouvoir législatif, de deux manières, par un consentement tacite, & par une volonté formellement exprimée. Or, le titre de législateur, dont les rois ont joui jusqu'ici, a été revêtu de ces deux caractères essentiels. Le consentement tacite d'une nation est constaté par sa soumission & son obéissance aux loix émanées de celui qui exerce pour elle & en son nom le pouvoir législatif. Il est hors de doute que, pendant plusieurs siècles, la nation a volontairement exécuté les loix & les ordonnances émanées des rois. La nation, par un consentement tacite, les a donc considérés comme de véritables législateurs; mais elle leur a encore conféré l'exercice du pouvoir législatif, par plusieurs actes de sa volonté formelle. Les états-généraux qui nous ont précédés, ont été convoqués de la même manière & par la même autorité qui nous a réunis : ils se sont adressés aux rois, pour les prier de rédiger en forme de loix leurs demandes & leurs pétitions; ils ont donc formellement reconnu que les rois étoient alors dépositaires du pouvoir législatif. Ils ont fait plus, ils ont prescrit & déterminé la forme dans laquelle les rois exerceroient le pouvoir législatif; ils ont voulu que nulle loi ne fût obligatoire, ne fût mise à exécution qu'autant qu'elle seroit revêtue de certaines formalités. Les représentans de la nation, organes de sa volonté, ont donc véritablement conféré aux rois l'exercice du pouvoir législatif; & jusqu'au moment où la nation a changé, par un autre acte de sa volonté, l'ancien ordre de choses, en transférant à un corps de représentans le droit de faire des loix, les ordonnances émanées des rois ont été revêtues d'un caractère vraiment national ; elles ont constamment formé les liens politiques qui unissoient tous les membres de la société, liens qui ne peuvent être rompus que par des conventions nouvelles, qui ne peuvent jamais avoir d'effet rétroactif.

Ce n'est qu'en nous renfermant dans la rigueur du droit, dans la sévérité des principes, qu'en écartant toutes les considérations, toutes les convenances particulières dont on veut les envelopper, que nous pourrons espérer d'être justes. Il a existé des loix avant nous, nous devons les respecter ; ces loix ont assuré aux princes les *apanages* dont ils jouissent, nous devons les leur conserver. Pour remplir la tâche que la vérité & le devoir m'imposent, il me reste à vous présenter, en peu de mots, quelques considérations politiques, dignes de toute votre attention. Les *apanages* des princes, sont, tout-à-la-fois, l'assignat du douaire de leurs épouses, & l'hypothèque de la dot de ces princesses. L'article V du contrat de mariage de MONSIEUR, frère du roi, porte expressément que les 500,000 livres, données en dot à MADAME, par le roi son père, seront spécialement hypothéquées sur les terres & seigneuries que le roi a destinées en *apanage* au prince & à ses enfans, descendans de lui. L'article X du même contrat de mariage, dit que sa majesté, le roi de France, constitue à MADAME un douaire, qui sera délégué & hypothéqué sur les terres de l'*apanage* de MONSIEUR, & qu'elle en jouira, sa viduité durant, jusqu'à concurrence de la valeur de son douaire.

D'après cela, comment est-il possible, sans blesser les règles immuables de la justice, en dépossédant les princes de leurs *apanages*, de changer l'assignat du douaire de leurs épouses, de détruire l'hypothèque de leur dot, de dénaturer les conditions & d'anéantir les clauses d'un contrat de mariage passé avec une puissance étrangère, & qui est véritablement un traité de couronne à couronne. Je me résume, & je dis que si l'on envisage la question de l'aliénation des domaines des *apanages* d'après les loix qui ont existé jusqu'ici, elle est dépourvue de tout fondement, parce que les princes ont en leur faveur le titre & la possession, parce que, par le droit & le fait, la nation leur a garanti la jouissance de leurs *apanages*. Si l'on examine la question relativement aux loix qu'on veut établir, je dis que les principes de la justice & des considérations politiques s'opposent à l'aliénation des *apanages*. D'après ce a, je propose le décret suivant : Les enfans de France, auxquels il a été donné en *apanage* une portion de domaines de la couronne, en jouiront jusqu'à l'extinction de la postérité masculine du premier prince *apanagiste*. Dans le cas de réversion, les biens donnés en *apanage* retourneront à la nation, libres de toute dette & hypothèque suivant l'ancienne loi du royaume ; lesdits domaines pourront ensuite être aliénés, en vertu d'un décret du corps législatif, sanctionné par le roi.

M. *Custine*. L'assemblée ne doit point donner d'effet rétroactif à ses loix, & elle doit être juste. Elle ne doit accorder de traitement aux princes apanagés, qu'à proportion de ce qui leur étoit légitimement acquis. On leur accordoit 200,000 livres en *apanage*. Le comité propose de leur en donner davantage : en adoptant ce projet, nous ne serions donc point injustes. Je demande qu'on aille aux voix sur les articles proposés.

Les articles I, II, III, IV & V, sont adoptés.

M. *le Vassor* (ci-devant comte de la Touche), demande la parole sur l'article VI. — Je ne viens point apporter ici un intérêt contraire au bien public, mais réclamer la justice pour M. Louis-Philippe d'Orléans, qui, par ses sentimens, est un de ceux qui a le plus contribué à la révolution. (On applaudit dans une grande partie de la salle). M. d'Orléans s'est rendu garant des dettes que lui a laissé son père, dont il pouvoit très-bien refuser la succession. Avec quatre millions cent mille livres de rente, il pouvoit les acquitter ; il lui étoit impossible de prévoir les changemens qu'on feroit à sa fortune. Je demande donc que le comité des domaines se réunisse pour aviser au paiement des dettes dévolues à M. d'Orléans par la succession de son père.

M. *Camus*. Je demande d'abord si ce sera le seul traitement qu'ils auront sur le trésor public.

M. *Enjubault*. Non, le traitement à assigner aux princes est renvoyé au comité des finances.

M. *Camus*. Si on propose ensuite d'accorder un autre traitement aux princes, c'est une injustice sensible. Tous les *apanages*, si on en excepte un seul, ne se montoient pas à 1,000,000 livres, il est vrai qu'ils avoient ensuite 3,600,000 livres à partager entre la maison du prince & celle de la princesse. On donnoit encore au prince, pour son comptant, 96,000 livres ; à la princesse, 48,000 ; pour ses étrennes 6000 livres ; pour la foire Saint-Germain 6000 livres ; je tiens entre mes mains l'état de dépense de la maison de M. d'Artois, en 1777 ; les sommes en sont énormes. On trouve à un article quatre cents quatre-vingt-dix-sept mille livres pour l'écurie extraordinaire ; 163,000 livres pour l'écurie at gloise, encore pour une autre écurie 60,000 livres. Est-ce donc pour cela qu'il faut fournir des sommes immenses, & être encore obligé de payer leurs dettes. Je demande qu'on fixe dès ce moment le montant du traitement total des princes. Il faut savoir ce que les frères du roi doivent coûter au trésor public. Je ne connois en France que le roi & les citoyens. L'héritier présomptif de la couronne ne fait, en quelque sorte, qu'un avec le roi. Il faut dans un grand empire, dit-on, des personnes qui aient de la majesté & de grandes fortunes; oui, pour jetter le peuple dans la misère. Si on voit devant soi un homme dont la fortune soit montée à un si haut degré, on calcule de son côté les degrés auxquels on peut parvenir, & on ne sait la mesure de son bonheur qu'autant que l'on en est plus rapproché. Il faut aux princes, je l'avoue, un traitement convenable à leur naissance, mais cependant modéré. Il me semble qu'un million c'est déjà beaucoup, car il ne leur faut plus ni écuries extraordinaires ni écuries angloises. Il est aussi un autre article que l'on doit retrancher, c'est la dépense de la maison militaire. Il est absurde qu'un particulier ait une maison militaire; ainsi plus de ce genre de dépense. Dans le cas où l'on croiroit devoir délibérer, je demande que les princes ne puissent avoir qu'un seul traitement; il faut qu'on ne touche qu'à un seul endroit, & qu'on ne prenne qu'avec une seule main.

M. Custine. M. le Camus n'a fait qu'effleurer les motifs qui nécessitent la suppression de la maison militaire des princes. Cela ne feroit que grossir la liste des officiers sans expérience, & des preneurs sur le trésor public. On demande l'ajournement.

M. l'abbé Maury. L'ajournement est nécessaire, car il s'en faut de beaucoup qu'on ait donné les motifs des charges dont M. d'Orléans est grevé. Ce n'est pas sur les *apanages* d'Orléans qu'il doit payer les dettes de son père, mais bien sur les propriétés qu'il a héritées par la mort de mademoiselle Montpensier. Vous avez décrété que les charges de la maison du roi & des princes seroient payées sur le trésor public, cette question n'est donc pas liée à celle des *apanages*. Je demande l'ajournement, afin qu'on examine la dotation de la maison de Montpensier, afin qu'on ne s'expose pas à une injustice, & qu'on ne charge pas le trésor public de dettes qu'il ne doit pas payer.

M. Ambly. Quand on nous a ôté nos droits féodaux, cela ne nous a pas empêché de payer les dettes de nos pères.

Les articles VI, VII & VIII sont ajournés.

Les articles IX, X, XI & XII sont adoptés sans discussion.

L'assemblée ordonne l'ajournement des articles XIII & XIV.

D'après les observations de MM. Tronchet, Martineau & autres, l'article XV est adopté en ces termes :

Art. XV. « Les acquisitions faites par les princes apanagistes dans l'étendue des domaines dont ils avoient la jouissance à titre de retraits des domaines, tenus en engagement dans l'étendue de leurs *apanages*, continueront à être réputés engagemens, & seront à ce titre perpétuellement incommutables ».

Séance du 20 décembre 1790.

M. *Enjubault, au nom du comité des domaines.* Vous avez décrété, dans la séance du 13 août dernier la suppression des *apanages* réels; mais la loi importante dont vous avez posé les premières bases, n'a point encore reçu son dernier complément.

Pour y procéder avec méthode, & en écarter l'arbitraire, nous avons fait des recherches sur l'origine, la nature & la quotité du traitement accordé aux princes, au-dessus de leurs *apanages*; nous avons cherché à nous assurer si ce traitement pécuniaire avoit été jusqu'ici d'un usage constant, s'il y avoit entre lui & le produit de l'*apanage* quelque proportion déterminée, si enfin il existoit une échelle qui en réglât la décroissance, en raison de la distance qui se trouve entre le trône d'où il émane, & le prince qui l'obtient. Nos découvertes sur tous ces points n'ont pas été extrêmement satisfaisantes. Nous avons reconnu, qu'à partir d'époques assez reculées, les enfans des rois avoient communément obtenu des traitemens annuels, destinés à soutenir l'éclat de leur rang & la splendeur de leurs maisons; que ces traitemens d'usage diminuoient successivement dans les degrés inférieurs, & finissoient par s'anéantir, en s'éloignant de leur source; mais nous n'avons trouvé, sur tous ces points, aucun usage constant, aucune règle certaine; nous avons cru remarquer au contraire, que rien n'étoit si variable que l'étendue de ces sortes de grâces; qu'elles dépendoient de la générosité, de la foiblesse, de la prodigalité du monarque qui en étoit le dispensateur; des services réels ou supposés, de l'adresse ou de l'intrigue du prince qui se la faisoit accorder, & sur-tout du grand art de se faire valoir, qui fait le principal talent des cours; qu'en un mot, ces sortes de faveurs avoient toujours été parfaitement subordonnées aux circonstances.

Deux questions importantes s'élèvent; accordera-t-on à l'avenir de nouveaux traitemens aux enfans de nos rois? Conservera-t-on aux frères du roi régnant une portion au moins de ceux dont ils jouissent, & en faveur desquels ils peuvent alléguer des titres & une sorte de possession? Sur la première de ces questions, vos commissaires se sont unanimement determinés pour la négative; ils ont soulevé le voile qui couvre à nos yeux le sort des empires, ils ont envisagé, avec un vif transport, avec un religieux enthousiasme, les suites heureuses de la constitution que vous avez créée. Le luxe des cours s'est évanoui devant elle. Les enfans des rois seront à l'avenir des citoyens; ils se distingueront par leurs vertus, leur modération, le mépris du faste; un modique *apanage* suffira à leurs besoins; une noble économie préparera des établissemens solides à leurs enfans. Le traitement n'étoit fait que pour fournir aux frais d'une vaine étiquette, & l'étiquette ne sera plus. Il ne leur faut point de traitement.

Nous approchons de ce terme heureux; mais nous n'y sommes pas encore parvenus. Les deux petits-fils de Louis XV, élevés à la cour fastueuse & prodigue de leur aïeul, n'ont pas appris de bonne heure à mépriser ce luxe séduisant, dont l'éclat à fixé leurs premiers regards; une longue habitude leur a fait des besoins factices; un immense superflu leur est devenu nécessaire. Ils ont pour réclamer un traitement, des titres revêtus de toutes les formes qui suffisoient alors pour les faire valider & pour les ériger en loi; ils peuvent invoquer des coutumes anciennes & une longue possession; or, la possession & les coutumes ont jusqu'ici consolidé tous nos droits. Deux princesses sont venues d'un pays étranger pour partager leur destinée. La promesse d'une maison brillante a pu les séduire & influer sur leur consentement. Il a donc semblé à votre comité qu'il seroit bien rigoureux, & même injuste de supprimer tout à-fait ce traitement excessif; mais comme il n'est point déterminé par le titre même, qu'au-delà de certaines bornes, il devient une véritable profusion; il doit être réduit, & vos commissaires vont vous proposer des tempéramens qu'ils ont cru propres à concilier les lois de l'équité & des convenances avec les principes d'une juste économie.

Lorsque dans la séance du 13 août dernier nous proposâmes de fixer à un million la rente annuelle destinée à remplacer l'*apanage*, un de vos membres vous proposa de prendre en considération l'embarras actuel des affaires de M. d'Orléans. Il fit valoir son attachement à vos loix nouvelles, sa soumission à vos réformes; il vous fit une peinture touchante & vraie des inquiétudes dont ses créanciers pourroient être agités; il observa que, de tous les rejettons de la maison royale, la branche d'Orléans étoit la seule qui ne figurât point sur la liste des grâces; il fit valoir la sagesse, l'intelligence, l'activité de son administration; il compara l'état actuel de ses possessions apanagères à celui des autres biens domaniaux; ses vastes forêts aux autres forêts nationales; il s'attacha sur-tout à la forêt d'Orléans, dont le produit, nul en 1668, s'élève aujourd'hui à plus d'un million, progression que n'ont pas suivie les autres forêts ci-devant royales, &. dont il a démontré depuis la réalité par des actes non-suspects. D'après ces considérations, il conclut à ce que la nation se chargeât de ses dettes héréditaires qui excèdent deux millions par an, dont 860,000 liv. de rente perpétuelle, ou qu'elle prît sur elle la totalité de ses rentes viagères, sans en distinguer l'origine, & qui s'élèvent en masse à 2,648,238 liv. par an. Ce premier amendement fut suivi d'un autre amendement bien contraire, dont l'objet étoit de décréter que la rente apanagère, fixée à un million, seroit exclusive de tout autre traitement.

Sur ces deux amendemens opposés, vous ajournâtes l'article, & vous chargeâtes vos comités réunis de vous présenter leurs vues sur ce sujet dans un bref délai. Vos comités se sont rassemblés à plusieurs reprises; & pour se mettre en état de vous proposer une solution qui embrassât toutes les questions analogues, ils ont requis les administations des trois apanagistes de fournir un état sommaire de leurs situations respectives. Ces états ont paru. Vos commissaires ont été véritablement effrayés des résultats. Celui de Monsieur présente en biens propres près d'un million de revenu, mais il offre environ 1,120,000 liv. de dettes, en comptant les intérêts au denier vingt de tous les capitaux dont il est grevé. M. d'Artois, avec un actif d'environ 500,000 liv. de rente, doit au même compte plus de deux millions par an, sans y comprendre les sommes dont il prétend que l'Etat s'est chargé par l'arrangement de 1783; & M. d'Orléans, riche de près de trois millions de revenu en biens patrimoniaux, ou tenus en engagement, annonce un déficit de plus de 1,900,000 liv. que la rente apanagère réduiroit à-peu-près à un million, si la première proposition que nous avons faite étoit adoptée.

A son état de situation, Monsieur a fait joindre un mémoire, par lequel il demande que: « quelque soit le traitement qui lui soit accordé audessus de la rente apanagère pour l'entretien de sa maison & les fonds assurés pour celle de Madame, par son contrat de mariage; 1°. l'État se charge des 673,152 liv. de rentes viagères dont il est débiteur; 2°. qu'on le mette en état, dès-à-present, de faire acquitter les 2,985,756 l. qu'il doit en objets exigibles ou remboursables à époques, au-delà de ce qui lui est dû de même nature, & l'arriéré des dépenses de sa maison, montant aujourd'hui à 3,800,000 liv.; ou bien qu'on lui assigne, pendant un certain nombre d'années une somme quelconque, qu'il estime ne pouvoir être moindre d'un million, pour l'acquit de ses dettes.

Votre comité, Messieurs, a mûrement réfléchi sur les demandes des apanagistes & sur les besoins immenses & très-réels dont ils ont présenté le tableau; il en a été sensiblement touché; mais il n'a pu se dissimuler que leurs demandes ne vous étoient pas présentées sous un point de vue propre à les faire accueillir; en prenant à la lettre ces pétitions irréfléchies, elles sollicitent de vous ce que vous n'êtes pas en droit d'accorder. Nous sommes les représentans de la nation françoise; nous avons été chargés par elle de régénérer sa constitution, d'extirper les anciens abus, de rétablir l'ordre dans ses finances. Quelle que soit la latitude de nos pouvoirs, elle ne va point jusqu'à nous autoriser à charger la nation de dettes qu'elle n'a pas faites, ni à augmenter les impôts pour en accorder gratuitement le produit à quelques individus; mais l'assemblée nationale peut, elle doit même user de quelque condescendance dans la réforme des abus qu'elle a trouvés subsistans. Au lieu de supprimer tout d'un coup les traitemens & les *apanages*, elle pouvoit se contenter de décréter le principe, & ne retirer que successivement les domaines & les rentes annuelles dont ils étoient formés; & aujourd'hui qu'elle s'occupe de fixer la rente qui doit les remplacer, elle a incontestablement le droit de donner à cette rente une proportion certaine avec les revenus supprimés, & d'ordonner qu'elle décroîtra graduellement jusqu'à ce qu'elle ait atteint, par des réductions successives, un dernier terme qu'elle peut déterminer dans sa sagesse. Cette progression rapidement décroissante qui rendra chaque année le fardeau plus léger, se concilie parfaitement avec la situation connue des apanagistes.

Nous vous proposons de conserver aux deux frères du roi un traitement annuel pour l'entretien de leur maison : mais ce traitement que nous croyons devoir maintenir, en le renfermant dans de justes bornes, est attaché à la personne, il s'évanouit avec elle; ses enfans n'y sont point appelés, sa veuve n'y a aucun droit. Cette réflexion n'est point échappée à la tendre prévoyance de Monsieur: il a envisagé de sang-froid le moment fatal qui pourroit l'enlever à une épouse qu'il chérit; il en a calculé philosophiquement les suites, & il a ressenti de vives inquiétudes en voyant Madame réduite à une dot de 500,000 liv., & à un douaire viager de 60,000 liv. Hâtons-nous de le rassurer sur un point si cher à son cœur; la veuve d'un citoyen du sang des rois doit conserver une partie de l'éclat de la maison où elle est entrée. Votre comité, par ces considérations, vous proposera un article dont l'objet sera de conserver aux veuves des fils de France la moitié du traitement dont jouissoit le mari, tant qu'elles habiteront le royaume & qu'elles resteront en viduité.

L'*apanage* étoit, depuis long-temps, considéré comme indivisible. Destiné, par son institution, à remplacer la portion légitimaire, que le droit naturel, modifié par les loix civiles, défère aux enfans dans l'hérédité paternelle; il n'en étoit pas moins soustrait à la loi du partage. L'aîné des enfans du second degré l'absorboit tout entier.

Cette disposition barbare, puisée dans la source impure de la féodalité, étoit maintenue par les cours, comme une image de la succession au trône, & l'article VII du décret qui vous a été proposé étoit calqué d'après elle. Un des apanagistes que votre décret a frappés, en se pliant à ses dispositions, a demandé, pour tout adoucissement, que cette loi fût changée, & que tous ses enfans partageassent également, sans distinction d'âge ni de sexe, la rente apanagère qui lui seroit accordée. Votre comité eût aisément sacrifié les maximes anciennes à ce vœu si naturel, s'il eût été borné aux mâles : cette restriction se concilieroit aisément avec la loi de la réversibilité; mais cette loi, plus sage encore que rigoureuse, seroit détruite, si les filles étoient appelées au partage; l'état se trouveroit chargé de rentes perpétuelles; & l'apanage seroit absolument dénaturé. Il vous proposera donc de maintenir encore l'exclusion des filles; mais l'appel de tous les mâles s'accorde parfaitement avec l'esprit général de l'assemblée; il est conforme aux principes d'égalité qu'elle a admis & qu'elle se dispose d'étendre encore en matière de succession.

Je passe à la lecture du projet de décret. Les articles en tête desquels se trouve ce mot *décrété*, avoient déjà été adoptés par l'assemblée; ils ne sont rapportés ici que pour completter l'ensemble du travail.

M. Enjubault lit ce projet de décret.

M. *Levassor (ci-devant Latouche)*. Je suis si convaincu de la justice de cette assemblée, que c'est beaucoup moins pour implorer cette justice, que j'ai demandé la parole, que pour mettre sous vos yeux quelques observations sur la situation particulière de M. d'Orléans. Je commencerai par répondre à une note, n°. 1, du rapport fait au nom du comité. Ai-je dû, dans l'état de situation de M. d'Orléans, que j'ai fait remettre par son ordre à chacun des membres de cette assemblée, employer autrement qu'en note instructive l'état des biens de M. d'Orléans? Ne sont-ils pas distincts de la fortune de son épouse? Les créanciers de M. d'Orléans peuvent-ils se fonder sur cette ressource, & n'ai-je pas eu l'attention, en parlant de la nécessité d'obtenir un traitement personnel de subsistance & d'entretien pour M. d'Orléans & ses enfans, de ne pas parler de madame d'Orléans, ses revenus pouvant faire face à sa dépense. Secondement, en présentant un apperçu des produits des biens patrimoniaux de M. d'Orléans, j'ai dû nécessairement comprendre dans les charges, les frais de justice & d'enfans-trouvés, puisqu'au moment où je formois ces états, ces objets étoient exactement payés par les receveurs & régisseurs. Ces charges se trouvant supprimées par vos décrets, diminuent en effet le déficit de près de 120 mille livres; mais ce produit pouvoit-il faire face aux impositions que j'ai approchées beaucoup au-dessous de ce qu'elles couteront à M. d'Orléans, parce que je ne connoissois pas alors le systême adopté par l'assemblée nationale sur l'impôt.

Je répondrai en troisième lieu, à l'observation faite par le comité, qui retranche du déficit la somme de 148,343 l. portée pour l'intérêt des dettes exigibles. J'ai cru devoir l'énoncer sans faire mention des intérêts que M. d'Orléans pourroit exiger des sommes qui lui sont dues. Je dois vous faire connoître mon motif, le voici: J'ai pensé qu'il étoit juste de tenir compte aux ouvriers, entrepreneurs & fournisseurs, du retard que les circonstances forceroient d'apporter à leur paiement; & qu'il seroit peut-être trop sévère d'exiger des intérêts de la part des créanciers & autres redevables de M. d'Orléans. J'ai pensé que l'assemblée ne pouvoit improuver cet esprit de justice & de bienfaisance de sa part.

J'avouerai que j'ignorois, lorsque je travaillois à cet état, les dispositions des derniers articles du projet de décret qui vous est présenté, qui accorde la jouissance à titre d'engagement, aux ci-devant princes apanagistes des domaines qu'ils auront réunis à leurs *apanages*. Ces objets s'élèvent, dans la fortune de M. d'Orléans, à 200 mille liv. C'est en effet cette somme qu'il faut déduire sur le déficit énoncé. Je conviens de toute la justice de cette quatrième partie de l'observation du comité, en réclamant contre les trois autres. Après avoir donné des éclaircissemens que je crois vérifiés, je dois appeler votre attention sur une vérité que je crois incontestable; c'est que l'assemblée, en supprimant les *apanages* qui ne pouvoient plus subsister, n'a surement pas entendu priver un possesseur de 129 années, des avantages de la propriété, quand ils étoient dus à sa bonne administration. Si la maison d'Orléans eût employé, en acquisition de domaines, toutes les sommes qu'elle a dépensées en amélioration au profit de l'*apanage*, sur la jouissance duquel elle devoit compter, la dépossession qu'elle éprouve aujourd'hui, ne feroit pas un vide aussi considérable dans sa fortune. Or, comme c'est la nation qui profite seule de toutes ces dépenses, c'est aussi à elle à indemniser convenablement M. d'Orléans. Je bornerai là mes réflexions, laissant à la justice de l'assemblée à statuer sur la quotité de l'indemnité annuelle à acorder à M. d'Orléans.

M. *l'abbé Maury*. Je ne puis m'empêcher d'observer qu'il est fâcheux que le comité n'ait pas consulté un excellent mémoire sur les *apanages*, composé en 1771, par M. l'abbé Terray. J'ai eu connoissance de ce mémoire, le comité auroit pu se le procurer aisément; il est sans doute au contrôle-général.

Après avoir entendu MM. Prugnon & Chassey, sur l'ordre de la discussion, les articles suivans sont adoptés.

« L'assemblée nationale, après avoir entendu ses comités des domaines, des finances & des impositions, a décrété & décrète ce qui suit:

(Les cinq premiers articles sont déjà décrétés).

VI. Il sera payé tous les ans, à partir du mois de janvier prochain, par le trésor national, à chacun des trois *apanages* réels supprimés, à titre de remplacement, une rente apanagère d'un million pour chacun d'eux, payable de six en six mois.

VII. Après le décès des apanagistes, les rentes apanagères, créées par le présent décret ou en vertu d'icelui, seront divisées par portions égales entre tous leurs enfans mâles ou leur représentants. Ces rentes leur seront transmises, quittes de toutes charges, dettes & hypothèques autres que le douaire viager dû aux veuves de leurs prédécesseurs, auquel ces rentes pourront être affectées, jusqu'à concurrence de la moitié d'icelles, & la même division & sous-division aura lieu aux mêmes conditions, dans tous les dégrés & dans toutes les branches de la ligne masculine, issue du premier concessionnaire, jusqu'à son extinction.

VII. En cas de défaillance d'une ou de plusieurs branches masculines de la ligne apanagée, la portion de la rente apanagère dévolue à cette branche, passera à la branche ou aux branches masculines, les plus prochaines ou en parité de degré, selon l'ordre des successions qui sera alors observé.

IX. A l'extinction de la postérité masculine du premier concessionnaire, la rente apanagère sera éteinte au profit du trésor national, sans autre affectation que de la moitié d'icelle au douaire viager, tant qu'il aura cours, suivant la disposition de l'article VII; & les filles, & leur représentation, en sont exclues dans tous les cas.

X. Il sera payé à chacun des apanagistes, freres du roi, au-dessous de la rente apanagère, pendant leur vie seulement, pour l'entretien de leur maison sons réunies à celles de leurs épouses, conjointement & sans distinction, à partir du premier janvier prochain, une pension ou traitement annuel d'un million; & si leurs épouses leur survivent, elles toucheront chaque année 500,000 l., pour la même cause, tant qu'elles habiteront le royaume & qu'elles seront en viduité.

Observations du comité des domaines sur les apanages des princes.

IMPRIMÉ PAR ORDRE DE L'ASSEMBLÉE NATIONALE.

Octobre 1790.

Le comité des domaines n'entrera pas dans le détail des différentes loix relatives aux *apanages* des princes, ni dans le développement des principes sur cette matière. Il croit les avoir suffisamment établis par son rapport il se bornera, en conséquence, à quelques observations sommaires pour passer ensuite à l'état des biens de différentes espèces, qui composent les *apanages* des trois princes, & à celui de leur produit.

Les *apanages* furent fixés, jusqu'en 1630, à 100,000 livres de revenu; celui de Gaston, frère de Louis XIII, formé en 1626, fut déterminé à cette somme comme les précédens; mais par des lettres-patentes du mois de janvier 1630, Louis XIII doubla cet *apanage*, & le porta à 200,000 livres en joignant à cet effet, le duché de Valois à celui d'Orléans, qu'il avoit à ce titre.

Après la mort du roi, Gaston, lieutenant-général du royaume en 1645, par autres lettres-patentes, se fit accorder par supplément la baronnie d'Amboise, avec ses appartenances & dépendances; enfin, par d'autres lettres-patentes, il se fit encore donner, au même titre, les droits d'aides des élections d'Orléans, Blois, Romorantin, Pethiviers, Montargis & Chartres.

Il paroît que c'est le premier exemple d'un abus aussi intolérable, que celui de disposer ainsi de l'impôt perçu sur les peuples, & uniquement destiné aux charges de l'état, pour en former les *apanages*; mais Gaston, qui le premier l'a in- introduit, avoit profité de l'autorité que lui donnoit sa place de lieutenant-général du royaume, pour le faire; & au lieu de réformer cet abus, au moins à l'extinction de la ligne masculine de Gaston, on l'a perpétué en ajoutant ces mêmes droits à l'*apanage* de Monsieur, frère de Louis XIV, ensorte qu'ils font encore aujourd'hui partie de l'*apanage* de M. d'Orléans, qui en jouit à ce titre.

Louis XIII avoit en outre permis à Gaston, lors des premières concessions de fonds & droits pour former son *apanage*, de racheter, si bon lui sembloit à son profit, tous les domaines engagés dans l'étendue de ceux qui lui étoient abandonnés à titre d'*apanage*, à la charge de rembourser, en un seul & parfait paiement, les engagistes du montant des finances de leurs engagemens.

La première trace d'un pareil droit accordé aux puînés des rois, se trouve dans la déclaration de François Ier., du 26 mars 1543, donnée en faveur de Charles, duc d'Orléans son fils, qui profita de la circonstance de la recherche ordonnée par le roi François premier, de tous les domaines aliénés, afin de les réunir, pour obtenir la permission de faire cette recherche à son profit particulier dans son *apanage*.

Par cette déclaration de 1543, le roi François premier accorda au duc d'Orléans son fils la faculté de retirer les domaines engagés dans toute l'étendue de son *apanage*, pour, lesdits domaines, y être réunis, & en jouir par lui & ses successeurs mâles; lequel *apanage* éteint & révolu, lesdits biens retirés retourneroient au domaine & à la couronne, en remboursant toutes fois, par le roi, les héritiers du prince, qui, par la coutume & la loi du royaume, ne pouvoient succéder à l'*apanage*, du juste prix qui seroit prouvé avoir été payé pour le rachat desdits domaines.

Depuis l'*apanage* de Gaston, cette permission a toujours été insérée dans tous les édits d'*apanage*; elle ne peut être néanmoins regardée comme faisant partie de leur essence, en sorte que les princes apanagistes ne peuvent jouir de cette espèce de biens réunis, comme de ceux de leurs *apanages*, mais comme en jouissoient les précédens engagistes, aux droits desquels ils succédent seulement.

Ils ne peuvent, en conséquence, disposer des arbres sur taillis ni des baliveaux; cependant, par un abus manifeste, & sur le faux systême que les fonds engagés, une fois réunis par le rachat à ceux de l'*apanage*, sont de même nature & doivent être regardés comme *apanages*; ils se permettent de couper la futaie, arbres & baliveaux sur taillis.

Il y a même plus; ils s'attribuent les droits seigneuriaux réservés au roi par l'édit de 1771, parce qu'ils en jouissent dans leur *apanage*. Ils se dispensent du paiement des rentes d'engagement, qu'ils regardent comme amorties à leur profit, par la réunion qu'ils opèrent de l'objet engagé à cet *apanage* au moyen du rachat.

C'est ce qu'a fait M. d'Orléans, à l'égard

du domaine engagé de Montcornet ; pour lequel l'engagiste payoit une rente de 1000 livres en vertu de l'édit de 1771 ; M. d'Orléans s'est cru dispensé de l'acquitter, & a perçu les droits seigneuriaux de cet engagement.

Dans les premiers tems, le produit de l'*apanages* n'étoit pas fixé, les rois assignoient des terres à leurs puînés, sans spécifier le revenu qu'ils entendoient leur accorder ; c'est ce qui s'est fait par Louis VIII & par Saint-Louis. Philippe-le-Hardi fut le premier qui détermina le revenu dont il voulut que ses puînés jouissent, & le fixa à 100,000 livres.

Philippe-le-Bel suivit cet exemple, en portant néanmoins ce revenu à 12,000 liv. ; Philippe de Valois & Jean ne le fixèrent point ; Charles V, par son ordonnance de 1375, rappela la fixation à 12,000 livres pour ses enfans nés & à naître. Ces fixations ont occasionné des demandes & réclamations en supplément, d'après les résultats des évaluations assez ordinairement arbitraires, & toujours fort au dessous de la véritable valeur des fonds donnés en *apanage*, ce qui les fait porter beaucoup au-dessus de leur fixation, & dès-lors dans le cas d'être réduits.

Il existe plusieurs exemples de ces réductions d'*apanages*. On voit que Charles V, de l'avis des grands du royaume, réduisit celui de Philippe d'Orléans, son oncle ; que Louis, duc d'Orléans, frère de Charles VI, profitant de l'état de foiblesse du roi, avoit fait augmenter son apanage à différentes reprises ; mais qu'à son décès, arrivé en 1407, Charles VI réunit à la couronne ce qu'il s'étoit fait donner par supplément & accroissement.

Les états de Tours, de 1478, représentèrent à Louis XI, qu'il ne pouvoit donner la Normandie à son frère, & qu'il suffisoit de l'apanager de 12,000 livres à titre de duché, & d'une pension annuelle de 48,000 livres, observant en outre que ce qui seroit fait ne devoit tirer à conséquence.

Mais depuis, & par le dernier état, le revenu des *apanages* a été fixé à 200,000 livres, outre une somme importante qui se paie annuellement au trésor royal, qui paroît avoir été déterminée à 3,500,000 liv. pour le prince apanagé, réductible à 1,800,000 liv. pour son fils, & à 1,500,000 pour le petit-fils (1).

La fixation du revenu des *apanages* en terre donne lieu à des évaluations qui exigent des opérations aussi longues que dispendieuses.

On met toujours en déduction, des charges idéales, & jusqu'aux plus légères réparations ; on atténue ainsi le revenu qu'on réduit presqu'à rien : de là une foule de demandes & de réclamations en supplément d'*apanage* & en indemnité, toujours accueillies favorablement au préjudice du roi & de l'état.

L'*apanage* de M. d'Orléans sur-tout, ceux des deux frères du roi, en fournissent des exemples bien sensibles.

Nous commencerons par celui de M. d'Orleans, comme le plus ancien.

Par édit de 1661 ; l'*apanage* de Monsieur frère de Louis XIV, fut d'abord composé des duchés d'Orléans, de Valois, de Chartres & de la Seigneurie de Montargis, avec le produit des aides de ces duchés & seigneuries, qui avoient été déja donnés en supplément d'*apanage* à Gaston, par lettres-patentes du mois d'août 1650, & qui n'auroient jamais dû entrer dans la composition d'aucun *apanage*, ces droits payés par le peuple n'étant de leur nature ni aliénables, ni cessibles, ni dans le cas de pouvoir être, sous aucun prétexte, détournés de leur destination d'emploi à l'acquit des charges de l'état.

On partit de l'évaluation faite, dès 1626, lors de la formation de l'*apanage* de Gaston, pour faire celle du revenu de ces domaines, & il en résulta qu'il ne se portoit qu'à 85,640 l. 16 s. & celui des aides à 60,384 liv. 14 s., en sorte que suivant ces évaluations non-*contredites*, il restoit encore à fournir 53,974 liv. 9 sols, pour parfaire les 200,000 liv. à quoi devoit se monter le revenu annuel de l'*apanage*, toutes charges déduites.

Ce fut pour former ce supplément que par une déclaration du 24 avril 1672, le roi Louis XIV donna, à ce titre, à Monsieur, le duché de Nemours, les comtés de Dourdan & Romorantin, les marquisats de Coucy & de Follembray, dont les revenus se trouvèrent monter, d'après l'évaluation, à environ 55,000 livres.

On donna ensuite en 1692 à M. le duc d'Orléans le palais royal, par augmentation d'*apanage*, & depuis par lettres-patentes du 28 janvier 1751, on y a réuni les domaines de Laon, Crepy & Noyon, tenus à titre d'engagemens, que le prince avoit été autorisé à retirer par arrêt du 26 juin 1750, en remboursant les finances des engagistes : on y ajouta enfin la totalité du comté de Soissons, dont la moitié engagée avoit été retirée par feu M. le duc d'Orléans, & l'autre

(1) Ces sommes fixées pour les derniers apanages, sont destinées à payer les gages & émolumens des officiers des maisons apanagées, & les intérêts des finances par eux versées au trésor-royal.

moitié par lui acquise des directeurs des créanciers unis du prince de Carignan; le conseil de M. d'Orléans, par un mémoire fourni au comité des domaines sur son *apanage*, observe à cet égard que par arrêt du 12 août 1749, le roi permit à M. d'Orléans, de rentrer dans l'engagement de la moitié du comté de Soissons, en remboursant les finances qui furent liquidées par autre arrêt du 30 décembre suivant, à 15,711 l.

Que par acte du 26 janvier 1750, il acquit des créanciers de Carignan, la partie patrimoniale du même comté, moyennant 284,289 liv.

Que par un autre arrêt du conseil du 21 avril précédent, M. d'Orléans fut subrogé à l'engagement des domaines de Laon, Crepy & Noyon, en remboursant les finances qui furent liquidées à 52,000 liv.; qu'enfin, par les lettres du 28 Janvier 1751, le roi a accepté l'abandon offert par M. d'Orléans, de la moitié patrimoniale du comté de Soissons, pour demeurer unie & incorporée au domaine de la couronne, & faire partie de son *apanage*, ainsi que l'autre moitié dudit comté & les domaines de Laon, Crepy & Noyon, dont il avoit effectué le rachat & payé les finances.

Mais en voulant présenter cet abandon comme un sacrifice fait par M. d'Orléans, on a oublié d'observer que par un arrêt du conseil du 12 janvier 1751, antérieur de quelques jours aux lettres-patentes de réunion & d'abandon, le roi avoit accordé à M. d'Orléans la permission de couper & de vendre 798 arpens de futaie, de la forêt de Villers-Cotterets, pour être le prix de la vente employé à le rembourser du montant de celui de l'acquisition par lui faite de la moitié patrimoniale du comté de Soissons, & des finances d'engagement, de l'autre moitié du comté, ainsi que des domaines de Laon, Crépy & Noyon. Ces 798 arpens de futaie avoient été estimés très-modérément 1 à 554,350 liv. 10 f., par procès-verbal du 10 Novembre 1750 (1). Le prix de la vente a dû être au-dessus de cette estimation : M. d'Orléans a donc retiré de cette vente bien au-delà de la somme de 352,000 liv. à laquelle se sont montés & les finances des engagemens & le prix de l'acquisition de la moitié patrimoniale du comté de Soissons, acquis des créanciers de Carignan.

Il en résulte donc que M. d'Orléans, loin d'avoir fait le plus léger sacrifice, non-seulement a assez considérablement augmenté le fonds & les revenus de son *apanage*, aux frais du trésor public & de l'état, mais encore qu'il a retiré, & bien au-delà, de quoi payer le prix de l'acquisition de la moitié patrimoniale du comté de Soissons, & le montant de la finance des engagemens, tant de l'autre moitié dudit comté, que des domaines de Laon, Crépy & Noyon.

Par le mémoire fourni par le conseil de M. d'Orléans, sur les différens domaines qui composent son *apanage*, on parle beaucoup de dépenses faites & de sommes considérables employées, tantôt à réunir des domaines engagés, tantôt à faire des canaux ou constructions utiles, soit à faire des plantations, soit en général à améliorer les biens; mais on ne dit pas que toutes ces sommes dépensées ont toujours été fournies par l'état; qu'elles ont été, & bien au-delà, remboursées par des ventes extraordinaires de futaies, successivement accordées aux princes de la maison d'Orléans, par différens arrêts du conseil; en sorte que, malgré une des clauses expresses des lettres-patentes de formation & de constitution des *apanages*, portant que le roi n'accorde la jouissance des bois de haute-futaie aux princes apanagés que pour en user en bons pères de famille, & à la charge de n'en faire couper que pour l'entretien & les réparations des édifices & châteaux de l'*apanage*, on trouve le moyen de rendre cette clause absolument illusoire, soit en intervertissant l'ordre des coupes, soit en changeant les aménagemens, soit en confondant successivement les futaies dans les coupes & ventes ordinaires des taillis, soit enfin en obtenant par des arrêts du conseil des permissions de vendre par extraordinaire de ces futaies, dont partie du prix, toujours beaucoup plus que suffisant pour faire face aux objets d'emploi proposés pour servir de motifs à la grace demandée au roi, est employée à ces améliorations & augmentations, & l'autre partie tourne au profit particulier du prince apanagé, qui profite doublement au détriment de l'état, soit par l'augmentation de revenu de son *apanage* qu'il se procure, soit par l'excédent de prix dont il profite.

C'est ainsi que l'incendie de l'Opéra & de quelques parties du Palais-Royal servit de motif à feu M. d'Orléans, pour obtenir une coupe extraordinaire de futaie dans la forêt de Villers-Cotterets.

En 1766, feu M. le duc d'Orléans, sur le fondement que les domaines de la Fère, Marle, Ham & St.-Gobin possédés par la duchesse de Mazarin,

(1) Il résulte de l'état de ventes des bois de la forêt de Villers-Cotterets, fourni par le conseil de M. d'Orléans, que les coupes annuelles de 150 arpens de futaie, ont produit, année commune, 410,600 livres, ce qui porte chaque arpent à 2,800 livres: dès-lors la vente des 798 arpens a dû produire la somme de 2,233,400 livres, & conséquemment 1,688,049 liv. 10 f.; mais comme les bois ont augmenté de valeur depuis 1751, on peut réduire le produit de cette vente extraordinaire, à 1,500,000 liv.

par les lettres-patentes de 1751, prétendit être en droit d'exercer la faculté de rachat de ces domaines, pour être réunis & incorporés à cet *apanage*.

Il paroît que cette prétention donna lieu à une contestation qui fut portée au parlement de Paris, où il intervint un arrêt le 3 septembre 1766, qui condamna la duchesse de Mazarin à délaisser à M. d'Orléans les domaines de la Fère, Marle & Saint-Gobin, pour être unis & incorporés à l'*apanage*, à la charge, par le prince, de payer & rembourser à madame de Mazarin les finances d'engagemens liquidées à la somme de 575,960 livres.

Il paroît qu'outre cette somme, madame de Mazarin réclama le remboursement de prétendues impenses & améliorations, montant à 625,000 l., qu'elle n'étoit pas dans le cas, ni fondée à prétendre, mais que par des arrangemens particuliers, M. d'Orléans lui a payées, en outre des 575,960 livres de finances liquidées.

On observe, dans le mémoire de M. d'Orléans, que par la réunion à son *apanage* des domaines de la Fère, Marle, Ham & Saint-Gobin, le roi se trouvant privé des baliveaux qui lui appartenoient dans les bois de ces terres engagées, dont les engagistes n'avoient pas le droit de jouir, mais qui entrent au contraire dans la jouissance des apanagistes, le feu duc d'Orléans, son père, offrit, à sa majesté, par forme de compensation & d'indemnité, de renoncer à toutes répétitions & remboursemens de finances d'engagemens pour ses descendans, en cas d'extinction de la ligne masculine, & de consentir aussi à la réunion au domaine de la couronne, de l'hôtel Duplessis-Châtillon, sis à Paris, rue des Bons-Enfans, & du canal d'Ourq, à condition que ces objets resteroient également unis à l'*apanage*. On ajoute que ces offres furent acceptées, & le tout confirmé par lettres-patentes du 7 décembre 1766.

Mais lorsque les offres de M. d'Orléans furent faites, il avoit demandé de quoi l'indemniser de la valeur de ce qu'il offroit, & avant que ces mêmes offres furent consolidées par leur acceptation consignée dans les lettres-patentes du 7 décembre 1766, il avoit obtenu, par un arrêt du conseil, du 2 du même mois de décembre, tout ce qu'il avoit réclamé.

En effet, par sa requête, sur laquelle cet arrêt étoit intervenu, il avoit exposé à sa majesté que les coupes extraordinaires qu'elle avoit bien voulu lui accorder dans la forêt de Villers-Cotterets, & le prix de la vente qu'il avoit faite des futaies, n'avoient pas suffi pour faire face aux dépenses des réparations & augmentations faites au Palais-Royal; qu'il avoit besoin de nouveaux secours qu'il pourroit trouver dans la coupe & vente en plusieurs années, de la futaie du parc de la Fère, de celle de la forêt de Saint-Gobin, ainsi que des lisières, bordures & avenues, qu'il espéroit des bontés de sa majesté, qu'elle voudroit bien les lui accorder.

Le prix provenu de la vente de ces futaies importantes, accordées à M. d'Orléans par l'arrêt du conseil du 2 décembre 1766, paroît lui avoir procuré des sommes considérables, qui l'ont bien amplement rempli & dédommagé, 1°. des 1,200,000 livres qu'il avoit payées à la duchesse de Mazarin; 2°. de la propriété de l'hôtel Duplessis-Châtillon; 3°. de celle du canal d'Ourq; & enfin, des dépenses qui pouvoient avoir été faites au Palais-Royal, pour raison desquelles il avoit déjà obtenu, comme on l'a vu ci-dessus, des coupes extraordinaires de futaies considérables de la forêt de Villers-Cotterets.

Les biens qui composent actuellement l'*apanage* de M. d'Orléans sont principalement en bois, tant de haute-futaie, de l'âge de 150 ans, divisés en coupes réglées de 150 arpens chacune, qu'en taillis également aménagés.

Ils consistent, suivant l'état qui a été fourni par le conseil du prince, 1°. dans la forêt d'Orléans, qui contient en totalité, d'après cet état, 97,738 arpens 58 perches, qui se distinguent & se divisent ensuite en deux espèces; la première, des bois du domaine, dépendans de l'*apanage*, de quarante-huit mille neuf cent cinquante-six arpens quatre-vingt perches, ci. 48,956 arp. 80 perc.

Et la seconde, de ceux des bois possédés par les gens de main-morte, & par les particuliers, de 48,781 arpens 78 perc. qui sont tenus & possédés par eux en gruerie; savoir pour les uns, à raison de moitié du prix, & il y en a de cette classe quarante-quatre mille neuf cent vingt arpens soixante-quinze perches, ci. 44,920 ar. 75 p.

Et pour le surplus de trois mille huit cent soixante-un ar. trois perches à raison des deux tiers du prix, ci. 3,861 ar. 3 p. } 48,781 arp. 78 perc.

97,738 arp. 58 perc.

Report........................ 97,738 58

RÉSUMÉ.

	Total des Bois.		Coupe annuelle.	Produit annuel.
Bois du roi.	48,956 arp.	80 p.	1,200 arp.	360000 l.
Bois en Gruerie.	48,781	78	1,900	180,000
Totaux..	97,678	58	3,100	540,000

2°. Dans la forêt de Beaugency, de 6,833 arpens 91 perches; savoir, 1,485 arpens de bois domaniaux, & 5,348 arpens 91 perches de bois tenus en Gruerie, à raison du cinquième du prix des ventes que donnent les possesseurs de ces bois, ci... 6,833 91

RÉSUMÉ.

	Total des Bois.		Coupe annuelle.	Produit annuel.
Les Bois du Roi montent à . .	1,485 arp.	» p.	30 arp.	16,000 l.
Ceux en Gruerie..	5,348	91		8,000
Totaux.	6,833	91	30	24,000

3°. Dans la forêt de Montargis, contenant 8,752 arpens, dont 8,157 en bois du domaine, ci. . . . . . 8,157 *arp.*

En 595 arpens tenus en Gruerie, à raison de moitié du prix des ventes, ci... 595 } 8,752

113,324 49

Report.......................... 113,324 49

RÉSUMÉ.

	Total des Bois.	Coupe annuelle.	Produit annuel.
Les Bois du Roi.	8,157 arp.	217 arp.	160,008 l.
Bois en Gruerie.	595	25	4,400
	8,752	243	164,400

4°. Dans la forêt de Bruadan, dépendante du domaine de Romorantin, de la contenance de 4,379 arpens 10 perches, dont 2,405 en futaie, & 1,126 en taillis, & 848 arpens 10 perches en landes, bruyères & étangs, ci, en totalité 4,379 10

RÉSUMÉ.

	Total de Bois.	Coupes annuelles.	Produit annuel.
Bois de futaie 2,405 arpens bois taillis 1,126 arp. Landes & Bruyeres 848 arp. 10 per.	Arp, Per. 4,379 10	35 arp.	12,000 l.

RÉSUMÉ.

5° Dans la forêt de Dourdan, contenant 2,958 arpens en demi-futaie, ci. . . . . 2,958 »

Total des Bois.	Coupes annuelles.	Produit. annuel.
2,958 arp.	80 arp.	37,000 l.

6°. Dans celle de Villers-Cotterets, contenant 25,265 arpens 42 perches, dont 21,752 arpens, 10 perches en futaie aménagée à 150 arpens, coupes annuelles de l'âge de 150 ans, & 3,513 arpens 32 perches, en taillis qui se coupent à 30 ans, & qui sont divisés en 30 coupes de 100 & quelques arpens chacune, ci en totalité. . . . . arp. p. 25,265 42

145,926 1

Report . . . . 145,926 l.

R É S U M É.

	Total des Bois.	Coupes annuelles.	Produit annuel.
Totaux	21,752 arp. 10 p.	150 arp.	420,000 l.
Taillis.	3,513 32	100	90,000
Futaie.	25,265 42	250	510,000

7°. Dans la forêt de Laigne, de 6,476 arpens de bois-taillis, en un seul massif aménagé à 300 arpens par coupe de 22 ans, ci. 6,476

R É S U M É.

Quantité de Bois.	Coupes annuelles.	Produit annuel.
6,476 arp.	300 arp.	114,000 l.

8°. Dans la forêt de Coucy, de 7,020 arpens, dont 2,500 en futaie, 3,600 en taillis, & 820 en cinq parties détachées, total, ci 7,020

159,422 l.

Report 159,422

R É S U M É.

	Quantité de Bois.	Coupes annuelles	Produit annuel.
Haute forêt en futaie. . .	2,500 arp.	21 arp.	30,000 l.
Taillis de la basse forêt. . .	3,600	120	60,000
Taillis des buissons.	820	41	9,000
	7,020	182	99,000

9°. Dans les bois de la Fère, Marle & saint-Gobin, contenant 8,300 arpens en plusieurs parties très-divisées, & dont le massif le plus considérable est la forêt de Saint-Gobin, de 5,295 arpens, tant en futaie que taillis, divisés en 25 coupes, & le surplus en différens cantons, ci. . . . 8,300

	Quantité de Bois.	Produit annuel.
Forêt de Saint-Gobin.	5,295 arp.	100,000 l.
Parties détachées.	1,755	30,000
P[illegible]c de la Fère.	50	1,000
Bois de Marle.	1,200	24,000
Totaux. . .	8,300	155,000

arp. p.

TOTAL. . . . . 167,722 l.

RÉCAPITULATION GÉNÉRALE.

Noms des Forêts.	NOMBRE D'ARPENS. En futaie.	En taillis.	En gruerie, le droit perceptible aux deux tiers.	En gruerie, le droit à moitié.	En grairie, le droit pour un cinquième.	Landes & Bruyères.	Total général des Bois.	Produit annuel des ventes de Bois du domaine, en futaie & taillis.	Produit des Bois en gruerie, assujétis au droit de moitié du prix.	Produit des bois en grairie, assujétis au cinquième du prix.	Total général du produit annuel en futaie & taillis en coupes ordinaires & annuelles, suivant les états fournis au Comité par l'Administration des finances du Prince.	Total général du produit des bois, tant en futaie que taillis en coupes ordinaires & annuelles, d'après les renseignemens pris par le Comité des Domaines.	OBSERVATIO
	Arp. Per.	Arp. Per	Arp. Per.	Arp. Per.	Arp. Per.	Arp. Per.	Arp. Per.	liv.	liv	liv.	liv.	liv. f. d.	
Orléans………	………	48,956 80	3,861 3	44,920 75	……	……	97,738 58	360,000	180,000	……	540,000	835,413 1 2	Suivant l'état des ventes de 1789.
Beaugency………	………	1,485 »	………	………	5,348 91	……	6,833 91	16,000	……	8,000	24,000	24,440 13 8	*Idem.*
Montargis………	………	8,157 »	………	595 »	……	……	8,752 »	160,000	4,400	……	164,400	181,959 10 6	*Idem.*
Forêt de Bruadan. / Romorantin…… }	2,405 »	1,126 »	………		……	848 10	4,379 10	12,000	……	……	12,000	12,000 » »	*Idem.*
Dourdan………	………	2,958 »	………	………	……	……	2,958 »	37,000	……	……	37,000	43,960 » 6	*Idem.*
Villers-Coterets.	21,752 10	3,513 32	………	………	……	……	25,265 42	510,000	……	……	510,000	516,975 16 6	Une année commu des dix dernières.
Laigne………	………	6,476 »	………	………	……	……	6,476 »	114,000	……	……	114,000	114,212 10 »	*Idem.*
Coucy………	2,500 »	4,420 »	………	………	……	……	7,000 »	99,000	……	……	99,000	100,987 12 »	Une année comm des seize dernières.
La Fère……, Marle…… et Saint-Gobin }	………	8,300 »	………	………	……	……	3,300 »	155,000	……	……	155,000	155,000 » »	Une année comm des trente dernières.
Totaux………	26,657 10	85,392 10	3,861 3	45,515 75	5,348 91	848 10	167,703 1	1,463,000*	184,400	8,000	1,655,400	1,978,649 4 »	* Le produit de la futaie est de 450,000 li

Il résulte des différens états ci-dessus, des bois dépendans de l'apanage de M. d'Orleans, & des renseignemens particuliers que le comité des domaines s'est procurés, tant des grands-maîtres, des officiers des maîtrises dans le ressort desquelles ces bois sont situés, que de l'administration, que la quantité d'arpens est à très-peu de choses près, la même que celle donnée par l'administration des finances du prince; mais il y a de la différence, au moins dans le produit annuel, qui n'est porté, qu'à 1,655,400 livres, tandis que d'après le relevé des procès-verbaux de ventes tant d'une année commune des dix dernières pour une partie, que des années 1789 & 1790 pour l'autre, il paroît que ces ventes ont produit un million neuf cent soixante-dix-huit mille neuf cent quarante-neuf liv. quatre sols trois deniers, ci. . . . 1,978,949 l. 4 f. 3 d.

Le comité des domaines croit devoir observer que dans les états de produit qui ont été fournis par l'administration du prince, le montant annuel des ventes des chablis, particulièrement des forêts en futaie, telles que celles de Villers-Cotterets, Couci & Saint-Gobin, ne s'y trouve pas compris.

Le comité n'a pu se procurer des renseignemens bien positifs sur le produit exact & annuel des ventes de ces chablis; il a seulement vu que dans la seule forêt de Villers-Cotterets, ce produit s'est porté dans une seule année à plus de 80,000 liv.; il a cru, d'après cela, pouvoir le tirer en recette annuelle pour une somme de cent vingt mille livres, sans qu'on pût lui faire le reproche d'avoir forcé cet article, ci. . . 120,000

Il n'a également pas été fait mention du produit des amendes, restitutions & confiscations

2,098,949 4 3

prononcées en faveur de l'apanagiste, dans les différens siéges des maîtrises de l'*apanage*; ce produit annuel ne peut être moindre de quinze à vingt mille livres: on ne le portera ici en recette que pour la première somme de quinze mille livres, ci 15,000

Ainsi, sans parler des ventes extraordinaires qui ont été faites à différentes époques, en vertu d'arrêts du conseil, & dont le prix a monté à des sommes considérables, il résulte des états de produit ci-dessus, que le revenu annuel des bois de l'*apanage*, doit être porté à la somme de 2,113,949 liv. 4 sols 3 den. au lieu de celle de 1,655,400 l. portée dans ceux fournis par l'administration des finances de M. d'Orléans, ci. 2,113,949 4 3

Ce qui forme une différence de 478,549 liv. 4 f. 3 den.

Le comité des domaines n'ayant pu se procurer d'états & renseignemens sur le produit des fermes & autres biens-fonds dépendans de l'*apanage*, ni sur les rentes, redevances & autres droits tant fixes que casuels, de ce même *apanage*, il a cru devoir s'en rapporter à l'état qui lui a été remis par l'administration des finances du prince, dans lequel ce produit annuel est porté à la somme de 3,210,875 liv. mais comme il paroît que celui des bois de 1,655,400 liv. s'y trouve compris, il est à propos de distraire; ainsi le revenu des autres biens sera tiré seulement pour un million cinq cent-

2,113,949 4 3

cinquante

Le même état de produit général, brut, remis au comité par l'administration de M. d'Orléans, ne porte le revenu annuel des droits d'aides, courtiers, jaugeurs, inspecteurs aux boissons & boucheries, droit de 4 sols pour livre sur les ventes de meubles, sols pour livres, droit de contrôle, insinuation, centième denier, & autres impôts qu'on qualifie de droits régaliens, tenus par M. d'Orleans tant à titre d'*apanage*, supplément d'*apanage*, que par abonnemens, tant dans ses domaines d'*apanage* que patrimoniaux, qu'à une somme totale de 1,654,881 liv. : mais d'après les différens renseignemens que le comité des domaines est venu à bout de se procurer, & par la comparaison du produit des 4 sols pour livre avec celui des droits principaux, il a reconnu qu'il y avoit des erreurs ou omissions dans l'état fourni de la part du prince, & que la recette totale devoit se monter à la somme de 5,755,561 liv. au lieu de celle de 4,965,901 livres, pour laquelle elle se trouve seulement comprise dans cet état.

Le produit des 6 sols pour livre des droits d'aides est en effet porté en recette pour 243,169 livres, ce qui donne un principal de 810,560 livres, & cependant il n'est énoncé dans l'état d'apanage, que pour 526,370 liv. Il y a donc dès-lors erreur ou omission sur cet article de 284,190 livres.

La perception faite pour le compte du roi, par l'administration, des 4 sols pour livre réservés sur les droits de contrôle & d'insinuation, monte, année commune, à 90,930 livres ; il en résulte que le produit des droits, en principal, doit être de 454,650 livres ; cependant ce produit n'est porté dans l'état fourni par l'administration du prince, que pour 415,879 livres, ce qui opère encore une erreur ou omission de 38,771 livres ; les droits de greffe, en principaux, se trouvent omis il résulte néanmoins de l'article de recette des 8 sols pour livres de ces droits, que le principal doit être de 123,680 livres, qu'il faut rétablir dans l'état de produit.

Tous ces différens droits, qui, comme impôts perçus sur les peuples, ne doivent jamais être, sous aucun prétexte & pour quelque cause que ce fût, distraits & divertis de leur véritable emploi, de leur unique destination à l'acquit des charges de l'état, ont, par un abus manifeste d'autorité, successivement été accordés d'abord en principaux, soit à titre d'*apanage* & de supplément, soit quant aux accessoires & droits additionnels, par des abonnemens on ne peut plus modiques, surpris à la bonté & à la foiblesse du monarque, au préjudice de l'état, dont le cri a toujours été étouffé par le crédit & la faveur.

Nous avons observé que les lettres-patentes du mois d'août 1650, rendues en faveur de Gaston, fournissent le premier exemple d'impôts donnés en suppléments d'*apanage* ; il obtint à ce titre les droits d'aides des duchés d'Orléans, de Valois, de Chartres, & de la seigneurie de Montargis.

L'édit de 1661 les comprit dans l'*apanage* de Monsieur, frère de Louis XIV.

Le roi ayant depuis ordonné, par édit de décembre 1663, que la moitié des octrois appartenans aux villes, seroit levée à son profit, & ayant par autre édit de 1689, créé & établi les droits de jauge & courtage, tous ces droits furent accordés à la maison d'Orléans, sur le prétexte que leur perception par différens fermiers, donnoit lieu à des difficultés, au moyen de la cession que fit M. d'Orléans, des droits d'aides de Montargis. Le traité fut homologué par arrêt du conseil du 19 décembre suivant.

Il fut ensuite créé, par édit du mois de mars 1693, des offices de contrôleur des actes, avec attributions de droits. M. d'Orléans fit l'acquisition de ces offices dans la Vicomté d'Auge, généralité de Rouen, & dans le comté de Mortaing, généralité de Caen, moyennant 48,335 livres, dont il lui fut expédié une quittance de finance, le 22 décembre 1696.

Par édit du mois de Janvier 1698, les offices de contrôleur des actes furent supprimés, & leurs droits réunis au domaine. Il fut ordonné que les acquéreurs de ces offices seroient remboursés.

Monsieur demanda à être excepté de la réunion ; ce qui lui fut accordé par arrêt du conseil du 21 juillet 1699.

Par édit de décembre 1703 & de janvier 1704, le roi créa des offices de greffiers des insinuations, de contrôleurs & visiteurs des poids & mesures dans toute l'étendue du royaume.

M. le duc d'Orléans, par déclaration du 7 juin 1704, fut admis à acquérir tous ces offices, tant dans son apanage que dans ses terres patrimoniales & d'engagemens, avec faculté de les vendre ou de les faire exercer par commission, en payant une somme de 180,000 liv. entre les mains du trésorier des parties casuelles.

Les offices de contrôleur des actes, de greffiers des insinuations & autres offices, ayant été supprimés, & le roi, par sa déclaration du 19 septembre 1722, ayant révoqué toutes les aliénations des droits de contrôle des actes & des insinuations, excepta par un arrêt du conseil, du 26 janvier 1723, celles faites à M. le duc d'Orléans, alors régent, à la charge de compter au roi des 4 sols pour livres établis en sus desdits droits.

Le roi ayant jugé à propos, par la déclaration du 15 mai 1722, de rétablir les droits d'inspecteurs aux boissons & aux boucheries, ainsi que ceux de courtiers, jaugeurs, voulut bien les céder à M. le duc d'Orléans, par arrêt de son conseil des 29 du même mois de mai 1722 & 26 janvier 1723, pour en faire faire la perception à son profit, avec les droits d'aides dans les élections d'Orléans & de Péthiviers, dépendans de son *apanage*, en payant annuellement la somme de 29,333 l. 6. d. 8 d. d'abonnement.

Il a été depuis établi successivement, par différens édits des années 1760, 1763 & 1771, des droits additionnels en sols pour livres du produit des droits principaux d'aides, d'inspecteurs aux boissons & aux boucheries, de courtiers, jaugeurs, de contrôle des actes, insinuation, centième denier, petit scel & autres.

Ces droits additionnels ont encore été cédés à M. le duc d'Orléans, à titre d'abonnement, par arrêts du conseil, des 18 mars 1760, 3 avril 1764 & 9 mai 1775.

Le dernier de ces arrêts rappelle tous les différens abonnemens accordés jusques à sa date, à la maison d'Orléans, & en fixe le montant total à la somme de 238,135 livres 9 sols 8 deniers, en distinguant chaque espèce d'impôts sur lesquels ils doivent porter.

Le roi ayant enfin, par édit du mois d'août 1781, établi de nouveaux sols pour livres sur les droits d'aides, de courtiers, jaugeurs, d'inspecteurs aux boissons & aux boucheries, faisant tous partie de la régie générale, & sur les droits d'insinuation, de centième denier, de contrôle des actes & de petit scel, dépendant de l'administration du domaine. M. le duc d'Orléans a demandé & obtenu, par arrêt du conseil du 30 janvier 1782, la permission de faire percevoir ces nouveaux sols pour livres à son profit dans toute l'étendue de ses terres tenues par engagement, & des patrimoniales.

C'est à tous ces différens titres dont on vient de rendre compte, que M. d'Orléans jouit de tous les droits, impôts ci-dessus énoncés.

Il est prouvé par le produit annuel des sols pour livres, que les droits d'aides produisent annuellement, en principaux, plus de 800,000 livres; il est également démontré, par le montant de celui des 4 sols pour livres, réservés & versés à la caisse de l'administration des domaines, que le principal de ceux de contrôle, insinuation & centième denier, perçus au profit de M. le duc d'Orléans, se monte annuellement à plus de 450,000 livres, & la finance de l'engagement de ces droits n'est que de 148,333 livres.

Enfin, les six sols pour livres de ces mêmes droits produisent annuellement plus de 130,000 livres, & le prix annuel de l'abonnement n'est que de 72,242 livres. On ne peut dès-lors se dissimuler que l'état éprouve une perte considérable de l'exécution de traités aussi onéreux, qui ont distrait ces parties de l'impôt des revenus de l'état & de leur destination particulière & spéciale à l'acquit de ses charges.

Le comité va présenter ici, d'un côté, le tableau des produits des droits d'aides & autres impôts, tant principaux qu'accessoires, dont jouit la maison d'Orléans, tel qu'il lui a été remis par l'administration des finances du prince, & de l'autre, celui qu'il a cru devoir former d'après les différens renseignemens qu'il s'est procurés sur la perception de ces mêmes droits; la comparaison de l'un & de l'autre, fera connoître les erreurs & omissions qui se sont glissées dans le tableau des produits, présenté au comité, & la différence qui existe dans ces produits.

Il résulte des différens articles des impôts détaillés dans les tableaux ci-joints, que leur produit annuel est de 1,979,192 l. au lieu de 1,654,881 liv., ci. . . . . 1,979,192 l.

Voyez le Tableau ci-joint.

On porte enfin en recette, dans l'état de produit de l'*apanage* de M. le duc d'Orléans, le revenu casuel des offices, qui consiste, d'après l'édit d'évaluation de 1771, dans le droit de centième denier & dans celui de mutation: on en a formé une année commune de 94,145 l.

Le comité des domaines croit donc devoir observer à cet égard, que dans les différens édits & lettres-patentes de formation & de constitution d'*apanage*, qui ont eu lieu depuis deux cens ans, les rois se sont toujours réservés la création & nomination des juges, des exempts, de ceux qui connoissent des cas royaux; mais que par d'autres lettres-patentes subséquentes, le roi confère néanmoins aux princes apanagés, pour sa vie seulement, la nomination à ces offices.

Sans remonter à des temps reculés, on se bornera aux trois *apanages* actuellement subsistans. On citera les lettres-patentes de celui de la maison d'Orléans, du mois de mars 1661, & celles du 2 avril suivant, par lesquelles le roi Louis XIV confère à Monsieur la nomination des offices que sa majesté s'étoit réservée; ensuite l'édit de l'*apanage* de Monsieur, frère du roi, du mois d'avril 1771, & les lettres-patentes du 21 du même mois, qui lui accordent la nomination aux offices, sa vie durant. Enfin l'édit du mois d'octobre 1773, portant constitution de l'*apanage* de M. le comte d'Artois, sous les mêmes réserves, déclaration & nomination aux offices des exempts, & les lettres-patentes du 31 du même mois d'octobre, qui confèrent à ce prince cette nomination aussi sa vie durant.

On voit donc que ces graces sont purement personnelles, & que pour qu'elles puissent se perpétuer, il faut nécessairement qu'elles soient renouvellées en faveur du prince appelé à succéder à l'*apanage*; c'est ce que la maison d'Orléans a obtenu par des lettres-patentes du 20 février 1692, par lesquelles, en rappelant les anciennes qui conféroient le droit de nomination aux offices, pour la vie seulement, le roi accorda alors au duc de Chartres & à ses descendans mâles, le droit de nommer & présenter aux offices & commissions de juges, des exempts, & à tous autres offices.

Quoique les graces personnelles n'aient pas entré dans l'évaluation de produit des *apanages*, & qu'elles aient été accordées par pur don & libéralité, au-delà de la fixation du montant du revenu de ces *apanages*, déterminé par les loix à 200,000 livres, quoique le roi ne pût être aucunement obligé de tenir compte, ou de suppléer à la diminution que pouvoit éprouver le revenu de la casualité des offices, soit par leur suppression, soit autrement, néanmoins lorsque les circonstances ont exigé cette suppression, les princes apanagés ont reclamé & obtenu des indemnités; & c'est pourquoi l'on trouve dans les divers comptes rendus, qu'il est payé annuellement 33,886 livres à Monsieur, pour partie de l'indemnité des offices de finances supprimés dans son *apanage*; 50,000 livres à M. le Comte d'Artois, & 12,800 livres à M. d'Orléans, pour le même motif : le paiement de ces sommes, pris sur les fonds du trésor public, n'a paru au comité ni juste, ni fondé; l'état de produit fourni par l'administration de M. le duc d'Orléans, ne fait pas mention de cette somme de 12,800 livres qu'il convient d'ajouter à celle de 94,145 livres de droit de casualité d'office, pour en former un total de cent six mille neuf cent quarante-cinq livres, ci. . . . . 106,945 liv.

Récapitulation des différentes branches de revenus annuels des biens & droits qui composent l'*apanage* de M. le duc d'Orléans.

Prix des ventes des bois & forêts, tant en taillis, futaie, que chablis, & produits des amendes.	2,113,949 l. 4 f. 3 d.
Revenu des fermes, rentes, redevances & autres droits, tant fixes que casuels.	1,555,475.
Droits d'aides, contrôle, insinuation, centième denier, sols pour livres, & autres tenus tant à titre d'*apanage*, qu'engagemens & abonnemens.	1,979,192.
Droits de casualité des offices, y compris les 12,800 liv. payés à titre d'offices supprimés, ci. . .	106,945
TOTAL.	5,755,561 l. 4 f. 3 d.

Suivant l'état des charges annuelles, présenté par l'administration des finances du prince, elles consistent, 1°. dans les gages & émolumens d'officiers & gardes, deux cent trente-un mille quatre-vingt-neuf livres, ci. . . . . 231,089 liv.

Frais de justice & d'enfans-trouvés, année commune. . .	57,012
Charges foncières, domaniales, tant en argent qu'en grains, &c. par année.	150,000
Réparations, année commune,	22,338
Frais de régie, année commune, à six deniers pour livres, pour partie des domaines. 82,625 l. Pour la partie des droits régaliens. . . 240,000 Et pour le canal d'Ourcq. 8,000	330,625
Conseil & chancellerie, par année, suivant l'état arrêté pour 1790.	229,500
Abonnemens payés au roi. . .	502,060
Total des charges. . . .	1,322,624 liv.

RÉCAPITULATION.

Revenu en totalité.	5,755,561 liv.
Charges, ...	1,322,624
Reste net.	4,432,937

M. d'Orléans tient & possède en outre, à titre d'échange, des domaines de la Vicomté d'Auge & du comté de Mortain, ainsi que les droits domaniaux en dépendans, la forêt de Bondi, & autres objets.

Il tient aussi, à titre d'engagement, les domaines de Domfront, de Carentan & Saint-Lô, de Chaumont, Vassy & Saint-Dizier, du Duché d'Etampes, de la Ferté-Alais, de Coutances, Valognes, Saint-Sauveur le Vicomte, & Saint-Sauveur Landelin.

Le comité fera en sorte de donner incessamment l'état de ces différens domaines possédés par les princes, soit à titre d'échange, engagement, dons, inféodation, accensemens & à tous autres titres.

APANAGE DE MONSIEUR.

Il a été constitué par édit du mois d'Avril 1771, & composé d'abord du duché d'Anjou, des comtés du Maine, du Perche, & de Sénonches, à l'exception de la forêt de ce nom.

Pour parfaire les 200,000 livres de revenu net, en fonds assignés au prince pour son *apanage*, qu'on présuma qu'il ne retireroit des duché & comté ci-dessus cédés, le roi s'obligea à racheter les parties de domaine engagées dans toute l'étendue de ces mêmes duché & comté, jusqu'à concurrence de ce qui manqueroit au complément des 200,000 livres; & en attendant ce rachat, le roi s'engagea à remplir Monsieur, du déficit sur le produit des aides & gabelles.

Par des lettres-patentes du même mois d'Avril 1771, sa majesté a accordé à Monsieur, pendant sa vie seulement, la nomination & présentation aux abbayes, prieurés & autres bénéfices consistoriaux, à l'exception des évêchés, aux offices & commissions des juges, des exempts, même à ceux des aides, tailles & gabelles.

Il a été nommé des commissaires de la chambre des comptes de Paris, par lettres-patentes du 8 Septembre 1771, pour procéder à l'évaluation du produit des biens composans l'*apanage*.

Par d'autres lettres-patentes du mois de Juin 1774, les écuries de feue madame la dauphine, mère du roi, situées à Versailles, ont été accordées avec un terrein vis-à-vis, tenant au parc de Versailles, à Monsieur, à titre de supplément d'*apanage*; les mêmes lettres ont dispensés de toutes évaluations à cet égard.

Il paroît que par le résultat de celles faites du duché d'Anjou, des comtés du Maine & du Perche, leur revenu net ne s'est trouvé porté qu'à 106,000 livres; que le comte de Sénonches n'a pas été évalué; que Monsieur a demandé la forêt de ce nom, à titre de supplément d'*apanage*, & que ces deux objets n'ont été présentés que sur un produit net de 50,000 livres; laquelle somme jointe à celle de 106,000 livres ci-dessus, ne formant qu'un total de 150,000 liv. de revenu, il s'en falloit de 44,000 liv. que Monsieur fut complettement rempli des 200,000 liv. à quoi devoit monter le produit net de son *apanage*.

Pour former ce complément, le prince a demandé le duché d'Alençon, dont le revenu net d'au moins 200,000 livres, excédoit dès-lors de plus de 155,000 liv. les 44,000 liv. qui restoient à fournir; l'objet étoit donc trop considérable; mais il paroît que pour parvenir à l'obtenir du roi, on a fait envisager les charges de l'*apanage*, beaucoup plus fortes que celles qui avoient été portées dans les états, qu'on s'est fait de plus un moyen de l'augmentation des frais de justice, depuis l'édit de 1771, & qu'au surplus le résultat des évaluations feroit connoître si le produit net des différens objets cédés à Monsieur, excéderoit celui fixé pour son *apanage*, & quel seroit cet excédant.

C'est sans doute d'après ces observations, que par lettres-patentes du mois de Décembre 1774, le roi a donné à Monsieur, à titre de supplément d'*apanage*, la forêt de Sénonches (1), le duché d'Alençon, à l'exception du comté de Montgomery, que le roi venoit d'acheter du sieur Clément de Barville, & du domaine utile affecté au service des haras d'Exmes.

Par des lettres-patentes du mois d'avril 1776, Monsieur a été autorisé à accenser le terrein situé près le parc de Versailles, qui lui avoit été donné en 1774, en supplément d'*apanage*, avec les écuries de Madame la dauphine.

D'autres lettres-patentes du mois d'avril 1777, ont ensuite distrait de l'*apanage*, les domaines de saint-Silvain le Thuis en Cotentin, faisant partie du duché d'Alençon, & en remplacement il a été donné à Monsieur, les domaines de Falaise & d'Orbec, avec les bois & forêts en dépendans, il a été depuis déclaré par les mêmes lettres-patentes, que dans la cession faite du duché d'Anjou & du comté du Maine, par l'édit de 1771, étoient comprises les parties qui en avoient été démembrées pour former le duché de Vendôme, éteint en 1712.

Monsieur a été autorisé par d'autres lettres-patentes du mois de Septembre suivant, à céder à titre d'accensement, les terres vaines & vagues, situées dans l'étendue de son *apanage*.

Par édit du mois de Décembre 1778, le roi a encore cédé à Monsieur, par augmentation d'*apanage*, le palais du Luxembourg, avec stipulation que dans le cas où il viendroit à décéder sans enfans mâles, avant madame, cette prin-

(1) La forêt de Senonches avoit été acquise par contrat passé devant notaires à Paris, le 9 octobre 1770, de M. le prince de Conti, avec le comté de ce nom, le duché de Mercœur, le marquisat de Mardogue y réunis, des droits de péage sur le Rhône, & une rente de 2,000 livres sur le domaine d'Auvergne, moyennant 7,203,255 livres.

*TABLEAU de produit des Droits d'Aides, d'Inspecteurs aux boissons, & aux boucheries; de ceux de Jauges & de Courtages, de Contr Actes, Insinuation, Centième denier, petit Scel de quatre deniers pour livre du prix des ventes mobiliaires & autres, ainsi que des sous pour livre Droits, levés & perçus au profit de la Maison d'*ORLÉANS*, tant à titre d'apanage que d'engagemens & abonnemens, dans toutes les terres* apanage, *dans celles tenues à titre d'engagement & patrimonialement.*

ÉTAT TEL QU'IL A ÉTÉ FOURNI PAR L'ADMINISTRATION DES FINANCES DU PRINCE.

Droits Régaliens tenus à titre d'apanage.

AIDES	Droits d'Aides en principaux & quatre anciens sous pour livre, année commune. Indemnité.		526,370 liv.
INSINUATIONS, CENTIÈME DENIER, CONTRÔLE DES ACTES	Droits d'insinuation, Centième denier & Contrôle des Actes, en principaux seulement, année commune	415,879 liv.	418,379
	Gages des Greffiers des Insinuations laïques, année fixe	2,500	
DROITS SUR LES VENTES DE MEUBLES	Droits de quatre deniers pour livre, sur le produit des ventes mobiliaires, année fixe		38,817
	TOTAL des Droits à titre d'apanage		983,566

Droits à titre d'abonnement.

COURTIERS JAUGEURS	En principal, année commune		131,517 liv.	
INSPECTEURS	Aux boissons, *idem* année commune, évalué à	48,271 l.	118,952	
	Aux boucheries, année commune, *idem*	70,681		
	Deux sous pour livre des droits d'Inspecteurs, ci		11 895	
			262,364 liv.	

SIX NOUVEAUX SOUS POUR LIVRE	Sur les Droits d'Aides, année commune	Deux s. pour l. établis en 1760 & 1763	68,321 l.		
		Deux s. p. l. établis en 1771	106,527		
		Deux s. p. l. établis en 1781	68,321		
			243,169		408,951
	Sur les Droits d'insinuation	Deux s. p. l. de 1760 & 1763	38,782 l.	116,346	
		Deux s.p.l. de 1771	38,782		
		Deux s.p.l. de 1781	38,782		
	Sur les Droits de Greffes	Huit sous pour l. à commencer en 1787	49,436		

TOTAL des Droits à titre d'abonnement ... 671,315 liv. ci.	671,315
TOTAL GÉNÉRAL des Droits Régaliens, année commune	1,654,881 liv.
DIFFÉRENCE, suivant l'état ci à côté	324,311
BALANCE	1,979,192

ÉTAT DRESSÉ PAR LE COMITÉ DES DOMAINES, D'APRÈS LES DIFFÉRENS RENSEIGNEMENS QU'

Droits, Impôts, tenus à titre d'apanage.

Droits d'Aides en principaux, d'après le produit des six sous pour livre	810,560 liv.	8
Indemnité de gros	6,000	

Droits tenus, soit à titre d'apanage, soit d'engagement.

Droits d'insinuation, Centième denier, Contrôle des Actes & autres, en principaux seulement	450,000	4
Gages des Greffiers des Insinuations laïques	2,500	
Droits de quatre deniers pour livre sur le produit des ventes mobiliaires		
TOTAL des droits à titre d'apanage & engagement		1,3

Droits à titre d'abonnement.

COURTIERS-JAUGEURS	En principal	131,517 l.	262,364 l.
INSPECTEURS	Aux boissons	48,271	
	Aux boucheries	70,681	
	Deux sous pour livre des droits d'Inspecteurs	11,895	
SOUS POUR LIVRE SUR LES AIDES	Deux sous pour livre, établis de 1760 & 1763	68,321	243,169
	Deux sous pour livre des droits établis en 1771	106,527	
	Deux sous pour livre de 1781	68,321	
SUR LES DROITS D'INSINUATION, CONTRÔLE, CENTIÈME DENIER	Deux sous pour livre de 1760 & 1763	38,782	116,346
	Deux sous pour livre de 1771	38,782	
	Deux sous pour livre de 1781	38,782	
SUR LES DROITS DE GREFFE	Huit sous pour livre		49,436

TOTAL des Droits à titre d'abonnement ... 671,315 l. ci.	6
TOTAL GÉNÉRAL des Droits impôts	1,9

cesse continueroit d'en jouir pendant sa vie, pour son habitation.

Le prince a été chargé des réparations à faire au palais, jusqu'à concurrence de 1,400,000 liv. & il a été convenu qu'en cas de réunion de ce palais à la couronne, il ne feroit remboursé aux héritiers, que l'excédant de ladite somme de 1,200,000 livres, en justifiant, par eux, que les formalités prescrites pour la confection des réparations, auroient été remplies.

Le même édit contient une réserve faite par le roi, d'une partie de jardin du Luxembourg, pour l'accenser à son profit; mais par lettres-patentes du mois de Mars 1779, sa majesté a inféodé à Monsieur, tous les terreins qu'elle s'étoit réservés pour en jouir par lui en toute propriété, sous la nomination du fief de Monsieur, à la charge de payer au domaine une redevance féodale de deux paires d'éperons d'or, évalués 5726 liv. 10 s.

L'*apanage* de Monsieur se trouve en conséquence composé aujourd'hui, 1°. du duché d'Anjou; 2°. de celui d'Alençon, le comté de Montgomery excepté; 3°. du comté du Maine; 4°. de l'ancien duché de Vendôme; 5°. du comté du Perche; 6°. de celui de Sénonches, la forêt comprise; 7°. des écuries de feue madame la dauphine, à Versailles, & terreins adjacens; 8°. enfin du palais du Luxembourg & dépendances.

Il paroît que les évaluations des biens composans l'*apanage*, ne sont pas achevées, & qu'elles sont même restées sans suite; mais on va voir par l'état qui va être présenté de leur produit, qu'il est fort au-dessus de la somme de 200,000 livres, fixée par les loix constitutives des *apanages*.

Le comité croit devoir observer que par le contrat de mariage de Monsieur, la dot & le douaire de madame sont hypothéqués sur les biens de l'*apanage*.

Outre ces biens, Monsieur possède, 1°. la terre & seigneurie de Brunoy, dont il a d'abord acquis la nue propriété de M. de Brunoy, par contrat du 6 Octobre 1774, & ensuite l'usufruit par autre contrat du 21 Février 1775: le tout moyennant la somme de 1,800,000 liv.

2°. Une maison sise dans la grande avenue de Versailles, acquise de madame Dubarry en 1775, 214,000 liv.

3°. La terre de Grosbois, acquise de M. Gilbert de Voisin, plus de deux millions.

4°. La forêt de Brix en Normandie, acquise de la dame de Langeac, moyennant la somme de.....

5°. Enfin les comtés de l'isle-Jourdain en Gascogne, & de Gray en franche-Comté, acquis de M. Dubarry, auquel ils avoient été cédés en échange de 1699 arpens 71 perches de la forêt de Sénonches, le prix de cette acquisition a été de 950,000 livres ou environ.

Les biens & revenus qui composent l'apanage de Monsieur consistent principalement en bois, tant de haute futaie que taillis; le surplus en forges, terres labourables, prés, herbages, cens, rentes & redevances seigneuriales, droits seigneuriaux casuels, péages, minages, centième denier, droits de mutation d'offices & autres.

Dans l'état des bois dépendans de l'*apanage* de Monsieur, fourni par l'administration de ses finances, on n'a donné les qualités que d'une partie, sans distinguer la futaie, du taillis, & on s'est borné, pour l'autre partie, à désigner les maîtrises dans lesquelles ils sont situés, & à en énoncer le produit & les charges qui paroissent bien considérables & susceptibles de beaucoup de diminution.

Suivant cet état le produit annuel total des bois de l'*apanage* monte à la
somme de . . . . 851,998 l. 9 s. 8 d.
Et les charges, à . . . 160,388 15 2

En sorte que le revenu
n'est que de . . . . 691,609 l. 14 s. 6 d.

Il résulte des pièces, états & renseignemens que le comité des domaines s'est procurés, tant de l'administration des eaux & forêts, que des grands-maîtres & officiers des maîtrises dans le ressort desquelles les bois de l'*apanage* sont situés, que leur quantité totale est de 92,865 arpens 96 perches, dont, en futaie, 16,374 arpens 41 perches, & le produit total de 1,177,399 liv. 12 sols, ainsi que le détail suit:

NOMS des MAITRES.	NOMBRE D'ARPENS-FUTAIE.		TOTAL des BOIS,		PRODUIT ANNUEL.		
	a.	p.	a.	p.	l.	ſ.	d.
Duché d'ANJOU. maitriſe de BEAUGÉ.	2,785	19	4,803	53	30,000	»	»
Comté du PERCHE, Maîtriſe de MORTAGNE. . .	755	22	5,898	77	82,030	12	11
BELLESME.	1,158	»	4,979	30	110,288	»	11
CHATEAU-NEUF, en Thimerais.	. . . .		11,817	85	243,166		
Duché d'ALENÇON, maître de ce nom, Gruerie de MOULINT-LA-MARCHE.	915	60	21,311	25	220,025	15	
ARGENTAN.	. . . .		3,182	30	51,671	5	2
DOMFRONT & Gruerie de FALAISE. . .	. . . .		18,344	»	103,066	14	»
Comté du MANS; Maîtriſe du CHATEAU-DU-LOIR. .	7,140	40	10,656	15	130,000	»	»
MAINERS, ou PERSEIGNE.	2420	»	10,443	26	197,250	9	8
VENDOMOIS. . . .	2,420	»	1,429	55	9,900	»	»
TOTAUX.	16,374	41	92,865	96	1,177,399	12	1

Total du produit. . . 1,177,399 l. 12 ſ. 1 d.

Au total du produit, il faut ajouter celui des ventes & chablis, arbres de routes, & des amendes prononcées au profit du prince, dans les différentes maîtriſes de ſon *apanage*.

D'après les relevés faits ſur les états & renſeignemensenvoyés au comité des domaines, tant par les grands-maîtres, que par les officiers des maîtriſes, ces différens objets ſe ſont trouvés monter à la ſomme de vingt-ſept mille deux cent dix-huit liv. ſix ſols ſix deniers, ci. . . 27,218 l. 6 6

TOTAL du produit brut des bois . . . . 1,204,617 l. 18 ſ. 7. d.

Sur ce produit il paroît convenable de déduire les charges relatives aux bois & forêts; mais non d'après les états & relevés qui en été fournis par l'administration de Monsieur, parce que par des erreurs, doubles emplois, & forcément, elles se trouvent de plus du double de celles portées par les comptes, états & renseignemens adressés au comité par les officiers des eaux & forêts qui doivent les connoître, & qui sont sans intérêt pour les augmenter ou diminuer. Nous donnerons ici le tableau de comparaison de deux états des charges relatives aux bois de l'*apanage*, situés dans le domaine d'Alençon & celui du Perche.

NOMS des MAITRISES.	*Etats des charges fournis par l'administration de Monsieur.* l. f. d.	*Etats des charges fournis par les officiers des eaux & forêts.* l. f. d.
ALENÇON.	54,196 9 »	13,994 6 1
ARGENTAN.	9,900 » »	4,090 » 6
DOMFRONT.	17,841 18 5	13,783 11 8
BELLESME.	11,198 10 2	4,309 17 »
MORTAGNE.	12,115 7 »	4,639 18 6
TOTAL.	105,252 4 7	40,816 13 9

Différence en plus de. 64,434 10 10

Les charges pour cette partie des bois de l'*apanage* situés dans le ci-devant duché d'Alençon & comté du Perche, paroissent devoir être réduites à 40,817 liv. 13 sols 9 deniers, au lieu de celle de 105,252 livres 4 sols 7 deniers, ci. . . . . 40,817 l. 13 f. 9 d.

On a porté celles des autres bois situés dans les ressorts des maîtrises de Château-Neuf, Château du Loir, Perseigne, Beaugé & Vendôme à 15,420 l. 8 f. 4 d. Le comité n'a pu se procurer, des officiers de ces maîtrises, aucuns renseignemens ; mais comme il a aperçu par l'examen les mêmes erreurs & doubles emplois, il a pensé que ces charges étoient comme les autres, dans le

40,817 l. 13 f. 9 d.

Ci-contre. . . . . 40,817 l. 13 f. 9 d.

cas d'être réduites au moins à moitié ; ainsi au lieu de 51,420 l. 8 f. 4 d., elles seront seulement tirées pour 25,710 liv. 4 sols 2 deniers, ci. 25,710 4 2

TOTAL des charges sur les bois. . . . . 65,527 l. 17 f. 11 d.

RECAPITULATION.

Produit total des bois. . . 1,204,617 l. 18 f. 7 d.
Total des charges. 66,527 17 11

Reste du produit net. . 1,138,090 l. 15 f. 8 d.

Avant de passer à l'examen & vérification des autres biens & droits domaniaux de l'*apanage*, le comité croit devoir observer qu'il a été distrait des bois de cet *apanage* la grande & petite forêt de Goussey ou d'Argentan, contenant 4,811 arpens, qui ont été cédés par Monsieur au sieur Cromot, surintendant de ses finances, par contrat d'échange du 5 Juillet 1776, pour les domaines & & vicomté d'Argentan, Exmes & Trun, donnés en contr'échange à Monsieur par ledit sieur Cromot, que le produit annuel de ces 4,811 arpens de bois est de 75 à 80 mille livres, tandis que celui des domaines d'Argentan ne passe pas 30,000 livres ; d'où il résulte que l'échange est on ne peut plus onéreux à Monsieur.

Biens & droits domaniaux de l'apanage.

ANJOU.

Suivant les états de produit & des charges de ce domaine apanagé, fournis par l'administration des finances de Monsieur, le revenu annuel se monte à. . . . . 101,502 l. » f. » d.

Et les charges sont portées à. 47,557 11 4

Ensorte qu'il ne reste net que 53,944 8 8 ci. 53,944 l. 8 f. 8 d.

Report.................. 53,944 l. 8 s. 8 d.

On ne peut se dissimuler que ces charges sont considérables, & que par l'examen qui en a été fait article par article, il s'en trouve, sur-tout celles qualifiées extraordinaires qui n'ont point, ou très-peu d'objet : il a aussi paru qu'il y avoit des doubles emplois relativement aux gages & attributions d'offices, avec celles portées en compte sur les bois.

Domaines du Perche & d'Alençon.

Il résulte des mêmes états remis au comité par l'administration de Monsieur, 1°. que le revenu du Perche se monte, année commune à... 45,815 l. 15 s. 10 d.

Et les charges, à..... 27,879 15 5

Ce qui réduit ce revenu à.... 17,936 » 5

2°. Que celui d'Alençon est annuellement de........ 152,257 l. 11 s. 8 d.

Et celui des charges de........ 135,411 18 3

En sorte qu'il ne reste de net que. 16,845 l. 13 s. 5 d.

Mais d'après les renseignemens pris des préposés de l'administration des domaines, sur les lieux & suivant les états qui ont été adressés au comité, il paroît :

Report.................. 53,944 l. 8 s. 8 d.

1°. Que le produit annuel des terres, maisons, châteaux, moulins, étangs & autres domaines fonciers & ruraux dépendans de l'*apanage* situés dans le Perche & le duché d'Alençon se montent à... 43,066 l. » s. » d.

2°. Celui des droits seigneuriaux, fixes & casuels des péages, passages, coutumes & autres à... 122,410 » »

(1) 3°. Celui des rentes d'engagemens... 56,000 » »

TOTAL. 221,476 » »

Les charges se montent à.. 145,000 » »

Partant il reste un produit net de. 76,476 » » ci. 76,476 »

Domaines du Maine.

D'après les états de recette & de dépense, remis par l'administration de Monsieur, relativement à ces domaines, il résulte que le produit est absorbé par les charges : ainsi cet objet sera tiré pour mémoire, ci. .... MEMOIRE. 130,420 l. 8 s. 8 d.

Domaines du Vendomois.

Suivant les mêmes états de produit, celui de ces domaines paroît monter annuellement, toutes charges déduites, à 10,191 l. 10 s.

(1) Ces objets éprouveront une forte réduction d'après les décrets de l'assemblée nationale.

Casualité de différentes offices de l'apanage.

Il résulte des états de produits qui ont été remis par l'administration de Monsieur, que le revenu d'une année commune du droit de centième denier, est de 136,246 l. 16 s. 5 d. ci. . . . . 136,246 l. 16 s. 5 d

Que celui de mutation peut valoir aussi, année commune, 60 à 80 mille livres; le terme moyen est de 70,000 » » ci. 70,000 » »

On observe de plus, que quelques-uns des offices n'ont pas été évalués, que d'autres n'étant pas connus, il n'a pas été possible de déterminer la quotité du droit de centième denier.

Total du revenu des domaines fonciers & ruraux, ainsi que des droits domaniaux, tant fixes que casuels, de l'*apanage* de Monsieur. . . . . 346,858 l. 15 s. 1 d

Récapitulation des produits & des charges.

BOIS.

Charges. 66,527 s. 17 11 Produit. 1,204,617 18 7

DOMAINES.

Charges.. 192,557 11 4 Produit.. 333,169 10 »

Total des ch. 259,085 9 3 Pr. total. 1,537,787 8 7
Total des charges à déduire.. 259,085 9 3

Produit net des domaines & bois. 1,278,701 19 4

Casualité des offices.

Droit de centième denier. . . . 136,246 16 5
Droit de mutation. . . . . 70,000 » »
Plus 33,886 l. payées à Monsieur, à titre d'indemnité de la casualité des offices de finances, supprimés dans son *apanage*. . . . 33,886 » »

TOTAL général du revenu de l'*apanage* de Monsieur. 1,518,834 15 9

Apanage de M. d'Artois.

Cet *apanage* a été constitué par édit du mois d'Octobre 1773, & a d'abord été composé 1°. des duché & comté d'Auvergne; 2°. du duché d'Angoulême; 3°. de celui de Mercoeur, les portions qui avoient été distraites & aliénées en 1772 à M. de Lactic exceptées; 4°. enfin des comté & vicomté de Limoges, à l'exception du marquisat de Pompadour & des domaines de la Basse-Marche, dépendans de cette vicomté.

Les revenus de ces duchés, comtés & vicomtés furent jugés insuffisans pour remplir M. d'Artois des 200,000 liv. qui doivent lui être assignées en fonds pour former son *apanage*. Il fut, en conséquence, proposé de completter ce revenu sur les aides & gabelles; mais cette proposition n'ayant pas été acceptée, on y suppléa, en accordant, par des lettres-patentes du 28 mars 1774, à M. le comte d'Artois, 1°. le marquisat de Pompadour avec tous biens & revenus en dépendans, à l'exception seulement de ceux affectés au service du haras qui y est établi (1); 2°. la vicomté de Turenne (2), à la charge de laisser jouir M. de Mauffac des parties de cette vicomté qui lui avoient été données à vie.

Tous ces objets furent d'abord considérés comme pouvant produire annuellement 145,500 liv.; mais M. d'Artois ayant représenté que les charges absorboient & au delà le revenu, il pria le roi de vouloir bien lui accorder d'autres biens; il offrit, en conséquence, de remettre les comté & vicomté de Limoges, le marquisat de Pompadour, la vicomté de Turenne & dans la forêt de Braconne, faisant partie du duché d'Angoulême; il demanda en remplacement & à titre de supplément d'*apanage* le duché de Berri, celui de Chateauroux, le comté d'Argentan, la seigneurie d'Henrichemont & le comté du Ponthieu.

Ces distractions & remplacemens furent accordés par lettres-patentes du mois de juin 1776; le revenu net de tous ces objets fut évalué 196,935 liv.

M. d'Artois prétendit ensuite que le duché d'Auvergne lui étoit plus onéreux que profitable : il

(1) Le marquisat de Pompadour est venu au domaine par l'effet de l'échange fait entre le roi & M. le duc de Choiseuil en 1761, qui céda ce marquisat pour la baronnie d'Amboise. Le prétexte de cet échange, dont le comité rendra incessamment compte sur l'établissement du haras, dont la direction est confiée à M. de Lambesc, grand-écuyer, avec celle des biens qui y sont affectés, dont le produit annuel est de 50,000 liv. au moins.

(2) Le chef-lieu de cette vicomté, acquise par Louis XV, fut donné à vie au chevalier de Mauffac, pour avoir sauvé la vie à M. le dauphin, père du roi. A son décès, l'usufruit en a été conservé à son frère, à la charge de payer mille livres à la veuve & pareille somme de mille livres au domaine; l'objet peut produire cinq à six mille livres de revenu,

propofa au roi de le remettre avec celui de Mercœur, & le comté de Saint-Ilphife en dépendant : ce qui fut accepté, & la distraction, en conséquence, ordonnée par édit du mois de novembre 1778, qui accorda, tant en remplacement qu'à titre de fupplément d'apanage, le comté de Poitou & tous les droits en dépendans, à l'exception des Isles de Noirmoutier & de Bouin, & de la mouvance fur l'Isle-Dieu & fur le duché de Thouars.

L'acquifition faite par M. d'Artois, des terres de Saint-Valeri & de Roccayeux, donna lieu à une question de mouvance : il prétendit qu'elles étoient de celle du comté de Ponthieu, faifant partie de fon apanage. Les administrateurs des domaines contestèrent & foutinrent que ces terres relevoient du comté d'Amiens. Pour terminer la difficulté, M. d'Artois demanda & obtint cette mouvance, à titre de fupplément d'apanage, par lettres-patentes du mois d'Août 1785.

Les domaines de Montreuil-fur-mer & Doullens ayant été compris dans les évaluations faites par les commiffaires de la chambre des comptes, comme une dépendance du comté de Ponthieu, & la jouiffance en ayant été contestée par l'administration des domaines à M. d'Artois, il lui fut accordé, fur fa demande, des lettres-patentes, au mois de février 1786, par lesquelles ces domaines lui furent encore cédés à titre de fupplément d'apanage, qui, d'après toutes les distractions & remplacemens dont il vient d'être rendu compte, fe trouve aujourd'hui composé.

1°. Du duché d'Angoulême, à l'exception de la vicomté de Limoges & de la forêt de Braconne ;

2°. Du duché de Berri ;

3°. Du comte de Poitou ;

4°. De celui de Ponthieu auquel ont été réunis les mouvances de Saint-Valeri & de Roccayeux, & les domaines de Doullens & de Montreuil-fur-mer.

Les biens & revenus de cet *apanage* confiftent principalement en bois tant futaie que taillis, forges & fourneaux, terres labourables, prés, rentes, redevances, droits de greffes, droits domaniaux & feigneuriaux, tant fixes que cafuels, & dans les droits de centième denier & de mutation des offices & autres.

Suivant les états fournis au comité des domaines par l'administration, du produit & des charges de ces biens, il réfulte que le revenu total, année commune, tant en bois qu'en domaines ruraux & fonciers, cens, rentes, redevances & autres droits tant fixes que cafuels, monte à fept cent quatre-vingt-dix mille deux cent foixante onze liv. quinze fols onze den. ci........790,271 l. 15 f. 11 d.

Les charges à cinq cent cinquante-cinq mille fept cent foixante une livre un fol un den., ci..............................	555, 761	1	1
En forte que le produit net est réduit à deux cent trente-quatre mille cinq cent dix liv. quatorze fols dix den..............	234,510	14	10

Mais il paroît d'abord qu'à l'égard des bois, comme ils ont fucceffivement beaucoup augmenté de valeur dans tout le royaume, on a eu foin, pour affoiblir le produit de remonter jufqu'à celles antérieures à la jouiffance de M. d'Artois, pour en former une année commune. On a pris les mêmes précautions quant aux autres biens, & enfin on a compris, dans les charges, des objets étrangers ; tels que les dépenfes d'évaluations, de chaffes, d'archives, dépenfes qualifiées extraordinaires, & autres de ce genre ; en forte qu'il n'eft pas étonnant que les produits, déja mis bien au-deffous de ce qu'ils font réellement, fe trouvent prefqu'abforbés par des charges idéales ou étrangères.

Le comité des domaines, pour avoir des données plus fûres, a cru devoir recourir aux pièces & renfeignemens qu'il s'eft procurés, tant de l'administration des domaines & de fes prépofés, que de celle des eaux & forêts, du grand-maître & des officiers des maîtrifes dans lefquelles les bois dépendans de l'*apanage* font fitués. Il réfulte du dépouillement de ces états & renfeignemens relatifs aux bois, dont on va donner ci-après le tableau détaillé, que leur quantité totale eft de 85,617 arpens 63 perches, dont en futaie 6,610 arpens 99 perches, & le produit total de 380,340 liv. 9 fols 11 deniers.

ETAT *des bois dépendans de l'apanage de M. d'Artois.*

ANGOUMOIS. Maîtrise	NOMBRE d'arpens de bois-futaie		TOTAL des Bois.		PRODUIT ANNUEL.			OBSERVATIONS.
	a.	p.	a.	p.	l.	f.	d.	
d'Angoulême	»	»	3,665	18	25,559	16	7	Pour éviter un double emploi, on n'a pas porté en ligne de compte le produit des bois des deux maîtrises de Châteauroux & de Vierzon, parce que ces bois sont affectés à l'approvisionnement des forges & fourneaux de Clavières & autres, donnés à ferme avec ces bois; leur produit se trouvera compris dans l'état de celui des domaines foncières: on n'a mis en recette que le prix des ventes de quelques parties de ces mêmes bois, qui ne sont pas entrés dans l'affectation, ni dans les baux, & dont l'année commune de revenu est de 4,500 liv., ainsi qu'il est porté ci-contre.
BERRI. Maîtrises.								
Bourges	»	»	730	»	4,000	»	»	
Vierzon	4,051	8	12,211	80	forges, ci, mem.			
Gruerie d'*Alongny*.	1,802	91	5,017	79	35,000	»	»	
					forges, ci, mém.			
Châteauroux	337	»	22,881	»	4,500	»	»	
Gruerie *de la Châtre & du châtelet*.	»	»	1,018	34	4,300	»	»	
Issoudun	»	»	3,351	25	32,141	13	5	
POITOU. Maîtrises.								
Fontenay-le-Comte.	420	»	5,152	96	37,000	»	»	
Niort	»	»	8,180	»	15,000	»	»	
Guerie d'*Aunay* . . .	»	»	5,000	»	12,000	»	»	
Chatelleraut	»	»	1,257	»	9,200	»	»	
Poitiers	»	»	8,840	»	31,229	»	»	
Abbeville, Ponthieu. .	»	»	8,312	31	170,400	»	»	
TOTAUX	6,610	99	85,617	63	380,340	9	11	

Report	380,340 l. 9 f. 11
A ce produit il convient d'ajouter celui annuel des ventes des chablis & des baliveaux sur taillis, des bois tenus à titres d'engagement; mais comme le comité des domaines n'a pu se procurer de renseignemens bien précis sur ces produits, ils seront tirés par apperçu seulement pour douze mille livres, ci	12,000 » »

Report	380,340 l. 9 f. 11 d.
Plus le revenu des amendes & confiscations prononcées pour délits commis dans les bois de l'*apanages*, qui peut se monter annuellement à cinq à six mille liv., ci	5,000 » »
TOTAL du produit brut des bois	397,340 9 11

Suivant les états de produit d'une année commune

de 15, des bois de l'*apanage*, fournis au comité par l'administration des finances de M. d'Artois, ce produit ne monte qu'à trois cent douze mille neuf cent quatre-vingt-quatorze liv. onze sols un denier...... 312,994 11 1

La différence en moins est de...... 84,345 18 10

D'après les mêmes états remis par l'administration de M. d'Artois, les charges & dépenses relatives aux bois de l'*apanage* montent à 110,515 liv. 15 sols 1 den. Mais suivant ceux adressés au comité, & d'après les renseignemens qu'il a pu se procurer, il lui a paru qu'il y avoit des erreurs, doubles emplois & des dépenses étrangères; en sorte que le montant de ces charges pouvoit être réduit au moins à moitié, & qu'elles ne doivent entrer en compte que pour 55,000 liv., au lieu de 100,515 liv. 15 s. 1 den., à quoi elles se trouvent portées.

RECAPITULATION.

Produit total brut de bois.	397,340	9	11
Total des charges........	55,000	"	"
Reste net............	342,340	9	11

Biens & droits domaniaux de l'apanage.

Le comité n'a pu se procurer d'états ni de renseignemens bien positifs de ces domaines & de leur produit, parce qu'étant sortis, au moment de la formation de l'*apanage*, des mains du roi, les administrateurs ont cessé d'en avoir la régie, qui a passé aux officiers de l'apanagiste. Le comité a eu recours aux états & renseignemens qui lui ont été remis par l'administration des finances de M. d'Artois, dans lesquels il a cru appercevoir qu'on avoit, dans la recette, omis les produits de la pêche & de la glandée. Il résulte au surplus de ces états, que les revenus annuels des domaines & de droits domaniaux de l'*apanage* montant à 477,277 liv. 4 sols 10 deniers, & les charges à 445,245 liv. 6 sols 9 deniers.

SAVOIR.

L'ANGOUMOIS.	26,249l.	6s.	8	30,617l.	7s.	7d.
LE BERRI....	383,712	8	7	189,563	3	9
LE POITOU...	38,581	17	5	181,183	7	7
LE PONTHIEU.	28,733	12	2	43,881	7	10

Total des revenus..	477,277 l.	4 s.	10 d.
Total des charges...	445,245	6	9
Il ne reste de net que.	32,031	18	1

Mais par l'examen que le comité des domaines a fait des différens articles de dépense qui forment la masse énorme des charges, il lui a paru que toutes celles extraordinaires devoient être distraites & retranchées, ainsi que celles des gages des officiers & augmentations, qui sont employées sur les états du roi; qu'il y avoit des erreurs ou doubles emplois, à l'égard de plusieurs autres: qu'enfin ces charges, dans l'état actuel des choses, pouvoient être réduites au moins à moitié de ce à quoi elles ont été portées. Ainsi, les revenus étant de 477,277 liv. 4 s. 10 deniers, & les charges paroissant devoir être réduites de 445,245 l. 6 s. 9 d. à 222,622 l., il en résulte un produit net de 254,655 l., au lieu de 32,031 l. 18 s. 1 denier qu'offre le résultat de compte de l'administration de M. d'Artois, ci.......... 254,655 l.

Il résulte des états de produit, qui ont été remis au comité par l'administration des finances de M. d'Artois, que le revenu d'une année commune des droits de centième denier & de mutation des offices, peut monter à cent dix mille liv., ci.... 110,000

Plus cinquante mille liv. payées à M. d'Artois, à titre d'indemnité de la casualité des offices de finance, supprimés dans son *apanage*, la somme de.................. 50,000

TOTAL des revenus des domaines fonciers & ruraux, ainsi que des droits domaniaux, tant fixes que casuels de l'*apanage* & de la casualité des offices.................. 414,655

Récapitulation de tous les produits & des charges.

BOIS.

Charges.. 55,000 l. Produit. 397,340 l. 9s. 11 d.

DOMAINES.

Charges.. 222,622	Produit. 414,655	»	»
Total des charges... 277,622	Produit total. 811,995	9	11
Total des charges à déduire, ci.	277,622	»	»
Revenu net............	534,373	9	2

Outre les biens & revenus de l'*apanage*, M. d'Artois possède, 1°. les terres de Noyelle, Hiermoin, Coutteville & le Mesnil, enclavées dans le Ponthieu, faisant partie de son *apanage*.

M. d'Artois fit l'acquisition de ces terres en 1777 du sieur Ribaud de Nointel, dont les auteurs les tenoient, à titre d'échange, pour la terre du Pin qu'ils avoient cédée au roi dès 1715.

Le sieur de Nointel avoit prétendu qu'il lui étoit dû une soulte considérable, à raison de la plus-value de la terre du Pin sur celle de Noyelle; en vendant cette dernière terre à M. d'Artois, il lui céda tous ses droits relatifs à cette plus-value.

M. d'Artois a demandé en conséquence qu'il fut procédé aux évaluations, & qu'elles fussent mises à fin.

Des lettres-patentes du mois de septembre 1784, en homologuant ces évaluations, ont définitivement fixé la valeur des terres de Noyelle & dépendances à 160,876 liv. 15 s. 8 d. & celle de la terre du Pin à 310,537 l. 18 s.

Par les mêmes Lettres-patentes, la soulte qu'à M. d'Artois pour la plus-value de la terre du Pin sur celle de Noyelle, a été fixée avec les intérêts de cette plus-value, à compter de 1715, à la somme de 500,000 l. dont le paiement a été ordonné sur le trésor royal, & effectué au profit de M. d'Artois.

2°. 12,708 arpens 75 perches de bois, situés dans le ressort des maîtrises de sainte-Menehould, Vassy & saint-Dizier, cédés par le roi à titre d'échange à M. d'Artois pour les forges de Ruelle & de Fosse-Neuve en Angoumois, qu'il avoit acquises de M. de Montalambert, par contrat du 27 septembre 1774, moyennant la somme de 300,000 liv.

Lors de cette acquisition, ces forges étoient exploitées pour le compte du roi, & tenues à ferme pour trois années du sieur de Montalambert, par bail sous seing privé du 20 septembre moyennant 20,000 l. par an.

Le ministère crut qu'il étoit utile pour le service de la marine que le roi en eût la propriété. M. d'Artois offrit en conséquence de les céder à sa Majesté, à titre d'échange, & il demanda en contr'échange les 12,708 arpens 75 perches de bois ci dessus; ces offres furent acceptées & le contrat d'échange passé le 27 Juin 1776.

Il a été ensuite expédié sur ce contrat des Lettres-patentes en forme d'édit, au mois de Juil et suivant; elles ont été enregistrées à la chambre des comptes de Paris, qui, par arrêt du 31 août aussi suivant, a ordonné que le roi & M. d'Artois jouiroient respectivement des biens échangés, à commencer du premier octobre 1775, par provision seulement.

Il paroît qu'il a été procédé aux évaluations qui n'ont pas été achevées.

Ces bois sont aménagés & divisés en coupes réglées; il résulte de l'état des ventes qui ont été faites dans l'espace de 7 années, depuis & compris 1776, jusques & compris 1782, 1°. que ceux situés dans le ressort de la maîtrise de saint-Menehould,

ont produit..............	537,117 l.	3 s.	9 d.
Ceux de celle de Vassy.	336,991	19	10
Ceux de celle S. Dizier..	577,988	18	8
TOTAL..............	1,452,098	2	3
Dont le septième, pour l'année commune, est de 207,442 l. 11 s. 9 d. ci....	207,442	11	9

Il paroît à propos d'observer que lors du voyage que M. d'Artois fit en Espagne, il eut besoin d'argent pour frayer au dépenses de ce voyage; qu'il offrit de remettre au roi tous les bois des trois maîtrises, moyennant 5,000,000 liv.; que ses offres furent acceptées, & les cinq millions payés; que l'administrateur des domaines eut ordre de faire la régie & la recette du prix des ventes annuelles de ces bois dont le produit s'est porté pour 1783, à 201,838 liv. 11 s. 10 d.; & pour 1784, à 213,475 liv. 13 sols: mais que l'administration des domaines n'avoit pas encore entièrement fait le recouvrement des ventes de 1783, M. d'Artois fut renvoyé en possession de ces mêmes bois, & qu'il fut ordonné que l'administration des domaines lui remettroit les sommes reçues, & laisseroit faire à l'avenir à ses officiers & receveurs la recette comme par le passé, en sorte que la jouissance interrompue de M. d'Artois a été rétablie comme si elle n'avoit pas cessé.

M. d'Artois jouit en outre des baliveaux & futaies sur taillis de 601 arpens de bois engagés, dont les dernières ventes paroissent avoit produit plus de 200,000.

3°. Les domaines de Cognac & de Merpin en Angoumois.

Ces domaines avoient été cédés en 1772 à M. de la Vauguyon, à titre d'échange, pour 700 arpens de bois de la forêt de Sénonches, qu'il avoit acquis du roi peu de temps avant, à l'effet d'opérer cet échange.

M. d'Artois reclama contre cet échange qu'il fit considérer comme un démembrement du duché d'Angoulême, compris dans son *apanage*; pour prévenir toute contestation, M. de la Vauguyon subrogea M. d'Artois à tous les droits résultans de son échange; cette subrogation fut ensuite confirmée par lettres-patentes du 30 septembre 1775.

4°. Les terreins de la Pépinière du Roule & du Colisée, acquis par M. d'Artois de la dame de Langeac & des entrepreneurs de ce Colisée. Ces terreins furent érigés en fief en 1778 & 1780, sous le nom de fief d'Artois.

5°. Les terres de saint-Vallery & de Roccayeux, accquises par M. d'Artois de M. de Rouault en 1780.

6°. Enfin le duché de la Meilleraye, vendu par licitation & adjugé à M. d'Artois par sentence du Châtelet de Paris du 28 février 1776.

En attendant que le comité des domaines puisse mettre sous les yeux de l'assemblée nationale les domaines qui sont possédés par les maisons de Condé, de Conty, de Penthièvre, de Bouillon & autres, soit à titre d'échange, dons, engagemens ou autres titres d'aliénation, il croit devoir observer, que, par contrat du 4 avril 1695, les droit de contrôle des exploits & de petit-scel de la généralité de Berri, ceux de marque de fers qui se fabriquoient dans trois forges de cette province, furent engagés avec d'autres objets à la maison de Condé, moyennant 195,000 liv. de finance principale, & les 2 sols pour liv.

Les seuls droits de contrôle, des exploits & de petit scel faisant partie de cet engagement dont jouit encore aujourd'hui M. de Condé dans le Berri, montent annuellement à plus de 50,000 liv. de revenu, représentatif d'un capital d'un million; tandis qu'ils n'entroient dans la finance de 195,000 livres tout au plus que pour 150,000.

M. de Bouillon possède aussi les droits d'aides du comté & de la ville d'Auxerre, au même titre d'engagement, moyennant 300,000 liv. de finance; ces droits sont d'un produit annuel de 40,000 liv. au moins, représentatif d'un capital de 800,000 liv.

Comme ces droits n'ont jamais pu être valablement aliénés, le comité des domaines a pensé que l'assemblée nationale ne balanceroit pas à ne prononcer la réunion aux revenus nationaux, & à ordonner que dès-à-présent les administrateurs des domaines & les régisseurs généraux feroient faire la perception de ces droits par leurs commis & préposés, pour être versés au trésor public & en compter comme des autres droits de leur régie & administration.

MONTANT de la finance des offices dépendans des apanages & des maisons de MONSIEUR, frère du roi, & de M. d'Artois, suivant les états d'évaluation, qui ont été fournis au comité des domaines.

FINANCES DES OFFICES DE L'APANAGE DE MONSIEUR.

ANJOU......	3,837,552 l.	3 f.	4 d.	13,624,655 l. 18 f. 4 d.
Vendôme....	373,000	»	»	
Maine.......	3,411,774	»	»	
Alençon.....	5,004,623	»	»	
Perche......	997,706	15	»	

OFFICES.

De la maison de MONSIEUR . 1,457,200	» s. » d.		7,189,200	»	»
De celle de MADAME.. 925,000	»	»			
Chambre aux deniers des deux maiso. s 2,067,000	»	»			

FINANCES DES OFFICES DE L'APANAGE DE M. D'ARTOIS.

Berri........2,467,625 l.	10 s.	»	8,739,050	4	»
Angoumois...1,499,991	14	»			
Poitou.......3,762,805	10	»			
Ponthieu.....1,008,627	10	»			

OFFICES.

De la maison D'ARTOIS..4,836,500	»	»	6,428,500	»	»
De celle de MADAME..1,592,000	»	»			

FINANCES DES OFFICES DE L'APANAGE DE M. D'ORLÉANS. 10,017,424 » »

TOTAL........................ 45,958,830 » »

APPEL, s. m. Cette partie d'une procédure par laquelle le condamné à un tribunal demande un second jugement à un autre tribunal.

Séance du premier mai 1790.

La question de l'*appel* est posée en ces termes, y aura-t-il plusieurs degrés de jurisdictions, ou bien l'usage de l'*appel* sera-t-il aboli?

M. *Pison du Galand*. L'*appel* a existé chez toutes les nations où il a existé des tribunaux; il étoit regardé comme le moyen le plus sûr d'arriver à une justice exacte. Je ne croyois pas qu'il pût y avoir sur cela le moindre doute, mais dès qu'il s'élève une question, ce n'est plus l'expérience seule qu'il faut consulter, il faut entendre la raison. Sous les rapports moraux, l'*appel* est avantageux aux citoyens; il amène à la conviction, donne moins l'air de la contrainte aux jugemens. Le juge met plus d'attention dans l'instruction & dans les jugemens des procès. Le juge supérieur voyant dans l'*appel* une espèce de dénonciation, examinera l'affaire avec un respect; pour ainsi dire, religieux. En cause l'*appel*, l'affaire se réduit, elle ne présente plus que des faits simples; la décision des juges est portée d'une manière plus parfaite. Je conclus à ce que l'*appel* soit admis.

M. *de la Rochefoucault*. Vous avez hier décidé les jurés au criminel; il ne peut y avoir d'*appel* avec les jurés, décidez donc qu'il n'y aura pas d'*appel* au criminel, ou plutôt réservez la question, puisque vous avez ordonné la formation d'une nouvelle procédure criminelle; je me restreindrai donc aux causes civiles, qu'est-ce qu'un jugement? C'est l'opinion des hommes chargés de juger; il se prononce d'après la pluralité des opinions, le jugement rendu en dernier ressort pourra donc être prononcé à la minorité des suffrages des deux tribunaux réunis; il faudroit d'ailleurs supposer que les juges d'*appel* seront plus éclairés que les juges d'instance; pourra-t-on le penser, si ceux-ci ont obtenu la confiance publique. Je pense donc qu'il ne doit pas y avoir d'*appel*.

M. *Barnave*. Je ne crois pas que l'*appel* doit être une question sérieuse, après que vous avez rejetté les jurés en matière civile, les premiers juges; plus rapprochés des justiciables, pourront avoir des motifs d'intérêts, de préférence ou de haine, & vous livreriez sans retour les citoyens aux effets que ces motifs pourroient produire. Le juge d'*appel*, plus éloigné d'eux, échappera plus aisément à la séduction.

L'instruction des affaires se fera d'une manière

plus exacte, quand le juge d'instance craindra la censure du tribunal d'*appel*. La voix de la révision ne supplée pas au second degré de jurisdiction, elle n'aura d'effet que sur l'application de la loi au fait reconnu & sur la forme. Le juge pourra, en observant les formes, échapper à la révision, & l'injustice triomphera. L'objet direct du tribunal de cassation ou de révision, est d'assurer l'uniformité de la loi, & d'empêcher ces interprétations qui varient avec les juges & avec les pays. Ce tribunal sera nécessairement unique, & il seroit physiquement impossible qu'on y portât toutes les causes d'*appel*. On demande si les juges, en seconde instance, seront plus éclairés que les autres. On craint l'aristocratie des tribunaux; mais sans doute d'après l'organisation que vous donnerez à l'ordre judiciaire, les juges auront seulement la supériorité de l'âge, de l'expérience & des lumières, & cette supériorité ne peut humilier personne; vous ne pouvez donc pas vous dispenser, soit pour la liberté individuelle, soit pour l'unité de jurisprudence, d'admettre l'*appel*. Le jugement par jurés au criminel rend en cette matière l'*appel* impossible. jamais on appellera du jugement des jurés sur le fait; les formes & l'application de la loi appartiennent aux juges, & cette partie du tribunal de révision. Ainsi, je pense qu'il faut décréter l'*appel* au civil, sauf les exceptions particulières qui pourront être jugées nécessaires, & sans rien préjuger en matière criminelle.

M. *Pétion de Villeneuve*. On vous a dit que les premiers juges seroient circonspects, quand ils craindroient la censure des juges supérieurs; les premiers juges, a-t-on dit encore, seront plus rapprochés des justiciables, & ne pourront se défendre d'influences étrangères : les juges d'*appel* seront-ils exempts de passions; les *appels* multiplieront les frais, favoriseront l'homme riche, écraseront le pauvre & tous les malheureux; vous les consacrez par une institution parfaitement inutile, est-il nécessaire, en effet, de rendre des jugemens qu'avec la volonté des parties; je pense donc qu'il ne doit pas y avoir deux degrés de jurisdiction. On pourroit obtenir les avantages qui faisoient desirer un tribunal d'*appel* en établissant des juges d'instruction, qui décideroient provisoirement les affaires sommaires; les autres affaires ainsi instruites, seroient portées aux tribunaux.

On ferme la discussion.

L'assemblée délibère & décrète, qu'il y aura deux degrés de jurisdiction en matière civile, sauf les exceptions particulières qui pourront être décrétées, & sans entendre rien juger en matière criminelle.

ARCHIVES NATIONALES. On s'en est occupé avec quelque soin, pour la première fois, le 19 mai 1790 & dans le mois de Septembre suivant, c'est-à-dire, dans les séances du 4 & du 7, on en a ordonné l'organisation.

M. *Gossin*, Messieurs : j'ai à vous proposer au nom du comité constitutionel des finances un plan d'organisations des *archives nationales*.

M. *Lacheze*. Je demande avant tout qu'il soit décrété que, un membre de l'assemblée ne pourra accepter la place d'archiviste.

Plusieurs membres appuyent cette motion. Mais une grande partie de l'assemblée demande la question préalable, elle est mise aux voix & la motion de M. Lacheze est rejettée.

M. *Lavie*. L'assemblée en rejettant la motion a fait une chose sage.; mais elle n'a point fait assez pour être juste, je demande qu'il soit voté des remercimens à M. le Camus pour les soins qu'il a donné aux *archives nationales*.

Cette proposition est décrétée au milieu des applaudissements d'une grande partie de l'assemblée.

Le plan présenté est décrété après une légère discussion, ainsi qu'il suit. --- ART. I. Les archives nationales sont le dépôt de tous les actes qui établissent la constitution du royaume, son droit public, ses loix, sa distribution en département. II. tous les actes mentionnés dans l'article précédent, seront réunis dans un dépôt unique, sous la garde de l'archiviste national, qui sera responsable des pièces confiées à ses soins. III. L'archiviste nommé par l'assemblée à ses successeurs seront perpétuels. En cas de vacance de cette place, il y sera pourvu, soit par l'assemblée nationale, soit par les législatures suivantes; la nomination sera faite au scrutin, & il faudra pour être nommé, réunir la majorité absolue des voix. En cas de plaintes graves, l'archiviste pourra être destitué par une délibération prise pareillement au scrutin & à la majorité des voix. IV Indépendamment de l'archiviste, l'assemblée nationale nommera pour le temps de ses séances, & chaque législature nommera également pour le temps de sa durée deux commissaires pris dans son sein, lesquels prendront connoissance de l'état des archives, rendront compte à l'assemblée de l'état dans lequel elles seront, & s'instruiront de l'ordre qu'il y sera gardé, de manière qu'ils puissent remplacer momentanément l'archiviste, en cas de maladie ou d'autres empêchemens, auquel cas ils signeront l'expédition des actes. V. L'archiviste sera tenu d'habiter dans le lieu même où les archives sont établies, il ne pourra s'en absenter que pour cause importante, & après en avoir donné avis aux commissaires. Il sera obligé aux réparations locatives de son logement personnel, il ne pourra accepter aucun autre emploi ni place, la députation à l'assemblée nationale excepté.

ARLES. *Voyez*, TROUBLES.

ARMÉE, s. f. Nous ne parlerons ici que de l'*armée* de terre ; on pourra voir au mot MARINE, ce qui concerne celle de mer ; sous celui d'ARTILLERIE, nous rapporterons les débats qui ont eu lieu sur cette importante partie de l'*armée*. Voyez encore GARDE NATIONALE & FORCE PUBLIQUE.

L'assemblée constituante s'est occupée de changer l'organisation de l'*armée* dès le mois de novembre 1789 ; la discussion n'a cependant commencé à avoir quelque intérêt sur cet objet, qu'au commencement de 1790.

Il n'est point de sujet, si l'on en excepte les finances, qui ait donné lieu à autant de projets, de mémoires, que celui de l'*armée*. Nous ne croyons pas devoir les transcrire tous ; seulement nous ferons connoître les principaux, & sur-tout ceux qui ont été imprimés par ordre de l'assemblée.

Séance du 19 Novembre 1789.

M. le marquis de Bouthillier, au nom du comité militaire. Votre comité militaire m'a chargé de vous rendre compte de ses vues sur l'organisation & le recrutement de l'*armée* ; ce travail a été concerté avec le ministre du département de la guerre & les personnes les plus instruites dans l'art militaire.

Messieurs, le système politique de la France ne doit point être, sans doute, de faire des conquêtes ; mais entourée de voisins puissans qui entretiennent constamment sur pied des *armées* si considérables, que la paix ne peut être regardée, pour ainsi dire, que comme une suspension d'hostilités, sa prudence & sa sûreté exigent impérieusement, non-seulement qu'elle ait toujours un état de force suffisant pour leur en imposer & pour se défendre, mais encore que cette puissance militaire, réduite pendant la paix aux simples besoins du service, puisse être augmentée facilement d'un moment à l'autre dans la proportion nécessaire pour aller au-devant des ennemis, les attaquer dans leur propre pays, & les empêcher par-là de pénétrer dans nos provinces frontières, & de les dévaster en y établissant le théâtre de la guerre.

Nous aurons l'honneur de mettre incessamment sous vos yeux, nos réflexions sur la force nécessaire de l'*armée* active à entretenir en tout temps, sur le pied auquel il faudroit la porter en cas de guerre, & sur la composition de l'*armée* auxiliaire, inactive pendant la paix, mais toujours prête, au premier signal, à fournir les moyens d'augmentations que les circonstances de guerre pourroient rendre indispensables. Ces deux *armées* vous paroîtront sans doute nécessitées par notre situation politique, par nos rapports avec nos voisins, & par la position même de nos frontières.

Mais avant d'entrer dans ces détails, il est des bases préliminaires à établir, sans lesquelles nous ne pourrions marcher qu'au hasard.

La constitution à donner à l'*armée*, les détails qui en sont la suite, & la fixation des dépenses qu'elle doit occasionner, dépendent essentiellement des moyens à employer pour sa formation & pour son entretien : c'est à vous, messieurs, à prononcer sur ces moyens.

Comment l'*armée* sera-t-elle recrutée ?

Voilà la première question que nous avons cru devoir soumettre à votre décision.

Tout citoyen doit contribuer proportionnellement, & sans exemption, à toutes les charges publiques ; c'est pour lui, non-seulement un devoir, mais un droit. Ce principe, dicté par la justice, faisant essentiellement la base de tout contrat social, a été consacré par vos décrets. L'entretien de l'*armée* est une charge publique ; tout citoyen doit donc y concourir de sa personne ou de sa fortune. Ce principe ainsi posé, établit deux manières de pourvoir à l'entretien de l'*armée* ; la première, par un service personnel, auquel chaque citoyen seroit obligé, soit en personne, soit par un représentant avoué & fourni par lui ; la seconde, par des enrôlémens volontaires à prix d'argent, au moyen desquels ceux qui voudroient servir, recevant la somme fixée pour leurs engagemens, sur les fonds des contributions aux charges publiques fournies proportionnellement par tous les citoyens, acquitteroient ainsi à leurs décharges, le service personnel réellement dû par chacun.

Nous allons mettre successivement sous vos yeux, les avantages & les inconvéniens de ces deux moyens : ils tiennent trop essentiellement à l'ordre civil, puisqu'ils intéressent la population, pour que nous ne nous permettrions pas de vous les présenter avec tous les développemens dont ils nous ont paru susceptibles.

Service personnel. Le service personnel exigé de tous les citoyens, soit en personne, soit par un représentant avoué & fourni par eux (car il paroîtroit juste d'accorder cette facilité à ceux que leurs affaires, leurs habitudes & leur genre de vie même rendroient peu propres ou peu disposés au métier des armes), réuniroit sûrement de très-grands avantages. En fixant, avec toutes les précautions nécessaires, les moyens de l'inscription à faire sur des registres publics, à tenir à cet effet, de tous les citoyens sans aucune exemption quelconque, que celle du monarque & de l'héritier présomptif de sa couronne, en chargeant de ces détails & de leur surveillance, les municipalités & les assemblées provinciales, en ordonnant que ces registres seroient toujours tenus publiquement pour éviter les abus & ôter toute possibilité de faveur, en déterminant la manière dont chacun seroit commandé à son tour ; enfin, en fixant, par des loix sages, tous les détails qui pourroient y être relatifs ; l'exécution d'un pareil système pourroit n'être pas très-difficile.

En déterminant à quatre ans la durée du service personnel, il en résulteroit une charge bien légère pour chaque individu. D'après les calculs de population du royaume, on ose assurer, que même en supposant dix années de guerre sur les vingt ou vingt-deux ans pendant lesquels chaque individu pourroit être tenu à servir, aucun ne seroit dans le cas d'être commandé une seconde fois. Quatre années de service acquitteroient conséquemment la dette de chaque citoyen envers la patrie, & certainement ce sacrifice ne doit pas paroître exorbitant à des cœurs françois: un pareil moyen procureroit, sans contredit, à l'*armée*, une espèce d'hommes, meilleure & plus sûre que celle qu'elle obtient du recrutement à prix d'argent, en usage dans le systême actuel, puisqu'elle ne seroit, plus composée que de propriétaires & de domiciliés, ou, au moins, de gens avoués par eux, & reconnus susceptibles de les représenter par les municipalités ou assemblées chargées de cette surveillance. Les dépenses de l'entretien de l'armée diminueroient considérablement. Le citoyen servant personnellement ou par représentant, seroit soldé, mais ne seroit plus acheté, & cette dépense supprimée épargneroit au trésor public trois millions à-peu-près, auxquels montent à présent, tous les ans, les frais des enrôlemens à prix d'argent. Le service personnel, exigé sans exemption de tous les citoyens, fourniroit facilement à toutes les augmentations successives que les besoins d'une guerre pourroient nécessiter dans l'*armée*. Toutes les classes des citoyens quelconques y contribuant, personne ne pourroit être humilié d'y être assujetti. Chacun ayant le droit de se faire représenter par un avoué, personne ne pourroit se plaindre d'être obligé de se livrer à une profession à laquelle il ne seroit pas appelé par son inclination. En composant l'*armée* de toutes les classes des citoyens, on rendroit au métier de soldat la considération qu'il devroit avoir, un meilleur esprit s'introduiroit dans les troupes; & en limitant à quatre ans, au lieu de huit, le temps de service à faire par chacun, on diminueroit prodigieusement les funestes effets de la désertion. Elle tient principalement au caractère du François: il chérit la liberté & calcule toujours avec peine le sacrifice trop long qu'il en a fait souvent trop légèrement. Cette maladie fâcheuse, qui enlève à présent annuellement à l'état environ trois mille citoyens qui vont grossir à nos dépens les troupes de nos voisins, seroit par-là bien diminuée, dans le cas même où elle ne seroit pas totalement détruite par cette réduction du temps forcé de service, & par l'amélioration du sort du soldat. Enfin, en établissant que tous les célibataires marcheroient seuls, ou tout au moins en totalité, avant qu'aucun homme marié puisse être appelé au service, il en résulteroit que tel homme jouissant d'une fortune honnête, & qui par goût se seroit déterminé au célibat, se marieroit pour être dispensé de servir personnellement: ainsi cette loi militaire seroit encore, sous ce point de vue, aussi avantageuse à la population qu'à la composition de l'*armée*.

Si cette manière de recruter offre les avantages détaillés ci-dessus; elle peut aussi rencontrer de grands obstacles dans son exécution; & dans une question aussi importante & aussi constitutionnelle, il est sage de ne pas se décider avant d'avoir pesé même jusqu'aux plus légers inconvéniens.

Pour établir avec équité la répartition du service personnel sur tous les individus qui devroient y concourir, il faut qu'elle se fasse d'abord sur toutes les provinces du royaume. Quelle proportion conservera-t-on dans cette répartition? Sera-ce celle de leur population? Elle seroit juste, sans doute, si tous les individus quelconques de l'âge prescrit pouvoient marcher; mais si l'on ne peut exiger le service que de ceux qui auront la complexion & la taille nécessaires au métier habituel des armes, cette base cesseroit d'être équitable; il est évident, d'après le relevé de la population militaire des différentes provinces, que le nombre des hommes en état de faire la guerre, n'est pas, dans chacune d'elles, dans leur même rapport que leur population respective. Dans les provinces du nord de la France, il n'existe qu'un septième des hommes que leur défaut de taille ou leurs infirmités mettent hors d'état d'être soldats, tandis que dans les provinces du midi, ils y existent sur le pied d'un cinquième. Un homme petit & foible n'en doit pas moins, dira-t-on, contribuer aux charges publiques; il pourra se faire représenter par un avoué, cela est vrai; mais, si sa fortune ne lui permet pas cette dépense, il faudra donc qu'il marche en personne; & si tous ceux qui sont dans ce cas composoient les *armées*, quel service en pourroit-on attendre? Premier inconvénient du service personnel.

La population de chaque province servant de base au contingent d'hommes qu'elle devroit fournir, il en résulteroit que chacune d'elles contribueroit au recrutement de l'*armée* dans sa proportion respective avec les autres; mais toutes n'ont point l'esprit également militaire, toutes par leurs habitudes actuelles ne se consacrent pas de même à cet état. L'expérience démontre que les habitans du nord de la France sont non-seulement plus propres au service, mais encore qu'ils ont plus de goût pour cet état, puisqu'ils y contribuent dans une proportion beaucoup plus considérable par la voie des engagemens volontaires. Pour rendre cette vérité plus sensible, nous allons vous rapporter des faits pris d'après les relevés comparatifs qui en ont été faits au mois de mai dernier, par l'auteur du mémoire qui vous a été présenté sur la population du royaume. Ces faits sont constatés par le tableau qu'il en a rédigé avec toutes les connoissances qu'il a acquises par un travail réfléchi sur cette partie intéressante, trop long-temps négligée, & qu'il a, pour ainsi dire, tirée du chaos dans lequel l'insouciance & la négligence du gouvernement l'avoient laissé plongée trop long-temps. Il est démontré par ce tableau, que les seize généralités du nord, sur une population connue de 14,641,285 ames, fournissent à l'*armée* 98,068 hommes, c'est-à-dire, un sur 149 $\frac{1}{3}$, tandis que les quinze généralités du midi, sur une population de 10,420,598 ames, n'en fournissent que 37,278, c'est-à-dire, un sur 279 ½. Si l'on avoit obligé ces généralités du nord & du midi à fournir, chacune en raison de leur population respective, les 135,346 François qui composoient réellement l'*armée* à cette époque, il en seroit résulté que les seize généralités du nord auroient dû fournir 79,070 hommes, & les quinze généralités du midi 56,276 hommes, c'est-à-dire, 18,998 hommes de moins par les premières, & pareille quantité de plus par les secondes. Les arts, le commerce, l'industrie, l'agriculture même, ont pris dans chacune de ces provinces, le niveau de la quantité de bras qu'elles ont à y employer. En suivant ce systême, & d'après ces calculs, les seize provinces du nord seroient surchargées de 18,998 hommes qu'elles ne pourroient occuper, & qui, portés par inclination au service militaire, iroient en chercher chez les puissances voisines: car il n'est pas vraisemblable que les citoyens des provinces, répondant des avoués par lesquels ils se feroient représenter, voulussent les choisir parmi des étrangers à leur canton, qu'ils ne connoîtroient pas, où qu'ils pussent les prendre dans d'autres provinces, qui, voyant par-là diminuer la masse de leurs contribuables au service personnel, ne voudroient pas certainement le souffrir.

Les quinze provinces du midi, au contraire, obligées de fournir un nombre d'hommes excédant de beaucoup la proportion dans laquelle elles sont dans l'usage de contribuer habituellement à présent au service, éprouveroient un déficit considérable dans leurs travaux ordinaires, ce qui deviendroit très-préjudiciable à leurs intérêts. Ce contraste, messieurs, vous paroîtroit encore plus frappant, si au lieu de vous le présenter en masse, on vous en offroit l'application particulière à quelques provinces: par exemple, l'Alsace, sur une population de 654,881 ames, fournit par le recrutement volontaire 10,657 soldats; par le service personnel, n'en donneroit plus que 5339, tandis que la généralité d'Auch, sur 887,731 ames, n'en fournit que 1413, & seroit obligée d'en donner 5683. Combien de difficultés ne rencontreroit-on pas pour changer les habitudes de ces deux provinces, & y rétablir le niveau! Second inconvénient du service personnel.

La majeure partie des recrues que l'on fait à présent, est composée d'artisans, d'ouvriers, presque tous habitans des villes dans lesquelles ils passent successivement, en faisant ce qu'ils appellent leur tour de France; le besoin, le libertinage même les y font engager: ce sont des hommes déjà perdus pour les campagnes qu'ils ont abandonnées, & pour l'agriculture dont ils ont craint les travaux. Errant continuellement de villes en villes, n'ayant, pour ainsi dire, de domicile fixe dans aucune, ils ne pourroient être inscrits sur aucun registre public de service personnel, & cette classe d'hommes, étant, pour ainsi dire, perdue pour lui (car aucun citoyen, sans doute, ne voudroit choisir parmi ces coureurs un avoué dont il répondroit), forceroit à enlever réellement aux campagnes plus de bras qu'elles n'en fournissent actuellement. Les villes, aujourd'hui, contribuent ainsi de près des deux tiers au recrutement de l'*armée*; d'après les bases de la population, elles en fourniroient à peine le cinquième: quel tort cela ne feroit-il pas à l'agriculture, non-seulement en lui enlevant des bras nécessaires, mais encore en dégoûtant de ses travaux des hommes qui en ayant perdu l'habitude, pendant le temps de leur service, dans l'oisiveté des garnisons, y seroient peut-être peu propres à leur retour? Troisième inconvénient du service personnel.

La majeure partie des citoyens, accoutumée à un autre genre de vie que l'état de soldat, quitteroit avec peine ses travaux, ses foyers, ses habitudes ordinaires; elle chercheroit à se faire représenter. Chacun, répondant de son avoué, ne voudroit prendre que quelqu'un dont il croiroit pouvoir être sûr; il voudroit choisir dans sa province, dans son canton même. Les hommes dans le cas de servir ainsi, sentant la nécessité dont ils seroient, voudroient tirer parti du besoin qu'on auroit d'eux; ils feroient la loi; les gens aisés ne regarderoient pas à la dépense pour avoir un homme qu'ils croiroient sûr. En vain les ordonnances fixeroient le prix des avoués; il s'établiroit bientôt à un taux plus haut que celui auquel il seroit déterminé. La généralité de Lille, par exemple, engage pour ses milices actuelles. Chaque homme lui revient, l'un dans l'autre, à plus de 320 liv., tandis que les recrues de l'*armée* ne coûtent que de 120 à 130 liv. On voit par-là, que si le trésor public se trouve en apparence soulagé par la suppression des dépenses du recrutement à prix d'argent, dont il ne feroit plus les fonds, elles monteroient à des sommes bien plus considérables payées par les particuliers; ce qui reviendroit au même dans le fait, attendu que ce qui seroit ainsi payé par eux particulièrement, n'en doit pas moins être regardé comme une charge publique, qu'ils seroient obligés de supporter sous une autre dénomination. Quatrième inconvénient du service personnel.

Enfin, le service personnel, quelques précautions qu'on prenne pour le répartir également, plaira-t-il à toutes les provinces? Les milices actuelles ne marchoient pas. Quel effroi cependant ce service, susceptible au plus d'être prévu, n'inspiroit-il pas! combien de réclamations n'excite-t-il pas dans tous nos cahiers, qui demandent sa destruction? Que seroit-ce donc, si ces mêmes provinces, peu militaires sans doute, & c'est le grand nombre, se voyoient assujetties de droit à un service actif, & qui tireroit de leurs foyers des citoyens peu curieux de ce métier, ou les obligeroit à se procurer, à prix d'argent, un avoué dont ils répondroient! Pour établir le service personnel avec les avantages qu'on auroit droit d'en attendre, il faut droit changer les esprits, les habitudes, les préjugés de ces provinces; & malheureusement une pareille révolution n'est pas l'ouvrage d'un jour : on ne peut espérer de la produire que successivement; & si l'on vouloit mettre ce systême en vigueur, avant qu'elle fût opérée, on exposeroit l'*armée* à manquer de soldats dès la première année, & peut-être même verroit-on dans l'intérieur du royaume, renaître les mêmes troubles qui ont été occasionnés sous Louis XIV & sous Louis XV, par le rétablissement des milices. Ces observations méritent, sans doute, d'être pesées dans votre sagesse, & nous avons cru devoir vous les présenter.

Le recrutement à prix d'argent, véritable représentation du service personnel, a, sans doute, aussi ses inconvéniens, ses abus & ses avantages : il ne prive réellement les campagnes, que des hommes que la paresse ou le libertinage rendent peu propres à ses travaux, & en arracheroient volontairement, pour aller chercher dans le tumulte & l'oisiveté des villes, un genre de vie plus propre à leurs inclinations. Il offre une ressource aux ouvriers qui, manquant quelquefois de travail, seroient forcés d'employer tous les moyens pour leur subsistance, si celui-là ne venoit pas s'offrir à eux dans ces momens. Il ne les rend pas inutiles à leur profession, qu'ils peuvent exercer, quoique soldats. Il ôte aux citoyens tout l'embarras d'un service personnel rigoureusement dû par tous, pour défendre leurs foyers, mais susceptible de leur paroître un attentat contre leur liberté, lorsqu'il s'agit de les abandonner dans des momens de paix, qui ne donnent à craindre aucune hostilité, ou pour aller défendre des provinces qui, quoique faisant partie du même empire, semblent pourtant étrangères à leurs yeux par la distance qui les en sépare. Il les délivre de l'inquiétude de répondre des avoués par lesquels ils pourroient se faire représenter. Enfin, étant volontaire, il ne pèse réellement sur aucune partie du royaume, puisqu'il n'enlève de fait à chaque province, pour ainsi dire, que le superflu de sa population. Voilà ses avantages.

Les moyens employés pour y parvenir sont vicieux, il est vrai : les recruteurs, peu délicats sur le choix des moyens, pourvu qu'ils procurent des hommes, favorisent le libertinage, & le provoquent même, par les engagemens conditionnels qu'ils se permettent. Ils emploient la fraude, souvent la violence, toujours la séduction. Répandus en grand nombre, sur-tout dans les grandes villes, ils y trafiquent ouvertement des hommes, ils en établissent un commerce entre eux; & cette manière de travailler, également immorable & fâcheuse pour les villes dans lesquelles ils sont établis, devient en même temps très-dispendieuse pour les régimens qui les emploient, & par conséquent pour l'état qui les paie. Mais ces inconvéniens tiennent plus aux abus qu'au moyen en lui-même : on peut les prévenir par des loix sages, en interdisant aux recruteurs les grandes villes, telles que Paris, Lyon, Bordeaux, Marseille, dans lesquelles, en raison de leur grandeur, se commettent les plus grands abus; en chargeant leur police d'y faire elle-même les enrôlemens, & d'y établir des dépôts dans lesquels les régimens le plus à proximité se fourniroient; en affectant même, s'il étoit possible, des provinces au recrutement de chaque régiment en particulier, ou au moins en ordonnant que désormais les officiers, bas-officiers & soldats à employer comme recruteurs, ne pourront l'être que dans les bourgs, villes ou provinces dont ils sont domiciliés, ce qui est facile, puisque l'*armée* est composée d'officiers & de soldats de toutes les parties du royaume. On remédieroit à beaucoup de ces abus : des étrangers à un pays s'y permettent souvent des malversations que des compatriotes, ayant des intérêts à ménager, s'interdisent. Enfin, en enlevant, pour ainsi dire, les recruteurs à la discipline de leurs régimens, qu'ils reconnoissent seule à présent, & à laquelle ils trouvent si facilement le moyen de se soustraire, en raison de l'éloignement qui les en sépare, en les subordonnant immédiatement aux polices ou municipalités des villes dans lesquelles ils recrutent, en leur prescrivant les moyens qu'ils pourroient employer, en les assujettissant à des formalités rigoureuses & indispensables, leur ministère perdroit bientôt l'odieux qu'ils font rejaillir sur des corps qui presque toujours les désapprouveroient, s'ils étoient instruits de leur manière de travailler.... Mais toutes ces précautions pour empêcher les abus, appartiennent au détail de la loi. Si vous adoptez ces moyens, nous aurons l'honneur de les mettre sous vos yeux; en attendant, nous ne devons ici que vous présenter ses avantages & ses vices.

L'espèce d'hommes procurée par les enrôlemens à prix d'argent, est encore un des inconvéniens qu'on leur reproche. Elle est moins bonne, sans doute, qu'elle ne seroit, si chaque citoyen acquittoit lui-même sa contribution à la défense de l'état, par un service personnel; mais, du moment qu'on permettroit à chacun de se faire représenter, quelque précaution que l'on pût prendre pour rendre le choix des avoués le meilleur qu'il seroit possible, pourroit-on croire que l'espèce des soldats deviendroit différente? Ceux qui s'engagent à présent, seroient les avoués des citoyens qui ne voudroient pas marcher eux-mêmes, & l'*armée* seroit toujours, comme elle l'est aujourd'hui, à l'exception de quelques régimens qui se permettent de prendre tous les hommes qu'ils rencontrent, composée de fils, frères & parens de ceux qu'on regarde avec raison comme la classe précieuse de la nation, lesquels, par paresse ou libertinage, abandonnant les travaux de la campagne, se consacreroient à ce genre de vie; & la seule différence, peut-être, ainsi qu'il a déjà été dit ci-dessus, est que la dépense de leurs enrôlemens, payée par ceux qui se feroient représenter par eux, coûteroit plus cher qu'elle ne coûte à présent.

Le recrutement à prix d'argent ne peut pas fournir à l'entretien de l'*armée*; les régimens sont incomplets : c'est encore une objection qu'on fait contre lui. Ce ne sont pas les moyens employés pour faire les recrues, qu'il faut en accuser tout-à-fait ; la principale cause de cet incomplet se trouve dans l'intérêt même des régimens.

Payés de leurs masses au complet, quel que soit leur effectif réel, ils en ont un grand à diminuer les dépenses qui deviennent d'autant moins considérables, en raison du moindre nombre d'hommes qu'ils ont à entretenir. Il existe des régimens qui n'ont aucun recruteur soldé, qui n'emploient pour ce service, les officiers, bas-officiers & soldats, que dans les provinces même de leur domicile, qui ont, par ces moyens seuls, souvent excédé le complet, & qui y seroient toujours si les intérêts de leur administration ne le leur interdisoient pas.

L'état du soldat amélioré par un traitement plus fort, par la proscription des minuties & de l'arbitraire de la discipline, rendu plus honorable par de nouvelles loix mieux appropriées au caractère de la nation, & par la certitude d'avancement qu'on donnera à ceux qui voudront embrasser cette profession; la considération qu'on pourra lui rendre pendant qu'il l'exercera, ou après qu'il l'aura quittée ; les facilités plus grandes & moins coûteuses qu'on pourra lui donner pour l'abandonner avant la fin de son engagement, lorsque ses affaires l'exigeroient, contribueront, sans doute, à une meilleure composition, & à procurer des ressources d'hommes plus abondantes, en décidant à cet état, devenu plus honnête, une classe de citoyens que le systême actuel devoit nécessairement en écarter.

Telles sont, messieurs, les observations que nous avons cru devoir vous présenter : c'est à vous à prononcer sur l'adoption d'un de ces deux moyens; l'un & l'autre sont indiqués dans les différens mémoires qui vous ont été distribués par leurs auteurs. Après les avoir discutés avec la plus grande attention & avoir vérifié tous les calculs des différens tableaux de population & de recrutement, rassemblés par les ordres de M. le comte de la Tour-du-Pin, avec un soin d'autant plus digne d'éloges, qu'il est le premier des ministres du département de la guerre, qui soit parvenu à mettre à fin le travail important des recherches comparatives sur la population des différentes parties du royaume, & sur les rapports nécessaires de l'ordre civil à l'ordre militaire ; nous nous sommes résumés à penser, ainsi que ce ministre l'annonce lui-même, page 3 de son mémoire :

1°. Que le recrutement habituel de l'*armée* active devoit continuer & avoir lieu par des enrôlemens à prix d'argent pendant la paix, & même le plus long-temps possible pendant la guerre, ainsi que pour toutes les augmentations successives que ces momens pourroient exiger, sauf les modifications de détails nécessaires pour détruire les abus des moyens actuels, & les améliorer en les appropriant davantage aux intérêts particuliers des provinces, & en les leur rendant moins à charge.

2°. Que le service personnel obligé, susceptible de paroître attaquer en quelque sorte la liberté des citoyens, ne devoit jamais être employé sans nécessité, & qu'on ne pouvoit en faire usage que pour la composition des milices nationales destinées à la sûreté intérieure de chaque province, & tout au plus pour celle de l'*armée* auxiliaire, laquelle ne sortant pas de ses foyers pendant la paix, & n'étant assujettie à aucun service, doit être uniquement regardée comme une ressource dans des momens de danger, pendant lesquels chaque individu doit des efforts extraordinaires à la patrie, & même qu'on ne devoit employer ce moyen pour la formation de cette *armée* auxiliaire, véritable remplacement des milices actuelles, que dans le cas où elle ne pourroit pas être formée par des moyens en argent, ainsi que le demandent presque tous nos cahiers.

Voilà, messieurs, l'opinion de votre comité. Lorsque votre décret prononcé à ce sujet nous aura fait connoître vos intentions, nous aurons l'honneur de mettre sous vos yeux nos observations sur les détails relatifs à l'usage à faire de ces deux moyens, selon que vous jugerez à propos d'adopter l'un ou l'autre, ou de les combiner ensemble. Nous attendons votre décision; elle nous est indispensable pour nous mettre en état de vous présenter un travail sur l'organisation des *armées* actives & auxiliaires nécessaires à entretenir.

Séance du 18 novembre 1789.

M. Dubois de Crancé, au nom du comité militaire. Messieurs... M. de Bouthillier vous a rendu compte des bases sur lesquelles le comité militaire s'étoit concerté avec le ministre de la guerre, pour la nouvelle composition de l'*armée* : quelque importantes que soient vos occupations, vous ne pouvez refuser à ce travail une sérieuse attention. Je ne vous dissimulerai pas que l'armée est dans un désordre inexprimable ; vous sentez que des hommes sans patrie, sans domicile fixe, uniquement contenus par une discipline sévère, & quelquefois injuste, lorsque les liens de cette discipline sont rompus, peuvent devenir infiniment dangereux aux intérêts de la société. Vous avez d'ailleurs à considérer deux choses : vous desirez jouir de votre liberté & de tous les droits de citoyens, sous l'empire des loix ; & nos troupes sont gouvernées par un régime despotique.

L'exemple de tous les siècles nous apprend les malheurs qu'une force aveugle a su accumuler sur les têtes des peuples ; & le premier qui en a soudoyé un autre pour défendre ses foyers & sa liberté, a forgé le premier anneau de la chaîne dont il a fini par être accablé.

Les rois, instruits dès leur enfance à se croire supérieurs à tout, souffrent impatiemment le joug de la loi. Leurs ministres sont sans cesse occupés, tantôt sourdement, tantôt avec l'appareil de la toute-puissance, à étendre leur autorité. Combien de fois la défense de la patrie a-t-elle servi de prétexte aux plus violentes usurpations ? eh ! qui ne sait pas que les triomphes de Louis XIV ont été plus funestes à la liberté politique de la France, que les malheurs de Charles VII ?

Il est donc de votre sagesse, messieurs, de combiner vos besoins & vos dangers ; une vieille routine a trop long-temps abusé les nations : vous devez à l'Europe un grand exemple ; & l'ouvrage que vous avez commencé est trop beau pour ne pas y donner la dernière main. Les ministres sont très-disposés à tous les sacrifices que les circonstances exigent ; & nous devons à M. de la Tour-du-Pin la justice de déclarer que son intention est d'améliorer le sort du soldat, celui même des officiers ; de rendre les emplois militaires au mérite & à l'ancienneté, & de supprimer toutes les places aussi dispendieuses qu'inutiles. L'harmonie qui règne sur ces détails, entre ce ministre patriote & votre comité, vous assure que nous pouvons incessamment mettre sous vos yeux l'organisation complette de l'*armée* françoise.

Il s'agit en ce moment de nous procurer les moyens d'arrêter la dissolution des troupes, qui est vraiment effrayante, & de consacrer à perpétuité les principes fondamentaux & constitutionnels de la partie défensive de la France.

C'est sur ces bases que les membres de votre comité diffèrent d'opinion ; M. de Bouthillier vous a présenté les inconvéniens de la conscription militaire, le danger des convulsions qui peuvent résulter d'une masse de milices armées, toujours actives : quelques membres du comité ont cru l'un & l'autre nécessaires au maintien de la liberté publique ; mais avant de développer leurs motifs, permettez-moi, messieurs, de réduire ces questions.

Aurez-vous une *armée* de stipendiaires, égale en paix & en guerre ?

Cette *armée* sera-t-elle entièrement recrutée à prix d'argent, ou sera-t-elle composée de citoyens soumis à une conscription ?

Dans le cas où vous jugeriez convenable de n'entretenir que moitié de l'*armée* sur pied, en temps de paix, avec quoi la completterez-vous au premier bruit de guerre ?

Etablirez-vous la presse comme en Angleterre ? Conserverez-vous le régime du tirage au sort ? L'étendrez-vous à toutes les classes de citoyens ? Enfin, votre intention est-elle d'entretenir toujours sur pied des milices nationales pour la police intérieure du royaume, & pour opposer la force à la force, dans le cas où, pour quelque cause que ce fût, la liberté publique seroit en danger ?

Voilà, messieurs, les grands objets préliminaires que vous avez à discuter, sur lesquels je vous prie de me permettre quelques réflexions.

Dans un moment où la nation vient de fonder sa liberté sur les débris de tous les pouvoirs arbitraires, la France ne doit pas cesser d'allier le respect & l'amour qu'elle a pour son roi, avec la majesté de sa constitution. Elle doit veiller dans un silence imposant, jusqu'à ce que le temps & l'opinion aient consolidé ce grand ouvrage, & que les ennemis de la patrie, disparus de la surface du globe, aient fait place à de meilleurs citoyens.

Si la nation s'endort, son sommeil sera celui de la mort.... Voilà mon avis.

Dans cette position dangereuse, quel parti indiquent à la France la prudence & la raison ? un seul, celui de rester sous les armes, si elle ne veut pas reprendre des fers plus pesans que ceux qu'elle portoit. L'organisation des milices est donc nécessaire pour la liberté de la nation, & par conséquent pour son repos.

Il ne seroit pas exact de comparer ces soldats citoyens, que des principes sages & constitutionnels vont établir, à cette insurrection subite & désordonnée, que la crainte de l'oppression a fait éclorre en un jour.

Il seroit encore moins exact de comparer ces nobles milices aux tristes victimes du despotisme, qui, le cœur glacé, & d'une main tremblante, consultoient l'urne fatale, & tomboient sans connoissance entre les bras de leurs parens éplorés, à l'aspect du billet noir. C'est maintenant un droit de tous les François de servir la patrie ; c'est un honneur d'être soldat, quand ce titre est celui de défenseur de la constitution de son pays.

Je dis que dans une nation qui veut être libre, qui est entourée de voisins puissans, criblée de factions sourdes & ulcérées, tout citoyen doit être soldat, & tout soldat citoyen, sinon la France est arrivée au terme de son anéantissement. En vain présenteroit-on en opposition les tristes résultats du moment présent ; l'affaissement du pouvoir exécutif est dû à l'abus qu'on a voulu en faire ; le mépris des loix à la conduite des juges, l'horreur des distinctions politiques aux exactions des hommes puissans qui les ont poussées jusqu'à la dégradation de la nature humaine ; la perte du crédit national à la dilapidation des revenus publics, & aux opérations usuraires des gens de finance ; enfin la disette (même au sein de l'abondance) & les mouvemens populaires qu'elle occasionne ; aux manœuvres les plus coupables des ennemis du bien public.

Cessons donc de calomnier ce pauvre peuple ; moi j'admire son courage & sa patience, & je défie qu'on me cite une nation, qui, ayant à lutter à-la-fois contre une aussi énorme masse de conjurations, ait su élever sa grandeur sur leurs débris avec autant de sagesse & aussi peu de cruauté.

Certes, je l'avouerai, l'anarchie est un fléau, mais la constitution d'un grand peuple peut-elle changer entièrement, sans qu'il y ait un intervalle entre la désorganisation & le rapprochement des parties ? Si l'on jette sa vue sur les siècles futurs, cet instant n'est qu'un éclair ; il ressemble à la secousse qui déplace les montagnes & les fait rentrer dans les entrailles de la terre, pour offrir à ses habitans un nouveau sol plus ferme, & désormais sans danger.

M. le comte de la Tour-du-Pin a présenté au comité une très-belle organisation d'*armée*; mais ses bases sont les mêmes que celles de l'an dernier. Cette *armée* doit être composée de cent cinquante mille hommes, & M. de la Tour-du-Pin avoue qu'au premier bruit de guerre, il faut pouvoir amalgamer à cette *armée* cent vingt mille hommes de milices. C'est-là le nœud gordien : cette difficulté n'est pas vaincue, & nous en attendons la solution de votre sagesse.

Il ne suffit pas d'avoir composé avec sagacité, dans le silence du cabinet, une force militaire de trois cens mille hommes à choisir sur vingt-quatre millions d'habitans. Toutes les convenances d'un plan peuvent être très-estimables & faciles à saisir ; mais il y a souvent une grande distance de la formation d'un projet à son exécution, & c'est cette exécution qui me paroît problématique.

1°. Les provinces souffriront-elles dans leur sein des recruteurs de tous les régimens, de tous les pays, qui chercheront à abuser de l'effervescence des passions des jeunes gens pour les enlever de force, ou par ruse, à leurs parens ?

2°. Les provinces souffriront-elles qu'une *armée* de cent cinquante mille hommes, qu'elles soudoient pour la défense de leurs propriétés, n'étant composée que de gens sans aveu, sans domicile fixe, aveuglément dévoués à la main qui les conduit, puisse, à tout instant, envahir la plus précieuse de leur propriété, la liberté publique ?

3°. Les provinces souffriront-elles que, dans toutes les villes fermées, des régimens étrangers à l'intérêt du pays, usurpent l'autorité municipale ; & sous le prétexte de la conservation de la place, vexent arbitrairement les bourgeois ? Je sais qu'on m'opposera l'obligation que contracteront les troupes d'exécuter les loix nouvelles ; mais les loix ne peuvent prévoir tous les cas, & il est bien facile d'en abuser, quand on a la force en main, & peut-être le consentement tacite de l'autorité.

4°. Les provinces souffriront-elles que, pour l'intérêt des entrepreneurs des vivres ou de fourrages, l'argent qu'elles paient pour la solde des troupes soit consommé hors de leur sein, tandis qu'elles manquent elles-mêmes de consommateurs, & par conséquent, de ce qui nourrit l'agriculture & reproduit les moyens d'acquitter l'impôt ? En supposant tous ces obstacles levés, messieurs, nous n'aurons encore rien fait, car le plus difficile du problême reste à résoudre ; c'est la composition des cent vingt mille hommes de milice, qui doivent, en cas de guerre, recruter l'*armée*.

Je n'imagine pas que l'administration veuille encore s'appesantir sur le moyen du tirage au sort ; cet impôt désastreux doit être relégué dans la classe de la taille, de la gabelle & de la corvée ; ce sont des monstres que la constitution doit étouffer. Il faut donc une conscription, & c'est ici, messieurs, que votre sagesse doit éviter un dangereux écueil ; car le mode de cette conscription sera l'abus le plus condamnable du pouvoir arbitraire, ou l'acte du patriotisme le plus éclairé.

S'il existe encore un vestige de privilèges, un moyen quelconque de se soustraire à la charge de citoyen ; si l'on n'inscrit sur les registres municipaux que le nombre d'individus nécessaires au recrutement de l'*armée*, en cas de guerre ; si ces individus, sans armes en temps de paix, sans moyens de défense, ne sont qu'un troupeau dévoué aux volontés de l'autorité, les bons citoyens feront bien de quitter la France, pour y renvoyer ces fugitifs agens de l'oppression, que le cri de leur conscience en avoit éloignés ; car le retour aux anciens principes ne tarderoit pas à se tenter, & je crois qu'il ne peut s'effectuer aujourd'hui sans un déchirement cruel & incommensurable.

Il faut donc une conscription vraiment nationale, qui comprenne la seconde tête de l'empire & le dernier citoyen actif. Il faut que chaque homme, dès que la patrie sera en danger, soit prêt à marcher. Si vous tolérez une fois les avoués, les remplacemens, tout est perdu ; de proche en proche, tous les riches voudront se soustraire au service personnel, & les pauvres resteront seuls chargés de cette fonction, si noble pour un peuple libre : alors le métier des armes retombera dans son avilissement ; le despotisme en profitera, & vous redeviendrez esclaves. Mais, dira-t-on, comment incorporer cette milice avec notre *armée*, si cette *armée* n'est pas citoyenne, si elle n'est pas purgée de tous les vices qui l'ont infectée jusqu'ici ? est-il un patriotisme qui tienne à l'horreur de la corruption des mœurs ? est-il un père qui ne frémisse d'abandonner son fils, non aux hasards de la guerre, mais au milieu d'une foule de brigands inconnus, mille fois plus dangereux ? J'en conviens, & j'ajouterai même que si on m'oppose la discipline, je répondrai que c'est un motif de plus de terreur : des songes funestes me présenteront sans cesse mon fils entraîné par son inexpérience & de fausses sugestions, périssant de la main du bourreau ; & dès-lors, plus de repos pour moi.

C'est d'après ces considérations, qui me paroissent d'une haute importance, que je supplie l'assemblée de peser dans sa sagesse les bases d'organisation que je prends la liberté de lui soumettre.

J'établis pour axiome, qu'en France tout citoyen doit être soldat, & tout soldat citoyen ; ou nous n'aurons jamais de constitution.

Il n'en résulte pas que nous devions arracher sans cesse aux travaux de l'agriculture & du commerce, ni aux autres fonctions utiles que ce vaste empire offre à l'industrie, des bras essentiels. Eh ! à quoi serviroit la liberté, si l'on tarissoit les sources du bonheur ? Mais je pense que l'état militaire françois doit être divisé en trois parties, tellement organisées qu'elles puissent, sans effort, sans subir une trop grande métamorphose, ne faire, au besoin, qu'un seul & même corps, n'ayant qu'un même esprit, également intéressé à se réunir sous l'étendard du patriotisme, aux ordres du chef de la nation. Je crois donc que, pour rendre la France respectable au-dedans & au-dehors, nous devons présenter à ses ennemis un front de cent cinquante mille hommes de troupes réglées, destinées à couvrir nos frontières, & à se porter par-tout où l'exigera sa défense, ou l'attaque combinée par le pouvoir exécutif suprême. Ces troupes, en temps de paix, peuvent ne coûter guère plus de 60 millions, & je le prouverai quand on voudra; il faut placer, en seconde ligne, dans ce tableau, cent cinquante mille hommes de milices provinciales, destinées à doubler l'*armée* active, dès que les circonstances l'exigeront, & qui ne coûteront rien.

Enfin, je propose une troisième ligne de plus de douze cens mille citoyens armés, prêts à défendre leurs foyers & leur liberté envers & contre tous.

Pour former cette troisième ligne, tout homme en état de porter les armes, ayant droit d'électeur, père de famille ou célibataire, jeune ou vieux, sera inscrit au rôle de sa municipalité; il aura son fusil, son sabre & son fourniment, mais son activité, sur la foi des traités & la protection de la loi: voilà ce que j'appelle *la garde nationale*, & le sceau véritable de la constitution. Cette garde s'assemblera une fois par an, pour recevoir le serment des jeunes gens qui acquerront le droit & la qualité de citoyens.

Les milices provinciales seront composées de tous les célibataires actifs de chaque département depuis dix-huit ans jusqu'à quarante. Ceux-ci seront enrégimentés sous des chefs nommés par la garde nationale, & aux ordres immédiats de leur municipalité ou canton. Il n'existera pour eux aucun autre engagement; ils seront libres de prendre parti dans les troupes de ligne, de changer même de province, suivant leur intérêt; mais tant qu'un homme n'aura pas quarante ans, ou qu'il ne sera pas marié, il ne pourra se dispenser du service qui lui sera commandé.

Ces milices, dans les villes, s'assembleront une fois toutes les semaines, en été, pour exercer en commun; elles seront chargées de la police, & de veiller à la tranquillité des citoyens. Enfin, elles seront destinées à compléter l'*armée*, à raison du besoin, en temps de guerre, à tour de rôle, & à commencer par les plus vieux.

Les milices des villages seront simplement agrégées à celle du chef-lieu de leur canton, elles ne feront point de service, leurs armes seront déposées au chef-lieu du district; mais il y aura dans chaque village six hommes choisis, tous les ans, & armés pour prêter main-forte à la police.

Je pense qu'avec cette composition, & le corps des pionniers sans cesse sur les routes, qu'on peut enrégimenter, il n'y aura aucun besoin de maréchaussée à l'avenir.

Enfin, les 150 mille hommes de troupes réglées seront recrutés par engagement volontaire sur toutes les classes de citoyens; mais chaque régiment d'infanterie ou de cavalerie, particuliérement affecté à une province, ne pourra être composé en officiers & soldats, que d'individus domiciliés dans cette province, & jamais, excepté en temps de guerre, ces régimens ne pourront être en garnison à plus de vingt ou trente lieues du chef-lieu de leur département. Je n'entrerai pas dans de grands détails sur cet objet, je m'engage de les fournir à l'assemblée dès qu'elle l'exigera; mais j'insiste d'autant plus particuliérement sur cette composition, que je la regarde comme la solution du grand problême; comme la base d'une excellente organisation, d'une confraternité qui, en rendant la France inattaquable, est le plus sûr rempart de la liberté publique; je vois dans cette composition tout ce qui peut consoler de l'absence, & amalgamer sans effort, au premier bruit de guerre, les troupes de ligne avec les milices provinciales de chaque canton. Je crois que la France, en adoptant ce systême, pourroit réaliser, pour son compte, la paix de l'abbé de S. Pierre; car quelle puissance oseroit ne pas rechercher l'alliance d'une nation qui peut déchirer les flancs de ses ennemis avec trois cens mille hommes, & opposer à ses frontières une barrière de plus de douze cent mille.

Je sais que le rapport de M. de Bouthillier présente de très-sérieuses objections contre ce plan; je vais rappeler les plus importantes; j'y en ajouterai même de nouvelles, & j'y répondrai succinctement.

Par ce régime, dit-on, nous n'avons plus d'*armée*, plus d'unité d'exécution; les provinces s'isoleront, elles refuseront de marcher pour secourir une autre province trop éloignée pour que le feu de la guerre puisse les atteindre. Par caprice elles résisteront au souverain, se croiront fortes des troupes qui, au moyen de cette composition, seront toujours à leurs ordres en cas d'insurrection, & forceront la puissance royale à des exécutions sanglantes pour les réduire à l'obéissance; le soldat deviendra casernier, indiscipliné; l'officier négligera sa troupe pour s'occuper de ses intérêts. Il arrive à la guerre que des régimens sont plus exposés que d'autres au feu de l'ennemi, il y en a qui sont écrasés, & cet évènement peut dépeupler une province. Les recrues, dans certains cantons, enléveront des bras nécessaires au commerce & à l'agriculture, si chaque province fournit un contingent calculé sur sa population, tandis qu'elles laisseront dans d'autres, des hommes oisifs sans ressource, qui seront obligés de s'aller vendre à l'étranger; enfin l'établissement des milices nationales actives peut exciter des désordres, des troubles locaux, qui se propagent & finissent par incendier le royaume.

Pour répondre complètement à ces objections, il faudroit entrer dans de grands détails & développer les principes du régime social; mais je serois coupable d'abuser des momens précieux de l'assemblée.

Je m'apperçois que ce mémoire est déja trop long ; &, pour mon propre intérêt, je dois abréger. Je répondrai donc succinctement, que pour opérer un si grand changement, il n'est pas nécessaire de détruire *l'armée*, mais simplement d'appliquer à chaque régiment le nom d'un département, & de commencer à n'y recevoir que des officiers & soldats domiciliés dans chaque département.

L'unité d'exécution tient essentiellement à l'unité de principes, & la France en donne en ce moment un assez bel exemple ; comment imaginer qu'à l'avenir, lorsque tous les droits, tous les intérêts seront communs, une province veuille s'isoler & faire exception ? La loi, qui est l'expression de la volonté générale, qui ne peut léser aucun intérêt particulier, puisque tous y sont librement soumis, & profitent également de sa protection, inspire aux peuples le respect qu'on porte à la Divinité. Ce sentiment d'ailleurs est renforcé par celui de la reconnoissance ; & lorsqu'on fait une loi pour son bien-être, y obéir est un droit, & jamais un devoir pénible.

Prenons garde que l'abus du pouvoir est souvent mis à la place de l'autorité légitime, & que pour en éviter la secousse, le grand moyen est de se mettre en état de n'en avoir rien à redouter.

Je conviens que les troupes seront peut-être un peu moins marionnettes, que les pompons seront négligés, mais l'homme sera mieux soigné ; mais l'espèce sera régénérée ; mais les mœurs plus pures exigeront une discipline moins sévère, & j'espère qu'il ne sera pas rare de trouver des soldats dignes d'être officiers.

Les pertes de la guerre sont un malheur inséparable de ce fléau ; mais celui qui a fait dignement son métier laisse toujours à ses parens un motif de consolation. Lorsqu'un régiment aura été trop fatigué, on le fera sortir de ligne : il est du devoir du pouvoir exécutif de n'être pas prodigue d'un sang que ses sujets offrent si généreusement au salut de la patrie.

Le chapitre des recrues ordinaires ne me paroît pas plus embarrassant. J'ai entendu comparer l'Alsace au pays d'Auch, & j'ai seulement vu que l'Alsacien, plus paresseux ou moins industrieux, préféroit le métier des armes à tout autre. Pour décider cette question, il faut éprouver quelque temps la révolution que fera dans les esprits la constitution ; elle doit avoir une grande influence sur l'agriculture, sur le commerce & sur l'esprit militaire. Le pis-aller sera de recruter de préférence en Alsace, soit notre artillerie, soit nos troupes légères, dont la composition ne peut être la même que celle des troupes dites *nationales* ; & ce moyen absorbera le superflu de population de ces cantons privilégiés par la nature.

Enfin les milices nationales, dit-on, peuvent exciter des troubles ; c'est une hypotèse gratuite : je ne vois à leur composition qu'un moyen d'ordre & d'équilibre, que le germe du patriotisme, l'usage habituel de l'obéissance, & le respect pour tout ce qui doit être sacré à des cœurs françois.

Je propose donc que l'assemblée décrète :

1°. Que tout homme ayant droit d'électeur & en état de porter les armes, sera inscrit au rôle de sa municipalité, comme garde nationale, & que le roi sera supplié d'aviser aux moyens de pourvoir incessamment chaque citoyen des armes nécessaires à sa défense, sur la demande & aux frais de chaque département.

2°. Que tout homme libre depuis dix-huit ans jusqu'à quarante, sera inscrit comme faisant partie de *l'armée* active, & destinée à repousser les efforts de l'ennemi de l'état ; qu'en conséquence il soit incessamment proposé à l'assemblée, par son comité, un plan d'organisation de ces milices provinciales.

3°. Que les conventions & traités faits avec les Suisses & Grisons, seront respectés ; que la nation les approuve, & que le roi sera supplié de les renouveller au besoin.

4°. Que, excepté les bataillons légers, toute l'infanterie françoise sera divisée en régimens nationaux, dont chacun sera attaché à un, deux, ou même trois départemens, & en portera le nom.

5°. Que pour compléter les régimens nationaux, les officiers ne pourront être choisis, & les soldats recrutés que dans les départemens dont le régiment portera le nom.

6°. Que la composition de la cavalerie sera renouvelée sur les mêmes principes que l'infanterie, à l'exception des régimens de chevaux-légers.

7°. Que les régimens nationaux, soit en cavalerie, soit en infanterie, ne pourront, en temps de paix, être en quartier à plus de trente lieues du chef-lieu de leur département.

8°. Que cette base étant adoptée, le comité fixera l'emplacement de chaque corps de toutes les armes, de concert avec un député de chaque département.

9°. Que le nombre des troupes en activité, sera fixé à cent cinquante mille hommes au plus, compris la maison du roi.

10°. Que le sort des soldats & celui des officiers, les moyens d'avancement & de retraite, seront fixés par des ordonnances primaires & constitutionnelles, d'une manière indépendante du caprice & de la légéreté des supérieurs.

11°. Que les lois militaires qui régiront *l'armée*, seront déterminées & arrêtées par l'assemblée.

12°. Qu'aussi-tôt après que le travail du comité aura été agréé de l'assemblée & du pouvoir exécutif, lecture en sera faite en chaque quartier, aux troupes actuellement en activité, & le serment exigé.

13°. Qu'il sera demandé à chaque individu s'il desire s'incorporer au régiment du département dans lequel il est domicilié, ou s'il entend rester attaché au département dans lequel il se trouve ;

14°. Que la même proposition sera faite aux officiers & bas-officiers, pour être remplacés dans le même grade, s'il y a lieu.

15°. Que les agens du pouvoir exécutif seront tenus de prendre les précautions nécessaires pour que ces changemens amiables se fassent librement & sans danger pour la chose publique.

16°. Enfin qu'il sera sursis à la nomination de tous les emplois militaires, jusqu'après l'établissement de la nouvelle constitution.

Séance du 12 décembre 1789.

M. le comte de Crillon. De tous les départemens, celui de la guerre offre le plus d'économie à faire. Cependant ces économies ne peuvent être effectuées qu'on n'ait préalablement prononcé sur l'organisation de *l'armée* : il est donc instant de s'en occuper, afin de diminuer, s'il est possible, les charges du peuple, par la suppression des dépenses inutiles. D'ailleurs, l'état de *l'armée* exige qu'on l'organise; les désertions, l'indiscipline de quelques corps sollicitent une prompte organisation.......

M. Dubois de Crancey. Il s'agit d'arrêter l'organisation des troupes, & d'établir les bases de la constitution militaire. Il faut que les dispositions qu'on croira convenables, s'allient avec la liberté. Si la nation ne veut pas rentrer dans les fers, elle doit rester sous les armes; notre tranquilité, notre sureté réclament la conservation des milices nationales.... C'est un honneur d'être soldat, quand ce titre est celui de défenseur de la plus belle constitution de l'univers: tout citoyen doit être soldat, tout soldat doit être citoyen; sinon le citoyen sera toujours l'esclave du despotisme, le soldat en sera toujours l'instrument.

M. de la Tour-du-Pin a fait part au comité d'un plan, dans lequel on trouve avec étonnement les idées de l'année dernière, quand nous sommes éloignés de cette époque de dix siècles. Il demande cent cinquante mille hommes de troupes, telles que celles qui existent, & cent vingt mille hommes de milice. Les premières, selon ce plan, sont toujours composées de gens sans aveu, sans domicile, prêts à attaquer la liberté comme à la défendre. L'indécente vexation des recrues est le seul moyen proposé pour former cette *armée*......... Les cent vingt mille hommes de milice seront produits par une espèce d'imposition sur les hommes, dont le sort fera la répartition.....

Cette odieuse pratique est un véritable outrage; elle ne pouvoit exister qu'à la faveur du despotisme: il ne doit pas même en être question quand il s'agit de liberté. La conscription militaire est le seul moyen de former les milices; chaque citoyen doit toujours être prêt à marcher pour la défense de son pays: il ne faut consentir à aucun remplacement, il ne faut point admettre des *avoués*, comme l'a proposé M. de Bouthillier. Bientôt les pauvres seroient seuls chargés du service militaire; bientôt la liberté seroit compromise.

Comment d'ailleurs incorporer la milice telle que je la conçois, avec les troupes réglées actuellement existantes? Comment faire marcher l'homme sans aveu, dont la paresse a fait la vocation, qui souvent s'est fait soldat pour éviter des punitions civiles, qui enfin a vendu sa liberté, avec l'homme qui s'arme pour défendre la sienne?...

MM. le duc de Mortemart, de Juigné, de la Queuille, de Pannat, &c. prétendent que l'orateur insulte le militaire. L'un veut qu'il soit rappellé à l'ordre, l'autre qu'il soit tenu de faire des excuses au corps respectable qu'il a outragé; d'autres demandent si ce travail est le rapport du comité militaire, & annoncent que le comité le désavoue.

M. le président rappelle que M. de Bouthillier ayant fait, il y a quelque temps, un rapport au nom du comité, M. Dubois de Crancey annonça que ce travail n'avoit pas réuni l'approbation de tous les membres, & demanda à y répondre. Il fait en ce moment cette réponse. On insiste pour que M. de Crancey soit rappellé à l'ordre. L'assemblée décide qu'il n'y a pas lieu à délibérer sur cet objet.

M. Dubois de Crancey, continue. Je me suis engagé de répondre au mémoire de M. le comte de la Tour-du-Pin, sur la question importante des milices nationales; je le prie d'excuser ma franchise & même mes erreurs; je ne puis avoir en vue que le bien public. Arrêté dans ma carrière militaire par M. de Saint-Germain, j'ai depuis long-temps perdu de vue les grands principes de ce ressort puissant du gouvernement. Sans espérance pour ma fortune, je suis également sans intérêt: je dois donc dire ce que je crois la vérité, & je ne crains point de la dire à un ministre patriote. Dans toute autre circonstance, je ne devrois que des éloges à un plan qui améliore le sort des soldats, & celui même des officiers, dans une proportion sagement combinée; j'admirerois le dévouement à la chose publique d'un ministre qui renonce, en faveur du service, au plus doux dédommagement de ses travaux pénibles, celui de nommer à tous les emplois militaires; je serois bien plus étonné encore de cette réforme de tant de grandes places, inutiles à la vérité, mais qui flattent d'autant plus celui qui les donne, que ceux qui les reçoivent sont illustres & puissans. J'avoue que dans le systême ancien, ce plan m'auroit paru le chef-d'œuvre de la justice, de la raison & de la probité.

Mais dans un moment où la nation vient de fonder sa liberté sur les débris des pouvoirs arbitraires, pour ne pas être forcée d'écraser ses détracteurs, ou risquer d'être leur victime, la France ne doit cesser d'allier le respect & l'amour qu'elle a pour son roi avec la majesté de sa constitution. Il ne seroit pas exact de comparer ces citoyens, que des principes sages & constitutionnels vont établir, à cette insurrection subite & désordonnée que la crainte de l'oppression a fait éclorre dans un jour. — Il ne seroit pas plus exact de comparer ces nobles milices aux tristes victimes du despotisme, qui, le cœur glacé, & d'une main tremblante, consultoient l'urne fatale, & tomboient sans connoissance dans les bras de leurs parens éplorés à l'aspect du billet noir. Je dis que c'est maintenant un droit de tous les François de servir la patrie; c'est un honneur d'être soldat, quand ce titre est celui de défenseur de la plus belle constitution du monde entier. — Je dis que dans une nation qui veut être libre, entourée de voisins puissans, criblée de factions sourdes & ulcérées, tout citoyen doit être soldat, & tout soldat citoyen, sinon la France est arrivée au terme de son anéantissement. Injustement présenteroit-on en opposition les tristes résultats du moment présent; l'affaissement du pouvoir exécutif est dû à l'abus qu'on a voulu en faire; le mépris des loix, à la conduite des juges; l'horreur des distinctions politiques, aux exactions des hommes puissans, qui les ont poussées jusqu'à la dégradation de la nature humaine; la perte du crédit national, à la dilapidation des revenus publics & aux opérations usuraires des gens de finance; enfin la disette (même au sein de l'abondance) & les mouvemens tumultuaires qu'elle occasionne, aux manœuvres les plus coupables de tous les ennemis du bien public. — Cessons donc de calomnier ce pauvre peuple; moi, j'admire son courage & sa patience, & je défie qu'on me cite une nation qui, ayant à lutter à la fois contre une aussi énorme masse de conjurations, ait su élever sa grandeur sur leurs débris avec autant de sagesse & aussi peu de cruauté.

Certes, je l'avouerai, l'anarchie est un fléau; mais la constitution d'un grand peuple peut-elle changer entiérement, sans qu'il y ait un intervalle entre la désorganisation & le rapprochement des parties? Jettons un coup-d'œil sur les siècles futurs, & nous verrons que cet instant est un éclair semblable à la secousse qui déplace les montagnes, & les fait rentrer dans les entrailles de la terre, pour offrir à ses habitans un nouveau sol plus ferme, & désormais sans danger. Je reviens à l'examen du plan de M. le comte de la Tour-du-Pain: je conviens que c'est une très-belle organisation d'armée, mais ses bases sont les mêmes que celles de l'an dernier, quoique nous soyons à dix siècles de l'an dernier. Cette armée doit être de 150 mille hommes, & au premier bruit de guerre il faut pouvoir y amalgamer 120 mille hommes de milice ». — C'est l'exécution de cette partie du plan qui paroît problématique à M. de Crancé, & il en donne les cinq raisons suivantes:

1°. Les provinces souffriront-elles dans leur sein des recruteurs de tous les régimens, de tous les pays, qui chercheront à abuser de l'effervescence des passions des jeunes gens, pour les enlever de force ou par ruse à leurs parens?

2°. Les provinces souffriront-elles qu'une armée de 150 mille hommes, qu'elles soudoient pour la défense de leurs propriétés, n'étant composée que de gens sans aveu, sans domicile fixe, aveuglément dévoués à la main qui les conduit, puisse, à tout instant, envahir la plus chère de leurs propriétés, la liberté publique?

3°. Les provinces souffriront-elles que dans toutes les places fermées, des régimens étrangers à l'intérêt du pays, usurpent l'autorité municipale; & sous le prétexte de la conservation de la place, vexent arbitrairement les bourgeois? Je sais qu'on m'opposera l'obligation que les troupes contracteront d'exécuter les loix nouvelles; mais les loix ne peuvent prévoir tous les cas; & il est bien facile d'en abuser, quand on a la force en main, & peut-être le consentement tacite de l'autorité.

4°. Les provinces souffriront-elles que, pour la commodité des entrepreneurs de vivres, de fourrages, l'argent qu'elles paient pour la solde des troupes, soit consommé hors de leur sein, tandis qu'elles manquent elles-mêmes de consommateurs, & par conséquent de ce qui nourrit l'agriculture, reproduit les denrées & les moyens d'acquitter les impôts?

5°. En supposant tous ces obstacles levés, nous n'avons rien de fait, car le plus difficile du problême reste à résoudre; c'est la composition des 120 mille hommes de milice, qui doivent, en cas de guerre, recruter l'armée. Je n'imagine pas qu'on veuille encore s'appesantir sur le moyen du tirage au sort; cet impôt désastreux doit être relégué dans la classe de la taille, de la gabelle & de la corvée. Il faut donc une conscription, &c.

M. Dubois de Crancey finit par présenter un projet de décret conforme aux principes qu'il a développés, au nom du comité militaire, dans la séance du 18 novembre 1789.

M. le Marquis d'Ambly. La constitution militaire est très-importante, il faut y réfléchir mûrement. Chacun peut faire des plans; mais il n'est pas donné à tout le monde d'en présenter qui soient convenables. J'en ai un aussi, & je l'offrirai à l'assemblée, s'il le faut.

M. le baron de Menou. Notre but doit être la conservation de la liberté. Il faut donc que l'organisation militaire ne puisse jamais fournir des moyens d'oppression.

Défendre la patrie, tel est le premier des devoirs. Quand un peuple est peu nombreux, tous doivent porter les armes; quand il l'est trop, ce devoir doit être à la fois rempli par un petit nombre. Le plus sûr moyen d'être libre, consiste à avoir des armées de citoyens ; la liberté demande donc la conscription militaire.

L'armée doit être, en temps de paix, de 120,000 hommes, tant d'infanterie que de cavalerie. En temps de guerre, elle doit être portée à 200,000 hommes.

Tout citoyen ayant atteint l'âge de 15 ans, le roi & l'héritier présomptif de la couronne exceptés, seront inscrits sur un registre public. On formera une milice nationale de 150,000 hommes ; elle se renouvellera tous les trois ans : on ne sera dispensé du service qu'à l'âge de 50 ans.

L'armée agissante & soldée sera du nombre exprimé ci-dessus. Chaque citoyen servira pendant un temps déterminé, après lequel il sera exempt de service. S'il ne peut servir lui-même, il fournira un avoué connu & agréé de la commune de son domicile ; ou bien il paiera, une seule fois, une contribution qui ne pourra pas s'élever à plus de 200 liv.

Avec ce plan, on auroit des armées excellentes, quoique peu nombreuses, & qui seroient certainement les soutiens de la liberté... On éviteroit les engagemens immoraux, dangereux, inconstitutionnels... Les milices étoient avilies, il faut qu'il soit avilissant d'être déchu du droit de servir la patrie... Les paysans ne craindront plus d'avoir des enfans livrés dès leur naissance au despotisme... Les gardes nationales, ces établissemens précieux auxquels nous devons en partie notre liberté, seroient assujetties à un régime calme & uniforme.... La conscription militaire favorise le despotisme chez quelques peuples, parce qu'elle y est une loi du despote ; elle devient la sauve-garde de la liberté lorsqu'elle est ordonnée par la nation..... Vous avez à choisir entre l'armée royale du despotisme & l'armée citoyenne de la liberté...

Sance du 15 décembre 1789.

M. le duc de Liancourt. Pour qu'une *armée* soit bien constituée, elle doit être *organisée* de manière à servir les loix, sans pouvoir leur nuire. — Il se borne à examiner la question du mode de recrutement de l'*armée*. Il la considère sous ses rapports constitutionnels & sous ses rapports militaires.

Sous le rapport de la constitution, la conscription militaire attaque dans leurs principes l'égalité des droits & la liberté.... Elle est employée en Suisse ; c'est un moyen violent & factice ; pour procurer avec économie une *armée* à un petit état. En Prusse, tout homme qui possède un fonds de vingt-quatre mille livres, ou qui est commerçant, est exempt de la conscription militaire. On la propose en France, sans aucune des exceptions nécessaires à la prospérité d'un état, & on veut l'établir avec plus de rigueur qu'elle ne l'a été nulle part par le despotisme.

La conscription produiroit une mauvaise *armée* & répandroit la discorde dans les provinces & dans les familles. Elle n'a pu s'établir en Hongrie ni en Brabant : à Rome les mères coupoient le pouce à leurs fils pour les soustraire à cette institution, ce qui s'appelloit *pollex truncatus ;* origine du vilain mot françois *poltron.*

Par le moyen de l'engagement volontaire, la liberté la plus générale seroit assurée à chaque individu. De bons citoyens deviendroient de bons soldats : on pourroit augmenter la paie d'un tiers. Les troupes auroient toujours les mêmes quartiers ; chaque militaire pourroit chaque année passer six mois dans ses foyers ; il auroit la liberté de se marier & d'avoir un domicile fixe. Ainsi, devenu citoyen sous tous les rapports, il seroit plus intéressé à la défense de sa patrie.

Je propose d'adopter le mode de recrutement par engagemens volontaires ; de laisser au comité de constitution l'organisation des milices nationales, & de charger le comité militaire de la constitution de l'*armée*, en limitant toutefois son travail aux bases, & en renvoyant les détails au pouvoir exécutif.

L'impression de ce discours est demandée & ordonnée. *Voyez* RECRUTEMENT.

M. le vicomte de Mirabeau. J'ai été étonné de voir invoquer la liberté pour établir le plus dur esclavage. Si l'imposition représentative de la corvée étoit changée en un service personnel de trois jours seulement, vous diriez que vous êtes esclaves : on vous demande un service militaire de six années ; & l'on veut que vous soyez libres... L'armée est sans discipline ; la subordination est perdue ; le péril est pressant : rendez aux chefs leur autorité, & le danger disparoîtra. Je demande un décret à cet égard.

On propose de faire imprimer ce discours : cette proposition n'est point accueillie.

M. le vicomte de Beauharnois. Que l'*armée* soit assez forte pour nous empêcher d'être conquis, mais point assez pour conquérir ; le maintien de la liberté est attaché à cette porportion, le corps législatif doit donc fixer cette mesure ; il doit aussi déterminer la somme à laquelle doivent s'élever les dépenses de l'*armée*. Telles sont les bases constitutionnelles auxquelles le pouvoir exécutif doit être servilement assujetti... La déclaration des droits a appellé les citoyens à tous les emplois ; l'honneur de consacrer la vie à la défense de sa patrie est le plus sacré de nos droits politiques ; il ne faut donc consacrer aucune de ces ordonnances exclusives qui ont fait si long-temps la vicieuse existence des troupes privilégiées. Notre travail doit donc porter sur la force de l'*armée*, sur le prix qu'elle doit coûter, sur le mode de la recrute. Pour mettre de l'ordre dans ces opérations, je propose de décréter, 1°. que le comité militaire, prenant en considération le système politique de l'Europe & l'état actuel des finances, sera tenu, de présenter incessamment son travail sur le nombre de troupes qui doivent composer l'*armée* : 2°. qu'il offrira un plan de milices nationales sur le principe que le roi & l'héritier présomptif de la couronne pourront seuls être exempts du service personnel; cette milice ne se rassemblera chaque année que pendant un court espace de temps; le nombre des individus qui la composeront, sera au moins double de l'*armée* active : 3°. renvoyer les détails au pouvoir exécutif, qui se conformera aux décrets de l'assemblée : 4°. rendre de nouveau les ministres responsables, lorsque, par des ordonnances particulières, ils compromettront les principes de l'égalité politique, & tendroient à détruire la liberté nationale.

M. le baron de Vimpfen propose de décréter, 1°. que le comité militaire offrira les moyens de recruter l'*armée* d'une manière telle que cet enrôlement n'ait ni les inconvéniens de la conscription militaire, ni ceux de l'enrôlement actuel; 2°. d'établir la proportion qui doit exister entre le nombre des soldats & celui des officiers; 3°. d'écarter l'arbitraire dans la discipline & dans les ordonnances; 4°. que le comité de judicature rédige un nouveau code de peines militaires, & que le comité de constitution s'occupe, en lui adjoignant des militaires, de l'établissement des milices & des gardes nationales.

Séance du 16 décembre 1789.

M. Bureau de Pusy. En adoptant les principes de la conscription militaire pour recruter l'*armée*, le pauvre seul en supportera rigoureusement la loi, si l'on établit le remplacement par des *avoués*. On se privera de l'avantage essentiel du choix des sujets; on arrachera à l'agriculture & au commerce des hommes utiles, qui deviendront d'assez médiocres soldats, parce qu'on ne fait bien que ce qu'on fait librement & de soi... Celui qui engage volontairement quelques années de sa liberté, fait la démarche d'un homme libre; celui qui sera forcé d'obéir à la loi, ne sera-t-il pas l'action d'un esclave... Le remplacement par *avoués* n'est qu'un enrôlement déguisé.

Ou l'armée sera composée d'un grand nombre d'avoués, & le but de la conscription sera manqué; ou le nombre des militaires fourni par la conscription sera considérable, & l'on aura de mauvais soldats qui ne pourront avoir que deux années de service, & se retireront au moment où ils commenceroient à être exercés; ou enfin ce nombre sera égal à des avoués, & l'on aura la moitié des inconvéniens qu'on vouloit éviter.

Un défaut essentiel de la conscription, est la difficulté de l'exécution de cette loi. Si l'on refuse de s'y soumettre, on ne pourra forcer à s'y conformer que par trois moyens; des peines pécuniaires, des peines afflictives, & le déshonneur. La peine pécuniaire sera peu sensible pour les riches, & désastreuse pour les pauvres : la peine afflictive & le déshonneur seront souvent injustes & cruels. Un citoyen peut vous dire : « Je suis né foible & timide; exigez-vous que je sois fort & courageux? laissez-moi dans mes foyers, consacrer à ma patrie, les facultés que m'a données la nature, & par lesquelles je puis me rendre utile ». Lui répondrez-vous en lui montrant la ruine, la douleur ou l'infamie? non; les législateurs qui viennent de donner l'exemple du respect le plus profond pour les droits imprescriptibles de l'homme, n'attaqueront pas la liberté. Ils n'ont pas besoin d'être injustes. Les François ne sont pas assez déchus de leur antique prouesse, pour qu'il soit nécessaire de les contraindre, par une loi rigoureuse, à servir leur patrie.

Que notre *armée* soit donc composée de citoyens enrôlés librement; qu'on leur assure qu'ils s'avanceront suivant leur mérite; que leurs services seront récompensés; qu'on proscrira cette instabilité des ordonnances & de la discipline militaire, qui, après avoir, pendant 25 ans, fatigué les troupes, les a découragées; qu'un ordre stable & constant soit établi; que les officiers, & sur-tout les chefs, n'oublient jamais que les soldats leur ont été confiés comme une force qu'ils doivent faire agir & diriger, & non comme les marche-pieds de leur ambition, les jouets de leurs caprices, ou les hochets de leur jeunesse; que l'état militaire soit honoré autant qu'il est honorable, & l'armée ne manquera jamais de soldats. Si le métier des armes flatte l'orgueil, encourage l'ambition, & suffit aux besoins des individus, l'*armée* composée d'hommes libres, sera l'appui de la liberté.

J'adopte les conclusions de M. le baron de Wimpfen & de M. le duc de Liancourt.

On demande l'impression de ce discours.

M. Madier propose d'adjoindre M. Bureau de Puzy au comité militaire.

M. de Volnty. On ne peut qu'applaudir à l'éloquence & à la sagacité dont M. de Puzy vient de donner une preuve éclatante; mais je ne crois pas que l'assemblée, par une distinction, quelque méritée qu'elle soit, puisse s'éloigner de ses propres principes. L'opinion d'un comité a une influence nécessaire; il faut que les membres qui doivent le composer soient librement & légalement choisis.

M. Bureau de Puzy. Déjà attaché à un comité, je ne pourrois profiter de la bienveillance de l'assemblée; mais je demande qu'on admette dans le comité militaire un officier du génie, service important dans l'*armée*.

M. Dubois de Crancey appuie cette dernière disposition, & fait la même réquisition pour un officier d'artillerie.

M. le marquis de Sillery. J'adopte d'autant plus volontiers les propositions des deux préopinans, que les comités ne sont pas toujours composés de personnes instruites des matières qu'on doit y traiter : moi, messieurs, je suis du comité de judicature.

M. le comte de Lameth. J'applaudis aux vues de l'assemblée sur M. Bureau de Puzy : mais je propose de décider que désormais nulle motion personnelle, contraire aux principes & à la liberté des suffrages dans les élections des commissaires, ne soit admise par l'assemblée.

M. Rœderer. Il seroit possible de concilier le respect pour les principes & les preuves d'estime que l'assemblée veut donner à un de ses membres, en décrétant qu'il y aura quatre nouvelles places dans le comité militaire, & qu'on procédera à l'élection de ces nouveaux commissaires, au sortir de la séance. Ainsi on ne fera éprouver aucune humiliation aux personnes qui peuvent, ainsi que M. de Puzy, avoir bien mérité de nous sur le même objet.

M. de Puzy est adjoint au comité militaire ; l'impression de son discours est ordonnée. L'assemblée décide qu'il n'y a pas lieu à délibérer sur les motions relatives à cet incident.

M. le baron d'Harambure. Je pense que la conscription militaire ne peut être utile que dans deux cas : lorsque la liberté nationale est compromise, ou lorsque l'ennemi est entré dans le royaume.

Je propose de remplacer l'ancienne milice qui étoit composée de 60,000 hommes, par une milice nouvelle de 80,000 hommes. Chaque paroisse de 80 feux, fourniroit & entretiendroit deux soldats, qui en temps de paix, n'auroient qu'un service très-borné, & se réuniroient en temps de guerre aux troupes soldées. Ainsi, l'*armée* pourroit être réduite à 120,000 hommes.

Cette armée continueroit à être recrutée par engagemens volontaires.

M. le baron d'Harambure propose des articles qui contiennent les détails de son projet.

M. le vicomte de Toulongeon. En examinant les faits historiques, on voit que la conscription n'a jamais été adoptée que par les gouvernemens despotiques ou républicains.

Si l'on entend par ce mot, le droit de prendre les armes, quand la patrie est en danger, c'est une loi nationale. Si l'on entend que les hommes naissent soldats & marchent au premier appel, proposer la conscription, c'est demander le despotisme & l'esclavage.

La conscription ne doit être autre chose qu'un réglement par lequel les citoyens seront appellés de gré à gré, à soutenir la force militaire.

Dans ce sens, je l'adopterois pour les milices nationales. Mais elle est inapplicable aux troupes continuellement actives, & l'enrôlement volontaire est seul praticable.

Je propose de décréter que l'*armée* françoise sera composée de soldats engagés volontairement, & dont le nombre ne sera ni de moins de 100,000 ni de plus de 110,000 hommes, & des gardes nationales, dont la quantité sera fixée par la constitution, & qui ne marcheront que pour la défense de l'état, &c.

M. le comte d'Egmont. Le comité militaire a préparé beaucoup de mémoires sur des objets de détails ; mais il a besoin, pour terminer son travail, que l'assemblée décrète le mode du recrutement de l'*armée*. Je demande au nom de ce comité, qu'on adopte sur le champ, soit la conscription, soit l'enrôlement volontaire.

On ferme la discussion.

On pose ainsi la question : « l'*armée* françoise active sera-t-elle recrutée par enrôlemens volontaires ? Oui, ou non » ?

On demande ce qu'on entend par ce mot *active* ?

M. le comte d'Egmont. Ce mot indique la force destinée à défendre les frontières & vos propriétés.

Après plusieurs tentatives pour réformer la position de la question, on demande à aller aux voix.

M. le comte Mirabeau obtient avec peine la parole.

La difficulté pour poser la question tient à une chose qui n'est pas déterminée, & qui auroit dû être la première, c'est-à-dire, le rapport de la milice nationale avec l'*armée*, & le rapport de l'*armée* avec la milice nationale. La conscription peut être & n'être pas appliquée tout-à-la-fois aux troupes réglées & aux gardes nationales. Il faut décréter si vous adoptez ou n'adoptez pas la conscription militaire pour les troupes soldées ; ce qui ne décidera point si vous l'adoptez ou ne l'adoptez pas pour les gardes nationales. La question étant double, doit être posée de deux manières.

1°. La force armée du royaume sera-t-elle totalement recrutée par des enrôlemens volontaires ? 2°. Une portion le sera-t-elle par la conscription militaire ?

M. le comte d'Egmont assure qu'il n'a rien entendu préjuger sur les milices nationales, en présentant la question qu'on a posée.

On fait lecture de différentes manières de la rédiger.

M. Rœderer propose de celle-ci : « les troupes françoises, autres que les milices & gardes nationales, seront-elles recrutées par engagemens volontaires ou par conscription » ?

Le comité militaire, & un grand nombre de membres demandent la priorité pour cette rédaction.

M. le baron de Menou propose un léger amendement ; & l'assemblée rend à l'unanimité le décret suivant :

« Les troupes françoises, de quelque arme qu'elles » soient, autres que les gardes & milices nationales, seront recrutées par engagemens volontaires ».

Avant de reprendre la suite des débats sur l'*armée*, nous joindrons ici un rapport fait par le comité des finances sur les dépenses du département de la guerre au mois de décembre 1789 ; il facilitera l'intelligence de plusieurs opinions qui ont été discutées dans l'assemblée.

Rapport fait à l'assemblée nationale, sur les dépenses actuelles du département de la guerre.

Le département de la guerre se trouve aujourd'hui, dans le rapport de ses finances, ce qu'il est dans tous ses autres rapports, entre un systême ancien à-peu-près totalement détruit, & un systême nouveau incomplet, déjà modifié dans ses ordonnances depuis son établissement, & dérogeant, par la force des circonstances, à plusieurs dispositions du conseil de la guerre qui l'a créé.

Il seroit donc impossible de donner une idée précise des dépenses actuelles de ce département. L'on est forcé de se réduire à en présenter l'état suivant le régime & les projets récens, dont une courte pratique a déjà démontré les imperfections.

Les fonds de la guerre, qui jadis arrivoient à leur destination militaire par les mains de quatre trésoriers, ont été réunis dans la main d'un seul dispensateur en 1779 ; mais ces quatre divisions n'en avoient pas moins conservé jusqu'à l'année dernière leur dénomination particulière. Ainsi, dans le projet de fonds de 1789, qui a été remis par M. Melin, premier commis des finances de la guerre, & qui s'élève à 96,703,851 livres, l'extraordinaire des guerres devoit fournir de cette somme totale, celle de 75,531,130 livres ; l'ordinaire des guerres, 6,231,677 livres ; l'artillerie & le génie, 11,200,000 livres ; les maréchaussées, 3,741,044 liv. Ces quatre divisions, distinctes par leurs noms, avoient aussi leurs attributions particulières. Les fonds de l'extraordinaire des guerres étoient appliqués à la solde & entretien des troupes de ligne ; ceux de l'ordinaire des guerres ou taillon, à la solde & entretien des troupes de la maison du roi, au traitement des maréchaux de France, aux gages des commissaires des guerres ; ceux de l'artillerie & du génie, à la solde de ces deux corps, & à l'acquittement de tous les travaux dont ils sont chargés ; enfin, les fonds de la maréchaussée étoient attribués à la solde de ce corps, & au traitement des divers officiers des tribunaux qui en dépendent.

C'est d'après cette ancienne forme de comptes que sont établis les états fournis par M. Melin, qui portent la dépense de la guerre en 1787, à 105,792,290 livres ; ceux de 1788, à 95,256,460 ; & enfin le projet de fonds pour 1789, qui, n'élevant la dépense qu'à 96,703,851 livres, présente une diminution d'à-peu-près neuf millions depuis 1787. Il est nécessaire d'observer que cet état n'est qu'un projet, & qu'il est fait en novembre 1788 pour 1789, d'après l'exposé du conseil de la guerre dont les calculs ont éprouvé quelque altération par les circonstances, & que cette diminution est due en partie à des objets de dépenses tirés de l'état de la guerre, pour être reportés sur celui des finances, comme celles des gages des trésoriers généraux, taxations, &c. montant ensemble à 1,263,989 livres.

Il a paru, avec raison, plus simple au conseil de la guerre, de détruire tous ces différens titres de caisse dont la réalité n'existoit plus, de les réunir sous la même dénomination de *fonds de la guerre*, & d'attribuer à chaque partie de ce département, la part de ces fonds qui leur seroit nécessaire.

C'est d'après cette intention que sont formés les états qu'a fournis M. de Charrin, commissaire des guerres attaché au ci-devant conseil de la guerre. Il est encore nécessaire d'observer que quoique ces fonds soient versés dans la caisse de la guerre par le trésor royal, qui cependant en paie directement quelques sommes légères à des parties prenantes, leur somme générale ainsi versée ne remplit pas toutes les dépenses de la guerre ; car les provinces supportent encore des dépenses attribuées à ce département, & les paient, soit en sommes versées dans le trésor de la guerre, soit en fournitures de toutes espèces, ou abonnemens qui les remplacent.

Ces états étant cependant établis sur le dernier systême de guerre à-peu-près arrêté, c'est d'après eux que le comité des finances croit devoir rendre compte à l'assemblée nationale, des dépenses de ce département. Il n'en peut pas garantir l'exactitude, il est même assuré que leur estimation est au-dessous de la réalité, & qu'ainsi elle ne pourroit pas même servir de base certaine d'appréciation de dépenses pour les années ultérieures, quand, ce qui n'est pas probable, le systême établi par le conseil de la guerre subsisteroit ; mais enfin, ces états bien divisés, peuvent faire connoître parfaitement l'ensemble & la nature des dépenses du département, & fixer, à un certain point, les idées sur les détails.

Ces états portent la dépense totale, c'est-à-dire, celle payée par le département, à 96,883,645 liv. Ils annoncent aussi une diminution de dépenses éventuelle de 1,445,353 liv. par l'extinction successive de traitemens, appointemens & autres dépenses actuelles. Cette diminution est trop peu considérable pour pouvoir être prise en considération, & les calculs du conseil de la guerre qui l'établissent, ont tellement été contrariés par les événemens, qu'il est impossible de croire solidement à leur certitude.

Le comité, par les renseignemens divers qu'il a pris, est autorisé à penser que les dépenses de la guerre passeront de plusieurs millions l'estimation.

L'examen des états fournis par le département de la guerre, dont le comité des finances doit rendre compte, pourroit seul donner connoissance des différens détails de la machine compliquée du département de la guerre. Le comité des finances ne peut que se borner à en rendre un compte succinct, & l'assemblée nationale voudra bien se rappeller que comme cet état n'est qu'en projet, au moins pour un grand nombre de ses parties, il ne peut être appuyé d'aucunes pièces probantes, qui, s'il étoit un compte, seroient nécessaires à son appurement.

Un état général des sommes fournies par le trésor royal & les provinces, a été aussi remis au comité des finances par M. Dufresne, directeur du trésor royal; il élève les dépenses réelles à 99,091,594 l. & porte à 3,577,505 liv. celles supportées directement par les provinces: il en sera rendu compte dans quelques momens.

La division très-simple & très-claire des dépenses de la guerre, que présente l'état remis par ordre du ministre de ce département, les classe en quinze titres.

Le premier titre, sous le nom de maison militaire du roi, comprend les dépenses occasionnées par le régiment des gardes-françoises, celui des gardes-suisses, la compagnie des cent-suisses, les compagnies des gardes-du-corps.

Le régiment des gardes-françoises, fort de trois mille six cens quarante-deux hommes, non compris les officiers, les adjudans, les tambours majors & les musiciens affectés à la garde du roi, coûtoit au trésor royal. . . . . 1,877,861 liv.

Non compris la somme de 249,140 liv. payée à ce régiment par les fermes générales ou la ville de Paris, comme indemnité ou comme logement.

Le régiment des gardes-suisses, fort de deux mille deux cens quarante-huit hommes, non compris les officiers, coûte. 1,354,878

Sans compter 73,002 liv. fournies par les fermes générales & la ville de Paris, pour indemnité ou logement.

La compagnie des cent-suisses de la garde du roi, coûte. 92,332

Non compris 9360 liv. fournies aussi par les fermes générales & la ville de Paris.

Les quatre compagnies des gardes-du-corps, fortes de mille

3,325,071 liv.

Ci-contre. . . . . 3,325,071 liv.

quatre-vingt-seize hommes, de cent quatre officiers inférieurs, & de quatre-vingt-quatre officiers supérieurs, coûtent. 2,138,740

TOTAL du titre premier. . . . 5,463,811 liv.

Quoique dans cet état les officiers ne soient pas compris pour la force des régimens des gardes-françoises, des gardes-suisses, des gardes-du-corps, &c. leurs appointemens entrent en compte dans les sommes attribuées à chacun de ces corps; il en sera ainsi dans le titre suivant pour tous les régimens de l'armée.

Le second titre comprend les appointemens & soldes des troupes de ligne.

Soixante-dix-neuf régimens d'infanterie françoise, forts de quatre-vingt-onze mille cinq cens dix-huit hommes, non compris cinq mille cinq cens seize officiers ou cadets-gentilshommes, coûtent. . . . . 22,124,384 liv.

Ce qui porte la dépense de chaque régiment, à. . . . . 275,692 l.

Celle du régiment du roi, composé de quatre bataillons, à. . . 579,208

Douze régimens d'infanterie étrangère, forts de treize mille sept cens cinquante-deux hommes, non compris huit cens dix officiers ou cadets gentilshommes, coûtent. 4,038,072

Chaque régiment coûte. . . . . 326,046 l.

Douze bataillons d'infanterie légère, forts de cinq mille cent trente-deux hommes, non compris trois cens trente-six officiers ou cadets gentilshommes, coûtent. 1,341,508

Chaque bataillon coûte. . . . . 107,139 l.

Les deux bataillons Corses coûtent chacun. 22,000 l. de plus que les autres bataillons.

Onze régimens d'infanterie Suisse, forts de dix mille sept

27,503,964 liv.

cens

Ci-contre. . . . . 27,503,964 liv.

cens trois hommes, non compris sept cens vingt-six officiers, coûtent. 4,856,004

Chaque régiment coûte. . . . . 439,964 l.

Soixante-deux régimens de troupes à cheval, forts de trente-un mille cent quarante-huit hommes, non compris deux mille cent soixante-six officiers, coûtent. . . 12,198,388

Les détails de cette somme générale font connoître,

Qu'un régiment de cavalerie de trois escadrons coûte. . . . . 180,252 l.

Un de carabiniers de quatre escadrons. . . 277,126

Un de hussards de quatre escadrons. . . . 228,672

Un de dragons de trois escadrons. 172,365

Un de chasseurs de quatre escadrons. . . . 226,793

Les prévôtés de l'infanterie & celles des hussards coûtent. . . . 22,920

Supplément accordé à différens colonels & autres officiers. 210,924

Le corps d'artillerie qui, composé de sept régimens de mille quatre-vingt-deux hommes chacun, de six compagnies de mineurs, de neuf compagnies d'ouvriers & de beaucoup d'officiers, tant généraux que particuliers attachés à ces régimens, aux différentes places & aux écoles, coûte. 3,876,768

Chaque régiment d'artillerie coûte. . . . 377,467 l.

Une compagnie de mineurs coûte. 22,276

Une d'ouvriers. . . 26,702

Le corps royal du génie, composé de trois cens soixante-seize officiers, coûte. 879,680

La compagnie franche de Castelane, destinée à la garde des prisonniers des îles de Sainte-Marguerite, forte de soixante hommes & de trois officiers, coûte. . . . 17,330

49,565,978 liv.

Ci-contre. . . . . 49,565,978 liv.

L'école des enfans de l'*armée*, ou cent trente enfans de soldats commandés par un capitaine & un lieutenant d'invalides, sont surveillés par trois sergens, cinq caporaux & douze bas-officiers, coûte. 28,837

A raison de 10 sous par jour, par enfant, pour toute dépense.

TOTAL du titre second. . . . 49,594,815 liv.

Le troisième titre comprend les différentes troupes provinciales.

Le régiment provincial de l'île de Corse, fort de cinq cens trente-deux hommes, & toujours payé pour la police de l'île, coûte. . . . . 150,484 liv.

Les états-majors de treize régimens provinciaux, de soixante-dix-huit bataillons de garnison, & de treize régimens de grenadiers royaux, coûtent. 402,762

Une compagnie toujours sur pied, de grenadiers du régiment de garnison du roi, pour la police de Saint-Denis, forte de cent vingt-six hommes & de quatre officiers, coûte. 22,545

Les gardes-côtes, dont les frais consistent en gratifications de onze directeurs d'artillerie, en entretien d'armement, habillement & équipement, en loyers & gardiens du magasin, coûtent. 35,000

TOTAL du troisième titre. . . 610,791 liv.

Le quatrième titre comprend les appointemens conservés.

Ceux des officiers entretenus dans les places & passant aux revues, s'élèvent à la somme de. . . . . 286,484 liv.

Le traitement de réforme accordé au corps de la gendarmerie, coûte. 250,693

TOTAL du quatrième titre. . . 537,177 liv.

Le cinquième titre comprend les dépenses des officiers, de l'état-major de l'armée, & de ceux de la cavalerie & des dragons.

L'état-major de l'*armée* coûte	122,700 liv.
L'état-major de la cavalerie & des dragons coûte.	103,005
TOTAL du cinquième titre. . .	225,705 liv.

Le sixième titre comprend les dépenses occasionnées par le traitement des officiers-généraux, ou attachées au service des places.

Les grands gouvernemens, lieutenances générales de province, gouvernement & lieutenances de roi dans l'Isle-de-France & dans quelques autres points du royaume, coûtent. . . . . . . 2,111,203 liv.

Le traitement des officiers-généraux commandans dans les provinces, coûte.	1,108,062
Non compris les charges supportées par les provinces en logement & bois, pour gouverneurs, commandans, & non estimées.	
Le traitement des officiers-généraux employés dans les divisions auprès des troupes, s'élève à. . .	859,750
Le traitement des officiers d'état-major des places, gouverneurs, lieutenans de roi, &c. s'élève à. . .	1,288,103
TOTAL du sixième titre. . . .	5,367,118 liv.

Le septième titre comprend le traitement du ministre & des bureaux de la guerre.

Le traitement du ministre s'élève à.	236,143 liv.
Il a été réduit en 1787 de 50,000 l.	
Les appointemens du bureau de la guerre, les frais des bureaux & de l'entretien de l'hôtel de la guerre, s'élèvent à.	500,818
Quoique diminués en deux époques depuis 1777, de. . . . . 296,300 l. dont à la vérité . . . . 118,940 sont en retraites pour les réformes.	
Le nombre des employés dans les bureaux est de sept chefs & cent vingt-deux commis.	
Les directoires, sous l'inspection du conseil de la guerre, en employoient environ trente de plus.	
TOTAL du septième titre. . .	736,961 liv.

Le huitième titre comprend les gages & traitemens des commissaires des guerres employés auprès des troupes dans les généralités.

La dépense s'élève à.	1,429,445 liv.

Le neuvième titre comprend les sommes affectées aux quatre grandes parties d'administration du département de la guerre, qui ont été converties en masses par le conseil de la guerre, ou réellement, ou en projet.

La dépense des vivres, du pain, est établie d'après l'estimation que la ration, composée d'une livre & demie, doit revenir à 30 deniers; 18 deniers sont retenus sur la solde de chaque homme, 12 deniers seulement sont supportés par les finances du département, & composent cette masse, dont la totalité s'élève à. .	2,922,696
Les événemens ont prouvé que ces calculs étoient insuffisans; il faut ajouter que cette administration a même varié sous le régime du conseil de la guerre, & d'après ses propres décisions.	
La dépense des fourrages est établie sur une masse de 15 sols par jour, à laquelle il a été jugé que devoit s'élever la nourriture des chevaux de l'*armée*, l'un dans l'autre. Quelques provinces supportent, en totalité ou en partie, les frais de la nourriture des chevaux des régimens qu'elles ont en quartier; mais comme elles versent ces sommes au trésor royal, qui les réunit à celles qu'il doit verser dans la caisse militaire pour la nourriture de la cavalerie, la totalité doit en être portée en dépense; elle s'élève à.	9,443,292
La dépense des hôpitaux militaires réduite en masse de 15 livres par hommes, s'élève à.	2,523,000
Non compris les dépenses pour les hôpitaux des gardes-françoises & gardes-suisses.	
Les effets de campement devoient aussi, d'après le projet du conseil de la guerre, être mis en masse. L'estimation générale donnoit un résultat de dépense de. . .	450,000
TOTAL du titre neuf.	15,338,988 liv.

Le dixième titre comprend les détails du service de l'artillerie & du génie, & de leurs travaux. Une partie de ces dépenses est fixe & l'autre est variable.

Les dépenses de l'artillerie consistent en frais annuels pour l'entretien des bâtimens dans les places, en appointemens de gardes d'artillerie, de canonniers d'état, de guêteurs, &c. en constructions ou réparations d'arsenaux, en dépenses pour les arsenaux de construction, en fonderies, en travaux de forges, en manufactures d'armes à feu & armes blanches, en entretien d'armes dans les places, de transport & consommation des poudres, en transports d'artillerie, en dépenses pour les batteries des côtes; la totalité s'en élève pour l'année 1789, à . . . . 3,174,957 liv.

Les dépenses du génie consistent en appointemens & gages des employés des fortifications, en travaux faits, soit pour l'entretien ordinaire & ouvrages nouveaux des villes de guerre, soit en grands travaux extraordinaires, comme à présent ceux relatifs aux ports de Cherbourg, du Hâvre, &c. Ces sommes s'élèvent pour 1789, à 2,287,873

TOTAL du titre dix. . . . . 5,462,830 liv.

Il faut observer que cette somme, appliquée par le trésor de la guerre aux dépenses du génie, est composée de la contribution de certaines provinces & de certaines villes, pour l'entretien des fortifications ou des bâtimens militaires, mais seulement dans l'intérieur des villes ou des provinces qui les fournissent. Ces fonds sont, partie en abonnemens fixes, partie en levées sur les octrois. Ainsi, si l'état des provinces ou villes qui fournissent ces contributions, n'exigeoit pas nécessairement des réparations ou entretien à l'égal de ces contributions, le trésor de la guerre ne pourroit pas les appliquer à des dépenses indispensables dans un autre point du royaume.

Le onzième titre comprend les dépenses relatives aux casernemens.

Les bâtimens militaires, manèges & jardins, sont fournis en plus grande partie par les villes & les provinces. Les sommes supportées par le département de la guerre, y compris la Corse, s'élèvent à. . . . . 300,000 liv.

Les dépenses occasionnées par les loyers des lits militaires, des magasins, des hangars, sont évaluées à. 850,000

La dépense des bois & lumières, par l'expérience des années précédentes, s'élève à. 1,250,000

TOTAL du titre onze. . . 2,400,000 liv.

Le compte fourni par le trésor royal, estime à 800,000 liv. en sus, les dépenses faites par les villes pour casernemens, logemens d'officiers, bois & chandelles aux corps-de-garde & à la troupe, &c. On a cherché sans succès à se procurer plus de détails sur ces objets.

Les étapes sont l'objet du titre douze.

Cette administration est un des points que le conseil de la guerre a laissés le plus indécis. La dépense des étapes & convois militaires tient aux mouvemens à faire faire aux troupes. Le conseil de la guerre avoit calculé sur des garnisons permanentes, par conséquent sur des mouvemens rares ou peu considérables: dans cette hypothèse, il comptoit proposer au département des finances de lui donner une certaine somme pour les routes que feroient les régimens vers le lieu des rassemblemens, pour celles des invalides, des hommes allant aux eaux, des convalescens, &c. Alors le département de la finance, qui devoit se faire compter par les provinces des deniers qu'elles fournissent pour les convois militaires, devoit aussi être chargé de supporter les frais des mouvemens extraordinaires des régimens que les circonstances rendroient nécessaires. Cette somme demandée par le conseil de la guerre, est portée à . . . . 800,000 liv.

Le titre treize traite des dépenses générales de police & d'administration du département de la guerre; il n'est encore qu'en projet.

Les dépenses qu'il occasionne sont celles relatives aux délits militaires & aux prisons, à l'entretien de quelques fortifications particulières, aux voyages imprévus & nécessaires d'intendans & d'officiers généraux, en gratifications extraordinaires, en appointemens du conseil de la guerre & en autres frais. Le conseil de la guerre comptant sur un revenu produit par la chancellerie militaire, ne demandoit au département des finances pour cet objet, que la somme de . . . . . 1,500,000 liv.

Le quatorzième titre comprend les dépenses relatives aux maréchaux de France, connétablie & maréchaussée.

Le traitement des maréchaux de France & de quelques charges qui leur sont relatives, s'élève à . . . . 209,303 liv.

Les frais de la compagnie de la connétablie s'élèvent à. 74,028

Les dépenses de la maréchaussée en appointemens, solde, fourrages, habillement, remontes, gratifications, s'élèvent à. 3,639,173

TOTAL du titre quatorze. . . 3,922,473 liv.

Le quinzième titre comprend toutes les dépenses relatives aux invalides détachés ou pensionnaires.

Quatre-vingt-neuf compagnies & trois détachement coûtent, pour appointemens, solde & masses d'habillement. . . . . 1,195,898 liv.

L'universalité des soldes, demi-soldes, & récompenses militaires dans le royaume, monte à. . . . 2,113,381

Les pensions & récompenses militaires accordées à des officiers, bas-officiers & soldats suisses retirés dans leur patrie, s'élèvent à. . . . 184,252

TOTAL du titre quinze. . . . . 3,493,531 liv.

TOTAL des quinze titres, ou dépenses générales de la guerre payées par le trésor royal. . . . 96,883,645 liv.

Le comité des finances croit devoir rappeller ici que le compte général remis par M. Dufresne, directeur du trésor royal, des sommes fournies pour les dépenses de la guerre par le trésor royal ou par les provinces, en élevoit la totalité à 99,091,604 liv.

Les renseignemens pris par le comité pour reconnoître les raisons de cette différence de 2,297,959 liv. entre ce compte du trésor royal & celui fourni par les bureaux de la guerre, lui ont fait voir, 1°. que le compte du trésor royal étoit le résultat au vrai de l'argent fourni pour l'année dernière, tandis que le compte fourni par la guerre n'étoit qu'un projet pour l'année actuelle; 2°. que ces 2,207,959 liv. d'excédant d'un compte à l'autre, portoient, soit sur les habillemens des milices que le département de la guerre n'ordonnoit pas, soit sur d'autres dépenses de la même nature dont il n'avoit pas connoissance, soit même sur des objets que les derniers arrangemens pris entre le ministre des finances & le conseil de guerre, annulloient entièrement, & qui, ne devant pas être imputés en dépense au département de la guerre, étoient rejettés par lui.

Le compte de M. Dufresne porte encore pour mémoire une somme de 3,577,506 liv., attribuée comme charge des provinces.

Cette somme est composée de la partie de contribution que doivent les provinces pour abonnement en fourrages, dont 739,845 liv. sont comprises dans les états du département de la guerre, en impositions pour les travaux du génie, en logement d'officiers généraux & autres, en casernemens de troupes & de maréchaussées; enfin, en allégement d'impositions pour les provinces sur des prétextes militaires sans réalité. Le comité n'a pu se procurer ces détails que le département des finances cherche depuis quatre mois à rassembler, & qui lui sont envoyés très-imparfaitement par les provinces: il résulte cependant de cet examen, que le département de la guerre, en ne comprenant ni les pensions aux officiers retirés, ni quelques dépenses faites en nature par les provinces, ni enfin les augmentations considérables provenues de diverses circonstances, coûte 101,339,563 livres.

Au compte que vient de rendre le comité des finances, des diverses dépenses de la guerre, il demande permission d'ajouter quelques rapprochemens qu'il a pensé que l'assemblée verroit avec intérêt.

Des 96,883,645 liv. que reçoit le département de la guerre pour ses dépenses, la solde de cent soixante-deux mille six cens trente hommes de troupes de ligne, dont trente-un mille cent quarante-huit hommes à cheval, s'élève, seulement pour officiers & soldats, ou cavaliers, dragons, &c. à 49,574,886 liv. En ajoutant à la solde des troupes de ligne, celle de la maison militaire du roi, qui s'élève à 5,405,419 livres; les troupes provinciales ou gardes-côtes, qui coûtent 610,791 liv.; les dépenses des vivres, fourrages, hôpitaux, effets de campement, qui montent à 13,264,016 livres; enfin, les dépenses faites par le roi, en casernemens, bois, lumières, s'élevant à 2,399,999 livres, il résulte que l'*armée* active coûte 71,188,511 liv.

D'après ce compte, & en distrayant seulement les dépenses de casernemens, qu'il seroit difficile & inexact de répartir, il résulte qu'un soldat des gardes-françoises coûtoit en totalité par année 584 livres; un garde-suisse coûte 634 livres; un cent-suisse, en ne faisant entrer que les appointemens de trois officiers dans cette estimation, 1004 livres; un garde-du-corps, en y comprenant les appointemens des officiers, 1941 livres.

Le nombre des gardes-du-corps a été compté à mille-quatre-vingt-seize, quoique huit cens quarante-quatre seulement de ce nombre soient montés.

Il est à observer que si l'on veut compter le licenciement des gardes-françoises en économie future, ou en application de nouvelles dépenses pour le département de la guerre, on ne peut y comprendre que la solde du régiment, qui est de 1,877,861 livres, sur lesquelles il y auroit encore à payer l'intérêt de 7,400,000 livres, valeur des charges des officiers; les 249,140 livres restantes, devant sans doute appartenir à la milice parisienne.

Un soldat d'infanterie coûte par an.	292 liv.	7 sols	8 d.
Un soldat du régiment du roi coûte.	322	8	0.
Un soldat d'infanterie étrangère coûte.	345	7	7.
Un soldat d'infanterie légère coûte.	293	3	3.
Un soldat d'infanterie suisse coûte.	505	2	11.
Un soldat d'artillerie coûte.	495	3.	0.
Un cavalier coûte.	705	13	7.
Un carabinier.	783	16	6.
Un hussard.	688	3	5.
Un dragon.	692	8	0.
Un chasseur.	676	0	7.

On a compris dans l'estimation donnée à chaque homme des armes différentes, les appointemens des officiers attachés aux régimens, en divisant cette somme par le nombre d'hommes de chaque arme.

On y a compris les augmentations d'appointemens dont quelques officiers jouissent, les traitemens conservés à quelques autres, le traitement des colonels généraux, &c. ce qui donne bien un résultat exact pour le moment, mais variable à l'avenir, quand même le systême actuel seroit continué; car une partie de ces appointemens doit s'éteindre. C'est à cette manière de compter, la seule cependant qu'il ait paru praticable d'adopter, qu'est dû le résultat, faux en apparence, qui fait approcher l'estimation du dragon beaucoup plus près de celle du cavalier que la différence de la solde & des masses ne le fait croire possible.

Quoique les ordonnances de l'année dernière prononcent l'extinction successive de toutes les charges de la prévôté de l'infanterie & de celle des hussards, on a fait entrer les dépenses de la prévôté de l'infanterie dans l'estimation du soldat, & celle de la prévôté des hussards dans celle des hussards, parce que ces économies ne sont qu'éventuelles.

Dans les troupes à cheval, quoique quelques hommes soient laissés à pied par régiment, on a réuni toutes les paies pour faire une estimation moyenne pour chaque homme.

Enfin, la masse de 12 deniers par jour affectée depuis l'année dernière au pain du soldat, celle de 15 liv. par homme par an pour les hôpitaux, la part de chacun à la dépense attribuée aux effets de campement, ont été employées pour composer l'estimation de l'homme à pied. La masse de fourrage de 15 s. par jour, a été ajoutée à l'estimation de l'homme à cheval.

En présentant cette manière d'estimer la dépense des hommes de toutes les armes, le comité des finances ne s'est pas proposé de laisser croire que ces seules dépenses dussent être celles du département de la guerre; il a voulu seulement présenter un tableau de la dépense de chaque homme, composé de la réunion de celles qui lui sont propres.

Le corps de la maréchaussée, dont les dépenses sont, à proprement parler, étrangères à celles de l'année, produisant une dépense réelle de 3,924,772 liv., & étant composée jusqu'ici de 3,644 hommes, fait revenir chaque cavalier à 1077 liv. 1 s., en comprenant également dans ce compte, le traitement des officiers de ce corps.

Dans la somme des 71,188,511 liv. à laquelle on a réduit les dépenses de l'*armée* active, on n'a fait entrer aucun traitement pour des officiers généraux, parce qu'encore une fois ce mémoire présenté à l'assemblée nationale, est un compte de finances, & n'est point un projet; & que d'ailleurs, séparant de l'innombrable quantité d'officiers généraux payés, celui qu'il seroit utile d'employer, le comité eût fait un plan de systême militaire, ce à quoi il ne s'est pas cru autorisé.

Il se borne seulement à observer que, quelque diminué que puisse être à l'avenir le nombre des officiers généraux employés, il en faut un suffisant, tant relativement aux troupes à commander & à conduire, que relativement à l'émulation militaire; car la vérité à laquelle on ne peut se refuser pour le soldat, que son état doit être rendu bon pour qu'il puisse l'aimer, & rendre en conséquence le service qu'on a droit d'en attendre, est aussi une vérité pour l'officier qui feroit sans goût & sans zèle un métier dans lequel il ne jouiroit pas du bien-être convenable, & où il n'appercevroit pas une perspective d'avancement & de bonheur.

Le comité des finances croit devoir rappeller ici à l'assemblée nationale, que dans la somme des 96,883,845 liv. les pensions données aux militaires ne sont pas comprises. Une déclaration du roi de 1779, les a toutes réunies au trésor royal, tant pour la facilité de la comptabilité de ce trésor, que parce que cette dépense n'en est pas une de la partie active de la guerre. Les pensions données par ce département, s'élèvent à présent à une somme de dix-sept à dix-huit millions. Il est sans aucun doute, que cette somme est exorbitante: en 1769 elles ne s'élevoient qu'à douze millions. On donne pour raison de cette masse énorme de pensions, la quantité de réformes faites depuis vingt-cinq ans, pour lesquelles les officiers qui en ont souffert, ont dû être dédommagés.

La réforme de 1776 a coûté de pensions.	2,458,924 liv.
Celle de 1788.	1,455,869
Les cinq promotions d'officiers généraux de 1770, 1780, 1781, 1784, 1788, ont coûté chacune, l'une dans l'autre, 250,000 liv. . . .	1,250,000.
	5,164,769 liv.

L'augmentation des retraites est aussi une des causes de cet accroissement considérable.

On assure que l'extinction de ces pensions n'est annuellement que d'un trente-cinquième.

Il semble encore que pour donner un compte juste du département de la guerre, il faudroit retrancher des dépenses l'intérêt de l'argent de diverses charges, pour lesquelles le trésor royal a reçu des finances qui ont des brevets de retenue, & dont les intérêts se paient avec les appointemens par le département de la guerre, telles que les lieutenances générales ou gouvernemens de province, dont les finances s'élèvent à-peu-près à 3,000,000 livres; les charges des commissaires des guerres, dont les finances sont d'environ 13,000,000 livres; les places des officiers du régiment des gardes, dont les finances se montent à 7,400,000 l., les places de capitaines des gardes, dont les finances sont d'environ 2,000,000 livres; les charges de colonels généraux, mestres-de-camp généraux d'infanterie, cavalerie, dragons, hussards, &c. dont les finances sont portées à environ 1,800,000 liv.; celles de maréchaux-de-logis de l'*armée* & de la cavalerie, dont les finances sont de 600,000 liv.; les places de colonels de l'*armée* ou de capitaines de cavalerie ou de dragons, dont les finances réduites, s'élèvent encore à 10,000,000 liv.; en tout trente-six ou trente-huit millions; ce qui diminueroit de 18 ou 1,900,000 liv. les dépenses qui devroient être attribuées annuellement au département de la guerre.

Les dépenses comprises au titre IV, sous le nom d'*appointemens conservés*, dont une partie s'élevant à 286,484 liv. compose le traitement des officiers étrangers, qui, après avoir quitté le service de France, se fixent dans le royaume, & dont l'autre partie, s'élevant à 250,693 liv. compose le traitement de réforme accordé au corps de la gendarmerie, ne devroient pas non plus être comptées dans les dépenses du département de la guerre. Les sollicitations vives qui ont eu pour objet d'éviter à ces pensionnaires les lenteurs & quelquefois les incertitudes de paiement que fait éprouver le trésor royal, ont fait porter sur l'état de la guerre ces pensions qui, comme toutes les autres, devoient en être distraites, & qui ne sont pas véritablement les dépenses de la guerre.

En affectant donc toutes ces dépenses au trésor général, le département de la guerre recevroit un soulagement d'environ 2,400,000 liv.

Quoique votre comité des finances n'ait pas reçu de vous l'ordre de rechercher les économies possibles à faire dans le département de la guerre; travail, qui, exigeant un temps & des recherches considérables, ne pourroit encore être raisonnablement entrepris, tant qu'un projet nouveau de constitution ne sera pas invariablement adopté, ou que le système actuel ne sera pas donné comme solidement admis; il lui a paru, au premier examen, que, dans l'état actuel des choses, diverses dépenses de ce département étoient susceptibles de diminution.

Dans les travaux de l'artillerie, les armes sont fournies par les entrepreneurs qui, propriétaires des bâtimens, en s'approvisionnant eux-mêmes des différentes matières, reçoivent pour traitement un intérêt de quinze pour cent, soit sur la valeur des bâtimens, soit sur la quantité de matières qu'ils emploient, & un prix convenu pour l'arme qu'ils fournissent. Il paroît, dès le premier apperçu, que si cette manière compliquée de payer les armes étoit simplifiée, elle devroit procurer quelque diminution dans leur prix. Le prix moyen des fusils, qui en ont un différent dans chacune des trois manufactures, est de 26 livres sans bayonnette; il est de 29 liv. 15 sols avec la bayonnette, qui, par des considérations particulières à un établissement fait pour les armes blanches en Alsace, ne se fabriquent pas dans les mêmes atteliers que les fusils. Il est possible que les considérations qui ont déterminé ce régime, déterminent ceux qui l'examineront soigneusement à le maintenir; mais ses premiers apperçus feroient entrevoir dans son changement quelques économies.

Un marché rélatif aux transports de l'artillerie, renouvellé l'année dernière & rendu plus mauvais pour le roi, parce qu'il est fait à bail de neuf années, quand il semble que son objet est à présent presque sans utilité, paroît encore offrir l'assurance d'une économie.

Ce n'est cependant pas sans un grand examen qu'on doit se déterminer à porter la main à ce bel & grand ensemble de l'artillerie françoise, qui, dirigé pendant vingt-cinq ans par l'officier de l'Europe le plus distingué, est conduit par ses résultats, de l'aveu général, à un haut point de perfection.

On ignore s'il est possible d'espérer quelque économie dans le mode adopté pour les travaux du génie. Sur le devis fait par les officiers employés & approuvé par le ministre, ces ouvrages sont donnés à l'adjudication à l'entrepreneur; mais comme une grande partie de ces dépenses consiste en entretien de diverses places de guerre, le systême qui en réduiroit le nombre, diminueroit avec nécessité les dépenses. Le parti à prendre sur le systême de défensive de nos frontières, discuté depuis long-temps, n'a produit jusqu'à présent que des disputes polémiques, & aucun plan n'est arrêté: il est cepenétant généralement reconnu que le nombre de nos places fortes est trop considérable, & que plusieurs d'entre elles ne peuvent pas être conservées après le plus léger examen.

La réunion des corps de l'artillerie & du génie produiroit certainement encore une grande diminution de dépenses par la grande diminution d'officiers qu'elle entraîneroit. Cette réunion a déjà été tentée en 1757, & n'a pu se maintenir que dix-huit mois: mais le temps de cette réunion a-t-il été bien choisi! la volonté du ministre qui l'a ordonnée étoit-elle bien entière? a-t-il été bien secondé, & la nécessité de les diviser de nouveau a-t-elle tenu à des raisons bien reconnues, ou seulement à des préjugés de corps, qu'un peu plus de persistance dans le ministre auroit fait disparoître? Voilà ce qui seroit à examiner.

La comparaison du prix des régimens étrangers & des régimens françois offre encore, au premier coup-d'œil, un espoir d'économie; mais ces économies ne peuvent se réaliser qu'après avoir mûrement pesé les diverses considérations politiques qui ont fait créer ces régimens, & leur donner un traitement plus considérable; car, bien que toutes ces raisons puissent n'être pas réputées bonnes, rien n'est fait au moins sans un prétexte de raison, & rien ne doit être détruit ou modifié sans examen.

Une composition plus forte donnée aux régimens dont l'*armée* seroit composée, apporteroit encore une économie, parce qu'il est plusieurs dépenses nécessaires à chaque régiment, qui ne seroient pas augmentées par une plus grande réunion d'hommes sous les mêmes chefs, tels que les officiers de l'état-major, ouvriers, musiciens, &c.; mais diverses considérations doivent être consultées pour ce changement, un des plus importans auxquels l'*armée* puisse être soumise, & qui présente des avantages sous plusieurs rapports. La force à donner aux régimens tient à la tactique de la guerre, à l'organisation générale de l'*armée*, aux moyens d'avancement & d'émulation nécessaires à donner. Ce parti, qui réellement diminueroit les dépenses, doit donc, avant d'être arrêté, être mûrement réfléchi.

Les masses de fourrages & d'hôpitaux pourroient sans doute être aussi diminuées; mais pour obtenir une plus grande économie pour les fourrages, il faudroit placer de préférence les troupes à cheval dans les pays où les chevaux pourroient être nourris à meilleur marché.

La division de ces régimens par plus ou moins de compagnies, augmenteroit encore l'économie du prix des fourrages, apporteroit des moyens de fertilité aux villages dans lesquels ils seroient distribués, & pourroit être extrêmement compatible avec l'instruction & le bon ordre.

Quoique la masse pour les vivres ait été, cette année, insuffisante, on est porté à croire qu'elle est assez considérable pour fournir dans les années ordinaires la quantité de pain donnée au soldat; mais cette quantité est trop modique & doit être augmentée.

Toutes les différentes masses dont sont composées les dépenses des régimens, & qui ont chacune une attribution particulière, pourroient, en étant réunies, supporter une réduction, & rester encore plus que suffisantes.

Quoique les appointemens réservés à chaque officier supérieur des régimens provinciaux & des bataillons de garnison, soient individuellement très-médiocres, ils font un ensemble de 402,762 liv., & sont payés à des officiers dont le traitement seroit trop modique s'ils servoient & est trop considérable s'ils ne servent pas, & qui réellement ne font aucun service. Le prétexte de leur conserver les appointemens, va cesser nécessairement avec la destruction de ces fantômes de régimens.

Les marchés faits avec les entrepreneurs de lits militaires, à raison de 13 livres par lits par an dans tout le royaume, sont si avantageux pour ceux qui en jouissent, qu'ils sous-louent leurs entreprises; ils sont susceptibles d'une grande réduction, que le parti général à prendre pour l'*armée* rendra plus ou moins considérable. Toutes les autres dépenses de casernement doivent encore procurer de l'économie.

On ignore si le roi voudra créer un régiment nouveau pour sa garde, ou la confier à un régiment de son *armée*. Quel que soit le parti qui sera pris à cet égard, il paroît qu'il doit en résulter une grande économie; mais les finances des officiers des anciens gardes-françoises devront être considérées dans la résolution qui sera prise à cet égard.

Il semble aussi qu'un bon ordre de choses pourroit faire espérer des réductions sur la dépense des gardes-du-corps. Ces réductions seront encore proportionnées au systême adopté pour ce corps.

Il est difficile de penser que le nombre d'officiers pour commander dans les places, d'officiers généraux nécessaires pour conduire les troupes ou commander dans les provinces, nécessite une dépense de 5,367,118 liv.

A cette réflexion générale sur les sommes totales, le comité des finances ne peut s'empêcher d'en ajouter une sur la nature de plusieurs de ces graces, qui, emportant les émolumens & le titre de gouverneur des places, emportent aussi la défense de se rendre dans ces places sans une permission expresse. Il sembleroit qu'un traitement convenable à ceux des officiers généraux ou particuliers ainsi gratifiés, seroit plus conforme à la raison & moins cher que ces gouvernemens sans fonctions, dont le recouvrement des émolumens ne se fait pas sans quelques frais, & par conséquent sans une certaine quantité de deniers écartés de leur véritable destination.

Il est encore très-probable, que la somme de 700,000 liv. à laquelle s'élève le traitement des commissaires des guerres, sans y comprendre les intérêts de leurs charges, est plus que suffisante pour cet objet, & peut laisser espérer quelque diminution. Un traitement de 225,000 liv. au ministre de la guerre, paroît très-susceptible de réduction; & il n'est pas douteux que la simplification de la comptabilité, la constante observation du même systême, porteront une diminution dans les dépenses des bureaux de la guerre.

Les comptes de la guerre offrent une dépense de plus de 2,000,000 liv. en soldes & demi-soldes de soldats retirés, qui jadis n'étoit pas à la charge de la guerre, ou plutôt n'existoit pas. L'établissement de l'hôtel des invalides, dans sa première institution, destiné à servir de retraite aux soldats absolument hors d'état de servir dans les régimens de l'*armée*, ne comprenoit que l'hôtel, les compagnies détachées & les grands congés, c'est-à-dire, les permissions aux hommes de se retirer chez eux pourvus d'un habit qui se renouvelloit tous les trois ans, avec la faculté de rentrer aux compagnies détachées, à leur volonté, ou à l'hôtel lorsqu'il y auroit place. Les soldes & demi-soldes ont été établies en 1764, à cause du grand nombre d'invalides qu'avoit occasionné la guerre de 1757. Elles n'étoient portées en 1769 qu'à 500,000 livres; elles s'élèvent aujourd'hui à 2,113,381 liv. C'est le genre d'économie qu'on ose le moins proposer, parce qu'il porte sur des hommes mal-aisés qui ont mérité de la nation par leurs services, & que la modique paie qu'ils emportent chez eux, fait le bonheur & l'aisance d'une famille souvent nombreuse & toujours pauvre; mais il a paru au comité des finances que quand l'assemblée nationale le chargeoit du dépouillement de ces dépenses, il devoit, sans être arrêté par aucune considération, lui présenter tous les résultats de ses recherches & de ses comparaisons.

Les dépenses de l'état-major de l'*armée* & de celui des différens corps, offriront encore quelque économie. Cette comptabilité doit d'ailleurs être simplifiée; plusieurs des officiers étant payés à différens titres, & la conséquence des traitemens divisés, étant ordinairement un résultat plus que suffisant, cette intéressante partie de la guerre a besoin d'être soigneusement examinée.

La composition du corps de la maréchaussée peut aussi recevoir quelques changemens utiles, qui donneroient peut-être les moyens d'augmenter sa force, sans augmenter ou en augmentant peu sa dépense. Il semble que l'on pourroit supprimer sans inconvénient les officiers de robe & certains officiers de ce corps, peut-être certaines dépenses extraordinaires peu essentielles, & que l'on pourroit rejetter à l'article de la maison du roi, la dépense de la maréchaussée des chasses.

Le grand nombre d'ordonnateurs en dépenses dans le département de la guerre étant restreint, produiroit encore une économie. L'homme qui partage avec vingt autres une administration de deniers, n'a pas le même intérêt d'amour-propre & de succès à ménager les dépenses, à n'en ordonner que d'indispensables, que s'il avoit seul ou partageoit avec peu de monde le mérite de l'économie.

Le comité des finances croit aussi qu'il seroit avantageux que le comptable du département de la guerre fût obligé de rendre ses comptes tous les ans dans les six premiers mois de l'année suivante. Une déclaration du roi de 1781, ne les exige que deux & trois ans après la révolution de l'année. Le comité des finances n'a pu voir aucun motif d'un délai aussi long accordé pour cette comptabilité, qui n'a rien de bien compliqué, dont toutes les dépenses se font en France, & dont la recette est simple & claire.

Les malheurs de M. de Sérilly ont arrêté la reddition de tous les comptes depuis 1781: cependant la nature des dépenses de la guerre donne la certitude que ce département n'a point de dettes. Les grands changemens & variations aux changemens qui ont eu lieu l'année dernière, ont rendu le département débiteur de 1,800,000 liv. aux entrepreneurs des hôpitaux pour meubles, fournitures, &c. laissés par eux; de 2,400,000 liv. à la compagnie des vivres supprimée, pour avances faites en grains, & de 2,000,000 liv. environ à divers autres entrepreneurs de lits militaires, &c. La pénurie des finances a porté obstacle au remboursement de ces avances, qui ont été considérées comme dépenses extraordinaires.

Il est cependant encore une sorte de dette dans le département de la guerre, résultante du remboursement des finances de compagnies de troupes à cheval, dont les ordonnances de l'année dernière ont prononcé l'extinction & le paiement par la caisse de la guerre, & qui jadis s'acquittoient par les officiers qui en étoient pourvus. Cette dépense que l'on peut appeller ordinaire, puisqu'elle se renouvelle toutes les années, ne s'éleveroit annuellement qu'à 150,000 liv. si elle ne devoit pas être à la charge du département.

L'opinion généralement répandue de la grande différence des dépenses auxquelles étoit porté en 1769, le département de la guerre, avec celles auxquelles elles s'élèvent aujourd'hui, a fait desirer à votre comité de connoître les détails de l'administration dans ces deux années, afin de pouvoir vous en rendre compte, & vous mettre en état de composer l'ensemble des dépenses du département à deux époques aussi éloignées.

Par les états qui lui ont été soumis, il a reconnu que la comptabilité à ces deux époques n'étoit pas la même. En 1769, il est vrai, une partie des pensions & gratifications fournies aujourd'hui par le département des finances, étoient supportées par le département de la guerre; mais une grande quantité d'autres plus considérables, telles que celles de garnisons ordinaires, des supplémens d'appointemens, des traitemens de l'état-major de l'*armée*, qui sont aujourd'hui à la charge de la guerre, étoient alors à celle du département des finances.

Le rapprochement de la même nature de dépense, dans les deux années, donne un résultat de 83,342,440 liv. pour 1769, & de 96,703,851 liv. pour 1789, & à cette dernière époque, l'*armée* se trouve augmentée de neuf mille cent deux hommes d'infanterie, de seize mille quatre cens quatorze chevaux, & la paie de chaque homme de six deniers.

Il est vrai que les dépenses de 1789 ne sont qu'en projet, & qu'il est plus que probable, comme il a déjà été dit, qu'elles dépasseront de plusieurs millions la somme à laquelle elles avoient été jugées devoir s'élever.

Indépendamment des dépenses pour lesquelles le trésor royal verse des fonds dans la caisse de la guerre, trois administrations particulières dépendent de ce département, & ont des revenus qui leur sont distinctement assignés. Ces trois administrations sont celle de l'ordre de Saint-Louis, celle des invalides, & celle des écoles militaires.

Ordre de Saint-Louis. Les revenus de l'ordre de Saint-Louis, consistant uniquement en rentes sur la ville, sont d'environ 1,000,000 liv. dont 100,000 liv. affectées à la marine. Les 900,000 liv. attribuées au département de la guerre, supportent les pensions des grands-croix, commandeurs, chevaliers, & les gages des officiers de l'ordre ; enfin, ils ont été chargés l'année dernière, d'une pension de 200 liv. pour les plus anciens chevaliers de Saint-Louis de chaque régiment, & d'une de 50 liv. pour le plus ancien vétéran aussi de chaque régiment.

L'ordre du mérite militaire, créé par Louis XV, en faveur des officiers protestans, est doté de 52,000 liv. de rente dans la même nature de bien que l'ordre de Saint-Louis. Ces revenus ont la même destination.

Hôtel des invalides. L'établissement des invalides, dont la partie principale des revenus est composée par les trois deniers pour livre qui se retiennent sur toutes les dépenses du département de la guerre, n'occasionne pas pour le trésor royal, comme il a déjà été dit, une destination particulière de fonds, mais seulement une retenue sur toutes les sommes payées pour le département de la guerre.

Ses autres revenus sont les droits d'oblats sur le clergé, & des biens-fonds, soit en terres, maisons & rentes, que lui a valu l'économie de son administration.

D'après le montant actuel des dépenses de la guerre, les trois deniers pour livre produisent à-peu-près. . . . . 1,300,000 liv.

Les oblats, tant du clergé du royaume, que du clergé étranger, s'élèvent à.	251,000
Le revenu des biens fonds & rentes, à.	110,000
TOTAL.	1,661,000 liv.

Les économies dans le département de la guerre diminueront nécessairement les revenus de cet établissement, qui seront peut-être encore amoindris du côté des oblats, par la diminution des dîmes.

Il faudroit connoître à fond les détails de cet établissement, pour savoir si tous les hommes qui y sont admis, ont véritablement les titres qui devroient seuls les faire admettre, si l'administration intérieure de l'hôtel est, ou non, susceptible d'économie ; mais on voit avec peine une somme d'environ cinquante mille écus destinée à des pensions, & distraite par conséquent de sa première destination.

Ecoles militaires. Les revenus des écoles militaires consistant en rentes, en quelques loyers de terres & de maisons, fruit des soins, intelligence & économie des premiers administrateurs, en une petite abbaye, & une pension sur les économats, s'élèvent à 2,200,000 liv. Sur cette somme on doit distraire 1,000,000 liv. dont M. le directeur général a suspendu le paiement, qu'il promet rendre, & qui appartient véritablement à cette fondation.

Un marché fait avec l'ordre de S. Lazare, lors de la dissolution de l'école militaire de Paris, d'une partie des bâtimens de cette maison, devoit rapporter 60,000 liv. par an. L'ordre n'est pas encore entré en paiement, parce que l'opération n'a pas été consommée.

Les dépenses de cet établissement s'élèvent environ à 1,200,000 liv. ; 316,000 liv. sont attribuées à des pensions ou traitemens conservés ; 92,000 liv. en appointemens ; 486,000 liv. en pensions des enfans à différens collèges ; & 200,000 liv. en pensions à des élèves placés dans les corps.

Un des inconvéniens principaux de ce bel établissement, a toujours été que les places vacantes annuellement dans l'*armée*, n'étoient pas égales en nombre aux élèves sortis de l'école militaire.

La destruction de l'école militaire de Paris, & la dispersion des élèves dans les différens collèges, en remédiant peut-être à quelques inconvéniens, n'a fait qu'augmenter le nombre des jeunes gens, qui, arrivés à quinze ou seize ans, n'ont pas un débouché assuré, & restent d'autant plus malheureux, qu'ils avoient eu droit à une plus grande espérance. C'est un grand vice pour un établissement de bienfaisance, que la nécessité d'abandonner ceux qu'il a soutenus, avant de les avoir mis en état de se passer des secours que le genre d'éducation qu'ils ont reçu leur a rendu nécessaires. Cet inconvénient ne peut qu'accroître par le nouveau régime.

Il faut encore ajouter que le genre d'éducation que reçoivent les enfans, & la seule possibilité de débouché qu'il appartient au roi de leur donner, étant la profession militaire, beaucoup sont entraînés dans un état qu'ils pourroient bien ne pas préférer, & que l'intention bienfaisante de la fondation seroit mieux servie, si les enfans qu'elle pour objet, étoient rendus, par leur éducation, propres à embrasser plusieurs états, dans le choix desquels ils seroient déterminés par leur goût & leur disposition. Peut-être cette grande & belle fondation, dont les intentions ne pourront plus à l'avenir être littéralement suivies, pourroit-elle être utilement dirigée vers l'objet d'une éducation nationale; mais ces considérations tiennent à un grand ensemble qu'il n'est pas du devoir du comité des finances d'approfondir.

Quoique l'administration des invalides, & celle des écoles militaires, soient étrangères aux dépenses de la guerre, il est cependant certain que des économies faites dans leurs dépenses, pourroient tourner au soulagement de la caisse militaire.

Ainsi, s'il étoit possible de faire porter sur ces administrations, la solde & l'habillement des compagnies détachées, qui s'élèvent à 1,195,898 l., si une partie des trois deniers pour livre de toutes les dépenses de la guerre, pouvoit être rendue superflue à l'établissement des invalides, il en résulteroit une économie de deux à trois millions pour ce département. La réunion des administrations des invalides & des écoles militaires, sans nuire à la véritable intention de ces deux établissemens, leur donneroit les moyens de cette économie, & auroit pour l'établissement de l'hôtel, le grand avantage de lui assigner des revenus sûrs & indépendans.

Toutes ces économies, & beaucoup d'autres sans doute, peuvent être faites dans le systême actuel de la guerre; mais en ne le considérant absolument que du côté des dépenses, il n'est pas moins vrai que le nombre des troupes à présenter à l'ennemi n'est pas trop considérable, que les troupes à cheval ne sont pas assez nombreuse; car la force des *armées* d'un grand état, doit être toujours en proportion avec celles des empires qui l'avoisinent, & dont il peut craindre les entreprises. Il n'est pas moins vrai que le soldat n'est pas, à beaucoup près, assez payé; qu'il n'a ni assez de pain, ni du pain assez bon; qu'il faut, dans un bon ordre militaire, faire fréquemment des rassemblemens de troupes, ce qui a été rarement fait jusqu'ici; qu'il faut augmenter la maréchaussée; qu'il faut soulager les provinces du royaume des impositions directes ou indirectes qu'elles supportent pour le service de l'*armée*, mais plus particulièrement encore les provinces d'Alsace, d'Artois & de Flandre, qui en sont plus surchargées; & que cependant il faut diminuer les dépenses du département, sinon dans le moment, au moins dans un avenir aussi prochain qu'il sera possible.

A ces difficultés, qui semblent s'opposer à la régénération du systême militaire, il faut encore joindre la nécessité de renoncer aux milices, qui, jusqu'à ce moment, étoient une ressource pour l'*armée* dans des momens de guerre, & présentoient toujours soixante-quinze mille hommes prêts à marcher. L'établissement des milices, au moins tel qu'il a été jusqu'ici, ne pourroit désormais s'accorder avec la liberté individuelle du peuple françois, si tous les hommes en état de porter les armes, habitans des villes ou des campagnes, mariés ou non, sans distinction d'état, de fortune & de profession, refusoient de se soumettre à ses loix avec égalité. Ce n'est pas quand on a détruit avec tant de raison les privilèges pécuniaires & tant d'autres consacrés par une longue possession, qu'il est possible de penser à conserver ceux qui, sous des prétextes absurdes, compromettent la liberté & la vie des uns, pour favoriser celles des autres.

Les milices nationales & volontaires devront, à l'avenir, utilement & glorieusement remplacer ces milices forcées, arbitrairement ordonnées, levées sans proportion & sans règle, qui faisoient à la fois le désespoir des malheureux sur qui le sort tomboit, & la ruine de ceux sur lesquels il ne tomboit pas. Une bonne & sage organisation peut les rendre la sûreté des provinces & la ressource de l'*armée*.

On croit que ce problême de la régénération militaire, malgré toutes ces conditions, en apparence contradictoires, n'est pas cependant impossible à résoudre; mais sa solution ne peut avoir lieu que par un changement entier dans le systême de la guerre. Ce changement est rendu nécessaire par les circonstances; ces mêmes circonstances en faciliteront les moyens, si l'unité d'un plan bien approprié à l'esprit national, aux règles essentielles de l'organisation militaire, à la révolution actuelle, est encore suivi, dans son exécution, avec sagesse, courage & persévérance. Alors on peut annoncer avec assurance, une diminution dans la dépense de plusieurs millions, un nombre de combattans effectifs plus considérable même que celui que nos états présentent aujourd'hui, une organisation meilleure dans l'*armée*, & une satisfaction plus grande parmi tous les individus qui la composeront.

Le moyen efficace d'avoir des troupes vraiment nationales, quelle que soit leur composition, c'est de les traiter en citoyens, c'est de leur faire un sort heureux. Le bonheur d'un soldat n'est point incompatible avec la discipline; sans elle il ne peut même exister pour lui; mais il est incompatible avec le malaise par lequel l'homme de qui l'état attend d'importans services, ne reçoit pas la nourriture qui lui est nécessaire: il faut, en améliorant son sort, cesser d'exercer sur lui des épargnes qui atténuent encore cette solde modique, & notre *armée* deviendra ce qu'elle doit être: une réunion de citoyens qui engageront volontairement leur liberté pour le service de leur patrie.

Il faut encore que les avantages du commandement soient l'espoir certain de tout officier qui aura éminemment les talens & les vertus militaires; que la loi qui en ferme l'accès à une partie d'eux, soit abrogée, & que la carrière de l'honneur soit ouverte à tous les François qui sauront s'y distinguer: alors l'*armée* françoise, bien identifiée avec la nation, forte du nombre d'hommes que les différentes combinaisons auront fait juger nécessaire, assurera aux citoyens le repos qu'ils ont droit d'exiger, & inspirera aux nations étrangères le respect que le nom François doit porter avec lui.

Il étoit réservé à l'époque actuelle de pouvoir donner la plus grande vraisemblance de succès à celui qui voudroit, avec des projets bien réfléchis & bien arrêtés, opérer la destruction des obstacles qui, jusqu'à ce moment, se sont opposés à la bonne composition du militaire en France.

Le retour d'un peuple à sa liberté, la régénération de sa constitution, doivent porter dans toutes les branches de l'administration un effet salutaire. La révolution au bien ne seroit qu'imparfaite, si quelqu'une de ses parties ne recevoit pas l'amélioration dont elle est susceptible.

Les vices & les abus, qui, défendus par l'intrigue & par un long usage, ont opposé jusqu'ici une résistance invincible à tous les efforts, tomberont sans résistance devant l'esprit national, quand il se montrera éclairé par l'expérience & la raison. C'est alors que les intérêts particuliers n'éléveront plus la voix; & les François, animés de l'esprit public, pénétrés du noble patriotisme qui fait le caractère de cette nation généreuse, porteront au sacrifice des avantages particuliers par lesquels l'intérêt général pourroit être blessé, l'enthousiasme & le dévouement qu'ils portent dans les combats.

Mais quoique le nombre des abus dont est rempli le système militaire actuel soit considérable; quoique les récompenses y aient été données sans aucune proportion avec les services; quoiqu'il doive résulter une grande diminution dans les dépenses, par la simplification de cette machine compliquée; quoiqu'enfin les circonstances actuelles soient plus favorables qu'aucunes autres aux retranchemens & aux réformes, toutes les opérations qui doivent priver les possesseurs actuels de leur état, ou diminuer leur fortune, doivent être soigneusement examinées, & tenir au grand ensemble d'un système général; car l'assemblée nationale jugera, sans aucun doute, que si l'abandon des avantages particuliers doit irrésistiblement être fait à l'ordre public, il faut que cet ordre public en soit le résultat certain.

Séance du 20 janvier 1790.

M. le président lit des letres écrites au nom de deux régimens.

Dans l'une, M. le vicomte d'Oillançon, capitaine-commandant des Carabiniers, annonce que la lettre écrite par M. le président, a été reçue avec joie & reconnoissance, & que ce témoignage honorable de confiance a produit l'effet que l'assemblée devoit en attendre.

Les officiers du régiment de *Royal-Etranger* présentent de même, au nom de tout leur corps, des sentimens de dévouement & de reconnoissance. Aucun régiment, disent-ils, n'a pu penser que M. Dubois de Crancé se soit rendu coupable envers l'*armée*. Les représentans de la nation auroient été les premiers à blâmer un opinant, s'il avoit parlé d'une manière contraire à l'estime que l'assemblée témoigne aux soldats françois. Ce régiment n'a point demandé de réparation, quand l'assemblée ne voyoit point d'offense. *Voyez* DUBOIS DE CRANCÉ.

M. Bouthillier, au nom du comité militaire. Messieurs, quatre questions importantes sont aujourd'hui soumises à votre discussion.

Quelle est la force nécessaire de l'*armée* à entretenir en temps de paix?

Dans quelle proportion doivent être, entre elles, les différentes armes destinées à la composer?

Quelle doit être celle des officiers de tout grade, avec les soldats qu'ils doivent commander?

Enfin, quelle dépense son entretien doit-il occasionner annuellement?

Première Question. *Force nécessaire de l'armée en temps de paix.* La politique de la France ne doit point être de chercher à agrandir ses possessions. Le système destructeur des conquêtes rend les rois guerriers un fléau funeste pour l'empire soumis à leur administration. Une nation sage ne sauroit prendre trop de précautions pour enchaîner leur ambition; & si les principes nécessaires d'une monarchie prescrivent que les rois aient le droit de faire la paix & la guerre; si la prudence exige que des forces nécessaires pour la défendre, & pour faire respecter son nom, soient déposées entre les mains de celui qui la gouverne, l'intérêt particulier de la nation lui fait impérieusement la loi de les fixer habituellement au simple nécessaire, non-seulement afin de lui ôter la tentation d'en pouvoir abuser, mais encore afin de n'être jamais écrasée sous le poids des dépenses d'une *armée*, vain appareil de puissance toujours menaçante sans nécessité.

La force militaire de terre doit avoir pour but de défendre le royaume contre ses ennemis extérieurs, & de fournir au-dedans main-forte à l'autorité civile, lorsqu'elle pourroit la requérir pour la protection des loix.

Une bonne constitution militaire sera celle qui, en réduisant pendant la paix les forces aux besoins indispensables du service, organisera l'*armée* de manière à être augmentée facilement, sans secousses, sans moyens violens, lorsque les attaques de nos ennemis obligeroient à des efforts extraordinaires.

Pour déterminer ainsi avec sagesse le nombre de troupes nécessaire à entretenir en tout temps, il faut consulter notre population, & la situation des frontières que nous avons à défendre.

Montesquieu, & tous les autres publicistes, estiment les rapports de la force militaire à la force civile, sur le pied d'un sur soixante têtes, ou au moins d'un sur cent; les faits même démontrent dans l'Alsace, dans la Lorraine & dans la Franche-

Comté, que ce premier calcul n'eſt pas exagéré, puiſque la population y eſt augmentée, quoique depuis dix ans ces provinces aient fourni dans cette proportion au recrutement de l'*armée*, par la voie des engagemens volontaires. Notre population connue de 25,061,883 têtes, nous permettroit donc facilement de porter nos forces militaires à 350,000 hommes; elles ne ſeroient alors que ſur le pied de 1 ſur 72 à-peu-près. Une *armée* auſſi conſidérable pourroit peut-être nous paroître néceſſaire, ſi nous ne conſultions que le nombre des troupes entretenues conſtamment ſur pied par nos voiſins; mais ſi la France doit être militaire, elle doit être en même temps agricole, commerçante & maritime, & ſi elle énervoit ſes reſſources par des *armées* de terre trop conſidérables, elle nuiroit néceſſairement aux autres parties, qu'elle a, au moins, autant d'intérêt à ménager. D'ailleurs, en examinant la poſition de ſes frontières, on doit ſentir qu'elle n'a pas beſoin de forces militaires auſſi conſidérables, toutes les fois que ſon ſyſtême militaire n'aura pour but que de ſe mettre en état de les défendre.

La France eſt limitée d'un côté par la Suiſſe, puiſſance alliée de laquelle elle n'a rien à redouter; les Alpes la défendent du côté de l'Italie; la Méditerranée la borne au midi; les Pyrénées ſont ſa barrière du côté de l'Eſpagne; l'Océan eſt ſa frontière au couchant, & des places fortes lui ſervent de rempart du côté des Pays-Bas & de l'Allemagne, d'avec laquelle elle eſt d'ailleurs ſéparée par le Rhin. Ses moyens de défenſe, néceſſaires en temps de paix, ſe bornent donc à garder ſes côtes & les points principaux de ſes frontières.

Celles du côté de l'Allemagne & des Pays-Bas comprennent les provinces de Franche-Comté, d'Alſace, de la Lorraine, des Evêchés, de la Flandre, de l'Artois & du Hainaut. Elles ſont d'un abord facile, & ne ſont défendues que par des places diſperſées ſur des frontières ſucceſſivement reculées, & dont le nombre & la poſition n'ont point, en conſéquence, été combinées ſur un ſyſtême de défenſe médité. Ces villes de guerre à garder, quelques points intermédiaires entre elles qu'elles ne couvrent pas ſuffiſamment, exigent au moins ſoixante-dix mille hommes, répandus dans ces différentes provinces, pour les défendre en cas d'attaque.

Nos côtes de l'Océan comprennent les provinces de Picardie, de Normandie, de Bretagne, de Poitou, d'Aunis, de Saintonge & de Guyenne; elles ſont expoſées aux attaques de l'Angleterre, puiſſance rivale contre laquelle nous devons toujours nous tenir en garde; mais ce ſont des vaiſſeaux qu'il faut principalement lui oppoſer, & ce n'eſt point à votre comité militaire à vous parler de ces moyens de défenſe; nous ne devons vous indiquer que ceux à employer contre les incurſions qu'elle pourroit vouloir tenter dans ces provinces qui l'avoiſinent. Cette étendue immenſe de côtes, depuis Dunkerque juſqu'à Bayonne, ſembleroit au premier coup-d'œil exiger une quantité de troupes très-conſidérable; mais ſi l'on conſidère combien peu d'anſes & de places dans cette étendue de terrein ſont ſuſceptibles de débarquemens; combien l'ennemi qui en tenteroit un, auroit peu de reſſources de poſtes pour pouvoir s'y établir; & enfin, la facilité de les protéger par des batteries, on trouvera qu'environ trente mille hommes, répartis dans les points les plus ſuſceptibles d'attaque, doivent ſuffire à leur défenſe.

L'Eſpagne eſt notre alliée, nous n'avons rien à redouter de ſa part; d'ailleurs, les Pyrénées qui nous ſéparent d'avec elle, peuvent nous diſpenſer de garder nos frontières entre les deux mers, & quelques eſcadrons de cavalerie, pris dans le nombre de ceux deſtinés à la garde de nos côtes de l'Océan, peuvent ſuffire pour le ſervice intérieur, depuis Bayonne juſqu'à Perpignan.

Nos côtes de la Méditerranée depuis Perpignan juſqu'à Antibes, & la défenſe néceſſaire de l'île de Corſe, exigent au moins quinze mille hommes.

Les frontières du côté de la Sardaigne, depuis le War juſqu'à Lyon, paroiſſent ſi impénétrables, que peu de troupes ſembleroient ſuffiſantes pour les garder; mais dans la fixation des limites de la grande chaîne des Alpes, & dans les échanges des vallées, le roi de Sardaigne a tellement gardé l'avantage, qu'on ne peut guère ſe diſpenſer d'y entretenir environ dix mille hommes, juſqu'à ce qu'on ait reconnu un meilleur choix de poſtes, & travaillé à rendre cette barrière encore plus impénétrable: & ce nombre aſſurément ne ſeroit pas ſuffiſant, ſi nos alliances avec la Sardaigne n'étoient pas de nature à nous raſſurer.

Enfin la protection des communications intérieures du royaume, les beſoins de conſommations de certaines provinces, trop éloignées de nos frontières pour que les quartiers des troupes deſtinées à leur garde, puiſſent y être étendus, la protection ſouvent néceſſaire à donner, par la force militaire, à la puiſſance civile, ſemblent demander des troupes qui puiſſent remplir ces fonctions, ſans obliger à dégarnir les points intéreſſans à garder; & nous penſons qu'il doit toujours y avoir neuf ou dix mille hommes de troupes en réſerve, deſtinés à ces différens ſervices.

Tous ces beſoins de défenſe, calculés au plus bas, doivent employer 134 à 135 mille hommes. Enfin, en y ajoutant ſeulement de huit à neuf mille hommes d'artillerie, nombre qui n'eſt pas certainement exagéré, dans un ſiècle où le canon décide principalement le ſuccès des guerres, & pour un corps que ſon inſtruction ne rend pas ſuſceptible de réductions conſidérables pendant la paix; il en réſultera que la force néceſſaire & indiſpenſable de l'*armée* doit être entre 142 & 143 mille hommes, ſans compter les troupes à deſtiner à la garde & à l'éclat du trône. Quoique militaires, & quoique faites pour être employées avec ſuccès contre nos ennemis, la nature de leur ſervice & l'emplacement qu'elles doivent occuper ne permettent pas de les ranger dans la classe de celles utiles pour la garde de nos frontières. L'*armée* est aujourd'hui composée, sans les compter, de 162,690 hommes; la réforme seroit donc d'environ 20,000 hommes.

Cette force militaire, ainsi réduite, peut être suffisante sans doute dans des momens ordinaires & tranquilles; mais elle ne le seroit certainement pas en temps de guerre; il faut donc qu'elle soit organisée de manière à pouvoir être augmentée en raison des besoins & des circonstances.

Les circonstances politiques peuvent nous mettre dans le cas d'avoir à nous défendre à la fois contre les forces réunies de l'Angleterre, de la Prusse, de l'Empereur & de la Hollande.

Pour faire une pareille guerre avec quelque succès, il pourroit être nécessaire que nous leur opposassions des *armées* en Allemagne, dans les Pays-Bas, & dans l'Italie, sans négliger nos côtes & nos colonies.

Les deux *armées* principales en Allemagne & dans les Pays-Bas ne pourroient guère être au-dessous de soixante mille hommes chacune. Celle d'Italie devroit être de quarante mille. La défense de nos colonies pourroit exiger qu'on y fît passer vingt mille hommes, & nous ne pourrions guère en conserver en France moins de quarante mille, pour la garde de nos côtes, de notre intérieur, & fournir à la marine les secours dont elle pourroit avoir besoin pour les garnisons de ses vaisseaux. Il faudroit donc alors porter nos forces à deux cens vingt mille hommes, & par conséquent augmenter de quatre-vingt mille hommes l'état militaire que nous entretiendrions en temps de paix.

Les succès d'une guerre dépendent souvent de son début. Une pareille augmentation à faire subitement pourroit, par la lenteur des moyens ordinaires adoptés pour le recrutement, retarder de grands efforts, si elle n'avoit pas été prévue avant le moment des besoins. La prudence veut donc que nous entretenions une *armée* auxiliaire, inactive pendant la paix, mais toujours désignée, & toujours prête à fournir à toutes les augmentations que des circonstances de guerre pourroient exiger; & nous avons pensé qu'elle ne pouvoit guère être au-dessous de cent mille hommes, afin de ne jamais risquer de se trouver au-dessous des besoins.

Cette *armée* auxiliaire ne porteroit en totalité les forces militaires qu'à deux cens quarante mille hommes. Nous avons annoncé ci-dessus que notre population connue pouvoit permettre des efforts beaucoup plus considérables. Celui-ci sera d'autant moins pénible, que cent mille hommes ne serviroient pas habituellement, n'abandonneroient pas leurs travaux, conserveroient leurs habitudes de citoyens, & ne seroient réellement dans le cas de faire partie de la véritable force militaire que momentanément, & dans des cas de guerre extraordinaire.

Cette *armée* ne doit pas servir habituellement, elle ne doit jamais être dans le cas de se réunir pendant la paix; il ne faut donc la considérer que comme des dépôts d'hommes à désigner dans chaque canton. C'est à votre comité de constitution à vous présenter les moyens à prescrire aux assemblées de département pour fournir ces hommes. Lorsqu'ils seront déterminés par vous, nous aurons l'honneur, si vous l'ordonnez, de mettre sous vos yeux le détail de ceux qui pourroient être employés pour constater militairement l'existence de ces hommes, assurer la facilité de les rassembler lorsque leur service pourroit être nécessaire, & déterminer la durée de celui qu'on pourroit être dans le cas d'en exiger.

Les gardes nationales, si vous jugez à propos d'en consacrer l'existence, appartiennent de même à la constitution, puisque leurs fonctions consistent principalement à assurer & à maintenir l'ordre intérieur du royaume. C'est pareillement à votre comité de constitution à vous indiquer les élémens & les principes de leur formation. Nous ne nous occuperons ici que de l'*armée* de ligne, c'est-à-dire, de celle destinée à la défense extérieure du royaume.

Une *armée* militairement organisée doit être composée, dans des proportions établies, de troupes à pied, de troupes à cheval, & de troupes d'artillerie. L'infanterie est l'ame des *armées*; c'est elle qui porte principalement le fardeau du service; & la quantité plus ou moins considérable de troupes à cheval doit dépendre principalement du local du pays qui doit être le théâtre de la guerre. Les proportions à établir entre ces deux armes ne sont pas bien militairement déterminées. Elles varient, pour ainsi dire, chez toutes les puissances; & nous ne nous permettrions même aucun détail à ce sujet, si une fixation quelconque ne nous avoit pas paru indispensable pour établir des prix communs, nécessaires à connoître pour déterminer les dépenses totales de l'*armée*, qui doivent être plus ou moins fortes, suivant qu'elle sera composée d'une quantité plus ou moins considérable de troupes plus chères & plus dispendieuses pour leur entretien.

IIe. question. *Quelle doit être la proportion à établir entre les différentes armes?* Les troupes à cheval, d'après les calculs les plus usités, doivent être aux troupes à pied dans la proportion du quart au cinquième formant entre le cinquième & le sixième au total; ainsi une *armée* forte de deux cens vingt mille hommes, doit être composée d'environ cent soixante-dix mille hommes d'infanterie, & d'à-peu-près quarante mille hommes de cavalerie; mais, comme l'infanterie, exigeant moins de temps pour son instruction que les troupes à cheval, est susceptible d'une augmentation plus forte à la guerre, & par conséquent d'une réduction plus considérable à la paix, nous avons pensé qu'il falloit outre-passer un peu cette proportion, & porter la cavalerie entre le tiers & le quart de l'infanterie pendant la paix.

La force plus ou moins considérable de l'artillerie doit dépendre de l'espèce de guerre qu'on aura à soutenir: ses proportions connues doivent être à-peu-près le vingtième de la force totale : mais, comme son instruction seule peut assurer ses succès, il convient, en temps de paix, d'outre-passer aussi cette proportion, afin de n'être point dans le cas de lui faire éprouver, au début d'une guerre, une augmentation trop forte, si on la réduisoit trop considérablement à la paix. Sa composition actuelle est de huit mille cinq cents quatre-vingt-cinq hommes; tous ses détails sont établis en conséquence: le moindre changement apporté à des bases calculées par le plus habile officier d'artillerie de l'Europe, pourroit être préjudiciable. Nous vous proposerons donc de la faire entrer dans nos calculs, en la comptant sur le pied auquel elle est portée actuellement, quoiqu'il fasse à-peu-près le seizième de la force totale que nous avons regardé comme nécessaire à entretenir.

D'après ces observations, Messieurs, nous avons pensé que l'*armée* dont nous vous proposons de déterminer la force, en temps de paix, entre cent quarante-deux & cent quarante-trois mille hommes, doit être composée de cent deux à cent trois mille hommes d'infanterie, de trente à trente-deux mille hommes de troupes à cheval, & des huit mille cinq cens hommes d'artillerie qui composent ce corps aujourd'hui.

IIIe. Question. *Proportion du nombre des officiers avec celui des soldats, cavaliers, &c.* Les troupes doivent être partagées en différens corps, appellés *armées*, divisions, brigades, régimens; & chacun de ces derniers doit être divisé en d'autres parties, sous les dénominations de bataillons ou d'escadrons, susceptibles de se partager eux-mêmes en compagnies, sections, escouades: mais ce n'est pas à nous à nous occuper de cette organisation; elle appartient au roi, chef suprême de la nation; & devant nous renfermer dans la discussion des bases constitutionnelles, & nous borner à l'examen des dépenses qu'elles devront occasionner, nous ne chercherions pas même à établir ici le nombre nécessaire des officiers, si d'une part cette appréciation apperçue n'étoit pas indispensable à déterminer à-peu-près, pour le calcul des dépenses; & si d'une autre part nous ne regardions pas comme bases constitutionnelles, dans un état où le préjugé de l'honneur appelle au service toutes les classes de citoyens, d'assurer leur existence trop incertaine jusqu'ici, & d'empêcher qu'un ministre, pour économiser impolitiquement les fonds qui lui seroient assignés, & voulant un jour en diminuer arbitrairement le nombre, ne pût, par une parcimonie mal entendue, détruire ce préjugé si précieux à entretenir. Il ne subsisteroit pas long-temps, si une réduction d'emplois trop considérable les mettoit dans une proportion trop inférieure avec ceux qui desireroient en obtenir, ou si des suppressions trop fortes détruisoient l'espérance de l'avancement qui peut seul soutenir dans cette carrière.

Les proportions dans lesquelles les officiers doivent être aux soldats, ne sont pas bien exactement déterminées; elles varient dans tous les pays. La proportion dans laquelle ils ont été jusqu'ici en France, est plus considérable que chez les autres puissances. Le caractère des François, vif, ardent, & plutôt conduit par l'honneur que par la crainte, rend le soldat moins passivement subordonné; l'exemple & les bons propos le mènent d'une manière plus certaine que les châtimens : c'est dans l'officier, c'est dans l'honneur qui doit l'animer, que ces moyens peuvent se rencontrer plus essentiellement; il faut donc, pour conduire des soldats François, & même souvent pour modérer l'ardeur que l'honneur leur inspire, des officiers en plus grand nombre que chez des nations que la sévérité de la discipline, que la crainte qu'elle inspire, & que l'habitude, pour ainsi dire innée de la contrainte, retiennent presque naturellement dans le devoir.

Chez les nations nos voisines, l'état d'officier est un moyen de subsistance, d'aisance même, une profession enfin à laquelle ceux qui s'y destinent, se consacrent pour leur vie. Le régiment dans lequel ils servent devient leur patrie : ils abandonnent rarement leurs drapeaux. En France, au contraire, l'officier plutôt dédommagé par l'honneur que par l'intérêt, des peines & des fatigues attachées à son état, appellé par ce sentiment & par préjugé au métier des armes, a ses affaires & une fortune à régler & à administrer; il est indispensable de lui donner des facilités pour s'en occuper; il en faut donc encore par cette raison un plus grand nombre que s'ils pouvoient rester constamment à leur service. S'ils sont plus nombreux, leur traitement n'est pas aussi considérable. C'est un tribut glorieux, mais peu lucratif, qu'ils paient à la patrie; en diminuer le nombre, c'est détruire le goût militaire par l'impossibilité d'y obtenir des places. Substituer l'intérêt d'un traitement fixé au-delà des besoins réels, à l'honneur qui suffit seul pour les appeller à cette profession, c'est anéantir le préjugé. Il devient aujourd'hui d'autant plus précieux à ménager, que devant être partagé par toutes les classes des citoyens, il ne peut qu'augmenter la masse de l'honneur, caractère déjà distinctif de la nation. Enfin, sera-ce dans un moment où cette carrière honorable, jadis abusivement fermée à une partie des citoyens, vient d'être ouverte à tous; dans un moment où leur empressement de partager les travaux des défenseurs de la patrie, leur fera desirer d'y trouver place, qu'il seroit proposable de rendre le décret qui vient de consacrer leurs droits, pour ainsi dire illusoire, par une réforme trop considérable d'officiers, & par une diminution trop forte du nombre des emplois auxquels ils ont droit de prétendre. Nous ne l'avons pas pensé, Messieurs, & d'après toutes ces observations, nous avons cru qu'il étoit de l'intérêt de la patrie, & du devoir même des représentans de la nation, de ne point chercher à assimiler la France aux proportions d'officiers établies dans les services des nations étrangères, dont l'imitation n'a cessé de nous être funeste depuis long-temps ; & qu'en se bornant à supprimer toutes les places d'officiers inutiles & sans fonctions, il étoit de la politique d'en conserver un nombre assez considérable pour pouvoir entretenir le goût militaire par l'espérance d'obtenir des emplois, & l'émulation par l'espoir de l'avancement.

D'ailleurs, les officiers sont des cadres précieux à conserver ; de leur instruction dépend la bonté des régimens, de laquelle dépendent à leur tour les succès de l'*armée*. L'habitude peut seule la faire acquérir. Toute création d'emplois nouveaux, toute levée de nouveaux corps, au commencement d'une guerre, sont fâcheuses. La prudence veut donc qu'on entretienne à la paix, quelques réductions qu'on fasse dans le nombre des soldats, la quantité d'officiers qui pourroient être utiles à employer à la guerre, & que l'on conserve, le plus possible, les corps existans sans les dénaturer, afin de n'être pas obligé d'en lever alors de nouveaux, qui servent rarement bien dans leur début.

Les ordonnances actuellement subsistantes établissent onze mille six cens soixante-douze officiers de tous les grades & de toutes les armes, ou commissaires des guerres, pour commander, ou surveiller les détails d'administration des cent soixante-deux mille six cens quatre-vingt-dix hommes dont l'*armée* est composée. D'après les principes établis ci-dessus, quoiqu'en diminuant le nombre des soldats, il sembleroit prudent de réduire très-peu celui des officiers ; mais comme parmi eux il en existe plusieurs pourvus d'emplois sans fonctions réelles, ou n'ayant qu'un service mal réglé, dont l'utilité n'est pas bien reconnue, nous avons pensé qu'on pourroit supprimer ceux de cette espèce, & nous avons cru que le nombre des officiers-généraux, supérieurs & particuliers, ou commissaires des guerres, devoit être fixé entre neuf mille cinq cens ou dix mille. Le nombre plus ou moins considérable des officiers dans certains grades dépend de la formation des corps ; c'est au roi seul à la prononcer ; nous ne devons vous en présenter le nombre qu'en masse. Il ne pourra y avoir moins de neuf mille cinq cens officiers de tout grade : voilà ce qu'il importe à des législateurs de déterminer, pour conserver l'esprit militaire national, si précieux à maintenir. Il ne pourra pas y en avoir plus de dix mille ; voilà ce qu'il importe aux économes des revenus public de fixer d'une manière précise pour déterminer la dépense. L'intermédiaire entre ces deux nombres est une latitude indispensable à laisser au roi, pour lui donner la facilité d'organiser l'*armée* dont il est le chef, de la manière qu'il croira la plus utile au bien du service.

Quelle est actuellement la dépense qu'une *armée* de cette force doit occasionner ? C'est la quatrième & dernière question qui nous reste à examiner en ce moment.

IVe. Question. *Quelle dépense l'entretien de l'armée doit-il occasionner annuellement ?* Pour vous présenter avec méthode l'état des dépenses de l'*armée*, nous avons cru devoir les partager en trois classes.

Dans la première, nous avons rangé les dépenses d'appointemens des officiers, la solde des soldats & cavaliers, & les masses destinées à leur entretien particulier, ou à leur subsistance.

Nous avons compris dans la seconde les masses de l'entretien général & commun des hommes, lesquelles appartenant à tous, n'appartiennent cependant à aucun individuellement.

Enfin la troisième sera composée des dépenses générales du département, qui ne peuvent pas être déterminées en raison du nombre d'hommes, ou qui ne tiennent pas d'une manière proprement dite à l'*armée*.

Les armées doivent être commandées par des généraux : ceux-ci doivent avoir sous leurs ordres des lieutenans-généraux & des maréchaux de camp. Nous avons pensé que les premiers de ces emplois doivent être fixés à 40,000 livres de traitement par an, les seconds à 24,000, & les troisièmes à 16,000 livres. Ces places seront désormais les seuls objets d'émulation, les seules récompenses des services. M. le comte de la Tour-du-Pin, dans le mémoire qu'il a déjà fait distribuer, a annoncé qu'il proposeroit à sa majesté la suppression des gouvernemens généraux & particuliers. Les officiers-généraux qui seront, sans doute, employés désormais d'une manière plus active encore, n'ayant plus les ressources de ces graces pour être indemnisés des frais d'un service dispendieux, doivent recevoir des appointemens proportionnés à celui qu'on doit être dans le cas d'exiger d'eux ; & c'est ce qui nous a déterminés à vous proposer de fixer ainsi leurs traitemens.

Les commissaires des guerres ordonnateurs, ordinaires, ou élèves, ont à présent en appointemens qui leur ont été attribués par les dernières ordonnances ; savoir, les premiers 8000 livres, les seconds 4000 livres, & les troisièmes 1000, tant pour traitemens que pour frais de bureaux : nous n'avons pas pensé qu'ils fussent susceptibles d'augmentation.

Les colonels dans l'infanterie ont à présent 4000 l. d'appointemens par an, les lieutenans-colonels 3600 livres, & les majors 3000 livres, indépendamment d'une ration de fourrage, évaluée 270 livres, sur le pied de 15 sols par jour, qui leur étoit accordée pour un cheval pendant le temps de leur service seulement. Obligés d'être montés lorsqu'ils commandent, il est difficile qu'ils puissent se défaire de leur cheval, lorsque leur service est fini. Nous avons l'honneur de vous proposer que cette ration de fourrage leur soit accordée toute l'année, en la cumulant avec leurs appointemens. Nous avons cru inutile de vous proposer de les augmenter ; ils le seront lorsqu'ils commanderont le régiment, par un traitement extraordinaire de 200 livres par mois que nous vous proposons d'attacher au commandement. Il occasionne des dépenses ; & il nous a paru juste d'en indemniser celui qui en sera chargé, soit officier supérieur, soit capitaine en leur absence.

Les deux premiers capitaines de chaque régiment d'infanterie ont aujourd'hui 2,400 liv. d'appointemens, & les autres 2000 ou 1300 liv. Nous avons pensé, avec M. le comte de la Tour-du-Pin, qui nous en a fait la proposition, qu'il ne pouvoit qu'être très-avantageux de les partager en cinq classes, & d'accorder à chacune d'elles une augmentation progressive de traitement. Nous avons l'honneur de vous proposer en conséquence, de prononcer que leurs appointemens seront déterminés à 2600 liv. pour le premier capitaine, à 2400 pour le second, à 2100 l. pour ceux de la troisième classe, à 1700 liv. pour ceux de la quatrième, & enfin à 1,500 liv. pour ceux de la dernière.

Les lieutenans aujourd'hui partagés en deux classes, ont 900 & 800 liv. de traitement : nous avons pensé, par la même raison, qu'il falloit conserver cette gradation, & accorder 1100 liv. à la première classe & 1000 liv. à la seconde.

Les quartiers-maîtres ne jouissent aujourd'hui que de 1200 liv. ; leurs détails sont considérables, & demandent des sujets choisis : nous avons cru qu'il étoit de la justice de les augmenter de 200 liv., en les portant à 1400 liv.

Enfin, les sous-lieutenans & les porte-drapeaux n'ont aujourd'hui que 720 liv. ; il nous a paru juste aussi de leur accorder une augmentation ; mais les appointemens de ce dernier grade d'officiers ne nous ont pas semblé dans le cas d'être partagés en différentes classes : nous avons cru qu'un moyen de subsistance étoit tout ce qui étoit dû à un grade dans lequel ceux qui en sont pourvus, n'ont pas mérité comme officiers ; & en conséquence, nous avons l'honneur de vous proposer de fixer leur traitement à la somme de 800 liv. Les officiers de tous les grades des troupes à cheval, nous ont paru dans le cas d'être traités, relativement à eux, comme ceux des grades correspondans dans l'infanterie ; mais la nécessité d'entretenir un cheval, & la dépense qu'il occasionne pour son achat, pour son équipement, pour son ferrage & pansage, &c. demandent une augmentation ; & nous avons pensé qu'elle devoit être fixée à 200 liv. pour chaque officier de tout grade : aussi nous vous proposons que chacun d'eux soit d'abord augmenté de la somme nécessaire pour le porter au prix du traitement fixé pour le grade qui lui correspond dans l'infanterie ; & ensuite, de 200 liv., relativement à son cheval. Par ce moyen, les colonels, qui n'avoient que 4000 liv., seront portés à 4200 liv. ; les lieutenans-colonels & majors, qui jouissoient déjà de 3800 liv. & de 3200, c'est-à-dire, de deux cens francs de plus que le même grade dans l'infanterie, ne seront pas augmentés. Le premier capitaine sera porté à 2800 liv., par une augmentation de 300 liv. ; les quatre suivans composant la seconde classe ; à 2600 liv., au lieu de 2500 liv. ; & ceux de la troisième, à 2400 liv. au lieu de 2300 liv. L'augmentation des capitaines de cette classe paroîtra peut-être trop considérable au premier coup-d'œil ; mais on cessera d'en être étonné, & on la trouvera sûrement indispensable, si l'on pense que, par les ordonnances actuelles, il existoit une différence de 800 liv. entre les chefs d'escadron & les autres capitaines ; & qu'il n'en peut exister raisonnablement une pareille entre des officiers commandant une troupe égale, & assujettis aux mêmes dépenses. Les lieutenans seront portés de 950 à 1300 liv. & à 1200 liv., par une augmentation de 350 liv. pour ceux de la première classe, & de 250 pour ceux de la seconde. Les sous-lieutenans & porte-étendarts en éprouveront une de 280 liv., qui les portera à 1000 liv., au lieu de 720 liv. ; & le quartier-maître une de 400 liv., au moyen de laquelle son traitement sera fixé à 1600 l.

Chacun des officiers des troupes à cheval recevroit, en outre de ses appointemens, & par forme de masse, une ration de fourrage fixée à 15 sols par jour pendant toute l'année, pour la nourriture d'un cheval. Nous n'avons pas pensé que rien dût être changé à cet égard ; & nous avons cru devoir vous en proposer la continuation.

Enfin, messieurs, il nous a paru juste que les officiers qui commandent les régimens de troupes à cheval, fussent traités de la même manière que ceux des régimens d'infanterie, & nous vous proposons de déterminer pareillement une somme de 2400 liv. par an, affectée au commandant sur le pied de 200 l. par mois.

Les régimens suisses ont leur traitement fixé par les capitulations qui les attachent à notre service ; elles nous ont paru sacrées, & quoique leur traitement soit en général plus fort que celui des officiers françois du même grade, nous nous bornerons à vous proposer d'arrêter qu'il sera continué sans aucun changement, & tel qu'il est établi par leurs capitulations, & par les ordonnances actuelles.

Les inspecteurs d'artillerie jouissent aujourd'hui d'un traitement de 12,000 liv., les commandans d'école en ont un de 8400 liv. Les appointemens des colonels directeurs sont de 5600 liv. ou de 4800 liv., selon qu'ils sont attachés aux arsenaux, c'est-à-dire en activité, ou aux résidences. Les sous-directeurs d'artillerie, attachés aux places, jouissent de 3000 liv., & les capitaines en résidence, de 2400 ou de 1800 liv., selon qu'ils sont de la première ou de la seconde classe. Nous ne croyons ces officiers, dans le cas où sa majesté jugeroit à propos de les employer de la même manière, susceptibles d'aucune augmentation ni diminution ; les seuls qui nous aient paru dans le cas d'être augmentés, sont les lieutenans-colonels, sous-directeurs des manufactures : leur traitement est de 3360 liv. Aussi en activité que ceux du même grade attachés aux régimens, nous avons cru devoir vous proposer de les porter, comme eux, à 3800 liv.

Les élèves attachés aux écoles jouissent de 480 l. d'appointemens : c'est une facilité nécessaire pour leur éducation ; on ne peut guère leur donner moins ; mais aussi il nous a paru inutile de leur accorder davantage.

Les colonels des régimens d'artillerie jouissent déjà de 800 liv. de plus que ceux de l'infanterie : il ne nous ont pas paru dans le cas d'une augmentation ; nous avons pensé que les lieutenans-colonels, majors, capitaines, & autres officiers de ces régimens doivent, en raison de leurs fonctions plus multipliées par les travaux & les détails de l'artiller ie & par les écoles, avoir un traitement plus fort que dans l'infanterie, & qu'ils devoient être augmentés dans la même proportion ; en conséquence, nous avons l'honneur de vous proposer de fixer les appointemens des lieutenans-colonels à 3800 liv. au lieu de 3600 liv., ceux des majors à 3200 liv. au lieu de 3000 liv., & d'accorder aux capitaines, partagés en cinq classes ; savoir, à ceux de la première 2800 liv., à ceux de la seconde 2500 liv., à ceux de la troisième 2400 liv., à ceux de la quatrième 2200 liv., à ceux de la cinquième 1800 liv., au lieu de 2700 l. 2400 liv., 2200 liv. & 1500 liv. qu'ils avoient auparavant.

Les lieutenans en premier jouissent de 950 liv. Nous avons cru qu'ils devoient être partagés en deux classes de 1200 liv. & de 1100 liv. & que les lieutenans en second devoient avoir 1000 liv. au-lieu de 840 liv., qui forment aujourd'hui leur traitement.

Les capitaines en second, détachés pour la suite de leurs instructions, jouissant de 1500 liv., le quartier-maître ayant le même traitement déjà plus fort de 100 liv. que celui des quartiers-maîtres de l'infanterie, & enfin, l'aide-major aussi aux appointemens de 1500 liv., ne nous ont pas paru dans le cas d'une augmentation.

Enfin, Messieurs, le traitement de commandement de 200 liv. par mois à l'officier commandant les régimens, nous a paru aussi nécessaire que dans l'infanterie & dans les troupes à cheval. Nous avons l'honneur de vous proposer de le fixer pareillement à cette somme pour les régimens d'artillerie.

Les officiers des compagnies des mineurs & d'ouvriers, doivent avoir le même traitement que ceux de l'artillerie. Nous vous proposons donc que leurs capitaines de première classe soient fixés à 2800 liv., ceux de la seconde à 2500 liv. ; leurs capitaines en second, correspondant avec ceux de la cinquième classe de l'artillerie, à 1800 liv., & leurs lieutenans en premier & lieutenans en second de même à 1200 liv., 1100 liv. & 1000 liv., & que l'aide-major attaché au corps des mineurs conserve les 1800 liv. dont il jouit à présent, en y comprenant 300 liv. pour les frais de son bureau.

Les directeurs du génie, partagés aujourd'hui en trois classes, ont leur traitement fixé à 12,000 liv. 10,000 liv. & 9000 liv. : nous ne vous proposerons pas d'y rien changer.

Les colonels, lieutenans-colonels, majors, capitaines, lieutenans en premier & en second de ce corps, nous ont paru devoir être traités comme les mêmes grades de l'artillerie. Les colonels seuls avoient les mêmes appointemens ; ainsi, nous vous proposons d'augmenter les lieutenans-colonels de 440 liv., les majors de 200 liv., les capitaines de première classe de 400 liv., ceux de seconde de 500 liv., ceux de troisième de 400 liv. ceux de la quatrième de 200 liv. ; les lieutenans de première classe de 120 liv., ceux de la seconde de 20 liv., & les lieutenans en second de 100 liv. ; pour les porter à 3800 liv., 3200 liv., 2800 liv., 2500 liv., 2400 liv., 2200 liv., 1200 liv., 1100 & 1000 liv., ainsi que les mêmes grades correspondans dans l'artillerie.

Les élèves du génie jouissoient de 720 liv. de traitement : obligés à un travail constant & suivi pour acquérir les différentes connoissances qu'ils doivent avoir avant d'être reçus ingénieurs, nous avons cru qu'ils devoient être portés à 840 liv., par une augmentation de 120 liv.

Voilà, Messieurs, les augmentations & les traitemens que nous avons l'honneur de vous proposer de déterminer en faveur des différens grades des officiers de toutes les armes de l'*armée* ; passons à présent à ce qui peut intéresser les soldats, cavaliers, &c.

Le soldat d'infanterie le moins payé de l'*armée* n'a pour tout traitement aujourd'hui que 7 sols 4 d. par jour, dont 4 sols, sous le nom de prêt, sont destinés à sa nourriture ; 2 sols 6 deniers, par forme de masse, à lui fournir vingt-quatre onces de pain de munition, & 10 deniers, pareillement sous le nom de masse, de linge & chaussure à subvenir à son entretien personnel. Depuis long-temps l'on desire & l'on sent la nécessité d'augmenter un traitement aussi modique ; mais chaque sol d'augmentation faisant une somme de plusieurs millions, la crainte de la dépense justifiée par la pénurie des finances, a toujours arrêté : il n'appartient qu'aux représentans de la nation de trancher cette grande difficulté ; & l'honneur d'améliorer le sort & l'état de ses défenseurs, doit leur être réservé à juste titre comme une récompense de leurs travaux pour le bonheur & la liberté publique qu'ils s'empressent de consolider.

Un sol de plus, ajouté au prêt, nous a paru une augmentation raisonnable, & capable de procurer aux troupes une bonne subsistance ; deux deniers que nous proposons de plus au linge & chaussure, pour porter cette masse à un sol au lieu de dix deniers, ne seroient pas certainement suffisans pour empêcher le soldat d'être astreint à toutes sortes de petits moyens, fatigans ou inquiétans pour lui, pour subvenir à son entretien, si cette masse devoit seule y fournir. Mais un nouvel ordre de service amènera (il faut du moins s'en flatter, lorsqu'il fera déterminé par un ministre honnête & qui connoît les troupes) une diminution dans les fatigues inutiles qu'il cause aux soldats ; il permettra de leur donner plus de congés ; & chaque soldat trouvant, soit dans les économies de sa paie, pendant son absence, soit dans les arrangemens prescrits à ceux de ses camarades qui s'absenteroient, & dont il feroit, sans fatigue, le service pendant ce temps-là, des moyens de fournir à son entretien, pourra, par-là, & au moyen de cette légère augmentation faite à sa masse, se voir dispensé d'un travail forcé, & n'être plus dans le cas de s'y livrer que pour s'entretenir dans le métier qu'il pourroit avoir, & se procurer des moyens d'aisance personnelle. C'est à une administration sage & réfléchie à ordonner ces détails, & nous ne pouvons douter de la sagesse de ceux qui seront proposés à cet effet à sa majesté, lorsque nous connoissons celui qu'elle a honoré de sa confiance.

Enfin, six deniers de plus par jour à la masse du pain, pourront fournir aux troupes quatre onces de pain d'augmentation, ou la même quantité de vingt-quatre onces dans une qualité supérieure. M. le comte de la Tour-du-Pin fait faire des essais à ce sujet, & nous ne pouvons que nous livrer à l'espérance de leur succès, en voyant le zèle & l'humanité dont il est animé.

D'après cet exposé, nous avons l'honneur de vous proposer de déterminer à 1 sol 8 deniers par jour, l'augmentation qui sera faite à la paie du simple fusilier: par ce moyen, il aura 9 sols par jour; il sera en outre habillé, logé, chauffé, entretenu en maladie, au moyen des autres masses qui lui seront fixées.

Les différens grades doivent être traités en proportion: le plus ancien des soldats de chaque escouade, connus jadis sous le nom d'appointé, aura 6 deniers par jour au prêt de plus que le simple soldat, le caporal aura 2 sols de plus que le premier soldat, le sergent 4 sols 6 deniers de plus que le caporal, faisant 7 sols de plus que le soldat; & enfin, le sergent-major, 3 sols de plus que le sergent, indépendamment de 8 deniers de plus au linge & chaussure, en faveur de ces deux derniers grades de bas-officiers: telle étoit la gradation établie entre eux & les soldats, & telle est celle que nous avons l'honneur de vous proposer.

Les grenadiers, espèce de soldats choisis, jouissoient, dans tous les grades, d'un sol par jour d'augmentation.

Les chasseurs, autre espèce de soldats choisis, ou qui devroient l'être, mais moins grands que les grenadiers, n'avoient aucun avantage sur les fusiliers: nous avons pensé qu'une haute paie intermédiaire entre celle des grenadiers, seroit un moyen d'émulation & une distinction pour des soldats choisis; & nous avons en conséquence l'honneur de vous proposer de conserver la haute paie d'un sol par jour dans tous les grades des grenadiers, & d'en accorder une de six deniers dans tous ceux des chasseurs; ce qui portera à 2 sols 2 deniers par jour l'augmentation à faire à ces derniers.

Les adjudans avoient 30 sols par jour, mais sans pain; les tambours-majors, 13 sols 4 deniers seulement.

Les fonctions importantes des premiers méritent une augmentation; nous croyons qu'elle doit être de 5 sols pour la valeur de leur pain, mais cumulée à leur solde.

Les seconds ont le grade de sergent-major; ils en remplissent les fonctions vis-à-vis des tambours: il vous paroîtra juste, sans doute, de leur accorder le même traitement qu'aux sergens-majors de fusiliers.

Enfin, Messieurs, il existoit jadis des fraters-perruquiers dans chaque compagnie, utiles pour le soin & la propreté des hommes: ils ont été supprimés; mais leur réforme n'a fait qu'en rejetter la dépense sur les soldats qui les paient, en améliorant leur sort, il paroîtra peut-être juste à sa majesté d'en ordonner le rétablissement; & dans le cas où elle le jugeroit à propos, nous pensons que la haute paie qu'ils doivent avoir pour ce service doit être de 4 sols par jour, indépendamment de la solde qu'ils auront, soit comme grenadiers, soit comme chasseurs, soit comme fusiliers. Ils ne sont à présent traités que comme soldats: ainsi augmentés comme eux pour leur solde ordinaire, l'augmentation totale à prononcer pour eux sera de 5 sols 8 deniers pour ceux des grenadiers & des fusiliers, & de 6 sols 2 deniers pour ceux des chasseurs.

Les bas-officiers & soldats-suisses ont leur traitement fixé par leur capitulation; nous ne vous proposerons pour eux ni augmentation ni diminution de solde. Indépendamment de celle qui leur est attribuée, & sur laquelle on leur retenoit pour le pain 18 deniers par jour, le roi leur accordoit, comme aux autres troupes, une plus-value d'un sol. Elle est aujourd'hui établie à 18 deniers, pour porter la masse du pain à 3 sols. Il est juste de porter pour eux ce moyen de subsistance au même prix, ce qui fera 6 deniers d'augmentation sur leur traitement actuel, & 18 deniers par jour, indépendamment de leur solde: c'est tout ce que nous avons l'honneur de vous proposer à leur sujet.

Les troupes à cheval ont les mêmes besoins de subsistance que celles d'infanterie; mais leurs moyens d'entretien sont plus dispendieux; il ne doit donc y avoir de différence entre elles que relativement à cet objet; & nous croyons qu'en fixant la masse d'entretien des bas-officiers de ces troupes à 2 sols par jour, au lieu de 1 sol 6 deniers qu'ils avoient, & en portant celle des cavaliers, dragons, &c. à un sol huit deniers, au lieu de un sol six deniers, nous devons vous proposer en même temps d'arrêter la gradation entre les différens grades, & de déterminer que les cavaliers seront payés de leur solde & masse de pain comme les grenadiers & les dragons, chasseurs & hussards; comme les chasseurs de l'infanterie, c'est-à-dire, 6 deniers de plus que les fusiliers, & 6 deniers de moins que les grenadiers & cavaliers. L'ordonnance actuelle établissoit cette différence entre leur paie respective; la taille de leurs hommes ne devroit pas être la même, si ces régimens ne s'étoient pas écartés du premier objet de leur institution. La légère différence établie entre eux peut être nécessaire pour les y rappeller, & elle peut être importante pour le bien du service.

Les enfans du corps, attachés à ces régimens de troupes à cheval, s'il plaît à sa majesté de continuer de les y entretenir, ne nous ont pas paru dans le cas d'être traités comme les cavaliers, pour la solde ni pour les masses d'entretien; & nous avons pensé qu'il étoit suffisant de les traiter, en tout point, comme les fusiliers de l'infanterie.

L'artillerie, en raison de ses travaux & de l'importance de ses détails, étoit mieux traitée que les autres troupes. Nous n'avons pas pensé qu'elle fût dans le cas d'être augmentée aussi considérablement; & à l'exception de deux deniers ajoutés à la masse du linge & chaussure des soldats seulement, & de 6 deniers à la masse du pain de tous les grades, nous avons cru que les augmentations de solde que nous devions vous proposer de déterminer, devoient se borner à 1 sol 2 deniers au prêt des apprentis canonniers, à un sol à celui des ouvriers de la seconde classe ou apprentis, à onze deniers deux tiers pour les tambours-majors, à deux deniers pour les sergens-majors d'artillerie & de mineurs & apprentis mineurs à 8 deniers pour ceux d'ouvriers & pour les bombardiers de la seconde classe, & à quatre deniers pour les caporaux & premiers soldats de mineurs & d'artillerie, pour les tambours de toutes les compagnies, pour les artificiers & pour les mineurs.

Telles sont, Messieurs, les réflexions que nous avons cru devoir vous soumettre, relativement à la solde & aux masses plus particulièrement affectées à l'entretien individuel ou de subsistance des soldats. Un tableau qui en sera mis sous vos yeux, pourra vous faciliter le rapprochement de ces différens articles que nous avons cru devoir traiter dans cette partie du rapport. Nous allons examiner à présent les masses qu'on ne peut regarder que comme leur étant accessoires.

Les masses accessoires aux troupes sont, 1°. la masse générale, 2°. celle de l'hôpital, 3°. celle de fourrage, pour les troupes à cheval : c'est ainsi qu'elles étoient déterminées par les ordonnances actuellement existantes. Pour faire cesser la confusion des dépenses de différens services, & pouvoir mieux apprécier leur évaluation, M. le comte de la Tour-du-Pin a proposé de les réunir sous le véritable point de vue qui leur convient, en les rapprochant par forme de masses de ceux pour qui elles doivent être faites; & c'est en conséquence de ces vues sages, auxquelles nous n'avons pu qu'applaudir, que nous les présenterons sous les dénominations de masse des bois & lumières, des lits militaires & des effets de campement, pour vous en développer successivement les détails.

Les masses générales, jadis fixées pour l'infanterie à 38 liv., pour la cavalerie, à 130 liv. pour les hommes montés & à 56 liv. pour ceux à pied, pour les dragons, hussards & chasseurs à 122 liv. par homme à cheval, & à 50 liv. par homme à pied, & enfin à 44 liv. 10 sols pour l'artillerie, ont paru à M. le comte de la Tour-du-Pin dans le cas d'être réduites à 36 liv. pour l'infanterie, 124 liv. & 50 liv. pour la cavalerie, à 116 liv. & 44 liv. pour les dragons, chasseurs & hussards, & à 44 liv. pour l'artillerie. Ces masses débarrassées des prêts du 31 des mois, dont elles étoient chargées, & que nous vous proposerons de calculer dans la solde journalière, ainsi que de plusieurs autres dépenses, pourront sans doute être suffisantes, & nous ne pouvons que vous les présenter avec la confiance que nous devons à des calculs faits vraisemblablement avec soin & d'après les renseignemens les plus certains. Les masses d'hôpital & de fourrages, fixées, les premières à 15 liv., & les autres à 270 liv., sur le pied de quinze sols par jour par cheval, le sont au même pied par les ordonnances actuelles. Sans doute des renseignemens certains ont mis M. le comte de la Tour-du-Pin dans le cas de les proposer ainsi. Une bonne administration bien prévue & bien calculée, la suppression des gaspillages, ou des économies forcées des troupes, lorsqu'elles sont chargées de ces deux parties; la destruction des abus jadis inséparables des entreprises générales, ou des régies mal combinées; la facilité que donneront pour des adjudications partielles ou pour des marchés locaux des administrations de département, dans la sagesse desquelles on pourra prendre confiance, rendront sûrement ces masses susceptibles de procurer au trésor public une économie desirable, en même temps qu'elles offriront aux troupes le service le plus avantageux; & tout nous engageant à l'espérer, il ne nous reste qu'à vous proposer de les déterminer à ce prix.

La dépense du bois de chauffage des troupes, bois & lumières des corps-de-garde, n'a point encore été répartie en forme de masse; elle s'est élevée pour l'année 1787, à la somme de 1,249,999 liv. 19 sols 3 deniers, ce qui donnoit 7 liv. 13 sols par tête pour les 162,690 hommes dont l'*armée* étoit alors composée. Ce calcul cependant ne peut servir de base: plusieurs provinces payoient à leur compte les bois & lumières qu'elles fournissoient aux troupes. M. le comte de la Tour-du-Pin a demandé 9 liv. par homme, & nous avons pensé que cette somme n'étoit pas exagérée, sur-tout puisqu'elle débarrasse les provinces des dépenses locales auxquelles elles étoient assujetties à cet effet.

La formation de cette masse bien administrée, la répartition équitable à en faire aux troupes, en raison des prix du pays dans lequel elles seront établies, les marchés locaux à faire par elles pour ces fournitures, & beaucoup d'autres détails que l'esprit d'ordre du ministre lui dictera sans doute, détruiront bien des abus actuellement existans, & procureront indubitablement aux troupes la facilité de consommer tout ce qui étoit payé par elles.

La somme affectée à présent aux effets de campement, avoit été déterminée à la somme de 450,000 l. calculée sur le pied de 162,690 hommes dont l'*armée* étoit composée : les circonstances politiques, les rassemblemens même d'instruction, exigent que les magasins soient approvisionnés de ces effets : en fixant cette masse à 3 liv. par homme, elle procurera tous les ans un fonds de 425 à 430,000 liv. ; bien administré, il doit être suffisant : mais c'est un service nouveau, pour ainsi dire, à établir, & nous ne devons pas douter que le ministre ne s'en occupe avec toute l'attention qu'il mérite par son importance.

Les fournitures des lits militaires n'étoient point pareillement en masse ; des marchés étoient passés à ce sujet ; les prix étoient faits par fournitures : en les évaluant, ainsi que l'a fait M. le comte de la Tour-du-Pin, à 12 liv. par bas-officiers, & à 6 liv. par soldat, c'est indiquer la possibilité de faire coucher seuls les premiers, & les autres deux à deux, & on ne peut trop applaudir à cette vue d'humanité, qui tend à détruire un usage barbare, déjà à-peu-près aboli, mais qui n'a subsisté que trop long-temps.

Rien n'a été calculé pour les fournitures des officiers ; mais une bonne administration de cette masse évaluée au complet, & comme si tous les lits devoient être occupés toute l'année, pourra sans doute la rendre suffisante à ses autres dépenses, & nous ne pouvons que vous proposer de la déterminer à ce prix.

Voilà, Messieurs, tous les objets de dépenses que l'on peut cumuler par forme de masses avec la solde des hommes : vous verrez par le tableau qui sera mis sous vos yeux, la somme à laquelle revient chaque homme de chaque grade pris individuellement, & celles que coûtent tous les hommes de la même arme les uns dans les autres, & enfin, le prix commun de tous les hommes, depuis le général de l'*armée*, jusqu'au dernier soldat : ce calcul est nécessaire pour apprécier les dépenses de solde & d'entretien ; c'est ainsi que nous aurons l'honneur de vous les présenter.

L'apperçu des dépenses générales du département nous a été présenté par M. le comte de la Tour-du-Pin, & nous allons vous le soumettre avec les réflexions dont chaque article nous paroîtra susceptible.

Le premier article regarde les dépenses des étapes, convois militaires & rassemblemens de troupes : ces dernières n'avoient jamais été comprises dans celles du département, & s'acquittoient sur des fonds extraordinaires, fournis par le ministre des finances, toutes les fois que le roi avoit ordonné des camps, des cantonnemens ou autres rassemblemens. Ils peuvent seuls porter l'*armée* au degré d'instruction nécessaire, & sous ce point de vue, on ne peut trop approuver une demande de fonds qui fourniront les facilités pour en faire plus souvent que par le passé ; il en évalue la dépense à 500,000 liv. : cette somme peut être suffisante sans doute, en en bannissant toutes les dépenses de luxe, & en bornant celles qui y seront relatives aux augmentations de solde ou de subsistance indispensables à donner aux troupes rassemblées.

Les dépenses des étapes & convois militaires sont évaluées à 700,000 liv. : elles paroîtroient bien modiques au premier coup-d'œil, en pensant que depuis quelques années elles s'élèvent à plus de 1,800,000 l. par an, l'un portant l'autre, sans compter les dépenses de cette nature, qui s'acquittent en Bretagne sur les fonds même de la province, ou qui sont à la charge des troupes ; en Flandre & en Artois où elles n'en reçoivent pas ; si l'on ne pensoit pas en même temps que cette somme est demandée indépendamment de la solde courante des troupes, pendant le temps des marches, & si l'on ne pensoit pas aussi que ces dépenses peuvent être réduites beaucoup, en supprimant les abus des chevaux de selle des officiers, des transports à la suite des corps, des places accordées, pour être rachetées, & en les remplaçant par d'autres moyens moins onéreux. Avec une bonne administration, & des mouvemens de troupes moins multipliés, sans nécessité, ces fonds pourront suffire ; & en accordant cet abonnement, que nous ne pouvons que vous engager à arrêter, nous aurons encore à nous féliciter de voir les troupes en marche traitées de la même manière dans tous les pays, & de voir les dépenses acquittées, & leur comptabilité surveillée par le même administrateur qui ordonnera les mouvemens, & non plus par un ministre qui leur étoit totalement étranger.

Le second article est relatif aux travaux de l'artillerie. L'entretien & les remplacemens des équipages d'artillerie, l'approvisionnement des fusils & autres armes qui se fabriquent dans les manufactures ; les approvisionnemens de poudre, les fonderies des bouches à feu ; les forges qui fournissent les bombes, boulets, obus & autres fers coulés, les approvisionnemens à en faire, les transports à en faire exécuter dans les différentes places, l'entretien des armes dans tous les arsenaux, les gages, salaires & appointemens des employés qu'ils nécessitent, les réparations & entretiens des bâtimens, sont évalués annuellement à une somme de trois millions, & nous ne devons pas la trouver exagérée. Les deux millions qu'il demande pareillement pour les travaux du génie, ne doivent pas paroître non plus trop considérables, si l'on pense que près de cent mille francs en sont d'abord destinés au paiement des employés indispensables & à l'entretien de la galerie des plans, monument précieux & remarquable, fait pour être distingué. Le surplus doit en être appliqué aux ouvrages des places, & à l'entretien de leurs fortifications. Peut-être un jour pourra-t-il être susceptible de réduction, dans le cas où le nombre des villes fortifiées pourroit être diminué ; mais jusqu'à ce que cette opération, plus que délicate, soit achevée, nous devons trouver que cette demande est bornée aux besoins les plus stricts du service.

Le quatrième article regarde l'entretien des bâtimens militaires, & ne monte qu'à cent mille écus. Il est difficile d'apprécier des entretiens de bâtimens. Au surplus, sur cet article comme sur tous les autres, les fonds, pour être accordés, ne sont pas consommes, & au moyen des comptes que chaque législature sera en droit d'exiger, ce qui se trouvera surabondant sur une année, pourra être en déduction sur ceux à affecter pour la suivante.

Dans le cinquième article, M. le comte de la Tour-du-Pin demande quatorze cens mille francs, sous la dénomination de dépenses d'administration du département, ou des frais extraordinaires de police, non compris le traitement du ministre.

Les détails de ces dépenses sont le paiement des bureaux de la guerre, les frais de captures des déserteurs, des jugemens militaires; les dépenses des impressions des ordonnances, les frais de courses des employés pour le service, des couriers, des maréchaussées; les traitemens de différens employés dans les provinces, les gratifications extraordinaires, indispensables à donner, dans certaines circonstances, enfin les dépenses imprévues, & qu'il est impossible de calculer, dans une grande administration: ces dépenses s'élevoient beaucoup plus haut habituellement, & ce n'est qu'un grand esprit d'ordre qui peut faire espérer à M. le comte de la Tour-du-Pin de pouvoir y subvenir avec cette somme.

Sa délicatesse, Messieurs, ne lui a pas permis de nous parler de son traitement; mais vous connoissez la représentation d'un ministre de la guerre, les dépenses imprévues auxquelles il est exposé, & nous avons pensé que c'étoit à votre comité des finances à discuter cet article, ainsi que sur les intérêts de la finance de l'office de secrétaire d'état. Elle est de 500 mille liv.; mais, ainsi que toutes les autres finances, c'est une dette de la nation, & c'est à elle à en acquitter les arrérages, jusqu'à ce qu'elle ait pu en faire le remboursement.

M. le comte de la Tour-du-Pin demande ensuite une somme de huit cens mille liv. pour les depenses occasionnées par les états-majors des places. Elles s'élèvent aujourd'hui à 1,289,000 liv.; dans cette somme sont compris les appointemens payés aux gouverneurs particuliers, emplois sans résidence & sans fonctions, mais retraites ou récompenses accordées en considération des services. Il en a déjà lui-même annoncé la suppression; & quoiqu'une majeure partie des traitemens dont jouissoient ces gouverneurs, fût en émolumens locaux; quoique les indemnités que vous trouverez juste, sans doute, d'accorder à d'anciens serviteurs de la patrie, soient peut-être dans le cas d'excéder ce qu'ils touchent à présent en argent, nous ne pouvons nous permettre aucune réflexion.

Quant aux lieutenans-de-roi & autres officiers majors des places, leur dépense sera peut-être un jour susceptible de réduction, mais elle ne peut s'opérer que par le résultat d'un travail sur les places à garder ou à détruire; &, dans ce moment ci, il nous a paru que vous ne pouviez vous dispenser d'accorder les 800,000 liv. demandées à cet effet.

Les compagnies détachées d'invalides, les récompenses militaires accordées aux soldats retirés dans leur province, coûtent aujourd'hui une somme de 3,490,000 liv. Vous ne trouverez pas juste, sans doute, de dépouiller d'anciens serviteurs, qui, après avoir servi utilement la patrie, n'ont plus aujourd'hui d'autres moyens de subsistance que ses bienfaits; & d'après cela, nous avons l'honneur de vous proposer d'arrêter cette somme de 3,490,000 liv., telle qu'elle a été demandée par M. le comte de la Tour-du-Pin.

Il avoit demandé pareillement une somme de 1,400,000 liv. pour remplacer, dans la dotation de l'hôtel-royal des invalides, quelques portions de leurs revenus, détruites par les circonstances, ou dans lesquelles il se proposoit d'opérer quelques changemens; mais le comité nommé par sa majesté pour examiner la situation de cet établissement, & auquel vous avez associé deux de vos membres, n'a point achevé ses opérations; & nous avons pensé que nous devions attendre le résultat de leur travail, & le rapport qui vous en sera fait, avant de vous proposer aucune réflexion à ce sujet.

Les dépenses de toutes les maréchaussées du royaume montoient à la somme de 390,000 liv., suivant les états de dépenses de 1789; elles viennent, à la sollicitation des provinces, d'être augmentées de 600 cavaliers. C'est un surcroît de dépense de 441,000 liv.: ce corps sera peut-être encore dans le cas d'en exiger de nouvelles par d'autres augmentations qui paroissent desirées; mais aussi, il sera peut-être susceptible de réduction, dans des emplois inutiles, qui permettront d'y subvenir sur les fonds même. Incertains encore du résultat de ce travail, qui n'est point arrêté, nous ne pouvons que vous présenter à l'avance ces observations, en vous proposant d'en fixer les fond à 4,341,000 liv. dépense réelle du moment, conformément à l'état présenté par le ministre.

Telles sont, Messieurs, nos observations sur les dépenses nécessaires de l'*armée*: nous allons nous résumer en les réunissant toutes sous vos yeux, ainsi que les avantages qui pourront en résulter. Vous en retracer le tableau, c'est vous dédommager des détails longs & minutieux que nous avons été forcés de vous présenter. Il plaira sans doute à vos cœurs; peut-il être pour vous un bonheur comparable à celui d'améliorer le sort de ceux de vos concitoyens qui ont consacré leur existence au service de la patrie?

Les appointemens de tous les capitaines & lieutenans d'infanterie sont augmentés, les uns de 400 liv., la majeure partie de 200 liv., & les moindres de 100 liv.; tous ceux de l'artillerie & du génie éprouvent la même augmentation: elle est même beaucoup plus considérable pour ceux des troupes à cheval, puisqu'indépendamment de celle qui leur est commune avec l'infanterie, il leur a été accordé, dans tous leurs grades, un surplus de traitement de 200 liv., relativement à l'entretien du cheval, qui leur occasionne plus de dépense. Les quartiers-maîtres voient augmenter leur sort de 200 liv., & les sous-lieutenans même éprouvent aussi un petit bénéfice de 80 liv. sur leur traitement. Les 200 liv. par mois, proposés pour le commandant des régimens, devient une véritable augmentation pour les colonels, lieutenans-colonels & majors, qui seront le plus dans le cas d'en profiter.

Leur masse de fourrage même, cumulée avec leurs appointemens, est un bénéfice, puisqu'ils n'en jouissoient auparavant que pendant le temps de leur résidence. Les soldats, cavaliers & dragons sont tous augmentés, tant à leur prêt qu'à leur masse, de linge & chaussure; & tous généralement le sont de six deniers par jour à leur pain.

L'augmentation des soldats d'infanterie est de 20 d. par jour; l'artillerie, déjà mieux traitée, est cependant aussi augmentée au moins de six deniers, plusieurs le sont de huit, d'autres de dix deniers, d'un sol, d'un sol huit deniers, & quelques-uns, plus maltraités auparavant, le sont même de vingt-deux deniers.

Les chasseurs de l'infanterie, indépendamment de l'augmentation de fusiliers, reçoivent une haute paie de six deniers, qu'ils n'avoient pas auparavant, & la cavalerie, traitée comme les grenadiers, & les dragons & chasseurs, comme les chasseurs de l'infanterie, se voient pareillement augmentés de deux sols par jour.

Tous les grades de bas-officiers le sont dans les mêmes proportions; enfin, tout le monde y gagne, aucun n'y perd; très-peu même, excepté ceux peut-être que les ordonnances précédentes avoient traités au-delà des proportions ordinaires, ne restent tels qu'ils étoient. Toutes ces augmentations, sans doute, n'ont pu avoir lieu qu'aux dépens des économies que les réductions ou les suppressions d'emplois inutiles auroient pu procurer; mai l'économie qui se feroit aux dépens des individus, seroit une parcimonie blâmable aux yeux même de la nation. Elle étoit loin de vos cœurs, & nous n'avons pas dû vous la proposer. Enfin, Messieurs, les bénéfices résultans de ces augmentations de traitement pour les troupes, ne seront pas les seuls avantages que procureront ces arrangemens. Les provinces seront déchargées totalement des sommes particulières qu'elles payoient localement pour les fournitures, pour les fourrages, pour les étapes, pour les bois & lumières. Soulager les provinces c'est soulager le trésor public; & en le faisant, leur épargner des embarras, des inquiétudes & souvent des causes de tracasseries, c'est leur procurer un double avantage.

Pour pouvoir évaluer des dépenses sans avoir un plan fixe & déterminé, nous avons dû nous donner à nous-mêmes des bases d'après lesquelles nous puissions partir; nous avons à cet effet supposé une *armée* de 102,727 hommes d'infanterie, de 31,230 hommes de troupes à cheval, & de 8,585 hommes d'artillerie, commandés ou surveillés par 9,887 officiers de tous les grades, ou commissaires des guerres, répartis dans chaque grade & dans chaque classe, d'après les proportions qui nous ont paru les plus convenables, & que nous aurions suivies, si nous avions été chargés de vous présenter les détails de l'organisation de l'*armée*. Chacun de ces 9,887 officiers ou commissaires des guerres, traités comme nous vous l'avons proposé ci-dessus, revient l'un dans l'autre à 1943 liv.

Chacun des bas-officiers, soldats, cavaliers & dragons, revient de même, l'un dans l'autre, à 341 liv. 8 sols 3 deniers.

Enfin chacun de ces 152,429 hommes, tant officiers de tout grade que soldats, donne un prix commun par tête de 444 liv. 18 sols 10 deniers; ce qui établit pour la dépense générale de leurs appointemens, soldes, masses d'entretien général & particulier, de pain, de fourrages, d'hôpitaux, de lits militaires, de bois & lumières & d'effets de campement, une somme totale de. . . . . 67,822,013 l. 6 s. 2 d.

A cette somme il convient d'ajouter les dépenses accessoires qui n'ont pu être calculées par homme, savoir :		
1°. pour étapes, convois militaires & rassemblemens.	1,200,000	
2°. Pour les travaux de l'artillerie.	3,000,000	
3°. Pour les travaux du génie.	2,000,000	
4°. Pour l'entretien des bâtimens militaires.	300,000	
5°. Pour les dépenses générales de police & d'administration.	1,400,000	
6°. Pour les états-majors des places. . . .	800,000	
7°. Pour les compagnies d'invalides détachées & récompenses militaires.	3,490,000	
8°. Enfin, pour les maréchaussées.	4,341,000	
TOTAL des dépenses de l'armée.		84,353,013 l. 6 s. 2 d.

Voilà, Messieurs, la somme que nous avons regardée comme indispensable pour les dépenses de l'*armée*.

Votre comité des finances, dans l'apperçu qu'il vous a présenté, ne les avoit évaluées que 79 millions; mais ce calcul, fait par lui, n'avoit été précédé d'aucun examen préliminaire, ne portoit sur aucune base certaine. Aujourd'hui tout a été prévu, tout a été calculé; l'*armée* a été réduite au plus bas pied possible.

Les augmentations d'appointemens & soldes font une dépense de 16 millions 500,000 liv. au-delà de ce qu'elle auroit été en consacrant les traitemens actuels. Pour se restreindre à la somme de 79 millions, il faudroit renoncer au projet d'améliorer l'état de tous les individus de l'*armée*. Prononcez, Messieurs; leur sort est entre vos mains.

Il ne me reste plus, en finissant, qu'à vous présenter encore une réflexion au nom du comité militaire.

Les fonds que vous décréterez dans votre sagesse, seront déterminés en raison de la force de l'*armée* que vous jugerez à propos d'entretenir sur pied; mais elle ne pourra recevoir sa formation en raison de ses fonds, au moment même de votre décret. Il vous paroîtra prudent, sans doute, de déterminer en même temps l'époque à laquelle elle devra commencer à avoir son exécution; celle du premier de mai n'est pas trop éloignée pour la rédaction de toutes les ordonnances qui devront régler cette formation; en la déterminant, vous songerez sans doute aussi que l'*armée* constituée sur les ordonnances actuelles, coûte plus cher qu'elle ne coûtera lorsqu'elle aura subi toutes les réformes qui résulteront de l'exécution de votre décret; nous aurons l'honneur de vous proposer en conséquence de régler que les fonds du département de la guerre continueront jusqu'à cette époque à être faits suivant l'état précédemment arrêté.

Enfin, Messieurs, lorsque votre décet aura fait connoître vos intentions sur la force de l'*armée*, lorsque sa majesté aura décidé l'organisation à lui donner, il en résultera des réformes & des suppressions. Nous ne pouvons pas, jusqu'à ce moment, mettre sous vos yeux le nombre des malheureuses victimes qui perdront leur état, leur existence, peut-être même des récompenses justement méritées, lorsqu'il sera connu; nous vous supplions de nous autoriser à vous en présenter le tableau, & à vous soumettre alors nos réflexions sur les moyens à employer pour adoucir la rigueur de leur sort. Les représentans d'une nation généreuse, dont ils ont cherché à faire le bonheur, ne voudront pas voir des malheureux sans leur tendre une main secourable: c'est notre espérance.

Voilà, Messieurs, les seules observations que nous ayons à vous soumettre pour le moment. Ces questions à décider par vous, nous ont paru les plus pressées, à cause des réductions longues & pénibles qu'elles exigeront du ministre, pour l'exécution du décret que vous prononcerez à ce sujet. Les bases des détails sur les recrutemens de l'*armée*, sur le choix & l'avancement des officiers, sur les retraites ou récompenses militaires, sur la discipline & sur les crimes & délits militaires, formeront incessamment la matière d'un nouveau rapport.

Pour terminer celui-ci, nous avons l'honneur de vous proposer le projet de décret suivant:

Décret. L'assemblée nationale, ayant entendu le rapport du comité militaire, a décrété & décrète les articles suivans:

Art. I. L'*armée* demeurera réduite, en temps de paix, entre 142 & 143 mille hommes, non compris la maison militaire du roi.

II. Elle sera composée de 102 à 103 mille hommes d'infanterie, de 30 à 32 mille hommes de troupes à cheval, & de 8 à 9 mille hommes d'artillerie.

III. Indépendamment de cette *armée* de ligne, il en sera désigné une autre de 100 mille hommes, à fournir par les provinces, dans le cas de guerre seulement. Ces hommes seront toujours prêts à marcher; mais ils ne seront jamais rassemblés: le comité de constitution s'occupera des moyens à indiquer à l'assemblée nationale, pour la levée de ces hommes, de la manière la plus conforme aux intérêts particuliers des provinces chargées de les fournir, en raison de leur population.

IV. Neuf mille cinq cens officiers au moins, & au plus dix mille, de toutes les armes, de tous les grades, tant généraux que particuliers ou commissaires de guerre, seront employés pour en commander ou en surveiller les détails.

V. Tous les officiers de tous les grades, bas-officiers, soldats, cavaliers, hussards, dragons, seront payés conformément au tableau arrêté par l'assemblée, & qui sera annexé au présent décret. Pourra néanmoins, sa majesté, en employant au paiement de soldes ou d'appointemens les fonds qui seront ci-après décrétés, augmenter ou diminuer les proportions établies pour chacun des grades, suivant qu'elle pourra le croire utile au bien de son service.

VI. Les fonds du département de la guerre seront désormais fixés à la somme annuelle de 84,000,000 (1), lesquels seront à la disposition du ministre de ce département, & de l'emploi desquels il sera comptable tous les ans à chaque législature, à laquelle il présentera le résultat de ses économies, ou les *déficit* qui pourront se trouver sur chaque partie, afin de mettre les représentans de la nation en état d'apprécier avec connoissance de cause les besoins de chaque service, ou de prononcer sur l'emploi à faire de ces économies.

VII. Les 84 millions décrétés ci-dessus seront employés, savoir:

Au paiement de la solde, des masses & appointemens des officiers, bas-officiers, soldats, cavaliers

(1) Quoique l'état ci-dessus porte les dépenses à la somme de 84,353,013 liv. 6 sols 2 deniers, nous avons pensé pouvoir réduire les fonds à 84 millions. Nous avons évalué la force de l'*armée* au plus haut; & d'ailleurs, une aussi grande administration peut être susceptible de procurer les moyens de couvrir cette légere réduction.

& dragons. . . . . 67,500,000 l.

Aux étapes, convois militaires, & rassemblemens.	1,000,000
Aux travaux de l'artillerie. . . .	3,000,000
Aux travaux du génie.	2,000,000
Aux bâtimens militaires.	300,000
Aux dépenses de police, ou administration du département. . . .	1,369,000
Aux états-majors des places. . . .	800,000
Aux compagnies d'invalides détachées, & récompenses militaires. . .	3,490,000
Aux maréchaussées.	4,351,000
Somme égale.	84,000,000 l.

VIII. Malgré la répartition ci-dessus faite desdits fonds sur chacun des objets auxquels ils semblent plus particulièrement destinés, pourra néanmoins sa majesté en disposer d'une partie sur l'autre, ainsi qu'elle le croira utile pour le bien du service.

IX. La solde des soldats, cavaliers, dragons, hussards, pour la partie affectée à leur prêt, sera payée sur le pied de 365 jours par an; les masses de linge & de chaussure, & autres, ne le seront que sur le pied de trente jours par mois. La nouvelle formation de l'*armée*, en exécution du présent décret, aura lieu, au plus tard, au premier mai prochain, jour auquel les fonds destinés au département de la guerre, commenceront à être payés: en conséquence, jusqu'à cette époque, ils le seront sur le nouveau pied, & conformément à l'état arrêté par sa majesté.

X. Aussi-tôt que les plans de la formation nouvelle à donner à l'*armée* seront arrêtés par sa majesté, il sera remis à l'assemblée nationale un état des réformes & suppressions qui pourront être dans le cas d'être effectuées, afin qu'elle puisse y avoir égard, s'il y a lieu.

M. Alexandre de Lameth. Il est à propos que l'assemblée ordonne l'impression de ce travail, à cause des nombreux détails qu'il renferme. Je crois également convenable d'en ajourner la discussion à lundi prochain: notre situation politique & l'approche du printems, doivent accélérer nos opérations sur cette matière.

M. le baron de Wempfen. Ceci sera fort long: l'*armée* attend cependant avec impatience les effets heureux de votre bienfaisance & de votre justice. Je propose d'accorder une augmentation de paie, à dater du premier du mois prochain.

M. le vicomte de Noailles. Je ne crois pas qu'il soit possible d'ajourner la discussion à lundi. M. de Bouthillier vient de vous annoncer des états qui ne pourront guère être imprimés avant dimanche. D'autres rapports doivent aussi être présentés; on peut, sans inconvénient, ajourner à mercredi 27.

M. Coupé. M. de Bouthillier vous a parlé fréquemment d'un travail rédigé par M. de la Tour-du-Pin, & communiqué au comité militaire; j'en demande l'impression.

L'assemblée ordonne que ce travail & le rapport lu par M. de Bouthillier soient imprimés.

Séance du premier février 1790.

M. le vicomte de Noailles, au nom du comité militaire. Messieurs, vous remplissez une obligation vraiment sacrée, en vous occupant de l'*armée*. Cent cinquante mille François ont été privés du droit de suffrage dans les assemblées primaires; & si votre justice a regardé comme nécessaire ce sacrifice, votre humanité doit s'efforcer de le compenser. En écoutant vos dispositions, en vous rappellant l'estime que vous avez conçue pour les troupes, l'admiration que vous ont inspirée leur conduite, leur courage, leur patience; les services distingués qu'elles ont rendus dans tous les temps, vous dicterez des loix militaires qui feront chérir à l'*armée* & vos décrets, & votre constitution, & vous trouverez dans son zèle le plus ferme appui de la liberté françoise.

Le comité, pénétré de vos principes, a tâché, dans le plan qu'il va vous soumettre, de concilier le génie de la constitution avec les loix de l'avancement dans les troupes. Il s'est proposé de tirer de la composition de l'*armée*, toutes les ressources qu'elle peut avoir pour la rendre ce qu'elle doit être; d'éviter d'assujettir les François au régime des autres peuples; de préparer des liens intimes & durables entre les citoyens & les troupes réglées; de fixer invariablement que, dans le choix des officiers, l'on n'aura égard ni au rang, ni à la fortune, mais aux talens & aux vertus; enfin, de favoriser l'émulation, seule capable de produire des hommes dignes de commander.

En écartant tout ce qui est étranger à son objet, le comité a senti combien il étoit difficile, dans ce travail important, de recueillir tout ce qui est nécessaire à le compléter. Dans cette carrière, il nous a paru que le premier pas à faire étoit de déterminer l'état civil de l'*armée*; &, pour cet effet, nous avons pensé qu'à la vérité la réunion sous les drapeaux ne pouvoit pas former un domicile, mais que le temps du service, toujours compté par la patrie, conserveroit à celui qui l'auroit ainsi employé, l'avantage de jouir, dans son domicile naturel, de la plénitude des droits de citoyen actif, toutes les fois qu'il viendroit s'y présenter.

Le

Le comité a pensé aussi que trente années consécutives de service militaire, sans interruption, devoit obtenir à celui qui les auroit remplies, toutes les prérogatives accordées aux citoyens actifs. De semblables récompenses, prises dans le nouvel ordre de choses, le rendront aussi recommandables à chacun qu'il est utile à tous; & c'est l'objet que le législateur doit toujours se proposer.

Après avoir fixé l'existence de l'*armée*, sous le rapport social, nous passons aux rapports de l'*armée* avec la puissance qui ordonne, & avec celle qui exécute.

Le pouvoir qui exécute ne doit pas fixer le nombre de troupes, ni régler la dépense de l'*armée*, par la raison que la quotité de troupes est la valeur représentative de l'impôt destiné à remplacer le service personnel.

Par une suite de ce principe, la disposition première des troupes dans le royaume, doit être le fruit d'une convention entre les deux pouvoirs de législation & d'exécution.

Les conditions auxquelles le pouvoir exécutif exerce l'autorité suprême sur l'*armée*, étant ainsi posées, il reste encore au pouvoir constituant de remettre les élémens de l'*armée* au pouvoir exécutif, qui en dispose hors du royaume, & qui peut la faire mouvoir, selon sa volonté, dans l'intérieur, toutes les fois que cette volonté est conforme à la loi, ou qu'elle a pour but d'agir contre les ennemis de la nation.

Avant de fixer les élémens qui doivent contribuer à l'organisation de l'*armée*, il seroit bon de déterminer comment les troupes peuvent & doivent se comporter avec les milices nationales, lorsqu'elles ont à opérer ensemble.

Le principe militaire défend de confondre les corps divers; ce n'est qu'en se trouvant dans leur ordre naturel, que les troupes peuvent entreprendre avec fruit. Il faudroit éviter, toutes les fois qu'il y aura des milices nationales & des troupes réglées, de les réunir sur-tout par petites divisions; elles agiront plus efficacement étant séparées. Il paroîtra convenable que le militaire, qui ne cesse pas d'être citoyen, en s'offrant pour la défense de la patrie, conserve, sur les milices nationales, l'avantage de l'expérience. Cette attention contribuera certainement à rendre les opérations combinées entre les milices & l'*armée*, plus faciles & plus sures dans leur exécution.

Ces principes constitutionnels étant établis, nous allons vous occuper de l'avancement militaire. Nous avons pris pour guide de nos réflexions les observations pressantes & nombreuses qui nous sont parvenues sur l'ancien ordre, & nous les avons étudiées avec le plus grand soin, parce que nous avons cru y reconnoître l'esprit de tous les corps qui composent l'*armée*. Toutes les plaintes portent généralement sur les mêmes objets; par-tout on cite l'abus du pouvoir, la faveur & l'arbitraire à la place du droit que donnent les bons services & l'ancienneté. Les demandes des troupes sont justes & modérées, & l'on peut croire que, sans empiéter sur les fonctions qui appartiennent au pouvoir qui exécute, nous pourrons satisfaire le vœu de l'*armée*, & regarder ce qui intéresse le plus intimement son sort, comme invariablement fixé. Dans les propositions qui nous ont été faites, il en est quelques-unes qui demandent pour les soldats l'élection de leurs bas-officiers. Le comité a pensé qu'il y auroit beaucoup d'inconvéniens à rendre les inférieurs arbitres du sort de leurs supérieurs, & particulièrement dans les premiers grades. Ce principe introduiroit des intrigues & des cabales pour les élections, & ce droit de suffrage prenant de l'extension, mettroit la liberté en danger. L'expérience nous montre la république Romaine renversée au moment où les soldats purent choisir leurs chefs. Cette méthode, si elle étoit suivie, entraîneroit la destruction des troupes françoises.

Votre comité pense cependant qu'il y a des modifications à établir dans les nominations des grades subalternes; qu'il faut, en laissant le choix à celui qui a la responsabilité directe, éviter que des caractères durs ou inquiets n'obtiennent des préférences, & que le mérite, reconnu tant par les compagnons d'armes que par les supérieurs immédiats, ne puissent être privés de l'avancement. Pour cela nous avons cru nécessaire d'indiquer au pouvoir exécutif de prendre des mesures convenables pour rendre cette responsabilité des officiers utile, en la rendant possible, & fonder l'obéissance des soldats sur leur confiance.

Le comité a trouvé que les soldats & les bas-officiers se plaignoient avec raison du peu d'égards qu'on a eu jusqu'ici pour leurs services; ils annoncent qu'ils supportent les fatigues de la guerre, & que s'ils parviennent au grade d'officier, ce n'est jamais qu'à l'instant où leurs infirmités, fruit de services longs & pénibles, les oblige à prendre leur retraite. Cependant nos *armées*, commandées avec succès par des chefs qui avoient commencé par être soldats, sont une preuve qu'il est necssaire de favoriser l'ambition de cette classe où se trouvent d'excellens juges, & souvent des talens distingués. Le souverain doit applanir les difficultés qui empêchent les soldats d'obtenir la récompense de leurs travaux & de leurs peines, &, pour cet effet, favoriser leur ambition: ce double but sera rempli, en fixant que, sur cinq places d'officiers, il y en aura toujours une destinée aux subalternes arrivés par tous les grades, & qu'alors ils prendront rang dans la ligne militaire; cette place sera donnée au bas-officier le plus méritant, & nommé par un conseil formé pour cet objet.

Nous touchons, Messieurs, au moment où une partie de vos décrets doit avoir toute sa force d'exécution. Privés, pendant des siècles, de tous les avantages que le service militaire peut offrir, la presque totalité des citoyens françois étoit forcé de languir dans des emplois inférieurs, tandis qu'une classe privilégiée arrivoit aux honneurs par la protection & le crédit de ceux qui les avoient usurpés. Cette même classe se séparoit en trois branches, que l'on appelloit vulgairement *noble de province*, *nobles de cour & nobles du plus haut rang*. Les premiers méritoient beaucoup par des services actifs, par une longue expérience, par des talens souvent ensevelis faute de circonstances, & n'obtenoient rien : la noblesse de cour, en général, franchissoit plutôt qu'elle ne parcouroit la carrière militaire : séparée du soldat par un espace immense, elle lui étoit étrangère : aussi ignoroit-elle toujours & ses peines & ses plaisirs ; aussi ne savoit-elle ni le distraire ni adoucir même quelques instans la contrainte pénible d'une obéissance éternelle. Elle faisoit supporter aux officiers de l'*armée* tout le poids du service, & en retiroit tous les honneurs : de-là ces distinctions vraiment humiliantes *d'officiers supérieurs*, *d'officiers inférieurs ou subalternes* ; de-là cette foule immense de graces accordées aux uns, que vous trouvez divisées sous toutes les dénominations, tandis que de foibles pensions de retraite gratifioient tout au plus les autres, après des services vraiment utiles. Enfin, il existoit une grande erreur, puisque plusieurs familles, avant l'âge de l'inscription civique, commandoient des corps nombreux ; & tant d'abus étoient consacrés par des ordonnances ! Tous les corps ont fait des représentations ; mais la malheureuse maxime pour les *armées* a trop longtemps été de n'avoir aucun égard aux réclamations. Ah ! si cette révolution est heureuse, c'est sur-tout pour ceux qui étoient condamnés à de si criantes injustices ; il falloit que le gouvernement se régénérât pour détruire ces odieux abus ; ils ne seront jamais oubliés du militaire, parce qu'ils lui rappelleront ce qu'il étoit & ce qu'il est devenu.

La marche qui a été suivie, ne devant plus avoir lieu, nous allons vous entretenir des précautions que nous croyons indispensables pour corriger les vices de l'organisation militaire.

Il nous paroît convenable que pour entrer au service dans le grade d'officier, il soit nécessaire d'être âgé de dix-huit ans révolus, & de réunir toutes les autres qualités de citoyen actif. Ce n'est qu'à cet âge que le corps & l'esprit ont une consistance assez forte pour se passer des soins journaliers. Il nous a paru avantageux en outre que toute personne, proposée pour occuper une place d'officier, ait préalablement soutenu un examen public sur les objets relatifs aux premiers points de la constitution & aux élémens de l'art militaire. Une épreuve de ce genre est faite pour disposer avantageusement l'opinion publique. Elle paroîtra un juste motif de préférence sur un grand nombre de citoyens qui, n'apportant au service que d'heureuses dispositions & du zèle, ne peuvent y entrer que comme soldats. L'artillerie & le génie, qui ont une réputation si haute & si méritée dans toutes les *armées* de l'Europe, sont soumis à des examens que nous croyons trop sévères pour le reste des troupes : mais pleins de confiance dans les personnes que le roi a chargées de veiller à toutes les parties de l'administration militaire, nous nous bornons à poser le principe, sans entrer dans aucun détail.

Maintenant, Messieurs, nous aurons donc, dans le premier emploi militaire, des officiers parvenus par tous les grades, dans la proportion d'un sur cinq, & des officiers distingués par les examens qu'ils auront soutenus.

Nous croyons que l'avancement doit dès-lors suivre l'ancienneté jusqu'au grade de major exclusivement, pourvu seulement que les jeunes gens entrés au service avec le rang d'officier, prêtent, à l'âge fixé par la loi, le serment civique. Ce ne sera pas dans cette partie de la force publique, qui a toujours été l'asyle de l'honneur, que cette loi paroîtra pénible, & l'on peut assurer d'avance que sans aucune ordonnance prohibitive, celui qui ne seroit pas digne d'être admis au serment, ne pourroit plus continuer ses services. Il est bon, il est juste autant qu'utile que le soldat soit citoyen, & que se voyant estimé, considéré, il aime son état, qu'il tienne à la patrie, & qu'il n'en devienne jamais l'oppresseur.

Nous allons vous occuper en ce moment des grades supérieurs, de ceux qui permettent de mettre les talens sous un plus grand jour, de ceux qui ont souvent servi de prétexte pour seconder l'arbitraire au lieu de favoriser le mérite & l'expérience. Le comité militaire a pensé que tous les grades depuis celui de major jusqu'à celui de lieutenant-général, exclusivement, appartenoient principalement à l'ancienneté, en exceptant un sur trois, destiné aux personnes qui, annonçant des talens rares, doivent obtenir des préférences & parvenir dans la vigueur de l'âge au commandement des *armées*. Sur la proposition principale, le comité a cru que là où il y auroit incapacité, il ne falloit pas accorder des fonctions actives, & qu'il devoit avancer comme principe utile, que le pouvoir exécutif peut refuser l'avancement s'il croit y être fondé, mais qu'il ne pourra le faire sans un changement d'état pour celui qui seroit ainsi privé de l'avancement, sans jugement par conseil de guerre, ou sans une retraite de gré à gré.

Cette loi utile, faite également pour les grades intermédiaires du capitaine au lieutenant-général, étant justement appliquée, laissera une carrière qui ne sera jamais fermée à ceux qui méritent, & elle empêchera de dépouiller un officier arbitrairement, puisqu'il faut le placer, le juger, ou qu'il demande à se retirer.

Sur la seconde proposition, il a paru au comité militaire qu'il ne pourroit se rendre juge de l'incapacité ou du mérite, & en fixer les justes bornes, mais qu'il appartenoit au pouvoir exécutif de tenir la balance & d'apprécier la valeur des poids; que c'étoit un des objets compris dans la responsabilité, que celui de faire des choix utiles & estimables; qu'il falloit seulement exiger que depuis le grade de major, aucun officier ne pourroit parvenir à celui de lieutenant-général, sans passer par tous les grades.

Enfin, pour les nominations de lieutenans-généraux, & pour les commandans d'*armées*, nous avons pensé qu'il n'y avoit d'autre règle à prescrire, que d'observer dans le choix la réunion des talens éprouvés par l'expérience, & d'en laisser le roi seul arbitre.

Après avoir ainsi posé les bases sur lesquelles le pouvoir exécutif doit opérer son action, il est essentiel encore de tourner votre attention sur les circonstances que la guerre peut offrir. Un militaire alors ne doit jamais prévoir l'avancement qu'il peut espérer: la gloire d'un général d'*armée* est attachée à favoriser le talent, le mérite, l'énergie dans tous ceux qui lui sont subordonnés, il faut lui permettre de franchir toutes les règles prescrites pendant la paix, lui donner le droit d'en créer de nouvelles, & l'obliger seulement à une responsabilité sévère.

Cette nécessité de se reposer sur un seul homme, du sort d'un grand nombre d'individus, est un des motifs qui doivent rendre aux nations libres l'état de guerre redoutable, parce qu'outre la ruine des finances, il mène à la perte de la liberté. Ce fut en rendant les guerres longues, & même continues, que les généraux de Rome, despotes de l'*armée*, parvinrent à se rendre les despotes de la république.

Il nous reste encore à veiller sur quelques officiers hors de rang, & qu'il est bon & utile de classer. Le zèle & l'honneur françois ont toujours conduit nos guerriers par-tout où il y avoit de la gloire à acquérir. On a vu Charles XII tué auprès d'un officier françois; &, sans remonter à une époque aussi reculée, quels efforts n'ont pas faits des François pour obtenir la liberté à une grande partie d'un autre hémisphère? L'Amérique, comme on le sait, doit en partie sa liberté aux efforts qu'ils ont déployés dans les champs de Glocester & dans les affaires de Stony-Point & de Redbanck. Naguères encore quelques François se sont fait connoître d'une manière distinguée sur les bords de la mer Noire. Il faut quelques exceptions pour des personnes dont les noms retentissent d'une manière favorable, & dont les actions méritent une place dans l'histoire. Le comité a donc pensé que tout François qui, ayant la permission de servir une puissance alliée de la France, se feroit connoître par des actions d'éclat, ne feroit pas soumis aux règles strictes qui ont été prescrites pour l'avancement. En même temps qu'il recommande au jugement sévère pour de semblables services, il trouve qu'il est utile d'avoir des officiers formés à la guerre, sans que la nation soit obligée d'en supporter les frais.

Le desir ardent que nous avons de voir tout ce qui compose l'*armée* en pleine activité, nous fait envisager comme une chose vraiment utile de limiter le nombre des officiers-généraux à la tête des troupes, & de ne les remplacer, le plus souvent, que par des officiers en activité de service.

Enfin, Messieurs, si l'économie nécessaire aux finances exige des réformes dans l'*armée*, la justice veut qu'elles portent sur les grands abus; qu'il n'y ait que des changemens utiles, & qu'une constitution, qui doit faire le bonheur de tous, ne trouble personne dans ses jouissances.

Résumant le rapport que vous venez d'entendre, le comité demande que l'existence sociale du militaire soit fixée; qu'on accorde après un certain terme, pour récompense des services, le droit important de citoyen actif; que les rapports de l'*armée* avec le pouvoir qui ordonne & celui qui exécute, soient réglés d'une manière invariable; que toutes les difficultés qui pourroient s'élever entre les troupes réglées & les gardes nationales, soient déterminées d'avance, & que l'expérience conserve l'avantage qu'elle doit avoir pour le commandement; que les justes réclamations du militaire soient enfin écoutées; que les décrets de l'assemblée qui admettent au service toutes les classes de citoyens, soient mis en vigueur; que les soldats n'aient plus à redouter pour bas-officiers, des hommes dont ils pourroient craindre le caractère, ou dont ils n'estimeroient pas la conduite; que l'avancement pour les bas-officiers leur assure les récompenses qu'ils ont droit d'attendre; que les officiers, avant d'entrer au service, soient appellés à des examens toujours utiles; qu'il n'y ait aucun passe-droit pour monter aux compagnies; que toute propriété de régiment soit détruite; que l'ancienneté, pour parvenir aux grades supérieurs, ainsi qu'à ceux de colonel & de maréchal de camps, ait toujours la préférence, lorsqu'elle se trouve accompagnée de la capacité & de l'activité qu'on doit exiger dans un chef; qu'un poste de tranquillité, qu'une retraite honorable soient accordés à celui qui, étant parvenu à la tête de son corps, ne seroit pas avancé; ou qu'en cas de refus, il ait droit à un jugement légal; que la guerre laisse au talent le moyen de se faire jour, & à l'ambition ceux d'arriver; que la valeur françoise trouve d'avance des récompenses préparées pour les succès non contestés; que les réformes de l'*armée* portent sur les grands abus; qu'enfin l'état militaire devienne, autant qu'il est possible, un état heureux.

Tel est, messieurs, le rapport que nous avons cru devoir soumettre à votre examen; il a été dicté par l'amour de l'ordre, le sentiment le plus vrai de coopérer efficacement au bien public. Nous avons pensé que la fixation des principes appartient au corps législatif, comme l'application au pouvoir exécutif, & nous ne nous sommes jamais écartés de cette règle.

Le comité ne s'est pas dissimulé combien le travail qu'il avoit entrepris étoit difficile à exécuter; il s'est moins occupé de créer une *armée*, que de détruire des abus consacrés par le temps; il n'a voulu adopter que des formes que chacun puisse calculer, approuver, aimer même, s'il est possible, tant par l'avantage que le soldat trouvera à se les approprier, que par la conviction qu'elles offriront à l'officier, de la justesse de leurs choix, & par l'heureux développement qu'elles donneront à son intelligence & à son ambition.

Après avoir ainsi détaillé ce que le comité croit avantageux & utile à l'état, & par conséquent à l'*armée*, dont les intérêts sont inséparables, nous croyons devoir soumettre à l'assemblée le projet de décret suivant:

L'assemblée nationale considérant que l'objet essentiel & spécial de l'*armée*, est la défense de l'état contre l'ennemi de la nation;

Que si pour bien remplir cet objet, l'obéissance est un devoir indispensable dans les subalternes, le respect des loix & des justes limites de leurs pouvoirs, n'en est pas moins rigoureux pour les chefs;

Considérant que le régime sévère de la subordination militaire prête à des abus de pouvoir, & que chez la plupart des nations, la perte de la liberté & le maintien de l'oppression, sont dus à un emploi inconstitutionnel des forces de l'*armée*;

Considérant que la condition pénible des hommes qui se dévouent au service habituel de la guerre, leur donne des droits à la gratitude de leurs concitoyens, & à l'humanité du législateur;

Considérant enfin que dans tous les temps l'*armée* françoise a donné des preuves signalées d'un patriotisme éclairé, & qu'elle a toujours offert un grand exemple de conduite à toutes les *armées*, a décrété & décrète ce qui suit:

Art. I. Tout militaire domicilié dans un canton, conservera son domicile, malgré les absences nécessitées par son service; en conséquence elles ne pourront lui faire perdre le droit d'élire & d'être élu dans ce canton, s'il a d'ailleurs les qualités exigées par les décrets de l'assemblée nationale.

II. Après trente ans de service dans l'*armée*, un militaire françois ou devenu françois, & domicilié, de fait, dans un canton, y jouira de la plénitude des droits du citoyen actif, quand même il ne seroit sujet à aucune des contributions requises pour être éligible.

III. Les troupes réglées sont particulièrement destinées à la défense du royaume, contre les ennemis du dehors; elles ne peuvent jamais être employées contre les citoyens, qu'à la réquisition du corps législatif, des officiers civils ou municipaux; dans ce cas, la réquisition de la main-forte, doit toujours être lue aux troupes assemblées, avant qu'elles puissent agir hostilement.

IV. Lorsque les gardes nationales & les troupes réglées seront, ensemble, sous les armes, les gardes nationales prendront la droite dans leurs villes & sur son territoire; mais, hors de la ville & de son territoire, le pas & le commandement appartiendront aux troupes réglées.

V. Deux voies différentes conduiront au grade d'officier; 1°. la pratique distinguée des devoirs du soldat; 2°. la connoissance des premiers élémens de l'art militaire.

VI. De cinq emplois de sous-lieutenant, il en sera toujours donné un à un bas-officier du régiment, de telle sorte cependant qu'il ne puisse jamais y avoir dans l'*armée*, plus du cinquième des officiers parvenus par tous les grades. Les quatre autres places d'officier ne pourront être données qu'à des citoyens qui, dans un examen public, dont les formes seront fixées, auront prouvé qu'ils possèdent les premiers élémens de l'art militaire, & qu'ils sont les plus dignes d'être élevés à ce grade.

VII. Tout François fils d'un citoyen actif, est admissible à l'examen nécessaire pour parvenir au grade d'officier.

VIII. Nul ne pourra être admis au grade d'officier, qu'il n'ait dix-huit ans révolus.

IX. Un conseil composé des chefs & des capitaines du régiment, choisira parmi les bas-officiers, celui qu'il croira le plus digne d'être élevé au grade d'officier.

X. Les bas-officiers seront désignés par les bas-officiers & par les officiers de la compagnie, choisis par le capitaine & confirmés par le colonel.

XI. Les sous-lieutenans parviendront au grade de lieutenant, & les lieutenans au grade de capitaine, par ordre d'ancienneté: l'incapacité jugée par un conseil, pourra seule changer cet ordre.

XII. Tous les grades militaires compris entre celui de capitaine & celui de lieutenant-général des *armées*, seront donnés, les deux tiers en suivant l'ordre d'ancienneté, dans la même arme, l'autre tiers à ceux que le roi en jugera les plus dignes.

XIII. Aucun militaire ne perdra le droit que son ancienneté lui donne à un grade supérieur, que dans deux cas: s'il y renonce, pour accepter une retraite honorable dans un emploi moins actif, ou s'il est jugé incapable par un conseil.

XIV. La nomination des lieutenans-généraux, des maréchaux de France & des généraux d'*armée*, dépend absolument du roi.

XV. Pendant la guerre le roi peut donner aux

généraux d'*armée*, le droit de conférer des grades hors du rang, à tout militaire distingué par quelque action d'éclat.

XVI. Tout militaire qui aura obtenu la permission de servir une puissance alliée de la France, & qui dans le service se sera fait distinguer par quelqu'action d'éclat, pourra être élevé, hors de son rang, à un grade supérieur à celui qu'il avoit dans l'*armée*.

XVII. Toute vénalité des emplois militaires sera détruite; il n'y aura plus de colonel propriétaire; on accordera des dédommagemens convenables à ceux qui sont actuellement pourvus d'emplois de ce genre.

Séance du 9 février 1790.

Après quelques débats sur les finances, l'assemblée passe à la discussion de l'organisation de l'*armée*.

M. Alexandre de Lameth. Vous avez entendu, Messieurs, les deux rapports qui vous ont été faits par votre comité militaire: je suis loin de refuser à ces ouvrages le genre de mérite que chacun d'eux présente, & dont leurs auteurs paroissent s'être particulièrement occupés. Le premier offre, sans doute, des vues utiles, des détails intéressans, des données indispensables pour l'organisation de l'*armée*. Le second y joint des dispositions importantes sur la constitution militaire; mais il semble que ni l'un ni l'autre n'a présenté l'ensemble du travail dont vous avez à vous occuper; & que sur-tout la marche que vous devez suivre n'y est pas assez clairement indiquée.

Vous avez été envoyés, Messieurs, pour rendre la France libre, & pour lui donner une constitution; cette idée principale est celle à laquelle vous devez ramener sans cesse vos pensées; c'est le centre auquel toutes vos opérations doivent aboutir; c'est le principe qui doit toutes les diriger.

Ainsi, quand vous portez vos premiers regards sur l'organisation de l'*armée*, sa liaison à la constitution, les loix générales qui, déterminant son usage & le but de son institution, la rendront propre à défendre la France contre l'étranger, sans compromettre jamais sa liberté intérieure; celles qui, conciliant son existence, non-seulement avec la prospérité publique, mais avec les droits naturels des individus, marqueront avec précision ce que le soldat doit à la discipline, & ce que la loi militaire doit au citoyen engagé sous les drapeaux. Voilà, selon moi, les premiers rapports sous lesquels vous devez envisager la tâche que vous avez à remplir. De-là naîtra, Messieurs, une première classe de loix sur l'*armée*, loix fondées immédiatement sur les maximes éternelles des droits des hommes, liés à la forme de notre gouvernement, qui feront une partie essentielle de la constitution, & que, par conséquent, il n'appartient qu'à vous de décréter avec l'acceptation du roi.

Les loix subordonnées, nécessaires à l'application de celles-là, mais susceptibles, pour le bien de l'état, de varier suivant les circonstances, nous présentent ensuite une seconde classe de loix militaires; leur établissement appartiendra aux simples législatures.

Enfin, après l'émission de ces loix, doit suivre l'organisation intérieure de l'*armée*, qui exigera des réglemens & des ordonnances sur la formation des troupes, sur les manœuvres, sur la discipline, enfin sur toutes les parties de l'économie militaire. Je pense que ces réglemens subordonnés & assujettis aux loix que vous aurez portées, doivent, à tous égards, être abandonnés au pouvoir exécutif; & parmi les objets que votre comité vous a présentés, je crois qu'il en est plusieurs qui rentreront dans cette classe.

En considérant pour la première fois, Messieurs, les loix militaires dans leurs rapports avec une constitution libre, il est impossible de se dissimuler les difficultés d'une si grande & d'une si importante tâche; des préjugés invétérés, de longues épreuves, & l'exemple de presque toutes les nations, semblent se réunir pour nous donner des craintes & pour exciter notre inquiétude; unir dans une grande monarchie, dans une vaste région à qui sa situation n'a pas assigné de toutes parts des limites naturelles, une puissance formidable au-dehors avec une liberté solide au-dedans, concilier dans une *armée* nombreuse une discipline exacte, avec les droits sacrés que des soldats citoyens ne peuvent jamais aliéner; ce sont peut-être, Messieurs, les plus grands problêmes politiques qui aient encore réclamé votre attention, & qui vous restent encore à résoudre. Peut-être avant l'heureuse révolution qui a changé la face de cet empire, & qui a pressé si rapidement les progrès de toutes les idées, personne n'auroit-il osé croire à la possibilité d'une pareille combinaison: où, en effet, auroit-il cherché des modèles? Où auroit-il puisé l'idée d'une *armée* à la fois disciplinée & citoyenne? Seroit-ce chez ces nations qui font de la science militaire leur unique étude, & chez lesquelles, depuis long-temps, nous étions accoutumés à en chercher des leçons?

Jettez les yeux, Messieurs, sur les divers peuples de l'Europe, & vous verrez, presque par-tout, les *armées* agir en raison inverse de leur véritable institution: faites pour défendre les peuples, elles ne sont occupées qu'à les contenir; destinées à protéger la liberté, elles l'oppriment; à conserver les droits des citoyens, elles les violent; elles sont une espèce de propriété royale, entretenue à grands frais par les peuples pour assurer leur oppression. Si dans un coin de l'empire, quelques hommes généreux ont assez d'énergie pour n'être pas arrêtés par la crainte, & réclament l'exercice des droits naturels, on y envoie des soldats; les foibles plient, les courageux périssent, & tout rentre dans l'ordre, c'est-à-dire, dans l'esclavage. Vivans au sein, je ne dirai pas de leur patrie, mais de leur pays, comme des conquérans au milieu de peuples vaincus, les officiers & les soldats, aveugles instrumens des volontés d'un maître, ne sont occupés qu'à étendre ce qu'ils appellent sa gloire, c'est-à-dire, son autorité. En entrant au service, ils doivent renoncer aux plus chères affections de la nature; leur religion est de ne connoître ni parens, ni frères, ni amis, de ne savoir qu'obéir. Tel est, Messieurs, l'affligeant spectacle que présentent les *armées* du Nord, & telle est la conséquence presque nécessaire de cette étrange corruption des institutions humaines, qui, plaçant dans un état continuel de discorde & de guerre, des nations faites pour s'aimer & s'entre-secourir, a placé, dans les forces même qu'elles sont obligées d'entretenir pour leur défense, une source de ruine, & un moyen continuel d'oppression.

Sans doute le moment approche où les lumières universelles mettront un terme à cet inconcevable délire; une révolution peut-être lente, mais inévitable, prépare à toutes les nations la connoissance & la conquête de leurs droits : alors une des premières vérités qui viendra frapper tous les yeux, c'est l'intérêt qu'elles ont de s'unir, & l'étrange abus de laisser à un petit nombre d'hommes le pouvoir de sacrifier des peuples entiers à leurs ressentimens personnels, à leurs méprisables caprices. Il ne sera plus nécessaire alors d'entretenir, au sein d'une nation, une multitude d'hommes armés; & les moyens de concilier leur existence, soit avec les revenus publics, soit avec la constitution & la liberté, ne seront plus un des points les plus difficiles de la science des gouvernemens.

Mais jusqu'à cet heureux jour que peut-être pouvons-nous nous flatter d'atteindre, & que nous aurons au moins la satisfaction d'avoir avancé pour l'espèce humaine, l'exemple que nous avons à donner, c'est celui de lier l'existence, encore nécessaire, d'une grande *armée*, avec une constitution libre.

C'est aussi, Messieurs, à remplir ce but que je me suis principalement attaché : j'ai considéré l'organisation de l'*armée*, sous les rapports du pouvoir constituant, du pouvoir législatif & du pouvoir exécutif; mais pensant que les objets de cette dernière classe étoient étrangers à nos travaux, & que ceux de la seconde ne devoient être arrêtés qu'après une mesure préalable que j'aurai l'honneur de vous présenter, je me suis sur-tout attaché à la partie constitutionnelle. Parmi les dispositions de ce genre, il en est qui m'ont paru assez peu susceptibles de discussion pour vous être proposées à décréter dès-à-présent. Les autres présentant de plus grandes difficultés, & n'exigeant pas une décision instante, je vous inviterai, après vous avoir présenté quelques idées, à les renvoyer à votre comité de constitution, qui se concertera à cet égard avec le comité militaire.

Si l'usage & le développement de la force militaire dans une grande monarchie, exige la célérité dans les ordres, l'ensemble dans les mouvemens, rapports immédiats dans les projets, & unité de force dans l'action; si enfin l'impulsion doit être donnée par le centre & communiquée à toutes les parties, il s'ensuivra qu'une seule pensée doit présider à toutes les opérations, qu'une seule volonté doit diriger toutes les forces individuelles qui constituent la force publique & la sureté de l'empire : l'*armée* devra donc être remise entre les mains du pouvoir exécutif. De-là résulte la nécessité d'un premier décret constitutionnel, qui déclarera le roi chef suprême de la puissance militaire.

Après avoir consacré cette première base, après avoir conféré au chef de la nation, un pouvoir que la nature des choses rend indispensable; la prudence vous appelle, Messieurs, à prescrire immédiatement les précautions qui doivent en prévenir l'abus. Les représentans de la nation doivent prévoir qu'il peut arriver un temps où la France ne sera pas, comme aujourd'hui, gouvernée par un roi citoyen, qu'il peut en exister un jour, qui, aveuglés sur leurs véritables intérêts, chercheroient un autre pouvoir que celui de la constitution; que même avec des intentions droites, ils pourroient être dirigés par des ministres qui, méconnoissant les grands principes des droits des hommes & des peuples, croiroient encore que les rois sont nés pour commander aux nations, au lieu d'être institués par elles pour faire exécuter les loix, qui, par l'amour & le souvenir du pouvoir, voudroient soustraire le monarque à cette dépendance immédiate; qui voudroient enfin le mettre hors de la nation, en lui créant un intérêt particulier, en le séparant de l'intérêt national. Il n'est pas hors des règles de la prudence de leur supposer de pareilles intentions, & il est de son devoir d'en prévenir les dangers.

Divers moyens pourroient être employés avec succès contre la constitution.

Si les ministres étoient les maîtres d'augmenter le nombre des troupes, ils pourroient, par des économies faites pendant plusieurs années, soit sur les revenus particuliers du roi, soit sur les fonds attribués à chaque département, & dont ils présenteroient assez facilement un emploi inexact, soit par des changemens dans la solde, augmenter le nombre des soldats, & menacer la liberté. Ces dangers sont faciles à prévoir, & la constitution doit les prévenir; elle prononcera donc que le nombre des troupes & la solde de l'*armée*, ne pourront être changés que par des décrets du corps législatif.

Si les ministres étoient les maîtres de composer l'*armée* de troupes étrangères, d'hommes qui ne seroient liés, ni par les intérêts, ni par les devoirs qui attachent les François à leur patrie, la force destinée à la défense de l'état pourroit être facilement tournée contre sa liberté. Il est donc important que ce moyen d'oppression ne soit pas en leur pouvoir.

J'aurois voulu, Messieurs, qu'il me fût possible de vous engager à consacrer en ce moment une grande vérité ; c'est qu'une nation de vingt-six millions d'hommes doit se suffire à elle-même, & n'être pas réduite à appeller des étrangers pour la défendre. Je crois, Messieurs, que l'établissement de ce principe intéresse également & la liberté & l'honneur national : mais j'avoue en même temps que les circonstances présentes ne permettent pas d'en tirer des conséquences rigoureuses, que l'état actuel de l'Europe, que la fermentation qui y règne, que les événemens qui s'y préparent, que les impressions différentes qu'a produites, dans divers pays, notre révolution, & les projets qui peuvent en être la suite ; qu'enfin le soin de l'avenir doit nous rendre prudens, & que ce ne seroit pas sans danger que vous retrancheriez en ce moment la portion si considérable & si essentielle que forment les troupes étrangères dans l'*armée* françoise, & qui iroit accroître encore des forces ennemies. Divers moyens seront propres à concilier l'intérêt général, avec les égards que méritent des militaires distingués par leurs talens & les services signalés qu'ils ont rendus. Je me bornerai à proposer en ce moment, que la constitution prononce qu'aucunes troupes étrangères ne pourront être employées au service de la France sans le consentement du corps législatif.

Si les ministres étoient les maîtres de diriger à leur gré l'action des forces militaires dans l'intérieur du royaume, il leur seroit facile, en paroissant agir pour le maintien de l'ordre & la sureté publique, d'attenter à tous les droits des citoyens, & de préparer la ruine de la liberté.

Il est donc important que le pouvoir constituant détermine avec le plus grand soin les règles auxquelles sera assujetti l'emploi des forces militaires dans l'intérieur du royaume. Ces règles résulteront du rapport établi par la constitution, entre la force militaire & le pouvoir civil. Vous avez déjà ordonné, Messieurs, que les troupes prêteroient serment en présence des officiers municipaux, & qu'elles ne pourroient agir que sur leur réquisition ; mais cette disposition est absolument insuffisante : il faut encore statuer sur leur relation avec les milices nationales ; car je me garderai de mettre en doute que vous ne consacriez cette institution, qui a si puissamment contribué à la conquête de notre liberté, & qui en sera toujours le plus ferme appui. Et quoique ces relations portent toutes sur ce grand principe, que les troupes réglées sont auxiliaires des milices nationales, pour le maintien de l'ordre intérieur, & que les milices nationales sont auxiliaires des troupes réglées pour la défense extérieure, & qu'en conséquence elles sont alternativement subordonnées les unes aux autres, à raison des fonctions auxquelles elles sont employées, les statuts à faire à cet égard ne laisseront pas que d'être difficiles & compliqués. Les règles à établir pour les garnisons, & sur-tout pour les places fortes, qui, pouvant toujours être attaquées, doivent être considérées comme étant toujours en état de guerre, & où les chefs militaires étant responsables de tout ce qui est relatif à la défense de la place, doivent disposer de toutes les forces qu'elle renferme ; les mesures à prendre à cet égard, Messieurs, ne laisseront pas que de présenter d'assez grandes difficultés, & ont besoin d'être mûrement examinées ; elles exigent particulièrement un concours de connoissances militaires & de principes politiques ; elles ont besoin sur-tout d'être calculées d'après les bases qui auront dirigé la formation des milices nationales. Les questions relatives à leur établissement n'ayant pas encore été discutées, je ne me permettrai pas de vous soumettre mes idées sur cet objet, pensant que le comité de constitution, réuni au comité militaire, devront être invités à vous présenter les leurs.

Si les ministres étoient les maîtres de destituer un militaire de son emploi, sans motif & sans formalité, non-seulement ils deviendroient les arbitres despotiques de la destinée d'une multitude de citoyens, mais ils pourroient par la dépendance absolue dans laquelle ils les tiendroient, tourner leur force contre la constitution ; & ainsi le sort de l'état, ou au moins sa tranquillité, seroit incessamment dans leurs mains.

Il faut donc pourvoir à ce danger ; il faut que l'état & l'honneur d'une classe précieuse de citoyens ne puissent, quel que soit leur grade, dépendre que d'un jugement. Le soldat, comme ses chefs, a droit d'attendre que son honneur & son existence ne seront point compromis par une exclusion arbitraire. En un mot, la forme des jugemens doit être aussi simple, aussi appropriée au maintien de la discipline qu'il sera possible ; mais il doit être prononcé constitutionnellement qu'aucun militaire ne pourra être cassé ni destitué de son emploi, sans un jugement préalable.

Vous avez décrété, Messieurs, que le recrutement de l'*armée* active se feroit par le moyen d'engagemens volontaires ; vous avez pensé que la conscription militaire, pour cette première ligne de troupes, n'étoit pas admissible, & l'on ne peut disconvenir qu'elle présentoit de grandes difficultés. Vous avez pensé avec raison, & d'après l'expérience, que les engagemens volontaires, & sur-tout lorsque le sort du soldat seroit amélioré, pourroient suffire pour en procurer le nombre suffisant en temps de paix : mais une autre grande difficulté se présente, & il faut la résoudre ; c'est de trouver le moyen de soutenir, d'alimenter, d'augmenter même très-considérablement l'*armée* ordinaire dans les temps de guerre, & de répondre à l'immense consommation d'hommes qu'elle entraîne nécessairement. Je sais, Messieurs, que la philosophie calcule avec peine ces grands désastres, ces fléaux destructeurs de l'espèce humaine ; je sais aussi que l'heureuse révolution qui s'est opérée parmi nous ne s'arrêtera pas aux limites du royaume, & que la liberté changera tôt ou tard la face de l'univers. Mais jusqu'à cette époque desirée, mais jusqu'au moment où toutes les nations de l'Europe auront dit, d'une manière aussi énergique que nous, qu'elles veulent être libres, & auront établi entre elles des rapports d'alliance & de fraternité ; vous sentez, Messieurs, combien il est important de conserver avec elles une proportion de force qui puisse en imposer & ôter aux monarques qui en disposent le desir de nous attaquer, par l'espoir de le faire avec succès ; vous sentez combien il est important de nous assurer, de mettre au grand jour nos moyens de défense, pour éloigner de nous les agressions, ou les repousser si elles avoient lieu. Nous devons donc préparer des moyens dignes d'une grande nation, & qui nous mettent à même d'en user rarement.

Quand il s'agira de déterminer quel nombre de troupes est nécessaire à la position géographique de la France, & aux circonstances politiques dont elle est environnée, il sera facile de prouver que les cent quarante mille hommes demandés par le comité militaire, ne sont pas, en temps de paix, un nombre trop considérable, & ne forme pas, en temps de guerre, la moitié des forces qui peuvent être nécessaires à notre défense. Il est donc indispensable de vous occuper des mesures à prendre pour vous procurer cette quantité de soldats ; car il est impossible de vous dissimuler, Messieurs, que les engagemens volontaires sont absolument insuffisans pour alimenter l'*armée* en temps de guerre ; que, de tout temps, il a fallu recourir à l'emploi des milices ; que c'est à ce régime, vicieux à tant d'égards, qu'il faut suppléer. C'est ici le moment de rappeller le principe, que tout citoyen doit ses services à la patrie, & qu'il est de son devoir de voler à sa défense. Jadis, cette obligation étoit pénible, lorsque la guerre se faisoit presque toujours pour les intérêts particuliers des rois ; mais avec quel enthousiasme des citoyens ne prendront-ils pas les armes, pour les seuls motifs qui pourront désormais les leur mettre à la main, celui d'une légitime défense, ou l'utile & glorieux projet d'aider les autres peuples à conquérir leur liberté ! Mais la constitution doit s'assurer que cette nécessité de se procurer des forces extraordinaires en temps de guerre, ne sera pas un prétexte pour violer les droits des citoyens & entreprendre sur leur liberté ; elle aura donc à prescrire les règles qui devront être suivies.

Un moyen facile se présente naturellement, Messieurs, pour vous assurer que la patrie ne manquera pas de défenseurs, & ce moyen se trouve dans l'établissement des milices nationales. En effet, quoique j'ignore sur quelles bases votre comité de constitution se propose de les instituer, il n'est pas douteux cependant qu'il n'établisse une conscription nationale, où tous les citoyens en état de porter les armes devront être compris. C'est dans cette masse imposante de la meilleure espèce d'hommes, qui presque tous auront déjà quelques notions d'évolutions militaires, ou au moins ne seront pas étrangers au maniement des armes, que devront être pris ceux que vous destinerez à servir d'auxiliaires en temps de guerre. Il ne s'agira plus alors que de savoir combien chaque département renfermera d'hommes inscrits, & de répartir, d'après cette opinion, le nombre de ceux que les circonstances exigeroient.

Je sais qu'au premier regard, il peut paroître difficile de concilier cette mesure avec la liberté individuelle dont tous les citoyens doivent jouir : mais je sais aussi qu'en y réfléchissant, il sera facile de trouver des moyens de convertir cette obligation commune en une distinction honorable, avantageuse, & faite pour exciter l'émulation des citoyens. Je pourrois, Messieurs, mettre sous vos yeux plusieurs idées propres à remplir ces vues ; mais votre comité de constitution ayant été chargé de vous soumettre un plan sur l'institution des milices nationales, dans le sein desquelles les soldats auxiliaires seront nécessairement choisis, je m'abstiens de vous les développer, en vous proposant de charger ce comité de se concerter avec le comité militaire, pour vous présenter incessamment ses vues à cet égard.

Les loix qui protègent l'honneur, la vie, les propriétés des citoyens, devant être d'une égale impartialité pour tous ; le pouvoir constituant devra diriger avec soin l'établissement des tribunaux militaires, régler leur compétence, distinguer les cas qui doivent y ressortir, de ceux qui sont purement civils ; déterminer ce qui doit appartenir à la loi, & ce qui doit être abandonné à la simple police. Un préalable nécessaire sera sans doute de supprimer le tribunal des maréchaux de France ; mais vous penserez aussi, Messieurs, que les citoyens dévoués à la défense de la patrie doivent trouver, dans la législation qui leur est propre, les mêmes avantages qui sont assurés à ceux qui exercent d'autres professions. Vous croirez donc de votre justice d'introduire dans le jugement des délits militaires, comme vous l'avez fait dans la jurisprudence criminelle ordinaire, les formes les plus propres à protéger l'innocence. Une autre conséquence de ce principe, c'est que les militaires ayant le même droit que tous les autres citoyens, d'appeller du jugement qui les condamne, l'établissement d'une cour martiale, instituée pour revoir les jugemens des conseils de guerre, seroit d'une stricte équité. Cette idée, Messieurs, est digne sans doute de toute votre attention. Cependant, comme les délits militaires sont, par leur nature, extrêmement simples, qu'ils peuvent être facilement prévus & déterminés par la loi ; que l'instruction est susceptible de la plus grande clarté, peut-être croyez-vous plus avantageux d'introduire dès-à-présent, dans les jugemens militaires, la procédure par jurés, qui, en supprimant le second degré de jurisdiction, lui substitue une forme encore plus avantageuse. Dans tous les cas, un code de délits & de peines, dicté par la justice & l'humanité, prescrira aux juges leur devoir, & assurera aux militaires une distribution éclairée & impartiale de la justice. Toutes ces idées, Messieurs, aussi nouvelles qu'importantes, méritent sans doute, avant d'être d'être adoptées, d'être mûrement approfondies; & comme il n'est pas pressant d'y statuer, j'ai l'honneur de vous proposer de les renvoyer à l'examen du comité de constitution, qui se concertera à cet égard avec le comité militaire.

Je ne vous propose point, Messieurs, de placer dans la constitution, le code de délits & peines militaires: cette partie de la législation a trop besoin d'être perfectionnée par le temps & le progrès des lumières. Ces loix, faites pour être adoucies avec le temps, comme le seront sans doute toutes les loix criminelles, à mesure que l'influence d'un gouvernement libre aura amélioré les mœurs, & les habitudes de la nation, doivent être confiées au pouvoir législatif. C'est ainsi que, sans être livrées à l'arbitraire, elles pourront cependant se perfectionner de jour en jour. Le pouvoir constituant doit donc se borner à prononcer que les règles relatives aux délits & peines militaires, seront de la compétence du pouvoir législatif.

La déclaration des droits, après avoir établi que toutes les distinctions sociales ne peuvent avoir pour but que l'utilité générale, consacre ce grand acte de justice, que tous les citoyens sont admissibles à tous les emplois & dignités civiles, militaires & ecclésiastiques. Après avoir reconnu & proclamé ce principe comme un droit appartenant à tous les hommes, vous l'avez, Messieurs, par un nouveau décret, mis au nombre de ceux qui servent de base à la constitution françoise: il ne vous reste donc, en ce moment, qu'à prendre les mesures nécessaires pour qu'il ne puisse éprouver aucune altération dans la législation militaire: vous prononcerez donc constitutionnellement, que le pouvoir législatif, ni le pouvoir exécutif, ne pourront y déroger par aucunes loix, réglemens, ni ordonnances.

On ne verra plus alors le grade d'officier dévolu exclusivement à la noblesse, & les grades supérieurs concentrés dans une petite portion de nobles favorisés. Qui pourra se plaindre, quand le mérite seul aura droit à ces préférences?

La force de l'*armée* devant dépendre bien plus de sa composition, que du nombre d'hommes dont elle sera formée, il est important, Messieurs, de chercher tous les moyens qui, en améliorant le sort du soldat, puissent l'inviter à remplir cet honorable emploi. Il est juste (& l'intérêt de la liberté l'exige) de réunir, autant qu'il est en notre pouvoir, la jouissance des droits de citoyens à l'exercice des fonctions militaires. Si nous réfléchissons à la dépendance indispensable à laquelle se soumettent ceux qui embrassent cette profession, aux fatigues qu'ils ont à supporter, aux dangers continuels qu'ils affrontent, nous sentirons combien ils ont droit à obtenir de la patrie qu'ils défendent, un témoignage éclatant de son estime. Votre comité a été pénétré de cette vérité; & le second rapport qui vous a été fait de sa part, vous propose de statuer que les militaires qui auront servi pendant l'espace de trente ans, jouiront des droits de citoyen actif.

Il m'a semblé que cette faveur, qui ne consiste qu'à suppléer à la contribution de trois journées de travail, & à appeller les militaires à jouir d'un droit naturel, que vous avez toujours desiré, Messieurs, étendre sur le plus grand nombre de citoyens possible, étoit trop retardée par la disposition de votre comité; & qu'étant réservée pour un âge trop avancé, tous les avantages que les militaires pourroient en retirer, & l'émulation qu'elle devroit exciter parmi eux, n'existeroit plus. J'ai pensé que seize années de service devoient suffire pour l'obtenir, & que, sans rendre trop commune cette récompense, & sans appeller à en jouir des hommes qui n'en seroient pas dignes, vous présenteriez un motif puissant pour entrer au service, & y renouveller un engagement.

Il est évident que la liberté individuelle des citoyens seroit incessamment exposée, si les enrôlemens militaires n'étoient assujettis à aucune loi, ou si les règles à établir à cet égard, étoient abandonnées au pouvoir exécutif. Chaque jour, Messieurs, vous seriez exposés à voir renaître ces abus, qui ont désolé tant de familles; vous seriez exposés à voir introduire au milieu de vous ces moyens dont les Anglois font usage pour le recrutement de leur flotte, & qui, quelle que soit la nécessité par laquelle on prétend le justifier, leur a, de tout temps, attiré de si justes reproches. Ces violences, ces surprises par lesquelles on ne peut que faire de mauvais soldats, & préparer de nombreuses désertions, doivent donc être proscrites par des loix qui, en réglant les formes de l'enrôlement, assureront qu'ils seront tous l'effet d'une volonté libre, & garantiront ainsi l'exécution du décret que vous avez déjà porté sur la forme du recrutement. Il est donc nécessaire, Messieurs, que la constitution attribue au pouvoir législatif le droit de régler les formes de l'enrôlement.

Les principes de l'admission & de l'avancement aux différens grades de l'*armée*, n'intéressent pas moins, Messieurs, l'ordre public & les droits les plus chers des individus. S'il importe à la nation que les volontés particulières d'un ministre ne puissent pas faire renaître ces distinctions que vous avez abolies, il importe également que tous les individus de l'*armée* cessent enfin d'être les jouets des caprices ministériels, & ne soient plus exposés à ces changemens continuels qui, depuis si long-temps, la désolent, & y portent le découragement. Il importe enfin, que la faveur & l'intrigue ne puissent pas dicter, pour leur avantage, des règles dont l'esprit doit être de récompenser le mérite, d'exciter l'émulation, & d'assurer la force de l'*armée*. Ces diverses vues, Messieurs, ne pourront être remplies qu'en attribuant au corps législatif le droit de discuter les principes & les règles générales de l'admission & de l'avancement.

D'après l'exposition que je viens d'avoir l'honneur de vous faire, Messieurs, il résulte, premièrement, que le pouvoir constituant doit établir les bases de la constitution militaire, sur plusieurs décrets généraux, dont j'ai eu l'honneur de mettre sous vos yeux ceux qui m'ont paru susceptibles d'être adoptés dès à présent, en vous proposant de renvoyer l'examen des autres à votre comité de constitution.

Secondement, que le pouvoir constituant doit encore déterminer quels sont, parmi les objets ultérieurs de l'organisation de l'*armée*, ceux qui doivent être décrétés par le pouvoir législatif, & que ces objets, que j'ai successivement indiqués, sont, 1°. le nombre des troupes qui devront composer l'*armée*; 2°. la somme à affecter annuellement aux dépenses militaires; 3°. la solde de chaque grade; 4°. les règles de l'admission au service, & de l'avancement; 5°. les formes de l'enrôlement; 6°. les délits & peines militaires; 7°. enfin, l'admission des troupes étrangères au service de l'état.

Il est évident, Messieurs, que les objets que vous croirez ne devoir mettre ni au nombre des articles constitutionnels, ni parmi ceux qui seront du ressort des législatures, seront, par-là même, à la disposition du pouvoir exécutif. Il est donc inutile, & il seroit long, & presque impossible, d'en faire l'énumération.

Mais après avoir, Messieurs, en votre qualité de pouvoir constituant, statué sur les bases de la constitution militaire, & distingué parmi les points qui restent à traiter, ceux qui sont du ressort de la législature, & ceux qui doivent être confiés au pouvoir exécutif, il vous reste, en qualité de pouvoir législatif, à porter les décrets dont la constitution attribue la compétence aux législatures, & que l'organisation actuelle de l'*armée* peut rendre nécessaires.

Je développerois ici, Messieurs, les idées que j'ai conçues sur cette matière, si je ne croyois pas que vous choisirez une marche plus prompte & plus avantageuse, en demandant au pouvoir exécutif de mettre d'abord sous vos yeux ses projets & ses vues sur l'organisation de l'*armée*. En effet, Messieurs, c'est après avoir pris une connoissance approfondie de l'ensemble du plan & du rapport des diverses parties entre elles; c'est après avoir reçu les instructions que le pouvoir exécutif peut seul nous donner, soit sur l'état actuel de nos frontières, soit sur ce qu'exigent nos relations extérieures, soit sur les détails de diverses parties d'administration confiées à ses soins, que nous serons à même de statuer, avec connoissance de cause, sur les points généraux dont nous nous sommes réservés la décision. Jusques-là nous ne pourrions nous en occuper sans éprouver l'embarras d'avoir à nous décider indépendamment de toutes données précises, de toute notion exacte, & sans nous exposer à adopter des résolutions qui ne sauroient s'accorder ensuite avec les conditions ultérieures d'une bonne organisation.

Je pense donc qu'il ne peut y avoir aucun inconvénient, & que vous trouverez, au contraire, de grands avantages à demander préalablement au pouvoir exécutif une communication qui, sans pouvoir gêner votre liberté, me paroît indispensable pour éclairer votre décision.

Vos intentions, Messieurs, sont connues, & je pense que le pouvoir exécutif aura soin de ne vous présenter que des mesures qui soient compatibles avec les diverses améliorations que vous avez résolu de faire.

Vous avez aboli les privilèges; & vous ne souffrirez pas qu'il en subsiste parmi les corps militaires. Ainsi, les avantages & les préférences accordés jusqu'à ce jour à certains régimens, disparoîtront devant les principes de justice & d'égalité qui doivent régner dans toutes les parties de l'organisation sociale.

Des régimens entretenus par la nation, & destinés à la défendre, ne seront plus la propriété des particuliers, transmis de génération en génération, & donnés en dot à leur fille.

Aucun citoyen, fût-il prince du sang, ne pourra prétendre au grade, sans en être reconnu digne par son mérite ou l'ancienneté de ses services.

Les chefs des régimens ne se feront plus un titre d'honneur, d'être affranchis, pendant la plus grande partie de l'année, du service militaire & de la surveillance des corps qui leur sont confiés. Le temps de leurs services sera le même que celui des autres officiers, & ils acquerront, par le même nombre d'années, la récompense honorable attachée à la valeur & à l'ancienneté.

Une nouvelle organisation de l'*armée* augmentera sa force réelle, en supprimant le luxe des emplois inutiles, qui, loin d'augmenter son activité, l'embarrassent & la surchargent d'un poids ruineux.

Les commandans de province, remplacés dans leurs fonctions civiles par les assemblées administratives, seront supprimés.

Les officiers généraux seront réduits au nombre strictement nécessaire, & les grades supérieurs, en cessant d'être prodigués, recevront un nouvel éclat.

Les colonels-généraux, mestres-de-camp-généraux, & commissaires-généraux dans les différentes armes, ces places si avantageuses à ceux qui les possédoient, & si inutiles au service, toujours condamnées & toujours ménagées sous l'ancien régime, disparoîtront avec les autres abus que votre sagesse a proscrits.

Toutes ces suppressions indispensables serviront encore, Messieurs, à faciliter l'accomplissement de vos intentions en faveur des soldats, des bas-officiers, & des divers grades dont la paie est reconnue insuffisante. En vous occupant du traitement des soldats, vous ne vous bornerez point à l'augmentation de 20 deniers par jour qui vous a été proposée par votre comité militaire, & vous penserez qu'un sou de plus, formant pour l'état une augmentation de dépense d'environ 2 millions, lui sera certainement bien rendu par l'aisance qu'il répandra sur une classe jusqu'ici si injustement traitée ; & l'attachement que lui inspirera pour la nouvelle constitution ce grand acte de justice dont elle aura été pour eux le signal. Le même esprit de justice vous portera à assurer leur avancement, à ouvrir devant eux la carrière des honneurs militaires, & à leur assurer, après de longs services, une retraite honorable.

Enfin, Messieurs, dans tout ce qui peut intéresser l'organisation de l'*armée*, vous ne perdrez jamais de vue tout ce que doit une grande nation à cette classe généreuse de citoyens, qui dévoue pour elle sa vie & une partie de son indépendance. Mais combien ce sentiment naturel ne sera-t-il pas fortifié par le souvenir de tout ce qu'ont fait dans ces derniers temps ces militaires citoyens, dont nous allons régler la destinée! Combien n'avons-nous pas dû à leur patriotisme, & combien tout ce que nous aurons fait pour eux, ne nous sera-t-il pas rendu en actions de graces, par cette nation qu'ils ont si bien servie! Ah! sans doute, elle s'est montrée digne de sa destinée, quand on a vu les peuples s'armer de toutes parts pour la défense de ses représentans, &, pour ainsi dire, des bataillons sortir de la terre, aux premières alarmes de la liberté. Mais il est aussi digne d'elle, de reconnoître les services de ceux qui l'ont si bien secondée, & de leur accorder cet espoir, ce bien-être & cette dignité qui doivent distinguer les guerriers d'une nation libre, des satellites des despotes.

Voici, Messieurs, la suite du décret, que j'ai l'honneur de vous présenter :

L'assemblée nationale charge son comité de constitution de conférer avec le comité militaire pour lui présenter ses vues :

1°. Sur les règles qui doivent être établies relativement à l'emploi des forces militaires dans l'intérieur du royaume, & les rapports de l'*armée*, soit avec le pouvoir civil, soit avec les gardes nationales.

2°. Sur l'organisation des tribunaux & les formes des jugemens militaires.

3°. Sur les moyens de recruter & d'augmenter l'*armée* en temps de guerre, en supprimant le tirage de la milice.

Décrète dès à présent, comme articles constitutionels ;

1°. Que le roi des François est le chef suprême de l'*armée* ;

2°. Qu'aucun militaire ne pourra être cassé ni destitué de son emploi sans un jugement préalable,

3°. Qu'il ne pourra être établi, sous quelque prétexte que ce soit, aucune loi, réglement, ni ordonnance tendant à exclure aucun citoyen d'un grade militaire quelconque ;

4°. Que tout militaire retiré après seize années de service, jouira des droits de citoyen actif.

Décrète également, comme points constitutionnels, qu'il appartient au pouvoir législatif de statuer, 1°. sur la somme à affecter annuellement aux dépenses militaires ; 2°. sur le nombre d'hommes destiné à composer l'*armée* ; 3°. sur la solde de chaque grade ; 4°. sur les règles d'admission au service & d'avancement pour tous les grades ; 5°. sur les formes des enrôlemens ; 6°. sur l'admission des troupes étrangères au service de l'état ; 7°. sur les loix relatives aux délits & peines militaires.

Décrète, en outre, que le roi sera supplié de faire incessamment présenter à l'assemblée nationale ses vues sur l'organisation de l'*armée*, pour être ensuite délibéré par elle sur les divers objets qui concernent le pouvoir législatif.

M. le duc de Liancourt. Messieurs, votre comité militaire a successivement soumis à votre délibération deux rapports différens.

Par le premier, il vous a présenté des vues sur quatre des plus importantes questions de la constitution de l'*armée*, la combinaison des différentes armes, le nombre d'officiers, & les dépenses de l'administration générale du département de la guerre, dans lesquelles sont comprises les sommes affectées à chaque détail, & particuliérement la solde & le traitement des soldats & officiers.

Par le second rapport, votre comité embrasse les rapports des milices nationales & des troupes réglées, & vous présente des vues sur l'avancement des officiers & soldats, en conservant le titre de citoyen actif à tout militaire au service qui peut en remplir les conditions, & en le donnant, par l'effet seul de ses anciens services, à celui qui se retireroit sans les pouvoir remplir.

Il est impossible de ne pas applaudir aux principes sages & patriotiques, aux vues saines & éclairées dont sont remplis ces différens rapports ; de ne pas approuver le travail immense dont ils sont le résultat ; mais il me semble que, par l'immensité & la nature des détails qu'ils renferment, ils ne peuvent pas être délibérés par l'assemblée nationale, dans la forme dans laquelle ils vous sont présentés.

L'assemblée nationale revêtue du pouvoir constituant, a sans doute le droit d'entrer dans les détails de toutes les différentes parties de l'administration de l'empire ; mais si elle en a le droit, il ne lui est pas moins nécessaire d'examiner quels moyens elle peut employer pour l'exercer.

Il est, relativement à la constitution militaire, des parties sur lesquelles il faut absolument qu'elle prononce ; des parties qui ne peuvent recevoir un ordre certain & fixe que par elle ; des parties auxquelles il convient qu'elle appose le sceau de sa puissance : mais il en est sur lesquelles elle ne peut pas être assez profondément instruite pour prononcer sans inconvéniens ; il en est qu'elle ne peut pas prétendre fixer par des loix ou des réglemens positifs, parce que leur perfection est encore en problême; il en est sur lesquelles, par prudence, elle ne devra pas prononcer, pour ne pas préparer, par des décisions précises, des embarras ultérieurs au pouvoir exécutif. D'ailleurs, comme assemblée nationale considérée en elle-même, ne se pourroit-il pas qu'elle ne comptât parmi ses membres aucun militaire? Dans les motifs divers qui ont déterminé le choix de nos commettans, les connoissances réfléchies sur l'*armée* & sur l'art de la guerre ont dû être comptées pour rien: cependant pour prétendre statuer en détail sur les combinaisons les plus parfaites de la formation de l'*armée*, il faut connoître les différentes parties de cette science; & cette science tient nécessairement à la connoissance des plus grands principes militaires, à la connoissance de tout ce qu'il y a de plus parfait en ce genre chez nos voisins, à leur comparaison avec nos mœurs, nos besoins, notre population.

Les armées de Prusse & de l'Empereur, généralement reconnues supérieures à la nôtre par leur formation, ont cependant entre elles des différences auxquelles elles tiennent en les croyant préférables. De quelle autorité l'assemblée oseroit-elle s'appuyer pour statuer au milieu de ces différences qui partagent les sentimens des peuples les plus instruits, les mieux exercés dans l'art de la guerre? Si les progrès de votre *armée* pour la combinaison & la division des forces différentes, pour l'artillerie, pour l'armement, &c. ne suivent pas celles des *armées* contre lesquelles vous pouvez avoir à combattre, le succès de vos armes, & par conséquent celui de votre empire, de votre constitution, peut être en danger.

La science de la guerre se perfectionne chaque jour. Il n'est peut-être aucune partie du systême général de l'administration, où le mieux possible dépende autant que dans le systême militaire, de l'exemple des autres & de la réflexion; car le mieux absolu n'y est pas encore trouvé.

Trop d'élemens mobiles entrent dans la composition des *armées*, pour que l'assemblée nationale puisse oser entreprendre de fixer par un décret, quelle doit être la meilleure formation de l'*armée* françoise.

Vouloir fixer, en assemblée, la proportion précise de la cavalerie, de l'infanterie, des troupes légères, la quantité & l'espèce des armes, la question des places fortes, le systême des fortifications, celui de l'artillerie, & les nombreux & importans détails qui en dépendent, c'est vouloir s'exposer avec une grande vraisemblance, à décréter des erreurs.

La formation d'une *armée* n'est qu'un détail d'administration, qu'il ne faut pas confondre avec la législation de l'*armée*, qui appartient essentiellement à l'assemblée nationale: elle ne doit, si j'ose le dire, s'occuper que de la partie morale de l'*armée*. C'est sur ces loix fondamentales qu'elle doit prononcer, sur celles qui attachent la force militaire à la constitution: c'est à elle à poser les bases sur lesquelles doit s'élever cet édifice protecteur de nos libertés, & imposant pour qui voudroit les attaquer.

Il seroit bien à desirer, Messieurs, que chacun de vos comités n'eût à présenter à vos délibérations que des objets sur lesquels vous auriez arrêté de délibérer, & dans l'ordre que vous auriez prescrit. Cette marche qui, dès le premier jour de votre travail, vous en feroit voir l'ensemble, plus sûre & plus prompte pour tous, est encore plus nécessairire pour le comité militaire; car il est, par plus d'une considération, instant de fixer, d'une manière positive, le sort & l'état de l'*armée*.

Il seroit difficile à qui n'auroit connu jusqu'ici l'*armée* françoise que par l'état de ses dépenses, de croire que, coûtant de 105 à 106 millions, le nombre des combattans étoit moins fort qu'il ne devoit être, quand la nation étoit sans milices nationales sur pied; que l'état du soldat y étoit inférieur à ce qui est dans aucun pays du monde; enfin, que l'épargne la plus forte, la plus nuisible pour les parties essentielles de cette grande machine, se trouvoit à côté des dépenses excessives pour des parties qui présentent beaucoup moins d'utilité.

Il faut donc, par esprit de justice, augmenter la paie du soldat, rendre son sort plus heureux, & il faut le fixer promptement. L'incertitude de l'*armée* sur son sort, après une commotion aussi forte, aussi générale que celle qu'a éprouvée la France entière, achéveroit de détruire tout espoir de rétablissement dans la discipline que les circonstances ont considérablement relâchée, mais que beaucoup de régimens encore ont cependant maintenue avec une constance digne d'éloge. Il faut se hâter de faire disparoître cette incertitude par laquelle l'*armée* eût pu être susceptible de recevoir toutes les impressions funestes contre la liberté des citoyens, si l'esprit de patriotisme n'eût pas prévalu en elle sur toutes instigations contraires.

A ces conditions de tranquillité intérieure qui rendent nécessaire la prompte organisation de l'*armée*, il convient d'ajouter les considérations politiques. La tranquillité d'une partie de l'Europe est troublée; toutes les grandes puissances semblent s'agiter; bien d'autres intérêts se joignent peut-être encore à ceux qui se montrent avec plus d'évidence: le choc de ces grandes masses pourroit avoir sur nous une réaction qu'il faut prévoir, & qui pourroit devenir dangereuse, si nous ne nous hâtions, par l'établissement de nos forces militaires, d'assurer notre indépendance politique, sans laquelle il n'y a point de véritable liberté civile.

Si la France est dans l'heureuse position de ne pas desirer l'accroissement de ses possessions, elle doit au moins prétendre à les conserver dans l'intégrité & l'ensemble qui font de ce vaste royaume le plus bel empire de ce monde.

Je n'entreprendrai pas de discuter ici les motifs sur lesquels le comité militaire établit que votre *armée* doit être forte, en temps de paix, de 142 mille hommes, & portée à 240 mille hommes en temps de guerre. D'accord avec lui sur les considérations qui résultent de l'état militaire de nos voisins, de notre position politique à leur égard, de la garde de nos frontières, je me permettrai seulement de dire que l'*armée* qui, en temps de paix, approche le plus de la force qu'elle doit avoir en temps de guerre, qui est préparée pour agir & entrer en campagne dans un plus court délai, est celle dont l'empire doit se promettre de plus grands avantages.

Pour se croire parfaitement en état de défense, il faut être en état d'attaquer, & de repousser sur ses ennemis le mal de la guerre; il faut même pouvoir le prévenir quand il en est temps, & sur-tout ne pas souffrir, s'il est possible, que son pays devienne le théâtre de la guerre; car le succès le plus complet coûte encore bien cher, quand on a l'ennemi dans ses foyers.

Les moyens politiques d'équilibre pour un état tel que la France, sont tous dans le poids de ses forces: c'est aux états foibles encore, auxquels l'ambition peut être nécessaire pour acquérir une existence, à chercher à s'accroître par ces complots dont le partage de quelques grandes dépouilles est le gage. Mais la France, riche, par-dessus toutes ses autres richesses, d'une constitution heureuse & libre, n'ayant rien à envier à qui que ce soit, ne doit voir que des amis dans les nations qui peuplent le monde. Il est de sa dignité & de sa force, de n'avoir aucun secret politique: son intérêt n'étant que l'intérêt général, elle peut & doit annoncer hautement ses desseins. Ne rien entreprendre & ne rien souffrir, voilà quelle doit être & quelle sera bientôt, sans doute, sa politique. Mais ce maintien auguste ne convient qu'à la force, parce que la seule présence d'une grande force dirigée par la sagesse, obtient le respect des nations, & assure la paix qui, premier bien & première richesse d'un état vraiment puissant, doit être le seul objet qu'il se promette dans l'entretien d'une grande armée.

D'après cette incontestable vérité, l'*armée* qui a la facilité de rassembler le plus promptement le nombre le plus grand d'hommes équipés & exercés, réuniroit la condition d'une moindre dépense, est celle dont la formation est préférable, quand sur-tout, & avant toute autre condition, elle aura celle, plus précieuse encore, de ne pouvoir, par sa composition & son systême, porter aucun effroi à la liberté nationale.

Car il faut, en assurant la constitution de l'*armée* de manière à pouvoir puissamment écarter les menaces d'une guerre étrangère, placer dans sa constitution même, des moyens de sûreté pour la conservation de notre liberté, des moyens qui ne laissent aucune inquiétude aux esprits les plus méfians.

Je trouve ces moyens dans l'impossibilité pour le roi d'augmenter, sans un décret de l'assemblée, le nombre de ses troupes étrangères; d'augmenter même, à un certain point, la force de l'*armée*; dans l'impossibilité d'employer les troupes dans l'intérieur du royaume, autrement que par les formes ordonnées par la constitution. Ces moyens acquerroient une nouvelle force encore, en y ajoutant celui de la responsabilité des ministres & des agens militaires.

Cette précieuse responsabilité, puissant régulateur de l'autorité, est une indispensable précaution contre le pouvoir militaire.

Cependant, pour le salut de l'*armée* & par conséquent pour celui de l'état, elle doit être employée avec mesure. La responsabilité des agens militaires ne peut concerner aucun de ceux qui agissent comme subalternes; la subordination si nécessaire aux *armées* se trouveroit détruite, si chacun, en vertu de sa responsabilité particulière, avoit le droit de discuter les motifs de son obéissance. Les subalternes ne peuvent répondre que de l'exécution arbitraire qu'ils auroient donnée aux ordres dont l'exécution leur est confiée; mais la responsabilité doit être bornée à celui qui donne des ordres, à celui qui agit en chef, de quelque grade qu'il soit, à celui qui agit sans ordre. Où l'ordre peut être montré, la responsabilité n'attaque que celui dont il émane; là, si elle attaque les loix, elle doit s'exercer avec la plus grande rigueur.

Le caractère de cette responsabilité est simple, ne peut causer d'erreurs, & elle réunit le double avantage de protéger la liberté civile, sans donner prétexte à l'indépendance militaire.

Qu'il me soit permis d'ajouter encore quelques mots sur les précautions prises dans la constitution de l'Angleterre, pour la conservation de sa liberté contre l'existence d'une *armée*, pour répondre à ceux qui voudroient les introduire en France, dans leur entier.

Les Anglois ayant, ainsi que nous, recouvré leur liberté, & voulant, ainsi que nous, conserver aussi le gouvernement monarchique, comme le plus propre à unir la force publique & à défendre les intérêts d'un grand état, reconnurent la nécessité de conserver à la prérogative royale la levée, la disposition & le gouvernement entier des forces de terre & de mer; mais pour prévenir le danger dont la liberté constitutionnelle pouvoit être menacée par la présence d'une *armée* constamment sur pied, ils eurent recours à deux actes préservateurs.

Le premier, dont l'objet est de punir la désertion & la révolte, & d'assurer le paiement des troupes, n'a de force que pour un an: s'il n'est pas renouvellé, l'*armée* est, dès l'instant, licenciée & dégagée de tous les liens de la discipline militaire.

Le second acte de sûreté est celui *des droits*, dans lequel il est déclaré que, lever ou tenir sur pied une *armée* régulière dans l'intérieur du royaume en temps de paix, sans le consentement du parlement, est un acte illégal.

De ces deux actes garans de la liberté angloise, le dernier nous est commun; il ne doit y avoir de troupes dans le royaume que celles que vous aurez consenti de payer; quant au premier, convenable pour des insulaires, mais peu propre à notre position géographique, il est heureusement remplacé en France par l'organisation de nos municipalités & de nos milices nationales, qui fournissent à la conservation de la liberté, une force bien plus réelle que l'inutile possibilité de licencier une *armée* qu'il faut nécessairement conserver; & la constitution de votre *armée* peut encore accroître vos motifs de confiance, sans diminuer vos moyens de force.

Ces loix fondamentales posées, préservatrices de la constitution du royaume, il en est encore qui tiennent à la constitution de l'*armée*, & sur lesquelles il convient à l'assemblée nationale de prononcer, soit qu'elle les présente dans leur complet à l'acceptation du roi, soit qu'elle se borne à les présenter au pouvoir exécutif, comme bases des ordonnances qu'elle doit rendre.

Votre comité militaire vous a présenté des vues sur les rapports des milices nationales & de l'*armée*, de la force militaire & de la force civile; il vous a parlé de la nécessité d'établir des tribunaux permanens auxquels seroit attribuée la révision des grands jugemens militaires; enfin, il vous a entretenus de la nécessité de pourvoir à l'augmentation de l'*armée*, quand la nécessité obligeroit de la porter au pied de guerre. Le préopinant a développé ces vues avec plus d'étendue encore. Je pense avec lui & avec le comité militaire, que ces loix doivent sortir dans leur perfection de votre prévoyance & de votre sagesse. C'est à votre comité de constitution à s'entendre avec votre comité militaire pour nous les présenter; & bien pénétrés de l'esprit de justice & de liberté qui vous a fait rejetter avec unanimité l'idée de la conscription militaire pour le service de l'*armée*, ils vous soumettront des moyens qui porteront l'*armée* à la force que les circonstances rendront nécessaire, par la volonté libre de ceux qui composeront cette augmentation.

Il est encore du devoir de l'assemblée nationale de prononcer positivement & promptement l'augmentation de solde pour le soldat. On ne peut trop souvent répéter que la paie est évidemment insuffisante. Le mal-aise qui ôte à l'homme une partie de ses forces, lui ôte encore l'énergie si nécessaire pour faire un métier honorable qui ne peut être bien fait par celui que la comparaison de son état avec l'état des autres citoyens peut faire souffrir : il faut au soldat une bonne paie tant qu'il sert, & une expectative assurée pour le temps où la diminution de ses forces ne lui permettra plus de continuer ses services.

Vous croirez donc, sans doute, Messieurs, absolument nécessaire de décréter promptement une augmentation à la paie du soldat.

Votre comité militaire vous propose, en l'augmentant de 20 deniers, de la porter à 9 sols. Cette augmentation, forte en apparence, ne portera pas dans son entier, ainsi qu'il vous a été dit, sur la subsistance du soldat. Une partie ajoutée avec nécessité à la masse aujourd'hui insuffisante, destinée à son entretien, réduira à un sol l'augmentation véritable de bien-être qu'il recevroit. Vous délibérerez donc, sans doute, Messieurs, d'ajouter encore à la proposition de votre comité, & vous aurez facilement le moyen d'élever à 9 sols 6 deniers la totalité de la paie, c'est-à-dire, d'augmenter de 26 deniers chaque solde actuelle.

Le préopinant a proposé de porter à un sol ce surcroît d'augmentation : je n'avois osé le proposer que de 6 deniers; mais j'adhère de toute ma volonté sans doute à cette plus grande amélioration. Le plus grand bien-être des défenseurs de l'état, est toujours le vœu d'un bon citoyen.

Quel que soit le systême que vous croyiez devoir adopter dans l'ensemble de l'*armée* & dans la combinaison des différentes armes qui la composent, quelle que soit la somme générale que vous attribuyez au département, cet accroissement de dépenses, qui ne s'élève pas à 1,200,000 livres pour 6 deniers, & à 2,400,000 liv. pour un sol, est trop peu considérable pour qu'il ne vous soit pas facile d'y suffire. Il vaudroit mieux d'ailleurs ne pas avoir d'*armée* que d'en avoir une dont les individus mal payés & mécontens, ne rendroient à l'état que des services incomplets, les rendroient à contre-cœur, & soupireroient sans cesse après la possibilité de quitter un état où le besoin les auroit poussés, & qu'il faut aimer pour en remplir honorablement les devoirs.

L'économie à faire relativement aux forces militaires d'un grand empire, ne consiste qu'à éviter toutes dépenses inutiles, à ne rien payer au-delà de sa valeur, à n'employer que le nombre d'officiers & de soldats nécessaire, enfin, qu'à bien administrer toutes choses; car celle qui porteroit sur le nombre indispensable, comme celle qui auroit lieu sur le traitement convenable à faire à chaque individu de l'*armée* pour l'attacher à son état, seroit une épargne destructive des résultats heureux qu'une nation doit se promettre de l'entretien d'une *armée*.

Il faut aussi sans doute, que l'assemblée s'occupe d'assurer à l'officier un bien-être certain pour le présent, & pour l'avenir, il faut une augmentation à son traitement, dans presque tous les grades; mais bien persuadé de cette indispensable nécessité, je ne penserois pas cependant que vous puissiez dans ce moment décréter positivement l'augmentation précise que vous propose le comité militaire.

Pour connoître quelle augmentation vous pouvez faire au sort de l'officier, il vous faut connoître quel nombre dans chaque grade vous en devez employer dans l'*armée*. Cette connoissance ne peut être que le résultat du système qui sera adopté, & pour le nombre des régimens qui composeront l'*armée*, & pour le nombre de compagnies dans chaque régiment, d'officiers dans chaque compagnie, & pour plusieurs autres parties encore du régime militaire. Il est temps de reconnoître que le nombre d'officiers, dans tous les grades, ne doit être qu'en raison des véritables besoins de l'*armée*. Cette juste proportion n'est pas universellement jugée la même. L'*armée* de Prusse a, comme vous l'a dit votre comité, plus d'officiers dans la même proportion de troupes, que l'*armée* autrichienne, & bien moins que l'*armée* françoise. L'usage ancien qui en a attaché un nombre plus grand à nos *armées*, est-il fondé sur des raisons que l'on ne puisse contredire ? ou ce nombre pourroit-il être diminué ? Cette question doit être examinée soigneusement avant sa décision ; mais de quelque manière qu'elle le soit, toujours est-il vrai que les officiers employés doivent être assez bien traités, pour qu'ils desirent conserver leur état, & craignent de le perdre.

Le métier des armes ne sera plus à l'avenir un métier nécessaire ; & bien que les sentimens d'honneur, de devoir & de patriotisme portent, avec nécessité, l'officier françois à faire exactement, & de toutes ses facultés, le métier qu'il a volontairement embrassé, & qu'il peut quitter à chaque instant de sa vie, toujours est-il vrai que si les considérations de l'intérêt présent & d'un sort assuré pour l'avenir, ne présentent pas quelqu'attrait, la profession des armes sera moins sollicitée, &, ce qui est peut-être pis encore pour le bien du service, elle ne sera qu'un état de passage, & nous ne devons pas oublier que cette continuelle mutation d'officiers est, dans le militaire françois, un des plus grands vices, un de ceux auxquels il est le plus nécessaire & le plus instant de porter remède.

Cette dernière considération, si importante, vous fera sans doute desirer, Messieurs, de trouver dans le système des retraites à accorder aux officiers, un nouveau moyen de les attacher avec plus de constance au service.

Peut-être, en examinant différens projets, croirez-vous utile d'adopter celui qui, plaçant la ressource des retraites dans une retenue annuellement faite sur les appointemens, donneroit à l'officier, dans chaque grade, pour le temps de son service, un traitement plus fort que celui dont il jouit actuellement, & lui en assureroit encore, à l'époque où il voudroit le cesser, un beaucoup plus considérable que celui auquel, à présent, il peut prétendre. Ce système, en soustrayant l'ancien officier à l'arbitraire de ses supérieurs & du ministre, pour la certitude, l'époque & la somme de son traitement, auroit encore le précieux avantage de diminuer, dans un certain temps, les charges du trésor public de presque toutes les sommes affectées à présent aux pensions des militaires.

Ces pensions s'élèvent aujourd'hui à dix-huit millions, qui, avec beaucoup d'économie, ne peuvent, dans le régime nouveau, s'élever à moins de neuf à dix ; & ce projet, facile à réaliser, n'exigeroit, après un certain nombre d'années, qu'une somme affectée tout au plus d'un million ; parce que les seules pensions destinées, ou à quelques officiers blessés à la guerre, ou à quelques officiers généraux, dont la masse ne seroit pas assez considérable, seroient payés sur ce fonds.

Le même principe d'équité vous portera sans doute à chercher les moyens de pourvoir au sort du soldat après l'expiration de son engagement, de manière qu'une somme dont il auroit alors disposition, & qui ne diminueroit, par aucune retenue, sa solde pendant le temps de son service, lui donneroit la possibilité de quitter son état s'il ne desiroit pas le continuer, de faire un établissement, d'embrasser avec quelque ressource une profession nouvelle, ou de ne continuer le métier de soldat, qu'autant que son goût & son intérêt l'y détermineroient : & ces moyens se trouveroient peut-être sans difficulté.

Parmi les différens objets sur lesquels vous croirez devoir arrêter quelques principes, vous compterez sans doute les engagemens : vous avez dû déterminer le mode de recrutement de l'*armée*, parce que l'obligation générale du service militaire attaquoit directement la liberté des citoyens, & que vous ne deviez pas mutiler cette liberté sous le spécieux prétexte d'assurer des défenseurs à l'état, quand vous pouviez pourvoir à la défense commune, en respectant les droits d'un chacun. Si les enrôlemens à prix d'argent ont pu donner lieu à de grands abus, les plaintes multipliées les ont fait connoître : cette connoissance vous suffit pour exiger des loix propres à les détruire & à les empêcher de reparoître.

L'assemblée doit prendre dans toute sa sollicitude le rétablissement & le maintien de la discipline. Sans discipline, vous aurez des soldats, mais vous n'aurez jamais d'*armée*. Ce que vous croirez dépenser pour votre sûreté, pourroit tourner contre vous-mêmes.

On supposeroit, sans fondement, que la subordination militaire pourroit porter atteinte à la liberté publique, & comprendre des devoirs contraires aux droits du citoyen. La discipline n'est que le maintien de l'ordre jugé nécessaire. L'imperfection du commandement qui ordonneroit ce que le soldat auroit droit de ne pas faire, ne peut être regardée comme faisant partie de la subordination militaire ; mais les objets sur lesquels elle s'élève sont sacrés ; le salut de la république en dépend, & dès-lors ils deviennent les premiers devoirs du citoyen.

Le rétablissement de la discipline dans l'*armée*, si essentiel pour le salut de tous, doit être une loi de l'état, émanée de l'assemblée nationale, & sanctionnée par le roi. Revêtue de ce grand caractère, elle fera, sur tous les individus de l'*armée*, une impression profonde qui ne pourra laisser douter du succès. Ainsi les fautes contre la discipline & la subordination deviendront un délit national ; la subordination & la discipline, des vertus vraiment patriotiques ; & l'*armée* attachée à l'observation de ses devoirs par les sentimens de citoyen, les remplira dans tous ses détails avec plus de dévouement & de patriotisme.

Pour écarter tout arbitraire dans la punition des crimes & délits militaires, l'assemblée nationale croira sans doute devoir établir les points essentiels d'un code pénal bien précis, où les peines proportionnées aux fautes ne seroient point arbitrairement ordonnées, où tout moyen de justification seroit donné à l'accusé, & tout moyen d'équitable application de la loi, au juge. Ainsi, vous completterez, par la certitude de la justice, le bonheur du soldat.

L'assemblée doit encore indiquer ses vues sur les règles à établir pour l'avancement. Il est temps, sans doute, de détruire les barrières insurmontables que la classe la plus nombreuse voyoit s'opposer à son avancement, soit par les ordonnances qui lui interdisoient l'accès de certains grades, soit par la faveur qui l'en repoussoit.

Mais en voulant reconnoître & servir les droits de l'ancienneté ; on ne sauroit perdre de vue qu'une *armée* n'est pas seulement instituée pour assurer le bien-être de ceux qui la composent, qu'elle l'est plus particuliérement encore pour l'utilité de l'empire. Cet important objet seroit mal rempli, si les loix militaires assuroient les mêmes avantages à l'homme incapable, à l'homme inappliqué, inassidu à ses devoirs, & à l'homme que ses talens, sa conduite & son intelligence feroient distinguer par l'opinion publique.

Ainsi, si vous croyez devoir adopter, pour règle générale de l'avancement, le systême de l'ancienneté, vous croirez sans doute aussi devoir laisser place à des exceptions pour le mérite distingué & l'incapacité reconnue ; & comme aucune loi précise ne peut fixer ni l'étendue, ni l'occasion de ces exceptions nécessaires ; comme le mérite d'un chacun, toujours considérable à son propre sens, ne peut être justement apprécié par des règles constantes, vous laisserez l'exercice de ces exceptions au roi, à qui la conduite, la direction, la disposition de l'*armée* doivent être confiées sans réserve, sous la condition des loix constitutionelles du royaume & du militaire.

Tels sont, Messieurs, les points sur lesquels il me semble essentiel que l'assemblée nationale pose des bases, parce que ces points intéressant essentiellement la constitution de l'*armée*, ne peuvent pas être laissés à l'arbitraire. Tels sont aussi les points sur lesquels elle doit se borner à prononcer, parce qu'elle n'a pas en elle les moyens d'entrer, ainsi qu'il a déjà été dit, dans tous les détails multipliés de l'organisation de l'*armée*, & que cette organisation, cette direction, appartiennent sans aucun doute, au roi, chef suprême de toutes les forces militaires.

Ces bases posées, & l'assemblée ayant décrété, sur la demande du roi, quelle somme doit être affectée à l'entretien de l'*armée* & de combien d'hommes elle doit être composée, le soin du reste doit être entiérement abandonné au pouvoir exécutif.

C'est au ministre à bien mériter de la nation, en proposant la formation d'*armée* qui réunisse au plus grand nombre d'avantages l'économie la plus sage ; c'est à lui à calculer dans la plus grande perfection possible la combinaison & la division des armes, la formation des corps, l'équipement & l'armure, toutes les ordonnances auxquelles vos principes connus serviront de bases, enfin, tous les détails de l'*armée*. Il considérera que la France a besoin d'une nombreuse cavalerie, pour agir au-delà du Rhin, ou pour défendre les pays ouverts qui nous servent de frontières depuis Dunkerque jusqu'à Bâle ; que les *armées* dont nous avons à craindre l'approche de ces côtés, sont fortes d'une cavalerie considérable, & mènent à leur suite une formidable artillerie de campagne. Il examinera si le projet d'entretenir sous les armes un moins grand nombre de troupes pendant un long temps de l'année, pour en réunir un nombre plus considérable pendant un temps suffisant, & pour augmenter ainsi la force de l'*armée* prête à marcher au premier signal, ne pourroit pas présenter des vues utiles à la force, à la bonne composition de l'*armée* & au maintien de la constitution. Sa science & son habileté s'exerceront à former une *armée* qui rassemble dans une bonne proportion tous les moyens de défense que notre position nous rend nécessaires ; & s'il résout ce grand problême en se renfermant exactement, pour les dépenses, dans la somme assignée au département, peut-être, malgré l'augmentation de paie du soldat, inférieure encore à celle indiquée par le comité militaire, il aura rempli le but qu'il doit se proposer. Alors l'assemblée donnera par son décret une existence constitutionnelle à l'*armée* ; & la réunion de tous ces moyens assurant la liberté des citoyens, la jouissance naturelle de leurs droits & le maintien de la constitution, assurant sous tous les rapports le bien-être de tous les individus de l'*armée*, assurant enfin, par l'existence d'une force formidable bien organisée, la liberté politique de la France, remplira toutes les conditions

qui

que la nation a droit d'attendre de la sagesse de ses représentans.

Projet de décret. L'assemblée nationale, décrète, comme loi constitutionnelle du royaume :

1°. Que chaque législature, dans les premières séances de la première session, devra, sur la présentation du ministre du roi, décréter les sommes affectées au service de l'*armée*, & l'emploi de ces sommes.

2°. Que la force de l'*armée*, arrêtée par un décret de l'assemblée, ne pourra être, d'une législature à l'autre, modifiée par le pouvoir exécutif au-delà de la latitude que lui laissera ce même décret.

3°. Qu'il ne sera jamais introduit dans le royaume aucun corps de troupes étrangères, sans un décret de l'assemblée nationale, qui devra prononcer sur les conditions de leur admission.

4°. Que les troupes ne pourront être employées dans l'intérieur du royaume que d'après le mode & les formes ordonnés par la constitution.

5°. Que le ministre de la guerre & tous les agens du pouvoir militaire, seront & demeureront responsables de toute violation des droits du citoyen, de tout acte ou ordre attentatoire aux loix constitutionnelles & autres du royaume, de toute infidélité ou négligence en gestion d'argent, en marchés, en entreprises, qui ne pourront pas, sans un décret de l'assemblée, s'étendre au-delà du terme de la législature où ils auront été faits, le tout conformément aux loix qui seront promulguées à cet effet.

6°. Que le défaut de discipline dans l'*armée*, est un délit contraire aux vœux & à l'intérêt national.

L'assemblée décrète, en outre, qu'à l'avenir & à commencer du premier janvier dernier, la solde du soldat, cavalier, dragon, hussard, sera augmentée de trente-deux deniers, & portée à dix sols.

L'assemblée charge son comité militaire & son comité de constitution réunis, de lui présenter incessamment des projets de loix :

1°. Sur les moyens de porter promptement l'*armée* à la force que les circonstances pourront rendre nécessaire ;

2°. Sur l'organisation des tribunaux militaires & sur la forme des jugemens ;

3°. Sur le rapport des gardes nationales & de l'*armée*.

Enfin, l'assemblée décrète que quand elle aura, sur la demande du roi, fixé la somme affectée au département de la guerre, & le nombre d'hommes dont l'*armée* doit être composée, le soin de la formation & organisation de l'*armée* dans tous ses détails, sera remis au pouvoir exécutif, qui devra prendre pour bases des ordonnances & des réglemens qui la constitueront, les principes suivans :

1°. Que les engagemens soient préservés de toutes les fraudes, surprises & violences dont l'expérience a fait reconnoître le vice ;

2°. Qu'il soit fait une augmentation dans le traitement des officiers, & particuliérement des grades inférieurs ;

3°. Que d'après les principes universellement reconnus d'admissibilité pour toutes les classes des citoyens aux places militaires comme à toutes autres, les règles d'admission soient posées de manière à ce que la faveur ne puisse plus en disposer ;

4°. Que les règles d'avancement satisfassent aux droits de l'ancienneté, en ménageant les ressorts de l'émulation, sans laquelle une *armée* perdroit promptement de son activité & de ses ressources ;

5°. Qu'une proportion quelconque dans les places de l'officier, soit assignée à la classe des bas-officiers, pour, par cette perspective, prévenir en eux le découragement, & entretenir l'amour de leur état ;

6°. Qu'un code pénal soit établi, qui, préservant les coupables de l'arbitraire, leur donne les moyens possibles de justification, & aux juges les moyens sûrs & faciles d'appliquer la loi ;

7°. Qu'il soit pourvu à la retraite des officiers & soldats, de manière à remplir à la fois les intentions, de les attacher plus constamment au service, de les préserver de l'arbitraire des supérieurs, & enfin, de diminuer les charges du trésor public.

Il me semble que cet ordre de travail nous promet, dans un court délai, les résultats qu'il est si instant d'opérer.

Séance du 28 février 1790.

La discussion sur les rapports du comité militaire est à l'ordre du jour.

M. de Broglie. La manière favorable dont vous avez accueilli le travail de M. Charles de Lameth, m'engage à ne pas vous présenter celui que j'ai préparé. Je trouve du plaisir à me rallier à l'opinion d'un collègue dont les succès ne peuvent m'être ni indifférens, ni étrangers. Je me bornerai à appliquer les principes qu'il a exposés.

1°. La paie des soldats françois doit être augmentée. Je ne crois pas que l'augmentation de vingt deniers, proposée par le comité, soit suffisante ; & je pense avec M. Lameth, qu'elle doit être portée à trente-deux deniers. Je pense aussi qu'il faut en faire jouir les soldats le plus promptement possible, & qu'après avoir fixé le traitement des officiers, il soit accordé aux lieutenans & sous-lieutenans qui sont parvenus, en passant par tous les grades, un supplément d'appointemens.

2°. Le code des peines & des délits militaires doit être modifié par des changemens analogues à ceux que que vous avez adoptés pour le code criminel.

3°. L'avancement, en général, doit être fait avec égalité & d'après l'ordre de l'ancienneté de service. Mais les Romains, & avant eux les Grecs, distinguoient les services éclatans & les talens supérieurs de l'ancienneté des travaux. La détermination de la proportion qui doit avoir lieu à cet égard, appartient au roi; elle doit être moindre dans la paix que dans la guerre. M. de la Tour-du-Pin a proposé, dans son mémoire, de destiner la moitié des emplois supérieurs à la vraie supériorité de talens : j'adopte cette opinion; mais je crois qu'il faut, jusqu'au moment où l'*armée* sera organisée, & le mode d'avancement fixé, suspendre les nominations, afin que l'ancienneté obtienne l'avancement dont elle a droit de jouir dès à présent. Je propose, au surplus, d'attendre, pour l'organisation générale de l'*armée*, que le ministre ait présenté ses vues.

En vous soumettant ces idées, je n'ai pu me défendre de la timidité que m'impose mon inexpérience. J'en aurois moins, si des circonstances malheureuses ne m'avoient séparé de celui qui, pendant soixante ans, a mérité l'estime générale par des vertus & par des succès: maintenant c'est avec tristesse que je prononce son nom: je le prononcerois avec plus de confiance, si sa pureté soupçonnée ne me forçoit à combattre l'opinion publique qui l'accuse, & qu'autrefois je n'avois qu'à partager pour le respecter & l'admirer.

On applaudit vivement.

M. de Broglie présente un projet de décret, dans lequel il comprend les objets que contient son discours. Il y ajoute seulement que nul militaire ne pourra être destitué de son emploi que par un jugement légal.

M. de Montmorenci. Il y a long-tems que la France peut se glorifier d'avoir l'*armée* la plus brave; elle a le bonheur d'avoir aujourd'hui l'*armée* la plus patriote. L'assemblée doit la rendre plus heureuse, la plus économiquement utile, la plus propre à notre sûreté, & la moins propre à compromettre notre liberté..... Il faut, dans cette matière, distinguer ce qui appartient au pouvoir constituant de ce qui appartient au pouvoir législatif. Le pouvoir législatif doit fixer la paie de l'*armée*, consentir les sommes destinées à son entretien, & permettre ou défendre l'introduction des troupes étrangères. Le pouvoir constituant doit considérer l'*armée*, non pas dans le détails de son organisation, ils regardent le pouvoir exécutif, mais dans ses rapports avec les citoyens, pris collectivement ou individuellement. Sous le rapport des citoyens considérés collectivement, le pouvoir constituant doit établir tout ce qui est nécessaire pour que la liberté publique ne soit pas menacée; il doit reconnoître l'existence des milices nationales, qui ont pris naissance avec la liberté, & qui ne finiront qu'avec elle; il doit examiner si les militaires sont responsables, comme les autres agens du pouvoir exécutif; & si le pouvoir législatif peut statuer sur l'admission des troupes étrangères dans l'*armée*.

Sous le rapport des citoyens pris individuellement, il faut que la liberté du citoyen ne soit gênée par aucune séduction ni violence; l'idée de l'une ou de l'autre porteroit une juste défaveur sur l'état & sur ses défenseurs. Il est nécessaire d'assurer, par une loi de détail, la loi déjà prononcée sur le recrutement par enrôlement volontaire; mais comme cette forme peut être modifiée par le temps, on doit laisser aux législatures suivantes la faculté de la changer. Il faut que le citoyen devenu militaire ne cesse pas d'être citoyen & d'en exercer les droits compatibles avec son état; il faut qu'il ne soit pas exposé au pouvoir arbitraire ministériel; la constitution doit porter qu'aucun militaire ne peut être destitué que par un jugement préalable; quand je dis militaire, j'entends les officiers & les soldats; les barrières insurmontables qui les séparoient ont disparu.

Il appartient au pouvoir législatif d'examiner la solde militaire dans tous les grades; les règles générales de l'avancement, & les principes de la discipline & des peines militaires; il est sur-tout nécessaire de statuer promptement sur le premier objet. Le bonheur du soldat doit dater du premier moment où règne la liberté, qu'il a su respecter & défendre: il faut récompenser son patriotisme courageux par l'espoir honorable d'être citoyen actif après quinze ou seize ans d'un service sans reproche. — Je conclus à ce que l'ordre de travail proposé par M. Lameth soit adopté, & les points constitutionnels précisément fixés, en renvoyant cependant aux comités militaire & de constitution ceux qui paroîtroient susceptibles de difficulté. J'ajouterai seulement en amendement, que le roi soit supplié de présenter incessamment ses vues sur l'organisation de l'*armée*, & qu'à dater du premier mai, la paie du soldat soit portée à neuf sols six deniers par jour.

M. Dubois de Crancey, après avoir examiné les principes, exposé tout ce que l'assemblée nationale doit d'estime & de faveur à l'*armée* françoise, & être entré dans des détails sur les dépenses générales & particulières, & établi qu'il faut s'occuper sans délai d'assurer le sort des militaires en France, propose de déclarer que le roi est le chef suprême de l'*armée*; que tous les ordres nécessaires à la sûreté publique ne peuvent émaner que de lui; qu'il appartient au pouvoir administratif de déterminer le nombre, l'espèce, la solde & le traitement des troupes, le mode de l'avancement, les retraites de tous grades, jusqu'à celui de maréchal-de-camp, & les rapports de l'*armée* avec les milices nationales & la sûreté publique. Il doit être décrété, en conséquence, que le comité militaire se concertera avec le comité de constitution & avec le ministre, pour l'application des principes, mais que, par provision, tout militaire après vingt ans de service révolus, sera éligible, même à l'assemblée nationale.

La partie la plus précieuse de la vie d'un citoyen employée au service de la patrie est un titre qui équivaut bien au marc d'argent. A dater du premier avril, les lieutenans & sous-lieutenans qui auront passé par les grades inférieurs, les bas-officiers & les soldats, jouiront d'une augmentation de paie, suivant la proportion proposée par le comité militaire. Les six deniers de la masse pour le pain seront remis aux soldats. La masse générale sera augmentée de six deniers; il sera fait entre les mains du ministre de la guerre un compte extraordinaire de dix-huit livres par homme; sur cette masse générale, trois sols seront donnés par chaque lieue à tout soldat qui ira en sémestre; le reste sera destiné à des pensions de retraite. Il sera statué sur le sort des capitaines, des officiers supérieurs des corps & des officiers-généraux, quand on s'occupera de l'organisation générale de l'*armée*. Après s'être concerté pour cet effet avec le ministre de la guerre & le comité de constitution, le comité militaire arrêtera définitivement les dépenses.

M. le baron de Menou présente un projet de décret qui obtient de très-grands applaudissemens, & auquel la priorité est accordée. Le voici:

Article I. Le roi est le chef suprême de l'*armée*.

II. L'*armée* est essentiellement destinée à combattre les ennemis de la patrie.

III. Il ne peut être introduit dans le royaume, ni admis au service de l'état, aucun corps de troupes étrangères, qu'en vertu d'un acte du corps législatif, sanctionné par le roi.

IV. Les sommes nécessaires à l'*armée* seront fixées par les législatures suivantes.

V. Les législatures suivantes, ni le pouvoir exécutif, ne pourront porter atteinte aux droits qu'a chaque citoyen d'être admissible à tous les emplois & grades militaires.

VI. Aucun militaire ne peut être destitué de son emploi que par un jugement légal.

VII. Tout militaire en activité, conservera son domicile, nonobstant les absences nécessitées par son service; il pourra exercer les fonctions de citoyen actif, s'il a d'ailleurs les qualités requises par les décrets de l'assemblée nationale, & si, au moment des élections, il ne se trouve pas en garnison dans le canton où est situé son domicile.

VIII. Tout militaire qui aura servi pendant seize ans, sans interruption & sans reproche, jouira de la plénitude des droits de citoyen actif, & sera dispensé de la nécessité d'avoir une propriété, & de payer la contribution requise pour être éligible.

IX. Le quatorze juillet de chaque année, tous les corps militaires prêteront le serment civique.

X. Le ministre de la guerre & autres agens militaires du pouvoir exécutif sont sujets à la responsabilité, dans les cas & de la manière qui sera établie par la constitution.

L'assemblee nationale décrète également, comme article constitutionnel, qu'il appartient à chaque législature de statuer annuellement, 1°. sur les sommes à donner pour la dépense de l'*armée*; 2°. sur le nombre d'hommes dont l'*armée* doit être composée; 3°. sur la solde de chaque grade; 4°. sur les règles d'admission & d'avancement de tous les grades; 5°. sur la forme des enrôlemens & les conditions des engagemens; 6°. sur l'admission des troupes étrangères au service de la nation; 7°. sur les loix relatives aux délits & aux peines militaires.

Décrète en outre, l'assemblée nationale, que le comité de constitution sera chargé de lui présenter, le plus promptement possible, des projets de loix, 1°. sur l'emploi des forces militaires dans l'intérieur du royaume, & sur leurs rapports, soit avec le pouvoir civil, soit avec les gardes nationales; 2°. sur l'organisation des tribunaux, & les formes des jugemens militaires; 3°. sur les moyens d'augmenter les forces militaires en temps de guerre, en supprimant le tirage de la milice.

Décrète enfin, que le roi sera supplié de faire présenter incessamment à l'assemblée nationale un plan d'organisation, pour mettre l'assemblée en état de statuer & délibérer, sans retard, sur les différens objets qui sont du ressort du pouvoir législatif.

L'assemblée nationale décrète de plus, que la paie de tout soldat françois, à dater du premier avril prochain, sera augmentée de trente-deux deniers, en observant les proportions graduelles usitées jusqu'à présent dans les différentes armes & dans les différens grades : l'emploi & la distribution en seront faits, ainsi qu'il sera déterminé par le pouvoir exécutif.

M. le président. J'ai oublié d'annoncer que M. de la Luzerne m'a fait remettre au commencement de la séance, une lettre & des pièces relatives à l'état actuel des colonies.

M. Charles de Lameth demande la parole sur cette annonce. — M. le président la lui refuse. — M. de Lameth insiste. — Quelques membres prétendent qu'il doit être rappellé à l'ordre. — La parole lui est réservée pour le moment où la délibération sur le projet de décret de M. de Menou sera terminée.

On fait lecture du premier article de ce décret.

Art. I. Le roi des François est le chef suprême de l'*armée.*

M. l'abbé Maury. Je vous prie d'observer deux choses sur cet article : 1°. tout peuple qui parle de son souverain ne l'appelle que le roi ; c'est ainsi que par le traité de Westphalie il a été décidé que le roi de France seroit appellé par toutes les puissances. 2°. On ne doit pas se borner à dire que le roi est le chef suprême de l'*armée* ; vous ne feriez de votre souverain qu'un général d'*armée.* Je propose de rédiger ainsi l'article : « L'*armée* de France est entiérement & uniquement aux ordres du roi ».

M. Alexandre de Lameth. J'adopte la première observation du préopinant; mais j'observe que la nation françoise a un roi & non un souverain ; la souveraineté réside essentiellement dans le peuple. Quant à la seconde observation, elle ne peut être accueillie ; elle n'a pas même besoin d'être réfutée. Si cependant l'expression si naturelle de l'article pouvoit déplaire, je proposerois de dire : le chef suprême des forces nationales ».

M. Dubois de Crancey. Je vous prie de vous rappeller le serment que vous avez fait. Vous avez juré d'être fidèles à la nation, parce que c'est dans la nation que réside la souveraineté ; à la loi, parce que la loi est vraiment le souverain d'un peuple libre ; au roi, parce que le roi, soumis à la loi & chargé de la faire exécuter, est le chef suprême de la nation.

On demande la priorite pour la rédaction de M. de Menou sur celle de M. l'abbé Maury.

La priorité est accordée à l'article de M. de Menou, & il est décrété en ces termes :

Le roi est le chef suprême de l'*armée.*

L'article suivant est adopté sans discussion : il est ainsi conçu :

II. L'*armée* est essentiellement destinée à combattre les ennemis extérieurs de la patrie.

On lit l'article III : en voici la teneur :

Il ne peut être introduit de troupes étrangères dans le royaume & dans l'*armée*, qu'en vertu d'un acte du corps législatif, sanctionné par le roi.

M. l'abbé Maury. Je m'arrête au mot *introduit* ; il est absolument vague. Si l'on veut parler de l'usage ancien de la monarchie, d'admettre des étrangers dans les troupes, il faut dire : nul étranger ne sera admis au service du roi. Mais les conséquences de ce décret seroient trop importantes, pour que je ne vous présente pas une réflexion intéressante. Il n'est aucun militaire instruit qui n'ait remarqué que la discipline s'établissoit bien mieux dans les régimens étrangers que dans les nôtres ; sous ce point de vue, ces corps méritent de servir de modèle à tous les régimens du royaume. Cette remarque n'est pas de moi ; elle est de M. de Puysegur, du maréchal de Saxe, du chevalier Folard ; elle appartient à tous les auteurs qui ont écrit sur l'*armée.*

M. le comte de Sérent. Il ne s'agit pas ici de savoir si les troupes étrangères ont été utiles à l'*armée* françoise ; leurs services sont connus. Il s'agit encore moins de les comparer à nos troupes, pour déprécier nos troupes ; il faut uniquement décider si le roi a le droit d'appeller en France des troupes étrangères sans le consentement du pouvoir législatif ; & pour peu qu'on reconnoisse les principes, il est difficile de ne pas adopter l'article présenté.

De légers changemens sont proposés : & l'article se trouve rédigé comme il suit :

III. Il ne peut être admis ni introduit aucune troupe étrangère au service de l'état, qu'en vertu d'un acte du corps législatif, sanctionné par le roi.

Les articles IV & V sont adoptés sans discussion.

IV. Les sommes nécessaires à l'entretien de l'*armée* seront fixées par chaque législature.

V. Les législatures suivantes, ni le pouvoir législatif, ne pourront porter atteinte aux droits qu'a chaque citoyen d'être admis à tous les emplois & grades militaires.

L'article suivant est mis à la discussion. En voici la teneur :

Aucun militaire ne peut être destitué de son emploi, que par un jugement légal.

M. le Chapelier. Il y a dans le projet de décret de M. de Menou, un article qui renvoie au comité militaire & au comité de constitution, le travail sur l'organisation des tribunaux militaires : je demande que celui-ci soit renvoyé à ces comités, afin qu'il reparoisse, suivi de tous les principes qui doivent l'accompagner.

M. Alexandre de Lameth. Il faut bien distinguer les commissions des emplois : le roi pourra, sans doute, retirer une commission qu'il aura donnée ; mais le sens de l'article est, assurément, que tout militaire qui aura obtenu un rang quelconque, ou par l'ancienneté de ses services, ou par leur éclat, ne puisse perdre ce rang sans un jugement légal.

M. Mathieu de Montmorency. C'est ici la véritable place du principe constitutionnel ; l'application de ce principe peut seule être renvoyée au comité.

M. de Montlausier. J'insiste sur ce renvoi, parce qu'il seroit trop dangereux de mettre dans la constitution le mot *emploi*, avant de l'avoir exactement défini.

M. de Noailles. Il me semble que le mot *destitué* ne laisseroit aucun doute : on peut craindre que l'article ne soit contraire à la discipline militaire ; mais j'observe qu'avant d'être destitué, il faut être suspendu de ses fonctions, & c'est à cette suspension que se borne l'effet de la discipline.

M. de la Rochefoucault appuie la motion de M. le Chapelier.

Le renvoi de l'article VI aux comités militaire & de constitution, est ordonné.

L'article suivant est ainsi conçu :

VII. Tout militaire en activité conservera son domicile, nonobstant les absences nécessitées par son service, & pourra exercer les fonctions de citoyen actif, si d'ailleurs il réunit les qualités requises par les décrets de l'assemblée nationale.

M. de Liancourt. Si j'ai bien compris l'article, il en résulte que tout soldat qui a les qualités de citoyen actif, pourra, quand il sera rendu chez lui, exercer les droits attachés à ces qualités ; il ne faut pas qu'une disposition soit dangereuse : tout ce qui peut nuire à la société ne peut être juste. Il est probable que les régimens seront sédentaires & attachés aux départemens ; dès-lors, ils seront le plus ordinairement composés d'habitans de ces départemens. Les officiers pourront abuser de leur crédit & de leur supériorité, soit pour se faire élire, soit pour diriger & maîtriser, dans d'autres vues, les élections. Les soldats ont fait un engagement par lequel ils ont renoncé momentanément à leur liberté, & à tous les avantages dont la constitution trouveroit du danger à leur laisser l'exercice.

M. de Noailles. Il est certain que vous avilissez l'*armée* en la chassant de la constitution ; assurément elle ne fait pas de distinction entre les soldats & les officiers ; & si vous privez les uns de l'exercice de leurs droits, vous en privez également les autres.

M. Charles de Lameth. Et vous aurez, sinon très-peu de bons soldats, du moins pas un seul officier.

M. de Toulongeon. Les craintes de M. de Liancourt ne pourroient être réalisées que dans les assemblées primaires ; on peut, par une précaution très-simple, éviter les dangers que redoute le préopinant. Je propose d'ajouter à l'article, une exception qui seroit ainsi exprimée : « Et si, au moment des élections, ils ne se trouvent pas en garnison dans le canton où est situé leur domicile ».

L'article VII est adopté avec cette addition.

On passe à l'article VIII. « Tout militaire, après seize années de service, jouira de la plénitude des droits de citoyen actif, quand même il ne seroit pas sujet à la contribution requise pour être éligible ».

M. de Noailles. Le terme de seize années est trop court ; il faut le porter jusqu'à vingt ; c'est à cette époque, sans doute, qu'on fixera la vétérance.

M. le comte de Virieu. Il est certain que dans les précédens décrets, vous avez fixé les conditions de l'éligibilité ; il est certain que l'article qu'on propose aujourd'hui est contraire à ces décrets ; il est certain que vous ne devez pas y déroger légèrement, sur-tout quand ils ont été rendus avec autant de solemnité que ceux-ci ; vous ne le devez pas dans une assemblée aussi peu nombreuse ; le fût-elle davantage, vous ne seriez pas autorisés à déroger à la constitution. Je demande ensuite si l'article remplit vos vues ; il faut honorer le soldat ; mais l'honneur que vous lui conférez est la plus grande de toutes les *récompenses* : le droit de cité a été estimé au plus haut point chez les peuples les plus jaloux de leur liberté : tous les ans, sur une *armée* de 150 mille hommes, dix-huit mille hommes obtiennent leur congé ; il est vrai que tous n'ont pas vingt ans de service ; mais, après un temps déterminé, le nombre de ces derniers se trouvera très-considérable. Vous accordez ce droit aux soldats pour les services qu'ils ont rendus ; d'autres classes de citoyens sont utiles à la société ; elles se plaindront, & vous serez alors dans le cas d'une multitude de dérogations. Pourquoi prostiturions-nous ainsi le plus beau de tous les droits ?...

Il s'élève un grand murmure dans l'assemblée.

M. le président. L'opinant vouloit sans doute dire *prodiguier*.

M. le comte de Virieu. J'adopte le mot que M. le président veut bien substituer à mon expression. Vous *prodigueriez* ainsi la plus haute des récompenses : il faut qu'elle ne soit accordée que pour de grands services, & sur la demande même du corps législatif.

M. le marquis de la Galissonniere. Comme les ordonnances avoient fixé la vétérance à 24 ans, je demande qu'un service de 24 années, sans interruption & sans désertion, soit nécessaire pour jouir des avantages que prononce l'article proposé.

M. Alexandre de Lameth. Il me semble que le terme de 16 années présente de plus grands avantages ; les congés sont de 8 ans ; si, au bout de ce terme, le soldat voit qu'il lui faut encore 12 années pour acquérir les droits de citoyen actif, il se déterminera difficilement à renouveller son engagement, & vous vous priverez de militaires consommés, qui sont la force de nos *armées*. Celui qui, pendant 16 ans, s'est consacré au service de sa patrie, & qui lui a fait le sacrifice de sa liberté, mérite bien de jouir de tous les droits de citoyen. Je pense cependant qu'on pourroit borner l'exception aux conditions relatives à la contribution & à la propriété. Si l'exception étoit générale, il pourroit arriver qu'un soldat, en quittant le service, entrât dans l'état de domesticité, & les raisons qui nous ont déterminés à priver des droits de citoyen actif les hommes dans cet état, existeroient encore pour lui.

M. Barnave. La demande de M. de la Galissonnière tend à anéantir les dispositions du décret. Beaucoup de militaires pourroient succomber sous les fatigues de leur état, avant de parvenir au moment où ils recueilleroient l'honorable récompense de leurs services. J'ajoute à l'appui de cette observation, que vous ne permettrez pas sans doute des engagemens à un âge aussi peu avancé que celui où il est à présent permis d'en contracter.

M. Charles de Lameth. Je ne connois pas de plus grands moyens d'attacher au service, & de faire sentir tous les avantages du droit politique de citoyen actif, que celui qui vous est offert par l'art. VIII.

Cet article est adopté, en y ajoutant seulement ces mots : « de service sans interruption & sans reproche ».

M. l'abbé de Bonneval. Je demande si le décret aura son effet pour les soldats qui auront à présent seize ans de service.

On répond affirmativement de toutes parts.

M. Target propose de décréter, comme article constitutionnel, « que les troupes prêteront, chaque année, le serment civique le premier de mai ».

M. Alexandre de Lameth demande que l'époque de la prestation de serment soit fixée au 14 de juillet.

Cette proposition est accueillie avec transport & adoptée.

M. Alexandre de Lameth. C'est ici le moment de placer un article qui ne souffrira sans doute point de contestations, & que j'ai rédigé ainsi :

« La vénalité des emplois militaires est supprimée ».

Cet article est adopté sans discussion, ainsi que l'article suivant.

Le ministre de la guerre & les autres agens militaires du pouvoir exécutif, sont sujets à la responsabilité, dans les cas & de la manière qui seront établis par la constitution ».

Les articles suivans sont successivement décrétés.

« L'assemblée nationale décrète également, comme article constitutionnel, qu'il appartient à chaque législature de statuer annuellement sur les sommes à accorder pour les dépenses de l'*armée*; 2°. sur le nombre d'hommes dont l'*armée* doit être composée; 3°. sur la solde de chaque grade; 4°. sur les règles d'admission & d'avancement dans tous les grades; 5°. sur la forme des enrôlemens, & les conditions des engagemens; 6°. sur l'admission des troupes étrangères au service de France; 7°. sur les loix relatives aux délits & aux peines militaires.

» L'assemblée nationale décrète en outre, que le comité de constitution sera chargé de lui présenter, le plus promptement possible, des projets de loi; 1°. sur l'emploi des forces militaires dans l'intérieur du royaume, & sur leur rapport, soit avec le pouvoir civil, soit avec les gardes nationales; 2°. sur l'organisation des tribunaux, & la forme des jugemens militaires; 3°. sur les moyens de recruter les forces militaires en tems de guerre, en supprimant le tirage des milices ».

L'article qui vient après ceux-ci est ainsi conçu :

« Décrète enfin que le roi sera supplié de faire présenter incessamment, à l'assemblée nationale, un plan d'organisation, pour être délibéré, & mettre l'assemblée en état de statuer, sans retard, sur les différens objets qui sont du ressort du pouvoir législatif ».

M. de Toulongeon. On ne peut faire un plan d'organisation, qu'après avoir examiné plusieurs questions. Les emplacemens & les garnisons seront-ils permanens? L'administration intérieure sera-t-elle remise à un conseil particulier? Quel sera le mode de l'avancement & l'état des capitaines-commandans? Les dépenses seront plus ou moins grandes, si vous prenez tel ou tel parti sur ces objets. Je demande, au moins, à être autorisé à communiquer mes idées au comité militaire & au comité de constitution.

L'article est adopté tel qu'il est rapporté ci-dessus.

Un dernier article est présenté en ces termes :

« La paie de tout soldat françois sera augmentée de 32 deniers, en observant les proportions graduelles usitées jusqu'à présent dans les différentes armes & dans les différens grades ».

M. le marquis de Bouthiller. Le comité vous a proposé de réduire les troupes à 143 mille hommes, & d'accorder une augmentation de paie de 20 deniers. Si vous augmentez cette paie jusqu'à 32 deniers par jour, il faudra augmenter votre dépense de 2,591,250 liv.

M. de Tracy. Si nous décrétons une augmentation, où la prendrons-nous? Plusieurs autres augmentations de dépenses sont certaines; beaucoup d'artides sont estimés trop bas. Par exemple, les convois militaires & les rassemblemens de troupes coûteront plus de 1,200,000 liv. Nous ne sommes point assez instruits sur les dépenses de détails, pour décréter en ce moment une augmentation de paie de 32 deniers par jour.

M. le marquis de Bouthiller. Il est très-vrai qu'en fixant la dépense totale de l'*armée* à 84 millions, le comité militaire n'a pas exagéré les calculs. Il compte pour la paie, 67,500,000 livres. Les autres objets sont évalués au plus bas. Cependant la somme de 1,200,000 liv. pour les convois & les rassemblemens de troupes, est portée un peu haut. Elle seroit insuffisante, si toutes les troupes marchoient à la fois, d'un bout du royaume à l'autre; mais cette marche générale est inutile : on peut faire mouvoir le tiers de l'*armée*, & former un rassemblement de 35,000 hommes pour 750,000 liv.... Afin de fournir à l'augmentation de 32 deniers, si l'on ne veut pas passer la somme fixée pour le département de la guerre, il faudra retrancher de l'*armée* sept ou huit mille hommes. Mais si l'assemblée veut décréter une augmentation de dépense de plus de deux millions, jamais argent n'aura été mieux employé.

M. Dubois de Crancey. Le mémoire du ministre de la guerre, présente, ainsi que le rapport du comité, une dépense de 67 millions pour la paie des troupes; mais il comprend, dans cette somme, 150 mille hommes, au lieu de 143; la maison du roi, qui est supprimée; les compagnies détachées de l'hôtel des invalides, qui n'existent plus, &c. ces objets donnent au moins 15 millions, à déduire sur 67 millions de paie, ou sur les 84 millions nécessaires au département de la guerre. On peut bien prendre, sur cette somme, 2 millions pour l'article qui est proposé.

M. de Menou. Une *armée* composée de soldats bien payés, vaut mieux qu'une *armée* plus considérable de soldats mal payés.

M. le comte de Serent. Si vous décrétez aujourd'hui simplement une augmentation de paie de 32 deniers, le soldat croira qu'il doit avoir, à l'instant, la libre administration de cette augmentation. Il faut ajouter à l'article, « & en faisant la disposition de cette augmentation, suivant qu'il sera déterminé par le pouvoir exécutif ».

L'article est adopté à une très-grande majorité, avec cette addition.

Séance du 4 juin 1790.

On annonce M. de la Tour-du-Pin, ministre de la guerre. Il est admis. (On applaudit). Il lit le mémoire suivant :

Messieurs, j'ai déjà eu l'honneur de remettre à votre comité militaire le nouveau travail que le roi m'avoit commandé de faire sur l'*armée*; sa majesté m'envoie aujourd'hui vous informer des nombreux désordres dont elle apprend chaque jour les affligeantes nouvelles.

Le corps militaire menace de tomber dans la plus turbulente anarchie. Des régimens entiers ont osé violer à la fois le respect dû aux ordonnances, au roi, à l'ordre établi par vos décrets, & à des sermens prêtés avec la plus imposante solemnité. Forcé par les devoirs de ma place de vous faire connoître ces excès, mon cœur se serre, quand je songe que ceux qui les ont commis, ceux contre qui je ne puis m'empêcher de vous porter les plus amères plaintes, font partie de ces mêmes soldats que je connus jusqu'à ce jour, si loyaux, si remplis d'honneur, & dont, pendant cinquante années, j'ai constamment vécu le camarade & l'ami.

Quel inconcevable esprit de vertige & d'erreur les a tout à coup égarés ? Tandis que vous ne cessez de travailler à établir dans tout l'empire l'ensemble & l'uniformité; quand le François apprend à la fois de vous, & le respect que les loix doivent aux droits de l'homme, & celui que les citoyens doivent aux loix, l'administration militaire n'offre plus que trouble, que confusion : je vois dans plus d'un corps les liens de la discipline relâchés, ou brisés; les prétentions les plus inouies affichées sans détour, les ordonnances sans force, les chefs sans autorité, la caisse militaire & les drapeaux enlevés, les ordres du roi même, bravés hautement, les officiers méprisés, avilis, menacés, chassés, quelques-uns même, captifs au milieu de leur troupe, y traînant une vie précaire au sein des dégoûts & des humiliations; & pour comble d'horreur, des commandans égorgés, sous les yeux & presque dans les bras de leurs propres soldats.

Ces maux sont grands, mais ne sont pas les pires que puissent entraîner ces insurrections militaires; elles peuvent, tôt ou tard, menacer la nation même, & l'intérêt de sa sûreté réclame ici votre intervention.

Le corps militaire n'est qu'un individu, par rapport au corps politique, essentiellement fait pour être mu par une force unique, & toujours suivant la direction indiquée par les loix & les besoins de la patrie : tout sera perdu, si jamais il est mu par des passions individuelles : dans l'irrégularité de ses mouvemens, il choquera sans cesse tout ce qui l'entoure, & souvent le corps politique lui-même. La nature des choses exige donc que jamais il n'agisse que comme instrument : du moment où se faisant corps délibératif, il se permettra d'agir d'après ses résolutions, le gouvernement, tel qu'il soit, dégénérera bientôt en une démocratie militaire, espèce de monstre politique qui toujours a fini par dévorer les empires qui l'ont produit.

Qui peut, d'après cela, ne pas s'alarmer de ces conseils irréguliers, de ces comités turbulens, formés dans quelques régimens par des bas-officiers &

soldats, à l'insu, ou même au mépris de leurs supérieurs, dont, au reste, la présence n'eût pu légitimer ces monstrueux comices?

Le roi n'a cessé de donner ses ordres pour arrêter ces excès; mais dans une crise aussi terrible, Messieurs, votre concours devient indispensable pour prévenir les maux qui menacent l'état. Vous unissez à la force du pouvoir législatif, celle de l'opinion, plus puissante encore. Déployez-les en cette occasion; que de graves & sévères principes, énoncés par le corps national, donnent aux proclamations du monarque ce caractère auguste & sacré du vœu général. Qu'à votre voix les têtes les plus indociles se courbent sous le joug de la loi. Assurez l'état, l'honneur & peut-être la vie de généreux officiers, qu'on a vus, dans ces jours de troubles, aussi patiens, aussi modérés, aussi respectueusement soumis à vos décrets, qu'ils avoient paru dans les dernières guerres, audacieux & fiers avec nos ennemis. Garantissez pour jamais l'édifice que vous venez d'élever, des secousses violentes qu'il pourroit un jour éprouver de la part du corps militaire, si les loix négligeoient d'enchaîner au-dedans son énergie & son activité. L'union de tous les cœurs, dans le respect le plus profond pour les loix, peut seule affermir la constitution. Le roi, qui s'en est déclaré le chef, est pénétré de cette vérité. C'est avec la plus vive satisfaction qu'il a vu ceux de ses régimens qui n'ont, dans aucun instant, secoué le joug de la discipline, être, en même temps, les plus soumis à vos décrets, & toujours les plus prêts à se dévouer pour le maintien des loix & la conservation de leurs concitoyens.

Plusieurs municipalités viennent de signaler, par des actes publics, leur reconnoissance, leur estime & leur fraternelle amitié pour leurs garnisons respectives; c'est à la fermeté de ces derniers corps, mais en même temps à leur modération, que ces villes ont dû leur sûreté & leur tranquillité; ce sont leurs expressions même que j'emploie, telles que je les trouve dans les diverses lettres qui constatent leur gratitude. Au reste, ces régimens, honorés des suffrages publics de leurs concitoyens, ne sont pas les seuls dont la conduite ait toujours mérité des éloges; leur nombre est heureusement le plus grand encore; & cette considération laisse l'espérance de pouvoir rétablir dans toute son énergie la discipline militaire. Le roi ne doute pas que l'administration, renforcée par le concours de votre autorité, ne puisse promptement arrêter le mal: mais il s'agit d'en prévenir à jamais le retour; & c'est de quoi cette administration ne sauroit vous répondre, tant qu'on verra les municipalités s'arroger sur les troupes un pouvoir que vos institutions ont réservé tout entier au monarque. Vous avez fixé les limites de l'autorité militaire & de l'autorité municipale: l'action que vous avez permise à cette dernière sur l'autre, est bornée au droit de réquérir; mais jamais, ni la lettre, ni l'esprit de vos décrets, n'ont autorisé les communes à déposer, à juger des officiers, à commander aux soldats, à leur enlever les postes confiés à leur garde, à les arrêter dans les marches ordonnées par le roi, à prétendre, en un mot, asservir l'*armée* de l'état aux caprices de chacune des cités, ou même des bourgs qu'elle traversera. Qui mieux que vous, Messieurs, peut concevoir combien ce conflit inégal pourroit, en peu de temps, affoiblir l'obéissance militaire, énerver le pouvoir, & dénaturer la constitution?

Le roi m'a encore chargé de vous informer qu'il a déjà autorisé un grand nombre de régimens à participer aux fédérations patriotiques auxquelles ils étoient invités, pour renouveller le serment civique avec les milices citoyennes: mais sa majesté voulant que ses intentions soient encore plus manifestées, elle m'a ordonné d'écrire une lettre circulaire à tous les corps de l'*armée*, qui les leur fasse connoître d'une manière générale & uniforme.

Le roi a remarqué avec satisfaction l'esprit de dévouement à la constitution, de respect pour la loi, & d'attachement à sa personne, qui a animé toutes les fédérations; & comme sa majesté y a reconnu, non un systême d'associations particulières, mais une réunion des volontés de tous les François pour la liberté & la prospérité commune, ainsi que pour le maintien de l'ordre public, elle a pensé qu'il convenoit que chaque régiment prît part à ces fêtes civiques, pour multiplier les rapports, & resserrer les liens d'union entre les citoyens & les troupes.

M. le président a répondu en ces termes:

L'assemblée nationale reçoit avec respect & avec confiance le message que lui a adressé un roi continuellement occupé de gouverner par la loi, & de régner par la sagesse.

L'assemblée n'oublie pas que le ministre qui lui apporte ce message, après avoir long-temps bien mérité de la patrie, par ses services militaires, a professé hautement, dans le sein de cette même assemblée, les maximes de la constitution & de la liberté, & depuis, en a transporté l'application & la pratique dans l'administration que le roi a confiée à ses soins.

L'assemblée nationale sait que l'*armée* est un des objets majeurs de la constitution, un de ceux qui méritent le plus & le plus instamment de fixer ses regards; & son comité militaire s'occupe de cet objet important, & sera prêt incessamment à soumettre les résultats de son travail aux regards de l'assemblée.

Elle sait que sur la force publique reposent au-dedans la justice, au dehors la sûreté; elle sait que sans la discipline l'*armée* est nulle pour la protection extérieure, effrayante pour la tranquillité intérieure des citoyens.

Elle sait enfin que le titre de soldats & celui de citoyens doivent être inséparablement unis, & que celui-là seroit indigne de mourir pour la patrie, qui pourroit vivre parjure au serment qu'il a fait, de maintenir la constitution.

C'est d'après ces principes, Monsieur, que l'assemblée nationale examinera avec la plus sérieuse attention le mémoire qu'elle vient d'entendre, & qu'elle vous invite à déposer entre mes mains.

Messieurs,

Messieurs, l'assemblée nationale a chargé son comité de constitution de lui présenter, le plus promptement possible, des projets de loix :

1°. Sur l'emploi des forces militaires dans l'intérieur du royaume, & sur leur rapport, soit avec le pouvoir civil, soit avec les gardes nationales.

2°. Sur l'organisation des tribunaux & la forme des jugemens militaires.

3°. Sur les moyens de recruter les forces militaires en temps de guerre, en supprimant le tirage des milices.

Le mémoire que l'on met sous vos yeux, Messieurs, a donc uniquement pour objet de traiter les différens articles énoncés dans votre décret du 28 février dernier, sanctionné par le roi.

*1°. Sur les sommes à affecter annuellement pour la dépense de l'*armée.

L'intention de l'assemblée nationale paroissant être que la dépense du département de la guerre ne puisse excéder 84 millions, c'est à cette somme qu'est fixée la dépense de l'*armée* dont on vous présente les tableaux.

*2°. Sur le nombre d'hommes dont l'*armée *doit être composée.*

Pour se renfermer dans la somme indiquée par l'assemblée nationale, on a réduit l'*armée* à 150 mille hommes, les officiers compris : l'augmentation à laquelle cette *armée* doit pouvoir s'élever en temps de guerre, ne permet pas de la tenir plus foible en temps de paix.

3°. Sur l'augmentation de paie du soldat.

Un décret de l'assemblée nationale, sanctionné par le roi, ayant accordé au soldat françois une augmentation de trente-deux deniers, dont l'emploi seroit déterminé par les ordonnances militaires, on a pensé que la répartition devoit en être faite de manière à améliorer le sort du soldat sous tous les rapports. C'est pour remplir ces vues que l'on propose d'en porter,

12 deniers au prêt.
10 au pain de munition.
6 au linge & chaussure.
4 à l'habillement.

TOTAL... 32.

Le prêt étant destiné aux premiers besoins du soldat, l'augmentation qu'il recevra, par ce supplément, lui procurera une nourriture plus saine & plus solide.

A l'égard du pain de munition, le soldat n'en a actuellement que 24 onces ; il est reconnu que cette quantité n'est pas, à beaucoup près, suffisante, & l'on propose de la porter à 28 onces. Les prix des grains variant du nord au midi, il a été nécessaire d'établir une masse commune pour toute l'*armée* ; & ces prix, combinés avec l'emplacement des troupes, porteront celui de la ration de 28 onces à 40 deniers.

On s'est étudié, Messieurs, à lier le plan de cette administration, avec la nouvelle organisation des départemens, & leurs assemblées fixeront annuellement le prix de la ration dans chaque département, d'après ceux des denrées. Par-là les agens de l'administration, dans une partie aussi délicate, se trouveront à l'abri de tout soupçon, & leur travail se bornera à veiller sur la stricte exécution des marchés.

On a cru devoir ajouter six deniers à la masse du linge & chaussure de chaque soldat, parce qu'il étoit obligé d'avoir recours à mille moyens, pour faire face à cette dépense. On croit que ce supplément doit lui suffire, & qu'il est d'ailleurs essentiel de ne pas le mettre dans le cas de perdre l'habitude du travail.

Il reste, Messieurs, à vous indiquer l'emploi des quatre deniers restans sur les trente-deux qui ont été ordonnés. Deux moyens se présentent de les employer utilement pour le soldat.

Le premier de les ajouter au prêt, déjà augmenté de 12 deniers.

Le second, de les destiner à procurer, tous les deux ans, un habillement neuf au soldat qui n'est actuellement habillé que tous les trois ans ; & c'est le parti que l'on pense qu'il faudroit prendre.

Vous trouverez sans doute juste, Messieurs, d'accorder aux soldats des régimens allemands la même paie qu'aux soldats françois. C'est d'après cette persuasion que les tableaux que l'on joint ici ont été rédigés.

4°. Sur les règles d'admission & d'avancement dans tous les grades.

Un article constitutionnel porte que tout citoyen sera admissible à tout emploi public, sans autre distinction que celle des vertus & des talens ; les ordonnances ne s'écarteront point de cette disposition.

Quant au mode de l'avancement, on a cru qu'il falloit donner aux droits ainsi qu'aux espérances de chaque militaire, toute l'extension que permet la nature des choses. L'ancienneté paroît le premier des titres ; il est celui qui concilie le mieux l'intérêt public & l'intérêt particulier. Le choix du plus ancien n'humilie personne ; l'autorité ne peut qu'y gagner, par le respect qu'inspirent naturellement de plus anciens services ; & l'obéissance pèse moins, parce qu'elle n'est qu'une avance dont on est sûr d'être un jour remboursé.

Mais si l'espoir d'un avancement certain, est un puissant moyen d'attacher chaque individu à son corps, ainsi qu'à son état, il peut aussi quelquefois assoupir le talent & arrêter les élans de l'émulation: pour éviter cet inconvénient sans perdre cependant aucun des avantages que présente l'ordre de l'ancienneté, on pense qu'il conviendroit de faire concourir alternativement le mérite que le temps semble encore éloigner des prétentions, avec celui que l'âge appelle aux emplois supérieurs.

Mais une sage mesure doit être apportée à cet encouragement. C'est du grade de capitaine que cette prérogative paroît devoir dater: jusques là les services n'ont point assez d'importance pour mériter une semblable distinction, & cette longue épreuve donnant le temps & les moyens nécessaires pour connoître à fond les sujets, mettroit sa majesté à même de ne jamais se méprendre dans ses choix, ni dans ses récompenses.

Ainsi, depuis l'entrée au service jusqu'au grade de capitaine inclusivement, on n'avanceroit que par ancienneté; mais à dater de ce grade, on deviendroit susceptible de partager l'avancement avec elle, de sorte que la lieutenance-colonelle d'un régiment venant à vaquer, elle seroit alternativement donnée au premier capitaine de ce régiment, & à un capitaine choisi sur tous ceux de l'*armée*; qu'un régiment venant à vaquer, il seroit alternativement donné au plus ancien lieutenant-colonel de la même arme, & à un lieutenant-colonel choisi parmi ceux de cette arme.

Les colonels arriveroient au grade de maréchal de camp, moitié par ancienneté, moitié au choix du roi; mais le soulagement des finances & la considération nécessaire au grade d'officier-général détermineront sa majesté à ne remplacer annuellement que le tiers des maréchaux de camp qui viendront à mourir, jusqu'à ce qu'ils soient réduits au nombre de trois cens.

Les grands emplois exigeant une capacité peu commune, & la nature des choses ne permettant pas de laisser aux hasards de l'ancienneté, la nomination des lieutenans-généraux, le mérite seul a droit d'en déterminer le choix. Les mêmes raisons qui portent à restreindre le nombre des maréchaux de camp, doivent également déterminer à ne nommer qu'à la moitié des places de lieutenans-généraux qui viendront à s'éteindre, jusqu'à ce qu'ils soient réduits au nombre de cent.

Aucune règle, aucune loi ne doivent fixer le nombre des maréchaux de France; ce dernier terme des honneurs militaires ne peut être que le prix des actions les plus brillantes & des services les plus importans.

5°. Sur la forme & les conditions des engagemens.

Vous avez décrété, Messieurs, que le recrutement de l'*armée* en temps de paix, continueroit à se faire par des engagemens volontaires: les dernières ordonnances avoient pris les plus sages précautions pour en écarter jusqu'à l'ombre de la fraude & de la violence: en conservant plusieurs de ces formes, on pourroit régler qu'à l'avenir tout engagement seroit déposé au bureau de police du lieu où il auroit été contracté, & laisser à l'homme de recrue deux fois vingt-quatre heures pour s'en désister: le terme de huit ans paroît devoir être conservé.

6°. Sur l'admission des troupes étrangères.

Le nombre des troupes étrangères est actuellement de vingt-quatre mille hommes: les raisons politiques qui rendent leur admission nécessaire, ne paroissent pas permettre de réduire ce nombre au-dessous de vingt-deux mille hommes. Cette réduction ne portera pas sur les Suisses, dont l'état & le nombre en France sont fixés par les plus expresses & les plus solemnelles capitulations.

7°. Sur les loix relatives aux peines & aux délits militaires.

Vous ne voudrez, sans doute, Messieurs, vous occuper du code pénal militaire qu'après l'entière confection du code pénal civil; mais, pressé de faire jouir l'*armée* des bienfaits du décret provisoire que sa majesté a sanctionné, le roi m'a ordonné de chercher les moyens d'appliquer aux procédures militaires les formes que vous avez prescrites, & j'ai remis un mémoire sur ce sujet à vos comités militaire & de jurisprudence. Il seroit à desirer, Messieurs, que vous pussiez entendre au plutôt le rapport qu'ils doivent vous en faire.

*8°. Sur le traitement de l'*armée, *en cas de licenciement.*

A la vue des réformes qu'entraîne la réduction de l'*armée*, le cœur de sa majesté a été douloureusement affecté, & sa confiance dans vos principes d'équité a pu seule adoucir la peine qu'elle éprouve. Vous penserez sans doute, Messieurs, qu'au moment où de grandes réformes sont annoncées & tiennent chacun inquiet sur son état comme sur sa fortune, vous ne sauriez trop vous presser de faire connoître les consolations que vous nous préparez. Une nation juste & généreuse n'oubliera jamais les services de tant de braves militaires; elle regardera comme une dette sacrée l'obligation de les récompenser; elle dédaignera de trop rigoureux calculs; elle se résoudra sans peine, à des sacrifices qui, légers pour elle, vont devenir leur unique dédommagement.

Après avoir mis sous vos yeux, Messieurs, les différens objets dont vous avez demandé que les dispositions vous fussent présentées, on croit devoir vous soumettre encore quelques observations qui méritent votre attention.

L'assemblée nationale, en abolissant la vénalité

des charges militaires, a-t-elle entendu comprendre dans cette suppression les charges des commissaires des guerres ? On observera, sur cet objet, qu'une grande partie des dépenses de l'*armée* n'ayant lieu qu'en vertu des vérifications & des arrêtés des commissaires des guerres, il seroit peut-être de la prudence de maintenir ces charges en finance, comme un cautionnement de leur gestion. D'ailleurs, en fixant cette finance à 80000 livres, on épargneroit à l'état un remboursement de près de huit millions, dont il ne paie que quatre & demi pour cent d'intérêt par an; considération importante que l'on croit devoir soumettre à l'assemblée nationale.

Enfin, Messieurs, comme on ne met point en doute que vous ne vous occupiez du sort de ceux qui, après avoir consacré leur vie à veiller & à combattre pour la patrie, ont droit d'attendre d'elle la juste récompense de leurs services, il vous sera présenté un projet dont les moyens ne peuvent réussir qu'avec l'expresse garantie du corps législatif. C'est par les fonds même assignés au département de la guerre qu'il seroit pourvu avantageusement aux dépenses des retraites militaires, sans jamais surcharger de nouveaux frais le trésor public. Ces moyens ne sauroient, au reste, produire cet heureux effet qu'après un période déterminé d'années, pendant lequel il seroit encore nécessaire de laisser à la charge de l'état la dépense éventuelle des retraites militaires.

(On applaudit dans toute la salle.)

M. le président. L'assemblée reçoit avec attendrissement les marques de la sollicitude d'un roi qui veut gouverner par la loi & régner par la sagesse. Elle n'oublie pas que le ministre qui vient de parler au nom de sa majesté, a professé hautement, dans cette assemblée, les principes de la constitution & de la liberté, & qu'il a porté ces principes dans l'administration qui lui est confiée. L'assemblée sait que l'organisation de la force publique peut seule assurer l'ordre dans l'état, & le comité militaire travaille à hâter cet ouvrage; elle sait que sans discipline l'*armée* est nulle pour la tranquillité intérieure & pour la sûreté extérieure; elle sait que celui-là seroit indigne de mourir pour la patrie, qui auroit manqué aux loix & qui auroit violé son serment. C'est d'après ces principes que l'assemblée nationale examinera le mémoire que vous venez de lui lire au nom du roi, & que vous avez remis sur le bureau.

M. de la Tour-du-Pin se retire.

M. le président. On fait plusieurs motions. On demande que le mémoire qui vient d'être lu soit imprimé; que le comité militaire rende compte incessamment de ce mémoire: & qu'il soit fait une adresse de remercîment au roi.

L'impression du mémoire lu par M. de la Tour-du-Pin est ordonnée.

M. de Menou. Sous huit jours le comité militaire espère être en état de vous faire un rapport sur tout ce qui regarde l'*armée* & sur les objets présentés par le ministre. Je crois en conséquence qu'il n'est pas à propos d'obliger le comité à rendre compte du mémoire que vient de lire M. de la Tour-du-Pin, avant que nous ayions présenté un rapport général. J'adhère à la proposition de faire une adresse au roi.

M. le comte de Custines. Il est important de faire cesser les insurrections : le terme de huit jours est trop long. Je demande que le rapport du comité soit fait au plus tard mardi prochain, ou que du moins on nous mette à même d'opiner incessamment sur le mémoire qui vient d'être lu de la part du roi.

M. de Menou. Le travail du comité ne peut supporter un rapport partiel. Il est fait de concert avec le conseil, & de manière que dans l'espace de vingt-quatre heures vous puissiez décréter tout ce qui concerne l'*armée*.

M. de Puzy. Le mémoire a pour objet d'indiquer les causes de l'insurrection des corps militaires: ces causes sont de deux espèces, l'organisation actuelle de l'*armée* & ses rapports avec les municipalités. Quant à l'organisation de l'*armée*, il est impossible de faire un rapport partiel; quant aux relations de l'*armée* avec le pouvoir civil, quelques membres du comité militaire se sont réunis pour travailler avec le comité de constitution. On pourroit renvoyer à un court délai cet objet.

M. Frétzau. J'appuie ces réflexions; car il me paroît nécessaire d'adopter des dispositions provisoires.

M. le marquis de Beauharnois. Il faut empêcher ces comités qui se sont formés dans les régimens & dans les ports.

M. Malouet. Le rapport du comité militaire, au sujet des relations de l'*armée* avec les municipalités, est un objet de législation & de constitution absolument étranger aux incidens exprimés par le ministre. Avant ce rapport constitutionnel, il seroit nécessaire de marquer la satisfaction de l'assemblée aux régimens qui ne se sont point écartés de la discipline, & son improbation à ceux qui se sont mal conduits.

M. de Noailles. La discussion que demande le mémoire lu par le ministre de la guerre, au sujet du rétablissement de l'ordre dans l'*armée*, n'est pas une chose aussi simple qu'elle le paroît à quelques opinans. Quand vous direz aux municipalités & aux districts de ne pas se mêler des corps militaires, vous n'aurez rien fait; car alors l'*armée* conservera encore beaucoup de choses qu'il faut détruire; il y aura aussi beaucoup de choses à édifier:

par exemple, croyez-vous qu'il soit permis de chasser des soldats des régimens, parce qu'ils déplaisent aux chefs? Vous avez voulu que le sort du soldat fût préférable à celui des malheureux artisans: vous n'y parviendrez qu'en prenant tous les moyens d'empêcher les injustices; & ce n'est qu'alors que vous vous opposerez efficacement aux insurrections.... Il faut bien déterminer aussi des délits dont ne parlent pas les ordonnances militaires: je regarde comme un délit les propos qu'on se permet contre la constitution. Tant que je ne verrai pas cet article à la tête des ordonnances, je dirai que rien n'est fait encore pour rétablir l'ordre dans l'*armée*, & pour assurer, par elle, la tranquillité publique au dedans & la sûreté au dehors. Quant aux applaudissemens demandés pour les régimens qui ne se sont pas écartés de la discipline, & je pourrois en demander pour celui à la tête duquel je suis, que je ne commande pas, & avec lequel je n'ai qu'une simple correspondance; ces applaudissemens, dis-je, sont dangereux; ils mettroient la guerre dans l'*armée*....

Je m'oppose donc à toute motion étrangère à l'engagement sacré pris par M. de Menou, de présenter incessamment un travail complet. L'*armée* verra avec reconnoissance tous les bienfaits de la constitution dans ce plan, qui, en rendant aux soldats tout ce que nous leur devons, fera de la force militaire le rempart de la constitution, & rassurera pour jamais sur les insurrections dont on a maintenant à se plaindre. Je demande donc qu'on passe à l'ordre du jour.

M. Charles de Lameth. Si la proposition de passer à l'ordre du jour est de s'arrêter à ce qui a été dit par M. de Menou, je ne parlerai pas. Si on propose quelques décrets provisoires, je demanderai la parole pour en montrer les inconvéniens.

On demande l'ordre du jour.

M. Arthur de Dillon. Il faut décréter la formule du serment fédératif.

On demande avec plus d'instance l'ordre du jour.

M. d'Estourmel. Rien n'est si essentiel que de passer à l'ordre du jour; mais cette demande n'est-elle pas un moyen d'écarter des motions également essentielles? L'organisation militaire est indépendante de l'état où se trouve l'*armée*. En me réunissant pour réclamer l'ordre du jour, j'insiste pour que le rapport du mémoire du ministre soit fait mercredi prochain.

M. de Rostaing, président du comité des finances. J'ai l'honneur d'annoncer qu'il sera fait incessamment un rapport particulier sur les 32 deniers accordés à l'*armée*.

M. de Broglie. En me référant à ce qui a été dit par MM. de Noailles & de Menou, je me borne à demander que le président se retire vers le roi, pour le remercier de sa sollicitude & des mesures qu'il annonce.

Après une légère discussion sur l'époque où sera fait le rapport du comité des finances, l'assemblée décide que *ce sera le plutôt possible*.

On se dispose à mettre aux voix la proposition de M. Malouet.

M. de Noailles. Je défie à M. Malouet de rédiger sa proposition de manière que ce décret puisse être exécuté, c'est-à-dire, qu'il puisse concourir à rétablir la discipline & la tranquillité dans l'*armée*.

M. Malouet lit son projet de décret. « Faites une adresse à l'*armée*, pour la rappeller à la subordination & à la discipline; donnez des éloges aux régimens qui ont été fidèles à la loi & au roi, & témoignez la désapprobation des insurrections qui ont eu lieu dans quelques régimens ».

L'assemblée décide, à une très-grande majorité, qu'il n'y a pas lieu à délibérer sur le projet de décret de M. Malouet.

Ce qui suit est décrété.

« Le président se retirera dans le jour pardevers le roi, pour le remercier de la communication qu'il a fait donner à l'assemblée, de la lettre par laquelle il autorise la fédération des troupes de ligne & des gardes nationales. L'assemblée renvoie le mémoire qui a été remis sur le bureau au comité militaire, qui fera son rapport sur la constitution de l'*armée* le plus promptement possible ».

Séance du 10 juin 1790.

M. le marquis de Crillon. Le comité militaire m'a chargé de vous présenter un décret pour le rétablissement de l'ordre dans l'*armée*. Depuis quelques tems des nouvelles affligeantes nous sont parvenues; le ministre de la guerre vous les a communiquées: il est indispensable que les soldats reconnoissent enfin leur devoir & vos principes. Voici le décret que vous propose le comité: « L'assemblée nationale instruite des désordres survenus dans plusieurs régimens de l'*armée*, & que notamment plusieurs régimens ont cru pouvoir forcer leurs officiers à quitter leurs corps; considérant que les ennemis de l'état font tous leurs efforts pour séduire & égarer les braves militaires, & à les porter à violer le serment qu'ils ont fait à la nation, à la loi & au roi, en leur persuadant que le vœu de l'assemblée nationale est de détruire la subordination des soldats envers leurs officiers, comme si cette subordination n'étoit pas la loi elle-même, comme si elle ne faisoit pas la force de l'*armée* & l'appui de la constitution; que les désordres arrivés dans l'*armée* ne peuvent que troubler le travail dont l'assemblée s'occupe sans relâche pour améliorer le sort des soldats, & fixer leur état d'après les principes de la régénération générale du royaume; voulant découvrir à des guerriers citoyens les préjugés dans lesquels on cherche à les entraîner; déclare qu'elle voit avec la plus vive douleur & le plus grand mécontentement, les actes d'insubordination qui ont eu lieu dans quelques régimens; qu'elle attend du patriotisme françois qu'ils s'empresseront de reconnoître leur erreur & de rentrer dans leur devoir : arrête que son président se retirera pardevers le roi, chef suprême de l'*armée*, pour le supplier de prendre les mesures les plus promptes & les plus efficaces pour y rétablir l'ordre & la subordination, & de punir avec sévérité toute désobéissance aux loix militaires : déclare en outre, qu'elle regardera comme indignes de servir la patrie, tout corps ou soldats qui se permettroient désormais de violer la soumission due aux loix & aux officiers chargés d'en maintenir l'exécution ». *Voyez* RÉGIMENS.

Plusieurs membres demandent l'ordre du jour.

L'assemblée décide que la discussion s'ouvrira sur le rapport de M. le marquis de Crillon.

M. le chevalier de Murinais. Il y a, à la barre, un officier qui apporte en don patriotique, l'argent donné à ses soldats pour les séduire. Je demande qu'il soit entendu.

L'assemblée ordonne que l'officier sera entendu. C'est M. de Puységur, colonel du régiment d'artillerie en garnison à Strasbourg, qui prend la parole & dit:

« Messieurs, s'il est une récompense digne de vous être offerte pour vos glorieux travaux, c'est sans doute le récit des actions qu'ils font opérer. M. Maugin, caporal dans le régiment d'artillerie en garnison à Strasbourg, étant allé au marché pour acheter des légumes, est accosté par un inconnu, qui lui dit en allemand, quelques mots qu'il ne put comprendre; ce même inconnu lui mit devant lui une bourse contenant 245 livres, & disparut dans la foule. Le caporal ramassa cette bourse, & dans le même instant fit sa déclaration à M. le maire, des procédés duquel le régiment n'a qu'à se louer. M. le maire laissa la somme à M. Maugin, qui fut ensuite la déposer entre les mains du quartier-maître. Quel peut être le but de ceux qui distribuent ainsi de l'argent ? J'offre cette somme en don patriotique, & je réponds que le brave Maugin ne me désavouera pas. Puisse un pareil exemple déconcerter les ennemis de l'ordre !

M. le président. L'assemblée nationale applaudit à l'action de M. Maugin, & elle vous charge de lui en témoigner sa satisfaction, d'autant plus volontiers, qu'elle connoît votre patriotisme & vos efforts constans pour le maintien de l'ordre & de la liberté.

On demande l'impression du discours de M. de Puységur, & de la réponse du président.

M. le chevalier de Murinais. Je demande que M. Maugin soit mis hors de rang, pour être envoyé à la fédération patriotique du 14 juillet.

M. Roberspierre. Je demande l'ordre du jour, parce que le discours de M. de Puységur me paroît avoir une relation intime avec le projet de décret présenté par M. de Crillon. En ordonner l'impression, ce seroit en quelque sorte préjuger les torts qu'on reproche à quelques régimens. L'assemblée ne sauroit apporter trop d'attention avant que de l'accorder. Les uns attribuent les torts des soldats à l'insubordination, les autres à des causes bien différentes, que je ne veux pas même énoncer. Je demande qu'on passe sur le champ à l'ordre du jour.

M. Charles de Lameth. La motion d'imprimer le discours de M. de Puységur, ne me paroît pas avoir les inconvéniens que le préopinant vous présente; & la preuve, c'est que j'ai demandé la parole pour combattre le projet de décret présenté par M. le marquis de Crillon, & que j'ai demandé l'impression du discours de M. de Puységur. Je ne vois dans ce discours que l'annonce d'un acte de patriotisme. Je vois aussi que l'Alsace, qui est le foyer de toutes les aristocraties, est la partie du royaume vers laquelle les ennemis de l'état tournent toutes leurs espérances; c'est aussi celle vers laquelle nous devons diriger nos regards avec le plus d'attention. C'est le cas de vous dire que tous les régimens commandés par des officiers amis de la constitution, n'ont pas cessé d'être en bonne intelligence avec les bourgeois. (On applaudit dans une grande partie de la salle). Je demande que le discours de M. de Puységur soit imprimé, & je me réserve la parole contre le projet du comité militaire.

L'assemblée décrète l'impression du discours de M. de Puységur, & de la réponse de M. le président.

M. le marquis de Crillon. Votre comité militaire étoit instruit du fait rapporté par M. de Puységur; il l'étoit encore de faits arrivés dans d'autres provinces, où des soldats se sont permis de renvoyer les officiers de leurs régimens: mais puisque vous demandez des détails, demain ou après-demain je vous les mettrai sous les yeux.

M. Charles de Lameth. Le projet du comité militaire est le même que celui qui vous a été présenté à la suite de la lettre de M. de la Tour-du-Pin. Les ministres vous proposent de délibérer sur des effets qu'ils affectent de prendre pour les causes. La cause des soldats est celle du peuple. Recherchez la cause des mouvemens populaires, & vous verrez que la plus grande injustice les a produits. Vous ne voulez pas qu'un soldat qui s'est élevé contre une injustice soit puni comme des corps qui ont trahi la patrie. Vous commettriez une faute très-grave, si, sans examen, vous décrétiez un blâme général de tous les mouvemens de l'*armée*, qui prennent, aux yeux du législateur, divers caractères. Je sais fort bien qu'il y a des fautes sans excuses; si on en a connoissance, qu'on les dénonce au comité des recherches; mais qu'on n'aille pas englober toute l'*armée* dans un décret de blâme. Toutes les fois que les ministres ont commis des fautes, ils demandent des décrets précipités pour tâcher de les couvrir; je me suis apperçu de cette marche, & je la dénoncerai tant que je pourrai porter la parole. Vous touchez à l'époque où l'*armée* va être organisée: attendons cette heureuse époque. Je dis donc qu'il n'y a pas lieu à délibérer sur le décret proposé. (M. Charles de Lameth est très-vivement applaudi.)

M. de la Ville-au-Bois. Il faut attendre le résultat de la fédération générale du royaume. La division s'étoit mise entre les officiers & les dragons du régiment de la reine, en garnison à Laon. Les soldats avoient créé un comité permanent & destitué des officiers qui avoient été obligés de s'absenter. La municipalité & la garde nationale de Laon ont témoigné le desir de former un pacte fédératif avec le régiment. La fédération s'est faite dimanche dernier; la fête a été complète; & le résultat, c'est que les dragons ont ramené eux-mêmes l'officier qu'ils avoient destitué, & déclaré qu'ils vouloient lui obéir comme aux autres chefs. Le plan de fédération générale opérera sans doute le même effet dans toute l'*armée*. Je demande donc qu'on attende cette époque avant de proposer aucun décret.

La partie gauche demande à grands cris l'ordre du jour.

M. de Cazalès veut parler. — L'assemblée décide qu'il ne sera point entendu, & renvoie le décret à un nouvel examen du comité militaire.

Séance du mardi 13 juillet.

M. Noailles. Je suis chargé de vous présenter l'exposé général du travail de votre comité militaire, & un rapport sur le nombre des troupes, les dépenses de l'*armée*, la solde & les appointemens de tous les grades. De tous les objets qu'il étoit nécessaire d'épurer selon votre systême régénérateur, aucun peut-être n'en avoit plus besoin, ne présentoit plus de difficultés que l'organisation de l'*armée*. Un des philosophes les plus dignes de votre estime, a dit que les états étoient plus jaloux de leur honneur à la guerre, que de tout autre intérêt politique: qu'une nation humiliée par de longues disgraces ne songeoit qu'à se donner un vengeur & se donnoit un maître. Si ce chef revient triomphant, le peuple l'admire, l'*armée* le chérit & l'honore, & il peut devenir un despote. Cependant, sans la discipline la plus sévère & la subordination la plus absolue, il n'est point d'*armée* victorieuse: c'est la discipline & la subordination qui seules ont maintenu la gloire des *armées* grecques & romaines..... Il est donc indispensable de donner au chef de l'*armée* un grand pouvoir; mais il faut que jamais il ne puisse s'approprier l'*armée*; il faut, en liant le soldat à la discipline, éviter d'asservir tous ses sentimens. Tels devoient être les principaux objets des méditations de votre comité. Il en est d'autres qui tiennent à la révolution actuelle & à vos principes; il est nécessaire que les chefs soient amis de la révolution, ou bien il se formeroit différens partis dans les corps: de-là les soupçons, les mésintelligences, dont les soldats seroient la victime; de-là les justes inquiétudes des corps administratifs qui nous laisseroient toujours en alarmes, comme si nous étions en guerre. Les autres difficultés ne sont pas moins embarrassantes.

L'*armée* doit être à la disposition du chef suprême auquel la nation l'a confiée: cependant comme l'*armée* n'est que la représentation du service personnel, c'est à la nation seule à la payer, c'est à la nation seule à augmenter sa solde, à assurer son bien-être. L'*armée* doit être à la disposition du chef suprême auquel elle est confiée; mais elle doit, sur la réquisition des officiers civils, pouvoir devenir l'auxiliaire des gardes nationales. L'*armée* doit être à la disposition du chef suprême auquel elle est confiée; mais il est nécessaire qu'elle soit commandée par des hommes à qui l'expérience en ait donné le droit. Rien n'échappe au soldat: il devine s'il doit de la confiance à tel ou tel chef, & c'est de cette confiance que naissent les succès. Les avancemens, les destitutions, les suspensions, les récompenses doivent être à la disposition du chef suprême: mais pour qu'ils ne soient pas des moyens de corruption, il faut assigner un mode fixe pour les avancemens, destitutions, &c. C'est un objet particulier du travail de votre comité. Malgré les avantages de la situation topographique de la France, il est nécessaire d'avoir une *armée* assez nombreuse pour s'opposer aux invasions que tenteroient des nations ennemies. Il ne suffit pas, pour former une bonne *armée*, de la composer d'hommes courageux. Tout François peut être soldat; mais la subordination, la discipline, la résignation pour supporter avec patience les intempéries des saisons, sont sur-tout nécessaires, & c'est à l'usage, à l'habitude seule à en développer le germe. Aussi le vainqueur de Lawfeldt répondoit-il lorsqu'on lui proposoit une disposition qui devoit être utile, mais qui nécessairement auroit coûté la vie à quelques hommes: « Vous ne pensez donc pas que pour faire un soldat il faut vingt années ? »

Il faudra donc avoir en tout temps une *armée* prête à marcher pour la défense du royaume; mais sera-t-elle toujours sur pied? aurez-vous une *armée* de secours? ferez-vous des levées toujours difficiles, toujours dispendieuses & souvent incertaines?... L'*armée* françoise ne paroissoit autrefois animée que par un esprit de conquête : un systême de défense est, d'après vos décrets, le seul qui convienne à l'*armée*. Il faut donc combiner les nouveaux principes avec le génie national... Il faut aussi faire un examen exact des forteresses répandues sur les frontières & dans l'intérieur, afin de distinguer celles qui sont nécessaires à notre défense de celles qui n'ont été construites que pour nous asservir... Tant de difficultés n'ont pas arrêté votre comité ; mais nous avons pensé qu'il étoit, avant tout, une mesure indispensable à prendre. Vous ne devez appeller sous vos drapeaux que ceux qui veulent vivre pour maintenir la constitution & mourir pour la défendre ; il faut donc faire ce que vous avez fait pour l'impôt, suspendre l'*armée* entière, & la recréer immédiatement après, au nom de la nation, en la faisant rentrer sous la domination de la puissance essentiellement souveraine. — Nous avons divisé tout le travail du comité en neuf rapports qui vous seront successivement présentés. Le premier comprendra la dépense de l'*armée*, la quotité numérique des troupes, la solde & les appointemens de chaque grade ; le second, les règles d'admission au service, celles de l'avancement, celles du traitement des troupes licenciées, & le rapport de l'*armée* avec les gardes nationales ; le troisième, la forme des enrôlemens & des engagemens, les délits & les peines, l'organisation des tribunaux pour les jugemens militaires ; le quatrième, la retraite de tous les grades à des époques fixes ; le cinquième, les maréchaussées & les invalides ; le sixième, le génie & les travaux de l'artillerie ; le septième, les dépenses accessoires ; le huitième, la suppression des emplois inutiles ; le neuvième, la distribution des troupes dans le royaume, le systême général de défense, les forteresses à conserver ou à détruire, enfin le mode de la responsabilité des agens militaires du pouvoir exécutif. Chacun de nous est chargé de vous présenter successivement un rapport sur ces différens objets. Le comité voulant réunir une plus grande masse de lumières pour ses opérations, a soumis ses plans, en tout ce qui ne concerne pas l'économie politique, au ministre de la guerre & à des officiers de tous les grades distingués par leurs services & par leurs talens. Si nous ne pouvons nous flatter d'avoir fait le mieux possible, nous avons du moins la satisfaction de voir qu'il est démontré que l'*armée* peut être organisée de manière qu'ayant été le mobile de la révolution, les troupes en seront désormais le plus ferme appui.

M. Noailles fait le premier rapport.

De la dépense de l'armée ; de la quotité numérique des troupes ; de la solde & des appointemens de chaque grade.

La France présente sept principaux points de défense dans le cas d'une attaque générale. Les troupes destinées à ces points devroient être réparties selon les forces par lesquelles cette attaque seroit formée. En admettant que les Belges se réunissent à la Hollande, à l'Angleterre, à la Prusse, & que l'Autriche restât neutre ou fût comprise dans cette alliance offensive, il faudroit quatre-vingt mille hommes dans le nord du royaume, soixante mille du côté de l'est, où les forts présentent une plus grande défense, quarante mille le long des Alpes, où l'on n'auroit que le roi de Sardaigne à combattre, quarante mille le long des Pyrénées, soixante-quinze mille pour la défense des côtes & des colonies. Ainsi, une attaque générale nécessiteroit une *armée* de deux cens quatre-vingt-quinze mille hommes. Nous comptons le secours des milices nationales, qui ne pourront jamais donner d'autres inquiétudes que celles d'un zèle trop ardent à défendre la liberté qu'elles ont si courageusement établie. Nous évaluons donc l'*armée* de ligne, dans le cas d'une guerre générale, à deux cens trente mille hommes ; le comité a pensé qu'il seroit dangereux qu'une force aussi considérable fût toujours sur pied, & qu'il suffiroit qu'une partie seulement fût sous les armes, & l'autre sans cesse prête à quitter ses foyers sur un décret de l'assemblée nationale.

Ces soldats retirés dans leurs départemens, pourroient s'occuper à l'agriculture & au commerce : ils pourroient former la maréchaussée, les gardes des bois, les commis des douanes. Les douanes n'étant plus qu'un produit national, ces fonctions seroient honorables, car tout service national ne peut désormais qu'être honoré par tous les citoyens. Les soldats sédentaires ne rejoindroient l'*armée* qu'en temps de guerre, & nul ne pourroit être admis sans un certificat de sa municipalité. Ainsi une grande partie de l'*armée* n'auroit qu'une paie peu considérable : la France ne seroit plus travaillée par des levées extraordinaires.... Les *armées* composées d'hommes intéressés à s'opposer avec courage aux invasions, ne seroient jamais effrayantes pour la liberté. Le comité a pensé qu'on pouvoit admettre des troupes étrangères, de la fidélité desquelles répondroit leur proportion avec les troupes nationales. Leur admission présente l'avantage de ménager des bras pour l'agriculture, de nous faire connoître les systêmes militaires des autres nations, & de nous tenir toujours à leur hauteur. On a rapporté dans cette tribune, que le roi de Prusse disoit que s'il avoit été roi de France, il ne se seroit pas tiré en Europe un coup de canon sans sa permission : il disoit aussi : « si j'avois été roi de France, j'aurois donné moins de soins à mon *armée*, qu'à faire fleurir le commerce & les arts ».

Il entendoit sans doute qu'il se serviroit des troupes étrangères. Rappellons-nous que des trois corps étrangers qui sont attachés à la France, il n'en est pas un auquel nous ne devions une grande reconnoissance.

Les Irlandois se sont illustrés sous Catinat : sous le maréchal de Saxe, ils ont fait des prodiges de valeur à Nerwingue, à Hochstel, &c. Dans cent années ils comptent trente-sept campagnes & trente-sept victoires. Les Allemands ne nous offrent pas de moins brillans souvenirs : c'est la conduite d'une brigade allemande qui a décidé le gain de la bataille de Lawfeldt, &c. Les Suisses ont constamment obtenu notre estime. Ils n'ont jamais mérité des reproches ; ils n'ont jamais cherché des éloges : à Gottingues une pluie les empêche de se servir de leurs armes, ils jettent des pierres. Toujours ils étoient les premiers au combat, & les derniers sur le champ de bataille... Il existe un monument célèbre de leur valeur. A Morat, sur un amas d'ossemens, sont écrits ces mots : « les Bourguignons ont voulu conquérir un peuple libre ; voilà ce qu'ils ont laissé ». En rappellant tous ces faits honorables, nous nous justifions d'avoir pensé que vous croirez utile d'admettre les troupes étrangères dans la proportion d'un à huit & demi, & en temps de guerre, dans telle proportion que le corps législatif détermineroit. Dans le nouveau système, il nous a semblé qu'il seroit avantageux, pour assurer les progrès de l'art de la défense, de réunir le génie à l'artillerie. La réunion de ces deux corps offriroit une économie considérable... La dépense de l'*armée*, telle que le comité l'a conçue, s'éleveroit à trente-deux millions deux cens quarante-six mille livres, & suffiroit pour faire aux soldats un sort heureux, pour donner des augmentations d'appointement à tous les grades, & pour assurer, à la fin de leur carrière, un asyle où les soldats n'auroient rien à reprocher à la patrie, au service de laquelle ils se seroient consacrés.... (Ce rapport reçoit beaucoup d'applaudissemens).

M. Noailles le termine par la lecture d'un projet de décret conçu en ces termes :

L'assemblée nationale, d'après le rapport de son comité militaire, sur le nombre d'hommes dont l'*armée* doit être composée, sur la solde & les appointemens de chaque grade, a décrété & décrète ce qui suit :

Art. Ier. L'*armée* sera composée de 204,619 soldats ou officiers, dont 150,953 en activité, & 50,000 soldats sédentaires dans les départemens. La proportion des troupes étrangères au reste de l'*armée*, en temps de paix, ne pourra être de plus d'un à huit trois cinquièmes, en comprenant les Suisses.

II. La proportion de l'infanterie, à la force de l'*armée*, sera comme trois & un tiers est à quatre. La cavalerie, comme un est à cinq & un cinquième.

III. L'*armée* françoise, au pied de guerre, par l'augmentation que pourront recevoir les troupes étrangères, sera de 233,730 hommes. La proportion de l'infanterie à la force de l'*armée*, sera alors comme cinq & demi est à sept. La cavalerie, comme un est à cinq & un troisième. L'artillerie & le génie, comme un est à seize sept neuvièmes.

IV. La proportion des officiers aux soldats dans l'infanterie sera, en temps de guerre, comme un est à vingt-huit un troisième ; dans la cavalerie & les dragons, comme un est à dix-huit ; dans les troupes légères, comme un est à vingt ; dans le génie & l'artillerie, comme un est à dix un troisième.

On demande l'impression du rapport & du projet de décret, en y joignant les articles qui ont déjà été décrétés sur l'*armée*.

M. Cazalès. Il faut se hâter d'organiser l'*armée* ; la sûreté du royaume, la paix intérieure, le maintien de la constitution, les plus grands motifs nous y sollicitent. L'*armée* présente un spectacle affligeant pour tous les bons citoyens. (Il s'élève des murmures ; on observe que la demande de l'opinant est déjà décrétée. M. Cazalès continue).

M. le président. L'assemblée témoigne le vœu de décréter l'impression avant de discuter.

M. Cazalès. J'ai fait, il y a déjà plusieurs jours, la motion qu'on s'occupât sans délai de l'*armée* & je veux la motiver aujourd'hui. (On observe de nouveau qu'il y a un décret, & que c'est d'ailleurs le vœu de toute l'assemblée).

L'assemblée décrète l'impression de l'exposé du travail du comité militaire, fait par M. Noailles, du projet de décret, & des articles déjà décrétés sur l'*armée*.

M. Cazalès. Je dois motiver la motion que j'ai faite...

On décide de passer à l'ordre du jour.

M. Foucault. J'avois demandé l'impression du plan du ministre de la guerre, arrêté au conseil du roi : je ne sais pourquoi il ne nous a pas encore été distribué ; je renouvelle ma motion.

Séance du jeudi 15 juillet 1790.

M. Noailles. Le comité militaire, pour terminer complètement son travail, a besoin de l'application d'un nouveau principe. Par le décret du 28 février, sur la marine, vous avez décidé que le droit de statuer sur le nombre d'officiers qui doivent composer le corps de la marine, appartient aux législatures, & par celui du 28 juin, vous avez décrété que la solde des différens grades de l'*armée* vous appartenoit ; je demande qu'en expliquant ces deux décrets, l'assemblée nationale consacre le principe qu'au corps législatif appartient le droit de fixer le nombre d'individus de chaque grade qui composeront l'*armée*. Voici, en conséquence, le projet de décret que je vais vous soumettre.

« L'assemblée nationale, expliquant ses décrets du 28 février & du 28 juin, décrète qu'il appartient au pouvoir législatif de fixer le nombre d'individus de chaque grade qui doivent composer

composer les troupes nationales & les troupes de ligne ».

M. Wimpfen. Je ne connois pas le service de la marine; mais j'entends un peu le service de terre. Si l'assemblée nationale décide que c'est à elle à fixer le nombre d'individus de chaque grade, elle décréteroit l'organisation entière de l'*armée*; ce qu'elle a déclaré elle-même n'être point de son ressort : si elle déclare qu'il doit y avoir tant de colonels, tant de capitaines, c'est comme si elle disoit qu'il doit y avoir tant de régimens, tant de compagnies.

M. Noailles. Le préopinant est dans l'erreur; il s'agit d'un principe, & il faut le poser.

M. Wimpfen. Si vous décrétez le principe, il faut nécessairement décréter les conséquences; par-là vous ne donnez qu'un état précaire aux militaires : aujourd'hui je suis capitaine, demain je ne suis plus rien.

M. d'Ambly. Je demande qu'on parle successivement pour, sur & contre; on saisira par ce moyen la discussion; cela vaudra mieux que de parler tous à la fois sur le même objet sans nous entendre.

M. Fréteau. Comme nous ne sommes point au fait de la question, je demande que M. le rapporteur veuille bien répondre aux objections qui lui ont été faites. Il y a, je suppose, aujourd'hui 80 régimens, demain vous déciderez qu'il n'y en aura plus que 60 ; voilà donc 20 colonels sans état, & par conséquent la totalité peut s'inquiéter de sa situation.

M. Noailles. Puisque je suis interpellé, je dirai que la motion que je fais n'a d'autre but que d'empêcher que ces changemens qui ont fait la désolation de l'*armée*, ne puissent avoir lieu désormais : jamais le sort de l'*armée* ne sera certain, si ce n'est pas la nation qui l'assure. Si l'intérêt public exige une réforme, la nation ne la fera jamais sans récompenser ceux qu'elle supprimera. Il ne faut pas que la fantaisie d'un ministre puisse créer ou supprimer un corps. Il faut que le militaire qui embrasse cette carrière ait la confiance qu'il parviendra aux grades; que le sous-lieutenant soit sûr de devenir lieutenant, le capitaine colonel, & ainsi de suite. Il faut pour cela que vous connoissiez la proportion relative des grades; s'il en étoit autrement, un ministre pourroit faire un régiment où il n'y auroit que des colonels. (Il s'élève des murmures). Ceci est dans l'ordre des choses possibles : nous sommes entourés d'anciens militaires, peut-être écartés des grades par la faveur & l'intrigue; voulez-vous leur soumettre ce plan? j'y consens. Je réclame seulement ce principe, « Que la nation seule a le droit de fixer la proportion, tant des soldats que des officiers de l'*armée* françoise. (On applaudit dans une grande partie de la salle & dans toutes les tribunes).

M. de Liancourt. A entendre le préopinant, on pourroit croire que l'assemblée ne s'est pas encore occupée de soustraire les militaires de tout grade à l'arbitraire ministériel; il faut donc rappeller qu'il y a déjà quatre mois que nous avons porté un décret formel sur ce point. L'assemblée a rempli avec la plus scrupuleuse exactitude le devoir qu'elle s'étoit imposé de ne donner qu'au mérite les différens grades militaires. On vous propose aujourd'hui de décréter qu'aux législatures appartient le droit de fixer le nombre d'officiers dont sera composée l'*armée*; il faut pour cela une discussion longue & sérieuse : ne perdons pas de vue la division si importante des pouvoirs. On dit que l'assemblée l'a déjà décrété pour l'*armée* navale; je ne vois pas trop quel est son rapport avec les troupes de ligne; vous avez décrété que le ministre vous présenteroit un plan. Il est nécessaire que vous le connoissiez, & que vous l'ayez approfondi, avant de prendre aucune délibération. En conséquence, je demande que la motion de M. de Noailles soit ajournée.

M. Dubois de Crancé. Il est temps que l'assemblée prononce sur cette matière. Le premier plan du ministre étoit composé de façon qu'en réformant 26,000 hommes, on conserveroit tous les états-majors, & dans un moment où il est si nécessaire de maintenir la bonne intelligence, on supprimeroit un nombre infini de bas-officiers. Le comité s'en est tenu aux bases décrétées par l'assemblée : on dit que ceci est du ressort du pouvoir exécutif; si cela est, nous pouvons adopter, même sans le connoître, le plan du ministre de la guerre. Il en doit être tout autrement, si l'assemblée se rappelle qu'elle s'est réservé l'organisation de l'*armée*. Vous connoîtrez le travail du ministre, puisque vous en avez ordonné l'impression; on ne peut plus vous le soustraire : mais le comité militaire demande que vous expliquiez votre décret, parce qu'au bout de six mois de travail, ce ministre vient de mander au comité, qu'il étoit chargé de l'oganisation de l'*armée*, & qu'il ne devoit compte de son travail qu'à l'assemblée. Ce que je dis là est prouvé par le fait : le ministre a mandé au prévôt des maréchaussées que l'intention du roi étoit de supprimer les sous-lieutenans; voici un fait dont je peux déposer les pièces sur le bureau. Il est de l'intérêt de la nation d'organiser l'*armée* d'après les principes les plus sages; cet intérêt est-il le même dans le pouvoir exécutif? Je réponds que je ne le crois pas. J'appuie donc la motion de M. Noailles, & je demande qu'il soit permis au comité militaire d'examiner le plan du ministre, ou bien il faut anéantir les précédens décrets.

M. Raynaud de Montlausier. On ne peut rien statuer, avant de connoître le plan du ministre. J'appuie ma motion sur la prudence & sur la sagesse de vos précédens décrets. Vous ne voulez point empiéter sur les droits du pouvoir exécutif. Je sais bien que ce n'est pas un moyen d'obtenir de la faveur dans cette assemblée, que de placer sur la même ligne la nation & les ministres. Je dirai qu'il s'agit ici d'une partie intégrante du pouvoir constituant; car on ne peut rien faire sans le roi. J'entends toujours dire: La nation a intérêt de faire telle chose, donc cela est du ressort du corps législatif. Mauvais raisonnement. Vous mettez ainsi entre vos mains tous les pouvoirs. Nous venons de jurer solemnellement de maintenir la constitution; je serai fidèle à mon serment: je ne souffrirai pas qu'on y porte atteinte en confondant les pouvoirs qui doivent être séparés. J'appuie la demande qui a été faite de l'ajournement.

M. Crillon. Vous avez décrété un mode d'avancement, qui assure aux anciens militaires un traitement honorable, qui ne les mette point à la merci de l'intrigue & de la faveur. Ce principe a eu l'approbation de toute l'*armée;* & ce n'est pas là-dessus qu'il y a des inconvéniens. On nous propose de porter un décret qui mette un obstacle aux changemens de l'*armée:* il s'agit de savoir si, par ce décret, on y réussit; pour moi, je ne le crois pas. La meilleure constitution est celle où les pouvoirs sont distincts & séparés: il s'agit de savoir auquel appartient la question que nous agitons aujourd'hui. Il est déjà décrété qu'à l'assemblée nationale appartient de fixer le nombre d'hommes qui doivent composer l'*armée*, & la solde qu'ils doivent avoir: ce qui reste n'est plus que de détail. Par exemple, quelques-uns prétendent que les régimens d'infanterie doivent être composés de quatre bataillons, & ceux de cavalerie, de six escadrons; d'autres en veulent moins. Voilà le point de difficulté. Il faut toujours que le ministre présente à l'assemblée un plan d'organisation de l'*armée;* & lorsqu'il aura été adopté, on pourra décréter qu'il n'y sera fait aucun changement sans le consentement du corps législatif. Pour résumer en deux mots toute mon opinion, je pense que l'examen du plan du ministre ne nous regarde que sous les rapports économiques & constitutionnels, & non sous les rapports militaires.

M. Dubois de Crancé. Si cette proposition est adoptée, je n'y demande qu'un seul amendement; c'est que M. Necker soit chargé du rétablissement des finances, & M. le garde-des-sceaux, de l'organisation de l'ordre judiciaire.

MM. Sérent & Tracy adoptent, avec quelques légères modifications, l'opinion de M. Crillon.

MM. Menou & Broglie soutiennent la motion de M. Noailles.

M. d'Ambly. On nous propose d'adopter un plan que nous ne connoissons pas; on veut nous faire juger comme des aveugles. Le roi a l'intention de rendre tous les François heureux: laissons-le faire; cela le regarde. Nous lui dirons: Nous ne voulons vous donner que tant d'argent; il ne vous en appartient pas davantage.

M. Puzy. Quelques opinans sont partagés pour savoir s'il appartient à l'assemblée de déterminer la proportion qui doit composer l'hiérarchie des différens grades de l'*armée.* Lorsque l'assemblée a décrété qu'aux législatures seules appartenoit le droit de fixer les appointemens de chaque grade, les règles d'admission & de promotion, elle a désigné les objets de sa compétence. Il n'y a aucun risque à attribuer au pouvoir exécutif le droit de fixer le nombre d'individus de chaque grade; il ne peut, dans aucun cas, desirer une mauvaise constitution militaire, & quand même il voudroit tourner contre la nation les forces dont il est dépositaire, il seroit toujours de son intérêt d'avoir une *armée* bien constituée. Il ne faut pas cumuler tout le poids à l'extrémité du levier qui doit maintenir l'équilibre politique; l'assemblée, en s'arrogeant des pouvoirs qui ne lui appartiendroient pas, effraieroit par un nouveau genre de despotisme, non moins redoutable que celui que nous avons renversé.

M. Pétion. Je croyois tous les membres d'accord sur le fond; mais je vois par la manière dont on veut poser la question, qu'il est possible qu'on ne s'entende pas. Il semble que quelques-uns voudroient accorder au roi le droit d'organiser l'*armée* presque exclusivement: on n'a pas sans doute intention d'ôter au pouvoir législatif son influence légitime; & cependant on le propose assez formellement: le roi a toujours le droit de sanctionner ou de ne pas sanctionner; c'est-là où se borne son pouvoir, c'est-là ce qui le rend partie intégrante du pouvoir législatif.

M. d'Estourmel. Je demande qu'on fasse une seconde lecture du projet de décret. (On fait cette lecture). Je demande actuellement à M. Noailles si c'est au nom du comité militaire qu'il propose ce projet de décret.

M. Noailles. J'ai déjà dit que c'étoit en mon propre nom.

M. d'Estourmel. En ce cas, j'en demande le renvoi au comité militaire.

M. Noailles. Si l'assemblée renvoyoit au comité militaire, elle lui feroit perdre du temps inutilement. Elle doit bien voir que si j'ai fait cette motion, c'est que les membres du comité n'étoient pas d'accord entre eux.

M. Alexandre Lameth. J'ajouterai peu de choses aux observations qui ont été faites sur cette question ; je dirai seulement que l'article est implicitement renfermé dans les décrets que vous avez adoptés sur cette matière. Vous avez décrété qu'aux législatures appartenoit le droit de fixer le nombre d'hommes qui doivent composer l'*armée*, la solde des grades, &c. Je soutiens que ce n'est que lorsque l'assemblée aura décrété la proportion de l'*armée*, qu'elle pourra prononcer sur cet objet. Il est nécessaire que le comité fasse le devis de l'*armée*, après avoir examiné les frontières : on détermine, par exemple, qu'il faut 150 mille hommes ; pour les solder, il faut déterminer combien il y en a dans chaque grade. Les soldats coûtent moins que les officiers ; on ne peut donc présenter des bases sans connoître parfaitement ces détails. Je demande que la proposition de M. Noailles soit adoptée.

M. Dubois de Crancé. Pour éclairer la discussion, je demande que la dernière lettre du ministre au président du comité militaire soit lue dans l'assemblée.

Après une discussion assez longue, dans laquelle a encore parlé M. Emeric, qui a demandé qu'on voulût bien entendre le rapport du ministre, avant de statuer sur celui du comité militaire, en déclarant que tous deux contenoient des dispositions contre lesquelles il s'éleveroit de toutes ses forces, on a fait la lecture de la lettre du président du comité militaire au ministre de la guerre avec la réponse de ce dernier. Il résulte de cette réponse que le ministre a fait un plan, dont les bases sont, à peu de chose près, semblables à celles proposées par le comité, & qu'il est résolu de le mettre sous les yeux de l'assemblée, pour le soumettre à la discussion du comité militaire.

L'assemblée ordonne l'ajournement de cette question au lundi suivant.

Séance du 19 juillet 1790.

M. Noailles. Si la proposition que j'ai déjà faite d'attribuer au corps législatif le droit de fixer le nombre des individus de chaque grade, qui doivent composer l'*armée*, eût été énoncée avec plus de détail, elle auroit obtenu l'assentiment général. Il s'agit de distinguer les différens pouvoirs. Ce n'est pas dans le sein de cette assemblée qu'on voudroit enlever à la nation un droit constitutionnel : je vais rappeller les principes. Le pouvoir exécutif ne peut exister séparément des autres pouvoirs politiques ; il ne peut exister qu'aux conditions sous lesquelles la nation a voulu qu'il existât ; il ne peut avoir de forces que celles que la nation a voulu lui confier. L'organisation de ces forces appartient à la nation ou à ses représentans, & non pas à lui-même ; car il est bien évident qu'on ne peut pas lui laisser le droit de se constituer & de s'organiser. Il est nécessaire de rappeller les décrets précédemment rendus sur l'*armée*. Vous avez décrété le 28 février, qu'au corps législatif appartenoit le droit de statuer sur la somme à désigner annuellement pour les dépenses militaires, sur le nombre des hommes dont doit être composée l'*armée*, sur la solde de chaque grade, sur les règles d'admission au service & d'avancement dans tous les grades, sur les formes des enrôlemens & les conditions du dégagement, sur l'admission des troupes étrangères au service de la nation, sur les loix relatives aux délits & peines militaires, & enfin sur le traitement de l'*armée* en cas de licenciement. Par votre décret du 26 juin, vous avez appliqué toutes ces loix à l'*armée* navale, & vous avez ajouté qu'à chaque législature appartenoit le droit de fixer le nombre d'individus *de chaque grade*, qui doivent entrer dans la marine. Je vais vous donner lecture du décret que j'ai déjà eu l'honneur de vous proposer.

« L'assemblée nationale, expliquant son décret sur l'*armée*, en date du 28 février, & conformément à celui du 26 juin sur l'*armée* navale, a décrété & décrète qu'il appartient au corps législatif de fixer, sur la proposition du pouvoir exécutif, le nombre d'individus de chaque grade dont l'*armée* doit être composée, & l'organisation, tant pour les troupes nationales, que pour les troupes étrangères à la solde de la France ».

Cette proposition est inutile ou nécessaire : si elle est inutile, il falloit le dire de bonne-foi & convenir que, quoique le décret du 28 février n'ajoutât pas *de chaque grade*, ces termes étoient sous-entendus, sur-tout d'après le décret du 26 juin. Ou la proposition étoit nécessaire, & en ce cas il est inconcevable qu'elle n'ait pas été adoptée ; car on n'ira pas jusqu'à soutenir que les droits du pouvoir législatif doivent être moindres sur l'*armée* de terre que sur l'*armée* navale.

Nous sommes précisément dans la situation du parlement d'Angleterre. Si on vouloit faire quelques changemens dans l'organisation de l'*armée* de cet empire, le pouvoir exécutif viendroit proposer ces changemens au corps législatif, qui délibéreroit, amenderoit, statueroit & renverroit au pouvoir exécutif pour sanctionner. Il est donc nécessaire que le pouvoir exécutif présente son plan au corps législatif, qui délibérera, & fera les changemens qu'il croira convenables au bien public ; autrement le pouvoir exécutif pourroit augmenter certains grades dans une proportion ridicule ; ainsi vous auriez des soldats & point d'*armée*. On a cherché à persuader qu'il seroit possible qu'il n'y eût aucun militaire dans l'assemblée nationale. Si le hasard l'avoit ainsi composée, je ne voudrois pas dire pour cela qu'elle seroit hors d'état de délibérer sur ce qui concerne l'*armée*. Louvois, d'Argenson & Colbert étoient-ils militaires? On ne dira pas cependant qu'ils aient engagé nos *armées* dans de mauvais pas. Il faut passer à l'objet de la délibération. Votre décret du 28 février contient 14 articles. Les 12 premiers établissent divers points constitutionnels. Le treizième est conçu en ces termes: « Décrète enfin que le roi sera supplié de faire incessamment présenter à l'assemblée nationale un plan d'organisation de l'*armée*, pour la mettre en état de statuer & délibérer sans retard sur les divers objets qui sont du ressort du pouvoir législatif ». Par cet article l'assemblée nationale a donné l'initiative au roi sur le plan d'organisation de l'*armée*; nous ne prétendons pas la lui refuser; mais l'assemblée ne lui a pas donné le droit exclusif d'exécution, car elle ne s'est pas interdit le droit de former elle-même un plan d'organisation de l'*armée*, dans le cas où le roi n'en présenteroit pas: d'un autre côté, ce droit d'initiative attribué au roi ne lui donne que le droit de proposer le décret, & réserve au pouvoir législatif celui de délibérer & de statuer. Ce décret ne dépouille donc pas le pouvoir législatif du droit de fixer définitivement ce qui est de son ressort. On dira, & c'est ici que je termine l'examen du principe général sur le droit du pouvoir législatif, pour tâcher de saisir le véritable sens du décret du 28 février, en ce qui concerne la détermination du nombre d'officiers de chaque grade; on dira que l'article XIII, dont je viens de rapporter les termes, ne réserve à l'assemblée nationale le droit de statuer que sur les deux objets qui sont du ressort du pouvoir législatif; on dira que l'article XI, dont j'ai aussi rapporté les dispositions, attribue aussi au pouvoir législatif, le droit de statuer sur le nombre d'hommes dont l'*armée* doit être composée, qu'il ne lui attribue pas le droit de statuer sur le nombre d'officiers de chaque grade; & l'on en concluera que le droit de statuer sur le nombre d'officiers de chaque grade appartient au pouvoir exécutif. Je réponds, en premier lieu, que la fixation du nombre des officiers de chaque grade, fait incontestablement partie des articles II, III, &c. Si j'ai prouvé qu'en principe général le droit de statuer définitivement sur l'*armée* n'appartient pas au pouvoir exécutif, mais bien au pouvoir législatif, il s'ensuit que le droit de fixer le nombre d'officiers de chaque grade appartient au pouvoir législatif & non au pouvoir exécutif. Pour attribuer ce droit au pouvoir exécutif, le silence de la loi positive ne suffiroit pas; il faudroit une loi attributive qui dérogeât formellement au principe général, & il n'en existe aucune. Je dis enfin qu'il est arithmétiquement démontré que l'article II du décret du 28 février a réservé au pouvoir législatif le droit de fixer le nombre des officiers & sous-officiers de chaque grade; que ce même décret lui a également réservé le droit de déterminer la dépense totale de l'*armée*. Un des élémens nécessaire des calculs qui doivent fixer cette dépense, est sans contredit le nombre des individus de chaque grade, dont le décret du 28 février a réservé au corps législatif le droit de déterminer le nombre. En résumant mon opinion, je dis que l'assemblée n'a donné au pouvoir exécutif que ce qui lui appartenoit, l'initiative. Les législatures ne doivent apporter aucun changement à l'*armée*, que concurremment avec le pouvoir exécutif. Je demande qu'on n'admette pas tous ces moyens détournés, pour éluder la question, & qu'on la pose ainsi: A qui appartient-il en définitif de statuer sur le nombre d'individus de chaque grade dans l'*armée*? Je pense qu'en posant ainsi la question, il n'y aura pas une grande diversité d'opinions dans l'assemblée; car il ne s'agira plus que de savoir si le pouvoir exécutif peut & doit exposer seul le royaume à l'invasion, ou menacer la liberté.

M. Desmeuniers. Il ne peut y avoir aucune difficulté quand on vous propose seulement de consacrer des principes reconnus, & de vous conformer à des décrets rendus. Je demande qu'on aille immédiatement aux voix.

M. d'Harambure. Le plan de l'organisation de l'*armée*, proposé par le pouvoir exécutif, répond à tout ce qu'a dit l'opinant.

On insiste sur la demande d'aller aux voix sur le champ.

M. Clermont-Tonnerre. Je n'ai qu'un mot à dire. On s'autorise de deux décrets; de celui du 28 février & de celui du 26 juin. On vous dit que le décret sur l'*armée* de mer, porte positivement que le corps législatif déterminera le nombre des individus *de tout grade*. Je réponds qu'il a été présenté, mis aux voix & adopté sans discussion dans la même séance, & qu'il est étonnant qu'on veuille s'en appuyer pour nous faire rendre un autre décret également sans discussion. J'observe encore que le comité de la marine a dit dans son rapport qu'il s'étoit écarté du décret du 28 février dans deux points, à raison de la différence du service. Je ne trouve rien dans ce décret qui ait rapport à ce changement de trois mots, à cette addition importante *de chaque grade*. On ne vous a donné que les raisons qui pouvoient appuyer l'opinion que l'on vous présente. On s'est bien gardé de vous faire prévoir celles qu'on peut y opposer. Je demande que la discussion soit ouverte.

M. Desmeuniers. Il y a ici beaucoup de malentendu. M. Noailles propose en effet aujourd'hui une addition très-importante au décret qui avoit précédemment été présenté, puisqu'il donne au roi une initiative dans une matière que lui seul peut connoître. Nous sommes arrivés au point où nous étions le 22 juin, au sujet du décret sur la guerre. Une partie de l'assemblée demandoit que l'initiative appartînt au roi ; l'autre partie, qu'elle appartînt au corps législatif ; & elle a été décrétée appartenir concurremment à l'un & à l'autre, suivant un mode qui a été déterminé. M. Noailles propose une disposition absolument conforme à ce résultat. Ce n'est point au décret sur la marine que je me reporte pour l'appuyer ; mais c'est au décret sur la guerre. Je demande donc qu'on aille aux voix.

M. Wimpfen. Je ne m'étois opposé au décret qui vous avoit été proposé, que parce qu'il ne donnoit pas l'initiative au roi : aujourd'hui, je n'ai rien à objecter, & j'adhère à la proposition de M. Noailles.

M. Alexandre Lameth. Il me semble que l'initiative que l'on veut qui appartienne au roi, sur l'objet qui fait la question du moment, n'est pas, quoi qu'en dise M. Desmeuniers, du même genre que celle qui a été accordée au pouvoir exécutif, par le décret rendu sur le droit de paix & de guerre : dans ce décret l'initiative est exclusive, c'est-à-dire, que l'assemblée nationale ne pourra pas délibérer sur la guerre sans l'initiative du roi. Ici vous ne devez pas être déterminés par les mêmes considérations ; il résulteroit d'une initiative exclusive accordée au roi, que l'assemblée nationale, quand des événemens politiques, ou l'état de force des puissances voisines permettroient de diminuer le nombre des troupes, ne pourroit délibérer sur cette diminution si le roi ne l'avoit pas proposée. Le corps législatif, en déterminant le nombre des individus de chaque grade, fait une loi ; & le roi a la sanction ; s'il avoit l'initiative exclusive, il seroit le maître d'empêcher la diminution des troupes. Qu'on ne compare donc pas le décret sur la paix & la guerre, à la proposition qui vous est faite, mais qu'on ajoute au décret du 28 février ces mots : « sur le nombre des individus de chaque grade ».

M. Duchatelet. Les observations du préopinant portent à faux ; l'initiative du roi tombe sur la manière dont l'*armée* sera composée, quand la législature aura fixé les dépenses qui seront faites & le nombre d'hommes qui sera employé. L'opinant a confondu deux choses très-distinctes. Au reste, un plan vous a été envoyé de la part du roi ; je demande qu'il soit examiné sans délai.

M. Noailles lit le projet de décret.

L'assemblée nationale décrète qu'il appartient au pouvoir législatif... (On observe qu'il faut dire *au corps législatif*) au corps législatif de fixer, sur la proposition du pouvoir exécutif, le nombre des individus de chaque grade dont doit être composée l'organisation de l'*armée*, tant pour les troupes nationales, que pour les troupes étrangères.

M. Toulongeon. Il faut faire quelques observations sur le mot *organisation*. Il exprime le nombre des divisions de l'*armée*, ou autrement celui des régimens & des bataillons. Le mot *formation* est le seul convenable, puisqu'on entend par-là le nombre des individus qui composent l'*armée*. Une *armée* en paix ou en guerre peut être augmentée ou diminuée en hommes, & non en grades. L'organisation de l'*armée* doit être fixe & stable ; sans cela, qui voudroit se livrer à la carrière des armes ? Je demande donc, pour amendement, que ces mots soient ajoutés au décret : « L'organisation de l'*armée* sera arrêtée définitivement par le corps constituant, & les législatures s'occuperont de la formation, c'est-à-dire, du nombre des individus ».

M. Barnave. Les deux difficultés qui agitent l'assemblée ne sont que des mal-entendus. J'observe d'abord au préopinant que l'organisation de l'*armée* ne peut nullement être considérée comme objet constitutionnel : elle consiste dans les distributions respectives des pouvoirs qui régissent l'*armée*, & dans ses rapports avec la liberté générale, les gardes nationales & le pouvoir civil. Cette organisation peut si peu être constitutionnelle, qu'elle ne dépend pas entièrement de la volonté nationale. La tactique que nous avons adoptée est peut-être la meilleure ; mais avec la perfection de celle des autres nations, elle peut devenir la pire ; alors il faudroit changer l'organisation de l'*armée* : elle n'est donc qu'un objet purement du ressort des législatures. La seconde difficulté est relative à l'initiative exclusive du roi. Je pense que le roi doit avoir la proposition ; mais que cette proposition doit être forcée, & nécessairement faite aux législatures. Je considère deux états militaires, l'état ordinaire & l'état extraordinaire ; l'état ordinaire doit être décrété chaque année par les législatures ; l'état extraordinaire, nécessité par un événement quelconque, doit être établi par un décret, & limité par ce même décret dans l'état ordinaire. Le roi doit tous les ans dire au corps législatif : Je vous propose de continuer votre état militaire, ou d'y apporter telles ou telles modifications. La règle à cet égard est donc que la proposition appartient au roi, mais que chaque année le roi doit proposer. Il faut donc dire que chaque année tous les objets qui concernent l'*armée* seront déterminés pour l'année suivante, sur la proposition du roi.

M. Charles Lameth. Je pense que si l'assemblée nationale veut être conséquente à ses principes, on ne doit faire porter la proposition du roi que sur l'organisation de l'*armée*, & non sur le nombre des individus de chaque grade. On a cité fort ingénieusement le décret sur la paix & la guerre, dans lequel le roi a tout à la fois l'initiative & la sanction. Comme les négociations ne se font que dans le cabinet du roi, il falloit bien lui donner l'initiative. Quant au *veto*, il n'a été accordé que par la difficulté des circonstances ; il ne signifie rien : car quand, sur la proposition du roi ; le corps législatif est décidé à la guerre, le roi ne peut empêcher que la guerre soit faite. Quand bien même on croiroit qu'avec l'initiative il peut avoir le *veto*, je rejetterois la proposition ; on vous ameneroit successivement à donner au roi initiative & *veto* sur chaque loi. Il me paroît qu'il doit avoir l'initiative sur l'organisation de l'*armée*, mais je ne vois nulle raison pour qu'elle soit forcée ; car l'initiative forcée n'a d'autre objet que de mettre en opposition défavorable le pouvoir exécutif avec le pouvoir législatif ; c'est compromettre sa prérogative. Si le roi avoit l'initiative sur le nombre des individus de chaque grade, les ministres pourroient, afin de se faire des créatures, chercher à augmenter des emplois précieux à la cupidité ou à l'orgueil. Avec un tel moyen de corruption, ils parviendroient à détruire l'esprit public, à attaquer la constitution, peut-être même à l'anéantir. Je pense donc qu'il faut refuser l'initiative sur la première partie du décret, & l'accorder sur la seconde.

M. Bureau de Puzy propose une rédaction qui est adoptée à une grande majorité. Le décret est ainsi conçu :

« L'assemblée nationale décrète qu'à chaque session, sur la proposition du pouvoir exécutif, le nombre d'individus de chaque grade dont sera composée l'*armée*, tant de terre que de mer, sera déterminée ».

Séance du 22 juillet 1790.

M. de Noailles, rapporteur du comité militaire. Le comité militaire, dans les observations qu'il va vous soumettre sur le projet de l'organisation de l'*armée*, présenté, de la part du roi, par le ministre de la guerre, a pensé devoir chercher à réunir l'intérêt du moment avec les avantages d'une bonne organisation, & à allier tout ce qui est nécessaire à une bonne *armée*, avec les principes d'économie qu'exigent les circonstances actuelles. Le plan arrêté par le roi est combiné sur le doublement des régimens. Cette disposition, qui rapproche les anciens corps, est la plus convenable dans le moment actuel, en ce qu'étant obligés, pour changer l'organisation de l'*armée*, ou de doubler, ou de diviser, la division détruiroit cet esprit de fraternité qui existe, & qu'il est important de conserver. Cette méthode est encore la plus économique. Le comité a vu avec peine qu'elle n'étoit point adoptée pour la cavalerie. Le ministre propose le tiercement. Cette opération sépareroit les individus habitués à vivre ensemble, & produiroit un déchirement dangereux. Dans ce plan, en augmentant les corps de troupes légères, on attache à chacun d'eux un bataillon d'infanterie, que l'on appelle légion. Ce procédé avoit déjà été adopté ; on y a renoncé. Il n'est en usage chez aucune puissance. Le génie & l'artillerie sont menacés de réformes considérables ; il seroit dangereux, d'après le système de défense que l'assemblée a adopté, d'altérer les forces défensives.

Le ministre voit des dangers dans la réunion du génie & de l'artillerie que le comité avoit proposée ; il n'est fait aucune mention des ingénieurs-géographes. Le plan arrêté par le roi présente aussi un état-major trop nombreux. Le comité exposera ses vues sur les différentes parties de ce plan ; il suivra l'ordre des tableaux qui le composent ; il proposera des projets de décret qui y seront souvent conformes, mais quelquefois contraires ; il les motivera : mais avant tout, il croit devoir vous en présenter un qui servira de base à l'organisation militaire & aux autres décrets. Il est ainsi conçu :

« L'assemblée nationale, sur le rapport qui lui a été fait par son comité militaire, & d'après le plan présenté par le ministre de la guerre de la part du roi, a décrété & décrète : 1°. que l'*armée* active pour l'année 1791, sera composée de 151,000 hommes, qui seront divisés comme il sera dit ci-après : 2°. il y aura dans l'*armée* 110,000 hommes d'infanterie, les officiers compris ; 31,000 hommes de cavalerie, les officiers compris ; pour l'artillerie & le génie, 9900 hommes, les officiers également compris ».

M. Dandré. Avant de discuter ce décret, il faut demander que le comité détaille les motifs qui lui font regarder comme nécessaire une *armée* de 151 mille hommes en activité. Du nombre des troupes dont l'*armée* sera composée, dépend le maintien de la constitution & de la liberté, & de la détermination de la somme qui sera affectée pour la dépense de cette partie de l'ordre public. Le comité militaire a seulement dit, dans le cas d'attaque générale, de tel endroit à tel autre, il faut 40,000 hommes, &c. donc la force totale en activité doit être de tant, &c. Assurément une telle assertion ne suffit pas pour nous prouver que nous devons dire comme lui ; nous aurions l'air d'opiner de lassitude & d'adopter de confiance.

M. le président lit une lettre, par laquelle le ministre de la guerre annonce, que d'après le dernier décret sur l'*armée*, il a fait un nouveau travail sur les individus de chaque grade dont l'*armée* sera composée.

On commence la lecture du mémoire, dont l'assemblée ordonne l'impression. *Voyez la fin de l'article.*

M. d'Harambure. Il y auroit un préalable nécessaire ; le comité diffère avec le ministre sur plusieurs points. Le premier est la réunion de l'artillerie & du génie ; le second, le doublement de la cavalerie, au lieu du tiercement ; le troisième, la proposition faite par le ministre, de joindre un bataillon d'infanterie, sous le nom de legion, à chaque régiment de cavalerie légère ; le quatrième porte sur la liste des officiers-généraux, que le comité croit devoir être attachés à des régimens. Ce seroit déjà beaucoup que d'avoir sur ces différens points l'opinion de l'assemblée ; cette marche abrégeroit infiniment la discussion.

M. Mirabeau le jeune. Il me semble qu'on étoit convenu de discuter les bases du comité.

M. Noailles. Il paroît que la première question est de savoir s'il convient à la liberté publique & à la sûreté de la constitution d'entretenir 150 mille hommes sous les armes. Il faudra ensuite arrêter la proportion des différentes armes. Jusqu'à ce que ces deux points soient décidés, on ne peut aller en avant sur l'organisation de l'*armée.*

M. la Galissonnière. L'assemblée a à examiner le nombre d'hommes dont l'*armée* sera composée ; si cette *armée* sera divisée en deux parties, l'une active & l'autre sédentaire ; quel sera le nombre des deux espèces de forces, la division des armes & leur proportion. Avant d'entrer dans cet examen, je demande à faire une observation sur l'exposé du travail du comité militaire, présenté dans la séance du 13 ; il s'y trouve une assertion qui ne peut être lue sans effroi & sans douleur. On y lit : l'*armée* doit être à la disposition du chef suprême à qui la nation l'a confiée. Le choix des soldats & des officiers, leur avancement, leur suspension & leur dissolution, les récompenses que mérite leur zèle, doivent donc être également à sa disposition. Cependant il ne faut pas que tous ces avantages ne soient dans ses mains qu'un moyen de faveur & de corruption avec lequel il puisse se ménager des conspirateurs, & fomenter la sédition....

On observe à M. la Galissonnière que ce n'est point là une assertion.

M. Duquenoy. La discussion doit porter sur ceci : le comité propose d'établir une *armée* de cent cinquante & un mille hommes ; y en aura-t-il moins, y en aura-t-il plus, y en aura-t-il autant ?

M. la Galissonnière. Le rapport contient des principes qu'il faut bien discuter ; on y trouve ces mots : « Il devient indispensable qu'il n'y ait à la tête de nos troupes que des chefs amis de la révolution. Tout ce qui pourroit y être contraire, ne doit pas avoir la direction de la force *armée.* Nous serions sans cela menacés à chaque instant de la voir se tourner contre la liberté que nous avons établie & que nous voulons défendre ; il se formeroit différens partis dans le corps.....

Une grande partie de l'assemblée demande à passer à l'ordre du jour.

M. Mirabeau le jeune. Quand l'assemblée décrète l'impression d'un rapport, il faut qu'elle en réponde, ou qu'elle improuve les expressions injurieuses à la majesté du roi.

M. la Galissonnière. Il faut donc examiner le plan du ministre ; cependant il y auroit une grande question à agiter. Les compagnies continueront-elles d'être au compte du trésor national ? (On demande à passer à l'ordre du jour.) L'assemblée a à déterminer la quantité des troupes dont l'*armée* sera composée, & sa division en deux parties, l'une active & l'autre sédentaire. Je crois que l'*armée* active ne peut être moindre de 150 mille hommes, & qu'en tems de guerre il faut avoir une *armée* auxiliaire de 50 à 60 mille hommes, afin de présenter à la première attaque un front de 200 ou 210 mille hommes. L'infanterie doit être de 110 mille hommes. La cavalerie de 32 mille hommes. L'artillerie & le génie de 9 mille ; ce qui forme les 151 mille hommes.

M. Bouthillier. J'avois demandé la parole parce que je croyons examiner le plan du ministre de la guerre, & que le comité se borneroit à en discuter la base principale, qui consiste dans une *armée* active de 151,940 hommes, y compris les officiers. Cette base est d'accord avec les principes que le comité militaire a toujours adoptés, soit dans son rapport du mois de janvier dernier, soit dans celui présenté le 7 juillet par M. Noailles. Je me réfère à cette base ; & je demande qu'elle soit décrétée. Il sera ensuite facile d'en faire l'application aux différens plans.

M. Crillon le jeune. On vous propose de décréter une *armée* active de 151 mille hommes ; il existe un plan d'un membre du comité militaire, qui présente une *armée* de 200 mille hommes, 120 mille toujours sur pied, & 80 mille auxiliaires. Je crois que la discussion devroit en être préalablement faite, car il semble réunir l'avantage d'une défense plus forte avec une moindre dépense. J'ai entendu faire plusieurs objections : on a dit que l'*armée* active se trouvoit subordonnée à l'*armée* auxiliaire. Si on a voulu dire que l'*armée* active seroit subordonnée pendant la paix, c'est moins un reproche qu'un éloge. On a dit que ce plan s'opposoit aux rengagemens, parce qu'il offroit aux soldats un avantage considérable après six ans de service ; mais d'après le plan même, il faudroit faire moins de recrues. Je crois donc que ce plan présente de très-grands avantages. Au premier coup de canon, vous auriez deux cens mille hommes exercés, & pendant la paix vous laisseriez un plus grand nombre de bras à l'agriculture & aux manufactures. Il ne demande pas une dépense plus considérable que celui du comité, & il offre 50 mille combattans de plus au premier signal de guerre. Il conserve le même nombre d'officiers, le même nombre de soldats dans la cavalerie & dans l'artillerie, parce qu'ils ont besoin pendant la paix d'être exercés pour la guerre. Il n'évite pas l'inconvénient des recrues par milices ; mais il retarde d'une campagne l'emploi de ce moyen, & l'on sait que du succès de la première campagne dépend souvent le succès de la guerre. Je demande donc que M. Emeric soit entendu.

M. Cazalès. Quelque desir que j'eusse de relever différens passages du préambule du rapport qui vous a été fait le 13 de ce mois, je me conforme aux ordres de l'assemblée & je passe à l'objet plus particulier de la discussion. L'assemblée a décrété que le plan du ministre seroit préalablement discuté. J'ai examiné ce plan, & il ne m'a présenté aucunes vues sur la dépense, & quoique soldat depuis vingt ans, je n'ai trouvé aucun détail sur l'organisation & sur les proportions de l'*armée*. Cependant on vous propose d'en décréter les bases avant que nous ayons été éclairés sur les motifs qui ont déterminé les dispositions de ce plan, avant que le plan de M. Emeric ne nous soit connu. Cette marche n'est nullement convenable à la sagesse de l'assemblée nationale. Il est nécessaire de combiner les différentes parties du plan. Je demande donc que le ministre donne les motifs du nouveau modèle d'*armée* qu'il propose & l'état de l'*armée* actuelle, afin qu'on puisse en faire la comparaison. Je demande que les neuf rapports annoncés par le comité militaire soient également imprimés, sur-tout le neuvième, qui est le plus important ; car, selon M. Noailles, il comprend la suppression des emplois inutiles, la disposition des forces militaires dans l'intérieur du royaume, le système de défense, les moyens d'exécution pour le plan proposé & les avantages qui peuvent en résulter pour l'état & pour les individus. On reprendroit lundi la discussion en connoissance de cause, & après avoir saisi l'ensemble de ce plan.

M. Duquesnoy. Sur le nombre d'hommes, le comité est d'accord avec le ministre de la guerre, & c'est sans doute un préjugé favorable pour cette opinion ; mais je voudrois que la discussion s'établit de manière à porter sur le plan du ministre, sur celui du comité & sur celui de M. Emeric : il me paroîtroit aussi convenable d'ordonner au comité de développer les motifs de son opinion.

M. Emmery. Je sens qu'il ne m'appartient pas d'avoir une opinion personnelle sur l'*armée* ; c'est après avoir profité des discussions que j'ai entendues au comité militaire, & des différentes idées qui y ont été développées, que je suis parvenu à m'en faire une sur la force *armée*, nécessaire pour les besoins de la paix, pour ceux de la guerre, & proportionnée à nos finances. Avant que l'assemblée nationale eût pris la glorieuse résolution de ne point entreprendre de guerre pour faire des conquêtes, avant qu'on se fût assuré que l'intrigue des cours ne détermineroit plus les déclarations de guerre, l'*armée* étoit de 184,000 hommes de troupes de ligne, & de 60,000 hommes de milice. 240,000 hommes étoient donc l'état de notre *armée* en paix & en guerre. On faisoit de nouvelles levées quand des besoins pressans l'exigeoient ainsi, au-delà de 240,000 hommes : on n'avoit aucune ressource assurée ; vous avez maintenant les gardes nationales habituées à marcher ensemble, remplies de zèle pour la défense de la liberté & de leurs foyers. En ne les considérant que comme des citoyens-soldats, vous pouvez vous attendre qu'elles défendront les frontières ; qu'elles serviront comme les milices à tenir les garnisons, tandis que les troupes de ligne agiront contre l'ennemi au-dehors ; & si ces troupes étoient repoussées, la valeur des gardes nationales les appuieroit vigoureusement dans leur retraite, & l'on devroit tout attendre de leur courage, lorsqu'elles combattroient sous les yeux de leurs femmes, de leurs enfans & de leurs concitoyens. (Une grande partie de l'assemblée applaudit, les applaudissemens des tribunes & des galeries, remplies des députés des gardes nationales du royaume, sont unanimes.) C'est d'après cette considération, très-influente sur tout système militaire, que j'avois puisé, ou plutôt recueilli de la pensée de plusieurs bons militaires, qu'une force active de 150,000 hommes occasionneroit une dépense considérable, qu'augmenteroient encore les besoins de la guerre ; j'avois pensé que nous avions d'autant moins besoin de troupes pendant la paix, que le service des garnisons ne sera pas désormais aussi considérable : il y aura un moins grand nombre d'hommes de garde, on ne mettra pas des sentinelles à chaque coin de rue ; il faudroit, permettez-moi cette expression, un officier municipal à côté de chaque sentinelle pour le requérir.

Ainsi le soldat moins nombreux d'un tiers, ne feroit pas un service aussi fatiguant ; ajoutez encore que, pour toutes les opérations de l'ordre civil, les gardes nationales seront employées. J'avois pensé que cent vingt mille hommes sous les armes suffiroient pour l'instruction des troupes auxiliaires. Je ne comprends, dans mon plan, ni la cavalerie, ni l'artillerie, parce que l'instruction de ces corps est plus longue, & que c'est à l'instruction que je tends. Je ne comprends pas les officiers dans les 120 mille hommes qui composeront l'*armée* active, parce que ce n'est pas au moment de la guerre qu'il faut chercher des officiers instruits, & que les officiers font la véritable force de l'*armée* active. Ainsi l'*armée* active, y compris les officiers, seroit de 130 mille hommes. On ne recevroit, dans l'*armée* auxiliaire, aucun individu qui n'eût servi pendant six ans dans l'*armée* active ; ils serviroient chaque année pendant un mois, pour faire la répétition de ce qu'ils auroient appris. Je vois, dans ce projet, l'avantage de ne pas avoir à redouter une masse de 150 mille hommes pendant la paix, entre les mains des ministres. Si vous aimez la constitution & la liberté, vous reconnoîtrez que cette considération est puissante, sur-tout quand on vient de faire une révolution telle que la nôtre. La seconde observation porte sur l'économie. Je propose de donner une demi-solde demi-solde aux soldats auxiliaires. Il ne faut pas croire que ce soit la moitié de la solde des soldats actifs. Un auxiliaire, avec la demi-solde pendant onze mois, solde entière pendant celui du rassemblement, moitié de la masse générale pour son habillement, & un douzième de chacune des autres masses, en raison de l'activité de son service pendant un douzième de l'année, reviendroit à 96 liv. 19 sols 2 den. Un fantassin sous les armes, coûte 251 liv. Vous voyez que le rapport entre la dépense à faire pour un soldat actif, & celle à faire pour un auxiliaire, est à peu près de 27 à 70.

Ce système offre donc une grande économie d'argent avec une augmentation considérable de force. Economie d'argent; la dépense pour 200 mille hommes seroit inférieure à celle qu'on propose pour 150 mille: augmentation de force; 150 mille hommes ne suffiroient pas au moment de la guerre, & 200 mille hommes suffiroient: 200 mille hommes, façonnés à la discipline, exercés, instruits, éprouvés, tels qu'on les auroit d'après mon plan. Une *armée* de 150 mille hommes, absorbant 84 millions, ne dispenseroit pas de lever 50 mille hommes au premier signal de guerre; mais ces 50 mille recrues seroient incapables de bien servir avant un long apprentissage, quels qu'ils fussent; leur enrôlement coûteroit beaucoup, leur habillement, leur équipement seroient un nouvel objet de dépenses, & prenez garde que celles qui se font au moment de la guerre sont toujours plus grévantes.

Il n'est pas question de dire qu'on évitera les frais d'enrôlement par un tirage de milice, on n'en veut plus; le peuple ne s'y soumettra jamais. L'assemblée nationale, en ordonnant la recherche des moyens par lesquels on pourroit augmenter l'*armée* pendant la guerre, a imposé pour condition expresse la suppression du tirage de la milice. Quand il seroit permis de recourir à cet odieux moyen, il y auroit de l'inhumanité à ne pas le rendre inutile par l'adoption d'un plan qui, n'offrant que cet unique avantage, seroit encore précieux. On dira qu'avec 150 mille hommes sous les armes, on peut avoir 50 mille auxiliaires; mais je prie qu'on ne perde pas de vue que 150 mille hommes sous les armes absorberont les 84 millions destinés à la guerre, & vraisemblablement les dépasseront: il faudra donc un nouveau fonds pour l'entretien des 50 mille auxiliaires. Vous pouvez tout ce qui est bon, utile & nécessaire, vous le pouvez avec moins de 84 millions; ils suffiront & au-delà pour entretenir 200 mille hommes prêts à marcher au premier signal. Pourquoi consacreriez-vous au même objet une somme plus forte, sans autre avantage que d'avoir constamment sous les armes 50 mille hommes de plus pour menacer davantage votre liberté? J'ai su qu'on avoit fait des observations à mon plan; je les combattrois en ce moment si j'avois prévu que je dusse parler aujourd'hui, si j'avois prévu que vous puissiez attacher quelqu'importance à mon opinion. On m'a dit que pendant la paix il falloit être prêt à la guerre; j'ai répondu que c'étoit précisément alors que mon plan étoit convenable. Vous aurez aisément 120 mille soldats actifs; les trois quarts de ceux qui seront réformés prendront parti parmi les auxiliaires; il en sera de même des soldats répandus dans les campagnes, & qui souffrent du surhaussement des denrées & de la perte de leur travail. En cas de guerre, vous trouverez donc des soldats qui marcheront avec les autres, & qui, aussi-tôt qu'ils ne seront plus nécessaires, rentreront dans l'ordre d'un système arrêté. Si vous donnez quelqu'attention à mes idées, je demanderai à réfuter les objections qui pourroient m'être faites. (Une grande partie de l'assemblée applaudit.)

M. Mirabeau le jeune. Il vient d'être présenté un nouveau plan, dont il est impossible de saisir aussi rapidement l'ensemble. L'opinant paroît l'avoir très-bien développé; mais il convient lui-même qu'il n'étoit point préparé. Il seroit donc présomptueux de le combattre en improvisant. Il y a dans ce plan beaucoup de choses qui me paroissent devoir être adoptées. L'autre projet n'a pas été développé de même; il présente simplement une échelle de proportion dont il seroit aisé de démontrer l'irrégularité. Je veux seulement faire une observation, qui vous prouvera la nécessité de rendre un décret explicatif de celui que vous avez rendu il y a quatre jours. Le plus grand reproche qu'on ait fait aux militaires de France, c'est leur inconstance dans l'état qu'ils avoient embrassé. En effet, leur sort étoit tellement incertain, que depuis 1766, on a cinq à six fois changé de manœuvres & de costumes. Après un long service, l'officier se trouve toujours écolier. C'est cette instabilité qu'il faut détruire pour attacher le militaire à son métier. Cependant votre dernier décret a fait naître la crainte d'une instabilité plus forte. Il porte que, tous les ans, le bill de l'*armée* sera porté à la législature. Si vous ne decrétez pas que le nombre des corps de ligne, des officiers & des sous-officiers ne variera jamais, que le nombre des soldats sera seul soumis à des variations, vous mettrez tous les officiers comme l'oiseau sur la branche; il suffira de l'éloquence d'un orateur pour leur faire perdre leur état. Il est nécessaire de décréter ce principe avant toute autre chose.

M. Cazalès. Quelqu'importantes que soient ces considérations, elles doivent céder à un plus grand motif, à l'intérêt de la liberté publique. Cet intérêt exige que chaque législature puisse réduire ou casser l'*armée*; je cite l'exemple de de l'Angleterre, qui se conduit ainsi. (La partie gauche de l'assemblée applaudit.)

M. Mirabeau le jeune. On sait aussi ce qu'est le militaire chez les Anglois. Il me semble que la réponse à l'objection est dans ma proposition. Si les législatures ont le droit d'augmenter ou de diminuer le nombre des soldats, il n'y a rien à craindre pour la liberté publique.

M. Noailles. Plusieurs personnes ont desiré que je prisse la parole; je répondrai en un seul mot au préopinant. Autrefois il s'agissoit de la signature d'un ministre, aujourd'hui il faut la proposition du pouvoir exécutif, un décret de l'assemblée nationale & la sanction du roi; les militaires seront avec tout cela bien plus sûrs de leur sort. Le comité militaire a reconnu que le plan de M. Emmery méritoit la plus grande considération; il suppose, ainsi que celui du comité, la même force totale: mais voici la différence essentielle; dans l'une, l'armée doit être de cent cinquante mille hommes actifs, & de soixante mille sédentaires; dans l'*armée*, de cent vingt mille hommes & de soixante-dix mille sédentaires; laquelle de ces deux propositions doit être admise? C'est le premier objet de la discussion. En adoptant le plan de M. Emmery, il faudroit changer toutes les proportions des officiers & des sous-officiers; la forme des enrôlemens & la discipline éprouveroient des modifications indispensables. M. Emmery est d'accord avec le ministre & le comité, pour la cavalerie & l'artillerie; il diffère pour l'infanterie, puisqu'au lieu de cent dix mille hommes, il n'en présente que quatre-vingt mille; mais en approuvant, en admirant son idée, nous avons observé que dans un moment où toutes les puissances sont sous les armes, où plusieurs même sont campées, il seroit dangereux d'adopter un nouveau systême qui changeroit les proportions du service, son activité & la discipline des corps, & de licencier une trop grande partie de l'*armée*; nous avons pensé qu'il étoit prudent, qu'il étoit nécessaire d'établir l'*armée* sur les bases que propose le comité. Quand la paix sera rétablie dans l'Europe, quand la constitution sera sincérement adoptée, vous pourrez dégager l'*armée* acctive de quinze mille hommes, ou d'un nombre plus considérable, pour augmenter l'*armée* sédentaire: vous pourrez ainsi revenir au plan proposé. On a dit que le comité n'avoit pas donné assez de développemens; ces développemens appartenoient plus particuliérement au ministre. Nous devons frapper cette assemblée par de grandes masses; il suffisoit de dire, il faudroit telle force pour la défense de telle étendue de frontières; il étoit inutile d'entrer dans le détail des postes, & de dire: il faut ici vingt hommes, là trente. Nous avons senti comme un autre que nous devions compter sur le courage des gardes nationales, non-seulement quand elles combattroient devant leurs femmes & leurs enfans, mais encore hors du royaume. (Les tribunes remplies de gardes nationales applaudissent avec transport.) Il seroit possible de tirer tel avantage de leur organisation, que les calculs d'aujourd'hui deviendroient inutiles. Je passe à la motion de M. Cazalès. Je desirerois fort qu'elle pût être adoptée; mais chaque partie du plan du ministre est une conséquence de celle qui la précède. Par exemple, la maréchaussée forme une dépense de quatre millions; par le résultat de l'organisation de l'*armée*, cette dépense peut être extrêmement diminuée. Si vous parlez de la supposition d'une attaque générale, vous augmentez nécessairement l'artillerie & le génie, parce que les travaux deviennent bien plus considérables que dans la dernière guerre, à raison des passages qui ont été ouverts dans différentes parties des frontières où il n'y avoit pas de chemins. J'ai une dernière observation à proposer. Une des grandes difficultés que présenteroit une infanterie aussi foible que celle qui se trouve dans le plan de M. Emmery, c'est qu'il faudroit retenir tous les soldats dans les corps, c'est qu'il faudroit renoncer à l'avantage inappréciable de les envoyer dans leur patrie, parmi leurs concitoyens, connoître la douceur & les avantages de la constitution; c'est que vous mettriez le désespoir dans l'*armée*. Je crois & je dis que la proposition de M. Emmery est une bonne conception, qu'il pourra être utile d'en faire usage; mais qu'il seroit dangereux, en ce moment, de ne pas conserver des forces dont la proportion seroit déterminée sur l'état actuel de l'Europe.

M. Toulongeon. On a comparé le plan du comité & celui de M. Emmery; mais on n'a pas présenté une différence essentielle. On parle, pour les deux systêmes, d'une dépense de quatre-vingt-huit millions. Dans l'un, les troupes auxiliaires sont en dedans; dans celui du comité, la dépense des cinquante mille hommes sédentaires est en dehors de cette somme.

M. Alexandre Lameth. Le comité n'a pas parlé aujourd'hui de la dépense de l'*armée*: il est dans son intention de comprendre les cent cinquante mille hommes actifs & les cinquante mille auxiliaires dans la même somme.

M. Toulongeon. Je ne vois qu'un plan, celui du ministre: le comité l'adopte, & c'est sur lui que porte mon observation. Je demande si c'est un autre plan que nous discutons.

M. Alexandre Lameth. Si M. Toulongeon demande que l'on ne décrète pas le nombre des individus des différens grades, avant de connoître la dépense qui s'y rapporte, je suis de son avis; mais en comparant même les tableaux correspondans, il faut une discussion générale sur tous les objets.

M. Cazalès. La division qui existe dans les opinions, prouve la nécessité de l'ajournement que j'ai demandé.

M. Crillon le jeune. La proposition que je vais faire ne consiste pas dans un ajournement. L'assemblée a pu remarquer, dans le cours de la discussion, que le comité a adopté l'opinion de M. Emeric; il n'en approuve cependant pas l'exécution pour le moment. Il seroit possible de tout concilier, en décrétant que l'*armée* sera de deux cens mille hommes; cent vingt mille hommes toujours assemblés, avec dix mille officiers & soixante-dix mille auxiliaires; mais que les circonstances présentes exigent cent cinquante mille hommes en activité. Les législatures suivantes réduiroient ce nombre au moins à cent vingt mille hommes.

M. Duchâtelet. C'est le plan du ministre que vous devez discuter la seule mission de votre comité est de vous le présenter.

M. Alexandre Lameth. L'assemblée ralentiroit sans utilité son travail, si elle ajournoit jusqu'à l'impression des neuf rapports; plusieurs ne sont pas nécessaires pour la discussion. Je citerai, par exemple, celui sur l'organisation des tribunaux militaires. Le parti le plus simple est d'exiger du comité des observations sur le plan du ministre; dans ces observations, se trouvera le plan du comité, & dans son opinion, sur les différens points, ses réponses aux propositions de M. Emmery. Si vous ordonnez l'impression, vous vous exposez à un délai de quinze jours.

M. Emmery. Il n'est pas possible que les vues de M. Cazalès soient remplies. On ne peut pas faire les rapports avant que les bases aient été posées. Je prends pour exemple celui du mode de recrutement dont je suis chargé; je ne puis rien faire si je ne connois la nature du contrat auquel le soldat sera soumis, & je ne puis connoître la nature des dispositions de ce contrat, sans que le nombre des individus qui composeront l'*armée* soit fixé. Il y a une mesure sage à prendre, c'est de demander, 1°. au ministre pourquoi il propose d'établir une *armée* active de 151 mille hommes; 2°. quel nombre d'hommes existent actuellement sous les drapeaux. L'assemblée pourroit ordonner un ajournement à très-court terme. L'observation de M. Crillon est aisée à adopter; il y a toujours eu deux pieds de guerre; on décréteroit l'*armée* active de 120 mille hommes pour le premier pied de guerre; une augmentation de 30,000 hommes qui seroient pris dans les 70,000 auxiliaires, & qui formeroit l'*armée* active de 150 mille hommes que demande le ministre; ainsi, par un tel moyen, les différentes opinions seroient rapprochées. Je propose d'ajourner à lundi.

M. Cazalès. J'adhère absolument à l'ajournement; mais je demande que d'ici à lundi, le comité présente au moins le neuvième rapport.

M. Noailles. La division des opinions ne pouvoit porter que sur le nombre d'hommes qui composera l'*armée* active & l'*armée* sédentaire: nous sommes tous d'accord: je demande que le décret proposé par le comité soit mis aux voix. Si nous avions été également d'accord sur la dépense, nous aurions proposé un projet de décret général. M. Boufillier, qui a le plus étudié cette matière, porte les dépenses accessoires à seize millions; dans le plan du ministre, elles s'élèvent à 19 millions: il faut étudier une foule de détails, & ce ne seroit pas dans trois jours qu'on pourroit avoir achevé ce travail.

M. Virieu. Il est nécessaire de faire mention du service de mer; dans la dernière guerre, vingt ou vingt-cinq mille hommes d'infanterie formoient la garnison des vaisseaux.

M. Duchâtelet. Que le comité rende compte du plan présenté de la part du roi, par le ministre; il fera ses observations, qui contiendront son plan particulier. Vous avez donné l'initiative au roi; ainsi, la marche que vous devez suivre est prescrite par vos décrets.

M. Emmery fait lecture d'un projet de décret ainsi conçu:

L'assemblée nationale ajournant la discussion à lundi prochain, ordonne que d'ici à cette époque il sera fourni par le ministre de la guerre un mémoire explicatif des motifs pour lesquels il propose de tenir sur pied une *armée* de 151 mille hommes & l'état des troupes actuellement sous les drapeaux; qu'il présentera encore le tableau de la dépense qu'occasionneroit une *armée* active de 120 mille hommes, susceptible, au moyen d'une réserve de 70,000 hommes, d'être portée à 150 mille hommes pour le premier pied de guerre, & que le comité donneroit en même temps ses observations.

M. Alexandre Lameth. L'assemblée n'entend pas sans doute préjuger la question par un décret d'ajournement. Il suffit, en ajournant, d'ordonner que le comité rendra compte des différens plans.

M. Emmery. J'ai voulu réunir les différentes propositions qui avoient été faites, & je n'ai pas cru faire préjuger la question. Mais il m'a semblé que votre intention étoit que les plans fussent comparés. Vous avez voulu, sans donner la préférence à aucun d'eux, les laisser intacts jusqu'à ce qu'on vous eût mis en état de les juger.

M. Menou présente un projet de décret ainsi conçu:

L'assemblée nationale décrète que le ministre de la guerre sera tenu de lui présenter les motifs sur lesquels il a établi son plan, & que le comité donnera son opinion sur le nombre d'hommes qui composera, pour l'année 1791, l'*armée* active & l'*armée* sédentaire.

On demande la priorité pour la rédaction de M. Emmery.

M. Charles Lameth. Je demande la priorité pour la rédaction de M. Menou. Vous avez décrété que l'initiative appartenoit au roi ; donc c'est le plan arrêté par le roi qui doit être présenté d'abord à l'assemblée. Comment peut-il l'être ? Par le comité militaire, qui donnera son opinion, soit qu'il l'approuve, soit qu'il le combatte. Est-il donc possible de mettre en concurrence avec ce plan, celui d'un membre de l'assemblée ?

La discussion est fermée. — La priorité est accordée à la rédaction de M. Emmery — M. Charles Lameth en demande la division.

M. Emmery fait des changemens à sa rédaction, & présente le projet de décret suivant :

L'assemblée nationale, en ajournant à lundi prochain la question, décrète que d'ici à cette époque le ministre de la guerre lui remettra un mémoire explicatif des motifs pour lesquels il propose de tenir sur pied une *armée* de 151,000 hommes, & l'état des troupes actuellement sous les drapeaux : qu'il sera présenté à l'assemblée, par le comité militaire, un tableau de la dépense qu'entraîneroit l'exécution du plan du comité même, ou celle de tous autres plans qu'il croiroit devoir proposer, ainsi que le tableau de la dépense qu'entraînera l'entretien d'une *armée* active de 120,000 soldats, laquelle, au moyen d'une réserve de 70,000 soldats auxiliaires, seroit susceptible d'être portée à 150,000 hommes pour le premier pied de guerre, avec les observations que le comité militaire jugera à propos de faire sur le tout.

M. Charles Lameth. Je retire la demande que j'avois faite de la division.

La dernière rédaction de M. Emmery est décrétée à une très-grande majorité.

Séance du 29 juillet 1790.

M. Alexandre Lameth, au nom du comité militaire. En exécution de votre décret du 22 de ce mois, le ministre de la guerre a fait parvenir à votre comité un mémoire sur les motifs qui l'ont déterminé à porter à cent cinquante-un mille hommes le nombre de soldats en activité, nécessaire pour la défense du royaume. Par une suite du même décret, votre comité doit vous présenter ses observations sur les diverses parties du plan ; & c'est une obligation que nous allons nous efforcer de remplir. Quelques différences d'opinions avoient paru d'abord s'élever entre les membres du comité ; mais les discussions auxquelles nous nous sommes livrés, pour remplir la tâche que vous nous aviez imposée, nous ont conduits à un avis commun. Animés tous du même esprit, nos différentes idées se sont combinées pour la discussion, & nous avons adopté à l'unanimité les résultats que nous allons vous offrir. Nous avons cru qu'en consultant les décrets constitutionnels, qui, sur ces objets, donnent l'initiative au roi, la marche que nous avions à suivre étoit de vous présenter successivement les différentes parties du plan du ministre, en énonçant, à la suite de chacune d'elles, l'opinion motivée de votre comité sur l'adoption, la rejection, ou les modifications qui pourroient y être adoptées. Les tableaux qui forment le plan du ministre, qui sont sous vos yeux, & dont je vous donnerai successivement l'explication, vous mettront à même de suivre facilement l'analyse rapide que je dois vous offrir du plan du ministre dans l'organisation des différentes parties de l'*armée.* Pour mettre de l'ordre dans une matière assez compliquée, & y répandre toute la clarté dont elle est susceptible, je vous présenterai d'abord l'opinion du ministre & celle de votre comité, sur le nombre total des hommes dont l'*armée* doit être composée ; de-là je passerai à la discussion & à la division de ce nombre total dans les différentes armes ; sur chacune de ces divisions, je présenterai tous les détails relatifs à la dépense, au nombre des officiers, à la composition & à l'organisation des corps ; enfin, je terminerai ce travail par un résumé précis sur ces différentes parties, & je vous présenterai la suite des décrets que votre comité m'a chargé de vous proposer. Si la brièveté du temps qui s'est écoulé depuis que le comité a définitivement arrêté les dispositions que je vais mettre sous vos yeux, ne m'a pas permis de donner à ce travail considérable tous les développemens qu'il auroit peut-être exigé, je tâcherai au moins d'y apporter assez de méthode, pour que des résultats adoptés après des discussions approfondies auxquelles ont été appellés des officiers-généraux & particuliers, distingués par leurs talens & désignés par l'opinion, ne perdent pas auprès de vous la faveur dont ils sont dignes, par la manière dont ils vous seront présentés. Vous n'avez point oublié que le ministre de la guerre vous a proposé de porter à cent cinquante-un mille le nombre de soldats en activité, nécessaire pour la défense du royaume. Je vais vous faire lecture du mémoire explicatif dont il a appuyé cette proposition.

« Messieurs, par votre décret du vingt-deux de ce mois, vous avez arrêté qu'il seroit rendu compte des motifs qui ont déterminé à vous proposer l'entretien d'une *armée* de cent cinquante mille hommes. Dans un delai aussi court je ne puis qu'indiquer rapidement tous les objets qu'il faut considérer pour se former un résultat de la force nécessaire à la sûreté d'un empire. C'est de la nature de son gouvernement, de sa position géographique, de son étendue, de sa population, de ses alliances, des ennemis qu'il peut avoir, des forces qu'ils peuvent employer, que se compose le systême de la défense d'un état ; telles sont les importantes considérations d'après lesquelles on vous a fixé quelle *armée* peut être nécessaire à la France pour la guerre. Il s'agira d'examiner ensuite jusqu'à quel point cette *armée* peut, sans inconvénient, être réduite en temps de paix. Sans doute il appartenoit aux représentans de la nation françoise de consacrer les premiers ce grand principe de justice, que la force militaire n'est créée que pour la conservation de l'état, & non pour son agrandissement; mais ce système juste & modéré, n'en nécessite pas moins de grandes *armées*. S'il ne faut pas vouloir la guerre, il faut pouvoir la repousser avec vigueur; il faut, autant qu'il est possible, chercher à exporter ce théâtre chez nos ennemis. Défions-nous de cette politique timide & trompeuse, qui diroit qu'il suffit de bien garnir nos frontières; nous avons besoin, au contraire, d'*armées* fortes & manœuvrières qui, agissant avantageusement au dehors, éloignent de notre pays les maux de tout genre qu'entraîne la guerre avec elle; nous devons chercher à faire vivre ces troupes aux dépens des états qui nous l'auront déclarée, alors nous obtiendrons à la fois repos pour le peuple, & soulagement pour le trésor public. Si vous considérez la force des *armées* qui peuvent nous être opposées, vous verrez que l'état de paix du roi de Hongrie est de deux cens trente mille hommes, & que la conscription établie dans ses états peut les porter facilement au-delà de trois cens mille. L'état de paix du roi de Prusse, est de deux cens mille hommes, & une conscription d'un genre plus vigoureux encore, peut les porter égalemant à près de trois cens mille. Le contingent de l'empire est de trente mille hommes, & doit selon les circonstances, pouvoir se porter au triple de cette force. C'est contre une ou plusieurs de ces forces auxquelles peuvent se joindre des puissances du nord que nous devons songer à nous défendre; mais il faut ajouter à la liste de nos besoins, la conservation de nos colonies dans les deux Indes, & la garnison de nos vaisseaux; les puissances maritimes nous obligent à de grands efforts, non-seulement pour garantir ces importantes possessions, mais pour la protection que nous devons à notre commerce.

» C'est donc à une guerre de terre & de mer, tout à la fois, qu'il faut que nous songions à faire face, & je pense que vous en concluerez, que dans une telle position, ce n'est pas trop d'avoir un état militaire constitué sur le pied de deux cens cinquante mille hommes, c'est-à-dire, sur un pied plus foible que celui des puissances avec lesquelles nous pourrions avoir la guerre, quoique nous soyons presque toujours assurés d'avoir à la faire & sur terre & sur mer. Aussi est-ce à l'heureuse position géographique de la France, au nombre & à la liaison de ses forteresses, à la nature de ses alliances, que nous devons de n'avoir pas besoin de plus nombreuses *armées* pour défendre d'aussi vastes possessions, une aussi grande quantité de côtes & de frontières. Je vais indiquer maintenant l'emploi des deux cens cinquante mille hommes que je crois nécessaires à la défense de l'état. On ne peut pas couvrir nos frontières, depuis Basle jusqu'à la Meuse, avec une *armée* moindre de quatre-vingt mille hommes; on ne peut pas en avoir moins de soixante mille pour pénétrer dans les Pays-Bas & s'y maintenir; les frontières des Alpes demandent trente à quarante mille hommes, parce que la nature du pays donne aux ennemis que nous pourrions avoir dans cette partie, plus de facilité qu'à la France pour surprendre le passage des montagnes: la garnison de nos vaisseaux exige au moins dix-huit mille hommes; celle de nos colonies en demande à-peu-près autant. En récapitulant ces différentes forces vous trouverez deux cens seize mille combattans, & cependant il n'en est pas encore un seul employé à la garde des places & de nos côtes. J'ajouterai donc au nombre ci-dessus de deux cens seize mille hommes, une réserve d'environ trente-quatre mille hommes, formant à-peu-près le sixième de l'*armée*, tant pour réparer ses pertes, que pour la garde de nos forteresses. L'histoire des guerres passées devient ici un témoin précieux & irrécusable de la nécessité de cette force militaire. Consultez-la, vous nous verrez, sous les règnes précédens, avoir constamment en armes un bien plus grand nombre de troupes. En bornant donc à deux cens cinquante mille hommes les *armées* françoises, je n'ai pas fait la supposition de toutes les puissances contre la France; je n'ai fait que prévoir des événemens ordinaires & dans l'ordre de la vraisemblance; & j'ai cru qu'il falloit abandonner aux efforts du patriotisme le soin de surmonter les obstacles extraordinaires. Maintenant s'il vous est prouvé que l'*armée* de deux cens cinquante mille hommes est absolument indispensable pour faire face aux besoins de la guerre, je vais indiquer jusqu'à quel point cette *armée* peut être réduite pendant la paix. Les deux cens cinquante mille hommes me paroissent être composés de quarante mille hommes de cavalerie, quatorze mille hommes d'artillerie, cent soixante mille d'infanterie & trente-six mille hommes de réserve, total deux cens cinquante mille hommes. Il est reconnu que l'instruction des troupes à cheval & celle d'artillerie demandent une longue éducation & une constante habitude; on ne peut pas indifféremment diminuer la force de ces corps; on ne peut pas se flatter de trouver, au moment d'entrer en campagne, beaucoup d'hommes formés pour ces deux services. Il faut donc en réduire le nombre avec mesure, & je ne pense pas qu'il puisse l'être au-delà du quart pour ces deux *armées*. Quant à l'infanterie, quand elle est bien constituée, lorsque le nombre des officiers & des sous-officiers, restant le même, la diminution ne porte que sur les soldats; lorsqu'il existe dans chaque compagnie un fonds suffisant d'hommes bien instruits, cette *armée* peut être réduite dans une portion double de celle de la cavalerie.

» D'après ces principes, une *armée* de deux cens cinquante mille hommes pourra supporter une réduction de dix mille hommes de cavalerie, de quatre mille hommes d'artillerie, de cinquante mille hommes d'infanterie, & de trente-six mille hommes de réserve, total cent mille hommes; ce qui laissera l'*armée* à cent cinquante mille hommes: mais aussi cette réduction déjà forcée est la seule praticable; au-delà de cette mesure, la sûreté de l'état & l'honneur de nos armes se trouveroient compromis, & la nation entretiendroit toujours à grands frais une *armée* insuffisante. Je vous prie d'observer qu'en établissant l'état de paix de la France à cent cinquante mille hommes, lorsque celui de l'Autriche est à deux cens trente mille, & celui de la Prusse à deux cens mille, j'ai calculé sur-tout les moyens militaires de porter à la perfection l'instruction de ces cent cinquante mille hommes. Je ne parle point de cette perfection minutieuse, qui fatigue les troupes, & qui ne peut jamais avoir d'application à la guerre; mais de celle vraiment nécessaire, & qui ne s'acquiert que par une longue présence sous les drapeaux. On s'égare lorsqu'on vous parle d'une instruction d'un mois par an comme pouvant être suffisante; sans compter les autres inconvéniens de ce régime, sans attaquer l'économie qu'on s'en promet, sans calculer que l'exécution en seroit ordonnée & peut-être difficilement suivie, je puis vous assurer que les individus soumis au service en feroient toujours trop pour leur liberté, & trop peu pour leur instruction. Ce systême est incomplet, & si une puissance étrangère le pratique avec succès, d'abord c'est avec un service plus long que celui qu'on vous propose, & c'est parce qu'elle y joint des moyens qu'assurément vous êtes loin de vouloir qu'on emploie dans nos *armées*. Je termine donc mon opinion par établir qu'il ne faut pas moins qu'une *armée* de cent cinquante mille hommes en activité pendant la paix, & qu'il faut que cent mille auxiliaires soient tenus prêts à y être incorporés au moment de la guerre.

Signé, LATOUR-DU-PIN ».

Vous voyez que le ministre s'assure une plus ou moins grande quantité de forces, par l'entretien pendant la paix d'une *armée* active de 151,899 hommes & de 100 mille auxiliaires, toujours prêts à être incorporés dans l'*armée* active. Ces deux choses sont absolument distinctes; nous ne croyons pas qu'il soit nécessaire d'avoir en temps de paix 100,000 hommes en réserve, pour augmenter l'*armée* active en temps de guerre. Ce nombre nous a paru pouvoir être réduit à 50 mille hommes. Vous connoissez le développement des idées de M. Emmery. D'après son plan, les frais qu'entraîneroient les auxiliaires n'obligeroient pas à augmenter la somme demandée par le ministre, & se trouveroient dans l'économie qui doit résulter du congé de neuf mois, accordé avec demi-solde au tiers de l'infanterie, & au quart de la cavalerie. Il n'y a guère de différence entre l'opinion de votre comité & la proposition du ministre, sur le nombre d'hommes qui doit composer l'*armée* active. Je me bornerai à joindre au motif qu'il vous a présenté pour la porter à ce nombre, la considération de notre position actuelle, de l'état présent de l'Europe, & des circonstances politiques qui nous environnent; ce n'est pas lorsque tout nous prescrit la nécessité d'en imposer aux ennemis de notre révolution, lorsque le triomphe qu'obtient parmi nous la cause de la liberté, inquiète & agite, chez les autres peuples, tous les dépositaires de l'autorité; lorsqu'il est facile de présumer que les efforts & complots de nos mécontens, trouveroient chez quelques-uns d'eux de puissans secours, qu'il peut être question de régler l'état de nos forces militaires au-dessous des moyens de défense que nous prescrit au sein de la plus profonde paix l'état militaire de l'Europe. Le temps & sur-tout les progrès des principes d'équité politique dont nous donnons l'exemple, & qui sont consignés dans vos décrets, produiront sans doute une réduction graduelle dans le nombre de soldats que les différentes puissances de l'Europe tiennent actuellement sur pied; mais les succès même de ces principes, & l'achèvement de notre révolution, exigent que nous assurions aujourd'hui la paix par une contenance imposante, & nous devons faire respecter cette morale qui nous interdit toute agression contre les autres peuples, en nous montrant prêts à repousser celles qui pourroient être tentées contre nous. Je sais qu'en partant de ces idées, & en jettant les yeux sur les *armées* qu'entretiennent les rois de Prusse & de Hongrie, le nombre d'hommes que nous vous proposons pourroit paroître insuffisant; mais nous avons pensé qu'indépendamment de l'énergie extraordinaire qu'on doit toujours attendre de citoyens, d'hommes qui ont vraiment une patrie, & qui combattent pour sa défense, la France possède assez de moyens d'accroître cette *armée* au moment de la guerre, & de porter rapidement ses forces au niveau de celles qui pourroient être employées contre elle, pour être pleinement rassurés contre les plus extrêmes suppositions. Si l'on considère en effet quelle facilité doivent donner aux moyens de recrutement & d'accroissement l'immense population de cet empire, & le traitement favorable à tous égards dont jouiront les soldats françois, par les justes dispositions que vous avez arrêtées pour assurer leur bonheur; si l'on considère les ressources que présenteroient, dans les cas extraordinaires d'invasions, de ligues entreprises contre nous, ces milices nationales armées pour la constitution & la liberté, on repoussera toutes les inquiétudes qui pourroient naître de la comparaison de notre *armée* active avec celle des puissances militaires de l'Europe; on pensera, comme le ministre de la guerre & comme votre comité, que s'il est indispensable de conserver sur pied une *armée* active de 150,000 hommes environ, cette *armée* bien organisée pourra suffire à notre position, & ce nombre paroîtra le plus propre à concilier ce qu'exigent de nous la sûreté intérieure & extérieure, la dignité de la nation & les vues d'économie qu'il n'est pas permis aux représentans de la nation d'oublier. Appuyé sur ces considérations, votre comité vous proposera de porter l'*armée* active pour l'année 1791 à 153,849 hommes. Ce nombre s'éloigne peu de celui qu'a proposé le ministre de la guerre. Les développemens qui suivront, présenteront les motifs de la différence.

Le ministre a divisé en tableaux le plan de formation & d'organisation de l'année qu'il vous a présenté; le premier de ces tableaux est intitulé: *tableau général de la formation de l'armée*; le second, *tableau général des dépenses de l'état-major de l'armée*; le troisième & quatrième, *formation des régimens d'infanterie*; les cinquième & sixième, *formation des régimens de cavalerie*; le septième, *formation de l'artillerie*; le huitième, *corps du génie*; le neuvième, *état des dépenses nécessaires*; le dixième, *état général des dépenses de l'armée*. Le premier, le second & le dixième tableaux ne présentent que des résultats généraux de formation & de dépenses, qui exigent la connoissance préalable des détails de cette même formation. J'ai cru ne devoir présenter les observations qui y sont relatives, qu'à la fin de ce rapport, & je commence l'examen du plan du ministre par le deuxième & troisième tableaux qui présentent la formation & la dépense de l'infanterie.

Le n°. 6 traite des légions & de ce qui concerne l'infanterie de ces corps. Il présente aussi l'état de dépense de ces différens corps. Votre comité a pensé que le nombre d'hommes proposé par le ministre, pour l'infanterie, devoit être augmenté de 2190 hommes, qui, avec les bataillons de chasseurs que le ministre attache aux légions, & que le comité croit plus avantageux de faire rentrer dans les régimens, pour porter les compagnies à 54 hommes, au lieu de 50, suivant le plan du ministre, assureront le service & l'instruction des bataillons, qui seroient alors de 540 hommes, au lieu de 500. Une économie résulteroit de cette incorporation, par la suppression de 12 lieutenans-colonels, 12 quartiers-maîtres, 96 capitaines, 96 lieutenans, 96 sous-lieutenans: elle donneroit la facilité d'attacher à chaque régiment un quatrième lieutenant-colonel au quatrième bataillon, mesure jugée indispensable par votre comité & par les officiers qu'il a consultés; puisque ce quatrième bataillon, devant recruter les trois autres, & être le dépôt d'instruction, doit avoir à la tête un officier supérieur. L'avantage le plus important est l'augmentation de la force des compagnies; augmentation nécessaire pour la perfection de l'instruction, & à cause de la facilité qu'elle donne de restreindre les dépenses de l'*armée*, en donnant alternativement un congé de 9 mois à 532 hommes par régiment d'infanterie, qui ne jouiroient, pendant leur absence, que de la demi-solde. Cette économie subviendroit en partie aux dépenses de l'auxiliaire, qu'il est essentiel d'entretenir, pour remplacer les milices que vous avez abolies, pour être en état de mettre, au premier ordre, une *armée* de 200,000 hommes sur pied. Le comité approuve la formation des régimens de quatre bataillons, plus susceptibles d'ensemble que les régimens de deux bataillons, que les maladies & les échecs à la guerre réduisent bientôt à un seul. Rien d'ailleurs de plus favorable au succès des grandes opérations que la diminution des autorités partielles.

Les différences qui existent entre le plan du ministre, relativement à l'infanterie, & l'opinion du comité, sont:

1°. Que le ministre porte à cent trois mille six cens quatre-vingt-sept hommes la somme de l'infanterie, que le comité porteroit à cent cinq mille huit cens soixante-dix-sept; différence de deux mille cent quatre-vingt-dix en plus, suivant l'avis du comité.

2°. Que le ministre ne met pas de quatrième lieutenant-colonel pour commander le quatrième bataillon, & que le comité le croit indispensable.

3°. Que le ministre ne met que deux aides-majors par régiment, & que le comité en propose quatre. Les officiers appellés par le comité, ayant pensé que ces adjudans devant être établis pour servir dans les manœuvres d'officiers directeurs, il étoit indispensable qu'il y en eût un attaché à chaque bataillon.

4°. Enfin, que le ministre forme douze bataillons de chasseurs, & que le comité les fait rentrer dans les régimens pour porter les compagnies à cinquante-quatre, que le ministre réduisoit à cinquante; opérations d'où il résulte une diminution de trois cens douze officiers.

Quant aux dépenses de l'infanterie, suivant le plan du ministre, elles s'élèvent à 39 millions 161 mille 549 livres; suivant l'avis du comité, à 39 millions 439 mille 343 livres, ce qui fait une différence en plus, d'après l'avis du comité, de 277 mille 794 livres, au moyen de laquelle somme il obtient une augmentation de deux mille cent quatre-vingt-dix hommes. Les n°s. 5 & 6 présentent les diverses formations des régimens de cavalerie, de dragons, celle des légions, & l'état des dépenses de ces différens corps.

Votre comité vous propose d'adopter le plan du ministre, quant au nombre d'hommes & à celui des chevaux, au nombre & à la formation des escadrons & des compagnies; il diffère seulement dans le nombre des régimens, que le ministre porte à quarante-deux, & que votre comité voudroit réduire à trente-deux; ce qui supprimeroit dix colonels, dix quartiers-maîtres & quelques hommes d'état-major, & diminueroit la dépense de................ Le n°. 7 présente le tableau de l'organisation à donner à l'artillerie. Il n'est pas inutile de vous rappeller que cette organisation est l'ouvrage de M. Gribeauval, qui, par sa réputation militaire & ses talens supérieurs dans cette partie, est devenu une autorité si imposante, que des avantages mathématiquement démontrés, pourroient seuls déterminer à apporter des changemens dans son système. Les changemens faits par le ministre dans le corps d'artillerie, seront la matière d'un rapport particulier; nous disons seulement aujourd'hui que le plan du ministre ne conserve qu'une seule disposition de la constitution établie par M. Gribeauval, celle d'avoir sept régimens d'artillerie, chacun de vingt compagnies à cinquante-quatre hommes, tant sous-officiers que caporaux & canonniers; le plan du ministre réduit à cinq les officiers de l'état-major; il réforme un lieutenant, le remplace par un capitaine en second; ce qui obligeroit à porter à cent quarante les quatre-vingt-quatre capitaines en second qui existent en ce moment.

Pour employer ainsi les capitaines en second, quels sont les lieutenans que réforme le plan du ministre, & combien y en auroit-il de réformés? Ces lieutenans, ce sont ceux qui ne sont parvenus à ce grade qu'après de longs & utiles services en qualité de canonniers & de sous-officiers; & le nombre des réformés seroit, selon ce plan, de cent deux; réforme injuste, qui éteindroit le principe d'émulation qu'on a voulu établir dans un service pénible, & qui priveroit ces estimables militaires du prix de leurs travaux; réforme impolitique, qui les réduiroit peut-être à la nécessité d'aller chez des puissances étrangères, jalouses de notre corps d'artillerie, & qui, manquant de ces talens précieux, y mettroient le plus haut prix, & feroient servir contre la France une pratique éclairée, une éducation militaire qui a coûté beaucoup à la nation. Nous pensons qu'il a suffi de vous exposer ces vérités pour vous décider sur les conséquences de cette réforme.

Le plan du ministre réduit à six les dix inspecteurs généraux de l'artillerie; ce qui rend impossible leur service, déjà très-difficile, à cause de leur âge avancé & de l'étendue de leurs fonctions. Pour les suppléer, le ministre porte à douze le nombre des commandans d'école, qui n'est que de sept; ce qui fait un officier-général de plus dans les deux premiers grades réunis; ce double emploi est le moindre des inconvéniens de ces changemens. Le ministre réduit le nombre des directions à seize, ce qui l'a forcé d'ajouter un officier supérieur à chacune des nouvelles directions, ce qui augmente de trois le nombre des officiers supérieurs; il réduit à trente les trente-deux capitaines attachés aux places de guerre. Cette suppression ne peut être effectuée que par extinction, parce que leur pension de réforme équivaudroit aux appointemens dont ils jouissoient en ce moment. Le ministre réduit à sept les neuf compagnies d'ouvriers, ce qui amène une réforme de huit officiers & de cent soldats-ouvriers, espèce d'homme précieuse, qu'on ne forme qu'avec beaucoup de temps & de soins, & qu'on ne retrouveroit pas au moment de la guerre. Enfin, le plan du ministre sépare le corps des mineurs du corps d'artillerie, pour l'attacher à celui du génie. L'artillerie & les mineurs réclament contre cette décision, qui n'a pas été précédée d'une discussion contradictoire. Peut-être doit-on regarder cette prétention réciproque des deux corps de l'artillerie & du génie sur les mineurs, comme l'occasion précieuse d'un projet de réunion entre ces deux corps. Ce projet a paru d'une grande importance à votre comité, sous le rapport du service & sous celui de l'économie. Votre comité a réuni vingt officiers des deux corps & plusieurs officiers-généraux & particuliers, & après plusieurs séances, la très-grande majorité a conclu que cette réunion seroit économique, féconde en avantages & praticable, suivant un mode qui conserveroit aux plus anciens officiers des deux corps leurs fonctions habituelles. Le ministre a prononcé qu'il voyoit trop d'inconvéniens dans ce projet. Cependant votre comité pense qu'il est de son devoir de suivre cette idée importante avec toute l'attention & la prudence qu'elle exige, pour mettre l'assemblée en état de statuer ce qu'elle jugera de plus convenable. MM. Thiboutot & Puzy, chargés des rapports sur l'artillerie & sur le génie, vous développeront les principes & les conséquences de cette grande opération; &, soit d'après leur opinion, soit d'après un examen ultérieur, si vous l'ordonnez, vous serez à portée de statuer sur un objet qui intéresse de la manière la plus essentielle la force & le succès de l'*armée*: il nous suffit aujourd'hui de vous assurer que, quelque parti que vous preniez, la somme de 4,277,358 livres portée dans le compte du ministre pour les dépenses de l'artillerie, ne sera pas outrepassée.......... Le n°. 8 présente un tableau de la formation & des dépenses du corps du génie. Le ministre propose la réunion des corps des mineurs & du génie. Il s'ensuit que cette réunion porteroit le nombre des officiers à quatre cens huit, sur lesquels le ministre propose une réforme de quatre-vingt-dix-huit officiers; réduction qui paroît bien forte, lorsqu'on considère que tous les employés dans les deux corps sont le prix d'études longues & pénibles, d'une dépense considérable, faite avec l'incertitude du succès.

Toutes les réflexions que j'ai eu l'honneur de vous présenter à l'égard de l'artillerie, s'appliquent également au corps du génie; & je dois me borner à vous assurer, comme je l'ai fait à l'article précédent, que quelque parti que vous preniez, la somme de 951,320 livres demandée par le ministre, ne sera pas dépassée.

Le

Le n° 9 présente un état général des dépenses accessoires du département de la guerre. Cet état a déjà été scrupuleusement examiné dans votre comité ; mais les détails en sont si nombreux & si compliqués, & les dépenses qu'il renferme sont tellement subordonnées aux dispositions ultérieures que vous arrêterez sur les divers rapports qui vous seront faits, qu'il seroit impossible de vous offrir aujourd'hui un résultat exact & invariable sur cet objet. En effet, si vous jettez les yeux sur le tableau qui vous est présenté par le ministre, vous appercevrez sur le champ les relations intimes que les diverses parties de dépenses qui y sont portées, ont avec toutes les parties de l'organisation générale ; vous concevrez que les frais des étapes, les convois militaires & rassemblemens annuels, portés dans ce compte à 150,000 livres, seront considérablement diminués, si vous déterminez que les garnisons seront permanentes ; que les états-majors des places, réduits à 800 mille livres, pourront peut-être l'être encore davantage, d'après le travail qui vous sera présenté sur la conservation ou la destruction des places de guerre ; que les travaux de l'artillerie, ceux du génie, & les bâtimens militaires, portés à 5,000,400, liv. seront également subordonnés à ce travail, & peuvent encore éprouver une réduction par la réunion des deux corps du génie & de l'artillerie ; que les dépenses des invalides, les récompenses militaires, dépendent des dispositions que vous arrêterez à cet égard, & que des changemens dans le régime actuel, pourroient encore apporter des diminutions dans les dépenses ; qu'enfin la connétablie & la maréchaussée, portées à 4 millions 778 mille livres, dont l'une, la connétablie, sera probablement supprimée, & l'autre, la maréchaussée, pourra être modifiée, peut-être même remise aux départemens, éprouveront aussi des réductions ou modifications.

Vous voyez, d'après ces observations, qu'il est impossible de vous offrir dans ce moment un état invariable sur toutes ces parties de dépenses ; mais vous appercevrez en même temps que les modifications que peut éprouver l'état présenté par le ministre, ne peuvent être qu'en diminutions : ainsi, en vous présentant pour mémoire la somme de 19,304,000 livres demandée par le ministre pour les dépenses nécessaires du département de la guerre, nous prenons avec vous l'engagement que cette somme ne sera pas dépassée, & nous croyons pouvoir vous assurer qu'elle éprouvera des réductions. D'après cela, vous jugez que quoique nous ne vous présentions pas en ce moment une mesure définitive à cet égard, cependant la certitude que vous avez que la somme demandée par le ministre, est le *maximum* auquel elle puisse s'élever ; cette certitude, dis-je, vous met à portée d'arrêter définitivement tout ce qui regarde la force & l'organisation de l'*armée*.

Je viens de parcourir les nos 3, 4, 5, 6, 7, 8 & 9 du plan du ministre ; je vous ai soumis l'avis du comité sur tous les objets qu'il présente ; il ne me reste plus qu'à vous entretenir des nos 1, 2 & 10, qui, comme je vous l'avois annoncé, ne présentent que des états généraux de la formation des dépenses & de la composition de l'état-major général de l'*armée* : le comité desirant examiner & discuter avec soin ce qui regarde l'état-major de l'*armée*, il a demandé sur cet objet de nouveaux renseignemens au ministre ; mais comme cette partie de l'organisation de l'*armée*, n'est pas nécessaire pour que vous statuiez sur le nombre des troupes, leur organisation & leur solde, il vous suffira d'être assurés que le nombre & la dépense qu'il occasionnera, ne seront pas dépassés. Parmi les questions relatives aux officiers-généraux, il en est une qui a beaucoup occupé votre comité & les officiers qui y ont été appellés : c'est de savoir si les maréchaux de camp seroient attachés d'une manière particulière à chaque régiment, ou si leur service seroit le même que celui qu'ils ont fait jusqu'à présent. Ce dernier avis est celui du ministre, mais non pas celui de de votre comité & de ceux qu'il a consultés. Ils ont tous pensé qu'il résultoit de grands inconvéniens de la manière passagère & incertaine dont les officiers-généraux étoient employés auprès des régimens ; que leurs changemens continuels de destination les empêchoient de connoître les troupes & d'en être connus ; que les intervalles fréquens de leur activité, leur ôtoient la connoissance du service, des détails militaires ; au lieu que l'officier-général, attaché d'une manière fixe aux régimens, mettroit plus d'intérêt & de zèle à acquérir leur confiance, confiance qui fait les succès à la guerre, & qui maintient dans tous les temps la discipline. Une autre considération importante, c'est qu'étant employés au commandement des régimens, un jugement seul pourroit les destituer ; qu'alors ils ne seroient plus soumis à l'arbitraire des ministres, qui, sans cette disposition, resteroient entièrement maîtres de leur sort. Ces réflexions seront mises sous vos yeux, lorsqu'il sera question de prononcer sur cet objet. Il me suffit de vous répéter en ce moment, que la somme de 2 millions 266 mille livres portée dans le plan du ministre sur cet objet, ne sera pas dépassée. Vous voyez par les développemens que j'ai eu l'honneur de vous présenter, que votre comité a fixé son opinion, & qu'il vous propose dès aujourd'hui de décréter le nombre d'hommes dont l'*armée* doit être composée, l'organisation de l'infanterie & des troupes à cheval, les appointemens & les soldes de tous les grades dans les différentes armes, & la dépense qui doit en résulter. L'*armée* active que le ministre de la guerre vous a proposé de mettre sur pied, a paru à votre comité devoir être adoptée avec peu de modifications ; il a réduit de cent quatre-vingt-quazotze, le nombre des officiers, & il a augmenté de deux mille cent quarante-quatre le nombre total des hommes; & la dépense totale pour cette augmentation de plus de deux mille hommes, n'en est accrue que de 147,594 livres. L'*armée* active, suivant l'avis de votre comité, est donc de cent quarante-trois mille sept cens quatre-vingt-trois hommes, non compris l'état-major général de l'*armée*, l'artillerie & le génie, portés par mémoire, suivant le plan du ministre, à dix mille soixante-six. Ce qui fait un total de cent cinquante-trois mille huit cens quarante-neuf hommes, qui se divise en six mille quatre cens trente officiers d'infanterie, en dix-huit cens quatre-vingt-huit officiers de cavalerie, en cent cinq mille huit cens quatre-vingt-sept hommes d'infanterie, en vingt-sept mille cinq cens quatre-vingt-huit hommes de cavalerie. La dépense totale pour l'infanterie est de 39,439,343 livres, pour la cavalerie, de 22,798,716 livres. Total pour ces deux objets, 61,500,059 livres, à laquelle somme il faut ajouter celle de 26,798,678 livres pour la dépense de l'état-major général de l'*armée*, celle de l'artillerie, du génie, & les dépenses accessoires du département de la guerre, tous ces articles tels qu'ils sont portés dans le plan du ministre, ce qui élevera la dépense totale de l'*armée*, suivant l'avis du comité, à 88 millions 298 mille 737 livres, tandis que celle du ministre est à 88 millions 151 mille 143 livres; ce qui fait une différence, comme je l'ai déjà dit plus haut, de 147,594 liv. & plus, suivant l'avis du comité.

Votre comité s'est plus éloigné de la proposition du ministre, relativement au nombre des soldats auxiliaires; il les a réduits à quarante-sept mille neuf cens trente-six, au lieu de cent mille que le ministre proposoit; c'est sur ce nombre seulement qu'il propose aujourd'hui de prononcer. Le régime particulier de ces troupes vous sera proposé par M. Emmery; qui a cru devoir réserver ce rapport pour le moment prochain où vous traiterez de l'organisation des gardes nationales; mais je dois vous avertir que leur dépense ne s'élevera pas à 4 millions, & que les bénéfices sur les congédiés de l'infanterie & de la cavalerie monteront au-delà de 3 millions 200 mille livres. L'artillerie, le génie, les dépenses accessoires, l'état-major de l'*armée*, seront nécessairement l'objet d'un examen particulier; votre comité a cru devoir vous présenter sur ces objets des vues générales, soit pour mettre sous vos yeux les rapports de ces différentes parties avec l'ensemble de l'organisation militaire dont il vous propose de décréter les principales bases, soit sur-tout pour vous donner sur toutes les dépenses de l'*armée* des données certaines & propres à fixer votre décision. C'est en effet en connoissant tous les objets de dépense auxquels vous aurez encore fourni, c'est en connoissant d'avance les sommes que ces objets de dépense n'excéderont pas, que vous pouvez accorder aujourd'hui avec sécurité & avec connoissance de cause celles qu'exige la partie de l'*armée* sur laquelle nous proposons de prononcer. Les demandes du ministre sur ces objets sont, pour l'artillerie, de 4,277,358 liv.; pour le génie, 951,320 livres; pour les dépenses accessoires, de 19,304,000 livres; pour l'état-major, de 2,266,000 livres: total 26,798,678 livres. Assurés de faire des réductions sur quelques-unes de ces sommes, nous pouvons vous assurer qu'aucune ne sera augmentée dans les avis que nous vous proposerons. Le retard de notre opinion sur ces objets, qui vous sera très-incessamment présentée, ne sauroit apporter d'obstacles à la décision que nous sollicitons aujourd'hui sur tout ce qui concerne l'infanterie & les troupes à cheval. Il est instant d'organiser l'*armée*; l'intérêt de la nation, le sort des militaires, les circonstances dont nous sommes environnés, l'agitation de l'Europe, les événemens qui semblent se préparer, nous le prescrivent impérieusement. L'*armée* s'est ressentie, comme le corps social entier, de la secousse violente qu'a dû produire le passage d'un ordre de choses ancien & oppressif, à un ordre de choses tout nouveau. Il est temps d'y assurer, avec ces loix bienfaisantes, qui sont le fruit de la nouvelle constitution, & qui doivent faire le bonheur du soldat, cette discipline exacte sans laquelle il n'est point de véritables forces militaires, & sans laquelle les *armées* cessant d'être utiles au dehors, deviennent bientôt redoutables à la tranquillité du dedans. La nouvelle organisation militaire rendra l'*armée* françoise aussi imposante à nos ennemis, que rassurante pour les citoyens. Ces troupes, que l'honneur a toutes animées, & qui trouvent aujourd'hui un nouvel aiguillon de valeur dans le patriotisme dont elles sont enflammées, n'attendent que l'organisation que vous leur préparez pour opposer à nos ennemis d'impénétrables remparts. Les idées qui nous vous proposons ont été long-temps discutées avec des militaires expérimentés: les légères modifications que nous apportons aux idées du ministre de la guerre, ont été particulièrement l'objet de cet examen, & ont été presque unanimement adoptées; toutes tendent à augmenter les forces de l'*armée*, soit par le nombre des individus, soit par la formation des corps, sans en augmenter la dépense: nous les présentons à votre délibération avec la confiance que nous inspire la réputation des militaires qui ont coopéré à notre travail, & la puissance des motifs qui nous ont déterminés, & qui, dans le cas où elles essuieroient des oppositions, vous seront développées dans le cours de la discussion avec plus d'étendue que n'a pu me le permettre la brièveté du temps & la multiplicité des objets que j'ai eu à mettre sous vos yeux.

Voici la suite des décrets dans lesquels nous avons cru devoir réduire la partie de l'organisation de l'*armée*, qui nous a paru susceptible d'être mise en délibération.

L'assemblée nationale délibérant sur le plan d'organisation de l'*armée*, qui lui a été présenté de la part du roi, par le ministre de la guerre, & après avoir entendu son comité militaire, a décrété & décrète ce qui suit :

Art. I. L'*armée* sera composée en officiers, sous-officiers & soldats pendant l'année 1791, de cent quatre-vingt neuf mille sept cens dix-neuf hommes, dont cent quarante-trois mille sept cens quatre-vingt-trois en activité, & quarante-cinq mille neuf cens trente-six soldats auxiliaires, non compris l'artillerie, le génie & l'état-major général de l'*armée*.

II. L'*armée* active sera divisée dans les différentes armes, en six mille quatre cens trente officiers, en cent cinq mille huit cens soixante-dix-sept hommes d'infanterie ; mille huit cens quatre-vingt-huit officiers, & vingt-neuf mille cinq cens quatre-vingt-huit hommes de cavalerie : la distribution en sera faite ainsi qu'il suit :

Infanterie. — III. L'infanterie sera composée de cent mille huit cens soixante-dix-huit hommes, officiers compris, formant quarante-six régimens françois ; & de onze mille quatre cens vingt-neuf hommes, officiers également compris, formant onze régimens suisses : total, cent douze mille trois cens sept hommes.

Infanterie françoise. — IV. Les régimens d'infanterie françoise seront de deux mille soixante-neuf hommes, formant quatre bataillons, dont trois bataillons de campagne, & un bataillon de garnison ; chaque régiment sera commandé par un colonel, & chaque bataillon par un lieutenant-colonel.

V. Les trois bataillons de campagne seront chacun de dix compagnies, & le bataillon de garnison de huit : chaque compagnie sera de quarante-trois soldats, un tambour, six caporaux, un fourrier, trois sergens ; en total, cinquante-quatre hommes, commandés par un capitaine, un lieutenant, un sous-lieutenant.

VI. Le nombre des officiers, sous-officiers & soldats, non compris les officiers-généraux, sera, ainsi que pour les quarante-six régimens d'infanterie françoise, de quarante-six colonels, cent quatre-vingt-quatre lieutenans-colonels, quarante-six quartiers-maîtres, cent quatre-vingt-quatre adjudans-majors, mille sept cens quarante huit capitaines, mille sept cens quarante-huit lieutenans, mille sept cens quarante-huit sous-lieutenans, cent quatre-vingt-quatre adjudans, quarante-six tambours-majors, cinq mille deux cens quarante-quatre sergens, mille sept cens quarante-huit fourriers ; dix mille cinq cens trente-quatre caporaux, deux mille cent seize tambours ou musiciens, soixante-quinze mille trois cens deux grenadiers, chasseurs ou fusiliers.

Appointemens. VII. Le colonel aura 6000 livres d'appointement par année ; les deux premiers lieutenans-colonels auront 4200 livres, les deux seconds lieutenans-colonels 2300 livres, les quartiers-maîtres 1400 livres, les adjudans-majors 1200 livres, les capitaines de la première classe auront 2700 livres, ceux de la seconde 2400 liv., ceux de la troisième 2200 livres, ceux de la quatrième 1700 livres, & ceux de la cinquième 1500 l., les lieutenans auront 1000 livres, les sous-lieutenans 800 livres, les adjudans auront 668 liv., les tambours-majors 443 livres, les caporaux-tambours 335 livres, les musiciens 353 livres, les sergens-majors de grenadiers auront 461 livres, de chasseurs 452 livres, de fusiliers 443 livres, les sergens de grenadiers auront 413 livres, de chasseurs 386 livres, de fusiliers 377 livres ; les fourriers de grenadiers auront 341 livres, de chasseurs 314 livres, de fusiliers 305 livres, les tambours de grenadiers auront 305 livres, de chasseurs 296 livres, de fusiliers 287 livres, les grenadiers auront 269 livres, les chasseurs 260 liv., les fusiliers 251 livres, toute masse comprise.

VIII. En conséquence, la dépense d'un régiment d'infanterie sera de 733,599 livres, toute masse comprise, & celle des quarante-six régimens de 33,745,554 livres.

Infanterie suisse. IX. Les régimens suisses seront de neuf cent soixante-quinze hommes, formant deux bataillons. Chaque régiment sera commandé par un colonel, un lieutenant-colonel, un major.

X. Les deux bataillons seront chacun de neuf compagnies ; une de grenadiers, huit de fusiliers. Chaque compagnie de grenadiers sera de quarante grenadiers, quatre appointés, un tambour, quatre caporaux, deux sergens, un fourrier ; en total, cinquante-deux hommes, commandés par un capitaine, un lieutenant, un sous-lieutenant. Chaque compagnie de fusiliers sera de trente-sept fusiliers, six appointés, un tambour, six caporaux, trois sergens, un fourrier ; en total, cinquante-quatre hommes commandés par un capitaine, un lieutenant, un sous-lieutenant.

XI. Le nombre des officiers & soldats sera ainsi pour les onze régimens suisses : onze colonels, onze lieutenans-colonels, onze majors, vingt-deux aides-majors, vingt-deux sous-aides-majors, quarante-quatre porte-drapeaux, onze quartiers-maîtres, cent quatre-vingt-dix-huit capitaines, cent quatre-vingt-dix-huit lieutenans, cent quatre-vingt-dix-huit sous-lieutenans, onze tambours-majors, quarante-quatre prévôts, cent quatre-vingt-dix-huit fourriers, cinq cens soixante-douze sergens, onze cens quarante-quatre caporaux, onze cens quarante-quatre appointés, sept mille deux cens seize grenadiers ou fusiliers, trois cens soixante-quatorze tambours.

Appointemens. XII. Le colonel aura 12000 liv. d'appointemens par année, le lieutenant-colonel 3000 livres, le major 6600 livres, les aides-majors 1800 livres, les sous-aides-majors 1200 l., les porte-drapeaux 600 livres, les quartiers-maîtres 1200 livres, les capitaines de grenadiers auront 6802 livres, les capitaines de fusiliers de la première classe 8400 livres, ceux de la deuxième classe 7800 livres, les lieutenans de grenadiers auront 1560 livres, les lieutenans de fusiliers 1440 livres, les sous-lieutenans de grenadiers 1200 livres, les sous-lieutenans de fusiliers 1152 l., les tambours-majors auront 665 livres, les prévôts 775 livres, les fourriers, sergens, caporaux, appointés, tambours & grenadiers, auront 307 l., les fourriers, sergens, caporaux, appointés, tambours & fusiliers auront 295 livres.

Art. XIII. En conséquence, la dépense d'un régiment d'infanterie suisse, sera, toute masse comprise, de 515,799 livres, & pour les 11 régimens suisses, de 5,673,789 liv.; & en comprenant 20,000 liv. accordées en supplément aux régimens d'Ernest & Steiner, la dépense sera, en total, de 5,693,789 liv.

Cavalerie. XIV. 1888 officiers, 26588 hommes de cavalerie seront divisés en douze régimens de cavalerie, 8 de dragons, & 12 de chasseurs.

XV. Les régimens de cavalerie & de dragons seront de 898 hommes, & ceux de chasseurs, de 969, formant trois divisions de deux escadrons; chaque régiment sera commandé par un colonel, & chaque division par un lieutenant-colonel.

XVI. Les escadrons seront chacun de deux compagnies; chaque compagnie, dans la cavalerie & les dragons, sera de 61 hommes, un trompette, 8 brigadiers, 1 fourrier, 3 maréchaux-des-logis; en total, 74 hommes, commandés par 1 capitaine, 1 lieutenant, 2 sous-lieutenans; dans les chasseurs, de 67 chasseurs, 1 trompette, 8 brigadiers, 1 fourrier, 3 maréchaux-des-logis; en total, 80 hommes, commandés par 1 capitaine, 1 lieutenant & deux sous-lieutenans; il sera attaché en outre, à chaque escadron, un capitaine-lieutenant.

XVII. Le nombre des officiers, sous-officiers, cavaliers, dragons, & chasseurs, non compris les officiers-généraux, sera ainsi pour les 32 régimens de troupes à cheval, 32 colonels, 96 lieutenans-colonels, 32 quartiers-maîtres, 576 capitaines, 384 lieutenans, 768 sous-lieutenans, 96 adjudans, 1216 maréchaux-des-logis, 384 fourriers, 3072 brigadiers, 24,436 cavaliers, 384 trompettes: total, 31,476 hommes.

XVIII. Le colonel aura 6000 livres d'appointement par année. Le premier lieutenant-colonel 4400 livres, le second lieutenant-colonel 4000 livres, le troisième lieutenant-colonel 3600 liv., le quartier-maître 1400 livres, les capitaines de la première classe auront 2800 livres, ceux de seconde 2200 livres, ceux de la troisième 1600 livres, les lieutenans auront 1100 livres, les sous-lieutenans 800 livres. Les adjudans dans la cavalerie auront 758 livres, les maréchaux-des-logis en chef 554 livres, les fourriers 446 livres, les brigadiers 413 livres, les maréchaux-des-logis ordinaires 515 livres, les trompettes 497 livres, les cavaliers 465 livres. Dans les dragons & les chasseurs, les adjudans auront 750 livres, les maréchaux-des-logis en chef 543 livres, les maréchaux-des-logis ordinaires 507 liv., les fourriers 441 liv., les brigadiers 405 liv., les trompettes 489 livres, les dragons & les chasseurs 351 livres.

XIX. En conséquence, la dépense d'un régiment de cavalerie, toute masse comprise, sera de 679,950 liv., & pour douze régimens de cavalerie 8,159,400 livres. La dépense d'un régiment de dragons sera de 668,456 livres, & pour huit régimens 5,347,648 liv. La dépense d'un régiment de chasseurs sera de 712,889 livres, & pour douze régimens 8,554,668 liv. La dépense de trente-deux régimens de troupes à cheval sera de 22,061,785 liv.

Ce rapport est plusieurs fois interrompu par des applaudissemens.

Séance du vendredi 30 juillet 1790.

M. de Liancourt. Je demande si l'assemblée peut délibérer sur la matière qui lui est soumise? Si l'initiative appartient au roi, on peut discuter avant que le ministre se soit expliqué sur les changemens qu'on se propose de faire au plan arrêté par le roi.

M. Froment. Trois plans sont présentés à la discussion.

Le ministre vous propose une dépense de 88,151,151 livres pour une *armée* de 152 mille hommes, toujours en activité. Le comité propose une *armée* de 153,953 hommes en activité, & 50,666 soldats sédentaires dans les départemens: il n'offre pas de plan de dépense.

M. Emmery propose 120,000 soldats actifs & 70 mille auxiliaires, sans excéder la dépense du plan du ministre. Cette disposition m'a d'abord séduit, mais, en me plaçant au-delà d'une campagne, je me suis représenté que la mort, les maladies ou d'autres accidens pourroient alors rendre les auxiliaires insuffisans, & forcer à recourir à d'autres moyens. Si les objections que j'ai à présenter déterminent à rejetter, sous ce rapport, le plan de M. Emmery, il arriveroit nécessairement la même chose aux soldats sédentaires proposés par le comité. Alors la supériorité du plan du ministre seroit démontrée. Une *armée* active de 120,000 hommes seroit trop foible pour défendre nos frontières & nos côtes; des soldats qui recevroient une demi-paie, & qui pourroient pendant 20 années ne faire aucun service, offrent une dépense considérable & inutile; ils présentent beaucoup d'autres inconvéniens. La plupart seroient mariés; s'ils étoient obligés de marcher, qui nourriroit leurs femmes & leurs enfans? L'état, sans doute; ce seroit un devoir. Ne marcheroient-ils pas avec chagrin & avec regret? & nous savons que le regret produit dans nos régimens une maladie désastreuse. Les hommes mariés ne sont pas de bons soldats; l'expérience l'a prouvé. Ils deviennent des blanchisseurs, des tailleurs, des vivandiers, pour trouver le moyen de secourir leur famille: enfin, au lieu de 70 mille hommes, on se trouveroit bientôt réduit à 50 mille, qui ne vaudroient pas les soldats qui servent par inclination, qui, dévoués à la guerre, ne retournent dans leur famille que par des sémestres limités. Pour apprécier les différences qui se trouveroient entre ces deux espèces d'*armée*, présentez-les au choix d'un général expérimenté. Turenne auroit dit: je demande des soldats; & il n'auroit pas pris votre *armée* composée d'auxiliaires. Après vingt ans, la moitié sera hors d'état de servir; il en coûtera des dépenses considérables de rassemblement; &, comme il est toujours arrivé, la plus mauvaise *armée* sera encore la plus chère. Vous n'éviterez pas le danger, trop certain, de déterminer le soldat à quitter son métier après 6 ans, pour aller jouir d'une demi-paie qui n'exigera peut être pas de service. Un homme s'engage à 16 ou 17 ans; à 22 ou 23, il quitteroit son régiment & entreroit dans les auxiliaires. On dit que ces troupes seront composées de soldats dressés; oui, ils seront dressés, mais ils ne seront pas formés: un soldat ne se forme que dans le cours de son second engagement. Supposons les auxiliaires établis, alors la mort, les maladies, les retraites à l'âge de 50 ans, occasionneront un mouvement parmi eux; on ne pourra, pour les conserver, faire des recrutemens que dans l'*armée* active; ainsi l'institution des auxiliaires nuiroit à la solidité de l'*armée* active, & détruiroit les troupes en activité.

Le plan qui comporte un tel établissement ne peut donner une bonne *armée*: portée à 200,000 hommes, elle ne vaudra jamais les 150,000 que présente le plan du ministre. Dans ce plan l'*armée* peut être augmentée, pour le premier pied de guerre, de 30 mille soldats, en doublant les régimens étrangers & en accroissant les nôtres par les légions. Quand le salut de l'état exigera qu'on prenne des dispositions plus formidables, ne trouvera-t-on pas parmi les gardes nationales des jeunes gens vigoureux & libres, des volontaires déjà exercés au maniement des armes, aux évolutions militaires, qui serviroient pendant une campagne, n'ayant nul souci que de rentrer dans leur patrie avec des lauriers? (On applaudit). Je demande si une *armée* ainsi recrutée, ne seroit pas la plus fière, la plus formidable de l'Europe. Autrefois les habitans de la Franche-Comté ne trouvoient pas à se marier, s'ils n'avoient fait un ou deux engagemens. Peut-on douter que cette émulation, cet honneur militaire ne se renouvellent aujourd'hui, qu'en servant dans l'*armée*, c'est vraiment la patrie que l'on sert? Croit-on qu'il seroit nécessaire de consulter les registres du contrôle des départemens, autrement que pour connoître ceux dont ce ne seroit pas le tour de faire la campagne? (On applaudit encore). Ainsi, le premier & le second pied de guerre seroient assurés; la nation seroit dispensée de payer, pendant 20 ans de paix, des auxiliaires qui ne feroient que de mauvais soldats, & dont l'institution auroit énervé l'*armée*. Je pense donc que le meilleur plan est celui qui donne 150,000 hommes sans auxiliaires. Je ne vois de changemens à faire dans celui du ministre que sur les incorporations. Au surplus, l'organisation de l'*armée* doit rester au pouvoir exécutif, la tactique doit être déterminée par lui seul. L'assemblée doit seulement se borner à fixer à-peu-près le nombre des individus qui composeront l'*armée*, & celui des différens grades, & les dépenses générales & accessoires. — M. Froment présente un projet décret rédigé dans les vues qu'il a développées.

M. de Bouthiller. Le comité propose de doubler les régimens de toutes les armes, & de composer les régimens d'infanterie de quatre bataillons au lieu de deux, ceux de cavalerie de six escadrons au lieu de trois. Ce doublement ne peut se faire sans des réformes, sans des incorporations. Il rend les corps beaucoup plus nombreux, & sous ces différens rapports il présente de grands inconvéniens. Les réformes sont toujours fâcheuses pour les individus sur lesquels elles portent. S'il s'agit de grades supérieurs, récompense des talens & des anciens services, la réforme est décourageante pour les anciens officiers de l'*armée*; le doublement donneroit une moindre proportion de grades, & détruiroit l'espérance de l'avancement. Qui pourroit parvenir à son tour avant un âge très-avancé, auquel un officier n'est plus propre pour le commandement? Les incorporations, dans des temps ordinaires où la subordination étoit entière, ont occasionné des divisions; que seroit-ce dans un moment où les régimens se sont permis des opinions politiques, où ils sont devenus des corps délibérans? Si deux régimens réunis avoient des opinions différentes, combien n'éprouveroit-on pas de malheurs? Ne pourroit-on pas redouter qu'ils ne se battissent l'un contre l'autre? Il est des régimens que des villes de garnison ne voudroient pas laisser partir. Pour exécuter ce plan, il faudroit que la subordination fût entiérement rétablie. Mais je veux que ces craintes soient illusoires; n'y a-t-il pas dans la guerre des avancemens plus rapides? Si vous réunissez les corps, les rangs s'y formeront d'après l'ancienneté des services, & les officiers qui auront gagné le leur par les dangers & les fatigues de plusieurs campagnes, le perdront. Vos besoins de défense ont été calculés par votre comité d'accord avec le ministre: mais la guerre exige des accroissemens; il faut un nombre de cadres propres à recevoir des augmentations. Ces cadres précieux à conserver sont les bataillons & les compagnies. Si les bataillons sont portés à leur plus grande force au moment où l'on entrera en guerre, il en faudra former de nouveaux, & cette méthode alors défectueuse deviendra encore nuisible pendant la paix. C'est introduire des différences d'officiers, c'est en créer pour les condamner à dresser des recrues, non pour des troupes qu'ils commanderont, mais pour d'autres compagnies. N'est-ce pas détruire l'attachement qui doit exister entre les officiers & les soldats, les soldats & les officiers? Comment cet intérêt peut-il exister entre des hommes qui ne se voient qu'en passant?

On peut s'autoriser, il est vrai, de l'exemple des troupes étrangères où il y a des bataillons à la suite des régimens; mais tenons-nous-en à notre propre exemple. On n'aura rien à ajouter à l'utilité, à la perfection de l'*armée*, en détruisant les véritables abus qui existent dans l'intrigue, l'arbitraire de la discipline, les minuties fatigantes de quelques commandans, &c. Laissez les régimens d'infanterie composés de deux bataillons, qu'en temps de guerre ceux des garnisons soient remplacés par des compagnies moins en état de servir. Laissez les régimens de cavalerie composés de trois escadrons, les brigades de trois bataillons & de trois escadrons; placez à la tête des officiers, non comme colonels, mais comme inspecteurs; 92 régimens d'infanterie de deux bataillons, 64 régimens de cavalerie de 3 escadrons, donneront le même nombre de troupes que le doublement proposé par le comité. Cette formalité offrira plus de facilité pour le service & pour la subordination. A la vérité en augmentant les états-majors, elle augmentera les dépenses; mais avec cette augmentation, il est toujours possible d'avoir 152,000 hommes en activité. Vous avez décrété que l'initiative appartenoit au roi. Vouloir prononcer définitivement sur un nouveau plan, ce seroit aller contre votre décret, ce seroit outrepasser les pouvoirs où vous vous êtes vous-mêmes circonscrits. Présenter au roi vos observations, voilà votre devoir; déterminer le nombre des individus de l'*armée* active & de l'*armée* auxiliaire, de tous grades & armes, régler la dépense, voilà votre attribution. — M. Bouthiller fait lecture d'un projet de décret.

M. le président invite le comité ecclésiastique à s'assembler sur le champ pour délibérer sur un paquet concernant M. le cardinal de Rohan, & sur lequel il est pressant de prendre un parti.

M. de Broglie. Le plan, dont l'ensemble a été présenté hier par le comité militaire, paroît fondé sur des bases solides, appropriées aux circonstances & à l'intérêt de la liberté; il est tellement combiné, d'après tous les principes constitutifs d'une bonne *armée*, que je ne crois pas avoir à en développer les avantages. Je vais me borner à examiner les points principaux dans lesquels le comité diffère avec le ministre. Le premier est la réduction de 4 hommes par compagnie, qui, par cette opération, se trouveroit portée de 54 à 50 hommes. Cette diminution priveroit un régiment de 150 hommes; excédent nécessaire pour les maladies & autres accidens imprévus. Ainsi, sous ce premier rapport, je crois, avec le comité, qu'il est utile d'avoir des compagnies de 54 hommes: elles présentent encore l'avantage de pouvoir manœuvrer sur un grand front, & d'assurer le coup-d'œil des officiers.

Le ministre emploie ces quatre hommes à former des légions, qui me paroissent inutiles pendant la paix, & qui présentent une augmentation considérable d'officiers & d'états-majors. Il sera facile de faire, pour la guerre, une infanterie légère; le service présente plus de dangers: & quand, sous le régime arbitraire, l'émulation de la gloire formoit rapidement ces corps, peut-on douter qu'ils ne se forment avec une rapidité plus grande, quand tous les François, à l'amour de la gloire joignent le patriotisme & le courage de la liberté? Je crois qu'il m'est permis de dire que mon père pensoit qu'il ne faut former les troupes légères qu'au moment où l'on entre en campagne. — La seconde différence porte sur l'institution des lieutenans-colonels, pour chaque bataillon; le ministre la regarde comme inutile, à l'égard du quatrième bataillon; mais ce bataillon étant un bataillon de garnison, devant servir à donner aux soldats malades du repos & des secours, il est nécessaire de mettre à sa tête un officier expérimenté & élevé en grade. — Troisième différence. Le ministre compose les régimens de cavalerie & de dragons de quatre escadrons, & le comité de six; cette dernière formation est plus analogue à celle de l'infanterie; les corps nombreux ont de grands avantages à la guerre: le grand Frédéric a consacré ce principe par ses ouvrages, par ses institutions, & plus encore par ses victoires. Une considération puissante a détermine votre comité à adopter cette formation; il lui a paru nécessaire de resserrer un plus grand nombre de soldats sous le même drapeau, dans les liens de la fraternité, & d'établir une unité d'intérêt & d'action. Les motifs du comité sont les mêmes à l'égard des brigades. — Quatrième différence. Le comité a pensé que le seul moyen d'attacher les officiers-généraux aux soldats, étoit de mettre un maréchal-de-camp à la tête de chaque régiment, sous le nom de *général-colonel*; il aura, pour ainsi dire, une famille militaire; il s'empressera de mériter l'estime de ses soldats, qui, de leur côté, seront conduits par l'émulation naturelle à tout soldat françois, & par le desir d'obtenir des éloges de leur chef supérieur: le régime paternel, si recommandé par les plus grands généraux, sera réalisé. Le ministre a cru qu'il seroit dangereux de faire perdre au grade de colonel l'importance qu'il tenoit de sa supériorité; cependant, à la guerre, le colonel est toujours aux ordres d'un officier-général. Peut-il craindre, pendant la paix, d'être ce qu'il a toujours été dans un moment plus intéressant pour sa gloire? MM. Lukner & Puységur ayant été appellés au comité, la grande majorité a été pour l'institution des généraux-colonels.

M. de Beauharnois. Il m'est impossible de présenter mes idées sur les plans qui vous sont proposés, sans exprimer le regret que j'éprouve de voir l'assemblée nationale entrer dans le détail de la formation de l'*armée*, avant d'avoir considéré dans son ensemble ce que c'est que la force publique. Sans doute l'*armée* est un des moyens les plus importans de la force publique, mais ce n'est qu'une partie de cette force. Il falloit embrasser d'un même coup-d'œil, considérer sous un même rapport, renfermer également dans les bornes de tous les pouvoirs, & combiner avec eux l'organisation des troupes de-ligne & celle des gardes nationales. Ces deux parties de la force publique tiennent essentiellement l'une à l'autre, & se touchent par tous les points. Le comité militaire auroit donc dû se concerter avec le comité de constitution. Si, comme je le crois, il y a par la suite dans tous les départemens une certaine quantité de gardes nationales soldées, le nombre de ces troupes doit influer sur celui des individus qui composeront l'*armée*. Quand on a dit qu'il falloit 40 mille hommes au midi, vers les Pyrénées, je crois qu'on a trop dit, & que 30 mille hommes suffiront, si l'on y joint 10 mille hommes de la garde nationale soldée. Je suis forcé de marcher en tâtonnant, puisque nous avons si mal entamé la force publique. Trois des rapports qui ont été annoncés devoient sur-tout composer l'ensemble de nos vues & de notre discussion. C'est le troisième sur la forme des enrôlemens & des dégagemens; le recrutement en temps de guerre, les bases de la discipline militaire. Le cinquième sur les maréchaussées & les invalides. Le neuvième sur la suppression des emplois inutiles, la disposition des forces militaires dans l'intérieur du royaume, le systême de défense, c'est-à-dire, les places à conserver & à abandonner. Dans mon systême complet de force publique, j'attache à chaque bataillon de gardes nationales de district une compagnie soldée: avec cette donnée, 30 mille hommes de troupes de ligne sur les frontières de la Sardaigne, 30 mille vers les Pyrénées, 60 mille pour nos côtes & nos colonies, me paroissent suffisans. C'est donc par des vues d'économie & de liberté publique, qu'il me semble nécessaire de réduire à 120,000 hommes l'*armée* de ligne. Le comité part de l'hypothèse d'une attaque générale; mais alors, sera-ce une *armée* de 200,000 hommes qui nous défendra? Non, ce sera la nation entière qui sauvera la nation; c'est cinq millions d'hommes libres, armés pour la défense de leurs foyers. Si nous voulons assujettir les nations voisines, ayons des *armées* nombreuses; mais si nous voulons vivre libres & heureux, ayons une force publique nationale. Il nous faut un noyau d'*armée*, un cadre propre à recevoir une augmentation proportionnée aux moyens des ennemis qui nous attaqueroient. En proposant 120,000 hommes, je crois faire tout ce qui est nécessaire; & comme toutes mes sollicitudes sont pour la liberté, le problême que j'ai dû me proposer, étoit de trouver un nombre d'hommes assez fort pour la défendre, & pas assez redoutable pour l'opprimer. Comme j'avois une partie de la force publique soumise à mes obéissances passives, à une discipline sévère sous un seul homme, je dois la réduire au point que la réflexion & la prudence m'indiquent.

Je dois donner à l'autre partie toute l'extension possible, parce que je vois en elle la sauve-garde de la liberté publique. On cite l'exemple des *armées* étrangères: mais peut-on comparer des états arbitraires à un état libre, où un seul ne commande qu'au nom de tous, où celui qui commande est soumis à la volonté de chaque individu, exprimée par la loi même? Il faut une grande puissance, il faut des moyens de domination pour maintenir l'ordre dans un état contre nature; mais dans un état libre; il faut des moyens de défense. L'organisation méchanique de l'*armée*, est d'une importance bien foible auprès de la nécessité d'établir une force puissante dans la constitution. Quant à la différence qui se trouve entre le ministre & le comité, sur le nombre des bataillons & des escadrons qui doivent composer un régiment, je suis si persuadé de l'instabilité nécessaire de toutes les dispositions de cette espèce, que j'y attache peu d'intérêt. Au reste, à cet égard j'adopte l'avis du comité. Les développemens qu'il a donnés hier, me semblent rendre tous nouveaux développemens inutiles, ou même impossibles. J'adopte donc l'avis du comité sur la réunion du génie & de l'artillerie, sur la proportion des armes; je l'adopte en tout, excepté sur le nombre des individus dont il croit que l'on doit composer l'*armée*. Je diffère en ce point, parce que j'embrasse dans son ensemble toute la force publique, parce que je redoute une puissance hors de la constitution.

M. d'Ambly. Autant de fois qu'un militaire parlera, autant il vous sera présenté de système différent. Parlons pendant huit jours, ce sera toujours la même chose. Il faut donc se décider pour un plan, je dis pour celui du comité, ou pour celui du ministre, ou pour celui de M. Bouthillier, que j'adopte. Le rapporteur du comité militaire a présenté un plan artistement travaillé: il est entré dans beaucoup de détails; mais il n'a pas tout dit. Permettez à ma longue expérience quelques observations. Vous savez que toutes les puissances voisines sont prêtes à entrer en campagne; & c'est le moment que vous prenez pour proposer des incorporations. Les régimens suisses ne sont composés que de deux bataillons: pourquoi ne pas rester comme nous sommes jusqu'à la paix? Le ministre propose de former des régimens de cavalerie de quatre escadrons; il a raison; c'est la vraie composition françoise. Pourquoi toujours nous proposer du prussien? nous sommes-nous bien trouvés d'avoir été à leur école? Je suis persuadé qu'une *armée* de 200,000 hommes ne coûteroit pas plus que celle que propose le comité, & ne tourmenteroit ni les soldats, ni les officiers. Le comité pense qu'il faut encore des maréchaux de camp à la tête d'un régiment: ces Messieurs seroient inamovibles, tant qu'ils ne seroient pas destitués en vertu d'un jugement. Et que deviendroit le pouvoir du roi? Une vingtaine de maréchaux de camp, jeunes, ambitieux, peut-être intrigans, pourroient devenir dangereux. Voulez-vous que le roi, à l'entrée d'une campagne, soit obligé de laisser le commandement à un officier inepte? Le comité propose 124 officiers-généraux: pour le coup en voilà assez pour commander l'*armée* de Darius. Ces Messieurs coûteroient au moins 2,180,000 liv. J'espère que vous prierez le roi d'employer peu d'officiers-généraux: une vieille expérience m'a appris qu'il étoit salutaire de n'en pas employer beaucoup. Au reste, quelque plan que vous adoptiez, je dois vous répéter de vous défier des innovations brillantes; elles seroient de la plus haute imprudence en ce moment.

M. d'Estourmel. Vous avez déjà décrété que la dépense de l'*armée* seroit de 84 millions; on en demande aujourd'hui 88; il faut commencer par rendre un nouveau décret. On propose deux plans: j'observerai d'abord que l'organisation détaillée de l'*armée*, appartient uniquement au pouvoir exécutif, & que vous devez seulement décréter en masse le nombre des hommes & la somme de la dépense. Si cependant il est nécessaire de présenter des observations, je remarquerai que les changemens faits au plan du ministre, sont peu considérables. Les différences sont relatives;

1°. Aux maréchaux de camp, si on les attache aux régimens; les colonels-commandans seront des cononels en second, & l'on a reconnu l'inconvénient des colonels en second.

2°. Aux commissaires des guerres: les besoins du service exigent que leur nombre soit tel que le ministre le propose.

3°. A l'infanterie légère: l'expérience de la guerre a démontré l'inconvénient de prendre des volontaires pour aller en avant, & prouvé que toujours les troupes légères doivent être prises hors de la ligne.

4°. Au nombre d'escadrons dont un régiment doit être composé: le nombre doit être rejeté pour éviter les inconvéniens qu'entraîneroient avec elles les différentes opinions, l'esprit divers des corps réunis.

5°. A la réunion du génie & de l'artillerie: cette réunion a été tentée; on en a reconnu les inconvéniens.

Je demande donc qu'on décrète de nouveau la dépense, puisqu'elle est plus considérable; qu'on décide ensuite quel plan doit être discuté, & qu'on applique successivement à chaque article, les observations dont ils paroîtront susceptibles.

M. de Toulongeon. Il faut présenter la question nettement: « Incorporera-t-on, oui ou non »? On passera ensuite aux détails qui jusqu'alors seront inutiles.

M. de Sérent. L'incorporation n'est pas le but, elle est seulement le moyen.

M. Alexandre de Lameth. Il est très-important de ne pas empêcher la discussion de s'étendre sur tel ou tel objet. La question proposée par M. Thoulongeon ne seroit pas la première à discuter. Il n'est point exact de dire, *le plan du comité*, *le plan du ministre*: d'après les principes constitutionnels que vous avez établis, le comité n'a pas de plan sur l'organisation de l'*armée*; il a une opinion sur le plan présenté de la part du roi. Il me semble cependant que l'attention de l'assemblée devroit être fixée particulièrement sur les premiers articles du projet de décret, & sur les légères différences qui se trouvent entres ces 3 articles & les parties correspondantes du plan présenté.

M. Bureaux. En délibérant sur les trois premiers articles, on préjugeroit un objet important. Quand vous aurez déterminé le nombre d'hommes, la quotité des individus de chaque grade, vous aurez tout fait. L'agrégation individuelle, ou la formation en corps militaires est un acte purement

du

ment du pouvoir exécutif. D'après les bases que vous avez posées, son action doit avoir une certaine latitude. Ecartez donc l'article III, qui porte que l'infanterie sera composée de tant de régimens.

M. Alexandre Lameth. Le préopinant ne rappelle pas le décret par lequel l'assemblée a reconnu qu'elle devoit fixer le nombre des individus de chaque grade : quand le comité aura dit qu'il y aura 46 colonels dans l'infanterie, ne sera-ce pas absolument la même chose que s'il disoit qu'il y aura 46 régimens?

M. Bureaux. Oui; mais en disant cela, on n'aura pas ôté au pouvoir exécutif le droit de faire un régiment de deux bataillons; de donner ou de ne pas donner un lieutenant-colonel à tel bataillon. J'ajouterai que l'opinion du comité, quand il fixe à 54 hommes le nombre des individus formant les compagnies, ôte au pouvoir exécutif, la facilité d'établir des troupes légères.

M. de Noailles. Je désirerois qu'on fît ce qui s'est toujours pratiqué; qu'on laissât discuter librement non-seulement les bases du plan, mais encore tous ses détails : on se resserreroit ensuite dans un ordre de questions sur lesquelles la discussion seroit déterminément fixée. Deux militaires éclairés, qui joignent à l'habitude de réfléchir sur ces matières une très-grande expérience, ont attaqué les plans présentés; ils ont trouvé dans celui du ministre des défectuosités qu'ils se sont attachés à combattre. Il est sans doute important, pour éclairer l'assemblée, d'écouter avec soin toutes les notions de cette nature qui pourront être présentées. Je demande donc qu'aujourd'hui toutes les opinions soient entendues, de la manière qu'il plaira à chacun d'établir la discussion; demain l'assemblée fixera les questions sur lesquelles elle voudra successivement prononcer.

M. Duchâtelet. Il y a des défauts dans le plan du ministre & dans celui du comité : pour établir les avantages de l'un sur l'autre, il faudroit entendre le ministre, comme le comité a été entendu. Je ne vois pas ce qu'il y auroit d'avantageux à porter les régimens d'infanterie à quatre bataillons, ceux de cavalerie à six escadrons. Dans la dernière guerre, douze régimens de quatre bataillons avoient été formés. L'assemblée des inspecteurs, en 1774, voulut les détruire: les raisons qui pouvoient y déterminer étoient très-fortes, on n'avoit pas celles qui ont été exposées pour prouver les dangers de l'incorporation, & on ne laissa subsister ces régimens que parce qu'ils existoient ainsi depuis plusieurs années, que parce qu'ils avoient rendu des services essentiels, & qu'à ce titre on leur devoit des ménagemens. On ne voulut pas rompre une existence dont ils avoient pris l'habitude, & séparer des individus qui, pendant long-temps, avoient vécu réunis . . . . . . Je défie à tous les comités, à tous les commis, à tous les ministres, de faire dans le militaire quelque chose qu'on n'ait pas tenté, & qu'on n'ait pas vu depuis cinquante-deux ans que je sers.

L'expérience m'a démontré que le moyen d'incorporation pour augmenter les régimens ne valoit rien, il faut pouvoir les augmenter, il faut que le cadre soit formé; mais on doit employer d'autres moyens. La diminution du nombre des régimens, dans l'intention de diminuer celui des états-majors & de faire ainsi une grande économie, n'est point du tout économique : il faudra donner des pensions à un grand nombre d'officiers qui ont bien servi, & qui, depuis très-long-temps sont attachés à l'*armée*. L'on prouvera en ce moment ce que l'expérience a déjà prouvé plusieurs fois, que les réformes consistent toujours à payer des gens pour ne rien faire. Dans l'hypothèse des régimens composés de quatre bataillons, le comité tient beaucoup à ce que le bataillon de garnison soit commandé par un lieutenant-colonel; mais c'est une chose absolument indifférente; car le premier capitaine commandera, & c'est lui qui, le premier, doit monter au rang de lieutenant-colonel; ainsi, sans avoir le grade, il aura la même ancienneté. Quant à la réunion de l'artillerie & du génie, je l'ai vu faire d'une manière infructueuse. J'observerai, pour ce qui regarde les maréchaux de camp attachés à des régimens, qu'il y auroit beaucoup d'officiers, ayant fait la guerre, qui ne seroient pas employés. Un coup de fusil reçu en Allemagne ne vaut pas moins qu'un coup de fusil reçu en Amérique. Il arrivera que pour le général-colonel, le colonel ne sera vraiment que colonel en second, & tout ce qui est en second ne vaut rien. On vous dit que le maréchal de camp ne se mêlera pas des détails du régiment; les inspecteurs même se mêloient de commander depuis Paris. Vous ferez de mauvais colonels; c'est en forgeant qu'on devient forgeron, & on n'est bon colonel qu'en étant colonel.

Les maréchaux de camp étant placés dans l'ordre d'un tableau, ce sera suivant l'ordre du tableau qu'un général d'*armée* devra confier l'intérêt de l'état & sa gloire propre; le général d'*armée* est responsable des événemens par la perte de sa réputation. Vous ne serez donc pas étonnés que je pense que les maréchaux de camp ne doivent pas être autrement qu'en ligne. Je passe à l'*armée* auxiliaire. Si le plan de M. Emmery étoit discuté, je prouverois qu'il est impossible d'avoir 70,000 hommes de troupes auxiliaires. Si par hasard elles se formoient, ce ne pourroit être qu'aux dépens de l'*armée*, sur-tout d'après la manière dont on veut les instituer.

Un grand vice de votre constitution militaire, je le dirai franchement, c'est la diminution de la durée des engagemens. Dans les 4, 5 ou 6 ans de service vous ne ferez pas un cavalier. Avec de bons officiers ou sous-officiers d'infanterie, vous ferez en 6 ans de bons soldats; mais ils vous quitteront lorsqu'ils pourroient vous servir. Quant aux gardes nationales, je connois leur patriotisme, & je ne doute pas de leur courage. Cependant, tout ce qui est juste & nécessaire dans l'état civil, ne convient pas à l'état militaire. Vous aviez des milices & vous avez détruit, avec raison, les enrôlemens forcés qui dépeuploient les campagnes. Ces milices s'assembloient pendant un mois; à peine, après ce temps, ces soldats savoient-ils mettre leurs guêtres. Les auxiliaires feroient une dépense considérable & inutile. Le jour où vous aurez résolu d'augmenter vos troupes, vous n'aurez qu'à augmenter les engagemens avec le profit de vos économies, & vous aurez assez de soldats. Je propose le projet de décret suivant: L'assemblée nationale décrète, 1°. que l'*armée* sera composée de 151,899 hommes au moins, & de 154,000 au plus; que l'infanterie sera de 105 à 107 mille, & la cavalerie de 29,588, l'artillerie de 11,200 hommes, enfin, que les dépenses nécessaires pour l'entretien de l'*armée*, y compris les dépenses accessoires, ne s'élèvent pas à moins de 88,151,143 liv. ou à plus de 88,298,737 liv. au plus, & que ce sera d'après ces bases que la force de l'*armée* & la dépense qu'elle nécessite sera fixée, sauf par le corps législatif à faire au roi les observations que, sur le rapport de son comité militaire, il croira nécessaires pour y être définitivement statué par sa majesté.

Séance du 31 juillet 1790.

M. de Noailles, après avoir donné quelques développemens, résume ainsi son opinion. — Je crois que l'*armée* active doit être de 152 mille hommes; que des proportions entre les différentes armes sont convenables; qu'il peut être très-utile d'avoir des auxiliaires, mais qu'ils doivent être au moins un mois sous les drapeaux, & désignés pour certains régimens; que sans cela leur admission est inutile ou dangereuse; que le mode de leur rassemblement doit être réglé avec celui des gardes nationales; j'ajoute que les circonstances nous obligent d'achever un travail sur l'*armée*, & que, pour le rendre utile, il faut imprimer sur le champ le décret sur l'avancement, celui sur la discipline & sur les tribunaux militaires. Je demande que l'on décrète les deux premiers articles qui sont présentés à l'assemblée, parce qu'ils n'entraînent aucunes difficultés, en se réservant de prononcer définitivement sur l'*armée* auxiliaire.

Après une discussion assez légère, M. de Noailles propose de mettre aux voix le projet de décret du comité militaire; il est adopté en ces termes:

L'assemblée nationale délibérant sur le plan d'organisation de l'*armée*, qui lui a été présenté de la part du roi par le ministre de la guerre, & après avoir entendu son comité militaire, a décrété & décrète ce qui suit:

Art. Ier. L'*armée* sera composée en officiers, sous-officiers & soldats; savoir, de 110 à 113 mille hommes d'infanterie, de 31 à 32 mille de cavalerie; de 10 à 11 mille d'artillerie & de génie.

M. de Noailles propose ensuite l'article IX du projet de décret concernant la composition de l'infanterie suisse. Il est ainsi conçu: — L'infanterie suisse, restant sur le même pied, les régimens seront de 973 hommes, formant deux bataillons; chaque régiment sera commandé par un colonel, un lieutenant-colonel, un major.

M. Bureaux. Le corps législatif doit-il se mêler de la partie purement mécanique de l'organisation de l'*armée*? Je ne le pense pas. Pendant long-temps le comité ne l'a point pensé lui-même, & si j'ai quelque tort, c'est d'avoir prolongé une erreur que j'ai d'abord partagée avec lui, & je trouve mon excuse dans les décrets même de l'assemblée nationale. Lorsqu'au mois de février dernier, elle a demandé au roi un plan d'organisation de l'*armée*, pour mettre le corps législatif en état de délibérer & de statuer sur les objets qui étoient de sa compétence, elle reconnoissoit donc que tous les points de cette organisation n'étoient pas de sa compétence. Dans l'hypothèse contraire, il faudroit supposer que l'assemblée nationale a rendu un décret constitutionnel en des termes louches, équivoques & susceptibles d'une interprétation arbitraire. Mais comment admettre que l'assemblée ait voulu se réserver toutes les parties de l'organisation de l'*armée*, lorsque délibérant dernièrement sur cette question, & voulant éclaircir ce que quelques membres trouvoient susceptible d'une plus ample explication dans son décret du mois de février, elle a déclaré qu'au corps législatif appartient le droit de délibérer sur le nombre des individus de tous grades qui doivent composer l'*armée*; & puisque dans aucun de ses décrets, elle n'a annoncé que son intention fût de s'attribuer les détails de l'agrégation matérielle de la formation mécanique de l'*armée*; puisque d'ailleurs, elle a annoncé que quelques points de l'organisation militaire n'étoient pas de son ressort, puisqu'elle a désigné nominativement ceux qu'elle regardoit comme devant lui appartenir; est-il possible de ne pas conclure que ceux sur lesquels elle s'est tue, sont ceux qu'elle a considérés comme ne devant pas être de sa compétence? Peut-on supposer qu'elle a voulu réduire le pouvoir exécutif à la passive faculté de transcrire des tableaux, & l'obliger à diriger la force publique, à répondre de l'action & des effets de cette terrible machine, sans lui laisser au moins le droit d'en disposer les rouages de la manière la plus favorable aux résultats qu'elle doit produire?

Le nombre précis des hommes qui doivent former une compagnie d'infanterie peut ne point paroître indifférent à celui qui, chargé de faire mouvoir cette compagnie, desire d'en organiser les élémens dans le sens qu'il croit le plus avantageux aux mouvemens auxquels elle doit être soumise; mais que le corps législatif veuille s'embarrasser de ces détails; qu'il puisse attacher quelque importance à cette attribution; que pour une vaine prérogative, il s'expose à violer les formes monarchiques, à confondre les fonctions des divers pouvoirs; que sans nécessité, sans utilité, &, je ne crains pas de le dire, avec une irréflexion impolitique, il se charge gratuitement des hasards & du blâme d'une disposition qui peut être censurée & qui ne le regarde point; qu'il dispense volontairement les agens du pouvoir exécutif d'une portion de la responsabilité à laquelle ils ne doivent jamais cesser d'être soumis; certainement cette démarche n'est ni sage, ni prudente, ni conforme aux principes de la constitution. Quoi! le roi est le chef suprême de l'*armée*, c'est lui qui doit veiller à l'emploi de la force publique pour la sûreté de l'état, & l'on ne laissera pas à l'ouvrier la faculté d'approprier à sa main l'instrument qu'il est exclusivement chargé de manier! C'est le roi qui doit donner des ordres à l'*armée*, c'est lui qui doit y maintenir l'instruction & la discipline, & il ne pourra pas régler que, lorsqu'une compagnie d'infanterie sera formée sur trois hommes de hauteur, chaque rang sera de 16 hommes, plutôt que de 15 ou de 17! Telle est cependant la conséquence nécessaire du décret qu'on vous propose. Le roi, chef suprême de l'*armée*, va se retrouver absolument étranger à la formation de l'*armée*, si, après avoir fixé le nombre des individus de tous grades, dont elle doit être composée, vous prétendez encore déterminer le nombre & la force des corps particuliers dans lesquels elle sera subdivisée. Un seul motif pourroit justifier la forme du décret qui vous est soumis, & le motif seroit l'intérêt du peuple, qui ne veut pas que l'*armée* confiée au gouvernement, pour être entre ses mains le moyen de la sûreté publique, puisse y devenir l'instrument du despotisme & de l'oppression: mais ces inconvéniens sont prévus par les attributions que le corps législatif s'est réservées, dans la formation de l'*armée*.

Elle ne sera pas trop foible pour la protection de l'état, ni trop considérable pour sa tranquillité, puisque vous-mêmes en déterminerez la force. Elle ne sera pas trop onéreuse au trésor public, puisque vous-mêmes vous fixerez les fonds affectés à son entretien. Les individus qui la composeront ne seront pas dans une dépendance du ministre, qui puisse vous causer d'ombrage, puisque c'est vous-mêmes qui devez régler les loix de leur admission, de leur avancement, de leur solde, de leur discipline & même leur nombre respectif. Que vous reste-t-il donc à craindre? Que l'*armée* ne soit mal organisée, militairement parlant. Mais qui mieux que le ministre doit connoître les hommes capables de donner des instructions lumineuses sur cet objet? Et s'il est vrai que jamais il ne puisse avoir un intérêt à ce que l'*armée* soit mauvaise, &, qu'au contraire, dans tous les cas il en ait un très-grand à ce qu'elle soit excellente, quel inconvénient trouvez-vous à lui abandonner des dispositions qui ne doivent pas péricliter davantage entre ses mains qu'entre celles de la législature, & qui d'ailleurs sont un véritable mode d'exécution, une attribution nécessaire de ce second pouvoir politique, dont la destination est de mettre en œuvre les matériaux que le corps législatif a préparés? Enfin, si dans une question constitutionnelle on pouvoit mêler quelques considérations de circonstance, je vous demanderois si c'est dans l'instant où tous les ressorts de l'organisation sociale sont ou détendus ou brisés, que l'on peut espérer de raffermir l'agrégation des diverses parties du faisceau, en affoiblissant le lien qui les unit; si c'est dans le moment où l'anarchie, qui infecte toutes les branches du corps politique, paroît s'être attachée plus particulièrement à dévorer la force militaire; si lorsque les inquiétudes qui naissent du dehors viennent aggraver les sollicitudes qu'entretiennent les orages de l'intérieur; si lorsque le sentiment des malheurs que nous éprouvons & de ceux que nous avons à redouter, commande le plus prompt rétablissement de l'ordre & de la discipline dans l'*armée*; si, dis-je, c'est dans ce moment qu'il est prudent, utile & convenable d'atténuer la considération & l'influence nécessaire du chef suprême de l'*armée*, chargé de guérir des maux si grands, si invétérés, & d'en prévenir le retour? Je me résume, & je dis que j'ai prouvé que dans l'organisation de l'*armée* il se trouvoit des objets qui devoient, par la nature des choses & par les décrets de l'assemblée, appartenir exclusivement au pouvoir exécutif; que ces objets étoient ceux qui sont relatifs à l'organisation matérielle de l'*armée*; & c'est en conséquence que je vous propose de modifier ainsi le projet de décret du comité. L'assemble nationale décrète que l'*armée* active pour l'année 1791, sera composée de...... & quant à l'agrégation de ses individus & leur formation en corps militaire, elle renvoie ces objets au pouvoir exécutif.

M. Alexandre de Lameth. Je ne croyois pas qu'après le décret du 22, le préopinant pût trouver occasion de donner lecture de son opinion; il avoit alors soutenu les mêmes principes; il avoit dit qu'au roi appartenoit l'organisation de l'*armée*; qu'il étoit impossible que l'assemblée décrétât le nombre des individus de chaque grade, sans avoir une influence majeure sur cette organisation. D'après le décret rendu, le préopinant ne peut plus soutenir la même opinion; il est clair qu'il faut faire la supputation du nombre des régimens pour pouvoir dire, il y aura tant de colonels: c'est donc une dispute de mots; car quand je dis qu'il y aura 80 capitaines, il est bien évident qu'il faut 80 compagnies. Je demande donc qu'on aille aux voix sur le décret. M. de Puzy a fait les mêmes observations au comité militaire, & il étoit seul de son avis.

M. d'Estourmel. Le décret proposé pour les Suisses ne peut rien préjuger pour les troupes françoises, puisque l'organisation des troupes suisses, au service de France, est fondée sur des capitulations expresses.

La discussion est fermée.

On demande que tous les articles qui concernent l'infanterie suisse, soient décrétés en même temps.

M. Alexandre Lameth en fait lecture. — Les articles IX, X, XI, XII & XIII sont décrétés. *Voyez* la troisième Partie.

La discussion s'ouvre sur les articles relatifs à la division de la masse de l'*armée* en divisions, régimens, bataillons & compagnies.

M. Bureaux. Cette opération est purement du pouvoir exécutif, & je demande qu'elle lui soit renvoyée.

M. le rapporteur propose d'ajourner cette discussion jusqu'après la fixation du traitement des individus de chaque grade.

M. de Cazalès. Je demande qu'auparavant on décide la question du doublement des régimens.

Cette proposition est rejettée.

M. Alexandre Lameth fait lecture de l'article VII.

Après une discussion assez longue sur les appointemens des divers grades, il est adopté en ces termes:

Art. VII. Le colonel aura 6000 liv. d'appointemens par année, les quartiers-maîtres 1400 liv., les capitaines de la première classe auront 2700 liv., ceux de la seconde 2400 liv., ceux de la troisième 2200 liv.; ceux de la quatrième 1700 liv., & ceux de la cinquième 1500 liv. Les lieutenans auront 1000 liv., les sous-lieutenans 800 liv. les adjudans auront 668 liv., les tambours-majors 443 liv., les caporaux-tambours 335 liv., les musiciens 353 liv., les sergens-majors des grenadiers 480 liv.

M. Duchâtelet. Je demande qu'on détermine aussi une proportion dans la paie du soldat & de l'appointé, eu égard à l'ancienneté de service.

Cette proposition est ajournée.

Séance du 2 août 1790.

M. de Sinetti, après d'assez longs développemens, conclut à ce que les régimens ne soient pas doublés, à ce qu'ils soient composés de 2 bataillons de 10 compagnies, chacune de 50 hommes; à ce qu'il n'y ait qu'un lieutenant-colonel, & que les majors soient conservés.

M. Toustain combat aussi le système de l'incorporation.

M. d'Harambure. Je dois rappeller à l'assemblée que le comité militaire a consulté des officiers de tout grade, & qu'il a été jugé que le doublement étoit nécessaire.

M. de Rostaing. De peur qu'on ne s'égare dans la discussion, je demande que la question soit ainsi posée. Y aura-t-il une incorporation & un doublement? Oui, ou non.

M. de Jessé. Je ne chercherai point à atténuer les raisons présentées par le comité; je sais que l'usage des *gros corps* est adopté dans toute l'Allemagne. Si nous étions placés dans des circonstances moins difficiles, le doublement des troupes seroit encore une opération délicate. On ne se détermine point aisément à rompre les habitudes des militaires, quand on connoît toute la force de ces habitudes. Vous vous exposeriez à faire de la place d'armé un champ de bataille. On sait que chaque régiment a son opinion politique. Je crois qu'il seroit dangereux de mettre avec des soldats fidèles à la discipline, la partie d'un corps désorganisé. Il y a six mois, peut-être auriez-vous pu hasarder cette entreprise; encore n'aurois-je pas voulu répondre des chances. Frédéric, qui concevoit la possibilité de retirer quelques avantages des doublemens, disoit cependant que les meilleures améliorations ne compensoient pas les grands inconvéniens des nouveautés. Si vous réussissez, vous perfectionnerez de quelque chose votre système militaire; mais si vous n'avez point de succès, vous l'anéantissez totalement. Je conclus à ce que, sans adopter les projets de tiercement ni de doublement, les corps soient conservés dans leur forme actuelle.

M. de Noailles. Je ne me présente, ni pour défendre le plan du comité, ni pour appuyer celui du ministre: j'éviterai toujours de changer une question d'utilité générale en discussion d'amour-propre. Je chercherai à présenter les motifs qui ont déterminé le comité & le ministre. J'inviterai l'assemblée à considérer que la question du doublement & celle de maréchaux de camp attachés aux régimens, sont intimément liées. Si le doublement n'a pas lieu, je m'opposerai à ce que les officiers-généraux soient placés à la tête des corps. . . . .

M. Duchâtelet. Répondez aux objections.

M. de Noailles. L'opinant a toujours commandé un régiment de quatre bataillons; il étoit officier-général: il a senti que cette qualité étoit liée à ce commandement. Je m'autoriserai de son exemple & de son opinion. La dépense de l'*armée* étoit de 106 millions: vous avez augmenté la paie des soldats & le traitement des officiers. L'une de ces augmentations est de 8 millions, l'autre de 2 millions 500 mille liv.; ainsi, l'*armée* conservée dans l'état où elle est, coûteroit 10 millions 500 mille liv. de plus. Vous avez cependant fixé la dépense à 84 millions. Il falloit donc réformer 30 mille soldats & officiers. Toutes les proportions étant détruites, une nouvelle organisation devenoit indispensable. Le résultat de la première réduction n'étant que de 6 millions, le besoin de l'économie vous commandoit une plus grande réforme. Vous avez recherché quelle *armée* vous étoit nécessaire pour vous opposer aux attaques de l'ennemi, soit en France, soit dans les Colonies. Ainsi, il y avoit deux dispositions à prendre; assurer les manœuvres & avoir des bataillons pour vos garnisons & pour vos vaisseaux. Le ministre a dit : il faut faire une opération indispensable, puisque toutes les proportions sont rompues ; il faut procéder à une incorporation, élever les corps à une hauteur suffisante & nécessaire. Il avoit cru, en liant à deux bataillons, un bataillon de garnison, faire ce que demandoit la paix, pour les manœuvres de ligne, & la guerre pour fournir aux besoins des colonies & de l'armée. Il répondoit à l'objection de cet homme de guerre, *le prince Henri*, qui, en examinant vos bataillons & vos escadrons, disoit : « vous avez des hommes & point d'*armée* ; vous présentez un front & point de masse ». Je passe à d'autres observations.

Si le nombre des officiers est trop grand, la discipline sera pénible & difficile à établir. Ce n'est pas par une surveillance continuelle, mais par l'intérêt qui lie les officiers aux soldats & les soldats aux officiers, qu'on fait de bons soldats. Obligés d'obéir à des intentions, à des manières de voir, à des idées différentes, ils ne sont pas heureux. L'*armée* la plus parfaite seroit peut-être celle où il n'y auroit qu'un chef, & des subalternes qui pourroient obéir à un seul ordre, à un seul chef, à un seul coup - d'œil. Ainsi la discipline & l'économie exigent également la diminution du nombre des officiers. Quant à l'incorporation, si c'est une chose décidément bonne, le patriotisme l'adoptera ; & les officiers, quand ils y verront l'intérêt général, feront taire l'intérêt particulier. Dans le plan que propose le ministre, on ménage un intérêt bien cher, on ne sépare pas des individus qui composoient la même famille. Si l'on blesse quelqu'intérêt ou d'amour - propre, ou d'argent, ne sont-ils pas, pour des François, au nombre de ceux qu'on abandonne sans regret, quand la patrie est en danger ? On sait qu'on va avec plus de courage contre l'ennemi, quand on marche avec son frère, avec son ami. Voilà le but de notre système. Il est calqué sur les idées d'un grand nombre de ministres recommandables, sur ce qu'avoit fait le conseil de guerre, sur ce qu'auroient accompli les ministres, sans ces ménagemens de cour qui obligeoient à maintenir un grand nombre de régimens pour avoir plus de graces à donner. Enfin, c'est ce qu'avoit en vue le maréchal de Muy, qu'on a cité, & dont j'honore la mémoire. Il avoit conservé des régimens de quatre bataillons ; ces bataillons sacrés & grands par le souvenir de leurs actions, devoient, présentés à l'ennemi, renverser tout ce qui leur feroit front. M. de Muy ne les a pas conservés, pour les donner à des jeunes gens sans expérience. Le doublement réunit les corps sans déchirement ; il rassemble ceux qui doivent marcher ensemble à la guerre. Ce que j'ai dû dire, ce que j'ai dû établir & ce que j'ai établi, c'est que le plan du ministre, appuyé par le comité, est bon. On dit que le roi de Prusse n'a rien changé dans l'organisation de son *armée*, parce qu'il sentoit qu'il étoit dangereux de rompre d'anciennes habitudes. Mais pourquoi créez-vous un nouveau système ? C'est parce qu'en supprimant trente mille soldats & dix officiers par régiment, vous avez rompu toutes les proportions établies ; vous devez donc oublier ces usages que le temps sembloit avoir consacrés.

Il reste à reconnoître un principe incontestable : non, vous ne pensez pas confier à de jeunes officiers sans expérience, le succès des batailles. Donnerez-vous le commandement de corps nombreux à des militaires inexpérimentés comme moi, & qui n'ont que du zèle, plutôt qu'à des officiers-généraux consommés comme M. d'Ambly ? Le régiment du roi, la gendarmerie, les carabiniers ont dû la gloire qu'ils ont acquise, à leur nombre, à leur force, à leur capacité attaquable, & aux talens des anciens militaires qui les commandoient. Le comité a donc dû penser qu'il falloit faire une organisation militaire nouvelle. Le ministre a senti qu'il devoit diminuer les corps, & sacrifier l'avantage d'attacher un grand nombre de personnes à son sort ; il a senti que l'intérêt public devoit ici l'emporter sur les intérêts particuliers, & sur les circonstances dont on tire les seuls argumens contre une organisation constitutionnelle, & sur lesquels je ne me permettrai aucune réflexion. Je résume ; & je dis qu'il est avantageux, en cas de guerre, comme en cas de paix, de mettre à la tête des corps, des hommes qui soient d'un âge entre quarante & soixante ans ; qu'on donne ces corps à des capitaines, si l'on veut, mais non à des colonels de vingt-trois ans : on en a nommé dernièrement au-dessous de cet âge. La question nette à poser, sauf à revenir sur les détails, est celle-ci : Y aura-t-il une incorporation ? Oui ou non. (Une partie de l'assemblée applaudit.)

M. d'Elbecq. Plusieurs officiers-généraux qui ont blanchi sous les armes, & qui jouissent à juste titre, de l'estime de l'*armée*, vous ont indiqué quelques imperfections dans le plan d'organisation de l'*armée* arrêté par le roi, & qui vous est présenté par votre comité militaire. Je suis de leur avis sur l'article IV du projet de décret, & je pense qu'il seroit impolitique & contraire à tous les bons principes militaires, de ne point laisser les régimens à deux bataillons ; mais je crois en même temps qu'on pourroit ajouter à chacun de ces régimens, un bataillon de garnison, composé comme le propose votre comité. Je ne vous répéterai pas, Messieurs, toutes les raisons qui militent pour mon opinion ; les honorables membres qui ont pris la parole avant-hier, vous les ont assez détaillées. Je demande donc que les régimens restent à deux bataillons, & qu'on ajoute à chacun d'eux un bataillon de garnison.

M. du Châtelet. Je n'ouvre mon opinion contre l'inculpation qu'avec défiance, quand je vois qu'elle a contre elle un ministre dont les talens sont connus, des militaires expérimentés, un comité recommandable par la longue expérience de ses membres, & dont l'avis est unanime. Rien de plus mauvais en général & pour les circonstances, que le doublement qu'on vous propose : il n'y a jamais eu en France des régimens de quatre bataillons. En Prusse ils ne sont de que deux & trois. Tous les militaires qui ont de l'expérience, vous diront que des régimens de deux bataillons sont bien plus commodes dans toutes les occasions pour les colonies & pour les vaisseaux : il faudroit deux bataillons, alors les régimens ne seroient plus entiers ; on devroit les réunir. Il vaut bien mieux envoyer dans les colonies des corps complets que des corps morcelés. Si vous laissez les régimens à deux bataillons, cela fera quatre mille hommes de plus & douze cens officiers ; cela ne doit pas l'emporter sur de grands avantages. Le ministre, dit-on, est d'avis de quatre bataillons, mais c'est par complaisance, ou vaincu par les raisons du comité. Peu importe qu'ils soient de la façon du comité ou du ministre. Quant à M. le maréchal de Muy, il avoit trouvé les régimens de quatre bataillons établis ; il m'a dit qu'il ne les auroit pas formés. Quant à la cavalerie, je conviens que les régimens de trois escadrons sont trop foibles ; le nombre quarré est le meilleur ; on pourroit les mettre à quatre, mais point à six. Au reste, il ne faut point d'incorporation, ce seul mot fait frémir. J'en ai vu faire, elles ont occasionné dans les corps six ans d'agitation. Pouvez-vous les adopter quand la guerre est prête à éclater ? Un officier incorporé se trouveroit à la queue, tandis qu'il étoit à la tête. . . .

Je soutiens, contre l'avis du préopinant que, circonstances & politique à part, l'incorporation est dangereuse pour l'infanterie & inutile pour la cavalerie ; je suis d'avis des brigades proposées par M. Bouthillier. Il faut qu'elles soient commandées par un maréchal de camp non inamovible, mais en ligne. Si le régiment est bien, le mérite en reviendra au colonel ; si la brigade est bien, le mérite en reviendra au maréchal de camp ; si la division est bien, le mérite en reviendra au lieutenant-général. Ainsi laissant à chacun le mérite qui lui revient, je conclus à ce qu'il n'y ait aucune espèce d'incorporation.

M. de Cazalès demande que la discussion soit fermée.

M. de Broglie. Les circonstances qu'on a opposées contiennent deux objets ; l'un est relatif aux dispositions qui nous menacent, l'autre à la crainte d'ajouter un nouveau ferment à l'agitation qui existe déjà. Quant à la guerre, il faut opposer aux ennemis des forces égales à celles qu'ils mettent en avant. En réformant 30,000 hommes & en ne changeant rien aux bataillons, vous serez obligés de prendre sur les régimens, & vous les rendrez plus foibles encore qu'ils ne sont. Il y a deux ans, lorsqu'on forma un camp, les régimens étoient censés composés de 1156 hommes ; on ne demanda que 900 hommes sous les armes par régiment, les autres devant rester dans les garnisons, & l'on eût avec peine les 900 hommes. Douze régimens ont été doublés ; ainsi, par le doublement, une partie de l'*armée* reviendra, pour ainsi dire, à sa première famille. Par exemple, le régiment de Blaisois ne craindra pas d'être réuni avec celui de Picardie, Armagnac avec Navarre, &c. Les incorporations pourroient être dangereuses dans les temps ordinaires ; mais quand on considère ce qu'a fait l'assemblée nationale, & les sacrifices auxquels on s'est soumis sans résistance, on est convaincu que le patriotisme bien connu de l'*armée* levera tous les obstacles.

Je passe aux inconvéniens de détails opposés à la formation des régimens de quatre bataillons. On dit que la subordination sera bien plus difficile ; mais il faut considérer que les officiers qui seront à leur tête auront des talens & de longs services ; que pour la manœuvre connue en guerre, le colonel & le général ont à remplir des fonctions semblables. On a objecté que beaucoup de garnisons ne pourroient pas contenir quatre bataillons ; mais lorsque la comptabilité sera établie isolément pour chaque bataillon, le régiment ne souffrira pas de sa division : quant au détail d'économie, c'est encore la même chose ; car un officier particulier en sera chargé pour chaque bataillon.

On demande à aller aux voix.

M. Regnaud. Ecoutez donc l'avis d'un officier-général qui a servi pendant 30 ans. On a pensé que les circonstances repoussoient l'incorporation. Si elle est bonne, il faut toujours l'adopter ; mais elle est mauvaise : on a dit que les gros corps font gagner les batailles ; ce ne sont pas les corps de quatre bataillons, mais ceux que le général forme pour l'action ; c'est par les jambes & la célérité qu'on prévient l'ennemi & qu'on gagne les batailles. Le comité s'appuie sur l'avis d'officiers-généraux expérimentés qu'il dit avoir appellés à ses séances ; mais l'opinion du comité étoit prise quand ils y ont été introduits ; le ministre n'a consenti à l'incorporation que parce qu'il avoit cru s'accorder avec le comité. Je demande que ces officiers-généraux soient appellés, & qu'ils détaillent les motifs de leurs opinions ; quant à moi, j'ai fait mon apprentissage sous les meilleurs maîtres : leurs leçons & mon expérience m'ont appris que deux bataillons suffisent pour former un régiment.

On demande à aller aux voix.

La discussion est fermée à une grande majorité.

On demande à entendre le rapporteur du comité.

M. Regnaud de S. Jean d'Angely. Il est très-bon sans doute d'entendre le rapporteur d'un comité, quand la discussion n'est pas fermée ; dans la circonstance présente, un grand nombre de membres qui, comme moi, n'entendent rien à la matière qu'on traite, seront de l'avis du dernier qui a parlé.

M. le président. Je pose ainsi la question : y aura-t-il incorporation ?

Il s'élève quelques débats.

M. le président. C'est ainsi que je l'ai posée pour la discussion, elle doit l'être de même pour la décision.

M. Arthur Dillon. Il faut poser séparément la question pour l'infanterie & la cavalerie. Je demande la division.

M. de Noailles. Je ne chercherai jamais, par une manière insidieuse de poser la question, à entraîner l'assemblée dans une décision qu'elle n'auroit pas voulu prendre ; j'étois au commencement de la séance ; on a présenté cette question à la discussion : Doit-il y avoir une incorporation dans l'*armée* ? Il ne peut pas y en avoir d'autre à poser.

La division est rejettée.

L'assemblée décrète qu'il n'y aura aucune espèce d'incorporation dans l'*armée*.

Séance du 6 août 1790.

M. de la Tour-du-Pin, ministre de la guerre, est introduit ; il lit un mémoire.

Messieurs, je me préparois à mettre sous vos yeux le nouveau travail que le roi m'a commandé de faire sur l'*armée* ; mais sa majesté, convaincue que le retour de l'ordre & de la discipline dans les différens corps qui s'en sont écartés, doit indispensablement précéder, ou même préparer tous les changemens militaires qu'elle pourroit tenter, m'envoie, avant tout, vous informer de la licence effrénée, où je ne sais quel génie ennemi de la France ne cesse d'entraîner une partie de nos troupes. Le nombre des régimens séditieux & mutins s'accroît journellement ; chaque courrier annonce de nouveaux désordres, & la succession des jours n'est plus, pour le meilleur des rois, qu'une suite continue & rapide de chagrins accablans & de nouvelles désastreuses.

Dans le dernier message que j'eus l'honneur de faire auprès de vous, je vous exposai tous les inconvéniens que devoient entraîner ces comités illégaux, établis dans plusieurs corps par les sous-officiers & soldats. Chaque jour voit multiplier ces étranges sénats, & chaque jour ils osent davantage. Matières politiques, affaires de finance, réglemens de police, tout est de leur ressort, tout devient l'objet de leurs turbulentes délibérations. C'est dans ces funestes comités que fermentent sans cesse les plus violentes passions ; là triomphent toujours les plus séditieux & les plus emportés ; là s'est préparée, là s'est résolue la détention du lieutenant-colonel de Poitou, deux fois mis en prison par ses propres soldats. Ce sont ces mêmes & dangereuses communications qui ont enhardi une partie de Royal-Champagne à refuser de reconnoître pour sous-lieutenant, un des sous-officiers que le roi venoit d'élever à ce grade où l'appelloient ses services & son ancienneté. C'est encore de ces foyers de révolte & d'audace que partent ces pétitions scandaleuses qui viennent de toutes parts assaillir l'autorité.

Il n'est plus de pouvoir qui ne soit méconnu ; une partie de l'*armée* négocie tous les jours par ses envoyés avec le ministère, & mon cabinet est fréquemment rempli de soldats députés, qui viennent m'intimer fièrement *les intentions de leurs commettans* : ce sont leurs expressions. Tant que le mal a resté concentré dans chaque régiment, tant que nul concert entre différens corps n'a menacé l'état de ligues dangereuses, sa majesté, qui déjà vous avoit confié ses inquiétudes sur l'indiscipline dont elle voyoit dès-lors éclater d'alarmans symptomes, n'a pas cru vous devoir affliger chaque jour par les récits de nouveaux désastres. Elle espéroit toujours le retour de l'ordre, du temps, du zèle des officiers, de la vigilance de l'administration, & sur-tout de l'efficacité de votre intervention : mais le mal empire & se propage à chaque instant ; ce n'est plus un corps particulier qui délibère & prononce sur ses intérêts ; ce sont sept régimens qui forment dans Strasbourg un congrès militaire où chacun fournit trois députés. Je n'accompagnerai d'aucune réflexion le récit de ce fait ; mais les plaies profondes que firent à l'empire Romain de semblables excès ; mais les maux occasionnés chez un peuple voisin, dans le siècle dernier, par de pareilles associations de soldats enthousiastes & factieux, sont autant d'effrayans avis que vous donne l'histoire. Représentans des François, hâtez-vous d'opposer la masse de leurs volontés à ce torrent d'insurrections militaires ; n'attendez pas que de nouveaux orages viennent le grossir : peut-être alors les plus fortes digues seroient insuffisantes pour arrêter sa furie. Je ne me lasserai point de le répéter ; la nature des choses exige impérieusement que le corps militaire jamais n'agisse que comme instrument. Uniquement fait pour exécuter la volonté générale, tant au-dedans qu'au-dehors de l'état, il doit lui-même être sans volonté. Il faut qu'indifférent comme les corps physiques, soit au repos, soit au mouvement, il attende toujours que la loi vienne le mouvoir dans le temps, dans le sens

& avec le degré de force qu'elle jugera convenable. Sans cette froide & tranquille obéissance, vous n'aurez point d'*armée*, ou plutôt vous en aurez une inutile au-dehors & funeste au-dedans.

Des réclamations pécuniaires sont l'objet le plus général & le plus important de ces irrégulières assemblées. Le roi sans doute est loin de se refuser aux répétitions légitimes que pourront faire ses soldats, toutes les fois qu'il les lui feront parvenir par les voies légales de leurs commandans & de l'administration supérieure.

Mais sa majesté n'a vu qu'avec indignation plusieurs d'entre eux, au sortir de leurs tumultueux conciliabules, contraindre les chefs à leur remettre les registres de comptabilité, s'ériger en juges de leurs propres droits, prononcer sur leurs propres demandes, rendre leurs officiers responsables de leurs prétentions exagérées, & les forcer d'y satisfaire de leur bourse ou de leur crédit. Elle n'a pu croire qu'on lui parloit de régiment François, en apprenant que la garnison de Metz, oubliant jusqu'à la gloire qu'une partie des corps qui la composent acquit ailleurs sous le général qui la commande, osoit également braver tous les officiers & lui-même, & se livroit à tous les désordres où peut entraîner l'esprit de révolte excité par la cupidité. Les masses générales, cet argent de l'état dont l'ordonnance fit de tout temps un dépôt inviolable & sacré, vont, si l'on n'y met ordre, devenir dans chaque régiment la proie de l'avarice & le prix de la sédition. Dans quelques corps, les soldats les ont déjà pillées; dans d'autres ils demandent à se les partager. Si des décrets sévères ne se hâtent de mettre un frein à leur avidité, comment en ces jours de détresse, remplacer les millions qu'ils auront enlevés des caisses militaires?

Ces dilapidations des masses ne sont pas, au reste, la seule perte que le corps militaire ait depuis quelque temps fait éprouver au trésor public.

Lors des fédérations, diverses garnisons ont consommé en fêtes des sommes considérables, que sa majesté croiroit peu juste de faire payer au soldat. Entraîné par l'exemple, emporté par l'enthousiasme du moment, la générosité de ses concitoyens a provoqué la sienne. Dans les transports de sa sensibilité, il n'a consulté que son cœur, & d'indiscrètes dépenses ne lui ont paru qu'un juste retour de politesse & d'amitié fraternelle. Le roi voit avec trop de plaisir ses troupes unies d'esprit & de cœur au reste de sa nombreuse famille, pour jamais pouvoir se résoudre à leur rendre moins doux, par de fâcheuses retenues, le souvenir de ces jours de concorde & de patriotisme. Mais tout en excusant ces imprudentes magnificences, vous penserez sans doute avec sa majesté, qu'il est de la plus haute importance d'en prévenir pour jamais le retour. Quoique bien moins condamnable que les désordres dont je vous ai plus haut rendu compte, celui-ci n'entraîneroit pas des suites moins fâcheuses: tous ces divers excès finiroient par mettre le trésor public à la merci de l'*armée*, & réduiroient bientôt la France à ce point funeste où ne pouvant exister sans soldats, elle ne pourroit non plus exister avec eux.

Je viens, Messieurs, de vous indiquer le mal; & croyez que je suis loin d'en avoir exagéré la grandeur & l'urgence; daignez jetter les yeux sur les extraits joints à ce mémoire, & vous sentirez combien le péril est pressant. Hâtez-vous d'accourir au secours de la patrie; c'est désormais de vous seuls qu'elle attend son salut: l'autorité du trône devient insuffisante dans ce moment critique; les loix l'ont sans doute armé de tout le pouvoir nécessaire pour maintenir au-dedans l'ordre & la tranquillité; mais il ne s'agit plus de les y maintenir, il les y faut établir, ou plutôt il les y faut créer. Unissez toute votre force à celle du roi, pour arrêter la dangereuse fougue du corps militaire. La lenteur des délibérations, toujours inséparable de la sagesse dans tout corps politique & nombreux, ne vous a pas permis encore d'achever la rédaction du code pénal militaire que vous avez annoncé: qu'en l'attendant, l'ancien reprenne tout son empire. Dans l'ordre civil, les loix peuvent quelquefois dormir sans péril imminent pour l'état; mais sa sûreté exige qu'elles veillent sans relâche sur le corps militaire. Si son activité cesse un moment d'être enchaînée par les liens de la discipline, elle va s'exercer sur tout ce qui l'entoure avec d'autant plus de force, qu'elle fut ci-devant plus comprimée.

Le soldat aujourd'hui n'a ni juges ni loix; rendez-lui l'un & l'autre; que les séditieux recommencent à trembler devant ces mêmes conseils de guerre qui les ont si long-temps contenus. Le mal sans doute est grand, mais non pas sans remède; il reste encore à la patrie des corps fidèles, & l'instant du retour des loix verra, n'en doutez point, renaître dans nos troupes la paix, l'obéissance & l'amour du devoir. (On applaudit). *Voyez* RÉGIMENS.

M. le président. L'assemblée nationale ne peut entendre sans douleur, le récit des événemens que vous venez d'exposer sous ses yeux; elle alloit s'occuper des désordres dont elle est affligée. Elle ne doute pas du zèle qu'un ministre, le père & l'ami du soldat, mettra à seconder ses efforts. Elle va délibérer.

M. Emmery. Le comité militaire m'a chargé de vous présenter un projet de décret sur les désordres de l'*armée*; nous espérions obtenir hier la parole: ainsi, si nous avons été prévenus d'un jour, votre sollicitude n'avoit pas été prévenue.

M. Emmery présente un projet de décret en dix articles; il donne sur chacun des développemens très-étendus. Les articles IX & X, concernant les

insurrections

insurrections des régimens de Poitou & de Champagne sont ajournés à demain. Pour former des décrets séparés, les huit premiers articles sont décrétés en ces termes:

Art. Ier. Les loix & ordonnances militaires actuellement existantes, seront observées & suivies jusqu'à la promulgation très-prochaine de celles qui doivent être le résultat des travaux de l'assemblée nationale sur cette partie.

II. Excepté le conseil d'administration, toutes autres associations délibérantes, établies dans les régimens, sous quelque forme & dénomination que ce soit, cesseront immédiatement après la publication du présent décret.

III. Le roi sera supplié de nommer des inspecteurs, extraordinairement choisis parmi les officiers généraux, pour, en présence du commandant de chaque corps, du dernier capitaine, du premier lieutenant, du premier sous-lieutenant, du premier & du dernier sergent ou maréchal-de-logis, du premier ou du dernier caporal, ou brigadier, & de quatre soldats du régiment nommés ainsi qu'il va être dit, procéder à la vérification des comptes de chaque régiment, depuis six ans, & faire droit sur toutes les plaintes qui pourront être portées relativement à l'administration des deniers & à la comptabilité; à l'effet de quoi il sera tiré au sort un soldat par compagnie, parmi ceux sachant lire, ayant deux ans de service; & parmi ceux que le sort aura désignés, il en sera ensuite tiré quatre pour assister à cette vérification, de laquelle il sera dressé procès-verbal, dont copie sera envoyée au ministre de la guerre.

IV. Il ne pourra désormais être expédié de cartouches jaunes ou infamantes à aucun soldat, qu'après une procédure instruite & en vertu d'un jugement prononcé selon les formes usitées dans l'*armée*, pour l'instruction des procédures criminelles & la punition des crimes militaires.

V. Les cartouches jaunes expédiées jusqu'à présent, à compter du premier mai 1790, sans l'observation de ces formes rigoureuses, n'emportent aucune note ni flétrissure au préjudice de ceux qui ont été congédiés avec de semblables cartouches.

VI. Les officiers doivent traiter les soldats avec justice, & avoir pour eux les égards qui leur sont expressément recommandés par les ordonnances, à peine de punition. Les soldats, de leur côté, doivent respect & obéissance absolue à leurs officiers, & ceux qui s'en écarteront, seront punis selon la rigueur des ordonnances.

VII. A compter de la publication du présent décret, il sera informé de tout nouvelle insurrection, de toute mouvement concerté dans les garnisons ou dans les corps contre l'ordre & au préjudice de la discipline militaire. Le procès sera fait & parfait aux instigateurs, fauteurs & participes de ces insurrections & mouvemens, & par le jugement à intervenir ils seront déclarés déchus pour jamais du titre de citoyens actifs, traîtres à la patrie, infames, indignes de porter les armes, & chassés de leurs corps; ils pourront être condamnés à des peines afflictives ou infamantes, conformément aux ordonnances.

VIII. Il est libre à tout officier, sous-officier ou soldat de faire parvenir directement ses plaintes aux supérieurs, aux ministres, à l'assemblée nationale, sans avoir besoin de l'attache ou permission d'aucune autorité intermédiaire. Mais il n'est permis, sous aucun prétexte, dans les affaires qui n'intéressent que la police intérieure des corps, la discipline militaire & l'ordre du service, d'appeller l'intervention, soit des municipalités, soit des autres corps administratifs, lesquels n'ont d'action sur les troupes de ligne que pour les réquisitions qu'ils peuvent faire à leurs chefs ou commandans.

Sur la proposition de M. Robespierre, l'assemblée ajourne au dimanche suivant la discussion sur une nouvelle composition des conseils de guerre.

Séance du 17 août 1790.

M. de Noailles, au nom du comité militaire. Le ministre de la guerre avoit présenté, il y a un mois, un plan d'organisation militaire; ce plan a été examiné avec soin par le comité; il a été discuté mûrement par l'assemblée nationale, & vous ne l'avez point admis: vous avez décrété les bases de l'organisation de l'*armée*; le ministre a donné un nouveau plan que vous avez renvoyé au comité militaire; ce comité s'est uniquement renfermé dans l'objet particulier de savoir si tous vos décrets ont été fidellement interprétés & suivis par le ministre. Je vais donc faire lecture du mémoire du ministre, à la suite duquel je présenterai un projet de décret qui en renferme les dispositions.

M. de Noailles fait cette lecture:

M. de Dortan. On propose 94 officiers-généraux; & à quoi seront-ils bons en temps de paix? Louis XIV n'en avoit que 24 en temps de guerre.

M. de la Galissonnière. Il en avoit 24 par *armée*, & il avoit sept *armées*.

M. de Noailles. Nous ne prétendons pas défendre la proposition du ministre; nous la soumettons seulement à votre discussion.

On demande quel est l'avis du comité.

M. de Noailles. J'ai eu l'honneur d'annoncer que le comité s'étoit borné à examiner si le plan du ministre étoit contraire aux loix constitutionnelles que vous avez décrétées.

M. de Bouthiller. J'observerai sur le fait historique, que nous avons quatre *armées*, & qu'en donnant 24 officiers à chacune, cela feroit le nombre de 96. J'ajouterai qu'il y avoit alors des brigadiers. Sans doute le nombre de 94 officiers-généraux seroit trop considérable, si toutes les troupes étoient réunies ; mais il n'en est pas de même quand elles sont répandues sur la surface du royaume.

M. Guittard. En temps de guerre, le nombre des officiers-généraux est très-embarrassant ; leurs équipages sont considérables ; on ne sait comment les loger, & ils consomment beaucoup de vivres. Prenez-en autant que vous voudrez pendant la paix, ils ne servent à rien ; mais au moins ils ne sont pas nuisibles.

M. Dumetz. Je demande au comité si les officiers-généraux sont nécessaires pendant la paix.

M. de Wimpfen. Je demande au préopinant s'il pense qu'on puisse avoir de bons officiers-généraux pendant la guerre, s'ils n'ont long-temps servi pendant la paix.

M.... Combien le roi de Prusse avoit-il d'officiers-généraux pendant la guerre de sept ans ?

M. d'Ambly. On faisoit marcher les Prussiens avec des coups de plat de sabre : les François marchent pour l'honneur ; ils ont besoin d'officiers-généraux. Sans ces officiers, ils vont avec impétuosité ; mais ils reviennent de même : ce sont les officiers qui ramènent les soldats.

M. Guittard. Ce sont les sergens.

M. de la Galissonnière. Le roi de Prusse avoit depuis 170 jusqu'à 200 officiers-généraux.

L'article premier, rédigé par le comité sur le plan du ministre, est adopté ainsi qu'il suit :

Art. Ier. L'*armée* sera composée, à compter du premier janvier 1791, de 150,848 hommes, tant officiers que soldats, dont 10,137 d'artillerie & du génie. Le nombre des officiers-généraux employés, ne pourra pas excéder 94. L'assemblée nationale se réserve de statuer sur le nombre des adjudans, sur celui des aides-de-camp, & sur le nombre des commissaires des guerres qui doivent être en activité pendant l'année 1791.

Séance du 18 août 1790.

M. de Noailles présente la suite des articles rédigés d'après le mémoire du ministre de la guerre, sur l'organisation de l'*armée*.

II. Les troupes étrangères qui feront partie du nombre ci-dessus, & qui seront à la solde de la nation, ne pourront pas, sans un décret du corps législatif, sanctionné par le roi, excéder le nombre de 26 mille hommes.

III. Le nombre d'individus de chaque grade & dans chaque arme, sera déterminé ainsi qu'il est expliqué en l'état no. 1, du ministre de la guerre, sans y comprendre l'artillerie & le génie, sur lequel il sera fait un rapport particulier, & sauf les changemens que les circonstances pourroient exiger dans les corps de l'*armée*.

IV. Le ministre proposera les changemens qui pourroient avoir lieu dans l'*armée*, dans des notes particulières qu'il adressera au corps législatif.

V. Les appointemens & soldes seront fixés pour chaque grade, à compter, ainsi qu'il est dit en l'état no. 2, du ministre de la guerre.

VI. Les régimens suisses & grisons conserveront jusqu'au renouvellement de leurs capitulations, les appointemens & soldes dont ils jouissent en vertu d'icelles.

VII. Les officiers, sous-officiers & soldats, qui, par l'effet de la nouvelle formation, éprouveroient une réduction sur leur traitement actuel, le conserveront jusqu'à ce qu'ils en obtiennent un équivalent : en attendant, ils seront payés du supplément sur des états particuliers, dans la forme prescrite par les ordonnances.

VIII. Les carabiniers seront rendus à leur destination primitive de grenadiers de la cavalerie : en conséquence, ils se remonteront dans les troupes à cheval, ou de sujets ayant fait au moins un congé dans lesdites troupes, & ils jouiront d'un sol de haute paie, comme les grenadiers en jouissent dans l'infanterie.

IX. Les appointemens & solde réglés par l'article IV, seront payés par le trésor public, sur des revues, en raison du nombre des jours dont chaque mois est composé.

X. Indépendamment de la solde réglée par l'article IV, il sera fourni à chaque soldat présent aux drapeaux ou détaché pour le service, conformément au décret du 24 juin, une ration de pain de munition du poids de 24 onces, laquelle ration fera partie de la solde de l'homme présent ; sans que l'homme absent des drapeaux puisse y rien prétendre.

XI. Il sera fourni des rations de fourrages aux chevaux des officiers, suivant le détail ci-après ; savoir, infanterie : à chaque colonel deux rations, à chaque lieutenant-colonel une ration. Troupes à cheval : à chaque colonel trois rations, à chaque lieutenant-colonel ou capitaine deux rations. Troupes légères : à chaque lieutenant-colonel deux rations.

XII. Les paiemens faits en vertu des articles précédens ne devant avoir lieu qu'à l'effectif, il sera constaté tous les trois mois par des revues des commissaires des guerres, dans la forme qui sera prescrite par les ordonnances.

XIII. Pour subvenir aux dépenses du recrutement, rengagement, remonte, habillement, équipement, armement, frais de bureau & autres d'administration, il sera payé à chaque régiment une somme pour hommes au complet, pour former la masse générale, suivant ce qui sera fait dans un travail particulier.

XIV. Il sera également formé des masses pour subvenir aux dépenses des vivres, fourrages, hôpitaux, frais & campement, dont les fonds seront faits au département de la guerre, sur le pied du compte de l'*armée*. Toutes les masses, non compris celles du linge & chaussures, sont destinées aux besoins collectifs de tous les corps, & appartiennent à la nation. En conséquence, nul individu n'aura le droit d'en demander compte, ainsi qu'il a été réglé par le décret du.... Les corps en compteront avec le ministre de la guerre, & celui-ci avec la personne chargée par le corps législatif d'en prendre connoissance.

XV. Les fonds affectés, tant aux travaux de l'artillerie qu'à ceux du génie pour l'année 1791, seront provisoirement fixés à 5,400,000 liv. dont la répartition sera faite par le ministre de la guerre.

XVI. Il sera pareillement affecté, pour les premiers mois de ladite année, & provisoirement, un fonds de 1,500,000 liv. pour les frais de bureaux du ministre, les frais d'impression, les ordonnances de convois & d'escorte des fonds de la guerre, & autres frais de toute espèce ; mais cette somme ne sera définitivement réglée qu'après avoir pris une connoissance exacte des sommes affectées à chaque objet distrait, & les tableaux y relatifs seront rendus publics sur le champ.

Ces articles sont adoptés après une discussion très-légère. Voyez *la troisième Partie*.

Séance du 20 août 1790.

M. Malouet présente, au nom des comités des rapports, des recherches, de la marine & militaire réunis, un projet de décret sur l'attentat commis à Toulon contre M. Castelet, commandant en second de la marine. *Voyez* CASTELET.

M. Mirabeau l'aîné. C'est dans de bien pénibles circonstances qu'on vient vous offrir des mesures partielles dans une maladie malheureusement trop générale, trop malheureusement contagieuse. Je viens, pour un mal général, offrir des mesures générales. Sans entrer dans le détail déplorable des insurrections militaires qui se manifestent dans les différens points du royaume, je vous prie de rechercher si rien ne prouve qu'elles sont systématiques. Vous devez aussi remarquer que la tendance des choses & l'esprit du moment ont occasionné une action & une réaction qui attaquent le corps entier.

Un corps ulcéré ne peut pas être pansé plaie à plaie, ulcère à ulcère, mais il faut une transfusion de sang nouveau. Entre toutes les causes qui ont subverti la subordination militaire, j'en remarque deux principales : l'impulsion des chefs qui d'abord a tendu à détraquer en un sens les corps, & l'impulsion de l'esprit du moment qui a réagi par une terrible action contre l'impulsion qu'on essayoit de donner. Je pourrois prouver cette théorie par des détails. Un membre de cette assemblée a, sur ce qui s'est passé à Hesdin, une relation très-évidente sous ce rapport, & je desirerois qu'elle fût communiquée à l'assemblée avant la fin de cette séance.

M. Dubois de Crancé se lève.

M. Mirabeau l'aîné. Je continue l'esquisse de ma théorie. Je dis qu'une action & une réaction en sens contraire, indépendamment des circonstances, ont plus ou moins excité les mouvemens de votre *armée*. Je dis que si vous faites des décrets particuliers à chaque insurrection particulière, sur des récits qui vous arrivent à travers le prisme des passions, vous ne ferez pas une chose efficace. Vous ne pouvez vous déguiser à vous-mêmes que l'*armée* ne sait pas assez qu'elle ne peut exister sans une discipline sévère ; que la paix publique ne peut subsister avec une *armée* insubordonnée. Vous ne pouvez pas vous dissimuler que si la déclaration des droits de l'homme contenoit des principes hors de la portée commune, l'*armée* ne sauroit être assez organisée pour asseoir la liberté publique, que par la déclaration des devoirs de chaque citoyen. (Il s'élève des murmures & des applaudissemens.)

Permettez-moi de vous observer que je n'ai encore mérité ni blâme, ni éloge dans cette affaire ; je n'ai exposé que des principes très-simples, qui me conduisent à une conclusion ferme & sévère. Dans des circonstances difficiles, vous ne pouvez mollir sans danger, sans être indignes de vous-mêmes ; vous ne pouvez punir sans défiance & sans une grande prévoyance de l'avenir. Je propose que l'assemblée porte le décret que je vais lire, & qui, mieux que les développemens que la contrariété d'opinions exigera peut-être, présentera ma théorie. Il montrera à ceux qui professent des opinions diverses, que si je leur suis également désagréable en ce moment, c'est que je tiens un juste milieu : or la justice & la vérité sont là. Voici le décret que j'ai l'honneur de proposer.

L'assemblée nationale, instruite par les différens rapports qui lui ont été faits, du mécontentement

& de l'insubordination des soldats; considérant que la paix publique ne peut subsister avec une *armée* insubordonnée; qu'une *armée* ne peut exister sans l'observation la plus exacte de la discipline militaire; que son relâchement actuel provient de ce que l'organisation de la liberté publique n'est point encore complète; que l'ordre sera bientôt rétabli dans l'*armée*, lorsque les soldats auront appris à ne pas séparer leurs droits de leurs devoirs;

Décrète que son président se retirera vers le roi, pour le supplier d'envoyer des commissaires dans les différentes garnisons du royaume, à l'effet de licencier l'*armée* le 10 du mois prochain, de la recomposer sur le champ des mêmes individus, d'après l'organisation décrétée par l'assemblée nationale, acceptée & sanctionnée par le roi, en ne recevant, soit pour soldats, soit pour chefs, que les citoyens qui prêteront le serment de remplir les devoirs attachés à leur état, tels qu'ils auront été statués par l'assemblée nationale.

« Décrète en outre qu'il sera envoyé incessamment une adresse à l'*armée*, pour développer le nouveau serment qui va la régénérer, enseigner aux soldats leurs rapports avec les autres citoyens, & faire concourir ainsi au rétablissement de la paix, l'instruction & la loi ».

(Une grande partie de l'assemblée applaudit.)

M. Dandré. Le préopinant a confondu les deux rapports qui devoient vous être faits; sa proposition paroît être relative aux insurrections militaires de Metz.

M. Mirabeau l'aîné. Je n'ai pas cru qu'un comité pût faire un rapport sur des lettres isolées. Je ne m'attendois donc pas à celui des événemens arrivés à Metz; c'est sur ce que M. Dubois m'a dit, que j'ai voulu répondre à des faits particuliers, par des idées générales.

M. Dandré. Il ne s'agit pas à Toulon d'une insurrection militaire, mais d'un tumulte occasionné par deux cens brigands. On peut décréter le projet présenté par M. Malouet au nom des comités: j'ajouterai en amendement, que la sénéchaussée de Toulon juge en dernier ressort, & qu'il soit informé contre ceux qui ont donné ordre de faire sortir de prison cinq assassins qui avoient été arrêtés.

Le projet de décret est adopté à l'unanimité avec cet amendement, ainsi qu'il suit:

L'assemblée nationale, sur la dénonciation qui lui a été faite par le ministre de la marine, d'un attentat commis à Toulon le 10 de ce mois, contre la personne de M. Castelet, commandant en second de la marine, & après avoir ouï le rapport des comités des rapports, des recherches, de marine & militaire réunis, décrète que son président se retirera pardevers le roi, pour prier sa majesté de donner les ordres les plus prompts, à l'effet de faire poursuivre pardevant la sénéchaussée de Toulon, qui jugera en dernier ressort les auteurs, complices & adhérens de l'attentat qui lui a été dénoncé, & fera particulièrement informer sur les ordres donnés pour faire sortir des prisons cinq des assassins qui y avoient été conduits.

L'assemblée nationale charge son président d'écrire aux maire & officiers municipaux de Toulon, pour leur témoigner sa satisfaction du zèle & du patriotisme qu'ils ont montrés, en défendant la personne de M. Castelet, & les charge de faire connoître aux gardes nationales, à la garnison, & notamment aux grenadiers de Barrois, qui, en cette occasion, ont donné des preuves de dévouement, la satisfaction que l'assemblée éprouve de leur conduite.

M. Malouet. Les dispositions relatives aux fonds à envoyer à Toulon sont l'objet de la délibération actuelle de vos comités. Demain le rapport vous en sera fait.

L'assemblée consultée, décide que M. Dubois fera lecture de la relation indiquée par M. Mirabeau l'aîné.

M. Dubois de Crancé fait cette lecture. — Voici l'extrait de cette relation adressée ce matin à M. Dubois de Crancé par la garde nationale d'Hesdin. — Le premier du présent mois, jour qui devoit assurer l'union entre les officiers & les cavaliers du régiment de Royal-Champagne, la municipalité & la garde nationale de cette ville, il y eut un dîner rendu par les officiers à ces deux corps. Les repas donnés par la garde nationale & la municipalité, avoient été de véritables fêtes. Ils avoient offert la réunion de tous les rangs & de tous les grades. Les officiers, au lieu de suivre la même marche, n'ont invité ni les sous-officiers, ni les cavaliers; ils ont seulement donné six livres par chambre. A ce dîner, tous les cœurs furent glacés par une froide étiquette, par un cérémonial compassé. Le patriotisme de ces messieurs leur inspiroit des couplets où le roi, la reine & le dauphin étoient célébrés, & qui excitoient des cris de vive le roi, vive la reine. La suite de ces couplets renfermoit des allusions contre les représentans de la nation & contre la garde nationale. On nous disoit: *Laissez vos pompons & vos armes; il n'y a rien de bon du côté gauche que le cœur.*

Après la santé du roi on éluda de porter celle de ce que nous avons de plus cher, de la nation & de ses représentans. Les officiers de la garde nationale craignoient qu'on ne les soupçonnât d'avoir concouru à l'exclusion, à l'humiliation de leurs frères d'armes du régiment de Royal-Champagne. On prépara un bal sur la place; l'indignation des cavaliers étoit augmentée par la réception qu'on avoit faite, avant le dîner, d'un sous-officier qu'ils détestoient, & qui avoit été promu au grade de sous-lieutenant. Sur les dix heures du soir, on vit arriver une trentaine de cavaliers qui, une chandelle à la main, firent le tour de la place; dans cette gaieté innocente aucun citoyen n'a dit avoir éprouvé une insulte. Les officiers prétendent avoir été menacés & blessés: mais il seroit peut-être difficile de le prouver. Il falloit punir les individus & non le corps entier; d'ailleurs, on avoit passé la journée à boire. Etoit-ce aux officiers à se plaindre? Ils avoient fourni la boisson; ce qui est certain, c'est qu'aucun officier n'a rappellé les soldats à l'ordre, & l'ordre s'est rétabli de lui-même. Il faut remarquer qu'il y avoit une exemption d'appel pour toute la nuit, & que cette exemption n'avoit pas été révoquée. Le lendemain, disoit-on, devoit être le grand jour: qu'est-il arrivé? trente cavaliers, précédés d'un trompette, ont fait une nouvelle procession, en sortant du cabaret. Est-ce une insurrection que de courir sans désordre, en criant: *Vive la nation; vive les bons citoyens d'Hesdin, au diable les aristocrates?*

Les jours suivans se passèrent dans le plus grand calme; mais il faut avouer que cette tranquillité fût altérée par des mesures graves, accompagnées d'un appareil militaire, qui répandirent de grandes inquiétudes dans toutes les familles. Le samedi 10, cet appareil militaire se déploie tout-à-coup, comme si l'ennemi étoit aux portes; l'hôtel-de-ville est changé en véritable arsenal; toutes les troupes s'y assemblent, six pièces de canon sont traînées dans la cour, la mèche est allumée, les salles se remplissent d'ouvriers qui fabriquent des cartouches, on y rassemble des fusils, les postes sont doublés; tous ces préparatifs se font au nom de la municipalité. Une lettre de M. Fournès, colonel & membre de l'assemblée nationale, annonce que le 5 de ce mois, l'assemblée doit rendre un décret pour casser le régiment; ce député engage les officiers à se mettre en sûreté, à enlever la caisse, à porter les drapeaux à l'hôtel-de-ville. M. Fournès étoit à quarante lieues de la scène; il a pu être trompé par des oui-dire: mais les officiers municipaux étoient sur les lieux, tout étoit calme; leur esprit frappé n'a vu que des assassins, on ne leur pardonnera pas. Ce n'étoit pas assez; la municipalité implora le secours du commandant de la province; le 9 arriva des détachemens de troupes étrangères; tous les citoyens se demandent quel désordre a-t-on commis? où sont les crimes qu'il faut punir?

Le peuple au milieu de ces inquiétudes, se permet à peine quelques murmures; les officiers municipaux & les chefs des troupes tiennent sur la place des conférences; on décide que le régiment de Royal-Champagne ne fera plus de service; que les postes seront occupés par la garde nationale; que les nouvelles troupes garderont les fauxbourgs; que les portes de la ville resteront toujours ouvertes, & qu'ainsi que les ponts-levis, elles seront clouées: telles sont les dispositions du congrès municipal & militaire. Le peuple en voyant appeller des troupes étrangères, en voyant qu'on leur livre les portes, n'a-t-il pas dû concevoir des inquiétudes pour sa liberté?......

M. l'abbé Maury. Nous n'avons pas besoin de cette relation; elle n'a nul rapport avec l'objet actuel.

Cette observation est repoussée par des murmures.

M. Dubois de Crancé continue sa lecture. — On ne se permettra qu'une réflexion sur ces dispositions despotiques. Ce n'est qu'à l'approche des troupes étrangères, rassemblées autour de Paris, qu'a commencé la révolution. Enfin arrive un décret qui improuve la conduite du régiment de Royal-Champagne; & ce n'est pas ce décret fulminant qu'on avoit annoncé.

On ne conçoit pas les raisons qui ont engagé les officiers municipaux à tenir la ville investie par des troupes étrangères. Ils auroient pu le faire peut-être, si les cavaliers n'avoient pas reçu avec modération l'humiliation qui leur a été infligée; mais ils n'ont pas donné ce triomphe à leurs ennemis. On a vu monter à l'hôtel-de-ville des soldats, peut-être gagnés, pour faire des déclarations dont on ne connoît pas la teneur: ces soldats, au nombre de 30, habitent un autre quartier de la ville; on leur a donné de la poudre & du plomb pour se défendre, dit-on, contre leurs camarades. Si on avoit pu exciter la division, on se feroit applaudi des dispositions qu'on avoit prises. Il résulte de ce récit, 1°. que le faux avis donné par M. Fournès, est le pivot sur lequel roule toute cette conduite; 2°. que les officiers municipaux, sous le prétexte de mettre en sûreté les officiers du régiment de Royal-Champagne, qu'on a feint être en danger, ont troublé la tranquillité publique & la liberté; 3°. qu'on s'est permis d'infliger au régiment de Royal-Champagne des peines plus fortes que celles décrétées par l'assemblée nationale. Il résulte enfin qu'il n'y a plus de sûreté publique, plus de liberté; que les droits de l'homme sont une chimère, si les officiers municipaux peuvent clouer les portes, appeller les troupes étrangères, & usurper le pouvoir militaire. Pour opérer une contre-révolution à Hesdin, on n'auroit pas pris d'autres mesures; l'assemblée nationale est suppliée d'examiner si le corps municipal n'a pas outre-passé les pouvoirs qui lui sont délégués par la loi.

M. d'Ambly. J'ai reçu aussi une lettre de la municipalité; le régiment n'a pas fait ce qu'on craignoit; la municipalité n'a pas de tort, pour avoir pris des précautions. Quand on a tenu un conseil, que le chef de la garde nationale a signé, & qu'on revient contre, il faut mettre la clef sous la porte.

M. Fournès, colonel du régiment de Royal-Champagne. Je dois vous dire que les faits contenus dans l'extrait de cette prétendue lettre, sont inexacts; je demande qu'on la porte au comité militaire, pour qu'il vous en soit rendu compte.

On demande l'ajournement à jour fixe de la motion de M. Mirabeau l'aîné, & le renvoi au comité du récit lu par M. Dubois de Crancé.

M. Mirabeau l'aîné. Il me semble qu'on oublie la manière dont a été introduite la communication de la lettre de M. Dubois de Crancé; je l'ai demandée en preuve de la complication de la maladie de l'*armée*; elle ne peut être l'objet d'une motion. C'est ma motion qui doit être délibérée ou renvoyée à un comité, selon le desir de l'assemblée.

M. Robertspierre. Il est évident que M. Mirabeau a présenté sa motion, comme essentiellement attachée à l'affaire de Toulon....

M. Alexandre Lameth. Il me semble, sans examiner au fond la motion de M. Mirabeau, qu'elle renferme deux mesures, dont l'une peut être adoptée à l'instant, tandis que le moment de décréter l'autre n'est point encore arrivé. Il reste au comité militaire deux rapports à faire; l'un sur les tribunaux militaires, l'autre sur l'avancement. Ce n'est que quand les militaires connoîtront l'avancement qu'ils peuvent espérer & les peines auxquelles ils seront soumis, qu'on pourra exiger d'eux le serment qu'on veut leur faire prêter. C'est alors que la mesure très-importante, qu'on vous présente & qui mérite un grand examen, pourra être discutée. Quant à l'adresse à l'*armée*, je n'y vois aucun inconvénient. L'*armée* est trompée, elle présente donc un très-grand avantage.

M. Mirabeau. Je me range à l'avis du préopinant. Le comité est plus en état que qui que ce soit de déterminer le moment où le travail sera assez avancé pour l'explosion de cette forte mesure. J'adopte également une observation qui vient de m'être faite, & je prie de substituer le mot *lettre* à celui d'*adresse*.

M. Regnaud. Cette lettre ne servira à rien; elle peut arriver à un régiment en insurrection. Les mal-intentionnés soutiendront que vous avez des raisonnemens & point de puissance. Au moment où la seconde proposition de M. Mirabeau sera adoptée, il sera utile de faire une adresse pour accompagner cette grande mesure. L'insubordination ne vient pas des gens à qui s'adresseront votre lettre. Les mal-intentionnés la dédaigneront; il ne faut leur opposer que la force publique; les autres ne la comprendroient pas. Je demande qu'on ajourne en entier la motion de M. Mirabeau l'aîné.

L'assemblée délibère, & la première proposition de M. Mirabeau est renvoyée au comité militaire.

M. de Foucault. Quand on démolit avec violence, il faut rétablir avec célérité. Quelle est la lettre qu'on doit envoyer à l'*armée*? La loi, l'instruction sur la loi. Le comité dit qu'il sera bientôt prêt; qu'il passe les nuits à son travail. Il n'y a pas un bon citoyen qui, dût-il y périr, ne redoublât d'efforts, quand il s'agit de sauver la chose publique.

L'ordre judiciaire est achevé; donnons tous les jours au comité militaire, & terminons cet important travail.

On demande le renvoi au comité, de la seconde proposition de M. Mirabeau l'aîné.

M. de Noailles. Je crois la proposition de M. Mirabeau l'aîné d'autant plus nécessaire, qu'il y a à Paris douze ou quinze députations de régimens avec des prétentions différentes. On fixera dans la lettre à l'*armée* les prétentions qui doivent naître & celles qu'on doit abandonner sur le champ. Il faudra plusieurs séances pour achever le travail du comité militaire, & chaque jour un régiment se détraque. Les soldats trompés croient faire une chose utile en envoyant une députation à l'assemblée. Je demande donc qu'une lettre soit écrite sur le champ, & que M. Mirabeau l'aîné soit chargé de la présenter au comité & à l'assemblée.

On se dispose à mettre cette proposition aux voix.

M. de Toulongeon. Je demande la parole sur la manière de poser la question. Il faut simplement charger le comité militaire de cette rédaction, & n'attacher à cette lettre aucun nom particulier; je crois que je me fais entendre.

M. Mirabeau l'aîné. Je soutiens l'avis de M. Toulongeon, quoique je sois obligé de me rappeller avec reconnoissance qu'une fois l'assemblée m'a fait l'honneur de me charger, par décret, d'écrire à tout le royaume; cette lettre à l'*armée* sera entièrement l'ouvrage du comité, & M. de Toulongeon a toute raison.

L'assemblée décrète que le comité militaire présentera une lettre à adresser à l'*armée*.

Observations de M. de la Tour-du-Pin, ministre de la guerre, relatives au plan d'organisation de l'armée.

Messieurs, par votre décret du 22 de ce mois, vous avez arrêté qu'il vous seroit rendu compte des motifs qui ont déterminé à vous proposer l'entretien d'une *armée* de cent cinquante mille hommes. Dans un délai aussi court, je ne puis qu'indiquer rapidement tous les objets qu'il faut considérer pour se former un résultat de la force nécessaire à la sûreté d'un empire.

C'est de la nature de son gouvernement, de sa position géographique, de son étendue, de sa population, de ses alliances, des ennemis qu'il peut avoir, des forces qu'ils peut employer; que se compose le systême de la défense d'un état.

Telles sont les importantes considérations d'après lesquelles vous avez à fixer quelle *armée* peut être nécessaire à la France pour la guerre; il s'agira d'examiner ensuite jusqu'à quel point cette *armée* peut, sans inconvénient, être réduite à la paix.

Sans doute il appartenoit aux représentans de la nation françoise de consacrer les premiers ce grand principe de justice, que la force militaire n'est créée que pour la conservation de l'état, & non pour son agrandissement; mais ce systême juste & modéré n'en nécessite pas moins de grandes *armées*: s'il faut ne pas vouloir la guerre, il faut pouvoir la repousser avec vigueur; il faut surtout, autant qu'il est possible, chercher à en porter le théâtre chez nos ennemis.

Défions-nous, Messieurs, de cette politique timide & trompeuse qui diroit qu'il suffit de bien garnir nos frontières; nous avons besoin, au contraire, d'*armées* fortes & manœuvrières qui, agissant avantageusement au-dehors, éloignent de notre pays les maux de tout genre qu'entraîne la guerre avec elle; nous devons chercher à faire vivre nos troupes aux dépens des états qui nous l'auront déclarée; alors nous obtiendrons à la fois, repos pour le peuple, & soulagement pour le trésor public.

Si vous considérez la force des *armées* qui peuvent nous être opposées, vous verrez que l'état de paix du roi de Hongrie est de deux cens trente mille hommes, & que la conscription établie dans ses états peut les porter facilement au-delà de trois cens mille.

L'état de paix du roi de Prusse est de deux cens mille hommes, & une conscription d'un genre plus rigoureux encore peut les porter également à près de trois cens mille.

Le contingent de l'Empire est de trente mille hommes, & doit, selon les circonstances, pouvoir se porter au triple de cette force.

C'est contre une ou plusieurs de ces forces auxquelles peuvent se joindre des puissances du nord, que nous devons songer à nous défendre.

Mais il faut ajouter à la liste de nos besoins la conservation de nos colonies dans les deux Indes, & la garnison de nos vaisseaux; les puissances maritimes nous obligent à de grands efforts non-seulement pour garantir ces importantes possessions, mais pour la protection que nous devons à notre commerce: c'est donc à une guerre de terre & de mer tout à la fois, qu'il faut que nous songions à faire face; & je pense, Messieurs, que vous en concluerez que, dans une telle position, ce n'est pas trop d'avoir un état militaire constitué sur le pied de deux cens cinquante mille hommes, c'est-à-dire, sur un pied plus foible que celui de chacune des puissances avec lesquelles nous pourrions avoir la guerre, quoique nous soyons presque toujours assurés d'avoir à la faire & sur mer & sur terre.

Aussi, Messieurs, est-ce à l'heureuse position géographique de la France, au nombre & à la liaison de ses forteresses, à la nature de ses alliances, que nous devons de n'avoir pas besoin de plus nombreuses *armées* pour défendre d'aussi vastes possessions, une aussi grande étendue de côtes & de frontières.

Je vais indiquer maintenant l'emploi des deux cens cinquante mille hommes que je crois nécessaires à la défense de l'état. On ne peut pas couvrir nos frontières, depuis Bâle jusqu'à la Meuse, avec une *armée* moindre de quatre-vingt mille hommes; on ne peut pas en avoir moins de soixante mille pour pénétrer dans les Pays-Bas, & s'y maintenir; la frontière des Alpes demande trente à quarante mille hommes, parce que la nature du pays donne aux ennemis que nous pourrions avoir dans cette partie, plus de facilité qu'à la France pour surprendre le passage des montagnes; la garnison de nos vaisseaux exige au moins dix-huit mille hommes; celle de nos colonies en demande à peu près autant.

En récapitulant ces différentes forces, vous trouverez deux cens seize mille combattans, & cependant il n'en est pas encore un seul employé à la garde de nos places & de nos côtes.

J'ajouterai donc, Messieurs, au nombre ci-dessus de deux cens seize mille combattans une réserve de trente-quatre à trente-six mille hommes, formant à peu près le sixième de l'*armée*, tant pour en réparer les pertes, que pour garder nos forteresses & défendre nos côtes.

L'histoire des guerres passées devient ici, Messieurs, un témoin précieux & irrécusable de la nécessité de cette force militaire; consultez-la, vous nous verrez, sous les règnes précédens, avoir constamment en armes un bien plus grand nombre de troupes.

En bornant donc à deux cens cinquante mille hommes les *armées* françoises, je n'ai point fait la supposition de la réunion de toutes les puissances contre la France; je n'ai fait que prévoir des événemens ordinaires, & dans l'ordre de la vraisemblance; & j'ai cru qu'il falloit abandonner aux efforts du patriotisme le soin de surmonter les obstacles extraordinaires.

Maintenant, Messieurs, s'il vous est prouvé qu'une *armée* de deux cens cinquante mille hommes est indispensable pour faire face aux besoins de la guerre, je vais indiquer jusqu'à quel point cette *armée* peut être réduite pendant la paix.

Les deux cens cinquante mille hommes me paroissent devoir être composés de

Cavalerie.	40,000 hommes.
Artillerie.	14,000
Infanterie.	160,000
Réserve.	36,000
TOTAL	250,000 hommes.

Il est reconnu que l'instruction des troupes à cheval, & celle de l'artillerie demandent une longue éducation & une constante habitude. On ne peut pas diminuer indifféremment la force de ces corps. On ne peut pas se flatter de trouver, au moment d'entrer en campagne, beaucoup d'hommes formés pour ces deux services; il faut donc en réduire le nombre avec mesure, & je ne pense pas qu'il puisse l'être au-delà du quart pour ces deux armes.

Quant à l'infanterie, lorsqu'elle est bien constituée, lorsque le nombre des officiers & des sous-officiers restant le même, la diminution ne porte que sur les soldats, lorsqu'il existe dans chaque compagnie un fonds suffisant d'hommes bien instruits, cette arme peut être réduite dans une proportion double de celle de la cavalerie.

D'après ces principes, Messieurs, une *armée* de deux cens cinquante mille hommes pourra supporter une réduction de

Cavalerie.	10,000 hommes.
Artillerie.	4,000
Infanterie.	50,000
Réserve.	36,000
TOTAL.	100,000 hommes.

Ce qui laissera l'*armée* à cent cinquante mille hommes; mais aussi cette réduction, déjà forcée, est la seule praticable. Au-delà de cette mesure, la sûreté de l'état & l'honneur de nos armes se trouveroient compromis; & la nation entretiendroit toujours à grands frais une *armée* insuffisante.

Je vous prie, Messieurs, d'observer qu'en établissant l'état de paix de la France à cent cinquante mille hommes, lorsque celui de l'Autriche est à deux cens trente mille, & celui de la Prusse à deux cens mille, j'ai calculé sur tous les moyens militaires de porter à la perfection l'instruction de ces cent cinquante mille hommes. Je ne parle point de cette perfection minutieuse qui fatigue les troupes, & qui ne peut jamais avoir d'application à la guerre, mais de celle vraiment nécessaire, & qui ne s'acquiert que par une longue présence sous les drapeaux.

On s'égare, Messieurs, lorsqu'on vous parle d'une instruction d'un mois par an, comme pouvant être suffisante; sans compter tous les autres inconvéniens de ce régime, sans attaquer l'économie qu'on s'en promet, sans calculer que l'exécution en seroit ordonnée, & peut-être difficilement suivie, je puis vous assurer que les individus soumis à ce service, en feront toujours trop pour leur liberté & trop peu pour leur instruction. Ce système est incomplet; & si une puissance étrangère le pratique avec succès, c'est avec un service plus long que celui qu'on vous propose, & parce qu'elle y joint des moyens qu'assurément vous êtes loin de vouloir qu'on emploie dans nos *armées*.

Je termine donc mon opinion, Messieurs, par établir qu'il ne faut pas moins qu'une *armée* de cent cinquante mille hommes en activité pendant la paix, & qu'il faut que cent mille auxiliaires soient tenus prêts à y être incorporés au moment de la guerre.

Signé LA TOUR-DU-PIN.

Séance du 13 septembre 1790.

M. Boutillier, au nom du comité militaire. La discipline est l'ame d'une *armée*; sans elle, sans subordination elle seroit sans force, comme sans moyens d'exécution. Le soldat ne doit point perdre sans doute ses droits, comme homme & comme citoyen; mais il en est cependant une portion dont il doit de plus le sacrifice, en raison de l'état militaire auquel il s'est consacré. L'abnégation qu'il en doit faire momentanément, en faveur de l'utilité de ses concitoyens qu'il s'est engagé à défendre ou à protéger, devient pour lui un titre de plus à leur reconnoissance; & cette espèce de privation d'une partie de ses droits qu'il s'impose, est sans contredit le premier pas qu'il doit faire dans la carrière de l'honneur, dont la voix doit toujours le diriger. La subordination militaire doit être établie de grade en grade; mais si elle doit être passive pour ceux qui y sont soumis, il faut en même temps que l'exigence en soit réfléchie de la part de tous ceux qui sont dans le cas de la prescrire, & que des loix sages, en l'ordonnant, préviennent aussi les abus qu'on en pourroit faire. Pour pouvoir contenir une multitude d'hommes armés, rassemblés & faits pour obéir, il faut qu'ils puissent savoir ce qu'on est en droit de leur prescrire, & les châtimens auxquels ils peuvent être exposés, s'ils refusent de s'y soumettre. La loi, & non la fantaisie arbitraire des commandans, doit le prononcer d'une manière positive; & s'il est nécessaire qu'elle établisse des peines contre ceux qui troubleroient l'ordre, il faut qu'elles soient proportionnées aux fautes; qu'elles ne contrarient pas le caractère national, & pardessus tout, qu'elles ne puissent être infligées que légalement.

Les fautes que l'on doit punir sont de deux natures; les unes sont seulement contraires à la discipline

cipline & n'intéressent qu'elle ; les autres sont de véritables crimes ou délits contre le bon ordre, soit militaire, soit civil. Les punitions de discipline ont été infligées jusqu'ici par la volonté seule des commandans sur leurs subordonnés. Celles contre les crimes & délits militaires, ne l'étoient qu'en vertu des loix, & que conformément aux formes prescrites par elles. C'est au roi à prononcer les réglemens de détail de la discipline intérieure ; mais c'est au corps législatif à décréter les articles constitutionnels qui doivent leur servir de base. C'est aux représentans de la nation seuls qu'il appartient de dicter des loix qui peuvent intéresser l'honneur, l'existence civile ou la vie des citoyens consacrés à la défense de la patrie ; c'est à eux qu'il appartient de prononcer les formes légales qui doivent constater la justice & l'authenticité des jugemens ; le code pénal doit donc être leur ouvrage.

Pour mettre de l'ordre dans un travail de cette importance, le comité a pensé devoir le diviser en deux parties. L'une, sous le nom de discipline, comprendra les bases constitutionnelles des réglemens de détail à prononcer par le roi. L'autre, sous le nom de crimes & délits militaires, renfermera le code pénal & la forme légale des tribunaux, chargés de prononcer contre les coupables les peines encourues par la loi. En vous les soumettant toutes les deux à la fois, il pourroit en résulter quelque confusion dans votre délibération. La première partie, concernant la discipline, fera seule l'objet du présent rapport ; il sera suivi immédiatement de celui sur les jugemens & procédures des tribunaux militaires, & sur les crimes & délits qui doivent y donner lieu. Les fautes contre la discipline sont plus ou moins graves, suivant leur nature ou les circonstances qui les accompagnent ; les châtimens qu'elles peuvent mériter doivent leur être proportionnées, & varier en conséquence. Il seroit trop difficile & trop minutieux de chercher à en faire une application exacte à tous les cas ; il doit suffire d'indiquer celles des fautes à ranger dans cette classe, ainsi que celles des punitions susceptibles d'être prononcées contre ceux qui les commettroient. Ces punitions de discipline sont ordinairement légères & de peu d'importance : les assujettir à des formes légales, seroit s'écarter de leur but, qui doit être de punir la faute aussi-tôt qu'elle est commise, & même de prévenir par elles celles qui pourroient devenir plus graves & plus dangereuses. Tous ceux revêtus du commandement doivent avoir le droit de les prononcer eux-mêmes contre leurs subordonnés, sauf le compte graduel à en rendre, conformément à la hiérarchie des grades militaires ; mais en leur accordant ce droit.

Pour écarter l'arbitraire de quelques-unes de ces punitions, qui, quoique légères, n'en deviendroient pas moins sévères & fâcheuses peut-être par leurs résultats pour la santé des hommes qui les subiroient, si elles pouvoient être prolongées à volonté, la loi doit nécessairement en déterminer la durée. Et si quelques fautes plus graves, sans être de nature cependant à mériter des peines plus fortes, ni l'appareil d'un jugement légal, sembloient demander que ces punitions fussent prononcées pour un terme plus long que celui permis à la disposition, pour ainsi dire, arbitraire des chefs, la nécessité de la discipline nous a paru exiger qu'elles pussent être ainsi prolongées ; mais la justice & la raison ont semblé en même temps nous faire la loi de ne point abandonner leur prolongation indéterminée, à la merci de la volonté d'un seul homme, mais bien de les soumettre à la décision d'un conseil de discipline, établi à cet effet dans l'intérieur du régiment. Si les punitions de discipline doivent être prononcées sans formes légales, selon les circonstances & le moment, &, pour ainsi dire, par la volonté seule des commandans contre leurs subordonnés, la justice exige que la loi réserve à ces derniers des moyens de se plaindre des injustices qu'ils croiroient avoir éprouvées, ou des griefs qu'ils pourroient avoir contre leurs chefs. Il nous a paru que le même conseil de discipline, chargé de prononcer les prolongations de peines au-delà du terme laissé à la disposition des commandans, doit l'être en même temps de recevoir les plaintes qu'ils croiroient devoir lui adresser ; mais comme la subordination exacte, si nécessaire dans le métier des armes, ne permet pas de retard dans l'exécution des punitions, ni de plaintes sans fondement de la part des subordonnés contre leurs chefs, il nous a paru encore que ces derniers, quelque fondés qu'ils puissent se croire à se plaindre, devoient commencer provisoirement par obéir & même par subir la punition qui leur seroit ordonnée, & que si les commandans, contre lesquels ils porteroient des plaintes fondées, devoient être punis, ils devoient l'être eux-mêmes relativement à celles qu'ils porteroient injustement contre eux.

Dans le nombre des punitions de discipline usitées jusqu'ici, il en existoit plusieurs intéressant l'existence des militaires, ou contraires au caractère françois : telles que les coups de plat de sabre, le renvoi avec des cartouches infamantes, ou la cassation des grades. La première, opposée au génie de la nation, que l'honneur conduit d'une manière plus efficace encore que les coups, avoit été prescrite par les ordonnances de 1776. Le général qui, pendant la guerre d'Allemagne, avoit su connoître assez bien l'esprit françois pour arrêter, par la crainte des coups, la maraude que la peine de mort ne pouvoit pas même réprimer, en a ordonné la suppression pendant son court ministère. Vous avez proscrit provisoirement l'abus des cartouches infamantes ; la cassation des grades subsiste encore : ces trois punitions nous ont paru de nature à ne jamais être infligées qu'en vertu de formes légales ; & en les réservant comme un châtiment nécessaire peut-être à prononcer pour certains délits militaires auxquels elles seroient jugées applicables, nous avons pensé devoir les interdir absolument pour des fautes de simple discipline. Il existe encore une punition fort en usage, & dont les effets nous ont paru contraires, non-seulement à la santé des hommes, mais encore à la dignité même du service, celle de condamner à monter des gardes hors de tour. Rien n'use les hommes, rien ne les fatigue & ne leur occasionne plus de maladies que les corps-de-garde. Sous ce point de vue, cette punition devient fâcheuse, elle ne l'est pas moins sous celui du service. Il est un des premiers devoirs du militaire; garder ses concitoyens, veiller à leur défense, à leur sûreté, est un honneur; ce sentiment doit animer & soutenir dans ces fonctions pénibles; c'est risquer de l'anéantir que de les confier en même temps & concurremment à des hommes qui n'en seroient chargés que par punition; nous avons donc pensé que celles de cette nature devoient être abolies. Tels sont, Messieurs, les principes qui ont dirigé votre comité dans le projet de loi qu'il a l'honneur de vous présenter, relativement à la discipline intérieure des corps, & aux punitions à prononcer contre ceux qui y contreviendroient.

M. Bouthiller lit un projet de décret dont les articles suivans sont décrétés, après une légère discussion.

L'assemblée nationale convaincue que la principale force des armes consiste dans la discipline, qu'il est de son devoir de la maintenir, en même temps qu'il est de la justice d'en déterminer les bases, de manière qu'aucune punition ne puisse être infligée arbitrairement, hors de l'esprit de la loi; se réservant en outre de prononcer sur les crimes & délits militaires, ainsi que sur les formes légales à employer pour les juges; décrète, sur la partie de la discipline intérieure seulement:

Art. I. La punition à infliger pour les fautes commises contre la discipline par les officiers de tous grades, sous-officiers, soldats de toutes les armes, pourront être prononcées contre les délinquans d'un grade inférieur par tous ceux qui feront revêtus d'un grade supérieur au leur, selon ce qui sera prescrit ci-après, à la charge par eux d'en rendre compte dans les vingt-quatre heures, en observant la hiérarchie des grades militaires, conformément aux dispositions de détails que sa majesté prescrira par ses réglemens militaires.

II. Le commandant du corps, sur le compte qui lui en sera rendu tous les jours, pourra restreindre, infirmer ou augmenter les punitions qui auront été prononcées par ceux sous ses ordres; mais il ne pourra pas en cela s'écarter des règles qui seront prescrites ci-après pour la nature ou la durée des punitions.

III. Tout subordonné, de quelque grade qu'il soit, & quelque fondé qu'il puisse se croire à se plaindre, sera tenu de se soumettre aussi-tôt à l'ordre qu'il recevra, ainsi qu'à la punition de discipline prononcée contre lui par celui ayant droit de la lui ordonner; mais il lui sera permis, après avoir obéi, de réclamer auprès du conseil de discipline, dont il sera parlé ci-après, & dans les formes qui seront prescrites, la justice qu'il croira lui être due.

IV. Les punitions à prononcer pour fait de discipline, seront déterminées, tant pour leur nature, que pour le *maximum* de leur durée, ainsi qu'il suit:

Pour les soldats de toutes les armes. Les corvées de la chambre, celles du quartier, celles de la place, la consigne aux portes de la ville, lorsqu'elles seront libres, la consigne au quartier pour deux mois, la chambre de police pendant un mois; la boisson d'eau pour les ivrognes, jusqu'à la concurrence d'une chopine par jour, & pendant trois jours seulement, à l'heure de la garde montante, soit que l'homme soit détenu ou non pour plus long-temps dans la prison, cachot ou chambre de police. La prison pendant 15 jours; elle pourra être aggravée par la réduction au pain & à l'eau pendant trois jours de chaque semaine seulement. Le cachot pendant quatre jours, au pain & à l'eau; le piquet pendant trois jours & une heure chaque jour, mais sans charge de fusil, mousqueton, cuirasse ou manteau; cette punition pourra être en outre de celle de la prison ou de cachot, où l'homme puni ainsi sera toujours détenu au moins pendant le temps qu'il devra la subir.

Pour les caporaux ou brigadiers, ainsi que pour les autres sous-officiers. La consigne aux portes de la ville, la consigne au quartier pour deux mois; les arrêts simples dans leur chambre pour un mois, la chambre de police pour le même temps; la prison pendant quinze jours, avec possibilité de réduction au pain & à l'eau pendant trois jours de chaque semaine seulement; le cachot au pain & à l'eau pendant quatre jours.

Pour les officiers de tous grades. Les arrêts simples dans leur chambre & pendant deux mois, recevant ou ne recevant personne, suivant les cas, & suivant l'ordre donné à cet effet; les arrêts forcés dans la chambre, c'est-à-dire, avec sentinelle ou autre moyen coërcitif pendant un mois; la prison militaire pendant quinze jours.

V. Toutes les punitions dénommées ci-dessus, seront les seules qui pourront être infligées pour fait de discipline, & elles ne pourront être prolongées au-delà du terme fixe pour chacune, que par une décision précise du conseil de discipline, dont il sera parlé ci-après.

VI. Les caſſations de grades, les renvois avec des cartouches infamantes n'auront plus lieu comme peines de diſcipline, & en général toutes les peines afflictives & infamantes ſeront réſervées pour le châtiment des crimes ou délits militaires auxquels elles ne pourront être infligées que par jugement, & conformément aux formes preſcrites.

VII. La punition des gardes hors de tour, ſera abolie comme nuiſible à la ſanté, & contraire à la dignité du ſervice.

VIII. Seront réputées fautes contre la diſcipline, & mériteront d'être punies en conſéquence ſuivant les cas, toutes voies de fait, coups ou mauvais propos d'un ſupérieur, de quelque grade qu'il puiſſe être, vis-à-vis de ſon ſubordonné, ainſi que toute punition injuſte qu'il auroit pu prononcer contre lui; tout murmure, mauvais propos, ou défaut d'obéiſſance, pourvu qu'il ne ſoit pas accompagné d'un refus formellement énoncé d'obéir de la part d'un ſubordonné quelconque vis-à-vis de ſon ſupérieur, quelque raiſon qu'il puiſſe ſe croire de s'en plaindre; les violations des punitions ordonnées, l'ivreſſe pour peu qu'elle trouble l'ordre public ou militaire, & pourvu qu'elle ne ſoit pas accompagnée de déſordres; tout dérangement de conduite, ou toutes dettes, pourvu qu'elles ne ſoient pas accompagnées de circonſtances crapuleuſes ou déshonorantes; les querelles, ſoit entre militaires, ſoit avec les citoyens ou habitans des villes & campagnes, lorſque ces dernières ne ſont pas de nature à être portées devant les juges civils, & pourvu qu'il n'en réſulte aucune plaie, & qu'on n'y ait pas fait uſage d'armes ou bâton; les manques aux différens appels, exercices, revues ou inſpections; les contraventions aux règles de police ou ordres donnés; enfin, toutes les fautes contre la diſcipline, le ſervice, ou la tenue provenant de négligence, de pareſſe ou de mauvaiſe volonté.

IX. Les fautes ci-deſſus énoncées ſeront toujours regardées comme plus graves, lorſqu'elles auront lieu pendant le temps du ſervice, ou ſous les armes.

X. Le commandant, de quelque grade qu'il ſoit, qui ſera reconnu avoir puni injuſtement un de ſes ſubordonnés, le ſera lui-même, en raiſon de la punition qu'il auroit ordonnée, ou du degré de ſon injuſtice.

XI. Tout ſubordonné qui auroit accuſé ſon ſupérieur de l'avoir puni injuſtement, ſi la plainte n'eſt pas fondée, ſera condamné, s'il y a lieu, à une punition qui ſera fixée par le conſeil de diſcipline, ſuivant l'exigence du cas.

XII. Les punitions de la conſigne au quartier, des chambres de police des ſoldats, des arrêts ſimples dans la chambre, n'empêcheront pas les officiers, ſous-officiers & autres qui y ſeront condamnés, de faire le ſervice de la place & d'aſſiſter à tous les exercices du régiment, à charge par eux de reprendre leurs punitions ou d'y être reconduits après la fin de leur ſervice ou des exercices. La priſon & le cachot, ainſi que les arrêts forcés pour les officiers, & les chambres de police pour les ſous-officiers, les ſuſpendront ſeuls des fonctions & du ſervice de leurs grades, & les mettront ſeuls dans le cas de remettre les armes à ceux qui leur auront porté l'ordre de s'y rendre.

XIII. Les chambres de police où ſeront détenus les ſous-officiers, ſeront toujours ſéparées de celles deſtinées aux ſoldats.

Séance du 20 ſeptembre 1790.

M. Alexandre Lameth. Votre comité militaire vous préſente aujourd'hui ſes vues ſur le mode le plus avantageux d'admiſſion au ſervice & d'avancement dans les différens grades. Parmi les loix deſtinées à gouverner l'*armée* françoiſe, à l'approprier, à l'identifier à la conſtitution que vous avez établie, aucunes ne vous ont paru plus importantes dans leurs effets, plus intimement liées ſous leurs divers rapports, avec les autres branches de l'organiſation ſociale, plus dignes, par conſéquent, d'être précédées de conſidérations graves & approfondies, que les nouveaux principes à établir ſur l'admiſſion & ſur l'avancement.

L'intérêt des militaires, à qui nous devons des avantages proportionnés aux ſacrifices qu'ils font à leur patrie & aux ſervices qu'ils lui rendent, à qui nous devons ſur-tout cette juſtice exacte, qui, pour les hommes libres, eſt le premier des bienfaits & l'intérêt de la nation, qui veut une *armée* citoyenne & bien ordonnée, une *armée* que l'émulation enflamme & que la diſcipline contienne, une *armée* compoſée d'hommes courageux & guidée par des hommes habiles. Ces deux intérêts, Meſſieurs, nous ont paru les guides que nous avions à ſuivre; leur combinaiſon la plus intime nous a ſemblé être le but auquel nous devions tendre; elle a conſtamment dirigé nos ſpéculations.

C'étoit par une route directement contraire que l'ancien régime étoit parvenu au complément de tous les abus. Dans un gouvernement libre, tout eſt pour l'intérêt du peuple; ſous l'oppreſſion du deſpotiſme, tout eſt pour l'intérêt du pouvoir: tous les grades ſont diſtribués à des claſſes privilégiées, qui garantiſſent aux dépoſitaires de l'autorité, l'eſclavage de la nation, & qui partagent leur puiſſance. Si quelquefois le gouvernement ſemble oublier ces maximes, c'eſt rarement pour le bien, c'eſt preſque toujours pour obéir à des foibleſſes ou à des caprices. Toutes les volontés générales du deſpotiſme ſont pour ſon intérêt, ſes volontés particulières ſont pour ſon plaiſir.

Cette marche du gouvernement arbitraire étoit sur-tout observée dans l'*armée*, qu'il a toujours regardée comme son domaine particulier; victime du despotisme dont elle étoit l'instrument, aucun corps n'a senti plus cruellement l'effet de ces combinaisons opposées à la justice, au bien des individus, au bien général de la nation, mais habilement calculées pour l'intérêt d'un petit nombre d'hommes & pour le maintien de la puissance absolue. L'admission au service, en qualité d'officier, étoit interdite à quiconque ne justifioit pas de plusieurs degrés de noblesse; ceux qui y entroient en qualité de soldats étoient condamnés, quels que fussent leurs talens, à ne les exercer jamais que dans des emplois subalternes; à peine admis à devenir officiers, ils se trouvoient arrêtés au premier grade, & quels que fussent leur mérite & leurs services, la loi plaçoit devant eux un obstacle insurmontable. Cette séparation rigoureuse entre les soldats & les officiers se trouvoit presqu'également entre les deux classes qui distinguoient ceux-ci, tandis que des nobles peu favorisés consommoient leur vie sans avancement dans les grades inférieurs: ceux de la cour les franchissant rapidement, ne daignant pas même les occuper tous, arrivoient promptement aux premiers honneurs militaires, & les possédoient exclusivement. Ce que les premiers n'obtenoient presque jamais par l'ancienneté de leur service, les gens de la cour le recevoient comme un droit, avant l'âge de raison. Ainsi, pour chaque service, il existoit une caste particulière; personne n'avoit intérêt de se faire des vertus & de se rendre utile à son pays; car on voyoit sa place marquée par sa naissance, & il y avoit aussi peu à craindre de se voir privé par son ineptie, des grades importans auxquels elle vous avoit destinés, qu'il y avoit peu à espérer de franchir par sa capacité, des obstacles qu'un préjugé décourageant avoit placé devant vous.

Sous un tel ordre de choses, les injustices particulières aggravoient encore à tout moment l'injustice des loix & de l'opinion; dans la carrière limitée qu'il étoit permis de parcourir, on se voyoit sans cesse traversé par des faveurs & des passe-droits. Le gouvernement avoit sans cesse, à côté de l'*armée* laborieuse & active, une *armée* d'officiers sans activité, qui attendoient le moment d'obtenir les grades que les autres avoient mérités. Des changemens continuels rendoient encore la situation de l'*armée* servant plus inquiète & plus incertaine. Chaque ministre, intéressé à se faire des créatures, bouleversoit l'ordre établi pour favoriser les hommes qu'il vouloit attacher à sa fortune, & le gouvernement sembloit se plaire à marquer sa puissance, en méconnoissant les règles que lui-même avoit établies. Enfin, la carrière militaire, qui, pour un petit nombre d'hommes, offroit une suite assurée d'avantages & d'honneurs, étoit pour le reste de la nation, une épreuve continuelle d'oppression, d'humiliation & d'ingratitude.

De pareils abus à réformer sont une des tâches les plus satisfaisantes que vous ayez à remplir; mais il ne suffit pas de les condamner, il faut mettre à leur place des loix justes & sages; & c'est ici qu'une méditation profonde & nécessaire, pour saisir le point juste auquel la raison doit s'arrêter, pour poser des principes durables, liés à la constitution, puisés dans la justice, approuvés par l'expérience, & propres à concilier le bonheur des individus avec ces institutions militaires, d'où dépendent essentiellement le succès des armées & la tranquillité des empires.

Avant de vous soumettre les résultats que nous avons adoptés sur le mode d'admission & d'avancement, nous devons vous présenter les considérations qui nous y ont conduits.

L'admission au grade de soldat s'effectue par un engagement. Cette forme, nécessaire pour assurer que dans aucun temps l'état ne sera sans défenseurs, doit être soumise à des règles qui garantissent que ce contrat ne sera désormais que l'effet d'une volonté libre, qui proscrivent les manœuvres odieuses qui long-temps ont fait l'inquiétude des familles & le désespoir de ceux qui en étoient l'objet, & qui même présentent des facilités à ceux qui voudroient revenir sur un engagement imprudent. Ces règles seront le sujet d'un rapport particulier.

La progression de l'avancement doit conduire du grade de soldat aux premiers honneurs militaires. Je présenterai bientôt les principes suivant lesquels votre comité a pensé qu'il devoit avoir lieu. Cette exposition sera le second objet de mon rapport. Le premier est l'examen des questions relatives à l'admission immédiate au grade d'officier.

J'examinerai donc, 1°. la question de savoir si cette admission immédiate au grade d'officier, est nécessaire; 2°. les règles auxquelles, en l'admettant, il sera juste de la soumettre.

Sur la nécessité d'admettre au grade d'officier, sans avoir passé par ceux qui lui sont inférieurs, votre comité a pensé que cette règle admise chez tous les peuples, & sans laquelle il n'a jamais existé d'*armée*, étoit prescrite par la loi même de la nature, & par la durée de la vie. Il seroit impossible, en effet, qu'un nombre suffisant d'officiers arrivât dans la force de l'âge aux premiers grades du commandement, si chacun avoit été obligé de les parcourir tous, à commencer par celui de soldat. L'intérêt du service d'ailleurs exigeant que parmi les officiers, les uns présentent les qualités qui s'acquièrent par l'expérience dans les grades inférieurs, tandis que d'autres arrivant immédiatement, à la faveur d'examens publics, avec une éducation plus soignée, présenteront des connoissances théoriques, & sur-tout l'aptitude à combiner, à réfléchir la science de leur état.

Nous avons donc cru qu'il étoit utile & même indispensable au service, qu'une partie des sous-lieutenans arrivât à ce grade sans avoir été forcé de parcourir ceux qui lui sont inférieurs.

Mais comment déterminer quels sont les citoyens qui devront jouir de cet avantage? Vous avez aboli les distinctions de naissance; & il faut faire plus: il faut que les loix que vous porterez soient telles que ces distinctions ne puissent reparoître sous aucune forme, & que les ministres ne puissent pas un jour faire revivre par le fait des priviléges que vos loix ont fait disparoître.

Or, c'est sur quoi nous ne pourrions compter, si le pouvoir d'admettre au grade d'officier étoit attribué au roi. Mais indépendamment de cet inconvénient, votre comité a pensé qu'aucune raison d'utilité publique ne pouvoit porter à lui attribuer cette prérogative, & que de plus puissantes raisons devoient, au contraire, nous en éloigner.

Lorsqu'un officier a déjà servi, la capacité dont il a fait preuve peut être un motif de presser son avancement, & ce pouvoir, dans certains cas & avec des règles prescrites, être déféré au roi. Mais au moment où de jeunes citoyens se destinent au métier des armes, aucune raison d'intérêt public ne peut donner au gouvernement le droit de rejetter les uns & d'admettre les autres. Cette prérogative arbitraire augmenteroit son pouvoir par les moyens d'influence & de corruption, sans que la société en reçût aucun dédommagement.

En puisant dans les règles de votre constitution, dans les maximes générales de la liberté, tout ce qui pouvoit compatir avec l'organisation d'une *armée*, votre comité a fait entrer dans ses dispositions tout ce que les principes militaires peuvent accorder d'influence sur l'avancement, au choix & à l'estime des compagnons d'armes. Mais ce systême pur de l'élection, mais l'élection sur-tout par les inférieurs, lui a paru une idée inadmissible, destructive de toute discipline, tendant à faire passer toute l'autorité dans ceux qui doivent obéir, devant presque toujours mettre à la tête des troupes ceux qui flatteroient leurs passions, pour capter leur faveur, ou ceux qui, par un excès d'indulgence, se seroient montrés les moins propres à les commander; conduisant enfin l'*armée* à un tel degré d'indépendance, que la tranquillité des citoyens & la liberté publique en seroient bientôt menacées.

Le peuple doit nommer ses magistrats pour conserver son pouvoir. Les soldats ne peuvent nommer leurs officiers sans détruire l'autorité qui fait la force des *armées*....

La liberté de Rome fut perdue quand les légions nommèrent leurs chefs; car elles nommèrent bientôt les empereurs. Ces empereurs élus dans les camps, firent du peuple leur victime & furent eux-mêmes le jouet des caprices de leurs soldats. L'indiscipline de l'*armée* amena l'oppression des citoyens. L'empire fut sans gouvernement & parvint bientôt à se dissoudre.

Après avoir rejetté, Messieurs, les moyens qui résultoient pour l'admission au grade d'officier, du choix du roi ou de l'élection des soldats, votre comité a découvert dans l'application la plus exacte de vos principes, le mode qui lui a paru devoir les remplacer.

Il est dit dans la déclaration des droits, que chacun est admissible à tous les emplois publics, à raison de sa capacité, & sans autre distinction que celle des qualités personnelles; c'est à cette distinction seule que nous avons cru que l'avantage d'arriver immédiatement au grade d'officier devoit être attribué, & nous l'avons fait dépendre d'un temps d'étude & du résultat d'examens institués par la loi.

Cette méthode offre le gage le plus sûr, qu'aucun n'aura été admis sans avoir un certain degré de capacité.

Il résulte donc de nos opinions, relativement à l'admission au service, qu'une partie des officiers de l'*armée* doit arriver par le grade de sous-lieutenant, sans avoir parcouru ceux qui lui sont inférieurs, & que cet avantage doit être attribué à la seule capacité constatée par un ou plusieurs examens publics.

Maintenant je dois vous soumettre les vues qui nous ont dirigés relativement à l'avancement. Il est évident que l'avancement progressif aux différens grades, depuis le simple soldat jusqu'au général d'*armée*, ne sauroit s'opérer que par deux moyens, l'ancienneté & le choix.

Mais l'un & l'autre sont plus ou moins applicables, suivant l'importance des grades & l'influence de leurs fonctions; le choix sur-tout est susceptible d'une multitude de modifications.

L'avancement par ancienneté a l'avantage de fermer la porte aux préférences injustes, à l'intrigue & à la faveur; il doit être adopté, toutes les fois que la nécessité absolue du service n'exige pas que l'on s'en écarte.

Mais cette nécessité arrive par deux raisons. La première est l'impossibilité de laisser parvenir aux grades des hommes sur la capacité desquels on ne pourroit avoir aucune garantie. La seconde est la nécessité de faire arriver quelques personnes dans la vigueur de l'âge, aux premières places du commandement, & d'ouvrir aux talens un moyen de se développer pour le plus grand avantage de leur patrie. Voici le résultat de ces vues générales.

L'avancement depuis le grade de soldat jusqu'à celui de sous-lieutenant, ne peut, à de foibles exceptions près, être donné qu'au choix.

Depuis le grade de sous-lieutenant jusqu'à celui de capitaine, l'ancienneté doit, au contraire, être seule admise.

Au-dessus du grade de capitaine & jusqu'à celui de général d'*armée*, l'ancienneté doit continuer à conférer une partie des places; mais il doit aussi en être attribué aux choix, & à mesure qu'on s'élève, avoir plus de part aux promotions; & l'ancienneté doit en avoir moins, parce que plus les fonctions à remplir sont importantes & difficiles, plus il devient nécessaire qu'une partie au moins de ceux qui y sont portés, soient des hommes distingués par leurs talens; plus il devient nécessaire que les hommes d'une capacité éprouvée dans la lenteur des premiers grades, puissent presser leur marche & arriver au terme du commandement dans un âge où les forces morales & physiques ne soient pas encore épuisées, & où l'énergie de l'ame & les leçons de l'expérience se réunissent pour faire espérer de ces conceptions heureuses qui assurent le succès des combats.

Enfin, le commandement des *armées*, par les rares talens qu'il exige, ne peut être evidemment attribué qu'au roi.

Quant à la proportion à établir entre le nombre des places attribuées à l'ancienneté, & celles dont le choix doit disposer pour la promotion aux grades où ces deux modes doivent concourir, nous avons considéré que l'intérêt du plus grand nombre & le principe de l'égalité se trouvoient exclusivement dans le mode de l'ancienneté; que par conséquent ce mode avoit pour lui la loi générale, & que l'évidence de l'intérêt public pouvoit seule justifier les exceptions qui y seroient apportées. Nous avons donc réglé nos dispositions sur ce principe unique & décisif, & nous avons attribué à l'ancienneté tout ce que la possibilité & le succès du service nous ont paru permettre.

Nous avons même fait plus; nous avons pensé qu'indépendamment de la nécessité de parcourrir, par l'ancienneté seule, l'espace, depuis le grade de sous-lieutenant jusqu'à celui de capitaine, il étoit nécessaire d'établir encore deux principes pour régler la marche de ceux qui arriveroient par le choix: l'un est l'impossibilité de franchir aucun grade, l'autre est la nécessité de s'arrêter au moins deux ans dans chacun.

De ces vues & des proportions que nous avons établies entre le choix & l'ancienneté, nous avons espéré, Messieurs, deux grands avantages; c'est que tandis que l'espoir de s'avancer par le choix exciteroit l'émulation, féconderoit le talent & concourroit à la discipline, la certitude d'arriver par l'ancienneté éloigneroit de tous le découragement, & excluroit une dépendance excessive, humiliante & dangereuse.

Il me reste à vous présenter nos idées sur le mode & la nature du choix que nous avons cru devoir préférer pour la promotion aux diverses places. Une vue générale se présente d'abord & découle des principes que j'ai annoncés, en parlant de l'impossibilité de l'élection des officiers par les soldats; c'est que ce choix, en aucun cas, ne peut être attribué aux inférieurs. La première force, le premier besoin des *armées*, c'est la discipline; &, comme je l'ai déjà dit, le moyen le plus sûr de l'anéantir, seroit d'attribuer à ceux qui obéissent, le pouvoir de nommer ceux qui devoient les commander.

En général, le choix fait par les supérieurs, s'il est dirigé par des loix qui préviennent l'injustice, l'abus de la faveur, & l'excès de la dépendance; ce choix est à la fois un des moyens les plus doux d'établir la subordination, un des moyens les plus justes de réaliser & de rendre sévères les divers genres de responsabilité auxquels peuvent être soumis ceux qui gouvernent & qui commandent.

En admettant ces vérités, nous avons cru que l'application exigeoit deux modes de choix différens; l'un, pour élever aux grades, depuis le caporal jusqu'au lieutenant; l'autre, à commencer du grade de lieutenant-colonel jusqu'au général d'*armée*.

Le choix pour les grades de cette dernière classe, ne peut certainement être attribué qu'au roi, tout autre supérieur qui l'exerceroit auroit un pouvoir qu'aucun particulier & sur-tout qu'aucun chef de troupe ne doit posséder dans un état libre & monarchique. Nous n'avons donc pas douté, que dans la nécessité de donner à la volonté, dirigée par des loix sages, la fonction de conférer une partie des places au-dessus du grade de capitaine, le roi devoit être le seul dépositaire de ce pouvoir.

Mais il nous a paru que d'autres considérations devoient nous diriger sur l'avancement dans les grades inférieurs, depuis le soldat jusqu'au lieutenant. Le mérite des hommes qui remplissent ces places, consistant davantage dans l'assiduité à leurs devoirs, dans le zèle pour le service, dans l'intelligence journalière de leurs fonctions, que dans des talens qui ont reçu tout l'éclat d'une éducation soignée; ce mérite ne peut être jugé ni par le roi, ni même par ceux qui gouvernent en son nom; ces droits ne peuvent être justement reconnus que par ceux sous les yeux desquels ils s'acquièrent, & en leur remettant la présentation des sujets, vous faites tourner au profit de la discipline, de la subordination, si difficile à obtenir pour ce grade immédiatement supérieur, toute l'influence de bienveillance & de fortune que vous remettrez entre leurs mains.

Nous avons cru que les sous-officiers, à qui jusqu'à ce jour les loix militaires n'ont donné aucune influence sur l'avancement de leur camarade, pourroient avec utilité pour le service, partager avec le chef de leur compagnie & celui du régiment, le droit d'élever jusqu'à eux un soldat ou un sous-officier de grade inférieur.

Non-seulement cette forme est propre à attirer aux sous-officiers, de la part de leurs inférieurs immédiats, une obéissance & un respect, que l'expérience prouve chaque jour qu'il est extrêmement difficile de faire observer; mais en intéressant les sous-officiers à faire de bons choix pour l'honneur du grade auquel ils appartiennent, elle exerce, &, pour ainsi dire, elle cultive en eux un sentiment de délicatesse & de fierté, qui ne sauroit être trop encouragé dans le militaire.

L'élévation aux différens grades de sous-officiers, doit être opérée par le choix successif du capitaine & du colonel; mais ce choix ne peut s'exercer que parmi les sujets qui auroient été présentés par les sous-officiers du grade auquel le candidat doit être promu.

Par-là, on fait pour l'égalité tout ce qui est militairement possible, en appellant à concourir au choix ceux des supérieurs qui se rapprochent le plus de l'état de camarade; par-là aussi on obtient la plus grande probabilité d'avoir de bons sujets, puisque après s'être garantis, par la désignation des sous-officiers, l'honneur & la probité de ceux qu'ils présentent, on s'assure, par le choix du capitaine & du colonel, la sagesse & la capacité de celui qu'ils croient devoir employer.

Enfin, nous avons été déterminés à vous proposer cette méthode, en observant qu'elle étoit celle qui formoit ces compagnies, si justement célèbres, de grenadiers françois, & par les excellens effets qu'elle a produits dans quelques régimens, où des chefs amis du soldat ont essayé de l'employer; la composition des sous-officiers y a été reconnue, par expérience, meilleure que dans toutes les autres. L'ordre & la discipline y ont été entretenus parfaitement par l'influence de ce moyen.

Ces épreuves, jointes aux raisons que je viens de développer, nous ont paru ne devoir laisser aucune incertitude sur l'adoption d'une forme, qui d'ailleurs, est propre à remplir les vœux raisonnables de tous les soldats & de tous les sous-officiers de l'*armée*.

Il me reste à dire comment le soldat parvenu au premier grade de sous-officier, arrivera enfin à celui d'officier, & sera fait sous-lieutenant.

Quoique en général l'ancienneté nous ait paru un mode d'avancement peu applicable à ceux dont la capacité n'a pas subi l'épreuve d'un examen, nous n'avons pas pensé que ce principe pût s'appliquer justement à ceux que le choix a successivement portés au premier grade de sous-officiers. Si d'une part il est avantageux pour la discipline & pour la bonne composition des corps, que le choix des officiers confère une partie des places aux sous-officiers, qui doivent être admis parmi eux, il est également convenable que le sort d'un sous-officier, qui auroit assez bien mérité pour être promu au grade immédiatement inférieur à celui de sous-lieutenant, ne dépende pas nécessairement pour le reste de son avancement de la volonté de ses chefs. Ici les motifs ne sont plus entièrement les mêmes que pour l'avancement aux différens grades de sous-officier: le candidat a plus de droits acquis à s'avancer, & les officiers, à qui seuls le choix peut en être remis, ne sont pas aussi près du rang de camarade, & ne seroient pas guidés dans leur choix par des motifs exactement les mêmes que ceux qui pourroient porter les caporaux à s'associer un soldat; il nous a paru, en un mot, Messieurs, que le passage au grade d'officier ne ressembloit exactement ni à ce qui lui est supérieur, ni à ce qui lui est inférieur; qu'il devoit être régi par une régle mixte. Que la discipline auroit d'avantages, si la moitié des places de sous lieutenant affectées aux sous-officiers, étoit au choix des officiers du corps, & que la justice exigeât que l'autre moitié fût assurée à l'ancienneté!

Ainsi le soldat que sa bonne conduite aura porté par le choix jusqu'au premier grade de sous-officier, sera dès-lors assuré d'arriver, par l'ancienneté seule, aux grades supérieurs, & sa carrière militaire n'aura d'autres limites que la durée de ses services.

En adoptant ces principes, nous croyons que l'*armée* françoise sera à l'abri de ces changemens continuels, qui depuis tant d'années y entretiennent l'inquiétude & y portent le découragement; mais leur application au moment actuel, n'est pas aussi facile & ne sauroit être aussi parfaite qu'elle le sera dans l'avenir.

En vous présentant ces principes, j'ai supposé l'*armée* active existant isolément & puisant toujours en elle-même les individus qui doivent remplir les grades qui vaquent successivement. C'est ainsi en effet qu'elle devroit être, & c'est ainsi qu'elle sera, quand toutes les traces des anciens abus auront entiérement disparu.

Mais ce moment n'est pas encore arrivé. Par une suite des opérations, des changemens, des réformes auxquelles les ministres qui gouvernoient l'*armée* se sont successivement livrés, il existe hors de l'*armée* une multitude d'officiers dont l'activité est suspendue, dont un grand nombre demande à être employé, & dont quelques-uns ont droit de l'obtenir.

Nous avons pensé, Messieurs, qu'il étoit d'une grande importance, soit pour l'intérêt du service, soit pour la justice qui est due à ceux qui s'y livrent activement, que l'arrivée aux grades ne fût pas pour ainsi dire engorgée, que l'avancement de ceux qui servent ne fût pas considérablement retardé par le partage qui seroit fait des emplois entre eux & cette espèce d'*armée* d'officiers oisive & expectante. Persuadés de la nécessité de prendre des mesures décisives à cet égard, nous avons réduit la faculté d'être employés, à ceux qu'un droit évident & une capacité présumable y appellent tous. Ceux auxquels les ordonnances ne donnoient pas le droit d'être remplacés, ceux dont l'ancienneté des services réclame des retraites, ceux qu'une longue inactivité a rendus pour ainsi dire étrangers au service, nous ont paru ne devoir point être appellés à concourir aux emplois vacans: une partie considérable étant ainsi éloignée, nous avons destiné à ceux qui restoient, une part d'avancement suffisante pour attacher au service ceux qui ont un goût décidé pour cette profession, sans porter le découragement parmi ceux à qui des services actifs, & non interrompus, ont donné les premiers droits.

Après vous avoir fait connoître les principes généraux qui nous ont guidés sur l'admission à l'avancement, il me reste à mettre sous vos yeux l'analyse rapide des dispositions qui nous ont paru devoir en être la conséquence.

Vous avez vu la nécessité exigée par la nature des choses & le bien du service, d'admettre immédiatement dans le grade d'officier des hommes qui, formés par une éducation précédente, auroient acquis des connoiſſances théoriques, conſtatées par des examens. Le mode de ces examens, les règles qui devront être établies, les inſtitutions qui peuvent en accroître les avantages, vous ſeront ultérieurement préſentés.

Il ſuffit en ce moment d'avoir prouvé l'indiſpenſable néceſſité de l'admiſſion immédiate au grade d'officier, & que cette admiſſion ne pouvoit être que le prix des connoiſſances & des talens conſtatés par des examens publics. Quant à l'avancement, voici Meſſieurs, les diſpoſitions qui nous ont paru être les conſéquences, & devoir réſulter des principes que nous avons poſés.

(Pour le détail de ces diſpoſitions que nous ſupprimons, *voyez* les articles du décret).

Voilà tout ce qui regarde l'*armée* active, & il ne me reſteroit plus qu'à vous préſenter le projet de décret, ſi je ne devois vous rendre compte auparavant des diſpoſitions que nous avons cru devoir vous propoſer, relativement au nombre conſidérable d'officiers de tous les grades qui ſe trouvent en dehors de la ligne, & ſans activité. Cette partie de notre travail a été une des plus pénibles, par la difficulté de trouver des principes qui puſſent diriger, au milieu du dédale d'abus de tout genre qui réſultoient de l'ancien ordre de choſes.

Les états qui nous ont été remis par le miniſtre de la guerre, portent le nombre des lieutenans-généraux à...... celui des maréchaux de camp à.... Ils préſentent des brevets ou commiſſions de colonels, de ſept eſpèces différentes; autant à peu près de lieutenans-colonels & de majors, & enfin neuf eſpèces de capitaines.

Parmi ce nombre conſidérable d'officiers, il en eſt ſûrement qui ont des droits à l'activité, par les ſervices qu'ils ont rendus, & par ceux qu'ils peuvent rendre encore; mais ce n'eſt pas le grand nombre.

Nous avons cru que vous deviez déterminer que le nombre des officiers-généraux ſeroit borné aux quatre-vingt-quatorze que vous avez décrétés devoir être employés, & qui ſont portés ſur les états de dépenſe; qu'aucun officier ne devoit être promu déſormais au grade de lieutenant-général ou de maréchal de camp, que lorſqu'une de ces places deviendroit vacante par mort ou par retraite: mais cependant, pour laiſſer au roi la poſſibilité de remettre en activité ceux des officiers-généraux dont il croiroit les ſervices utiles, nous propoſons que ſur quatre places de lieutenant-général ou de maréchal de camp en activité, qui viendront à vaquer, deux ſoient données aux deux plus anciens colonels, & que ſur les deux qui ſont au choix du roi, il en donne une à un colonel en activité, ſans égard à l'ancienneté, & qu'il puiſſe diſpoſer de l'autre en faveur d'un officier-général hors de la ligne.

Quant à ce qui regarde les autres officiers ſans activité, en convenant qu'il s'en trouve dans ce nombre pluſieurs qui ont des talens diſtingués, & que tous ont des droits réels, puiſque les places qu'ils occupent étoient les ſeules par leſquelles l'avancement s'effectuoit, cependant nous avons cru devoir moins conſulter les droits que leur donnoit l'ancien ordre de choſes, que ce qu'exigeoit en ce moment le bien du ſervice & l'utilité publique.

Après avoir arrêté que ceux qui n'étoient pourvus que de commiſſions, & qui avoient plus de dix ans d'inactivité, n'auroient plus de droits au remplacement & ne ſeroient ſuſceptibles que d'obtenir un jour la croix, s'ils avoient dans ce moment plus de dix-huit ans de ſervice; que ceux qui avoient plus de trente ans de ſervice & dix ans d'inactivité, n'auroient droit qu'à conſerver ou obtenir un traitement; nous propoſons d'aſſurer les deux tiers des emplois de colonels, de lieutenans-colonels & de capitaines dans les troupes à cheval qui viendront à vaquer, aux officiers ſervant dans l'*armée* active, & un tiers ſeulement à tous ceux qui ſont hors de la ligne.

Ces diſpoſitions & celles qui vous ont été ſoumiſes dans la partie relative à l'*armée* active, feront, avec quelques ſuppreſſions d'emplois inutiles, & quelques modifications favorables aux officiers dits ci-devant de fortune, l'objet du décret que je vais avoir l'honneur de vous propoſer, après avoir jetté un coup-d'œil rapide ſur les avantages qu'il préſente, comparés à ce qui a exiſté juſqu'à ce jour.

Un ſoldat ne pouvoit devenir caporal, un caporal ſergent, que ſuivant le caprice & la volonté abſolue du colonel, maintenant il eſt préſenté par ceux du grade où il doit entrer; l'influence du capitaine & du colonel ne peut s'exercer que ſur la préſentation de ceux qui ſont preſque ſes camarades.

Un ſous-officier ne devenoit officier que ſuivant la volonté du colonel; maintenant la moitié des places qui leur ſont dévolues appartiendra à l'ancienneté, l'autre moitié ſera donnée par le choix de tous les officiers.

Autrefois les ſous-officiers obtenoient au plus une place ſur douze ou quinze, & ne pouvoient franchir le grade de lieutenant: maintenant ils en auront une ſur quatre, & la certitude d'arriver, à leur tour, ſi l'âge le leur permet, & plus promptement, ſi les événemens les ſervent, au grade de lieutenant-général. Voilà ce qui regarde les ſoldats.

Les officiers dans l'infanterie entroient ſous-lieutenans, & ſe retiroient preſque tous capitaines; ceux qui, après beaucoup de difficultés, étoient devenus officiers ſupérieurs, n'obtenoient jamais de régiment; très-rarement il en arrivoit un ou deux au grade de maréchal de camp. Dans la cavalerie ils étoient encore plus ſévèrement, je dirai plus injuſtement traités, puiſque l'avancement étoit borné au grade de lieutenant, pour ceux qui n'avoient pas l'argent & la faveur néceſſaires pour obtenir une compagnie. Maintenant, une fois officiers, rien, qu'une deſtitution légale, ne peut les empêcher de devenir à leur tour lieutenant-général; des ſervices

diſtingués,

distingués; des actions d'éclat les porteront plus promptement à ce grade.

Autrefois tous les emplois, toutes les graces, soit pécuniaires, soit honorifiques, étoient la proie de l'intrigue; & des bouleversemens continuels faisoient le désespoir de l'*armée*. Maintenant les emplois & les graces seront le prix des services, & les loix seront établies comme la justice les aura dirigées.

Les dispositions que j'ai l'honneur de vous présenter, ont été profondément méditées; elles sont le résultat de l'opinion unanime de votre comité: il a cru y voir la source d'un bien durable pour l'avenir, & dans le moment actuel, le retour de l'ordre dans l'*armée*, par la puissance de la justice; la cessation de toutes les inquiétudes, par l'émulation nouvelle qui doit s'emparer des esprits, & occuper leur activité.

Les nouvelles loix sur l'avancement, seront le plus précieux de vos bienfaits en faveur de l'*armée*, parce qu'elles n'intéressent pas seulement la fortune, mais la dignité, mais la gloire de chaque individu. Elles deviendront un moyen de plus de les attacher à la constitution. La nation connoîtra, par leur conduite pendant la paix, par leur courage à la guerre, que les hommes que la patrie honore, savent aussi s'honorer eux-mêmes, & que l'estime & la considération sont les liens les plus puissans que l'on puisse imposer à des hommes, qui se sont fait une habitude du mépris des dangers & de la vie.

(L'assemblée applaudit à ce discours, que des applaudissemens nombreux avoient fréquemment interrompu).

Les articles suivans sont décrétés, après une légère discussion.

L'assemblée nationale décrète que l'avancement aux différens grades militaires aura lieu, dans la forme & suivant les règles indiquées ci-après.

TITRE PREMIER,

Nomination aux places de sous-officiers.

Art. I. L'on comprendra à l'avenir dans la dénomination de sous-officiers dans l'infanterie les sergens-majors, les sergens, les caporaux-fourriers, & les caporaux. Dans la cavalerie, les maréchaux-des-logis en chef, les maréchaux-des-logis, les brigadiers-fourriers & les brigadiers.

II. Les caporaux dans l'infanterie, & les brigadiers dans la cavalerie, présenteront chacun à leur capitaine, celui des soldats ou cavaliers de leur compagnie qu'ils jugeront le plus capable d'être élevé au grade de caporal ou de brigadier.

III. Le capitaine choisira un sujet parmi ceux qui lui auront été présentés.

IV. Il sera formé une liste de tous les sujets choisis par les capitaines.

V. Lorsqu'il vaquera une place de caporal ou de brigadier dans une compagnie, le capitaine de cette compagnie choisira trois sujets dans la liste.

VI. Parmi ces trois sujets le colonel choisira celui qui devra remplir la place vacante.

VII. Lorsque la liste sera réduite à moitié, elle sera supprimée, & il en sera fait une nouvelle, en suivant les mêmes procédés.

VIII. Lorsqu'il vaquera une place de caporal ou de brigadier-fourrier dans une compagnie, le capitaine de cette compagnie choisira parmi tous les caporaux ou brigadiers, & parmi tous les soldats ou cavaliers du régiment, ayant au moins deux ans de service, le sujet qui devra la remplir.

IX. Les sergens-majors & les sergens dans l'infanterie; les maréchaux-des-logis en chef & les maréchaux-des-logis dans la cavalerie, présenteront chacun à leur capitaine celui des caporaux ou brigadiers qu'ils jugeront le plus convenable d'être élevé au grade de sergent ou de maréchal-des-logis.

X. Le capitaine choisira un sujet parmi ceux qui lui auront été présentés.

XI. Il sera formé une liste de tous les sujets choisis par les capitaines.

XII. Lorsqu'il vaquera une place de sergent ou de maréchal-des-logis, dans une compagnie, le capitaine de cette compagnie choisira trois sujets dans la liste.

XIII. Parmi ces trois sujets, le colonel choisira celui qui devra occuper la place vacante.

XIV. Lorsqu'il vaquera une place de sergent major, ou de maréchal-des-logis en chef, les sergens-majors, & les maréchaux-des-logis en chef du régiment, présenteront chacun, pour la remplir, un sergent ou maréchal-des-logis de leur compagnie, & il en sera formé une liste.

XV. Le capitaine de la compagnie où la place de sergent-major ou de maréchal-des-logis en chef sera vacante, choisira trois sujets sur la liste de ceux qui auront été présentés par les sergens-majors ou maréchaux-des-logis en chef.

XVI. Parmi ces trois sujets, le colonel choisira celui qui devra remplir la place vacante.

XVII. Lorsqu'il vaquera une place d'adjudant, les officiers supérieurs réunis nommeront, à la pluralité des voix, parmi tous les sergens ou maréchaux-des-logis du régiment, celui qui devra la remplir; en cas d'absence des colonels & des lieutenans-colonels, ils enverront leurs suffrages; & en cas de partage, la prépondérance est accordée au colonel.

XVIII. Les sergens ou maréchaux-des-logis nommés aux places d'adjudans, concourront, du moment de leur nomination, avec les sous-lieutenans; (sans cependant être brévetés) pour arriver à la lieutenance, & ils resteront adjudans jusqu'à ce que leur ancienneté les y porte.

XIX. Lorsqu'un sergent ou maréchal-des-logis, moins ancien que les adjudans, sera fait sous-lieutenant, les adjudans jouiront en gratification & par supplément d'appointement, des appointemens du grade de sous-lieutenant.

TITRE II.

Nomination aux places d'officiers.

Art. I. Il sera pourvu de deux manières aux emplois de sous-lieutenans, lesquels seront partagés entre les sujets qui auront passé par les grades de soldat, cavalier & de sous-officier, & ceux qui arriveront immédiatement au grade d'officier, après avoir subi les examens dont il sera parlé ci-après.

II. Sur quatre places de sous-lieutenans vacantes par régiment, il en sera donné une aux sous-officiers.

III. Les places de sous-lieutenans destinées aux sous-officiers, seront données alternativement à l'ancienneté & au choix.

IV. L'ancienneté se comptera sur tous les sergens & maréchaux-des-logis indistinctement, à compter de leur nomination.

V. Le choix aura lieu parmi tous les sergens ou maréchaux-des-logis, & il sera fait par tous les officiers & officiers supérieurs, à la majorité absolue des suffrages; mais l'officier n'aura voix délibérative que lorsqu'il aura 24 ans d'âge.

VI. Quant aux autres places de sous-lieutenans il y sera pourvu par le concours, d'après des examens publics dont le mode sera déterminé par un décret particulier.

VII. Les sous-lieutenans de toutes les armes, sans aucune exception, parviendront, à leur tour d'ancienneté dans leurs régimens, aux emplois de lieutenans.

VIII. Les lieutenans de toutes les armes, sans aucune exception, parviendront, à leur tour d'ancienneté, aux emplois de capitaine.

IX. Les quartiers-maîtres seront choisis par les conseils d'administration, à la pluralité des suffrages.

X. Les quartiers-maîtres pris parmi les sous-officiers, auront le rang de sous-lieutenant; ils conserveront leur rang, s'ils sont pris parmi les officiers.

XI. Les quartiers-maîtres suivront leur avancement dans les différens grades, pour le grade seulement, ne pouvant jamais être titulaires, ni avoir de commandement; mais jouissant en gratification & par supplément d'appointement, de ceux attribués aux différens grades où les portera leur ancienneté.

XII. On parviendra du grade de capitaine à celui de lieutenant-colonel par ancienneté & par le choix du roi, ainsi qu'il va être expliqué.

XIII. L'avancement au grade de lieutenant-colonel, soit par ancienneté, soit par le choix du roi, sera fait, pendant la paix, sur toute l'*armée*, & à la guerre, le tour d'ancienneté sera sur le régiment.

M. Arthur Dillon observe que souvent des détachemens sont embarqués pour les colonies & pour les Indes, & qu'il paroît juste de décréter des dispositions pour l'avancement, relativement à cette espèce de service: il sera présenté à cet égard un décret particulier.

M. Alexandre Lameth continue la lecture des articles; ceux qui suivent sont adoptés.

XIV. L'infanterie françoise formera une arme. Les troupes à cheval indistinctement formeront une seule arme. L'artillerie & le génie formeront deux armes différentes.

XV. Sur trois places de lieutenans-colonels vacantes dans une arme, deux seront données aux plus anciens capitaines en activité dans cette arme, & la troisième par le choix du roi, à un capitaine en activité dans cette arme, depuis deux ans au moins.

XVI. On parviendra du grade de lieutenant-colonel à celui de colonel, par ancienneté & par le choix du roi, ainsi qu'il va être expliqué.

Presque tous les articles du projet de M. Alexandre de Lameth ayant été décrétés sans discussion, nous les renvoyons à la troisième partie de l'ouvrage, sous le titre FORCE PUBLIQUE, ARMÉE DE TERRE.

Séance du 5 octobre 1790.

M. de Bouthillier, après un rapport fait au nom du comité militaire, présente les articles suivans:

L'assemblée nationale, continuant son examen du plan général de l'organisation de l'*armée*, présenté par le ministre de la guerre, après avoir entendu le rapport de son comité militaire, décrète:

1°. Indépendamment des quatre-vingt-quatorze officiers-généraux employés, l'état-major-général de l'*armée* sera composé de trente adjudans-généraux ou de division, lesquels, sous cette dénomination, remplaceront les trois états-majors de l'*armée* existant aujourd'hui; & les réduisant à ce nombre d'officiers, de ces trente adjudans-généraux ou de division, dix-sept auront rang de colonel & treize celui de lieutenant-colonel.

2°. Il sera attaché cent trente-six aides-de-camp aux quatre-vingt-quatorze officiers-généraux employés, sur le pied de onze par chacun des quatre généraux, & d'un par chacun des trente lieutenans-généraux, & d'un par chacun des quatre-vingt maréchaux de camp. Les premiers aides-de-camp de chacun des quatre généraux d'*armée*, seront colonels, & les seconds seront lieutenans-colonels, ainsi que ceux des lieutenans-généraux & des maréchaux.

3°. Les adjudans-généraux & les quatre aides-de-camp des généraux qui seront colonels, auront 6000 livres de traitement. Les treize adjudans-généraux, ainsi que les quatorze aides-de-camp des généraux, qui seront lieutenans-colonels, auront 4000 livres.

Chacun des cent vingt-huit aides-de-camp-capitaines, auront 1800 livres.

4°. L'assemblée nationale ajourne de nouveau l'article du ministre, relatif aux commissaires de guerre.

M. d'Elbecq. Je demande, par amendement, qu'il ne soit donné que 4000 livres aux aides-de-camp-généraux qui seront colonels, 3000 livres à ceux qui seront lieutenans-colonels, & 1200 livres aux aides-de-camp-capitaines.

M. Millet. Les officiers de l'état-major de l'*armée* composent un corps éphémère, dont l'existence n'est autorisée par aucune ordonnance, dont le nombre ni les appointemens ne sont point fixés: ce corps est composé d'officiers sortis de différentes armes, par le choix de quelques généraux, pour emporter d'assaut, par le crédit & à l'ombre du talent, les premiers grades de l'*armée*; leurs fonctions consistent à distribuer les ordres des généraux, à fixer les dispositions intérieures des camps, à veiller sur les approvisionnemens & les logemens, à prendre des connoissances sur les facultés du pays en fourrages, viandes, comestibles, chevaux, voitures, fours, magasins, hôpitaux, &c. Il faut observer cependant que dans presque toutes les parties, ils ne sont que les surveillans nés du général; qu'ils n'ordonnent point, puisque la plupart de ces détails sont confiés aux commissaires des guerres & aux intendans des *armées*. Leurs fonctions consistent encore dans les détails de la castramétation, c'est-à-dire, dans les dispositions intérieures des camps, dans le développement des troupes en manœuvre, dans la reconnoissance du terrein pour les développemens, dans la manière d'occuper une position, enfin, dans la combinaison des plans de campagne avec les généraux.

Ces fonctions indiquent assez que le choix de ceux qui doivent les remplir doit être absolument libre; la confiance ne peut se commander; & quelque nombreux que soit un état-major d'*armée*, un général pourra toujours dire, soit défaut de connoître les sujets, soit que sa confiance entière réside dans des officiers d'une autre arme, je veux tels militaires pour composer mon état-major.

C'est par ces raisons que l'état-major de l'*armée* n'a jamais dû former un corps distinct; car on a senti que ce corps, inutile en temps de paix, le deviendroit également en temps de guerre, si, comme je le pense, vous ne gênez point le choix des généraux, & si ces membres ne leur inspiroient pas la confiance nécessaire; c'est de-là précisément, & de la répugnance qu'on a naturellement de rentrer dans les emplois assujettissans de l'*armée*, qu'est provenue son augmentation successive.

S'il entroit dans votre pensée, ce que j'ai de la peine à croire, de restreindre le choix des généraux dans les individus du corps qu'on vous propose de créer, encore faudroit-il que, par des instructions préalables & des examens, ils eussent justifié de leurs talens: mais croyez qu'on ne veut que vous faire décréter la formation & les appointemens de ce corps, & qu'une conséquence nécessaire que le comité n'apperçoit pas, sera qu'après le décret, il existera sans école, sans règle d'avancement, & que vous en aurez fait une assurée pour l'intrigue & la faveur?

Je ne puis croire que l'assemblée nationale, qui a si vigoureusement scruté & poursuivi tous les genres d'abus, veuille en créer une source abondante dans le département de la guerre, en autorisant la création d'un corps qui n'a pu, dans le siècle des abus, malgré son grand crédit, se procurer une existence légale, & en creusant un puits perdu, où viendroit se rendre cette foule d'emplois superflus. Je le dis hardiment, on vous trompe, en osant avancer que cette nouvelle création est nécessaire à l'*armée*: il ne s'agit pour le prouver que de jetter un coup-d'œil sur les plus belles époques militaires de la France. Si, contre mon attente, ce corps est soumis à des règles, à un mode d'avancement, à des examens, & si les fonctions auxquelles il prétend, lui sont attribuées, c'est-à-dire, s'il veut s'immiscer dans la construction des retranchemens, l'indication des obstacles naturels, les dispositions fortifiantes pour la sûreté des postes & quartiers, la reconnoissance du terrein, les opérations topographiques, les levées rapides & militaires faites pour exposer les opérations au général ou au maréchal-général-des-logis, l'ouverture des communications pour les marches de l'*armée*, l'étude & la défense des frontières, enfin la liaison des points fortifiés, leur rapport, leur augmentation, &c. Pour tous, vous créez un second corps du génie; l'un ou l'autre sont inutiles: il faut ou les réunir ou supprimer l'un d'eux. Si, au contraire, vous voulez restreindre l'état-major à ses véritables fonctions, si vous voulez bien distinguer dans son service deux parties séparées par une ligne de démarcation bien prononcée, la première ayant pour but les opérations que je viens de citer, & qui sont inséparables du corps du génie par sa compétence; & la seconde, absolument liée à la confiance & aux connoissances particulières de chaque arme, vous verrez qu'il est plus convenable de laisser aux généraux la liberté de choisir leurs coopérateurs dans toute l'*armée*; ces officiers rentreront dans leurs corps après la guerre, & le roi auquel vous avez laissé la faculté d'une partie d'avancement hors de ligne, pourra, s'ils l'ont mérité, les élever à un grade supérieur. Les sectateurs de la création d'un corps d'état-major, s'appuient principalement sur l'inconvénient qu'il y auroit de tirer ces officiers des différens corps militaires, à cause du vuide que cela y feroit; vuide contraire au service, & fâcheux pour des camarades qui sont obligés d'y suppléer. Analysons cette objection, puisque, malgré sa foiblesse, elle devient l'arme principale qu'on nous oppose. Dix officiers d'état-major, en les supposant réduits à leurs véritables fonctions, doivent suffire à une *armée* de cent mille hommes; sur ces dix officiers on doit présumer qu'il pourra s'en trouver de pris dans des corps à talens, tels que ceux de l'artillerie & du génie, ainsi que dans les autres corps qui ne seront pas à l'*armée*; ainsi ce nombre peut être réduit à quatre ou cinq: or, je le demande, ce vuide peut-il être compté pour quelque chose dans une *armée* de cette force, lorsque le moindre événement peut en faire un bien plus considérable, auquel on fait bien peu d'attention?

Le corps de l'état-major de l'*armée* a besoin, pour justifier sa préexistence, de s'attribuer une partie des fonctions du corps du génie; mais peu familier aux opérations topographiques, il est nécessité d'avoir à sa suite un corps d'ingénieurs-géographes militaires, qui soit le bouclier de sa science & de ses opérations; d'où il est aisé de conclure que ce second corps ne peut pas plus subsister sans le premier, que le lierre qui grimpe sur l'ormeau, si cet arbre est déraciné. Quoique l'état-major n'ait jamais existé que d'une manière précaire, malgré la vérité des faits que j'ai avancés, je me plais à rendre justice à plusieurs de ses membres, dont j'apprécie le mérite & les talens, mais qui ne peuvent que me fournir une preuve de plus de la nécessité d'une instruction préliminaire, & qui ayant fait leur apprentissage ailleurs, démontrent évidemment qu'ils auroient possédé, en temps de guerre, la place qu'ils occupent par le choix & la confiance des généraux. Le comité militaire voudra bien se rappeller qu'il a été décidé unanimement, dans deux de ses séances extraordinaires, auxquelles ont été appellés un grand nombre d'officiers-généraux, & autres officiers des différentes armes, que la partie topographique des camps & *armées*, appartiendroit exclusivement au corps du génie, aux ordres & sous la direction du maréchal-général-des-logis de l'*armée*, ou de tout autre officier supérieur, faisant, par les ordres du général, les fonctions d'adjudant-général. D'après cette sage détermination, n'est-il point possible encore que ce corps d'état-major devienne inutile en temps de guerre? Je résume ce premier article, & je dis: En laissant au corps du génie les fonctions qui lui appartiennent par essence, & en rendant tous les officiers de l'*armée* habiles à remplir les autres, on fait une opération simple, sûre, très-économique, déjà éprouvée par l'expérience, on donne un puissant véhicule d'émulation à l'*armée*; d'où je conclus que l'état-major permanent, proposé par le décret du comité, est évidemment inutile. Je crois que vous me dispenserez de tout raisonnement tendant à vous prouver, en second lieu, qu'une dépense déplacée de plus de 50,000 livres, est diamétralement opposée à l'intérêt de vos finances. Je passe donc à la troisième proposition.

L'état-major de l'*armée* est un corps purement ministériel, auquel on tient fortement, parce qu'il offrit de tout temps une porte ouverte à la faveur & à l'intrigue; nulle hiérarchie n'y fut jamais observée; il fut toujours un corps impolitique, immoral, distingué par des promotions illimitées & par des graces arbitraires. Je pense, d'après cela, pouvoir avancer à juste titre qu'il est contraire à la constitution de l'*armée*.

Il me reste à dire un mot sur les aides-de-camp. Les raisons que j'ai alléguées contre les adjudans-généraux, s'appliquent *à fortiori* à ces officiers. Il faut laisser un libre choix aux généraux, ou si vous les obligez à recevoir ceux que vous leur donnerez, ils pourront bien les admettre dans leur société, les charger de faire les honneurs de leur table; mais dans un jour d'affaire, ils vous prouveront leur inutilité, en choisissant un officier dans la ligne pour porter & faire exécuter leurs ordres; & si quelque objection leur est faite à cet égard, ils vous rappelleront les batailles perdues, non pas celles cependant qui l'ont été par des ordres mal donnés, mais celles qui ont été perdues par des ordres mal rendus. Les aides-de-camp sont donc une branche parasite de l'arbre militaire.

Je conclus à ce que l'assemblée nationale rende le décret suivant.

L'assemblée nationale, délibérant sur le plan du ministre, relativement aux adjudans-généraux & aux aides-de-camp; considérant que les fonctions essentielles à ces officiers ne peuvent être remplies que d'après le choix & la confiance des généraux d'*armée*; considérant qu'il seroit nuisible au bien du service de ne point faciliter ce choix généralement dans toutes les armes & sur tous les sujets qui en seront susceptibles par leurs talens; après avoir oui son comité militaire, a décrété que les officiers de toutes les armes seront admis à un concours, d'après le mode d'instruction qui sera déterminé ultérieurement; ceux qui auront montré le plus de talens dans les examens & dans les fonctions des officiers d'état-major que les généraux leur auront fait remplir dans les rassemblemens de troupes qui auront lieu en temps de paix, seront inscrits sur une liste, sur laquelle les officiers-généraux employés à la guerre choisiront. Ces officiers n'auront un traitement extraordinaire que lorsqu'ils seront tirés de leur corps pour être employés dans l'état-major de l'*armée*.

Quant aux aides-de-camp, l'assemblée nationale décrète qu'il n'y a lieu à délibérer.

M. Alexandre de Lameth. De tous les temps, le corps du génie a desiré envahir les fonctions de l'état-major. Le projet que vous propose aujourd'hui votre comité a été unanimement adopté par cinquante officiers présens à nos séances, parmi lesquels se trouvoient dix-sept officiers du génie.

M. Alexandre de Beauharnois. Comme il faut croire que dorénavant les troupes françoises seront souvent rassemblées, souvent campées & habituées, dans de grandes manoeuvres, aux grands effets qu'elles sont destinées à produire devant l'ennemi, il ne paroît pas douteux qu'il soit avantageux d'établir, même pendant la paix, des officiers qui, par la nature de leurs fonctions, sont utiles dans les rassemblemens, sont indispensables dans les grands mouvemens.

Il suffit d'avoir vu un assez grand nombre de troupes manoeuvrant, pour reconnoître l'utilité des officiers chargés de diriger les colonnes, chargés de les introduire dans de nouvelles lignes de direction, plus spécialement tenus d'acquérir le talent du coup-d'oeil, le talent d'apprécier les obstacles, & de vaincre les difficultés locales.

En rectifiant l'organisation militaire, ou supprimant les grades inutiles, vous avez sans doute eu pour objet de remettre entre les mains du pouvoir exécutif, un instrument porté à son plus haut degré de perfection. Pourquoi donc supprimeriez-vous, dans la machine militaire, un rouage dont l'indispensabilité vous est démontrée?

Le préopinant qui s'oppose à l'adoption du projet de décret présenté par le comité militaire, confond, dans son opinion, le régime ancien avec le régime nouveau. On oublie que si dans le régime ancien, les officiers-généraux, riches & avec des traitemens considérables, choisissoient dans les grades inutiles de l'*armée*, des jeunes gens riches, pour se les attacher comme aides-de-camp, il n'en sera pas de même dans le régime nouveau, puisque les officiers-généraux ne seront pas tous riches, & que les grades inutiles étant supprimés, on ne pourroit, en prenant des aides-de-camp dans la ligne, que les ôter à des places où ils sont nécessaires, puisqu'on a réduit le nombre des officiers à celui indispensable. Enfin les aides-de-camp étant, ainsi que vous l'a annoncé M. le rapporteur, soumis au même mode d'avancement que toute l'*armée*, ce genre de service ne sera plus, comme ci-devant, une carrière où la faveur offroit une route facile à l'ambition. Comme il est enfin raisonnable de ne pas appeller à l'état-major de l'*armée*, seulement les gens riches, & comme il est juste que les officiers y soient payés à raison de leurs grades, je demande la priorité pour l'avis du comité, & la question préalable sur la demande de M. Elbecq.

M. Millet. J'ai parlé comme représentant de la nation & non comme officier du génie.

On demande l'ajournement du projet de décret & la question préalable sur l'ajournement.

M. de Noailles insiste sur l'amendement proposé par M. Elbecq.

Après quelques discussions, l'amendement est rejetté, & le projet du comité adopté.

Les bases & les principaux articles de l'organisation de l'*armée* une fois décrétés dans les séances que nous venons de rapporter, les autres décisions relatives à la police militaire & à la discipline des soldats, n'ont donné lieu à presqu'aucunes discussions; la plupart de ces détails d'ailleurs étant de la compétence du pouvoir exécutif, on ne s'en est presque pas occupé dans l'assemblée constituante. Nous terminerons donc ici les débats sur l'*armée* en général, en rapportant une lettre de M. Duportail, ministre de la guerre, lue dans la séance du 11 mars 1791. Pour le reste, *voyez* RECRUTEMENT, CONSCRIPTION MILITAIRE, RÉGIMENT, ARTILLERIE.

Lettre de M. Duportail, ministre de la guerre à l'armée.

Messieurs, lorsque l'*armée* reçoit une nouvelle formation, lorsqu'elle va se régénérer avec toutes les autres classes de l'empire, son chef suprême daigne approuver que je développe à vos yeux les principes qui doivent désormais la régir; que je vous présente le tableau des avantages importans qui viennent de vous être assurés par la constitution, & en même temps celui des devoirs sacrés qu'elle vous impose.

C'est sur-tout en ce moment qu'avant d'offrir à la patrie la continuité de ses services, chacun doit réfléchir mûrement aux obligations qu'il contracte avec elle, se représenter tout ce qu'elle exigera de lui désormais, peser enfin les mots de ce serment solemnel qu'il doit renouveller toutes les années: qu'il sonde ensuite les dispositions de son ame & qu'il s'assure d'y trouver les sentimens qui lui feront remplir avec joie les engagemens qu'il aura formés; car je ne supposerai jamais qu'un militaire, en faisant un serment, médite le projet de lui être parjure, ce seroit commettre la plus insigne lâcheté, & se rendre le plus méprisable des hommes.

Toutefois, Messieurs, je conçois difficilement comment aucun de vous pourroit hésiter à engager sa foi à la nation, ainsi qu'elle le prescrit à tous les citoyens. Que faut-il donc promettre? l'exécution des loix faites par les représentans de la nation, acceptées ou sanctionnées par son chef héréditaire. Certes si une telle autorité peut être méconnue, il n'en est point de légitime sur la terre, il n'y a plus de gouvernement, plus d'empire, plus de société.

J'adresse ceci à l'esprit juste, capable de saisir la vérité: mais qu'il faut plaindre l'homme qui ne verroit dans la nouvelle constitution, que des loix auxquelles il peut refuser d'obéir, & dont l'ame indifférente & froide n'est point saisie du caractère de grandeur & de dignité qu'elle imprime à l'espèce humaine!

Malheur sur-tout au militaire qui ne sent pas combien les fonctions de son état en sont annoblies! Sans doute il avoit l'honorable emploi de défendre le pays où il se trouvoit exister; mais aussi il contribuoit à y maintenir un ordre de choses peu avantageux à une grande partie de ses concitoyens. Désormais c'est vraiment une patrie, une mère commune qu'il aura à défendre, des loix à la confection desquelles il aura eu part, un gouvernement combiné pour opérer le bonheur de tous, digne en un mot que celui que sa naissance n'y a point attaché, l'adopte par choix & par prédilection.

Tels sont les motifs de patriotisme qu'auront dorénavant les militaires françois; mais quelle satisfaction ne doivent pas éprouver ceux qui composent aujourd'hui l'*armée*, en se voyant appellés par d'heureuses circonstances, à fonder dans un grand état, & préparer ainsi par-tout, le règne de la liberté, de la justice & de la raison!

Je dois aussi, Messieurs, vous faire remarquer combien les loix données au militaire par l'assemblée nationale, sont sagement adaptées à l'esprit de cette profession. Vous n'y trouvez point ces distinctions mortifiantes, ces avilissantes exceptions qui flétrissent le cœur & glacent l'émulation; ces abus ont disparu. Tous les honneurs de la carrière sont offerts à qui veut les mériter: avec des vertus & des talens, un soldat peut monter au rang de général.

Avec quel discernement nos législateurs n'ont-ils pas concilié dans les règles de l'avancement, ce qui est dû à la longueur & la constance des services, avec ce que le bien public exige qu'on accorde au talent, qui peut rendre des momens donnés par certains hommes au service de l'état, plus utiles que la vie entière d'un grand nombre d'autres! Car, Messieurs, je dois vous le déclarer au nom du roi, vous n'avez plus à craindre que dans les choix qui lui seront attribués, une aveugle faveur ou des avantages de naissance, évanouis devant la raison, aient désormais une influence dont vous vous plaindriez avec justice. Le roi sent trop combien est beau le privilège qu'il a de récompenser le mérite, de distinguer les hommes que la nature a voulu distinguer elle-même, & faire ainsi servir à l'utilité publique les qualités dont il lui a plu de les orner.

Vous reconnoîtrez encore avec gratitude, Messieurs, ce que l'assemblée nationale a fait pour améliorer votre situation.

Forcée par les besoins urgens de l'état de commander à des classes nombreuses, des sacrifices pénibles, il semble qu'elle se soulageoit de tant de rigueurs, en ordonnant de votre sort; la paie des soldats, les appointemens des officiers ont été augmentés, & des retraites honorables ont été assurées à tous. Mais je ne m'étendrai pas sur ce sujet; je serois fâché, je vous l'avoue, de vous trouver trop sensibles aux avantages que je viens de mettre sous vos yeux. La profession des armes n'est celle de l'homme fort, que parce qu'elle exige, non-seulement le sacrifice de la vie, mais encore parce qu'elle condamne à de longs travaux, à des privations de toute espèce. Eh! sans cela, qui ne voudroit donc inscrire son nom parmi les défenseurs de la patrie, & jouir de la considération que l'opinion publique attache par-tout à ce titre?

Au reste, il est encore d'autres vertus nécessaires au militaire, & sans lesquelles on n'en mérite point le nom.

L'expérience de tous les pays & de tous les temps a prouvé que la discipline & la subordination peuvent seules rendre les *armées* capables d'agir & de remplir le véritable objet de leur destination. Des troupes indisciplinées sont au-dehors l'objet du mépris de l'ennemi, au-dedans elles sont l'effroi du citoyen; leur valeur, leur audace, dirigées par le vrai patriotisme, font la sûreté, la gloire des empires; égarées par la licence, elles en causent bientôt la désolation & la ruine.

Assurément, Messieurs, votre choix ne sera pas douteux, vous ne souffrirez pas que l'époque de la liberté de la France soit celle du déclin de ses armes; vous voudrez au contraire qu'on les voie briller désormais d'un nouvel éclat; vous voudrez continuer d'être craints de nos ennemis, & chéris de vos concitoyens. Mais permettez-moi une observation importante. La France a des voisins jaloux depuis long-temps de sa prospérité: ces puissances rivales ont des troupes belliqueuses, bien disciplinées, parfaitement instruites dans toutes les parties de l'art militaire. Songez que pour les combattre, il faut nous donner les mêmes avantages: c'est à tort que l'on croiroit que la valeur peut suppléer à tout; l'histoire dépose contre ce système; & sans consulter ses fastes, suivons les événemens de la présente guerre entre les Russes & les Turcs: n'y voit-on pas la science militaire des premiers triompher constamment de la valeur des autres, à qui cette même valeur semble ne servir qu'à les précipiter comme des victimes sans défense sous le glaive de leurs ennemis ?

Or, Messieurs, vous n'ignorez pas que les événemens qui ont eu lieu depuis deux ans, ont suspendu dans l'*armée* les exercices, les instructions de tout genre ; hâtons-nous donc de les reprendre, hâtons-nous de nous remettre au niveau de nos belliqueux voisins : l'activité & l'intelligence dont la nature a doué les François, vous feront acquérir en peu de temps ce qu'un travail long & pénible apprend lentement aux peuples qui nous environnent.

Cependant je veux vous découvrir un piége dans lequel vous pourriez vous laisser entraîner. Des hommes peu sensés ou mal intentionnés, vous diront peut-être que cette subordination exacte, cette discipline sévère, que je recommande, ne s'accordent point avec la liberté, qui est désormais l'apanage de tous les François ; mais prenez garde, Messieurs, de vous laisser égarer par de coupables suggestions, & considérez les choses sous leur véritable point de vue.

La liberté consiste à n'obéir qu'aux loix : il en est de générales qui prescrivent indistinctement à tous les citoyens les mêmes devoirs ; il en est de particulières à chaque profession. Or, la loi fondamentale de l'état militaire, est que dans les fonctions qui lui sont propres, chacun renonce à sa volonté. La seule raison vous découvre que pour qu'une *armée* soit capable de la plus simple opération, il faut qu'un seul homme la dirige, qu'un seul commande, & que le reste obéisse. Aussi regardez autour de vous, vous verrez que le militaire le plus judicieux, le plus vertueux, est toujours le plus subordonné.

Bien loin donc que votre profession admette une sorte d'esprit d'indépendance, rien ne lui est plus essentiellement opposé. S'il est un spectacle qui fasse vraiment honneur à la raison humaine, qui montre les progrès de la société, c'est de voir le guerrier intrépide dans les combats, devenu docile, obéissant à la loi de son pays, & n'agissant plus que par elle.

Au reste, Messieurs, vous n'avez pas lieu d'être incertains sur vos droits non plus que sur vos devoirs ; les uns & les autres sont tracés dans les décrets de l'assemblée nationale, & vous pouvez, sans crainte, y chercher dans tous les cas, la règle immuable de votre conduite. Cette assemblée qui a créé la liberté pour la France, ne se sera pas sans doute écartée de ses principes dans la combinaison des loix qu'elle a données au militaire : soyez donc persuadés que si ces loix vous imposent quelque gêne, c'est qu'elle est nécessaire, indispensable, & qu'elle tient à l'essence de votre profession. Vous ne devez pas avoir moins de confiance dans la manière dont l'exécution de ces mêmes loix sera ordonnée & dirigée par le chef suprême de l'*armée*. Rappellez-vous, Messieurs, les inclinations que notre roi a toujours montrées ; rappellez-vous qu'il a débuté sur la grande scène du monde par mériter dans un autre hémisphère le nom de *restaurateur des droits des hommes*, & que bientôt après, il l'a obtenu parmi nous ; eût-il acquis ce titre glorieux, si son cœur n'eût aimé vraiment la liberté ? Soyez donc bien sûrs qu'il n'exigera rien de vous qui ne soit conforme à la loi ; mais attendez-vous aussi qu'il déploiera toute l'énergie du pouvoir qui lui est confié, pour assurer l'exécution de ce qu'elle prescrit véritablement : ainsi l'exigent le bien public, le maintien de cette même liberté, votre gloire, & celle de la nation entière.

Quant à moi, Messieurs, si j'ai l'honneur d'être, près de l'*armée*, l'interprète des volontés de son chef suprême, c'est que j'ai cru être sûr que les ordres que j'aurois à en recevoir & à vous transmettre, ne seroient, dans aucun cas, en opposition avec mon attachement aux vrais principes de la constitution. C'est vous dire, & j'ose en prendre l'engagement solemnel devant la nation, que je ne contribuerai jamais à l'exécution de rien qui puisse leur porter atteinte. (On applaudit dans toutes les parties de la salle.)

ARMEMENT, *voyez* ANGLETERRE, BREST, MARINE.

ARMES. Le transport des armes hors du royaume a été plusieurs fois défendu par l'assemblée ; cependant on s'y est souvent plaint du manque d'exécution de ses ordres à cet égard.

Séance du 4 juin 1790.

M. de Sillery. Malgré les ordres qui prohibent la sortie des *armes* hors du royaume, plusieurs plaintes sont parvenues à votre comité des recherches. La municipalité de Nantes vient de faire arrêter cent fusils destinés pour Genève. Le comité a cru devoir vous proposer d'autoriser la municipalité à renvoyer les armes au directeur de la manufacture d'où elles sortent. Au moment où les gardes nationales ne sont point armées, où elles éprouvent beaucoup de difficultés à s'armer, il est ridicule de permettre que les *armes* sortent du royaume.

M. le Couteulx de Canteleu. Le moyen d'assurer la tranquillité, c'est de conserver au peuple son travail. La fabrication des *armes* peut être une branche d'industrie utile au royaume. Je pense donc que loin d'en empêcher la sortie, il faudroit empêcher au contraire l'entrée des *armes* étrangères dans le royaume.

M. de Sillery. Encore faut-il les déclarer avant que de les faire parvenir aux frontières, & que les manufactures ne les fassent pas passer en contrebande.

M. Voidel. Quand cinq à six cens mille hommes de gardes nationales manquent de fusils, & que le pouvoir exécutif dit qu'il n'en a pas, il est bien étonnant qu'on en exporte.

M. Garat l'aîné. La discussion a déjà bien changé de forme depuis qu'elle est établie; l'objet primitif du décret étoit de mettre une prohibition entre le commerce de France & l'étranger; puis on nous a fait entendre que l'on ne demandoit que la déclaration des marchandises que l'on exportoit. Comment, s'écrie-t-on, quand nos gardes nationales ne sont point armées, exporte-t-on des fusils? Qui les empêche de s'en procurer? Sans doute s'il s'agissoit d'une concurrence, il faudroit les préférer. Mais, dit-on encore, comment pouvons-nous nous les procurer? A qui en demander? Est-ce aux ministres? (Plusieurs membres de la partie gauche répondent oui). On me répond d'une manière qui n'est pas fort régulière, *que oui :* quelle loi a ordonné aux ministres de fournir des *armes* aux dépens du trésor public? S'il y a un décret, ils sont coupables de ne l'avoir point exécuté; mais il n'en existe pas. (Eh bien! il en faut faire, s'écrient plusieurs membres). L'armement des milices nationales est une dépense locale qui ne doit pas peser sur le trésor : je crois donc qu'il n'y a pas lieu à délibérer.

M. Goupil. Empêcher la sortie des *armes* hors du royaume, c'est nécessiter l'émigration des citoyens qui sont occupés à ce genre de travail.

M. Cochelat. Les marchands d'*armes* de Paris avoient retenus des armes à la fabrique de Charleville; ils ont cassé frauduleusement ce marché, & ils ont préféré acheter des *armes* à vil prix aux Liégeois, plutôt que de les tirer de nos manufactures.

On demande la question préalable.

M. Lacheze. Je ne demande pas la question préalable, mais le renvoi au pouvoir exécutif.

Cette proposition est adoptée. *Voyez* DÉFENSE DES FRONTIÈRES & GARDES NATIONALES.

ARMOIRIES. *Voyez* FÉODALITÉ, NOBLESSE.

ARRIÉRÉ. Sous ce mot, l'assemblée a compris la portion de la dette publique dont le paiement étoit en retard depuis plus ou moins long-temps. *Voyez* DETTE PUBLIQUE.

Il y a encore l'*arriéré* des impositions, que l'on nomme aussi *débets ;* c'est la partie des contributions que les contribuables ont refusé ou négligé de payer. *Voyez* FINANCES, CONTRIBUTIONS.

Séance du 22 mars 1790.

M. Dupont, au nom du comité des finances. Le décret que nous allons proposer mérite votre attention; quand vous avez ordonné que tous les impôts seroient payés jusqu'à ce qu'ils aient été supprimés, on a dû obéir à ce décret; lorsqu'on s'est permis de se refuser aux contributions qu'exigeoit la chose publique, on a violé les droits de la société. Si un décret subséquent confirmoit cette violation, toute votre autorité seroit perdue. C'est d'après ces principes que le comité a rédigé les articles suivans :

Sur le paiement des débets & le rapprochement de l'arriéré.

L'assemblée nationale considérant que la supression ou l'abonnement des droits de marque des cuirs, de marque des fers, & sur la fabrication des huiles & des amidons, la suppression des dix sols pour livre sur les droits de gabelle & sur les droits qui se percevoient au transport des sels, dont elle n'a remplacé que le principal; la cessation des dépenses & des vexations auxquelles la perception de ces différens droits donnoit lieu, & que la contribution des ci-devant privilégiés augmentent, notablement dans la présente année, les moyens de contribution que font les bons François, desirent employer au salut de l'état; & voulant concilier la sûreté du service public avec les soulagemens qu'elle a cru devoir accorder au peuple, a décrété & décrète ce qui suit :

Art. Ier. Les débets qui peuvent avoir lieu sur les droits d'aides & autres y réunis, seront acquittés par tiers, de mois en mois, dans les trois mois d'avril, mai & juin.

II. Les droits de traite, aides & autres qui n'ont été ni supprimés ni abonnés par les décrets de l'assemblée nationale, seront exactement acquittés en la forme prescrite par les ordonnances & réglemens, jusqu'à ce qu'il en ait été autrement ordonné par l'assemblée nationale, & les barrières nécessaires à leur perception seront incessamment & efficacement rétablies.

III. Les villes, paroisses & communautés qui sont arriérées dans le paiement de leurs impositions, seront tenues de se rapprocher, dans le cours de la présente année, d'une somme équivalente aux deux tiers de ce qu'aura produit, dans chacune desdites villes, paroisses & communautés, la contribution des ci-devant privilégiés, pour les six derniers mois de 1789, & pour l'année 1790.

IV. L'assemblée nationale dispense du rapprochement ordonné par l'article précédent, les villes, paroisses & communautés qui auront fait ou qui feront le don patriotique à la nation de ladite contribution des ci-devant privilégiés, qui pourra leur

leur appartenir pour les six derniers mois de 1789.

Le préambule & l'article premier sont décrétés sans discussion.

M. Buzot demande la parole sur l'article II.

M. Buzot. Il ne faut pas dire au peuple qu'il doit payer les impôts; il le sait bien, il le sent, il a l'intention de le faire. Mais si vous voulez que les droits d'aides soient perçus en Normandie, il est une disposition particulière à adopter. Dans plusieurs villes de cette province on a, depuis quelque temps, désappris à payer ces droits, ou plutôt, les citoyens sont prêts à les payer; mais ils ne peuvent supporter les commis. Je desirerois que les officiers municipaux fussent autorisés à recevoir des abonnemens; sans cela ils se verront obligés, à cause de la responsabilité à laquelle ils sont sujets, ou à user de violence, ou à abandonner leurs places; & dans ces deux cas les droits ne seront pas perçus.

M.... demande qu'on prononce l'abolition des traites.

M. Dupont. Cette suppression fait partie des opérations du comité des finances & de celui des impositions. C'est d'une mauvaise régie que naît le peu d'avantage produit par les barrières des frontières. D'après le traité de commerce, l'Angleterre devoit payer en traite 3,500,000 livres; elle n'a payé que 500,000 francs. — Quant à la demande de M. Buzot, j'observe que pour toucher à des droits relatifs au produit d'une récolte, il faut atteindre la récolte prochaine. On nous dit chaque jour que le peuple est disposé à payer; on dit plus, on assure que les remplacemens établis sont bien au-dessous de ses offres; & puis on vient nous dire que le peuple ne voudra pas payer! Si un peuple se refusoit à exécuter les décrets de ses représentans, il ne mériteroit pas de former un corps politique, & ce peuple n'est pas le peuple François. Je ne souffrirai pas qu'on calomnie le peuple; il sait chaque jour ce que vous faites pour lui; il sait que si vous pouviez davantage en ce moment, vous feriez davantage; il sait que son bonheur est votre unique desir, comme votre premier devoir; il sentira que l'impôt des aides ne peut être changé qu'après la récolte; il attendra avec confiance.

M. Buzot. Le préopinant confond les droits d'inventaire avec ceux qui se perçoivent aux entrées des villes: quant aux droits d'inventaire, son observation est juste; quant à ceux qui se perçoivent à l'entrée des villes, elle cesse de l'être. Les droits ne pourroient-ils pas être modifiés ou remplacés à l'instant?

M. Dupont. L'acheteur connoît le droit qu'il paiera à l'entrée des villes; il le fait entrer dans le prix de la vente aux consommateurs, ou bien il le déduit sur le prix qu'il a donné au propriétaire qui lui a vendu ses denrées. Ainsi le propriétaire a déjà payé pour cette année.

La proposition de M. Buzot est renvoyée aux comités des finances & des impositions.

L'article second est adopté.

M. de Cracy propose une nouvelle rédaction des autres articles.

La priorité est accordée au comité, & les articles sont décrétés.

Séance du 23 mars 1790.

Un des secrétaires fait lecture d'une lettre adressée à M. le président par M. de la Tour-du-Pin. Ce ministre demande ce qu'on entend par l'*arriéré* & les dépenses courantes. Il représente la détresse où se trouveront les officiers de l'état-major des places frontières, si leurs traitemens sont suspendus; & demande que l'assemblée comprenne dans les dépenses courantes, les appointemens des militaires en activité.

M. Prieur propose de renvoyer cette lettre au comité de liquidation, pour en faire le rapport le plus promptement possible. (La partie droite de l'assemblée s'élève par des clameurs contre cette proposition).

M. l'abbé Grégoire. Il est essentiel de se procurer préalablement le relevé détaillé des traitemens & appointemens qui existent sous le nom d'état-major des places. J'ai bien peur qu'on y comprenne des gouvernemens inutiles. Nous avons en Lorraine le gouverneur de la Mallebranche, c'est-à-dire, d'une maison de campagne, dont le traitement est de 12 mille livres.

M. le Camus. Il est très-juste de payer les officiers réellement en activité, mais il faut aussi empêcher les abus. Il a été payé, jusqu'au 4 de mars, pour six cens mille livres de traitement sur l'extraordinaire des guerres. Je m'étonne que M. de la Tour-du-Pin consulte aujourd'hui l'assemblée. Ces paiemens sont pour les six derniers mois de 1788 & les six premiers de 1789. On lit dans ce compte les noms de MM. de *Condé*, de *Bourbon* & de *Lambesc*. Il y a une multitude de gouvernemens, les uns généraux, les autres particuliers. Il est défendu aux gouverneurs-généraux d'aller dans les provinces; la plupart des gouverneurs particuliers sont sans fonctions: je citerai, par exemple, le gouverneur de la Samaritaine, qui a des appointemens en valeur de 6000 liv. Il seroit inconséquent de prendre un parti sans aucun examen & sans aucune réserve. J'adopte l'amendement de M. Prieur, & je demande que le comité de liquidation fasse son rapport demain matin.

M. le duc du Châtelet. Jamais les gouverneurs n'ont été considérés comme des officiers en activité, & c'est uniquement des officiers en activité que parle M. de la Tour-du-Pin.

M. le Camus. Je demande à M. le duc du Châtelet pourquoi il se trouve compris pour une somme de 3000 liv. dans les traitemens qui ont été payés ?

M. le duc du Châtelet. Je n'ai rien touché que ce qu'on a bien voulu me payer. Vous avez décrété qu'on donneroit sur les traitemens, pensions & appointemens *arriérés*, une somme de mille écus : j'ai peut-être été compris dans cette règle générale. Mon homme d'affaires peut avoir reçu cette somme ; mais je donne ma parole d'honneur que je n'en ai pas été instruit, & que je n'ai rien demandé. Si par-hasard on avoit fait une exception en ma faveur, je m'empresserois d'y renoncer, & de rendre la somme que j'aurois reçue.

M. de Noailles. Il n'est, dans aucun cas, de la sagesse de l'assemblée de prendre une délibération sur la lettre d'un ministre. Lorsqu'on parle de l'état-major d'une place, il s'agit du gouvernement, de la lieutenance de roi, de la majorité & de l'aide-majorité. Ces places sont ordinairement données comme retraites & récompenses uniques à de bons & anciens militaires qui n'ont pas d'autres ressources pour exister. J'excepte cependant les gouvernemens, qui sont accordés à la faveur, & qui n'exigent aucun service. J'adopte le renvoi au comité, & l'ajournement à demain.

MM. de Mirepoix, de Montcorps, d'Ambly, &c. s'opposent en tumulte à ce renvoi.

M. le président obtient un moment de silence ; il pose la question, & l'assemblée décrète que la lettre de M. de la Tour-du-Pin sera renvoyée au comité de liquidation, qui fera demain matin son rapport.

Séance du 24 mars 1790.

M. l'abbé Gouttes présente, au nom du comité de liquidation, un projet de décret relatif à la lettre de M. de la Tour-du-Pin. Ce projet est ainsi conçu : « Les appointemens des officiers de l'état-major des places frontières, pour 1789, seront compris dans les dépenses courantes, & comme tels, acquittés par le trésor royal. L'assemblée n'entend comprendre dans cette disposition, que les lieutenans de roi, majors, aides-majors, sous-aides-majors, capitaines des portes, & autres officiers subalternes qui sont en pleine activité de service ». (Ce projet est adopté).

Séance du 17 juillet 1790.

M. Bats fait lecture d'un projet de décret au nom du comité de liquidation. Les deux premiers articles sont adoptés sans discussion.

L'assemblée nationale, après avoir entendu le rapport de son comité de liquidation, sur la nécessité de fixer d'une manière précise les pouvoirs de ce comité, & de déterminer les fonctions qui lui sont attribuées, a décrété ce qui suit :

Art. Ier. L'assemblée nationale décrète, comme principe constitutionnel, que nulle créance *arriérée* ne peut être admise parmi les dettes de l'état, qu'en vertu d'un décret de l'assemblée nationale, sanctionné par le roi.

II. En exécution du décret sanctionné, du 22 janvier, & de la décision du 15 février dernier, aucunes créances ne seront présentées à l'assemblée nationale pour être liquidées, qu'après avoir été soumises à l'examen du comité de liquidation ; mais néanmoins les vérifications & appuremens des comptes continueront à s'effectuer comme ci-devant, suivant la forme ordinaire, & devant les tribunaux à ce compétens : l'assemblée nationale n'entend, quant à présent, rien innover à ce sujet.

M. Custine. Je propose d'ajouter que les rapports du comité de liquidation ne pourront être discutés dans l'assemblée, qu'ils n'aient été imprimés & distribués quinze jours auparavant.

M. Desmeuniers. L'article me paroît autoriser d'une manière trop vague, la chambre des comptes à vérifier & à appurer les comptes. Je proposerois de dire : Les vérifications & appuremens des comptes dont les chambres des comptes & autres tribunaux peuvent être actuellement saisis, continueront provisoirement & jusqu'à la nouvelle organisation des tribunaux.

M. Merlin. Le comité de liquidation ne devroit être autorisé qu'à examiner les créances revêtues d'une décision favorable.

M. Lavie. J'appuie d'autant plus volontiers cette proposition, que je sais qu'on a offert 200 mille liv. à un membre du comité, pour appuyer une réclamation.

M. l'abbé Gouttes. Votre comité de liquidation s'est déterminé à vous proposer l'article tel qu'il vient de vous être lu, par la conviction que des créanciers illégitimes pourroient vouloir vous faire revenir contre des arrêts du conseil rendus avec une parfaite équité. Les créanciers, pour fournitures de fourrages dans les guerres d'Allemagne, ont eu l'impudence de m'offrir 200 mille livres pour appuyer leurs réclamations. Le conseil, convaincu de leur illégitimé, n'a pas balancé d'écarter leurs demandes. J'ai été dans les bureaux avec tous les commis ; j'ai tout examiné & je suis convaincu qu'il a très-bien fait.

M. d'Estourmel. Il n'y a qu'un moyen d'éviter toutes les réclamations ; c'est d'ajouter à l'article, *visé par l'ordonnateur du département dont ces dettes font partie.*

M. Charles Lameth. Comme les décisions qui vont intervenir sont de la plus haute importance, je voudrois que le comité de liquidation ne pût arrêter aucun projet de décret, qu'en présence des deux tiers de ses membres. Nous donnons toute notre confiance à nos comités, mais du moins faut-il être sûr que ce qu'ils nous proposent a été consenti par un nombre de membres suffisant.

M. Foucault. Si on exigeoit des comités qu'ils fussent toujours presque complets pour prendre des délibérations, vous verriez retarder votre travaux. Je demande l'exécution, à la rigueur, du décret qui ordonne qu'on ne pourra être en même temps membre de deux comités.

M. le Chapellier. Je trouve l'observation de M. Lameth très-juste, & je m'y joins pour l'appuyer ; mais il ne faut pas lui donner trop d'extension : il seroit ridicule, par exemple, d'exiger que le comité des rapports, qui est composé de trente membres, ne puisse jamais rien proposer à l'assemblée que lorsqu'il seroit composé de vingt personnes.

Sur la rédaction de M. Desmeuniers, l'article II est adopté en ces termes :

II. En exécution du décret sanctionné du 23 janvier, & de la décision du 15 février dernier, aucunes créances *arriérées* ne seront présentées à l'assemblée nationale pour être définitivement reconnues ou rejettées, qu'après avoir été soumises à l'examen du comité de liquidation, dont les délibérations ne pourront être prises que par les deux tiers au moins des membres de ce comité ; & lorsque le rapport du comité devra être fait à l'assemblée, il sera imprimé & distribué huit jours avant d'être mis à l'ordre du jour. Néanmoins les vérifications & appuremens des comptes dont les chambres des comptes ou autres tribunaux peuvent être saisis actuellement, continueront provisoirement, & jusqu'à la nouvelle organisation des tribunaux & l'établissement des règles fixées sur la comptabilité, à s'effectuer comme ci-devant, suivant les formes prescrites. *Voy.* DETTE PUBLIQUE.

Les articles suivans sont décrétés après une légère discussion. *Voyez* les décrets, *troisième partie.*

ARTILLERIE. Cette partie de l'armée a été la dernière dont l'assemblée s'est occupée. Les débats qu'elle a fait naître ont été moins passionnés que ceux qui ont eu lieu dans la discussion sur les pouvoirs politiques, & l'on en sent la raison. Nous renvoyons au mot GÉNIE le supplément à cet article, quoique le génie & l'*artillerie* soient deux corps en quelque sorte confondus.

Séance du 9 septembre 1790.

M. Bouthiller, au nom du comité militaire. Lorsque le comité militaire a eu l'honneur de vous faire le rapport du plan d'organisation de l'armée, présenté par le ministre de la guerre, il vous a rendu compte des difficultés qui s'étoient élevées relativement aux deux corps de l'*artillerie* & du génie. L'opinion de votre comité à ce sujet n'étoit pas fixée alors ; il n'a pas cru pouvoir se permettre de vous en présenter aucune, & en se bornant à vous assurer que leur dépense (quelque parti que vous puissiez prendre à ce sujet) n'excéderoit pas la somme de 5,204,000 liv., pour laquelle ils étoient portés dans le plan du ministre, il vous a demandé l'ajournement d'une partie du plan qu'il n'étoit pas alors en état de soumettre à votre discussion ; vous l'avez prononcé ; il vient vous rendre compte de nouveau de cette partie du plan du ministre, & vous mettre à même de prononcer sur les difficultés qu'elle présente ; c'est l'objet de ce rapport.

Réunira-t-on les mineurs au corps du génie, en les enlevant à celui de l'*artillerie*, dont ils font partie en ce moment, conformément au plan du ministre de la guerre ? Réunira-t-on les deux corps de l'*artillerie* & du génie, totalement séparés aujourd'hui, pour n'en faire plus qu'un seul à l'avenir, ainsi qu'il a été proposé par plusieurs officiers de ces deux corps ? Telles sont les deux questions importantes qu'il est indispensable de soumettre préliminairement à votre discussion.

Le génie, affligé de l'espèce d'oisiveté à laquelle ses talens se trouvent souvent condamnés, avoit réclamé une troupe directement attachée à sa suite & dont les bras secondant son zèle, pussent le mettre à portée d'entreprendre davantage & avec plus de certitude de succès, en réunissant plus de moyens inhérens à lui pour exécuter. Le ministre, en conséquence, dans son plan, avoit proposé de lui réunir le corps des mineurs, faisant aujourd'hui partie de l'*artillerie*. Le corps de l'*artillerie*, de son côté, avoit réclamé contre cette disposition. Pour appuyer ses réclamations, il invoque la nature du service des mineurs, qui a pour but les mêmes effets destructeurs que l'on tire des bouches à feu, les rapports nécessaires qu'ils ont ensemble par leurs moyens de détruire, & en outre la possession longue & assurée dans laquelle il est de voir ce corps distingué faire partie du sien.

Si les deux corps de l'*artillerie* & du génie, dont la rivalité jusqu'ici n'a toujours consisté qu'à se surpasser, s'il étoit possible, l'un l'autre, en talent, semblent annoncer, dans ce moment, des prétentions opposées ; le zèle dont ils sont également animés, en est la source commune. L'un veut conserver, afin de ne perdre aucun de ses moyens de servir avec distinction ; l'autre ne veut acquérir que pour se procurer des ressources pour servir encore davantage & avec plus d'utilité. L'embarras de les accorder a fait croire que la réunion de deux corps également distingués, dont l'éducation première doit être à peu près pareille, & dont les services même se trouvent en rapport à la guerre, pourroit parer à toutes ces difficultés. Sans être retenus par le peu de succès qu'avoit eue cette opération déjà tentée en 1755, & à laquelle on avoit été forcé de renoncer en 1758 ; sans être arrêtés par la diversité d'opinions à ce sujet, plusieurs officiers, également distingués dans chacun de ces deux corps, ont pensé qu'en adoptant un autre mode de réunion, en ne la faisant qu'éventuellement, & en laissant toujours marcher l'*artillerie* & le génie sur deux lignes différentes, qui sépareroient leurs fonctions respectives, il en résulteroit un avantage réel pour le service, sans aucun des inconvéniens qui auroient été, en 1755, la suite d'une réunion trop subite. C'est dans cet esprit de conciliation que ce projet vous a déjà été présenté, comme un apperçu possible, par votre comité militaire. Pour vous mettre en état de prononcer aujourd'hui, quatre questions doivent être soumises à votre discussion.

La réunion des deux corps du génie & de l'*artillerie* peut-elle être utile ?

Est-il nécessaire pour le génie d'avoir une troupe directement attachée à sa suite ?

Les mineurs tiennent-ils essentiellement à l'*artillerie* ?

Leur réunion au corps du génie seroit-elle nuisible à leur service ou à leur instruction ?

La réunion des deux corps produiroit deux résultats bien précieux pour l'état. L'économie de finances & le bien du service. L'*économie de finances*, parce qu'il ne faudroit plus à l'avenir, pour l'exécution du service de l'*artillerie*, & celui des fortifications dans les places, que moitié du nombre des officiers qui y sont employés dans l'état de séparation. *Le bien du service*, parce que le but des principaux travaux de ces deux corps étant presque toujours commun à la guerre, ils ont besoin de les concerter ensemble, & que, quelque parfait que puisse être ce concert, il ne peut jamais équivaloir à l'unité d'intention d'un seul chef : cette réunion empêcheroit entre les deux corps toute espèce de rivalité nuisible au service, & qui ne se manifeste que trop souvent entre eux, lorsque des fonctions rapprochées à la guerre obligent les uns à diriger des travaux, & les autres à préparer les moyens de les défendre ou de les protéger. N'existât-elle d'abord que de nom & d'uniforme, le but seroit en partie rempli.

Du moment que l'opinion publique ne pourroit plus séparer les officiers du génie de ceux de l'*artillerie*, le succès des travaux confiés aux uns, intéresseroit aussi les autres, & des deux côtés chacun concourroit avec le même empressement au succès des opérations dont la gloire ou la honte seroient dans le cas de rejaillir sur le corps entier. Tous les hommes ne sont pas tous également propres aux mêmes occupations ; les uns, plus actifs de caractère, se plaisent dans le mouvement ; les autres, plus réfléchis par inclination, préfèrent les études du cabinet. Le corps de l'*artillerie* présente dans son ensemble ces deux genres d'occupations, & donne ainsi des facilités, en distinguant le génie & le caractère des individus qui le composent, d'employer chacun d'eux à la partie qui peut leur convenir davantage, le génie : au contraire, dans sa constitution actuelle, se trouve borné, pour ainsi dire, aux études & aux travaux modestes & paisibles du cabinet ; tous les sujets qui se destinent à ce service n'ont point à choisir le genre d'occupation qui leur seroit propre. Leur activité, s'ils en ont, se trouve perdue pour eux, & ne sert souvent qu'à les détourner de l'étude réfléchie à laquelle ils sont forcés de se livrer par état. Si les deux corps étoient réunis, tous ceux qui se destinent aujourd'hui à servir dans l'un ou dans l'autre, ayant acquis par leur éducation première les connoissances préliminaires nécessaires aux différentes parties de ces deux services, pourroient être employés dans celles qui conviendroient le mieux à leur caractère ; le service y gagneroit, puisque son véritable intérêt, sur-tout dans les corps qui demandent la réunion des connoissances & des talens, exige que chacun soit employé suivant la nature de son génie, & conformément à ses moyens.

En adoptant le mode de réunion sans confusion des services des deux corps, (le seul pratica le dans le moment d'un bouleversement général, pendant lequel il seroit peut-être imprudent d'accroître le chaos, en rapprochant de force des élémens dont l'affinité n'est pas encore suffisamment démontrée), on n'exigeroit d'aucun de ces deux corps de nouvelles études, puisque chacun resteroit toujours chargé des mêmes détails dans la ligne sur laquelle il seroit placé. Cette réunion, en ne présentant pas les mêmes inconvéniens & les mêmes causes de désordre, que la réunion trop subite essayée en 1755, donneroit pour le présent la facilité de pouvoir placer, soit sur une ligne, soit sur l'autre, suivant leur aptitude, les nombreux sujets, en sortant des écoles ; & pour l'avenir la possibilité des réductions que cette réunion pourroit occasionner en simplifiant ou en réunissant plusieurs fonctions aujourd'hui séparées, dont les détails sont les mêmes. Un conseil composé d'officiers des deux corps, & chargé de leur administration, sous les ordres du ministre, pourroit en préparer les détails, l'exécuter successivement sans secousses & sans commotion, suivant le plan dont on pourroit convenir dans un comité composé d'officiers instruits & expérimentés, comité que vous pourriez demander au roi d'assembler à cet effet. Tels sont les avantages que produiroit cette réunion ; tels pourroient être les moyens à employer pour y parvenir.

Les deux questions de savoir s'il est nécessaire pour le génie d'avoir une troupe à ses ordres, & si les mineurs peuvent, sans inconvénient, être démembrés de l'*artillerie*, pour être attachés à la suite du génie, subsistent encore en leur entier. Le corps du génie, par la nature de son service, est destiné à fortifier nos places, à les mettre à l'abri des efforts de nos ennemis ; il doit veiller à leur entretien & à leur conservation pendant la paix. Il est chargé de toutes les constructions de bâtimens militaires ; enfin c'est à lui, pendant la guerre, à diriger les travaux d'attaque ou de défense dans les sièges que l'on auroit à entreprendre ou à soutenir. Uniquement composé d'officiers faits pour commander, il manque de bras pour exécuter. Pour ses constructions, pour ses plus petites réparations pendant la paix, il est obligé de recourir à des entrepreneurs, dont le bénéfice nécessaire augmente toujours les dépenses ; & lorsque ces officiers, par l'importance des travaux qui leur sont confiés, ne peuvent pas en surveiller eux-mêmes la totalité, ils sont forcés d'employer des piqueurs, des conducteurs d'attelier, soldés & fournis par les entrepreneurs même, par conséquent peu propres à assurer l'économie ou la solidité des ouvrages, contre la négligence ou la cupidité des hommes qui les ont désignés & qui les paient. S'ils sont chargés, à l'armée, de conduire les sapes, ou de diriger les travaux des tranchées, ils se voient contraints d'emprunter les sapeurs à l'*artillerie*, & de demander à l'infanterie les travailleurs nécessaires à cet effet : dirigeant ainsi des hommes qui ne sont pas habitués à leur commandement, & qui n'y sont soumis que momentanément, ils ne peuvent avoir sur eux la même prépondérance.

Les hommes les plus sûrs & les plus intelligens pour conduire ces travaux, ne leur sont pas toujours envoyés par l'infanterie, qui, s'en voyant privée avec peine, ne met pas une grande exactitude dans le choix de ceux qu'elle a à fournir. Enfin, quelque bons qu'ils puissent être, ils ne sont que passagérement avec eux : ils arrivent neufs à ces fonctions, & les abandonnent souvent à d'autres qu'il faut encore former, dans le moment où ils pourroient, instruits par l'expérience, s'en acquitter avec le plus d'utilité. L'économie des travaux pendant la paix, demanderoit donc que les ingénieurs eussent à leur suite une troupe capable de leur fournir des bras pour exécuter & surveiller leurs travaux. Le bien du service, à la guerre, exigeroit qu'ils eussent une troupe directement à leurs ordres, & avec laquelle ils puissent, non-seulement diriger d'une manière plus certaine les sapes, les tranchées, & autres travaux de ce genre confiés à leur exécution, mais encore fortifier les camps, les postes & les positions accessoires, fouiller des localités compliquées, pour en découvrir les accès, ouvrir des communications, intercepter des passages, former des abattis, rompre des chemins, procurer des inondations & les gouverner à volonté ; ouvrages utiles & intéressans, pour l'exécution desquels ils n'ont jamais que des ressources d'emprunt, toujours fatigantes pour ceux qui les fournissent, & pour lesquelles ils sont souvent réduits à l'inutile faculté de les concevoir, sans pouvoir les entreprendre, faute de moyens.

M. de Vauban, ce général célèbre & dont l'opinion doit être si prépondérante sur tout ce qui peut intéresser le service du génie, avoit si bien senti tous les inconvéniens résultans de ce défaut de moyens inhérens à ce corps, qu'il écrivoit à M. de Louvois, le 2 novembre 1688, après le siége de Philisbourg : « J'ai encore plus de peine à trouver des sapeurs dans les fusiliers, dont je puisse m'accommoder. Il seroit à propos, ajoute-t-il, de former une compagnie de sapeurs de deux cens hommes, dans lesquels j'introduirois tous ceux qui me sont nécessaires pour servir à la tranchée, soit pour la sape, soit pour poser à découvert & faire les passages des fossés, régler les gabions, fascines & autres minuties qui sont absolument nécessaires à la conduite des siéges, que je ne saurois réduire à la perfection, faute d'un corps dépendant de moi, dont je puisse disposer, &c. Pour conclusion, si vous voyez de grandes apparences de paix, ne formez pas cette compagnie, parce que ce ne seroit qu'un surcroît de peine pour moi, dont je me passerai bien ; mais si vous croyez que la guerre puisse continuer, ne perdez pas un moment de temps à prendre les résolutions nécessaires à la mettre sur pied, du moins si vous voulez que je puisse continuer à servir dans les siéges de la nature de celui de Philisbourg, qui m'a donné tant de peines, que je renoncerois plutôt à toutes les fortunes du monde, que de me commettre dans un semblable, sans secours, n'étant pas possible d'y pouvoir tenir autrement ; & dès-à-présent je m'excuse par avance de tous ceux qui pourroient lui ressembler, si vous ne mettez pas cette compagnie sur pied ».

Une autorité si respectable doit sans doute être d'un grand poids pour appuyer la demande que fait le corps du génie d'une troupe directement à ses ordres. Pour l'avoir bonne à la guerre, peut-il dire encore, il faut pouvoir la former pendant la paix ; en créer une nouvelle à cet effet, seroit une augmentation de dépense inutile, lorsqu'il existe un corps de mineurs qui, par la nature de son service même, semble appartenir plus particulièrement au service du génie qu'à celui de l'*artillerie.* Examiner cette assertion, & les moyens employés pour la combattre, c'est l'objet de la troisième question.

Si les mineurs tiennent à l'*artillerie* par les résultats destructeurs de leurs travaux, disent les défenseurs du génie, ils tiennent pareillement aux fonctions des ingénieurs, par les effets conservateurs des contre-mines. S'agit-il de préparer ce moyen de défense, si nécessaire dans la majeure partie de nos places, c'est aux ingénieurs chargés de leurs fortifications, à le proposer. Comment pourroient-ils le faire, tant que la volonté de ces deux corps pourra se trouver en opposition ? Les mineurs, sans cette réunion, se trouveront donc toujours bornés aux instructions stériles d'un poligone, sans pouvoir jamais les mettre en pratique, pour augmenter les moyens de défenses de nos places en les contre-minant. S'agit-il d'attaquer & de détruire des remparts ennemis, c'est aux ingénieurs à pousser les sapes, à ouvrir les tranchées, à diriger l'attaque. Comment, d'après l'avis même du fameux Vauban, pourroient-ils le faire avec succès, tant que les moyens d'exécution ne seront pas réellement entre leurs mains ?

Les mineurs & les sapeurs doivent coopérer à leurs travaux; sous ce double point de vue de la paix & de la guerre; ils doivent donc appartenir essentiellement au génie. Les mineurs pourroient être en même temps sapeurs; & le génie, en les réunissant à lui, après en avoir profité pendant la paix, pour la conduite, direction ou exécution des travaux qui lui sont confiés; après s'être servi d'eux pendant ce temps, pour contre-miner les places, auxquelles ce moyen de défense seroit jugé nécessaire, pourroit, à la guerre, jouir par eux de cet avantage, que M. de Vauban regardoit comme si indispensable pour le succès de ses opérations. Les mineurs sont liés essentiellement à l'*artillerie*, répondent les défenseurs de ce corps, leurs fonctions sont les mêmes; l'emploi de la poudre pour les destructions leur appartient pareillement; ils doivent également en connoître les propriétés, en calculer les forces. Les études préliminaires de l'*artillerie* les conduisent à cette connoissance, que celle du génie ne seroit pas autant dans le cas de leur donner, puisque l'emploi de la poudre n'est pas de sa compétence; & si les mineurs en font usage médiatement, tandis que les canonniers ne s'en servent qu'immédiatement, & avec le secours des corps, & par leurs armes de jet, il n'en résulte aucune différence qui puisse faire préjuger contre l'analogie de leurs fonctions. Les mineurs ont toujours fait partie de l'*artillerie.*

Ce n'est enfin que dans les parcs qu'ils peuvent trouver tous les ustensiles nécessaires à leur service. Il leur faut des poudres qui y sont uniquement en dépôt; il leur faut des outils particuliers, selon les circonstances, des trépans, becs-de-cannes, aiguilles, pistolets, qui ne peuvent être forgés & réparés que dans les forges ambulantes du parc de l'*artillerie*; il leur faut des paniers, des chandelles, des lanternes, des toiles & mille autres choses, que l'*artillerie* seule peut comprendre dans les approvisionnemens; il leur faut des planches, des bois d'équarrissage pour le coffrage de leurs conduits souterreins; il leur faut le secours des ouvriers en bois, comme de ceux en fer, des compagnies d'ouvriers de l'*artillerie* pour leurs chassis, leurs hoquets, leurs planchettes, &c. Enfin tous leurs besoins indispensables tiendroient les mineurs attachés à l'*artillerie*, quand bien même ils n'en feroient pas aussi essentiellement une partie intégrante.

Tels sont les moyens employés respectivement par les deux corps, ou qu'ils pourroient mettre en usage pour appuyer leurs prétentions rivales. Examinons à présent si la réunion des mineurs au corps du génie pourroit être nuisible à leur service & à leur instruction : c'est la quatrième & dernière question qui me reste à soumettre à votre discussion. L'art des mineurs demande une instruction longue & suivie, un exercice constant du travail, une étude approfondie de toutes les parties dépendantes de leurs opérations. L'habitude seule peut les former; leur réunion seule peut leur donner l'ensemble de théorie & de pratique nécessaire pour porter cet art au point de perfection dont il est susceptible, & dont il commence à approcher si fort. Si par la réunion de ce corps à celui du génie, les compagnies de mineurs doivent être toujours séparées dans les différentes villes, où leurs travaux pourroient être nécessaires aux contre-mines à entreprendre; si elles ne doivent plus avoir de point de réunion, pour des écoles de théorie communes à toutes, il est certain que l'art du mineur ne se perfectionnera plus, n'aura plus d'unité de principes, & que ce corps sera trop heureux, s'il ne fait que cesser d'acquérir du côté de son instruction.

Si les mineurs, destinés à exécuter par leurs mains & par économie, sous les ordres des officiers du génie, toutes les parties des réparations à faire aux fortifications des villes qui seroient susceptibles d'être ainsi entreprises, ou à diriger & à conduire sous leur inspection, en qualité de piqueurs, conducteurs ou chefs d'atteliers, tous les travaux dont ils sont chargés, doivent, en raison de ces fonctions que le corps du génie paroît leur destiner, être répartis & divisés dans toutes les villes où il y auroit des travaux à faire ou à conduire, il est certain encore que l'art du mineur seroit bientôt perdu pour eux. S'ils ne font le service de conducteurs d'atteliers que par détachement, ils cesseront bientôt tout-à-fait d'être mineurs.

Enfin, si sans changer leur méthode habituelle de travail, leur réunion consistite uniquement à faire partie du génie, comme ils le font aujourd'hui de l'*artillerie*, c'est-à-dire, seulement pour leur avancement dans ce corps, il est certain que leur réunion au génie ne seroit pas nuisible à leur instruction. Mais dans ce cas, de quelle utilité les mineurs seroient-ils aux ingénieurs pendant la paix? Le but de leur réunion seroit manqué pour leurs travaux ordinaires. S'ils ne peuvent les y employer comme conducteurs d'atteliers, ils n'en retireroient, pour leurs autres fonctions, que le frivole avantage de commander directement pendant la paix, pour l'exécution des contre-mines des places, & pendant la guerre, pour la conduite des sapes & des tranchées. Une troupe, quoique n'étant pas essentiellement attachée à eux, n'en doit pas moins être sous leurs ordres & à leur disposition, lorsqu'ils en auroient besoin pour l'exécution des ouvrages dont ils pourroient être chargés. Voilà ce que pourroient objecter avec raison ceux qui voudroient s'opposer à la réunion des mineurs au corps du génie. Telles sont toutes les raisons principales à alléguer pour & contre, dans la discussion des quatre questions que j'ai cru devoir vous soumettre. En les comparant & en les réunissant toutes, votre comité militaire a pensé:

1°. Que la réunion des deux corps de l'*artillerie* & du génie peut être desirable, peut être même facile à exécuter, suivant le mode proposé dans le commencement d'une paix, pendant laquelle elle pourroit se consolider sans inconvéniens, pourroit en avoir dans ce moment, où les circonstances, relatives à la position de l'Europe, semblent faire impérieusement la loi de n'apporter aucune confusion dans deux corps qui, dans leur état actuel, ont si bien servi jusqu'ici, & dont les services pourroient devenir nécessaires d'un instant à l'autre, & qu'en conséquence il y faut d'autant moins songer aujourd'hui, que cette réunion des deux corps, exécutée comme on le propose, & comme elle seroit seule praticable, n'occasionneroit aucunne économie réelle pour le moment, & ne termineroit pas même la difficulté subsistante entre eux, relativement aux mineurs.

2°. Que si les besoins du service, appuyés de l'autorité respectable du maréchal de Vauban, semblent demander, d'une part, que le génie ait une troupe directement à ses ordres, pendant la guerre, pour la conduite des sièges, rien ne paroît motiver cette nécessité pendant la paix, pas même l'opinion de ce général célèbre, puisque dans sa lettre, à M. de Louvois, il ne demande cette troupe que dans le cas où la guerre se prolongeroit, & qu'il le prie de ne la pas former, s'il voit de grandes apparences de paix; & qu'en conséquence il est inutile d'attacher une troupe directement au génie pendant la paix, puisque pendant la guerre, moment seul pendant lequel il est intéressant qu'il ait des bras à ses ordres, il pourroit avoir à sa disposition tous les travailleurs.

3°. Que pour remédier aux inconvéniens de l'oisiveté à laquelle le génie se trouve trop souvent condamné, il seroit possible & même plus avantageux de lui restituer différentes fonctions qui lui ont été enlevées ou qui lui conviendroient parfaitement, telles que celles des ingénieurs-géographes, des travaux maritimes, &c. que de lui adjoindre le corps des mineurs, qui, quoique ne devenant pas inutile entre les mains des ingénieurs, ne pourroit qu'être au moins détourné par eux du principal but d'instruction qu'il doit se proposer.

4°. Que si les mineurs réunis au génie doivent être employés à ses travaux ordinaires & être en conséquence séparés, leur instruction, comme mineurs, seroit bientôt anéantie; que si au contraire ils doivent continuer à se livrer au même genre de travail, leur réunion au génie deviendroit sans effet pour ce corps, & qu'ainsi pour le léger avantage de remédier à quelques difficultés sur le commandement dans les travaux communs, inconvéniens qu'une ordonnance sagement faite peut lever aisément, il est inutile d'apporter aucun changement dont le succès pourroit être très-problématique dans l'organisation du corps des mineurs, lorsque le degré d'instruction auquel il est parvenu par les moyens actuels, doit être un sûr garant de la bonté de la formation.

Tel est l'avis de votre comité militaire sur le fond de cette question importante, qu'il a cru devoir vous présenter d'abord. Il vous reste encore à examiner le plan du ministre, dans les détails particuliers de la formation intérieure de l'*artillerie*, des ouvriers, des mineurs, ainsi que de celle du génie: ce sera le sujet de deux rapports qui vous seront faits, lorsque vous l'ordonnerez: en attendant, & sur le fond de la question des réunions seulement, nous avons l'honneur de vous proposer le projet de décret suivant.

L'assemblée nationale ayant entendu le rapport de son comité militaire sur l'organisation de l'*artillerie* & du génie, décrète:

1°. Que les deux corps de l'*artillerie* & du génie continueront, comme par le passé, à rester distincts & séparés.

2°. Que le corps des mineurs, ainsi que les sapeurs, continueront, de même, comme par le passé, à faire partie de celui de l'*artillerie*.

3°. Qu'il lui sera fait incessamment le rapport des plans du ministre sur la formation intérieure de chacun de ces deux corps, afin qu'elle puisse prononcer sur le nombre & le traitement des individus de chaque grade dont chacun d'eux devra être composé.

M. Martineau. Les trois quarts des membres de l'assemblée ne peuvent entendre cette question.

M. Fréteau. Il est vrai que nous ne connoissons point la tactique militaire ; nous saurons fort bien régler le mode d'avancement & les règles de discipline. Je demande donc que lundi prochain, le comité nous présente son travail sur cet objet. Nous n'avons pas un moment à perdre. Les nouvelles dont j'ai déjà donné connoissance à l'assemblée, deviennent de jour en jour plus certaines. Il est instant que l'assemblée s'explique. On ne peut se refuser à la certitude des avis qui me sont parvenus. Je demande qu'on aille aux voix sur ma proposition.

M. Rostaing. Quelqu'empressement que le comité militaire ait à satisfaire l'assemblée nationale, j'annonce que le rapport sur le mode d'avancement ne pourra lui être présenté que jeudi prochain. Quant à celui sur la discipline militaire, il est plus avancé ; mais le comité n'a pu encore avoir, avec les autres comités, les conférences nécessaires. Je crois d'ailleurs que l'assemblée peut bien s'en rapporter au patriotisme du comité militaire.

M. Fréteau. Comme je suis du comité diplomatique, je ne dois pas laisser ignorer à l'assemblée qu'il n'y a pas un moment à perdre. Dans la plupart des provinces frontières, les troupes n'ont point la confiance du peuple. Plusieurs villes d'Alsace, par exemple, desirent d'être débarrassées des régimens qui, par leurs relations avec l'étranger, donnent de justes alarmes. Je ne soupçonne point les intentions du comité militaire, mais je suis attaché au succès de la chose publique, que je déclare être dans un péril certain.

M. Regnault, député de Saint-Jean-d'Angely. On a déjà observé que les comités n'exécutoient point les ordres de l'assemblée nationale. M. Rostaing vous dit que le comité ne pourra faire son rapport que jeudi. Les intrigues & les cabales attendront-elles cette époque ? Dans la crise où nous nous trouvons, il n'est personne qui ne doive se prêter. Nous travaillerons avec les membres du comité militaire ; s'il le faut, nous copierons sous leur dictée. (On applaudit.)

L'assemblée décide que son comité militaire lui fera, mardi prochain, un rapport sur la discipline militaire.

On fait lecture d'une lettre de M. Latour-du-Pin. Le ministre annonce que les ordres envoyés au régiment de Languedoc, pour sortir de Montauban, ont été exécutés avec la plus grande exactitude, & que ce corps a été remplacé par le régiment de Touraine. Le régiment de Noailles qui étoit destiné pour Montauban, a refusé d'exécuter les ordres du roi ; le comité militaire en a été instruit.

M. d'Ambly. Pourquoi le comité militaire n'a-t-il pas rendu compte à l'assemblée, des instructions qui lui étoient données par le ministre de la guerre ?

M. Ramel-Nogaret. Le régiment de Noailles est en garnison à Carcassonne. A la réception de l'ordre pour quitter cette ville, il y avoit des troubles relatifs à l'exportation des grains ; le régiment étoit dispersé dans divers endroits. Le directoire du département a écrit au ministre qu'il étoit impossible en ce moment de laisser partir le régiment. Il n'y a point d'autres troupes dans la ci-devant province de Languedoc.

M. Bureau de Puzi développe d'abord les fonctions des ingénieurs. — Il est impossible qu'ils conduisent leurs opérations à leurs fins, si le fortificateur n'a pas à ses ordres des ouvriers dont il puisse disposer, & sur lesquels il puisse compter : si vous voulez tirer le génie de l'inactivité dans laquelle il gémit ; si vous voulez qu'il vous présente des résultats satisfaisans de ses longues études, donnez-lui des bras pour agir : ce n'est pas uniquement à l'attaque & à la défense des places qu'il peut être utile ; il a été employé avec avantage dans plusieurs départemens, & notamment dans celui du nord, aux levées, à la confection des canaux, enfin, à divers travaux nécessaires à la circulation intérieure. Pour que ce corps soit aussi utile qu'on a droit de l'espérer, il faut ou créer une nouvelle troupe qui seroit à ses ordres, ou réunir à ce corps une troupe qui existe déjà, celle des mineurs. La première de ces deux propositions me paroît inadmissible ; la seconde me semble devoir être adoptée. Toutes les fois que le fortificateur ne pourra pas disposer des dessous du terrein sur lequel il opère, tous ses calculs, tous ses efforts seront inutiles ; il faut donc qu'il ait à sa disposition, l'instrument indispensable pour manipuler le terrein : cet instrument, c'est le mineur. On a dit que les mines étant un moyen de destruction, les mineurs ne peuvent être réunis à un corps conservateur. Mais le corps du génie a pour objet l'attaque ainsi que la défense ; mais si l'art de l'ingénieur est de conserver les fortifications de l'empire, il doit aussi s'appliquer à renverser celles des ennemis : ainsi cette objection n'est qu'un sophisme. On objecte encore les dangers de l'incorporation : il ne s'agit point ici d'incoporer, mais de subordonner un corps travaillant à un corps savant, afin qu'il le dirige d'une manière conforme à l'instruction de l'un & de l'autre, & utile au bien du service. D'ailleurs, à quoi aboutit cette opération qu'on paroît tant redouter ? A adjoindre 30 officiers, qui n'en murmurent pas, à 360 qui les desirent. Au surplus, si l'intérêt de l'état doit l'emporter sur les considérations particulières, c'est sur-tout dans la circonstance où nous nous trouvons.

Je pense donc que, pour les progrès de l'art, le bien du service, l'économie des finances, la réunion du corps des mineurs au génie est indispensable. Il est donc évident que cette mesure est bonne, utile, & je desire qu'elle soit adoptée. Mais comme elle n'obvie point aux contestations

&

& aux conflits de compétence qui peuvent se manifester dans les sièges, entre les corps de l'*artillerie* & du génie; & comme elle laisse subsister une dépense d'environ cent mille écus, qui, par la réunion de ces deux corps, disparoîtroit, parce qu'alors les officiers détachés dans les places pour le service des fortifications, pourroient en même tems remplir celui qu'y font actuellement les officiers d'*artillerie* en résidence. Ces observations ramènent naturellement au projet de la réunion générale, & voici quelle est mon opinion individuelle sur cette question. En examinant avec le plus grand scrupule les difficultés qu'on oppose à ce systême, je n'ai trouvé que trois objections solides & qui m'ont paru dignes d'une grande attention; l'une se tire des circonstances du moment, les deux autres tiennent à l'essence même du projet. Quant à la première, fondée sur les hasards d'une incorporation, dans ces tems d'orages, sur le danger de rapprocher, par l'autorité, des hommes qu'il est desirable d'unir par la confiance, sur la crainte enfin de manquer l'opération par l'empressement même qu'on auroit de la faire réussir, on ne peut se dissimuler que cette objection est fondée; mais elle n'est pas insoluble. Ceux qui ont composé le projet de la grande réunion, ont indiqué le moyen de parer à cet inconvénient. Il consiste à ne réunir les deux corps actuels, que de nom & d'habit, à laisser cheminer chaque colonne dans ses fonctions & dans son avancement, & à n'effectuer l'amalgame que par les écoles, d'où il arriveroit que la fusion des deux corps en un seul, se feroit progressivement, insensiblement, sans froisser les intérêts, sans détruire les habitudes, sans rompre les convenances particulières, & vraisemblablement sans réclamations, comme sans inconvéniens. Dans 20 ou 25 ans, l'opération seroit consommée; peut-être même les esprits familiarisés avec le nouvel ordre de choses, les préjugés dissipés par l'expérience, & les liaisons qui se formeroient, permettroient de hâter l'époque de la réunion; & il est possible d'espérer qu'elle seroit effectuée en entier avant 15 ou 16 ans d'ici.

La seconde difficulté, prise dans le fond même de la question, consiste dans la crainte de sacrifier la perfection d'une partie à l'harmonie du tout, & de perdre l'art des fortifications dans celui de l'*artillerie*. Cette difficulté, dis-je, est très-réelle; mais elle n'est pas insurmontable. On en sera convaincu lorsque l'on saura que c'est de l'instruction primordiale de l'école que dépend l'instruction subséquente d'un ingénieur; ce sont ces premières leçons qui décident de ses talens & de son utilité pour le reste de sa carrière. Un officier peut savoir très-bien la pratique des travaux de l'architecture militaire, celle des retranchemens, celle de l'attaque & de la défense des places; mais si les connoissances ne sont dirigées par la théorie, si l'esprit de calcul & de méthode ne préside à leur application, si des études réfléchies n'ont pas établi dans sa tête les rapports de tous les travaux avec leur objet final, leurs liaisons avec toutes les circonstances éventuelles, cet homme sera un excellent chef d'attelier, mais il ne sera point un ingénieur; il ne peut l'être que par la réunion de la pratique & de la théorie; & celle-ci a le grand avantage qu'en offrant d'avance à l'esprit des résultats qui n'existent point encore, elle fait sentir la nécessité de la pratique & qu'elle aide à surmonter les dégoûts des détails qui l'accompagnent.

Ce seroit donc un moyen sûr de perpétuer dans le nouveau corps, le goût & l'étude de l'art des fortifications, que d'y conserver dans son entier l'école de théorie, où les ingénieurs puisent aujourd'hui leurs premières connoissances. Il y auroit d'autant moins d'inconvénient à faire de cette clause une des loix fondamentales de la réunion, si elle a lieu, & à exiger que les élèves passassent trois ans aux études dont il s'agit, que de toutes les connoissances qu'ils y acquerroient, il n'en seroit presqu'aucune qui ne trouvât son application dans le service de l'*artillerie*, proprement dite, ou dans celui des arts accessoires confiés à la direction des officiers actuels de ce corps. Un autre moyen aussi nécessaire & non moins efficace que celui que je viens de citer, c'est l'attribution exclusive au nouveau corps, des travaux de la topographie militaire. Ils ne peuvent être plus avantageusement confiés qu'à des hommes exercés de longue main, portés, par la nature de leurs fonctions journalières, à observer la contexture & les localités d'un pays, la valeur réelle ou factice des positions, la qualité des communications, celle du fond des rivières & des ruisseaux; autant de considérations qui, intimement liées aux combinaisons de l'art fortifiant, sont inséparables des opérations topographiques, & qui, par cette raison, seront toujours convenablement affectées au corps du génie; & comme elles sont attrayantes par elles-mêmes, comme elles présentent des résultats satisfaisans, comme elles portent naturellement ceux qui s'en occupent, aux spéculations analogues à leur profession habituelle, elles auront toujours pour le corps l'avantage précieux d'y fournir un aliment intarissable à l'esprit de combinaison défensive & à l'industrie militaire; & c'est le motif de tous les mouvemens qui, dans l'hypothèse de la grande réunion, me fait insister plus particuliérement sur cette attribution pour le nouveau corps; persuadé que ce moyen, réuni à celui que j'ai indiqué précédemment, suffiroit pour perpétuer le goût & l'étude de l'art des fortifications chez les militaires qui en seroient chargés.

Enfin, il reste cette dernière objection; savoir, que l'ingénieur distrait & détourné par le service de l'artillerie, donnant une application moins suivie aux objets de sa profession directe, acquerra probablement une instruction moins parfaite sur les diverses parties de son métier; que certainement il sera plus tard en état de diriger des travaux importans, & que par conséquent l'état sera privé d'une portion des services qu'il a droit d'en attendre. Cette objection me paroît sans replique, & je n'essaierai pas de la réfuter: mais quel est le système sans inconvénient? Celui-là est grand, sans doute; c'est à votre sagesse à l'apprécier & à le comparer avec les avantages que d'ailleurs le projet de la réunion vous présente. Pour me résumer, je regarde la réunion des mineurs au corps du génie, comme une disposition simple, économique, utile sous tous les rapports, & je demande que l'assemblée délibère sur la proposition du roi: si elle la rejette, je pense que la réunion générale peut être adoptée comme bonne & praticable, au moyen des précautions que j'ai indiquées; mais sur-tout il faut éviter de brusquer cette opération, il faut savoir en attendre les fruits avec patience, & renoncer à obtenir rapidement, par un coup d'autorité, des avantages qui ne peuvent être le résultat que du temps, de la confiance & de la conviction des parties intéressées.

Au reste, je connois tout le poids, toute la valeur d'un avis élaboré, mûri au creuset d'une longue expérience; & comme je n'ai pas ces avantages, je souhaite que l'opinion que je soumets à l'assemblée avec la franchise que je lui dois, en soit reçue avec la défiance que je me dois à moi-même. Je la conjure de donner l'attention la plus sérieuse à une question devenue d'autant plus capitale dans la formation de l'armée, que les principes de modération qu'elle a professés au nom de la France, que la politique purement défensive dans laquelle elle va se renfermer à l'égard de toutes les puissances de l'Europe, l'obligent à porter une surveillance plus exacte & plus scrupuleuse sur les barrières de l'empire. Mais l'assemblée nationale, en s'imposant la loi d'être juste, ne s'est pas dispensée du devoir d'être prudente; & lorsqu'elle défend à l'ambition de son gouvernement toute agression coupable envers ses voisins; lorsque, fidelle aux principes de la morale la plus sévère, elle se restreint à la défense légitime du territoire françois, elle n'oubliera pas que la science des fortifications doit être un des appuis principaux de cette honorable politique; elle donnera toute la maturité desirable à une délibération de laquelle va dépendre la perfection ou la ruine entière de l'art conservateur. Elle ne compromettra pas le fruit des travaux & du génie de Vauban, de cet homme justement célèbre, qui, toujours occupé du bonheur de son pays, éleva ou consolida cette chaîne de boulevards qui en assurent les limites; qui opposa au fléau de la guerre une digue que ses fureurs n'ont pu, même dans nos plus grands désastres, renverser tout-à-fait; qui, repoussant de nos foyers les dévastations des armées, marqua sur nos barrières les points où devoient s'arrêter leurs ravages; qui, portant au milieu du tumulte des armes cette philosophie douce & compatissante qui s'attendrit sur les maux de l'espèce humaine, pendant 60 ans de la vie militaire la plus active, ne perdit pas de vue un seul instant la conservation des hommes; qui en fit son étude unique; qui toujours sacrifia la gloire des succès brillans & meurtriers à l'honneur si peu recherché d'épargner le sang; qui, dans une carrière marquée par tant d'agitations, sut trouver des délassemens dans l'étude & l'exercice des travaux paisibles de la paix; qui, né avec le sentiment du bon & de l'honnête, fut toujours l'appui du mérite, le protecteur de tous les talens utiles; & qui enfin reçut de la nature l'instinct de tous les arts & la passion de toutes les vertus. Peut-être ce foible hommage ne sera point regardé comme étranger à la question qui nous occupe; l'assemblée nationale pardonnera cette courte digression; du moins j'ose penser qu'à l'instant où le temple de l'éloquence vient de retentir de l'éloge d'un héros citoyen, quelque indulgence est due au sentiment pieux d'un disciple ignoré, qui, cédant à l'admiration qu'inspire l'assemblage de tant de qualités si précieuses & si rares, vient aussi déposer un humble rameau à côté des palmes que l'estime & la reconnoissance publique ont accumulées sur le marbre de sa tombe. (L'assemblée applaudit.)

M. de Cracy. La constitution de deux corps célèbres, autant admirée de nos amis que de nos ennemis, ne peut être assez détériorée pour que l'assemblée ne coure pas un très-grand risque à la détruire pour l'améliorer.

M. Alexandre de Lameth. La question vient d'être traitée avec trop de détail & de supériorité par deux officiers du génie & de l'*artillerie*, pour que je parle sur le fonds. Tous deux voient de grands avantages dans la réunion de l'*artillerie* & du génie; mais ils diffèrent d'opinion au sujet de la réunion des mineurs au corps d'*artillerie*. Vous avez aujourd'hui la même marche à suivre que lorsque l'incorporation des régimens vous avoit été proposée; il faut laisser les choses telles qu'elles sont, & personne n'aura à se plaindre. Tous les officiers de l'*artillerie* verroient avec peine que des mineurs leur fussent ôtés pour les donner au génie; les deux corps sont arrivés à un tel point de supériorité, qu'aucun changement ne peut être indispensable. Il faut donc ne rien changer jusqu'à ce qu'on puisse opérer la réunion de ces deux corps, & cette réunion est la meilleure opération qu'on puisse faire. Je pense donc que l'avis du comité doit être adopté.

M. Bureaux. On dit que personne n'aura à se plaindre en laissant les choses comme elles sont; mais on ne se plaint que parce que les choses sont comme cela.

M. Thiboutot. Les ennemis détruisent leurs places, nous détruisons les nôtres; le génie ne doit donc pas être préféré à l'*artillerie*, à cette arme que les nations regardent maintenant comme faisant la destinée des empires.

M. Sérent. M. Bureaux n'a rien laissé à dire; je ferai seulement une observation. L'objet du

est l'attaque & la défense des places. Les mineurs ne sont pas autre chose qu'un instrument dans les mains des ingénieurs ; il seroit aussi extraordinaire de les séparer les uns des autres, que de séparer l'instrument des mains de l'ouvrier.

M. de Crillon. Les raisons qui ont été données de part & d'autre, ont paru très-fortes & peut-être également prépondérantes ; ainsi il me paroît démontré que l'assemblée n'est pas compétente pour juger cette question. Je conclus à ce qu'on adopte la proposition faite au nom du roi, & à ce qu'on s'occupe des détails plus importans de l'avancement de la discipline militaire.

M. Fréteau. La paix de la France peut être troublée : je demande si, dans le moment où nous pouvons avoir besoin de nos forces, dans le moment où il faut trouver tous les esprits contens & bien disposés, nous pouvons nous porter à des réformes considérables.

Il s'élève une légère discussion sur la priorité.

M. Mathieu de Montmorency. L'assemblée a reconnu que dans la matière qui l'occupe, l'initiative du roi étoit nécessaire. Cette initiative a été remplie : une proposition vous est faite au nom du roi ; c'est sur cette proposition qu'il faut délibérer.

M. Barnave. Quels que soient les principes qui ont été souvent avancés dans cette assemblée, on n'étoit pas allé jusqu'à confondre l'initiative donnée au roi avec l'obligation pour l'assemblée de délibérer conformément à la proposition du roi.... (On observe que M. Mathieu de Montmorency n'a pas dit conformément, mais sur la proposition du roi.) Que fait l'assemblée ? Elle demande l'avis du comité, qu'il soit conforme ou non au vœu du roi. En délibérant sur cet avis elle délibère sur l'initiative du roi ; voilà ce que vous pouvez faire, voilà ce que vous avez déjà fait : le roi vous avoit proposé l'incorporation, vous avez délibéré que l'incorporation n'auroit pas lieu : à présent, comme alors, vous devez vous arrêter à ce qui vous paroît le plus convenable. Je demande donc que l'avis du comité, qui n'est que la rédaction de la proposition faite par le roi, soit mise aux voix. Suivant les règles de l'assemblée, l'avis du comité a la priorité, jusqu'à ce que, par une délibération, elle lui ait été refusée.

M. Mathieu de Montmorency. M. Barnave a réfuté une opinion différente de la mienne. Je n'ai pas dit que l'assemblée devoit délibérer conformément à la proposition du roi. J'ai pensé, & je pense encore que la proposition du roi doit être mise aux voix, pour l'adopter ou la rejetter.

M. Millet. Je ne m'oppose plus à ce qu'on accorde la priorité au projet du comité ; mais je demande qu'on délibère article par article : quand le premier aura été adopté, je proposerai, pour amendement au second, de supprimer tout le corps du génie, qui devient absolument inutile.

La discussion est fermée sur la priorité. — La priorité est accordée au comité.

La division pour délibérer article par article, est rejettée.

M. Regnaud, député de Saint-Jean d'Angely. Je pense qu'il faut ajouter au projet du comité, ces mots : *délibérant sur la proposition du roi.*

L'avis du comité est adopté avec cet amendement.

Le décret est rendu en ces termes :

L'assemblée nationale délibérant sur la proposition du roi, ayant entendu le rapport de son comité militaire sur l'organisation de l'*artillerie* & du génie, décrète :

1°. Que les deux corps de l'*artillerie* & du génie continueront, comme par le passé, à faire partie de celui de l'*artillerie*.

2°. Que le corps des mineurs, ainsi que des sapeurs, continueront de même, comme par le passé, à faire partie de celui de l'*artillerie*.

3°. Qu'il lui sera fait incessamment le rapport des plans du ministre sur la formation intérieure de chacun de ces deux corps, afin qu'elle puisse prononcer sur le nombre & le traitement des individus de chaque grade, dont chacun d'eux devra être composé. (Voyez la troisième partie de l'ouvrage, pour la connoissance des décrets sur l'*artillerie* & le génie.)

Séance du mercredi 17 août 1791.

M. Prugnon. Le décret du 15 décembre 1790, qui organise l'*artillerie*, porte qu'il y aura quarante-deux élèves à la suite de ce corps, & qu'ils seront rassemblés dans une école destinée pour cet objet.

Pour se conformer à cette disposition & pour remplir le but de l'assemblée, le ministre s'est fait rendre compte des diverses demandes qui lui sont arrivées, & singulièrement de celle de Toul & Châlons, qui se disputoient cet établissement. Il a envoyé sur les lieux un officier supérieur du corps de l'*artillerie*, muni de toutes les instructions nécessaires. Après l'examen le plus exact, cet officier a rapporté des plans & des détails qui ont été discutés dans un comité d'officiers généraux de l'*artillerie*, du génie & des autres armes ; on y est convenu à la presque unanimité, qu'à la ville de Châlons devoit appartenir la préférence. Elle réunit tous les avantages que demande une telle école ; elle est à peu près au centre des départemens réputés les plus militaires ; elle est ordinairement sans garnison. (Circonstance précieuse.)

Châlons possède d'ailleurs des édifices nationaux très-propres à cet établissement ; ils consistent dans la maison du séminaire nouvellement construite, & dans l'abbaye de Toussaints, auxquelles il suffira de réunir une maison particulière, qui ne sera pas d'un prix très-élevé, puisqu'il paroît qu'il sera de 15 à 20,000 liv.

Le ministre demande une somme de 80,000 liv., tant pour cette acquisition que pour les réparations, les distributions intérieures & la totalité de l'ameublement ; & il en justifie la nécessité par des devis formés tant par la commune que par un officier d'*artillerie* auquel il a donné ordre de se transporter à Châlons. Ces pièces ont été mises sous les yeux, tant du comité militaire que de celui d'emplacement ; & c'est au nom de ces deux comités que j'ai l'honneur de vous en faire le rapport. Il leur a paru que le choix du local étoit bon, la disposition sage & l'intention du décret bien remplie. Par-là on substitue une milice à l'autre, des guerriers à des lévites. Ce sera toujours un gymnase où s'exercera une autre classe d'athletes ; les héros ont aussi leur séminaire.

Votre comité vous propose d'autoriser cette acquisition.

Le projet de décret de M. Prugnon est adopté.

ARTISTES. Nous ferons connoître plus en détail, au mot SECOURS, le peu de débats qui ont eu lieu sur le mode d'encouragement à donner aux savans, aux *artistes*, aux gens de lettres. Nous nous bornerons donc à consigner ici une adresse des *artistes* de Paris, lue à la séance du Mardi 9 août 1791.

Séance du mardi 9 août 1791.

On admet à la barre une députation des *artistes* de Paris, qui, à l'occasion de l'empêchement mis par l'intendant des bâtimens du roi, à l'exposition des tableaux dans le Louvre, réclament la suppression des entraves mises jusqu'à ce jour, au développement des arts.

M. le président à la députation. Vous savez combien l'assemblée nationale met de prix à la liberté ; combien tout ce qui peut donner du développement aux talens & de l'énergie aux sentimens qui l'honorent, est accueilli par elle avec empressement ; vous pouvez donc être tranquilles sur l'effet d'une pétition dont l'objet est d'exciter l'émulation parmi les *artistes*, en les mettant à même d'offrir leurs ouvrages à la censure du public, & d'en obtenir la récompense flatteuse & toujours juste, de son suffrage.

Aujourd'hui que l'*artiste* citoyen ne sait plus se prostituer à l'adulation des grandeurs ; aujourd'hui qu'animé de l'amour de la patrie, & que ramenant tout aux vertus civiques, il ne peut plus fixer son talent qu'à ce qui lui paroît digne de la postérité, un champ plus vaste doit s'offrir à son imagination plus ardente ; une carrière plus grande à fournir, exige la destruction de toutes les entraves : aussi quand l'assemblée satisfera à vos vœux, elle ne fera que payer un tribut au génie des arts, c'est-à-dire, à cette divinité tutélaire d'une constitution libre, dont les hommes esclaves du goût n'achèteront plus les bienfaits aux dépens des mœurs.

Comptez donc sur l'intérêt avec lequel l'assemblée va s'occuper de votre réclamation ; elle n'oubliera pas non plus l'époque à laquelle vous paroissez attachés, pour l'exposition des ouvrages des *artistes* ; c'est en effet la même main qui doit ouvrir le temple des arts, & montrer les ruines du despotisme.

L'assemblée vous invite à prendre place à sa séance.

ASSEMBLÉES ADMINISTRATIVES. C'est le nom que portent d'une manière générale les corps populaires chargés de l'administration des choses & du gouvernement des personnes, sous les noms de *département*, *district*, *municipalité*. *Voyez* ces trois mots.

Nous avons déjà rapporté au titre ADMINISTRATION, quelques débats & pièces relatives aux droits & fonctions des corps administratifs, surtout des départemens ; ici nous traiterons plus particuliérement de l'organisation de ces corps sous le nom d'*assemblées administratives*.

Nous devons remarquer pour le sujet de cet article, comme pour tous ceux qui ont des rapports multipliés avec plusieurs autres, qu'il est impossible de les traiter d'une manière très-isolée, & que dans le cours de la discussion on doit rencontrer nécessairement des débats qui pourroient également se placer ailleurs ; mais qu'on ne peut séparer du reste sans nuire à la clarté & à la connoissance de l'article principal.

Les bases de l'organisation politique du royaume sont consignées dans les premiers décrets sur la constitution, & forment les premiers élémens du gouvernement : les formes des *assemblées administratives*, ne sont en quelque sorte que l'application des principes généraux de la constitution du royaume.

Ce travail a été un des premiers de l'assemblée constituante ; dès le mois de novembre 1789, elle employa un grand nombre de séances à la discussion des articles qui en font l'objet. Nous allons les rapporter, en faisant remarquer qu'à cette époque les débats étoient moins longs & moins violens qu'ils le furent par la suite, parce que les esprits étoient moins divisés, & les causes de divisions moins fortes ou moins prononcées ; qu'ainsi les discussions sur chaque article, n'ont ni l'étendue, ni la chaleur de celles qui ont occupé les derniers temps de l'assemblée.

Séance du mardi 29 septembre 1789.

M... fait lecture d'un rapport sur les *assemblées administratives*, au nom du nouveau comité de constitution.

MESSIEURS,

I. Les assemblées de cette nouvelle classe différeront en plusieurs points de celles dont nous avons parlé jusqu'ici.

Elles seront chargées de cette partie du pouvoir exécutif qu'on désigne ordinairement par le terme d'*administration*; & les premières n'auront que la simple mission d'élire graduellement les représentans nationaux, membres du corps législatif.

Elles seront permanentes, & se régénéreront tous les deux ans par moitié; la première fois au sort, après deux années d'exercice, & ensuite, la seconde fois à tour d'ancienneté: les premières n'auront d'existence que pour l'objet & le temps des élections à l'assemblée nationale, après lesquelles elle s'anéantiront.

Celles-ci, formées uniquement dans l'ordre de la législature nationale, seront les élémens régénérateurs du corps législatif; les autres, au contraire, instituées dans l'ordre du *pouvoir exécutif*, en seront les instrumens & les organes. Subordonnées directement au roi, comme administrateur suprême, elles recevront ses ordres, & les transmettront, les feront exécuter, & s'y conformeront. Cette soumission inmédiate des *assemblées administratives* au chef de l'administration générale, est nécessaire; sans elle, il n'y auroit bientôt plus d'exactitude ni d'uniformité dans le régime exécutif, & le gouvernement monarchique que la nation vient de confirmer, dégénéreroit en démocratie dans l'intérieur des provinces.

Le comité pense qu'il pourroit être établi une *assemblée administrative* dans chacun des quatre-vingts départemens, sous le titre d'*administration provinciale*; titre qui rappelleroit sans cesse l'objet de cette institution. La division des ressorts de ces assemblées n'apporteroit aucun changement nécessaire à l'ancienne distinction des provinces.

Chaque administration provinciale pourroit être divisée en deux sections, dont la première en seroit comme le conseil, &, en quelque sorte, la législature; & la seconde, chargée de toute la partie exécutive, en seroit le vrai corps agissant, sous le titre de *directoire provincial*, ou de *commission intermédiaire*.

Le conseil provincial tiendroit tous les ans une session, dans laquelle il fixeroit les principes convenables pour chaque partie d'administration, ordonneroit les travaux & les dépenses générales du département, & recevroit le compte de la gestion du directoire: mais ses arrêtés ne seroient exécutoires que lorsqu'ils auroient été approuvés & confirmés par le roi.

Le directoire seroit toujours en activité pour la conduite, la surveillance & l'expédition de toutes les affaires. Il seroit tenu de se conformer aux arrêtés du conseil provincial approuvés par le roi, & rendroit, tous les ans, le compte de sa régie.

Le comité a examiné si chaque administration provinciale devoit être formée d'abord en un seul corps d'assemblée, qui opéreroit ensuite sa propre division en deux sections par l'élection qu'elle feroit, dans son sein, de ceux de ses membres qui composeroient le directoire; ou s'il ne seroit pas préférable que les électeurs désignassent, en élisant, ceux des députés qu'ils nommeroient pour le conseil, & ceux qu'ils destineroient au directoire. Il s'est décidé pour la première opinion, parce qu'en remettant la nomination des membres du directoire aux électeurs des communes, il faudroit nécessairement que chaque commune nommât un sujet de son district. Or, il seroit souvent difficile de trouver, dans toutes les communes, des citoyens tout à la fois capables des fonctions du directoire, & disposés à quitter leur domicile pour aller s'établir au chef-lieu du département, à la suite des opérations du *directoire*, avec l'assiduité qu'elles exigent. Il faut avoir autant d'égard à la convenance des sujets, qu'à leur capacité, lorsqu'il s'agit de les attacher efficacement à un service journalier, qui ne souffre pas d'interruption. Les membres des assemblées seront plus en état que les électeurs de faire les meilleurs choix sous ce double rapport, puisqu'ils auront pu, pendant la tenue entière de leur session, éprouver les talens de leurs collègues, & s'assurer de leurs dispositions pour le service du directoire.

Le comité a discuté ensuite si les membres élus pour le directoire pourroient se réunir à ceux du conseil, pour former l'assemblée générale à chaque session annuelle, & avoir séance avec voix délibérative à cette assemblée générale; ou si les deux sections de chaque administration provinciale resteroient si absolument distinctes, que les membres du directoire, bornés à la simple exécution, n'eussent jamais ni séance, ni droit de suffrage avec ceux du conseil. Il s'est encore déterminé pour la première de ces opinions; parce qu'il lui a paru que les membres du directoire, privés d'entrer & de voter à l'assemblée délibérante, réduits ainsi à n'être qu'exécuteurs & comptables, seroient bientôt considérés moins comme membres de l'administration, que comme ses agens & ses préposés. Le préjugé de cette sorte de dégradation déprécieroit, dans l'opinion publique, des fonctions importantes, pour lesquelles il faut provoquer & encourager le zèle des principaux citoyens. D'ailleurs, l'exclusion des membres du directoire priveroit l'administration du secours de leurs lumières, devenues plus précieuses par l'expérience que donne la pratique habituelle des affaires. Le comité a pensé cependant que la séance commune & le droit de suffrage ne pourroient être accordés aux membres du directoire, qu'après qu'ils auroient rendu le compte de leur gestion ; ce qui seroit toujours la première opération de chaque session.

II. Il y auroit de même au chef-lieu de chaque commune, une *assemblée administrative*, sous le titre d'*administration communale*, divisée pareillement en deux sections, l'une pour le conseil, l'autre pour l'exécution. Tout ce qui vient d'être dit de l'assemblée supérieure s'applique aussi aux assemblées communales pour l'administration subordonnée de leurs districts. Ces dernières seront entièrement soumises aux administrations provinciales dont elles ressortiront ; & leurs directoires seront soumis de même aux directoires provinciaux.

Les administrations communales recevront les ordres du roi par le canal des administrations provinciales ou de leurs directoires ; & elles s'y conformeront. Elles obéiront aux arrêtés des administrations provinciales, & aux décisions de leurs directoires. Elles leur adresseront des pétitions sur tous les objets de leur compétence qui intéresseront chaque commune, & seront exactes à fournir les instructions qui leur seront demandées. L'entière subordination des assemblées communales à celles de département n'est pas moins nécessaire à l'unité du régime exécutif, que la subordination immédiate de ces dernières à l'autorité du roi.

III. Pour composer, la première fois, les assemblées communales administratives, le comité propose, qu'après la démarcation provisoire des divisions territoriales, les assemblées primaires se forment dans les neuf cantons de chaque commune, comme il a été dit plus haut pour les élections dans l'ordre législatif. Elles enverront au chef-lieu un député par cent votans.

Les députés des neuf cantons réunis éliront vingt-six personnes qui composeront l'administration communale ; & ils les choisiront tant dans leur sein, que dans le nombre des autres habitans éligibles de la commune, en observant d'en prendre au moins deux dans chaque canton.

Les membres composant l'administration communale éliront, dans leur sein, à la fin de leur première session, six d'entre eux pour former le directoire.

De deux ans en deux ans, lorsqu'il s'agira de régénérer la moitié de chaque administration communale, les assemblées primaires se formeront de nouveau dans les cantons, pour nommer leurs députés qui éliront en remplacement des administrateurs sortis de fonction.

Chaque assemblée communale renouvellera aussi son directoire, par moitié, tous les deux ans.

IV. Aussi-tôt que les neuf assemblées communales auront été formées, elles nommeront les membres qui composeront l'assemblée provinciale au nombre de cinquante-quatre, à raison de six députés par commune ; & elles suivront le même procédé qui a été établi pour la représentation proportionnelle dans les députations au corps législatif.

Des cinquante-quatre députés à l'administration provinciale, dix-huit formant le tiers seront attachés au territoire, & chaque commune en nommera deux par égalité. Dix-huit députés seront attribués à la population du département, & les dix-huit autres à sa contribution directe. Chaque commune nommeroit autant de députés dans ces deux dernières divisions, qu'elle auroit de parties de population ou de contribution, en divisant la population & la contribution directe du département en dix-huit parts.

Les assemblées communales pourront nommer les députés à l'administration provinciale, soit dans leur sein, soit dans le nombre des autres habitans éligibles du département. Dans le cas où ils auroient nommé dans leur sein, ceux de leurs membres qu'ils auront élus seront remplacés à l'administration communale dont ils faisoient partie. Les électeurs nommés par les assemblées primaires des cantons seront tenus alors de se rassembler sans délai, pour faire ces remplacemens par la voie des élections.

Les membres composant l'administration provinciale éliront dans leur sein, à la fin de leur première session, dix d'entre eux pour former le directoire provincial.

Tous les deux ans, la moitié des députés à l'administration provinciale sortira d'exercice, en observant de faire sortir, autant qu'il sera possible, la moitié de ceux qui ont été envoyés par chacune des neuf communes ; & les assemblées communales procéderont aux remplacemens par la même méthode qu'elles auront suivie la première fois pour la composition de l'administra-provinciale.

Il sortira toujours vingt-sept députés faisant la moitié des cinquante-quatre. De ces vingt-sept députés à remplacer, neuf formant le tiers seront attachés au territoire, & chaque commune en nommera un. Neuf autres députés seront attribués à la population, & les neuf derniers à la contribution directe ; ensorte que la population du département & la masse de ses impositions directes étant divisées en neuf parts, chaque commune nommeroit un député remplaçant par neuvième de population & de contribution. Ainsi la première proportion établie dans les députations se retrouveroit la même ; & la représentation se distribuant toujours également entre les neuf communes, malgré la variabilité de leur position respective, se maintiendroit constamment en équilibre.

Le directoire provincial sera aussi régénéré tous les deux ans par moitié.

L'objet essentiel de la constitution étant de définir & de séparer les différens pouvoirs, le comité pense qu'il faut redoubler d'attention, pour que les *assemblées administratives* ne puissent ni être troublées dans l'exercice de l'autorité qui leur sera confiée, ni excéder ses limites. Ce n'est pas assez que l'objet de leur établissement soit indiqué dénominativement par leur qualification d'*administration provinciale* ou *communale*; il paroît encore nécessaire qu'il soit statué constitutionnellement par des dispositions expresses, 1°. qu'elles sont dans la classe des agens du pouvoir exécutif, & dépositaires de l'autorité du roi pour administrer en son nom & sous ses ordres; 2°. qu'elles ne pourront exercer aucune partie ni de la puissance législative, ni du pouvoir judiciaire; 3°. qu'elles ne pourront ni accorder au roi, ni créer à la charge des provinces aucune espèce d'impôts pour quelque cause ni sous quelque dénomination que ce soit; 4°. qu'elles n'en pourront répartir aucun que jusqu'à concurrence de la quotité accordée par le corps législatif, & seulement pendant le temps qu'il aura fixé; 5°. qu'elles ne pourront être traversées ni arrêtées, dans leurs fonctions administratives, par aucun acte du pouvoir judiciaire.

Etablissement des municipalités.

Nous avons vu jusqu'ici que dans chaque commune, la représentation nationale pour la législature, & la représentation provinciale pour l'administration générale, tirent leurs élémens des assemblées primaires. Ces deux établissemens composent ensemble le grand édifice national. C'est sur la même base, c'est-à-dire, sur la même assise des assemblées primaires, qu'il s'agit d'élever un second édifice politique, qui est la constitution municipale.

Commençons par bien fixer quelle est la nature de cette constitution. Le régime municipal, borné exclusivement au soin des affaires particulières, &, pour ainsi dire, privées de chaque ressort municipalisé, ne peut entrer sous aucun rapport, ni dans le système de la représentation nationale, ni dans celui de l'administration générale. Les communes devant être les premières unités dans l'ordre représentatif qui remonte à la législature, & les dernières dans l'ordre du pouvoir exécutif qui descend & finit à elles, chaque municipalité n'est plus dans l'état qu'un *tout* simple, individuel, toujours gouverné; & ces *tous* séparés, indépendans les uns des autres, ne pouvant jamais se corporer, ne peuvent être élémentaires d'aucun des pouvoirs gouvernans.

S'il est important de donner à la nation l'énergie & la puissance nécessaires pour défendre sa liberté, & aux municipalités une consistance utile & respectable dans leurs territoires, cette double considération doit vous porter à constituer les sept cens vingt grandes communes du royaume, en autant de corps de municipalité.

Vous n'auriez ainsi que sept cens vingt unités pour bases, tant du régime municipal, que de la représentation nationale & de l'administration générale. Vous augmenteriez par-là les forces de chaque municipalité en rassemblant à un seul point toutes celles d'un même territoire que leur dispersion actuelle réduit à l'inertie. Au lieu d'atténuer la vigueur nationale en divisant le peuple par petites corporations, dans lesquelles tout sentiment généreux est étouffé par celui de l'impuissance, créez plutôt de grandes agrégations de citoyens unis par des rapports habituels, confians & forts par cette union; agrandissez les sphères où se forment les premiers attachemens civiques; & que l'intérêt de communauté, si voisin de l'intérêt individuel, si souple sous l'influence des hommes à crédit, quand ses moyens sont foibles & son objet trop borné, se rapproche davantage de l'esprit public en acquérant plus de puissance & d'élévation.

Si vous agréez cette vue, l'institution des hôtels-de-ville & des municipalités villageoises, telle que nous la voyons aujourd'hui, devroit être entiérement réformée. La différence de nature & d'objet qui se trouve entre l'administration générale & le régime principal, ne permettroit pas, sans doute, de faire reposer ce dernier dans l'*assemblée administrative* de chaque commune; mais les assemblées primaires, formées comme il a été dit, pour la représentation, nommeroient des députés pour composer au chef-lieu de la commune une assemblée municipale.

Cette assemblée seroit le conseil d'administration, & exerceroit une sorte de législature pour le gouvernement du petit état municipal, composé du territoire entier de la commune; & le pouvoir exécutif, tant pour le maintien des réglemens généraux, que pour l'expédition des affaires particulières du ressort de la municipalité, seroit remis à un maire élu par toutes les assemblées primaires.

Le conseil municipal décideroit, dans toute l'étendue de son ressort, de tout ce qui concerne la police municipale, la sûreté, la salubrité, la régie & l'emploi des revenus municipaux, les dépenses locales, la petite voirie des rues, les projets d'embellissemens, &c. Cette autorité du conseil s'étendroit ainsi non-seulement aux choses communes au district entier, mais encore aux choses particulières à chaque ville, bourg ou paroisse, qui lui adresseroit ses requêtes ou pétitions. Les villes & les paroisses de campagne auroient chacune une agence, sous le titre de bureau minicipal, qui veilleroit à leurs intérêts locaux, & correspondroit pour leurs besoins avec le conseil de la municipalité commune. Enfin, le maire, chef du pouvoir exécutif municipal, comptable & responsable de ses fonctions au conseil, en feroit exécuter les arrêtés & les décisions par les bureaux municipaux qui lui seroient subordonnés.

Il résulteroit de ce régime des municipalités une foule d'avantages dont elles n'ont pas paru susceptibles jusqu'ici. La foiblesse de celles qui subsistent maintenant, excepté dans quelques grandes villes, les expose à être aisément séduites par l'intrigue, ou subjuguées par l'autorité : de-là la dissipation des deniers communs, les entreprises inconsidérées, les dettes élevées au-dessus des moyens, & tant de délibérations inspirées par l'esprit particulier à la ruine de l'intérêt général. Combien de municipalités dans les campagnes ne sont pas à la merci des seigneurs, ou des curés, ou de quelques notables ! combien, dans les petites villes, ne sont pas dominées par le crédit des principaux citadins ! N'attendons rien de ces administrations trop foibles pour se conserver indépendantes : l'unique moyen d'émanciper l'autorité municipale, est de la distribuer en plus grandes masses, & de rendre les corps qui en seront dépositaires plus éclairés & plus puissans, en les rendant moins nombreux. Alors ils pourroient devenir utiles, sous une infinité d'autres rapports publics, soit pour la police, soit pour l'administration de l'impôt, soit pour l'inspection & l'emploi de la garde nationale & milice intérieure; puisqu'elles offriroient en chaque district d'une certaine étendue, des centres de pouvoir unique & de régime uniforme.

Les agences ou bureaux de municipalité nécessaires en chaque ville ou paroisse, seroient composés dans les villes, de quatre membres, lorsque la population seroit de 4000 ames & au-dessous ; de six membres, depuis 4000 ames jusqu'à 20,000 ; de huit membres, depuis 20,000 ames jusqu'à 50,000 ; de dix membres, depuis 50,000 ames jusqu'à 100,000 ; & de douze membres, au-dessus de 100,000 ames. Ils pourroient être composés dans les campagnes de quatre membres, y compris le syndic, dans les paroisses de 150 feux ; de six membres, y compris le syndic, dans celles depuis 150 feux jusqu'à 300 ; & de huit membres, y compris le syndic, au-dessus de 300 feux.

Pour élire les membres des bureaux municipaux, tous les citoyens actifs se réuniront dans les villes en assemblées primaires ; &, dans les campagnes, en assemblée générale de paroisse.

Tous les deux ans, les bureaux de municipalité seroient régénérés par moitié ; la première fois au sort, & la seconde fois à tour d'ancienneté.

Le comité a cru devoir se borner aujourd'hui à vous présenter ces points fondamentaux de son travail. Pressé par votre juste empressement à vous occuper de cette importante matière, il s'est hâté de vous soumettre ses premières vues; & il doit attendre le jugement que vous en devez porter, afin de ne pas continuer, peut-être inutilement, à bâtir sur des bases que votre approbation n'a pas consolidées.

La nature des fonctions à confier, tant aux *assemblées administratives*, qu'aux municipalités, les détails ultérieurs de leur organisation, le service qu'elles pourront remplir pour la manutention de l'impôt, depuis sa répartition jusqu'au versement de ses produits, mériteront sans doute une attention particulière; mais ce qui seroit praticable dans le plan qui vous est proposé, pourroit cesser de l'être, à plusieurs égards, si ce plan éprouvoit des changemens essentiels.

Le comité a l'honneur de vous présenter le projet de quelques articles, dont la décision est nécessaire pour régler la suite de son travail.

I. Il sera établi au chef-lieu de chaque département une assemblée administrative supérieure, sous le titre d'administration provinciale.

II. Il sera également établi au chef-lieu de chaque commune une *assemblée administrative* inférieure, sous le nom d'administration communale.

III. Pour composer chaque administration communale, tous les citoyens actifs se réuniront en assemblées primaires, dans chacun des cantons de la commune, en la même forme établie pour les élections au corps législatif; & ils nommeront un député-électeur par cent votans.

IV. Les électeurs nommés par les assemblées primaires se réuniront pour nommer vingt-six membres, dont chaque administration communale sera composée.

V. Les électeurs pourront choisir ces vingt-six membres, tant dans leur sein, que dans le nombre des autres habitans éligibles de la commune: mais ils observeront d'en prendre au moins deux dans chaque canton.

VI. Les neuf administrations communales de chaque département éliront les membres qui composeront l'administration provinciale, au nombre de cinquante-quatre.

VII. Des cinquante-quatre membres à députer pour former l'administration provinciale, dix-huit seront élus à raison du territoire, & chaque commune en nommera deux. Dix-huit seront nommés à raison de la population active du département, divisée en dix-huit parts ; & chaque commune enverra autant de députés qu'elle contiendra de ces dix-huitièmes. Enfin, les dix-huit autres seront nommés à raison de la contribution directe du département, divisée en dix-huit parts; & chaque commune élira autant de députés qu'elle paiera de ces dix-huitièmes.

VIII. Les administrations communales pourront nommer les députés à l'administration provinciale, soit dans leur sein, soit dans le nombre des autres habitans

habitans éligibles du département; & dans le cas où elles auront élu dans leur sein, les électeurs nommés par les assemblées primaires se rassembleront, sans délai, pour remplacer, dans chaque administration communale, les membres élus pour l'administration provinciale.

IX. Chaque administration, soit provinciale, soit communale, sera permanente; & les membres en seront renouvellés, par moitié, tous les deux ans; la première fois au sort, après les deux premières années d'exercice, & ensuite à tour d'ancienneté.

X. Les membres des *assemblées administratives* seront en fonctions pendant quatre ans, à l'exception de ceux qui sortiront par le premier renouvellement au sort, après les deux premières années.

XI. Lorsqu'il s'agira de régénérer la moitié de chaque administration communale, les assemblées primaires se formeront dans les cantons pour nommer leurs députés électeurs, à raison d'un par cent votans; & ces électeurs procéderont aux remplacemens, en renvoyant à l'administration communale autant de membres de chaque canton qu'il en sera sorti.

XII. Les administrations communales procéderont tous les deux ans au renouvellement, par moitié, de chaque administration provinciale, ainsi qu'il va être dit dans l'article suivant.

XIII. Des vingt-sept membres, faisant moitié de cinquante-quatre, qui sortiront à chaque régénération, neuf seront remplacés à raison du territoire, & chaque commune en nommera un. Neuf seront remplacés à raison de la population active du département divisée en neuf parts, & attribuant un député par neuvième: les neuf autres seront remplacés à raison de la contribution directe du département, divisée de même en neuf parts, & attribuant un député par neuvième.

XIV. Chaque administration provinciale sera divisée en deux sections: l'une, sous le titre de *conseil provincial*, tiendra annuellement une session pendant un mois, ou plus, si la nécessité des affaires l'exige, pour fixer les règles de chaque partie d'administration, & ordonner les travaux & les dépenses générales du département; l'autre, sous le titre de *directoire provincial*, sera toujours en activité pour l'expédition des affaires, & rendra compte de sa gestion tous les ans au conseil provincial.

XV. Les membres de chaque administration provinciale éliront, à la fin de leur première session, dix d'entre eux, pour composer le directoire provincial, & ils le régénéreront tous les deux ans, par moitié; les quarante-quatre autres membres formeront le conseil provincial.

XVI. A l'ouverture de chaque session annuelle, le conseil provincial commencera par entendre & recevoir le compte de la gestion du directoire; ensuite les membres du directoire prendront séance, & auront voix délibérative avec ceux du conseil.

XVII. Chaque administration communale sera divisée de même en deux sections, l'une, sous le nom de *conseil communal*, l'autre, sous celui de *directoire communal*, composé de six membres. Tout ce qui est prescrit par les articles précédens pour l'élection, la régénération, le droit de séance & de voix délibérative des membres du directoire provincial, aura lieu de même pour ceux des directoires communaux.

XVIII. Les *assemblées administratives* étant instituées dans l'ordre du pouvoir exécutif, seront les agens de ce pouvoir. Dépositaires de l'autorité du roi, comme chef de l'administration générale, elles agiront en son nom, sous ses ordres, & lui seront entiérement subordonnées. Leurs arrêtés ne seront exécutoires qu'après avoir été approuvés & confirmés par le roi.

XIX. Elles ne pourront exercer ni le pouvoir législatif, ni le pouvoir judiciaire; octroyer au roi, ni établir à la charge des provinces aucun impôt, pour quelque cause ni sous quelque dénomination que ce soit; en répartir aucun au-delà de la quotité accordée ou du temps fixé par le corps législatif; & elles ne pourront être troublées dans l'exercice de leurs fonctions administratives par aucun acte du pouvoir judiciaire.

XX. Les municipalités actuellement subsistantes en chaque ville, bourg, paroisse ou communauté, sous le titre d'hôtel-de-ville, mairies, échevinats, consulats, & généralement sous quelque titre & qualification que ce soit, sont supprimées & abolies; & cependant les officiers municipaux actuellement en exercice, continueront leurs fonctions jusqu'à ce qu'ils aient été remplacés.

XXI. Le district de chaque commune qui sera établie suivant la division territoriale ci-dessus, formera à l'avenir le ressort d'une seule & même municipalité.

XXII. Tous les citoyens actifs du district communal municipalisé se formeront en assemblées primaires, pour nommer un député par chaque assemblée primaire; & ces députés réunis composeront, au chef-lieu de la commune, l'assemblée municipale du district entier.

XXIII. Cette assemblée municipale sera le conseil d'administration, qui fixera, pour toute l'étendue de son ressort, les règles du régime commun, & décidera de tout ce qui concerne la police municipale, sa sûreté intérieure, la salubrité, la régie

& l'emploi des revenus municipaux, les dépenses locales, & généralement tout ce qui est du ressort des municipalités.

XXIV. La puissance active sera toute entière, & pour toute l'étendue du district municipal, dans les mains du maire & de son lieutenant, qui seront élus immédiatement par les assemblées primaires.

XXV. Lorsque les assemblées primaires procéderont à l'élection du maire & de son lieutenant, il sera tenu, par le secrétaire de chacune d'elles, une liste exacte de tous les noms sortis du scrutin, indicative du nombre des suffrages portés sur chaque nom. Ces listes cachetées seront adressées à l'assemblée municipale, qui déclarera le résultat des élections par la pluralité des votes recueillis dans toutes les assemblées primaires.

XXVI. L'assemblée municipale sera régénérée tous les deux ans par moitié : la première fois au sort, après les deux premières années, & ensuite à tour d'ancienneté. Le maire & son lieutenant seront en fonction pendant deux ans ; mais ils pourront être continués par une nouvelle élection.

XXVII. Il y aura dans chaque ville, bourg ou paroisse, *un bureau municipal*, pour régir les biens communs, & pourvoir aux besoins locaux. Ces bureaux s'adresseront à l'assemblée municipale pour tout ce qui sera de sa compétence comme conseil de l'administration municipale ; & ils seront subordonnés au maire & à son lieutenant pour la partie exécutive.

XXVIII. Le bureau municipal sera composé dans les villes, de quatre membres, lorsque la population sera de 4000 ames & au-dessous ; de six membres, depuis 4000 ames jusqu'à 20,000 ; de huit membres, depuis 20,000 ames jusqu'à 50,000 ; de dix membres, depuis 50,000 ames jusqu'à 100,000 ; & de douze membres, au-dessus de 100,000 ames.

XXIX. Pour élire les membres du bureau municipal dans les villes, tous les citoyens actifs s'assembleront, & voteront en assemblées primaires.

XXX. Le bureau municipal sera composé, dans les bourgs & paroisses de campagne, de quatre membres, y compris le syndic, dans les paroisses de 150 feux & au-dessous ; de six membres, y compris le syndic, dans celles depuis 150 feux jusqu'à 300 ; & de huit membres, y compris le syndic, dans celles au-dessus de 300 feux.

XXXI. Dans les paroisses de campagne, l'élection des membres du bureau municipal sera faite par l'assemblée générale de tous les citoyens actifs de chaque paroisse.

XXXII. Les bureaux municipaux seront régénérés tous les deux ans par moitié ; la première fois au sort, après les deux premières années d'exercice, & ensuite à tour d'ancienneté. *Voyez* DIVISION, DÉPARTEMENT, DISTRICT.

Les huit premiers articles de ce projet se trouvent discutés aux mots DÉPARTEMENT, DIVISION DU ROYAUME, ÉLECTION. Nous commencerons ici par l'article IX, dont la discussion a eu lieu dans la séance du 19 novembre 1789.

On fait lecture de cet article ainsi qu'il suit :

1°. Chaque administration, soit de département, soit de district, sera permanente, & les membres en seront renouvellés par moitié, tous les deux ans ; la première fois au sort, & ensuite à tour d'exercice.

2°. Les membres des *assemblées administratives* seront en fonctions pendant quatre ans, à l'exception de ceux qui sortiront par le premier renouvellement, au sort, après les deux premières années.

Ces articles sont décrétés presque à l'unanimité, sans discussion.

On fait lecture de deux autres articles ainsi conçus :

Art. I. Après avoir choisi les députés à l'assemblée nationale, les électeurs de chaque département choisiront les membres de l'administration de département.

Art. II. Les électeurs du district, revenus au chef-lieu de chaque district, choisiront les membres de l'administration de leur district.

M. de Tracy. Il paroît que pour la nomination des membres de l'administration de département, le comité renonce à la combinaison des trois bases. Je réclame cette proportion ; & comme avocat des campagnes, j'insiste sur-tout sur l'influence à accorder à l'étendue du territoire.....

Je demande donc que le district concoure à l'élection des membres de l'administration du département, à raison de sa population, de sa contribution & de son étendue.

M. Target. Vous avez arrêté qu'il n'y auroit pas deux degrés intermédiaires, & par ce moyen vous vous êtes interdit la faculté de combiner les trois bases pour l'élection aux assemblées de département.

M. de Montlausier. C'est sur-tout pour les élections relatives à l'administration des provinces qu'il faut conserver la triple base ; plus un territoire est étendu, plus il demande de soins.....

M. Target. En faisant usage de la triple base pour la représentation, on donnera lieu à un double emploi, puisque le nombre des districts sera déterminé en raison de cette triple proportion.

M. Barerre de Vieuzac. Je n'examine pas la proposition de M. de Tracy, & je me borne à vous proposer une question qui n'est pas sans importance. Si vous confiez à une même assemblée le soin de députer à l'assemblée nationale & à l'assemblée de département, ne combinerez-vous pas ensemble deux pouvoirs qui deviendront nécessairement dangereux par leur réunion?

M. Garat l'aîné. En réunissant ces pouvoirs, on renforcera l'intrigue du moyen bien simple de l'échange des voix: cet échange se fera en disant: Nommez-moi pour l'assemblée nationale, je vous nommerai pour celle de département.

M. Lelong demande que pour être éligible pour l'assemblée de département, il soit nécessaire d'avoir été membre de l'assemblée de district.

L'assemblée, sans avoir égard à ces observations, qui lui paroissent s'éloigner de la question, décrète presqu'unanimement les deux articles précédens.

L'article qui vient ensuite est ainsi conçu.

« *L'assemblée administrative* de chaque département sera composée de 36 membres ».

M. Garat l'aîné. En établissant une administration, on doit avoir toujours devant les yeux l'économie & la célérité de l'expédition des affaires; or, je demande si les 36 administrateurs dont on propose d'ordonner la nomination, auront une rétribution? S'ils en ont une, cette dépense deviendra énorme; s'ils n'en ont pas, ils ne pourront être pris que parmi les gens riches, & l'aristocratie renaîtra. Je demande encore si l'on croit qu'un aussi grand nombre d'administrateurs n'occasionnera pas une grande lenteur dans les opérations.

M. de Villasse. Ce nombre doit être réduit à 24. Dans l'état actuel des choses, les personnes en état d'administrer les affaires publiques seront très-rares.

M. de la Chaise. L'administration provinciale de la Haute-Guienne étoit composée de 52 personnes, & elle a toujours été au moins suffisante. Cette province sera au moins divisée en deux parties; & en suivant cette proportion, relativement au département, il est certain que le nombre proposé par le préopinant paroîtra convenable.

M. Barnave. Les émolumens à accorder aux administrateurs peuvent être bornés aux déboursés. Le nombre des administrateurs doit être considérable, sinon on concentreroit dans peu de personnes une autorité dangereuse, puisqu'elles auroient toujours à leur disposition des faveurs & des graces.

L'expérience doit aussi être notre guide. Dans les projets qui ont été faits par tous les ministres, pour l'établissement des assemblées provinciales, la proportion que présente le comité a toujours paru nécessaire....

J'adopte l'article tel qu'il est.

M. Roberspierre. Il faut sacrifier la considération de l'économie à l'avantage essentiel de multiplier les soutiens & les défenseurs du peuple. D'après cette vue, loin de demander la réduction du nombre 36, je pense qu'il doit être porté à 80.

M. Fermont. En Bretagne, le petit nombre des administrateurs a conduit à l'oppression du peuple.... Je demande que les membres de l'administration de département soient au nombre de 72.

M. l'abbé Mauri. L'article qui vous occupe est très-important pour la nation. Il donne lieu à trois observations: premièrement, il ne faut faire de l'administration du royaume, ni la source d'un impôt, ni un objet de cupidité: secondement, les assemblées les plus nombreuses sont toujours les moins actives: troisiémement, autant le grand nombre peut éloigner les injustices générales, autant il peut faire des injustices de faveur, qui sont plus dangereuses encore.

En adoptant quelques-unes des propositions qui vous sont faites, la France régénérée renfermera cent mille administrateurs, & ce nombre inoui se trouvera égal à celui qu'emploie la fiscalité. J'adopte l'article du comité.

L'assemblée décide qu'il n'y a pas lieu à délibérer sur les amendemens.

Elle décrète l'article du comité.

L'article qui suit, fixe à 18 le nombre des administrateurs de district.

M. de Montlausier. Ce nombre doit être proportionné à l'étendue du district; nous devons en laisser la détermination aux électeurs.

M. de Virieu regarde comme très-important d'établir les administrations de districts, de manière qu'elles soient entièrement subordonnées aux départemens. Il faut les considérer comme des yeux & des bras de cette dernière administration, & les réduire à l'état de simples commissions, qui seroient composées de sept personnes.

M. d'Estourmel. Quand une administration est trop nombreuse, les membres qui la composent se reposent les uns sur les autres, & la négligence naît de cette confiance. Je crois convenable de réduire à neuf le nombre proposé par le comité.

M. le vicomte de Noailles. J'adopte d'autant plus volontiers cette opinion, qu'elle peut donner un député par canton, & qu'il est très-essentiel que chaque canton soit représenté.

M. Malouet. L'intention du comité est de diviser le nombre des administrateurs de districts en deux parties; l'une formeroit un conseil d'administration; l'autre un directoire d'exécution. Je n'admets ni cette division, ni le nombre proposé par le comité. Je réduis ce nombre à neuf. Trois de ces administrateurs seroient nommés directeurs de district, & exécuteroient sous les ordres immédiats du département: les six autres seroient chargés de préparer les matières, & les considérations à soumettre à l'assemblée du département.

M. de Lapparent. Les districts de divers départemens seront inégaux en nombre. Je demande qu'il y ait cinq électeurs dans chaque district, si le département est divisé en neuf parties; sept, s'il l'est en six; neuf, s'il l'est en trois.

M. Fermont. Le comité propose un conseil d'administration dans chaque district, parce qu'en effet chaque district aura des travaux particuliers à faire, & des établissemens particuliers à créer. Vous avez accordé cet avantage aux municipalités; pourquoi le refuseriez-vous à une étendue bien plus considérable? On craint, dit-on, que le district ne s'oppose aux opérations du département; mais si l'injustice de son opposition est apparente, il n'obtiendra rien. Si la justice en est manifeste, il aura eu raison de réclamer, & on aura bien fait de lui en conserver les moyens.

M. Dupont. Les districts doivent être soumis au département pour l'administration générale, mais non pour l'administration particulière. Un certain nombre d'administrateurs est nécessaire pour l'un & l'autre de ces pouvoirs: il doit être borné à trois pour exécuter, à neuf pour administrer.

M. le comte de Crillon. Les assemblées d'arrondissement ont très-souvent gêné les assemblées provinciales; celles de district pourront entraver les opérations l'assemblée de département. Il faut établir entre elles une grande différence, qui ne peut exister que par le nombre, puisque les citoyens qui composeront les uns & les autres, seront égaux.

Je propose de fixer ce nombre à neuf.

M. le comte Mathieu de Montmorency. Vous avez décrété ce matin même que les assemblées de district se renouvelleront par moitié à une époque déterminée; ce renouvellement ne pourra se faire, si le nombre des membres de ces assemblées n'est pas divisible par deux. Je pense, d'après ces observations, qu'il doit être porté à douze.

L'assemblée décrète que les administrations de districts seront composées de douze membres.

Un autre article subit quelques amendemens, & est décrété comme il suit:

Chaque administration de département sera divisée en deux sections; l'une sous le titre de conseil de département, tiendra annuellement une cession qui durera un mois au plus, & qui cependant, pour la première année, pourra rester en séance six semaines au plus: elle sera chargée de fixer les règles de chaque partie d'administration, & d'ordonner les travaux & les dépenses générales du département. L'autre section, sous le titre de directoire de département, sera toujours en activité pour l'expédition des affaires, & rendra compte de sa gestion au conseil de département: ce compte sera chaque année rendu public par la voie de l'impression.

L'article suivant est mis à la discussion.

Les membres de chaque administration de département, à la fin de leur première session, éliront huit d'entre eux pour composer le directoire, & ils le régénéreront tous les deux ans par moitié; les vingt-huit autres formeront le conseil de département.

M. le comte de Crillon. Les hommes qui ont les talens & le goût de l'administration ne sont pas également répandus par la nature sur tous les points d'un territoire; & si vous vous astreignez à choisir toujours un des membres du directoire dans chaque district, vous courez le risque de vous priver de quelque bon choix.

M. d'Estourmel. L'intérêt de toutes les parties d'un département est le même; il ne forme qu'une seule famille, & le directoire doit être choisi indifféremment parmi les citoyens éligibles de ce département.

L'assemblée rejette l'amendement.

Elle décrète l'article.

M. Lanjuinais présente deux projets d'articles qui ont pour objet, l'un, la nomination des suppléans; l'autre, l'exclusion à donner dans toute assemblée d'administration à tel membre qui seroit parent d'un administrateur au second degré.

Cette motion est ajournée.

On se dispose à passer à l'ordre de deux heures, lorsque M. Target demande la parole.

Des circonstances urgentes, dit-il, & qui nous environnent de très-près, forcent votre comité à vous proposer de délibérer sans délai sur les deux articles suivans.

1°. Les représentans nommés par les cantons, pour l'administration de district, ne pourront jamais être regardés que comme les représentans de la totalité des districts, & non d'aucun canton particulier.

« Les représentans envoyés par les districts à l'administration de département ne pourront jamais être regardés que comme les représentans de la totalité des départemens.

Les représentans envoyés par les départemens à l'assemblée nationale, ne pourront jamais être regardés que comme les représentans de la totalité des départemens, c'est-à-dire, de la nation ».

2°. En conséquence, les membres des administrations de districts ou départemens, non plus que les membres de l'assemblée nationale, ne pourront jamais être révoqués, & leur destitution ne pourra être que la suite d'une forfaiture jugée ».

Ces deux articles sont décrétés à une très-grande majorité.

Séance du 23 novembre 1790.

M. Lanjuinais rappelle les articles qu'il a proposés jeudi dernier, & qui ont été ajournés.

Le premier de ces articles porte, que les parens ou alliés; savoir, les frères, l'oncle & le neveu, les cousins-germains, le beau-père, & le gendre, & les beaux-frères, ne pourront être en même temps membres des assemblées de municipalité, de district & de département; secondement, que chaque assemblée d'électeurs nommera un suppléant à chacun de ses députés, aux *assemblées administratives* ou nationales, & qu'aucun député ne puisse être remplacé que pour cause de maladie, &c.

La réunion des parens dans les *assemblées administratives* n'est ni juste ni convenable. A Brest, quatre ou cinq familles sont en possession, par la faveur des ministres, d'occuper les places de municipalité & de judicature. C'est cet inconvénient qui m'a donné l'idée de l'un des articles que je propose.

M. Regnaud. Ce raisonnement pouvoit être exact autrefois; il cesse de l'être aujourd'hui que le peuple nommera aux divers emplois publics; il n'accordera sans doute sa confiance que lorsqu'il n'y aura nul danger pour ses intérêts.

J'observerai, sur le second article, qu'il n'est pas nécessaire d'un nombre de suppléans égal à celui des représentans; & qu'il me paroît suffisant d'en nommer dans la proportion d'un quart ou d'un tiers.

M. Barrere de Vieuzac. Je rejette le premier article. En administration & en justice tout sera désormais public: on voyoit souvent autrefois dans le même tribunal, le père & le fils; tout étoit secret alors; une voix secrète pouvoit avoir la plus grande influence. Nous avons sous les yeux plusieurs preuves du peu de danger de la réunion des parens dans les assemblées publiques, puisque nous voyons ici plusieurs frères dont les sentimens sont également purs & les opinions souvent différentes.

M. Fermont adopte l'article contesté. Il établit son opinion sur son expérience personnelle & sur celle qui a déterminé beaucoup de loix prohibitives conformes à la proposition de M. Lanjuinais.

M. le duc de la Rochefoucault. Autant les exclusions des parens étoient nécessaires lorsque les places se trouvoient à la nomination d'un seul, autant la liberté doit être entière, lorsque le peuple choisit lui-même ses représentans. . . . . Vous devez être extrêmement parcimonieux sur les exclusions, parce qu'elles atténuent le droit qui appartient au peuple de donner sa confiance à celui qu'il en croit le plus digne. Je pense qu'il n'y a pas lieu à délibérer.

M. Guillaume propose un moyen intermédiaire qui consiste à arrêter, que lorsqu'un citoyen aura été élu membre d'une assemblée administrative, aucun de ses parens au premier & deuxième degré, ne pourra être élu qu'aux deux tiers des voix, au lieu de la majorité.

On demande la question préalable, non-seulement sur la motion, mais encore sur les amendemens.

Cette demande mise en délibération, les deux premières épreuves paroissent douteuses à une partie de l'assemblée; une troisième épreuve a pour objet de s'assurer si le doute existe réellement. Une très-grande majorité décide que le résultat des deux premières épreuves étoit qu'il n'y avoit pas lieu à délibérer.

Le décret est ainsi prononcé.

Le résultat du scrutin pour la nomination des secrétaires, a donné la pluralité à MM. le vicomte de Beauharnois, de Volney & Dubois de Crancey.

Le premier article que l'ordre du jour appelle à la discussion, est conçu en ces termes:

A l'ouverture de chaque session des administrations de département, le conseil du département commencera par entendre, recevoir & arrêter le compte du directoire; ensuite les membres du directoire prendront séance & auront voix délibérative avec ceux du conseil.

Cet article est adopté unanimement & sans discussion.

L'article suivant est rédigé comme il suit:

« Chaque administration de district sera entièrement subordonnée à celle de département; elle se divisera aussi en deux sections; l'une, destinée, sous le nom de conseil, à préparer les moyens d'exécution & les matières qui devront être soumises à l'administration de département, & à examiner les comptes de la gestion du directoire, tiendra ses séances pendant quinze jours chaque année; l'autre, sous le nom de directoire, sera chargée continuellement de l'exécution ».

M. de Virieu propose d'ajouter aux mots *quinze jours*, ceux-ci: *au plus*.

Après une très-légère discussion, l'article est adopté avec cette addition.

L'article suivant est décrété sur le champ en ces termes:

« Tout ce qui est prescrit par les articles précédens sur les assemblées de départemens, aura lieu de même pour les assemblées de district.

La discussion est ouverte sur un autre article, dont voici la teneur.

« Les *assemblées administratives* étant instituées dans l'ordre du pouvoir exécutif, seront les agentes de ce pouvoir: dépositaires de l'autorité du roi, comme chef de l'autorité nationale, elles agiront en son nom, & lui seront entièrement subordonnées ».

M. Fermont. Le comité avoit précédemment ajouté à cet article, que les actes des *assemblées administratives* ne pourroient être exécutoires qu'après avoir obtenu la sanction du roi.

Je me suis dit, en examinant cet article, qu'il étoit impossible de décréter plus entièrement & plus constitutionnellement la conservation des pouvoirs des commissaires départis. Le roi ne pourra voir par lui-même toutes les opérations des *assemblées administratives*; il faudra donc créer pour cet objet un agent du pouvoir exécutif, qui, quelque nom qu'on lui donne, sera réellement un intendant. En établissant ces assemblées, vous avez voulu soustraire les provinces aux bureaux des intendances; votre intention ne peut être de les y replonger constitutionnellement.

Je conviens que les *assemblées administratives* doivent agir sous les ordres & au nom du roi; elles seront toujours obligées de se renfermer dans l'attribution qui leur aura été accordée par vos décrets, sanctionnés par le roi, & dont sa majesté leur aura ordonné l'exécution; si elles ne peuvent rien faire sans un ordre *ad hoc* du roi, à qui le demanderont-elles? Par qui le recevront-elles? ne sont-elles pas entièrement subordonnées à un intendant?

Je voudrois que le comité nous indiquât d'abord tous les objets dont les *assemblées administratives* seront chargées: nous verrions alors quelle doit être l'étendue de leurs droits. Je demande l'ajournement de l'article, jusqu'à ce que le comité ait présenté ce tableau.

M. Lanjuinais. L'article qu'on vous propose refuse des pouvoirs que les plus grands excès du despotisme n'avoient pas enlevés aux plus chétives *assemblées administratives*. Ainsi, un ministre voudroit, du fond de son cabinet, conduire toutes les parties de l'administration de plusieurs provinces: je le comparerois avec raison, au ministre, qui, sous Louis XIV, prétendoit diriger Turenne du fond de son boudoir.

L'opinant développe un grand nombre de circonstances où la subordination exigée seroit, sinon impossible, du moins dangereuse. Il adopte l'ajournement.

M. Rewbel. Chaque département deviendroit, par cet article, entièrement subordonné à un bureau du ministre, & complètement étranger à l'assemblée nationale, qui n'auroit plus de législation générale & particulière à faire, parce que ces fonctions seroient par le fait dévolues au conseil.

Je rejette cet article.

M. Target. La disposition qui avoit été supprimée de l'article, & que M. Fermont a voulu rétablir pour la combattre, a été rejettée par le comité, parce qu'il n'a pu entendre que les opérations faites par les *assemblées administratives*, en exécution de vos décrets, eussent besoin d'une nouvelle sanction, quand elles y seroient conformes.

M. Fermont. Il est impossible de concilier cette profession de foi avec l'article qui porte que les *assemblées administratives* seront sous les ordres du pouvoir exécutif.

M. Target. En quoi consistent les fonctions des *assemblées administratives*? Dans l'exécution de vos décrets, ordonnée par le roi. Ainsi, les agens du pouvoir exécutif, qui sont les *assemblées administratives*, exécutent la lettre de vos décrets, qui, une fois sanctionnés, doivent devenir la volonté du roi. Les préopinans paroissent avoir oublié la permanence des assemblées nationales, & les bornes mises au pouvoir exécutif. Le chapitre qui concerne ce pouvoir n'est pas achevé, mais il est assez avancé pour ne laisser subsister aucunes craintes.

Il faut que le roi transmette l'autorité aux *assemblées administratives*, d'après les décrets de l'assemblée nationale, & que ces assemblées soient absolument subordonnées au monarque; si elles l'étoient à l'assemblée nationale, celle-ci réuniroit le pouvoir exécutif au pouvoir législatif.

Pour dissiper toutes les inquiétudes, je propose d'ajouter à la fin de l'article, ces mots: D'après les règles établies par la constitution & par les législatures.

M. Regnaud. Il existe dans les provinces des agens de l'autorité, ennemis de la liberté publique, les intendans : le souvenir de leur effrayant pouvoir a causé les inquiétudes qui viennent de se manifester. Les amis de la liberté ont craint que l'administration de l'impôt ne retombât dans les mains de ces fléaux de nos provinces...... On peut laisser au pouvoir exécutif les opérations relatives aux mouvemens des troupes : ce qui concerne l'impôt doit être pour lui l'arche sacrée.... & toutes les contestations relatives à cet objet portées à l'assemblée provinciale, qui sera comptable à l'assemblée nationale.......

Il demande l'ajournement dans les mêmes vues & avec le même terme que M. Fermont.

M. le comte de Virieu. L'article ne contient qu'un principe & ne préjuge rien sur les détails dans lesquels le préopinant vient d'entrer. Ce principe doit être consacré pour laisser entre les mains du pouvoir exécutif une surveillance active qui empêche les assemblées inférieures de s'écarter de vos décrets.

Cependant afin de dissiper les craintes, il seroit possible d'ajouter à l'article ces mots : Pour l'exécution & le maintien de tous les décrets du corps législatif.

M. Populus. Ce principe mettroit les provinces dans une dépendance absolue du pouvoir exécutif. Bientôt nous verrions les *assemblées administratives* sans liberté, sans énergie ; cependant toute administration doit pouvoir agir par elle-même; & dans le moment où vous croiriez avoir établi la liberté, aucun district n'auroit la liberté d'ouvrir un chemin sans l'approbation des agens ministériels que le roi seroit dans la nécessité de créer.

J'adopte l'ajournement tel qu'il est proposé par M. Fermont.

L'ajournement est décrété.

L'article suivant est ainsi rédigé :

« Les *assemblées administratives* ne pourront exercer ni le pouvoir législatif ni le pouvoir judiciaire, octroyer au roi, ni établir à la charge du département ou du district aucun impôt, pour quelque cause & sous quelque dénomination que ce soit; en répartir aucun au-delà du temps & de la somme accordée par le corps législatif; & pareillement faire aucun emprunt direct ni indirect, si ce n'est avec l'autorisation du corps législatif. Le pouvoir judiciaire ne pourra aucunement les troubler dans les fonctions qui leur seront attribuées ».

M. Fermont. L'expression de *pouvoir judiciaire* s'applique-t-elle aux actes ordinaires du pouvoir judiciaire, ou s'étend-elle aux tribunaux d'attribution ? Ces tribunaux doivent être supprimés, & il est intéressant d'examiner si l'on peut donner aux assemblées de département, la connoissance des contestations sur les impôts. L'importance de cette question me détermine à demander l'ajournement de cet article.

L'ajournement mis aux voix est rejetté.

M. de Richier demande que les *assemblées administratives* soient autorisées à pourvoir aux besoins locaux & urgens, tels que des réparations imprévues à faire à des levées, à des ponts, à des écluses, &c.

M. Duport propose relativement aux impositions, d'insérer dans l'article une réserve pour les fonctions qui pourroient par la suite être attribuées aux *assemblées administratives.*

M. Desmeuniers. Le corps législatif pourroit autoriser, selon les localités, à percevoir ou emprunter une modique somme pour les cas urgens.

Le comité, en parlant du pouvoir judiciaire, a donné à ce mot sa véritable acception : des décisions en matières d'impositions ne paroissent pas être dans l'ordre judiciaire.

M. Barnave. Il est impossible de ne pas attribuer aux *assemblées administratives* la force coactive nécessaire pour l'exécution des décrets; il est naturel dès-lors de leur accorder la connoissance des contestations relatives aux impôts.

Il peut y avoir dans chaque département des sommes destinées aux besoins imprévus ; si elles n'existoient pas, ce ne seroit point un impôt qu'il faudroit autoriser, parce que cette ressource seroit lente, & des-lors inutile. Un emprunt dont la somme seroit déterminée par le réglement, paroîtroit plus convenable.

L'heure étant avancée, la discussion est interrompue & continuée à demain.

Séance du mardi 24 novembre.

M. le président annonce que l'article ajourné hier, & celui dont la discussion n'a point été terminée, forment les premiers objets de l'ordre du jour.

M. Milcent. Ces articles renferment les attributions à donner aux *assemblées administratives.* Je pense qu'il seroit plus convenable dans l'ordre du travail, & en considération des circonstances, de s'occuper particuliérement des municipalités.

M. Target. Le comité va réunir dans l'ordre le plus naturel, tous les décrets que vous avez rendus sur les assemblées de département & de district, & vous verrez par cette réunion, que bientôt ces assemblées seront complètement organisées. Le comité s'occupe sans relâche des articles relatifs aux municipalités ; il vous présentera jeudi son travail sur ces deux objets. Je vais offrir successivement deux articles, dans lesquels le comité fait les changemens que vous lui avez indiqués hier pendant la discussion. Je ferai, avant de les rapporter, une observation générale. Il faut distinguer trois sortes d'administrations : l'administration nationale, qui consiste dans tout ce qui a rapport aux impôts & aux milices ; l'administration royale, qui renferme le gouvernement de tous les objets d'utilité publique ; l'administration municipale, uniquement relative aux propriétés particulières des municipalités.

Voici le premier article que propose le comité.

« Les fonctions des administrations de département & de celles de district sous l'autorité des premières, seront, 1°. de régler, en exécution des décrets de l'assemblée législative, la répartition à faire par les départemens entre les districts, & par les districts entre les communautés, de toutes les contributions directes imposées sur chaque département ; tout ce qui concerne la perception, le versement des contributions & les agens qui en seront chargés ; le paiement des dépenses & assignations locales, toujours d'après les décrets du corps législatif.

» 2°. De surveiller, sous les ordres du roi, tout ce qui concerne le soulagement des pauvres ; les maisons & atteliers de charité ; les maisons d'arrêt & de correction ; les prisons, la police des mendians & vagabonds ; les propriétés publiques ; la police des eaux & forêts ; celle des chemins, rivières & autres choses communes ; les routes, chemins canaux & travaux publics de toute espèce relatifs aux besoins communs du département ; la salubrité, la sûreté & la tranquillité publique ; les réparations, reconstructions & entretiens des églises & presbytères & autres objets relatifs au service du culte, l'éducation publique & l'enseignement politique & moral ; enfin les milices nationales, ainsi qu'il sera exposé dans des articles particuliers ».

M. d'Ailly. L'expression, *travaux publics de toute espèce*, ne demande-t-elle pas une explication ? Comprend-elle les travaux des fortifications, ceux de Cherbourg, &c. ?

M. Fermont demande qu'on ajoute à l'article, la connoissance des contestations sur les impositions.

M. de Bousmard. La jurisdiction des domaines & bois devroit y être comprise.

M. l'évêque de Clermont. Ces mots, *sur l'enseignement de la morale*, doivent être expliqués ; c'est une partie attribuée de droit divin aux pasteurs de l'église.

M. Desmeuniers. L'intention du comité n'est pas d'attribuer aux assemblées nationales la surveillance de l'enseignement de la morale religieuse. Je passe à une autre observation : il s'agit seulement de savoir, à l'égard de l'article en général, si les fonctions qu'il attribue aux *assemblées administratives* doivent lui être confiées ; on pourra en ajouter d'autres par la suite. Par exemple, le comité n'y a pas compris les fortifications, parce qu'il a attendu sur cela le travail du comité militaire : il n'a rien proposé relativement à la demande de M. Fermont, parce qu'il a pensé qu'on devoit renvoyer à la constitution du pouvoir judiciaire, la question de savoir si la partie contentieuse des impositions sera attribuée aux *assemblées administratives*.

M. le marquis de Foucault se plaint de ce que le comité présente chaque jour des articles isolés, dont on n'a pu saisir la suite & les rapports.

M. Pison du Galland fait la même observation & les mêmes reproches : il voudroit que le comité, pour ne pas exposer l'assemblée à des surprises, donnât au moins tous ses articles à la fois, & les fît imprimer vingt-quatre heures avant la délibération.

Il demande l'ajournement des amendemens, & propose des articles dans lesquels il renferme en détail les objets que le comité présente en masse ; & qui embrassent toute l'étendue & tous les rapports du principe général. Ces articles sont en très-grand nombre.

M. de Volney. Il y a toutes sortes d'avantages à attaquer un comité ; nous en avons fait plusieurs fois l'expérience. Les reproches du préopinant conviennent parfaitement aux articles qu'il vient lui-même de lire, puisqu'ils n'ont été ni imprimés, ni discutés. Nous ne finirions jamais, si chacun proposoit une constitution.

M. Populus. Il résulte de l'article du comité, que les départemens seront dans la plus grande dépendance. Pour réparer une cure, par exemple, pour établir des atteliers publics, il faudroit donc obtenir des décrets, & les faire sanctionner. Je pense que les administrations de département doivent non-seulement surveiller, mais encore *ordonner*.

Tous les amendemens sont rejettés.

On demande à aller aux voix sur l'article.

M. le comte de Crillon. L'article a été rédigé en l'absence de quelques membres du comité, & de M. Thouret notamment. Il n'auroit pas été rédigé tel qu'on vous le présente, si des hommes accoutumés aux travaux des administrations des provinces, avoient concouru à sa rédaction. Si pour chaque dépense particulière, l'autorisation de l'assemblée nationale est nécessaire, il sera impossible de gouverner le royaume.

M. Desmeuniers. Le corps législatif autorisera en général les administrations de département à faire les dépenses modiques urgentes ; ainsi, il ne sera pas nécessaire de demander des autorisations particulières. On ne peut consacrer que les principes dans une constitution & entrer dans de trop grands détails ; ce seroit faire ce qui est destiné aux législatures. Qu'il me soit permis d'ajouter que vous devez de l'indulgence

dulgence au comité de constitution ; à peine y a-t-il huit jours que vous avez arrêté les principes.....

On délibère, & l'article est décrété.

L'article suivant, relatif au premier objet ajourné hier, est décrété sans discussion en ces termes :

« Les *assemblées administratives* sont subordonnées au roi, comme chef suprême de la nation & de l'administration générale, & elles ne pourront exercer les fonctions qui leur seront confiées, que selon les règles prescrites par la constitution, & par les décrets des législatures, sanctionnes par le roi ».

Un autre article est également décrété comme il suit :

« Les *assemblées administratives* ne pourront établir aucun impôt pour quelque cause & sous quelque dénomination que ce soit, en répartir aucun au-delà des sommes & du temps fixés par le corps législatif; faire aucun emprunt sans y être autorisées par l'assemblée nationale ; sauf à pourvoir à l'établissement & au maintien des moyens propres à leur procurer les fonds nécessaires au paiement de leurs dettes, aux dépenses locales & aux dépenses imprévues & urgentes ».

Un autre article est encore unanimement adopté. Voici sa teneur :

« Elles ne pourront être troublées dans l'exercice de leurs fonctions administratives, par aucun acte du pouvoir judiciaire ».

Séance du 8 décembre 1789.

La suite des articles proposés par le comité pour être ajoutés à ceux qu'on a décrétés, est mise à la discussion.

L'article IX est adopté en ces termes :

Art. IX. Ceux qui seront employés à la levée des impositions indirectes, tant qu'elles subsisteront, ne pourront être en même temps membres des administrations de département ou de district.

L'article X est rédigé comme il suit :

Art. X. Ceux qui occuperont des offices de judicature, ne pourront être en même temps membres des directoires de département ou de district.

M..... Une pareille disposition ne peut être proposée ; vous ne pouvez dire aux électeurs : Vous ne choisirez pas un administrateur parmi tels & tels individus : ce seroit violer la liberté des citoyens.

On confond toujours les magistrats des cours souveraines avec les magistrats des cours inférieures : ceux-ci ont à peine par semaine trois séances & trois rapports; il leur restera un temps assez considérable à donner aux fonctions dont ils seront chargés. D'ailleurs, soutenus par leur zèle pour la chose publique, il trouveroient toujours assez de force pour remplir à la fois ces différentes fonctions. Présenter cette étrange objection, c'est mettre en parallèle l'homme de génie qui sait vaincre les difficultés, & l'homme ordinaire qu'elles rebutent. Il faudroit, pour être conséquent, exclure également les pasteurs de l'église, les notaires, les greffiers, &c.

On a prétendu que l'exclusion des magistrats avoit pour objet de les honorer, en ne les exposant pas au hasard des élections ; mais est-ce un honneur que d'être privé de la confiance de ses concitoyens ?.... L'avilissement amène la nécessité des grandes récompenses.....

Je demande que l'exclusion soit rejettée, ou du moins bornée aux magistrats des cours supérieures.

M. Lanjuinais combat cette opinion. Il pense que la raison, l'intérêt particulier & l'intérêt public rendent les places des municipalités & les offices de judicature d'une incompatibilité insurmontable.

L'article X est adopté à une très-grande majorité.

M. Target propose l'article suivant :

Art. XI. Les maires & autres membres des corps municipaux, ainsi que les procureurs des communes & leurs substituts, ne pourront exercer en même temps les fonctions municipales & celles de la garde nationale.

On propose d'ajouter : « & les officiers de judicature ».

Cet amendement est ajourné.

M. Target. Le titre de soldat-citoyen deviendra bientôt le plus beau titre de la société. Les officiers municipaux ayant le droit de requérir les milices nationales, ne peuvent tout à la fois ordonner & obéir ; il faut donc qu'ils soient exclus des fonctions aussi incompatibles de leur nature, jusqu'à ce qu'ils rentrent dans la foule des citoyens actifs.

L'article XI est décrété.

Art. XII. Les électeurs seront choisis par les assemblées primaires, à la pluralité relative, en un seul scrutin de liste double du nombre des électeurs à nommer.

M. le comte de Mirabeau expose les inconvéniens du scrutin de liste double ; il préfère le scrutin individuel, & appuie cette opinion sur des calculs, desquels il conclut qu'il est impossible qu'une élection exprime le vœu de la pluralité, si un électeur ne nomme pas un nombre égal à celui des personnes à élire.

Il propose les articles suivans :

1°. La nomination des membres des assemblées municipales & administratives se fera par la voie du scrutin & par listes, sur lesquelles on inscrira autant d'éligibles qu'il y aura de places à remplir.

2°. Ceux qui auront réuni la pluralité absolue, c'est-à-dire, un nombre supérieur à la moitié de la totalité des électeurs, seront élus.

3°. Si, par une première opération, l'élection n'est pas complette, on dressera des listes des noms de ceux qui auront le plus approché de la pluralité: ces listes seront en nombre double, & ceux qui auront réuni le plus de suffrages seront élus.

4°. Toute liste qui n'aura pas le nombre égal, sera nulle.

5°. En cas d'égalité de suffrages, la préférence sera accordée à celui qui sera ou aura été marié, ou à celui qui aura le plus d'enfans. Si les concurrens réunissent également ces deux conditions, le plus ancien d'âge sera préféré.

MM. le duc de la Rochefoucault, Duport & de Virieu examinent & combattent ces articles.

La question préalable est invoquée sur les propositions de M. de Mirabeau, elle est adoptée; l'article du comité est décrété.

Séance du 9 décembre 1789.

M. Rabaud de S. Étienne présente l'état du travail sur la division du royaume. Le comité est retardé par l'embarras qu'occasionnent, sur la disposition des chefs-lieux, les prétentions de différentes villes. Il demande, comme un moyen de concilier les intérêts opposés, que la liberté lui soit laissée de ne pas fixer & de réunir dans une même ville les chefs-lieux du département, de la justice & de l'église; il pense que ceux de département peuvent être alternés entre les villes qui, par leur nature, sembleroient y être exactement propres. On objectera sans doute, qu'il seroit difficile de transporter les bureaux & les archives. Les bureaux seront composés de dix ou douze personnes, & le transport n'en sera pas très-dispendieux. Des archives pourroient avec avantage être établies dans chacune des villes destinées à devenir chefs-lieux à leur tour: en étendant à tous les objets importans, l'impression ordonnée pour les comptes, les exemplaires se multiplieroient aisément, & l'on seroit ainsi à l'abri des événemens, tels que les incendies, & qui peuvent faire perdre sans retour, les titres & les papiers d'un département. *Voyez* DIVISION DU ROYAUME.

M. Target. Je propose pour amendement, que les départemens alternent entre les districts.

M. d'Agier. Je demande que les villes qui auront un évêché ou un district, ne puissent jamais obtenir un département.

M. ...... Il faut ajouter au décret à rendre à ce sujet, que les chefs-lieux de département ne pourront être placés dans les villes qui renfermeront moins de quatre mille ames.

M. Malouet. Les grandes villes sont des maux nécessaires, dont les législateurs doivent chercher à atténuer les inconvéniens. J'adopte, sous ce point de vue, la demande du comité. Je propose un article qui pourroit être ajouté à ceux relatifs aux municipalités, & dont plusieurs événemens récens démontrent la nécessité. Le voici:

Chaque municipalité ne peut & ne doit se mêler de la haute police, que conformément aux décrets de l'assemblée nationale, ni étendre sa jurisdiction au-delà de sa banlieue.

M. Pison du Galand est d'avis de ne rien prononcer directement ou indirectement sur l'établissement des tribunaux & des évêchés.

M. le vicomte de Mirabeau. Je propose la motion de faire tenir l'assemblée nationale alternativement dans chaque chef-lieu de département.

L'assemblée décide qu'il n'y a pas lieu à délibérer sur tous les amendemens.

La motion de M. le vicomte de Mirabeau est ajournée.

Le décret proposé par M. Rabaud de S. Etienne, au nom du comité chargé de la division du royaume, est adopté en ces termes:

1°. Tous les établissemens à faire dans un département, ne seront pas nécessairement dans un même lieu.

2°. Les administrations de département pourront circuler dans les villes qui seront désignées.

En conséquence le comité de constitution & les membres qui y ont été adjoints, pourront, d'après les lumières qui leur seront données par MM. les députés des provinces, déterminer les chefs-lieux des établissemens divers, & l'alternative, s'ils le jugent convenable. Ils soumettront leur avis à l'assemblée.

La suite des articles additionnels, proposés par le comité de constitution, forme l'ordre du jour.

L'article XIV est décrété comme il suit.

Art. XIV. Dans chaque administration de département, il y aura un procureur-général-syndic, & dans chaque administration de district, un procureur-syndic de district: ils seront élus au scrutin individuel, à la pluralité absolue des suffrages, en même temps que les membres des municipalités & par les mêmes électeurs.

L'article suivant donne lieu à quelques discussions.

Art. XV. Le procureur-général-syndic du département, & le procureur-syndic du district, sesont quatre ans en place, & pourront être réélus & continués par une nouvelle élection.

M. Target. Le comité, en rédigeant cet article, a pensé qu'il étoit important d'offrir au procureur-syndic l'espoir d'obtenir, pour prix de ses services, de sa délicatesse & de son exactitude à remplir ses fonctions, une récompense bien précieuse, puisqu'elle seroit la preuve certaine de la confiance publique; qu'il étoit important que celui qui tiendroit le fil des différentes opérations pût être conservé.....

M. le comte de Virieu. Les procureurs-syndics seront les chevilles ouvrières de l'administration; leur influence sera extrême; vous appellerez sur eux toutes les tentations; & si vous leur permettez d'être continuellement réélus, ils deviendront bientôt administrateurs perpétuels. Je demande qu'ils ne puissent être réélus plus d'une fois.

M. Rewbel. S'ils n'ont pas l'espoir d'être continués, ils négligeront leur gestion.

M. le comte de Crillon. Les craintes du préopinant ne me semblent pas fondées. Il paroît oublier que le directoire fera tout sous les ordres de l'assemblée générale, & que le procureur-syndic ne fera rien que sous les ordres du directoire. Il n'a pas senti d'ailleurs que l'administration est une science comme les autres; qu'elle exige des hommes qui y soient entiérement adonnés, & que leur nombre sera nécessairement peu considérable. J'adhère à l'article proposé par le comité.

M. le curé de... Si le procureur-syndic devient malade, & que vous ne lui donniez pas un substitut, le directoire sera paralysé.

M. le duc de la Rochefoucault. Il est sans doute très-avantageux que les procureurs-syndics puissent être conservés; mais je conviens qu'il seroit fâcheux que cette conservation, objet d'une ambition bien naturelle, fût le résultat de l'intrigue, & non celui de l'estime & de la confiance. Je propose que les procureurs-syndics puissent être réélus pour deux ans. La première fois, à la majorité des suffrages; la seconde, aux deux tiers; & les autres fois, aux trois-quarts.

L'article est décrété avec l'amendement de M. de Virieu.

Art. XV. Le procureur-général-syndic du département, & les procureurs-syndics des districts seront quatre ans en place; ils pourront être réélus pour quatre autres années; mais ensuite ils ne pourront être élus qu'après quatre ans d'intervalle.

M. Dubois de Crancey. Je propose, au sujet de l'observation de M. le curé de..... de donner un substitut aux procureurs-syndics.

M. Desmeuniers. Je présente dans la même vue une addition à l'article; elle est décrétée en ces termes:

« Les membres de l'administration nommeront un membre du directoire, pour remplacer, momentanément, le procureur-syndic, en cas d'absence ou de maladie.

L'article XVI accorde aux procureurs-syndics la voix délibérative dans les directoires seulement.

M. le vicomte de Virieu. Vous refusez aux procureurs-syndics la voix délibérative dans les assemblées générales, & vous la leur accordez dans les directoires où elle sera bien plus importante, parce que les membres en seront moins nombreux. Même en la leur refusant, ils conserveroient toujours une grande puissance, puisque nul rapport ne pourra être fait sans qu'il leur ait été communiqué, & que nulle délibération ne sera prise sans qu'ils soient entendus. Je pense qu'étant en-dehors des assemblées générales & des directoires, ils ne doivent avoir voix délibérative ni dans l'un ni dans l'autre.

Cet amendement est adopté, & l'article est décrété comme il suit:

Art. XVI. Ils assisteront à l'assemblée générale & au directoire: ils n'auront aucune voix délibérative, & seront chargés de la suite des affaires. Nul rapport ne sera fait avant de leur en donner communication, & nulle délibération ne sera prise sur les rapports, avant de les avoir entendus.

Art. XVII. Quant aux membres de l'assemblée nationale, ils seront toujours élus au scrutin individuel & à la pluralité absolue des suffrages. Si les deux premiers scrutins ne la donnent pas, il sera procédé à un troisième, dans lequel le choix ne pourra se faire qu'entre les deux qui auront eu le plus de suffrages au scrutin précédent.

M. de Virieu. Je propose de remplacer le scrutin individuel par le scrutin de liste.

Cette opinion est appuyée par M. le duc de la Rochefoucault, & par M. le comte de Crillon, & combattue par MM. Target & Desmeuniers.

On emploie de part & d'autres dans cette discussion, les moyens développés dans une des précédentes séances.

L'article du comité est adopté sans aucun changement.

Séance du 10 décembre 1789.

On passe à l'ordre du jour.

Les quatre derniers articles additionnels présentés par le comité de constitution, éprouvent quelques légers amendemens, & sont unanimement décrétés comme il suit:

Art. XVIII. Dans les assemblées primaires & dans celles des électeurs, il sera fait choix d'abord d'un président & d'un secrétaire ; jusques-là le doyen d'âge tiendra la séance. Les scrutins seront recueillis & dépouillés par les trois plus anciens d'âge, en présence de l'assemblée.

Art. XIX. Il sera procédé en un seul scrutin de liste, recueilli par les mêmes, à la nomination de trois scrutateurs, pour recevoir & dépouiller les scrutins d'élection des membres de l'assemblée nationale.

Art. XX. Les administrations de département, choisiront dès leur première séance un président & un secrétaire par scrutin individuel, & à la pluralité absolue des suffrages. Le président, tant qu'il sera en exercice, aura droit de présider l'assemblée du directoire, qui pourra néanmoins se choisir en outre un vice-président.

Art. XXI. Dans les villes de quatre mille ames & au-dessous, il n'y aura qu'une assemblée primaire. Il y en aura deux dans celles qui auront par-delà quatre mille ames jusqu'à huit ; trois par-delà huit à douze mille, & ainsi de suite. Les sections se feront par quartiers.

M. Target présente six nouveaux articles rédigés par le comité de constitution, conformément au vœu énoncé par plusieurs membres pendant le cours de la discussion sur les municipalités.

Art. I. Les membres des corps municipaux, durant leur exercice, ne pourront être en même temps membres de l'administration de district ou de département, & ceux des administrations de district ne pourront être en même temps membres de celles de département.

Cet article est décrété à l'unanimité.

Art. II. Toutes les places des municipalités & *assemblées administratives* devant être électives, tous droits de présentation ou de nomination, de présence ou présidence dans les municipalités ou *assemblées administratives*, attachés à la possession de certaines terres, aux fonctions de commandant, aux évêchés, archevêchés, ou à tel autre que ce puisse être, sont entiérement abolis.

M. l'évêque d'Oléron. Un souverain du Béarn, après avoir envahi les propriétés de l'église d'Oléron, reconnut son injustice ; Dieu lui fit grace de rentrer en lui-même, & il céda à cette église tous ses droits de souveraineté. Je demande à ce titre une exception pour la ville d'Oléron.

L'article II est unanimement adopté.

III. Chaque assemblée de citoyens actifs, d'électeurs, d'administration de département, d'administration de district & de municipalité, sera juge de la validité des titres de ceux qui prétendront y être admis.

M. le président de S. Fargeau. Je trouve de la difficulté à faire juger ainsi des titres par ceux même dont les titres ne seront pas jugés. Je propose de faire examiner ceux de l'assemblée entrante par l'assemblée sortante.

M. le curé de.... Que les municipalités renvoient ces contestations pardevant les assemblées de district, & les districts pardevant les départemens.

M. Rœderer. Vous avez décidé que beaucoup de places sont incompatibles avec les fonctions municipales. Ne peut-il pas arriver que parmi les membres élus pour une municipalité, le plus grand nombre soit pourvu de ces sortes de places ? Alors condescendant aux vues les uns des autres, respecteront-ils vos décrets ? Il faut, en consacrant un principe précieux, autoriser une surveillance supérieure ou concommitante, pour faire rentrer dans la règle. Je propose en conséquence, que le procureur de la commune, ait le droit d'interjetter appel de la vérification des titres des nouveaux officiers municipaux, pardevant le district ou le département.

L'article III est décrété à l'unanimité.

Il en est de même des articles qui suivent.

Art. IV. Lorsque les administrations de département & de district seront en exercice, les états provinciaux, les assemblées provinciales, les assemblées inférieures qui existent actuellement, demeureront supprimées, & cesseront à l'instant leurs fonctions.

Art. V. Dans les provinces qui ont eu jusqu'à ce moment, une administration commune, & qui seront divisées en plusieurs départemens, chaque administration de département nommera deux commissaires, qui se réuniront pour faire la liquidation des dettes contractées sous le régime précédent, en établir la répartition entre les différens départemens de la province, & mettre à fin les anciennes affaires communes. Le compte en sera rendu à une autre assemblée, formée de quatre commissaires nommés par chaque administration de département.

Art. VI. Il n'y aura aucun intermédiaire entre les administrations de département & le pouvoir exécutif suprême : les commissaires départis ou intendans, & les subdélégués cesseront entiérement leurs fonctions, lorsque les assemblées de département seront en activité.

M. Ébrard demande par amendement à cet article, que les scellés soient mis dans les intendances, sur les papiers & documens.

On représente que c'est un objet de réglement ; & l'amendement est ajourné.

M. Target annonce que ces articles terminent le travail sur les *assemblées administratives*.

L'assemblée, par des applaudissemens réitérés, témoigne au comité de constitution combien elle est satisfaite de ses travaux & de son zèle. Les spectateurs joignent leurs applaudissemens à ceux de l'assemblée.

M. le comte de Mirabeau avoit hier demandé la parole pour proposer un nouvel article : il l'obtient aujourd'hui.

La proposition que j'ai à vous faire, me paroît contenir une sauve-garde essentielle de la constitution. Je renferme en un seul mot l'esprit de la motion sur laquelle je sollicite le concours de vos lumières. Il s'agit de savoir s'il faut asservir à une marche graduelle la députation aux *assemblées administratives* & nationales. C'est dans les anciens gouvernemens que j'ai trouvé cette idée ; elle s'adapte merveilleusement à la constitution que nous avons établie sur une égalité qui doit en être le principe indestructible.

Il faut que les institutions se rapportent aux loix, comme les loix à la nature des choses. Si nous ne mettons pas les hommes en harmonie avec les loix, nous aurons fait un beau songe philosophique, & non une constitution. Enchaîner l'homme à la loi, tel doit être le but du législateur...

Cette loi vous présente un second moyen bien puissant. Vous répandez dans les municipalités l'émulation de la vertu & de l'honneur ; vous rehaussez le prix des suffrages du peuple lors même qu'ils ne confèrent que des emplois subalternes ; vous n'avez plus à craindre de voir les municipalités abandonnées à un petit nombre de concurrens.... Les places ne valent souvent, aux yeux des hommes, que par ceux qui les sollicitent ou les occupent. Si les Romains n'avoient tout concentré dans Rome ; s'ils avoient attaché plus d'éclat aux administrations municipales, s'ils en avoient fait des échelons pour arriver aux honneurs, ils n'auroient pas été obligés de faire des loix afin de forcer les habitans des villes à remplir ces fonctions....

La politique est une science, l'administration est une science & un art. La science qui fait les destinées des états, est une seconde religion & par son importance & par sa profondeur... La nature & la raison veulent qu'on marche des fonctions simples à des fonctions compliquées ; qu'on passe par l'exécution des loix avant de concourir à leur confection, & que par cette épreuve, la chose publique soit à l'abri des dangers de l'incapacité des agens... Si vous décrétez qu'il faudra avoir réuni deux fois les suffrages du peuple, pour être éligible à l'assemblée nationale, vous donnerez une double valeur aux élections ; vous établirez l'heureuse nécessité de la probité, vous opérerez une révolution tant desirée dans une jeunesse qui passe de la frivolité à la corruption, de la corruption à la nullité. Vous direz aux jeunes citoyens, qu'à chaque pas ils seront obligés de justifier la confiance, qu'ils seront pesés dans la balance de l'expérience, qu'ils seront comparés à leurs rivaux. Ainsi, en accordant tout au mérite & aux vertus, cette loi seroit un noble moyen de prévenir la régénération d'une classe qui semble s'abaisser dans l'ordre moral, à proportion qu'elle s'élève dans l'ordre de la société.

Evitons ces fautes, cultivons les provinces, anéantissons cet ancien préjugé, qui, sur le débris des classes & des ordres, créeroit de nouvelles classes & de nouveaux ordres. Nous mettrons de la fraternité entre toutes les fonctions publiques, si la plus subalterne est nécessaire pour s'élever ; si la plus haute tient par des liens nécessaires à la plus subordonnée ; si les honneurs publics sont comme une eau pure coulant dans des canaux différens, mais toujours limpide, mais toujours la même...

Que le législateur est puissant, quand il a su montrer aux citoyens leurs intérêts dans sa probité !.... Vous avez fait de sages décrets pour assurer la responsabilité ; mais vous savez trop bien que réprimer & punir c'est peu de chose ; il faut que le bien se fasse par d'autre moyens...

Nous allons, dira-t-on, restreindre la confiance. Vous la restreindriez, en exigeant telle quotité de fortune, tel degré de naissance ; vous déshériteriez d'un droit naturel ceux qui seroient hors de ces conditions ; mais prescrire des règles, les mêmes pour tous ; mais accorder les mêmes droits ; mais attaquer les exceptions en faveur de l'égalité, ce n'est pas blesser le principe, c'est le reconnoître...

Je vous prie de faire sur la confiance une observation particulière à un gouvernement représentatif tel que le nôtre.

Le député élu par une petite partie d'un département, représente la totalité de la nation : la puissance dont jouira le corps législatif, sera précaire, si elle n'est doublée en quelque sorte. Et voyez quel est l'effet du systême graduel. Un plus grand nombre de citoyens aura intérêt aux élections. Les électeurs diront : Nous ne vous donnons pas un homme inconnu, nommé par l'intrigue, par la cabale, par le caprice, par les passions ; il arrive précédé de ses services.

Les provinces seront plus calmes, sous la foi de la raison publique ; les représentans seront plus respectés.... On ne peut donc faire une objection d'un aussi grand avantage.

Cet ordre seroit dans ce moment difficile à établir ; mais dans dix ans, il y auroit un fonds d'hommes suffisant pour fournir aux élections.

Je propose de décréter les articles suivans :

1°. A compter du premier janvier 1797, nul ne pourra être élu membre de l'assemblée nationale, s'il n'a réuni au moins deux fois les suffrages du peuple, comme membre de quelques *assemblées administratives* de département, de district ou des municipalités; ou s'il n'a rempli durant trois ans au moins, une place de magistrature; ou enfin, s'il n'a déjà été une fois membre de l'assemblée nationale.

2°. A compter de 1795, nul ne pourra être élu membre des assemblées de département, s'il n'a déjà été pourvu de fonctions dans les assemblées de district ou dans les municipalités.

3°. Pour que les loix ci-dessus ne renvoient pas à un âge trop avancé, tout citoyen actif pourra être admis aux emplois municipaux, dès l'âge de 21 ans.

M. Barnave. Si pour anéantir la constitution, il suffisoit d'envelopper des principes contraires de quelque idée morale, & de quelques preuves d'érudition, le préopinant pourroit se flatter de produire de l'effet sur vous; mais heureusement il vous a aguerris contre les prestiges de son éloquence, & plusieurs fois, nous avons eu l'occasion de chercher la raison & le bien parmi les traits élégans dont il avoit embelli ses opinions. Cette occasion se présente aujourd'hui d'une manière plus éclatante.

Le bon sens le plus ordinaire suffit pour démontrer que les pouvoirs doivent être répartis entre tous; le même bon sens prouve que sans cette égale répartition, l'égalité sociale ne peut exister. La déclaration des droits a consacré ces principes. La motion de M. de Mirabeau tend à réunir dans un petit nombre de personnes les pouvoirs municipaux, administratifs & législatifs, & l'on prétend qu'elle doit établir l'égalité & la liberté.

Elle est contraire aux décrets: la majorité pour les municipalités est fixée à 25 ans; l'auteur de la motion la réduit à 21; il l'étend à 35 pour l'assemblée nationale. En effet, on devroit avoir occupé deux fois des places dont les fonctions durent quatre ans; il faut au mois deux années d'intervalle: ainsi, voilà dix années à ajouter à la majorité de 25 ans.

Cette motion étant opposée aux précédens décrets, aux termes du réglement, on pourroit l'attaquer par la question préalable.

Elle est de plus, contraire à la nature des choses, aux convenances & à l'intérêt public.

C'est dans les *assemblées administratives* qu'il faut porter une expérience qui ne s'acquiert qu'avec le temps: ces assemblées sont moins nombreuses que les assemblées nationales; & l'effet d'un petit nombre de jeunes gens inexprimentés y seroit bien plus fâcheux. Les hommes qui se seront, par leurs études, destinés à l'assemblée nationale, se verront forcés de passer par des places auxquelles ils ne seront pas propres: il faudra qu'il renoncent à leur fortune pour se livrer à un noviciat d'une aussi longue durée; & les gens riches, seuls capables de ce sacrifice, concourront seuls à la représentation nationale.

Ma conclusion m'est offerte par le préopinant. Je ne conçois pas comment on peut proposer à une nation de faire une loi qui ne pourra être exécutée que dans dix ans; je ne sais pas si elle conviendra à cette époque. Vous aurez besoin dans quelques années, d'une convention nationale, pour réformer les erreurs que l'expérience aura fait reconnoître dans la constitution; je demande l'ajournement de la motion à cette convention.

M. le comte de Mirabeau. Le préopinant paroît oublier que si les rhéteurs parlent pour vingt-quatre heures, les législateurs parlent pour le temps. Je demande à lui répondre; mais comme le comité des dix, dont je suis membre, m'appelle, & qu'il est temps de passer à l'ordre de deux heures, je prie l'assemblée d'ajourner la discussion.

M. de Mirabeau sort.

M. Dufraisse Duchey demande alors la question préalable sur la motion de M. de Mirabeau.

L'ajournement est ordonné.

Séance du 5 mars 1791.

M. Desmeuniers propose un article tendant à faire juger les contestations qui pourront s'élever à la suite, tant des assemblées des communes ou de section, que des assemblées primaires, par le conseil ou directoire de département, & par appel, par le directoire du département voisin.

M. de Mirabeau l'aîné. Je proposeris de substituer au directoire de département voisin, l'assemblée électorale, qui, étant destinée à élire, me paroît plus propre à juger des questions d'éligibilité.

M. Regnaud, député de Saint-Jean-d'Angely. Il faut nécessairement que le pouvoir exécutif puisse refuser la commission au sujet dont l'élection à la place de juge sera contestée. Je crois que pour toutes les autres élections, les contestations doivent d'abord être portées au directoire de département, de-là au département voisin, qui donnera son avis; enfin, en dernier ressort, au tribunal de cassation.

M. Lanjuinais. Vous avez déjà décrété que les assemblées primaires & les assemblées électorales jugeroient des contestations qui pourroient s'élever dans leur sein; l'appel sera porté au département. Il ne faut donc pas permettre d'interjetter un troisième appel, qui embarrasseroit la marche des élections.

M. Desmeuniers propose de mettre à la discussion la question de savoir qui prononcera sur les contestations qui pourront s'élever, tant des assemblées de communes, par communauté entière ou par section, que des assemblées primaires, en ce qui concerne, 1°. la régularité de la convocation & formation de ces assemblées; 2°. l'exclusion qu'on auroit pu prononcer contre des citoyens actifs, ou l'admission qu'on auroit pu faire des citoyens non actifs; 3°. le choix des citoyens inéligibles; 4°. la violation des loix relatives, soit à la tenue des assemblées, soit à la forme des élections.

Plusieurs membres demandent l'attribution au corps législatif, d'autres aux corps administratifs, & d'autres aux tribunaux de district.

M. Dandré. La proposition la plus conforme aux principes, est celle qui donne l'attribution au corps législatif; mais l'exécution m'en paroît impossible. Il faudroit qu'un citoyen auquel on feroit quelque difficulté, attendît cinq ou six mois la solution du corps législatif, & cependant il resteroit privé de ses droits; il reste donc à statuer entre deux questions, l'attribution aux corps administratifs & aux tribunaux. Comme c'est purement sur une question d'état qu'il s'agit de statuer, que c'est évidemment un procès qu'on fait au citoyen qu'on attaque, il doit être porté aux tribunaux. Je suppose qu'on conteste l'éligibilité à un citoyen, soit parce qu'on prétend qu'il a fait faillite, soit parce qu'étant fils de famille il n'a pas payé les dettes de son père; je demande comment porter cette cause aux corps administratifs. L'âge, le domicile, la valeur de telle ou telle personne, tout cela est vraiment de la compétence des tribunaux, & eux seuls peuvent en être juges.

M. Rewbell. Vous rétablirez le despotisme des juges, aussi-tôt qu'il leur sera possible de statuer sur des objets où il n'y a pas de partie privée.

M. de Mirabeau l'aîné. Toutes les fois qu'on nous parle d'ordre judiciaire, nous voyons toujours ces grands spectres de parlement, autrefois composés de commis inamovibles du pouvoir exécutif. Mais aujourd'hui nous avons des délégués amovibles du peuple; & certes, entre l'un & l'autre il y a une grande différence. On oublie toujours que les juges sont comme tous les autres fonctionnaires soumis au choix du peuple. Je demande l'ajournement d'une des plus grandes questions politiques qui nous aient été présentées. Je demande sur ces points les éclaircissemens théoriques; de notre côté, nous y penserons & nous n'escobarderons point sur une des plus grandes questions qui nous aient été jamais soumises.

L'assemblée ordonne l'ajournement. *Voyez* ADMINISTRATION, MUNICIPALITÉ.

ASSEMBLÉE NATIONALE CONSTITUANTE. C'est d'elle qu'il est seulement question dans cet ouvrage; les travaux des législatures pourront faire la matière d'un ou de plusieurs volumes servant de suite à ceux-ci; on aura par ce moyen un traité très-complet & positif de ce que les événemens, l'opinion, les passions auront apporté de changement & d'altération dans les mœurs & le gouvernement de la France. Ce sera en même temps un des livres les plus instructifs, puisque, quelles que soient les variations, les métamorphoses que subira l'ordre actuel des choses, il sera toujours très-intéressant de connoître les causes, les motifs, les discussions qui auront précédé, accompagné ou hâté ces mouvemens politiques de tout un peuple: l'histoire, la philosophie, l'art du gouvernement, y trouveront des faits, des exemples, des leçons qu'on chercheroit vainement ailleurs.

Sous le mot *assemblée nationale constituante*, nous nous proposons de réunir les débats qui se sont élevés dans son sein sur son organisation, ses fonctions, l'ordre & le réglement de ses travaux, présentés avec le plus de précision & d'exactitude qu'il nous sera possible.

Ce travail sera d'une grande utilité pour quiconque voudra parcourir rapidement les événemens & les débats de l'*assemblée constituante*, les classer par ordre chronologique, & former en quelque sorte l'histoire de ce grand corps pendant les vingt-sept mois de ses orageux travaux.

C'est au 17 juin 1789 que le tiers-état s'est constitué en *assemblée nationale*; c'est à cette époque que commencent les actes législatifs qu'il a produits & qui ont cessé le 30 septembre 1791.

Ce que les représentans du peuple françois aux états-généraux ont fait avant cette date, trouvera sa place aux mots CLERGÉ, NOBLESSE, COMMUNES, POUVOIRS: nous y renvoyons conséquemment le lecteur, en lui faisant remarquer que ce n'est point l'histoire des ordres politiques, de leur réunion, de leurs prétentions, qu'il faut y chercher, mais seulement les actes & débats positifs qui ont eu lieu dans les chambres respectives des ordres séparés.

Nous suivrons donc la même méthode dans cet article que dans les autres, & nous présenterons successivement les débats qui s'y rapportent, ou du moins qui ont eu pour objet, soit l'organisation intérieure, soit le cérémonial ou les rapports de l'*assemblée constituante* avec le roi & les ministres, chargés de l'exécution des loix.

Le premier soin de l'*assemblée nationale*, après s'être constituée, a été d'organiser ses comités. Nous recueillerons sur ces premiers travaux le peu de débats qu'ils ont fait naître, comme propres à caractériser la marche qu'elle a tenue &

l'esprit qui l'a dirigée dans ses délibérations à diverses époques.

Séance du 7 juillet 1789.

Nous commençons à cette séance la série des débats portant sur le régime de l'*assemblée constituante*, & ses rapports, soit avec le roi, soit avec ses membres. On trouvera au mot COMMUNES les débats qui ont précédé & amené la résolution prise par les députés du tiers-état de se constituer en *assemblée nationale*.

La suite des débats fera connoître les motifs qui ont accrédité l'adjectif *constituante*, joint à sa première dénomination d'*assemblée nationale*.

C'est encore ici le lieu de remarquer que nous conservons les anciens titres aux députés jusqu'au 20 juin 1790, qu'ils on été supprimés : ainsi, dans dans toutes les séances qui précédent cette date, on trouve employées les qualités nobiliaires ; nous nous conformons à l'usage prescrit par le décret dans toutes celles qui les suivent.

A l'ouverture de la séance, M. le président a reçu des paquets, portant pour suscription, les uns, *à MM. de l'ordre du clergé* ; les autres, *à MM. de l'ordre de la noblesse* ; d'autres encore, *à MM. des communes*. Il a observé que ces divisions n'existant pas dans l'assemblée nationale, il étoit convenable qu'ils fussent indistinctement remis aux secrétaires, pour examiner s'ils contiennent quelques objets dignes d'être pris en considération. Ce qui a été fait.

Il a remarqué ensuite, qu'il étoit de la dignité de l'assemblée d'avoir des huissiers pour son service, & il a été convenu d'en établir six.

Un des secrétaires a lu le procès-verbal de la séance de la veille.

M. le président a rendu compte du travail des bureaux qui avoient été chargés de la nomination des membres du comité central de distribution pour les matières à mettre en délibération, & a dit que ce bureau s'étant assemblé hier même, il a exhorté à rejetter désormais, lorsqu'on délibéreroit, toutes les motions étrangères à l'objet sur lequel il seroit question de statuer. Il a ensuite donné connoissance de ce qui s'est passé le même jour au comité de subsistances. Le chevalier de Rutledje s'y est présenté avec plusieurs boulangers de Paris. Aucune des indications qu'il a données ne s'étant trouvée avoir rapport au but du travail de ce comité, mais uniquement aux opérations de l'administration, il a été reconnu que M. le directeur-général seul pouvoit s'en occuper.

On a alors annoncé que les villes de Vitré en Bretagne, S. Vallier, S. Pierre-le-Moutier, S. Jean-de-Loup & les laboureurs & propriétaires de la Haute-Auvergne, avoient envoyé des adresses à l'assemblée nationale, pour applaudir à ses vues, & adhérer à ses délibérations.

M. Hernoux a déclaré que la ville de S. Jean-de-Losne en Bourgogne, en possession, depuis plusieurs siècles, de tous les privilèges dont jouissent les premières classes, & qui ont été pour elle le prix de la fidélité, de la valeur & de la loyauté, y renoncera aussi-tôt que la constitution sera établie. Il a demandé acte de cette déclaration. L'assemblée l'a unanimement accordé, & a témoigné sa sensibilité par ses applaudissemens & ses transports.

Un des secrétaires a lu les noms des membres du bureau central. Ce sont MM. Desmeuniers, de Turqueim, de Fréteau, le marquis de Virieu, Pétion, Anson, Rabaud de S. Etienne, Mounier, comte de Clermont-Tonnerre, Regnier, comte de Lally-Tollendal, Périsse du Luc, Ricard, Emmery, d'André, Ulric, Bergasse, Bouche, Bailly, de Volney, Lespaux, Vernier, Brassart, comte de Lameth, Vaillant, Gleizen, Lanjuinais, le Grand, Treilhard, Brocheton.

Toute l'assemblée a remarqué avec peine que le hasard avoit mis trop peu d'ecclésiastiques dans ce bureau, & l'a fait connoître par un murmure général.

M. l'archevêque de Bordeaux. C'est la manière dont la nomination a été faite qui a donné lieu à cet inconvénient ; chacun des trente bureaux a eu une personne à nommer ; il en est résulté que le choix s'étant porté sur un laïc, les membres du bureau central se sont tous trouvés être des laïcs ; pour empêcher un pareil inconvénient à l'avenir, il suffira de choisir un autre mode de nomination.

M. l'abbé Grégoire. Je ne crois point qu'il y ait d'observations ni de plaintes à faire à cet égard ; tous les membres du clergé ont concouru à l'élection ; ils ont pu donner leurs suffrages ; & puisqu'ils se sont réunis à ceux des autres pour élire les membres nommés, qu'aucun de ces membres n'est indigne du choix qu'on en a fait, il n'y a pas de raison pour trouver étrange que dans la nomination, il ne se trouve aucun ecclésiastique.

Séance du 10 juillet 1789.

M. Bouche. Notre première attention doit se porter sur les finances ; c'est sur-tout pour en détruire les abus, pour en assurer l'ordre, en connoître l'état, & diminuer les charges du peuple ; que nous avons été réunis : toute autre considération doit être subordonnée à celle-là ; mais nous ne pourrons prononcer sur ces objets qu'autant que l'ordre du travail sera établi, que les matériaux seront préparés, & que les diverses parties des finances seront préalablement soumis à l'examen d'un comité avant de de l'être à nos délibérations. Je fais donc la motion qu'il soit formé un comité de vingt membres, destiné à examiner l'état actuel des finances du royaume, le produit des impôts, les dettes, les pensions, &c. 2°. Un second comité composé aussi de vingt membres, qui examinera l'état actuel de la caisse nationale. Ces deux comités rendront compre de leurs travaux à un troisième comité, dont le nombre des membres égalera celui des deux autres réunis; mais ce dernier ne sera formé qu'à l'instant où les autres auront rédigé leur travail, & le troisième seulement en fera connoître le résultat à l'*assemblée nationale*.

M... J'appuie cette motion; mais en la considérant comme un objet d'un intérêt très-pressant, je pense qu'il ne faut point mettre de précipitation dans son examen, & que d'ailleurs rien ne peut dispenser de se conformer à la règle établie, de ne délibérer sur aucune matière, avant qu'elle eut été discutée dans les bureaux; en conséquence, mon avis est d'y renvoyer cette motion.

M. Target. Je propose de composer le troisième comité, dont M. Bouche a cru l'établissement nécessaire, de soixante membres, dont deux seroient pris dans chacun des trente bureaux qui forment la division de la totalité de l'assemblée.

M. Fréteau. J'approuve le renvoi dans les bureaux, & je crois qu'il est d'autant plus important de s'occuper sans relâche de la motion de M. Bouche, qu'à présent même on se permet d'étendre encore l'impôt, au point que plusieurs membres de l'assemblée peuvent affirmer que les cotes d'impositions pour cette année sont augmentées d'un tiers. Un autre objet d'un intérêt aussi pressant, c'est la réforme à faire dans les capitaineries; réforme demandée par un grand nombre de cahiers, & dont le besoin se fait sentir davantage aujourd'hui, que toutes les espérances du peuple sont établies sur la récolte prochaine. Les ravages occasionnés par les capitaineries s'accroissent tous les jours, & on ne sauroit mettre trop de zèle à accélérer la destruction de ce fléau.

M. Bouche. Puisqu'il paroît que ma motion va être renvoyée aux bureaux, je demande qu'il en soit fait trente copies.... Cette proposition est accueillie.

Séance du 11 juillet 1789.

M. Bouche, en rappellant l'objet de la motion d'hier, a exposé les bases du travail du comité de finances: états des domaines du roi, impôts & subsides, revenus annuels fixes, revenus annuels éventuels; les dettes, pensions, appointemens, gratifications, &c. tous les offices, avec leurs émolumens & privilèges; les objets à supprimer; l'état actuel de la caisse.

Il a proposé de prendre, pour former le comité, deux membres dans chaque bureau; l'un des communes, l'autre alternativement de la noblesse & du clergé.

M. Target. J'adopte la motion de M. Bouche. Je reconnois la nécessité du comité de finances; mais je crois qu'il faudroit choisir huit personnes dans chaque bureau, qui, réunies, en formeroient 240, & éliroient au scrutin les soixante membres qui le composeroient.

Plusieurs députés ont rendu compte alors de l'opinion de divers bureaux sur la motion de M. Bouche.

M. le comte de Crillon. L'avis du septième bureau est d'accueillir la motion, en établissant seulement un second comité, vérificateur du premier.

M. de Mirabeau. Le dix-septième bureau reconnoît la nécessité de former le comité de finances, & il ne craint pas qu'il nuise à l'établissement de la constitution. Cependant un comité de soixante personnes paroîtroit peut-être trop nombreux, à raison des recherches laborieuses, isolées & individuelles, à moins qu'on ne le subdivisât. Je crois qu'il seroit convenable d'inviter les personnes étrangères à l'assemblée, à faire part de leurs lumières, sans qu'on les indiquât nommément.

M. le prince de Poix. Le sixième bureau propose pour le travail du comité de finances, les objets que vient de présenter M. Bouche.

M. le marquis de Gouy-d'Arcy. Le neuvième bureau adopte un seul comité, rejette le second comme une inutile censure, & regarde comme nécessaire l'établissement d'un autre comité d'agriculture, d'industrie & de commerce. Il demande l'impression du rapport de tout ce qui sera fait sur les finances.

M... Le dixième bureau propose, en acceptant deux comités, de les composer de trente-deux membres, qui seroient pris dans les trente-deux généralités. Le premier s'occuperoit des impositions directes & indirectes, & de ce qui y appartient. Le second, livré à l'examen de la dépense de chaque département, en présenteroit le tableau, & celui de la dette & celui des pensions & gratifications.

M. Fréteau. Le quatrième bureau adopte un seul comité.

M. l'archevêque de Bordeaux. Le douzième bureau varie entre la nombre quarante & soixante, & pense qu'il seroit à propos de nommer des électeurs qui choisiroient les membres du comité de finances.

M. de Sentetz. Le second bureau croit qu'il n'est contraire ni aux principes de l'assemblée, ni au vœu des commettans, de s'occuper du travail préparatoire proposé, & qu'on peut composer le bureau de finances de députés pris au nombre de deux dans chaque généralité, d'un pour l'isle de Corse & d'un autre pour Saint-Domingue.

M. Desmeuniers. Le premier bureau adopte deux comités de trente membres chacun, & pense qu'on doit dans leur nomination, observer une proportion entre le clergé & la noblesse, & les communes.

M... remarque en son nom que les bureaux, à la forme du réglement, ne doivent point donner d'avis; que destinés à la discussion & à l'instruction particulière de leurs membres, tous comptes rendus, tous résultats sont inutiles. Il adopte un seul comité général, & pense qu'il est peu nécessaire de s'occuper de l'état de la caisse de la nation.

M... Le bureau 28 regarde comme dangereux de traiter essentiellement des finances, avant l'établissement de la constitution. Il ne voit cependant point d'inconvéniens à établir un comité purement préparatoire.

M... Le vingt-unième bureau pense que la motion est prématurée, même en s'en occupant provisoirement.

M. le comte Mathieu de Montmorenci a rappellé l'article du réglement relatif au travail des bureaux; & en rendant compte de l'opinion du sien, qu'il a été chargé de faire connoître, il a dit qu'elle consistoit à adopter un comité de 60 personnes, dont deux seroient choisies par chaque bureau.

M. le président, en développant l'article cité du réglement, a remarqué que les diverses expressions dont se sont servies les personnes qui ont parlé au nom des bureaux, n'annonçoient point des résultats ou des arrêtés, mais simplement des vues.

M. de Biauzat. Le onzième bureau a trouvé des inconvéniens à détourner l'assemblée de l'objet important de la constitution, & de la faire marcher d'un pas égal avec les finances.

M... Le quinzième bureau a fait la même observation, & a pensé qu'en s'occupant de ce dernier objet, ce seroit s'éloigner des intentions des commettans.

M. le Chapelier. Les mandats des commettans n'ont pu proscrire un travail simplement préparatoire. Ce ne sera qu'après la constitution établie, que le compte sera rendu de la recette, de la dépense, & nullement des impôts à établir.

J'observe que le compte partiel de l'examen des bureaux fait perdre un temps précieux à l'assemblée. Je propose de nommer dans chaque bureau, quatre personnes qui feroient entre elles l'élection de 40 membres pour composer le comité de finances.

M. Rabaud de Saint-Etienne. J'insiste sur l'observation du réglement, & je m'oppose à ce qu'on entende davantage des rapports de bureau qui y sont absolument contraires.

M. le président a exposé qu'il résultoit des diverses opinions, que le comité proposé pour les finances, ne devoit s'occuper que d'un travail préparatoire, & ne donneroit de rapport qu'après la constitution, & que cela étant suffisamment discuté, il falloit délibérer par *assis & debout* sur cette question : *Etablira-t-on un comité de finances ?*

L'unanimité a été pour l'affirmative.

M. le président a ensuite mis en délibération la question du nombre des membres de ce bureau, & celle du mode de sa composition.

M. Barnave. Je propose d'admettre un député de chaque généralité; en prendre 28 dans la totalité de l'assemblée, & former de ces deux élections un comité de 60 membres.

M. l'abbé... Je demande que ce comité soit composé de 64 personnes prises dans les trente-deux généralités, & que chacune en fournisse deux.

M. le Chapelier. J'observe qu'en employant ce seul moyen, on diviseroit les provinces en isolant leurs intérêts, & je persiste dans mon premier sentiment.

Séance du 11 juillet 1789.

M. de Montesquiou. Il s'agit, dans la question actuelle, d'organiser un comité qui nous présente le montant de la recette & de la dépense du royaume; l'état des pensions, le mode de perception des impôts & les différens détails d'administration dont la connoissance nous est nécessaire à la réforme des abus. Ces renseignemens sont indispensables avant de pouvoir prononcer sur les finances, & le comité dont vous avez ordonné la formation, remplira les vues de l'*assemblée nationale* à cet égard. Sa composition est aujourd'hui ce qu'il importe de décider; je ne crois point qu'elle puisse offrir des difficultés. Un travail de la nature du sien n'exige qu'un esprit juste & quelques connoissances générales: on trouvera donc facilement des personnes en état d'y être appellées; les bureaux sont des moyens naturels de les choisir: je conclus donc à ce qu'on prenne deux membres par chaque bureau, pour composer le comité de finances.

M. le chevalier de Boufflers. Je propose de former

le comité de finances des membres les plus instruits des divers bureaux, & d'établir un comité de division pris dans les trente-deux généralités. Il arriveroit par-là que le travail fait par les plus habiles, seroit revu par les intéressés.

M. de Lally-Tollendal. Voici un fait bien important. Les états de 1483, qui paroissent si sages, ne devinrent infructueux que parce qu'on divisa les provinces, en mêlant aux grandes discussions leurs intérêts particuliers. J'adopte le projet de M. Barnave.

M. l'archevêque de Bordeaux. Cette discussion doit être renvoyée au comité de réglement, pour qu'il propose une manière de composer celui des finances.

M. le comte de Toulongeon. Le nom de *comité* est impropre; le soin de recueillir des matériaux ne peut être confié qu'à une commission; ainsi on peut nommer par bureau.

La discussion finie, les secrétaires ont resumé les avis & ont déduit quatre questions.

1re. Elira-t-on par bureau? 2e. Par généralité? 3e. En prenant un membre par généralité & par bureau? 4e. Fera-t-on un comité tiré des bureaux & un comité de révision pris dans les généralités? On a opiné par assis & levé, & la troisième question a été adopté à une grande majorité.

Séance du 14 juillet 1789.

M. de Clermont-Tonnerre. Je pense qu'il est important d'établir un comité de correspondance entre tous les bureaux, qui fera connoître ensuite à l'assemblée générale les différens avis qui auront été privativement adoptés relativement à la constitution & à la déclaration des droits de l'homme.

M. le président a dit qu'il falloit s'occuper de l'établissement du comité des finances, pour éclaircir la situation de celles du royaume; il est assuré que les renseignemens nécessaires au comité pour ce travail, lui seront donnés; & il en est assuré par les ministres eux-mêmes, qu'il n'a cependant pas vus.

M. l'abbé Syeyes. Je demande à M. le président comment il peut être certain que ces renseignemens seront remis au comité chargé par l'*assemblée nationale* de s'occuper des finances. Cette certitude ne doit point exister pour le président seulement, mais bien pour l'assemblée entière.

M. Pétion de Villeneuve. Je propose d'établir un comité composé de huit personnes, qui seroient chargées de la rédaction du travail relatif à la constitution. Ce travail seroit examiné dans les bureaux & soumis ensuite au jugement de l'assemblée générale.

M. de Clermont-Tonnerre. Je crois qu'il faudroit continuer de s'occuper de la vérification & du jugement des pouvoirs.

M. Mounier. L'objet de la création du comité central n'est pas de faire entrer ce même comité dans de grands détails sur la constitution: il a dû, d'après le mandat qu'il a reçu, se borner à tracer la marche de l'assemblée dans les examens à faire, mais non point à faire lui-même ces examens, & à prévenir ainsi les décisions de l'assemblée. Je propose donc l'établissement d'un nouveau comité de correspondance, dont le devoir essentiel sera de manifester à l'assemblée générale, qui n'aura lieu que trois fois la semaine, toutes les opérations développées dans chaque bureau, préparer ainsi les délibérations à prendre sur les importantes questions relatives à la constitution.

M. le Chapelier Je crois qu'il est nécessaire d'établir un comité qui seroit chargé du dépouillement des articles relatifs à la constitution exprimés dans les différens cahiers. Ce comité fera circuler dans tous les bureaux, le travail qu'il aura fait à ce sujet.

M... a appuyé cette motion; il a même ajouté qu'il couviendroit mieux peut-être de confier la confection du plan de la constitution à quelques personnes qui travailleroient chacune séparément, & qui porteroient ensuite leurs différens travaux à l'assemblée générale, qui adopteroit l'ouvrage qui lui paroîtroit le meilleur & le plus utile.

Solon, Lycurgue, Numa, ont fait à eux seuls trois différentes, mais bonnes constitutions.

M. Pison du Galand. Je propose l'établissement d'un bureau de concordance, qui seroit formé d'un membre pris dans chaque bureau. Ces membres réunis feroient entre eux un résultat des opinions par avance dans leurs différens bureaux: chaque député, par ce moyen, auroit personnellement contribué au travail commun, & ce travail seroit ensuite porté à l'examen & à la décision de l'assemblée générale.

M. de Clermont-Tonnerre a proposé, de la part du président, de délibérer par assis & debout, si on adoptoit la proposition faite par M. Pétion de Villeneuve. — Quelques personnes ont demandé qu'on allât aux voix par appel sur cet objet, sous prétexte que la manière proposée par le président étoit vicieuse, en ce que la majorité étoit alors difficilement bien établie.

M. l'abbé Syeyes. Le vœu presque unanime de l'assemblée est de délibérer par assis ou levé, parce que cette manière est celle qui emploie le moins de temps. Cette manière de délibérer n'est point vicieuse, puisqu'on priera d'abord les personnes qui adopteront cet avis, de se lever ; de s'asseoir après avoir ainsi manifesté leur opinion ; & enfin celles qui s'y refuseront, de se lever ensuite. Les étrangers, s'il y en a dans l'assemblée, seront priés de rester assis dans les deux cas.

M. de Clermont-Tonnerre. La réclamation de quelques membres pour demander l'opinion individuelle par appel, ne doit être suivie que lorsqu'elle approche de la majorité ; & sous ce rapport, elle ne doit pas l'être dans le cas présent : de plus, il convient qu'on écoute désormais avec la plus grande attention, les différens avis qui seront portés dans l'assemblée ; ces avis, ne fussent-ils pas adoptés généralement, on ne doit jamais manifester son improbation à celui ou ceux qui les portent, parce que tous les membres de l'assemblée doivent mutuellement se respecter.

On a délibéré de la manière proposée, & la motion de M. Pétion de Villeneuve ayant été accueillie, les trente bureaux se sont formés pour nommer par tête & au scrutin, les huit membres du nouveau comité.

Les députés sont revenus dans la salle commune, pendant que les secrétaires faisoient le dépouillement des listes.

Séance du 20 juillet 1789.

M. le président propose de recevoir la députation du grand-conseil.

Après quelques débats sur le cérémonial à observer, il est convenu que ce magistrat parlera debout, & qu'une chaise lui sera offerte, à côté du bureau, à la droite du président.

Le président du grand-conseil présente des témoignages de respect & d'admiration à l'assemblée. Il est porteur d'un arrêté, par lequel le conseil, pénétré des preuves d'amour que le roi a données à son peuple, ordonne que le premier président se retirera pardevers le roi, & que copie de l'acte qui contient les expressions de sa reconnoissance sera remise à l'*assemblée nationale*, dont les travaux ont rendu à la nation le bien inestimable du calme & de la félicité publique.

M. le président répond assis, que l'assemblée reçoit avec plaisir les sentimens du grand-conseil, & il assure qu'elle ne cessera de travailler avec ardeur à la prospérité de l'état.

Plusieurs des séances qui vont suivre, offrent une sorte de désordre dans les délibérations, & quelques débats qui ne peuvent se rapporter à aucun objet capital. Nous avons cru devoir les conserver, afin de faire connoître les sentimens de l'*assemblée nationale*, & l'esprit de ses séances dans les momens d'agitation & de troubles qui ont régné à Versailles, au moment de la révolution. *Voyez* encore TROUPES *à Versailles*, TROUBLES.

Séance du 22 juillet 1789.

M. le président. La milice bourgeoise de Versailles offre une garde d'honneur à l'assemblée. Sa proposition doit-elle ou ne doit-elle pas être rejettée ?

M. de Boislandry. L'assemblée a demandé l'éloignement des troupes ; cependant les postes de la salle sont toujours gardés par les soldats de la prévôté : la milice de Versailles demande d'être admise à cet honneur. Il est sensible qu'elle doit obtenir la préférence.

M.... Pour ne point avoir l'air de refuser, il convient seulement d'accepter cette garde bourgeoise pour un jour.

M. le chevalier de Boufflers. Accepter la garde bourgeoise, c'est rehausser cette milice nationale ; par ce moyen, ce corps militaire sera plus sainement organisé.

M. Pison du Galand observe que les gardes de la prévôté ont déjà rendu de grands services à l'*assemblée nationale*.

La question ainsi posée : La milice bourgeoise sera-t-elle admise ou non à garder l'*assemblée nationale*, de concert avec les gardes de la prévôté ? — La délibération est pour l'affirmative, à la plus grande majorité.

M. de Volney. Nous ne pouvons que difficilement délibérer sur des objets de détail. Il est donc important d'établir un comité composé de trente membres, dans lequel on discutera les affaires partielles : les rapports en seront faits à l'assemblée générale, dans un temps déterminé pour ces objets.

M. Duport. Il est dangereux, impossible même, de fixer le temps que l'assemblée voudra donner à ces rapports ; les matières pourront être susceptibles de discussion ; alors elles s'enchevêtreront de manière à ce qu'on ne pourra les renvoyer sans avoir pris une délibération quelconque : il résultera de ces différens rapports & de leur étendue, que les personnes arrivées à l'assemblée avec le projet de s'y occuper de la constitution, & qui se seront recueillies à cet effet, seront troublées par les détails du comité. Il paroît donc plus sage de consacrer un jour par semaine à entendre le comité de rapports. Dans un autre temps, je communiquerai à l'assemblée un objet important, qui compromet la sûreté de l'état & celle d'un grand nombre de personnes.

M.... J'observe que l'assemblée ne doit jamais s'occuper de détails, parce qu'ils appartiennent exclusivement au pouvoir exécutif. Il faut donc substituer dans la motion de M. Volney, aux termes *d'administration & de détail*, dont le comité de rapports sera chargé, ceux-ci, *toutes les matières étrangères à la constitution.*

M. Bouche pense qu'il faut renvoyer au ministre le jugement des objets qui appartiendront au pouvoir exécutif.

M. Emmery. Il faut seulement renvoyer au ministre tous les mémoires, plaintes, requêtes, &c. &c.

M. de Custine. Il conviendroit de donner à ces objets une séance d'après-midi.

M..... Il est inutile de créer un comité pour ces objets; M. le président divisera ce travail en plusieurs parties, & le renverra aux bureaux.

M. Fricot. Je propose une proclamation qui préviendra les provinces, que toutes les affaires d'administration & de police doivent être adressées au pouvoir exécutif.

M. Dupont. L'assemblée ne doit pas prendre connoissance des affaires auxquelles elle ne peut pourvoir que par une loi générale.

M. Volney. J'adopte les amendemens qui viennent d'être le plus généralement proposés. — Il sera établi un comité de rapports auquel seront renvoyés tous les mémoires & adresses, pour y être examinés & rapportés ensuite à l'assemblée générale, s'il y a lieu.

Les questions ainsi posées, on met aux voix la motion de M. de Volney; elle est adoptée à une grande majorité.

Les membres de ce comité seront-ils choisis par bureaux ou par généralité? — *Par bureaux*, à une très-grande majorité.

Les rapports seront-ils faits ou non dans des assemblées extraordinaires de l'après-midi? — La majorité est pour l'affirmative.

Le comité des rapports sera-t-il renouvellé tous les quinze jours, ou seulement tous les mois? — *Tous les mois*, à l'unanimité.

Séance du 29 juillet 1789.

M. Rabaud de Saint-Etienne fait lecture du réglement, avec les divers changemens proposés par les bureaux.

M. le président propose de délibérer séparément sur tous les articles qu'il contient.

M. Bouche. Cette forme-là prendroit huit jours au moins: je fais la motion de renvoyer cette discussion aux bureaux, qui nommeroient chacun un de leurs membres pour porter leurs vœux au comité de réglement.

M. l'abbé Syeyes. Je vais présenter quelques réflexions sur l'article du réglement relatif à la majorité à laquelle les délibérations doivent être prises. Selon le réglement, elle sera déterminée par la moitié des voix, plus une. Cependant, sur les questions de constitution ou de législation, la loi ne peut être que l'expression de la volonté générale. Or, cette expression ne pouvant être connue que par la généralité des avis de ceux qui sont chargés de représenter la volonté des diverses parties de la France, cette généralité, si un certain nombre de députés ne concouroit pas à la délibération, ne pourroit pas être établie par la moitié, plus une, des voix de ceux des membres qui se trouveroient à la séance. Il est donc nécessaire qu'en absence ou en présence, la majorité soit de la moitié des douze cens députés qui composent l'assemblée.

Un autre article du réglement porte que les questions seront réduites à une expression si simple, qu'on puisse délibérer par *oui* ou par *non*. Il paroît qu'il seroit souvent possible qu'il se présentât un parti mitoyen. Il faut prévoir ce cas, & déterminer le mode de délibération à suivre alors.

M. d'Avaray. J'observe sur l'article IV du chapitre relatif aux fonctions du président, qu'il est autorisé à ouvrir les paquets adressés à l'assemblée. Il paroîtroit plus convenable de renvoyer ces paquets au comité dont l'établissement a été arrêté hier.

M..... Je propose de commencer par prendre les voix sur cette question: Admettra-t-on provisoirement le réglement tel qu'il est?

M. de Marnesia. Je suis pour l'affirmative, en observant qu'il faudroit cependant livrer à la discussion les articles les plus importans.

M. Renaud. Une fatalité malheureuse nous éloigne sans cesse de la constitution. Si nous nous abandonnons à un examen futile du réglement, nous servirons les ennemis du bien public. L'assemblée, pour éviter cet inconvénient, infiniment fâcheux, doit prier M. le président de refuser la parole à ceux qui s'écarteront de la question simple de l'admission provisoire du réglement.

M..... Ce travail ayant été médité, pendant deux mois, dans un comité *ad hoc*, puis débattu longuement dans les bureaux, on peut accueillir sans crainte la proposition de M. Renaud.

M. de Mirabeau. En général le réglement est fait dans un assez bon esprit, pour qu'il n'y ait pas d'inconvénient à l'admettre provisoirement. Les principes qui ont déterminé celle de ces dispositions qui est relative à la manière d'établir la majorité dans les délibérations, sont d'une sagesse incontestable. La pluralité graduée qu'on y oppose est dangereuse, quoiqu'elle soit peut-être appuyée sur quelques autorités. Mais on sait quel penchant ont les hommes à se routiner. On sait combien il est fréquent de prendre des formules pour des argumens, & la mémoire pour de l'intelligence. Que feroit-on par la pluralité graduée? On transporteroit la puissance de la majorité à la minorité. L'expérience pourra faire découvrir quelques inconvéniens dans le réglement, & l'on fera toujours à temps d'y faire les changemens qu'elle démontrera nécessaires; mais son plus grand mérite pour le moment, doit être dans son acceptation actuelle.

M. Desmeunier. J'adopte ces motifs & l'admission provisoire; je fais cependant trois observations. 1°. Il est dit dans le réglement, que toutes les motions seront livrées à l'impression. Ce parti ne paroît convenable que pour celles qui seront vraiment importantes. 2°. La demande de la pluralité graduée faite par plusieurs préopinans, est un reste de la division des ordres, que nos malheurs avoient heureusement détruits.

3°. La manière proposée par le réglement, de prendre les voix en divisant l'assemblée par sections, à chacune desquelles seroient placés deux récenseurs qui compteroient le nombre des personnes assises ou levées, pour connoître celui des voix, seroit extrêmement longue, & ne doit pas être préférée à la méthode suivie jusqu'ici.

M. Target. J'appuie les observations faites contre la pluralité graduée, & j'adopte définitivement le réglement, sauf les changemens que l'expérience feroit juger nécessaires.

M. l'évêque de Chartres. Je pense qu'en délibérant suivant un réglement provisoire, ce seroit s'exposer à des délibérations incertaines ou attaquables.

M. le Chapelier. J'adopte les observations contre l'impression des motions, & la nouvelle manière d'opiner. J'ajoute sur la révision du procès-verbal des séances, que le réglement dit devoir être faite par un comité qui se réuniroit aux secrétaires, que cette disposition est très-inutile.

M...... Je pense que l'article de la pluralité, reconnue par une majorité quelconque, tient à la constitution, & qu'on doit le décider sur-le-champ, pour admettre ensuite définitivement le réglement.

M. de Toulongeon. Je regarde la majorité établie par la moitié, plus une, comme la seule admissible; mais je crois, avec M. l'abbé Syeyes, que ce doit être la moitié de la totalité de l'assemblée, & non la moitié du nombre des membres qui pourroient se trouver présens à la délibération.

M. Lanjuinais. J'adopte l'admission définitive du réglement, sauf les changemens que l'expérience indiquera, suivant l'avis proposé par M. Target.

M. de Lally. L'impatience que l'assemblée montre de marcher sans délai à la constitution, est partagée par toute la France; l'observation de M. l'évêque de Chartres est importante, & la proposition de MM. Target & Lanjuinais concilie l'une & l'autre, & doit être accueillie.

M. le président a résumé les divers avis, & en a tiré quatre questions sur quatre articles contestés du réglement.

Premièrement. Prendra-t-on les voix comme ci-devant, ou établira-t-on des divisions & des récenseurs, comme le propose le réglement?

L'assemblée, en votant par *assis* & *debout*, a décidé, à une grande majorité, que l'ancienne méthode seroit conservée.

Secondement. Les procès-verbaux seront-ils faits uniquement par les secrétaires, sans le concours d'un comité vérificateur de ce travail?

La grande majorité a voté pour l'affirmative.

Troisiémement. L'impression des motions sera-t-elle simplement réservée à celles qui auront rapport à la constitution, à la législation & aux finances?

Le plus grand nombre de votans a été pour l'affirmative.

M. le président alloit poser la quatrième question, lorsqu'on a demandé à la discuter encore.

M. le duc de Mortemar. Je ne prétends pas réveiller les questions d'ordre; il n'en est qu'un, celui du bien public. Mais je ne puis m'empêcher d'observer qu'il est peu de points plus importans à discuter que celui du nombre par lequel on fixera la majorité dans les délibérations. Les articles de la constitution, sur-tout, doivent être établis sur la volonté générale, & cette volonté ne peut se déterminer que par la majorité de la totalité des membres destinés à composer l'assemblée complète.

M. le chevalier de Boufflers. Je crois qu'il est convenable de fixer le nombre de votans nécessaires pour former une assemblée complète. Je pense que quelques membres réunis dans la salle commune, ne pourroient exciper de leur réunion, pour prendre une délibération légale & stable; qu'il est dès-lors nécessaire qu'il se trouve au moins la majorité de la totalité des députés, parce que la majorité peut seule représenter l'universalité. Il arrivera, par ce moyen, que la majorité de la majorité rendra, en délibérant, un décret inattaquable.

M. l'évêque de Chartres. Je distingue les loix en matière nouvelle, de celles qui seroient faites pour détruire d'anciennes loix. Je pense qu'il faut attacher plus d'importance à ces dernières, & régler, à leur égard, la majorité des délibérations aux deux tiers des voix.

M. Pétion de Villeneuve. Cette distinction est inutile & dangereuse: l'*assemblée nationale* a sur-tout pour objet de réformer les abus, & quoiqu'ils ne méritent pas beaucoup d'égards, on ne peut s'empêcher de les ranger souvent parmi les loix & les matières anciennes.

Sur l'amendement de M. le chevalier de Boufflers; je crois que la présence de cinq cens membres suffiroit pour que l'assemblée fût censée complète.

M. Target. La majorité simple, proposée par le réglement, me paroît préférable, sur ce motif que la raison prépondérante doit déterminer toute délibération; & que si l'on exigeoit plus que la majorité, la raison prépondérante, si elle passoit, la majorité simple ne seroit nullement décisive.

M. Garat l'aîné. Il y a peut-être quelques inconvéniens dans l'amendement proposé par M. le chevalier de Boufflers. En effet, si dans les assemblées futures, la moitié de la totalité de l'assemblée, entêtée d'une opinion particulière, ne se rendoit point à la déliberetion, elle pourroit empêcher que cette délibération n'eût lieu, & délibérer ainsi pour la négative, en ne délibérant pas.

M. Prieur. Quand M. le président a ajourné l'assemblée à un jour déterminé, tous les députés doivent s'y rendre: aucun ne doit sortir avant que la séance n'ait été levée. Si en ne venant point, ou en sortant avant la fin de la séance, quelques membres ne se trouvent pas à la délibération, il en résulte qu'ils ont refusé d'y concourir, mais non qu'ils puissent empêcher que les représentans présens ne délibèrent. Le réglement dit qu'il faut la présence de deux cens députés pour que la séance soit *ouverte;* je rejette cet article, & je dis qu'elle est réellement *ouverte* quand elle est *ouverte.*

M. l'archevêque d'Aix. Dans toutes les assemblées, la règle religieusement observée, est la pluralité simple, & l'on ne peut s'en écarter dans une assemblée aussi authentique que l'*assemblée nationale.* La volonté générale de la nation ne peut être connue que par la pluralité de celle des délibérans. Nous ne donnons pas ici notre avis particulier, mais nous exprimons le vœu de nos commettans. La pluralité de ce vœu exprimera seule leurs volontés générales: or la majorité simple fixe, d'une manière inconteslable, cette pluralité: en prenant un autre parti, on balanceroit sans cesse entre tel ou tel nombre, & la loi qu'on pourroit faire seroit arbitraire & sans base; celle de la majorité simple proposée par le réglement, est fixément établie sur la justice & le droit naturel.

L'amendement de M. de Boufflers est inadmissible, & la sagesse du réglement le rend inutile: il est dit que tous les objets importans seront soumis à trois délibérations. Ce moyen donnera une grande publicité à toute discussion; & si la partie la plus nombreuse des députés y manquoit trois fois, ce ne pourroit être que par une mauvaise volonté certaine qui ne mériteroit nul égard.

M. de Mirabeau. Toute distinction de pluralité, fondée sur l'ancienneté d'une loi, tendroit à établir que plus un abus est ancien, plus il est respectable.

La sagesse humaine est toujours dans le choix des inconvéniens. Ne pas fixer le nombre nécessaire pour rendre une assemblée complète, pourroit en présenter quelques-uns. Mais il y en auroit de plus dangereux à le déterminer. En effet, par ce moyen, on donneroit une force active & présente aux absens, & on leur confèreroit un *veto* dont ils pourroient très-aisément user.

L'amendement de M. le chevalier de Boufflers, mis en délibération, a été rejetté.

M. le président revenant à la quatrième question qu'il avoit annoncée, a demandé si l'on vouloit s'en tenir aux termes du réglement sur la majorité simple. Le vœu général a été pour l'affirmative. Deux autres questions ont été proposées, en résumant les discussions précédentes.

La même majorité suffira-t-elle dans toutes les matières?

Le réglement sera-t-il adopté, sauf les changemens que l'expérience fera juger nécessaires?

Elles ont obtenu toutes deux l'affirmative unanime.

Séance du 31 juillet 1789.

La discussion s'est élevée sur l'article du réglement qui n'accorde que deux séances générales par semaine.

M. Bouche. Je demande que les assemblées se tiennent tous les matins, & les bureaux tous les soirs.

M. le Chapelier. Quatre assemblées générales par semaine suffiroient.

M. Legrand. Je propose d'arrêter qu'il y aura alternativement un jour séance générale, & le lendemain bureaux.

M. le comte d'Antraigues. J'adopte l'avis de M. Chapelier; mais je pense qu'il est très-important que les bureaux s'assemblent tous les jours. Le 27 juin, les ordres se réunirent; mais cette réunion ostensible ne seroit rien sans celle des esprits & des cœurs. C'est aux bureaux qu'on doit celle-ci. Là, en se voyant de plus près, on s'est mieux apprécié; la défiance a disparu, & il n'est resté que le regret de ne s'être pas connu assez tôt. Je regarde la conservation des bureaux, comme un témoignage de reconnoissance pour le bien inappréciable qu'ils nous ont fait.

Le nombre des séances par semaine, n'a point été arrêté, ni conséquemment consigné dans le réglement.

Séance du 3 août 1789.

M. Bouche. Nous perdons beaucoup de temps à parler, & je crois qu'un des premiers devoirs des représentans du peuple, est de s'occuper beaucoup plus des intérêts de ceux qui les ont envoyés, que de donner des preuves d'éloquence & de facilité à manier la parole. Je voudrois que le temps que chaque membre pourra parler, fût déterminé d'une manière précise : je propose donc que M. le président ait près de lui un sablier de cinq minutes ; que le temps de la parole soit circonscrit dans cette durée, & que si-tôt que le sablier sera écoulé, la parole soit accordée à un autre.

M. Mounier. De longs discours pourroient quelquefois être dangereux, s'ils étoient inutiles ; mais une trop grande précipitation seroit aussi nuisible ; une discussion de cinq minutes équivaudroit à une discussion nulle, & l'on ne pourroit, dans un temps aussi court, développer aucune proposition. Sur quelques articles de la constitution seulement, cinq minutes suffiront peut-être pour exposer chaque opinion ; mais au surplus, nulle assemblée ne s'est fait une semblable loi, lorsqu'elle avoit à décider du sort d'un royaume.

M. Target adopte la proposition du sablier ; mais il pense, 1°. qu'il doit être de dix minutes ; 2°. que dix personnes ayant parlé, la matière discutée soit mise en délibération.

M. le comte de Crillon. Cette règle est bonne pour ceux qui écrivent, parce qu'ils peuvent se resserrer dans telles bornes qui seroient prescrites, mais non pour les personnes qui parlent d'abondance.

M. le duc de la Rochefoucault. Pour établir la liberté de la France, on ne doit pas gêner celle des suffrages.

M. le comte de Clermont-Tonnerre. Nous sommes membres d'une assemblée législative ; la célérité & la gêne des suffrages répugnent à cette qualité. Ce n'est souvent qu'au bout de cinq minutes qu'on exprime avec force les idées qui s'étoient présentées dans le premier moment. Que diroient les Anglois, qui parlent deux & trois heures, s'ils nous voyoient faire notre législation avec une précipitation si inconsidérée ?

M. de Foucault. Voici un autre moyen. Discuter paisiblement dans les bureaux, communiquer respectivement les opinions différentes & les idées qui ne pourroient pas être rendues en cinq minutes. Alors une délibération prompte ne seroit plus dangereuse, & l'on pourroit la faire au sablier.

M. Pétion de Villeneuve. J'ajoute à la motion ce second amendement. Rédiger & suivre, pour donner la parole, une liste alternative des personnes qui doivent parler pour ou contre une motion.

M. Duport. La motion & le premier amendement sont contraires à nos mandats & aux principes de la logique. Aucun de nous ne doit dérober ses idées à la chose publique, quand elles pourroient lui être utiles, & nul ne se chargeroit de discuter en cinq minutes une proposition importante & compliquée.

M. Rabaud de S. Etienne. L'assemblée doit être libre : c'est un principe sacré. Chacun a droit de parler autant que sa conscience l'exige. Mais on doit espérer que les divers opinans useront avec discrétion de la liberté que je réclame pour eux. Je ne me dissimule pas, en m'opposant à la motion, qu'on m'accusera peut-être de vouloir retarder la constitution ; mais ce n'est pas le moment d'être retenu par de telles craintes, quand il s'agit du bonheur ou du malheur de vingt-cinq millions d'hommes.

M. Pison du Galand. Je propose un sous-amendement à l'amendement de M. Target. Dix personnes seules pourront discuter ; mais tout membre sera admis à faire une motion incidente, pour décider si la question est suffisamment éclaircie.

M. Lanjuinais. J'adopte l'amendement de M. Pétion, & je propose d'y ajouter, que lorsque les opinans pour *oui* ou pour *non* auront fini de parler, le président proposera de délibérer si la question est assez discutée.

M. Garat l'aîné admet l'amendement de M. Pétion, & rejette la motion comme indirectement injurieuse à la manière dont on a délibéré jusqu'à présent, & comme tendant à établir une aristocratie de parleurs laconiques.

Il est alors décidé, à la pluralité, qu'il n'y a pas lieu à délibérer sur la motion & sur le premier amendement. L'amendement de M. Pétion de Villeneuve est converti en motion, & admis.

Les débats sur le reste du réglement ont été peu importans : nous allons donc le rapporter tel que l'assemblée l'a suivi, ou à-peu-près ; car dans plusieurs séances on l'a invoqué inutilement, & il a souvent été méconnu & oublié par l'assemblée elle-même.

Réglement à l'usage de l'assemblée nationale, *arrêté en juillet 1789.*

Du président & des secrétaires.

1°. Il y aura un président & six secrétaires.

2°. Le président ne pourra être nommé que pour quinze jours ; il ne sera point continué, mais il sera éligible de nouveau dans une autre quinzaine.

3°.

3°. Le président sera nommé au scrutin, en la forme suivante.

Les bureaux seront convoqués pour l'après-midi; on y recevra les billets des votans; & le recensement & le dépouillement des billets se feront dans les bureaux même, sur une liste particulière qui sera signée par le président & le secrétaire du bureau.

Chaque bureau chargera ensuite un de ses membres de porter sa liste dans la salle commune, & de s'y réunir avec deux secrétaires de l'assemblée, pour y faire le relevé des listes, & en composer une générale.

Si aucune des personnes désignées n'a la majorité des voix, savoir, la moitié & une en sus, on retournera au scrutin une seconde fois dans les bureaux, & les listes seront également rapportées dans la salle commune.

Si dans ce second scrutin personne n'avoit la majorité, les deux sujets qui auront le plus de voix, seront seuls présentés au choix des bureaux pour le troisième scrutin.

Et en cas d'égalité de voix entre les deux concurrens, le plus âgé sera nommé président.

4°. Les fonctions du président seront de maintenir l'ordre dans l'assemblée; d'y faire observer les réglemens, d'y accorder la parole, d'énoncer les questions sur lesquelles l'assemblée aura à délibérer, d'annoncer le résultat des suffrages, de prononcer les décisions de l'assemblée, & d'y porter la parole en son nom.

Les lettres & paquets destinés à l'*assemblée nationale* & qui seront adressés au président, seront ouverts dans l'assemblée.

Le président annoncera les jours & les heures des séances; il en fera l'ouverture & la clôture; & dans tous les cas, il sera soumis à la volonté de l'assemblée.

5°. En l'absence du président, son prédécesseur le remplacera dans les mêmes fonctions.

6°. Le président annoncera, à la fin de chaque séance, les objets dont on devra s'occuper dans la séance suivante, conformément à l'ordre du jour.

7°. L'ordre du jour sera consigné dans un registre dont le président sera dépositaire.

8°. On procédera dans les bureaux à l'élection des secrétaires par un seul scrutin; chaque bureau portera six noms; & pour être élu, il suffira d'avoir obtenu la simple pluralité des suffrages dans la réunion des listes particulières.

9°. Les secrétaires répartiront entre eux le travail des notes, la rédaction du procès-verbal, lequel sera fait en doubles minutes collationnées entre elles, celle des délibérations, la réception & l'expédition des actes & des extraits, & généralement tout ce qui est du ressort du secrétariat.

10°. La moitié des secrétaires sera changée & remplacée tous les quinze jours; on décidera au sort quels seront les premiers remplacés, & ensuite ce sera les plus anciens de fonctions.

11°. Les secrétaires ne pourront être nommés pour aucun comité ni pour aucune députation pendant leur exercice.

Ordre de la chambre.

1°. L'ouverture de la séance demeure fixée à huit heures du matin; néanmoins la séance ne pourra commencer s'il n'y a deux cens membres présens.

2°. La séance commencera par la lecture du procès-verbal de la veille.

3°. La séance ouverte, chacun restera assis.

4°. Le silence sera constamment observé.

5°. La sonnette sera le signal du silence; & celui qui continueroit de parler malgré le signal, sera repris par le président au nom de l'assemblée.

6°. Tout membre peut réclamer le silence & l'ordre, mais en s'adressant au président.

7°. Tous signes d'approbation ou d'improbation sont absolument défendus.

8°. Personne n'entrera dans la salle ni n'en sortira que par les corridors.

9°. Nul n'approchera du bureau pour parler au président ou aux secrétaires.

10°. MM. les suppléans qui voudront assister aux séances de l'*assemblée nationale*, auront une place distincte & qui leur sera exclusivement affectée dans une tribune.

11°. La barre de la chambre sera réservée pour les personnes étrangères qui auront des pétitions à faire, ou pour celles qui seront appelées ou admises devant l'*assemblée nationale*.

12°. Il est défendu à tous ceux qui ne sont pas députés, de se placer dans l'enceinte de la salle; & ceux qui y seront surpris, seront conduits dehors par l'huissier.

Ordre pour la parole.

1°. Aucun membre ne pourra parler qu'après avoir demandé la parole au président; & quand il l'aura obtenue, il ne pourra parler que debout.

2°. Si plusieurs membres se lèvent, le président donnera la parole à celui qui se sera levé le premier.

3°. S'il s'élève quelques réclamations sur sa décision, l'assemblée prononcera.

4°. Nul ne doit être interrompu quand il parle. Si un membre s'écarte de la question, le président l'y rappellera. S'il manque de respect à l'assemblée, ou s'il se livre à des personnalités, le président le rappellera à l'ordre.

5°. Si le président néglige de rappeller à l'ordre, tout membre en aura le droit.

6°. Le président n'aura pas le droit de parler sur un débat, si ce n'est pour expliquer l'ordre ou le mode de procéder dans l'affaire en délibération, ou pour ramener à la question ceux qui s'en écarteroient.

Des motions.

1°. Tout membre a droit de proposer une motion.

2°. Tout membre qui aura une motion à présenter, se fera inscrire au bureau.

3°. Toute motion sera écrite, pour être déposée sur le bureau, après qu'elle aura été admise à la discussion.

4°. Toute motion présentée doit être appuyée par deux personnes; sans quoi elle ne pourra pas être discutée.

5°. Nulle motion ne pourra être discutée le jour même de la séance dans laquelle elle sera proposée, si ce n'est pour une chose urgente, & quand l'assemblée aura décidé que la motion doit être discutée sur-le-champ.

6°. Avant qu'on puisse discuter une motion, l'assemblée décidera s'il y a lieu ou non à délibérer.

7°. Une motion admise à la discussion ne pourra plus recevoir de correction ni d'altération, si ce n'est en vertu d'amendemens délibérés par l'assemblée.

8°. Toute motion sur la législation, la constitution & les finances, sur laquelle l'assemblée aura décidé qu'il y a lieu à délibérer, sera donnée à l'impression sur-le-champ, pour qu'il en soit distribué des copies à tous les membres.

9°. L'assemblée jugera si la motion doit être portée dans les bureaux, ou si l'on doit en délibérer dans l'assemblée, sans discussion préalable dans les bureaux.

10°. Lorsque plusieurs membres demanderont à parler sur une motion, le président fera inscrire leurs noms, autant qu'il se pourra, dans l'ordre où ils l'auront demandé.

11°. La motion sera discutée selon la forme prescrite pour l'ordre de la parole, au chapitre troisième.

12°. Aucun membre, sans excepter l'auteur de la motion, ne parlera plus de deux fois sur une motion, sans une permission expresse de l'assemblée; & nul ne demandera la parole pour la seconde fois, qu'après que ceux qui l'auroient demandée avant lui, auront parlé.

13°. Pendant qu'une question sera débattue, on ne recevra point d'autre motion, si ce n'est pour amendement, ou pour faire renvoyer à un comité, ou pour demander un ajournement.

14°. Tout amendement sera mis en délibération avant la motion; il en sera de même des sous-amendemens, par rapport aux amendemens.

15°. La discussion étant épuisée, l'auteur joint aux secrétaires, réduira sa motion sous la forme de question, pour en être délibéré par oui ou par non.

16°. Tout membre aura le droit de demander qu'une question soit divisée lorsque le sens l'exigera.

17°. Tout membre aura le droit de parler pour dire que la question lui paroît mal posée, en expliquant comment il juge qu'elle doit l'être.

18°. Toute question sera décidée à la majorité des suffrages.

19°. Toute question qui aura été jugée, toute loi qui aura été portée dans une session de l'*assemblée nationale*, ne pourra y être agitée de nouveau.

Ordre de la discussion d'une question relative à la constitution ou à la législation.

Toute motion relative à la constitution ou à la législation, sera portée trois fois à la discussion, à des jours différens, dans la forme suivante.

La motion sera lue & motivée par son auteur; & après qu'elle aura été appuyée par deux membres au moins, elle sera admise à la discussion.

On examinera ensuite si elle doit être rejettée ou renvoyée à la discussion des bureaux: en ce cas, on fixera le jour auquel la question, après avoir été discutée dans les bureaux, sera reportée dans l'assemblée générale pour y subir la dernière discussion.

Toute motion de ce genre sera rejettée ou adoptée à la majorité des suffrages; savoir, la moitié des voix & une en sus; & l'on ne pourra plus revenir aux voix.

Les voix seront recueillies par assis & levé; & s'il y a quelque doute, on ira aux voix par l'appel, sur une liste alphabétique par bailliages, complète, vérifiée & signée par les membres du bureau.

Des pétitions.

1°. Les pétitions, demandes, lettres, requêtes ou adresses, seront ordinairement présentées à l'assemblée par ceux de ses membres qui en seront chargés.

2°. Si les personnes étrangères qui ont des pétitions à présenter, veulent parvenir immédiatement à l'assemblée, elles s'adresseront à un des huissiers, qui les introduira à la barre, où l'un des secrétaires, averti par l'huissier, ira recevoir directement leurs requêtes.

Des députations.

Les députations seront composées sur la liste alphabétique, afin que les membres soient députés par tour; & les députés conviendront entre eux de celui qui devra porter la parole.

Des comités.

Les comités seront composés de membres nommés au scrutin par listes, & dans les bureaux, comme il a été dit des secrétaires.

Personne ne pourra être membre de deux comités.

Des bureaux.

Art. I. L'assemblée se divisera en bureaux, où les motions seront discutées sans y former des résultats.

Ces bureaux seront composés sans choix, mais uniquement selon l'ordre alphabétique de la liste, en prenant le 1er, le 31e, le 61e, & ainsi de suite.

Ils seront renouvellés chaque mois, & de manière que les mêmes députés ne se retrouveront plus ensemble. Pour cet effet, le premier de la liste sera avec le 32e, le 64e, le 116e; ensorte qu'à chaque renouvellement, le second sera reculé d'un nombre; & de lui au 3e, 4e, 5e, &c. jusqu'à 30., on comptera autant de membres qu'il en aura été compté du 1er au 2e.

Ce travail sera fait par les secrétaires, qui le tiendront toujours prêt pour le jour du renouvellement des bureaux.

II. Tous les jours de la semaine, hors le dimanche, il y aura assemblée générale tous les matins & bureau tous les soirs.

III. Lorsque cinq bureaux s'accorderont pour demander une assemblée générale, elle aura lieu.

De la distribution des procès-verbaux.

1°. L'imprimeur de l'assemblée nationale communiquera directement avec le président & les secrétaires; il ne recevra d'ordres que d'eux.

2°. Le procès-verbal de chaque séance sera livré à l'impression le jour qu'il aura été approuvé, & envoyé incessamment au domicile des députés.

La copie remise à l'imprimeur, sera signée du président & d'un secrétaire.

3°. Outre cet exemplaire, l'imprimeur délivrera, à la fin de chaque mois, à chaque député, dans son domicile, un exemplaire complet & broché, en format in-4°, de tous les procès-verbaux du mois.

4°. Si l'*assemblée nationale* ordonne l'impression de pièces, autres que les procès-verbaux, il sera suivi, pour leur impression & leur distribution, les mêmes règles que ci-dessus.

Des archives & du secrétariat.

1°. Il sera fait choix, pour servir durant le cours de la présente session, d'un lieu sûr pour le dépôt de toutes les pièces originales relatives aux opérations de l'assemblée, & il sera établi des armoires fermant à trois clefs, dont l'une sera entre les mains du président, la seconde en celles d'un des secrétaires, & la troisième en celles de l'archiviste, qui sera élu entre les membres de l'assemblée, au scrutin & à la majorité.

2°. Toute pièce originale qui sera remise à l'assemblée, sera d'abord copiée par l'un des commis du bureau; & la copie collationnée par un des secrétaires, & signée de lui, demeurera au secrétariat. L'original sera aussi-tôt après déposé aux archives, & enregistré sur un registre destiné à cet effet.

3°. Une des deux minutes originales du procès-verbal, sera pareillement déposée aux archives; l'autre minute demeurera entre les mains des secrétaires, pour leur usage & celui de l'assemblée.

4°. Les expéditions de pièces, & autres actes qui seront déposés au secrétariat, y seront rangés par ordre de matières & de dates, en liasses & cartons; un des commis du bureau sera chargé spécialement de leur garde, & ne les communiquera qu'au président & aux secrétaires, ou sur leurs ordres donnés par écrit.

5°. Tous les mois, lors du changement des secrétaires, & avant que ceux qui seront nouvellement nommés entrent en fonctions, il sera fait entre eux & les anciens secrétaires, un récollement des pièces qui doivent se trouver au secrétariat.

6°. L'assemblée avisera, avant la fin de la session, au choix du dépôt & à la sûreté des titres & papiers nationaux.

Séance du 12 août 1789.

M. le président annonce à l'assemblée, qu'il n'a pu hier être admis auprès du roi; il doit obtenir audience aujourd'hui à deux heures & demie; il peut même assurer à l'assemblée qu'elle sera reçue ce soir par S. M. Il l'invite donc à se réunir à six heures. M. le président met ensuite en délibération, si on ira dans le costume ordinaire, ou bien dans celui de cérémonie. — Ce dernier est adopté à la pluralité.

M. le duc de Liancourt. Le comité des finances n'a pas cru pouvoir s'occuper de dédommager les représentans de la nation des dépenses extraordinaires que leur présence ici nécessite; les commettans doivent indemniser leurs députés. L'assemblée doit fixer le montant du traitement pour le voyage & les jours qui seront écoulés depuis leur arrivée.

L'assemblée doit décréter que le traitement journalier sera de... & qu'il sera passé aux députés pour leur voyage quatre jours pour cinquante lieues, & huit jours pour cent lieues. Un comité nommé à cet effet, en conférera avec le ministre des finances, & celui de la feuille des bénéfices.

M. Chassey. L'*assemblée nationale* doit statuer, sans délai, sur des objets importans. Il me paroît qu'elle devroit s'occuper de la nomination d'un comité, pour l'examen des affaires du clergé. En vain m'objectera-t-on que le travail de la constitution est urgent: je répondrai que celui que l'on propose, ne peut empêcher ni retarder l'autre. — En établissant la justice gratuite, & en supprimant la vénalité des charges de judicature, vous avez senti qu'il étoit instant de pourvoir à un nouveau régime, pour assurer l'exécution de votre arrêté. Il faut donc faire un travail préparatoire sur ce second objet. — Je pense qu'il faut encore établir un comité, pour l'examen des pensions & des graces; & que celui des finances doit examiner aussi dans ce moment les moyens généraux de répartir les impôts, pour que les états provinciaux puissent s'en occuper à leur tour.

M... Je propose de nommer un comité; 1°. pour l'examen des biens, corps, communautés ecclésiastiques; 2°. pour vérifier la dette du clergé; 3°. pour connoître le nombre & la valeur des bénéfices qui sont en économat.

M. Desmeuniers. Si l'on discute séparément dans l'assemblée les divers projets de déclaration des droits, on perdra un temps considérable; je demande l'établissement d'un comité, qui, après l'examen de ces divers projets, présentera lundi prochain une déclaration des droits qui sera soumise alors à la discussion de l'assemblée. On écartera de ce comité les personnes qui ont publié des projets de déclaration.

Cette motion est adoptée, & le nombre des membres de ce comité fixé à cinq.

M. Target a lu, au nom du comité de rédaction, une adresse au roi, destinée à accompagner la présentation de l'arrêté de la nuit du 4 au 5: elle est à peu près conçue en ces termes:

« *L'assemblée nationale* apporte à votre majesté » une offrande qui plaira à votre cœur. C'est un » monument élevé par le patriotisme & la géné- » rosité de tous les citoyens. Ils ont renoncé aux » droits particuliers & aux distinctions contraires » au bien public. Les provinces, les villes, tous » ont fait éclater, comme à l'envi, le zèle le plus » désintéressé. Tous ont abandonné leurs antiques » usages avec plus de joie, que l'intérêt person- » nel n'en mit jamais à les réclamer. Vous ne voyez » devant vous, sire, que des François soumis aux » mêmes loix, animés des mêmes sentimens, *eni-* » *vrés de votre gloire*, prêts à mourir pour les inté- » rêts de la patrie & de leur roi. Comment un » sentiment si pur n'auroit-il pas été développé » par la constante promesse de l'amicale harmonie » dont peu de rois avoient assuré leurs sujets, & » dont votre majesté a senti que les François étoient » dignes? C'est parmi les dépositaires des intérêts » publics que vous avez choisi les dépositaires de » votre puissance. Votre choix offre à la nation » des ministres qu'elle vous eût présentés elle- » même; vous voulez que l'*assemblée nationale* » s'unisse à votre majesté pour le rétablissement » de l'ordre public; agréez donc, sire, de notre » reconnoissance, le seul titre qui puisse ajouter » à la majesté royale, & que nos acclamations » unanimes vous ont déféré; le titre *de restaurateur* » *de la liberté françoise* ».

M. de Mirabeau. Il faut rayer de l'adresse à présenter au roi les mots *enivrés de votre gloire*. Le corps législatif n'est jamais ni enivré, ni ivre.

Ces mots ont été supprimés, & l'adresse a été adoptée. *Voyez* FÉODALITÉ.

M. Renaud. Il avoit été décidé que le comité de vérification feroit une liste des députés vérifiés: je demande qu'elle soit remise incessamment, afin qu'elle puisse servir à faire l'appel dans les délibérations importantes qui se préparent pour les jours suivans. Il importe aussi de faire promptement le rapport des pouvoirs qui restent à vérifier.

M. Pison de Galland. Je crois nécessaire de former un comité pour la liquidation des droits féodaux, & je demande qu'il soit composé de trente-quatre membres pris dans chaque généralité.

Cette proposition est adoptée.

C'est à ces détails sur le régime intérieur & à quelques formes particulières à l'*assemblée nationale*, que se sont à peu près bornés, pendant les premiers mois, les débats qui n'ont point eu pour objet la constitution de l'assemblée comme *corps législatif*; nous rapporterons sous ce dernier titre les discussions importantes qu'il a fait naître, & nous allons passer de suite aux séances de l'année 1790 & 1791, qui n'ont eu d'objet que les travaux ou l'existence de l'*assemblée nationale* elle-même.

Séance du 21 mars 1790.

M. de Menou. Vous avez été envoyés de toutes les parties du royaume pour former une constitution; vous avez tous prononcé le serment de ne pas vous séparer qu'elle ne fût achevée. Il a fallu rompre toutes les habitudes; substituer la raison & la justice à l'intérêt personnel... Vos travaux aussi courageux que difficiles; votre zèle aussi constant que nécessaire, ont excité contre vous quelques désapprobateurs. On dit que vous avez tout détruit: le désordre des finances n'étoit-il donc pas le produit de tous les abus? L'oppression des peuples n'étoit-elle donc pas le produit de tous les abus? Il falloit rétablir l'ordre dans les finances; il falloit rendre les François libres; il falloit tout détruire, parce que tout étoit vicieux. Vous voulez, dit-on, anéantir la monarchie: tous nos travaux tendent à établir une monarchie parfaite. Vous voulez, dit-on encore, enlever au roi son autorité, & vous travaillez tous les jours à lui en donner une véritable, celle de la raison & de la justice. Quelle étoit son autorité? Il falloit employer la force & la violence pour la maintenir; elle sera désormais défendue par la confiance & par la félicité publique. Le roi étoit tyrannisé par des ministres, par des flatteurs; il n'avoit que l'apparence de l'autorité; il n'en avoit pas la réalité. Maintenant il pourra faire tout le bien, & sera dans l'heureuse impuissance de faire le mal. Chef d'un peuple libre, il deviendra le plus grand monarque de l'univers... Toutes ces considérations nous engagent, plus que jamais, à hâter nos travaux. Il seroit à desirer que laissant toutes les affaires particulières pour les séances du soir, celles du matin fussent entièrement consacrées aux finances & à la constitution; il faudroit même qu'on ne s'occupât jamais que des affaires particulières qui ont rapport ou à l'intérêt public, ou à l'application des loix générales. — Il faut établir un ordre judiciaire simple, rapproché des justiciables, & peu dispendieux; il est d'autant plus nécessaire de s'en occuper promptement, que j'entends dire que dans les villes où siègent les tribunaux souverains, il existe des coalitions inquiétantes: ces corps ne peuvent abjurer de longues erreurs, de vieilles habitudes, des préjugés antiques. Il faut organiser l'armée, les milices nationales & le clergé; mais il est important sur-tout de statuer promptement sur les finances... Le peuple est impatient de jouir du bonheur que vous lui préparez: on lui dit que nous voulons nous ériger en long parlement; mais le bonheur du peuple répondra à toutes ces calomnies; mais le mépris du peuple pour les calomniateurs sera la peine de leur injustice.

M. de Menou propose un ordre de travail rédigé en forme de décret, & dont voici les articles:

L'*assemblée nationale* considérant qu'elle a déjà décrété que les lundis, mardis, mercredis & jeudis seront entièrement consacrés à la constitution, & les vendredis, samedis & dimanches aux finances, & que toutes autres affaires seront portées aux séances du soir, décrète:

1°. Que dorénavant les séances du matin commenceront à neuf heures, excepté celle du dimanche, qui commencera à onze heures.

2°. Que chaque séance du matin sera divisée en deux parties; la première, de neuf heures à une heure, sera employée à lire les procès-verbaux & à discuter la constitution & les objets majeurs d'intérêt général; la seconde, à examiner des objets d'intérêt général, moins importans & moins majeurs.

3°. Qu'elle n'entend cependant pas s'astreindre à ne point employer la séance entière aux objets les plus importans, quand les circonstances l'exigeront.

4°. Afin que tous les députés soient instruits des matières dont l'assemblée s'occupera, on affichera au bas de chaque tribune un tableau de l'ordre du lendemain, qui contiendra l'énumération des objets qui devroient être traités, ou qui auront été ajournés.

5°. Que tous les députés qui auront quelque motion importante à proposer, en préviendront d'avance le président, afin qu'on puisse afficher l'objet de la motion & le nom de son auteur.

6°. Que le comité de constitution présentera le dimanche 28 de ce mois, la série ou tableau raisonné de tous les objets à décréter pour achever la constitution, & des articles nécessaires pour expliquer les décrets dans lesquels les principes ont été consacrés.

7°. Que l'assemblée s'occupera, sans discontinuer, de décréter les projets de décrets relatifs aux finances, & présentés par le comité; & qu'ensuite elle reprendra, les jours désignés, le travail de la constitution, en commençant par l'ordre judiciaire.

8°. Que dans l'espace de huit jours, les différens comités présenteront l'ordre de leurs travaux, & dresseront le tableau des objets primitifs de leur travail, & des objets qui leur ont été renvoyés.

9°. Que désormais il ne sera reçu de députation que dans les séances du soir.

10°. Qu'enfin, dans aucun cas, l'assemblée ne levera la séance, que le président ne l'ait prononcé.

M. de la Fayette. J'appuie la motion de M. Menou & toutes celles qui pourront assurer notre marche, calmer l'inquiétude, confondre la calomnie.

Que dirons, en effet, nos détracteurs, lorsque l'*assemblée nationale* repoussant les motions incidentes, évitant les séances stériles ou orageuses, aura déterminé ses devoirs & son travail par deux mots, *constitution & finances*?

Finances, parce que en même temps que la révolution, en rendant au peuple tous ses droits, doit assurer pour toujours son bonheur, il n'est pas moins vrai que, dans le moment actuel, le peuple souffre, le commerce languit, les ouvriers sont sans ouvrage, & que, dans ce grand mouvement de la fortune publique, tout délai nous perd.

Constitution, parce que avec elle on a tout; législatures représentatives, où la loi se forme avec sagesse; ordre judiciaire dont les jurés soient la base; administrations électives, mais graduellement subordonnées au chef suprême; armée disciplinée sans qu'on puisse en abuser; éducation qui grave tous les principes & recueille tous les talens; une nation tranquille sous les armes de la liberté; un roi investi de toute la force qu'exige une grande monarchie, & de l'éclat qui convient à la majesté d'un grand peuple; enfin, une organisation ferme & complète du gouvernement, &

cette définition distincte de chaque pouvoir, qui seule exclut toutes les tyrannies.

Je dois rappeller à l'assemblée que les gardes nationales, dont le zèle est aussi constant qu'énergique, brûlent de trouver dans nos décrets leur place constitutionnelle, & d'y lire leurs devoirs; mais je conviens que le travail judiciaire presse d'autant plus, que trop souvent la loi rencontre dans ses principaux organes des adversaires, & que des factions de tous genres peuvent encore tenter, dans leurs coupables égaremens, d'opposer des obstacles ou des prétextes à l'établissement de l'ordre public.

Et peut-être quelque impatience est-elle permise à celui qui, ayant promis au peuple, non de le flatter, mais de le défendre, s'est promis à lui-même, que la fin de la révolution, en le replaçant exactement où il étoit lorsqu'elle commença, le laisseroit tout entier à la pureté de ses souvenirs.

M. de Toulongeon. Tant que le pouvoir judiciaire n'est point organisé, nous n'avons rien fait; s'il étoit possible qu'il ne le fût pas pendant que nous sommes réunis, le pouvoir judiciaire nous désorganiseroit quand nous serions séparés. Je demande que la discussion commence demain, & que tout ce qui concerne la constitution, l'établissement & les fonctions de l'ordre judiciaire, soit décrété pendant la prochaine tenue des assemblées de département & de district, & qu'elles ne puissent être séparées ni prorogées, jusqu'à ce qu'elles aient procédé à l'élection des officiers qui composeront les tribunaux.

M. le comte de Clermont-Tonnerre. La motion présentée par M. de Menou me paroît d'une telle importance, & tellement propre à rapprocher & à réunir tous ceux qui, différant peut-être d'opinion, ne diffèrent pas de sentiment, & sont également attachés à la constitution, que je me reprocherois de vous arrêter un moment. Si quelqu'un veut parler contre la motion, je réserve la parole pour lui répondre.

M. Goupilleau. Je propose en amendement, que la séance du matin ne soit pas divisée en deux parties.

M. de Montlauzier. Je demande que le comité de constitution fixe le terme de la session actuelle. (Il s'élève beaucoup de murmures). Je le demande pour la liberté, pour la constitution; je le demande pour l'ordre; je le demande pour la paix; je le demande pour la tranquillité publique. Je demande que le comité dise: Voilà une assemblée permanente revêtue de tous les pouvoirs; mais ce monstre, si j'ose le dire, ne sera pas éternel. Il faut en fixer la durée, soit à six mois, soit à un an, soit à deux ans...

(Les murmures ne laissent pas achever M. de Montlauzier).

M. Charles de Lameth. Ce n'est point pour combattre ni M. de Menou, ni M. de Toulongeon, que j'ai demandé la parole, mais simplement pour les accorder. C'est pour rappeller qu'il y a aujourd'hui trois semaines que vous avez décrété les articles qui font prendre à l'armée sa place dans la constitution. Ces articles ne sont point acceptés. Je rappelle avec quelle activité l'assemblée demandoit autrefois cette acceptation; je rappelle qu'à Versailles un seul jour s'étant écoulé, l'assemblée délibéra qu'elle ne désempareroit pas que les articles constitutionnels ne fussent acceptés. C'est avec cette énergie, c'est avec ce courage que rien n'a pu ébranler, que nous sommes arrivés à l'époque où nous nous trouvons; & je puis dire qu'en ce moment même, nous avons encore besoin de ce courage & de cette énergie. — Je demande que dans le jour, M. le président se retire pardevers le roi, & que demain l'assemblée ne désempare pas que l'acceptation n'ait été donnée aux décrets constitutionnels sur l'armée.

M. de Montmorency. La motion de M. de Menou, par ses motifs & par ses avantages reconnus, ne demande pas une plus longue discussion: je propose de délibérer sur le champ, & d'adopter l'amendement de M. Goupilleau. Je demande la question préalable sur la proposition de M. de Montlauzier. Il me semble extraordinaire qu'à l'instant même où nous témoignons le desir d'accélérer nos travaux, on vienne les arrêter encore. Nous ne pouvons fixer un temps que nous ne connoissons pas, & dont la durée dépend peut-être de plusieurs motions comme celle-là.

M. de S. Martin. Vous savez que tous ces grands corps appellés *parlemens*, sont anti-révolutionaires. Une lettre que j'ai reçue hier de Toulouse m'annonce que ce parlement se distingue par son aristocratie. Il emploie toutes sortes de moyens pour empêcher l'exécution de vos décrets, & notamment la déclaration pour la contribution patriotique. La chambre des vacations travaille beaucoup, mais elle ne juge que les grands procès par écrit, & très-peu de procès d'audience: les audiences ne durent qu'une demi-heure.

MM. de Cazalès & de Lautrec demandent la preuve de ces faits.

M. l'évêque de Dijon. Je regarde la motion de M. de Menou comme une addition au réglement. L'assemblée a souvent dérogé à ce réglement; je demande qu'elle prenne l'engagement de ne déroger jamais à l'ordre de travail proposé, quand il sera décrété.

On ferme la discussion.

L'amendement de M. Goupilleau est adopté ; c'est-à-dire, qu'on retranche du projet de décret l'article II & III.

La proposition de M. Toulongeon est ajournée.

M. Montlauzier demande avec insistance qu'on délibère sur la sienne.

L'assemblée décide qu'il n'y a pas lieu à délibérer.

Le décret présenté par M. de Menou est adopté.

M. de S. Fargeau. Je demande la division de la motion de M. de Lameth, & je pense qu'il faut se borner à charger M. le président d'insister près du roi sur l'acceptation des décrets rendus sur la constitution de l'armée. Il est inutile de développer les motifs de prudence, de respect & de politique sur lesquels ma demande est appuyée. La motion de M. de Lameth est divisée & décrétée conformément à l'avis de M. de S. Fargeau.

Séance du 19 avril 1790.

M. le Chapelier. Le comité de constitution doit arrêter vos regards sur un objet de la plus haute importance, parce qu'il est le dernier espoir des ennemis de la patrie, le terme auquel ils se flattent de faire échouer la constitution, de détruire la liberté publique, & les espérances de bonheur que l'*assemblée nationale* a fait concevoir à tous les François ; nous voulons parler du projet de renouveller cette assemblée. Ces ennemis se fondent sur ce que quelques députés ont des mandats à terme ; ils confondent tous les principes pour s'assurer les moyens de les violer ; ils abusent même de la composition vicieuse de l'*assemblée nationale.* Notre obligation est d'éclairer ceux qu'on veut égarer. C'est sans doute une vérité incontestable, que la souveraineté réside dans la nation, & que la nation peut retirer les pouvoirs qu'elle a délégués ; mais ce principe est sans application dans la circonstance présente. Ce seroit détruire la constitution, que de renouveller l'assemblée chargée de la faire, avant qu'elle fût finie. La constitution, dans tous les temps, doit être fixe ; de simples législatures ne peuvent la changer ; l'assemblée qui forme la constitution, a des pouvoirs différens de ceux des législatures : celles-ci ne doivent pas toucher à la constitution à laquelle elles sont soumises..... Chargés, par nos mandats, d'examiner la constitution, nous avons été créés par le peuple assemblée constituante. Nous avons commencé la constitution ; notre devoir est de la finir : la nation, par des actes multipliés, a consacré notre pouvoir. Si une autre assemblée étoit élue, & qu'elle n'eût pas les mêmes pouvoirs que celle-ci, la constitution seroit imparfaite. Si les pouvoirs étoient les mêmes, cette assemblée pourroit faire des modifications & prendre des résolutions contraires : voilà ce qu'on se promet des insinuations perfides que l'on a répandues. Il sera sans doute facile de trouver des erreurs dans les institutions nouvelles ; la nation, à une époque donnée, fera reviser la constitution ; mais il faut laisser les passions s'éteindre & les regrets s'oublier. Que l'assemblée dise donc aux nouveaux corps administratifs, qu'il est des gens qui voudroient voir périr la constitution & la liberté, & renaître la distinction des ordres, la prodigalité du revenu public, & les abus qui marchent à la suite du despotisme...

M. l'abbé Maury. Il faut envoyer ces gens-là au châtelet. (Extrême agitation des voisins de M. l'abbé Maury ; grands cris ; menaces du geste & de la voix).

M. le président. Quand on se permet d'interrompre un opinant, de l'interrompre avec violence, ce n'est pas à cet opinant que l'on manque, mais à toute l'assemblée : M. l'abbé, je vous rappelle à l'ordre.

M. le Chapelier. Nous parlons dans ce moment d'après la connoissance des mouvemens qui se font dans les provinces. Ne craignons pas que l'on dise que nous voulons perpétuer notre mission : au zèle que nous mettons dans nos travaux, à la fréquence de nos séances, le public ne se laisse pas tromper ; il sait ce que coûte à chacun de nous un an d'absence, loin de sa famille, loin de ses affaires ; & que si nous écoutions notre intérêt particulier, nous demanderions bientôt à nous retirer dans notre patrie ; mais nous nous devons à l'état.... Il est impossible que la constitution ne soit pas faite par une seule assemblée ; il est impossible qu'elle le soit par deux. Nous ne pouvons encore indiquer la fin de nos travaux ; mais dans bien peu de mois nous déterminerons cette époque. Il seroit d'ailleurs peut-être impossible de faire en ce moment les élections dans les assemblées qui vont se former : aucun département n'est encore en état de déterminer le nombre de députés qu'il devra fournir, parce que le calcul des bases sur lesquelles la proportion doit être établie, n'est point encore fait... Une autre question se présente. Plusieurs députés ont des pouvoirs limités ; il est impossible qu'ils soient remplacés à l'expiration de leurs pouvoirs : si cependant ils se retiroient, l'assemblée ne devroit point s'en appercevoir, elle n'en seroit pas moins complète & légale : chaque député n'est pas le député d'un bailliage ; mais nous verrions avec regret des collègues éclairés s'éloigner de nous. Ces principes nous assurent l'avantage de les conserver : les mandats donnés pour une année avoient pour objet la réforme de la constitution : les commettans croyoient que l'année seroit suffisante ; c'est à cette clause intégrale que toutes les autres clauses sont soumises ; c'est elle qui fixe l'étendue & la durée des pouvoirs. On dit que le mot de constitution ne se trouve pas dans les pouvoirs; mais tous les cahiers exigent la réforme des abus, & cette réforme ne pouvoit se faire que par la constitution. La constitution est commencée; tous les citoyens, en prêtant le serment civique, y ont donné une adhésion formelle : il y a plus, lorsque cette assemblée fut attaquée par le despotisme, vous prêtâtes tous serment de ne vous séparer que lorsque la constitution seroit achevée: ce serment a été applaudi de toutes parts, & la nation, en l'applaudissant, s'est liée à son exécution. Comment d'ailleurs les élections pourroient-elles être faites? Les anciens électeurs n'existent plus, les bailliages sont confondus dans les départemens, les ordres ne sont plus séparés. La clause de la limitation des pouvoirs devient donc sans valeur; il seroit donc contraire aux principes de la constitution que les députés dont les mandats en sont frappés, ne restassent pas dans cette assemblée: leur serment leur commande d'y rester, l'intérêt public l'exige.

Le comité de constitution m'a chargé de vous présenter le projet de décret suivant:

« L'*assemblée nationale* déclare que les assemblées qui vont avoir lieu pour la formation des corps administratifs dans les départemens & les districts, ne doivent pas, en ce moment, s'occuper de l'élection de nouveaux députés à l'*assemblée nationale*; cette élection ne peut avoir lieu que lorsque la constitution sera prête à être achevée, & qu'à cette époque, impossible à déterminer précisément, mais très-rapprochée, l'*assemblée nationale* s'empressera de faire connoître le jour où les assemblées électorales se réuniront pour élire les députés à la première législature. Déclare aussi qu'attendu que les commettans de quelques députés n'ont pu donner pouvoir de ne pas travailler à toute la constitution, & qu'attendu le serment fait le 20 juin par les représentans de la nation, & approuvé par elle, de ne point se séparer que la constitution ne fût faite, elle regarde comme toujours subsistans jusqu'à la fin de la constitution, les pouvoirs limitatifs dont quelques membres seroient porteurs. Décrète en conséquence, qu'à compter de ce jour, aucun député ne pourra se retirer de l'*assemblée nationale*, qu'il n'ait un suppléant anciennement nommé, & en état de prendre aussi-tôt sa place. Ordonne que son président se retirera dans le jour pardevers le roi, pour présenter le présent décret à sa sanction, & le supplier de donner les ordres pour qu'il soit le plus promptement possible envoyé à toutes les assemblées électorales, & aux commissaires nommés pour la formation des départemens ».

M. l'abbé Maury. Le projet de décret qui vient de vous être présenté, embrasse les plus grandes questions de droit public. Dans quel sens sommes-nous représentans de la nation? Jusqu'où s'étendent nos pouvoirs & nos mandats? Quelle différence y a-t-il entre une assemblée constituante & des législatures? Jusqu'à quel point pouvons-nous exercer nos pouvoirs sur la nation? Voilà les questions qu'il faut examiner.

Dans quel sens sommes-nous représentans de la nation? Certes, nous ne devrions pas nous faire cette question pour la première fois. La nation, convoquée par le roi dans les bailliages, nous a donné nos pouvoirs. Chacun de nous, député par son bailliage, n'étoit député que de son bailliage: en arrivant ici il a pris un plus grand caractère; il est devenu le représentant de la nation par la réunion de tous les députés. Cette qualité de représentant n'a pas supprimé celle de représentant de bailliages sans lesquels chacun de nous n'auroit rien été. La deuxième mission suppose nécessairement la première. Le représentant de la nation ne doit donc pas oublier qu'il est député, & par qui il est député. On nous environne de sophismes; on parle du serment prononcé le 20 juin, & l'on ne songe pas que ce serment ne peut anéantir celui que nous avons fait à nos commettans. Les sermens subséquens n'anéantissent jamais un premier serment... Je le demande à tous les citoyens qui respectent la foi publique: peut-on exister comme mandataire après que le mandat est expiré? Le terme fixé par nos commettans une fois arrivé, nous devons rentrer dans la classe des simples citoyens. Cette première question étant éclaircie, fixons nos regards sur une distinction qu'on n'avoit fait qu'insinuer dans cette assemblée. Je parle de la différence entre l'*assemblée nationale* & la législature. Vous voyez qu'il a fallu créer des mots nouveaux pour expliquer des idées inconnues à notre gouvernement: l'acception de ces mots ne peut être équivoque. Qu'est-ce qu'une convention nationale? C'est une assemblée représentant une nation entière, qui, n'ayant pas de gouvernement, a investi ses députés des pouvoirs nécessaires pour lui en donner un. Je trouve dans l'histoire deux exemples qui appuient cette définition.

En 1607, Elisabeth, reine d'Angleterre, mourut. Le roi d'Ecosse fut appellé au trône: il s'agit alors de savoir comment l'Ecosse seroit régie; si elle auroit un souverain particulier, ou si elle seroit réunie à l'Angleterre. Les Ecossois s'assemblèrent pour juger cette question. Voilà une convention nationale. Jacques II ayant abandonné Londres & quitté ses états, le parlement s'assembla pour pourvoir à remplacer le souverain, qui, par sa fuite, avoit, disoit-on, abdiqué la couronne, & pour organiser un nouveau gouvernement. Vous voyez que toutes les fois qu'un roi est sur le trône, une assemblée convoquée par ce roi ne peut être une convention nationale. (Il s'élève des murmures). Cette démonstration n'est point systématique; elle porte un caractère d'évidence auquel vous ne refuserez point votre assentiment.

Pour

Pour qu'il y eût en France une *assemblée nationale*, il auroit fallu que la nation entière, soulevée contre le gouvernement, & non contente de son roi, eût donné des pleins pouvoirs, en oubliant qu'elle avoit un roi. Si elle a promis de respecter tous vos décrets, vous avez le droit de déclarer le trône vacant. (Il s'élève de nouveaux murmures). La doctrine que j'ai l'honneur de vous présenter, peut devenir un grand & important objet de délibération. J'espère qu'on va saisir aisément la différence que j'ai voulu établir. S'il est vrai que, sous quelque rapport que ce puisse être, votre pouvoir ait des bornes, vous n'êtes pas une convention nationale; s'il est illimité, vous pouvez bouleverser tout l'empire. J'engage tous nos adversaires à combattre ce principe. On dit que vous êtes corps constituant, & que les assemblées subséquentes ne seront simplement que des législatures. Ce n'est ni dans la saine raison, ni dans le droit public qu'on a trouvé cette subtile distinction. Le parlement d'Angleterre, depuis Jean-sans-Terre, a toujours eu les mêmes pouvoirs; il a toujours eu le droit de s'occuper de législation & de constitution. C'est la Suède qui nous montre l'inconvénient de ces corps qui peuvent donner des loix à une nation entière. C'est ce sénat sanguinaire qu'il a fallu anéantir quand les Suédois ont voulu être libres... Est-ce dans nos décrets que les législatures étudieront leur pouvoir? Est-ce dans les procès-verbaux des anciens états-généraux que nous avons cherché les nôtres? Voici ma profession de foi bien solemnelle. Je pense que nous devons obéir fidellement à la constitution que vous avez décrétée, parce que sans cette obéissance nous tomberions dans la plus horrible anarchie. Mais vous ne pouvez limiter les pouvoirs de vos successeurs. Ce n'est pas à nous de leur dire comme Dieu dit aux flots de la mer: vous irez-là & vous n'irez pas plus loin; vous porteriez atteinte aux droits de la nation: tout ce qui limiteroit les pouvoirs de vos successeurs enchaîneroit la liberté politique.... On vous rappelle le serment que vous avez fait de ne point vous séparer que la constitution ne fut finie. Mais la constitution est la distribution des pouvoirs; le pouvoir législatif est bien reconnu, la nation est rentrée dans ce pouvoir; elle est également rentrée dans sa liberté. On se sert de ce mot *liberté* comme indiquant une secte particulière: il n'y a point d'ennemi de la liberté. Tout le monde aime la liberté; il suffit d'être homme & françois pour la regarder comme le plus précieux des biens. Par votre serment vous avez voulu exister jusqu'à ce que nous eussions assuré les droits de la nation; sous ce rapport la constitution est faite. Quant au pouvoir exécutif, sans son intégrité il n'y a pas de liberté. On a dit: est-ce l'armée qui forme le pouvoir exécutif? attendez que l'armée soit organisée. Sont-ce les tribunaux? attendez que les tribunaux soient établis. Ce sont-là des sophismes brillans, mais non pas des raisons. Ce que nous avions à faire relativement au pouvoir exécutif, c'étoit d'assurer notre liberté; elle est assurée. C'étoit d'établir que l'impôt seroit désormais consenti par le peuple? Aucun ministre n'osera jamais en établir sans ce consentement; ainsi tout est fait, ainsi ce serment est rempli. On nous ameneroit à éterniser nos fonctions si on nous empêchoit de rendre compte à nos commettans.... Nous ne pouvons pas dire au peuple qui nous a chargés de le représenter, que nous lui avons ôté le droit de nous donner des successeurs. Il est digne des fondateurs de la liberté de respecter cette liberté dans la nation toute entière... Je m'oppose à tout décret qui limiteroit le droit du peuple sur ses représentans. Ce n'est pas aux enfans à s'élever contre l'autorité des pères; nous sommes ici guidés par une piété filiale, qui nous dit que la nation est au-dessus de nous, & que nous détruirions notre autorité en limitant l'autorité nationale.

M. Desmeuniers. Je prie M. le président de m'accorder la parole, quoique ce ne soit pas mon tour, pour rappeller uniquement des faits qui peuvent être utiles à l'assemblée. Sans entrer dans ce qu'a dit le préopinant, j'ose assurer qu'il a avancé sophisme sur sophisme.

M. d'Esprémenil. Je ne réponds pas par un sophisme, lorsque je rappelle à M. Desmeuniers que les pouvoirs des députés de Paris finissent le premier de mai.

M. Desmeuniers. Le comité de constitution, avant de vous présenter son projet de décret, a cherché à connoître le nombre des députés dont les pouvoirs sont bornés à une année: il n'y a que cinq députations qui se trouvent dans ce cas; encore les pouvoirs de l'une d'elles ont-ils été changés depuis. Je dois citer un second fait qui abrégera beaucoup les discussions. Le préopinant a donné une définition très-fausse d'une convention nationale. Il a dit que c'étoit une assemblée chargée de créer la constitution. Mais il y a une autre espèce de convention, celle qui doit réformer la constituion. Il auroit pu nous dire, puisqu'il se livroit à des citations historiques, qu'en Amérique nous avons vu deux conventions nationales de nature différente. La première eut pour objet de former le gouvernement de ces républiques. La seconde n'a plus créé; mais son but a été de revoir & de réformer le gouvernement qui avoit été créé. Il est donc bien évident qu'il peut exister des conventions nationales pour réformer la constitution. C'est en partant d'une fausse supposition que le préopinant a dit que la convention pouvoit détrôner le roi: dans nos principes, elle ne le pouvoit pas.

M. le président. J'observe à l'opinant qu'il n'a obtenu la parole que pour exposer des faits, &

qu'il ne doit point discuter le fond de la question.

M. Pétion de Villeneuve. Ce n'est pas sans dessein sans doute qu'on vous a demandé si vous entendiez vous éterniser dans le poste périlleux que vous occupez; si vous vouliez vous élever au-dessus de la nation. Je demande à mon tour s'il n'est pas étonnant qu'on fasse dans cette assemblée de pareilles interpellations, à cette assemblée qui a reconnu que tous les pouvoirs émanent du peuple. On a dit que vous hasardez pour la première fois cette distinction d'*assemblée nationale* & de législature. Cette distinction est dans tous nos décrets, elle existe dans la différence qu'on reconnoît entre la sanction & l'acceptation. Je demande s'il y auroit un état plus funeste que celui où chaque année on pourroit changer la forme du gouvernement. N'avoir pas de constitution, ou en avoir une aussi mobile, c'est absolument la même chose. Je répondrai au préopinant sur ce qu'il a dit de l'Angleterre, que le parlement de la Grande-Bretagne ne change rien à la constitution; qu'il fait seulement des actes législatifs, & que cette constitution, toute vicieuse qu'elle est, ne cessera pas de l'être tant que l'Angleterre n'aura pas établi une convention nationale. On a cité le sénat de Suède, qui n'étoit précisément si dangereux que parce que c'est une convention perpétuelle. Et nos législatures seroient des conventions perpétuelles, si elles pouvoient toucher à la constitution. On ne veut pas de conventions nationales, & l'on veut à la fois que toutes les législatures soient des conventions. Je passe maintenant à la question dont on n'auroit pas dû s'écarter. Les pouvoirs peuvent-ils être limités?

Vous êtes autorisés, par le vœu même de vos commettans, à prolonger vos pouvoirs. Ils vous ont envoyés pour réformer les abus de la constitution. Ils ont cru qu'à une époque déterminée vos travaux seroient achevés. Je demande maintenant si la constitution est faite. On prétend que les grandes bases de la constitution sont posées. Sans doute: mais vous avez encore le pouvoir judiciaire à organiser, &c. J'adopte le projet de décret.

M. Garat l'aîné. Si je n'écoutois que les sentimens de mon cœur, je ne me joindrois pas à M. Pétion pour combattre M. l'abbé Maury. Je me surprends souvent dans mes momens solitaires à pousser de profonds soupirs vers ma famille & vers ma patrie. L'un & l'autre m'appellent: mais je dois les faire taire, quand la voix de la nation me parle. Je crois, je me suis du moins flatté que je pourrois suivre pas à pas M. l'abbé Maury dans ses raisonnemens.

Qu'est-ce que nous étions d'abord, a dit M. l'abbé Maury? des députés de bailliages. Que sommes-nous devenus? des représentans de la nation. Comment sommes-nous devenus représentans de la nation? par notre réunion. Jusqu'ici nous sommes d'accord: mais, demande M. l'abbé Maury, quand nous sommes devenus représentans de la nation, notre titre de députés de bailliage s'est-il évanoui? non, dit M. l'abbé Maury; & moi je dis non comme lui. Mais ce titre n'est-il pas resté prédominant sur le dernier? M. l'abbé Maury dit oui, & moi je dis non. Voyons maintenant laquelle des deux propositions est la vraie. Deux titres se confondent sur nos têtes, celui de mandataires de bailliage, & celui de représentans de la nation. Au sens seul propre à ces deux mots, à l'effet qu'ils ont dû faire sur les oreilles de M. l'abbé Maury, M. l'abbé Maury n'a-t-il pas senti....

M. l'abbé Maury. Pourquoi me nommez-vous?

M. Garat. Je reconnois que je suis tombé dans une sorte d'incongruité en nommant M. l'abbé Maury; mais je promets de ne plus le nommer, car rien ne coûteroit plus à mon cœur que de déplaire à quelqu'un dans cette assemblée. Je reprends mon observation & je demande comment il est possible que l'honorable préopinant ait supposé que le premier, le plus mince de ces deux titres étoit prédominant sur l'autre. Je le combats ensuite par une autorité qu'il ne récusera pas, par l'autorité de nos cahiers: d'un côté, j'y vois les pétitions particulières de nos bailliages; de l'autre, l'abandon de ces mêmes pétitions à nos lumières, à notre conscience. Voyez comme nos commettans eux-mêmes ont distingué le mandataire du bailliage & le représentant de la nation. Le mandataire du bailliage doit présenter la pétition, & peut, d'après sa conscience, comme représentant de la nation, opiner contre cette pétition. Je crois ces observations bien contraires à cette première partie de l'argumentation du préopinant. Il a mis ensuite en opposition notre serment au bailliage avec le serment que nous avons prononcé comme représentans de la nation, dans la journée mémorable du 20 juin: c'est le premier, dit-il, qui doit être prédominant. Rien n'est plus vrai que ce principe; mais ce principe suppose une opposition, ou bien il ne s'applique à rien: or, ici il n'y a pas d'opposition; le second serment est confirmatif du premier. J'invoque encore nos cahiers, & j'y trouve la preuve dont j'ai besoin: ainsi disparoît la seconde partie de l'argumentation du préopinant. Mais, dit-il, nous sommes étonnés d'entendre des mots nouveaux auxquels le gouvernement n'étoit pas habitué. Je le sais bien; mais je sais bien aussi qu'il s'y habituera très-aisément. Ce qui me remplit d'une joie patriotique, c'est que notre bon monarque s'y habitue, & qu'il est venu, pour ainsi dire, se mettre à la tête de ceux qui font retentir ces mots consolateurs. Le préopinant a voulu définir ces mots qu'il n'est pas accoutumé à entendre, & qu'il ne paroît pas entendre beaucoup. Il pouvoit compter sur son génie, mais ne l'a-t-il pas trompé? Moi, je crois qu'il l'a un peu égaré. Il ne reconnoît point de convention nationale dans un pays où il y a un roi; alors il faudroit que tant qu'on auroit un roi, on restât sous le despotisme, ou qu'on en vînt au parti extrême de détrôner un roi. L'honorable membre se soulève lui-même contre cette idée hypothétique; je me soulève, moi, contre cette hypothèse & contre la phrase qu'elle a amenée. Je voudrois que dans cette tribune on ne se servît jamais de ces hypothèses qui affectent toutes les facultés de l'âme. Que l'honorable préopinant veuille donc abandonner l'impossibilité d'une convention nationale, ou son incompatibilité avec un roi. Il est faux qu'une nation ne puisse former une convention nationale. Rien de ce qui a pu alarmer l'honorable préopinant n'étoit à craindre ici. Nous devons donc achever la constitution... Le préopinant prétend qu'on ne doit pas distinguer les amis des ennemis de la liberté; il y en avoit cependant qui aimoient la liberté pour eux-mêmes, le despotisme & la servitude pour les autres. Parmi ceux-là, il y en avoit dans un tel état d'abjection, qu'ils sembloient aimer la servitude. Il n'y en aura plus, je l'espère très-fort, de ceux qui aimoient la liberté, c'est-à-dire, le despotisme pour eux & l'esclavage pour les autres; il y en aura quelques-uns encore, mais très-peu. Maintenant, je ne vois plus que deux objections auxquelles je sois obligé de répondre. La mission du mandataire de la nation étoit limitée à un terme; son serment le lie à ce terme. Ce terme arrivé, il devient un homme isolé. Le serment du mandataire a-t-il bien porté sur le terme du délai? il n'a porté que sur ceci: Remplir avec fidélité les fonctions dont nous étions chargés. Je vais parler ici le langage de mon état; c'est le prêtre de la justice qui va répondre au ministre de la religion. Dans les principes du droit civil, la stipulation du délai d'une mission a deux caractères: le délai est ou fatal ou comminatoire. Est-il fatal? Je l'avoue, alors le terme expiré, la mission cesse. N'est-il que comminatoire? le terme expiré, la mission peut continuer. Comment distingue-t-on ces deux caractères? Ou les objets tracés par la mission paroissent évidemment pouvoir se remplacer dans le terme prescrit; alors on croit le délai fatal: ou de sa nature la mission est telle qu'il soit possible qu'il y ait impossibilité de la remplir dans le délai, & ce délai, énoncé vaguement, est comminatoire. Ces développemens me paroissent si simples, & la justesse d'esprit du préopinant est si connue, qu'assurément il ne persistera pas dans son erreur. Me voici arrivé à la dernière objection. De ce que nous disons que les assemblées subséquentes seront de simples législatures, s'ensuit-il que nous voulions gêner la volonté de la nation? Nous usons du pouvoir que la nation nous a confié, quand elle nous a dit: « Faites une constitution », c'est-à-dire, faites des règles sur lesquelles je puisse m'asseoir pendant les siècles... J'adopte le projet de décret...

M. de Mirabeau l'aîné. Je ne puis me défendre d'un sentiment d'indignation, lorsque j'entends, pour entraver, pour arrêter les efforts de l'*assemblée nationale*, qu'on la met sans cesse en opposition avec la nation, comme si la nation, qu'on veut ameuter d'opinon contre l'*assemblée nationale*, avoit appris par d'autres qu'elle à connoître ses droits... Un des préopinans, qui a attaqué avec infiniment d'art le système du comité, a défini la convention nationale, une nation assemblée par ses représentans, pour se donner un gouvernement. Lui-même a senti, sinon l'incertitude, du moins l'incomplétion de son raisonnement. La nation qui peut former une convention pour se donner un gouvernement, peut nécessairement en former une pour le changer; &, sans doute, le préopinant n'auroit pas nié que la nation, conventionnellement assemblée, pouvoit augmenter la prérogative royale. Il a demandé comment, de simples députés de bailliages, nous nous étions tout-à-coup transformés en convention nationale? Je répondrai nettement: les députés du peuple sont devenus convention nationale, le jour où trouvant le lieu de l'assemblée des représentans du peuple, hérissé de bayonnettes, ils se sont rassemblés, ils ont juré de périr plutôt que d'abandonner les intérêts du peuple; ce jour où l'on a voulu, par un acte de démence, les empêcher de remplir leur mission sacrée. Ils sont devenus convention nationale, pour renverser l'ordre de choses où la violence attaquoit les droits de la nation. Je ne demande pas si les pouvoirs qui nous appelloient à régénérer la France, n'étoient pas altérés, si le roi n'avoit pas prononcé le mot régénération, si dans des circonstances révolutionnaires, nous pouvions consulter nos commettans: je dis que quels que fussent alors nos pouvoirs, ils ont été changés ce jour-là; que s'ils avoient besoin d'extension, ils en ont acquis ce jour-là; nos efforts, nos travaux, les ont assurés; nos succès les ont consacrés; les adhésions, tant de fois répétées de la nation, les ont sanctifiés. Pourquoi chercher la généalogie de ce mot *convention*? Quel étrange reproche! Pouvoit-on ne pas se servir d'un mot nouveau pour exprimer des sentimens nouveaux, pour des opérations & des institutions nouvelles?...

Vous vous rappellez le trait de ce grand homme, qui, pour sauver sa patrie d'une conspiration, avoit été obligé de se décider contre les loix de son pays, avec cette rapidité que l'invincible tocsin de la nécessité justifie. On lui demandoit s'il n'avoit pas contrevenu à son serment, & le tribun captieux qui l'interrogeoit croyoit le mettre dans l'alternative dangereuse, ou d'un parjure ou d'un aveu embarrassant. Il répondit: « Je jure que j'ai sauvé la république ». Messieurs, je lure que vous avez sauvé la république. (Le geste de l'orateur est dirigé vers la partie gauche de l'assemblée). On applaudit avec transport. — On demande à aller aux voix. — La discussion est fermée.

Après quelques amandemens, le projet de décret présenté par le comité de constitution est adopté, en supprimant toutefois cette phrase : « Décrète qu'à compter de ce jour, aucun député ne pourra se retirer de l'assemblée qu'il n'ait un suppléant anciennement nommé & en état de prendre aussi-tôt sa place ».

Séance du dimanche 25 avril 1790.

M. Lanjuinais. Je remarque dans le procès-verbal de la séance d'hier soir, cette expression, *gentilhomme breton ;* elle est très-mal sonnante dans un acte de l'*assemblée nationale.* Vous ne reconnoissez que des citoyens. Dans votre adresse aux François, vous avez dit que *tout avoit disparu devant la qualité de citoyen ;* vous avez décrété, sur les droits féodaux, que l'*ancienne qualité noble des biens & des personnes étoit abrogée.* Dans aucune ville de Bretagne, on n'oseroit désormais se qualifier *gentilhomme breton.* Dailleurs, dans cet ancien & absurde usage, la personne dont il s'agit ici ne pouvoit entrer aux états de Bretagne, & ne devroit pas porter cette inutile qualification.

Cette observation est assez généralement applaudie.

M. le président annonce que M. le baron de Marguerites, absent par congé, pour un temps prêt à expirer, demande la prolongation de ce délai.

M. Voydel. Quand tout nous invite à accélérer nos travaux, quand nous avons besoin du concours de toutes les lumières que la nation a voulu réunir, nul député ne doit s'éloigner du seul endroit où il ait des devoirs à remplir Je demande que, loin de prolonger le congé de M. de Marguerites, l'assemblée exige le retour, sous quinzaine, de tous les députés absens.

M..... Nous donnons la liberté aux autres, & l'on veut que nous soyons esclaves !

M. Regnaud. Je tiens des députés de Lille, qu'un mémoire déposé au comité des rapports prouve l'utilité de la proposition de M. Voydel ; & je pense qu'on doit différer de statuer sur la demande de M. de Marguerites, jusqu'à ce que l'on ait rendu compte de ce mémoire à l'assemblée.

M. de Rœderer. M. de Marguerites n'expose aucun motif ; l'assemblée ne peut accueillir sa demande, & doit même désapprouver toutes celles du même genre.

M. Fermont. Je propose de décréter que tout député absent soit censé avoir donné sa démission, & qu'à la demande de son collègue, son suppléant puisse être admis après quinze jours d'absence sans congé, ou quinze jours d'absence au-delà du terme du congé.

M. Voydel. Je regarde le rappel de tous les députés comme important beaucoup au salut de l'état : il en est qui sont absens depuis quatre & cinq mois ; il en est même qui sont domiciliés à Paris, & qui, depuis six mois, n'ont pas assisté à une seule séance. (Plusieurs personnes nomment M. Bergasse.) Je fais la motion de décréter que tous ceux qui, le 15 du mois de mai prochain, ne répondront pas à l'appel nominal qui sera fait, soient exclus. On a dit que nous donnions la liberté, & que nous ne devions pas être esclaves ; nous devons être esclaves, s'il le faut, afin que les autres soient libres.

M. Lucas. Je voulois présenter cette motion qu'on vient d'exprimer beaucoup mieux que je ne l'aurois fait : je me bornerai à ajouter que des députés domiciliés à Paris, non-seulement ne se rendent pas à leur devoir, mais encore y manquent de la manière la plus formelle, en devenant les détracteurs de l'assemblée. Je dénonce notamment M. Bergasse, auteur d'un libelle intitulé : *Protestation contre le décret portant création d'assignats ;* & je demande que tous députés coupables d'un semblable délit, soient déclarés infidèles à leurs devoirs, à leur serment, & traîtres à la patrie.

M..... propose de mander M. Bergasse à la barre.

M. Populus. M. Bergasse n'est pas convaincu ; il ne peut l'être que sur un compte rendu à l'assemblée. Je demande que la protestation qu'on dit être de M. Bergasse, soit renvoyée au comité des rapports.

M. de Saint-Martin. On trouve, à la suite de cette protestation, une lettre adressée à M. le président ; si M. le président l'a reçue, il sera certain que l'ouvrage dont il s'agit est de M. Bergasse. Je demande à M. le président si cette lettre lui a été envoyée.

Plusieurs membres du côté droit disent que le président ne doit répondre qu'à l'assemblée.

M. de Saint-Martin. Je fais cette demande au nom de l'assemblée, qui paroît ne pas la désapprouver.

Une grande partie de l'assemblée se lève.

M. le président demande qu'on fasse lecture de cette lettre. — On la lit.

M. le président. J'ai reçu cette lettre. M. Bergasse demandoit que je remisse sa protestation sur le bureau. Je lui ai répondu à peu près en ces termes : « M. de Bonnay a reçu la lettre & l'ouvrage que M. Bergasse a envoyés au président de l'*assemblée nationale* : en cette dernière qualité, il n'a pas cru devoir faire usage d'une protestation contre un décret déjà rendu. S'il l'avoit reçu auparavant, il auroit fait part à l'assemblée des observations d'un membre qui, par ses lumières, a le plus de droit à l'éclairer ».

M. Chabroud. J'ai l'honneur d'observer que nous ne devons pas nous occuper plus long-temps de cet objet. Le fait dénoncé à l'assemblée mérite plutôt une consultation de médecin & une délibération de parens.

On demande à passer à l'ordre du jour.

M. le curé d'Evaux. Personne plus que moi ne paie au détracteur de l'assemblée le tribut qu'il mérite ; je crois que nous devons ensevelir dans l'oubli & la protestation & le nom de leur auteur.

L'assemblée délibère & passe à l'ordre du jour.

Séance du mardi 27 avril 1790.

Immédiatement après la lecture du procès-verbal, M. Bouche demande la parole. Jamais, a-t-il dit, les sociétés policées....

La partie droite de l'assemblée interrompt, & plusieurs membres observent que cela n'a point de rapport au procès-verbal.

M. le président se dispose à annoncer le résultat du troisième scrutin pour la nomination d'un nouveau président.

M. Bouche. Je demande la parole avant cette annonce.

M. le président. Plus la circonstance est délicate, plus l'assemblée doit mettre d'ordre & de calme dans ses délibérations. En ce moment, j'ai rempli ma présidence, je ne puis plus accorder la parole : je crois que mon devoir, celui qu'on ne peut m'empêcher de remplir, est de rendre compte du résultat du scrutin.... Puisque l'assemblée est d'une opinion contraire, je vais la consulter.

L'assemblée décide que M. Bouche sera entendu avant la proclamation du président nommé.

M. Bouche. J'abrégerai mes réflexions : je me bornerai à dire que l'histoire d'aucun peuple civilisé ne nous présente l'exemple d'aucune société présidée par un chef, sans que ce chef eût prêté le serment d'observer les loix de cette même société ; que depuis le trône jusqu'aux moindres associations, tout homme élevé à une fonction publique renouvelle le serment qu'il a prêté comme simple individu de cette association.... Je propose en conséquence le projet de décret suivant :

« L'assemblée nationale décrète que tout membre entrant en exercice des fonctions qui lui auront été confiées par elle, renouvellera le serment prêté le 4 de février, & jurera qu'il n'a jamais pris & ne prendra jamais part à aucun acte, protestation, ou déclaration contre des décrets de l'*assemblée nationale*, acceptés ou sanctionnés par le roi, ou tendant à affoiblir le respect & la confiance qui leur sont dus ».

On applaudit, & l'on demande à aller aux voix.

M. le marquis de Saint-Simon demande la discussion pendant trois jours.

M. l'évêque de Nanci. Je ne suis pas, comme le préopinant, versé dans l'histoire des peuples policés ; mais sans doute je n'y trouverois pas ce que doit faire en ce moment l'assemblée ; je le chercherai dans le réglement. Le réglement dit qu'après quinze jours d'exercice, un président quittera ses fonctions ; qu'il sera procédé à son remplacement par la voie du scrutin, & que le résultat de ce scrutin sera proclamé. On vous propose, afin d'éviter cette proclamation, une motion incidente. Je dis que cette proposition ne peut pas être délibérée ; je dis que si cette motion étoit admise, elle feroit un véritable outrage pour le président que la majorité de l'assemblée auroit désigné. C'est quand le nouveau président sera installé, que cette motion pourra être proposée ; alors la loi ne paroîtra pas avoir été faite pour lui ; elle pourra devenir la loi générale pour cette assemblée.

M. de Biozat. En répondant au préopinant, je proposerai un amendement.

Le réglement porte précisément une clause qui réserve à la majorité de l'assemblée le droit d'y faire des changemens. Des législateurs avoient omis de prononcer des peines contre le parricide ; de même l'assemblée, en faisant son réglement, n'a pas pu croire qu'un jour la patrie se trouveroit en danger entre les mains de ceux qui seroient chargés de défendre ses intérêts. Je ne fais aucune application de cette reflexion.... On peut être tombé dans des erreurs ; on peut les avoir reconnues ; je crois qu'il suffiroit d'exiger, non la déclaration qu'on n'a pas protesté, mais celle qu'on ne protestera pas à l'avenir ; c'est l'objet de mon amendement.

M. Rœderer. Quand un conseiller d'une cour devient président, il doit prêter un nouveau serment : la motion de M. Bouche est conforme à cet usage.

M. le Baron de Juigné. M. le président d'hier a annoncé qu'il falloit choisir son successeur entre M. le duc d'Aiguillon & M. le comte de Virieu : l'assemblée s'est retirée en règle ; elle a nommé M. de Virieu....

M. le président. L'assemblée ne sait pas qui elle a nommé, quand le scrutin n'est pas proclamé.

On ferme la discussion.

La question préalable sur la motion de M. Bouche est invoquée & rejettée.

Quelques amendemens sont proposés & écartés par la question préalable.

La motion de M. Bouche est décrétée à une grande majorité.

M. le président. Le résultat du scrutin a donné à M. de Virieu 393 voix, & à M. d'Aiguillon 371. M. de Virieu est donc président de l'assemblée.

M. de Virieu placé près du fauteuil. J'ose espérer que, vu la singularité de la circonstance, vous m'accorderez un peu d'attention. Je suis honoré, par la majorité des suffrages, d'une place très-honorable & très-difficile que je n'avois pas ambitionnée, mais je crois que quand cette majorité a prononcé sur mon sort, je ne suis plus moi, je suis tous ceux qui m'ont honoré de leur choix. Vous venez de rendre un décret dont je demande la permission de relire le texte. (*M. de Virieu lit le décret.*) Le serment exigé embrassant dans son étendue le passé, j'oserai dire que dans une longue carrière consacrée aux affaires publiques, il est possible d'avoir eu une opinion particulière, & de l'avoir exprimée. On peut excuser celui qui, au milieu de ces événemens qui ont compromis l'honneur du nom François & le salut public, interprétant les différens actes qu'il a faits, tomberoit dans l'inconvénient de ne pas entendre ce mot *acte*. Il est très-peu de membres qui, tantôt seuls, tantôt avec d'autres députés, ne se soient permis d'écrire & de communiquer leurs pensées. Je déclare que ma mémoire ne me rappelle pas la totalité des actes auxquels j'ai participé; elle me rappelle cependant que je n'ai pris aucune part à des protestations contre des décrets acceptés ou sanctionnés; & si je me trompois moi-même, & si elle n'étoit point exacte, cette déclaration que je fais devant l'*assemblée nationale*, devant ma conscience, devant l'Être suprême qui m'entend & que je respecte, & que cette inexactitude me fût démontrée, le serment seroit nul à l'égard des protestations que je pourrois avoir faites, & que j'aurois oubliées. Le serment n'embrasse aucun des cas que ma mémoire ne me rappelle pas. Si l'on connoît quelque protestation faite par moi, qu'on me la présente, & je me retirerai. Je n'ai jamais eu d'ambition pour moi, mais j'ai eu le desir du bien pour lui-même: si j'avois moins respecté le décret qui me porte à la place de président, j'aurois refusé un honneur qui me confère des fonctions pour lesquelles je ne me sens pas les qualités nécessaires: j'accepte cet honneur, parce que je ne puis présumer que des considérations qui me soient personnelles aient déterminé à adopter le décret qui m'impose le serment que je vais faire. Je déclare que je renouvelle le serment du 4 février, qu'une seule fois avoit suffi à mon cœur; je jure d'être fidèle à la nation, à la loi, au roi, & d'obéir aux décrets de l'*assemblée nationale*, acceptés ou sanctionnés par le roi; je jure de n'avoir pris, de ne prendre jamais part à aucuns actes, protestations ou déclarations contraires aux décrets de l'*assemblée nationale*, acceptés ou sanctionnés par le roi, ou tendant à affoiblir le respect & la confiance qui leur sont dus.

M. de Virieu occupe le fauteuil.

M. de Bonnay fait le discours d'usage, & reçoit des applaudissemens presque unanimes.

M. de Rochebrune. Je n'étois pas à l'assemblée lorsque vous avez décrété que vos officiers entrant en fonctions seroient soumis à un nouveau serment. Le serment du 4 février devoit suffire. Tout serment ultérieur seroit inutile, seroit contraire à notre liberté individuelle, & compromettroit les intérêts de nos commettans. Je supplie M. le président de s'expliquer nettement sur la nature du serment qu'il a entendu prêter ce matin.

M. le président. Je vous prie, Messieurs, de m'accorder un profond silence. Je crois que dans un cas ordinaire une demande isolée n'exigeroit pas de réponse; mais dans cette circonstance l'assemblée ne désapprouvera pas son président de répondre à une interpellation particulière, & même de répéter ce qu'il a dit précédemment; car la femme de César doit être sans soupçon. A l'entrée de la séance on a fait une motion que l'assemblée a décrétée. J'ai déclaré qu'il n'étoit pas à la connoissance de ma conscience que j'eusse fait aucun acte, protestations ou déclarations contre les décrets de l'assemblée, acceptés ou sanctionnés par le roi; que je n'avois point ambitionné l'honneur qui m'est aujourd'hui conféré; que j'étois prêt à me retirer si l'on pouvoit me représenter quelque déclaration qui se trouvât avoir rapport à la formule du serment; que s'il en existoit, je demandois à en être averti, & que l'avertissement même le plus secret auroit l'effet le plus subit. Je me suis renfermé dans la forme du serment; s'il avoit eu une autre forme, je n'aurois pu le prêter, & l'assemblée auroit fait de moi ce qu'elle auroit voulu: je ne nierai jamais les actes que j'ai faits; j'ai cru devoir les faire dans mon honneur & dans ma conscience. Si, dans quelques circonstances, il y a eu quelques décrets non acceptés ou non sanctionnés qui m'aient paru contraires à quelques-uns des intérêts que je suis chargé de défendre, j'ai pu signer des déclarations; je ne le nie pas, je ne me rétracte pas. Des décrets non acceptés & non sanctionnés n'entrent pas dans le serment qui m'a été imposé. (*Il s'élève de grands murmures dans une grande partie de l'assemblée.*) Je ne nierai point que moi, ainsi que quelques autres membres, nous ne nous soyons pas gênés pour signer, soit collectivement, soit individuellement, notre avis sur quelques décrets, & la notice des faits qui ont amené ces décrets. Comme il ne doit rester aucun doute sur un objet qui intéresse le respect dû aux loix, à l'honneur & à la conscience d'un honnête homme, je répète que j'ai entendu me renfermer dans le texte du serment : si on prétend donner un autre sens à ce décret, j'aurai un parti à prendre, suivant celui que l'assemblée prendra. (M. l'abbé Maury applaudit à ce discours, ainsi qu'une partie des membres qui occupent le côté droit de la salle).

M. Alexandre de Lameth. J'avoue que la nouvelle déclaration de M. le président ne laisse pas dans mon esprit la même pensée que la déclaration qu'il avoit d'abord faite ; il m'étoit resté la persuasion qu'il n'avoit signé aucun acte *tendant à affoiblir le respect & la confiance dus aux décrets.* Si j'ai bien saisi sa pensée, il semble que sa disculpation porte sur ce que les décrets contre lesquels il peut avoir protesté n'étoient pas sanctionnés ou acceptés par le roi, lors de sa protestation. Je demande si le défaut de la sanction peut autoriser un membre à se soustraire au vœu de la majorité de l'assemblée. Je crois qu'en effet un décret non sanctionné n'est pas encore une loi du royaume, qu'il n'engage pas tous les citoyens, mais qu'il engage tous les membres de l'assemblée. Ainsi, dans le cas où M. le président auroit signé un acte ou une déclaration quelconque contre des décrets sanctionnés ou non sanctionnés par le roi, il ne pourroit se sauver par la lettre du décret ; il ne peut pas se sauver davantage par l'esprit du décret. En effet, qui de nous n'a pensé que l'assemblée ne vouloit pas placer à sa tête quiconque auroit protesté contre les décrets qui sont la loi de l'assemblée, puisqu'ils sont le vœu de la majorité de ses membres ? S'il est vrai que M. le président ait signé une protestation, je demande que l'*assemblée nationale* nomme un autre président.

M. Charles de Lameth. Un membre ne peut présider une assemblée devant laquelle il est en cause. Je pense donc que M. de Virieu ne peut, en ce moment, présider l'assemblée, & que M. de Bonnay doit reprendre le fauteuil.

M. le marquis de Bonnay. Les circonstances sont en ce moment délicates & embarrassantes. Vous avez, ce matin, rendu un décret auquel M. le président s'est conformé ; on vient de l'interpeller sur le sens & sur l'étendue du serment qu'il vient de prêter ; il s'est renfermé dans la lettre du serment. Je prie l'assemblée de me permettre de lui observer qu'un serment a quelque chose de si saint, qu'il n'est pas permis à la pensée d'aller au-delà des expressions qui le composent.... L'assemblée discute ici sur un fait qu'elle ne connoît pas ; j'ignore si cet acte existe ; mais la notoriété publique sembleroit le faire croire ; elle annonce même qu'il est contraire à un de vos décrets ; mais j'observe que s'il est question de la motion de M. de la Rochefoucault, laquelle, en dernière analyse, consiste à dire, *il n'y a pas lieu à délibérer, passons à l'ordre du jour*, il n'y a pas ici une opposition matérielle à un décret. On a dit que les décrets non sanctionnés sont obligatoires pour les membres de l'assemblée ; que le président *in reatû* doit quitter sa place, & que je dois reprendre le fauteuil. La majorité peut seule me faire la loi. Je ne crois pas qu'il y ait lieu à ce que le président soit privé de ses fonctions, même momentanément, & je pense que s'étant renfermé dans les termes du serment, on ne doit pas suivre l'interpellation faite, & délibérer à cet égard.

M. Bouche. Le décret que vous avez rendu a deux parties ; la première concerne les décrets sanctionnés & acceptés par le roi : c'est sans doute sur celle-là que M. le président a appliqué son serment : la seconde, les décrets rendus par l'assemblée ; c'est sans doute sur celle-là que M. le président a appliqué sa restriction mentale. Cependant il dit s'être renfermé dans les termes du décret ; il a donc juré n'avoir pris part à aucun acte contraire aux décrets sanctionnés & non sanctionnés. Je prie M. le président de déclarer positivement si son serment porte sur les deux parties du décret, ou d'indiquer celle sur laquelle il ne porte pas. J'ajoute, d'ailleurs, que la formule comprend tout acte tendant à affoiblir le respect & la confiance dus aux décrets de l'assemblée.

Plusieurs membres demandent que M. de Virieu quitte le fauteuil pendant la délibération dont il est l'objet.

M. le président. J'occupe cette place par les ordres de l'assemblée ; je n'y tiens point, mais je ne suis pas coupable, je ne la quitterai que sur un nouvel ordre de l'assemblée ; je vais la consulter.

M. Coupé. Vous ne le pouvez vous-même, puisque vous jugeriez de la majorité qui doit prononcer sur votre sort.

M. le président. Je vais donc quitter ma place pendant le tems de cette discussion.

M. d'Esprémenil. Vous n'êtes pas à vous.

M. le président. Ce n'est pas le premier exemple d'un président qui a prononcé un décret contre lui-même. M. Mounier, à Versailles, a consulté lui-même l'assemblée, quand on l'accusoit d'avoir prononcé un décret d'une manière inexacte. Je vais donc mettre aux voix la question dont il s'agit.

M. Goupil de Préfeln. La délibération concerne directement & positivement M. le président ; il ne peut dès-lors en être le chef & le modérateur.

M. le marquis de Bonnay. J'ai demandé la question préalable, parce qu'il n'y a pas même lieu à interpellation, d'après la manière dont M. le président s'est justifié. Cette demande doit avoir la priorité, & je la réclame.

M. le président se dispose à la mettre aux voix. — Après une longue opposition de la part d'un grand nombre de membres, il reprend la parole, & dit d'une voix fatiguée & entre-coupée : je ne suis pas en état de soutenir une telle discussion, & si elle doit durer encore, je prierai M. de Bonnay de prendre le fauteuil.

M. de Bonnay faisant les fonctions de président, se prépare à poser la question préalable.

M. Charles de Lameth. J'observe que la question préalable est très-adroitement demandée par M. de Bonnay....

M. le marquis de Bonnay. Je ne regarde pas l'inculpation d'adresse comme une personnalité, & je ne vous rappelle point à l'ordre; mais elle est désobligeante, & je vous prie de la retirer.

M. Charles de Lameth. La question préalable, très-ingénieusement proposée par M. de Bonnay, n'est point admissible; la discussion est commencée; elle n'est point fermée; il est impossible d'invoquer, soit l'ignorance, soit la parfaite connoissance de la cause. Mais de quoi s'agit-il? D'une déclaration, d'une protestation, ou d'un acte quelconque qui a inquiété le public & un grand nombre des membres de l'assemblée. Je ne sais pas quelle a été l'intention de M. Bouche, en proposant la motion que vous avez décrétée; mais nul ne peut douter qu'il n'ait eu pour objet de faire dire à M. le président, s'il avoit signé une protestation, ou tout autre acte contre les décrets de l'assemblée. Vous avez dû voir avec inquiétude, qu'il fût possible d'accuser votre président d'avoir manqué au respect qu'il doit à vos décrets, votre président qui ne veut pas même être soupçonné; vous avez demandé un serment solemnel, qui n'est autre chose que le serment civique avec un peu d'extension; vous avez voulu que votre président s'engageât à ne rien écrire, rien souscrire, rien avouer qui tendît à mettre en question, soit le pouvoir, soit les intentions de l'assemblée, soit le respect dû à ses décrets. Le serment porte ces mots : « Sanctionnés ou acceptés par le roi ». Si M. de Virieu a signé des protestations contre quelques décrets avant qu'ils fussent sanctionnés, ces actes n'en sont que plus coupables, puisqu'ils ont eu pour objet d'influencer l'esprit du monarque même. Quand M. de Virieu voudroit s'excuser par une réticence, au moins est-il vrai qu'à l'époque du serment, les décrets étoient sanctionnés, & que si la protestation a jamais existé, elle existoit toujours. Au reste, je demande, & j'en appelle à la conscience de tous ceux qui m'entendent, si dans le moment où M. de Virieu a prononcé son serment, malgré le petit entortillage qui l'a précédé, il est resté à un seul membre de l'assemblée l'idée que M. de Virieu eût signé un acte de cette nature? Pour moi, je n'ai pas cru, d'après son serment, qu'il eût jamais fait de protestations. Quelques membres ont annoncé un sentiment différent; il s'est élevé contre eux un cri d'indignation, qui étoit celui de la conscience. Je vous demande de quel œil vous pouvez voir, de quel œil le public verra cette restriction mentale & vraiment jésuitique? A Dieu ne plaise que je veuille qualifier de semblables moyens! Je les abhorre sans oser les combattre, & la conscience de l'assemblée les jugera bien mieux que la raison; mais je demande comment M. de Virieu a pu avouer qu'il a signé des protestations, & jurer ensuite qu'il n'a rien signé qui *tendît à affoiblir le respect & la confiance dus aux décrets de l'assemblée nationale*.... On vous propose la question préalable. Par respect pour la majorité du corps législatif, pouvez-vous ne pas délibérer sur un semblable objet? Cette circonstance peut avoir une grande influence sur le sort de l'état : vous allez jetter un nouvel éclat sur vous-mêmes, ou ternir la majesté de l'*assemblée nationale*.

M. l'abbé Maury. La délibération qui vous occupe est liée à plusieurs principes que je demande la permission d'exposer, & parce qu'ils ont été totalement oubliés. C'est un premier principe reconnu par vous, qu'une loi ne peut être décrétée à l'instant de son exécution; car alors elle seroit plutôt un jugement qu'une loi : c'est un principe que votre réglement donne à tous les membres de cette assemblée le droit de parvenir aux fonctions honorables qu'on peut obtenir de votre confiance : c'est un principe que le serment particulier exigé de vos officiers seroit une injure pour votre assemblée : c'est un autre principe que personne n'a le droit d'interpeller légalement, non-seulement le président, mais un membre de cette assemblée, quel qu'il soit; une interpellation n'appartient qu'à un juge, après un commencement de preuve acquise; quand elle n'a pas la certitude d'un fait, une assemblée telle que celle-ci ne doit pas s'en occuper. Je n'examinerai pas si le décret dont il s'agit a été accepté; mais je dis que je regarde comme naturel à tous les membres de l'assemblée d'être persuadé que quand les circonstances les obligent à souffrir un acte de précaution, ce n'est pas à l'assemblée, mais à leurs commettans qu'ils doivent compte de leurs actions. Ce principe tient au droit qu'ont eu nos commettans de nous donner leurs ordres; mais je pense que quand un homme d'honneur est interpellé, même sans qu'on ait droit de le faire, il doit dire la vérité.

Je n'ai donc pas approuvé le silence de M. le comte de Virieu; & sans m'expliquer sur la conduite que, pour sa gloire, j'aurois voulu qu'il eût tenue, je me bornerai à dire que le vœu exprimé dans un scrutin par la majorité, est un décret. Je ne réclame pas contre le décret par lequel vous exigez un nouveau serment. Je déclare publiquement que j'ai signé le même acte que M. de Virieu. (Une partie des membres placés au côté droit se se lèvent pour s'unir à cette déclaration). En conséquence, comme il est impossible que la minorité donne des loix à la majorité, si vous persistez à exiger le serment, je ne dis pas à M. le comte de Virieu ce qu'il doit faire, mais je déclare que je me regarde comme à jamais exclus de cette assemblée.

M. le comte de Virieu. Rendu dans ce moment à moi-même, à ma qualité de simple membre de cette assemblée, il m'est permis de m'expliquer; peut-être ne le pouvois-je pas quand je n'étois pas moi, & que j'étois à l'assemblée. Je n'ai pas répondu avec détail pour éviter des questions épineuses qui pourroient exciter du trouble, non-seulement dans l'assemblée, mais même dans le royaume entier. J'atteste tous ceux de mes collègues qui m'ont témoigné quelque confiance, & je les prie de se ressouvenir combien j'ai desiré de rester simple citoyen; on m'a vu repousser toute espèce d'idées ambitieuses; on m'a vu, le 13 juillet, proposer des décrets dont le succès a été utile à la liberté; & si jamais les excès auxquels ont s'est livré, permettent qu'elle s'établisse en France, on me devra la justice de dire que j'ai concouru à la faire triompher. Quand les choses ont changé, j'ai mis ce même caractère à résister à l'oppression de la multitude, la plus dangereuse de toutes les oppressions; j'y ai résisté au péril de ma fortune, de ma liberté, je dois dire de ma vie, puisque personne ne l'ignore.

C'est d'après toutes ces circonstances que j'ai considéré la situation où je me suis trouvé ce matin: j'ai cru qu'il ne m'étoit pas permis de refuser l'honneur que vous m'accordiez, j'ai dû prendre les qualités de la place où vous m'aviez élevé, & l'oubli de mon caractère a été mon premier sacrifice. Quand on a proposé le décret, je n'ai pas cru devoir des explications qu'on ne me demandoit pas & qui auroient pu devenir dangereuses. Le décret prononcé, j'ai dit un fait certain. J'ai vu depuis, par un singulier contraste, des personnes bien opposées prendre soin de ma gloire. Je demande d'abord, comme individu, dans quel cas, dans quel tems, dans quel lieu il peut se faire qu'un homme soit obligé à plus que la loi n'exige, & qu'il soit inculpé pour n'avoir pas présumé plus que la loi ne renfermoit?

J'ai dû, comme homme revêtu de la confiance de l'assemblée, éviter ce qui pouvoit en troubler la paix: j'ai offert toute espèce d'explications avec la loyauté de mon caractère; j'ai dit que s'il s'élevoit quelque réclamation, je descendrois à l'instant du poste où vous m'aviez placé. Me suis-je mal expliqué? C'est un tort de ma diction & non de mon cœur. Je me suis renfermé dans le texte précis du décret; maintenant l'assemblée peut en expliquer le sens. Si on y avoit mis autre chose, j'aurois quitté cette place dangereuse, & j'aurois fait ma profession de foi. Que l'assemblée déclare donc ce qu'elle a voulu dire; qu'elle prononce: je remplirai alors les devoirs que mon caractère m'impose. Il s'agit ici d'une simple explication, & rien ne m'est personnel. Je ne me suis jamais regardé comme inculpé; je n'ai pas mérité de l'être; & quand on m'accuseroit, je croirois devoir braver des jugemens que je regarderois comme l'effet de l'égarement.

Une partie du côté droit applaudit.

On fait lecture d'une motion de M. Alexandre de Lameth; elle consiste à ajouter au serment: « Ou contre les décrets qui ne devroient pas être acceptés ou sanctionnés ». Elle a encore pour objet de décider que dans le cas où M. de Virieu ne pourroit pas prêter ce serment, il soit nommé un autre président.

M. Dubois de Crancé. La question n'est pas de savoir si le sens du serment doit être étendu; il s'agit seulement de demander à M. de Virieu s'il a signé un acte quelconque *tendant à affoiblir le respect & la confiance dus à vos décrets.*

M. Garat l'aîné. Si le serment n'étoit clair, n'étoit précis, il seroit odieux. On ne se joue pas du serment; il ne doit jamais être un piège pour la conscience de celui auquel on l'impose. Le sens du vôtre est de déclarer n'avoir jamais signé, ne vouloir pas signer, être déterminé à ne signer jamais des actes contre les décrets sanctionnés ou acceptés. Le serment est indivisible de l'acceptation ou de la sanction: cela est si évident, que le provocateur du décret, quand il a voulu le faire entendre d'une autre manière, a été obligé d'ajouter un mot à la formule du serment, puisqu'il a dit: les décrets *rendus* par l'assemblée; le mot *rendu* ne se trouve pas dans la formule. Au surplus, je ne puis concevoir que des membres puissent être exclus des dignités de l'assemblée sans être exclus de l'assemblée même; je ne puis concevoir qu'une assemblée soit divisée en deux espèces d'individus, les uns incapables d'occuper des places, les autres admissibles à ces places: voilà une bisarerie qu'il est impossible d'admettre; quiconque est indigne de nos places, est indigne de cette assemblée. Cela posé, on parle d'un acte particulier, & j'entends une partie de l'assemblée déclarer qu'elle a souscrit cet acte, qui est, dit-on, celui sur lequel on a entendu faire porter le serment. Le serment prononcé par M. de Virieu est vrai, si cet acte ne regarde pas des décrets sanctionnés & acceptés. Comment se peut-il que nous nous occupions pendant trois heures d'un acte qui n'est pas connu de l'assemblée, dont l'existence est avouée & que plusieurs membres semblent s'honorer d'avoir souscrit? Je demande que cet acte soit connu; ou il est dans l'intention du décret accepté, ou il est diffamateur de ce décret; dans ce dernier cas, je ne croirois pas que nous dussions souffrir ici aucun de ses signataires.

La partie droite applaudit — Une partie du côté gauche demande la question préalable sur toute cette discussion.

L'assemblée consultée, décide qu'il n'y a pas lieu à délibérer sur le tout.

M. de Virieu, après avoir repris le fauteuil. Il s'agissoit de terminer d'une manière tranquille une discussion dangereuse. Il s'agit maintenant de prouver ce que j'ai dit, que je n'ai point ambitionné l'honneur que j'ai reçu.... Je préviens qu'aussi-tôt que j'aurai parlé, la séance sera levée.... Je résigne entre vos mains une place que je ne crois pas devoir occuper.

Séance du Jeudi 29 avril 1790.

Quelques membres de la partie droite se plaignent de ce que dans le procès-verbal dont on vient de faire lecture, on a seulement mentionné, & non inséré textuellement la lettre par laquelle M. de Virieu a hier réitéré sa démission.

M. de Lépo, secrétaire & rédacteur de ce procès-verbal. Je n'ai pas cru qu'il fût dans l'intention de l'assemblée d'approuver & de consacrer, par une insertion dans le procès-verbal, les expressions injurieuses que contient la lettre de M. de Virieu. Je citerai, par exemple, cette phrase: « lorsqu'après avoir eu le bonheur de ramener la question à son véritable jour, & à un *état de modération*.... ». L'assemblée peut-elle souffrir qu'on dise qu'elle étoit hors de l'état de modération? peut-elle souffrir que l'on qualifie d'*injustes attaques* les motions qui ont été faites?

M. le président propose de mettre aux voix la question de savoir si le procès-verbal restera tel qu'il est, & de ne pas discuter cette lettre.

M. Voydel. Il faut mettre aux voix cette question: « Les expressions de la lettre de M. de Virieu compromettent-elles la dignité de l'assemblée » ?

On demande que toute discussion soit arrêtée.

Cette demande est mise aux voix. — La première épreuve paroît douteuse.

M. le comte de Clermont-Tonnerre. Ces expressions sont-elles injurieuses? Je ne le crois pas. L'assemblée, en terminant par la question préalable les motions présentées, n'a-t-elle pas solemnellement reconnu que ces motions étoient d'*injustes attaques*...? S'il y a une personne qui croie que cette attaque a été *modérée*, je la prie de se lever, & de soutenir que la lettre ne doit pas être insérée.

M. Fermont. L'assemblée doit écarter la façon de penser individuelle d'un président, & non la consacrer, quand l'insertion de cette lettre pourroit avoir des suites dangereuses: elle pourroit faire penser que la motion relative au serment avoit pour objet de forcer la démission du président, tandis qu'il s'agissoit seulement de connoître les sentimens qu'il professoit. Ces sentimens ont eu besoin d'explication, & cette explication a donné lieu à la démission que vous avez reçue. Je ne crois pas qu'il soit possible d'imprimer la lettre de M. de Virieu dans le procès-verbal.

M. le comte de Montlausier demande que cette discussion soit fermée. L'assemblée est consultée. Deux épreuves donnent un résultat douteux. — La discussion est continuée.

Après quelques instans de débats, l'assemblée décide qu'on passera à l'ordre du jour.

M. le président. M. l'abbé Gouttes a obtenu, dans le scrutin pour l'élection d'un président, 454 suffrages. M. l'abbé de Montesquiou 200 voix: 19 voix ont été perdues. Ainsi M. l'abbé Gouttes va prononcer le serment.

M. le marquis de Digoine. Avant que ce serment soit prononcé, je demande à faire une question à l'assemblée.

On observe que l'assemblée vient de décider qu'elle passeroit à l'ordre du jour.

M. de Bonnay, occupant toujours la présidence. Avant-hier, dans une circonstance à-peu-près semblable, j'ai refusé la parole; je ne dois l'accorder aujourd'hui que sur le vœu de l'assemblée.

M. de Gros-Bois. Il n'y a pas de président; la parole ne peut être refusée.

M. de Bonnay. Je suis toujours président, puisque M. l'abbé Gouttes ne l'est pas encore.

M. le vicomte de Mirabeau. Il n'y a pas de président, personne ne peut accorder la parole.

M. de Bonnay. Dans un moment d'interrègne, il faut bien que quelqu'un remplisse les formalités nécessaires pour que le nouveau président entre en fonctions: il faut bien que quelqu'un consulte l'assemblée, pour savoir si on donnera la parole aux personnes qui veulent parler avant que ces formalités soient remplies. Je vais donc poser la question. On ne peut m'interrompre, & je ne le souffrirai pas.

L'assemblée décide que nul membre n'obtiendra la parole, autrement que pour parler sur l'ordre du jour.

M. de Foucault prend la parole; il s'adresse à M. de Digoine. Je vous demande, Monsieur, si vous voulez parler sur le serment. M. Gouttes est le maître de le prêter comme il voudra; mais je parlerai après vous.

M. l'abbé Gouttes prononce la formule du serment.

M. de Bonnay. Ayant prêté le serment & rempli

les formalités d'usage, M. l'abbé Gouttes est devenu président.

On vote par acclamation des remercîmens à M. de Bonnay.

M. l'abbé Gouttes, président, prononce un discours dans lequel la phrase suivante est vivement applaudie. « Je n'ai point mérité l'honneur que je reçois; ce n'est pas à moi qu'il est accordé; c'est à ma qualité de curé; c'est cette classe entière que vous avez voulu honorer ».

On se dispose à passer à l'ordre du jour.

La partie droite s'y oppose par des agitations violentes & par des clameurs.

L'assemblée de nouveau consultée, décide qu'on passera à l'ordre du jour.

M. de Fermont, qui a le premier la parole sur les jurés, monte à la tribune. — M. le marquis de Digoine y reste. — M. ..... vient aussi s'y placer.

Ils veulent tous les trois prendre la parole.

Après des débats très-longs & très-tumultueux de la part de la partie droite, M.....: dit aux personnes placées près de la tribune: « il y a 360 membres qui ne peuvent prêter le serment; il s'agit de savoir s'ils sont députés, ou s'ils ont cessé de l'être. Qu'on réponde..... Nous voulons dissoudre l'assemblée.

M. le président observe qu'il n'a point accordé la parole, & rappelle à l'ordre la partie droite de l'assemblée.

Plusieurs des membres placés dans cette partie disent; les uns, « nous vous empêcherons de délibérer si vous ne voulez pas nous écouter »; les autres, « nous emploierons la violence ».

M. le président rappelle à l'ordre du jour.

M. l'abbé Maury, M. le vicomte de Mirabeau, M. le chevalier de Murinais. Il n'y a pas d'ordre du jour; on n'y passera pas que M. de Digoine n'ait été entendu.

M. le président rappelle encore à l'ordre du jour.

La partie droite s'écrie: « Nous ne passerons jamais à l'ordre du jour.

La partie gauche se soulève d'indignation.

M. de Biozat. Ce désordre est prémédité; on a des projets funestes..... Le piège qu'on nous tend est grossier; nous ne nous y laisserons pas prendre: soyons calmes.... Le calme sera terrible.... Que les bons citoyens fassent silence.

La partie droite jette de grands cris.

M. le président veut parler. — Le tumulte de la droite l'empêche de se faire entendre.

On propose de remettre à demain l'objet pour lequel M. de Digoine demandoit la parole. — Cette proposition est décrétée.

M. Fermont commence à parler sur les jurés.

M. le marquis de Foucault, placé à une des tribunes de l'extrémité, interrompt M. Fermont chaque fois qu'il prend la parole.

M. Fermont. La discussion intéressante sur l'ordre judiciaire embrasse plusieurs questions.....

M. le marquis de Foucault. Je demande que vous m'éclairiez.

M. le président rappelle M. de Foucault à l'ordre.

M. Fermont parle.

M. le marquis de Foucault crie.

On demande que M. le marquis de Foucault soit rappellé à l'ordre.

M. le marquis de Foucault. Il est impossible d'empêcher de parler un membre qui se croit libre.

M. Fermont. Je demande à présenter quelques réflexions sur le point....

M. le marquis de Foucault. Le point est que je veux parler, & que je parlerai.

On demande encore que M. de Foucault soit rappellé à l'ordre.

M. le marquis de Foucault tenant à la main un papier qu'il montre successivement à l'assemblée & aux galeries. Eh bien! voilà ma déclaration. Je me retire d'une assemblée où je suis esclave: je me retire. *Il reste.*

M..... observe que le rapport du comité de constitution sur les gardes nationales, est le premier placé à l'ordre du jour.

M. d'André demande que ce rapport soit livré à l'impression, au lieu d'être lu à l'assemblée.

Cette proposition est accueillie.

Séance du 30 avril 1790.

M. le Camus. J'ai eu l'honneur de représenter avant-hier à l'assemblée, que la formule du serment.....

M. le marquis de Digoine. Vous n'êtes pas dans l'ordre du jour.

M. le Camus. Le membre du comité des finances qui doit faire un rapport, n'est pas encore arrivé; je profite de cet instant.

M. le marquis de Digoine. La parole est à moi.

M. le président observe à M. de Digoine que la parole a été accordée à M. le Camus. — M. de Digoine monte à la tribune.

M. de Croix. M. de Digoine a la parole pour l'ordre de deux heures, & non pour ce moment. — M. de Digoine insiste.

L'assemblée est consultée. — Elle accorde la parole à M. le Camus.

M. le Camus. L'assemblée a décrété que les officiers prêteroient serment en entrant en fonctions ; cet usage a lieu dans toutes les assemblées. Je n'ai pas demandé qu'on rétractât le décret ; j'ai seulement dit que la formule avoit été rédigée très à la hâte. Une formule de serment ne sauroit l'être avec trop de soin. J'ai demandé qu'on renvoyât au comité de constitution, pour examiner la formule ; je réitère ma demande.

M. le marquis de Foucault. Je n'entrerai pas dans un développement aussi grand que l'exigeroit la proposition qui vous est faite ; je dirai seulement que c'est la plus importante de vos opérations, & la principale circonstance où vous vous soyez trouvés. Ne nous dissimulons pas qu'il y a deux partis dans cette assemblée.... Je dis qu'il ne nous a pas été possible d'entrer dans la moindre explication sur le décret du 27 ; je dis qu'il est important pour la liberté & pour la constitution, de faire revoir ce décret par l'assemblée ; je dis que M. le Camus auroit dû attendre à deux heures pour présenter sa motion : si elle a pour objet de demander la révision du serment, je n'ai rien à dire : si c'est pour le rendre nul, je n'ai rien à dire encore. Je dis qu'il faut revenir, le plus vîte possible, d'une erreur ; je dis que l'assemblée ne peut limiter les droits de ses commettans, & je demande qu'on attende que l'assemblée soit plus considérable.

M. le marquis de Digoine. J'ai la parole à l'ordre de deux heures ; je déclare que je la réclamerai.

M. de Folleville. Je propose cet amendement : « & en attendant, le décret du 27 demeurera suspendu ».

M. de Virieu. Pour l'amour de la paix, j'adopte la motion & l'amendement.

L'assemblée décrète que la formule du serment, prescrit par le décret du 27 de ce mois, sera renvoyée au comité de constitution, qui la rapportera à l'assemblée, & qu'en attendant ce rapport, l'effet du décret demeurera suspendu.

Séance du dimanche 4 juillet 1790.

M. Pierre Dedelay. Vous n'avez pu vous occuper encore des décrets nécessaires pour fixer constitutionnellement le mode sous lequel vous correspondrez à l'avenir avec le chef suprême du pouvoir exécutif. Vous avez cru qu'il étoit également digne de votre zèle de ne point vous distraire des grands & importans objets soumis à vos délibérations, & d'attendre l'époque où les circonstances sembleront exiger que vous déterminiez les formes & l'appareil dont les représentans d'une grande nation doivent être environnés dans toutes les fêtes & les cérémonies publiques. Au moment où, de toutes les parties de l'empire, les amis de la constitution viennent jurer de la maintenir, lorsque le spectacle le plus saint, le plus imposant, le plus auguste, va consacrer vos immortelles institutions, il est de la dignité de l'*assemblée nationale constituante* de France, de ne plus différer de s'expliquer. Vous avez tous jugé que le premier trône du monde exigeoit un grand éclat ; & vos sacrifices, pour conserver au roi des François toute l'étendue de magnificence qui distinguoit si spécialement sa cour, ont égalé votre amour pour sa personne. Mais lorsque le chef suprême de la nation, dépositaire de toutes les forces actives de l'empire, est assuré de toute la plénitude des hommages & des respects, c'est à vous d'assurer aussi au corps législatif des droits aux mêmes hommages & aux mêmes respects.

Vous sentez déjà que rien ne s'opposeroit davantage à cette haute considération que vous devez concilier à la nation dans la personne de ses représentans, que de continuer d'ordonner à votre président de se retirer pardevers le roi, & à l'exposer, pendant cette espèce d'isolation, à être méconnu ou compromis. Vous penserez donc que l'*assemblée nationale* doit être inséparable de son président, & que deux de ses membres, députés à cet effet, seront dorénavant chargés de se retirer pardevers le roi, toutes les fois que les circonstances l'exigeront. Vous êtes sans doute également persuadés qu'il est nécessaire d'achever de régler la formule des décrets, celle des acceptations & sanctions, de régler enfin le mode sous lequel seront données ces acceptations & sanctions, afin de concilier les égards dus au monarque avec la dignité du corps législatif, & sur-tout afin que vos décrets & les lettres & proclamations qui en sont la suite, ne présentent plus des expressions que la flatterie ou la servitude pouvoit avouer, mais qui ne doivent plus se retrouver dans les fastes d'une nation loyale & libre. Je demande que ces objets soient renvoyés au comité de constitution ; ils lui appartiennent essentiellement.

L'*assemblée nationale* décrète le renvoi au comité de constitution, pour qu'il en fasse incessamment le rapport.

Voyez Roi, Corps Législatif.

Séance du 23 septembre 1790.

M. Chapelier, après quelques courtes observations sur la nécessité de terminer le plus promptement possible les travaux de l'*assemblée nationale*, présente les deux projets de décret suivans :

« L'*assemblée nationale* considérant combien il importe d'accélérer l'achèvement de la constitution & de remplir les espérances de la nation, qui voit, avec raison, dans la fin des travaux de ses représentans, l'établissement inviolable de l'ordre public, l'exercice & la stabilité de tous les pouvoirs ;

Considérant qu'à l'époque à laquelle on est parvenu, les grandes bases de la constitution étant posées, il est maintenant facile d'appercevoir & de fixer ce qui reste à faire pour compléter cet ouvrage, & que la nation a droit d'attendre de ses représentans, non-seulement ce zèle & cette activité qui emploient tous les instans, mais encore qui la mettent à même de mesurer d'un coup-d'œil l'espace qui leur reste à parcourir, & de suivre, sans incertitude, leur marche & leurs travaux; qu'enfin, c'est en arrêtant le tableau de ce qu'ils ont à faire, qu'ils pourront indiquer à la nation le moment prochain où elle s'assemblera pour former la première législature; décrète ce qui suit:

Art. Ier. Tous les comités, excepté ceux des rapports, des recherches, de vérifications, & de l'envoi des décrets, nommeront chacun un de leurs membres pour se réunir au comité de constitution.

II. Ce comité central aura pour fonctions de former & de présenter, sous le plus bref délai qu'il sera possible, à l'*assemblée nationale*, un tableau de tout ce qui restera pour achever la constitution, & de l'ordre dans lequel les matières doivent être successivement mises à la discussion & décrétées.

III. Chaque comité donnera à celui de ses membres, qui sera nommé par le comité central, l'état des travaux qui doivent être par lui présentés à l'assemblée.

IV. Lorsque le tableau & l'ordre des matières auront été décrétés par l'*assemblée nationale*, ce sera invariablement l'ordre du jour; les matières seront successivement décrétées sans interruption & sans pouvoir passer de l'une à l'autre, avant que celle mise à la discussion soit achevée: de manière cependant que les vendredis, les samedis, & même les dimanches continueront d'être consacrés aux finances.

V. En conséquence, le tableau du travail sera sur deux colonnes, l'une relative à la constitution & l'autre aux finances.

VI. Sous aucun prétexte, aucunes affaires particulières ne pourront être examinées aux séances du matin, ni interrompre l'ordre du jour; elles seront envoyées aux séances du soir, & il en sera tenu d'extraordinaires toutes les fois qu'elles seront nécessaires.

VII. Quand le tableau des matières & de l'ordre de la discussion aura été décrété, il sera imprimé, envoyé à chacun des membres réunis à tous les comités, & affiché dans la salle de l'assemblée.

VIII. Tous les comités, instruits par ce tableau du moment où les objets dont ils sont chargés respectivement, seront soumis à l'examen de l'assemblée, tiendront leur travail prêt, & feront imprimer leurs projets, ensorte que quatre jours en avance, ils soient distribués à chacun des membres.

L'*assemblée nationale* décrète qu'il sera adjoint au comité de constitution sept membres, élus parmi tous les membres de l'assemblée, pour, concurremment avec le comité de constitution, examiner tous les décrets rendus par l'*assemblée nationale*; séparer ceux qui forment proprement la constitution, de ceux qui ne sont que législatifs ou réglementaires; faire en conséquence un corps de loix constitutionnelles; vérifier la rédaction des articles, afin de rectifier les erreurs qui auroient pu s'y glisser. Le travail du comité sera présenté à l'assemblée, aussi-tôt qu'il ne restera plus à décréter que les deux derniers inscrits dans le tableau qui fixera l'ordre du travail, & alors deux jours par semaine y seront consacrés.

Ces décrets sont adoptés.

Séance du samedi 9 octobre 1790.

M. la Blache. J'ai à vous faire un rapport de votre comité des finances, concerté avec les commissaires de vos comités d'imposition & d'agriculture, pour la dénonciation d'un genre d'abus qui s'est multiplié jusqu'à l'excès; je veux parler du contre-seing. La correspondance presque entière de Paris, passe sous le cachet de l'*assemblée nationale*; ce ne sont plus des paquets, mais des ballots. Le service s'est ralenti dans sa marche, & déjà on a été forcé de doubler les couriers jusqu'à certaines distances. En sept mois, la recette a diminué de 800 mille francs, & la dépense a augmenté de 200 mille livres. Je ne m'étendrai pas davantage sur ce genre de mal, dont le soupçon ne peut atteindre aucun de vous. C'est pour obvier à cet inconvénient que votre comité des finances vous propose le décret suivant:

Art. Ier. Il sera établi un seul bureau du contre-seing & d'expédition pour l'*assemblée nationale*.

II. Ce bureau sera surveillé particulièrement par les inspecteurs des secrétariats.

III. Il sera composé du nombre d'écrivains, de cacheteurs & de garçons de bureau que les inspecteurs jugeront nécessaires.

IV. L'écriture des commis sera donnée à la poste pour servir de comparaison; & les garçons de bureau seront connus & enregistrés à la poste.

V. Il sera fait de nouveaux cachets, qui seront numérotés & marqués d'un point secret qui ne sera connu que des administrateurs des postes.

VI. Nul paquet ne pourra être envoyé par un

autre bureau, & c'est de celui-là seul que partiront les contre-seings de l'*assemblée nationale*.

VII. Les députés seront tenus de faire contre-signer les paquets des mots, *assemblée nationale*, par les écrivains commis à cet effet, & l'on ne contre-signera que les lettres ou paquets qui seront présentés par les députés en personne.

VIII. Tout paquet mis dans les boëtes, seront taxés, même quand ils seroient contre-signés.

IX. Les paquets ne doivent contenir que des papiers écrits ou imprimés, relatifs aux affaires publiques, ou les correspondances directes des députés; mais aucuns livres reliés ou autres objets étrangers.

X. La franchise des lettres pour l'arrivée, sera restreinte à celles qui seront adressées au président de l'*assemblée nationale*, aux six secrétaires, au président de chaque comité & de chaque section, ainsi qu'aux députations collectives & à l'archiviste.

XI. Le réglement en forme de lettre, adressé par le premier ministre de la part du roi, en date du 16 juillet 1791, aux administrations de département, qui fixe le mode des franchises & de contre-seing dans leur arrondissement, sera exécuté provisoirement jusqu'au premier janvier 1791, terme de l'expiration du bail actuel des postes.

Séance du 21 octobre 1790.

M. Voulland. Le procès-verbal dont on vient de vous donner lecture, fait mention d'un congé demandé & obtenu par un honorable membre de cette assemblée. Vous me permettrez d'en prendre occasion pour vous rappeller que vous avez décrété, le 3 avril dernier, qu'il seroit fait une liste de tous les députés absens, de ceux qui demandent à s'absenter, de ceux qui donnent leur démission, & de ceux qui rentrent après l'expiration de leur congé..... L'exécution de ce décret, qui jusqu'à présent a été fort négligée, me paroît absolument nécessaire, & je me crois obligé de la solliciter dans ce moment auprès de vous, avec les plus vives instances. Vous vous rappellez, j'ose le dire avec douleur, que, dans la décision majeure que vous avez portée hier, nous avons tous vu, non sans un pénible étonnement, & les départemens peut-être le verront comme nous, que le résultat du scrutin ne nous a présenté que le nombre de 700 & quelques votans, tandis que l'*assemblée nationale* est constitutionnellement composée de 1200 membres. Dans le nombre sans doute de ceux qui n'ont pas répondu à l'appel nominal, il y en a qui sont légitimement absens, puisque vous avez cru devoir leur accorder des congés; d'autres peuvent être réellement détenus par de graves & réelles infirmités: on peut avoir un état précis des premiers; les seconds peuvent se présumer; mais il paroît essentiel d'adopter une mesure qui puisse nous servir de base pour fixer les idées sur les uns & les autres, & nous assurer au besoin le tribut de lumières que nous doivent toujours, & sur-tout dans les affaires majeures, ceux de nos collègues qui ne sont ni malades ni absens par congé.

Dans cette unique vue, j'ai l'honneur de vous proposer d'ordonner, sans aucun délai, l'exécution la plus rigoureuse de votre décret du 3 avril dernier, afin que le résultat de votre scrutin du jour d'hier, consigné dans toutes les feuilles périodiques, ne donne pas lieu de croire que le tiers & plus de l'*assemblée nationale* est malade ou paralysé.

Cette proposition est adoptée.

Séance du 22 octobre 1790.

M. le président. La partie peu nombreuse qui se trouvoit dans la salle à dix heures & demie, m'a chargé de demander vos ordres sur l'heure à laquelle s'ouvriront désormais vos séances.

M. Lareveillere-Lépo. L'*assemblée nationale* trouve à chaque pas des obstacles à l'exécution des loix qu'elle a rendues pour le rétablissement des mœurs & de la félicité publique; mais son esprit n'est pas changé; plus elle trouvera d'obstacles, plus elle développera de zèle. Je sais que les comités continuent chaque jour leurs opérations fort avant dans la nuit; je sais que chacun de nos collègues se livre à des correspondances étendues, dont l'objet unique est de ramener l'ordre & la paix dans les départemens; je sais aussi que ces hommes, qui se sont exposés sans crainte à la mort, pour donner la liberté au peuple, sauront braver les fatigues de leurs utiles travaux.

Je demande donc que l'heure des séances ne soit pas changée; que quand l'assemblée ne sera pas formée à l'heure ordinaire, M. le président mette au nombre de ses devoirs les plus sacrés, de dire: « l'assemblée ne s'est pas formée à l'heure convenue; la chose publique en souffre ». Je suis persuadé que ce seul mot ramenera tous les membres à l'heure ordinaire. (Les applaudissemens sont presque unanimes).

M. le président. Ainsi, Messieurs, je vous supplie, au nom de la patrie & de vos devoirs les plus chers, de vous trouver ici demain à neuf heures.

M..... La France vient de perdre un homme célèbre par son dévouement & son courage..... M. Désilles est mort. Je demande que M. le président soit chargé de donner au père de ce vertueux citoyen, les témoignages de la sensibilité & des regrets de l'assemblée.

Cette proposition est unanimement adoptée.

Séance du 26 décembre 1790.

M. de Crillon. Messieurs, nous nous sommes refusés au plaisir de vous présenter le tableau des travaux que vous avez déjà faits, & qui vous assurent la reconnoissance éternelle de la nation; pour le considérer, il vous eût fallu du temps, & nous n'avons pas oublié qu'économiser votre temps, est un des devoirs que vous nous avez imposés. Nous avons évité par la même raison d'entrer dans le développement de ceux qui vous restent encore à terminer; vos comités ne vous laisseront rien à desirer dans les rapports qu'ils doivent vous soumettre; nous nous sommes bornés à exécuter strictement la mission que vous nous avez donnée.

Nous vous présenterons la liste générale des rapports qu'ont déjà préparés ou que préparent encore vos comités, & nous vous soumettrons le classement que nous avons fait de ces travaux.

Nous les avons divisés en deux sections. Nous allons avoir l'honneur de vous exposer la première; elle comprend les travaux que l'affermissement ou l'achévement de la constitution ont paru vous prescrire de terminer.

Nous ferons imprimer la seconde; elle renfermera ceux qui sont très-importans, sans doute, mais qui n'appartiennent pas impérieusement au pouvoir constituant, & que vous pouvez sans inconvénient remettre à la législature prochaine.

Nous avons rangé ces divers objets dans l'ordre où il nous a paru plus utile qu'ils fussent traités, soit par vous, Messieurs, soit par les représentans de la nation qui doivent vous remplacer; nous nous sommes décidés à ne pas vous en faire la lecture; c'eût été fatiguer vainement votre attention; une table de matières composée d'objets si variés & si multipliés qui se succèdent avec rapidité, ne peut laisser aucune trace, il faut l'avoir devant les yeux pour l'examiner. Si vous approuvez l'ordre que nous avons suivi, vous croirez peut-être devoir l'établir par un décret.

PREMIÈRE SECTION.

Liste des travaux qui nous paroissent devoir être nécessairement terminés pendant la session actuelle.

Lorsque vous aurez terminé votre travail sur les jurés, nous pensons, Messieurs, que vous devez vous occuper des impositions; rien n'est plus pressant que d'assurer le service de l'année prochaine à laquelle nous touchons; votre comité d'impositions, sera dans quelques jours, en état de vous présenter les différens rapports qu'il doit vous soumettre, pour vous offrir sans interruption les moyens de percevoir la somme que vous aurez décrétée.

Le tableau qui offre un apperçu des besoins de l'année prochaine, vous a déjà été soumis, & votre comité des finances doit vous en présenter incessamment un plus détaillé: la publicité des comptes & la responsabilité des agens du pouvoir exécutif vous garantissent que l'emploi des deniers publics sera conforme à vos décrets. Si vous vous décidez, comme nous le présumons, à décréter la somme totale dont votre comité des finances vous présentera une distribution approximative, votre comité d'imposition vous soumettra les moyens d'y pourvoir.

Nous sommes persuadés que rien n'apporte en même temps & plus de célérité & plus de maturité dans la délibération, que de s'occuper de suite des objets qui ont un grand rapport entre eux: nous vous proposons de traiter consécutivement, autant qu'il sera possible, tout ce qui tient à l'imposition, & de ne passer à un autre sujet que quand celui-là sera entièrement terminé.

Impositions.

Nous avons l'honneur de vous proposer premièrement, de décréter en masse la somme des besoins de l'année prochaine, & ensuite de déterminer les impositions qui doivent y subvenir. Le comité que vous en avez chargé, vous soumettra ses rapports; ils ont pour objet:

Les droits sur le timbre, les entrées des villes, & les hypothèques, la répartition des contributions foncières & personnelles: vous devrez aussi fixer le tarif des traites.

Haute-cour nationale.

Des accusés que vous avez décidé devoir être jugés par le tribunal qui connoîtra des crimes de lèse-nation, sont en prison: il est de notre devoir de leur donner des juges le plutôt possible; & sans doute aussi l'établissement d'un tribunal est un moyen de plus de prévenir le crime.

Code pénal, & loi sur la responsabilité.

Votre comité de constitution pense que l'établissement des jurés rend indispensable des changemens dans le code pénal; ils comprendront la définition du crime de lèse-nation, qui doit, ainsi que la loi sur la responsabilité, former le code de la haute-cour nationale.

Les gardes nationales, les auxiliaires.

Ces articles sont le complément de l'organisation de la force publique; vous avez annoncé plusieurs fois, Messieurs, votre impatience de terminer ces grands objets qu'il suffit de nommer pour en montrer l'extrême importance.

Travail sur les classes.

La France ne renferme pas d'hommes plus précieux que les matelots, dont cette loi doit assurer l'état; utiles agens du commerce pendant la paix, qui pour eux n'est pas sans danger, il n'est pas de plus braves soldats pendant la guerre.

Loi qui détermine les rapports de l'autorité civile & militaire.

Complément du travail sur l'organisation des municipalités & des corps administratifs.

Complément de l'organisation du pouvoir législatif, dans lequel se trouve établie la distinction entre le pouvoir législatif & le pouvoir constituant.

Complément de l'organisation du pouvoir exécutif.

Organisation du ministère.

Organisation du trésor public.

Principes constitutionnels de la comptabilité.

Loi sur la régence.

Bases de l'éducation nationale.

Enfin, Messieurs, votre comité de mendicité a préparé trois rapports qu'il annonce être constitutionnels : leur titre seul vous en prouvera l'importance.

1°. *Rapport sur les bases constitutionnelles du système général des secours.*

2°. *Rapport sur les secours à donner à la classe indigente dans toutes les circonstances de la vie.*

3°. *Rapport sur les moyens de répression pour les mendians qui refuseront le travail* (1).

Ici, Messieurs, vous touchez au moment où la constitution sera terminée, à celui où nous aurons accompli notre serment, & déjà l'instant sera venu où nous pourrons appeller nos successeurs.

Arrivés à cette grande époque, nous pensons que vous devez vous occuper sans délai de la révision de vos travaux & de la séparation des loix constitutionnelles d'avec celles qui ne le sont pas. Ce travail ne peut être fait que par le corps constituant; mais nous nous sommes fait un devoir de vous indiquer le premier moment où nous avons apperçu que votre conscience pouvoit vous permettre de convoquer la prochaine législature: nous avons pensé que l'intervalle nécessairement assez long entre l'époque de la convocation & celle de l'ouverture, vous assuroit plus que le temps suffisant pour la révision & la séparation des loix constitutionnelles; nous espérons même qu'il vous laissera encore celui de terminer des objets importans.

(1) Un quatrième rapport de ce comité a pour titre : *Moyens de lier l'ancienne administration des hôpitaux & de la mendicité à la nouvelle.* Il est lié aux précédens, & ne pourra être discuté que lorsque vous aurez décrété les premiers. Nous pensons qu'alors il pourra être mis à la discussion aux séances du soir.

Les articles que nous venons de vous présenter, Messieurs, sont constitutionnels ; &, aux termes de vos décrets, ils n'auront pu être traités que dans vos séances du matin. Nous pouvons croire que votre comité des rapports n'aura pas absorbé toutes vos séances du soir, & que vous aurez pu en consacrer une partie, ainsi que celles des séances du matin que le travail de la révision n'aura pas employées, à la discussion des objets qui appellent avec plus d'instance vos délibérations. Nous les placerons à la tête de la section que nous nous proposons de faire imprimer, & qui contiendra tous les travaux de vos comités. Ils sont immenses ces travaux; la reconnoissance de la nation sera le prix d'un zèle aussi infatigable: vous léguerez ce précieux héritage à vos successeurs, & ils vous devront ainsi le bonheur de pouvoir servir efficacement la patrie dès leurs premières séances.

Messieurs, nous avons eu l'honneur de vous exposer, dans la première section de notre rapport, les objets qu'il nous a paru nécessaire que vous terminassiez avant la convocation de la prochaine législature ; nous allons maintenant vous présenter la liste des travaux de vos comités, qui ne sont pas compris dans la première section. Nous les avons classés, ainsi que nous vous l'avons annoncé, dans l'ordre où il nous a paru plus utile qu'ils fussent traités.

Si vous adoptez notre opinion, toutes vos séances du matin seront employées jusqu'au moment de la convocation, par les objets indiqués dans la première section. Quelques-unes même de celles qui le suivront, seront consacrées au travail de la révision & de la séparation des loix constitutionnelles. Ainsi, dans notre plan, vous n'aurez plus à disposer pour la discussion des objets que nous allons vous soumettre, que d'un nombre limité de séances du matin & de celles du soir qui s'écouleront jusqu'à l'ouverture de la prochaine législature, & qui n'auront pas été remplies par votre comité des rapports.

Cependant vous aurez encore eu le temps de terminer beaucoup d'affaires importantes. Vous en aurez préparé un plus grand nombre encore, dont vous remettrez la décision aux représentans de la nation qui viendront vous remplacer.

Avant de commencer l'énumération des travaux, nous devons répondre à plusieurs réclamations qui nous ont été faites. On nous a demandé pourquoi telles & telles loix n'avoient pas été comprises par nous parmi les objets constitutionnels; nous répondons qu'il nous a semblé qu'on ne pouvoit trop restreindre le sens du mot constitutionnel; c'est le seul moyen de lui conserver le respect, nous dirions même, le culte qui lui est dû. Par exemple, nous avons vu quelques personnes penser que le mode d'admission aux emplois étoit constitutionnel ; nous ne le croyons pas : que tout homme

homme à mérite égal, ait un droit égal; voilà le principe constitutionnel décrété dans la déclaration des droits. Mais que les places soient données au concours, ou sur la présentation des corps administratifs, ou de telle autre manière qu'on voudra l'imaginer, ce ne sera jamais qu'une loi qui pourra être révoquée par le pouvoir législatif, s'il croit reconnoître de l'inconvénient à la laisser subsister. Cet exemple peut s'appliquer à un grand nombre de questions de la même nature qui nous ont été faites. Nous sommes persuadés même que nous avons placé dans la première section plusieurs loix qui n'étoient pas constitutionnelles; mais celles qui impriment le mouvement à la constitution, ne sont pas moins nécessaires que les loix constitutionnelles elles-mêmes, & c'est le motif qui nous a décidé.

SECONDE SECTION.

Liste des travaux préparés ou que préparent encore les divers comités de l'*assemblée nationale*, classés dans l'ordre où il a paru plus utile qu'ils fussent discutés.

1°. *Loix sur les successions.*

2°. *Sur la simplification de la procédure civile.*

3°. *Actes de navigation.*

Les discussions profondes que ces grandes questions feront naître, nous ont déterminés à vous proposer de les remettre aux séances du matin que vous aurez de libres, lorsque le travail de la révision sera fini.

4°. *Sur les ordres de chevalerie.*

Nous vous proposons de remettre à la même époque la discussion sur les ordres de chevalerie.

Séances du soir.

Questions sur les assignats.

Nous avons pensé que rien n'étoit plus pressant que de résoudre les difficultés qui pourroient s'opposer à la rapidité de la circulation des assignats.

Petite monnoie, ou billon.

Les valeurs immenses qui vont être répandues dans le commerce sous la forme d'assignats, vous forcent à vous occuper sans délai de tous les moyens qui peuvent en faciliter les échanges.

Sur les dispenses du mariage.

Sur les fabriques & frais de culte dans les paroisses.

Il est pressant que vous prononciez sur ces questions; ce que vous déciderez à ce sujet, est attendu avec grande impatience.

1°. *Sur le recrutement, engagement, dégagement & congés d'ancienneté.*

2°. *Mode d'admission au service & de destitution.*

3°. *Sur les commissaires de guerre.*

La place importante qu'ils occupent dans les jury, rend urgente votre détermination à leur égard.

4°. *Sur les masses générales, vivres, fourrages & frais de campement.*

5°. *Sur les hôpitaux militaires.*

6°. *Sur les aumôniers.*

7° *Sur les places à conserver ou à abandonner, d'où résultera la connoissance des fonds qui doivent y être employés.*

8°. *Sur les dépenses accessoires, étapes, convois militaires, casernemens, états-majors des places, travaux de l'artillerie & du génie, dépenses extraordinaires.*

1°. *Sur l'organisation de la marine militaire, & le mode d'admission, d'avancement & de destitution dans ce corps.*

2°. *Sur l'avancement des matelots & officiers mariniers.*

3°. *Sur la manière d'appliquer les deux décrets précédens, à l'état actuel de la marine.*

4°. *Sur l'organisation des troupes & de la marine.*

5°. *Sur l'organisation de l'administration de la marine.*

6°. *Sur les moyens d'appliquer les deux décrets précédens, à l'état actuel de l'administration de la marine.*

7°. *Sur le code pénal des arsenaux de la marine.*

8°. *Sur l'organisation de la caisse des invalides & de la marine.*

9°. *Sur la police des ports & de la navigation, & sur la suppression des droits de l'amiral.*

Le bien du service, le maintien de l'ordre & l'utilité de pouvoir apprécier les dépenses de l'armée de terre & de mer, exigent que vous fixiez ces différens objets auxquels le nouvel ordre de choses que vous avez établi, doit nécessairement apporter de grands changemens.

Sur les administrations & régies.

Cette question trouvera naturellement sa place lors de la discussion sur les objets d'imposition; & c'est à ce moment que nous vous proposons de vous en occuper.

Sur les jurandes & maîtrises.

Sur les agens de change.

Sur le remboursement des gouvernemens, charges, offices & emplois militaires, & dispositions relatives aux colonels propriétaires.

Sur la liquidation de l'arriéré de la marine.

1°. *Sur le remboursement des banquiers, expédition-*

naires, médecins & chirurgiens du roi, arpenteurs, jurés-crieurs, concierges, à l'exception de ceux de Paris, pour lesquels, ainsi que pour tous les offices ministériels, il sera fait un rapport particulier, d'après ce que l'assemblée nationale a statué par rapport à leur suppression.

2°. *Sur le remboursement des receveurs des consignations & commissaires aux saisies-réelles.*

3°. *Sur les officiers-municipaux & de police, rachetés jusqu'en 1771, par les municipalités.*

4°. *Sur les officiers du point-d'honneur.*

Tous ces objets sont de liquidation ou en sont susceptibles; il en est un qui présente des exceptions à votre déclaration des droits de l'homme, & qui ne pourroit subsister que si vous le mainteniez par un décret particulier. Nous avons pensé que sous ce rapport, il étoit urgent qu'il vous fût présenté. Nous avons été déterminés aussi par la considération que les liquidations, qu'il est dans votre intention d'ordonner, ne peuvent être trop tôt prononcées, puisqu'elles favoriseront la vente des domaines nationaux.

1°. *Sur la donation du Clermontois.*

2°. *Sur le don de Fenestrange à M. de Polignac.*

3°. *Sur l'échange de Sancerre.*

4°. *Sur la ferme des domaines de Sedan, Raucourt & autres, de 75,000 livres par an.*

5°. *Sur le don fait au cardinal Mazarin de terres en Alsace.*

Votre comité des domaines a de très-nombreux rapports à vous faire sur des échanges, dons, aliénations; il en a préparé plusieurs qui peuvent procurer des rentrées considérables au trésor national. Ils nous ont été désignés par ce comité dans l'ordre où nous vous les exposons.

Articles additionnels aux décrets sur les péages & minages.

Ces comités présentent ces rapports comme pressans, & n'étant pas susceptibles d'une longue discussion.

Sur l'affectation des forêts nationales aux usines.

Sur les affectations des différentes forêts nationales aux différentes salines de Lorraine & Franche-Comté, & sur les réclamations de madame de Lauraguais.

Divers établissemens nationaux ou particuliers, tous utiles à la chose publique, manqueroient de moyen d'activité si l'on ne décidoit pas les questions que ces rapports présentent.

Organisation générale des secours à donner à Paris.

Divers établissemens, notamment celui de l'institution des sourds & muets.

Etablissement des caisses & maisons de prévoyance.

Sur l'état des prisons en France, & sur leur amélioration.

Sur les diverses prisons d'état.

Sur les maisons de correction autres que celles dont le comité de mendicité s'occupe.

Nous avons cru devoir réunir tous ces objets, qui nous ont paru avoir de la connexité.

Quelques-uns de ces rapports contiennent des vues de justice, les autres de bienfaisance; il en est qui tendent à assurer la tranquillité publique; toutes ces considérations vous les rendront intéressans.

Sur les congrégations séculières.

Cette question vous présente un grand nombre de citoyens qui sont dans l'attente de ce que vous prononcerez sur leur sort.

Rapports sur les voiries, considérées sous les relations commerciales.

Réglement sur les communaux, parcours ou vaines pâtures, sur le cours des eaux, sur la police des campagnes.

Rapport & projet réglementaires sur les canaux & grands chemins.

Sur les justices des eaux & rivières.

Sur le réglement définitif de la chasse.

Ces objets ont une grande influence sur la paix & le bonheur des campagnes; leur connexité nous a engagés à les réunir.

Sur les domaines congéables.

La ci-devant province de Bretagne attache un grand intérêt à la décision de cette question.

Sur les mines & minières du royaume.

Il s'agit de décider une grande question de propriété, qui est en même temps une question d'intérêt public.

Réclamation des habitans de l'Orient, appuyée des députés extraordinaires du commerce, pour la conservation des établissemens militaires dans l'Inde, & sur-tout à Pondichéry.

Vous trouverez sûrement, Messieurs, que cette question est intéressante sous un grand nombre de rapports commerciaux, politiques & militaires.

1°. *Sur les marais salans.*

2°. *Sur les sels & la perfection des salines.*

3°. *Sur les poudres & salpêtres.*

4°. *Sur les moyens de multiplication & régénération des bêtes à laine.*

5°. *Sur l'encouragement à donner aux manufactures, & particuliérement à celles de laines, cuirs & cotons.*

6°. *Sur les grèves du mont Saint-Michel.*

7°. *Sur les dunes de Dunkerque.*

8°. *Sur les marais, terreins vains & vagues, nationaux ou présumés tels*

Tous ces rapports, qui traitent de l'agriculture des manufactures nationales, & qui présentent des moyens de les faire fleurir, nous ont paru devoir être réunis.

Invalides de terre.

Votre comité militaire n'a point de travail préparé sur les invalides; nous aurions appellé vos premières délibérations sur cet établissement honorable à la nation, si nous n'avions pas considéré qu'il étoit impossible qu'il fût en souffrance; il est vrai que les revenus qui lui étoient affectés ne subsistent plus; mais certainement le comité militaire vous présentera avant peu un projet de décret pour y pourvoir provisoirement, ainsi qu'aux soldes & demi-soldes de l'armée.

Sur les bois tenus en gruerie, grairie-tiers & danger, ou par indivis entre la nation & les particuliers.

Sur les forêts qui seront jointes à la liste civile du roi.

Sur les forêts nationales & autres objets nationaux de Corse.

Sur une nouvelle forme d'administration du commerce.

Sur les franchises en général.

Sur la franchise du port de Dunkerque.

Vous avez, Messieurs, ajourné indéfiniment ces rapports.

1°. *Résumé général, propre à faciliter l'intelligence des discussions sur les monnoies.*

2°. *Réglement général sur l'administration des monnoies.*

3°. *Sur les bases du systême numéraire, & sur les moyens de mettre en exécution les principes.*

4°. *Sur l'organisation des monnoies.*

1°. *Sur l'invention de plusieurs machines hydrauliques fort importantes.*

2°. *Sur les priviléges exclusifs qu'ont obtenus diverses compagnies, entre autres celles du Sénégal.*

Réclamation sur les affinages.

Loi sur les octrois maritimes, les naufrages, bois de vaisseaux, droits d'ancrage & autres.

Demande d'armes en état; de celles qui existent dans les arsenaux.

1°. *Sur le château Trompette, objet de près de 10 millions.*

2°. *Sur l'échange des forges de Ruelle avec des forêts de Champagne, cédées à M. d'Artois.*

3°. *Examen de l'acquisition de la terre de l'Isle-Adam.*

4°. *Aliénation faite à M. de Vergennes sur les frontières de Lorraine & d'Alsace.*

5°. *Sur l'échange de divers domaines avec la forêt de Senonches, & l'acquisition primitive de cette forêt.*

6°. *Sur l'échange de Dombes.*

7°. *Sur l'acquisition de l'Orient.*

8°. *Sur le duché de Valentinois.*

9°. *Sur le duché d'Agénois.*

10°. *Sur le don de Chambord.*

11°. *Sur l'échange de Château-Thiéry & du duché d'Albret avec la principauté de Sedan.*

12°. *Sur l'échange d'Henrichemont & de Bois-Belle.*

13°. *Don du château de Fougiare, en Bretagne.*

14°. *Sur le don fait à M. de Laverdi du petit hôtel de Conti.*

15°. *Arrentement des marais & terreins, fait à mademoiselle de Matignon.*

16°. *Sur la concession faite à M. Boulon-Morange, à M. d'Aspach & madame de Polignac.*

17°. *Sur les fiefs d'Alsace & la préfecture d'Hagnenau.*

Après ces dix-sept objets, le comité des domaines ajoute: *Autres rapports sur nombre d'aliénations, échanges, dons & autres traités onéreux de cette espèce*: il ne les désigne pas.

Votre comité des lettres-de-cachet annonce qu'il fait des recherches sur deux affaires particulières; l'une est relative à M. de Créqui, détenu à Stetin en Prusse; l'autre à M. Guichard, détenu dans les prisons de Rochefort: nous n'assignons point de place à ces deux rapports; si ce comité croit devoir vous présenter les moyens de faire rendre la liberté à ces deux particuliers, il vous demandera la parole, & vous la lui accorderez sur-le-champ: nous n'en pouvons douter.

Nous n'avons point non plus déterminé de rang au rapport sur l'ordre de Malte; vous en avez chargé vos comités réunis de constitution, diplomatique & militaire, & vous l'avez ajourné à une époque qui est déjà passée; nous avons pensé que le soin de vous avertir du moment convenable de traiter cette affaire, appartenoit naturellement à votre comité diplomatique.

Nous n'avons point inséré dans notre classification le rapport sur les postes & messageries; le moment où vous pourrez vous en occuper dépend de celui où le ministre vous présentera le bail qu'il aura projetté, & le compte que vous avez ordonné qu'il vous rendît.

Il est d'autres rapports, Messieurs, auxquels votre comité n'a pas cru devoir assigner de place, il les a regardés comme étant, par leur nature, à l'ordre de tous les jours; ils vous seront présentés, suivant l'usage, à l'ouverture ou à la fin de vos séances. Tels sont les décrets de détails que vous présentent vos divers comités; tels sont encore ceux de vos comités d'aliénation des biens nationaux & de liquidation, dont les rapports ne sont, pour ainsi dire, que l'exécution de vos précédens décrets.

Votre comité des pensions procède à la récréation des nouvelles pensions, selon l'application de vos décrets; il les a classés par âge; les mémoires des personnes de l'âge de soixante-quinze ans & au-dessus, sont examinés presque en totalité; le comité annonce que son travail va être livré à l'impression, & il se propose de vous en faire le rapport.

Enfin, Messieurs, votre comité des colonies s'occupe des instructions annoncées par le décret du 29 novembre. *Voyez* COMITÉS.

Séance du 29 septembre 1791.

M. Dandré. Le roi viendra probablement clorre votre séance & ouvrir celle de l'assemblée qui va vous succéder, il faut que quelque chose soit réglé sur le cérémonial, afin de prévenir tous les inconvéniens & toutes les méprises fâcheuses. Je demande qu'il soit décrété une fois pour toutes, que lorsque le roi entrera dans la salle, l'assemblée sera debout; que lorsque le roi sera assis, l'assemblée sera assise; lorsque le roi sera couvert, l'assemblée sera couverte; que lorsque le roi sera découvert, l'assemblée sera découverte; je demande aussi qu'on n'ôte plus la table du président, ni le bureau des secrétaires; que l'on mette seulement un fauteuil à la gauche de celui de M. le président, qui reculera un peu le sien vers la droite, afin qu'il n'y ait plus aucun bouleversement dans la salle, & que les ministres, au lieu de se mettre à la place circulaire où est actuellement le bureau des secrétaires, se tiennent au milieu du parquet.

Je vous prie, M. le président, de mettre ma proposition aux voix. — Elle est adoptée en ces termes:

1°. Lorsque le roi se rendra dans l'assemblée, elle se tiendra debout; elle sera assise & couverte, lorsque le roi sera assis & couvert.

2°. Le roi sera placé au milieu de l'estrade; il aura un fauteuil à fleurs-de-lis; les ministres seront derrière lui; le président sera à sa droite & gardera son fauteuil ordinaire.

3°. Personne ne pourra adresser la parole au roi, si ce n'est en vertu d'un décret précédemment rendu.

Dernière séance de l'assemblée nationale constituante, *du vendredi 30 septembre 1791.*

Plusieurs citoyens font hommage à l'assemblée de divers ouvrages.

M. Bouche. Vous connoissez tout le zèle avec lequel la garde de la prévôté, aujourd'hui gendarmerie nationale, a rempli son service auprès de vous: cette troupe fidelle vous a suivis dans tous vos travaux avec un zèle & un courage vraiment admirable. Je crois que l'assemblée nationale doit, autant à titre de justice, qu'à titre de reconnoissance, accorder un foible dédommagement aux individus qui composent cette troupe. Je penserois donc qu'il seroit de toute justice d'accorder à chacun d'eux une gratification de 150 liv.

La proposition de M. Bouche est décrétée.

M. Regnault de Saint-Jean-d'Angély. L'*assemblée nationale* se rappelle que lorsqu'à Versailles ses membres ne purent pas entrer dans la salle qui leur étoit destinée, M. Lataille, propriétaire du jeu de paume, fut le seul qui eut le courage, & certes il en falloit alors, de recueillir les représentans sans asyle; & nous avons à nous étonner de ce que jusqu'à présent ce dévouement soit resté sans récompense. Je propose donc à l'*assemblée nationale* de décréter pour M. Lataille, comme un témoignage de reconnoissance que vous lui devez, une gratification de 6000 liv.

La proposition de M. Regnault est adoptée.

M. Camus. Je vous présente le tableau général des gratifications accordées aux employés près de l'assemblée, montant à la totalité de 44,000 liv.; j'en dépose un exemplaire sur le bureau.

Je crois devoir rappeller à l'assemblée le zèle & l'activité qu'ont mis MM. Vaquier & Février dans les places qu'ils ont occupées. Je ne dois pas oublier les services qu'a rendus M. Pâris dans les différens objets dont il a été chargé pour l'*assemblée nationale* à Versailles. Je prie l'*assemblée nationale* de témoigner sa satisfaction du désintéressement & de la distinction avec lesquels M. Pâris s'est acquitté de ses fonctions; témoignage flatteur dont il est jaloux. Quant à la récompense que l'*assemblée nationale* peut lui adjuger, le montant du réglement seroit de 20,000 liv. Je demande qu'il lui soit donné 8,000 liv.

L'assemblée adopte ces différentes propositions.

Le corps municipal de la ville de Paris est introduit à la barre.

M. Bailly. Messieurs, la ville de Paris vient pour la dernière fois offrir ses hommages aux premiers représentans d'une nation puissante & libre. Vous avez été armés du plus grand pouvoir dont les hommes puissent être revêtus. Vous avez fait les destinées de tous les François; mais aujourd'hui ce pouvoir expire; encore un jour & vous ne serez plus. On vous regrettera sans intérêt, on vous louera sans flatterie, & ce n'est pas nous, ni nos neveux, ce sont les faits qui vous loueront. Que de jours mémorables vous laissez au souvenir des hommes ! Quels jours que ceux où vous avez constitué la première représentation du peuple françois ; où vous avez juré d'avance la constitution qui étoit encore & dans l'avenir & dans votre génie ; où votre autorité naissante, mais déjà forte, comme celle d'un grand peuple, a maintenu vos premiers décrets, ceux où la ville de Paris a appuyé votre sagesse de son courage, où un roi chéri a été rendu à une nation sensible ; & ce jour à jamais célèbre, où vous dépouillant de vos titres & de vos biens, vous avez essayé sur vous-mêmes les sacrifices que l'intérêt public imposoit à tous les François. C'est à travers les alternatives, & des inquiétudes & de la joie, & des triomphes & des orages, que votre sagesse a dicté ses décrets, qu'elle a établi les droits du peuple, marqué les formes d'une représentation libre, proclamé la monarchie déjà consacrée par les siècles, & de nouveau sanctionnée par le vœu général ; & que cette sagesse, en renonçant solemnellement aux conquêtes, nous a fait des amis de tous les peuples ! Mais le plus beau de tous les momens, le plus cher à nos cœurs, est celui où une voix s'est fait entendre & a dit : la constitution est achevée ; où une autre voix a ajouté : elle est acceptée par le roi. Alors cette union du prince & de la nation a posé autour de nous les bases de la paix, du bonheur & de la prospérité publique.

Législateurs de la France, nous vous annonçons les bénédictions de la postérité qui commence aujourd'hui pour vous. En rentrant dans la foule des citoyens, en disparoissant de devant nos yeux, vous allez dans l'opinion des hommes vous joindre & vous mêler aux législateurs des nations qui en ont fait le bonheur, & qui ont mérité la vénération des siècles. Nos regrets vous suivront comme notre admiration & nos respects. Vous avez honoré cette ville de votre présence, c'est dans son sein qu'ont été créées les destinées de l'empire. Quand nous parlerons de votre gloire, nous dirons : elle a été acquise ici. Quand nous parlerons du bien que vous avez fait, nous dirons : ils ont été nos concitoyens ; nous oserons peut-être dire : ils ont été nos amis. Et vous aussi, Messieurs, vous vous souviendrez de la ville de Paris ; vous direz que la première, elle a adhéré à vos décrets, & que malgré les troubles dont elle a été agitée, toujours l'appui de la constitution & du trône, elle sera toujours fidelle à la nation, à la loi & au roi.

M. le président. L'assemblée nationale a eu, Messieurs, pour constant objet de ses travaux, le bonheur du peuple. Le seul prix qu'elle en puisse recevoir & qui soit digne d'elle, est le témoignage de la satisfaction générale. Elle reçoit avec un vif intérêt l'expression des sentimens de la commune de Paris. *L'assemblée nationale* ne peut pas oublier combien cette grande cité a été utile au succès de la la révolution ; elle ne doute pas que secondant maintenant le zèle de ses administrateurs, elle va concourir avec la même ardeur & le même patriotisme, au prompt établissement de l'ordre constitutionnel. Elle vous invite à assister à sa séance. (On applaudit.)

L'assemblée ordonne l'impression & l'insertion au procès-verbal, du discours de la municipalité & de la réponse de son président.

M. Dandré. Le comité des rapports vous avoit rendu compte des troubles qui s'étoient élevés à Arles, & des mesures que le département avoit prises ; &, sur ce rapport, vous avez jugé qu'il étoit convenable de casser les arrêtés du département. Mais je dois vous annoncer qu'avant que le département eut connu votre décret, aussi-tôt que le corps électoral eut terminé ses séances, le département a révoqué lui-même les ordres donnés aux gardes nationales de marcher vers Arles, & toutes les gardes nationales sont tranquillement rentrées dans leurs foyers. (On applaudit.)

M. Emmery. Vous avez décrété une amnistie générale. Il est bien dans l'intention de l'assemblée d'absoudre ceux qui ont été pris dans des émeutes ; je demande qu'il soit ajouté au procès-verbal un décret portant que ceux qui sont aux galères, & qui y ont été condamnés pour crime de sédition, émeute, attroupement, depuis le mois de mai 1789, seront tous élargis.

Cette proposition est adoptée.

Une députation du directoire du département de Paris est admise à la barre.

M. Pastoret, procureur-syndic. Les enfans de la constitution viennent encore rendre hommage à ceux qui l'ont créée, & quand la postérité va commencer pour vous, ils peuvent, sans flatterie comme sans crainte, vous en faire entendre le langage.

La liberté avoit fui au-delà des mers, ou s'étoit cachée dans les montagnes : vous relevâtes parmi nous son trône abattu. Le despotisme avoit effacé toutes les pages du livre de la nature ; vous y rétablîtes cette déclaration immortelle, le décalogue des hommes libres. La volonté de tous étoit sujette de la volonté d'un seul qui, lui-même déléguant le pouvoir suprême à ses ministres, étoit moins le possesseur que l'électeur de la souveraineté : vous créâtes une représentation politique qui, d'une extrémité de l'empire à l'autre, fait de la loi l'expression générale du vœu des François. On ne parloit jamais au peuple que de ses devoirs ; vous lui parlâtes aussi de ses droits. La protection étoit pour le riche, & l'impôt qui en est le prix n'étoit payé que par le pauvre ; on le doubloit même quelquefois pour lui, comme si la terre eût produit deux moissons ; vous le vengeâtes de cette longue injustice, & vous brisâtes en même temps tous les anneaux de la chaîne féodale sous laquelle il vivoit oppressé. L'orgueil avoit séparé les hommes, vous cherchâtes à les réunir. L'égalité étoit tellement altérée qu'on regardoit même comme un privilège la défense de la patrie : tous les citoyens sont devenus soldats, & ce qui fut le patrimoine du hasard deviendra celui du travail & du courage. Vous rendîtes plus vénérable le ministère des autels, tour à tour dégradé par l'indigence des pasteurs & la richesse des pontifes. Vous affranchîtes le commerce, l'agriculture, l'industrie, la pensée. Peu contens enfin d'avoir établi la plus belle constitution de l'univers, vous vous livrâtes à des travaux si immenses sur les loix, que ceux qui aspiroient à la gloire de vous imiter un jour ont peut-être dit quelquefois, dans l'élan jaloux d'une ambition honorable, ce qu'Alexandre disoit de Philippe : *Il ne me laissera rien à conquérir.*

Cependant, Messieurs, une grande carrière s'ouvre encore devant vos successeurs. Vous fondâtes la liberté, ils en seront les gardiens ; ils veilleront sur ces finances publiques qui ne sont qu'une portion des propriétés particulières : leur épuisement concourut à hâter la révolution ; leur embarras pourroit, non la détruire, car rien ne détruit l'empire de la raison, il est éternel comme Dieu même, mais en retarder les effets, en troubler les jouissances ; ils fonderont l'ordre public, & acheveront de comprimer l'anarchie ; car la liberté constitutionnelle n'est pas la liberté de quelques-uns, mais la liberté de tous ; & ce n'est pas l'absence des loix, mais leur sagesse qui constitue cette liberté. Si on leur suscite des orages, comme vous ils les vaincront toujours. Périsse l'homme sacrilège qui se laissant égarer par la crainte ou avilir par la corruption, oseroit trahir un instant la cause du peuple dont il sera le dépositaire ! Des remparts de citoyens briseront les efforts des ennemis de la patrie ; & si les soldats étrangers pénétroient dans nos villes, ils ne presseroient pas en vain la terre hospitalière de la liberté. Plus d'une nation commence à se réveiller de l'esclavage ; par-tout on va sentir cette grande vérité révélée par la philosophie, que la force des tyrans est toute entière dans la patience des peuples. (On applaudit).

M. le président. L'importance du département dont vous portez le vœu, & l'avantage que vous donnent vos fonctions pour apprécier le résultat des travaux de l'*assemblée nationale*, ajoutent un nouveau prix au sentiment que vous venez d'exprimer.

Elle a voulu la prospérité publique ; vous comblez ses vœux, en lui apportant un témoignage de la satisfaction générale ; elle a rempli le vœu de la nation françoise, en lui donnant une constitution libre. C'est maintenant aux administrateurs dignes, comme vous, de la mission dont ils sont honorés, à joindre aux premiers bienfaits celui de l'exécution exacte du régime constitutionnel. L'assemblée vous invite, Messieurs, à assister à sa séance. (On applaudit).

L'assemblée ordonne l'impression & l'insertion au procès-verbal, du discours du département & de la réponse du président.

Sur la proposition de M. Goupilleau, l'assemblée décide qu'elle ne se séparera qu'après avoir entendu la lecture du procès-verbal de sa séance.

M. le président fait lecture du décret renfermant les formes à observer, lorsque le roi se rendra à l'*assemblée nationale*.

M. Bailly. Avant que l'assemblée se sépare, au moment où elle donne des témoignages de satisfaction & des remercîmens à ceux qui ont servi la patrie, aux troupes de ligne, aux gardes nationales du royaume, & particulièrement à la garde nationale de Paris ; je prends la liberté de lui recommander les militaires qui ont bien servi la chose publique : M. la Salle, M. Désaudrais, tous deux commandans de la garde nationale, dans les jours les plus périlleux de la révolution. M. la Salle a pensé être la victime de la fureur du peuple. M. Désaudrais a reçu un coup de sabre en voulant sauver la vie à un citoyen. Les électeurs de 1789, à qui la patrie a tant d'obligations, nous ont chargés, M. Lafayette & moi, de solliciter pour ces deux militaires, les récompenses qu'ils méritent. La ville de Paris ne peut s'en acquitter ; les services qui lui ont été rendus, ont été réellement rendus à la nation, & ne peuvent être dignement payés que par elle. M. Lafayette & moi, nous supplions l'assemblée de faire leur sort, & ce dernier décret sera encore un acte de bienfaisance & de justice. J'exhorte tous MM. les électeurs qui sont membres de cette assemblée, de joindre leur témoignage aux nôtres.

Plusieurs membres se lèvent pour appuyer la proposition de M. Bailly.

L'assemblée décide qu'il sera fait mention au procès-verbal des services de MM. Lasalle & Désaudrais, & qu'il sera accordé une pension de 2000 liv. au premier, & une de 1000 liv. au second.

Sur la proposition de M. Lavie, l'assemblée vote au milieu de grands applaudissemens, des remercîmens à la municipalité de Paris, & à M. Bailly son chef.

M. Bureau de Puzy. Vous avez décrété que le roi auroit une garde, & vous avez posé les bases de l'organisation générale de cette garde dans la constitution même. Actuellement le roi propose l'organisation de sa garde. Le comité militaire, à qui cette proposition a été renvoyée, n'ayant trouvé rien qui ne fût conforme à vos principes constitutionnels, a rédigé, sous forme de décret, la proposition du roi, & c'est celle que je vais avoir l'honneur de vous soumettre. Elle est décrétée. *Voyez* ROI.

M. Cernon. M. Baudouin s'étoit engagé à imprimer le procès-verbal in-8°., & en remettre un exemplaire à chacun des membres de l'*assemblée nationale*. Depuis il en a entrepris une édition in-4°. dont il a encore pris l'engagement de remettre un exemplaire à chacun des députés. Il a rempli avec soin & activité le premier engagement. Il s'est déjà acquitté en partie du second. Il avoit promis encore de compter de clerc à maître avec l'assemblée pour tout autre travail; & c'est de cet objet que votre comité m'a principalement chargé de vous rendre compte.

Je vous rappellerai encore la confiance avec laquelle M. Baudouin a avancé ses propres fonds, l'exactitude avec laquelle il a rempli les engagemens qu'il contractoit pour vous, lorsqu'il imprimoit tout ce dont vous ordonniez l'impression, sans avoir d'autre engagement de votre part, que l'espérance qu'il fondoit sur le compte que je viens vous présenter, lorsque les contrefaçons, lorsque les journaux qui le devançoient, anéantissoient souvent les bénéfices qu'il pouvoit attendre. Jamais cependant M. Baudouin n'a fait de réclamations.

Le procès-verbal avoit des souscripteurs que son volume & les journaux en ont dégoûtés peu à peu. M. Baudouin n'en a pas moins continué ses envois. Il avoit 2700 abonnés; ils ont été réduits à 900: il pouvoit réclamer; il ne l'a point fait.

Le second objet qui pouvoit légitimer les réclamations de M. Baudouin, étoit le travail sur les pensions, dont vous aviez décrété l'impression. Il fit cette impression en effet; mais ces listes de pensions ont cessé de se vendre.

Aujourd'hui les obligations que vous avez à remplir envers M. Baudouin, peuvent s'étendre à tous les objets étrangers au procès-verbal, comme les nombreux projets de décrets, les rapports, les tableaux des finances, les adresses, les opinions particulières, les affiches; enfin, tout ce qui concernoit le service de l'assemblée. Vos commissaires ont examiné le compte détaillé, article par article, que M. Baudouin leur a remis. Ils l'ont vérifié. Il résulte que M. Baudouin est créancier de 336,000 liv., & ce résultat a été calculé à tant la feuille d'impression. Sans doute cette manière de calculer est la plus modérée de toutes, sur-tout lorsqu'on a été obligé de faire des impressions pendant la nuit, de faire des envois à domicile. Je répète que l'on ne comprend point dans le compte dont je vous entretiens, le procès-verbal que M. Baudouin a toujours fourni gratuitement.

M. Baudouin a aussi présenté son compte par dépenses & par recettes. Il en résulte qu'il a dépensé 1,174,000 liv. il en ôte la recette qui est de 1,069,000 liv. Il y a donc dans ses affaires un déficit de 105,000 liv. entre ses recettes & dépenses, qui, joint à la propriété qu'il avoit antérieurement, & qu'il a versée toute entière dans ses affaires, forme précisément la somme que vous lui devez.

La troisième opération par laquelle Baudouin a voulu convaincre vos commissaires de la légitimité de sa créance, est la remise de son bilan: il résulte de la comparaison de l'évaluation de son imprimerie, avec l'état de ses dettes. Il est encore prouvé par-là que M. Baudouin sera au pair dans ses affaires en remplissant les engagemens qu'il a faits. Il est donc bien prouvé que vous devez à M. Baudouin 336,000 liv. Sur cette somme, il a reçu du comité des finances à différentes reprises, 119,000 liv.: il reste donc à lui payer 217,000 liv. & c'est la somme que votre comité vous propose de lui faire payer.

L'assemblée décide qu'il sera payé à M. Baudouin une somme de 217,000 liv.

M. Barnave. Je demande qu'il soit accordé à M. Baudouin une gratification de 40,000 liv. J'observe qu'il résulte parfaitement du rapport du comité, qu'on met M. Baudouin à couvert des engagemens qu'il a pris pour l'*assemblée nationale*; mais qu'il n'y a aucune espèce de proportion entre le profit qui lui appartient & les travaux & les peines très-réelles qu'il a eus. L'entreprise de M. Baudouin paroissoit devoir être extrêmement lucrative, extrêmement avantageuse dans son apperçu. Il est arrivé ensuite que, par les lenteurs nécessairement attachées à une entreprise aussi vaste, lenteurs que l'assemblée même a souvent nécessitées dans son travail, tous les journaux ont pris les devants sur lui; tellement qu'il a constamment été chargé du travail forcé par l'assemblée pour les distributions journalières, & que les produits qui résultent des ventes au-dehors n'ont pas été pour lui, mais pour les journalistes qui le devançoient. En conséquence, il est de la justice de l'assemblée de récompenser l'activité, le désintéressement très-marqué & très-noble que M. Baudouin a mis dans sa conduite envers elle. Je conclus donc à une gratification de 40,000 liv.

L'assemblée adopte la proposition de M. Barnave.

M. Montesquiou. Conformément aux intentions de l'assemblée, le comité des finances a nommé hier des commissaires pour se transporter aujourd'hui au trésor public, & pour y vérifier l'état des caisses. Nous nous y sommes rendus ce matin. Nous avons dressé le procès-verbal que je remettrai sur le bureau; & je vais avoir l'honneur de vous lire l'état des fonds & de toutes les espèces qui sont dans les caisses, & que nous avons vues. La balance de la recette & de la dépense au trésor public, y laisse aujourd'hui un fonds de caisse de 35 millions 190 mille 160 liv. Il y a en espèces dans la caisse aux trois clefs, 12,300,000 l. & encore en espèces dans la caisse des recettes 4,671,819 l. ce qui fait environ 17 millions en espèces. Il y a en assignats qui ont été comptés devant nous, 8 millions 99 mille 620 liv.; le reste est en lettres-de-change & effets qui échoient dans les mois d'octobre, de novembre, jusqu'au mois de février. Voici le procès-verbal signé des commissaires de la trésorerie. L'état de la caisse de l'extraordinaire doit être actuellement vérifié, car des commissaires s'y sont transportés.

L'assemblée ordonne l'impression du rapport & du procès-verbal.

M. Montesquiou. Je n'ai qu'un mot à ajouter: c'est qu'indépendamment du fonds de caisse existant au trésor public, la caisse de l'extraordinaire n'a pas encore complété ce qui est décrété pour le mois dernier, & ce qu'il faut pour le complément de ce mois-ci, de manière qu'il y a peut-être actuellement 100 millions au trésor public.

On fait lecture d'une lettre du ministre des contributions publiques.

M. le président, j'ai l'honneur de mettre sous les yeux de l'assemblée le second état & la seconde carte indicative des directoires de département qui ont terminé la répartition de la contribution foncière & mobiliaire. Le nombre de ces directoires est aujourd'hui de 47, & la somme répartie, de 196,342,000. liv. Ainsi il reste 36 directoires de département, dont les états ne sont pas encore parvenus, & dont la portion s'élève à 103,158,000 liv.; ce qui forme plus que le tiers du total des contributions foncières & mobiliaires. Je dois d'ailleurs observer à l'assemblée que, sur les 36 départemens qui paroissent en retard, 15 ont promis, de la manière la plus formelle, par leur correspondance, que leurs opérations seroient terminées avant la fin de ce mois; & je suis dès-lors convaincu que les premiers jours de la semaine prochaine m'apporteront la certitude du complément de leur travail.

J'aurois desiré, Messieurs, pouvoir présenter à l'assemblée, avant sa séparation, un résultat plus près de son complément. Je me propose de mettre exactement, tous les huit jours, de semblables états de situation sous les yeux de la nouvelle assemblée législative; & cette mesure, qui doit indiquer aux législateurs les points du royaume où le patriotisme est le plus vrai, & le zèle pour la chose publique plus réel & plus soutenu, opérera infailliblement sur les corps administratifs l'effet que j'en ai espéré, & que vous en avez attendu vous-mêmes.

M. Camus. Vos commissaires de la caisse de l'extraordinaire viennent d'en faire la vérification. Il résulte des procès-verbaux, & des états qui ont été dressés, qui seront annexés au procès-verbal, qu'il a été fait en remboursement, savoir, remboursement à la caisse d'escompte, remboursemens effectifs à différens particuliers pour les offices & autres objets, indépendamment des anticipations remboursées au trésor public, 1491 millions. Il y a aujourd'hui dans la caisse de M. le Couteulx 5,663,000 liv. effectifs; dans la caisse à trois clefs, 5,695,000 liv. effectifs; à la fabrication des Petits-Pères, 24 millions, dont la fabrication recommencera demain. Total, 35,338,000 l.

Je demande que l'*assemblée nationale* veuille bien ordonner que le directeur de la liquidation continuera à régler, sur sa responsabilité, les indemnités dues pour les maîtrises & jurandes, & que lesdites indemnités soient payées sur les états signés de lui, qu'il remettra au commissaire du roi pour la caisse de l'extraordinaire. Le motif de cette demande est que ces objets ne sont susceptibles d'aucune difficulté.

Le comité de l'aliénation s'est occupé de la partie administrative. Il a renvoyé dans les bureaux du commissaire de l'extraordinaire, tous ses papiers en ordre, ce qui a produit nécessairement une augmentation de dépense & de commis. En attendant que la législature prochaine détermine définitivement tout ce qui aura lieu pour ces objets, je demande que vous vouliez bien accorder 20,000 liv. par provision, à la charge par l'administrateur de la caisse de l'extraordinaire d'en rendre compte.

L'assemblée adopte la proposition de M. Camus.

Sur la proposition de M. Fermont, l'assemblée décide que deux chaloupes canonnières seront destinées à l'instruction des canonniers gardes-côtes.

M. Camus. Il me paroît qu'on a cru, par ce que je viens de dire, qu'il n'y avoit que 35 millions dans la caisse de l'extraordinaire: ce n'est point cela du tout. J'ai rendu compte de ce qui étoit dans les caisses de la gestion, dans la caisse à trois clefs; mais j'ai l'honneur d'observer à l'assemblée que sur les 600 millions de dernière émission d'assignats, il n'y en a que 253 millions d'émis; de sorte qu'il reste encore 347 millions à émettre. Voilà quel est l'état des choses. Vous avez ordonné une fabrication de 600 millions; sur ces 6000 millions il y en a 253 qui sont dépensés; vous avez brûlé 284 millions, de sorte que vous n'êtes pas, à beaucoup près, au pair.

Des 347 millions qui vous restent, une partie seulement est actuellement à la caisse de l'extraordinaire, fabriquée; une partie aux Petits-Pères, pour être fabriquée; & le surplus est en papier, à l'imprimerie, ou bien n'est pas encore fabriquée. Voilà quelle est la situation actuelle des finances. (On applaudit).

M. Anson. Vous venez d'entendre le compte du trésor public & de la caisse de l'extraordinaire. Je suis chargé, par le comité des finances, de dissiper les incertitudes qui ont pu rester encore dans

dans quelques esprits, sur ce qu'il y a deux jours, pour le bien de la paix, on a passé à l'ordre du jour sur l'explication demandée, relativement au rapport présenté par M. Montesquiou, au nom du comité des finances. Le comité s'est rassemblé à cette occasion. J'ai reçu de lui mission & ordre d'annoncer à l'assemblée, à toute la France, que cet exposé est avoué du comité des finances, rédigé avec le talent que l'on connoît à M. de Montesquiou, & qu'il est la vérité.

Nous sommes entendus ici par une portion de nos successeurs : je dois leur dire qu'il m'est revenu à moi, que l'on vouloit leur insinuer qu'il y avoit un secret des finances qui n'étoit pas connu. Il est de mon devoir de déclarer, & j'espère que l'on aura assez de confiance en moi, pour être convaincu que je ne parle ainsi que parce que je suis convaincu moi-même, de déclarer, dis-je, qu'il n'y a point de secret des finances, que nous n'en connoissons pas; & nous annonçons que la législature prochaine commettroit une bien grande faute, si, dans les premiers mois de ses travaux, persuadée faussement qu'il y a un secret, elle cherchoit ce secret qu'il est bien absurde de supposer.

C'est maintenant, au nom du comité des finances, que j'engage nos successeurs à vérifier avec la plus grande attention toutes les pièces déposées aux archives, ce qui est la véritable route pour découvrir la vérité; & puisque, malgré la publicité la plus grande, malgré qu'aucune dépense n'ait été faite sans décret, on a même révoqué en doute l'administration du comité des finances, nous concluons à ce que l'on examine ces pièces & l'exposé de M. de Montesquiou avec la plus grande exactitude.

Nous finissons par demander que la publicité de la censure soit égale à la publicité de cette déclaration.

M. le président. Le roi est en marche pour se rendre à l'*assemblée nationale.*

L'assemblée suspend sa délibération jusqu'à l'arrivée du roi.

Les huissiers. Le roi, le roi.

L'assemblée se lève.

Le roi entre dans la salle, accompagné de ses ministres. — Ils prennent la place qui leur est désignée par les décrets.

La salle retentit d'applaudissemens & des cris de *vive le roi.*

Le roi. Messieurs, après l'achèvement de la constitution, vous avez fixé ce jour pour le terme de vos travaux : il eût peut-être été à desirer que cette session se prolongeât encore quelques temps, pour que vous pussiez vous-mêmes essayer, pour ainsi dire, votre ouvrage, & ajouter à vos travaux ceux qui, déjà préparés, n'avoient plus besoin que d'être perfectionnés par les lumières de l'assemblée, ou ceux dont la nécessité se seroit fait sentir à des législateurs éclairés par l'expérience de près de trois années. Mais vous avez sûrement pensé qu'il importoit de mettre le plus petit intervalle possible entre l'achèvement de la constitution & la fin des travaux du corps constituant, afin de marquer avec plus de précision par le rapprochement, la différence qui existe entre les fonctions d'une assemblée constituante, & les devoirs des législatures.

Après avoir accepté la constitution que vous avez donnée au royaume, j'emploierai tout ce que j'ai reçu par elle de forces & de moyens, pour assurer aux loix le respect & l'obéissance qui leur sont dus.

J'ai notifié aux puissances étrangères mon acceptation de cette constitution, (la salle retentit d'applaudissemens & des cris de *vive le roi*) & je m'occupe & m'occuperai constamment de toutes les mesures qui peuvent garantir au dehors la sûreté & la tranquillité du royaume. Je ne mettrai pas moins de vigilance & de fermeté à faire exécuter la constitution au dedans, & à empêcher qu'elle soit altérée. (Les applaudissemens & les cris de *vive le roi* recommencent).

Pour vous, Messieurs, qui dans une longue & pénible carrière, avez montré un zèle infatigable dans vos travaux, il vous reste encore un devoir à remplir, lorsque vous serez dispersés sur la surface de cet empire ; c'est d'éclairer vos concitoyens sur le véritable esprit des loix que vous avez formées pour eux, (nouveaux cris, nouveaux applaudissemens) d'y rappeller ceux qui les méconnoissent ; (nouveaux cris, nouveaux applaudissemens) d'épurer, de réunir toutes les opinions par l'exemple que vous donnerez de l'amour de l'ordre & de la soumission aux loix. (Nouveaux cris, nouveaux applaudissemens).

En retournant dans vos foyers, Messieurs, vous serez les interprètes de mes sentimens auprès de vos concitoyens. Dites-leur bien à tous que leur roi sera toujours leur premier & leur plus fidèle ami ; (nouveaux cris, nouveaux applaudissemens) qu'il a besoin d'être aimé d'eux ; (nouveaux cris, nouveaux applaudissemens) qu'il ne peut être heureux qu'avec eux & par eux ; & que l'espoir de contribuer à leur bonheur soutiendra mon courage, comme la satisfaction d'y avoir réussi sera ma plus douce récompense. (Les applaudissemens & les cris de *vive le roi* continuent pendant plusieurs minutes).

M. le président. Sire, l'*assemblée nationale*, parvenue au terme de sa carrière, jouit en ce moment du premier fruit de ses travaux.

Convaincue que le gouvernement qui convient le mieux à la France, est celui qui concilie les prérogatives respectables du trône avec les droits inaliénables du peuple, elle a donné à l'état une constitution qui garantit également & la royauté & la liberté nationale.

Les destinées de la France sont attachées au prompt affermissement de cette constitution; tous les moyens qui peuvent en assurer le succès, se réunissent pour l'accélérer.

Bientôt, sire, le vœu civique que votre majesté vient d'exprimer sera accompli; bientôt rendus à nos foyers, nous allons donner l'exemple de l'obéissance aux loix, après les avoir faites, & enseigner comment il ne peut y avoir de liberté que par le respect des autorités constituées.

Nos successeurs, chargés du dépôt redoutable du salut de l'empire, ne méconnoîtront ni l'objet de leur haute mission, ni ses limites constitutionnelles, ni les moyens de la bien remplir. Ils sont & ils se montreront toujours dignes de la confiance qui a remis en leurs mains le sort de la nation.

Et vous, sire, déjà vous avez presque tout fait. Votre majesté a fini la révolution par son acceptation si loyale & si franche, de la constitution. Elle a porté au dehors le découragement, ramené au dedans la confiance, rétabli par elle le principal nerf du gouvernement, & préparé l'utile activité de l'administration.

Votre cœur, Sire, en a déjà reçu le prix; il a joui du touchant spectacle de l'allégresse publique, & des ardens témoignages de la reconnoissance & de l'amour des François. Ces sentimens, nécessaires à la félicité des bons rois, vous sont dus, sire; ils se perpétueront pour vous, & leur énergie s'accroîtra à mesure que la nation jouira des efforts constans de votre majesté pour assurer le bonheur commun par le maintien de la constitution. (On applaudit à plusieurs reprises.)

Le roi sort de la salle au milieu des applaudissemens de l'assemblée, des tribunes, & des cris de *vive le roi*.

M. Target, secrétaire, fait lecture du procès-verbal de la séance.

L'assemblée en adopte le contenu.

M. le président. L'*assemblée nationale* constituante déclare qu'elle a rempli sa mission, & que toutes ses séances sont terminées. *Voyez*, LÉGISLATURE.

ASSIGNAT, *s. m.* Papier monnoie créé par l'assemblée constituante pour le service public & l'extinction de la dette de l'état. Sa dénomination indique sa nature, puisque l'*assignat* est une obligation nationale dont l'hypothèque ainsi que le remboursement sont assignés sur la vente des domaines nationaux. Cette définition s'éclaircira par la discussion longue & intéressante à laquelle s'est livrée l'assemblée sur la création, la forme & la quantité des *assignats* à mettre en circulation.

Comme c'est principalement dans l'intention d'exproprier plus parfaitement le clergé & d'éteindre la dette publique que les *assignats*-monnoie ont été créés, on doit, avant de lire cet article, voir les mots BIENS ECCLÉSIASTIQUES, DETTE PUBLIQUE, DOMAINES NATIONAUX, où l'on trouvera ce qui manque ici & ce qui peut contribuer à servir à une plus grande connoissance de l'objet & de la nature des *assignats*.

Séance du 9 avril 1790.

M. Anson. Messieurs, par votre décret du 26 février dernier, vous avez demandé au premier ministre des finances l'état des besoins de l'année présente, & des moyens d'y pourvoir.

Le premier ministre des finances s'est conformé à ce décret; il vous a adressé un mémoire très-détaillé, qui vous a été lu le 6 du mois dernier; il présente le tableau de la situation des revenus en 1790, & des ressources que le ministre vous propose pour suppléer à leur déficit. Votre comité des finances, chargé de l'examen de ce mémoire, vous en a rendu compte le douze; & après vous avoir exposé ses vues, un peu différentes de celles du premier ministre des finances, il vous a soumis un projet de décret.

Quelques articles de ce projet avoient rapport aux *assignats* sur les biens domaniaux & ecclésiastiques, ainsi qu'à la vente de ces biens. Votre décret postérieur du 17 ayant décidé que cette vente seroit faite aux municipalités du royaume, & celle de Paris ayant présenté un plan qui avoit paru mériter votre attention, il étoit naturel de l'examiner avant de se décider définitivement sur la forme & sur la nature des *assignats* donnés en paiement à la caisse d'escompte, qui, par ces ventes, éprouve nécessairement une altération.

D'un autre côté, les anticipations sur les revenus ordinaires, qui forment encore, dans ce moment, une partie considérable de vos ressources journalières, & dont la continuation vous paroît contraire à l'ordre que vous voulez établir dans les finances, ne pouvant être subitement abandonnées, sans y substituer aussi-tôt des assignations équivalentes sur des rentrées extraordinaires, vous avez sagement pensé qu'il y avoit également lieu de suspendre encore votre décision sur la partie du décret qui en prononçoit la cessation.

Vous nous avez chargés de conférer de tous ces objets, tant avec le premier ministre des finances, qu'avec les députés du commerce: nous avons rempli vos intentions.

Voilà les deux objets dont votre comité des finances vient vous rendre compte aujourd'hui.

Ces *assignats* doivent tout à la fois suppléer à la rareté du numéraire, & prendre la place des anticipations; c'est donc principalement sur leur valeur, leur activité, leur forme & leur quotité, que je viens vous proposer aujourd'hui, au nom de votre comité, de prendre une délibération définitive.

Vous voyez, Messieurs, que de cette délibération importante dépend le sort de l'année 1790, & par conséquent le succès de tous vos efforts pour assurer les bases de la constitution sur des fondemens inébranlables.

Votre comité a cru devoir, Messieurs, présenter avec cette précision l'état de la question qui doit vous occuper aujourd'hui, afin d'écarter pour le moment toutes les idées générales sur la dette publique, & sur un plan vaste & universel de finances, que quelques membres éloquens de cette assemblée vous offrent de temps en temps : elles sont prématurées; elles vous détourneroient de l'objet unique de votre délibération. Il ne faut pas perdre de vue que tous les plans de cette nature ne sont applicables qu'à l'année 1791; que vous avez ordonné positivement par plusieurs de vos décrets, que vos regards ne se porteroient que sur l'année prochaine seulement, pour la régénération des différentes branches de l'administration des finances; que vous avez établi un comité particulier pour s'occuper des formes constitutionnelles à donner à l'impôt, à commencer de 1791; qu'un autre est chargé spécialement de la liquidation de la dette arriérée non liquidée, dont le travail & les résultats entreront nécessairement dans l'ensemble du plan général de recette & de dépense à compter de 1791; enfin, que votre comité des finances, qui dans le courant de ce mois vous présentera le tableau de la dette constituée, a dû, dans les circonstances présentes, & d'après vos derniers décrets, chercher préalablement les moyens de pourvoir au service de 1790. Voilà l'objet pressant qui doit aujourd'hui vous occuper exclusivement.

Je ne vous retracerai point le tableau de nos embarras : c'est en même temps la plus facile & la plus triste partie de notre ouvrage; il suffit de vous rappeller que trois cens millions manquent cette année à vos revenus, si vous vous déterminez à renoncer sur le champ à la ressource des anticipations, qui en forment environ cent trente; que de quelque manière que votre comité ait combiné les ressources de l'année présente, un vuide de cent trente millions se trouve toujours ouvert devant vous; que la caisse d'escompte, à laquelle vous en devez cent soixante-dix, ne peut plus supporter le fardeau des secours que vous avez exigés d'elle; qu'il devient urgent de remplacer ce numéraire insuffisant, par un autre; que Paris ne peut faire de plus longs sacrifices sur un papier dont le cours est à peu près renfermé dans l'enceinte de ses murailles; qu'une portion des intérêts arriérés représente l'aliment nécessaire aux malheureux rentiers, dont la patience & le patriotisme ont tant contribué aux succès de vos travaux. Vous n'oublierez sûrement jamais les avantages que vous retirez tous les jours de ce courage, caché dans l'ombre de la douleur, plus recommandable peut-être, que celui qui est embelli par l'éclat de la publicité.

C'est à ces maux, Messieurs, qu'il devient indispensable de porter remède; & il est bien important de choisir celui qui nous tirera enfin de cet état d'inquiétude habituelle, si contraire au calme qui convient à des législateurs.

On vous a présenté, on vous présentra sans doute encore, des moyens moins tranchans que l'émission d'une certaine quantité d'*assignats* en circulation; on vous parlera de donner un intérêt à ceux de la caisse d'escompte, en les faisant circuler dans les provinces; on vous offrira de faire négocier à un gros intérêt des *assignats* vis-à-vis d'une partie de vos créanciers; on vous reparlera de l'établissement d'une banque nationale à la place de la caisse d'escompte; on vous engagera même à user encore quelque temps du secours intermédiaire des anticipations. Mais d'abord, Messieurs, il faudroit, dans les circonstances présentes, employer presque tous ces moyens à la fois, pour obvier aux diverses difficultés qui nous assiégent; & alors, de cette complication même naîtroit plus d'incertitude encore pour le succès. En second lieu, tous ces moyens nous ont paru aussi ruineux qu'impraticables; toutes ces idées sont tellement contraires au vœu presque unanime que vous avez annoncé sur les différentes ressources de l'ancienne administration, que votre comité ne croit pas devoir employer à discuter ces différens objets, un temps devenu si précieux pour apporter à nos maux le remède que vous avez lieu d'attendre plutôt d'une opération hardie, mais simple, que d'une multiplicité inextricable de mesures incertaines, & de palliatifs discrédités.

Je ne vous parlerai pas long-temps du sort des anticipations, délivrées jusqu'à présent sur les revenus ordinaires; vous avez fait connoître sur elles votre improbation d'une manière si marquée, qu'il en résulte un découragement & une résistance absolue de la part de ceux qui s'étoient prêtés jusqu'alors à leur renouvellement. Le trésor public vient d'être obligé d'en acquitter pour environ 12 millions dans le mois dernier, à leur échéance; il est donc devenu indispensable de ne pas laisser plus long-temps votre décision en suspens à cet égard, puisque vos comités des finances & des impositions l'attendent l'un & l'autre pour marcher avec assurance dans la route qu'ils se sont tracée. Votre comité des finances croit cependant devoir donner sur cet objet une marque particulière de déférence à l'opinion toujours imposante d'un administrateur aussi éclairé que le premier ministre des finances, en vous représentant, d'après ces réflexions, qu'en renonçant à cette ressource, on s'expose à augmenter en proportion les effets circulans qu'on sera obligé de lui substituer ; que cette manière d'emprunter, usitée habituellement chez un peuple voisin de nous, n'est point dispendieuse : si l'on s'en étoit privé plutôt, on eût été obligé d'accroître dans la même proportion les billets de la caisse d'escompte ; & sous ce dernier rapport, on ne peut se dissimuler que les anticipations ont retardé de quelques instans le discrédit de ces billets ; tant il est vrai qu'en administration, ce n'est pas toujours sur le principe général que doivent porter rigoureusement les opérations ; que son application demande une longue expérience, & que de cette application dépend souvent le bonheur d'une nation entière.

Mais, dans les circonstances présentes, vous pensez, Messieurs, que les ressources même dont vous devez faire usage pour passer tranquillement l'année présente, doivent être combinées de manière qu'elles ne puissent pas contredire d'avance les principes que vous allez poser pour les années & les générations suivantes ; & votre comité, soumis à suivre votre marche, ne peut plus se dispenser de vous observer qu'il faut, d'après ce principe, renoncer à une ressource qui consommeroit insensiblement les produits de 1791, par une imprévoyance aussi fâcheuse qu'inconstitutionnelle. L'anéantissement des anticipations sur les revenus ordinaires, formera donc l'un des articles du projet de décret qui va vous être proposé. Mais ce point si important une fois déterminé, nous n'avons plus le choix des moyens pour arriver au terme : nous sommes entraînés irrésistiblement vers la circulation d'un papier national ; car assurément, Messieurs, votre comité ne vous parlera jamais qu'avec l'improbation la plus marquée de la suspension des paiemens : cette proposition avilissante est indigne de vous, & déjà depuis trop long-temps les paiemens sont arriérés.

On va, sans doute, accumuler autour de vous la multiplicité imposante des objections, celle des inconvéniens inséparables d'une opération de cette nature ; on vous offrira des théories brillantes, ou une réunion de prétendues ressources dont la complication seule indique la plus évidente impossibilité : mais, Messieurs, vous êtes bien convaincus que la méditation la plus profonde sur les unes & les autres, a précédé la résolution qu'a prise enfin votre comité général des finances.

Tout ce qui a été dit si souvent, & qui sera répété, sans doute, avec plus ou moins d'impartialité sur le papier-monnoie, ne peut s'appliquer qu'à ceux des numéraires fictifs qui n'ont de ressemblance que le nom avec celui qui va vous être présenté. Ce que l'on appelle ordinairement un papier-monnoie, ou même billet d'état, repose simplement sur une hypothèque générale : les *assignats*, au contraire, seront le signe représentatif d'une créance déléguée avec hypothèque spéciale sur des immeubles. Au reste, ne nous flattons pas, Messieurs, de réunir toutes les opinions ; il faudroit, pour y parvenir, avoir trouvé l'art de satisfaire tous les intérêts ; & cet art est encore inconnu sur la terre.

Entrons dans l'examen de notre position actuelle, relativement au numéraire. Quelles que soient les causes diverses de la rareté de celui qui est en possession d'être dénommé le numéraire réel, soit qu'elle soit absolue ou relative, que ce numéraire se soit écoulé loin de nous, ou qu'il soit enfoui, que ce soit enfin la malveillance ou la crainte qui le dispersent, il nous manque ; il faut y suppléer : le papier de la caisse d'escompte ne peut plus en tenir lieu ; il faut le remplacer sans délai ; plus d'incertitude à cet égard, plus d'hésitation ; elle deviendroit funeste. Il en est de la machine politique comme de celles qui concourent aux travaux de l'industrie : quand le secours des fleuves ou des ruisseaux lui est refusé par la nature, le fluide vient au secours de l'homme ingénieux qui sait soumettre l'air & le feu aux besoins des arts. Employons, à son exemple, la ressource d'une circulation nouvelle, au lieu de ces métaux enfouis, qui refusent de couler dans le trésor public ; & bientôt la grande machine de l'état, dont la stagnation nous effraie, va reprendre toute son activité.

Déjà votre comité des finances, au mois de décembre dernier, vous avoit fait sentir les inconvéniens de la disette du numéraire ; il vous avoit proposé d'autoriser provisoirement la circulation des billets de la caisse d'escompte, pour suppléer à la rareté de l'argent pendant les six premiers mois de l'année, & d'essayer si ce papier, auquel on paroissoit habitué, pourroit en tenir lieu ; il espéroit que son remboursement n'étant pas éloigné, il seroit préférable à des billets d'état, qui ne pourroient pas peut-être offrir cet avantage. L'échange volontaire de ces billets d'une compagnie de négocians contre des *assignats* sur des biens du domaine & du clergé, avoit paru suffisant pour retirer insensiblement les billets de la caisse. Votre comité avoit pensé que sans secousse & même sans efforts, cet échange rappelleroit l'argent dans la circulation. Dans des temps plus heureux, cet espoir n'eût point été trompé ; mais il en est arrivé autrement : les efforts des actionnaires ont vainement retiré près de trente ou quarante millions de billets de caisse, par les demi-actions qu'ils se sont empressés de prendre ; les *assignats* n'ont point concouru à ces efforts. La caisse d'escompte n'en a pu négocier que pour treize cens mille livres ; nous n'avons pu en placer, parce que ç'auroit été manquer aux engagemens pris avec elle, & nuire à la diminution de la masse de ses billets. Bientôt les craintes sur cette caisse se sont renouvellées, les murmures se sont accrus, & avec eux la défiance. Je n'examinerai point ici jusqu'à quel point ces plaintes peuvent être exagérées ; il suffit qu'elles existent, pour devenir dignes d'attention. Le paiement à bureau ouvert au premier juillet devient incertain ; la caisse d'escompte est dans une position aussi critique que contraire au but de son établissement : il faut céder aux circonstances ; c'est une intempérie à laquelle il faut se soumettre. Elle fait baisser trop sensiblement le thermomètre du crédit ; pour ne pas obéir à cet indicateur fidèle, dans l'atmosphère orageux au milieu duquel nous vivons depuis quelque temps ; mais puisons dans cette nécessité même de nouvelles ressources.

Il en eût été autrement, Messieurs, il est permis de le croire, si les frais du culte eussent été définitivement réglés aussi-tôt après votre décret du 19 décembre ; si le remplacement des dîmes eût été prononcé : peut être alors les *assignats* circulant librement, eussent remplacé très-heureusement la disette des espèces, ou plutôt les eussent fait revenir dans la capitale. Nous ne cesserons de vous conjurer de fixer bientôt les idées sur tout ce qui a rapport à l'hiérarchie ecclésiastique. Nous sommes informés par l'un de vos comités, qu'il a un travail complet à vous soumettre sur cet important objet.

Dans le moment actuel, il est au moins indispensable de dégager la portion des biens ecclésiastiques qui va être mise en vente, de toute hypothèque & privilège ; de la présenter parfaitement libre à ceux qui vont les recevoir, & c'est une des précautions prises par le projet de décret qui vous sera soumis. Nous ne dirons rien de la forme des ventes, de l'estimation, & même de la désignation des biens ; vous avez nommé des commissaires pour procéder à toutes ces opérations : ils s'en occupent. Ces opérations sont certaines ; mais en accélérant ces ventes, il ne faut pas les précipiter, & rien à cet égard ne s'oppose à ce que vous décrétiez dès-à-présent la nature des *assignats*. Cette décision est d'autant plus urgente, que leur fabrication exigera un temps assez considérable ; & que nous ne pouvons plus en perdre.

C'est ici le lieu d'écarter une idée qui a paru se propager dans le public, à l'occasion du plan proposé par la municipalité de Paris, mais qui n'a pas même pénétré jusqu'à votre comité. On a parlé un moment de billets municipaux ; on a dit que le crédit des municipalités pourroit offrir un nouveau numéraire : dispensez votre comité de discuter une aussi légère assertion.

Il a paru sans doute très-convenable, & j'ose dire très-politique, de transmettre la propriété des biens ecclésiastiques dès-à-présent, aux municipalités, d'*exproprier* ces biens, pour me servir de l'expression d'un de nos orateurs ; & déjà on en éprouve les heureux effets. La commune de Paris applaudit unanimement aux propositions faites par la municipalité à l'assemblée nationale ; de nombreuses soumissions sont offertes ; de très-grandes municipalités annoncent leur adhésion à ce genre d'acquisition, les unes pour douze millions, les autres pour dix, d'autres pour moindres sommes. Bientôt, nous n'en pouvons plus douter, les valeurs qui représentent les 400 millions, se placeront tout naturellement dans les diverses parties du royaume, & l'organisation prochaine des assemblées de département concourra à accélérer les adjudications : il est donc temps, Messieurs, de poser sur la base d'un crédit vraiment national, le type du remboursement successif de la dette publique.

Laissons à l'ancienne administration l'erreur des crédits intermédiaires ; montrons enfin à l'Europe entière que nous appercevons l'étendue de nos ressources, & bientôt nous prendrons avec assurance la vaste route de notre libération, au lieu de nous traîner dans les sentiers étroits & tortueux des emprunts morcelés & des négociations onéreuses.

Pourquoi nous asservirions-nous plus long-temps à cette fatale habitude contractée dans le labyrinthe de l'ancienne administration ? Pourquoi cette crainte puérile de marcher sans appui ? Est-ce à une grande nation qui se régénère, à douter de ses forces ? Un débiteur ordinaire, qui ne peut donner à ses créanciers qu'un papier auquel il ne peut apposer le sceau du numéraire, se débat avec découragement dans les liens d'une créance aussi pénible pour ses créanciers que pour lui-même ; mais une nation qui peut donner à son papier le mouvement de la circulation, qui, par cette circulation nouvelle, peut répandre des bienfaits sur ceux qui, créanciers de l'état, sont débiteurs à leur tour vis-à-vis de leurs concitoyens ; qui, par elle, peut rétablir dans l'empire le courage de l'industrie engourdie par l'effet de la stagnation des espèces ; qui, par elle enfin, peut rendre aux manufactures leurs travaux, aux ouvriers leurs salaires, au commerce son activité : cette nation, dis-je, ne doit pas rester plus long-temps dans l'incertitude sur le grand parti qui lui reste à prendre ; & l'opinion des citoyens qui la composent concourra au succès infaillible de cette détermination.

Il en est du numéraire comme des contributions : elles sont volontaires au moment de leur création, parce qu'elles sont consenties librement par les représentans du peuple ; & elles le sont en effet vis-à-vis de la nation entière qui les a accordées. Elles n'en sont pas moins obligatoires vis-à-vis de chaque citoyen : il est forcé de se soumettre à l'expression de la volonté générale. Le nouveau numéraire, Messieurs, aura la même origine, & par conséquent la même autorité. Elle résultera de la convention solemnelle d'une grande famille composée de créanciers & de débiteurs, qui pour l'intérêt commun soldent leurs créances avec des contrats hypothéqués sur des immeubles, jusqu'à la vente prochaine des biens-fonds, qui doit éteindre la dette ; c'est au nom de la grande famille de l'état, qui vous a remis ses pouvoirs, que vous allez sceller cet accord, ce pacte très-légal ; il ne peut être mal accueilli ou mal interprété que par ceux qui, s'aveuglant sur la situation du trésor public, se fondent sur de chimériques espérances, ou par ceux qui verroient avec une joie coupable se multiplier autour de nous les obstacles de la détresse.

Vainement, Messieurs, vous objectera-t-on que l'excès d'un tel numéraire, en concurrence avec le numéraire réel, deviendroit très-préjudiciable; oui, sans doute, si ces deux numéraires pouvoient long-temps rester en concurrence: mais d'abord le numéraire réel de la France est depuis long-temps au-dessous des besoins de son industrie. En ce moment, l'or & l'argent se cachent; ils s'enfouissent; la malveillance les resserre; le papier ne sera donc pendant quelque temps qu'un heureux remplacement. Ce n'est que le papier-monnoie proprement dit, c'est-à-dire celui qui ne porte pas intérêt, qui repousse le numéraire réel, parce qu'il s'agite continuellement, & ne repose jamais dans les porte-feuilles, à cause de sa stérilité: mais la nature de celui que votre comité me charge de vous proposer, aura le double avantage de suppléer dans ce moment aux espèces qui nous fuient, aux billets d'escompte que l'on repousse, & de disparoître successivement de la circulation. A mesure que reparoîtront les espèces fugitives, il s'éteindra définitivement par la vente des immeubles désignés; & cette extinction prochaine ajoute beaucoup à sa valeur.

Un si grand nombre d'excellens ouvrages nous ont donné depuis quelque temps des connoissances très-justes sur la nature des différens numéraires, que votre comité se reprocheroit de vous en entretenir trop long-temps. Ceux qui, dans l'opinion contraire, ont flétri le papier-monnoie proprement dit, ont parlé d'un numéraire sans valeur, absolument étranger à celui dont il s'agit aujourd'hui: il ne ressemble en aucune manière aux dangereuses illusions de nos pères, dont les funestes effets sont encore graves dans la mémoire de leurs descendans.

L'or & l'argent présentent, à la vérité, pour principal avantage sur les autres numéraires fictifs, leur solidité physique; elle les met sans doute plus long-temps à l'abri de la destruction: ils se détériorent cependant avec le temps. Quant à leur valeur intrinsèque, elle n'est pas inaltérable; elle diminue par l'abondance progressive des métaux dont ils sont composés; ils varient également dans leur valeur relative; ils peuvent être contrefaits comme les autres numéraires; enfin ils ne sont point productifs comme peut l'être un papier heureusement combiné: voyons donc si le nouveau numéraire leur sera véritablement inférieur.

Au moment où une nation, en faisant circuler un métal, lui a donné une valeur supérieure à celle du poids de la matière dont elle est composée, elle a dit à ceux qui se trouvoient obligés d'en faire usage: vous ne pourrez refuser pour 24 livres, ce lingot, quoiqu'il n'en vaille que 23; ni celui-ci pour 6 livres, quoiqu'il ne vaille que cent dix sols. On ne lui reprocha pas une injustice, parce qu'une convention générale ne peut pas en être une. Lorsque ces métaux circulèrent pour la première fois, on put leur faire, à cet égard, les objections qu'on accumule sur les autres numéraires; mais la réponse fut, sans doute, qu'une nation, en créant un signe représentatif, garantit plutôt le titre que la valeur; elle imprime uniquement le mouvement de circulation.

Les *assignats* sur les biens du domaine & du clergé, outre l'avantage de la circulation, auront une valeur complète, puisqu'ils sont le signe représentatif d'une valeur qui n'a point d'alliage, celle d'un immeuble cédé par la nation, qui, d'après vos décrets, aura nécessairement une valeur équivalente. Ils ne sont que des subdivisions des obligations que les municipalités déposeront dans la caisse de l'extraordinaire. Votre comité ne se lasse point de vous répéter que les *assignats* seront de véritables délégations, avec privilège, sur des immeubles partagés en petites portions pour la commodité des porteurs; ils auront, de plus, la valeur monétaire, que leur imprimera le sceau de l'état; ils auront enfin une valeur immobiliaire que n'a jamais eue jusqu'à présent le papier d'aucune nation. Les valeurs mobiliaires, déposées dans les caves de la banque d'Amsterdam, qui sont représentées par ses billets, peuvent être pillées, enlevées; nos immeubles, au contraire, ne peuvent échapper au dernier possesseur des *assignats*. Ne perdons jamais de vue que les différens papiers circulans, répandus dans un royaume par la seule autorité d'un monarque, ou de son conseil, après avoir contracté un caractère d'injustice dans leur origine, éprouvent de la résistance dans leur usage, & offrent des abus incalculables dans la facilité de leur multiplication: mais tous ces vices disparoissent quand un papier est une émanation de la volonté générale. Qui d'entre nous osera douter de sa valeur? ce seroit douter de nous-mêmes.

Les *assignats* circulans offriront, par-dessus tous les autres avantages qui vous ont été exposés, celui que n'a pas le numéraire métallique, lorsque vous leur aurez attribué un intérêt raisonnable.

Vous aviez fixé à cinq pour cent, par votre décret du 19 décembre, l'intérêt des *assignats* destinés à être donnés en paiement à la caisse d'escompte, mais les nouveaux *assignats* seront d'une nature différente. Il ne vous avoit pas été proposé, au mois de décembre dernier, de donner aux *assignats* le mouvement d'une circulation générale; la combinaison ne doit plus être tout-à-fait la même. Il est par conséquent indispensable d'examiner de nouveau cette question, en répondant à plusieurs objections qui ont été faites, & qui seront renouvellées, peut-être, sur la fixation des intérêts.

Quelques personnes recommandables par leurs connoissances en matière de numéraire, tant réel que fictif, soutiennent qu'un papier qui tient de la nation l'avantage de la circulation, ne doit point y réunir celui d'un intérêt ; que c'est lui ôter même une partie de la rapidité de son mouvement ; que c'est grever l'état d'une charge de plus, & qu'autant vaudroit-il faire un emprunt, s'il étoit praticable.

Mais d'abord aucun emprunt n'est praticable ni proposable aujourd'hui, & il ne faut jamais perdre de vue qu'il s'agit ici avant tout du service de 1790, qui devroit être assuré depuis long-temps.

Il est ensuite bien certain qu'un tel papier, surtout dans les circonstances présentes, s'affoibliroit successivement dans les mains de ceux qui, n'ayant aucun intérêt à le garder, chercheroient continuellement à s'en défaire ; alors, par l'effet si connu de la concurrence, la multiplicité des débiteurs qui voudroient s'acquitter, feroit baisser continuellement la valeur conventionnelle, toujours indépendante de la valeur fictive ; le vendeur volontaire hausseroit dans une proportion arbitraire le prix de ses denrées : de-là l'avilissement du papier national, des désordres dans les prix, & des malheurs de détail inévitables, sur-tout lorsque la craintive défiance est accrue par les efforts d'une malveillance criminelle. De ce désordre, Messieurs, naît une réflexion faite pour frapper des législateurs : c'est que le papier sans intérêt, que le créancier de l'état ne pourroit ni garder avec un bénéfice, ni céder qu'avec perte, deviendroit une injustice à son égard ; & assurément une opération injuste vous seroit inutilement présentée. Abolissez à jamais, Messieurs, cette distinction immorale de la justice privée & de la justice des nations. Descendez un moment du faîte de la législation, pour examiner comme juges cette question si simple : lorsqu'un débiteur s'arrange avec son créancier, que celui-ci prend avec lui des termes, en attendant la vente d'un immeuble ; lequel des deux doit supporter la privation des intérêts ? Est-ce le créancier ? est-ce le débiteur ? C'est ce dernier sans doute : autrement ce seroit une faillite partielle. Eh bien ! Messieurs, replacez-vous maintenant sur les sièges des législateurs, & aussi-tôt vous prononcerez unanimement que la nation françoise, en s'acquittant avec un papier sans intérêt, n'exerceroit pas vis-à-vis de son créancier, qui le recevroit malgré lui, une exacte justice. Ceux qui combattent la circulation des *assignats* objectent, à cet égard, que les *assignats* non circulans pourroient être donnés en paiement avec un intérêt plus considérable ; qu'il faut, en conséquence, donner la préférence à ces *assignats* qu'ils appellent volontaires. Mais peut-on leur donner ce nom, dans cette supposition ? La nation, en effet, offriroit à son créancier l'option entre un *assignat*, ou rien. N'est-ce pas abuser vis-à-vis de lui d'une autorité véritablement tyrannique ? Car enfin, il a le droit d'exiger un numéraire, parce que c'est un numéraire qu'il a donné.

Le porteur d'une créance sur l'état, est rarement celui qui l'a reçue immédiatement du gouvernement. C'est souvent un commerçant qui a des engagemens à remplir, un propriétaire qui a des remboursemens à faire ; l'*assignat* que vous lui donnez dans ce cas, ou est onéreux pour la nation, si l'intérêt est très-considérable, ou n'est pas l'équivalent du sacrifice qu'il est obligé de faire. De quel droit la nation exerce-t-elle ainsi sur lui l'empire de la nécessité, & lui commande-t-elle souvent une banqueroute totale, par la faillite partielle dont elle ne craint pas d'encourir le reproche ?

La circulation donnée aux *assignats* l'écarte entièrement ; par elle, l'état met son créancier à l'abri de tout dommage, parce qu'il peut le donner en paiement, & que, s'il est obligé de le garder, l'intérêt l'indemnise du retard.

En matière d'emprunt, il est vrai, la génération suivante acquitte par-là une partie des intérêts jusqu'au remboursement ; mais d'abord, seroit-ce une injustice ? N'acquittons-nous pas aujourd'hui les intérêts de la dette contractée avant nous ? ne faut-il pas que le fardeau se partage entre les générations ? Celle qui a supporté les maux inséparables de la révolution, même la plus heureuse, ne pourroit encourir de reproches si elle laissoit quelques engagemens à payer par ceux qui en recueilleront tous les fruits. Mais il ne s'agit pas ici de faire acquitter des intérêts par notre postérité ; ceux-ci vont s'éteindre avec la vente des immeubles, & c'est-là ce qui rend l'opération qui vous est proposée bien supérieure à un emprunt ordinaire ; c'est-là ce qui donne à votre numéraire nouveau toutes les qualités qui concourent à le rendre véritablement précieux. Lorsque vous aurez réglé les moyens de pourvoir aux dépenses du culte public, & de toutes celles qui y ont quelque rapport, quelle carrière est ouverte aux législatures suivantes pour opérer avec la vente de tant d'immeubles, notre libération totale, sans surcharger d'intérêts les générations futures, soulagées d'ailleurs continuellement par l'extinction des rentes viagères !

Un des grands avantages de l'intérêt qui doit être attaché aux *assignats*, c'est de rappeller en circulation le numéraire réel, dans la proportion précisément où le numéraire nouveau séjournera dans le porte-feuille du capitaliste, dans le comptoir du négociant, dans la bourse même du fermier & du laboureur, qui, dans ce moment, peut-être, retiennent l'argent sans l'enfouir. Ils le retiennent parce que les impositions se paient plus lentement ; ils le retiennent parce qu'ils ont peu d'emploi à en faire : mais, lorsqu'un *assignat* portant intérêt, & garanti par la nation, pourra lui offrir un bénéfice inconnu jusqu'aujourd'hui, il s'habituera insensiblement à ce nouveau numéraire moins volumineux & plus productif que l'autre. Ne peut-il donc pas même se mêler une teinte de patriotisme au desir d'obtenir un accroissement de revenu dans les nouveaux calculs de ces bons habitans des campagnes, qui d'ailleurs attachent encore plus de prix à l'acquisition d'un bien-fonds, que les capitalistes des grands villes ? Le commerçant, de son côté, voyant que le nouveau numéraire aura le double avantage de porter intérêt & de remplacer l'argent dans les paiemens, l'adoptera sous ces deux aspects ; les étrangers eux-mêmes en feront un objet de spéculation, tant que le cours défavorable des changes ne leur permettra pas de réaliser les fonds qu'ils ont en France ; & cette dernière observation répond à bien des objections. Votre comité croit appercevoir qu'en vous bornant à une quotité d'*assignats* égale à celle des immeubles dont vous avez décrété la vente, bientôt vous verrez rechercher l'*assignat* qui réunit trois avantages précieux, celui de porter intérêt, celui de servir en paiement, & celui d'être appuyé sur un immeuble qui ne peut échapper au dernier détenteur.

Aussi votre comité ne s'arrêtera point à la comparaison d'un papier aussi précieux, sous tous ses rapports, avec celui de cet habile Ecossois, devenu si célèbre, dont l'imagination offrit sous la régence un numéraire qui, bien ménagé, n'auroit pas eu sans doute les suites funestes qui l'ont décrié, mais lequel enfin reposoit moins sur des valeurs réelles, que sur des espérances.

Votre comité n'a pas cru devoir adopter le systême des primes, proposé par la municipalité de Paris ; il pense que si l'on se permettoit de préférer cette chance à un intérêt déterminé, le succès éphémère qu'elle pourroit avoir par le secours de quelques riches calculateurs ne se soutiendroit pas : d'ailleurs, nous ne vous proposerons jamais de favoriser un jeu quelconque, quand il est capable de séduire de trop faciles capitalistes ; il seroit au-dessous de votre dignité, & contraire à votre justice, de placer des citoyens imprudens sur le bord d'un abyme où les trois quarts d'entre eux seroient précipités tous les mois.

Pour épuiser tout ce qui doit être soumis à votre sagesse, relativement à la nécessité de donner un intérêt aux *assignats*, nous devons vous représenter l'inconvénient habituel qui est sous vos yeux, de n'en avoir pas attaché aux billets de la caisse d'escompte ; il n'est plus temps de le faire, il faut échanger contre des *assignats* ces billets ; mais c'est reconnoître de plus en plus la nécessité d'attribuer un intérêt au papier qui va les remplacer.

Nous ajouterons enfin, comme un motif de conviction de plus, que nous sommes entiérement d'accord à cet égard avec le premier ministre des finances, dont l'expérience est aussi précieuse qu'utile aux représentans d'une nation qui aime à lui conserver sa confiance.

Quant à la mesure de l'intérêt annuel, plus de difficultés se sont présentées à l'examen attentif qu'a fait votre comité des observations, & des adresses même, ou répandues dans son sein, ou publiées par la voie de l'impression.

Il seroit trop long de vous rapporter en détail la diversité des opinions à cet égard ; elle se réduisent à deux, celle qui insiste pour un modique intérêt, & celle qui en propose un plus considérable.

Sans doute, Messieurs, s'il ne s'agissoit que de délivrer des *assignats* en paiement à vos créanciers, sans leur imprimer le sceau de numéraire national, il seroit juste de leur accorder un très-grand intérêt ; car vos créanciers, comme nous l'avons déjà observé, obligés de s'en servir pour se liquider de gré à gré avec les leurs, feroient sans cela une perte qui deviendroit une cruelle injustice. Avec ce gros intérêt même, l'*assignat* qui n'auroit pas l'avantage de la circulation, pourroit, malgré sa valeur intrinsèque, se négocier de plus en plus à perte, par la concurrence des vendeurs pressés d'acquitter leurs engagemens tous à la fois : de-là une nouvelle source d'agiotage ; & même une route ouverte à la malveillance. Il seroit impossible de vous offrir la mesure certaine de l'intérêt à donner à un pareil *assignat* : vous lui attribueriez huit & dix pour cent, peut-être sans succès, puisque d'autres effets sur la place se négocient & s'achètent à une perte plus grande ; & en vérité, de pareils calculs sont indignes de vous. Mais du moment où les *assignats* deviennent un papier circulant dans tout le royaume, il est inutile que l'intérêt soit aussi fort. Il seroit même dangereux qu'il fût trop considérable. La prudence nous conseille, à raison des circonstances présentes, de ne nous livrer à aucun excès, en plus comme en moins.

La raison la plus apparente que donnent les partisans d'un intérêt plus fort, est d'indiquer ce moyen comme produisant le double avantage d'assurer dans ce moment le succès d'une opération sur laquelle repose le sort de l'état, en déterminant à recevoir avidement les *assignats*, & de diminuer promptement la masse des billets en circulation, par le desir de les conserver. Nous rendons hommage à ces deux considérations, & nous ne les perdons point de vue dans l'avis auquel nous nous sommes fixés.

Ceux qui demandent, au contraire, que l'intérêt soit très-modique, craignent qu'en en forçant la proportion, on ne nuise à la négociation des effets de commerce, & même aux placemens relatifs aux entreprises de l'agriculture & des arts. On nous a représenté de toutes parts que l'escompte montera en proportion de l'intérêt accordé au billet circulant, & que cet accroissement, qui sera d'un & demi ou deux pour cent, peut être nuisible aux opérations actives du commerce. Nous ne devons point dissimuler que c'est-là l'opinion de beaucoup de personnes recommandables par leur expérience dans les affaires de la banque.

banque & du commerce, considéré dans ses rapports avec les changes.

Il est difficile de faire disparoître tout-à-fait cette objection, qui résulte de l'élévation plus que probable de l'escompte. Il paroît, de plus, incontestable que si les *assignats* prennent faveur, comme votre comité ne peut en douter, le porteur de l'*assignat*, qui consentira à l'échanger contre l'effet d'un particulier, pourra bien y mettre quelque condition à son avantage, qui augmenteroit certainement le prix de cet échange. Il est vrai que cette crainte même fait présager le succès des *assignats* relativement au trésor public; & cette observation n'est point indifférente : il n'en est pas cependant moins juste de prendre des précautions pour ne point exposer les commerçans à des pertes trop grandes, en introduisant un numéraire dont le cours fût nuisible à celui des lettres-de-change.

Mais il nous paroît aussi démontré que le commerce, tant maritime qu'intérieur, a moins de crainte à cet égard que la banque : ce sont les droits de commission qui produisent en partie l'élévation de l'escompte : il n'en est pas de même vis-à-vis du commerce, & sur-tout vis-à-vis des manufactures. Dans bien des villes, l'argent se prête directement aux commerçans, à cinq pour cent; & pourvu que l'intérêt de l'*assignat* soit un peu inférieur, on nous assure que le commerce n'a rien à craindre, & que s'il étoit réduit à quelques sacrifices, l'augmentation du numéraire, en encourageant les travaux, lui offrira des bénéfices équivalens.

Nous ne devons pas d'ailleurs perdre de vue les différentes destinations de l'*assignat* ayant cours. L'une est de ramener le numéraire d'argent dans la circulation, par l'avantage qu'il aura sur les espèces stagnantes & non productives; & de l'élévation de l'escompte même, naîtra dans l'esprit des possesseurs de l'argent, le desir de placer en *assignats*, pour profiter à leur tour du bénéfice de cette élévation : mais il ne faut pas oublier, non plus, que les *assignats* devant suppléer pendant quelque temps aux espèces qui nous fuient, il seroit dangereux de trop diminuer la rapidité de leur circulation par un intérêt trop fort.

C'est dans cette combinaison difficile des deux contraires que consiste le succès du nouveau numéraire.

L'opinion des députés extraordinaires du commerce, qui ont assisté plusieurs fois à votre comité des finances, a sur-tout influé sur notre détermination : nous avons leur avis par écrit, & il insistent pour que l'intérêt des *assignats* ne soit pas au-dessous de quatre & demi pour cent. Il paroît que cette proposition rapproche les deux extrêmes; que si elle produit l'effet de faire séjourner les *assignats* dans les porte-feuilles, il en résultera nécessairement que l'argent reparoîtra, parce qu'il n'y aura pas d'autre numéraire qui le supplée; qu'elle fera regarder l'*assignat* comme assez productif pour engager son détenteur à le garder; & le possesseur de l'argent à desirer son échange contre l'*assignat*, mais pas assez cependant pour nuire à sa circulation.

C'est de ce contre-poids que dépend le succès d'une opération neuve à beaucoup d'égards; c'est sur elle que votre comité médite depuis long-temps. Il a jetté ses regards dans l'avenir, il les a ramenés sur le moment présent; il ne s'est point dissimulé combien de canaux de dérivation se multiplieront autour du nouveau fleuve dont les eaux sont destinées à vivifier le corps politique. Le premier ministre des finances ose à peine tenir le gouvernail dans cette route nouvelle.

Votre comité vous propose donc, Messieurs, de donner quatre & demi pour cent d'intérêt aux nouveaux *assignats*. Ce taux intermédiaire se place assez heureusement entre les deux opinions opposées, & il nous offre de plus deux avantages, qui, quoique secondaires, ne sont point du tout indifférens pour le succès de l'opération.

Le premier est de donner une fraction très-nette pour l'intérêt par jour, & l'autre de rendre infiniment facile l'échange des billets de la caisse d'escompte contre les *assignats*.

Avant d'entrer dans quelques détails à cet égard, votre comité se plaît à rappeller qu'il ne s'agit point ici de calculer les conditions d'un emprunt; il s'agit de balancer des forces contraires, & de trouver le modérateur le plus sûr. Il seroit aussi imprudent de mépriser le premier effet de la nouvelle circulation, que de juger d'après eux de la durée de son succès. Il faut, sans doute, que la première impression soit heureuse; mais jamais des législateurs ne doivent lui sacrifier la réaction de l'avenir.

En Espagne, le papier circulant appellé *vales réales*, perdit dans son début, & cette perte se soutint quelque temps par la faute du gouvernement, qui se détermina mal-à-propos à indemniser de la baisse, des gens qui avoient intérêt à ce qu'elle existât, pour avoir de plus en plus des bonifications certaines; mais il a repris son niveau naturel, & quoiqu'ils ne portent que quatre pour cent d'intérêt, il gagne actuellement un & demi pour cent. Cependant il n'a pas l'avantage de l'hypothèque spéciale qui donnera à nos *assignats* une valeur plus réelle.

Mais nous sommes dans des circonstances difficiles & délicates; la balance des numéraires ne peut être alors dans son équilibre naturel, parce que la malveillance ajoute au poids de la crainte. Il faut donc être circonspect. Il suffit que l'intérêt des *assignats* soit au-dessous de l'intérêt légal, pour ne point déranger les combinaisons ordinaires & préparer de loin la baisse de cet intérêt légal, en facilitant par la suite le paiement de la dette publique, & sa réduction de gré à gré sans injustice.

En n'élevant pas trop l'intérêt de l'*assignat*,

l'état trouvera aussi l'avantage puissant de faire face aux sacrifices que le trésor public sera peut-être obligé de faire pour se procurer, pendant quelques mois, de l'argent, tant pour les appoints que pour la solde des troupes, & pour les autres dépenses de détail indispensables; mais nous lasserons probablement bientôt les thésauriseurs, & nous allons subordonner à la nécessité de concourir au succès de nos opérations ceux même qui se faisoient un plaisir cruel de les troubler.

Je reviens à la facilité précieuse que procurera à la circulation la proportion de quatre & demi pour cent d'intérêt.

Elle offre pour un billet de mille livres un intérêt de trente deniers, ou deux sols six deniers par jour. Trois cens livres produisent neuf deniers; cent livres produiroient trois deniers, ou un liard, parce que nous vous proposerons d'adopter la division précise de l'année en douze mois égaux de trente jours chacun, qui est suivie assez généralement, & usitée parmi les gens d'affaires.

Nous ne vous proposerons point de faire des billets au-dessous de deux cens livres; ce seroit, selon nous, une grande faute, parce qu'ils éloigneroient de plus en plus l'argent que nous cherchons à rappeller; il ne faut point que la pénurie de l'argent se fasse sentir dans la classe des citoyens qui vivent du produit journalier de leurs bras.

Quant aux fractions simples de l'intérêt journalier, elles seront infiniment commodes pour la facilité des comptes, sur tout lorsque les *assignats* pénétreront dans les campagnes. Il eût été impossible de trouver des fractions aussi nettes dans tout autre calcul, sans changer la coupure des billets; ce qui est impossible dans ce moment. C'est faciliter beaucoup la circulation du nouveau numéraire, & remplir par conséquent une de vos intentions, que d'attribuer aux *assignats* un intérêt journalier qui les suive à chaque pas, pour ainsi dire. Mais un autre objet important de notre opération, est de nous liquider promptement avec la caisse d'escompte, de rompre sans délai les liens qui attachent cette caisse au trésor public; & l'échange des billets de caisse contre des *assignats*, ne peut être trop tôt consommé. Dans la combinaison de l'intérêt que nous vous proposons, les coupures des billets se concilieront complétement avec celles des billets actuels de la caisse d'escompte, & par là on évitera, dans leur échange, les difficultés qu'il seroit dangereux de faire naître en négligeant cette circonstance, qui n'est nullement minutieuse.

On pourroit faire des billets plus forts par la suite, si on le juge à propos, pour faciliter les gros paiemens. La différence des couleurs annoncera la quotité du billet, & l'intérêt par jour sera mentionné en marge.

L'un des articles du projet de décret de votre comité, vous offre le moyen de faire jouir, dès-à-présent, le public porteur des billets de la caisse d'escompte, d'une partie des avantages qui résulteront des nouveaux *assignats*, en attribuant sur le champ un intérêt équivalent à celui des *assignats* aux porteurs de ces billets, afin de leur faire attendre avec plus de patience la nouvelle fabrication. Aussi, à compter du 15 de ce mois, les actionnaires de cette caisse ne jouiront plus d'aucun intérêt; il appartiendra aux porteurs de billets, leurs véritables créanciers. Aussi-tôt après la fabrication des nouveaux *assignats*, la manière de nous acquitter avec ces actionnaires, sera bien simple. Le trésorier de l'extraordinaire retirera des mains du public les billets de la caisse d'escompte, & aussi-tôt il rendra à cette caisse le papier qu'elle nous avoit prêté: rien de plus simple que cette opération.

Les avis se réunissent pour que les *assignats* portent un signe de la garantie nationale; ce muet interprète de la volonté publique, peut être un motif de confiance de plus auprès de quelques capitalistes d'habitude, ou auprès de ceux qui aiment ce qui frappe les yeux avant d'arriver jusqu'à l'entendement.

Enfin, le commerce demandoit que les *assignats* fussent à ordre, pour la sûreté des transports d'un lieu à un autre. La signature qui seroit apposée volontairement derrière l'*assignat*, ne seroit point un endossement; elle ne seroit que l'indication de la transmission de l'*assignat*: mais il nous a semblé qu'elle paroîtroit souvent inutile, sur-tout dans une même ville. Nous pensons qu'il y a lieu de ne pas interdire cette précaution à ceux qui voudront l'employer, quand l'*assignat* passera d'une ville dans une autre; mais nous croyons aussi qu'il ne faut pas en faire une des conditions indispensables de l'*assignat*; ce seroit une gêne de plus: il n'en faut point dans la circulation. Ceux qui feront des envois d'*assignats* dans différentes parties du royaume, prendront à cet égard, ou les mêmes soins que pour les envois d'argent, ou la précaution de la signature au dos de l'*assignat*, à volonté. Mais un autre motif, plus important encore, nous a déterminés à ne point prescrire cette formalité; ce seroit dénaturer le caractère de monnoie que la nation lui aura donné. Il s'agit ici d'un numéraire; les *assignats* ne peuvent trop en réunir toutes les qualités.

Quant à la quotité de l'émission des *assignats*, il existe à cet égard plusieurs opinions différentes. Nous ne nous arrêterons point à celle qui propose hardiment un & même deux milliards de papier pour payer toute la dette arriérée, rembourser les offices, les cautionnemens, &c. Cette opération n'est pas proposable; ce seroit étouffer dans sa naissance l'effet du nouveau numéraire, & se jetter volontairement dans un abyme de maux. Nous ne vous proposerons pas même six cens millions, comme le desirent quelques personnes dont l'opinion est plus recommandable.

Nous avons pensé que deux motifs irrésistibles devoient réunir définitivement toutes les opinions sur la masse des *assignats*, & vous décider à ne pas la porter au-delà de 400 millions. Le premier est qu'il seroit imprudent de ne la pas fixer au-dessous de la quotité des impositions. Il ne faut pas perdre de vue que c'est par le paiement des impositions que circulera le plus rapidement la masse divisée des nouveaux *assignats*, & que le raisonnement, la prudence, la justice même, concourent à ne point excéder cette limite naturelle.

Le second motif nous paroît plus puissant encore. Quelle est la nature des nouveaux *assignats*? c'est celle d'une délégation sur le prix de la vente prochaine d'un immeuble: voilà ce qui rend ce numéraire digne de la plus grande confiance. Pour que cette confiance soit pleinement assurée, pour que rien n'altère la matière connue & durable dont il est composé, il est impossible d'excéder la somme des 400 millions qui la composent. Il faut que chaque *assignat* corresponde, pour ainsi dire, aux yeux de tous, avec l'arpent de terre qu'il représentera. Ainsi, nous vous proposerons comme une condition impérieuse, de ne point excéder 400 millions. Un réglement particulier indiquera l'époque & la forme de l'extinction des *assignats*.

Le premier ministre des finances, avec lequel nous avons concerté, suivant vos intentions, le projet de décret rédigé dans le comité, lui a donné son assentiment; il a éclairé notre marche, & son zèle s'est réuni au nôtre. Lorsque vous aurez pris, sur les *assignats*, la détermination qu'attend de vous la France entière, il concourra de tout son pouvoir à en assurer le succès par cette surveillance des détails intérieurs de laquelle dépend si souvent la réussite des plus grandes entreprises; mais elle dépend sur-tout, Messieurs, dans les circonstances présentes, d'un véritable accord de toutes les volontés: réunissons-nous pour procurer promptement, par ce nouveau numéraire, à toutes les parties de l'empire, le soulagement qu'elles réclament, &, pour ainsi dire, la nouvelle existence qu'elles attendent.

Celles de nos provinces qui repoussoient les billets de la caisse d'escompte, attendent sans répugnance le papier national; plusieurs grandes villes le demandent; les négocians qui pouvoient hésiter encore, reconnoissent maintenant que sans un prompt changement dans l'état actuel des choses, il sera impossible de recevoir plus long-temps du papier sur Paris, parce que sa perte s'accroît tous les jours. Nous avons entre les mains des adresses revêtues des signatures les plus recommandables des manufacturiers & commerçans, qui réclament un nouveau numéraire. Vous n'avez point oublié cette adresse éloquente & patriotique des négocians de Bordeaux, de cette cité si célèbre dans les fastes du commerce; elle a adopté l'une des premières la circulation des *assignats*: son exemple sera suivi de toute ses rivales, ainsi que de toutes les villes qui ne peuvent prétendre à l'être.

Elle a envoyé son adhésion anticipée à celle des opérations de finances qui vous paroîtroit la plus adaptée aux circonstances; ses commerçans réunis l'ont appuyée d'un serment solemnel. Bientôt la circulation des *assignats* deviendra la plus libre des opérations, puisqu'elle sera secondée des efforts & des volontés de tous.

La capitale, écrasée par un papier dont elle ne peut se servir habituellement pour acquitter le prix des consommations qui forment tous les jours sa dette vis-à-vis des provinces, recevra sur-tout avec reconnoissance un numéraire plus actif pour elle, & j'ose ajouter, plus digne de vous.

Votre comité des finances vous parleroit peut-être avec moins d'assurance, s'il s'agissoit de répandre pour la première fois un numéraire fictif: mais les choses ne sont plus entières à cet égard. Il en existe un, qui est au-dessous d'un numéraire fictif, puisque, si j'ose m'exprimer ainsi, il n'est pas un numéraire effectif, & que rien ne deviendroit plus contradictoire en administration, qu'un papier concentré dans une seule ville; il ne peut alors avoir aucun des avantages du papier circulant, & il n'en conserve que les inconvéniens. On peut encore moins s'arrêter à l'idée d'un papier municipal, qui varieroit suivant la situation des immeubles ou des municipalités qui les auroient acquis; ce seroit revenir à-peu-près à cette ancienne & absurde diversité des monnoies des anciens grands vassaux de la couronne. Votre comité ne vous propose donc que de remplacer un numéraire imparfait, par un numéraire doué de tous les caractères qu'aucun papier connu n'a offerts jusqu'à nos jours, puisque, malgré son heureuse mobilité, sa base repose sur un immeuble réel, sur une hypothèque spéciale; & quand il sera bien apprécié comme il doit l'être, il ne tardera pas à l'emporter sur l'argent même.

Enfin une dernière considération doit être sans cesse présente à votre esprit, au moment de votre délibération: c'est que cette grande & puissante opération va lier tous les citoyens à la chose publique. Tous les possesseurs des *assignats*, quels qu'ils soient, habitans des campagnes ou des villes, auront entre leurs mains le gage de l'aliénation des immeubles domaniaux & ecclésiastiques; ils desireront rapprocher l'époque de cette aliénation. De toutes les classes de citoyens, s'éleveront des voix qui accéléreront les ventes; & vous savez, Messieurs, que le desir de tout un peuple laisse à peine entrevoir l'intervalle qui sépare l'acte de sa volonté, de l'effet rapide & sur tout infaillible de son exécution.

Projet de décret, proposé par le comité des finances.

Art. Ier. A compter de la présente année, les dettes du clergé sont réputées nationales : le trésor public sera chargé d'en acquitter les intérêts & les capitaux. La nation déclare qu'elle regarde comme créanciers de l'état tous ceux qui justifieront avoir légalement contracté avec le clergé, & qui seront porteurs de contrats de rentes assignées sur lui. Elle leur affecte & hypothèque, en conséquence, toutes les propriétés & revenus dont elle peut disposer, ainsi qu'elle le fait pour toutes ses autres dettes.

II. Les biens ecclésiastiques qui seront vendus & aliénés en vertu des décrets des 19 décembre 1789 & 17 mars dernier, sont affranchis & libérés de toute hypothèque de la dette générale du clergé, dont ils étoient ci-devant grevés, & aucune opposition à la vente de ces biens ne pourra être admise de la part desdits créanciers.

III. Il sera pourvu très-incessamment au remplacement des dîmes, & à toutes les dispositions nécessaires pour assurer, au plutôt, de la manière la plus juste & la plus solemnelle, les frais du culte, l'entretien des ministres, les pensions des religieux ou religieuses, & les droits des titulaires actuels des biens du clergé. Ce sera l'objet de plusieurs décrets particuliers.

IV. Les *assignats* créés par les décrets des 19 & 21 décembre 1789, auront cours de monnoie dans tout le royaume, & seront reçus comme espèces sonnantes dans toutes les caisses publiques & particulières.

V. Au lieu de cinq pour cent d'intérêt par chaque année, qui leur étoient attribués, il ne leur sera plus alloué que quatre & demi pour cent, à compter du 15 avril de l'année présente; & les remboursemens, au lieu d'être différés jusqu'aux époques mentionnées dans lesdits décrets, auront lieu successivement par la voie du sort, aussitôt qu'il y aura une somme d'un million réalisée en argent sur les obligations données par les municipalités pour les biens qu'elles auront acquis, & en proportion des rentrées de la contribution patriotique des années 1791 & 1792. Si les paiemens avoient été faits en *assignats*, ces *assignats* seroient brûlés publiquement, ainsi qu'il sera dit ci-après, & l'on tiendra seulement registre de leurs numéros.

VI. Les *assignats* seront depuis 1000 jusqu'à 200 liv. l'intérêt se comptera par jour. L'*assignat* de 1000 livres vaudra deux sols six deniers par jour; celui de 300 liv., neuf deniers; celui de 200 liv., six deniers. Chaque mois comptera pour trente jours.

VII. L'*assignat* vaudra chaque jour son principal, plus, l'intérêt acquis; & on le prendra pour cette somme. Le dernier porteur recevra au bout de l'année le montant de l'intérêt, qui sera payable à jour fixe par la caisse de l'extraordinaire, tant à Paris que dans les différentes villes du royaume.

VIII. Pour éviter toute discussion dans les paiemens, le débiteur sera toujours obligé de faire l'appoint, & par conséquent de se procurer le numéraire d'argent nécessaire pour solder exactement la somme dont il sera redevable.

IX. Les *assignats* seront numérotés; il sera fait mention, en marge, de l'intérêt journalier, & leur forme sera réglée de la manière la plus commode & la plus sûre pour la circulation, ainsi qu'il sera ordonné par l'assemblée nationale.

X. En attendant que la vente des biens domaniaux & ecclésiastiques, qui seront désignés, soit effectuée, leurs revenus seront versés, sans délai, dans la caisse de l'extraordinaire, pour être employés d'autant, & déduction faite des charges, aux paiemens des intérêts des *assignats*. Les obligations des municipalités pour les objets acquis, y seront déposées également; & à mesure des rentrées des deniers par les ventes que feront lesdites municipalités des biens-fonds, ces deniers y seront versés sans retard & sans exception, leur produit & celui des emprunts qu'elles devront faire, d'après les engagemens qu'elles auront pris avec l'assemblée nationale, ne pouvant être employés, sous aucun prétexte, qu'à l'acquittement des intérêts desdits *assignats*, & à leur remboursement.

XI. Les *assignats* emporteront avec eux hypothèque, privilège & délégation spéciale, tant sur le revenu, que sur le prix desdits biens; de sorte que l'aquéreur qui achetera des municipalités, aura le droit d'exiger qu'il lui soit légalement prouvé que son paiement sert à diminuer d'autant les obligations municipales & à rembourser une somme égale d'*assignats* : à cet effet les paiemens seront versés à la caisse de l'extraordinaire, qui en donnera son reçu à valoir sur l'obligation de telle ou telle municipalité.

XII. Les 400 millions d'*assignats* seront employés premièrement à l'échange des billets de la caisse d'escompte, jusqu'à concurrence des sommes qui lui sont dues par la nation, pour le montant des billets qu'elle a remis au trésor public, en vertu des décrets de l'assemblée nationale. Le surplus sera versé successivement au trésor public, tant pour éteindre les anticipations à leur échéance, que pour rapprocher d'un sémestre les intérêts arriérés de la dette publique.

XIII. Tous les porteurs de billets de la caisse d'escompte feront échanger ces billets contre des *assignats* de même somme, à la caisse de l'extraordinaire, avant le 15 juin prochain; & à quelque époque qu'ils se présentent dans cet intervalle, l'*assignat* qu'ils recevront portera toujours intérêt à leur profit, à compter du 15 avril : mais s'ils se présentent après l'époque du 15 juin, il leur sera fait décompte de leur intérêt, à partir du 15 avril, jusqu'au jour où ils se présenteront.

XIV. L'intérêt attribué à la caisse d'escompte sur la totalité des *assignats* qui doivent lui être délivrés, cessera à compter de ladite époque du 15 avril, & l'état se libérera avec elle par la simple restitution successive qui lui sera faite de ses billets, jusqu'à concurrence de la somme fournie en ces billets.

XV. Les *assignats* à cinq pour cent que la caisse d'escompte justifiera avoir négociés avant la date du présent décret, n'auront pas cours de monnoie, mais seront acquittés exactement aux échéances. Quant à ceux qui se trouveront entre les mains des administrateurs de la caisse d'escompte, ils seront remis à la caisse de l'extraordinaire, pour être brûlés en présence des commissaires qui seront nommés l'assemblée nationale.

XVI. Le renouvellement des anticipations sur les revenus ordinaires cessera entiérement du jour où les *assignats* leur seront substitués ; & ceux-ci seront donnés en paiement aux porteurs desdites anticipations, à leur échéance.

XVII. Il sera présenté incessamment à l'assemblée nationale, par le comité des finances, un plan de régime & d'administration de la caisse de l'extraordinaire, pour accélérer l'exécution du présent décret.

XVIII. L'assemblée nationale s'occupera aussi des moyens de satisfaire à ce qui est dû pour l'arriéré des départemens, pour le remboursement des effets publics, des traitemens suspendus, & autres objets d'une égale considération, en écoutant, à cet effet, les diverses propositions qui pourront lui être faites par son comité.

Séance du 15 avril 1790.

M. de Lamberg. La sévérité de l'assemblée, son absolue & presque arbitraire puissance.....

Il s'élève beaucoup de murmures.

M. le président. Je vous rappelle à l'ordre au nom de l'assemblée.

M. de Lamberg. L'organe de l'assemblée vient de me communiquer ses ordres ; je me rétracte. Je me plaignois de la sévérité de l'assemblée sur la parole. Les citoyens qui m'ont envoyé ici m'ont ordonné de me faire entendre, & voilà plusieurs jours qu'il m'est impossible de parler. Il m'a plusieurs fois paru étrange de voir fermer la discussion, quand quelqu'un de nous avoit encore quelque chose à dire.....

M. le président. Au nom de l'assemblée, je vous ordonne de ne vous permettre aucune digression.

M. de Lamberg. Il m'est pénible d'avoir été rappellé à l'ordre deux fois & presque dans le même moment...... Il y a quelques jours que je voulois vous offrir un plan de finances ; mais hier on m'a ôté mes bases ; & désespérant de trouver des appuis assez forts pour mon systême, j'y renonce. Je demande seulement si les *assignats* auront un cours forcé. Eh quoi ! la nation pourroit former de l'or en un instant, tandis qu'il faut à la nature des siècles pour le préparer dans son sein ! Prenez garde de faire concevoir des inquiétudes en accordant des intérêts aux *assignats*. Il faut tout ménager, lorsqu'une opération préalable & nécessaire n'est pas inattaquable & inattaquée. Je conclus à ce que la circulation des *assignats* soit libre. J'ai souvent été témoin de la défaveur avec laquelle l'assemblée reçoit les demandes d'exception ; dussai-je éprouver cette défaveur, je parlerai, parce qu'il est de mon devoir de le faire.

L'introduction des billets en Alsace y produira des effets funestes ; elle pourra soulever le peuple, & lui faire perdre de vue la sagesse & l'utilité de vos décrets. Si la circulation des *assignats* y étoit forcée, cette province ne pourroit faire de commerce avec l'étranger ; c'est pour elle que je demande une exception.

M.... Les députés de la province d'Alsace ont demandé, à plusieurs reprises, d'être traités, dans les diverses opérations de l'assemblée, comme toutes les autres provinces. Je ne crois pas que le préopinant ait mission pour réclamer l'exception qu'il demande.

M. d'Aiguillon. Il faut, avant de prendre un parti, examiner plusieurs questions préliminaires, qui doivent avoir une grande influence. 1°. Qu'est-ce qu'un *assignat* ? 2°. 400 millions sont-ils suffisans pour les besoins de l'année ? 3°. Seront-ils forcés ? S'ils sont forcés, peuvent-ils être nuisibles à la chose publique ? 4°. Porteront-ils intérêt ? Quel sera cet intérêt ?

1°. Qu'est-ce qu'un *assignat* ? Un *assignat* est une lettre-de-change dont la valeur numérique est garantie par la nation ; c'est le meilleur moyen de ranimer la circulation du numéraire, & de traverser le passage difficile d'une administration remarquable par ses déprédations & ses désordres, à une administration juste & sage. 2°. 400 millions sont-ils suffisans pour le service de l'année présente ? Les anticipations & les dépenses nécessaires montent à 1559 millions ; vous n'avez à recevoir que 450 millions, ainsi il vous faut encore

1109 millions. Les 400 millions proposés sont donc insuffisans. Mais il est nécessaire, avant de fixer la somme de nos besoins, d'avoir des comptes détaillés & certains de l'état de nos finances. Il est passé, ce temps de déprédations, où les peuples étoient sacrifiés aux créatures des ministres; tout est changé, tout doit l'être: mais par quelle fatalité les moyens de réparation sont-ils inconnus? Vous allez sonder nos maux & les guérir. Nous avons trop long-temps compté sur les ressources que devoit offrir M. Necker. Il nous dit aujourd'hui de compter sur nous-mêmes. Voyons donc par nous-mêmes, & défions-nous sur-tout des suggestions des ministres. Nous avons fait pour les finances tout ce qu'on nous a demandé: qu'en est-il résulté? Que nos embarras ont redoublé. M. Necker nous présente de nouvelles ressources qui ne sont que des ressources du moment. Il faut rejetter toutes ressources temporaires & partielles; il faut rejetter ces palliatifs, dont l'inutilité n'a que trop souvent été prouvée, & envisager dans son ensemble un plan qui ramène la confiance & assure une comptabilité sévère. Cette heureuse révolution se prépare depuis long-temps; elle a été assurée par les fautes des ministres, notamment depuis M. Turgot. L'impression du livre rouge sert mieux la chose publique que tout ce qu'on pourroit faire & dire.

3°. Les *assignats* seront-ils forcés? De quelque manière qu'ils soient établis, ils auront une hipothèque assurée & des remboursemens prochains. Dans tout autre cas, il ne faudroit pas les forcer, parce que la confiance ne peut l'être; mais en ce moment l'on ne peut s'en dispenser, & tout concourt à lever les scrupules.

4°. Quel sera l'intérêt des *assignats*? Il doit être fixé à trois pour cent, afin que les propriétaires aient intérêt à les faire circuler.

D'après ces résultats, je serois d'avis de commencer par rendre public l'état des dettes & des ressources, & de décréter une assez grande masse d'*assignats* pour répondre de la dette.

Je pense qu'il seroit aussi très-important de ne pas laisser au ministre la disposition des 400 millions, & de leur donner l'établissement d'une caisse nationale, surveillée par l'assemblée nationale.

M. d'Aiguillon termine son opinion, en présentant plusieurs articles qui en renferment les différens objets.

M. Dupont. Il faut examiner, avec toute la profondeur dont nous sommes capables, ce que nous pouvons, ce que nous voulons. Il est des choses où l'autorité publique s'arrête: telles sont les valeurs; c'est la nature qui les donne; la concurrence & l'usage les déterminent. La valeur de l'argent est fondée sur les proportions usuelles. Dans aucun pays elle ne dépend pas de la dénomination, mais de la concurrence & des marchandises. Ce n'est pas 6 livres que vaut un écu, mais la quantité de marchandises qu'on peut avoir pour une once d'argent. Que doit donc faire une nation qui ne peut payer? Désigner le moment où elle paiera, & délivrer une promesse de paiement; mais elle ne peut pas faire que la promesse soit un paiement. Qu'est-ce qu'un *assignat?* C'est une délégation sur une vente, c'est une promesse, c'est un engagement contracté à terme plus ou moins long. Le paiement ne peut avoir lieu qu'au moment où la vente sera effectuée. Quand le comité des finances vous a dit: « Suspendez vos anticipations & faites des *assignats*; il vous a dit tout simplement: suspendez les anticipations. L'abbé Terray avoit dit tout uniment: « Gardez votre titre, je vous paierai les intérêts». Il n'y a nulle différence entre ce procédé, si ce n'est en faveur de l'abbé Terray, qui a fait quelque chose de plus loyal. En effet, le nouveau titre présente un plus foible intérêt; le fond assigné est exposé à des dangers, à des cas fortuits; ainsi les *assignats* donnent lieu à un peu de faillite volontaire.

La proposition du comité a deux branches: 1°. il suspend les anticipations & les transforme en *assignats* sur la caisse de l'extraordinaire; 2°. il répand des *assignats* sur l'espoir d'une recette future. La première opération n'a rien que d'excusable; on ne peut pas payer quand on n'a pas d'argent: c'est un malheur, & non pas un délit; mais il veut faire ordonner que les créanciers, dont la dette est suspendue, doivent se croire payés, & faire croire à leurs créanciers qu'ils les paient. Le comité passe son pouvoir & celui de la nation. La circulation forcée ajouteroit à tous les embarras.

Elle doit être considérée sous divers rapports. Le papier-monnoie ne peut être appliqué aux dépenses courantes qui doivent être soldées: tels sont les troupes, les ouvriers & autres dépenses journalières. Vous savez que 100 mille écus, délivrés par jour à Paris, sont insuffisans. Ainsi les *assignats*-monnoie ne pourront subvenir à la disette de la monnoie. Nos fautes, du temps de Law, ont fait mettre dans tous les actes la clause d'être remboursé en espèces sonnantes: il est vrai que le comité a mis dans son décret l'idée mal sonnante que les *assignats* seroient réputés des espèces sonnantes; mais j'espère que le comité conviendra avec moi que ce remède ne remédie à rien.

Voyons maintenant l'influence des *assignats*-monnoie sur le commerce national, sous le rapport du commerce qui a vendu & de celui duquel on veut acheter. Le premier éprouvera une perte, car le papier forcé perdra; le second augmentera le prix de ses marchandises. Le commerce étranger craindra également d'acheter & de vendre.

Il y aura aussi de grands inconvéniens dans la manière dont l'impôt s'effectuera: comment l'état qui donnera le papier pourra-t-il ne pas le recevoir ? S'il le reçoit, il faudra donc qu'il achète de l'argent pour payer les troupes & les ouvriers.

A quoi tiennent tous ces inconvéniens ? Uniquement à la contrainte & à la prétention de faire passer les *assignats* pour autre chose que des promesses de paiement. Convenez, osez convenir qu'il s'agit d'une surséance involontaire ; osez être justes envers ceux qui éprouveront cette surséance: cessons de nous faire illusion sur sa nature, c'est une anticipation sur des biens-fonds ; c'est donc l'intérêt du fonds qui doit être celui de l'anticipation. Le porteur de l'anticipation suspendue doit être libre, ou de prendre la promesse de paiement, ou de demander un transport par endossement sur la caisse de l'extraordinaire pour le terme d'un an. Le créancier de l'arriéré recevra avec joie plutôt qu'il n'espéroit ; le rentier aura le même sort : il soldera les comptes de ses fournisseurs ; il se procurera de nouvelles jouissances, & 100 millions ainsi livrés dans la capitale ranimeront l'aisance & le travail. Les *assignats* ne seront pas refusés quand on pourra les refuser ; ils ne perdront jamais, parce qu'on n'osera pas offrir moins qu'ils ne valent, lorsqu'on pourra ne pas les prendre. Quant à la caisse d'escompte, il est impossible de l'obliger de payer en argent, quand l'état ne la paiera qu'en *assignats*. Il faut aussi se préparer les moyens de payer au moins cent mille écus par jour de billets & d'*assignats*.

Je propose d'abord de mettre l'art. IV à la place de l'art. III, & de fixer l'intérêt des *assignats* à trois & trois cinquièmes pour cent, au lieu de quatre & demi. Je présente trois articles différens, & j'adopte le reste des articles du comité.

1°. Les *assignats* pourront servir à solder les dettes comme de la monnoie, & cependant ils seront libres ; en ce sens, que les créanciers pourront les refuser, & se contenter de l'intérêt de ce qui sera dû, & exiger le dépôt des *assignats*, qu'ils pourront retirer du dépôt quand il leur plaira.

2°. Il sera libre aux porteurs des rescriptions, assignations & anticipations, de se présenter au receveur de l'extraordinaire, qui les endossera, & fixera le paiement à pareil jour de l'année suivante : les intérêts seront les mêmes pendant la dernière année qu'il y aura à courir.

3°. Il sera établi aux frais du gouvernement une caisse qui retirera par jour pour cent mille écus d'*assignats* ou de billets de la caisse d'escompte.

M. de la Rochefoucault. Je prierai le préopinant d'observer que nous ne sommes pas aujourd'hui appellés à prendre une décision sur une première émission de papier ; mais à voir si à un papier-monnoie désastreux nous en substituerons un qui paroît mériter la confiance. Je ne m'attacherai pas à examiner le parallèle qu'on a fait tant de fois des *assignats*-monnoie & des billets de Law. Ceux-ci étoient hypothéqués sur des mines d'or qu'on devoit peut-être découvrir : ici l'hypothèque est placée sur des fonds dont la vente est ouverte. Mais devez-vous donner à vos créanciers des *assignats* dont ils ne pourroient faire usage ? Plus le gage donné est bon, plus vous devez protéger cet usage, moins vous devez avoir de scrupule pour exiger la circulation de l'effet représentatif de ce gage. On a demandé si 400 millions étoient suffisans. Je crois qu'ils suffisent, puisque vous paierez la caisse d'escompte, que vous acquitterez les anticipations, & qu'il vous restera 100 millions pour avancer le paiement des rentes, de manière qu'au lieu d'un retard de dix-huit mois, il n'éprouve plus qu'un retard de six mois. On a demandé si les *assignats* porteroient intérêt, & quel seroit cet intérêt ; sans doute il faut un intérêt : pour en régler la quotité, il suffit de se rappeller que l'assemblée a créé des *assignats* à cinq pour cent ; elle donne à ceux qu'elle crée aujourd'hui un cours forcé ; c'est une commodité de plus qui équivaut à un demi pour cent, dont l'intérêt doit être fixé à quatre & demi pour cent. D'ailleurs, quel est votre but ? Est-ce précisément de suppléer au défaut du numéraire ? Je ne le pense pas, & toutes les preuves qu'on a voulu donner d'une grande émigration d'argent m'ont peu touché : l'argent ne paroît pas, parce que la confiance n'est pas rétablie ; la confiance n'est pas rétablie, parce que les finances ne sont pas encore dans le plus grand jour. Je demande donc, comme un des préopinans, que votre comité soit tenu de nous présenter toutes les lumières nécessaires sur l'état des finances, & le tableau détaillé de nos besoins.... L'effet des *assignats* sera moins de faire rentrer l'argent dans le royaume, que de le faire sortir des coffres où il est enfoui : il faut donc leur donner un intérêt assez fort pour engager ceux qui ont de l'argent à échanger leur argent contre des *assignats*. Dans des circonstances moins orageuses, je n'hésiterois pas à vous dire que vos *assignats* sont assez bons pour être libres : mais songez qu'assez d'intérêts croient devoir discréditer cette opération ; un papier qui d'abord seroit frappé de discrédit, auroit bien de la peine à renaître. Si après avoir fait des *assignats* libres, vous étiez obligés de les forcer, il seroit à craindre que cette nécessité ne vous conduisît à la banqueroute. Permettez-moi de vous rappeller que le 19 décembre dernier, M. Rœderer & moi nous vous avons proposé à-peu-près les mêmes opérations ; nous concevions des *assignats* libres. Les circonstances ont bien changé ; notre opinion a dû changer avec elles.... Je conviens, avec M. d'Aiguillon, de la nécessité de rédiger un plan général & de créer une caisse dans laquelle seroient versés les revenus ordinaires & extraordinaires, & qui pourvoiroient aux dépenses des départemens. Je conclus, en adoptant le projet de décret ; & en y ajoutant pour amendement ces deux objets.

M. l'archevêque d'Aix. On proscrit le nom de banqueroute ; je croyois que vous aviez proscrit le papier-monnoie. Qu'est-ce qu'un papier-monnoie ? Ce sont des billets d'état qu'on reçoit respectivement dans tout paiement. On n'appelle pas papier-monnoie des billets d'état libres : le papier-monnoie entraîne donc l'obligation de recevoir en paiement les billets présentés. Cela posé, je raisonne ainsi. Le papier-monnoie est l'effet du discrédit, il en est en même temps la cause ; il annonce la difficulté des ressources présentes, le doute sur les ressources à venir. Si les ressources ne sont pas certaines, il est donc sûr que le paiement du papier-monnoie n'est pas assuré ; le papier-monnoie est donc une banqueroute ; le papier-monnoie est donc un mal, puisqu'il faut le faire cesser pour le bien de l'état. Si l'hypothèque est suffisante, la confiance naîtra, les *assignats* sont inutiles ; si elle est insuffisante, la défiance est inévitable ; c'est alors que le papier-monnoie est nécessaire : mais peut-on assigner une hypothèque que l'on sait être insuffisante ? On dit que le public ne peut pas connoître la suffisance de l'hypothèque ; mais en général nous avons à défendre le public de sa crédulité plutôt qu'à redouter sa défiance...... Il faut attendre la fin du travail des commissaires sur la forme des ventes, avant que de déterminer la valeur des *assignats*.

On observe qu'il s'agit moins d'une création nouvelle que d'un papier-monnoie qu'il faut remplacer. On doit 160 millions à la caisse d'escompte, il restera donc 240 millions d'*assignats* : la caisse d'escompte devoit payer à bureau ouvert au premier juillet, ne vaudroit-il pas mieux prolonger sa surséance, que de créer un papier avec un arrêt de surséance ?

On donne un intérêt aux *assignats* pour retirer les 160 millions qui sont dus à la caisse d'escompte : cet intérêt est inutile. Il ne sera pas dû pour les 240 millions restans. On ne peut pas en effet attacher d'intérêt au papier. L'intérêt est l'indemnité de l'usage d'un capital : on n'a pas donné de capital, on ne peut donc pas réclamer d'intérêt. Si le papier est donné en paiement, le capital est payé ; il n'y a donc point d'intérêt à le demander. On sollicite de tous côtés un papier-monnoie : il faut que l'opinion publique soit bien changée. Le papier-monnoie a tant été redouté, les propriétaires de terres, les négocians, les manufacturiers ont besoin d'argent pour leurs différentes opérations ; le papier-monnoie n'étant pas de l'argent, seroit funeste au commerce & à l'agriculture. Je demande davantage. Pourquoi créer des billets ? Je croirai qu'il nous reste d'autres ressources, tant qu'on ne m'aura pas prouvé qu'elles ont été vainement cherchées.... Si le papier-monnoie porte intérêt, l'état perdra, loin de gagner, à cette opération ; s'il ne porte pas d'intérêt en circulant, il ne circulera pas ; chacun le repoussera, & il reviendra nécessairement à sa source. Ainsi, d'un côté, l'état ne gagne pas, il perd de l'autre. On veut proscrire les anticipations : c'est un grand bien, quand on le peut ; ici le supplément est l'établissement d'un papier-monnoie...... — Je conclus que tous nos efforts doivent concourir à rendre la liberté aux effets publics, & que le comité doit être chargé de chercher les moyens de faire des *assignats* libres.

M. Rœderer. On peut faire à M. l'archevêque d'Aix les mêmes réponses que celle que M. de la Rochefoucault a faite à M. Dupont. On a exposé, avec beaucoup de sagacité, les inconvéniens du papier-monnoie. Il ne s'agit pas d'un papier-monnoie ; il s'agit, comme on l'a déjà dit, de substituer au papier-monnoie, déjà employé & reconnu pour être désastreux, un autre papier avantageux à la circulation du numéraire & au commerce. Le papier-monnoie est un signe auquel le souverain attache une valeur ; c'est un effet dont le remboursement n'est pas fixé. Il s'agit ici de délégations, d'assignations, avec une véritable hypothèque : en effet, les porteurs de la délégation & de l'assignation auront non-seulement une hypothèque de 400 millions, mais encore une garantie municipale qui assurera le remboursement ; ils auront une époque déterminée d'extinction, fixée à deux années. La contribution patriotique, dans le cas où le produit des ventes ne suffiroit pas pour rembourser, est destinée à ces remboursemens.

Le papier qu'on vous propose, fût-il un papier-monnoie, devroit être adopté, puisqu'il remplace un papier désastreux. Les billets de la caisse n'ont pas de gages physiques, n'ont pas d'intérêt, n'ont point d'époque de paiement déterminé. Le 1er de juillet est trop rapproché pour qu'on puisse espérer de voir à ce terme effectuer les paiemens. Les nouveaux billets auront une époque plus reculée, mais une époque évidemment certaine. Ce papier se répandra dans tout le royaume. D'ailleurs, & ce qui est décisif, c'est que l'opinion de la capitale & de plusieurs villes de manufactures est favorable à cette opération. Une autre considération importante, est que ce plan vous libère de plusieurs millions d'intérêt : par exemple, vous ne vous liquiderez pas avec la caisse d'escompte, vous serez obligés de lui payer 5 pour 100. J'ajoute encore qu'en répandant pour 400 millions d'*assignats*, vous intéresserez un grand nombre de citoyens à la liquidation de la dette & à l'aliénation des biens du clergé.

J'adopte entiérement la conclusion de M. de la Rochefoucault.

M. l'abbé Maury. Avant de traiter l'importante question d'un papier-monnoie, je demande qu'il me soit permis d'offrir quelques observations rapides sur

sur le dispositif du projet de décret. Quiconque vous avertira de votre puissance pour vous faire oublier d'être justes, sera l'ennemi de votre gloire. Daignez considérer que les créanciers du clergé, qui ne sont pas des agioteurs, mais des pères de famille respectables, ont tous prêté leur argent en achetant une hypothèque sûre, par la perte d'un cinquième d'intérêt. Jamais ces effets n'ont circulé sur la place; jamais un hasard perfide & méprisable n'a pu compenser la modicité de leur produit. Sans doute vous remplirez des engagemens que vous auriez bien su nous engager à remplir, si l'administration de nos biens nous fût restée. Ce n'est pas notre cause que nous plaidons, c'est celle de nos créanciers; ce n'est pas à notre intérêt que nous cédons, c'est à notre devoir que nous sommes fidèles, c'est la morale politique que nous invoquons. Il est impossible de porter atteinte à l'hypothèque établie. L'hypothèque est une véritable propriété; des biens ne peuvent changer de mains si l'hypothèque n'est purgée. Sans doute le corps législatif ne se croira pas exempt d'une loi qu'il impose à tous les citoyens. Vous voulez rétablir le crédit, vous le voulez dans une malheureuse circonstance. Quel crédit auriez-vous si vous violiez la loi générale? Il est de votre honneur, il est de l'intérêt du bien public, qu'une grande nation soit juste. Vous serez donc justes; vous conserverez donc l'hypothèque, qui doit être à vos yeux une propriété sacrée.

J'examinerai la question du papier-monnoie avec le saint respect qu'inspire une nation entière; car c'est du bonheur ou du malheur du peuple françois qu'il s'agit. Qu'est-ce que créer un papier-monnoie? Un orateur distingué par son éloquence, en a donné une définition parfaite: « c'est voler le sabre à la main ». Ce qu'a dit l'honorable membre, je vais le prouver. Je voudrois en ce moment que le royaume entier pût entendre ma voix; je voudrois appeller en témoignage de la pureté de mes intentions, le dernier homme du peuple. Je ne demande pas qu'on y croie, mais qu'on me juge.

Je vais d'abord faire un important aveu. Il faut moins examiner la théorie que la pratique; c'est l'expérience qu'il faut interroger: je vous avoue que j'ai été singuliérement tenté de vous lire le plus beau mémoire qui ait été fait en faveur du papier-monnoie. Eh bien! ce chef-d'œuvre, cet ouvrage si fortement raisonné, est celui que Law a lu à M. le Régent. Mon respect profond pour cette assemblée m'a seul empêché d'en faire l'essai sur vos esprits. Quand vous l'aurez lu, il n'y aura plus de raisonnement qui puisse vous séduire, puisque tous ceux qu'il renferme, malgré tout ce qu'ils ont en apparence de juste & de convaincant, ont fait le malheur du royaume.

Il n'y a pas de grandes différences entre les *assignats* & le papier-monnoie; mais ne pensez pas que les précautions qu'on vous propose doivent rassurer votre patriotisme. Je ne trouve pas dans les *assignats* les mêmes principes de mort; mais j'en trouve d'autres ni moins prompts ni moins infaillibles. Je commence d'abord par écarter une observation: on a dit qu'il ne s'agissoit pas d'une première émission de billets, mais seulement d'un remplacement d'effets désastreux. Je vous prierai de considérer, je ne dis pas toutes les fautes, je ne veux accuser personne, mais tous les malheurs dont cette phrase retrace l'idée. Les *assignats* ont été présentés deux fois, deux fois ils ont été rejettés; ils reparoissent aujourd'hui avec aussi peu d'avantage. Je vais lire des observations que j'ai écrites pour simplifier mes idées, ensuite je mettrai pour ainsi dire le papier-monnoie hors de cette assemblée; je le ferai circuler dans la société; nous le suivrons dans sa marche.

On a beaucoup parlé de l'établissement du papier-monnoie; mais jamais on ne l'a envisagé sous les grands rapports de l'administration. Un billet de caisse ne peut entrer en circulation que comme signe représentatif d'un dépôt ou d'une dette; c'est pour cela qu'il est remboursable à volonté. Le papier-monnoie, au contraire, entre en circulation comme paiement d'une dette contractée. On prétend que le papier-monnoie n'ayant aucune valeur intrinsèque, doit être payé à présentation & établi avec gages. La monnoie n'est pas représentative des valeurs, mais signe représentatif des valeurs.... Le papier-monnoie à intérêt est l'idée la plus contradictoire qui soit entrée dans la tête d'un calculateur. Le papier-monnoie circule essentiellement; s'il portoit intérêt, il resteroit en stagnation. Le papier-monnoie n'est point un emprunt; s'il en étoit un, ce seroit le plus désastreux de tous; ce seroit l'opération la plus fiscale que l'on ait jamais proposée. Il est indispensable de chercher à ramener tous les effets publics à une valeur égale. Si le papier-monnoie porte intérêt, il éprouvera une perte, précisément parce qu'il portera intérêt. Si cette valeur change, la monnoie n'existe plus; car son attribut est d'avoir une valeur constante: ainsi, il est contre l'essence du papier-monnoie de porter intérêt.

Le papier-monnoie est utile, si c'est un supplément pour nos besoins existans; mais aussi il doit cesser à l'instant où le numéraire est revenu. Si le papier ne disparoît pas, le numéraire disparoîtra de nouveau. Le papier-monnoie, dit *Hume*, peut enrichir un état riche; mais il ruinera un état pauvre. La richesse d'un état ne peut être que momentanée. Quand la confiance n'existe pas, le papier-monnoie, qui paroît être le remède à tous les maux, en est le comble. Il ne peut être un moyen de circulation ou d'échange, mais il peut payer les intérêts & servir de moyen pour le remplacement & le déplacement des capitaux. Voilà les principes généraux sur cette matière.

Suivons maintenant ce papier. Allons dans la société où nous l'avons répandu. Qui nous le demande ? Les marchands d'argent, les agens-de-change, la caisse d'escompte, & quelques marchands de province. Sont-ce-là de grands intérêts auxquels il faille sacrifier la France entière ? La caisse d'escompte le desire, parce qu'il deviendra dans ses mains un moyen d'avoir de l'argent. Les agens-de-change n'ont que du papier, auquel ils voudroient que vous donnassiez la vie. Eh ! la vie qu'il auroit reçue seroit la mort pour les provinces & pour les campagnes, qui ne savent pas même le nom de nos opérations. Les villes de provinces le demandent, parce qu'elles ne peuvent avoir de l'argent. Eh bien ! quel effet y produira-t-il ? Plaçons-le entre le débiteur & le créancier, entre le fabricant & l'ouvrier, entre le consommateur & le propriétaire, vous allez voir les ravages qu'il va produire sous ces différens rapports.

Voici la plus belle question de morale publique qu'il soit possible d'avoir à discuter. Je demande qu'on ne s'arrête pas à quelque expression; qu'on ne me désapprouve point que je n'aie entiérement expliqué ma pensée. Si l'on venoit à vous, à vous généreux représentans de la plus loyale des nations; si l'on vous proposoit la banqueroute, vous frémiriez d'horreur. Eh bien ! c'est pire encore, c'est la mort publique qu'on vous propose. Donnerez-vous un intérêt au papier-monnoie? S'il perd un pour cent, ce sera une banqueroute d'un vingtième. Il perdra; il sera frappé d'une perte inévitable dès le premier jour de sa création. Il peut par la suite éprouver une perte incalculable qui le réduise à rien. Le débiteur sera donc autorisé à faire banqueroute à tous ses créanciers ? Tout homme en France qui ne doit rien, & à qui tout est dû, est un homme ruiné par le papier-monnoie.

Avons-nous le droit de ruiner un seul de nos concitoyens ? Non : cette immoralité n'est pas dans vos principes; mais ce citoyen se servira de son papier pour faire des acquisitions. Prenez-y garde; ici la question change beaucoup de nature. Le papier qui arrive déshonoré par des pertes entre les mains des créanciers, & que vos décrets ordonnent de recevoir, n'a plus que cette valeur déshonorée. Mais alors d'autres auront mis un prix en argent à ces biens. Le propriétaire de papier-monnoie sera donc obligé de proportionner le prix qu'il donnera au discrédit de son papier. Eh ! de quel droit forcerions-nous un papier qui perdroit 20 pour cent ? Qu'arrivera-t-il ? Il est dans les principes élémentaires de la raison, que la société n'obéisse qu'à la justice, & l'opinion repoussera, malgré la loi, & la loi, & le papier, & l'injustice qu'elle ne peut consacrer. Voilà ce qui aura lieu entre le créancier & le débiteur.

Voyons entre le manufacturier & l'ouvrier. L'argent ne peut pas exister par-tout où le papier lui fait la guerre, & le papier lui fait la guerre partout où il n'a pas la préférence. Dans cette guerre le peuple meurt de faim; celui qui n'a que sa journée a besoin d'argent & non pas de papier.

Entre le consommateur & le propriétaire, le propriétaire ne suivra pas le taux que vous avez fixé : il se créera des règles de proportion; il augmentera ses denrées dans le rapport du discrédit du papier. Il viendra un jour où le peuple ne pourra atteindre à ces denrées, & ce jour il maudira les illusions; il maudira l'instant où il a demandé un papier-monnoie qui n'est autre chose qu'une banqueroute.

Entre le François & l'étranger, votre change deviendra plus funeste qu'il n'a jamais été; vous verrez l'argent ne vous arriver que pour subir une perte d'un neuvième....

Entre le sujet & le souverain, dites-moi si c'est avec des impôts payés en papier qu'un état peut se soutenir ?...

Les raisons n'ont rien de recherché; ce sont des souvenirs qu'elles retracent, c'est l'expérience qui nous les a découvertes. Nos provinces, après 70 ans, n'ont pas oublié leur détresse, & les malheurs dont la génération présente gémit encore.... S'il falloit juger d'après les intérêts des villes, je dirois que la ville de Lyon, qui fait un commerce de 150 millions, ne veut point de papier-monnoie, parce qu'il deviendroit stérile entre ses mains. Les villes de Rouen & de Bordeaux, qui en demandent, n'en voudront plus dans trois mois. Quelques villes de commerce, deux ou trois provinces, qui n'en voudront pas, suffiront pour l'anéantir. Mais qu'avons-nous besoin de tous ces témoignages ? Qui n'est pas certain que l'intérêt du propriétaire & du négociant est de vendre au comptant ? Le papier s'amoncelera donc dans la capitale; que deviendra cette malheureuse ville ? Par ces considérations, je conclus que le papier-monnoie avec intérêt est une absurdité politique; que le papier-monnoie sans intérêt est une calamité; & je m'oppose, autant qu'il est en moi, & au nom de ma province, à tout papier-monnoie.

Séance du 16 avril 1790.

M. Bailly fait lecture d'une lettre qui lui a été adressée par le commerce de la ville de Paris, d'après le vœu des six premières places du royaume : cette lettre a pour objet de demander la prompte émission d'*assignats*-monnoie forcés, dont l'intérêt n'excéderoit pas deux à trois pour cent.

M. Bailly. Je n'ai rien à ajouter à ce qui a été dit sur cette importante matière. La ville de Paris est très-intéressée à votre décision. Tous ses approvisionnemens, qui s'élèvent par an à plus de 300 millions, ne peuvent être soldés qu'en argent : ce numéraire rentre ordinairement par la voie des impôts; mais à présent que la perception est suspendue, les rentrées sont extrêmement diminuées.

Les *assignats* répandus dans tout le royaume, pourront remédier à cet état de détresse. Le retard du paiement des rentes a produit une grande gêne dans les fortunes, & une grande diminution dans les consommations. Le peuple, qui vit du travail de ses mains, est réduit à la dernière extrémité. Les *assignats*, en rendant l'aisance, donneront du travail au peuple, & Paris aura enfin sa part dans la prospérité publique. — J'ai entre les mains la soumission de la somme de 70 millions, que vous avez voulu que la municipalité se procurât. Conformément à vos ordres, je la soumettrai au comité chargé de prescrire les conditions du traité.

M. de Folleville. Je demande l'impression de la lettre que M. Bailly vient de lire, afin que les provinces sachent qu'on a employé ce grand mobile pour déterminer l'assemblée incertaine, dans une délibération de cette importance.

L'assemblée décide qu'il n'y a pas lieu à délibérer sur cette demande.

M.... Je n'ajouterai aux raisons qui ont été présentées par M. l'abbé Maury & M. Martineau, qu'une seule considération. Vous voulez faciliter les ventes que vous avez ordonnées; eh bien! les capitalistes garderont les *assignats*, s'ils portent intérêt.

M. Mougins de Roquefort. En confondant les dettes du clergé avec celles de l'état, vous les faites changer de nature.... Je propose deux amendemens; le premier a pour objet d'assurer aux créanciers du clergé une hypothèque spéciale & privilégiée sur les biens ecclésiastiques; le second, de donner aux créanciers la préférence dans les ventes sur tout autre acquéreur.

M. l'abbé Gouttes. Après les discussions savantes que vous avez entendues, je ne m'en permettrai aucune; j'examinerai seulement quelques objections. Le numéraire est caché; il faut le faire sortir: nous avons de grands besoins, les *assignats* sont notre seule ressource. Seront-ils établis avec intérêt ou sans intérêt? Voilà la principale question. Si nous donnons aux assignats un intérêt qui soit au-dessous de l'intérêt légal, on nous accuse de mesquinerie; si nous le fixons au même taux, on nous dit que les capitalistes garderont les *assignats;* mais pour garder les *assignats*, il faudra bien qu'ils fassent sortir leur argent comptant; ainsi cet inconvénient prétendu devient tout-à-coup un avantage très-réel. L'état, dit-on, se trouvera chargé d'intérêts à pure perte: il remboursera des créances dont l'intérêt étoit plus considérable: voilà donc encore un avantage au lieu d'un désavantage. Quel sera cet intérêt? Il doit être le plus rapproché de celui que nous payons à présent, sans qu'il soit au-dessous, sans qu'il soit au-dessus. Mais faut-il que la circulation soit forcée? Nous établissons un papier-monnoie pour payer nos dettes: notre créancier pourra le refuser, s'il n'est pas en droit de le faire accepter à celui auquel il doit. — Je demande que, pour assurer la retraite des *assignats*, on ordonne qu'ils seront reçus par préférence dans les ventes de même que les titres de créance sur le clergé & les effets publics: ainsi vous augmenterez le nombre des acquéreurs, & par cette salutaire concurrence, vous accroîtrez le prix des ventes.

M. de Cazalès. Le projet du comité n'est pas nouveau; le comité des dix, dont j'avois l'honneur d'être membre, l'a déjà rejetté unanimement, comme on repousse une injustice & une déloyauté: le premier ministre en a démontré les inconvéniens. On cherche à augmenter le discrédit de la caisse d'escompte, pour vous forcer à vous écarter des loix de l'honneur. Je tâcherai de faire céder mon indignation, & de discuter à fond, s'il est possible, une question de cette nature. Le comité rassemble deux choses incompatibles, l'intérêt & la qualité de monnoie. L'intérêt est le prix du retard d'un paiement: quand un papier est papier-monnoie, il n'y a pas de retard; intérêt & monnoie sont donc deux idées qui se repoussent; & qui, sans une absurdité palpable, ne peuvent être réunies. Si je considérois 400 millions de papier-monnoie comme une augmentation de numéraire, il me seroit aisé de prouver que ce papier nécessitera une augmentation dans le prix des denrées, & dans ce moment toute augmentation de cette nature est un malheur certain. Si je l'envisageois dans ses rapports avec l'étranger, je démontrerois que c'est la plus désastreuse des opérations; dans ses rapports avec l'intérieur du royaume, que la création d'un papier-monnoie est une véritable banqueroute; qu'elle est de toutes les banqueroutes la plus odieuse; qu'elle corrompra la masse entière de la nation, & y portera une immoralité qui rendra le peuple François le plus vil des peuples du monde..... Le créancier de l'état, obligé de recevoir du papier-monnoie à la place du titre de sa créance, ne pourra l'employer que pour la valeur que ce papier aura dans l'opinion; il éprouvera une perte égale à la différence qui se trouvera entre ces deux valeurs.

L'état fait banqueroute à celui qu'il paie avec du papier qui perd: de papier en papier, de banqueroute en banqueroute, le papier tombera sur celui qui ne s'est point enrichi avec l'état. Il résulte delà que la plus odieuse des manières de faire banqueroute, est celle du papier-monnoie. Cette loi, qui forceroit les François d'être tous banqueroutiers les uns envers les autres, qui feroit des François le rebut de toutes les nations, ne seroit rachetée par aucun avantage réel. Le gouvernement se verroit obligé de payer la même quantité de dettes. Ceux qui osent vous donner ce conseil ont-ils prévu que bientôt tous les impôts seront payés en papier-monnoie? Oseront-ils vous proposer des créer de petits billets, & d'associer ainsi au crédit public le petit peuple, toujours ou trop timide ou trop hardi dans ses démarches? Veulent-ils donc vous exposer à des insurrections de tous les jours, commandées par le désespoir & par la faim? Telles sont les suites nécessaires des billets d'état ou de tout papier-monnoie. Je défie qu'on prouve le contraire.

Pour qu'un papier-monnoie reste à la hauteur du titre de la création, il faut un grand crédit dans le gouvernement; il faut une grande confiance. Examinons si nous sommes dans des circonstances qui puissent nous faire espérer ces grands effets du crédit & de la confiance publique. Le règne des charlatans est passé, & nulle jonglerie financière ne peut désormais en imposer. Le crédit repose sur les bases du gouvernement, sur la liquidation de la dette, sur la perception des impôts. Vous ne pourrez assurer l'impôt tant que le peuple sera armé d'un bout du royaume à l'autre; tant que vous n'aurez pas rendu au pouvoir exécutif tout le ressort qu'il doit avoir. Si vous ne vous hâtez de rétablir l'autorité du roi, nulle autorité ne forcera les provinces à payer. Vous verrez la dette publique accrue, sans espoir de liquidation, la capitale restera seule écrasée sous le poids du papier que vous aurez créé.

Je vais dire une grande vérité: le désordre continuera tant que le roi ne fera pas partie intégrante du corps législatif; car, quelle confiance peut-on avoir dans une assemblée qui n'a pas de bornes hors d'elle-même, & dont par conséquent tous les décrets ne sont que de simples résolutions que peut changer aujourd'hui la puissance qui les a créés la la veille?... Comment espérer quelque succès d'un papier qui ne sera pas protégé, comme celui de la caisse d'escompte, par l'intérêt des banquiers.... On dit que les provinces demandent des *assignats*; mais l'autorité de l'assemblée nationale sera impuissante, malgré ce vœu, pour y forcer la circulation du papier-monnoie. Quand on obéiroit, vous verriez commencer un discrédit subit. Alors s'éleveroient des fortunes odieuses, tous les désordres de l'agiotage; vous verriez des hommes vils ramasser dans la boue ce papier discrédité?.. On ne doit pas consacrer une loi infame & pleine de déloyauté. Il n'est pas de circonstance qui puisse engager à abandonner l'honneur. Je demande donc que l'assemblée décrète une émission d'*assignats* forcés en valeur de 400 millions. — Si par impossible l'assemblée adoptoit le projet du comité, je déclare à l'assemblée, & à la face du public qui m'entend, que je proteste en mon nom, au nom de mes commettans, de toutes les provinces du royaume entier, au nom de l'honneur & de la justice, contre le décret ci-dessus indiqué, qui entraîne la ruine du royaume & le déshonneur du nom François.

M. Pétion de Villeneuve. Depuis qu'il est question d'*assignats* pour suppléer à la rareté du numéraire, on les demande de toutes parts; ils doivent être forcés. Destinés à remplacer la monnoie, il faut qu'ils en aient les attributs; le vœu paroît général. Mais cela ne suffit pas: examinons si les *assignats* forcés répondent au mal que vous voulez guérir. Les monnoies ne valent que par ce qu'elles représentent; ce sont des valeurs de convention: si le papier-monnoie est indispensable, il n'est point immoral, ou bien le salut du peuple n'est pas la suprême loi. On attaque les *assignats* par une théorie fondée sur l'expérience. Consultons aussi l'expérience. Le papier-monnoie n'a jamais été que représentatif d'une propriété générale, sans représenter jamais une propriété déterminée, sans avoir une hypothèque positive, sans avoir une époque de paiement toujours prévue. En Espagne, à Venise, une longue expérience prouve la bonté de notre théorie. Il faut convenir que les billets de Law eussent sauvés l'état, si l'émission n'eût été excessive; cependant ces billets & tout autre existant ne ressemblent pas du tout aux *assignats*. L'or a-t-il une valeur plus réelle que des biens mis en vente & des *assignats* sur la vente de ces biens? Si les *assignats* restent libres, la cupidité, les menaces d'une dépréciation considérable; si leur cours est forcé, ils seront dispersés dans une foule de mains où ils trouveront des défenseurs: le bienfait des *assignats* sera d'assurer la révolution, de rehausser le prix des ventes, en multipliant les acquéreurs, de ranimer le commerce & les manufactures, en ravivant une circulation devenue languissante par la privation de ses agens: ces avantages peuvent-ils être balancés par l'immoralité prétendue des *assignats* forcés?.... La loi forcera à prendre une valeur pour ce qu'elle vaut réellement; est-ce une chose odieuse, que de partager entre ses créanciers des prés, des terres, des vignes? est-ce une chose odieuse, que cette manipulation nécessaire pour assurer ce partage? est-ce autre chose qu'un lingot d'or divisé en pièces de monnoies? est-ce autre chose qu'une lettre-de-change, dont l'échéance est à la volonté du porteur? qu'un billet portant intérêt, & dont le porteur rétractera à volonté l'échéance ou le remboursement?

Quel intérêt sera attaché au papier-monnoie? Ce seroit une grande faute que de n'y en point attacher du tout. Le meilleur papier, quand il ne rapporte rien, n'est préférable à l'espèce que pour sa commodité. Le papier qui porte intérêt est au contraire préférable sous beaucoup d'autres rapports; il appelle forcément l'argent au lieu de l'éloigner; s'il n'avoit pas d'avantage sur l'espèce, l'argent continueroit à se cacher dans les coffres; si l'intérêt étoit trop fort, il seroit à craindre que les *assignats* ne fussent de même enfouis. Le point également éloigné des deux extrêmes est donc celui auquel vous devez vous fixer. Je proposerois de donner aux *assignats* trois ou trois & demi au plus. Quant à la quotité de l'émission, les uns demandent 800 millions, d'autres se bornent à 400: je crois qu'il faut ajouter à la somme décrétée une quantité d'*assignats* égale aux dettes ecclésiastiques. J'attache aussi un grand prix à l'idée de créer les *assignats* à ordre.

Je demande donc, 1°. une émission de 400 millions; plus, la somme nécessaire pour acquitter les dettes du clergé; 2°. le cours forcé des *assignats*;

3°. l'intérêt à trois pour cent; 4°. une émission très-prochaine; 5°. que les *assignats* soient à ordre.

Ce discours est très-applaudi.

La discussion est fermée sur le fond.

On présente un grand nombre d'amendemens sur les trois premiers articles du projet de décret. — Ils sont écartés par la question préalable, à l'exception de quelques légers changemens dans la rédaction. — Les articles décrétés se trouvent définitivement conçus en ces termes :

Art. I. A compter de la présente année, les dettes du clergé sont réputées nationales : le trésor public sera chargé d'en acquitter les intérêts & les capitaux.

La nation déclare qu'elle regarde comme créanciers de l'état tous ceux qui justifieront avoir légalement contracté avec le clergé, & qui seront porteurs de contrats de rentes assignés sur lui : elle leur affecte & hypothèque en conséquence toutes les propriétés & revenus dont elle peut disposer, ainsi qu'elle fait pour toutes ses autres dettes.

II. Les biens ecclésiastiques qui seront vendus & aliénés, en vertu des décrets des 19 décembre 1789 & 17 mars dernier, sont affranchis & libérés de toute hypothèque de la dette légale du clergé, dont ils étoient ci-devant grevés, & aucune opposition à la vente de ces biens ne pourra être admise de la part desdits créanciers.

III. Les *assignats* créés par les décrets des 19 & 21 décembre 1789, auront cours de monnoie entre toutes les personnes du royaume, & seront reçus comme espèces sonnantes dans toutes les caisses publiques & particulières.

Séance du 17 avril 1790.

M. Prugnon. Attachera-t-on des intérêts aux *assignats ?* quel intérêt leur donnera-t-on ? Voilà la question que vous devez examiner aujourd'hui. Vous avez décidé que les *assignats* seront forcés, & vous deviez le faire, ou bien vos *assignats* auroient été nuls : s'ils eussent été nuls, vous eussiez dû chercher un autre moyen ; & si vous n'aviez pas trouvé ce moyen, il auroit fallu écrire sur le front de la constitution, ce qu'on écrivit sur la tombe d'une beauté romaine, FUIT. Les créanciers de l'état pourront dire, vous nous devez depuis long-tems dédommager par des intérêts ; ils pourront dire, vous nous devez des intérêts jusqu'au remboursement; vous nous assignez des fonds qui produisent des fruits, vous nous devez les fruits de ces fonds..... Le capitaliste qui, assis sur sa caisse, enchaîne la société, & qui ne connoît que la cupidité & l'avarice, a besoin d'être tenté par l'intérêt : attachez donc des intérêts aux *assignats*. Cette conclusion paroît juste au premier coup-d'œil ; cependant, en entrant dans le fond de la matière, on trouve plusieurs raisonnemens par lesquels elle paroît attaquée d'une manière victorieuse. Vous faites un *assignat* qui vaut un écu; cet écu est destiné à payer des intérêts ; il ne sauroit donc en porter. Un écu portant intérêt, offre deux idées irréconciliables. C'est déjà un grand avantage pour le papier, qui vaut un écu, de pouvoir être pris forcément comme un écu ; il est injuste d'attacher un intérêt à cette espèce d'écus, les autres n'en portant pas. Ou l'*assignat* est bon, ou il ne l'est pas ; s'il est bon, comme je n'en doute point, il n'a pas besoin d'intérêt ; s'il est mauvais, l'intérêt ne le rendra pas bon; il prouvera qu'il est mauvais, & qu'on s'en est défié, même en le créant. Long-temps les billets de caisse ont été reçus sans inquiétude ; ils ont même été desirés, & vous voulez qu'une nation doute de ses propres billets, lorsqu'ils ont derrière eux de superbes propriétés pour hypothèque. En Espagne, à Vienne, en Sardaigne, des billets d'état circulent & portent intérêt ; mais dans des pays où règne le pouvoir arbitraire, quelle base a ce papier ? Il est placé entre deux autres papiers ; l'édit qui l'a établi, & celui qui va le supprimer; il est placé entre une supposition & la banqueroute ; c'est pour cela qu'il a fallu séduire les acheteurs de ce papier, en y attachant des intérêts....

Je propose de créer, 1°. pour 400 millions d'*assignats*, portant intérêt à 5 pour 100, & qui resteroient dans la caisse de l'extraordinaire ; 2°. pour 400 millions de billets-monnoie, qui ne porteront point d'intérêt; ce sont ceux-là qui serviroient à payer vos créanciers. Les billets & les *assignats* auroient tous la même valeur ; ils porteroient un numero correspondant. Ceux qui ne voudroient pas garder des billets, les échangeroient contre des *assignats* qui ne sortiroient de la caisse de l'extraordinaire que dans le cas de cet échange. Ainsi jamais il n'y auroit plus de 400 millions en circulation.

M. le marquis de Gouy d'Arsy. Il importe de répondre en deux mots au préopinant, quoique ses observations ne soient pas parfaitement dans l'ordre du jour. Si chacun étoit libre de prendre des *assignats* ou des billets-monnoie, un homme qui auroit un billet, & qui voudroit le garder pendant huit jours, iroit l'échanger contre un *assignat* pour retirer des intérêts pendant ce tems, & rechangeroit son *assignat* contre un billet ; delà un mouvement énorme qui exigeroit une administration très-dispendieuse. L'état ne cesseroit pas d'être chargé des intérêts dont le préopinant croyoit le libérer par le moyen qu'il a présenté. Il a prétendu que cette charge très-considérable est sans aucun objet. Il auroit pu remarquer que l'état éteindra avec des *assignats* qui lui coûteront trois pour cent des créances dont les intérêts sont à cinq & à six.

Je passe à la question. De la manière dont elle sera décidée dépendra le succès de votre opération ; & vous savez que de ce succès dépend le salut de l'état. Je me propose de démontrer, 1°. qu'il faut attacher un intérêt aux *assignats*; 2°. que cet intérêt doit être peu de chose. Vous avez voulu rétablir la circulation du numéraire; vous n'y réussirez pas, s'il n'y a pas d'avantage à se défaire de son argent pour garder les *assignats* en portefeuille. Il faut donc attacher un intérêt aux *assignats*; cet intérêt doit être peu de chose, parce qu'il n'a pas pour objet de donner du crédit aux *assignats*: c'est l'assurance du paiement qui fait le crédit. Il ne faut pas que les capitalistes trouvent un avantage à soustraire les *assignats* à la circulation; il ne faut donc pas que l'intérêt soit considérable; il ne faut pas qu'il équivaille à celui des lettres-de-change; il ne faut pas non plus qu'il soit supérieur au prix des terres. On préféreroit les *assignats* aux lettres-de-change, parce que leur hypothèque est plus sûre, parce que leur échéance est volontaire. Ces avantages feroient donner la préférence même à l'*assignat* qui ne rapporteroit que cinq pour cent; ainsi la défaveur s'établiroit dans nos changes; ainsi notre commerce se trouveroit privé du numéraire fictif des lettres-de-change; & en voulant augmenter le numéraire, vous l'auriez considérablement diminué. Si les *assignats* produisoient quatre pour cent, on ne les échangeroit pas contre des terres qui ne rapportent que trois, qui font courir les risques attachés aux incertitudes d'une récolte, contre des immeubles dont on ne peut pas aisément se procurer la valeur. Les personnes qui se sont opposées à la création des *assignats*, ont toutes demandé qu'on fixât l'intérêt à quatre & demi pour cent, bien sûres qu'alors la masse immense des biens du clergé resteroit inattaquable. Vous pouvez être certains qu'il y avoit là une arrière-pensée d'intérêt personnel: on a dit que des négocians demandoient la fixation des intérêts à quatre & demi, même à cinq pour cent: il faut déchirer le voile, & distinguer les négocians actifs & les négocians inactifs. Les premiers craignent l'influence d'un intérêt trop fort sur les lettres-de-change; les autres, qui sont des capitalistes, & qui voudroient faire valoir leur argent, desireroient que les *assignats* portassent un intérêt de cinq & même de dix pour cent. Hier le comité des finances a reconnu que l'intérêt devoit être fixé à trois pour cent; je pense qu'il seroit plus convenable de le réduire à deux pour cent & sept dixièmes, parce qu'il n'y auroit pas de fraction. Notre détresse rend très-pressant le secours qu'elle sollicite; il faudroit que les *assignats*-monnoie fussent déjà-là; tandis que six semaines ou deux mois suffiront à peine pour leur fabrication. Je demande en conséquence que jusqu'à ce moment les billets de caisse portent intérêt, & fassent fonction d'*assignats* par tout le royaume.

M. Anson. Quand le comité des finances s'est déterminé à vous proposer des intérêts à quatre & demi pour cent, il avoit pris en considération le vœu des députés extraordinaires du commerce, qui viennent encore d'insister, & qui même ont demandé que l'intérêt fût porté à cinq pour cent. Votre comité s'est rassemblé hier au soir; il a été frappé, lorsqu'il a vu presque toutes les adresses exprimer le desir des *assignats* à trois pour cent.... Un des objets de l'opération que vous avez décrétée, est de retirer les billets de la caisse d'escompte. Un orateur très-éloquent a prétendu que les *assignats*-monnoie étoient desirés par les agens-de-change: les agens-de-change n'y ont nul intérêt; ils sont les intermédiaires entre le numéraire & ce qui n'est pas numéraire, entre celui qui a un effet & celui qui a de l'argent. Le même orateur a dit que la caisse d'escompte desiroit les *assignats*. Eh bien! on ne donnera pas d'*assignats* à la caisse d'escompte: on en a reçu des billets; le receveur de l'extraordinaire retirera par échange ces billets & les remettra à la caisse d'escompte avec une marque pour les éteindre. La caisse d'escompte n'aura alors pas besoin d'*assignats* pour payer à bureau ouvert. Votre comité des finances m'a autorisé à vous proposer de fixer l'intérêt à trois pour cent; de cette manière un billet de 1000 liv. produira vingt deniers par jour.

Les articles V, VI, VII, VIII, IX, X, XI, XII, XIII & XIV du projet de décret, sont adoptés sans aucun changement, si ce n'est que dans l'article V, au lieu de ces mots, « il ne leur sera plus alloué que *quatre & demi pour cent* », il faut lire, que *trois pour cent*. »

L'article XV éprouve deux amendemens & est ainsi décrété. « Les *assignats* à cinq pour cent, que la caisse d'escompte justifiera avoir négocié avant la date du présent décret, n'auront pas cours de monnoie, mais seront acquittés exactement aux échéances; à moins que les acquéreurs de ces *assignats* ne préférassent de les échanger contre des *assignats*-monnoie; quant à ceux qui se trouveront entre les mains des administrateurs de la caisse d'escompte, ils seront remis à la caisse de l'extraordinaire, pour être brûlés en présence des commissaires qui seront nommés par l'assemblée nationale. »

L'article XVI est décrété sans aucun changement.

M. Anson. Un nouvel article est indispensable. Les billets de la caisse d'escompte jouissent implicitement par le fait d'un intérêt, puisqu'on pourra les changer contre des *assignats* portant intérêt. Il est nécessaire, pour le service public, que ces billets ne soient pas suspendus. Le comité vous propose l'article suivant: « A compter de la date du présent décret, jusqu'au moment où les billets de la caisse d'escompte pourront être échangés contre des *assignats*, les billets de cette caisse, soit au porteur, soit à ordre, feront fonction d'*assignats* & seront reçus dans toutes les caisses ».

M. Dumetz. Les billets de caisse sont discrédités dans les provinces; s'ils y sont considérés comme *assignats*, ils discréditeront les *assignats*. Vous ne pouvez rien faire de plus dangereux pour votre opération.

M. de Fontenay. Il est absolument nécessaire que les billets de caisse soient reçus dans les provinces: en voici la raison. Paris doit beaucoup aux provinces; si les billets de caisse ne circulent pas, Paris ne pourra payer les provinces; la pénurie du numéraire augmentera, & les négocians se trouveront hors d'état de tenir leurs engagemens. Un négociant a dit que si demain les billets de caisse pouvoient avoir cours dans tout le royaume, il en placeroit pour un million; s'il ne les place pas demain, plusieurs négocians de Rouen ne pourront faire leurs paiemens.

M. le marquis de Gouy. Cette disposition est très-nécessaire. Il sort tous les jours de Paris 800 mille francs ou un million. Si on est obligé de faire sortir cette somme en argent, la capitale se trouvera privée d'une quantité de numéraire considérable qu'elle a assurément grand besoin de conserver.

M. Voydel. Je demande que ces billets ne soient reçus que dans les caisses publiques & particulières de Paris.

M. Lecouteulx. Il faut concilier ce que vous craignez avec ce qu'exige le service public. Par l'article II, vous avez fixé une époque pour l'échange des billets de caisse; vous avez exigé que cet échange se fît; ainsi il n'y a nulle assimilation des billets de caisse aux *assignats*. C'est pour les provinces que je parle; la capitale n'est point intéressée à cette opération. Vous pourriez craindre que l'émission des billets de caisse ne fût subitement augmentée; mais vous pouvez charger vos commissaires de veiller à ce qu'il ne soit pas mis davantage de billets en circulation, sans un nouveau décret. Vous pouvez prendre une autre précaution; elle consisteroit à exiger que la caisse d'escompte change ses billets en billets à ordre, pour les envoyer dans les provinces. Les fournisseurs de Paris & du gouvernement ont pour capital les 170 millions de billets de caisse; ils seront obligés de rembourser en province leurs billets & obligations en argent. On ne fournira pas désormais de papier pour Paris; il n'y aura plus de crédit, parce qu'on dira: Je veux attendre les *assignats*. Les billets de la caisse d'escompte seront payés sur ces *assignats* d'une manière certaine; ils ne peuvent donc donner des inquiétudes.

On demande la question préalable.

M. Dupont. Il faudra fournir à des dépenses très-considérables sur l'extraordinaire; on ne peut le faire sans employer les billets de caisse. Voici un projet de décret qui peut remplir cet objet & dissiper toutes les craintes.

« Le receveur de l'extraordinaire sera autorisé, jusqu'à la délivrance des *assignats*, à endosser sous la surveillance de quatre commissaires de l'assemblée, les billets de caisse d'escompte destinés à être envoyés dans les provinces seulement, en y inscrivant ces mots: *Promesse de fournir assignats*. Lesdites promesses auront cours comme *assignats*, à la charge d'être endossées de nouveau par ceux qui les transmettroient dans les provinces, & qui les y feroient circuler. Toutes ces promesses seront retirées aussi-tôt après la fabrication des *assignats* ».

M. Garat l'aîné. Ces billets ne seront plus des billets de la caisse d'escompte, mais des *assignats* anticipés; ils en auront tous les caractères: vous ne vous écarterez point de la rigueur de vos principes, & vous éviterez dans les provinces un bouleversement effroyable.

M. Armand. Il me paroît bien étonnant que quand les billets de caisse vont cesser d'exister, vous leur donniez une nouvelle vie: c'est pour le service public, dit-on; mais on entend sans doute par le service public, ou celui du commerce, ou celui des finances. S'il s'agit du service du commerce, rien n'empêchera les négocians d'endosser les billets de la caisse d'escompte: quant à la finance, ils reprendront sans doute du crédit; dans le moment où je parle, ils ne perdent plus que 3 pour 100. Je demande la question préalable.

M. le marquis de Montesquiou. L'article proposé par M. Dupont remédie à tous les inconvéniens. Il est d'une très-grande importance que le service public puisse se faire. Si le trésor public ne pouvoit agir qu'avec du numéraire, comme il n'a pas de numéraire, le service public courroit un danger imminent.

On demande la question préalable.

M. le comte de Crillon. Je demande à ceux qui réclament la question préalable, s'ils ont des millions préalables à nous donner. Nous n'avons pas d'argent, nous n'avons point encore d'*assignats*; il faut bien que nous ayons recours à une autre ressource.

On va aux voix; & l'article additionnel proposé par M. Dupont est adopté.

Les trois autres articles sont décrétés sans aucun changement, si ce n'est que dans l'article XVI, au lieu de ces mots, « cessera entièrement du jour où les *assignats* leur seront substitués », il faut lire ceux-ci, « cessera entièrement, à dater du présent décret ».

M. le marquis de Montesquiou. Vous avez ordonné au comité des finances de vous présenter son avis sur la demande faite par M. Necker, d'une somme de 40 millions pour les mois d'avril & de mai, dont 20 millions sont nécessaires à la fin de cette semaine ; vous nous avez ordonné d'éclairer votre délibération par les états de dépense & de recette. Le comité avoit chargé six de ses membres de surveiller le travail qui se fait dans les bureaux de l'administration des finances, pour rassembler tout ce que vous avez desiré. Ce travail immense n'est pas encore terminé ; il le sera bientôt. Cependant, d'après la connoissance particulière que nous avons de l'état actuel du trésor public, nous ne pouvons nous dispenser de vous proposer d'accorder, par un décret, 20 millions qui vous sont demandés. Cette disposition est très-urgente ; le moindre délai seroit périlleux pour la chose publique. La nécessité de rembourser chaque mois des anticipations est la première cause de cette détresse.

Le comité vous présente le projet de décret suivant :

« L'assemblée nationale ayant, par le décret de ce jour, ordonné que les billets de la caisse d'escompte seront remplacés par les *assignats*, & que lesdits billets pourront tenir lieu des *assignats* jusqu'à leur fabrication, décrète, 1°. qu'aucune émission de billets de caisse ne sera faite, d'ici à nouvel ordre, sans un décret de l'assemblée nationale, & autrement qu'en présence de ses commissaires ; 2°. qu'en présence desdits commissaires il sera remis, dans le jour, au trésor public, pour 20 millions de billets de la caisse d'escompte, lesquels tiendront lieu des *assignats* dont la fabrication est ordonnée, & serviront aux besoins pressans du moment, suivant l'état fourni par le premier ministre des finances ».

M. le Camus. C'est à quatre heures qu'on vient nous proposer un décret par lequel nous donnerons 20 millions, sans connoître la destination de cette somme. Il n'y a pas très-loin de samedi quatre heures à dimanche matin ; je demande que la délibération soit continuée à demain.

M. le marquis de Montesquiou. On peut répondre au préopinant, par le principe & par le fait : par le principe, en lui rappellant la responsabilité des ministres ; par le fait, en observant que la plus grande partie du revenu est consommée par les anticipations : vous devez donc fournir au trésor public le montant des anticipations qu'il a été obligé de payer.

M. Prieur. On ne sait pas à quoi seront employés les 20 millions demandés ; on ne sait pas si la caisse d'escompte voudra donner ces 20 millions ; il faut savoir tout cela. Je demande l'ajournement à demain.

M. Lecouteulx. Ce ne sont pas, à proprement parler, des billets de caisse que nous demandons à la caisse d'escompte, ce sont des feuilles de papier pour en faire des *assignats*, parce que les *assignats* ne sont pas encore fabriqués. Vous aurez incessamment les états de recette & dépense depuis le premier de mai 1789 jusqu'au moment actuel. Pour avoir une idée des besoins pour lesquels on nous demande 40 millions, nous nous sommes fait remettre un apperçu des états de recette & de dépense en deniers comptans pour les mois d'avril & de mai. Il résulte de ces états, que le déficit pour le mois d'avril sera de 25 millions, & pour le mois de mai de 24. Ces états ont été imprimés & distribués.

M. Lecouteulx en fait lecture.

L'assemblée délibère & adopte le projet de décret présenté par M. de Montesquiou, au nom du comité des finances.

Séance du 27 août 1790.

M. Mirabeau l'aîné. Étonné d'abord, effrayé même, je l'avoue, de la mesure des *assignats-monnoie*, & néanmoins ne voyant guère comment nous en passer, au milieu de tant d'embarras, & avec si peu de choix dans les ressources, je m'étois réduit au silence sur cette matière, abandonnant cette décision hasardeuse à des esprits plus exercés ou plus confians que moi, mais n'en suivant pas moins, avec l'inquiétude du doute & l'intérêt du patriotisme, tous les mouvemens que la nouvelle création des *assignats* devoit imprimer aux affaires : aujourd'hui, muni de l'expérience & de réflexions nouvelles, voyant la crise où nous nous trouvons & les menaces de l'avenir, pressé d'ailleurs par les projets qui vous ont été soumis, je me suis décidé sur toutes ces circonstances réunies, & je ne balance pas à vous exposer mon opinion actuelle, sur le seul parti sage & conséquent que ces circonstances sollicitent. Cette assemblée, obligée de mener de front beaucoup d'objets, a déployé sur tous de grandes vues ; mais il n'en est aucun, ou très-peu du moins, qu'elle ait pu amener à sa perfection ; & parmi ces objets qu'un puissant intérêt recommande, mais que de nombreuses difficultés environnent, nous pouvons mettre les finances au premier rang.

Rappellez-vous, Messieurs, ces momens dont nous sortons à peine, où tous les besoins nous pressoient si cruellement, où la dette publique se présentoit à la fois comme un engagement sacré pour la nation, & comme un abîme dont on n'osoit pas même mesurer la profondeur. Des biens immenses étoient en réserve ; mais ces biens avoient une infinité de possesseurs qui les regardoient comme leur partage. Armés de la rigueur des principes, de la force de l'opinion, & du courage de la nécessité, nous déclarons la vérité ; ce qui n'existoit qu'en système devient une loi ; les biens ecclésiastiques réunis aux biens du domaine sont reconnus nationaux ; & la France, qui ne voyoit que le gouffre, voit alors de quoi le combler, & respire pleine d'espérance.

Cependant

Cependant il y avoit loin encore de la déclaration d'un droit à son exercice ; & cet exercice ne pouvoit plus être retardé. A l'excédant des dépenses sur les recettes ordinaires, se joignoit un déchet énorme des revenus, qui s'augmentoit de jour en jour par l'état déplorable du royaume, & la stagnation de toutes les affaires. Mille besoins, mille dangers sollicitoient à l'envi des secours ; & dans le petit nombre d'expédiens qui se présentoient, celui qui parut le plus efficace réunit par-là même vos suffrages. Vous décrétâtes successivement que l'on procéderoit à la vente de 400 millions de biens nationaux ; & qu'en attendant que la vente en fût effectuée, le gage de cette vente & son produit anticipé tiendroit lieu de numéraire. Vous créâtes à cet effet, sous le nom d'*assignats*, des billets, espèce de lettres-de-change, qui sont, en fait de valeur, tout ce que peut être un effet qui n'est pas de l'argent réel.

Cette mesure eut tout le succès annoncé par ceux qui l'avoient conçue. Les mauvais effets présagés par ses adversaires ont été relégués parmi les fictions malheureuses ; & la chose publique sortit alors de cet état de détresse qui nous menaçoit d'une ruine prochaine.

Mais ce n'étoit là qu'un remède passager, & non une cure complète. L'effet ne peut avoir plus de latitude que la cause ne comporte. La restauration du crédit tient à des combinaisons aussi délicates qu'étendues ; & le rétablissement général auquel nous travaillons, doit nécessairement produire des embarras momentanés, qui empêchent le crédit de suivre de près l'espérance. Ainsi, le temps qui s'écoule ramène assez promptement les mêmes besoins ; ces besoins ramènent la même détresse ; & tant que nous n'établirons pas sur la base dont nous avons reconnu la solidité, une opération vaste, une grande mesure générale, qui nous mette au-dessus des événemens, nous en serons les éternels jouets ; & nous périrons de langueur, dans la vaine crainte d'une décision hardie qui nous sorte de l'état où nous nous trouvons.

Messieurs, qu'avez-vous pensé quand vous avez créé des *assignats*-monnoie ? qu'avez-vous dit à ceux dans les mains desquels vous faisiez passer ce gage de fidélité ? Vous avez pensé que la vente des biens sur lesquels ce gage est assis, s'effectueroit incontestablement, quel qu'en fût le terme. Vous avez dit aux porteurs d'*assignats* : voilà des fonds territoriaux ; la nation engage son honneur & sa bonne-foi, à les échanger en nature, ou à échanger le produit de leur vente contre ces *assignats* qui les représentent ; & si l'argent n'est lui-même qu'une représentation des biens de la vie, vous avez pu donner ; & l'on a dû recevoir comme de l'argent cette représentation de propriétés territoriales, qui sont la première des richesses.

Il faut le dire, Messieurs, à l'honneur de la nation, & de la confiance qu'inspirent ses promesses ; il faut le dire à l'honneur des lumières qui se répandent en France, & de l'esprit public qui naît de l'esprit de liberté : la doctrine des *assignats*-monnoie est généralement entendue & admise parmi nos compatriotes, telle qu'elle est professée dans l'assemblée nationale. Ils savent fort bien distinguer ce que l'on appelle ailleurs, & ce que nous appellions jadis du papier-monnoie, d'avec notre papier territorial ; & les hommes de sens qui sont patriotes, ne se laissent point égarer par des équivoques, ou par de trompeuses subtilités.

Je pense donc, Messieurs, après l'heureux essai que nous avons fait, & en partant des lumières répandues sur cette matière ; je pense que nous ne devons point changer de marche & de systême ; que nous pouvons, que nous devons accomplir ce que nous avons commencé ; que nous devons faire, pour la libération de la dette nationale, une opération qui n'admette d'autre intermédiaire entre la nation débitrice & ses créanciers, que la même espèce de papier actuellement en circulation, que ces mêmes *assignats*-monnoie, dont les fonds nationaux & la nation entière garantissent le paiement.

Je veux m'écarter également ici d'un projet téméraire par son étendue, & d'un projet insuffisant par sa timidité. Je me défie d'une conception trop extraordinaire, qui peut éblouir par sa hardiesse, & n'offrir au fond que des hasards. Je propose, en satisfaisant à de vastes besoins, de se borner néanmoins au nécessaire ; & d'observer des mesures, tout en s'élançant dans une courageuse détermination.

Je fais de la dette deux parts très-connues ; l'une qui est instante, dont l'honneur & la justice pressent la nation de s'acquitter incessamment : c'est la partie exigible, la partie arriérée, les effets suspendus, de même que le remboursement des charges & offices. L'autre est celle des contrats, des rentes quelconques ; en un mot, tout ce qui n'est pas compris sous la première dénomination. Quand la totalité de la dette n'est pas encore bien connue ; quand la valeur des fonds nationaux destinés à son paiement est moins connue encore, on ne peut savoir laquelle des deux surpasse l'autre ; & vraiment il seroit étrange qu'on se proposât d'entrée, de rembourser ce qu'on ne doit pas, au risque de ne pouvoir pas alors rembourser ce qu'on doit.

Je propose donc d'acquitter dès-à-présent la dette exigible, la dette arriérée, & la finance des charges supprimées. C'est à cette partie de la dette publique que je borne le remboursement actuel que nous devons faire, & je propose pour cela une émission suffisante d'*assignats*-monnoie : car les émissions partielles pourroient bien apporter quelques facilités momentanées au trésor public ; mais tout en affoiblissant le gage national, elles ne changeroient point l'état de la nation.

Sans doute, Messieurs, vous êtes assez familiarisés avec les grandes affaires & les grandes vues, pour ne pas vous étonner du fonds immense qu'un pareil remboursement exige, & ne pas redouter les effets d'une pareille diffusion de richesses au milieu de nous. La masse d'eaux que roulent les torrens & les rivières est prodigieuse, mais c'est dans l'Océan qu'elles se versent. Dès long-temps notre sol est altéré, desséché; & pendant long-temps aussi, il absorbera ces eaux fécondantes avant qu'il les refuse, & qu'elles croupissent à la surface. Il ne s'agit donc que de garder une proportion entre le besoin & le moyen d'y pourvoir, de manière que l'un n'excède pas l'autre. Or, Messieurs, deux considérations décisives se présentent ici : c'est que, d'un côté, nous avons un besoin pressant de rappeller l'activité, la circulation dans nos affaires, de nous y rattacher en quelque sorte ; un besoin pressant de moyens qui les favorisent : c'est que, de l'autre, les *assignats*-monnoie, en même temps qu'il paient la dette, nous fournissent ces moyens d'émulation, d'activité, de restauration ; & quand les besoins à cet égard seront satisfaits, le surplus des *assignats*, s'il en est, le trop plein, qu'on me passe cette expression, se reversera naturellement dans le paiement de la dette contractée pour l'acquisition des biens nationaux. De cette manière, tous les effets qu'on peut attendre d'une mesure bien calculée seront obtenus, autant du moins que les circonstances peuvent nous permettre de l'espérer.

Car, Messieurs, on diroit, à entendre certaines personnes qui ne veulent jamais voir que le côté défavorable ou incertain du parti que l'on propose ; on diroit qu'il existe dans les embarras où nous nous trouvons, & dont il faut sortir, quoi qu'il en coûte, une foule d'expédiens tout prêts, qui n'ont ni inconvéniens, ni incertitudes, & qui méritent hautement la préférence ; &, quand on examine ces prétendus expédiens, on voit qu'ils nous jettent de Caribde en Sylla ; qu'ils ne remédient en aucune manière au mal qui nous presse ; & qu'on y sacrifie, je ne dis pas le présent à l'avenir ou l'avenir au présent, mais l'un & l'autre, tandis qu'il importe si fort de tout concilier, de tout sauver à la fois.

Quand la pénurie des espèces nous tourmente ; quand les métiers, les arts, les manufactures, le commerce, demandent à grands cris d'être substantés, est-ce une mesure de restauration, je vous en fais juges ; que celle qui ne met pas un écu réel ni fictif, dans les affaires ? que dis-je ! une mesure qui exige elle-même des remboursemens futurs & successifs, sans créer aucun moyen d'y satisfaire ? Que se propose-t-on par-là ? ne voit-on pas le gouffre ? ou si l'on veut nous y précipiter ?

Sachons le fixer, Messieurs ; ou plutôt, pénétrons-nous de cette vérité : tout se ranimera ; les affaires marcheront vers un rétablissement général ; les esprits, agités par le besoin ou par la crainte, reprendront leur calme, quand l'industrie sera réveillée, quand les bras trouveront de l'occupation, quand un ressort énergique sera employé à un mouvement nécessaire, quand enfin la circulation des espèces, par des moyens sages & faciles, atteindra les classes moins aisées de la société. Tout s'avance par l'ardeur & la constance infatigable de vos travaux, dans l'ouvrage de notre constitution. Mais s'il faut que la constitution soit achevée pour rétablir tout-à-fait l'ordre & la prospérité, croyez aussi qu'un commencement d'ordre & de prospérité n'est pas moins nécessaire pour la faire marcher à sa fin. Croyez qu'attendre tout d'elle, c'est la faire précéder de trop de hasards ; c'est peut-être l'exposer à être renversée, avant qu'elle ait atteint sa perfection.

Eh ! Messieurs, si vous aviez dans les mains un moyen simple & déjà éprouvé de multiplier les défenseurs de la révolution, de les unir par l'intérêt aux progrès de vos travaux ; si vous pouviez réchauffer par quelque moyen, en faveur de la constitution, ces ames froides, qui, n'appercevant dans les révolutions des gouvernemens que des révolutions de fortune, se demandent : que perdrai-je ? que gagnerai-je ? Si vous pouviez même changer en amis & en soutiens de la constitution, ses détracteurs & ses ennemis, cette multitude de personnes souffrantes, qui voient leur fortune comme ensevelie sous les ruines de l'ancien gouvernement, & qui accusent le nouveau de leur détresse ; si, dis-je, il existoit un moyen de réparer tant de brèches, de concilier tant d'intérêts, de réunir tant de vœux, ne trouveriez-vous pas que ce moyen joindroit de grands avantages à celui de faire face à nos besoins, & que la saine politique devroit s'empresser de l'accueillir ?

Or, considérez, je vous supplie, les *assignats*-monnoie sous ce point de vue : ne remplissent-ils pas éminemment cette condition ? Vous hésiteriez à les adopter comme une mesure de finance, que vous les embrasseriez comme un instrument sûr & actif de la révolution. Par-tout où se placera un *assignat*-monnoie, là sûrement reposera avec lui un vœu secret pour le crédit des *assignats*, un desir de leur solidité ; par-tout où quelque partie de ce gage public sera répandue, là se trouveront des hommes qui voudront que la conversion de ce gage soit effectuée, que les *assignats* soient échangés contre des biens nationaux ; & comme enfin le sort de la constitution tient à la sûreté de cette ressource, par-tout où se trouvera un porteur d'*assignats*, vous compterez un défenseur nécessaire de vos mesures, un créancier intéressé à vos succès.

Il faut donc ouvrir une mine plus riche, plus abondante, dont les parties se répandent, partout du moins où des parcelles d'or peuvent pénêtrer. C'est alors qu'on sera surpris de l'étonnante diffusion d'*assignats*, qui peut avoir lieu sans que la surabondance se manifeste; car la richesse n'est pas dans la classe où se trouve la plus nombreuse population; & nos *assignats*-monnoie, qui sont les nouveaux signes de cette richesse, sont de trop forte somme pour être parvenus encore jusqu'à cette classe.

Quand j'ai proposé de comprendre les titulaires des offices supprimés, parmi ceux qui doivent toucher incessamment l'acquit de leurs créances; je n'ai peut-être paru que juste, équitable dans cette proposition; mais elle entre aussi dans les mêmes vues politiques qui me dirigent, en donnant la préférence au parti des *assignats*-monnoie. Sans doute, Messieurs, il n'est aucun de nous qui ne sente que la finance des offices est non-seulement une dette sacrée pour la nation, mais une dette instante dont on ne peut différer le paiement sans s'exposer aux plus justes reproches. La nation a pu exiger des titulaires le sacrifice de leur état; mais la nation doit leur laisser du moins la disposition de leur fortune. Ces créanciers publics sont eux-mêmes, pour un très-grand nombre, débiteurs du prix de leurs charges. En acquittant ces charges, non-seulement vous paierez une dette, mais vous fournirez à une série de débiteurs le moyen de remplir leurs engagemens.

Quel poids, Messieurs, ne vient pas se joindre à cette considération, si vous pensez à l'importance qu'il y a, pour la chose publique, à ce que le corps immense de la judicature supprimée soit payé sur-le-champ par des *assignats* qu'il sera forcé alors de soutenir par intérêt, s'il ne le fait par patriotisme? Les officiers étant ainsi acquittés par une monnoie légale, c'est alors qu'ils seront vraiment expropriés. La vénalité des charges a du moins cela de commode : elles ont été achetées; on les rembourse, & tout est fini. Les titulaires seront donc dépouillés par-là du dernier rayon d'espérance; & cette partie de la révolution, qui tient à la grande réforme des corps judiciaires, sera consommée sans retour.

Et suivez, je vous prie, Messieurs, le cours des *assignats* & leurs effets, relativement à la vente des biens nationaux. Les mesures qu'on vous propose sont-elles comparables à la dissémination des *assignats*, pour étendre, pour faciliter cette vente, pour mettre l'acquisition de ces biens à la portée de toutes les classes de la société, & des millions d'individus qui la composent? On vous propose d'entasser des masses de contrats dans les mains des capitalistes. Ces capitalistes eux-mêmes sont entassés dans les grandes villes. C'est à Paris sur-tout que les porte-feuilles sont gonflés d'effets royaux : voilà où l'on veut établir l'échange des contrats contre les propriétés nationales. Or, comment croire que cet échange soit fort animé, si l'on compare le produit de ces contrats à celui des terres; si l'on pense que, sur cent porteurs de contrats, il n'y en a pas un peut-être à qui ce placement d'argent puisse convenir? Les fonds nationaux se vendont donc peu, & se vendront mal de cette manière; ou du moins, ceux qui se vendront, ce sera en suite de quelque spéculation considérable. Les capitalistes réuniront ces fonds en grande masse; & les acquisitions, comme on le pense bien, seront assorties en général à l'espèce d'acquéreurs que l'on y appelle.

Est-ce là, Messieurs, ce que nous devons à nos frères, à nos concitoyens de toutes les classes, répandus dans tous les départemens de ce royaume? Travaillons-nous pour créer un nouvel ordre de grands propriétaires fonciers, qui donnent plus au luxe & à la ruine des campagnes, qu'à l'art de fertiliser la terre, & d'étendre les bienfaits de l'agriculture? Ne travaillons-nous pas, au contraire, pour rétablir l'égalité par la liberté; pour faire reverser sur les terres le produit des arts, du commerce, de l'industrie laborieuse; pour répartir, avec le plus d'égalité possible, les avantages de la société & les dons de la nature; pour mettre de petites possessions territoriales à la portée des citoyens peu moyennés, comme nous voudrions pouvoir en faire passer les fruits dans les mains des plus indigens?

Soyons donc conséquens à nos principes. Cessons de regarder les capitales, comme si elles formoient tout le royaume; & les capitalistes qui les habitent, comme s'ils formoient le gros de la nation; &, dans la liquidation de la dette nationale, préférons les moyens les mieux appropriés à l'avantage du plus grand nombre; puisqu'enfin c'est le grand nombre qui supporte la dette, & que c'est du fonds commun qu'elle s'acquitte.

J'insiste donc sur ce que l'intérêt des ci-devant provinces, aujourd'hui les départemens, soit particuliérement consulté dans le parti que nous allons prendre. J'insiste sur ce que l'on écarte tout projet dont la conséquence seroit d'appeller les capitalistes à l'invasion des biens nationaux, & sur ce que les créanciers de l'état soient remboursés, en suivant la juste distinction que j'ai présentée. J'insiste sur ce que ce remboursement se fasse, sans aucune métamorphose arbitraire des créances, mais au moyen du papier précieux que nous pouvons délivrer; papier qui arrivera aux biens nationaux par sa destination naturelle, après avoir fécondé dans son cours les différentes branches d'industrie; papier qui ne commencera pas par tomber au hasard dans des mains plus ou moins avides, mais qui sera livré d'abord à la classe des créanciers les premiers en titre; papier qui commencera son cours sous les auspices de la justice, & qui le continuera comme un instrument de bienfaisance publique.

Car est-il douteux, Messieurs, que l'émission d'*assignats* faits avec l'abondance & dans le but que je vous propose, en même temps qu'elle est un étai moral & infaillible de notre révolution, ne soit le seul moyen certain de nous soutenir dans la disette du numéraire que nous éprouvons? Notre numéraire territorial, ou pour transporter, puisqu'il le faut, des mots connus dans une langue nouvelle, notre numéraire fictif étant fait pour représenter le numéraire réel & le reproduire, pouvons-nous douter que son abondance ne fasse tôt ou tard ce que feroit l'abondance d'espèces effectives; je veux dire, d'élever le prix des effets publics, de libérer le propriétaire de ces effets des mains de son créancier, qui les retient en nantissement, & qui dicte à son malheureux débiteur une loi ruineuse, de faire baisser sensiblement l'intérêt de l'argent, de faciliter les escomptes, de multiplier les affaires, de remonter le crédit, & sur-tout, de donner une plus grande valeur aux biens nationaux?

Quoi! seroit-il nécessaire de le dire? on parle de vendre, & l'on ne fourniroit au public aucun moyen d'acheter! On veut faire sortir les affaires de leur stagnation, & l'on sembleroit ignorer qu'avec rien, on ne fait rien; on sembleroit ignorer qu'il faut un principe de vie pour se remuer, pour agir & pour reproduire! Certes, ce seroit-là vraiment le chef-d'œuvre de l'invention, la pierre philosophale des finances, si, sans argent & sans rien qui le remplace, sans crédit quelconque, au sein d'une inertie qui nous tue, nous trouvions le moyen de revivifier tout-à-coup les affaires, & de ressusciter comme par enchantement, travail, industrie, commerce, abondance! Ce que nous pourrions attendre à peine d'un miracle, nous pouvons l'espérer des moyens adaptés à notre but. C'est le numéraire qui crée le numéraire; c'est ce mobile de l'industrie qui amène l'abondance; c'est le mouvement qui anime tout, qui répare tout: au lieu que la misère est toujours misère; & qu'avec elle, sans courage, sans expédiens pour en sortir, il n'y a qu'une ruine entière à envisager. Jettez donc dans la société ce genre de vie qui lui manque; & vous verrez à quel degré de prospérité & de splendeur, vous pourrez dans peu vous élever.

Combien, Messieurs, avec tout le zèle qui nous anime dans nos travaux, nous sommes tardifs néanmoins en certaines choses! Combien nous laissons péricliter quelquefois la chose publique, faute de prendre une résolution prévoyante, & de savoir devancer les événemens! C'est par les finances que l'ancienne machine a péri; c'étoit assez dire que la nouvelle ne pouvoit se construire & se soutenir sans les réparer incessamment. C'est par ce même défaut de moyens, que nous avons éprouvé durant nos travaux, tant d'inquiétudes, de perplexités; & nous n'avons adopté encore, à cet égard, aucun plan, aucune marche sûre! Nous nous sommes sauvés, il y a quelques mois, d'une crise terrible; quatre cens millions d'*assignats* ont comblé le précipice qu'il falloit franchir, & nous ont fait respirer jusqu'à ce jour. Voyons donc, considérons comment cet éclair de bien-être s'est évanoui; & s'il faut conclure de l'état des choses, que nous ne devons plus user de cette ressource, que l'expérience nous en a fait sentir les dangers; ou plutôt, s'il ne faut pas conclure que c'est encore là le port du salut!

Votre décret, Messieurs, au sujet de l'émission des *assignats*-monnoie, pour la somme de quatre cens millions, fut l'ouvrage de la nécessité, parce que nous attendons toujours, pour nous exécuter, l'instant où nous sommes forcés par les circonstances; ce décret eût pu être l'ouvrage de la prudence; & porté plutôt, il eût prévenu de grandes angoisses. Mais enfin, dès qu'il fut mis en exécution, on vit un amendement sensible dans les affaires, l'intérêt de l'argent diminuer, les effets reprendre faveur, le change avec l'étranger se rapprocher du cours ordinaire, les contributions patriotiques devenir plus nombreuses; heureux effets qui incontestablement se seroient soutenus, développés, si les *assignats* eussent eu une destination plus étendue, si leur émission eût été plus considérable, si les mesures prises d'avance eussent permis plus de promptitude dans cette émission; & si, enfin, ils eussent été divisés en sommes assez foibles pour entrer dans les affaires de la partie laborieuse du peuple.

Mais qu'arrive-t-il? C'est que ce papier numéraire se précipite bientôt dans les provinces dont la capitale est débitrice. Près de la moitié étoit déjà censée en circulation par les billets de caisse que les *assignats* ont remplacés. A mesure que l'émission s'en fait du trésor public, un écoulement rapide les porte loin de nous, & nous laisse à-peu-près, pour la quantité du numéraire, dans le même état qu'auparavant. Il n'est donc pas surprenant qu'après quelque temps, les mêmes besoins se fassent sentir, & que Paris n'éprouve pas aujourd'hui, dans les affaires, l'aisance qui auroit eu lieu, si tous les *assignats* eussent été resserrés dans la circulation municipale.

Est-ce donc sérieusement qu'on semble craindre une espèce de submersion de ces *assignats*, si on les accroît en quantité suffisante pour le paiement de cette partie de la dette que j'ai indiquée? Je dis que la société est dissoute; ou que nos *assignats* valent des écus, & doivent être regardés comme des écus. Or, est-il quelqu'un qui puisse nous dire quelles bornes on doit mettre au numéraire, pour qu'il n'excède pas, dans un royaume comme la France, les besoins de l'industrie manouvrière, de l'industrie agricole, de l'industrie commerciale? Est-il quelqu'un qui ait pu faire ce calcul, même dans l'ancien régime où tout étoit gêné, étranglé, par les privilèges, les prohibitions, les vexations de toute espèce? A plus forte raison dans ce nouveau système de liberté, où le commerce, les arts, l'agriculture, doivent prendre un nouvel effor; & demanderont sans doute, pour s'alimenter, de nouveaux moyens dont l'imagination ne peut fixer l'étendue? Est-ce donc dans la disette effrayante où nous nous trouvons, est-ce à l'entrée de la carrière où nous allons nous élancer, que nous pouvons redouter d'être embarrassés de numéraire? Ne sait-on pas, d'ailleurs, quelle que soit l'émission des *assignats*, que l'extinction s'en fera successivement par l'acquisition des biens nationaux?

Nous sommes citoyens de la France; ne graduons donc pas toutes choses sur l'échelle infidelle de Paris. Jusqu'à présent les affaires n'y ont été menées que par saccades. Quand le mouvement irrégulier des espèces les accumuloit fortuitement sur cette place, on disoit que le numéraire étoit abondant: mais bientôt après, le reflux ayant emporté & le superflu & le nécessaire, on disoit que le numéraire étoit rare; & peut-être, dans ces deux cas, n'étoit-il pas entré ni sorti un écu de plus du royaume.

Nous avons donc beau être à Paris, ce n'est pas sur les mouvemens d'argent qui se font sentir à Paris, ce n'est pas sur les opinions conçues à Paris, quant au numéraire, que nous devons régler les nôtres; ce n'est pas sur les erremens de la bourse de Paris, que nous devons combiner nos opérations. Et je récuse, dans le sujet qui nous occupe, le jugement de ces banquiers, ces agens-de-change, ces agioteurs de profession, qui, accoutumés jusqu'ici à influer sur les finances, & à s'enrichir des folies du gouvernement, voudroient nous engager aujourd'hui à jouer son rôle, afin de continuer à jouer le leur. Je pense donc, du moins quant à moi, & j'ai mille raisons de penser que nous aurons à l'avenir plus besoin de numéraire que jamais; & que la plus haute quantité que nous en ayons jamais eue pourroit être plus que doublée, sans que nous éprouvassions ce surplus que l'on semble craindre.

Dans ces momens sur-tout, ne faut-il pas réparer mille échecs portés à la fortune publique & aux fortunes particulières? ne faut-il pas adoucir, par un remède général, les maux particuliers qui sont une suite inévitable du bien public que vous avez fait? On doit louer sans doute le zèle & le courage de cette assemblée, qui travaille sans relâche à porter par-tout l'économie, à supprimer toutes les dépenses du fisc, qui ne sont pas justes & nécessaires. Mais il n'en est pas moins vrai que ces prodigalités journalières du gouvernement étant retranchées, il en résultera momentanément dans les villes où se rassembloient ses favoris, moins de consommation, moins de travail, moins d'aisance. Une nation qui paie à elle-même, ne souffre pas de la multitude de ses paiemens, & même de la légéreté de ses dépenses, comme souffriroit une nation tributaire envers les nations étrangères. Il résulte du moins chez celle-là, de la force de ses recettes & de ses dépenses, un grand mouvement d'argent & d'affaires, dont le bien-être du peuple, il est vrai, n'est pas l'objet, mais dont le peuple tire toujours quelque parti pour sa subsistance.

Maintenant que les choses sont ramenées à la vraie source de la prospérité publique, si nous voulons parvenir à cette prospérité sans une intermittence cruelle & des secousses dangereuses, il nous faut absolument, & c'est un devoir que nous impose l'ouvrage neuf & de longue haleine que nous élevons, il nous faut promptement pourvoir à ce nouveau déficit d'argent, de circulation, que nous avons peut-être en partie occasionné par des retranchemens & des réformes nécessaires. Dans les grandes villes sur-tout, où le peuple mal-aisé abonde, il faut un moyen actif qui mette en mouvement tant d'autres moyens, & qui nous fasse passer au nouvel ordre de choses, à ses lents & heureux effets, en soutenant du moins notre existence, en prolongeant, en faveur de la nouvelle constitution, la bienveillance publique qui ne tient pas long-temps contre la misère. Et pesez, Messieurs, je vous prie, cette considération: car si nous faisons pousser au peuple, dans son désespoir, un seul regret sur l'ancien état des choses, que nous ayons pu lui épargner, tout est perdu; nous n'avons qu'à quitter le gouvernail, & livrer le vaisseau à la merci des vents & de la tempête.

Mais j'atteste ici la conviction profonde que j'ai de cette vérité: c'est qu'avec l'ardeur, la persévérance, le courage inébranlable que nous avons montrés jusqu'ici, & qui ne nous abandonneront pas; avec le patriotisme général qui n'est pas douteux, si nous devons donner une secousse aux affaires, les arracher à cette mortelle léthargie dont elles ne demandent qu'à sortir, au moyen d'une émission prompte & abondante du numéraire fictif en notre pouvoir, nous ferons pour la chose publique ce qui se présente de mieux à faire; nous agirons comme ces médecins habiles, qui, en ayant égard à toutes les indications de la maladie, pourvoient néanmoins au mal le plus instant; qui, s'ils ne guérissent pas encore, prolongent la vie, & donnent enfin à la nature le temps de guérir. Ainsi, nous écarterons ces plans subtils, qui ne respectent point assez les principes sévères de la justice, qui reposent sur des opinions bisarres & particulières; enfin qui ont tout en vue, excepté ce qu'il y a de plus naturel, de plus pressé & de plus facile.

Si je parlois à des hommes moins éclairés que vous sur les affaires, je releverois ici une imputation, dirai-je une chicane faite aux *assignats*, pour les attaquer dans leurs effets. Je vous montrerois comment il n'est pas vrai qu'ils aient contribué à la rareté du numéreire. Tant que la caisse d'escompte a fait honneur à ses engagemens, en payant ses billets à vue, ces billets ont été plus recherchés même que l'argent. Mais dès que nous l'avons vu obtenir du gouvernement des titres d'infidélité, sous le nom d'arrêts de surséance, la confiance s'est ébranlée, l'argent s'est resserré, & les billets ont perdu leur crédit. L'argent étoit déjà tellement rare, avant que les *assignats* fussent décrétés, que les billets de caisse perdoient jusqu'à cinq & six pour cent. Ce n'étoient donc pas alors les *assignats* qui chassoient l'argent. Au contraire, ils l'ont rappellé, à leur apparition, par un mouvement de confiance. La rareté de l'argent tient donc à des circonstances étrangères qui frapperoient tout autre expédient que les *assignats*, & auxquelles les *assignats* sont de toutes les mesures celle qui est le plus capable de résister. Les sourdes manœuvres, les troubles publics, les terreurs paniques, les délais du trésor dans ses paiemens, & l'anéantissement des affaires qui en est la suite, voilà la première cause de la disparition de l'or, de la rareté du numéraire. Détruira-t-on cette cause, en s'arrêtant dans le versement des *assignats* ? N'est-il pas clair, au contraire, qu'en attendant l'entier retour de la confiance, les *assignats* sont le seul moyen qui puisse y suppléer, la rappeller même, & nous donner à tous égards une sorte de sécurité ?

Si le difficile échange des *assignats* contre de l'argent tenoit à leur discrédit, je le demande : pourquoi donc les *assignats* eux-mêmes participent-ils à la rareté du numéraire ? Ils devroient abonder sur la place, être offerts par-tout & pour tout, si l'on étoit si pressé de s'en défaire. Mais en tout lieu, au contraire, & en tout point les marchandises abondent ; & ce sont les acheteurs qui sont rares. Plaçons donc cette calomnie contre les *assignats* au rang de celles qu'on se permet tous les jours contre la plus glorieuse des révolutions, contre les réformes les plus nécessaires, contre les plus sûrs amis de l'ordre public. Sachons voir que bientôt cette unique & salutaire ressource de nos finances comptera à-peu-près les mêmes amis & les mêmes ennemis que notre constitution ; & faute de principes fermes, ou d'un courage éclairé sur cette matière, ne faisons pas le jeu de nos adversaires, qui ne demanderoient pas mieux que de nous voir engouffrer dans les embarras, & de rire ensuite de notre prudence meurtrière.

Et certes, c'est le besoin universel d'un instrument d'échange & de travail qui se fait sentir ; c'est le besoin d'*assignats* pour l'homme d'affaires ; c'est le besoin d'argent monnoyé pour celui qui vit de monnoie, & ne connoît qu'elle. Tous se plaignent ; mais la classe mal-aisée & si intéressante pousse des cris plus vifs, parce que ses besoins sont plus poignans, & ses passions plus impétueuses. C'est donc cette classe qu'il s'agit incessamment de secourir. Le premier versement des *assignats* ne lui a pas encore fait sentir ses bienfaits. Si l'argent ne s'arrache aujourd'hui qu'à grand prix des mains où nos *assignats* de trop forte somme ne parviennent guère, c'est parce que les espèces y sont encore plus rares que les *assignats* ne le sont dans les classes plus opulentes. Que conclure de là ? C'est que nos *assignats* établis pour la partie spéculante de la société ne suffisent pas, & qu'il en faut aussi pour la partie travaillante. Il faut que notre ressource pécuniaire entre dans les limites de ses besoins. Il faut qu'une série d'*assignats* puisse conduire de la somme de deux cens livres à la somme d'un louis ; comme on descend d'un louis, par une série d'espèces, à la dernière pièce de monnoie. Alors la difficulté ne consistera plus qu'à échanger un *assignat* d'un louis contre des espèces ; c'est-à-dire, qu'elle sera presque nulle.

Nous avons suivi, dans les sommes fixées pour nos *assignats*, les erremens de la caisse d'escompte dans la division de ses billets. Peu importoit que le moindre des billets de cette caisse ne fût pas au-dessous de deux cens livres, puisqu'à chaque instant ce billet pouvoit être converti en écus ; mais nos *assignats*, étant faits eux-mêmes pour tenir lieu d'espèces, ils doivent s'en rapprocher par leur valeur. C'est la seule manière d'en faire sentir le bienfait au peuple. Des caisses patriotiques s'établiroient aisément dans les grandes villes pour opérer l'échange de ces *assignats* de petite somme. Je ne puis esquisser que rapidement tous ces détails ; mais la théorie en est claire, & la pratique sûre & facile.

Je supplie donc cette assemblée de faire les plus sérieuses réflexions sur ce que je viens de lui exposer. Elle a engagé l'honneur de la nation à respecter la dette publique, non-seulement dans sa totalité, mais dans chacune de ses parties, & de respecter par conséquent les titres de chacun de ses créanciers. Chaque créancier, par sa position, peut avoir ses raisons pour préférer la forme de sa créance à toute autre forme ; c'est là-dessus qu'il peut avoir réglé ses affaires, assis sa tranquillité. Une reconstitution de la dette, qui, à mon avis, est très-embarrassante pour être faite avec justice, peut convenir très-mal à la nation débitrice, & ne disconvenir pas moins à une multitude de ses créanciers. Une reconstitution n'est pas un paiement ; & pourquoi ne pas payer quand on peut le faire ? Je ne puis voir dans cette masse énorme de contrats qu'on nous propose, qu'une chûte d'autant plus rapide de leur valeur, & du crédit qui doit en dépendre. Au prix où est l'argent, & sans nouveaux moyens de se libérer, une infinité de ventes forcées de ces contrats feront une nouvelle jugulation d'un grand nombre de créanciers publics. N'ont-ils donc pas déjà assez souffert ? & ne goûterons-nous plus la consolation de n'avoir du moins excité, jusqu'à présent, que des plaintes inévitables ?

Rien ne nous oblige donc, Messieurs, de nous aventurer dans une carrière épineuse, dont l'issue est au moins couverte de ténèbres. Je ne sais; mais il me semble qu'au lieu de les aller chercher, nous devrions travailler à éclaircir cet horison qui se rembrunit autour de nous. Nous devrions au moins saisir quelques rayons de lumière qui nous luisent encore, pour assurer notre marche, pour tâcher d'entrevoir là où nous allons, quelles difficultés nous attendent, comment nous nous y prendrons pour les surmonter. Si nous n'y pensons pas, nous sommes comme des aveugles qui voudroient jouer le rôle d'oculistes; & nous nous acheminons inconsidérément, nous conduisons, nous & la nation, vers un abîme. Car, Messieurs, il n'en faut pas douter, il est ouvert cet abîme; il s'agrandit devant nous.

De quelle ressource nous aviserons-nous, je vous prie, pour triompher des temps critiques qui se préparent, pour faire agréer paisiblement au peuple un nouveau systême d'impôts qui le soulagera sans doute par le fait, mais qui commenceroit par effrayer son imagination, si l'on n'ouvroit pas d'avance une source de moyens qui lui aidassent à supporter cette charge, & s'il n'étoit pas rassuré, encouragé, à cette vue? De quelle ressource nous aviserons-nous pour franchir l'hiver qui s'avance, pour passer sans terreur ces jours nébuleux, & ces longues nuits où nous allons-nous enfoncer? Alors les besoins se réveilleront plus nombreux & plus pressans que jamais; & le plus impérieux de tous, celui de s'agiter quand on craint, de se plaindre quand on souffre, éclatera par-tout avec violence. Que ferons-nous alors, si nous n'y pourvoyons dès à présent? Nous verrons renaître & se multiplier toutes nos misères; elles nous investiront à-la-fois, & seront peut-être irremédiables. Que ferons-nous alors, vous dis-je? N'aurons-nous pas épuisé tous les expédiens dont nous avons pu nous aviser dans notre détresse, pour pousser le temps? Nous avons exigé une contribution patriotique; de libres & nombreuses offrandes nous ont été présentées; vaisselle, bijoux, tout est venu à notre secours; tout s'est englouti, la nation s'est appauvrie, & le trésor n'en est pas plus riche. Je frémis quand je pense, qu'avant deux mois nous touchons à la fin de nos *assignats*. Une fois consommés, qu'avons-nous ensuite pour nous soutenir? Rien. Je vois déjà le ministre des finances venir dolemment nous présenter un nouveau certificat de notre ruine, & nous proposer ce qui ne pourra pas même nous sauver, au prix de la honte, des éternelles suspensions, des attermoiemens indéfinis, des retards de rentes; c'est-à-dire, ce que nous avons repoussé jusqu'ici avec tant d'horreur, mais ce qui nous atteindra enfin & nous enveloppera malgré nous; ce que je n'ose même nommer, tant ce nom seul doit révolter cette assemblée.

Mais, Messieurs, ne pas prévenir cette horrible catastrophe, c'est la vouloir; & qui de nous pourroit souffrir d'être entaché d'un si noir soupçon? Alors, Messieurs, je le vois, nous reviendrons sur nos pas; nous y reviendrons avec des regrets mêlés d'effroi. Trop tard éclairés, nous ressaisirons alors le parti que nous aurons abandonné; & nous préférerons la honte qui suit toujours l'aveu d'un grand tort, à celle d'en faire subir à la nation les terribles conséquences. Nous demanderons instamment ces *assignats* que nous aurons repoussés comme dangereux. Mais en attendant, que de besoins, que de désordres, que de plaintes, que de maux! Et si les biens ecclésiastiques sont alors affectés à des contrats, comment les engager encore pour de nouveaux *assignats*-monnoie? D'ailleurs, il est un temps où tous les remèdes sont sans efficace. Ah! prévenons ce moment fatal. Quant à moi, j'atteste la patrie que je ne vous ai rien dissimulé des dangers qu'elle court, si vous négligez le seul parti qui vous reste à prendre, le seul, oui le seul qui soit prompt, facile, énergique, qui remplace tout, & que rien ne remplace.

Je conclus donc:

1°. A rembourser la totalité de la dette exigible en *assignats*-monnoie, sans intérêts.

2°. A mettre en vente sur-le-champ la totalité des domaines nationaux, & à ouvrir à cet effet des enchères dans tous les districts.

3°. A recevoir, en paiement des acquisitions, les *assignats*, à l'exclusion de l'argent & de tout autre papier.

4°. A brûler les *assignats* à mesure de leur rentrée.

5°. A charger le comité des finances de présenter un projet de décret, & une instruction, pour mettre ces opérations en activité le plutôt possible.

M. de Gouy. Notre position vis-à-vis de nous-mêmes, & vis-à-vis des étrangers, n'est pas heureuse; mais les embarras qui assiégent le royaume, tiennent tous au délabrement de ses finances; il faut en sortir par un généreux effort. Nous devons une somme énorme; la totalité de la dette publique est de 4 milliards 800 millions; mais la dette constituée, viagère & perpétuelle, s'élevant à 2 milliards 400 millions, & n'étant point exigible, il ne faut pas songer, quant à présent, à la rembourser. Reste donc à payer la dette à terme, qui se monte également à 2 milliards 400 millions. Eh bien! acquittons-nous une bonne fois par une seule opération, grande, simple, magnifique; que la nation puisse enfin dire, je ne dois rien. Elle sera peut-être la seule de l'Europe à qui il soit permis de tenir ce langage. Mais quelque brillant que semble ce dessein, il ne seroit pas digne des législateurs de la France, si le systême que je vous propose n'étoit pas juste en lui-même, avantageux à la nation, utile aux créanciers de l'état, favorable à ceux à qui l'état ne doit rien, exempt de tous inconvéniens importans, préférable aux autres plans publiés.

Rien de plus juste que de s'acquitter, non-seulement des dettes actuellement échues, mais de celles qui sont plus exigibles, de leur nature, à des termes préfixes. Rien de plus avantageux à la nation; car cette dette courte étant un intérêt de 120 millions par année qu'il faut imposer sur les peuples; c'est soulager le pauvre peuple d'un fardeau énorme, que de faire ce remboursement salutaire. Rien de plus utile aux créanciers de l'état; car dans l'état actuel on ne leur paie point les capitaux échus, & l'on paie mal les arrérages. C'est donc les ramener au bonheur, les sauver du désespoir, les rendre à l'industrie, au commerce, à l'agriculture, que les rembourser de ce qui leur est dû, & de les mettre enfin à même d'échanger un titre vacillant contre une terre nationale, la plus solide de toutes les possessions. Rien de plus favorable à ceux à qui l'état ne doit rien; car, par l'émission de 400 millions d'*assignats*, & par le décret qui ordonne la vente des biens du clergé, tous les propriétaires de terre sont ruinés. Tel héritage qui valoit trois cens mille livres, ne se vendroit que 200. Mais lorsque par une émission considérable de valeurs, vous aurez mis tous les créanciers en état d'acquérir des biens nationaux, il s'établira une concurrence qui rendra à toutes les terres des particuliers leur ancienne & véritable valeur.

Ce systême est exempt de tous inconvéniens capitaux. La plus forte objection qu'on puisse lui opposer, est celle du danger qu'il peut y avoir à mettre en circulation deux milliards & demi de numéraire fictif. Il existe déjà pour deux milliards & demi d'effets non circulans, qui entravent le commerce & attirent vers eux des fonds qui seroient si précieux à l'industrie nationale; il seroit donc utile de changer ces papiers stagnans contre des feuilles plus légères, qui auroient toute la mobilité & tous les avantages de la monnoie: la circulation n'en peut recevoir d'atteinte; elle n'aspirera pas plus de numéraire qu'elle ne peut en contenir. Plongez une éponge dans un vase ou dans l'Océan, elle ne s'imbibera pas davantage. Ce systême paroît préférable aux autres plans publiés. Celui de M. Clavières est d'accord avec mes principes. Si ce célèbre Génevois n'a d'abord demandé une émission que d'un milliard, c'est qu'il a craint de perdre la cause entière en prenant des conclusions trop étendues.

M. l'évêque d'Autun voudroit que la dette constituée & la dette exigible entrassent en concurrence dans l'achat des biens nationaux. Mais ces biens ne pouvant suffire à acquiter l'une & l'autre de ces dettes, il seroit absurde & injuste d'accorder la même faveur à des titres aussi dissemblables. Il en résulteroit d'ailleurs que les contrats anciens, qui ont déjà perdu 30 & 40 pour cent, pourroient enchérir avec trop d'avantage sur les terres ecclésiastiques, qui finiroient par devenir la propriété des anciens créanciers qui n'ont aucun droit à exiger un remboursement; & les créanciers à terme, lorsqu'ils se présenteroient, ne trouvant plus de terres à acquérir, montreroient en vain à la nation leur titre échu, son décret & son impuissance....

J'ai été surpris hier de voir le ministre des finances, qui jusqu'ici n'a présenté aucun plan, n'a offert que des moyens partiaux, que des palliatifs inutiles, qui n'a proposé que de misérables impôts, qu'une alliance monstrueuse avec la caisse d'escompte; que ce ministre, dis-je, vienne attaquer le seul plan général & suffisant qu'on ait proposé.

Si je connoissois moins, la pureté des intentions de M. Necker, je croirois qu'il a voulu continuer d'être nécessaire; car vous sentez que lorsque vous aurez tout payé, il n'y aura plus de finances, & par conséquent plus de ministre des finances. Je conclus, 1°. à une émission de 2 milliards 400 millions d'*assignats*-monnoie forcés, sans intérêts d'aucune espèce; 2°. à ce que les écus soient exclus de l'achat des biens nationaux qui ne pourront se vendre que contre des *assignats*; 3°. à ce que cette grande & importante question soit discutée aujourd'hui, & ajournée ensuite à quinzaine, pour avoir le temps de consulter l'opinion publique, qui seule doit faire loi en matière si intéressante.

Ce discours est applaudi.

M. Brillat-Savarin. En proposant une émission d'*assignats* de deux milliards, on s'est trop retenu dans les bases, & l'on ne s'est pas assez occupé de l'application de ce systême, dont l'effet certain seroit d'enrichir les créanciers de l'état, & de ruiner ceux qui ne sont pas créanciers. Les *assignats* perdent en ce moment, & cependant il n'y en a que pour 400 millions opposés à deux milliards de numéraire effectif. Ils perdront 30 pour cent, quand la somme des *assignats* sera égale à celle du numéraire effectif. D'après cette première donnée, je dis que tous ceux qui ne sont pas créanciers de l'état, éprouveront une perte considérable: si leur fortune consiste en une créance sur des particuliers, ils seront payés en *assignats* qui perdront. On dira qu'ils pourront convertir ces effets en domaines nationaux; mais ces domaines auront une hausse momentanée. Quatre millions de pères de famille n'ont pas dans l'année pour deux cens livres de paiemens à faire; ils se trouveront à la merci des capitalistes. Avec de l'argent on fait tout ce qu'on peut faire avec des *assignats*; avec des *assignats* on ne fait pas tout ce qu'on peut faire avec de l'argent. L'effet de leur émission sera le désespoir de tous les citoyens qui

ne

ne sont pas créanciers de l'état, c'est-à-dire, des plus fidèles amis de la constitution.

M. l'abbé Gouttes. Je ne crois pas qu'il soit possible d'ajouter quelque chose à ce qui a été dit hier par le rapporteur du comité des finances, & par M. de Mirabeau l'aîné; je présenterai seulement quelques considérations. Nous devons, il faut payer: nous n'avons que des fonds pour nous acquitter; il faut les vendre: si nous trouvons un moyen d'accélérer ces ventes, il faut l'adopter. En donnant des quittances de finances, on auroit des intérêts à payer. Les biens nationaux mal administrés, s'ils n'étoient pas vendus, ne produiroient pas assez de revenus pour payer ces intérêts; ainsi, le peuple surchargé se plaindroit de votre opération, & peut-être de la constitution. En créant des *assignats*, vous n'avez plus ces dangers à craindre: vous détruisez des papiers livrés aux agioteurs, des papiers qui corrompent les mœurs, & vous les remplacez par un numéraire fictif qui les protège; vous favorisez l'agriculture & le commerce, en forçant le créancier à tourner ses spéculations sur le commerce & l'agriculture. Il faut aider le peuple à faire de petits achats; les petits propriétaires sont les plus utiles. Je réclame pour le peuple des *assignats* de petites sommes, ou bien que pour l'achat des valeurs peu considérables, l'argent soit admis en concurrence avec les *assignats*: c'est le seul amendement que j'aie à faire au projet de M. de Mirabeau l'aîné.

M. Rewbell. On a proposé pour éteindre la dette publique & se débarrasser des biens nationaux, une création d'*assignats* sans intérêts. Le ministre a dit qu'il y avoit des dangers, parce que les *assignats* ne sont pas au pair. Il auroit été utile d'attaquer cette objection. Pourquoi les *assignats* ne sont ils pas au pair? C'est parce qu'ils ne peuvent servir aux besoins usuels; c'est parce qu'il n'y a pas assez de numéraire effectif pour ces besoins. Cette objection n'existeroit plus, si l'on créoit pour 30 millions de monnoie de billon. Je n'ai pris la parole que pour demander qu'on s'occupât de cette création. Un député extraordinaire d'Alsace est venu solliciter à ce sujet; par-tout il a trouvé des visages de glace.... Je demande seulement, 1°. qu'on décrète, dès aujourd'hui, que le prix des domaines nationaux ne pourra être effectué qu'en *assignats*; 2°. qu'il sera créé pour 30 millions de monnoie de billon, & que tout porteur d'un billet de 200 livres pourra le présenter pour un paiement de 6 liv., & que le reste du montant de ce billet lui sera fourni en billon; 3°. que dès demain on fera le rapport sur la fabrication des monnoies de billon & sur la vente des cloches.

M. Lebrun, membre du comité des finances. C'est à regret que j'ai vu présenter à votre délibération le projet qui vous occupe en ce moment: je ne m'attendois pas à lui voir obtenir ce dangereux honneur. Ce projet, je l'avois désapprouvé dans le sein du comité, comme un rêve dont des ministres ignorans berçoient des despotes soumis. On a dit qu'il étoit juste, grand, salutaire, qu'il étoit l'unique remède à vos maux; on vous a dit: hâtez-vous; ne voyez-vous pas l'hiver qui s'approche, & ses longues nuits, & les calamités qu'elles nous préparent, &c. &c.

Ainsi en vous remplissant d'espérance & de terreur, on s'est flatté de vous entraîner; mais ce n'est pas avec de pareils leviers qu'on peut mouvoir une assemblée législatrice. Hier vous n'entendiez que vanter un projet désastreux; vous le discutez aujourd'hui: hier c'étoit un orviétan merveilleux qui devoit sauver la France & cicatriser ses blessures; aujourd'hui c'est un fatal poison qui doit tuer l'assemblée nationale & la constitution. Vous avez donc une dette d'environ 3 ou 4 milliards; sans doute il seroit avantageux de l'éteindre: si le moyen qu'on vous propose est juste: s'il ne doit pas amener une fatale convulsion, il faut l'adopter dès aujourd'hui. Mais examinons les procédés de cette opération. On sépare la dette exigible de la dette constituée; rien de plus juste; avec quoi la rembourse-t-on? avec les biens ecclésiastiques. Sont-ils égaux à cette dette? Eh! qu'importe? s'ils ne le sont pas, il faut qu'ils le deviennent. Je rembourserai avec un bel & bon papier territorial qui ne portera pas d'intérêt; mes créanciers ne pourront faire qu'un seul usage de ce papier, ils en seront embarrassés; les capitaux tomberont dans le discrédit: on prendra peu de biens territoriaux pour beaucoup de papier, & j'aurai remboursé la dette. Cette opération est une injustice; c'est outrager l'assemblée nationale que de la lui proposer. Si vous voulez manquer aux engagemens de l'état, manquez-y du moins avec un peu de loyauté; dites à vos créanciers: nos ressources sont grandes, mais c'est au temps à les féconder; la vente des fonds nécessaires pour nous acquitter avec vous ne peut se faire que d'une manière lente; s'il falloit vous payer des intérêts, nous serions écrasés: nous serons justes, dans deux ans nous vous rembourseront les capitaux, nous vous paierons les intérêts. Vous n'avez pas de créanciers qui n'acceptât des conditions aussi franches....

Vous jettez 19 cens millions de papier à vos créanciers; ils n'ont ni pain ni argent: il faudroit donc que votre papier devienne du pain & de l'argent. Tout dans le gouvernement se changera en papier. Est-ce avec du papier qu'on paiera des employés, qu'on paiera l'armée? est-ce avec du papier que vous mettrez en mer des vaisseaux qui attendent leur armement? Vous ferez des *assignats* de 24 livres; mais il faudra donc que toutes les denrées valent 24 liv. Je ne parle pas des défaveurs du change; je ne parle pas de l'intérêt du commerce & des manufactures. . . . On dit que ces belles opérations sauvent la révolution ; moi, je dis qu'elles tuent la révolution & l'assemblée nationale. Avant que ces 18 cens millions d'*assignats* soient mis en circulation, l'argent disparoîtra. Les provinces s'animent ; vous tombez avec l'opinion ; la constitution tombe avec vous. Ses ennemis ont des propriétés & du crédit ; le clergé pourroit revivre ; en modifiant les dîmes, on contenteroit le cultivateur ; les biens des moines se vendroient sans obstacles, & dans quelques mois votre constitution ne seroit qu'un souvenir. Je pense qu'il n'y a pas lieu à délibérer sur les propositions qui vous sont faites. (Il s'élève beaucoup de murmures).

M. Chabroux. Il y a deux manières de discuter une question, celle des adeptes & celle des apprentifs. Un arithméticien chiffre ce qu'une femme compte sur ses doigts. Cette dernière méthode est la mienne, & je demande la permission de raisonner un moment sur cette grande question, avec ceux qui ont besoin qu'on la simplifie pour qu'elle soit mise à leur portée. Je l'envisage sous le rapport de l'intérêt de l'état, de l'intérêt des créanciers, de celui du commerce, & de celui des propriétés. Quant à l'intérêt de l'état, la vente des biens domaniaux est nécessaire, non-seulement relativement au besoin de payer la dette de l'état, mais encore relativement à la constitution. Tant que les biens nationaux, ci-devant ecclésiastiques, ne seront pas aliénés, tant que vous aurez à craindre la résurrection d'un corps de prêtres riches, vous ne pourrez compter sur la liberté ; vous devez donc hâter la vente des biens nationaux. Vous ne parviendrez pas à la réaliser, sans une émission d'*assignats*-monnoie. A défaut de cette émission, quels seroient vos moyens ? D'une part, le numéraire existant ; de l'autre, les titres des créances : le numéraire est déjà insuffisant, il le sera bien davantage, quand vous augmenterez le nombre de fonds en circulation. Le sixième des fonds actuellement dans le commerce ne peut être vendu, parce que les capitaux ne sont pas disponibles. On propose des quittances de finances ; mais elles porteroient des intérêts, & il est de l'intérêt de l'état de rendre l'impôt le moins lourd possible.

Les *assignats*-monnoie procureront aux contribuables un soulagement de 100 millions ; les impôts se paieront mieux, puisqu'ils seront diminués, & que les moyens de payer seront augmentés. Ainsi donc l'émission des *assignats*-monnoie présente de grands avantages pour l'état. Vous avez encore l'espérance raisonnable de parvenir à la diminution du taux de l'intérêt : ce taux se soutient à raison du besoin du plus grand nombre des emprunteurs & du plus petit nombre des prêteurs. En diminuant la masse des capitaux, la concurrence des prêteurs sera plus grande, celle des emprunteurs diminuera, & les conditions seront meilleures. Voilà les considérations qui me font penser que l'intérêt de l'état est engagé à l'émission d'*assignats* proposée. J'examine ensuite cette opération sous le rapport de l'intérêt des créanciers de l'état. Ils ont intérêt à être payés, à l'être solidement. Vous satisfaites cet intérêt, en créant un papier dont la solidité est supérieure à celle même du numéraire effectif. Ils sont payés, ils le sont solidement ; vous leur donnez non-seulement du numéraire, mais encore une fraction de propriétés territoriales. Vous devez leur remettre une valeur effective, dont ils puissent disposer comme de l'argent qu'ils ont prêté à l'état. Si vous leur fournissez une quittance de finance, ce nouveau titre ne les remettra pas dans la position où ils étoient lorsqu'ils ont fait leur prêt.

On dit que le papier n'aura pas la valeur du numéraire effectif ; mais les *assignats* sont le type essentiel de la terre, qui est la source de toute valeur. Vous ne pouvez distribuer la terre en valeur circulante, mais le papier devient la représentation de cette valeur ; ainsi il est évident que les créanciers de l'état n'éprouveront nul préjudice. On objecte que les biens nationaux ne sont pas seulement l'hypothèque de la dette exigible, mais encore des créanciers porteurs des titres constitués ; mais ceux-ci n'ont pas compté sur ce gage, ils n'ont donc rien à demander. En mettant entre les mains des créanciers de l'état l'équivalent de leur prêt, ils n'ont donc aucun reproche à vous faire. Ici vient naturellement une observation ; M. de Mirabeau l'aîné a proposé que l'acquisition des domaines nationaux ne pût être faite qu'avec des *assignats* ; il me semble d'abord que cette proposition n'a en soi aucune réalité : celui qui aura de l'argent achetera des *assignats* pour acquérir des terres ; ainsi il aura toujours acheté des fonds territoriaux avec de l'argent. Cette illusion n'a d'autre objet que d'attirer une plus grande confiance à un papier qui n'en a pas besoin. Je dis de plus que si cette proposition avoit quelque réalité, elle auroit des dangers certains. En effet, si les *assignats*-monnoie étoient le seul moyen d'acquisition, ils obtiendroient trop de préférence sur l'argent. Ils passeront nécessairement dans les mains des capitalistes & dans celles des personnes d'offices, où ces créanciers achèteront eux-mêmes des biens nationaux, & ne se dessaisiront pas de leurs *assignats* ; alors il n'y aura pas de concours dans les ventes, & les fonds ne s'élèveront pas à leur juste valeur ; ou au contraire, ils ne voudront pas acheter, & spéculeront en vendant chérement leurs *assignats*.

Je crois donc qu'il n'y a aucun inconvénient à admettre concourremment dans les ventes, l'argent & les *assignats*. J'ajoute encore que les capitalistes habitant Paris, ne peuvent n'avoir pas de vues pour les acquisitions; ils seroient alors obligés de faire passer leurs *assignats* en province : il me paroîtroit convenable de leur épargner cet embarras, en ouvrant un emprunt à quatre pour cent, auquel seroient admis les créanciers de l'état qui ne voudroient pas être payés en *assignats* monnoie : ce seroit une épreuve de l'opération ; car un grand nombre de créanciers dans cette position, préféreroient les *assignats*. J'examine maintenant la question sous le rapport des manufactures : je serai bref, car j'avoue mon insuffisance, & je ne ferai qu'une réflexion qui appartient à tout esprit juste. Indépendamment des idées acquises, vous augmentez considérablement le numéraire ; & il est de l'intérêt des manufactures que le numéraire soit abondant. Quand il abonde, on emprunte à un taux modéré, on paie moins cher quand on paie comptant. Sous ces deux points de vue, les manufactures languissent.

Je viens au dernier rapport, sous lequel je me suis proposé d'examiner l'émission de deux milliards d'*assignats* : l'intérêt des propriétés. Les propriétés ne se vendent pas ; le profit attire continuellement les hommes ; les possesseurs d'argent, attachés par cet attrait aux opérations du gouvernement, n'achètent pas les fonds territoriaux qui tombent en discrédit. La richesse fondamentale de l'état est dans les propriétés ; il faut les favoriser : vous faites le contraire si vous n'admettez pas une émission d'*assignats*. Vous avez la sixième partie des biens libres, le rachat des droits féodaux, les biens nationaux ; & les moyens d'acquisition manquent quand vous augmentez les ventes. On craint une trop grande émission ; on dit que l'excès seroit dangereux : à présent le sixième des biens-fonds ne peut se vendre. En vendant les biens nationaux & en créant des *assignats* pour leur valeur, vous ne mettez en circulation que l'équivalent de ces biens ; il reste toujours le déficit actuel dont souffrent le commerce, l'agriculture & les propriétés. Je pense donc qu'il faut décréter la proposition de M. de Mirabeau l'aîné. J'adopte l'amendement de M. l'abbé Gouttes, & je demande qu'incontinent après l'ouverture des ventes, il soit ouvert au trésor public un emprunt à 4 pour 100.

M. Begouen. Une émission immense d'*assignats*-monnoie mérite la plus grande attention. La première émission étoit seulement de 400 millions, & vous a paru d'une importance majeure ; vous avez laissé reposer l'opinion publique, vous avez voulu avoir celle des villes de manufactures & de commerce. A présent qu'il s'agit de doubler le numéraire, je demande que, pour un opération de la plus sérieuse considération, vous adoptiez la même mesure. Je propose donc d'ajourner la délibération au 15 de septembre, de la renvoyer au comité des finances, pour qu'il émette un vœu, & d'entendre les députés extraordinaires du commerce qui sont établis près de cette assemblée. Toutes ces précautions n'ont d'autre objet que d'éclairer une délibération dans laquelle on jouera à pair ou non la constitution.

M. Baumetz. Je réclame la division de cette motion, & je n'en adopte que l'ajournement. J'y joins une motion nouvelle. On a entendu hier la lecture du mémoire du ministre des finances. Ce ministre, après avoir fait des réflexions & des objections contre l'émission de deux milliards d'*assignats*, a cru devoir, par modestie sans doute, s'abstenir de présenter un vœu sur ce qu'il faut faire pour liquider la dette publique. Cependant ceux qui sont à la tête des affaires du gouvernement doivent avoir le généreux courage d'éclairer l'assemblée & la France entière des lumières de leur expérience. (*Voyez* le mémoire de M. Necker, plus bas).

Je demande donc que le comité des finances soit chargé d'engager le ministre à présenter les moyens qu'il croit propres à faire la liquidation de la dette publique. Je n'ai pu appercevoir l'opinion de M. Necker dans son mémoire, car je l'ai vu également effrayé de la baisse des *assignats*, & de la trop grande valeur qu'ils donneroient aux biens nationaux. Je ne vois pas comment les *assignats* pourroient former encombrement, stagnation, & en même temps se presser, se heurter comme des corps nombreux qui veulent passer dans un défilé étroit. J'ai vu encore la grande disette du numéraire, comparée à la disette des grains. Cette comparaison peut être juste ; & en la poussant un peu loin, il est possible de dire qu'il suffit de pronostiquer la disette pour la créer. J'insiste donc pour l'ajournement à quinzaine, & je demande que la discussion se prolonge demain, & tous les jours destinés aux finances jusqu'à cette époque. Sur une matière si neuve, dans des questions si importantes & si ardues, nous ne saurions trop nous aider du choc des opinions. Je demande de plus que le comité engage le ministre à présenter son plan.

M. Dedelay. Je n'ai qu'une observation à faire : c'est sur la latitude de l'ajournement. Vous avez un terme qui fixe cette époque, c'est le moment des rapports sur l'impôt & sur la liquidation des charges. La quotité de l'impôt influera sur la valeur des terres, le mode de liquidation des charges déterminera les sommes que les titulaires pourront employer à l'acquisition des biens nationaux : ainsi, jusqu'à ce que ces deux rapports soient faits, il n'est pas nécessaire de nous hâter. L'ordre de votre travail se trouve réglé par la nature même de vos travaux. J'observerai d'ailleurs qu'un ajournement à quinzaine seroit insuffisant pour réunir les lumières & le vœu du royaume.

M. Virieu. Si vous continuez la discussion, vous perdrez infailliblement un temps considérable. En indiquant le terme de l'ajournement, il faut dire que la discussion sera reprise alors.

M. Barnave. Dans la position où nous sommes, un terme moyen est nécessaire. Sans doute il faut prendre toutes les précautions possibles pour ne pas précipiter la détermination proposée. Ainsi, quoique je pense que la vente effective des biens nationaux, l'acquittement effectif de la dette publique, l'achévement de la constitution soient attachés à cette mesure, je conviens qu'il faut y apporter une prudente lenteur; mais je crois qu'un ajournement plus étendu que celui indiqué par M. Beaumetz, rendroit cette opération impossible & inutile. Vous savez combien la fabrication matérielle des 400 millions d'*assignats* a employé de temps. J'adopte donc purement & simplement l'ajournement à quinzaine, en continuant jusqu'à ce moment la discussion, & en y donnant tous les jours destinés aux finances, sauf à la continuer encore, si à cette époque la délibération n'est pas mûre.

M. Anson. De la décision de cette grande question dépend celle de la quotité de l'impôt. Le comité de l'imposition demande quelle sera cette quotité pour l'année 1791. Si vous décidez que la liquidation se fera en *assignats* sans intérêts, plutôt qu'en quittances de finances portant intérêts, cela fera une différence au moins de 100 millions à imposer. Ainsi on doit regarder le mode de liquidation comme le préliminaire de l'opération de l'impôt. Je pense donc qu'il faut discuter la question présente pendant tous les jours de la semaine prochaine. Le 10 de septembre l'assemblée verra si la discussion est assez avancée.

Plusieurs amendemens sont proposés & écartés par la question préalable.

M. Beaumetz adopte le terme du 10 septembre: sa motion est décrétée en ces termes:

« L'assemblee nationale décrète que jusqu'à la décision de la question présente sur la liquidation de la dette publique, laquelle décision ne pourra avoir lieu avant le 10 du mois prochain, tous les jours destinés aux discussions de finance seront consacrés à l'examen de cette question: charge en outre son comité des finances de demander à M. le premier ministre des finances de communiquer ses plans sur les moyens qu'il croit les plus avantageux de procéder à la liquidation de la dette publique ».

M. Rewbel. On n'a rien prononcé contre ma motion: je la renouvelle, & je demande que l'assemblée ajourne à demain le rapport sur une fabrication de monnoie de billon & sur la vente des cloches.

M. Virieu. Je reconnois avec le préopinant la nécessité de hâter la délibération de l'assemblée sur ces deux objets, mais je ne crois pas qu'on puisse les séparer d'une motion plus étendue & relative à la fabrication de toutes les monnoies. J'atteste ceux qui, comme moi, se sont occupés de cette matière, qu'elle présente des friponneries immenses qui appellent toute la sévérité de l'assemblée nationale. Je vous supplie de nommer une commission de sept personnes pour s'occuper de toutes les questions relatives à l'administration, à la comptabilité, au jugement des monnoies & au commerce des métaux. (L'assemblée applaudit).

M. Rewbel. C'est une opération très-étendue que l'assemblée actuelle ne pourroit pas achever, qu'elle ne peut pas même entreprendre: vous retarderiez jusqu'à trois ans la fabrication instante de la monnoie de billon.

M. Foucault. Je fais une troisième motion, & je demande qu'il soit indiqué une séance extraordinaire pour examiner ce qu'on a fait & ce qu'on a à faire. Tous les membres qui ont des motions à présenter les présenteront; on écartera ce qui n'est pas urgent.

L'assemblée est consultée sur la proposition de M. Rewbel, & les rapports sur la fabrication d'une monnoie de billon & la vente des cloches sont mis à l'ordre du jour de demain.

M. Virieu. C'est l'année dernière, au mois de septembre, que vous avez nommé les trésoriers des dons patriotiques: nous demandons à être renvoyés au comité des finances, pour y rendre nos comptes.

Ce renvoi est ordonné.

Séance du 3 septembre 1790.

M. Pétion. Partons de points certains & qui ne sont pas contestés. Nous devons, & nous n'avons pas d'argent. Nous avons des biens-fonds; mais ne pouvant les partager entre nos créanciers, il faut les vendre: pour les acquérir, il faut du numéraire. Il en est de deux espèces, le numéraire réel & le numéraire fictif. Au défaut du premier, on emploie le second. Que ce soit des quittances de finance, ou des billets-*assignats*, c'est toujours du numéraire fictif. Il est démontré que nous ne pouvons acquitter nos dettes qu'avec du numéraire fictif. En est-il de meilleur que les *assignats*? En est-il même qui puisse lui être comparé? Ces *assignats* doivent-ils être forcés? Doivent-ils porter intérêt? Doivent-ils être reçus exclusivement dans l'acquisition des biens nationaux? Doivent-ils être divisés en petites sommes?

D'abord, doivent-ils être forcés? Si les *assignats* ont la valeur de la monnoie, s'ils offrent aux porteurs la certitude de pouvoir les changer à vosonté contre des biens territoriaux, je ne vois pas d'inconvénient à les rendre forcés. N'élude-t-on pas par-là les intrigues des malveillans ? Ce n'est pas tout ; il y a une raison de justice pour les rendre tels ; la nation veut payer ses dettes & elle le veut de bonne-foi : elle ne peut donc, sans injustice, donner à ses créanciers des titres qui viendroient mourir dans leurs mains, s'ils ne pouvoient eux-mêmes forcer leurs créanciers à les recevoir.

Seconde question. Les *assignats* doivent-ils porter intérêt ? Si lors de la première émission des *assignats*, on leur a attribué un intérêt, c'étoit pour donner un attrait qui pût vaincre le préjugé qui menaçoit de s'opposer au succès de l'opération. Il y auroit de l'injustice à adopter la même mesure pour une nouvelle émission : ce seroit un véritable impôt sur le peuple. L'intérêt de cinq pour cent, que l'on attacheroit à cette monnoie, la feroit préférer à des terres qui n'offriroient pas le même avantage, & les biens nationaux ne seroient pas vendus ; cela pourroit aussi déprécier la monnoie, & ce seroit toujours l'aliment de l'agiotage.

Troisième question. Doivent-ils être reçus exclusivement dans l'acquisition des biens nationaux ? Quoiqu'au premier coup-d'œil la prédilection donnée aux *assignats* paroisse injuste, il ne faut pas perdre de vue qu'ils sont particuliérement destinés à cet objet, & que si la concurrence étoit donnée aux écus, il en résulteroit la crainte que les *assignats* ne fussent pas appliqués à leur véritable destination, & qu'il n'en restât encore en circulation après les biens nationaux vendus. En n'adoptant pas la concurrence, ceux qui voudront acquérir des biens nationaux, seront obligés d'échanger leur argent contre des *assignats*, avec lesquels seuls ils pourront s'en procurer.

Quatrième question. Doivent-ils être divisés en petites sommes ? Les *assignats* portés à une somme trop forte, entraîneroient une foule d'inconvéniens. Le débiteur d'une petite somme se dispenseroit de la payer, en présentant un *assignat* de deux cens livres à son créancier, qui n'auroit pas de quoi lui rendre : en conséquence, il me semble que l'on peut fabriquer des *assignats* de 24 ou 30 liv. Cette division seroit utile pour le peuple & pour le commerce. Si le premier ministre des finances avoit bien pesé les avantages de cette émission, il se seroit épargné des déclamations inutiles & dangereuses. L'Angleterre a pour cinq milliards de billets de la banque & de l'échiquier, & l'Angleterre est toujours florissante. Qu'on ne craigne pas les inconvéniens d'un anéantissement subit ; un nouveau signe les remplacera dans une proportion convenable. Quant à la moralité, il n'y a rien d'immoral à payer ses dettes. Qu'on nous présente un meilleur moyen de le faire.

Savez-vous pour qui les *assignats* sont à craindre ? Pour les banquiers & les agioteurs. Que deviendront alors leurs spéculations ? Savez-vous pour qui les *assignats* sont à craindre ? Pour un ministre des finances. Pourquoi ? Parce que les créanciers une fois payés, le ministre ne les aura plus dans sa dépendance ; il ne les menera plus, tantôt par la crainte, tantôt par l'espérance, & il n'en fera plus à son gré les serviles instrumens du gouvernement. Si la dette étoit une fois payée, si la comptabilité étoit claire, un ministre des finances ne seroit plus un homme important, mais un chef de bureau. Nous en viendrons à ce point. Il est temps enfin qu'il apprenne qu'il n'est que le comptable & le commis de la nation. Savez-vous pour qui ce projet est utile ? Pour toutes les classes utiles à la société, pour tous les amis de la paix & de la constitution, pour tous ceux qui savent que les palliatifs ne font qu'épuiser les moyens de la nation & lasser sa constance. Je conclus à ce que le projet présenté par M. de Mirabeau soit adopté.

M. Sinneti. La question soumise a pu m'effrayer par son importance ; mais elle n'a point arrêté mon zèle. On a proposé l'émission de deux millards d'*assignats* ; les avantages de cette opération peuvent-ils en balancer les dangers ? Vous soulagez le trésor public de plusieurs millions d'intérêt, vous donnez un débouché aux biens nationaux, & vous intéressez les créanciers au maintien de la constitution. Mais pouvez-vous répondre de la faveur de cette opération ? Les valeurs qui croîtront en apparence ne perdront-elles pas en réalité ? Votre œil prévoyant doit suivre tous les mouvemens de cette opération.

Est-il démontré qu'aucun créancier n'aura à se plaindre ? Et quand je parle de créancier, je ne considère pas seulement celui que vous allez solder ; le créancier sera toujours celui qui se trouvera nanti des effets. Il n'est pas admissible, s'il n'est établi sur la confiance. Etes-vous sûrs que votre opération l'attirera ? Je ne suis environné que d'incertitudes : les quittances de finances n'offriroient-elles pas moins d'inconvéniens ? Quoi qu'il en soit, ne désespérons pas du salut de l'état ; c'est à l'espoir que nous devons la révolution, c'est au désastre dans les finances que vous devez votre convocation. Vous touchez à l'époque la plus difficile : l'égoïsme, l'avarice & la cupidité militent contre vous ; vous n'êtes point accoutumés à être effrayés par les dangers ; la sagesse a dicté toutes vos opérations, elle dictera encore celle-ci. Dans mon opinion particulière, je crois entrevoir que les quittances de finances sont préférables.

M. Delandine. Le problême présenté à votre discussion sur la liquidation de la dette publique, peut changer les destinées de la France. Doit-on rembourser les créanciers de l'état par une émission considérable d'*assignats*, ayant, comme monnoie, un cours forcé ? Doit-on au contraire se garantir d'une ressource aussi violente, & lui en substituer une plus modérée, en créant des quittances de finances ? L'une & l'autre opinion a ses partisans & ses adversaires. Deux milliards d'*assignats*-monnoie, jettés en ce moment au milieu de toutes les classes de l'état ! Je viens donc en combattre l'émission. Deux milliards de papiers nationaux ou quittances de finances, distribués aux seuls créanciers de l'état, me paroît satisfaire à la fois la justice & l'intérêt public.

Je viens donc en soutenir les avantages. L'état va se trouver grevé d'une dette exigible, montant à dix-neuf cens millions. Il faut la liquider, en éloignant tous les froids calculs de l'agiotage & les raisonnemens subtils de la banque ; il faut en revenir aux idées simples, qui sont les idées vraies. Pourquoi les peuples se sont-ils accordés à donner une valeur représentative aux métaux ? Pourquoi le papier plus léger, plus commode à transporter, plus expéditif pour les échanges, n'a-t-il pas été universellement préféré ? Cette préférence s'est établie sur deux bases :

1°. La rareté des métaux, & l'abondance des autres matières qu'on auroit voulu leur substituer.

2°. Le travail considérable que les premiers exigent pour se transformer en monnoie.

Depuis l'instant où l'esclave descend dans les mines du nouveau monde, jusqu'à celui où le métal est devenu monnoie, que d'efforts, que de peines, que de dangers ! En considérant un écu de six livres, le législateur doit se dire : il a fallu six journées de travail d'un homme pour faire ceci on peut donc en payer le labeur de six journées. La peine & le salaire de la fabrication égalent la peine & le salaire que l'on veut payer. Quelle autre monnoie offre la même rareté dans sa matière, la même valeur dans sa fabrication, & par conséquent la même valeur dans son échange ? La confiance générale accordée aux métaux n'est donc pas illusoire ; elle doit donc l'être pour tout autre signe. Je reviens directement à la question, c'est-à-dire, à l'influence que cet autre signe, les *assignats*, doit avoir sur le moment présent.

Des créanciers qui ont contracté avec l'état s'en emparent, mais pour les verser à leur tour sur leurs créanciers. Inquiets sur l'avilissement du numéraire, opéré par son abondance, & sur des acquisitions onéreuses que la concurrence portera au-delà de leur prix, les créanciers de l'état chercheront une issue aux *assignats*, pour s'en débarrasser sans acquérir, & ils la trouveront, puisque l'*assignat* aura un cours forcé & sera monnoie. Tout débiteur se liquidera, tout créancier de bonne-foi se verra rembourser en papiers le produit de l'économie de ses pères & des travaux de sa vie : ainsi ces papiers viendront refluer sur les véritables familles de l'état, sur les propriétaires. Ceux-ci, déjà surchargés de terres & d'impôts, perdant néanmoins le revenu en argent, qui seul leur permettoit de fertiliser les unes & de payer les autres, se verront encore contraints d'ajouter des domaines à leurs domaines, & des champs infertiles à des champs ingrats. Dans la terreur de perdre, ils accroîtront leurs propriétés, en voyant s'évanouir les seuls moyens de les faire valoir. Pauvres au milieu des biens, ils auront des terres & point de bras ; ils récolteront peu & l'état leur demandera beaucoup. Mais s'ils sont ruinés, c'est l'état qui supportera leurs pertes ; il n'est riche que de la richesse publique ; il n'est florissant que par la juste division des héritages, les succès de l'agriculture, une imposition facile à retirer, en un mot, par les bienfaits de sa propre administration. Que de bouleversemens dans les fortunes, que d'échanges, que d'actes, que de procès, que de troubles ! A peine sortis d'une crise heureuse, voulons-nous l'échanger contre une crise terrible & funeste ?

Tel sera le moment présent : l'avenir n'offre pas une perspective plus consolante. Une émission de papiers pour deux milliards, doublera le numéraire ; dès-lors les denrées doubleront de prix. Leur augmentation, au lieu d'être proportionnelle, successive & graduelle, s'établira tout-à-coup ; le salaire de l'ouvrier & de l'artisan cessera de se combiner avec la circulation plus ou moins facile de l'argent, avec l'abondance plus ou moins grande des denrées ; l'avarice viendra lutter contre les besoins de celui qui est occupé : cette gradation que le temps amène insensiblement entre les richesses publiques & les travaux particuliers, ne pourra plus exister ; tout échelon sera rompu.

Le renchérissement des denrées accroît celui des salaires ; alors nos manufactures périssent, & l'état est ruiné ; l'augmentation de la main d'œuvre éteint toute concurrence avec l'étranger, dont nous n'attirons plus le numéraire & qui attire le nôtre. Sans numéraire, le commerce, loin de nous être utile, va nous appauvrir. Nous ne recueillons point au milieu de nous les deux matières premières de notre principal négoce, la laine & la soie. Nos plus beaux draps, nos plus riches étoffes ont reçu de nos mains le mérite de leur fabrication ; mais ce sont nos voisins qui nous ont fourni ce qui le compose. L'argent sort de nos comptoirs pour aller alimenter les leurs. L'industrie s'empare des soies & des laines, pour rendre à son tour les autres nations tributaires. L'Espagnol envoie en retour ses piastres, le Russe ses roubles. Le change s'en effectue ; mais ces nations trouveront bientôt le moyen de le rendre avantageux pour elles. C'est du papier qu'elles acheteront, c'est avec des *assignats* qu'elles satisferont à leurs créances ; plus de retours en numéraire. Par-tout un discrédit sur le papier de nos principales villes le commerce, un change onéreux les flétrit. Dès-lors, tandis qu'un fleuve d'or, sortant de nos frontières, s'étend chaque jour sur des plaines étrangères qu'il fertilise, une aridité dévorante, de vains papiers, de stériles *assignats* tarissent les sources de la prospérité publique. Dès-lors l'argent disparoîtra entièrement. Sa rareté en accroîtra la rareté, comme la terreur double le péril & multiplie les fantômes. Plus d'échanges, plus d'arts, plus de commerce. Nos richesses réelles au loin, des richesses imaginaires dans nos foyers. Plus d'or, mais du papier; des biens à vendre, & tant d'incultes! mille domaines, & pas un écu pour les faire cultiver; l'état gonflé sur le champ d'un embonpoint funeste, mais qui disparoît pour montrer l'horrible maigreur de son entière dissolution.

On a dit que la création de quatre cens millions d'*assignats* a été très-utile à la province, puisqu'elle a retiré de Paris cent millions qu'il auroit été impossible à la capitale de payer. Elle n'a été utile qu'aux banquiers, qu'aux faiseurs d'affaires; ils se sont libérés en rejettant le déficit des papiers sur leurs créanciers. Mais si l'émission de quatre cens millions d'*assignats* a augmenté la valeur de l'argent, si ces papiers ont éprouvé une perte de 5 & 6 pour cent, quelle sera la valeur de l'argent, quel sera le taux de cette perte, lorsque les papiers en circulation seront cinq fois plus nombreux? La confiance, le crédit descendront-ils sur nous par une miraculeuse inspiration? Je consulte pour réponse, & les terreurs des provinces, & les caisses d'échange d'*assignats* contre le numéraire que le patriotisme a été forcé d'y établir, & cet effroi public & général de ne voir entre ses mains pour gage de sa vie, de sa subsistance, de sa propriété, que du papier. Voyez les provinces & Paris en regorger; voyez tous les impôts payés en cette monnoie, & le gouvernement haletant de besoins avec cette chimérique richesse: tous ses marchés seroient faits à perte: toutes ses opérations coûteuses & pénibles; il faudra qu'il subisse la loi d'un change énorme pour fournir la solde des troupes de terre & de mer; il faudra qu'il arrête l'émigration des ouvriers, qu'il modère en plusieurs lieux la cherté des denrées, qu'il adoucisse les peines, qu'il console des sacrifices, & qu'il calme le désespoir. Si la première proposition du comité est inadmissible, il n'en n'est pas de même de la seconde.

L'état est débiteur de dix-neuf cens millions de créances; il doit faire la liquidation des avances & le remplacement des valeurs. Ce remplacement se fera d'une manière complète par les quittances de finances. Si ce papier hypothéqué sur l'honneur de la nation & sur les propriétés nationales éprouve les chances de l'agiotage, pourquoi s'en effrayer? pourquoi ces hasards ne frapperoient-ils pas sur les créanciers de l'état plutôt que sur la classe à qui l'état ne doit rien, sur la classe qui n'a jamais profité de ces hasards, qui ne s'est pas soumise à courir ces chances? Ce n'est pas aux propriétaires qu'il faut apprendre à aimer la patrie; c'est pour les hommes qui ont renfermé leur fortune dans leurs porte-feuilles, qui ont concentré sur eux seuls toute leur sollicitude, qu'il faut créer une patrie; ils s'empresseront d'échanger leur papier territorial contre des fonds. On parle de vendre, a dit mon éloquent collègue, M. de Mirabeau l'aîné, & on ne fournit pas les moyens d'acheter. Les quittances de finances sont ces moyens. Pourroit-on les faire circuler? non. Pourroit-on les porter dans nos atteliers? non. L'agriculture seule les appelle. La valeur de ce papier ne pourra que s'accroître. Retenu par deux rives opulentes, il ne deviendra pas un torrent dévastateur. Sans doute vos besoins demanderont une nouvelle émission, mais du moins elle sera bornée: il n'y aura aucune convulsion, aucun déchirement déplorable.

Ne soyons pas semblables à ces empiriques, qui, quand on peut tout obtenir avec le baume du temps, emploient le fer & le feu. Je propose le projet de décret suivant:

1°. Il sera incessamment procédé à la liquidation de la dette, & à cet effet il sera adjoint trente nouveaux membres au comité des finances & au comité de liquidation.

2°. Il sera délivré à chaque créancier une quittance de finance, du montant de sa créance.

3°. Ces quittances de finances seront de 1000 liv. de 500 liv. & de 200 liv.; elles porteront intérêt à trois pour cent.

4°. Tout porteur de quittance de finances sera admis à concourir à l'acquisition des domaines nationaux.

5°. Les quittances de finances seront brûlées à mesure qu'elles seront fournies dans les ventes.

6°. Le comité des finances présentera les moyens de mettre cette opération en exécution.

On demande l'impression de ce discours. — On réclame l'ordre du jour.

L'assemblée décide qu'on ne passera pas à l'ordre du jour. — Elle ordonne l'impression du discours de M. Delandine.

M. Dubois-Crancé. Je demande l'impression du discours de M. Pétion.

M. la Cheze. Je demande celle de tous les discours qui seront faits sur cette matière.

Séance du 4 septembre 1790.

M. Aubry du Bouchet. Vous voulez liquider la dette exigible; on vous a proposé deux moyens. Les quittances de finances & les *assignats* portant intérêt sont des emprunts ; les emprunts sont les plus désastrueux des impôts ; ils ont occasionné plus des trois quarts de la dette publique. S'il s'agissoit de savoir si l'on adoptera un emprunt, ou si l'on mettra un impôt, je prouverois que l'impôt pesant également sur chaque citoyen, est la seule mesure que désormais on puisse se permettre ; mais il n'est question ni de l'un ni de l'autre. Mon plan est à peu près le même que celui de MM. de Mirabeau l'aîné & Pétion. Je propose comme eux des *assignats* forcés, mais pour toute la dette, mais non de ving-cinq livres, de deux & de trois cens livres. Les *assignats* dont j'ai conçu l'idée, sont des *assignats*-immeubles, représentant chacun une valeur de 500 livres : je porte l'émission à trois milliards sept cens millions ; je comprends dans les remboursemens la dette exigible & la dette non exigible, avec ces deux considérations, que les porteurs de créances exigibles pourront être, à leur volonté, compris dans le remboursement, en évaluant ces créances au denier vingt. Je retranche de la dette à liquider la dette viagère, parce que cette dette s'éteint chaque jour, & que les créanciers n'ont point d'intérêt à être remboursés. J'ai pensé qu'il étoit de la loyauté de ne point écarter la dette non exigible. Si nous devions faire un abandon à nos créanciers, nous ne distinguerions pas les deux dettes : la nation qui a juré de payer sa dette, ne peut, par une illusion, en éloigner le paiement & manquer ainsi à son serment. Le motif du comité, pour ne liquider que la dette exigible, est la crainte que la valeur des biens nationaux ne soit pas assez considérable ; mais il est dans l'erreur. Je ne serois pas étonné que la vente de ces biens produisît de quoi liquider la dette toute entière, sans distinction. D'ailleurs, n'avons-nous pas l'impôt ? Marchons donc sans inquiétude vers une liquidation entière. Les moyens de liquidation ne peuvent être des quittances de finances portant intérêt, elles seroient des emprunts ; ni des *assignats* de petites sommes, ils occasionneroient un engorgement ; plus ils seroient petits, plus le numéraire disparoîtroit : les citoyens les moins aisés sont les plus nombreux ; ils supporteroient la perte la plus considérable, on ne vendra pas des fonds pour un louis; il ne faut pas d'*assignats* d'un louis, puisque c'est pour des acquisitions de fonds qu'ils sont créés.

Si les *assignats*-immeubles de 500 liv. perdent, cette perte portera sur la classe la plus riche : ils ne doivent pas représenter des revenus, mais des fonds ; c'est à cela seulement qu'ils sont appellés : ils iront directement aux biens territoriaux, & ne pourront faire engorgement. Pour s'assurer encore que cet inconvénient sera évité, on pourroit accorder des primes en proportions décroissantes, relativement à l'époque à laquelle ils rentreroient dans la caisse de l'extraordinaire. Le premier mois un *assignat* acquitté bénéficieroit de quatre pour cent ; le second de trois deux tiers, ainsi de suite, en diminuant d'un tiers par chaque mois, jusqu'au douzième, au-delà duquel il n'y auroit plus de prime. Je proposerois, pour compléter l'opération, l'établissement d'une caisse d'amortissement, où les propriétaires de rentes viagères & exigibles non remboursées, pourroient, sur leur demande, ainsi que ceux qui n'auroient pas acquis de biens nationaux, recevoir leur remboursement par annuités. Voici donc le projet de décret que j'ai l'honneur de vous présenter : 1°. L'emprunt & toutes opérations qui en auroient le caractère, s'il n'est pourvu à l'instant aux moyens de remboursemens, sont défendus en France ; 2°. l'impôt pesant également sur chaque citoyen, sera la seule mesure par laquelle on pourra pourvoir aux besoins ordinaires.... (La suite des articles du projet de décret contient les dispositions indiquées dans le discours de M. Aubry). Je demande le renvoi des deux premiers articles, comme constitutionnels, au comité de constitution, & les autres au comité des finances, pour en faire le rapport vendredi prochain.

Séance du 5 septembre 1790.

M. de la Blache. Vous connoissez l'importance de la question qui vous est soumise. On a eu raison de vous la présenter comme décidant du sort de l'état. Le comité des finances a pensé que la dette exigible seule devoit être remboursée ; mais aujourd'hui ce n'est plus avec les créanciers de l'état seulement que vous allez traiter, c'est la France entière que vous allez frapper à la fois, puisque les *assignats* deviendront forcément la propriété de ceux qui possèdent quelque chose. Vous verrez bientôt s'établir deux prix pour la valeur des changes ; l'un en papier & l'autre en monnoie : dès-lors la balance est rompue. Le capitaliste réunit à vil prix cet échange, & confirme ainsi ce que disoit un grand homme : *Le papier-monnoie est l'émétique des états.* Cette opération ne seroit utile qu'à ceux qui ont des dettes & à ceux qui ont des écus : les premiers, parce qu'ils y trouveroient un moyen de se débarrasser d'un papier qu'ils auroient eu à bas prix ; les seconds, parce qu'en accaparant les *assignats*, ils pourroient réunir dans leurs mains de grandes masses de biens nationaux. Ainsi, l'on verroit s'élever quelques fortunes colossales, sur les débris des fortunes particulières. Les quittances de finances me paroissent un bien meilleur moyen d'acquitter nos dettes : elles peuvent directement s'engloutir dans l'acquisition des biens nationaux, sans s'engorger dans cette route. Je conclus donc,

1°. A ce que la dette exigible, énoncée dans le rapport du comité des finances, soit seule appellée à l'acquisition des domaines nationaux.

2°. A ce que cette dette soit réunie sous un seul & même titre.

3°. Que ce titre circule sous la qualification de quittances de finances.

4°. Que ces quittances de finances soient acceptées par les bailleurs de fonds, pour l'acquisition des domaines nationaux.

5°. Qu'il leur soit attribué un intérêt de trois pour cent.

6°. Que ces intérêts soient réunis au capital, pour être payés seulement au moment de l'acquisition d'une partie du domaine national.

M. Boutidoux. Il est instant de payer la dette exigible : nous ne pouvons la payer en argent; il faut donc la payer en papier : sur ces trois points on paroît généralement d'accord : mais avec quelle sorte de papier s'effectuera le remboursement ? Sera-ce avec *des quittances de finances?* Sera-ce avec des *assignats*-monnoie? C'est ce qu'il s'agit de résoudre. On sent bien que le terme que j'emploie d'*assignats*-monnoie exclut l'idée d'*assignats* portant intérêt : qui dit *assignats*-monnoie, dit un numéraire de convention que vous mettez sur la place pour y faire les mêmes fonctions que l'or & l'argent monnoyés. Dès l'instant où vous donnez à des *assignats* le privilège de bénéficier à leurs possesseurs, par cela seulement qu'ils sont dans son porte-feuille, ils ne sont plus *assignats*-monnoie. Avant d'aller plus loin, je dois observer qu'à l'obligation actuelle d'éteindre la dette exigible, se joint la nécessité non moins impérieuse de rétablir la circulation languissante par la disette du numéraire. Cette observation, qu'il est important de ne pas perdre de vue, vous fait déjà sentir l'insuffisance des quittances de finances. L'intérêt que vous y attacheriez vous mettroit dans la nécessité, non-seulement de renoncer à soulager le peuple d'une partie des impôts, mais vous forceroit d'ajouter à ceux qui ne pèsent déjà que trop sur lui. La dette exigible étant d'un milliard 920 millions, les quittances de finances destinées à l'éteindre, exigeront provisoirement 96 millions pour faire face aux intérêts.

Cette opération ruineuse pour le peuple, le seroit peut-être encore plus pour les créanciers de l'état. Le gouvernement que vous représentez en a reçu des valeurs d'un usage habituel & commun; celles qu'ils recevront de vous doivent être du même genre : beaucoup de ces créanciers sont débiteurs à leur tour; si leurs créanciers refusoient vos quittances de finances; s'ils exigeoient leur paiement en effets ayant un cours régulier; si le débiteur, pour s'acquitter, étoit forcé d'escompter sa quittance sur la place; si le concours de ces quittances avec les effets publics qui existent déjà & dont les mieux hypothéquées perdent 15 & 20 pour cent, faisoient, comme il est probable, descendre les uns & les autres moitié au-dessous de leur valeur réelle; c'est-à-dire, si le créancier qui auroit reçu de vous 100 mille liv. en quittances de finances, se voyoit forcé de sacrifier la totalité pour acquitter une dette de 50 mille liv., auriez-vous été justes, & vous croiriez-vous quittes envers ce créancier? Loin de fermer la porte à l'agiotage, vous la lui auriez ouverte à deux battans; loin de diminuer le taux de l'intérêt, vous l'auriez élevé, puisqu'on pourroit placer son argent à dix pour cent, de la manière la plus solide: & quels seroient alors les acheteurs de vos biens nationaux?

Quel que fût l'avilissement de vos quittances de finances, le capitaliste sauroit les apprécier; à quelque prix qu'il se les fût procurées, il ne convertiroit point un effet portant cinq pour cent d'intérêt, en un domaine qui n'en donneroit que trois; vos biens nationaux finiroient par être à sa discrétion. Vous auriez donc manqué votre premier but, celui d'une vente prompte & avantageuse; & le second, non moins essentiel, la division des grandes propriétés, la multiplication des petites, cette source de la liberté & de la prospérité nationale; vous auriez perdu jusqu'à l'espérance la plus éloignée de l'atteindre.

Ajoutons que cette opération désastreuse pour l'état & pour les individus, & seulement favorable à l'usure & à ses agens, offre tous les caractères du despotisme le plus mal calculé. Les quittances de finances que vous forcerez de recevoir comme argent effectif, les caisses publiques même ne les recevront pas. Elles ne vaudront qu'en raison du besoin du vendeur & de la cupidité de l'acheteur. D'après cet exposé rapide des inconvéniens inhérens au systême des quittances de finances, je n'ai pas besoin de vous dire combien me semble préférable celui des *assignats* sans intérêt, autrement dits *assignats*-monnoie. Je n'entreprendrai pas d'ajouter aux grands apperçus politiques que vous a présentés sur ce sujet M. Mirabeau. Je me bornerai à quelques observations sommaires, qui serviront en même temps de réfutation aux objections des ennemis des *assignats*.

Le ci-devant premier ministre des finances décrie cette ressource comme extrêmement dangereuse, immorale & anti-sociale. Il convient, & il le faut bien, que pour payer, il n'y a que deux moyens: de l'argent & des *assignats*. « Je dis qu'il n'y a point d'argent, & que tous les moyens de s'en procurer manquent à la fois : on ne peut en acheter à Paris, depuis que le trafic en est périlleux. On n'en reçoit point de province, parce que les impôts ne sont payés qu'en *assignats*. L'étranger n'en fournit point, parce qu'il ne nous doit rien, & que celui qui nous arrive en piastres d'un côté, en sort de l'autre en écus ». Cependant, ajoute-t-il, « pour les besoins extraordinaires du reste de l'année, que j'évalue de 150 à 200 millions, il faut un numéraire quelconque ». Ainsi le ci-devant premier ministre ne veut point d'*assignats*, tout en convenant qu'il ne voit point d'autre ressource : j'aimerois autant un médecin qui me conseilleroit de mourir de faim à côté du seul aliment qui me reste, sous prétexte que cet aliment peut être indigeste. Voyons maintenant où est l'immoralité & le danger des *assignats*. Dira-t-on qu'on ne peut, sans injustice, forcer les ennemis de l'état à recevoir en papier les sommes qu'ils sont censés avoir fournies en argent ? Le même raisonnement s'applique, & avec plus de justice, aux quittances de finances.

Sans doute des êtres mal-faisans chercheront à déprisér ce *papier-terre*; sans doute des esprits sans consistance s'abandonneront à des craintes chimériques qu'on s'efforce de propager : vainement entreprendriez-vous de prévenir la mauvaise volonté des uns, plus vainement encore de dissiper les terreurs paniques des autres; l'hypothèque existe, elle est sous les yeux de tous; l'impudence personnifiée ne pourroit la révoquer en doute, & l'extinction des *assignats*, à fur & mesure de la vente des biens nationaux, interdit jusqu'à l'apparence de l'inquiétude; l'émission des *assignats* n'est donc point immorale. Une autre objection consiste à dire que l'approche d'une grande masse d'*assignats* éloignera de plus en plus l'argent déjà si rare : je n'entrerai point dans la discussion des faits qui ont opéré la rareté. Peut-être, comme l'a fort bien observé un honorable membre, suffisoit-il de l'annoncer pour la produire : il n'y a que deux cas où l'argent disparoisse à l'aspect du papier. Le premier, lorsqu'un despote crée sans hypothèque un papier-monnoie dont la quotité, comme l'existence, dépend de son caprice. Le second, lorsqu'une émission démesurée du papier-monnoie, quoique solidement hypothéqué, mais sans époque fixe de remboursement, fait baisser tout-à-coup l'intérêt au-dessus du taux des nations voisines.

Nous ne nous trouvons point dans la première de ces circonstances, & j'indiquerai tout-à-l'heure par quel moyen nous ne nous trouverons pas dans la seconde; aussi n'est-ce point à des causes générales qu'il faut attribuer la rareté des espèces. Ceux qui en ont accusé les *assignats*, & qui se sont appuyés sur la perte qu'ils éprouvent au change, ont pris la cause pour l'effet. Cette perte vient uniquement de la difficulté de diviser une monnoie de grande valeur. Les écus ne sont pas rares par la présence de cette monnoie; mais cette monnoie se change difficilement par la rareté des écus. L'embarras & conséquemment le déchet seroient le même avec des morceaux d'or du même prix, si, pour leurs besoins journaliers, chaque matin vingt mille individus avoient à changer cette énorme monnoie contre une autre d'une valeur infiniment moindre, dont leurs besoins leur rendent l'usage indispensable : c'est ainsi que ceux qui courent troquer à la caisse d'escompte les billets de mille liv. contre ceux de trois cens liv. & de deux cens liv., sont à peu près en aussi grand nombre que ceux qui vont troquer ces derniers contre des écus. — C'est ainsi que dans Londres on a vu la guinée se changer à perte contre l'argent blanc; c'est ainsi que j'ai vu dans les marchés des petites villes de mon département, le paysan porteur d'un écu, ne le troquer contre du billon, qu'à deux & trois pour cent de perte. Voulez-vous que l'argent reparoisse ? faites, autant qu'il est en vous, cesser ce trafic désastreux & criminel. Les mesures qui ameneront cette révolution sont en votre pouvoir : créez des *assignats* de 100, de 50 & de 25 livres; ne craignez point que le défaut de confiance nuise à cette opération : peu importe aux manufacturiers, aux détailleurs, à l'artisan, avec quoi ils paient, avec quoi ils vivent, pourvu qu'ils paient & qu'ils vivent. L'*assignat* ne sera pas assez long-temps dans ses mains, il ne sera pas d'une assez grande valeur pour l'inquiéter. L'objection la plus spécieuse qui ait été faite à l'émission des *assignats*, est celle de leur influence sur le prix des denrées & de l'intérêt de l'argent, que le défaut d'emploi rendra, dit-on, presque nul : cette objection se trouve réfutée, par la présence des biens nationaux exposés en vente dans une quantité supérieure à celle des *assignats*. Cependant, comme la justice exigeoit qu'on déterminât un prix fixe, au-dessus duquel on ne recevroit plus les enchères, il vaut encore mieux que la liberté subsiste sans limites, s'il existe un moyen de prévenir le trop bas intérêt.

Voyons d'abord à quel point il est avantageux que l'intérêt s'arrête. En Angleterre, il est généralement à trois & demi; si vous voulez que vos manufactures soutiennent la concurrence, il faut qu'en France il descende à ce niveau : le moyen de l'y fixer, seroit d'ouvrir un emprunt national produisant un intérêt annuel de trois & demi pour cent, & remboursable par annuités de cinq pour cent, imputables d'abord sur l'intérêt, ensuite sur le principal : ensorte que dans un nombre d'années, aisé à calculer, l'emprunt sera éteint en principal & intérêts. Cet emprunt serviroit de débouché aux *assignats*, dont on ne trouveroit pas un emploi plus avantageux; & il ne reste plus à examiner que la question de savoir ce qu'on fera des *assignats* qui seront portés dans cet emprunt. Au premier coup-d'œil, il semble que l'emprunt proposé, ayant pour objet de commercer ce superflu des *assignats*, il soit conséquent de les supprimer & de les brûler, pour que le même inconvénient ne renaisse pas au moment même où on auroit cherché à le détruire; mais il faut considérer l'emprunt proposé, moins comme un débouché définitif, que comme un intermédiaire, destiné à entretenir la valeur des *assignats*, jusqu'à ce que les opérations accessoires à la vente successive & à la répartition des biens nationaux, selon les convenances des acquéreurs, soient consommées.

D'après cette idée, il conviendroit d'employer tous les fonds portés dans l'emprunt à éteindre les capitaux des anciens contrats, évalués au capital de cinq pour cent, & par ce procédé il arriveroit qu'en payant encore pendant un certain nombre d'années, sous la forme d'annuités, le même intérêt qu'on paie aujourd'hui, on seroit libre du capital & des intérêts des anciens contrats remboursés. Mais les circonstances seules pouvant décider précisément ce qui sera le plus convenable, la superfluité des *assignats* arrivant, on peut ouvrir l'emprunt, & à l'époque où il commencera à se remplir, l'assemblée décidera s'il faut supprimer les *assignats* qui y sont portés, ou les employer au remboursement d'anciens contrats. Quant à ce qu'on pourroit dire de l'immoralité apparente de rembourser des contrats portant cinq pour cent, quand on a réduit l'intérêt à trois & demi pour cent, il vaudroit autant dire qu'il est défendu à un créancier de se libérer d'une créance onéreuse, & qu'un état qui représente la généralité des citoyens, n'a pas le même droit qu'un individu. Au surplus, aviez-vous, ou non, avant cet instant, la faculté de rembourser? c'est, à coup sûr, ce qu'on ne vous disputera pas; & comment l'auriez-vous perdu? S'il falloit joindre des exemples à ces raisons de droit, les nations voisines, l'Angleterre sur-tout, vous en offriroient. Cette opération ne seroit immorale, que si vous prescriviez aux remboursés le remploi de leur remboursement, en les payant d'un papier applicable seulement à un usage.

Je conclus à ce que les *assignats* soient adoptés avec les diverses dispositions indiquées dans mon discours.

M. Boislandry. J'ai été frappé, comme vous l'avez été, de l'étendue & de la hardiesse du plan qui vous a été présenté par M. Mirabeau; c'est une grande & belle idée que celle qui paroît conduire à libérer tout à coup la nation de cent millions de rente, à diminuer de cent millions les charges du peuple, & à faciliter la vente de deux milliards de propriétés. Elle devoit être reçue avec transport par tous les bons François, & j'avoue que j'ai été entraîné d'abord par ces espérances consolantes qui nous étoient présentées avec tant d'éloquence. Je me suis dit à moi-même, le succès de ce projet doit être infaillible, puisqu'il nous est proposé par M. Mirabeau, lui qui avoit professé autrefois une doctrine toute contraire, & qui, dans cette assemblée même avoit témoigné une horreur invincible pour toute espèce de papier-monnoie. Mais de plus sérieuses réflexions ont suspendu ma résolution. En examinant ce projet avec attention, il m'a paru que son exécution entraînoit des inconvéniens très-graves, & qu'elle exposoit la France à la commotion la plus dangereuse. Je dirai plus: j'ai cru reconnoître que les avantages qui vous ont été annoncés, étoient, ou nuls ou très-incertains. Je n'adopte pas cependant les quittances de finances, telles qu'elles vous sont présentées, parce qu'en continuant tous les intérêts sur le même pied, elles ne procureront au peuple aucun soulagement. Je ne pense pas non plus que vous deviez admettre en entier le projet de M. l'évêque d'Autun. Il est bien vrai que la majeure partie des créanciers de l'état ont les mêmes droits, puisqu'à l'exception des rentes viagères & des tontines, toutes les autres ont été créées, à la charge du remboursement. Mais il est impossible d'acquitter près de cinq milliards de dettes avec deux milliards de biens-fonds. J'aurai l'honneur de vous soumettre d'autres vues qui, sans avoir les inconvéniens de ces divers projets, me paroissent en réunir tous les avantages. Je supplie l'assemblée de vouloir bien m'écouter avec indulgence.

Les principaux avantages dont on vous a fait l'énumération, pour vous déterminer à l'émission d'*assignats* forcés, jusqu'à la concurrence de deux milliards, sont le remboursement effectif de toute la dette exigible, la vente très-prompte de toutes les propriétés nationales, la suppression de cent millions de rente, la diminution de cent millions d'impôts, la circulation rétablie dans le commerce, la baisse de l'intérêt de l'argent, la certitude d'attacher au succès de la révolution tous les porteurs d'*assignats*, amis ou ennemis. On a même ajouté que, pour satisfaire aux besoins des classes inférieures du peuple, & pour empêcher la baisse des gros *assignats*, on pourroit créer de petits *assignats* de 100 liv., de 50 & 24 liv. J'avois résumé successivement tous ces avantage: vous allez juger de leur réalité.

Premier avantage. Le remboursement effectif de la dette exigible. — Ce remboursement ne sera pas effectué par l'émission des *assignats*; ce sera par la vente des propriétés. Or, la valeur de l'*assignat* diminuée de l'intérêt proportionné au temps qui s'écoulera jusqu'à la vente, cet *assignat* sera donc une pièce de monnoie dans laquelle le souverain aura fait entrer dix, quinze ou vingt pour cent d'alliage, mais que la loi forcera d'accepter en paiement: ce ne sera donc pas un remboursement effectif.

Second avantage. La vente très-prompte de toutes propriétés nationales. — Elle ne sera point accélérée par l'émission des *assignats*. D'abord, ayant remplacé l'argent, le besoin qu'on en aura, empêchera de s'en dessaisir pour acheter des biens-fonds. Ensuite, ce ne sera pas toujours aux porteurs des *assignats* qu'il conviendra de faire des acquisitions. Les négocians, les manufacturiers, les banquiers les garderont pour leur commerce. Les fermiers des terres & les locataires des maisons, auxquels il est ordinairement plus utile de faire des acquisitions, n'auront pas assez d'*assignats* pour payer comptant leurs achats; ainsi ceux qui auront les *assignats* ne voudront point acheter; ceux qui voudront acheter n'auront point d'*assignats*. La vente sera donc lente, au lieu d'être rapide, parce qu'il n'y aura point de concurrens & qu'il se trouvera peu d'acquéreurs.

Troisième avantage. La suppression de cent millions de rente. — Il est bien vrai qu'avec deux milliards d'*assignats* forcés & sans intérêt, on se libère de cent millions de rente; mais pour cela il faut vendre pour deux milliards de biens-fonds, qui produisent 70 millions; ainsi le bénéfice n'est que de 30 millions. Si ces biens diminuent de valeur par la quantité des fonds à vendre; si, au lieu d'être achetés au denier 20, ils ne le sont qu'au denier 30, vous auriez donné en paiement des biens qui produisoient le denier 20, pour amortir des rentes qui produisoient le denier 20; le bénéfice sera parfaitement nul. Cependant vous aurez mis en émission pour deux milliards d'*assignats*. Or, comme vos biens que vous estimiez aussi deux milliards, au denier 20, ne seront réellement vendus que 14 à 1500 millions au denier 30, il restera de fait une circulation sans hypothèque, pour 5 à 600 millions d'*assignats* qu'il faudra néanmoins rembourser, ou dont il faudra payer les intérêts. Il n'est donc, sous aucun point de vue, vrai de dire que la nation sera libérée de 100 millions d'intérêts; & il est évident que lorsqu'on a avancé cette assertion, on vous a trompés.

Quatrième avantage. La diminution de cent millions d'impôts. — Ce quatrième avantage auroit été produit par celui dont je viens de démontrer la nullité; il n'y auroit donc pas de diminution réelle de l'impôt; mais je vais plus loin: je dis qu'il y aura une augmentation forcée d'impôts: en effet, si les *assignats* perdent dix, quinze, & peut-être vingt pour cent, les entrepreneurs & fournisseurs du gouvernement ne feront certainement pas des marchés à leur perte; ils augmenteront donc leur demande dans la même proportion de dix, quinze, vingt pour cent. Si cette augmentation porte, par exemple, sur deux à *trois* cens millions, il est évident qu'elle formera un accroissement de dépense, conséquemment un vuide dans la recette de vingt à trente millions, & que, pour combler ce déficit, il faudra augmenter les impôts. Veut-on qu'au lieu de cette baisse, très-probable, les *assignats* acquièrent une grande faveur? qu'ils soient au pair de l'argent; alors l'argent circulera en concurrence avec les *assignats*; alors le numéraire se trouvera doublé, & toutes les marchandises, tous les salaires augmenteront peut-être de vingt à trente pour cent; alors les fournisseurs & les employés du gouvernement hausseront encore leurs prétentions: ainsi les impôts établis d'après le prix actuel des denrées, seront insuffisans, & il faudra indispensablement les augmenter. La diminution promise des impôts, est donc nulle & imaginaire; l'augmentation, au contraire, est certaine.

Cinquième avantage. La circulation rétablie dans le commerce. — Si les *assignats* prennent faveur, il y aura, en effet, pendant quelque tems, une grande circulation; mais cette prospérité ne sera que passagère; bientôt les denrées & les salaires seront augmentés, nos marchandises hausseront dans la même proportion, & ne pourront plus supporter la concurrence avec l'étranger, à qui nous vendrons peu & de qui nous achèterons beaucoup. Vous verrez en peu de temps nos manufactures se ruiner, notre commerce s'anéantir. Si au contraire les *assignats* perdent seulement dix ou quinze pour cent, les inquiétudes continueront; chacun économisera; la consommation sera plus foible; l'argent sera plus rare & plus cher; la misère du peuple sera la même, puisqu'il n'y aura pas plus d'activité dans les travaux: la circulation ne sera donc pas rétablie dans le commerce.

Sixième avantage. La baisse de l'intérêt de l'argent. — L'intérêt baissera si les *assignats* prennent faveur; mais cet avantage est imaginaire: l'argent sera, si l'on veut, diminué de deux pour cent. Mais on a vu que dans cette hypothèse les denrées & les salaires hausseront de vingt ou trente pour cent; ainsi il n'y aura de bénéfice ni pour le manufacturier, ni pour l'ouvrier. Si au contraire les *assignats* sont en perte, le manufacturier sera forcé d'ajouter à l'intérêt ordinaire, dix, quinze & vingt pour cent pour acheter des écus: la baisse de l'intérêt est donc très-éventuelle, & si elle a lieu, elle ne fera aucun bien.

Sixième avantage. La certitude d'attacher au succès de la révolution tous les porteurs d'*assignats*. — Si les *assignats* perdent, chaque porteur sera un ennemi de vos opérations; les petits *assignats* seront plus dangereux encore que les gros, les besoins du peuple au-dessous de vingt-quatre livres sont immenses & continuellement répétés. Les vendeurs de comestibles seront obligés de prendre les *assignats*, leurs fonds s'épuiseront, il s'établira des changeurs chers, à raison du besoin. Le peuple les poursuivra, la terreur augmentera le prix de l'argent; en peu de jours les petits *assignats* perdront peut-être un tiers ou un quart de leur valeur: alors la chûte des gros *assignats* sera certaine: le peuple mécontent d'une perte journalière, ne se déclareroit-il pas contre la révolution?

Vous pouvez maintenant apprécier le projet d'une émission de deux milliards d'*assignats* forcés. Permettez-moi de vous soumettre quelques autres observations.

Il est contre la nature des choses qu'un papier-monnoie, non payable à vue, ait la même valeur que l'argent. L'argent est un métal rare & précieux; son prix est le résultat de salaires payés pour un travail long & difficile, pour les frais & les risques de la traversée des mers: il est divisé en petites portions; il n'est ni si facile à consumer, ni si facile à contrefaire que le papier; sa valeur est avouée & reconnue par toutes les nations: le papier-monnoie n'a aucun de ces avantages. Son prix ne peut donc jamais être égal à celui de l'argent: les *assignats* actuels, qui produisent trois pour cent d'intérêt, perdent six & sept; or, les nouveaux, sans intérêt, perdront au moins, dès les premiers instans, dix pour cent. Serez-vous libérés avec vos créanciers en leur offrant, pour 100 liv. un effet qui n'en vaut réellement que 90?

Vous voulez vendre pour deux milliards de biens nationaux; & vous ne connoissez pas la valeur de ces biens: calculons-la par apperçu. Le comité des dîmes vous a dit que les dîmes pouvoient produire au clergé 80 à 90 millions net, & que les autres revenus pouvoient être évalués de 60 à 70 millions: les dîmes sont supprimées, il n'y faut plus compter: il reste donc le revenu des biens-fonds que je porterai à la plus haute estimation, 70 millions. Mais il faut en déduire, 1°. le produit des droits féodaux abolis sans indemnité; 2°. le revenu des maisons de charité & d'éducation, des hôpitaux, des fabriques, de l'ordre de Malte; 3°. le revenu des forêts & bois au dessus de cent arpens, dont la vente a été défendue par un décret; 4°. les dettes légitimes des maisons, communautés & autres établissemens ecclésiastiques. On ne peut guère porter tous ces objets réunis à moins de 20 millions de revenus; il restera donc 50 millions de produit. Mais les biens nationaux ne consistent pas seulement en terres, mais encore en rentes, en droits seigneuriaux, en maisons; plusieurs se vendront au-dessus du denier 20, d'autres au-dessous. J'accorderai si l'on veut qu'ils se vendront tous au denier 25. Dans cette hypothèse très-favorable & très-douteuse, la valeur effective de ceux qui sont disponibles sera de 1250 millions. L'opinion publique mieux informée ne tardera pas à reprouver les illusions qu'elle avoit embrassées avec tant d'ardeur.

Voici une autre difficulté. Vous avez déjà fait une émission de 400 millions d'*assignats* forcés portant trois pour cent d'intérêt, comment ferez-vous concourir avec ceux-ci des *assignats* nouveaux sans intérêt? L'assemblée reviendra-t-elle sur son décret? Il est un autre décret qu'il faudroit encore anéantir: vous avez accordé 15 ans aux municipalités & 12 aux particuliers pour payer leurs acquisitions. Sur la foi de cette promesse, les fermiers, les gens de campagne, les voisins des terres à vendre, les locataires des maisons ont fait des soumissions, ils n'ont point assez d'argent; ils auroient économisé. Aujourd'hui ces soumissions deviennent inutiles; vous les chassez de leurs fermes, de leurs maisons, parce que n'ayant pas le moyen de payer leurs acquisitions en *assignats*, ils seront forcés de ne pas acheter. La manière la plus utile de vendre des biens-fonds n'est pas au comptant; en les vendant à un terme long, on en doubleroit le prix, & il ne faut ni *assignats*, ni argent pour acheter à termes. C'est une erreur de croire qu'il faille multiplier les signes de circulation, parce qu'il y aura beaucoup de terres à vendre. Pour que les biens-fonds profitent à celui qui les achète, il faut qu'il les garde. Ces sortes de transactions exigent donc très-peu de capitaux.

On dit que nous n'avons pas assez de numéraire effectif; cependant tous les écrivains politiques qui ont écrit sur cette matière, assurent que la France en a à elle seule autant que toutes les nations de l'Europe ensemble. N'y auroit-il pas un danger imminent à doubler tout-à-coup le numéraire du royaume? A-t-on bien calculé les convulsions qu'occasionneroit une émission aussi subite, aussi considérable, les variations dans les prix que la baisse ou la hausse peuvent produire? A-t-on songé aux murmures des campagnes, aux agitations des villes, à l'incertitude des manufacturiers & des négocians, lors des ventes & des rentrées?

Ici je dois relever un fait qui pourroit induire le public & plusieurs membres de cette assemblée en erreur. On vous a dit que le numéraire réel & fictif de l'Angleterre s'élevoit à cinq milliards. L'Angleterre n'a pas d'autre numéraire fictif que des billets de banque, payables à vue & au porteur, & qui sont, avec raison, considérés comme de l'argent: son numéraire en espèces est évalué de six à sept cens millions, les billets de banque à 300 millions; cependant la circulation intérieure est presque égale à celle de la France: son commerce intérieur est d'un tiers plus considérable; & l'on vous dit que la France, dont le numéraire est le double, n'en a pas assez pour le commerce! L'Angleterre a, comme nous, pour quatre à cinq milliards de dettes; mais ces dettes sont constituées en effets qui se négocient à la bourse; elle s'est bien donné de garde d'en faire du papier forcé de circulation, parce qu'elle sait que le papier-monnoie, par sa nature, est destructeur de l'agriculture, du commerce, des manufactures & de la prospérité des nations qui l'emploient. On a repoussé dans cette tribune, toute espèce de comparaison entre le papier-monnoie forcé & celui de Law: sans doute les *assignats* auront une valeur plus réelle; mais de ce qu'ils vaudront mieux, & de ce qu'on perdra moins, il ne s'ensuit pas qu'on doive les adopter; il suffit qu'ils soient dangereux pour les proscrire, & dans tous les cas ils le seront. Un grand inconvénient sur lequel on n'a pas assez insisté, c'est la contrefaçon. Les contrefacteurs, pour les petits *assignats*, se multiplieront, non pas seulement en France, mais dans l'étranger; & si ce fatal moyen de nous nuire étoit encouragé ou toléré par quelques-unes des puissances qui voient avec inquiétude notre révolution, l'avilissement des *assignats* en seroit la suite immédiate: la hausse & la baisse journalière produiroient un genre d'agiotage bien plus funeste; il s'établiroit dans chaque ville, dans chaque paroisse, des changeurs, dont l'unique métier seroit de vendre de l'argent. Cet avenir est infaillible, & cependant on a osé vous dire que l'émission de deux milliards d'*assignats* forcés détruiroit l'agiotage. Tous ces raisonnemens s'appliquent à l'état de paix où nous sommes; mais si nous avions malheureusement la guerre avec l'Angleterre, par exemple, qui paie en argent ses approvisionnemens, ses soldats & ses matelots, quel énorme désavantage n'éprouverions-nous pas vis-à-vis d'elle, & dans le nord, pour les fournitures de notre marine, & dans nos marchés, pour l'armement de nos flottes & l'équipement de nos armées! J'abandonne ces idées sinistres de guerre, & je suppose une paix éternelle avec tous nos voisins; pouvons-nous renoncer aux relations que nous avons avec eux ? Nous vendons habituellement aux étrangers pour 300 millions, nous achetons de leurs marchandises pour 240 : mais si, au lieu de douze pour cent, la différence du change à notre perte, est de quinze à vingt, nous acheterons tout à vingt pour cent de plus, nous vendrons tout à vingt pour cent de moins. Nous sera-t-il possible de continuer long-temps un pareil commerce ?

Puisqu'il y a tant de motifs de nous méfier d'un pareil projet, ne dédaignons pas les conseils de l'expérience. Le congrès Américain, pendant la dernière guerre, avoit mis en circulation une quantité considérable de papier-monnoie. Ce papier, après avoir quelque temps lutté contre le discrédit, s'est anéanti, pour ainsi dire, de lui-même, dans la main des propriétaires, au point que maintenant cent dollars de papier valent à peine cinq dollars espèces. Les Danois, les Suédois, les Russes ont aussi du papier-monnoie. Chez toutes ces nations il a produit les effets dont je viens de vous offrir le tableau ; par-tout il a paralysé l'argent, par-tout il a entravé le commerce & l'industrie. Le papier-monnoie en Suède, quoiqu'il fût hypothéqué sur les terres du royaume, a été tellement avili pendant un certain temps, qu'un ducat en espèces valoit dix ducats en papier ; cependant c'étoit du papier territorial, semblable en tout à celui qu'on vous propose. Mais au moins la Suède & les autres nations dont je parle, avoient une excuse : elles manquoient absolument d'argent. Au contraire vous en avez, l'inquiétude & le papier-monnoie l'ont fait disparoître ; il faut le rappeller par la confiance, par des dispositions en finances qui soient justes ; ce sont les seules dignes de vous.

Je fais une dernière observation. L'opinion presque générale des citoyens & l'assentiment des étrangers sont nécessaires au succès du plan qu'on vous conseille. Si, après l'émission des *assignats*, cette opinion, qui paroît en ce moment leur être favorable, venoit à changer, leur chûte & leur avilissement entraîneroit des maux incalculables.

Je vais maintenant exposer d'autres moyens de vous liquider & de vendre promptement les biens nationaux. Pour bien vendre, il faut multiplier les acquéreurs & les concurrens. Cette idée se joint à celle d'une justice rigoureuse dont l'assemblée ne s'est jamais départie. Vous avez adopté tous les créanciers de l'état, tous ont la même hypothèque sur vos biens. Toutes les rentes, excepté les viagères, ont été créées à la charge du remboursement. Je sais qu'avec deux milliards de biens-fonds, vous ne pouvez pas payer les quatre milliards 500 millions que vous devez ; mais vous pouvez, & vous devez, pour être justes, & pour l'intérêt de la nation, accorder à tous vos créanciers la faculté de concourir au remboursement que vous allez faire. Ce moyen consiste à offrir à tous vos créanciers, sans distinction, même aux propriétaires de rentes viagères, la conversion de leurs anciens titres, soit en obligations nationales, divisibles à volonté, de 1000 à 4000 livres, & à cinq pour cent d'intérêt, soit en délégations territoriales, divisibles de 200 liv. à 1000 livres, dont l'intérêt seroit fixé seulement à trois ou trois & demi pour cent ; mais les délégations territoriales seront reçues en concurrence avec l'argent & les *assignats* actuels dans toutes les adjudications des biens nationaux. Pour faire concourir tous les rentiers, les anciens contrats portant moins de cinq pour cent d'intérêt, seront évalués en capital au denier vingt, en proportion de l'intérêt actuellement payé. Les capitaux des rentes viagères seront évalués à un taux proportionné à l'âge des rentiers. Les porteurs de créances sur l'état ou sur les communautés religieuses, seront également admis, après leur liquidation, à la conversion de leurs titres en délégations territoriales. Mais il ne pourra être délivré de ces délégations, au-delà de la valeur réelle des biens nationaux disponibles, & les premiers créanciers qui auront déclaré vouloir convertir leurs titres en délégations, seront préférés. Ainsi la vente sera aussi prompte & aussi avantageuse qu'il sera possible de l'espérer, & vous ne serez pas obligés de revenir sur plusieurs de vos précédens décrets. L'intérêt des délégations territoriales étant réduit à trois & demi pour cent, si vous en créez pour deux milliards, ce sera pour le peuple un soulagement actuel & certain de trente millions au moins. Cet intérêt sera trop foible pour ne pas déterminer les porteurs à acheter des biens-fonds ; il sera assez fort pour les engager à la conversion de leurs titres, & remarquez que cette conversion sera volontaire, & ne vous obligera jamais à aucune indemnité. Si au contraire les *assignats* forcés que l'on vous propose de donner à vos créanciers, & que personne n'aura droit de refuser, venoient à perdre 30 & 40 pour cent, j'ose vous le demander, la déclaration des droits à la main, croyez-vous que la nation fût quitte envers les porteurs des *assignats* ? Ainsi les délégations que je vous propose auront tous les avantages des *assignats*, sans en avoir les dangers.

On objectera peut-être que les porteurs des anciens titres ne voudront pas les convertir en délégations territoriales, parce qu'elles ne produiront que trois & demi pour cent d'intérêt : mais peut-on penser que les propriétaires d'offices de judicature, dont les charges produisoient un ou deux pour cent, les créanciers non liquidés, les rentiers viagers, qui voudront réaliser, & même un grand nombre de rentiers perpétuels, ne préfèrent un remboursement prompt & certain, puisque les délégations seront limitées à la valeur des biens nationaux disponibles, à un contrat dont le remboursement ne pourra jamais être effectué par la nation ? On doit bien plutôt craindre de ne pouvoir pas satisfaire tous ceux qui se présenteront pour obtenir des délégations. Je sens qu'on va me dire qu'il faut pourvoir au deux cens millions que M. Necker a demandés pour achever le service de cette année & commencer celui de l'année prochaine. Avant tout, il faudroit connoître les raisons qui peuvent motiver de si grands besoins. Mais quelle que soit la somme nécessaire pour finir cette année & pour commencer l'autre, j'estime que nous avons fait trop long-temps usage de ressources ruineuses, & que la plus ruineuse & la plus funeste de toutes, seroit une nouvelle émission d'*assignats* forcés. Il est incontestable que la totalité des impôts directs de cette année doit rentrer, puisque, par la contribution des privilégiés, le peuple se trouve bien moins chargé que les années précédentes. Il n'y aura donc de vuide que sur les impositions indirectes; & certainement ce vuide doit être imposé d'une autre manière sur les villes ou provinces qui s'en sont affranchies & qui en sont débitrices envers la nation. Il existera donc un fonds certain pour payer toutes les dépenses de cette année. Je pense qu'il faut ordonner qu'à compter du premier octobre prochain, tous les paiemens au-dessus de quatre cens livres, à l'exception de ceux destinés aux soldats & aux matelots, se feront moitié en *assignats* ou argent, moitié en délégations portant intérêts payables dans le cours de 1791, sur le produit des impôts de 1790, qui rentreront dans l'année prochaine.

Enfin, il me reste à vous indiquer les moyens de rétablir la circulation & de rendre au commerce & aux manufactures l'activité dont ils sont privés depuis si long-temps. Le premier de ces moyens est de finir promptement la constitution, & d'achever les grandes réformes que vous avez commencées dans toutes les parties de l'administration, afin que chacun, sachant quel sera son sort & sa position, puisse régler sa dépense. Le défaut de consommation & l'inaction du commerce, proviennent uniquement de l'inquiétude & de l'état de suspension des affaires générales. Le second moyen est d'accélérer la vente des biens nationaux, afin de retirer de la circulation les 400 millions d'*assignats* forcés qui l'embarrassent & qui tiennent en stagnation le numéraire réel : chacun garde l'argent, parce qu'on craint le papier.... J'ajouterai qu'à l'instant où vous aurez remboursé cent millions d'*assignats*, la circulation ne tardera pas à se rétablir : dès-lors, afin d'augmenter la confiance publique, mon opinion seroit que vous ordonnassiez à tous les receveurs des départemens, d'échanger, lorsqu'ils le pourront, tous les *assignats* de 200 liv. contre de l'argent. Cette mesure auroit sur le crédit & sur la circulation, un effet infaillible. Il ne faudroit peut-être pas 10 millions d'espèces pour la réaliser dans toute la France; car il suffiroit qu'on remboursât, à présentation, les *assignats* de 200 liv., pour qu'on ne cherchât plus à les échanger. Lorsque la caisse d'escompte payoit à bureau ouvert, son papier avoit la valeur de l'argent; ne seroit-il pas à desirer que les membres de cette assemblée ne se permissent pas de vaines & dangereuses déclamations contre les vendeurs d'argent. Je n'approuve pas ce commerce; mais s'il est défendu, l'argent sera nécessairement & plus rare & plus cher, par la raison toute simple, que plus il y a de vendeurs d'une denrée, & plus son prix est modéré; il faut donc, pour l'intérêt même du peuple, le tolérer. — Je vais réunir toutes ces idées en un petit nombre d'articles.

Premier projet de décret.

Art. Ier. Tous les créanciers-propriétaires de rentes perpétuelles ou viagères constituées à tel titre que ce soit, soit sur l'état, soit sur le clergé, seront libres de garder leurs anciens titres, & l'intérêt qui leur est actuellement payé leur sera continué.

II. Pourront aussi les mêmes créanciers, ainsi que les porteurs de créances sur l'état, de quelque nature qu'elles soient, les propriétaires d'offices de judicature & de charges, dont le remboursement aura été ordonné par l'assemblée nationale, même les porteurs de créances sur les maisons & communautés religieuses & autres établissemens ecclésiastiques, lorsque ces créances, charges & offices auront été liquidés, changer leur titre contre des obligations nationales, divisibles de 1000 à 4000 liv., & portant intérêt à 5 pour 100, ou recevoir en paiement de ce qui leur sera dû, des obligations territoriales, divisibles de 200 liv. à 1000 livres, portant trois ou trois & demi pour cent d'intérêt. Je crois qu'elles doivent porter un intérêt un peu plus fort que les *assignats*, parce qu'elles n'auront plus de force de monnoie que pour le paiement des biens nationaux.

III. Les délégations territoriales seront reçues en concurrence avec l'argent & les *assignats* déjà décrétés pour l'acquisition des biens nationaux.

IV. L'évaluation des capitaux des rentes perpétuelles & viagères, dont les propriétaires voudront échanger leurs titres contre des obligations nationales, ou des délégations territoriales, sera faite; savoir, pour les rentes perpétuelles, sur le pied du denier vingt de la rente actuellement payée, déduction faite des retenues, & pour les rentes viagères, dans la proportion de l'âge des rentiers, suivant un taux graduel qui sera fixé.

V. Il ne sera délivré de délégations territoriales que jusqu'à la concurrence des biens nationaux disponibles, déduction faite de ceux hypothéqués aux 400 millions d'*assignats* déjà décrétés, & les rentiers ou créanciers qui se présenteront les premiers pour la conversion de leurs titres, seront préférés.

VI. Les directoires de département seront tenus de faire dresser immédiatement par les directoires de district; des états estimatifs de tous les biens nationaux de leur arrondissement. Ces états seront distribués en quatre classes, conformément au décret du 14 mai dernier, & divisés par municipalités; ils seront envoyés, sous deux mois, à l'assemblée nationale.

Second projet de décret.

Art. I. Les directoires de département seront tenus de faire procéder, sans délai, par les directoires de district, à la vente de tous les biens nationaux situés dans leur arrondissement, pour lesquels les formalités prescrites par le titre III du décret du 14 mai dernier auront été remplies.

II. Les directoires de département feront passer tous les quinze jours à l'assemblée nationale, l'état des ventes qui auront été faites, avec une note indicative de la nature des paiemens.

III. Les receveurs de district feront remettre tous les mois, au trésorier de l'extraordinaire, tous les fonds & tous les *assignats* qu'ils auront reçus en paiement des biens nationaux qui auront été vendus, sans pouvoir en rien réserver.

IV. Chaque semaine, le trésorier de l'extraordinaire fera passer à l'assemblée nationale le bordereau des fonds & *assignats* qu'il aura reçus des receveurs des districts; les fonds seront employés immédiatement au remboursement d'une pareille somme d'*assignats*, & seront lesdits *assignats*, tant ceux échangés par la caisse de l'extraordinaire, que ceux qui auront été envoyés par les receveurs des districts, brûlés, suivant les formalités prescrites par les décrets des 16 & 17 avril dernier, sans que, sous aucun prétexte, il puisse en être fait aucun usage.

V. Aussi-tôt qu'il aura été retiré de la circulation une somme de 100 millions d'*assignats*, il sera ordonné aux receveurs des départemens d'échanger, à présentation & en espèces, tous les *assignats* de 200 livres qui leur seront présentés.

Troisième projet de décret.

Les directoires de département s'occuperont sans relâche des moyens de faire achever les rôles des impositions de la présente année, & particuliérement ceux de la contribution patriotique, & ils ordonneront à tous les receveurs & préposés à la levée des impôts, d'en accélérer la rentrée, sous peine, par lesdits receveurs & préposés, d'être responsables des retards.

Quatrième projet de décret.

L'assemblée nationale ordonne à tous ses comités de lui présenter, sous huitaine, un précis de tous les travaux qui leur restent à terminer, soit pour le complément de la constitution, soit pour les loix dont la promulgation est indispensable avant la fin de la présente session.

Séance du 10 septembre 1790.

Un des secrétaires lit, 1°. une lettre des députés extraordinaires des manufactures de France, qui, n'ayant pu encore recevoir le vœu de toutes les places du commerce, supplient l'assemblée de prolonger la discussion jusqu'au 17 du courant.

2°. Plusieurs adresses des chambres & communautés de commerce des villes de Lyon, Rouen, Valenciennes, Orléans, Saint-Malo, Nantes, Tours, &c. qui se refusent à l'émission des *assignats*.

3°. D'une autre adresse du département de Maine & Loire, qui supplie l'assemblée d'ordonner promptement l'émission des *assignats*-monnoie.

M. Périsse du Luc fait lecture des mémoires & délibérations des négocians, chambre de commerce & manufactures de la ville de Lyon, qui tous regardent cette émission comme très-dangereuse.

M. de Landine. Je demande l'impression de ces mémoires.

M. Mirabeau l'aîné. Il est évident que puisqu'il nous arrive des divers endroits & souvent des mêmes, des vœux contradictoires; il est évident, dis-je, que l'opinion publique, puisqu'on appelle ainsi des vœux particuliers, n'est point encore parfaitement formée. Dans une question aussi importante, il faut se décider par la puissance des raisons & non par le nombre des autorités. Moi, qui suis aussi porteur d'une foule de pétitions des plus grandes manufactures du royaume, je demande que l'assemblée déclare qu'elle ne prendra aucune décision avant le 17 du courant. (On applaudit.) S'il plaisoit à l'assemblée de prononcer ainsi, je demande néanmoins que la discussion soit continuée. Je prierai aussi l'assemblée de m'accorder la faveur de repliquer à mon tour à toutes les objections qui ont été faites; je prends l'engagement de n'en omettre aucune, non-seulement de celles qui ont été proposées dans l'assemblée, mais dans toutes les sociétés & dans tous les pamphlets.

M. de Landine. Je demande la même faveur que M. de Mirabeau: j'ai aussi de nouvelles observations à vous présenter contre les *assignats*; vingt mille exemplaires de l'opinion de M. de Mirabeau circulent dans le public, & pas une seule ligne de l'opinion contraire n'est encore imprimée. Je ne répondrai à M. de Mirabeau que par lui-même; c'est sous son bouclier que je veux le combattre: il m'est bien permis de préférer l'opinion qu'avoit M. de Mirabeau, il y a trois ans, à celle qu'il a aujourd'hui; je tirerai mes objections du texte si énergique de M. de Mirabeau: *Une émission de papier-monnoie est un vol ou un impôt mis sur le peuple, le sabre à la main.* Je prierai M. de Mirabeau de remettre ce sabre dans le fourreau. Il est profondément

dément pénétré, dit-il, de sa matière : depuis dix ans je m'en suis occupé. Je citerai à M. de Mirabeau d'autres grands hommes, à qui il ne rougira pas d'être accollé, Muratori, Schmidt : qu'il voie ce qu'ils disent dans leur chapitre des monnoies; en un mot, je soutiendrai le vœu de mon département, & je ne vois pas qui pourroit m'empêcher de l'émettre. Cependant, j'appuie la proposition de M. de Mirabeau, & je demande qu'on y ajoute que, vu l'importance de la délibération, l'assemblée attendra le vœu des directoires de départemens.

M. de Mirabeau l'aîné. Si je suis en contradiction avec moi-même, ce sera sans doute pour le préopinant une jouissance que de le manifester; jouissance d'autant plus délicieuse, qu'on a souvent cherché à m'y trouver, & que si par malheur cela m'arrive, ce sera pour la première fois. On nous parle de grands hommes; on nous parle de Schmidt, qui n'a jamais raisonné sur un papier qui avoit un hypothèque disponible. (On applaudit.)

Le préopinant a supposé que l'assemblée avoit consulté les chambres du commerce; effectivement cette proposition lui a été faite, mais elle a décidé qu'il n'y avoit lieu à délibérer. Ce fait est donc faux. Quant à la demande que, par analogie il en déduisoit, c'est-à-dire, qu'il falloit consulter les départemens, ce seroit seulement la subversion entière de toute législation. Nous voulons des lumières, des lumières pétitionnaires, des lumières individuelles; mais nous ne devons pas vouloir, nous ne voulons pas des loix. La proposition de M. de Landine tendroit à intervertir les saines idées de toutes législations nationales. Ce seroit un contrôle sur le seul & légitime représentant du souverain. En un mot, car je me hâte de finir, attendu que le préopinant me fait signe qu'il retire sa motion, je demande qu'il soit déclaré que l'assemblée ne prendra aucun parti avant le 17, ni plus tard que le 24.

On demande la division de cette proposition. — La division est adoptée.

L'assemblée décide qu'avant le 17 elle ne prendra aucune décision sur les *assignats*.

M. Condrin. Les avantages que présente le système des *assignats*-monnoie ont dû faire tant d'impression, que je n'abuserai pas de votre patience en les retraçant encore. Une seule objection m'a paru mériter une réponse. On a dit que le renchérissement des subsistances feroit souffrir le peuple, augmenteroit les dépenses de la monture de l'armée en accroissant les prix qu'exigeroient les fournisseurs, &c. qu'il faudroit recourir à un nouvel impôt. Mais quelles peuvent être les causes de l'augmentation des denrées? Leur rareté & l'abondance des choses contre lesquelles elles sont échangées. — M. Condrin examine l'objection sous ces deux rapports. Il conclut de cet examen, dans lequel il rassemble des observations déjà faites, que l'objection n'est pas fondée, & il adopte le mode de liquidation par le moyen de l'émission de deux milliards d'*assignats*.

M. Serriès. Autant on a exagéré l'avantage d'une émission de deux milliards d'*assignats*, autant je serai simple dans le tableau des maux qu'entraîneroit l'exécution de ce projet. Pour vous libérer, on vous propose une émission de papier-monnoie équivalente à la somme totale de la dette exigible. Je la regarde comme un remède qui, pris à trop forte dose, devient un poison mortel & tue le malade qu'il auroit dû sauver. Suivons les *assignats* dans la société; il s'en fera une grande & active distribution qui s'étendra bientôt des villes au fond des campagnes. Cette distribution, dit-on, fera refluer le numéraire. Son effet sera absolument contraire; quand le papier-monnoie arrive, le numéraire s'enfouit. La disparition du numéraire produit le renchérissement des denrées & l'augmentation du prix des salaires. Si vous doublez les signes représentatifs d'échange; si les objets à échanger restent toujours dans la même proportion, il est évident qu'il faut le double du signe représentatif pour avoir la même quantité de denrées, consommer une échange dont l'ancienne valeur n'est pas réellement accrue : ainsi, on n'aura opéré la liquidation de l'état qu'en renversant le commerce & les fortunes particulières.

La rentrée du numéraire ne se fera que lorsque tous les *assignats* auront été retirés de la circulation. J'ajouterai que cette opération est une véritable banqueroute partielle. En effet, les créanciers de l'état seront contraints à acquérir au-dessous de leur valeur, des biens dont ils n'ont pas besoin, ou à garder des capitaux oisifs. Les moyens que je proposerai seroient des quittances de finances, produisant un léger intérêt, & concourant avec ces *assignats* pour l'acquisition des biens nationaux. Il est sans doute juste d'accorder un intérêt; mais il me paroît qu'il ne doit pas s'élever au-dessus de deux & demi pour cent. La fixation de ce taux sera un acte de justice pour tous. Si la nation doit un intérêt, il ne doit pas s'élever au-delà du produit annuel des biens qu'elle ne conserve que pour les remettre à ses créanciers. Si cette opération peut se faire avec justice & sans attaquer le commerce ni l'agriculture, pourquoi s'y opposeroit-on? Je répondrai à l'objection que les créanciers de l'état peuvent avoir eux-mêmes des créanciers, en proposant que les titulaires d'offices, que les propriétaires de cautionnemens & autres créanciers privilégiés, pourront se libérer, en faisant offre de leurs quittances de finances, & que leurs créanciers ne puissent les refuser, à moins qu'ils n'aiment mieux conserver leurs débiteurs.

M. Malouet. A peine trois propositions vous ont été présentées par le rapporteur du comité, qu'il s'est élevé une opinion entraînante qui a eu de rapides succès. Les motionnaires ambulans, les écrivains & les crieurs publics marquent du sceau de la réprobation tous les adversaires des *assignats*.... (Il s'élève des murmures).

M. Barnave. Il me paroît nécessaire de vous faire connoître un fait qui n'est pas sans importance. On a imprimé chez M. Baudouin, imprimeur de l'assemblé nationale, un pamphlet intitulé : *Effet des* assignats *sur le prix du pain; par un ami du peuple.* Cet écrit a été répandu gratuitement & avec profusion. L'imprimeur a le manuscrit dans ses mains. L'auteur en a corrigé les épreuves. Assurément voilà un fait certain; voilà une véritable motion incendiaire, voilà une dénonciation qui n'est pas dans les usages.

Une partie de l'assemblée demande que M. Baudouin soit appellé à la barre, pour faire connoître l'auteur de cet écrit.

M. d'Espréménil Nous devons rendre grace à M. Barnave de sa dénonciation, puisqu'il fait connoître un bon ouvrage. Je ne suis pas l'auteur de cet écrit, assurément; je l'avouerois. Je déclare que je me propose, dans mon opinion, d'apprendre au peuple quel sera l'effet des *assignats* sur le prix du pain. (La partie droite applaudit.)

M. Dupont. Si l'assemblée entend prononcer sur la brochure qu'on lui dénonce, je demande qu'elle en prenne connoissance; si cette motion est incendiaire, son auteur doit être puni, & il ne sera pas difficile à trouver. Mais si elle ne contient que des idées philosophiques, & si elle n'est point une motion incendiaire, l'auteur ne sera ni recherché, ni puni. La question est donc de savoir si la brochure est coupable.

Un de MM. les secrétaires fait lecture de cette brochure, qui est conçue en ces termes:

Effet des Assignats *sur le prix du pain, par un Ami du Peuple.*

Le prix du pain, du vin, des autres denrées, & de toutes les marchandises, est fixé par la quantité d'écus qu'il faut donner pour avoir un septier de bled, ou un muid de vin, ou une quantité quelconque d'une autre marchandise.

Quand on achète une marchandise on échange contre elle ses écus, qui sont aussi une sorte de marchandise.

En tout échange de deux marchandises l'une contre l'autre, s'il s'en présente beaucoup de l'une au marché, sans qu'il y en ait davantage de l'autre, ceux qui veulent se défaire de la marchandise surabondante en donnent une plus grande quantité.

On dit que les *assignats* vaudront l'argent, & serviront aussi bien que l'argent : si cela est, comme il n'y aura pas plus de pain, ni plus de vin qu'auparavant, ceux qui voudront avoir du pain ou du vin avec des *assignats* ou avec de l'argent, seront donc obligés de donner plus d'*assignats* ou plus d'argent pour la même quantité de pain & de vin.

On veut mettre autant d'*assignats* qu'il y a déjà d'argent dans le royaume; c'est donc comme si on doubloit la quantité de l'argent.

Mais s'il y avoit le double d'argent, il faudroit acheter les marchandises le double plus cher, comme il arrive en Angleterre, où il y a beaucoup d'argent & de papier, & où une paire de souliers coûte douze francs.

Ceux qui proposent de faire pour deux milliards d'*assignats*, & qui font leur embarras, comme s'ils étoient de bons citoyens, ont donc pour objet de faire monter le pain de quatre livres à vingt sols, la bouteille de vin commun à seize, la viande à dix-huit sols la livre, les souliers à douze francs.

Ils disent que cela n'arrivera pas, parce qu'avec les *assignats* on achètera des biens du clergé : mais ils attrapent le peuple; car les biens du clergé ne pourront pas être vendus tous au même moment, & du jour au lendemain.

Quand on veut acheter un bien, on visite les bâtimens, les bois, les prés; on examine si les vignes sont vieilles ou jeunes; on en voit plusieurs, pour savoir celui qui convient le mieux, & pendant qu'on prend toutes ces précautions très-sages, le temps coule.

Les *assignats* resteront donc assez long-temps sur la place & dans le commerce.

Ceux qui les auront en feront usage pour leurs affaires; & comme ils seront en grand nombre, ils seront obligés de donner beaucoup d'*assignats* ou beaucoup d'argent pour ce qu'ils voudront acheter.

Pendant tout ce temps-là, toutes les marchandises à l'usage du peuple, & sur-tout le pain, qui est la marchandise la plus générale & la plus utile, se vendront le double, & il se fera de bons coups aux dépens des citoyens.

Il n'en sera pas de même, si au lieu des *assignats*, on ne donnoit que des quittances de finances.

Car ces quittances de finances ne pouvant servir que pour acheter les biens du clergé, elles ne viendroient pas troubler le commerce du pain & du vin, ni déranger tous les prix des marchandises.

Cependant les biens du clergé ne s'en vendroient pas moins, puisqu'il y auroit pour les payer précisément la même somme en quittances de finances que l'on veut donner en *assignats*.

Mais les quittances de finances seront libres; on ne pourra pas forcer le pauvre peuple de les prendre en paiement; elles ne circuleront qu'entre les gros créanciers du gouvernement, & le trésor national qui vend les biens du clergé : aucune denrée n'augmentera de prix.

Ainsi les *assignats* sont bons pour les gens riches qui ont beaucoup de dettes à payer au pauvre peuple, qui voudroient bien lui donner du papier, tel quel, au lieu d'écus, & qui voudroient bien encore lui vendre leur bled & leur vin le double de ce qu'ils valent.

Les quittances de finances au contraire sont bonnes pour toute la nation, qui ne paiera ses subsistances qu'au même prix, qui recevra ses salaires en argent, comme par le passé, & qui n'en vendra pas moins ses biens du clergé pour les quittances de finances qu'elle aura données à ses créanciers.

Voilà ce dont un véritable *ami du peuple* se croit en conscience obligé de l'avertir.

(Quelques membres du côté droit applaudissent.)

M. Dupont. L'assemblée peut voir que cette brochure n'a d'autre objet que de balancer l'effet des motions incendiaires contre ceux qui voudront faire connoître au peuple que l'émission proposée pourroit causer les plus grands malheurs, seroit complètement inutile à la vente des biens nationaux & nuiroit au commerce & à l'agriculture. Je déclare que je suis le citoyen qui a fait cette brochure. (Le côté droit applaudit.) Je n'ai pas voulu mettre mon nom à cette brochure, parce que je craignois, comme député, de lui donner trop d'influence, & j'ai mis le titre d'*Ami du Peuple*, parce que je me crois digne de le porter. S'il s'agissoit d'une opinion prise par l'assemblée nationale, tout citoyen devroit s'interdire le plus léger commentaire. Tous les François ne doivent parler des décisions de l'assemblée qu'avec respect.

Il y a plusieurs mois, vous avez décrété l'émission de 400 millions d'*assignats*; je m'étois opposé à la proposition qui vous en avoit été faite; j'avois fait imprimer mon opinion; le décret a été rendu avant que je l'eusse publiée, & je n'en ai pas donné un seul exemplaire, & l'édition entière m'est restée: mais dans ce moment, où l'on soulève le peuple, il m'a paru important de jetter quelque lumière sur son plus grand intérêt. (Il s'élève des murmures.) Il m'a paru que je faisois un acte de bon citoyen; que ce n'étoit point abuser de la liberté de la presse que de prévenir le peuple par des raisons sensibles, par des vérités claires & mises à sa portée, sur un projet qui me semble si désastreux pour le peuple, pour l'agriculture & pour le commerce. Si on me croit coupable, je me soumets à la peine que l'assemblée voudra m'infliger; je me soumets à la poursuite par-devant les tribunaux. (Les murmures continuent). Je dois déclarer & je déclare que, par les gens *qui font leur embarras*, & que j'appelle *mauvais citoyens*, je n'entends que ces faux amis du peuple, qui distribuent de l'argent, & qui par des motions dans les promenades publiques, ne cherchent qu'à égarer le peuple, qu'à le tromper sur ses véritables intérêts. (Les murmures d'une partie de l'assemblée augmentent.)

La partie gauche demande qu'on passe à l'ordre du jour. — La partie droite vote des remercîmens à M. Dupont.

Après quelques temps d'une insistance tumultueuse sur l'une & sur l'autre proposition, l'assemblée décide à une très-grande majorité, de passer à l'ordre du jour.

Séance du 12 septembre 1790.

M. de Montesquiou. Vous savez les obstacles qu'on apporte à la circulation des *assignats*; les mesures prises par le gouvernement n'étoient propres qu'à les augmenter. On a voulu que les *assignats* ne fussent reçus que le moins possible dans les caisses publiques. Le moyen de réparer le mal, c'est de suivre une marche absolument opposée. Voici en conséquence le décret que votre comité des finances vous présente.

L'assemblée nationale considérant que les *assignats*-monnoie qu'elle a décrétés les 16 & 17 avril, avec hypothèque & gage spécial sur les domaines nationaux, sont véritablement la monnoie de l'état, ainsi que toutes les autres monnoies ayant cours, & que c'est par un abus très-répréhensible & en opposition à ses décrets, que les *assignats* ont été refusés par différens percepteurs des deniers publics, ou distingués d'avec les espèces sonnantes dans quelques jugemens, a décrété ce qui suit :

Art. I. Aucun receveur ou collecteur de deniers publics ne pourra, sous aucun prétexte, refuser les *assignats*-monnoie dans le paiement des impositions directes. Ils seront reçus de même au pair, avec les intérêts échus & comme l'argent, dans les débits & paiement des droits des impôts indirects.

II. Il sera libre aux contribuables de se réunir entre eux, pour acquitter plusieurs cotes d'impositions, avec un seul ou plusieurs *assignats* montant à la valeur de leurs cotes réunies.

III. Toutes les fois qu'un paiement pourra être facilité par l'échange d'*assignats* de sommes différentes, les percepteurs & collecteurs seront tenus de se porter à cet échange, & de ne faire aucune différence entre les *assignats* & le numéraire effectif.

IV. En exécution du décret des 16 & 17 avril derniers, toutes sommes stipulées par acte payables en espèces, pourront être payées en *assignats*, nonobstant toutes clauses & dispositions à ce contraires.

M. Montesquiou. Je vais actuellement vous proposer, en mon propre nom, les articles additionnels que je n'ai pas eu le temps de présenter au comité.

Art. V. Il est expressément défendu à tout percepteur ou collecteur de deniers publics de faire aucun échange avec l'argent de leurs caisses, autrement qu'au pair & sans aucun bénéfice; & lesdits percepteurs, lorsqu'ils seront accusés de contravention au présent décret, seront poursuivis devant les juges ordinaires, & condamnés à une amende proportionnée au délit, & à la destitution de leur emploi.

L'article suivant me paroît indispensable & fondé sur les principes les plus vrais. L'argent est une denrée de première nécessité, comme le bled. Le prix du bled ne diminue que par la concurrence des vendeurs. Quand le commerce du bled étoit dangereux, le bled étoit rare & cher: il en est de même de l'argent pour l'échange des *assignats*. Un préjugé a rendu le commerce de l'argent dangereux; il faut éclairer le peuple par un décret, & ne pas attendre que le mal soit plus grand. C'est donc pour assurer la liberté du commerce de l'argent, y appeller ainsi les négocians honnêtes & ouvrir la concurrence, que je propose un article conçu en ces termes:

Art. VI. Le commerce de l'argent sera libre, comme celui du bled, & de toutes autres denrées; il pourra se faire dans toutes les places, sous la surveillance des officiers publics.

M. Charles Lameth. Si le ministère nous avoit dénoncé toutes ces manœuvres, les affaires seroient actuellement en bon ordre. Le pouvoir exécutif n'est foible que parce qu'il ne veut pas prendre de forces. Il semble que la Providence ait seule pris soin de nous conduire. Il faut renvoyer au comité des recherches ces délits, qui devroient être poursuivis par le pouvoir exécutif, mais qu'il faut bien que nous poursuivions puisqu'il ne le veut pas: cela n'empêchera pas qu'on ne vienne nous dire que nous empiétons sur le pouvoir exécutif.

Les articles I, II, III sont adoptés sans discussion.

M. l'abbé Maury monte à la tribune.

On demande à aller aux voix.

M. d'Harambure réclame l'ajournement de l'article.

M. Charles Lameth. Il est impossible qu'on mette l'ajournement en délibération.

Cette observation est fortement appuyée. — L'ajournement est vivement demandé.

M. d'Espréménil. Pourquoi envier au peuple le spectacle d'un petit nombre d'hommes courageux & vertueux, & je mets M. l'abbé Maury à leur tête, qui, à quelque prix que ce soit, sont résolus à disputer pied à pied le terrein de la vérité, de la liberté, de la fortune publique. Je parle au nom de M. l'abbé Maury & de tous ceux qui l'admirent; nous voulons disputer pied à pied le terrein, dont on veut nous chasser, & nous serons heureux si nous parvenons à retarder d'un seul jour le désastre affreux que va éprouver la chose publique. On verra des gens perdus de dettes payer d'honnêtes citoyens avec des *assignats* qu'ils auront achetés à vil prix.

On demande que la discussion soit fermée. — Après de vives oppositions de la part de la droite, le président parvient à se faire entendre, & met cette demande aux voix. — Il prononce que la discussion est fermée. — Les réclamations de la droite nécessitent une seconde épreuve. — D'après l'avis de M. le président & des sécrétaires, le résultat est le même, à un tiers de majorité. (Les galeries applaudissent.)

M. de Montlauzier. Je fais la motion que les tribunes aient voix délibérative.

On renouvelle la proposition de l'ajournement de l'article.

M. l'abbé Maury monte à la tribune.

On observe que la discussion est fermée sur l'ajournement comme sur l'article. — La gauche se lève & demande qu'on aille aux voix. — La droite insiste pour que la discussion soit ouverte sur l'ajournement.

M. l'abbé Maury. Ils sont les maîtres de la minorité; ils nous font la loi: subissons-la.

L'assemblée consultée, reconnoît qu'en fermant la discussion sur l'article, elle l'a également fermée sur l'ajournement.

M. l'abbé Maury descend de la tribune, s'adresse à la partie droite, lève pour ce côté la séance, & beaucoup de membres sortent avec lui.

M. Malouet propose d'ajouter à l'article que les dépôts faits en argent ne pourront être rendus en *assignats*.

Plusieurs membres de la gauche. On ne peut délibérer sur cela: un dépôt est inaltérable.

M. Malouet. Les gens qui ne sont pas parfaitement instruits des devoirs des dépositaires, pourront se croire autorisés, d'après la parité parfaite que vous avez raisonnablement établie entre les *assignats* & les espèces, à rendre des *assignats* s'ils avoient reçu de l'argent. C'est pour ces gens-là que l'amendement est nécessaire.

M. Martineau. Cet amendement est inutile & dangereux : il est impossible d'appliquer aux dépôts un décret relatif à l'acquittement des obligations ou des billets. La remise d'un dépôt n'est pas un paiement. Le dépositaire ne devient pas propriétaire comme l'emprunteur, il n'est que le gardien; s'il ouvre le sac, il est dépositaire infidèle. Si vous adoptez une clause inutile, on croira qu'elle a un objet & qu'elle établit une différence entre les *assignats* & l'argent : ainsi, par un amendement dangereux, vous auriez nui à votre propre décret. Il faut adopter la question préalable en la motivant en ces termes :

La restitution du dépôt, sans aucune espèce de changement, soit de forme, soit de nature, étant de droit, l'assemblée décide qu'il n'y a pas lieu à délibérer sur l'amendement proposé.

L'assemblée adopte la question préalable ainsi motivée.

L'article IV. est décrété.

Sur quelques observations, l'article V est écarté par la question préalable, & l'article VI renvoyé au comité des finances.

Séance du 17 septembre 1792.

On vient de faire lecture du dernier rapport de M. Necker sur la dette publique. *Voyez* DETTE PUBLIQUE.

M. Beaumetz. Je crois que le mémoire de M. Necker doit être livré à l'impression; il y a beaucoup de réflexions qui méritent un sérieux examen, d'où je conclus que la matière n'est point assez éclaircie. Je fais donc la motion expresse que la discussion continue aujourd'hui & demain, qu'on la reprenne vendredi prochain, & que l'assemblée s'engage en outre à juger définitivement samedi cette question.

M. Charles Lameth. La discussion doit être continuée, & fermée quand elle sera suffisamment éclaircie. Ces ajournemens ne servent qu'à jetter l'incertitude parmi le peuple, & pendant ce temps le mal s'aggrave. Si le plan de l'émission des *assignats* est mauvais, il faut le rejetter; s'il est bon, & c'est déjà l'opinion de la majorité du royaume, il faut l'adopter. (Il s'élève des murmures.) Si l'on prouve qu'une émission d'*assignats* bien combinée doit rétablir le commerce & l'industrie, si l'on peut prouver que c'est un moyen d'arrêter les manœuvres des ennemis du bien public, & d'accélérer la vente des biens nationaux, de diminuer ces impôts qui pèsent sur le peuple (il s'élève de nouveaux murmures). Je dis à ceux qui m'interrompent, que si l'opinion contraire aux *assignats* l'emportoit dans cette assemblée, ils ne tarderoient pas à voir leur repos & leur fortune compromis, & que pour éviter leur propre ruine, ils doivent souhaiter que la question soit bien éclaircie. Je conclus donc à ce que la discussion soit continuée tous les jours jusqu'à la décision.

M. Regnaud de Saint-Jean-d'Angely. On demande l'ordre du jour. Je réclame en faveur de la motion de M. de Beaumetz. Je pense, comme le préopinant, que la question qui s'agite est importante. De sa décision dépend le sort de l'empire. Il faut donc que la plus grande maturité en assure la sagesse; il faut que l'opinion publique en soit la base. Il est donc indispensable d'attendre qu'elle soit formée; & souvent ce ne sont pas les premières expressions du vœu des peuples, conçu au milieu des agitations qu'excitent une idée nouvelle, qui la constituent; ce sont les avis formés lentement & mûris par la réflexion. Je n'inculpe ici personne; mais les partisans des systêmes opposés, qui ont voulu se fortifier de la façon de penser des villes & des corps, se sont mutuellement accusés de l'avoir surprise. Le temps amènera la vérité & éclairera sur le mérite de ces inculpations. Il vous donnera la véritable opinion publique, qui ne se forme pas dans un seul point, mais se compose de divers sentimens du peuple dans les points même les plus éloignés du royaume.

Le préopinant vous propose de continuer la discussion tous les jours qui vont suivre. Elle se prolongeroit alors au-delà de lundi prochain; mais, Messieurs, à ce jour vous avez ajourné un rapport sur le militaire, dont il est extrêmement important de terminer la discussion. Sans la fin de ce travail vous n'aurez point de force publique, & sans elle vous n'aurez ni ordre, ni impôts. Je demande que la motion de M. de Beaumetz soit mise aux voix amendée de la manière suivante.

L'assemblée nationale décrète qu'elle continuera à s'occuper aujourd'hui & demain de la discussion sur la liquidation de la dette publique; qu'elle la reprendra vendredi prochain, pour la continuer les jours suivans, jusqu'à ce qu'elle ait pris une détermination définitive.

M. l'abbé Maury. M. de Mirabeau a déjà été entendu sur l'émission de deux milliards d'*assignats*; il demande la parole une seconde fois : il pourroit se faire que son éloquence entraînât l'assemblée, & l'assemblée me pardonnera, à moi, de prévenir cet ordre de délibération; ce que nous dirions les uns & les autres sera une répétition des mêmes principes : la véritable manière de discuter consiste à se prendre corps à corps; & je jette le gand à M. de Mirabeau.

M. de Croix. Cette manière de discuter ne peut être exclusive.

M. de Mirabeau. La cause des *assignats* est trop importante pour que sa défense me soit exclusivement confiée; je demande que les très-bons auxiliaires que j'aurai dans cette matière, soient entendus : il est cependant très-simple de satisfaire M. l'abbé Maury. Je demande à parler l'avant-dernier, & M. l'abbé Maury me répondra. Il est très-juste que celui qui a ouvert cette discussion ait aussi la parole. Quant à moi, je suis prêt dans ce moment à répondre à toutes les objections qui ont été faites; car je n'ai pas, comme certaines personnes, le talent de les prévoir.

M. Charles Lameth. Je n'entends pas bien ce qu'on veut dire par ce mot *auxiliaires* : je ne sais quel est le membre de cette assemblée à qui il peut convenir, & je trouve fort plaisant qu'on puisse s'en servir.

On demande l'ordre du jour. — Cette proposition est rejettée.

L'assemblée décide que la discussion sera continuée à vendredi prochain, & discutée tous les jours suivans jusqu'à sa décision.

M. Anson. C'est une vérité incontestable, qu'une nation ne peut conserver sa considération & son crédit, qu'en remplissant ses engagemens : nous sommes chargés de cette importante opération; nous avons fait un grand pas en y assignant les domaines nationaux; mais ce n'est pas tout, il faut déterminer le mode de la liquidation : nous avons reconnu la dette constituée, nous l'avons reconnue non exigible; ne nous occupons donc que de la dette exigible. Deux moyens sont présentés; une quittance de finances n'est qu'une promesse de remboursement, & un *assignat*-monnoie est un remboursement effectif : toute nation a le droit de faire battre monnoie, & par conséquent de créer des signes représentatifs de la monnoie. Le caractère de la monnoie exclut absolument l'idée de l'intérêt; le caractère du signe représentatif de la monnoie, l'exclut également. Le discrédit effrayant des billets de Law, dont les bases étoient d'ailleurs si ruineuses, vint surtout de ce qu'on avoit attaché un intérêt à ces effets. Je rougirois d'établir une comparaison entre eux & les *assignats*-monnoie. Les *assignats* porteront par-tout la vie, par le principe de circulation qui y sera attaché : les quittances de finances ne seront qu'un parchemin stérile, qui, se heurtant sur la place, offrira au capitaliste, par le jeu hasardeux & immoral de l'agiotage, l'espoir dangereux, mais attrayant, d'un bénéfice de 30 ou 40 pour cent : elles ne feront rien pour le commerce, pour l'agriculture; elles priveront l'un & l'autre des capitaux que l'industrie fait si bien employer pour le bonheur de tous.

Le numéraire métallique s'enfouit; il est donc indispensable de lui substituer un numéraire territorial qui ne peut s'enfouir. Sans cette ressource, comment se flatter, d'un côté, de pouvoir s'acquitter; de l'autre de faciliter le paiement des impositions? Les *assignats* ont des avantages reconnus. On leur oppose beaucoup d'inconvéniens; dans tout système, il y en aura toujours; mais on en exagère les dangers. Il est possible de faire cette opération sans convulsion, sans injustice. On croiroit, à voir l'effroi qu'inspirent deux milliards & demi d'*assignats* en circulation, qui doivent, dit-on, doubler tous les prix, on croiroit que tous ces *assignats* paroîtront à la fois; mais on ne voit pas que leur fabrication demandera un temps très-considérable, & que les premiers paroîtront long-temps avant que les derniers soient en émission; on ne voit pas qu'il faut beaucoup de temps pour vérifier tous les titres de la dette publique, pour liquider les offices, &c. enfin que les biens nationaux seront mis à l'instant en vente & les enchères ouvertes. Ces trois causes tiendront toujours les *assignats* dans une balance à-peu-près exacte avec nos besoins. En évaluant à deux milliards le numéraire qui circuloit en France avant la révolution, on peut porter à huit cens millions ou à un milliard celui qui est sorti du royaume ou qui est enfoui. Or, si l'on ne met en émission qu'un milliard ou 1200 millions d'*assignats* à la fois, il est même difficile qu'elle puisse être aussi considérable, cette émission ne fera que rendre à la circulation les ressources dont elle est privée, & dont elle ne peut se passer. C'est donc à tort qu'on accuse les *assignats* de doubler le prix des denrées, celui des salaires, & de faire tort ainsi à nos exportations chez l'étranger.

A l'égard de ce dernier reproche, j'observerai que si notre numéraire se répand si abondamment chez nos voisins, il y doublera également le prix des denrées & des salaires, & nous pourrons toujours soutenir la concurrence. On n'est d'ailleurs pas trop conséquent dans les objections : tantôt on objecte le haussement des prix produits par la surabondance du numéraire, tantôt on dit que le numéraire fictif chassera les écus; cependant il faut convenir que s'il chasse les écus, ils n'augmenteront pas le numéraire. La contradiction est manifeste, car il ne peut pas y avoir en même temps abondance & disette. Mais c'est à tort qu'on s'effraie de la sortie du numéraire & du surhaussement des denrées. L'*assignat* servira d'abord à la circulation, & s'il excède la proportion aux besoins, il ira prendre sa place dans les enchères; les biens nationaux l'appellent; la caisse de l'extraordinaire est là pour l'engloutir. Ainsi donc on a tort de craindre que les changes & la balance du commerce ne soient à notre désavantage.

La balance du commerce a toujours penché de notre côté jusqu'aux événemens de l'année dernière; la nature des choses, celle de notre position, l'activité nouvelle que va prendre l'industrie, la liberté dont le commerce va jouir, & sans laquelle il ne peut pas y avoir de commerce, nous assurent des avantages supérieurs même à ceux dont nous avons presque toujours joui. Quand vous aurez nettoyé la place des sources de l'agiotage, quand vous aurez fait baisser le prix de l'argent, pourrez-vous douter de votre prospérité future ? On a voulu prédire que les *assignats* tomberoient de cinquante pour cent. Je crois même que l'on a osé dire qu'ils perdroient cent pour cent. Un papier qui a une hypothèque spéciale, aussi solide que les fonds territoriaux, ne peut pas être placé dans la classe des papiers fragiles. Je sais que si deux signes d'une valeur inégale sont en concurrence, celui qui est le moins estimé doit perdre tous les jours; mais l'inégalité de la valeur dépendra du plus ou moins de commodité pour les échanges; mais il est possible d'adopter une coupure, par exemple, de 250, de 150, de 125 livres, avec laquelle l'appoint en argent ne seroit jamais que de 25 livres. Je ne parle pas des *assignats* de très-petite somme; je m'en occuperai dans un autre moment. La différence entre les *assignats* & l'argent est la même que celle qui se trouveroit entre un louis & une pièce qui vaudroit douze louis.

Les petits *assignats* sont plus recherchés que les *assignats* de mille livres : sont-ils plus solides ? non; ils sont plus commodes. La première émission, a, dit-on, perdu; mais cette perte vient sur-tout du défaut dans la divisibilité des *assignats*, & de ce que les ventes pour leur extinction n'ont pas été ouvertes incessamment. Pour les grandes acquisitions, ils n'ont encore rien perdu. J'en atteste tous les propriétaires qui ont eu de grands fonds à vendre, & qui se sont trouvés fort heureux de recevoir des *assignats*. N'a pas des *assignats* qui veut, dit le peuple, & il a raison. Quand on envisage la question comme administrateur, on reconnoît que toute opération qui tend à empêcher de thésauriser est une bonne opération. On demande quel débouché aura celui qui ne veut pas acheter des fonds : mais il mettra ses capitaux dans le commerce, il les affectera à telle ou telle branche d'industrie. S'il me dit que rien de tout cela ne lui convient, je lui répondrai : gardez vos *assignats*, ils sont très-bons. Je ferai plus, je lui offrirai un débouché, que j'indiquerai par la suite.

Il faut partir de points incontestables; 1°. il faut rembourser en espèces ce que l'on a reçu en espèces; 2°. on ne peut réduire l'intérêt que de gré à gré; 3°. il faut rappeller le numéraire qui se cache. On observera tous ces principes, en offrant aux créanciers l'alternative d'*assignats*-monnoie ou d'obligations nationales, non productives d'intérêt, mais pouvant obtenir une prime légère. On recevroit les uns & les autres concurremment dans les ventes.

Je ne crois pas qu'on doive exclure l'argent comptant de cette concurrence. Je n'examinerai point si on en a le droit; il me suffit que cette exclusion soit inutile & qu'elle présente de grands inconvéniens pour l'habitant des campagnes qui n'a point d'*assignats* & qui a amassé une petite somme d'argent avec laquelle il espère acquérir le champ qui l'avoisine. Je compare notre position à celle d'une assemblée de famille, où sont réunis les débiteurs & les créanciers. Celui-ci a besoin de fonds disponibles, il prendra des *assignats*; l'autre acceptera des obligations; la prime n'engagera pas à garder les obligations nationales, puisqu'elle ne sera touchée qu'en achetant des biens nationaux, & qu'elle entrera pour comptant dans le prix de l'acquisition. Cette prime ne sera point une charge pour l'état; prise sur les ventes, elle coûtera peu; car avec ce moyen on vendra plus cher. On pourroit offrir une issue avantageuse à ceux qui n'auroient point des placemens à faire sur le champ, en autorisant les porteurs à venir échanger continuellement contre des obligations nationales, leurs *assignats* qui seroient alors brûlés. Si vous donnez des quittances de finances, vous ne faites rien pour les créanciers, rien pour la circulation, rien pour le commerce & l'agriculture; vous manquez la plus belle occasion de vous acquitter d'une manière grande, juste & généreuse.

Mais avant de conclure, permettez que je m'occupe de deux objets particuliers : on reproche à l'assemblée nationale la première émission de 400 millions, en ce sens que ces 400 millions ont été, dit-on, consommés, sans qu'on ait effectué des remboursemens de capitaux. On a payé 170 millions dus à la caisse d'escompte, 140 millions d'anticipations; l'arriéré des rentes montoit à 100 millions, & c'est encore un capital éteint; car tout arriéré pour une nation juste finit par être un capital, & devient productif d'intérêt. N'écoutons pas des réclamations intéressées de plusieurs villes, de plusieurs départemens, des banquiers qui voient s'échapper d'immenses bénéfices, des négocians, des manufacturiers qui perdent de vue les dangers du commerce & des manufactures, & n'envisagent que leurs positions présentes, que le cercle de leurs combinaisons & de leurs rapports. Les commerçans vont être les financiers des provinces; les opérations commerciales s'agrandiront, l'augmentation du numéraire accroîtra l'aliment dont elles ont essentiellement besoin. Hâtez-vous d'arrêter ces dispositions salutaires; si vous différiez, bientôt il ne seroit plus temps. (Les applaudissemens qui souvent avoient interrompu ce discours, se renouvellent dans une très-grande partie de la salle.) Je vais vous lire un projet de de décret très-court.

1°. La dette exigible sera remboursée sans délai en *assignats*-monnoie ou en obligations nationales, au choix des créanciers.

2°. Les *assignats*-monnoie ne porteront point intérêt.

3°. L'intérêt accordé aux premiers 400 millions d'*assignats*-monnoie, cessera à compter du 15 avril 1791.

4°. A cette époque le trésorier de la caisse de l'extraordinaire, en payant les intérêts de l'année échue, retranchera de l'*assignat* tous les coupons qui y étoient annexés.

5°. Les obligations nationales ne porteront pas intérêt, mais il leur sera attribué une prime de trois & demi pour cent par an, à compter de leur date.

6°. Cette prime ne sera payée qu'au moment où l'obligation nationale sera donnée en paiement d'une acquisition de domaines nationaux, & formera déduction sur le prix de l'adjudication.

7°. Les *assignats*-monnoie & les obligations nationales seront reçus pour comptant dans le prix des ventes des domaines nationaux, concurremment avec l'argent-monnoie.

8°. Il sera libre à tout porteur d'*assignats* de les échanger à volonté contre des obligations nationales à la caisse de l'extraordinaire.

9°. S'il arrivoit qu'après les ventes consommées, il subsistoit encore des *assignats* ou des obligations nationales, elles seront reçues les unes & les autres pour comptant dans un emprunt à quatre pour cent, qui sera ouvert par la suite. Ils seront alors brûlés, comme l'auront été successivement les précédens effets de la même nature, à mesure des ventes.

10°. Aussi-tôt après le décret rendu sur le mode de liquidation, le comité des finances proposera un projet de décret pour prévenir la cherté de l'argent, soit pour la publicité & la concurrence de son échange, soit par tous les autres moyens secondaires qui pourront y concourir. (De nombreux applaudissemens succèdent encore à cette lecture.)

Séance du 18 septembre 1790.

M. l'évêque d'Autun. Il s'agit, non pas seulement de disposer d'une propriété nationale & d'en recueillir le prix, mais de décréter une opération qui tient essentiellement à l'économie politique, à la restauration des finances & au rétablissement du crédit. Cette opération est de la plus grande importance. Il faut tout dire avant le décret de l'assemblée, & le décret rendu, quelle qu'ait été l'opinion particulière, il faut tout faire pour assurer le succès de l'opération que vous aurez déterminée. L'intérêt que je prends à cette question est extrême; il s'y mêle même quelque chose de personnel: car je serois inconsolable si, de la rigueur de nos décrets sur le clergé, il ne résultoit pas le salut de la chose publique.

Il est nécessaire de retirer les domaines nationaux de l'administration commune: il est important de les vendre le plus cher & le plus promptement possible; il faut employer le prix à la diminution de la dette. Tout cela est reconnu & en grande partie décrété. J'ai proposé, pour créer une nouvelle classe d'acquéreurs en présence de cette nouvelle quantité de biens à vendre, d'admettre directement à l'acquisition les créanciers de l'état eux-mêmes. Cette opinion long-temps combattue, a maintenant peu de contradicteurs. On diffère encore sur les moyens d'exécution; celui que j'ai indiqué est de donner aux titres des créanciers de l'état une valeur monétaire, seulement vis-à-vis de la caisse de l'extraordinaire, pour le paiement des domaines nationaux. Celui qu'on y oppose est de convertir ces titres en un papier qui est une valeur monétaire générale & forcée pour tous les objets en *assignats*.

Je vais me conformer à l'ordre du jour, & traiter la question d'une émission de 2 milliards d'*assignats* sans intérêts, & d'une circulation forcée. L'opération étant générale & touchant à tous les intérêts de la société, je ne la considérerai que dans son ensemble, & je ne m'arrêterai point aux dangers des contre-façons, à ceux des petits billets, & à tous les autres inconvéniens de détail sur lesquels on a suffisamment averti votre prudence. Enfin, ne perdant jamais de vue la majesté de l'assemblée nationale & le bien public qui doit être uniquement l'objet de nos discours, j'écarterai d'une discussion où il ne s'agit que d'éclairer la raison, toutes ces armes empoisonnées, étrangères à nos débats, & dont on s'est pourtant servi trop souvent & avec trop d'avantage. Avec quel art n'a-t-on pas cherché à intéresser la morale & la pureté de l'assemblée! Avec quel empressement ne s'est-on pas emparé du mot *agiotage* pour le jetter sur ses adversaires!

Ceux qui demandent des *assignats*, disent: on va prolonger l'existence de la dette; on veut continuer les rapports forcés des provinces avec la capitale; c'est pour favoriser les banquiers de Paris; c'est pour entretenir des prêts usuraires sur les dépôts des effets publics. Eh bien! on ne veut pas tout cela; mais ces inconvéniens, qu'à la vérité on exagère, peuvent se trouver dans mon système.

Ceux qui ne veulent pas d'*assignats* disent: on a étudié la science des temps, on a bien combiné, & l'on veut s'assurer, en faisant créer des *assignats*, du bénéfice immense du remboursement au pair d'effets publics, achetés à perte, & mis en dépôt, en attendant l'émission des *assignats*; ensuite sans avoir rien déboursé, l'on profite de la différence. Eh bien! cela peut être vrai aussi. Mais dans ce système, cette combinaison est de même inévitable. Quelque parti que vous preniez, il s'établira sur le grand mouvement que l'aliénation des biens nationaux doit donner à la dette publique, des calculs, des profits, des combinaisons,

binaisons, de l'agiotage même, dont l'opinion publique saura bien faire justice; mais puisque ces inconvéniens se trouvent dans tous les systêmes, ce qui convient à l'assemblée nationale, c'est de dédaigner tout ce qui ne tient pas au fond même de la question, c'est de marcher, uniquement guidés par la raison, droit au but qu'elle se propose. — J'entre en matière.

L'assemblée nationale ordonnera-t-elle une émission de deux milliards d'*assignats*-monnoie? On préjuge du succès de cette seconde émission par les succès de la première; mais on ne veut pas voir que les besoins du commerce, ralenti par la révolution, ont dû accueillir avec avidité notre premier numéraire conventionnel; & ces besoins étoient tels que, dans mon opinion, il eût adopté ce numéraire avec une égale confiance, même quand il n'eût pas été forcé. Faire limiter ce premier succès, qui même n'a pas été complet, puisque les *assignats* perdent en faveur d'une seconde & plus ample émission, c'est s'exposer à de grands dangers; car l'empire de la loi a sa mesure, & cette mesure c'est l'intérêt que les hommes ont à la respecter ou à l'enfreindre.

M. l'évêque d'Autun. Sans doute les *assignats* auront des caractères de sûreté que n'a jamais eu aucun papier-monnoie. Nul n'aura été créé sur un gage aussi précieux, revêtu d'une hypothèque aussi solide. Je suis loin de le nier. L'*assignat* considéré comme titre de créance, a une valeur positive & matérielle. Cette valeur de l'*assignat* est précisément la même que celle du domaine qu'il représente : mais cependant il faut convenir, avant tout, que jamais aucun papier national ne marchera de pair avec les métaux; jamais le signe supplémentaire du premier signe représentatif de la richesse, n'aura la valeur exacte de son modèle. Le titre même constate le besoin, & le besoin porte crainte & défiance autour de lui. — Pourquoi l'*assignat*-monnoie seroit-il toujours au-dessous de l'argent? C'est d'abord parce qu'on doutera toujours de l'application exacte de ces rapports entre la masse des *assignats* & celle des biens nationaux; c'est qu'on sera long-temps incertain sur la consommation des ventes; c'est qu'on ne conçoit pas à quelle époque deux milliards d'*assignats*, représentant à peu près la valeur des domaines, se trouveront éteints; c'est parce que l'argent étant mis en concurrence avec le papier, l'un & l'autre deviennent marchandise; & plus une marchandise est abondante, plus elle doit perdre de son prix; c'est qu'avec de l'argent, on pourra toujours se passer d'*assignats*, tandis qu'il sera impossible, avec des *assignats*, de se passer d'argent; & heureusement le besoin absolu d'argent conservera dans la circulation quelques espèces; car le plus grand de tous les maux seroit d'en être absolument privé. Je ne sais comment on s'écarte d'une vérité qui mérite cependant la plus sérieuse attention.

La nation, en déclarant la disponibilité des domaines nationaux, n'a pas acquis une propriété nouvelle, elle n'a pas augmenté sa richesse; la richesse territoriale est restée physiquement la même, puisque aucune cause étrangère n'a accru la valeur intrinsèque de la superficie de la France. La société prise collectivement, a fait entre ses membres une répartition différente, de laquelle il résultera qu'elle aura payé une portion de sa dette. Les *assignats* ne représentent donc pas une richesse nouvelle; ils n'ajoutent pas aux facultés, mais seulement aux facilités d'exécution: ils sont un mode, un agent intermédiaire, & non pas un paiement définitif. Les créances sur l'état, les offres de tout genre étoient des valeurs circulantes, qui faisoient partie de la richesse publique. L'ordre des choses établi par la révolution, ne comporte plus cette circulation. Il faut que les valeurs prennent un autre cours; il faut qu'elles s'appliquent à un objet différent. Si cette espèce de transmutation des fortunes ne s'opéroit que successivement, vous n'auriez aucun effort à faire pour la seconder; mais cette disposition a besoin d'être subite : il lui faut secours prompts & certains.

L'émission des *assignats* offre-elle ces secours? Les *assignats* passeront-ils en droite ligne des mains des créanciers remboursés, dans la caisse de l'extraordinaire, en paiement des acquisitions de domaines nationaux faites par ces créanciers? Ne serviront-ils qu'à exécuter l'échange direct de ces domaines contre la dette publique? Mais alors, pourquoi en faire une monnoie forcée, susceptible d'intervenir dans toutes les autres transactions du commerce? Enfin, pour l'avantage de qui hasardera-t-on une pareille opération? Qui la demande? Ce ne peuvent être les créanciers de l'état qui veulent acquérir des domaines publics, puisque dans tous les systêmes on propose d'imprimer à leurs titres de créance, la faculté d'être donnés en paiement de ces acquisitions. Ce ne peuvent être des citoyens qui ont l'intention d'acquérir de ces domaines, quoiqu'ils ne possèdent pas de créances sur l'état, puisqu'ils pourroient de même employer les moyens qu'ils ont de faire ces acquisitions, à se procurer, ou des *assignats* actuels, ou même, à bénéfice, des créances publiques; que du moins ils ne seroient pas obligés de recevoir au pair de l'argent, comme les *assignats* proposés. On démontreroit donc facilement que la partie du public qui demande des *assignats*, n'a aucune intention d'acheter des domaines nationaux. En effet, c'est si peu là ce qu'on desire, qu'on vous a parlé d'*assignats* pour nourrir le commerce, l'industrie & la circulation jusques dans ses moindres rameaux; & cela est si vrai, qu'on a même proposé d'en créer qui ne représentent que les salaires & les dépenses habituelles de la vie. Eh bien! supposons que les *assignats* forcés ou volontaires fussent reçus dans la circulation avec tout l'empressement & la confiance qu'on doit desirer, peut-on se dissimuler l'influence qu'ils auroient dans la balance journalière des échanges ? N'est-il pas évident que plus il existe de signes représentatifs de la richesse, plus il en faut donner pour acquérir les objets représentés ?

Abstraction faite pour un instant de nos rapports avec le commerce étranger, il ne résulteroit peut-être pas de grands maux de cette élévation numérique du prix des choses, si elle s'étendoit également sur tous les objets ; mais personne n'ignore (& je vous présente cette observation avec confiance, parce qu'elle intéresse la classe indigente), personne n'ignore, dis-je, que le prix du travail & des salaires n'arrive que lentement à une proportion exacte avec les denrées. Cette observation est constatée par les faits ; elle l'est aussi par le raisonnement ; car la classe des hommes que leur travail seul nourrit, étant la plus nombreuse, & son travail ne fournissant en général qu'à sa subsistance de chaque jour, sa propre concurrence & le renouvellement journalier de ses besoins l'asservissent tellement à la loi du riche, que nécessairement celui-ci conserve quelque temps le moyen de retenir le prix qui fait effort pour s'élever. Delà les disproportions les plus choquantes, la misère à côté de l'abondance ; & en effet, c'est bien ici le cas de séparer des erreurs dans lesquelles ont pu tomber quelques économistes, des vérités éternelles qui font la base de leur systême.

Je dis que l'abondance des *assignats* doit appauvrir les manouvriers de tout genre, & nuire par conséquent au succès des manufactures & à la prospérité des campagnes. J'insiste sur cette considération, parce que le danger dont je parle menace le pauvre & le menace tous les jours & à toutes les heures. Point de richesses sans travail, point de travail sans consommation. Puisqu'il faut produire avant de consommer, il faut donc que le prix du travail soit acquitté avant que le manouvrier consomme ; mais le prix du travail étant modique, journalier, applicable aux premiers besoins de la vie, il ne peut jamais être payé qu'avec des monnoies, & le papier ne peut remplir aucune fonction à cet égard. Cependant les *assignats* auront augmenté le prix de tous les objets de consommation, & les salariés, restés au même taux, lorsque toutes les valeurs seront peut-être doublées autour d'eux, seront d'autant plus pauvres, d'autant plus malheureux, qu'ils auront produit davantage ; car si tout renchérit, la consommation sera moindre, & le travail venant ensuite à diminuer, il est impossible que les salaires augmentent. Et bien loin de croire que le trésor sera soulagé, comme on le dit, & que par conséquent l'imposition pourra être diminuée, je dis que l'état lui-même, considéré comme créancier & comme débiteur, éprouvera une double perte & dans sa recette & dans sa dépense. Créancier, il ne recevra l'impôt qu'atténué par la non-valeur de l'*assignat*-monnoie ; consommateur, il n'achetera qu'à un prix égal à celui du numéraire effectif, qu'il faudra ou acheter, ou suppléer.

Ce n'est pas tout encore. La nation ne laisseroit pas éternellement ces *assignats* ; ils s'éteindroient sans doute à mesure que leur objet seroit rempli. Alors il se feroit nécessairement une révolution inverse dans le prix numéraire des choses & des salaires, c'est-à-dire, que ce prix décroîtroit à mesure que la masse des signes représentatifs décroîtroit elle-même, & cette seconde révolution dans le commerce & l'industrie, seroit plus forte encore que la première. Ceux qui se livrent immodérément à la séduction des *assignats*, douteroient-ils de l'effet de cette convulsion dans toutes les parties de l'économie politique ? Ne reconnoît-on pas chaque jour l'impossibilité d'empêcher la sortie de l'argent, en proportion de l'arrivée des *assignats* ? N'éprouve-t-on pas le besoin indispensable de numéraire pour les dépenses de détail les plus renouvellées ; & le prix de ce numéraire ne hausse-t-il pas nécessairement en raison de l'affluence du papier & de l'accroissement du besoin ? La caisse d'escompte jouissoit du plus grand crédit ; son papier s'échangeoit à toute heure contre de l'argent, & dans ses plus beaux jours, son crédit n'a pu sortir des murs de la capitale. Tant il est vrai que la liberté ne s'impose que les restrictions nécessaires, & que la loi ne doit être que la volonté écrite de la liberté elle-même. Mais enfin suivons les *assignats* dans leur marche, & voyons quelle route ils auront à parcourir. Il faudra donc que le créancier remboursé achète des domaines avec ses *assignats*, ou qu'il les garde, ou qu'il les emploie à d'autres acquisitions. S'il achète des domaines, alors votre but sera rempli. Je m'applaudirai avec vous de la création des *assignats*, parce qu'ils ne se seront pas disséminés dans la circulation ; parce qu'enfin ils n'auront fait que ce que je vous propose de donner aux créances publiques, la faculté d'être échangées contre des domaines publics : mais si ce créancier défiant préfère de perdre des intérêts, en conservant un titre inactif ; mais s'il convertit ses *assignats* en métaux pour les enfouir, ou en effets sur l'étranger pour les transporter ; mais s'il achète un immeuble qui ne soit pas domaine national, ou que son vendeur fasse avec ses *assignats* des dispositions qui s'écartent également de votre objet ; mais si ces dernières classes sont beaucoup plus nombreuses que la première ; si, en un mot, les *assignats* s'arrêtent long-temps dans la circulation, avant de venir s'anéantir dans la caisse de l'extraordinaire ; s'ils parviennent forcément & séjournent dans les mains d'hommes obligés de les recevoir au pair, & qui, ne devant rien, ne pourront s'en servir qu'avec perte ; s'ils sont l'occasion d'une grande injustice, commise par tous les débiteurs vis-à-vis de tous les créanciers ; si cette expérience démontre, & trop tard, l'illusion même d'une loi qui n'obtiendra que ce qu'elle ne doit point avoir, un effet rétroactif, en obligeant les créanciers antérieurs à recevoir les *assignats* au pair de l'argent, tandis qu'elle sera démentie dans l'effet qu'elle ordonne, puisqu'il sera impossible d'obliger les vendeurs à les prendre au pair des espèces, c'est-à-dire, sans augmenter le prix de leurs marchandises, en raison de la perte des *assignats* ; alors, combien cette opération ingénieuse auroit-elle trompé le patriotisme de ceux dont la sagacité l'a présentée, & dont la bonne-foi la défend, & à quels regrets inconsolables ne serions-nous pas condamnés ? Mais il ne suffit pas d'énoncer les craintes que doit inspirer la création des *assignats*, il faut justifier ces craintes, en démontrant par les principes la vraisemblance des effets que l'on redoute.

On veut que les *assignats* soient monnoie, & la monnoie est la mesure commune des valeurs. L'on entend par valeur tout ce qui se vend & s'achète. La monnoie elle-même, considérée comme métal, est aussi une marchandise : comme mesure, elle a acquis cette prérogative, parce qu'elle est composée de métaux qui la rendent plus propre à remplir cet emploi que les autres signes qu'on auroit pu choisir à sa place : cette fonction lui est tellement affectée, que c'est par sa médiation que s'opèrent tous les échanges. Quoique cette mesure soit à-peu-près déterminée, cependant, par un effet de l'accroissement ou de la diminution des métaux qui la constituent, ses rapports éprouvent une variation plus ou moins sensible ; & ces métaux eux-mêmes, considérés comme marchandise, influent sur les rapports des monnoies avec les objets de commerce. Cette vérité suffit d'être présentée pour être généralement reconnue. Créer un *assignat*-monnoie, ce n'est pas assurément représenter un métal-marchandise ; c'est uniquement représenter un métal-monnoie : or, un métal simplement monnoie ne peut, quelque idée qu'on y attache, représenter celui qui est en même temps monnoie & marchandise. L'*assignat*-monnoie, quelque sûr, quelque solide qu'il puisse être, est donc une abstraction de la monnoie métallique ; il n'est donc que le signe libre ou forcé, non pas de la richesse, mais simplement du crédit. Il suit de-là que donner au papier les fonctions de monnoie, en le rendant, comme l'autre monnoie, intermédiaire entre tous les objets d'échange, c'est changer la quantité reconnue pour unité, autrement appellée, dans cette matière, l'étalon de la monnoie ; c'est opérer en un moment ce que les siècles opèrent à peine dans un état qui s'enrichit ; & si (pour emprunter l'expression d'un savant étranger), la monnoie fait, à l'égard du prix des choses, la même fonction que les degrés, minutes & secondes à l'égard des angles, ou les échelles à l'égard des cartes géographiques ou plans quelconques, je demande ce qui doit résulter de cette altération dans la mesure commune.

Cette vérité est tellement incontestable, que l'or même, l'or soustrait ou introduit dans la société, produiroit les effets les plus marqués. Vous pouvez vous en rappeller la preuve : la quantité d'argent introduite en Europe depuis la refonte des monnoies en 1726, dont l'abondance avoit changé la valeur relativement à l'or, détermina la dernière refonte des louis. On se souvient encore des discussions multipliées auxquelles cette refonte donna lieu. Il s'agissoit de savoir si l'on s'étoit trompé ou non, d'un vingt-neuvième environ dans la valeur comparative de ces métaux ; mais on étoit d'accord, des deux parts, que cette erreur, si elle existoit, seroit d'une grande importance par l'influence qu'elle auroit sur le change & sur la balance du commerce. Comment donc concevoir que dans le moment où l'on pense à donner à du papier le caractère de monnoie, on s'occupe à peine de la proportion qu'elle aura avec l'ancienne monnoie, & des conséquences qui peuvent résulter d'une erreur ou d'une incertitude à cet égard ? Lors de la création des premiers 400 millions d'*assignats*, on a cru nécessaire d'ajouter quelques grains au titre de l'*assignat*-monnoie, en y attribuant trois pour cent d'intérêt ; aujourd'hui on croit plus convenable de les retrancher.

Dans cette question, ne donne-t-on pas beaucoup au hasard ? Cependant si l'on adoptoit la ressource des *assignats*-monnoie, ce seroit au moins de la manière la plus précise qu'il faudroit faire cette évaluation, puisqu'il est reconnu qu'une erreur d'un vingt-neuvième sur la valeur comparative attribuée à une monnoie, est une erreur grave ; & de-là résulte incontestablement une des plus fortes objections contre les *assignats*-monnoie : car s'il est extrêmement difficile de fixer, pour un certain nombre d'années, la valeur respective de deux métaux, combien plus ne l'est-il pas de déterminer, même par approximation, les rapports entre un papier & un métal, puisqu'il faut faire entrer dans le calcul, des quantités morales, dont l'évaluation échappe à toutes les règles ? Si dans le premier cas, on peut commettre des erreurs de un pour cent, n'est-il pas infiniment probable que dans le second on en commettra souvent de 10 & peut-être de 15 pour cent ? J'affirme donc que la raison ne permet pas de décréter une nouvelle monnoie, sans connoître la proportion qui existera entre le cours de cette monnoie & la monnoie ancienne ; que la justice ne permet pas de la créer, sans être sûr qu'à l'aide de cette proportion, on parviendra à connoître le pair ; & j'oserai ajouter que vous n'avez aucune des données nécessaires pour faire cette appréciation ; & pour être assurés de ne pas tomber dans des erreurs énormes, qui anéantiront votre commerce avec les nations étrangères.

Ce n'est en effet que par comparaison avec

les monnoies étrangères, que la valeur d'une monnoie quelconque peut être estimée, & cette évaluation de la monnoie d'un pays, dans son rapport avec celle d'un autre, ne peut jamais se faire que de métal à métal: sans cela, une nation pourroit déclarer que des feuilles de chêne, des cailloux de telle espèce, avec une empreinte qu'elle spécifieroit, représenteroient une telle valeur; ce qui seroit en effet, si cette nation étoit seule dans l'univers, ou si elle n'avoit aucune communication de commerce avec les autres nations. Mais, dit-on, la monnoie dont il s'agit est bonne dans le fait, puisqu'en définitif il y aura de quoi la changer en valeur réelle: seulement tout le monde ne reconnoîtra pas cette vérité sur le champ, & c'est pour cela qu'il faut l'emploi de la force. Il n'existe dans la réalité qu'une monnoie dominante, dans ce moment, c'est l'argent.

Si vous donnez cours au papier, ce sera le papier. Vous ordonnez que ce papier ne perde pas, j'y consens; mais vous n'empêcherez pas que l'argent ne gagne, & ce sera absolument la même chose. Vous ferez bien que dans un paiement l'on sera obligé de prendre un *assignat* de 1000 liv. pour la somme de 1000 liv., mais vous ne pourrez jamais faire que l'on soit obligé de donner 1000 liv. en écus pour un *assignat* de 1000 liv. C'est-là que réside toute la question, & c'est par-là que s'écroulera tout ce systême. Je vais plus loin: n'est-il pas vrai que vous répugneriez que les louis valussent 26 liv. 8 sols & les écus 6 l. 12 s. Ce seroit une altération manifeste dans les monnoies. Eh bien! en y réfléchissant un peu, vous verrez que vous faites absolument la même chose, si vous donnez un cours forcé à un papier quelconque. La preuve en est claire. Un particulier doit 110,000 liv. à un autre; il a aujourd'hui en écus cette somme, qu'il doit rembourser dans huit jours; votre décret survient, les *assignats* perdent dix pour cent sur l'argent, ou bien, ce qui est la même chose, l'argent gagne dix pour cent sur les *assignats*: ce debiteur qui avoit 110,000 liv. pour acquitter sa dette de pareille somme, commence par acheter avec 100,000 liv. les 110,000 l. dont il a besoin en *assignats*, & il paie son créancier; il lui reste donc 10,000 liv., qu'il a gagnés aux dépens de celui à qui il devoit, ou aux dépens de quelqu'autre: d'où l'on voit que le résultat de l'opération entre le créancier & le débiteur est absolument le même que si vous aviez ordonné que les écus, qui valent aujourd'hui 6 livres, seroient reçus demain pour 6 liv. 12 sols.

Le change est le rapport de la dette entre deux nations commerçantes, considéré relativement à la valeur des monnoies qui y ont cours. Le change consiste, ainsi que le mot le désigne, à échanger le titre d'une dette active dans un pays contre le titre d'une dette passive dans un autre, ou à faire l'opération inverse. Cet échange est soumis à un prix qui tient lieu de la dépense qu'occasionneroit le transport des métaux. Ce prix est plus ou moins fort, suivant qu'une nation est créancière ou débitrice de l'autre, pour une plus ou moins forte somme. Si Paris doit à Londres, c'est à Paris à payer le prix du transport. Paris s'acquitte alors, en payant, une somme plus forte que celle qu'il devoit relativement à la valeur de ses monnoies. La valeur relative des métaux est donc la base du change entre les nations; lorsque cette valeur est conservée dans les échanges sans aucune augmentation ou diminution dans les paiemens respectifs, c'est alors que le change est ce que l'on appelle au pair.

Il suit de cet exposé, qu'il n'est aucune autre mesure de commerce entre les nations, que la valeur de l'or & de l'argent. L'écu de France, comparé à la monnoie d'or angloise, vaut environ 29 trois huitièmes sterlings. Le change est au pair lorsqu'on paie un écu à Londres avec ces 29 trois huitièmes, ou lorsqu'on paie ces deniers à Paris avec un écu. Le change est avantageux pour Paris, quand on y donne un écu pour recevoir plus de 29 trois huitièmes à Londres. Il lui est désavantageux, quand il faut donner le même écu pour recevoir moins de deniers sterlings. Pour substituer au langage abstrait du commerce des idées & des expressions plus familières, j'emploierai ici le marc d'argent comme représentant cette mesure commune. Je dis donc, & je pose en principe que chaque nation peut payer à l'autre ce qu'elle doit, de la manière qui lui est la plus avantageuse, pourvu qu'elle paie tout ce qu'elle doit. En effet, si Londres doit à Paris 100 marcs, il faut, quelqu'intermédiaire qu'on emploie, que ces 100 marcs parviennent à Paris. Mais s'il existe un signe conventionnel qui remplace à Paris le numéraire, & qui remplisse impérieusement ses fonctions, Londres n'a que ce signe à fournir pour acquitter sa dette. Si ce signe représentatif à 6 pour cent a moins de valeur que le métal qu'il représente, Londres, avec 94 marcs, aux fractions près, aura acquitté une dette de 100 marcs.

Observons ici qu'en supposant qu'il pût y avoir une espèce de compensation à l'avenir dans les achats & les ventes entre les nations qui commercent avec la France, au moins n'existent-elles pas pour les opérations consommées, je veux dire pour les ventes effectuées & non acquittées. Londres paiera tout ce qu'il doit à Paris, avec le papier monétaire, & Paris paiera Londres avec des métaux monnoyés. Paris recevra donc moins de sa créance, & paiera plus de sa dette. Donc les *assignats* rompront tout équilibre dans le commerce; donc toutes les puissances étrangères étudieront la position du crédit public, pour en profiter avec avantage; donc elles achèteront à bas prix, & nous vendront chèrement; donc elles retireront en numéraire réel, en matières d'or & d'argent, tous les bénéfices de leurs spéculations. N'oublions pas (& cette observation est d'un grand poids), que l'argent en concurrence avec le papier, devient dès l'instant même une marchandise sur laquelle les spéculations sont ouvertes; que la politique peut se joindre à l'intérêt du commerce, soit pour acheter, même chèrement, l'argent que l'on est assuré de revendre plus chèrement encore dans d'autres momens, soit pour le dérober à la circulation, & accroître ainsi & multiplier les embarras.

Telles sont les considérations générales & importantes dans lesquelles j'ai cru devoir me renfermer, parce qu'il m'a semblé que toutes les autres considérations vous étoient suffisamment présentées. Après avoir démontré les dangers de l'émission d'*assignats* forcés, je vous dirai que vous créerez une monnoie suffisante pour consommer l'échange des domaines nationaux, en adoptant, sauf quelques modifications, le plan que je vous ai proposé, c'est-à-dire, en donnant aux dettes publiques la faculté de les acquérir & de les payer. Par-là vous appellez la concurrence, vous excitez l'empressement, vous ne servez que ceux qui veulent véritablement acquérir, vous arrivez directement à votre but, sans hasard & sans convulsion, & vous n'aurez pas fait une loi, qui dans ses rapports avec les actes de la société, les conventions & les paiemens, n'a d'autres effets que des effets rétroactifs. Je conclus donc à ce qu'il soit décrété: 1°. qu'il ne sera point créé d'*assignats* forcés pour le remboursement de la dette exigible. 2°. Que les créances sur l'état seront, sous les formes & les modifications qui seront indiquées par le comité d'aliénation, reçus en paiement des biens nationaux.

M. Harambure. La question se réduit à adopter le mode le plus facile pour faire passer aux créanciers de l'état les biens nationaux. J'ai réuni toutes mes idées dans un projet de décret, dont je vous supplie de vouloir bien entendre la lecture.

« L'assemblée nationale décrète que la dette exigible sera acquittée par des *assignats* non forcés; ces *assignats* porteront trois pour cent d'intérêt. Il leur sera tenu compte d'un intérêt de cinq pour cent, lors de l'acquisition des biens nationaux. Ils seront reçus pour comptant, ainsi que les intérêts, dans le paiement desdits biens, & le caissier de l'extraordinaire sera responsable de toutes les sommes provenant de cette vente ».

M. Gouy demande la parole. — On observe qu'il a déjà été entendu dans cette question. — L'assemblée décide qu'il ne sera pas entendu.

M. Vernier. Avons-nous besoin d'un papier quelconque? Le papier portera-t-il intérêt? En émettra-t-on de plusieurs espèces; quelle en sera la quotité? Telles sont les questions que je vais parcourir successivement. Je promets d'être très-court. — Avons-nous besoin d'un papier quelconque? Oui, n'hésitons pas à le prononcer: l'insuffisance de notre numéraire nécessite cette délibération. Cette insuffisance est accrue par les circonstances, l'exportation & le resserrement. Les trois cinquièmes de l'argent sont comme s'ils n'existoient pas. La nécessité d'accélérer les ventes des biens nationaux donne un grand motif à la création d'un signe quelconque.

Ce ne sont plus des spéculations lointaines qui peuvent remédier à nos maux; il faut des secours réels & prompts, comme les maux qui nous menacent: l'activité du commerce & le bonheur de la France en dépendent. Concluons donc qu'il faut un remède; c'est un papier. Ce papier portera-t-il intérêt? En émettra-t-on de plusieurs espèces? Si vous lui donnez intérêt, tout est manqué. Celui que vous avez accordé aux *assignats* n'a été qu'un bénéfice de plus pour l'agiotage. Ce que l'on pourroit faire, ce seroit d'accorder une espèce de prime à ceux qui acheteroient des biens nationaux. On demande si ces biens suffiront pour l'extinction des *assignats*? Cette objection est la plus vaine & la plus futile de toutes celles qu'on peut faire. Combien de nations, ayant un numéraire fictif bien plus considérable que celui qu'on nous propose, n'en ressentent point de mauvais effets, quoique leur papier n'ait pas d'hypothèque foncière. J'ai donc eu raison de dire que l'objection étoit dérisoire. Emettra-t-on des *assignats*, des quittances de finances, ou des obligations nationales? L'assemblée, éclairée par la discussion, animée par son zèle pour le rétablissement de la chose publique, prendra le meilleur de tous les moyens.

Les *assignats* sont un papier utile à l'agriculture, au commerce & aux manufactures; je pencherois donc de ce côté: je ne conçois pas comment on a pu proposer des quittances de finances. Les créanciers de l'état viennent sans cesse au comité nous dire qu'ils sont poursuivis par ceux à qui ils doivent. Comment pourroit-on leur donner en paiement un papier qui ne leur donneroit aucune facilité pour satisfaire leurs créanciers? — Dernière question: quelle sera la quotité des *assignats* émis? Voilà, sans doute, ce qu'il y a de plus important & de plus difficile à résoudre. L'on peut faire une émission progressive jusqu'à la concurrence de tous les biens nationaux; mais cette progression doit être statuée, & l'on doit en fixer le terme. La première émission, par exemple, pourroit être de 4 ou 500 millions, & celles qui doivent succéder n'excéderoient pas la valeur des biens aliénés. Par-là vous prévenez l'engorgement & vous rapprochez tous les systêmes. Personne ne peut dire: ce plan est parfait & je réponds du succès. Le sage dit: je crois que ce moyen est bon, on n'en propose pas de meilleur.

Il faut donc prendre ce parti qui présage du succès sans trop faire craindre de dangers. Il faudroit aussi avoir un emprunt viager toujours ouvert, parce que ceux qui ne pourroient acquérir de biens nationaux, porteroient leurs *assignats* dans les caisses de l'emprunt. Je vous ai fait part de mes réflexions ; & sans proposer aucun parti, je les abandonne à votre jugement.

M. Desmeuniers. Les partisans les plus zélés des *assignats* conviennent eux-mêmes de la hardiesse & des dangers de l'opération ; c'est donc pour nous un devoir d'examiner les détails & de les comparer avec les autres moyens. Le parti qu'on propose peut renverser toutes les fortunes publiques, qui entraîneroient dans leur chûte la constitution elle-même. Puisqu'il s'agit d'éviter une erreur sans remède, nous serions coupables, si des considérations particulières l'emportoient sur le devoir.

Après avoir écarté les questions secondaires, j'examinerai impartialement & sans prévention le plan que l'on propose, & je vous présenterai, avec franchise, le résultat de mon opinion. En déclarant que les biens du clergé & de la couronne sont des propriétés nationales, vous avez écarté toutes inquiétudes ; vous vous êtes trouvés dans une situation nouvelle, & vous avez été sûrs alors de l'exécution du décret qui met les créanciers de l'état sous la sauve-garde de la nation. Aujourd'hui un systême hasardé de combinaison, présenté par la cupidité, & adopté par le patriotisme, nous jette dans le plus grand embarras. On vous propose de créer deux milliards de papier-monnoie. On est d'abord frappé des circonstances dans lesquelles cette création est proposée ; c'est au milieu des orages d'une révolution, dans un tems où la confiance, inséparable de l'ordre, ne peut exister, où les ennemis du bien public fomentent par-tout le désordre & l'anarchie, qu'on propose cette mesure à la nation françoise ; qui, en adoptant jadis un systême de numéraire fictif, a donné un exemple de banqueroute unique dans les annales du monde.

La France est, de toutes les nations, celle dont on doit ménager avec plus de soin les opinions. En cette matière elle a dû conserver la frayeur des opérations de ce genre ; en supposant celle-ci bonne ailleurs, elle seroit mauvaise pour nous. On se rappelle encore l'accroissement du prix des denrées, qui s'est porté à un taux effrayant. Je sais bien qu'on ne doit pas assimiler le papier-monnoie qu'on vous propose, à celui qu'elle a eu autrefois ; cependant les *assignats*, malgré la sûreté de leur hypothèque, ne seront pas remboursables à volonté. Ce sont-là des préjugés, dira-t-on, & l'assemblée nationale les a tous renversés. Eh bien, elle échouera contre celui-ci, parce que les éclaircissemens ne sont pas à la portée de tout le monde. Consultez l'expérience des peuples chez qui les papiers-monnoie circulent ; suivez les effets de leur circulation, & vous ne nous proposerez plus cette mesure téméraire. On nous dit : les *assignats* sont de véritables lettres-de-change. Mais je réponds : les lettres-de-changes sont remboursées à un terme fixe : où est celui du remboursement des *assignats* ?

Croyez-vous que vous parviendrez à faire croire à l'ouvrier que ce papier est de l'argent, lorsqu'avec ce papier il ne pourra pas satisfaire à ses besoins de première nécessité ? On dit que cette opération précipitera la vente des biens nationaux ; qu'elle attachera tous les François à la révolution ; que sans cela il faudra surcharger le peuple de cent millions d'impôts. Est-il bien prouvé que les quittances de finances retarderont la vente des biens nationaux ? En général elles appartiendront à la classe aisée du royaume, qui, comme on le voit, sans qu'on ait besoin de le développer, achètera bien plus sûrement ces biens. On a tout fait pour le peuple : les petits *assignats* peuvent seuls le tourner contre vous. Il faut donc savoir d'abord si on peut faire usage d'un poison aussi actif ; si c'est par la cupidité qu'il faut faire des amis à la révolution, & non par la justice.

Au lieu d'amis, ne craignez-vous pas de rencontrer des ennemis ? Que pensez-vous de ceux qui, porteurs d'une quantité d'*assignats*, ne trouveroient pas de moyens pour les échanger ? En fixant le terme de la vente des domaines nationaux à deux ou trois ans, l'on atteindra bien plutôt le but qu'on se propose : on augmentera de cent millions les impôts, qui pèsent déjà assez sur le peuple ; tel est le cri mille fois répété de nos adversaires ; & j'avoue que M. Anson m'a étonné, en présentant un calcul aussi faux. C'est ainsi qu'on se trompe, en se livrant à des idées séduisantes : on a seulement oublié dans ce calcul le revenu des biens nationaux. Qu'on ne s'y méprenne point, l'argent qu'il faudra acheter pour payer les troupes, entretenir les atteliers de charité, & fournir des munitions de terre & de mer, sera aussi onéreux que l'intérêt des quittances de finances. Si par malheur l'émission de deux milliards d'*assignats* occasionnoit encore le resserrement du numéraire, ne seroit-ce pas faire vingt-quatre millions de dupes, pour enrichir un petit nombre d'hommes cupides & indignes de porter le nom de François ?

Que seroit-ce dans les grandes villes où les ouvriers se trouveroient sans ouvrage & sans ressources ? D'impérieux besoins leur donneroient de la fureur. Je ne me permettrai pas de tracer ici le tableau des meurtres dont notre malheureuse patrie deviendroit le théâtre. La force publique n'étant pas encore consolidée, qui pourroit retenir le peuple le jour où la livre de pain augmenteroit d'un sou. Les citoyens riches ou aisés, dans leur terreur abandonneroient la France. Il faut le dire, les *assignats*-monnoie acheveroient de détruire les ressources d'un pays désolé déjà par tant de calamités. Pourrions-nous alors soutenir la concurrence avec l'étranger ? le désavantage de nos changes n'anéantiroit-il pas jusqu'à l'espoir de toute prospérité ? (M. Desmeuniers est interrompu par de fréquens murmures.) On dit que les quittances de finances favoriseroient l'agiotage : M. l'évêque d'Autun l'a dit avant moi ; quelque parti qu'on prenne, il sera impossible d'arrêter les mouvemens secrets de la cupidité. Le systême des *assignats*-monnoie est, à mon avis, un véritable coupe-gorge pour les honnêtes gens. On verroit, comme on a vu jadis, s'élever quelques fortunes monstrueuses sur les débris des fortunes particulières.

On répond que les adversaires des *assignats* sont les ennemis du bien public : on a voulu par-là masquer les dangers de ce systême. On a répété jusqu'à la satiété que nous n'avons pas d'autre moyen de sortir d'embarras ; ressource futile, qui ne fera aucune impression sur des législateurs. Je le dis en finissant : voulez-vous la ruine de l'état, créez des *assignats*. Ce moyen ne fut jamais employé que par des despotes, qui par-là témoignèrent tout leur mépris pour l'espèce humaine.

M. Desmeuniers présente un projet de décret dont voici l'extrait.

« La somme des *assignats*-monnoie ne pourra excéder 800 millions ; il sera créé des quittances de finances, & on déterminera les espèces de créances qu'elles devront rembourser. Les créanciers bailleurs de fonds seront tenus de les recevoir en paiement. — Je demande de plus, que sur cette question, on recueille les voix par appel nominal ».

Mémoire de M. Necker lu à l'assemblée nationale, le 27 août 1790.

Messieurs, j'apprends que l'on doit lire ce matin à l'assemblée, au nom du comité des finances, un rapport sur la dette exigible ; & si j'ai été bien informé, on propose avec prédilection pour la liquidation de cette dette, une création de dix-huit à dix-neuf cens millions de billets-monnoie, qui jouiroient, ou non, d'un intérêt jusqu'à leur extinction.

J'avois fait connoître, il y a quelque temps, aux douze membres du comité des finances qui confèrent avec moi, mon sentiment très-décidé sur de pareils moyens de liquidation ; mais le rapport dont il est question aujourd'hui, ne m'a point été communiqué.

Je crois donc remplir un devoir envers l'état & envers l'assemblée nationale, en me pressant de déclarer que le ministre des finances n'a donné aucun assentiment à la proposition qui doit vous être faite, & qu'il la considère comme infiniment dangereuse.

Je crois de plus être obligé de représenter à l'assemblée, que si elle laisse le public dans l'incertitude sur l'opinion qu'elle conçoit d'une proposition de ce genre, il en pourra résulter promptement les plus funestes inconvéniens.

C'est avec une peine infinie que les marchands, les chefs de manufactures, les particuliers de tout état, trouvent le numéraire effectif dont ils ne peuvent se passer pour leurs besoins habituels ; c'est avec une peine infinie que l'administration vient à leur secours par une distribution journalière, & pourvoit de plus à la solde des troupes & de la garde de Paris, à la paie des travaux des ports, à celle des atteliers de charité, aux fonds en appointemens qu'exigent le service des rentes, & à d'autres dépenses qui ne peuvent être exécutées qu'en espèces effectives.

Ce n'est pas tout : tel est dans quelques provinces le resserrement du numéraire, que la ville de Bordeaux, sans un secours momentané que je lui ai fait passer, se seroit trouvée dans la plus grande détresse ; circonstance remarquable & dont votre comité des finances est particulièrement instruit.

Vous avez autorisé l'administration par un décret, à faire les sacrifices nécessaires pour se procurer du numéraire effectif ; mais ce décret ne lève pas toutes les difficultés ; l'administration n'a que trois moyens pour se procurer de l'argent.

Le produit des impôts. On ne les paie plus qu'en *assignats*.

Les achats d'espèces. Moyen très-circonscrit, sur-tout depuis qu'on a rendu ce trafic dangereux.

Enfin, les extractions de matières d'or & d'argent de l'étranger ; & cette dernière ressource est de même extrêmement limitée.

Les étrangers ne nous doivent pas, & nous leur demandons de l'argent ; il est évident que cela ne peut se faire sans une circulation forcée ; aussi, tandis qu'il nous vient des piastres d'un côté du royaume, de l'autre il sort des écus.

J'éprouve, pour rassembler la portion de numéraire indispensable aux paiemens les plus urgens, une difficulté journalière, une inquiétude très-semblable à celle qui m'a dévoré pendant les longs & pénibles jours où j'ai été obligé de lutter contre les dangers menaçans de la famine.

Cependant je ne vois encore en perspective qu'un accroissement successif d'*assignats*, qu'une addition inévitable aux quatre cens millions déjà déterminés ; addition nécessaire pour remplir le service de l'année, & pour commencer celui de l'autre.

Le décret qui doit fixer la répartition du remplacement de la gabelle & des autres droits que vous avez supprimés au mois de mars dernier, ce décret important n'est pas rendu.

Celui qui doit réduire les dépenses du département de la guerre ne l'est pas encore non plus.

L'accroissement de solde accordé aux soldats forme, en attendant, une charge additionelle du trésor public.

Les fonds destinés annuellement aux pensions, ont été augmentés pour l'année 1790.

Vous venez de déterminer une grande augmentation d'armement.

Le produit des impôts indirects continue à s'affoiblir.

Le recouvrement des autres & le paiement de

la contribution patriotique éprouvent toujours en plusieurs lieux des retards.

Enfin, l'on ne voit encore que dans l'obscurité le moment où vous pourrez établir le système d'imposition pour l'année prochaine.

Cependant, après cette fixation, combien de dispositions ne seront pas nécessaires pour entrer en recouvrement, & pour lutter contre les difficultés probables ou imprévues!

Si donc au milieu d'une pareille situation des affaires, & d'une situation généralement connue, l'on peut croire un moment, je ne dis pas à la vraisemblance, mais seulement à la chance ou à la possibilité de l'introduction d'une somme immense de nouveaux *assignats*-monnoie, une juste frayeur se répandra, l'argent effectif se cachera davantage, son prix s'écartera de plus en plus du pair avec les *assignats*; & l'on ne peut déterminer quel seroit l'effet dangereux de cette première inquiétude.

Il est impossible en des temps devenus si extraordinaires, de trouver une solution complète à toutes les difficultés.

Quelle doit être en de telles circonstances la marche de l'esprit? c'est de fixer son attention sur le danger le plus éminent, & de songer, avant tout, à l'écarter.

Le plus grand sans doute, & sans aucune comparaison, c'est d'introduire une somme immense de papiers-monnoie; c'est de mettre ainsi en cause dans les mécontentemens, les plaintes & les réclamations, non pas une partie quelconque de la société, mais l'universalité des citoyens; c'est de les mettre en cause, non pas d'une manière passagère, mais chaque jour, chaque heure & à tous les instans; c'est de tenir dans une continuelle inquiétude les chefs de manufactures sur les moyens de payer le salaire de leurs ouvriers, & tous les particuliers sur les ressources nécessaires pour acquitter leurs dépenses journalières; c'est de mettre encore en risques la subsistance des villes au moment où l'affluence illimitée des billets-monnoie les feroit refuser dans tous les marchés libres; c'est d'exposer jusqu'à la sûreté des transports d'espèces au milieu des besoins urgens de numéraire, qui se manifesteroient dans toutes les villes; c'est de rendre incertain le paiement des troupes, celui des travaux publics, celui des atteliers de charité, celui de toutes les dépenses dont le retardement deviendroit un sujet de commotion & d'effervescence; c'est enfin de donner à tous les gens malintentionnés, un moyen facile d'augmenter le trouble & de mettre le royaume en combustion.

Il y a déjà au milieu de nos circonstances une trop grande somme de papier-monnoie: je l'avois craint, & le temps l'a prouvé.

On peut toujours en administration, arrêter, par un effort, les inconvéniens imprévus d'une somme de deux cens millions; on le peut moins quand cette somme est double: mais lorsqu'on propose une addition libre & spéculative de dix-huit à dix-neuf cens millions, quoique soumise à une extinction graduelle, on ne sait alors où pourroit conduire le renversement de tout équilibre.

Qu'on ne dise pas que les billets-monnoie, n'importe leur nombre & leur somme, devront rester en parité avec l'argent, puisqu'ils n'excéderont pas la valeur des biens nationaux. Comment opposer une conjecture aux lumières déjà données par l'expérience? On connoît le prix actuel de l'échange des *assignats* contre de l'argent; & cependant il n'y a encore en circulation, dans ce moment, que trois cens trente millions.

Sans doute ces billets, tels qu'ils existent aujourd'hui, ont une valeur progressive par l'intérêt qui s'y trouve attaché; mais ils ne peuvent pas servir aux paiemens au-dessous de deux cens francs, & par conséquent aux dépenses les plus nécessaires, les plus instantes & les plus multipliées; & il y auroit du danger à les diviser en de trop petites sommes, puisque le desir, le besoin de les convertir en argent subsisteroit encore, & que l'exigence de la classe d'hommes entre les mains de qui de petits billets se répartiroient, deviendroit nécessairement embarrassante.

L'argent d'ailleurs a un prix à l'abri de tous les événemens, un prix avoué de toutes les nations; & la confiance dans les *assignats*, le plus réel des papiers-monnoie que l'on puisse fonder, ne sera cependant jamais entièrement indépendante de la fluctuation des opinions.

Enfin, l'on ne doit pas perdre de vue que même entre deux objets d'une valeur égale aux yeux de la raison, celui qui est éminemment nécessaire, & qui l'est à un certain jour, à une certaine heure, fera toujours la loi dans les échanges, à moins que cette supériorité ne soit tempérée par une grande concurrence de la part des vendeurs de la chose dont on ne peut se passer. C'est ainsi que le travail, aussi nécessaire que le sol à la reproduction des subsistances, reçoit la loi du propriétaire; celui-ci peut attendre, & l'homme qui a besoin d'un salaire pour vivre aujourd'hui, se voit forcé de souscrire aux conditions qu'on lui impose. Il en est de même de l'argent comparativement aux billets-monnoie; l'argent ne se convertit en billets que pour jouir d'un intérêt: & les billets cherchent l'argent pour satisfaire aux besoins les plus instans & les plus indispensables; or, en de pareils momens, si l'argent devient rare, nul sacrifice n'arrête pour en obtenir.

Ainsi donc, soit qu'on s'en rapporte au raisonnement, soit qu'on consulte l'expérience, soit qu'on suive l'impulsion des idées communes, on s'effraie en présageant le résultat des marchés qui s'ouvriroient entre deux milliards & demi de billets-monnoie, & la petite somme d'argent qui paroît aujourd'hui dans la circulation.

sans

Sans doute les personnes qui ont des dettes à acquitter & des engagemens à remplir, verroient avec plaisir l'introduction d'une somme immense de papiers-monnoie, puisque cette émission leur permettroit de s'acquitter avec plus d'avantage & de facilité; mais leur spéculation, fondée sur la dégradation probable du prix de ces papiers, est un indice de plus de la disconvenance d'une telle ressource sociale.

On ne peut le contester, la multiplication des billets-monnoie & l'extinction par l'entremise de ces billets, d'une somme considérable de capitaux portant intérêt, favoriseroient certainement la vente des biens nationaux; mais où seroit la justice d'une disposition qui tendroit à faire valoir le prix des domaines qu'on veut vendre, en donnant à ses créanciers des billets dont ils seroient forcés de faire usage d'une seule manière, des billets dont la perte sur la place accroîtroit en proportion le profit de l'état, & dont le discrédit probable devient dès à présent une des bases de la spéculation formées au nom de l'intérêt public? Sans doute ce discrédit permettroit de donner un plus haut prix des domaines nationaux; mais un état ne doit pas se transformer en joueur à la baisse, & se servir de la peur pour faire fortune.

On se tromperoit cependant si l'on considéroit comme un profit pécuniaire sans balance, l'accroissement de la valeur que donneroit aux biens nationaux une émission de dix-huit cens millions de nouveaux billets-monnoie; car la hausse du prix de la main-d'œuvre & des salaires, suite inévitable d'une pareille disposition, l'augmentation des sacrifices nécessaires pour se procurer de l'argent, les pertes avec l'étranger par la convulsion des changes, enfin tous les chocs & toutes les explosions qui surviennent au milieu d'un grand trouble, causeroient certainement un dommage considérable au trésor public. Le maintien de l'ordre, la satisfaction des citoyens, la tranquillité des peuples, la confiance dans la justice des loix, & dans la sagesse du gouvernement, toutes ces idées morales sont plus financières qu'on ne pense, car elles influent de mille manières sur l'administration prospère d'une immensité de revenus & d'une immensité de dépenses.

Qu'importe au reste un calcul d'argent, quand il est question de se déterminer sur une disposition publique qui exposeroit à des inconvéniens d'un genre supérieur & sans parallèle? & lors même qu'une spéculation lointaine pourroit offrir le dédommagement d'un danger prochain, sommes-nous dans un temps & au milieu de circonstances où l'on puisse se permettre de jouer le présent contre l'avenir!

L'idée de convertir la dette publique en *assignats* pour la contraindre de cette manière à se convertir en domaines nationaux, est vaste par son application; mais la morale est bien plus vaste encore, & tout ce qui s'éloigne de ses principes est plutôt un écart remarquable, qu'une grande pensée d'administration.

Ce seroit aussi un avantage, j'en conviens, de pouvoir liquider avec des billets-monnoie la dette qu'on appelle *exigible*, puisque de cette manière l'on seroit plus promptement affranchi de l'intérêt dont elle grève ou grévera l'état; mais un tel avantage a son prix, ainsi que tout autre profit, & l'on auroit tort de l'acheter par des dispositions injustes & qui ameneroient une confusion générale.

Je ne doute point cependant que dans le grand nombre de propriétaires de la dette exigible, il ne s'en trouve qui desirent le plan de liquidation proposé; car il doit convenir à ceux qui ayant une somme de dettes égale à leurs créances sur l'état, s'en acquitteroient avec les mêmes billets qu'ils auroient reçus; il doit convenir encore à ceux qui, sans être débiteurs de personne, auroient assez l'habitude des affaires pour se défaire agilement des billets qui leur auroient été remis: mais tous les autres créanciers de l'état, & les créanciers de ces créanciers qui verroient leurs capitaux convertis tout-à-coup en billets-monnoie, dont le prix s'affoibliroit journellement, ces divers particuliers livrés à toutes sortes d'alarmes, quelles plaintes, quelles clameurs n'éleveroient-ils pas!

On leur diroit, achetez des biens nationaux; mais à quelle époque & dans quel lieu? & comment trouver avec certitude une division de domaine équivalente à sa propriété & rapprochée de sa convenance!

Il ne faut pas perdre de vue qu'une multitude de citoyens réduits à la plus modique fortune, se trouveroient compris dans la classe prodigieuse en nombre de tous les propriétaires ou porteurs de billets.

Leur diroit-on encore, si vous ne voulez pas des biens nationaux, défaites-vous de vos billets? mais l'argent paroîtroit en si petite quantité dans la circulation, que l'échange entre les deux monnoies deviendroit impossible.

On dit que les nouveaux billets devant être délivrés, non pas pour satisfaire à des dépenses, mais pour rembourser des capitaux, ils n'augmenteroient pas la quantité destinée à la circulation journalière; mais tous les porteurs de ces nouveaux billets ne voudront pas acheter de domaines nationaux, & lorsqu'ils chercheront à les transmettre en d'autres mains, il faudra bien que cette négociation se fasse par un échange avec quelque autre valeur, & cette autre valeur conventionnelle ne peut être que de l'argent, à moins qu'on n'en crée une troisième, & puis une quatrième pour servir d'issue les unes autres.

Enfin, on ignore encore en ce moment la valeur des domaines nationaux; on l'ignore encore plus, déduction faite des droits féodaux & des parties de bois dont l'assemblée nationale a déjà décrété la conservation. Comment donc pourroit-on présenter aujourd'hui l'ensemble de ces domaines, comme l'équivalent certain,

De 1,878,816,634 livres, montant de la dette à laquelle le comité donne le nom d'*exigible*;

De quatre cens millions, montant des billets-*assignats* déjà décrétés;

De cent cinquante ou deux cens millions, supplément qui peut-être deviendra nécessaire & pour achever le service de cette année, & pour faire face aux nouvelles dépenses que vous avez déterminées, & pour remplir le vuide des premiers mois de l'année prochaine, si, comme il est à craindre, le nouveau systême d'impôt qu'on veut vous proposer, n'est pas alors en activité?

Il y a trop de confusion, trop d'incertitude encore dans toutes les connoissances relatives aux domaines nationaux, pour les présenter comme une pleine garantie de la grande opération qu'on propose.

J'entends bien que si la somme des *assignats* excède la valeur des domaines nationaux, la concurrence élevera le prix de ces derniers, ou baissera celui des *assignats*; mais là commence l'injustice & le danger. Je crois voir la foule cherchant à passer par un seul chemin trop étroit; les uns arrivent, les autres restent en arrière, tous sont froissés, & plusieurs périssent.

N'en doutons point, aux agioteurs près, le plus grand nombre des citoyens seroit atteint de quelque manière par une opération immense, qui en dérangeant tous les rapports, en changeant le prix de toutes les choses, en introduisant le jeu le plus effréné, ébranleroit toutes les fortunes, & deviendroit encore le principe d'une commotion plus dangereuse.

Sans doute qu'en proposant l'introduction d'une immense quantité de billets-monnoie, on n'a pas été arrêté par les inconvéniens de l'accroissement des salaires & par les risques qui accompagnent les prétentions, les résistances & tous les grands mouvemens entre ceux qui salarient & ceux qui sont salariés; mais je ne sais si l'on a fixé son attention sur la nouvelle classe importante & nombreuse de citoyens qui n'étoient point autrefois aux gages de l'état, & qui vont le devenir. Je veux parler des curés & des vicaires de paroisses, auxquels vous avez attribué une somme numéraire pour appointemens. Je prévois que déjà dans l'état présent des choses, ils auront à souffrir de la nécessité où l'on sera de les payer en *assignats*, si les impôts ne sont acquittés que de cette manière; mais dans quel embarras, dans quelle malheureuse situation ne seroient-ils pas réduits, si, par l'introduction d'une immense quantité de nouveaux billets-monnoie, ils ne pouvoient convertir sans une perte insupportable pour eux, le papier qu'on leur auroit remis en paiement; si même ils ne pouvoient le réaliser à temps, pour satisfaire à leurs modiques dépenses? La tranquillité d'esprit est nécessaire aux fonctions de paix qu'ils exercent; & loin du théâtre de nos spéculations financières, ils se livreroient plus promptement aux inquiétudes, si leur état devenoit dépendant des fluctuations inévitables dans les négociations & les prix d'une masse énorme de papier-monnoie.

On dit qu'il faut multiplier infiniment le numéraire fictif, si l'on veut parvenir à la vente des domaines nationaux; & l'on ajoute que cette vente étant devenue d'une nécessité absolue pour se tirer de l'embarras où l'on se trouve, le bien de l'état doit déterminer à une opération extraordinaire, & qu'en tout autre temps, peut-être, on auroit rejettée.

Je ferai d'abord observer que si cette opération extraordinaire réunissoit, comme je l'ai montré, tous les dangers possibles, & des dangers d'une nature plus grave qu'aucun autre genre de péril, cette considération suffiroit pour l'écarter du nombre des ressources.

D'ailleurs, il n'est nullement démontré que la vente des domaines nationaux doive être arrêtée par l'effet d'une disette de numéraire.

Il en existe en France, selon toutes les vraisemblances, au-de-là de deux milliards en monnoie réelle.

Il y a de plus quatre cens millions de billets-*assignats* décrétés par l'assemblée nationale, & déjà répandus en grande partie dans la circulation.

Il faudra forcément & malheureusement en augmenter la somme pour faire face aux besoins de la fin de l'année & des commencemens de l'autre.

Enfin, si l'on admettoit de quelque manière, soit la dette publique en entier, soit uniquement la dette exigible en paiement des domaines nationaux, pourroit-on craindre qu'avec tant de moyens réunis, le manque des signes d'échange arrêtât les acquisitions dont on auroit la volonté?

Ce seroit une idée fort raisonnable que d'admettre les effets publics en paiement de ces domaines, mais seulement pour une partie aliquote du produit des ventes, afin de conserver aux billets-*assignats* actuellement existans, l'issue qui leur a été promise. On pourroit encore sans inconvénient, donner, pour cette admission, la préférence à la dette exigible; car le prix général des fonds publics se ressentiroit favorablement d'un débouché ouvert à une partie quelconque de la dette publique; mais il n'y auroit point de parité de traitement, & l'on manqueroit aux règles de l'équité, si dans le même temps que les rentes perpétuelles & viagères resteroient en leur ancien état, on éteignoit la dette exigible avec des billets-monnoie dont la valeur seroit soumise aux révolutions que l'immense quantité de ces billets entraîneroit nécessairement.

Je ne m'étendrai pas davantage. Ignorant les diverses propositions du comité des finances, je n'ai pour but en ce moment que d'opposer une première résistance à celle d'entre ces propositions qui me frappe comme désastreuse. Je n'en connois aucune qui ne fût préférable à un genre de ressource qui séduiroit peut-être par sa simplicité, si cette simplicité n'étoit pas le renversement violent de tous les obstacles.

Il faut se défier des inventions avec lesquelles on veut affranchir, d'un tour de main, de tous les embarras accumulés par des circonstances inouies. Le véritable génie de l'administration, c'est la sagesse; elle est nécessaire, elle est indispensable à la place du centre, à ce point de réunion de toutes les considérations, de toutes les difficultés & de tous les devoirs. Les abstractions en affaires publiques me paroissent chaque jour plus redoutables : il est peu de personnes dans la carrière du gouvernement, qui n'aient commencé par elles; & plus on a d'esprit, plus on les aime, parce qu'elles présentent à la pensée un domaine immense : mais à mesure que l'action de l'administration nous a mis aux prises avec les réalités, on se dégage insensiblement des idées systématiques, on se voit forcé de soumettre son imagination au joug de l'expérience; & en observant le cours & le point de départ des opinions communes, soit en gouvernement, soit en économie politique, on respecte davantage ce résultat précieux de tant de réflexions & de tant de pensées.

Séance du vendredi 24 septembre 1790.

M. Delbecq. Je ne connois pas assez les grandes opérations de finance pour vous présenter mon opinion particulière sur la grande & importante question qui est soumise aujourd'hui à votre délibération; mais il est de mon devoir de vous faire connoître le vœu de la ville de Lille, une des plus grandes & des plus florissantes du nord de la France, par son commerce & ses manufactures. Elle m'a chargé de vous faire part de ses inquiétudes sur l'émission de deux milliards d'*assignats*-monnoie; & voici comment elle se résume dans un mémoire que vous ont envoyé à chacun en particulier ses députés extraordinaires.

« En payant en *assignats* forcés la dette nationale exigible, tout l'argent disparoît, tous les atteliers se ferment, les ouvriers de toutes les classes se trouvent sans travail & sans pain, les denrées & les marchandises augmentent, de manière que toute balance est rompue au-dehors comme au-dedans; enfin le commerce national est anéanti. Si la nation se libère au contraire par des quittances de finances, tous nos maux sont finis, la confiance renaît, le capitaliste ouvre ses coffres, le fabricant rappelle tous ses ouvriers, & tous les François heureux bénissent la constitution ».

M. Foucault. Je demande qu'on indique une assemblée extraordinaire ce soir, pour lire les adresses de province que nous recevons tous les jours, pour, sur & contre les *assignats*, afin que l'assemblée soit à portée de connoître le vœu de la nation entière, avant de se déterminer sur un objet aussi important.

L'assemblée consultée, remet cette lecture à l'ordre de deux heures.

M. Lagalissonnière fait un discours, dont tous les points sont rapportés dans le projet de décret qu'il présente.

1°. Il sera créé pour 800 millions de billets de caisse nationale, qui auront cours dans tout le royaume, sans que cette somme puisse être excédée.

2°. Les billets de 100 liv., de 200 liv., de 300 liv. & de 1000 liv., reçus de tous débiteurs envers leurs créanciers & dans toutes les caisses, tant publiques que particulières, ne porteront point intérêt; en conséquence, les 400 millions d'*assignats* décrétés le .... avec un intérêt de trois pour cent, seront retirés successivement, & remplacés par des billets de caisse nationale.

3°. Les billets de caisse nationale seront signés par douze députés du commerce des principales places du royaume.

Ces députés tiendront des registres cotés & paraphés, contenant le nombre, la somme, la date & le numéro des billets mis en circulation.

4°. Le trésor public retirera par chaque mois, à commencer du premier janvier 1791, pour deux millions au moins de ces billets, lesquels seront brûlés en présence de douze commissaires députés du commerce, dont il sera dressé procès-verbal qui constatera le nombre, la somme, la date, le numéro & la sincérité de ces billets.

5°. La dette exigible sera payée de la manière suivante :

Chaque partie d'icelle sera liquidée & arrêtée au comité de liquidation, qui, sur le rapport fait & décrété par l'assemblée nationale, remettra au propriétaire, titulaire ou auteur de la charge, office ou compte liquidé, un bordereau qui sera annexé aux titres constitutifs de la créance.

6°. Chaque bordereau sera signé de six membres du comité de liquidation ou de judicature, en vertu d'un décret de l'assemblée nationale.

7°. Il sera attaché à chacun de ces bordereaux une prime décroissante de 4 pour cent, à partir de la date de la liquidation.

8°. Les bordereaux auxquels seront annexés les titres constitutifs & pièces y relatives de la créance liquidée, seront commerçables & forcés de tout débiteur envers tout créancier.

9°. Tout porteur de ces bordereaux pourra acquérir des biens nationaux, & en jouissant de cette faculté dans les six premiers mois, à compter du premier janvier 1791, si la date du bordereau liquidé est antérieure à cette époque, touchera la prime de 4 pour cent. Au premier juillet 1791, elle ne sera plus que de trois pour cent; au premier janvier 1792, que de 2 pour 100; au premier juillet 1792, qu'un pour 100.

Ce dernier délai expiré, la prime tenant lieu d'intérêt sera supprimée.

En conséquence de ces facilités accordées, la prime décroîtra de six mois en six mois, à dater du jour de la liquidation de chaque bordereau, ensorte qu'à l'expiration des délais énoncés, il cessera d'en jouir, sans néanmoins perdre de la valeur de son capital, qui pourra, dans tous les temps, être employé à l'acquisition de biens nationaux.

M. Antoine Morin. Je ne vous répéterai pas ce que d'autres vous ont développé; je ne vous peindrai point les *assignats* portant la désolation dans toutes les classes de citoyens, mettant aux prises celui qui a prêté son argent, avec celui qui ne lui offriroit que du papier; l'homme confiant & simple, avec le spéculateur adroit, offrant à l'industrie un salaire mensonger, ne présentant que des terres inutiles à ceux qui ont besoin de pain, faisant déserter les manufactures, & soulevant par-tout les habitans des campagnes.

Je conviendrai, si l'on veut, avec les partisans du papier-monnoie, que rien ne seroit plus beau dans la théorie, que rien ne nous serviroit peut-être mieux dans la circonstance, si tous les François, tous les étrangers, s'engageoient sur leur tête, à lui prêter une créance constante & inaltérable: mais on ne me contestera pas qu'il n'est rien de plus funeste dans la pratique, que le papier, lorsque chacun le repousse dans la capitale & dans les provinces; on le reçoit pour une moindre somme que celle qu'il représente: ainsi l'unique, ou tout au moins la principale base (la confiance publique) sur laquelle les promoteurs des *assignats* les font reposer, croule déjà sous nos yeux; ce qui suffiroit pour les proscrire sans autre examen.

Je me borne à vous présenter quelques réflexions détachées, à énoncer mon avis, & à vous marquer l'abîme où l'on peut vous entraîner. Dans ce pressant danger, je m'adresserai principalement à cette portion de l'assemblée nationale, qui, par son courage & son grand sens, a sagement secondé la révolution que le peuple opéroit dans toutes les parties de l'empire; elle ne voudra pas compromettre tant de travaux par une fausse opération de finances.

On vous a souvent répété que vous feriez une injustice aux créanciers de l'état, si vous les payiez avec un papier libre qui ne pourroit pas servir à acquitter leurs dettes: ne voit-on pas qu'en leur cédant les plus belles propriétés du royaume, vous les traitez comme les aînés de la grande famille, au moment même où l'état, sans vous, étoit forcé de leur faire banqueroute? C'est pour eux que vous avez fait rentrer dans vos mains les domaines nationaux: les biens qu'il eût été si doux & si politique d'abandonner à la classe la plus indigente de la nation, sont devenus le gage, l'hypothèque & la marchandise que vous avez promis à vos créanciers: ils ne comptent pas, sur autre chose; s'il en étoit autrement, s'ils pouvoient se défaire envers qui il leur plairoit, du papier territorial qui doit les rembourser, l'homme honnête qui n'a pas contracté avec l'état, qui ne l'a connu que pour lui payer de forts subsides, qui n'a pris aucune alarme sur sa fortune, se trouveroit tout à coup sacrifié.

Le citoyen qui a assez de ses propriétés, seroit tenu d'en acheter de nouvelles, si les créances ou ses denrées lui rentroient en papier; il manqueroit, faute de numéraire, l'établissement de ses filles, à moins que vous ne supposiez que nos jeunes gens se chargeroient tout à la fois & d'une femme & d'une dot en *assignats*.

L'artisan qui n'a que le fonds nécessaire pour ses ateliers, remboursé de ses avances en papier, seroit réduit à abandonner sa profession pour devenir agriculteur forcé & mal-habile. On a prétendu que l'immense dette de l'état étoit celle de tous les particuliers; ce qui suppose qu'au besoin & en cas d'insuffisance de biens nationaux, il faudroit les chasser de leur demeure, pour y loger les créanciers; quand on professe une pareille doctrine, on doit se mettre peu en peine si les *assignats*, dans leur course meurtrière, porteront l'effroi & la désolation dans les campagnes. Je vous le demande; pouvez-vous frapper sur la fortune de tous les pères de famille, au profit d'une classe de citoyens, où l'on compte sans doute des gens honnêtes, mais dont une partie a été le fléau de l'état, & deviendroit votre bourreau, depuis qu'elle ne peut plus être votre tyran? Moi! je contribuerois pour ma part à anéantir le patrimoine de 250 mille individus pauvres & laborieux, qui comptoient sur ma vigilance pour le défendre; je le compromettrois pour faire face à une créance dont une partie est frauduleuse!

Rappellons-nous, mes chers collègues, mes modèles en courage, en patriotisme, & en persévérance, rappellons-nous les témoignages de confiance & de satisfaction que nous avons reçus dans nos bailliages respectifs, de ces bons laboureurs dont le suffrage nous a revêtus des fonctions augustes que nous remplissons depuis dix-sept mois, en promettant sans cesse d'améliorer leur sort. Retournerons-nous auprès d'eux pour leur apprendre que nous ne nous sommes occupés que du sort des créanciers qui n'étoient pas les leurs, avant le 17 juillet de l'année dernière? Leur dirons-nous froidement: nous avons converti vos denrées, vos salaires, la dot de vos femmes, de vos filles en un papier que vous ne savez pas lire, que vous ne saurez pas discerner, quand il sera contrefait, qui sera perdu pour vous quand il sera faux : nous avons fait disparoître, concentré dans les coffres des capitalistes, ou chassé chez l'étranger, le seul signe qui ne pouvoit pas périr dans vos mains, auquel vous étiez accoutumés, qui avoit & méritoit seul votre confiance ?

Une vérité que la réflexion toute seule découvre, & que l'expérience démontrera, c'est que si vous voulez vendre les biens nationaux, il vous faut des quittances de finances, ou des délégations nationales. Si vous voulez aliéner le peu d'argent qui se montre encore, créez des *assignats*.

L'orateur qui n'a déployé que de l'éloquence en faveur des *assignats*, qui nous a menacés de prendre encore la parole à l'appui de ce systême destructeur, est évidemment égaré aujourd'hui par son imagination, ou il l'étoit l'année dernière. Il écrivoit au mois de janvier 1789 :

« Le papier-monnoie est un foyer de tyrannie, d'infidélités, & de chimères, une véritable orgine née de l'autorité en délire ». C'est cette proscription prononcée par M. de Mirabeau, que je vous supplie de confirmer, en rejettant la masse d'*assignats* qu'il vous propose. Inutilement, diroit-il : le papier que j'ai décrié ne valoit pas celui que je vous offre ; l'un portoit sur une confiance folle, sur un prestige que rien ne pouvoit justifier ; l'autre repose sur des fonds qui sont dans nos mains ? Que m'importent des fonds ? répondront ceux qui ont un commerce à alimenter, des enfans à établir. Ce n'est qu'avec perte que nous convertirons vos *assignats* en argent, vos fonds sont une monnoie dont vous devez payer vos créanciers sans nous mettre dans la nécessité de les acheter. On a répandu dans le public, on a dit dans cette tribune que la portion de cette assemblée qui paroissoit contraire à la vente des biens nationaux, ne vouloit pas des *assignats*, afin d'éluder un moyen favorable à cette vente. Je doute que le clergé conserve sur ses anciennes possessions une prétention proscrite par la nation entière ; mais ce qu'on ne peut pas se cacher, c'est que le clergé étant salarié, il doit craindre, si les *assignats* prennent la place des écus, qu'on paie en papier : ainsi la résistance du clergé peut avoir pour objet de sauver une partie de sa subsistance. — Un dernier argument. On n'a cessé de vous dire qu'il faut des *assignats* pour éviter la banqueroute. Je réponds que les *assignats* produiront la banqueroute. Tous les jours vous pouvez voir, comme moi, à la rue Vivienne qu'ils la produisent partiellement, au préjudice de ceux qui les y échangent avec perte. Aucun de nous ne doute que les marchands d'argent ont déja gagné plusieurs millions. Si ce jeu redoutable s'introduit en province, on assure que la cupidité l'y a déja établi, voici ce qui en résultera : on ne peut évaluer à moins de quinze ou dix-huit milliards les divers créances qui existent dans le royaume, en contrats à jour, constitués, viagers, lettres-de-change, prix de ventes, douaires, légitimes, remboursemens de droits féodaux, &c. &c. Si les débiteurs de ces créances projettent leur libération en papier-monnoie, s'ils attendent le moment où sa masse sera accrue & sa confiance diminuée, nous les verrons occupés à acheter des *assignats*, avec profit, pour les donner à des créanciers qui, s'ils ne doivent rien (comme cela arrivera souvent), chercheront bien vîte à s'en défaire à moindre perte. C'est alors que nous offrirons l'hideux & effrayant spectacle d'une nation d'agioteurs. Toutes les fortunes seront ébranlées, & les *assignats* auront fait une plaie plus fatale à la société que celle qu'elle auroit reçue d'une banqueroute ouverte.

Je propose le décret suivant :

« L'assemblée nationale décrète que le paiement de la dette exigible sera fait en papier de cours libre, sous le nom de délégations nationales, sans autre délai que celui qui résulte de la nature des choses.

Je consentirois à l'amendement, s'il étoit fait, d'autoriser ces titulaires de rembourser en ce même papier qu'ils auront reçu, ce qu'ils peuvent devoir du prix de leurs charges ou offices, dans le cas où le vendeur se seroit réservé l'hypothèque dans l'acte de vente.

Je déclare en finissant que je ne suis pas de l'avis de M. Desmeuniers, qui, après s'être élevé contre les *assignats*, pense qu'on peut en émettre jusqu'à 800 millions. C'est même avec regret que je consentirois à une nouvelle émission, pour le service strict & nécessaire du trésor public, pour la fin de cette année. Je pense, comme M. Desmeuniers, qu'on doit aller aux voix par appel nominal sur la question actuelle ; j'en renouvelle la motion.

M. de Montesquiou. Vous avez une dette immense à payer ; vous l'avez reconnue avec une loyauté digne de la nation que vous représentez. Mais le caractère dont vous êtes revêtus, vous impose une obligation encore plus sacrée, celle de mettre un terme aux maux du peuple. Épuisé par deux siècles de déprédations, va-t-il renaître ou continuer de languir ? la révolution sera-t-elle heureuse pour lui ? y sera-t-il attaché par son bonheur ? Voilà sur quoi vous avez à prononcer aujourd'hui. — Les dépenses indispensables de l'état, l'intérêt des dettes constituées & les frais du culte emploieront un subside de 450 à 500 millions. Indépendamment de cette somme, si vous continuez d'attermoyer vos anciens & vos nouveaux créanciers, il faut pourvoir aux intérêts de dix-neuf cens millions de dettes exigibles, à l'intérêt de 400 millions d'*assignats*, & à quelques remboursemens annuels. Pouvez-vous faire supporter au peuple françois cette double charge ?

Non. Vous ne devez donc pas l'entreprendre, & vous êtes dans la cruelle alternative de compromettre l'autorité nationale par des ordres inexécutables, ou de manquer à vos engagemens. — Vous êtes entrés en possession d'un domaine immense; vous avez l'intention d'en transmettre la valeur à vos créanciers. On vous propose de leur distribuer en paiement des lettres-de-change payables à vue, en terres. Ceux qui vous les proposent, prétendent qu'en prenant ce parti vous êtes loyalement acquittés, & que par cette mesure vous épargnez à la nation la honte qui la menace, à vos créanciers le désespoir, & au peuple 120 millions d'impôt. A cette grande & salutaire idée, on oppose une foule d'objections; je vais les reprendre toutes & les analyser avec ordre. — Je m'expliquerai d'abord sur un point de fait, dont on se servira pour combattre mes calculs: on dira que le revenu des biens ci-devant ecclésiastiques, doit balancer une partie de la dette exigible, & ce revenu doit être déduit des cent-vingt millions que j'ai désignés comme une charge à faire supporter par le peuple. Ce n'est point par inadvertance que je ne fais pas cette soustraction: quelque parfait que soit le systême des impôts de 1791, il aura le sort des meilleures institutions, quand elles sont nouvelles. Il est donc d'une prévoyante sagesse, d'accumuler pour cette première année de grandes ressources, & je crois nécessaire d'y destiner le revenu des biens nationaux qui seront encore dans vos mains; & toutes nos relations antérieures font assez sentir que nous devons nous montrer l'année prochaine, d'une manière digne de nous, à nos amis & à nos ennemis.

Je passe à la question. L'argent, vous a-t-on dit, disparoîtra entièrement vis-à-vis des *assignats*, lorsqu'ils seront multipliés comme on vous propose de le faire; & déjà il s'est caché devant ceux qui existent, au point de rendre très-embarrassant le service du trésor public, & celui de tous les atteliers qui exigent des paiemens de salaire.

Cette objection, la première de toutes, présente un fait équivoque & une prophétie alarmante. Après avoir examiné le fait, je passerai au mérite de la prédiction. Pour justifier les *assignats* du reproche qu'ils essuient, je prouverai qu'il étoit impossible de s'en passer. Il suffira de vous rappeller qu'avant leur émission, le numéraire étoit de la plus excessive rareté; les revenus de l'état n'étoient pas payés; les anticipations, ce fruit empoisonné de l'industrie ministérielle & financière, ne pouvoient être renouvellées; le trésor public ne subsistoit que par une monnoie fictive, qui ne circuloit que dans la capitale, dont la somme s'élevoit au-dessus de son capital réel. Vous avez décrété les *assignats*, & ils vous ont tiré de la crise la plus épouvantable. On les accuse d'avoir prolongé la rareté des espèces? c'est ce que nous allons examiner.

L'argent est le premier besoin des nations formées en société, puisqu'il est l'intermédiaire convenu de tous les échanges; dès-lors, comme toutes les denrées de première nécessité, il devient un objet de sollicitude, toutes les fois que des circonstances alarmantes font naître des craintes, ou réelles ou imaginaires. Ces craintes & le resserrement qui en est la suite, ont été remarquables dans tous les temps de révolution. Une constitution nouvelle, des haines de parti, l'espoir ou l'intrigue des mécontens, l'inquiétude des simples spectateurs, l'incertitude des évènemens, tout concourt à inspirer des précautions dont l'effet est de receler ce qui, d'un moment à l'autre, peut devenir nécessaire. L'alarme doit être bien plus grande & bien plus générale, lorsque la fortune d'une grande partie des citoyens, se trouvant liée à la fortune de l'état, les affaires publiques ne présentent que désordre & pénurie.

Ainsi, l'argent devient nécessairement rare dans un pays où la constitution est vivement combattue, & où l'on voit en même temps le trésor public épuisé, le peuple aux abois, & les créanciers de l'état justement effrayés. Telle est malheureusement notre position. Peut-on s'étonner de l'effet, lorsque la cause est si évidente? Cette cause est très-indépendante de l'existence des *assignats*. Ainsi, pour rétablir l'abondance, il s'agit d'affermir la constitution, d'ôter toute espérance à ses ennemis, de les enchaîner au nouvel ordre de choses par leur propre intérêt, & en même temps de diminuer le malheur du peuple, les embarras du trésor public, & l'inquiétude des créanciers. Alors l'argent reparoîtra, parce qu'il existe. Il étoit nécessaire de remplacer, d'une manière quelconque, le numéraire qui chaque jour se déroboit à nos besoins. Les plus petites pièces étoient de 200 liv.; la monnoie, rare depuis long-temps, est devenue un objet de spéculation. On a fait tout ce que les ennemis de la révolution eussent conseillé pour décréditer les *assignats*.

Ils n'ont pas été plutôt créés, que dans toutes les caisses, on a défendu de les recevoir, dès qu'on auroit un prétexte de les refuser; de sorte que le peuple a pu croire que le gouvernement mettoit une grande différence entre cette monnoie & les écus, qu'il ne s'en servoit même que pour lui enlever son argent. Vous avez été poursuivis ici par un projet de décret qui transformoit ces abus en loi. Votre sagesse s'y est constamment refusée, & certes si vous l'eussiez adopté, le mal étoit sans remède. Que l'on fasse donc le contraire de ce qui a été fait jusqu'ici; que les *assignats* jouissent par-tout de la plus grande faveur; qu'une division nouvelle les rende plus propres aux différens échanges & à tous les appoints; qu'une forte émission de petite monnoie aille au secours du peuple, & alors l'inquiétude se calmera; alors on verra diminuer sensiblement un mal qui n'a pour origine que le défaut de prévoyance, ou les plus fausses combinaisons.

Les premiers *assignats* étoient donc indispensables. Les nouveaux le sont-ils ? Produiront-ils le mal qu'on présage, le bien qu'on vous promet ? Le premier besoin du peuple est la diminution des impôts : il est impossible de les diminuer sans décharger le trésor public d'une grande partie des intérêts de la dette & des remboursemens promis.

Il est impossible de modérer les intérêts sans rembourser. Pour être en état de le faire, il faut un moyen qui supplée à l'argent qui vous manque. Ce moyen se trouve dans la valeur des immeubles dont la nation peut disposer. Cette valeur n'est pas de nature à être distribuée réellement, mais elle peut être représentée par un signe de convention qui, d'un moment à l'autre, deviendra la même chose. Les immeubles appartiendront d'avance aux possesseurs de ces valeurs; il ne s'agira pour eux que de procéder à un partage par la voie de l'adjudication, & rien n'est plus essentiellement simple. Mais de semblables valeurs, dérivant d'une propriété publique, ne peuvent pas être bonnes pour quelques citoyens, sans l'être également pour tous. C'est de la loi qu'elles tiennent leur caractère. La loi appartient à tous, & ne peut favoriser exclusivement personne; il faut donc que ces valeurs soient transmises sans négociation & sans risque; elles doivent donc être une monnoie, & c'est sous ce rapport qu'il faut les considérer pour en juger l'effet.

Examinons d'abord s'il eût été possible d'arriver au même but en suivant la route ordinaire, c'est-à-dire, en vendant pour payer, au lieu de payer pour vendre. On vous a dit qu'avec deux milliards de numéraire, qu'avec quatre cents millions d'*assignats* existant, & qu'avec ceux qu'il faudra créer encore, on aura assez de numéraire, soit réel, soit fictif, pour acheter des biens nationaux. Mais a-t-on pensé qu'il faut prélever sur cette somme celle dont les besoins journaliers de vingt-six millions d'hommes exigent l'emploi, & dont on ne peut, sous peine de la vie, changer la destination ? A-t-on songé aux capitaux que la culture, le commerce & les manufactures emploient ? A-t-on considéré que la seule circulation des peuples au trésor public par les impôts, & du trésor public aux citoyens par mille versemens divers, met en mouvement 600 millions, qui ne peuvent cesser un instant d'y être ? peut-on assurer qu'il existe un superflu, dont il soit possible de détourner le cours, pour le porter vers des acquisitions ? Depuis plus de vingt ans 10 mille terres sont à vendre, personne ne les achète. Pourquoi ? Parce que nous manquons de la denrée avec laquelle on se procure des biens-fonds; il faut une surabondance, sans laquelle les ventes se feront mal, se feront lentement, ne se feront peut-être jamais. Rembourser pour vendre est donc le seul moyen de décider, de hâter les ventes. La nouvelle émission d'*assignats* est donc d'une nécessité absolue. Vainement on se flatteroit d'y suppléer, en admettant les effets publics dans les paiemens: les capitalistes qui les possèdent sont accoutumés à une jouissance paisible; ils ne renonceront qu'à la dernière extrémité à un revenu trop considérable, trop commode sur-tout. La seule crainte de banqueroute peut les engager à s'en défaire, & cette crainte qui nous assiège porte à les enfouir ou à disparoître avec eux. Les titres des charges ne présentent pas les mêmes motifs; mais que de formalités leur échange n'exigeroit pas ! que d'entraves, que d'embarras ! & pendant ce temps que deviendront nos domaines ?

Les *assignats* parent à tous ces inconvéniens, ou les préviennent; ils sont donc indispensables. Une seule objection m'a paru avoir quelque solidité: on se croit incertain de la valeur du gage destiné à être représenté par les *assignats*; mais en attendant les états complets qu'auroient dû nous présenter le comité ecclésiastique & celui d'aliénation, nous avons des apperçus aussi vraisemblables que satisfaisans. J'ai vu, depuis quelques jours, dans les bureaux ecclésiastiques, & j'ai entre les mains un travail d'évaluation, fait d'après le compte rendu par 1286 municipalités, prises, non dans le Cambrésis, non en Flandres, ni dans les autres provinces connues pour être si riches en biens ecclésiastiques, mais dans le département de Paris, la ville exceptée, & dans ceux de Seine & Marne, & de Seine & Oise. Il résulte de ce compte une très-grande probabilité, pour ne rien dire de plus, que le revenu territorial des domaines nationaux dans tout le royaume, s'élève au-delà de 132 millions. Il faut ajouter à cette somme le prix des possessions que renferment la ville de Paris & les autres grandes villes, la valeur des bâtimens d'habitation, le revenu attaché aux cures, dont l'évaluation n'est pas comprise dans l'état dont je parle; & enfin les anciens domaines de la couronne.

Je crois donc ne rien exagérer, en portant le capital dont nous avons la disposition, au-delà de quatre milliards; les bois y sont dans la proportion du quart au cinquième : ainsi nous pouvons, en la réservant, compter au moins sur trois milliards. Et vous savez que pour acquitter la dette exigible, & pour absorber les *assignats*, il n'en faut pas, à beaucoup près, autant. Une raison qui me semble très-forte, vient à l'appui de ce calcul. Si nous nous trompions de beaucoup dans nos évaluations, de combien de preuves ne serions-nous pas accablés par les nombreux intéressés à la conservation des biens ecclésiastiques ? Ils disent bien que nos calculs sont chimériques, mais ils ne les réforment pas par d'autres calculs plus positifs, & cependant ils sont à la source. (Une partie de l'assemblée applaudit.) S'ils avoient des faits à citer, répéteroient-ils si souvent que tôt ou tard le clergé rentrera en possession de ses biens, & en chassera de sacrilèges usurpateurs? Ils sentent à merveille que leur éloquence échouera contre l'intérêt des porteurs d'*assignats*, & qu'en leur retraçant les horreurs du systême, ils ne feront plus que les exciter à prendre au plutôt possession de quelque abbaye, pour se mettre à l'abri de tout danger. Leurs citations, au reste, ne sont pas heureuses, ou du moins ne sont pas applicables.

Est-il une époque dans l'histoire où des terres que chacun avoit sous les yeux, aient été représentées par des valeurs en papier, & où les valeurs se soient évanouies? Le Mississipi sera-t-il opposé à l'abbaye de Cîteaux, à l'abbaye de Cluny, & à cette foule de maisons religieuses dont l'opulence contrastoit si fort avec la misère publique? La difficulté des ventes, faute de moyens d'acquérir, voilà le seul obstacle que vous ayiez à vaincre. Cette impuissance, ou générale ou prolongée, est le dernier espoir des ennemis de la constitution; mais il sera déçu comme d'autres. L'assemblée nationale n'aura pas vainement entrepris de sauver l'état. Les *assignats* seront le lien de tous les intérêts particuliers avec l'intérêt général. Leurs adversaires même deviendront propriétaires & citoyens par la révolution & pour la révolution. Ils vivront de cette terre désormais affranchie malgré eux, & ce sera le terme des vaines terreurs par lesquelles ils voudroient nous arrêter. (Une grande partie de l'assemblée applaudit.)

Faudra-t-il répondre au danger de cette affluence de concurrens, qui seront tous froissés dans l'étroit passage qui leur sera ouvert? Cette hyperbole signifie sans doute que la création des *assignats* élevera le prix des domaines nationaux. N'est-ce pas précisément ce que nous cherchons? On sera forcé d'acheter trop cher, vous a-t-on dit; & là l'injustice commence. Ah! puissions-nous n'avoir à nous reprocher d'autre injustice, (la droite interrompt & applaudit.) que celle d'avoir fait fructifier pour la nation le domaine de la nation! Chacune des larmes que nous auront épargnées au peuple sera notre récompense. (La gauche applaudit.) Eh! qu'importe à l'état que les terres soient achetées à un prix élevé? L'industrie en aura plus d'intérêts à s'exercer. Faut-il donc, pour être justes, que nous appliquions les calculs de la banque à des valeurs territoriales? elles n'ont point de denier fixe, comme il n'y a pas de bornes à leur produit, lorsque des mains économes & sobres les cultivent. Nous reviendrons à des goûts plus simples, à des mœurs plus pures. Sont-ce là les malheurs dont on nous menace? (Une grande partie de l'assemblée applaudit.) L'avantage des *assignats* pour les ventes, n'est plus douteux. Voyons quelle sera leur influence dans la circulation.

J'observerai d'abord que si leur effet certain est de se précipiter vers les acquisitions des biens-fonds, l'intervalle sera court entre leur sortie du trésor public & leur disparition dans la caisse de l'extraordinaire. Mais suivons-les pas à pas dans la route qu'ils doivent parcourir. A entendre certains spéculateurs, on croiroit que tout à coup dix-neuf cents millions de papier vont inonder la capitale & les provinces. On nous peint les atteliers déserts, les denrées les plus nécessaires doublant de prix, le commerce anéanti, le peuple au désespoir & le royaume presque déserté par ses malheureux habitans. A ce tableau fantastique je n'opposerai que la simple vérité. L'émission des *assignats* sera successive par le seul méchanisme de leur fabrication; leur distribution sera lente par les formes indispensables de la liquidation. La rapidité de leur écoulement par les ventes surpassera vraisemblablement celle de leur production; mais je les suppose tout à la fois dans des mains destinées à les recevoir. Alors, ou les besoins de la circulation les appelleront dans le commerce, & ils y conserveront leur valeur ou le discrédit les en repoussera; & leur possesseur, certain de les placer au pair dans l'acquisition des domaines nationaux, se gardera bien de les employer à un autre usage. On a dit que des particuliers n'ayant que des petites sommes en *assignats*, ne voudroient pas acheter des domaines, & ne pourroient échanger leurs billets contre de l'argent: je répondrai qu'une somme, quelque modique qu'elle puisse être, est pour son possesseur la représentation d'un capital destiné à lui donner un revenu ou une somme réservée pour ses dépenses.

La totalité de ce que vous avez à payer en ce moment, consiste en capitaux dont le revenu fait vivre celui qui les possède; ainsi, ces capitaux chercheront à se placer. Un grand marché en biens-fonds s'ouvre; à l'instant même cette foule d'intérêts est dirigée vers un but commun, celui de placer. Ce marché est sur toute la surface du royaume. Un *assignat* de 1000 liv. vaut 1000 liv. d'un bout de la France à l'autre; il ne s'agit plus de l'échanger contre de l'argent, c'est au contraire l'argent qui doit solliciter cet échange: ainsi point de baisse à craindre, le bien est adjugé. Le papier, signe d'une dette de l'état, est reçu comme il a été donné; & la dette qu'il représentoit & le signe de cette représentation, disparoissent dans le même instant. Mais, vous a-t-on dit, avant d'arriver à ce but, ils produiront une révolution dans toutes les fortunes. Quelle sera cette révolution? Tous les débiteurs seront libérés de ce qu'ils se trouveront en état de payer, & je vois ici la solution du plus étonnant problême politique, une libération presque générale de toutes les fortunes; je vois des terres immenses passer dans des mains industrieuses & porter un nouvel accroissement à la fortune & à la prospérité publique....

Vous êtes au moment d'établir l'impôt, & l'on a toujours été frappé de la difficulté d'atteindre les capitalistes; quel moyen plus sûr de les transformer en propriétaires?... Ainsi donc, autant les premiers

premiers *assignats* étoient nécessaires pour suppléer au *deficit* des revenus, autant les nouveaux le sont pour suppléer au *deficit* des capitaux.

Les esprits les plus fertiles en invention, ne vous ont proposé que des quittances de finances : on en varie les intérêts depuis cinq jusqu'à trois pour cent; dans cette dernière hypothèse, ils vous coûteroient 57 millions. Mais vous propose-t-on sérieusement de rembourser des effets au porteur, à cinq pour cent, par d'autres effets au porteur à trois pour cent? Cela s'appelle-t-il un remboursement? Autant vaudroit déclarer que les intérêts ci-devant à cinq pour cent, sont réduits à trois. Je répondrai à cette étrange proposition par la lecture de votre décret du 27 septembre 1789, qui contient l'engagement formel de ne faire aucune réduction ni retenue sur les rentes; en se conformant à cette loi irrévocable, ce n'est plus 57 millions qu'il vous en coûteroit, c'est 95, sans compter l'intérêt des premiers *assignats*; à moins que, suivant le conseil d'un géomètre célèbre, qui, dans cette occasion, nous a fait part de ses lumières, vous ne vous débarrassiez de ces intérêts, en ne les payant pas, & en vous réservant d'en tenir compte au moment des acquisitions....

En adoptant des quittances de finances à cinq pour cent, votre opération se borneroit à avoir fait changer de nom à votre dette; elles seroient mauvaises pour ceux qui n'en auroient pas, puisqu'ils seroient obligés d'en payer les intérêts. Elles seroient plus mauvaises pour ceux qui en auroient, parce que, dans ce moment où les effets publics perdent vingt pour cent, elles perdroient davantage encore, quand leur masse seroit triplée; elles ne seroient bonnes que pour ceux qui vivant de la détresse publique, mettroient eux-mêmes le prix aux quittances de finances, & par-là se rendroient maîtres de nos domaines. Je pense cependant que vous pouvez admettre des quittances de finances en concurrence avec les *assignats*, en laissant aux créanciers la liberté du choix : ce sera un sacrifice que vous ferez à l'opinion.

Avec cette mesure, vous êtes certains que 900 millions d'*assignats* suffiront à tout; & puisque personne ne sera contraint, il n'y aura pas d'injustice. Pour entraîner votre opinion, on met en avant l'intérêt du commerce, comme si le commerce pouvoit prospérer lorsque toutes les parties de l'état sont obstruées; le commerce extérieur ne peut avoir lieu qu'autant que les signes représentatifs des échanges sont multipliés; les manufactures & les fabriques de toutes espèces, périssent faute de pouvoir se procurer des secours. Elles prospéreront, lorsqu'une grande abondance de valeurs représentatives fera reparoître les acheteurs & baisser les intérêts de l'argent.

Il est cependant un genre de commerce qui disparoîtra devant les *assignats*; mais je ne crois pas que l'assemblée nationale entreprenne de le relever, lorsque ses détails & ses élémens lui seront bien connus, & il faut enfin les lui faire connoître : c'est celui qui a pour base & pour objet de spéculation, la pénurie générale, & le discrédit des effets publics. Ce commerce a un grand avantage sur tous les autres; c'est qu'il n'exige aucune mise de fonds, & que cependant il rapporte beaucoup plus que ceux qui obligent aux plus fortes avances. Ceux qui l'exercent ne sont pas sans relation avec les places de commerce; mais c'est à Paris sur-tout qu'ils résident, & c'est-là qu'ils ont l'art de présenter leur intérêt très-personnel, sous le nom respecté de l'intérêt du commerce. Les banquiers qui travaillent dans ce genre n'ont besoin que d'être accrédités à la caisse d'escompte; c'est-à-dire, que leurs lettres-de-change à trois mois y soient acceptées à l'escompte ordinaire de cinq pour cent. Un particulier possesseur d'effets publics, qui a un besoin momentané d'argent, & qui ne voudroit pas se défaire de ses effets lorsqu'ils perdent beaucoup, s'adresse à ces banquiers & leur demande, par exemple, cent mille francs pour trois mois. Ils y consentent sur un nantissement en effets publics de 125 ou 130 mille francs, plus ou moins, suivant le cours de la place.

Au moment du dépôt fait pour trois mois, avec faculté de vendre, au bout de ce terme, en cas de non-paiement, l'obligeant prêteur ne donne pas d'argent, mais il tire une lettre-de-change à trois mois, & en envoie recevoir le montant à la caisse d'escompte, sur le pied ordinaire de l'escompte de cinq pour cent. Il retient ensuite au moins un pour cent par mois, & remet le reste, c'est-à-dire, 97,000 liv. à l'emprunteur; au bout de trois mois, on lui rapporte 100,000 liv., il acquitte la lettre-de-change, & rend le dépôt. De cette manière, sa seule signature lui vaut douze pour cent, moins l'escompte, c'est-à-dire, sept. Or, comme cela se répète tous les jours, & pour des sommes fort considérables; comme cela se fait sans aucun déboursé, il est aisé de concevoir que ceux qui adoptent cette façon de vivre, desirent la conserver, & voient la ruine de leur commerce dans l'anéantissement des effets publics, & dans la prolongation de la pénurie générale. Ce n'est pas tout encore. Comme la loi n'autorise pas cette manière de prêter sur dépôt, & que tous les dépositaires ne sont pas également délicats, il leur arrive quelquefois d'user, pendant leurs trois mois, des effets qu'ils ont en gage. S'ils imaginent un moyen de les faire hausser, ils les vendent à leur profit.

Au moment de les rendre, ils manœuvrent en sens contraire & en rachètent. Ce manège rapporte à ceux qui le font habilement, huit à dix pour cent au-delà de l'intérêt qui leur est assuré pour leur marché. Voilà la cause souvent ignorée des variations de prix sur la place : c'est, comme vous le voyez, le chef-d'œuvre de l'agiotage. Les quittances de finance seroient particulièrement propres à l'entretenir; aussi les gens du métier disent-ils beaucoup de mal des *assignats*. Le véritable commerce, cette profession si honorable & si utile, voit avec horreur & ces manœuvres obscures & ces gains illicites. Le remboursement des effets publics en est le terme, & les *assignats* seuls peuvent l'opérer. Le parti que l'on vous propose, vous assure une vente avantageuse de vos domaines, qui, sans cela, dépériroient dans vos mains; du moins il anéantit des engagemens exigibles, ou prêts à le devenir, & il épargne au peuple l'intérêt de deux milliards 300 millions, outre les sommes de remboursement. Le peuple qui paiera 120 millions de moins, ne vous accusera certainement pas d'imprudence; il ne haïra pas ces *assignats* qui l'auront sauvé: c'est contre cette économie de 120 millions d'impôts que viendront se briser tous les efforts de ceux qui repoussent les *assignats*.

Ce calcul est trop simple pour qu'on puisse en imposer à la nation sur ce point. Si vous ne remboursez pas deux milliards trois cents millions que vous devez, & vous ne pouvez les rembourser que par des *assignats*, il ne vous est pas libre d'en réduire les intérêts, encore moins de ne pas les payer; ni même de les suspendre; & si l'excès de l'impôt légitimoit une fois la résistance des contribuables, qui peut nous répondre que même la somme sur laquelle vous avez droit de compter, rentreroit au trésor public? La confusion, l'anarchie, voilà les fruits inévitables des conseils timides que l'on vous donne. Le courage est, dans certaines occasions impérieuses, la véritable sagesse, mais il n'exclut pas la prudence: la sagesse courageuse consiste ici à entreprendre un plan libérateur, la prudence à y ajouter toutes les précautions convenables. Ainsi, tandis que vous ordonnerez le remboursement général en *assignats* & en quittances de finances, il faut en même temps faire les dispositions nécessaires pour varier les divisions des sommes des *assignats* de manière à les rendre propres à tous les appoints. — Il faut multiplier les caisses patriotiques, pour l'échange des petits *assignats* contre la monnoie; il faut faire frapper beaucoup de petites pièces, il faut abréger les formalités des ventes, il faut déclarer que si des vues d'utilité publique vous ont engagés à retenir une partie des bois du domaine national, vous en sacrifierez ce qui sera nécessaire à l'acquittement de la dette; enfin, il faut abréger les liquidations, & sur-tout ne souffrir aucune émission nouvelle d'*assignats* pour solder les dépenses. Alors laissez gronder autour de vous la malveillance & l'impéritie; déployez votre grand caractère, & comptez sur la seule récompense des hautes entreprises, le succès & le jugement de la postérité.

M. Montesquiou présente un projet de décret, dont voici les principales dispositions. Il propose de créer des quittances de finances portant trois pour cent d'intérêt; de faire une émission de 800 millions d'*assignats*, afin que les créanciers de l'état, qui préféreront les quittances, puissent être remboursés à leur gré; & que ceux, au contraire, qui préféreront des *assignats* sans intérêts, dont le cours sera forcé, puissent obtenir leur remboursement de cette manière; d'autoriser les non-créanciers de l'état qui auroient reçu des *assignats* des créanciers de l'état, à se présenter à la caisse de l'extraordinaire, pour les échanger contre des quittances de finances; de déterminer une époque à laquelle finira l'intérêt des 400 millions d'*assignats* décrétés au mois d'avril; & enfin d'ordonner que dans tous les districts, les adjudications des biens nationaux seront ouvertes à jour nommé & le plus prochain.

M. Renaud d'Epercy. Vous avez chargé votre comité d'agriculture & de commerce de vous rendre compte de l'opinion des diverses places de commerce, sur la question que vous agitez aujourd'hui: je viens vous en rendre compte. Non-seulement, comme on l'a prétendu, les villes de commerce ne sont point de l'avis des *assignats*, mais sur trente-trois adresses, vingt-six ont été contre, & sept seulement ont été pour. Les villes qui ont voté en faveur de l'émission, sont Bordeaux, Louviers, Saint-Malo, l'Orient, Rennes, Tours & Auxerre; celles qui sont contre, sont, Lyon, Nantes, le Havre, la Rochelle, Rouen, Lille, Dunkerque, Niort, Reims, Montmorency, Valenciennes, Angers, Abbeville, Elbeuf, Sedan, Caen, Orléans, Granville, Laval, Saint-Quentin, le Mans, Montpellier, Dieppe, Marseille, Romorentin, & département de la Saône.

M. Dubois. Je suis porteur du vœu contraire de la plupart des villes que vous venez d'entendre nommer; je suis prêt à le déposer sur le bureau.

M. de Mirabeau l'aîné. Je demande la parole. (*Non, non*, s'écrie-t-on dans la partie droite). Je suis contraire en fait avec le rapporteur du comité, voilà pourquoi je demande la parole.

M. le président. Je vais consulter l'assemblée pour savoir si l'on peut interrompre le rapporteur. (Plusieurs voix s'élèvent dans la partie gauche: *Dites, l'interrompre sur un fait*).

M. le président. Comme un rapport n'est qu'une suite de faits, si on interrompt.... (Plusieurs voix s'élèvent). *Vous plaidez, M. le président.*

M. le président. Que ceux qui veulent accorder la parole à M. de Mirabeau, pour interrompre M. le rapporteur sur un fait, veulent bien se lever.

M. de Mirabeau l'aîné. Vous avez posé astucieusement la question, M. le président.

L'assemblée décide que M. de Mirabeau sera écouté.

M. de Mirabeau l'aîné. Ce que j'ai à dire est si court & si simple, que je regrette que cela ait interrompu M. le rapporteur : je voulois dire que si j'avois jamais pu croire que cette question pût être jugée par le poids des autorités & non par celui des raisons, je me serois récrié contre la longue série des villes qu'on vous a citées, pour vous alléguer que je suis porteur d'un grand nombre de pétitions de ces mêmes villes, qui sont absolument contraires. Cette contradiction n'est qu'apparente & d'aucune importance; car heureusement ce dissentiment n'est dans ces villes, comme dans l'assemblée nationale, que celui de la minorité. La majorité cherche toujours à éloigner la contre-révolution; je dis la contre-révolution, car la plus grande importance que nous apportons à la mesure que nous proposons, c'est que nous la croyons faite pour anéantir toute espèce d'espoir de contre-révolution. (On applaudit.)

M. Murinais. On entraîne l'assemblée par ces applaudissemens.

M. Duval d'Espréménil. M. le président, engagez M. de Mirabeau à exposer les faits.

M. de Mirabeau l'aîné. Voici le fait que j'aurois exposé plutôt, si je n'avois été aussi fréquemment interrompu par les murmures. Demain j'apporterai la liasse des pétitions qui m'ont été adressées de la plus grande partie des villes du royaume; j'en lirai le dossier à l'assemblée, & si, contre mon avis, elle donne autant de poids à cette espèce de récolte, qu'à des raisonnemens sages & justes, elle verra que, sans exception, il n'est pas une des villes dont vous venez d'entendre les noms, dont nous ne puissions présenter les vœux contradictoires. De deux choses l'une : ou l'on donnera beaucoup, ou l'on donnera trop peu d'importance à ces pétitions. Si l'on attache beaucoup d'importance au nombre des pétitions, (M. Duval s'écrie : régulières), je consens à faire rentrer dans la balance, celles dont je suis porteur, sans compter Paris, que je m'étonne un peu de n'entendre pas nommer : si au contraire on n'en donne qu'au poids des raisons, alors il ne faut, ni s'étonner, ni s'indigner de toutes ces lectures. Je voulois donc dire à M. le rapporteur que nous sommes munis de pièces comme lui, & que c'est à raison de ces pièces que nous sommes contraires en faits.

M. de Murinais. Je sais qu'à Lyon, que l'on vous dit être pour les *assignats*, on a mendié & calqué des signatures; voilà les pétitions dont M. de Mirabeau est porteur.

M. la Revillière. Parmi les villes que l'on vous dit être contraires aux *assignats*, j'ai entendu nommer celle d'Angers. J'ai remis sur le bureau, dans une des dernières séances, une adresse de la municipalité d'Angers, qui, dans les derniers troubles, s'est montrée avec tant d'énergie; elle désavoue la première pétition, au bas de laquelle se trouvent cinquante signatures mendiées, & parmi lesquelles l'on ne compte, pour ainsi dire, que des négocians qui ne font pas mille écus d'affaires. Les dix-neuf vingtièmes de la ville demandent l'émission des *assignats*, & désavouent cette première adresse, afin que cette ville ne soit pas soupçonnée d'avoir manqué de patriotisme.

M. Renaud continue son rapport & expose les diverses raisons qui ont motivé les délibérations des villes.

M. Anson. L'assemblée nationale a rendu un décret par lequel elle a ordonné aux sections de la ville de Paris, de remettre au comité des finances leur vœu, si elles en émettoient un sur la question des *assignats*. Le commerce de Paris, représenté par les grands-gardes des six corps, ont pris une délibération importante & détaillée en faveur des *assignats*. C'est aussi le vœu des manufacturiers, & enfin de la majorité des sections, qui s'est déjà expliquée unanimement.

M. Bannier. La nation attend de vous que vous accomplissiez une promesse solemnelle : les créanciers de l'état ont été mis sous la sauve-garde de la loyauté françoise; mais ce n'est pas-là votre seul devoir. Dans la démolition de l'antique édifice, la Providence nous avoit réservé la découverte d'un vaste domaine. Il faut que les biens nationaux soient vendus promptement & à leur juste valeur : il faut déposséder les usufruitiers, il faut détruire un chimérique espoir, qui sans cesse entretenu, perpétueroit des divisions & des aigreurs; il faut empêcher que les revenus de ces domaines n'exposent à des tentations dangereuses les corps auxquels l'administration en sera confiée; il faut favoriser les départemens même, car le produit étant versé dans le trésor public, les fruits s'écouleroient loin du sillon qui les auroit produits. La justice ordonne de payer, la bonne administration ordonne de vendre. Ce n'est plus le moment d'user de tous ces moyens si familiers à l'ancien régime, & qui ne servoient qu'à approfondir l'abîme; ce n'est plus le moment de suivre le principe auquel les administrateurs n'étoient que trop fidèles, ce principe destructeur qui consistoit à augmenter, sans mesure comme sans scrupule, la masse de nos charges, pourvu que les embarras du jour fussent rejettés sur le lendemain. On vous a proposé d'ouvrir une concurrence entre tous les créanciers de l'état, d'appeller quatre milliards & demi de créances, pour les échanger contre trois milliards de domaines. Ou tous ces titres s'échangeroient, & les terres seroient portées au-dessus de leur prix réel, & les papiers tomberoient au-dessous de leur valeur, & alors vous auriez préparé une grande injustice;

où il resteroit des titres non liquidés, & vous seriez dans un grand embarras. Les créances constituées se porteront les premières sur ces biens nationaux; il ne restera que des créances exigibles. Nous ne pourrons les payer, nous serons obligés de les constituer, malgré les droits des créanciers, & nous aurons fait encore une injustice. C'est donc avec sagesse que le comité a proposé de ne liquider que la dette exigible. Il faut payer ou rester débiteur; en créant des quittances de finances, la dette ne cesse pas d'exister. S'acquittera-on en numéraire? Il seroit absurde de le proposer; il faut donc payer en *assignats*.

Je vais comparer les avantages & les inconvéniens des differens systêmes. Les avantages des quittances de finances sont nuls; elles n'offrent pas de moyens de libération: constituer ce n'est pas payer; elles ne prêtent aucun secours à la circulation; elles sont d'ailleurs une injustice, car tout contrat de constitution doit être fait avec la volonté libre du créancier; autrement vous aurez manqué au plus saint de vos devoirs; la sauve-garde & l'honneur françois est absolument violé. Vous aurez encore manqué à l'humanité. Vos créanciers espéroient recevoir des capitaux disponibles, qu'ils auroient transmis à leur tour aux créanciers qui les pressent. Invoqueront-ils la loi, asyle des opprimés? Mais il ne leur reste pas d'asyle, puisque c'est la loi qui les opprime; elle les écrase entre les poursuites légitimes de leurs créanciers & sa propre injustice. Porteront-ils à la bourse ces titres pour les vendre à perte? Les effets publics perdent 15 pour cent; doublez-en la masse, & calculez ce qu'ils perdront. Si vous adoptez les quittances de finances, en supposant que les revenus des biens nationaux seront perçus, il faudra imposer 38 millions sur le peuple. Encore je ne suppose les intérêts des quittances de finances qu'à 3 pour cent, comme on vous l'a proposé, c'est-à-dire de 2 pour cent au-dessous de l'intérêt, comme le seul qui soit juste: ce sera arithmétiquement faire une banqueroute de 40 pour cent sur le capital. Pour payer l'intérêt que la justice réclame, vous serez forcés d'accroître encore l'impôt. Un gouvernement immoral empruntoit ce qu'il ne pouvoit rendre, vendoit ce qu'il ne pouvoit donner; la cour, les finances, l'armée étoient fermées à qui n'en achetoit pas l'entrée, & c'est-là que 4 milliards de capitaux, enlevés à l'agriculture & à l'industrie, venoient se paralyser. Les quittances de finances auront les mêmes effets; le nom sera différent, la chose n'aura pas changé. Entassées à la bourse, elles récompenseront l'inertie du capitaliste avide, & anéantiront l'industrie. Voilà le dernier malheur produit par les quittances de finances. Je laisse à votre sagacité à développer ces différens inconvéniens; je passe aux *assignats*.

Je vois dans les *assignats* un véritable envoi en possession, qui transmet aux créanciers la propriété de tels ou tels domaines nationaux, à leur gré. Non-seulement les titulaires ne posséderont plus, mais la nation se sera dessaisie; elle administrera seulement jusqu'à ce que le créancier ait appliqué son titre aux domaines qui lui conviennent. C'est une véritable libération du capital qui éteint les intérêts. On se plaint de ce mouvement rétrograde de tous les créanciers, de tous les débiteurs: on ne veut pas être frappé de cette grande opération politique, qui traîne par-tout avec la libération, le travail & le crédit; on ne veut pas voir cette foule de citoyens courbés sous le poids d'une créance mutuelle, qui ne pourroit être soldée quand l'état ne solderoit pas sa dette; on ne veut pas voir que les engagemens particuliers ne peuvent être remplis, si la nation ne remplit pas les siens. Elle le doit, elle le peut, elle les remplira.

Ces engagemens ne sont-ils pas inébranlables comme la constitution, sacrés comme notre serment civique, inviolables comme cette fédération que la France a jurée.... (Une grande partie de l'assemblée applaudit). Ce ne sera pas la crainte, mais ce sera le besoin qui entraînera les capitalistes vers les domaines nationaux. Tout propriétaire de capitaux veut des revenus; vous lui offrez un débouché utile, il le saisira. Faites qu'on soit pressé de placer ses capitaux, & vous haussez toutes les propriétés, & vous sauvez ceux même dont l'imprévoyance semble appeller la ruine générale: vous servez l'intérêt de l'état, celui des créanciers, celui des propriétaires.... Les *assignats* perdent-ils? Vous avez fait une première émission de 400 millions d'*assignats*, & l'on voit sur les registres de la bourse, que les papiers-marchandises n'ont pas baissé; toutes les opérations se sont cependant faites avec des *assignats*, comme elles se seroient faites avec de l'argent. Les *assignats* sont donc au pair avec l'argent....

On objecte l'influence des *assignats* sur le commerce & sur les changes; il existe déjà des *assignats*, il en existe pour 400 millions: tout ce qu'on pouvoit craindre existeroit déjà, & cependant n'existe pas. Un effet ne peut tomber au-dessous du pair, quand on a assuré le remboursement certain & à volonté de sa valeur. Vous avez 547 bureaux de changes, toujours prêts à prendre les *assignats* au pair, & à en donner la valeur en domaines nationaux. Dès que les *assignats* n'excèdent pas la valeur qu'ils représentent, le seul besoin pour les petits achats, la commodité plus grande du numéraire devient l'unique mesure de leur déchet. Le besoin pour les petits achats existe, il a produit son effet, il n'augmentera pas, quelle que soit l'étendue de l'émission. Quant au change, sa faveur ou sa défaveur est en raison de la soute entre deux nations qui sont en rapport de commerce; les termes auront seulement changé, la différence ne viendra jamais que de la balance des envois mutuels.... L'augmentation subite du numéraire fera, dit-on, accroître tous les prix, l'augmentation des matières de première nécessité ne sera pas aussi rapide que celle des salaires, l'état recevra du papier; quand on le paiera, il sera obligé de payer, & ses dépenses seront augmentées; il recevra moins, & il donnera plus : voilà l'objection. Mais quel esprit de vertige s'emparera donc de tous les citoyens, pour qu'ils consomment leurs capitaux plutôt que de les placer? Les *assignats* iront avec rapidité trouver les biens nationaux, sinon la circulation les appellera; & si elle les appelle, elle en aura besoin: les *assignats* répandront donc la vie.

La prodigalité du régent excita celle de ses favoris; mais des créanciers légitimes recevant des capitaux, voudront créer des capitaux. L'Angleterre a proportionnellement plus de numéraire que la France; cependant les choses de première nécessité, le pain, la viande, les étoffes grossières y sont à un plus bas prix. Le prix des salaires y est plus cher, parce que l'industrie a plus de capitaux productifs. Eh! sans doute, c'est accomplir le premier de vos vœux que d'augmenter le produit de celui qui travaille, sans augmenter ses besoins!.... J'épuise toutes les objections inventées contre les *assignats*: on me demande ce qu'ils deviendront entre les mains de celui qui ne doit rien à personne & qui ne veut pas acquérir : je ne sais si cet homme existe; mais est-ce pour lui que nous devons calculer des institutions? Je me prête à cette hypothèse; le citoyen utile qui se livre à des spéculations légitimes, ira chercher ces capitaux morts; il les emploiera quand vous donnez l'essor à la liberté françoise, quand vous rendez la vie à l'industrie.... Je crois avoir prouvé que les *assignats* ont des avantages certains, & qu'on n'a opposé que des inconvéniens imaginaires: mais je crois que votre prudence doit ménager ce préjugé.

Le remboursement de la dette exigible n'est pas également pressant; vous pouvez vous borner en ce moment à 800 millions. Je propose donc de décréter la fabrication d'une somme de 800 millions sans intérêt, & pour le reste, la création de quittances de finances, produisant trois pour cent & portant une prime de un pour cent, payable dans les ventes; la dette actuellement exigible, ou devant le devenir, seroit liquidée d'ici au premier janvier; elle seroit remboursée en *assignats* ou en quittances de finances, à la volonté des créanciers; il seroit libre d'échanger à la caisse de l'extraordinaire les *assignats* contre des quittances de finances, sans réciprocité. Les *assignats* anciens & nouveaux, les quittances de finances & l'argent monnoyé seroient reçus concurremment dans les ventes, dont l'ouverture se feroit au premier novembre prochain.

Ce discours reçoit beaucoup d'applaudissemens, & l'assemblée en ordonne l'impression.

Séance du samedi 25 septembre 1790.

M. Décrétot. Je n'ai pas la prétention de jetter un nouveau jour sur une question qui, déjà depuis long-temps agitée, devroit être suffisamment éclaircie. Comme représentant de la nation, & député d'un pays de manufactures, je me crois obligé de donner mon opinion. J'ai remarqué que presque toutes les raisons, tant constitutionnelles que politiques & financières, qu'on a alléguées pour l'émission de deux milliards d'*assignats*, pouvoient être rétorquées contre, & que beaucoup de celles qui ont été données contre, ne pouvoient être administrées pour. La constitution, s'est-on écrié, sera en danger, si on ne décrète pas l'émission de deux milliards d'*assignats*-monnoie; elle sera bien plus en danger, a-t-on répondu, si on en décrète pour une aussi forte somme. Si on attribue, a-t-on ajouté, un intérêt de 5 pour cent, à des quittances de finances qui seront faites pour le montant de la dette exigible, on augmente l'impôt de 100 millions. Ce qu'on ne dit pas, & qui est très-probable, c'est que les *assignats* portés à une somme aussi épouvantable que celle de deux milliards, perdront 40 à 50 pour cent, & qu'alors l'impôt se trouvera doublé. D'ailleurs, en ne payant l'intérêt ou la prime de vos quittances de finances ou de délégations sur les domaines nationaux, qu'autant qu'elles seront employées à leur achat, & en bornant les intérêts au terme de deux ou trois ans, la concurrence des acheteurs les fera vendre plus cher, & dédommagera de ces mêmes intérêts, dont toutefois il faut déduire le revenu des domaines nationaux.

C'est, dit-on, attacher les François à la constitution & à leur patrie, que de les mettre, pour ainsi dire, dans l'obligation d'acheter des domaines nationaux, & c'est acquitter la dette de l'état par le moyen le plus simple. Mais si vos deux milliards d'*assignats* perdent beaucoup (comme je m'engage de vous le prouver dans un moment) ou même si par une terreur, mal fondée, si vous le voulez, qui existe déjà chez bien des personnes, on imagine qu'ils doivent perdre; si par une suite de cette folle terreur on croit aux revenans, on craindra que le désordre ne rappelle le clergé à ses ci-devant soi-disant propriétés, une très-grande partie de vos domaines nationaux ne se vendra pas; on enfouira l'argent, on le placera chez l'étranger, on l'emportera, on s'expatriera. C'est, dit-on encore, le moyen le plus sûr de consolider l'expropriation du clergé, & de lui enlever toute espérance de retour : mais si votre opération de deux milliards d'*assignats* amène le désordre, quelles tentatives le clergé, aidé des mécontens, ne fera-t-il pas pour rentrer dans ses possessions! Il n'y parviendra jamais, je le crois comme vous; mais ses efforts pour y parvenir entraîneront quantité de maux, que je ne veux pas retracer. Ce qu'on a dit sur le danger de l'agiotage des quittances de finances, peut être dit sur les *assignats*. Les agioteurs n'auroient-ils pas le plus beau jeu à jouer à la baisse ? Que de moyens ils auroient à employer pour les discréditer & en accaparer des parties, lorsqu'ils seront à 40 ou 50 pour cent de perte, pour les revendre ou les placer en achats de domaines !

Je reviens, Messieurs, à prouver, comme je m'y suis engagé, que les *assignats* émis en somme considérable perdront nécessairement de leur valeur primitive. Déjà la crainte de cette émission a fait resserrer l'argent, & augmenter la perte sur les *assignats* qui sont en circulation ; déjà cette crainte, comme vous l'annoncent les gazettes, fait chez l'étranger négocier à perte les lettres-de-change sur Paris ; déjà elle a considérablement influé sur le change à notre désavantage ; déjà elle a fait renchérir les matières premières que nous sommes obligés de tirer du dehors ; déjà elle a fait suspendre les ventes d'une grande partie de celles qui sont en France ; les piastres sont à 5 liv. 7 sols contre argent, & à 5 liv. 18 s. contre *assignats*.

Le vin de Bordeaux est à 200 liv. contre argent, & à 220 liv. contre *assignats*. Ce sont-là des faits, & ces faits prouvent plus que les raisonnemens.

On est autorisé à croire que les domaines nationaux disponibles à vendre dans ce moment, ne montent qu'à environ un milliard ou 1100 millions, parce qu'il faut déduire des deux milliards les 400 millions déjà circulans, parce qu'il ne faut pas comprendre la valeur de toutes les forêts réservées, & des maisons habitées ou difficiles à vendre. Si donc on se persuade, si seulement on s'imagine que 100 ou 200 millions de ces *assignats* portent à faux, & n'ont pas pour hypothèque une partie équivalente de domaines nationaux, il y aura un reflux & une baisse de 50 pour cent, & peut-être de beaucoup plus, comme cela est arrivé dans l'Amérique angloise.

La stagnation seule des *assignats*, en augmentant les craintes & la défiance, suffiroit pour les faire tomber de 5 pour cent, & , Messieurs, cette stagnation est inévitable ; elle embarrassera le mouvement & occasionnera le désordre.

En vain m'objectera-t-on la lenteur de la fabrication ; si les deux milliards sont décrétés, on ne considérera que la masse entière, & l'imagination frappée, grossissant encore ce flot d'*assignats*, le verra fondre & engloutir le commerce & les manufactures.

Lorsqu'on double la masse du numéraire, les denrées & la main-d'œuvre augmentent de moitié ; les matières premières qu'on est obligé de tirer de l'étranger renchérissent encore par la nécessité de les payer en écus, ce qui interrompt tout commerce avec l'étranger, & ruine l'agriculture & les manufactures. Je vous observe cependant, & comme manufacturier j'appuie sur-tout sur cette observation, parce qu'elle regarde l'ouvrier ; c'est que la main-d'œuvre n'augmente jamais, ni aussi vîte, ni en exacte proportion avec les denrées, parce que son renchérissement ralentissant nécessairement la vente dans les manufactures, en réduit l'exploitation ; & le fabricant, cherchant toujours à procurer les moyens de subsistance au plus grand nombre possible d'ouvriers, leur mesure l'ouvrage, ainsi que dans les longs & pénibles voyages, on mesure les vivres aux matelots pour les faire lutter contre la mort. Oui, si, contre toute raison, les deux milliards d'*assignats* étoient décrétés, telle seroit, dans peu, la situation de plusieurs millions d'ouvriers : eh ! quelle seroit alors celle de tout l'empire !

Les deux milliards d'*assignats* feront ressortir & circuler l'argent dans le royaume, ou le feront passer dans l'étranger, soit pour l'y placer dans les banques, soit pour y former des établissemens & sur-tout pour solder nos comptes qui ne peuvent pas l'être en papier-monnoie. S'ils le font ressortir & circuler chez nous, nous nous trouverons dans le cas du doublement du numéraire ; s'ils le font passer dans l'étranger, nous n'augmenterons pas notre numéraire en circulation ; nous aurons, au lieu d'argent, des *assignats* qui s'éteindront à mesure qu'ils se convertiront en domaines nationaux, nous retomberons dans une double pénurie d'argent & de papier, & notre agriculture, nos manufactures, notre commerce seront anéantis. L'Angleterre n'a pas, comme on vous l'a dit, pour cinq milliards de billets de banque en circulation : elle en a tout au plus pour 2 milliards. Les billets de banque ne conviennent au commerce que parce qu'ils ne sont pas forcés. Si, par un faux calcul, on en met pour une trop forte somme en circulation, ce qu'il y a de trop est rapporté à la caisse, & l'équilibre s'établit.

Nous sommes instruits des énormes opérations d'agiotages qui se sont faits sur les effets publics pour les échanger contre des *assignats* : éclairées par les dernières réflexions d'un ministre dont enfin il est permis de dire du bien dans cette tribune, ranimées à la vérité par la discussion & par leurs propres méditations, les opinions des représentans de la nation seront aussi pures & aussi bonnes que leurs intentions l'ont toujours été. Hier le dernier préopinant embellit tellement des charmes de son esprit & de son éloquence, le systême des deux milliards d'*assignats*, qu'on crut & qu'on eut raison de croire jusqu'à la fin, qu'il alloit conclure pour une plus forte somme ; les amateurs furent très-surpris de le voir se réduire de beaucoup ; les antagonistes de cette opinion se dirent : puisque M. de Beaumetz, avec ce bel enthousiasme, a conclu pour 800 millions, la bonne proportion doit être de 400. — Je réduis mon opinion à trois points principaux.

Le premier est de nous réserver la faculté de créer pour 3 ou 400 millions d'*assignats*, en tout semblables à ceux en circulation, afin de pouvoir subvenir aux besoins du trésor public, jusqu'à la parfaite organisation de l'impôt, & encore afin d'assurer les frais de la guerre, s'il arrive que malheureusement nous ne puissions l'éviter.

2°. Je demande que le comité des finances examine avec la plus scrupuleuse attention, les divers titres des créanciers de l'état, & que ceux de ces titres qui sont payables au porteur soient convertis en un titre uniforme, afin de détruire l'agiotage jusques dans sa racine.

3°. Je crois concilier la justice due aux créanciers avec le soulagement dû au peuple, en proposant de cumuler l'intérêt avec le principal, c'est-à-dire, de ne pas payer d'arrérages aux porteurs de délégations territoriales, mais de recevoir en paiement des domaines nationaux ces délégations; plus, la crue de cinq pour cent pour la première année, de quatre seulement pour la seconde, de trois pour la troisième. On s'arrêteroit à ce taux, qui est à-peu-près le pair d'un revenu en immeubles.

En y réfléchissant, vous sentirez que ce plan, qui a l'avantage d'accélérer la vente des domaines nationaux, diminue de beaucoup, & pour toujours, le fardeau de l'impôt, en réduisant les intérêts de la dette à trois pour cent, ce qui feroit nécessairement baisser l'intérêt de l'argent.

M. de Custine. J'avois proposé en 1789 au ministre des finances, une quantité de papiers-monnoie, pour la valeur des biens nationaux. . . . . Il seroit aisé de prouver que cette émission ne fera renchérir aucune denrée: on citeroit l'exemple de l'Angleterre, dans laquelle cinq milliards de papiers de ce genre n'ont point fait hausser de prix les denrées. Il seroit injuste de rembourser les créançiers de l'état avec des quittances de finances, dont la libre circulation favoriseroit l'agiotage; & tandis qu'elles seroient livrées à ce jeu cruel & déprédateur, les biens nationaux, vers lesquels elles ne se porteroient qu'après avoir assouvi les vampires financiers, tomberoient dans une dégradation qui les feroit vendre à vil prix. . . . Qui empêche que les commerçans & les manufacturiers des divers départemens de la France n'imitent encore l'Angleterre, en créant dans leur arrondissement des billets de moindre valeur que celui que vous décréterez, & ne fassent circuler dans leurs atteliers des billets de 25 livres, en gardant leur valeur en véritables *assignats*? Cette ressource suppléera à la disette du numéraire, fera marcher les *assignats* vers leur destination, & fera reparoître les écus; car celui qui a des écus achetera du papier pour avoir des terres, seule manière de placer son argent, lorsqu'on ne pourra le placer dans le commerce ou dans l'industrie. Encore une fois, les billets de banque d'Angleterre n'ont point d'hypothèque & ne perdent point, & l'on veut que nos *assignats*, qui auront la plus solide hypothèque, éprouvent une perte immense!

En un mot vous avez créé pour 400 millions d'*assignats*; vous êtes forcés, par les besoins du trésor public, d'en émettre encore. Le concours des quittances de finance écraseroit les *assignats* sans ressource. — L'assemblée qui a détruit tous les genres d'aristocratie, fléchira-t-elle contre celle des capitalistes, ces cosmopolites, qui ne connoissent de patrie que celle où ils peuvent accumuler des richesses? J'ai l'honneur de vous proposer de décréter qu'il sera créé une suffisante quantité d'*assignats* pour rembourser la dette exigible & subvenir aux dépenses de l'année courante. Ces *assignats* porteront un intérêt ou une prime de trois pour cent, qui ne sera payée que lors des acquisitions. Les *assignats* seront reçus comme monnoie; l'intérêt des 400 millions déjà mis en circulation sera converti en une prime semblable, & à l'époque de cette conversion, les intérêts échus seront payés aux porteurs de ces *assignats*. Les nouveaux *assignats* seront de 225 liv. 200 liv. 150 livres, &c.

M. Dupont. Les raisons débitées plus ou moins éloquemment en faveur de l'émission de deux milliards d'*assignats*, se réduisent à celles que je vais résumer en peu de mots. On a des dettes exigibles, il faut les acquitter; on a des domaines à vendre, il faut s'en défaire le plus chèrement possible. Il faut pour cela procurer des moyens d'acquisition. Ces principes isolés sont très-vrais; mais l'application porte sur des suppositions fausses. On n'a donc pas pu parvenir à un résultat certain; aussi a-t-on eu recours à des sophismes les plus exagérés; aussi a-t-on pris les conclusions les plus dénuées de sens.

Voici quelles sont les suppositions fausses. La première, c'est de croire que l'on puisse payer sa dette avec des *assignats*; la seconde, que par l'émission des *assignats* on facilitera la vente des biens nationaux; la troisième, que l'on diminuera l'impôt en échangeant un papier, qui ne portera pas intérêt, contre une créance qui en portoit. En prouvant la fausseté de ces suppositions, vous verrez s'écrouler tout l'édifice élevé avec tant de soins par les partisans des *assignats*. La nation a des dettes, elle ne peut les payer. On propose de donner un papier portant promesse de payer, & l'on croit pouvoir dire hardiment que l'on a payé? Non: nous n'aurons qu'échangé un titre de créance.

Les 400 millions d'*assignats* que vous avez déjà créés, sont très-solides & très-bons; mais ce ne sont pas des paiemens, ce sont des anticipations que vous avez faites sur vos domaines, comme celles que l'on faisoit autrefois sur vos revenus. Car il ne faut point vous tromper, vous n'avez point supprimé vos anticipations; on vous l'a dit, mais il n'en est rien; vous avez déchargé votre trésor public pour charger votre caisse de l'extraordinaire. Le paiement ne sera véritable que le jour où le domaine représenté par l'*assignat* sera vendu; jusqu'alors la nation devra toujours la même somme. Le desir honnête que vous avez de payer vos dettes, ne sera donc point rempli par une émission d'*assignats*. En les créant sans intérêts, vous n'aurez fait qu'une manœuvre au-dessous de votre dignité. En forçant vos créanciers de changer un titre de créance portant intérêt contre un autre qui n'en aura point, vous aurez, comme le disoit M. de Mirabeau, emprunté le sabre à la main. Est-il permis, quand on attermoie, de dire que l'on a payé? Peut-on me forcer d'attacher une idée égale à deux titres absolument différens? C'est donc une illusion qu'on se fait, lorsqu'on dit qu'avec des *assignats* vous pourrez payer votre dette.

Seconde supposition. Vous avez des domaines à vendre, & pour qu'ils soient vendus, il faut un nouveau numéraire. Ce n'est pas du numéraire dont vous avez besoin, il ne sert que d'instrument & d'appoint. On n'achète qu'avec des capitaux accumulés; donc ce sont des capitaux qu'il faut appliquer à la vente des biens nationaux; c'est une masse d'échange qu'il vous faut, & cette masse vous l'avez. Vous avez la totalité des créances sur l'état, donc vous devez encourager les propriétaires à l'acquisition des domaines. L'on vous offre, comme une bonne mesure, de repousser la moitié des créanciers, quand vous avez le moyen de payer: on veut un privilège exclusif pour les porteurs d'*assignats*. Comment n'être point frappé de cette vérité, qu'en excluant une partie de la nation du droit d'acquérir des domaines nationaux, vous diminuez la concurrence, les enchères & la valeur de ces biens?...

Ce qui vous importe, c'est que vos domaines aient une valeur, & ils n'en auroient pas si vous n'admettiez aux enchères qu'un petit nombre d'hommes. On n'a cependant pas craint de dire que ceux qui vouloient ainsi multiplier les acheteurs, étoient ceux-là mêmes qui craignoient de voir vendre les biens. C'est une injustice que de supposer à quelqu'un des intentions perverses. Il faut faire grace aux intentions, ce sont les faux raisonnemens qu'il faut attaquer. Les mauvais logiciens ont commis plus de crimes involontaires que les mauvais hommes n'en ont fait à dessein.

Troisième supposition. On nous dit que vous opérerez la diminution de l'impôt en échangeant un papier qui ne porte pas intérêt, contre un qui en portoit. L'impôt ne sera point diminué; dans tous les cas il sera le même. La seule différence, c'est qu'il sera plus inégalement réparti.

Ces intérêts montoient à cent millions; on les imposera sur les créanciers; mais avec ce seul changement, qu'ils paieront l'impôt très-réel de tous leurs revenus. Tel est le résultat des sophismes des projetteurs d'*assignats*-monnoie. Il n'y a pas un seul de leurs motifs qui ne soit fondé sur des erreurs. Vous connoissez déjà tous les dangers de cette opération. Je ne ferai que les résumer, en y ajoutant quelques vues nouvelles.

Les personnes qui proposent pour 1900 millions d'*assignats*-monnoie, en veulent pour bien davantage. Ils en ont demandé pour les remborsemens suspendus, pour les dettes exigibles, pour l'arriéré des départemens, pour les charges de judicature & autres offices supprimés, pour les fonds d'avance & cautionnement des compagnies de finance, en un mot pour tous les usages par rapport auxquels on peut s'en passer. Le seul usage auquel ils puissent être employés, c'est à l'appoint des dépenses courantes. Les partisans des *assignats* en veulent voir en circulation pour 2 milliards 5 à 600 millions. Je vous laisse à juger de l'effet d'une pareille émission sur les denrées & sur les marchandises.

M. Lavoisier, appuyé de l'autorité de Smith, & plus encore de celle de la raison, a prouvé jusqu'à l'évidence qu'en mettant dans la circulation une masse nouvelle de numéraire, les marchandises augmenteroient sur le champ, suivant que cette masse seroit plus ou moins considérable. Il a encore prouvé que nous ne pouvions employer un numéraire fictif sans que notre argent monnoyé passât à l'étranger. Ainsi nos *assignats* devant être brûlés par le résultat de l'opération, & notre argent étant chez l'étranger, nous passerons tout-à-coup du plus grand renchérissement au plus grand avilissement des prix. Ne croyez point que ce soient-là des systêmes philosophiques; ce sont les fruits de l'expérience.

M. Arnaud a fait imprimer le tableau de quatre marchés éloignés les uns des autres, & vous avez vu comment, en 1720, les grains augmentèrent au milieu de l'abondance, & comme ils tombèrent tout-à-coup, lorsque l'illusion cessée eut fait disparoître la masse effective. Mon raisonnement n'est donc pas une hypothèse; c'est un fait dont vos pères ont été les témoins & les victimes. M. Montesquiou, en s'adressant à moi, a nié le fait futur, malgré l'axiome qui veut que du fait à la possibilité la conséquence soit valable. M. Montesquiou prétend que ce qui est arrivé en 1720, ne peut arriver aujourd'hui, parce qu'on ne peut comparer le papier de ce temps-là à celui qu'on propose d'émetre. Il se trompe, car ce fut tant que le papier dont je parle fut un numéraire réel, équivalent à l'argent, que le prix des grains fut si haut.

L'expérience vous a appris que vos *assignats* perdroient 6 pour cent, & l'arithmétique la mieux combinée vous dit qu'ils perdront 8 ou 9 fois plus, si la masse en est décuplée. Il n'y a point de véritable probité sans lumières; nous sommes donc obligés de donner toute l'application de notre esprit à nous rendre habiles pour être honnêtes gens. On peut dès-à-présent calculer combien vos *assignats* perdront contre l'argent, comme on calcule culer combien vos *assignats* perdront contre l'argent, comme on calcule le trop plein d'un bassin par le diamètre du réservoir. Il seroit peut-être possible que leur fâcheuse influence pût être ralentie dans les premiers instans de leur émission; mais lorsqu'une fois la perte qu'ils éprouveront aura dérangé les calculs de l'agriculture & du commerce, il deviendra impossible que leur discrédit ne soit pas effrayant. Vous avez un exemple frappant sous vos yeux. Il y avoit, il y a dix ans, dans les Etats-Unis d'Amérique, un papier hypothéqué, comme celui que l'on vous propose, sur l'honneur & la loyauté de la république entière, & sur une masse énorme de biends-fonds, soutenu de même par des discours éloquens, par des décrets impérieux, & par l'importance du salut de l'état. Eh bien! malgré tout ce qu'ont fait le Congrès, Washington & Francklin, une paire de bottes se vendoit, en papier, 36000 livres, & un souper pour quatre personnes, qu'on auroit payé dix écus, a coûté 50 mille écus en papier-monnoie.

On dit que ce papier ne restera pas dans la circulation, & qu'il ira s'éteindre dans la vente des biens nationaux; il n'y a pas pour deux milliards six cens millions de ces biens, & quand ils existeroient, ils ne peuvent être vendus dans le cours d'un mois. Il est donc assuré que la plus grande partie de ce papier restera pour déranger les prix? La prédiction trop certaine de ces malheurs a fait quelque impression sur les partisans des *assignats*, & l'un des plus éclairés d'entre eux, M. de Mirabeau, a déclaré qu'il ne se livroit pas aux calculs insensés de ceux qui veulent des *assignats* par milliards.

M. de Mirabeau l'aîné. Je n'ai jamais articulé que j'en voulois pour telle ou telle somme; je ne sais pourquoi on me fait parler ainsi.

M. Dupont. M. Anson n'en a demandé que pour 600 millions, avec la liberté de les échanger contre des quittances de finances. C'est quelque chose sans doute que ce respect apparent pour la liberté; mais les manufacturiers n'auront pas le temps de recourir à ce moyen; ils ne pourront que les échanger à perte pour payer leurs ouvriers. Le projet de M. Anson ne diffère donc pas des nouvelles idées que l'on annonce, comme celles de M. de Mirabeau; si M. de Mirabeau entend 1200 millions non compris les 400 déjà émis, nous arriverons au résultat de 1600 millions. Eh bien, qu'il y en ait pour 1600 millions, pour deux milliards, pour six milliards, ou pour vingt milliards, le choix entre ces degrés de calamité publique est indifférent à mes yeux.

On dit que les porteurs d'*assignats* acheteront des biens nationaux; personne n'achète, très-peu de citoyens sont en état d'avoir des capitaux accumulés. Le moyen des petits *assignats*, que l'on a proposé, s'éloigne encore d'avantage de ce terme. L'ouvrier qui recevroit un *assignat* de 6 livres à la fin de la semaine, en auroit besoin pour vivre la semaine suivante. Les ouvriers, les manufacturiers, les cultivateurs, les commerçans, les artistes vendront leurs *assignats* contre des écus, & c'est-là que les attendent les capitalistes spéculateurs. Cette vente se feroit avec une perte de 50, peut-être de 75 pour cent. Il faut dire plus complètement la chose. Le projet des *assignats*-monnoie n'est autre chose qu'une invention pour mettre quelques hommes intelligens en pleine propriété des biens nationaux, sans qu'il leur en coûte rien. Voici le méchanisme de leur opération. On achète à terme, pour un million, des effets suspendus, ou des anciennes actions de la compagnie des Indes, qui perdent 25 pour cent. On porte ces effets à la caisse de l'extraordinaire, on reçoit un million en *assignats*, à l'échéance du terme on paie 750 mille livres, & l'on gagne 250 mille livres, que l'on conserve en *assignats*. En faisant trois fois encore cette opération, on se trouve posséder un million en *assignats*; on souscrit pour l'acquisition des biens nationaux, & voilà de bons citoyens qui se glorifient d'avoir fait vendre pour un million de biens nationaux, qui ne leur coûtent pas un écu.

Si l'on se borne au plan de M. Anson, si l'on ne crée que pour 1200 millions d'*assignats*, les spéculations seront moins brillantes, & il en pourra coûter jusqu'à 500 mille livres, pour avoir un million de domaines. Ce résultat mérite bien qu'on s'en occupe. L'émission des *assignats* n'est point un plan né dans cette assemblée. Il a été formé par des étrangers occupés à jouer dans nos fonds publics, qui n'ont rien oublié pour abuser ceux de nos collègues qui ont la modestie de ne pas s'en rapporter à leurs propres opinions. Nos collègues irréprochables, ont décoré des idées qu ne venoient pas d'eux; ils se sont abandonnés à une éloquence qui les enivre les premiers avant de charmer leurs auditeurs. Nous devons admirer leur talent & excuser la jeunesse de la plupart d'entre eux; nous devons plus, nous devons les éclairer. C'est pour eux que les vieux citoyens, qui ont blanchi dans le métier, qui ont étudié avec zèle les matières les plus importantes, doivent exposer leur avis. Je ne rappellerai point ce que vous a dit M. l'évêque d'Autun, de l'effet des *assignats* sur les changes & sur les paiemens à l'étranger, je ne pourrois rien dire de mieux.

Je pourrois vous montrer la lettre d'un des plus fameux banquiers d'Amsterdam, qui croit devoir en avertir sa patrie. Je n'en conclurai pas cependant qu'il faut s'abstenir de toute émission d'*assignats*. Cela n'est plus possible; les momens précieux sont évanouis, les efforts constans que vous avez opposés aux ennemis du bien public, n'ont point encore ramené une parfaite soumission aux loix. Je proposerai donc d'admettre des *assignats* dans une circonstance qui a été repoussée par les parlisans de ce système. Je vous proposerai donc de n'appliquer cette ressource extrême qu'à ce besoin extrême, & de ne les créer que dans la plus foible quantité. On a enveloppé trop de choses dans ce mot de dette exigible. Le remboursement n'est point encore nécessaire pour les offices dont les fonds d'avance ne sont point encore liquidés, & par conséquent pas exigibles; pour les cautionnemens des financiers dont les comptes ne sont pas rendus, & dont on ignore s'ils sont créanciers ou débiteurs de l'état. C'est donc pour les anticipations que le remboursement peut être indispensablement exigé.

Je proposerai de créer des *assignats* pour les besoins les plus pressans; pour les frais de l'armement; pour les dépenses exigibles de fournitures; pour la dette arriérée, & pour les remborsemens suspendus. On feroit pour les autres créances des promesses qui ne seroient monétaires que pour la caisse de l'extraordinaire & l'acquisition des biens-fonds: elles s'appelleroient obligations nationnales; elles seroient transmissibles de gré à gré, divisibles à la volonté des créanciers jusqu'à la somme de 200 l. seulement; elles entreroient dans les ventes en concurrence avec les *assignats*, & l'argent qui seroit consacré à retirer d'abord les *assignats*, ensuite les obligations nationales. Ces délégations seroient véritablement l'image de la chose, puisqu'elles produiroient un revenu égal à celui des terres. On feroit la même opération avec les titulaires de charges, les faiseurs de fonds d'avances de compagnies; on conserveroit le droit d'opposition comme au sceau. Il faudroit autoriser la remise des obligations nationales aux bailleurs de fonds & à ceux qui auroient fourni des cautionnemens des finances, ce qui produiroit pour eux une nouvelle hypothèque plus solidement assise. Quant aux propriétaires des capitaux non exigibles, il faudroit leur laisser la liberté d'échanger leurs titres contre des obligations nationales. Les porteurs de ces obligations, qui ne voudroient pas acquérir des domaines nationaux, seroient, comme je l'ai dit, remboursés avec l'argent comptant qui auroit été donné dans les ventes, & avec les fonds d'une caisse d'amortissement que votre sagesse croira sans doute nécessaire d'établir.

On dit que les obligations nationales perdront; mais la certitude d'un remboutsement prochain les soutiendra comme les autres effets publics. Elles perdront moins que les *assignats*; n'étant pas monnoie, leur cours n'aura lieu que parmi les gens riches qui sont peu pressés de placer leurs capitaux, & qui ne les placeroient pas à perte. On dit que les porteurs d'*assignats* seront plus attachés à la constitution; mais les quittances de finances ont le même objet & conduiront au même but. L'intérêt des propriétaires d'obligations nationales sera le même. Ne passant qu'entre des mains sûres & connues pour aller du trésor public aux biens nationaux, la falsification sera moins dangereuse. La fabrication des quittances de finances sera plus facile & plus prompte. On s'est prévalu des avantages prétendus de l'émission lente & successive des *assignats*; mais quelle que soit cette lenteur, l'effroi sera le même: on verra deux millards d'*assignats* prêts à fondre sur nous, du moment que vous les aurez décrétés; & de plus, il y aura l'inconvénient très-réel de manquer de capitaux nécessaires. C'est à votre bonne-foi, c'est à votre conscience que j'en appelle.

Qui ne reconnoît enfin les inconvéniens des *assignats*? Qui ne voit que les quittances des finances ne présentent aucune de leurs conséquences funestes? Qui pourroit répondre des suites d'une émission de deux milliards d'*assignats*, après avoir fait passer cette émission funeste sur sa seule opinion. Je veux bien, moi, répondre de mon opinion sur ma tête, sur mon honneur, & j'en demande acte à la France, à l'Europe, à la patrie, à l'histoire. S'il y a du doute sur le succès des *assignats*, la cause des *assignats* est perdue: il n'est pas permis de hasarder le sort de ses concitoyens, & le devoir des législateurs est de prendre le moyen le plus sûr.

M. Prugnon. Il faut prendre un parti: on ne peut vivre sans argent & sans papier; il ne faut pas se borner à détruire, il faut édifier. La médecine expectante convient mal à un malade agonisant. En finance l'économie du temps est la plus importante de toutes les économies publiques. Les domaines nationaux sont la dot de la constitution. (On applaudit.) Le plan de M. Necker n'en est pas un; il ne s'occupe que de l'instant qui passe, il abandonne l'avenir aux soins de l'avenir. Il s'agit de refaire la fortune publique; de petits moyens ne donnent que de petits résultats; & ce n'est pas avec de l'hysope qu'on bâtit le temple de Salomon. (On applaudit.) J'ai été frappé, je l'avoue, d'un plan que j'ai combattu dans le comité de liquidation; c'est celui de M. l'évêque d'Autun. Je ne puis autant que lui étendre la dette exigible. Si nous appellons les rentes viagères, nous ne verrons arriver que les cacochymes, les mourans & non les mortels. (On applaudit.) Ce seroit une loterie où toutes les chances seroient contre nous, & l'état de nos finances ne nous permet pas de jouer à ce jeu-là. Nous ne devons pas rembourser les créanciers constitués; la justice ne va pas jusque-là; ils n'ont rien à demander quand on servira exactement leurs intérêts: bientôt nous nous verrions obligés à constituer la dette exigible: ce seroit un jour de fête pour la rue Vivienne, & un jour de deuil pour les peuples. (On applaudit.)

Je calcule le besoin, le danger: le résultat le moins équivoque, est le doute; & une discussion impartiale sur les *assignats*, devroit avoir pour texte *non liquet*. Il faut consulter & respecter l'opinion; l'opinion exerce une véritable dictature, elle a le *veto* absolu, & si elle ne sanctionne pas votre décret, vous perdrez. Les *assignats* sont l'optimisme du papier; sans doute ils ont une hypothèque indestructible, une délégation certaine; mais ils sont toujours du papier; mais les hommes seront toujours menés par des mots : il faut s'enfermer dans le temple de la bonne-foi, & se dire : ce papier ne sera pas admissible dans nos relations extérieures; souvent il ne paroîtra dans nos transactions libres que pour un peu s'y déshonorer. En effet, vous pouvez faire qu'un *assignat* de 1000 liv. trouve une quittance de 1000 liv., & non 1000 liv. en écus. Les *assignats* émis pour 400 millions étoient enfans de nos confiances, ceux-ci le sont de la détresse; les places de commerce les demandoient, & à présent il n'est pas certain que ce soit leur vœu; enfin quatre grains d'émétique sauvent un homme que vingt grains tuent. Un amateur, M. Montesquiou, vous a tracé la marche des *assignats*, au moment où l'*assignat* partira de la manufacture, & ce sera bien la manufacture la plus active du royaume, pour se précipiter vers les domaines nationaux, il se chargera en routes de dettes, il les paiera, il arrivera au dernier créancier, en fera un propriétaire, & reviendra, lui *assignat*, pour être brûlé, après s'être chargé de toutes les iniquités; un autre voit le papier brûlé, les terres dégradées, il voit qu'il en coûte 50 mille écus pour se divertir avec ses amis.

Dans ce partage d'opinions, pressés entre des avis contraires, il faut décrire une diagonale & prendre une moyenne porportionnelle; il faut convenir que la conséquence de l'émission de deux milliards d'*assignats* est inaccessible à tous les calculs. On dit qu'elle sera graduée, on se rassure sur sa lenteur; mais le possesseur d'*assignats* sentira toujours derrière lui les deux milliards qui vont naître. Je crois que les adversaires de cette opération se trompent, en disant que le doublement du numéraire doublera le prix des denrées. Un écrivain anglois dit que s'il n'y avoit que 500 liv. sterlings dans les trois royaumes, on auroit un bœuf pour un sol; mais on raisonnoit dans l'hypothèse d'un numéraire inextinguible, & celui-ci doit s'éteindre dans un temps donné; il faut même resserrer ce temps. Une seconde réflexion effraie les imaginations, c'est que les *assignats* ne seront jamais remboursés en écus : il faut donc chercher un calcul approximatif. J'approuve l'avis qui consiste à doser ce numéraire, qui, comme commodité, sera toujours utile; comme remède, il faut le donner avec une extrême prudence. Je pense donc que la mesure de M. Anson est bonne dans un sens, & mauvaise dans un autre; elle offre la liberté de choisir des obligations nationales ou des *assignats*; mais tout le monde prendroit des *assignats*. Je crois qu'on ne doit pas adopter une prime décroissante, mais qu'on peut la réduire à deux ans. Vous devez payer les intérêts dans leur intégrité; une prime de cette nature ressembleroit aux arrêts du conseil où les fermiers-généraux abusoient du droit du plus fort & de celui du plus fin. Je pense donc qu'il faut donner aux propriétaires des créances exigibles, moitié en *assignats*, & moitié en délégations nationales, portant intérêt à cinq pour cent, & décider qu'après deux ans l'intérêt sera réduit à quatre pour cent. (On murmure). Je ne pèse pas sur cette observation, puisqu'elle déplaît à l'assemblée; je ferai seulement deux observations. La première, que tout y mène; la seconde, qu'on ne vendra bien qu'en faisant baisser l'intérêt. Mais il faut à présent donner cinq pour cent; l'assemblée le doit, rien ne peut l'empêcher de remplir ce devoir. Un citoyen annonçoit une ressource importante pour l'état. Aristide fut chargé de l'examiner; Aristide dit : la proposition de Thémistocles seroit utile, mais elle n'est pas juste. L'assemblée a répondu : nous n'en voulons pas : telle sera votre réponse. L'*assignat* doit être forcé; celui qui n'est pas le maître de ne pas le recevoir, doit être le maître de le transmettre; il ne doit porter nul intérêt, puisque vous vous libérez; vous les destinez à votre libération & à des acquisitions, donc il n'est pas nécessaire d'en faire moindres de 1000 liv. Les petits *assignats* affligeroient le peuple & rendroient la falsification plus facile.

Je ne crois pas pouvoir exclure de la plus grande transaction qui ait jamais eu lieu entre l'état & les peuples, le signe représentatif le plus connu, le plus accrédité. Je crois donc que l'argent doit être reçu en concurrence dans les ventes. Je crois qu'il faut donner aux porteurs d'*assignats* une perspective qui assure une prochaine libération; dire que celui qui achetera moitié en obligations, moitié en espèces, paiera en trois termes, éloignés chacun d'une année; que celui qui achetera avec moitié d'*assignats* & moitié d'argent, fournira en six ans six paiemens égaux. C'est avec les calculs tranquilles du bons sens, c'est avec ces mesures réunies que vous répondez aux principales objections. J'ai une dernière proposition à vous faire, pour hâter la consommation des *assignats*; c'est une loterie patriotique, expiatoire du mal qu'a fait long-temps ce jeu immoral; elle consiste en une prime d'un demi pour cent sur les premiers 500 millions en *assignats* & en argent comptant portés dans les acquisitions. Je donne ainsi lieu à une vente de 1500 millions, puisqu'on peut ne payer qu'un tiers en acquérant. Ainsi donc il faudroit décréter que dans six mois les porteurs de titres de la dette exigible les remettront au comité de liquidation; qu'ils en recevront le montant, moitié en *assignats* forcés, moitié en obligations nationales portant intérêt à cinq pour cent pendant deux années seulement, & ensuite à quatre, &c.

Séance du 26 septembre 1790.

M. le Couteulx, après avoir développé son opinion, propose le projet de décret suivant :

1°. Qu'il seroit ordonné une nouvelle fabrication d'*assignats* pour l'acquittement des dépenses publiques & pour le paiement de la dette actuellement exigible, jusqu'à concurrence de 400 millions, en outre des 400 millions déjà en émission.

2°. Qu'il soit déclaré, par l'assemblée nationale, qu'il n'en sera jamais décrété une émission plus considérable.

3°. Que les *assignats* emporteront privilège & hypothèque sur les domaines nationaux.

4°. Que les créances de l'état, autres que celles constituées, soit en viager, soit à titre perpétuel, seront seules admises à l'acquisition des domaines nationaux.

5°. Que les *assignats* en émission n'emporteront intérêt que jusqu'au 15 avril.

6°. Que les différentes créances, autres que celles constituées, seront converties en titres uniformes, portant intérêt à cinq pour cent la première année, & quatre les suivantes.

7°. Que le comité des finances sera chargé de présenter incessamment un projet de décret qui fournisse à l'assemblée un moyen de classer les différentes créances publiques.

8°. Qu'aussi-tôt qu'il y aura pour dix millions de biens nationaux aliénés, il en sera dressé procès-verbal, afin qu'il soit mis en circulation une quantité d'*assignats* égale à cette somme.

On fait lecture de deux lettres, l'une de M. le contrôleur-général des finances, & l'autre de M. l'abbé Perrotin. M. le contrôleur-général demande que les tanneurs, qui avoient des marchandises en charges, avant l'époque du décret sur les cuirs, soient tenus d'en acquitter les droits.

M. l'abbé d'Abbecourt. Je ne veux pas abuser de vos momens; mais nous avons tous un devoir sacré à remplir, & nous vous devons le tribut de nos réflexions dans un moment où l'état présent afflige & où l'avenir est sinistre..... Le salut public n'est pas cependant désespéré, si l'on veut se réunir pour l'opérer. Que ces expressions, qui sont devenues le signal de la division, soient bannies de la langue; qu'on n'entende plus retentir autour de soi les noms d'aristocrate & de démocrate, & que la majorité & la minorité se joignent pour assurer le bien desirable..... Les *assignats* sauveront ou perdront le royaume irrémissiblement. Est-il permis de jouer un jeu aussi funeste, sans doute, dans ses conséquences?.....Nous sommes envoyés pour donner à la France une constitution, & non pas pour la ruiner..... Qui nous a mis dans l'état où nous sommes? L'origine de nos maux vient de la caisse d'escompte; sa facilité à entrer dans les vues des ministres nous a ruinés; elle a réveillé l'agiotage..... Qu'avons-nous fait en décrétant la circulation forcée de 400 millions d'*assignats*? Nous avons étendu dans les provinces le mal qui étoit concentré, & l'on propose d'en émettre pour deux milliards..... (On observe qu'en se faisant inscrire on avoit dû le faire sur une des trois colonnes, pour, contre & sur, & que M. l'abbé d'Abbecourt n'étoit pas sur la colonne contre.) Je parlerai sur, pour & contre. (On rit.) Ne voyez-vous pas que les promesses, qu'on vous a faites, sont illusoires. Ces *assignats* devoient ne rien perdre & cependant ils perdent plus de cinq pour cent, sans les intérêts que vous leur avez accordés. Jugez ce que perdront les deux milliards qu'on vous propose de décréter; & s'ils perdent, vous ne pouvez vous dissimuler que vous commettrez une injustice. D'un autre côté, rembourser en terres, qui ne produisent que deux & demi pour cent, des capitaux qui produisent à présent cinq pour cent, c'est faire banqueroute..... En convenant que les biens du clergé montent à deux milliards, comme vous avez sagement décrété qu'on ne vendroit pas les bois, ce qui diminue la valeur de ces biens d'un quart, reste à 1500 millions; ôtez les 400 millions déjà émis, reste à 1100 millions: il vous faut un fonds pour subvenir au culte, à moins qu'il n'entre dans vos projets de détruire la religion. Vous avez besoin d'une nouvelle émission de 300 millions. Comment ferez-vous face à la nouvelle création d'*assignats* qu'on vous propose?...Une disposition importante à prendre, c'est de diviser les portions de terre que vous mettrez en vente, & de ne pas souffrir qu'on puisse acquérir plus de 350 arpens de terre à la fois. Je propose de décréter une émission de 300 millions de nouveaux *assignats* en billets de 50, de 75 & de 100 liv., portant intérêt de trois pour cent, comme les anciens; qu'ils soient remis de préférence dans l'acquisition des biens nationaux; que leur circulation soit forcée, &c.

M. Broglie. Vous avez à prononcer sur une opération qui mettra le sceau à la constitution. On convient généralement qu'un parti décisif est indispensable en ce moment, qu'il faut nécessairement libérer l'état de la dette sous le poids de laquelle il gémit. On ne peut faire d'objections contre les *assignats* qui ne puissent être rétorquées contre les quittances de finances. Les uns comme les autres ont la même hypothèque, deux milliards de biens-fonds: les *assignats* forcés, & en petite somme, ont toutes les propriétés du numéraire; ils remplaceront donc le numéraire exilé ou enfoui. Il est nécessaire que la vente des biens nationaux soit rapide; les *assignats* sans intérêt se porteront naturellement vers les fonds territoriaux, qui seuls pourront leur procurer les intérêts auxquels les propriétaires d'*assignats* doivent tendre naturellement. Qu'on cesse donc de s'effrayer d'une opération vaste, il est vrai, mais nécessaire, qui trompe les vues de ceux qui sont intéressés à retarder la vente des biens nationaux, qui accélère cette vente qui paie la dette & débarrasse le peuple de plus de quatre-vingt millions d'impôts. — Je pense que tout mélange de système ne vaut rien, & qu'en conséquence il doit être créé autant d'*assignats* ayant cours forcé & sans intérêts, qu'il sera nécessaire pour payer la dette exigible. Je demande que la discussion soit continuée sans désemparer. (On applaudit.)

M. Mirabeau l'aîné. Il s'est introduit un ordre pour la parole extrêmement étrange, qui éloigne mon tour chaque fois que je me présente. L'assemblée m'a accordé de résumer la question. Je demande qu'elle fixe le moment où elle daignera m'entendre. Je desirerois que M. l'abbé Maury me répondît, que M. Barnave fût ensuite entendu, & que la discussion fût fermée.

M. l'abbé Maury. Je n'ai point composé de pièce d'éloquence, je n'ai point de discours: je demande que M. Mirabeau monte à la tribune, qu'il parle; & moi, près du bureau de M. le président, je lui ferai mes objections, auxquelles il répondra.

L'assemblée repousse cette proposition, & décide que M. l'abbé Maury parlera à son tour.

M. Batz, après avoir fait un parallèle assez étendu des billets du système de Law & des *assignats*, présente un projet de décret, dans lequel il propose de faire fournir à l'assemblée, par l'ordonnateur du trésor public, un état des dépenses à faire cette année, pendant les mois d'octobre, de novembre & décembre, & des recouvremens à faire pendant les mêmes mois. — Qu'il sera créé une quantité d'*assignats*-monnoie portant intérêt de trois pour cent, pour établir une balance dans les dépenses, & qu'il ne pourra être créé d'autres papiers que pour le strict nécessaire. Que ces nouveaux *assignats* auront un cours forcé, avec cette différence seulement que nul porteur de ces *assignats* ne pourra forcer son créancier dont la créance seroit postérieure au présent décret, à les recevoir qu'au prix courant de l'argent, prix constaté par les consuls & affiché dans les salles consulaires, &c.

M. Biozat. Je propose qu'il n'y ait plus que deux colonnes, une pour, & l'autre contre.

Après une légère discussion, cette proposition est adoptée.

M. de Mirabeau l'aîné à la tribune.

M. l'abbé Maury près du bureau, fait signe qu'il veut parler. — On observe que M. l'abbé Maury n'a pas la parole.

M. l'abbé Maury. Me voici placé, si M. de Mirabeau veut me proposer ses difficultés.

L'assemblée repousse de nouveau ce mode de discussion.

M. de Mirabeau. J'eus l'honneur de vous exposer, le 27 août dernier, la mesure que je croyois la plus convenable pour liquider cette partie de la dette nationale appellée dette exigible; & je me félicite du temps écoulé dès-lors jusqu'au moment actuel, qui nous approche d'une résolution définitive sur cette matière. Le projet que je soumis à votre examen, & les raisons dont je l'appuyai, ont engagé une discussion très-étendue; la question a été agitée dans tous les sens, soit dans cette assemblée, soit dans des sociétés particulières; de nombreux écrits ont été publiés contradictoirement; rien ne manque, ce me semble, de tout ce qui peut mûrir une décision.

Mais il arrive, dans des matières de cette étendue, susceptibles d'être envisagées sous tant de faces, qu'on s'embarrasse enfin par la multitude des objections & des réponses; & la discussion, où tout ensemble est exposé & balancé, reporte les esprits au même point d'incertitude d'où ils sont partis; car le doute est bien plus le résultat des lumières vagues que de l'ignorance. Je pense donc qu'après le grand jour jetté de toutes parts sur cette question, le meilleur moyen de trouver une issue dans ce labyrinthe, c'est de nous rallier aux principes, de saisir le fil qu'ils nous offrent, & de marcher alors avec courage, à travers les difficultés & les fausses routes. Ce seroit également offenser vos lumières, & abuser d'un temps précieux, que de tenir compte de toutes les difficultés élevées contre notre moyen de liquidation, & de m'occuper à y répondre. Quelques tableaux où je retracerai des vérités qu'on oublie, des principes que l'ont veut ébranler; où je repousserai, entre des attaques quelconques, celles qui m'ont semblé les plus spécieuses, & d'autres même qui peuvent emprunter quelqu'éclat de leurs auteurs; où je ferai marcher en opposition la mesure des *assignats*-monnoie avec d'autres mesures que l'on vous présente, voilà ce que je vais mettre sous vos yeux.

Pourquoi suis-je obligé d'insister de nouveau sur un fait que nous regardons tous comme la pierre angulaire de l'édifice que nous élevons; de raffermir une base sur laquelle reposent toutes nos espérances; de rappeller que les domaines que nous appellons nationaux, sont entre les mains de la nation; que certainement elle en disposera par votre organe; de déclarer que la constitution est renversée, le désastre inévitable, la France en dissolution, si la vente des biens nationaux ne s'effectue pas immanquablement, si elle n'est pas par-tout protégée, encouragée; si les derniers des obstacles qui peuvent s'y opposer ne sont pas renversés, détruits; si le moindre acheteur peut éprouver de la part des premiers usufruitiers, des premiers fermiers, quelque empêchement à rechercher, à examiner les possessions à sa convenance; si tout, dans ces acquisitions, en un mot, ne présente pas une face accessible qui les favorise? Quel est le but de ces observations? vous ne l'ignorez pas; c'est qu'on semble encore douter, ou du moins on voudroit faire douter que la vente des biens nationaux puisse s'accomplir & triompher des difficultés qu'on lui oppose. Ecoutez les discours qui se répandent; lisez les écrits que l'on publie; voyez sur-tout le mémoire du ministre des finances, qui vint attrister cette assemblée, au sein des espérances dont je venois de l'entretenir; vous verrez qu'on ne veut pas croire à cette opération nationale, qu'on part, dans tous ses raisonnemens, d'un principe de doute & de défiance. Car il seroit absurde de prétendre renverser un projet solide, fondé sur la valeur réelle de nos *assignats*, si l'on ne contestoit pas au fond cette valeur, si l'on ne se plaisoit pas à regarder comme conjectural, tout le systême de la restauration de nos finances, qui repose sur ce fondement. C'est donc la persuasion de la vente certaine & instante des biens nationaux, qui peut seule assurer le succès de notre projet de liquidation par les *assignats*, comme il n'y a que cette vente effective qui puisse sauver la chose publique. Ainsi, je mets au nombre des ennemis de l'état, je regarde comme criminel envers la nation, quiconque cherche à ébranler cette base sacrée de to[illegible] nos projets régénérateurs, à faire chanceler ceux qui s'y confient. Nous avons juré d'achever, de maintenir notre constitution; c'est jurer d'employer les moyens propres à ce but; c'est jurer de défendre les décrets sur les biens nationaux, d'en poursuivre jusques à la fin, d'en hâter l'exécution; c'est un serment civique, compris dans le serment que nous avons fait; il n'y a pas un vrai citoyen, pas un bon François, qui ne doive s'y réunir. Que la vente des biens nationaux s'effectue, qu'elle devienne active dans tout le royaume, la France est sauvée. (On applaudit.)

Je pars donc de ce point fondamental, & j'ai d'autant plus de raison, que, quelque systême qu'on embrasse, reconstitution, contrats, quittances de finances, *assignats*, peu importe; il faut toujours en revenir là. Que vous échangiez les créances sur l'état contre des titres nouveaux & uniformes, qui aient pour gage des biens nationaux; ou que les créanciers soient admis à l'acquisition de ces biens, par l'échange immédiat de leurs créanciers; la libre disposition des biens nationaux, la sûreté de l'acquisition pour les créances n'est pas moins nécessaire dans tous les cas, pour que la liquidation de la dette puisse s'opérer. Qu'on ne s'imagine donc pas, en énervant la confiance due aux *assignats*, en présageant d'après cela une dégradation sensible de leur prix, pouvoir faire prédominer quelqu'autre plan de liquidation; il seroit frappé du même vice; & il faut convenir, ou qu'un *assignat*, ou qu'une portion équivalente des biens nationaux, c'est la même chose, ou que la dette nationale est impossible à acquitter d'aucune manière par ces mêmes biens. Il n'y a pas de réponse à cela. (Il s'élève des murmures. On remarque les mouvemens de M. Maury.) Je parle de la confiance due à la valeur de nos *assignats*, & dans ce sens, il n'y a pas, sans crime, de réponse à ce que je viens de dire. Ainsi ne nous départons point de cette vérité; & que les adversaires de notre mode de liquidation le sachent enfin: c'est que nos *assignats* ne sont point ce qu'on appelle vulgairement du papier-monnoie. Il est absurde, en changeant la chose, de s'obstiner à garder le mot, & de lui attacher toujours la même idée. Nos *assignats* sont une création nouvelle, qui ne répond à aucun terme ancien; & nous ne serions pas moins inconséquens d'appliquer à nos *assignats* l'idée commune de papier-monnoie, que nos pères ont été peu sages d'avoir estimé le papier de Law à l'égal de l'or & de l'argent. Et, ici, l'on prétend m'opposer à moi-même. L'on veut que je me sois élevé ci-devant contre ce même papier-monnoie que je défends aujourd'hui. Mais dans quel lieu, dans quel temps? Dans cette même assemblée, dans la séance du premier octobre dernier, où il s'agissoit aussi de papier-monnoie? Ouvrons donc le journal de cette séance. Voici mot à mot ma réponse à M. Anson, comme elle est rapportée dans les journaux du temps: « Je sais que, dans les occasions critiques, une nation peut être forcée de recourir à des billets d'état (il faut bannir de la langue cet infame mot de papier-monnoie) & qu'elle le fera sans de grands inconvéniens, si ces billets ont une hypothèque, une représentation libre & disponible. Mais qui osera nier que, sous ce rapport, la nation seule ait le droit de créer des billets d'état, un papier quelconque, qu'on ne soit pas libre de refuser? Sous tout autre rapport un papier-monnoie attente à la bonne-foi & à la liberté nationale: c'est la peste circulante ». Voilà ce qu'on appelle mon apostasie. Vous voyez cependant que je distinguois alors ce que je distingue aujourd'hui; que je distingue aujourd'hui ce que je distinguois alors. Vous voyez que je suis constant dans mes principes; & vous voyez aussi que mes adversaires sont parfaitement constans dans les leurs.

Je poursuis. Qu'est-ce qui constitue le prix des métaux monnoyés? c'est leur valeur intrinsèque; & leur faculté représentative, qui résulte de cette valeur. L'or & l'argent, considérés dans les objets auxquels ils sont propres, ne sont que des métaux de luxe, dont l'homme ne peut tirer aucun parti pour ses vrais besoins. Ils ne sont pas moins étrangers aux premiers des arts, aux arts nécessaires, qu'ils ne le sont à notre nourriture, à nos vêtemens. Mais nonobstant cet usage restreint & non essentiel des métaux précieux, leur qualité représentative s'est étendue conventionnellement à tous les objets de la vie. Comparons maintenant nos *assignats* aux métaux-monnoie. A la différence de ceux-ci, ils n'ont aucune valeur intrinsèque; mais ils ont à sa place une valeur figurative qui fait leur essence. Les métaux dont se forme la monnoie, ne s'emploient qu'aux arts secondaires ; & la chose figurée par les *assignats*, c'est le premier, le plus réel des biens, la source de toutes les productions. Or, je demande à tous les philosophes, à tous les économistes, à toutes les nations de la terre, s'il n'y a pas plus de réalité, plus de richesses véritables dans la chose dont nos *assignats* sont le type, que dans la chose adoptée sous le nom de monnoie. Je demande dès-lors, si à ce type territorial, à ce papier figuratif du premier des biens, une nation comme la nôtre ne peut pas attacher aussi cette faculté de représentation générale, qui fait l'attribut conventionnel du numéraire ? On la donne à des billets de banque, à des lettres-de-change, qui suppléent les métaux & les représentent ; comment refuseroit-on le même crédit à des *assignats* qui sont des lettres-de-change payables à vue, en propriétés territoriales ? comment n'auroient-ils pas le même cours, le même privilège que les métaux, celui d'être un instrument général d'échange, un vrai numéraire national ?

Mais nos *assignats*, dit-on, éprouvent ce désavantage, comparativement à la monnoie ; c'est de ne représenter en dernier résultat, qu'une seule chose, savoir les biens nationaux. Eh ! qu'importe, si les biens nationaux eux-mêmes représentent tout ? Quel est le créancier qui ne trouve pas ses écus sûrement placés, & représentés très-valablement, quand ils ont pour hypothèque un équivalent en propriété foncière ? C'est donc en envisageant, de fait & de droit, nos *assignats* sous ce point de vue ; c'est en leur attribuant la valeur jurée par la nation, que je défends le projet de finance dont ils sont la base, & qui ne pourroit sans cela se soutenir. Et je regarde tout homme poussé par l'intérêt à prêcher une défiance qui les déprise, comme plus coupable envers la société, que celui dont la main criminelle dégrade les métaux précieux, & altère leur titre à la foi publique. Garantir cette base contre les attaques de la mauvaise foi, de la légéreté, des sophismes, ou de l'ignorance, c'est répondre à la plupart des objections élevées contre la proposition que nous avons faite. Je ne m'attendois pas, je l'avoue, à trouver toutes ces objections ramassées, accumulées dans le mémoire du ci-devant ministre des finances. Dans une matière aussi grave, je ne lui dois que la vérité. Les égards qu'il mérite d'ailleurs, ne peuvent affoiblir, dans mes mains, une défense toute consacrée au plus grand intérêt de la patrie. Quel n'a pas été mon étonnement, & vous l'aurez partagé, sans doute, d'entendre ce mémoire qui semble, d'un bout à l'autre, vouloir ôter tout crédit aux moyens d'alléger la dette publique, d'arracher les affaires, par une nouvelle révolution, à cette langueur qui nous tue ! Tout ce mémoire repose sur l'avilissement présagé de nos *assignats*, & ne renferme pas un mot qui rende une justice ferme & encourageante à cette valeur. Tous les pronostics de décadence, applicables au plus vil des papiers-monnoie, y poursuivent notre numéraire territorial. Certainement si nous eussions eu besoin d'un écrit pour faire entrevoir à la nation le prochain rétablissement de la fortune publique, pour développer à tous les yeux l'étendue & la certitude de nos ressources, pour faire marcher, par une impulsion d'espérance & de courage, toutes nos affaires vers un amendement si desiré, nous aurions attendu un tel écrit de celui qui étoit à la tête de nos finances. C'est lui aujourd'hui qui vient assembler les premiers nuages sur la carrière que nous devons parcourir. N'est-il pas clair que tout se ranimera chez nous par le retour de la confiance, & que c'est à la faire naître qu'il faut s'appliquer ? N'est-il pas clair que, désespérer d'entrée de tout rétablissement fondé sur notre seule ressource actuelle, c'est empêcher cette confiance précieuse de se rétablir ? Qu'est-ce donc qu'on prétend par ces cris d'alarmes ? Celui qui les pousse est-il, quelques lumières qu'on lui accorde, un raisonneur si sûr, qu'on ne puisse, sans malheur, s'écarter de ses opinions ? Si cela n'est pas, si nonobstant ses craintes, nous osons penser qu'on peut néanmoins marcher en avant, ne nuit-il pas dès-lors au succès de vos résolutions ? Car les ennemis du bien public profitent de tout pour nuire aux affaires ; & parmi les moyens qu'ils cherchent, celui que leur fournit le mémoire ministériel, ne leur échappera certainement pas ; non que l'adoption d'une mesure quelconque, à plus forte raison d'une mesure si importante, doive jamais être irréfléchie & précipitée ; non que la confiance publique ne doive être le fruit d'un mûr examen, d'un jugement éclairé par les discussions contradictoires. Mais c'est précisément contre cette ardente précipitation à trancher une question si grave & si compliquée ; c'est contre cette violence de censure que je m'élève ; c'est parce qu'un mouvement si impétueux, comme s'il s'agissoit d'arracher la nation aux flammes, part d'un point assez élevé pour répandre une frayeur aveugle, pour remplir les esprits de préventions ; c'est pour cela que nous sommes fondés à le réprimer. Convient-il, dans la situation actuelle, de sonner la trompette de la défiance, au risque d'exciter cette défiance par ses prédictions ? quitte à dire, si ces maux arrivent : On pouvoit les éviter ; je l'avois bien dit...... Eh ! de grace, dites-nous donc aussi ce qu'il faut faire ; car il ne suffit pas, quand le vaisseau s'enfonce sous nos yeux, de crier qui veulent tenter d'en sortir : ne vous fiez pas à cette nacelle ; il faut leur fournir un moyen plus sûr de salut.

Mais voyons si notre ressource est tellement frêle, qu'il soit périlleux de s'y confier ; voyons du moins si les objections qu'on forme contre elle sont assez solides pour que nous devions la rejetter.

Le tableau que trace, dès les premières lignes, le mémoire que nous examinons, c'est celui de la disette du numéraire : marchands, manufactutiers, artisans, consommateurs, tous la ressentent, tous s'en plaignent. L'administrateur se dit tourmenté par la nécessité de pourvoir à cette partie des besoins publics. Il semble presque attribuer cette disette d'espèces à la trop grande abondance d'*assignats* qui sont déjà en circulation. Je l'avois craint, dit-il, & le temps l'a prouvé. Oserois-je remarquer qu'il y a peut-être ici quelque ingratitude envers les *assignats*-monnoie, & que ce seroit plutôt le cas de reconnoître tous leurs bons services. Qu'aurions-nous fait, & qu'auroit fait lui-même le ministre, si ces fâcheux *assignats* ne fussent venus à notre secours? Qui peut savoir où nous en serions, sans cette ressource si déplorable? Le numéraire, alors, étoit déjà rare; rien n'alimentoit le trésor public; c'étoient les mêmes plaintes qui se renouvellent aujourd'hui. Les *assignats* libres croupissoient dans la caisse d'escompte; il a fallu en faire de la monnoie pour leur donner cours; & quelque temps après, voici ce que ce ministre dit dans cette assemblée, mémoire du 24 mai : « Vous apprendrez sans faute avec intérêt que le crédit des *assignats* s'annonce aussi bien qu'on pouvoit l'attendre.... Le trésorier de l'extraordinaire ne peut suffire à toutes les demandes qui lui sont faites, de nouvelles parties de billets destinés à la circulation ». Cet hommage rendu aux *assignats*-monnoie par le ministre, est d'autant plus probant & d'autant plus noble, qu'il n'avoit aucune part à cette mesure.

Que prouve donc aujourd'hui contre les *assignats* cette disette de numéraire dont le public souffre, & l'inquiétude de l'administrateur à ce sujet? Elle ne prouve autre chose, sinon que le service n'est pas assez divisé, assez général. Les *assignats* actuels ont mis une valeur numéraire entre les mains de ceux qui n'avoient point d'espèces; il faut maintenant qu'ils puissent les convertir en de moindres valeurs; & c'est encore ce que de petits *assignats* permettront de faire. Mais cette dissolution même forme une objection nouvelle dans le mémoire ministériel. Il n'envisage qu'un redoublement de difficultés, d'embarras dans cette infinité d'échanges, puisqu'enfin les derniers *assignats* doivent se résoudre en numéraire. Je réponds à cela, premièrement, que dans l'état actuel des choses, la difficulté est bien plus grande, puisqu'il faut changer un *assignat* de 200 liv., non-seulement quand on a besoin de quelque monnoie, mais de toutes les sommes qui sont au-dessous de cette valeur; ce qui n'arrivera pas, quand trois ou quatre *assignats* inférieurs les uns aux autres, joindront les *assignats* de deux cens livres à notre monnoie effective. Alors le plus grand nombre de ces petits *assignats* seront destinés à échanger ceux de forte somme; & il en résultera un bien moindre besoin de numéraire pour effectuer ces sortes d'échanges. Est-il douteux que l'administrateur qui a éprouvé tant de difficultés à rassembler les espèces nécessaires pour ses divers paiemens, n'eût été très-soulagé par les petits *assignats* dont nous parlons, & dont ces paiemens pouvoient être formés en grande partie? Je réponds en second lieu, que si l'or & l'argent ont pris des aîles pour s'envoler en d'autres climats, il nous faut inévitablement quelque suppléant qui les remplace; & que s'ils sont resserrés par l'effet de la défiance ou de quelque mauvaise intention, il n'y a rien de tel que de les rendre moins nécessaires, pour qu'ils se montrent & redescendent à leur premier prix. C'est ici le lieu d'expliquer cette maxime financière si rebattue & si mal appliquée : le papier, dit-on, chasse l'argent. Fort bien : donnez-nous donc de l'argent; nous ne vous demanderons point de papier. Mais quand les espèces sont chassées, sans que le papier s'en mêle, admettez, pour un temps, le papier à leur place, & ne dites pas que c'est lui qui les chasse. Le papier chasse l'argent! De quel papier parlez-vous? Le mauvais papier, un papier-monnoie, sans consistance, sans garantie, sans hypothèque disponible, qui est introduit par le despotisme d'un gouvernement obéré, qui est répandu sans bornes connues, & n'a point d'extinction prochaine; celui enfin dont je parlois le premier octobre dernier? je vous l'accorde: quand un tel papier prétend rivaliser avec le numéraire, celui-ci se cache, & ne veut pas se compromettre dans la parité.

Le papier de commerce chasse encore l'argent, ou plutôt il le fait servir à d'autres dispositions, quand il abonde sur une place débitrice envers l'étranger, & que les espèces y sont envoyées. Il le chasse, de plus, ou plutôt il le resserre, quand le papier afflue au point de faire suspecter sa qualité & d'éveiller la défiance. Mais ce n'est pas-là notre papier. Les terres, productives de tout, valent bien les métaux qu'elles produisent; elles peuvent marcher de pair avec eux. Notre signe territorial ne chassera donc pas les espèces; il en tiendra lieu, jusqu'à ce que l'activité les rappelle. Ils conspireront alors amiablement; ils circuleront ensemble dans la masse des échanges & des affaires. Mais j'entends ici l'auteur du mémoire se récrier, de concert avec les détracteurs des *assignats* : « Quoi, disent-ils, l'expérience ne renverse-t-elle pas déjà vos conjectures? Ne connoît-on pas le prix actuel des *assignats* contre de l'argent? Que seroit-ce, si leur masse étoit quintuplée »? Vous allez vous convaincre, d'un côté, que si les *assignats* perdent dans l'échange contre de l'argent; de l'autre, la cause qu'on en donne est fausse, & que ce fait ne prouve rien contre l'*assignat*. Je fais deux classes de tous les objets qu'on peut se procurer par les *assignats*; ceux qui excèdent ou égalent par leur valeur celle des *assignats* dont on les acquitte; & ceux qui, étant au-dessous de la moindre valeur de ces *assignats*, ne peuvent être payés qu'en espèces. Si les *assignats* étoient déchus de leur prix par trop d'abondance, les marchandises d'une certaine valeur, qu'on paieroit par des *assignats* en en nature, feroient renchéries, c'est ce qui n'est pas. Il est de fait qu'on achète aujourd'hui avec un *assignat* de 200 liv., toutes les choses dont la valeur en espèces étoit de 200 liv. avant la création des *assignats*; & le vendeur, au surplus, tient compte de l'intérêt des *assignats* sans difficulté. Il n'est donc pas vrai que l'*assignat* perde, sous ce point de vue, qui offre le seul moyen de connoître sa juste valeur dans l'opinion publique. Je sais bien que les *assignats* ont tort de se soutenir, puisque nos infaillibles raisonnemens assurent qu'ils doivent perdre; mais ce n'est pas ma faute, & je raconte les choses comme elles sont. (On murmure).

Pourquoi donc les *assignats* perdent-ils contre du numéraire? C'est qu'il faut du numéraire à tout prix; c'est qu'il en faut beaucoup pour l'échange de nos *assignats* actuels; c'est que nos *assignats* ont beau être rares, les espèces le sont davantage. Eh! n'avons-nous pas un fait bien capable de nous éclairer sur cette matière? On sait que les écus perdent quand on veut les échanger contre des louis. (On murmure.) Dira-t-on pour cela que les écus sont en discrédit? Non, mais c'est que l'or est encore plus rare que l'argent. Il y a plus; si le billon venoit à manquer pour le peuple, c'est le billon qui feroit la loi; & nous verrions l'or & l'argent le rechercher avec perte. Le papier, même de commerce, gagne sur les espèces, quand on a grand besoin de ce papier, & qu'il est fort rare. On raisonne donc mal, on n'analyse rien, on prend une cause pour une autre, quand on attribue à la dépréciation des *assignats* le renchérissement des espèces. Faites ensorte d'avoir moins besoin de les échanger; créez de plus petits *assignats*; vous ne chasserez pas l'argent, vous le rapprocherez du pair, & vous sentirez moins sa rareté. Cette seule observation répond au trois quarts du mémoire ministériel. On insiste; on dit que des difficultés de toute espèce naîtront, si l'on répand cette multitude de petits *assignats* dans une classe peu aisée, où leur échange seroit un besoin de tous les instans. Mais qu'on me dise comment la même quantité d'espèces employées aujourd'hui à changer de forts *assignats*, ne suffiroit plus à échanger les fractions de ces *assignats*? Qu'on me dise comment, quand les *assignats* de 200 liv. n'auront plus besoin d'être convertis en argent, puisqu'ils seront divisibles en *assignats* de moindre valeur; comment il sera si difficile de pourvoir alors avec cet argent, aux derniers échanges nécessaires. Ce louis, que des laboureurs aisés, ou des artisans économes ont actuellement dans les mains, s'anéantira-t-il, si un *assignat* de 24 liv. est mis à sa place? La société, pour recevoir un nouveau numéraire représentatif, cessera-t-elle d'être le dépôt commun de numéraire métallique? La petite monnoie, qui est l'or du peuple, quittera-t-elle sa bourse pour fuir en Angleterre ou en Allemagne? Un nouveau mouvement, au contraire étant imprimé à notre industrie, le crédit renaissant par l'extinction de la dette publique, le numéraire étranger viendroit plutôt chercher nos productions; & peut-on craindre qu'en de telles circonstances, notre avoir actuel en numéraire tende à s'échapper?

Mais ce n'est pas uniquement, je le sais, jusques dans les derniers rameaux de la circulation, que les ennemis des *assignats* le poursuivent pour les décrier; ils les considèrent aussi dans leur masse: cette quantité que nous proposons les épouvante. Au lieu d'une puissance productive, ils n'y voient qu'un torrent de destruction. Le moindre éclair de la raison dissipera ces vaines terreurs. Je demande aux détracteurs de notre plan, de quel génie bienfaisant, de quel pouvoir surnaturel ils attendent donc la restauration de nos arts, de notre commerce, de tous nos moyens de prospérité? Je leur demande si c'est de la sécheresse de nos canaux qu'ils espèrent voir sortir des fleuves d'abondance. N'entendent-ils pas le besoin général qui pousse un cri jusqu'à nous? Je le répète; riches en population, riches en sol, riches en industrie, nous ne l'avons jamais été en numéraire. Pourquoi? c'est qu'un gouvernement vampirique a, depuis plus d'un siècle, succé le sang des peuples pour s'environner de faste & de profusion. (On applaudit.) Ce prodigieux mouvement d'espèces qui en résultoit dans la capitale, pour fournir à des emprunts immodérés, & aux jeux forcenés qui en sont la suite, n'a jamais qu'une circulation stérile en bien, trompeuse dans ses apparences, désastreuse dans ses effets. La plétore étoit au centre de l'empire; le marasme, la langueur aux extrémités. L'énormité de notre luxe en vaisselle, qui fait passer tant d'écus du coin au creuset, c'est une source de destruction pour le numéraire. Les vices de notre systême monétaire en sont une autre chaque jour plus active. Ainsi, pour bien des raisons, nous n'avons jamais atteint le point de prospérité nationale auquel nous étions appellés par la nature; & les métaux précieux, qui sont à la fois le signe & le moyen de cette prospérité, ont toujours été chez nous fort au-dessous de nos besoins.

On craint une obstruction générale par cet accroissement subit & prodigieux du numéraire. Quant à moi, j'ai une crainte d'un autre genre; c'est que les opérations préliminaires & indispensables pour la liquidation de la dette, la vérification des titres, la fabrication & la délivrance successive des *assignats*, en prenant beaucoup de temps, ne prolongent notre langueur, & ne nous privent d'une partie des avantages qu'une plus prompte émission d'*assignats* nous procureroit. Nous appréhendons d'être écrasés sous le poids de ce numéraire de liquidation. Ne le sommes-nous donc pas sous celui de la dette qu'il faut liquider? Les avantages qui doivent résulter des remboursemens & du crédit qui en est la suite, ne font-ils pas une belle réponse à ceux qui craignent que ce précieux numéraire ne s'avilisse, que l'argent ne fuie devant lui ? Vos *assignats*-monnoie ne sont-ils pas un papier actif qui remplace le papier dormant, le papier fâcheux dont une grande partie de la dette exigible se compose ? Cette surabondance nous effraie ! Que nos voisins doivent rire de nos craintes ! Comparez leur sol, leur population, leurs moyens aux nôtres ; comparez ensuite à notre quantité de numéraire les valeurs qu'ils savent mettre en activité, vous verrez qu'ils en ont beaucoup plus que nous, sans comparaison ; & que dans les valeurs qui forment leur circulation, il entre plus de billets que d'espèces. Vous verrez, par conséquent, que si nous portions notre papier-monnoie même à deux milliards, nous en aurions bien moins encore que ces riches insulaires. Et pour connoître, à cet égard, tous nos avantages, pensez que notre papier ayant disparu, il reste à sa place des campagnes, des domaines, les propriétées les plus précieuses, & que le papier national des Anglois ne porte que sur le prestige du crédit. Quoi donc ! craindrions-nous la ruine, en nous acquittant avec notre signe territorial ; tandis que l'Angleterre prospère, malgré l'immensité de sa dette, au moyen d'un signe d'opinion, d'un vain simulacre de richesses ?

Ce sont de grandes erreurs sur la circulation du numéraire, qui font craindre si fort l'accroissement des *assignats* que nous proposons. On pense que tout le numéraire répandu dans la société, doit se porter jusqu'aux derniers rameaux de la circulation, & se subdiviser comme ces eaux qui, sortant de l'Océan, n'y retournent qu'après s'être transformées successivement en vapeurs, en pluies, en rivières. Mais si une portion du numéraire est destinée à la partie fécondante & productive de la circulation ; une autre portion, non moins considérable, a pour objet le commerce, le transport des immeubles, les dépôts, une multitude de gros échanges. Or, si la subdivision des espèces est nécessaire dans la circulation productive, pour atteindre la main-d'œuvre, pour satisfaire aux menues dépenses, aux petits salaires ; l'autre partie de la circulation commerciale n'éprouve pas les mêmes besoins. C'est à grands flots que le numéraire y roule ; les déplacemens ne s'y font qu'en certaines masses, & comme le billon ne passe guère de la première de ces circulations à la seconde, de même la somme des métaux précieux qui servent à celle-ci, est en plus grande partie étrangère à l'autre. Vous en pénétrez la conséquence. C'est particuliérement cette dernière sphère de circulation, que vous êtes appellés à enrichir par l'émission de vos *assignats* ; parce que c'est aussi dans cette sphère que se trouvent placés les fonds territoriaux qui leur correspondent. Vous jettez dans cette région du commerce de nouvelles marchandises & de nouvelles richesses ; & par l'activité des ventes, le signe disparoît à mesure que la chose le remplace. Vous n'arrêterez donc point de cette manière, vous n'embarrasserez point la circulation productive : elle profitera de tout ce qu'elle pourra s'approprier dans la circulation supérieure, pour s'étendre, se vivifier. Celle-ci, de même, puisera dans la source abondante que vous ouvrirez, de quoi alimenter ses diverses branches, & le superflu de tous ces besoins sera nécessairement refoulé par la force des choses vers la masse des biens nationaux.

Or, je vous demande comment voir dans cette marche naturelle des affaires, ce désordre, ce chaos dont on nous menace ? n'est-il pas plutôt dans les idées de ceux qui les peignent ? Figurez-vous qu'au lieu d'un ou deux milliards d'*assignats* de 1000, de 300, de 200 livres & au-dessous, vous missiez en circulation des pièces d'or de même valeur & en même nombre : ne voyez-vous pas, 1°. qu'une grande quantité de ces pièces seroient employées pour les grands besoins, sans être jamais échangées contre d'autres pièces ; 2°. qu'il y auroit une autre partie de ces espèces, dont la conversion en moindre valeur se feroit, sans sortir de ce nouveau numéraire dont nous vous parlons ; & qu'enfin les moindres de ces pièces d'or qui se rapprocheroient de notre numéraire actuel & dont l'échange seroit nécessaire, y trouveroient de quoi se convertir en écus, comme ceux-ci se convertissent en petites pièces de monnoie ? Ainsi s'accompliroient de proche en proche, & sans embarras, tous les échanges nécessaires à la circulation générale.

Maintenant mettez des *assignats* de même valeur à la place des grosses espèces d'or que nous avons supposées ; vous ne dérangez rien, les choses restent dans le même état, & vos *assignats* entrent dans la partie de la circulation à laquelle ils sont propres ; ils s'échangent entre eux & avec notre numéraire, comme feront ces masses d'or dont nous venons de suivre les divers emplois.

Il est vrai que je place toujours vos *assignats* sur la même ligne que les métaux précieux ; s'ils ne les valoient pas, il faudroit renoncer à notre mesure : mais comme des propriétés foncières sont une chose aussi précieuse que des métaux, & qu'on ne peut pas faire circuler en nature des arpens de terre, je pense qu'il est égal d'en faire circuler le signe, & qu'il doit être pris pour la chose même. (On applaudit). Releverai-je ici un singulier rapprochement fait entre nos *assignats* & le papier-monnoie de certaines banques des états-unis de l'Amérique, & de plusieurs puissances du nord de l'Europe ? « Plusieurs de ces banques, dit-on, malgré des hypothèques territoriales équivalentes à leurs billets, n'en ont pas moins fait banqueroute. Les papiers de ces puissances, malgré les biens particuliers & nationaux qui les garantissent, n'en sont pas moins tout-à-fait déchus ». Mais, pour mettre par un seul argument irréplicable, nos *assignats* hors de pair avec de tels papiers, je demanderai seulement à ceux qui font ce parallèle, si nos *assignats*, qui ne s'éteignent qu'à une époque indéterminée, lors de leur emploi pour l'acquisition des biens nationaux, peuvent être comparés à des billets de banque payables à vue, & qui mettent la banque en faillite au moment où elle cesse de payer? Je demanderai, relativement au papier-monnoie des autres puissances, s'il y a aucune comparaison à tenter entre la prétendue garantie de ce papier, entre ces hypothèques vagues, qui ne sont point disponibles, dont personne ne peut provoquer la vente, & nos biens nationaux dont la vente est actuellement ouverte, & qui sont moins une hypothèque qu'un remboursement? J'aimerois cent fois mieux avoir une hypothèque sur un jardin que sur un royaume. (On applaudit). Enfin, j'entends les Américains dire aux François: nous avons créé, pendant notre révolution, de mauvais papier-monnoie, & cependant ce papier, tel quel, nous a sauvés; sans lui notre révolution étoit impossible. Et vous, qui avez aussi une révolution à terminer; vous qui, à côté de grands besoins, possédez de grandes ressources; vous qui avez encore plus de domaines à vendre, que d'*assignats* sur ces domaines à distribuer; vous qui, en créant ce papier solide, ne contractez point une dette, mais en éteignez une; vous n'oseriez vous confier à cette mesure! Allons, après avoir commencé votre carrière comme des hommes, vous ne la finirez pas comme des enfans. (On applaudit).

Le principe de la parité de prix entre les métaux précieux & nos *assignats* étant admis, & il faut bien l'admettre, car c'est non-seulement un principe vrai, mais le seul qui nous sauve dans tous les systêmes; ce principe admis, toutes les objections formées en général contre le papier-monnoie, ne regardent pas nos *assignats*; ce principe admis, les choses, en marchant avec le temps vers un établissement général, doivent conserver entre elles ces rapports dont on redoute mal-à-propos le renversement. On nous parle de la hausse des denrées, du renchérissement de la main-d'œuvre, & de la ruine des manufactures qui doit s'en suivre. Eh! qu'on nous parle donc aussi des centaines de manufactures qui n'ont point d'ouvrage, de cette foule d'ouvriers qui meurent de faim, de ces milliers de marchands dont les affaires s'anéantissent dans un repos dévorant; qu'on nous parle des cruels effets, quelle qu'en soit la cause, de cette soustraction du numéraire, qui, s'il existe encore dans le royaume, est du moins sorti de la circulation, & qu'il remplacera d'une manière ou d'autre, sous peine de ruine! Vous fermez les yeux sur tous ces maux actuels, qui s'appellent, se multiplient les uns & les autres, & dont on ne peut calculer la durée & les conséquences; & quand on vous présente un remède à notre portée, un moyen de vaincre la cruelle nécessité, toute votre industrie est de rechercher, de grossir les inconvéniens attachés à notre projet. Certes, ce n'est pas une chose juste de ne compter pour rien tous ces avantages, & de venir ensuite subtiliser, à perte de vue, sur les prétendues conséquences qu'ils entraînent; conséquences si éloignées & si obscures, que l'esprit le plus profond a bien de la peine à les démêler. Oui, il est un point d'abattement dans les forces du corps politique, où il faut de grands moyens pour le remonter, sans qu'il en résulte même incessamment tout l'effet qu'on doit s'en promettre. Vous verrez des millions d'*assignats* se répandre, combler les vuides, réparer les pertes, avant même qu'on s'apperçoive d'un vrai retour de force & de santé.

Ce n'est pas la nation seule qui ait une dette à liquider. Dans ces temps nécessiteux, où des milliers de citoyens ont usé toutes leurs ressources pour se soutenir, ils ont entre eux une immensité de comptes à solder, une liquidation générale à faire. Ce sera-là, sans doute, un des plus grands services, un des premiers emplois des *assignats*. Et quand leur effet se fera sentir près des premières sources de nos productions, de notre industrie, quelque renchérissement dans la main-d'œuvre seroit peut-être un signe de prospérité: cela prouveroit qu'il y a plus d'ouvrage que d'ouvriers. En supposant ce renchérissement, malgré la faveur maintenue aux *assignats*, par le crédit acquis à une grande nation qui se libère, & malgré la nécessité qui ne fait pas moins la loi à celui qui vend son travail, qu'à celui qui en a besoin, le systême des *assignats* fourniroit ici lui-même une compensation à cette perte; car leur effet devant être d'abaisser l'intérêt de l'argent, le commerçant, le fermier, l'entrepreneur, profiteront de cet avantage, puisque la plupart sont débiteurs des fonds qu'ils emploient. Quand je pense que les biens nationaux & notre caisse de l'extraordinaire, sont le débouché où vos *assignats* doivent tendre, où tous enfin doivent s'engloutir, je ne comprends pas qu'on puisse les traiter d'avance comme des valeurs détériorées, des titres qui perdront leur prix. Comment ne pas sentir que ce numéraire ne pourroit décheoir sensiblement, sans être recueilli par des mains empressées à lui faire remplir sa destination? Se soutient-il, c'est une preuve qu'il est nécessaire. Tend-il à descendre, la vente des biens nationaux n'en est que plus prompte. Ici, comment se défendre d'un ressentiment patriotique? Vous avez entendu dans cette tribune, ces mots du mémoire ministériel: « On dira aux créanciers de l'état, achetez des biens » nationaux; mais à quelle époque & dans quel lieu »? A quelle époque! A l'époque de la dette approfondie, connue, arrêtée; à l'époque où toute la nation met son salut dans la vente des biens nationaux, & saura conspirer à l'accomplir; à l'époque où les propriétés territoriales reprendront leur prix, & ne seront plus grévées par une féodalité barbare, par des impositions arbitraires

Dans quel lieu ? Dans un lieu que le ciel a favorisé de ses plus heureuses influences, dans un empire sur lequel passeront les orages de la liberté, pour ne laisser après eux que le mouvement qui vivifie, que les principes qui fertilisent; dans un pays qui appellera ceux qui cherchent un gouvernement libre, ceux qui fuient & détestent la tyrannie. (Une grand partie de l'assemblée applaudit). Voilà à quelle époque & dans quel lieu les créanciers de l'état sont appellés à devenir propriétaires. Et si l'homme qui a prononcé ces étonnantes paroles étoit encore à la tête de nos finances, je lui dirois à mon tour : à quelle époque tenez-vous un tel langage, & dans quel lieu vous permettez-vous de la tenir ? (Les applaudissemens redoublent).

Ce même administrateur, qui plus vivement que personne a peint le dénuement que nous éprouvons, trouve néanmoins que nous avons encore assez de numéraire pour effectuer la vente de deux milliards de biens nationaux. Il ne pense pas que ces terres ajoutées à tant d'autres terres qui déjà ne se vendent point faute de moyens, se vendront bien moins encore, si le numéraire n'est point augmenté. Il redoute les *assignats* qui paient la dette publique; mais il craint moins ceux qui ne la paient pas. Il permet que le capital de la nation se ronge, se détruise pour acquitter, tant bien que mal, les intérêts qu'elle doit, pour subvenir à un déficit journalier; alors les *assignats* lui semblent nécessaires. Mais l'opération qui nous libère par leur entremise, & prépare pour le trésor public les moyens de diminuer à l'avenir ces secours extraordinaires, il la repousse, il la décrie comme désastreuse; & sans nous rien offrir qui nous en tienne lieu, il nous livre de nouveau à la merci des événemens. Joindrai-je ici d'autres objections, qui, pour être énoncées par des hommes respectables, n'en sont pas moins foibles ou exagérées ? On nous assure que mettre dans les mains du public tous ces *assignats* dont on annonce à plaisir le discrédit, c'est diminuer par-tout les moyens de consommation, c'est porter coup aux reproductions qu'elle encourage, c'est énerver le corps social; & l'on vous tient ce langage, quand les consommateurs n'ont plus le moyen de consommer, quand les reproductions ne sont plus encouragées, quand le corps social souffre de langueur, quand un nouveau numéraire, appellé fictif, quoique très-réel, semble créé par les circonstances, comme le meilleur moyen de saper le mouvement & la vie.

On vous dit que c'est une erreur en politique, de vouloir qu'un état acquitte sa dette; que les intérêts de cette dette sont un suc nourricier & productif, qui fait fleurir & prospérer la société. Et l'on ne considère pas que ces intérêts si productifs ne produisent rien, quand on ne peut plus les payer; & que c'est alors que leur suppression est une ruine. On ne considère pas que c'est ensuite de ce pernicieux système, que les états n'ont plus qu'une apparence de prospérité, qui peut s'évanouir au premier revers. On ne considère pas que ce sont des guerres insensées, de coupables profusions, de mémorables extravagances, qui ont obéré à la longue les gouvernemens, accablé les peuples, corrompu les moeurs, avili les ames. On ne considère pas que si c'est-là l'ouvrage du vice & de la folie, il n'est pas d'une politique bien sage, bien vertueuse, de nous exhorter à la maintenir. On vous dit qu'avoir en vue dans ces opérations financières, de faire hausser ou baisser le prix de l'argent, c'est incapacité ou charlatanisme. Eh ! quand l'incapacité ou le charlatanisme ont formé dans la capitale de l'empire, un tourbillon d'affaires dévorantes, un gouffre d'espèces; quand ils ont fait excéder par ce moyen toute borne au taux de l'argent, qu'on vous permette de tenter à cet égard quelque réforme, elle ne peut être que salutaire. Faire rétrograder l'intérêt par des principes contraires à ceux qui l'ont si monstrueusement élevé, c'est travailler à la prospérité nationale, c'est fonder le bien du commerce, de l'agriculture, sur l'anéantissement d'une circulation improductive, d'un agiotage pernicieux. On vous dit que doubler ainsi le numéraire, c'est doubler en peu de temps le prix de tout; que le même nombre d'objets à représenter ayant le double de signes, chacun d'eux doit perdre la moitié de sa valeur. Fausse conséquence, s'il en fut jamais; car les signes étant doublés, les objets à représenter se multiplient, les consommations, les reproductions s'accroissent; mille choses abandonnées reprennent leur valeur; les travaux augmentent, d'utiles entreprises se forment, & l'industrie fournit une nouvelle matière à de nouvelles dépenses. Aujourd'hui que la moitié du numéraire semble évanoui, voyons-nous que tous les objets nécessaires à la vie s'acquièrent à moitié prix ? Depuis l'émission des *assignats*, qui forment à-peu-près la cinquième partie de notre numéraire effectif, voyons-nous que le prix des choses se soit élevé d'une cinquième partie, qu'il ait même reçu quelque accroissement ? Qu'on cesse donc de nous harceler en contant ces rêves; qu'on ne pense point nous effrayer par ces vains fantômes.

Je lis encore un pamphlet, où l'on prétend avertir le peuple sur le renchérissement du pain par les *assignats*. Mais mal raisonner n'est pas instruire; égarer n'est pas avertir. On représente dans cet écrit, l'argent comme une marchandise. A la bonne heure, dans sa qualité de métal, comme seroient le fer & le plomb; mais dans sa qualité de monnoie, cela n'est pas. Alors l'argent représente tout, il sert à tout; c'est ce qu'aucune marchandise ne peut faire. Ces marchandises périclitent à les garder; elles ruinent le marchand par le chommage; il faut les vendre. Mais je n'ai pas encore oui dire qu'on eût grande hâte de porter son argent au marché pour s'en défaire. Cette faculté que possède l'argent de représenter l'universalité des choses, le soustrait aux conséquences établies par l'auteur. L'augmentation du numéraire n'augmente pas le besoin des premières subsistances, puisque ce besoin est borné par sa nature; mais facilitant & multipliant leur production, la plus grande partie du numéraire qui s'accroît, se porte vers de nouveaux objets, & crée de nouvelles jouissances. Oublie-t-on encore nos relations commerciales? Et ne voit-on pas qu'un renchérissement sensible dans les objets de première nécessité, les feroit affluer de toutes parts? Les faits se joignent ici au raisonnement. L'auteur donne l'exemple de l'Angleterre, où le numéraire surpasse de beaucoup le nôtre: aussi, dit-il, les souliers y coûtent 12 francs. J'aurois beaucoup à dire sur ces souliers de 12 francs, espèce de souliers qui, apparemment, ont la propriété particulière de coûter 12 francs à Londres, & ensuite, à raison du transport, des droits d'assurance & d'entrée, de venir s'offrir à 7 francs, rue Dauphine à Paris. Mais sans remarquer que les personnes qui sont appellées à consommer des choses recherchées & d'un prix un peu élevé, font aussi des profits plus considérables, je demanderai à l'auteur pourquoi il ne nous parle pas du prix du pain en Angleterre, puisqu'il s'agissoit de pain dans son écrit? Pourquoi il ne nous parle pas en général du prix des alimens de première nécessité dans ce pays-là, du salaire des journaliers & de la main-d'œuvre ordinaire? Il est vrai qu'il auroit été forcé de convenir que tout cela n'est pas plus cher, que tout cela même est moins cher en Angleterre qu'en France. Il auroit vu dès-lors que le numéraire doublé ne double pas le prix des choses nécessaires, & il n'auroit pas publié sa feuille.

Mais puisque nous sommes à l'Angleterre, qu'on me permette encore un mot sur cet échafaudage de raisonnemens dont on veut épouvanter nos manufactures, en montrant leur ruine dans nos *assignats*. L'augmentation du numéraire, dit-on, renchérira les vivres; ceux-ci renchériront la main-d'œuvre; les ouvrages des manufactures hausseront de prix; nous ne pourrons plus soutenir la concurrence; & tandis que nous ne vendrons rien aux étrangers, ils nous inonderont de leurs marchandises, & finiront par emporter le reste de nos écus. Si cela pouvoit être vrai pour nous à l'avenir, cela devroit l'être aujourd'hui pour les Anglois, puisqu'ils sont plus riches que nous en moyens de circulation. Or, vous savez comment nous devons craindre, par leur exemple, que cet horoscope ne s'accomplisse à notre égard. Fasse le Ciel que les *assignats* ruinent bientôt notre commerce, comme la multitude des guinées & des papiers ruine aujourd'hui celui de l'Angleterre!

Ce ne sont-là sans doute, de la part de nos adversaires, que des caricatures économiques, qui ne permettent pas les regards sérieux de la raison. Mais je dois à cette assemblée une observation plus grave sur les aberrations d'un de ses honorables membres en fait d'économie politique, & sur le cas qu'on doit faire de sa diatribe contre les *assignats* & leurs défenseurs. Comment, après avoir blanchi, comme il le dit, dans l'étude des matières qui nous occupent, & j'ajouterai dans la carrière de la plus incorruptible probité, étonne-t-il si fort aujourd'hui & ceux qui le lisent & ceux qui l'entendent? Quoi! le même homme qui naguère, dans cette assemblée, justifioit les arrêts de surséance obtenus par la caisse d'escompte; qui défendoit un privilège de mensonge & d'infidélité accordé aux billets de cette caisse, puisque ces billets portoient, *je paierai à vue*, & que l'arrêt disoit, *vous êtes dispensé de payer à vue*; qui trouvoit très-convenable, très-légal, l'immoralité de ce papier-monnoie créé par l'impéritie du gouvernement, & dont le juste discrédit a donné à la confiance publique un ébranlement que nous ressentons encore; le même homme vient décrier aujourd'hui notre papier territorial, dont le prix repose sur l'or de nos plus riches propriétés; un papier, qui, étant toujours payable en fonds nationaux, ne peut jamais perdre un denier de sa valeur foncière, ni tromper un instant la confiance de son possesseur! Ainsi donc ce membre caresse une caisse en faillite, un gouvernement suborneur, & il diffame un papier national, un titre sacré, dont la solidité est inaltérable. Est-ce-là le résultat que nous devons attendre de ses travaux & de ses lumières? (On applaudit).

On vous dit, & ce sont des hommes célèbres, des académiciens que je cite; on vous dit que les *assignats* actuels embarrassent déjà la circulation. Possesseurs d'*assignats*, dites-nous en quoi votre embarras consiste; & moi, je vous montrerai des embarras tout autrement graves, faute d'*assignats*. (On applaudit). On ajoute qu'un plus grand intérêt, attaché à ces *assignats*, en eût fait au moins un placement. On oublie donc que leur création ayant été sollicitée de toute part, par les besoins d'une circulation anéantie, c'eût été créer un étrange remède au manque d'argent, que de faire encoffrer les *assignats*, imaginés pour en tenir lieu. On prétend encore que ces *assignats* ne remédieront point à la stagnation du numéraire. Ils n'y remédieroient point sans doute, si, comme ces auteurs l'entendent, on favorisoit, par de forts intérêts, la stagnation des *assignats*. Enfin, on est aussi fondé à soutenir que les *assignats* sont inutiles, parce qu'ils ne feront point reparoître les espèces, que nous aurions été fondés, durant la disette, à rejetter le riz, parce qu'il ne faisoit pas revenir du bled.

Le même détracteur des *assignats* compte parmi leurs dangers, celui de faire penser bientôt au public, qu'une seconde chambre dans l'assemblée nationale, composée de propriétaires plus riches, auroit réprouvé cette fatale mesure. Or, voici qu'un autre détracteur des *assignats* dit au peuple, dans son pamphlet sur le renchérissement du pain, que les *assignats* ne sont bons que pour les gens riches. Daignez donc vous accorder, pour que nous sachions auquel répondre.

En attendant, nous demandons à celui qui semble invoquer le jugement des riches propriétaires contre ces *assignats*, comment il pense que ces propriétaires s'accommodent de la situation actuelle des choses, où les terres perdent chaque jour de leur valeur, faute d'argent pour les acquérir, où un très-grand nombre d'entre eux sont forcés de les vendre à vil prix, soit qu'ils ne trouvent pas à emprunter pour les affranchir, soit qu'elles ne puissent pas supporter l'intérêt énorme qu'on leur demande. Qu'il nous dise si, le numéraire n'étant point augmenté, ces terres ne seront pas encore plus déprisées par la concurrence prochaine de deux ou trois milliards de biens nationaux. Qu'il nous dise encore, si des contrats ou des quittances, dont les dix-neuf vingtièmes seront à vendre, loin de fournir de nouveaux moyens de circulation, ne l'appauvriront pas toujours davantage; si tout cela peut relever le prix des fonds territoriaux, & améliorer le sort des propriétaires.

Il ne manquoit plus à ce philosophe que de se passionner contre le projet des *assignats*, au point d'y voir trois ou quatre banqueroutes les unes sur les autres. Que nous conseille-t-il à la place? les chères quittances de finances, c'est-à-dire, la perte inévitable du quart au moins de ces quittances pour la malheureuse foule des vendeurs. En vérité, c'est-là un étrange remède. On reproche au systême de liquidation par les *assignats*, qu'ils seront répandus long-temps avant que les domaines nationaux s'achètent; que l'acquit de ces domaines, par leur moyen, ne s'accomplira qu'au bout de plusieurs années; & qu'ainsi l'on ne peut regarder l'achat des biens nationaux comme débarrassant à mesure la circulation, puisqu'elle en sera d'abord surchargée. J'observe sur cela, 1°. qu'il s'en faut bien que la somme d'*assignats* que nous proposons, double, dans la circulation actuelle, la somme de numéraire que nous possédons ordinairement. La moitié peut-être de cet avoir en numéraire a disparu de la circulation; ce déficit qui tend à s'accroître, peut parvenir au point le plus effrayant. Ainsi l'émission proposée ne fait en plus grande partie que combler le vuide & réparer la perte. 2°. Il est impossible, quelque diligence que l'on mette dans l'examen des créances, l'appurement des comptes & la fabrication des *assignats*, de consommer cette grande opération sans un travail de plusieurs mois, peut-être de plus d'une année. On n'a donc pas à craindre une émission prompte & brusque de la totalité des *assignats*. 3°. Ayant la liquidation de la dette exigible, & l'émission de tous les *assignats* décrétés, une partie de ceux qui auront déjà été délivrés, rentrera dans la caisse de l'extraordinaire, soit par le premier paiement des acquisitions effectuées, soit par le paiement complet de celles dont les acquéreurs ne voudront pas jouir des délais; de sorte qu'il n'existera jamais à la fois dans la circulation la totalité des *assignats* émis. 4°. Cette mesure ayant pour objet de nous faire franchir, par des secours nécessaires, cette époque de compression & de besoin, le numéraire, à mesure que le calme & la confiance reprendront le dessus, & que les affaires se rétabliront, sera rappellé & remplacera à son tour les *assignats* qui s'écouleront par les paiemens annuels vers la caisse de l'extraordinaire. Cette substitution du numéraire aux *assignats*, aura douze ans pour s'accomplir. Pendant ce temps, la nation jouira du produit des biens qui ne seront pas encore vendus ou acquittés; & les particuliers tireront des *assignats* tous les secours que les besoins de la circulation & l'état des choses pourront exiger.

Mais est-on plus heureux dans les mesures qu'on propose, au lieu d'*assignats*, pour la liquidation de la dette, que dans le combat qu'on livre pour les écarter? On vous parle des quittances de finances escortées d'un intérêt plus ou moins fort. A la réquisition du porteur, elles seront échangées directement contre les biens nationaux; & voilà cette créance éteinte, cette partie de la dette liquidée. J'entends: on part donc de cette vente comme incontestable; c'est de l'or que l'on met dans la main du créancier, qui n'a qu'à vouloir pour acquérir. On ne peut donc pas refuser aux *assignats* la même solidité, la même valeur; c'est de l'or aussi; & la moindre défiance qui ébranleroit leur crédit, feroit tomber de même les quittances. Mais ces quittances, qu'en feront les propriétaires? que de papiers morts ajoutés à d'autres papiers morts! Quel cimetiere de capitaux! Ces quittances auront-elles la faculté de métamophoser leurs maîtres en agriculteurs? Le plus grand nombre d'entre eux ne pourront pas faire cette disposition de leur fortune. Une foule de créanciers & d'arrière-créanciers se présentera; le gage n'est pas transmissible à volonté; & il faudra vendre. Cette masse énorme d'effets va créer, dans la bourse de Paris, un nouveau commerce improductif, qui achevera de ruiner toutes les branches du commerce utile, & toute autre espèce d'industrie. C'est-là que les *assignats* actuellement en circulation, & le peu d'écus qui restent encore dans le royaume, seront attirés par ce nouveau tourbillon vraiment dévorant. C'est-là que seront pompés les derniers sucs qui laissent encore à nos affaires une ombre de vie. Mais qui s'engraissera derechef aux dépens de la chose publique? ceux-là seulement qui ont des écus libres, des millions à leurs ordres; tandis que la pluralité des créanciers de l'état verront leur ruine, au moment où ils feront argent de leurs quittances.

En laissant dans l'abîme cette multitude de victimes, suivons la destinée de ces effets. Ou le capitaliste accapareur, après avoir spéculé sur les quittances, spéculera encore sur les domaines; il dictera la loi aux campagnes, & vendra cher son crédit à leurs habitans; ou il gardera dans son porte-feuille ces quittances acquises à vil prix, qui lui rapporteront un intérêt considérable; & dès-lors les biens nationaux ne se vendront pas. Le remède à ce mal seroit donc de soustraire ces porteurs de quittances à la servitude de leur position, à l'empire de leurs créanciers; de donner à leurs créances sur l'état une valeur qu'elles ne puissent perdre, de manière que, passant de main en main, elles rencontrent enfin un propriétaire qui puisse les réaliser. Or, c'est-là précisément la nature & la fonction des *assignats*-monnoie. Des revers multipliés, dit-on, les attendent dans la carrière qu'ils ont à fournir. Mais ces prophètes de malheur ne connoissent pas de quels spéculateurs ils sont les aveugles échos; ils se perdent dans l'avenir, & ne savent pas voir ce qui se passe autour d'eux. Voici le mystère: on peut faire trois classes principales des détracteurs ou des défenseurs des *assignats*. La première est composée de ceux qui, jugeant la mesure des *assignats* indispensable, ne laissent pas d'en dire beaucoup de mal; & pourquoi? c'est qu'ils veulent, par ce moyen, empêcher l'essor des effets publics; & ils en achètent tant qu'ils peuvent, certains de la faveur que la nouvelle création d'*assignats* leur donnera. Le décri des *assignats* est pour ces gens-là une spéculation de fortune. La seconde classe est celle qui a vendu des effets à terme; elle tremble que ces effets ne haussent: son intérêt est aussi de décrier les *assignats*, de prêcher les quittances de finances, les moyens qui retardent le crédit; mais voyant que la mesure des *assignats* prend faveur, ils s'efforcent de leur associer du moins quelque papier lourd, d'attacher le mort au vif, afin de retarder l'action de celui-ci, & de diminuer leur perte. La troisième classe est celle qui se déclare en faveur des *assignats*, rondement, consciencieusement, en les regardant comme un moyen nécessaire & patriotique. Je crois fermement qu'on doit ranger dans cette classe les premiers promoteurs des *assignats* & la grande majorité de ceux qui sont attachés à cette mesure. (On applaudit).

Un orateur s'élève avec un nouveau projet à la main, il rejette, dès l'entrée, les *assignats*, & ses premiers argumens sont les troubles répandus dans le royaume, les désordres suscités par les ennemis de la révolution, & la défiance publique qui en est la suite. Or, je vois bien là les raisons qui chassent l'argent, qui créent la misère générale; mais je n'y vois pas celles qui empêchent qu'on ne remplace cet argent, qu'on ne subvienne à cette misère, & je plains l'orateur qui marche ici à rebours de ses intentions, & qui plaide si bien, sans s'en appercevoir, en faveur du parti qu'il vouloit combattre. Il continue; il se récrie de ce qu'on pense faire des amis à la constitution, par la cupidité & non par la justice. Mais les *assignats*-monnoie font justice à tout le monde; mais ils soustraient une foule de citoyens à la cupidité de quelques hommes. Eh! vraiment, il est permis, peut-être, de combattre un intérêt par un autre; il est permis d'opposer à l'intérêt mal entendu, qui fait les anti-révolutionnaires, un intérêt bien entendu, qui arrache les égoïstes à leur système d'indépendance, & les lie, par leur fortune particulière, à la fortune publique, au succès de la révolution. Je supplie donc ces moralistes sublimes qui s'indignent ici contre moi, de me permettre de ramper loin d'eux dans la bassesse du sens commun & d'une raison toute vulgaire. (On applaudit). L'honorable membre descend enfin à la proposition d'un décret, où il admet pour huit cens millions de ces redoutables *assignats*. L'académicien qui les a comparés à de l'arsenic, pourra trouver que la dose ici en est un peu forte; mais voici le grand antidote: ce sont les quittances de finances. L'orateur en demande pour le remboursement de la dette, & ces quittances ne pourront être refusées en paiement par les créanciers bailleurs de fonds. Mais rien, selon moi, de plus inadmissible que cette mesure. Comment l'état peut-il distinguer deux espèces de créanciers pour la même quittance? Celui qui la reçoit de la seconde main ne devient-ils pas créancier de l'état, au même titre que celui qui la reçoit de la première? Pourquoi donc cette quittance commence-t-elle par exercer, en faveur de l'un, les droits de papier forcé, pour tomber tout-à-coup, au préjudice de l'autre, dans les inconvéniens du papier libre? La justice a-t-elle ainsi deux poids & deux mesures? & la nation peut-elle les admettre dans sa balance? Un prélat a fixé l'attention sur cette matière. Je ne me propose pas de suivre le fil délié de sa discussion contre les *assignats*. Il me suffira d'en saisir quelques traits essentiels, & de leur opposer un petit nombre de vérités simples & incontestables.

Cet orateur observe que les biens nationaux n'étant point une augmentation de richesses territoriales, les *assignats* qui en sont le type ne représentent point non plus une richesse nouvelle; & il rejette, en conséquence, la qualité de monnoie qu'on veut leur donner. J'observe à mon tour, que si les biens nationaux ne sont pas une nouvelle richesse, ils sont du moins une nouvelle marchandise; que les *assignats* peuvent être institués par-là même, comme une monnoie accidentelle pour les acquérir, & qu'ils disparoîtront quand la vente sera consommée. (On applaudit). On a vu des nations forcées de créer au hasard du papier-monnoie, dans des circonstances pareilles aux nôtres. Plus heureux dans nos besoins, nous avons une richesse réelle à mettre en circulation. Ceux qui acheteroient des biens nationaux avec des quittances de finances, les acheteront également avec des *assignats* ; mais ceux qui n'en pourront pas acheter avec leurs *assignats*, par le besoin d'en disposer pour quelqu'autre usage, qu'auroient-ils fait de leurs quittances ? Ils les auroient vendues à perte, pour se procurer ces mêmes *assignats*. Ainsi l'*assignat*, par cela même qu'il est entraîné pour quelque temps dans la circulation, atteste sa double utilité ; & la quittance de finance ne peut point le remplacer à cet égard. Supposons que la nation acquît tout à coup assez de numéraire pour payer sa dette ; qui pourroit se plaindre qu'elle l'appliquât à cet usage ? qui pourroit se récrier contre une telle opération, & la repousser par ses conséquences ? Je soutiens que nous avons un numéraire moins dangereux pour nous libérer ; il n'est pas à demeure ; il ne nous surchargera pas. Nos fonds territoriaux seuls sont permanens ; & c'est un papier à temps qui les représente. Ce papier, quoique fugitif, ne prendra pas du moins le chemin de notre vaisselle, de nos bijoux & de nos écus. (On applaudit). C'est donc une utile, une heureuse mesure pour la nation, que de remplacer son numéraire par les *assignats*, tout en s'acquittant par-là de ce qu'elle doit. C'est à tort que le même censeur de notre projet distingue, quant aux *assignats*, deux ordres de personnes ; les débiteurs qui s'en déchargent, & les créanciers qu'ils embarrassent. Car les mêmes hommes, considérés individuellement, étant pour la plupart créanciers & débiteurs à la fois, peu leur importe de quelque moyen d'échange qu'ils se servent, pourvu que ce moyen soit reconnu valable, & qu'ils puissent le transmettre comme ils l'ont reçu.

On a peine à comprendre que l'honorable membre dont je parle, ait pu imputer aux *assignats* le mauvais usage, ou l'emploi détourné qu'on pourroit en faire, comme de les resserrer par malice, d'en acheter de l'argent afin de l'enfouir, d'acquérir par leur moyen des biens particuliers & non nationaux. Car mettez, je vous prie, des quittances de finances à la place d'*assignats*, & voyez si la mauvaise intention n'en tirera pas le même parti. Mais, direz-vous, il faudroit vendre pour cela les quittances de finances, & il y auroit trop à perdre. J'avoue que je n'ai rien à répondre à une pareille apologie des quittances de finances. Créer des *assignats*-monnoie, poursuit l'orateur, qui perdront un dixième sur les espèces, c'est comme si l'on augmentoit le prix des espèces d'un dixième, c'est élever l'écu de six livres à six livres douze sols. Je conviens d'abord que s'il n'y avoit point d'*assignats*, on ne pourroit pas leur comparer les écus, & que ceux-ci ne gagneroient rien vis-à-vis des *assignats*. Mais alors les écus gagneroient une foule de choses, qu'on achète aujourd'hui au pair avec l'*assignat*, & l'on auroit pour six livres, non pas seulement ce qui se paie aujourd'hui six livres douze sols, mais des valeurs peut-être de sept ou huit livres. Or, j'aime mieux, à tous égards, que la rareté des écus leur fasse gagner un peu sur les *assignats*, que si la plupart des choses perdoient beaucoup contre les écus. Je reviens donc à cette vérité ; c'est que l'*assignat* gradue la valeur des espèces, & que la rareté seule de ces espèces en hausse le prix. Suivons l'orateur dans ses observations sur le change, relativement à notre commerce avec l'étranger, en supposant la perte future qu'il attribue à l'*assignat*-monnoie. Il en résulte, dit-il, qu'alors le François qui commerce avec l'Angleterre, soit comme vendeur, soit comme acheteur, perdra sur le change. Mais pénétrons plus avant, & passons du principe à la conséquence. Que les marchandises angloises renchérissent pour nous, dès-lors moins de consommation, moins de demandes pour les objets de fantaisie, moins d'argent qui sort du royaume ; & tout se compense. Que les marchandises françoises soient acquises à meilleur marché par les Anglois, dès-lors il y aura plus de débit, plus de commissions ; le prix haussera, on gagnera d'un côté ce qu'on perd de l'autre. Enfin, alimenter, raviver notre industrie, mettre la balance de notre commerce en notre faveur, c'est l'essentiel. Il n'y a rien de plus ruineux pour un pays, que d'y payer l'argent au poids de l'or, d'y languir, de ne rien manufacturer, de n'en rien exporter. Quelques inconvéniens, qui même sont bientôt balancés par des avantages, ne sont rien au prix d'une telle calamité, & les plus fines, les plus ingénieuses argumentations contre les *assignats*-monnoie, n'ébranleront jamais la masse des raisons & des faits qui en établissent la nécessité.

L'habile orateur dont je parle, s'est contenté, dans son projet de décret, d'écarter les *assignats* comme les ennemis les plus dangereux de son dernier plan de liquidation. Il me suffit donc, pour écarter son plan, d'avoir vengé contre lui les *assignats*.

Mais ici, entre notre signe territorial & ces divers moyens de remboursement, une grande différence se présente à son avantage. C'est la nation qui paie l'intérêt de ces reconnoissances, de ces quittances mortes. Mais l'*assignat* agit, fructifie, comme numéraire, entre les mains qui l'emploient ; & tandis qu'il circule, la nation perçoit l'intérêt des biens dont il est le gage.

Et je ne puis m'empêcher de m'élever contre divers projets d'association, qui ont été présentés, entre les *assignats*-monnoie & les quittances de finance, soit contrats ou reconnoissances, pour le paiement de la dette. Je m'élève, dis-je, contre cette association, comme n'ajoutant rien à la confiance due aux *assignats*, comme compliquant la mesure, comme prodignant des intérêts inutiles, comme ouvrant la porte à des spéculations dont les suites peuvent être pernicieuses. Et quant à l'option laissée

aux

aux créanciers, dans quelques projets, entre les *assignats* & les obligations territoriales, pourquoi cette option a-t-elle été imaginée ? C'est en comptant, dit-on, sur la préférence qui sera donnée aux *assignats*. Je demande si une aussi puérile combinaison est digne de cette assemblée.

Je sais qu'en dernière analyse, la nation ne gagneroit rien à l'économie d'intérêt dont je viens de parler, si l'*assignat* venoit à tomber en discrédit ; mais après tout ce que nous avons observé à cet égard, il nous est permis de regarder cette épargne d'intérêt comme quelque chose. Nous devons sur-tout en sentir la conséquence, dans les circonstances où nous entrons.

L'impôt, dont le nom seul, jusqu'à présent, a fait trembler les peuples, mais qui doit présenter maintenant un tout autre aspect, l'impôt va recevoir chez nous une nouvelle forme. Nos charges seront allégées ; mais nous avons encore de grands besoins. Le fardeau ci-devant plus divisé, & supporté dans ses différentes parties, de jour à jour, pour ainsi dire, se faisoit peut-être moins sentir, bien qu'en somme il pesât cruellement sur la nation. Aujourd'hui qu'il va se concentrer en quelque sorte, & se rapprocher plus près des terres, il peut étonner le peuple, & lui sembler pénible à porter. Cependant il n'est aucun de nous qui ne sente combien le succès de cette grande opération importe à celui de tout notre ouvrage. Nous n'aurons rien fait pour la tranquillité & pour le bonheur de la nation, si elle pouvoit croire que le règne de la liberté est plus onéreux pour elle que celui de sa servitude. (On applaudit).

Nous pouvons affoiblir maintenant cette redoutable difficulté ; nous pouvons diminuer les impositions de toute la différence qui existe entre l'intérêt qu'on attachera aux quittances de finance, ou autres instrumens de liquidation, & le revenu d'une masse de biens nationaux, équivalens au capital de ces quittances. Nous pouvons les diminuer encore de la différence entre l'intérêt de la somme des quittances qu'on voudroit donner en remboursement des divers offices, & celui que perçoivent aujourd'hui leurs titulaires. En rassemblant ces deux objets, dont l'évaluation dépend du rapport entre ces différens intérêts, on peut assurer à la nation, pendant plusieurs années, une grande épargne, si l'on acquitte par des *assignats* la dette actuellement échue. Il est bien d'autres épargnes qui seroient le fruit de cette mesure ; mais il en résultera évidemment un moins imposé pour les François. Or, si le parti des *assignats* présente d'ailleurs tant d'avantages, & si nous pouvons les regarder comme un titre d'une solidité si parfaite, qu'on ne doive point en craindre l'altération, vous sentez quelle prépondérance y ajoute le soulagement qu'ils apportent au fardeau des subsides ; vous sentez même quel accueil cette économie peut valoir à la mesure des *assignats*, & comment le public sera disposé à favoriser leur succès par la confiance ; vous sentez combien votre système général d'impôt trouvera plus de facilité à être adopté, en le présentant comme un résultat diminué d'une somme si considérable ; vous sentez enfin quel avantage ont encore ici les *assignats*, qui, en allégeant les impositions, en facilitent de plus le paiement par leur qualité circulante : au lieu que les quittances de finances, avec tous les autres vices, aggravent les charges de l'état, & ne fournissent aucun moyen de les supporter.

Quand je réduis la création des *assignats*-monnoie à la somme strictement nécessaire pour le paiement de la dette actuellement exigible, c'est que nous devons leur laisser tout l'appui d'un gage étendu, & que la juste confiance qu'il importe de leur assurer, nous prescrit, à cet égard, des bornes inviolables. Et je ne conçois pas comment l'on a inféré de mon précédent discours sur ce sujet, que je comprenois dans cette dette exigible, celle qui rigoureusement n'est pas exigible, celle qui ne l'est point encore, & qui ne le sera qu'avec le temps. Je ne comprends pas que quelques personnes se soient effrayées de ma proposition, comme si j'avois demandé la création de deux milliards d'*assignats*-monnoie ; tandis que je n'ai pas articulé une seule somme. Quand même la masse des fonds nationaux & disponibles pourroit s'élever à trois milliards, pouvons-nous compter sur cette somme ? Nous savons bien que tout est à vendre ; mais la fleur des biens attirera les premiers pressemens ; & quant au reste, une partie peut rester long-temps sans acheteurs. La prudence nous oblige donc à borner l'apperçu de cette richesse territoriale à deux milliards. Joignons aux quatre cens millions d'*assignats* répandus, une réserve à-peu-près égale pour les besoins futurs & contingens ; reste au-delà d'un milliard pour l'acquit de cette partie de la dette publique, à laquelle on peut donner le plus strictement le nom d'exigible. Si nous savions nous réunir sur les objets que je viens de mettre sous vos yeux ; si nous savions écarter les nuages d'une fausse défiance, d'où peuvent encore partir les tempêtes ; si, nous ralliant aux vérités qui sauvent, nous n'avions d'ardeur que pour les défendre & les propager, toute incertitude, toute crainte cesseroient, & la restauration de nos affaires seroit très-prochaine. Rien n'est plus fragile que la confiance, puisqu'elle dépend toujours, en quelque point, de l'opinion ; l'ébranler est donc un grand tort, quand elle repose sur de bonnes bases, quand elle peut faire le salut de nation. Tous François, compatriotes & frères, nous ne pouvons ni périr, ni nous sauver les uns sans les autres : en nous élevant au-dessus des circonstances passagères, sachons voir que les mêmes intérêts nous commandent les mêmes vœux, nous prescrivent le même langage. (On applaudit).

Comment donc souffrir, dans la grande affaire qui nous occupe, qu'on emploie plus de mouvemens pour diviser les opinions des citoyens, qu'il n'en faudroit pour les éclairer & les réunir ? Ignore-t-on les menées, les instigations, les instances que l'on s'est permises ? Ignore-t-on qu'après avoir fait parler l'aveugle intérêt, & soufflé son rôle à l'ignorance, on vient ensuite nous donner ce résultat comme le jugement libre & réfléchi de l'expérience & des lumières, comme le vœu respectable des manufactures & du commerce ? Est-ce-là cet oracle pur de l'opinion publique, qui devoit nous servir de guide ? N'est-ce pas plutôt la voix déguisée d'un égoïsme astucieux, qu'il nous suffit de reconnoître pour le repousser ? Et voulez-vous pénétrer les motifs de ces clameurs mercantiles, de ces répulsions financières, qu'il a été si aisé d'exciter contre les *assignats* ? sondez les intérêts d'un certain ordre de commeaçans ; apprenez quels sont les calculs des fournisseurs d'argent & de crédit. Les manufactures sont toutes tributaires des uns ou des autres. Ceux-là, soit que voués au commerce de commission, ils fassent des fonds aux fabricans sur leurs marchandises ; soit qu'adonnés à la banque, ils se chargent d'acquitter leurs engagemens, tous mettent un prix de 6 pour cent à leurs avances ; ceux-là, riches commanditaires, portent jusqu'à 10 pour cent & au-delà, l'intérêt de leurs capitaux. Or, créons des capitaux en concurrence ; élargissons, facilitons la voie des emprunts & du crédit ; abaissons par-là même le taux de l'intérêt ; n'entendez-vous pas crier aussi-tôt ces commissionnaires, ces banquiers, ces capitalistes ? Mais vous ne vous y trompez pas : ce cri est un suffrage des manufactures ; c'est le signal de leur prochaine restauration, c'est un préjugé favorable pour les *assignats*. (On applaudit). Législateurs, rapprochez donc les volontés par le concert de vos sentimens & de vos pensées ; votre opinion ferme & arrêtée sera bientôt l'opinion publique ; elle aura pour elle tous les fondemens que la sagesse & la nature des circonstances peuvent lui donner. Mais ne pensons pas nous dérober entièrement à leur empire. Nous marchons chargés d'une dette immense, d'une dette que des siècles de despotisme & de désordre ont accumulée sur nos têtes. Dépend-il de nous, même en l'allégeant, de faire qu'elle puisse être supportée sans aucun embarras, sans aucune gêne ? Est-ce enfin des choses impossibles que la nation exige de nous ? Non, elle n'entend pas que nous convertissions soudainement & par miracle la pénurie en abondance, la fortune adverse en prospérité ; mais qu'en opposant à ces temps nécessiteux toute la grandeur des ressources nationales, nous servions aussi la chose publique, selon la mesure de nos forces & de nos lumières. Si donc la nation se confie dans le zèle de cette assemblée, sans doute aussi cette assemblée peut se confier dans la justice de la nation. (On applaudit.)

Non, il n'est pas de la nature des choses, dans ces conjonctures calamiteuses, d'user d'un moyen qui ne porte avec lui ses difficultés ; celui des *assignats*-monnoie en seroit-il donc le seul absolument exempt ? Ce n'est pas ici l'objet d'un choix spéculatif & libre en tout point ; c'est une mesure indiquée par la nécessité, une mesure qui nous semble répondre le mieux à tous les besoins, qui entre dans tous les projets qui ont été offerts, & qui nous redonne quelque empire sur les événemens & sur les choses. Des inconvéniens prévus ou imprévus, viennent-ils ensuite à se déclarer ? Eh bien ! chaque jour n'apporte pas avec lui seulement ses ombres, il apporte aussi sa lumière ; nous travaillerons à réparer ces inconvéniens ; les circonstances nous trouveront prêts à leur faire face, & tous les citoyens, si éminemment intéressés au succès de notre mesure, formeront une fédération patriotique pour la soutenir. (La salle retentit d'applaudissemens.)

Ainsi, tout doit fortifier votre courage. Si vous aviez prêté l'oreille jusqu'à ce jour à toutes les instances des préjugés, des vues particulières & des folles craintes, votre constitution seroit à refaire. Aujourd'hui, si vous déferiez à tous ces intérêts privés, qui se croisent & se combattent les uns les autres, vous finiriez par composer avec le besoin ; vous concilieriez mal les opinions, & la chose publique resteroit en souffrance. C'est d'une hauteur d'esprit qui embrasse les idées générales, résultat précieux de toutes les observations particulières, que doivent partir les loix des empires. Un administrateur qui viendroit vous vanter l'art de ménager tous les détails, comme formant le véritable génie de l'administration, vous donneroit sa mesure ; il vous apprendroit bien le secret de tous les embarras qui ont fatigué sa marche, mais il ne vous apprendroit pas celui d'assurer la vôtre. Il faut être grand, savoir être juste ; on n'est législateur qu'à ce prix. (Les applaudissemens redoublent à plusieurs reprises.)

Je propose donc & j'amende de cette manière le décret que j'eus l'honneur de vous soumettre le 27 août dernier :

1°. Qu'il soit fait une création d'*assignats*-monnoie, sans intérêts, jusqu'à la concurrence d'un milliard, pour le paiement de la dette actuellement échue & rigoureusement exigible, lequel paiement devra s'effectuer à mesure que la liquidation des différentes créances sera arrêtée, à commencer par l'arriéré des départemens, les rentes en retard, les effets suspendus, la partie actuellement liquide des charges & offices, & ainsi de suite, selon l'ordre & l'état qui seront dressés à cet effet.

2°. Qu'on s'occupe incessamment de la fabrication de petits *assignats* au-dessous de 200 livres pour la somme totale de 150 millions, dont 50 seront échangés, à commencer du 15 décembre prochain, contre la même valeur d'*assignats* actuellement en circulation; & le reste des petits *assignats* sera distribué pour le paiement des diverses créances, & réparti sur toute l'étendue de ce paiement.

3°. Qu'à la susdite époque du 15 décembre prochain, l'intérêt attaché aux quatre cens millions d'*assignats* actuels, cessera d'avoir lieu, & que l'intérêt échu jusqu'alors soit acquitté par la caisse de l'extraordinaire, aux porteurs de ces billets dont les coupons seront retranchés.

4°. Que la vente de la totalité des domaines nationaux soit ouverte le 15 octobre, & que les enchères en soient reçues dans tous les districts.

5°. Que les *assignats* & l'argent soient admis également en paiement pour l'acquisition desdits domaines, & que l'argent qui sera reçu serve à éteindre une somme égale d'*assignats*.

6°. Que le comité de finances soit chargé de dresser une instruction & un projet de décret pour fixer ces différentes opérations, & les mettre en activité le plutôt possible, comme aussi de présenter à l'assemblée nationale, le plan de formation d'un bureau particulier, qui seroit chargé de la direction de tout ce qui concerne la dette publique.

Séance du mardi 28 septembre 1790.

M. le président fait lecture d'une lettre, par laquelle M. d'Espréménil demande à présenter un plan qui n'est, ni celui des *assignats*, ni celui des quittances de finances, ni celui des deux opérations mêlées ensemble, mais un plan tout-à-fait nouveau, & seul capable de rétablir la tranquillité publique.

On demande que M. d'Espréménil ne soit entendu qu'à son tour.

M. Goupilleau. L'assemblée doit montrer d'autant moins d'empressement à entendre M. d'Espréménil, qu'il a dit qu'il ne paroîtroit plus que pour proposer une contre-révolution.

M. d'Espréménil. Je n'ai point tenu un pareil propos; seulement j'ai bien pu dire en société, que s'il y avoit une contre-révolution à proposer, je voudrois la proposer à la tribune même de l'assemblée nationale: sans m'arrêter à ces réflexions puériles, je demande que l'assemblée veuille bien entendre la lecture de mon plan, après le discours de M. l'abbé Maury.

L'assemblée décide qu'elle passera à l'ordre du jour.

M. Bergasse-Lazeroules. Sur une matière purement didactique, malgré les heureuses réticences & le langage à la mode du temps, dont plusieurs orateurs se sont plu à embellir leur opinion, je suis resté froid, parce que j'ai pensé que les vérités abstraites n'étant pas à la portée de tous les hommes, l'art oratoire pouvoit facilement les corrompre ou les obscurcir à son gré; & je me suis rassuré, en songeant que la sagesse & la vérité résidoient toujours dans cette assemblée, & que les élans de l'enthousiasme y subissoient tôt ou tard le joug de la raison. Je vous offre donc le tribut d'une conviction intime contre le projet dont vous balancez, avec tant de prudence, les avantages & les inconvéniens. — Une émission quelconque d'*assignats*-monnoie, pour rembourser la dette publique, me paroît inconciliable avec la paix & le bonheur de mes concitoyens, & avec la régénération des finances. Voici mes motifs. Les partisans des *assignats*-monnoie, pour vous familiariser avec leurs inconvéniens, partent tous de cette supposition, qu'il faut rembourser la dette qu'ils ont appellée exigible; & sans faire attention à l'impossibilité absolue où vous êtes en ce moment de la rembourser réellement, ils vous présentent diverses combinaisons auxquelles ils appliquent le nom de remboursement; ils veulent vous obliger à opter. Placés dans leur hypothèse entre deux écueils, ils vous offrent les *assignats* forcés d'un côté, & les quittances de finances de l'autre; & après avoir représenté les quittances de finances comme un abîme d'infidélité & de mauvaise foi, ils font valoir les *assignats* comme un principe de vie & de fécondité répandu sur toute la surface de l'empire.

Si l'expérience, le calcul à la main, déchire le voile qui couvre ces prétendues merveilles, on effraie votre imagination sur l'alternative qui vous menace, & on vous entraîne dans le piège que vous alliez éviter. Faisons l'analyse exacte de notre situation présente. En quoi consiste la dette exigible que l'on vous propose de rembourser? L'on ne peut appliquer cette dénomination qu'à l'arriéré des départemens, qui s'élève à 120 millions, aux charges de magistratures & militaires, que le comité des finances fait monter à 450 millions, total 570 millions, qui seuls peuvent exciter notre sollicitude & réclament un prompt remboursement. Mais la chose est-elle possible, lorsque nous ne possédons point la monnoie qui seule peut opérer un véritable remboursement?

Que ferions-nous, si le secret pernicieux du papier-monnoie nous étoit inconnu? Nous offririons à nos créanciers nos domaines, nos propriétés, & nous les dédommagerions par un intérêt légitime, & fidellement acquitté, de la perte qu'essuieroit leur fortune, avant leur entrée en jouissance: nous serions justes alors, parce que nous aurions fait tout ce qui nous auroit été possible. Certes, un créancier a droit de tout attendre des facultés de son débiteur, mais rien de sa puissance; & dans ce cas le débiteur souverain n'est qu'un simple individu. On dit que les *assignats* sont des espèces courantes; je prouverai le contraire: tout papier non conversible en argent à volonté & sans intérêts, quelle que soit son hypothèque, quelque confiance qu'il puisse inspirer, doit perdre dans ses transactions libres: une valeur numérique en écus doit avoir un plus haut prix qu'une pareille valeur numérique en papier de cette espèce. Il est reconnu que les métaux précieux, quoiqu'ils soient une marchandise universellement recherchée, tiennent plus de leur nature que d'une convention légale, la propriété de servir de terme de comparaison & d'échange entre les différentes valeurs.

Vouloir investir le papier des fonctions de la monnoie métallique, c'est vouloir changer l'essence des choses, c'est tenter l'impossible. Pour que la valeur numérique d'un papier soit égale à celle d'une pièce de monnoie, il faut qu'il procure complètement à son possesseur tous les avantages de la pièce de monnoie, & qu'il en obtienne le même service. Comparons l'*assignat* qu'on vous propose solidement hypothéqué avec les écus, & voyons les services qu'on peut obtenir des uns & des autres. L'*assignat* peut payer une somme égale à celle qu'il représente, les écus le peuvent aussi; l'*assignat* est propre à l'acquisition d'une portion de terre qui lui sert d'hypothèque, les écus le peuvent aussi; & dans l'acquisition d'un domaine qui ne seroit pas national, il est vraisemblable qu'ils obtiendront la préférence. Première différence. L'*assignat* de gré à gré peut procurer l'achat des diverses marchandises; mais ils peuvent être refusés ou acceptés avec perte; les écus ne courent jamais ce danger. Seconde différence. Si l'*assignat* n'a pas de sous-espèces aussi divisées que les valeurs métalliques, il ne peut servir à l'usage indispensable & multiplié des appoints. Il est vrai qu'on a proposé cette division; mais est-on sûr de la faire adopter à cette classe de la société, que l'habitude a profondément prévenue en faveur du métal? Si elle tient trop fortement à ses habitudes, il faudra concentrer l'usage des *assignats* dans le cercle de ceux qui peuvent posséder deux cents, cent ou cinquante livres. Troisième différence en faveur des écus. Il en existe une quatrième, qui résulte de nos rapports extérieurs, & elle est inévitable.

Le commerce avec l'étranger se fait argent comptant, ou par le moyen de lettres-de-change qui se balancent mutuellement de nation à nation, lorsque le change est au pair, que la valeur des importations égale celle des exportations: lorsque cette partie n'existe pas, il faut solder la différence en espèces sonnantes; le change est à notre désavantage; il faut faire passer des espèces chez l'étranger, & les *assignats* ne peuvent remplacer les écus pour cet objet. Je me hâte donc de conclure, avec plusieurs préopinans, qu'une valeur numérique en *assignats* ne pouvant point procurer à son possesseur les mêmes avantages qu'une pareille valeur en écus, tout le monde s'appercevra de cet inconvénient, & l'*assignat*-monnoie perdra nécessairement.

Quelle confiance peuvent donc inspirer les partisans du papier-monnoie, lorsqu'ils affirment que loin de perdre, ce papier forcera l'apparition de l'argent? Je ne vous ferai point l'injure de combattre une pareille assertion. On a ajouté qu'ils perdroient moins que les lettres-de-change; mais c'est parce que les lettres-de-change doivent être payées en *assignats*. Cessez de les forcer pour l'acquit des lettres-de-change, & vous verrez laquelle des valeurs haussera de prix. Les *assignats* ne sont, au reste, que des lettres-de-change à terme inconnu & payables en immeubles; ce dernier point de vûe constate la perte ou l'escompte de ces sortes d'effets; c'est sur cette perte qu'est fondée l'absurde iniquité des *assignats*-monnoie. Pourquoi M. de Mirabeau a-t-il éludé cette difficulté? Que ceux qui parleront après moi ne divaguent pas sur ce point, qu'ils prouvent sèchement, sans éloquence, que les *assignats* ne seront point inférieurs aux écus dans les transactions libres, ou qu'ils avouent franchement la proposition contraire. Dans ce dernier cas, qu'ils disent sans détour quels sont ceux qui doivent payer l'intérêt de l'anticipation sur les domaines nationaux, ou les créanciers directs du trésor public, ou les citoyens de l'empire, que le hasard ou leur mal-adresse aura rendus derniers porteurs des *assignats*. Comment ose-t-on proposer à l'assemblée nationale de contraindre les créanciers de l'empire à recevoir des valeurs inférieures à celles qui leur sont dues, & de les forcer à souffrir un dommage proportionné à l'infériorité du papier dont on les menace? Si 400 millions d'*assignats* déjà émis & portant trois pour cent d'intérêt, perdent sept pour cent, 600 millions perdent quatorze pour cent, parce qu'une marchandise s'avilit en raison de son abondance.

Je n'évaluerai point la perte scandaleuse de deux milliards de papier-monnoie, parce qu'il paroît que personne n'insiste sur une émission aussi immodérée. Supposons un instant une perte de dix pour cent; le systême qu'on propose ressembleroit, par ces résultats, à celui qui vous détermineroit à déclarer par un décret que la valeur de toutes les monnoies est forcément augmentée d'un dixième pour faciliter le paiement de vos dettes en écus. Le trésor public gagneroit 200 millions sur deux milliards; les derniers créanciers de ses créanciers essuieroit cette perte, & dans les transactions libres, l'argent ne seroit pris que pour sa valeur intrinsèque. Si cette hypothèse mérite le nom de banqueroute, comment qualifier le résultat de celle que je combats?... Mais, nous dit-on, le créancier direct reçoit les *assignats*, il les transporte à son créancier; si celui-ci ne trouve point de débouché, il n'a donc besoin que de capitaux; les domaines nationaux lui offrent une ressource suffisante. Je demande à ce calculateur, si celui qui a besoin de ses foibles rentrées pour solder les ouvriers d'une manufacture, la journée d'un manœuvre, qui a des paiemens à faire chez l'étranger, ne devient pas tributaire des capitalistes : cette espèce de créanciers est immense. Faut-il que sans avoir eu jamais d'affaires d'intérêt avec le gouvernement, il supporte tout le fardeau d'un remboursement inutile, & se trouve exposé à voir diminuer de valeur dans ses mains un papier dont il est hors d'état de discerner la bonté, qui peut être contrefait dans le royaume & chez l'étranger, & doit-il éprouver les embarras & les vicissitudes inséparables de la monnoie qu'il aura reçue ? — Je ne me permettrai qu'une réflexion sur le bénéfice de l'impôt qu'on vous a fait valoir : cette réflexion est fondée sur nos relations extérieures.

Premiérement, la France doit acquitter annuellement, selon le comité des finances, 60 millions à l'étranger; secondement, nous tirons du dehors les matières premières indispensablement nécessaires à l'usage de nos fabriques & manufactures, & à l'entretien de notre marine; la balance du commerce ne pourra donc point s'établir en faveur de la France, 1°. à cause de la masse des dettes qu'il faut payer aux nations voisines; 2°. à cause de l'importation des marchandises étrangères; 3°. à cause de la diminution sensible de son commerce avec les colonies, qui, autrefois dans une dépendance absolue de la métropole, étoient forcées à échanger le café, le sucre, l'indigo contre nos productions territoriales & industrielles, lesquelles marchandises, exportées chez les nations voisines, les rendoient débitrices de la France, & y attiroient une grande importation de numéraire. Le remplacement de la dette publique, qui regarde les étrangers, & les causes de la défaveur de notre change, nous feront subir une grande émigration d'espèces. De-là une plus grande disette d'argent, son renchérissement & une nouvelle cause de défaveur pour le papier-monnoie.... Plus je réfléchis sur l'influence mortelle du papier-monnoie, sur la constitution, sur l'agriculture & sur les finances de l'empire, moins je conçois qu'il faille encore combattre le projet anti-patriotique d'en inonder le royaume. Repoussez ce fléau, *ne donnez* point à l'Europe étonnée le spectacle effrayant d'un peuple qui n'auroit recouvré un instant sa liberté, que pour l'engloutir sous les ruines de sa fortune & de son industrie. Une erreur de finance ne fera point disparoître comme un songe tant de pénibles travaux, & les plus sublimes combinaisons de l'esprit public & de la philosophie. Ne cédez point à l'impatience de vouloir tout exécuter avec une seule idée; résistez à l'éloquence mensongère, & à la fougueuse impéritie qui ne voit de salut que dans des milliards d'*assignats*. Si pour guérir le corps politique de la maladie que lui a occasionnée une interruption malheureuse dans la rentrée des contributions, vous êtes obligés de recourir à ce terrible émétique, usez-en avec assez de réserve pour ne pas le rendre mortel. — Quant aux moyens, de vendre promptement & sans dangers les biens nationaux, je me réfère au projet du comité d'aliénation.

M. le Chapelier. Les adversaires des *assignats* me paroissent tomber dans plusieurs erreurs; la première c'est de ne montrer la question que du côté des finances, & jamais sous les rapports politiques, sous les rapports qu'elle peut avoir avec la constitution. Je crois que la seule manière de l'envisager est de calculer ses effets sur la révolution. Il faut se placer au milieu de la constitution, & prononcer sur ce qui peut hâter sa marche ou la retarder. Les rapports financiers ne doivent être l'objet que d'un examen secondaire. Parlons-nous de constitution ? L'émission des *assignats* ne peut être mise en question; c'est l'unique & infaillible moyen d'établir la constitution. Parlons-nous de finances ? Il ne faut pas raisonner comme dans une situation ordinaire. Nous ne pouvons faire face à nos engagemens; il faut employer la seule mesure qui puisse remédier à tant de maux. La justice nous recommande impérieusement l'émission des *assignats*; car la justice consiste à s'acquitter lorsque l'on doit. Il est malheureusement encore des ennemis d'une révolution qui rétablit l'homme dans ses droits : il faut les plaindre, il faut gémir sur le sort de ceux qui s'amusent à calculer leurs pertes, sans examiner que la constitution sera le plus riche patrimoine de leurs enfans. Je vois ces partisans des abus, ces pensionnaires de l'ancien régime, considérer les débris de l'antique édifice, & se flatter d'en réunir encore les matériaux.

Les biens du clergé ne seront pas vendus, disent-ils, les charges de finance ne seront pas liquidées. Voilà les bases sur lesquelles ils appuient leurs projets de contre-révolution. Voulez-vous déranger toutes ces combinaisons ? Donnez la plus grande activité à la vente des biens nationaux; divisez-les; multipliez tellement ces lettres-de-change, que chacun en soit porteur. C'est-là le moyen de rendre l'intérêt personnel lui-même gardien de la constitution : elle ne passera chez tous les mécontens cette pensée, que pour attaquer ce bel ouvrage; il faudra détruire toutes fortunes particulières. Quand il y auroit, comme on le prétend, une petite différence entre le numéraire fictif & le numéraire réel, quand il seroit démontré que nos changes avec l'étranger perdroient pendant quelque temps, il nous faudroit encore l'adopter. Nous pouvons supporter les pertes légères; mais nous ne pouvons pas souffrir que la constitution ne soit assise sur des bases stables & solides. On a fait bien des suppositions, on a présenté bien des calculs; mais a-t-on des données sûres ? Non. A-t-on des exemples ? Pas davantage. Les quittances de finances que l'on propose, n'offrent que des pertes aux pères de famille qui s'en trouveroient porteurs. Faites que les débiteurs paient leurs créanciers, faites que les échanges se multiplient, alors vous obtiendrez la concurrence que vous desirez pour la vente des biens nationaux. Quoique je pense que l'émission d'*assignats* soit l'unique moyen de régénérer la chose publique, je laisserai la liberté d'opter entre les *assignats* & les quittances de finance; en conséquence j'adopte le projet de M. de Beaumetz, avec l'amendement qu'il ne sera point accordé aux quittances de finances d'intérêt annuel, mais seulement une prime de trois pour cent, & qu'au bout de trois ans on ouvrira un emprunt à quatre pour cent, pour recevoir les *assignats* dans la vente des biens domaniaux.

M. Toustain réclame la parole.

Plusieurs membres de la partie gauche demandent que M. l'abbé Maury soit entendu.

M. Cazalès. Tout membre a ici également le droit d'avoir la parole.

On demande que MM. l'abbé Maury & Cazalès soient entendus contre, & MM. Barnave & Duport pour. Plusieurs membres réclament l'ordre du jour. — L'assemblée décide que M. l'abbé Maury sera entendu sur le champ.

M. l'abbé Maury. On a proposé d'éteindre la dette publique par l'émission de deux milliards d'*assignats*-monnoie: vous avez consulté les chambres de commerce & les principales villes du royaume, & en cela vous avez pris un moyen digne de votre prudence & de votre sagesse. Le commerce a émis son vœu; je ne m'en prévaudrai pas; il vous a fait part de ses alarmes & de ses vues; il vous a représenté qu'on ne commandoit pas à la confiance, qu'il ne falloit pas compromettre votre autorité par une opération plus que douteuse. La ville de Paris vous a présenté, ou du moins a paru vous présenter, un vœu particulier pour l'émission des *assinats*: je ne vous dirai point, pour écarter l'importance qu'on pourroit y attacher, que ce vœu n'auroit pas dû être pris à l'improviste, & que du moins on aurait dû annoncer les séances; je ne vous dirai point que les pétitions qu'on vous a présentées ne contiennent pas de signatures, que quatre sections ont refusé d'y adhérer, & ce sont peut-être les plus riches & les plus peuplées: ce n'est point par des fins de non-recevoir qu'on peut éluder l'importante question qui vous est soumise. Pour interroger la ville de Paris, il suffisoit de demander aux marchands s'ils pouvoient se passer de crédit: si une ville consommatrice & non productrice, peut commercer sans crédit; alors elle peut vouloir des *assignats*; mais si elle a besoin de crédit, elle doit les repousser, car personne ne voudroit lui faire des avances; elle feroit tous ses remboursemens à perte. Le commerce doit à-peu-près 300 millions, on lui doit une valeur égale; si l'assemblée décrétoit une émission d'*assignats*, voici le résultat de cette opération.

Les 300 millions que le commerce doit aux étrangers, il sera obligé de les payer en écus, car votre autorité finit à vos frontières. On pourra cependant recevoir vos *assignats*, mais avec une perte très-considérable; puis on vous les rendra au pair: ainsi vous subirez toutes les pertes. Au moment où ils auront éprouvé cette réduction, ils ne passeront plus dans les transactions particulières. Votre autorité ne va pas jusques-là: nulle puissance ne peut commander à la souveraineté individuelle; & dès-lors plus de manufactures, plus d'atteliers; les ouvriers sans travail & sans pain s'abandonneront à la tentation des crimes que commande le besoin; l'agriculture sera ruinée, car le commerce ne lui transmettra plus le numéraire dont elle aura besoin. Voilà les conséquences prochaines de ce systême, dont je développerai bientôt les intrigues, & s'il le faut même, les moteurs. Au moment que nous approchons des grands principes, mettons en évidence les grandes vérités qui doivent nous servir de fanal. Le numéraire est rare, dit-on; ce mot ne signifie autre chose, sinon que le commerce languit. Toutes les fois que le numéraire change de main, il paroît commun. Avec deux milliards 500 millions, l'on a fait en un an pour 25 milliards d'affaires, & pour cela, il suffisoit que le numéraire changeât dix fois de main. Voilà quel étoit l'admirable mécanisme auquel on veut substituer une opération ruineuse. Le commerce intérieur a besoin de numéraire; la loi du change ne lui permet pas d'employer d'autre *medium* que l'argent. On a dit là-dessus de fort belles choses, qui deviennent bien communes, lorsqu'on les dépouille de leurs éloquens alentours. L'échange est le commerce intérieur; s'il est lucratif, vous vous enrichissez; s'il est désavantageux, vous vous ruinez inévitablement.

On a fait là-dessus bien des suppositions qui contredisent les élémens du commerce. Pour en voir la fausseté, il ne faut que les pousser à leur résultat, qui tend à établir qu'il importe peu que le change soit avantageux ou désavantageux. Il y a trois différentes circulations d'argent, une pour les besoins journaliers qui exigent du numéraire; une pour le commerce, qui exige partie numéraire & partie valeur commerciale; la troisième est la circulation des effets publics, source de l'agiotage. Déplacez les deux premières, & vous les ruinez. C'est par la confusion de ces trois circulations que les Parisiens se sont perdus. Il auroit fallu couper la communication entre le commerce l'agiotage, comme on coupe une maison pour arrêter l'incendie. On a créé la caisse d'escompte, & bientôt on l'a autorisée à cesser ses paiemens: c'est alors que l'agioteur a pris la place du négociant. C'est cependant la même opération qu'on nous propose d'étendre. Si 180 millions ont déjà bouleversé tant de fortunes, que sera-ce de l'émission qu'on propose? Sur 816 atteliers qu'il y avoit à Paris, il n'y en a plus que 41. C'est le papier circulant qui a arrêté la circulation du numéraire. D'autres causes s'y sont jointes, j'en conviens;

la méfiance, inséparable des circonstances, l'a fait resserrer ; mais quoique l'on en dise, il n'est pas sorti 200 millions du royaume. Il ne suffit pas, je le sais, que cet argent soit dans le royaume, il faut encore que la confiance lui ouvre une issue. L'invention du papier-monnoie appartient à notre siècle; auparavant, on auroit regardé un papier-monnoie comme de la fausse monnoie : c'est en 1720 qu'il a pris naissance.

On a parlé de celui de l'Amérique ; on a confondu les idées & les faits. Je ne veux pas parler du papier du congrès, mais de celui de la Pensylvanie, hypothéqué sur des biens-fonds à la porte de Philadelphie, sur des biens dont l'état jouissoit depuis plus de 40 ans, qui étoient en pleine valeur & en pleine production ; il fut émis en très-petite quantité. Pour en avoir, il falloit l'hypothéquer sur un bien-fonds, à un intérêt de 5 pour cent, & remboursable en huit ans. Le père de famille le plus vertueux n'auroit pas pris de précautions plus sages ; & cependant ce papier perdoit 91 pour cent. Si je suivois le papier-monnoie par-tout où il a porté ses dégâts, je le verrois toujours traîner après lui des malheurs de tout genre. Qu'on ne dise pas que l'hypothèque le garantira ; ce seroit compter sur l'imbécillité des hommes. Je veux bien oublier les inconvéniens du change, ceux de la hausse & de la baisse du numéraire, pour faire beau jeu à mes adversaires, & je leur dis : s'il est possible que vous mettiez dans la circulation un papier-monnoie qui ne perde rien, je l'adopte ; mais si je viens à démontrer que cela est manifestement impossible, alors vous ne pouvez pas l'ordonner, car ce seroit autoriser la banqueroute. C'est ici que j'appelle l'attention de mes adversaires, & je les prie de vouloir bien me répondre. La facilité de la contrefaction seulement discréditera vos assignats. L'espèce sonnante, que l'habitant des campagnes est habitué de juger par le poids & par le son, aura toujours un grand avantage sur le numéraire fictif.

Les moyens que l'on emploieroit pour tromper particulièrement le peuple, porteroit à contrefaire les *assignats* de la moindre valeur, plus particulièrement destinés à passer dans les mains de ceux qui n'ont pas assez de connoissance pour juger s'ils bons ou mauvais. Ce seul danger donne une très-grande supériorité à l'argent. Jettez les yeux sur le code des Américains, vous y trouverez à chaque page des loix contre les faux monnoyeurs ; feuilletez les registres des tribunaux, à chaque page vous y trouverez des exécutions des faux monnoyeurs : ce sont-là des crimes créés par les gouvernemens. Que sera-ce si le balancier de l'état peut se rencontrer dans toutes les papeteries ? Avant quatre mois, la face du royaume sera couvere d'*assignats* : pesez bien cette considération, n'oubliez pas dans quel siècle vous vivez, de quelles immoralités vous êtes environnés ; les législateurs ne feront pas moins que n'ont fait des ministres, au commencement de ce règne. Les spéculations des agioteurs fournissent la seconde raison de la dépréciation des *assignats*. On joue à la hausse ou à la baisse ; pourra-t-on jouer à la hausse les *assignats* ? Non ; car il faudroit leur attacher d'énormes intérêts pour tenter la cupidité : il faudra donc qu'on joue à la baisse. Qu'arrivera-t-il ? Les agioteurs recevront un papier déprécié qui perd déjà 7 pour 100 ; dès-lors leur spéculation est certaine. Ceux qui vous pressent aujourd'hui de décréter des *assignats*, diront alors que la vente des biens nationaux est incertaine, que l'impôt n'est pas parfaitement établi, qu'il est onéreux, qu'on peut avoir de justes craintes pour l'avenir.

Après avoir ainsi déprécié les *assignats*, ils les achèteront, puis ils leur donneront un moment de vie : ils feront en 1790 en France, comme ils faisoient en Espagne, hausser ou baisser ces papiers, au gré de leur avidité ; & vous les verrez bientôt posséder tout à la fois & successivement, vos *assignats*, votre argent & vos biens nationaux. Ils sont déjà propriétaires de la dette exigible ; ils ont acheté des effets à 25 & 30 pour cent de perte. Au moment de l'émission des *assignats*, ces effets reviendront au pair. Ainsi, s'ils en ont pour 40 millions, ils tiendront de votre munificence 10 millions. Mais ils nous ont dit leur secret ; ils ont capitulé, ils nous en ont demandé seulement pour 800 millions, & c'est-là leur proie. Ils ont bien vîte oublié cette belle prophétie de morale, qu'il faut que vous payiez vos dettes ; c'est seulement des leurs qu'ils s'occupent. Ils avoient mis tous les créanciers dans leur nacelle ; mais aussitôt qu'ils se sont sentis menacés de quelques dangers, ils ont jetté les passagers à la mer. Ils ont voulu que vous oubliez le tort des autres, pour que vous ne vous occupiez que d'eux. Voilà tout le secret de leur capitulation. Tous les jours on vous parle d'étrangers qui conspirent contre la liberté publique ; voilà une conjuration véritable contre nos créanciers, contre le trésor public, contre le peuple. Voilà les hommes que vos comités des recheches devroient s'occuper de poursuivre. Voyez quels sont les hommes qui sont à la tête de ce projet ; ce sont des agioteurs, des hommes endettés qui vous conseillent cette opération désastreuse d'un papier-monnoie, qui a ruiné vos parens, il y a soixante ans. Le moyen de ne pas s'indigner contre de pareils gens, quand on les voit corrompre le peuple, dénoncer à la nation, comme de mauvais citoyens, les hommes qui ont le courage de se dévouer à la mort pour soutenir l'opinion contraire ! Ces manœuvres, ces accusations, ne sont pas nouvelles.

Ecoutez comme on parloit de Law : je tiens à la main le systême imprimé (M. l'abbé Maury tient un livre & lit) : « *M. Law n'a plus d'ennemis que ceux de tout le genre humain* ». Ce sont de pareils échos qui dans ce moment nous dénoncent au peuple. Eh bien, nous lui dirons à ce peuple :

Nous n'avons pas paru dans cette tribune, quand on nous a dépouillé de nos biens. (On rit). Quel est le membre du clergé ou le noble qui ait fait entendre sa voix ? (On entend dans la partie gauche: *tous*, *tous*). Que le peuple examine de quel côté sont les avantages ; voilà la dette exigible ; quelle est la somme qu'on peut rembourser ? Combien faudra-t-il soustraire pour le salaire des anciens bénéficiers, pour l'entretien des collèges, des hôpitaux, &c. ? Que le peuple examine si c'est par des menaces qu'on commande la confiance ; si les marchands, les négocians, les manufacturiers, tous en un mot, excepté les agioteurs, ne regardent pas ce plan comme la ruine de l'état ; que le peuple se recueille dans son patriotisme. Si les sages ne forcent pas l'opinion, qu'ils se rappellent que nous avons des comptes à rendre. Veut-on nous renvoyer dans nos provinces, désolées comme elles le furent en 1720 ? (M. l'abbé Maury, deux billets de Law à la main). Le voilà ce papier funeste, couvert des larmes & du sang de nos pères ; j'en ai vu des amas immenses. Regardez ces billets comme des balises sur des écueils, pour vous avertir du naufrage & vous en éloigner.

L'émission d'un papier-monnoie seroit un désastre public ; elle ruineroit l'agriculture & le commerce. Je dénonce ses partisans comme coupables d'un grand crime ; car c'en est un que d'armer les citoyens les uns contre les autres. Cette calamité est-elle donc nécessaire ? La sagesse de vos décrets ne peut-elle pas l'éviter ? Après avoir ainsi soulevé le voile, finirois-je sans vous offrir une planche après le naufrage ? Si j'osois vous exposer mes pensées, sans craindre qu'elles fussent mal interprétées ; si une précaution de ma part ne passoit pas pour une tournure équivoque, pour un moyen dilatoire, je parlerois. J'ai formé un plan de liquidation qui embrasse l'universalité des finances ; il est impossible de vous le présenter dans cette tribune ; mais il faut qu'il soit appuyé de tout le poids de votre comité. Vous pourriez charger votre comité des finances de vous en rendre compte dans huit jours ; alors on délibéreroit avec sagesse. Je ne puis présumer assez de moi-même pour présenter un plan vaste & compliqué, qui exige des combinaisons & des calculs : je craindrois de le discréditer en le présentant. On dit toujours : vous ne voulez pas d'*assignats* ; que mettez-vous à la place ? Que voulez-vous que je mette à la place de la bête féroce qui va vous dévorer ? J'y mettrai un plan de plusieurs hommes d'état qui ont médité les finances, & en ont examiné tous les rapports. Dans le cas où votre sagesse n'adopteroit pas cette proposition, je me souviendrai toujours que j'ai eu le courage de vous la faire ; & en me restreignant avec regret aux conclusions de la nécessité, j'adopterai à regret le projet de M. Dupont.

M. Barnave. Nous sommes arrivés à une circonstance grande & difficile. De la résolution que nous allons prendre dépend peut-être le salut de la nation. Ce seroit méconnoître l'étendue de la question, que de borner ses rapports à ces deux objets importans par eux-mêmes, la vente des biens nationaux & le remboursement de la dette publique. Si on veut la considérer sous ses véritables points de vue, on y verra les moyens de ranimer l'industrie, le commerce, l'agriculture, le rétablissement de la tranquillité publique. La constitution s'achève. Quoique les travaux que nous avons encore à parcourir, soient de grande importance, ils ne sont pas aussi étendus dans leurs détails, que ceux auxquels nous nous sommes déjà livrés. Ce qui reste principalement à faire aujourd'hui, c'est de rallier ces différens pouvoirs... La constitution s'achève, & la révolution s'avance rapidement vers son terme. Chacun se dit : de grandes institutions ont été formées, il faut leur imprimer le mouvement. Chacun cherche un grand moyen de résoudre les difficultés, de consommer la révolution, en rapprochant les opinions, en confondant les intérêts. Chacun aussi fonde son espoir sur la vente des domaines nationaux. La question actuelle existe donc essentiellement dans la manière dont nous en disposerons. Deux moyens sont proposés. Je laisse de côté, pour le moment, les moyens partiels ; ces deux moyens sont les *assignats* sans intérêt ayant cours forcé, & des quittances de finances portant intérêt, & ne pouvant être acceptées dans les transactions libres que de gré à gré.

Je ne m'occupe pas d'un troisième moyen, qui consiste dans les quittances de finances sans intérêt ; ce seroit se résoudre à une banqueroute partielle, ce seroit faire une chose que votre loyauté ne vous permettra jamais. Donc, la question simple ne présente à votre discussion que des *assignats* sans intérêt, & des quittances de finances portant intérêt. Deux objets également précieux & pressans, sont l'imposition & l'acquittement de la dette. Les *assignats* diminueront la somme des impôts, ils serviront à les acquitter. De cette réduction, de cette facilité de paiement, résultera une chose, sans laquelle un état n'est rien. Avec des quittances de finances, l'imposition sera plus considérable ; la facilité de payer les impôts sera nulle. De-là des maux dont vous connoissez le tableau, & dont la perspective effrayante doit éveiller votre sagesse & influer sur vos délibérations. Quant à l'acquittement de la dette, en donnant des *assignats*, vous donnez ce qu'on a droit de demander, un titre sûr & éminemment disponible. La monnoie a une qualité réelle & une qualité qu'elle tient de la loi. L'*assignat* a également une qualité réelle & une qualité qu'il tient de la loi ; vous vous acquitterez donc avec des *assignats*. Avec des quittances de finances vous ne vous acquitteriez pas ; vous donneriez de nouveaux titres, qui ne seroient point améliorés ; la créance auroit la même hypothèque, vous ne feriez que suspendre des paiemens échus, vous feriez plus de mal encore ; l'impôt, ce second gage de la créance dépériroit, s'anéantiroit.

Ainsi, sous ce second point de vue, les *assignats* sont préférables. Examinons s'ils doivent être préférés dans le rapport des ventes. Le moyen qui met un signe représentatif entre toutes les mains, accroît nécessairement le nombre des acquéreurs & l'avantage de la vente. C'est ce que fait l'émission des *assignats*. L'autre moyen proposé ne met un signe représentatif de valeur qu'en très-peu de mains : ce signe lui-même, productif de revenus, donne un intérêt réel à conserver les capitaux ; ainsi les biens nationaux ne se vendront pas. Les quittances de finances n'étant pas monnoie, restant dans un petit nombre de mains, ne créant qu'un petit nombre d'acheteurs, les propriétaires de ces titres mettront aux domaines nationaux le prix qu'ils voudront ; & après avoir usé de manœuvres pour forcer les créanciers peu riches à leur livrer à perte les quittances de finances, ils forceront la nation à vendre à perte ses biens. Ce parallèle ne peut pas laisser d'incertitude. Il a fallu chercher ailleurs des objections. Elles se réduisent à une seule, qui n'est autre chose qu'une erreur de fait, d'où l'on a tiré une grande erreur de doctrine. On a parlé de l'avilissement des *assignats*, du doublement des prix, de la destruction des manufactures & de l'agriculture ; toutes ces suppositions partent d'une seule, de celle de l'avilissement des *assignats*. On prête deux causes à cet avilissement; la défiance dans la société, la baisse des valeurs par la multiplication du numéraire. Quant à la défiance, on a dit que la facilité de la contrefaction introduiroit une masse considérable de faux *assignats*, & que les inquiétudes que donneroit sur chacun de ces papiers l'incertitude de la falsification en occasionneroit le discrédit. J'observerai que si cela étoit vrai, il n'existeroit pas un papier-monnoie en Europe.

Quoi qu'en ait dit le préopinant, la contre façon de la monnoie-métal est plus facile que celle des papiers circulans. Les moyens d'éviter celle des *assignats* se perfectionnent tous les jours ; nous en avons recueillis qui ne laisseroient aucune inquiétude. Cette objection, deja détruite par notre propre expérience, s'appliqueroit au système contraire. Elle ne paroît avoir quelque force qu'à cause que nous n'avons pas de banque nationale: elle seroit rejettée avec le plus grand mépris, si on la proposoit au parlement d'Angleterre, ou dans les corps délibérans de la Hollande. (On applaudit). La foiblesse d'un pareil moyen étoit trop évidente pour qu'on ne l'étayât pas de toutes sortes de chimères. On n'a pas craint de comparer les *assignats* aux papiers-monnoie, qui ont été l'objet du mépris de divers peuples ; à celui de l'Amérique, hypothéqué sur toutes les terres des Etats-Unis, où aucune de ces terres n'étoit disponible, où les terres même ne sont rien, où l'argent est tout ; où, à côté de ces terres qui servoient d'hypothèque, il en étoit d'autres qu'on donnoit aux étrangers qui vouloient les exploiter. (On applaudit).

Quant au papier de Law, vous savez quelle étoit son existence : assis sur les prétendus profits d'une banque fantastique, il n'avoit pas d'autre solidité que celle de l'opinion délirante du moment. Répandu sans mesure, sans calcul, il s'étoit élevé à 5 milliards, sans y comprendre les actions de banque ; il étoit mis en circulation sans qu'il y eût un objet existant qui le représentât. C'étoit une valeur nouvelle; il étoit naturel qu'il changeât la proportion des valeurs. On pourroit dire que, quoiqu'il fût le mépris de la nation, c'est par l'impossibilité de son retrait qu'il devint désastreux : il avoit favorisé l'industrie & le commerce, & procuré une prospérité momentanée. Or, je demande si le retrait des *assignats* n'est pas assuré, si vous ne devez pas espérer une prospérité durable; si, tandis que le papier de Law étoit hypothéqué sur les fantômes du Mississipi, le nôtre ne l'est pas sur les très-réelles, très-apparentes à nous, les propriétés du ci-devant clergé ? (On applaudit). Vos assignats ont toute la valeur que peuvent avoir les choses dans la société : la valeur des terres leur est attachée par la loi, comme la propriété de chacun de nous, nous est attachée par la loi ; l'une & l'autre sont séparées, c'est la loi seule qui les lie. (Une grande partie de l'assemblée applaudit). Les *assignats* ont donc tout ce qui constitue les vraies valeurs; ils ont de plus la facilité de la transmission qui constitue les valeurs propres à devenir circulantes. Ils ne redouteront donc pas le discrédit, puisque les *assignats* que nous avons déjà n'ont presque pas perdu. (La droite murmure).

On a déjà démontré que les *assignats* n'ont pas éprouvé de discrédit réel ; s'il y a eu quelque chose à donner dans leur échange contre de l'argent, c'est à cause de la plus grande division de l'argent. Tandis que l'argent payoit quatre pour cent sur les *assignats* de 1000 liv., les petits *assignats* gagnoient deux pour cent sur les gros. (On applaudit). Il sera possible de diminuer cette perte par différens moyens ; par exemple, par une coupure plus avantageuse, par l'établissement de banques d'échanges dans plusieurs villes ; & l'intérêt que chacun aura de les colporter & de les répandre, est un garant de leur circulation. Ils ne perdront rien de leur valeur effective, & s'échangeront avec beaucoup de facilité. Quand on commencera les ventes, on n'osera plus élever de doutes sur la solidité des *assignats*. (On murmure à droite, on applaudit à gauche). Déjà les estimations sont faites en beaucoup d'endroits ; les formalités qui précèdent les ventes sont effectuées ; déjà le comité d'aliénation est préparé à présenter des moyens propres à accélérer ces ventes; alors vous verrez l'inquiétude disparoître, & le crédit des *assignats* s'assurer.

On a bien pensé qu'il ne suffiroit pas de chercher à établir que les *assignats* éprouveront du discrédit; on a cru devoir s'appuyer du changement dans la proportion des valeurs. Il a fallu faire la fausse supposition d'une émission simultanée de dix-neuf cens millions d'*assignats* : on a proposé, à la vérité, de rembourser les créances exigibles pour cette somme; mais il est faux que cette émission simultanée soit possible : mais vous verrez, du moment où les ventes seront ouvertes, se faire des achats considérables; en ne calculant les ventes qui sont actuellement certaines, qu'au cinquième de la masse des soumissions qui ont été faites, au moment où les ventes s'effectueroient, il y auroit un retrait de quatre ou cinq cens millions d'*assignats*. Il en rentrera d'autres pendant le temps considérable qui sera nécessaire pour la liquidation : ainsi peut-être n'y aura-t-il jamais en circulation que le tiers des *assignats* que vous aurez décrétés. Si cependant on conserve des craintes, il est facile de déterminer dans le décret la quantité qui pourra être mise simultanément émission : le langage de la loi peut rassurer, s'il reste des incertitudes sur le fisc. (On applaudit).

En créant des *assignats*, ce ne sera pas mettre des valeurs nouvelles dans le commerce, mais donner la faculté de se mouvoir aux biens enchaînés dans les mains du gouvernement : c'est en quoi ce papier ne ressemble en rien aux autres papiers-monnoie. Vous manquez de numéraire & de capitaux circulans; les droits féodaux doivent être remboursés : les biens nationaux se trouvent mis en vente, & vous n'avez pas les moyens d'acquérir. Il se trouve avec une grande augmentation de choses à vendre, une grande diminution des moyens d'acheter; donc la proportion des valeurs baisseroit prodigieusement, si on n'augmentoit les moyens d'acquérir; donc, en augmentant les moyens d'acquérir dans une proportion égale à l'augmentation des choses à vendre, la proportion des valeurs ne sera pas changée. (On applaudit.) Quelle est donc la véritable volonté de ceux qui demandent des *assignats*, & de ceux qui les combattent? Les uns veulent rétablir l'équilibre entre les moyens de vente & les moyens d'achat; les autres veulent le détruire. (On applaudit.) Je réduis ce parallèle à des expressions plus simples : ceux qui veulent des *assignats*, veulent la possibilité d'acheter; les autres, l'impossibilité de vendre, l'impossibilité de transmettre, l'impossibilité d'être dépouillés. (Les applaudissemens redoublent).

On a multiplié avec prodigalité les maux qu'on prétendoit devoir résulter, pour l'agriculture, de l'émission des *assignats*, & l'on a écarté les maux qui devoient résulter, pour les propriétaires de terres, de la privation de capitaux circulans. Ces mêmes propriétaires auroient intérêt à leur circulation, s'ils n'avoient intérêt à empêcher l'exécution de nos vues constitutionnelles. (Une grande partie de l'assemblée applaudit.) Les adversaires des *assignats* se sont bien gardés de donner à ces signes circulans leur véritable place. Ils ne les ont pas mis dans ces grandes transactions où ils sont nécessaires & avantageux à la société. Ils les ont placés dans les consommations immédiates, dans le prix des comestibles, où ils ne prendront que la place du numéraire disparu. On n'auroit vu que richesse & prospérité; on n'auroit pas vu 1900 millions de capitaux destinés à acheter du pain. (Les applaudissemens redoublent.) Il est cependant certain que les *assignats* entreront immédiatement dans la circulation des capitaux, parce qu'ils seront substitués aux capitaux des créanciers de l'état. On ne consomme pas avec ses capitaux. La circulation de consommation n'attire que ce qui est absolument nécessaire. De même, quand un particulier n'a pas assez de revenu, il est obligé de prendre une petite partie de son capital pour la joindre à son revenu. (Les applaudissemens augmentent).

M. le président. J'ordonne aux tribunes de se tenir dans le silence.

M. Barnave continue. C'est donc une véritable absurdité, une souveraine ignorance des principes de la circulation, que de croire & de dire que les *assignats* seront employés en quantité considérable à l'achat des consommations. Lorsqu'on a cité l'autorité de Shmith, dont on n'a cessé de travestir les raisonnemens, il auroit fallu exposer ses véritables principes, qui sont en entier à l'avantage de mon opinion. A quoi seront donc employés les capitaux pendant le temps qu'ils passeront dans la société, avant de s'amortir sur les biens ecclésiastiques? Aux grandes transactions qui font fleurir l'agriculture, qui vivifient le commerce; ils augmenteront l'activité des manufactures; ils favoriseront l'industrie & amélioreront les changes, au lieu de les détériorer. Tant qu'il n'y aura pas de proportion entre les choses à vendre & les moyens d'acheter, il n'y aura donc nulle diminution dans les valeurs; la proportion du numéraire, par la mise en vente des biens nationaux, se trouvera moins considérable qu'avant la révolution. Donc, le change, loin de nous être défavorable, tournera à notre avantage, il en sera de même de la balance du commerce. Je le prouve par le fait : elle a perdu depuis le commencement de la révolution : ce n'est pas l'augmentation de consommation de marchandises étrangères; car tout le monde fait qu'on en à moins consommé. Elle n'a pas perdu par l'accroissement du numéraire; car tout le monde fait qu'une grande partie du numéraire a disparu. Elle n'a pas perdu par l'augmentation du prix des salaires; car tout le monde fait que ce prix a diminué. D'où résulte donc la diminution de notre balance de commerce depuis la révolution? C'est du dessèchement, c'est du besoin de capitaux ; c'est donc là qu'il faut porter le remède. Il est si réel, que c'est par le défaut de capitaux & de numéraire, que c'est toujours par les mêmes coups qu'une nation perd ou gagne dans la balance du commerce. Si le désavantage dans cette balance venoit de l'augmentation du numéraire, la Pologne seroit, sous ce rapport, le pays le plus favorisé. L'Angleterre & la Hollande, les deux nations qui ont le plus de numéraire, sont celles qui profitent le plus dans les transactions avec les autres peuples ; elles ont augmenté leurs papiers circulans pour consacrer leur numéraire effectif aux opérations extérieures. Si vous voulez dire que la Pologne est dans une meilleure position à cet égard que ces deux nations, supprimez le numéraire ; si vous reconnoissez que l'Angleterre & la Hollande sont les plus industrieuses & les plus commerciales des nations, reconnoissez donc qu'il faut accroître le numéraire, que c'est le moyen d'augmenter la balance du commerce & les avantages du change. Ou les raisonnemens & les faits ne sont rien, ou les conséquences de ce parallèle sont incontestables ; ce parallèle est ici la véritable prophétie : cela est si vrai, qu'avant le moment où la défiance avoit fait disparoître le numéraire, chacun se plaignoit du défaut de capitaux, chacun demandoit la sortie de ces capitaux enfouis, resserrés au centre du royaume par un gouvernement emprunteur.

Il y a long-temps que le commerce bien entendu, que l'industrie vraiment active sollicitent ce qu'on vous propose aujourd'hui. (On applaudit.) Ainsi, toutes les frayeurs dont on s'étaie, portent sur deux erreurs de fait, l'avilissement des *assignats*, la diminution de l'industrie. S'il est vrai que les *assignats* ne seront pas avilis, qu'ils feront revivre l'industrie, c'est à nous à les rétorquer à ceux qui les ont présentés. Mais, s'il n'y a rien de réel dans ces motifs, il en est d'autres qu'on n'a pas voulu dire ; ils sont palpables. Si on s'est attaché à scruter les intentions de ceux qui veulent des *assignats*, il est juste de scruter les intentions de ceux qui les combattent. (On applaudit.) Je divise ces adversaires en deux classes ; je trouve d'un côté l'intérêt des financiers, des agioteurs, des agens-de-change ; de l'autre, l'intérêt de ceux qui ne veulent pas la révolution. (On murmure à droite, on applaudit à gauche.) Cette opération qui balaie la place des papiers qui s'y réunissent, qui anéantit ce genre coupable d'industrie, fait grand tort à ceux que cette industrie alimentoit. Il est évident que les créanciers opulens retiroient un intérêt plus fort ; il est évident, qu'avec des quittances de finances qu'ils accapareront, ils accapareront les biens nationaux. Il est évident que ceux qui ont dans leurs mains tous les capitaux, sont les usuriers de la société ; qu'ils vivent de l'usure continuelle, qui a perdu l'état & l'industrie ; il est clair qu'ils perdent dans une opération qui répand les capitaux dans toutes les mains, & qui assure à l'état & à l'industrie des secours à un prix modéré ; il est clair qu'ils perdent dans une opération qui fera disparoître ces richesses usurières. On a osé opposer ici l'agiotage aux *assignats*, dans le même moment où l'on proposoit des quittances de finances. Mais comment s'alimente l'agiotage ? par la variabilité des valeurs, par les marchés étroits & concentrés. Dans des marchés resserrés, on peut, en répandant des nouvelles fausses, des inquiétudes préparées, faire changer les prix ; mais quand les capitaux sont disséminés sur toute la surface du royaume, il n'est que la raison & la vérité qui fassent varier les valeurs.

Les quittances de finances se trouvant en peu de mains, n'étant pas transmissibles, iront des mains du créancier pauvre dans les mains du créancier riche ; elles se concentreront davantage ; toutes les nouvelles agiront sur elles, & leur valeur variera sans proportion ni mesure. Dans cette foule de transactions qui se font continuellement entre le riche & le pauvre, les prix & les valeurs varieront dans les proportions diverses des besoins des divers vendeurs. Dans un gouvernement arbitraire un petit nombre d'hommes semoient l'espoir & la crainte, & disposoient de la fortune publique ; l'agiotage n'aura pas, il est vrai, les mêmes ressources chez un peuple libre ; mais les illusions momentanées & locales qui n'existeront pas pour les *assignats* répandus par-tout, influeront sur les quittances de finances qui ne se trouveront qu'à la bourse, dans ce marché étroit & concentré, où l'adresse & l'intérêt sauront, avec succès, multiplier leurs dangereux efforts. Donc les quittances de finances ne se trouveront instituées que pour l'agiotage. Mais après avoir fait rentrer dans ses mains, d'une manière inique les quittances de finances, le petit nombre de leurs propriétaires viendra faire, sur les biens nationaux, les mêmes opérations. Le pauvre avoit été dépouillé, parce qu'on avoit abusé de ses besoins, on abusera de même des besoins publics. Ainsi, les quittances de finance, favorisent l'usure envers les pauvres créanciers, envers l'état, une usure énorme qui aviliroit les ventes en enrichissant quelques-uns. De-là ces écrits, ces délibérations des villes. Donc l'intérêt est dévoilé, la cause est connue. Ceux qui sont intéressés à empêcher l'émission des *assignats*, impriment le mouvement contraire au vœu national & de la raison. (On applaudit.)

Il y a encore un autre motif pour empêcher que la vente des biens ci-devant ecclésiastiques ne s'effectue ; on espère que l'impôt, par son accroissement, devenant odieux au peuple, on ne pourra mettre en mouvement nos institutons, payer nos administrateurs, & que la constitution n'existera que sur le papier. On a beaucoup dit ici qu'il falloit rétablir l'ordre, qu'il falloit rendre de l'énergie à la puissance publique, de l'activité aux loix, que sans cela on n'auroit ni numéraire, ni impôt, ni crédit; mais tout cela ne se fait qu'avec le numéraire.

Les juges qui ne seront pas payés ne jugeront pas; les administrateurs qui ne seront pas payés, n'administreront pas. Vous ne vous laisserez pas tromper à ces motifs. Ceux qui sont véritablement attachés au bien public, au salut de la patrie; ceux pour qui des raisonnemens astucieux & foibles n'ont aucun prestige, ne produisent aucune illusion, verront que l'opération qu'on vous propose est bonne; ils verront le retrait des *assignats* assurer la facilité certaine de ralentir à volonté l'émission; ils verront que c'est en alimentant le nerf de la puissance, qu'on rendra à la puissance publique l'énergie dont elle a besoin; ils verront que les créanciers de l'état ne peuvent s'acquitter avec leurs propres créanciers; qu'il faut faire cesser cette gêne générale des fortunes; que si on veut le bonheur du peuple, il faut enfin lui procurer du travail; que c'est par le travail qu'on rétablira l'ordre public, qu'on créera un patriotisme tranquille; c'est par-là que vous arriverez au terme de vos travaux. On semble appeller le désaveu & la haine du peuple sur ceux qui proposent ce moyen de salut; mais croyez que si chacun a, pour pressant motif, le bien de la chose publique, le salut public & le salut personnel sont le mobile des hommes. Je dois dire qu'une immense responsabilité pesera aussi sur ceux qui se seront opposés au seul moyen de sauver l'état. (La salle retentit d'applaudissemens).

MM. de Montlauzier & d'Espreménil. Nous l'acceptons cette responsabilité, & nous demandons l'appel nominal avec l'inscription & la liste des noms, afin de les faire passer dans les provinces. (La droite applaudit.)

M. Barnave. Quelques préopinans n'ont pas caché leur pensée; ils ne peuvent, disent-ils, voter en aucun cas sur des mesures qui favoriseroient, qui accéléreroient la vente des biens du clergé. (La droite murmure.) En effet, il ne faut pas se dissimuler qu'il est plus facile de décréter cette vente que de l'effectuer; la même opposition que vous avez rencontrée dans vos décrets, vous la rencontrerez dans cette opération; ils ne voteront pas, mais ils défendent un moyen qui, en rassemblant dans peu de mains les capitaux, qui, en liant ces capitaux aux mains qui les auront reçus par l'intérêt qu'ils porteront, ralentira excessivement la vente, si elle ne l'empêche pas, & produira le dépérissement des biens nationaux; ils espèrent que vos maux seront comblés, avant que le moment de la restauration soit arrivé. Mais la nation entière veut cette vente, elle approuvera l'opération, sans laquelle sa volonté ne seroit point exécutée. Par cette opération, vous assurez la résolution de la dette, sa subdivision entre tous les citoyens; la propriété générale revient à sa source; par-là vous êtes libérés; l'opinion publique repoussera ceux qui s'y opposent; mais ceux-là même deviendront propriétaires; conduits par leurs propres intérêts, ils agiront avec vous, au lieu d'agir contre vous. Si, au contraire, on vous entraîne dans l'opération des quittances de finances, bientôt on prétendra vous démontrer que vous avez fait une mauvaise opération, en mettant à la disposition de la nation les biens ecclésiastiques, & dans un an peut-être, on vous proposera politiquement, financièrement, nationalement, de remettre ces biens dans les mains du clergé. (Une grande partie de l'assemblée applaudit).

Le moyen proposé hier, qui semble se rapprocher de l'utilité générale, s'en éloigne; il ne présente qu'un allégement partiel de l'impôt, il n'anéantit pas l'agiotage, puisqu'il met la dette en concurrence avec le numéraire qui sera créé. L'opération la plus grande, la plus simple en elle-même est incontestablement la meilleure. La crainte de voir en circulation 1900 millions disparoît par le fait; faites-la disparoître par la loi; vous calmerez aussi les inquiétudes de ceux qui doutent que les biens du clergé ne soient égaux à la somme dont ils seroient la représentation, l'hypothèque & le gage; car, dans le temps que laissera l'émission successive des *assignats*, des renseignemens certains & authentiques nous parviendront. Je propose de décréter; 1°. que la totalité de la dette exigible, échue ou à terme, sera remboursée en *assignats*-monnoie, sans intérêt; 2°. que l'émission s'effectuera progressivement par ordre de liquidation & d'échéance, de manière qu'il ne puisse jamais y avoir plus d'un milliard d'*assignats* en circulation, indépendamment de ceux qui ont été précédemment décrétés; que les comités des finances & d'aliénation réunis présenteront un projet d'articles pour tous les accessoires de l'opération.

M. Barnave descend de la tribune au milieu des applaudissemens réitérés de la majorité de l'assemblée.

On demande que la discussion soit fermée.

M. le président. Le comité des finances m'a fait prévenir qu'il demanderoit la parole avant que la discussion fût fermée. (Il s'élève des murmures: plusieurs personnes disent que le comité n'a pas pris de délibération à ce sujet). M. Lebrun m'a dit qu'il la demandoit au nom du comité, & qu'il en étoit chargé.

M. Lebrun. Ce n'est pas une discussion, ce sont des faits dont le comité m'a donné ordre de vous rendre compte; ce sont les voeux des départemens, des directoires & des municipalités.

M. de Mirabeau. Je n'ai demandé la parole que pour faire deux observations sur le peu de mots proférés par M. Lebrun. L'une ne tend qu'à l'éclaircissement d'un fait, si, contre mon avis, il a quelqu'importance; l'autre est une observation d'ordre souverainement importante. La première est que plusieurs de mes collègues pensent que le comité des finances n'a pas délibéré sur la démarche de M. Lebrun, & que quand le comité a fait son rapport, & que la question est lancée, il n'a plus droit à être entendu. L'observation infiniment plus essentielle, c'est qu'il est extrêmement inconvenant de venir apporter à cette tribune, sur une question qui nous est soumise, les réclamations des départemens & des municipalités. (L'orateur est interrompu par des applaudissemens & des murmures.). Je demande à être entendu jusqu'au bout; car je déclare que mon opinion à cet égard est tellement prononcée, que si ma réprimande est déplacée, je dois être sévérement réprimandé.

Je dis donc qu'il est très-scandaleux, très-coupable, au moment où il s'agit de fermer une discussion importante, de venir lancer, comme le Parthe, en fuyant, le vœu des directoires & des municipalités. Quand au bruit des applaudissemens unanimes de cette assemblée, (la partie droite murmure, la partie gauche applaudit: on entend à travers les murmures de la droite, ces mots prononcés par M. d'Espréménil: des applaudissemens payés); quand il y a peu de jours, l'assemblée, sur une observation de ce genre, échappée au zèle inconsidéré d'un de ses membres, eut la bonté de couvrir de ses applaudissemens l'observation, que si de telles interventions étoient permises, le gouvernement représentatif étoit renversé, & la monarchie détruite.... (On aplaudit de toutes parts).

M. le président rappelle les tribunes à l'ordre.

M. de Mirabeau l'aîné. Il est très-permis, très-simple d'avoir deux opinions sur une question d'économie politique aussi importante; mais il n'est pas permis de mettre des intermédiaires entre nous & la nation; il ne l'est pas d'avoir la mauvaise foi de donner les neuf personnes qui composent un directoire, comme l'écho du département; il ne l'est pas que ceux qui nous ont accusés de vouloir une république fédérative, viennent soutenir par leurs cris une opinion qui feroit, au même instant, du royaume une république fédérative. (On applaudit.) Ce n'est pas aux corps administratifs, dans les mains desquels sont, en ce moment, les biens nationaux, à donner leur avis sur les dispositions des biens nationaux. Ce n'est pas à ceux qui ont dû remarquer que, par le pur respect que nous devons aux principes du gouvernement représentatif, nous n'avons pas montré le vœu de la ville de Paris, sur qui péseroit cette opération, par la nature de son commerce & de ses richesses, à venir appuyer l'étrange proposition qui vous est faite. Ils ont eu l'impudeur de ne pas vouloir voir notre sage réserve, & nous ont accusés de payer les applaudissemens des tribunes; expressions gratuitement insolentes. (On applaudit.) Ce n'est pas à eux à venir élever contre nous des maximes destructives de la constitution, dont, nous aussi, avons posé quelques bases. Qu'ils croient que le feu sacré de la constitution est aussi bien dans nos foibles mains que dans leurs mains si pures. (Il s'élève à droite des murmures. — M. Virieu rappelle à la question). M. le président, je suis fâché qu'on s'apperçoive si tard de la suite inévitable d'une motion aussi imprudente; moi je consens, par confiance dans la cause que je défends, je consens à finir, en assurant nos adversaires que nous savons qu'il est également compris dans notre serment, de défendre la constitution contre ses ennemis cachés, que contre ses faux & insidieux amis.

M. d'Harambure. J'atteste que l'assemblée, par un décret, a chargé son comité des finances de faire un rapport avant la fin de la discussion; j'atteste également que le comité en a chargé M. Lebrun.

On demande que la discussion soit fermée.

M. d'Espréménil. On ne peut fermer une discussion qui n'a pas été ouverte; à moins que M. de Mirabeau n'ait dit le pour & le contre.

La discussion est fermée, sur la proposition de M. Lebrun.

Cette proposition est rejettée.

On demande que la discussion soit fermée sur le fond de la discussion.

M. Cazalès. Il est physiquement impossible de rendre un décret à l'heure qu'il est, sur-tout par appel nominal, & que l'appel nominal est le vœu des deux côtés de l'assemblée; dès-lors nul intérêt ne peut engager à fermer la discussion en ce moment. Il est au contraire un très-grand intérêt, qui doit déterminer à la prolonger à demain. La matière est importante, elle a besoin de l'opinion, & l'opinion n'est favorable à un décret qu'autant que les discussions sont calmes & lentes. M. Barnave a coloré d'une manière infiniment adroite des raisons très-foibles. Je prends l'engagement de répondre catégoriquement à ses observations sans phrase, sans déclamations, tellement que non la majorité, mais l'universalité sera convaincue. (La majorité murmure.) La mauvaise foi seule pourra méconnoître l'évidence de mes réponses, & je suis loin de penser qu'il y ait une seule personne de mauvaise foi dans cette assemblée; je conclus donc à ce que la séance soit prorogée, & à ce qu'il soit décrété que demain l'assemblée nationale prendra un parti définitif.

M. Alexandre de Lameth. En opposition avec M. Cazalès, je demande que la discussion soit fermée, & que l'assemblée prononce en ce moment.

De même que M. Cazalès croit avoir à répondre à M. Barnave, de même nous croirions avoir à répondre à M. Cazalès. Il y a un mois que la discussion est ouverte, elle doit être complète. Nous avons annoncé que nous voulions accélérer nos travaux, & on s'efforce de les retarder. (On applaudit.) Il est évident qu'on peut décréter seulement deux articles qui contiennent les bases de l'opération; & renvoyer les questions subséquentes aux comités. Mais j'ajoute que quand on craint que la confiance publique ne se réunisse sur les *assignats*, on oublie qu'on saura qui aura attaqué les *assignats*, qui les aura défendus.

On applaudit, & on demande à aller aux voix.

M. Cazalès. Je change mon projet de décret, & je demande que demain la discussion soit fermée à une heure.

La discussion est fermée sur le fond de la délibération.

On demande le renvoi à demain, pour prendre un parti définitif: après quelques oppositions, ce renvoi est décrété, & l'assemblée arrête que la discussion étant fermée, demain, sans désemparer, elle décidera la question du mode de liquidation de la dette publique.

Séance du 29 septembre 1790.

M. Vieillard. Avant d'ouvrir la discussion, je demande que MM. les huissiers veillent à ce qu'il ne s'introduise aucun étranger dans la salle; il y en avoit hier au moins quarante.

Cette proposition est accueillie & exécutée.

M. le président. On va lire tous les projets de décrets, tant ceux qui ont déjà été lus, que ceux qui ont été remis sur le bureau.

M. d'Espréménil. Je demande la parole.

M. Dubois. Je fais la motion que tout décret soit réduit à sa simple lecture.

M. d'Espréménil. La discussion est fermée, & je m'en souviens très-bien. Je vais lire mon projet de décret, sans aucune observation; je supplie qu'on l'écoute sans interruption. — Projet de décret pour la restauration des finances, la liquidation de la dette publique, & le rétablissement de la tranquillité.

L'assemblée nationale, toujours animée du zèle du bien public; avertie par l'expérience qu'elle n'obtiendra pas la paix, tant qu'une défiance, bien ou mal fondée, éloignera une partie des citoyens de leur patrie, a décrété & décrète:

Art. Ier La caisse d'escompte reprendra ses opérations originiaires; les 400 millions d'*assignats* décrétés seront rendus à leur nature primitive; il en sera créé de plus pour 600 millions, sans intérêt, à compter du 15 octobre; ceux déjà créés cesseront de porter intérêt. Au 15 janvier prochain la caisse d'escompte paiera en argent comptant, & à bureau ouvert; tous les fonds versés à ladite caisse seront composés des valeurs ci-dessous désignées.

La nation accepte, par l'organe de l'assemblée, l'offre de 400 millions, qui lui a été faite au nom du clergé: les communautés religieuses donneront à l'état, sur leur revenu, pendant dix ans, un secours extraordinaire, qui sera fixé de concert entre elles & le roi. (Il s'élève dans la partie gauche de grands éclats de rire.)

M. Foucault. Je réclame la liberté des opinions.

M. le président. Je n'ai point accordé la parole à M. d'Espréménil pour faire la satyre des décrets de l'assemblée. Je vais la consulter pour savoir si elle veut vous entendre.

M. d'Espréménil. Je demande la parole là-dessus. Je ne suis pas monté à la tribune pour faire la critique ni la satyre des décrets de l'assemblée. Je lui proteste, sur mon honneur, que mon sentiment est que le royaume est perdu sans un mode de paiement à bureau ouvert. L'assemblée ne fera qu'affermir sa puissance & se couvrir de gloire aux yeux de toute l'Europe, revenant sur quelques-uns de ses décrets.

M. Rewbel. Je demande que M. d'Espréménil soit entendu; il est bon que l'assemblée connoisse l'opinion de ses membres.

M. d'Espréménil continue. Le clergé, tant séculier que régulier, est rétabli dans la possession de tous les biens dont il jouissoit. Le clergé séculier demeure autorisé à ouvrir tous emprunts nécessaires pour réaliser les sommes promises, d'après les règles qui seront fixées par les lettres-patentes du roi. Les communautés religieuses pourront aussi faire des emprunts d'après les mêmes formes.

Tous les officiers civils & militaires, supérieurs & inférieurs, fourniront un supplément de finance. Les officiers de finance & les employés paieront un supplément de fonds. Tous les corps, communautés & corporations, fourniront également un supplément de finance.

La justice reprendra son ancien cours, & les titres des offices seront provisoirement transmissibles.

A l'exception des servitudes personnelles, les citoyens seront rétablis dans leurs propriétés.

La contribution patriotique ne sera plus forcée.

Tous les anciens droits, à l'exception de ceux

de gabelles & de francs-fiefs, seront perçus comme par le passé; les tribunaux veilleront à l'exécution de ce décret.

Les fonds provenant de ces divers secours seront versés à la caisse d'escompte en quantité suffisante, pour qu'elle puisse effectuer ses paiemens; les détails de ses opérations ne pourront être mis à exécution qu'après avoir été concertées entre le ministre & les administrateurs de la caisse d'escompte.

Tous les privilèges pécuniaires demeureront abolis.

Toutes les rentes, à quatre pour cent, éprouveront la retenue d'un dixième.

La dette arriérée sera divisée en deux classes; la première, sera payée dans l'année prochaine, en douze paiemens égaux; la seconde sera constituée au denier vingt.

Il sera créé une caisse d'amortissement composée des sommes provenant de l'extinction des rentes.

Si ces impositions ne suffisent pas, on pourra faire les augmentations de sols pour livre nécessaires.

Le décret qui prescrit l'aliénation des domaines de la couronne sera regardé comme non avenu.

La jurisdiction prévôtale sera rétablie.

La maréchaussée sera augmentée d'un tiers.

Les princes du sang seront priés de rentrer dans le royaume; les autres citoyens absens seront invités à faire de même, & seront mis sous la sauvegarde de la loi.

Les comités des recherches de l'assemblée nationale, de la ville, & tous ceux qui pourroient être établis dans le royaume, seront abolis.

L'assemblée nationale desirant que le souvenir des troubles qui ont désolé le royaume depuis un an, soient effacés, suppliera le roi d'accorder une amnistie générale.

Le présent décret sera porté au pied du trône par l'assemblée nationale en corps.

Le roi sera supplié d'y donner une prompte sanction, en lui assurant qu'il n'est point de François qui ne soit disposé à tous les sacrifices.

L'assemblée en sortant de chez le roi, ira porter ses respects à la reine. (Les éclats de rire recommencent.) Ce que je propose est bon. L'événement décidera. Il sera chanté dans toutes les églises & paroisses un *Te Deum*, en action de grace de la réunion des esprits; le roi sera supplié de se trouver, avec son auguste famille, à celui qui sera chanté dans la cathédrale de Paris; l'assemblée y assistera en corps, & espère y voir les princes & tous les François absens.

Plusieurs membres demandent le renvoi de ce décret au comité de santé; d'autres au comité d'aliénation.

M. Charles de Lameth. Je demande que M. d'Esprémenil soit envoyé pour quinze jours à Charenton.

M. Alexandre de Lameth. Comme il est important que la nation sache d'après quels principes se conduit l'assemblée, je demande qu'on passe à l'ordre du jour; mais qu'on motive ainsi cette décision. L'assemblée nationale ayant, pour prouver la liberté la plus entière des opinions, entendu jusqu'à la fin, la lecture du projet de décret de M. d'Esprémenil, & le regardant comme l'effet d'une imagination en délire, a passé à l'ordre du jour.

On applaudit & on demande à aller aux voix.

M. Mathieu de Montmorency. Je voulois exprimer comme le préopinant, ce que j'avois éprouvé à la lecture du projet de M. d'Esprémenil; je voulois dire que le délire & la folie pouvoient seules excuser un projet qui mériteroit toute la sévérité de l'assemblée; on ne peut mieux faire que de passer à l'ordre du jour, en témoignant le plus profond mépris pour la motion & son auteur: le terme de mépris paroîtra singulier, mais il peut seul exprimer l'intention de l'assemblée: j'appuie la motion de M. de Lameth, de passer à l'ordre du jour, en la motivant.

M. de Cazalès. Avant d'adopter une proposition que j'appuie: je demande que l'assemblée déclare qu'il est permis à un de ses membres d'en insulter un autre, ou bien qu'elle rappelle à l'ordre MM. de Lameth & Montmorency; si elle ne le veut pas, je lui demande acte de son décret, & moi qui me suis constamment abstenu dans cette tribune, de prononcer aucune expression injurieuse, je demanderai la permission d'insulter nominativement....

M. Charles de Lameth. On demande que je sois rappellé à l'ordre; comme je crois qu'il est aussi contraire à l'honneur de faire des injures que d'en souffrir, je déclare que quand j'ai fait la motion d'envoyer M. d'Eprémenil à Charenton, je n'ai voulu que lui donner du ridicule, mais non l'insulter. Il est insensé ou il est coupable. Dans l'époque où nous nous trouvons, au milieu des bruits qui se répandent, je me contente de tourner en ridicule un membre dont on pourroit sérieusement & peut-être utilement instruire le procès. Dans un moment où l'on cherche à nous intimider par la réunion des parlemens, où le mot de contre-révolution retentit dans toutes les places publiques, il est un peu fort d'en présenter le projet à l'assemblée nationale. Quand on sait que les agens de contre-révolution mettent tout en œuvre pour prévenir le roi contre l'assemblée; quand on veut enlever le roi, que le comité des recherches en est instruit, que l'on publie que l'on en viendroit à bout avec 50 mille hommes, & que Rouen eſt l'endroit où l'on voudroit le placer ſous la protection du parlement ; quand une réponſe du roi, que tout bon François auroit voulu oublier, ſe trouve dans le préambule du décret proposé par M. d'Eſprémenil, vous craindrez encore de donner du ridicule à ce membre ! Les eſpérances de nos ennemis ſont plus fortes que jamais, nous n'avons pas un moment à perdre, le péril eſt extrême, il faut les coalitions de tous les bons citoyens.

M. l'abbé Maury & M. de Cazalès engagent M. d'Eſprémenil à monter à la tribune.—Il y paroît.

M. Coroller. Qu'il deſcende à la barre, ou qu'il ſoit conduit en priſon.

M. l'abbé Maury. Je demande que M. de Lameth ſoit rappellé à l'ordre.

M. de Mirabeau l'aîné demande la parole. — La partie droite s'oppoſe à ce qu'elle lui ſoit accordée.

L'aſſemblée décide que M. de Mirabeau ſera entendu.

M. de Mirabeau l'aîné. Lorſque j'ai demandé la parole, je ne voulois que réclamer la priorité pour la motion motivée de l'ordre du jour ; mais dans ces débats, j'ai apperçu M. d'Eſprémenil articulant des ſons confus que je n'ai pu démêler ; je demande qu'il ſoit entendu, & de parler après lui.

M. l'abbé Maury. Et moi après vous.

M. de Mirabeau l'aîné. Je demanderai donc la parole, à moins qu'on ne préfère de mettre ſur le champ aux voix la motion de M. de Lameth, comme motion de tolérance & d'indulgence, & ce qui me la fait regarder ainſi, & ce qui me provoque à l'appuyer, c'eſt qu'en mon particulier, je rends grace à M. d'Eſprémenil d'avoir levé tout-à-fait le voile qui couvroit les intentions de ceux qui s'oppoſent à la meſure des *aſſignats*. (On applaudit).

M. Duval d'Eſprémenil à la tribune. Je ſuis accuſé, je veux répondre.

On demande à aller aux voix.

On ferme la diſcuſſion.

La motion de M. Alexandre de Lameth eſt décrétée à une grande majorité.

On fait la lecture de 24 projets de décrets, dont le plus grand nombre a été rapporté dans la diſcuſſion.

M. de Cazalès. L'aſſemblée nationale eſt au moment de jetter dans la circulation une maſſe effrayante de papier-monnoie. (On obſerve que la diſcuſſion eſt fermée.) J'ai l'honneur de répondre que c'eſt un amendement.

M. le préſident. Le réglement porte que la diſcuſſion étant fermée, les queſtions ſeront réduites par oui ou par non. Parler ſur la manière de réduire la queſtion, c'eſt exécuter le réglement. Beaucoup de perſonnes ſe ſont fait inſcrire pour expoſer leur opinion ſur cet objet. (On lit la liſte ; il s'élève beaucoup de murmures.) On témoigne de l'étonnement de voir tant de perſonnes inſcrites pour la parole, & l'on demande à s'occuper de la queſtion de priorité ! le vœu de l'aſſemblée fait ma loi.

M. de Cazalès. Je crois de la juſtice de l'aſſemblée de s'expliquer clairement & avec loyauté ſur la nature des engagemens qu'elle prend avec les porteurs d'*aſſignats*. Je demande donc qu'elle décide ſi elle paiera les faux *aſſignats*. (Les murmures augmentent.)

L'aſſemblée décide que M. de Cazalès ne ſera pas entendu.

M. Camus demande la priorité pour le projet de décret de M. Poignot.

Ce projet de décret contient ſix articles ; les trois derniers ſont purement réglementaires, les trois premiers ſont ainſi conçus :

Art. Ier. Toutes les créances ſur l'état, à l'exception de celles conſtituées en rentes viagères ou perpétuelles & de celles à terme, ſeront remboursées à meſure de la liquidation, & ſuivant l'ordre qui ſera indiqué, en *aſſignats*-monnoie ſans intérêt.

II. En aucun temps & ſous aucun prétexte, il ne ſera mis en circulation au-delà d'un milliard d'*aſſignats*.

III. Il ne pourra être fait des *aſſignats* au-deſſous de 100 livres ; mais il en ſera fait de 125, de 150 livres, & ainſi dans les diverſes coupures qui ſeront jugées les plus propres à favoriſer les échanges.

M. Malouet. D'après la multitude des projets de décret préſentés, il eſt difficile d'accorder la priorité à aucun d'eux, avant d'avoir dégagé les propoſitions principales des propoſitions réglementaires. La première queſtion à propoſer eſt celle-ci. Pourvoira-t-on actuellement au rembourſement total de la dette exigible, à termes échus ou à échéance prochaine ? 2°. Le mode du paiement ſera-t-il uniquement en *aſſignats* forcés, ou en *aſſignats* non forcés, ou réſultera-t-il de la combinaiſon de ces deux modes ? 3°. Déterminera-t-on un terme au-delà duquel ne pourra pas s'élever l'émiſſion de papier forcé ? Ce terme excédera-t-il 800 millions ? Quoique je penſe que la monarchie ſoit diſſoute, ſi nous conſultions les provinces, je crois cependant que quand vous avez dit que le vœu du commerce ſeroit entendu, que quand, le 3 novembre, vous avez décrété que vous ne diſpoſeriez

disposeriez des biens nationaux que sur l'instruction des provinces.... (Il s'élève des murmures). On interprète mal ma pensée, si l'on conclut de ce que je dis que je veux m'opposer à la vente des biens nationaux : je n'avois pas été de l'avis de votre décret ; mais à présent je reconnois que la vente de ces biens importe au salut public.

M. de Beaumetz. La discussion est fermée, je respecterai votre décret, & je ne me permettrai pas de suivre les observations du préopinant ; je me bornerai à demander que la priorité soit accordée à la motion qui paroît la plus claire & qui conduira le plus promptement à la délibération. Celle de M. Barnave me paroît remplit éminemment cet objet. Après un mois de discussion, il vaut mieux se renfermer dans un décret qui exposera les deux principes de liquidation & les grandes bases de cette opération. Je trouve dans la proposition de M. Poignot, un défaut capital. Il propose de ne rembourser que ce qui est déjà échu. Un décret qui, d'un seul mot, excluéroit du remboursement des créances en valeur de 560 millions ; qui offriroit encore à l'agiotage une opération lucrative, qui détourneroit de la vente des biens nationaux pour 560 millions de créances, que les propriétaires garderoient, parce qu'elles portent intérêt, ne peut être adopté. Je demande que l'assemblée décrète d'abord ce grand principe, qu'elle est décidée à rembourser en totalité la dette exigible designée par le comité des finances. Je demande encore qu'elle adopte le second article de M. Barnave ; mais je présente un amendement à cet article. M. Barnave propose de borner à un milliard l'opération simultanée des *assignats* ; mais ce n'est pas au hasard, c'est d'après un calcul certain que cette opération doit être faite. Les effets suspendus, l'arriéré des départemens, les effets circulans sur la place, forment un capital de 790 millions 800 mille livres. Il est probable que la seule somme de 800 millions pourra suffire pour toute l'opération, en faisant faire la navette à tous les *assignats* circulans.

M. Desmeuniers. En accordant la priorité à l'un de ces projets de décret, vous ne pouvez avoir en vue que de prendre un canevas de délibérations, sans rien préjuger. Il me semble que M. de Beaumetz s'est trompé, en réclamant la priorité pour la motion de M. Barnave. Vous avez à vous décider sur des questions qui sont la base fondamentale de l'opération ; les trois premiers articles de la motion de M. Poignot vous présentent, sauf amendement, le moyen de terminer promptement la délibération. Dans la circonstance où nous nous trouvons, quel que soit le parti que vous preniez, tous les bons citoyens se réuniront pour le soutenir, & ils le soutiendront ; mais il est un ordre à établir, qui peut rallier tous les esprits ; il faut décider d'abord quelle somme d'*assignats* pourra être mise simultanément en circulation. En conséquence, le second article de M. Poignot deviendroit la première question. Ceux qui ont combattu l'immense quantité d'*assignats* pour deux milliards, se réuniroient à cette opinion. La seconde question regardera le mode de remboursement, & la mesure des *assignats* cessera de paroître dangereuse avec la certitude qu'on n'ira pas au-delà d'un milliard, sauf l'amendement de M. Beaumetz. Je demande donc qu'on mette aux voix le second, puis le premier, puis le troisième article du projet de décret de M. Poignot.

M. Poignot. J'ai demandé que les dettes à termes fussent exceptées du remboursement ; en effet, elles montent à 560 millions ; il y a 400 millions d'*assignats* en circulation, 200 millions sont nécessaires pour les besoins du trésor public, la dette suspendue s'élève à 108 millions, la dette arriérée à 100 millions, ainsi vous auriez délivré 1368 millions d'*assignats* avant d'avoir rien fait pour les créanciers du clergé, pour les titulaires d'offices & autres ; & si vos ventes n'étoient pas aussi rapides que vous l'espérez, vous seriez obligés ou de différer le remboursement de ces créanciers, qui ont tant de droits à votre justice, ou de créer une plus grande quantité d'*assignats*. C'est pour cela que j'ai demandé que la dette à terme fût réservée, & que ces objets passassent avant. Nous ne savons à quelle somme peuvent monter les biens nationaux ; je crois qu'ils peuvent s'élever à deux milliards 500 millions, ou trois milliards ; mais il y auroit moins de danger à se trouver de 500 millions au-dessus, que de 500 millions au-dessous. Voilà mes motifs, je vous les soumets. (On applaudit.)

M. de Mirabeau. On complique maintenant la question par des observations incidentes : d'abord celles d'un des préopinans ont roulé sur des suppositions extrêmement fausses. Personne n'a dit que la dette exigible montât à 1900 millions ; un autre préopinant a encore compliqué la question, par le calcul effrayant du nombre des *assignats* qui peuvent se trouver en circulation. On n'a jamais prétendu que l'émission de toute la somme qui pourra être nécessaire, dût être simultanée, & ce n'est que pour guérir l'imagination que M. Barnave a stipulé, dans son projet de décret, qu'il n'y auroit jamais plus d'un milliard en émission. Je n'ai demandé la parole que pour dire que je trouve dans les principes de la pieuse nécessité des circonstances. (Des rires se font entendre dans la partie droite.) Peu m'importe les rires de ceux qui trouvent l'impiété dans la liberté. Je voudrois qu'on nous dît, sans embages, pourquoi nous décrétons plus que nous ne devons ; nous ne devons que la dette exigible échue. C'est une chose inutile que de déclarer que jamais il n'y aura plus d'un milliard en circulation. Si l'on dit que l'émission ne sera que simultanée, c'est une chose niaise, car c'est la nécessité de la nature des choses. Je demande si, par impossibilité, sans qu'il y eût des *assignats* rentrés, un créancier venoit, sa créance échue à la main, vous demander de l'argent, vous pourriez le refuser. Je finis par une remarque de détail, & j'observe que 800 millions sont échus, & qu'il n'y a pas de raison pour ne pas se mettre au courant. J'invite à bien remarquer que l'émission dont il s'agit, est au-dehors des 400 millions déjà en circulation.

M. Malouet. M. Mirabeau a proposé une première émission de deux milliards : je demande pourquoi il nous dit aujourd'hui que nous n'avons pas besoin, à beaucoup près, de cette somme.

M. de Mirabeau. Ma réponse est extrêmement simple : d'abord le comité n'a porté la dette exigible qu'à 1400 millions; quant à moi, mon premier discours, mon premier décret est imprimé; j'atteste mon discours & les journaux, que je n'ai pas proposé une émission de deux milliards. Dans mon second discours, qui est également imprimé, j'ai demandé un milliard pour la dette rigoureusement exigible : voilà comme la mémoire de M. Malouet n'est pas toujours très-heureuse & très-fidelle.

On demande que la discussion soit fermée.

M. l'abbé Maury réclame la parole. — On la lui conteste. — L'assemblée décide qu'il sera entendu.

M. l'abbé Maury. Nous nous occupons d'un principe, & l'on vous mène aux conséquences. On nous propose un décret, & l'on veut qu'il en renferme dix. Notre marche est tracée. Sur quoi avons-nous délibéré ? Sur les besoins du trésor public. M. le président pourroit mettre aux voix la question de savoir quelle somme est nécessaire pour le service du reste de l'année courante, & pour le commencement de l'année prochaine. Cette difficulté résolue, les deux opinions contradictoires se trouveront l'une devant l'autre; on décidera alors cette question : le trésor public remboursera-t-il la dette constituée en *assignats* forcés, oui ou non ? C'est-à-dire, l'assemblée nationale veut-elle placer la nation entre le trésor public & les créanciers de l'état ? L'assemblée nationale voudra-t-elle que le commerce & l'agriculture..... ? (On rappelle qu'on ne peut se permettre aucune discussion.) On a élevé des sophismes qui ne seroient pas difficiles à combattre. L'appel nominal doit porter sur la seconde question que j'ai posée.

La discussion est fermée sur la question de priorité. MM. Montlauzier & Folleville réclament. Il est impossible de les entendre.

M. Madier. Vous discutez depuis un mois ce principe : la dette exigible sera-t-elle liquidée par des *assignats*, seront-ils libres, seront-ils forcés ? Voilà les objets de votre délibération.

Le côté droit réclame la discussion sur la priorité.

Après de longues agitations, M. Desmeuniers saisit un moment de silence pour faire lecture des articles de M. Poignot. — Il est interrompu.

M. le président. Dans une question dont les suites sont si importantes, je vous demande le silence. Vous vous le demandez à vous-mêmes, car c'est votre loi.

M. Foucault. Je demande la parole.

M. le président. A l'ordre, monsieur.

M. Foucault. Je veux parler.

M. le président. A l'ordre, monsieur.

M. Foucault. Dussé-je être mis à l'ordre, dussé-je éprouver toutes les punitions qu'on voudra, rien ne pourra m'arrêter. Je déclare, en présence de la capitale & de tous ceux qui sont dans les environs, que si on ne pose pas textuellement la question, tout le monde pourra dire que je n'aurai participé en rien à la délibération. (Une partie du côté droit se lève pour s'unir à cette déclaration.) La question se borne à ceci : y aura-t-il des *assignats*-monnoie, oui ou non ?

M. Camus. Voici à quoi se réduit en effet la question; la dette exigible sera-t-elle remboursée en *assignats*-monnoie ? Voilà la première question. (La grande majorité se lève pour appuyer cette manière de la poser.) Je propose ensuite cet amendement. Il n'y aura pas en même temps plus de 800 millions d'*assignats* en circulation : or, d'après vos principes, l'amendement doit être délibéré avant la motion. (La partie droite réclame.) Vous n'avez pas d'autre route que la route légitime; la route légitime est celle que prescrit le réglement, & à cet égard le réglement est formel. (La partie droite fait entendre de longs murmures.)

On demande à aller aux voix.

L'assemblée délibère, & la priorité est accordée à la question posée par M. Camus.

Il fait lecture de son amendement rédigé en ces termes :

« En aucun temps & sous aucun prétexte, il ne sera mis en circulation au-delà de 800 millions d'*assignats*, outre les 400 millions existans ».

On applaudit. — Une grande majorité appuie cet amendement.

M. Cazalès monte à la tribune.

L'amendement est mis sur le champ aux voix & décrété. L'assemblée applaudit.

La droite se soulève. — M. Cazalès s'élance de la tribune au bureau du président. — Quelques membres de la droite le suivent. — Il parle avec violence. — Il fait des gestes menaçans. — Un co-député de M. le président court se placer entre M. Cazalès & lui. — Les huissiers entourent M. le président qui se couvre. — La majorité applaudit, se découvre & reste dans le silence. — Le tumulte de la minorité recommence. — Elle devient un moment silencieuse. — Les agitations violentes de M. Cazalès continuent, ainsi que ses menaces au président, qui demeure ferme & impose silence. — Quelques applaudissemens se font entendre. — M. le président s'élève contre ces applaudissemens. — Pendant quelque temps la délibération reste suspendue. — Peu à peu le tumulte de la droite diminue. — Le calme se rétablit.

M. le président. Quand j'ai réclamé la première fois l'ordre & le silence qui conviennent à vos délibérations, si je n'eusse été interrompu, j'ose dire d'une manière indécente, je crois que j'aurois prévenu la scène au moins désagréable... (Plusieurs voix s'élèvent, dites scandaleuse.) On dit qu'on n'a pas entendu quand j'ai mis aux voix l'amendement de M. Camus; je vous propose, pour qu'une délibération de cette importance ne soit point accusée, de recommencer l'épreuve.

Le tumulte de la droite se renouvelle. — MM. Dufraisse, Faucigny, Montlauzier s'écrient : faites-nous connoître maintenant la question sur laquelle nous avons délibéré.

M. Cracy demande la parole. — Quelques membres de la partie gauche s'opposent à ce qu'il l'obtienne ; d'autres du même côté appuient sa demande.

On relit la motion & l'amendement; il se fait un grand silence.

M. le président. On propose ici deux sous-amendemens; l'un consiste à réduire à 200 millions les *assignats* qui seront décrétés; l'autre à n'avoir en circulation que 800 millions d'*assignats*, y compris ceux déjà décrétés.

M. Montlauzier. Je demande que les amendemens soient divisés de la question principale, & qu'en conséquence cette question soit mise immédiatement aux voix.

L'assemblée décide qu'il n'y a pas lieu à délibérer sur le sous-amendement de 200 millions.

La question préalable est invoquée sur le second sous-amendement. — Une première épreuve paroît douteuse.

On observe que ce sous-amendement n'exprime pas la quantité absolue qui sera mise en circulation, mais la quantité qui y sera mise à la fois.

M. Madier. Que veut dire à la fois ?

M. Camus. J'avois entendu par l'amendement sur lequel le sous-amendement a été fait, que jamais il n'y auroit en circulation plus de 1200 millions d'*assignats*, parce qu'on craignoit que la circulation ne fût gênée par une plus grande quantité. Voici l'amendement en termes très-clairs.

Il n'y aura pas en circulation au-delà de 1200 millions d'*assignats*, y compris les 400 millions déjà décrétés.

M. d'Esprémenil. Si on ne commence pas par la question principale, tout ce côté-ci n'entend pas délibérer.

L'assemblée décide qu'il n'y a pas lieu à délibérer sur le second sous-amendement.

L'amendement de M. Camus est une seconde fois décrété.

Une partie de la partie droite ne prend point de part à ces deux délibérations.

On demande à aller aux voix par appel nominal, sur la question principale ainsi posée : « La dette non-constituée de l'état, & celle du ci-devant clergé, seront remboursées, suivant l'ordre qui sera indiqué, en *assignats*-monnoie sans intérêt ». L'amendement de M. Camus est joint à cette proposition.

On invoque le réglement contre la demande de l'appel nominal. — Un de MM. les secrétaires lit la disposition suivante : « Les voix seront prises par assis & levé, & s'il y a du doute, elles seront recueillies par appel nominal.

M. Crillon le jeune. Je déclare que mon opinion personnelle étant, qu'il doit y avoir en circulation 1200 millions d'*assignats*, par l'ambiguité du décret proposé par M. Camus, il m'est impossible de voter : on croiroit, ce qui n'est pas, que l'assemblée décrète plus de 1200 millions, & que ces *assignats* feront la roue. Il faut dire qu'il sera fait une émission de 800 millions d'*assignats*, qui, réunis aux 400 millions déjà décrétés, formeront la somme de 1200 millions; qu'il ne pourra être fait une autre émission que par un décret de l'assemblée nationale, & d'après les renseignemens qui seront donnés par les départemens.

M. Menou. Nous appuyons l'amendement de M. Crillon.

Un de MM. les secrétaires fait lecture de la motion principale avec l'amendement décrété.

« La dette non constituée de l'état & celle du ci-devant clergé, seront remboursées, suivant l'ordre qui sera décrété, en *assignats*-monnoie sans intérêt. Il n'y aura pas en circulation au-delà de 1200 millions d'*assignats*, y compris les 400 millions déjà décrétés. Les *assignats* qui rentreront dans la caisse de l'extraordinaire, seront brûlés, & il ne pourra en être fait une nouvelle fabrication sans un décret du corps législatif, & toujours sous la condition qu'ils ne puissent excéder la valeur des biens nationaux, ni se trouver au-dessus de 1200 millions en circulation ».

On applaudit. — On demande à aller aux voix.

L'appel nominal est de nouveau réclamé.

M. Folleville. M. le président, vous devez exécuter le réglement; il ordonne qu'on aille aux voix par assis & levé.

La motion principale est mise aux voix.

M. Folleville réclame le doute & demande l'appel nominal. — La droite l'appuie.

M. le président. Je ne crois pas qu'il y ait du doute ; cinq de MM. les secrétaires sont du même avis.

M. Folleville & la partie droite renouvellent la demande de l'appel nominal.

Après de longues agitations, M. le président propose de faire une seconde épreuve, ou de consulter l'assemblée pour savoir s'il y a du doute.

M. Folleville. Le réglement dit positivement que s'il y a du doute, on procédera à l'appel nominal.

M. Mirabeau demande la parole.

M. Faucigny. Si on ne procède pas à l'appel nominal, j'invite tous ceux qui sont de mon opinion à manifester demain leur vœu par écrit.

Une partie du côté droit se lève pour répondre à cette invitation.

M. Montlauzier. L'appel nominal éclairera les consciences.

La partie gauche demande l'appel nominal, & l'on y procède.

La motion principale amendée, est adoptée à une majorité de 508 voix contre 423. (On applaudit de toutes parts.)

Séance du 30 septembre 1790.

M. Rewbel. Il faut nous occuper de compléter la grande opération qui nous occupe depuis plus de six semaines. Il faut éclairer le peuple abusé par le mémoire du premier ministre. On lui a persuadé dans certains départemens qu'il auroit un *assignat* de deux cens livres pour six livres.

On demande l'ordre du jour.

M. de Liancourt. Vous avez décrété hier pour 1200 millions d'*assignats*. Le droit de tout bon citoyen est de donner à cette opération tout le crédit qu'elle mérite. Je demande en conséquence que le comité des finances soit chargé de rédiger une adresse pour démontrer aux départemens tous les avantages du plan que vous avez adopté.

M. Foucault. J'appuie de toutes mes forces la motion du préopinant. Il est du devoir de tout bon citoyen de concourir de toutes ses forces à l'exécution des décrets, lorsqu'une fois ils sont rendus.

(On applaudit dans toutes les parties de la salle.)

La motion de M. de Liancourt est adoptée à l'unanimité.

Séance du 8 octobre 1790.

M. de Montesquiou. L'assemblée nationale a décrété que la dette non constituée de l'état, y compris celle du ci-devant clergé, seroit remboursée en *assignats*, & elle a renvoyé à ses comités de finance & d'aliénation les détails de ce plan. Le premier objet qui nous a occupés, c'est l'intérêt attaché aux 400 millions déjà émis ; c'est une dépense d'un million, qui embarrasseroit la marche des autres ; c'est une bigarrure qui ne peut plus exister. Voici en conséquence le décret que votre comité vous propose.

L'assemblée nationale, après avoir entendu le rapport de son comité des finances, décrète que,

1°. L'intérêt des 400 millions d'*assignats*-monnoie, créés par les décrets des 16 & 17 avril dernier, cessera le 16 du présent mois, & n'accroîtra pas le capital à compter de cette époque.

2°. Les coupons d'intérêts attachés à chaque *assignat*, pourront en être séparés, & sur la remise qui en sera faite, les six mois d'intérêts échus au 18 octobre seront payés à bureau ouvert, à partir du 1er janvier 1791, dans des caisses qui seront désignées par l'assemblée nationale, tant à Paris que dans les départemens ; ils seront reçus pour comptant dans les caisses d'impositions & de perceptions, savoir, les trois coupons réunis des *assignats* de 1000 liv. pour 15 liv. ; ceux des *assignats* de 300 liv. pour 4 liv. 10 sols, & ceux des *assignats* de 200 liv. pour 3 liv.

3°. La valeur des billets de caisse d'escompte, & les promesses d'*assignats* qui ne sont pas garnis de coupons d'intérêt, sera fixée au 16 de ce mois, pour les billets de 1000 liv. à 15 liv. ; pour ceux de 300 liv. à 4 liv. 10 sols ; pour ceux de 200 liv. à 3 liv.

4°. Cette valeur fixée commencera auxdits billets jusqu'à leur échange fait contre des *assignats*, & à cette époque, les *assignats* donnés en échange, & séparés de leurs coupons d'intérêts, ne vaudront plus que 1000 liv., 300 liv. & 200 liv., nonobstant la mention de l'intérêt, faite dans le libellé de l'*assignat*. Les coupons de l'intérêt séparés desdits *assignats*, seront payés conformément à l'art. II.

M. Brillat-Savarin. Je crois avec votre comité que l'intérêt des *assignats* doit cesser, mais ce doit être de manière que personne n'en souffre. Je propose en conséquence d'en reculer l'époque, afin que les départemens en soient instruits.

M. Moreau. Je demande la question préalable sur le décret proposé. Il me semble contraire au respect que vous devez à vos propres décrets. L'intérêt fait partie des *assignats*, & il ne peut en être soustrait.

M. Malouet. Je ne suis pas de l'avis de la question préalable, car le décret me paroît fort juste ; mais il faut qu'il soit amendé. Il faut prendre garde à l'impression qu'il pourroit faire dans les départemens. Il est impossible qu'il donne de la méfiance à nos commettans. Ils ne sauront pas les motifs qui nous auront déterminés à révoquer nos décrets des 16 & 17 avril. Je propose donc d'abord d'expliquer ce motif dans le préambule du décret qui nous est présenté. Je propose en outre de fixer au 16 décembre, l'époque à laquelle les 400 millions d'*assignats* cesseront de porter intérêt, & de dire qu'alors paroîtront les nouveaux *assignats*, afin de donner à cette opération l'ensemble que l'intérêt des finances & celui du commerce exigent.

L'assemblée décide qu'il sera fait un préambule au décret. Le second amendement, proposé par M. Malouet, est écarté par la question préalable.

Le décret proposé par M. de Montesquiou est adopté.

M. de Montesquiou. Le papier le plus solide & le plus transparent, est le meilleur à employer pour les *assignats*; celui dont on s'est servi jusqu'alors n'a aucun de ces avantages. Le ministre des finances avoit cru trouver le mieux, & il s'étoit trompé. Sans avoir égard à toutes les propositions spécieuses, je crois qu'il faut donner la préférence à un papier trouvé sous vos yeux, & qu'on n'a encore jamais essayé d'imiter; c'est celui employé pour les billets portant promesse d'*assignats*. Si l'assemblée ne donne point des ordres contraires, nous en conclurons le marché avec M. Réveillon, si connu par ses malheurs & son patriotisme. Voici le décret que votre comité vous propose.

L'assemblée nationale décrète, 1°. que les nouveaux *assignats*, créés par le décret du 29 septembre, seront de 2000 livres, 500 livres, 200 livres, 100 livres, 80 livres, 70 livres, 60 livres, 50 livres, & non au-dessous.

2°. Cette division sera faite de la manière suivante:

200,000 de 2000 livres, 440,000 de 500 livres, 400,000 de 200 livres, 400,000 de 100 livres, 400,000 de 80 livres, 400,000 de 70 liv., 400,000 de 60 livres, 400,000 de 50 livres, formant en tout trois millions quarante mille billets, & une valeur de 800 millions de livres.

3°. Les *assignats* de 2000 livres seront sur papier blanc, en caractères rouges, de la même forme que ceux qui sont en circulation, mais sans coupons & sans intérêts.

4°. Les *assignats* de 500 livres seront également sur papier blanc, en caractères noirs, de la même forme que ceux de 2000 liv.

5°. Les *assignats* depuis 100 liv. jusqu'à 50 liv., seront également sur papier blanc, en caractères noirs; ils seront de plus petite forme, ne porteront point l'effigie du roi, & présenteront seulement l'empreinte nationale, avec ces mots: *la loi le roi.*

6°. Ces *assignats* seront en outre frappés d'un timbre sec aux armes de France.

7°. Chaque série sera composée de quarante mille numéros, de manière que les *assignats* de 2000 livres feront cinq séries. Ceux de 500 liv. onze séries, & les autres dix séries.

8°. Les formes & matrices qui auront été employées pour la fabrication du nouveau papier desdits *assignats*, & tous les ustensiles qui auront servi à l'impression, à la gravure, seront, immédiatement après l'exécution respective de ces différentes parties de la fabrication, déposés aux archives de l'assemblée nationale, & ne pourront en être déplacés qu'en vertu d'un décret spécial.

M. de Mirabeau l'aîné. Il ne suffit pas d'avoir arrêté la création de 800 millions d'*assignats* monnoie, pour subvenir au paiement de la dette exigible: nous devons encore veiller à ce que cette fabrication soit exécutée de manière que la contrefaçon en devienne impossible, ou tellement difficile, qu'elle rebute tout contrefacteur. Nous devons aussi faire ensorte que cette monnoie soit commode & solide. Nous devons enfin nous efforcer que sa fabrication s'exécute avec le plus d'économie possible. Ces deux premiers objets tenant au mode d'*assignat*, se confondent. J'en parlerai conjointement.

Il faut considérer, dans les *assignats*-monnoie, le papier & l'impression. — On ne sauroit donner trop d'attention au choix du papier qui doit servir à leur fabrication. Tout artiste éclairé & de bonne-foi, vous dira qu'un dessin de gravure quelconque s'imite, ou très-parfaitement, ou tout au moins de manière à tromper une attention superficielle, & les personnes qui n'ont pas assez de connoissance de l'art pour saisir les incorrections de la copie. Il n'en est pas de même du papier: cette matière est très-difficile à imiter, & l'on distingue les papiers de toutes les manufactures. C'est donc à la fabrication du papier des *assignats*-monnoie qu'il faut singuliérement s'attacher, pour lui donner le degré de perfection dont il est susceptible, soit dans sa matière, soit dans sa vergure. Le papier vélin, que l'on a adopté pour le *assignats* existant, n'est point du tout propre à cette opération; il semble plus solide que l'autre, mais il s'use très-facilement. Les *assignats*-monnoie ne paroissent que depuis deux mois, & déjà l'on se plaint de ce genre de papier, tandis que d'anciens billets de caisse existent encore intacts.

En vain diroit-on que le papier fin est trop susceptible d'être entraîné, ou par le feu ou par le courant de l'air: je réponds qu'il n'y a pas de nécessité à se mettre auprès d'une cheminée pour recevoir, donner ou compter des *assignats*. On doit au propriétaire de l'*assignat* de le sauver autant que possible de l'astuce du contrefacteur, mais non de sa propre négligence. L'expérience a prouvé que le papier de soie, très-fin & très-transparent, manipulé, en un mot, avec tout le soin qu'indique l'art, est aussi fort & moins susceptible de se trouver & de se déchirer que la plupart des autres papiers : par cela seul il seroit le plus convenable pour les *assignats*. Il faut en outre que la vergure en soit parfaitement dessinée, & qu'elle présente de grandes difficultés à l'imitation. L'intelligence de certains papetiers est plus que suffisante pour vous rassurer à cet égard, & je partage l'opinion du comité sur M. Réveillon.

On a cru que l'on empêcheroit la contrefaçon en colorant le papier : c'est une de ces erreurs nombreuses dans lesquelles font tomber les premiers apperçus des demi-connoisseurs. Le papier le plus blanc, ou tout au moins le plus transparent, est celui dont on appercevra le plutôt la contrefaçon. Croyez que je ne vous donne ici que le résultat des observations les moins contestées des gens de l'art.

La gravure de vos *assignats* peut annoncer le talent de l'artiste; mais elle vous garantira mal l'impossibilité de l'imiter. Je vais plus loin : plus vous surchargerez vos *assignats* de décorations & de bariolages, moins il sera facile de s'appercevoir de la fraude. Il faut qu'elle puisse frapper l'œil le moins expert; il faut qu'à la première inspection du papier & de l'impression, la contrefaçon saisisse les yeux les moins exercés. Or, comment m'appercevrai-je que sur deux mille traits il en manque un? Que votre *assignat* soit donc très-simple; mais exécutez-le dans le dernier degré de perfection, afin que sa beauté soit en quelque sorte de niveau avec les connoissances de tout le monde, puisque c'est à tout monde que l'*assignat* est destiné; & cependant que la correction des planches rebute l'ouvrier peu intelligent : ce n'est jamais l'homme d'un grand talent qui essaie d'être un fripon heureux. Voilà pour la fabrication des *assignats*; voici pour l'économie qui doit y présider.

C'est une chose bien étrange, mais bien remarquable, qu'à mesure que vous expulsez un vice de l'ancien régime, on le voie se représenter par quelqu'issue nouvelle. Nous n'avons cessé de nous plaindre du gaspillage des finances, & on les gaspille encore; j'en pourrois donner mille preuves, mais je ne parlerai que de vos derniers *assignats*. Je commencerai, sur cet objet, par le détail le moins important, & cependant vous serez fort étonnés, sans doute, qu'un ouvrier qui n'a peut-être jamais gagné un louis par jour, gagne aujourd'hui 285 livres, oui, 285 livres par jour, & qu'il soit au moment de gagner 570 livres dans sa journée, & dans une année à-peu-près un million. Le calcul le plus simple va vous en donner la preuve. On donne à M. Haz, imprimeur en taille-douce, 6 livres par cent de feuilles d'*assignats*. M. Haz fait exécuter l'ouvrage par des ouvriers auxquels ils donne 3 livres du cent. M. Haz emploie 30 ouvriers; chaque ouvrier rend de 200 à 300 *assignats* par jour. Conséquemment les 30 ouvriers font au moins 8250 *assignats* dans un jour, (ils doivent même en fournir 10,000, puisqu'on en met 10,000 par jour dans le commerce) : les 8250 *assignats*, à 3 liv. de profit pour M. Haz, lui valent 285 liv.; ainsi M. Haz gagne par jour 285 livres.

Si M. Haz est chargé de l'impression des nouveaux *assignats*, il sera forcé de doubler ses ouvriers, ce qui doublera son profit; ainsi il gagnera 570 liv. par jour. Or, voici la fortune que fera M. Haz : sur les 1200 millions d'*assignats*, combinés de manière qu'il y en ait 600 millions en billets de 10, 20, 50 & 100 livres, divisés également, & 600 millions de 200, 300 & 1000 liv., divisés aussi également, ils exigeront 18 millions 866 mille 667 billets, qui, à raison de 6 liv. le cent, coûteront 1 million 132 mille livres, & procureront à M. Haz, tous ouvriers payés, une somme de 566 mille liv. Le gain de M. Haz n'est pas le plus considérable, puisqu'on ne pourroit économiser, sur cette partie, que 566,000 liv. Les frais vraiment énormes sont ceux de gravure, qui se portent, pour chaque *assignat*, à 6 sols au moins. On donne à M. Saint-Aubin 50 louis pour une planche d'*assignat*. Elle en contient deux. On ne peut tirer au plus que deux mille exemplaires de chaque planche, donc quatre mille *assignats*. Or, quatre mille *assignats* à 6 sols font bien les 1200 liv. qu'on donne à M. Saint-Aubin. Et c'est ici le cas de demander encore une fois, à quoi sert le luxe de ces billets? J'en atteste tous les artistes; rien n'est si facile à imiter que vos *assignats* existant. Ces *assignats* sont d'autant plus faciles à contrefaire, & il sera d'autant plus difficile de prouver la contrefaçon, que ne pouvant tirer d'une planche que 2000 *assignats* semblables, il y aura autant d'*assignats* dissemblables que de renouvellement de planches; car il est impossible que deux planches gravées soient rigoureusement, parfaitement semblables. Ce luxe de nos *assignats* ne profite donc qu'à M. Saint-Aubin, dont il fait la fortune, mais aussi dont il engourdit & enfouit les talens; ce qui est très-préjudiciable aux arts.

M. de Montesquiou. Je suis forcé d'observer que cela n'est pas vrai; il ne coûtera pas cent mille francs pour la fabrication des douze cens mille *assignats*.

M. de Mirabeau l'aîné. J'ai puisé ces détails dans les atteliers des MM. Haz & Saint-Aubin. Je suis autorisé à vous proposer un autre mode d'*assignats*, dont voici les avantages :

1°. On assure que vos *assignats* vous coûtent 10 sols pièce. Ceux que j'indique ne coûteront que 3 sols, c'est-à-dire, moitié moins des seuls frais de gravure ; ainsi il y aura au moins 7 sols d'économie. Sur la valeur de 18 millions, il vous en coûtera 6,603,334 liv. de moins ; car 18,866,667 billets à dix sols, coûteroient 9,433,333 livres, tandis qu'à 3 sols, ils ne coûteroient que 2,829,999 livres ; donc il y auroit un bénéfice clair de 6,603,334 livres, qui serviront plus utilement à la liquidation de la dette de l'état, qu'à l'embellissement des *assignats*.

2°. Vos *assignats* seront sur un papier dont il sera plus facile de reconnoître la falsification, & l'impression n'en sera pas moins soignée ; mais il y entrera moins de cet art qui ne peut séduire que les esprits superficiels, & elle aura ce degré de perfection qu'il sera facile à tout le monde de saisir, & qui est le plus difficile à imiter.

3°. Tous les dessins & caractères seront rigoureusement de la plus parfaite égalité & ressemblance, eussiez-vous cent milliards de billets ; perfection à laquelle ne peuvent atteindre vos *assignats* actuels, qui varient de précision, non-seulement à chaque planche, mais deux fois sur la même planche.

4°. La nouvelle méthode d'impression des *assignats* rendra l'émission à volonté, vingt, trente, & cent fois plus active, c'est-à-dire, qu'au lieu de 8 à 9000 *assignats* que l'on fabrique en un jour, on en fabriquera 200 mille s'il le faut ; & comme les petits *assignats* deviennent très-importans en ce moment, afin d'écraser la vente d'argent, on peut fabriquer en un mois ce qu'il faut pour Paris, & en six semaines ce qu'il en faut pour la France.

Votre fabrication d'*assignats*-monnoie, puisqu'ils sont monnoie, devroit sans doute être classée sous la direction du régime des monnoies ; mais j'en conçois la difficulté. Le plus encombré des régimes n'est pas encore déblayé ; c'est une tâche dont j'essaierai de partager le fardeau. J'espère avant peu mettre à la portée des bons esprits, & soustraire au charlatanisme des gens du métier, cette science qu'on a tant cherché à obscurcir. J'espère montrer combien elle est intéressante, peu connue, ou même absolument ignorée, & de ceux qui régissent cette administration, & de ce tribunal que vous avez supprimé avec beaucoup de sagesse : mais en attendant, je présenterai quelques observations sur les mesures provisoires à faire marcher de front avec l'émission des *assignats*.

Nous ne devons pas oublier que le bien que nous en attendons exige une émission d'une autre nature, celle de la petite monnoie, dont la disette se fait sentir plus que jamais. Nous avons besoin de pièces de 24, 12 & 6 sols ; mais d'un côté, continuerons-nous à les fabriquer d'un argent aussi pur ; & de l'autre, ne seroit-il pas plus avantageux de les avoir de 20, 10 & 5 sols ? Quant au titre, sans doute il faut qu'une pièce ait la quantité d'argent que la valeur indique ; mais à cette quantité d'argent, on peut joindre quelque alliage ; & voici le double avantage qui en résultera. 1°. Le cuivre ajouté à l'argent rendra le métal plus dur, & conséquemment plus difficile à être effacé par la circulation très-vive de la petite monnoie. 2°. S'il entre dans la petite monnoie autant de cuivre que d'argent, la matière qui se perdra par le frai des espèces, sera d'une moindre valeur que si elle étoit à un titre plus fin. C'est une des causes de la disperdition du métal, à laquelle on ne fait pas assez d'attention.

Nous sommes obligés de faire venir l'argent de l'étranger ; il est de notre intérêt de veiller à ce qu'une perte indiscrète ne nous force pas à en faire un achat plus considérable, & ne diminue pas la matière qui reste pour les atteliers d'industrie. Je dis ensuite qu'il est plus commode pour le commerce, (& tout le monde en convient), que notre monnoie présente le nombre denaire ; ainsi des pièces d'or de 50, de 20, de 10 livres, de la petite monnoie de 20, 10, 5 & 2 sols sont les monnoies qu'il faut adopter.

Or, comme il est important que la petite monnoie concoure avec les *assignats*, je conclus, 1°. à ce que l'on fabrique sans délai une quantité considérable de monnoie de cuivre, & que l'on supprime ensuite toute la monnoie de billon, que l'on remplacera, sans perte pour le public, par la nouvelle monnoie de cuivre, avec la précaution de déclarer, pour réprimer les faux monnoyeurs, soit étrangers, soit régnicoles, qu'attendu l'ancienneté de la dernière fabrication du billon, toute pièce nouvelle, par cela seul évidemment fausse, sera soustraite & non échangée.

2°. A ce qu'on fabrique de la petite monnoie de vingt, dix, cinq & deux sols, au titre de six deniers, avec un remède de deux grains au plus ; que pour cette fabrication on emploie toutes les pièces d'argent dont l'empreinte est effacée ; & lorsque la totalité de cette fabrication sera finie, que l'ancienne petite monnoie remplacée, sans perte pour le public, soit décriée par une proclamation.

3°. Que huit bureaux soient ouverts à Paris pour l'échange des *assignats* ; on n'y échangera en espèces que les billets de la dernière somme décrétée pour les plus petits *assignats* ; que les changeurs donnent caution pour les sommes qui leur seront confiées. Avec cet arrangement si simple, vous verrez que dans moins de trois mois, ces bureaux deviendront inutiles, car l'argent reprendra sa circulation. Il résultera, je l'espère, de mon plan, & j'en fais mon compliment de condoléance à ceux qui poursuivent avec tant d'acharnement les *assignats* ; il en résultera, dis-je, que l'échange en sera très-facile, & j'annonce une bonne nouvelle à tous les bons citoyens.

M. de Montesquiou. Le comité est persuadé que

la fabrication est mauvaise, mais il n'en est pas de même pour la gravure ; la perfection du travail est une difficulté de plus à vaincre. Je répète ici que les 1200 mille *assignats* qui ont été fabriqués & gravés à la fin du mois, n'occasionnent pas une dépense de 400 mille liv. D'après cela, il paroît difficile d'y rapporter les calculs qui ont été faits.

M. Poignot. Comme membre du comité des monnoies, j'annonce que nous espérons tirer un grand parti du métal des cloches, & nous sommes à la veille de faire un rapport à ce sujet. Nous invitons M. de Mirabeau à se rendre au comité, avec d'autant plus de raison, que la plupart des vues qu'il vient de présenter, nous ont déjà été indiquées. Le comité est persuadé qu'on trouvera facilement le moyen de mettre les *assignats* au pair.

M. Pétion. Il me semble que la division d'*assignats* que l'on vous propose, ne descend pas assez jusqu'aux besoins ordinaires. On dit qu'ils feroient disparoître le numéraire : ce qui rend le numéraire rare, c'est qu'ils sont à une somme trop forte, & que le mauvais débiteur s'en prévaut. Voilà un *assignat*, dit-il à son créancier ; rendez-moi. On remédieroit à cet abus, en créant des *assignats* de 25 livres.

M. Rœderer. Au lieu d'adopter la division proposée par le comité, je voudrois qu'on y substituât l'opinion de M. Poignot, présentée dans une des dernières séances ; elle consiste à émettre des *assignats* de 200, 150, 125, 100 liv. & non au-dessous.

M. Regnaud, député de Saint-Jean d'Angély. J'appuie la proposition de M. Roederer, avec cet amendement, que l'on suivra les fractions par dixaine, depuis 100 liv. jusqu'à 200 liv.

M. Poignot. J'ai moi-même amendé mon projet; j'ai considéré qu'il y avoit à l'hôtel-de-ville beaucoup de petits intérêts à payer, que pour cela il faudroit, ou acheter des piastres fort cher, ou acheter de l'argent sur la place, ce qui le renchériroit encore. En conséquence, j'adopte l'avis de votre comité.

La discussion est fermée. — Les articles I, II, III, IV, V, VI & VII sont adoptés sans discussion.

M. Folleville propose par amendement à l'article VIII, qu'il soit ajouté après ces mots, « déposés aux archives », ceux-ci, « dans un coffre fermant à trois clefs ».

Une discussion s'élève sur la question de savoir entre les mains de qui ces clefs seront déposées. — Cette partie est ajournée, & l'amendement de M. Folleville adopté, ainsi que l'article VIII.

Séance du 10 octobre 1790.

Un des secrétaires fait lecture d'une lettre de la municipalité de Lyon ; elle est ainsi conçue :

L'assemblée nationale vient de fixer l'opinion de la France entière sur la question importante de la nouvelle émission d'*assignats*-monnoie, dont la proposition avoit excité l'attention & les observations des différentes places du commerce du royaume. Les négocians & manufacturiers de cette ville croyant appercevoir des inconvéniens dans l'exécution du plan proposé, qui eût porté à deux milliards trois cens millions les *assignats* en circulation, avoient exprimé leurs inquiétudes dans la pétition qu'ils avoient rédigée & qu'ils nous avoient chargés de mettre sous vos yeux : la chambre du commerce avoit cru devoir ajouter à cette première expression du vœu de nos négocians, des réflexions plus étendues, & vous les soumettre, convaincue que l'assemblée nationale daigneroit accueillir avec la même bonté & le même intérêt toutes les observations qui pouvoient mettre en évidence, soit les avantages, soit les inconvéniens du vaste projet sur lequel elle avoit à délibérer. C'est en effet, Messieurs, après la discussion la plus approfondie, après avoir combiné dans le sein de votre sagesse tous les rapports particuliers avec l'intérêt général de l'état, que vous avez décrété une nouvelle émission d'*assignats*-monnoie, qui en porte la totalité à 1200 millions; vous avez par cette mesure, concilié les divers intérêts, autant que pouvoit le permettre la nécessité d'assurer la plus prompte aliénation des biens nationaux ; opération importante dont dépend le salut & la prospérité de l'état. Pleins de confiance dans la profondeur de vos vues, nous nous empressons de vous en offrir un nouvel hommage dans cette circonstance ; quelle que fût notre opinion, comme représentans des citoyens de cette ville de commerce, fidèles à notre serment, nous ne perdrons pas de vue que nous ne nous sommes placés à leur tête que pour leur donner l'exemple du respect & de la soumission dus à vos décrets, & nous concourrons par tous les moyens qui seront en notre pouvoir, à assurer le succès de la nouvelle mesure que vous avez cru devoir adopter pour opérer la libération de l'état, & affermir à jamais une des bases les plus essentielles au maintien de la constitution. Daignez, Messieurs, agréer avec bonté cette assurance de nos sentimens & de notre entier dévouement à l'exécution des loix qui émanent de la sagesse & du génie tutélaire des augustes représentans de la nation. *Les maire & officiers municipaux de la ville de Lyon.*

L'assemblée applaudit & décrète l'impression de cette adresse.

Séance du jeudi 4 novembre 1790.

M. Périsse. Vous avez été frappés du danger de la contrefaçon des *assignats*. Pour aller au-devant de de cette falsification, vous avez chargé plusieurs de vos membres de se réunir avec les deux commissaires du roi, pour surveiller la fabrication des *assignats*. Dans une fabrication très-commune on peut placer des indices secrets qui suffiroient aux vérificateurs du trésor public; mais pour rassurer les citoyens, la perfection inimitable doit être telle, que le coup-d'œil de l'habitude soit infaillible pour les *assignats*, comme pour les espèces. Telles sont les bases de nos opérations. Nous ne craignons pas d'affirmer que nous sommes arrivés au but. Mais pour faire reculer d'effroi les scélérats qui voudroient contrefaire les *assignats*, nous vous proposons de déclarer tout falsificateur coupable de crime de lèse-nation au premier chef, & que, comme tel il sera puni....

Nous avons préféré M. Gateau, célèbre artiste, pour la gravure; la manufacture de madame Lagarde, associée de M. Réveillon, pour le papier; & pour l'impression, M. Didot, qui a honoré son art par une perfection jusqu'alors inconnue. La dépense totale de trois millions quarante mille *assignats* sera de deux cents mille livres.

Je vais lire un projet de décret que vos commissaires m'ont chargé de vous présenter. Pour vous engager à délibérer sur le champ, je dois vous observer que chaque jour de délai coûte 80,000 liv. d'intérêts à l'état.

« L'assemblée nationale, après avoir ouï le rapport de ses commissaires chargés de surveiller la fabrication des *assignats*, dont l'émission a été décrétée par le décret du 29 septembre dernier, décrète ce qui suit :

Art. Ier. Les commissaires de l'assemblée nationale, conjointement avec les commissaires du roi, sont autorisés à arrêter toutes les conventions nécessaires pour ladite fabrication, lesquelles conventions seront signées des commissaires du roi, & visées par le ministre des finances; une copie de ces conventions sera déposée dans les bureaux de ce ministre, & une autre dans les archives de l'assemblée nationale.

II. Les administrateurs de la régie générale, les fermiers-généraux, leurs commis & préposés, ne percevront aucuns droits sur les papiers destinés à la fabrication des *assignats*, & ne pourront ouvrir ni visiter les ballots, qui, à cet effet, seront scellés par les commissaires du roi, & accompagnés d'un passe-avant contenant le détail de ce qu'ils contiendront.

III. Les ballots seront conduits directement aux archives de l'assemblée nationale; il sera donné un reçu par le commis préposé à cet effet, lequel copiera sur un registre la déclaration du nombre des *assignats*, en conformité du passe-avant qui lui sera représenté.

IV. Les *assignats* qui seront délivrés par l'imprimeur, seront mis dans des ballots, comptés, vérifiés & scellés par les commissaires de l'assemblée nationale & du roi; accompagnés par un commissaire, ils seront transportés aux archives de l'assemblée nationale, où il sera dressé de ce dépôt un procès-verbal, dont une copie sera délivrée à l'imprimeur, pour sa décharge.

V. Les ballots resteront aux archives sous leurs sceaux, jusqu'à la remise des *assignats* à la caisse de l'extraordinaire.

VI. Nonobstant le décret du.... qui restera amendé sur ce point, l'effigie du roi sera placée sur les *assignats* de cent livres & au-dessous, au lieu & place du timbre aux armes de France.

VII. L'assemblée nationale déclare que la contrefaçon & falsification des *assignats* sera considérée comme crime de lèse-nation au premier chef.

L'article premier est mis à la discussion.

M. Camus. Pourquoi ne parle-t-on pas de l'imprimerie royale qui est devenue l'imprimerie nationale? Pourquoi ne nous dit-on pas que M. Anisson a proposé de les imprimer pour 25000 livres? J'ai sa soumission entre mes mains.

M. Périsse. Vos commissaires ont pris sur-tout en considération la perfection de l'impression; celle des éditions de M. Didot est connue de toute l'Europe. M. Anison peut faire aussi bien, mais il n'en a pas encore donné la preuve. Au reste, le projet de décret n'entre pas dans ces détails : vos commissaires, qui ont mérité votre confiance, ne vous proposent pas de décréter qu'ils traiteront avec tel ou tel artiste, mais de les autoriser à traiter.

On demande à aller aux voix.

M. Regnaud, député de Saint-Jean d'Angely. M. Mirabeau a articulé, à une des précédentes séances, un fait qu'il est nécessaire de vérifier. Il a dit que l'imprimerie royale avoit des caractères dans lesquels se trouvoient des points secrets connus des principales maisons de commerce, & tellement inimitables, que quand un poinçon est cassé on ne peut en réparer la perte.

M. Alexandre Lameth. M. Anisson offre d'imprimer les *assignats* au même prix. L'imprimerie royale inspirera plus de confiance que toute autre. Les caractères dont elle se servira sont éprouvés. Je ne sais pourquoi on chargeroit de cette importante fabrication, un particulier qui ne présente pas la même responsabilité. J'ajouterai que l'imprimerie royale est devenue imprimerie nationale, puisque vous en avez ordonné l'inventaire, comme étant à la nation.

M. Leclerc. C'est l'imperfection des caractères de l'imprimerie royale qui a empêché de les imiter;

mais il ne s'agit pas ici d'anciens caractères, puisqu'on doit faire de nouveaux caractères, de nouveaux poinçons, qui, après la fabrication des *assignats*, seront déposés dans vos archives. Ainsi les caractères que possède actuellement l'imprimerie royale seroient inutiles.

M. André. Je ne sais pourquoi il s'agit de soumission d'imprimeur; la nation a une imprimerie, puisque l'imprimerie royale lui appartient. Il faut dire que les commissaires seront autorisés à donner à l'imprimerie royale les ordres nécessaires pour l'impression des *assignats* dans la forme convenable.

M. Rœderer. D'après l'exposé même du comité & l'observation de M. Leclerc, je demande où est le titre de préférence de M. Didot, & je pense que l'imprimerie dépositaire de la confiance nationale doit être préférée.

M. l'abbé.... Il est bon d'observer que M. Anisson avoit d'abord demandé 100 mille livres, & qu'il ne descend à 25 mille livres, que parce que la soumission de M. Didot est de 22,500 liv.

On demande à aller aux voix.

La question préalable est demandée sur la proposition faite de charger l'imprimerie royale de l'impression des *assignats*.

L'assemblée décide qu'il n'y a pas lieu à délibérer.

L'article premier est adopté.

Les articles II, III, IV, V & VI, sont décrétés sans discussion. On fait lecture de l'article VII.

M. Brostaret. Je propose de substituer à cet article cette rédaction : « Les auteurs, fauteurs, complices & distributeurs des *assignats*, seront punis comme faux monnoyeurs ».

M. Duport. Il est impossible de décréter à cette heure, & sans discussion, une peine de cette gravité. Je crois d'ailleurs qu'il seroit nécessaire de renvoyer au comité cet objet.

M. Pétion. On confond les complices avec les coupables: c'est une grande question qui ne sauroit être décidée légerement. Je demande, comme le préopinant, le renvoi au comité & l'ajournement.

M. Regnier. Il faudroit statuer directement la peine de mort; elle doit être prononcée par la loi. Le crime de falsificateur d'*assignats* est plus dangereux que celui du faux-monnoyeur. Ceux-ci n'empêchent pas la circulation des monnoies d'or & d'argent; la falsification des *assignats* détruiroit entiérement la confiance qu'ils obtiennent. Quant à la question de la complicité, la qualité du crime ne permet pas de distinguer le complice du coupable.

L'ajournement est rejetté.

L'article VII est décrété en ces termes:

VII. Les falsificateurs d'*assignats* & leurs complices, seront punis de mort.

Tels sont les débats les plus importans qui ont eu lieu dans l'assemblée, sur la question des *assignats*-monnoie. La première fabrication de ce papier, décrétée en décembre 1789, pour la somme de 400 millions, n'avoit point excité de débats, parce qu'on ne regardoit ces premiers *assignats* que comme une ressource de finance momentanée; tandis qu'au contraire, dans les séances qu'on vient de voir, il y a été question de les employer au remboursement de la dette publique, à suppléer le numéraire, & à hâter la vente des domaines nationaux, ce qui, comme on voit, présente des faces d'une bien plus grande importance. Voyez Caisse d'Escompte, Dette publique, Biens ecclésiastiques, Domaines nationaux.

ATTELIERS DE CHARITÉ. *Voyez* Mendicité & Secours Publics.

ATTROUPEMENT. Nous ne rapporterons sous ce mot, que ce qui a été dit par M. Dupont sur les *attroupemens* qui avoient & ont encore lieu principalement au Tuileries. On trouvera au mot Troubles, de plus grands débats sur les mouvemens séditieux, & les désordres populaires.

Séance du 7 mai 1790.

M. Dupont, député de Nemours. J'ai à vous exposer des faits auxquels votre amour pour la constitution & votre zèle pour achever promptement & utilement vos travaux, vous obligent de donner une attention sérieuse; je les aurois déférés à votre justice & à votre prudence, dès l'instant même ou quelques-uns d'entre eux vous ont frappés, si je n'avois gardé comme un devoir d'examiner leurs rapports, & de pouvoir vous parler avec plus de certitude des manœuvres qui les ont accompagnés..... Vous ne pouvez pas vous dissimuler que les ennemis de la constitution décrétée par vous & acceptée par le roi, soit ceux qui regrettent l'ancien ordre des choses, soit ceux à qui l'anarchie procure une autorité coupable, soit les agens des puissances étrangères qui, dans l'état politique de l'Europe, peuvent desirer de distraire votre attention & de diminuer vos forces par des troubles intérieurs, cherchent à les propager en France avec une cruelle activité, dans le désespoir qui les a saisis, lorsqu'ils ont vu la valeur héroïque des gardes nationales rétablir l'ordre dans Nanci, garantir à jamais la discipline dans l'armée, en imposer aux ennemis du dehors, assurer la gloire & la liberté de la nation : ils n'ont plus envisagé qu'un moyen pour empêcher la paix de renaître généralement, & ce moyen a été de fomenter des séditions dans Paris même; il leur en falloit pour soutenir le courage abattu de leurs émissaires, pour montrer qu'ils ne sont pas arrêtés avec leurs alliés de Lorraine, pour prolonger leur désastreux empire par les auxiliaires qu'ils savent faire courir d'un bout du royaume à l'autre, dont ils avoient un détachement à Nanci, dont ils en ont un autre dans la capitale, & qu'ils ont l'audace de présenter comme le peuple François, tandis qu'il n'y a parmi eux que très-peu de François, & que ce n'est qu'un ramas d'hommes sans patrie, la plupart repris de justice; c'est avec eux, qu'en présence du véritable peuple François, justement indigné, ils n'ont pas craint de troubler vos délibérations, jeudi dernier, par de nouvelles motions d'assassinats proférées à grands cris à prix d'argent, sous vos fenêtres, & avec menaces de la guerre contre vous-mêmes. On avoit choisi le moment où le transport d'un modèle de la Bastille, depuis la porte Saint-Bernard jusqu'ici, amenant un très-grand concours de peuple aux Tuileries, feroit confondre les bons citoyens qu'un tel spectacle intéresse justement, & qui sont en très-grand nombre, avec la poignée d'incendiaires qu'on avoit à répandre dans cette multitude, & que l'on espéroit qui pourroient, à force de harangues, & avec les secours des libelles, séduire le zèle de quelques hommes estimables: on a en effet dispersé dans les groupes, environ quarante fanatiques réels ou volontaires, à puissans poumons, & quatre ou cinq cens hommes payés. On leur a donné ce mot de guet, *êtes-vous sûr*, & la réponse, *un homme sûr*; on a doublé la dépense, afin d'entraîner, par l'attrait de l'argent, quelques-uns de ceux que l'on n'auroit pas pu déterminer par le magnétisme des motions & des cris. Plusieurs dépositions faites entre les mains des officiers de la garde nationale & à la mairie, attestent que d'honnêtes gens, mêlés parmi la foule, ont reçu la proposition de 12 livres, pour joindre leurs cris à ceux que vous entendiez retentir, & qu'il en est à qui on a laissé les douze francs dans la main. On a publiquement annoncé que cela devoit durer encore, qu'il y auroit un mouvement chaque jour; & chaque jour en effet, de nouvelles motions d'assassinats ont été faites. On a publiquement annoncé que, jusqu'au 10, cela ne seroit pas sérieux; mais que la grande explosion étoit fixée au 10 de ce mois, jour que vous avez indiqué pour une délibération d'une haute importance.... Ces annonces, qui paroissent imprudentes, sont une des plus grandes ruses de la science de cette honteuse guerre. C'est d'après ces annonces, que l'on fait courir au loin, qu'un tel jour il y aura un grand désordre, des assassinats, un pillage important, précédé d'une distribution manuelle pour les chefs subalternes, pour les gens sûrs: c'est d'après ces annonces que les brigands se rassemblent de trente & quarante lieues à la ronde, & qu'un très-petit nombre d'hommes parvient à se procurer un jours d'affaire, une armée nombreuse & redoutable de malfaiteurs, qu'ils n'ont pas été obligés de s'épuiser à solder habituellement, & qui arrivent à point nommé, sans autre paie que l'espoir de faire quelques bons coups. Les habiles gens qui ourdissent ces trames, ont, pour vous combattre & pour s'opposer à vos travaux, profité de vos lumières..... Ils ont disposé leur force active comme vous avez décrété que devoit être celle de la nation elle-même; ils ont une armée au drapeau peu nombreuse & peu coûteuse, & une armée auxiliaire dispersée dans tout le royaume, qui ne coûte point d'argent, & qui se réunit facilement au besoin: le coup de tambour, les trompettes qui la rappellent, sont d'une part les libelles, & de l'autre cette annonce publique, *la sédition pour un tel jour.*

Il ne vous sera pas difficile de vous souvenir, Messieurs, qu'il n'y en a eu aucune qui n'ait ainsi été prédite plusieurs jours d'avance; & sans la prédiction, l'événement n'arrivoit pas.... Vous ne pouvez pas, Messieurs, être instruits de ces faits & n'y opposer aucune mesure: je sais qu'on dira que vous devez dédaigner de vous occuper de ces viles manœuvres, & que des clameurs séditieuses ne sont dignes que de votre mépris. Messieurs, ces conseils sont ceux de la foiblesse, qui tâche de se déguiser en courage: quand on affecte de mépriser les menaces & les séditions, c'est qu'on a peur: il ne suffit point que vous soyiez au-dessus de la crainte de voir en aucuns cas influencer vos opinions par aucun tumulte, il faut que la calomnie elle-même ne puisse, ni en France, ni en aucun lieu du monde, en répandre le soupçon, vous le devez, comme je vous l'ai dit, pour que votre travail, qui touche à son terme, s'achève plus promptement & plus paisiblement: vous le devez encore, pour que ce noble travail inspire tout le respect qu'il mérite: vous le devez par reconnoissance pour les Parisiens, afin que la garde nationale recueille enfin le prix de son courage inébranlable & de ses honorables fatigues, & pour que la paix & la tranquillité rappellent dans la capitale les dépenses, le commerce, les arts, les occupations utiles qui font vivre le peuple.... Je fais donc la motion expresse que vous ne feigniez pas d'ignorer ce qui se passe sous vos yeux, & vous veuilliez bien adopter le projet de décret suivant:

L'assemblée nationale a décrété & décrète:

1°. Qu'il sera ordonné aux tribunaux d'informer contre les quidams qui ont fait, le jeudi 2 septembre, des motions d'assassinats sous les fenêtres de l'assemblée nationale, contre ceux qui ont excité à faire ces motions, & contre ceux qui ont distribué de l'argent à cette fin.

2°. Qu'il sera ordonné aux officiers municipaux de Paris, de veiller soigneusement au maintien de l'ordre & à l'exécution des décrets rendus par l'assemblée nationale pour la tranquillité publique.

3°. Que le présent décret sera porté à la sanction royale dans le jour.

M. Biauzat. Je demande que M. Dupont porte son projet de décret au comité de constitution.

M. d'André. Je ne vois pas quelle objection on peut faire au décret proposé. Il est inutile de dire que les ennemis de la révolution cherchent à allumer la guerre dans le royaume, on le sait; il est inutile de dire que dans le moment actuel, ce qu'il peut y avoir de plus dangereux, ce sont les émeutes, on le fait. On essaie de persuader encore que l'assemblée n'est pas libre, afin d'anéantir la confiance en ses opérations: pour cela on vous fait entourer d'une multitude tumultueuse, afin d'insinuer qu'elle influe sur vos délibérations : il est donc intéressant que vos preniez des précautions. La ville de Paris ne voudroit pas qu'on lui imputât les actes des mauvais citoyens. Si le désordre continuoit, les gens riches s'éloigneroient, & l'assemblée nationale ne pourroit continuer ses séances dans un lieu perpétuellement agité par des émeutes; il est donc de l'intérêt de Paris de maintenir l'ordre. Si quelques membres ont des observations à faire sur le décret proposé, qu'ils les fassent : il n'est pas besoin pour cela de le renvoyer au comité. Je conclus à ce qu'il soit adopté.

M. Fréteau. Je croirois manquer à mon devoir de bon citoyen, si je n'appuyois le décret proposé. On vous a parlé de ce qui se passe dans le royaume, & moi je suis en état d'attester ce qui se passe hors du royaume: les mouvemens les plus vifs se font sentir en Allemagne & sur les bords du Rhin; j'ai là-dessus des avis certains; les ministres du roi sont forcés d'en convenir. On soulève les puissances étrangères, pour appuyer par la force des armes les projets des ennemis de notre révolution. Je vous en supplie, au nom de la patrie, ne souffrez pas qu'on vous détourne un instant des projets de pareille importance. Je demande que le décret soit adopté.

Le projet de décret présenté par M. Dupont, est adopté à l'unanimité. *Voyez* ECRITS INCENDIAIRES, TROUBLES.

AUBAINE, *f. m.* Droit ou usage en vertu duquel les biens d'un étranger non naturalisé étoient dévolus au fisc: l'assemblée l'a supprimé à l'égard de toutes les nations; il l'étoit déjà pour un grand nombre.

Séance du vendredi 16 août 1790.

M. Barrère, au nom du comité des domaines. Vous avez chargé votre comité des domaines de vous présenter ses vues sur la suppression du droit d'*aubaine*. Ce droit tire son origine du temps où il n'y avoit aucune communication entre les peuples; il appartenoit au roi, au fisc, à la nation, qui succèdent à l'étranger naturalisé, quand il n'avoit pas disposé, & au François, qui, en quittant la France, avoit abandonné sa patrie. En envisageant ce droit sous le rapport de la constitution & de la législation, vos principes & vos décrets ont déjà prononcé sous le rapport de la fiscalité; il ne présentoit pas de grands avantages, puisque son produit s'élevoit à peine à quarante mille francs. Le comité m'a chargé de vous présenter le projet de décret suivant.

L'assemblée nationale, après avoir entendu son comité des domaines, considérant que le droit d'*aubaine* est contraire aux principes de fraternité qui doivent lier tous les hommes, quels que soient leur pays & leur gouvernement; que ce droit, établi dans des temps barbares, doit être proscrit chez un peuple qui a fondé sa constitution sur les droits de l'homme & du citoyen; & que la France libre doit ouvrir son sein à tous les peuples de la terre, en les invitant à jouir, sous un gouvernement libre, des droits sacrés & inaliénables de l'humanité, a décrété & décrète ce qui suit : 1°. le droit d'*aubaine* & celui de détraction sont abolis pour toujours; 2°. toutes procédures, poursuites & recherches qui auroient ce droit pour objet, sont éteintes.

Ce projet de décret est adopté à l'unanimité & sans discussion.

Séance du 12 septembre 1790.

M. Barrère. En prononçant le 16 août dernier, l'abolition du droit d'*aubaine* & de détraction, vous avez donné un grand exemple de fraternité à toutes les nations, & vous avez commencé à effacer de leur code un droit odieux & barbare que la raison & la philosophie avoient proscrit depuis long-temps; mais la disposition trop vague du décret que vous avez rendu, peut en diminuer les bienfaits. Le fisc, toujours ingénieux à reproduire ses prétentions, menace d'élever deux questions importantes, mais bien simples, sur lesquelles vous devez prononcer aujourd'hui pour dissiper tous les doutes. La première consiste à savoir si le droit d'*aubaine* aboli en général par votre décret du 16 août, est aboli dans vos possessions dans les deux Indes. Sans doute il n'est aucun de vous qui pense que les législateurs de l'empire François puissent en isoler quelques parties, & les priver ainsi des bienfaits de la législation.

Quand un droit qui avoit été attaché à la souveraineté nationale, est aboli, il l'est pour toutes les possessions françoises; car, comment le fisc engloutiroit-il les successions des étrangers morts dans les colonies, tandis qu'il les laisseroit intactes en Europe? Oui, l'étranger qui aborde nos bords dans les deux hémisphères, doit trouver par-tout une loi aussi hospitalière, par-tout les mêmes caractères de liberté. Cependant des vaisseaux ont été saisis dans nos colonies, & des habitans de l'Amérique septentrionale ; & vous sentez déjà combien il est important de poursuivre dans son dernier refuge, ce droit d'*aubaine* qui n'a pas encore cédé tout entier à la justice de l'assemblée nationale : il importe à la gloire du législateur que les dernières racines de cet usage visigoth soient extirpées de tous nos domaines : il importe à la bonne intelligence qui doit régner entre deux peuples libres, que cette opération soit prompte. Vous concevez sans peine l'effet que doit produire sur la nation américaine, la répétition de cette cruelle confiscation qu'encourt, à la mort de son capitaine, un vaisseau qui est la propriété de plusieurs familles de la constitution des Etats-unis. Des hommes libres qui n'ont jamais connu cet infame usage, inventé en Europe, ne doivent point le trouver chez leurs semblables, leurs amis, leurs frères en liberté. Prenez garde : demander la suppression, ou plutôt déclarer que vous l'avez étendue aux colonies comme au continent, c'est ne rien demander qui augmente les privilèges ou les avantages commerciaux des Américains. Par les loix françoises, les vaisseaux de cette nation sont librement admis dans certains ports de nos isles ; c'est en leur faveur seulement que le droit d'*aubaine* doit être aboli. Quant à ces vaisseaux qui se livrent dans les mêmes isles à un commerce interlope & frauduleux, nous n'avons rien à demander pour eux ; & pour avoir le droit de les confisquer, on n'a pas besoin d'attendre la mort de celui qui les commande. Le comité a pensé, sur cette première question, que vous devez déclarer que votre décret s'étend aux possessions françoises dans les deux Indes. La seconde question consiste à savoir si, en abolissant le droit d'*aubaine*, vous avez entendu que les étrangers fussent capables de succéder à leurs parens françois décédés en France, ou dans les possessions françoises, sans être assujettis à y demeurer pour y exercer leurs droits héréditaires. Pour décider cette question, il faut savoir que tous les traités par lesquels la France a fait des conventions concernant le droit d'*aubaine*, se divisent en deux classes. La première classe est de ceux portant abolition du droit d'*aubaine*, avec concession de la faculté de recueillir toutes successions testamentaires ou *ab intestat*, comme des regnicoles. Tel est le traité passé, signé par la France, à Aix-la-Chapelle. La seconde classe renferme les traités contenant l'abolition réciproque du droit d'*aubaine*, avec concession de la faculté de tester & autres concessions qui n'équivalent pas à ce qui est porté par les traités de la première classe, en ce qu'il n'en résulte pas que l'étranger ait droit de recueillir la succession de son parent françois, seul ou concurrement avec d'autres parens françois. Tels sont les traités de la France avec la Bavière, la Pologne, Francfort, &c. &c. Ainsi, la simple abolition du droit d'*aubaine*, prononcée par votre décret du 16 août, est insuffisante & incomplète, si vous ne déclarez le droit qu'a l'étranger de succéder à son parent françois décédé en France. Vous devez effacer le vice de pérégrinité dont le fisc pourroit encore abuser contre vos intentions connues. Vous devez accorder le même bienfait à tous les peuples. — Voici les principes du fisc. Les étrangers sont incapables de succéder & de recevoir par testament. Les étrangers sont incapables de transmettre leurs successions, soit *ab intestat*, soit par testament ; la seule exception est en faveur de leurs enfans & descendans régnicoles, c'est-à-dire, non-seulement établis dans les royaume, mais encore naturels ou naturalisés : & ce qui est encore plus barbare, c'est que les pères & mères ne succèdent pas, dans les mêmes cas, à leurs enfans, la réciprocité n'ayant pas lieu à leur égard. C'est à vous qu'il appartient de faire cesser cette différence odieuse que nos loix établissoient entre le droit strictement appellé *droit d'aubaine*, & le vice de pérégrinité ou capacité de succéder. C'est à vous de faire cesser cette distinction de droits plus ou moins favorables à diverses nations. Sans doute vous n'avez pas voulu faire seulement pour les autres nations une simple remise du droit fiscal, qui donnoit au roi la succession de l'étranger ; vos froids diplomatistes alloient bien plus loin, lorsqu'ils accordoient à quelques peuples voisins, non-seulement la capacité de transmettre leurs successions, mais encore la capacité de succéder & de recevoir par testament sans aucune restriction. Il y a plus, les anciens tribunaux de France adjugeoient les successions à des étrangers. On connoît tous les efforts que fit en 1781, devant un de ces tribunaux, les requêtes du palais, un de nos collègues, M. Martineau, plaidant pour MM. Pellerin, François, pour faire exclure de la succession de M. Lemmens, M. Maximilien Lemmens, prêtre, ancien curé de Lenzon en Brabant, sous prétexte que l'ordre des successions est immuable, & que les étrangers seulement exempts du droit d'*aubaine*, sont incapables de successions & de legs, parce que les privilèges accordés par les traités, ne pouvoient, disoit-il, avoir lieu que sous la réserve des droits de leurs sujets. Mais les principes de monopole de succession furent rejettés par une sentence des requêtes du palais. Ainsi, ce que des diplomatistes & des juges de l'ancien régime écrivoient & jugeoient, ce que le législateur provisoire accordoit aux autres nations, ce que la politique a accordé pour certaines foires & marchés, pour certaines professions, pour certaine nature de biens & de rentes, le véritable législateur peut l'accorder en faveur des grands principes de la liberté & de la raison, & de l'esprit fraternel qui doit unir tous les peuples. C'est d'après ces observations que j'ai l'honneur de vous proposer le projet de décret suivant, du comité des domaines.

« L'assemblée nationale ne voulant laisser aucun

doute sur l'intention qu'elle a manifestée par son décret du 16 août, concernant l'abolition du droit d'*aubaine* & de détraction, déclare qu'il doit être exécuté dans toutes les possessions françoises, même dans les deux Indes.

« Déclare en outre que tous étrangers sont capables de succéder à leurs parens françois décédés en France & dans toute l'étendue des possessions françoises, sans pouvoir être assujettis à y demeurer pour y exercer leurs droits héréditaires ».

Ce projet de décret est renvoyé aux comités des domaines, de constitution, des colonies & diplomatique.

M. Moreau. J'ai demandé la parole pour solliciter le renvoi au comité colonial de cette expression du décret, « même dans les deux Indes ». Quelque penchant que j'aie à adopter cette loi sage, elle a cependant besoin d'examen, quant aux colonies. Je ne suis pas suspect en parlant ainsi, car à l'époque de la révolution, j'étois chargé par le gouvernement d'un projet de loi sur la suppression de l'*aubaine* relativement aux colonies. Mais ce projet lui-même, a trouvé des difficultés, tirées du local: par exemple, des lettres-patentes en forme d'édit, du mois d'octobre 1727, interdisent le commerce dans des colonies à l'étranger, même naturalisé : il n'y a donc qu'à gagner au renvoi que je propose.

M. Touchet. Je demande que le décret soit aussi renvoyé au comité diplomatique.

M. Barrère. J'appuie moi-même ce renvoi. Je demande qu'on leur adjoigne le comité de constitution.

Ces diverses propositions sont adoptées.

AVIGNON. La propriété des droits de souveraineté sur *Avignon* & sa réunion à la France, en conséquence de ces droits, ont été l'objet de longues discussions & de plusieurs décrets de l'assemblée constituante, que nous allons rapporter.

Séance du 17 juin 1790.

M. le Camus. Le jour de l'anniversaire de la constitution en assemblée nationale, doit être consacré par un grand événement. Pénétrés d'admiration & de respect pour les décrets de l'assemblée nationale, les Avignonois ont unanimement délibéré de se réunir à la France. Voici la lettre qui constate ce que je viens de vous annoncer.

Lettre écrite par MM. les officiers municipaux d'Avignon, envoyée par un courier extraordinaire à MM. Camus & Bouche, députés à l'assemblée nationale, & arrivée le jeudi 17 juin, à huit heures du soir.

Messieurs, vous avez été informés dans le temps, par M. Raphel, l'un de nous, des événemens qui se sont succédés rapidement dans notre ville : il nous a communiqué vos réponses, & les offres obligeantes de service que vous lui avez faites pour la ville d'*Avignon*. Le moment est venu, Messieurs, de les accepter. Jeudi, 10 du courant, notre ville a été le théâtre du plus grand désordre. Les aristocrates, déployant toutes leurs forces, ont fait feu de toutes parts. Maîtres du poste de l'hôtel-de-ville, & de quatre pièces de canon, ils crioient, *vive l'aristocratie!* Plus de trente personnes, honnêtes citoyens, bons patriotes, ont été les victimes de leur zèle & de leur patriotisme : le peuple a marché contre eux avec intrépidité; & les cruels assassins, dispersés, ont cherché leur salut dans la fuite. Quatre de ces scélérats ont été arrêtés & sacrifiés par un peuple justement indigné & horriblement assassiné: deux de leurs chefs ont été de ce nombre. La municipalité a fait vainement tous ses efforts pour l'empêcher. Vingt-deux ont été arrêtés ; & sans les gardes nationales d'Orange, Courtheson, Jonquières, Bagnols, le Pont Saint-Esprit, Château-Renard & autres lieux, accourus à notre secours, ils auroient été infailliblement sacrifiés. Leurs efforts généreux, & la confiance que le peuple Avignonois a dans les François, ses alliés, a arrêté sa veangeance. Messieurs d'Orange ont consenti de se charger de la garde des prisonniers, pour leur propre sûreté, & ils seront traduits aujourd'hui dans leur ville. Le calme est à-peu-près rétabli ; mais pour le rassurer entiérement, les gardes nationales de France ont bien voulu consentir à nous laisser, pour quelques jours, une partie de leur détachement. Avant-hier 11, les districts s'assemblèrent pour délibérer sur leur position. La réunion a été délibérée unanimement. Les armes de France ont été substituées avec pompe, à celles du Saint-Siège. Un *Te Deum* doit être chanté aujourd'hui à cette occasion. Depuis lors, la joie la plus vive a succédé au désespoir, & nos rues ne cessent de retentir des cris de *vive la nation, la loi & le roi!*

Nous prévenons M. le président de l'assemblée, de cet événement. Le même courier, dépêché en diligence, doit vous remettre la présente. Quatre députés ont été nommés pour se rendre sur le champ à Paris, auprès de l'assemblée, pour obtenir son acceptation. Nous vous prions, Messieurs, d'appuyer nos vœux de tout votre crédit ; vous rendrez à notre patrie le service le plus signalé. Sans cette réunion, notre ville seroit perdue sans ressource. Les François sont trop généreux pour refuser un peuple qui a fait anciennement partie de la nation françoise, & qui lui a toujours resté uni par ses vœux & ses sentimens. Cette position est certainement bien faite pour intéresser votre générosité. RAPHEL, COULS, PEYTIER, BLANC, RICHARD, *officiers municipaux.*

D'après la proposition de M. Charles de Lameth, l'assemblée décide, que son président se retirera par-devers le roi, pour l'instruire de la délibération des Avignonois.

Séance du 19 juin 1790.

M. Bouche propose de donner à l'assemblée des nouvelles de l'état actuel de la ville d'*Avignon*. Il fait lecture d'une lettre datée du 13 de ce mois, & qui lui a été adressée. — Nous avons beaucoup de graces à rendre à vos compatriotes, qui sont actuellement les nôtres; ils ont tout abandonné pour voler à notre secours. Les gardes nationales de Château-Renard, Orange, Saint-Esprit, Rochebrune, sont venues avec leurs officiers municipaux : nous avons été obligés d'envoyer des couriers jusqu'à Marseille, pour arrêter l'empressement des autres villes. Vos maires & vos troupes ont arrêté les malheurs qui étoient prêts à arriver. Tous les prêtres auroient été pendus, si nos bons voisins n'eussent contenu la juste fureur du peuple. Les coupables ont été pris en flagrant délit; ils seront tous jugés par des juges d'Orange; on va les transporter dans les prisons de cette ville : les coupables sont au nombre de deux mille.

Nous avons été au moment d'un carnage épouvantable; on ne se connoissoit plus; on faisoit feu de toutes parts, des fenêtres & des toîts des maisons. La poltronnerie des aristocrates nous a bien servi; je dis la poltronnerie, car tout homme qui s'aime à l'excès, ou qui n'aime que lui, est un poltron. Ils ont fui devant des hommes qui avançoient sur eux, sans munitions & malgré le feu qu'on faisoit de toutes parts. En deux heures tous nos ennemis ont été dissipés. Il n'y a que huit citoyens blessés, mais beaucoup d'habits & de chapeaux ont été percés par des balles. Nous sommes enfin bien récompensés de tant de maux; le peuple a ouvert les yeux. Le 12, tous les districts ont délibéré de se réunir au peuple françois; les armes de France ont été placées par-tout; celles du pape ont été enlevées avec décence. On vient de chanter un *Te Deum* sur la place du palais, au bruit du canon & en présence de 60,000 gardes nationales : les officiers & les soldats se sont embrassés, & ont prêté, avec le peuple, le serment d'être fidèles à la nation françoise, à la loi & au roi, & de verser jusqu'à la dernière goutte de leur sang pour maintenir vos décrets. La ville d'Orange nous a laissé 300 hommes. Nos députés vont partir.

Cette lecture donne lieu à des applaudissemens & à des murmures.

M. de Cazalès monte à la tribune.

On demande l'ordre du jour.

M. de Cazalès. Mais, Messieurs, il est impossible qu'on souffre la lecture de lettres écrites par des sujets qui, à tort ou à droit, sont en insurrection contre un souverain.

On décide de passer à l'ordre du jour, & l'assemblée se retire dans les bureaux, pour procéder à l'élection d'un président & de trois secrétaires.

Séance du mardi 22 juin 1790.

L'assemblée décrète que le chef-lieu d'administration du département de Maine & Loire sera définitivement fixé à Angers, & celui de la Haute-Marne à Chaumont. — M. Barrère annonce que M. Chariot fait hommage à l'assemblée nationale du buste de J. J. Rousseau, auprès duquel il dépose le contrat social. — M. Baron, député du Comminges, demande à s'absenter pour quelque temps.

M... Je demande que tous les députés absens soient privés de leurs appointemens.

M. Murinais. Ceci regarde la police de l'assemblée. Lorsque cette partie sera traitée, on pourra présenter cette motion. Je demande qu'on passe à l'ordre du jour.

M. Ferrault. Après le serment que nous avons fait de ne désemparer qu'après la constitution, le décret proposé ne devroit pas souffrir de difficultés.

M. Gérard, cultivateur. Les provinces n'entendent pas que nous allions nous promener.

On demande que le décret n'ait pas un effet rétroactif.

M. Bouche. Je propose par amendement, qu'il soit dit : sauf M. Bergasse, qui n'a jamais paru à l'assemblée.

Les amendemens sont rejettés, & l'assemblée décrète que les députés qui se sont absentés, ou qui s'absenteront, seront privés de leurs appointemens tout le temps de leur absence.

Un de Messieurs les secrétaires fait lecture d'une adresse de l'assemblée représentative du comtat Venaissin. — Extrait de l'adresse. — C'est par l'organe de ses députés librement élus, que les habitans du comtat Venaissin vous apportent le tribut de leurs hommages; parlant la même langue, ayant les mêmes mœurs & les mêmes opinions, il faut que les mêmes loix nous gouvernent. Dans le temps où le code de la France n'étoit qu'un assemblage de loix incohérentes, si nous les eussions adoptées, notre constitution n'auroit fait que changer de vice; il vous étoit réservé de détruire cet honteux monument, & d'élever sur ses ruines un édifice sublime : il appartenoit à Louis XVI, à celui que vous avez si justement proclamé le restaurateur de la liberté françoise, de sentir toute la gloire de commander à une nation libre. C'est alors que l'instinct de la liberté s'est ranimé dans nos cœurs; jaloux de nous réunir à une nation qui venoit de secouer le joug des abus. C'est après ces motifs que nous adoptons vos décrets & vos loix, sans prétendre porter atteinte à la puissance légitime de notre bienfaisant monarque. Nous ne serons jamais effrayés du voisinage d'un peuple jaloux de ses principes: quelles craintes pourrions-nous concevoir d'une nation puissante, qui, par un sublime décret, a enlevé notre admiration, vient de renoncer à tout projet de conquêtes! Nous comptons sur la suite de votre protection; nous vous supplions de détruire les entraves qui gênent nos liaisons. C'est un bienfait digne de votre générosité; daignez-nous le garantir par un traité.

M.... Quand cette assemblée aura été légitimée par le consentement du pape, nous pourrons nous occuper de sa demande.

M. d'André. Les habitans du Comtat sont maîtres de reconnoître pour souverain qui ils voudront. Je demande que leur adresse soit envoyée au roi, comme celle d'*Avignon*.

M. Goupil. Je demande le renvoi de l'adresse au comité de constitution.

M. Bouche. J'appuie le renvoi aux comités de constitution & des domaines, & je demande que ces deux comités soient autorisés à s'informer du ministre des affaires étrangères, s'il n'existe point un accord entre la cour de Rome & celle de France.

M. Fréteau. J'appuie cette proposition d'autant plus volontiers, que lorsque je me suis retiré à S. Cloud, pour porter au roi l'adresse d'*Avignon*, la première question que m'ont fait les ministres, a été de s'informer s'il y avoit quelque chose de relatif au comtat Venaissin.

M. Dufraisse. Il est important que MM. Bouche & le Camus déposent les lettres qu'ils ont annoncé avoir reçues de ce pays, afin que l'assemblée nationale & le roi examinent cette correspondance.

L'assemblée décrète que l'adresse sera présentée au roi, & remise aux comités des domaines & de constitution, qui seront autorisés à prendre tous les éclaircissemens qu'ils jugeront nécessaires.

Séance du 26 juin 1790.

Après la lecture de quelques adresses, M. le président annonce que la députation d'*Avignon* demande à être introduite. Il communique la réponse qu'il a préparée, & engage l'assemblée à décider si cette députation sera admise dans l'intérieur de la salle ou à la barre.

La réponse de M. le président est agréée.

M. Bouche insiste sur l'admission de la députation dans l'intérieur de la salle. — L'assemblée décide qu'ils y seront admis.

Ils le sont; & l'un d'eux prononce le discours dont voici la substance:

Députés par un peuple libre, indépendant & souverain, ce n'est pas en vain que nous venons jurer une fidélité inviolable à la nation françoise.... Nous ne vous rappellerons pas ici en détail toutes les opérations glorieuses qui ont assuré l'immortalité de vos travaux: assez d'orateurs vous ont déjà présenté le tableau de la prospérité de la nation françoise. Nous ne vous offrirons point des conjectures vagues, c'est par des faits que nous parlons; & si ce langage n'est pas le plus pompeux, il est au moins le plus sincère.... En se réunissant à la nation françoise, le peuple d'*Avignon* a sans doute prouvé son admiration pour elle. Oui, nous osons le prédire, & peut-être le temps n'en est pas éloigné, le peuple françois donnera des loix à l'univers entier, & toutes les nations viendront se réunir à lui, pour ne plus faire de tous les hommes que des amis & des frères. Le peuple avignonois a voulu être le premier. Placé au milieu de la France, ayant les mêmes mœurs, le même langage, nous avons voulu avoir les mêmes loix.... Il est temps, avons-nous dit, que nous cessions de porter la peine du crime que nous n'avons pas commis.... A peine avez-vous déclaré que tous les hommes sont libres, que nous avons voulu l'être. Nos municipalités se sont organisées d'après les loix établies par vos décrets, & nous étions déjà constitués, lorsque des brefs incendiaires & tyranniques, lancés par le vatican, sont venus frapper d'anathême la constitution françoise.... (L'orateur fait le tableau des dispositions préparées sourdement à *Avignon*, pour tenter une contre-révolution en France).

Des hommes armés parurent tout-à-coup au milieu de la ville: bientôt pressés de toutes parts, ils abandonnèrent le champ de bataille. Le sang pur des citoyens patriotes fut confondu avec celui des assassins qu'on avoit suscités contre nous. — Nos alliés volèrent enfin à notre secours, & s'ils n'ont pu nous garantir entièrement des coups qui nous étoient portés, ils sont du moins parvenus à empêcher la punition prématurée de quelques coupables, & à nous rendre la paix. Le lendemain de ces scènes de sang & de carnage, les citoyens actifs de tous les districts de la ville d'*Avignon*, s'assemblèrent légalement. C'est dans cette assemblée que le peuple considérant qu'il ne pouvoit être heureux & libre que par la constitution françoise, déclara qu'il se réunissoit à la France, qu'il supprimoit les armes du pape, qu'il y substituoit celles du roi de France, & qu'il députoit vers lui pour lui témoigner le respect & la fidélité que lui vouoient les avignonois. Vous connoissez nos droits, les délibérations de tout le peuple avignonois. Vous connoissez nos motifs: notre roi veut être despote, & nous ne voulons plus être esclaves. La France est libre; nous ne pouvons le devenir que par elle, & nous nous

jettons

jettons dans ses bras. (Des applaudissemens réitérés interrompent l'orateur). Vous accepterez sans doute un peuple qui vous appartenoit autrefois, un peuple enfin qui a versé son sang pour le maintien de vos décrets. — Nous remettons sur le bureau les délibérations de la ville & de l'état d'*Avignon*.

M. le président. L'assemblée nationale prendra en très-grande considération l'objet de votre mission. Il est glorieux pour elle d'avoir inspiré aux citoyens d'*Avignon* le vœu que vous venez d'exprimer. Quel que soit le résultat de la délibération, la nation françoise sera toujours flattée de votre affection & de votre confiance.

Séance du 10 juillet 1790.

Un de Messieurs les secrétaires lit une adresse des citoyens avignonois, détenus à Orange. — Nous sommes obligés de recourir à l'assemblée nationale, pour obtenir la liberté que nous n'avons pas mérité de perdre, lors des événemens du 10 juin. Nous avons été précipités dans des cachots où nous attendions à chaque instant, la mort. Le maire d'Orange crut apporter à *Avignon* des secours & des consolations; il proposa d'emmener les prisonniers, & nous trouvâmes notre salut dans cette translation. C'est, pour l'assemblée nationale, un devoir sacré d'ordonner notre élargissement. Nous ne sommes pas sur le territoire de notre véritable souverain ; & nous réclamons la protection de l'assemblée nationale. Déjà deux étrangers ont été mis en liberté, parce qu'ils avoient été condamnés par les loix du royaume ; les prisonniers détenus à Orange, sujets du souverain pontife, sont aussi étrangers ; ils appuient leurs demandes sur la déclaration des droits de l'homme : ils sont hommes, ils ont droit de l'invoquer devant vous. Vous avez dit : « Nul homme » ne peut être accusé, arrêté, ni détenu que dans » les cas déterminés par la loi, & selon les formes » qu'elle a prescrites ». *Signé* BOYER, procureur des prisonniers.

On demande le renvoi au comité des rapports.

M. Malouet. Je fais la motion, & je ne la motive pas, parce qu'elle est dans les principes de l'assemblée nationale & de la constitution françoise, d'ordonner sur le champ l'élargissement des détenus à Orange.

On demande de nouveau le renvoi au comité des rapports.

M. Crillon le jeune. Les princes de l'assemblée ne laissent en effet aucun doute sur la motion du préopinant ; ainsi, on ne sauroit trop lui faire droit ; je demande que le rapport de l'adresse qu'on a lue soit fait demain à deux heures.

M. l'abbé Maury. S'il y avoit un corps de délit, un procès-verbal, une instruction juridique, je voterois moi-même pour le renvoi au comité des rapports ; mais il n'y a rien de tout cela. Immédiatement après les troubles d'*Avignon*, M. Desmares, maire d'Orange, digne de remplir les fonctions municipales que vous avez environnées de tant de gloire, digne de l'approbation de l'assemblée, déclara qu'il prenoit les prisonniers sous sa protection ; non pour leur donner une nouvelle prison, mais pour offrir un asyle. Vingt-quatre citoyens, un octogénaire & deux septuagénaires sont depuis un mois détenus à Orange ; aucune voix ne s'est élevée contre eux. Ils réclament la justice de l'assemblée, qui ne voudra pas reconnoître de coupables, quand il n'y a pas de délit; qui ne voudra pas, aux yeux de l'Europe, être la geolière des étrangers. Je réclame avec eux, en ce moment, votre justice. Je vous remercie au nom de mes concitoyens, de la protection que vous leur avez accordée : je vous remercie, vous dont l'humanité a, à votre insu, sauvé la vie à vingt-quatre citoyens. Je réclame pour eux l'humanité qui, dans des législateurs, ne doit être que la justice. (Le côté droit applaudit).

M. Robersplerre. Vous ne pouvez juger sans connoissance de cause. Il est arrivé au comité des rapports des pièces importantes, qui vous prouveront que la liberté des prisonniers détenus à Orange tient à d'importantes questions. Vous vous doutez que des actions & des principes contraires au vœu & à l'intérêt dans Avignonois & de la liberté ont occasionné cet emprisonnement. Si vous adoptiez la proposition faite par M. Malouet & appuyée par M. l'abbé Maury, vous prononceriez contre le peuple d'*Avignon*.... (*M. Cazalès* interrompt & demande la parole). Le seul point à décider est de savoir si l'assemblée nationale veut prendre une connoissance exacte de l'affaire avant de la juger. (L'opinant est interrompu par le côté droit, d'où partent ces mots : « elle ne le veut pas »). D'après les efforts que l'on fait pour que cette affaire ne soit pas exactement connue, il est évident que c'est ici la cause de l'aristocratie contre les peuples & contre la liberté ; j'en atteste ceux qui murmurent & m'interrompent.

On demande le renvoi & l'ajournement.

M. de Cazalès. L'assemblée nationale est-elle le juge des citoyens d'*Avignon* ?

M. Malouet. Si l'assemblée ne veut pas rétablir elle-même les lettres de cachet, il n'y a nul doute sur la question de savoir si la liberté sera rendue à des citoyens étrangers, détenus sans accusation.

M. Virieu. Les ennemis de la liberté individuelle peuvent seuls demander l'ajournement.

M. Bouvier, *député d'Orange*. Je suis en mon particulier intimement convaincu de l'innocence des détenus ; mais je ne crois pas que l'assemblée puisse vouloir exciter une guerre civile entre Orange & *Avignon*. Les officiers municipaux d'Orange n'ont pu mettre le calme à *Avignon*, qu'en promettant au peuple que les prisonniers seroient jugés : est-ce par vous que cette promesse sera violée ? est-ce par vous que la guerre civile sera allumée ? (Il s'élève dans la partie droite un mouvement général ; on entend ces mots : « allons donc »). J'ai encore une observation essentielle à vous présenter : les prisonniers supposent, dans leur requête, qu'un compte a été rendu à l'assemblée, qu'un procès-verbal a été mis sous ses yeux ; ils ne demandent donc pas que vous décidiez sans connoître les pièces de cette affaire : je propose d'en ordonner le renvoi au comité des rapports, pour en rendre compte à jour fixe.

La discussion est fermée.

On demande que les députés d'*Avignon* soient entendus au comité des rapports sur l'adresse des prisonniers, afin de réunir le plus de lumières possibles.

M. l'abbé Maury s'oppose à cette demande. — Sans entrer dans la question, je déclare qu'à mes risques & périls, je me réserve de dénoncer les députés d'*Avignon*, comme députés d'une troupe d'assassins. (Il s'élève des murmures très-tumultueux). Si je suis un calomniateur, qu'on me punisse : j'ai une mission particulière pour les poursuivre, & je les poursuivrai. Sur quatre prétendus députés d'*Avignon*, trois ne sont pas citoyens de cette ville. Peut-on demander que les regards de l'assemblée nationale de France soient souillés par la vue de ces gens-là !

M. Camus. Il y a des faits dont vous n'êtes pas instruits, & qu'il est important que vous sachiez. Il vient d'arriver des députés de la garde nationale d'*Avignon* ; ils demandent à assister à la fédération ; ils ont des pouvoirs de la garde nationale & des citoyens. (On applaudit). Ils sont venus ce soir avec les députés de la municipalité, nous avertir qu'il est parti d'*Avignon* un nommé Boyer, se disant abbé, & dont la mission est de solliciter la liberté des prisonniers détenus à Orange, auprès de certaines personnes que vous avez assez entendues ce soir ; ils nous ont dit que les prisonniers étoient très-suspects ; qu'un autre, plus suspect encore, détenu à Loriol, avoit été élargi ; ils nous ont dit que les événemens d'*Avignon* tenoient aux troubles de Nîmes, de Toulouse & de Montauban, & qu'on pourroit obtenir de ces gens-là des notions certaines. Ils ont observé que les prisonniers auroient couru risque de la vie s'ils fussent restés à *Avignon*, & qu'ils ont été remis en dépôt aux députés d'Orange pour les sauver ; Ils ont dit : « nous avons pensé qu'ayant déclaré vouloir vivre sous les loix françoises, nous pouvions les remettre à des François : si l'on ne veut pas qu'ils soient jugés, nous redemanderons notre dépôt, nous le demanderons pour la sûreté des Avignonois, pour la sûreté même des François. Les pouvoirs de ces députés sont en bonne forme ; ils vous feront connoître tous les faits, ils vous découvriront l'intérêt que le préopinant a peut-être à ce qu'ils ne parlent pas. Je demande donc le renvoi au comité des rapports, je demande donc que les députés de la garde nationale & de la municipalité d'*Avignon* soient entendus par ce comité.

On demande à aller aux voix.

M. l'abbé Maury. C'est parce que j'y suis forcé par l'accusation du préopinant, que je me détermine à vous parler d'une affaire particulière, qui ne devroit pas vous occuper. On vous a fait penser, par des insinuations insidieuses, que j'avois un intérêt particulier aux événemens d'*Avignon* : c'est une grande vérité ; l'intérêt que je prends à cette affaire, est celui que doit y prendre tout honnête homme (il s'élève des murmures) ; que tout honnête homme doit prendre à la conservation de vingt-quatre prisonniers innocens, transférés dans les prisons d'Orange, pour les soustraire à la fureur d'un peuple qui venoit de faire pendre quatre citoyens irréprochables ; l'intérêt que j'y prends est celui que tout homme doit éprouver pour ses concitoyens. Loin d'éluder la rigueur de M. le Camus, c'est sa sévérité que je réclame ; je lui annonce que je le traiterai devant vous sans miséricorde..... Vous déciderez dans votre sagesse, s'il est de l'intérêt, de la dignité, de la morale du corps législatif d'autoriser, non un peuple, non une ville, mais quelques factieux, à se rendre indépendans.

Avant de décider cette grande question, à la décision de laquelle plusieurs provinces sont intéressées, je vous ferai connoître les manœuvres particulières exercées sur une province qui ne paie point d'impôts, qui n'est pas mécontente de son souverain, & à laquelle cependant on a voulu persuader d'être infidelle au saint siège. Vous saurez quel degré de confiance vous pouvez accorder à des officiers municipaux qui se sont tenus enfermés, quand le peuple faisoit pendre par le bourreau un vieillard & des malades ; vous déciderez si des officiers municipaux, les pères de la patrie, qui doivent s'immoler pour sauver des citoyens, devoient être spectateurs froids de ces assassinats. (On observe que ce n'est point la question). Sans vouloir préjuger aucune de ces questions, qu'il est de mon intérêt de mettre dans un grand jour, parce qu'il est de mon intérêt de venger mes concitoyens, je remarquerai seulement qu'il s'agit de la plus étrange cause criminelle que puisse présenter l'histoire des nations, puisqu'il n'y a ni accusateurs, ni accusations. (On rappelle que c'est là le fond de la question). Quand on ne voit que des innocens, le devoir du juge est de rompre leurs fers. Pour intimider votre justice, on annonce la guerre civile entre *Avignon*, Orange & la France entière; car je ne sais dans quel sens on l'a annoncée. (On remarque que la discussion est fermée). Vous déciderez comme vous voudrez cette affaire & celle des prisonniers; mais je demande que M. le Camus dise comment j'ai intérêt à leur silence. Un homme qui a l'honneur d'être votre collègue ne peut rester parmi vous sous une telle accusation. Je demande comme une grace, ou plutôt comme une justice, que vous m'autorisiez, par un décret, à poursuivre au châtelet M. le Camus comme calomniateur. Ou l'accusé est coupable, ou l'accusateur calomnie.

M. le Camus. Je consens à ce que M. l'abbé Maury me poursuive.

M. Duffraisse. Je demande que M. le Camus signe son accusation au bureau.

M. le président. Je vais mettre aux voix le renvoi au comité, qui tend à l'ajournement de la question.

M. de Cazalès. Je demande qu'on délibère sur la dernière proposition de M. l'abbé Maury.

M. le président. On propose de retrancher de la motion primitive d'ajournement, la disposition additionnelle de faire entendre au comité des rapports les députés d'*Avignon*. Je vais mettre cette proposition aux voix.

M. Dufraisse. Il est impossible que les fédérés voient un membre accusé par un autre, sans que l'un ou l'autre soit puni.

M. Malouet. Je réclame la priorité pour ma motion, si l'on ne délibère pas sur celle de M. l'abbé Maury.

M. le président. Suivant l'usage de l'assemblée, la priorité appartient à la demande d'ajournement.

L'assemblée décide que les députés d'*Avignon* seront entendus au comité des rapports. — Le renvoi & l'ajournement à mardi soir sont ordonnés.

On se dispose à lever la séance.

M. Dufraisse. Il est impossible de ne pas délibérer sur la motion de M. l'abbé Maury.

On demande la question préalable.

M. Bouchotte. M. le Camus ne doit pas souffrir que la question préalable soit invoquée.

On demande à passer à l'ordre du jour.

M. de Cazalès. Il s'agit d'un représentant de la nation françoise.

M. Dufraisse. Dans un moment aussi solemnel que celui qui se prépare, pour assurer la constitution, vous ne devez pas souffrir que M. l'abbé Maury soit soupçonné. Si l'accusateur est un calomniateur, il faut donner un grand exemple à la nation : il y a assez long-temps que des folliculaires, les libellistes manquent au respect qui nous est dû. L'assemblée peut-elle souffrir que, dans son sein, par des calomnies insidieuses, on attaque un de ses membres? Non, elle ne le souffrira pas; elle repoussera l'indécente question préalable : l'assemblée doit montrer sa sagesse & sa justice à tous les fédérés. Si vous ne faites pas une justice sévère, craignez de perdre la confiance & le respect, si nécessaires au maintien de la constitution & à la tranquillité publique.

M. l'abbé Maury. J'ai l'honneur de vous proposer deux motions différentes. — L'assemblée nationale donne acte à M. l'abbé Maury, l'un de ses membres, de l'accusation intentée contre lui par M. le Camus, qui a annoncé que le sieur abbé Maury avoit un intérêt particulier à défendre les citoyens avignonois détenus à Orange; autorise M. l'abbé Maury, malgré l'inviolabilité des représentans de la nation, à poursuivre en réparation d'honneur M. le Camus. — Voici ma seconde motion. Si vous voulez faire grace à M. le Camus, j'y consens. (Il s'élève beaucoup de murmures). Il me semble que dans une affaire crimin[illegible]lle, il n'y a que grace ou justice. Si vou[illegible] ne voulez pas me faire justice, je vous de[illegible]mande le moyen d'aller la chercher aill[illegible]urs. Si vous voulez faire grace, j'y appla[illegible]udirai. J'observe qu'accepter la question préalable, c'est faire grace, & que je la considérerai ainsi.

On demande encore à passer à l'ordre du jour.

M. Bouche. M. l'abbé Maury, honorable membre de cette assemblée, homme pacifique, juste, bienfaisant, comme vous le savez, se prétend calomnié par M. le Camus, & veut l'attaquer en justice. M. l'abbé Maury est fort échauffé, M. le Camus est fort tranquille.... L'assemblée veut délibérer, je m'impose silence.

L'assemblée délibère qu'elle passera à l'ordre du jour.

Séance du 16 juillet 1790.

M. de Broglie. Vous n'avez pas oublié avec quel zèle les gardes nationales de la ville d'Orange se sont portées au secours d'*Avignon*. Le service y devient infiniment pénible & même dangereux pour les détachemens qui s'y relèvent successivement. La désertion augmente tous les jours dans la ville d'*Avignon*; elle n'est habitée que par des pauvres qui, n'ayant point de ressources, sont dans un état d'insurrection continuelle. M. le maire d'Orange écrit à l'assemblée nationale, que les détachemens n'y vont qu'en tirant au sort, & que celui qui y tombe, maudit infiniment le sort; il craint que les malheurs d'*Avignon* ne réagissent sur Orange; c'est d'après cela qu'il sollicite des troupes réglées, tant pour Orange que pour *Avignon*. Votre comité a pensé que dans aucun cas, on ne pouvoit en envoyer à *Avignon*. — M. de Broglie fait lecture d'un extrait des registres de la municipalité d'Orange, en date du 7 juillet, d'où il résulte que M. Joseph Richier, capitaine en second de la compagnie de Saint-Martin, commandant le détachement envoyé à *Avignon*, annonce que la misère est à son comble; & qu'il y a tout à craindre pour cette ville. — M. Broglie fait ensuite lecture d'un projet, dont voici l'extrait.

L'assemblée nationale, après avoir entendu son comité des rapports, décrète que son président se retirera par-devers le roi, à l'effet de supplier sa majesté d'envoyer à Orange des troupes de ligne pour faire le service extraordinaire, dont la garde nationale a été chargée jusqu'à présent.

L'assemblée ordonne l'ajournement à la séance du samedi au soir.

Séance du 17 juillet 1790.

M. de Broglie. Avant de vous rappeller le point où vous avez laissé hier l'affaire d'Orange, je vais vous annoncer que le vœu du comité est de vous engager à prendre le même parti que vous avez pris pour les colonies; c'est-à-dire, à nommer parmi les membres de l'assemblée un comité de six membres, pour s'occuper exclusivement de cette affaire. Il vous a été fait lecture hier de la lettre du maire d'Orange, par laquelle il vous apprend que le service devient de jour en jour plus pénible à *Avignon*; que la misère y est à son comble, & qu'il est même à craindre que les malheurs de cette ville ne réagissent sur Orange. Je vais vous faire une seconde lecture du projet de décret que je vous ai présenté hier au nom du comité des rapports.

L'assemblée nationale, après avoir entendu le compte qui lui a été rendu par son comité des rapports, des lettres & procès-verbaux en date du 7 juillet, adressés par M. le maire & MM. les officiers municipaux d'Orange, a décrété & décrète que son président se retirera pardevers le roi, à l'effet de suplier sa majesté de donner les ordres les plus prompts pour qu'il soit envoyé à Orange le nombre de troupes de ligne qui sera jugé nécessaire, pour veiller au maintien de la tranquillité publique & à la sûreté de cette ville.

M. Bouche. La cause des troubles d'*Avignon* est connue, & je pense qu'elle vous honore; c'est le desir de vivre sous votre constitution qui cause son agitation passagère. Le Comtat Venaissin, où, depuis le mois de décembre, un esprit malin souffle le venin de l'aristocratie (on applaudit dans la partie droite); le Comtat Venaissin, dis-je, n'étoit pas disposé à suivre cet exemple, & mettoit tout en œuvre pour arrêter les démarches de la ville d'*Avignon*. Les moyens que cette petite province a imaginés n'ont enfin occasionné une explosion & une fin, qu'après que trente patriotes de la ville *Avignon* eurent été couchés sur le carreau, que le reste repoussa la violence par la force légitime. La garde nationale de la ville d'Orange, est venue à leur secours; & c'est alors qu'on a remis entre ses mains vingt-quatre prisonniers, instrumens funestes des troubles qui ont agité Nîmes, Uzès, & quelques villes de Provence & du Dauphiné. Aujourd'hui la ville d'Orange vous demande du secours; vous ne pouvez le lui refuser; elle sollicite aussi en faveur d'*Avignon*, & vous ne croyez pas pouvoir satisfaire à cette dernière instance, sous prétexte que cette ville n'est point françoise. Mais beaucoup de personnes ignorent peut-être que vous y avez des greniers à sel, des entrepôts de tabacs: tous ces objets demandent votre protection; vous la devez à une ville françoise par ses principes, à une ville qui est utile à votre commerce, & envers laquelle vous êtes engagés par des traités particuliers. Tandis que vous différez, une ville voisine, où se trouve le cratère de cette infernale machination, tente de s'emparer de quatre-vingts canons qui sont dans la ville d'*Avignon*, pour les faire transporter dans les villes les plus aristocratiques du midi. C'est alors que les troubles deviennent de plus en plus redoutables. Dans le moment où je parle, le ministre envoie à *Avignon* un régiment suisse. Pourquoi un pareil ordre? la ville ne veut recevoir que les troupes que l'assemblée lui enverra.

Si ce régiment entre par d'autres ordres que par les vôtres, tout est perdu pour *Avignon* & le Comtat Venaissin, ce pays gangréné d'inimitié contre votre constitution. Je suis l'organe des provinces du midi; elles réclament la possession d'*Avignon*; les gardes nationales la regardent comme leur sœur. Son plus cruel ennemi dans ce moment, c'est une ville françoise, qui n'en est éloignée que d'un quart de lieue: c'est-là qu'on a fabriqué 18 mille cartouches, & c'est aussi là, à ce que l'on assure, que vos ennemis tiennent leur conciliabule. *Avignon* demande du secours, & vous ne pouvez lui en refuser. Si la brave & généreuse garde nationale parisienne n'en étoit pas aussi éloignée, comme nous la verrions voler à son secours! avec quels efforts magnanimes on la verroit rétablir dans cette contrée l'abondance & la paix! Mais les gardes nationaux d'Orange sont sans doute ici présens; ils m'entendent; ils sont François; ils se souviennent de l'expédition de l'armée bordeloise pour Montauban; ils savent que l'autel de la patrie est par-tout où il y a des hommes à consoler, & que la patrie des infortunés est par-tout où il y a des hommes qui ont le cœur des François. — Voici le projet de décret que j'ai à vous proposer.

L'assemblée nationale décrète qu'il sera nommé, pour s'occuper de l'affaire d'*Avignon*, un comité de six membres, chargé d'en faire le rapport sous quinzaine; décrète en outre que son président se retirera pardevers le roi, pour le supplier de donner des ordres pour qu'il soit envoyé des troupes à.... & à Villeneuve-lès-*Avignon*, & que là elles attendent les ordres du pouvoir exécutif, d'après les décrets de l'assemblée nationale.

M. l'abbé Maury. La question qui vous est soumise en ce moment, & sur laquelle vous avez entendu votre comité des rapports, étoit simple dans son origine; le seul objet véritablement digne d'intéresser votre humanité, c'étoit l'élargissement des prisonniers détenus à Orange. (Un député d'Orange prétend que M. l'abbé Maury s'écarte de la question). Je ne sais pourquoi la question s'est généralisée, & comment les vues du préopinant lui ont donné de nouveaux objets qui devoient lui être étrangers. Je ne cherche point pour cela à éluder la véritable question; je rappelle seulement ce qu'a dit le préopinant. Il vous a entretenu de Nîmes, d'Uzès, d'*Avignon*, du Comtat Venaissin, & le sort des prisonniers d'Orange est précisément le seul point dont il n'ait pas parlé. (Cinq à six membres de la partie gauche interrompent & prétendent que ce n'est pas là la question). L'analyse est exacte, & ce n'est pas moi que vous pouvez accuser de s'écarter de la question. (Les murmures de ceux qui avoient déjà interrompu l'orateur recommencent). M. l'abbé Maury descend de la tribune. — On l'invite à continuer son discours.

M. l'abbé Maury. Des murmures bien prononcés, m'annoncent de ne pas plaider une cause qui pourroit compromettre des intérêts plus chers que ceux que je défends. J'abandonne la parole.

M. le président. Le calme des délibérations & la liberté des opinions est la première loi de cette assemblée. J'avois supplié de ne pas interrompre l'orateur; on l'a fait & on a eu tort. Je prie M. l'abbé Maury, au nom de l'assemblée, de remonter à la tribune.

M. l'abbé Maury. Je ne croyois pas m'écarter de l'état de la question, en suivant la route qu'avoit tracée M. Bouche. Je devois penser que puisqu'on avoit la liberté indéfinie de s'écarter d'un rapport, cette liberté devoit exister pour tous les membres de l'assemblée. Je sais bien qu'il n'est question que de la ville d'Orange, & cependant M. Bouche vous a toujours parlé d'*Avignon*, du Comtat Venaissin, en tâchant de vous faire appercevoir, à travers ce nuage d'aristocratie dont il s'est enveloppé, des principes aristocratiques, qu'il combat avec un zèle si édifiant depuis le commencement de cette assemblée. Il m'est sans doute permis de dire que les troubles de Nismes n'ont aucun rapport avec les troubles d'*Avignon*; que ces premiers ont eu pour prétexte la cause de la religion. On sait que Nismes contient des protestans parmi ses habitans, & il n'en existe pas à *Avignon*. Quels rapports peuvent donc avoir entre eux des troubles si différens les uns des autres? Ou il faut renoncer à ce système, si souvent mis en usage, de nous présenter les villes de Nismes & Uzès comme le théâtre du fanatisme; ou il faut avouer que les troubles d'Orange n'ont rien de commun avec ces deux villes malheureuses. On vous a parlé de la ville d'*Avignon* comme de votre propriété: le moment n'est pas venu de prouver la légitimité du saint-siège; c'est une ville dont il jouit depuis plus de 400 ans, une ville prise trois fois par la France & toujours restituée. Louis XIV & Louis XV la rendirent volontairement à son souverain légitime; & l'on peut soutenir que ces trois entreprises rétractées sont le plus beau titre de sa propriété. Clément VI l'acheta en 1348 de Jeanne, reine de Sicile. Elle a eu de tout temps une administration séparée & des titres différens de ceux du Comtat. Nous sommes bien loin de nous opposer à cette partie du décret, par laquelle on propose de supplier le roi d'envoyer des troupes à Orange. Nous desirons qu'elle soit défendue; que le maire, citoyen estimable, jouisse des avantages qu'il nous a procurés à nous-mêmes; mais si l'on donnoit plus d'extension à cette disposition, on préjugeroit la grande question sur laquelle l'Europe entière a les yeux ouverts, celle de savoir s'il est permis à une ville de changer de domination & de souverain.

La ville d'*Avignon* n'a point demandé de troupes étrangères: si de nouveaux troubles nous préparoient de nouveaux malheurs, alors nous aurions recours peut-être à la protection de François; mais nous ne leur demanderions pas de protéger la révolte. (Je demande, s'écrie M. Bouche, que l'orateur déclare s'il est François; car, s'il est étranger, il doit descendre à la barre). Je ne regarderai point comme une peine de descendre à la barre. Cet ordre, s'il m'étoit donné par l'assemblée, m'honoreroit, parce qu'il attesteroit mon respect & mon patriotisme. La France est bien maîtresse de disposer de ses troupes à son gré; mais on ne peut pas s'emparer du territoire d'autrui. Je le répète encore: si l'embarras des circonstances exige des secours étrangers, les François ne nous abandonneront pas. La ville d'Orange n'a-t-elle pas déjà eu la gloire de faire cesser les meurtres? Elle a par malheur été trompée sur ces hommes morts martyrs de la patrie, dont le gibet est devenu un autel patriotique qui immortalisera leur nom dans cette malheureuse province. — Nous vous demandons que l'assemblée se borne à accéder aux vœux de la ville d'Orange; mais que le décret qu'elle rendra n'indique en aucune manière les secours que l'on peut porter à *Avignon*. La France a solemnellement renoncé à tout esprit de conquête ; elle protégera ses voisins, mais elle n'attentera jamais à leur liberté.

M. Clermont-Lodève. Quand j'ai vu à l'ordre du jour l'affaire d'Orange, j'avois pensé que vous vous occuperiez du sort des Avignonois détenus ; on s'est porté à des invectives contre le Comtat Venaissin & Villeneuve. On a voulu faire entendre que les troubles d'*Avignon* étoient liés avec ceux de Nismes ; on n'a pas réfléchi qu'il n'y a à *Avignon* qu'une seule religion : on vous a dit que la ville de Carpentras étoit le cratère ; on a voulu dire le foyer du volcan qui avoit occasionné une explosion dans cette contrée. Elle a le plus grand intérêt à ce que l'ordre y soit maintenu. On a prétendu aussi que c'étoit la cause de l'aristocratie. Eh bien ! parmi les prisonniers détenus, qui, dans ce systême, seroient des aristocrates, il y a des porte-faix, des artisans, des petits marchands détailleurs ; trois seulement appartiennent à la classe de la noblesse, ou de la ci-devant noblesse. Ils n'ont commis d'autre crime que ce qui étoit autrefois la fidélité à leurs souverains. Je demande qu'on s'occupe du sort des prisonniers.

La discussion est fermée.

On demande la priorité pour le projet du comité.

M. Malouet demande la parole pour proposer un amendement. — Si l'assemblée adoptoit purement & simplement le décret qui lui est présenté par le comité, elle sembleroit autoriser la détention des prisonniers à Orange. Voici comme je proposerois de rédiger l'article. « L'assemblée nationale décrète que son président se retirera pardevers le roi, pour le supplier d'interposer ses bons offices & sa protection, afin de rétablir la paix à *Avignon*. Il sera accordé un asyle inviolable sur le territoire françois à tous ceux qui, pendant les troubles, se sont absentés ou s'absenteroient d'*Avignon*. En conséquence, les habitans transférés à Orange, auront la liberté, & pourront, s'ils le veulent, sortir du territoire françois. Sera aussi suppliée sa majesté de faire passer des troupes dans les lieux voisins d'*Avignon*. Elles ne pourront agir qu'à la réquisition des municipalités voisines, seulement pour maintenir la paix ».

Ce décret est écarté par la question préalable, & le projet du comité est adopté, comme nous l'avons rapporté ci-dessus.

M. l'abbé Maury. Je demande qu'on ajourne à jour fixe la question des prisonniers.

M. de Broglie. Je renouvelle la motion que j'ai déjà faite, & soutiens qu'ils est impossible de faire le rapport des prisonniers sans entrer dans tous les détails des troubles d'*Avignon*.

Une députation de la municipalité de Paris est admise à la barre.

M. l'abbé Fauchet obtient la permission de parler. — Lorsqu'il s'agit de Francklin, la commune ne craint point de vous importuner ; elle a pensé entrer dans vos vues en ordonnant une cérémonie funèbre pour célébrer la mémoire de ce grand homme. Il manqueroit quelque chose à cette solemnité, si vous n'y assistiez pas. La commune est à vos ordres pour le jour & l'heure qu'il vous plaira d'indiquer.

M. le président. L'assemblée nationale voit avec intérêt les honneurs rendus à l'homme le plus fameux dans le annales des deux mondes. Elle prendra votre demande en considération.

M. Crillon le jeune demande à faire lecture d'une lettre écrite par le maire d'Orange ; mais il observe que ce n'est point à lui qu'elle est adressée.

On s'oppose à la lecture de cette lettre, dont personne ne peut assurer la garantie.

M. Clermont-Lodève. On a bien lu la lettre calomnieuse d'un cabaretier dans l'affaire de M. de Lautrec.

M. le président consulte l'assemblée, pour savoir si la lettre sera lue. — Deux épreuves successives paroissent douteuses.

M. l'abbé.... Et moi aussi, j'ai reçu une lettre de M. le maire d'Orange, puisqu'il est mon cousin-germain ; il s'est laissé attendrir, il demande qu'on procure du soulagement aux prisonniers, & même la liberté ; mais comme cette demande, si elle étoit accordée, pourroit avoir des suites funestes, je demande qu'elle soit regardée comme non-avenue.

L'assemblée décide qu'il sera nommé un comité de six personnes, chargé spécialement de l'affaire d'Orange.

Séance du vendredi 23 juillet 1790.

M. le président annonce que les commissaires nommés pour l'affaire d'*Avignon*, sont MM. Barnave, Tronchet, Bouche, Riquetti l'aîné, Charles Lameth & Desmeuniers.

Séance du 17 août 1790.

M. Tronchet. Trois pétitions différentes vous ont été présentées. Des députés d'*Avignon* vous offrent, au nom de leur ville, leur réunion à la France. La municipalité d'Orange, dépositaire de quelques prisonniers de la ville d'*Avignon*, vous demande de régler sa conduite ; enfin ces prisonniers réclament votre protection : vous avez nommé des commissaires pour l'examen de ces pétitions. Des questions aussi importantes demandent la plus grande circonspection. Les trois pétitions sont la suite de la catastrophe du 10 juin, qui dépend elle-même d'événemens antérieurs. Dès le mois d'août 1789, il se forma dans la ville d'*Avignon* des milices nationales, à l'exemple de celles de France. Dans le mois de novembre, il fut fait à l'assemblée nationale une motion tendant à revendiquer la ville d'*Avignon* & le Comtat Venaissin. Dans le même mois, l'administration du Comtat Venaissin déclara qu'elle resteroit fidelle à la puissance à laquelle elle étoit légitimement soumise, & cette délibération fut communiquée à toutes les communautés, qui la ratifièrent. Quelque tems après il s'est formé, sur un plan quelconque, une nouvelle constitution dans le Comtat Venaissin; le vice-légat l'a sanctionnée; mais on prétend que cette sanction a été forcée. C'est alors que commença la diversité d'opinions : les uns vouloient que cette constitution fût définitive, les autres prétendoient qu'elle ne pouvoit l'être que par la sanction du pape. En avril, survint un bref du pape, qui cassoit toutes les ordonnances extorquées à son vice-légat; il fut fait défenses aux commissaires du pape de publier cette proclamation. La ville d'*Avignon* devint alors le théatre des dissensions & des troubles : le vice-légat se retira à Carpentras, protestant contre tout ce qui pourroit être fait; alors s'est érigé un tribunal composé d'un juge & de deux assesseurs. L'avis unanime de vos commissaires a été qu'on ne pouvoit donner un caractère légal à ce tribunal. Je vais passer à l'examen des faits.....

On observe que l'heure est avancée, & on lève la séance : l'affaire d'*Avignon* est ajournée au 27.

Séance du 27 août 1790.

M. Tronchet. Conformément aux ordres que vous m'avez donnés, je vais continuer le rapport sur l'affaire d'*Avignon*. La possession du pape remonte, pour le Comtat Venaissin, jusqu'en 1273, & pour *Avignon*, jusqu'en 1348. Il seroit difficile de décider sur la légitimité d'une possession que plusieurs siècles semblent avoir consacrée. Les princes de l'Europe ont-ils des titres plus sacrés ou plus respectables? Il est vrai que les rois de France sont rentrés plusieurs fois dans la possession du Comtat d'*Avignon*. Louis XIV s'en empara en 1663; mais il le restitua en 1664, en vertu du traité de Pise. Il réitéra cet acte d'autorité en 1688, & le restitua encore pour la seconde fois, en 1689. Louis XV suivit cet exemple en 1769. Il restitua de même le Comtat en 1774. Des troubles survenus dans la ville d'*Avignon*, ont changé cet ancien état des choses. Les dissensions ont éclaté au sein de cette ville malheureuse. Les citoyens ont été égorgés par leurs concitoyens. C'est au milieu de ces horreurs que la ville d'*Avignon* a déclaré son indépendance & a demandé sa réunion à l'empire François. Est-ce donc parmi des violences, & dans le moment où une foule de fugitifs ont abandonné leur ville malheureuse, que l'on a pu recueillir un vœu libre & suffisant? Déjà même l'autorité de la nouvelle municipalité est ébranlée; car les nouvelles du 11 août, consignées dans un procès-verbal de la garde nationale d'Orange, annoncent que l'on conteste à ses officiers municipaux leur pouvoir, & que les districts leur demandent des comptes rigoureux. Cependant il faut statuer sur le sort des vingt-trois prisonniers détenus dans les prisons d'Orange, où ils languissent depuis environ trois mois. Je ne pense pas que l'assemblée nationale puisse ordonner la réunion de cette province à la France. Elle ne peut se détacher de la nation dont elle fait partie, sans le consentement de cette nation, exprimé par ses représentans. *Avignon* est une province des états du pape, donc elle ne peut se détacher du surplus des sujets de cette puissance, sans l'aveu de tous les autres citoyens qui composent avec elle cette association. Cette réunion ne doit s'opérer que par un traité entre le pape & la France, sous le consentement des Comtadins. Sans cela, ce seroit une conquête interdite par les principes même de votre constitution. Le roi ayant, en matière politique, l'initiative, il est nécessaire de renvoyer au pouvoir exécutif, en exécution du décret du 17 juin, les pièces nouvelles & la pétition des Avignonois. A l'égard des prisonniers, je pense qu'ils doivent être mis hors des prisons, à la charge cependant de ne pouvoir sortir de la ville d'Orange, jusqu'au jugement final. Voici en conséquence le projet de décret que j'ai l'honneur de vous présenter.

L'assemblée nationale, après avoir entendu le rapport de ses commissaires, a décrété & décrète :

1°. Qu'en exécution du décret du 17 juin, son président se retirera pardevers le roi, à l'effet de lui communiquer les nouvelles pièces & instructions relatives à la pétition des Avignonois, ainsi que les pièces & instructions relatives à l'état actuel du Comtat Venaissin, pour être, par sa majesté, proposé, & par l'assemblée nationale décrété ce qu'il appartiendra; & que cependant le roi sera supplié de faire placer dans les environs d'*Avignon* & du Comtat, les troupes de ligne qu'il croira convenables, eu égard aux circonstances.

2°. Que la municipalité d'Orange ne peut faire usage des pouvoirs contenus dans les délibérations qui ont été prises par les districts d'*Avignon*, le 12 juin, relativement au jugement des individus qui ont été déposés dans ses prisons.

3°. Que lesdits individus détenus depuis le 12 juin dans les prisons d'Orange, seront provisoirement élargis, à la charge de tenir la ville d'Orange pour prison, où ils resteront sous la sauve-garde de la nation françoise.

4°. L'assemblée nationale charge son président de faire remettre incessamment une expédition du présent décret, tant aux officiers municipaux d'Orange, qu'aux députés de la ville d'*Avignon.* Elle charge en outre son président d'écrire au peuple avignonois, pour lui témoigner la profonde douleur dont elle a été affectée, à la vue des malheurs qui ont accompagné les événemens arrivés à *Avignon*, & l'inviter à employer les moyens les plus efficaces pour effacer jusqu'au souvenir de ses malheurs, & pour rétablir entre tous les citoyens la concorde que leur intérêt mutuel leur prescrit.

M. Malouet adhère à l'avis du comité, & conclut à l'élargissement absolu & définitif des prisonniers.

M. Bouche. Il est nécessaire d'établir le vice radical du titre translatif de propriété au profit des papes. Une reine jeune, foible & mineure, a disposé d'une partie de ses états grevés de substitution, pour fléchir son juge & obtenir une absolution. Il y auroit les plus grands inconvéniens à laisser subsister au milieu de la France, un petit territoire qui pourroit en intercepter toutes les communications, & qui, dans le systême proposé du reculement des barrières, forceroit d'entourer cette province d'une armée de commis, & de gêner le commerce des départemens circonvoisins. Le Comtat donne une retraite indispensable à tous les fraudeurs, voleurs & banqueroutiers du royaume. C'est encore dans le Comtat que réside toujours le foyer de la malveillance; c'est-là qu'a été imprimée la fameuse déclaration du 20 avril, d'où elle s'est répandue dans toutes les provinces du midi; c'est du Comtat Venaissin que sont sortis, dans tous les temps, les intrigans ou les factieux qui ont désolé & tourmenté la France; c'est du Comtat Venaissin qu'est sorti *Zameto*, grand orateur, & seigneur suzerain de deux fois 800,000 écus. — A l'intérêt de la France se réunit le vœu du peuple avignonois. Non-seulement tous les districts l'ont manifesté par leurs délibérations, mais encore ils ont envoyé & tiennent auprès de vous une députation, pour solliciter l'admission de leur demande. Je vais vous faire lecture d'un projet de décret.

L'assemblée nationale décrète que les prisonniers détenus à Orange, seront provisoirement élargis en gardant les arrêts dans la ville; que le roi sera supplié d'envoyer quelques détachemens à *Avignon* pour maintenir, *in statu quo*, la tranquillité publique; comme aussi d'écrire au saint-Père, qu'il prend sous sa protection le Comtat Venaissin & la ville d'*Avignon*, & d'entamer une négociation pour leur réunion à la France; décrète en outre que son président enverra une expédition du présent décret au peuple d'*Avignon*, pour l'engager à ne se rappeller des malheureux événemens qui ont eu lieu dans cette ville, que pour mieux y maintenir l'union & la paix.

M. Clermont-Tonnerre. Il est impossible de rien ajouter aux principes sagement énoncés par M. Tronchet. L'assemblée a déclaré qu'elle ne vouloit pas s'agrandir par des conquêtes. Si elle s'écartoit de cette belle maxime, il faudroit bientôt classer une déclaration qui a fait votre gloire parmi les principes immoraux de la diplomatique des despotes. La ville d'*Avignon* sera comme la chaumière du pauvre dans le domaine d'un roi, un exemple de justice. Je conclus à ce que le projet du comité soit adopté dans son entier.

M. Charles Lameth. Je demande l'ajournement, attendu que toutes les objections contre le décret n'ont pas été proposées. Vous voulez mettre en liberté les oppresseurs, qui, à *Avignon*, comme à Paris, n'ont pas été les plus forts.

M. Barnave. Je suis d'avis que les prisonniers doivent être provisoirement élargis; mais le surplus du décret doit être renvoyé à une séance du matin. La matière est assez importante.

M. d'Ambly. J'appuie la motion de M. Barnave, à condition qu'on annullera les décrets rendus le 19 juin, dans la séance du soir.

M. Crillon le jeune. L'assemblée, par un décret formel, a renvoyé la discussion à la présente séance. La proposition de M. Barnave doit donc être sans effet.

M. Montmorenci demande l'ajournement du fond & l'élargissement des prisonniers.

M. Malouet. Je requiers qu'il soit fait dans le décret une mention tendant à pourvoir à la subsistance des prisonniers.

Après d'assez longs débats sur la priorité des diverses motions, l'assemblée l'accorde à celle de M. Montmorenci.

L'article III du projet de décret est adopté, avec l'addition proposée par M. Malouet.

Séance du 16 novembre 1790.

M. le président. Le comité d'*Avignon* & le comité diplomatique n'ayant pu se mettre d'accord sur le rapport qu'ils avoient à vous faire, la discussion va s'ouvrir sur la pétition de la ville d'*Avignon.*

M. Pétion, l'un des membres du comité d'Avignon. Le peuple avignonois réclame l'avantage d'être le premier à s'associer à votre gloire & à votre prospérité. Placé au milieu de la France, uni de tout temps aux François par les liens de l'estime, de l'amitié, de la reconnoissance; ayant les mêmes mœurs, les mêmes intérêts, il veut resserrer tant de nœuds, en adoptant les mêmes loix, en choisissant le même chef. Jamais nation n'a reçu un plus bel hommage; jamais l'empire de la raison & de la justice n'a obtenu un triomphe plus éclatant. Combien n'est-il pas plus glorieux, plus consolant pour l'humanité, de subjuguer les peuples par

par la douceur & la bonté des loix, que par la force des armes!... Cette pétition, aussi honorable qu'importante, mérite de fixer toute votre attention. La discussion entraîne nécessairement dans l'examen de plusieurs questions de droit public. La marche de notre travail est simple & facile à suivre. Nous avons pensé qu'avant tout, il falloit savoir de qui *Avignon* dépend; si la cour de Rome a des droits légitimes sur cet état; quels sont ses titres; quelle est sa possession; ou si au contraire *Avignon* appartient à la France, & fait partie de son territoire. Nous avons raisonné ensuite dans la supposition où *Avignon* seroit le domaine des papes, & nous avons examiné si les Avignonois mécontens de leur sort, se sont déclarés libres & indépendans, si ce vœu est général, authentique, ou si ce n'est que la volonté particulière de quelques individus; si les Avignonois ont pu passer une déclaration d'indépendance, & s'offrir à la France; si une nation entière a ce droit, si la portion d'une nation l'a également; s'il est juste, s'il est d'une saine polititique de réunir *Avignon* à la France; quel est enfin le parti qu'il convient de prendre. Ainsi ce discours se divise en deux parties principales; l'une traite du droit positif; l'autre, des droits naturels & imprescriptibles des peuples. Ces deux parties renferment tous les faits, tous les principes qui peuvent répandre la lumière sur cette grande affaire. J'entre en matière.

Avignon a éprouvé toutes les bizarreries des événemens politiques; tantôt il s'est gouverné par lui-même, & a formé une république séparée; tantôt il a été joint aux états qui l'environnoient & en a subi la loi. Il a passé successivement entre les mains de plusieurs puissances; la proie de ceux qui ont voulu s'en emparer, le jouet de leurs caprices; abandonné & repris par la France, l'incertitude & l'instabilité de son sort ont été perpétuelles. Les plus grandes puissances n'ont pas exercé davantage la plume de nos écrivains, & en voyant tous les volumes qui ont été faits sur ce petit état, on croiroit qu'ils renferment l'histoire du monde. Les historiens rapportent les faits d'une manière différente & souvent opposée. Cependant il est un point sur lequel il n'est aucune diversité d'opinions; c'est que Jeanne, reine de Naples, a cédé *Avignon* au pape Clément VI, en 1348. Cet acte est-il une vente? est-il une donation simulée? est-il un engagement? c'est sur quoi il existe des dissertations très-longues & très-érudites. Ce qu'il y a de constant, c'est que cette vente fut vue très-défavorablement par les écrivains provençaux, qui la qualifient de vente mendiée. Cet abandon, de quelque nom qu'on veuille l'appeller, fut fait moyennant 80,000 florins, qui, suivant les uns, furent payés par le pape, qui en retira quittance, & suivant d'autres ne le furent pas. Jeanne étoit violemment soupçonnée du meurtre de son mari. Jeanne avoit conçu une passion très-vive pour Louis de Tarente, qui devint son époux, & plusieurs prétendent qu'il n'en coûta au pape que l'absolution de ces crimes. Presque tous conviennent que Jeanne étoit mineure lors de cette cession. Un petit nombre soutient que la loi de l'état rendoit Jeanne majeure à dix-huit ans, la représente comme assistée d'un conseil, & met un grand prix au diplôme donné par Charles VI, en 1348, qu'il considère comme l'investiture & la confirmation de la vente.

D'un autre côté, l'on établit que ce diplôme n'a aucun rapport à la vente, qu'il n'en dit pas un mot; que Charles céda seulement au pape les droits de souveraineté qu'il prétendoit avoir sur *Avignon*.... Jeanne, majeure en 1350, réclame contre toutes les conventions qu'elle a souscrites contre l'intérêt de ses sujets: « Elle déclare qu'entraînée par » le malheur des temps, vaincue par l'importunité, abusée par des astuces, succombant à la » fragilité de son sexe, à la foiblesse de son âge, » elle est contrevenue aux loix les plus sacrées » des nations. Elle révoque toutes les aliénations » dont elle s'est rendue coupable depuis la mort » de son ayeul, à quelque titre & en faveur de » quiconque elles aient été faites ».

Ceux qui combattent l'aliénation, soutiennent en effet qu'elle ne pouvoit être faite sous aucun rapport. *Avignon* entre les mains de Jeanne, étoit un domaine substitué; il l'étoit par le testament de Robert, héritier des états de Naples & de Provence; il l'étoit par l'édit solemnel du 20 décembre 1334, par lequel ce roi promet & jure à ses sujets de Provence, qu'il ne sera fait aucune aliénation dans le comté, & interdit à ses héritiers & descendans, de transgresser cette disposition. Les écrivains qui envisagent, d'après ces faits, les titres des papes comme frauduleux & nuls, trouvent leur possession également vicieuse, par le principe d'une éternelle vérité, qu'un titre injuste ne peut être légitimé par la possession; qu'un laps de temps ne légitime jamais la mauvaise foi, & que la mauvaise foi empêche toute prescription de s'établir. Cette possession est contestée sous d'autres rapports, & en l'isolant des prétendus titres de propriété. On assure que les Avignonois furent plusieurs années sans vouloir reconnoître l'autorité du pape, & qu'ils ne se soumirent que parce qu'abandonnés à leurs propres forces, ils furent dans l'impuissance de résister.

On trouve des lettres de naturalité sans nombre, depuis 1536, données par nos rois à des habitans d'*Avignon*: « Pour éviter, portent-elles, les difficultés qu'on pourroit faire, parce que la ville » d'*Avignon* n'est pas de présent entre nos mains. » Dans ces lettres il est dit: « Sans préjudice des » droits de propriété par nous prétendus, & qui » nous appartiennent en ladite ville & seigneurie d'*Avignon*. — Charles IX donna des lettres-patentes au mois de novembre 1567, pour déclarer tous les Avignonois vrais sujets françois, & régnicoles,

— Louis XIII, en 1622, le 16 décembre, fit son entrée à *Avignon* : les consuls lui présentèrent les clefs de leur ville, deux cents médailles d'or dans une coupe. — Louis XIV, en 1660, le 19 mars, fut reçu dans la ville d'*Avignon* avec les mêmes cérémonies : il délivra des prisonniers, & donna des lettres de grâce en 1662. Le 13 octobre, il écrivit à son procureur-général au parlement d'Aix : « qu'ayant résolu de rentrer dans ses domaines, & considérant que la ville d'*Avignon* & le Comtat Venaissin ont été aliénés du comté de Provence, il lui mande & enjoint de tenir la main à ce que le vice-légat de la légation soit obligé d'exhiber à son parlement les titres en vertu desquels notre saint-père le pape jouit de ladite ville d'*Avignon* & Comté Venaissin ». Par arrêt du 16 juillet 1663, le parlement d'Aix reconnut *Avignon* & le Comté Venaissin parties de l'ancien domaine de Provence, & déclara qu'ils n'avoient pu être aliénés ni séparés, & les réunit à la couronne.

Le pape négocia. Par le traité de Pise, le roi renonça, le 12 février 1664, au bénéfice de l'arrêt, & ordonna que le pape seroit remis en possession. Dans ce traité, Louis XIV n'en tient pas moins, dans plusieurs stipulations, la conduite du roi d'*Avignon*. En 1668, ayant eu de nouveaux sujets de mécontentemens de la cour de Rome, il ordonna au parlement de reprendre l'exécution de son arrêt de 1663 ; ce qui fut fait sans beaucoup de formalités. Mais de nouvelles lettres-patentes rendirent à Alexandre VIII la possession d'*Avignon* & du Comtat Venaissin. Le parlement les enregistra sans préjudice de la propriété déclarée inaliénable & imprescriptible. Les adversaires de la cour de Rome apperçoivent dans cette marche incertaine & changeante de Louis XIV, un homme vain & foible, assez content d'avoir humilié son ennemi, peu jaloux d'une propriété qui n'ajoutoit rien à sa puissance ni à sa gloire, mettant de l'ostentation à accorder un bienfait qui retînt les papes dans sa dépendance ; & dans les opinions fermes & constantes du parlement d'Aix, le zèle noble & courageux de magistrats qui défendent les droits de la nation & de la monarchie.

Louis XV, en 1768, irrité des entreprises de la cour de Rome sur les droits du duc de Parme & de Plaisance, envoya des troupes à *Avignon* & dans le Comtat Venaissin ; par des lettres patentes du premier juin, il chargea des commissaires choisis dans le parlement d'Aix, de se transporter sur les lieux, de prendre possession & de recevoir le serment de fidélité, foi & hommage des consuls, syndics & habitans. Il conserva ce pays jusqu'en 1774, époque à laquelle il s'en dessaisit en faveur de Clément XIV. Il est à remarquer que dans ces différentes lettres patentes on a toujours réservé le droit de la France sur cet état.

Nous avons à *Avignon* des établissemens de toute espèce, un séminaire, des caisses publiques, des douanes, des loteries, un entrepôt de tabac, des greniers à sel, des postes, des diligences, &c. ; nous y exerçons enfin tous les droits que l'on a dans un pays qui vous appartient. Cette jouissance partagée, ce mélange de possession entre les rois de France & les papes, ont fait penser à plusieurs bons esprits, que ces domaines n'étoient qu'engagés, & que dès-lors la France pourroit y rentrer quand elle le jugeroit convenable. Ce qui paroît le mieux établi, c'est que ces domaines faisoient partie de l'empire françois ; qu'ils étoient frappés de substitution entre les mains de Jeanne ; que Jeanne a vendu ce qu'il n'étoit pas en son pouvoir d'aliéner ; que le pape a acquis ce qu'il n'avoit pas le droit d'acquérir..... La France, dans le droit positif, peut donc, aux yeux de l'Europe entière, rentrer dans des domaines qui lui appartiennent, & qui n'auroient jamais dû en être séparés...... Mais supposons même que les prétentions de la France sur *Avignon* soient litigieuses & incertaines ; supposons que celles des papes sont légitimes & incontestables ; n'examinons même pas si le premier prince de l'église peut avoir une puissance temporelle ; si un prince électif peut être choisi par d'autres que par son peuple. Admettons que les papes sont des rois, qu'ils sont possesseurs d'*Avignon*, & voyons, dans cette supposition, s'ils peuvent conserver *Avignon* malgré la volonté du peuple, & si les Avignonois ne sont pas les maîtres de se donner à la France.

Les Avignonois se plaignent de leur régime intérieur, de leurs institutions vicieuses, du joug de la cour de Rome ; ils représentent le vice-légat d'*Avignon* comme un prêtre ambitieux, avide d'honneurs & de richesses, entouré d'Italiens pervers, réunissant dans sa personne tous les pouvoirs, précipitant d'un seul mot le plus honnête citoyen dans les fers, & le livrant au supplice infame & cruel de l'estrapade. L'administration municipale est un corps aristocratique, soumis aux volontés despotiques du vice-légat, qui se régénère elle-même, sans la volonté ni le vœu des administrés, commet les malversations les plus criantes, ayant ruiné la ville, & l'ayant grevée de quatre millions de dettes. La justice est vendue à l'enchère ; le vice-légat & ses subalternes font un commerce public & frauduleux d'ordonnances ; les appels se portent à Rome, ce qui éternise les procès & ruine les plaideurs. Les débiteurs achètent à Rome le privilège de ne point payer leurs créanciers ; les créanciers font casser, avec de l'argent, ces arrêts de surséance, que les débiteurs font revivre à leur tour, en payant une plus forte somme. Les plaintes adressées à la cour de Rome, sur l'administration, ne sont jamais accueillies ; les supérieurs sont autorisés dans toutes leurs entreprises, &c... Le peuple étoit fatigué de tous ces excès, lorsque la révolution de France réveilla le sentiment de la liberté chez les Avignonois. Des doléances furent rédigées, avec la permission du vice-légat : elles frappoient sans ménagement contre les abus; les hommes en place qui en profitoient, en furent effrayés. Les consuls rédigèrent une adresse au pape, dans le style des esclaves; les citoyens en furent indignés, & l'état-major fit brûler publiquement cet écrit. Les doléances restoient sans réponse : le peuple se soulève; & le 3 septembre, il s'empare de plusieurs portes de la ville, & déloge les commis. Le vice légat emploie la force, promet une amnistie simulée, fait enlever des citoyens pendant la nuit, dirige une procédure criminelle contre les auteurs & imprimeurs des doléances. On dresse une potence; & par un raffinement de cruauté, on fait savonner les cordes par le bourreau, en présence des détenus. Un avocat est arraché, le 2 février, à onze heures du soir, du sein de sa famille, & traîné dans les prisons. Le peuple alors ne contient plus son indignation; le vice-légat cède à l'orage, délivre les prisonniers. Le lendemain, cette infernale procédure est brûlée.

Bientôt la ville est provisoirement administrée par des députés de corporations & par le comité militaire. Ne pouvant obtenir du pape les états-généraux; les citoyens, pour sortir de cette anarchie, adoptent la constitution françoise, par une délibération du 14 mars, qu'ils renouvellent le 5 avril. Une nouvelle municipalité s'établit dans les formes prescrites par les décrets de l'assemblée nationale. Le pape casse, par un bref du 21 août, tout ce qui s'est fait, & la sanction donnée par le vice-légat; le bref rejetté, il députe un second envoyé extraordinaire, il signor Celestini; le peuple lui interdit l'entrée de la ville..... Vous connoissez la fatale journée du 10 juin; je n'en mettrai pas sous vos yeux le lugubre & déchirant tableau; je ne vous parlerai pas de la journée qui a suivi.... Les Avignonois, mécontens de leur administration vicieuse, en sollicitèrent vainement la réforme; réduits au désespoir par le gouvernement, égorgés par ses satellites, ils se déclarent libres, indépendans; ils expulsent le légat, ne veulent plus reconnoître la cour de Rome, & s'offrent à la France. Les assemblées de districts furent-elles nombreuses? Nous l'ignorons : ce que nous savons, c'est que tous les citoyens furent convoqués dans les formes les plus solemnelles. Il est possible que dans ces assemblées on n'ait pas observé des formes calmes pour recueillir le vœu de chaque membre; mais cette énergie qui ne peut se contenir, a manifesté avec force à tous les yeux la volonté commune.

On a reproché, comme un vice essentiel à ces délibérations, d'avoir été prises dans des sections séparées. Je ne sais pas comment nous aurions le droit de fixer à un peuple la manière dont il doit délibérer. Plusieurs citoyens n'avoient pas assisté aux délibérations. Un registre fut à l'instant inscrit de 960 signatures : ce vœu émis par l'enthousiasme a été rectifié par le temps & la réflexion. Le 5 septembre, les douze compagnies des gardes avignonoises, assemblées sur le roc de Dom, renouvellent leur serment, & le peuple imite leur exemple; par-tout l'air retentit des cris de vive la nation, vive le roi. La formule du serment, déposée sur un tambour, est revêtue de quatorze cents signatures. Le 6 octobre, les neuf districts se sont de nouveau assemblés, & ont renouvellé à l'unamité leur vœu d'être libres, d'être françois. Ces délibérations on été remises au corps municipal par le président de chaque district, & adressées ensuite à l'assemblée nationale. A ces caractères il est difficile de ne pas reconnoître la volonté générale d'un peuple, & nous ne savons pas s'il est une manière plus certaine de l'exprimer. La majorité fait la loi; lorsqu'elle est pour l'indépendance, toutes les clameurs des mécontens doivent se taire; tous ces ces grands mots d'insubordination, de révolte, ne peuvent pas être écoutés..... Lorsque les Américains ont secoué le joug de l'Angleterre, lorsque nous avons protégé leur indépendance, ils étoient bien éloignés de réunir une volonté aussi générale & aussi constante.

Il ne s'agit plus que de déclarer si les Avignonois ont eu le droit de se déclarer libres & indépendans. Tout le monde convient que la souveraineté, c'est-à-dire, la réunion de tous les pouvoirs réside dans la nation. Il n'existe véritablement point de contrat entre une nation & le chef qu'elle s'est choisi. Les peuples ne se vendent ni ne s'engagent; ils restent toujours les maîtres de leur volonté & de leur confiance; ils délèguent les pouvoirs qu'ils ne peuvent exercer, mais ils ne donnent aucun empire sur eux, ni aucun mandat qu'ils ne puissent révoquer. Eux seuls peuvent juger de leur bonheur, & déterminer ce qui leur convient. Comment concevoir qu'un délégué puisse agir contre la volonté de ses commettans, qu'il puisse les soumettre à sa propre autorité, & devenir maître, au lieu de rester sujet? Je pense même que personne de bonne foi ne peut contester à une nation le droit qu'elle a de changer, de modifier la forme de son gouvernement; mais une autre difficulté plus sérieuse est de savoir ce que peut faire une partie de cette nation. Si les portions d'une grande société, dit-on, pouvoient ainsi s'isoler par des vœux particuliers, il n'y auroit plus rien de stable; tous les empires seroient renversés. Le point de fait est que le peuple d'*Avignon* a toujours été un peuple à part. Il a passé sous la domination du saint-siège à ce titre. Il a ses usages, ses loix, ses statuts particuliers; il a un régime qui lui est propre. Jamais les réglemens généraux de la cour de Rome n'ont été applicables à *Avignon*, qu'autant qu'ils en ont porté la disposition expresse.... On ne peut d'ailleurs concevoir de véritable union politique, d'union qui engage tous les membres d'une société, que lorsqu'elle a été librement consentie, que lorsque les conditions en ont été réglées par les individus qui la composent. Un engagement sans volonté est nul. Cette vérité est hors de toute atteinte, & les Etats-Unis d'Amérique lui ont rendu un hommage solemnel lors de la formation de leur gouvernement.

Il n'y a qu'un instant que la France a une vraie fédération politique. Chacune des provinces qui composent ce bel empire, étoit un état séparé, qui avoit ses statuts particuliers, ses priviléges. Vous avez vous-mêmes vu la Navarre prétendre à être un royaume. Tant que les parties d'un empire ne s'incorporent pas volontairement ensemble, il n'y a point d'association, il n'y a point d'alliance; la force seule établit les rapports: or la force viole les droits au lieu de les consacrer. Le silence & la soumission des peuples, loin d'être une approbation, est la marque certaine de la servitude & de l'esclavage. Qui est-ce qui niera que la Hollande ait eu le droit de briser ses fers, & de se détacher de l'Espagne? Qui est-ce qui niera que la Suisse ait pu secouer le joug de la maison d'Autriche? On traite les peuples de rebelles, lorsqu'ils rentrent dans leurs droits. Les tyrans seuls sont des révoltés. (On applaudit à plusieurs reprises). Qui est-ce qui niera que la force, depuis des siècles, soit le seul droit public des rois? A examiner la manière dont ils trafiquent des peuples, dont ils les échangent, dont ils les conquèrent, dont ils leur dictent des loix, n'est-il pas évident qu'ils les traitent comme de vils troupeaux dont ils sont propriétaires? C'est cependant ce droit public qu'on invoque, ce sont ces maximes qu'on ne peut toucher, dit-on, sans troubler l'ordre des sociétés, sans en détruire l'harmonie. Quel ordre, grand Dieu, que celui qui renverse toute morale & toute justice! Nous le répéterons sans cesse, il n'y a de société entre les individus, il n'y a d'alliance entre les parties d'un empire, que par un consentement libre & général; & c'est ce consentement de réunion qui n'existe pas entre *Avignon* & les autres états de la cour du pape; & j'ai déjà prouvé qu'*Avignon* a toujours été regardé, même par les papes, comme un état distinct & séparé.

Il est donc prouvé que le peuple d'*Avignon* a pu se déclarer indépendant; qu'il s'appartient à lui-même, & qu'il veut se réunir à la France. Devons-nous le recevoir? Est-il de notre intérêt & d'une saine politique de le faire?.... *Avignon* est au centre de nos belles provinces méridionales; il en coupe la communication; il gêne le Languedoc, la Provence, le Dauphiné, la principauté d'Orange dans leurs relations; il en ralentit le cours; on l'environne de barrières, pour prévenir la fraude, & ces barrières contrarient aujourd'hui le régime intérieur & bienfaisant que vous voulez établir dans tout le royaume, & vous ne savez comment briser ces chaînes fiscales. *Avignon* est donc voisin de nos frontières; sa position au confluent du Rhône & de la Durance, le rocher qui domine la ville en font un poste important. En cas d'attaque dans cette partie, en cas d'irruption de l'ennemi du côté du Milanez ou de la Savoie, *Avignon* seroit pour nous un rempart redoutable; il a servi souvent d'asyle à nos ennemis; il a été le foyer des conspirations, de ces guerres de fanatisme qui ont désolé la France & fait couler des flots de sang.... Si les Avignonois retournoient sous le joug sacerdotal, si jamais ils demeuroient imbus de ces principes odieux & tyranniques, qui ont abruti les peuples pendant tant de siècles, quel danger n'y auroit-il pas alors de conserver dans notre sein un tel peuple, qui a des rapports journaliers & habituels avec nous? La servitude est la maladie la plus pestilentielle des nations; elle gangrène tout ce qui l'environne. *Avignon* nous offriroit le spectacle impur de tous les mécontens, de tous les ennemis de la liberté; le centre des complots, qui déborderoient ensuite sur nos contrées, pour renverser notre constitution.

Quelque parti que vous preniez, le peuple avignonois n'est plus au pape, puisqu'il ne veut plus l'avoir pour chef. Qu'un prince, les armes à la main, conquerre un peuple, le conserve, on célèbre sa victoire, on vante ses triomphes, son titre est respecté. Eh quoi! ce que fait la force d'un despote, ce que légitime sa puissance, le consentement libre & volontaire d'une nation ne pourra pas le faire!

Comment cette réunion pourroit-elle porter quelque ombrage? *Avignon*, dans l'Europe, est un point imperceptible; *Avignon* n'ajouteroit rien à notre force; *Avignon* ne peut point rompre l'équilibre politique. Cette réunion, nous dira-t-on, servira de prétexte aux puissances voisines pour nous inquiéter. Si l'on parle de prétextes pour nous attaquer, il en est mille; pour mieux dire, les prétextes n'étant que des enfans de la fantaisie ou du caprice, ils sont sans nombre, comme sans bornes, & il est impossible de les éviter. Croyez que si les cours de l'Europe, qui brûlent de renverser notre constitution, pouvoient vous attaquer avec impunité, elles ne prendroient pas la peine d'expliquer leurs motifs. Mais les rois craignent que le bandeau, qui couvre les yeux des peuples, ne tombe, qu'ils n'apperçoivent qu'ils sont les vils instrumens de leurs vengeances, le jouet de leurs caprices; qu'ils n'apperçoivent les préjugés superstitieux dont ils sont idolâtres & victimes; & que les armes qu'ils leur auroient mises à la main, pour opprimer la liberté d'une nation généreuse, ne leur servent pour la conquérir, cette même liberté. Ils tremblent aussi des efforts magnanimes, de l'énergie que déplieroit un peuple fier, qui a juré de maintenir son ouvrage, de le cimenter, s'il le falloit, de son propre sang, ou de s'ensevelir sous ses ruines. (On applaudit).

Ainsi ne vous abandonnez pas à des idées pusillanimes. Soyez persuadés qu'une contenance timide n'est propre qu'à enhardir vos ennemis.

Je me résume, & je soutiens que, sous quelque point de vue que vous envisagiez cette grande affaire, vous ne devez pas balancer pour déclarer qu'*Avignon* fait partie de l'empire François. Si vous considérez le droit positif, *Avignon* étoit une portion intégrante de cet empire, & ne pouvoit pas en être démembré ; il l'a été d'une manière illégale & frauduleuse. Sans cesse nos rois ont réclamé, sans cesse ils ont fait valoir les droits de la nation. La possession des papes a été précaire, interrompue ; elle a été en tout semblable à la puissance d'un engagiste.

Si vous considérez les droits sacrés & imprescriptibles des peuples, *Avignon* appartient encore à la France, puisque les Avignonois veulent être François. Il est de votre dignité, il est de votre grandeur de reconnoître hautement cette souveraineté des peuples, outragée depuis tant de siècles ; de reconnoître que les rois appartiennent aux peuples, & que les peuples n'appartiennent pas aux rois. (On applaudit). Ces vérités saintes, vous les avez consacrées, & il y auroit de la lâcheté à les taire ou à les trahir dans une occasion de cette importance.

Si vous considérez enfin l'intérêt, les convenances, les raisons morales & politiques, tout concourt pour qu'*Avignon* reste à jamais uni à la France.... Voici le décret qui contient le vœu de la majorité relative de vos comités d'*Avignon* & diplomatique.

L'assemblée nationale déclare que la ville d'*Avignon* & son territoire font partie de l'empire François. Elle prie le roi de négocier avec la cour de Rome, sur les indemnités qui pourroient lui être dues, pour ensuite les articles ainsi négociés, être soumis à son examen, admis, modifiés ou rejettés par elle. Elle prie en outre d'envoyer incessamment à *Avignon*, une quantité de troupes de ligne suffisante pour prévenir les troubles & maintenir la paix.

M. de Cazalès. Je prie l'assemblée d'observer que le discours de M. Pétion n'est point un rapport de vos comités, mais une opinion particulière. Après de très-longues discussions dans le comité d'*Avignon* & le comité diplomatique réunis, on y avoit adopté un projet de décret rédigé par M. de Mirabeau & amendé par M. Barnave. J'ignore les motifs pour lesquels ce projet ne vous a point été présenté.

M. Bouche. Le préopinant n'a pas assisté aux séances suivantes de vos comités. N'ayant pu nous mettre d'accord dans la rédaction, il a été déterminé qu'il seroit fait une pétition à l'assemblée pour qu'elle décidât sans rapport.

M. de Cazalès. Quand une délibération est prise aux comités, comme à l'assemblée, elle est irrévocable. Je demande que le rapport soit fait. La sagesse de l'assemblée a été égarée.... (Il s'élève des murmures). On décide de passer à l'ordre du jour.

M. Malouet. J'attaque le projet de décret du préopinant, avec d'autant plus de confiance, qu'il ne vous est point présenté au nom du comité diplomatique. Il vous a parlé du droit positif, du droit des peuples ; je suivrai la même marche. *Avignon* a fait serment de fidélité au pape. Cette ville pourra appartenir à la France, si la proscription de près de la moitié de ses habitans, si les meurtres, les incendies, si les maximes affreuses qui tendent à dissoudre les empires sont les droits des peuples.... Nous devons la pétition d'*Avignon* à une motion de M. Bouche, qui....

M. Bouche. Si elle peut avoir des succès, je regarderai cette époque comme la plus belle de ma vie.

M. Malouet. Nous devons aussi à cette motion les malheurs affreux du 10 juin. L'insurrection d'*Avignon* est le dernier expédient qu'on ait imaginé.... (Il s'élève de violens murmures). Le droit du pape sur *Avignon* est l'acte de cession qui lui en fut donné par Jeanne, en 1348, acte confirmé par le diplôme de Charles IX.... Nos rois ont plusieurs fois repris *Avignon* ; mais les restitutions qu'ils en ont faites, n'ont fait que consacrer la souveraineté du pape.... L'assemblée nationale de France ne peut aujourd'hui professer une doctrine, une politique qu'elle a déjà repoussée. Des législateurs qui ont fait la déclaration des droits, qui, par une déclaration non moins solemnelle, ont renoncé à toute conquête.... (Il s'élève quelques murmures provenant des interruptions que l'opinant met lui-même dans la prononciation de son discours).

M.... Parlez donc.... parlez toujours.

M. Malouet. Si vous ne faites silence, je n'ai pas de moyen de me faire entendre.

M. Muguet. Allez donc....

M. Malouet. Des législateurs.... des législateurs qui.... ont fait une déclaration.

M. Legrand. Vous nous récitez là un libelle imprimé que nous connoissons déjà.

M. Laborde. M. Malouet lit un papier imprimé ; il ne veut pas qu'on le voie, & il ne peut pas le lire.

M. Malouet. Si j'ai le droit de parler, j'ai le droit de lire.... Je dis donc que l'assemblée ne peut pas dépouiller un prince étranger, parce qu'il est foible, ni prendre ses domaines, parce qu'ils sont à sa convenance. Quelle idée auroit-on de la justice, si on ne se croyoit obligé de l'exercer qu'à son profit, & jamais à sa charge?.... Si vous adoptez des principes sur la politique, la morale publique, & que vous vous fassiez ensuite un jeu de les violer.... Il vous seroit aussi très-important d'acquérir la partie espagnole de Saint-Domingue.... Il ne faut pas donner aux factieux, aux attroupemens le droit de provoquer & de légitimer des insurrections. Il faut bien que le prince, dans une monarchie, tant qu'il se conforme aux loix du pays, ait des droits à la fidélité des peuples, comme ceux-ci ont des droits à sa protection. (Il s'élève des murmures). Sans ce principe, le premier factieux qui parviendra à égarer le peuple, sera maître de l'empire, maître de changer ses destinées, de renverser la constitution. (Plusieurs membres rappellent l'opinant à la question). Je vous demande si vous voulez vous exposer à une guerre suscitée par les puissances rivales.... Quand même *Avignon* auroit le droit de se donner à la France, je dis qu'il seroit injuste, qu'il seroit impolitique, & que vous n'avez pas le droit d'en profiter.

M.... Faites-nous donc un raisonnement suivi.

M. Malouet. La pétition d'*Avignon* est un acte d'ingratitude; car quand même cette cité auroit à se plaindre de plusieurs abus, le refus du pape de redresser les griefs n'est pas bien constaté.... Mais si au contraire le gouvernement du pape est un gouvernement bienfaisant, puisque sur cent communautés religieuses, quatre-vingt-six veulent lui rester fidelles. (On entend de nombreux éclats de rire). Il est même impossible que des hommes paisibles, qui peuvent obtenir votre constitution en restant fidèles au pape, & sans payer d'impôts, adoptent la motion de M. Bouche..... Des émissaires ont été envoyés dans le Comtat.... (L'opinant lit toujours plus péniblement son discours, dans lequel on le rappelle à chaque instant à l'état de la question. La voix de l'orateur déclinant & ne se faisant plus entendre aux extrémités de la salle, n'appelle plus le silence. Une grande partie de l'assemblé abandonne la salle; M. Malouet quitte la tribune).

Séance du 18 novembre 1790.

M. Durand. J'ai été chargé par 80 mille citoyens de mon ancien bailliage de demander dans les états-généraux, devenus l'assemblée nationale, la réunion à la France du Comtat Venaissin & de la ville d'*Avignon*. Jamais occasion ne fut plus belle; les Avignonois invoquent pour eux les bienfaits de la constitution françoise. Le pape, à qui tout respect est dû, comme chef visible de l'église, comme prince temporel, trouve cela très-mauvais. Pour concilier tout à la fois l'utilité & la justice, voici, je pense, le chemin qu'il faut prendre. Je proposerois le décret suivant;

L'assemblée nationale, considérant que la possession de la ville d'*Avignon* & du Comtat Venaissin n'a passé au saint-siège que par des titres qui n'ont jamais pu dépouiller la nation françoise de ses droits, déclare qu'elle a été perpétuellement rachetable; après avoir déclaré le principe du rachat, elle charge son comité des domaines de lui faire un rapport sur le mode de ce rachat.

M. l'abbé Jacquemard. Le peuple avignonois a-t-il le droit de se donner à la France? Avez-vous le droit d'accepter ses propositions? Quel est ce vœu formé au milieu des meurtres, du carnage & du feu d'une guerre civile? il est tracé en caractès de sang. Quelles sont ces listes chargées de signatures surprises? y reconnoît-on le vœu unanime d'un peuple?.... Lorsque les Brabançons vous demandèrent protection, vous applaudîtes à la conduite sage & prudente du monarque, qui ne voulut pas protéger un peuple qui s'étoit fait justice par lui-même & par la force. (Il s'élève de violens murmures). Ils avoient l'espoir de l'avantage de leurs armes, & les apparences du droit. Mais protéger les entreprises du Comtat contre son souverain, seroit une usurpation. D'ailleurs, les réclamations des Brabançons n'étoient-elles pas plus clairement exprimées? (Nouveaux murmures). Je vois dans les réclamations d'*Avignon* l'action de l'intrigue, une faction nombreuse qui en opprime une plus foible. Je ne vois dans leurs plaintes contre leur souverain qu'exagération & imposture. Nul gouvernement n'étoit plus bienfaisant & plus paternel que celui du souverain pontife; (les murmures augmentent), les habitans du comté Venaissin veulent vivre & mourir sous ses loix.... L'usurpation des droits du pape ne serviroit qu'à rendre odieuse votre constitution....

Si Neuchatel vous faisoit aujourd'hui les mêmes offres qu'*Avignon*, les accepteriez-vous? Il suffiroit donc d'un prince factieux qui sût en imposer aux peuples par les dehors d'une bonté simulée, pour dissoudre les empires! Que l'empereur vous dise aujourd'hui: je vous ai cédé la Lorraine; les peuples ont le droit incontestable de se donner, les Lorrains viennent de se jetter dans mes bras.... Quelle seroit alors votre conduite?... Le pape possède *Avignon* par les titres les plus sacrés de propriété, sous la foi des traités les plus solemnels.... Une province, une partie d'un empire n'a pas le droit de se séparer de la nation sans le consentement général; sans cela il n'est pas de ville, de bourg, de village, qui ne pussent se séparer du royaume: or, *Avignon* n'a que 35,000 habitans, tandis que le Comtat en a plus de 120,000, & l'on ne sauroit élever des doutes sur l'identité, l'indivisibilité de ces deux comtés. Sujets du même prince, justiciables des mêmes tribunaux, soumis au mêmes loix, l'un ne peut se donner sans le consentement de l'autre.... Ainsi vous ne sauriez adopter que le projet de décret suivant;

« L'assemblée nationale décrète que le roi sera supplié de négocier avec le souverain pontife, pour obtenir à la ville d'*Avignon* le sort le plus favorable, & la permission d'adopter la constitution françoise avec les modifications convenables »... C'est ainsi que vous pourrez conserver la confiance des Avignonois, & celle des souverains.

M. Roberspierre. La question que vous avez à décider se réduit à deux propositions : 1°. la pétition du peuple avignonois est juste : 2°. l'assemblée nationale ne peut se dispenser de l'accueillir. Ou le peuple avignonois fait une partie intégrante de la France, & ne peut en être séparé, ou c'est un peuple étranger qui demande à s'y réunir. Dans l'un & l'autre cas, il ne faut que l'exposition de quelques faits & quelques principes de droit public pour décider la question. En 1348, *Avignon* fut cédé au pape Clément VI par la reine Jeanne ; or, cette reine étoit mineure & grevée de substitution. *Avignon* a été le prix de l'absolution qu'elle négocioit. Parvenue à sa majorité, elle rétracta une donation qu'elle n'avoit pas eu le droit de faire. Les états-généraux du royaume, à qui elle avoit promis de ne point faire cette donation, protestèrent contre le traité de 1348, & réclamèrent la réincorporation d'*Avignon* au royaume. Les comtes de Provence, tous nos rois ont successivement fait valoir leurs droits sur cette ville, & n'en ont abandonné la jouissance aux papes que sous les clauses & réserves de propriété. Les vices qui frappent de nullité la donation de 1348 sont nombreux. *Avignon* faisoit partie intégrante de la nation provençale, & en vertu de la constitution du pays, il ne pouvoit en être séparé. Le principe que nos adversaires même font valoir avec emphase, est que la portion d'une nation ne peut être séparée de tous, sans le consentement général de l'association.

La reine Jeanne ne pouvoit donc pas donner ou vendre *Avignon* au pape, lorsque la nation provençale toute entière éleva contre cette donation des réclamations unanimes, qui furent exprimées sur le champ par l'organe des états-généraux.... Serions-nous, en cette circonstance, moins courageux à reconnoître les droits des peuples que les anciens magistrats d'Aix, qui, par plusieurs arrêts, décidèrent qu'*Avignon* devoit être réincorporé à la France ? Porterions-nous un jugement moins juste, moins décisif que les publicistes de tous les siècles ?.... Il est donc prouvé qu'*Avignon* a fait une partie intégrante du comté de Provence, depuis réuni à la France, & qu'il n'a jamais dû en être séparé. Considérons maintenant *Avignon* comme un peuple étranger qui veut librement se réunir à nous.

Si les loix, si le gouvernement sont établis pour le maintien de la société, & non pour l'intérêt de quelques individus, qui peut contester à l'association politique le droit de changer la nature de son gouvernement ? car si un homme pouvoit dire à un peuple : vous ne changerez pas votre gouvernement, j'ai des droits sur lui, & je puis vous forcer à le maintenir, il s'ensuivroit que cet homme ne seroit point fait pour le gouvernement, mais que le gouvernement seroit fait pour lui ; qu'il seroit la propriété d'un individu, & non pas celle de la société ; la souveraineté du peuple auroit été aliénée au profit de cet individu ; il n'y auroit plus de peuple, il n'y auroit qu'un despote & des esclaves. Cette proposition n'a pas encore trouvé un seul contradicteur.

On a prétendu qu'*Avignon* ne faisoit pas, ne pouvoit pas faire un état séparé des autres états du pape. Quoi ! deux peuples n'en sont devenus qu'un, ont perdu leur indépendance mutuelle, parce qu'ils ont choisi le même individu pour tenir les rênes de leur gouvernement ! Les habitans d'Angleterre & de Hanovre, pour avoir le même roi, ne font-ils pas deux peuples distincts ? Il semble que les peuples se confondent sous la main d'un même roi, comme deux troupeaux sous la direction d'un même pasteur.... Non, les peuples sont maîtres de choisir les mêmes chefs, & de rester indépendans entre eux. On a allégué, pour détruire ces raisonnemens, qu'*Avignon* a été de fait incorporé aux autres états du pape. Tous les titres, tous les monumens prouvent qu'il en diffère & par la forme de son gouvernement, & par sa constitution civile, militaire & judiciaire. Non-seulement il est étranger aux états d'Italie, mais il l'est encore au Comtat Venaissin.

C'est en 1275 que le Comtat a été cédé par Philippe-le-Hardi, pour payer la levée d'une sentence d'excommunication : c'est en 1348 qu'*Avignon* a été cédé par la reine Jeanne, pour payer une absolution.... Depuis cette époque, ces deux pays ont toujours été distincts, ont toujours existé sous un régime différent. Le Comtat a des états-généraux ; *Avignon* a des parlemens-généraux. Le Comtat a un gouverneur ; *Avignon* a un recteur. Les loix, les coutumes, les tribunaux sont différens ; les bulles du pape ne sont communes pour les deux états, que lorsqu'elles en portent la clause expresse.

Dans cette révolution, les Comtadins n'ont pas pensé que leur consentement fût nécessaire pour qu'*Avignon* adoptât votre constitution ; ils n'ont jamais regardé les *Avignonois* comme soumis à l'autorité de leurs états-généraux. L'assemblée du Comtat elle-même, quoique contraire au vœu d'*Avignon*, a attesté, dans une adresse envoyée à cette assemblée, la distinction qui existe entre les deux peuples ; elle a même écrit au premier rapporteur de cette affaire (à M. Tronchet), en le remerciant de la manière honorable dont il a parlé en faveur du Comtat, & a réclamé expressément contre l'erreur où il est tombé, en disant qu'*Avignon* faisoit partie du Comtat.

Répondrai-je aux futiles objections par lesquelles

on a cherché à obscurcir cette affaire ? On nous a dit qu'*Avignon* étoit la propriété du pape. Juste ciel ! les peuples, la propriété d'un homme ! Et c'est dans la tribune de l'assemblée nationale de France qu'on a proféré ce blasphême ! . . . (On applaudit à plusieurs reprises). On vous a dit que, par un décret, vous aviez renoncé à toute conquête. La réunion libre d'un peuple à un autre a-t-elle quelque chose de commun avec les conquêtes ? Une conquête n'est-elle pas l'oppression d'un peuple auquel le conquérant donne des fers ? Ici les Avignonois vous invitent à un contrat libre de part & d'autre. . . . On nous a répondu encore que le vœu des Avignonois avoit été formé au milieu des troubles & de l'insurrection. Que les auteurs de ces raisonnemens engagent donc les tyrans à rendre aux peuples l'exercice de leurs droits, ou qu'ils donnent aux peuples les moyens de les recouvrer sans insurrection. (On applaudit à plusieurs reprises). . . . Ou plutôt qu'ils fassent le procès au peuple françois & à ses représentans, avant de le faire à ceux qui nous ont imités. . . . Ce qui est inconcevable, c'est que ceux qui ont reproché au peuple avignonois les troubles de sa révolution, nous en ont dissimulé les causes ; ils n'ont pas voulu considérer que ces causes sont les mêmes que celles qui nous ont fait recouvrer nos droits : avec cette différence que la révolution d'*Avignon* avoit été sanglante.

On a prétendu que les signatures avoient été surprises ; & l'on a pu s'abuser jusqu'à méconnoître le vœu des Avignonois ! C'est donc en vain que ce peuple a combattu, qu'il a écarté les obstacles que prétendoit lui opposer un petit nombre de dissidens. C'est en vain que les districts d'*Avignon* ont unanimement voté la réunion ; qu'ils ont envoyé une adresse énergique à l'assemblée nationale. C'est en vain que le 5 septembre, la garde nationale a prêté le serment de mourir plutôt que de se soumettre au pape, & de renoncer à la demande de devenir françoise. On ne veut rien voir de tout cela ; on ne nous présente que des chicanes, comme si les droits des peuples étoient soumis aux subtilités du barreau. . . .

J'ai prouvé jusqu'ici que le peuple avignonois a le droit de se réunir à la France. Il me reste à vous démontrer que vous ne pouvez vous dispenser d'accueillir sa demande. . . . Je ne vous dirai pas qu'il est de votre intérêt de défendre ces principes ; que la cause d'un peuple qui court à la liberté, ne peut guère tomber sans entraîner dans sa chûte, ou sans ébranler votre propre cause. Je ne vous dirai pas que vous vous couvrirez de honte en livrant à la vengeance des ennemis communs de la liberté, un peuple qui l'a si généreusement conquise. Je ne vous développerai point les raisons d'intérêt politique qui ont toujours dû engager la France à conserver *Avignon*, dont le territoire enclavé dans la Provence, rendroit le reculement des barrières impossible, ou infiniment dispendieux, ou accompagné d'une foule d'inconvéniens.

Je ne vous répéterai pas qu'*Avignon* fait partie de cet empire ; qu'il doit être le boulevart de la France contre les ennemis extérieurs ; mais je fixerai vos regards sur une considération plus importante, je veux dire sur le vœu fortement prononcé de toutes les municipalités, de toutes les gardes nationales du département des Bouches du Rhône, qui vous demandent la réunion d'*Avignon* & du Comtat à la France, & vous avertissent qu'*Avignon* sera le soutien ou le fléau de votre constitution, suivant le parti que vous prendrez. Je vous invite à vous rappeller les transports d'armes & de munitions de tout genre qui ont été faits dans ce pays, malgré la vigilance des départemens voisins, qui ont arrêté plusieurs convois ; & je laisse à votre sagesse & à votre sollicitude patriotique le soin de prévenir les dangers qui vous menacent. . . . J'ajoute une dernière réflexion. Les départemens voisins d'*Avignon*, considérant que l'oppression & le despotisme ont seuls pu faire passer *Avignon* sous la domination papale, ont chargé, par les cahiers, tous leurs députés de demander la réunion de cette ville. Quel argument peut encore balancer ce vœu, & obscurcir à vos yeux les droits imprescriptibles des peuples ? . . . Si les cours étrangères veulent vous faire la guerre, elles se passeront bien de ces frivoles prétextes. S'il est vrai que votre révolution les alarme, vous ne pouvez leur présenter que les armes que tous les peuples, dans l'état de révolution, ont opposées aux tyrans, le serment de périr pour la liberté. Adoptez d'autres principes, & montrez quelques craintes, vous êtes déjà vaincus. (On applaudit.)

Permettez-moi encore quelques réflexions relatives à la manière d'exécuter la réunion qui vous est proposée. On vous a dit qu'il falloit charger le roi de négociations ; mais les articles du décret sur le droit de paix & de guerre, ne peuvent s'appliquer à cette circonstance, où il agit de la réunion volontaire d'un peuple à un autre. Le pouvoir constituant a seul le droit d'étendre l'association, de déterminer les conditions d'une réunion. Il n'y a ici rien de commun avec les autres relations particulières qui s'entretiennent par l'intervention du roi, au nom d'une société déjà organisée. Il est impossible que le roi puisse ici intervenir avant que vous ayez déclaré que vous acceptez la réunion. C'est alors seulement qu'il pourra être chargé de l'exécution de ce décret, & de quelques négociations minutieuses, qui ne pourront jamais avoir pour objet, ni la souveraineté d'*Avignon* ; ni aucune indemnité à accorder pour la perte d'une usurpation, & pour la cessation d'un long outrage fait aux droits des nations & à l'humanité. . . . Une longue jouissance injuste exige plutôt une grande restitution qu'une indemnité. . . . (On applaudit.) Vous aurez donc satisfait à tous vos devoirs en adoptant le décret suivant :

L'assemblée

L'assemblée nationale décrète qu'*Avignon* & son territoire font partie de l'empire François, & que tous ses décrets y seront incessamment envoyés pour y être exécutés suivant leur forme & teneur.

M. du Châtelet. Trois questions également importantes se présentent à votre décision: 1°. Quels sont les droits de la France sur *Avignon*? 2°. Quel usage l'assemblée nationale doit-elle faire de la pétition de cette ville? 3°. La France a-t-elle le droit de faire passer des forces à *Avignon* pour protéger les établissemens qu'elle y possède, & pour y établir la tranquillité publique?.... Ces trois questions tiennent au droit public, au droit des gens, au droit naturel.....

Première question. La pétition d'*Avignon* est-elle juste? la France a-t-elle des droits sur cette ville? Pour décider ces questions en votre faveur, il faudroit prouver, par des monumens publics, que jamais nos rois n'ont renoncé à la propriété d'*Avignon*. (Il s'élève quelques murmures au sujet du mot propriété.) Il est prouvé au contraire que toutes les fois qu'ils sont rentrés par la force en possession de cette ville, ils en ont fait quelque temps après, au pape, la restitution pleine & entière. Jamais la question de la propriété n'a été définitivement décidée, soit par le défaut de titres & de preuves, soit par respect pour le chef de l'église. Cette question est donc encore à résoudre, & la difficulté ne peut être terminée que par la négociation.

Seconde question. L'assemblée nationale doit-elle accueillir la pétition d'*Avignon*? Il faudroit, pour décider cette question, prouver que le vœu de ses habitans a été accueilli d'une manière légale, attester le refus fait par le souverain de faire droit à leurs réclamations; enfin faire voir d'une manière claire & positive qu'*Avignon* est un état séparé de tous les autres états du pape. Au milieu de l'insurrection où est ce peuple, aucun de ces faits n'a encore été vérifié. Vous ne pouvez donc, quant à présent, délibérer sur la pétition d'*Avignon*; vous ne pouvez accepter ses offres, sans donner un dangereux exemple aux parties éloignées de cet empire. Si dans ces sortes d'événemens les convenances étoient les seules règles à suivre, l'instabilité des états seroit continuelle. Vous ne devez pas tenir à l'égard d'un prince foible, la conduite que vous n'oseriez pas tenir vis-à-vis d'un potentat puissant. Comme partie intéressée dans cette affaire, vous ne pouvez délibérer que lorsque l'indépendance d'*Avignon* sera évidemment & incontestablement reconnue.

Troisième question. Pouvez-vous envoyer des troupes à *Avignon*? Vous possédez de nombreux établissemens dans cette ville; dans ces momens de révolutions, de désordres & d'anarchie, vous avez incontestablement le droit de les protéger. Vous avez le droit de préserver vos frontières de la contagion, & de défendre les intérêts du saint-siége contre une portion de ses états en insurrection.... Je vous propose donc sur les trois objets soumis à votre décision, le projet de décret suivant:

L'assemblée nationale décrète que le roi sera supplié de négocier avec le pape, pour que la question de la souveraineté d'*Avignon* soit résolue définitivement, & qu'il soit statué sur les indemnités à accorder au saint-siége, & que les négociations & stipulations qui seront faites seront examinées & définitivement arrêtées par elle: 2°. qu'il n'y a pas lieu a délibérer, quant à présent, sur la pétition d'*Avignon*; 3°. que le roi sera prié de donner des ordres pour qu'il soit envoyé dans cette ville le nombre de troupes de ligne nécessaire pour protéger les établissemens que la France y possède, & pour y maintenir la tranquillité publique.

M. l'abbé Charrier. Une grande question de politique & de droit public vous est soumise. Les Avignonois vous offrent de réunir leur ville avec son territoire à la France: accueillerez-vous cette demande, enleverez-vous au pape un état qui s'est déclaré libre & indépendant de sa domination? On vous a déjà développé contradictoirement les principes de cette question; je me borne à vous en offrir quelques résultats. La souveraineté réside dans le peuple; il peut l'exercer en s'unissant à un autre peuple, en adoptant sa constitution & en se soumettant à ses loix: mais ce droit inaliénable n'appartient pas à une portion de peuple; les Avignonois ne sont point un peuple complet; il appartient aux diverses sections du territoire ecclésiastique. La portion de la Méditerranée qui les sépare de l'Italie, n'est pas une objection soutenable; car nos colonies sont séparées de nous par un intervalle immense, & n'en font pas moins partie de l'empire François. Pour autoriser l'adoption qu'on vous propose, on vous fait encore valoir l'origine de l'acquisition du pape. Mais la portion de la Navarre qui est unie à la France, peut donc se séparer quand elle voudra....

Si le Comtat d'*Avignon* offroit un vœu bien prononcé pour changer de maître, on pourroit apporter quelqu'attention à sa demande; mais quels sont ses organes? Sur une population d'environ 40 à 45 mille ames, 14 cents personnes au plus, malgré la réclamation du reste, demandent à s'unir à la France. Reconnoître un tel vœu, ce seroit détruire toutes les bases de la société politique, ébranler tous les principes qui, jusqu'ici, ont présidé à la tranquillité des peuples.....D'après les principes des adversaires mêmes que je combats, je trouve mes moyens pour prouver que les Avignonois, dans l'état actuel, n'ont pas plus le droit de se donner à la France, que la France n'en a de les accepter; & quand ce droit seroit incontestable, il ne seroit ni prudent, ni convenable d'en user. Le tableau de la situation politique de l'Europe doit nous faire sentir que ce n'est pas le moment d'exécuter ce projet. Je n'ai pas les lunettes à longue vue du cabinet diplomatique; mais il faudroit se boucher les yeux & les oreilles pour ne pas voir & pour ne pas entendre ce qui se passe autour de nous.

L'Angleterre est dans un état d'armement formidable qu'elle n'a pas diminué depuis que le prétexte frivole qui l'a occasionné a cessé. L'Espagne est dans la même mesure. L'empire est couvert de troupes prêtes, au moindre signal, à se porter par-tout où l'on voudra les conduire.

Les puissances réunies sont mécontentes de ce qui se passe en France. Un membre de votre comité diplomatique vous l'a dit avec beaucoup plus de sincérité peut-être que de discrétion; elles peuvent, sous mille prétextes, se réunir pour vous nuire; ne leur en fournissez pas pour autoriser les hostilités dont elles vous menacent. Quand un grand peuple travaille à sa constitution, & s'occupe du rétablissement de ses finances, il a besoin des douceurs de la paix. N'indisposons point des puissances rivales & jalouses de notre prospérité future, quand nous avons déclaré que toute idée d'agrandissement étoit contraire à notre politique. L'Europe envisagera l'envahissement d'*Avignon* comme une pierre d'attente pour s'emparer du Comtat Venaissin. On vous dit que cette contrée est un foyer de mécontens qui se dissiperont lorsqu'elle sera sous la domination françoise. Je répondrai que l'occupation seule d'*Avignon* ne suffit pas, puisque vous ne redoutez pas le Comtat Venaissin qui se refuse à ce systême de réunion. Quelles craintes d'ailleurs pourroit vous inspirer un pays contre lequel, en 1768, il n'a fallu qu'un régiment françois pour le soumettre? Si vous craignez ce foyer de ce qu'on appelle aristocratie dans *Avignon*, le Luxembourg vous en offre un autre où il y a des troupes & des mécontens; vous emparerez-vous aussi de cette dernière province....

Si la position géographique des deux Comtats si les intérêts politiques, commerciaux, industriels, administratifs, se réunissent pour en desirer la réunion à l'empire François, il faut y travailler sans secousse & sans usurpation. L'acquisition en argent seroit peut-être le moyen le plus simple, si le pape vouloit s'y prêter; si cet arrangement pécuniaire ne lui convenoit pas, un échange contre quelque petit état d'Italie, qui seroit plus à portée de son gouvernement & plus lucratif pour le trésor apostolique. Cet échange pourroit être négocié & effectué comme celui qui fut fait en 1736, pour l'échange de la Lorraine qui étoit enclavée dans la France, contre le grand duché de Toscane.

Le duc de Parme possède le Plaisantin; on pourroit engager ce prince à le céder au pape, & céder au duc de Parme, en dédommagement, la Corse, avec le titre de roi, (Il s'élève de très-grands murmures.) si les Corses vouloient se prêter à cet arrangement, sous la protection de la France, qui n'oublieroit jamais cette marque éclatante de leur patriotisme, & ne les dépouilleroit d'aucun des privilèges de citoyens françois. Je pense que pendant cette négociation, ou toute autre qui tendroit au même but, il faudroit, de concert avec le pape, supplier le roi de prendre cette malheureuse contrée sous la protection immédiate de la France, d'y envoyer des commissaires pacificateurs; & en cas de non-succès, d'y faire défiler des troupes pour protéger les bons citoyens contre les ennemis de la paix, qui se refuseroient à la conciliation. Il n'est ni de la dignité, ni de la justice, ni de la sagesse, ni de la politique de la nation de s'incorporer le peuple avignonois, sans le concours du souverain qui le gouverne.... En conséquence, je pense qu'il n'y a pas lieu à délibérer sur la pétition des Avignonois.

Séance du 10 novembre 1790.

M. de Clermont-Tonnerre. Je ne parle pas sans quelques regrets sur la question qui est agitée, & sans être affligé de la perte de temps qu'elle vous a déjà occasionnée. Je regarde comme une injure faite à votre loyauté, cette délibération sur une question qui me paroît elle-même une injustice. En vain a-t-on accumulé les argumens & entouré de mille circonstances ce projet de réunion d'*Avignon* à la France; on n'a pas tellement obscurci la question, qu'elle ne puisse se réduire à un seul point & se résoudre par oui ou par non. Je suivrai la marche tracée dans cette discussion par M. Pétion. J'envisagerai d'abord la question sous le rapport du droit positif. On dit qu'*Avignon* a été cédé au pape pour prix d'une absolution. J'observe que cette absolution n'a été donnée que trois ans après la cession. Les 800,000 florins, dit-on, qui devoient être payés par le pape, ne l'ont point été. On n'a point fait attention que Robert, que Charles IX font, dans plusieurs actes, une mention expresse de ce paiement. On a, secondement, donné pour motif que le comté d'*Avignon* étoit inaliénable. Toutes les fois que nos rois ont restitué au pape la possession de cette ville, l'aliénabilité en a été reconnue & justifiée par la noblesse.....

Je veux bien cependant accorder que la possession d'*Avignon* étoit, entre les mains de la reine Jeanne, grevée de substitution, quoiqu'il soit prouvé que ce comté étoit distinct de celui de Provence. Je demande si les Avignonois n'ont point légitimé la possession du pape, par le serment de fidélité qu'ils lui ont prêté; c'est sur la foi de ce serment que le pape leur a conservé leurs libertés, *libertates antiquas*. Il s'élève plusieurs éclats de rire).... Il m'est plus facile de prouver la légitimité de la possession du pape, par les restitutions qu'ont fait trois fois à un prince foible des monarques absolus, Louis XI, Louis XIV & Louis XV, qu'il ne l'a été aux préopinans de la combattre par ces motifs. Mais je m'arrête à d'autres considérations : *Avignon* & le Comtat sont le même peuple ; on trouve la preuve de cette assertion dans l'organisation des états-généraux du Comtat, dans lesquels il étoit convenu qu'ils seroient composés d'élus choisis parmi les Avignonois & les Comtadins.

Des billets ont été répandus dans les campagnes, portant ces mots : *Constitution françoise, fidélité au pape, plus de chaperons :* tel est en effet le vœu le plus probable des Avignonois. Celui qu'on vous présente est exprimé par 1400 signatures, or, je vous demande ce que c'est que 1400 signatures: quand le temps ni l'activité n'ont manqué pour les recueillir ? Qu'est-ce qu'une délibération prise dans les districts par 12,000 habitans sur 30,000 ? Qu'est-ce que des listes, sur lesquelles se trouvent les signatures d'enfans allant aux écoles chrétiennes, que des fusiliers ont fait signer ? Est-ce en la présence d'une armée étrangère qu'un peuple libre délibère ; disons plutôt un peuple tellement enragé, qu'il a fallu des troupes étrangères pour empêcher qu'il ne s'entre-déchirât ? .... La ville d'*Avignon* ne peut donc, aux yeux de l'Europe, manifester son vœu, ce vœu que les intrigues, les suggestions, les violences ont préparé. On dira que c'est dans des temps calmes, lorsqu'on ne pensoit pas à *Avignon*, à la réunion aujourd'hui demandée, qu'un député, que M. Bouche en a fait la motion. Il n'appuyoit alors sa proposition que sur les droits de la France. Depuis, de nouveaux argumens ont paru, mais toujours comme une suite du même systême.

Les citoyens honnêtes, les propriétaires ont été proscrits ; des familles ont été massacrées.... ; quelques factieux armés, assurés de votre protection, ont opprimé le plus grand nombre ; les gardes nationales d'Orange ont secondé leurs desseins. Si vous accueillez ce vœu illégal, les cours étrangères diront avec raison : Ce peuple, gémissant sous un roi absolu, nous attaquoit avec fierté ; aujourd'hui il se servira de toute la force de sa liberté pour nous attaquer sans motifs, & pour envahir nos possessions..... Pour repousser ces inculpations, je demande la question préalable sur la pétition d'*Avignon* ; mais si vous persistiez dans l'opinion contraire, adoptant l'avis de M. du Châtelet, je me référerai à l'ajournement.

M. Bouche paroît à la tribune.

M. Malès. L'assemblée a entendu M. Pétion parler au nom du comité d'*Avignon :* je demande qu'elle entende en ce moment le comité diplomatique.

M. de Mirabeau, organe de ce comité, monte à la tribune.

M. Bouche. L'assemblée a décidé que la question seroit discutée sans rapport ; cependant si elle veut entendre le comité diplomatique, je cède mon tour de la parole.

M. l'abbé Maury. Lorsque les comités ont voulu parler, l'assemblée les a toujours entendus ; mais lorsque la division des comités a neutralisé leur avis par le partage des opinions, il est simple de discuter. Je ne m'oppose pas à ce que M. de Mirabeau soit entendu ; mais l'assemblée, fatiguée d'une discussion déjà trop long-temps prolongée, pourroit fermer la discussion avant que mon tour de la parole arrivât. Je demande expressément à être entendu après M. de Mirabeau.

M. de Mirabeau. Votre comité diplomatique n'a point fait de rapport, & n'a jamais été appellé à vous en présenter ; mais ce comité a pris un avis sur la question, quoique ses membres soient encore partagés sur les diverses modifications qu'on a voulu y enter. Il a pensé qu'il ne s'agissoit dans cette affaire, ni de chercher les droits des hommes dans des chartres, ni de s'occuper de dissertations philosophiques. Chargé de veiller à vos intérêts extérieurs, il a cru que vous ne deviez vous occuper encore dans cette question, que de l'intérêt du moment, que de votre plus grand avantage actuel. Or, il n'a pas apperçu dans cet examen, qu'il fût de votre intérêt actuel d'entrer en possession d'*Avignon.* Vous avez incontestablement le droit & le devoir de protéger les établissemens françois dans cette ville ; vous avez le droit & le pouvoir d'y protéger la paix publique, & vous mériterez, par cette conduite, la reconnoissance des Avignonois. Je pense que vous devez prier le roi d'envoyer des troupes à *Avignon*, & laisser le reste de la question indéfiniment ajourné. On a interpellé le comité diplomatique de se déclarer, & mes collègues m'ont autorisé à vous présenter l'avis que je vous propose.... S'il s'agissoit de décider la question de droit public, de reconnoître les droits naturels des hommes & les droits imprescriptibles des nations, nous n'hésiterions pas à donner notre opinion ; mais nous pensons qu'il est de la prudence, de l'intérêt du moment, d'ajourner indéfiniment la question. (On applaudit).

M. l'abbé Maury. J'applaudis, comme l'assemblée, à l'avis du comité diplomatique. Lorsqu'on a proposé l'ajournement, je ne m'y suis jamais opposé ; mais relativement à l'envoi des troupes, vous devez adopter une conduite diamétralement contraire, pour que la question reste intacte. (Il s'élève des murmures). Je ne m'oppose pas à l'envoi des troupes, (nouvelles rumeurs) ; mais je vous demande la permission de vous faire deux observations, en appuyant la demande que vous a faite le pape, par une lettre de son nonce au ministre des affaires étrangères. (Les murmures redoublent). C'est donc sur la réquisition du pape lui-même que j'ai l'honneur de vous déterminer à faire un grand acte de justice, en accordant au pape tous les secours de la force publique. Je n'aurois pas cru offenser une assemblée aussi juste & aussi loyale, en lui présentant les considérations de justice & d'équité que je vais lui développer.... Si vous voulez envoyer des troupes à *Avignon*, vous décidez la question par le fait. En ce cas, je vous dirai : discutez, & n'ajournez pas ; car une aussi grande question ne doit pas être jugée sans discussion.... Je demande que l'autorité du pape soit reconnue à *Avignon*. (Les murmures recommencent). C'est le seul moyen d'y rétablir la paix publique. Ou vous voulez conserver le gouvernement d'*Avignon*, ou vous voulez le changer, ou le modifier ; ou vous voulez établir un intérim. Dans ce dernier cas, je vous demande la permission de discuter, de prouver que les circonstances actuelles ne le permettent pas, que ce seroit rendre aux Avignonois le plus mauvais service. Vous ne voulez pas non plus changer le gouvernement ni le modifier ; car ce seroit décider la question : vous devez donc maintenir l'autorité du prince légitime. (Les murmures redoublent). Envoyer des troupes qui ne seroient pas sous l'autorité du pape, seroit une usurpation, une conduite qui décideroit de fait la question contre le pape, sans l'avoir entendu.... Protégez les droits du pape, envoyez-lui des secours, assurément il n'en abusera pas. Il a déjà envoyé à *Avignon* des lettres d'amnistie qui ont été foulées aux pieds par les factieux ; mais sa clémence est irrévocable. (On demande les voix sur l'avis du comité diplomatique). Nous devons la protection, nous devons des secours fraternels à un prince notre voisin.... En adoptant l'ajournement, je demande que vous envoyiez à *Avignon* des troupes de ligne, pour agir sous l'autorité immédiate du pape.

On ferme la discussion.

M. de Mirabeau. Voici la rédaction de l'avis du comité diplomatique :

L'assemblée nationale, après avoir entendu son comité diplomatique, ajourne la délibération sur la pétition du peuple avignonois, & décrète que le roi sera prié de faire passer à *Avignon* des troupes françoises, pour protéger, sous ses ordres, les établissemens françois, & pour y maintenir, de concert avec les officiers municipaux, la paix publique.

M. du Châtelet. Je m'inscris en faux contre M. de Mirabeau. Le comité diplomatique n'a point pris de délibération.

M. l'abbé Maury demande la parole. On observe que la discussion est fermée.

M. l'abbé Maury. La rédaction que je propose ne diffère de celle du comité que par un amendement. Il faut que je vous expose les motifs de cet amendement.

M. Lucas. Vous les avez déjà exposés.

M. l'abbé Maury. La seconde considération est que vous envoyez des troupes pour protéger des établissemens qui n'existent pas. Je demande à faire connoître.... Si vous ne m'interrompiez pas, j'aurois déjà dit trois fois ce que j'ai à dire.... Vous n'avez que la ferme du tabac, régie par des François, mais sous l'autorité du pape.... Eh bien ! puisque vous ne voulez pas m'entendre, voilà mon projet de décret :

L'assemblée nationale décrète qu'elle ajourne indéfiniment la pétition d'*Avignon* ; que le roi sera supplié d'envoyer à *Avignon*, conformément à la demande du pape, des troupes françoises pour y rétablir l'ordre & la tranquillité publique, sous l'autorité immédiate de ce prince.

M. Montlauzier. On n'a point d'exemple d'un tel fanatisme.... Envoyer des troupes sous l'autorité de la municipalité, c'est commander des François pour aller assassiner les peuples.... Il est de l'intérêt & de la dignité de l'assemblée de ne pas autoriser les soupçons. Je demande que le projet de M. l'abbé Maury obtienne la priorité.

On demande à aller aux voix.

M. de Mirabeau. J'observe, sur l'amendement du préopinant, que son système est de décider provisoirement la question en faveur des droits du pape. J'observe de plus que les distinctions entre les établissemens de souveraineté, & les établissemens purs & simples, est une distinction futile ; car, là où il y a des établissemens quelconques, là il y a un intérêt à les protéger. Les troupes que vous enverrez ne doivent être ni sous l'autorité du pape, ni sous celle des officiers municipaux, mais sous celle du roi ; elles ne doivent que se concerter avec l'autorité existante : or, la seule autorité existante actuellement à *Avignon*, est celle des officiers municipaux ; ce sont les seuls officiers publics avec lesquels les commandans de nos troupes puissent se concerter pour la protection efficace de nos établissemens. Pour se concerter avec le pape, il faudroit commencer par rétablir son autorité, c'est-à-dire, décider provisoirement la question. Quant à l'imputation qu'on a prétendu faire à l'assemblée nationale d'envoyer des François pour assassiner, qui ? des peuples, je ne vois pas qu'elle soit assez inquiétante pour que nous nous en occupions....

Enfin, quant à l'objection de M. du Châtelet, elle est réelle. Sur six membres dont est composé le comité diplomatique, cinq sont de l'avis que je vous ai présenté ; M. Duchâtelet seul n'en est pas.

M. Dandré. Je demande par amendement la suppression de ce mot : *de concert avec les officiers municipaux.*

M. de Mirabeau. Pouvez-vous, sans mettre *Avignon* sous l'oppression, y envoyer des forces militaires qui agissent sans le concert des magistrats quelconques du peuple ?

On décide qu'il n'y a pas lieu à délibérer sur les amendemens proposés.

M. Clermont-Lodève. Je demande qu'à la même époque les prisonniers avignonois, détenus dans les prisons d'Orange, soient mis en liberté.

Ce dernier amendement est décrété conjointement avec le projet de décret du comité diplomatique.

Séance du 28 octobre 1790 (1).

Un de MM. les secrétaires fait lecture d'une lettre par laquelle des députés de l'assemblée représentative du Comté Venaissin demandent à être entendus à la barre avant le rapport de l'affaire d'*Avignon*.

M. Bouche. Si le Comté Venaissin a des députés reconnus & vérifiés, ils doivent être entendus ; mais se sont-ils fait reconnoître ?.... (Plusieurs voix de la droite : & ceux de Liège ?) Je ne vois pas qu'il y ait rien de commun entre le Comté Venaissin & la ville d'*Avignon* ; je ne vois pas pourquoi ces particuliers recevroient l'honneur qu'ils demandent. Puisque vous avez des comités pour cette affaire, ils peuvent y paroître.

M. Regnault, député de Saint-Jean-d'Angely. Je ne connois pas, comme M. Bouche, les députés qui se présentent ; mais je pense qu'il doit y avoir une connexité entre l'affaire d'*Avignon* & le Comté. Députés ou non, ils sont citoyens ; ils doivent être écoutés. La question que vous aurez à décider est d'une grande importance ; plus elle offre d'intérêt, plus l'assemblée doit être soigneuse de s'entourer de lumières. Je demande que ces particuliers soient entendus samedi après le rapport.

M. Ferand. Il seroit indigne de votre sagesse & de votre équité de ne pas écouter des hommes qui viennent éclairer votre justice.

L'assemblée décide qu'elle entendra ce soir les députés du Comté Venaissin.

MM. Tramier, Olivier & Ducros, députés du Comtat Venaissin, sont admis à la barre à la séance du soir.

(1) Cette séance, placée ici par une erreur typographique, doit, comme on le voit par sa date, être reportée avant les précédentes.

L'orateur de la députation. Il nous tardoit de remplir le vœu de nos commettans, en vous confirmant les sentimens que vous manifesta l'assemblée représentative du Comtat-Venaissin, dans son adresse du 11 juin dernier. Si nous en avons suspendu l'expression pure & désintéressée, un seul motif nous a conduits. Nous avions craint d'anticiper sur votre décision relative à *Avignon*. Nous nous sommes défendus une démarche qu'on auroit pu accuser d'usurpation de votre bienveillance ; & il étoit plus digne d'un peuple ami de se confier à la sévérité de vos principes, de s'abandonner entièrement à la force de leur application. De nouvelles circonstances nous forcent aujourd'hui de renoncer à ce silence, que nous jugions conforme à votre dignité & à notre respect pour nos commettans. Au témoignage de vénération que nous inspirent vos augustes travaux, nous sommes contraints de joindre le tableau des malheurs qui affligent notre patrie, de ceux plus grands dont elle est menacée, & de mettre sous vos yeux les plus graves dénonciations.

Tandis que vous vous occupez si glorieusement de fonder la liberté sur les bases légales de l'ordre & de la justice, une faction abusant, à *Avignon*, du nom sacré de l'assemblée nationale, & ayant faussement espéré de colorer sa conduite par l'offre de se réunir à la France, se livre impunément aux plus grands excès envers ses compatriotes du Comtat ; elle emploie contre nos habitans paisibles toutes les ressources de la cabale, de la calomnie & de la force ouverte. Peu contente d'avoir répandu, jusques dans ce sanctuaire, les bruits les plus extravagans, d'avoir eu la coupable indignité de nous prêter des vues hostiles, de peindre le Comtat comme le théâtre de préparatifs de guerre menaçans ; cette faction a semé, dans les départemens voisins, des émissaires chargés de prêcher une croisade contre les Comtadins. Elle a fait plus : dans *Avignon* même, elle a excité une troupe de brigands ; & lui a livré une partie de son artillerie, pour porter le trouble dans le Comtat, & en violer le territoire. On a eu l'audace sacrilège de vouloir couvrir ces attentats à notre liberté & au droit des gens, sous l'appareil d'une conquête à faire pour la France, en faisant suivre cette troupe de brigands d'une voiture chargée d'écussons aux armes de France, pour les arborer dans le Comtat envahi.

Cavailhon, coupable d'avoir résisté aux perfides artifices de cette faction avignonoise, & d'être fidelle à sa patrie, à ses loix, à son prince, a été le théâtre des incursions de ces dévastateurs. Ils comptoient sur le succès d'une surprise ; car les mêmes hommes qui ont eu la démence de vous représenter le Comtat comme couvert de soldats & de canons ennemis, n'en ignoroient pas le désarmement & la sécurité. Elle étoit si profonde, que le secours réclamé par Cavailhon n'est arrivé que trente heures après sa réquisition à l'assemblée représentative du Comté Venaissin. Cette ville n'a dû son salut qu'à ses propres forces & à la lâcheté de ses agresseurs, repoussés, dispersés, & dont quelques-uns se sont réfugiés en Provence. Quoique le calme soit rétabli à Cavaillon, cette ville & le Comtat restent exposés aux mêmes hostilités; ils le sont aux scènes sanglantes que la faction avignonoise cherche à renouveller parmi nous, après en avoir donné l'horrible exemple.

Si ces scélérats étoient livrés à eux-mêmes, notre patrie, lasse de souffrir leurs attentats, sauroit s'en garantir. Mais il est possible, il est à craindre que leurs manoeuvres & la hardiesse de leurs impostures n'induisent en erreur des François de notre voisinage, & qu'on ne leur fasse voir des ennemis dangereux dans des voisins zélés pour leurs intérêts, paisibles observateurs des loix qu'ils se sont données, loix dont l'heureuse conformité avec celles de la France, sembleroit fournir un nouveau titre de bienveillance & de rapprochement. De grands malheurs peuvent résulter de ces séductions. Déjà nos compatriotes en ont éprouvé les funestes effets. Au tableau rapide que nous venons de soumettre à vos regards, nous ajouterons que les calomnies d'*Avignon* ont déjà entraîné des incidens fâcheux; un courier du vice-légat qui, pour éviter le bureau d'*Avignon*, justement suspect, se rendoit à Orange, a été arrêté par des hommes de cette ville, & conduit à la municipalité, qui l'a mis en liberté, & lui a rendu ses dépêches.

On n'a point permis à la garde nationale de Caderousse de traverser le territoire d'Orange, pour se rendre aux ordres de l'assemblée représentative; quelques caisses d'armes ont été saisies par la garde nationale d'Orange, & sont encore détenues; plusieurs particuliers du Comtat, voyageant pour leurs affaires, ont été insultés dans le voisinage de leur patrie. Enfin, le 7 octobre, le directoire du département des Bouches du Rhône, par un arrêté motivé sur la fable insensée des prétendus rassemblemens de troupes & de canons, à Carpentras, sollicite contre nous des mesures telles qu'on en prendroit envers des ennemis déclarés.

Nous ne saurions repousser plus péremptoirement ces injustes opinions, qu'en apprenant à cette auguste assemblée qu'immédiatement après les nouvelles reçues des hostilités commises le 16 contre Cavaillon, & avant de pourvoir à la défense de cette ville, l'assemblée représentative du Comtat a envoyé des députés & écrit aux principales municipalités voisines du Comtat, ainsi qu'aux trois départemens qui le touchent, pour les prier d'envoyer, au milieu de nous, vérifier les faits, & s'assurer de l'horreur des calomnies par lesquelles on s'efforce d'inquiéter leur vigilence. Déjà le maire du Saint-Esprit s'est rendu à cette invitation, &, soit à Cavaillon, soit à Carpentras, a reconnu l'absurdité des impostures d'*Avignon*. Ces démarches publiques nous garantissent que l'assemblée nationale de France ne sera pas long-temps en doute sur les vérités qu'on lui a dissimulées, & que des informations authentiques leveront les nuages répandus par la main de l'intrigue & de la calomnie.

On a tellement empoisonné les mesures les plus simples, les plus légitimes des Comtadins, qu'obligés de tirer la moitié de leur subsistance du territoire de France, on a essayé de porter obstacle à ses approvisionnemens, en nous peignant comme des accapareurs de grains. Ainsi quelques caisses d'armes, à peine suffisantes à notre défense légitime, ont été travesties en préparatifs immenses d'agression.

Vous demanderez quel tort, quelles opinions, quels crimes ont pu attirer, de la part de la faction avignonoise, des procédés aussi odieux? Notre crime, notre seul crime est d'avoir voulu être libres sous le prince qui nous gouverne depuis six siècles avec paternité, d'avoir su concilier le respect & la reconnoissance de son autorité avec le recouvrement de nos privilèges & l'adoption de vos principales loix; d'avoir, en un mot, su consolider nos droits, sans oublier nos devoirs. Ces sentimens, cette conduite, répréhensibles, sans doute, aux yeux des perturbateurs & des ennemis de l'humanité, forment nos titres à votre estime & à votre bienveillance. L'auguste assemblée qui s'occupe avec tant de courage du bonheur des François, ne sera pas insensible aux calamités dont un peuple irréprochable est menacé. Ses anciennes liaisons avec la France, le bon voisinage, les droits de l'humanité, ceux de notre indépendance, ceux de notre foiblesse même, l'engageront à faire cesser des entreprises dangereuses. Elle préviendra, dans sa sagesse, les funestes efforts par lesquels on cherche à tromper nos voisins, à faire naître entre eux & nous des inimitiés sans but, & à provoquer des agressions contre un peuple d'amis; elle ne permettra pas que des transports commerciaux de comestibles & d'armes entre les deux états soient interrompus; enfin, nous osons attendre de sa généreuse équité, que par un témoignage d'estime envers l'assemblée représentative du Comtat Venaissin, elle fera tomber les rumeurs infames, si indécemment, si opiniâtrement répandues sur les dispositions de nos compatriotes.

Telles sont les demandes que nous prenons la liberté de soumettre aux lumières & à la justice de l'assemblée nationale de France. Nous lui rappellerons encore celles qui sont l'objet de l'adresse qui lui a été envoyée le 11 juin, par l'assemblée représentative du Comtat Venaissin. Notre cause a été déjà instruite par des écrits qui peut-être auront fixé l'attention de quelques-uns de ses membres. En comparant la mesure, la véracité, les allégations incontestables, avec les libelles qu'on nous a opposés, votre candeur y reconnoîtra le sceau de la vérité & le langage de citoyens dignes d'intéresser les restaurateurs de la liberté.

Séance du 16 janvier 1791.

M. le président fait lecture d'une lettre de M. Duportail. Le ministre rend compte à l'assemblée nationale des nouvelles qui lui ont été apportées par un officier du régiment de Soissonnois, envoyé par le lieutenant-colonel de ce régiment, en garnison à *Avignon*. Soixante-cinq hommes de ce régiment & six de la compagnie de Penthièvre sont partis avec la garde nationale d'*Avignon*, pour aller assiéger Carpentras.

On demande le renvoi de la lettre aux comités des rapports & diplomatique.

M. Charles Lameth. Il me semble qu'il faudroit attendre des nouvelles plus détaillées. (Il s'élève des murmures.) M. le président, je vous prie de m'accorder la parole plus paisiblement. Je ne dis pas qu'il faut attendre pour envoyer cette note au comité, mais pour en rendre compte à l'assemblée ; on ne peut pas prendre un parti sur de simples nouvelles qui nous sont envoyées par le lieutenant-colonel du régiment de Soissonnois, sur le compte duquel je ne dis encore rien. Je pense donc que le rapport ne doit être fait qu'après des nouvelles officielles.

M. de Latour-Maubourg. Les trois comités, d'*Avignon*, diplomatique & des rapports se sont assemblés hier, & ont appris divers détails de l'affaire dont le ministre vient de vous prévenir. Le dimanche 9, après la messe du régiment, la garde nationale d'*Avignon* est venue trouver les soldats dans leurs casernes, & les a emmenés au cabaret; lorsqu'ils ont été un peu dans le vin, on a dansé des farandoles, genre d'amusement proscrit depuis quelque temps par les ordonnances militaires. Le lieutenant-colonel crut de son devoir de prévenir les officiers municipaux, & de rassembler son régiment dans ces quartiers; car malgré la demande du ministre, on n'a pu les réunir dans un seul ; ils sont toujours restés en quatre quartiers divers. Le lieutenant-colonel s'apperçut qu'il lui manquoit beaucoup de monde ; alors il commanda d'aller chercher les drapeaux, afin qu'à ce spectacle les soldats dispersés se réunissent.

Lorsque le régiment vint à passer devant le palais du vice-légat, la garde nationale, sous les armes, le reçut militairement, mais lui fit défense de passer outre, ou qu'elle alloit faire feu. Le commandant fit halte, & dès qu'il se fut apperçu que son opiniâtreté pouvoit causer le trouble, il se replia sur l'hôtel-de-ville, pour y aller prendre des ordres. Il témoigna ses inquiétudes aux officiers municipaux.... On fait un second appel, & le commandant s'apperçoit qu'il manque une compagnie entière, & vingt-cinq grenadiers. Un lieutenant du régiment avoit été retenu par le peuple, & n'avoit pu se retirer qu'en montrant deux pistolets qu'il vint déposer entre les mains d'un officier municipal, en lui disant : puisqu'ils ne me sont plus nécessaires, je vous les remets.... A dix heures & demie du soir, la garde nationale partit avec 74 hommes de Soissonnois, 6 de Penthièvre, & avec plusieurs pièces de canon, pour faire le siége de Carpentras. Depuis ce temps, le régiment de Soissonnois est retenu comme prisonnier ; les officiers sont insultés même par les postes de gardes nationales : peut-être en ce moment plusieurs sont-ils égorgés ; car je suis sûr qu'ils auront mieux aimé mourir que de manquer à leur devoir. Je demande donc que le roi soit supplié de donner des ordres pour faire sortir sur le champ le régiment de Soissonnois de la ville d'*Avignon*. Je réponds sur ma tête de la vérité du récit que je viens de faire.

M. d'André. Les trois comités qui s'étoient rassemblés hier pour cette affaire, avoient arrêté que le régiment de Soissonnois seroit incessamment retiré ; le reste des mesures à prendre exige une nouvelle délibération.

La proposition de M. Latour-Maubourg est unanimement adoptée.

M. le président. M. de Noailles m'observe que la compagnie du régiment de Penthièvre, aussi en garnison à *Avignon*, est dans le même cas, & qu'elle doit aussi être retirée.

Cette proposition est adoptée.

M. Bouche. L'assemblée n'a point entendu ce que vous venez de mettre en délibération.

M. le président. J'ai fait part à l'assemblée de la proposition de M. de Noailles ; je l'ai mise aux voix, & elle a été adoptée.

Séance du Mercredi 16 janvier 1791.

Un de MM. les secrétaires fait lecture d'une lettre du président de l'assemblée de Carpentras ; elle est ainsi conçue :

« Pénétrés d'une vive douleur, plongés dans les alarmes, & entourés de périls, nous venons déposer dans le sein de l'assemblée que vous présidez, nos pressantes réclamations sur le traitement inoui que nous éprouvons à l'aurore de la liberté dont l'assemblée nationale fait jouir la France ; au sein même de cette France, si chère à nos cœurs, nous sommes opprimés ; &, sous le prétexte spécieux de nous rendre libres, on veut nous asservir on veut rompre tous les liens sociaux, on veut nous livrer à la fureur d'une faction ennemie de tout ordre & de notre propre tranquillité ; votre décret sur la ville d'*Avignon* nous faisoit espérer le calme, & il est devenu pour nous un moment d'orage.

Une troupe de brigands sortis des murs d'*Avignon* avec de l'artillerie, accompagnée d'une partie de soldats indisciplinés de Soissonnois & de

Penthièvre, ont pris & saccagé la ville de Cavaillon, le 10 de ce mois : en retournant, ils ont également pillé le bourg de Caumont, & menacent de faire éprouver le même sort à tous les lieux de cette province & de cet état.

Les machinations les plus infernales, les entreprises les plus odieuses, & les calomnies les plus atroces sont employées contre nous : la voix d'un peuple innocent a droit de se faire entendre au milieu de votre assemblée. Permettez, M. le président, que nous empruntions votre organe pour y porter nos instances & nos supplications; ne laissez point périr ce même peuple, qui s'honore d'être François, sous une domination étrangère, qui s'enorgueillit d'être libre, d'après vos loix & sous votre égide. CHRISTICT, *président*, & RAVOUX *fils*, *secrétaire*.

Séance du 23 mai 1791.

M. le président donne lecture de la lettre suivante, écrite par les officiers municipaux d'*Avignon*.

L'état affreux où nous sommes réduits nous force de vous adresser de nouveau nos réclamations & nos vœux. Hélas! nous nous flattions qu'une main secourable alloit nous être tendue; nous espérions que vous étiez sur le point de mettre fin à nos malheurs, cependant la discussion de notre affaire est interrompue & renvoyée. Nous respectons, Messieurs, tout ce que votre sagesse pourra vous dicter à notre égard; nous ne prétendons pas pénétrer les motifs qui ont pu retarder l'émission du décret que tous les départemens desirent & attendent avec impatience.

Mais il est de notre devoir, il nous est impérieusement commandé par l'intérêt de tous nos concitoyens qui nous est confié, de vous représenter que l'anarchie est à son comble, que nous sommes au dernier période de nos forces, que toutes nos facultés sont usées, que tous nos moyens sont épuisés, que le tombeau est ouvert devant nous, & que nous y sommes tous entraînés, si votre justice, si votre protection, si votre humanité ne volent à notre secours, & ne nous arrachent au sort affreux qui nous menace. — Illustres défenseurs des droits des nations, amis vrais de l'humanité, le peuple avignonois attend au plutôt la fixation de son sort, & vous conjure de ne plus la différer. Le vœu de ce peuple pour être réuni à vous est bien réel, bien authentique, bien constaté; daignez au moins prononcer sans délai sur ce vœu. Si vous craignez que celui des Comtadins ne soit pas aussi bien caractérisé, hâtez-vous de faire cesser les horreurs qui nous environnent & auxquelles nous déclarons solemnellement, devant l'auteur de notre existence & devant vous, que nous n'avons jamais pris aucune part. Rien n'égale l'excès de nos maux!.... Mais les grandes douleurs ne s'expriment pas longuement. Le tableau de nos calamités vous feroit frémir; & dans l'état affreux où nous sommes, nous ne pouvons que sentir & nous plaindre. Ne nous laissez pas mourir, au nom de la nation auguste que vous représentez, & de laquelle nous avons été cruellement séparés. Ne permettez pas qu'un bon peuple périsse pour avoir voulu vivre sous vos loix.

M. Boissy d'Anglas. Des brigands de je ne sais quel parti, sortis des terres du Comtat, sont entrés à main armée dans le département de la Drôme; ils ont incendié plusieurs villages, pillé des habitations. Rien n'est plus affreux que les nouvelles qui nous sont parvenues.

M. Rewbel. L'assemblée se déshonore, si elle reste en stagnation sur ces malheurs qui font frémir l'humanité. Le rapport de l'affaire d'*Avignon* est prêt. Je demande que la question soit décidée demain sans désemparer. — L'assemblée décide que le rapport sera fait demain.

M. l'abbé Maury. J'ai appris que l'on avoit mis à l'ordre de demain l'affaire d'*Avignon*, d'après la lettre dont on vous a donné connoissance ce matin. Je ne vois pas pourquoi on représente une cause trois fois discutée dans cette assemblée : ce n'est pas lorsque *Avignon* nous donne un exemple inoui dans l'histoire des peuples policés, lorsqu'il combat ses concitoyens, qu'il doit renouveller une pétition si sagement repoussée; il ne peut demander aucun secours, puisqu'il attaque Carpentras; c'est à *Avignon* à avoir pitié de la province qu'il dévaste. Je demande donc que l'ajournement soit encore reculé.

M. Rewbel. Si M. l'abbé Maury avoit été ici au commencement de la séance, il auroit appris que le mal s'étend jusque dans nos départemens, & qu'il est inoui de prétendre que nous ne devons pas nous y opposer. Ceux qui soutiennent le parti de Carpentras vous ont long-temps fatigués pour qu'on lui donne des secours; pourquoi n'en veulent-ils plus? Je demande que l'on passe à la discussion sur le complément de l'organisation du corps législatif. — L'assemblée passe à l'ordre du jour.

Séance du 24 mai 1791.

M. de Menou, au nom du comité de constitution, diplomatique & d'Avignon. Je viens encore, d'après les ordres formels de l'assemblée, vous parler, au nom de la justice & de l'humanité, des malheurs auxquels sont livrés depuis long-temps les habitans de ces contrées qui demandent la même liberté que vous & qui desirent votre constitution, qui n'ont, au lieu de liberté, qu'anarchie, au lieu de constitution, que la guerre civile; qui, voulant être François, ont été jusqu'ici repoussés par une influence secrète dont j'ignore les motifs, mais dont les auteurs sont responsables de la destruction de plusieurs milliers d'individus. Encore quelques jours

jours de délai, & ces hommes seront effacés de la liste des peuples. Quel reproche l'assemblée nationale n'auroit-elle pas à se faire, si, par une politique fausse, par une crainte mal fondée, par des considérations non méritées pour une cour qui ne cherche qu'à nous faire du mal, qui allume, dans nos provinces, le feu de la guerre civile (on murmure dans la partie droite & on applaudit dans la gauche) & les torches du fanatisme..... Sans doute nous ne cherchons point, comme des missionnaires, à prêcher nos principes & nos opinions aux autres peuples. Nous ne voulons troubler la tranquillité d'aucun pays; mais auriez-vous pu croire que vous n'auriez pas d'imitateurs? La liberté est comme une étincelle électrique qui se communique à quiconque est préparé à la recevoir. Quoi! nous trouverions étrange qu'un peuple, placé au milieu de nous & dans le même atmosphère, voulût, comme nous, respirer l'air de la liberté, tandis qu'à quatre cents lieues d'ici le sénat jusqu'alors le plus aristocratique, composé de la noblesse la plus orgueilleuse de l'Europe, vient, par un élan sublime d'amour pour la liberté & de respect pour les droits des peuples, d'adopter les principales bases de notre constitution? (La grande majorité applaudit à plusieurs reprises; la partie droite murmure.)

M. l'abbé Maury. La révolution n'est pas faite, comme vous le croyez.

M. de Menou. J'entends dire que la révolution de Pologne, cet événement glorieux qui donne une grande leçon aux princes de l'Europe, & qui mérite tant d'éloges au roi-citoyen qui en a conçu le projet, n'est qu'une belle chimère. Cependant, cette nuit M. de Sainte-Croix est parti pour la Pologne à cause de la révolution..... Quoi! la liberté aura pu pénétrer jusque dans les forêts de la Lithuanie, & la France ne voudra pas que son empire s'étende à des peuples qui sont en contact avec elle! L'assemblée nationale sentira que les Avignonois ont le droit d'être libres, & qu'ils ne peuvent véritablement l'être qu'en devenant françois. (La partie droite murmure.)

Je prouve cette assertion. Ces peuples peuvent-ils être libres en restant séparés, vous les entourez de barrières; car si les matières premières dont leurs manufactures ont besoin, ne payoient aucuns droits, ces manufactures ruineroient votre commerce. On a proposé un abonnement; mais pour que cet engagement ne vous fût pas préjudiciable, l'abonnement devroit être tellement combiné, que leurs manufactures fussent forcées de vendre un peu plus cher que les nôtres; car votre premier devoir est de maintenir la balance de notre commerce: ainsi leurs marchandises n'auroient pas de débit, & forcés de venir chez nous chercher les denrées pour leur consommation; ils seroient bientôt ruinés. S'ils se donnent au pape, ils éprouveront les mêmes inconvéniens, joints à ceux du gouvernement despotique. Au contraire, réunis à la France, ils rentreront dans la classe des citoyens & jouiront de tous les avantages de la liberté.

Je ne vous parlerai point du droit positif. Ceux qui ont étudié avec impartialité l'histoire de ce pays, ont vu que vos droits & vos titres sont incontestables, & je crois l'avoir prouvé dans mon premier rapport. (M. l'abbé Maury interrompt.— On le rappelle à l'ordre.). Mais je dois vous parler ici du vœu libre, formel des Avignonois. Je dois vous dire à quelles horreurs ce peuple est livré; je dois vous faire connoître les malheurs incalculables résultant de la non-réunion; je ne vous parlerai point du vœu qui a été manifesté par les Avignonois au mois de juin 1790, puisque l'on m'objecte les troubles & les désordre qui pourroient faire croire que ce vœu n'est pas libre; je vous parle du vœu manifesté par des actes subséquens, multipliés de la manière la plus authentique. Le premier, c'est le serment prêté sur la roche de Dom en date du 14 juillet, en présence de plusieurs détachemens de gardes nationales françoises. Le second, c'est une lettre écrite par les officiers municipaux au nom des habitans, en date du 13 août 1790. Le troisième, un nouveau serment prêté sur la roche de Dom, en date du 5 septembre 1790, & revêtu de plus de 4000 signatures. Le quatrième, une adhésion donnée à ce serment par les habitans de Morrières, bourg dépendant d'*Avignon*. Le cinquième, le vœu formé par les neuf sections ou districts formant la réunion des citoyens actifs d'*Avignon*, en date du 6 octobre 1790. Le sixième, le vœu réitérativement formé par les neuf sections pour se réunir à la France, en date du 26 octobre 1790. A cet acte étoit jointe une lettre d'envoi. Le septième, la lettre des commissaires du roi dans le département du Gard, en date du 15 mars 1791, qui constate le vœu libre des Avignonois. Le huitième, la lettre de l'assemblée électorale formée à Vaucluse, en date du 18 mars 1791, revêtue des signatures de tous les électeurs. Enfin, la lettre écrite par la municipalité au nom du peuple avignonois, en date du 16 de ce mois, qui vous a été lue hier matin.

Je pense que ces différens actes vous paroîtront suffisans pour constater de la manière la plus évidente, le vœu libre des Avignonois: on ne pourra pas objecter qu'il a été formé au milieu des troubles, car j'ai écarté tous les actes qui portoient la date du mois de juin, époque de ces troubles, quoique plusieurs fussent revêtus des formes les plus légales & les plus authentiques. Je dois observer que la population d'*Avignon* n'étant que de vingt-quatre mille ames, ne peut donner que quatre à cinq mille citoyens actifs. Ce vœu a été encore constaté par une infinité d'adresses des villes voisines qui n'ont cessé d'écrire à l'assemblée pour l'engager à prononcer la réunion. Les événemens n'ont que trop prouvé combien nos craintes étoient fondées : les fanatiques, les ennemis du bien public ont ourdi dans ce pays la trame la plus noire ; ils ont cherché à exciter entre *Avignon* & le Comtat la discorde & la jalousie ; ils ont dit aux Comtadins que les Avignonois vouloient les dominer ; à ceux-ci, que les Comtadins étoient leurs plus redoutables ennemis ; enfin ils sont venus à bout, ces infâmes scélérats, non-seulement d'exciter des troubles dans ce malheureux pays, mais d'engager plusieurs combats, de manière que ces citoyens s'égorgent actuellement. Ces contrées sont dévastées, la récolte est détruite, les subsistances sont d'une rareté extrême ; les soldats cherchent à s'en procurer à la pointe de leur épée, égorgent ceux qui sont obligés de leur en refuser. Si l'assemblée ne prend un parti, bientôt on ne rencontrera dans ce malheureux pays que des cendres & des morts. Oui, je le répète ; elle sera profondément coupable aux yeux de l'Europe. La guerre civile que vous ne réprimez pas à *Avignon*, vous allez l'allumer dans vos contrées ; vos troupes, vos gardes nationales prendront parti ; comment résisteroient-elles aux pièges que leur tendent les auteurs de ces machinations, lorsque ces factieux sont parvenus à armer des frères contre des frères ! Il n'est pas un des habitans de nos frontières qui n'ait dans cette malheureuse affaire des parens ou des amis à défendre : déjà plusieurs districts ont pris parti ; ils ont fourni des armes & des munitions : peut-être en ce moment les départemens environnans se battent-ils les uns contre les autres. — Je ne m'arrêterai point à combattre l'objection tirée de la défiance que pourroit inspirer votre décision aux puissances étrangères ; il n'en est pas une qui ne connoisse vos droits : il n'y a que les gens de mauvaise foi qui puissent répandre cette opinion ; il n'y a que ceux qui ont intérêt à la guerre civile qui puissent l'accréditer. — Au surplus, vos comités n'ayant reconnu de bien constaté que le vœu des Avignonois, & regardant celui des Comtadins comme moins général, n'ont pas cru devoir persister à vous proposer la réunion du Comtat ; ils se bornent à vous demander la réunion prompte d'*Avignon* & de ses dépendances. Cette mesure fera cesser les troubles des deux pays. Vous pourrez dès l'instant ordonner aux Avignonois de mettre bas les armes, & les Comtadins n'auront plus aucun prétexte de rester armés. Vous n'aurez point abusé de vos droits envers les Avignonois, puisque leur vœu est libre & suffisamment constaté ; vous n'en aurez point abusé envers les Comtadins, puisque vous aurez respecté leur volonté. Vos comités vous proposent encore d'être justes envers la cour de Rome, quoique peut-être elle ne le mérite pas. (On applaudit. — De violentes rumeurs s'élèvent dans la partie droite). Ils ont pensé qu'il falloit rembourser toutes les indemnités qui pourroient être dues. Ce doit être là la conduite d'une grande nation qui méprise toutes les petites injures, & ne veut s'en rappeller que pour exercer avec plus de gloire, sa justice & sa générosité. Je vous propose donc de décréter : 1°. que les Avignonois seront incorporés à la nation françoise dont ils feront désormais partie intégrante ; 2°. que le roi sera prié d'ordonner à son ministre des affaires étrangères de négocier avec le pape pour les indemnités que pourroient lui être dues, & d'ordonner aux Avignonois de poser les armes & de cesser toute hostilité envers les habitans du Comtat ; 3°. de décréter que nul François ne pourra s'immiscer dans la querelle des Avignonois & des Comtadins, ni prendre les armes pour aucun parti ; 4°. de prier le roi de nommer six commissaires civils pour la prompte exécution du présent décret, avec pouvoir de requérir tant les troupes de ligne que les gardes nationales des départemens voisins, pour faire cesser les troubles à *Avignon*. (On applaudit).

M. Menou lit une adresse de la municipalité d'*Avignon*, au roi, contenant le même vœu & le même tableau des malheurs de cette ville, que l'adresse à l'assemblée nationale, rapportée plus haut.

On demande l'impression de cette lettre & l'insertion au procès-verbal. — Cette proposition est décrétée.

M. Clermont-Tonnerre. M. le rapporteur n'a point répondu à tout ce que nous avons dit dans les précédentes discussions ; la question est donc encore telle que nous l'avions laissée ; il nous a dit qu'*Avignon* étoit préparé à recevoir la liberté ; & de quelle manière s'y est-elle préparée ? Ce n'est pas comme les Polonois, de l'exemple desquels on a voulu se faire un moyen, quoique ce ne soit qu'une leçon, mais par des assassinats & d'infâmes brigandages. Je répète ce que je vous ai déjà dit : les Avignonois ne peuvent articuler un vœu légal que lorsque le calme sera rétabli dans leur sein. Les nouveaux actes qu'on vient de nous produire ne sont pas connus. On ignore combien de personnes les ont signés, & quel est l'état de ces personnes. Dans toute cette affaire, un seul intérêt me touche ; c'est celui de l'humanité. Depuis long-temps le sang coule dans ce malheureux pays ; il faut l'arrêter enfin. Je conclus à la question préalable sur la réunion, & néanmoins je demande que l'on prenne toutes les mesures pour rétablir le calme dans *Avignon* & le Comtat Venaissin.

Plusieurs membres de la partie gauche demandent que la discussion soit fermée.

M. l'abbé Maury paroît à la tribune.

M. Madier. Une assemblée législative qui craint la discussion ! C'est d'une imprudence sans exemple.

M. l'abbé Maury. Il y a un nouveau rapport, par conséquent il faut une discussion nouvelle : si vous ne voulez pas nous entendre, il ne falloit pas nous rappeller. Je déclare donc que nous ne prenons point de part à la délibération.

M. Boutidoux. Il faut entendre M. l'abbé Maury ; & je demande à lui répondre par la simple lecture d'une lettre que j'ai reçue d'*Avignon*. — L'assemblée décide que la discussion est continuée.

M. Vouland. Lorsque le feu de la guerre civile a enflammé les départemens voisins d'*Avignon*, il n'est plus possible de garder le silence. Deux partis sont reconnus dans cette malheureuse contrée. Carpentras est assiégé, & *Avignon* déchiré dans son propre sein. Des François adoptent ces querelles, & se jettent dans l'un ou l'autre parti. L'argent de la cour de Rome, prodigué dans l'armée de Carpentras, lui donnera bientôt une force redoutable. Si la fureur religieuse vient se mêler encore à toutes ces sources de troubles, pouvez-vous bien calculer la profondeur de l'abîme qui va s'ouvrir ? Ne perdez pas de vue qu'on ne met tant de chaleur à défendre le parti de Carpentras, que parce qu'on croit que cette ville peut facilement devenir un foyer de contre-révolution : il faut donc lever le voile, & dire que l'armée de Carpentras est une armée italienne, composée en grande partie de ci-devant nobles, de prêtres. (Une voix de la partie droite : Ce sont des gens vertueux que les nobles). On connoît sans peine le caractère de la cause aux caractères de ceux qui la défendent. Faut-il vous dire qu'on parle d'un rassemblement de la Lozère ?

M. l'abbé Bruge. C'est faux. (Il s'élève des murmures).

M. Revbel. Vous ne voyez pas que c'est l'aumonier du camp de Jalès qui vous parle ?

M. Vouland. Le fait est attesté par une lettre des amis de la constitution. (On rit dans la partie droite). Ne vous le dissimulez pas ; c'est contre vous qu'on veut porter le flambeau de la guerre. Dès l'année dernière on vous avoit dénoncé des amas d'armes dans ce canton. Il y a bien des hommes qui gémissent sur la destruction des abus. M. l'archevêque d'*Avignon* avoit en France des dîmes que vous avez supprimées. J'avoue que ces indices me paroissent assez sûres, & je demande en conséquence que le projet du comité soit adopté.

M. l'abbé Maury. Messieurs, vous avez rendu hier matin, en organisant le corps législatif, un décret infiniment sage. Vous avez statué constitutionnellement, que toutes les fois qu'une motion auroit été discutée & écartée par les représentans du peuple François, elle ne pourroit plus être remise en délibération, sous aucun prétexte, dans la même session. Si cette loi réglementaire, qui doit défendre nos successeurs contre les coalitions de l'intrigue, & contre les infatigables poursuites de l'esprit de parti, avoit été décrétée par nos prédécesseurs : que dis-je ? si l'assemblée nationale vouloit enfin se conformer à ses propres réglemens, l'importune discussion qui vous occupe encore aujourd'hui, ne reparoîtroit pas dans cette tribune. C'est pour la quatrième fois que nos adversaires, toujours repoussés & jamais rebutés, sont parvenus, en multipliant les rapports de plusieurs comités réunis, à renouveller les tentatives dont ils ne cessent de nous fatiguer depuis dix-huit mois, pour nous amener à l'invasion d'*Avignon* & du Comtat. On veut donc vous forcer, Messieurs, d'énoncer de nouveau, dans ce moment, votre vœu solemnel, sur ce projet d'usurpation, aux yeux de l'Europe attentive, & peut-être impatiente de juger à son tour votre jugement ! Puis-je espérer enfin, après trois victoires si récentes & si décisives, que ce quatrième combat sera le dernier, & que le sort de la malheureuse ville d'*Avignon* sera irrévocablement fixé dans cette séance ? — Oui, oui, répondez-vous, parce que vous vous flattez d'avoir assez travaillé les esprits hors de l'assemblée, pour conquérir enfin la majorité des voix, que vous n'avez jamais pu obtenir dans cette cause. Je prends acte, dans ce moment, de ce vœu unanime qui appelle un décret définitif. Renonçons donc tous loyalement à la misérable ressource de neutraliser la décision, en altérant le procès-verbal ; & que personne ne cherche plus à gagner demain sa cause au bureau, après l'avoir perdue aujourd'hui à la tribune.

Je ne reproduirai, devant vous, aucun de ces titres victorieux, aucun de ces moyens de fond, que j'ai si souvent présentés à l'assemblée. Je suivrai M. le rapporteur dans la route qu'il vient de tracer devant moi. Je vais enfin l'attaquer corps à corps, en présence de ce même peuple qu'il a trompé par ses principes, par ses assertions, par ses sophismes, par ses réticences, en nous débitant, dirai-je un rapport, dirai-je un roman politique ? indigne de soutenir les regards d'une assemblée qui respecte sa propre opinion & l'opinion publique. Comme c'est ici le dernier moment où je peux encore vous faire entendre la voix de la vérité & les réclamations de la justice, il faut tout dire, il faut vous faire connoître, il faut signaler aux yeux de toute la France, ces infames émissaires d'Avignon, qui vous demandent l'absolution de tous leurs crimes ! Il faut, puisque l'intérêt de tout un peuple l'exige, il faut enfin vous dévoiler cet odieux mystère d'iniquité qui ne trouvera plus ensuite, je l'espère, ni complices, ni protecteurs dans cette assemblée.

Je vais reprendre la question au même point où je l'avois laissée, & où je la retrouve encore, car M. le rapporteur a fait beaucoup de mouvemens sans aucun progrès ; &, depuis le 4 du mois de mai, la discussion semble aller en rétrogradant. M. de Menou, qui enveloppoit d'abord tout le Comtat dans ses projets de conquête, ne se flatte déjà plus d'une invasion totale. Il ne nous demande plus à présent que la seule ville d'*Avignon*, pour prix de ses veilles à la bibliothèque du roi. C'en est assez pour appaiser cette multitude de publicistes qui entourent l'assemblée, en nous ordonnant, à grands cris, au nom de l'autorité souveraine de je ne sais quels mandataires à piques, de décréter la réunion d'Avignon à la France, sous peine de mort.

L'argument est en forme; & j'avoue que la liberté de nos opinions ne sauroit être mieux constatée.

Accoutumé à entendre sans émotion de pareils sillogismes, j'invoque d'abord en ma faveur un principe que personne n'osera contester. C'est une maxime universellement admise dans les tribunaux, que toutes les fois qu'un jugement a été légalement prononcé, on ne peut plus le réformer régulièrement, c'est-à-dire y ajouter, ou en retrancher aucune disposition, enfin y changer un seul mot, sans le consentement formel & unanime de tous les juges qui y ont concouru, de ceux même qui étoient d'un avis contraire à la majorité. Vous exercez les fonctions de législateurs; mais vous n'êtes pas au-dessus des loix. Or vous feriez punir sévérement une section d'un tribunal qui se permettroit la moindre altération dans la rédaction d'un jugement rendu la veille. Appliquons ce principe à ce qui s'est passé dans l'affaire d'*Avignon*; & que chacun de nous se juge dans ce moment.

Interrogés en présence de la nation entière, le 4 du mois de mai, sur cette question discutée pendant quatre jours consécutifs, dans des séances prolongées jusqu'à dix heures du soir: « *Avignon* & le Comtat sont-ils, ou ne sont-ils point partie intégrante de l'empire François »? Vous avez résolu la question ainsi posée, en vous décidant, à une très-grande majorité, pour la négative. Vous avez donc formellement reconnu par un décret solemnel, en délibérant sur un article proposé sans aucun amendement par vos comités eux-mêmes, qu'*Avignon* & le Comtat ne faisoient pas partie intégrante de l'empire François. Tel est le diplome national par lequel vous avez rendu, de votre propre mouvement, un hommage authentique à la légitime souveraineté du pape sur *Avignon* & sur le Comtat. J'avoue qu'il n'existe dans la bibliothèque du vatican aucun titre plus incontestable de cette ancienne souveraineté. Vos dispositions bien connues envers le chef suprême de l'église, ne permettront point à l'Europe & à la postérité de vous soupçonner de la moindre partialité, lorsque vous prononcez en faveur de Pie VI, contre les prétentions de la France. C'est par l'appel nominal que votre vœu a été énoncé. Après un tel mode de délibération, le dénombrement des suffrages a manifesté ici une majorité de plus de cent voix, en faveur du saint-siege.

Cette forme, la plus claire, la plus précise, la plus imposante de toutes, fut admise, après de longs débats, avec le consentement unanime de tous les membres de cette assemblée. Vous dites non: eh bien! je vais vous répondre en trois lettres, en disant oui. C'est s'avouer vaincu que d'oser nier l'évidence. Aucune voix ne s'éleva pour s'opposer à l'appel nominal, qui se fit très-paisiblement; & nos adversaires n'imaginèrent les misérables chicanes dont je vais bientôt faire justice, que lorsqu'ils se virent en minorité.

Le décret que vous avez rendu est maintenant connu dans toute l'Europe. Il a été consigné dans deux cent journaux qui ne vous sont pas suspects; & vous aurez beau altérer vos procès-verbaux, ces nombreux secrétaires qui ne sont pas à vos ordres, & qui attestent journellement ce qu'ils ont entendu, sont autant de témoins que nos adversaires ne peuvent ni récuser, ni contredire.

Dès que la minorité eut ainsi succombé, cette même minorité qui, par les ruses indécentes, qu'on appelle la tactique de l'assemblée, a su empêcher, pendant cinq jours entiers, la majorité de repousser, par un décret, les prétentions des hommes de couleur de nos colonies; cette infatigable minorité s'assembla immédiatement après la séance, au club des Jacobins; & là on imagina d'annuller le décret relatif à l'affaire d'*Avignon*, en le faisant réformer le lendemain matin, à la lecture du procès-verbal.

Le rendez-vous fut donné à tous les membres de cette minorité qui composent ordinairement ici la majorité. On arrêta le plan d'attaque. On distribua les rôles, comme on les distribueroit peut-être encore demain matin, si nous obtenions aujourd'hui la majorité. M. de la Rochefoucault-Liancourt, auquel il faut décerner toute la gloire de cette incroyable commission, dont il eut l'humilité de se charger; M. de Liancourt, qui avoit été, la veille, de notre avis; M. de Liancourt, qui avoit acquis sans doute de grandes lumières sur le fond de la cause, en apprenant le soir que le souverain, qu'on appelloit autrefois simplement le peuple, avoit poursuivi jusques dans leurs maisons, les défenseurs de la souveraineté du pape sur *Avignon*, en demandant leurs têtes à grands cris; M. de Liancourt, fidèle sujet de ce nouveau souverain, de ce souverain des tribunes, auquel je vous prie, M. le président, d'imposer silence dans ce moment, si ses huées que je ne prendrai jamais pour des loix, continuent à m'interrompre; M. de Liancourt enfin obtint grace au club des Jacobins, pour le tort qu'il avoit eu la veille d'être courageusement juste; & le lendemain, il ouvrit l'avis de déclarer que nous n'avions rien décidé, & d'anéantir ainsi notre décret, à la lecture du procès-verbal.

Voici, Messieurs, les moyens lumineux qui

furent proposés pour prouver à toute l'Europe, que nous n'étions que des législateurs de première instance; que l'enregistrement de nos décrets dans le procès-verbal, en étoit la révision; &, pour mieux me faire entendre des tribunes, que l'assemblée nationale n'étoit que le châtelet du club des Jacobins.

On nous dit d'abord, dans un moment où l'on ne comptoit pas dans la salle cent députés, que l'appel nominal de la veille n'avoit eu qu'un seul objet, savoir si l'article seroit admis, ou s'il seroit rejetté. On avoua que l'article proposé par le comité avoit été réellement rejetté; mais on prétendit que l'assemblée n'avoit rien décidé sur le fond de la question. Ce moyen fut imaginé par M. Goupil.

Mais comment ose-t-on, avec quelque pudeur, présenter un tel raisonnement à une assemblée délibérante? Qu'avions-nous à décider? L'article proposé par le comité étoit conçu en ces termes: La ville d'*Avignon* & le Comtat Venaissin sont partie intégrante de l'empire François. On avoit voulu modifier cette proposition, qui pénétroit jusqu'au fond de la difficulté, & qui ne permettoit plus aucun retour de chicane, ni pour ni contre. Plusieurs avis avoient été ouverts pour restreindre le décret à la réunion actuelle d'*Avignon* & du Comtat à l'empire François, sans que la délibération s'étendît jusqu'à la question géographique, historique & politique, si loyalement abordée par vos comités. Nos adversaires, persuadés qu'ils nous domineroient par le nombre, crurent que tous les amendemens étoient des capitulations imaginées par un parti trop timide pour aller droit au fait, en prononçant définitivement l'incorporation du Comtat au royaume de France. En conséquence ils pensèrent que plus la proposition seroit tranchante, plus ils trouveroient de partisans dans l'assemblée. Après de très-longs débats, qui nous fatiguoient depuis plus de trois heures, les membres du club des Jacobins demandèrent avec instance, que l'appel nominal commençât, & que la proposition du comité fût admise ou rejettée à jamais. J'observois, avec beaucoup d'attention, tous les mouvemens de l'assemblée. Je crus voir que nos adversaires calculoient fort mal leur position. Je me réunis donc brusquement avec eux pour adopter le mode de délibération du comité; & je fus appuyé de confiance, par tout le côté droit. L'appel nominal s'ouvrit aussi-tôt. Il fut décrété, à une très-grande majorité, que la ville d'*Avignon* & le Comtat n'étoient point partie intégrante de l'empire François. Or, il est bien évident que nous n'avons pas pu rejetter l'article sans décider le fond, puisque le fond étoit l'article lui-même. On nous demandoit si *Avignon* & le Comtat étoient partie intégrante de la France; & la grande majorité déclara que non. Il ne s'agissoit pas en effet simplement d'écarter l'article, pour lui en substituer un autre; il s'agissoit de terminer un grand procès national, & nous l'avons tous jugé irrévocablement.

Après cette première chicane de procureur, on nous dit que la décision de la veille étoit insignifiante, parce que nous n'avions décrété qu'une disposition négative, & qu'une disposition purement négative ne décidoit rien. Ce commentaire fut imaginé par M. Rabaud, qui croyoit parler sans doute à des écoliers que l'on éblouit par des mots qu'ils n'entendent pas, & qu'on ne comprend pas toujours bien soi-même. Puisque M. Rabaud nous ramène sur les bancs de philosophie, il faut lui apprendre que l'on dit quelquefois argument négatif, preuves négatives, par opposition à argument positif, à preuves positives; &, dans ces phrases, le mot négatif indique l'insuffisance de la preuve. Mais le mot négatif n'a plus la même acception, quand il s'agit d'une proposition qu'il faut affirmer ou nier. Soutenir l'affirmative, ou soutenir la négative, ce n'est certainement pas rester neutre, c'est prononcer un jugement. Il y a plus, Messieurs: toute proposition négative se convertit d'elle-même en proposition affirmative. Ainsi dans l'espèce présente, la majorité de cette assemblée, en répondant non, a solemnellement affirmé qu'*Avignon* & le Comtat n'étoient pas même partie intégrante de l'empire François; & cela s'appelle, à mon avis, décider quelque chose.

Enfin, on porta le délire & l'immoralité jusqu'à prétendre qu'on nous avoit tendu un piège; qu'il y auroit eu une décision si nous avions perdu, mais qu'on n'avoit rien prononcé, parce que nous avions gagné. Il faudroit peut-être ne rien répondre à des hommes qui osent se vanter d'avoir tendu un piège à cette assemblée. De pareilles manœuvres suffiroient pour déshonorer leurs auteurs. Mais le vrai est, que s'ils ont voulu réellement nous tendre un piège, ils y ont été pris eux-mêmes. Ils ne croyoient pas que la majorité pût rejetter une proposition ainsi généralisée, en renonçant pour toujours à réclamer *Avignon* & le Comtat, comme partie intégrante de l'empire François. La justice de l'assemblée a confondu toutes leurs combinaisons. Certes, Messieurs, vos délibérations ne sont pas assurément des parties de jeu. Mais si l'on pouvoit ravaler vos fonctions jusqu'à les assimiler ainsi à un grand jeu de hasard, vous savez tous comment il faudroit traiter un joueur assez naïf pour prétendre que les coups sont nuls quand il perd, & qu'ils deviennent excellens quand il gagne. Au reste, cette théorie n'appartient heureusement à aucun de nos collègues; elle est d'un sieur Tissot, qui se dit député d'*Avignon* à la suite de l'assemblée nationale, & qui a eu assez d'audace pour la développer dans une lettre imprimée, à laquelle les casuites des galères ne trouveroient pas une seule maxime à changer, si elle étoit datée des chiourmes de Brest ou de Rochefort.

Eh! comment les réformateurs de notre procès-verbal peuvent-ils dire que nous n'avons rien décidé positivement, quand ils n'ont eux-mêmes cessé de répéter, dans leurs opinions, que les circonstances les plus impérieuses nous commandoient une décision prompte & définitive ? Ils savent très-bien que nous avons renoncé pour jamais, au droit de nous emparer d'*Avignon* & du Comtat, sous peine de nous dénoncer à l'Europe, comme les plus odieux & les plus inconséquens de tous les usurpateurs.... Cette proposition vous étonne ? Quoi ! ne seroit-ce donc pas une usurpation, que d'envahir un territoire qui, de votre propre aveu, ne fait pas même partie intégrante de votre empire ? Ainsi, pour n'avoir pas connu la force des termes, pour s'être réduit à des ruses de guerre, ou plutôt aux misérables chicanes du barreau, nos adversaires ont laissé subsister dans le procès-verbal ce qu'ils en vouloient retrancher. Ils ont confirmé les droits du pape, en s'efforçant de les anéantir; & ils se sont interdit à jamais tout droit sur *Avignon* & sur le Comtat, en voulant conserver un prétexte d'agression, par des réserves insidieuses & des commentaires absurdes, dignes des scholiastes du quatorzième siècle.

Le décret juste & sage que vous avez rendu, n'a donc été réformé, ni par le fait, ni dans le droit. L'absurdité s'est heureusement confondue elle-même, en cherchant à l'annuller. On n'osera pas dire, sans doute, que l'objet de votre délibération étoit de savoir si *Avignon* & le Comtat faisoient actuellement partie de l'empire François, puisqu'ils en sont séparés sans interruption, depuis neuf cents ans. On nous a proposé de décider si *Avignon* & le Comtat étoient partie intégrante de la France. Ce mot intégrante qui se trouvoit dans le projet de décret, n'est point une de ces expressions vagues dont vous puissiez vous dissimuler l'énergie. Qu'est-ce en effet qu'une partie intégrante ? c'est une portion d'un tout, dont elle forme le complément, mais qui ne lui est point essentielle. Ainsi, un bras est une portion intégrante du corps humain, parce que le corps d'un homme ne seroit pas complet, s'il lui manquoit un bras. La tête, au contraire, est une partie essentielle de l'homme, parce que l'homme ne sauroit exister sans une tête. Vos comités vous ont donc sommés de déclarer si *Avignon* & le Comtat étoient partie intégrante de la France, c'est-à-dire, s'ils formoient le parfait complément de l'empire François. Vous vous êtes décidés nettement pour la négative. Votre décret n'a pas été révoqué; & il n'auroit pu l'être, que dans la même forme de l'appel nominal qui avoit manifesté légalement votre vœu le plus solemnel.

Je demande maintenant si c'est au gré de la minorité de cette assemblée, si c'est en l'absence de la pluralité de ses membres, si c'est à la lecture d'un procès-verbal, si c'est par des explications heureusement assez absurdes pour révolter votre propre raison, que l'on a pu dénaturer un pareil décret, sans vous dénoncer à la France entière, comme une troupe d'insensés ? Pour moi, je regarde ce décret libre & raisonné, comme la reconnoissance la plus sacrée de la souveraineté du pape. C'est de vos propres mains que Pie VI a reçu cet aveu authentique, sans l'avoir sollicité, sans s'être défendu, & par un simple mouvement spontané de votre justice. L'assemblée nationale est incapable sans doute d'agir par surprise, & de s'abaisser à de perfides subterfuges. C'est l'outrager, c'est l'avilir, que d'employer des moyens ténébreux & lâches, pour infirmer le vœu de la majorité; vœu auquel nous nous sommes soumis dans des occasions beaucoup plus importantes; vœu dont le peuple lui-même a si bien senti toute la force & toute l'évidence, qu'il a voulu nous punir de mort, nous qu'il en regardoit comme les véritables moteurs; vœu que cette multitude en délire a légalisé aux yeux de l'Europe entière, par l'atrocité de ses menaces, qui en ont du moins attesté le vrai sens; vœu enfin que vos tribunes elles-mêmes n'oseront pas méconnoître, puisqu'elles ont voulu le sceller de notre sang, & que des hommes libres & justes ne peuvent plus ni le désavouer ni le combattre !

Après avoir ainsi discuté le vœu de cette assemblée, il est temps de faire comparoître, à son tour, votre rapporteur (M. de Menou), sophistique militaire qui ne sait faire des conquêtes qu'avec des décrets. Je vais réduire avec lui, à leur juste valeur, les pétitions du peuple avignonois.

Je lui ferai grace du principe qu'il vient d'avancer dans son rapport, que tout contrat entre le gouvernement & les gouvernés, est révocable à la volonté des derniers, vu que le peuple conserve toujours le droit de changer à son gré son gouvernement. Ah ! ce seroit faire aux peuples un présent bien funeste, que de leur accorder ce droit terrible, qui les livreroit tous les jours à de nouvelles factions ! M. de Menou s'est réfuté d'avance lui-même, quand il a reconnu que depuis le 14 juillet dernier, les provinces du royaume, solemnellement confédérées, n'avoient plus le droit de se séparer de la monarchie. Il y a donc, selon M. de Menou lui-même, un moment où le peuple qui, d'après sa doctrine, ne peut jamais aliéner sa souveraineté, n'a pourtant plus le droit de rompre le contrat de son gouvernement ? Je le prie, ou je le défie de concilier cette conséquence, avec le principe que je viens de rapporter; & je n'ai besoin que de rapprocher ses contradictions pour renverser tous ses systêmes.

Mais avant de traiter le point de fait, qui est relatif au vœu du peuple avignonois, il est une autre question de droit qu'il faut d'abord éclaircir; je veux parler de la souveraineté du peuple & de la prérogative qu'on lui attribue, de changer arbitrairement de gouvernement & de domination.

Qu'est-ce donc, Messieurs, que la souveraineté ? C'est le transport & la réunion de toutes les forces particulières, dans les mains d'un roi ou d'un sénat qui commande en dernier ressort, dans la société civile. Chaque individu est obligé de sacrifier à sa sûreté personnelle une portion de sa liberté. C'est l'assemblage de toutes ces portions de liberté, dans un dépôt commun, qui forme la souveraineté, en établissant une puissance suprême, qui est à la fois la modification de la force particulière, & le centre de la force publique. Il résulte de ce principe, que la religion nous donne une idée vraiment grande & lumineuse de l'autorité qui régit les peuples, quand elle la fait émaner directement de la divinité. L'Être-suprême en effet, a dû, comme auteur de l'ordre, consacrer la puissance qui maintient la société, après avoir laissé à chaque peuple le choix de la forme de gouvernement qui lui convenoit le mieux. Quand on dit que la souveraineté vient du peuple, & qu'elle réside originairement dans le peuple, il me semble qu'on ne s'entend pas toujours bien soi-même. Sans doute que chaque membre de la société a sacrifié par le contrat social, une portion de sa liberté individuelle, puisque sans ce sacrifice, la société, je veux dire l'union des citoyens, ne pourroit plus exister dans une agrégation d'hommes qui voudroient vivre dans l'état de nature, & par conséquent dans un état de guerre. Si le peuple est la source de tous les pouvoirs politiques, comme on le prétend, le trône dans une monarchie en est le réservoir. Tous les pouvoirs émanent donc du peuple. Mais le peuple est obligé de les déléguer tous; & s'il s'en réservoit un seul, il tomberoit aussi-tôt dans la plus déplorable anarchie. La souveraineté nationale n'existe donc, au milieu d'un peuple, que parce qu'il la délègue, & au moment où il la délègue. Le pouvoir suprême, qui n'est autre chose que la collection des forces particulières, ne réside, & même n'existe nulle part, avant qu'il soit ainsi délégué: d'où il suit que cette question de la souveraineté du peuple est purement métaphysique, une question insignifiante, & absolument stérile en conséquences politiques; qu'on ne peut en raisonner que par abstraction; que la souveraineté qui vient du peuple, ne peut jamais retourner au peuple; & que c'est manifestement l'égarer, que de lui parler sans cesse d'un droit qu'il ne peut pas plus exercer, que son droit primitif de propriété souveraine sur tout le territoire national. Si le peuple vouloit le reprendre, au lieu de rétablir l'ordre, il s'environneroit d'un vaste chaos.

Il est pourtant très-dangereux, sur-tout au milieu des vapeurs enivrantes de la liberté, d'investir inconsidérément l'opinion publique de ce principe abstrait de la souveraineté du peuple. Le peuple qui ne le comprend pas, croit qu'on veut lui dire quelque chose, quand on l'avertit ainsi de la source primitive des pouvoirs. Il en conclut que personne n'a le droit de le contenir; & alors tout le monde commande dans un état, excepté le seul chef légitime. Le peuple se persuade bientôt qu'il n'est pas de sa dignité de se soumettre à l'obéissance. Il est cependant très-vrai que le peuple est intéressé lui-même à obéir, & qu'il ne doit point en être humilié, parce qu'en dernière analyse, obéir dans l'ordre public, ce n'est autre chose que s'entendre. L'indépendance individuelle ne peut jamais produire qu'une épouvantable confusion, ou plutôt l'entière désorganisation du corps social.

Au reste, quelque opinion que l'on adopte sur l'origine de la souveraineté, il est impossible de livrer aux caprices du peuple, le droit d'en changer arbitrairement le dépositaire. Son intérêt & ses sermens l'obligent, autant que la justice elle-même, de renoncer à ce droit terrible, qui bouleverseroit continuellement les empires, & qui deviendroit ainsi le plus redoutable fléau pour tous les états. Toutes les obligations sont réciproques. Les peuples ont des devoirs à remplir, comme les rois eux-mêmes, puisqu'ils ont des droits; & certes, les autoriser à l'insurrection, à la révolte, à l'infidélité envers le souverain légitime qui est chargé de les gouverner; reconnoître dans le peuple, & sur-tout dans une section du peuple, le droit de changer ainsi de domination, sans motif, sans prétexte, sans être même tenu de rendre nul compte à personne d'un pareil abus de la force, c'est tromper la multitude pour mieux la trahir, c'est se dénoncer soi-même à l'univers, comme le plus dangereux ennemi du genre humain.

Je reviens maintenant à ce vœu des Avignonois, dont on ose se faire un titre pour confisquer légalement la ville d'*Avignon*.

Vous n'avez pas oublié, Messieurs, que le vœu des Avignonois fut solennellement discuté, l'année dernière, dans plusieurs de nos séances. On n'ose plus nous parler aujourd'hui de ce vœu de réunion, émis le 11 du mois de juin 1790, six mois après cet autre vœu solemnel des Avignonois, qui avoient renouvellé volontairement leur serment de fidélité au pape; de ce vœu que M. Tronchet avoit si lumineusement discuté dans cette tribune; de ce vœu signé au pied des échafauds, & tracé avec le sang des plus vertueux citoyens de la ville d'*Avignon*. M. de Menou lui-même, qui certes n'est pas difficile en preuves, & qui nous parloit de ce vœu avec tant d'assurance, au commencement de ce mois, garde aujourd'hui un silence prudent sur ce même acte, qu'il oublie à dessein. Il faut donc le lui rappeller, non pas comme un flambeau qui puisse nous éclairer dans cette discussion, mais comme un titre nul que l'on nous a produit dès l'ouverture de cette cause, dont il a vicié tous les actes subséquens, qui en ont été la suite nécessaire. Tous les contrats que l'on nous présente ici, sont frappés du même défaut de liberté qui déshonora cette première délibération, dont on n'ose plus à présent contester la nullité.

En effet, Messieurs, depuis cette journée à jamais déplorable, tous les citoyens honnêtes & éclairés, tous les riches habitans, tous les propriétaires, qui sont les juges naturels & les véritables arbitres des résolutions publiques; tous ceux qui avoient manifestement le plus de droit d'assister à ces assemblées, où l'on traitoit de leurs plus grands intérêts; tous ceux qui étoient enfin les plus capables de répandre des lumières sur les délibérations, ont été forcés de s'expatrier. Il n'a plus été possible de réunir le peuple avignonois, après cette dispersion désastreuse. Les assassinats, les massacres, les incendies ont tellement multiplié les émigrans, que la ville d'*Avignon* a été constamment réduite au tiers de sa population ordinaire. Non, jamais, depuis le jour qui a livré *Avignon* à des étrangers & à des brigands, il n'y a eu d'assemblée vraiment générale, vraiment libre; & par conséquent on n'a pu y émettre aucun vœu légal ou national. Aucune n'a été tenue qu'au milieu des potences, présidée que par des bourreaux, éclairée qu'à la lueur des torches incendiaires. Les dernières lettres qu'on vient de nous lire, & qui nous sont adressées par cette coupable municipalité, sont visiblement l'effet de la contrainte & de la terreur. D'un côté, l'armée avignonoise, grossie d'une multitude de protestans descendus des montagnes des Cévennes...... M. Rabaud, ministre protestant, ose nier ce fait? Je lui réponds, que mon assertion est prouvée, par la liste des protestans qui ont été blessés au siège de Carpentras, & qu'on a ensuite transportés à Nîmes sur des charriots, ou qui ont été déposés dans les hôpitaux des villes voisines. En voici les procès-verbaux, qui pourront rendre M. Rabaud plus circonspect dans ses dénégations, & qui l'avertiront de ne pas contrefaire ici le fanatique, pour défendre des factieux dont il ne peut ignorer le secret. Des protestans blessés sont des témoins un peu embarrassans à récuser ou à excuser; & ce fait n'explique que trop bien ce que vouloit nous dire M. Camus, dans le mois de novembre dernier, quand il affirmoit si imprudemment qu'il existoit des rapports cachés entre les troubles de Nîmes & l'insurrection d'*Avignon*. Je reviens à cette armée avignonoise, qu'il seroit impossible de calomnier; & je dis que cette horde de flibustiers ne trouve plus d'asyle, ni dans la ville de Carpentras, qui l'a repoussée avec tant de gloire, ni dans le Comtat dont elle a réduit plusieurs paroisses en cendres, ni dans *Avignon* même, dont ses crimes lui ont fermé les portes. Elle est devenue un objet d'horreur pour tous les départemens voisins, qui avoient cru d'abord protéger des citoyens, & non pas un vil ramas de brigands. D'un autre côté, les infortunés habitans d'*Avignon* n'osent, ni ouvrir leurs portes, de peur de se dévouer au pillage ou aux massacres, ni les fermer, dans la crainte d'accélérer les horreurs d'une guerre civile. C'est dans ces circonstances que les officiers municipaux ont écrit au roi & à l'assemblée nationale, pour nous conjurer à genoux de les recevoir sous notre domination, c'est-à-dire, de les préserver tous de leurs fureurs réciproques, de la peine due aux forfaits qui leur sont communs, & de l'échafaud qui les attend!

J'admire étrangement les artifices absurdes que l'on emploie pour vous faire illusion dans cette cause. M. de Menou, qui connoît parfaitement les agens de la ville dont il se dit l'interprète, vient de vous parler avec beaucoup d'emphase des citoyens actifs d'*Avignon*. Certes, Messieurs, le mot de citoyen actif n'existoit pas dans notre langue, avant votre constitution. C'est vous seuls qui avez décidé par vos décrets, à quelles conditions les habitans du royaume pourroient y exercer les droits politiques, & devenir citoyens actifs. Vous avez déterminé une somme de contribution, pour participer à ce privilège. Comment donc trouve-t-on des citoyens actifs dans une ville qui, selon vos propres décrets, ne fait pas partie intégrante de l'empire François, d'un empire où cette distinction civile vient d'être admise pour la première fois? Je demande à quel titre légal on peut reconnoître les citoyens actifs de la ville d'*Avignon*, où l'on ne paie aucun impôt? Je demande où est ici la base de cette activité politique; & je supplie M. de Menou de m'indiquer les règles qu'on a suivies à *Avignon*, pour y faire le dénombrement des citoyens actifs? Je demande enfin si ces prétendus votans ne sont pas des étrangers, des domestiques, des soldats, des enfans; & si le vœu d'*Avignon* n'a pas été émis par cette classe que vos décrets ont sagement exclue du privilège des citoyens actifs?

Le vœu apparent de la ville d'*Avignon* ne peut donc avoir aucune autorité légale. La commune ne s'est jamais réunie, depuis le mois de juin dernier. Les habitans n'ont pas cessé un seul instant, depuis cette époque, d'être sous le poignard des assassins. Que devons-nous donc penser d'une municipalité composée ou de factieux sans propriétés, ou d'étrangers sans intérêt dans cette cause; d'une municipalité qui, sous le masque du patriotisme, cache mal son esprit de révolte; qui, par les plus viles adulations, est venue mendier ou plutôt acheter le prix de ses forfaits, vendre les droits de son souverain légitime, d'un souverain juste & bienfaisant, pour se soustraire au dernier supplice qu'elle a mérité; qui ose offrir à l'assemblée nationale, en signe de soumission, ses mains teintes du sang de ses concitoyens : digne gage d'une si noble réunion à la France! de cette municipalité enfin, qui tranche du souverain, débauche nos soldats, & dont l'armée viole notre territoire, met à contribution, à feu & à sang les villages du Comtat, en disant qu'elle veut se soumettre à notre domination, en faisant des conquêtes pour la France, avant d'être françoise elle-même! Ne sont-ils pas bien dignes de respect & de confiance, les actes signés par de pareils chefs qui président, un poignard à la main, aux assemblées du peuple avignonois?

Peut-on, sans frissonner d'horreur, se retracer tant

tant d'abominations, dont le scandale a retenti dans l'Europe entière ! J'épargnerai à votre sensibilité, le tableau dégoûtant de tous ces crimes qui déshonorent notre nation & notre siècle. La municipalité d'*Avignon* a donné des exemples de fureur, inouis dans l'histoire des peuples les plus barbares. Vous l'avez déjà rejettée trois fois, lorsque paroissant amenée par son patriotisme, elle ne cherchoit qu'un refuge dans cette assemblée, pour obtenir l'impunité de toutes les félonies. Eh bien, Messieurs ! nonobstant les trois décrets qui la repoussent de votre sein, cette municipalité n'a pas craint de s'ériger en département. La ville d'*Avignon* & le Comtat formeroient à peine le tiers d'un département françois. Le nouveau corps administratif d'*Avignon* ose néanmoins s'intituler fièrement, le département de Vaucluse ; & certes ce n'est pas un titre sans fonctions. Ce département qui s'est institué lui-même, & dans lequel je vois de prétendus électeurs, que personne n'a légalement élus, établit & perçoit des impôts dans tout le Comtat. Ses mandats sont des lettres-de-change payables à vue, & tirées sur tous les propriétaires, par des voleurs de grands chemins. Vous avez vu ce département prendre une armée à sa solde, s'ériger en puissance belligérante, déclarer la guerre aux villes voisines, comme de puissance à puissance, publier des manifestes, nommer des généraux, & vexer ou proscrire dans cette belle & malheureuse contrée, tous les bons citoyens qui refusoient de devenir ses complices. Cette armée d'assassins a assassiné elle-même son général, au lieu de le livrer au bourreau ; & aussi-tôt elle l'a remplacé par un autre bourreau, par cet exécrable Jourdan, surnommé le coupe-tête, monstre nourri de sang, couvert de forfaits, régicide en espérance, que l'échafaud redemande à Paris, & que votre ministre de la guerre, le ministre d'un roi que ce scélérat voulut égorger, le 6 octobre 1789, laisse à la tête d'une troupe de brigands qui poursuivent la réunion d'*Avignon* à la France, par des attentats si dignes d'un tel général, & d'une telle révolution.

Je dénonce encore une fois au tribunal de l'honneur & des loix, ce ministre prévaricateur, M. du Portail, qui, par sa coupable condescendance, s'est rendu complice de tous les excès des Avignonois. M. du Portail s'est empressé d'arracher aux habitans de Carpentras les généreux défenseurs François, qui s'étoient enfermés dans les murs de cette ville, pour la protéger contre les brigands d'*Avignon*. Tandis qu'il réclame avec tant de rigueur les soldats qui se déclarent en faveur des Comtadins, il laisse dans une armée de scélérats qui se disent sujets de la France, tous les déserteurs françois, toute cette nuée de protestans, qui sont accourus des montagnes du midi, pour égorger mes compatriotes. Votre ministre de la guerre, toujours sourd à nos réquisitions, n'a jamais voulu revendiquer les déserteurs, auxquels la municipalité d'*Avignon* paie quarante sols par jour, pour servir de bourreaux à cette ville coupable. Il est étrange que M. du Portail, hautement dénoncé par moi à votre justice, & à l'exécration de toute l'Europe, m'abandonne lâchement son honneur, en se dévouant au plus honteux silence. Il est étrange que cette responsabilité des ministres, si solemnellement établie par vos décrets, ne soit plus qu'un être de raison, lorsque nous l'invoquons dans cette assemblée ; lorsque nous demandons à grands cris, un exemple de justice que vous nous devez. Il est étrange enfin, que nos plaintes soient toujours repoussées, & qu'on ose se servir aujourd'hui de la situation où les Avignonois se sont mis eux-mêmes, & de la déplorable extrémité à laquelle ils ont réduit le Comtat, pour vous présenter cet amas de calamités, comme une nouvelle consécration donnée au vœu par lequel les Avignonois demandent à être incorporés à l'empire François. On nous parle ici des avantages & du besoin de la paix, pour légitimer cette grande injustice. Ah, Messieurs ! nous demandons tous la paix. Mais les habitans du Comtat sont-ils donc sortis de leurs foyers pour la troubler ? Qu'on nous cite une seule municipalité, une seule garde nationale du Comtat, qui ait violé le territoire de la France, pour porter le fer & la flamme chez ses voisins. Nous ne sommes pas les agresseurs. Hélas ! on le sait bien ; & ce seroit une singulière pitié que celle de la France, si ses représentans n'empêchoient les Avignonois de nous égorger, que sous la condition tacite de nous asservir eux-mêmes !

La réunion d'*Avignon* ne seroit en effet que le prélude de la réunion du Comtat. Il seroit indigne de la France de s'abaisser ainsi à la ruse, pour nous conquérir en deux temps. D'ailleurs quelle confiance pourroient vous inspirer les Avignonois, qui ont usurpé la souveraineté de leur ville, sans pouvoir vous dénoncer aucun grief contre le prince irréprochable sous les loix duquel ils vivoient ? ces Avignonois poussés d'abord par le courage, ou plutôt par les inquiétudes de la peur, sont intimidés eux-mêmes à présent, de cette force effrayante qui les environne. C'est-là, Messieurs, le véritable mot de l'énigme, dans le rapport que vous venez d'entendre ; & ce mot n'a pu échapper à la sagacité d'aucun membre de cette assemblée.

Ici, Messieurs, fatigué de contempler tant d'horreurs, je veux laisser respirer votre indignation & la mienne, & appeller un instant vos regards sur la ville de Carpentras. J'ai besoin de vous consoler du souvenir, & en quelque sorte de la présence des brigands, dont je raconte les attentats, en vous montrant enfin des héros citoyens. J'ai besoin de soulager vos ames abattues, en payant un juste tribut d'amour & d'admiration, à la fidélité jusqu'à présent inviolable (puisse-t-elle l'être toujours !) à l'inébranlable constance, au courage héroïque des habitans de Carpentras. La gloire immortelle qui les environne, augmente aujourd'hui le désespoir des assassins d'*Avignon*, redouble leurs alarmes, & accable du moins de tout le poids de la honte, des brigands inaccessibles aux remords.

Si M. de Menou sépare aujourd'hui la cause d'*Avignon* de celle du Comtat, ne croyez pas, Messieurs, qu'il ait attendu ce moment pour reconnoître l'absurdité du vœu que l'on avoit arraché aux Comtadins, aux deux époques de l'invasion, & des massacres de l'Isle, du Thor, & de Cavaillon. M. de Menou, qui soutenoit avec tant d'intrépidité, au commencement de ce mois, la liberté & la légitimité des pétitions de ces malheureux habitans du Comtat, lesquels se jettoient dans le sein de la France pour y trouver un asyle, comme on se précipite du haut d'un édifice enflammé; M. de Menou connoissoit dès-lors l'indécente irrégularité du vœu qu'il abandonne aujourd'hui. Quel est donc le motif secret, je ne dis pas de ce changement d'opinion, mais de ce changement de langage de M. le rapporteur? Je vais vous le dire. Les Avignonois venoient de commencer le siège de Carpentras. Cette ville, que M. Bouche appelloit si burlesquement le cratère de l'aristocratie; cette ville que l'on vous dénonçoit comme un réceptacle de prêtres, d'aristocrates & de poltrons; cette ville, dont les Avignonois s'étoient flattés d'enchaîner les habitans à leur char de triomphe, en venant vous demander de les proclamer François par droit de conquête; cette ville s'est défendue avec gloire: elle a mérité l'estime & l'intérêt de l'Europe entière; & l'on a bien vu que de pareils prodiges de valeur ne pouvoient être enfantés que par le plus sublime patriotisme. C'est ainsi que Carpentras vous a expliqué le véritable sens du vœu qu'il avoit émis d'être réuni à la France; vœu frappé des nullités les plus révoltantes; vœu contraire à tous ses véritables intérêts, & que cette ville désolée sera peut-être obligée de renouveller encore, pour invoquer votre assistance contre *Avignon*. Mais si cette pétition reparoît, je vous déclare d'avance qu'elle portera toujours le même caractère de contrainte & d'illégalité, jusqu'à ce que depuis plusieurs mois, la ville d'*Avignon* soit réduite à l'impossibilité de venir assiéger Carpentras.

Vous vous en souvenez, Messieurs: on ne doutoit pas ici, au commencement du siège, que la ville de Carpentras ne fût emportée d'assaut, par ces mêmes Avignonnois qui se sont avilis, dans tous les sens, devant ses murs; & alors il auroit bien fallu que le Comtat tout entier se hâtât de capituler, à la suite de cette cité malheureuse.

La ville de Carpentras n'a heureusement changé ni de domination ni de principes; elle est demeurée libre, elle est restée indépendante des brigands, elle s'est couverte de gloire. Alors, les Avignonois désespérant de conquérir Carpentras, ont renoué leurs intrigues, & sont venus chercher des protecteurs dans cette assemblée, qui avoit trop légèrement compté sur leurs succès.

Prenez-nous seuls, nous ont dit leurs émissaires. Prononcez un décret de réunion qui nous assure l'impunité de nos crimes. L'unique argument nouveau que nous ayons à vous présenter, c'est que nous sommes devenus infiniment plus coupables, depuis que vous avez ajourné trois fois nos pétitions dans une seule année; c'est qu'en combattant en votre honneur, nous nous sommes rendus, dans nos contrées l'horreur du genre humain; enfin, c'est que nous sommes prêts à nous armer contre *Avignon* même, si *Avignon* n'est pas réuni à la France. Oui, nous allons y porter le fer & la flamme! Nous allons chercher notre subsistance, en pillant, en massacrant cette même ville qui nous a déchaînés contre le Comtat. Nous n'avons pu vous conquérir Carpentras, les armes à la main: daignez nous conquérir nous-mêmes par un décret. Cette conquête est plus facile. Nous sommes placés entre la France & l'échafaud. Il faut que nous périssions victimes des loix, pour peu qu'il reste encore de justice sur la terre, si les législateurs françois nous repoussent encore une fois, en nous livrant au juste ressentiment de nos propres concitoyens. Voilà, Messieurs, le véritable sens des pétitions, des adresses, & des instances qu'on vient de renouveller dans cette tribune. La municipalité d'*Avignon* est proscrite par sa propre armée, qui n'appartient plus à présent qu'à ses chefs; & je la vois, dans ce moment, prosternée devant vous, entre une horde de brigands qui la menace, & un peuple courroucé qu'elle a trompé.

Cette municipalité, qui a été enfin forcée de rendre ses comptes, a révolté tous les esprits, en portant en dépenses, dans un état imprimé que voici, une somme de 66,000 mille 424 livres pour l'affaire du 10 juin, c'est-à-dire pour l'exécrable supplice de quatre citoyens vertueux qu'elle fit pendre à la porte de l'hôtel-de-ville, moyennant une somme de 17,000 livres par tête!

Une pareille dépense n'a point d'exemple sans doute, dans les comptes d'une administration municipale. L'horreur qu'elle inspire, révèle d'avance les plus terribles châtimens, à cette même municipalité qui ne craint pas d'avouer publiquement un tel crime. Le nommé Jourdan, que vous connoissez tous par son infame surnom de *coupe-tête*, tient habituellement sur son bureau une liste de proscriptions, sur laquelle on lit les noms de la plupart des officiers municipaux avignonois. Sylla, auquel je vous demande pardon de comparer, pour un moment, un si infame scélérat, le barbare Sylla ne proscrivoit du moins que ses ennemis personnels. Le nommé Jourdan se charge de toutes les haines & de toutes les vengeances de ses complices. La formule de proscription est imprimée dans une feuille publique qui circule dans toutes vos provinces méridionales. On la présente à tous les misérables qui veulent désigner leurs victimes à la mort ; en voici une copie authentique, où elle est conçue en ces termes : *ceux qui voudront que les ci-après nommés soient pendus, n'auront qu'à signer.* C'est ainsi, c'est avec cette horrible profanation des formes légales, que l'armée avignonoise exerce une souveraineté malheureusement trop connue en France, la souveraineté du brigandage. Le maire d'*Avignon* est à la tête des proscrits. Que dis-je ? La ville d'*Avignon* toute entière est condamnée au pillage ; elle va être assiégée par cette même armée qui n'a pu conquérir Carpentras. Ce sera donc *Avignon* même que vous sauverez, en ordonnant à ces ennemis du genre humain de mettre bas les armes. Si vous rejettez irrévocablement la requête forcée des Avignonois ; si vous déclarez solemnellement que toute violation du territoire françois, par des hommes armés, sera punie comme un crime de lèse-nation, aussi-tôt, je le prédis hautement, oui, une heure après que votre décret sera parvenu dans le Comtat, l'armée de Jourdan sera dispersée, & *Avignon* sera tranquille. *Avignon* attend que la paix, la paix ! & ce ne sont pas les bons citoyens qui la troublent. Ne vous y trompez pas, Messieurs ; ce n'est plus leur réunion à la France, c'est votre protection qu'invoquent les Avignonois. Je les connois bien ; & j'ose vous répondre qu'au moment où ils n'auront plus rien à craindre, ils cesseront de vous importuner par leurs absurdes pétitions.

Si leur cruelle position ne peut vous émouvoir, souffrez du moins qu'une puissance supérieure à la vôtre, souffrez que la vérité vous éclaire dans ce moment, en vous dévoilant vos propres intérêts. Il est facile sans doute de faire trembler ici les conquérans d'*Avignon* eux-mêmes. Qu'il me soit donc permis de leur exposer les suites terribles de cette folle ambition, qui les abaisseroit à une association honteuse avec des brigands. A peine auriez-vous revêtu du titre glorieux de citoyens françois, des monstres qui ne méritent plus de porter le nom d'hommes, que vous donneriez à toutes les puissances de l'Europe, les plus justes sujets de crainte, & par conséquent d'agression. Vous leur fourniriez imprudemment un prétexte plausible, d'attaquer une nation qui se feroit un jeu de susciter, de fomenter, de protéger, de soudoyer des révoltes, pour se créer je ne sais quel droit chimérique, de faire des conquêtes mal colorées, en pononçant des confiscations. Cette doctrine en action, de la souveraineté du peuple, seroit regardée comme un manifeste destiné à détrôner tous les rois. Il n'est aucun potentat qui ne fût menacé par votre décret d'invasion ; ils se réuniroient donc tous contre une nation dont les législateurs se déclareroient des embaucheurs de peuples, comme les Avignonois se sont établis, de leur propre aveu, embaucheurs de soldats déserteurs.

Mais si cette ligue inévitable ne vous présente encore que des dangers éloignés, voici, Messieurs, d'autres périls qui vous environnent, au milieu de la France elle-même. Un décret qui réuniroit *Avignon*, en vertu du seul voeu des Avignonois, autoriseroit manifestement toutes les provinces du royaume, toutes vos frontières, disons plus, toutes vos villes dominées par des factieux, excitées par vos ennemis, fatiguées des troubles de votre révolution, à arborer aussi-tôt l'étendard de l'indépendance & de la révolte. Vous croyez échapper à mon raisonnement, en me répondant ici, que vos provinces avoient bien ce droit avant l'acceptation de la constitution, mais qu'elles ne l'ont plus, depuis la fédération du 14 juillet dernier. Eh bien ! sans disputer sur un fait dont la discussion nous méneroit trop loin ; sans examiner si une fête militaire a pu exproprier le peuple françois de ses droits, qui, selon vous, sont inaliénables ; sans m'arrêter aux principes & aux conséquences de cette fédération, je prétends que votre réponse ne retarde ici votre défaite, que d'un seul syllogisme ; & en voici la démonstration. Vos colonies n'ont pas encore accepté votre constitution, qui, de votre propre aveu, leur est étrangère ; elles sont dans le même état où se trouvoient les provinces françoises avant la fédération ; c'est-à-dire, dans l'état de la liberté primitive & de l'indépendance naturelle. Je suppose maintenant, qu'un décret solemnel accueille aujourd'hui le voeu si illégal des Avignonois, vous reconnoîtrez dès-lors qu'un peuple a le droit de changer arbitrairement de domination & de souverain. Que pourrez-vous répondre ensuite aux colons, si, adoptant les principes & les exemples de nos prédicateurs de révolte ; si, employant les moyens de leurs dignes prosélytes, les séditieux d'*Avignon* ; si, écartant les dissidens par la terreur, assurant leur autorité par la multitude des émigrations, étouffant les plaintes par la violence, extorquant à main armée des signatures au milieu des échafauds, les colons blancs, libres encore & souverains, viennent vous dire dans cette assemblée : « Vous avez » conquis la ville d'*Avignon*, ou du moins vous » l'avez acceptée par un décret. Vous avez donc » reconnu qu'un peuple avoit le droit de chan- » ger du souverain, sans même être obligé d'en » énoncer les motifs ? Eh bien ! nous sommes aussi » un peuple, comme les Avignonois ; & nous » vous déclarons que nous voulons user de nos droits » pour nous donner à l'Angleterre. Telle est notre » volonté suprême. Et quoique nous soyons dis- » pensés d'alléguer nos griefs, nous consentons à » vous les faire connoître. Nous sommes irrités de » votre décret du 15 mai dernier, qui, en appel- » lant tous les hommes de couleurs aux droits de » citoyen actif, nous dégrade, nous avilit, ren- » verse le gouvernement sous lequel nous avions » prospéré, sous lequel nous voulions vivre tou- » jours ; qui nous livre enfin à la merci des esclaves » que nous avions affranchis, & compromet ainsi » nos propriétés & notre existence ».

Je recommande à tous les bons citoyens qui m'écoutent; je recommande à tous ceux de nos collègues qui se montrent si ardens pour faire la conquête d'*Avignon*; je leur recommande de méditer dans leur patriotisme ce modèle de pétition des colons américains, dans laquelle je n'ai changé que les noms. L'identité est ici évidente. Je les défie hautement de m'assigner la moindre différence, & de me dire comment ils pourroient blâmer la défection des colonies, après avoir consacré la révolte des Avignonnois, après avoir donné aux Anglois l'exemple d'une telle usurpation. Oh! si jamais ce fatal projet s'exécute, je rends ses auteurs & ses fauteurs responsables des guerres étrangères, des révoltes intestines, & de toutes les calamités qui en seront les suites inévitables. Je les dénonce à la nation, comme ennemis de la patrie; je les dénonce à l'univers, comme ennemis du genre humain. Mais, non, non, je ne veux ni les défier, ni les dénoncer. Je sens, si j'ose parler ainsi, que j'ai trop d'avantages dans ce moment. Je ne veux point me servir ici de tous mes moyens. Faut-il me prosterner devant eux, pour mieux les désarmer? Je les supplie donc, je les conjure, au nom de la France entière, de peser les conséquences du décret fatal qu'on veut leur arracher, & de se demander à eux-mêmes, si l'acte d'invasion d'*Avignon* ne seroit pas un manifeste justificatif en faveur des ennemis du dehors qui voudroient nous déclarer la guerre, & en faveur des provinces, des villes & des colonies qui voudroient se révolter? Ah! si on a voulu perdre ces colonies précieuses, qui valent deux cens cinquante millions de revenu annuel à l'état; si les insensés qui ont osé vous dire que la France pouvoit sacrifier impunément toutes ces possessions lointaines, entreprennent de vous persuader aujourd'hui que vous avez besoin d'*Avignon*; si le même parti a formé le complot de ruiner le royaume, d'un côté par une misérable conquête, de l'autre, par la scission la plus désastreuse; enfin, si nos législateurs philantropes ont voulu, Messieurs, vous préparer par une induction conforme aux règles de la plus sévère logique, à la perte prochaine & éternelle de toutes vos colonies, il faut avouer qu'il étoit impossible de prendre un moyen plus adroit pour y réussir, qu'en vous proposant de décréter la confiscation d'*Avignon*, en vertu du seul vœu supposé des Avignonois.

Vous avez vu, Messieurs, il y a peu de jours, lorsque vous délibériez sur les pétitions des hommes de couleur, vous avez vu que nous ne voulions pas faire de cette question une affaire de parti. Nous avons prouvé, dans cette délicate & mémorable discussion, que les défenseurs de la vérité, quels qu'ils fussent, n'étoient jamais nos adversaires. Nous nous sommes réunis loyalement à ce même parti qui nous fut toujours si opposé. Nous espérons que le même amour de la justice & de la patrie va le rallier aux principes sacrés que nous revendiquons dans ce moment, pour préserver la France de l'injustice scandaleuse dont elle se souilleroit, en conquérant la ville d'*Avignon*. Ce décret funeste seroit le germe d'une guerre inévitable. Vous n'avez pas oublié que l'initiative de la guerre a été réservée, par vous-mêmes, constitutionnellement & exclusivement au roi. Or, une conquête, une invasion, enfin, une spoliation d'un souverain étranger ne seroit-elle pas au moins une proposition initiative de guerre? Le parlement d'Angleterre, dont nous devons lire les statuts dans cette assemblée, pour nous pénétrer des grands principes de la législation, comme on étudie les cartes géographiques, & les relations des voyageurs, quand on va faire le tour du monde, le parlement d'Angleterre n'a jamais ni fait ni proposé aucune conquête à ses rois.

J'entends ici la voix de M. de Menou; mais il m'est impossible de démêler, & sur-tout de suivre ses raisonnemens. S'il veut me répondre, je suis prêt à lui céder la parole. Je le prie seulement de ne s'adresser qu'à moi seul, pour me confondre, parce que je n'ai chargé aucun de ses voisins de le réfuter en mon nom.

Je dis (s'écrie aussi-tôt M. de Menou) que tous vos raisonnemens sont de vraies déclamations. L'assemblée nationale est mécontente de la cour de Rome. Le pape ne mérite pas que nous soyons si justes à son égard.

Eh! qu'importent à des juges tous ces mécontentemens, sur lesquels j'aurois tant de choses à dire? Me prenez-vous donc pour un suppliant qui sollicite votre générosité? La justice est-elle donc, à votre avis, une grace que vous ne pensiez devoir qu'à vos amis? La justice n'appartient-elle pas à tout le monde? Quoi! vous convenez que la cause du pape est juste, & vous osez dire à cette assemblée, que le pape ne mérite pas que nous soyons justes nous-mêmes? il ne mérite pas votre justice!

Ce n'est pas de cela qu'il s'agit (reprend M. de Menou); j'ai voulu dire, quand vous m'avez interrompu, qu'il n'étoit ici question que d'une affaire politique. Vous nous avez parlé du parlement d'Angleterre. Or, je soutiens qu'il y a une grande différence entre la puissance de la cour de Rome & les escadres angloises. Vraiment je n'aurois pas conseillé à la nation de s'emparer d'*Avignon*, si cette ville appartenoit à l'Angleterre. Je n'ai pas dit un mot de cela. Ne me faites pas déraisonner; je vous en prie. J'ai dit tout le contraire, en développant mes principes sur l'usage que l'on doit faire de la force publique: vous l'avez oublié, mais mon rapport en fait foi.

Non, Monsieur, je n'ai point oublié cette théorie que vous nous avez exposée: je veux vous en restituer toute la gloire. Je vais donc vous faire raisonner d'après vous-même; ce sera ma seule manière de vous faire déraisonner. Ecoutez-moi donc de grace; & jugez si j'ai bien saisi le systême d'agression que vous avez développé dans cette tribune.

Selon la doctrine de M. le rapporteur, toutes les fois qu'un état se dispose à une déclaration de guerre, il doit d'abord comparer ses moyens aux ressources de son ennemi. Si l'adversaire qu'il veut attaquer est plus puissant que lui, la raison lui conseille d'éviter une agression dans laquelle il succomberoit. Si les forces respectives sont à-peu-près égales, la prudence ne lui permet pas de se compromettre, sans aucune certitude morale de succès. Si, au contraire, il est assuré de combattre avec avantage un ennemi inférieur en moyens, il peut & doit l'attaquer sans nul ménagement. Voilà, mot à mot, les principes lumineux que vient de professer M. de Menou. Les conséquences en sont fort claires; & elles s'appliquent très-naturellement à la cour de Rome, que nous pouvons braver impunément.

Eh bien, Messieurs! ce systême qui vous est recommandé par votre comité diplomatique & par votre comité d'*Avignon*, ne m'étoit point inconnu. Je me souviens qu'il étoit de mode de le développer dans mon enfance; & je veux vous en faire connoître aujourd'hui le véritable auteur, dont M. de Menou ne vous a point parlé, quoiqu'il se soit mis avec lui, dans son rapport, en pleine & entière communauté de politique & de morale.

Il a existé, au milieu de ce siècle, un homme fameux par la terreur qu'il inspiroit, & par la haute valeur qui le signaloit dans toute l'Europe. Il étoit né sans fortune, il aimoit la dépense, il vouloit s'enrichir. Toujours avide & toujours prodigue, il avoit rassemblé autour de lui une foule de braves qu'attiroit à sa suite l'opinion universelle que l'on avoit conçue de son courage & de ses talens. Dès qu'il se vit à la tête de cette troupe d'élite, il comprit, en chef habile, qu'il devoit ménager le sang de ses compagnons, toujours impatiens d'affronter à sa voix les plus grands dangers. Sa maxime constante étoit comme celle de M. de Menou, qu'il ne falloit jamais attaquer l'ennemi, quand on étoit le plus foible. Loin de tenter ces témérités brillantes, que le succès lui-même ne justifie pas toujours aux yeux des sages, il mettoit alors sa gloire à éviter le combat, tantôt par le choix des postes où il se rendoit inattaquable, tantôt par des retraites imprévues, dont il avoit la fierté de ne jamais rougir. Il fuyoit sans honte, quand il n'appercevoit aucun autre moyen de salut. Voilà déja une première analogie de ses principes, avec la doctrine politique de M. le rapporteur. Il y a plus, Messieurs, & la parité va devenir parfaite. Quand le résultat de ses manœuvres l'exposoit à combattre à armes égales, il pensoit, comme M. de Menou, que la prudence du commandement ne lui permettoit de rien livrer au hasard. Il ne compromettoit point sa réputation ou sa fortune; il évitoit ces combats indécis & incertains, dont il ne pouvoit pas se promettre de grands avantages. Il s'élevoit au-dessus des jugemens vulgaires; il souffroit patiemment la censure de ses frères d'armes, dont l'ardeur ne calculoit point les événemens, & ne voyoit dans un combat, que la gloire ou le butin. Il réduisoit alors tout son talent à la sagesse de ses précautions défensives; & il redoutoit noblement pour autrui, le danger qu'il ne craignit jamais pour lui-même. Mais lorsque, par ses dispositions savantes ou adroites, il parvenoit à rencontrer ou à envelopper un ennemi inférieur en nombre, il s'abandonnoit alors à toute l'impétuosité de sa valeur; il provoquoit, il poussoit ses compagnons d'armes au carnage; il déclaroit qu'il ne paieroit la rançon d'aucun prisonnier; il n'accordoit point de quartier aux vaincus; & il ne croyoit avoir triomphé du parti le plus foible, qu'après l'avoir entiérement exterminé. Cet homme, Messieurs, dont vous avez souvent entendu sans doute vanter la haute vaillance; cet homme, dont M. de Menou a parfaitement exposé la théorie qu'il vous propose aujourd'hui d'adopter, & qu'il a humblement appropriée à vos comités réunis; cet homme rare enfin, que vous êtes tous si impatiens de connoître, s'appelloit Louis Mandrin!

M. le rapporteur trouve-t-il a présent que je le fasse bien raisonner; & demande-t-il la parole pour me répondre?

Je vois avec satisfaction, mais sans surprise, qu'un pareil rapprochement suffit pour réfuter, dans cette tribune, l'immoralité des principes auxquels M. de Menou a été obligé de recourir, pour justifier vos entreprises contre le pape. J'ai besoin de descendre à des comparaisons qui vous pénètrent tous d'horreur, pour me faire entendre de vos tribunes qu'on a séduites, qu'on a soulevées contre moi, & qui rougissent dans ce moment de leur association involontaire, avec le brigand le plus forcené de ce siècle. On n'a négligé aucun moyen dans cette discussion pour égarer le peuple: je ne dois en omettre aucun pour l'éclairer, & pour diriger sa haine contre les véritables corrupteurs de l'opinion publique. J'entends publier à grands cris dans les rues de cette capitale; que dis-je? vous l'entendez: on publie encore, autour de cette enceinte, au moment même où je vous parle, qu'il s'agit, pour la nation françoise, en s'emparant d'*Avignon*, de gagner cent millions de biens ecclésiastiques, & soixante millions d'impôts; tandis que le revenu total du Comtat Venaissin & d'*Avignon* ne s'élève pas annuellement à dix millions. Voilà de quels méprisables mensonges on n'a pas honte de se servir, pour abuser un peuple qui croit tout, & se permet tout durant le long sommeil de notre gouvernement, mais dont le réveil sera terrible, quand il connoîtra les perfides qui savent bien aujourd'hui qu'il faut le séduire, pour le dénaturer.

Il ignore sans doute, ce peuple si avide, que

toutes les conquêtes ne sont pas lucratives pour le trésor public. Ainsi, l'Isle de Corse, considérée comme poste, est sans doute d'une haute importance; & il étoit sur-tout de l'intérêt de la France d'en éloigner les Anglois. Mais si on l'envisage dans ses rapports avec le fisc, on trouvera que la Corse nous a coûté des sommes très-considérables, trois campagnes très-meurtrières; & que, loin de payer aucun impôt à la France, elle augmente annuellement nos dépenses nationales de plus de cinq cens mille livres. Si le peuple connoissoit ainsi le produit réel de toutes les conquêtes qui tentent sa vanité, il seroit peut-être moins ardent à presser, par ses vœux, l'agrandissement de votre territoire.

Que ce peuple qui veut être libre, & qui est assez inconséquent pour ne point pardonner à ses représentans même l'entière liberté de leurs opinions; que ce peuple trop peu instruit de ses véritables intérêts, pour reconnoître qu'un parti de l'opposition, loin d'être odieux, est toujours nécessaire dans une assemblée représentative; que ce peuple, dont la vue ne s'étend jamais, ni au-delà du moment dont il jouit, ni au-delà du point qu'il occupe; que ce peuple nous entende dans ce moment, & qu'il nous juge! Il s'agit de savoir si une insurrection fomentée dans *Avignon*, par des hommes qui disent avoir des protecteurs puissans dans l'assemblée nationale, & qui se sont signalés par les plus exécrables forfaits, peut devenir un titre légal pour nous autoriser à confisquer les états d'un souverain étranger. Voilà pour le fait: voici pour le droit. Il s'agit de savoir si nous sommes autorisés à revendiquer les aliénations faites par les anciens comtes de Provence, deux cens ans avant la réunion de la Provence à la couronne. Il s'agit de savoir si nous pouvons nous mettre à la place de ces mêmes comtes de Provence, dont nous ne sommes pas les héritiers à titre universel, mais simplement à titre singulier, en vertu d'un testament souscrit par Charles du Maine, dernier comte de Provence, la veille de sa mort, au profit de Louis XI, son légataire. Il s'agit de savoir si, en héritant de cette riche succession, au préjudice d'un enfant à qui elle étoit substituée, & dont le descendant est aujourd'hui empereur, nous avons le droit de réclamer, non-seulement la ville d'*Avignon*, mais encore toutes les autres enclaves de la Provence, qui avoient été aliénées par les ascendans du donateur, telles que Villefranche, Vintimille, le comté & la viguerie de Nice, qui comprend plus de soixante villes, bourgs ou villages: enfin, le golphe de la Turbie, près de Monaco; poste maritime d'autant plus important, que l'amiral anglois Mathews y resta constamment stationné avec son escadre, avant la bataille navale de Toulon, en 1747. Pourquoi ne nous parle-t-on pas de tous ces anciens démembremens de la Provence? Pourquoi n'ose-t-on revendiquer ici que l'aliénation d'une partie d'*Avignon*? Pourquoi se borne-t-on à envahir sur le pape cette seule ville d'arrondissement, tandis qu'il y a tant d'autres souverainetés étrangères encore enclavées dans l'intérieur de la France? Vous n'en connoissez point, dites-vous? Quoi! vous ne connoissez pas le comté de Nice en Provence, la république de Mulhauzëen en Alsace, des portions de la souveraineté de Montbeillard dans la Franche-Comté; enfin, des dépendances de la principauté de Salm-Salm & de plusieurs autres principautés des cercles du haut & du bas Rhin, dans l'Alsace & dans la Lorraine Allemande? Il s'agit de savoir si les souverainetés actuelles doivent être circonscrites par leurs anciennes limites; car si vous vous emparez d'*Avignon*, qui est séparé de la France depuis neuf cens ans, vous pouvez revendiquer toute la succession de Charlemagne, & étendre jusqu'à l'Elbe votre vaste empire, dont la France ne sera plus qu'une province. Vous pouvez essayer d'aller vous mettre en possession de l'Angleterre, dont le fils de Philippe-Auguste a été couronné roi, & sur laquelle nous avons conservé des droits d'autant plus incontestables, du moins dans les principes de M. de Menou, que la France n'a jamais renoncé à la souveraineté de la Grande-Bretagne, par aucun traité de paix. Il s'agit de savoir, si après avoir déclaré à la face de l'univers que vous renonciez à toute conquête, vous pouvez, sans vous jouer de vos décrets & du genre humain, conquérir ou envahir, ou prendre, ou même accepter la ville d'*Avignon* qui appartient au pape; à ce même pape qui, après les maisons de France, de Saxe & de Savoie, est, par le fait, dans sa seule souveraineté d'*Avignon*, le plus ancien souverain de l'Europe. Il s'agit enfin de savoir s'il y auroit un seul prince qui fût assuré de la possession de ses états, en vertu d'un autre titre que la force, lorsqu'il suffiroit, pour l'en dépouiller, d'y exciter une insurrection, d'y ordonner des assassinats, d'en éloigner les principaux habitans par la terreur, d'arracher aux peuples, ou plutôt à un vil ramas de brigands, un vœu de réunion à l'empire François, & de couvrir ensuite tant de manœuvres, par je ne sais quelles prétentions fondées sur quelques-uns de ces parchemins poudreux, que tous les souverains trouvent toujours, au besoin, dans leurs archives, pour composer un manifeste. Si ce sont-là vos titres sur *Avignon*, je n'ai besoin, pour vous révéler le jugement qu'en portera toute l'Europe, que de vous rappeller le jugement que vous avez porté vous-mêmes, de toutes ces perfidies diplomatiques qui ont précédé le partage & l'invasion de la Pologne. Je vous annonce même que vous n'atteindrez point, dans votre manifeste, les sophismes artificieux des cours de Vienne, de Berlin & de Pétersbourg; qui firent pourtant beaucoup mieux plaider leur cause par des armées de cent mille hommes. Si les six grandes puissances de l'Europe veulent se coaliser ainsi pour dépouiller les princes foibles, toutes les souverainetés du second, du troisième & du quatrième ordre seront bientôt anéanties. Mais non, Messieurs, vous ne donnerez pas ce scandale à l'univers. Vous ne consommerez point ce grand acte d'injustice. Vous regarderez comme de mauvais citoyens tous les factieux qui veulent provoquer, par un décret spoliatoire & injuste, l'entrée des étrangers dans le royaume. Oui, sans doute, tous les membres de cette assemblée qui donneroient aux souverains étrangers des prétextes d'attaque contre vous, des prétextes de craintes pour eux-mêmes, seroient les ennemis de la nation. Prenez garde qu'en sa qualité de premier avoué de l'église romaine, l'empereur a garanti toutes les possessions du saint-siège. Prenez garde que vous êtes vous-mêmes les garans de la souveraineté du pape sur *Avignon*, puisqu'elle fut reconnue, assurée & garantie en 1494, au pape Alexandre VI, par le roi de France Charles VIII, qui réunit la Provence à la couronne; qu'en 1664, après le traité de Pise, Louis XIV, qui venoit de rendre *Avignon* au pape, y envoya des troupes pour réprimer une insurrection; qu'il fit retirer tous les canons qui étoient à l'hôtel-de-ville, pour les mettre entre les mains du seul vice-légat; & qu'il protégea ainsi de toute sa puissance, la souveraineté de la cour de Rome, après l'avoir solemnellement reconnue & confirmée par une restitution volontaire, dans un traité de paix. Prenez garde que l'audace des opinions n'est ni le vrai patriotisme, ni le véritable courage. Trois expériences ont successivement échoué contre votre justice, qui a déjà sagement refusé trois fois l'invasion d'*Avignon*. Comment ose-t-on renouveller encore tous ces astucieux sophismes, pour vous faire délibérer sur le vœu d'une ville qui, de votre aveu, ne fait pas même partie intégrante de l'empire François, & qui ne peut énoncer en ce moment aucune volonté légale; sur un vœu souscrit par des factieux qui ont cru, par leur félonie, échapper au dernier supplice? Vous ne prévoyez pas, sans doute, les conséquences terribles auxquelles on prétend vous amener malgré vous. Ah! comparez du moins les avantages aux dangers. Voyez d'un côté, ce que vous exposez, & de l'autre, ce qu'on vous propose de conquérir. La conquête, seroit une ville déserte, une ville ruinée, une ville criminelle, une ville dominée par des brigands, une ville qui n'ouvriroit ses portes à la nation françoise, qu'après avoir corrompu nos régimens & suborné nos déserteurs. Voilà vos triomphes: voici maintenant vos dangers. Votre décret prépareroit & légitimeroit la dissolution de l'empire François. Toutes vos provinces, toutes toutes vos cités, toutes vos colonies auroient incontestablement les mêmes droits que la ville d'*Avignon*; & elles trouveroient, à leur tour, des souverains qui pourroient les réunir à leurs états, sans redouter votre vengeance.

D'après ces considérations, je conclus en vous proposant le décret suivant:

L'assemblée nationale, persistant dans son décret du 4 de ce mois, par lequel elle a reconnu que la ville d'*Avignon* & le Comtat Venaissin n'étoient point partie intégrante de l'empire François, rejette la pétition des habitans d'*Avignon*, & des autres communes du Comtat, tendantes à faire prononcer leur réunion à la France. Elle décrète, qu'en vertu de la demande de la cour de Rome, & pour préserver nos provinces méridionales des progrès d'une insurrection alarmante, le roi sera supplié d'envoyer des forces suffisantes à *Avignon* & dans le Comtat, pour y rétablir l'ordre, de concert avec les représentans du souverain pontife. Déclare qu'elle regardera toute violation du territoire françois, par les Avignonois armés ou leurs ayants cause, comme une agression formelle contre la France, & qu'elle la repoussera par tous les moyens qui sont au pouvoir de la nation. L'assemblée nationale charge son président de prier le roi, dans le jour, d'envoyer trois commissaires à *Avignon*, pour veiller à l'exécution du présent décret, en les autorisant à requérir, s'ils le jugent nécessaire, l'assistance des troupes de ligne & des gardes nationales des provinces voisines, pour remplir l'objet de leur mission.

Observations particulières sur le vœu que l'on attribue au Comtat Venaissin, d'être réuni à la France, développées dans mon opinion du 4 mai dernier.

On vous a envoyé, Messieurs, plusieurs copies informes des délibérations prises par les communautés du Comtat. La municipalité d'*Avignon*, qui est partie dans cette cause, présente à nos comités des expéditions de ces actes, certifiées & légalisées par elle seule. Cette seule observation suffiroit pour faire rejetter toutes ces pièces illégales; mais ici le fond est encore plus vicieux que la forme.

Oublions d'abord tous les sermens de fidélité que les communes du Comtat renouvellèrent au pape, de leur propre mouvement, dès qu'elles furent instruites de la motion qui tendoit à les réunir à la France. C'étoit bien là pourtant le vœu véritablement libre & sincère de ce peuple, qui n'a besoin que de connoître ses intérêts, pour chérir, pour défendre jusqu'à la mort, l'autorité douce & bienfaisante de son légitime souverain. Depuis cette époque le Comtat n'a pu manifester aucune volonté légale; & les calamités publiques de cette contrée n'attestent que trop éloquemment que les Comtadins n'ont plus joui d'aucune liberté dans leurs délibérations.

Observez, Messieurs, que sur quatre-vingt-quinze communes du Comtat, travaillées depuis deux ans, en insurrection, par tous les moyens de la séduction & de la terreur, on n'ose vous citer ici que la moitié de ces communautés, dont je vais discuter les pétitions. Or, dans un si grand intérêt, le vœu populaire devroit être fondé sur les résultats les plus unanimes, pour devenir un titre, au moins coloré, d'un changement de domination. D'ailleurs, quelle confiance doivent inspirer des actes rédigés au milieu d'une guerre civile, extorqués, les armes à la main, par une faction dominante, & souscrits en présence des gardes nationales françoises ? Loin d'y trouver l'expression libre du vœu des citoyens, je n'y apperçois que le style & les formules d'une capitulation. Je vois que les communes du Comtat se refugient dans votre sein, pour se soustraire au poignard des brigands. On ne trouve pas, dans ces délibérations, un seul mot qui accuse le gouvernement du pape, pas la plus légère plainte d'oppression, pas la moindre apparence d'un grief contre la cour de Rome. Ce malheureux peuple, livré à toutes les horreurs de l'anarchie, cherche en vain autour de lui la protection des loix & de la force publique ; il gémit d'être abandonné, dit-il, par son souverain, dont les insurgens avoient chassé le représentant, suborné les troupes, & dilapidé le trésor. On y lit le vœu de la commune d'*Avignon*, exprimé par quatorze cens citoyens, sans titre & sans mission, dans une ville composée de trente mille habitans. Voulez-vous mieux juger encore de la liberté & de l'autorité de ces pétitions ? La ville d'*Avignon* a eu l'incroyable démence de vous envoyer les délibérations des villes du Thor, de l'Isle & de Cavaillon, lesquelles présentent à l'assemblée nationale des adresses pompeuses, en l'honneur de ces mêmes déserteurs françois qui les avoient saccagées !

Qui ne seroit révolté de trouver parmi les titres envoyés par la municipalité d'*Avignon*, la pétition des villes de Cavaillon & de Carpentras ; qui ont essuyé, qui essuient encore, dans ce moment, un siége formé par l'armée avignonoise ?

Ce contraste de la guerre qu'*Avignon* poursuit contre Carpentras avec tant d'acharnement, & de la prétendue fédération qui réunit les Comtadins & les Avignonois, vous indique assez le concert & l'union de ces cités malheureuses. Il n'existe entre leurs habitans que la simple différence d'assiégeans & d'assiégés ; car, sur tout le reste, M. de Menou trouve leurs opinions parfaitement uniformes.

La plupart de ces actes, que M. le rapporteur n'a pas osé lire dans cette tribune, & dont nous avons obtenu si difficilement la communication dans les bureaux du comité, sont de simples lettres par lesquelles les habitans, sans s'expliquer sur leur réunion à la France, conjurent l'assemblée nationale de prononcer définitivement sur leur sort. Plusieurs de ces lettres annoncent que pour opposer aux brigands d'*Avignon*, accoutumés à ne respecter ni la religion, ni la justice, ni l'humanité, une dernière barrière que leur fureur n'ose franchir, on vient d'arborer dans le bas Comtat les armes de France. C'est cette précaution tutélaire que M. de Menou appelle le vœu d'un peuple impatient d'être François ! Il est des communautés qui ne disent pas un mot du changement de domination, & qui réclament uniquement des indemnités pour les dommages qu'elles ont soufferts. On trouve dans cette singulière collection diplomatique, des pièces dans lesquelles les communes du Comtat, épouvantées du désordre, des menaces, du défaut de secours, contraintes, selon l'expression des habitans de Piolenc, par la violence & par les circonstances, sollicitent leur réunion, non pas à l'empire François, mais au seul district d'Orange. Il en est, comme Sérignan, qui déclarent arborer les armes de France, & demandent simplement leur réunion à la ville d'Orange. Il en est, comme la ville de Bollène, qui annoncent une nouvelle fédération définitive avec cette même ville d'Orange. Il s'y trouve une pièce plus étonnante encore, dont vous ne sauriez entendre la lecture sans verser des larmes : c'est une lettre de la commune de Sarrians, qui déclare avoir arboré les armes de France, & qui demande protection ; de ce même Sarrians que les Avignonois osent vous présenter comme une ville alliée, tandis qu'ils viennent de la réduire en cendres, pour mieux prouver à la France les sentimens fraternels qui unissent ces deux communes.

Je demande maintenant, si c'est à de pareils caractères, si c'est dans de telles circonstances que des hommes de bonne-foi peuvent reconnoître les délibérations légales d'un peuple libre ? Ah ! c'est sans doute ainsi qu'on livre sa bourse sur un grand chemin ; mais ce n'est pas ainsi que se manifeste le vœu national, pour solliciter un changement de souveraineté. Ce n'est donc point à la domination du pape, c'est à la domination des brigands avignonois que les Comtadins veulent se soustraire. Ils n'ont, je vous le jure, aucune envie de devenir François ; mais, certes, ils ont grande envie d'échapper au pillage & aux massacres. Ils ont fait, à l'approche de vos déserteurs qu'on lance d'ici sur le Comtat, ce que firent les Provençaux leurs voisins, en 1708 & en 1747, à la vue des Piémontois & des Allemands. Toute la haute Provence prêta serment de fidélité à Victor Amédée. Etoit-ce là le vœu libre des Provençaux ? Le duc de Savoie auroit-il osé dire qu'il ne s'agissoit plus de son droit de conquête, & qu'il étoit devenu légitimement comte de Provence, en vertu de la volonté générale des habitans ? La parité est exacte ; & si j'apperçois ici quelques différences, elles sont toutes en faveur des Comtadins. La municipalité d'*Avignon* a une armée, une artillerie, des protecteurs dans le département des Bouches du Rhône; elle a sur-tout je ne sais quel complice fanatique & sanguinaire, qu'on appelle M. Antonelle, maire d'Arles, qui lui fournit des bombes; elle a depuis long-temps à ses ordres des potences & des bourreaux; elle déclare la guerre; elle la fait; elle ose écrire aux communes du Comtat des lettres insolemment stupides, dans le style d'un sultan qui voudroit épouvanter, de son courroux, des esclaves révoltés contre son brutal despotisme; & c'est ainsi que la municipalité d'*Avignon* décrédite elle-même tous ces actes évidemment contraints ou insignifians, par lesquels le Comtat semble demander sa réunion à la France.

Enfin, Messieurs, voici une dernière observation qui achevera de vous démontrer la nullité de toutes ces pétitions du Comtat. Vous allez juger, par un simple rapprochement de dates, de la liberté qui a présidé aux prétendues délibérations des cinquante-une communes du Comtat Venaissin. Tous ces actes ont été rédigés à deux époques bien marquées; savoir, dans le mois de juin 1790, & dans le mois de janvier 1791. Il faut vous expliquer les motifs de cette coïncidence remarquable, qui n'a point été l'effet du hasard.

Le 11 du mois de juin 1790, quatre citoyens irréprochables de la ville d'*Avignon* furent pendus, à la porte de la maison commune, par ordre de la municipalité. Tel fut le premier plaidoyer des insurgens avignonois, en faveur de la France. De pareils argumens devoient intimider les sujets fidèles à leur souverain. Aussi, toutes les communautés voisines d'*Avignon*, telles que Morières, Sorgues, Château neuf, se hâtèrent de solliciter, avec les Avignonois, leur réunion à la France. Tous ces actes sont datés du 12, du 13 & du 14 du mois de juin 1790. Le sang de Rochegude, de d'Aulan, d'Offray & d'Aubert fumoit encore; ou plutôt, en coulant sous le fer des insurgens, il effaçoit tous ces actes criminels qui accusoient leurs assassins, & les dénonçoient à l'exécration de toute l'Europe. Voilà, Messieurs, l'époque remarquable du premier vœu populaire, énoncé dans le voisinage d'*Avignon*. Quant aux Avignonois, ils avoient eu la folle imprudence de dater leur pétition, pour devenir François, du lendemain de ces sanglantes exécutions. Voici maintenant l'explication de la date, non moins importante, de tous les actes d'adhésion, par lesquels certaines communautés du Comtat ont paru se réunir aux Avignonois, pour voter leur réunion à la France.

La ville de Cavaillon fut emportée d'assaut, livrée au pillage, & entièrement saccagée par les Avignonois, le 10 du mois de janvier 1791. Les massacres & les sacrilèges qui signalèrent cette horrible journée, imprimèrent dans tout le Comtat la plus profonde terreur. L'assemblée représentative de Carpentras, cette assemblée si coupable, qui après avoir tout détruit, avoit en quelque sorte expié tous ses crimes, en se détruisant elle-même; cette assemblée, frappée à son tour du même effroi qu'elle avoit inspiré à ses commettans, venoit alors de se disperser. Il ne restoit plus dans le Comtat aucun centre de force publique, aucune apparence de gouvernement; & cette malheureuse contrée se voyoit réduite aux dernières extrémités de la foiblesse politique, c'est-à-dire, à la force individuelle de chaque citoyen. Les désastres de Cavaillon achevèrent les conversions commencées par les missionnaires armés d'*Avignon*. Toutes les communautés voisines du champ de bataille capitulèrent; & Carpentras même, jusqu'alors si fidèle au pape; Carpentras, que des factieux peuvent bien égarer un moment, mais qui n'aura besoin, pour rentrer dans le devoir, que de se souvenir de sa gloire, Carpentras, cédant à la nécessité, comme les autres paroisses de son voisinage, aima mieux voter sa réunion à la France, que son anéantissement. Ce fut dans ces circonstances, que l'on rédigea tous ces actes, qu'on vous présente comme le vœu libre d'un peuple indépendant. Les massacres de Cavaillon se consommèrent le 10 janvier; & toutes les pétitions sont datées du 12, du 13 & du 14 du même mois. Je défie formellement M. le rapporteur de désavouer ces faits; & je lui demande quelle autorité peuvent avoir des actes souscrits à une telle époque? Le haut Comtat, qui étoit encore éloigné du théâtre de tant de calamités, eut le noble courage de déclarer qu'il vouloit rester fidèle au pape. Les adresses de réunion à la France furent rejettées, dans toutes les paroisses où les brigands avignonois ne dominoient pas. On voit sensiblement cette contagion politique s'arrêter au point où finit la peur. Le vœu d'union à la France ne se manifeste qu'au moment où le danger le fait éclorre. A mesure que les scélérats approchent, les communes se prosternent, & arborent les lys. Les citoyens se jettent dans le sein de la France, je l'ai déjà dit, comme on se réfugie dans un temple, au moment d'une grande calamité. Oh! si le vœu réel des habitans est compté pour quelque chose dans cette délibération, vous sauverez aujourd'hui mon pays; mais vous refuserez avec indignation de l'envahir. Mes malheureux compatriotes n'avoient besoin que de dater les actes qu'on leur arrachoit, pour vous en dénoncer tous les vices: comme, dans le dernier siècle, l'habile cardinal de Retz, auquel on demandoit la démission de son archevêché de Paris, avant de lui rendre sa liberté, eut l'adresse de briser ses fers, en datant, pour toute protestation, cet acte involontaire, du donjon de Vincennes.

Je ne daignerai pas discuter le vœu partiel de la ville de Carpentras. Quelle valeur peut avoir la délibération d'une ville assiégée, qui invoque des libérateurs? Les administrateurs de cette cité n'ont pas le droit de l'offrir à une puissance étrangère. Ce n'est pas au bruit du canon, en présence d'une armée ennemie ; par des acclamations tumultueuses, par des cris de désespoir qu'on prend pour des transports d'admiration, que doit s'exprimer le vœu légal d'un peuple, sur-tout quand ce vœu est évidemment contraire à ses intérêts. Toutes les paroisses du Comtat qui avoisinent Carpentras, sont sous le joug d'une garnison avignonoise. Du haut de leurs remparts, ces héros citoyens voient leurs campagnes ravagées par les brigands d'*Avignon*. Ils tentent tous les moyens possibles, pour diminuer les dangers qui les environnent. Eh ! quelle ame généreuse osera les blâmer, ou se faire un titre de leur détresse, pour les détacher de leur légitime souverain ! La ville de Carpentras est trop malheureuse, pour que je puisse la croire coupable. Il est évident qu'elle cherche à écarter, jusqu'au dernier prétexte de la guerre exécrable qui lui attire tant de désastres & tant de gloire. Une longue anarchie, des subornations de toute espèce, quatre sièges soutenus avec honneur, l'ivresse militaire, l'exaltation si naturelle après tant d'exploits, ont pu faire oublier un instant, à mes braves concitoyens, leurs principes & leurs intérêts. Mais si vous voulez démêler les véritables sentimens de Carpentras & du Comtat, ces sentimens profonds que vous retrouverez dans tous les cœurs, dès que l'ordre & le calme seront rétablis, voici, Messieurs, un acte authentique & récent qui vous les fera connoître. Je suis loin d'adopter tous les principes politiques qui en remplissent le préambule. Je ne prétends même donner aucune autorité aux actes émanés de cette assemblée représentative, qui a été forcée, malgré tous les factieux qui la dominoient, d'exprimer le véritable vœu général du Comtat. Mais enfin le voici ce vœu, dont les organes ne doivent pas vous paroître suspects.

Déclaration de l'assemblée représentative du Comtat Venaissin, du 2 décembre 1990.

L'assemblée représentative du Comtat Venaissin, considérant :

Que la cessation du pacte social ne peut s'effectuer que par le refus constant & réitéré d'en remplir les conditions essentielles, ou par la violation manifeste des droits imprescriptibles du peuple ;

Qu'une nouvelle association politique ne sauroit se former qu'après la rupture de ce pacte publiquement avoué, & sans les préliminaires qu'exigent la foi des traités & l'honneur des nations ;

Que cette association ne pourroit être légale, qu'avec un caractère reconnoissable de permanence, qui éloigne tout soupçon de projet ultérieur & de changement prémédité ;

Qu'une pareille association étant un acte libre & ferme de la volonté générale, seroit nulle, si elle se trouvoit déterminée par la crainte ou provoquée par la force ;

Que l'énoncé de cette volonté générale & le droit de l'interroger, appartient exclusivement aux véritables représentans du peuple ;

Que le maintien du pacte social repose sous la sauve-garde spéciale & la surveillance immédiate de ces représentans ;

Qu'une fois assemblés, ils ne peuvent être révoqués que selon les formes prescrites, & après l'exécution littérale ou interprétative de leur mandat, sur-tout quand ils ont été appellés pour raffermir les bases primitives, & les garantir des efforts opposés, mais également subversifs du pouvoir absolu & de la licence ;

Que tout vœu exprimé partiellement, & à leur insu, seroit nul & illégal, comme étant une surprise criminelle faite aux membres de l'état, & l'effet préparé de quelque tumulte & des clameurs d'une faction aveugle ou désespérée ;

Que solliciter ce vœu partiel & le légitimer, c'est consacrer l'anarchie, exciter la révolte, réveiller toutes les passions, établir une lutte mortelle de l'intérêt général contre les intérêts particuliers, allumer tous les foyers de discorde, séparer les membres du corps politique & en amener la dissolution totale ; c'est donner à l'univers un funeste exemple, qui finiroit par diviser les plus grands empires, les partager en une infinité de factions incohérentes, anéantir les sociétés les mieux cimentées, & réduire le genre humain en hordes sauvages & ennemies ;

Déclare à l'Europe entière, que rien ne pourra l'engager à trahir le plus sacré de ses devoirs, celui de ne démentir jamais le caractère ineffaçable de loyauté, précieux héritage du peuple Venaissin, qui en a donné toujours des preuves, même aux comtes de Toulouse, ses anciens princes, après en avoir été abandonné :

Déclare donc de la manière la plus solemnelle, que ce peuple est inviolablement attaché au saint-siège, & qu'elle lui renouvelle en son nom, & suivant le mouvement de son propre cœur, les protestations d'une éternelle fidélité, & charge deux députés d'en porter à Rome le glorieux témoignage :

Déclare encore regarder toute scission de son territoire comme un attentat au droit des gens, & les auteurs ou instigateurs de ce délit comme criminels de lèse-société ; & rappelle au giron de cet état, les communautés qui, par séduction ou contrainte, en ont été traîtreusement séparées ; les exhorte de consulter leurs véritables intérêts, d'observer religieusement leur premier serment, d'abjurer tout esprit de parti, tout sentiment de haine, d'écouter la voix tendre de leur patrie, & de fermer l'oreille aux perfides insinuations de ces hommes factieux, ennemis de la félicité publique, qui s'alimentent du désordre, s'élèvent sur des ruines ; tyrans sous un masque hypocrite, ils outragent la vraie liberté, qui consiste dans la soumission à la volonté générale & le respect profond des loix:

Proteste définitivement contre toute violence ou infraction, contre toute entrée subite ou approche coactive de troupes, en un mot contre tout acte, de quelque nature qu'il puisse être, attentatoire aux droits sacrés du peuple Venaissin; mettant sa cause au tribunal souverain des nations, & dévouant ses calomniateurs à la juste réprobation de la postérité.

Collationné par nous président & secrétaires. LAVONDEZ, *curé, président*; GAUTIER, *chanoine*; GUIMET, PETIT, TRESCARTES, *secrétaires*.

M. Lavie. Je proteste ici, au nom de tous les colons, qu'ils n'entendront qu'avec exécration ce que vient de dire M. l'abbé Maury. — La discussion est fermée.

M. de Virieux. Je demande à faire lecture d'un projet de décret.

M. de Cazalès. Je demande la question préalable sur la proposition de vos comités, en ce qu'elle est entièrement contraire aux décrets que vous avez rendus.

M. de Virieux. Si la question préalable passe, je n'ai plus rien à dire, & je vais mettre mon décret dans ma poche. — L'assemblée décide qu'il y a lieu à délibérer, sur l'avis des comités. Une agitation très-violente se manifeste dans la partie droite. — M. de Cazalès fait d'inutiles efforts pour obtenir la parole.

M. de Virieux. Voici mon projet de décret.

L'assemblée nationale ne délibérant pas, quant à présent, sur les troubles d'*Avignon* & du Comtat Venaissin; & considérant qu'il importe d'y rappeller le bon ordre & la paix, & que le pape & le peuple de ces contrées ont manifesté ce vœu, décrète que le roi prendra des précautions pour assurer le retour de la paix, de l'ordre, & pour empêcher que la fermentation qui règne à *Avignon* & dans le Comtat, ne porte le trouble dans les départemens voisins.

M. Dupont. Ce ne sont pas des commissaires civils qu'il faut envoyer, mais des ministres médiateurs. Je propose en conséquence un projet de décret conçu ainsi qu'il suit:

L'assemblée nationale décrète que son président se retirera par-devers le roi, pour le prier d'envoyer dans l'état d'*Avignon* & dans le Comtat Venaissin, quatre ministres plénipotentiaires médiateurs, à l'effet d'y rétablir la paix & d'y proposer le mode de convocation d'une assemblée où puisse être manifesté paisiblement le vœu de la majorité: se réservant l'assemblée nationale de prononcer sur ce vœu libre & paisible quand il sera connu.

M. Prieur. Je demande la priorité pour le projet du comité.

MM. Dufraisse & Madier. Il faut consulter l'assemblée par appel nominal. — L'assemblée consultée par assis & levé, accorde la priorité à l'avis du comité. — On demande l'appel nominal sur le fond. — On se dispose à procéder à l'appel nominal sur l'article qui rétablit la réunion.

M. de Murinais. Il faudra lever la séance quand l'appel nominal aura été fait.

M. de Cazalès. Si l'article est rejetté, il faut que l'assemblée nationale convienne loyalement & franchement de ne plus souffrir qu'on parle ici d'*Avignon*.

M. Rabaud. On doit mettre aux voix en même temps tous les articles du projet; toutes ses parties sont liées entre elles; la totalité du décret est l'expression entière de votre volonté. Vous ne voulez pas un des articles sans l'autre. Je vous invite, au nom des départemens méridionaux, qui sont enflammés, à ne pas donner dans le piège qu'on vous tend. Vous devez sentir les dangers auxquels vous exposeriez la France, si vous abandonniez ce pays à deux armées qui sont en présence. Je ne répondrai point aux insinuations odieuses & perfides de M. l'abbé Maury. Votre mépris & celui des bons citoyens en fera justice. (On applaudit.)

M. de Clermont-Tonnerre. J'invoque le réglement, qui porte, que quand un décret renferme des dispositions distinctes, elles doivent être délibérées séparément. C'est aussi le salut public, c'est l'amour de la paix qui nous animent. Comment vient-on rejetter sur ceux qui s'opposent à la réunion une insensibilité coupable? (Il s'élève des murmures.) Je somme M. le président, & cette motion sera appuyée, de mettre aux voix cette division. (Une partie du côté droit se lève pour appuyer cette proposition.)

L'assemblée délibère sur la division.

M. de Cazalès. Entendez-vous des cris dans les Tuileries? — La partie droite se lève en tumulte & se répand au milieu de la salle.

M. de Murinais. Il faut lever la séance; nous ne pouvons pas délibérer ici. — Quelques minutes se passent dans une très-grande agitation du côté droit.

M. de Murinais. Je demande que la municipalité & la garde nationale soient sommées d'assurer la liberté de la délibération.

M. de Foucault. Ce sont d'honnêtes gens qui vous disent : Prenez *Avignon*, ou bien vous serez pendus. Le calme se rétablit peu-à-peu, & les membres du côté droit reprennent successivement leurs places.

M. le président. J'ai consulté l'assemblée sur la division : nous croyons, le bureau & moi, qu'il y a du doute. On demande à délibérer par appel nominal sur le premier article du projet de décret des comités.

M. le président. On va faire l'appel nominal sur l'article premier, ainsi conçu : L'assemblée nationale, ouï les comités, &c. relativement aux droits de la France sur *Avignon* & son territoire, ayant pris connoissance du vœu libre & solemnel des Avignonnois pour leur réunion à la France, décrète qu'elle admet & incorpore les Avignonnois à la nation françoise, comme en faisant partie intégrante ; en conséquence, elle leur accorde tous les droits & les avantages de la constitution françoise.

On procède à l'appel nominal. — L'appel nominal est interrompu par un incident. — M. le secrétaire appelle M. de Faucigny.

M. de Faucigny. Avez-vous oublié mes protestations ? Je m'appelle M. le comte de Faucigny-Lucinge.

Plusieurs voix de la partie gauche. A l'ordre, à l'abbaye.

M. de Faucigny. Ce sont nos vrais noms, & nous les maintiendrons. — Les cris redoublent dans la partie gauche : à l'abbaye, à l'abbaye. — Une voix s'élève : il est fou, Messieurs.

M. Madier. Je demande à parler contre la motion de rappeller M. de Faucigny à l'ordre.

M. Frondeville se levant avec précipitation. Taisez-vous, monsieur, taisez-vous.

L'assemblée décide que l'appel nominal sera continué. On achève l'appel nominal.

Sur 778 votans, 368 voix pour l'adoption de l'article premier, & 374 pour qu'il soit rejetté.

M. le président prononce que l'assemblée a rejetté le premier article des comités.

Séance du 6 août 1791.

M. Vouland. C'est au nom du département du Gard, que je prie l'assemblée de se faire rendre compte des opérations des commissaires envoyés à *Avignon*. Il est essentiel de savoir si l'usage qu'ils font de leur pouvoir est bien conforme à l'objet de leur mission. Ils font des levées considérables de gardes nationales, ce qui nuit peut-être à la levée des corps volontaires appelés à la défense des frontières, ce qui fatigue inutilement les citoyens, occasionne des dépenses considérables, & prive nos départemens d'une force publique qui leur est nécessaire. Je demande donc que le comité diplomatique soit chargé de faire incessamment un rapport à cet égard.

Séance du jeudi 8 septembre 1791.

Un de MM. les secrétaires fait lecture d'une lettre par laquelle plusieurs citoyens avignonnois demandent à être entendus, comme porteurs d'une pétition des états-unis d'*Avignon* & du Comtat Venaissin.

L'assemblée décide qu'ils seront entendus à la séance du vendredi soir.

A la séance du vendredi 9, au soir, trois députés sont admis à la barre, où ils se présentent au nom des états-unis d'*Avignon* & du Comtat.

L'orateur de la députation. L'hommage que le peuple Vauclusien rend à votre immortelle constitution, le tribut de reconnoissance qu'il vient porter à vos bienfaits signalés, seront sans doute chers à vos cœurs. L'intérêt que vous n'avez cessé de prendre à notre sort, nous est un sûr garant que nous serons accueillis par vous avec l'empressement & la générosité qui caractérisent la nation dont vous êtes les dignes représentans. Vous serez flattés du zèle que vous nous avez vous-mêmes inspiré, & des efforts que nous avons faits contre nos ennemis communs.

Vous avez appris à l'univers que tous les pouvoirs qui ne sont pas des délégations du peuple sont des usurpations, & que les hommes qui vivent sous de semblables autorités, vivent privés de l'exercice de leurs droits naturels, & sont ignominieusement asservis aux loix des tyrans. La vérité de ce principe a déjà retenti chez toutes les nations, & bientôt l'univers vous devra sa liberté.

Placés au sein de l'empire François, nous avons été frappés les premiers par les accens de la liberté ; courbés sous le despotisme & sous le joug sacerdotal, nous nous sommes levés, &, à votre exemple, nous avons brisé nos chaînes ; nous sommes devenus libres depuis que nous avons voulu devenir François.

Avant d'exposer les faits, nous allons dire un mot des principes qui ont dirigé notre conduite ; ils sont contenus tous dans cette loi sublime qui a rendu à la nation françoise sa dignité, dans la déclaration des droits. Ceux qui prétendoient que nous n'avons pu changer notre gouvernement, & que Rome a des droits sur nos personnes & sur le territoire que nous habitons, ceux-là déchireroient d'une main sacrilège le livre sacré de votre constitution. Il ne s'agit donc plus de savoir si les Vauclusiens ont pu vouloir se réunir à la nation françoise, mais s'ils l'ont réellement voulu, & s'il est de la justice & de l'intérêt de la France d'accepter cette réunion. Il suffira de vous faire connoître que le vœu des communes est prononcé librement, & que les persécutions que la guerre que les ennemis de la liberté ont voulu exciter, n'ont pu le détruire.

La ville d'*Avignon*, la première, a voulu vos loix; la première, elle a voulu se soustraire au gouvernement sacerdotal & aux fureurs du despotisme. L'amour de la liberté, l'exécration des tyrans pénétrèrent bientôt dans le Comtat. Au milieu de ces agitations, on demanda la constitution françoise: la faction de Rome feignit aussi de l'adopter; mais elle sut y mettre des modifications, & n'en présenta au peuple que des lambeaux: bientôt, pour étouffer la liberté naissante, on chercha des victimes: des patriotes furent immolés à la fureur du gouvernement: plusieurs périrent martyrs de votre constitution. C'est ainsi que plusieurs villes, après avoir arboré d'un commun accord les armes de France, furent envahies par les soldats du despotisme, qui substituèrent la thiare au signe de la liberté: les habitans de Cavaillon furent assaillis à coups de fusil, forcés de se retirer en rase campagne, pourchassés de nouveau avec leurs femmes & leurs enfans jusqu'à *Avignon*, & réduits à se cacher dans les forêts pour se soustraire aux persécutions.

Cette secousse, en brisant les fers des Comtadins, rompit tous les liens de la société, & laissa le Comtat sans loix, sans monarque, sans administrateurs; les communes se séparèrent de l'agrégation générale, & formèrent des sociétés isolées; le peuple exerçoit lui-même sa souveraineté, ou, pour mieux dire, chacun en envahissoit les droits. Devenues un peuple neuf, elles voulurent unir leur sort à la France; les bases de la constitution françoise furent adoptées; une garde nationale fut formée; le peuple nomma des représentans: l'assemblée électorale des états-unis alloit terminer ses travaux; la liberté & l'ordre s'établissoient sur les ruines du gouvernement sacerdotal, lorsque tout-à-coup les projets des ennemis de la révolution éclatèrent. Une armée de 8000 fanatiques, de prêtres & de privilégiés se livra au brigandage le plus effréné. Dénués de toute ressource, on ne nous vit cependant pas courber la tête; s'armer, voler au combat & dissiper cette horde d'assassins & de contre-révolutionnaires, fut l'affaire d'un instant: cette conduite juste & ferme auroit dû obtenir à ceux qui ont sacrifié leurs vies à la révolution, d'autres honneurs que ceux de la calomnie.

L'état déplorable de notre patrie, la guerre civile, qui alloit désoler nos contrées, nous déterminèrent à jetter nos regards sur la France; des commissaires médiateurs arrivèrent; nous déposâmes nos armes; lorsqu'après les préliminaires de la paix, & au mépris des traités, l'armée des contre-révolutionnaires assassina, sous les yeux des commissaires, quatre-vingts patriotes qui rentroient paisiblement dans leurs foyers.

Ici, nous abandonnons aux médiateurs de la France le soin de faire ce récit; nous devons cependant entretenir l'assemblée de l'émission d'un vœu sur la forme d'un gouvernement à établir dans les états-unis d'*Avignon* & du Comtat. Tous ceux des citoyens qui étoient en état de délibérer ont exprimé le vœu de se réunir à la France; une foible minorité a voulu rester sous l'autorité papale; mais l'ensemble de tous les mécontens du nouvel ordre de chose, s'est à peine trouvé former le cinquième de la population. Ces délibérations portent par-tout le caractère de la liberté; on ne peut en douter, en voyant dans ces actes des citoyens dire à leurs compatriotes: vous voulez être libres; pour nous, nous aimons mieux les chaînes du despotisme de Rome, que la liberté françoise. Aucun écrit n'a été répandu, aucun émissaire n'a été envoyé pour propager dans le Comtat le vœu de la réunion; au contraire, le pape faisoit transporter des écrits incendiaires, les évangélistes parcouroient les campagnes, annonçant des contre-révolutions, en présentant à l'esprit du peuple effrayé les foudres du Vatican & les armées étrangères prêtes à envahir la France. C'est au milieu de ces craintes que le peuple a cependant émis un vœu uniforme en faveur de la réunion. Vous verrez ceux qui vouloient être François livrés toujours à des persécutions nouvelles, ou obligés à chaque instant, de prendre les armes; mais vous les verrez toujours vainqueurs: des hommes libres qui combattent les despotes peuvent-ils obtenir autre chose que la liberté ou la mort? (On applaudit.)

La réunion peut seule en ce moment nous faire oublier les maux passés, & prévenir ceux dont nous sommes menacés; sans elle la paix n'est qu'apparente & éphémère; vos ennemis établiront bientôt au milieu de nous le siège de leurs machinations: déjà l'armée des prêtres réfractaires, des Comtadins mécontens, & des contre-révolutionnaires françois, occupoient les deux extrémités du Comtat à l'époque mémorable du 21 juin dernier. L'insuffisance des moyens termes démontrée par l'expérience, prouve la nécessité de réintégrer les Comtadins dans l'heureuse famille dont vous êtes les régénérateurs: toutes les passions se tairont devant le grand intérêt de la réunion. Voyez des François entraînés par des liens de parenté & d'amitié, se jetter dans les deux armées, se combattre, & ces armées ne quitter prise, que lorsque le parti vaincu aura disparu de la surface de la terre. Au nom de la patrie, au nom de l'humanité, ne repoussez par cent mille François qui se jettent dans vos bras. Notre titre est un titre glorieux, qui jamais n'auroit été perdu si les droits des nations n'eussent été méconnus dans les siècles d'ignorance & de barbarie. (On applaudit.)

M. Hébrard. La première fois que le peuple avignonois a été entendu dans cette assemblée, il y a reçu les honneurs qui lui sont dûs. Je demande que, comme il en a été usé la première fois, MM. les députés d'*Avignon* soient introduits dans l'intérieur de la salle. (On applaudit.)

M. le président donne des ordres pour faire introduire MM. les députés sur le parquet.

Un autre membre de la députation entre dans le détail des crimes commis par l'armée vaincue contre les prisonniers de l'armée patriotique, même depuis la dissolution de cette armée, contre les citoyens qui la composoient.

M. le président à la députation. L'assemblée verra avec plaisir le moment où elle pourra vous accueillir dans le sein de la famille qu'elle représente. Quel peuple est plus digne de s'allier à un peuple qui jouit de sa liberté, que celui qui en a déjà montré toute l'énergie ? Mais comme la justice doit diriger toutes ses démarches, sa décision dépendra du rapport qui lui sera fait de votre pétition, & d'une discussion approfondie. L'assemblée vous accorde les honneurs de la séance.

M. de Vismes commence la lecture d'un rapport des comités diplomatique & d'*Avignon*, sur les indemnités réclamées par le chef de la principauté de Monaco. L'assemblée ajourne la suite de la lecture & de la discussion de ce rapport à une séance extraordinaire du samedi soir.

Séance du samedi soir 10 septembre.

MM. Verninac, de Saint-Maur, le Scène-des-Maisons, commissaires médiateurs envoyés par le roi à *Avignon*, & dans le Comtat Venaissin, sont admis à la barre.

M. le Scène-des-Maisons obtient la parole.

Envoyés par le roi vers le peuple d'*Avignon* & du Comtat, en exécution de vos loix du 25 mai & 14 juillet derniers, nous allons vous mettre sous les yeux ce qui seul est digne de vous, la vérité attestée par le devoir & par l'honneur. Vous avez à prononcer sur une grande question, à laquelle tient le bonheur d'un peuple & la tranquillité des départemens du midi. Nous vous fournirons, pour éclairer cette décision, tout ce que vous avez droit d'exiger de nous, des faits vrais & constatés. La révolution opérée à *Avignon*, & dans le Comtat Venaissin, est une suite naturelle, inévitable de celle arrivée en France; ou plutôt elle fut la même, puisque de tout temps la nature, les liaisons du sang, l'habitude, la politique, qui n'est constamment dirigée que par la loi impérieuse des besoins mutuels, avoient fait, de ces deux petites peuplades, des portions de la grande famille dans le sein de laquelle elles étaient enclavées.

A l'instant où la révolution fit éprouver ses effets en France, comment un pays où toutes les familles jouissoient de tous les droits françois, où le commerce & les intérêts mercantiles étoient liés, confondus avec ceux des provinces du royaume, auroit-il pu ne pas éprouver les mêmes mouvemens politiques ? Aussi, dès la fin d'août 1789, l'état d'*Avignon* présenta des doléances au légat du pape: la demande fut rejettée; le peuple soutint son droit: ce déni de justice excita la plus grande fermentation. Le vice-légat employa les moyens d'usage; des potences furent dressées & restèrent long-temps plantées pour jetter l'effroi dans les ames. Un grand nombre de citoyens furent décrétés, plusieurs furent emprisonnés: cependant il n'y eut point d'exécution. Le peuple voyoit avec regret & impatience dans les fers, ceux qui avoient défendu ses intérêts & en qui il avoit confiance; cette impatience devint insurrection, & le 2 février on força les prisons, on délivra les prisonniers, on brûla les procédures, & le peuple montra une volonté déterminée d'obtenir le redressement de ses griefs. Les chefs commencèrent à sentir eux-mêmes qu'il étoit impossible de lui résister.

Les consuls donnèrent leur démission, une administration provisoire fut établie. Le vice-légat lui-même s'apperçut qu'il n'étoit plus temps d'employer des moyens de force; il négocia, il accueillit ainsi la demande des états-généraux. La convocation des assemblées primaires se fit sous son autorisation, & d'après le réglement fait par lui-même: le peuple se vit enfin rendu à ses fonctions de souveraineté par la sanction du gouvernement, & le premier usage libre & volontaire qu'il en fit, fut d'adopter les décrets de l'assemblée nationale. En conséquence, une municipalité se forma à *Avignon*, le 18 avril 1790, conformément au décret de l'assemblée nationale, & elle fut installée par le vice-légat lui-même. Sous cette première influence de la liberté, l'inquisition fut abolie. La cour de Rome ne tarda pas à regretter cette première condescendance. M. Celestini arriva: il venoit casser la municipalité, remettre tout sur l'ancien pied; mais il n'étoit plus temps. Le peuple refusa de l'admettre dans les murs d'*Avignon*. Cependant, ce qu'on n'avoit pu obtenir ouvertement, on chercha à l'obtenir par des conjurations: les privilégiés se coalisèrent; quelques hommes généralement dignes d'estime, eurent la foiblesse de s'y prêter, & le 10 juin vit éclorre des crimes & provoquer des vengeances. Une troupe de gens armés, nobles, prêtres, & agens du gouvernement, sortent d'une église où l'on étoit rassemblé sous prétexte d'une fête; on tombe sur tous les citoyens partisans des nouvelles idées; plusieurs sont tués avant d'avoir pu se défendre. L'alarme se répand; on court aux armes; le combat s'engage, & le peuple reste le maître. Le plaisir de la vengeance remplace alors le besoin de se défendre. Nombre de nobles avoient été arrêtés;

quatre malheureux furent victimes des fureurs de leur parti.

Cependant les voisins, alarmés des troubles de la ville d'*Avignon* & d'un incendie qui pouvoit se communiquer à ceux d'Orange & de Courtaison, marchèrent vers *Avignon*; ils y entrèrent en posture respectable; ils rétablirent le calme dans la ville : les assemblées primaires furent convoquées; le vœu de réunion à la France fut généralement émis; les armes de France furent placées sur les portes, & l'on envoya une députation à Paris, chargée de porter le vœu du peuple avignonois & d'en solliciter l'admission. Tandis que cela se passoit dans l'état d'*Avignon*, le Comtat Venaissin étoit aussi en mouvement. Le Comtat avoit eu ses états-généraux, mais le prince avoit eu l'art, comme ailleurs, d'en éloigner la convocation. Une commission intermédiaire veilloit aux intérêts publics, ou plutôt étoit subjuguée & dévouée au gouvernement. Toutefois l'agitation des esprits faisoit demander fortement la convocation des états; ils furent enfin assemblés : ils ne tardèrent pas à changer de nom en raison des nouvelles lumières; ils s'appellèrent assemblée représentative. Les Avignonois sollicitèrent l'avantage d'y être admis. Carpentras s'y refusa, sous prétexte des la division de deux états. Depuis cinq cents années une rivalité de voisinage, de puissance, d'établissemens politiques & d'influence divisoit *Avignon* & Carpentras, & en avoit fait deux fiers ennemis. Le refus de Carpentras ne fit qu'augmenter la haine; quelques villes où les Avignonois avoient des partisans, se soulevèrent contre l'assemblée représentative.

La différence des opinions sema le trouble, excita des rixes entre les citoyens dans Cavaillon & quelques autres communes; trois cents habitans se virent contraints de fuir Cavaillon & se refugièrent à *Avignon*. Ils y furent reçus avec transport; ils ne tardèrent pas à y exalter les esprits. On alla assiéger Cavaillon pour les y rétablir. Ils le furent en effet; & delà les forces avignonoises allèrent jetter l'épouvante devant Carpentras. Cependant l'armée avignonoise étoit rentrée sans endommager Carpentras; les membres de l'assemblée représentative s'étoient dispersés, & un mouvement général annonçoit, dans toutes les communes, le désir du rétablissement de l'ordre & d'une forme de gouvernement qui remplaçât celui qui étoit aboli.

On proposa alors aux communes de se confédérer. Toutes s'assemblèrent : soixante-huit sur quatre-vingt-quatre votèrent pour que ce pays fût réuni à l'empire François; & attendant la décision de l'assemblée nationale sur ce grand intérêt, elles consentirent au pacte fédératif, d'après lequel on devoit former une assemblée électorale chargée de la grande administration des deux états jusqu'à ce que le pays formât, suivant son desir, un quatre-vingt-quatrième département. Carpentras avoit consenti ce pacte. Sans doute, ceux qui se trouvoient à la tête de cette nouvelle assemblée, se pressèrent trop de jouir; ils formèrent à l'avance un département dont la résidence étoit à *Avignon*; ils s'emparèrent de toutes les places. Cette indiscrète mesure réveilla bientôt la rivalité & l'envie de la ville de Carpentras. D'abord elle négligea d'envoyer des électeurs, puis elle fomenta la réunion des débris de la première assemblée représentative, sous le nom d'assemblée de Sainte-Cécile. Une scission ne tarda pas à avoir lieu; chacun s'intrigua alors à fortifier son parti; chacun réclama les secours des départemens voisins, & s'en vit secondé. Les haines s'envenimèrent, l'anarchie confondit toutes les autorités. Au milieu de ce désordre, *Avignon* rappelloit Carpentras au traité qu'il avoit signé. Toutes les communes prenoient parti pour *Avignon* ou pour Carpentras, & ces divisions n'attendoient qu'un prétexte pour devenir une guerre civile. Il se présenta bientôt : le maire de Vaison, le trop malheureux Lavillasse, soutenoit dans le Comtat le parti avignonois & celui de l'assemblée électorale. Les partisans de l'assemblée de Sainte-Cécile vont, pendant la nuit, attaquer la maison de M. Lavillasse, séparée de la ville & presque isolée. Une partie gardoit le pont qui faisoit la communication, tandis qu'une autre brise les portes du premier magistrat de la ville, entre dans sa cour & l'assassine à coups de fusil, à l'instant même où il se rendoit & demandoit grace. Un cri de vengeance se fit entendre dans *Avignon*, & fut répété par tous les citoyens. On se prépare à la guerre; le bruit de tous les préparatifs arme bientôt les habitans du haut Comtat.

Une armée de sept mille hommes, dans laquelle Carpentras joue le premier rôle, descend des montagnes pour s'opposer aux Avignonois. Ceux-ci, beaucoup moins nombreux, mais beaucoup plus forts des avantages d'une grosse artillerie, étoient déjà à une lieue de Carpentras. Ces deux armées se heurtent dans la plaine de Sarriant, le canon jette l'épouvante dans l'armée de Carpentras, & tout fuit devant les Avignonois. Sarcoin est livrée au pillage, les campagnes deviennent la proie des flammes, & les maux qui sont la suite des guerres civiles accablent le pays & épouvantent les voisins. L'armée avignonoise, soutenue & dirigée par environ cent cinquante déserteurs françois, va, non pas camper, mais se cantonner dans la ville de Monteux, à peu de distance de Carpentras; & là, maîtresse de la campagne, elle établit une sorte de blocus & d'attaque journalière. Les Carpentrasiens se défendent avec courage & avec fermeté, & les succès se partagent. Par une suite de la vicissitude de ces succès & de l'influence passagère qui dominoit dans chaque parti, ce pays infortuné offroit l'exemple le plus effrayant des malheurs de la guerre civile. Le parti dominant exigeoit de chaque commune un détachement pour se renforcer, & nombre de communes fournissoient à chaque armée des secours en même temps, de manière que souvent le père servoit contre le fils, le frère contre le frère. L'armée avignonoise étoit partie du consentement général des habitans d'*Avignon*. La guerre avoit été l'effet plutôt d'un cri unanime que d'une délibération. Dans le premier enthousiasme on avoit promis une solde extravagante, & telle qu'aucune puissance ne pouvoit en soutenir la dépense. Quand elle fut hors de ses murs, l'amour du pouvoir, le desir de s'emparer des moyens ne tarda pas à diviser les chefs de l'assemblée électorale & les membres de la municipalité. L'assemblée étoit un corps nouveau, repoussé par plusieurs communes ; il ne jouissoit pas d'un crédit sûr. La municipalité étoit l'ouvrage immédiat du peuple & l'objet de son amour. Le peuple étoit à ses ordres : la municipalité abusa de son influence ; elle voulut siéger dans l'assemblée électorale, & cette querelle absurde de prétentions força l'assemblée de quitter les murs d'*Avignon*, au moins partiellement. Ainsi ces deux états étoient déchirés par une guerre civile, & *Avignon* l'étoit par deux factions. L'armée aux ordres des chefs de l'assemblée exigeoit ; la municipalité refusoit ; on se faisoit une guerre de mauvais traitemens, de vexations, de calomnies ; bientôt elle devint guerre ouverte. Cette querelle mit la division entre la garde nationale du Comtat & celle du camp. Des juges furent destitués sans forfaiture jugée ; de nouveaux juges nommés par la municipalité ; des officiers furent arbitrairement déplacés ; des décrets rendus sans instruction, par des juges incompétens, compromirent la liberté de beaucoup de citoyens, & sur-tout des chefs de l'assemblée électorale & de l'armée ; leurs maisons furent envahies, leurs effets mis sous scellés, & ils n'osèrent plus rentrer dans *Avignon*.

C'est à ce caractère odieux, signe indélébile d'un peuple corrompu, que l'on dut l'anecdote d'un coupe-tête, attribuée au chef de l'armée. Elle naquit de la méchanceté de ses concitoyens, & d'un propos tenu par sa grossière franchise. Il avoit dit que, se trouvant à Paris dans le temps de ces actes effrayans sur lesquels nous devons tirer un voile, il avoit dit qu'un garde national emprunta son sabre & lui dit, en le lui rendant, qu'il avoit blessé une des victimes de ces jours de trouble & de sang. Cette anecdote recueillie & façonnée par la haine, devint bientôt la matière d'une accusation horrible pour lui, déshonorante pour ceux qui lui obéissoient ; mais ce léger oubli de lui-même & de tous les partis sur ce fait, m'en ont confirmé la fausseté. Jourdan est un homme grossier, mais plutôt sensible que sévère, ayant le courage du sang-froid & le langage qui convient au peuple. La politique des chefs lui donna le commandement ; ils vouloient un homme brave, docile à leur commandement, qui les mît à couvert des événemens, s'ils tournoient mal, & qui, aux yeux de la loi, fût responsable de ce qu'ils ordonneroient eux-mêmes. Les désordres d'*Avignon* eurent pour l'armée des effets bien terribles. Ils ne contribuèrent pas peu à la déshonorer. D'un autre côté, cette armée sans fonds, sans moyens, pressée par ses besoins, y contribuoit journellement par ses exactions. Les contributions forcées en argent & en nature, étoient ses uniques moyens d'existence. Il est vrai qu'on donnoit à tous ceux de qui l'on exigeoit des subsistances, des *bons* pour être payés sur la caisse publique, & sur la vente des biens nationaux ; mais ce n'étoit pas moins une vexation intolérable sur tous les individus, & une espérance de paiement bien précaire, & à mesure que l'on avoit plus ou moins payé, plus ou moins souffert, on lui portoit une haine plus ou moins forte. Carpentras fatiguée, épuisée par deux mois de clôture, crut que c'étoit le moment de faire un dernier effort pour se délivrer d'un ennemi dont la persévérance l'inquiétoit. En effet, elle s'adressa à Valréas & aux communes du haut Comtat. Ce n'étoit pas assurément le même systême politique. Carpentras & tout le bas Comtat vouloient la constitution françoise. Le haut Comtat étoit fidèle à la cour de Rome ; mais ils étoient réunis par le souvenir de la bataille de Sarrians, par leur haine commune contre les Avignonois. Les amis de Carpentras remuèrent aussi vers le Libron & la tour de Sabran ; de nombreux rassemblemens d'hommes se faisoient de ces côtés divers. Le projet étoit de partir du nord & du sud, pour, d'accord avec ceux de Carpentras, se porter de trois côtés différens sur Monteux & anéantir l'armée avignonoise.

Tel étoit le sort déplorable d'*Avignon* & du Comtat, lorsque l'assemblée nationale s'en occupa au mois de mai, lorsque son humanité autant que sa justice, arrêtèrent d'y rétablir la paix avant de prendre un parti ultérieur au sujet de ses droits sur ce pays. Telle fut enfin la tâche à remplir par les médiateurs décrétés par l'assemblée nationale & envoyés par le roi pour remplir ses vues.

Les médiateurs s'arrêtèrent à Orange ; ils crurent qu'il étoit sage d'arrêter une nouvelle rivalité entre *Avignon* & Carpentras, puisqu'il étoit impossible de se rendre dans les lieux qu'ils habitoient. Ils crurent qu'il importoit de connoître les dispositions de tous avant de s'exposer dans un pays où rien alors n'étoit respecté. Ils crurent qu'il importoit d'amortir le choc des passions opposées, de réunir ces hommes & de les faire discuter en leur présence, pour leur dire ensuite le but de leur mission. L'expérience confirma la justesse de leurs vues ; ils obtinrent bien plus de sacrifices qu'ils n'en auroient obtenus. D'autre part, chacun desiroit la paix, & elle mettoit un frein aux passions.

Cependant, d'un côté, le territoire de France venoit d'être violé à Gigunda, par des assassinats commis par des gens de l'armée du haut Comtat ; de l'autre, les rassemblemens se continuoient, & il étoit à craindre qu'en licenciant l'armée avignonoise,

gnonoise, celle qui se formoit & qui paroissoit considérable, qui sembloit avoir des liaisons très-étendues, ne causât de plus grands désordres encore. Déjà les chefs, à l'instar de ceux d'*Avignon*, exigeoient des contributions forcées, & ils trouvoient bon pour eux ce qu'ils condamnoient dans les autres. Il fallut retarder le licenciement de l'armée d'*Avignon*, jusqu'à ce qu'il fût constant que les rassemblemens se dissipoient, & que des préliminaires de paix, signés de tous les partis, assureroient la tranquillité générale.

Au nombre des contractans, étoient les députés de cette assemblée électorale, reconnue par les uns, repoussée par les autres, & assez généralement haïe, puisque l'armée étoit à ses ordres, & qu'elle se portoit à d'odieuses vexations. L'assemblée nous parut fondée en principes; elle présentoit soixante-huit procès-verbaux sur quatre-vingt-quatre, en vertu desquels elle existoit. Appeller une nouvelle députation, un nouveau corps délibérant, eût été opposer puissance à puissance, doubler les embarras & créer un nouvel obstacle à notre mission. Mais il falloit ramener celles qui avoient rappellé leurs électeurs; il falloit enfin obtenir la volonté, la parole de toutes les communes, de mettre bas les armes. Nous trouvâmes ce point de réunion dans les principes d'intérêt particulier avec les intérêts de tous. Dans le troisième article des préliminaires, l'assemblée électorale devoit être reconnue par-tout, mais seulement être le nœud commun des intérêts de tous. Pour ôter toutes craintes de ses entreprises & de ses opérations politiques, elle consentoit elle-même à être paralysée pour tout autre objet, & à n'avoir d'autres fonctions que de recevoir, de recueillir & constater le vœu des communes sur leur sort politique; car on sentoit fort bien que poser les armes, n'étoit pas bannir l'anarchie d'un pays où chaque commune formoit une petite république, où il n'existoit aucun gouvernement, aucun ordre judiciaire; ils sentoient fort bien qu'il étoit important pour eux de presser le moment de déterminer leur sort politique, & que tous les moyens d'y concourir devoient être saisis par eux avec avidité.

Si l'assemblée nationale s'étoit contentée de rétablir la paix avant de statuer sur ses droits, ce n'étoit pas assez pour ceux qui n'appercevoient de bonheur que dans la réalisation de ce vœu, qui déjà avoient présenté soixante-huit délibérations sur quatre-vingt-quatre qui demandoient la réunion, qui avoient vu ce vœu ajourné, & à qui on avoit reproché qu'ils ne l'avoient pas émis librement; pour eux, dis-je, la chose la plus importante étoit d'employer les premiers momens d'une paix garantie par la France, pour émettre de nouveau, & à l'abri de tout reproche, un vœu duquel ils faisoient dépendre le bonheur public. Elle fut la matière & les vues des articles 3 & 4 des préliminaires de paix. Ces préliminaires de paix furent adoptés par l'assemblée nationale; vous en fites la loi du 4 juillet dernier, & vous daignâtes, en approuvant la conduite & les mesures des médiateurs, donner à leurs travaux la plus flatteuse espérance, à leur zèle le plus puissant aiguillon.

Notre première entrée dans le Comtat, fut la plus douce des jouissances. Des champs couverts de riches moissons, attendoient les bras des cultivateurs: abandonnés depuis long-temps, ils virent reparoître les mains qui les avoient fertilisés, & de tous côtés nous recueillions pour vous les actions de graces d'un peuple qui vous devoit le bonheur. Cependant les rassemblemens de Lorgue, Livron & Caron venoient d'être dissipés par nos soins & notre fermeté. L'armée d'*Avignon* venoit d'être licenciée; & afin de prévenir tout trouble, & sur la demande de la municipalité, conformément à la garantie de la loi du 4 juillet, nous avions fait marcher à *Avignon* deux bataillons du régiment de la Fère, un de Sonnemberg, & deux escadrons de hussards. Nous avions fait marcher à Carpentras un bataillon du ci-devant Soissonnois, un escadron de dragons, & une compagnie d'artillerie. C'étoit tout ce qu'il nous avoit été possible d'obtenir, quoique infiniment au-dessous de ce qui étoit nécessaire pour maintenir la paix dans un pays de haines si multipliées, si invétérées. Toutefois l'armée rentre dans *Avignon*; cette armée à laquelle les haines inévitables qu'elle avoit produites, les haines de la municipalité & les calomnies qui en avoient été la suite, avoient attaché la désignation odieuse de brigands de la garde soldée avignonoise; forte d'un détachement de la garde nationale de cette ville, des détachemens de soixante communes & de cent quatre-vingts déserteurs françois à-peu-près, elle montoit à plus de trois mille hommes armés. Après avoir remis leurs armes, la plupart des détachemens se retirèrent tranquillement dans leurs communes. Nous proclamâmes l'amnistie, & nous fîmes partir les déserteurs.

Nous n'avions alors qu'à nous louer des chefs & de l'assemblée électorale; ils se conformoient strictement à la loi, & l'ordre régnoit dans *Avignon*. Mais les haines étoient encore trop fraîches, les ressentimens trop actifs pour obtenir une tranquillité absolue. Caron avoit été une de ces villes infortunées qui, flottant dans ses opinions, avoit fourni des détachemens aux deux armées ennemies. Nous avions prévu les effets de cet inconvénient, & pour les éviter, nous avions écrit au commandant de Soissonnois de protéger la rentrée par un détachement de troupes de ligne.

En arrivant sous les murs de Carpentras, ceux de Caron sont attaqués par le peuple; un d'eux est massacré malgré les efforts de nos troupes. M. Desterot sauva le reste: il les fit conduire à Caron par soixante hommes de ligne, & remettre sous la protection d'une compagnie d'artillerie. Le peuple, excité par un nommé Clément, commandant de bandes dans le haut Comtat, & ancien déserteur françois, fut bientôt en insurrection. On arrache onze de ces malheureux du château où on les avoit déposés, & sous les yeux du détachement françois; semblables aux cannibales, ces bandes les traînent hors des murs. On leur donne un confesseur, & là on les assassine à coups de fusil. Cet atroce Clément forçoit les pères & mères de ces malheureuses victimes à assister à cet affreux supplice. (L'assemblée frémit d'indignation).

Dès que la nouvelle nous parvint, nous convînmes d'en arrêter les suites. Mais à l'instant même, il fallut se multiplier; le complot paroissoit formé d'assassiner tous les détachemens de l'armée avignonoise, à leur rentrée paisible dans leurs foyers: c'étoit dans les communes où il y avoit eu le plus de division; l'humanité nous donna des aîles; nous nous trouvâmes à Tioleurre, à l'Isle, dans quelques autres communes, à l'instant où les sacrifices inhumains alloient commencer; & à force de soins, de prières, de raisons, de menaces, nous parvînmes à rétablir le calme. L'expérience prouva bien alors combien nos réclamations avoient été justes, & combien nos forces étoient insuffisantes. D'après l'impossibilité d'obtenir des troupes de ligne, & la nécessité du refus, nous crûmes devoir employer les moyens que nous fournissoit la loi du 4 juillet, & demander en conséquence des gardes nationales. Nous crûmes qu'il seroit plus aisé d'obtenir quinze ou dix-huit cents gardes nationales, qui nous promettoient des ressources suffisantes pour consolider cette paix que la loi nous chargeoit d'établir; & que d'ailleurs mille cinq cents gardes nationales pris dans les trois départemens & environs, ne pourroient pas affoiblir leurs forces. Nous en obtînmes, non sans beaucoup de difficultés & de nombreux refus: dès que nous pûmes en placer dans divers points du Comtat, de manière à prévenir les assassinats, nous crûmes qu'il étoit important d'inspirer la confiance à tous les partis, de fournir à tous les émigrans du Comtat les moyens de rentrer dans leurs foyers; nous adressâmes à cet effet aux commandans divers, une instruction dans laquelle nous recommandions la plus grande impartialité, protection & sûreté à tous. Nous fîmes rendre la liberté à des prisonniers chers à tous les partis, & notamment à M. Croix, impliqué dans l'affaire du malheureux Lavilasse, maire de Vaison. La confiance & l'ordre se rétablirent en effet, tous les émigrans rentrèrent, ou purent rentrer dans le Comtat; ce fut après ces mesures que l'assemblée électorale engagea les communes à s'assembler, & à émettre, conformément aux préliminaires de paix, un vœu sur leur sort politique, qui pût être présenté par elle, lorsqu'elle prendroit un parti ultérieur sur ses droits, au sujet des états d'*Avignon* & du Comtat.

A cette époque, les membres de la médiation furent appellés par les circonstances à des occupations différentes; *Avignon* étoit devenu le centre des affaires, & l'un de nous y resta; il falloit qu'un autre surveillât les opérations de l'assemblée électorale, pour la contenir dans les bornes qui lui étoient prescrites par le traité. La demande & les sollicitations des communes qui se plaignoient de la préférence accordée à *Avignon*, firent juger qu'il étoit important que l'un de nous se rendît à leurs desirs, & dissipât les calomnies que les ennemis du bien public & les écrivains qui leur sont vendus ne cesseroient de répandre; je fus chargé de cette mission, & je déclare à l'auguste assemblée qui m'entend, que si toutes les communes du Comtat n'ont pas alors joui de la paix la plus parfaite, & les individus de la sûreté la plus entière & de la liberté des suffrages la plus absolue, la plus indépendante, moi seul j'en suis & m'en rends responsable. Déjà grand nombre avoient émis leur vœu lorsque je me suis présenté chez elles; plusieurs l'ont émis en ma présence; à Valréas, par exemple, chef lieu du parti qui tient au pape, l'assemblée s'est tenue sous la protection de cent cinquante gardes nationales françois, sous nos yeux & ceux des hussards qui nous accompagnoient. J'ai fourni, sur la réclamation de la municipalité, une garde pour la police & la sûreté de l'assemblée, & l'assemblée a voté pour la cour de Rome. A Pilesne, à Sérigan, à Villedieu, il est arrivé la même chose, & les vœux de ces communes ont été pour la cour de Rome; il est donc impossible de révoquer en doute la liberté qui a présidé aux vœux émis. Par-tout j'ai prêché la paix, l'union, la concorde & la liberté des opinions; par-tout je les ai rétablies, & j'en appelle sur la vérité de ces faits, non pas aux soixante communes qui veulent être françoises; j'en appelle aux chefs de ceux qui ont voté en sens contraire.

Cette délibération d'*Avignon* & du *Comtat* a été faite au mois de février, à une majorité de soixante-huit communes contre seize, mais rejettée comme n'ayant pas été prise librement; cette délibération, dis-je, s'est faite de nouveau au mois de juillet, sous la protection & la garantie de la France, sous l'influence de la plus imperturbable liberté, & elle a produit les mêmes résultats: cinquante-quatre communes votent la réunion à France, dix-huit conservent la délégation du pouvoir exécutif au pape, & douze, occupées de leurs travaux, refusent de s'assembler de nouveau; mais elles sont du nombre de celles qui, en février, avoient voté pour la réunion à l'empire François. Il y a donc une majorité toujours aussi prépondérante pour cette réunion. D'après le compte que j'ai eu l'honneur de vous rendre, vous avez vu que la médiation a fait cesser toutes les hostilités entre les peuples d'*Avignon* & du Comtat; qu'elle a rétabli par-tout la paix; qu'elle a fait rentrer dans les communes du Comtat tous les émigrans que les troubles en avoient éloignés; elle a donc rempli le but que l'assemblée nationale s'étoit proposé dans son décret du 25 mai : conformément aux préliminaires, les communes se sont occupées, au sein de la paix & de la liberté, de leur sort politique.

L'assemblée électorale a recueilli ces vœux & les a déposés devant vous : la médiation a donc encore rempli le but de la loi du 4 juillet, dont l'exécution lui étoit confiée; mais ces deux opérations principales ne sont pas celles peut-être qui ont coûté le plus d'embarras aux commissaires médiateurs chargés de l'exécution de vos décrets : jettés au milieu d'un peuple d'accord sur un seul point, le desir de la paix & de la réunion à l'empire François, mais divisé dans tous les autres intérêts, dans un pays sans gouvernement, sans ordre judiciaire, déchiré par toutes sortes de passions, de petits intérêts, de petites rivalités, vos commissaires, seul objet de la confiance publique, se sont vus accablés de toutes les espèces d'affaires, de toutes les espèces de querelles, de toutes les réclamations, & en même temps déchirés, calomniés tour-à-tour par tous les partis, dont les passions se trouvoient contrariées.

Les jours & les nuits ont été occupés pendant trois mois à éteindre ou à prévenir des haines; & pourquoi ne le dirions-nous pas, Messieurs, puisque votre estime & votre approbation doivent être notre récompense ? il nous falloit du courage & des forces plus qu'humaines. Cependant malgré tous nos soins, ces haines toujours combattues, mais non moins actives, en raison même de leur rapprochement, ont en dernier lieu produit dans la ville d'*Avignon* une explosion coupable. Mais les mouvemens désordonnés d'une commune n'ont aucun effet sur les quatre-vingt communes qui composent le Comtat, & les intérêts privés qui les ont produits n'ont rien de commun avec l'intérêt général public. J'étois dans le Comtat lors de ces mouvemens; j'accourus, mais trop tard, pour me joindre à mes collègues & en arrêter les suites. Mon collègue, témoin de ces faits privés, va vous en rendre compte. Cependant, qu'il me soit permis de rappeller une erreur qui a été commise dans le sein de cette assemblée : ce n'est point, comme on l'a dit, à la querelle d'un hussard avec un Avignonois, qu'il faut attribuer ces troubles, mais bien à l'effet des haines privées, du desir des vengeances & de l'insatiable desir de les satisfaire. A Dieu ne plaise que je souffre qu'on inculpe des troupes de ligne dont la conduite a été si honorable, si patriotique & si exemplaire! Si nous avons à nous plaindre de l'incivisme de quelques individus, l'époque du serment en a purgé leurs corps; mais les hussards du cinquième régiment, le deuxième bataillon du régiment de Sonnemberg, ont constamment donné les preuves d'un courage, d'un zèle, d'une discipline, d'un patriotisme à toute épreuve. (On applaudit). Puissent tous les corps, pour le bonheur de mon pays, se modeler sur leur conduite! & puissé-je voir l'assemblée nationale, par une mention honorable, & sur la foi de mon honneur, acquitter envers eux la reconnoissance publique, & donner à leurs compagnons d'armes un puissant motif d'encouragement. (Les applaudissemens recommencent).

M. Verninac-Saint-Maur entre dans le détail des derniers mouvemens qui ont eu lieu dans le Comtat.

M. l'abbé Maury paroît à la tribune.

Toute la partie gauche réclame l'ordre du jour.

M. le président. L'affaire d'*Avignon* n'est point aujourd'hui à l'ordre du jour; vous savez qu'elle a été ajournée à lundi : ainsi vous n'avez pas la parole.

L'assemblée passe à l'ordre du jour.

M. l'abbé Maury. Je me porte accusateur de Messieurs les commissaires sur ma tête, sur ma responsabilité. Je m'engage à les suivre devant le tribunal d'Orléans.

La partie gauche demande que M. l'abbé Maury descende de la tribune.

M. l'abbé Maury continue à parler au milieu des plus violens murmures.

M. le président. L'assemblée m'autorise-t-elle à me servir du pouvoir qu'elle m'a donné pour faire descendre M. l'abbé Maury de la tribune ?

L'assemblée, par une délibération expresse, donne cette autorisation au président.

M. l'abbé Maury descend de la tribune.

Les commissaires médiateurs sont introduits dans la salle, au milieu des plus vifs applaudissemens de la partie gauche & des tribunes.

Séance du lundi 12 septembre 1791.

M. de Menou. Avant de faire mon rapport, j'ai l'honneur d'observer que l'affaire d'*Avignon* a été discutée, il y a quelques jours, chez M. le garde du sceau, dans un comité très-nombreux, composé de tous les députés des départemens voisins d'*Avignon*. Hier j'avois convoqué pour le soir les comités diplomatique & d'*Avignon*, pour leur communiquer mon rapport; il ne s'y est rendu personne. C'est donc le résultat des conférences tenues chez M. le garde du sceau que je viens vous présenter.

M. l'abbé Maury. L'usage constant dans cette assemblée, est de n'entendre jamais que des rapports de comité : celui qu'on vous annonce n'est donc pas conforme à l'usage reçu; je desire plus impatiemment que personne, que cette affaire soit terminée ; mais je vous observe que si vous entendez le rapport de M. de Menou, qui ne peut être que son opinion individuelle, vous serez obligés d'ordonner que les pièces soient remises aux comités, pour que tous les membres puissent en prendre connoissance. Ce rapport ne devant donc pas être discuté en ce moment, il est inutile de l'entendre. Pour moi, j'ai un objet important à traiter, un objet qui sera infiniment utile aux comités eux-mêmes. Le rapport ne peut être fondé que sur les procès-verbaux des comités. Eh bien ! je demande à être renvoyé individuellement, à mes risques & périls, au tribunal de la haute-cour nationale séant à Orléans, pour y poursuivre les médiateurs. Ces médiateurs nommés par le roi, sur la demande de l'assemblée nationale, sont essentiellement des agens responsables ; mais il ne peuvent être accusés par un décret de l'assemblée nationale : s'ils sont innoncens, je leur rends évidemment un grand service, car je prends sur moi tout l'odieux de la calomnie : mais ce que vous savez tous, c'est que toutes les fois qu'il se présente un accusateur qui garantit sur sa responsabilité de l'accusation, on ne peut refuser de l'entendre. Je ne sais pas calomnier. Je remplis un grand devoir, je fais un grand sacrifice, je prends sur ma tête la vérité des faits que je vais énoncer : je veux vous faire voir que les hommes que vous avez envoyés à deux cents lieues d'ici pour rétablir la tranquillité, se sont rendus des vice-rois, & qu'ils se sont mis à la tête d'un parti, au lieu de les concilier tous. Vous connoîtrez ces commissaires médiateurs, qui n'ont été que des commissaires exterminateurs.

Tous les partis sont ici présens : voici l'assemblée nationale, voici les médiateurs, voici les députés ou ceux qui se disent les députés d'*Avignon*. Daignez m'entendre, & ne doutez pas que si j'avançois des faits faux, je ne fusse à l'instant contredit. Je demande, M. le président, que vous mettiez aux voix si je serai entendu ; l'assemblée ne me supposera certainement par le motif de chercher à perdre du temps pour différer le rapport. Je vous ai observé que ce rapport n'a pas été fait dans la manière légale : mais s'il arrive par hasard que vous me renvoyiez au tribunal d'Orléans pour accuser vos trois médiateurs que je dénonce, que je dénoncerai & que je poursuivrai jusqu'à ce que j'aie obtenu justice, alors votre rapport tombera, puisqu'il n'aura plus ces bases, je veux dire le récit des commissaires. (Plusieurs voix : vous voulez donc différer le rapport ?) Ainsi j'ai le droit qu'a tout membre de l'assemblée de faire des motions, & j'en fais une. C'est à l'assemblée à faire des décrets, & j'en sollicite un ; mais l'ordre logique de la délibération exige que je sois entendu avant le rapport. Au reste, j'obéirai avec respect & empressement aux ordres de l'assemblée ; & comme il m'est à-peu-près indifférent d'attaquer les médiateurs avant ou après le rapport, je vous présente un autre motif pour vous déterminer à le différer : c'est que vous ne pouvez entendre un rapport inspiré par des hommes que j'accuse de haute trahison.

M. Mougins. La question a été discutée pendant trois heures chez le ministre de la justice, en présence des députés des départemens voisins ; & si jamais affaire a eu une discussion complète, c'est celle-ci. Si l'on adoptoit la proposition de M. l'abbé Maury, il s'ensuivroit que toutes les fois que des commissaires civils auroient été envoyés dans les départemens pour y rétablir l'ordre & la tranquillité, il suffiroit qu'un membre se levât pour les accuser, pour empêcher le corps législatif de prendre les mesures qui leur seroient nécessaires.

L'assemblée décide que le rapport sera entendu. La partie droite prenant unanimement part à la délibération.

M. de Menou. Après que mon rapport sera fini, je répondrai en peu de mots à M. l'abbé Maury. J'ai ici les pièces probantes de tous les faits que je vais énoncer.

Les comités, que, pour la quatrième fois, vous avez chargés de vous rendre compte de l'affaire d'*Avignon* & du Comtat, ont enfin l'honneur de mettre sous vos yeux les événemens & la situation politique actuelle de ces deux malheureux pays, qui, placés au sein de la France & sous le climat le plus heureux, sont depuis deux ans livrés aux horreurs de la guerre civile. Je ne retracerai pas les malheurs qui les ont désolés depuis la révolution : les nombreux rapports qui vous ont été faits sur cet objet, & notamment celui des médiateurs, vous ont appris qu'ils sont déchirés par plusieurs partis ; les uns veulent la constitution françoise & la réunion ; les autres la constitution françoise sous l'autorité du pape ; les autres avec des modifications ; d'autres aussi veulent retourner purement & simplement sous l'autorité papale. Quelques-uns veulent être libres & indépendans ; d'autres enfin ne veulent point de gouvernement, mais veulent l'anarchie, pour exercer impunément le vol & le brigandage.

De toutes parts les passions qui agitent les hommes y sont déployées avec cette force que donne l'explosion d'une révolution ; d'un côté le desir ardent d'être libres, de l'autre l'attachement à des privilèges, à des préjugés qui depuis plusieurs siècles étoient l'apanage de la noblesse & du clergé. La majeure partie veut la liberté & la constitution françoise ; mais là comme en France une minorité coupable sacrifie à son intérêt particulier l'intérêt général, & veut conserver l'ancien gouvernement plus favorable à ses privilèges ; & cette minorité, quoique foible en réalité, reçoit des secours des ennemis de la chose publique & des contre-révolutionnaires françois. C'est cette circonstance qui a fait croire que le parti de la révolution n'avoit pas eu une aussi forte majorité qu'il l'a par le fait; ainsi cette minorité sous les armes présente un aspect assez imposant, parce qu'elle est composée en grande partie d'étrangers; mais dans les assemblées primaires où tout ce qui n'est pas citoyen ne peut être admis, elle ne forme pas le cinquième de la population. Les commissaires médiateurs vous ont rendu compte eux-mêmes de leurs opérations. Vos comités se borneront à vous présenter les considérations qui peuvent former une opinion saine & juste sur la demande des Avignonois. Votre décret du 25 mai, par lequel vous avez ordonné l'envoi de commissaires médiateurs, porte la réserve expresse des droits de la France, & il n'y est nullement question des droits de la cour de Rome.

Le 14 juin, les députés de toutes les parties intéressées se rendirent à Orange, & signèrent les préliminaires de la paix. Dans aucun des articles de ce traité il n'est question du pape; la France a traité avec le peuple vauclusien comme avec un peuple souverain. Le 14 juillet, l'assemblée nationale rendit un décret solemnel par lequel elle approuva & confirma la garantie donnée par les commissaires médiateurs aux préliminaires de la paix signée à Orange. Dans ce décret, il n'est encore nullement mention des droits du pape; l'assemblée y reconnoît formellement la souveraineté des peuples avignonois & comtadins; il est donc évident, & c'est un point que l'on ne peut plus contester de bonne-foi, il est donc évident que les Avignonois & les Comtadins ont été reconnus comme un peuple libre, & qu'ils ont pu & dû exprimer leur vœu sur la réunion.

Ce vœu a-t-il été libre, solemnel & légal? Après les préliminaires les médiateurs écrivirent à l'assemblée électorale, qui tenoit ses séances à Bedarides, lieu où elle n'étoit influencée par aucun parti, pour l'engager à envoyer à toutes les communes une lettre circulaire par laquelle elles seroient invitées à émettre leur vœu. De 98 communautés qui forment les états-unis d'*Avignon* & du Comtat, 71 ont émis leur vœu; 52 demandent la réunion à la France; 19 ont voté pour le pape; 27 autres n'ont point émis leur vœu; mais sur ces 27, 18 avoient voté pour la France dans les mois de mars & de mai derniers; étant composées d'habitans laborieux & occupés aux travaux de la campagne, elles ne se sont pas assemblées; mais il est à observer qu'ayant précédemment demandé la réunion, & n'ayant point émis de vœu contraire, leur premier vœu doit être considéré comme subsistant toujours. Mais quand même on regarderoit ces communes, ainsi que les neuf qui n'ont jamais émis de vœu, comme étant contraires à la réunion, il y auroit toujours une grande majorité de communes & de population; car ôtez 52 de 98, il ne reste que 46 communes. Mais il est constant, d'après les procès-verbaux, que 19 seulement ont voté pour l'ancien régime; ce qui établit, en faveur de la réunion, un excédent de 33 communes.

Quant à la population, elle est, en totalité, de 152,919 ames; celle des communes qui ont émis un vœu formel pour la réunion, est de 101,046 ames. Ainsi dans le calcul le plus favorable au pape, il y auroit une minorité de 51,813, contre une majorité de 101,046, & la différence en faveur de la France seroit de 49,873. Mais en rétablissant le calcul tel qu'il doit être, en remarquant que 19 communes seulement ont voté pour le pape, & que ces communes ne forment qu'une population de 30,667 individus, il en résulte en faveur de la France un excédent de 70,373. Si on ajoutoit la population des communes qui, ayant précédemment émis leur vœu pour la France, n'en ont point émis depuis, la différence augmenteroit de 15,000 de plus; ce qui feroit une majorité de 120,000 contre 30,000. De plus, dans le nombre de celles qui sont pour le pape, une minorité assez considérable a voté pour le pape; les procès-verbaux en font foi, & même plusieurs sont accompagnés de protestations. Presque toutes les délibérations contre la France ont été prises en présence des gardes nationales françoises; plusieurs de ces communes ont voté des remercîmens à ces gardes nationales pour la liberté & la sûreté dont celles-ci les ont fait jouir.

Une de ces communes ayant demandé aux médiateurs à s'assembler de nouveau, le médiateur répondit que le vœu ayant été légalement émis pour le pape, on ne pouvoit pas revenir en un instant sur une délibération aussi importante. Qui pourroit dire, après cela, que la liberté des opinions n'ait pas été entière, & que les commissaires aient cherché à les influencer en faveur de la réunion? Il est encore à remarquer que dans les cinquante-deux communes qui ont voté pour la France, neuf seulement avoient une garnison françoise, tandis que sur les dix-neuf autres il y avoit onze garnisons, composées toutes des citoyens des départemens qui desiroient ardemment la réunion.

Donc ce vœu a été librement émis; il a été solemnel: les convocations ont été faites par publications à son de trompes, les rassemblemens ont été faits en plein jour dans les églises; il est légal; car il a été émis par suite du traité d'Orange, en vertu des ordres donnés par l'assemblée électorale, sur la demande des médiateurs, & d'après toutes les formes prescrites par les décrets de l'assemblée nationale: vos comités ont donc reconnu que ce vœu est solemnel, libre & légal.

Il ne s'agit donc plus que de savoir si la France a intérêt à la réunion. Cette question a été discutée dans plusieurs séances. On a senti qu'il seroit impossible de tirer quelque parti de nos manufactures, si on n'entouroit *Avignon* & le Comtat de barrières ; que le district d'Orange lui-même est enclavé dans le Comtat ; que plusieurs communes de ce district dépendent du Comtat, & que les barrières ne pourroient être établies qu'avec des dépenses énormes. Disons plus, la contrebande se joueroit même de vos barrières, & une guerre continuelle subsisteroit entre ces deux peuples : ces deux pays deviendroient le repaire de tous les mauvais sujets, de tous les ennemis de la chose publique, de tous les contre-révolutionnaires : au contraire, *Avignon* & le Comtat, s'ils nous appartiennent, seront le boulevard de la France ; il est donc évident qu'il est de l'intérêt de la France d'adopter la réunion.

Mais, demande-t-on, les nations étrangères verront-elles d'un œil tranquille cette réunion ? Peut-on croire qu'elles aient besoin de ces prétextes pour nous attaquer ? depuis deux ans elles en auroient trouvé bien d'autres ; cependant elles ne nous ont pas attaqués ; & pourquoi ? parce qu'elles connoissent notre énergie, parce qu'elles connoissent leur intérêt. On ne se détermine pas aussi facilement à des dépenses énormes, à une guerre sanglante. Seroit-ce pour empêcher la propagation de nos opinions ? qu'elles rompent toute communication avec nous. Seroit-ce pour détruire notre liberté ? les Hollandois ont voulu être libres ; ils l'ont été malgré tous les efforts de la maison d'Autriche. Les Suisses ont voulu être libres, ils l'ont été ; les puissances étrangères connoissent vos droits ; elles savent que cette réunion n'augmentera pas votre puissance, & qu'elle ne fera que détruire quelque gêne dans le commerce. Enfin, si elles veulent nous attaquer, ne serons-nous pas plus en état de nous défendre, lorsque nous n'aurons pas à redouter le foyer d'une guerre intestine ?

N'exposez donc pas 150,000 individus à s'entre-égorger en maudissant la France & l'assemblée nationale.

On nous a dit que ces peuples ne payoient point d'impôts ; cela est faux : il est vrai que le pape en retiroit peu de revenus directement ; mais les vexations de ses ministres, les différentes dépenses publiques étoient une charge considérable, & les dettes de ces deux états attestent même que les impôts étoient devenus insuffisans. Mais le gouvernement du pape, eût-il été le plus doux possible, encore seroit-il de l'intérêt de ces peuples de demander la réunion ; car s'il vous restoit étranger, vous ne pourriez vous empêcher d'en faire le plus malheureux peuple de la terre. D'après tous ces motifs, vos comités vous proposent de décréter que les états-unis d'*Avignon* & du Comtat Venaissin sont, dès ce moment, partie intégrante de l'empire François ; que les commissaires médiateurs s'y rendront incessamment pour effectuer cette réunion ; que toute voie de fait sera réprimée, & que le roi sera chargé de négocier avec le pape une indemnité.

M. l'abbé Maury paroît à la tribune.

M. Malouet. Comme l'initiative sur tout ce qui concerne la diplomatie, appartient au pouvoir exécutif, & qu'en ce moment l'avis des ministres qui, du moins, présenteroient une responsabilité, n'a point été donné, je pense.... (La partie gauche réclame l'ordre du jour).

M. de Menou. Je ne connois point l'avis des ministres : mais M. le garde du sceau a pris l'initiative, en priant l'assemblée de s'occuper de cette affaire.

M. Malouet. Vous ne savez pas ce que c'est que l'initiative.

M. d'André. L'incident qui vient de s'élever est une pure chicane ; car l'initiative n'appartient au roi que pour les traités & les conventions avec les puissances étrangères. Or, il ne s'agit pas ici de négocier avec le pape, mais d'examiner le vœu émis par les Avignonois & les Comtadins. Je demande donc que l'on passe à l'ordre du jour.

M. Malouet. Les raisons de M. d'André ne sont qu'un expédient de chicane. Les Avignonois, les Comtadins ne sont-ils pas un peuple étranger ? pouvez-vous les réunir à la France sans l'initiative du roi ? dans la position où nous sommes, si vous donnez un tel exemple à l'Europe.... (On réclame de nouveau l'ordre du jour).

M. Fréteau. Il y a eu une réunion des comités pour s'occuper de cette affaire. Plusieurs ministres s'y sont trouvés, & ils ont paru être de l'avis de la réunion, du moins M. le garde du sceau.

L'assemblée passe à l'ordre du jour.

M. l'abbé Maury. Pour procéder avec méthode, je diviserai mes observations en deux parties ; la première sera relative au rapport dont vous venez d'entendre la lecture, & la seconde à la mission des commissaires médiateurs. Quant au rapport, M. de Menou vous a dit qu'il n'avoit pas été définitivement communiqué au comité. Je demande que toutes les pièces soient déposées au comité diplomatique, & qu'il soit libre à tous les membres de cette assemblée d'aller y puiser tous les renseignemens, & qu'ensuite l'assemblée indique tel jour pour la discussion. Relativement au second objet, j'examinerai trois choses : 1°. le vœu d'*Avignon* & du Comtat Venaissin. Il n'est personne ici qui ne convienne, quelle que soit son opinion sur le droit qu'a le peuple de changer son gouvernement, que ce droit doit avoir un terme. (Quelques voix de la partie gauche : Non.) Je parle d'après vos propres décrets. Au mois de novembre 1789, toutes les communes du Comtat ont protesté de leur fidélité au pape, leur légitime souverain, & la commune d'*Avignon* a donné l'exemple. Le 4 mai vous avez décrété, après un appel nominal, qu'*Avignon* & le comtat Venaissin ne faisoient pas partie de l'empire François: le 24 mai 1791, vous avez rejetté une pétition de la commune d'*Avignon*, qui demandoit la réunion; & le 25 du même mois, vous avez décrété qu'il seroit envoyé à *Avignon* & dans le Comtat des commissaires médiateurs, pour interposer les bons offices de la France, & faire cesser les hostilités. Mais vous n'avez pas envoyé des hommes pour aller prendre possession de ce pays.

Examinons avec les précautions de la sagesse & de la probité la conduite des médiateurs. Qu'ont-ils dû faire? qu'ont-ils fait? En rapprochant leur conduite des principes qui auroient dû les diriger, ils ont fait le contraire de ce que portoit leur mission: séduction, partialité, complicité avec les scélérats, violences & injustices personnelles; voilà le tableau de leur conduite. On me dira qu'ils sont porteurs de certificats & de lettres qui attestent la reconnoissance du peuple. Je n'accuse pas par des épithètes, qu'on ne me réponde pas par des panégyriques. Quelle étoit leur mission? De faire cesser les hostilités, & de désarmer les parties belligérantes. Vous vouliez donc la paix: vous avez dit formellement qu'avant que les Avignonois & les Comtadins pussent émettre un vœu, il falloit qu'ils jouissent de la paix & de la liberté des opinions. Vous avez le maire & les officiers municipaux d'*Avignon*, ils vous ont apporté le vœu de cette ville. Savez-vous comment ils en sont partis? déguisés en hussards; ils avoient peur d'être pendus: ils m'entendent & ne me contrediront pas: ils se sont refugiés pendant deux jours chez les commissaires médiateurs, & le troisième jour ils sont partis pour venir vous parler de la liberté dont jouit le peuple avignonois.

Si ce fait ne suffit pas, j'ajouterai que dans ce moment, tous les officiers municipaux sont en prison; qu'*Avignon* est maintenant gouverné par l'armée des brigands, que messieurs les médiateurs n'ont pas voulu désarmer, & qu'ils présentent même, ainsi qu'il est prouvé par un écrit signé de la main de M. l'abbé Mulot, comme des hommes dignes de l'estime publique. Je les appelle du nom de brigands, parce qu'ils se le sont donné eux-mêmes.

Cette armée, à la tête de laquelle est le fameux général Jourdan coupe-têtes, porte ces mots écrits sur sa cocarde: *braves brigands du quatre-vingt-quatrième département de Vaucluse.* En arrivant dans ce pays, les médiateurs parurent sentir la nécessité de faire exécuter vos ordres, & ils ont fait une proclamation pour que les déserteurs françois quittassent les corps où ils étoient, & pour engager les divers partis à mettre bas les armes. Pourquoi ont-ils fait cela? parce qu'alors on jouissoit de la paix, & que sans eux ce malheureux pays en jouiroit encore. (Il s'élève de violens murmures dans la partie gauche). Voici la preuve. Les habitans du Comtat étoient réduits à se défendre contre l'armée de Jourdan. L'armée de Carpentras étoit la plus forte du double, & les Avignonois alloient être exterminés. (Une voix de la partie gauche: vous appellez cela la paix?) Si les habitans du Comtat avoient été seuls en danger, on n'auroit désarmé personne. (Une voix s'élève: la preuve).

Cependant, le respect des habitans du Comtat a été tel, qu'ils ont mis bas les armes sur le champ; les brigands seuls les ont conservées; on est allé sommer les commissaires de les désarmer; ils ont répondu: « Les armes sont mal placées entre vos mains, mais fort bien entre les leurs ». (Plusieurs voix de la partie gauche: la preuve). La preuve n'est-elle pas dans le palais d'*Avignon*, dont ils se sont rendus maîtres, dans des faits que toutes les puissances de l'enfer ne contrediroient pas? (Une voix s'élève: vous êtes une de ces puissances). N'est-il pas vrai que les brigands ont refusé d'obéir à la proclamation qui ordonnoit le désarmement de tous les partis? Qu'ont fait alors les commissaires médiateurs? Ils les ont protégés & les protègent encore; j'en ai les preuves, & je les donnerai à Orléans. Qu'ont fait ces hommes protégés par les commissaires? Ils ont fini par être républicains; ils vouloient, disoient-ils, donner un grand exemple à la France. Que sont ensuite devenus les commissaires? Ils ont été décrétés par l'assemblée électorale de Bédarides.

M. l'abbé Mulot s'est tant attiré de vénération à *Avignon*, qu'il a été obligé de se refugier dans une autre commune. Je vous assure qu'il y a bien d'autres ennemis que ses créanciers. Voilà la preuve: il a emprunté 3600 liv. à un marchand d'*Avignon*. (On murmure.) Ne vous scandalisez pas, Messieurs, je n'en suis encore qu'aux peccadilles. Après avoir entendu la lecture d'une lettre de M. l'abbé Mulot, l'assemblée électorale du département de Vaucluse, séant dans l'église paroissiale de Bédarides, a déclaré qu'elle contenoit des principes erronés, qu'elle étoit offensante pour l'assemblée électorale, & qu'elle pouvoit altérer la confiance. Cette délibération a été prise sur l'avis du comité des rapports de l'assemblée électorale, car elle connoît aussi les grandes manières. (Quelques voix s'élèvent dans la partie gauche: ce n'est pas-là un décret). Je me suis servi d'un mot impropre; car un corps administratif ne rend pas de décrets. Un juge d'*Avignon*, nommé Draphel, s'est établi le grand juge prévôtal du coupe-tête Jourdan; alors la municipalité & le district l'ont révoqué de sa fonction de juge: mais MM. les médiateurs exerçant leur souveraineté, ont ordonné que M. Draphel seroit toujours regardé comme juge, & ont enjoint à la force publique de protéger l'exécution de ses jugemens. M. Heno, aussi juge d'*Avignon*, a instruit contre cet attentat; mais l'armée de Jourdan, qui venoit juger la justice d'*Avignon*, a intimidé M. Heno, qui est venu se refugier en France; on l'a pris, on lui a coupé le visage d'un coup de sabre; & pour recevoir les secours de l'humanité, il a été transporté dans les cachots d'*Avignon*. Sa famille a requis M. l'abbé Mulot de demander à l'assemblée électorale son élargissement provisoire, sauf à le tenir en état d'arrestation. M. l'abbé Mulot a répondu qu'il étoit sans pouvoir auprès de cette assemblée, qu'on ne vouloit plus l'y reconnoître. MM. les commissaires sont allés prêcher dans ce pays la réunion à la France. Qu'ils aiment la constitution françoise, il n'y a rien d'étonnant; ils sont François. (La partie gauche & les tribunes retentissent d'applaudissemens). Mais pourquoi se sont-ils faits les missionnaires de la révolution à *Avignon ?* Les avoit-on chargés de faire la conquête de ce pays? Leur mission tendoit-elle à la réunion du Comtat? Si elle n'y tendoit pas, pourquoi ont-ils recueilli son vœu. Il est humiliant qu'ils se trouvent dans des manœuvres si indignes de la majesté de l'assemblée nationale & de la grandeur du peuple françois.

M. le rapporteur, en parlant de la nécessité de la réunion de ce pays, a donné pour raison, le danger que l'on en fit un point de contre-révolution. Si cela étoit vrai, vous auriez déjà perdu trois provinces; & si vous vouliez prendre tous les pays où il s'agit de contre-révolution, je vous en indiquerai un où il en est question: allez prendre le Brabant. Ne croyez-vous pas, Messieurs, qu'on fait semblant de nous craindre pour nous opprimer? M. Verninac a-t-il rempli le vœu de l'assemblée nationale, en se déclarant le président des amis de la constitution d'*Avignon ?* en se dévouant ainsi à un parti, ne devoit-il pas être suspect à l'autre? On vous a beaucoup parlé de la liberté qu'avoient eue les communes dans l'émission de leur vœu pour la réunion. On ne vous a pas dit que M. le Scène-des-Maisons avoit mis aux arrêts, le commandant de la garde nationale de Montelimart, qui venoit de lui apprendre que la commune qu'il avoit été chargé de protéger, avoit voté pour le pape. On ne vous a pas dit que les gardes nationales n'ont pas été prises dans le voisinage d'*Avignon*, mais parmi les protestans de Nismes & de Marseille: on ne vous a pas dit qu'à *Avignon* le coupe-tête Jourdan avoit fait creuser quatre tombeaux pour y précipiter ceux qui voteroient pour le pape..... (Une voix s'élève dans la partie gauche: j'atteste le contraire). Si je ne dis pas la vérité, il faut me confondre comme un calomniateur. Mais je déposerai mon accusation sur le bureau. Les tombeaux ont été creusés à *Avignon* dans l'église des Carmes; M.... y a été jetté, & il en a été retiré par M. Mançau. (Plusieurs voix s'élèvent: la preuve de ce fait).

M,... On accuse dans la tribune; & il ne reste aucun moyen de confondre le calomniateur: je demande que M. l'abbé Maury signe son accusation, & alors les accusés pourront se défendre.

L'assemblée est dans une assez vive agitation. La partie gauche retentit de ce mot: La preuve, la preuve.

M. l'abbé Maury. Je n'ai pas besoin qu'on m'ordonne ce que la probité me commande. N'allez pas persuader aux communes que je cherche à éluder; je m'engage sur mon honneur & sur ma vie... On crie devant moi, derrière moi, autour de moi. Je répondrai à tout le monde; mais qu'on ne m'interrompe pas. Je m'engage à mettre sur le bureau des assignations libellées & signées, demain matin...

M. Lavigne. Rien n'est si clair que la proposition de M. l'abbé Maury. L'assemblée peut décider qu'il continuera demain son opinion, qu'il déposera sur le bureau les accusations signées, & que les personnes inculpées pourront répondre.

Séance du mardi 13 septembre 1791.

M. l'abbé Maury paroît à la tribune.

M. Bouche. Je demande à faire une motion d'ordre relative à tout ce que M. l'abbé Maury va dire. Votre décision d'hier réserve la parole à M. l'abbé Maury. Ce décret doit être exécuté; mais comme la calomnie vole, & que la vérité marche à pas lents, il est de notre devoir d'avoir soin de la réputation de MM. les médiateurs. Je demande qu'ils soient entendus, & que pour qu'ils puissent poursuivre M. l'abbé Maury, s'il est calomniateur, M. l'abbé Maury soit tenu de déposer sur le bureau les chefs de son accusation.

M. Chapellier. Je demande que M. Bouche soit rappellé à l'ordre, parce qu'en invoquant la responsabilité contre un membre de l'assemblée nationale, à raison des opinions que ce membre prononce dans l'assemblée, il attaque directement la constitution.

M. Bouche. Ce que je demande, c'est qu'il dépose son accusation sur le bureau.

M. d'André. Il est impossible que vous forciez un membre de l'assemblée à déposer sur le bureau un discours écrit par lui; car s'il en étoit ainsi, tous les jours les membres de l'assemblée nationale seroient dans le cas d'être poursuivis par ceux dont ils auroient parlé; & je rappelle à M. Bouche, que lorsqu'il parla une fois de la ville d'Orange, la municipalité le dénonça, & qu'il trouva cela fort mauvais.

M. Muguet. Pour éviter ce qui s'est passé hier, je crois qu'il faut se renfermer strictement dans la question: on a fait un rapport appuyé sur des pièces légales; il faut réfuter le rapport par d'autres pièces légales, ou se taire.

M. le président. On demande de passer immédiatement à la discussion, dans laquelle M. l'abbé Maury a le premier la parole.

L'assemblée

L'assemblée décide que la discussion sera ouverte.

M. l'abbé Maury. Je ne réclame point pour l'intérêt national le droit qui appartient à tous les membres de cette assemblée de venir dire dans cette tribune tout ce qu'ils pensent, tout ce qu'ils croient utile à la société. J'ai pensé que la conscience d'un citoyen devoit être plus sévère que la loi. En conséquence, voici mon accusation que je vais lire & déposer sur le bureau, persuadé que les faits vous paroîtront assez graves pour vous faire sentir la nécessité de punir les médiateurs, s'ils sont coupables, & de les justifier, s'ils sont innocens. Voici mon acte d'accusation.

L'assemblée nationale s'étant réservé les fonctions de grand juré, pour décider s'il y a lieu à accusation contre les agens du gouvernement, je lui dénonce MM. le Scène-des-Maisons & Mulot, commissaires médiateurs, chargés de rétablir le bon ordre & la tranquillité dans le Comtat. Je demande à être autorisé à les poursuivre devant le tribunal provisoire séant à Orléans, comme s'étant rendus coupables de la partialité la plus révoltante, des abus de l'autorité des plus iniques, de la protection la plus scandaleuse donnée aux brigands, enfin comme ayant contrarié le but de leur mission, sans avoir jamais voulu en remplir le véritable objet. En conséquence, je les accuse, sur ma responsabilité, d'avoir vécu, dès leur arrivée, dans la plus grande intimité avec les chefs des brigands de Vaucluse, d'en avoir fait leurs conseillers & leurs convives. Je les accuse de n'avoir désarmé que les seuls citoyens du Comtat, après une proclamation qui enjoignoit aux partis de poser les armes; d'avoir laissé entrer l'armée des brigands à *Avignon*, où elle a commis toutes sortes de crimes, & d'avoir dit formellement qu'elle méritoit l'estime; d'avoir envoyé des garnisons de troupes de ligne dans le Comtat; & d'y avoir bientôt substitué, lorsque ces troupes refusèrent d'exécuter leurs ordres despotiques, des gardes nationales de Nisme & de Montauban, dans le moment des moissons, là où rien ne sollicitoit leur présence; d'avoir mis ces garnisons dans les communes qui étoient restées fidelles au pape; d'avoir exigé des départemens, le paiement des gardes nationales qu'ils avoient appellés sans autorité; d'avoir provoqué les plaintes des départemens qui ont dénoncé les médiateurs, en disant qu'ils ont cherché à mettre la mésintelligence entre les villes françoises & celles du Comtat, & qui ont demandé à l'assemblée nationale de mettre un frein à leur autorité. Je les accusé d'avoir refusé la demande expresse qu'avoit formée la municipalité d'*Avignon*, du désarmement de l'armée avignonoise; d'avoir présidé le club d'*Avignon*, le jour où la motion y fut faite d'anéantir la procédure commencée contre les chefs des brigands; d'avoir écrit en cette qualité une lettre à l'armée des brigands; d'avoir dit à Villeneuve-lès-*Avignon*, que les communes obtiendroient sûreté & protection à condition qu'elles voteroient pour la France.

Je les accuse d'avoir parcouru tout le Comtat sans aucune mission, sans aucun ordre de l'assemblée nationale ni du roi, pour solliciter la réunion à la France; d'avoir changé, de leur propre autorité, le jour de la tenue des assemblées primaires, parce que les esprits ne leur paroissoient pas favorablement disposés; d'avoir menacé les communes des plus grandes calamités, si elles ne se réunissoient à la France; d'avoir tenu les propos les plus incendiaires; d'avoir publiquement présenté le pape comme un despote dans un pays où l'on bénit depuis plus de six cents ans la douceur de son gouvernement paternel. Je les accuse d'avoir exigé de la commune d'*Avignon*, de récompenser les brigands de l'armée de Vaucluse, qui demandoient insolemment quarante sols par jour, & d'avoir fait emprisonner des citoyens Avignonois de leur propre autorité; d'avoir réintégré M. Raphel, renvoyé par les sections depuis qu'il s'étoit mis à la suite de l'armée des brigands en qualité de juge des crimes de lèse-nation. Je les accuse d'être restés spectateurs tranquilles des plus grands désordres; d'avoir fait des orgies avec les chefs des brigands.

J'accuse les médiateurs de tous ces délits, & des désordres actuels dans le Comtat; enfin, de n'avoir pas rempli leur mission; & je me réserve de porter contre eux des accusations majeures, quand il me sera permis de les poursuivre devant le tribunal, me soumettant à toutes les peines de la calomnie, & à tous les dommages, dépens & intérêts.

A présent je demande la faculté de faire timbrer mon papier, parce que je n'ai pas eu le temps de le faire; mais cette formalité va être remplie.

M. Bouttidoux. Les papiers relatifs à l'assemblée nationale n'ont pas besoin d'être timbrés.

M. l'abbé Maury. En mettant cet acte d'accusation sur le bureau, je demande maintenant à l'assemblée, & je la supplie de vouloir bien accueillir, par un décret, ce que j'ai l'honneur de lui demander sur ma responsabilité.

Je vous prie de considérer que l'accusation que vous venez d'entendre, est appuyée sur les titres les plus imposans & les plus respectables, sur les dénonciations des départemens, sur des lettres écrites de la main des commissaires eux-mêmes; enfin, sur des preuves par écrit de tous les faits que j'ai annoncés, sur des faits de notoriété publique. Je consens à ce que les médiateurs prennent la parole, & je les somme de répondre, article par article, & par des faits, à mes chefs d'accusation; tout le reste ne seroit que de vaines déclamations.

D'après ces faits, vous voyez que le rapport d'*Avignon*, fondé sur des procès-verbaux qui sont l'ouvrage de ces médiateurs, ne peut plus être discuté. (On rit. — On murmure.) J'ose dire à l'assemblée que je ne redoute point cette discussion;

& que j'espère de trouver dans les actes même qu'on nous présente, comme la preuve du vœu de la réunion, les moyens d'en prouver la nullité.

M. Malouet. Je demande si les médiateurs sont devenus ministres, & pourquoi ils viennent s'asseoir à la place des ministres.

M. le président. Il y a un décret qui ordonne que les ministres auront une place séparée dans l'intérieur de la salle; si l'assemblée n'en ordonne autrement, il me semble que MM. les commissaires doivent se placer à la barre.

MM. les commissaires se retirent à la barre.

M. Regnault demande qu'ils soient admis dans l'intérieur. L'assemblée passe à l'ordre du jour.

M. l'abbé Maury. J'ai dit que les médiateurs avoient été des despotes dans le Comtat, sous l'étendard de la liberté. Voici des faits récens. Le club de Carpentras, c'est-à-dire, la ville de Carpentras toute entière, avoit pris un arrêté pour le renvoi de la garnison. Là-dessus les médiateurs écrivirent au club la lettre la plus menaçante & la plus sévère; ils lui ordonnèrent de fermer, mandèrent le président à *Avignon*, pour leur apporter la délibération. Je demande si les médiateurs, envoyés pour rétablir la paix, ne devoient pas se rendre infiniment suspects par cette partialité? Aucun ministre du roi n'oseroit fermer un club dans le royaume, & vos médiateurs abusent ainsi de leur autorité!

C'est par surérogation, c'est par un abus de leur pouvoir qu'ils ont demandé les vœux des communes, puisque vous aviez déclaré que vous ne vouliez avoir qu'un vœu émis, après que la tranquillité publique eût été rétablie. Ils sont donc coupables d'être venus vous présenter ce vœu; ils ont espéré d'obtenir grace devant vous, en vous présentant un vœu favorable; mais vous ne vous laisserez point séduire par un semblable hommage, puisque les hommes revêtus d'un caractère public sont prévaricateurs du moment où ils excèdent les bornes de leurs pouvoirs.

M. le président accorde la parole aux deux commissaires médiateurs présens à la barre.

M. le Scène-des-Maisons. L'accusation de M. l'abbé Maury renferme tant de charges, que je prie l'assemblée de me faire remettre cette accusation, afin que je puisse y répondre article par article, parce que je ne suis pas préparé, & qu'il est important de donner de la méthode à la discussion.

M. l'abbé Maury. Je demande que l'on en délivre une copie, mais que ma minute reste sur le bureau. (On murmure.)

M. le président fait communiquer à MM. les commissaires, l'acte d'accusation de M. l'abbé Maury.

M. le Scène-des-Maisons. Chargés des pouvoirs de l'assemblée nationale, honorés de la confiance du pouvoir exécutif, nous n'avons eu d'autres instructions que vos propres loix; celles-là nous ont appris nos devoirs.

Arrivés à Orange, nous avons fait ce que notre devoir nous dictoit. Nous voyions devant nous un pays qui depuis six mois étoit le théâtre de toutes les horreurs de la guerre civile; nous nous sommes arrêtés à Orange, parce qu'il étoit important de voir les chefs de tous les corps armés, toutes les autorités alors reconnues, & qu'il falloit établir la paix.

M. l'abbé Maury nous a reproché d'avoir admis à ces conférences les députés de l'assemblée électorale, les députés de l'assemblée représentative du pays, munis de soixante-huit procès-verbaux qui les avoient établis. Cette assemblée avoit à ses ordres l'armée de Vaucluse; l'armée de Vaucluse étoit une des parties principales entre tous les partis intéressés: avec qui eussions-nous traité, si ce n'est avec le corps auquel cette armée obéissoit? Il ne nous appartenoit pas d'injurier l'une des parties; il ne nous appartenoit pas, comme à M. l'abbé Maury, de les appeller brigands. Notre devoir étoit de les entendre, puisque d'eux en partie dépendoit cette paix que vous nous aviez chargés d'établir.

Il n'est point vrai que nous soyons restés à Orange quinze jours, pour attendre la prise de Carpentras. Six jours après notre arrivée, nous sommes partis. Le 14 juillet nous signâmes le pacte où chacun prenoit l'engagement de mettre bas les armes; votre loi nous ordonnoit de licencier des armées qui se battoient; nous licenciâmes les armées, mais nous n'otâmes pas les armes des individus qui alloient paisiblement dans leurs familles, où ils avoient encore besoin de leurs armes; & l'histoire de Caron ne l'a que trop prouvé.

M. l'abbé Maury nous a dit que si nous n'étions pas arrivés, si nous avions retardé quelques jours, la paix n'eût pas été troublée: quelle paix? la paix de la mort. 12000 hommes qui avoient juré la perte d'*Avignon*, & la mort de ses habitans, voilà la paix de M. l'abbé Maury... Vous vous rappellez sans doute l'histoire de Caron, où onze malheureux retournant dans leurs foyers sur la foi des traités, sous la garantie de la France, sous la sauve-garde des passe-ports des médiateurs françois, où ces onze malheureux ont été fusillés & massacrés de sang-froid, après qu'on les eut fait confesser & passer sous les yeux de leurs pères & de leurs mères. Nous avons désarmé les auteurs de ces crimes; nous leurs avons ôté les armes, comme on arrache les dents aux bêtes féroces, & comme on devroit arracher la langue aux calomniateurs. (On applaudit à plusieurs reprises.)

Je le demande à l'assemblée: si, contre les pouvoirs qui nous étoient confiés par notre mission, nous avions arraché les armes à toutes les communes, à toutes les gardes nationales, alors M.

l'abbé Maury auroit pu nous dire : vous avez abusé de vos pouvoirs ; vous nous avez apporté des vœux, & vous avez commencé par ôter les armes aux votans, pour leur ôter leur liberté. Mais lorsque nous avons rempli la loi, je crois que la seule chose que M. l'abbé Maury regrette, c'est que nous n'ayions pas fait les choses même dont il nous inculpe. Les crimes commis à Caron ne furent pas les seuls : déjà dans les communes, on avoit assassiné deux ou trois personnes. A Fayes, un jeune homme rentrant dans ses foyers, après le licenciement de l'armée, fut assassiné & enterré vif. Des crimes & des vengeances prémédités se commettoient par-tout ; c'est pour en empêcher l'effet, que nous parcourûmes les communes du Comtat, & que nous fûmes obligés de demander des forces.

D'après l'expérience des crimes commis, ceux qui se préparoient encore nous forcèrent d'appeller des gardes nationales ; la loi nous y autorisoit : nous les appellâmes, & nous ne requîmes pas les troupes de ligne, parce qu'elles étoient en trop petit nombre dans les départemens voisins, parce que les commandans de ces corps nous répondoient qu'ils ne pouvoient nous en fournir ; & à cet instant même le régiment de la Fère, que nous eussions pu en partie requérir, avoit reçu ordre de partir. En appellant les gardes nationales françoises, devions-nous nous attendre qu'on nous en feroit un crime ? de qui devions-nous espérer le rétablissement de la paix, si ce n'est d'une garde citoyenne ? J'ajouterai que l'insurrection partielle d'*Avignon*, qui n'avoit rien de commun avec le Comtat, n'a eu lieu que parce qu'il n'y avoit pas de garnison, parce que nous étions sans force, & que beaucoup de gens habitués au désordre, voyant que nous n'avions dans les mains aucun moyen d'autorité, se livrèrent à des désordres.

Il n'y a jamais eu dans le Comtat plus de 1600 hommes de gardes-nationales, tirés de trois départemens différens. Ainsi, l'assemblée verra que nous avons été très à l'épargne pour commander les gardes nationales, que leur appel a été le fruit d'un travail & d'un calcul réfléchi, qui plaça des corps de 100 ou de 150 hommes, de manière à protéger cinq ou six communes : nous n'avons appellé que ce qu'une nécessité indispensable nous prescrivoit d'appeller ; & quand les avons-nous appellés ? dans un moment où les crimes qui se préparoient, nous inspiroient les plus vives inquiétudes.

Les débris de cette armée qui devoit ramener la paix, selon M. l'abbé Maury, ces hommes qu'on nous a accusés d'avoir désarmés, s'étoient répartis dans plusieurs communes, & y avoient comploté l'assassinat de leurs frères & de leurs concitoyens. Au moyen de l'emploi des gardes nationales, la paix s'établit dans le Comtat. M. l'abbé Maury vous a remis sans cesse sous les yeux l'insurrection d'*Avignon*. *Avignon* & le Comtat sont deux pays différens. Du moment où dans le Comtat les assassins qui s'y étoient retirés, furent retenus par la présence des gardes nationales, dès cet instant-là le Comtat a eu la paix ; chacun s'est livré aux occupations des campagnes, & le retour à ces douces habitudes y a ramené le bonheur. J'atteste que les quatre-vingts communes qui forment le Comtat jouissent de la plus grande paix. Dans la patrie de M. l'abbé Maury lui-même, à Valréas, où M. l'abbé Maury vous a dit que 150 gardes nationaux avoient été envoyés, on ne savoit pourquoi, j'atteste que les officiers municipaux eux-mêmes avoient demandé cette garnison ; & à l'instant même où la municipalité m'écrivit qu'elle répondoit de sa sûreté & de sa tranquillité intérieure, je donnai des ordres pour que le détachement se retirât. Je prie M. l'abbé Maury, qui sait ce fait, de me répondre.

M. l'abbé Maury. Je vais répondre, & je suis fâché que les commissaires, par les éloges qu'ils me donnent, m'obligent à leur faire un reproche très-grave. Voici comment les gardes nationaux qu'ils ont envoyés se sont conduits. Quatre soldats sont allés chez l'évêque de Vaison, lui dire : Vous prenez du café, nous voulons en prendre aussi, & l'ont forcé à leur donner de l'argent. Il est vrai que le commendant a puni le soldat qui avoit porté la parole ; mais je demande pourquoi toutes les garnisons françoises ont été mises dans les communes qui ont voté pour le pape ? pourquoi le même jour le feu a été mis à la fois aux quatre coins de la ville de Valréas, sans que les gardes nationales, dont le peuple entier réclamoit le secours, aient voulu donner la main ?

M. Lavie. Je demande que M. le commissaire continue. Depuis deux jours M. l'abbé Maury abuse de la patience de l'assemblée.

M. Verninac-Saint-Maur entre dans les détails de sa justification, de l'inculpation à lui faite par M. l'abbé Maury, de s'être déclaré président des amis de la constitution d'*Avignon*.

M. le commissaire médiateur continue sa justification.

M. le Scène-des-Maisons. Avant que j'abandonne la question relative aux gardes nationaux, il est important que je vous mette sous les yeux jusqu'à quel degré la calomnie peut empoisonner une bonne action. On vous a dit, je suis fâché de le répéter, que M. l'abbé Mulot a emprunté 3600 liv. à *Avignon*. Vous connoissez la lenteur avec laquelle on paie les gardes nationales employés dans le Comtat ; ils ne reçoivent point d'argent, ils nous en demandoient ; mais la loi qui nous avoit donné le moyen d'appeller les gardes nationales, ne nous avoit donné aucun moyen pour les payer ; nous empruntâmes sur notre propre responsabilité jusqu'à 7,200 livres, pour payer les gardes nationales dont les besoins étoient urgens, dont quelques-uns retournoient dans leur pays ; & voilà la chose dont on a fait un crime. C'est de notre dévouement, c'est de l'emploi de nos propres moyens pour venir au secours des gardes nationales, qu'on fait ici un chef d'accusation. Les divisions qui s'étoient élevées entre la municipalité d'*Avignon* d'un côté, l'assemblée électorale & les chefs de l'armée de l'autre; des malheurs, effets peut-être inévitables de la guerre, des incendies, des maisons pillées & ravagées avoient attiré à l'armée beaucoup de haines: la municipalité avoit favorisé sous main l'opinion de haine qu'on avoit contre elle. Les journaux répétoient par-tout cette opinion, le journal de Villeneuve-lès-*Avignon* sur-tout, journal fait ci-devant à Carpentras & rendu à Villeneuve, ont servi de pièces authentiques à M. l'abbé Maury. (On rit & on applaudit à gauche.) Cette opinion combinée avoit donné à l'armée le nom de brigands: nous arrivons dans le pays pour y mettre la paix. Nous licencions ces armées. Quel est donc le premier soin que nous indique la sagesse? n'est-ce pas d'anéantir, autant qu'il est en nous, cette désignation odieuse, suite malheureuse des guerres civiles? Ne devions-nous pas faire ce qu'on a fait dans tous les pays où les guerres intestines se sont fait sentir? Ne devions-nous pas chercher, autant qu'il étoit en nous, à empêcher cette pomme de discorde de continuer à diviser les citoyens? Les chefs de l'armée, lorsqu'ils eurent ramené les gardes nationales dans *Avignon*, & les quarante pièces de canon qu'ils en avoient extraites, les chefs de l'armée imaginèrent peut-être, comme l'avoit jadis fait la Hollande, dans la révolution qui donna la liberté à ce pays, qu'en mettant la désignation de braves brigands sur eux-mêmes, ils feroient tomber l'opinion: comme en Flandre, jadis, des hommes combattant dans la même disposition, & auxquels on avoit donné la désignation de gueux, pour faire tomber cette désignation à ceux qui portoient sur leur habit une écuelle. Avertis que les soldats portoient cette désignation, nous nous rendîmes hors de la ville, & nous exigeâmes de l'armée de la faire tomber. Il n'entra personne dans la ville portant cette désignation; & voilà ce que M. l'abbé Maury appelle complimenter l'armée. (On applaudit.)

C'étoit à cette époque même où l'on venoit de commettre des assassinats, où il restoit encore dans *Avignon* quelques détachemens qui n'avoient pas regagné leur pays: il étoit donc important de prêcher la paix à *Avignon*, de prêcher à tous l'abandon de ces désignations de parti; & cette lettre, dont M. l'abbé Maury vous a cité une phrase comme un chef d'accusation, j'aurai l'honneur de la mettre en original sous les yeux de l'assemblée. Vous jugerez si l'esprit de la médiation n'étoit pas conforme à la mission qui la chargeoit d'établir la paix dans le pays, & de prévenir les dissensions civiles. Voici cette lettre:

« La mission dont nous sommes chargés, M. le général, est tellement hors les mesures ordinaires aux troupes de ligne, que nous avons cru nécessaire de vous faire cette lettre, pour être communiquée à MM. les officiers de l'armée, afin que tous concourent au succès de notre négociation. L'assemblée nationale & le roi ont voulu rétablir la paix dans une contrée où la nation a laissé ses droits indécis, jusqu'au rétablissement de cette paix. Il est donc indispensable, pour obtenir cet effet, que les troupes françoises chargées du maintien de l'ordre, accordent à tous sûreté des personnes & des propriétés, qu'elles évitent avec scrupule aucun acte qui adopte partialité & prédilection pour aucun parti. On doit protection à ceux qu'on appelle émigrans; mais il faut bien se garder de leur donner à leur retour l'air du triomphe, puisque ceux qui sont assez foibles pour abandonner la chose publique en danger, n'ont point le droit de reparoître avec un orgueil insultant parmi les citoyens qui l'ont défendue. Il ne faut pas non plus que les citoyens qui ont combattu pour leur patrie, en abusent pour vexer ceux qui reviennent & qui ont droit à la protection de la loi: cependant, il ne faut pas oublier que ceux qui reviennent de l'armée de Monteux, sont des citoyens qui ont tout sacrifié à la liberté, & qui méritent l'estime & la considération.

« On doit sur-tout éviter les désignations de parti, toujours odieuses, mais moins pardonnables encore, quand elles tombent sur ceux qui ont eu le courage de verser leur sang pour maintenir leur liberté. Protection à tous, conduite égale envers tous, & aucune distinction de personnes; telles sont les mesures exigées par la médiation des officiers & soldats françois, outre celles que la loi commande, & qui sont sous la responsabilité individuelle de tous les officiers employés dans *Avignon* & dans le Comtat. Nous connoissons en général votre patriotisme & celui des troupes de ligne; nous ne doutons point de l'empressement à remplir nos vues; mais il étoit de notre devoir de dissiper les troubles répandus par les préjugés des deux partis, & qui pourroient les induire en erreur ». Voilà la lettre qui forme un chef d'accusation.

M. l'abbé Maury nous a reproché la phrase où nous disions que ceux qui s'étoient battus pour leur liberté, méritoient estime & considération.

Mais quelle étoit notre position? D'un côté, une armée qui avoit laissé après elle toutes les traces de la guerre civile; de l'autre côté, un parti qui assassinoit de la manière la plus atroce ceux qui rentroient dans leurs foyers. Je vous le demande: ne devions-nous pas nous jetter au milieu de ces hommes, tous criminels, & leur commander de ne plus employer des désignations qui ne nous promettoient que de nouveaux crimes, de nouveaux assassinats?

Le chef d'accusation qui porte sur l'assemblée électorale, & son admission au traité de paix, je n'y répondrai pas.

M. l'abbé Maury a prétendu que la médiation avoit autorisé l'assemblée électorale à lever des impôts; il a prétendu qu'elle avoit autorisé cette même assemblée à s'emparer des biens ecclésiastiques. L'assemblée électorale n'a point, à ma connoissance, reçu aucune réclamation pour avoir levé des impôts. Il est bien vrai que l'assemblée représentative d'un peuple qui avoit déclaré son indépendance depuis près d'un an, que cette assemblée représentative, en vertu des premiers actes par lesquels les peuples avoient cessé de payer les dîmes & s'étoient conformés en tout aux décrets de l'assemblée nationale, avoit séquestré beaucoup de biens ecclésiastiques, si ce n'est même la totalité. Lorsque je fis le voyage du Comtat pour y rétablir, autant qu'il étoit en nous, un ordre provisoire qui empêchât l'injustice & les actes d'autorité, M. l'évêque de Vaison me raconta que ses biens avoient été séquestrés, & qu'il n'avoit pas de quoi vivre. Je lui dis que je trouvois cette mesure de la plus grande injustice; que l'assemblée électorale, quels que fussent ses droits, n'avoit pu le dépouiller sans un remplacement par une pension alimentaire & conforme aux décrets qu'elle étoit déterminée à suivre; & alors je m'employai pour que M. l'évêque de Vaison fût remis en possession des produits de son évêché, excepté la dîme, que les paysans ne veulent pas payer, que rien ne feroit payer que la force, & que nous n'étions pas venus pour faire payer. Ainsi, loin que la médiation se soit rendue coupable de ces inculpations calomnieuses, la médiation a fait tout ce qui étoit en elle, non-seulement pour opérer la paix, mais pour faire rendre justice à tous ceux qui étoient vexés, qui étoient dans le malheur, & notoirement au clergé du pays.

L'insurrection d'*Avignon*, il est bon de le répéter, est une insurrection partielle qui est arrivée dans une ville, à raison d'une rivalité entre deux partis qui cherchoient à dominer mutuellement. Cette insurrection n'avoit aucun rapport avec le Comtat, n'a pas même effleuré la tranquillité de Morières & des petites communes qui appartiennent à l'état d'*Avignon*, & qui l'entourent; cette insurrection n'a eu aucune espèce d'effet sur les vœux qui vous ont été présentés, puisqu'elle étoit postérieure de six semaines à l'émission de ces vœux; cette insurrection ne peut pas être à la charge des médiateurs. Nous avons, dit M. l'abbé Maury, fait rentrer les brigands dans leurs foyers. Mais je demande à M. l'abbé Maury comment les citoyens ne devoient pas rentrer dans leurs habitations? comment les gardes nationales ne devoient pas retourner chez leurs femmes? ne pouvoient pas retourner dans une ville dont ils sont citoyens, dont ils font la population? Ils sont entrés dans *Avignon*, parcequ'*Avignon* étoit leur demeure, leur domicile, leur possession. Il étoit impossible, je crois, à la médiation, de chasser la population d'*Avignon*, pour plaire au haut Comtat.

On a articulé que lors de l'émission du vœu d'*Avignon*, on avoit ouvert des tombeaux dans une église. Le fait est absolument faux. Lors de l'émission du vœu d'*Avignon*, il n'y a eu ni tombeaux ouverts, ni querelles, ni diffamations. La gazette de Villeneuve-lès-*Avignon*, cette gazette qui est payée par le parti des contre-révolutionnaires qui s'y sont refugiés; cette gazette qui a fourni à M. Maury la plupart des faits qu'il a articulés, parce qu'en effet ils y sont consignés depuis trois semaines; cette gazette, dis-je, a transporté à cette époque une anecdote qui étoit arrivée lorsque la garde nationale d'*Avignon*, six semaines auparavant, formoit son état-major dans une église, appellée des Carmes, si je ne me trompe. Une rivalité d'entrée dans l'état-major avoit occasionné quelques rixes. On a prétendu que quelqu'un avoit remué une tombe; nous en avons été avertis, & à l'instant nous avons fait annuller les délibérations; nous avons dénoncé le fait à la municipalité, & l'assemblée qui avoit été tenue a été recommencée: voilà le fait qu'on dénature & que je certifie comme véritable, pour en avoir pris moi-même la connoissance la plus exacte; & je défie M. Maury de dire le contraire.

M. l'abbé Maury m'a, par un article final & personnel, accusé d'avoir été à Bolem avec des hussards, d'y être entré avec les hussards, ayant le sabre à la main, d'y avoir montré l'appareil de la vanité & de l'orgueil. Je dirai à l'assemblée que j'ai été plus d'une fois dans le cas d'être assassiné dans le Comtat; je dirai à l'assemblée qu'en allant à Valréas, dans ce pays où l'on avoit fasciné les yeux du peuple, ce Clément, l'atroce auteur des crimes de Caron, commandoit l'armée; ce Clément, qui craignoit l'approche des médiateurs, & la vengeance de la loi, avoit posté 150 hommes de la garde nationale, avec l'ordre positif de faire feu sur le médiateur de la France. Un garde national vint à Mazan, m'avertir de ne pas me risquer dans les montagnes: voilà la raison de ces 50 hussards qui accompagnoient la médiation; cela étoit nécessaire pour notre sûreté; cela étoit nécessaire pour maintenir le peuple dans l'ordre; & il n'entroit là-dedans aucune espèce de motif, tel que la malignité nous l'a prêté.

Un dernier chef est d'avoir réintégré M. Raphel, juge d'*Avignon*. M. Raphel a été nommé juge d'*Avignon* par la commune. Dans le temps des troubles, la commune chargea la municipalité de nommer un autre juge. M. Raphel, revenu, après une absence de deux mois, demanda à rentrer dans ses fonctions, qu'il n'avoit jamais cessé d'exercer, en vertu de sa nomination & en vertu de la loi, qui veut qu'un juge ne puisse être destitué que par un jugement. M. Raphel s'adressa à nous, & nous à la municipalité. Nous

nous trouvions chargés, envers M. Raphel, d'une sorte de responsabilité, puisque nous étions les garans de la propriété des personnes. La municipalité rétablit M. Raphel; & alors, comme nous seuls avions sur les esprits une prépondérance d'opinion qui prévenoit les troubles, nous déclarâmes qu'en vertu du rétablissement de M. Raphel, la force publique prêteroit assistance à ses jugemens; & je crois que nous étions dans les termes précis de la loi. Ainsi, je crois avoir répondu à toutes les inculpations de M. l'abbé Maury. (On applaudit.)

Séance du mercredi 14 septembre.

M. Pétion. Il est temps de mettre fin à une affaire qui occupe depuis si long-temps l'assemblée, & de donner un terme aux excès qui désolent *Avignon* & le Comtat; & ne nous dissimulons pas que toute espèce de parti qui ne seroit pas absolu & définitif, ne tendroit qu'à perpétuer les troubles & la guerre civile. Vous alliez prendre une décision, lorsqu'un préopinant est venu élever un incident qui rendroit l'affaire interminable, un incident qui est absolument étranger à la question, & qui, j'ose le dire, n'a été imaginé que pour éluder un parti définitif. Vous avez entendu les déclamations de M. l'abbé Maury; ses calomnies ont été repoussées avec autant d'énergie que de vérité, par les commissaires médiateurs. Vous avez vu qu'on ne vous a cité aucun fait, sinon quelques absurdes calomnies tirées d'une gazette mensongère; il n'y a pas un moment à perdre, si vous ne voulez allumer la guerre civile dans vos départemens. Je demande donc que l'on passe à l'ordre du jour sur l'incident de M. l'abbé Maury.

L'assemblée passe à l'ordre du jour.

Le projet de décret des comités d'*Avignon* & diplomatique est adopté, à l'unanimité de la partie gauche, & au bruit des applaudissemens des tribunes & des députés à la prochaine législature, présens à la séance, ainsi qu'il suit:

L'assemblée nationale, après avoir entendu le rapport de ses comités diplomatique & d'*Avignon*:

Considérant que conformément aux préliminaires de paix, arrêtés & signés à Orange, le 19 juin de cette année, par les députés de l'assemblée électorale, des municipalités d'*Avignon* & de Carpentras, & de l'armée de Vaucluse, en présence & sous la garantie provisoire des médiateurs de la France, députés par le roi, garantie que l'assemblée nationale a confirmée par son décret du 5 juillet dernier, les commissaires des deux états réunis d'*Avignon* & du Comtat Venaissin, se sont réunis en assemblées primaires, pour délibérer sur l'état politique de leur pays;

Considérant que la majorité des communes des citoyens a émis librement & solemnellement son vœu pour la réunion d'*Avignon* & du Comtat Venaissin à l'empire françois;

Considérant que par son décret du 25 mai dernier les droits de la France sur *Avignon* & le Comtat Venaissin ont été formellement réservés;

L'assemblée nationale déclare qu'en vertu des droits de la France sur les états réunis d'*Avignon* & du Comtat Venaissin, & conformément au vœu librement & solemnellement émis par la majorité des communes & des citoyens de ces deux pays, pour être incorporés à la France, lesdits deux états réunis d'*Avignon* & du Comtat Venaissin font, dans ce moment, partie intégrante de l'empire françois.

L'assemblée nationale décrète que le roi sera prié de nommer des commissaires qui se rendront incessamment à *Avignon* & dans le Comtat Venaissin, pour examiner les moyens d'exécuter l'incorporation de ces deux pays à l'empire François; & sur le compte qui en sera rendu, l'assemblée nationale décidera définitivement le mode de la réunion.

Que dès ce moment toutes voies de fait, tous actes d'hostilité sont interdits aux différens partis qui peuvent exister dans ces deux pays: les commissaires veilleront à l'exécution la plus exacte des loix; ils pourront requérir, avec les formes accoutumées, les troupes de ligne & gardes nationales françoises, pour l'exécution des décrets & le maintien de la paix.

Le pouvoir exécutif sera prié de faire ouvrir des négociations avec la cour de Rome, des indemnités & dédommagemens qui pourront lui être dûs.

L'assemblée nationale charge ses comités de constitution, diplomatique & d'*Avignon*, de lui présenter incessamment un projet de décret sur l'établissement provisoire des autorités civile & judiciaire qui administreront ce pays jusqu'à l'organisation définitive.

Séance du vendredi 21 octobre 1791.

Un des secrétaires lit les pièces dont voici l'extrait.

Lettre de MM. Tissot & Rovère, députés d'Avignon.

« Un courier extraordinaire, dépêché par la municipalité d'*Avignon*, nous apporte les nouvelles les plus fâcheuses. Nous nous empressons de vous envoyer nos dépêches en originaux; nous vous prions de les communiquer à l'assemblée, pour qu'elle puisse prendre dans sa sagesse, les mesures qui lui paroîtront convenables. Nous avons l'honneur de vous observer que l'état actuel des choses exige que l'assemblée daigne s'en occuper promptement. Nous apprenons par l'organe du courier, qu'il y a beaucoup de personnes tuées;

nous n'avons à cet égard aucun détail officiel ».

Procès-verbal de la commune d'Avignon, du dimanche 16 octobre.

Des propos séditieux avoient été tenus assez publiquement depuis quelques jours, par des personnes connues pour être des ennemis de la constitution. Ce matin on a vu, en divers endroits, des affiches dont l'objet étoit directement d'exciter le peuple à se révolter contre l'administration provisoire de la commune. On répandoit dans le public que la statue de la Sainte-Vierge qui existe dans l'église des Cordeliers, étoit devenue rouge depuis quelques jours, & qu'elle avoit versé des larmes. Un attroupement s'est formé dans l'église des Cordeliers; une partie des attroupés s'est emparée des portes de la ville, dont ils avoient saisi les clefs, & a retourné les canons sur la ville, & nous avons appris que M. Lécuyer, notaire, secrétaire-greffier de la commune & électeur, venoit d'être conduit dans l'église des Cordeliers, par des gens armés. Une proclamation de nous signée, dont l'objet étoit de rappeller les citoyens attroupés à l'observation de la loi qui permet seulement la voie des pétitions, & d'inviter les citoyens attroupés, s'ils en avoient quelqu'une à nous adresser, à le faire paisiblement & sans troubler l'ordre public, n'a pas pu être entendue au milieu de ce désordre. M. le colonel de la garde nationale avoit rassemblé sa troupe. Un détachement nombreux étoit sorti du fort, précédé de deux pièces de canon, avec ordre de dissiper cet attroupement & de ramener la tranquillité dans la ville, en employant les moyens les plus doux qu'il seroit possible; de fortifier la garde des portes de la ville; de pourvoir à la sûreté des citoyens, & sauver, s'il étoit temps, M. Lécuyer. Des patrouilles fréquentes & nombreuses ont été répandues dans les différens quartiers de la ville. Le détachement, à son retour, nous a rapporté que l'infortuné Lécuyer étoit, à l'arrivée de la troupe, dans l'église Cordeliers, étendu par terre au bas du maître-autel; qu'il avoit encore un souffle de vie; mais qu'il étoit couvert de blessures faites principalement à la tête par des coups de sabre; que la poitrine & le bas-ventre étoient écrasés de coups de bâton & de coups de pieds; qu'après l'avoir assassiné, on lui a volé ses boucles, sa montre & l'argent qu'il avoit sur lui; que le détachement l'a lui-même transporté à l'hôpital, l'a placé dans une chambre particulière, & a fait appeller M. Paunard fils, maître en chirurgie, pour lui administrer le secours de son art.

M. François-Marie-Camille de Rosilly, de la ville d'Auray, département du Morbihan, passant aujourd'hui en cette ville pour se rendre à Marseille, s'est trouvé par hasard auprès de l'église des Cordeliers dans le temps de ce mouvement: se livrant aux impulsions de la loyauté & de la générosité, si naturelles aux François, il a voulu parler le langage de la loi & a osé élever la voix au milieu du tumulte; mais il a failli être la victime de son courage & de l'humanité qui l'inspiroit. Il a été arrêté, traduit dans le chœur, gardé à vue, menacé de coups de sabre & de la lanterne; il a été couché en joue. Enfin, il a été résolu qu'il seroit détenu jusqu'à ce qu'on eût pris à son égard de plus amples informations, & qu'on eût puni de mort M. Lécuyer, dont il a entendu plusieurs fois demander la tête; ensuite, on a annoncé à ce François voyageur, que le malheureux Lécuyer venoit de périr, que son tour alloit venir. Enfin, il a été laissé en liberté, & il est venu faire sa déposition devant le juge.

Nous avons cru devoir instruire M. l'abbé Mulot, l'un des médiateurs de la France, & M. Ferrière, commandant des troupes de ligne, de ce qui venoit de se passer. Nous avons écrit à l'un & l'autre, que nous avions dissipé l'attroupement, & que nous avions fait des dispositions qui nous assurent que la tranquillité publique ne sera plus troublée; que les amis de la constitution ne seront plus assassinés, & que, dans ce moment, tout étoit dans l'ordre.

M. Paunard, maître en chirurgie, nous a fait passer, sur les six heures du soir, son rapport sur l'état dangereux où se trouvoit M. Lécuyer; & peu de temps après, sa mort nous été annoncée. Nous n'avons cessé pendant toute la journée, de veiller avec soin au maintien de la tranquillité, & nous avons donné des ordres pour l'assurer, durant la nuit, que nous nous proposons de passer dans la maison commune.

Le 17, à trois heures du matin, nous avons été avertis que les séditieux venoient de forcer les prisons & en avoient fait sortir quelques prisonniers. Nous avons pris de nouvelles mesures pour assurer la tranquillité publique & la sûreté des accusés.

Après une légère discussion, l'assemblée renvoie au pouvoir exécutif les pièces dont on vient de faire lecture.

*Déclaration d'une partie des députés aux états libres & généraux de France, sur le décret d'invasion de la ville d'*Avignon *& du* Comtatat Venaissin*, rendu le 14 septembre 1791.*

Les soussignés respectivement députés par les trois ordres aux états libres & généraux de France, constamment attachés aux principes exprimés dans leurs déclarations sur l'acte constitutionnel & l'état du royaume, déclarent qu'ils n'ont pu, ni dû, ni voulu prendre part au décret par lequel la ville d'*Avignon* & le Comtat Venaissin ont été envahis; que ce décret ayant été rendu le 14 septembre dernier, le même jour où le roi est venu à l'assemblée pour y accepter l'acte constitutionnel, les soussignés étoient absens de la séance.

Qu'ils regardent ce décret comme un acte essentiellement nul, dangereux pour la France, souverainement injuste, également destructif des droits de tous les souverains, du bonheur des peuples, & de la stabilité de tous les empires.

Paris, ce 17 septembre 1791.

Signé, Belbœuf, député de la noblesse du bailliage de Rouen.

Thomas, curé de Meymar, député du bas-Limosin.

Boisrouvraye, député de Château-Thierry.

Forest, curé d'Ursel, député du bas-Limosin.

Le marquis de Vaudreuil, député de la noblesse de Castelnaudary.

D'Arsin, marquis de Ternay.

Bouville, député de la noblesse du baillage de Caux.

Duval d'Epresménil, député de la noblesse de la vicomté de Paris (hors les murs).

Burignot de Varenne, député de la noblesse de Châlons-sur-Saone.

Quilhermet, député du tiers-état da la sénéchaussée de Castelnaudary.

Le marquis de Foucauld-Lardimalie, député de la noblesse du Périgord.

Le comte de la Gallissonnière, député de la noblesse d'Anjou.

L'abbé de Fenis de Lucombe.

Le vicomte de Malartic, député de la noblesse de la Rochelle.

Henry, député d'Orléans.

Mathieu Buttafoco, député de la noblesse de l'île de Corse.

L'abbé Peretti, député du clergé de l'île de Corse.

Le comte de Bournazel, député de la noblesse de la sénéchaussée de Villefranche.

Jean-François, comte de Rafelis.

Broves.

Le chevalier de Norion, député de la noblesse en Vermandois.

Beziade, marquis d'Avaray, député de la noblesse du bailliage d'Orléans.

De la Salle de Roquefort, député par la noblesse du pays de Marsan.

Durget, député du bailliage d'Amont en Franche-Comté.

Le marquis Duhart, député de la noblesse de Soule.

Bailli de Crussol, député de la vicomté de Paris, (*extra muros*).

Le baron de Juigné, député de la noblesse du bailliage de Coutances.

Marquis Digoine du Palais.

Claude, vicomte de la Châtre.

Clermont-Lodève.

Le baron de Gonnès, député de la noblesse de Bigorre.

Dangosse, député de la noblesse d'Armagnac.

Genetet, député de Châlons-sur-Saone.

Sourrat-Chaboulaye, député de la noblesse d'Orléans.

Le comte Lusigny de Juigné, député pour la noblesse.

Rivière, député du clergé de Bigorre.

David, député du clergé de Beauvais.

Rolin, député du clergé de Montreuil-sur-mer.

Martin, député, curé de Beziers.

L'abbé de Ruallem, député.

Desclaibes, comte de Clermont, député de Chaumont en Bassigny.

Le comte de Serent, député aux états-généraux par la noblesse du Nivernois & Donziois.

L. Alp. de Lavary, marquis de Laulorme, député de la noblesse de Touraine.

Antoine-Charles-Gabriel, marquis de Folleville, député de la noblesse de Péronne.

Louis-Charles-Amédée, comte de Faucigny-Lucinge, député de la noblesse de Bresse.

L'abbé Maury, député du clergé de Péronne.

De la Place, député du clergé de Picardie.

Le comte de Lomberty, député de la noblesse du Poitou.

Le chevalier de la Coudraye, député de la noblesse du Poitou.

Bottex, curé, député du clergé du bailliage de Bresse, diocèse de Lyon.

Simon, curé de Noel, député du Barrois.

De la Lande, curé d'Illiers-l'Evêque, député par le clergé du grand bailliage d'Evreux.

Allain, recteur de Notre-Dame de Gosselin, député du clergé de Saint-Malo.

Luillier-Rouvenay, député de la noblesse de la sénéchaussée de Limoux.

Le duc de Caylus, député de la noblesse de la haute Auvergne.

Mayer, curé de Roche-Taillé, député du clergé de Lyon.

† J. archevêque de Damas, coadjuteur d'*Alby*, député du clergé de la sénéchaussée de Carcassonne.

Timoléon, chevalier de Murinais, député du Dauphiné.

Montcalm-Gozon, député de la noblesse de la sénéchaussée de Carcassonne.

Gueidan, député du clergé de Bresse.

Varicourt, député de Gex.

† J. L. évêque d'Agen.

Le Tellier, curé de Bonneuil, député du clergé de Caen.

† M. G. IS. évêque de Luçon.

† D. card. de la Rochefoucauld, archevêque de Rouen.

† L. de Béthisy, évêque d'Uzès.

† J. R. archevêque d'Aix.

† P. L. évêque de Saintes.

† S. évêque de Rodez.

† J. M. archevêque d'Arles.

† René,

† René, évêque de Dijon.
L'abbé de Montesquiou.
† J. FR. évêque de Montpellier.
† F. de Bonal, évêque de Clermont.
† F. J. de la Rochefoucauld, évêque de Beauvais.
† C. M. Ruffo, évêque de Saint-Flour.
† F. J. de Jouffroy-Goussans, évêque du Mans.
† D. de Lastic, évêque de Couserans.
† AL. AUG. archevêque de Reims.
† L. H. évêque de Laon.
† AL. C. d'Auteroches, évêque de Condom, député.
† P. M. évêque de Nîmes.
† A. V. de Montauban, député de Rivière-Verdun.
† A. J. évêque de Châlons-sur-Marne.
Rozé, curé d'Emalleville, député du clergé de Caux.
† M. S. de Saint-Aulaire, évêque de Poitiers.
† L. CH. Duplessis d'Argentré, évêque de Limoges.
L'abbé de Castellas, doyen, comte de Lyon, député du clergé.
Pisson, curé de Valeyrac en Médoc, député de Bordeaux.
† ASS. évêque de Coutances.
Lagoille Lochefontaine, député du clergé de Reims.
Feydel, député du Quercy.
Iluhire, député du Quercy.
Ricard, député de Nîmes.
Le vicomte de Ségur, député de la noblesse de la sénéchaussée de Guyenne.
Ludière, député de Tulle.
Chevreuil, député de Paris.
Melondy Sadon, député de la vicomté de Paris.
Bérardier, député de Paris.
Dupuis, curé d'Ailly-Haut-Clocher, député d'Abbeville.
Lefebvre, curé de Leuilly, député d'Amiens.
De la Rennes, prieur de Saint-Martin de Nevers, député du clergé de Nivernois & Donziois.
Jean-Louis Breuvart, curé de Saint Pierre de Douay, député du clergé du bailliage de Douay & Orchies.
Boudart, curé de la Couture, député du clergé d'Artois.
Matrieu, curé de Loubous, député du clergé de Villefranche de Rouergue.
Fleury, curé d'Iges, député du clergé de Sédan.
Bertereau, député par le clergé du Maine, curé de Teillé.
De Lage, député du diocèse de Bordeaux, curé de Saint Christoli.
Ducastaing, curé de Lanux, député d'Armagnac.
Le Clerc, curé de la Combe, député du clergé d'Alençon.
Costel, curé de Foissi, député de Sens.
Barbotin, curé de Prouvy, député du clergé du Quesnoy.

L'abbé Royer, conseiller d'état, député du clergé de la ville d'Arles.
L'abbé de Montgazin, député du clergé du Boulonnois.
Ayroles, curé de Reirevignes, député du clergé du Quercy.
Guingand de Saint-Mathieu, curé de Saint-Pierre de Limoges.
Tridon, curé de Rougères.
Farochon, curé, député de Crépy.
Guyon, curé, député du clergé de Castelnaudary.
Privat, curé de Craponne, député du Puy-en-Velay.
Benoît, curé, député.
Gros, curé de Saint-Nicolas du Chardonnet, député du clergé de Paris.
Hingant, curé d'Andel.
Leymarye, député du clergé du Quercy.
Banassat, curé de Saint-Fiel, député de Gueret.
Guiraudez de Saint-Mézard, archiprêtre de Lavardens, député d'Auch.
Girard, doyen-curé de Lorris, député du clergé de Montargis.
Cauneille, curé de Belvis, député du clergé de la sénéchaussée de Limoux.
Le François, curé du Mage, député du Perche.
Guépin, curé de Saint-Pierre-des-Corps, député du clergé de Touraine.
Roussel, curé de Blaringhem, député de Bailleuil.
Cyrien, député de Rouen.
Samary, curé, député de Carcassonne.
Martinet, curé de Daon, député par le clergé d'Anjou.
Grandin, curé d'Ernée, député du Maine.
Font, chanoine-curé.
Landreau, curé, député de Saint-Jean-d'Angély.
Vaneau, recteur d'Orgères, député du clergé de Rennes.
Fournetz, curé de Puymiclau en Agénois.
Malartic, curé de Saint-Denis, de Pille & de Saint-Georges-de-Guestres, député du clergé de la sénéchaussée de Castelmoron.
L'abbé de la Boissière, député de Perpignan.
† J. B. AUG. de Villoutreix de Faye, évêque d'Oléron.
Chatriau, curé de Saint-Clément, député de Toul & Vic.
Colson, curé de Nitting, député de Sarguemines.
Gagnière, curé de Saint-Cyr-les-Vignes, député de Forez.
Labrousse de Beauregard, député du clergé de Saintes.
Goullard, curé de Roanne, député du clergé du Forez.
Pinnelière, curé de Saint-Martin de l'Isle de Rhé, député de la Rochelle.
Dufresne, curé de Ménil-Durand, député du clergé d'Alençon.
Laporte, député du clergé du Périgord.
Cayla, député de Paris.

Bonnet, curé de Villefort, député de Nîmes.
Fougères, député du département de la Nièvre.
Jacquemart, député d'Anjou.
Desvernay, député du clergé de la province de Beaujolois.
Lousmeaux Dupont, député du clergé de Dombes.
Dubois, archiprêtre, curé de Saint Remy, Sainte Magdeleine & Saint Fobert, député de Troyes.
Benoît, curé du Saint-Esprit, député.
Goz, député de Dax.
† J. A. P. P. archevêque de Bourges.
Villabanois, député du clergé du Berry.
L'abbé de Boulle, député du clergé d'Orange.
Delarenne, curé, député du clergé du Nivernois.
Le Peletier-Feumasson, prieur-curé de Domfront, député du Maine.
† ANT. FELIX, évêque de Perpignan.
Godefroy, curé de Donville, député de Mirecourt.
Le Loubois, curé de Fontenay, député du clergé de Coutances.
Le Rouvillois, député de Coutances.
L'abbé Coster, député des baillages de Verdun & de Clermont en Argonne.
Jean-Claude Gandolphe, curé de Sèvres, député du clergé de la prévôté & vicomté de Paris.
Lasmartres, curé de Lisle en Dodon, député du clergé de Comminges.
De Pradt, député de Caux.
Tourret, curé de Sainte-Terre, député du clergé de Libourne.
L'abbé de Chapt de Rastignac, député du clergé d'Orléans.
Yvernault, député du clergé de Berri.
Pellegrin, député de Bar-le-Duc.
Texier, député de Châteauneuf en Thimerais.
De Champeaux, député du clergé du bailliage de Montfort-l'Amaury & Dreux.
L'abbé de Bruges, député du Gévaudan.
Mathias, curé, député d'Auvergne.
Pons, curé, député.
Blandin, curé, député d'Orléans.
Simon, recteur de la Boussacq, député de Dole.
Tirial, curé, député de Château-Thierry.
La Bordet, député du clergé de Condom.
Delfau, archiprêtre de Duglan, député du clergé de Périgord.
Ducret, curé de Tournus, député du Mâconnois.

AVOUÉ, homme de loi chargé de l'instruction des procès auprès des tribunaux.

Séance du 16 décembre 1790.

M. le président. La question sur laquelle s'établit la discussion, est celle-ci : « Y aura-t-il près les tribunaux des *avoués* chargés de l'instruction des procès ».

M. Legrand. L'homme en société, le citoyen, ne peut jouir de toute l'étendue de sa liberté, qu'autant que cette latitude de l'exercice de ses droits ne nuit pas à ceux d'autrui. La communication des pièces d'un procès exige la plus grande précaution ; elle ne doit être faite qu'à un homme public ; c'est l'intérêt de tout plaideur qui choisit un défenseur ; c'est sur-tout l'intérêt de sa partie adverse. Pour assurer à chaque citoyen les choix les plus propres à ses intérêts, je propose d'établir auprès des tribunaux des *avoués*, & cependant, je ne ferme point la porte des tribunaux aux défenseurs officieux. C'est ainsi que nous avions autrefois des hommes de loi pour la défense du fond, & d'autres officiers pour la défense des formes, pour le dépôt des pièces, &c..... Voici mon projet de décret.

Art. I. Il sera près de chaque tribunal de district, dressé un tableau où se feront inscrire tous ceux qui se destineront à défendre en jugement leurs concitoyens. — Les règles d'admission, les études préliminaires qui seront exigées, seront incessamment déterminées.

II. Néanmoins tous ceux qui seront pourvus d'offices de procureurs près les ci-devant cours souveraines, les bailliages & tribunaux royaux, autres que ceux d'exception, tous ceux qui exerçoient les fonctions d'avocats du roi, d'avocats généraux, &c. pourront être inscrits près des tribunaux où ils voudront s'établir. Tout citoyen aura le droit de défendre la partie qui l'aura chargé de sa défense : mais la communication des pièces ne pourra être faite qu'entre les mains des *avoués* inscrits.

M. Prieur. Y aura-t-il des *avoués* ? J'observerai, sur cette question, qu'il n'est pas un d'entre nous qui n'ait remarqué, dans la délibération d'hier, que les meilleurs esprits se sont trouvés placés entre la crainte de porter atteinte aux droits des parties, & celle de compromettre l'organisation judiciaire que vous avez décrétée. Est-il nécessaire de conserver auprès des tribunaux des fondés de procuration ou des *avoués*, chargés exclusivement de faire, pour les parties qui ne voudroient pas instruire elles-mêmes leurs causes, les actes nécessaires à l'instruction ? Tel est, ce me semble, le véritable sens de la question. Avant de se transporter dans un état de choses futur ou incertain, dans des hypothèses d'une simplification parfaite des loix & de la procédure, il faut envisager l'état actuel. Il me semble qu'il est en ce moment impossible de confier à tout citoyen l'instruction des procès, sans ajouter au malheur des procès celui de faire courir aux plaideurs les risques de perdre la cause la plus juste par l'ignorance des formes. Il suffit de lire l'ordonnance de 1667, pour être convaincu que ce n'est que par le secours d'une longue expérience, qu'on peut se familiariser avec ces formes nombreuses & compliquées. L'intérêt des juridiciables exige donc qu'il y ait auprès des tribunaux, des hommes expérimentés pour l'instruction des procès, & pour la conservation des formes..... Il n'y a qu'à réformer la procédure civile, dit-on : non, nous ne pouvons pas la faire, cette réforme salutaire ; c'est une entreprise de trop longue haleine, dont l'assemblée actuelle ne doit pas s'occuper. J'ai peine à concevoir comment le génie de ces hommes qui ont créé une constitution hardie, élevée & sublime, pourroit descendre à ces misérables détails, & les discuter froidement. (Il s'élève des murmures).... Si vous n'avez auprès des tribunaux des hommes *avoués* par la loi pour la défense des plaideurs, il faudra que chaque défenseur se fasse délivrer par sa partie une procuration pardevant notaire ; le juge sera obligé de la vérifier, de l'enregistrer au greffe ; de-là des frais des embarras, &c..... Mais il y a des inconvéniens plus graves à confier des procurations à des hommes sans caractère public, non *avoués* auprès des tribunaux. Mon fondé de pouvoirs, gagné par la partie adverse, disparoît ; me voici soumis à un appel....

J'ai déjà dit qu'il n'y a qu'une longue expérience qui puisse donner l'art de l'instruction d'un procès. Les plus habiles jurisconsultes ont souvent consulté les procureurs. Nous avons des exemples de la nécessité de réduire aux hommes de loi expérimentés, & *avoués* auprès des tribunaux, le nombre des défenseurs publics chargés de la direction & de l'instruction des procès. Dans les temps reculés de notre monarchie, lorsque les formes n'étoient point encore compliquées, on n'avoit pas même osé imaginer les projets dangereux qui vous sont aujourd'hui proposés: nos rois déployèrent successivement toute la puissance des loix pour diminuer le nombre de ces procureurs non *avoués*, qui trahissoient la confiance trop facile des plaideurs, & déjouoient la surveillance & la sagesse des juges..... Rendez les fonctions actuelles des officiers ministériels parfaitement libres, & vous verrez l'avidité d'une foule d'intrigans faire des spéculations sur l'ignorance & sur la bonne-foi des citoyens ; vous verez bientôt des hordes impures souffler l'esprit de chicane parmi les citoyens paisibles, les exciter aux procès pour se partager leurs dépouilles. On voit malheureusement que les patriciens les plus méprisables sont ceux qui sont recherchés par les gens de campagne ; & dans quel temps vous propose-t-on d'ouvrir à cette classe d'hommes si dangereuse, l'entrée des tribunaux, de lui confier l'instruction & la direction des procès ? C'est dans le moment où les loix sont relâchées, où un grand nombre d'habitans des campagnes voudroit éluder les loix dans les échanges des droits casuels, dans le mode & le taux de remboursemens.

Vous n'avez pas oublié que c'est un de ces praticiens qui a excité les troubles des différentes provinces du royaume. Calculez, s'il est possible, les conséquences de ce funeste système : voyez une foule d'intrigans égarant le peuple par une fausse popularité, & trahissant la confiance du plaideur abusé ; imaginez-vous des maux mille fois plus grands que ceux dont on se plaignoit, lorsque des professeurs exerçoient le droit de délivrer des certificats à des ignorans, &c.

La conséquence des observations que je viens de présenter, est de ne confier l'instruction des procédures qu'à une classe d'hommes publics, *avoués*, établis à cet effet auprès des tribunaux. Vous ne devez pas perdre de vue les autres considérations politiques qui vous ont dirigés dans toutes les parties de l'organisation sociale ; vous avez été obligés de modifier les principes d'une liberté indéfinie. Dans votre constitution ecclésiastique, vous avez décrété qu'aucun prêtre ne pourroit être curé avant d'avoir exercé, pendant un certain temps, les fonctions du vicariat ; que nul ne pouroit être élu évêque avant d'avoir été curé, &c. Dans le militaire, vous avez établi des gradations de services & des règles d'avancement, &c. Ces études préliminaires, ces conditions d'admissibilité sont une garantie pour la société, un gage que lui doit tout fonctionnaire public ; les études sont ouvertes à tous les hommes.... Vous blessez, m'objecte-t-on, la liberté du citoyen. Les institutions sociales ne peuvent remplir leur objet, celui de l'utilité de la société entière, qu'autant que chaque citoyen fait le sacrifice de l'exercice de quelques droits particuliers.

Il ne s'agit donc plus que de déterminer l'espèce d'hommes auxquels vous confierez le droit exclusif de représenter les autres. Vous ne devez les choisir que parmi les citoyens qui ont des titres certains à la confiance de la société. Vous avez les anciens hommes de loi, qu'il est important d'investir de la confiance publique, & d'encourager par l'émulation. Lorsque vous leur aurez ôté le droit d'acheter, à prix d'argent, la confiance de leurs concitoyens, je ne vois plus de motifs de se défier de cette classe d'hommes sur laquelle on a, depuis long-temps, jetté de la défaveur. — Peut-être dira-t-on que je donne aux avocats les dépouilles des malheureux procureurs. Toute distinction entre les avocats & les procureurs doit désormais être anéantie.

Si vous accordez aux premiers le droit de postuler, vous accorderez aux seconds le droit d'exercer toutes les fonctions des avocats. Il y avoit plusieurs villes où ces fonctions étoient réunies ; il est possible qu'elles le soient à l'avenir ; il est de même de l'intérêt général de changer, aux yeux de la société, jusqu'au nom de procureurs. Je n'entrerai pas dans de plus grands détails : je dis qu'une bonne constitution doit améliorer les hommes. (Il s'élève quelques murmures.) Ne croyez pas que j'aie entendu vouloir faire un satire ou une épigramme ; je n'attaque pas les hommes, mais l'abus de l'institution des procureurs : c'est du vice des loix, c'est de la coupable insouciance des juges qu'ont dérivé ces abus. Après avoir supprimé ces abus, après avoir détruit les offices, nous devons élever les procureurs à la dignité d'avocats, & leur confier avec assurance, le soin de l'instruction des procès.

M. Prieur conclut par un projet de décret conforme à celui de M. Legrand.

M. Fréteau. Les observations que j'ai à vous présenter ne vous permettent pas d'adopter les propositions vagues qu'on vous fait ; elles vous prouveront que vous porteriez aux droits des citoyens des atteintes plus fâcheuses que celles qui leur étoient portées autrefois. L'ordonnance de 1667 elle-même a soustrait au ministère des procureurs un grand nombre de causes. Les citoyens ont acquis, par cette ordonnance, en certaines matières très-importantes & très-nombreuses, le droit de se défendre eux-mêmes, d'instruire eux-mêmes, de diriger eux-mêmes leurs procès. Dans toutes les affaires sommaires de cent pistoles, ils avoient le droit d'une défense entière, & j'observe que cent pistoles représentoient mille écus de notre monnoie, & même quatre à cinq mille livres, à cause de la différence qui s'est introduite entre la valeur du numéraire & le prix des denrées. Les matières consulaires avoient le même avantage & n'étoient soumises en aucune manière au ministère des avocats & des procureurs ; il étoit enjoint aux parties de se défendre elles-mêmes. Je sais qu'il s'est introduit depuis des procureurs dans quelques tribunaux consulaires : mais les parties ont toujours été parfaitement libres de la direction des procès & sur-tout des conclusions. Si la partie étoit absente, elle pouvoit dresser des mémoires de défense, se faire représenter par un ami muni d'un simple billet, & les juges prononçoient sur la lecture du mémoire. Enfin il y a une autre matière où l'intervention des procureurs ne doit pas être nécessaire ; c'est la matière criminelle. Vous avez établi des jurés & vous avez voulu que la liberté de défense des accusés restât toute entière ; vous avez voulu que tout homme qui se présenteroit en justice pour défendre un accusé, en eût le droit entier, quand même il ne seroit lié avec lui que par les rapports de l'amitié, ou quand même il ne lui seroit attaché que par les seuls sentimens de l'humanité...

Je rappelle ces faits pour vous faire voir combien il seroit dangereux de prononcer, d'une manière générale, que l'instruction des procès sera exclusivement confiée à des officiers ministériels.... J'ajoute quelques autres observations.

On ne défend un homme, en matière criminelle ou civile, qu'en prenant des conclusions pour lui, & celui qui prend ces conclusions est le véritable défenseur. Je voudrois que ce droit exclusif de prendre des conclusions fût supprimé. & que l'avocat de la partie en ait le droit comme le procureur. Il n'est personne parmi vous qui ignore les inconvéniens de cette différence de ministère & de pouvoirs qui existoit entre ces deux professions. Le procureur étoit le maître absolu de la défense de l'accusé, & c'est contre cet abus que je réclame, parce que les propositions qu'on vous a faites tendroient à le consacrer. Ce seroit le plus grand mal que de rendre les procureurs, comme autrefois, les arbitres du sort des parties. L'avocat, qui scrutoit les textes des loix & s'épuisoit pour la défense de sa partie, tout ce qu'il pouvoit trouver d'argumens dans le droit naturel, le droit national & le droit positif, n'avoit pas la faculté de conclure. S'il s'appercevoit que le procureur donnoit des conclusions nouvelles, il étoit obligé de se faire assister d'un procureur pour les faire rectifier. En vain aurez-vous décrété que les citoyens ont le droit de la défense naturelle, ce droit sera illusoire, si l'avocat n'est pas maître des conclusions.

Je pourrois présenter une foule d'observations semblables, pour prouver que les projets de décret qu'on vous a proposés tendent tous à anéantir les droits les plus précieux des justiciables. Je réponds à quelques objections. Il faut, a-t-on dit, diriger le choix des parties. Peu de gens aisés connoîtront assez peu leurs intérêts pour livrer leur confiance à des hommes inconnus, à ces praticiens auxquels on a dit qu'il falloit fermer l'entrée des tribunaux. Quant à ceux à qui le défaut de fortune & d'éducation, à qui le défaut de rapports sociaux ne permet pas de faire le choix des hommes les plus expérimentés, n'avez-vous donc rien fait pour eux ? Vous avez établi les bureaux de paix ; vous avez chargé les juges de motiver leurs sentences, de revoir les conclusions, de vérifier si elles ne contiennent aucun défaut de formes ; vous avez décrété qu'il seroit nommé d'office des conseils aux parties. Avec toutes ces réformes, devez-vous douter que le pauvre plaideur n'obtienne une entière défense ? Si au contraire vous adoptez le projet de décret qui vous est proposé, vous renversez tout ce que vous avez fait ; si vous ne laissez pas la liberté de la défense, vous manquez le but de l'organisation judiciaire. Je demande donc que vous ne limitiez pas la liberté que doivent avoir les parties dans le choix de leurs défenseurs.

M. Mougins. Je pense que l'intérêt de la justice & le bien public exigent que vous placiez près les tribunaux de district des hommes qui ouvrent, si j'ose m'exprimer ainsi, le temple de la justice par le secours des formes encore existantes & avouées par la loi. L'ordonnance de 1667 existe. Sa réforme ne peut être l'ouvrage d'un jour, mais celui de plusieurs législatures. Un magistrat célèbre a dit qu'elle contenoit dans sa majeure partie des dispositions sages & salutaires, parce qu'elle établissoit des formes qui étoient, pour ainsi dire, l'ame de la justice & la sauve-garde des loix. Or, le droit d'apprécier la nature & l'esprit de ces formes, d'en être dépositaire au nom de la société, & d'en maintenir la conservation, ne peut être confié indistinctement à toutes sortes de citoyens. Il doit exister des hommes publics qui répondent à la société de l'inobservance de la loi.... Si la liberté indéfinie d'instruire les procès est prononcée, vous ouvrez la porte à cette classe que nous appellions solliciteurs de procès; à ces vampires qui désolent nos campagnes. Si, au contraire, vous établissez des *avoués* près les tribunaux, le choix du plaideur, sans être précisément forcé, s'exercera sur le nombre des individus que la confiance du peuple aura désignés. Que dans le systême d'une liberté indéfinie, un citoyen soit affligé d'un procès, une foule de vampires tomberont sur lui comme des vautours, lui enleveront ses pièces, & lui feront payer cher la liberté de son choix.... Je réponds à l'opinion de M. Fréteau, en observant qu'il ne s'agit pas, en ce moment, de déterminer les fonctions des *avoués*, mais de décider s'il existera des *avoués*. Si dans l'ancien régime ils n'avoient pas le droit exclusif de postuler près les tribunaux de commerce, de police, & dans les matières au grand criminel, ils ne l'auront pas non plus dans les nouveaux: ainsi les objections de M. Fréteau ne combattent pas la nécessité de confier à des gens expérimentés l'instruction des procès. L'étude des formes a toujours été le séminaire de la magistrature. Les procureurs, dépositaires de ces formes, sont chargés par la société de diriger la marche d'un plaideur. Quelle seroit la responsabilité de celui qui exerceroit ces importantes fonctions, sans être *avoué* auprès des tribunaux? Je conclus à ce qu'il soit décrété qu'il sera établi des *avoués* près les tribunaux de district, pour diriger l'instruction des procédures civiles.

M. Tronchet. Commençons par bien fixer l'état de la question; écartons les nuages par lesquels on a cherché à l'obscurcir. Vous n'organisez, en ce moment, que les tribunaux de district; il ne s'agit point des tribunaux de commerce, ou des tribunaux pour le criminel. Vous ne devez donc pas vous occuper maintenant des observations de M. Fréteau. Y aura-t-il près les tribunaux de district des officiers *avoués*, chargés exclusivement de certaines fonctions? Voilà, ce me semble, à quoi se réduit la question. Ma réponse consiste en un mot: ces *avoués* importent-ils à l'intérêt public? Oui. Vous devez donc les établir. J'écarte cette misérable objection tirée de la dénomination de privilège.

Les officiers ministériels ne seront point une classe privilégiée, si c'est la nécessité publique qui exige que vous leur attribuiez des fonctions exclusives; mais leurs fonctions seront un privilège de la société entière.... Avant d'entrer en matière, j'écarterai une autre objection. On vous a dit que les fonctions des *avoués* étoient incompatibles & inconciliables avec l'un de vos décrets, qui permet à tout citoyen de se défendre, soit par lui-même, soit par celui qu'il aura librement choisi. A-t-on cru pouvoir embarrasser la marche de l'assemblée nationale par ces prétendues fins de non recevoir? A-t-on cru se faire une arme d'un décret rendu au moment où l'on n'appercevoit ni ses conséquences, ni les exceptions qui doivent le suivre? Je ne connois pas de fin de non-recevoir contre la raison, contre l'intérêt public. Si l'intérêt public l'exige, le décret doit être abrogé; mais il s'en faut beaucoup qu'il soit inconciliable avec celui que je vous propose. Dans tous les temps, & chez les peuples qui ont laissé la plus grande latitude au droit de la défense des citoyens, il y a eu des hommes publics chargés de veiller à l'observation des formes. Dans tous les temps, les formes ont été nécessaires: leur inobservance pouvoit entraîner la perte d'un procès. Votre décret ne vous empêche donc pas de conserver ces formes, & ceux qui en sont les dépositaires. Seulement il exige que vous portiez remède à un abus qui s'est introduit par une trop grande extension des pouvoirs de procureur. Voici quel étoit cet abus. Les procureurs faisoient dans leur requête une répétition inutile de l'exposition des faits contenus dans le plaidoyer de l'avocat. Il en résultoit un double emploi & une multiplication de frais. Lorsque cet abus aura été détruit, ainsi que celui du privilège exclusif que les procureurs se sont arrogé de prendre les conclusions, je ne vois pas en quoi il sera possible de porter atteinte au droit de la défense des parties. Le plaideur pourra défendre lui-même sa cause. Il pourra la confier à un défenseur officieux, & aura le droit de restreindre les fonctions du procureur à la direction du procès & à la confection des actes de formes nécessaires à la régularité de la procédure. Voilà, je crois, l'exécution entière du décret qui accorde aux parties la liberté du choix de leurs défenseurs.

Maintenant est-il vrai que l'intérêt public exige l'existence des *avoués* auprès des tribunaux? Ici l'intérêt public est l'intérêt du justiciable; car c'est pour lui que les tribunaux sont établis. Cet intérêt est composé & de celui du plaideur qui fait choix de son défenseur, & de celui de la partie adverse. Comme le principal but de l'organisation judiciaire est de favoriser le peuple, & le pauvre, prenant des exemples dans ces classes, je dis qu'accorder au pauvre le droit de confier ses intérêts à un défenseur officieux, c'est le plus grand mal que vous puissiez lui faire. Vous frémiriez si je vous développois toutes les ruses de ces charlatans, qui, sous le titre de défenseurs officieux, entoureroient les tribunaux, abuseroient de la confiance du pauvre & du foible, s'empareroient de leurs pièces, les accableroient de frais. J'ai vu de ces praticiens se faire payer la moitié du gain d'un procès. Si vous voulez venir au secours du pauvre, faites des établissemens patriotiques, tels que celui qui existoit à Paris avant la révolution. Cet établissement est composé de jurisconsultes honnêtes & éclairés, qui donnent des conseils aux plaideurs, les avertissent si leur affaire est bonne ou mauvaise, leur choisissent d'honnêtes défenseurs, se livrent à l'instruction gratuite des procès, & défendent auprès des tribunaux les droits de l'innocence opprimée. Voilà les établissemens publics & utiles que vous devez ordonner, au lieu de confier les intérêts du pauvre à ces charlatans & à ces empiriques judiciaires qui viendroient environner vos tribunaux. (On applaudit). Si vous ouvrez la porte des tribunaux à tous les inconnus qui s'y présenteront, vous appellerez tous ces malheureux solliciteurs de procès qui ont toujours été regardés comme des pestes publiques. Vous n'avez pas le droit d'obliger un plaideur de confier ses pièces au défenseur inconnu qu'auroit choisi la partie adverse; car qui est-ce qui empêchera ce dernier de disparoître avec les pièces qui lui auront été confiées? Si vous ordonnez la communication des pièces sans déplacement, le procureur dans son greffe sera assailli d'une foule d'hommes qu'il ne connoîtra pas; comment voulez-vous qu'il puisse surveiller & garantir toutes les pièces, & empêcher les vols? Si au contraire vous ordonnez la communication avec déplacement, il n'est pas nécessaire de dire que les dangers seront beaucoup plus grands.

Chacune des parties a le droit d'exiger une responsabilité de la part du représentant de la partie adverse: or, quelle pourra être cette responsabilité, si le choix des défenseurs n'est soumis à aucune condition? le fondé de pouvoirs de l'une des parties se présentera, & on sera obligé de le croire sur sa parole: car il y auroit souvent de l'inconvénient à lire le contenu de la procuration. Quelle sûreté la partie adverse aura-t-elle pour contracter avec un pareil représentant? Deux frippons pourront s'accorder & dire entre eux: Tu seras mon défenseur; si tu réussis, nous partagerons le gain du procès, sinon je te désavouerai, tu partiras, & la partie adverse cherchera où elle pourra le paiement des frais & dépens de la procédure. Ces frippons pourront donc impunément intenter un procès injuste à celui dont ils voudront partager les dépouilles; la procuration sera inutile; car elle sera ou sous seing-privé, ou pardevant notaire; dans le premier cas, rien ne s'oppose à ce que la signature ne soit falsifiée, car le défendeur n'est pas censé connoître la signature de celui qui l'a fait assigner: dans le second cas, il n'existera pas moins un inconvénient très-grave; à chaque acte exigé par l'une des parties, à chaque incident de la procédure, le fondé de pouvoirs sera obligé de présenter sa procuration. Si je lui demande acte d'une déclaration importante, il ne me donnera pas la procuration, il me demandera un délai au moyen duquel il éludera ma réquisition. Quelle complication de vices & de dangers! Je me résume. J'ai prouvé qu'il étoit possible de concilier le décret que vous avez précédemment rendu concernant la liberté du choix des défenseurs avec l'intérêt public; j'ai prouvé que rendre le droit de défense indéfini, ce seroit ouvrir l'entrée des tribunaux à la chicane & à l'intrigue. Obligerez-vous ces hommes qui sacrifient le reste d'une vie honnête & laborieuse à la défense de l'innocence, de vivre au milieu de l'odeur infecte du cloaque formé par cette race impure de solliciteurs de procès? faites-en l'essai, & vous aurez causé un mal irréparable. (L'assemblée applaudit).

M. Tronchet propose un projet de décret conforme aux principes qu'il vient d'établir.

M. Prieur. Je demande pour amendement que les parties aient le droit de faire elles-mêmes l'instruction de leur procès.

M. Fréteau insiste sur l'amendement qu'il a proposé, tendant à consacrer les exceptions établies par l'ordonnance de 1667.

M. Desmeuniers. Il ne faut pas laisser penser que l'assemblée soit plus rigoureuse que l'ordonnance de 1667; il ne faut pas laisser penser que le décret que vous allez rendre préjuge la question proposée par M. Fréteau: vous ne pourrez la juger que lorsque vous vous occuperez du travail fait par votre comité de constitution, sur la simplification de la procédure. C'est alors que vous déterminerez les cas où l'intervention des procureurs ne sera pas nécessaire. Je demande l'ajournement de l'amendement de M. Fréteau.

Cet ajournement est décrété.

Le projet de décret de M. Tronchet est adopté presqu'à l'unanimité, ainsi qu'il suit:

« Il y aura, auprès des tribunaux de district, des officiers ministériels ou *avoués*, dont la fonction sera exclusivement de représenter les parties, d'être chargés & responsables des pièces & titres des parties, de faire tous les actes de forme nécessaires pour la régularité de la procédure, & de mettre l'affaire en état.

« Ces *avoués* pourront même défendre les parties, soit verbalement, soit par écrit, pourvu qu'ils y soient expressément autorisés par les parties, lesquelles auront toujours le droit de se défendre elles-mêmes verbalement ou par écrit, ou d'employer le ministère d'un défenseur officieux pour leur défense, soit verbale, soit par écrit ».

Séance du vendredi 17 décembre 1790.

M. Dinocheau, au nom du comité de constitution & de judicature. Vous avez décrété qu'il n'y auroit point dans les tribunaux, d'offices vénaux & héréditaires; qu'il y seroit établi des officiers ministériels ou *avoués*, chargés exclusivement de la conduite de la procédure & du depôt des pièces des parties. Vous avez en outre consacré les principes de la défense officieuse pour donner à la confiance des citoyens une plus grande latitude. Ces bases sont les mêmes que celles sur lesquelles vos comités avoient appuyé le projet de décret qu'ils vous ont proposé. Mais elles exigent des développemens nécessaires à l'organisation de cette partie de l'ordre judiciaire. C'est pour connoître la volonté de l'assemblée que je viens vous présenter, au nom de vos comités, une série de questions dont la décision doit précéder la rédaction des articles définitifs. En effet, vous avez bien admis des *avoués* dans les tribunaux de district, mais vous n'en avez pas fixé le nombre, ni décrété s'il seroit réduit aux besoins du service de chaque tribunal, ou s'il seroit illimité. C'est à vous, en consultant les grandes vues de l'utilité publique, à décider s'il ne faut pas, tant pour l'avantage des juridiciables, que pour celui des *avoués* eux-mêmes, restreindre ce nombre; d'un autre côté, vous balancerez dans votre sagesse les biens qui peuvent résulter pour les peuples d'une liberté indéfinie, en soumettant néanmoins les citoyens qui se présenteront pour exercer les fonctions d'*avoués* à des formes indispensables. Ces formes seront nécessaires dans tous les cas pour épurer les tribunaux de ces hordes de solliciteurs qui viendroient souiller le berceau de votre ordre judiciaire. Vos comités pensent que vous ordonnerez des examens, tant sur la probité que sur la capacité des candidats: mais qui sera chargé de cet examen? en quelle forme sera-t-il fait? Vous sentez que c'est à vous à choisir parmi ces questions & parmi les questions subsidiaires, celles qui vous paroîtront les plus convenables. Mais je ne vous parle que des vues relatives au décret définitif. Revenons au projet qui concerne la formation prochaine des nouveaux officiers ministérieles. Pour la première admission des *avoués*, vous adopterez des règles moins sévères. Tous les anciens officiers ministériels étant en possession de leur état, ont une présomption légale de capacité qui les dispense de tout examen.

Il est possible que vous décrétiez que les *avoués* seront pris de préférence parmi les officiers supprimés; la justice & l'humanité semblent le commander: mais jetez un coup-d'œil sur cette foule d'anciens officiers ministériels, attachés aux cours supérieures, aux tribunaux ordinaires & d'exception, sur ces procureurs des justices seigneuriales ressortissantes immédiatement aux cours; sur ceux même qui, sans avoir un ressort immédiat, exerçoient auprès des tribunaux importans, dans quelques endroits dépourvus de justices royales; sur les avocats, sur les juges supprimés: enfin sur les substituts des procureurs-généraux qui, dans quelques bailliages royaux, jouiroient, à ce seul titre, du droit de postulation. Accorderez-vous la concurrence pour la première formation, à tous les anciens officiers ministériels, dont les tribunaux de district concentrent aujourd'hui toutes les jurisdictions? Limiterez-vous le nombre des *avoués* aux avocats & procureurs exerçant auprès des anciens siéges royaux qui ont été remplacés par les tribunaux de district, &c....? Pour résoudre toutes ces difficultés, vos comités vous proposent de prononcer sur les quatre questions suivantes, qui sans doute se développeront avec plus d'étendue par le choc de la discussion.

1°. Les officiers ministériels ou *avoués* qui seront établis auprès des tribunaux, seront-ils admis au nombre proportionné aux besoins du service, en chaque tribunal?

2°. Ces officiers seront-ils admis sans aucun examen de leur probité & capacité?

3°. Par qui sera fait cet examen, & en quelle forme?

4°. Pour le premier établissement des *avoués*, admettra-t-on de droit tous les ci-devant juges, avocats & procureurs des cours supérieures & autres tribunaux royaux, tant ordinaires que d'exception, même ceux des justices seigneuriales qui ressortissoient immédiatement aux cours, ou qui étoient établis dans les lieux où sont placés les tribunaux de district?

L'assemblée décide que la quatrième de ces questons sera soumise la première à la discussion.

M. Guillaume. C'est dans une question de cette nature que vous allez voir l'intérêt personnel vous proposer une concurrence plus ou moins grande, des exceptions plus ou moins resserrées. Les anciens juges, les avocats, & tous les praticiens, (dont vous avez fait une classe commune, en les comprenant indistinctement sous la dénomination d'hommes de loi), vous diront que vous avez détruit leur état, que vous devez les occuper; ils ajouteront qu'ils ont des droits à la confiance publique, & vous verrez qu'ils croiront faire grace aux officiers ministériels, en se bornant à vous demander une concurrence avec eux: concurrence qu'ils leur avoient refusée anciennement. Mais il me semble entendre les procureurs crier à l'injustice, reprocher aux avocats de les avoir autrefois exclus des places de juges, se plaindre d'un systême qui admettroit les avocats à partager entre eux les dépouilles des procureurs; ils auront encore d'autres motifs. Les juges, diront-ils, reçoivent, par le remboursement de leurs finances, un avantage plus grand que celui qu'ils retiroient de leurs émolumens ; les avocats n'ont jamais été que des défenseurs officieux, tels qu'ils le seront à l'avenir. Les procureurs, au contraire, ne recevront qu'une indemnité modique, & verront disparoître une partie de leurs fonctions. Après avoir combattu en commun les avocats & les juges, vous verrez les procureurs se diviser entre eux, d'abord en deux classes principales: les officiers ministériels des juridictions ordinaires, & ceux des tribunaux d'exception.

Les premiers diront que les matières d'exception sont anéanties, ou en partie confiées aux corps administratifs ; que d'ailleurs les officiers ministériels auprès des tribunaux d'exception, ont d'autres ressources, qu'ils se sont continuellement livrés à d'autres fonctions que celles que vous déléguez aux *avoués*, &c. Mais ne croyez pas que les procureurs des tribunaux d'exception mis à l'écart, les autres se trouvent d'accord; ils éleveront encore entre eux des préférences. Les jurisdictions de première instance sont remplacées par les tribunaux de district ; les procureurs de ces juridictions diront qu'ils ont plus de droits que ceux des cours supérieures supprimées sans remplacement ; qu'ils sont d'ailleurs accoutumés à l'instruction des affaires de première instance, & qu'ils ont toujours été chargés de cette instruction. Ils réclameront encore la préférence comme domiciliés auprès de tribunaux, & repousseront ceux qui viendront des villes où il y avoit des tribunaux d'appel, s'établir près les tribunaux de district. Les plus anciens voudront obtenir la préférence sur les nouveaux, les plus âgés sur les plus jeunes..... Il est donc indispensable d'établir des règles d'admission.

Il y aura d'autres difficultés : les juridiciables voudront conserver ceux dans lesquels leur confiance est placée.

Les procureurs ci-devant attachés aux tribunaux de première instance, sont ceux que je vous propose d'employer, non pas exclusivement, mais de préférence aux autres, dans le tribunal du lieu de leur domicile; ensuite les procureurs des ci-devant tribunaux supérieurs & d'appel, dans le territoire qui ressortissoit de ces tribunaux : dans le cas d'égalité d'ancienneté, je donne la préférence au plus âgé.

Mon principe est le même que celui que vous avez décrété dans la constitution ecclésiastique, où vous avez donné pour curé aux paroisses réunies celui de la paroisse à laquelle se fait la réunion, & vous avez accordé la préférence, pour le vicariat, aux pasteurs des paroisses supprimées. L'intérêt public se joint aux autres considérations; il exige d'abord que le juridiciable n'éprouve aucun retard, aucun préjudice, que les procureurs terminent l'instruction des procès qu'ils ont entrepris.

L'intérêt public exige encore que les nouveaux officiers ministériels aient la confiance des justiciables & les connoissances locales : or, les procureurs ci-devant exerçant près les tribunaux de première instance, ont actuellement dans leur domicile & la confiance des cliens & la connoissance des pratiques locales ; entourés de juridiciables qui connoissoient leurs mœurs, ils ne pourront plus être dangereux. Je connois les inconvéniens d'un trop grand nombre de fonctionnaires publics ; mais, pour ne pas violenter la confiance, je vous proposerois, 1°. de laisser aux procureurs établis dans une ville, la liberté de continuer tous l'exercice de leur profession, sauf leur réduction, après décès, s'ils sont en trop grand nombre ; 2°. de décider que dans les districts où il y a plusieurs tribunaux, les officiers ministériels pourront exercer dans toute l'étendue du district.

M. Guillaume propose un projet de décret conforme aux principes qu'il vient d'énoncer.

M. Legrand. Examinons les droits des citoyens & l'intérêt public. Vous avez détruit les procureurs; vous les avez rappelés : en régénérant ainsi cette classe d'hommes, votre intention n'a-t-elle donc été que de leur rendre le privilège exclusif ? Vous avez voulu que les fonctions délicates de l'instruction des procès, de la conservation des formes, du dépôt des pièces, ne fussent confiées qu'à des hommes instruits, qui, *avoués* auprès des tribunaux, pussent garantir aux justiciables la probité & la capacité nécessaires : la complication actuelle des formes de la procédure a rendu cette restriction indispensable ; mais toute restriction nouvelle est inadmissible. Lorsque sentant les inconvéniens de l'ancienne distinction entre les avocats & les procureurs, & des doubles emplois qui en résultoient, vous avez permis à ces derniers de plaider le fond des affaires, vous ne pouvez plus, sans injustice, exclure des fonctions d'*avoués* ceux qui, après de pénibles études, ont exercé les fonctions délicates de juges ou d'avocats. Vous avez dépouillé les anciens juges de leurs privilèges, de leurs gages, de leurs épices ; les procureurs conserveroient-ils seuls tous les leurs ? voulez-vous laisser dans l'inaction tous les jurisconsultes qui s'occupoient auprès des anciens tribunaux, des fonctions honorables de défendre leurs concitoyens ? Je propose que tous les ci-devant juges, avocats ou procureurs autres que ceux des tribunaux d'exception, soient admis de droit à remplir les fonctions d'*avoués*.

M. Prieur. Par quels principes étranges verroit-on les procureurs de première instance s'armer contre les procureurs d'appel ; les domiciliés dans le lieu des tribunaux, contre ceux qui ne le sont pas; les juges, les avocats contre tous ? Rétablira-t-on en faveur de quelques hommes, tous les privilèges que vous avez détruits en faveur de la société ? Quel est le motif qui doit vous conduire ? L'intérêt public. Quand l'assemblée n'a pas voulu admettre aux fonctions d'*avoués* tous les citoyens, elle

elle s'est déterminée par cette unique considération du bien général, que la loi devoit assurer aux plaideurs des défenseurs probes & honnêtes: la liberté du choix des *avoués*, périlleuse pour la partie qui choisissoit, eût été nuisible à la partie adverse, & par conséquent ne pouvoit être exercée par aucune. Probité, capacité, voilà les seules conditions que la loi a exigées pour l'exercice des fonctions d'*avoués*: au-delà, tout seroit privilège exclusif, & tout privilège détruit l'émulation.

Or, les anciens juges, les avocats, ne sont-ils pas assez instruits pour exercer les fonctions de procureurs? La seconde question est celle-ci: Le nombre des *avoués* sera-t-il déterminé? C'est comme si vous disiez: je ne veux pas que la confiance porte sur tous les hommes probes & instruits. Le droit de tout citoyen est de donner sa confiance à tout homme digne de la garantie de la loi, & la loi ne peut refuser cette garantie, ce certificat de probité & d'instruction à aucun homme qui remplit les conditions déterminées par la loi. Le malheureux plaideur traîné devant un tribunal, voyant à la porte un homme de confiance, dirait avec raison à la loi: As-tu le droit de me priver des secours de cet honnête citoyen?... On m'objectera que cette concurrence va augmenter les frais des procès, parce que les procureurs auront moins d'occupations. La concurrence, au contraire, fait naître l'émulation. Il faudra être honnête homme, si l'on veut obtenir des cliens; si un procureur exigeoit trop de frais, un salaire exorbitant & injuste, il perdroit la confiance, & bientôt l'opinion publique l'auroit proscrit du temple de la justice qu'il auroit souillé. L'objet de la constitution est d'améliorer les hommes, & vous les améliorerez en les mettant les uns vis-à-vis les autres, en mettant leurs qualités morales corps à corps. Autrefois le despotisme resserroit les pensées; on n'osoit exprimer ses sentimens, pas même dans le sein de ses foyers; on se défioit de ses propres domestiques. Aujourd'hui, l'ame des citoyens est singuliérement agrandie. Les vertus reprendront leur empire. Chaque jour, dans les élections publiques, on se demandera: Un tel homme est-il honnête, a-t-il du mérite, du patriotisme? La réputation sera la vie morale du citoyen, & le seul moyen de parvenir aux places & d'obtenir du succès dans les professions de confiance..... Je propose le projet de décret suivant:

Les ci-devant juges royaux, les avocats & procureurs du roi, leurs substituts, les juges & procureurs fiscaux des justices seigneuriales, ressortissant aux parlemens; les avocats aux conseils, les procureurs des parlemens, cours des aides, conseils supérieurs, grand-conseil, bailliages, présidiaux, sénéchaussées & autres sièges royaux; les procureurs des jurisdictions seigneuriales, situées dans les lieux où sont aujourd'hui établis les tribunaux de district, & ressortissantes aux parlemens & aux cours supérieures; les avocats inscrits sur le tableau, dans les lieux où il étoit en usage, seront admis de droit à remplir les fonctions d'*avoués*, en se faisant préalablement inscrire auprès du tribunal du lieu où ils voudront se fixer.

M. Chabroud. Avant d'établir des raisonnemens sur l'inadmissibilité des privilèges, il faut les définir. J'entends par privilège, une exception d'obéissance à la loi. Lorsque la loi attribue à des citoyens quelques fonctions, ces individus n'ont point de privilège, mais une commission déléguée par la loi..... Dans le moment présent, il faut pourvoir aux besoins du service des tribunaux, & ne rien préjuger. Si vous donnez une trop grande latitude à l'admission des *avoués*, vous préjugerez plusieurs questions délicates. Vous avez voulu que le droit de représenter les parties fût délégué par la loi; il faut consulter les besoins du moment; car, s'il est vrai que les fonctions d'*avoués* ne peuvent occuper un grand nombre de citoyens, il faut nécessairement restreindre le nombre de ceux à qui on les confie. Les ci-devant procureurs étoient plus que nécessaires; leur nombre est à celui des nouveaux tribunaux, à-peu-près comme 100 est à 1. Je n'ai pas besoin de dire que cette proportion sera à l'avenir trop considérable. Il est donc improposable d'ajouter encore à ce nombre énorme d'officiers ministériels, celui des avocats. J'observerai d'ailleurs que les avocats sont peu propres à maintenir les formes. J'ai vu des hommes infiniment estimables, & ayant la confiance des parties, n'être pas en état de dresser des conclusions..... Comme il est impossible de déterminer précisément le nombre d'*avoués* nécessaires pour les nouveaux tribunaux, je crois qu'il faut admettre tous ceux qui en exerçoient autrefois les fonctions; mais qu'il ne faut point en admettre d'autres.

M. Regnaud de Saint-Jean-d'Angely. La différence qui existe entre les propositions qu'on vouloit vous faire adopter hier, & celles qu'on vous présente aujourd'hui, est peut-être l'objet d'une observation assez remarquable. Hier la latitude du droit de défendre les parties devoit être absolue; tous les hommes pouvoient, sans preuves de probité & de talens, entreprendre cette défense. Aujourd'hui on voudroit restreindre ce droit à une classe infiniment étroite, à celle des anciens procureurs. Rappellez-vous les bases qui vous ont déterminés hier à établir des *avoués* près les tribunaux. Vous n'avez eu d'autre motif que celui de ne pas laisser égarer la confiance, de ne pas exposer l'homme ignorant & crédule à faire un mauvais choix. Il n'est pas possible enfin de trouver dans ce décret d'autre but que celui de l'intérêt même des citoyens. Voyons si l'intérêt du peuple exige que vous circonscriviez entre les mains des procureurs les fonctions d'*avoués*. Si je puis établir que cet intérêt est contraire à cette circonscription, j'aurai détruit les raisonnemens des préopinans, & prouvé les avantages du projet de décret de M. Prieur. Le premier intérêt des citoyens est d'avoir une grande latitude dans le choix de ceux en qui ils doivent placer leur confiance, d'avoir le droit de choisir parmi tous les hommes éclairés & instruits : or, les anciens juges, les hommes qui exerçoient les fonctions délicates du ministère public, enfin tous les hommes que vous avez déclarés capables de juger les citoyens, ne sont-ils pas aussi capables d'exercer les fonctions d'*avoués* ? Peut-on vous faire faire une inconséquence aussi singulière ! Quoi ! vous reconnoîtrez à un homme les qualités nécessaires pour tenir la balance entre deux citoyens, & pour prononcer sur leur sort, & vous ne lui en croirez pas assez pour défendre les intérêts d'un seul citoyen ! J'ajoûterai à la classe des jurisconsultes éclairés dont je viens de parler, celle des avocats inscrits sur les tableaux, où, s'il se glissoit quelques abus de faveur & de protection, la confiance publique ne laissoit, en général, placer que les hommes qui en étoient dignes. Voulez-vous empêcher un plaideur de donner sa procuration à un homme qui depuis cinquante ans jouit de sa confiance ? Voulez-vous le forcer d'aller chez un procureur qui ne connoît que les formes, tandis qu'il peut trouver chez un jurisconsulte la connoissance de la loi, des conseils salutaires, & tous les secours dont il aura besoin ? Je demande la priorité pour le projet de décret de M. Prieur. (Une très-grande partie de l'assemblée applaudit.)

Le projet de décret de M. Prieur obtient la priorité. — Il s'élève des difficultés relativement à l'expression de jurisdictions seigneuriales ressortissantes des anciennes cours supérieures. Plusieurs députés d'Alsace observent que ce seroit exclure la majeure partie des jurisconsultes de leurs provinces.

M. Legrand propose de substituer à l'expression contestée, l'amendement suivant : « Seront admis les juges & procureurs fiscaux des justices seigneuriales, qui étoient gradués à l'époque de la réforme ».

M. Goupilleau appuie cet amendement. — Un autre amendement excite de longs débats ; il est ainsi conçu : « Les procureurs fiscaux des justices seigneuriales, établis dans les villes ; les procureurs postulans, établis dans les mêmes jurisdictions, seront admis de droit, &c. ».

L'assemblée décide qu'il sera ajouté au décret, pour condition d'admission, celle d'avoir été gradué avant le 4 août 1789.

Sur la proposition de M. Prieur, on ajourne la décision relativement à toutes les classes d'anciens hommes de loi, sur l'admission desquels il s'est élevé des difficultés.

Le décret est adopté en ces termes :

« Les ci-devant juges des cours supérieures & sièges royaux, les avocats & procureurs du roi, leurs substituts, les juges & procureurs-fiscaux des ci-devant justices seigneuriales, gradués avant le 4 août 1789 ; les ci-devant procureurs des parlemens, cours des aides, conseils supérieurs, présidiaux, bailliages, sénéchaussées, prévôtés, & autres sièges royaux supprimés ; les ci-devant avocats inscrits sur les tableaux, dans les lieux où ils étoient en usage, ou exerçant publiquement près les sièges ci-dessus désignés, seront admis de droit à remplir, près les tribunaux de district où ils jugeront à propos de se fixer, les fonctions d'*avoués*, en se faisant préalablement inscrire au greffe desdits tribunaux. — L'assemblée nationale se réserve de déterminer les règles d'après lesquelles les citoyens pourront être, par la suite, admis aux fonctions d'*avoués*. *Voyez* OFFICES MINISTÉRIELS.

AURAY, ville de Bretagne. Elle a occupé l'assemblée constituante dans la séance du 8 mai 1790.

M. Poujard du Limbert. Votre comité des rapports me charge de vous rendre compte des réclamations de M. le Corgne, sénéchal d'*Auray* en Bretagne, ainsi que de beaucoup de citoyens, contre la municipalité de cette ville. Il règne depuis long-temps une grande mésintelligence entre les officiers de la sénéchaussée & cette municipalité : de misérables querelles de préséance en sont la cause.

Les officiers municipaux d'*Auray* ont fait éprouver à M. le Corgne tous les genres de persécution ; ils lui avoient d'abord refusé le droit d'éligibilité aux fonctions municipales ; peu de jours après M. le Corgne eut une dispute avec un officier de la garde nationale : cet officier se prétendant insulté par lui, l'attaque l'épée à la main ; M. le Corgne pare avec une canne les coups qui lui sont portés, désarme l'officier, & le conduit au corps-de-garde ; là, M. le Corgne, au lieu d'obtenir justice, est lui-même détenu pendant vingt-quatre heures ; ensuite on le conduit à la citadelle du Fort-Louis, sous la garde de quinze soldats de la milice nationale & de quinze soldats du régiment de Rouergue. La municipalité du Fort-Louis, plus éclairée & plus sage, ayant refusé de donner l'ouverture de la citadelle, M. le Corgne revient à son domicile, où les officiers municipaux d'*Auray* lui ordonnent les arrêts, & exigent sa soumission de s'y conformer. Sur son refus de la donner par écrit, douze hommes viennent, par leur ordre, au domicile de M. le Corgne, l'enlèvent & le conduisent dans les prisons de sa propre sénéchaussée, où il est resté deux mois. Il n'y a jamais eu ni plainte, ni écrou, ni interrogatoire. Il en résulte que cet emprisonnement & toutes ces violences n'étoient colorées par aucune forme légale. Deux arrêts de la cour supérieure provisoire de Rennes ont ordonné l'élargissement du prisonnier, qui est sorti depuis quelque temps, mais a pris la fuite pour sa sûreté personnelle. Le premier arrêt de la cour fut signifié à M. de Forceville, commandant du détachement de Rouergue ; il répondit à l'huissier, que cela ne le regardoit pas : réponse vraie & très-raisonnable, puisqu'il n'agissoit ainsi & n'avoit donné sa consigne qu'en vertu de la réquisition de la municipalité.

M. le rapporteur propose le projet de décret suivant :

L'assemblée nationale, après avoir entendu son comité des rapports, déclare que M. le Corgne, n'étant accusé d'aucun crime, doit jouir paisiblement de sa liberté & de son état, sous la sauve-garde & la protection de la loi.

Déclare en outre qu'il ne peut être opposé à son éligibilité aux places municipales, des motifs d'exclusion qui ne résultent pas des décrets constitutionnels, & lui réserve l'exercice de tous ses droits contre les auteurs de son emprisonnement & de sa détention.

L'assemblée nationale déclare nulle l'élection des officiers municipaux faite à *Auray* les 26 & 27 janvier dernier : décrète, en conséquence, qu'il sera procédé à une nouvelle élection dans une assemblée de citoyens actifs d'*Auray*, laquelle, conformément à l'article VIII du décret du 13 décembre 1789, sera convoquée huit jours avant sa tenue, & ouverte par le maire de la ville d'Hennebon, que l'assemblée nationale commet à cet effet ; l'autorisant à régler le montant de la contribution exigée pour être citoyen actif, d'après les informations qu'il prendra sur les lieux, sur le prix usité de la journée de travail ; & sera sa majesté suppliée de revêtir de sa sanction le présent décret, & de donner les ordres nécessaires pour sa plus prompte exécution.

M. de Serre demande que M. le Corgne soit simplement rétabli dans ses droits politiques, sauf à lui de se pourvoir par les voies de droit contre les auteurs de ces violences.

M. Regnauld de S. Jean d'Angely conclut à ce que ces officiers municipaux soient au moins déclarés inéligibles pour la première élection. Cette punition civique lui paroît nécessaire pour l'exemple.

M. Loys. Que le président soit tenu de se retirer devers le roi, pour le supplier de donner des ordres à son procureur-général de la cour supérieure de Rennes, de poursuivre les auteurs & complices de la détention de M. le Corgne.

M. Fréteau appuie fortement cette motion. On lui observe qu'elle tend à compromettre le commandant de Rouergue, & à altérer par une funeste conséquence une question sur la responsabilité des troupes du roi, qui agissent sur la réquisition des municipalités.

La question préalable est demandée sur cette motion.

L'assemblée décide qu'il n'y a pas lieu à délibérer.

M. le vicomte de Mirabeau. Je demande que les limites des pouvoirs & de l'obéissance des cours de judicature, de l'armée requise, & des municipalités soient réglées.

Cette motion est ajournée, & les comités de constitution & militaire chargés d'en faire le rapport incessanment.

M. Boullé. Je demande le renvoi de la question au jugement du département qui va s'établir.

La question préalable est requise sur tous les amendemens, & l'assemblée décide qu'il n'y a pas lieu à délibérer.

Le projet de décret proposé par M. Poujard Dulimbert est mis aux voix & adopté.

AURILLAC, ville d'Auvergne, aujourd'hui dans le département du Cantal.

Séance du 5 mars 1791.

M. Gossin. Vous avez ordonné au comité de constitution de vous rendre compte de la pétition des administrateurs du district d'*Aurillac*, dont l'objet est que l'assemblée des électeurs du département du Cantal ait lieu en cette ville, au lieu de celle de Saint-Flour, pour l'élection de l'évêque & celle du membre de la cour de cassation. Je vous demande quelques minutes d'attention, afin que cet objet, dont votre comité n'avoit pas cru devoir vous occuper, ne vous fasse perdre que le moins de temps possible. Le décret relatif au département du Cantal, porte l'alternative de son administration en faveur d'*Aurillac ;* la loi qui constitue les assemblées administratives, règle, à l'article 23, que l'assemblée de tous les électeurs d'un département se tiendra alternativement dans les chefs-lieux des différens districts, pour élire les représentans de l'assemblée nationale. C'est sur l'abus du sens & des termes de ces deux loix que posent la pétition d'*Aurillac* & l'arrêté du directoire du département ; on y joint des inculpations contre Saint-Flour, qui ne peuvent pas faire plus d'impression. Votre comité doit donc établir que, ni le décret particulier du département du Cantal, ni la loi générale des assemblées administratives, ni les considérations particulières dont on s'appuie, ne vous permettent d'adopter une pétition semblable.

L'alternat que vous avez permis d'établir, est celui des administrations du département dans ceux où l'alternative de l'administration seroit jugée nécessaire : ainsi de plus, en décrétant en vertu de cette loi l'alternat de l'administration entre *Aurillac* & Saint-Flour, c'est l'alternative de l'administration du département du Cantal, & non celle des assemblées électorales, que vous avez determinée. Si les décrets généraux & particuliers sur les alternats des administrations de départemens, condamnent la prétention de la ville d'*Aurillac*, il en est de même de la loi constitutive des administrations de département dont elle s'appuie. De quoi s'agit-il en ce moment ? de l'assemblée des électeurs pour la nomination d'un évêque & d'un membre de la cour de cassation. De quoi parle la loi ? elle parle des assemblées électorales pour la nomination des représentans de l'assemblée nationale. Le motif qui vous a fait déterminer la convocation des électeurs alternativement dans tous les chefs-lieux de districts, étoit d'éviter la prépondérance que pouvait prendre une seule ville pour l'élection des représentans à l'assemblée nationale ; mais si ce motif a pu déterminer une semblable disposition ; on ne peut pas l'étendre au-delà de son sens & de son texte formel.

Ce sont ces raisons qui ont déterminé votre comité de constitution à ne pas vous présenter la pétition des administrateurs du district d'*Aurillac* ; ils la colorent encore d'imputations contre la ville de Saint-Flour, qu'ils prétendent peuplée d'ennemis de la constitution ; ils articulent qu'il y a eu des troubles lors de la première assemblée électorale qui y a été tenue, & que s'il n'en a pas été dressé procès-verbal, c'est que le maire de Saint-Flour a supplié que la chose fût oubliée. Il n'y a presque pas eu d'assemblées électorales qui n'aient été troublées par les rivalités des villes. *Aurillac* & Saint-Flour sont opposées & rivales depuis long-temps ; c'est par cette raison que l'on a voulu les réunir, en établissant en leur faveur l'alternative de l'administration ; mais c'est un mauvais système pour les accorder, ainsi que les électeurs de ces cantons, que de violer la loi particulière qui a été faite en faveur de tous pour le bien de la paix ; c'est un mauvais système que d'intervertir les loix générales pour favoriser une prétention particulière ; un pareil décret seroit l'interversion de vos loix constitutives, il mettroit le trouble dans les départemens, & il seroit contraire à la raison & à la justice. Voici ce que votre comité vous propose.

– L'assemblée nationale, après avoir entendu le rapport du comité de constitution, décrète qu'il n'y a pas lieu à délibérer sur la pétition des administrateurs du district d'*Aurillac*.

Ce projet de décret est adopté.

Plusieurs membres élèvent des réclamations sur cette décision. — L'assemblée passe à l'ordre du jour.

AUTEURS DRAMATIQUES. *Voy.* THÉATRE.

FIN du Tome Deuxième.